KB189237

상 법 강 의

[제6판]

장 덕 조

法 文 社

Commercial Law

6th edition

Deok Jo Jang

2025

Bobmunsa

Pajubookcity, Korea

제6판 머리말

　이 책의 제5판 출간 이후 상법 관련 중요 판례들이 많이 나왔다. 주주평등의 원칙을 유연하게 적용하게 되었으며, 이사 해임시 정당한 이유의 판단을 객관적으로 하고, 자기거래의 사후승인은 무효라 확인하였고, 업무집행지시자가 부담하는 손해배상채무의 시효를 10년으로 확인하는 등 처음으로 다루어진 쟁점들이 많았다. 과거에 비하여 회사법 관련한 새로운 쟁점들이 많이 출현하는 것에 대하여는 긍정적으로 판단된다. 그만큼 상법 관련의 법률관계를 보다 안정적으로 정착시켜 나갈 수 있는 계기가 된다고 보기 때문이다.

　제6판은 제5판 이후의 중요한 판례들을 추가로 분석한 것 이외에도 이론적 내용들도 보완하고 수정하였다. 그 과정에서 익명의 독자가 보내 준 소중한 의견에 힘입은 바 크고, 이 자리를 빌려 감사드린다. 어려운 출판 환경에서도 이 책의 출간과 개정에 애써주신 법문사 사장님, 김제원 이사님, 권혁기 차장님 및 관계자분들께 깊이 감사드린다.

2025년 2월 5일

장덕조 드림

제5판 머리말

2021년 이후 회사법 관련 중요한 대법원 판례가 많이 나왔다. 제5판은 회사법 관련 중요 판례들을 분석하여 담아내는 것이 가장 중요한 작업이었다. 대표이사의 대표권 제한, 이사의 자기거래, 주주간 주식양도 제한 약정의 효력, 상장회사의 신용공여 금지 위반의 효력 등과 관련하여 선례가 되는 판례들도 나와 이를 정확하게 분석하여 담고자 한 것이다.

이 책 출간 이후 꾸준히 수정 보완하고 있으나 아직 보완할 부분이 적지 않다. 앞으로도 보다 좋은 책을 만들기 위하여 최선의 노력을 다하려 한다. 어려운 출판 환경에서도 출간에 도움을 주고 계시는 법문사에 감사드린다. 이 책의 출간과 개정에 애써주신 법문사 사장님, 편집부 김제원 이사님, 기획영업부 권혁기 차장님 및 관계자분들께 깊이 감사드린다.

2023년 7월 5일
장덕조 드림

제4판 머리말

이 책의 제3판 출간 이후 중요한 상법개정이 있었다. 저자가 상법개정위원으로 참여한 2020년 12월 29일 상법개정안(법률 제17764호)은 모회사의 대주주가 자회사를 설립하여 자회사의 자산 또는 사업기회를 유용하거나 감사위원회위원의 선임에 영향력을 발휘하여 그 직무의 독립성을 해치는 등의 전횡을 방지하고자 다중대표소송제와 감사위원회위원 분리선출제를 도입함으로써 기업의 의사결정 구조를 개선하였다. 또한 신주의 이익배당 기준일에 대한 실무상 혼란을 초래한 규정을 정비하여 신주발행일에 상관없이 이익배당 기준일을 기준으로 구주와 신주 모두에게 동등하게 이익배당을 할 수 있음을 명확히 하고, 전자투표를 하는 경우 감사 등 선임시 발행주식총수의 4분의 1 이상의 결의요건을 적용하지 않도록 주주총회 결의요건을 완화하며, 상장회사의 소수주주권의 행사요건에 대한 특례규정이 일반규정에 따른 소수주주권 행사에는 영향을 미치지 않음을 명확히 하는 등의 중요한 개정이 있었다.

주주 재산과 회사 재산은 엄격히 구별되어, 회사의 빚이 아무리 많더라도 주주가 회사의 빚을 갚을 책임이 없고, 이를 유한책임의 원칙이라 한다. 같은 이치에서, 만약 지배주주가 회사 재산을 사적으로 유용하면 횡령죄가 성립한다. 회사 재산과 주주 재산이 엄격히 구별되듯, 회사 이익과 주주 이익도 구별된다. 그 회사 이익을 돌보아야 하는 법적 주체는 회사의 경영진인 이사들이다. 재벌 일가는 자신들이 직접 이사가 되거나, 또는 맞춤형인 사람들을 이사로 선임하고 기대에 부응하지 못하면 언제든 해임하기도 한다. 이같이 경영진의 인사권을 재벌 일가가 쥐고 있는 상황이라면, 회사 이익이라는 미명하에 재벌 일가의 이익이 우선시 될 가능성이 없지 않다. 그런데 회사 이익을 추구해야 하는 경영진에 대한 견제와 감독마저도 지배주주가 선임하는 자가 맡는다는 것은 건전한 상식과 반하는 것이다. 그럼에도 불구하고 개정전의 구상법상으로는 그마저 지배주주가 낙점한 사람이 모두 하고 있었다. 보다 정확히는 규모가 큰 회사의 감시감독은 감사위원회에 맡겨져 있으나 그 감사위원마저 주주총회에서 다수결로 선임되는 까닭에, 결국 지배주주가 원하는 사람이 되는 상황이었다. 여기에는 또 다른 문제점이 있는데, 감사위원은 동시에 이사이기도 하여, 감독기관과 피감독기관이 동일하게 되는 자기감독의 모순이 있었다. 위와 같은 비판과 지적에서 상법개정이 이루어졌고 지극히 타당한 개정이다.

이 책은 개정된 상법 내용 이외에도 제3판 이후 선고된 중요한 대법원 판례들을 추가하고 분석하였다. 아직도 이 책의 수정 보완할 부분이 적지 않으나 성실한 자세로 보다 좋은 책을 만들기 위하여 최선의 노력을 다하려 한다. 어려운 출판 환경에서도 출간에 도움을 주시는 법문사에 감사드린다. 아울러 이 책의 출간과 개정에 애써주신 법문사 사장님, 편집부 김제원 이사님, 영업부 권혁기 과장님 및 관계자분들께 깊이 감사드린다.

2021년 6월 16일

장덕조 드림

제3판 머리말

 저자가 이 책의 초판을 2015년 발간한 이후 이제 제3판의 머리말을 쓴다. 이 책은 상법 공부를 하는 학생들이 그 법리를 보다 쉽게 터득할 수 있도록 하는 것을 첫 번째 목적으로 한다. 그 목적을 달성하고자 책의 체계, 분량, 용어 등의 면에서 최선의 노력을 다하고 있고, 그 방법이 책의 절대적 분량을 줄이면서도 대법원 중요 판결과 상법 법리에 관한 필수적 내용은 모두 담고자 한 것이었다.

 최근 상법 관련 대법원 판결들 중 이목을 끄는 것들이 많고, 금번 제3판은 2017년 8월 제2판이 출간된 이후 나온 대법원 판결들을 반영하고 분석하고자 하였다. 유질계약의 허용에서의 요건, 소수주주의 매수청구권의 보유주식수 산정에서 자기주식의 포함 여부, 이사와 감사의 지위 취득에 있어 주주총회결의 이외에 임용계약의 체결이 필요한지 여부, 주주에 대한 이익공여금지 규정에서 '주주의 권리행사와 관련하여'의 의미, 회계장부 등 열람등사청구 주주의 주식보유 요건의 구비 기간 등이 제2판 출간 이후 새로이 나온 판례들이고, 이를 충실히 반영하고자 하였다. 그 판례들 대부분이 회사법 분야에서의 것들이고 그 결과 회사법인 제2강에서 상당한 수정 및 보완이 있었고, 상법총칙과 상행위편, 보험법도 보완하였다. 그리고 새로운 판례들의 소개 및 분석 이외에도 책의 내용이나 문장 서술 등의 측면에서도 오류를 수정하고 그 뜻을 명확하게 하고자 하였다.

 최근 우리의 경제 상황과 관련하여 상법이 중요한 법률로 인식되고 있으며, 관련 개정안들의 논쟁이 뜨겁다. 법이념 중의 하나가 정의이고, 정의는 단순히 법현실의 인식과 분석에 머무는 것이 아니라 정의로운 법정신의 체득과 현실의 개혁이라는 실천에 있다. 분쟁을 방지하고 해결하는 '법적 정의'는 단순한 형식적 중립이 아니라 실천적 중립을 요구하고 그 실천적 중립은 '약자의 편에 서는 것'이라는 어느 법철학자의 언명은 시사하는 바크다. 이 책의 출간과 개정에 애써주신 법문사 사장님, 편집부 김제원 이사님, 권혁기 대리님 및 관계자분들께 감사드린다.

2019년 1월 1일

저자 드림

제2판 머리말

　작년 1월 이 책이 출간된 이후 1년 반 동안 상법 관련 판례와 이론의 추이를 지켜보며 수정 및 보완을 하여 왔고, 이를 반영한 두 번째 개정판을 낸다. 제2판의 주요 개정내용은 다음과 같다. 첫째, 새로운 판례들을 추가하였다. 이 책이 출간된 이후 상법 관련의 새로운 판례가 많이 나왔다. 예를 들면, 회사에 대한 주주권의 행사자는 주주명부에 주주로 기재된 자라는 전원합의체판결(대법원 2017.3.23. 선고 2015다248342 판결)은 중요한 판례이며 향후 그 세밀한 적용을 연구하고 지켜보아야 한다. 그 밖에도 중요한 판결들이 여럿 나왔으며 이 책에 반영하는 것은 필수적이라 여겼다. 둘째, 내용을 정비하고자 하였다. 이 책의 출간 이후 오류들이 발견되어 그 오류들을 수정하였고, 문장의 표현도 명료하고 정확하게 이해할 수 있도록 최선을 다하였다. 다만 참고문헌들을 업데이트하는 작업은 다음으로 미루어야 하는 점은 아쉽게 생각한다.

　이 책은 상법을 공부하고 상법 시험을 준비하는 학생들을 주요 독자층으로 하여 발간된 책이지만, 연구자들에게도 도움이 되고자 하였다. 최근 로스쿨제도의 시행과 함께 실무교육이 강조되는 면은 어쩔 수 없으나, 상법의 기본틀을 짜는 법리의 중요성은 아무리 강조하여도 지나치지 않는다. 저자는 법률의 단순한 기계적 해석이 아니라 정의에 바탕을 둔 가치관을 가지고 미래의 올바른 지향점을 항상 탐구하는 자세가 훌륭한 법학자의 사명이라고 본다. 이러한 측면에서도 논리적으로 튼튼하고, 상법 공부에 도움이 될 수 있는 책이 될 수 있도록 앞으로도 최선을 다하리라 다짐한다. 끝으로 이 책의 출간과 개정에 애써주신 법문사 편집부 김제원 이사님, 영업부 장지훈 부장님과 권혁기 대리님 및 관계자분들께 감사드린다.

2017년 7월 31일
저자 드림

머 리 말

　이 책은 상법을 공부하고 상법 시험을 준비하는 학생들을 주요 독자층으로 한다. 저자의 상법연구와 강의, 그리고 변호사시험과 공인회계사시험 등 각종 시험위원의 경험 등을 바탕으로 학생들이 상법을 정확하고 쉽게 이해할 수 있도록 가급적 간명한 기술을 하고자 하였다. 다만 중요 판례만큼은 빠짐없이 소개하였다.

　저자는 대학에 자리를 잡을 때부터, 상법 전 분야에 대한 우수한 저서의 집필을 목표로 삼은 바 있고, 상당기간 동안의 연구와 강의를 바탕으로 2011년 보험법 초판, 2014년 회사법 초판을 각각 출간하였고 2015년에는 두 책 모두 개정 작업을 마쳤다. 동시에 상법 총칙과 상행위법, 유가증권법도 강의안을 기초로 집필을 계속하여 왔고 이도 2015년 초 완성하였다. 또한 기 발간된 보험법과 회사법 저서의 내용 중 학생들이 반드시 익혀야 하는 부분을 선별·축약하고 최신판례를 추가하여 일차적으로 이 책의 초안을 완성하였다. 그런데 출간 직전이었던 2015년 11월 상법개정안이 국회를 통과(법률 제13523호, 2016년 3월 2일 시행)하여 그 개정법을 반영한 회사법 부분의 집필을 새로이 하였고, 드디어 이 책을 출간하기에 이른 것이다. 책의 부피 등을 감안하여 현재 각종 상법시험의 범위가 아닌 해상법을 포함하지 않은 아쉬움은 있으나, 해상법도 너무나 중요한 상법 분야임은 두말할 필요가 없겠다.

　앞으로 이 책이 학생들의 상법 공부와 연구자들의 기초적 연구에 도움이 되었으면 하는 바람이며, 향후 보다 우수한 책이 될 수 있도록 끊임없이 보완하고 수정해 나갈 것을 약속드린다. 교정을 보아준 이진수 박사와 법학전문대학원 학생들, 그리고 책의 출간에 애써주신 법문사 편집부 김제원 부장님과 관계자분들께 감사드린다.

2015년 12월 21일

저자 드림

대 목 차

제 1 강 상법총칙 · 상행위법

제 2 강 회 사 법

제3강 어음·수표법

제4강 보 험 법

세부 목차

상법총칙 · 상행위법

제 3 장　상업사용인(기업의 경영보조자)　　　　　　　　　(26~43)

제 2 편 상행위법

제1장 통 칙   (91~143)

회 사 법

제1편 통　칙

제 7 장 회사의 해산, 청산, 계속 (278~288)

제2편 주식회사

제 3 편 상법상의 다른 회사들

제 1 장 합명회사 (789~807)

어음 · 수표법

제 3 장　어음 · 수표 각론　　　　　　　　　　　　　　　(913~1051)

보 험 법

제1장   보험계약과 보험법 (1055~1071)

제2장 보험계약의 성립 (1072~1134)

일러두기 및 인용약어

I. 참고도서 약어

저 자	서 명	발행연도	인용약어
권기범	현대회사법론(제4판)	2012	권기범
김성태	보험법강의	2001	김성태
김홍기	상법강의	2015	김홍기
손주찬	상법(상)(제15보정판)	2004	손주찬
송옥렬	상법강의(제3판)	2013	송옥렬
양승규	보험법(제5판)	2005	양승규
이철송	회사법(제21판)	2013	이철송
정경영	상법학강의	2007	정경영
정동윤	상법(상)(제6판)	2012	정동윤
정찬형	상법강의(상)(제16판)	2013	정찬형
정찬형	상법강의(하)(제15판)	2013	정찬형(하)
최기원	신회사법론(제14판)	2012	최기원
최기원	보험법	1998	최기원(보)
최준선	회사법(제8판)	2013	최준선
김건식·노혁준·천경훈	회사법(제3판)	2018	김건식·노혁준·천경훈

II. 법 령

상법 조문을 인용하는 경우 상법 명칭은 생략하였음(예: 상법 제663조는 제663조로 인용).
'자본시장과 금융투자업에 관한 법률'은 '자본시장법'으로 표기하였음.
'주식회사의 외부감사에 관한 법률'은 '외감법'으로 표기하였음.

제 1 강

상법총칙 · 상행위법

상법총칙 · 상행위법

제 1 편

상법총칙

제1장
상법의 법원(法源)

제1절 상법의 의의

Ⅰ. 형식적 의의의 상법

상법은 형식적 의의의 상법과 실질적 의의의 상법이 있다. 형식적 의의의 상법은 상법이라는 이름으로 제정된 법률(상법전)을 말하고, 실질적 의의의 상법은 기업에 관한 특별사법을 말한다(통설). 형식적 의의의 상법은 각국의 역사적 배경과 입법정책을 반영하므로 이를 가진 나라도 있고 갖지 않은 나라도 있으며, 이를 가진 나라도 나라와 시대에 따라 그 내용과 체계를 달리 하고 있다.

Ⅱ. 실질적 의의의 상법

1. 상 개념의 기원

"商"은 생산자와 소비자 사이에서 상품전환을 중개하여 이윤을 얻고자 하는 행위로 출발하였다. 그리고 상품의 전환과는 무관한 새로운 형태의 상을 유형상이라 하였고, 공업과 원시생산업까지 포함한다.

2. 상법의 대상론

기업법설이 통설이다. 상은 기업이고 상법은 기업법에 해당하는 것이다. 또한 상법은 기업에 관한 특별사법이다. 실질적 의의의 상법은 학문적 개념으로 상법전의 유무나 그 내용에 관계없이 상법이 규율하는 생활관계의 실질 또는 내용에 의하여 파악된 통일적이며 체계적인 법역을 말한다고 본다. 실질적 의의의 상법의 대상이 되는 기업은 상기업만을 의미한다. 이러한 상기업은 "상인적 설비(기업조직)와 방법에 의하여 영리의 목적으로 경영활동을 하는(기업활동) 경제적 생활체(기업주체)"라고 말할 수 있다. 따라서 실질적 의의의 상법은 상법전 외에도 많은 상사특별법령과 상관습법 등을 포함한다.

제2절 상법의 법원

Ⅰ. 의 의

상법의 법원(法源)이란 기업에 특유한 생활관계를 규율하는 법규범을 말하는데, 이러한 상법의 법원에는 상사제정법·상관습법 및 상사자치법 등이 있다. 보통거래약관이 상법의 법원이 되는지에 대하여는 견해가 나뉘어 있다. 상법 제1조는 상사적용법규에 대하여 규정하고 있는데, 이는 상법의 법원과 구별된다. **민법은 기업에 특유한 생활관계를 규율하는 법규범이 아니므로 상법의 법원이 아니라고 봄이 통설**이다. 상법 제1조는 적용순위만을 규정한 것에 불과하다는 것이고 민법은 상법의 법원이 아니라고 본다. 이는 민법이 기업에 관한 법이라고 할 수 없으며, 다만 기업생활관계에도 일반시민생활관계와 같게 규율하더라도 무방한 경우가 있으므로 민법을 상사에도 적용되는 법규로 한 것이다. 그런데 민법이 상법의 법원은 아니라 하더라도 상거래에 중요하게 적용되고 있다는 점은 명확하다.

Ⅱ. 상관습법

상관습법은 상법전과의 관계에서는 보충적 효력이 있으나, 민법전과의 관계에서는 상관습법이 민법전보다 우선하여 적용된다(제1조). 상법의 법원인 상관습법이 무엇이냐에 대하여, 사실인 상관습이 사회의 법적 확신 또는 법적 의식에 의하여 지지를 받게 되는 법규범이라고 하여 상관습법과 사실인 상관습을 구별하는 견해가[1] 있으나, 상법에서도 상관습법과 사실인 상관습을 구별하지 않는 것이 타당하다고 본다. 또한 양자를 법적 확신의 유무라는 주관적 요소에 의하여 구별하는 것은 법적 안정성을 해칠 염려가 있는 문제점도 있다.

상관습법을 법원으로 인정한 판례가 많지는 않다. 상관습의 존재에 대한 입증과 그 법적 확신의 정도에 대한 입증이 쉽지 않기 때문이다. 이를 인정한 판례들로 ① **백지어음의 발행에 관하여 상관습법을 인정한다.**[2] ② 해상화물운송에 있어 **보증도의 상관습법**이 있다

---

1) 이 견해에 대한 비판으로는 상관습법과 사실인 상관습을 구별하게 되면 법규범성이 강한 상관습법은 상법의 임의법규에 반하여 성립할 수 없는데(제1조), 법규범성이 약한 사실인 상관습은 상법의 임의법규에 반하여도 성립할 수 있다는(민법 제106조) 모순이 발생하게 된다. 민법에서도 관습법과 사실인 관습을 구별하게 되면 민법 제1조(강행규정 — 임의규정 — 관습법)와 민법 제106조(강행규정 — 사실인 관습 — 임의규정)의 해석에서 모순이 발생하므로, 관습법과 사실인 관습을 법의 적용면에서는 동일하게 보고 민법 제106조는 민법 제1조에 대하여 특별법으로서의 성격을 갖는다고 하거나 또는 민법 제1조에서의 법률은 강행규정만을 의미한다고 하여 두 조문의 해석에 있어서 조화를 기하고자 한다. 따라서 상관습법과 사실인 상관습을 구별하지 않는다.

하더라도 **운송인은 채무불이행책임[3] 및 불법행위책임[4]을 부담한다.** ③ 연불조건으로 선박을 매매함에 있어 그 중개료는 선박대금액을 기준으로 산정하는 것이 일반거래의 관행이라고 하였다.[5] 또한 판례는 ④ 원보험자가 자신의 명의로 재보험자의 대위권을 대신 행사하고 그 회수 금액을 재보험 가입 비율에 따라 재보험자에게 반환하는 상관습이 있다고 하였다.[6]

관습법으로서 인정하지 않은 경우를 보면, 예금통장 없이 예금지급청구서만으로 예금을 지급하는 상관습법은 없다고 하였다.[7]

Ⅲ. 보통거래약관의 법원성

1. 의   의

약관규제법 제2조 제1항은 "약관"이란 그 명칭이나 형태 또는 범위에 상관없이 계약의 한쪽 당사자가 여러 명의 상대방과 계약을 체결하기 위하여 일정한 형식으로 미리 마련한 계약의 내용을 말한다고 정의한다.[8] 이에 의하면 보통거래약관은 그 명칭이나 형태 또는 범위를 불문하고 사업자가 다수의 상대방과 보험계약을 체결하기 위하여 미리 마련한 계약의 내용이 되는 것으로서 보통거래약관의 일종을 말한다. 보통거래약관의 의의를 몇 가

---

2) 대법원 1956.10.27. 선고 4289민재항31,32 판결.

3) 대법원 1993.10.8. 선고 92다12674 판결(선하증권을 취득(양수)한 소지인의 지위에서 운송인인 피고에 대하여 **선하증권에 화체된 위 운송물의 멸실에 따른 손해배상금의 지급을 구하는 취지임이 명백**하여 그것이 피고의 채무를 대위변제함에 따른 구상금의 지급을 구하는 것이라고는 볼 수 없고, 또한 위와 같은 보증도 등의 방법에 의하여 운송물의 회수가 사회통념상 불가능하게 됨으로써 그것이 멸실된 후에 선하증권을 소지하게 된 원고가 입은 손해는 그 운송물의 멸실 당시의 가액 및 이에 대한 지연손해금 상당의 금액이라 할 것); 대법원 2007.6.28. 선고 2007다16113 판결.

4) 대법원 1992.2.14. 선고 91다13571 판결(화물이 이미 수입되어 '보증도'의 방법으로 실수요자에게 인도되었으나 수입업자가 그 대금의 추심을 위하여 새로이 위 화물의 수입을 위한 실수요자의 신용장 개설을 통한 대금 결제를 허용한 경우 실수요자가 '보증도'의 방법으로 화물을 인도받아 처분하고도 그 대금을 결제하지 못할 뿐 아니라 부채 과다로 신용장 개설조차 하지 못하는 형편에 있었고, 수입업자도 이러한 사정을 알고 있었다면 위 화물을 새로이 수입하는 것으로 하여 개설된 신용장이 정상적으로 결제되지 못할 가능성이 있다는 것을 예견하였다고 봄이 상당하고, 이는 수입업자 측의 채권추심방법으로서 용인될 수 있는 한계를 넘는 위법한 것으로서 선하증권 소지인이나 운송인 등에 대하여 불법행위를 구성하는 것이라고 한 사례).

5) 대법원 1985.10.8. 선고 85누542 판결(선박을 매매함에 있어 그 대금을 연불조건으로 지급하기로 약정하는 경우의 중개수수료는 연불에 따른 이자를 제외한 선박대금액을 기준으로 산정하여 지급하는 것이 일반거래의 관행이다).

6) 대법원 2015.6.11. 선고 2012다10386 판결.

7) 대법원 1971.12.28. 선고 71다2299 판결.

8) 이러한 취지에서 다수의 수요자에게 전기를 공급하는 공급규정은 공급계약조건을 당사자가 개별적으로 협정하는 것을 금지하고 오로지 공급규정의 정함에 따를 것을 규정하고 있어, 그 공급규정은 보통계약약관으로서의 성질을 가진다. 대법원 2002.4.12. 선고 98다57099 판결(전기사업법은 다수의 일반 수요자에게 생활에 필수적인 전기를 공급하는 공익사업인 전기사업의 합리적 운용과 사용자의 이익보호를 위하여 계약자유의 원칙을 일부 배제하여 일반 전기사업자와 일반 수요자 사이의 공급계약조건을 당사자가 개별적으로 협정하는 것을 금지하고 오로지 공급규정의 정함에 따를 것을 규정하고 있는바, 이러한 공급규정은 일반 전기사업자와 그 공급구역 내의 현재 및 장래의 불특정 다수의 수요자 사이에 이루어지는 모든 전기공급계약에 적용되는 보통계약약관으로서의 성질을 가진다).

지로 분설하면 다음과 같다. ① **사업자가 일방적으로 작성**하는 것이다. 사업자가 소비자와 계약체결시에 협상하여 개별적으로 내용을 정하는 것이 아니라 사업자가 일방적으로 작성한다. ② **다수의 계약을 체결하기 위한 것이다. 이러한 점에서 보험계약 등은 부합계약성을 띠는 것이다.** ③ **사전에 미리** 작성하여 둔다. 계약체결시 작성하는 것이 아니라 미리 작성하여 두는 것으로, 예컨대 보험사업자는 보험사업의 허가를 취득하고자 할 때 금융위원회에 보통거래약관을 제출하여야 한다.

위 요건을 충족하는 경우 보통거래약관이 되고 그 명칭이나 형태 등을 불문한다. 즉 약관의 명칭을 사용하지 않는 경우에도 위 세 가지 요소가 있다면 약관으로 분류되고 약관규제법의 적용을 받는다. 판례도 이러한 취지에서 지방자치단체가 다수의 상대방과 계약을 체결하기 위하여 미리 마련한 계약의 내용이 되는 것은 "택지공급계약서"의 명칭으로 가지고 있다 하더라도 약관에 해당한다 하고,[9] 골프클럽의 운영에 관한 회칙도 약관으로서의 성질을 가진다고 하였다.[10] 요컨대 약관규제법의 적용 대상이 되는 약관이라 함은, 그 명칭이나 형태 또는 범위를 불문하고 계약의 일방 당사자가 다수의 상대방과 계약을 체결하기 위하여 일정한 형식에 의하여 미리 마련한 계약의 내용이 되는 것을 말한다(통설 및 판례).

보통거래약관의 규제내용을 보면 상법의 규정을 그대로 원용하는 **원용조항**, 상법의 규정을 변경하는 **변경조항**, 상법의 규정을 보충하는 보충조항으로 나눌 수 있다.

2. 보통거래약관에 대한 규제

보통거래약관은 사업자가 소비자와 협상하여 작성하는 것이 아니라 사전에 미리 만들어 두는 것이고, 기술적인 복잡한 내용도 많이 포함한다. 그리하여 사회경제적 약자인 소비자의 보호를 위하여 약관에 대한 규제가 필요하다. ① **입법적 통제**를 받는다. 약관규제

---

9) 대법원 1998.12.23. 선고 96다38704 판결(지방자치단체가 택지공영개발사업에 의하여 조성된 택지를 그 지상에 주택을 신축하여 분양하고자 하는 여러 건설업체들에게 공급하게 될 것을 예상하여 미리 그 계약의 내용을 위 지방자치단체의 택지공영개발선수금운영규정에서 별지 서식에 의한 형태로 마련하여 두고 있던 중, 위 택지개발사업으로 조성된 택지를 분양받아 주택을 신축하고자 하는 약 30개의 건설업체들과 사이에 택지공급계약을 체결함에 있어 거의 대부분의 계약 내용은 위 운영규정에서 미리 정하여 둔 별지 서식에 따르되 일부 조항만 수정한 택지공급계약서를 미리 마련한 후 그 택지공급계약서에 의하여 택지공급계약을 체결한 경우, 지방자치단체가 택지개발사업에 참여한 약 30개의 건설업체와 사이에 택지공급계약을 체결할 것을 예정하여 위 운영규정상의 별지 서식에 따라 만든 택지공급계약서는 지방자치단체가 다수의 상대방과 계약을 체결하기 위하여 일정한 형식에 의하여 미리 마련한 계약의 내용이 되는 것으로서 약관의규제에관한법률 소정의 약관에 해당한다고 할 것이므로, 당해 건설업체와 지방자치단체 간의 위 택지공급계약은 약관의규제에관한법률 소정의 약관에 의한 계약에 해당하여 같은 법의 적용 대상이 된다).

10) 약관이라는 명칭을 사용하지 않는 경우에도 약관의 범주에 들어간다고 한 판례로 골프클럽의 운영에 관한 회칙도 약관이라 한 경우로서 대법원 2000.3.10. 선고 99다70884 판결(회원 가입시에 일정 금액을 예탁하였다가 탈퇴 등의 경우에 그 예탁금을 반환받는 이른바 예탁금 회원제로 운영되는 골프클럽의 운영에 관한 법률관계는 회원과 클럽을 운영하는 골프장 경영 회사 사이의 계약상 권리·의무관계이고, 그 운영에 관한 회칙은 불특정 다수의 입회자에게 획일적으로 적용하기 위하여 골프장을 경영하는 회사가 제정한 것으로서 이를 승인하고 클럽에 가입하려는 회원과 회사와의 계약상 권리·의무의 내용을 구성하며, 그중 회원권의 양도·양수 절차와 같은 당사자의 권리·의무에 관한 규정은 약관으로서의 성질을 가진다).

법이나 상법 등에 의하여 통제를 받는다. 상법 제663조가 대표적이다. ② **행정적 통제**를 받는다. 예컨대 보험약관은 사업자가 금융위원회에 보험사업의 허가신청시 제출하여야 하고(보험업법 제5조), 일정한 경우에는 금융위원회가 그 변경을 명할 수 있다(보험업법 제131조 제2항). ③ **공정거래위원회에 의한 통제**이다. ④ **사법적 통제**이다. 법원은 보통거래약관의 내용을 구체적 사건에서 해석하고 적용함에 의하여 사법적 통제를 한다. 보통거래약관이 금융위원회의 인가를 받아 사용하고 있고 공정거래위원회로부터 공정하다고 결정을 받은 경우에도, 법원은 그 약관의 내용이 불공정하거나 신의칙 또는 강행법규에 반하는 경우이를 무효로 하여 내용통제를 한다.

3. 보통거래약관의 명시설명의무

(1) 의   의

약관규제법에서는 사업자는 계약체결에 있어서 고객에게 약관의 내용을 계약의 종류에 따라 일반적으로 예상되는 방법으로 분명하게 밝히고, 고객이 요구할 때에는 당해 약관의 사본을 고객에게 내주어 고객이 약관의 내용을 알 수 있게 하여야 하고, 또한 사업자는 약관에 정하여져 있는 중요한 내용을 고객이 이해할 수 있도록 설명하여야 한다고 정한다(약관규제법 제3조 제2항, 제3항). 그 위반의 효과와 관련하여서는 약관규제법은 당해 약관을 계약의 내용으로 주장할 수 없다고 한다(약관규제법 제3조 제4항). 요컨대 사업자는 약관의 내용을 계약의 종류에 따라 일반적으로 예상되는 방법으로 분명하게 밝히고(약관규제법 제3조 제2항), 중요한 내용에 대하여는 고객이 이해할 수 있도록 설명의무를 부과하고 있다(약관규제법 제3조 제3항). 전자를 명시의무, 후자를 설명의무라 한다.

① 소비자가 **약관의 전체에 대하여 인지할 수 있는 가능성을 제공하는 것이 명시**이고, ② 명시된 약관 중 **중요한 내용에 대하여** 구두나 문서를 통하여 이해유무에 관계없이 **설명**하도록 한다.

(2) 중요한 내용에 대한 설명의무

설명의무의 이행은 고객에 대하여 직접 구두로 하는 것이 원칙이나, 특별히 중요한 조항을 일목요연하게 정리한 문서에 서명날인을 받음으로써 설명에 갈음할 수 있는 것으로 본다.[11] 설명의 정도는 구체적이고 상세한 것이어야 하나, 그 조항의 법적 의미와 효과까지 상세하게 설명하여야 하는 것은 아니다. 설명의무의 입증책임은 **사업자에게 있으며, 입증을 위하여 구두 설명의 경우 설명필의 확인서를, 별도의 설명문으로 대신하는 경우에**

---

11) 손지열, 민법주해 XII, 박영사, 320면; 판례로는 주운전자의 고지의무와 관련하여 소비자로부터 주운전자 변경시 연락을 하겠다는 서면확약을 받은 경우 설명의무가 이행되었을 개연성이 높다는 취지로 판시한 대법원 1997.3.14. 선고 96다53314 판결이 있다.

는 설명문에 서명날인을 받아둘 필요가 있다. 일방적 설명이 있으면 족하고 당해 조항에 대한 고객의 구체적이고 개별적 동의를 얻을 필요까지는 없다. 수령인이 관심을 가지고 실제로 들었는가, 읽었는가 또는 인지하였는가 등은 묻지 않는다. 요컨대 사업자가 소비자에게 관련 정보를 구체적으로 이해시킬 의무가 아니라, **정보의 적극적 제공의무**를 규정하는 것이다.

1) 중요한 내용

사업자는 보험계약을 체결할 때에 소비자에게 보통거래약관을 교부하여 주고, 계약조항에서 중요한 내용은 이해할 수 있도록 설명하여야 한다. 계약의 조항 중에서 중요한 내용이 무엇이냐는 각 보험의 특성을 감안하여 파악할 문제이나, 일반적으로 보험금액·보험기간·사업자의 면책사유·보험사고·보험계약의 해지사유 등은 중요한 사항으로서 설명하여야 한다. 판례도 설명의무의 대상이 되는 '중요한 내용'이라 함은 사회통념에 비추어 고객이 **계약체결의 여부 또는 대가를 결정하거나 계약체결 후 어떤 행동을 취할지에 관하여 직접적인 영향을 미칠 수 있는 사항**을 말하고, 약관조항 중에서 무엇이 중요한 내용에 해당하는지에 관하여는 일률적으로 말할 수 없으며, 구체적인 사건에서 개별적 사정을 고려하여 판단하여야 한다고 판시한다.[12]

2) 새로운 형태의 보험계약 체결

정보통신기술의 발달로 통신판매 또는 인터넷을 이용한 계약의 체결이 이루어지고 있다. 이런 방식의 경우 전통적인 설명의무가 그대로 적용되기 어려운 면이 있고 그 구체적인 범위에 관한 연구가 필요하다. 판례는 통신판매의 경우에도 약관에 대한 설명의무를 인정하면서, 통신판매 방식으로 체결된 상해보험계약에서 사업자가 약관 내용의 개요를 소개한 것이라는 내용과 면책사고에 해당하는 경우를 확인하라는 내용이 기재된 **안내문과 청약서를 소비자에게 우송한 것만으로는 사업자의 면책약관에 관한 설명의무를 다한 것으로 볼 수 없다**고 하였다.[13]

3) 위반효과

위반의 효과가 바로 다음에서 살필 보통거래약관의 구속력의 문제이다.

4. 보통거래약관의 구속력

보통거래약관의 법원성은 보통거래약관이 계약의 당사자를 구속하는 근거가 무엇이냐에 대한 문제이기도 하다. 그 이론은 규범설과 계약설(의사설)로 대별되나, 판례는 계약설

---

12) 대법원 2016.9.23. 선고 2016다221023 판결; 대법원 2010.7.15. 선고 2010다19990 판결; 대법원 2008.12.16. 자 2007마1328 결정.
13) 대법원 1999.3.9. 선고 98다43342,43359 판결.

에 입각한다.

(1) 규범설

규범설은 보통거래약관이 존재하는 거래에 있어 특별한 사정이 없는 한 '그 거래는 약관에 의한다'는 사실인 관습 또는 상관습이 존재하는 결과라 본다. 법사회학적으로 볼 때에는 보통거래약관은 객관적인 법과 비슷하고 보험계약상의 법원으로 다루게 되는 것이라 하면서, 보통거래약관의 구속력의 근거를 보통거래약관 자체의 규범성에서 찾는다. **특히 보험약관에서 이 설을 주장하는 견해가 유력**하다. 이 설의 근거는 다음과 같다. (i) 계약설이 소비자의 보호에 충실할 수 있다는 점에 대하여 의문을 제기한다. 보험의 단체성이라는 특성으로 인하여 개별 소비자의 보호보다는 보다 상위의 위험단체를 구성하는 일반 소비자의 보호문제를 간과해서는 안된다고 한다. 보험업법에서도 보험계약의 단체성이라는 특성을 염두하여 "소비자 또는 피사업자에 대하여 특별한 이익의 제공을 약속하거나 보험료의 할인 기타 특별한 이익을 제공하는 행위"를 금지하고 있다(보험업법 제98조). 즉 계약설의 엄격한 적용으로 말미암아 오히려 해당 위험단체에 속하는 일반소비자를 역차별하는 결과가 발생한다고 본다. (ii) 약관규제법 제3조에 사업자가 설명을 하지 않은 경우 계약의 내용이 되지 않는다는 규정이 있음에도 불구하고 상법에 보통거래약관의 설명의무위반 효과를 따로이 규정(제638조의3)하는 입법적인 배경을 고려하여 볼 때, 입법자의 의도는 보통거래약관에 대하여는 일반 약관과는 다른 효력을 부여한 것으로밖에 볼 수 없다는 것이다.[14] (iii) **계약설은 보통거래약관의 존재의의를 무색하게 한다는 비판**이다. 다수의 계약체결을 전제로 하여 시간과 비용을 줄이고자 하는 것이 보통거래약관의 존재의의이나, 사업자가 설명하고 소비자가 이해한 경우에 한하여 계약의 내용이 된다는 것은 약관의 존재의의를 무시하는 이론이라는 것이다.

(2) 계약설

계약설은 보통거래약관은 그 자체로서는 결코 법규범이 될 수 없고, 전통적인 법률행위 이론에 의하여 보통거래약관에 의한 계약을 보통의 계약과 같이 보아 당사자가 계약의 개별 조항을 알고 계약을 체결하였기 때문에 당사자를 구속한다는 견해로서 통설이다.[15] 계약설에서는 약관은 계약의 문례(文例)에 불과하고 그 자체로써 효력을 가지는 것이 아니라

---

14) 사업자의 설명의무위반시 소비자는 보험계약의 성립일로부터 1월 이내에 취소할 수 있다는 규정의 해석에 대하여는 규범설과 의사설의 해석이 판이하게 다르다. 규범설에 의하면 1개월 이내에 계약을 취소하지 않으면 설명되지 아니한 부분도 계약의 내용이 된다고 함에 반하여, 의사설을 취하는 입장에서는 취소하지 아니한 채로 1개월의 경과시 다시 약관규제법이 적용되어서 설명되지 아니한 부분은 계약의 내용이 되지 않는다는 것이다.

15) 손지열, 앞의 책, 308면; 박철, "보통보험약관의 구속력", 보험법의 쟁점, 법문사, 2002, 45면. 여기서는 또한 "약관규제법이 제정된 현재로서는 두 견해의 거의 유일한 차이점은 약관의 해석이 법률문제인가, 사실문제인가의 문제에만 영향을 미칠 수 있다"라고 한다; 김대규, "약관편입통제조항의 기능성연구", 「비교사법」 제11권 1호, 2003, 259면.

당사자 사이의 편입합의에 의하여 계약의 내용이 된다고 한다.[16] 계약설의 근거는 (ⅰ) **약관규제법 제3조 제4항**으로서 당사자가 약관의 명시·설명의무를 위반하여 계약을 체결한 때에는 그 약관은 계약의 내용으로 주장할 수 없다고 규정하고 있고, (ⅱ) **법률행위이론의 일반이론**에 의하면 계약 당사자가 이를 계약의 내용으로 삼고자 하는 의사가 있어야만 하는 것은 너무나 당연하고, (ⅲ) **소비자의 보호**와 관련하여 계약설이 보다 우수하다는 점이다. 소비자가 알지 못하는 한 계약의 내용으로 편입되지 아니한다고 하여 계약자보호에 보다 충실할 수 있다는 것이다.

5. 판례의 입장과 설명의무의 예외

(1) 계약설

판례는 계약설에 입각하여 있다.[17] 그런데 **약관의 편입합의는 완화**되어 있어, 판례는 **약관을 계약의 내용에 포함시키기로 하는 보험계약서가 작성된 경우에는 계약자가 그 약관의 내용을 알지 못하는 경우 구속력을 가지는 것**으로 설시한다. 요컨대 대법원 1985. 11.26. 선고 84다카2543 판결은 "보통보험약관이 계약당사자에 대하여 구속력을 갖는 것은 그 자체가 법규범 또는 법규범적 성질을 가진 계약이기 때문이 아니라 보험계약당사자 사이에서 계약내용에 포함시키기로 합의하였기 때문이라고 볼 것인바, **일반적으로 당사자 사이에서 보통보험약관을 계약내용에 포함시킨 보험계약서가 작성된 경우에는 계약자가 그 보험약관의 내용을 알지 못하는 경우에도 그 약관의 구속력을 배제할 수 없는 것이 원칙이나** 다만 당사자 사이에서 명시적으로 약관에 관하여 달리 약정한 경우에는 위 약관의 구속력은 배제된다"고 하였다. 이와 같이 포괄적 합의로서 약관을 계약내용에 편입시킬 수 있다는 계약설에서는, 약관설명의무의 취지를 개인소비자와 계약체결 과정은 최소한의 수준에서 투명해질 필요가 있으며 입법적으로 사업자에게 최소한의 정보제공의무를 설정하여 약관계약에서 소비자의 정보력열세를 희석화할 필요[18]에서 설명의무를 부과한다고 본다. 판례는 원칙적으로 약관은 당사자 사이에서 그 계약의 일부로 포함시키고자 하는 합의가 있었기 때문에 구속력을 가진다고 하나, 중요한 내용에 대하여는 설명을 필요로 한다고 본다.[19]

따라서 판례의 입장은 중요한 내용에 관한 부분과 같이 정리할 필요가 있다. 약관규제

---

16) 대법원 1989.3.28. 선고 88다4645 판결.

17) 그 판결들로는 대법원 1986.10.14. 선고 84다카122 판결; 대법원 1989.3.28. 선고 88다4645 판결; 대법원 1989.11.14. 선고 88다카29177 판결; 대법원 1990.4.27. 선고 89다24070 판결; 대법원 1991.9.10. 선고 91다20432 판결; 대법원 1996.10.11. 선고 96다19307 판결; 대법원 1997.9.5. 선고 95다47398 판결; 대법원 1999.4.9. 선고 98다20714 판결; 대법원 2004.11.11. 선고 2003다30807 판결; 대법원 2007.6.29. 선고 2007다9160 판결 등이 있다.

18) 이상정·권대우, "약관의 규제에 관한 법률 해설", 「한국소비자보호원 연구보고서」 87-03, 한국소비자보호원, 1987, 13면 이하.

19) 대법원 1989.11.14. 선고 88다카29177 판결.

법 제3조는 약관의 중요한 내용에 대하여는 설명의무를 부과하고 이를 설명하지 않았다면 그 약관을 계약의 내용으로 주장할 수 없다고 하고 있다. 따라서 (i) 약관의 중요하지 않은 내용에 대하여는 '일반적으로 당사자 사이에서 보통보험약관을 계약내용에 포함시킨 보험계약서가 작성된 경우에는 계약자가 그 보험약관의 내용을 알지 못하는 경우에도 그 약관의 구속력을 배제할 수 없는 것이 원칙'이라는 판례의 설시대로 계약에의 편입요건을 완화함에 의하여 계약자가 설사 알지 못한 경우라 하더라도 특별한 사정이 없는 한 계약의 내용이 된다고 본다. (ii) 그러나 중요한 내용에 대하여는 사업자가 설명의무를 이행하여야만 계약의 내용이 된다. 이 경우도 계약자가 그 내용을 반드시 알아야만 하는 것은 아니다.

(2) 설명의무의 면제

판례는 중요한 사항에 해당함에도 불구하고, 설명을 하지 않아도 계약의 내용이 되는 사항으로 크게 세 가지의 예외를 인정한다. 그 세 가지의 예외의 경우는 규범설에 의한 결론과 동일하다. 다만 사업자가 고객에게 약관의 내용을 따로 설명할 필요가 없는 특별한 사정이 있다는 점은 이를 주장하는 사업자가 증명하여야 한다.[20]

1) 소비자나 그 대리인이 약관의 내용을 충분히 잘 알고 있는 경우

이 면제를 정확히 적용한 보험약관 사건은 주운전자에 관한 것이다.[21] 여기서는 소비자가 주운전자의 고지의무에 관한 보험약관상의 내용을 충분히 잘 알면서 보험료 절감을 위하여 주운전자를 허위로 고지하였다고 보아, 사업자가 그에 관한 약관설명의무를 다하지 아니하였다는 소비자의 항변을 배척하고 고지의무 위반을 이유로 보험계약의 해지를 인정한 사례이다.

2) 거래상 일반적이고 공통된 것이어서 당사자가 알고 있다고 예상할 수 있는 사항

이를 근거로 설명의무를 면제한 판례는 이하에서 살펴 볼 네 개[22]이다. 특기할 점은 그중 세 개의 판례는 자동차보험약관에 관한 사건으로, 그 약관을 자동차보험거래에서 일반적으로 사용하고 있다는 근거를 내세운다. 그리고 다른 하나 판례는 법규정과 보험제도의 특성을 근거로 한다. 자동차보험에 있어서의 산재보험수혜자면책조항,[23] 비사업용자동차에 있어서 유상운송행위면책조항,[24] 무사업자동차에 의한 상해보상특약,[25] 보험금청구권

---

20) 대법원 2001.7.27. 선고 99다55533 판결; 대법원 2003.8.22. 선고 2003다27054 판결; 대법원 2010.7.15. 선고 2010다19990 판결 등 참조.
21) 대법원 1998.4.14. 선고 97다39308 판결.
22) 대법원 1990.4.27. 선고 89다카24070 판결; 대법원 1992.5.22. 선고 91다36642 판결; 대법원 2004.4.27. 선고 2003다7302 판결; 대법원 2003.5.30. 선고 2003다15556 판결.
23) 대법원 1990.4.27. 선고 89다카24070 판결(보험업자의 설명을 요할 정도의 중요한 것이라고 보기 어려운 이 사건에 있어서 소비자인 원고가 위 약관내용을 자세히 살펴보지 아니하거나 보험업자의 설명을 듣지 아니하여 알지 못한다는 이유로 위 약관의 구속력에서 벗어날 수 없다고 할 것이다).

상실조항[26])이 그것들이다.

이 예외와 관련하여 유의미한 판결이 있다. 과거 거래상 일반적으로 사용되는 표준약관이라는 이유로 이 예외를 적용한 판례들이 있었으나 "약관에 정하여진 사항이 보험계약 체결 당시 금융감독원이 정한 표준약관에 포함되어 시행되고 있었다거나 국내 각 보험회사가 위 표준약관을 인용하여 작성한 보험약관에 포함되어 널리 보험계약이 체결되었다는 사정만으로는 그 사항이 '거래상 일반적이고 공통된 것이어서 보험계약자가 별도의 설명 없이 충분히 예상할 수 있었던 사항'에 해당하여 보험자에게 명시·설명의무가 면제된다고 볼 수 없다"고 한 것이고, 타당한 판결로 평가한다.[27])

3) 법령에 규정된 사항

법령에 규정된 사항을 구체적으로 부연하는 정도에 불과한 경우에는 설명의무가 면제된다. 자동차보험약관에서 통지의무조항,[28]) 수출계약의 의미,[29]) 화재보험보통계약상의 증개축시 통지의무이행,[30]) 증권에 관한 판례[31])들이 그것이다.

---

24) 대법원 1992.5.22. 선고 91다36642 판결. 그러나 비업무용자동차보험에서의 유상운송면책조항은 반드시 설명이 필요한 중요한 내용이라는 판결이 대법원 1999.5.11. 선고 98다59842 판결이다.

25) 대법원 2004.4.27. 선고 2003다7302 판결(보험계약 체결 당시 그 구체적인 산정기준이나 방법에 관한 명시·설명을 받아서 알았다고 하더라도 이 사건 특약을 체결하지 않았을 것으로는 보이지 않고, 나아가 이러한 산정기준이 모든 자동차 보험회사에서 일률적으로 적용되는 것이어서 거래상 일반인들이 사업자의 설명 없이도 충분히 예상할 수 있었던 사항이라고도 볼 수 있는 점 등에 비추어 보면, 위의 무사업자동차에 의한 상해보상특약에 있어서 그 보험금액의 산정기준이나 방법은 약관의 중요한 내용이 아니어서 명시·설명의무의 대상이 아니라고 보는 것이 옳다).

26) 대법원 2003.5.30. 선고 2003다15556 판결.

27) 대법원 2013.6.28. 선고 2012다107051 판결(이 사건 보험계약에 "외과적 수술, 그 밖의 의료처치를 원인으로 하여 생긴 손해는 보상하여 드리지 아니합니다. 그러나 회사가 부담하는 상해로 인한 경우에는 보상하여 드립니다." 라는 면책조항이 포함되어 있고, 위 보험계약의 피보험자가 장 게실, 장 마비 등의 질병을 치료하기 위한 의료처치의 과정에서 사망하였다. 보험수익자인 X가 Y 보험회사에 대하여 보험금을 청구하였으나 보험자는 면책사유에 해당한다고 지급을 거절하였으나, X는 이 면책사유를 설명 듣지 못하였고 따라서 보험계약의 내용이 되지 않았다고 한다. 원심에서는 Y가 승소하였으나 X가 상고하였다. 대법원은 원심을 파기하였다. 특정 질병 등을 치료하기 위한 외과적 수술 등의 과정에서 의료과실이 개입되어 발생한 손해를 보상하지 않는다는 것은 일반인이 쉽게 예상하기 어려우므로, 약관에 정하여진 사항이 보험계약 체결 당시 금융감독원이 정한 표준약관에 포함되어 시행되고 있었다거나 국내 각 보험회사가 위 표준약관을 인용하여 작성한 보험약관에 포함되어 널리 보험계약이 체결되었다는 사정만으로는 그 사항이 '거래상 일반적이고 공통된 것이어서 보험계약자가 별도의 설명 없이 충분히 예상할 수 있었던 사항'에 해당하여 보험자에게 명시·설명의무가 면제된다고 볼 수 없다).

28) 대법원 1998.11.27. 선고 98다32564 판결. 자동차 구조변경 등과 관련된 약관상 통지의무가 상법 제652조 제1항에서 이미 규정된 통지의무를 구체적으로 부연한 정도에 불과한 경우 그 약관 내용에 관하여 사업자에게 별도의 설명의무가 없으며, 소비자가 자동차의 구조변경(크레인장착) 사실을 통지하지 않은 경우 상법 제652조 제1항에 의하여 소비자의 통지의무위반을 이유로 보험계약을 해지할 수 있다고 한 사례이다.

29) 대법원 1999.9.7. 선고 98다19240 판결(수출어음보험은 수출보험법에 근거한 것이므로 그 수출어음보험계약에는 당사자의 특별한 의사표시가 없더라도 수출보험법의 관련 규정이 당연히 적용된다고 할 것이고, 위 각 약관에는 수출보험법의 규정이 적용된다고 명시되기까지 하였으므로, 위 각 약관에 규정된 수출계약의 의미는 구 수출보험법에 규정된 것으로서 피고로서는 그 수출계약의 의미를 특별히 설명할 의무가 없다고 봄이 상당하다 할 것이다).

30) 대법원 2000.7.4. 선고 98다62909,62916 판결(화재보험보통약관에서 보험계약을 체결한 후 뚜렷한 위험의 변경 또는 증가와 관련된 피보험 건물의 구조변경·개축·증축 등의 경우 소비자 또는 피사업자는 지체 없이 이를 사업자에게 알릴 의무를 규정하고 있다고 하더라도 이는 상법 제652조 제1항에서 이미 정하여 놓은 통지의무를 화재

(3) 소 결

전통적인 법률행위이론이 사법이론의 기초인 점, 약관규제법 제3조의 규정 등을 보면 현재의 법체계에서는 계약설이 보다 설득력이 있다. 그러나 보험약관의 존재이유인 시간과 비용의 절약, 위험단체의 기초 등을 본다면 규범설의 주장에 귀기울일 필요가 있다. 판례가 설명의 예외를 점차 늘려가고 있어 규범설의 입장에 접근하는 것으로 보이고, 이는 규범설의 비판 중 보험의 단체성 등 설득력 있는 근거에 일부 기인하는 것으로도 보인다. 다만 현재로서의 큰 문제는 대법원이 다루지 않은 새로운 사건을 접함에 있어서 판례의 입장을 예측하기 어렵다는 점이다. 법적 안정성의 차원에서 보다 분명한 기준이 필요하다.

6. 약관의 해석

약관의 법원성을 어떻게 보느냐에 따라 해석원칙이 다르다. 규범설에 의하면 법규범의 해석원칙에 의할 것이나, 계약설에 의하면 당사자의 의사와 법률행위의 해석원칙에 의할 것이다. 그런데 보통거래약관은 약관규제법의 적용대상이므로, 약관규제법의 해석원칙을 아래에서 본다. ① **작성자불이익의 원칙**이다. 보험약관의 내용이 명확하지 않은 경우 사업자에게 불리하게, 소비자에게 유리하게 해석하여야 한다는 원칙으로 '불명확조항해석의 원칙'이라고도 불린다. 약관이 모호한 경우 그 작성자에게 책임을 지우고, 또한 상대적 약자인 소비자를 보호하겠다는 취지이다. 약관규제법도 약관의 뜻이 명백하지 아니한 경우에는 고객에게 유리하게 해석되어야 한다고 규정하고(약관규제법 제5조 제2항), 이 원칙을 선언한 판례도 다수이다.[32] ② **객관적 해석의 원칙**이다. 보험약관은 객관적으로 해석되어야 하고 소비자에 따라 다르게 해석되어서는 안 된다(약관규제법 제5조 제1항 후단). ③ **개별약정우선의 원칙**이다. 약관에서 정하고 있는 사항에 관하여 사업자와 고객이 약관의 내용과 다르게 합의한 사항이 있을 때에는 그 합의 사항은 약관보다 우선한다(약관규제법 제

보험에서 구체적으로 부연한 정도의 규정에 해당하여 그에 대하여는 사업자에게 별도의 설명의무가 인정된다고 볼 수가 없다).

31) 증권에 관한 것으로 대법원 2003.12.11. 선고 2001다33253 판결(이 사건 투자신탁약관 제16조 제3항의 규정은 구 투신업법 제7조 제4항 단서에 규정된 내용과 동일한바 위와 같이 약관의 내용이 이미 법령에 의하여 정하여진 것을 되풀이 하는 것에 불과한 경우에는 약관 작성자에게 명시 · 설명의무가 있다고 할 수 없으므로).

32) 대법원 1996.6.25. 선고 96다12009 판결(보통거래약관의 내용은 개개 계약체결자의 의사나 구체적인 사정을 고려함이 없이 평균적 고객의 이해가능성을 기준으로 하되 보험단체 전체의 이해관계를 고려하여 객관적 · 획일적으로 해석하여야 하고, 고객 보호의 측면에서 약관내용이 명백하지 못하거나 의심스러운 때에는 약관작성자에게 불리하게 제한해석하여야 한다); 대법원 1998.10.23. 선고 98다20752 판결; 대법원 2005.4.15. 선고 2004다65138,65145 판결; 대법원 2005.10.28. 선고 2005다35226 판결; 대법원 2007.2.22. 선고 2006다72093 판결; 대법원 2010.3.25. 선고 2009다38438,38445 판결(보통거래약관의 내용은 개개 계약체결자의 의사나 구체적인 사정을 고려함이 없이 평균적 고객의 이해가능성을 기준으로 하여 객관적 · 획일적으로 해석하여야 하고, 고객보호의 측면에서 약관 내용이 명백하지 못하거나 의심스러운 때에는 고객에게 유리하게, 약관작성자에게 불리하게 제한해석하여야 한다).

4조).[33] ④ **신의성실의 원칙**이다(약관규제법 제5조 제1항 전단). ⑤ **수정해석 또는 효력유지적 축소해석**이다. 수정해석과 그 취지를 같이 하는 약관해석방법으로 당해 규정의 유무효의 판단을 넘어서 그 규정내용을 일정한 범위로 제한 내지 축소해석하여 그 효력을 유지하는 방법이다. 보험약관을 포함한 보통거래약관은 기업이 일방적으로 작성한 것이기 때문에 사법부에 의한 수정해석이 일반적으로 승인된다. 면책약관 등의 경우 이를 무제한적으로 해석하면 그 약관은 무효가 되므로, 이를 제한해석하여 법적으로 허용되는 범위 내에서 약관의 효력을 유지하고자 하는 해석원칙이다.[34]

---

33) 대법원 1989.3.28. 선고 88다4645 판결.

34) 판례는 이 원칙을 채택하고 있고 이를 최초로 선언한 판결이 대법원 1991.12.24. 선고 90다카23899 전원합의체 판결로서 "보통거래약관의 작성이 아무리 사적자치의 영역에 속하는 것이라고 하여도 위와 같은 행위원칙에 반하는 약관조항은 사적자치의 한계를 벗어나는 것으로서 법원에 의한 내용통제 즉 수정해석의 대상이 되는 것은 지극히 당연하다. 그리고 이러한 수정해석은 조항전체가 무효사유에 해당하는 경우뿐만 아니라 조항일부가 무효사유에 해당하고 그 무효부분을 추출배제하여 잔존부분만으로 유효하게 존속시킬 수 있는 경우에도 가능한 것이다"고 하였다.

제 2 장
상   인

제 1 절   상인의 의의

Ⅰ. 뜻

형식적으로 '기업활동에서 발생하는 **권리의무의 귀속자**'이고 실질적으로는 '기업에 내재하여 기업활동을 영위하는 자이다.

Ⅱ. 상인의 개념

1. 입법주의

① **실질주의**이다. 이는 상행위의 개념을 전제로 하여 상인의 개념을 끌어내는 것이므로 상행위법주의, 객관주의라고도 한다. ② **형식주의**이다. 영업의 시설이나 방식에 의하여 상인의 개념을 먼저 정하고 이러한 자가 수행하는 행위를 상행위라 한다. 상인법주의, 주관주의라고도 한다. ③ **절충주의**이다. 양 방식을 혼용하는 주의로서 우리나라가 이 방식을 택하고 있다고 본다.

2. 절충주의

상법은 당연상인에 관하여 제4조에서 규정하면서 제4조에서 규정하는 상행위는 제46조의 기본적 상행위만으로 지칭한다. 그런데 제46조의 기본적 상행위도 그 행위 자체만이 아니라 그 행위를 '**영업으로**' 하는 경우가 이에 해당한다. **당연상인**은 상행위의 개념을 먼저 정하고 이를 기초로 상인의 개념을 정하므로 **실질주의**라 할 수 있다.

그런데 제5조의 **의제상인**은 상인의 개념을 먼저 정하고 그 의제상인이 '**영업으로**' 하는 행위가 준상행위가 된다는 방식이어서 **형식주의**라 할 수 있다. 따라서 우리 상법은 절충주의라 본다(통설).

3. 상인의 종류

상법상 상인에는 영업활동의 내용에 따라 당연상인(제4조)과 의제상인(제5조)이 있고, 기업규모의 대소에 따라 완전상인과 소상인(제9조)이 있다.

4. 영업성, 기업성

상인이기 위하여는 **영업으로** 하여야 하고(제5조, 제46조) 오로지 임금을 받을 목적으로만 하여서는 안된다(제46조, 제66조). 전자를 **영업성**, 후자를 **기업성**이라 한다.

(1) 영업성

영업으로 한다고 함은 **영리를 목적으로 동종의 행위를 계속 반복적으로 하는 것을 의미한다.**[1] 따라서 영업성은 **영리성, 계속성, 영업의사**가 있어야 한다. 영업이 되기 위하여는 계속성이 있어야 하므로 한 번에 국한된 행위는 영업성이 없으며, 영업의사가 있어야 한다. 또한 영리성이 있어야 하는데 이때 **영리성은 대외적인 이윤추구활동**을 의미한다.[2] 대외적 이윤추구활동으로 족하고 실제 이익의 발생 유무 등은 관계없다. 반면 회사법에서의 영리성은 대외적인 이윤추구활동 이외에도 사원에게 이익을 분배할 것이 요구된다고 봄이 통설이다.

(2) 기업성

오로지 임금을 받을 목적으로 물건을 제조하거나 노무에 종사하는 자의 행위는 기업성이 없으므로 상행위가 아니다(제46조 단서).

---

1) 대법원 1998.7.10. 선고 98다10793 판결.
2) 대법원 1994.4.29. 선고 93다54842 판결(어느 행위가 상법 제46조 소정의 기본적 상행위에 해당하기 위하여는 영업으로 같은 조 각호 소정의 행위를 하는 경우이어야 하고, 여기서 영업으로 한다고 함은 영리를 목적으로 동종의 행위를 계속 반복적으로 하는 것을 의미하는바, 구 대한광업진흥공사법(1986.5.12. 법률 제3834호로 전문 개정되기 전의 것)의 제반 규정에 비추어 볼 때 대한광업진흥공사가 광업자금을 광산업자에게 융자하여 주고 소정의 금리에 따른 이자 및 연체이자를 지급받는다고 하더라도, 이와 같은 대금행위는 같은 법 제1조 소정의 목적인 민영광산의 육성 및 합리적인 개발을 지원하기 위하여 하는 사업이지 이를 '영리를 목적'으로 하는 행위라고 보기는 어렵다.); 대법원 1998.7.10. 선고 98다10793 판결(새마을금고법의 제반 규정에 의하면 새마을금고는 우리 나라 고유의 상부상조 정신에 입각하여 자금의 조성 및 이용과 회원의 경제적·사회적·문화적 지위의 향상 및 지역사회개발을 통한 건전한 국민정신의 함양과 국가경제발전에 기여함을 목적으로 하는 비영리법인이므로, 새마을금고가 금고의 회원에게 자금을 대출하는 행위는 일반적으로는 영리를 목적으로 하는 행위라고 보기 어렵다).

Ⅲ. 당연상인

1. 의   의

당연상인은 자기명의로 상행위를 하는 자이다(제4조). 위에서의 **영업성**과 **기업성**을 갖추어야 함은 물론이다.

2. 자기명의

자기명의란 자기가 그 상행위에서 생기는 **권리의무의 귀속의 주체**가 된다는 뜻이다. ① **자기의 계산과 구별**된다. 自己의 計算이라 함은 자기가 그 행위의 결과 발생하는 손익의 귀속의 주체가 되는 것으로, 손익의 귀속주체와 권리의무의 귀속주체가 구별된다. 상인은 반드시 자기의 계산으로 할 필요가 없다. 따라서 子가 父의 계산으로 자기의 명의로 영업을 하는 경우 子가 상인이다. ② 자기명의는 행정관청에 대한 **신고명의인**이나 **납세명의인**과는 구별된다.[3] ③ **명의대여**가 있는 경우 명의대여자는 상인이 되지 못한다. 이 경우에 명의차용자만이 영업에서 발생하는 권리의무의 주체가 된다. 명의차용자가 권리의무의 귀속주체가 되므로 명의차용자가 상인이다. ④ **영업행위의 담당자**와 자기명의는 구별된다. 회사의 대표이사가 회사를 대표하는 경우에도 권리의무의 귀속주체가 회사이므로 회사가 상인이다. 그리고 같은 관점에서 미성년인 子를 위하여 父가 영업을 대리하여 주는 경우 상인은 子이다.

3. 기본적 상행위

당연상인의 상행위를 기본적 상행위라 한다. 기본적 상행위는 상법 제46조에 규정된 상행위를 말한다. 상법 제46조는 현재 22가지의 상행위를 규정하고 있다. ① **매매행위**: 매수 또는 매도, 팔기 위하여 사는 행위도 매매이다. 유상취득만을 의미하므로 무상취득이나 원시취득은 이에 해당하지 않는다. 「사는 행위」는 소유권취득을 의미한다. 「파는 행위」는 '산' 물건이거나 '유상으로 승계취득한' 물건을 파는 것을 말한다. 따라서 원시생산업자가 스스로 생산한 물건으로 계속적·반복적으로 파는 경우 그가 의제상인이 될 수는 있으나 당연상인은 안된다. 매수한 물건에 제조, 가공하는 행위는 제3호에 해당한다. ② **임대차행위**: '임대할 의사를 가지고 임차하거나 또는 이것을 임대하는 행위이다. 임대의사는 행위당

---

3) 대법원 1962.3.29. 선고 4294민상962 판결(판례는 점포의 임차명의인이 부인의 명의로 되어 있고 납세명의인은 남편의 명의로 되어 있을 뿐, 본건 영업이 남편 또는 부인의 누구에 속하는지 분명하지 아니한 경우에는 민법〈개정전〉 제830조 제2항에 의하여 남편을 상인으로 추정한다고 한 경우).

시에 존재하여야 하고 객관적으로 인식될 수 있어야 한다. ③ **제조, 가공, 수선에 관한 행위**: 이는 사실행위이므로 引受行爲가 이에 해당한다. ④ **전기, 전파, 가스 또는 물의 공급에 관한 행위**, ⑤ **작업 또는 노무의 도급의 인수**, ⑥ **출판·인쇄·촬영에 관한 행위**, ⑦ **광고, 통신 또는 정보에 관한 행위**, ⑧ **수신·여신·환 기타의 금융거래**, ⑨ **공중이 이용하는 시설에 의한 거래**: 공중접객업으로 상당수 상인이 이에 해당한다. 병원도 영업으로 하면 이에 해당한다. ⑩ **상행위의 대리의 인수**, ⑪ **중개에 관한 행위**,[4] ⑫ **위탁매매 기타 주선에 관한 행위**: 자기명의로 타인의 계산으로 법률행위를 할 것을 인수하는 행위. 주선의 목적이 되는 행위는 위탁자에게 상행위가 됨을 요하지 않는다. ⑬ **운송의 인수**, ⑭ **임치의 인수**, ⑮ **신탁의 인수**, ⑯ **상호부금 기타 이와 유사한 행위**, ⑰ **보험**, ⑱ **광물 또는 토석의 채취에 관한 행위**, ⑲ **기계, 시설 그 밖의 재산의 금융리스에 관한 행위**, ⑳ **상호·상표 등의 사용허락에 의한 영업에 관한 행위**, ㉑ **영업상 채권의 매입·회수**, ㉒ **신용카드, 전자화폐 등을 이용한 지급결제 업무의 인수** 등에 관한 행위가 있다. 그리고 이 열거된 상행위는 예시적이 아니라 **한정적**이다.

농업·축산업·수산업 등 원시산업을 목적으로 하는 행위는 상행위가 아니나, 광업은 상행위에 포함됨을 유의하여야 한다. 다만 농업을 상인적 방법에 의하거나 또는 회사를 설립하여 운영하는 경우 등에 있어서는 의제상인(제5조)에 해당할 수 있다.

Ⅳ. 의제상인(擬制商人)

1. 의   의

의제상인은 기본적 상행위 이외의 행위를 영업으로 하는 자이다. **자기명의, 영업성, 기업성 등의 요건과 상법의 적용면에서는 당연상인과 동일하다.** 다만 기본적 상행위를 하지 않는다는 점만 다르다. 의제상인에는 설비상인과 민사회사가 있다(제5조). 의제상인이 하는 행위를 **준상행위**라고 한다(제66조). 당연상인의 상행위가 제46조에서 정한 바와 같이 한정적이기 때문에 여기서 포섭되지 않는 행위들도 사회경제의 발전이나 기타 이유들로 인하여 상행위로 포함시켜야 할 필요성이 있고 이러한 경우에 대비한 것이 의제상인의 개념이라 할 수 있다.

---

4) 대법원 1968.7.24. 선고 68다955 판결(복덕방은 상법 제46조 제11호 및 제4조에 의하여 당연상인이라고 한 경우).

2. 의제상인의 종류

(1) 「설비상인」

설비상인은 점포 기타 유사한 설비에 의하여 상인적 방법으로 상행위 이외의 영업을 하는 자를 말한다(제5조 제1항). 일반적인 사회통념상 상인의 방법으로 인정되면 상인적 방법이라 하겠다.

의제상인인지 여부가 다투어진 판례를 보면 ① 약 5,000평의 과수원을 경영하면서 그 중 약 2,000평 부분의 사과나무에서 사과를 수확하여 이를 대부분 대도시의 사과판매상에 위탁판매하는 경우 영업으로 사과를 판매하는 것이 아니라는 판결이 있다.[5] 그런데 이는 그 생산업자가 점포 기타 유사한 설비를 갖추고 있지 않은 점에서 의제상인이 아니라고 함이 옳다. 또한 ② 낙찰계가 상호신용금고법상의 상호신용계와 유사한 무명계약으로서 여러 개의 계를 운영하여 얻은 수입으로 가계를 꾸려왔다 할지라도 상인적 방법에 의한 영업으로 계를 운영한 것이 아니라면 의제상인이 아니라고 하였다.[6]

(2) 「민사회사」

민사회사는 기본적 상행위 이외의 행위를 영리의 목적으로 하는 회사를 말한다(제5조 제2항). 민사회사의 대표적인 예는 농업·축산업·수산업 등 원시산업을 목적으로 하는 회사를 말한다.

(3) 변호사 등 전문직업인의 상인성

변호사의 행위가 제46조에 포함되지 않는다면 당연상인은 될 수 없으나, 상인적 방법에 의한다면 의제상인이 될 여지는 있다. 하지만 판례는 변호사법의 여러 규정과 제반 사정을 참작할 때, 변호사는 의제상인에 해당하지 아니한다고 본다.[7] 같은 취지에서 법무사도 상인이 아니라고 한다.[8] 그러나 판례의 입장에 대하여는 의문이 있다.

---

5) 대법원 1993.6.11. 선고 93다7174,7181 판결.
6) 대법원 1993.9.10. 선고 93다21705 판결.
7) 대법원 2007.7.26. 자 2006마334 결정; 대법원 2011.4.22. 자 2011마110 결정(변호사의 영리추구 활동을 엄격히 제한하고 그 직무에 관하여 고도의 공공성과 윤리성을 강조하는 변호사법의 여러 규정에 비추어 보면, 위임인·위촉인과의 개별적 신뢰관계에 기초하여 개개 사건의 특성에 따라 전문적인 법률지식을 활용하여 소송에 관한 행위 등에 관한 대리행위와 일반 법률사무를 수행하는 변호사의 활동은, 간이·신속하고 외관을 중시하는 정형적인 영업활동을 벌이고, 자유로운 광고·선전활동을 통하여 영업의 활성화를 도모하며, 영업소의 설치 및 지배인 등 상업사용인의 선임, 익명조합, 대리상 등을 통하여 인적·물적 영업기반을 자유로이 확충하여 효율적인 방법으로 최대한의 영리를 추구하는 것이 허용되는 상인의 영업활동과는 본질적으로 차이가 있고, 변호사의 직무 관련 활동과 그로 인하여 형성된 법률관계에 대하여 상인의 영업활동 및 그로 인한 형성된 법률관계와 동일하게 상법을 적용하지 않으면 아니 될 특별한 사회경제적 필요 내지 요청이 있다고 볼 수도 없으므로, 변호사는 상법 제5조 제1항이 규정하는 '상인적 방법에 의하여 영업을 하는 자'라고 볼 수 없다).
8) 대법원 2008.6.26. 자 2007마996 결정.

V. 소 상 인

소상인이란 "자본금액이 1,000만원에 미치지 못하는 상인으로서 회사가 아닌 자"인데 (상법 시행령 제2조), 이러한 소상인에 대하여는 상법 중 지배인·상호·상업장부 및 상업 등기에 관한 규정이 적용되지 않는다(제9조).

제 2 절 상인자격의 취득과 상실

I. 상인자격의 의의

상인능력은 상인이 될 수 있는 능력으로서 권리능력자에 대하여 일반적으로 인정된다. **상인자격**은 권리능력자 중 상법 제4조와 제5조의 요건을 구비함에 의하여 취득하게 된다. 원칙적으로 상인자격을 취득하는 시점부터 상법의 적용을 받게 된다. **영업능력**은 민법상 행위능력에 대응하는 개념이 된다.

II. 상인 자격의 취득

1. 법   인

법인 중 회사는 영리성의 유무가 권리능력 부여의 기초가 되고 있으므로(제169조) 상인 자격은 권리능력의 시기 및 종기와 일치한다. 회사는 설립등기에 의하여 법인격을 취득하 므로 **설립등기를 함으로써 상인자격을 취득**한다. 그러나 회사는 해산을 하더라도 청산의 목적범위 내에서는 존속하므로 청산을 종결할 때까지는 법인격 및 상인성이 유지된다. 따 라서 청산업무가 사실상 종결할 때에서야 비로소 법인격이 소멸한다.

그러나 공법인 및 비영리법인이 부수적으로 영업을 함으로써 상인자격을 취득하고 상 실하는 시기는 자연인인 상인의 경우와 같다(통설).[9]

2. 자 연 인

자연인은 모두 상인능력이 있는데, 상법 제4조와 제5조의 요건을 구비함으로써 상인자

---

[9] 대법원 1976.6.22. 선고 76다28 판결(대한석탄공사는 상사회사는 아니라 하여도 광물채취에 관한 행위를 영업 으로 하는 상인의 성질을 띤 법인이라 할 것이며 위 공사가 피용자들과 체결한 근로계약은 그의 영업을 위한 보조적 상행위이므로 그 보조적 상행위에 따른 퇴직금채무는 상사채무이다).

격을 취득한다. 상인자격은 앞에서 본 바와 같이 영업행위의 담당자와 구별되므로 상인자격을 취득한 자가 스스로 유효한 영업활동을 할 수 있는 영업능력을 갖는 것은 아니다. 이러한 영업능력과 관련하여 상법은 무능력자 또는 이의 법정대리인이 영업을 하는 때에는 거래의 안전을 위하여 상업등기부에 등기하도록 하고 있다(제6조, 제8조).

Ⅲ. 자연인의 상인자격의 취득시점

1. 학   설

자연인의 상인자격의 취득시점에 관하여는 견해의 대립이 있다. 주로 개업을 하기 위하여 영업자금을 차입하는 행위(개업준비행위)가 상행위가 되는지가 문제된다. 과거 대외적으로 영업의사를 알려야 한다는 **영업의사표백설**, 특별한 영업의사의 표백이 없다고 하더라도 영업의사를 주관적으로 실현하는 행위가 있어야 한다는 **영업의사의 주관적 실현설** 등이 있었다.

통설은 **영업의사의 대외적 인식가능설**이다. 영업의사가 개업준비행위에 의하여 주관적으로 실현되는 것만으로는 부족하고 상대방에 대하여 영업의사가 객관적으로 인식될 수 있어야 한다는 견해이다. 과거 다수설과 판례는 영업행위란 영업의 목적 자체인 행위를 의미하는 것이 아니라 그 준비행위를 의미하고, 자연인은 영업의 준비행위를 통하여 '영업의사가 객관적으로 나타났을 때'에 상인자격을 취득한다고 보았다. 개업준비행위를 할 때에도 보조적 상행위로서 상인자격을 취득할 수 있다는 것이고 다만 그것이 객관적으로 인식가능한 경우이다.

2. 판   례

과거에는 일반적으로 **영업의사의 대외적 인식가능설**이 판례의 입장이라고 보았다.[10] 그러나 최근 판례를 통하여 그 시기가 조금 당겨졌다고도 할 수 있다. **행위자의 주관적 의사가 영업을 위한 준비행위**이었고 **상대방도 행위자의 설명 등에 의하여 그 행위가 영업을 위한 준비행위라는 점을 인식하였던 경우**에는 상행위에 관한 상법의 규정이 적용된다고 봄이 타당하다고 한다.[11] 요컨대 객관적 성질을 불문하고 **거래 상대방이 그 행위가**

---

10) 대법원 1999.1.29. 선고 98다1584 판결(개업준비행위는 반드시 상호등기·개업광고·간판부착 등에 의하여 영업의사를 일반적·대외적으로 표시할 필요는 없으나 점포구입·영업양수·상업사용인의 고용 등 그 준비행위의 성질로 보아 **영업의사를 상대방이 객관적으로 인식할 수 있으면** 당해 준비행위는 보조적 상행위로서 여기에 상행위에 관한 상법의 규정이 적용된다).

11) 대법원 2016.5.12. 선고 2014다37552 판결; 대법원 2012.7.26. 선고 2011다43594 판결; 대법원 2012.4.13. 선고 2011다104246 판결(상법은 점포 기타 유사한 설비에 의하여 상인적 방법으로 영업을 하는 자는 상행위를 하지 아니하더라도 상인으로 보면서(제5조 제1항), 제5조 제1항에 의한 의제상인의 행위에 대하여 상사소멸시효 등 상행위에

영업을 위한 준비행위라는 점을 인식하였던 경우라면 상인자격을 취득한다는 것이다. 다만 행위자의 주관적 의사가 영업을 위한 준비행위이어야 한다.

이후의 판례에서는 이러한 준비행위가 보조적 상행위로서 상법의 적용을 받기 위해서는 그 행위를 하는 자가 장차 상인자격을 취득하는 것을 당연한 전제로 하므로, 그 행위자의 어떤 행위가 상인자격을 취득할 주관적 의사 아래 영업을 위한 준비행위로서 이루어진 것이라는 점에 대한 입증이 없다면 이는 그 행위자의 보조적 상행위라고 볼 수 없다고 하였다.[12] 따라서 어떠한 자가 자기명의로 상행위를 함으로써 상인자격을 취득하고자 준비행위를 하는 것이 아니라 다른 상인의 영업을 위한 준비행위를 하는 것에 불과하다면, 그 행위는 행위를 한 자의 보조적 상행위가 될 수 없다.[13]

결국 판례에 의한다면 ① 행위자의 주관적 의사가 영업을 위한 준비행위이고 그 의사가 객관적으로 인식될 수 있는 경우 상인자격을 취득한다. 또는 ② 행위자의 주관적 의사가 영업을 위한 준비행위이고 상대방이 그 행위가 영업준비행위라는 점을 인식한다면 행위자는 상인자격을 취득한다.

제 3 절 영업능력

민법상 행위무능력자 제도가 변경되었으나 상법상으로는 아직 남아 있다.

I. 미성년자와 한정치산자

미성년자와 한정치산자는 법정대리인의 허락을 얻어 영업을 하는 때에는 등기를 하여

관한 통칙 규정을 준용하도록 하고 있다(제66조). 한편 영업의 목적인 상행위를 개시하기 전에 영업을 위한 준비행위를 하는 자는 영업으로 상행위를 할 의사를 실현하는 것이므로 준비행위를 한 때 상인자격을 취득함과 아울러 개업준비행위는 영업을 위한 행위로서 최초의 보조적 상행위가 되는 것이고, 이와 같은 개업준비행위는 반드시 상호등기·개업광고·간판부착 등에 의하여 영업의사를 일반적·대외적으로 표시할 필요는 없으나 점포구입·영업양수·상업사용인의 고용 등 **준비행위의 성질로 보아 영업의사를 상대방이 객관적으로 인식할 수 있으면 당해 준비행위는 보조적 상행위로서 여기에 상행위에 관한 상법의 규정이 적용된다.** 그리고 영업자금 차입 행위는 행위 자체의 성질로 보아서는 영업의 목적인 상행위를 준비하는 행위라고 할 수 없지만, **행위자의 주관적 의사가 영업을 위한 준비행위이었고 상대방도 행위자의 설명 등에 의하여 그 행위가 영업을 위한 준비행위라는 점을 인식하였던 경우**에는 상행위에 관한 상법의 규정이 적용된다고 봄이 타당하다. 甲이 학원 설립과정에서 영업준비자금으로 乙에게서 돈을 차용한 후 학원을 설립하여 운영한 사안에서, 제반 사정에 비추어 甲이 운영한 학원업은 점포 기타 유사한 설비에 의하여 상인적 방법으로 영업을 하는 경우에 해당하여 甲은 상법 제5조 제1항에서 정한 '의제상인'에 해당하는데, 甲의 차용행위는 학원영업을 위한 준비행위에 해당하고 상대방인 乙도 이러한 사정을 알고 있었으므로 차용행위를 한 때 甲은 상인자격을 취득함과 아울러 차용행위는 영업을 위한 행위로서 보조적 상행위가 되어 상법 제64조에서 정한 상사소멸시효가 적용된다).

12) 대법원 2012.11.15. 선고 2012다47388 판결.
13) 대법원 2020.3.12. 선고 2019다283794 판결.

야 한다(제6조). 그리고 미성년자 또는 한정치산자가 법정대리인의 허락을 얻어 **무한책임사원**이 된 때에는 그 사원자격으로 인한 행위는 능력자로 본다(제7조).

II. 법정대리인에 의한 영업의 대리

법정대리인이 미성년자, 한정치산자 또는 금치산자를 위하여 영업을 하는 때에는 등기를 하여야 한다(제8조 제1항). 법정대리인의 대리권에 대한 제한은 선의의 제3자에게 대항하지 못한다(제8조 제2항).

제 3 장

상업사용인(기업의 경영보조자)

제 1 절   상업사용인

Ⅰ. 입법의 취지

민법에서의 대리권의 범위는 사안에 따라 구체적·개별적으로 정하여지는데 대량적·반복적으로 이루어지는 상거래에 있어서는 상업사용인의 대리권을 이러한 방식으로 결정한다면 법적 안정이 저해된다. 따라서 상업사용인의 대리권은 획일적으로 정하여진다(제11조 제3항 참조). 상업사용인이라고 분류되면 그 본인에 해당하는 영업주(營業主)의 의사와는 무관하게 상법에서 정한 일정한 범위의 대리권이 주어지는 것이다. 상업사용인 제도는 민법상의 대리제도와는 달리 대리권의 범위를 획일적으로 정함에 의하여 거래상대방을 보호하고 거래의 안전을 도모하기 위한 것이라 할 수 있다.

Ⅱ. 상업사용인의 의의

상업사용인은 특정한 상인에 종속하여 대외적인 영업상의 업무를 대리하는 자이다. **종속성, 대외적 업무, 대리권**이 중요한 표식이 된다.

영업적 보조자	- 조직 내(종속) - 제10조 지배인 　　　　　　　　제15조 부분적 포괄대리권을 가진 상업사용인 　　　　　　　　제16조 물건판매점포의 사용인 - 조직 외(독립) - 제87조 대리상 　　　　　　　　제93조 중개인 　　　　　　　　주선인 - 제101조 위탁판매인 　　　　　　　　　　　제113조 준위탁판매 　　　　　　　　　　　제114조 운송주선인
기술적 보조자	- 조직 내(종속) - 대리권 없음 - 상법에 규정 없음: 생산과정에 참여하여 대내적으로 활동하는 보조자

1. 상업사용인의 요소

상업사용인의 요소로 다음이 있다. ① 특정한 상인에 **종속**되어 있고 **상명하복**(上命下服)의 관계이다. 따라서 기업의 외부에서 독립된 상인으로 특정한 상인을 위하여 활동하는 대리상(제87조)과는 종속성의 측면에서 구별된다. ② **대리**를 한다. 따라서 대리가 아닌 대표를 하는 대표와 구별된다. 또한 경영담당자가 아니라 경영보조자이므로 기관과 구별된다. 상업사용인이 동시에 기관이 될 수는 있다.[1] 원칙적으로는 대리권을 수여하여야 하지만, 물건판매점포의 사용인의 경우는 그렇지 않다. ③ **대외적인 영업상의 업무**를 하는 자이다. 상업사용인은 대외적인 영업상의 업무를 대리하는 자이므로, 대외적인 영업상의 업무가 아닌 생산과정에 참여하는 기술적 보조자(기사 등)나 대리권이 없는 자(배달원·수위 등) 등은 상업사용인이 아니다. ④ **자연인**에 한한다. ⑤ 근로계약을 체결할 필요는 없다.

2. 종   류

상법상 상업사용인은 대리권의 범위에 따라 (i) 지배인, (ii) 부분적 포괄대리권을 가진 상업사용인 및 (iii) 물건판매점포의 사용인(의제상업사용인)으로 분류된다.

제 2 절   지 배 인

I. 지배인의 의의

지배인이란 영업주에 갈음하여 그 영업에 관한 재판상 또는 재판외의 모든 행위를 할 수 있는 대리권을 가진 상업사용인이다(제11조 제1항). 명칭은 상관이 없이 그 영업에 관한 재판상 또는 재판외의 모든 행위를 할 수 있는 포괄적 대리권이 수여되었다면 지배인이다. 대표적으로는 은행지점장 등이 이에 해당한다. 표현지배인에 해당하지 않는 한, **지배인이라는 명칭을 사용하는 경우라도 포괄적인 대리권이 수여되지 않았다면 상법상의 지배인이 아니다.** ① 지배인은 **상업사용인**이다. ② **포괄적인 영업상의 대리권**을 가진다. ③ 단체법상의 행위인 **대표와는 차이**가 있다.

다른 상업사용인과의 차이를 보면 ① 지배인의 권한은 전면적, 포괄적, 불가제한적이다. ② 지배인의 선임과 종임은 등기사항이며, ③ 지배권의 범위는 재판상의 행위에도 미친다.

---

1) 대법원 1996.8.23. 선고 95다39472 판결(주식회사의 기관인 상무이사라고 하더라도 부분적 포괄대리권을 가지는 동 회사의 사용인을 겸임할 수 있다고 할 것이다).

II. 선임과 종임

1. 선임과 종임

지배인을 선임할 수 있는 자는 **상인 또는 그 대리인**이다(제10조). 이때 상인이 회사인 경우에는 내부절차상 일정한 제한을 받고(제203조, 제274조, 제393조, 제564조), **지배인은 다른 지배인을 선임할 수 없다**(제11조 제2항 반대해석).

상인의 **대리인**에는 법정대리인만으로 해석하는 견해도 있으나 상법상 제한 규정이 없는 이상 **법정대리인뿐만 아니라 임의대리인도 포함**한다고 해석함이 옳다. 또한 지배인은 영업을 전제로 하여 선임되므로 청산중의 회사나 파산중의 회사는 지배인을 선임할 수 없다. 지배인은 직무의 성질상 감사와의 겸임은 허용되지 않지만(제411조, 제570조), 업무집행사원이나 이사는 지배인을 겸할 수 있다. 지배인의 선임행위는 대리권의 수여행위라고 볼 수 있는데, 명시적인 대리권 수여행위 이외에도 고용계약(민법 제659조, 제661조, 제663조)이나 위임계약(민법 제689조, 제690조)을 수반하면서 묵시적인 대리권 수여행위에 의할 수도 있다.

지배인의 지위는 그 선임계약의 내용에 따라 그 계약의 종료 또는 대리권의 소멸에 의하여 종료된다. 그런데 영업주가 수여한 대리권은 영업주의 사망으로 대리권이 소멸하지 않는다(제50조).

2. 등   기

지배인은 지배권의 수여 또는 선임의 사실만으로 즉시 상법에 규정된 지배권을 취득한다. 등기 유무와 관련 없이 지배인이 되는 것이나 그 권한이 포괄적이기 때문에 대외적인 거래의 안전을 위하여 지배인의 선임과 종임은 등기사항으로 정해두었다(제13조). 요컨대 이러한 등기는 대항요건에 불과하다(제37조).

지배인으로 선임된 경우 등기하지 않았다 하더라도 지배인이 되는 것이나 이를 등기하지 않으면 선의의 제3자에게 대항하지 못한다(제37조 제1항).

III. 지배인의 권한

1. 포괄성, 정형성

지배인의 권한(지배권)은 **영업주에 갈음하여 그 영업에 관한 재판상 또는 재판외의 모든 행위를 할 수 있는 권한**이다(제11조 제1항). 이러한 지배권은 추상적이고 포괄·정형적인 성질을 갖는 점에서 민법상의 대리권이 구체적이고 개별적인 점과 구별되고, 지배권은 개인법상의 대리관계로서 그 범위는 특정 영업소의 영업활동에 한정되는 점에서 대표권은 단체법상의 대표관계로서 그 범위가 영업 전반에 미치는 점과 구별된다.

지배인의 대리권(지배권)은 임의대리에 해당하지만, 그 범위는 그 영업에 관한 모든 재판상·재판외의 행위에 미친다는 점(제11조 제1항)에서 포괄성이 있다. 그리고 지배권의 범위는 개별적으로 정해지는 것이 아니라 상법의 규정에 의하여 정하여지는 점에서 정형성이 있다. 그러므로 만약 영업주가 지배인의 대리권을 제한하는 경우라도 그 제한은 선의의 제3자에게 대항하지 못한다(제11조 제3항).

지배인은 재판상의 행위를 대리할 수 있으므로 변호사가 아니더라도 영업주를 위하여 소를 제기하거나 응소하는 등의 각종 소송행위를 할 수 있다.

2. 영업에 관한 행위

지배권은 영업주의 「영업에 관한 행위」이어야 하므로 영업주의 신분상의 행위나 영업 자체의 양도나 폐지를 할 권한 등은 이에 해당하지 않는다. 「영업에 관한 행위」인가 아닌가는 **그 행위의 객관적 성질에 따라 추상적으로 판단**하여야 한다.[2] 따라서 영업에 관한 행위뿐만 아니라 영업을 위하여 직접·간접으로 필요한 모든 행위를 뜻한다. 일반적으로 영업의 종류 당해 거래계의 통념 등을 감안하여 전체적으로 판단한다. 예를 들어 ① 어음행위는 일반적으로 영업에 관한 행위이다.[3] 그러므로 ② 지배인의 어음행위가 내부적으로 금지되어 있음에도 한 경우 이것은 지배인으로서의 유효한 행위가 된다.[4]

영업에 관한 행위에 대한 대리권을 가지므로 ① **영업주의 일신전속적인 것에 대하여는 대리하지 못한다.** 또한 ② 지배인의 대리권은 **상법상의 영업소를 단위로 주어지는 것이며, ③ 영업의 존속을 전제로 하므로 영업 자체의 폐지 양도 및 신설 등에 대한 사항에 있어서는 지배권이 인정되지 않는다.**

---

2) 대법원 1997.8.26. 선고 96다36753 판결(지배인은 영업주에 갈음하여 그 영업에 관한 재판상 또는 재판 외의 모든 행위를 할 수 있고, 지배인의 대리권에 대한 제한은 선의의 제3자에게 대항하지 못하며, 여기서 지배인의 어떤 행위가 영업주의 영업에 관한 것인가의 여부는 지배인의 행위 당시의 주관적인 의사와는 관계없이 그 행위의 객관적 성질에 따라 추상적으로 판단되어야 한다).

3) 대법원 1998.8.21. 선고 97다6704 판결(지배인의 행위가 영업주의 영업에 관한 것인가의 여부는 지배인의 행위 당시의 주관적인 의사와는 관계없이 그 행위의 객관적 성질에 따라 추상적으로 판단하여야 할 것인바, 지배인이 영업주 명의로 한 어음행위는 객관적으로 영업에 관한 행위로서 지배인의 대리권의 범위에 속하는 행위라 할 것이므로 지배인이 개인적 목적을 위하여 어음행위를 한 경우에도 그 행위의 효력은 영업주에게 미친다 할 것이고, 이러한 법리는 표현지배인의 경우에도 동일하다).

4) 대법원 1997.8.26. 선고 96다36753 판결(지배인이 내부적인 대리권 제한 규정에 위배하여 어음행위를 한 경우, 이러한 대리권의 제한에 대항할 수 있는 제3자의 범위에는 그 지배인으로부터 직접 어음을 취득한 상대방뿐만 아니라 그로부터 어음을 다시 배서양도받은 제3취득자도 포함된다).

3. 불가제한성

지배인의 대리권(지배권)은 그 범위가 객관적으로 법률에 의하여 정형화되어 있으므로, 거래의 안전을 위하여 그 획일성이 요구된다. 대리권을 내부적으로 제한하는 경우 공시할 방법도 없다. **대리권의 제한은 등기사항도 아닌 것이다.** 그리고 지배권에 대한 제한은 선의의 제3자에게 대항하지 못한다(제11조 제3항). 이때 선의는 제3자가 대리권의 제한 사실을 알고 있었던 경우뿐만 아니라 알지 못한 데에 중대한 과실이 있는 경우에도 영업주는 그 상대방에게 대항할 수 있고, **제3자의 악의 또는 중과실에 대한 입증책임은 영업주가 부담한다.**[5] 지배인이 내부적인 대리권 제한 규정에 위배하여 어음행위를 한 경우 이러한 대리권의 제한에 대항할 수 있는 제3자의 범위에는 그 지배인으로부터 직접 어음을 취득한 상대방뿐만 아니라 그로부터 어음을 다시 배서양도받은 **제3취득자도 포함**된다고 본다.[6]

4. 지배권의 남용

지배권의 남용은 객관적으로는 지배권의 범위 이내이나 주관적으로 영업주의 이익이 아니라 지배인 자신이나 제3자의 이익을 위한 경우를 말한다. 따라서 지배인의 권리를 내부적으로 제한하는 경우와는 구별하여야 한다. 남용에 있어서는 객관적으로는 지배권의 범위 이내이기 때문이다.

그 효력에 관하여 ① **권리남용설**에서는 대리의 효과를 주장하는 것은 거래상대방의 권리남용이라는 근거하에 원칙적으로는 유효이나 거개상대방이 악의인 경우 무효가 된다고 본다. ② **심리유보설**은 민법 제107조 제1항 단서를 유추적용하자는 입장으로서 거래상대방이 **"알았거나 알 수 있었을 때"** 무효가 된다고 본다. 두 학설의 차이를 보면, 권리남용설에서는 일반적으로 거래상대방이 알았거나 중대한 과실로 알지 못한 때를 악의로 보아, **경한 과실만이 있는 경우는 보호해준다.** 이것이 심리유보설과의 차이점이다. 판례는 과거 권리남용설을 취한 것이 있었으나[7] 현재는 **심리유보설로 확립**되었다.[8] 판례는 지배인의 지

---

5) 대법원 2003.9.26. 선고 2002다65073 판결; 대법원 1997.8.26. 선고 96다36753 판결. 최근 대법원 전원합의체 판결에 의하여 대표이사의 대표권 제한에 관한 법리도 악의 또는 중과실에 대항할 수 있는 것으로 변경되었다(대법원 2021.2.18. 선고 2015다45451 전원합의체 판결).

6) 대법원 1997.8.26. 선고 96다36753 판결.

7) 대법원 1987.3.24. 선고 86다카2073 판결.

8) 대법원 1999.3.9. 선고 97다7721,7738 판결(지배인의 행위가 영업에 관한 것으로서 대리권한 범위 내의 행위라 하더라도 영업주 본인의 이익이나 의사에 반하여 자기 또는 제3자의 이익을 도모할 목적으로 그 권한을 행사한 경우에 그 상대방이 지배인의 진의를 알았거나 알 수 있었을 때에는 민법 제107조 제1항 단서의 유추해석상 그 지배인의 행위에 대하여 영업주 본인은 아무런 책임을 지지 않는다고 보아야 하고, 그 상대방이 지배인의 표시의사가 진의 아님을 알았거나 알 수 있었는가의 여부는 표의자인 지배인과 상대방 사이에 있었던 의사표시 형성 과정과 그 내용 및 그로 인하여 나타나는 효과 등을 객관적인 사정에 따라 합리적으로 판단하여야 한다); 대법원 1987.7.7. 선고 86다카1004 판결; 1987.11.10. 선고 86다카371 판결; 1996.4.26. 선고 94다29850 판결; 1998.2.27. 선고 97다24382 판결 등

배권남용뿐 아니라 대표이사의 대표권남용에 있어서도 심리유보설을 취한다.

하지만 지배인에게 행위의 진의가 없었는가 하는 점에 대하여는 비판이 있다. 지배인의 진의는 그 대리로 인한 법률효과를 영업주에게 귀속시키고자 하는 의사가 있으나 단지 경제적인 이익을 본인이나 제3자가 보겠다는 것이므로 진의가 없는 것으로 보기 어렵기 때문이다.

Ⅳ. 공동지배인

1. 지배권의 제한

수인의 지배인을 선임하여 공동으로만 지배권을 행사할 수 있도록 제한하는 제도로서, 지배권의 남용 또는 오용을 방지하기 위한 것이다. 영업주는 수인의 지배인이 공동으로만 지배권을 행사하게 할 수 있는데(제12조 제1항), 이때 능동대리는 공동으로만 하여야 하나(특정한 사항에 관한 지배권의 개별적 위임은 가능함)(제12조 제1항), 수동대리는 지배인 중 1인에 대하여만 하여도 무방하다(제12조 제2항). 공동지배인을 둔 경우에는 이에 관한 사항과 그 변경 또는 소멸에 관한 사항은 등기사항이다(제13조 제2문).

공동지배인은 지배권의 범위를 내부적으로 제한하는 제11조 제3항의 대리권의 제한과는 다르다. 수인의 지배인이 공동으로 대리권을 행사하지 않으면 아예 지배권이 없는 것으로 되기 때문이다. 따라서 거래상대방이 선의라 하더라도 공동지배인에 관한 사항이 등기되어 있다면 원칙적으로 영업주는 책임을 지지 않는다. 그런데 영업주가 공동지배인으로 수인의 지배인을 선임하였으나 등기를 하지 않았다면 제37조 제1항에 의하여 선의의 제3자에게 대항하지 못한다. 하지만 **등기를 한 경우라 하더라도 표현지배인의 규정에 따른 표현책임을 질 수는 있을 것이다.**[9]

2. 개별적 위임

공동지배인 사이에 지배권을 포괄적으로 위임하는 것은 공동지배인 제도의 취지에 반하므로 당연히 금지되지만, 특정 사안에 관한 개별적 위임까지 금지되는 것인지에 관한 쟁점이 있다. 요컨대 개별적 위임이 가능한가에 대하여는 탈법적인 행위가 될 수 있으므로 개별적 위임을 부정하는 견해와 긍정하는 견해가 있다. ① **긍정설**은 공동지배인제도는 영

이 있다.

9) 이러한 취지의 공동대표이사에 관한 판결이 있다. 대법원 1991.11.12. 선고 91다19111 판결(회사가 공동으로만 회사를 대표할 수 있는 공동대표이사에게 대표이사라는 명칭의 사용을 용인 내지 방임한 경우에는 회사가 이사자격이 없는 자에게 표현대표이사의 명칭을 사용하게 한 경우이거나 이사자격 없이 그 명칭을 사용하는 것을 알고서도 용인상태에 둔 경우와 마찬가지로, 회사는 상법 제395조에 의한 표현책임을 면할 수 없다).

업주의 보호를 위해 지배권의 정형화의 부득이한 예외이므로 가능하다는 견해이다. ② **부정설**은 지배인 간의 내부적 위임에 의해 대리행위의 대외적 효력을 좌우하게 함은 공동지배인제도에 대한 예측가능성을 흐리게 한다고 주장한다. 개별적이고 구체적으로 위임하는 것은 가능하다고 보는 긍정설이 타당하다. 판례는 없다.

V. 표현지배인

1. 의 의

지배인으로 인정될만한 명칭을 사용하는 자와 거래하였음에도 불구하고 대리권이 없다고 하는 경우 선의의 제3자 보호와 거래의 안전이 문제될 수 있다. 이에 상법은 제14조에서 표현지배인제도를 두고 있다. 표현지배인이란 **본점 또는 지점의 본부장, 지점장, 그 밖에 지배인으로 인정될 만한 명칭을 사용하는 사용인**을 말하는데, 이는 민법상의 표현대리·상법상의 명의대여자의 책임(제24조) 및 표현대표이사(제395조) 등과 같이 선의의 거래상대방(제3자)을 보호하기 위하여 인정된 것이다. 표현지배인의 행위는 민법상의 표현대리에도 해당할 수 있고 이에 의하여도 제3자가 보호받을 수 있다. 그런데 표현지배인의 경우가 요건이 보다 완화되어 있어 거래상대방으로서는 이를 주장하는 것이 손쉽다.

2. 요 건

'표현'이 들어가는 제도의 경우는 그 요건이 동일한 것으로 볼 수 있다. **귀책사유**(명칭부여), **외관의 존재**(명칭사용), **거래상대방의 선의**가 그것이다.

(1) 영업주의 귀책사유

외관을 작출한 것에 대하여 영업주의 귀책사유가 있어야 하고 이것이 명칭의 부여이다. 명칭의 부여는 **명시적**이거나 **묵시적**이거나를 불문한다. 명칭의 부여에는 묵시적인 것도 포함되겠으나, 그 범위를 어디까지로 할 것인지가 문제된다. 단순히 제3자가 무단으로 잠칭하는 경우는 어떠한가? 판례는 없다. 표현대표이사에 있어 이 경우에 관한 판례는 회사가 알지 못하였다면 잠칭만으로 귀책사유는 인정되지 않는다고 본다.[10] 그런데 알았다고 하더라도 귀책사유가 인정되기 위하여는 **별도의 요건이 필요**할 것이다. 상법 제24조 명의대여자의 책임에서 이 문제에 대하여 보다 깊이 다룬다. 상업사용인이 아닌 단순한 피용자도 표현지배인으로 인정될 수 있다.

---

10) 대법원 1995.11.21. 선고 94다50908 판결(회사의 명칭 사용 승인 없이 임의로 명칭을 참칭한 자의 행위에 대하여는 비록 그 명칭 사용을 알지 못하고 제지하지 못한 점에 있어 회사에게 과실이 있다고 할지라도 그 회사의 책임으로 돌려 선의의 제3자에 대하여 책임을 지게 할 수 없다).

(2) 외관의 존재

1) 표현적 명칭

지배인에 해당하는 표현적 명칭의 사용이다. 상법은 본부장, 지점장 등을 예시하고 있다. 영업소의 영업을 책임지는 자라고 인정될 수 있어야 하므로, 상위직의 존재를 쉽게 추론할 수 있으면 그 명칭에 해당하지 않는다. 따라서 판례는 지점차장[11]과 지점장대리[12] 등은 표현지배인의 명칭에 해당하지 않는다고 하였고, **건설회사의 현장소장도** 공사의 시공만 담당하므로 표현적 명칭이 아니다.[13] 그러나 제약회사의 지방 분실장은 그 명칭에 해당한다고 하였다.[14]

2) 영업소로서의 실질

표현지배인이 성립하기 위하여서는 상법상 영업소로서의 실체를 갖추어야 하느냐가 쟁점이다. 상법에는 명시되어 있지 않으나, 지배인은 "본점 또는 지점"의 사용인이므로 영업소로서의 실체를 구비하여야만 하는가이다. 상법상 본점이나 지점 등 **영업소로서의 실체가 인정되기 위하여는 그 영업장소가 본점 또는 지점의 지휘·감독 아래 기계적으로 제한된 보조적 사무만을 처리하는 것이 아니라, 일정한 범위 내에서 본점 또는 지점으로부터 독립하여 독자적으로 영업활동에 관한 결정을 하고 대외적인 거래를 할 수 있는 조직을 갖추어야 한다.**[15]

학설로는 상법 조문이 그 요건으로 명시하지 않음에도 불구하고 이를 추가적으로 요구하는 것은 옳지 않다는 지적이 있으나, **판례는 영업소로서의 실질을 구비하여야 한다고 본다.** 판례의 입장은 **외관의 보호와 영업주의 이익을 균형적으로 맞추기 위한 타협점**이라 볼 수 있다. 상업활동의 실질적 중심을 이루는 독립단위로서의 성격을 갖추지 못하였음에도 불구하고 명칭만을 신뢰한 자를 보호하는 것은 상대방을 지나치게 보호하는 불균형한 결과가 될 수 있기 때문이다. 이러한 취지의 판례를 보면, ① **보험회사의 영업소장**은 그 명칭만 놓고 보면 표현적 명칭에 해당하는 것처럼 인식되나, 보험회사의 영업소는 단순히 본·지점의 지휘감독 아래 기계적으로 제한된 보조적 사무만을 처리하기 때문에 상법상의 영업소라 볼 수 없으므로 표현지배인이 성립하지 않는다고 하였다.[16] ② **건설회사의**

---

11) 대법원 1993.12.10. 선고 93다36974 판결.
12) 대법원 1994.1.28. 선고 93다49703 판결.
13) 대법원 1994.9.30. 선고 94다20884 판결(건설업을 목적으로 하는 건설회사의 업무는 공사의 수주와 공사의 시공이라는 두 가지로 크게 나눌 수 있는데, 건설회사 현장소장은 일반적으로 특정된 건설현장에서 공사의 시공에 관련한 업무만을 담당하는 자이므로 특별한 사정이 없는 한 상법 제14조 소정의 본점 또는 지점의 영업주임 기타 유사한 명칭을 가진 사용인 즉 이른바 표현지배인이라고 할 수는 없고, 단지 상법 제15조 소정의 영업의 특정한 종류 또는 특정한 사항에 대한 위임을 받은 사용인으로서 그 업무에 관하여 부분적 포괄대리권을 가지고 있다고 봄이 상당하다).
14) 대법원 1998.8.21. 선고 97다6704 판결.
15) 대법원 1998.10.13. 선고 97다43819 판결; 대법원 1998.8.21. 선고 97다6704 판결.

현장소장도 그러하다. 건설회사의 현장소는 건설회사의 업무 중 시공이라는 업무만 하기 때문에 상법상의 영업소로 볼 수 없고 따라서 건설회사 현장소장은 표현지배인이 아니다.[17] 또한 ③ 문제가 된 영업대리점의 점주에 관한 판례로 그 점주는 특정 회사와의 사이에 위탁판매 및 서비스대행계약을 체결하고 그 회사의 지휘·감독 아래 브레이카 등 중기의 판매대행 및 그 판매대금의 수금, 이와 관련된 채권의 확보 및 행사, 판매한 중기에 대한 사후관리를 담당하면서 그 실적에 따라 회사로부터 일정한 수수료를 지급받는다면, 그 영업대리점은 甲회사를 위하여 독립적으로 영업활동을 처리할 수 없고 **다만 지휘·감독 아래 판매와 관련된 일정한 업무만을 보조적으로 처리하고 있었으므로 상법상의 영업소인 본점·지점에 준하는 영업장소라고 볼 수 없고** 따라서 표현지배인이 성립하지 않는다고 하였다.[18]

3) 상대방의 선의

거래상대방은 선의이어야 한다(제14조 제2항). 이때의 선의는 대리권이 없음을 모르는 것이 아니라, **지배인이 아니라는 것**을 모르는 것이다. 여기서 악의는 중과실을 포함하는 개념으로 보고, 경과실만 있는 경우에는 선의라고 봄이 통설이다(판례는 없음).

3. 효 과

상법이 '**본다**'라고 규정하고 있어, 표현지배인으로 인정되면 지배권이 없는 자의 행위를 지배권이 있는 자의 행위로 의제한다(제14조 제1항). 이로 인하여 영업주(상인)는 상대방에 대하여 책임을 부담한다. 표현지배인의 행위에 대하여 영업주가 이와 같이 책임을 지는 것은 지배인이 아닌 자의 행위에 대하여 책임을 지는 것으로, 이는 지배권이 제한된 진정한 지배인이 그 제한에 위반하여 한 행위에 대하여 영업주가 책임을 지는 경우(제11조 제3항)와는 구별된다. 다만 재판상 행위에 대하여는 그러하지 아니하다(제14조 제1항 단서).

그리고 표현지배인의 경우 지배권남용의 이론이 적용되는지가 문제될 수 있다. 판례는 지배인의 행위가 영업주의 영업에 관한 것인가의 여부는 지배인의 행위 당시의 주관적인 의사와는 관계없이 그 행위의 객관적 성질에 따라 추상적으로 판단하여야 한다고 하면서, 지배인이 영업주 명의로 한 어음행위는 객관적으로 영업에 관한 행위로서 지배인의 대리권의 범위에 속하는 행위이므로, **지배권남용의 법리는 표현지배인의 경우에도 동일하다**고 본다.[19]

---

16) 대법원 1978.12.13. 선고 78다1567 판결; 대법원 1983.10.25. 선고 83다107 판결(보험회사의 영업소장은 상법 제14조의 표현지배인에 해당되지 않는다).
17) 대법원 1994.9.30. 선고 94다20884 판결.
18) 대법원 2000.8.22. 선고 2000다13320 판결.
19) 대법원 1998.8.21. 선고 97다6704 판결.

제 3 절   부분적 포괄대리권을 가진 상업사용인

I. 의   의

1. 뜻

부분적 포괄대리권을 가진 상업사용인이란 "영업주의 영업의 특정한 종류 또는 특정한 사항에 대하여 재판 외의 모든 행위를 할 수 있는 대리권을 가진 상업사용인"을 말한다(제15조). 영업의 일부를 범위로 정하여 대외적 거래를 맡기는 경우가 이에 해당하고 보통 회사의 차장·과장·계장·대리 등의 명칭을 가진 상업사용인이 이에 해당하고, 대외적 거래에 있어 그 대리권을 신뢰한 상대방을 보호하기 위한 규정이다. 판례로 나타난 것들을 보면, 증권회사의 **지점장대리,**[20] **건설회사의 현장소장**, 분양업무를 맡은 **관리부장**, 주식회사의 **경리부장** 등이 이에 해당한다고 본다.

지배인과의 차이점을 보면, ① 부분적 포괄대리권을 가진 상업사용인의 대리권은 **특정사항**에만 미치고(제15조 1항 전단), ② 대리권이 **재판상의 행위에는 미치지 않으며**(제15조 제1항 후단), ③ **등기사항이 아닌 점**(제13조 참조), ④ **소상인에 대하여도 적용**된다는 점 등이다(제9조 참조).

2. 포괄정형성, 불가제한성

부분적 포괄대리권을 가진 상업사용인이 갖는 대리권은 포괄·정형성을 갖는다(제15조 제1항). 특정한 종류에 대하여 포괄적인 대리권을 가지며 또한 그 범위가 법규정에 의하여 정해지므로 정형적이다.

또한 불가제한성이 있는 점(제15조 제2항)은 지배인의 지배권과 같으나, 부분적 포괄대리권을 가진 상업사용인의 경우 그 대리권의 범위가 영업의 일부이기 때문에 그 범위 내에서 제한하는 경우 선의의 제3자에게 대항하지 못한다는 의미이다. 따라서 판매를 맡은 부분적 포괄대리권을 가진 상업사용인이 구매를 하는 경우에는 제15조 제2항이 적용되지 않고 따라서 선의의 제3자에게 대항할 수 있다.

---

20) 대법원 1994.1.28. 선고 93다49703 판결(일반적으로 증권회사의 지점장대리는 그 명칭 자체로부터 상위직의 사용인의 존재를 추측할 수 있게 하는 것이므로, 상법 제14조 소정의 영업주임 기타 이에 유사한 명칭을 가진 사용인이라고 할 수는 없고, 단지 같은 법 제15조 소정의 영업의 특정한 종류 또는 특정한 사항에 대한 위임을 받은 사용인으로서 그 업무에 관한 부분적 포괄대리권을 가진 사용인으로 봄이 타당하다).

3. 선   임

부분적 포괄대리권을 가진 상업사용인의 선임행위의 성질도 「대리권의 수여행위」인데, 이 외에 고용계약이나 위임계약이 수반되는 경우도 있다. 선임에 있어 지배인의 경우와 다른 점은, ① 부분적 포괄대리권을 가진 상업사용인은 영업주뿐만 아니라 **지배인도 선임**할 수 있고(제11조 제2항), ② 선임과 종임은 **등기사항이 아니다**(제13조 참조).

Ⅱ. 대리권의 범위

1. 특정한 사항

부분적 포괄대리권을 가진 상업사용인의 대리권의 범위는 위에서 본 바와 같이 **영업의 특정한 종류 또는 특정한 사항에만 미치고**(제15조 제1항 전단) **재판상의 행위에는 미치지 않는데**(제15조 제1항 후단), 이는 지배인의 그것과 구별되는 점이다. 어떠한 행위가 위임받은 영업의 특정한 종류 또는 사항에 속하는가는 당해 영업의 규모와 성격, 거래행위의 형태 및 계속 반복 여부, 사용인의 직책명, 전체적인 업무분장 등 여러 사정을 고려해서 거래통념에 따라 객관적으로 판단하여야 한다.[21] 결국 특정한 사항의 범위 이내인지 여부는 사회통념과 거래관행에 의하여 결정된다.

관련 판례들을 보면 ① 건설현장의 **현장소장**의 통상적인 업무의 범위는 그 공사의 시공에 관련한 모든 행위이고, 새로운 수주활동을 하는 것과 같은 영업활동은 그의 업무범위에 속하지 아니한다.[22] 따라서 건설회사의 현장소장에게는 회사의 부담으로 될 채무보증 또는 채무인수 등과 같은 행위를 할 권한이나 회사가 공사와 관련하여 거래상대방에 대하여 취득한 채권을 대가 없이 일방적으로 포기할 권한이 회사로부터 위임되어 있다고 볼 수 없다.[23] 또한 그 통상적인 업무가 공사의 시공에 관련된 업무에 한정되어 있어 일반적으로 회사의 부담으로 될 채무보증 또는 채무인수 등과 같은 행위를 할 권한은 없다.[24] ② 오피스텔의 **분양업무를 맡은 관리부장**은 그 업무행위에 분양업무 외 분양계약의 취소, 해제업무와 이에 따른 보완적인 재분양계약의 체결도 포함된다.[25] ③ 주식회사의 **경리부장**

---

21) 대법원 2009.5.28. 선고 2007다20440,20457 판결; 대법원 2013.2.28. 선고 2011다79838 판결(상법 제15조에 의하여 부분적 포괄대리권을 가진 상업사용인은 그가 수여받은 영업의 특정한 종류 또는 특정한 사항에 관한 재판 외의 모든 행위를 할 수 있으므로 개개의 행위에 대하여 영업주로부터 별도의 수권이 필요 없으나, 어떠한 행위가 위임받은 영업의 특정한 종류 또는 사항에 속하는가는 당해 영업의 규모와 성격, 거래행위의 형태 및 계속 반복 여부, 사용인의 직책명, 전체적인 업무분장 등 여러 사정을 고려해서 거래통념에 따라 객관적으로 판단하여야 한다).
22) 대법원 1994.9.30. 선고 94다20884 판결.
23) 대법원 2013.2.28. 선고 2011다79838 판결.
24) 대법원 1999.5.28. 선고 98다34515 판결.
25) 대법원 1994.10.28. 선고 94다22118 판결.

은 경리사무 일체에 관하여 그 권한을 위임받은 것이고 독자적인 자금차용은 회사로부터 위임되어 있지 않다고 보아야 한다.[26] ④ **증권회사 지점장대리**는 증권회사의 채무부담행위에 해당하는 손실부담약정을 할 수 없다.[27] ⑤ 회사의 **경리과장, 총무과장 또는 출장소장**은 다른 특별한 사정이 없는 한 회사가 부담하고 있는 채무에 관하여 소멸시효의 중단사유가 되는 승인을 할 수 없다.[28]

2. 대리권 범위 밖의 경우

부분적 포괄대리권을 가진 상업사용인이 특정된 영업이나 특정된 사항에 속하지 아니하는 행위를 한 경우라도 예외적으로 영업주가 책임을 질 수 있다. 민법상의 표현대리의 법리에 의하여 그 상업사용인과 거래한 상대방이 그 상업사용인에게 그 권한이 있다고 믿을 만한 정당한 이유가 있는 경우 영업주는 민법에 의하여 책임을 진다.[29] 판례도 이러한 취지에서 "부분적 포괄대리권을 가진 상업사용인이 특정된 영업이나 특정된 사항에 속하지 아니하는 행위를 한 경우, 영업주가 책임을 지기 위하여는 **민법상의 표현대리의 법리에 의하여** 그 상업사용인과 거래한 상대방이 그 상업사용인에게 그 **권한이 있다고 믿을 만한 정당한 이유**가 있어야 한다"고 한다.[30]

3. 표현지배인 규정의 유추적용 여부

부분적 포괄대리권을 가진 사용인에 해당하지 않는 사용인이 그러한 사용인과 유사한 명칭을 사용하여 법률행위를 한 경우 민법상의 표현대리에 관한 규정의 적용 이외에 상법 제14조 표현지배인 규정을 유추적용할 수 있는가에 대하여 견해의 대립이 있다. 부분적 포괄대리권을 가진 상업사용인의 경우 표현책임 등에 대하여 상법에 규정이 없고, 해석상 인정될 수 있을 것인가에 대하여는 견해의 대립이 있는 것이다.

① **긍정설**은 민법의 규정만으로는 제3자의 보호가 충분하다고 볼 수 없으므로 상법 제

---

26) 대법원 1990.1.23. 선고 88다카3250 판결(일반적으로 주식회사의 경리부장은 경상자금의 수입과 지출, 은행거래, 경리장부의 작성 및 관리 등 경리사무 일체에 관하여 그 권한을 위임받은 것으로 봄이 타당하고 그 지위나 직책, 회사에 미치는 영향, 특히 회사의 자금차입을 위하여 이사회의 결의를 요하는 등의 사정에 비추어 보면 특별한 사정이 없는 한 독자적인 자금차용은 회사로부터 위임되어 있지 않다고 보아야 할 것이므로 경리부장에게 자금차용에 관한 상법 제15조의 부분적 포괄대리권이 있다고 할 수 없다); 대법원 1971.5.24. 선고 71다656 판결(은행의 채무부담행위인 보증행위는 은행본점의 계리부장대리의 직무범위에 속하지 않고 또 그 직무와 관련된 행위로도 볼 수 없다).

27) 대법원 1994.1.28. 선고 93다49703 판결.

28) 대법원 1965.12.28. 선고 65다2133 판결.

29) 대법원 2006.6.15. 선고 2006다13117 판결; 대법원 2012.12.13. 선고 2011다69770 판결.

30) 대법원 2012.12.13. 선고 2011다69770 판결; 대법원 2006.6.15. 선고 2006다13117 판결(부분적 포괄대리권을 가진 상업사용인이 특정된 영업이나 특정된 사항에 속하지 아니하는 행위를 한 경우, 영업주가 책임을 지기 위하여는 민법상의 표현대리의 법리에 의하여 그 상업사용인과 거래한 상대방이 그 상업사용인에게 그 권한이 있다고 믿을 만한 정당한 이유가 있어야 한다); 대법원 1989.8.8. 선고 88다카23742 판결; 대법원 1999.7.27. 선고 99다12932 판결.

14조를 유추적용하자고 한다. 대리권의 포괄·정형성 및 불가제한성이라는 특성이 있고 또한 선의의 제3자를 보호하여 거래의 안전을 기할 필요가 있다는 점을 근거로 내세운다. ② **부정설**은 상법에 명문 규정이 없는 이상 예외적인 표현책임 제도를 유추적용할 수 없다고 본다. 결국 거래상대방은 민법 제125조의 표현대리나 민법 제756조의 사용자책임에 의한 책임만을 진다. **판례도 부정설에 의한다.** 판례는 추가적인 근거로 대리권에 관하여 지배인과 같은 정도의 획일성, 정형성이 인정되지 않는 부분적 포괄대리권을 가진 사용인들에 대해서까지 그 표현적 명칭의 사용에 대한 거래 상대방의 신뢰를 무조건적으로 보호한다는 것은 오히려 **영업주의 책임을 지나치게 확대할 우려**가 있다고 한다.[31)]

생각건대, 부분적 포괄대리권을 가진 상업사용인의 경우 **그 대리권의 범위가 상당히 다양하므로** 판례의 입장을 수긍하는 것이 타당하다.

Ⅲ. 대리권의 남용

부분적 포괄대리권을 가진 상업사용인이 객관적으로는 그 대리권의 범위 이내이나 주관적으로는 영업주의 이익이 아니라 자신의 이익이나 제3자의 이익을 위한 대리권 남용의 경우이다. 이 경우에도 지배권남용의 경우와 같이 다양한 이론이 있을 수 있겠으나, 판례는 심리유보설에 의한다. 따라서 일단 영업주 본인의 행위로서 유효하나, 그 행위의 상대방이 상업사용인의 진의를 알았거나 알 수 있었을 때에는 민법 제107조 제1항 단서의 유추해석으로 그 행위에 대하여 영업주 본인에 대하여 무효가 된다.[32)]

---

31) 대법원 2007.8.23. 선고 2007다23425 판결(상법 제14조 제1항은, 실제로는 지배인에 해당하지 않는 사용인이 지배인처럼 보이는 명칭을 사용하는 경우에 그러한 사용인을 지배인으로 신뢰하여 거래한 상대방을 보호하기 위한 취지에서, 본점 또는 지점의 영업주임 기타 유사한 명칭을 가진 사용인은 표현지배인으로서 재판상의 행위에 관한 것을 제외하고는 본점 또는 지점의 지배인과 동일한 권한이 있는 것으로 본다고 규정하고 있으나, 부분적 포괄대리권을 가진 사용인의 경우에는 상법은 그러한 사용인으로 오인될 만한 유사한 명칭에 대한 거래 상대방의 신뢰를 보호하는 **취지의 규정을 따로 두지 않고 있는바**, 그 대리권에 관하여 지배인과 같은 정도의 획일성, 정형성이 인정되지 않는 부분적 포괄대리권을 가진 사용인들에 대해서까지 그 표현적 명칭의 사용에 대한 거래 상대방의 신뢰를 무조건적으로 보호한다는 것은 오히려 **영업주의 책임을 지나치게 확대하는 것이 될 우려**가 있으며, 부분적 포괄대리권을 가진 사용인에 해당하지 않는 사용인이 그러한 사용인과 유사한 명칭을 사용하여 법률행위를 한 경우 그 거래 상대방은 **민법 제125조의 표현대리나 민법 제756조의 사용자책임 등의 규정에 의하여 보호**될 수 있다고 할 것이므로, 부분적 포괄대리권을 가진 사용인의 경우에도 표현지배인에 관한 **상법 제14조의 규정이 유추적용되어야 한다고 할 수는 없다).**

32) 대법원 2008.7.10. 선고 2006다43767 판결(부분적 포괄대리권을 가진 상업사용인이 그 범위 내에서 한 행위는 설사 상업사용인이 영업주 본인의 이익이나 의사에 반하여 자기 또는 제3자의 이익을 도모할 목적으로 그 권한을 남용한 것이라 할지라도 일단 영업주 본인의 행위로서 유효하나, 그 행위의 상대방이 상업사용인의 진의를 알았거나 알 수 있었을 때에는 **민법 제107조 제1항 단서의 유추해석상** 그 행위에 대하여 영업주 본인에 대하여 무효가 되고, 그 상대방이 상업사용인의 표시된 의사가 진의 아님을 알았거나 알 수 있었는가의 여부는 표의자인 상업사용인과 상대방 사이에 있었던 의사표시 형성 과정과 그 내용 및 그로 인하여 나타나는 효과 등을 객관적인 사정에 따라 합리적으로 판단하여야 한다).

Ⅳ. 공동지배인 규정의 유추적용

부분적 포괄대리권을 가진 상업사용인을 수인 선임하여 공동으로만 대리하게 할 수 있을까? 공동지배인 규정은 유추적용할 수 없다고 보아야 한다. 왜냐하면 부분적 포괄대리권을 가진 상업사용인은 **등기가 되지 않으므로** 거래 상대방의 보호가 되지 않아 공동으로 대리권을 행사하게 할 수 없다. 요컨대 부분적 포괄대리권을 가진 상업사용인의 경우에는 공동대리인에 관하여 상법에 규정이 없고, 해석상 이러한 상업사용인의 대리권은 등기사항이 아니므로 거래의 상대방을 보호하기 위하여 인정하지 않는 것이 타당하다고 본다.

제 4 절 물건판매점포의 사용인(의제상업사용인)

Ⅰ. 의   의

물건판매점포의 사용인은 상대방이 악의가 아닌 한 그 판매에 관한 모든 권한이 있는 것으로 보는데(제16조), 이를 **의제상업사용인**이라고 한다. 물건판매점포사용인에 대하여는 대리권이 없는 경우에도 대리권이 있는 것으로 의제되므로, 이의 선임에 대리권의 수여행위가 존재할 필요가 없다. 요컨대 **대리권의 수여 여부와 관계없이 법률에 의하여 대리권이 의제된다.**

Ⅱ. 요   건

1. 외관의 존재

물건을 판매할 권한이 있는 것 같은 외관을 가진 자이면 족하다. 영업주와 물건판매점포사용인과의 사이에는 원칙적으로 고용계약이 존재하여야 할 것이나, 그러한 **고용계약이 없는 자**(예컨대, 영업주의 가족 등)에게도 거래의 안전을 위하여 상법 제16조가 유추적용된다. 상법 제16조 제1항의 법문상 「사용인」의 의미는 상업사용인만을 의미하는 것이 아니라, 널리 "점포 내에서 물건을 판매할 권한이 있는 것 같은 외관을 가진 자"로 보아야 할 것이다. **점포 내에서의 판매행위로 국한되므로,** 점포 밖에서 이루어진 행위에 대하여는 적용되지 않는다. 따라서 점포 바깥에서 일하는 **외무사원의 경우는 이에 해당하지 않는다**(판례).33) 상법 제16조(물건판매점포사용인)가 적용되기 위하여는 물건을 판매하는 점포의 사

---

33) 대법원 1976.7.13. 선고 76다860 판결(상사회사 지점의 외무사원은 상법 제16조 소정 물건 판매점포의 사용인

용인이어야 한다는 장소적 제한이 있고, 또한 물건의 판매에 관해서만 적용되는 업무적 제한이 있다. 그러나 이는 물건임대업·금융업·공중접객업 등에 종사하는 점포의 사용인에게도 유추적용되어야 할 것으로 본다(통설).

2. 귀책사유

영업주의 명시적 또는 묵시적 허락은 있어야만 한다. 요컨대 영업주의 귀책사유가 있어야 한다. 무단으로 점포에서 일하는 자의 행위에 대하여도 영업주가 책임을 지는 것은 아니다.

3. 제3자의 선의

물건판매점포사용인의 대리권의 의제는 악의의 제3자에게는 적용되지 않는데(제16조 제2항), 이때 제3자에게 경과실이 있으면 선의로 보나 중과실이 있으면 악의로 해석한다(통설).

제5절 상업사용인의 의무

I. 부작위의무의 부과

상업사용인은 영업주의 비밀이나 고객 등에 대하여 잘 알 수 있는 지위에 있으므로 영업주의 이익을 보호하기 위하여 일정한 의무가 부과된다. 상법은 영업주의 이익을 보호하기 위하여 상업사용인에게 부작위의무로서 경업금지의무와 겸직금지의무를 부과하고 있다(제17조 제1항).

II. 경업금지의무

1. 의   의

상업사용인은 자기 또는 제3자의 계산으로 영업주의 영업부류에 속하는 거래를 영업주의 허락 없이 할 수 없다(제17조 제1항 전단). **자기 또는 제3자의 계산이란 거래명의인은 누구라도 상관없고 그 경제적 손익의 귀속주체가 영업주가 아니라 자기 또는 제3자라는 의미이다.** 영업부류는 영업주가 영업으로 하는 모든 거래를 의미하는 것이므로 영업

이 아니므로 위 회사를 대리하여 물품을 판매하거나 또는 물품대금의 선금을 받을 권한이 있다고 할 수 없고).

을 위하여 하는 보조적 상행위를 의미하는 것이 아니다. 또한 영리성이 없는 것은 대상이
아니다.

영업주의 허락이 있으면 영업주의 영업부류에 속하는 거래도 할 수 있다. 이 허락은 묵
시적으로도 가능하고 사후에 추인의 방식으로도 가능하다(통설).

2. 개 입 권

경업금지의무를 위반하는 경우 영업주는 개입권을 가진다(제17조 제2항, 제4항).

(1) 입법목적

상업사용인이 경업금지의무를 위반한 경우에(제17조 제1항 전단) 영업주는 상업사용인에
게 영업주와 상업사용인 간의 계약의 해지권 및 손해배상청구권을 행사할 수 있다(제17조
제3항). 그런데 영업주가 손해배상청구권을 행사하기 위하여는 영업주는 자기가 입은 손해
를 입증해야 하는데, 이러한 손해는 일반적으로 소극적 손해로서 그 입증이 곤란한 경우가
많다. 따라서 영업주의 이러한 입증의 곤란을 해결하고 또한 영업주의 고객관계를 그대로
확보해 주면서 영업주의 경제적 이익을 보호하기 위하여 인정된 것이 개입권이다.

(2) 의 의

영업주의 개입권이란 경업금지의무를 위반한 거래가 상업사용인의 계산으로 한 것인
때에는 영업주는 이를 영업주의 계산으로 한 것으로 볼 수 있고, 제3자의 계산으로 한 것
인 때에는 영업주는 그 사용인에 대하여 이로 인한 이득의 양도를 청구할 수 있는 권리를
말한다(제17조 제2항). 요컨대 개입권은 상업사용인이 경업금지의무를 위반하여 얻은 경제
적 이익을 영업주에게 귀속시키는 권리이다. 영업주의 개입권은 **형성권**이다.

(3) 요 건

상업사용인은 「영업주의 허락 없이 자기 또는 제3자의 계산으로 영업주의 영업부류에
속한 거래」를 하였어야 한다(제17조 제1항 전단). 즉 상업사용인이 경업금지의무를 위반하였
어야 한다. 따라서 상업사용인이 「영업주의 영업부류에 속하지 않는 거래」를 하였거나 또
는 영업주의 영업부류에 속하는 거래라도 「영업주의 허락을 받아」 한 경우에는 영업주는
개입권을 행사하지 못한다. 또한 영업주의 영업부류에 속하는 거래로서 영업주의 허락이
없는 경우에도 상업사용인이 「자기 또는 제3자의 명의로 영업주의 계산으로」 한 경우에는
영업주의 이익이 침해되지 않으므로 영업주는 개입권을 행사할 여지가 없다.

(4) 행 사

행사방법으로서 개입권은 형성권이므로 영업주의 일방적 의사표시로써 행사한다. 그 행

사기간을 보면 개입권은 영업주가 그 거래를 안 날로부터 2주간을 경과하거나, 그 거래가 있은 날로부터 1년을 경과하면 소멸한다(제17조 제4항). 이 기간은 제척기간으로 상업사용인의 지위가 장기간 불안정하게 됨을 방지하기 위하여 인정되고 있다.

(5) 효 과

① 영업주가 개입권을 행사하면 그 거래가 상업사용인의 계산으로 한 것인 때에는 영업주는 이를 영업주의 계산으로 한 것으로 볼 수 있고, 제3자의 계산으로 한 것인 때에는 영업주는 그 사용인에 대하여 이로 인한 이득의 양도를 청구할 수 있다(제17조 2항).

② 이때 상업사용인의 계산으로 한 경우에 「영업주의 계산으로 한 것으로 볼 수 있다」는 의미는, **영업주가 그 거래로 인하여 실제로 발생한 이익의 귀속의 주체가 된다는 의미**이지, 영업주가 제3자에 대하여 거래의 상대방이 된다는 의미가 아니다.

③ 또한 상업사용인이 제3자의 계산으로 한 경우에 「영업주는 그 상업사용인에 대하여 이로 인한 이득의 양도를 청구할 수 있다」는 의미는, **상업사용인이 제3자로부터 받은 이익(예컨대, 보수 등)의 양도를 청구할 수 있다**는 의미이지, 제3자가 그 거래로 인하여 취득한 이익의 양도를 청구할 수 있다는 의미가 아니다.

④ 이와 같이 영업주가 개입권을 행사한 효과는 영업주에게 거래의 경제적 효과만을 귀속시킬 뿐이지, 영업주가 상업사용인의 거래의 상대방에 대하여 직접 당사자가 되는 것이 아니므로 **채권적 효력이 있음에 불과**하다. 이러한 점에서 영업주의 개입권의 행사의 효과는 간접대리의 효과와 비슷하고, 위탁매매인 등의 개입권(제107조)의 행사의 효과와 구별된다.

⑤ 손해배상청구권과의 관계를 보면, 영업주가 개입권을 행사하였다 하여도 아직 별도의 손해가 있으면 영업주는 다시 상업사용인에게 손해배상을 청구할 수 있다(제17조 제3항 후단). 이와 반대로 영업주가 손해배상을 청구한 후에도 개입권을 행사할 수 있지만, 그 결과 부당이득이 발생하면 이를 반환하여야 한다.

Ⅲ. 겸직금지의무

1. 의 의

상업사용인은 영업주의 허락 없이 다른 회사의 무한책임사원, 이사 또는 다른 상인의 사용인이 되지 못한다(제17조 제1항). 겸직금지의무는 영업주의 영업에만 충실하라는 의미이다.

겸직금지의무는 경업금지의무와는 달리 **"동종영업"이라는 제한이 없다.** 학설상으로는 이에 대하여 견해의 대립이 있다. ① 제한설로서 법문에는 없으나 동종영업을 목적으로 하는 다른 모든 회사로 해석하는 견해가 있다. ② 무제한설로서 겸직금지의무는 영업주와의 대인적 신뢰관계에 기초하여 넓게 규정된 점에서 그 제한이 없다고 한다. **무제한설이 통설**이다. 상업사용인의 겸직금지의무는 이해관계의 충돌이라는 의미보다는 영업주의 영업에의 충실의무를 규정한 것이라고 해석된다.

그런데 **대리상, 합명회사의 사원, 주식회사 이사 등의 겸직금지의 경우에는** 모두 "**동종영업**"**으로 제한**하고 있음을 주목하여야 한다.

2. 위반효과

영업주는 계약을 해지하고 손해배상을 청구할 수 있다(제17조 제3항). 경업금지와는 달리 **개입권은 인정되지 않음**을 유의해야 한다.

제 4 장
상호(기업의 명칭)

제 1 절 총 설

I. 상호권의 입법

기업의 개성을 표시하고 그 동일성을 식별하기 위하여 표창을 필요로 하고 그것이 상호이다. 상호에 관한 입법은 다음 세 가지의 측면에서이다. ① **재산적 가치** 있는 상호를 다른 기업에 의한 부정침해로부터 보호한다. ② **상호의 남용을 제한**하여 일반사회의 이익을 보호한다. ③ **상호의 상속양도**를 가능하게 하여 기업의 신용을 유지한다.

우리 상법상 상인은 원칙적으로 그 성명 기타의 명칭으로 자유로이 상호를 정할 수 있는데(상호자유주의)(제18조), 이렇게 상인이 상호를 선정하여 사용하면 상호권이 발생하여 상법 등에 의한 보호를 받는다. 상호권에는 상인의 명성과 신용이 화체되어 독립성과 동일성을 갖게 된다. 따라서 상호권은 재산적 가치가 있는 제도로서 그의 이전도 가능하게 되어 상인의 신용이 계속적으로 유지되는 것이다.

II. 상호의 의의

상호가 무엇이냐에 대하여는 상법에 정의규정이 없고 일반적으로 학설에 의하여 설명되고 있는데, 보통 **상인이 영업활동상 사용하는 상인의 명칭**이라고 정의(다수설)한다. 이를 좀 더 상세히 살펴보면 아래와 같다.

① 상호는 '상인'이 사용하는 명칭이다. 상인이 아닌 상호보험회사 등이 사용하는 명칭은 상호가 아니다. 소상인도 상인이므로 소상인이 사용하는 명칭은 상호이나 다만 소상인이 사용하는 상호는 상법상의 상호로서 보호받지 못할 뿐이다(제9조).

② 상호는 상인이 영업활동상 사용하는 명칭이다. 이는 회사기업의 경우에는 그의 활동이 전부 기업활동이므로 그 의미가 없겠으나, 개인기업의 경우에는 자연인으로서 성명 외에 보통 기업활동을 위하여 상호를 별도로 사용하고 있으므로 그 의미가 있다고 보겠다.

③ 상호가 '기업'의 명칭인가 또는 '상인'의 명칭인가에 대하여는 견해가 나뉘어 있다.

이에 대하여 우리나라의 통설은 상호는 상인이 그 영업에 관하여 사용하는 **상인 자신의 명칭**이라고 설명한다. 기업 자체로서는 권리능력이 없으므로 상호사용의 효과를 누릴 수 없으므로 통설이 타당하다.

④ 상호는 명칭이므로 **문자로 표시되고 또 발음할 수 있어야 한다.** 이러한 점에서 상호는 상품표시인 상표나 영업의 기호 또는 도안인 영업표와 구별된다. 상호는 외국어라도 상관이 없으나, 다만 회사상호는 그 발음을 한글 또는 한자로 표시하여 등기하여야 한다 (동양맥주는 상호이고 OB는 상표).

Ⅲ. 상호의 선정

어떠한 명칭이든 자유로이 선정하는 자유주의와 그 실체에 합치하지 않는 상호는 사용할 수 없도록 하는 진실주의가 있으나 상법은 상인은 그 성명 기타의 명칭으로 상호를 선정할 수 있다고 하여 상호자유주의를 택한다(제18조). 다만 예외적으로 다음과 같이 **상호자유주의를 제한**하고 있다.

① 회사의 상호 중에는 반드시 **회사의 상호를 명시**하여야 한다(제19조). ② 비회사상인의 상호에는 회사라는 명칭을 사용하지 못한다(제20조). 또한 은행, 신탁, 보험 등의 상호를 사용하지 못한다. ③ **부정목적 상호사용이 금지**된다(제23조). ④ 상호를 대여하는 경우 **명의대여자의 책임**을 질 수 있다(제24조). ⑤ **상호단일의 원칙**이다. 동일한 영업에는 단일 상호를 사용하여야 한다(제21조 제1항). 하나의 영업에 다른 여러 상호를 사용한다면 혼란을 주고 다른 상인의 상호선택의 폭을 좁히는 결과가 된다. ⑥ 개인기업은 자본금 1,000만원 이상임을 소명하여야 한다. 소상인에게는 등기규정이 배제되어 있다(제9조). ⑦ **지점의 상호에는 본점과의 종속관계를 표시**하여야 한다(제21조 제2항).

Ⅳ. 상호의 등기

1. 공　시

① **자연인(개인기업)의 경우 등기가 강제되지 않는다.** 다만 상호를 등기하게 되면 그 보호가 더욱 강화된다. 그런데 자연인의 상호등기는 상대적 등기사항이나 상호를 등기하면 그 보호가 더욱 강화되고, 자연인이라도 **상호를 일단 등기하면 그 변경과 소멸의 등기는 절대적 등기사항이다**(제40조). 그러나 ② 회사기업의 경우 상호는 유일한 회사의 명칭이므로 회사의 상호는 절대적 등기사항이다.

2. 가 등 기

타인이 상호를 가로채어 먼저 동일한 상호를 등기하게 될 우려가 있는 경우 회사로서는 그 상호를 이용할 수 없게 되므로, 상법은 가등기제도를 마련해 두고 있다.

① **유한책임회사, 주식회사 또는 유한회사**를 설립하고자 할 때에는 본점의 소재지를 관할하는 등기소에 상호의 가등기를 신청할 수 있다(제22조의2 제1항). 주식회사와 유한회사의 경우 설립절차가 인적회사보다 복잡하고 시간이 더 걸릴 수 있는 까닭에 가등기제도를 법정해두고 있다. 따라서 **합명회사, 합자회사의 경우에는 적용되지 않는다.** ② 회사는 **상호나 목적 또는 상호와 목적을 변경하고자 할 때**에는 상호의 가등기를 신청할 수 있다(제22조의2 제2항). ③ 회사는 **본점을 이전**하고자 할 때에는 상호의 가등기를 신청할 수 있다(제22조의2 제3항).

상호를 가등기한 경우 동일한 특별시와 광역시, 시와 군에서 동종영업의 상호로 등기하지 못한다(제22조의2 제4항).

제 2 절 상 호 권

I. 상호권의 의의

1. 의   의

상인이 자신의 상호에 대하여 가지는 권리가 상호권이다. 상인은 적법하게 선정한 상호를 타인의 방해를 받지 않고 사용할 수 있는 권리인 **상호사용권**과, 타인이 부정한 목적으로 자기가 사용하는 상호와 동일 또는 유사한 상호를 사용하는 경우에 이를 배척할 수 있는 권리인 **상호전용권**을 갖는데, 이 두 권리를 합하여 **상호권**이라 한다.

2. 법적 성질

상호권은 인격권적 성질(제25조 제1항 후단)과 함께 재산권적 성질(제25조 제1항 전단)도 갖고 있다. 영업을 양도하는 경우에 한하여 상호의 양도가 가능하다는 점에서 인격권의 성질을 반영하는 것이고, 영업폐지의 경우에 한하여 양도할 수 있다는 점에서 재산권의 성질을 반영한 것이라고 본다.

Ⅱ. 상호전용권

1. 상호전용권의 의의

상호전용권은 상호의 등기 유무와는 무관하게 생기는 권리이고 다만 등기에 의하여 상호전용권의 배타성이 더욱 강화될 뿐이다(제23조 제2항 후단·제4항 참조). 등기전의 상호전용권은 부정한 목적으로 자기의 영업으로 오인할 수 있는 상호를 사용한 자에 대하여 그로 인하여 손해를 받을 염려가 있는 자가 상호사용폐지청구권(제23조 제1항·제2항 전단)과 손해배상청구권(제23조 제3항)을 갖고 가해자는 200만원 이하의 과태료의 처벌을 받는 것(제28조)을 말한다. 상법은 상호전용권을 **상호사용폐지청구권**의 형태로 규정하고 있다. 제23조의 상호전용권은 지역적인 제한이 없음을 유의하여야 한다.

2. 상호등기전의 상호전용권

(1) 요 건

부정한 목적으로 상호권자의 영업으로 오인할 수 있는 상호를 사용하여야 한다(제23조 제1항).

① 「부정목적」의 의미에 대하여 판례는 '**어느 명칭을 자기의 상호로 사용함으로써 일반인으로 하여금 자기의 영업을 명칭에 의하여 표시된 타인의 영업으로 오인하게 하여 부당한 이익을 얻으려 하거나 타인에게 손해를 가하려고 하는 등의 부정한 의도**'를 말한다고 한다.[1]

부정한 목적이 있는지는 상인의 명성이나 신용, 영업의 종류·규모·방법, 상호 사용의 경위 등 여러 가지 사정을 종합하여 판단하여야 하나, 문제된 상호의 사용시기의 선후도 중요한 판단요소가 된다. Y회사가 1984년 설립되어 '동성'이라는 상호로 아파트공사를 하였다면 X회사가 '주식회사 동성'이라는 상호로 1990년경부터 아파트건설업을 한 경우 Y회사는 부정목적이 없고,[2] X는 1959년 '고려당'이라는 상호를 등기하고 마산시에서 영업을 하던 중 Y가 1991년 '주식회사 고려당'과 마산대리점계약을 체결하고 'SINCE 1945 신용의 양과 서울 고려당 마산분점'이라는 간판으로 같은 마산시에서 제과점을 경영한 경우 Y

---

1) 대법원 2016.1.28. 선고 2013다76635 판결.
2) 대법원 1995.9.29. 선고 94다31365,31372 판결(상법 제23조 제1항·제4항 소정의 「부정한 목적」이란 '어느 명칭을 자기의 상호로 사용함으로써 일반인으로 하여금 자기의 영업을 그 명칭에 의하여 표시된 타인의 영업으로 오인시키려는 의도'를 말하므로, Y회사가 1984년 법인설립 이래 경남지역에서 '동성'이라는 상호로 아파트공사를 시작하였다면 Y회사는 피혁제품의 제조·판매를 사업목적으로 하는 주식회사 '동성'을 1984년에 흡수합병하고 1990년 경부터 아파트건설업을 한 X회사에 대하여 「부정한 목적」이 없다고 한 경우).

는 주식회사 고려당과의 관계를 나타내기 위한 것에 불과하고 부정목적이 없다고 하였다.[3]

② 오인의 주체는 '**일반인**'이다. 종래 대법원판례[4]는 영업오인의 판단 주체를 '일반 수요자'라 하고 있었으나, 현재의 판례는[5] '일반인'이라고 판시하고 있다. 종래 대법원판례에 대하여는 수요자 외의 자, 예컨대 공급자가 영업주체를 오인하는 경우는 제외되는 등의 문제가 있었고, 상법 제23조의 취지에서 볼 때 동조가 수요자의 영업주체 오인만을 규율대상으로 하는 것으로 해석할 근거가 없으며, 상호 유사성의 판단주체와 영업오인의 주체가 동일하여야 한다는 등의 이유로 비판이 있었다. 따라서 상법 제23조 제1항의 '부정한 목적'의 판단주체를 일반인으로 보고 있는 점과 일반 공중의 이익도 보호하려는 상법 제23조의 입법취지 등에 비추어 영업오인의 판단주체를 '일반인'으로 한 것이다.

그리고 **영업의 종류 및 상호의 유사성** 등을 고려하게 되고, 지역적인 제한은 없으나 영업주체의 혼동을 판단함에 있어 지역성 등을 고려할 수 있다. (i) 「허바허바 사장」(사진관)을 양도한 자가 「뉴서울사장」이라는 상호 옆에 작은 글씨로 「전 허바허바 개칭」이라고 기재한 것은 「허바허바 사장」으로 오인시키기 위한 부정목적이 있다고 하였다.[6] (ii) '주식회사 유니텍'과 그 후에 등기한 상호인 '주식회사 유니텍전자'는 등기된 지역이 모두 서울특별시이고 그 주요부분이 '유니텍'으로서 일반인이 확연히 구별할 수 없을 정도로 동일하다고 하였고,[7] (iii) '주식회사 파워콤'을 전기통신회선설비 임대사업·종합유선방송 분배망 및 전송망 사업 등을 목적으로 설립한 경우, 이는 전자부품·전자제품·반도체부품의 도소매업 및 수출입업 등을 목적으로 설립한 '파워컴 주식회사'의 영업으로 오인할 수 있는 상호를 사용하고 있는 것으로 볼 수 없다고 하였다.[8] 판례는 영업의 종류가 다르다고 판단한 것이다.

③ 피해자(상호권자)는 그로 인하여 **손해를 받을 염려**가 있어야 한다. (i) **피해자**는 상인에 한하지 않으며, 또한 자기의 명칭사용을 허락하지 않았어야 한다. 피해자가 자기의 명칭사용을 허락하면 피해자는 상호전용권을 행사할 수 없음은 물론, 오히려 명의대여자로서 명의차용자와 거래한 제3자에 대하여 책임을 지는 경우가 발생한다(제24조). (ii) **손해**는 상호권자의 재산 및 인격에 관하여 발생하는 일체의 불이익을 말한다. (iii) 상호권자는 손

---

3) 대법원 1993.7.13. 선고 92다49492 판결(Y가 그의 간판에 'SINCE 1945 신용의 양과 서울 고려당 마산분점'이라고 표시한 것이 주식회사 고려당과의 관계를 나타내기 위하여 위 회사의 상호를 표시한 것이라면, Y에게 X의 상호인 마산의 '고려당'이 가지는 신용 또는 경제적 가치를 자신의 영업에 이용하고자 하는 의도는 없었다. 또한 이때 위 상호의 사용과 관련하여 부정경쟁의 목적이 있는가를 판단함에 있어서 Y가 아닌 위 회사와 X의 명성과 신용을 비교한 것은 옳으나, **주식회사 고려당은 이미 1944년부터 이 상호를 사용하여 왔으므로** 동 회사에 이러한 목적이 있다고도 볼 수 없다. 따라서 X의 청구를 배척한 원심은 타당하고, 논지는 이유 없다).

4) 대법원 2002.2.26. 선고 2001다73879 판결.
5) 대법원 2016.1.28. 선고 2013다76635 판결.
6) 대법원 1964.4.28. 선고 63다811 판결.
7) 대법원 2004.3.26. 선고 2001다72081 판결.
8) 대법원 2002.2.26. 선고 2001다73879 판결.

해를 「**받을 염려**」가 있어야 하므로, 현재에 손해가 발생한 경우 뿐만 아니라 장래에 불이익을 입을 염려가 있는 경우도 포함한다. 미등기상호의 경우에는 피해자가 이러한 손해를 받을 염려가 있음을 입증하여야 하나, 등기상호의 경우에는 이를 입증할 필요가 없다.

(2) 효   과

① 피해자(상호권자)는 가해자에 대하여 「**상호사용폐지청구권**」을 갖는다(제23조 제2항). 이는 상호권자의 손해발생을 방지하기 위한 사전의 구제책이다. 이때 사용폐지청구란 현재의 사용금지청구뿐만 아니라 앞으로의 사용금지청구를 포함한다. 미등기상호권자도 현재의 사용금지청구의 하나로 가해자에 대하여 등기말소청구권을 행사할 수는 있으나(제23조 제2항), 사전등기배척권(제22조)은 없다. ② 피해자(상호권자)는 가해자에 대하여 손해가 발생한 경우 상호사용폐지청구권과는 별도로 「**손해배상청구권**」을 갖는다(제23조 제3항). 이는 상호권자에게 발생한 손해를 배상하도록 하기 위한 사후의 구제책이다. ③ 상호권자의 위와 같은 권리와는 별도로 가해자는 상법상 200만원 이하의 과태료의 처벌을 받는다(제28조).

3. 상호등기후의 상호전용권

등기후의 상호전용권은 상호전용권의 내용에 실질적인 차이가 있다는 것을 의미하는 것이 아니라, **배타성의 주장이 쉬워진다는 의미**이다. ① 피해자인 상호권자가 일정한 경우에 가해자의 부정목적을 입증할 필요가 없다는 점(제23조 제4항)과 ② 피해자가 「손해를 받을 염려가 있음」을 입증하지 않아도 당연히 상호전용권을 행사할 수 있는 점(제23조 제2항 후단)이다. ③ 등기상호권자는 위와 같이 상호전용권의 행사가 쉬워질 뿐만 아니라, 사전등기배척권(제22조)도 갖는다. 또한 가등기상호권자에게도 이러한 사전등기배척권이 인정되고 있다(제22조의2).

(1) 일정 제한하에 부정목적을 입증할 필요 없음

미등기상호권자의 경우에는 피해자(상호권자)가 상호전용권을 행사하기 위하여는 가해자의 「부정목적」을 입증하여야 하나, 등기상호권자의 경우에는 이 입증책임이 전환되어 가해자가 부정목적이 없음을 입증하여야 한다. 왜냐하면 등기상호의 경우에는 동일한 서울특별시·광역시·시·군에서 동종영업으로 타인이 등기한 상호를 사용하는 자는 부정목적으로 사용하는 것으로 추정되기 때문이다(제23조 제4항). 다만 동일한 행정구역이라는 **지역적 제한**과 동종영업이라는 **업종적 제한**이 있다는 점은 유의하여야 한다.

(2) 손해를 받을 염려가 있음을 입증할 필요가 없음

미등기상호권자의 경우에는 피해자(상호권자)가 상호전용권을 행사하기 위하여는 그가 「손해를 받을 염려가 있음」을 입증하여야 하나, 등기상호권자의 경우에는 이를 입증하지 않고도 가해자에 대하여 상호전용권을 행사할 수 있다(제23조 제2항).

(3) 등기배척권을 가짐

등기상호권자는 제22조에 의한 등기배척권을 가진다.

Ⅲ. 등기상호권자의 등기배척권(제22조)

상법은 타인이 등기한 상호는 동일한 특별시·광역시·시·군에서 동종영업의 상호로 등기하지 못한다고 규정한다.

1. 상법 제22조의 효력

선등기자가 상법 제22조를 근거로 후등기자를 상대로 그 상호등기의 말소청구소송을 제기할 수 있는가? 이에 관하여는 등기법상의 효력 이외에 실체법상의 효력이 있다는 견해와 단지 등기법상의 효력만이 있는 것으로 보는 견해로 나뉜다.

① **등기법상 효력설**로서, 상법 제22조는 등기법상의 효력을 규정한 것일 뿐이고 먼저 상호를 등기한 자에게 등기배척권을 부여하는 사법상 효력은 인정할 수 없다는 입장이다. 그 근거로는 (i) 상법 제22조에 의한 등기배척권은 상호권의 침해에 따른 배타적인 권리라고 볼 수 없고, 또한 타인이 등기한 상호와 동일한 상호를 등기하여 상호권을 현실적으로 침해한 경우에는 상호권자는 상법 제23조의 사용폐지 청구권을 행사하여 그 등기를 말소할 수 있어 상호권자는 충분히 보호된다. (ii) 상법은 개인기업의 상호에 관해 등기를 강요하지 아니하므로 부정한 목적이 없는 한 타인의 등기 상호와 동일한 상호를 선정하여 사용할 수 있으며, 이 점을 고려할 때 상법 제22조는 등기법상의 효력만을 가지는 것으로 풀이하는 것이 타당하다. (iii) 또한 등기는 상호를 공시하는 것일 뿐 등기에 의해 상호가 창설되는 것은 아니므로, 등기의 말소는 상호 사용의 금지 또는 폐지 문제에 부수하여 판단되는 것이 옳다. 따라서 선등기자는 상법 제23조 제1항의 상호사용폐지청구를 할 수 있을 뿐이다.

② **실체법상 효력설**로서 다수설이다. 상법 제22조의 규정은, 한편으로는 등기소가 동일한 상호의 등기를 하지 못하도록 하는 등기법상 효력을 가지며, 다른 한편으로는 상호를 먼저 등기한 자의 사법상의 권리를 인정하여 그 후에 이루어진 동일한 상호등기에 관한 말소청구권을 부여한 것으로 보는 입장이다. 근거는 다음과 같다. (i) 상법 제23조는 부정한 목적을 요구하고 있는 점에 비추어, 상법 제22조는 부정한 목적이 없는 경우에도 등기된 상호의 말소를 구할 수 있는 사법상의 효력까지 규정하여 상호권자의 보호를 꾀한 것으로 볼 수 있다. (ii) 상법 제22조는 등기법상의 효력을 규정함과 동시에 등기상호권자의 보호

에도 입법목적이 있는데, 상법 제22조에 의한 등기상호권자의 등기배척권은 선등기자가 후등기자에 대한 상호등기의 말소청구를 할 수 없다고 하는 경우에는 별 의미가 없다.

③ **판례는 실체법상 효력설**을 취한다.[9] 판례는 상법 제22조 규정은 선등기자가 후등기자를 상대로 상호등기의 말소를 소로써 청구할 수 있는 효력도 인정한 규정이라고 본다. 상법 제22조의 취지를 먼저 상호를 등기한 자의 이익 및 등기된 상호에 관한 일반 공중의 신뢰를 보호함으로써 상호등기제도의 실효성을 확보하는 데 있다고 본다면 실체적 효력을 인정하는 것이 타당하다.

2. 상법 제22조의 요건

(1) '동일한 특별시·광역시·시·군'은 설립등기를 한 행정구역을 표준으로 한다.
(2) '동종영업'이다.

회사의 상호의 등기에 있어서 동종영업인지 여부는, 현실적으로 영위하는 영업이 아니라, 등기부상 '영업의 목적'을 기준으로 판단한다. 선등기된 회사의 등기부에 기재된 '회사의 목적'과, 등기신청서에 기재된 등기하고자 하는 '회사의 목적'을 대비하여, 쌍방의 영업이 완전히 일치되는 경우뿐만 아니라, 어느 한쪽의 영업목적이 다른 쪽의 영업목적에 포함되거나 일부가 중복되는 경우도 이에 해당한다고 본다.

(3) 동일한 상호

판례에 의하면 동일한 상호로 한정된다. 이는 제23조와 중요한 차이점이다. **제23조에서는 유사상호가 포함됨에 반하여 제22조에서는 동일한 상호로 한정**시키고 있다.

이점 판례가 일부 변경되었다고 볼 수 있다. 과거의 판례는 상법 제22조의 규정은 동일한 특별시·광역시·시 또는 군 내에서는 동일한 영업을 위하여 타인이 등기한 상호 또는 **확연히 구별할 수 없는 상호의 등기를 금지**하는 효력과 함께"라고 하여[10] 유사한 상호도 포함되는 것처럼 설시한 바 있으나 판례는 명백히 그 입장을 바꾸었다. 이는 상업등기법 제29조가 종래 "다른 사람이 등기한 것과 확연히 구별할 수 있는 상호가 아니면 등

9) 대법원 2004.3.26. 선고 2001다72081 판결; 대법원 2011.12.27. 선고 2010다20754 판결.
10) 대법원 2004.3.26. 선고 2001다72081 판결(상법 제22조는 "타인이 등기한 상호는 동일한 특별시·광역시·시·군에서 동종 영업의 상호로 등기하지 못한다"고 규정하고 있는바, 위 규정의 취지는 일정한 지역 범위 내에서 먼저 등기된 상호에 관한 일반 공중의 오인·혼동을 방지하여 이에 대한 신뢰를 보호함과 아울러, 상호를 먼저 등기한 자가 그 상호를 타인의 상호와 구별하고자 하는 이익을 보호하는 데 있고, 한편 비송사건절차법 제164조에서 "상호의 등기는 동일한 특별시·광역시·시 또는 군 내에서는 동일한 영업을 위하여 타인이 등기한 것과 확연히 구별할 수 있는 것이 아니면 이를 할 수 없다"고 규정하여 먼저 등기된 상호가 상호등기에 관한 절차에서 갖는 효력에 관한 규정을 마련하고 있으므로, 상법 제22조의 규정은 동일한 특별시·광역시·시 또는 군 내에서는 동일한 영업을 위하여 타인이 등기한 상호 또는 확연히 구별할 수 없는 상호의 등기를 금지하는 효력과 함께 그와 같은 상호가 등기된 경우에는 선등기자가 후등기자를 상대로 그와 같은 등기의 말소를 소로써 청구할 수 있는 효력도 인정한 규정이라고 봄이 상당하다.)

기할 수 없다"고 하던 것을 2009년 개정에 의하여 "다른 사람이 등기한 것과 동일한 상호는 등기할 수 없다"고 규정하여 상법 제22조의 적용범위가 제한되게 되어 판례는 이를 따른 것이다. 대법원 2011.12.27. 선고 2010다20754 판결이 그것이다.[11]

　제22조에 대하여 선등기자의 상호등기말소청구라는 실체법상 효력도 인정하고 있는 만큼, 제22조는 제23조와 비교하여서도 부정한 목적 등의 요건도 요구하지 않아 상호등기에 대하여 강력한 효력을 부여하고 있다. 이런 점에서 보면 **동일한 상호로 한정**하는 것이 타당하다.

제3절 상호권의 이전과 폐지

Ⅰ. 상호의 양도

1. 원　칙

　상호는 **인격권**적 성질을 가지고 있으므로 영업과 함께 하는 경우에 한하여 이를 양도할 수 있다(제25조 제1항 후단). 상호는 원칙적으로 영업과 함께 하는 경우에 한하여 양도할 수 있도록 한 점은(제25조 제1항 후단) 상호의 인격권적 성질을 반영한 것이고, 예외적으로 영업이 폐지된 경우에는 상호만을 양도할 수 있도록 한 점은(제25조 제1항 전단) 상호의 **재산권**적 성질을 반영한 것이다. 이때 「영업의 폐지」란 정식으로 영업폐지에 필요한 행정절차를 밟아 폐업하는 경우에 한하지 않고 **사실상 폐업하는 것을 의미한다.**[12] 이

---

　11) 대법원 2011.12.27. 선고 2010다20754 판결(상법은 상호 선정 자유의 원칙을 선언하는(상법 제18조) 한편으로, 누구든지 부정한 목적으로 타인의 영업으로 오인할 수 있는 상호를 사용하지 못하게 함으로써(상법 제23조 제1항) 상호에 관한 일반 공중의 오인・혼동을 방지하기 위한 장치를 추가로 마련해 두고 있음에도 불구하고, 구 비송사건절차법 제164조, 구 상업등기법 제30조에서는 위와 같이 먼저 등기된 상호와 확연히 구별할 수 없는 것도 등기할 수 없도록 규정함으로써 상호의 검색・선정에 많은 시간이 소요되는 불편을 초래할 뿐만 아니라 등기관의 자의적인 법해석과 적용의 우려도 없지 않았으므로, 2009. 5. 28. 법률 제9749호로 상업등기법 제30조를 개정하여 '동일한 특별시・광역시・시 또는 군 내에서는 동일한 영업을 위하여 다른 사람이 등기한 것과 동일한 상호는 등기할 수 없다'고 규정함으로써 먼저 등기된 상호가 가지는 등기 배척력이 미치는 범위를 그와 동일한 상호로 한정하기에 이르렀다. 그렇다면 상법 제22조의 규정 취지 및 상업등기법 제30조의 개정 경위 등에 비추어 볼 때, 위와 같이 개정된 상업등기법의 시행 이후에는 상법 제22조에 의하여 선등기자가 후등기자를 상대로 등기의 말소를 소로써 청구할 수 있는 효력이 미치는 범위 역시 개정 상업등기법 제30조에 상응하도록 **동일한 상호에 한정**된다고 봄이 상당하다. 이러한 취지에서 선등기자인 '동부주택건설 주식회사'가 후등기자인 '동부건설 주식회사' 등을 상대로 상법 제22조에 의한 상호등기말소청구소송을 제기하였는데, 원심 변론종결 전에 2009. 5. 28. 법률 제9749호로 개정된 상업등기법이 시행된 사안에서, 먼저 등기한 상호인 **'동부주택건설 주식회사'**와 나중에 등기한 상호인 **'동부건설 주식회사'** 등이 동일하지 않음이 외관・호칭에서 명백하므로, 동부주택건설 주식회사에 상법 제22조의 등기말소청구권이 없다고 하였다).

　12) 대법원 1988.1.19. 선고 87다카1295 판결(상법 제25조 제1항은 상호는 영업을 폐지하거나 영업과 함께 하는 경우에 한하여 이를 양도할 수 있다고 규정하고 있어 영업과 분리하여 상호만을 양도할 수 있는 것은 영업의 폐지의 경우에 한하여 인정되는데, 이는 양도인의 영업과 양수인의 영업과의 사이에 혼동을 일으키지 않고 또 폐업하는 상인이 상호를 재산적 가치물로서 처분할 수 있도록 하기 위한 것인 점에 비추어 위 법조항에 규정된 영업의 폐지라

때 "영업"은 **영업의 전부**를 말한다. 상호는 재산권적 성질을 가지므로 양도와 함께 상속
도 가능하다.

2. 양도방법

(1) 효력요건

상호권의 양도방법에 관하여는 상법에 특별한 규정이 없다. 따라서 상호권은 **당사자간
의 의사표시(의사의 합치)만으로 그 효력이 발생**한다. 이는 상호를 영업과 함께 양도하는
경우이든 영업이 폐지되어 상호만을 양도하는 경우이든 동일하며, 또한 등기상호이든 미등
기상호이든 불문하고 동일하다.

(2) 대항요건

상호권의 양도의 대항요건에 관하여는 상법이 특별히 규정하고 있다. 즉 상호의 양도는
등기하여야 제3자에게 대항할 수 있다(제25조 제2항). 이에 대하여는 다음과 같은 두 가지
문제점이 있다.

1) 제3자의 선악의를 불문

상호양도의 대항요건에 관한 상법 제25조 제2항은 제3자의 선의·악의를 불문한다. 상
호양도의 변경등기의 대항력은 제3자의 선의·악의를 불문하고 발생하는 것으로서 상호양
도의 공시를 강제하기 위한 규정이다. 이는 외관법리에 기초한 상법 제37조 제1항과는 그
취지를 달리하는 것으로 본다. 결국 **상호양도를 등기하지 않는다면 악의의 제3자에게도
대항하지 못한다.**

2) 미등기상호에의 적용여부

상호양도의 대항요건에 관한 상법 제25조 제2항이 미등기상호에도 적용되는지 여부에
관한 문제이다. 이에 대하여 (i) 상법 제25조 제2항이 등기상호에만 적용된다면 미등기상
호의 양수인이 등기상호의 양수인보다 더 두텁게 보호받는 결과가 되어 부당하기 때문에
상법 제25조 제2항은 미등기상호의 양도에도 적용된다(따라서 미등기상호의 양수인은 새로
상호등기를 하여야 한다)는 견해가 있다. (ii) 그러나 이러한 견해는 타당하지 않다고 본다.
왜냐하면 이같이 해석하면 미등기상호의 양도에는 등기가 강제될 뿐만 아니라, 이는 상법
제25조 제2항의 의미를 구민법상의 부동산등기의 대항력의 의미가 아니라 상업등기의 일
반적 효력으로서의 대항력(제37조)만을 의미하는 것으로 보게 되는데 이것은 상법 제25조

함은 정식으로 영업폐지에 필요한 행정절차를 밟아 폐업하는 경우에 한하지 아니하고 사실상 폐업한 경우도 이에 해
당한다. 따라서 원심이 위 A가 경영하던 신라당 제과업이 사실상 폐업한 상태에서 Y가 그 상호만을 양수하였다고
판단하고 있음은 정당하고 거기에 소론과 같은 상법 제25조 제1항 및 같은 법 제42조의 규정에 관한 해석을 잘못함
으로써 판결에 영향을 미친 위법이 있다고 할 수 없다. 따라서 논지는 모두 이유 없다).

제2항의 입법취지가 아니기 때문이다. 따라서 상법 제25조 제2항의 상호양도의 변경등기의 대항력은 등기상호에만 적용된다고 본다. 미등기상호의 경우에는 적용되지 않는다는 견해가 타당하고 **판례는 아직 없다.**

3. 상호권의 양도효과

① **양도인에 대한 효과**로서 상호권을 양도하면 양도인은 상호권을 상실하는데, 양도인이 영업과 함께 상호권을 양도하는 경우에는 양도인은 일정한 지역적·기간적 제한하에 동종영업을 하지 못하는 경업피지의무를 부담한다(제41조). ② **양수인**에 대한 효과로서 양수인은 상호권을 취득하는데, 양수인이 영업과 함께 상호권을 취득하는 경우에는 양수인은 일정한 경우에 양도인의 채권자를 위하여 **양도인의 채무를 변제할 책임**이 있거나 또는 양도인의 채무자를 위하여 양도인의 채권의 변제를 수령할 권한을 갖는다(제42조, 제43조).

Ⅱ. 상호의 상속

상호는 재산권적 성질을 가지므로 양도와 함께 상속도 가능하다. **상호의 상속에 관하여 상법에 규정은 없다.**

Ⅲ. 상호의 폐지

상호를 등기한 자는 그 상호를 폐지 또는 변경하였을 때 이를 등기하여야 한다(제40조). 만약 상호를 등기한 자가 정당한 사유 없이 2년간 상호를 사용하지 아니하는 때에는 이를 폐지한 것으로 본다(제26조). 이해관계인의 보호를 위하여, 상법은 상호를 변경 또는 폐지한 경우에 2주간 내에 그 상호를 등기한 자가 변경 또는 폐지의 등기를 하지 아니하는 때에는 이해관계인은 그 등기의 말소를 청구할 수 있다고 규정한다(제27조).

제4절 명의대여자의 책임

Ⅰ. 의 의

제24조는 타인에게 자기의 성명 또는 상호를 사용하여 영업을 할 것을 허락한 자는 자기를 영업주로 오인하여 거래한 제3자에 대하여 그 타인과 연대하여 변제할 책임이 있다고 규정한다. 명의대여 자체가 금지된 위법한 행위라 하더라도 명의대여자의 책임에 관한

제24조가 적용된다.[13] 이는 민법상 표현대리(민법 제125조, 제126조, 제129조), 상법상 표현지배인(제14조) 및 표현대표이사(제395조) 등과 같이 선의의 제3자를 보호하기 위한 것이다.

그런데 **표현대리(표현대표이사와 표현지배인도 마찬가지임)와 비교**를 하면 표현대리는 표현대리(표현대표이사, 표현지배인)의 본인(회사, 영업주)은 책임을 부담할 뿐만 아니라 제3자에 대한 권리도 함께 취득하지만, 제24조의 **명의대여자는 책임만 부담**한다. 이는 명의대여자의 책임은 거래안전을 위하여 거래상대방을 보호하고자 하는 취지이나 표현대리는 거래상 법률효과를 본인에게 귀속시키는 것에 취지가 있다.

Ⅱ. 명의대여자의 책임 발생의 요건

1. 귀책사유(영업할 것을 허락)

(1) 명의대여

명의대여자는 타인(명의차용자)에게 '자기의 성명 또는 상호를 사용하여 영업할 것을 허락'하여야 한다. 이 점에서 명의대여자에게 귀책사유가 있게 된다. 이때 명의대여자는 상인임을 요하지 않고, 명의차용자가 영업을 하므로 명의차용자가 상인이 된다. 명의대여자가 상인임을 요하지 않고 공법인도 명의대여자의 책임을 부담할 수 있으며, 판례는 인천직할시의 명의대여자책임을 인정한 바 있다.[14]

명의대여의 유형으로는 위법한 명의대여, 적법한 명의대여, 또는 영업의 임대차가 있다. 그리고 **위법한 명의대여의 경우에도 당사자 사이에는 위법행위로서 무효이나 선의의 거래상대방에 대한 관계에서는 명의대여자의 책임이 인정**되는 것이다.[15]

명의대여를 할 때 특별한 사정이 없는 한 명의를 대여받은 자가 다시 대여하는 것이 허락된다고 보는 것이 어느 특정거래에서의 관행인 경우 다시 명의대여받은 자에 대하여도 책임을 질 수 있다. 건설업의 하도급에 관하여 이 논리를 적용한 판례가 있다.[16]

---

13) 대법원 1988.2.9. 선고 87다카1304 판결(농약관리법 제10조에 의하면 농약판매업을 하고자 하는 자는 일정한 자격과 시설을 갖추어 등록을 하도록 되어 있는바 이는 농약의 성질로 보아 무자격자가 판매업을 할 경우 국민보건에 위해를 끼칠 염려가 있기 때문이며 따라서 **그 등록명의를 다른 사람에게 빌려 준다든지 하는 일은 금지되고 있다 할 것이다.** 그러나 만일 그 등록명의를 대여하였다거나 그 명의로 등록할 것을 다른 사람에게 허락하였다면 농약의 판매업에 관한 한 등록명의자 스스로 영업주라는 것을 나타낸 것이라 할 것이고 **상법 제24조에 의한 명의대여자로서 농약거래로 인하여 생긴 채무를 변제할 책임이 있다고 할 것이다**).

14) 대법원 1987.3.24. 선고 85다카2219 판결(상법 제24조는 금반언의 법리 및 외관주의의 법리에 따라 타인에게 명의를 대여하여 영업을 하게 한 경우 그 명의대여자가 영업주인 줄로 알고 거래한 선의의 제3자를 보호하기 위하여 그 거래로 인하여 발생한 명의차용자의 채무에 대하여는 그 외관을 만드는 데에 원인을 제공한 명의대여자에게도 명의차용자와 같이 변제책임을 지우자는 것으로서 **그 명의대여자가 상인이 아니거나, 명의차용자의 영업이 상행위가 아니라 하더라도 위 법리를 적용하는 데에 아무런 영향이 없다**).

15) 대법원 1988.2.9. 선고 87다카1304 판결.

16) 대법원 2008.10.23. 선고 2008다46555 판결(상법 제24조는 명의를 대여한 자를 영업의 주체로 오인하고 거래한 거래상대방의 이익을 보호하기 위한 규정으로서 이에 따르면 명의대여자는 명의차용자가 영업거래를 수행하는

(2) 묵시적 허락과 단순한 방치

명의대여자의 명의사용의 허락은 명시적 허락뿐만 아니라 묵시적 허락도 포함되는데, 단순한 부작위만으로는 묵시적 허락이 될 수 없고 이에 **부가적 사정이 추가되어야 한다.** 상법 제24조에 의한 명의대여자의 책임이 외관법리에 의한 것이므로 그 요건을 엄격하게 파악하는 것이 타당하기 때문이다. 예를 들면 자기 사무실의 사용허락, 수입의 일부를 받는 것 등이다. 요컨대 **타인이 자기의 명의를 사용하여 영업을 하고 있다는 것을 알고도 방치한 경우에는, 이런 단순한 부작위를 바로 묵시적 허락으로 볼 수는 없고 부작위를 묵인 또는 방치하는 것이 사회통념상 타당하지 않은 경우에만 묵시적 허락으로 본다.** 판례도 이러한 입장이다. (i) 甲이 乙에게 정미소를 임대하였는데 乙이 같은 상호를 그대로 사용하면서 그 정미소를 경영할 경우 乙이 그 정미소를 경영하는 동안 **甲이 백미를 보관하고 보관전표를 발행한 경우** 甲은 명의대여자 책임을 진다고 하였다.[17] 또한 (ii) 甲이 같은 업종에 종사하는 乙에게 **甲의 사무실내에서 같은 사업을 경영할 수 있도록 허용**하여 왔다면 거래 상대방이 별개의 업체임을 알면서 거래를 하였다고 인정된 자료가 없는 한 회사는 명의대여자로서의 책임을 진다고 하였다.[18]

그리고 허락을 철회한 경우에는 명의사용을 금지하였다는 뜻을 제3자에게 통지하거나 일반에게 광고하는 등의 조치뿐 아니라, 법적인 조치(예를 들면 제23조의 상호사용폐지청구권)를 취하여야 하고, 그런 조치를 취하지 않으면 선의의 제3자에 대하여 명의대여자로서의 책임을 면할 수 없다.

2. 외관의 존재

(1) 동일 또는 유사

명의가 동일 또는 유사하여야 한다. 상호를 차용하는 경우에도 그 상호는 완전히 동일할 필요는 없고 약간의 부가어를 붙여 사용하거나 중요한 부분이 동일하여 사회통념상 유사한 것으로 명의대여자의 영업으로 오인하기에 적합한 명칭이면 된다. 판례는 타인의 상호에 지점·지사[19]·영업소·출장소[20] 등의 명칭을 붙인 경우에는 명의대여로 보고 있으

과정에서 부담하는 채무를 연대하여 변제할 책임이 있다. 그리고 건설업 면허를 대여한 자는 자기의 성명 또는 상호를 사용하여 건설업을 할 것을 허락하였다고 할 것인데, **건설업에서는 공정에 따라 하도급거래를 수반하는 것이 일반적이어서 특별한 사정이 없는 한 건설업 면허를 대여받은 자가 그 면허를 사용하여 면허를 대여한 자의 명의로 하도급거래를 하는 것도 허락하였다고 봄이 상당하므로,** 면허를 대여한 자를 영업의 주체로 오인한 하도급 받은 자에 대하여도 명의대여자로서의 책임을 진다고 할 것이고, 면허를 대여받은 자를 대리 또는 대행한 자가 면허를 대여한 자의 명의로 하도급거래를 한 경우에도 이와 달리 볼 것은 아니다).

17) 대법원 1967.10.25. 선고 66다2362 판결.

18) 대법원 1977.7.26. 선고 77다797 판결.

19) 대법원 1969.3.31. 선고 68다2270 판결(갑이 약속어음을 발행할 때 주소를 대한교육보험주식회사 **부산지사**라고 표시하고 지사장이라고 기재하지 않았다 해도 그 성명 아래에는 개인도장 외에 동 회사 부산지사장이라는 직인을

나, 타인의 상호에 **대리점이란 명칭을 붙인 경우에는 명의대여로 보지 않는다.** 대리점은 독립적인 상인이고 그 대리관계가 분명이 드러났다면 영업주의 오인이 인정될 수 없기 때문이다.[21]

그리고 그 거래에 있어 **명의대여자의 성명 또는 상호를 사용**하여야 함은 물론이다. 따라서 영업주가 자기의 상점, 전화, 창고 등을 타인에게 사용하게 한 사실은 있으나 그 타인과 거래상대방과의 거래를 위하여 영업주의 상호를 사용한 사실이 없는 경우에는 상법 제24조가 적용되지 않는다.[22]

(2) 영업외관의 동일성

영업외관의 동일성도 명의대여자 책임발생의 요건인지가 문제된다. 명의대여자가 상인이 아닌 경우라면 이 요건이 문제가 되지 않으나, 명의차용자의 영업이 명의대여자의 영업인 듯한 외관이 존재하여야 하는 것이 요건인지에 관하여 견해가 나뉜다. ① 영업외관에 대한 신뢰를 보호하는 것이므로 명의대여자의 영업외관과 명의차용자의 것이 동일해야 한다는 견해도 있으나, ② 불필요하다는 견해도 있다. ③ **판례는 분명하지 않다.** 다만 명의대여자가 호텔업을 하고 명의차용자가 나이트클럽업을 한 경우 책임을 인정한 판례가 있다.[23]

이 문제는 거래상대방의 **오인의 문제**로 해결함이 옳고, 영업외관의 동일성은 불필요하다는 견해가 타당하다. 만약 명의대여자의 영업과 명의차용자의 영업이 전혀 다른 것이라고 하는 경우 오인을 하였는지의 판단에 있어 영향을 미치게 될 것이다.

찍은 것이므로 특별한 사정이 없는 한 이는 동인이 위 회사 부산지사장이라는 대표자격을 표시한 것이라 할 것이고 또 동 회사는 갑에게 부산지사라는 상호를 사용하여 보험가입자와 회사간의 보험계약체결을 알선할 것을 허락하였고 갑은 동 지사 사무실비품대금 조달을 위하여 을에게 약속어음을 발행하여 병이 그 소지인이 된 것이며 을이 갑의 위 어음발행행위의 주체를 위 회사로 오인한데에 중대한 과실이 있다고 보여지지 않으므로 동 회사는 명의대여자로서 그 외관을 신뢰한 갑과의 거래에 대하여 본조에 의한 책임을 져야 한다).

20) 대법원 1976.9.28. 선고 76다955 판결(대한통운주식회사가 소외인과 동 회사 신탄진출장소 운영에 관한 계약을 체결하고 **출장소장으로 임명하여 현장에서 자기의 상호를 사용하여 그의 목적사업인 운송업을 하도록 하여왔다면** 위 회사는 특별한 사정이 없는 한 그 사업에 관하여 자기가 책임을 부담할 지위에 있음을 표시한 것이라 볼 수 있으므로 상법 제24조 소정의 명의대여자의 책임에 따라 위 회사를 영업주로 오인하고 거래한 제3자에 대하여 소외인이 부담한 대여금채무를 지급할 의무가 있다).

21) 대법원 1989.10.10. 선고 88다카8354 판결(일반거래에 있어서 실질적인 법률관계는 대리상, 특약점 또는 위탁매매업 등이면서도 두루 대리점이란 명칭으로 통용되고 있는데다가 타인의 상호아래 **대리점이란 명칭을 붙인 경우는 그 아래 지점, 영업소, 출장소 등을 붙인 경우와는 달리 타인의 영업을 종속적으로 표시하는 부가부분이라고 보기도 어렵기 때문에** 제3자가 자기의 상호아래 대리점이란 명칭을 붙여 사용하는 것을 허락하거나 묵인하였더라도 상법상 명의대여자로서의 책임을 물을 수는 없다).

22) 대법원 1982.12.28. 선고 82다카887 판결(묵시적 명의대여자의 책임을 인정하기 위하여는 영업주가 자기의 성명 또는 상호를 타인이 사용하는 것을 알고 이를 저지하지 아니하거나 자기의 성명 또는 상호를 타인이 사용함을 묵인한 사실 및 제3자가 타인의 성명 또는 상호를 사용하는 자를 영업주로 오인하여 거래를 한 사실이 인정되어야 할 것이므로, 영업주가 자기의 상점, 전화, 창고 등을 타인에게 사용하게 한 사실은 있으나 **그 타인과 원고와의 거래를 위하여 영업주의 상호를 사용한 사실이 없는 경우**에는 영업주가 자기의 상호를 타인에게 묵시적으로 대여하여 원고가 그 타인을 영업주로 오인하여 거래하였다고 단정하기에 미흡하다고 할 것이다).

23) 대법원 1978.6.13. 선고 78다236 판결.

3. 거래상대방의 선의

명의차용자의 거래상대방은 '명의대여자를 영업주로 오인하여' 거래하였어야 한다.[24] 이 경우 오인이 무엇이냐에 대하여 ① 명의대여자는 상대방이 악의인 경우에만 면책된다는 오인설과, ② 상대방이 경과실이 있는 경우에도 면책된다는 **경과실면책설**도 있으나, ③ 상대방이 악의 또는 중과실이 있는 경우에만 면책된다는 중과실면책설이 타당하다. ④ **판례도 중과실면책설이다.**[25] 상사거래에 있어 **판례가 중과실만 악의와 같이 취급하는 경우가 많지 않으므로, 주의하여야 한다.** 그리고 이 경우 상대방의 악의 또는 중과실의 **입증책임은 명의대여자가 부담**한다.[26]

III. 효과 – 부진정연대책임

위의 요건이 구비되면 명의대여자는 명의차용자와 연대하여 변제할 책임이 있다. 즉 명의대여자와 명의차용자는 부진정연대채무의 관계가 된다. 이때 명의대여자가 변제한 경우에는 명의차용자에게 구상할 수 있다.

상법 제24조에 의한 명의대여자와 명의차용자의 책임은 동일한 경제적 목적을 가진 채무로서 서로 중첩되는 부분에 관하여 일방의 채무가 변제 등으로 소멸하면 타방의 채무도 소멸하는 이른바 부진정연대의 관계에 있다. 그리고 이와 같은 부진정연대채무에 있어서는 채무자 1인에 대한 이행청구 또는 채무자 1인이 행한 채무의 승인 등 소멸시효의 중단사유나 시효이익의 포기는 다른 채무자에 대하여 효력이 미치지 아니한다. 따라서 **부진정연대채무자의 1인에 불과한 명의차용자가 한 채무승인 또는 시효이익 포기의 효력은 다른 부진정연대채무자인 명의대여자에게 미치지 않는다.**[27]

---

24) 대법원 1992.6.23. 선고 91다29781 판결(명의대여자가 거래상대방에 대하여 책임을 지는 것은 상대방이 그를 영업자로 오인한 경우에 한하는 것이고, 상대방이 명의인과 실제 거래당사자가 다르다는 사실을 알고 있는 경우에는 명의대여자에게 책임을 지울 수 없는 것은 법문상 명백하다고 한 경우).

25) 대법원 1991.11.12. 선고 91다18309 판결(상법 제24조의 규정에 의한 명의대여자의 책임은 명의자를 영업주로 오인하여 거래한 제3자를 보호하기 위한 것이므로 거래 상대방이 명의대여 사실을 알았거나 모른 데에 대하여 **중대한 과실이 있는 때**에는 명의대여자는 책임을 지지 않는다); 대법원 2008.1.24. 선고 2006다21330 판결(상법 제24조에서 규정한 명의대여자의 책임은 명의자를 사업주로 오인하여 거래한 제3자를 보호하기 위한 것이므로 거래 상대방이 명의대여사실을 알았거나 모른 데 대하여 중대한 과실이 있는 때에는 책임을 지지 않는바, 이때 거래의 상대방이 명의대여사실을 알았거나 모른 데 대한 **중대한 과실**이 있었는지 여부에 대하여는 면책을 주장하는 명의대여자가 입증책임을 부담한다

26) 대법원 2001.4.13. 선고 2000다10512 판결(상법 제24조의 규정에 의한 명의대여자의 책임은 명의자를 영업주로 오인하여 거래한 제3자를 보호하기 위한 것이므로 거래 상대방이 명의대여사실을 알았거나 **모른 데 대하여 중대한 과실이 있는 때에는 책임을 지지 않는바,** 이때 거래의 상대방이 명의대여사실을 알았거나 모른 데 대한 중대한 과실이 있었는지 여부에 대하여는 면책을 주장하는 명의대여자들이 입증책임을 부담한다).

27) 대법원 2011.4.14. 선고 2010다91886 판결.

Ⅳ. 적용범위

1. 영업과 관련

명의대여자의 책임을 묻기 위하여는 **원칙적으로 대여한 명의와 관련되는 영업으로 한 정**된다. 정미소의 경영에 관한 영업행위를 하도록 명의대여를 하였음에도 불구하고 명의차용자가 정미소의 점유 부분에 대하여 임대차계약을 체결한 경우 명의대여자가 책임이 없다고 하였다.[28] 그런데 영업범위와 관련하여서는 거래상대방의 오인과 함께 유연하게 해석하여야 한다고 본다.

2. 불법행위

명의대여자의 책임이 불법행위에 대하여도 적용될 수 있는지에 대하여 학설상으로는 이견도 있으나 **판례는 부정**한다.[29] 판례의 근거는 **오인과 피해 사이에 인과관계가 없다**는 것이다. 그런데 제42조 상호속용으로 인한 양수인의 책임의 경우 영업과 관련성이 있으면 불법행위에도 적용되는 것과 비교하면 주의를 요하고 또한 향후 검토가 필요하다. 불법행위의 경우에도 그 오인과 피해사이에 인과관계가 인정될 수 있고 명의대여자 책임을 인정하는 것이 바람직하기 때문이다.

3. 어음행위

어음수표상의 채무는 영업거래에서 발생한 채무로 인정될 수 있으므로, 명의대여자는 명의차용자의 어음행위에 대하여도 책임을 진다고 봄이 통설이고 판례이다.[30] 명의대여가

---

28) 대법원 1983.3.22. 선고 82다카1852 판결(상법 제24조에 규정된 명의대여자의 책임은 제3자가 명의대여자를 영업주로 오인하고 **그 영업의 범위내에서 명의사용자와 거래한 제3자에 대한 책임**이므로, 정미소의 임차인이 임대인의 상호를 계속 사용하는 경우에 있어서 임대인이 대여한 상호에 의하여 표상되는 영업은 정미소 영업이 분명하니, 임차인이 정미소 부지내에 있는 창고 및 살림집을 제3자에게 임대한 행위는 설령 명의사용자가 임대행위의 목적이 정미소 창고 건축비용을 조달키 위함이라고 말하였다고 하더라도 위 정미소 영업범위외의 거래이므로 그에 관하여 명의대여자에게 책임을 물을 수 없다).

29) 대법원 1998.3.24. 선고 97다55621 판결(상법 제24조 소정의 명의대여자 책임은 명의차용인과 그 상대방의 거래행위에 의하여 생긴 채무에 관하여 명의대여자를 진실한 상대방으로 오인하고 그 신용·명의 등을 신뢰한 제3자를 보호하기 위한 것으로, 불법행위의 경우에는 설령 피해자가 명의대여자를 영업주로 오인하고 있었더라도 **그와 같은 오인과 피해의 발생 사이에 아무런 인과관계가 없으므로,** 이 경우 신뢰관계를 이유로 명의대여자에게 책임을 지워야 할 이유가 없다).

30) 대법원 1969.3.31. 선고 68다2270 판결(갑이 약속어음을 발행할 때 주소를 대한교육보험주식회사 부산지사라고 표시하고 지사장이라고 기재하지 않았다 해도 그 성명 아래에는 개인도장 외에 동 회사 부산지사장이라는 직인을 찍은 것이므로 특별한 사정이 없는 한 이는 동인이 위 회사 부산지사장이라는 대표자격을 표시한 것이라 할 것이고 또 동 회사는 갑에게 부산지사라는 상호를 사용하여 보험가입자와 회사간의 보험계약체결을 알선할 것을 허락하였고 갑은 동 지사 사무실비품대금 조달을 위하여 을에게 약속어음을 발행하여 병이 그 소지인이 된 것이며 을이 갑의

영업 전반에 대하여 이미 성립되어 있다면 어음수표상의 채무는 영업거래에서 발생한 채무로 인정될 수 있으므로 명의대여자는 명의차용자의 어음수표행위에 대하여도 책임을 진다는 것이다.

4. 민법 제756조의 사용자배상책임

(1) 쟁 점

상법 제24조 명의대여자의 책임이 불법행위에는 적용되지 않으나, **명의대여자와 명의차용자 사이에 사실상 사용관계가 존재**하면 명의대여자는 민법 제756조의 사용자배상책임을 부담한다. **영업상의 명의를 대여하고 있는 경우에 명의대여자는 사용자배상책임을 질 수 있다고 하는 것이 판례의 일관된 입장이다.** 다만 그 명의대여로 인한 사용관계의 여부 즉 객관적으로 보아 사용자가 그 불법행위자를 지휘·감독할 지위에 있었느냐의 여부를 구체적으로 어떻게 결정하느냐가 문제라고 하겠다.

(2) 사용관계

민법 제756조에서 규정한 사용자책임이 성립하려면, 사용자와 불법행위자와의 사이에 어떤 사무에 종사하게 하는 사용, 피용의 사용관계가 있어야 하는데, 사용관계라 함은, 보상책임설의 입장에서는 사용자와 피용자의 사이에 실질적으로 지휘·감독의 관계가 있어야 한다고 하고 있다.

대법원은 1985.8.13. 선고 84다카979 판결에서 민법이 사용자책임을 인정한 것은 "많은 사람을 고용하여 스스로의 활동영역을 확장하고 그에 상응하는 많은 이익을 추구하는 사람은 … 그 많은 피용자의 행위가 타인에게 손해를 가하게 하는 경우도 상대적으로 많아질 것이므로 이러한 손해를 이익귀속자인 사용자로 하여금 부담케 하는 것이 공평의 이상에 합치된다"는 보상책임의 원리에 입각하고 있음을 명백히 밝히고 있다. 이러한 사용관계는 고용계약에 의하여 성립하는 것이 보통이겠지만, 위임·조합·도급 기타 어떤 관계라도 좋고,[31] 또한 보수의 유무나 기간의 장기도 묻지 않으며, **실질적으로 사용관계가 있으면 되므로 그 관계가 법률적으로 존재하거나 유효하여야 하는 것도 아니다.**[32]

5. 명의차용자의 피용자의 행위에 대한 명의대여자의 책임

판례는 명의대여자의 책임은 명의의 사용을 허락받은 자의 행위에 한하고 명의차용자

위 어음발행행위의 주체를 위 회사로 오인한데에 중대한 과실이 있다고 보여지지 않으므로 동 회사는 명의대여자로서 그 외관을 신뢰한 갑과의 거래에 대하여 본조에 의한 책임을 져야 한다).

31) 대법원 1979.7.10. 선고 79다644 판결; 대법원 1982.9.14. 선고 81다447 판결; 대법원 1983.1.22. 선고 83다카1153 판결 등.

32) 대법원 1979.2.14. 선고 78다2245 판결 등.

의 피용자의 행위에 대해서까지 미칠 수는 없다고 한다.[33] 상법 제24조의 명의대여자 책임은 불법행위책임에는 적용되지 않는 것이고 보면, 명의차용자가 피용자의 행위에 대하여 민법 제756조에 의하여 부담하게 되는 사용자배상책임에까지 확대하여 적용되지 않는다고 봄이 옳다.

---

33) 대법원 1989.9.12. 선고 88다카26390 판결(상법 제24조의 명의대여자의 책임규정은 거래상의 외관보호와 금반언의 원칙을 표현한 것으로서 명의대여자가 영업주로서 자기의 성명이나 상호를 사용하는 것을 허락했을 때에는 명의차용자가 그것을 사용하여 법률행위를 함으로써 지게된 거래상의 채무에 대하여 변제의 책임이 있다는 것을 밝히고 있는 것에 그치는 것이므로 여기에 근거한 명의대여자의 책임은 명의의 사용을 허락받은 자의 행위에 한하고 명의차용자의 피용자의 행위에 대해서까지 미칠 수는 없다).

제 5 장

상업장부

I. 의 의

상인이 영업상의 재산상태 및 손익의 상황을 명백히 하기 위하여 상법상 의무적으로 작성하여야 하는 장부이다. 여기에는 회계장부와 대차대조표가 있다(제29조 제1항). 기업에 있어 영업의 성과를 정확히 파악하는 것은 매우 중요하다. 기업과 거래하는 자와 투자자, 근로자 등에게도 공시하는 것이다.

II. 의 무

1. 작성방법

상법은 상업장부에 관한 작성방법을 구체적으로 정하고 있지 않고 제29조 제2항에서 일반조항을 두고 있을 뿐이다. 종래 상법의 상업장부에 관한 규정이 규범력을 상실하고 있었기 때문에 상법은 상업장부의 작성에 관하여 이 법에 규정한 것을 제외하고는 일반적으로 **공정·타당한 회계관행에 의한**다고 규정한다(제29조 제2항).

2. 제출의무

법원은 신청에 의하여 또는 직권으로 소송당사자에게 상업장부 또는 그 일부분의 제출을 명할 수 있다(제33조 제1항).

3. 보존의무

상인은 10년간 상업장부와 영업에 관한 중요서류를 보존하여야 한다. 다만, 전표 또는 이와 유사한 서류는 5년간 이를 보존하여야 한다(제33조 제1항). 그런데 이 장부와 서류는 마이크로필름 기타의 전산정보처리조직에 의하여 이를 보존할 수 있다(제33조 제3항).

Ⅲ. 위반에 대한 제재

　개인에 대한 경우 위반에 대한 제재 규정이 **없다**(不完全法規). 회사의 경우는 과태료를 부과하여 일정한 자는 회사에 대하여 손해배상책임을 지며 제3자에 대하여도 책임을 질 수 있다고 규정한다(제635조 제1항 제9호).

제6장
상업등기

제1절 상업등기의 의의

I. 의 의

1. 뜻

상업등기란 "**일정한 사항을 공시할 목적으로 상법의 규정에 의하여 등기할 사항을 법원의 상업등기부에 하는 등기**"를 말한다(제34조). 상업등기는 기업의 내용을 공시함으로써 이와 관련된 경제주체의 이익을 조정하기 위한 것이다.

2. 등기사항

상업등기의 등기사항이란 "상법의 규정에 의하여 상업등기부에 등기하도록 정하여진 사항"을 말하는데, 이러한 등기사항은 기업의 신용유지와 제3자의 보호에 관한 사항으로 상법에 개별적으로 규정되어 있다. 따라서 상법에 등기사항으로 규정된 것이 아닌 사항은 등기할 수도 없고, 잘못하여 등기가 된 경우라도 등기의 효력이 발생하지 않는다.

등기사항의 종류로는 반드시 등기하여야만 하는 **절대적 등기사항**과 당사자가 임의로 선택하여 등기할 수 있는 **상대적 등기사항**이 있다. 개인기업의 상호등기가 상대적 등기사항이고 기타 대부분은 절대적 등기사항이다. 그런데 **제40조에 의하여 상대적 등기사항도 일단 등기가 되면 절대적 등기사항이 된다.**

II. 절 차

상업등기는 원칙적으로 당사자의 신청에 의하여 하는데(제34조, 제40조), 예외적으로 법원이 등기소에 촉탁하거나 직권으로써 등기한다(제176조, 제241조 등). 상업등기제도는 진실한 객관적 사실의 공시를 목적으로 하는 것이므로 실질적 심사주의에 의하여야 할 것이나, 등기관은 법관이 아니라 기록관에 불과하므로 그 심사능력에는 한계가 있어 등기관은 신청사항에 대하여 현저한 의문이 있는 경우에만 그 실체적 진실성을 심사할 권한과

의무가 있다고 본다. 따라서 등기관이 신청사항에 대하여 현저한 의문이 있는 경우 그 실체적 진실성을 심사하지 않는 것은 직무위반이 되며, 현저한 의문이 없음에도 불구하고 실체적 진실성의 심사를 이유로 등기절차를 지연시키는 것은 직권남용이 될 수 있다(수정 실질심사주의).

제 2 절 효 력

Ⅰ. 일반적 효력

1. 등기전의 효력

등기전의 효력은 등기사항을 등기하기 전에는 선의의 제3자에게 대항하지 못하는 효력을 말한다(제37조 제1항). 이를 **소극적 공시원칙**이라 한다.

이로 인하여 법정등기사항의 등기가 촉진되는 효과가 있고, 또한 제3자가 보호된다. 이때 선의의 제3자란 **등기사항의 존재를 알지 못한 제3자**를 말하는 것이지, 등기가 되어 있다는 것을 알지 못하였다는 의미가 아니다. 그리고 제3자에게 경과실이 있으면 선의이지만 중과실이 있으면 악의이고, 선의의 유무의 판단시기는 거래시이며, 이의 입증책임은 제3자의 악의를 주장하는 자가 부담한다. 대항하지 못한다의 의미는 등기의무자가 제3자에 대하여 주장할 수 없다는 의미에 불과하고 제3자가 등기의무자에게 그 등기사항을 주장하는 것은 허용된다. 그리고 이때 판례에 의하면 국가는 상법 제37조의 제3자에 해당하지 않는다.[1]

2. 등기후의 효력

등기후의 효력은 등기사항에 관하여 등기가 있으면 정당한 사유가 없는 제3자에게도 대항할 수 있는 효력을 말한다(제37조 제1항의 반대해석·제2항). 이를 **적극적 공시원칙**이라 한다. 이때 「정당한 사유」는 엄격하게 해석하여 **객관적 사유에 한하고 주관적 사유는 포함되지 않는다**는 것이 통설이다. 지진이나 화재 등으로 인하여 등기소가 폐쇄되었거나 하는 경우는 이에 해당할 것이나, 당사자가 병원에 장기입원 중이었다는 것은 정당한 사유에 해당하지 않는다. 요컨대 제3자의 주관적 사유는 포함되지 않음을 주의하여야 한다. 그리고 정당한 사유의 존재 및 이로 인하여 알지 못하였다는 입증책임은 제3자가 부담한

---

[1] 대법원 1978.12.26. 선고 78누167 판결(상법 제37조 소정의 "선의의 제3자"라 함은 대등한 지위에서 하는 보통의 거래관계의 상대방을 말한다 할 것이므로 조세권에 기하여 조세의 부과처분을 하는 경우의 국가는 동조 소정의 제3자라 할 수 없다). 같은 취지로 대법원 1990.9.28. 선고 90누4235 판결.

다. 대항하지 못한다의 의미는 등기전 효력과 같이, 등기의무자가 제3자에 대하여 주장할 수 없다는 의미에 불과하고 제3자가 등기의무자에게 그 등기사항을 주장하는 것은 허용된다.

3. 일반적 효력이 미치는 범위

(1) 불법행위

상업등기의 일반적 효력은 불법행위 등과 같은 비거래관계에서는 적용되지 않는다(판례).[2] 불법행위 등과 같은 비거래관계에서는 상대방의 신뢰란 있을 수 없으므로 등기유무에 불문하고 실질관계에 따라서 판단하여야 한다. 다만 거래행위적 불법행위에 대하여는 적용되어야 한다는 주장이 있기는 하다.

(2) 지점거래

본점의 소재지에서의 등기사항은 다른 규정(제13조)이 없으면 지점소재지에서도 등기하여야 하고(제35조), 지점소재지에서 이러한 등기사항을 등기하지 않으면 일반적 효력이 미치지 않는다(제38조).

(3) 상호양도

상호의 양도는 등기하지 않으면 악의의 제3자에게도 대항하지 못한다(제25조 제2항). 따라서 상호의 양도에 대하여는 제37조가 적용되지 않는다.

(4) 표현책임

상업등기의 일반적 효력에 대한 예외로서 규정된 것은 표현지배인(제14조) · 표현대표이사(제395조) 등이다. 표현책임과 상법 제37조와의 관계를 설명함에 있어 ① 이차원설과 ② 예외규정설이 있다. **판례는 이차원설**로서 제395조는 **상업등기와는 다른 차원에서 회사의 표현책임을 인정하는 규정**이며 따라서 이 책임을 판단함에 있어서 상업등기가 되어 있는지는 고려하지 말아야 한다는 입장이다.[3]

Ⅱ. 특수적 효력

1. 창설적 효력

등기에 의하여 법률관계가 형성 또는 설정되는 것을 말한다. 회사가 등기에 의하여 법

---

2) 대법원 1960.4.21. 선고 4290 민상 816 판결.
3) 대법원 1979.2.13. 선고 77다2436 판결.

인격을 취득하고(제172조), 합병등기에 의하여 그 효력이 발생한다(제234조).

2. 보완적 효력

설립등기 또는 신주발행으로 인한 변경등기일로부터 1년이 지난 후에는 주식인수의 무효나 취소를 주장할 수 없는데, 이를 보완적 효력이라고 한다(제320조, 제427조).

3. 상호의 양도

상호의 양도에 있어서는 등기하지 않으면 제3자에게 대항하지 못한다(제25조 제2항). 이는 제37조에 대한 특칙으로서 등기를 하지 않으면 악의의 제3자에게도 대항하지 못한다. 따라서 **상호양도의 등기에는 선악의를 불문하고 제3자에 대한 대항력이 인정**된다.

Ⅲ. 부실등기

1. 의   의

상법 제39조는 고의 또는 과실로 인하여 사실과 상위한 사항을 등기한 자는 그 상위를 선의의 제3자에게 대항하지 못한다고 규정한다. 이것이 부실등기의 효력에 관한 규정이다. 상업등기에는 부동산등기와 마찬가지로 원칙적으로 **공신력이 인정되지 않는다.**

그러나 상업등기부에 등기되면 그 사항은 일단 진실하다는 사실상의 추정을 받게 된다(통설, 판례). 판례는 "법인등기부에 이사 또는 감사로 등재되어 있는 경우에는 특단의 사정이 없는 한 정당한 절차에 의하여 선임된 적법한 이사 또는 감사로 추정된다고 할 것"[4]이라고 하여 추정력을 인정한다. 다만 이는 사실상의 추정력에 불과한 것으로 입증책임을 전환시키는 법률상의 추정력을 생기게 하는 것은 아니다.

2. 제한적 공신력

상업등기는 사실상 추정력밖에 없는데, 이를 관철하면 기업과 거래하는 자는 등기를 신뢰하지 못하고 거래시마다 등기사항의 진실을 확인하여야 한다. 그러나 이것은 상업등기제도의 효용을 감소시키고 또한 거래의 안전과 신속을 저해한다. 이러한 문제를 해결하기 위하여 제39조는 부실등기를 한 자가 귀책사유가 있는 경우 선의의 제3자에게 대항할 수 없는 것으로 정한다. 요컨대 등기의무자 측에 귀책사유가 있는 부실등기에 대하여는 공신력을 제한적으로 인정하고 있다.

---

4) 대법원 1991.12.27. 선고 91다4409,4416 판결.

3. 요   건

(1) 사실과 상위한 사항의 등기

상업등기부에 기재된 사항이면 어떠한 사항도 본조의 적용대상이 된다. 등기할 당시 뿐만 아니라 사후의 사정으로 사실과 다르게 등기된 경우를 포함한다.

(2) 등기신청인의 귀책사유

등기신청인(등기의무자)의 고의 또는 과실을 요한다. 법문이 **"등기한 자"**라고 하고 있어 등기신청인의 **고의 · 과실**을 요한다. 등기신청인이 제대로 등기신청을 하였으나 등기공무원이 잘못한 경우는 이에 해당하지 않는다. 회사의 경우에는 그 대표자를 기준으로 판단하여야 한다. 이에 관한 판례로 합명회사에 있어서 상법 제39조 소정의 부실등기에 대한 고의 과실의 유무는 그 대표사원을 기준으로 판정하여야 하고 대표사원의 유고로 회사정관에 따라 업무를 집행하는 사원이 있다고 하더라도 그 사원을 기준으로 판정하여서는 안된다고 한 것이 있다.[5]

그런데 등기의무자의 귀책사유와 관련하여 **제3자가 문서위조 등의 방법으로 등기신청인 몰래 부실등기를 한 경우** 과거의 판례는 "그 부실등기의 경료 및 존속에 있어서 그 정도가 어떠하건 과실이 있다는 사유만 가지고는 상법 제39조를 적용하여 선의의 제 3 자에게 대항할 수 없다고 볼 수는 없다"고 한다.[6] 그 판례의 입장을 보면 (ⅰ) 부실등기의 사실을 알고(고의) 방치한 경우 제39조의 적용이 있는지 여부에 대한 명확한 판시를 하지 않았고, (ⅱ) 부실등기의 사실을 알지 못한 존속에서의 과실이 있다 하더라도 제39조가 적용되지 않는다고 하였다. 판례는 등기신청 자체에 등기의무자의 고의 · 과실이 없다고 하여 등기의무자 측에 귀책사유가 없다고 판시하므로 등기 **존속상 중과실의 경우에도 제39조가 적용되지 않는다고 본다.** 그러나 학설은 판례를 비판하면서 존속에서의 중과실이 있는 경우 상법 제39조를 (유추)적용하여 등기신청인 측에 귀책사유가 있다고 보아야 한다는 것

---

5) 대법원 1981.1.27. 선고 79다1618,1619 판결.

6) 대법원 1975.5.27. 선고 74다1366 판결(상법 제39조는 고의나 과실로 스스로 사실과 상위한 내용의 등기신청을 함으로써 부실의 사실을 등기하게 한 자는 그 부실등기임을 내세워 선의의 제3자에게 대항할 수 없다는 취지로서, 등기신청권자 아닌 제3자가 문서위조 등의 방법으로 등기신청권자의 명의를 모용하여 부실등기를 경료한 것과 같은 경우에는 비록 그 제3자가 명의를 모용하여 등기신청을 함에 있어 등기신청권자에게 과실이 있다 하여도 이로써 곧 등기신청권자 자신이 고의나 과실로 사실과 상위한 등기를 신청한 것과 동일시할 수는 없는 것이고, 또 이미 경료되어 있는 부실등기를 등기신청권자가 알면서 이를 방치한 것이 아니고 이를 알지 못하여 부실등기상태가 존속된 경우에는 비록 등기신청권자에게 부실등기 상태를 발견하여 이를 시정하지 못한 점에 있어서 과실이 있다 하여도 역시 이로써 곧 스스로 사실과 상위한 등기를 신청한 것과 동일시할 수 없는 법리라 할 것이므로 등기신청권자 아닌 제 3 자의 문서위조 등의 방법으로 이루어진 그 부실등기의 경료 및 존속에 있어서 그 정도가 어떠하건 과실이 있다는 사유만 가지고는 상법 제39조를 적용하여 선의의 제3자에게 대항할 수 없다고 볼 수는 없다 할 것인바, 원판결이 이와 반대의 견해로 판단한 것은 상법상의 부실등기의 효력에 관한 법리를 오해한 위법이 있다 할 것인즉, 이 점 논지는 이유 있다).

이 다수설이었다.

그런데 그 이후 이 쟁점을 다룬 판례는 제3자가 등기하였다 하더라도 등기신청인의 책임 있는 사유로 그 등기가 이루어지는 데에 관여하거나 **그 부실등기의 존재를 알고 있음에도 이를 시정하지 않고 방치하는 등** 등기신청권자의 **고의·과실로 부실등기를 한 것과 동일시할 수 있는 특별한 사정**이 있는 경우에는 제39조가 적용된다고 본다.[7] 따라서 등기신청권자가 스스로 등기를 신청하지 않은 경우라 하더라도 존속에 있어 그 부실등기의 **존속을 알고 방치하였다면** 제39조에 의한 책임을 진다. 다만 판례가 말하는 "특별한 사정"에 그 존속에 있어 중대한 과실로 부실등기를 알지 못한 점이 포함되는지 여부는 명확하지 않다.

주관적 요건	등기 신청		등기 존속	
	고의 및 과실	고의	경과실	중과실
판례	적용	적용	적용 안됨	적용 안됨 (예외적으로 특별한 사정이 있는 경우 적용)
학설(다수설)	적용	적용	적용 안됨	적용

또한 판례는 이사 선임의 주주총회결의에 대한 취소판결이 확정되어 그 결의가 소급하여 무효가 된다고 하더라도 그 **선임 결의가 취소되는 대표이사와 거래한 상대방은 상법 제39조의 적용 내지 유추적용에 의하여 보호될 수 있다**고 한다.[8] 그러나 **주주총회결의 부존재의 경우에는 무효 또는 취소 사유가 있는 경우와는 달리,** 이사 선임에 관한 주식회사 내부의 의사결정이 존재하지 아니하여 등기신청권자인 회사가 그 등기가 이루어지는 데 관여할 수 없었으므로 특별한 사정이 없는 한 상법 제39조에 의한 부실등기 책임을 물을 수 없다고 본다.[9]

(3) 제3자의 선의

제37조에서의 선의의 개념과 동일하다. 학설은 경한 과실만 있는 경우에는 선의로 보고 있다.

---

7) 대법원 2013.9.26. 선고 2011다870 판결; 대법원 2011.7.28. 선고 2010다70018 판결; 대법원 2008.7.24. 선고 2006다24100 판결.
8) 대법원 2004.2.27. 선고 2002다19797 판결(주식회사의 법인등기의 경우 회사는 대표자를 통하여 등기를 신청하지만 등기신청권자는 회사 자체이므로 취소되는 주주총회결의에 의하여 이사로 선임된 대표이사가 마친 이사 선임 등기는 상법 제39조의 부실등기에 해당된다).
9) 대법원 2014.11.13. 선고 2009다71312,71329,71336,71343 판결.

제 7 장

영업양도

기업의 구조조정과 관련되어 대부분의 경우는 상법 회사편에서 규정하나 상법 총칙에서는 영업양도가 있다(제41조~제45조).

제1절 영업의 의의

I. 상법의 규정

영업양도의 정의를 위하여는 먼저 영업이 무엇인가를 이해하여야 한다. 상법은 영업이라는 용어를 ① '**상인의 영리활동**'을 의미하는 **주관적 의의의 영업**(제5조, 제6조, 제8조, 제11조 제1항, 제15조 제1항, 제21조 제1항, 제22조, 제23조 제1항, 제46조, 제53조, 제61조, 제78조 등), ② '**상인의 영업목적을 위하여 결합시킨 재산의 전체**'를 의미하는 **객관적 의의의 영업**으로(제20조 단서, 제25조, 제41조 등) 나누어서 사용하고 있는데, **영업양도에서의 영업은 객관적 의의의 영업**을 의미한다.

II. 객관적 의의의 영업

객관적 의의의 영업이란 영업을 위하여 조직화된 한 덩어리의 재산으로서 이와 관련된 재산적 가치 있는 사실관계(영업권)를 포함한다. 따라서 객관적 의의의 영업은 영업에 바쳐진 개개의 재산 또는 그 전체를 말하는 영업용 재산과 구별된다. 요컨대 영업이란 단순한 개별 재산의 산술적인 총합과는 구별되는 개념이다. 판례는 이러한 뜻에서 **영업이란 일정한 영업목적에 의하여 조직화된 유기적 일체로서의 기능적 재산**이라는 표현으로 사용하면서 **유기적 일체로서의 기능적 재산이란 영업을 구성하는 유형·무형의 재산과 경제적 가치를 갖는 사실관계가 서로 유기적으로 결합**하여 수익의 원천으로 기능하는 것이라 한다.[1] 이러한 객관적 의의의 영업은 그 자체가 독립하여 하나의 물권으로 취급되는 것이

---

[1] 대법원 2012.7.26. 선고 2012다27377 판결(상법 제42조 제1항의 **영업이란 일정한 영업목적에 의하여 조직화된 유기적 일체로서의 기능적 재산**을 말하고, 여기서 말하는 유기적 일체로서의 기능적 재산이란 영업을 구성하는 유

아니라, 다만 채권법상 독립된 일체로 취급되는 것뿐이다.

제 2 절　영업양도의 의의와 법적 성질

Ⅰ. 객관적 의의의 영업을 양도

객관적 의의의 영업을 포괄적으로 이전하는 것을 목적으로 하는 계약을 영업양도라고 한다. 영업양도의 법적 성질에 대하여는, 영업양도의 대상을 영업재산 등 물적 요소에 중점을 두는 양도처분설, 인적 요소에 중점을 두는 지위교체설 및 물적 요소와 인적 요소의 양자에 중점을 두는 절충설이 있다.

통설은 영업재산양도설인데, 이 설에 의하여 영업양도를 정의하면 "영업의 동일성을 유지하면서 객관적 의의의 영업(영업용 재산과 가치 있는 사실관계가 합하여 이루어진 조직적·기능적 재산으로서의 영업재산의 일체)의 이전을 목적으로 하는 채권계약"이다.[2] 따라서 영업양도는 개개의 영업용 재산 또는 단순한 영업용 재산의 전부의 양도와 구별된다. 또한 영업양도는 소유관계에 변동을 가져오는 것이므로, 영업의 소유관계에 변동을 가져오지 않고 경영관계에서만 변동을 가져오는 영업의 임대차나 경영위임과는 구별된다. 또한 영업양도는 양도인과 양수인의 두 당사자가 체결하는 채권계약인 점에서 상법의 특별규정에 의하여 그 법률상의 효력이 발생하는 회사의 합병과는 근본적으로 구별된다.

Ⅱ. 영업의 동일성

영업양도시 **영업의 동일성** 유지가 중요한 기준이 된다.[3] 판례는 일반적으로 영업양도가 있다고 볼 수 있는지의 여부는 양수인이 유기적으로 조직화된 수익의 원천으로서의 기능적 재산을 이전받아 **양도인이 하던 것과 같은 영업적 활동을 계속하고 있다고 볼 수 있는지의 여부에 따라 판단**되어야 한다고 본다.[4] 이러한 기준에서 영업의 양도란 기

형·무형의 재산과 경제적 가치를 갖는 사실관계가 서로 유기적으로 결합하여 수익의 원천으로 기능한다는 것과 이와 같이 유기적으로 결합한 수익의 원천으로서의 기능적 재산이 마치 하나의 재화와 같이 거래의 객체가 된다는 것을 뜻하는 것이므로, 영업양도가 있다고 볼 수 있는지의 여부는 양수인이 유기적으로 조직화된 수익의 원천으로서의 기능적 재산을 이전받아 양도인이 하던 것과 같은 영업적 활동을 계속하고 있다고 볼 수 있는지의 여부에 따라 판단되어야 한다).

2) 정찬형, 상법강의(상), 박영사, 2011, 165면. 따라서 영업양도는 개개의 영업용 재산 또는 단순한 영업용 재산의 전부의 양도와 구별된다. 또한 영업양도는 소유관계에 변동을 가져오는 것이므로, 영업의 소유관계에 변동을 가져오지 않고 경영관계에서만 변동을 가져오는 영업의 임대차나 경영위임과는 구별된다.

3) 대법원 1997.11.25. 선고 97다35085 판결(이 사건에서 A의 슈퍼마켓 **영업이 동일성을 유지하면서** Y에게 양도되었다고 인정하기에 부족함이 없다고 보아야 할 것이다).

능재산의 동일성이 유지된 일괄이전을 의미하는 것이라고 하면서, 영업의 동일성 인정은 이전되는 영업재산이 어느 정도인지에 의하여 결정되는 것이 아니라 **종래의 영업조직이 유지되어 그 조직이 전부 또는 중요한 일부로서 기능할 수 있는가**에 의하여 결정되어져야 하는 것이라 한다.[5] 따라서 영업재산의 전부를 양도했어도 그 조직을 해체하여 양도했다면 영업의 양도는 되지 않는 반면에 그 일부를 유보한 채 영업시설을 양도했어도 **그 양도한 부분만으로도 종래의 조직이 유지되어 있다고 사회관념상 인정되면** 영업양도라 본다.

이러한 입장에서 영업재산의 전부를 양도했어도 그 조직을 해체하여 양도했다면 영업의 양도로 볼 수 없다고 한 판례[6]가 있고, 자산매매계약의 매수인이 매도인인 자동차부품 생산기업으로부터 전장사업부문을 영업목적으로 하여 일체화된 물적·인적 조직을 그 동일성을 유지한 채 포괄적으로 이전받음으로써 영업을 양수하였다고 한 판례[7]도 있다. 또한 운송사업면허권을 양도받았으나 영업상 인적·물적 조직을 그 동일성을 유지하면서 일체로서 포괄적으로 이전받은 것이 아니어서 영업양도가 아니라고 한 판례[8] 등이 있다. 또한 영업재산에 대하여 일괄하여 강제집행이 될 경우 영업권도 일체로서 환가될 수 있고, 따라서 채무자가 영업재산과 영업권이 유기적으로 결합된 일체로서의 영업을 양도함으로써 채무초과상태에 이르거나 이미 채무초과상태에 있는 것을 심화시킨 경우, 영업양도는 **채권자취소권 행사의 대상이 된다**고 한 것이 있다.[9]

주목할 점은 영업양도에 해당하는지 여부가 근로관계의 승계를 둘러싸고 다투어졌다는

4) 대법원 1998.4.14. 선고 96다8826 판결; 대법원 2005.7.22. 선고 2005다602 판결 등. 영업양도가 아니라고 하였던 판례들을 보면 대법원 1995.7.25. 선고 95다7987 판결에서는 이러한 입장에서 운수업자가 운수업을 폐지하는 자로부터 그 소속 종업원들에 대한 임금 및 퇴직금 등 채무를 청산하기로 하고 그 운수사업의 면허 및 운수업에 제공된 물적시설을 양수한 후, 폐지전 종업원 중 일부만을 고용한 경우, 그러한 사정만으로는 영업양도라고 볼 수 없다고 하였으며, 대법원 1988.1.19. 선고 87다카1295 판결에서 상인이 거액의 부도로 영업이 폐지된 후에 상호만을 양수한 후 동일한 영업장소에서 일부 종업원을 계속 고용하여 영업을 하였을 뿐 영업설비 등 유체동산을 제3자로부터 새로이 매수하고 공장건물에 대한 임대차계약을 별도로 체결하였으며, 영업조직체로서 가장 중요한 기존의 대리점도 새로이 각 대리점계약을 체결하여 구축한 경우에는 그 영업은 유기적 일체로서 동일성을 유지하며 이른바 영업양도의 방식에 의하여 양수한 것으로 볼 수 없고 그 영업이 폐지된 후 재산적 가치가 기대되는 상호만을 양수한 것으로 봄이 상당하다고 판시하였다.
5) 대법원 1989.12.26. 선고 88다카10128 판결(문제의 행위(양도계약관계)가 영업의 양도로 인정되느냐 안되느냐는 단지 어떠한 영업재산이 어느 정도로 이전되어 있는가에 의하여 결정되어져야 하는 것이 아니고 거기에 종래의 영업조직이 유지되어 그 조직이 전부 또는 중요한 일부로서 기능할 수 있는가에 의하여 결정되어져야 하는 것이므로 예컨대, 영업재산의 전부를 양도했어도 그 조직을 해체하여 양도했다면 영업의 양도는 되지 않는 반면에 그 일부를 유보한채 영업시설을 양도했어도 그 양도한 부분만으로도 종래의 조직이 유지되어 있다고 사회관념상 인정되기만 하면 그것을 영업의 양도라 하지 않을 수 없는 것이다); 대법원 2002.3.29. 선고 2000두8455 판결.
6) 대법원 2003.5.30. 선고 2002다23826 판결.
7) 대법원 2002.3.29. 선고 2000두8455 판결.
8) 대법원 2005.6.9. 선고 2002다70822 판결.
9) 대법원 2015.12.10. 선고 2013다84162 판결(영업양도 후 종래의 영업조직이 전부 또는 중요한 일부로서 기능하면서 동일성을 유지한 채 채무자에게 회복되는 것이 불가능하거나 현저히 곤란하게 된 경우, 채권자는 사해행위취소에 따른 원상회복으로 피보전채권액을 한도로 하여 영업재산과 영업권이 포함된 일체로서의 영업의 가액을 반환하라고 청구할 수 있다).

점이다. **영업양도에 해당하게 되면 양도인과 근로자 간에 체결된 고용계약도 양수인에게 승계되므로**[10) 고용주 측에서는 영업양도가 아니라 주장한 반면, 근로자 측에서는 영업양도에 해당하고 따라서 고용관계도 승계된다고 주장하였던 사건들이 대다수이다.

Ⅲ. 경영위임과 영업임대차

1. 경영위임

영업양도는 경영위임과 구별된다. 경영위임은 수임인이 '위임자로부터 포괄적인 대리권을 수여받아 위임자의 명의로 대외적인 행위를 하는 것'이어서, 자신의 영업을 하는 것은 아니라는 점에서 영업양도나 영업임대차와는 구별된다. 경영위임의 결과 그 영업활동의 손익은 모두 위임회사에 귀속된다. 경영위임도 경영을 맡기는 회사의 입장에서 볼 때 주주총회의 특별결의를 필요로 한다는 점에서는 영업양도와 같으나(제374조 제1항 제2호), 경영위임은 수임자의 영업이 아닌 반면에 영업양도에서 양수인은 자신의 영업인 점에서 차이가 있고, 따라서 상법 제42조 제1항이 경영위임에는 적용되지 않는다.

2. 영업임대차

영업양도는 영업임대차와 구별된다. 영업임대차란 상인이 객관적 의의의 영업의 전부 또는 일부를 타인에게 임대하는 것으로서, 영업소유의 법적 관계에는 영향을 주지 않고 영업경영의 법적 관계가 전면적으로 임차인에게 이전하게 된다. 따라서 영업임대차에서의 영업의 임차인은 상인으로서 자기명의로 영업을 하면서 기업상 손익의 귀속주체가 된다. 영업양도와 영업임대차의 공통점은 영업임차인이 자신의 명의로 영업을 한다는 점, 영업을 임대하는 회사로서도 주주총회의 특별결의를 필요로 한다는 점 등이다(제374조 제1항 제2호).

영업양도와 영업임대차의 차이점은 영업임대차에서의 임대인은 여전히 영업의 소유자라는 점, 영업양도인은 영업양도 이후 영업재산에 대한 지배력을 상실하지만 영업임대인은 소유자로서 지배력을 가지고 있다는 점 등이다. 그리고 영업임대차의 경우에는 상법 제42조 제1항과 같은 법률규정이 없다. 영업상의 채권자가 제공하는 신용에 대하여 실질적인 담보의 기능을 하는 영업재산의 소유권이 재고상품 등 일부를 제외하고는 모두 임대인에게 유보되어 있고 임차인은 그 사용·수익권만을 가질 뿐이다.[11) 이러한 점 때문에 상법 제42조 제1항이 유추적용되지 않는다고 보아야 하고 판례도 그러하다.[12)

---

10) 대법원 1991.8.9. 선고 91다15225 판결.
11) 대법원 2016.8.24. 선고 2014다9212 판결.
12) 대법원 2016.8.24. 선고 2014다9212 판결.

IV. 상법총칙과 회사법의 영업양도의 의의

상법총칙과 회사법에서의 영업양도의 의의가 동일한지 여부에 대하여, 양자의 입법목적
이 다르므로 동일하게 해석할 필요가 없다고 보는 **실질설**(영업용 재산 또는 중요재산만의 양
도가 영업양도에 해당되지 않을지라도 주주총회의 특별결의를 요한다고 보는 설)도 있으나, 법해
석의 통일성·안정성에서 양자를 동일하게 해석하여야 한다고 보는 **형식설**(영업양도에 해당
하지 않는 영업용 재산 또는 중요재산만의 양도에는 주주총회의 특별결의를 요하지 않는다고 보는
설)이 있다. **형식설은 주주 등의 보호에 문제가 있고 실질설은 같은 상법상의 영업양도의
개념을 다르게 해석한다는 점에서 문제가 있다고 본다.** 따라서 원칙적으로 형식설에 의하
여 주주 등의 이익을 보호하기 위하여 영업양도에 해당하지 않는 영업용 재산 또는 중요
재산만의 양도라 하더라도 그것이 '**영업을 양도하거나 폐지한 것과 같은 결과를 가져오는
경우**'에는 영업양도에 관한 규정을 유추적용하여야 할 것으로 본다(판례).[13]

제 3 절 영업양도의 절차

I. 양도계약의 체결

영업양도계약이 있어야 한다. 영업양도는 반드시 영업양도 당사자 사이의 명시적 계약
에 의하여야 하는 것은 아니며 **묵시적 계약**에 의하여도 가능하다.[14] 영업양도는 채권계약
이므로 영업양도가 인정되기 위해서는 영업양도계약이 있었음이 전제가 되어야 하는데, 영
업재산의 이전 경위에 있어서 사실상, 경제적으로 볼 때 결과적으로 영업양도가 있는 것과
같은 상태가 되었다 하더라도 **묵시적 영업양도계약은 있어야만 하고 그렇지 않다면 상법
상 영업양도를 인정할 수 없다.**[15]

영업양도계약의 당사자는 양도인과 양수인인데, **양도인은 영업을 소유하고 있는 상인**
(개인·회사 등)이고, 양수인은 상인인 경우도 있으나 상인이 아닌 경우도 있다. 상인이 아

---

13) 대법원 1998.3.24. 선고 95다6885 판결 등.

14) 대법원 1991.8.9. 선고 91다15225 판결(위 주식회사 동진과 피고들 사이에 **명시적인 영업양도의 합의는 없었
으나** 피고들이 위 주식회사 동진의 사무실과 영업시설물을 인수 사용하고 그 영업의 내용도 위 주식회사 선경에 대
한 노무제공으로서 전혀 동일하며, 위 회사 소속 근로자들을 종전의 직급, 임금수준 상태대로 그 퇴직금까지 포함하
여 인수하여 계속 근로를 인정하여 주고 그에 따른 상여금 또는 퇴직금을 지급하여 온 점에 비추어 볼 때, 피고들이
공동하여 위 주식회사 동진의 영업 일체를 포괄적으로 양수한 것으로 보아야 할 것이고, 피고들은 공동양수인으로서
위 주식회사 동진의 피용인인 원고에 대하여 연대하여 이 사건 임금 지급채무가 있다고 판시하였다); 대법원 1997.
6.24. 선고 96다2644 판결; 대법원 2007.6.1. 선고 2005다5812,5829,5836 판결 등.

15) 대법원 2005.7.22. 선고 2005다602 판결.

닌 자가 영업을 양수하는 행위는 보조적 상행위이고, 이러한 영업양수에 의하여 기업의 존재를 객관적으로 인식하게 할 수 있을 정도의 영업의사가 나타나는 때에 또는 **행위자의 주관적 의사가 영업을 위한 준비행위이었고 상대방도 행위자의 설명 등에 의하여 그 행위가 영업을 위한 준비행위라는 점을 인식하였던 경우**에는 상인자격을 취득한다.[16] 영업양도의 당사자가 회사인 경우에는 출자자단체(주주총회)의 일정한 의사결정절차를 밟아야 하고(제374조 등), 이러한 절차를 밟지 않고 회사의 대표기관이 체결한 영업양도계약은 무효가 된다.

Ⅱ. 재산의 이전의무

영업양도계약의 효과로서 양도인은 양수인에게 영업을 이전할 의무를 부담하고, 양수인은 양도인에게 양수대금을 지급할 의무를 부담한다(민법 제563조 참조).

영업양도는 **영업의 동일성을 유지**하면서 영업을 일체로 이전한다는 계약이다. 그런데도 영업양도의 경우 합병과는 달리 재산을 포괄적으로 이전한다는 상법상 규정이 없다. **따라서 개별적인 이전절차가 필요하게 된다.**[17] 요컨대 양도인은 영업재산을 이루는 개개의 구성부분을 개별적인 물권행위에 의하여 개별적으로 이전하여야 하는데(예컨대, 부동산에 관하여는 등기를 하여야 하고, 동산에 관하여는 인도를 하여야 하는 등), 이는 전체적으로 또 결과적으로 **영업의 동일성을 유지하면서** 기능적으로 조직화된 일체로서 이전하여야 한다. 영업의 동일성을 유지한다면 일부 재산이 이전되지 않는 경우에도 영업양도가 된다. 결국 **영업양도시 이전되는 재산의 범위의 결정에 있어서도 영업의 동일성 유지**가 그 기준이 된다.

Ⅲ. 근로관계

상업사용인 등과 같은 **인적 조직인 근로관계**도 객관적 의의의 영업이 그 동일성을 유지하기 위하여 필요하기 때문에 **원칙적으로 이전된다.**

---

16) 대법원 2012.4.13. 선고 2011다104246 판결.
17) 대법원 1991.10.8. 선고 91다22018 판결(영업양도를 하더라도 그 재산을 이전하기 위하여는 재산 각각에 대하여 **개별적인 이전절차**가 있어야만 한다. 영업양도는 채권계약이므로 양도인이 재산이전의무를 이행함에 있어서는 상속이나 회사의 합병의 경우와 같이 **포괄적 승계가 인정되지 않고 특정 승계의 방법에 의하여 재산의 종류에 따라 개별적으로 이전행위를 하여야 할 것**인바, 그 이전에 있어 양도인의 제3자에 대한 매매계약 해제에 따른 원상회복청구권은 지명채권이므로 그 양도에는 양도인의 채무자에 대한 통지나 채무자의 승낙이 있어야 채무자에게 대항할 수 있다).

1. 원칙적 승계와 근로자의 선택

근로관계도 원칙적으로는 영업양도 전의 근무조건이 그대로 유지되고 영업양도 이전에 성립된 퇴직금채무 등 임금채무도 양수인에게 이전된다.[18] 다만 근로자는 반대의 의사를 표시함으로써 양도인에 잔류할 수도 있고 퇴직할 수도 있으나, 영업양도가 이루어진 사실을 안 날로부터 상당한 기간 내에 그 반대의사를 표시하여야 한다.[19] 또한 영업양도 당사자 사이에 근로관계 일부를 승계의 대상에서 제외하기로 한 특약이 있는 경우에는 그에 따라 근로관계의 승계가 이루어지지 않을 수 있으나, **그러한 특약은 실질적으로 해고와 다름이 없으므로 근로기준법상의 정당한 이유가 있어야만 유효**하다.[20] 다만 영업양도계약에 따라 승계되는 근로계약관계는 **계약체결일 현재 실제로 근무하고 있는 근로자와의 근로관계만을 의미**한다.[21] 이런 사정으로 인하여 사업주 측에서는 상법상 영업양도가 아닌 형식으로 거래를 시도할 가능성이 높고, 실제 이에 관한 판례가 상당수에 이른다.

2. 회사분할에서의 근로관계와 구별

그런데 여기서 회사분할의 판례와 관련하여 주의할 점이 있다. 판례는 **분할하는 회사의 근로관계**는 승계의 대상에 포함된다고 본다. 회사 분할에 따른 근로관계는 근로자의 이해와 협력을 구하는 절차를 거치는 등 절차적 정당성을 갖추고 해고의 제한 등 근로자 보호를 위한 법령 규정을 잠탈하기 위한 방편으로 이용되지 않는다면, **근로자의 동의가 없어도 승계된다는 것이다.**[22] 그런데 이 판례는 수긍하기 어렵다. 성질상 이전이 허용되지 않는 일신전속적인 권리의무는 포괄승계의 대상에서 제외되는 것이고, **근로관계는 당연**

---

18) 대법원 1991.8.9. 선고 91다15225 판결.

19) 대법원 2012.5.10. 선고 2011다45217 판결(영업의 양도라 함은 일정한 영업목적에 의하여 조직화된 업체, 즉 인적·물적 조직을 그 동일성을 유지하면서 일체로서 이전하는 것으로서 영업의 일부만의 양도도 가능하고, 이러한 영업양도가 이루어진 경우에는 원칙적으로 해당 근로자들의 근로관계가 양수하는 기업에 포괄적으로 승계되는 것이지만 근로자가 반대의 의사를 표시함으로써 양수기업에 승계되는 대신 양도기업에 잔류하거나 양도기업과 양수기업 모두에서 퇴직할 수도 있다(대법원 2002.3.29. 선고 2000두8455 판결; 대법원 2010.9.30. 선고 2010다41089 판결 등 참조).

20) 대법원 1995.9.29. 선고 94다54245 판결; 대법원 1997.4.25. 선고 96누19314 판결(전속기사에 대한 전적명령과 함께 일부 버스를 양도한 것은 영업의 일부 양도에 해당하지 아니하여 그 전적명령에 불응한 전속기사들은 여전히 종전 회사와 근로관계를 유지하고, 그 후의 영업양도시 그들을 근로관계의 승계대상에서 제외한 것은 부당해고에 해당한다고 본 사례); 대법원 2002.3.29. 선고 2000두8455 판결(영업이 양도되면 반대의 특약이 없는 한 양도인과 근로자 사이의 근로관계는 원칙적으로 양수인에게 포괄적으로 승계되고, 영업양도 당사자 사이에 근로관계의 일부를 승계의 대상에서 제외하기로 하는 특약이 있는 경우에는 그에 따라 근로관계의 승계가 이루어지지 않을 수 있으나, **그러한 특약은 실질적으로 해고나 다름이 없으므로** 근로기준법 제30조 제1항 소정의 **정당한 이유가 있어야 유효**하며, 영업양도 그 자체만을 사유로 삼아 근로자를 해고하는 것은 정당한 이유가 있는 경우에 해당한다고 볼 수 없다).

21) 대법원 1995.9.29. 선고 94다54245 판결.

22) 대법원 2013.12.12. 선고 2012다102124 판결(상법 제530조의10은 분할로 인하여 설립되는 회사는 분할하는 회사의 권리와 의무를 분할계획서가 정하는 바에 따라서 승계한다고 규정하고 있으므로, 분할하는 회사의 근로관계도 위 규정에 따른 승계의 대상에 포함될 수 있다).

히 **일신전속적인 성질을 가진다.** 민법 제657조는 사용자는 노무자의 동의 없이 그 권리를 제3자에게 양도하지 못하고, 노무자도 사용자의 동의 없이 제3자로 하여금 자기에 갈음하여 노무를 제공하게 하지 못한다고 규정하고(민법 제657조 제1항, 제2항), 판례도 이 규정을 강행규정으로 해석한다.[23] 그러하다면 **근로관계는 민법 제657조 등과 판례에 의하여 일신전속적인 것으로 이해되고 있고, 따라서 포괄승계의 대상이 되지 않음은 분명해 보인다.** 그럼에도 불구하고, 근로관계가 분할 또는 분할합병에서 포괄승계의 범위에 포함된다고 한 판결은 동의할 수 없는 것이고, 오히려 판례가 근로관계를 회피할 수 있는 탈법적인 방법을 제공한 결과를 초래하였다.

제 4 절 영업양도의 효과

Ⅰ. 영업양도인의 경업피지의무(내부적 관계)

1. 의   의

상법은 영업양도가 있은 후에 양수인을 보호하기 위하여 양도인에게 경업피지의무를 부과하고 있는데, 이는 당사자간에 약정이 없는 경우(제41조 제1항)와 당사자간에 약정이 있는 경우(제41조 제2항)로 나누어 규정하고 있다.

(1) 약정이 없는 경우

영업을 양도하는 경우에 당사자간에 다른 약정이 없으면 양도인은 10년간 동일한 특별시·광역시·시·군과 인접한 특별시·광역시·시·군에서 동종영업을 하지 못한다(제41조 제1항). 양도인의 이러한 경업피지의무는 법률에 의하여 정책적으로 인정된 법정의무이다. 이 의무를 부담하는 자는 **양도인이 상인인 경우**에 한하고, 이 의무의 발생시기는 영업양도계약의 이행을 마친 때이다. 영업양도계약에서 경업금지에 관하여 정함이 없는 경우 영업양수인은 영업양도인에 대해 상법 제41조 제1항에 근거하여 경업금지청구권을 행사할 수 있다.[24]

---

23) 대법원 1993.1.26. 선고 92누8200 판결(사용자가 기업체의 경영자로서 근로자의 노동력을 업무목적을 위하여 이용·처분할 권리는 그 근로자와 간의 근로계약에 의하여 비로소 취득하는 것이어서, 그 계약관계를 떠나서는 근로자의 노동력을 일방적으로 처분할 수 있는 권한이 사용자에게 있다고 볼 수 없을 뿐더러, **강행법규로 보이는 민법 제657조 제1항이 사용자는 노무자의 동의 없이 그 권리를 제3자에게 양도하지 못한다고 규정하고 있는 점 등에 비추어 보더라도, 근로자의 동의를 얻어야 되는 것이기 때문이다).**
24) 대법원 2022.11.30. 선고 2021다227629 판결.

(2) 약정이 있는 경우

양도인이 동종영업을 하지 아니할 것을 약정한 때에는 동일한 특별시·광역시·시·군과 인접한 특별시·광역시·시·군에 한하여 20년을 초과하지 아니한 범위 내에서 그 효력이 있다(제41조 제2항). 이 규정에 의한 양도인의 경업피지의무는 당사자의 의사표시에 의한 약정의무이다. 이 규정에 의하여 당사자간의 약정으로 10년을 초과하여 양도인의 경업피지의무를 정할 수 있으나 20년을 초과하지 않는 범위 내에서만 그 효력이 있다. 그런데 당사자간의 약정으로 양도인의 경업피지의무를 면제하거나, 지역(예컨대, 동일한 특별시 등으로 한정함) 또는 기간(예컨대, 5년간 등으로)을 단축할 수도 있다.

(3) 양도된 영업이 다시 양도되는 경우

양도된 영업이 다시 동일성을 유지한 채 전전양도될 때 영업양수인의 경업금지청구권은 영업재산의 일부로서 영업과 함께 그 뒤의 영업양수인에게 전전양도된다. 따라서, 그에 수반하여 지명채권인 경업금지청구권의 양도에 관한 통지권한도 전전이전된다고 본다.[25]

2. 요 건

(1) 동종영업

동종영업은 넓은 개념으로 이해하며, 동일한 영업뿐만 아니라 경쟁관계나 대체관계가 있는 영업을 포함하는 것으로 보는 것이 통설이다. 판례도 경업이 금지되는 대상으로서 동종영업은 영업의 내용, 규모, 방식, 범위 등 여러 사정을 종합적으로 고려하여 볼 때 **양도된 영업과 경쟁관계가 발생할 수 있는 영업**을 의미하는 것이라 한다.[26]

(2) 지 역

상법은 동일한 특별시·광역시·시·군과 인접 특별시·광역시·시·군으로 규정한다(제41조). 양도 대상이 되는 영업은 일정한 영업 목적에 의하여 조직화되어 유기적 일체로서 기능하는 재산의 총체를 가리킨다는 점과 상법이 경업금지의무를 규정하고 있는 취지는 영업양수인을 보호하기 위한 것인 점을 보면, 경업금지지역으로서의 동일 지역 또는 인접 지역은 양도된 물적 설비가 있던 지역을 기준으로 정할 것이 아니라 **영업양도인의 통상적인 영업활동이 이루어지던 지역**을 기준으로 정하여야 한다.[27] 이때 통상적인 영업활동인지 여부는 해당 영업의 내용, 규모, 방식, 범위 등 여러 사정을 종합적으로 고려하여 판단하여야 한다.

---

25) 대법원 2022.11.30. 선고 2021다227629 판결.
26) 대법원 2015.9.10. 선고 2014다80440 판결.
27) 대법원 2015.9.10. 선고 2014다80440 판결.

(3) 영업양도인이 상인

영업양도인이 상인이어야 한다. 영업을 양도하여야 하므로 양도인은 상인이어야 함은 당연하다. 관련 판례로 농업협동조합이 도정공장을 양도했다 하더라도 동 조합은 영리나 투기사업을 하지 못하게 되어 있으므로 상인이라 할 수 없고 따라서 동 조합이 도정공장을 양도하였다 하더라도 상법 제41조에 의한 경업금지의무는 없다고 한 바 있다.[28] 그런데 이 판례에 대하여는 의문이 있다. 농업협동조합이 비영리법인이기는 하나 경우에 따라 영업행위를 하는 경우 상인자격을 취득할 수 있고 따라서 경업금지의무를 부담할 수 있기 때문이다.

> **참고 판례의 검토: 대법원 2015.9.10. 선고 2014다80440 판결**
>
> 원고 X주식회사는 피고 Y주식회사의 중부공장과 그에 관련된 자산·부채 및 상표권(브랜드), 거래처 등을 포함한 영업권에 대한 인수를 내용으로 하는 계약을 체결하였다. 당시 Y주식회사의 중부공장에서는 ① 국내산 소·돼지의 도축·가공을 위한 수매, ② 수매한 국내산 소·돼지의 도축·가공, ③ 도축·가공한 소·돼지고기를 전국에 유통·판매하는 영업을 수행하고 있었다. 중부공장에서의 영업 이외에도 피고 Y주식회사는 당시 제3의 업체로부터 이미 도축되거나 가공된 소·돼지고기를 공급받아 유통·판매하는 영업을 수행하고 있었는바, 영업양도 대상에는 중부공장 영업만이 포함되어 있었고, 계약 당시 피고 Y주식회사가 2년간 기존 상호를 사용할 수 있다고 약정하였다. 원고 X주식회사는 피고 Y주식회사의 위 영업에 대하여 영업양도의 효과로서 규정된 경업금지의무 위반을 이유로 영업행위금지 등을 청구하였다.
>
> 첫째, 동종영업에 해당하는지 여부에 관한 쟁점에 있어, 피고 Y회사가 제3의 업체로부터 국내산 소·돼지고기를 공급받아 유통·판매하는 영업은 비록 소·돼지를 수매하여 도축하는 과정이 없는 등 양도 대상인 중부공장 영업과 일부 차이가 있기는 하나, 국내산 소·돼지고기를 유통·판매한다는 점에서 차이가 없으므로, 이 둘의 영업은 경쟁관계가 발생할 수 있는 영업이고, 따라서 이를 동종영업으로 보아야 한다고 판시하였다.
>
> 둘째, 당시 양도대상인 중부공장이 국내육을 전국적으로 유통·판매하여 왔으므로 통상적인 영업활동이 전국적으로 이루어진 점을 근거로 하여 피고의 영업은 경업에 해당한다고 하면서, 피고의 주장을 배척하였다. 판례는 경업금지지역으로서의 '동일 지역 또는 인접 지역'을 양도된 물적 설비가 아니라, 그 양도된 영업이 통상적으로 이루어지던 지역을 기준으로 정하여야 한다고 본 것이다.

---

[28] 대법원 1969.3.25. 선고 68다1560 판결. 농업협동조합이 행하는 공제사업은 비영리사업이므로 단위농업협동조합이 행하는 공제사업 역시 비영리사업으로 보아야 한다고 한 판결로는 대법원 1981.2.24. 선고 80다2855 판결이 있다.

3. 경업금지의무 배제의 묵시적 약정의 존부

당사자의 특약으로 이를 배제하거나 경감할 수 있음은 법문상으로 인정되고 있다(제41조). 위 판결에서 대법원은 피고 Y주식회사가 모든 영업에 관하여 경업금지의무를 배제하는 약정이 있었다는 주장은 배척한 대신, 피고 Y주식회사가 제3의 업체로부터 국내산 소·돼지고기를 공급받아 유통·판매하는 영업에 관하여 경업금지의무를 배제하는 묵시적 약정이 있는 것으로 인정하였다. 그 근거로서 피고 Y주식회사가 영업양도 당시 중부공장 영업 외에 제3의 업체로부터 국내산 소·돼지고기를 공급받아 유통·판매하는 영업도 함께 영위하고 있었는데, 동 영업양도계약에서 양도의 대상으로 한 것은 중부공장 영업만이고, 계약 당시 피고 Y주식회사가 2년간 기존 상호를 사용할 수 있다고 약정한 것은 피고 Y주식회사가 중부공장 영업 외의 영업을 계속하는 것을 전제로 한 것이라는 점이다. 따라서 영업양도 당사자 사이에는 이러한 구매판매 영업에 관하여 영업양도인의 경업금지의무를 배제하는 묵시적 약정이 있었다고 보아야 한다고 판시하였다.

4. 의무위반의 효과

상법에 규정이 없어, 민법상 채무불이행에 의하여 해결하여야 한다. 양도인이 경업피지의무를 위반한 경우에는 양수인은 양도인의 비용으로써 그 위반한 것을 제거하고 장래에 대한 적당한 처분을 법원에 청구할 수 있고, 이로 인하여 양수인이 손해를 입은 경우에는 양수인은 양도인에 대하여 손해배상청구를 할 수 있다(민법 제393조 제2항). **개입권은 인정되지 않는다.**

양도인이 영업양도 후 그 영업을 제3자에게 임대하거나 양도할 수 있고, 이 경우 양수인이 제3자와의 관계에서는 특별한 사정이 없는 한 경업금지의무 위반을 주장하는 것이 어려울 수 있다. 따라서 **판례**는 이러한 경우 양수인이 그 이행강제의 방법으로 영업양도인 본인의 영업 금지 외에 **제3자에 대한 영업의 임대, 양도 기타 처분을 금지하는 것도 가능**하다고 한다.[29] 이 판례에 의하면 양수인이 이러한 금지가처분 등을 한 경우라도 그 가처분명령에 의하여 영업양도인의 제3자에 대한 임대, 양도 등 처분행위의 사법상 효력이 부인되는 것은 아니고, 영업양도인이 그 의무위반에 대한 제재를 받는 것에 불과하다고 해석된다. 물론 그 제3자가 악의인 경우에는 불법행위 등으로 이론구성을 할 수는 있겠다.

---

29) 대법원 1996.12.23. 선고 96다37985 판결(영업양도계약의 약정 또는 상법 제41조에 따라 영업양도인이 부담하는 경업금지의무는 스스로 동종 영업을 하거나 제3자를 내세워 동종 영업을 하는 것을 금하는 것을 내용으로 하는 의무이므로, 영업양도인이 그 부작위의무에 위반하여 영업을 창출한 경우 그 의무위반 상태를 해소하기 위하여는 영업을 폐지할 것이 요구되고 그 영업을 타에 임대한다거나 양도한다고 하더라도 그 영업의 실체가 남아있는 이상 의무위반 상태가 해소되는 것은 아니므로, **그 이행강제의 방법으로 영업양도인 본인의 영업 금지 외에 제3자에 대한 영업의 임대, 양도 기타 처분을 금지하는 것도 가능**하다).

Ⅱ. 영업양수인의 책임

1. 의   의

상법은 영업양도가 있은 후에 양도인의 채권자 및 채무자를 보호하기 위하여 양수인에게 일정한 책임을 부과하는 규정을 두고 있는데(제42조 내지 제45조), 양도인의 채권자를 보호하는 규정에서는 양수인이 양도인의 상호를 속용하는 경우와 속용하지 않는 경우로 나누어 규정하고 있다. 양도인이 영업을 양수인에게 양도하는 경우 실제로 채무이전을 하지 않았으면서 채무이전을 한 것과 같은 외관을 야기하였다면 외관법리에 의하여 양수인의 변제책임을 인정하고 있다(제42조 제1항, 제44조). 일반적으로 영업상의 채권자의 채무자에 대한 신용은 채무자의 영업재산에 의하여 실질적으로 담보되어 있는 것이 대부분인데도 실제 영업양도가 이루어지면서 채무승계가 제외된 경우, 영업상의 채권자의 채권이 영업재산과 분리되게 되어 채권자를 해치게 되므로, 이러한 채권자를 보호하기 위하여 양도인의 상호를 계속 사용함으로써 대외적으로 영업양도 사실이나 채무의 승계가 이루어지지 아니한 사실을 알기 어렵게 하여 양도인의 채권자로 하여금 채권추구의 기회를 상실하도록 한 양수인에게 책임을 물어 타인인 양도인의 채무에 대한 변제의 책임을 지우기 위하여 마련한 규정이다.[30)]

2. 상호속용의 경우

양수인이 양도인의 상호를 속용하는 경우에는 양도인의 영업으로 인한 제3자의 채권에 대하여 양수인도 변제할 책임이 있다(제42조 제1항). 따라서 상법은 이 경우에 양수인은 중첩적 채무인수를 한 것으로 의제하고 있다. 그러나 양도인과 양수인간에 **면책적 채무인수를 한 경우에는 상법 제42조는 적용될 여지가 없고** 당사자들의 변제책임은 그 약정에 의한다. 그러나 양수인이 영업양도를 받은 후 지체 없이 양도인의 채무에 대한 책임이 없음을 등기하거나, **양도인과 양수인이** 지체 없이 제3자(채권자)에 대하여 그 뜻을 통지하고 그 통지를 받은 제3자에 대하여는 양수인은 변제할 책임이 없다(제42조 제2항). 양도인과 양수인이 모두 통지하여야 하므로 양도인만이 통지하거나 또는 양수인만이 통지한 경우 면책되지 않는다.

(1) 상호속용

상호속용의 의미는 그 속용된 상호가 동일하지는 않다 하더라도 **주요부분에 있어 동**

---

30) 대법원 2016.8.24. 선고 2014다9212 판결; 대법원 2010.9.30. 선고 2010다35138 판결 등 참조.

일하면 충분하다고 본다(통설, 판례). '남성사'와 '남성정밀공업주식회사'의 경우,[31] 그리고 '주식회사 파주레미콘'과 '파주콘크리트 주식회사'의 경우[32] 상호의 주요부분에서 공통하므로 상호속용에 따른 영업양수인은 그 책임을 진다고 하였다. 그리고 주요부분에 있어서의 동일성이라는 판단도 반드시 상호에 국한하는 것이 아니라 **영업상의 채권자가 영업주체의 교체나 채무승계 여부 등을 용이하게 알 수 있는가**에 기초한다. 따라서 ① 양수인이 **상호가 아니라 옥호 또는 영업표지를 속용**한 경우에도 이에 해당한다고 하였다. A회사는 '문화, 예술 이벤트, 기획 및 설치, 경영관리업'과 '평생교육 및 지식, 인력 개발사업' 등을 사업목적으로 하고 있었는데 그중 교육시설로 사용하는 "서울종합예술원"을 양도한 경우 양수인이 "서울종합예술원"이라는 명칭으로 운영하였다. 이 사건에서 영업양수인이 A회사의 상호인 A를 속용한 것이 아니라 교육시설에 해당하는 '서울종합예술원'이라는 영업표지 또는 옥호만을 속용한 것으로 이 경우에도 상호속용인으로서의 상법 제42조의 책임을 부담하는가의 문제이었다. 대법원은 제42조에 따른 책임을 진다고 하였다.[33] ② 또한 양수인이 **양도인의 상호를 자신의 영업 명칭 내지는 영업표식으로 사용한 경우**에도 그 채권자가 영업주체의 교체나 채무승계 여부 등을 용이하게 알 수 없다는 점에서 일반적인 상호속용의 경우와 다를 바 없고 이 경우도 상법 제42조 제1항의 상호속용에 포함된다고 하였다.[34]

상법 제42조 제1항에서 말하는 상호의 계속사용은 일반적으로 영업양도인이 사용하던 상호와 그 양수인이 사용하는 상호가 전혀 동일할 필요까지는 없고, 다만 전후의 상호가 주요부분에 있어서 공통되기만 하면 되며,[35] 영업상의 채권자가 영업주체의 교체나 채무승계 여부 등을 쉽게 알 수 없다면 상호속용의 경우와 다를 바 없으므로, 양수인은 상법 제42조 제1항의 유추적용에 의하여 그 채무를 부담한다고 보는 판례의 입장은 정당하다.

---

31) 대법원 1989.3.28. 선고 88다카12100 판결.

32) 대법원 1998.4.14. 선고 96다8826 판결.

33) 대법원 2010.9.30. 선고 2010다35138 판결(양수인에 의하여 속용되는 명칭이 상호 자체가 아닌 옥호(屋號) 또는 영업표지인 때에도 그것이 영업주체를 나타내는 것으로 사용되는 경우에는 영업상의 채권자가 영업주체의 교체나 채무승계 여부 등을 용이하게 알 수 없다는 점에서 일반적인 상호속용의 경우와 다를 바 없으므로, 양수인은 특별한 사정이 없는 한 상법 제42조 제1항의 유추적용에 의하여 그 채무를 부담한다). 대법원 2022.4.28. 선고 2021다305659 판결도 동지이고 그 사건에서는 영업양도인의 채권자가 영업소 명칭을 속용하는 영업양수인에 대하여 변제책임을 구하였다.

34) 대법원 2009.1.15. 선고 2007다17123,17130 판결(상호를 속용하는 영업양수인의 책임을 정하고 있는 상법 제42조 제1항의 취지에 비추어 보면, 상호를 속용하는 영업양수인에게 책임을 묻기 위해서는 상호속용의 원인관계가 무엇인지에 관하여 제한을 둘 필요는 없고 상호속용이라는 사실관계가 있으면 충분하다. 따라서 **상호의 양도 또는 사용허락이 있는 경우는 물론 그에 관한 합의가 무효 또는 취소된 경우라거나 상호를 무단 사용하는 경우도 상법 제42조 제1항의 상호속용에 포함**된다. 나아가 영업양도인이 자기의 상호를 동시에 영업 자체의 명칭 내지 영업 표지로서도 사용하여 왔는데, 영업양수인이 자신의 상호를 그대로 보유·사용하면서 **영업양도인의 상호를 자신의 영업 명칭 내지 영업 표지로서 속용하고 있는 경우**에는 영업상의 채권자가 영업주체의 교체나 채무승계 여부 등을 용이하게 알 수 없다는 점에서 일반적인 상호속용의 경우와 다를 바 없으므로, 이러한 경우도 상법 제42조 제1항의 상호속용에 포함된다).

35) 대법원 1989.12.26. 선고 88다카10128 판결.

(2) 채권자의 선의

상법은 선의의 제3자라 명시하지 않고 단순히 제3자라고만 하고 있어 악의의 채권자에 대하여도 대항할 수 있는 것으로 하자는 주장도 있었으나, 상호를 속용하는 영업양수인의 책임은 어디까지나 채무승계가 없는 영업양도에 의하여 자기의 채권추구의 기회를 빼앗긴 채권자를 보호하기 위한 것이므로 영업양도에도 불구하고 채무인수의 사실 등이 없다는 것을 알고 있는 악의의 채권자는 보호의 적격자가 아니다.[36] 요컨대 상법 제42조 제1항이 채무승계가 없는 영업양도에 의하여 자기의 채권추구의 기회를 빼앗긴 채권자의 외관신뢰를 보호하기 위한 것인 점, 제42조 제2항이 상호불속용의 경우는 등기나 통지한 경우 제3자에 대한 책임을 인정하고 있는 점 등을 근거로 본다면 **선의의 제3자로 한정하는 것이 타당하다(통설, 판례).** 그리고 이 경우의 채권자의 **선의는 채무인수가 없었다는 사실에 대한 선의**를 말한다.[37] **영업양도가 있었다는 사실을 알았더라도 채무인수가 없었다는 사실을 몰랐다면** 제42조와 제44조가 적용된다. 영업양도시 선의이었던 채권자가, 이후 채무인수 사실이 없음을 알게 되었다고 하더라도 이미 발생한 영업양수인의 변제책임이 소멸하는 것은 아니다.[38]

이 경우 당해 채권자가 악의라는 점에 대한 주장·증명책임은 그 책임을 면하려는 **영업양수인**에게 있다.[39]

(3) 적용범위

① 양도인의 영업으로 인한 채무란 **영업상의 활동에 관하여 발생한 채무**를 말하는 것이다. 이에는 기본적 상행위와 준상행위와 같은 영업적 상행위뿐만 아니라 영업을 위하여 하는 보조적 상행위도 포함된다. 영업관련성만 있으면 이에 해당한다. 이러한 취지에서 회사의 채무가 반증에 의하여 영업으로 인한 채무가 아니라는 점이 밝혀지는 경우 양수인은 책임이 없다.[40] ② 영업관련성만 인정된다면 **불법행위에도 적용**된다. 영업과의 관련성이

---

36) 대법원 1989.12.26. 선고 88다카10128 판결(상호를 속용하는 영업양수인의 책임은 어디까지나 채무승계가 없는 영업양도에 의하여 자기의 채권추구의 기회를 빼앗긴 채권자를 보호하기 위한 것이므로 영업양도에도 불구하고 채무인수의 사실 등이 없다는 것을 알고 있는 악의의 채권자가 아닌 한 당해 채권자가 비록 영업의 양도가 이루어진 것을 알고 있었다 해도 보호의 적격자가 아니라고 할 수는 없다).

37) 대법원 2022.4.28. 선고 2021다305659 판결; 대법원 1989.12.26. 선고 88다카10128 판결(상호를 속용하는 영업양수인의 책임은 어디까지나 채무승계가 없는 영업양도에 의하여 자기의 채권추구의 기회를 빼앗긴 채권자를 보호하기 위한 것이므로 영업양도에도 불구하고 채무인수의 사실 등이 없다는 것을 알고 있는 악의의 채권자가 아닌 한 당해 채권자가 비록 영업의 양도가 이루어진 것을 알고 있었다 해도 보호의 적격자가 아니라고 할 수는 없다).

38) 대법원 2022.4.28. 선고 2021다305659 판결.

39) 대법원 2022.4.28. 선고 2021다305659 판결; 대법원 2009.1.15. 선고 2007다17123 판결.

40) 대법원 2002.6.28. 선고 2000다5862 판결(파주레미콘이 원고에 대하여 부담하는 이 사건 약속어음금채무 및 연대보증채무는 파주레미콘의 사실상의 소유주라는 윤○○이 파주레미콘의 목적사업이나 영업과는 전혀 무관하게 개인적으로 주유소영업을 하기 위하여 원고로부터 주유소부지 등을 매입한 후 그 대금지급을 위하여 마침 보관 중이던 파주레미콘의 명판과 대표이사 인감도장을 이용하여 이 사건 약속어음 및 당좌수표를 발행함으로써 결국, 파주레

있다면 계약상의 채무에 한정되는 것은 아니고 불법행위로 인한 손해배상채무나 부당이득으로 인한 상환채무에 대하여도 적용된다.[41] ③ **현물출자**에도 유추적용된다. 영업의 현물출자는 영업양도가 아님에도 불구하고 이해관계자에게 미치는 영향이 동일하다고 보아 적용된다고 보는 다수의 판례가 있다.[42] 채무자인 현물출자자의 주식을 압류할 수는 있겠으나 그 처리에 있어 새로이 설립된 회사채권자들보다는 후순위가 될 수 있고 그 주식의 환가가 어려울 수도 있어 보호를 한다.

④ **영업임대차에는 유추적용되지 않는다.** 영업임대차에도 적용된다는 견해는 영업양도 대상인 영업과 영업임대차 대상인 영업은 동일하고 법률행위에 의한 영업의 이전이라는 점에서도 동일하므로 외형상으로는 양자를 구분하는 것이 어려워 채권자의 채권회수 기회 상실 가능성이 있으며 채무면탈 또는 구조조정의 목적으로 영업임대차를 채택하는 경우 채권자보호에 공백이 생기게 되므로 채권자 보호의 필요성은 영업임대차가 영업양도와 다를 바가 없다는 것이다. 그런데 판례[43]는 영업임대차에는 적용되지 않는다고 하면서 아래의 근거를 내세운다. (i) 영업임대차의 경우 상법 제42조 제1항과 같은 법률규정이 없고, (ii) 영업상의 채권자가 제공하는 신용에 대하여 실질적인 담보의 기능을 하는 영업재산의 소유권이 재고상품 등 일부를 제외하고는 모두 임대인에게 유보되어 있고 임차인은 사용·수익권만을 가질 뿐이어서 임차인에게 임대인의 채무에 대한 변제책임을 부담시키면서까지 임대인의 채권자를 보호할 필요가 있다고 보기 어려우며, (iii) 상법 제42조 제1항에 의하여 양수인이 부담하는 책임은 양수한 영업재산에 한정되지 아니하고 그의 전 재산에 미친다는 점 등을 보면, 영업임대차의 경우에 상법 제42조 제1항을 그대로 유추적용할 것은 아니라 한다. 판례가 옳다. 위 판례가 제시한 근거 이외에 상법 제45조를 영업임대차에도 적용할 경우 영업임대차 후 2년이 지난 임대인은 채무부담에서 벗어나고 임차인만 채무를 부담하는지도 분명하지 않고, 임대기간 만료로 영업이 임대인에게 복귀하면 그 채권채무관계가 어떠한지 등의 복잡한 법률관계가 발생하는 점 등도 유추적용 부정의 근거

미콘이 부담하게 된 어음금채무 또는 그 원인관계상의 연대보증채무라는 점을 알 수 있다. 그렇다면 원고의 위 채권은 파주레미콘의 영업활동과는 전혀 무관한 것으로서 양도인의 영업으로 인한 채권으로 볼 수 없으므로, 상호 속용 영업양수인에 대하여 그 이행책임을 물을 수 없다).

41) 대법원 1989.3.28. 선고 88다카12100 판결(영업으로 인하여 발생한 채무란 영업상의 활동에 관하여 발생한 모든 채무를 말한다고 하여야 할 것이므로 불법행위로 인한 손해배상채무도 이에 포함된다고 보아야 할 것이다).

42) 대법원 1989.3.28. 선고 88다카12100 판결(영업을 출자하여 주식회사를 설립하고 그 상호를 계속 사용하는 경우 영업의 양도는 아니지만 출자의 목적이 된 영업의 개념이 동일하고 법률행위에 의한 영업의 이전이란 점에서 영업의 양도와 유사하며 채권자의 입장에서 볼 때는 외형상 양도와 출자를 구분하기 어려우므로 새로 설립된 법인은 출자자의 채무를 변제할 책임이 있다); 대법원 1996.7.9. 선고 96다13767 판결; 대법원 2009.9.10. 선고 2009다38827 판결(상법 제42조 제1항은 영업양수인이 양도인의 상호를 계속 사용하는 경우에는 양도인의 영업으로 인한 제3자의 채권에 대하여 양수인도 변제할 책임이 있다고 규정하고, 상법 제45조는 영업양수인이 상법 제42조 제1항의 규정에 의하여 변제의 책임이 있는 경우에는 양도인의 제3자에 대한 채무는 영업양도 후 2년이 경과하면 소멸한다고 규정하고 있는바, 영업을 출자하여 주식회사를 설립하고 그 상호를 계속 사용함으로써 상법 제42조 제1항의 규정이 유추적용되는 경우에는 상법 제45조의 규정도 당연히 유추적용된다); 대법원 1995.8.22. 선고 95다12231 판결.

43) 대법원 2016.8.24. 선고 2014다9212 판결.

로 제시될 수 있겠다.

3. 상호를 속용하지 않는 경우

양수인이 양도인의 상호를 속용하지 않는 경우에는, 양수인은 원칙적으로 양도인의 영업으로 인한 채무를 변제할 책임이 없다(민법 제454조 참조). 그러나 양수인이 양도인의 영업으로 인한 채무를 인수한 것으로 광고한 때에는 양수인도 변제할 책임이 있다(제44조). 또한 양수인이 광고의 방법에 의하지 않고 **개별적으로 채무인수의 의사를 표시한 경우**에도 그러한 의사표시를 받은 채권자에 대하여 양수인은 변제의 책임이 있다고 본다.[44)]

4. 효　과

(1) 책임의 주체

요건이 성립되면 영업의 양수인도 영업과 관련한 채무를 변제할 책임을 진다. ① **양수인도 책임**을 진다. 양수인이 양수한 영업과 관련한 채무를 변제할 책임을 지고, 면책적 채무인수가 아닌 한 **양도인과 양수인이 함께 책임을 지므로 부진정연대채무관계에 서게 된다.** 따라서 채권자가 영업양도인을 상대로 소를 제기하여 확정판결을 받아 소멸시효가 중단되거나 소멸시효 기간이 연장된 뒤 영업양도가 이루어졌다면 그와 같은 소멸시효 중단이나 소멸시효 연장의 효과는 상호를 속용하는 영업양수인에게 미치지만, 채권자가 영업양도가 이루어진 뒤 영업양도인을 상대로 소를 제기하여 확정판결을 받았다면 영업양도인에 대한 관계에서 소멸시효가 중단되거나 소멸시효 기간이 연장된다고 하더라도 그와 같은 소멸시효 중단이나 소멸시효 연장의 효과는 상호를 속용하는 영업양수인에게 미치지 않는다.[45)] 그런데 주의할 점은 양수인은 양수한 재산을 한도로 하는 것이 아니라 무한책임을 진다. 그리고 ② **양도인은** 일정 기간 동안 책임을 진다. 양수인이 책임을 부담하는 경우 양도인은 영업양도 또는 광고 후 2년간 책임을 부담하고, 이 기간이 경과하면 책임이 소멸된다(제45조). 양도인 자신의 채무임에도 불구하고 **단기의 제척기간이 경과하면 양도인의 책임이 소멸**한다는 점을 주의하여야 한다. 이는 영업과 관련한 채무인 이상 법률관계를 양수인에게 집중시키겠다는 취지이다.

여기서의 단기제척기간은 상법의 규정(제42조 제1항, 제44조)에 의하여 영업양수인이 책임을 부담하는 경우이다. 따라서 양수인이 채권자와의 계약에 의하여 해당 채무를 중첩적

---

44) 대법원 2008.4.11. 선고 2007다89722 판결(양도인의 상호를 계속 사용하지 아니하는 영업양수인에 대해서도 양도인의 영업으로 인한 채무를 인수할 것을 광고한 때에는 그 변제책임을 인정하는 상법 제44조의 법리는, **영업양수인이 양도인의 채무를 받아들이는 취지를 광고에 의하여 표시한 경우에 한하지 않고, 양도인의 채권자에 대하여 개별적으로 통지를 하는 방식으로 그 취지를 표시한 경우에도 적용되어, 그 채권자와의 관계에서는 위 채무변제의 책임이 발생한다**).

45) 대법원 2023.12.7. 선고 2020다225138 판결.

으로 인수하거나(민법 제453조) 양수인이 채무자인 양도인과의 계약으로 해당 채무를 중첩적으로 인수하고 채권자의 승낙이 있는 경우라면(민법 제454조), **당사자의 의사를 존중**하여 양도인의 채무가 2년의 경과로 인하여 소멸되지 않는다.

(2) 책임의 범위 등

판례에 의한 책임의 범위를 살피면 ① 상호속용의 영업양수인이 변제책임을 지는 양도인의 제3자에 대한 채무는 양도인의 영업으로 인한 채무로서 **영업양도 전에 발생한 것이면 족하고, 반드시 영업양도 당시의 상호를 사용하는 동안 발생한 채무에 한하는 것은 아니다.**[46] ② 그런데 채권자가 영업양도인에 대한 채권을 타인에게 적법하게 양도한 경우 영업양수인에 대한 채권까지 당연히 양도된 것으로 볼 수 있는가? 판례는 채권자의 영업양도인에 대한 채권과 영업양수인에 대한 채권은 법률적으로 발생원인을 달리하는 별개의 채권으로서 그 성질상 영업양수인에 대한 채권이 영업양도인에 대한 채권의 처분에 당연히 종속된다고 볼 수 없으므로, **채권자가 영업양도인에 대한 채권을 타인에게 양도하였다는 사정만으로 영업양수인에 대한 채권까지 당연히 함께 양도된 것이라고 단정할 수 없고**, 함께 양도된 경우라도 채권양도의 대항요건은 채무자별로 갖추어야 한다고 판시한다.[47] ③ 같은 취지에서 양도인에 대한 채무명의로써 제42조를 근거로 하여 곧바로 양수인에 대하여 강제집행할 수 있는 것은 아니다.[48]

III. 영업상 채무자의 보호

양도인이 영업을 양수인에게 양도하는 경우에는 당연히 양도인의 제3자(채무자)에 대한 채권도 이전하여야 하는데, 실제로 채권양도를 하지 않았으면서 채권양도를 한 것과 같은 외관을 야기한 경우에는 외관법리에 의하여 채무자를 보호할 필요가 있다(제43조). 민법 제470조의 채권의 준점유자에 대한 변제와의 차이를 보면 상법 제43조에서는 단순한 **경과실만 있는 경우에는 채무자가 보호**된다는 점이다.

1. 상호속용의 경우

양수인이 양도인의 상호를 속용하는 경우에는 양도인의 영업으로 인한 채권에 대하여

---

46) 대법원 2010.9.30. 선고 2010다35138 판결.
47) 대법원 2009.7.9. 선고 2009다23696 판결; 대법원 2013.3.28. 선고 2012다114783 판결.
48) 대법원 1979.3.13. 선고 78다2330 판결(확정판결의 변론종결후 동 확정판결상의 채무자로부터 영업을 양수하여 양도인의 상호를 계속 사용하는 영업양수인은 상법 제42조 제1항에 의하여 그 양도인의 영업으로 인한 채무를 변제할 책임이 있다 하여도, 그 확정판결상의 채무에 관하여 이를 면책적으로 인수하는 등 특별사정이 없는 한, 그 영업양수인을 곧 민사소송법 제204조의 변론종결후의 승계인에 해당된다고 할 수 없다.

채무자가 선의이며 중대한 과실 없이 양수인에게 변제한 때에는 그 효력이 있다(제43조). 이 경우 선의의 해석에서 견해가 나뉜다. ① 채무자의 주관적 요건은 **영업양도의 사실**에 대한 선의·무중과실을 의미한다고 보는 것이 다수설이다. 이 견해에 의하면 영업양도의 사실에 대하여는 알고 있었지만 채권양도가 없었다는 사실에 대하여 모른 경우(즉, 채권양도가 있었다고 믿은 경우)에는 채권의 준점유자에 대한 변제의 법리(민법 제470조)에 의하여만 채무자가 보호된다고 본다. ② 그러나 채권자 보호의 경우와 같이 영업양도가 아니라 **채권양도가 없었다는 사실**에 대한 선의로 보아야 한다는 견해도 있다. 후자가 옳다고 본다. **판례는 없다.**

그런데 **증권채권의 경우** 유가증권의 제시증권성 또는 상환증권성 등으로 인하여 상법 제43조가 적용되지 않는다(통설).

2. 상호를 속용하지 않는 경우

양수인이 양도인의 상호를 속용하지 않는 경우에는 채무자의 외관신뢰의 관계가 없으므로 채권양도의 일반원칙에 의한다(민법 제450조). 상법에는 규정이 없으나 양수인이 채권양도를 받지 않았으면서도 마치 이를 양수받은 것처럼 양도인의 동의하에 광고하거나 또는 양도인과 함께 채무자에게 통지한 경우에는, 상법 제44조를 유추적용하여 채무자가 선의이며 중대한 과실 없이 양수인에게 변제한 때에는 그 효력이 있다고 보아야 한다는 견해가 유력하다.

제 2 편

상행위법

제**1**장

통　칙

제1절　상행위의 의의와 종류

Ⅰ. 상행위의 의의

상행위란 실질적으로는 영리의 목적을 달성하기 위한 기업활동을 말하고, 형식적으로는 상법과 특별법에서 상행위로 정한 것을 의미한다. 상법이 민법에 대한 특칙 규정을 두고 있는 취지는 **상거래의 신속성과 대량성, 그로 인한 거래의 안전** 등을 위한 것이다. 그런데 상거래에서는 사적자치의 원칙이 강하게 작용하고 따라서 이 규정들은 원칙적으로 **임의규정**으로서의 성격을 가진다.

Ⅱ. 상행위의 종류

상법은 상행위의 종류로 기본적 상행위, 보조적 상행위, 준상행위를 규정하고 있다. 기본적 상행위와 준상행위는 상인이 영업으로 하는 상행위로서 영업적(營業的) 상행위라고 한다.

1. 영업적 상행위와 보조적 상행위

(1) 영업적 상행위

영업적 상행위는 **영업으로 하는 상행위**를 말하고, 기본적 상행위와 준상행위가 있다. ① **기본적 상행위**는 당연상인이 영업으로 하는 상행위이다(제46조). ② **준상행위**는 의제상인이 영업으로 하는 상행위이다(제66조). 기본적 상행위를 하지 아니하더라도 점포 기타 이와 유사한 설비에 의하여 상인적 방법으로 영업을 하는 자나 상행위 이외의 행위를 목적으로 하는 회사도 상인이므로(제5조), 이들이 영업으로 하는 상행위를 준상행위라 한다. **준상행위는 기본적 상행위와 함께 영업적 상행위**가 된다.

(2) 보조적 상행위

보조적 상행위란 상인이 **영업을 위하여 하는 상행위**이다(제47조). 보조적 상행위는 당연상인이든, 의제상인이든, 소상인이든 불문한다. 보조적 상행위는 법률행위에 한하지 않고 준법률행위 및 사실행위에도 성립될 수 있다. 그리고 사무관리, 부당이득 및 불법행위에도 성립할 수 있다. 불법행위에 대하여는 적용되지 않는다는 소수의 견해가 있긴 하나 기업활동에 관한 특칙인 상행위법은 기업의 행위의 적법성과는 관계없이 적용되어야 하고, 보조적 상행위는 고유한 의미의 상행위가 아니고 상행위로 의제되는 점 등을 보면 불법행위에도 적용된다고 봄이 옳다.

1) 영업을 위하여 하는 행위

영업을 위하여 하는 행위는 영업과 관련된 모든 재산법상의 행위를 의미하며 유상이든 무상이든 불문한다. 그리고 영업을 위하여 하는 행위인지의 여부는 **외관에 의하여 객관적으로 판단**하여야 하고 상인의 주관적 내심적 의사를 기준으로 하지 않는다. 판례도 (i) ○○산업사의 대표인 Y가 X에게 위 상호 및 그 업종과 사무실 및 공장의 소재지가 인쇄된 명함을 교부해 주었고, 또한 약속어음의 Y의 배서부분에 기명날인을 함에 있어 Y의 표시를 "○○산업사 대표 Y"라고 기재하여 주었다면 당시 행위가 이루어진 객관적 사실에 기초하여 영업을 위하여 한 것으로 보았다.[1] 또한 (ii) 축산업협동조합이 양계업을 영위하는 조합원에게 사료를 판매한 행위는 상인인 조합원이 영업을 위하여 하는 사료의 구매에 해당하므로 그 상거래 행위는 상행위라고 보아야 할 것이고 따라서 그 외상대금채권은 상사채권이라고 하였다.[2]

영업을 위하여 하는 행위인 것이 분명하다면 상인자격을 반드시 취득하고 있어야 하는 것도 아니다. **개업준비행위의 경우 최초의 보조적 상행위가 될 것**이고, 그 행위의 성질로 보아 거래의 상대방이 영업의사를 객관적으로 인식할 수 있다면[3] 또는 거래 상대방이 행위자의 설명 등에 의하여 그 행위가 영업을 위한 준비행위라는 점을 인식하였던 경우[4]라면, 상인자격을 취득하고 당해 행위는 보조적 상행위로서 상법의 규정이 적용된다.

2) 상인의 행위

영업을 위하는 행위가 보조적 상행위로서 상법의 적용을 받기 위해서는 **행위를 하는 자 스스로가 상인**이어야 한다. 따라서 회사가 상법에 의해 상인으로 의제된다 하더라도 회사의 기관인 대표이사 개인은 상인이 아니어서 비록 대표이사 개인이 회사 자금으로 사

---

1) 대법원 1993.10.26. 선고 92다55008 판결.
2) 대법원 1993.3.9. 선고 92다44329 판결.
3) 대법원 1999.1.29. 선고 98다1584 판결.
4) 대법원 2012.11.15. 선고 2012다47388 판결.

용하기 위해서 차용한다 하더라도 상행위에 해당하지 아니하여 차용금채무를 상사채무로 볼 수 없다.[5] 예컨대, 상인 X회사가 아니라 그 대표이사 甲이 그 자신 甲의 명의로 금전을 차용한 이상, 비록 甲이 X회사를 실질적으로 경영하면서 X회사 사업을 위하여 차용한 것이라 하더라도 그 차용금채무를 상사채무로 볼 수는 없다.

3) 추 정

상법은 어느 행위가 영업을 위하여 하는 행위인지 여부가 불분명한 경우를 대비하고 거래의 안전을 위하여 상인의 행위는 영업을 위하여 하는 것으로 **추정**한다고 규정한다(제47조 제2항). 이는 추정(推定)의 규정이므로 상인은 영업을 위하여 하는 행위가 아님을 입증하여 상행위성을 배제할 수 있다.

이와 관련한 판례를 보면 (ⅰ) **상인이 사업자금을 조달하기 위하여 계에 가입한 경우,** 계주가 비상인이라 하더라도 상인에 대하여 가지는 계불입금채권은 상사채권에 해당하여 5년의 소멸시효기간이 적용된다고 하고,[6] (ⅱ) 부동산중개업자의 금원대여 행위를 상법 제47조에 의하여 영업을 위하여 한 상행위로 추정함이 상당하다 하고,[7] (ⅲ) 음식점업을 영위하는 상인이 부동산중개업을 영위하는 상인에게 금원을 대여한 행위는 상법 제47조 제2항에 의하여 영업을 위하여 하는 것으로 추정되고, 그 금전대여행위가 서로 고율의 이자소득을 얻기 위한 목적으로 행하여졌다는 사정만으로는 위 추정이 번복된다고 볼 수 없다고 하였다.[8]

4) 입증책임

상법 제47조 제2항은 추정(推定)의 규정이므로 상인은 영업을 위하여 하는 행위가 아님을 입증하여 상행위성을 배제할 수 있다. 다만 상인의 특정 행위를 보조적 상행위가 아니라고 주장하는 자가 있다면 그가 입증책임을 부담한다(통설, 판례[9]).

2. 일방적 상행위와 쌍방적 상행위

(1) 의 의

일방적 상행위란 당사자의 일방에게만 상행위가 되는 행위이다. 상인이 비상인으로부터 영업자금을 차용하는 경우와 같이, 상인에게는 상행위가 되지만 비상인에 대하여는 상행위

---

5) 대법원 2015.3.26. 선고 2014다70184 판결; 대법원 1992.11.10. 선고 92다7948 판결; 대법원 2012.3.29. 선고 2011다83226 판결; 대법원 2012.7.26. 선고 2011다43594 판결 참조.
6) 대법원 2008.4.10. 선고 2007다91251 판결.
7) 대법원 1995.4.21. 선고 94다36643 판결.
8) 대법원 2008.12.11. 선고 2006다54378 판결.
9) 대법원 1993.10.26. 선고 92다55008 판결(금원이 Z의 은행예금구좌에 입금되어 Z이 위 금원을 사용하였다는 사실만으로는 Y가 그의 영업을 위하여 위 금원을 차용하였다는 추정을 번복하기에 부족하다).

가 되지 않는 상행위를 말한다. 거래당사자 쌍방에게 상행위로 되는 거래행위를 **쌍방적 상행위**라 한다.

(2) 상법의 적용

일방적 상행위인 경우에도 전원에게 상법이 적용된다(제3조). 따라서 상인이 비상인으로부터 영업자금을 차용하는 경우, 비상인은 상인에 대하여 상사법정이율로 계산한 이자를 청구할 수 있고(제54조), 그 채권에 대하여도 상사시효가 적용된다(제64조). 일방적 상행위의 경우에 당사자 모두에 대하여 상법을 적용하는 것은, 동일한 행위에 대하여 당사자 별로 민법과 상법을 각 법률을 적용하게 되면 법률관계를 확정할 수 없는 폐단이 생기므로 이를 방지하기 위한 것이다. 이러한 점에서 상법의 적용범위가 확대되고 있다. 다만 **예외적으로 상사매매**의 경우 등 쌍방적 상행위에 대하여만 상법이 적용되도록 하는 경우도 있다(제67조 내지 제71조 참조).

(3) 공법인의 행위

① **공법인이 거래하는 상대방이 상인인 경우** 상법이 적용된다. 따라서 새마을금고가 상인은 아니나 상인인 회원에게 자금을 대출한 경우, 상인의 행위는 특별한 사정이 없는 한 영업을 위하여 하는 것으로 추정되므로 그 대출금채권은 상사채권으로서 5년의 소멸시효기간이 적용된다고 하였다.[10] 또한 ② **공법인의 상행위**에 대하여도 법령에 다른 규정이 없는 이상 상법이 적용된다(제2조). 공법인이 기본적 상행위를 영업으로 하는 경우, 그 범위에서 공법인은 당연상인으로서(제4조), 상법의 적용을 받게 된다. 또한 공법인이 당연상인의 자격에서 영업을 위하여 하는 행위는 보조적 상행위가 되고(제47조 제1항), 상법이 적용된다. **대한석탄공사**는 상사회사는 아니라 하여도 **광물채취에 관한 행위를 영업으로 하는 경우** 공사가 피용자들과 체결한 근로계약은 그의 영업을 위한 보조적 상행위이므로 그 보조적 상행위에 따른 퇴직금채무는 상사채무라고 하였다.[11]

단지 특별법에 의하여 그 공법인의 목적이 특정된 특수공법인 등의 예외적 경우에 있어서는 상인이 될 수 없다고 보는 경우가 있고, 신용보증기금은 상인으로 볼 수 없다고 한 판례가 있다.[12]

---

10) 대법원 1998.7.10. 선고 98다10793 판결.

11) 대법원 1976.6.22. 선고 76다28 판결.

12) 대법원 1989.6.27. 선고 88다카16812 판결(신용보증기금법과 같은 법시행령 및 상법 중 상행위에 관한 규정들을 종합하여 볼 때 **신용보증기금은 상인으로 볼 수 없다**고 한 경우).

제 2 절 민법 총칙편에 대한 특칙

Ⅰ. 상행위의 대리

1. 비현명주의

(1) 의 의

민법에서는 현명주의가 원칙이다. 따라서 대리인이 본인을 위한 것임을 표시하지 않고
한 행위에 대하여는 원칙적으로 대리인만이 책임을 지고(민법 제115조 본문), 다만 상대방이
대리인으로서 한 것임을 알았거나 알 수 있었을 경우에는 본인이 책임을 진다(민법 제115
조 단서). 상법은 민법에서의 현명주의와는 달리 비현명주의를 채택하고 있고, 그 근거는
상거래의 신속·안전을 위한 것이다(제48조).

(2) 상행위의 대리의 요건

① **본인(영업주)에게 상행위**가 되어야 한다. 대리인은 그 상행위를 대리하는 경우에 상
법 제48조가 적용되는 것이다. 상법도 '**상행위의 대리인**'이라고 하여 이 뜻을 분명히 한다.
② 대리의 기본적 요건이 **대리인이 본인인 영업주를 대리한다는 의사가 있어야 함**은 당
연하다.[13] 따라서 본인에게 상행위가 되는 경우에도 대리인이 본인을 위한다는 의사가 없
다면 이 규정이 적용되지 않는다.[14] ③ 상행위의 대리인은 대리권이 있어야만 한다.[15] ④
상행위의 대리는 비현명주의가 원칙이고, 따라서 상행위의 대리인이 상행위를 대리하는 경
우에는 대리의 방식을 갖추었느냐 하는 것이 문제되지 아니하고, 다만 상대방이 본인을 위
하여 하는 것임을 알지 못한 때에는 대리인에 대하여서도 그 이행을 청구할 수 있을 뿐이
다(제48조 단서).

---

13) 대법원 1986.6.10. 선고 85다카2636 판결(지입차주가 제3자로부터 지입차량의 운행에 필요한 유류를 구입함에
있어 지입운송업자를 **대리하여 유류를 구입하는 의사가 없었고** 상대방인 제3자 역시 본인인 지입운송업자와 법률행
위를 하는 의사로 유류공급을 한 것이 아니었다고 볼 수 있는 특별한 사정이 있다면 그 유류대금은 유류를 직접 공
급받은 지입차주만이 부담하기로 하는 특약이 있었던 거래로 보아야 한다). 같은 판례로 대법원 1993. 5. 27. 선고 93
다7341 판결; 대법원 2000.10.13. 선고 20007두20069 판결.
14) 대법원 2009.6.25. 선고 2007두15469 판결(**지입차주에게 지입회사를 대리할 의사가 없었고** 거래상대방도 지
입회사와 거래하려는 의사가 아니었다고 볼 수 있는 때에는 그 법률효과는 지입회사에 귀속되는 것이 아니다).
15) 대법원 1996.10.25. 선고 94다41935,41942 판결(상가건물 분양업체에게 **그 소유자를 대리할 권한이 있고**, 그
점포의 분양행위가 그 규모, 횟수, 분양기간 등에 비추어 볼 때 상법 제46조 제1호 소정의 부동산의 매매로서 본인인
상가건물 소유자의 상행위가 되는 경우, 분양업체가 수분양자와 분양계약을 체결하면서 건물 소유자의 대리인임을 표
시하지 않았다 하더라도 상법 제48조에 의하여 유효한 대리행위로서 **그 효과는 본인인 건물 소유자에게 귀속**된다).

(3) 거래상대방의 인식

상법은 비현명의 경우 상대방이 본인을 위한 것임을 알지 못한 때에는 대리인에 대하여도 그 이행의 청구를 할 수 있다고 규정한다(제48조 단서). 대리인이 본인을 현명하지 않은 경우 거래상대방은 그 대리인과 거래하고 있는 것으로 알 수 있으므로, 거래상대방의 신뢰보호를 위하여 대리인에게도 책임을 지우고 있는 것이다. 하지만 이 경우도 거래 자체는 본인과 상대방 사이에 성립하게 되고 대리인은 거래에 따른 책임을 진다는 것이므로 본인과 대리인 사이에는 부진정연대채무가 성립한다.

〈비현명의 경우〉

대리에 대한 상대방의 인식	민법 제115조	상법 제48조
선의	대리인	본인, 대리인
선의 + 과실	본인	본인, 대리인
악의	본인	본인

2. 효   과

상행위의 대리인이 그 본인을 위하여 상행위를 하는 경우 본인을 표시하지 않더라도 그 행위는 원칙적으로 본인에 대하여 효력이 생긴다(제48조 본문).[16] 다만 예외적으로 상대방이 본인을 위한 것임을 알지 못한 경우에는 본인 또는 대리인의 어느 편에도 이행청구를 할 수 있다(제48조 단서). 거래 상대방이 알지 못한 경우라 하더라도 거래 자체는 **본인과 상대방 사이에 성립**함을 주의하여야 한다. 대리인은 단지 거래에 따른 책임만을 부담할 뿐이다.

판례도 상가건물 분양업체에게 그 소유자를 대리할 권한이 있고 그 점포의 분양행위가 상법 제46조 제1호 소정의 부동산의 매매로서 본인인 상가건물 소유자의 상행위가 되는 경우, 분양업체가 수분양자와 분양계약을 체결하면서 건물 소유자의 대리인임을 표시하지 않았다 하더라도 상법 제48조에 의하여 유효한 대리행위로서 **그 효과는 본인인 건물 소유자에게 귀속된다**고 하였다.[17]

---

16) 대법원 1964.10.20. 선고 64다408 판결(복덕방영업을 하는 X의 피용자 A가 X를 표시하지 아니하고 Y와 중개계약을 체결한 것이 X에게 효력을 미치는지 여부에 관하여, X의 본건 중개행위는 상행위라 할 것이고 또 상행위의 대리에 있어서는 대리인이 본인을 위한 것임을 표시하지 아니하여도 본인에 대하여 효력이 있다).
17) 대법원 1996.10.25. 선고 94다41935,41942 판결.

3. 위임의 범위

상행위의 위임을 받은 자는 위임의 본지에 반하지 않는 범위 내에서 위임을 받지 아니한 행위를 할 수 있다(제49조). 그런데 이러한 행위는 민법을 주의적으로 규정한 것에 불과한 것으로 본다(통설). 그러나 상법 제49조의 상행위의 대리권의 범위에 관하여 상거래의 특수성을 감안하여 상행위의 대리인이 그 위임받은 사무를 임기응변으로 조치할 수 있도록 한 예외규정으로서 민법상 수임자의 위임사무 처리의 권한보다 확장한 것이다.

관련 판례를 보면 "회사에 지입된 차량은 대외적으로 그 소유권이나 운행관리권이 그 회사에 귀속되는 것이어서 지입차량을 지입차주가 직접 운행관리하는 경우에도 지입차주는 운송사업자인 지입회사로부터 지입차량에 관한 운행관리권을 위임받아 운행관리상 통상업무에 속하는 행위를 대리하는 것이라고 할 것인즉"[18]이라고 하고 있어 지입차주는 지입차량의 운행관리의 「**통상의 업무에 속하는 행위**」에 한하여서만 대리권이 있는 것으로 판시하고 있다. 그런데 이같이 지입차주의 대리권의 범위를 통상의 업무에 속하는 행위로 한정한 논거가 명확하지 않다. 다만 지입차주가 유류를 구입한 행위는 그 회사가 지입차주에게 지입차량을 운행관리하게 한 위임의 본지에 반하는 것이 아니므로 그 회사에 대하여 효력이 있는 것으로 이론을 구성할 수도 있다. 종전의 판례는 지입차주의 대리권의 범위를 통상의 업무에 속하는 행위에 한한다고 보더라도 유류구입 행위는 할 수 있다고 하여 그 결론은 동일하다.[19]

4. 본인의 사망과 대리권

기업의 영속성이라는 요청상, 기업은 개인의 사망과 상관없이 지속적으로 유지되어야 하기 때문에 상법은 본인이 사망하더라도 대리권이 계속하여 유지되는 것으로 하였다. 상인이 그 영업에 관하여 수여한 대리권은 본인의 사망으로 인하여 소멸하지 아니한다(제50조).

---

18) 대법원 1987.9.8. 선고 87다카1026 판결.
19) 또 다른 관련 판례로 대법원 1989.10.27. 선고 89다카319 판결(회사에 지입된 차량은 대외적으로는 그 소유권이나 운행관리권이 그 회사에 귀속되므로, 그 지입차량을 지입차주가 운행관리하는 경우에도 그 지입차주는 운송사업자인 지입회사로부터 지입차량에 관한 운행관리권을 위임받아 운행관리상 통상의 업무에 속하는 행위를 대리하는 것이라고 보아야 할 것이다. 지입차주가 지입차량의 운행에 필요한 **유류를 구입하는 행위는 지입차량의 운행관리상 통상의 업무에 속하는 행위**라 할 것이므로 그 유류를 구입함에 있어 지입차주에게 운송사업자를 대리하는 의사가 없고 또 상대방이 운송사업자에게 판매하려는 의사가 없었다고 볼 만한 특별한 사정이 있어 유류를 직접 공급받은 지입차주가 그 유류대금을 부담하기로 하는 특약이 있었던 거래와 같게 보아야 하는 경우를 제외하고는 지입차주의 유류구입행위는 운송사업자를 대리한 것으로 보아야 할 것이다).

Ⅱ. 상사소멸시효

1. 5년의 상사시효

(1) 의 의

상법 제64조는 "상행위로 인한 채권은 본법에 다른 규정이 없는 때에는 5년간 행사하지 아니하면 소멸시효가 완성한다. 그러나 다른 법령에 이보다 단기의 시효의 규정이 있는 때에는 그 규정에 의한다"라고 규정하고 있다. 5년의 상사시효는 쌍방적 상행위로 인한 채권이든 일방적 상행위로 인한 채권이든 불문하며, 일방적 상행위로 인한 채권은 채권자를 위한 상행위이든 채무자를 위한 상행위이든 불문한다.[20]

(2) 보조적 상행위

영업적 상행위로 인한 채권뿐만 아니라 **보조적 상행위로 인한 채권에도 적용된다.** 보조적 상행위에 관한 판례를 보면 ① 상인이 사업자금을 조달하기 위하여 계에 가입한 경우 이는 보조적 상행위가 되고, 계주가 위 상인에 대하여 가지는 **계불입금채권**은 상사채권에 해당하여 5년의 소멸시효기간이 적용된다고 보았다.[21]

② 회사의 근로계약은 보조적 상행위에 해당한다. 그런데 판례는 (i) 근로계약이나 단체협약이 보조적 상행위에 해당함을 이유로, 단체협약에 기한 **근로자의 유족들의 회사에 대한 위로금채권에 5년의 상사소멸시효기간이 적용**된다고 하였다.[22] 그 반면, (ii) 회사가 근로자와 체결하는 **근로계약은 보조적 상행위에 해당한다고 하더라도, 근로자의 근로계약상의 주의의무 위반으로 인한 손해배상청구권은 상사시효가 적용되지 않는다**고 하였다.[23] 그리고 그 근거를 상거래 관계에 있어서와 같이 정형적으로나 신속하게 해결할 필요가 있다고 볼 것은 아니므로 민사시효가 적용된다고 하면서 또 다른 근거로 주식회사의 이사 또는 감사의 회사에 대한 임무해태로 인한 손해배상책임은 위임관계로 인한 채무불이행책임이므로 그 소멸시효기간은 10년이라고 본 판결[24]을 든다. 그런데 이 판결은 재고가 필요하다. 이러한 논리라면 **상행위에 대한 소멸시효의 적용에 있어 신속하게 해결할 필요가 있는지 여부를 항상 기준으로 삼아야 할 것이며,** 또한 이사와 회사의 관계와 근

---

20) 대법원 2000.8.22. 선고 2000다13320 판결.

21) 대법원 2008.4.10. 선고 2007다91251 판결.

22) 대법원 2006.4.27. 선고 2006다1381 판결(근로계약 또는 단체협약은 보조적 상행위이므로 이에 기한 위로금채권의 시효기간은 5년이라고 본 경우); 대법원 1977.4.12 선고 76다497 판결(대한석탄공사에 대한 퇴직금채권에 관한 상사채권의 소멸시효기간을 인정한 경우).

23) 대법원 2005.11.10. 선고 2004다22742 판결.

24) 대법원 1985.6.25. 선고 84다카1954 판결.

로자와 회사의 관계를 같이 볼 수도 없다. 어떤 이유에서든 위 두 판례의 논리는 일관성이 없다.

2. 예　외

상사채권에 관한 5년의 소멸시효기간은 다음과 같은 예외가 있다.

① 상법의 규정 중에서 채무의 특수성 등에 비추어 일반의 상사시효보다 훨씬 단기의 소멸시효기간을 규정한 경우가 있는데, 이 경우에는 이러한 상법의 규정에 의하여 단기의 시효기간이 적용된다(제64조 단서). 예를 들면 공중접객업자의 책임이 제154조 제1항에서 6월로 정하여져 있는바 이 경우에는 6월이 적용되는 것이다.

② 상법 이외의 다른 법령에 상사시효 5년보다 단기의 소멸시효기간이 규정된 때에는 그 규정에 의하여 단기의 소멸시효기간이 적용된다(제64조 단서). 민법 제164조에서 숙박료에 대하여는 1년의 시효기간을 규정하고 있는바 그 채권의 소멸시효기간은 5년이 아니라 1년인 것이다. 관련 판례를 보면, (ⅰ) 위탁자의 위탁상품 공급으로 인한 **위탁매매인에 대한 이득상환청구권이나 이행담보책임의 이행청구권**은 위탁자의 위탁매매인에 대한 상품 공급과 서로 대가관계에 있지 아니하여 등가성이 없으므로 민법 제163조 제6호 소정의 **'상인이 판매한 상품의 대가'에 해당하지 아니하여 3년의 단기소멸시효의 대상이 아니고,** 한편 위탁매매는 상법상 전형적 상행위이며 위탁매매인은 당연한 상인이고 위탁자도 통상 상인일 것이므로, 위탁자의 위탁매매인에 대한 매매 위탁으로 인한 위의 채권은 다른 특별한 사정이 없는 한 통상 상행위로 인하여 발생한 채권이어서 상법 제64조 소정의 **5년의 상사소멸시효의 대상이 된다**고 하였다.[25] (ⅱ) 은행이 그 영업행위로서 한 대출금에 대한 **변제기 이후의 지연손해금**은 **민법 제163조 제1호 소정의 단기소멸시효 대상인 이자채권도 아니고,** 불법행위로 인한 손해배상 채권에 관한 민법 제766조 제1항 소정의 단기소멸시효의 대상도 아니고, 상행위로 인한 채권에 관하여 적용될 **5년간의 소멸시효**를 규정한 상법 제64조가 적용된다고 보았다.[26]

3. 적용범위

5년의 상사시효는 **상행위로 인한 채권**에 적용된다. 여기서의 '상행위로 인한'을 어떻게 이해할지가 해석의 중심이 된다.

(1) 실질적으로 동일성을 유지하는 채권

상행위로 생긴 채권과 실질적 동일성을 유지하는 채권은 5년의 시효가 적용된다. ① 상

---

25) 대법원 1996.1.23. 선고 95다39854 판결.
26) 대법원 1979.11.13. 선고 79다1453 판결.

행위로 인하여 생긴 **채무의 불이행으로 인한 손해배상채권**은 상행위로 인하여 직접 생긴 채권과 실질적인 동일성을 가지므로 이에 대하여는 상사시효가 적용된다. 즉 상사시효가 적용되는 채권은 직접 상행위로 인하여 생긴 채권뿐만 아니라 상행위로 인하여 생긴 채무의 불이행에 기하여 성립한 손해배상채권도 포함한다는 것이고 이것이 판례와 통설의 입장이다.[27] ② 개인이 **상사시효의 적용을 받는 채무를 면책적으로 인수한 경우**에도 그 인수채무의 소멸시효기간은 상사시효의 적용을 받는다.[28]

그러나 **물상보증인의 채무자에 대한 구상권**은 그들 사이의 물상보증위탁계약의 법적 성질과 관계없는 것이므로 상행위로 인한 것 또는 상행위와 동일성을 가진 것이라 볼 수 없고, **민법에 의하여 인정된 별개의 독립한 권리**이므로 상사시효가 적용되지 않는다.[29]

(2) 불법행위로 인한 손해배상청구권

불법행위로 인한 손해배상채권에 상사시효가 적용되는지의 문제이다. 상인과 관련하여 발생한 채권이라도 상행위와는 무관한 **불법행위로 인하여 발생한 손해배상채권에 대하여는 상사시효가 적용되지 않는다**고 하는 것이 판례이고 통설이다.[30] 다만 상사채무의 불이행을 원인으로 한 **채무불이행으로 인한 손해배상청구권의 경우에는 상사시효가 적용**됨을 주의하여야 한다.

(3) 상사계약의 해제로 인한 원상회복청구권

상행위인 계약의 해제로 인한 원상회복청구권은 상사채무이므로 이에 대하여는 **상사시효가 적용된다는 것이 통설이고 판례**이다.[31] 그 논거로는 일반적으로 상행위인 계약의

---

27) 대법원 1997.8.26. 선고 97다9260 판결(상사시효가 적용되는 채권은 직접 상행위로 인하여 생긴 채권뿐만 아니라 상행위로 인하여 생긴 채무의 불이행에 기하여 성립한 손해배상채권도 포함한다고 한 경우).

28) 대법원 1999.7.9. 선고 99다12376 판결(면책적 채무인수라 함은 채무의 동일성을 유지하면서 이를 종래의 채무자로부터 제3자인 인수인에게 이전하는 것을 목적으로 하는 계약으로서, 채무인수로 인하여 인수인은 종래의 채무자와 지위를 교체하여 새로이 당사자로서 채무관계에 들어서서 종래의 채무자와 동일한 채무를 부담하고 동시에 종래의 채무자는 채무관계에서 탈퇴하여 면책되는 것일 뿐이므로, 인수채무가 원래 5년의 상사시효의 적용을 받던 채무라면 그 후 면책적 채무인수에 따라 그 채무자의 지위가 인수인으로 교체되었다고 하더라도 그 소멸시효의 기간은 여전히 5년의 상사시효의 적용을 받는다 할 것이고, 이는 채무인수행위가 상행위나 보조적 상행위에 해당하지 아니한다고 하여 달리 볼 것이 아니다).

29) 대법원 2001.4.24. 선고 2001다6237 판결(물상보증은 채무자 아닌 사람이 채무자를 위하여 담보물권을 설정하는 행위이고 채무자를 대신해서 채무를 이행하는 사무의 처리를 위탁받는 것이 아니므로, 물상보증인이 변제 등에 의하여 채무자를 면책시키는 것은 위임사무의 처리가 아니고 법적 의미에서는 의무 없이 채무자를 위하여 사무를 관리한 것에 유사하다. 따라서 물상보증인의 채무자에 대한 구상권은 그들 사이의 물상보증위탁계약의 법적 성질과 관계없이 민법에 의하여 인정된 별개의 독립한 권리이고, 그 소멸시효에 있어서는 민법상 일반채권에 관한 규정이 적용된다).

30) 대법원 2004.3.26. 선고 2003다34045 판결; 대법원 1985.5.28. 선고 84다카966 판결(상법 제64조의 일반상사시효 역시 상행위로 인한 채권에만 준용되고 상행위 아닌 불법행위로 인한 손해배상채권에는 적용되지 아니한다).

31) 대법원 1993.9.14. 선고 93다21569 판결(상행위인 계약의 해제로 인한 원상회복청구권에 대하여도 상사시효를 인정한 경우).

해제로 인한 원상회복청구권은 그 계약으로 인하여 직접 생긴 채권과 실질적인 동일성을 가진다는 점, 또는 상사계약에 기하여 발생한 법률관계를 조기에 종결하기 위하여 상사시효제도를 둔 것이라면, 상사계약에 기하여 이미 발생한 법률관계를 해제에 의하여 청산하는 경우에도 그 법률관계의 청산을 조기에 종결하는 것이 마찬가지로 요청된다는 점 등을 들고 있다. 그 밖에 원상회복청구권은 계약의 해제라는 법률행위에 의하여 발생하는 채권이므로 '상행위로 인한 채권'이라는 법률의 문언적 해석에 있어서도 무리가 없다.

그런데 이 경우 **소멸시효의 기산점**이 문제된다. 상사계약의 해제로 인하여 원상회복청구권이 발생한 경우 그 소멸시효의 기산점이 문제된다. 즉 해제로 인한 원상회복청구권은 언제부터 소멸시효가 진행하는가? 해제로 인한 원상회복청구권의 소멸시효의 기산점에 관한 학설 및 판례를 본다.

① 해제로 인한 원상회복청구권의 소멸시효는 **해제권발생시**, 즉 상대방의 채무불이행 및 최고 등의 해제권발생의 요건을 갖추어 해제권을 행사할 수 있는 때부터 진행한다는 견해로서 위 형성권행사의 결과 발생하는 청구권의 소멸시효의 기산점에 관한 통설의 입장에 충실한 견해이다. ② 해제로 인한 원상회복청구권의 소멸시효는 **본래의 계약상의 채권의 이행기**부터 진행한다는 견해로서, 계약해제로 인한 원상회복의무는 계약상의 채무의 불이행으로 인한 손해배상채무와 함께 본래의 채무에 관한 채무불이행의 책임을 묻는 것으로서 본래의 채무의 변형물에 지나지 않고 실질적으로는 동일한 것이라는 점을 그 주된 논거로 하고 있다.

그러나 위 두 견해는 아직 해제를 하지 아니하여 원상회복청구권이 발생도 하지 아니한 시점에서부터 원상회복청구권의 소멸시효의 진행을 긍정하는 점에 대한 법률상의 근거가 없으며, 오히려 소멸시효는 권리를 행사할 수 있는 때로부터 진행한다는 민법 제166조의 규정에 정면으로 반하는 이론상 문제가 있다. ③ 판례가 취하는 견해로서, 해제로 인한 원상회복청구권의 소멸시효는 **해제시, 즉 원상회복청구권이 발생한 때**부터 진행한다는 견해이다.[32] 형성권행사의 결과 발생하는 청구권의 소멸시효의 기산점에 관한 입장에 충실하는 한편, 본래의 계약상의 채권과 해제로 인한 원상회복청구권이 별개의 채권이라는 것을 주된 논거로 한다.

4. 상행위인 계약의 취소 · 무효를 원인으로 하는 부당이득반환청구권

(1) 학설과 판례

상사계약의 해제로 인한 원상회복청구권에는 상사시효가 적용된다고 보는 것이 통설과

---

32) 대법원 1993.9.14. 선고 93다21569 판결(이 사건 매매계약에 관한 그 주장의 **해제일로부터** 5년이 경과한 후에 이 사건 소를 제기하였다고 하여 위 계약해제로 인한 계약금등반환청구권은 그 소멸시효가 완성되었다고 판단하였음은 정당하고).

판례임에 반하여, 상사계약의 해제 등으로 인한 부당이득반환청구권에도 상사시효가 적용되는지 여부에 대하여는 견해가 나뉜다. 학설을 보면 ① **민사시효설**은 상사시효가 적용되는 채권은 상행위에 속한 법률행위에 의하여 발생하는 채권이어야 하는 것인데, 부당이득반환채권은 법률행위에 의하여 발생하는 것이 아니고 법률의 규정에 의하여 발생하는 채권이므로 비록 부당이득반환청구권의 발생원인으로 된 급부가 상사시효가 적용되는 채권에 기한 것이라고 하더라도 10년의 민사시효에 의하여야 한다는 견해이다. ② **상사시효설**은 부당이득반환청구권이 법률의 규정에 의하여 발생하는 채권이라 하더라도, 이는 상행위로 인하여 발생한 법률관계를 청산하는 것이라는 점에서는 계약해제로 인한 원상회복청구권과 다를 바가 없으므로 그 청산관계를 조기에 종료하는 것이 요청되며, 원상회복청구권은 계약해제라는 법률행위를 매개로 하여 발생하는 법률관계이고 부당이득반환청구권은 법률행위를 매개로 하지 아니하고 법률의 규정에 의하여 직접 발생하는 것이라는 점은 **양자를 다르게 취급할 합리적인 이유가 되지 못하므로** 부당이득반환청구권의 경우에도 상사시효가 적용되어야 한다는 견해이다.

그런데 판례는 위 견해들과 다른 입장을 취한다. ③ **판례**는 이 경우 그 소멸시효기간을 정함에 있어서는 상거래와 같은 정도로 **신속하게 해결할 필요성이 있는지를 기준으로 민사시효 또는 상사시효의 적용여부를 결정하고 있다.** 요컨대 **상거래와 같은 정도로 신속하게 해결할 필요성이 있는지를 기준으로 한다.** 관련 판례들을 검토하여 보자.

(2) 판례의 검토

판례는 신속하게 해결할 필요성이 있는지를 기준으로 하여 민사시효를 적용한 사례와 상사시효를 적용한 사례로 나뉜다.

① **민사시효**를 적용한 사례를 보면 (i) 자동차손해배상보장법 등에 의하여 보험금을 이중으로 수령한 피해자가 있는 경우 **보험회사의 그 피해자에 대한 부당이득반환청구권**은 자동차손해배상보장법이 피해자에 대한 신속한 보상이 주목적이 아니라는 근거에서 민사시효가 적용된다고 하였고,[33] (ii) 주식회사 부동산 매수인이 **매매계약의 해제를 원인으로 매도인에게 행사하는 부당이득반환청구권**은 신속하게 해결할 필요성이 없어 민사시효가 적용된다고 하였다.[34]

---

33) 대법원 2010.10.14. 선고 2010다32276 판결(자동차손해배상 보장사업은 정부가 자동차의 보유자를 알 수 없거나 무보험 자동차의 운행으로 인한 사고로 인하여 사망하거나 부상을 입은 피해자의 손해를 책임보험의 보험금의 한도 안에서 보상하는 것을 주된 내용으로 하는 것으로서, 뺑소니 자동차 또는 무보험 자동차에 의한 교통사고의 피해자 보호를 목적으로 하면서 법률상 가입이 강제되는 자동차책임보험제도를 보완하려는 것이지 피해자에 대한 신속한 보상을 주목적으로 하고 있는 것이 아니다. 교통사고 피해자가 가해차량이 가입한 책임보험의 보험자로부터 사고로 인한 보험금을 수령하였음에도 자동차손해배상 보장사업을 위탁받은 보험사업자로부터 또다시 피해보상금을 수령한 것을 원인으로 한 위 보험사업자의 피해자에 대한 부당이득반환청구권에 관하여는 상법 제64조가 적용되지 아니하고, 그 소멸시효기간은 민법 제162조 제1항에 따라 10년이라고 봄이 상당하다).
34) 대법원 2003.4.8. 선고 2002다64957,64964 판결(주식회사인 부동산 매수인이 의료법인인 매도인과의 부동산매

② **상사시효**를 적용한 사례를 보면 (i) 외국환거래약관에 따라 지급한 손해배상금과 관련하여 가지는 부당이득반환청구권은 신속하게 해결할 필요성이 있어 상사시효가 적용된다 하였고,[35] (ii) 보증보험계약에 기초한 급부가 이루어짐에 따라 발생한 부당이득반환청구권도 상사시효가 적용된다고 하였으며,[36] (iii) 분양계약이 강행법규인 관련 법령에서 정한 산정기준에 의한 정당한 분양전환가격을 초과하는 범위 내에서 각 계약이 무효가 됨으로써 분양대금과 정당한 분양전환가격의 차액에 대한 반환의무를 부담하게 된 사정상 부당이득반환채권의 발생 경위나 원인 등에 비추어 보면, 그로 인한 거래관계를 신속하게 해결할 필요가 있다고 하여 상법 제64조가 적용되어 5년의 소멸시효에 걸리게 된다고 인정한 것이 있다.[37]

③ 최근 대법원은 보험금에 대한 부당이득반환청구권은 5년의 상사시효가 적용된다고 하였다.[38] 보험계약자가 다수의 계약을 통하여 보험금을 부정 취득할 목적으로 보험계약을 체결하여 그것이 민법 제103조에 따라 선량한 풍속 기타 사회질서에 반하여 무효인 경우 보험자의 보험금에 대한 부당이득반환청구권은 상법 제64조를 유추적용하여 5년의 상사 소멸시효기간이 적용된다.

상사채무의 소멸시효를 단기로 정해둔 취지는 상인이 다수인을 상대로 반복적으로 거래관계를 맺는 법률관계를 신속하게 종결시키고자 하는 것이므로 문제가 된 법률관계가 신속히 정리될 필요성이 있는 것인지의 여부에 의하여 판단하는 판례의 입장을 선해할 수도 있다. 그러나, 원상회복청구권과 부당이득반환청구권을 구별하여 취급할 이유는 없어 보이며, 신속하게 해결할 필요성을 기준으로 하는 것은 법적 안정성의 측면에서 찬성하기 어렵다. 이 논리라면 상사시효의 적용대상에 대하여 영업적 상행위, 보조적 상행위는 물론 상행위를 원인으로 하는 거래에 있어서도 항상 신속하게 해결할 필요성을 기준으로 삼아야 하지 않는가 하는 점이다. 또한 상행위를 원인으로 하여 발생하는 부당이득반환청구권도 상행위의 계약해제로 인한 원상회복청구권과 별반 다를 바가 없다는 점에서, 그 원인이 되는 행위가 상행위인 경우 상사시효를 적용하는 것이 타당하다.

매계약의 이행으로서 그 매매대금을 매도인에게 지급하였으나, 매도인 법인을 대표하여 위 매매계약을 체결한 대표자의 선임에 관한 이사회결의가 부존재하는 것으로 확정됨에 따라 위 매매계약이 무효로 되었음을 이유로 민법의 규정에 따라 매도인에게 이미 지급하였던 매매대금 상당액의 반환을 구하는 부당이득반환청구의 경우, 거기에 상거래관계와 같은 정도로 신속하게 해결할 필요성이 있다고 볼 만한 합리적인 근거도 없으므로 위 부당이득반환청구권에는 상법 제64조가 적용되지 아니하고, 그 소멸시효기간은 민법 제162조 제1항에 따라 10년이다).

35) 대법원 2002.6.14. 선고 2001다47825 판결(원고가 무효인 약관에 따라 피고에게 지급한 손해배상금과 관련하여 가지게 되는 부당이득반환채권은 상행위인 계약에 기하여 급부가 이루어진데 따라 발생한 것으로서 근본적으로 상행위에 해당하는 원고와 피고 간의 외국환거래약정을 기초로 하여 발생한 것으로 볼 수 있을 뿐 아니라, 그 채권발생의 경위나 원인 등에 비추어 그로 인한 거래관계를 신속하게 해결할 필요가 있으므로 그 소멸시효의 기간에는 상법 제64조가 적용되어 5년의 소멸시효에 걸리게 된다고 봄이 타당하다).

36) 대법원 2007.5.31. 선고 2006다63150 판결.
37) 대법원 2015.9.10. 선고 2015다212220 판결.
38) 대법원 2021.7.22. 선고 2019다277812 전원합의체 판결; 대법원 2021.8.19. 선고 2018다258074 판결.

제 3 절 물권편에 대한 특칙

Ⅰ. 상사유치권

1. 의 의

상인간에는 계속적인 거래관계로 인하여 주로 신용거래를 하는 경우가 많다. 상법은 상거래에 있어서 채권자가 특별한 약정이 없는 경우에도 자기가 점유하고 있는 **채무자 소유**의 물건 또는 유가증권을 담보로 유치함으로써 질권의 설정이 있는 경우와 같이 채권을 확보할 수 있고 또한 채무자의 변제를 간접적으로 강제함으로써 채권자의 이익을 보호하고 거래의 원활을 도모할 수 있는 상인간의 유치권에 관하여 규정하고 있다(제58조).

그런데 근자에 이르러 상사유치권은 견련성을 요건으로 하지 않음에도 경매권 등의 강력한 효과가 부여되므로 일정 부분 제한 해석하여야 한다는 점이 쟁점으로 대두되고 있었다. 상사유치권의 경우 피담보채권이 **유치권자와 채무자 사이에 발생하는 모든 상사채권으로 무한정 확장될 수 있고, 그로 인하여 이미 제3자가 목적물에 관하여 확보한 권리를 침해할 우려**가 있기 때문이다.

2. 성립요건

상인간의 상행위로 인한 채권이 변제기에 있는 때에는 다른 약정이 없으면 채권자는 변제를 받을 때까지 그 채권자에 대한 상행위로 인하여 자기가 점유하고 있는 채무자소유의 물건 또는 유가증권을 유치할 수 있다(제58조). 상사유치권은 다음과 같은 점에서 민사유치권과 구별된다.

(1) 채권자와 채무자가 모두 상인

상사유치권은 채권자와 채무자가 모두 상인인 경우에 인정된다. 양당사자는 상인이어야 하며 소상인이라도 관계없다. 채무자가 수인인 경우는 그중 상인인 채무자에 대해서만 상사유치권을 행사할 수 있다. 왜냐하면 상사유치권의 경우 채무자의 상인성을 요구하는 것은 비상인인 채무자를 보호하기 위한 것으로 볼 수 있기 때문이다.

(2) 피담보채권

1) 쌍방적 상행위

민사유치권과 달리 상사유치권의 경우 피담보채권은 상인간의 쌍방적 상행위로 인하여 발생한 것이어야 한다. 그러므로 일방적 상행위인 경우나 쌍방을 위한 상행위가 아닌 때에는 양당사자가 상인인 경우에도 상사유치권은 성립되지 않는다. 이 점이 위탁매매인의 경우는 위탁자가 반드시 상인이 아니라도 되므로 일방적 상행위로 인하여 발생한 채권도 포함되는 것과 다르다.

또한 **채권자는 제3자로부터 양수하였거나 상속받은 채권에 관하여는 유치권을 행사할 수 없다**고 본다(통설). 왜냐하면 이 경우에도 유치권이 성립한다면 무담보채권이 채무자의 물건을 점유하고 있는 제3자 또는 상속인에게 양도 또는 승계되어 유치권이 인위적으로 발생하게 되어 채무자와 그의 채권자들은 예상하지 못하였던 유치권 행사로 불측의 손해를 받게 될 염려가 있기 때문이다. 이는 채권과 목적물과의 사이에 견련관계가 요구되는 민사유치권의 경우도 같다고 본다. 다만 합병·상속과 같은 포괄승계나 영업양도의 경우에 채권과 목적물이 함께 이전된 때는 승계인 또는 양수인의 유치권은 인정된다고 본다. 즉 **유치권은 채권과 함께 하는 경우에 한하여 양도할 수 있다.**

2) 변제기가 도래

채권은 **변제기가 도래**한 것이어야 한다. 그러므로 변제기가 도래하지 않은 채권에 대하여는 상사유치권뿐만 아니라 민사유치권도 행사할 수 없다. 이 경우에 변제기는 민법 제387조에 의하여 정하여진다. 그러므로 채권의 변제기가 도래하기 전에는 유치권은 발생하지 않는다. 왜냐하면 채권의 변제기 전에 유치권을 인정하면 변제기도 도래하지 않은 채무의 이행을 간접적으로 강제하는 결과가 되기 때문이다.

(3) 목적물

1) 채무자의 소유

채권자가 유치할 수 있는 목적물은 **채무자 소유의 물건 또는 유가증권에 한한다.** 그러므로 권리나 증거증권, 증명서 등은 유치의 목적물이 될 수 없다. 상사유치권의 경우에 유치의 목적물은 채무자가 소유권을 갖는 것이어야 한다는 점이 민사유치권과 특별상사유치권(제91조, 제111조, 제120조, 제147조, 제800조 제2항)과 다르다. 채무자의 소유권은 유치권의 행사시가 아니라 **유치권의 성립시**에 있으면 된다. 그런데 유치권은 채무자 소유에 속하는 물건의 점유와 채권의 변제기에 성립한다. 그러므로 채무자가 소유권을 사후에 취득한 때는 그 때에 유치권은 성립한다. 그리고 **일단 성립한 유치권은 이후 소유권자의 변경에 의하여 영향을 받지 않는다.**

2) 유치의 목적물

유치목적물의 대상이 되는 물건은 동산으로 한정된다는 견해가 있으나, 민사유치권의 경우와 같이 부동산도 포함한다는 입장이 다수설이다. 판례도 상사유치권의 대상으로 **부동산을 포함시킨다.** 그 근거는 **상법이 동산에 한정하지 않고 물건 또는 유가증권으로 규정**

하고 있음을 든다.[39)] 상사유치권이 지나치게 광범하게 인정될 수 있다는 점에서는 동산에 한정된다는 견해도 설득력이 있으나, 문언상으로는 부동산을 제외시키기 어렵다.

3) 목적물취득의 원인

목적물은 채권자가 채무자와의 상행위로 인하여 채권자가 점유를 취득하게 된 것이어야 한다. 이 경우 상행위는 반드시 쌍방적 상행위일 필요는 없으나 **적어도 채권자에게는 상행위이어야 한다.** 또한 상행위를 원인으로 채무자의 의사에 의하여 채권자가 점유를 취득하였어야 한다. 다시 말하면 **채무자의 의사에 반하지 않는 취득**이어야 한다. 즉 채무자로부터 또는 채무자의 동의로 제3자로부터 점유를 취득하였어야 한다. 판례는 채무자가 방치하여 둔 물건을 채권자가 그 점유를 일방적으로 취득한 경우 상사유치권이 성립하지 않는다고 하였다.[40)]

4) 피담보채권과 목적물과의 견련성

피담보채권과 유치권의 개별적 견련성은 요구되지 않는다. 민법과는 달리 상인간의 일반상사유치권에서는 일반적 관련성만 있으면 된다. 즉 채권자는 채권의 발생과 직접관련이 있는 물건 또는 유가증권뿐만 아니라 채무자와의 상행위로 인하여 점유하게 된 것이면 채권과 직접 관련이 없는 다른 상행위로 인하여 점유하게 된 물건 또는 유가증권이라도 유치할 수 있다.

3. 유치권의 배제

유치권은 채권자와 채무자 사이의 계약에 의하여 배척할 수 있다(제58조 단서). 이 경우에 특약은 명시 또는 묵시에 의해서도 성립될 수 있다. 또한 채무자의 지시 또는 채권자가 인수한 의무의 내용이 채권자가 물건 또는 유가증권을 일정한 방법으로 처리하여야 되는 것인 때에는 그 목적물을 유치할 수 없다고 본다.

---

39) 대법원 2013.5.24. 선고 2012다39769,39776 판결(상사유치권은 민사유치권의 성립요건을 변경·완화하여 채권자보호를 강화함으로써 계속적 신용거래를 원활·안전하게 하기 위하여 당사자 사이의 합리적인 담보설정의사를 배경으로 하여 추인된 법정담보권으로, 민사유치권과 달리 목적물과 피담보채권 사이의 개별적인 견련관계를 요구하지 않는 대신 유치권의 대상이 되는 물건을 '채무자 소유의 물건'으로 한정하고 있어 이러한 제한이 없는 민사유치권과는 차이가 있으나(대법원 2013.2.28. 선고 2010다57350 판결 참조), 민사유치권과 마찬가지로 그 목적물을 동산에 한정하지 않고 '물건 또는 유가증권'으로 규정하고 있는 점에 비추어 보면 상사유치권의 대상이 되는 '물건'에는 **부동산도 포함된다**고 보아야 한다).

40) 대법원 2010.7.2. 자 2010그24 결정(상사유치권은 상법 제58조의 규정상 채권자가 채무자에 대한 상행위로 인하여 점유하고 있는 채무자 소유의 물건을 대상으로 하는 경우에 이를 행사할 수 있다).

4. 유치권의 효력

(1) 과거 이론과 문제점

상사유치권의 효력에 관하여는 상법은 아무런 규정을 두고 있지 않으므로, 과거에는 민사유치권에 관한 규정을 적용한다고 해석하고 있었다(제1조, 민법 제320조 이하). 그 결과 유치권자는 채권 전부의 변제를 받을 때까지 유치물 전부에 대하여 권리를 행사할 수 있고(민법 제321조), 또 유치권자는 채권의 변제를 받기 위하여 유치물을 경매할 수 있다고(민법 제322조 제1항) 보았다. 그리하여 유치권 성립 이전에 설정된 근저당권에 기하여 경매절차가 이루어진 경우에도 유치권자는 그 절차에서 부동산을 매수한 매수인에게 유치권을 가지고 대항할 수 있다.[41]

그런데 상사유치권의 경우 피담보채권과 유치목적물 사이에 개별적 견련성을 요구하지 않으며 부동산도 그 유치목적물에 포함시키고 있어 모든 상사채권으로 무한정 확장될 수 있고, 그로 인하여 이미 제3자가 목적물에 관하여 등기 등을 통하여 확보한 권리를 침해할 우려가 있는 등 **상사유치권이 남용되는 경우**가 발생하여 이를 일정 부분 제한하여야 한다는 주장이 설득력있게 제기되고 있었다.

(2) 민사유치권과 구별되는 다른 효력

위와 같이 상사유치권은 민법과는 달리 견련성이 인정되지 않아 쉽게 성립이 될 수 있음에도 불구하고 민사유치권과 대등한 강력한 효력을 인정하는 것은 의문이라는 비판이 있어 왔다. 따라서 판례는 민법에서의 민사유치권은 선행저당권에도 대항할 수 있는 강력한 효력이 부여되나 상사유치권에 대하여는 그 효과를 달리하기에 이르렀다. ① 이런 취지의 첫 번째 판결로서 이미 저당권이 **설정되어 있음을 알면서 자기채권의 우선적 만족을 얻기 위하여 의도적으로 유치권을 성립시킨 경우 그 유치권 행사를 권리남용**이라고 한 것이다.[42] (i) 부동산유치권은 사실상 최우선순위의 담보권으로서 작용하여, 유치권자는 일반채권자는 물론 저당권자 등에 대하여도 그 성립의 선후를 불문하여 우선적으로 자기 채권의 만족을 얻을 수 있게 되는 점, (ii) 상사유치권은 단지 상인 간의 상행위에 기하여 채권을 가지는 자가 채무자와의 상행위에 기하여 채무자 소유의 물건을 점유하는 것만으로

---

41) 대법원 2009.1.15. 선고 2008다70763 판결.

42) 대법원 2011.12.22. 선고 2011다84298 판결(채무자가 채무초과의 상태에 이미 빠졌거나 그러한 상태가 임박함으로써 채권자가 원래라면 자기 채권의 충분한 만족을 얻을 가능성이 현저히 낮아진 상태에서 **이미 채무자 소유의 목적물에 저당권 기타 담보물권이 설정되어 있어서 유치권의 성립에 의하여 저당권자 등이 그 채권 만족상의 불이익을 입을 것을 잘 알면서 자기 채권의 우선적 만족을 위하여 위와 같이 취약한 재정적 지위에 있는 채무자와의 사이에 의도적으로 유치권의 성립요건을 충족하는 내용의 거래를 일으키고 그에 기하여 목적물을 점유하게 됨으로써** 유치권이 성립하였다면, 유치권자가 그 유치권을 저당권자 등에 대하여 주장하는 것은 다른 특별한 사정이 없는 한 **신의칙에 반하는 권리행사 또는 권리남용으로서 허용되지 아니한다**).

바로 성립하는 것으로서, 목적물과 피담보채권 사이의 견련관계를 요구하는 민사유치권보다 그 인정범위가 현저하게 광범위한 점 등에서 볼 때 거래당사자가 유치권을 자신의 이익을 위하여 고의적으로 작출함으로써 전체 담보권질서에 관한 법의 구상을 왜곡할 위험이 내재하므로, 구체적 사정을 종합적으로 고려할 때 신의성실의 원칙에 반한다고 평가되는 유치권제도 남용의 유치권 행사는 허용하여서는 안 된다는 취지이었다. 이 판결은 상사유치권의 효력을 제한한 첫 번째의 판결이다.

② 그런데 이후 판례는 한걸음 더 나아가 **상사유치권의 효력을 민사유치권의 효력과 구별한다.** 판례는 채권자가 저당권이 있다는 사실을 **안 경우로 한정하지 않고 그 상사유치권 성립 당시 존재하고 있는 제한물권에는 대항하지 못한다고 본다.** 판례는 "상사유치권이 **채무자 소유의 물건에 대해서만 성립한다는 것은, 상사유치권은 성립 당시 채무자가 목적물에 대하여 보유하고 있는 담보가치만을 대상으로 하는 제한물권이라는 의미를 담고 있고,** 따라서 유치권 성립 당시에 이미 목적물에 대하여 제3자가 권리자인 제한물권이 설정되어 있다면, 상사유치권은 그와 같이 제한된 채무자의 소유권에 기초하여 성립할 뿐이고, 기존의 제한물권이 확보하고 있는 담보가치를 사후적으로 침탈하지는 못한다고 보아야 한다"고 설시한다.[43] 선례가 되는 중요한 뜻을 지니는 판결로서, 상사유치권의 대상을 부동산으로까지 확대하는 상황에서 상사유치권의 남용을 막기 위한 타당한 판결로 본다. 따라서 **더 이상 상사유치권에 대하여는 민사유치권과 같은 효력이 인정되지 않는다.** 이후 대법원 2013.3.28. 선고 2012다94285 판결도 같은 취지의 판결을 하여 이를 확인하였다.

5. 특별상사유치권

상법은 일반상사유치권 이외에도 대리상(제91조), 위탁매매인(제111조), 운송주선인(제120조), 운송인(제147조), 해상운송인(제800조 제2항) 등과 같이 타인의 물건을 가지고 상거래에 종사하는 자에 대하여 특별한 상사유치권을 인정하고 있다. 그 차이를 상법총칙과 상행위편에서의 특별상사유치권을 중심으로 보면 다음과 같다.

	민사유치권	상사유치권	특별상사유치권			
			대리상	위탁매매인	운송주선인	운송인
당사자	비상인간	상인간	상인간 또는 상인과 비상인 간			

---

43) 대법원 2013.2.28. 선고 2010다57350 판결(상사유치권은 그와 같이 제한된 채무자의 소유권에 기초하여 성립할 뿐이고, 기존의 제한물권이 확보하고 있는 담보가치를 사후적으로 침탈하지는 못한다고 보아야 한다. 그러므로 채무자 소유의 부동산에 관하여 이미 선행저당권이 설정되어 있는 상태에서 채권자의 상사유치권이 성립한 경우, 상사유치권자는 채무자 및 그 이후 채무자로부터 부동산을 양수하거나 제한물권을 설정받는 자에 대해서는 대항할 수 있지만, **선행저당권자 또는 선행저당권에 기한 임의경매절차에서 부동산을 취득한 매수인에 대한 관계에서는 상사유치권으로 대항할 수 없다**).

견련성	개별적 견련성	불필요(일반적 견련성)		개별적 견련성
소유권	제한 없음	채무자 소유	제한 없음	
피담보 채권	목적물에 관하여 생긴 채권(민법 제320조)	상인간의 상행 위로 인한 채 권(제58조)	해당거래로 인한 채권 (제91조)	물건의 판매 또는 매수의 주선채권(제111조)	운송물에 관하여 받을 보수, 운임, 기타 위탁자를 위한 체당금이나 선대금(제120조, 제147조)

Ⅱ. 상사질권

1. 민법상 유질계약의 금지

상법 제59조에서는 민법과는 달리 **유질계약을 허용**하고 있다. 민법 제339조에서는 질권설정자는 채무자의 궁박상태를 이용하여 채권자가 폭리를 취하는 것을 방지하기 위하여 "채무변제기 전의 계약으로 질권자에게 변제에 갈음하여 질물의 소유권을 취득하게 하거나 법률에 정한 방법에 의하지 아니하고 질물을 처분할 것을 약정하지 못한다"고 규정하여 유질계약을 금지하고, 이는 강행규정으로 보는 것이 민법학계의 통설이다. 그런데, 상법은 상거래의 당사자가 대등한 관계에 있어 민법에서와 같은 법의 후견적 기능이 필요하지 않다고 보아서 유질계약을 허용한다.

2. 상법 제59조에 의한 유질계약

첫째, 유질계약의 약정이 명시적이건 묵시적이건 있어야 한다. 상행위로 인하여 생긴 채권을 담보하기 위하여 설정한 질권의 경우에는 이른바 유질계약이 허용된다고 할 것이나, 상사질권설정계약에 있어서 유질계약의 성립을 인정하기 위하여서는 그에 관하여 별도의 명시적 또는 묵시적인 약정이 성립되어야 한다.[44]

둘째, 피담보채권이 상행위로 인한 것이어야 한다. 상법 제59조는 "상행위로 인하여 생긴 채권"이라고 규정하고 있어, 피담보채권이 쌍방적 상행위로 인하여 생긴 경우 이외에 일방적 상행위로 인한 경우에도 적용대상이 된다고 보는 것이 통설과 판례이다.[45]

셋째, **질권설정자가 비상인인 경우에도 적용**되는가? 이에 대하여는 견해가 나뉜다. (i) 긍정설로서 상법 제59조의 문언해석을 중시하는 입장이다. **판례[46]는 긍정설**이다. 판례는 질권설정계약에 포함된 유질약정이 상법 제59조에 따라 유효하기 위해서는 질권설정계약

---

44) 대법원 2008.3.14. 선고 2007다11996 판결.

45) 대법원 2017.7.18. 선고 2017다207499 판결(상법 제3조는 "당사자 중 그 1인의 행위가 상행위인 때에는 전원에 대하여 본법을 적용한다."라고 정하고 있으므로, 일방적 상행위로 생긴 채권을 담보하기 위한 질권에 대해서도 유질약정을 허용한 상법 제59조가 적용된다).

46) 대법원 2017.7.18. 선고 2017다207499 판결.

의 피담보채권이 상행위로 인하여 생긴 채권이면 충분하고, 질권설정자가 상인이어야 하는 것은 아니라고 한다. (ii) **부정설**로서 상거래에서 유질계약의 허용은 상거래의 당사자가 대등한 관계에 있음을 전제하는 것이므로, 최소한 채무자의 입장에서 상행위가 되어야 제59조가 적용된다고 보아야 한다면서, 채무자는 일반인이고 채권자만 상인인 경우 이 규정이 적용된다고 볼 수 없다고 한다. 부정설이 타당하다고 본다.

제 4 절   채권편에 대한 특칙

I. 상행위의 유상성

1. 보수청구권(제61조)

(1) 의   의

민법상 위임계약에서 수임인은 특별한 약정이 없으면 위임인에 대하여 보수를 청구하지 못하는 데 반하여(민법 제686조 제1항), 상법은 상인이 그 영업범위 내에서 타인을 위하여 행위를 한 때에는 이에 대하여 상당한 보수를 청구할 수 있다고 규정하여(제61조), 특약이 없는 경우에도 상인의 보수청구권을 인정하고 있다. 상인의 영리성을 보장하고 이에 관한 분쟁을 미연에 방지하기 위한 규정이다.

(2) 요   건

① 상인이 그 **영업범위 내**에서 행위하여야 한다. 행위를 하는 자가 상인이어야 하며 그 상대방은 상인임을 요하지 않는다. 영업범위 내의 행위란 영업부류에 속한 상행위뿐 아니라 영업을 유익 또는 편리하게 하는 모든 **보조적 상행위도 포함**한다. 그 행위는 법률행위이든 사실행위이든 불문하고 그 행위를 하게 된 원인이 위임, 임치 등과 같이 계약상의 의무에 기한 것이든 또는 의무 없이 하든 불문한다. 그러나 상인이 타인을 위하여 불법행위를 하는 경우에는 보수청구권이 발생하지 아니한다.

② 위임계약 등이 있을 필요는 없으나, "**타인을 위하여 행위**"할 것을 요구한다. 그런데 그 의미에 대하여 견해가 대립된다. (i) 그 행위가 **법률상 또는 사실상의 효과가 타인에게 귀속**됨을 뜻한다는 견해[47]이다. 특약이 없는 한 타인을 위하여 행위를 한 이상 그에 대한 보수청구권이 타인의 이익의 유무에 의하여 좌우되는 것은 부당하다고 본다. (ii) **타인의 이익을 위하여** 행위한다는 의미로 해석하는 견해이다.[48] 반드시 그 행위의 결과가 현실적

---

47) 최기원, 238면.
48) 정찬형, 236면.

으로 타인의 이익이 될 것까지는 요구하지 않는다 하더라도 최소한 타인의 이익을 위한다는 의사에 기하여 행위를 한 경우 보수청구권을 인정하여야 한다는 것이다. 판례는 타인을 위하여 행위를 한다 함은 **타인의 이익을 위하여 행위한다는 뜻**이라고 판시한다.[49]

③ **당사자간에 보수를 지급하지 않는다는 특약 또는 그러한 내용의 거래관행이 없어야 한다.** 예컨대 중개인은 결약서를 작성하여 교부하기 이전에는 보수를 청구할 수 없도록 하여(제100조 제1항), 특정한 경우 법률은 보수청구권을 명문으로 배제하고 있다. 또한 거래의 관행상 당연히 수반되는 서비스제공행위나 기타 무상으로 인식되는 행위에 대하여는 특약이 없는 한 보수를 청구하지 못한다.

(3) 효   과

위 요건이 성립하면 상인은 상대방에 대하여 상당한 보수를 청구할 수 있다. ① 상인의 이러한 보수청구권은 **상대방의 승낙을 요하지 않고 당연히 발생**하는데 상당한 보수인지의 여부는 거래의 관행, 사회의 통념, 상인의 노력정도, 타인의 이익정도 등에 의하여 구체적인 사정하에서 개별적으로 결정된다.[50] ② 행위의 대가가 이미 매매대금, 운임, 수수료 등에 포함된 경우나 상품의 포장 등과 같이 관습상 무상으로 하는 행위에 대하여는 별도로 보수를 청구하지 못한다. 또한 중개인은 중개를 위하여 노력하였으나 고객간에 계약이 성립하지 않은 경우 보수를 청구하지 못한다.[51]

2. 법정이자청구권

민법에서는 소비대차시 무이자가 원칙이나 상법에서는 법정이자를 지급하는 것이 원칙이다. 2010년 상법 개정으로 소비대차뿐 아니라 체당금의 경우에도 **상인이 비상인에게 금전을 대여하면** 법정이자를 청구할 수 있다. 그리고 반드시 상인간의 거래에 국한되지 않는다.

(1) 소비대차

민법상 소비대차는 당사자간에 특약이 없는 이상 무이자가 원칙이지만(민법 제598조, 제600조, 제601조), 상법은 금전의 소비대차에서 이자의 약정이 없더라도 대주(貸主)가 상인인

---

49) 대법원 1977.11.22. 선고 77다1889 판결(상법 61조에 의하면 상인이 그 영업범위내에서 타인을 위하여 행위를 한 때에는 이에 대하여 상당한 보수를 청구할 수 있다고 규정되어 있고, 여기에 타인을 위하여 행위한다 함은 타인의 이익을 위하여 행위한다는 뜻이라 할 것인바).

50) 대법원 1976.6.8. 선고 76다766 판결(부동산매매에 있어서 매수인측 소개인이 소개료는 매수인으로부터 받기로 하여 그 액을 약정하지 아니한 경우에는 법원은 제반사정을 참작하여 그 소개료액을 정할 수 있고 그 액수를 정함에 있어서는 반드시 감정에 의하여서만 정할 수 있는 것은 아니다).

51) 대법원 1956.4.12. 선고 4289민상81 판결(중개인이 노력을 하였어도 계약이 성립되지 않은 이상 보수를 청구할 수 없다고 한 경우).

경우 그에게 법정이자청구권을 인정하고 있다(제55조 제1항). 금전의 소비대차에 관한 법정이자청구권의 적용요건을 보면 아래와 같다.

① **대주가 상인**이어야 한다. 쌍방 당사자 모두 상인일 필요는 없다. 2010년 개정 이전에는 대주와 차주 쌍방이 상인임을 요구하였으나, 상법 제55조 제2항 및 제61조가 상인과 비상인간의 행위에도 적용되는 점과의 균형상 비판론이 있어 개정되었다. ② **이자약정의 유무를 묻지 않는다.** ③ **'그 영업에 관하여'**라고 제한을 두게 되었다. 2010년 상법 개정으로 상인간의 거래라는 제한을 폐지하였으나 상사관계와 아무 관련이 없는 거래까지 확대될 우려가 있어 명문으로 **영업관련성을 요구**하게 되었다(제55조 제1항). 하지만 영업관련이 있으면 족하고 상인이 소비대차를 영업적 상행위로 할 필요까지는 없다.

(2) 체당금

체당금의 법정이자청구권에 관하여도 상법은 특칙을 둔다(제55조 제2항). 체당금(替當金)은 **소비대차에 의하지 아니하고 타인을 위하여 널리 그 금전을 출연하는 경우**를 말한다. 체당을 하게 되는 원인으로는 위임, 임치, 사무관리 등이 있다. 상법은 상인이 그 **영업범위 내**에서 타인을 위하여 금전을 체당한 때에는 체당한 날 이후의 법정이자를 청구할 수 있다고 규정한다(제55조 제2항). 영업범위는 영업부류에 속한 행위뿐만 아니라 영업을 유익 또는 편리하게 하는 모든 **보조적 상행위를 포함**한다.

민법에서는 위임과 임치의 경우는 필요비에 대한 법정이자청구권을 인정하고 있으나(민법 제688조, 제701조), 사무관리의 경우에는 관리자가 본인을 위하여 필요비 또는 유익비를 지출한 때에는 본인에 대하여 그 상환을 청구할 수 있다고만 규정하여(민법 제739조 제1항) 관리자에게 체당금에 대한 법정이자청구권을 인정하지 않는다. 상법은 민법과는 달리 모든 경우에 체당금에 대한 법정이자청구권을 인정하고 있는 것이다. 따라서 **사무관리의 경우에는 체당금에 대한 법정이자청구권이 민법의 특칙이 된다.** 이러한 규정을 두고 있는 취지는 상인간의 금전소비대차에서 대주에게 법정이자청구권을 인정하는 바와 같이 상인의 영리성을 보장하기 위한 것이다.

3. 상사법정이율(제54조)

(1) 의 의

상행위로 인한 채무의 법정이율은 연 6分이다(제54조). 민사채권의 이율이 연 5分으로 되어 있음에 비하여 보다 높은 이유는 기업거래에서는 보통 자금의 수요가 크다고 보고, 이러한 자금의 이용에 의하여 발생하는 이익이 크기 때문이다. 상사법정이율은 당사자간에 약정이율이 없는 경우에 적용되며, 상행위에 의하여 발생된 채무라도 다른 특별법에 의하여 법정이율이 정하여진 경우에는 그 규정을 따른다.

(2) 적용범위

① **일방적 상행위**도 포함한다. 상행위로 인한 채무란 쌍방적 상행위뿐만 아니라 일방적 상행위로 인한 채무를 포함한다.[52] 문제는 채무자만이 비상인인 경우이다. **비상인인 채무자**에 대하여도 적용하는가 하는 점이다. 판례는 없다. 상인과 비상인간의 거래에서 채무자가 비상인이라도 상사법정이율이 적용된다는 견해도 있으나,[53] 제57조 규정의 취지상 비상인이 채무자인 경우에도 이를 적용하는 것은 가혹할 수 있다는 점에서 적용하지 않는 것이 옳다고 본다. ② 다만 이러한 채무는 상행위로 인한 채무와 **실질적으로 동일한 채무**, 즉 채무불이행으로 인한 손해배상채무,[54] 계약해제로 인한 원상회복채무 등을 포함한다. ③ 상행위로 인하여 생긴 채무에는 **보조적 상행위**를 포함한다.[55] ④ 상사법정이율은 상행위가 아닌 **불법행위로 인한 손해배상채무에는 적용되지 않는다**(통설, 판례).[56] 이는 상사시효가 불법행위로 인하여 발생한 손해배상채권에 대하여는 적용되지 않는다는 판례의 입장과 그 맥락을 같이하는 것이다.

Ⅱ. 계약의 성립과 관련한 특칙

계약의 성립시기에 관한 특칙이 있고(제51조), 청약을 받은 상인의 의무로서 낙부통지의무(제53조), 물건보관의무(제60조)가 있다.

---

52) 대법원 2000.10.27. 선고 99다10189 판결.
53) 송옥렬, 108면.
54) 대법원 2016.6.10. 선고 2014다200763,200770 판결(상법 제54조의 상사법정이율이 적용되는 '상행위로 인한 채무'에는 상행위로 인하여 직접 생긴 채무뿐만 아니라 그와 동일성이 있는 채무 또는 그 변형으로 인정되는 채무도 포함되고, 당사자 쌍방에 대하여 모두 상행위가 되는 행위로 인한 채무뿐만 아니라 당사자 일방에 대하여만 상행위에 해당하는 행위로 인한 채무도 포함된다. 위와 같은 법리와 기록에 비추어 살펴보면, 이 사건 계약은 상인인 원고가 영업으로 하는 상행위에 해당하고, 피고는 이 사건 계약상 원고의 채무불이행을 원인으로 한 손해배상청구권을 행사하고 있으므로, 그 지연손해금에 관해서는 상사법정이율인 연 6%를 적용하여야 한다); 대법원 2000.10.27. 선고 99다10189 판결(주택건설사업 등을 목적으로 하는 영리법인인 주택건설업자의 아파트분양계약은 그의 영업을 위하여 하는 상행위라 할 것이고, 당사자 쌍방에 대하여 모두 상행위가 되는 행위로 인한 채권뿐만 아니라 당사자 일방에 대하여만 상행위가 되는 행위로 인한 채권도 상사법정이율이 적용되는 상사채권에 해당한다고 할 것인바, 그 주택건설업자의 **아파트 입주 지연에 따른 지체상금은 상행위인 분양계약의 불이행으로 인한 손해배상채권으로서** 그 지연손해금에 대하여도 상법 제54조 소정의 연 6푼의 상사법정이율을 적용하여야 한다).
55) 대법원 1992.7.28. 선고 92다10173, 92다10180(병합) 판결(위 정산약정은 상인인 피고 반도건설이 그 **영업을 위하여 한 상행위로 추정된**다고 할 것이어서 연 6푼의 상사법정이율에 의하여야 할 것으로 보이는바 이에 이르지 아니한 원심판결에는 법정이율에 대한 법리오해의 위법이 있다고 할 것).
56) 대법원 2004.3.26. 선고 2003다34045 판결(상법 제54조의 상사법정이율은 상행위로 인한 채무나 이와 동일성을 가진 채무에 관하여 적용되는 것이고, 상행위가 아닌 불법행위로 인한 손해배상채무에는 적용되지 아니한다); 대법원 1985.5.28. 선고 84다카966 판결(불법행위로 인한 손해배상채무에 대하여 상사법정이율의 적용을 배제한 경우).

1. 계약의 성립시기

(1) 대화자

상법은 대화자간의 계약의 청약은 상대방이 즉시 승낙하지 아니한 때에는 그 효력을 잃는다고 규정한다(제51조). 민법은 대화자간에 대한 특별한 규정이 없으므로 승낙기간을 정한 경우에는 그 승낙기간 내에, 승낙기간을 정하지 않은 경우에는 상당기간 내에 승낙의 의사표시가 도달하여야 한다(민법 제528조 제1항, 제529조). 그런데 상법에서의 **즉시 승낙하여야** 한다는 의미를 민법과 다른 것으로 해석하지 않는다(통설). ① **승낙기간을 정한 경우**, 상법 제51조는 임의규정이므로 이 규정이 적용되지 않아 민법에 의하여 승낙기간 내에 의사표시가 도달해야 한다. ② **승낙기간을 정하지 않은 경우**라면 「상당기간」과 「즉시」가 표현상 차이가 있는 것처럼 보이나 대화자간에는 발송과 도달이 동시에 이루어지므로 결국 같은 것이라 하겠다.

(2) 격지자

격지자 사이에 관한 규정으로서 구상법 제52조가 발신주의를 택하고 있었으나 국제적 추세와 민법의 개정 동향과도 맞지 않는다는 비판하에 삭제하였다. 따라서 **격지자이든 대화자이든 계약의 성립시기는 모두 민법의 원칙에 따르게 되었다.**

2. 낙부통지의무

(1) 의   의

상인이 상시거래관계에 있는 자로부터 그 영업부류에 속한 계약의 청약을 받으면 지체없이 낙부의 통지를 발송하여야 하고, 이를 해태한 때에는 승낙한 것으로 본다(제53조). 이는 상거래의 신속을 도모하고 매매계약의 때마다 청약자가 일일이 승낙의사를 통지할 필요 없이 계약을 체결하도록 하기 위한 것이다.

(2) 요   건

① **청약을 받은 사람은 상인**이어야 한다. 청약자는 비상인이어도 무방하다. ② **상시거래관계**에 있는 자로부터 청약을 받아야 한다. ③ 영업부류는 영업적 상행위인 기본적 상행위와 준상행위만 포함하고 **보조적 상행위는 제외한다는 것이 통설**이다. 상인에게 지나친 부담을 지우는 것은 타당하지 않다고 보기 때문이다. ④ 승낙기간을 정한 격지자간의 청약에는 적용되지 않는다. 또한 대화자간의 경우 제51조에 의하여 상대방이 즉시 승낙하지 않으면 청약이 효력을 잃기 때문에 제53조가 적용되지 않는다. 요컨대 제53조는 **승낙기간을 정하지 않은 격지자간의 계약에만 적용**된다.

(3) 효   과

청약을 받은 상인이 지체 없이 낙부의 통지를 발송하지 아니한 때에는 승낙한 것으로 간주된다(제53조).

3. 물건보관의무

(1) 물건보관의무의 의의

민법상으로는 청약을 하는 자가 청약과 동시에 물건을 송부하더라도 청약을 거절하는 상대방이 이를 보관할 의무는 없다. 그러나 상법상으로는 상인은 그 영업부류에 속한 계약의 청약을 받은 경우에 견품 기타의 물건을 받은 때에는 그 청약을 거절한 때에도 청약자의 비용으로 그 물건을 보관할 의무가 있다(제60조). 이는 상거래의 안전과 신용유지를 위하여 기업의 책임을 강화한 것이다.

(2) 상법 제60조가 적용되기 위한 요건

요건은 낙부통지의무와 유사하다. ① 청약을 받은 자는 반드시 상인이어야 하나, 청약자는 상인임을 요하지 않는다. ② 청약을 받은 자는 그 **영업부류에 속한** 계약의 청약을 받아야 한다. 따라서 보조적 상행위는 포함되지 않는다. 그러나 상법 제53조에 규정된 낙부통지의무와는 달리 상시 거래관계가 없는 경우라 하더라도, 상법 제60조의 물건보관의무는 인정된다. ③ 물건보관의무는 **격지**(隔地)**거래**의 경우에만 적용되는 것인지에 대하여는 견해의 대립이 있다. 동지거래에서도 물건이 청약자를 떠나 상대방의 점유하에 놓일 수 있고 이 경우에도 보관의무가 발생한다는 견해도 있으나, 이 의무는 격지거래에서만 생기며 동지(同地)거래의 경우는 적용되지 않는다고 보는 견해가 다수설이다. ④ 청약을 받은 자는 청약과 관련하여 견품 기타의 물건을 받아야 한다. 이 경우의 물건은 보관이 가능한 동산 및 유가증권을 말한다. 상법 제60조는 매매의 청약뿐 아니라 위탁매매인에 대한 매도위탁이나 운송인에 대한 운송의 청약에도 적용되므로 유가증권도 포함된다고 본다. ⑤ 그 물건의 가격이 보관비용을 상환하기에 부족하거나 보관으로 인하여 손해를 받을 염려가 있을 경우가 아니어야 한다(제60조 단서).

(3) 효   과

청약을 받은 상인은 청약을 거절한 경우라 하더라도 그가 받은 물건을 선량한 관리자의 주의로써 보관할 의무를 부담한다. ① 보관비용은 **청약자의 부담**으로 한다. ② 청약자에게 청구할 수 있는 비용은 보관비용이다. 여기서 상법 제60조의 보관비용의 의미는 **물건의 현상이나 가치를 반송할 때까지 계속 유지하고 보존하는 데 드는 비용**을 말한다. 판레는 청약을 거절한 상인이 그 물건이 보관된 장소의 사용이익 상당의 손해배상을 구한 사건에서, 상법 제60조는 청약을 받은 상인이 그 청약을 거절하는 경우라도 이를 반송할 때까지 보관의무를 지움과 아울러 그 보관에 따르는 비용의 상환을 구할 수 있음을 정한 규정으로서 그 송부받은 물건의 현상이나 가치를 반송할 때까지 계속 유지, 보존하는 데 드는 보관비용의 상환에 관한 규정일 뿐 **그 물건이 보관된 장소의 사용이익 상당의 손해의 배상에 관한 규정은 아니**라고 하였다.[57] 그런데 물건의 유지나 보존에 드는 비용과 장소의 사용이익을 명확히 구별할 수 있을지는 의문이고, 이러한 경우에도 제60조의 보관비용에 포함되는 것이 타당하다고 본다.

③ 물건보관의무는 청약을 받은 상인에게 특별히 과해지는 법정의무이므로, 상인은 보관과 관련하여 별도의 보수는 청구하지 못한다고 하는 견해가 있으나, 법정의무라 하더라도 상행위의 유상성이라는 기본 성질상 보수청구권을 취득한다고 보아야 한다(제61조 참조). ④ 청약을 받은 상인이 이러한 의무를 이행하지 않아 청약자에게 손해가 발생한 경우 청약자에게 손해배상책임을 부담한다.

Ⅲ. 채무의 이행

1. 이행의 장소

민법에 의하면 민법 제467조에서 특정물의 인도채무는 채권성립당시에 그 물건이 있던 장소, 그 이외 지참채무는 채권자의 현주소 또는 채무가 영업에 관한 것이면 채권자의 영업소에서 한다. 상법 제56조는 **특정물인도 이외의 채무이행만을 규정**하면서 **채권자의 지점**을 이행장소로 한다. 따라서 **특정물인도의 경우에는 민법의 원칙에 따른다.** 특정물인도 이외의 경우에도 제56조는 **채권자의 지점에서 이루어진 거래**에 대하여만 규정한다. 따라서 상사거래에서의 이행의 장소를 살펴보면 아래와 같다.

① **특정물인도**의 경우 민법과 같이 채권성립 당시 그 물건이 있던 장소이다.

② **특정물인도 이외**의 경우 (i) 거래의 장소가 채무자의 영업소라면 민법에 의하여 지참채무가 되므로 채권자의 영업소가 된다(민법 제467조 제2항). (ii) 거래의 장소가 채권자의 본점이라면 민법에 의하여 지참채무가 되므로 채권자의 영업소(여기서는 본점)가 된다(민법 제467조 제2항). (iii) 거래의 장소가 채권자의 지점이라면 상법 특칙에 의하여 채권자의 지점이 된다(제56조). 그런데 지점도 영업소이고 보면 채권자의 영업소가 되고 이도 민법의 일반원칙과 동일한 것이 된다. 결국 **특정물인도 이외의 경우에는 언제든지 지참채무가 되**어 민법과 별반 다를 것이 없음을 알 수 있다. 채권자의 지점도 영업소가 된다는 주의적

---

57) 대법원 1996.7.12. 선고 95다41161,41178 판결.

의미 정도만 있는 것이다.

2. 채무이행의 시기

민법에서는 이행에 관한 시간이 정하여져 있지 않으나 상법 제63조는 법령 또는 관습에 의하여 영업시간이 정하여져 있는 때에는 채무의 이행 또는 이행의 청구는 그 시간 내에 하여야 한다. 그런데 제63조는 당연한 것을 규정한 것으로 볼 수 있다.

Ⅳ. 상사채권의 인적담보강화

1. 연대채무

(1) 의 의

민법에서는 공동채무가 원칙인데 상법에서는 연대채무가 원칙이다. 그 취지는 상거래의 채무이행을 확실하게 하여 거래의 안전을 기하기 위한 것으로 본다. 민법에서는 채무자가 수인인 경우에 특별한 의사표시가 없으면 각 채무자는 분할채무관계에 서게 되는 데 반하여(민법 제408조), 상법에서는 수인이 그 1인 또는 전원에게 상행위가 되는 행위로 인하여 채무를 부담한 때에는 연대하여 변제할 책임이 있는 것이다(제57조 제1항).

(2) 요 건

연대채무가 성립하기 위한 요건은 다음과 같다. ① 채무자 1인 또는 전원에 대하여 상행위가 되어야 한다. 또한 채권자가 상인일 필요는 없으나 **채권자만 상인일 경우 적용되지 않는다.** 연대채무가 발생하기 위하여는 채무발생원인이 되는 행위가 채무자의 1인 또는 전원에게 상행위가 되어야 한다. 따라서 채권자는 상인일 필요가 없고, 채권자에게만 상행위가 되는 경우에도 이 규정이 적용되지 않는다.[58] ② 최소한 채무자 1인 이상에게는 상행위로 인한 것이어야 한다.

③ 수인의 채무자가 **하나의 행위**에 의하여 채무를 공동으로 부담하여야 한다. 관련된 판례를 보면, (ⅰ) 조합재산은·조합원의 합유에 속하므로 **동업자들이 공동으로 또는 대표자를 통하여 거래하면, 그로 발생한 채무에 대하여 전조합원은 연대하여 책임을 지게 된다.**[59] (ⅱ) 동업자들이 업무를 분담하는 경우라 하더라도 그들은 동업자로서 연대책임을

---

58) 대법원 1966.11.29. 선고 66다1741 판결(피고들이 양말제조업을 공동으로 경영하며 원고로부터 계속적으로 원사구입을 하여 왔을 경우에 현재까지 지급하지 못한 외상대금이 남아 있다면 이는 피고들의 기본적 상행위로 인하여 부담하게 된 것이므로 피고들은 연대하여 원고에 대하여 이 채무를 변제할 책임이 있는 것이다).

59) 대법원 1991.11.22. 선고 91다30705 판결(조합의 채무는 조합원의 채무로서 특별한 사정이 없는 한 조합채권자는 각 조합원에 대하여 지분의 비율에 따라 또는 균일적으로 변제의 청구를 할 수 있을 뿐임은 소론과 같으나, 조합채무가 특히 조합원 전원을 위하여 상행위가 되는 행위로 인하여 부담하게 된 것이라면 그 채무에 관하여 조합원

부담하며,[60] (iii) **공동경영자로서 상법 제57조에 따른 상행위가 되는 행위**로 인하여 물품대금채무를 부담한 경우에는 이를 연대하여 부담할 책임이 있다.[61] (iv) 공동수급체의 구성원들이 상인인 경우 도급인에게 하자보수를 이행할 의무는 구성원 전원의 상행위에 의하여 부담한 채무로서 공동수급체 구성원들은 연대하여 도급인에게 하자보수를 이행할 의무가 있다.[62] (v) **동일인의 지배를 받는 수개의 기업의 다수 계열회사가 중간조정기구를 통하여 집단적으로 구매거래를 하는 경우 그 공동성을 인정할 수 있을 것인가?** 판례는 동 거래는 계열회사들이 조달본부에 위임하여 이루어지는 개별거래이므로 본조의 적용대상이 아니라고 하였다.[63] 하지만 이 판결에 대하여는 비판의 여지가 있다. 대외거래의 책임과 효과의 귀속은 다르다는 점, 각 계열회사가 통합관리기구를 창설하였다는 것은 대외거래를 공동으로 하겠다는 합의가 있어 조합으로 볼 수 있다는 점, 그리고 거래상대방도 그룹 전체의 신용을 토대로 거래한 것으로 그 신뢰를 보호할 필요가 있다는 점에서 **공동성을 인정**할 수 있기 때문이다.

(3) 적용범위

적용범위는 기본적 상행위나 준상행위뿐 아니라 보조적 상행위로 인하여 발생한 것도 본조의 적용대상이 된다. 또한 직접 상행위로 인하여 생긴 채무만이 아니라, 상행위의 계약해제로 인한 원상회복채무, 상사채무의 불이행을 원인으로 한 손해배상채무 등도 포함한다.

(4) 효 과

연대채무의 효력은 민법의 규정에 의하고(민법 제414조 내지 제427조), 이때 수인의 채무자 중 1인만이 상인인 경우에도 채무자 및 채권자 전원에 대하여 상법이 적용되어, 채무자 전원은 채권자에 대하여 연대채무를 부담한다. 다만, 상법 제57조 제1항의 규정은 임의규정이므로 당사자간에 이와 다른 약정을 할 수 있다.

들에 대하여 상법 제57조 제1항을 적용하여 연대책임을 인정함이 상당하다); 대법원 1998.3.13. 선고 97다6919 판결(조합의 채무는 조합원의 채무로서 특별한 사정이 없는 한 조합채권자는 각 조합원에 대하여 지분의 비율에 따라 또는 균일적으로 변제의 청구를 할 수 있을 뿐이나, 조합채무가 특히 조합원 전원을 위하여 상행위가 되는 행위로 인하여 부담하게 된 것이라면 상법 제57조 제1항을 적용하여 조합원들의 연대책임을 인정함이 상당하다); 대법원 1976.12.14. 선고 76다2212 판결도 같은 취지이다.

60) 대법원 1976.1.27. 선고 75다1606 판결("갑"과 "을"은 시멘트가공보도부록 등을 제조판매하는 "병" 회사로부터 물품을 구입하여 동업으로 "정"에 공사자재납품을 하는 사업 및 도로포장 공사를 하되 "갑"은 주로 "정"에 대한 교섭과 사업자금을 제공하고 "을"은 물품의 구입과 납품 및 금전출납 등 업무를 분담 종사한 경우에는 "갑"과 "을"은 동업자로서 "병"에 대하여 상법 57조에 따른 상행위로 인하여 위 물품대금채무를 부담한 것이므로 연대하여 이를 변제할 책임이 있다).

61) 대법원 1991.3.27. 선고 90다7173 판결.
62) 대법원 2015.3.26. 선고 2012다25432 판결; 대법원 2013.5.23. 선고 2012다57590 판결 등.
63) 대법원 1987.6.23. 선고 86다카633 판결.

2. 연대보증

(1) 의 의

민법상으로는 당사자간에 특약이 없는 한 보증채무는 주채무에 대하여 보충성을 가지고 그에 따라 최고와 검색의 항변을 할 수 있다(민법 제437조). 그런데 상법에서는 보증인이 있는 경우에 그 보증이 상행위이거나 주채무가 상행위로 인한 것인 때에는, 보증인이 연대보증을 한다는 의사표시를 하지 않은 경우에도 그 보증은 연대보증이 된다(제57조 제2항). 이는 연대채무에서와 같이 상거래상 발생한 채무에 대하여 그 이행을 확실하게 하여 거래의 안전을 기하기 위한 것이다. 상법의 규정에 의하면 보증이 상행위이거나 주채무가 상행위로 인하여 생긴 때에는 주채무자와 보증인은 연대하여 변제할 책임이 있다. 이때 상행위란 쌍방적 상행위뿐만 아니라 **일방적 상행위도 포함**한다.

(2) 보증이 상행위인 때

보증기관이 상인으로서 영업으로 보증을 하는 경우 등을 말한다.

(3) 주채무가 상행위로 인한 것인 때

주채무가 상행위로 인한 것인 때라 함은 주채무의 발생원인이 상행위라는 것을 말한다. 그런데 **채권자에게만 상행위가 되는 경우도 포함하는 것인가**에 대하여 견해의 대립이 있다. ① **포함설**로서 채권자에게만 상행위가 되는 일방적 상행위로 인한 채무도 포함한다고 보는 견해이다. 따라서 채권자만 상인이고 주채무자와 보증인이 비상인인 경우에도 연대책임을 진다는 것이다. 이 견해는 법문을 중심으로 판단하며, 상법 제57조 제2항에서 주채무가 상행위로 인한 때는 쌍방적 상행위나 채권자 또는 채무자의 상행위로 인하여 생긴 행위를 의미하는 것으로 보면서, 채권자에게만 상행위인 행위를 제외하는 것은 무리한 해석이라는 지적이다. 오래되었기는 하나 이 견해를 따른 **판례가 있다.**[64] ② **불포함설**로서 채권자에게만 상행위가 되는 경우는 연대보증이 되지 않는다는 견해이다. 즉 비상인의 채무를 보증한 비상인인 경우 보증인에게 연대채무를 부담시킬 수 없다는 것이다. 그 근거로는 제57조의 입법취지는 상인의 신용을 강화하여 거래의 안전을 기하고자 하는 것이라면 상법 제57조 제1항의 적용에서 채무자 측의 상행위성만을 문제삼는 것과 같이 연대보증에 관한 제57조 제2항에서도 보증인 또는 주채무자 측의 상행위성만을 문제삼아야 한다는 것이다. 불포함설이 옳다고 본다.

---

64) 대법원 1959.8.27. 선고 4291민상407 판결(구 상법 제511조 제2항에 보증이 상행위라 함은 보증이 보증인에 있어서 상행위인 경우뿐 아니라 채권자에 있어서 상행위성을 가진 경우를 포함한다).

(4) 수인의 보증인 사이에 **보증연대**의 성립 여부

보증인이 수인인 경우에 보증인 상호간에도 연대관계가 성립하는가의 쟁점도 있다. 상법은 그 **보증이 상행위**이거나 **주채무가 상행위**로 인한 것인 때로 규정한다(제57조 제2항). 다만 이 경우에도 보증인간에 연대관계가 성립하는지가 문제된다. 요컨대 **보증연대**의 문제이다. 판례는 없으나 보증연대가 성립한다고 함이 다수의 견해로 보인다. 하지만 법문의 해석상 다음과 같이 구분하여 보아야 한다. 다만 아래의 논리전개는 채권자만 상인인 경우는 제외된다는 뜻에서 **적어도 채무자가 상인**이어야 한다는 전제에 있다.

① 주채무가 상행위로 인한 것이라면, 제57조 제2항에 의하여 모든 보증인이 연대보증인으로 의제되므로 분별의 이익이 없다. 따라서 이 경우는 보증연대가 성립하는지 따질 필요가 없다.

② **문제는 주채무가 상행위로 인한 것이 아닌 경우이다.** (i) **주채무가 상행위로 인한 것이 아니고, 각 보증인의 일부가 상인**이라면(일부가 비상인인 경우에도), 하나의 행위에 의하여 보증을 한 경우 수인의 보증인간에는 보증연대관계가 성립한다(제57조 제1항). (ii) **주채무가 상행위로 인한 것이 아니고, 각 보증인의 일부가 상인**이라면 각 보증인이 동일한 행위가 아닌 **서로 시간을 달리하여 이시**(異時)**에 각 보증행위를 한 경우**에는 보증인간의 연대책임, 즉 보증연대를 부정함이 옳다. **판례**가 상행위에 관한 것은 아니나 이런 경우 분별의 이익을 인정하여 **연대책임을 부정한 것이 있다.**[65]

V. 무상수치인의 주의의무

1. 의   의

민법에 의하면 무상수치인은 임치물을 자기재산과 동일한 주의로 보관하면 되지만(민법 제695조), 상법은 상인이 그 영업범위 내에서 물건의 임치를 받은 경우에는 보수를 받지 아니한 때에도 선량한 관리자의 주의를 다하도록 하여 민법보다 그 주의의무를 가중하고 있다(제62조). 이는 상거래의 수요에 적용하고 상인의 신용을 유지하기 위한 규정이다.

2. 법 제62조가 적용되기 위한 요건

① **수치인은 상인**이어야 한다. 임치인은 상인이 아니어도 된다. 수치인이 특수업종인

---

65) 대법원 1988.10.25. 선고 86다카1729 판결(수인의 보증인이 각자 채무자와 연대하여 채무를 부담하는 경우에 있어서는 보증인 상호간에 연대의 특약이 없는 경우에도 채권자에 대하여는 분별의 이익이 없는 것이므로 각자 채무 전액 또는 각자가 약정한 보증한도액 전액을 변제할 책임이 있는 것이라 하겠으나 보증인 상호간의 내부관계에 있어서는 일정한 부담부분이 있는 것이고 일정한 분할액에 한정하여 보증인의 지위에 놓이게 되는 것이라 한 경우).

경우, 예를 들면 공중접객업자의 임치책임의 경우는 상법 제152조 제1항, 창고업자의 경우는 상법 제160조에서 규정하고 있으므로, 상법 제62조가 적용되지 않는다. ② 상인이 **그 영업범위 내**에서 물건의 임치를 받아야 한다. 이때 영업으로 임치하는 경우는 창고업자의 임치로서 상법 제160조에서 별도로 규정하고 있기 때문에, 영업범위 내의 의미는 영업을 위하여 임치하는 경우, 즉 보조적 상행위의 경우만 의미하는 것으로 본다는 견해가 있다.[66] 그러나 창고업자처럼 수치를 기본적 상행위로 하는 경우에도 상법 제62조가 적용된다는 견해가 있고 판례도 이를 적용하는 것으로 보인다.[67] ③ **임치계약이 유효하게 존속**하고 있어야 한다. 판례도 수치인이 적법하게 임치계약을 해지하고 임치인에게 임치물의 회수를 최고하였음에도 불구하고 임치인의 수령지체로 반환하지 못하고 있는 사이에 임치물이 멸실 또는 훼손된 경우 수치인에게 고의 또는 중대한 과실이 없는 한 채무불이행으로 인한 손해배상책임이 없다고 하였다.[68] ④ 상인은 그 물건의 보관에 관하여 보수를 받지 않아야 한다. 이때의 보수는 물건의 보관 그 자체와 관련하여 받는 경우뿐만 아니라 상법 제61조에 의하여 상인이 영업범위 내에서 타인을 위해 행위를 한 때에는 특약이 없더라도 보수를 청구할 수 있고 이러한 경우를 포함한다. 따라서 본조에서 규정하고 있는 무보수의 경우는 실제 발생하기 어렵다. ⑤ 상법 제62조는 **임의규정**이므로 당사자간에 이를 경감하거나 배제하는 특약이 없어야 한다.

3. 효 과

상인은 선량한 관리자의 주의로써 그 물건을 보관하여야 할 의무를 부담한다. 수치인이 이 의무에 위배하여 임치물이 멸실, 훼손된 때에는 손해배상책임을 진다.

제 5 절 매매에 관한 특칙(상사매매)

I. 상법상 특칙

상사매매는 상인간의 매매를 말한다. 상법의 특칙은 거래의 신속한 완결과 **매도인을**

---

66) 정찬형, 238면.
67) 대법원 1994.4.26. 선고 93다62539,62546 판결(이 을과의 임치계약에 의하여 건고추를 창고업자인 병 소유의 냉동창고중 을이 임차한 부분에 운반, 적치하고 그 입고시에 병이 갑이 제시한 서류만을 근거로 하여 그 서류에 기재된 입고량에 따른 인수증을 갑에게 발행하였다면 갑과 을 간의 위 임치계약은 위 창고부분의 소유자이자 임대인인 병이 가동하는 냉동시설의 가동에 의하여 그 계약목적을 달성하려는 것이 당연 전제되어 있다고 보이는데다 창고업자인 병이 그 영업범위 내에서 위 건고추의 입고와 보관에 관여한 점 등에 비추어, 병은 위 물품인수증을 갑에게 발행함으로써 갑에 대한 관계에서는 적어도 위 건고추에 대한 무상수치인의 지위에서 선량한 관리자로서의 주의의무를 진다).
68) 대법원 1983.11.8. 선고 83다카1476 판결에서는 임치계약이 해지되어 상인의 임치책임을 부정하였다.

보호하려는 것이 주된 취지이다. 그러나 상사매매에 관한 상법의 규정은 **임의규정**이므로 당사자간의 특약으로 배제할 수 있음은 물론이다. 상사매매에 관한 상법의 특칙은 상인간의 매매에만 적용되는데, 다음과 같은 요건이 필요하다. ① **쌍방 당사자는 모두 상인**이어야 한다. ② 매매는 **당사자 모두에게 상행위가 되는 매매**이어야 한다. 다만, 이때 상행위는 쌍방적 상행위이면 족하고 당사자 쌍방에게 기본적 상행위이어야 하는 것은 아니고, 보조적 상행위라도 무방하다. ③ 상사매매에 관한 상법의 특칙은 임의규정이므로 **당사자간에 다른 특약이 없어야 한다.**

Ⅱ. 매도인의 공탁 및 경매권

1. 민법의 규정

민법에 의하면 매수인이 수령을 지체하거나, 수령할 수 없는 경우 및 과실없이 매수인을 알 수 없는 경우에 매도인은 그 물건을 **공탁**하여 채무를 면할 수 있고(민법 제487조), 공탁자는 지체 없이 채권자에게 공탁의 통지를 하여야 한다.

민법상 경매권의 행사에 있어서도 목적물이 공탁에 부적합하거나, 멸실 또는 훼손의 염려가 있는 경우 및 공탁에 과도한 비용이 드는 경우에 **예외적으로 법원의 허가를 얻어 경매**할 수 있다. 이때 반드시 그 대금을 공탁하여야 한다(민법 제490조).

2. 상법의 특칙

(1) 특 칙

상법은 매수인의 수령지체가 있는 경우에 매도인에게 **공탁과 경매 중 선택할 수 있는 권리**를 부여하고 있다(제67조 제1항). 이는 민법상 채권자(매수인)가 수령지체에 빠져 있는 경우, 공탁이 원칙이고 경매가 예외인 점과 다르다. 또한 이 중 한 권리를 행사한 후에도 이를 변경하여 다른 권리를 행사할 수도 있다.

(2) 공탁권

공탁권의 경우, 상법상 '매수인이 목적물의 수령을 거부하거나 수령할 수 없는 때'라는 것은 민법 제487조가 규정하는 '채권자가 변제를 받지 아니하거나 받을 수 없는 때'와 같은 뜻이고, 민법 제487조의 '변제자가 과실 없이 채권자를 알 수 없는 경우'에 관하여 상법에 규정은 없으나 매도인이 과실 없이 매수인을 알지 못한 때에는 민법 제487조를 적용하여 당연히 공탁할 수 있는 것으로 해석할 수 있으므로 **공탁권과 관련하여서는 상법의 규정은 민법과 같고 특칙이라 볼 수 없다.**

(3) 경매권

경매권에서는 민법상 요건인 공탁부적합 등의 요건이 필요하지 않고, **법원의 허가도 필요 없다.** 다만, 경매를 하기 위하여 매수인에게 상당한 기간을 정하여 수령을 최고하여야 하지만(제67조 제1항 1문 후단), 수령을 최고할 수 없거나 목적물이 멸실·훼손될 염려가 있는 경우에는 최고도 필요 없다. 이때 '상당한 기간'은 매도인이 정하는 기간이 상당해야 함을 뜻하고 매도인은 매수인에게 상당한 기간 내에 수령하라는 뜻은 아니다. 매도인이 목적물을 경매한 경우에 매수인에 대하여 지체 없이 통지를 발송하여야 한다(제67조 제1항 제2문).

민법상 채무자(매도인)는 경매한 후, 그 대금을 공탁하여야 한다(민법 제490조 후단). 그러나 상사매매의 매도인은 그 대금에서 경매비용을 제외한 잔액을 공탁하여야 하나(제67조 제3항 본문) **그 대금의 전부나 일부를 매매대금에 충당할 수 있다.** 이도 경매와 관련하여 민법에 대한 중요한 특칙이다. 충당 후 잔액이 있으면 공탁하여야 하고, 부족하면 매수인에게 청구할 수 있음은 물론이다. 이러한 점에서 경매권을 자조매각권(自助賣却權)이라 한다.

Ⅲ. 확정기매매의 해제

1. 의 의

상법상 확정기매매란 민법상 정기행위의 일종으로서 매매의 성질 또는 당사자의 의사표시에 의하여 일정한 일시 또는 일정한 기간 내에 이행하지 아니하면 계약의 목적을 달성할 수 없는 매매를 말한다(민법 제545조, 상법 제68조).

① **매매의 성질**에 의하여 정해지는 경우로서 급부의 객관적 성질로 보아 목적물의 이용시기가 한정되거나 특히 이행의 시기가 중요한 의미를 가지는 매매를 말한다. 이행시기가 계약의 목적과 불가분의 관계를 가질 정도로 매매의 본질적 요소가 되는 경우로서,[69] 단순히 이행기간이 정해졌다고 하여 확정기매매가 아니다. ② **당사자의 의사표시**에 의한 경우는 계약시에 표시된 채권자의 주관적 동기에 비추어 이용시기 등이 한정되어 있는 매매이다. 예를 들면 전매가 예정되어 있거나, 선적기일이 정해져 있음을 알리고 수출상품을 주문하는 경우 등이 그러하다. 관련 판례로 (i) CIF 매매[70]에 있어 선적기간은 중요한 요

---

[69] 대법원 2009.7.9. 선고 2009다15565 판결(계약 당사자 사이에 종전에 계약이 체결되어 이행된 방식, 당해 매매계약에서의 구체적인 이행 상황 등에 비추어 볼 때, 가격변동이 심한 원자재를 계약 목적물로 한 국제 중개무역이라는 사유만으로는 상법 제68조에 정한 상인간의 확정기매매에 해당한다고 볼 수 없다).

[70] 무역상 거래조건의 하나로 매도자가 상품의 선적에서 목적지까지의 원가격, 운임료, 보험료 일체를 부담할 것을 조건으로 한 무역계약.

소로서 매매 당시 목적물의 가격변동이 심하고, 매수인이 **전매를 예정하고 있는 경우** 선적기일의 준수가 중요한 의미를 지니므로 이를 확정기매매로 보았다.[71] (ii) **선물환계약**은 그 약정 결제일에 즈음하여 생길 수 있는 환율변동의 위험(이른바, 환리스크)을 회피하기 위하여 체결되는 것으로서 그 성질상 그 약정 결제일에 이행되지 않으면 계약의 목적을 달성할 수 없는 상법 제68조 소정의 확정기매매라고 하였다.[72]

대금채권을 가지고도 확정기매매가 될 수 있다. 다만 대금채권을 기준으로 하는 경우에는, 성질에 의한 확정기매매는 될 수 없고 의사표시에 의한 확정기매매가 될 수 있을 뿐이다. 예컨대 매도인이 대금의 사용처와 사용시기 등을 한정하고 있음을 밝힌다면 대금지급에 관한 확정기매매로 볼 수 있다.

2. 특   칙

민법상 정기행위와 상법상 확정기매매 모두 일반의 채무불이행에 비하여 특칙의 규정을 가진다. **민법**상 정기행위의 이행지체가 있는 경우 보통의 이행지체와는 달리 이행의 최고를 요하지 않고 **이행기의 경과로 바로 해제권이 발생**한다(민법 제545조). 즉 이행지체가 있는 경우 이행기의 경과로 바로 해제권이 발생하게 된다.

상법상 확정기매매에 해당하는 경우에는 이행시기를 경과한 때에는 **상대방이 즉시 이행청구를 하지 않은 이상 해제된 것으로 의제된다**(제68조). 즉 민법상 정기행위는 해제권만이 발생하고 그 해제를 위하여는 해제의 의사표시가 있어야 하나, 상법상 확정기매매는 해제의 효력이 발생하는 것이다. 이는 매도인의 보호와는 무관하며 다만 상사매매를 신속히 종결시키기 위한 것이다. 그런데 확정기매매에 관한 상법 제68조는 당사자 쌍방이 모두 상인이고 쌍방 모두에게 상행위가 되는 경우에 한하여 적용되는 것이다. 따라서 확정기매매라 하더라도 당사자 중 일방에게만 상행위가 되는 때에는 민법의 규정이 적용된다.

3. 적용요건

상법 제68조에 규정된 구체적인 적용요건은 다음과 같다. ① **확정기매매**, 즉 상인간의

---

71) 대법원 1995.5.26. 선고 93다61543 판결(이러한 시아이에프 매매계약에 있어서 선적기간의 표기는 불가결하고 중요한 계약요건이 되며, 더욱이 매매의 목적물이 매매 당시 가격변동이 심한 원자재이고, 매수인은 수출입을 주된 업무로 하는 종합상사로서 **전매를 목적으로 하여 매매계약을 체결한 경우**에는 보통 수입상은 수입원자재의 재고량, 수요·공급상황, 국제 및 국내의 가격동향, 선적지로부터 양륙지까지의 물품의 항해일수 등을 감안하여 가장 유리한 시점에 물품이 수입항에 도착되도록 수출상과 교섭하여 선적기일을 정하는 것이므로 선적기일에 관한 약정은 계약상 특히 중요한 의미를 가지며, 선적이 늦어지는 경우에는 사정에 따라서는 매수인이 손해를 볼 우려가 있으며 … (중략)… 원자재매매계약이 그 성질 또는 당사자의 의사표시에 의하여 약정된 선적기간 내에 선적되지 아니하면 계약의 목적을 달성할 수 없는 상법 제68조 소정의 이른바 확정기매매에 해당한다).

72) 대법원 2003.4.8. 선고 2001다38593 판결.

매매에 있어서 매매의 성질 또는 당사자의 의사표시에 의하여 일정한 일시 또는 일정한 기간 내에 이행하지 아니하면 계약의 목적을 달성할 수 없는 매매이어야 한다. ② 채무자의 귀책사유에 의한 **채무불이행이 있어야 하는지** 여부에 대하여는 견해가 나뉜다. 민법상 계약해제의 일반법리에 비추어 채무자의 귀책사유에 의한 채무불이행이 있어야 한다는 견해가 있음에 반하여, 민법에서는 해제권만이 발생하나 상법은 민법에 대한 특칙으로 상거래의 신속을 도모하기 위한 것이라는 근거에서 채무불이행이 채무자의 귀책사유에 의한 것인지를 불문한다는 견해도 있다. 이에 관한 **판례는 아직 없으나 최소한 채무자의 채무불이행책임은 인정되어야 할 것**이다. ③ **채권자가 즉시 이행청구를 하지 않아야 한다.** 통지는 도달한 때에 효력이 생기므로 도달에 대한 위험은 채권자가 부담한다. 여기서 즉시라함은 이행기의 직후를 말한다. 채권자가 즉시 이행청구를 하였다면 계약을 해제할 의사가 없다고 볼 수 있기 때문이다. 또한 통지를 즉시 하였다는 입증책임도 채권자에게 있다고 해석한다.

4. 효   과

적용요건을 충족하는 경우 확정기매매계약은 해제된 것으로 의제된다(제68조). 그 효과는 민법상 계약해제에 관한 원칙이 적용되어 당사자는 상대방에 대하여 원상회복의무가 있고 손해배상청구권도 가진다.

Ⅳ. 매수인의 목적물의 검사·통지의무

1. 의   의

민법에 의하면 매수인은 매매목적물에 하자가 있음을 안 날로부터 6월 이내에 매도인에게 담보책임을 추궁할 수 있지만(민법 제580조, 제582조), 상사매매의 경우에는 특칙이 적용된다. 상법 제69조에 의하면 **매수인은 목적물을 수령하면 지체 없이 이를 검사하여야** 하고 만약 하자가 있으면 그 하자를 즉시 매도인에게 통지하여야 한다. 그리고 목적물에 즉시 발견할 수 없는 하자가 있더라도 최소한 6월 이내에는 이를 검사하여 통지하여야 한다. 상인간의 매매에 있어서 장기간이 경과한 후에 매도인에게 하자담보책임을 추궁하게되면 매도인이 목적물의 인도당시 목적물에 하자가 없었다는 것을 반증하기가 곤란하고, 매수인이 그 기간 중 유리한 시기를 택하여 투기를 할 염려가 있으므로 매수인에게 신속한 목적물검사·하자통지의무를 부과하여 상거래를 신속하게 결말짓도록 하기 위한 것이다.[73] 그리고 이 규정은 민법상의 매도인의 하자담보책임에 대한 특칙으로 이해한다.[74]

---

73) 대법원 2008.5.15. 선고 2008다3671 판결.

2. 요 건

① 상법 제69조는 **당사자 쌍방이 모두 상인이고 쌍방 모두에게 상행위가 되는 경우에** 한하여 적용된다.[75] 상인간의 매매라 하더라도 그 매매가 어느 일방에게는 전혀 상행위가 되지 않는다면 이 규정은 적용되지 않는다. ② 당사자간에 **반대의 약정이 없어야 한다.**[76] 상사매매에 관한 상법의 특칙은 임의규정이므로 반대약정을 한 때에는 그 적용이 배제된다. ③ 매수인이 매매의 목적물을 **수령**하였어야 한다. 이때의 수령이란 검사할 수 있어야 하므로 목적물 자체를 실제로 수령하는 것을 의미하고, 화물상환증이나 선하증권 등의 양수에 의하여 목적물에 대한 권리가 이전하는 경우를 포함하지는 않는다. ④ 목적물에 **물건의 하자 또는 수량의 부족**이 있어야 한다. 민법상 매도인의 담보책임의 대상과 비교하여 보면 상법 제69조는 **물건의 하자에 대하여는 적용되지만 권리의 하자 중에서는 수량부족에 대하여만 적용**된다. 그러므로 수량부족 이외의 권리의 하자의 경우에는 매수인은 상법 제69조의 매수인의 검사통지의무를 부담하지 않고 민법의 원리에 의하여 매도인에게 담보책임을 물을 수 있다. ⑤ 매도인이 **선의**이어야 한다. 매도인은 목적물을 인도할 당시에 물건의 하자 또는 수량부족을 알지 못하여야 한다(제69조 제2항). 상법 제69조는 매수인의 투기적인 거래로부터 매도인을 보호하기 위한 취지이므로 악의의 매도인은 보호할 가치가 없기 때문이다.

3. 효 과

상사매매에 있어 매수인의 검사와 통지의무는 상법 제69조에 규정되어 있다.

① 상사매매의 경우 매수인은 수령 후 **지체 없이** 검사하여야 한다. 매수인의 검사의 시기와 방법 등은 목적물의 종류 등에 따라 객관적으로 정하여지는 것으로서 매수인의 주관적 사정은 고려되지 않는다. 즉 **매수인의 과실유무는 문제되지 않는다.**

② 그 하자가 **즉시 발견할 수 없는 것이면 6월 내에 검사**하여야 한다(제69조 제1항 제2문). 하자의 성질 때문이 아니라 매수인의 부주의로 즉시 발견되지 아니한 경우는 여기에 해당하지 않는다. **6개월이 지난 이후 하자를 발견한 경우 매수인에게 아무런 과실이 없**

---

74) 대법원 2015.6.24. 선고 2013다522 판결; 대법원 2008.5.15. 선고 2008다3671 판결.

75) 대법원 1993.6.11. 선고 93다7174,7181 판결(매도인이 상인이 아니라는 이유로 매수인의 목적물의 검사와 하자통지의무를 부정한 경우).

76) 대법원 2008.5.15. 선고 2008다3671 판결(상인간의 매매에 있어서 매수인이 목적물을 수령한 때에는 지체 없이 이를 검사하여야 하며 하자 또는 수량의 부족을 발견한 경우에는 즉시, 즉시 발견할 수 없는 하자가 있는 경우에는 6월 내에 매수인이 매도인에게 그 통지를 발송하지 아니하면 이로 인한 계약해제, 대금감액 또는 손해배상을 청구하지 못하도록 규정하고 있는 상법 제69조 제1항은 민법상의 매도인의 담보책임에 대한 특칙으로 전문적 지식을 가진 매수인에게 신속한 검사와 통지의 의무를 부과함으로써 상거래를 신속하게 결말짓도록 하기 위한 규정으로서 그 성질상 **임의규정**으로 보아야 할 것이고 따라서 당사자간의 약정에 의하여 이와 달리 정할 수 있다고 할 것이다).

더라도 매도인은 담보책임을 면한다. 사례 하나를 보자. X는 부동산임대업을 개시할 목적으로 그 준비행위로서 당시 부동산임대업을 하고 있던 상인인 Y로부터 건물을 매수하여 점유를 이전받았으나, 점유이전일로부터 6개월이 지나서야 그 건물의 하자를 발견하였다. X는 Y에게 그 하자에 대한 손해배상을 구하였으나, Y는 상법 제69조의 규정에 따라 X의 손해배상청구권은 소멸하였다고 항변한다. 이 사건에서 **판례**는 "설령 매매의 목적물에 상인에게 통상 요구되는 객관적인 주의의무를 다하여도 즉시 발견할 수 없는 하자가 있는 경우에도 매수인은 상법 제69조에 따라 6월 내에 그 하자를 발견하여 지체 없이 이를 통지하지 아니하면 **매수인은 과실의 유무를 불문하고 매도인에게 하자담보책임을 물을 수 없다**"고 하였다.[77] 요컨대 상법 제69조의 취지가 상거래의 신속한 처리와 매도인 보호임에 비추어 비록 목적물의 하자가 그 성질상 점유이전일로부터 6월 내에 도저히 발견할 수 없었던 것이라 하더라도 6월이 경과한 이상 매수인은 매도인의 담보책임을 추궁할 수 없다는 것이다. 이러한 경우 매수인이 단기의 제척기간으로 인한 위험을 회피하기 위하여는 제69조가 **임의규정이므로** 하자담보책임을 물을 수 있는 기간을 연장하여야 한다.[78]

③ 매수인이 목적물을 검사한 결과 하자 또는 수량부족을 발견한 경우에는 **즉시** 이에 관하여 매도인에게 **통지를 발송하여야 할 의무**를 부담한다. 상법은 검사는 '지체 없이'라고 규정하고 통지는 '즉시'라는 기간으로 설정하여 두고 있다. 즉시 발견할 수 없는 하자가 있어 그 검사의무를 6월로 연장하는 경우라 하더라도 발견한 경우는 '즉시' 통지할 의무를 부담한다. 위 통지를 발송하였다는 사실에 대한 입증책임은 매수인이 부담한다. 담보책임의 전제요건으로 매수인의 검사 및 통지의무를 부과하고 있는 것으로 보아 **입증책임도 매수인이 부담한다.**[79]

④ 상사매매의 매수인이 상법 제69조의 검사통지의무를 이행하지 않으면 매수인은 매도인에게 담보책임을 물을 수 없다. 즉 매수인이 통지의무를 해태하면 목적물의 하자가 치유되는 효과가 생긴다. 다만, 예외적으로 매매의 목적물에 즉시 발견할 수 없는 하자가 있는 경우에는 예외로 하고 있다(제69조 단서). 그런데 매매목적물에 대한 하자가 즉시 발견할 수 없을 뿐 아니라 수령한 날로부터 6월 내에 발견하는 것 자체도 불가능한 경우라 하더라도 상법 제69조가 적용된다는 것이 판례[80]임은 위에서 보았다.

---

77) 대법원 1999.1.29. 선고 98다1584 판결.
78) 대법원 2008.5.15. 선고 2008다3671 판결에서는 당사자간의 약정으로 이 규정을 배척한 것으로 보았다.
79) 대법원 1990.12.21. 선고 90다카28498,28504 판결(그와 같은 하자담보책임의 전제요건, 즉 매수인이 목적물을 수령한 때에 지체 없이 그 목적물을 검사하여 즉시 매도인에게 그 하자를 통지한 사실, 만약 매매의 목적물에 즉시 발견할 수 없는 하자가 있는 경우에는 6월 내에 이를 발견하여 즉시 통지한 사실 등에 관한 입증책임은 매수인에게 있다).
80) 대법원 1999.1.29. 선고 98다1584 판결.

4. 담보책임

상법 제69조의 요건이 충족되는 경우 매수인이 검사통지의무를 이행하면 매도인에게 담보책임을 추궁할 수 있게 된다. 따라서 목적물에 대한 하자의 경우 계약해제권과 손해배상청구권 또는 하자 없는 물건 등을 청구할 수 있고(민법 제575조, 제580조, 제581조, 제582조), 매수인은 이러한 권리를 그 사실을 안 날로부터 6월 내에 행사하여야 한다(민법 제582조). 목적물에 대한 수량부족의 경우에는 대금감액청구권과 손해배상청구권을 행사할 수 있고(민법 제572조, 제574조), 매수인은 이 권리를 그 사실을 안 날로부터 1년 내에 행사하여야 한다(민법 제574조, 제573조).

5. 적용범위

(1) 매도인의 하자담보책임에 관한 상사매매의 특칙

상법 제69조는 그 효과가 엄격한 것이어서 **상사매매에 한정되어 적용**된다. 따라서 ① 상사매매에만 본조가 적용되는 것이므로, **건물의 임대차계약에는 적용되지 않는다.** 부동산임대업자로부터 건물 일부를 임차하면서 공칭 임대차면적을 기준으로 임대차보증금 등이 정해졌으나 실임대차면적은 이보다 적음을 이유로 목적물의 면적 부족분에 해당하는 임대차보증금과 월임료 등 과다지급분을 손해배상으로 청구한 사건에서, 판례는 상사매매에 관한 상법 제69조는 민법의 매매에 관한 규정이 민법 제567조에 의하여 매매 이외의 유상계약에 준용되는 것과 달리, 상법에 아무런 규정이 없는 이상 상인간의 수량을 지정한 건물의 임대차계약에 준용될 수 없다고 하였다.[81]

그리고 ② **부대체물(不代替物)을 제작하여 공급하는 계약**에도 상법 제69조가 적용되는지가 문제된다. 제작물공급계약의 법적 성질에 대하여는 목적물이 **대체물인 경우에는 매매로, 부대체물인 경우에는 도급**으로 해석하는 것이 통설이다. 따라서 부대체물에 하자가 있는 경우 이는 매매가 아니므로 상법 제69조가 당연히 적용되는 것은 아니고 원칙적으로는 수급인의 담보책임에 관한 민법상의 규정(민법 제667조 내지 제672조)이 적용되는 것이다. 판례도 이러한 입장을 취한다.[82] 판례는 상사매매의 대상이 된 물건이 매수인만이 사용할

---

81) 대법원 1995.7.14. 선고 94다38342 판결.
82) 대법원 1987.7.21. 선고 86다카2446 판결(당사자의 일방이 상대방의 주문에 따라 자기소유의 재료를 사용하여 만든 물건을 공급할 것을 약정하고 이에 대하여 상대방이 대가를 지급하기로 약정하는 이른바 제작물공급계약은 그 제작의 측면에서는 도급의 성질이 있고 공급의 측면에서는 매매의 성질이 있어 이러한 계약은 대체로 매매와 도급의 성질을 함께 가지고 있는 것으로서 그 적용법률은 계약에 의하여 제작공급하여야 할 물건이 대체물인 경우에는 매매로 보아서 매매에 관한 규정이 적용된다고 할 것이나 **물건이 특정의 주문자의 수요를 만족시키기 위한 불대체물인 경우에는 당해 물건의 공급과 함께 그 제작이 계약의 주목적이 되어 도급의 성질을 강하게 띠고 있다 할 것이므로 이 경우에는 매매에 관한 규정이 당연히 적용된다고 할 수 없다**).

수 있고 매도인이나 매수인으로서는 타에 매각처분하기가 곤란하거나 불가능하여 부대체물에 해당하므로, 상법 제69조 제1항의 취지에 따라 그 거래관계를 보다 신속하게 결말지을 필요가 없다고 한다.

(2) 불완전이행으로 인한 채무불이행 책임과의 경합관계

불완전이행은 이행지체와 이행불능과 같은 전형적인 채무불이행과 달리 급부의무를 이행하였지만 이행행위에 하자가 있는 것, 즉 인도된 물건에 하자가 있는 경우를 말한다. 불완전이행에 따른 책임을 묻기 위해서는 매도인에게 책임 있는 사유가 있어야 하며, 만약 불완전이행에 관하여 매도인이 귀책이 없음을 입증한 경우에는 책임을 면하게 된다. 불완전이행의 효과로서는 손해배상이 일반적으로 인정되고, 이 경우 손해배상의 범위는 확대손해 또는 부가손해도 포함하게 된다.

판례[83]는 상사매매에서 상법 제69조에 의한 매도인의 하자담보책임은 인정하지 않았지만, 민법상 불완전이행에 따른 채무불이행책임은 인정하였다. 판례는 채부불이행책임과 하자담보책임의 경합을 인정하면서,[84] 상사매매의 경우 매수인이 상법 제69조상의 권리를 상실한 때라 하더라도 **별도로 불완전이행으로 인한 채무불이행책임을 물을 수 있다**는 것이다.[85] 요컨대 판례는 상법 제69조 제1항이 **민법상 매도인의 담보책임에 관한 특칙**임을 확인하면서 불완전이행으로 인한 채무불이행책임을 묻는 청구에는 적용되지 않는다는 점을 명확히 하였다.

V. 목적물의 보관 및 공탁의무

1. 의   의

민법상 매수인이 목적물에 하자나 수량부족이 있는 경우에 계약을 해제한 경우에는 각 당사자에게 원상회복의무가 있으므로 매수인은 매도인의 비용으로 목적물을 매도인에게 반환하면 된다. 그러나 상사매매에 있어 이 같은 원칙을 고집한다면 매도인은 전매의 기회를 상실하고 반송의 비용과 위험을 부담하게 된다. 따라서 상법은 **원격지매매**에 있어 현재의 목적물의 소재지에서 매도인이 목적물을 처분할 수 있는 기회를 제공하기 위하여 목적물을 보관·공탁하게 하거나 비상적인 상황 하에서는 경매할 의무를 부과하고 있다(제70조).

---

83) 대법원 2015.6.24. 선고 2013다522 판결.
84) 대법원 2004.8.20. 선고 2001다70337 판결. 매도인이 은밀하게 다량의 폐기물을 매립하고 그 위에 토사를 덮은 다음 토지를 매각한 사건이다.
85) 대법원 2015.6.24. 선고 2013다522 판결.

2. 요   건

① **상인간의 매매**이다. 상사매매에 관한 민법의 특칙이 적용되기 위한 일반적인 요건으로서 양 당사자는 상인이어야 하고, 매매 역시 각 당사자에게 적어도 보조적 상행위일 것이 요구된다. ② **매매계약의 해제**가 있어야 한다. 원칙적으로는 매매의 목적물에 하자가 있거나 수량부족을 이유로 계약을 해제하거나, 매수인에게 인도된 물건이 목적물과 상위하거나 수량을 초과한 때에도 이러한 의무를 부담한다. 그런데 통설은 그 이외의 사유로 계약을 해제한 경우에도 이러한 의무가 인정된다고 보아 **매매계약 해제의 원인은 중요하지 않다**(통설). ③ **원격지매매**에 한하여 인정된다. 즉 목적물의 인도장소가 매도인의 영업소 또는 주소와 동일한 특별시·광역시·시·군에 없는 경우에 적용된다. 상법은 매도인이 인도된 물건에 지배가 가능한 상황은 배제하려는 취지이므로 목적물의 인도장소에 그의 대리인이 있는 경우에는 이 규정이 적용되지 않을 것이다.

3. 의무의 내용

(1) 보관 및 공탁의무

매수인이 목적물의 하자나 수량부족으로 계약을 해제한 경우 및 물건이 계약의 목적물과 상위한 경우에는 그 물건을, 수량을 초과한 경우에는 그 초과한 부분을 보관 또는 공탁하여야 한다(제70조 제1항, 제71조). 다만, 청약을 거절한 상인의 보관의무(제60조)와 달리 **물건의 가액이 보관비용을 상환하기에 부족하거나 보관으로 인하여 손해를 받을 염려가 있어도 그 물건을 보관할 의무를 면하지 못한다.** 그 기간에 관하여 명문의 규정은 없으나 매도인이 그 물건에 대한 적절한 조치를 취함에 상당한 기간 동안만 의무가 인정된다고 하여야 할 것이다.

(2) 경매의무

매수인은 보관하여야 할 목적물이 멸실 또는 훼손될 염려가 있는 경우에는 법원의 허가를 얻어 경매하고 그 대가를 보관 또는 공탁하여야 한다(제70조 제1항). 이점은 매도인이 갖는 공탁 및 경매권과 달리 경매는 목적물이 멸실·훼손될 수 있는 비상적인 상황하에서 인정되는 이차적인 수단인 점에서 차이가 있다. 이러한 경매를 긴급매각이라고 한다. **경매를 한 경우에는 지체 없이 매도인에게 그 통지를 발송**하여야 한다(제70조 제2항).

4. 의무위반의 효과

매수인의 목적물 보관 공탁 및 경매의무는 앞서 본 매수인의 목적물검사·통지의무와는 달리 매수인이 이를 위반하면 손해배상책임을 부담한다.

제 6 절 상호계산

Ⅰ. 상호계산의 의의

1. 개 념

상법은 상호계산을 상행위의 하나로 규정하는바, 제73조에 의하면 상호계산이란 상시 거래관계가 있는 상인 사이 또는 상인과 비상인 사이에 일정한 기간의 거래로 인하여 발생하는 채권채무의 총액에 관하여 상계하고 그 잔액을 지급할 것을 약정하는 행위이다. 법문에 의하면 상호계산의 본질은 상인 사이 혹은 상인과 비상인 사이의 약정이다. 이 계약은 상인이 영업의 편익, 다시 말하여 그 결제상의 편의를 도모하기 위한 것이므로 **보조적 상행위**가 된다(제47조 제1항 참조).

상호계산의 기능에 관하여는 세 가지가 강조된다. 상호계산기간 동안 발생한 채권·채무의 단일화를 통한 일괄결제에 의하여 지급결제를 간이하게 하는 기능, 자신의 상대방에 대한 채무에 의해 상대방에 대한 자신의 채권의 추심이 담보되는 **담보기능**, 그리고 상호계산기간 말까지 채무의 변제가 유예됨으로써 얻어지는 **신용기능** 등이 그것이다.

2. 요 건

상호계산을 하기 위하여는 다음과 같은 요건이 필요하다. ① 최소한 **당사자 일방은 상인**이어야 한다. ② 당사자간에 **계속적 거래관계**가 있어야 한다. 그리고 채권채무가 상호 발생하여야 하므로, 일방적인 외상거래만으로는 성립하지 않는다. ③ **일정한 기간을 단위**로 하며 그 기간을 **상호계산기간**이라 한다.

3. 상호계산의 대상

상호계산에 의하여 결제되는 채권채무는 **상호계산능력**이 있다. 상호계산능력이 있는 채권은 ① 원칙적으로 **금전채권에 한한다.** 금전채권이 아닌 특정물채권은 상계가 부적당하므로 상호계산의 대상이 될 수 없다. ② **거래로 인한 것**이어야 한다(제72조). 불법행위로 인한 채권이나 제3자로부터 양수한 채권은 제외된다. ③ **담보부채권은 당사자간 특별한 약정이 없는 한 상호계산의 대상에서 제외된다**고 보는 것이 타당하다. ④ **어음이나 수표와 같은 유가증권(상업증권)**은 그 성질상 제시증권성과 상환증권성 등으로 인하여 유가증권의 법리가 적용되어 특수한 행사방법이 요구되기 때문에 상호계산의 대상에서 원칙적으로 제외된다. 다만 유가증권 수수의 대가관계상의 채권은 상호계산능력이 있다(제73조 참조). **상호계산의 당사자인 A가 B에게 甲이 발행한 1억원의 어음을 배서양도하고 그 대가로 9천만원을 장래 받기로 하는 경우, B가 부담하는 9천만원의 채무는 유가증권 수수의 대가로서 상호계산의 대상이 될 수 있다. 이 경우 주의해야 할 점은 상호계산능력이 있는 채권채무는 9천만원이지 1억원이 아니다.** 1억원은 **어음상의 채무**이어서 상호계산의 대상이 될 수 없는 것이고, 그 수수의 대가관계상의 채무인 9천만원만이 대상이 된다.

Ⅱ. 상호계산의 효력

1. 상호계산의 불가분성

상호계산능력이 있는 채권·채무로서 상호계산계약에서 구체적으로 범위가 확정된 채권·채무는 상호계산기간 중 자동적으로 상호계산에 계입된다. 상호계산에 계입된 **개개의 채권·채무는 그 독립성을 상실하고** 상호계산을 위한 항목으로서 기간 종료시에 일괄상계될 때까지 집단적인 구속을 받게 된다. 이러한 채권·채무의 불가분성은 기간 종료시의 일괄상계를 통해 집단적으로 채무를 결제한다는 상호계산의 본지를 달성하기 위해 불가피하게 인정되는 속성이다. 상호계산기간 동안 항목채권채무는 상호계산의 집단적인 구속을 받는 결과, 항목채권은 이를 별도로 행사할 수도 없고 시효도 진행하지 아니하며 또 채무자가 항목채무를 이행하지 아니하더라도 이행지체도 발생하지 아니한다. **상호계산에 계입된 항목채권채무는 상호계산의 구속을 받으므로, 일방 당사자가 임의로 항목채권채무를 상호계산에서 제거할 수 없게 된다.**

2. 어음·수표 등의 경우 예외

상법 제73조는 어음 기타 **상업증권으로 인한 채권·채무를 상호계산에 계입한 경우, 증권채무의 변제가 없을 때에는 채권자인 계산의 당사자는 일방적으로 계산에 계입된 항목채무를 제거할 수 있다고 정한다.** 여기에서 상업증권으로 인한 채무라 함은 증권상의 채무 그 자체가 아니고 상업증권을 수수한 대가로서의 채권·채무를 의미하는바, 증권채무가 변제되지 아니하는 상황에서 증권을 수수한 대가인 채무를 상호계산에서 제거할 수 없다면 특히 파산의 경우 일방 당사자에게 불공평한 결과가 될 수 있기 때문이다. 상호계산의 중요한 기능이 자신의 상대방에 대한 채무에 의해 상대방에 대한 자신의 채권의 추심이 담보되는 **담보기능**인데, 더 이상 담보기능을 못하는 경우라면 제거할 수 있도록 한 것이다. 요컨대 유가증권의 소지인인 채권자는 그 증권을 통하여 채권의 추심을 담보할 수 있는 상황이므로 상호계산에서 제외할 수 있도록 하였다.

위에서 든 예에서 **발행인 甲이 어음금을 지급하지 않는 경우 B의 A에 대한 채무(A의 B에 대한 채권)인 9천만원을 상호계산에서 제거할 수 있다는 뜻이다. 발행인 甲이 어음소 지인인 B에게 어음금을 지급하지 않은 경우** B는 A에 대하여 어음상의 권리인 상환청구 권 등을 취득하므로, 어음을 소지하고 있는 B는 유가증권법에 의하여 별도의 청구권 등을 취득할 수 있다. 그런데 B가 甲으로부터 어음금을 변제받지 못하였음에도 그 대가관계상 의 채무가 B가 A에 대하여 가지는 동액인 9천만원의 채권과 상계됨으로 인하여 B의 어 음상 권리가 소멸되는 결과에 이를 수도 있다. 그리고 여기서의 **어음상의 권리인 상환청 구권의 기준금액은 9천만원이 아니라 1억원**이라는 점도 주목하여야 한다.

요컨대 유가증권상의 채권채무는 그 법리에 의하여 원칙적으로 상호계산능력이 없으나, 예외적으로 그 수수로 인한 대가관계에 대하여 상호계산능력이 있는 것으로 하였다. 그런 데 그 예외에 해당하는 경우에 있어 증권채무가 이행되지 않은 경우라면 유가증권 법리에 의하도록 하여 다시 상호계산능력이 없는 원칙으로 회귀하게 된 것이다.

3. 상호계산의 제3자에 대한 효력

상호계산의 불가분성은 원칙적으로 당사자 사이에서 인정되는 상호계산기간 중의 효력 이다. 문제는 일방 당사자가 상호계산의 본지에 반하여 항목채권을 양도·입질하거나 혹은 제3자가 항목채권을 압류한 경우의 법률관계이다. 이에 관하여는 크게 다음의 세 가지 견 해가 있다. ① **절대적 효력설**은 상호계산의 제3자에 대한 효력을 전면적으로 인정하여, 상 호계산에 위반된 처분은 절대무효로서 제3자의 선의·악의를 묻지 않는다는 입장이다. 이 견해는 상호계산 특히 상호계산의 불가분성에 관한 상법의 규정을 강행법규로 보는 것을 전제로 한다. 그러나 상호계산의 불가분성을 절대적인 것으로 볼 경우 당사자의 합의에 의 하여 압류금지재산을 만들 수 있게 되는 등 **사인 상호간의 합의에 의해 국가의 강제집행 을 배제하는 재산을 만드는 것을 인정하게 되어** 불합리한 결과를 초래한다. ② **상대적 효 력설**은 상호계산이 당사자간의 계약이라는 점을 중시하여 당사자의 계약으로 채권의 양도 성이나 압류가능성을 배제할 수 없으므로 채권양도나 압류가 모두 가능하다고 보는 입장 이다. 채권을 제3자에게 양도한 경우 상호계산의 상대방은 선의의 양수인에게 대항할 수 없고, 압류의 경우에는 당사자간의 계약으로 압류금지재산을 만들 수 없으므로 제3채권자 의 선악을 불문하고 압류가 허용된다고 본다. ③ **절충설**은 채권양도는 가능하다고 본다. 상호계산의 본질은 계약 내지 거래에 지나지 아니하므로 상호계산은 당사자 이외의 제3자 에 대해 원칙적으로 효력을 미치지 아니한다고 본다. 즉 항목채권을 양도하거나 입질하는 행위 자체는, 상호계산의 상대방에 대한 채무불이행책임은 별론으로 하고, 원칙적으로 유 효한 것으로 본다. 다만 이 견해에 따르더라도 당사자의 의사표시에 의한 채권양도의 제한은 선의의 제3자에게 대항하지 못하므로, 상호계산에 계입된 사실을 아는 제3자에 대하여는 채무자가 양도·입질의 무효를 주장할 수 있다. 채권양도는 상대적 효력설을, 채권의 압류에 대하여는 절대적 효력설의 입장을 취하는 것으로 보인다.

④ **판례**는 없다. 다만 당사자 사이의 양도금지의 특약을 다룬 판례에서 그 특약이 있는 채권이라도 압류 및 전부명령에 따라 이전될 수 있고, 양도금지의 특약이 있는 사실에 관하여 압류채권자가 선의인가 악의인가는 전부명령의 효력에 영향이 없다고 본다.[86] 상호계산제도가 담보적 효력이 있는 것이기는 하나 당사자 사이의 채권계약이라는 점, 당사자 사이의 계약으로 압류금지재산을 만드는 것을 허용하기 어렵다는 점에서 **상대적 효력설**이 타당하다.

4. 상호계산기간 만료 후의 효력

(1) 잔액채권의 성립

상호계산기간이 종료하면 계산서의 작성과 승인을 통한 잔액확정계약에 의해 항목채권·채무가 그 총액에서 일괄상계되고 잔액채권이 성립한다. 결국 새로운 채권이 성립한다.

(2) 계산서승인

1) 구채무의 소멸과 단일한 잔액채권의 확정

상호계산기간이 만료하면 일방 당사자는 채권·채무의 각 항목과 상계잔액을 기재한 계산서를 작성하여 상대방에게 제출하고 상대방이 이를 승인하면 잔액채권이 확정된다. 그리고 계산서의 작성과 승인은 그 자체 상호계산과 구별되는 별개의 계약으로 파악되고, 이를 통상 잔액확정계약이라 한다.

2) 잔액채권의 확정시점과 법정이자청구권, 소멸시효

잔액채권의 성립시는 (i) 제75조에 의하면 **계산서 승인시**로 해석한다는 견해[87]도 있을 수 있으나, (ii) 제76조에서는 계산폐쇄일 이후의 법정이자를 청구할 수 있다고 하고 있어 **계산폐쇄일**을 잔액채권의 성립시로 볼 수도 있다. 잔액채권은 상호계산기간의 경과시인 **계산폐쇄일에 성립**하며 당사자간의 계산서 승인은 이를 확인하는 절차에 불과한 것으로 이해하는 것이 옳다고 본다. 따라서 **소멸시효의 기산점은 계산폐쇄일**이라고 봄이 옳다.[88] **또한 그 계산폐쇄일 이후의 법정이자를 청구할 수 있다는 제76조 제1항도 이러한 뜻으로 이해할 수 있다.**

3) 이의의 배제

채권·채무의 각 항목을 기재한 계산서를 승인한 후에는 당사자는 채권·채무의 각 항

---

86) 대법원 2002.8.27. 선고 2001다71699 판결.
87) 송옥렬, 129면.
88) 김흥기, 201면.

목에 대해 이의를 제기하지 못한다(제75조 본문). 상호계산의 간이결제성을 확보하기 위한
규정이다. 어느 항목채무의 원인행위가 당연무효 또는 취소의 대상이라고 하더라도 계산서
의 승인 후에는 일응 이를 유효한 것으로 인정하여 상호계산 관계를 종결시키는 것이다.
물론 이로 인한 실질적인 불공평은 상호계산 밖의 **부당이득**으로 처리하게 된다.

4) 착오와 탈루의 효과

문제는 상법 제75조 후단이 "착오나 탈루가 있는 때에는 그러하지 아니하다"라고 규정
하고 있는 점이다. 이에 관하여는 (i) 승인행위 자체의 효력을 다툴 수 있다는 법문에 충
실한 견해, (ii) 항목에 대한 착오나 탈루가 있는 경우에도 이의를 제기하지 못한다는 효력
은 변함이 없고, 다만 부당이득반환으로 정리할 수 있다는 **통설**이 있다. 상법 제75조 본문
을 중시하고 상호계산의 제도적인 취지를 고려할 때 통설이 타당하다.

제 7 절   익명조합

I. 의   의

1. 의   의

익명조합은 공동기업의 형태로서 회사의 조직과 비교가 필요하다. 익명조합은 자본주와
유능한 기업인이 결합하는 형태의 공동기업이다. 익명조합은 경제적으로는 출자자와 영업
자의 공동기업 형태의 일종이면서도, 법률상으로는 영업자의 단독기업인 점이 특색이다.
상법은 익명조합을 당사자의 일방이 상대방의 영업을 위하여 출자를 하고, 상대방은 그 영
업으로 인한 이익을 분배할 것을 약정하는 계약으로 규정한다(제78조). 익명조합을 통하여
자본가(익명조합원)는 직접 경영에 참여하지 않으면서 영업이익에 참여할 수 있으며, 경영
자(영업자)는 이자 없는 자금을 공급받아 경영활동을 수행할 수 있다. 익명조합의 목적은
자본가와 유능한 경영자가 합작하여 기업을 형성하는데 있다. 익명조합의 의의를 보다 구
체적으로 보면 다음과 같다.

① 익명조합은 **계약**이다. 익명조합원과 영업자가 체결하는 유상, 쌍무, 불요식, 낙성계약
으로서, 민법상의 전형계약이 아닌 상법상의 특수한 계약이다. 계약의 내용은 익명조합원
은 출자하고, 영업자는 이익을 분배할 것을 약정하는 것이고, 이것이 익명조합계약의 본질
적 요소가 된다.[89] ② **출자의무를 부담하는 자는 익명조합원**뿐이며(제78조 전단) 출자목적

---

89) 대법원 1957.11.18. 선고 4290민상616 판결(대외관계에 있어서는 어느 주식회사의 지방출장소장으로 되어 있
    으나 대내적으로는 그 회사의 영업을 위하여 출자를 하고 그 영업에서 생기는 이익의 분배를 받을 것을 약정한 사실
    이 인정될 수 있는 경우에는 특별한 사정이 없는 한, 출자를 한 자와 회사와의 관계가 익명조합관계라고 한 경우).

물도 **금전 기타의 재산만을 출자할** 수 있다(제79조). ③ 익명조합원이 출자한 금전 기타의 재산은 **영업자의 재산으로 본다**(제79조). 즉 출자재산에 대하여 공유관계 또는 민법상의 조합과 같은 합유관계가 생겨나는 것이 아니라 영업자의 단독소유가 된다. 따라서 영업자가 그 출자한 재산을 임의로 소비한다고 하더라도 횡령이 되지 않는다.[90]

④ 익명조합은 영업으로 인한 **이익의 분배를 본질적 요소로** 한다. 영업자의 이익분배에 관한 약정에서 영업자는 **이익의 유무를 불문하고 매월 일정액을 익명조합원에게 지급할 것을 약정하는 것도 익명조합계약이 될 수 있는가**에 대하여는 견해가 나뉜다. (i) 다수의 견해는 이익분배가 본질적 요소인 만큼 이는 소비대차계약은 될 지라도 익명조합계약은 될 수 없다고 한다. (ii) 소수의 견해로서 계약의 전취지로 보아 당사자간에 경제적 공동사업을 인정할 수 있는 관계가 있는가, 또는 단순히 원금이용을 허용한 데 지나지 않는가 등을 가려서 판단할 것이라 한다. 예컨대 영업자의 상대방이 영업에 관한 감시권이나 기타의 간섭권을 가지고 있다면 고정적인 이익분배를 약정하는 경우에도 익명조합계약이 될 수 있다는 견해이다. (iii) 판례도 다수의 견해와 같다. 판례는 그 영업에서 이익이 난 여부를 따지지 않고 상대방이 **정기적으로 일정한 금액을 지급하기로 약정한 경우에는 가령 이익이라는 명칭을 사용하였다 하더라도 그것은 상법상의 익명조합계약이라고 할 수 없는 것**이라 한다.[91]

⑤ **손실의 분담은 익명조합의 본질적 요소가 아니지만**, 공동기업의 일반원칙에 비추어 명시적인 반대의 특약이 없는 이상 이를 분담하기로 하는 묵시적 약정이 있는 것으로 추정한다. 기타 상법은 손실분담에 관한 몇 개의 규정을 둔다. 첫째, 익명조합원의 출자가 손실로 인하여 감소된 때에는 그 손실을 전보한 후가 아니면 이익배당을 청구하지 못한다(제82조 제1항). 둘째, 손실이 출자액을 초과한 경우에도 익명조합원은 이미 받은 이익을 반환하거나 또는 증자할 의무가 없다(제82조 제2항). 다만 이러한 규정들은 다른 약정이 있으면 적용되지 않는 임의규정이다.

2. 소비대차와의 비교

익명조합과 소비대차를 비교하면, ① 소비대차는 확정이자를 지급함에 반하여 익명조합은 불확정한 이익을 분배하는 점과 특약에 의하여 배제하지 않는 한 손실도 분담한다는

---

90) 대법원 2011.11.24. 선고 2010도5014 판결(익명조합의 경우에는 익명조합원이 영업을 위하여 출자한 금전 기타의 재산은 상대편인 영업자의 재산이 되므로 **영업자는 타인의 재물을 보관하는 자의 지위에 있지 않고, 따라서 영업자가 영업이익금 등을 임의로 소비하였더라도 횡령죄가 성립할 수는 없다**); 대법원 1971.12.28. 선고 71도2032 판결(익명조합원이 출자한 재산을 영업자가 처분하는 경우 횡령죄가 아니라고 본 경우); 대법원 1973.1.30. 선고 72도2704 판결; 대법원 1971.12.28. 선고 71도2032 판결; 대법원 1972.8.29. 선고 72다1097 판결(익명조합에서 영업자가 건축한 건물에 대하여 익명조합원 영업을 위하여 출자한 금전 기타의 재산은 영업자의 재산이 되므로, 그 영업자는 타인의 재물을 보관하는 자의 입장이 되지 않는다고 한 경우).

91) 대법원 1962.12.27. 선고 62다660 판결; 대법원 1983.5.10. 선고 81다650 판결.

점이 다르다. 따라서 ② 익명조합에서는 계약의 종료시에는 잔액만을 반환하는 것으로 족하나, 소비대차에서는 원본전액을 반환하여야 한다. 또한 ③ 익명조합원의 지위는 원칙적으로 양도할 수 없는데 반하여, 소비대차에 의한 채권은 양도할 수 있다는 점에서 차이가 있다. 그리고 ④ 익명조합원은 업무의 감시권이 있는 등 영업자의 영업에 일부 관여하나, 소비대차의 대주는 차주의 원본사용에 관여할 권리가 없다는 점도 차이가 있다.

Ⅱ. 법률관계

1. 익명조합계약의 당사자

익명조합계약의 당사자는 **영업자와 익명조합원**이다. **익명조합원**은 상인이든 비상인이든 상관이 없으나, **영업자는 상인**이어야 한다. 익명조합에 있어 익명조합원의 출자는 영업자의 영업을 위한 것이며, 영업자는 영업으로 인한 이익을 분배하여 주기 때문이다. 하지만 영업자의 상인자격이 계약체결 당시에 존재하여야 하는 것은 아니며 계약 체결을 통하여 그의 영업의사가 상대방에게 객관적으로 인식가능하게 되어 비로소 상인자격을 취득한 경우라도 상관이 없다.

2. 영업자의 지위

익명조합원이 출자한 금전 기타의 재산은 영업자의 재산으로 본다(제79조). 영업의 수행은 영업자만이 부담하고, 영업자가 정당한 사유 없이 영업을 개시하지 아니하거나 영업을 휴업 또는 폐지한 경우에는 익명조합원은 채무불이행을 이유로 손해배상을 청구하거나 계약을 해지할 수 있다(제83조 제2항).

관련 쟁점으로 영업수행의무를 부담하는 **영업자가 익명조합원에 대하여 경업피지의무를 부담하는지**에 대하여 상법상 규정이 없어 견해가 대립된다. 상법 규정이 없는 이상 당연히 경업피지의무를 부담하는 것은 아니라 어떠한 경업행위가 앞서 본 영업수행의무 위반이 되는지를 구체적으로 따져 그 허용 여부를 결정해야 한다는 견해도 있으나, 영업자가 동종영업을 경업한다면 익명조합원과 이익충돌의 결과를 초래하고 익명조합원 이익의 희생하에 자기의 이익을 도모하는 것이므로 경업피지의무를 부담한다고 해석함이 옳다(통설). 다만 개입권에 관한 규정은 없으므로 계약의 해지 또는 손해배상을 청구할 수 있을 뿐이다.

3. 익명조합원의 지위

익명조합에서는 위와 같이 영업자가 단독으로 영업을 수행할 권리와 의무를 가진다.

하지만 익명조합원도 공동기업의 형태로서 자금을 투자한 자이므로 소비대차의 대주와는 다른 지위가 부여된다. ① 익명조합원은 영업자에 대하여 **계약에서 정한 바에 따라 영업할 것을 청구**할 수 있다. 그러므로 계약에 위반하여 영업을 하는 때에는 그에 대한 손해배상청구권과 계약의 해지권을 가진다(제83조 제2항). ② 익명조합원은 영업자의 경영에 참여할 수는 없으나, 출자자로서 합자회사의 유한책임사원과 동일한 **감시권**이 인정되고 있다(제86조, 제277조). 그 감시권으로 익명조합원은 영업연도 말에 있어서 영업시간 내에 한하여 영업자의 회계장부, 대차대조표 기타의 서류를 열람할 수 있고, 영업자의 업무와 재산상태를 검사할 수 있다(제277조). ③ 상법 규정은 없으나 영업자가 익명조합원에 대하여 경업피지의무를 부담한다고 해석함이 통설이다. 따라서 익명조합원은 영업자에 대하여 선량한 관리자의 주의로써 공동의 이익을 도모할 것을 바탕으로 경업피지청구권을 가진다고 본다(통설).

4. 외부관계

(1) 영업자의 단독영업

익명조합은 내부적으로는 익명조합원과 영업자의 공동기업이지만 외부적으로는 영업자의 단독영업이므로 영업으로 인한 제3자에 대한 관계에서의 권리의무는 영업자에게만 귀속된다. 그 결과 영업자는 영업으로 인한 채무에 대하여 출자액과 관계없이 무한책임을 부담한다. 익명조합원은 영업을 수행할 권리가 없으므로 제3자와 법률관계를 가질 여지도 없고 또한 제3자에 대하여 책임을 부담하지도 않는다. 상법도 이러한 뜻에서 익명조합원은 영업자의 행위에 관하여는 제3자에 대하여 권리나 의무가 없다고 규정한다(제80조). 즉 익명조합의 영업상 행위는 대외적으로 영업자의 단독영업이므로 익명조합원은 제3자에 대하여 영업으로 인한 어떠한 권리도 취득하지 않고 의무도 부담하지 않는 것이 원칙이다.[92]

(2) 명의대여자 책임

다만 외관책임의 원리에서 상법은 익명조합원이 자기의 성명을 영업자로의 상호 중에 사용하게 하거나 자기의 상호를 영업자의 상호로 사용할 것을 허락한 때에는 그 사용 이후의 채무에 대하여 영업자와 연대하여 변제할 책임이 있다고 규정한다(제81조). 그런데 상법 제81조가 없더라도 상법 제24조에 의하여 익명조합원에게 명의대여자로서의 책임을 물

---

92) 대법원 1977.1.25. 선고 77다2092 판결(이 사건 사료의 제조공장은 종전부터 Y가 경영하여 오다가 1972. 4. 10. 그 상호를 개칭하면서 영업감찰상의 명의만을 Y로부터 당시 판매과장이던 A로 변경등록하였을 뿐 실질적으로는 Y가 계속하여 경영하여 온 것이라면 원심의 인정사실이 충분히 긍인되는 바이고 …(중략)… 그리고 위와 같은 사실관계라면 이 사건 사료공장의 경영형태를 상법상의 익명조합이라 할 수도 없을 것이므로, Y가 익명조합의 자본주에 해당함을 전제로 하는 상고이유는 채용될 수 없다). 이 사건에서 Y의 주장이 받아들여져 익명조합계약이 긍정된다면, Y는 익명조합원으로서 X에 대하여 손해배상책임을 부담하지 않는다는 점이다.

을 수 있고, 따라서 상법 제81조는 **제24조에 대한 주의규정에 불과**하다고 볼 것이며, 양자는 동일하게 해석하는 것이 옳다(통설). 그러므로 상법 제81조의 법문에는 표현되어 있지 않으나, 제24조에서와 같이 익명조합원은 **선의의 제3자에 대하여만 책임**을 지는 것으로 해석하여야 한다.

Ⅲ. 익명조합의 종료

제83조는 해지에 관하여 민법 제716조와 유사한 규정을 두고 있고, 제84조는 법정종료사유에 대하여 규정하고 있다.

1. 해   지

그 종료사유에 익명조합원이나 영업자는 자신의 지위를 양도할 수는 없고 단지 계약을 해지할 수 있을 뿐이다. 조합계약으로 조합의 존속기간을 정하지 아니하거나 어느 당사자의 종신까지 존속할 것을 약정한 때에는 각 당사자는 영업연도말에 계약을 해지할 수 있으나 이 해지는 6월전에 상대방에게 예고하여야 한다(제83조 제1항). 조합의 존속기간의 약정의 유무에 불구하고 **부득이한 사정**이 있는 때에는 각 당사자는 언제든지 계약을 해지할 수 있다(제83조 제2항).

2. 법정종료사유

영업의 폐지 또는 양도, 영업자의 사망 또는 성년후견개시, 영업자 또는 익명조합원의 파산이 있으면 조합계약은 종료한다(제84조).

제 8 절 합자조합

Ⅰ. 의   의

개정상법은 새로운 공동기업 형태로 유한책임회사 이외에 합자조합을 도입하고 있다. 합자조합은 **무한책임을 부담하는 업무집행조합원과 유한책임을 부담하는 유한책임조합원**의 이원적 구조로 되어 있는바, 무한책임사원과 유한책임사원의 이원적 구조를 취하는 합자회사와 구조적으로 유사한 점을 고려하여 '합자'조합으로 명명된 것이다. 다만 합자회사와 달리 **법인격이 부여되지 않으므로** 상법 회사편이 아니라 **상행위편에서 규정**되어 있다.

합자조합은 조직운영에서 **구성원 자치가 강조**되면서도 민법상의 일반조합과 달리 유한

책임조합원이 존재한다는 특징이 있다. 합자조합과 유사한 기존 조직으로 합자회사가 있는 바, 상법은 법인격의 존부 등의 차이에 착안하여 합자조합의 법률관계에 일반적으로 합자 회사 조항이 아닌 민법상 조합관련 조항을 준용하도록 하고 있다(제86조의8 제4항).

Ⅱ. 법률관계

1. 합자조합의 설립

합자조합은 업무집행자로서 조합의 채무에 대하여 무한책임을 지는 업무집행조합원 1 인 이상과 출자가액을 한도로 하여 유한책임을 지는 유한책임조합원 1인 이상이 상호 출 자하여 공동사업을 경영할 것을 약정함으로써 그 효력이 생긴다(제86조의2). 다만 업무집행 조합원의 인적사항, 조합원의 출자의 목적 등을 등기하도록 한 점에서 일반조합과 차이가 있다(제86조의4). 출자의 목적과 관련하여 상법 제86조의8 제3항은 유한책임조합원에 대하 여 상법 제272조를 준용하고 있으므로, **유한책임조합원의 출자는 금전 또는 현물로만 한 정되고 신용 또는 노무는 불가하다.** 합자회사의 유한책임사원이나 유한책임회사의 사원과 균형을 맞춘 것인바, 이에 대하여는 전문기업의 노무출자를 인정하지 않으면 합자조합의 이용도가 떨어질 것이라는 우려를 제기하기도 한다.

2. 조합원의 가입, 탈퇴와 지분양도

조합원의 가입 및 탈퇴에 관하여는 개정법에 특별한 규정이 없으므로 원칙적으로 민법 상 조합의 이론이 준용될 것이다. 민법상 새로운 조합원의 **가입**에 관한 명시적 조항은 없 어 원칙적으로 다른 조합원 전원의 동의를 필요로 하지만, **조합계약에서 가입의 요건과 방법을 따로 정할 수 있다고 해석**된다. 조합원의 **탈퇴**에 관하여 민법은 일정한 요건 하에 서 조합원의 탈퇴권을 인정한다(민법 제716조).

유한책임조합원의 사망시에는 합자회사에 관한 조항이 준용되므로 그 상속인이 지분을 승계할 수 있다(제86조의8 제3항, 제283조). 조합원의 제명에 관하여 민법상 조합계약의 원칙 을 따르면 다른 조합원들의 만장일치 결의가 필요한 것이 되지만(민법 제718조), 이를 과반 수로 완화하는 등 별도의 요건을 정하는 것도 가능하다 본다.

상법은 **조합원 지분의 양도**에 관한 규정을 두고 있다. 이에 따르면 업무집행조합원 지분의 일부 또는 전부의 양도시에는 다른 조합원 전원의 동의가 필요한 반면(제86조의7 제1항), **유한책임조합원의 지분양도는 조합계약에서 따로 정할 수 있도록 하고 있다**(제 86조의7 제2항). 현행법상 합자회사의 무한책임사원 지분의 양도에는 다른 사원 전원의 동의를, 유한책임사원 지분의 양도에는 무한책임사원 전원의 동의를 얻도록 한 것과 비교하면(제269조, 제197조, 제276조 참조), **유한책임조합원**에 관하여는 **구성원 자치의 폭이 넓어졌다고 볼 수 있다.**

3. 내부관계

(1) 조직구성과 조합원의 감시권

합자조합의 조합계약에서는 **업무집행조합원을 결정해야 하며 업무집행을 조합원이 아닌 제3자에게 위탁할 수는 없다**(제86조의3 제9호 및 제10호 참조). 상법은 업무집행조합원의 경업금지 등에 관하여 합명회사의 관련조문을 준용하지만(제86조의8 제2항), 합자조합의 기관구성 자체에 대하여는 별다른 조항을 두지 않았다. 따라서 규모가 커지더라도 경영투명성 확보를 위한 기관의 설치가 강제되는 것은 아니다. 다만 **유한책임조합원에게는 합자회사의 유한책임사원과 동일한 감시권**이 주어진다(제86조의8 제3항, 제277조).

(2) 조합계약의 변경, 중요 사항의 결정과 조합운영

상법에 특별한 조항이 없으므로 조합계약을 변경하려면 원칙적으로 조합원 전원의 동의가 필요하다고 할 것이다. 조합계약 중에 이러한 요건을 완화시킨 조항이 있는 경우, 유한책임회사에서 정관의 변경요건에 관한 구성원 자치가 인정되는 것을 감안할 때(제287조의16), 그 효력을 긍정적으로 해석해야 할 것으로 보인다.

조합계약에 특별한 정함이 없는 이상 **업무집행조합원**은 조합의 중요한 의사결정 등 운영을 담당한다(제86조의5 제1항). **업무집행조합원이 수인인 경우** 각자 업무집행권을 갖지만, 상호 의견이 일치하지 않으면 과반수 결의에 의하여 업무를 집행하게 된다(제86조의5 제3항). 회사의 운영에서도 조합원들이 조합계약을 통해 어느 범위에서 내부관계를 규정할 수 있는지 구성원 자치의 한계가 문제될 수 있다. 먼저 손익분배의 비율은 출자가액과 무관하게 자율적으로 정할 수 있다(제86조의8 제4항, 민법 제711조 참조). 업무집행조합원이 수인인 경우 조합계약을 통해 특정 업무집행조합원에게 특정 사무에 관한 집행권을 부여하는 등 권한을 배분하는 것도 허용된다고 볼 것이다. 다만 **유한책임조합원에게 업무집행권을 부여할 수는 없으므로**(제86조의8 제3항, 제278조), 이에 따라 내부적 권한배분에 제한이 가해지게 된다.

(3) 업무집행조합원의 의무와 책임

① 업무집행조합원은 **대내적**으로 선관주의의무를 부담한다(제86조의5 제2항). 이를 게을리한 경우 통상의 채무불이행 또는 불법행위에 기한 손해배상책임이 문제될 것이다. 다만 대내적인 의무와 책임의 범위를 조합계약에서 별도로 정하는 것은 가능하다. ② 업무집행조합원의 **대외적**인 책임에 관하여는 특별한 조항이 없고 일반적인 불법행위 법리에 의하

게 된다. 대외적 책임에 관하여 구성원 자치가 인정될 수 없음은 당연하다.

4. 외부관계

(1) 조합원의 조합채무에 대한 책임

합자조합의 업무집행조합원은 조합채무에 관하여 무한책임을 지고(제86조의8 제2항, 제212조), 유한책임조합원은 유한책임만을 부담한다(제86조의6).

(2) 채권자보호

합자조합의 채권자보호장치는 대체로 **합자회사의 그것과 동일**하다. 합자조합의 가장 큰 채권자보호장치는 무한책임을 지는 조합원의 존재라고 할 수 있다. 합자조합에는 자본금제도, 채권자의 열람권, 결산정보의 공시 등이 규정되어 있지 않다. 다만 유한책임조합원이 유한책임을 남용할 우려가 있으므로, 합자회사의 유한책임사원의 경우와 같이 합자조합의 이익 이상을 분배받은 때에는 이를 변제책임 산정시 가산하도록 하고 있다(제86조의6 제2항). 또한 조합원의 출자의 목적, 재산출자의 경우에는 그 가액과 이행한 부분을 등기하도록 정한다(제86조의4 제1항). 그 밖에 퇴사시 지분환급에 대한 채권자이의절차 등 조합자산의 사외유출을 제한하기 위한 규정은 두고 있지 않다.

5. 조직변경, 합병, 청산 및 해산

합자조합은 조합의 특수형태로 규정되어 있으므로 회사법상 인정되는 조직변경이나 합병 등은 허용되지 않는다. 회사법상의 조직으로 변경하려면 별도의 회사설립절차를 밟아야 할 것이다. 상법은 해산등기, 청산등기에 관한 준용규정을 두었을 뿐 합자조합의 해산원인이나 청산절차에 관한 규정을 두지 않고 있으므로 **조합에 관한 이론이 준용**될 것이다. 따라서 조합계약에 정한 해산원인의 발생 또는 부득이한 사유로 인한 조합원의 해산청구 등으로 해산이 이루어진다. 청산인의 선임과 권한, 잔여재산분배에 관하여도 원칙적으로 민법 제721조 이하가 준용될 것이다.

Ⅲ. 평   가

1. 구성원 자치 및 채권자보호제도의 관점

합자조합의 법률관계는 특별한 규정이 없으면 민법 중 조합에 관한 규정이 준용되고(제86조의8 제4항), 이에 따라 특히 **내부적 관계에서 자치적으로 규율할 수 있는 범위가 넓다**고 할 수 있다. 다만 정관을 통해서도 유한책임사원에 업무집행권을 부여할 수 없으므로,

합자조합에서도 유한책임조합원의 활동영역에 제한이 있다. 합자조합의 채무에 대한 구성원의 책임은 합자회사의 그것과 동일하다. 따라서 개정법이 합자조합의 채권자보호제도를 **합자회사와 유사한 수준**에서 규정하고 있다.

2. 현행 합자회사제도와의 비교

기존의 합자회사제도 이외에 이러한 합자조합을 새로이 도입할 필요가 있는지에 대하여 검토한다. 합자회사와 합자조합의 차이점은 ① **법인격의 유무** 이외에 다음과 같은 점을 들 수 있다. ② **지분의 양도**와 관련하여 합자조합에서 유한책임조합원의 지분양도는 조합계약에 정한 요건에 의할 수 있으므로 합자회사의 경우 유한책임사원의 지분양도시 무한책임사원 전원의 동의가 필요한 것에 비해 탄력성이 있다. ③ 또한 **조직변경, 합병이 불가능한 합자조합**과 달리 합자회사는 조직변경을 통해 합명회사로 전환할 수 있고(제286조), 합명회사, 주식회사, 유한회사 등과 합병을 할 수 있다(제174조 제2항).

그런데 지분양도, 조직변경 등의 차이점이나 그 밖의 차이점들을 본질적인 것으로 보기 어렵다. 결국 합자조합이 합자회사 이외에 추가적으로 신설되어야 할 근거는 **합자회사의 실질을 갖추면서 법인격이 없는 조직이 필요한가** 하는 점이다. 일반적으로는 법률관계의 처리를 위하여 어떤 조직에 법인격이 부여되어 있는 것이 편리하고, 상법 제86조의8이 합자조합에 소송당사자 능력을 부여한 것도 이러한 이유 때문이다. 그리고 과세의 문제에 있어서도 조세특례제한법에 의하여 동업기업과세제도가 도입되어 합자회사가 동업기업과세특례의 적용신청을 할 수 있게 된 이상(조세특례제한법 제100조의15) 합자조합의 도입 의미는 크지 않다고 보인다.

제2장

상행위법 각칙

제1절 대 리 상

Ⅰ. 대리상의 의의

1. 뜻

일정한 상인을 위하여 상업사용인이 아니면서 상시 그 영업의 부류에 속하는 거래의 대리 또는 중개를 하는 자를 대리상이라 한다(제87조).

① 대리상은 상업사용인이 아닌 **독립한 상인**이다. 대리상은 기업의 외부에서 독립한 상인으로서 기업을 보조하는 자로서, 상명하복의 관계에 있는 상업사용인과 구별된다. ② **일정한 상인을 위하여** 거래의 대리 또는 중개를 한다. 이 점에서 불특정다수인을 보조하는 중개인 또는 위탁매매인과는 다르다. ③ **'상시'** 거래의 대리 또는 중개를 하여야 하므로, 대리상은 본인인 상인과 계속적 거래관계에 있어야 한다. ④ 대리상은 일정한 상인의 **'영업부류'**에 속하는 거래의 체결을 그 상인의 명의와 계산으로 대리하거나 중개하는 자이다. 즉 **영업적 상행위**를 말한다. 그러므로 매매업을 하는 상인을 위하여 금융의 대리 또는 중개를 하는 자는 상인이 아니다. ⑤ 상법상의 대리상은 반드시 대리점 또는 이와 유사한 명칭을 사용하여야 하는 것은 아니다. 다른 명칭이라도 행위의 전체적 성질에 따라 상법상의 대리상이 될 수도 있고, 또한 대리상이라는 명칭을 사용하는 경우라도 상법상의 대리상이 아닐 수도 있다. 즉 명칭은 중요하지 않고 **계약의 내용을 중심으로 하여 대리상 여부를 판단**하는 것이다. 판례도 어떤 자가 제조자나 공급자와 사이에 대리점계약이라고 하는 명칭의 계약을 체결하였다고 하여 곧바로 상법 제87조의 대리상으로 되는 것은 아니고, **그 계약 내용을 실질적으로 살펴 대리상에 해당하는지 여부를 판단**하여야 한다고 보았다.[1]

2. 대리상의 종류

대리상이라고 하면 대리권이 있을 것 같으나 대리권이 없는 대리상도 있다. 대리상의

---

[1] 대법원 2013.2.14. 선고 2011다28342 판결.

종류로 체약대리상과 중개대리상이 있고 중개대리상은 대리권이 없다. ① **체약대리상**은 위임의 범위 이내에서 대리권을 가지나, ② **중개대리상**은 거래의 중개를 할 뿐이고 대리권이 없다. 그러나 중개대리상의 경우에도 민법의 규정에 의하여 표현대리에 의하여 본인에게 책임이 인정되는 경우도 있다. 그런데 중개대리상의 경우 거래상대방은 직접 본인에 대하여 통지를 하여야 하는 불편이 있을 수 있어 그 편의를 도모하고자 물건의 판매나 중개의 위탁을 받은 대리상은 매매의 목적물의 하자 또는 수량부족 기타 매매의 이행에 관한 통지를 받을 권한이 있다고 규정하여 통지수령권한은 인정한다(제90조).

3. 구 별

(1) 특약점과 구별

특약점이라고도 부르는 것으로, 대리점이라는 명칭을 사용하긴 하나 상품의 공급자로부터 제공된 상품을 매입하여 자기의 명의와 계산으로 판매하는 경우로 이때에도 대리점이라는 명칭을 사용하기도 하고, 특히 '특약점'이라 부르기도 한다. 이는 상품의 구입대금과 판매대금의 차액으로써 이익을 보는 점에서 일반적인 경우의 매매업과 동일하다. 이 경우는 상법상 대리상이 아니어서 민법의 매매와 상사매매의 규정이 적용된다. 판례도 **대리점 총판**이라는 명칭을 사용한 X는 Y로부터 기기를 구입하여 거기에 추가 설치하여 판매한 경우로써 대리상이라고 할 수 없다고 판시한 바 있다.[2]

(2) 위탁매매인과의 구별

상품의 공급자로부터 제공된 상품을 자기명의로써 그러나 상품공급자의 계산으로 판매하는 자의 영업소를 대리점이라고 하는 경우도 있다. 하지만 이 경우는 자기명의로써 타인의 계산으로 주선업을 하는 위탁매매인에 해당하고, 상법상의 위탁매매인에 관한 규정이 적용된다.

(3) 상업사용인과의 구별

대리상은 일정한 상인의 영업을 계속적으로 보조하는 점에서 상업사용인과 같고 경업피지의무를 부담하는 점에서도 상업사용인과 유사하다. 그런데 상업사용인과의 차이점을 보면, ① 대리상은 **기업의 위험을 스스로 부담하는 독립한 상인**임에 반하여 상업사용인은

---

2) 대법원 1999.2.5. 선고 97다26593 판결(제조회사와 대리점 총판 계약을 체결한 대리점이 위 제조회사로부터 스토어(노래방기기 중 본체)를 매입하여 위 대리점 스스로 10여 종의 주변기기를 부착하여 노래방기기 세트의 판매가격을 결정하여 위 노래방기기 세트를 소비자에게 판매한 경우에는 위 대리점을 제조회사의 상법상의 대리상으로 볼 수 없고, 또한 제조회사가 신문에 자사 제품의 전문취급점 및 A/S센터 전국총판으로 위 대리점을 기재한 광고를 한 번 실었다고 하더라도, 전문취급점이나 전국총판의 실질적인 법률관계는 대리상인 경우도 있고 특약점인 경우도 있으며 위탁매매업인 경우도 있기 때문에, 위 광고를 곧 제조회사가 제3자에 대하여 위 대리점에게 자사 제품의 판매에 관한 대리권을 수여함을 표시한 것이라고 보기 어렵다).

영업주와 종속적 관계에 있다. ② 대리상은 **수수료**를 받는데 반하여, 상업사용인은 정해진 급여를 받는다.[3] ③ 대리상은 특정되는 경우 **복수의 상인**을 보조할 수 있는데 반하여, 상업사용인은 1인 상인만을 보조한다. ④ 대리상은 독립된 상인이므로 자연인뿐 아니라 **법인**도 될 수 있으나, 상업사용인은 자연인만 될 수 있다. ⑤ 대리상은 거래의 대리 또는 중개를 한 때에는 **지체 없이 본인에게 그 통지를 발송하여야 할 의무**를 부담함에 반하여(제88조), 상업사용인은 다른 정함이 없는 한 통지의무를 지지 않는다. ⑥ 대리상은 본인의 영업부류에 속한 거래나 **동종영업**을 목적으로 하는 회사의 무한책임사원 또는 이사가 되지 못한다(제89조). 하지만 상업사용인은 영업주의 영업부류에 속한 거래를 할 수 없는 것은 대리상의 경우와 같으나, 상업사용인은 영업의 목적이 **다른 회사의** 무한책임사원과 이사 또는 다른 상인의 사용인이 되지 못하는 점은(제17조) 대리상과 다르다. 현실에서 대리상과 상업사용인을 구별하는 것이 쉽지 않을 수 있다. 구별의 일반적 기준으로는 위의 차이점에 유의하여 자신의 영업소인지, 보수가 수수료 본위인지 고정적 급료인지, 영업상의 위험 및 비용을 누가 부담하는지, 자신의 상호 등을 사용하는지 여부 등에 의하여 결정하게 될 것이다.

Ⅱ. 대리상의 의무

대리상의 주된 의무는 선관주의의무(민법 제681조)이나 상법에 규정된 대리상의 의무를 간략히 살피면 다음과 같다.

1. 통지의무

대리상이 거래의 대리 또는 중개를 한 때에는 지체 없이 본인에게 그 통지를 발송하여야 한다(제88조). 대리상이 이를 해태한 때에는 손해배상책임을 진다.

2. 경업금지의무와 겸직금지의무

대리상은 경업금지의무와 겸직금지의무를 부담한다. 대리상은 본인의 허락 없이 자기나 제3자의 계산으로 본인의 영업부류에 속한 거래를 하거나 동종영업을 목적으로 하는 다른 회사의 무한책임사원 또는 이사가 되지 못한다(제89조 제1항). 상업사용인과 다른 점은 **동종영업**을 목적으로 하는 경우에만 금지된다는 점이다. 그 위반의 효과에 대하여는 제17조를 준용하고 있으므로 개입권 등은 상업사용인과 동일하다. 따라서 겸직금지의무를 위반한 경우에는 해지권과 손해배상청구권을 행사할 수 있고, 경업금지의무에 위반한 경우에는 개

---

3) 대법원 1962.7.5. 선고 62다244 판결.

입권과 해지권, 손해배상청구권을 행사할 수 있다(제89조 제2항, 제17조 제2항 내지 제4항). 그리고 대리상의 경우 **다른 상인의 사용인이 되지 못한다는 규정이 없으나** 그 입법취지 상 다른 상인의 사용인이 되지 못한다고 본다(통설).

3. 영업비밀준수의무

대리상은 **계약의 종료 후에도** 계약과 관련하여 알게 된 본인의 영업상의 비밀을 준수하여야 한다(제92조의3). 대리상은 일회적인 거래로 관계가 종결되는 중개인과는 달리 본인과 지속적인 대리관계를 가지는 것으로 본인의 영업비밀을 지득할 기회가 많고 긴밀한 신뢰관계가 요구된다. 상법은 이러한 신뢰관계를 보호하기 위하여 계약의 종료 후에도 대리상에게 비밀준수의무를 부과하고 있다. 만약 이를 위반하는 경우 손해배상책임을 부담한다. 그런데 이 의무는 대리상계약이 종료된 후에도 부담한다는 점에서 **계약상의 의무로 구성하기는 어렵다.**

Ⅲ. 대리상의 권리

대리상은 다음과 같은 권리를 가지고 이러한 권리를 가지는 경우는 명칭을 불문하고 상법상의 대리상으로 판단할 여지가 많게 된다.

1. 보수청구권

상인이 그 영업범위 내에서 타인을 위하여 행위를 한 때에는 이에 대하여 상당한 보수를 청구할 수 있다(제61조).

2. 유 치 권

대리상은 거래의 대리 또는 중개로 인한 채권이 변제기에 있는 때에는 그 변제를 받을 때까지 본인을 위하여 점유하는 물건 또는 유가증권을 유치할 수 있다(제91조 본문). 피담보채권은 변제기가 도래한 것으로서 거래의 대리 또는 중개로 인한 채권에 한정된다. 유치목적물은 대리상이 본인을 위하여 그 점유를 취득한 것이면 충분하고 그것이 누구의 소유인지는 불문한다. **피담보채권과 목적물 사이에 개별적인 관련성을 요하지 않으며,** 유치권의 성립을 배제하는 반대약정이 없어야 한다(제91조 단서). 일반상사유치권과는 달리 목적물이 **채무자의 소유임을 요하지 않는다.** 결국 대리상의 유치권은 민법상 유치권이나 일반상사유치권보다 훨씬 용이하게 성립된다.

3. 보상청구권

(1) 의 의

대리상의 활동으로 본인이 새로운 고객을 획득하거나 영업상의 거래가 현저하게 증가하고 이로 인하여 계약의 종료 후에도 본인이 이익을 얻고 있는 경우에는 대리상은 본인에 대하여 상당한 보상을 청구할 수 있다(제92조의2 제1항 본문). 다만 그 계약의 종료가 대리상의 귀책사유로 인한 경우에는 보상을 청구하지 못한다(동조 단서). 이를 대리상의 보상청구권이라 한다. 대리상이 계약 존속 중에 획득하거나 현저히 증가시킨 고객관계로 인하여 계약 종료 후에도 본인은 이익을 얻게 되나 대리상은 더 이상 아무런 이익을 얻지 못하게 되는 상황을 염두에 두고, 형평의 원칙상 대리상의 보호를 위하여 보상청구권을 인정하고 있다.[4]

(2) 요 건

① 대리상계약이 종료되어야 한다. 그러나 그 종료가 대리상의 책임 있는 사유로 인한 것이면 보상청구권은 발생하지 않는다(제92조의2 제1항 단서). ② 대리상의 활동으로 본인이 새로운 고객을 획득하거나 영업거래가 증가했어야 한다. ③ 증가된 영업거래로 인한 이익이 **대리상계약 종료 후에도 현존**해야 한다. 여기서의 이익은 본인이 실제로 영업이익을 얻었는지는 불문하고, 널리 대리상이 개척한 고객과의 거래가 유지됨으로써 얻을 가능성이 있는 경제적 이익을 말한다.

(3) 내 용

요건이 충족되어 대리상이 보상청구권을 취득하는 경우 보상금액은 원칙적으로 계약종료전 5년간의 평균 연보수액을 초과할 수 없으나, 계약의 존속기간이 5년 미만인 경우에는 그 기간의 평균 연보수액을 기준으로 한다(제92조의2 제2항). 대리상의 보상청구권은 대리상계약이 종료한 날부터 6월을 경과하면 소멸한다(제92조의2 제3항). 이는 당사자간의 법률관계를 조속히 종결시키기 위한 취지로서 6월은 제척기간이다.

(4) 유추적용

판례는 상법상의 대리상이 아닌 경우라도 대리상과 유사한 업무를 수행하였다면 이 규정을 유추적용한다. 유추적용에 관한 판례의 기준은 다음과 같다. ① 특정한 판매구역에서 제품에 관한 독점판매권을 가지면서 제품판매를 촉진할 의무와 더불어 제조자나 공급자의 판매활동에 관한 지침이나 지시에 따를 의무 등을 부담하는 경우처럼 계약을 통하여

---

4) 대법원 2013.2.14. 선고 2011다28342 판결.

사실상 제조자나 공급자의 판매조직에 편입됨으로써 **대리상과 동일하거나 유사한 업무를 수행**하였고, ② 자신이 획득하거나 거래를 현저히 증가시킨 고객에 관한 정보를 제조자나 공급자가 알 수 있도록 하는 등 고객관계를 이전하여 제조자나 공급자가 계약 종료 후에도 곧바로 그러한 **고객관계를 이용할 수 있게 할 계약상 의무**를 부담하였으며, ③ 계약체결 경위, 영업을 위하여 투입한 자본과 그 회수 규모 및 영업 현황 등 제반 사정에 비추어 **대리상과 마찬가지의 보호필요성이 인정된다는 요건**을 모두 충족하는 때에는, 상법상 대리상이 아니더라도 대리상의 보상청구권에 관한 상법 제92조의2를 유추적용하였다.[5]

Ⅳ. 대리상계약의 종료

민법상 위임계약의 종료에 의하나(민법 제690조), 상법 제50조에 의하여 본인이 사망한 경우는 주의하여야 한다. 제92조에서는 해지를 2월 전에 예고하도록 하여 상대방의 피해를 줄이고자 하였다. 단 부득이한 사정으로 미리 예고를 할 수 없다면 예고 없이도 해지할 수 있다(제92조 제2항에 의하여 제83조 제2항 준용).

제 2 절 중 개 업

Ⅰ. 의   의

타인간의 상행위의 중개를 영업으로 하는 자를 중개인이라 한다(제93조). 중개인은 시장의 상황을 조사하여 당사자에게 제공함으로써 당사자간의 계약체결을 용이하고 신속하게 이루어지도록 보조하는데 기여한다. 상법은 제93조에서 타인간의 상행위의 중개를 영업으로 하는 자를 중개인이라고 정의하고 있다. 따라서 상법상의 중개인은 다음과 같은 특징을 가지고 있다.

① 상법상의 중개인은 타인간의 상행위를 중개하는 자이므로 일정한 자가 아닌 **불특정다수인**이 중개인에게 중개를 위탁하는 것이다. 상법상의 중개인은 일정한 자와 계속적 거래관계를 유지하면서 그를 위하여 중개를 하는 것이 아니고 불특정다수의 위탁자를 위하여 수시로 개별적인 중개의 위탁을 받아서 중개를 하는 것을 특징으로 하고 있다. 이 점에서 중개인은 같은 중개라는 행위를 영업으로 하지만 일정한 상인과 계속적 법률관계를 가지고 그를 위하여 중개를 하는 중개대리상과는 구별된다. 중개인의 활동은 상행위의 중개라고 하는 일정한 객관적 요소를 개념요건으로 하고 있지만 **중개대리상의 경우에는 일**

---

5) 대법원 2013.2.14. 선고 2011다28342 판결.

정한 상인을 위하여 중개를 하는 자이므로 일정한 상인과의 인적 관계를 중시하는 점에서 기본적으로 차이가 있다. ② 중개인은 **상행위의 중개**를 하는 자이다. 중개인에 의하여 중개되는 거래는 적어도 일방적 상행위이어야 하므로 계약 당사자인 타인 중의 어느 한 사람은 적어도 상인이어야 한다. 따라서 당사자 어느 일방에 대해서도 상행위가 되지 않는 거래를 중개하는 것을 영업으로 하는 자, 이른바 **민사중개인**(예를 들면 혼인중개업소)**은 상법상의 중개인은 아니다.** ③ 중개인은 **중개를 영업으로 하는** 자이다. 이 경우 중개라 함은 당사자간의 계약성립을 위하여 계약체결의 기회를 제공하고 계약체결을 위한 협상을 촉진하는 일체의 행위를 말한다.

Ⅱ. 중개계약

중개계약은 그 구체적인 내용에 따라 당사자 일방인 위탁자만이 의무를 부담하는 경우를 일방적 중개계약이라고 하고 당사자 쌍방, 즉 위탁자와 중개인 둘 다 일정한 의무를 부담하는 경우를 쌍방적 중개계약이라고 한다. **일방적 중개계약**의 경우 위탁자는 중개인의 중개로 인하여 제3자와의 계약이 성립하는 것을 조건으로 하여 중개인에게 보수를 지급할 의무를 부담한다. 중개인은 적극적으로 중개행위를 실행할 의무를 부담하는 것은 아니지만 자신의 중개로 인하여 위탁자와 제3자간에 계약이 성립하는 경우에는 이에 대한 보수의 지급을 청구할 수가 있다. **쌍방적 중개계약**의 경우 위탁자는 일정한 기간 동안 동일사항에 대하여 동시에 다른 중개인에게 중개를 위탁하지 않을 의무를 부담하고 동시에 중개인도 위탁자를 위하여 적극적으로 중개행위를 실행할 의무를 부담한다. 쌍방적 중개계약의 경우 중개인은 위탁자를 위하여 적극적으로 중개행위를 실행할 의무를 부담하는 한편 위탁자도 그에 대한 대응책으로서 중개계약에서 정한 일정한 기간 동안에는 중개계약을 해지할 수 있는 권리를 포기하고 나아가서 다른 중개인에게 중개를 위탁하지 않을 의무를 부담하는 것을 특징으로 한다.

통설에 의하면 당사자간의 특약이 없는 한 원칙적으로 중개인이 적극적으로 중개의무를 부담하는 **쌍방적 중개계약**으로 해석하고 있으나, 일반적으로 적극적 중개의무를 인정할 수 있을지 의문이다. 이는 개별 중개계약의 내용에 따라 결정되어야 할 **중개계약의 해석문제**로 봄이 옳다.

Ⅲ. 중개인의 의무

1. 선관의무

중개인은 이해대립적인 당사자간의 계약성립을 위하여 중립적인 지위에서 중개를 하는 자이므로 당사자 쌍방의 이익을 고려하여 중개를 할 의무, 즉 선관의무를 부담한다. 중개인은 법률의 규정에 의하여 위탁자뿐만 아니라 그의 계약상대방에 대해서도 계약적인 부수적 의무를 인정할 수 있는 일정한 신뢰관계가 형성되는 것이다. 그 밖에 중개인은 당사자 쌍방에 대하여 결약서교부의무, 견품보관의무 등 특수한 의무를 부담한다.

2. 견품보관의무

중개인이 그 중개한 행위에 관하여 견품을 받은 때에는 그 행위가 완료될 때까지 이를 보관하여야 한다(제95조). "**행위가 완료된 때**"란 중개행위가 완료된 때가 아니라, **분쟁이 발생하지 않을 것이 확실하게 된 때**를 의미한다(통설).

3. 결약서교부의무

당사자간에 계약이 성립된 때에는 중개인은 지체 없이 각 당사자의 성명 또는 상호, 계약년월일과 그 요령을 기재한 서면(**결약서**)을 작성하여 기명날인 또는 서명한 후 각 당사자에게 교부하여야 한다(제96조 제1항). 결약서는 계약서가 아니고 **증거증권**의 일종이다. 당사자가 즉시 이행을 하여야 하는 경우를 제외하고 중개인은 각 당사자로 하여금 결약서에 기명날인 또는 서명하게 한 후 그 상대방에게 교부하여야 한다(제96조 제2항). 위 경우에 당사자의 일방이 서면의 수령을 거부하거나 기명날인 또는 서명하지 아니한 때에는 중개인은 지체 없이 상대방에게 그 통지를 발송하여야 한다(제96조 제3항).

4. 장부작성의무

중개인은 결약서에 기재하는 사항을 장부에 기재하여야 한다(제97조 제1항). 이는 거래의 증거를 보존하기 위한 것이어서 **제29조의 상업장부와는 구별**된다. 상업장부는 자신의 영업에 관한 회계를 기록하는 것이지만, 여기서의 장부는 타인간의 상거래에 관한 기록이기 때문이다. 그리고 당사자는 언제든지 자기를 위하여 중개한 행위에 관한 장부의 등본의 교부를 청구할 수 있다(제97조 제2항).

5. 묵비의무

당사자가 그 성명 또는 상호를 상대방에게 표시하지 아니할 것을 중개인에게 요구한 때에는 중개인은 그 상대방에게 교부할 결약서와 장부의 등본에 이를 기재하지 못한다(제98조).

6. 개입의무

중개인이 임의로 또는 제98조의 규정에 의하여 당사자의 일방의 성명 또는 상호를 상대방에게 표시하지 아니한 때에는 상대방은 중개인에 대하여 이행을 청구할 수 있다(제99조). 중개인은 원칙적으로 거래의 당사자가 아니므로 거래상 책임을 부담하지 않는다. 그러나 제98조에 의하여 거래당사자의 성명 또는 상호가 드러나지 않게 되는 경우 다른 당사자로서는 중개인 이외에는 책임을 물을 수 있는 당사자가 없게 된다. 이 경우 중개인의 개입의무를 규정하고 있는 것이다.

그런데 제99조에 의한 책임을 지는 경우에도 **중개인이 거래의 당사자가 되는 것은 아니며** 중개인은 자신의 의무이행의 책임만 있을 뿐이다. 이는 위탁매매인의 경우와 구별된다. 위탁매매에서는 제107조에 의하여 위탁매매인이 직접 계약의 당사자가 될 수 있게 된다.

Ⅳ. 중개인의 권리

1. 보수청구권

중개인은 상인으로서 특약이 없는 경우에도 중개에 의한 보수를 청구할 수 있다. 중개인의 보수를 중개료라고도 한다. 위탁자는 중개인의 중개로 인하여 계약이 성립한 경우에는 중개인에게 보수를 지급하여야 할 주된 의무가 있다. 이 경우 계약이 중개인의 중개행위의 결과로서 성립되어야 한다. 상법은 제100조 제2항에서 중개인의 보수는 당사자 쌍방이 균분해서 부담한다고 규정하고 있는데, 동 규정의 해석과 관련하여 견해의 대립이 있으나, 통설에 의하면 상법 제100조 제2항은 계약 당사자간의 내부적인 분담비율만을 정한 규정이 아니고 중개를 위탁하지 아니한 상대방에 대해서도 중개인의 직접적인 중개료지급청구권을 인정하는 규정으로 해석되고 있다.

중개행위의 결과 계약이 유효하게 성립하여야 하고, 계약이 성립한 이상 보수청구권은 영향을 미치지 않는다. 그리고 **결약서의 교부**가 있어야만 한다(제100조 제1항).

2. 급부수령권의 부존재

중개인은 그 중개한 행위에 관하여 당사자를 위하여 지급 기타의 이행을 받지 못한다. 그러나 다른 약정이나 관습이 있으면 그러하지 아니하다(제94조). 중개인은 대리권이 없으므로 당연한 규정이다. 단지 제99조에 의하여 개입의무를 부담한 경우라면 급부수령권을 인정하여야 한다(통설).

제 3 절 위탁매매업

Ⅰ. 위탁매매인의 의의

위탁매매인은 **자기명의로써 타인의 계산으로 물건 또는 유가증권의 매매를 영업으로 하는 자**이다(제101조). 이를 분설하면 다음과 같다. 위탁매매인은 자기명의로써 물건 또는 유가증권의 매매를 하는 것이지만 그것은 타인인 위탁자의 계산으로 하는 것이므로 **그 법률적 형식과 경제적 효과가 분리**된다.

1. 의   의

(1) 자기명의(법률적 형식)

위탁매매인은 **자기명의로써** 타인의 계산으로 영업을 하는 자이다. 흔히 자기명의로써 타인의 계산으로 법률행위를 하는 것을 '**주선**'이라고 하며, 위탁매매는 가장 대표적인 주선행위이다. 주선행위는 **그 법률적 효과는 행위자에게, 경제적 효과는 타인에게 귀속되는** 특징이 있다. 위탁매매는 그 효과가 타인에게 귀속되는 점에서 대리와 비교된다. 그러나 대리는 법률적 효과와 경제적 효과가 모두 본인에게 귀속되지만, 위탁매매는 법률적 효과는 위탁매매인에게 경제적 효과는 위탁자에게 귀속되는 점에서 차이가 있다.

(2) 타인의 계산(경제적 효과)

위탁매매인은 자기명의로써 **타인의 계산**으로 영업을 하는 자이다. 타인의 계산으로 물건 또는 유가증권의 매매를 영업으로 하므로 거래에서 발생하는 이익은 전부 타인(위탁자)에게 귀속하고 위탁매매인은 단지 그 수고에 대하여 보수를 받는데 불과하다.

(3) 물건 또는 유가증권의 매매(위탁매매의 대상)

위탁매매인은 '물건 또는 유가증권'의 매매를 영업으로 하는 자이다. 물건에는 **부동산**이 포함된다는 견해도 있으나, 부동산은 포함되지 않는다고 본다. 부동산을 위탁매매의 대상에 포함시키면 제3자와의 관계 등 거래관계에 혼란을 가져올 가능성이 크기 때문이다. 예를 들어 상법 제103조(위탁물의 귀속)에 의하면 위탁매매인이 위탁자로부터 받은 물건 또는 위탁매매로 인하여 취득한 물건은 위탁자와 위탁매매인 또는 위탁매매인의 채권자간의 관계에서는 위탁자의 소유로 보게 되는데, 부동산의 소유권이 등기부상 위탁매매인에게 머물러 있는 동안에는 등기내용과는 다른 소유관계가 형성되고, 부동산등기의 내용을 신뢰하여 위탁매매인과 거래한 제3자가 불측의 손해를 받을 염려가 크다. 판례는 없다.

자기명의로써 타인의 계산으로 매매 아닌 행위를 영업으로 하는 자(광고주선업자, 운송주선업자 등)를 준위탁매매인이라고 하며 위탁매매에 관한 규정을 준용한다(제113조). 상법은 운송의 주선을 영업으로 하는 자(운송주선인)에 대해서는 별도의 규정을 두고 있다(제114조 이하).

(4) 영업으로(상인성)

위탁매매인은 자기명의로써 타인의 계산으로 물건 또는 유가증권의 매매를 '영업으로' 하는 자이다. 주선계약을 체결하는 것을 영업으로 한다(제46조 제12호).

2. 매매와의 구별

위탁매매는 자기의 명의로써 타인의 계산으로 매매를 하는 점에서, 자기의 명의로 자기의 계산으로 매매를 하는 일반의 매매와 구별된다. 관련 판례를 보면 Y는 X로부터 포장용 비닐을 공급받아 축산진흥회에 납품하되 축산진흥회로부터 그 대금을 수령하면 그 판매로 인한 이익의 존부에 관계없이 X에게 그 대금 387만원만 지급하기로 하였다. 이에 따라 Y는 X로부터 비닐 506롤을 수차에 걸쳐 공급받아 포장에 적합하도록 가공한 후에 자신(Y)의 이름으로 경쟁입찰에 참여하고 그 대금을 모두 수령하였다. X는 약정한 대금을 제대로 지급받지 못하자 X와 Y의 거래는 위탁매매임을 근거로 하여 Y를 횡령죄로 고소하였다. 이 사건에서 대법원은 X의 Y에 대한 비닐의 공급관계가 외상판매인지 위탁판매인지 분명하지 않다는 이유로 Y의 횡령죄를 인정하지 아니하였다.[6] 만일 Y가 X로부터 수고의 대가로 **판매수수료를 받기로 하였다면** 위 비닐의 공급관계는 위탁판매관계로 보여

---

6) 대법원 1982.2.23. 선고 81도2619 판결(위탁판매에 있어서는 위탁물의 소유권은 위탁자에게 속하고, 그 판매대금은 다른 특약이나 특별한 사정이 없는 한 이를 수령함과 동시에 위탁자에 귀속한다 할 것이므로 이를 사용, 소비한 때에는 횡령죄를 구성한다. Y(피고인)가 X(고소인)로부터 포장용 비닐을 공급받아 축산진흥회에 납품하되 축산진흥회로부터 대금을 수령하면 그 판매로 인한 이익의 존부에 관계없이 X에게 그 대금 387만원만 지급하기로 하고 X로부터 비닐 506롤을 수차에 걸쳐 공급받아 포장용에 적합하도록 Y가 가공한 후에 Y의 이름으로 경쟁입찰에 참가하여 납품하고 그 대금을 모두 수령한 사실은 인정할 수 있으나, 위 사실만으로는 양자 사이의 위 물품의 공급관계가 외상판매인지 위탁판매인지 분간되지 아니하며 달리 이 사건 거래가 외상매매가 아닌 위탁판매 계약이라는 사실을 인정할 만한 증거가 없다).

질 가능성이 높았을 것이다.

Ⅱ. 위탁매매계약의 종료

위탁자와 위탁매매인 사이의 위탁매매계약은 물건 또는 유가증권의 매매라는 법률행위를 위탁하는 계약이므로 위임계약이다(제112조).

1. 해   지

대리상계약에서는 그 존속기간을 약정하지 아니한 때에는 각 당사자는 2개월 전에 예고하고 계약을 해지할 수 있도록 하였으나(제92조), **위탁매매계약에서는 상법상 아무런 규정이 없다.** 따라서 견해의 대립이 있을 수 있으나, 위탁매매계약은 당사자 상호간의 신뢰관계를 기초로 한 계속적 계약이므로 각 당사자는 언제든지 위탁매매계약을 해지할 수 있다고 본다(제112조, 민법 제689조). 위탁매매계약에 관한 판례는 아니나 계속적 계약의 해지를 다룬 판례를 보면 **계속적 계약은 당사자 상호간의 신뢰관계를 기초로 하는 것**이므로, 당해 계약의 존속 중에 당사자의 일방이 그 계약상의 의무를 위반함으로써 그로 인하여 계약의 기초가 되는 신뢰관계가 파괴되어 계약관계를 그대로 유지하기 어려운 정도에 이르게 된 경우에는 **상대방은 그 계약관계를 바로 해지할 수 있다**고 보았다.[7]

2. 기타 종료사유

민법상으로는 위탁자의 사망은 위임종료의 원인이나(민법 제690조), 상법상으로는 상인이 그 영업에 관하여 수여한 대리권은 본인의 사망으로 인하여 소멸하지 않으므로(제50조) 위탁자가 상인인 경우에는 위탁자의 사망은 위탁매매계약의 종료사유가 되지 않는다. 위탁매매계약의 종료와 관련된 판례로 위탁판매인이 영업점포의 상호나 영업장소를 변경한 것만으로는 위탁판매계약이 당연히 또는 묵시적으로 해지되었다고 볼 수 없다.[8]

---

7) 대법원 1995.3.24. 선고 94다17826 판결.

8) 대법원 1995.12.22. 선고 95다16660 판결(위탁판매 계약이 수탁판매인의 영업점포의 상호 변경이나 영업장소의 변경으로 당연히 해지된다고 볼 수 없고, 또한 위탁판매점 계약에서 상품 전시시설이 계약의 중요 요소가 된다고 볼 수 있는 것도 아니므로 소외 A가 영업장소를 이전한 태양오토바이부속이라는 상호의 점포에 전시시설이 있는지를 심리하여야 한다거나 그 유무에 따라 계약의 해지 여부에 관한 판단이 달라진다고 볼 수 없다).

Ⅲ. 법률관계

1. 위탁매매계약의 성립

위탁자와 위탁매매인 사이의 위탁매매계약은 물건 또는 유가증권의 매매라는 법률행위를 위탁하는 계약이므로 위임계약으로서, 상법은 특별한 규정이 없는 경우에는 위임에 관한 규정을 적용하고 있다(제112조). 위임계약은 당사자 일방이 상대방에 대하여 사무의 처리를 위탁하고 상대방이 이를 승낙함으로써 그 효력이 생긴다(민법 제680조). 이러한 위임계약은 낙성, 불요식계약이며, 명시적 또는 묵시적으로도 성립할 수 있다. 판례는 증권거래에 있어서 위탁계약은 직무상 권한이 있는 직원이 고객으로부터 "금원이나 주식을 수령"하면 곧바로 성립하고, 이후 그 직원의 금원수납에 관한 처리는 위탁계약의 성립에 영향이 없다고 하였다.9) 그 판결에서 "금원이나 주식을 수령"하면 위탁계약이 성립한다고 표현하여 위탁계약을 마치 요물계약인 것처럼 설시하는 것은 의문이나, 위탁계약이 성립한다는 결론은 옳다. 고객(위탁자)이 위탁할 의사로 예탁금과 주식을 위탁매매인(증권회사)에게 제공하고 직무상 수령할 권한이 있는 직원이 그 의사와 예탁금 등을 확인하고 수령한 이상, 그 직원이 처음부터 예탁하는 현금과 주식을 유용할 생각이었다 하더라도 위탁계약이 적법하게 성립한다.

2. 위탁물의 귀속

(1) 상법 제103조

위탁매매인이 위탁자로부터 받은 물건 또는 유가증권이나 위탁매매로 인하여 취득한 물건, 유가증권 또는 채권은 위탁자와 위탁매매인 또는 위탁매매인의 채권자간의 관계에서는 이를 위탁자의 소유 또는 채권으로 본다(제103조). 원칙적으로는 위탁매매인이 위탁자를 위하여 물건 또는 유가증권을 점유하는 경우 대외적으로는 위탁매매인의 소유로 보아야 한다. 그런데 위탁매매인이 그 재산을 위탁자에게 이전하지 않고 있는 동안 파산하거나 하는 경우 위탁자는 다른 채권자들과 동등한 지위에서 채권을 주장할 수밖에 없어, 위탁자에게 가혹한 경우가 발생할 수 있어 상법 제103조를 두어, 일정한 범위에서 위탁물을 위탁

---

9) 대법원 1994.4.29. 선고 94다2688 판결(증권매매거래의 위탁계약의 성립시기는 직무상 권한이 있는 직원이 증권매매거래를 위탁한다는 의사로 이를 위탁하는 고객으로부터 금원이나 주식을 수령하면 곧바로 위탁계약이 성립하고, 이후 그 직원의 금원수납에 관한 처리는 위 계약의 성립에 영향이 없다); 대법원 1987.12.22. 선고 87도2168 판결(예금계약은 예금자가 예금의사를 표시하면서 금융기관에 돈을 제공하고 금융기관이 그 의사에 따라서 그 돈을 받아 확인을 하면 그로써 성립하고, 은행의 담당직원이 예금주 몰래 그 돈을 유용하였어도 마찬가지라고 한 경우); 대법원 1980.11.11. 선고 80다135 판결; 대법원 1997.2.14. 선고 95다19140 판결; 대법원 2004.2.27. 선고 2001다38067 판결 등 **같은 취지의 판결들이 많다.**

자의 소유로 **본다.**

판례는 이 규정의 의의에 대하여 위탁자가 위탁매매인의 배후에 있는 경제적 주체로서의 직접적 이익을 고려하고 나아가 위탁매매인이 위탁자에 대하여 신탁에서의 수탁자에 유사한 지위에 있음을 감안한 것이라고 하면서, **위탁자의 소유로 의제**함으로 인하여 위탁매매인이 물건 또는 채권에 관하여 한 처분 또는 위탁매매인의 채권자가 위 물건 또는 채권에 대하여 하는 강제집행 등 자기 채권의 만족에 관한 행위는 이미 위탁자에게 속하는 물건 또는 채권에 대하여 행하여진 것이어서 위탁자와의 관계에서 그 효력을 부인하여 위탁자의 이익을 보호하고자 하는 것이라 한다.[10]

(2) 적용범위

위탁자의 소유로 의제되는 범위는 위탁자와 위탁매매인 또는 위탁자와 위탁매매인의 채권자와의 관계에서이다. 제103조는 위탁자와 위탁매매인의 내부적 관계뿐만 아니라 외부적 관계에 대하여도 적용되는 중요한 특칙이다. ① **위탁자와 위탁매매인** 사이에서 위탁자의 소유가 되므로 위탁자가 맡긴 물건 또는 유가증권을 위탁매매인이 임의로 소비하였다면 **횡령죄**가 성립한다. 위탁물의 매도대금을 위탁자에게 반환하지 않고 사용한 경우에도 마찬가지이다.[11] ② **위탁자와 위탁매매인의 채권자 사이**이다. 위탁매매인의 채권자가 위탁물에 대한 강제집행을 하는 경우 위탁자는 그 채권자를 상대로 **이의의 소**를 제기할 수 있다(민사집행법 제48조). 위탁자는 위탁매매인이 파산절차 또는 회생절차에 들어간 경우에는 **환취권**을 행사할 수 있다(채무자회생 및 파산에 관한 법률 제70조, 제407조).

그런데 **위탁자의 채권자와 위탁매매인 사이에서는 이 규정이 적용되지 않음**을 유의하여야 한다. 위탁매매인이 점유하고 있는 물건 등에 대하여 위탁자의 채권자가 아무런 권리를 행사할 수 없고, 결국 이 규정은 위탁자의 이익을 보호하기 위한 것임을 알 수 있다.

3. 위탁매매인의 지위

(1) 의 의

상법 제102조는 위탁매매인은 위탁자를 위한 매매로 인하여 상대방에 대하여 **직접 권**

---

10) 대법원 2011.7.14. 선고 2011다31645 판결.

11) 대법원 1982.2.23. 선고 81도2619 판결(위탁판매에 있어서는 위탁품의 소유권은 위임자에게 속하고 그 판매대금은 다른 특약이나 특별한 사정이 없는 한 이를 수령함과 동시에 위탁자에 귀속한다 할 것이므로 위탁매매인이 이를 사용, 소비한 때에는 횡령죄가 성립한다). 다만 이 사건에서는 단순한 매매계약이고 위탁매매계약이 아니라 하였다; 대법원 1986.6.24. 선고 86도1000 판결(위탁판매에 있어서는 위탁품의 소유권은 위임자에게 속하고 그 판매대금은 다른 특약이나 특단의 사정이 없는 한 이를 수령함과 동시에 위탁자에게 귀속한다 할 것이므로 이를 사용 소비한 때에는 횡령죄를 구성한다. 피고인은 고소인 김○○로부터 판매수당을 받기로 하고 이 사건 물품을 교부받아 판매하였는바 그렇다면 특단의 사정이 없는 한 양자 사이의 물품공급관계는 위탁판매로 보여지고 피고인이 그 대금을 소비한 행위는 업무상횡령죄를 구성한다고 한 경우).

리를 취득하고 의무를 부담한다고 규정하고 있으나, 이는 주선행위의 특성상 당연한 것을 규정한 주의적 규정이라 하겠다. 위탁매매인이 자기명의로 거래를 하므로, 외부적으로 위탁자와 매매계약의 거래상대방과의 사이에는 아무런 법률관계가 형성되지 않는다.

그런데 위탁자가 그 관계에서 법률상 어떠한 조치를 취할 수 있는가? ① 위탁자는 거래 상대방에게 이행을 직접 청구할 수는 없고 다만 **민법상 채권자대위권**을 행사할 수 있다. ② 위탁자의 보호를 위하여 제105조의 규정이 있다. 위탁매매인은 위탁자를 위한 매매에 관하여 상대방이 채무를 이행하지 아니하는 경우에는 위탁자에 대하여 이를 이행할 책임이 있다(제105조). 이를 **위탁매매인의 이행담보책임**이라고 하고, 이행을 한 위탁매매인은 다시 거래상대방에 대하여 손해배상책임을 물을 수 있다.

(2) 위탁매매인의 의무

1) 선관주의의무

상법은 위탁자와 위탁매매인간의 관계에는 위임에 관한 규정을 적용하고(제112조), 위탁매매가 민법상 위임의 일종임을 분명히 한다. 따라서 위탁매매인은 선량한 관리자의 주의의무로서 위탁사무를 처리하여야 한다(제112조, 민법 제681조). 위탁자를 위하여 적시에 물건을 판매하고 매수한 물건을 위탁자에게 인도하며, 위탁자에게 물품대금을 인도하거나 대금채권을 양도하여야 한다. 이밖에 필요한 물건을 보관하고 위탁자에 속할 권리의 보전조치도 취하여야 한다.

관련 판례[12]를 보면, (i) **무상증자**에 의한 신주인수 등은 위탁매매약정에 포괄적으로 포함되어 있고, 위탁매매인인 증권회사가 위탁받은 주식에 관한 이익배당금의 수령이나 무상증자에 의한 신주인수를 이행하지 아니하였다면 특단의 사정이 없는 한 이는 위탁매매약정에 관한 채무불이행을 구성하며 이로 인하여 위탁자인 고객이 입은 손해를 배상하여야 할 의무가 있다고 판시하였다. 그러나 (ii) **유상증자**의 경우 상거래관행상 유상주를 인수하는 것이 이득이 되는 것이 일반적이라 하더라도 그와 같은 사정만으로는 유상주의 인수에 관한 통지나 인수업무대행이 약정상 채무에 당연히 포함되는 것이다 할 수 없고, 별도의 대행약정이 없다고 하면 유상주의 인수에 관한 통지나 업무대행을 하지 아니한 점이 위탁매매 약정상의 채무를 불이행한 것이라 할 수 없다고 본다. 이 판결은 증권업계에서 널리 행하여지고 있는 이른바 일임매매약정에 관하여 해석기준을 제시하고 있는 것으로서 증권위탁매매의 거래통념에 부합하는 타당한 것으로 평가된다. 결국 위탁매매인이 증자시 신주인수 등을 하지 않은 경우 **무상증자의 경우에는 손해배상책임을 부담함에 반하여, 유상증자의 경우에는 유상주의 인수가 이득이 된다 하더라도 손해배상책임을 부담하지 않는다**는 것이다.

---

12) 대법원 1991.5.24. 선고 90다14416 판결.

2) 통지 및 계산서 제출의무

위탁매매인은 선관주의의무 이외에도 상법에 규정된 각종 의무를 부담한다. 먼저 위탁매매인이 위탁받은 매매를 한 때에는 지체 없이 위탁자에 대하여 그 계약의 요령과 상대방의 주소, 성명의 통지를 발송하여야 하며, 계산서를 제출하여야 한다(제104조). 이 경우 통지의무는 위탁자의 청구를 요하지 아니하는 점에서 민법상의 수임인의 보고의무(민법 제683조)와는 차이가 있다.

3) 지정가액준수의무

위탁자는 위탁매매인에게 매매가격을 일임하는 수도 있으나 지정하는 경우도 있다. 이 경우에는 위탁매매인은 매매가액에 있어서 그 지정에 따라야 한다. 위탁매매인이 그 지정가격보다 염가로 매도하거나 또는 고가로 매수한 경우에는 위탁의 취지에 반하는 것이므로 위탁자는 그 매매를 자기를 위하여 한 것으로 인정할 필요가 없다. 그러나 위탁매매인 자신이 그 차액을 부담하는 때에는 위탁자로서는 손실이 없을 것이며 가급적 위탁매매에 의한 거래의 성립을 조장하여야 할 것이므로, 상법은 그 매매는 위탁자에 대하여 효력이 있는 것으로 하였다(제106조 제1항). 위탁자가 지정한 가격보다 고가로 매도하거나 염가로 매수한 경우에는 그 차액은 다른 약정이 없으면 위탁자의 이익으로 한다(제106조 제2항).

4) 이행담보책임

위탁매매인은 위탁자를 위한 매매에 관하여 상대방이 채무를 이행하지 아니하는 경우에는 위탁자에 대하여 이를 이행할 책임을 진다(제105조 본문). 위탁매매인의 위탁자에 대한 이행담보책임이 인정되기 위해서는 그 채무의 성질상 대체급부가 가능한 것이어야 한다. 다만 위탁매매인의 이행담보책임을 배제하는 다른 약정이나 관습이 없어야 한다(제105조 단서).

5) 위탁물의 훼손·하자 등의 통지 및 처분의무

위탁매매인이 위탁매매의 목적물을 인도받은 후에 그 물건의 훼손 또는 하자를 발견하거나 그 물건이 부패할 염려가 있는 때 또는 가격하락의 상황을 안 때에는 지체 없이 위탁자에게 그 통지를 발송하여야 한다(제108조 제1항). 위탁매매인이 수임인으로서 선관주의의무를 가지는 점에서 볼 때에는 당연한 것이며 **주의적인 규정**이다.

(3) 위탁매매인의 권리

1) 개입권

개입권이란 **위탁매매인이 직접 거래상대방이 될 수 있는 권리**를 말한다. 위탁매매인이 거래소의 시세가 있는 물건 또는 유가증권의 매매를 위탁받은 경우에는 직접 그 매도인이나 매수인이 될 수 있다. 이 경우의 매매대가는 위탁매매인이 매매의 통지를 발송할 때의 거래소의 시세에 따른다(제107조 제1항). 가격이나 매매조건의 공정성이 보장된다면 위탁매매인이 거래상대방이 되었다고 하여 위탁자에게 불리할 것이 없고, 위탁매매인으로서도 비용을 줄이고 수수료 수입을 얻을 수 있다. 따라서 제107조는 거래소의 시세가 있는 물건 또는 유가증권에 한하여 개입권의 대상이 된다고 한다. 그리고 이 개입권은 형성권이다. 개입권의 행사를 금지하는 명시 또는 묵시의 특약이나 법률의 규정이 없어야 한다. 거래소라 함은 공개적이고 경쟁적인 방법으로 매매가 체결되는 시장을 말하는데 한국거래소가 그 대표적인 예임에도 불구하고, **자본시장법 제67조에서는 명문으로 이를 금지하고 있어 증권시장에서는 개입권이 인정되지 않는다.**

2) 기타의 권리

위탁계약에서 보수를 정하지 않더라도 **보수청구권**을 가지고(제61조), 위탁자가 상인이 아닌 경우에도 제67조를 준용하여 **매수물의 공탁권과 경매권**을 가지며(제109조), 대리상의 유치권과 동일한 **유치권**이 있다(제111조).

4. 매수위탁자가 상인인 경우

제110조에서 위탁자가 상인으로서 그 영업에 관하여 **물건의 매수를 위탁한 경우** 위탁자와 위탁매매인 사이에서 매매계약이 아니라 위탁계약이 체결됨에도 불구하고 상사매매에 관한 규정을 준용한다. 매수위탁이므로 **위탁자를 매수인, 위탁매매인을 매도인**으로 취급하게 된다.

Ⅳ. 준위탁매매인

위탁매매인은 물건 또는 유가증권의 매매를 주선하므로 **매매 이외의 행위를 주선하는** 경우에는 위탁매매인이 아니다. 제113조는 매매 이외의 행위를 주선하는 경우에도 위탁매매에 관한 규정을 준용하는데 이를 준위탁매매인이라고 한다. 그러나 단지 매매를 전제로 하는 규정은 준위탁매매인에게 준용되지 않는다. 그러한 경우로 위탁물에 대한 통지처분의무, 공탁경매권, 상사매매, 개입권 등의 규정이 그러하다.

제 4 절 운송주선업

Ⅰ. 운송주선인의 의의

1. 의   의

운송주선인은 자기명의로 물건운송의 주선을 영업으로 하는 자이다(제114조). 자기명의로 법률행위를 하되 그 경제적 효과는 타인에게 귀속된다는 의미에서 그 법적 구조는 위탁매매인과 동일하다. 따라서 다른 규정이 없는 사항에 대하여는 위탁매매인의 규정을 준용한다(제123조). 운송주선업은 운송의 거리가 육해공 삼면에 걸쳐 길어지고 운송수단도 다양할 뿐만 아니라 공간적 이동이 필요불가피한 화물도 복잡다양화함에 따라 송하인과 운송인이 적당한 상대방을 적기에 선택하여 필요한 운송계약을 체결하기 어렵게 되었으므로 송하인과 운송인의 중간에서 가장 확실하고 신속한 운송로와 시기를 선택하여 운송을 주선하기 위한 긴요한 수단으로서 발달하게 되었다.[13]

2. 운송주선인의 의의

운송주선인은 자기명의로 물건운송의 주선을 영업으로 하는 자이다(제114조). 이를 분설하면 다음과 같다.

① 운송주선인은 물건운송의 '**주선**'을 영업으로 한다. 주선이란 일반적으로 자기명의로 타인의 계산으로 거래하는 것을 말하고, 운송주선은 위탁매매와 더불어 가장 대표적인 주선행위에 해당한다. 다만 운송주선은 주선의 목적행위가 물건 또는 유가증권의 매매가 아니고 물건의 운송계약이라는 점에서 위탁매매인과 차이가 있다. ② 주선의 목적은 **물건의 운송**이다. 여기서 물건이라 함은 운송의 객체가 될 수 있는 모든 물건을 포함한다. 물건의 운송을 대상으로 하므로 여객운송은 제외된다. 여객운송을 주선하는 자는 준위탁매매인에 속한다(제113조). 물건의 운송인 이상 육상·해상·공중운송의 어느 것이든 불문한다. ③ 운송주선인은 **상인**이다. 운송주선인은 **주선계약의 인수를 영업**으로 하며(제46조 제12호), 주선행위 자체를 영업으로 하는 것은 아니다. 운송주선인이 체결하는 물건운송계약은 주선계약의 이행에 지나지 않으며 영업을 위하여 수행하는 보조적 상행위가 된다(제47조 제1항).

---

13) 대법원 1987.10.13. 선고 85다카1080 판결.

3. 운송인, 운송주선인의 결정

운송인과 운송주선인은 구분되는 개념이다. 그러나 오늘날에는 운송주선인 업무의 확장, 복합운송의 일반화, 실제운송인과 구별되는 계약운송인의 등장 등으로, 운송인과 운송주선인의 지위를 정확히 구분하는 것이 어려워지고 있다. 위탁자와 운송회사 사이에 '운송주선이나 운송'에 관한 계약서가 정확하게 작성되어 있지 않은 경우, 운송을 의뢰받은 회사가 운송주선인인지, 운송인인지를 결정하는 것은 어려운 경우가 많다. 운송주선인은 자기의 이름으로 주선행위를 하는 것을 영업으로 하는 자이지만, 실제로 운송인의 대리인이 되기도 하고, 위탁자의 이름으로 운송계약을 체결하는 경우도 많기 때문이다. 따라서 운송주선인의 경우에는 자기의 이름으로 주선행위를 한다는 법률적 형식을 엄격하게 요구하기는 어렵다고 보며, 운송주선인은 자기의 이름으로 주선행위를 하는 것이 원칙이지만 **실제로 주선행위를 하였다면 하주나 운송인의 대리인, 위탁자의 이름으로 운송계약을 체결하는 경우에도 운송주선인으로서의 지위를 상실하지 않는다.**[14] 요컨대 선하증권의 기재내용, 운송을 의뢰받은 회사가 실제로 수행한 업무 등을 고려하여 계약내용을 확정함으로써 운송주선인인지의 여부를 결정하는 것은 어느 정도 불가피하다.[15]

4. 운송주선계약의 성질

위탁자와 운송주선인 사이의 운송주선계약은 물건운송계약이라는 법률행위를 위탁하는 계약이므로 위임계약에 속한다. 운송주선업은 연혁적으로 위탁매매업에서 발달해왔다. 이러한 특성을 반영하여 상법은 위탁매매업에 관한 규정을 운송주선업에도 일반적으로 준용하고 있다(제123조 등). 운송주선인의 지위, 운송물의 귀속, 수탁행위 실행의 통지 및 계산서의 제출, 지정가액준수의무, 운송주선인의 공탁, 경매권 등에 관해서는 위탁매매에 관한 규정들이 그대로 적용된다. 그러나 운송주선업의 성질상 이행담보책임에 관한 규정(제105조)은 준용되지 않으며, 개입권에 관한 규정도 준용될 여지가 적다. 운송주선인의 개입권에 대해서는 특별규정이 있기 때문이다(제116조).

---

14) 대법원 2007.4.26. 선고 2005다5058 판결(운송주선업자가 운송의뢰인으로부터 운송관련 업무를 의뢰받았다고 하더라도 운송을 의뢰받은 것인지, 운송주선만을 의뢰받은 것인지 여부가 명확하지 않은 경우에는 당사자의 의사를 탐구하여 운송인의 지위를 취득하였는지 여부를 확정하여야 하지만, 당사자의 의사가 명확하지 않은 경우에는 계약 체결 당시의 상황, 하우스 항공화물운송장의 발행자 명의, 운임의 지급형태, 운송을 의뢰받은 회사가 실제로 수행한 업무 등 여러 가지 사정을 종합적으로 고려하여 논리와 경험칙에 따라 운송주선업자가 운송의뢰인으로부터 실제로 운송책임을 인수하였다고 볼 수 있는지 여부를 판단하여야 한다).

15) 대법원 1987.10.13. 선고 85다카1080 판결(운송주선인은 자기의 이름으로 주선행위를 하는 것을 영업으로 하는 것이지만 하주나 운송인의 대리인이 되기도 하고 위탁자의 이름으로 운송계약을 체결하는 경우에도 운송주선인임에는 변함이 없다고 한 경우); 대법원 1997.6.27. 선고 95다7215 판결 등.

Ⅱ. 운송주선인의 의무와 책임

1. 선관주의의무

운송주선계약은 물건운송계약이라는 사무처리를 위탁하는 위임계약이다. 운송주선인에 관하여는 위탁매매인에 관한 규정이 준용되고(제123조), 위탁자와 위탁매매인의 관계에서는 위임에 관한 규정이 적용되는바(제112조), 결국 운송주선인은 선량한 관리자의 주의의무로서 운송주선업무를 처리하여야 한다.[16)

2. 손해배상책임

(1) 책임의 원인

운송주선인은 자기나 그 사용인이 운송물의 수령, 인도, 보관, 운송인이나 다른 운송주선인의 선택 기타 운송에 관하여 주의를 해태하지 아니하였음을 증명하지 아니하면 운송물의 멸실, 훼손 또는 연착으로 인한 손해를 배상할 책임을 면하지 못한다(제115조). 여기서 운송물의 수령, 인도 등 책임의 원인은 예시적으로 열거한 것에 불과하고, 그 밖에도 포장의 점검, 필요한 서류의 작성 및 위탁자의 지시, 기타 관습 등에 의하여 운송주선인에게 요구되는 주의의무를 위반한 경우에는 손해를 배상할 책임이 있다.

그런데 상법 제115조 운송주선인의 손해배상책임은 운송인의 손해배상책임에 비하여 엄격하다고 할 수 있다. 이는 자기명의로 법률행위를 하지만 그 경제적 효과는 타인에게 귀속되는 운송주선업의 특성을 감안하여 상대적으로 엄격하게 손해배상책임을 규정한 것이다. 주선행위를 함에도 불구하고 그 책임범위가 광범하고 손해배상액에 대한 제한도 없다.

(2) 책임의 성질

상법은 운송주선인의 손해배상책임에 관하여 과실책임주의를 취하면서, 동시에 무과실의 입증책임을 운송주선인에게 부담시키고 있다(제115조). 운송주선인이 책임을 면하기 위해서는 운송물의 멸실, 훼손 또는 연착이 자신의 고의 또는 과실로 인한 것이 아님을 증명하여야 하며, 단지 사용인의 선임과 감독에 관하여 주의를 게을리하지 아니하였다는 것을 증명하는 것만으로는 책임을 면하지 못한다. 그러나 **운송인의 선택에 관하여 과실이 없는 이상 운송인의 과실에 대해서는 책임을 지지 않는다.**

---

16) 대법원 1987.5.12. 선고 85다카2232 판결에서 화물수령증을 발행한 운송주선인의 경우에는 화물을 화물수령증의 소지인인 적법한 반환청구권자에게 교부하여 위 운송품을 인도받을 수 있도록 할 의무가 있으며, 이러한 법리는 당해 운송주선의 의뢰인이 수출자이건 수입자이건 가리지 않고 적용된다고 하였다.

(3) 손해배상의 범위

손해배상의 범위는 운송물의 멸실, 훼손 또는 연착으로 인한 경우에만 한정되는 것이 아니며, 위탁받은 사무를 수행함에 있어서 선관주의의무를 다하지 못한 경우의 전반에 걸쳐서 책임을 진다. 운송주선인을 육상운송인과 비교하면 ① 육상운송인의 경우 손해배상액의 정형화에 관한 규정이 있으나(제137조), 운송주선인의 손해배상액은 관련 규정이 없어 그 **손해배상액은 민법의 일반원칙**에 의한다. 그런데 ② 고가물에 관한 책임은 제124조가 제136조를 준용하고 있어 동일하다. 따라서 운송주선인은 화폐, 유가증권 기타의 고가물에 대해서는 송하인이 운송주선을 위탁할 때에 그 종류와 가액을 명시한 경우에 한하여 손해배상책임을 진다(제124조, 제136조).

(4) 책임의 소멸

운송주선인의 손해배상책임은 운송주선인이나 그 사용인에 악의가 있는 경우를 제외하고는 수하인이 운송물을 수령한 날로부터, 또 전부멸실의 경우에는 그 운송물을 인도할 날로부터 1년을 경과하면 소멸시효가 완성한다(제121조). 운송인이나 그 사용인의 **'악의'라 함은 운송인이나 그 사용인이 운송물의 훼손 또는 일부멸실이 있다는 것을 알면서 이를 수하인에게 알리지 않고 인도한 경우**를 가리킨다고 해석한다.[17]

3. 채무불이행책임과 불법행위책임의 관계

(1) 의   의

운송주선인이 운송주선계약을 위반한 경우에는 채무불이행으로 인한 책임을 부담하지만, 운송주선인 자신이나 그 사용인의 고의, 과실로 인하여 운송물을 멸실, 훼손한 경우에는 동시에 불법행위책임이 문제되는 것이 보통이다. 이러한 경우에는 두 가지 책임과의 관계가 문제된다. 판례는 운송계약상의 채무불이행책임이나 불법행위로 인한 손해배상책임은 병존하고(**청구권경합설**), 운송계약상의 면책특약은 이를 불법행위책임에도 적용하기로 하는 명시적 또는 묵시적 합의가 없는 한 당연히 불법행위책임에 적용되지 않는다고 한다.[18] 이 쟁점에 대하여는 운송인에서 상세히 살핀다.

(2) 적용 판례들

① 운송계약상의 채무불이행책임이나 불법행위로 인한 손해배상책임은 병존하고, **운송계약상의 면책특약은 일반적으로 이를 불법행위책임에도 적용하기로 하는 명시적 또는**

---

17) 대법원 1987.6.23. 선고 86다카2107 판결.
18) 대법원 1999.7.13. 선고 99다8711 판결.

묵시적 합의가 없는 한 당연히 불법행위책임에 적용되지 않는다.[19] ② 화물상환증(해상운송의 경우에는 선하증권)이 발행된 경우에는 운송물은 화물상환증과 상환으로 그 소지인에게 인도되어야 한다. 따라서 운송인 등이 화물상환증 등과 상환 없이 화주나 제3자에게 운송물을 인도한 경우에는 운송물이 불법반출되어 화물상환증소지인이 운송물을 인도받지 못할 수 있음을 예견할 수 있었다고 볼 것이고, 이는 특별한 사정이 없는 한 고의 또는 중과실에 의한 불법행위를 구성한다.[20] ③ 운송주선인의 국내대리점이 항공화물운송장 등 운송서류를 수하인이나 통지처가 아닌 제3자에게 임의로 교부하였다면, 제3자에게의 인도의 법적 효력이 발생하였는지 여부와는 상관없이 운송주선인의 과실행위는 각 물품에 대한 인도청구권을 침해한 불법행위가 된다고 하였다.[21] ④ 그리고 이는 **보증도에 관하여 상관습이 존재하는 경우라 하더라도** 운송인 또는 운송취급인이 선하증권과 상환하지 아니하고 보증도에 의하여 운송물을 선하증권 소지인이 아닌 자에게 인도함으로써 선하증권 소지인의 운송물에 대한 권리를 침해하였을 때에는 고의 또는 중대한 과실에 의한 불법행위가 성립된다.[22]

Ⅲ. 운송주선인의 권리

1. 개 입 권

(1) 의 의

운송주선인은 다른 약정이 없으면 직접 운송할 수 있다(제116조 제1항 전문). 이를 운송주선인의 개입권이라고 한다. 운송의 성질상 개입권을 인정하여도 운임이나 운송방법이 대개 일정하여 폐단이 없고 편리하기 때문이다. 개입권 행사에 있어서 거래소의 시세가 있을 것이라는 위탁매매인에서와 같은 제한(제107조 참조)도 없다.

개입권은 **형성권**이므로 운송주선인의 일방적인 의사표시로 한다. 개입을 한다는 명시

19) 대법원 1999.7.13. 선고 99다8711 판결; 대법원 1987.6.9. 선고 87다34 판결; 대법원 1985.5.28. 선고 84 다카966 판결(상법 제812조에 의하여 준용되는 같은 법 제121조 제1항, 제2항의 단기소멸시효 규정은 운송인의 운송계약상의 채무불이행으로 인한 손해배상청구에만 적용되고, 일반 불법행위로 인한 손해배상청구에는 적용되지 않는다).

20) 대법원 1983.3.22. 선고 82다카1533 전원합의체 판결(선하증권의 면책약관은 특별한 사정이 없는 한 운송계약상의 채무불이행책임뿐만 아니라 그 운송물의 소유권침해로 인한 불법행위책임에도 적용된다고 보아야 할 것이지만, 고의 또는 중대한 과실로 인한 재산권 침해에 대한 불법행위책임을 추궁하는 경우에는 적용되지 않는다); 대법원 1989. 3. 14 선고 87다카1791 판결(해상운송인 또는 운송취급인이 선하증권과 상환하지 아니하고 운송물을 선하증권소지인 아닌 자에게 인도함으로 인하여 선하증권소지인에게 인도하지 못하게 된 경우, 선하증권소지인의 운송물에 대한 권리를 침해하는 불법행위가 되며, 특별한 사정이 없는 한 그 권리침해의 결과를 인식한 것으로 보아야 하고 만약 그 결과의 발생을 인식하지 못하였다면 중대한 과실이 있다).

21) 대법원 1996.9.6. 선고 94다46404 판결.

22) 대법원 1992.2.14. 선고 91다4249 판결; 대법원 1991.12.10. 선고 91다14123 판결; 대법원 1992.1.21. 선고 91다14994 판결.

또는 묵시적인 의사표시가 위탁자에게 도달하여야 한다. 이 점에서는 위탁매매인의 개입권과 같다. 개입권의 행사시기에는 특별한 제한이 없으며, 운송인과 운송계약을 체결하기 전에는 물론 체결한 후에도 통지할 때까지는 운송주선인은 개입권을 행사할 수 있다.

(2) 개입권행사의 의제

상법은 일정한 경우 운송주선인의 개입권 행사를 의제하고 있다. 즉 **운송주선인이 위탁자의 청구에 의하여 화물상환증을 작성한 때에는 직접운송하는 것으로 본다**(제116조 제2항). 원래 화물상환증은 운송인이 발행할 수 있는 것이므로 송하인이 운송주선인에게 화물상환증의 발행을 청구한 것은 개입을 권유한 것으로 볼 수 있고, 이에 대하여 운송주선인이 화물상환증을 발행하는 것은 개입한다는 묵시적인 의사표시가 있는 것으로 볼 수 있기 때문이다. 다만 ① 운송주선인이 **자기의 명의로 화물상환증을 작성한 경우**에 한하며, 타인의 대리인으로 화물상환증을 발행한 경우에는 개입이 의제되는 화물상환증의 작성으로 볼 수 없다.[23] 같은 취지에서 ② 선하증권은 대리인을 통해서도 발행할 수 있는 것이므로, 선하증권을 화주에게 교부한 대리인을 운송인으로 인정하지 아니하고 본인을 운송인으로 인정하였다.[24]

(3) 개입의 효과

개입에 의하여 운송주선인은 위탁자에 대하여 **운송인과 동일한 권리의무**를 가지게 된다(제116조 제1항 후문). 다만 운송주선인이 개입을 하는 경우에도 그것은 운송주선이행의 하나의 방법에 다름없으므로 **위임관계가 소멸하는 것은 아니며, 운송주선인으로서의 보수, 비용 등을 청구할 수 있다.** 개입의 의사표시가 있으면 당연히 그 효력이 생기므로 위탁자는 그 통지가 도달한 후에는 위탁을 취소하지 못한다.

2. 보수청구권

(1) 의 의

운송주선인은 운송물을 운송인에게 인도한 때에는 즉시 보수를 청구할 수 있다. 보수를 청구할 수 있는 시기는 **운송물을 운송인에게 인도한 때 즉시** 청구할 수 있는 것이지(제119조 제1항) 수하인에게 인도되는 때인 운송이 완료되는 때가 아니다.

---

23) 대법원 2007.4.26. 선고 2005다5058 판결(해상운송주선인이 위탁자의 청구에 의하여 선하증권을 작성한 때에는 상법 제116조에서 정한 개입권을 행사하였다고 볼 것이나, 해상운송주선인이 타인을 대리하여 위 타인 명의로 작성한 선하증권은 특별한 사정이 없는 한 같은 조에서 정한 개입권 행사의 적법조건이 되는 '운송주선인이 작성한 증권'으로 볼 수 없다); 대법원 1987.10.13. 선고 85다카1080 판결.
24) 대법원 1997.6.27. 선고 95다7215 판결.

(2) 확정운임운송주선계약

운송주선계약에서 운임의 액을 정하는 경우를 확정운임운송주선계약이라 하는데 이 경우 운송주선인의 보수청구권을 인정하지 않는다(제119조 제2항). 운임을 정한 경우 운송주선인이 자신의 보수까지 정했다고 보는 것이다. 확정운임운송주선계약의 법적 성질은 **위탁자와 운송주선인 사이에 직접 운송계약이 체결된 것**으로 본다(통설, 판례).[25] 운송주선인이 개입권을 행사한 경우와는 구별하여야 한다. 운송주선인이 제116조의 개입권을 행사한 경우는 여전히 운송주선인으로서의 지위도 가지고 있어 위탁자에게 보수청구권을 가지고 있으므로 제119조 제2항과는 다르다. 제119조 제2항의 확정운임운송주선계약은 위탁자와 운송주선인 사이에 직접 운송계약이 체결된 것으로 보게 되며 운송주선인의 지위는 운송인의 지위로 갈음하게 된다.

그런데 판례는 확정운임운송주선계약이 되기 위하여는 법문이 명시하지 않는 **추가적인** 요건을 요구한다. ① 운임의 액이 순수한 운송수단의 대가 즉 운송부분의 대가만이 아니고 **운송물이 위탁자로부터 수하인에게 도달되기까지의 액수가 정해진 경우라야만 한다.** 만약 정해진 운임이 순수한 운송수단의 대가만이라는 점이 명백한 경우라면 제119조 제2항이 적용되지 않아, 운송주선인은 별도의 보수를 청구할 수 있다. 또한 ② 운송주선인과 위탁자간에 운임의 액을 정한 경우라 하더라도 그 계약이 운송계약이 되는 까닭에 확정운임주선계약으로 볼 수 있기 위하여는 **운송주선인이 운송인으로서의 기능을 수행할 수 있는 재산적 바탕이 요구**된다.[26]

3. 유 치 권

운송주선인은 운송물에 관하여 받을 보수, 운임, 기타 위탁자를 위한 체당금이나 선대금에 관하여서만 그 운송물을 유치할 수 있다(제120조). 이때 일반상사유치권과는 달리 ① 유치물이 피담보채권과 견련성을 가져야 하고, ② 유치물이 반드시 채무자의 소유일 필요가 없다.

25) 대법원 1987.10.13. 선고 85다카1080 판결.
26) 대법원 1987.10.13. 선고 85다카1080 판결(운송주선계약으로 운임의 액이 정해진 경우라도 그것을 **확정운임운송주선계약**으로 볼 수 있으려면 주선인에게 **해상운송인으로서의 기능을 수행하는 것이 가능한 재산적 바탕이 있어**야 하고 또 그 정해진 운임의 액이 순수한 운송수단의 대가 즉 운송부분의 대가만이 아니고 운송품이 위탁자로부터 수하인에게 도달되기까지의 액수가 정해진 경우라야만 한다).

Ⅳ. 순차운송주선

1. 의   의

순차운송주선이란 수인의 운송주선인이 동일한 운송을 순차로 주선하는 경우를 말한다. 순차운송주선은 국제간의 교역이 활발하게 이루어지면서 운송도 원거리에 걸치게 되어 동일한 운송물의 운송을 위하여 다수의 운송인이 필요함에 따라 활발하게 이용되고 있다. 순차운송주선에는 하수운송주선·부분운송주선·중간운송주선 등과 같은 여러 가지 형태가 있다. ① **하수운송주선**은 최초 운송주선인이 전 구간의 운송주선을 인수하고, 그 주선업무의 전부 또는 일부를 다른 운송주선인에게 하도급을 주는 형태를 말한다. 위탁자의 입장에서는 최초 운송주선인만 주선계약의 당사자이고, 나머지 운송주선인은 단순히 최초 운송주선인의 이행보조자이므로 이에 따라 법률관계를 정한다. ② 수인의 운송주선인이 각 구간별로 개별적으로 위탁자와 운송주선계약을 체결하는 것을 **부분운송주선**이라 한다. ③ 상법 제117조에서 순차운송주선이라 할 때에는 **중간운송주선**을 일컫는다. 하수운송주선과 부분운송주선의 경우에는 상법 제117조가 관여할 여지가 없고 중간운송주선의 경우에만 상법 제117조가 적용된다. 중간운송주선인은 최초 운송주선인이 일부 구간의 운송주선을 인수하고 나머지 구간에 대하여는 최초 운송주선인이 자기의 명의로 위탁자의 계산으로 다른 중간운송주선인에게 운송주선을 의뢰하는 것을 말한다. 중간운송주선인은 위탁자와 직접적인 계약관계가 없지만, 최초 운송주선계약이 이후의 위탁을 예정하고 있다는 점에서 상법은 특별한 규정을 두고 있다.

2. 법률관계

상법 제115조에 의하여 제1의 운송주선인은 운송인이나 중간운송주선인의 선택 기타 운송에 관하여 주의를 해태하지 아니하였음을 증명하지 아니하면, 즉 과실이 있는 때에만 책임을 지고, 중간운송주선인의 과실에 대하여는 책임을 지지 않는다.

(1) 운송주선인의 대위의무

수인이 순차로 운송주선을 하는 경우에는 후자는 전자에 갈음하여 그 권리를 행사할 의무를 부담한다(제117조 제1항). 제117조 제1항에서 말하는 그 권리란 유치권과 운송물의 공탁경매권으로서, 전운송주선인이 위탁자로부터 보수나 비용을 받지 못하고 있을 때 중간운송주선인이 주선한 운송인이 운송물을 위탁자에게 인도해 버리는 경우 담보가 상실되는 것을 막거나, 또는 위탁자가 운송물의 수령을 거부하는 경우 운송물을 점유하는 자가 이를 공탁경매할 수 있도록 하는 취지이다.

따라서 상법 제117조에 의하여 수인이 순차로 운송주선을 하는 경우에 후순위 운송주선인은 전순위 운송주선인에 갈음하여 운송주선에 관한 보수청구권·유치권 등의 권리를 행사할 의무를 부담한다.

(2) 전자의 권리의 취득

순차운송주선에서 후자가 전자에게 변제한 때에는 전자의 권리를 취득한다(제117조 제2항). 개입권은 후자의 자신의 권리가 있으므로 대위할 필요가 없고, 유치권과 운송물의 공탁경매권은 후자가 변제하지 않더라도 제117조 제1항에서 의무로 인정되는 것이므로, 결국은 보수청구권 또는 비용상환청구권을 말한다. 여기서 전자는 반드시 직접의 전자에 한하지 않는다. 후자가 다시 다른 운송주선인을 위탁한 경우 그 후자 역시 전자에게 변제를 하고 그 권리를 취득할 수 있다.

(3) 운송인의 권리의 취득

상법 제118조에 의하여 후자인 도착지 운송주선인을 포함한 중간운송주선인이 운송인에게 변제를 한 때에는 전자인 운송주선인에 대하여 운송인이 가졌던 권리를 취득한다.

(4) 운송물에 대한 책임

제138조에서는 순차운송인의 연대책임에 관한 규정을 두고 있으나, 운송주선인에 준용하는 그 준용규정이 없다. 따라서 순차운송주선인의 경우 각자의 구간에서 발생한 손해에 한하여 책임을 진다고 해석할 수밖에 없다.

제 5 절 운 송 업

Ⅰ. 의   의

1. 의   의

운송은 물건 또는 여객을 일정 장소에서 다른 장소로 이동시키는 것을 말한다. 상거래의 공간적 제약성을 극복할 수 있도록 한 것이 운송업이며 그 수단에 따라 육상운송, 해상운송, 항공운송, 복합운송 등으로 나눌 수 있다. 상법은 **육상운송**은 상행위법에서, **해상운송**은 제5편 해상법에서, **항공운송**은 제6편 항공운송법에서 별도로 규정하고 있다. 최근 신설이 논의되고 있는 **복합운송**은 상행위법에서 육상운송에 이어 제150조의2 이하에 배치될 예정이다. 그런데 운송법의 기본적 법리는 해상운송에서 형성되었음에도 불구하고, 상법에서는 그 위치로 인하여 육상운송이 기본적 규범이 되어 있고 해상운송과 항공운송에서 이를 준용하는 형식으로 취하고 있다. 운송은 또한 객체에 따라 **물건운송과 여객운송**으로 나뉜다. 운송인의 주의의무나 손해배상책임 등이 서로 다르기 때문이며 상법은 주로 물건에 관한 손해에 집중하고 있다. 여기서도 주로 물건운송을 위주로 설명한다.

운송에서 물건을 보내는 자는 **송하인**, 물건을 받는 자를 **수하인**이라 한다. 그리고 운송계약은 **송하인과 운송인** 사이에서 체결된다.

2. 운송인의 의의

운송인은 육상 또는 호천, 항만에서 물건 또는 여객의 운송을 영업으로 하는 자를 말한다(제125조). ① **육상 또는 호천, 항만**에서의 운송을 영업으로 하는 자이다. 호천(湖川)은 호수와 하천을 말하며 호천과 항만을 포함시킨 것은 육상운송과 유사하고 연관성이 많기 때문이다. 해상운송인은 해상편에서, 항공운송인은 항공운송편에서 별도로 규정한다. ② **물건 또는 여객**을 운송한다. 물건은 장소의 이동이 가능하여야 하므로 부동산은 제외된다. ③ 운송을 **영업으로** 하여야 한다. 운송을 영업적 상행위로 하여야 하고 보조적 상행위로 하는 경우는 포함되지 않는다 따라서 음식점이 배달하는 행위는 여기서의 운송이 아니다.

개별 사건에서는 운송인과 운송주선인의 구별이 명확하지 않은 경우 당사자의 의사, 운송증권 발행자의 명의, 운임의 지급형태 등 제반 사정을 종합적으로 고려하여 확정한다.[27]

Ⅱ. 물건운송계약

1. 운송계약

운송계약이란 운송인이 물건을 한 장소로부터 다른 장소로 이동할 것을 약속하고 운송의뢰인이 이에 대하여 일정한 보수를 지급할 것을 약속함으로써 성립하는 계약을 말한다. 특별한 형식을 요하지 않는 낙성·불요식계약이며, 물건 또는 여객을 일정한 장소까지 이동시키는 일정한 일의 완성을 내용으로 하므로 **도급계약**(민법 제664조)에 해당한다.[28]

2. 운송계약의 당사자

운송계약은 **운송인과 송하인**간에 체결된다. 송하인은 운송인의 청구에 의하여 화물명세서를 교부하고(제126조), 운송인은 송하인의 청구에 의하여 화물상환증을 교부한다(제128조).

---

27) 대법원 2007.4.27. 선고 2007다4943 판결(운송주선인이 운송주선만을 의뢰받은 것인지, 또는 운송까지 인수한 것인지에 대하여 당사자의 의사가 명확하지 않은 경우에는, 선하증권의 발행자 명의, 운임의 지급형태 등 제반 사정을 종합적으로 고려하여 운송의 인수 여부를 확정하여야 한다).
28) 대법원 1983.4.26. 선고 82누92 판결.

화물명세서는 증거서면에 불과하나, 화물상환증은 운송물의 인도청구권을 표창하는 유가증권이다. 수하인 또는 화물상환증소지인은 운송계약의 당사자는 아니다. 다만 송하인과 수하인, 송하인과 화물상환증소지인 등은 동일인이어도 무방하다. 운송계약은 낙성·불요식의 계약이므로 화물명세서나 화물상환증의 작성 및 교부는 운송계약 성립의 요건은 아니다.

3. 운송계약의 요소

운송계약서에는 운송물, 운송물의 발송지와 도착지, 수하인, 운임 등이 기재된다.

(1) 운송물

운송계약은 낙성계약이므로 운송물이 운송인에게 인도되지 않은 상태에서도 운송계약은 성립하지만 운송계약상에는 운송물이 명시되어야 한다. 운송물의 종류, 중량 또는 용적, 포장의 종별, 개수와 기호를 기재하는 것이 보통이지만(제126조 제2항 제1호), 운송계약에 반드시 이러한 형식이 요구되는 것은 아니다.

(2) 발송지·도착지

운송계약 특히 물건운송계약에서는 발송지와 도착지가 정하여진다. 발송지와 도착지는 육상운송이 가능한 지역이어야 한다. 운송계약시에는 운송거래만 정하고 구체적인 발송지와 도착지는 운송개시시까지 확정하기로 하는 것도 유효하다.

(3) 수하인

수하인은 운송계약의 당사자는 아니지만, 운송인이 운송계약상 도착지에서 인도해야 할 상대방이 운송계약에서 정해지는 것은 당연하다. 다만 운송계약시에 정하여지지 않고 도착지에 도착하기 전까지 확정하는 것도 무방하다. 화물상환증을 발행하는 경우에는 화물상환증 소지인이 운송물인도청구권을 배타적으로 가지므로 따로 수하인을 정할 필요는 없다.

Ⅲ. 운송인의 권리

1. 운송물인도청구권

운송인은 운송을 위하여 송하인에게 운송할 물건의 인도를 청구할 권리를 가진다. 따라서 송하인이 적시에 운송물을 인도하지 못하는 경우에는 민법상 채권자치체가 성립한다. 운송물의 인도는 현실의 인도만을 의미하며 점유개정이나 목적물반환청구권의 양도에 의한 인도를 포함하지 않는다.[29]

---

29) 대법원 1995.6.13. 선고 92다19293 판결(항공화물운송장이 증거가 되는 "화물의 수취"라 함은 화물에 대한 점

2. 화물명세서 교부청구권

(1) 화물명세서 교부청구권

송하인은 운송인의 청구에 의하여 화물명세서를 교부하여야 한다(제126조 제1항). 화물명세서는 운송물의 내역 등 운송에 관한 주요사항이 기재된 서면으로서 **송하인이 작성**하여 운송인에게 교부하는 것이다. 화물명세서는 유가증권도 아니고 송하인이 작성하고 송하인만이 기명날인 또는 서명하는 것이므로 계약서도 아니다(제126조 제2항). 화물명세서는 증거증권에 불과하다.

화물명세서의 기재사항에 대하여는 제126조 제2항에서 정하고 있다. 운송물의 종류, 중량 또는 용적, 포장의 종별, 개수와 기호, 도착지, 수하인과 운송인의 성명 또는 상호, 영업소 또는 주소, 운임과 그 선급 또는 착급의 구별, 화물명세서의 작성지와 작성년월일 등이 그 기재사항이다. 그런데 이 기재사항들을 기재하지 않았다고 하여 화물명세서가 무효가 되는 것도 아니다.

(2) 송하인의 책임

송하인이 화물명세서에 허위 또는 부정확한 기재를 한 때에는 운송인에 대하여 이로 인한 손해를 배상할 책임이 있다(제127조). 송하인의 부실기재로 인한 손해배상책임을 과실책임으로 이해하는 견해도 있으나, 송하인에게 과실 없다고 하여 부실기재로 인한 손해를 운송인이 부담해야 한다고 하는 것도 옳지 않다. 통설은 **무과실책임**으로 이해한다. 또한 이 경우 운송인이 악의인 경우에는 적용하지 아니한다(제127조 제2항). 그리고 국제협약에서는 위험물에 관한 고지가 없으면 그로 인하여 손해가 확대되는 경우 송하인에게 무과실책임을 묻는 경우가 있으나, **상법에는 그러한 규정이 없다.**

3. 운임청구권

(1) 운 임

운임은 운송이라는 일의 완성에 대한 보수이고 상인의 활동은 유상성을 원칙으로 하므로, 운송인이 도착지에서 운송물을 인도한 때에는 특약이 없어도 운임을 청구할 수 있다(제61조). 운임은 운송계약의 체결시에 지급되는 경우도 있지만 일반 도급에 있어서의 수급인의 보수청구권과 같이 일의 완성 후, 즉 **운송을 완료한 때**이다. 따라서 운송을 완료한 때이면 되므로 현실적 인도가 아니라 **운송물을 인도할 수 있는 상태**를 갖추면 충분하

유가 현실적으로 송하인으로부터 항공운송인 또는 항공운송주선인에게 이전되는 것 즉, **현실인도만을 가리키는 것으로 보아야 하고 점유개정이나 반환청구권의 양도 등에 의한 인도방식은 포함되지 않는 것**으로 해석하는 것이 타당하다).

다.[30)]

(2) 운임지급의무자

운임은 원칙적으로 운송계약을 체결한 **송하인**이 지급한다. 다만 **수하인은 운송물을 수령**함으로써 운임에 관하여 송하인과 함께 연대채무자가 된다(제141조). 화물상환증이 작성된 경우에는 그 **화물상환증 소지인도 운송물을 수령**함으로써 운임지급의무자가 된다(제131조). 송하인 또는 화물상환증소지인은 운송인에 대하여 운송의 중지, 운송물의 반환 기타의 처분을 청구할 수 있는데, 이 경우에도 운송인은 이미 운송한 비율에 따른 운임의 지급을 청구할 수 있다(제139조 제1항).

그러나 주의할 점은 **운임청구권이 발생한 시점과 수하인이 운송물을 수령하는 시점은 구별**되어야 한다는 것이다. 운송물이 도착지에 도착하여 운송인이 수하인에게 그 수령을 통지하였다고 가정하자. 운임청구권은 현실적 인도가 아니라 운송물을 인도할 수 있는 상태를 갖추면 발생하므로 운임청구권은 발생하였으나, 그 운임을 수하인이 지급할 의무는 없다. 수하인이 상법 제141조에 의하여 수령함으로써 운임지급의 의무자가 되는 것이고, 그 전까지는 송하인만이 운임지급의무자가 된다.[31)]

(3) 운송물 멸실과 운임

운송인의 과실로 운송물이 멸실된 경우 손해배상책임을 부담하는 것은 도급계약이라고 하는 운송계약의 성질상 당연하다(제137조 제4항 참조). 그런데 **운송인의 과실이 없는 경우**는 어떠한가?

① **송하인에게도 과실이 없는 경우**라면 위험부담의 문제가 된다. 민법 제537조에 의하면 채무자가 그 위험을 부담하고 운송의무를 부담하는 운송인이 그 위험을 부담할 것이므로 운송인은 운임을 청구할 수 없고, 상법 제134조 제1항은 주의적 규정이 된다. ② **운송물의 성질이나 하자 또는 송하인의 과실로 인한 경우**라면 운송인은 운임의 전액을 청구할 수 있다(제134조 제2항). 그런데 이는 임의규정이므로 당사자간에 다른 약정을 할 수 있다.[32)]

---

30) 대법원 1993.3.12. 선고 92다32906 판결(운임은 운송을 완료함으로써 청구할 수 있는 것이고, 운송의 완료라 함은 운송물을 현실적으로 인도할 필요는 없으나 운송물을 인도할 수 있는 상태를 갖추면 충분하다).

31) 대법원 1996.2.9. 선고 94다27144 판결(상법 제800조 제1항에는 "수하인은 **운송물을 수령하는 때**에는 운송계약 또는 선하증권의 취지에 따라 운임, 부수비용, 체당금, 정박료, 운송물의 가액에 따른 공동해손 또는 해난구조로 인한 부담액을 지급하여야 한다"고 규정하고 있으므로, 수하인 또는 선하증권의 소지인은 운송물을 수령하지 않는 한 운임 등을 지급하여야 할 의무가 없다고 보아야 할 것이고, 따라서 수하인이 운송인으로부터 화물의 도착을 통지받고 이를 수령하지 아니한 것만으로 바로 상법 제800조 제1항 소정의 운송물을 수령한 수하인으로 취급할 수는 없으며). 이 판례는 **해상운송에 관한 것이나 그 논리는 동일**하다.

32) 대법원 1972.2.22. 선고 71다2500 판결(운송인과 송하인은 운임에 관하여 상법 제134조 제812조의 규정에 불구하고 다른 특약을 할 수 있다).

4. 기타 비용청구권

① 송하인 또는 화물상환증 소지인은 운송인에 대하여 운송의 중지, 운송물의 반환 기타의 처분을 청구할 수 있는데, 이 경우에도 운송인은 이미 운송한 비율에 따른 운임, 체당금과 처분으로 인한 비용의 지급을 청구할 수 있다(제139조 제1항). ② 수하인이 운송물을 수령한 때에는 운송인에 대하여 운임 기타 운송에 관한 비용과 체당금을 지급할 의무를 부담한다(제141조). 통상 운송에 소요되는 비용은 운임에 포함되어 있으므로, "기타 운송에 관한 비용"은 운임을 정하면서 고려되지 않았던 부분을 말한다.

5. 유 치 권

(1) 의 의

운송인은 운송물에 관하여 받을 보수, 운임, 기타 송하인을 위한 체당금이나 선대금에 관한 청구권을 확보하기 위하여 운송물을 유치할 수 있다(제147조, 제120조). 운송인의 유치권은 운송주선인의 유치권과 같다(제147조, 제120조). 운송인의 유치권은 유치목적물인 운송물의 **소유권이 채무자에게 속함을 요하지 않으나,** 운임 등 피담보채권과 유치목적물 사이에 **개별적 견련성이 요구**되는 것은 운송주선인의 유치권(제120조)과 같다.

운송인의 유치권이 인정되는 경우에는 민사유치권 및 상인간의 유치권을 배제하는 묵시적 특약이 있다고 볼 것이라는 견해도 있으나, 운송인은 그 요건을 충족하는 이상 민사유치권, 상인간의 유치권, 운송인의 유치권 중에서 어느 것을 선택해서 행사해도 무방하다고 본다.

(2) 개별적 견련성

운송인의 유치권은 피담보채권과 유치목적물간에 개별적 견련성을 요구한다. 이는 송하인과 수하인이 반드시 동일인은 아니므로 수하인이 수령할 운송물과 관계가 없는 운송물에 관하여 생긴 채권 기타 송하인에 대한 그 운송물과는 관계가 없는 채권을 담보하기 위하여 그 운송물이 유치됨으로써 수하인이 뜻밖의 손해를 입지 않도록 하기 위하여 피담보채권의 범위를 제한한 것이다.[33] 그러나 동일한 기회에 동일한 수하인에게 운송하여 줄 것을 의뢰받은 운송인이 **그 운송물의 일부를 유치한 경우 위 운송물 전체에 대한 운임채권은 동일한 법률관계에서 발생한 채권으로서 유치의 목적물과 견련관계를 인정**하여 피담보채권의 범위에 속한다.[34]

33) 대법원 1993.3.12. 선고 92다32906 판결.
34) 대법원 1993.3.12. 선고 92다32906 판결.

6. 공탁권, 경매권

상사매매의 경우와 동일하다. ① **수하인을 알 수 없는 때**에는 운송인은 운송물을 공탁할 수 있다(제142조 제1항). 이 경우에 운송인은 송하인에 대하여 상당한 기간을 정하여 운송물의 처분에 대한 지시를 최고하여도 그 기간 내에 지시를 하지 아니한 때에는 운송물을 경매할 수 있다(제142조 제2항). 또한 운송인이 운송물의 공탁 또는 경매를 한 때에는 지체 없이 송하인에게 그 통지를 발송하여야 한다(제142조 제3항). ② 위 규정은 **수하인이 운송물의 수령을 거부하거나 수령할 수 없는 경우**에 준용한다(제143조 제1항). 다만 운송인이 경매를 함에는 송하인에 대한 최고를 하기 전에 수하인에 대하여 상당한 기간을 정하여 운송물의 수령을 최고하여야 한다(제143조 제2항). ③ **송하인, 화물상환증소지인과 수하인을 알 수 없는 때**에는 운송인은 권리자에 대하여 6월 이상의 기간을 정하여 그 기간 내에 권리를 주장할 것을 공고하여야 한다(제144조 제1항). 그 공고는 관보나 일간신문에 2회 이상 하여야 한다. 운송인이 위 공고를 하여도 그 기간 내에 권리를 주장하는 자가 없는 때에는 운송물을 **경매**할 수 있다(제144조 제3항).

Ⅳ. 운송인의 의무

운송인은 운송물을 인도할 때까지 선량한 관리자의 주의로서 운송물을 보존하고 관리하여야 하고(민법 제374조), 다음과 같은 의무를 부담한다.

1. 운송물 처분의무

송하인 또는 화물상환증 소지인이 운송인에 대하여 운송의 중지, 운송물의 반환 기타의 처분을 청구할 수 있다(제139조 제1항 본문). 이를 송하인의 처분권이라 하고, 운송인의 입장에서는 처분의무가 된다. 화물상환증이 발행된 경우에는 송하인은 처분권이 없고 **화물상환증 소지인만**이 처분권을 가진다. 또한 운송물이 목적지에 도착한 후 수하인이 그 인도를 청구한 때에는 수하인의 권리가 우선하므로(제140조 제2항) **수하인의 인도청구시** 송하인의 처분권은 소멸하는 것과 같은 결과가 된다.

운송인이 이미 이행한 부분은 보상하여야 하므로 제139조 제1항 단서에 이 경우에 운송인은 이미 운송한 비율에 따른 운임, 체당금과 처분으로 인한 비용의 지급을 청구할 수 있다는 규정을 두고 있다.

2. 운송물 인도의무

(1) 화물상환증이 발행되지 않은 경우

화물상환증이 발행되지 않은 경우라면 ① **운송물이 목적지에 도착하기까지는 송하인이 운송물에 대한 처분권을 가지므로 송하인의 지시에 따라야 한다.** 송하인으로부터 특별한 지시가 없는 한 운송인은 운송계약에 따라 원칙적으로 수하인에게 운송물을 인도하여야 한다. 그런데 ② **운송물이 목적지에 도착한 후에는 수하인의 인도청구가 있는 때에는 수하인의 권리가 송하인에 우선한다**(제140조 제2항). 수하인은 운송계약의 당사자가 아니지만 운송의 특수성을 반영하여 인도청구권을 인정하고 있다.

(2) 화물상환증이 발행된 경우

1) 화물상환증과의 상환에 의한 운송물인도

화물상환증을 작성한 경우에는 이와 상환하지 아니하면 운송물의 인도를 청구할 수 없다(제129조). 화물상환증이 발행된 경우에는 **화물상환증의 정당한 소지인만이** 운송물의 인도청구권을 가진다. 이를 화물상환증의 **상환증권성**이라 하고 이로 인하여 송하인이나 수하인이라 하더라도 화물상환증이 없으면 운송물의 인도를 청구하지 못한다. 운송증권을 발행한 운송인이 그 증권과 상환하지 아니하고 운송물을 증권소지인 아닌 자에게 인도함으로써 증권소지인에게 운송물을 인도하지 못하게 되어 운송물에 대한 그의 권리를 침해하였을 때에는 고의 또는 중대한 과실에 의한 불법행위가 성립한다.[35]

2) 보증도

실무에서는 화물상환증이 아직 도착지에 도착하지 않은 경우 수하인이 운송인에게 화물선취보증서를 제출하고 운송물을 인도받는 경우가 있고, 화물상환증을 담보로 취득한 신용장 개설은행이 보증을 서서 발급해 주므로 **보증도**라 부른다. 판례는 이 경우 보증도의 상관습이 있다 하더라도 운송인의 행위가 정당한 행위로 된다거나 주의의무가 경감된다고 볼 수 없다고 하고, 운송인의 불법행위책임이 성립한다고 하는 확립된 입장이다.[36]

보증도의 방법에 의하여 운송물의 회수가 사회통념상 불가능하게 됨으로써 그것이 멸실된 후에 운송인이 송하인에 대하여 배상하여야 할 손해액은 상법 제137조에 의한 손해배상액이 아니라, 그 운송물의 멸실 당시의 가액 및 이에 대한 지연손해금 상당의 금액이다.[37] 왜냐하면 상법 제137조에 의한 손해배상액은 채무불이행을 원인으로 하는 손해배상

---

35) 대법원 1991.12.10. 선고 91다14123 판결; 대법원 1992.2.14. 선고 91다4249 판결; 대법원 1999.4.23. 선고 98다13211 판결.

36) 대법원 1999.4.23. 선고 98다13211판결 등.

37) 대법원 2009.5.28. 선고 2007다24008 판결; 대법원 2007.6.28. 선고 2007다16113 판결; 대법원 1993.10.8. 선고

임에 반하여 보증도의 경우 운송인이 책임을 지는 책임은 불법행위책임이기 때문이다.

3) 불법행위의 성립시기

불법행위의 성립은 선하증권 소지인이 **운송물에 대한 소유권을 상실하여야만 운송인의 불법행위가 성립하는 것이 아니라 운송인이 선하증권 소지인이 아닌 자에게 운송물을 인도함으로써 선하증권 소지인의 운송물에 대한 권리의 행사가 어렵게 되기만 하였으면 곧바로 불법행위가 성립한다.**[38] 같은 취지에서 운송인이 운송계약상의 의무에 위배하여 수하인이 아닌 수입상에게 직접 화물을 인도하여 운송의뢰인의 수출대금에 대한 담보권을 침해한 경우 수입상에 대한 수출대금채권이 형식적으로 존재한다고 할지라도 수입상이 화물에 하자 있음을 트집잡아 대금을 지급하지 않고 있다면 **손해가 발생**하였다고 본다.[39]

V. 운송인의 손해배상책임

1. 의   의

운송인은 자기 또는 운송주선인이나 사용인, 그 밖에 운송을 위하여 사용한 자가 운송물의 수령, 인도, 보관 및 운송에 관하여 주의를 게을리하지 아니하였음을 증명하지 아니하면 운송물의 멸실, 훼손 또는 연착으로 인한 손해를 배상할 책임이 있다(제135조). 운송 시의 부주의로 그 계약상의 의무위반이 있는 경우 민법상 채무불이행책임을 물을 수 있고 또한 불법행위의 요건이 구비되면 그로 인한 손해배상청구권을 가진다. 그러나 운송계약상의 특성을 감안하여 상법은 규정을 두고 있는 것이다.

2. 요   건

(i) 제135조는 채무불이행책임의 입증책임을 주의적으로 규정한 것으로 본다(통설). 따라서 **운송인이 책임을 면하기 위하여는 귀책사유 없음을 입증하여야 한다.** (ii) 운송인의 귀책사유뿐 아니라 운송주선인이나 사용인 등의 이행보조자의 귀책사유에 대하여도 운송인이 책임을 진다. 운송인이 책임을 면하기 위하여는 이행보조자의 주의의무 위반이 없었다거나 또는 주의를 다하였다 하더라도 손해의 발생을 막을 수 없었다는 점을 입증해야만

92다12674 판결.

38) 대법원 2001.4.10. 선고 2000다46795 판결(선하증권을 발행한 운송인이 선하증권과 상환하지 아니하고 운송물을 선하증권 소지인 아닌 자에게 인도함으로써 선하증권 소지인에게 운송물을 인도하지 못하게 되어 운송물에 대한 그의 권리를 침해하였을 때에는 고의 또는 중대한 과실에 의한 불법행위가 성립한다고 할 것인데, 이 경우 운송물을 인수한 자가 운송물을 선의취득하는 등 사유로 선하증권 소지인이 운송물에 대한 소유권을 상실하여야만 운송인의 불법행위가 성립하는 것이 아니라 운송인이 선하증권 소지인이 아닌 자에게 운송물을 인도함으로써 선하증권 소지인의 운송물에 대한 권리의 행사가 어렵게 되기만 하였으면 곧바로 불법행위가 성립한다).

39) 대법원 1993.5.27. 선고 92다32180 판결; 대법원 1988.12.13. 선고 85다카1358 판결도 같은 취지이다.

하고 단순히 운송인이 이행보조자의 선임과 감독에 있어서 주의를 해태하지 않았다는 입 증만으로는 면책되지 않는다.

3. 손해배상의 범위

(1) 운송인 보호

상법은 대량의 물건을 운송하는 운송인을 보호하고자 그 손해배상액을 정형화한다(제 137조). 고가물에 대한 책임(제136조), 손해배상책임의 특별소멸사유(제146조), 1년의 단기소 멸시효(제147조, 제121조) 등이 그것이다.

(2) 손해배상액의 정형화

운송인은 운송물의 멸실·훼손·연착으로 인하여 손해가 생긴 경우에 책임을 지며, 상 당인과관계가 있는 모든 손해를 배상하는 것이 원칙이다. 그러나 상법은 운송기업을 보호 하고, 법률관계의 획일적 처리를 위하여 손해배상액을 정형화하는 규정을 두고 있다.

1) 도착지의 가격

상법은 운송물이 전부멸실 또는 연착된 경우에는 **인도할 날의 도착지의 가격**에 의하여 손해배상액을 산정하고(제137조 제1항), 일부멸실 또는 훼손된 경우에는 **인도한 날의 도착 지의 가격**에 의하여 손해배상액을 산정한다(제137조 제2항). 이처럼 상법이 운송인의 책임 범위를 도착지의 가격에 의하여 일률적으로 산정하는 것은 운송물의 멸실·훼손 또는 연착 으로 인하여 보통 발생하는 손실은 도착지의 가격이라고 보기 때문이다. 따라서 **운송물의 멸실·훼손 또는 연착으로 인한 특별손해는 설사 운송인이 그 특별한 사정을 알았거나 알 수 있었다 하더라도 배상의 범위에서 제외된다.** 운송인은 멸실 또는 훼손된 부분의 도착지에서의 시가 상당액을 배상하면 된다.

2) 연 착

운송물이 연착된 경우에도 상법 규정에 의하면 인도할 날의 도착지의 가격에 의하여 손해배상을 하도록 정하고 있다(제137조 제1항). 그러나 연착의 경우 전부멸실과 마찬가지 로 도착지의 가격을 전액 배상하도록 하는 것은 지나치게 가혹하다. 이에 연착의 경우 인 도한 날의 가격이 인도할 날의 가격보다 하락한 것을 전제로 하여 이의 차액을 손해배상 액으로 규정한 것으로 본다(통설). 그러나 그 역에 해당하여 **인도한 날의 가격이 상승하였 다면 운송인은 손해배상책임을 지지 않는 결과**가 되고 만다. 이 경우 민법의 채무불이행 원칙에 의하여 해결할 수 있다는 견해도 있으나, 운송인이 특별한 사정을 알 수 있었다 하더라도 손해배상의 범위에서 제외하고 있는 것을 보면 이 견해는 문언을 벗어나는 것이 다. 입법론적으로는 연착에 의한 손해배상액에 대하여는 별도의 규정을 두어 해석하여야 한다.

3) 운송인의 고의 또는 중과실로 인한 손해

그러나 운송물의 멸실·훼손·연착이 운송인의 고의나 중대한 과실로 인한 때에는 운송인은 모든 손해를 배상하여야 한다(제137조 제3항). 운송인의 고의나 중대한 과실로 인한 경우에는 민법의 일반 원칙으로 돌아가 상당한 인과관계가 있는 통상손해를 모두 배상할 책임이 있다. 그리고 민법의 일반원칙에 의하는 것이므로 운송인이 알았거나 알 수 있었을 경우 특별한 사정으로 인한 손해, 즉 **특별손해**도 배상하여야 한다.[40] 다만, 운송물의 멸실 또는 훼손으로 인하여 지급을 요하지 아니하는 운임 기타 비용은 상법 제137조 제3항에 정한 배상액에서 공제하여야 한다(제137조 제4항). 상법 제137조의 손해배상액 산정의 특칙은 임의규정이므로 당사자간의 특약으로 그 책임을 가중 또는 경감할 수 있다.

(3) 손해배상책임의 소멸

1) 수하인 등이 유보 없이 운송물을 수령한 경우

운송인의 책임은 수하인 또는 화물상환증소지인이 유보 없이 운송물을 수령하고 운임 기타의 비용을 지급한 때에는 소멸한다. 그러나 운송물에 즉시 발견할 수 없는 훼손 또는 일부멸실이 있는 경우에 운송물을 수령한 날로부터 2주간 내에 운송인에게 그 통지를 발송한 때에는 그러하지 아니하다(제146조 제1항). 다만 운송인 또는 그 사용인이 악의인 경우에는 적용하지 아니한다(제146조 제2항).

2) 단기소멸시효

운송인의 손해배상책임은 수하인이 운송물을 수령한 날로부터 1년을 경과하면 소멸시효가 완성된다(제147조, 제121조 제1항). 운송물이 전부멸실한 경우에는 그 운송물을 '인도할 날'부터 그 소멸시효기간을 기산한다(제147조, 제121조 제1항).[41] 다만 운송인이나 그 사용인이 악의인 경우에는 5년의 일반상사소멸시효가 적용된다.

악의의 의미에 대하여는 견해가 나뉜다. (i) 운송물에 훼손 또는 일부멸실이 있다는 것을 단순히 아는 것만으로는 부족하고 그 사실을 은폐하기 위하여 적극적인 조치를 취한 경우를 말한다는 견해가 있다.[42] 그러나 그러한 해석은 **단기소멸시효를 둔 취지를 무색하게 할 우려가 있으므로 (ii) 판례의 입장과 같이 악의라 함은 운송인이나 그 사용인이 운송물에 훼손 또는 일부멸실이 있다는 것을 알면서 이를 수하인에게 알리지 않고 인도**

---

40) 김홍기, 260면; 송옥렬, 181면.
41) 대법원 1976.9.14. 선고 74다1215 판결(철도편에 탁송한 전주 1개가 운송 중 사용불능 상태로 완전히 파손된 것이라면, 이는 전부멸실에 해당되는 것이어서 상법 제147조, 제121조 제2항에 의하여 운송인의 책임은 그 멸실된 전주를 인도할 날로부터 소멸시효가 진행된다).
42) 김홍기, 261면.

한 경우를 가리킨다.[43)]

4. 운송인의 고가물에 대한 책임

(1) 의 의

상법은 화폐, 유가증권 기타의 고가물에 대하여는 송하인이 운송을 위탁할 때에 그 종류와 가액을 명시한 경우에 한하여 운송인이 손해를 배상할 책임이 있다고 규정하고 있다(제136조). 이 규정을 둔 취지는 고가물은 멸실의 위험이 클 뿐만 아니라, 손해가 발생하면 배상액이 거액에 달하기 때문에 미리 그 뜻이 명시되어 있으면 그에 상당하는 주의를 다하여 손해의 발생을 방지할 수 있고 보험 등에 의하여 위험의 분산을 꾀할 수 있으며, 또 그 명시가 있는 경우 특별히 고율의 운임을 청구할 수도 있을 것이기 때문이다. 따라서 운송물에 고가물의 명시가 없는 경우 운송인에게 고가물로서의 손해배상책임을 요구한다면 이것은 운송인에게 가혹할 수 있어 운송인을 보호하기 위하여 둔 규정이다.

고가물이라 함은 그 용적이나 수량에 비하여 가격이 현저하게 높은 물건을 말하는 것으로서, 화폐, 유가증권 외에 예컨대 보석·귀금속·예술품·골동품 등이 이에 속할 것이나, 구체적으로 어떤 물건이 고가물인가는 각 시대에 있어서의 사회적 관념에 따라 평가할 수밖에 없다. 판례 중에는, 견직물은 오늘날 사회 경제 및 거래상태로 보아 상법 제136조 소정의 고가물이라 볼 수 없다고 한 것이 있다.[44)]

(2) 명 시

고가물의 명시는 송하인이 운송인 또는 운송인의 대리인에 대하여 하여야 한다.[45)] 고가물임을 명시하는 방법에는 그 제한이 없으므로 운송장에 기재하여 하거나 구두에 의하여 하거나 불문한다. 다만 명시하여야 할 사항은 운송물의 종류와 가액 두 가지 모두이다. 운송물의 종류는 운송인이 고가물인가의 여부를 식별할 수 있을 정도의 종별을 의미한다.

(3) 명시하지 않은 경우의 효과

1) 통 설

운송인은 고가물의 명시가 없는 경우에는 손해배상책임을 지지 아니한다. **통설은 고가물의 명시가 없는 경우에는 보통물로서의 손해배상책임도 지지 아니한다고 본다.** 송하인

---

43) 대법원 1987.6.23. 선고 86다카2107 판결.
44) 대법원 1967.10.23. 선고 67다1919 판결; 대법원 1963.4.18. 선고 63다126 판결(견직물은 오늘날 사회경제 및 거래상태로 보아 상법 제136조 소정의 고가물이라 볼 수 없으므로 그 종류와 가격을 명시하지 아니하였다 하여도 운송인은 손해배상책임을 면할 수 없다).
45) 대법원 1991.1.11. 선고 90다8937 판결(송하인이 기계의 운송 및 하역을 맡기면서 그 내용이 고가물임을 **운송인 또는 그 대리인**에게 알렸다면 충분하고, 그 운송인의 하도급을 받아서 운송하는 자에게까지 명시할 필요는 없다).

이 고가물의 명시를 하지 않은 경우에는 대개 운송물의 보통물로서의 가액이라는 것을 정할 수 없고, 또한 고가물의 명시를 촉진하기 위해서이다. 이 경우 보통물로서 보아 주의가 다해졌는가 아닌가를 논하는 것은 무의미하다. 보통물로서의 주의를 다한 것으로는 고가물의 멸실, 훼손의 손해를 방지할 수 없고, 고가물로서 주의할 기회가 부여되었다면 손해 그 자체가 생기기 않았다고 운송인이 주장하고 있는 경우에 보통물로서의 주의를 논하여 책임을 인정할 수는 없다.

2) 송하인이 명시하지는 않았으나, 운송인이 우연히 고가물임을 안 경우

송하인이 명시하지 않았으나, 운송인이 우연히 알게 된 경우를 명시한 경우와 동일하게 취급할 수 있겠는가의 문제이다. 이에 대하여 (i) 운송인이 고가물임을 안 이상 고가물에 대한 주의의무와 고가물에 대한 책임을 진다는 견해가 있으나, (ii) 송하인의 명시가 없는 이상 제136조는 적용되지 않으나, 운송인이 우연히 알게 되었다는 사정만으로는 주의의무가 높아진다는 것이 부적절하므로 운송인은 보통물로서의 주의의무를 부담하고, 주의의무와는 별론으로 그 발생한 손해액을 배상하여야 한다는 즉 고가물로서의 책임을 진다는 견해가 있다(다수설).

그런데 이 논의는 별 실익이 없다. 왜냐하면 통설과 판례인 청구권경합설에서는 고가물 불고지에 의한 상법상의 채무불이행책임이 인정되지 않는다 하더라도, 이 경우 **불법행위책임**을 물을 수 있을 것이기 때문이고 판례도 그러하다.[46]

5. 운송인의 운송계약상의 채무불이행책임과 불법행위책임의 관계

운송물이 운송인 또는 그 이행보조자의 귀책사유에 의하여 멸실, 훼손된 경우 운송인은 채무불이행으로 인한 손해배상책임을 부담하는데, 한편 그 멸실, 훼손된 운송물의 소유권의 침해라고 하는 사실을 수반하기 때문에 그것과는 별도로 불법행위를 구성할 수 있는 요건이 존재하는 것이 보통이므로 이 두 책임의 관계가 문제된다.

(1) 학 설

학설로는 청구권경합설과 법조경합설이 있다. ① **청구권경합설**은 운송계약상의 채무불이행책임과 불법행위책임은 하나의 사실에서 두 개의 법률관계가 발생한 것인데다가 또 양자는 그 성질 및 요건과 효과를 달리하는 것이므로, 이 두 가지를 이유로 하는 청구권이 다 인정되며 청구권자는 그중 어느 한쪽을 선택하여 행사할 수 있다는 설이다. 이 학

---

46) 대법원 1991.8.23. 선고 91다15409 판결(상법 제136조와 관련되는 고가물불고지로 인한 면책규정은 일반적으로 운송인의 운송계약상의 채무불이행으로 인한 청구에만 적용되고 불법행위로 인한 손해배상청구에는 그 적용이 없으므로 운송인의 운송이행업무를 보조하는 자가 운송과 관련하여 **고의 또는 과실로 송하인에게 손해를 가한 경우** 동인은 운송계약의 당사자가 아니어서 운송계약상의 채무불이행으로 인한 책임은 부담하지 아니하나 불법행위로 인한 손해배상책임을 부담하므로 위 면책규정은 적용될 여지가 없다).

설에 대하여는 청구권의 경합을 인정하면 운송인의 책임을 경감·면제하는 상법 제136조, 제137조, 제146조, 제147조, 제121조 등의 적용이 배제되어 이러한 규정의 **존재의의가 없어져** 부당하다는 비판이 있다. ② **법조경합설**은 하나의 행위가 두 개의 법규에 저촉되는 외관을 나타내지만 불법행위책임은 손해발생의 경우의 일반적인 배상관계이며, 계약관계가 있는 경우는 불법행위로서의 위법성이 조각될뿐더러 오히려 계약상의 무거운 의무를 전제로 한 관계이므로 계약법은 특별법으로서 일반법인 불법행위의 규정의 적용을 배제하고 따라서 채무불이행에 의한 손해배상청구권만이 발생한다는 설이다. 이 설에 대하여는 피해자의 보호라는 측면에서 이 설에 의하면 고가물의 명시가 없는 경우에는 운송인이 불법행위책임도 지지 않게 되고 또한 운송인의 채무불이행으로 인한 손해배상책임이 1년의 단기소멸시효에 의하여 소멸된 경우에는 다른 구제방법이 없어 **피해자에게 가혹**하므로 부당하다는 비판이 있다.

(2) 판 례

대법원은 오래전부터 계약상의 채무불이행책임과 불법행위책임의 관계에 대하여 자유로운 경합을 인정하는 **청구권경합설**을 취하여 왔다.[47] 운송인의 계약상의 채무불이행으로 인한 손해배상책임과 불법행위로 인한 손해배상책임에 대하여도, 해상운송인이 고의나 과실로 운송화물을 멸실, 훼손시킨 때에는 그 원인이 상사과실이거나 항해과실이거나에 관계 없이 운송계약상의 채무불이행책임과 화물소유자에 대한 불법행위책임이 경합하는 것이므로 권리자는 그중의 어느 쪽의 손해배상청구권도 행사할 수 있고, 운송계약상의 면책약관이나 상법상의 면책조항은 당사자 사이에 **명시적이거나 묵시적인 약정이 없는 이상** 불법행위를 원인으로 하는 손해배상의 경우에까지 확대하여 적용될 수 없다고 하여[48] 청구권경합설의 입장을 취하여 왔다.

상법의 규정들은 채무불이행에만 적용되는 것으로 불법행위에는 적용되지 않음이 통설이고 판례이다. 판례는 이러한 입장에서 상법상 단기소멸시효, 고가물불고지에 따른 면책규정, 또는 운송약관상 면책규정 등은 운송계약상의 채무불이행 청구에만 적용되고 불법행위 손해배상청구에는 그 적용이 없다고 한다.[49] 따라서 제137조의 정액배상주의, 제136조의 고가물에 대한 특칙, 제121조의 단기소멸시효[50] 등은 불법행위에 의한 손해배상청구에

---

47) 대법원 1967.10.23. 선고 67다1919 판결에서는 실화책임에 관한 법률은 실화자에게 중대한 과실이 없는 한 불법행위상의 손해배상책임의 부담을 시키지 아니한다는 데 불과하고 창고업자가 실화로 인하여 임치물의 반환의무이행이 불능케 된 경우의 책임까지 배척하는 것은 아니라고 하였다.

48) 대법원 1980.11.11. 선고 80다1812 판결.

49) 대법원 1977.12.13. 선고 75다107 판결.

50) 대법원 1985.5.28. 선고 84다카966 판결(상법 제121조 소정의 **단기소멸시효 규정은** 운송인의 운송계약상의 채무불이행으로 인한 손해배상청구에만 적용되고 불법행위로 인한 손해배상청구에는 적용되지 아니하며, 또한 상법 제64조의 일반상사시효 역시 상행위로 인한 채권에만 적용되고 상행위 아닌 **불법행위로 인한 손해배상채권에는 적용되지 않는다**).

는 적용되지 않는다. 예를 들면 판례는 상법 제136조의 고가물불고지로 인한 면책규정은 일반적으로 운송인의 운송계약상의 채무불이행으로 인한 청구에만 적용되고 불법행위로 인한 손해배상청구에는 그 적용이 없다고 한다.[51] 그런데 이러한 법리는 관련 상법 규정의 존재의의에 대하여 의문을 가지게 한다.

(3) 해상운송과 항공운송에서의 예외

그런데 ① **해상운송**에서 선하증권에 관하여는 청구권경합설을 제한하였다. 대법원 1983.3.22. 선고 82다카1533 전원합의체 판결로 종래의 입장을 다소 수정하였다. 이 판결은 청구권경합설을 확인하면서도, 다만 해상운송인이 발행한 선하증권에 기재된 면책약관은 일반 운송계약상의 면책특약과는 달리 운송계약상의 채무불이행책임뿐만 아니라 그 운송물의 소유권 침해로 인한 불법행위책임에 대하여도 이를 적용하기로 하는 당사자간의 숨은 합의가 포함되어 있다고 보는 것이 타당하므로 별도로 당사자사이에 **위 면책약관을 불법행위책임에도 적용키로 한 합의를 인정할 증거가 없더라도 그 면책약관의 효력은 당연히 운송인의 불법행위책임에까지 미친다고 보아야 할 것**이라고 판시하고, 대법원 1980.11.11. 선고 80다1812 판결 중에서 다른 견해를 폐기하였다. 이 판결은 청구권경합설의 입장에 서 있으면서도 이 설을 일관할 경우 당사자간에 중대한 이해의 차이를 구체적 타당성 있게 극복하기 힘든 사정임을 감안하여 해상운송의 경우 통상 교부되는 선하증권상의 면책약관을 통하여 이해의 형평을 기한 것이다. 이후 1991년 상법을 개정하면서 헤이그-비스비규칙 및 함부르크규칙을 좇아 이 문제를 명문의 조항을 신설하여 해결하였다. 즉 **운송인을 상대로 하는 운송물의 손해에 대한 배상청구가 불법행위를 청구원인으로 하는 경우에도 상법상의 운송인책임규정이 적용된다는 것을 명시**하고 있고(제798조 제1항), 나아가 이 규정은 운송인 이외의 실제운송인 또는 그 사용인이나 대리인에 대하여 제기된 경우에도 이를 적용하며, 운송물에 관한 손해배상청구가 운송인의 사용인 또는 대리인에 대하여 제기된 경우에도 그 손해가 그 사용인 또는 대리인의 직무집행에 관하여 생긴 것인 때에는 그 사용인 또는 대리인은 운송인이 주장할 수 있는 항변과 책임제한을 원용할 수 있다고 규정하였다(제798조 제2항·제4항). ② **항공운송**의 경우에도 약관상 면책조항은 불법행위책임에도 적용하기로 하는 당사자간의 합의가 없는 한 불법행위에 적용되지 않는다는 것이 판례이었다.[52] 그런데 2011년 개정에 의하여 운송인의 책임에 관한 규정은 불법행위로 인한 손해배상책임에도 적용된다고 명시하였고(제899조 제1항), 상법 규정에 반하여 운송인의 책임을 감면하는 약관은 무효로 하여 입법적으로 해결하였다.

---

51) 대법원 1991.8.23. 선고 91다15409 판결.
52) 대법원 2004.7.22. 선고 2001다58269 판결(운송계약상의 채무불이행책임과 불법행위로 인한 손해배상책임은 병존하고, 항공운송계약상의 면책특약은 일반적으로 이를 불법행위책임에도 적용하기로 하는 명시적 또는 묵시적 합의가 없는 한 당연히 불법행위책임에 적용되지 않는다) 등.

결국 **해상운송은** 제798조 제1항, **항공운송**은 제899조 제1항에서 운송인의 책임에 관한 규정을 모두 불법행위로 인한 손해배상책임에도 적용하도록 하는 **법조경합설**을 취하여 입법적으로 해결하였다. 하지만 **육상운송에서는 여전히 청구권경합설**에 의한다는 점을 유의하여야 한다.

Ⅵ. 수하인의 법적 지위

1. 운송계약의 당사자

운송계약은 **운송인과 송하인**간에 체결된다. 송하인은 운송인의 청구에 의하여 화물명세서를 교부하고(제126조), 운송인은 송하인의 청구에 의하여 화물상환증을 교부한다(제128조). 운송계약은 낙성·불요식의 계약이므로 화물명세서나 화물상환증의 작성 및 교부는 운송계약 성립의 요건은 아니다. 수하인 또는 화물상환증소지인은 운송계약의 당사자는 아니다. 다만 송하인과 수하인, 송하인과 화물상환증소지인 등은 동일인이어도 무방하다.

2. 수하인의 지위

(1) 운송물의 도착전

운송물이 도착지에 도착하기 전에는 송하인의 권리만 존재하며 수하인은 운송물에 대하여 아무런 권리가 인정되지 않는다(제139조 제1항). 송하인 또는 화물상환증 소지인에 대하여만 운송물의 처분권을 인정하고 있다.

(2) 운송물의 도착 후

운송물이 도착한 때에는 수하인은 **송하인과 동일한 권리**를 취득한다(제140조 제1항). 이는 수하인이 수익의 의사표시를 하지 않아도 그 권리를 취득한다는 점에서 제3자를 위한 계약과는 다르고, 운송계약의 특성을 고려하여 상법이 특별히 인정한 권리이다(다수설). 따라서 이때부터 수하인은 운송물의 인도를 청구할 수 있고 또한 운송물의 멸실 등에 대한 손해배상청구권도 가진다.

(3) 운송물의 도착 후 수하인이 인도를 청구한 때

나아가 운송물이 도착지에 도착한 후 수하인이 그 **운송물의 인도를 청구한 때**에는 **수하인의 권리가 송하인의 권리에 우선**한다(제140조 제2항). 따라서 이미 수하인이 도착한 화물에 대하여 운송인에게 인도 청구를 한 다음에는 비록 그 운송계약에 기한 선하증권이 뒤늦게 발행되었다고 하더라도 그 선하증권의 소지인이 운송인에 대하여 새로이 운송물에

대한 인도청구권 등의 권리를 갖게 된다고 할 수는 없다.[53]

(4) 수하인이 운송물을 수령한 때

수하인이 **운송물을 수령한 때**에는 운임 기타 비용의 **지급의무를 진다**(제141조). 이때 송하인의 운임지급의무가 소멸하는 것은 아니므로 송하인과 수하인은 부진정연대채무를 부담한다.

Ⅶ. 화물상환증

1. 의   의

화물상환증은 **운송인에 대한 운송물인도청구권을 표창하는 유가증권**이다. 운송인이 운송물의 수령을 증명하고 목적지에서 증권소지인에게 인도할 의무를 표창하는 유가증권이라고도 할 수 있다. 운송되어야 할 물건은 운송기간 중 운송인에 인도되어 그 관리하에 들어가지만 물건이 목적지에 도착하면 물건을 수령할 사람에게 인도되지 않으면 안된다. 그러나 물건을 수령할 사람은 송하인뿐만 아니라 그 대리인, 송하인으로부터 수하인으로 지정된 사람, 또는 운송 중에 전매되어 있으면 당해 물건을 새롭게 취득한 사람이 각각 수하인이 되는 지위를 얻게 되는데, 유가증권이 발행되면 운송 중에라도 권리자를 보다 쉽게 확정할 수도 있다. 그래서 운송인은 운송계약에 기초하여 운송물을 수령했음을 증명하고 목적지에서 운송물을 증권소지인에게 인도할 것을 약속하는 유가증권을 발행하는 것이다. 이러한 유가증권이 해상물건운송에 있어서는 **선하증권**이고, 육상물건운송에 있어서는 **화물상환증**이다. 화물상환증을 교부받은 송하인은 이 증권을 저당잡히거나 양도에 의해서 금융의 편의를 얻을 수 있다. 화물상환증이 발행되는 경우는 거의 없으나 선하증권에 대하여 화물상환증 규정을 준용하고 있어 중요한 의미가 있다(제861조).

2. 발   행

화물상환증의 발행은 운송계약에 근거하여 **송하인의 청구**에 의하여 운송인이 발행한다(제128조 제1항). 화물상환증의 발행자는 운송인이고, 발행의 청구권자는 **송하인**이다. 운송인이 운송물의 수령후 반드시 화물상환증을 발행하여야 하는 것은 아니고 송하인의 청구가 있는 경우에 한하여 발행한다. 그리고 화물상환증의 발행시기에 대해서는 명문의 규정이 없다. 그러나 화물상환증의 발행은 운송인에의 운송물의 인도를 요건으로 하는 것에 논쟁의 여지가 없으므로 운송물을 수령한 후라고 본다.

---

53) 대법원 2003.10.24. 선고 2001다72296 판결.

3. 화물상환증의 형식과 법적 성질

(1) 법정기재사항

화물상환증에는 다음의 사항을 기재하고 운송인이 이에 기명날인할 것을 규정하고 있다(제128조 제2항). ① **운송물의 종류, 중량 또는 용적, 포장의 종별, 개수와 기호**(제128조 제2항 제1호, 제126조 제2항 제1호)이다. 화물상환증은 특정물인 운송물의 인도청구권을 표창한다. 따라서 운송물의 동일성을 명확히 증명하기 위하여 증권에는 미리 이들 사항을 기재하여야 한다. 따라서 동일성 확인에 관해서 이들 전사항을 다 포함하지 않는다고 하더라도 품질, 수량, 기타 사항이 복합된 표기방법이라도 거래상 인도해야 할 운송물의 특정이 가능하다면 기재해야 할 사항의 요건은 충족되었다고 본다. ② **도착지**(제128조 2항 1호, 제126조 2항 2호)이다. 운송인이 화물상환증의 소지인에 대해서 운송물인도의무를 이행해야 할 장소이다. 따라서 인도장소에 대해서는 상법에 규정이 없고 화물상환증에 기재할 것을 필요로 하지 않지만, 이 기재가 없는 경우는 상관습, 운송방법 및 운송물의 성질 등에 의해서 결정된다. ③ **수하인과 운송인의 성명 또는 상호, 영업소 또는 주소**(제128조 2항 1호, 제126조 2항 3호). ④ **송하인의 성명 또는 상호, 영업소 또는 주소**(제128조 2항 2호)로서 운송인이 운송물을 누구로부터 수령했는가를 명확히 하기 위하여 상법은 송하인에 관한 기재를 요구하고 있다. 또 화물상환증의 양도를 받을 때에 송하인을 안다는 것은 운송물의 가치판단을 위해서도 의미 있는 기재사항이다. 그러나 운송물이 운송인에 인도가 된 이상 이 기재는 본질적인 것이라 할 수 없고, 따라서 그 기재를 빠뜨려도 증권의 효력에는 영향이 없다. ⑤ **운임 기타 운송물에 관한 비용과 그 선급 또는 착급의 구별**(제128조 2항 3호)로서 화물상환증의 소지인이 운송물을 운송인으로부터 수령할 때 운송인에 대해서 부담하는 주된 채무의 내용을 명확하게 하기 위하여 기재할 것을 요하는 사항이다. 그런데 운임의 기재는 본질적인 것이 아니므로 그 흠결이 있다고 하여 무효로 보는 것은 부적당하다. ⑥ **화물상환증의 작성지와 작성연월일**(제128조 2항 4호)이다. 운송인이 화물상환증에 기명날인을 한 곳 및 날짜로서 이에 관한 기재의 여부가 화물상환증에 있어서 본질적인 것은 아니다. 하지만 화물상환증이 작성지(통상은 운송의 발송지)의 기재와 그 날짜에서 운송물의 도달시기의 예측이 가능하게 되는 정도이다. 따라서 작성지의 기재는 반드시 독립적인 최소행정구역만을 요하지 않고 어느 곳에서 작성되었는지를 알 수 있으면 충분하다. 화물상환증의 작성지가 운송물의 발송지와 일치하지 않을 때에는 송하인은 별도의 발송지도 증권에 기재할 것을 운송인에 청구할 수 있다. ⑦ **운송인의 기명날인 또는 서명**(제128조 2항 본문)이다. 운송계약의 당사자인 운송인은 그 계약에 기초한 권리관계 및 책임을 확정하는 의미에서 화물상환증에 기명날인하여야 한다. 따라서 **운송인의 기명날인 또는 서명은 불가결한 요**

건이다.

(2) 화물상환증의 법적 성질

① 완화된 **요식증권성**(제128조 제2항); 화물상환증은 상법 제128조의 규정에 의해서 법정요건의 기재를 요하는 요식증권이지만, 그러나 오늘날에는 화물상환증으로서 최소한 필요한 요건의 기재가 구비되어 있으면 유가증권인 성질을 잃지 않고 엄격성이 부족한 요식증권으로 남는다고 본다. 이는 원인관계와 단절되고 증권의 작성이 권리의 창출인 어음 및 수표의 엄격한 요식증권성과 현저한 대조를 이룬다.

② **비설권증권성**(제128조 제1항); 화물상환증은 어음이나 수표 등의 설권증권과는 달리 단지 이미 성립한 운송계약의 이행을 확실히 하기 위하여 발행되는 것에 불과하다. 이는 송하인이 운송인에게 운송물을 인도해주는 시점에서 취득하게 되는 운송물인도청구권을 화체하기 위한 것이므로 설권증권이 아니다. 즉 화물상환증은 송하인의 청구가 있는 경우에 한하여 이미 발생하여 있는 운송물인도청구권을 유가증권에 화체시킨다는 점에서 설권증권이 아니다.

③ **요인증권성**(제128조 제1항); 운송인은 송하인의 청구에 의하여 이미 발생하여 있는 운송물인도청구권을 화체하는 것이므로 그 원인관계를 화체한 것이다. 요인증권이다.

④ **상환증권성**(제129조); 화물상환증을 작성한 경우에는 이와 상환하지 않으면 운송물의 인도를 청구할 수 없다.

⑤ **제시증권성**(제129조); 화물상환증이 화체하고 있는 운송물인도청구권을 행사하기 위하여는 화물상환증을 제시하여야만 한다.

⑥ **지시증권성**(제130조); 화물상환증은 법률상 당연한 지시증권이므로 기명식으로 작성된 경우에도 특히 배서금지문구를 증권에 기재하지 않는 한 배서에 의해서 양도할 수 있다(제130조, 제65조). 이런 경우에는 무기명증권과 마찬가지로 인도의 방법에 의해 양도된다.

화물상환증의 배서에 의한 양도방법은 어음, 수표의 경우와 마찬가지다. 따라서 배서의 효력으로서 권리이전적 효력과 자격수여적 효력을 갖고(제65조, 민법 제513조) 권리이전에 대해서는 선의취득의 적용(제65조, 민법 제514조), 인적항변의 절단(민법 제515조), 변제자에는 면책적 효력(민법 제518조)도 생긴다. 그러나 화물상환증에는 구체적인 운송물의 인도청구권이 화체되어 있어서 운송인의 채무이행을 담보하는 **담보적 효력(어음법 제15조)은 인정되지 않는다.**

⑦ **문언증권성**(제131조); 화물상환증이 발행된 경우 운송인과 송하인 사이에는 화물상환증에 적힌 대로 운송계약이 체결되고 운송물을 수령한 것으로 추정되며(제131조 제1항), 화물상환증을 선의로 취득한 소지인에 대하여 운송인은 화물상환증에 적힌 대로 운송인으로서의 책임을 진다(제131조 제2항)고 규정한다. 문언증권성은 요인증권성과 모순되는 면이

있다.

⑧ **처분증권성**(제132조); 화물상환증이 작성된 경우에는 운송물에 관한 처분은 화물상환증으로써 하여야 한다. 이는 강행규정이고 화물상환증이 유가증권으로 인정받게 되는 중요한 성질이다.

⑨ **인도증권성**(제133조); 화물상환증의 물권적 효력에 관한 제133조를 인도증권으로써 설명한다. 화물상환증을 교부한 때에는 운송물 위에 행사하는 권리의 취득에 관하여 운송물을 인도한 것과 동일한 효력이 있다고 본다.

4. 화물상환증의 채권적 효력

(1) 의 의

화물상환증이 발행되면 증권소지인과 운송인 사이에 운송에 관해서 어떠한 내용의 채권적 청구권이 생기고 그 채권적 효력은 소지인이 채권을 행사하여 운송물의 **인도를 청구할 수 있다는 뜻**이다. 그런데 채권적 효력은 화물상환증에 기재된 내역과 운송인이 실제 수령한 운송물의 내용이 다른 경우에 문제가 발생하게 된다. 화물상환증은 운송인이 운송물을 수령한 것을 원인으로 하여 발행되는 **요인증권**으로 원인관계에서 절단된 어음이나 수표 등의 무인증권과는 다르다. 여기서 화물상환증의 **요인증권성과 문언증권성이 충돌**되는 경우가 된다. 이 두 가지 성질은, 예컨대 공권이 발행된 경우(현실의 운송물의 운송인에의 인도없는 화물상환증의 발행), 물건이 상이한 경우(화물상환증의 기재와 수령한 운송물이 상이한 것) 등에는 서로 저촉되므로 그 해결방법을 둘러싸고 학설은 대립하고 있다.

(2) 과거의 학설과 판례

2010년 상법이 개정되기 이전에는 화물상환증상의 채권관계에 대해서는 상법은 화물상환증을 작성한 경우에는 운송에 관한 사항은 **운송인과 소지인간에 있어서는 화물상환증에 기재된 바에 의한다**(구상법 제131조)고 규정하고 있었다. 이에 관하여 아래와 같은 학설과 판례가 있었다.

① **요인성설**이다. 과거 다수설과 판례[54]는 **공권**에 관해서는 이 입장을 지지하고 있다. 요인성설이 주장하는 바에 의하면 문언성 그 자체는 운송계약의 존재를 전제하지 않으면 성립의 여지가 없다고 본다. 원인관계의 존재가 일차적으로 확정된 경우 이차적으로 운임, 운송물의 수량 등 비교적 경미한 문제에 대해서 문언성이 문제가 되는데 지나지 않는다고 풀이한다. 그러므로 **공권**의 경우에는 증권발행의 원인관계를 흠결한 이상 증권은 무효이고 후에 운송인이 운송물을 수령하여도 증권상의 효력이 유효로 되는 것은 아니라고 한다. 화

---

54) 선하증권에 관한 판례롤 대법원 1982.9.14. 선고 80다1325 판결.

물상환증의 채권은 운송계약에 의하여 운송물의 운송인에 의한 수령에 기초하여 이 권리가 발생한다고 보기 때문이다. 이 경우 증권소지인은 증권발행자에 대해서 채무불이행책임이 아니라 **불법행위책임을 주장할 수 있는데 그치고**, 물건이 틀리거나 수량이 틀리는 경우에도 운송인은 수령한 운송물을 증권소지인에게 인도하면 충분하고 증권소지인이 그것에 의해서 손해를 입은 때에는 공권의 경우와 마찬가지로 불법행위책임을 물을 수 있는데 불과하다. 이 경우 증권소지인이 운송인의 고의나 과실 등도 입증하여야 하므로 **요인성설은 운송업자에게 유리하다.**

② **문언성설**이다. 화물상환증의 문언성을 중시한 견해이다. 이 학설에 있어서는 요인성의 의미 자체도 문언적인 측면에서 보면서, 요인성이란 증권상의 문언으로서 권리의 원인관계를 증권에 기재하는 것을 요하는 것으로서 증권의 기재상 운송인에의 운송물인도의 사실이 원인관계로서 짐작되는 정도로 증권작성행위가 유효하게 성립하고 있다면 증권소지인은 증권에 기재된 그대로의 운송물의 인도를 청구할 수 있다는 것이다. 따라서 운송인은 증권소지인에 대해서 불법행위책임 이외에도 증권기재에 기초한 채무불이행의 책임을 진다는 것이다. 증권소지인이 문언에 따른 채무불이행책임을 묻게 되면, 운송인이 자신이 귀책사유 없음을 입증하여야 한다.

공권의 경우에는 목적물의 전부멸실에 준해서, 물건의 상이(相異)나 수량부족에 대해서는 일부멸실 또는 훼손에 준하여 **채무불이행**에 기초한 손해배상의무를 부담한다. 이 학설은 **문언성을 보다 강조**하면서 증권소지인을 보다 두텁게 보호하고자 하는 이론이나, **증권의 문언에 권리관계의 창조적 효력을 부분적으로 인정하는 문제**가 있다.

③ 과거의 **판례는 요인성설**을 취하였다. 2010년 이전의 판례에서는 **수량차이**의 경우에 대한 것은 없고, **공권**의 경우에 대한 판결들만 있었다. **공권의 경우 선하증권에 관한 것이기는 하나 요인증권성을 취하고 있었다. 운송물을 수령하지 않았는데도 화물상환증이 발행된 공권(空券)의 경우 어느 누구에 대하여도 무효**라는 입장이었다.[55] 운송증권은 운송물의 인도청구권을 표창하는 유가증권인바, 이는 운송계약에 기하여 작성되는 요인증권으로 운송물을 수령 또는 선적하지 아니하였는데도 발행된 운송증권은 원인과 요건을 구비하지 못하여 목적물의 흠결이 있는 것으로서 무효가 되고, 이 경우 증권소지인은 운송물을 수령하지 않고 증권을 발행한 운송인에 대하여 **불법행위로 인한 손해배상을 청구**할 수 있다고 하였다.[56]

---

55) 대법원 2008.2.14. 선고 2006다47585 판결(선하증권은 운송물의 인도청구권을 표창하는 유가증권인바, 이는 운송계약에 기하여 작성되는 유인증권으로 상법은 운송인이 송하인으로부터 실제로 운송물을 수령 또는 선적하고 있는 것을 유효한 선하증권 성립의 전제조건으로 삼고 있으므로 운송물을 수령 또는 선적하지 아니하였는데도 발행한 선하증권은 원인과 요건을 구비하지 못하여 목적물의 흠결이 있는 것으로서 무효이다); 대법원 1982.9.14. 선고 80다1325 판결.

56) 대법원 2005.3.24. 선고 2003다5535 판결.

(3) 상법의 개정

1) 운송인과 송하인

구법은 이에 관한 규정을 두지 않았으나 2010년 개정으로 상법은 화물상환증의 기재에 대하여 **추정적 효력**만을 가진다고 하였다. 송하인과 운송인 사이에는 운송계약의 당사자이므로 문언성이 우선되기 어렵고, 결국은 요인성에 의하게 된다.

2) 운송인과 화물상환증 소지인

운송인은 화물상환증을 선의로 취득한 소지인에 대하여는 문언대로 효력이 발생한다고 규정하였다. 요컨대 선의의 제3자에 대하여는 **문언에 기재된 대로의 의제적 효력**이 있다는 것이다. 이는 개정되기 이전에도 "기재된 바에 의한다"로 되어 있던 것을 "**화물상환증에 적힌 대로 운송물을 수령한 것으로 보고 적힌 바에 따라 운송인으로서 책임을 진다**"로 개정한 것이다. 따라서 보다 구체적으로 보게 되면 **문언증권성을 강조**하여 선의의 소지인에 대하여는 문언대로 책임을 지게 되고 공권의 경우 채무불이행책임을 진다고 해석할 수 있다. 향후 판례가 상법의 개정 이후 어떤 입장을 취할지 주목할 부분이다.

5. 화물상환증의 물권적 효력

(1) 물권적 효력의 의의

화물상환증에는 물권적 법률관계를 정하는 효력이 인정된다. 상법은 제132조에서 화물상환증을 작성한 경우 운송물에 관한 처분은 화물상환증으로써 하여야 한다고 하여, 운송물을 수령하여야 할 자에게 화물상환증을 인도한 때에는 운송물의 인도와 동일한 물권적 효력을 갖는다. 또한 제133조에서는 화물상환증에 의하여 운송물을 받을 수 있는 자에게 화물상환증을 교부한 때에는 운송물 위에 행사하는 권리의 취득에 관하여 **운송물을 인도한 것과 동일한 효력**이 있다고 규정한다. 따라서 증권의 이전으로 운송물의 점유이전과 동등한 효력을 갖게 되고, 이 인도가 매매계약에 수반되면 증권의 취득은 운송물에 대한 소유권의 취득이 되고 질권설정계약에 수반하면 증권인도로 질권설정은 완전히 효력을 발생한다.[57]

만약 제133조가 없다면 민법 제190조의 목적물반환청구권의 양도를 이용하여 운송인이 직접점유를 하고 있는 물건을 인도할 수 있으나 이를 위하여는 민법 제450조의 대항요건을 구비해야 하는 번잡함이 있어 화물상환증을 유가증권화하여 그 물권적 효력을 인정하고 있다.

---

57) 대법원 1999.12.10. 선고 98다46587 판결(개설은행은 그 선하증권 취득시에 그 물품의 양도담보권을 취득하고, 그 후 그 물품에 대하여 양도담보설정계약을 체결하여도 이는 위 수입거래약정상의 양도담보계약을 구체적으로 확인하는 의미가 있을 뿐이다).

(2) 물권적 효력에 관한 학설

상법 제133조와 민법 제190조의 목적물반환청구권의 양도와 관련한 물권적 효력에 관한 이론구성을 둘러싸고 학설이 대립하고 있다. 학설은 대체로 다음의 네 가지로 나뉜다.

1) 엄정상대설

엄정상대설은 상법 제133조를 민법 제190조의 **예시규정**에 불과한 것으로 본다. 민법의 이론을 그대로 적용하기 때문에, 이 이론에 의하면 운송인이 물건을 **직접점유**해야 할 뿐만 아니라 화물상환증의 교부 이외에 **민법 제450조에 의한 목적물 반환청구권의 양도절차도 갖추어야 한다.** 그런데 이 설은 상법 제133조의 의의 또는 화물상환증의 물권적 효력을 사실상 부정하는 것이 되기 때문에 현재 이 학설을 지지하는 견해는 찾기 어렵다.

2) 절대설

이 설에 의하면 증권의 인도는 민법이 정하는 점유이전과는 다른 **상법상 특별히 인정된 점유취득원인**이라고 한다. 절대설은 상법 제133조만 놓고 해석을 하므로, 운송인이 운송물을 점유하고 있는지 여부를 불문하고, 증권의 교부만에 의하여 증권소지인은 절대적으로 운송물의 점유를 취득한다고 한다. 절대설은 상법 제133조에 의한 증권의 교부가 민법 제190조와는 무관하게 운송물에 대한 물권변동을 일으키는 것이라고 보며, 민법 제450조에 의한 대항요건은 필요없다고 본다.

3) 대표설

통설이다. 절대설과 엄정상대설의 절충적인 입장을 취한다. 대표설은 상법 제133조가 **민법 제190조에 기초를 두면서 민법 제190조에 대한 특칙**으로서 이해한다. 증권은 운송물을 대표(증권의 소지는 운송물의 간접점유를 대표)하므로 증권의 교부는 민법 제450조에 의한 대항요건이 필요 없이 바로 이 운송물의 간접점유를 이전하는 것이 된다고 한다. 대표설은 운송인이 운송물을 **직접점유**하고 있는 것을 전제로 하지만, 운송인이 일시 직접점유를 상실한 경우에도 운송인이 점유회수소권(민법 제204조)을 가지고 있는 동안에는 운송인이 운송물을 직접 점유하고 있는 것으로 본다.

4) 유가증권적 효력설

이 설은 상법 제133조가 민법 제190조의 목적물반환청구권의 양도라는 점을 부정하면서, 화물상환증에 화체된 운송물인도청구권을 유가증권법의 원리에 따라 양도하는 특별한 방식을 정한 것이라고 본다. 증권의 교부가 바로 운송물의 인도가 된다는 것이다. 이 설이 상법 제133조에 대하여 독자적 의미를 부여하는 점은 절대설 및 대표설과 같으나(엄정상대설과는 구별), 운송인이 운송물을 직접점유하고 있어야 한다는 점에서는 절대설과 구별되고

(엄정상대설 및 대표설과 같은 점), 또 **운송인이 운송물을 직접점유하고 있는 이상 자주점유이든 타주점유이든 불문한다는 점에서 대표설과 구별**된다(대표설 및 엄정상대설에서는 운송인의 직접점유가 타주점유임을 요함).

　이 설은 **대표설과 큰 차이는 없으나 운송인이 운송물을 횡령한 경우 대표설에서는 물권적 효력이 인정되지 않으나 유가증권적 효력설에서는 인정된다는 차이**가 있다.

	상법 제133조와 민법 제190조의 관계	민법 제450조 목적물반 환청구권의 양도절차	운송인의 직접점유
절대설	무관	×	×
엄정상대설	예시 (관련 인정)	○	○ (타주점유)
대표설	특칙 (관련 인정)	×	○ (타주점유, 예외존재)
유가증권적효력설	무관	×	○ (자주점유이어도 무방)

5) 판　례

판례[58]는 엄정상대설을 취하지 않은 것은 확실하나 어떤 입장인지 분명하지 않다. 판례는 민법 제450조에 의한 채권양도의 절차 없이 그 교부만으로써 운송물의 소유권을 취득한다고 보아 엄정상대설을 취하지는 않았다. 통설인 대표설이 무난하다.

(3) 물권적 효력의 발생요건

통설인 대표설과 상법 제133조에 의하면 물권적 효력의 발생요건은 아래와 같다.

1) 운송인이 운송물을 인도받았을 것

운송인이 송하인으로부터 운송물을 수령하지 않고 발행한 공권의 경우 물권적 효력이 생기지 않는다. 그리고 대표설에 의하는 경우 원칙적으로 운송인이 직접점유를 하여야 하나 운송인이 일시 점유를 잃더라도 민법 제204조에 의한 점유회수의 소가 인정되는 경우 반드시 운송물을 현실적으로 직접점유할 필요는 없다.

2) 운송물이 존재할 것

운송물이 존재하여야만 물권적 효력이 있다. 따라서 운송물이 멸실된 경우라면 운송물에 대한 물권적 효력이 생길 여지가 없다. 운송물이 제3자에 선의취득된 경우에도 물권적

---

58) 대법원 1997.7.25. 선고 97다19656 판결(선하증권은 해상운송인이 운송물을 수령한 것을 증명하고 지정된 양륙항에서 정당한 소지인에게 운송물을 인도할 채무를 부담하는 유가증권으로서, 운송인과 그 증권소지인 간에는 증권 기재에 따라 운송계약상의 채권관계가 성립하는 채권적 효력이 발생하고, 운송물을 처분하는 당사자 간에는 운송물에 관한 처분은 증권으로서 하여야 하며 **운송물을 받을 수 있는 자에게 증권을 교부한 때에는 운송물 위에 행사하는 권리의 취득에 관하여 운송물을 인도한 것과 동일한 물권적 효력이 발생하므로**, 운송물의 권리를 양수한 수하인 또는 그 이후의 자는 선하증권을 교부받음으로써 그 채권적 효력으로 운송계약상의 권리를 취득함과 동시에 그 물권적 효력으로 양도 목적물의 점유를 인도받은 것이 되어 그 운송물의 소유권을 취득한다).

효력이 생길 여지가 없다고 봄이 다수의 견해이다.

3) 화물상환증에 의하여 운송물을 받을 수 있는 자에게 증권이 교부되었을 것

정당한 소지인이라야 한다. 제133조도 "화물상환증에 의하여 운송물을 받을 수 있는 자"에게 교부한 때라 규정을 하고 있어 정당한 소지인에게 교부하여야 함을 명시한다. 따라서 화물상환증을 절취한 절취범에게는 물권적 효력이 발생하지 않는다.

VIII. 순차운송

1. 의   의

순차운송이란 동일한 운송물을 수인의 운송인이 각 구간별로 운송하는 것을 말한다. 실무상 **통운송**이라는 표현을 사용하며, 육상이나 해상, 그리고 항공 등 다양한 운송수단이 결합된 경우에는 **복합운송**이라 한다. 순차운송의 종류 즉 수인의 운송인이 동일한 운송물에 관하여 구간을 달리하여 관여하는 경우에는 통상 다음의 네 가지 유형이 있다.

(1) 부분운송

부분운송이라 함은 수인의 운송인이 각각 독립하여 특정한 구간의 운송을 인수하는 경우를 말한다. 이 경우에는 (i) 송하인이 직접 수인의 운송인과 각 구간에 관하여 각각 독립한 운송계약을 체결하거나, (ii) 송하인이 제1의 운송인과 운송계약을 체결하는 동시에 그 운송인을 자기의 대리인으로 하여 제2의 운송인과 운송계약을 체결시키거나, 아니면 (iii) 위 (ii)의 경우에 제1의 운송인을 운송주선인으로 하여 자기의 명의와 송하인의 계산으로 제2의 운송계약을 체결시키는 등의 유형이 있다. 이 부분운송의 경우는 각 운송구간에 각각 독립한 운송계약이 성립하여 각 운송인은 자기가 인수한 구간의 운송에 관하여서만 책임을 지고 각 운송인이 상호간에는 어떠한 관계도 존재하지 않는다. 이러한 부분운송은 운송계약이 여러 개 존재하기 때문에 통운송의 개념에서 제외시킬 수도 있다.

(2) 하수운송

하수운송은 최초의 운송인이 전운송구간에 걸쳐 운송을 인수하고 그 일부 또는 전부를 다른 운송인에게 운송시키는 형태이다. 이 경우 제1의 운송인을 원운송인, 제2 이하의 운송인을 하수운송인이라고 한다. 송하인과의 관계에서 운송계약은 한 개이고, 하수운송인은 원운송인이 인수한 운송의무의 이행보조자로서의 지위를 가지게 되어 하수운송인과 송하인 사이에는 직접적으로 어떠한 법률관계도 존재하지 않는다. 하수운송인의 과실에 관하여서는 원운송인이 자기가 운송하기 위하여 사용한 자의 과실로서 책임을 진다(제135조). 그리고 송하인 또는 수하인은 하수운송인에 대하여 직접책임을 물을 수 없다.

(3) 동일운송

동일운송이라 함은 수인의 운송인이 공동하여 전구간의 운송을 인수하고 내부관계에서 각 운송인의 담당구간이 나뉘어진 경우이다. 이 경우도 송하인과의 관계에서는 운송계약은 한 개뿐이고 수인의 운송인 사이에는 연대관계가 성립한다(제57조 제1항).

(4) 연대운송(공동운송)

송하인은 제1의 운송인과 전구간에 관하여 운송계약을 체결하고 그 운송인은 일부 구간만의 운송을 실행하여 운송물을 제2의 운송인에게 인도한다. 이런 식으로 하여 순차로 수인의 운송인이 운송을 행하지만 각 운송인은 서로 운송의 연락관계를 갖는다. 그리고 이 경우 일반적으로 한 통의 통운송장이 발행된다. **제138조가 규정하는 것은 연대운송(공동운송)을 말한다. 이는 송하인은 최초의 운송인과 운송계약을 맺지만, 그 계약내용에 동시에 다른 운송인을 이용한다는 합의가 있는 경우이다.**

2. 순차운송인의 법률관계

(1) 순차운송인의 의무과 책임

순차운송의 내부관계에서 제138조는 운송인 사이의 책임부담을 정하고 있다. **순차운송인은 발생한 손해에 대하여 연대책임을 지며, 자신의 책임이 없는 부분에 대하여는 다른 운송인에게 구상권을 가진다.** 이 규정의 취지는 송하인 및 수하인의 보호를 강화하고 손해발생장소에 관한 입증이 어렵기 때문이다. 연대책임을 지는 순차운송인은 내부관계로서 부담부분이 있다. 즉 손해발생장소가 명백하면 그 구간의 담당자가 그 전액을 부담하고, 명백하지 않은 경우에는 특약이 없는 한 모든 운송인이 운임액에 비례하여 손해를 부담하여야 하며, 손해배상을 한 운송인은 그 손해를 발생시킨 운송인에게 이러한 부담부분에 관하여 구상권을 행사할 수 있다(제138조 제2항, 제3항). 그런데 제138조는 임의규정이기 때문에 실제 운송계약에서는 운송인이 거의 대부분 자신의 운송구간의 책임을 한정하는 특약을 둔다.

(2) 순차운송인의 대위

수인이 순차로 운송을 하는 경우 후자의 운송인은 전자의 운송인에 갈음하여 그 권리를 행사할 수 있고, 만일 후자의 운송인이 전자의 운송인에게 변제한 때에는 전자의 운송인의 권리를 취득한다(제147조, 제117조). 순차운송주선인에 관한 규정을 준용하여 대위를 규정하고 있다. 그런데 제118조는 준용되지 않는다. 이는 운송주선인을 운송인으로 바꾸면 제117조 제2항과 동일한 규정이 되기 때문이다.

IX. 여객운송

1. 여객운송

여객운송이란 육상 또는 호천, 항만에서 자동차·철도 등에 의하여 여객을 일정한 장소에서 다른 장소로 운반하는 것을 말한다(제125조). 여객운송에 관하여는 단지 세 개의 조문만이 있다. 결국 많은 문제는 민법이나 운송약관에 의하여 해결하여야 한다. 그리고 여객운송은 여객의 생명이나 신체의 안전이 중요하기 때문에 물건운송에서보다 고도의 주의가 요구된다(제148조).

2. 여객운송계약

여객운송계약은 일정한 지점에서 다른 지점으로 여객(자연인)의 이동을 목적으로 하는 계약으로서, 보통 **여객과 운송인**간에 체결된다. 그러나 여객이 아닌 자가 타인을 운송의 객체로 하여 여객운송계약을 체결하는 것도 가능하다. 여객운송계약은 여객의 청약과 운송인의 승낙에 의하여 성립하며, 물건운송계약과 마찬가지로 **도급계약**이다.

여객운송계약을 체결하는 방식은 자유이지만 승차권이 발행되는 것이 보통이지만, 승차권의 발행이 계약성립의 요건은 아니다. 승차권은 운임의 지급을 증명하고 운송채권을 표창하는 유가증권이다(통설). 다만 항공권과 같이 기명식으로 발행되는 경우에는 증거증권으로 보아야 하겠다.

3. 여객운송인의 여객의 손해에 대한 책임

(1) 의 의

여객운송인은 자기 또는 사용인이 운송에 관한 주의를 해태하지 않았음을 증명하지 않으면 여객이 운송으로 인하여 받은 손해를 배상할 책임을 면하지 못한다(제148조 제1항). '여객'이란 운송계약의 당사자이거나 운송계약에 의하여 여객으로 지정된 자를 말한다. 여객운송인은 자기와 사용인의 **무과실을 입증하지 않는 한** 책임을 면하지 못하며, 운송인의 주의의무는 차량 등의 운행에만 국한되지 않고 차량 내 설비의 안전점검 기타 승무원의 관리범위에 속하는 사항에 이르기까지 폭넓게 주의의무를 요구하는 것이 판례의 입장이다.[59]

상법 규정의 책임은 채무불이행에 관한 책임이다. 이를 확인한 판례로 입장권을 소지한

---

59) 대법원 1979.11.27. 선고 79다628 판결.

사람이 객차 안까지 들어가 전송을 한 다음 진행중인 열차에서 뛰어 내리다가 사망한 사고에 있어 입장권 발매로써 **여객운송계약이 체결되었다고 볼 수 없고**, 그 망인이 안내방송에 따라 우선 열차 내에 오르지 아니하여야 하고 승차한 경우라도 열차 출발 전에 조속히 하차하여야 하는 등 주의의무를 위반한 과실로 발생하였다 하여 여객운송인으로서의 책임이나 사용자책임을 부정하였다.[60] 그러나 물건운송에서와 같이 여객운송에서도 채무불이행책임과 불법행위책임이 경합할 수 있고, **청구권경합설**에 의하여 여객은 여객운송인에 대해 양 청구권을 모두 행사할 수 있다(통설, 판례).

주의의무의 이행에 관한 판례들을 보면 (i) 운행하던 열차의 열려진 창문의 틈 사이로 유리조각이 날아 들어와서 승객이 상해를 입은 경우 그 유리조각이 제3자의 투척 등의 행위에 기인된 것이 아니고, 열차 진행에 수반해서 통상적으로 날아들어온 것이라면, 이는 운송업자나 그 사용인이 적절한 조치를 취하여 여객의 안전을 도모하여야 할 주의의무의 범위에 속하는 사항에 연유하는 것이므로, 운송에 관한 주의를 해태하지 아니하였음을 증명하지 못하는 한 손해배상 책임이 있다고 하였고,[61] (ii) 승객이 열차가 완전히 정지하지 아니한 상태에서 자기 일행이 열어 놓은 승강구를 통해 뛰어 내리다가 사망한 경우 승무원들의 차내방송과 차내순시를 한 사정만으로 여객운송에 관한 주의의무를 다한 것으로 보기 어렵다고 하였다.[62] 반면 (iii) 잠결에 하차하지 못한 피해자가 열차가 출발할 무렵 잠에서 깨어나 서서히 진행 중인 열차에서 뛰어내리다 추락한 사고에 대하여 여객운송인의 책임을 부정하였다.[63]

(2) 손해배상의 범위

물건운송에서의 **배상책임을 완화하는 규정들**(예컨대 손해배상액의 정형화, 고가물 책임, 특별소멸사유)**은 여객운송에는 준용되지 않는다.** 여객의 생명이나 신체에 대한 손해는 민법의 일반원칙에 따르게 된다. 여객운송인은 여객의 생명·신체에 받은 손상으로 인한 재산상의 손해와 피복의 손상과 연착에 대한 손해, 상실된 장래의 기대이익도 배상하여야 한다. 또한 여객의 정신적 손해도 배상하여야 한다. 그러나 여객운송계약의 당사자 아닌 사람(운송계약의 당사자의 상속인 등)이 여객운송계약을 이유로 하는 위자료청구, 즉 정신적 손

---

60) 대법원 1991.11.8. 선고 91다20623 판결.
61) 대법원 1979.11.27. 선고 79다628 판결.
62) 대법원 1992.12.22. 선고 92다29467 판결.
63) 대법원 1993.3.26. 선고 92다46684 판결(당시 위 열차의 승무원들은 여수역 출발 이후 매 정차역 발차시마다 열차운행 중 승강대승차 금지, 매달리기 금지, 뛰어타고 뛰어내리기 금지, 객차 밖으로의 신체노출 금지 등 내용의 안내방송을 실시하였고, 영등포역 도착 5분 전에는 도착예고 및 내릴 홈의 위치를 알리는 안내방송을 실시한 다음 자고 있는 여객이 깨어나도록 음악방송을 실시한 사실, 영등포역 역무원이 객차 앞 플랫홈에 서서 하차하는 여객들을 유도안내하고 더 이상 하차하는 여객이 없는 것을 확인한 다음 열차 여객전무에게 발차하여도 좋다는 신호를 보냄에 따라 위 열차가 승강구 출입문이 폐쇄되지 않은 상태로 시속 약 20킬로미터로 출발한 사실-- 영등포역 역무원들이 당시 예정된 정차시간 경과 후 더 하차하는 승객이 없음을 확인한 후 발차신호를 보낸 것이므로 그들에게 어떠한 과실이 있다 할 수도 없는 것이다).

해에 대한 배상청구를 할 수는 없다.64) 운송계약을 원인으로 하는 채무불이행책임 청구에 있어서의 문제이므로, 불법행위로 인한 손해배상청구에 있어서는 정신적 손해에 대한 배상청구를 할 수 있음은 물론이다.

그리고 **여객운송인의 손해배상의 액을 산정함에 있어서는 피해자와 그 가족의 정상을 참작**하여야 한다(제148조 제2항). 손해배상액 산정시 피해자와 가족의 정상을 반드시 참작하여야 한다는 것으로서, 이는 여객운송인의 책임이 상당히 무겁다는 것을 알 수 있는 규정이다.

(3) 소멸시효

여객운송의 경우 여객을 보호할 필요가 크기 때문에 물건운송인의 경우와 같은 특칙은 인정되지 않는다. 따라서 물건운송에서의 단기소멸시효가 적용되지 않고 생명과 신체에 대한 손해배상은 **일반상사시효와 같이 5년**이다(제64조).

4. 여객운송인의 수하물에 대한 책임

(1) 탁송수하물에 대한 책임

여객운송인은 여객으로부터 인도받은 수하물에 관해서는 운임을 받지 않은 경우에도 **물건운송인과 동일한 책임**을 진다(제149조 제1항). 수하물이 도착지에 도착한 날로부터 10일 이내 여객이 인도를 청구하지 아니한 때에는 운송인은 수하물을 공탁·경매할 수 있으며(제149조 제2항 본문), 주소 또는 거소를 알지 못하는 여객에 대하여는 최고와 통지를 하지 않고도 공탁·경매할 수 있다(제149조 제2항 단서).

(2) 휴대수하물에 대한 책임

여객운송인은 여객으로부터 인도받지 않은 수하물에 대해서는 자기 또는 사용인의 과실이 없으면 수하물의 멸실·훼손에 대하여 손해를 배상할 책임이 없다(제150조). 운송인 또는 사용인의 과실은 **여객이 입증하여야 한다.**

---

64) 대법원 1974.11.12. 선고 74다997 판결; 대법원 1982.7.13. 선고 82다카278 판결(승객이 객차의 승강구에서 추락, 사망한 경우 승객아닌 그 망인의 처, 자녀들은 그로 인하여 정신적 고통을 받았다 하더라도 상법 제148조 제1항에 의하여 여객운송자에게 손해배상책임이 있음을 이유로 하여 그들의 위자료를 청구할 수는 없다).

제 6 절 공중접객업

Ⅰ. 의　의

　　극장, 여관, 음식점, 그 밖의 공중이 이용하는 시설에 의한 거래를 영업으로 하는 자를 공중접객업자(公衆接客業者)라 한다(제151조). 그 밖의 공중이 이용하는 시설에는 목욕탕, 이 발관, 미장원, 유원지, 당구장, 골프장 등 수없이 많다. 상법은 공중(公衆)이 이용하는 시설에 의한 거래를 기본적 상행위의 하나로 규정하고 있다(제46조 제9호). 따라서 공중이 이용하는 시설에 의한 거래를 영업으로 하는 공중접객업자는 당연상인이 된다(제4조).

　　상법은 공중접객업자의 책임의 관점에서 주로 규정을 두고 있다. 2010년 상법 개정 이전에는 임치물건에 대하여 결과책임으로서 공중접객업자의 과실 여부를 묻지 않고 책임을 지우고 있었다. 그 이유는 기원이 과거 로마법 시대까지 거슬러 올라가고 공중접객업자에 대한 좋지 않은 평판 때문이었다. 우리 법도 그러한 연혁에서 공중접객업자에게 무과실책임을 묻고 있었으나, 시대상황이 바뀐 오늘날 공중접객업자에 대하여만 유독 무과실책임을 묻는 것은 합리적이지 않다는 근거에서, 2010년 개정되었다.

Ⅱ. 물적 손해에 대한 책임

1. 임치받은 물건에 대한 책임

　　공중접객업자는 자기 또는 그 사용인이 고객으로부터 임치(任置)받은 물건의 보관에 관하여 **주의를 게을리하지 아니하였음을 증명하지 아니하면** 그 물건의 멸실 또는 훼손으로 인한 손해를 배상할 책임이 있다(제152조 제1항). 임치받은 물건의 멸실 또는 훼손으로 인하여 손해가 생겼다는 사실은 고객이 입증하여야 하지만, 공중접객업자가 책임을 면하기 위해서는 그러한 손해발생에 대해서 자신에게 과실이 없었음을 입증하여야 한다. 2010년 개정 이전에는 그 손해가 불가항력으로 인한 것임을 공중접객업자가 입증해야 면책될 수 있는 무과실책임이었으나, 과거의 연혁적인 이유가 오늘날에는 타당하지도 않으며 창고업자나 운송업자 등에 비하여 이렇게 무거운 책임을 물리는 것은 옳지 않다는 비판하에 개정된 것이다. 개정된 현재의 제152조 제1항은 **운송인 또는 창고업자의 책임과 동일**하다.

　　임치가 성립하기 위해서는 공중접객업자와 객 사이에 공중접객업자가 자기의 지배영역 내에서 목적물보관의 채무를 부담하기로 하는 **명시적 또는 묵시적 합의**가 있어야 한다.[65] 묵시적 임치약정의 문제는 숙박업소에 투숙하면서 주차해 둔 차량이 도난을 당하는 등의 손해가 발생하는 경우 문제된다. 판례는 임치를 허용하기 위하여 묵시적 합의가 있기 위하여는 다음 중 한 경우에 해당하여야 한다고 본다. (i) 여관 부설주차장에 시정장치가 된 출입문이 설치되어 있거나 출입을 통제하는 관리인이 배치되어 있는 등 여관 측에서 그 **주차장에의 출입과 주차시설을 통제하거나 확인할 수 있는 조치가 되어 있는 경우, 또는** (ii) **주차사실을 고지하거나 차량열쇠를 맡겨 차량의 보관을 위탁한 경우** 묵시적 합의가 있다고 본다.[66)] 그런데 위 판례들은 임치의 경우 무과실책임에 가까운 엄격책임을 부과하던 2010년 개정 이전의 법률에 의한 것인 까닭에 그 임치의 성립을 상당히 좁혀서 해석하고 있었다고 보이고, 따라서 현재는 공중접객업자의 책임이 일반 운송인과 창고업자들의 그것과 같아졌기 때문에 임치의 범위를 협소하게 해석할 필요는 없다.

2. 임치를 받지 아니한 고객이 휴대한 물건에 관한 책임

공중접객업자는 고객으로부터 임치받지 아니한 경우에도 그 시설 내에 휴대한 물건이 자기 또는 그 사용인의 과실로 인하여 멸실 또는 훼손되었을 때에는 그 손해를 배상할 책임이 있다(제152조 제2항). 고객이 공중접객업자에게 임치하지 않으면서 스스로 점유하는 물건에 대하여까지 공중접객업자의 책임을 인정한 이유는 그 업소 내에서의 안전 및 질서 유지는 공중접객업자의 책임에 속하기 때문이다. 따라서 공중접객업자의 임치를 받지 아니한 물건에 대한 책임은 일반적인 계약책임이나 불법행위책임이 아니라 공중접객업자와 고객 사이의 시설이용관계를 근거로 하여 상법이 인정한 특별한 **법정책임**이다.

이같이 공중접객업자가 임치를 받지 않은 물건에 대하여도 선관주의의무를 부담하지만, 임치를 받은 물건과 비교하여 보면 그 입증책임에 차이가 있다. 임치받은 물건에 대하여는 공중접객업자의 주의의무 위반이 추정되지만, 그렇지 않은 단순한 휴대물에 대하여는 **고객이 그 과실을 입증하여야 한다.**

65) 대법원 1998.12.8. 선고 98다37507 판결.
66) 대법원 1992.2.11. 선고 91다21800 판결(상법 제152조 제1항의 규정에 의한 임치가 성립하려면 우선 공중접객업자와 객 사이에 공중접객업자가 자기의 지배영역 내에서 목적물 보관의 채무를 부담하기로 하는 **명시적 또는 묵시적 합의가 있음을 필요**로 한다. 여관 부설주차장에 시정장치가 된 출입문이 설치되어 있거나 출입을 통제하는 관리인이 배치되어 있거나 기타 여관 측에서 그 주차장에의 출입과 주차사실을 통제하거나 확인할 수 있는 조치가 되어 있다면, 그러한 주차장에 여관 투숙객이 주차한 차량에 관하여는 명시적인 위탁의 의사표시가 없어도 여관업자와 투숙객 사이에 임치의 합의가 있은 것으로 볼 수 있으나, 위와 같은 **주차장 출입과 주차사실을 통제하거나 확인하는 시설이나 조치가 되어 있지 않은 채 단지 주차의 장소만을 제공하는 데에 불과하여 그 주차장 출입과 주차사실을 여관 측에서 통제하거나 확인하지 않고 있는 상황**이라면, 부설주차장 관리자로서의 주의의무 위배 여부는 별론으로 하고 그러한 주차장에 주차한 것만으로 여관업자와 투숙객 사이에 임치의 합의가 있은 것으로 볼 수 없고, **투숙객이 여관 측에 주차사실을 고지하거나 차량열쇠를 맡겨 차량의 보관을 위탁한 경우**에만 임치의 성립을 인정할 수 있다); 대법원 1998.12.8. 선고 98다37507 판결.

3. 고가물에 대한 책임

화폐, 유가증권, 그 밖의 고가물(高價物)에 대하여는 고객이 그 **종류와 가액을 명시**하여 임치하지 아니하면 공중접객업자는 그 물건의 멸실 또는 훼손으로 인한 손해를 배상할 책임이 없다(제153조). 고가물은 손해발생의 위험이 많으며 그 손해도 거액에 달하므로, 운송인이 고가물임을 미리 안 경우라면 고액의 운임을 청구하고 그에 따라 특별한 주의를 할 것이지만, 고가물인 사실을 알지 못한 때에는 통상적인 주의를 기울일 수밖에 없을 것임을 고려한 것이다. 상법 제154조 소정의 고가물이라 함은 그 용적이나 중량에 비하여 그 성질 또는 가공 정도 때문에 고가인 물건을 뜻하고, 결혼식장에서 교환한 시계, 다이아반지 등은 고가물에 해당한다.[67]

상법 제153조 고가물 면책규정은 계약상 채무불이행 책임에만 적용되고 불법행위로 인한 손해배상척구권에는 적용되지 않는다(**청구권경합설**).

4. 책임의 소멸

(1) 면책의 합의

공중접객업자의 책임에 관한 상법 제152조 제1항과 제2항은 강행규정이 아니므로 당사자 사이의 특약으로 책임을 면제 또는 감경하는 것이 가능하다. 그런데 공중접객업자가 영업장에 일체 휴대물에 대하여는 책임을 지지 않는다는 면책문구를 게시하는 경우의 효력은 어떤가? 이러한 **일방적 게시만으로는 합의가 될 수 없고**, 공중접객업자가 고객의 휴대물에 대하여 책임이 없음을 알린 경우에도 공중접객업자는 책임을 면치 못한다(제152조 제3항).

(2) 단기소멸시효

소멸시효는 운송인 또는 운송주선인과 유사하다. 공중접객업자가 **임치물을 반환**하거나 **고객이 휴대물을 가져간 후** 6개월이 지나면 소멸시효가 완성된다(제154조 제1항). 물건이 전부 멸실된 경우에는 고객이 그 시설에서 퇴거한 날부터 기산한다(제154조 제2항). 이러한 단기소멸시효는 공중접객업자나 그 사용인이 **악의인 경우에는 적용하지 아니한다.**

---

67) 대법원 1977.2.8. 선고 75다1732 판결(결혼식장에서 선물로 교환된 물건이라고 하여서 반드시 가격을 밝힐 수 없다고도 할 수 없고 부로바시계 1개 시가 64,000원 상당 옥토시계 1개 시가 25,000원 상당 백금부착 3푼짜리 다이아반지 1개 시가 150,000원 상당과 백금부착 1푼짜리 다이야 목거리 1개 시가 70,000원 상당은 상법 제153조 소정의 고가물에 해당한다).

Ⅲ. 인적 손해에 대한 책임

상법 규정이 없어 일반적인 불법행위책임과 채무불이행책임으로 해결하여야 할 것이다.

1. 불법행위책임

불법행위책임의 경우 고객이 손해의 입증과 함께 공중접객업자의 귀책사유까지 입증하는 것은 쉽지 않다. 화재로 손님이 다친 경우 화재원인이 불명일 때 불법행위책임을 근거로 한 손해배상을 받을 수 없게 된다. **고객이 손해의 입증과 공중접객업자의 귀책사유까지 입증해야 하므로 이는 쉬운 일이 아니고 따라서 불법행위책임을 근거로 손해배상을 받기는 쉽지 않다.**

2. 채무불이행책임

채무불이행책임은 어떠한가? 고객의 인적 손해에 대하여 불법행위를 원인으로 한 손해배상청구권을 행사하여 손해배상을 받기는 쉽지 않음을 보았다. 이러한 사정을 감안한 탓인지 판례는 **계약상의 보호의무를 전제한 채무불이행책임을 인정**하고 있다.[68]

(1) 숙박계약의 성질

숙박계약은 숙박업자가 고객에게 숙박을 할 수 있는 객실을 제공하여 고객으로 하여금 이를 사용할 수 있도록 하고 고객으로부터 그 대가를 받는 일종의 일시사용을 위한 임대차계약에 해당한다.[69] 그러나 통상의 임대차계약과는 달리 숙박업자는 단순히 객실 및 관련시설을 제공하여 고객으로 하여금 이를 사용수익하게 할 의무를 부담하는 것에서 한 걸음 더 나아가 고객에게 위험이 없는 안전하고 편안한 객실 및 관련시설을 제공함으로써 **고객의 안전을 배려하여야 할 보호의무**를 부담한다. 요컨대, 숙박계약에 있어 숙박업자는 단순히 시설을 제공할 의무를 부담하는 것이 아니라, 나아가 그 시설은 오직 숙박업자의 지배하에 있으므로 고객의 안전을 배려할 의무가 있다는 것이다.

(2) 채무불이행책임

대법원의 판시문을 보면 (ⅰ) 숙박업자는 **숙박계약상 부수의무로서 고객보호의무를 부담**하고, 피해자는 구체적 보호의무의 존재와 그 위반사실을 주장·입증하여야 하며, 숙박

---

68) 대법원 1994.1.28. 선고 93다43590 판결(숙박계약은 숙박업자가 고객에게 객실을 제공하고 고객으로부터 그 대가를 받는 일종의 일시사용을 위한 임대차계약이나, 숙박업자는 임대차계약상의 의무에서 한 걸음 더 나아가 고객에 대한 보호의무를 부담한다).

69) 대법원 1994.1.28. 선고 93다43590 판결.

업자는 그 **채무불이행에 관하여 자기에게 과실이 없음을 주장·입증하지 못하는 한** 그 책임을 면할 수는 없다고 하였다.[70] (ii) 숙박업자는 고객에게 위험이 없는 안전하고 편안한 객실 및 관련시설을 제공함으로써 고객의 안전을 배려하여야 할 **보호의무**를 부담하며, 이를 위반하여 고객의 생명·신체를 침해하여 손해를 입힌 경우에는 **불완전이행으로 인한 채무불이행책임**을 부담한다.[71] 그런데 채무불이행책임에 해당하는 까닭에 계약당사자가 아닌 고객의 가족 등은 계약상의 채무불이행을 이유로 **위자료 청구권을 행사할 수는 없다.**[72]

불법행위책임과 비교하여 보면, 공중접객업자가 채무불이행책임을 면하기 위해서는 자신의 고의나 과실이 없음을 증명하여야 하는 부담을 가지게 된다.

(3) 불법행위책임과의 관계

공중접객업자는 숙박계약 등 채무불이행의 경우 손해배상책임을 부담하지만, 자기나 그 사용인의 고의·과실로 인하여 임치받거나 또는 고객이 휴대한 물건을 멸실·훼손하거나, 또는 고객의 생명이나 신체에 손해가 발생한 경우에는 동시에 불법행위책임이 문제되는 것이 보통이다. 이러한 경우 계약책임과 불법행위책임은 그 요건을 달리하는 것이므로 두 가지 청구권은 별개의 권리가 되는 것이며, 피해자는 어느 하나를 선택하여 행사할 수 있다(**청구권경합설**).

제 7 절 창 고 업

I. 창고업자의 의의

창고업자는 타인을 위하여 창고에 물건을 보관함을 영업으로 하는 자이다(제155조). 이를 분설하면 다음과 같다.

① 창고업자는 **타인을 위하여** 창고에 물건을 보관하는 자이다. 불특정 타인을 위해서 물건의 보관을 하며, 임치인이 반드시 상인일 필요는 없다. ② 창고는 **물건을 보관하는 장소**를 가리킨다. 반드시 건물에 물건을 보관하여야 하는 것은 아니며, 컨테이너를 사용하거나 임치물의 종류에 따라서는 야적할 수도 있다. 보관의 인수의 한 방법으로서 창고

---

70) 대법원 1997.10.10. 선고 96다47302 판결.
71) 대법원 2000.11.24. 선고 2000다38718,38725 판결.
72) 대법원 2000.11.24. 선고 2000다38718,38725 판결이 사건 손해배상책임의 근거를 숙박계약상의 채무불이행에 두고 있음을 분명히 하고 있다. 대법원은 이 사건 숙박계약의 당사자가 아닌 원고들로서는 망인들의 근친자로서 이 사건 사고로 인하여 정신적 고통을 받았다 하더라도 피고의 망인들에 대한 숙박계약상의 채무불이행을 이유로 위자료를 청구할 수는 없다고 하였다; 대법원 1974.11.12. 선고 74다997 판결; 1982.7.13. 선고 82다카278 판결 등 참조.

의 전부 또는 일부를 특정인에게 대여하는 경우에는 창고업이 된다고 본다. ③ 보관의 목적물은 **물건**이다. 화폐, 유가증권 기타의 고가물, 동물 등도 보관의 대상이 될 수 있다. 그 목적물의 소유권이 반드시 임치인에게 있어야 하는 것은 아니다. ④ 창고업자는 물건을 **단순히 보관**하는 것을 영업으로 한다. 따라서 수치인이 임치물의 소유권을 취득하고 동량의 다른 물건을 반환할 수 있는 경우의 이른바 **소비임치**(민법 제702조)**는 창고업이 말하는 보관은 아니다.** 그러나 보관의 한 방법으로서 수인의 임치물을 혼합하여 보관하는 경우, 예컨대 동종, 동품질의 옥수수 등 대체성이 있는 곡물을 혼장임치하는 경우에는 보관에 해당한다.

II. 창고업자의 권리

1. 임치물인도청구권

창고임치계약이 성립하면 창고업자는 임치인에 대하여 임치물의 인도를 청구할 수 있는 권리를 가진다.

2. 보관료 및 비용상환청구권

창고업자는 특약에 의하여 무상임치의 인수를 한 경우를 제외하고 약정한 보수 또는 상당한 보수를 청구할 권리를 가진다(제61조). ① 이 청구권을 행사할 수 있는 시기는 지급시기에 관한 특약 또는 관습이 없는 한, **임치물을 출고할 때**이다(제162조 제1항 본문). 그러나 ② **보관기간이 경과한 후**에는 그 출고 전이라도 보관료를 청구할 수 있다(제162조 제1항 단서). ③ **일부출고**의 경우에는 그 비율에 따라 보관료의 지급을 청구할 수 있다(제162조 제2항).

창고업자가 임치물에 관하여 지출한 체당금 또는 비용의 상환청구의 시기는 보관료청구권의 경우와 같다(제162조).

3. 유 치 권

창고업자는 운송인과 같이 타인의 물건을 인수함에도 불구하고 **창고업자에만 인정되는 특별한 유치권이 없다**는 점을 주의하여야 한다. 따라서 보관료청구권이나 비용상환청구권에 관하여 단순히 제58조의 **일반 상사유치권이나 민사유치권**(민법 제320조)**만을 행사할** 수 있을 뿐이다.

4. 공탁 및 경매권

창고업자는 임치인 또는 창고증권소지인이 임치물의 수령을 거절하거나 또는 이것을 수령할 수 없을 때에는 임치물의 공탁 및 경매를 할 권리를 가진다(제165조, 제67조).

5. 손해배상청구권

창고업자는 임치물의 성질 또는 하자로 인하여 입은 손해의 배상을 임치인에게 청구할 수 있는데, 창고업자가 이를 안 때에는 청구할 수 없다(민법 제697조).

Ⅲ. 창고업자의 의무

1. 임치물 보관의무

창고업자는 그 임치계약이 유상이든 **무상**이든 선량한 관리자의 주의로서 임치물을 보관하여야 하며(제62조), 임치물을 수치인 또는 창고증권소지인에게 반환할 의무를 진다. 임치물의 종류, 성질에 따라서 적합한 방법을 택해서 임치물을 보관하여야 하며, 천재지변이나 도난 등 외부에서 예상되는 손해에 대해서는 방어조치도 강구하여야 한다.

2. 임치물 반환의무

창고증권이 발행된 경우에는 그 소지인의 청구에 의하여 또는 그 소지인에 대해서만 임치물을 반환할 의무를 지며, 동시에 그 증권과 상환으로서가 아니면 임치물을 반환하여서는 아니 된다(제157조, 제129조). 대부분 임치계약에서 임치기간을 정하고 있으나, 이러한 약정과 상관없이 임치인 또는 창고증권 소지인은 언제든지 임치물의 반환을 청구할 수 있고, 창고업자는 이에 응해야 한다.

당사자가 임치기간을 정하지 아니한 때에는 창고업자는 임치물을 받은 날로부터 6월을 경과한 후에는 언제든지 이를 반환할 수 있다(제163조 제1항). 이 경우 임치물을 반환함에는 2주간 전에 예고하여야 한다(제163조 제2항). 창고증권으로 임치물을 입질한 경우에도 질권자의 승낙이 있으면 임치인은 채권의 변제기전이라도 임치물의 일부반환을 청구할 수 있다. 이 경우 창고업자는 반환한 임치물의 종류, 품질과 수량을 창고증권에 기재하여야 한다(제159조).

3. 임치물의 검사, 견품적취, 보존처분행위에 응할 의무

임치인이나 창고증권소지인은 창고업자의 영업시간 내에 언제든지 창고업자에게 임치물의 검사, 견품의 적취를 요구하거나 그 보존에 필요한 처분을 할 수 있다(제161조). 임치인이 임치물의 보전의 완전 여부를 확인할 수 있게 하고, 임치 중인 물건을 목적으로 하는 거래를 편의롭게 해주기 위한 것이다.

4. 목적물의 훼손, 하자 등의 통지의무

창고업자가 임치물을 받은 후에 그 물건의 훼손 또는 하자를 발견하거나 그 물건이 부패할 염려가 있는 때에는 지체 없이 임치인에게 그 통지를 발송하여야 한다. 이 경우에 임치인의 지시를 받을 수 없거나 그 지시가 지연되는 때에는 창고업자는 임치인의 이익을 위하여 적당한 처분을 할 수 있다(제168조, 제108조).

그런데 제108조에서는 가격하락의 상황을 안 때에는 통지하여야 한다고 규정한다. 그런데 위탁매매인의 입장에서 보아서는 가격하락은 매우 중요한 요소이므로 위탁자에게 통지하고 경우에 따라서는 위탁물을 처분할 수도 있겠으나, 단순히 물건의 보관이라는 사실행위를 하는 창고업자가 가격의 하락을 통지해야 하는지 문제될 수 있다. **통설**은 제168조가 제108조를 전부 준용하고 있기는 하지만 **창고업자는 가격하락에 대하여는 통지 및 처분의무를 부담하지 않는다**고 본다.

5. 손해배상책임

(1) 의 의

창고업자는 자기 또는 사용인이 임치물의 보관에 관하여 주의를 해태하지 아니하였음을 증명하지 아니하면 임치물의 멸실 또는 훼손에 대하여 손해를 배상할 책임을 면하지 못한다(제160조). 창고업자의 과실을 추정하고, 반증을 통해서 그 책임을 면할 수 있도록 하는 점에서 운송인(제135조)의 손해배상책임과 거의 같다. 단지 **다음의 점들만 운송인과 차이가 있다.**

① 창고업자에 대해서는 **고가물에 대한 특칙이 없으므로** 고가물의 손해에 대한 책임은 임치계약 및 손해배상의 일반원칙에 따라서 해결할 것이다. ② **손해배상액의 정형화에 관한 제137조와 같은 규정이 없다.** 따라서 이 경우에도 민법의 일반원칙에 의할 것이다.

(2) 청구권경합

임치물의 멸실이나 훼손이 불법행위를 구성하는 경우 채무불이행책임과 불법행위책임이 경합되는 경우 청구권경합설에 의한다. 따라서 창고업자의 책임에 관한 상법 제166조 소정의 단기소멸시효규정은 창고업자의 계약상대방인 임치인이 제기한 채무불이행청구에만 적용되며, 임치물의 소유자가 제기한 불법행위청구에는 적용되지 아니한다.[73]

---

[73] 대법원 2004.2.13. 선고 2001다75318 판결.

(3) 정당한 권리자가 아닌 자에게 인도된 경우에도 '멸실'에 해당하는지 여부

창고업자는 자기 또는 사용인이 임치물의 보관에 관하여 주의를 해태하지 아니하였음을 증명하지 아니하면 임치물의 멸실 또는 훼손에 대하여 손해를 배상할 책임을 면하지 못한다(제160조). 그렇다면 창고업자가 '정당한 권리자가 아닌 자에게 인도한 경우'도 임치물의 멸실에 해당하는가? 판례는 상법 제166조의 **멸실**이라 함은 **창고업자가 임치물을 반환받을 정당한 권리자가 아닌 자에게 인도함으로써 정당한 권리자가 그의 반환을 받지 못하게 된 경우도 포함**한다는 입장이다.[74]

(4) 창고업자의 책임소멸

1) 특별소멸사유

임치인 또는 창고증권소지인이 유보 없이 임치물을 수령하고 보관료를 지급한 때에는 창고업자의 책임도 소멸한다(제168조, 제146조 제1항). 그러나 임치물에 즉시 발견할 수 없는 훼손 또는 일부멸실이 있고, 임치인이 임치물을 수령한 날로부터 2주간 내에 창고업자에게 통지를 발송한 때에는 창고업자의 책임은 소멸하지 아니한다(제168조, 제146조 제1항 단서). 창고업자 또는 그 사용인이 악의인 때에는 위 내용은 적용되지 아니한다(제168조, 제146조 제2항).

2) 단기소멸시효

임치물의 멸실 또는 훼손으로 인하여 생긴 창고업자의 책임은 그 물건을 출고한 날로부터 1년이 경과하면 소멸시효가 완성한다(제166조 제1항). 원래 상행위로 인한 채권은 5년의 소멸시효기간이 적용되나(제64조), 상법은 운송주선인(제121조), 운송인(제147조), 창고업자(제166조) 등에 대해서는 악의인 경우를 제외하고는 **1년의 단기소멸시효를 적용**하고 있다. 이는 운송업이나 창고업의 계속적·반복적 거래의 특성상 그 증거를 장기간 보관해 두기가 어렵고, 이들 사이의 책임관계는 신속히 해결할 필요가 있기 때문이다.

6. 창고증권 교부의무(제156조 제1항)

창고업자는 임치인의 청구에 의하여 창고증권을 교부하여야 한다.

---

74) 대법원 1978.9.26. 선고 78다1376 판결.

Ⅳ. 화물의 인도시점

1. 보세창고 입고시 화물의 인도시점

운송인과 창고업 모두에서 자주 등장하는 판례가 화물의 인도시점에 관한 것이다. 화물이 보세창고에 입고되고 반출되는 과정에서 운송계약에 따른 수하인에 대한 **화물의 인도**가 언제 있었다고 볼 것인지에 관한 쟁점이다. ① 운송인이 보세창고업자에게 화물을 인도한 시점을 기준으로 하거나, 또는 ② 보세창고업자가 수하인에게 화물을 인도한 시점을 기준으로 하는 견해가 있을 수 있다.

판례는 화물에 대한 **사실상의 지배가 이전되었는가** 하는 사실관계를 기준으로 한다. 판례는 **영업용보세장치장**의 경우에는 운송인이 보세창고업자에게 화물을 인도한 시점이 수하인에게 인도된 시점이 아니라 보세장치장에서 수하인에게 출고된 시점을 기준으로 하고,[75] **수하인의 자가보세장치장**의 경우에는 화물이 수하인의 자가보세장치장에 입고된 시점을 기준으로 화물의 인도시점을 판단하는 것으로 보인다.[76]

2. 임치계약의 당사자

수하인의 자가보세장치장의 경우에는 화물이 수하인의 자가보세장치장에 입고된 시점을 기준으로 수하인에게 인도된 것으로 보게 되지만, **영업용보세장치장의 경우** 창고에 임치한 임치계약 당사자가 누구인지에 대해서도 견해가 나뉠 수 있다. 수하인(또는 실수입자)과 창고업자를 당사자로 보거나, 운송인과 창고업자를 당사자로 보는 입장이 있을 수 있기 때문이다. 이 경우 대법원은 **운송인과 보세창고업자** 사이에는 묵시적 임치계약이 성립되었다고 보고 있다.

운송인과 보세창고업자 사이에 화물의 임치계약이 성립되었다고 보는 이상, **보세창고업자는 운송인의 이행보조자의 지위**에서 화물을 보관, 인도하여야 하고,[77] 정당한 권한을

75) 대법원 1996.9.6. 선고 94다46404 판결(항공운송인 또는 항공운송주선인이 공항에 도착한 수입 항공화물을 통관을 위하여 세관이 지정한 보세창고업자에게 인도하는 것만으로 항공화물이 항공운송인이나 항공운송주선인의 지배를 떠나 수하인에게 인도된 것으로 볼 수는 없다); 대법원 2000.11.14. 선고 2000다30950 판결(선하증권 소지인이 아닌 하역회사가 양하작업을 완료하고 화물을 하역회사의 일반보세창고에 입고시킨 사실만으로는 화물이 운송인의 지배를 떠난 것이라고 볼 수 없고, 이러한 경우 화물의 인도시점은 운송인 등의 화물인도지시서에 의하여 화물이 하역회사의 보세장치장에서 출고된 때이며, 선하증권 없이 무단으로 화물을 반출한 경우에는 선하증권 소지인이 입은 손해에 대해서 불법행위책임을 부담한다); 대법원 1999.7.13. 선고 99다8711 판결(일반적으로 보세창고업자는 운송인과의 임치계약에 따라 운송인 또는 그가 지정하는 자에게 화물을 인도할 의무가 있다. 보세창고업자가 화물을 보관하고 인도하는 것은 수하인에 대한 관계에서는 운송인의 이행보조자 또는 피용자의 지위에서 하는 것이고, 따라서 보세창고업자가 화물을 수하인의 지시 없이 수하인이 아닌 사람에게 인도함으로써 수하인의 인도청구권을 침해한 경우에는 운송인은 보세창고업자의 사용자로서 불법행위책임을 부담한다).
76) 대법원 1996.3.12. 선고 94다55057 판결.

가진 자에게 화물을 인도하여야 할 의무를 부담하므로, 이에 위반하는 경우에는 운송인은 보세창고업자의 사용자로서 채무불이행책임 또는 불법행위책임을 부담한다.

V. 창고증권

1. 의   의

창고증권이란 **창고업자가 임치물의 수령을 증명하고 임치물반환청구권을 표창하는 유가증권**이다. 이러한 창고증권의 발행에 관한 입법주의에는 복권주의(예증권과 입질증권의 두 가지 창고증권을 발행하는 입법주의), 단권주의(하나의 창고증권에 의하여 임치물의 양도 또는 입질을 할 수 있게 하는 입법주의) 및 병용주의(단권과 복권의 두 제도를 모두 인정하는 입법주의)가 있는데, 우리나라는 단권주의에 의한다(제159조 참조). 창고증권은 화물상환증에 관한 모든 조문을 준용하고 있다. 따라서 그 법적 규율은 **화물상환증과 동일**하다.

2. 발   행

창고증권은 임치인의 청구에 의하여 창고업자가 발행한다(제156조 제1항). 창고증권소지인은 창고업자에 대하여 그 증권을 반환하고 임치물을 분할하여 각 부분에 대한 창고증권의 교부를 청구할 수 있다(제158조 제1항). 이에 의한 임치물의 분할과 증권교부의 비용은 증권소지인이 부담한다(제158조 제2항).

3. 하도지시서

하도지시서(Delivery Order)는 증권의 발행자가 운송물 등의 물건보관자에 대하여 물건의 전부 또는 일부를 증권의 정당한 소지인에게 인도할 것을 위탁하는 뜻이 기재된 증권으로서, 임치인이 창고업자에게 **일방적으로 지시**하는 경우가 일반적이다. 판례는 일종의 면책증권으로 파악하면서 출고지시를 받은 당해 수취인에게 그 수입화물을 출고·인도해 주었다면, 특별한 사정이 없는 한 그 화물의 인도로 인한 책임을 면한다고 한다.[78] 그러나

---

77) 대법원 1999.7.13. 선고 99다8711 판결(일반적으로 보세창고업자는 운송인과의 임치계약에 따라 운송인 또는 그가 지정하는 자에게 화물을 인도할 의무가 있고, 한편 운송인은 수하인이나 그가 지정하는 자에게 화물을 인도할 의무가 있으므로, 보세창고업자가 화물을 보관하고 이를 인도하는 것은 수하인에 대한 관계에서는 운송인의 이행보조자 또는 피용자의 지위에서 하는 것이고, 따라서 보세창고업자가 화물을 수하인의 지시 없이 수하인이 아닌 사람에게 인도함으로써 수하인의 인도청구권을 침해한 경우에는 운송인은 보세창고업자의 사용자로서 불법행위책임을 져야 할 것이다).

78) 대법원 2013.12.26. 선고 2011다49936 판결(보세창고업자가 운송인이 발행한 화물인도지시서에 의하여 출고지시를 받은 당해 수취인에게 그 수입화물을 출고·인도해 주었다면, 특별한 사정이 없는 한 그 화물의 인도로 인한 책임을 면한다 할 것이고, 그 화물인도지시서가 운송인이 선하증권 소지인으로부터 선하증권을 상환받지 아니하고 발행한 이른바 '선(先) D/O'인 경우에도 마찬가지라 할 것이다).

유가증권은 아니므로 하도지시서의 양도로 인도청구권을 취득하는 것은 아니다.[79]

4. 성질과 효력

창고증권은 그 본질상 화물상환증과 같이 요인증권성, 요식증권성(제156조 제2항), 상환증권성, 지시증권성, 문언증권성, 인도증권성 및 처분증권성을 갖는다(제157조, 제129조 내지 제133조). 또한 제시증권성, 면책증권성 등의 성질을 갖는다. 그 효력도 화물상환증의 경우와 같다.

---

79) 대법원 1970.10.23. 선고 70다1985 판결(피고회사가 갑회사에 대하여 경유를 출사하라는 출사지시서는 일종의 면책증서이므로 실질관계인 매매계약에 의하여 영향을 받는 유인증권이라 할 것이어서 위 지시서의 양수인은 증권을 양도받았다는 사실만으로는 그 물건의 인도청구권을 취득할 수 없으며 또 지령서의 양도는 그 표시물건의 양도와 같은 효력이 없다).

제 3 장

새로운 상행위

제 1 절 금융리스업

I. 의 의

1. 금융리스의 의의

금융리스업자는 금융리스이용자가 선정한 기계, 시설, 그 밖의 재산(금융리스물건)을 제3자(공급자)로부터 취득하거나 대여받아 금융리스이용자에게 이용하게 하는 것을 영업으로 하는 자이다(제168조의2). 금융리스(finance lease)의 본질적 기능은 금융의 편의를 제공하는 것에 있다. 금융리스는 금융리스이용자에게는 금융리스물건의 취득자금에 대한 금융의 편의를 제공하고, 금융리스업자에게는 그 대여기간 중 지급받는 리스료에 의하여 리스물건에 대한 취득자금과 그 이자, 기타 비용을 회수하는 것을 기능으로 한다.[1]

2. 금융리스와 운용리스

리스는 크게 금융리스(finance lease, capital lease)와 운용리스(operating lease)로 나뉜다. 금융리스와 운용리스의 구별은 우리나라의 법인세법 시행규칙과 리스회계처리기준 등이 채택하고 있는 것으로서, 이 분류는 리스이용자가 리스를 이용하는 목적에 따른 것이다. 리스이용자의 목적이 금융에 있으면 금융리스가 되고, 그 목적이 물건 자체의 사용에 있으면 운용리스가 된다.

금융리스는 금융리스이용자가 공급자, 리스물건, 구매조건 등을 결정하고 이 같이 선정된 특정의 물건을 금융리스업자가 취득하거나 대여받아 그 물건에 대한 직접적인 유지, 관리책임을 지지 아니하면서 금융리스이용자에게 일정한 기간 사용하게 하고 그 대여기간 중 지급받는 대가(리스료)에 의하여 대여시설에 대한 취득자금과 그 이자, 기타 비용을 회수하는 거래관계를 말한다. 대체로 의료기기, 공작기계 등 고가이지만 범용성이 없는 물건

---

1) 대법원 1990.5.11. 선고 89다카17065 판결; 대법원 1992.7.14. 선고 91다25598 판결 등.

에 대하여 행하여진다.

운용리스란 이용자가 원하는 물건을 리스업자가 조달하여 리스업자의 유지, 관리책임하에 일정기간 정기적인 대가를 받기로 하고 이용자로 하여금 물건을 이용하게 하는 거래이다. 대체로 컴퓨터, 복사기 등 범용성이 있는 물건에 대하여 행하여진다. 동산의 운용리스는 우리나라에서 통상 렌탈(rental)이라고 불리며 기본적으로 임대차의 법리가 그대로 적용된다.

3. 기능 및 장점

금융리스는 다음과 같은 기능 내지 장점이 있다. ① 금융리스이용자가 스스로 자금을 차입하여 구입하는 것과 비교할 때 대차대조표상 리스료는 부채로 기재되지 않기 때문에 재무구조를 개선하고 또 구입비용을 운전자금으로 활용할 수 있는 효과가 있다. ② 또한 금융리스이용자는 그 리스료를 전액 손비로 처리할 수 있어 영업비용을 절감할 수 있다. ③ 리스물건의 관리사무를 면할 수 있고, 기술의 진부화에 따른 위험도 면할 수 있다.

Ⅱ. 거래의 구조

1. 당 사 자

(1) 금융리스이용자

금융리스이용자는 리스물건의 실수요자이다. 금융리스이용자는 리스물건을 사용하여 수익을 얻고 약정한 리스료를 지급한다.

(2) 금융리스업자

금융리스업자는 리스물건의 실수요자에게 리스료를 받고 빌려주는 자이다.

(3) 공급자

공급자는 금융리스물건을 생산하여 금융리스업자에게 공급하고 그 대금을 받는 자이다.

2. 거래과정

금융리스는 다음과 같은 순서로 거래가 이루어진다. ① 금융리스이용자와 공급자 사이에 물건을 선정한다. ② 금융리스이용자가 금융리스업자에게 리스신청을 한다. ③ 금융리스이용자와 금융리스업자 사이에 리스계약을 체결한다. ④ 금융리스업자가 공급자에게 물건의 구입을 신청한다. ⑤ 공급자가 금융리스이용자에게 물건을 인도한다. ⑥ 금융리스이용자가 금융리스업자에게 물건수령증을 발급한다. ⑦ 금융리스업자가 공급자에게 대금을 지급한다.

Ⅲ. 법적 성질

1. 법적 성질에 관한 학설과 판례

(1) 특수임대차계약설

금융리스계약을 임대차의 일종으로 보고 다만 금융리스계약의 특수성을 고려하여 임대차의 법리적용이 부적합한 부분에 관하여는 그 특수성을 인정하려는 입장이다. 우리나라에서는 소수설이나, 독일과 일본에서는 다수설이다. 금융리스의 실체를 물건에 대한 유상의 사용·수익관계로 파악하고, 그 근거로서 금융리스업자는 은행 등의 금융기관과는 명확히 구별된다는 점을 강조하고 있다.

그러나 금융리스는 리스물건의 사용대가로 리스료가 지급되는 점에서는 임대차와 유사하지만, 리스료는 본질적으로 리스물건의 사용대가이기보다는 물건 그 자체에 대한 대가지급의 의미가 강하다. 이러한 대가지급의 성격은 리스기간 만료 후 리스이용자가 무상이나 염가로 리스물건의 매수선택권을 부여받는 금융리스에 있어서 더욱 뚜렷하다. 더욱이 금융리스에서는 그 약관에서 임대차계약상의 임대인의 하자담보책임, 위험부담책임 등을 배제하고 있고, 금융리스이용자에 의한 중도해지가 원칙적으로 불가능하며, 금융리스이용자의 채무불이행의 경우에는 금융리스업자가 리스물건을 회수하면서 잔여리스료 전액을 청구할 수 있는 등 임대차로 보기에는 어려운 특징들이 많다.

(2) 비전형계약설

금융리스의 경제적 실질을 중시하여 금융적 편의의 제공을 목적으로 하는 비전형계약이라고 보는 견해이다. 임대차·소비대차·매매의 요소가 혼합된 특수한 내용의 비전형계약으로 보는 것도 같은 입장이라고 할 수 있다. 우리나라의 다수설이다. 이 견해는 리스물건의 법적인 측면, 즉 누가 소유자인지보다는 그 경제적 실질과 본질이 무엇인지를 중시한다. 금융리스업자가 리스물건의 소유권을 보유하는 이유는 소유권 자체의 확보에 주된 목적이 있는 것이 아니고, 대여자금의 회수를 확보하기 위한 담보적 측면에 주된 목적이 있다고 본다. 이러한 입장에 따라서 리스료는 물건의 사용에 대한 대가가 아니라 금융리스업자가 제공한 물적금융을 상환하는 형식이라고 한다.

그러나 비전형계약설은 금융리스의 실질이 물적금융이라는 점을 강조하여 금융리스계약에 민법상의 임대차에 관한 규정을 바로 적용하지 못하도록 하는 데는 성공하였지만, 금융리스계약을 둘러싸고 일어나는 법률문제를 해결할 수 있는 명확한 기준을 제시하지는 못하고 있다는 비판이 제기되어 있다.

(3) 판 례

판례는 일관되게 **임대차가 아니라 일종의 무명계약**으로 보고 있다.[2]

(4) 평 가

금융리스의 법적 성질은 우리 민법상의 전형계약 가운데 어느 것에도 들어맞지 않는다. 따라서 금융리스는 특수한 내용을 가지는 비전형계약(무명계약), 또는 임대차, 매매, 소비대차 요소 등을 모두 가지는 혼합계약으로 보는 것이 타당하다. 금융리스는 물건의 인도가 있어야 한다는 점에서만 임대차와 공통될 뿐이고, 금융리스업자가 유지의무, 하자담보책임을 부담하지 않고, 금융리스이용자에 의한 중도해지가 원칙적으로 불가능하며, 금융리스이용자의 채무불이행의 경우에는 금융리스업자가 리스물건을 회수하면서 잔여리스료 전액을 청구할 수 있는 등 임대차로 보기에는 어려운 점이 많다.

2. 임대차와의 구별

다음의 점에서는 리스는 임대차와 구별된다. ① 리스계약에서는 일반적으로 금융리스업자가 물건의 **하자담보책임을 지지 않는다.**[3] 상법은 공급자가 원칙적으로 하자담보책임을 부담하는 것으로 규정한다(제168조의4 제2항). ② 민법 제537조와는 달리 **불가항력에 의한 리스물건의 멸실과 훼손에 대하여는 금융리스이용자가 위험을 부담**한다(제168조의3 제4항). ③ 리스물건의 **유지관리의무를 금융리스이용자가 부담**한다(제168조의3 제4항). ④ **금융리스이용자는 원칙적으로는 리스기간 중 계약을 해지할 수 없다**(제168조의5 제3항).

---

2) 대법원 1986.8.19. 선고 84 다카 503,504 판결(리스계약의 형식은 임대차계약과 유사하나 그 실질은 물적금융이고 임대차계약과는 여러 가지 다른 특질이 있기 때문에, 리스계약은 비전형계약(무명계약)이고 민법의 임대차에 관한 규정이 바로 적용되지는 아니한다).

3) 대법원 1997.11.28. 선고 97다26098 판결(금융리스는 리스회사가 리스이용자가 선정한 특정 물건을 새로이 취득하거나 대여받아 그 **리스물건에 대한 직접적인 유지,관리 책임을 지지 아니하면서** 리스이용자에게 일정 기간 사용하게 하고 그 대여기간 중 지급받는 리스료에 의하여 리스물건에 대한 취득 자금과 그 이자, 기타 비용을 회수하는 거래관계로서, 그 본질적 기능은 리스이용자에게 리스물건의 취득 자금에 대한 **금융 편의를 제공하는** 데에 있다).

IV. 법률관계

1. 금융리스업자의 권리와 의무

(1) 권 리

1) 리스료 지급청구권

금융리스업자는 금융리스이용자에게 리스료지급청구권을 가진다(제168조의3 제2항).

2) 해지권

금융리스이용자의 책임 있는 사유가 있는 경우 금융리스계약을 해지할 수 있다(제168조의5 제1항).

3) 리스물건 반환청구권

금융리스이용자의 책임 있는 사유로 금융리스계약을 해지하는 경우 금융리스업자는 잔존 금융리스료 상당액의 일시 지급 또는 금융리스물건의 반환을 청구할 수 있다(제168조의5 제1항).

4) 손해배상청구권

금융리스업자의 금융리스물건 반환청구는 금융리스업자의 금융리스이용자에 대한 손해배상청구에 영향을 미치지 않는다(제168조의5 제2항).

(2) 의 무

1) 리스물건을 수령할 수 있도록 할 의무

위에서와 같이 거래의 양태를 보면 공급업자가 금융리스이용자에게 물건을 인도한다. 이에 상법은 금융리스업자는 금융리스이용자가 금융리스계약에서 정한 시기에 금융리스계약에 적합한 금융리스물건을 **수령할 수 있도록** 하여야 한다고 규정한다(제168조의3 제1항). 이를 인도의무로 이해하는 것은 타당하지 않고 수령할 수 있도록 적극적으로 협력할 의무로 파악한다. 판례도 같은 취지에서 "금융리스계약의 법적 성격에 비추어 보면, 금융리스계약 당사자 사이에 금융리스업자가 직접 물건의 공급을 담보하기로 약정하는 등의 특별한 사정이 없는 한, 금융리스업자는 금융리스이용자가 공급자로부터 상법 제168조의3 제1항에 따라 적합한 금융리스물건을 수령할 수 있도록 협력할 의무를 부담할 뿐이고, 이와 별도로 독자적인 금융리스물건 인도의무 또는 검사·확인의무를 부담한다고 볼 수는 없다"고 한다.[4]

---

4) 대법원 2019.2.14. 선고 2016다245418,245425,245432 판결.

2) 매매대금 지급의무

금융리스업자는 **공급자**에게 매매계약에 기한 매매대금을 지급하여야 한다. 금융리스업자는 비록 물건수령증의 교부가 없다 하여도 물건이 공급되었다는 것과 금융리스이용자가 정당한 사유 없이 물건수령증을 교부하지 않고 있다는 것을 알고 있다면, 공평의 관념과 신의칙에 비추어 물건수령증의 교부가 없음을 들어 공급된 물건대금의 지급을 거절할 수 없다.[5] 금융리스이용자가 발급하는 금융리스물건수령증은 금융리스업자와 금융리스이용자 사이에 적합한 금융리스물건이 수령된 것으로 추정되는 효력이 있음에 불과하다(제168조의3 제3항).

3) 하자담보책임

① 하자담보책임 배제 특약의 유효성

민법상 임대차계약에서는 임대인은 목적물을 임차인에게 인도하고 계약존속 중 사용, 수익에 필요한 상태를 유지할 의무가 있으나(민법 제623조), 금융리스계약에서는 금융리스 물건의 인도가 지연되거나 하자가 있는 경우에도 약관에 의하여 금융리스업자는 책임이 없다고 규정하는 것이 보통이다. 이 점은 금융리스가 임대차계약과 다른 가장 현저한 특색 중의 하나인데, 금융리스계약에서 규정되는 이러한 하자담보책임배제 특약의 유효성이 문제된다.

금융리스에 있어서의 하자담보책임의 배제는 금융리스의 성격상 본질적으로 요청되는 것이므로 기본적으로 유효하다고 본다(통설, 판례).[6] **하자담보책임배제 특약의 유효성을 인정**하여도 리스이용자가 특별히 불리한 입장에 처하는 것은 아니다. 금융리스이용자는 직접 리스물건을 선정하고, 공급업자로부터 직접 리스물건의 납품을 받으며 하자가 있으면 검수 시에 이를 통보하여 구제받을 수 있고, 납품후에 후발적으로 발생한 하자에 관하여는 리스 물건의 공급자에 대하여 직접 담보책임을 물을 수 있기 때문이다. 다만 예외적으로 리스물건의 하자에 대하여 리스업자에게 귀책사유가 있는 경우까지 하자담보책임을 배제하는 약관은 신의성실이나 공서양속에 반할 수 있다. 즉 리스물건의 하자에 대하여 금융리스업자의 귀책사유가 인정되는 경우에는 하자담보책임 배제 약관을 부인할 수 있다.

결국 금융리스이용자는 리스물건의 하자를 이유로 하여서 리스계약을 해제하거나 리스료 지급을 거절하거나 손해배상을 청구할 수 없다. 이는 임대차와의 차이점으로, 임대인과

---

5) 대법원 1998.4.14. 선고 98다6565 판결.
6) 대법원 1996.8.23. 선고 95다51915 판결(시설대여(리스)는 시설대여 회사가 대여시설 이용자가 선정한 특정 물건을 새로이 취득하거나 대여받아 그 물건에 대한 직접적인 유지·관리책임을 지지 아니하면서 대여시설 이용자에게 일정기간 사용하게 하고 그 기간 종료 후에 물건의 처분에 관하여는 당사자간의 약정으로 정하는 계약으로서, 형식에서는 임대차계약과 유사하나, 그 실질은 대여시설을 취득하는데 소요되는 자금에 관한 금융의 편의를 제공하는 것을 본질적인 내용으로 하는 물적 금융이고 임대차계약과는 여러 가지 다른 특질이 있기 때문에 이에 대하여는 민법의 임대차에 관한 규정이 바로 적용되지 아니한다).

는 달리 당사자간의 특약에 의하여 금융리스업자는 리스물건에 대한 수선의무, 하자담보책임, 비용상환의무 등을 부담하지 않는다.

② 협력의무

다만 제168조의4에서 규정하는 의무가 있다. 동조 제2항에서 금융리스물건이 공급계약에서 정한 시기와 내용에 따라 공급되지 아니한 경우 금융리스이용자는 공급자에게 직접 손해배상을 청구하거나 공급계약의 내용에 적합한 금융리스물건의 인도를 청구할 수 있다고 규정하고, 이 경우 금융리스업자는 금융리스이용자가 이 권리를 행사하는데 필요한 협력의무를 부과하고 있다(제168조의4 제3항).

2. 금융리스이용자의 권리의무

(1) 권 리

1) 리스물건 사용 수익권, 계약갱신권

금융리스이용자는 리스기간 내에는 리스물건을 사용·수익할 권리를 가지며 리스기간이 만료한 후에는 리스계약을 갱신할 권리를 가지기도 한다.

2) 중대한 사정변경으로 인한 계약해지권

금융리스이용자는 리스기간 중 리스계약해지권을 행사하지 못하는 것이 일반적이다. 금융리스기간 중 리스이용자에 의한 계약해지를 인정하면 금융리스업자는 투하자금을 회수하는 것이 곤란하여진다. 다만 중대한 사정변경으로 인한 경우에만 계약해지권을 인정하고 있다. 상법은 금융리스이용자는 중대한 사정변경으로 인하여 금융리스물건을 계속 사용할 수 없는 경우 3개월 전에 예고하고 금융리스계약을 해지할 수 있도록 하고 있다. 그러나 이 경우에도 금융리스이용자는 계약의 해지로 인하여 금융리스업자에게 발생한 손해를 배상하여야 한다(제168조의5 제3항).

(2) 의 무

1) 리스물건수령증 교부의무

금융리스이용자는 공급자로부터 리스물건을 인도받은 후 리스물건이 약정된 물건인지를 검수하고 물건수령증을 작성하여 금융리스업자에게 교부하여야 한다. 금융리스물건수령증을 발급한 경우에는 **금융리스계약의 당사자**인 금융리스이용자와 금융리스업자 사이에 적합한 금융리스물건이 수령된 것으로 **추정**한다(제168조의3 제3항). 이는 리스계약의 당사자인 금융리스이용자와 금융리스업자 사이에서만 그렇다는 것이고, 공급자와의 사이에서는 물건수령증의 교부로 리스물건의 수령을 추정하지 못한다.

2) 리스료 지급의무

① 리스의 법적 성질과 리스료

금융리스는 형식상으로는 기계설비 등의 임대차방식이 될 지라도 그 실질은 단순한 시설의 대여가 아니고 시설자금의 대부인 비전형계약이다. 즉 외양상으로는 리스업자가 물건이나 시설을 임대하는 것처럼 보이지만, 실제로는 물건이나 시설의 형태로 금융을 제공하는 것이다. 다만 시설자금 자체를 바로 대부하는 것이 아니고 물건, 기계설비의 형식으로 대여하는 것이므로 물융(物融)에 해당한다.[7] 따라서 리스료는 사용료라고 하기보다는 물건대금의 원금 및 이자를 분할하여 상환하는 금액에 해당하는 것으로 본다.

② 리스료의 지급의무

금융리스이용자는 리스료를 지급할 의무를 부담한다. 제168조의3 제2항에서는 리스물건을 **수령함과 동시**에 지급할 의무를 부과한다. 이 경우 상법은 그 법률관계를 명확히 하기 위하여 제3항에서 만약 이용자가 금융리스물건수령증을 발급한 경우에는 적합한 금융리스물건을 수령한 것으로 **추정**한다는 규정을 둔다.

과거 관련된 판례는 리스계약은 물건의 인도를 계약 성립의 요건으로 하지 않는 낙성계약으로서 리스이용자가 리스물건수령증서를 리스회사에 발급한 이상, **특별한 사정이 없는 한** 현실적으로 리스물건이 인도되기 전이라고 하여도 이때부터 리스기간이 개시된다고 하였다.[8] 그러나 판례의 입장은 상법 개정에 의하여 변경된 것으로 보아야 한다. 물건수령증이 교부된 것으로 추정하므로 실질적으로 리스물건을 수령한 때로부터 리스료를 지급할 의무를 부담한다.

3) 선관의무

선량한 관리자의 주의로 금융리스물건을 유지 및 관리하여야 한다(제168조의3 제4항). 이도 리스계약이 임대차가 아니라는 중요한 근거가 된다. 즉 리스물건의 유지관리의무가 금융리스업자가 아닌 금융이용자에게 부과되어 있는 것이다. 판례도 같은 취지이다.[9]

4) 리스물건의 반환의무 또는 잔존 금융리스료 지급의무

금융리스이용자의 책임 있는 사유로 금융리스계약을 해지하는 경우에는 금융리스업자

---

7) 대법원 1999.9.3. 선고 99다23055 판결(리스계약은 실질에 있어 대여시설을 취득하는 데 소요되는 자금에 관한 금융의 편의를 제공하는 것을 내용으로 하는 물적금융으로서).

8) 대법원 1997.10.24. 선고 97다27107 판결.

9) 대법원 1994.11.8. 선고 94다23388 판결(시설대여(리스)는 시설대여회사가 대여시설이용자가 선정한 특정 물건을 새로이 취득하거나 대여받아 그 물건에 대한 직접적인 유지·관리책임을 지지 아니하면서 대여시설이용자에게 일정기간 사용하게 하고 그 기간종료 후에 물건의 처분에 관하여는 당사자간의 약정으로 정하는 계약으로서, 형식에서는 임대차계약과 유사하나 그 실질은 물적 금융이며 임대차계약과는 여러 가지 다른 특질이 있기 때문에 시설대여(리스)계약은 비전형계약(무명계약)이고, 따라서 이에 대하여는 민법의 임대차에 관한 규정이 바로 적용되지 아니한다).

는 잔존 금융리스료 상당액의 일시 지급 또는 금융리스물건의 반환을 청구할 수 있다(제 168조의5 제1항). 이 경우 금융리스업자의 손해배상청구권에는 영향을 미치지 않는다.

3. 공급자의 권리의무

(1) 권 리

금융리스업자로부터 리스물건에 대한 매매계약의 당사자로서 그 대금을 지급받을 권리를 가진다.

(2) 의 무

① 공급자는 금융리스이용자에게 **리스물건을 인도할 의무**를 부담한다(제168조의4 제1항). ② 공급자는 **금융리스이용자에 대하여 하자담보책임을 부담**한다. 즉 계약에서 정한 시기와 내용에 따라 공급되지 아니한 경우 금융리스이용자는 공급자에게 직접 손해배상을 청구하거나 공급계약의 내용에 적합한 금융리스물건의 인도를 청구할 수 있다고 규정한다(제 168조의4 제2항).

4. 해   지

해지에 관하여는 제168조의5에서 규정한다. 그런데 리스계약에서의 해지가 문제되는 것은 리스물건이 금융리스이용자에 의하여 선정되거나 그의 구체적 필요에 맞는 규격과 형식으로 제작되는 경우가 많아 금융리스업자가 이를 제3자에게 처분하는 것이 곤란한 경우가 많기 때문이다. 이러한 관점에서 리스계약의 해지를 보아야 한다.

① **금융리스업자가 해지**하는 경우이다. 금융리스이용자의 책임 있는 사유로 해지하는 경우 금융리스업자는 잔존 리스료 상당액의 일시지급 또는 물건의 반환을 청구할 수 있도록 함에 의하여 그 선택에 의하여 리스료 전액을 수령할 수 있는 근거를 마련해 두었다(제168조의5 제1항). 이 경우 금융리스이용자에 대한 손해배상청구에 영향이 없음을 밝힌다(제168조의5 제2항).

② 금융리스이용자는 원칙적으로 해지를 할 수 없으나 예외적으로 금융리스이용자의 중대한 사정변경이 있는 경우에 한하여 3개월 이전에 예고하고 해지할 수 있는 절차를 마련하여 두고는 있다. 하지만 이 경우에도 금융리스업자에게 계약해지로 인하여 발생한 손해를 배상하도록 한다(제168조의5 제3항).

제 2 절 가 맹 업

Ⅰ. 가맹업의 의의

1. 의   의

(1) 가맹업(Franchise)

자신의 상호·상표 등(상호 등)을 제공하는 것을 영업으로 하는 가맹업자(加盟業者)로부터 그의 상호 등을 사용할 것을 허락받아 가맹업자가 지정하는 품질기준이나 영업방식에 따라 영업을 하는 자를 가맹상(加盟商)이라 한다(제168조의6). 판례는 가맹업이라 함은 가맹본부가 가맹점사업자로 하여금 자기의 상표·서비스표·상호·간판 그 밖의 영업표지를 사용하여 일정한 품질기준에 따라 상품 또는 용역을 판매하도록 함과 아울러 이에 따른 경영 및 영업활동 등에 대한 지원·교육과 통제를 하고, 가맹점사업자는 영업표지 등의 사용과 경영 및 영업활동 등에 대한 지원·교육의 대가로 가맹본부에 가맹금을 지급하는 계속적인 거래관계를 말한다고 한다.[10] 가맹업은 가맹본부와 가맹상 사이의 상호의존적 사업방식으로서 신뢰관계를 바탕으로 가맹상의 개별적인 이익보호와 가맹상을 포함한 전체적인 가맹조직의 유지발전이라는 공동의 이해관계를 가진다.[11]

(2) 용   어

가맹업자는 자신의 상호 등을 제공하는 것을 영업으로 하는 자이다(제168조의6). **가맹상**은 자신의 상호 등을 제공하는 것을 영업으로 하는 자로부터 그의 상호 등을 사용할 것을 허락받아 가맹업자가 지정하는 품질기준이나 영업방식에 따라 영업을 하는 자이다(제168조의6). 가맹상은 가맹업자에게 가맹의 대가로 일정한 금액을 지급하는데, 이를 **가맹업사용료**(franchise fee, royalty)라고 한다.

(3) 적용법규

상법은 '상호·상표 등의 사용허락에 의한 영업에 관한 행위'를 기본적 상행위로 규정하고(제46조 제20호), 가맹업자, 가맹상의 의의, 의무, 가맹상의 영업양도, 계약해지 등에 구체적인 법률관계에 관해서는 별도로 규정하고 있다(제168조의6 내지 제168조의10). 그 밖에

---

10) 대법원 2005.6.9. 선고 2003두7484 판결.
11) 대법원 2005.6.9. 선고 2003두7484 판결(가맹계약약관에서 판매촉진행사에 소요된 비용을 합리적인 방법으로 분담하도록 규정하고 있다면, 판매촉진행사에 대하여 미리 협의하도록 되어 있지 않더라도 약관규제법상 고객에 대하여 부당하게 불리한 조항에 해당한다고 할 수는 없다).

가맹업에 관한 행정적 규제를 목적으로 하는 가맹사업거래의 공정화에 관한 법률, 가맹사업진흥에 관한 법률 등이 있다.

2. 구분할 개념

(1) 특약점

특약점(distributor)이란 상품의 제조자 또는 공급자로부터 제공된 상품을 매입하여 이것을 자기의 계산으로 판매하는 독립한 상인을 말한다. 특약점은 그 거래관계에 따라서 그 일부가 가맹상에 해당할 수도 있다. 그러나 특약점은 가맹업과는 달리 통일적인 지시, 통제, 판매전략이 결여되어 있고, 서비스에 중점을 두는 가맹업과는 달리 상품의 판매에 중점이 두어지며, 가맹상은 가맹업자의 상표를 사용하는 것이 보통이나 특약점은 자기의 상호를 사용하는 것에서 차이가 있다.

(2) 라이센스계약

가맹계약은 상표 등의 실시권을 허여하는 라이센스계약(license agreement)과 구분된다. 라이센스계약에 있어서는 라이센스제공자가 라이센스인수자에게 상표 등의 사용권을 허용하는 데 그치고, 가맹업에서와 같이 가맹상의 영업에 대하여 포괄적인 지시·통제를 가하거나 통일적인 판매전략을 수행하지 않는다.

(3) 대리상, 위탁매매인

대리상은 일정한 상인을 위하여 상시 그 영업부류에 속하는 거래의 대리 또는 중개를 영업으로 하는 상인이다(제87조). 대리상은 본인의 이름으로 본인을 대리하여 행위를 함에 반하여, 가맹상은 자기의 이름으로 거래를 하는 점에서 양자는 구별된다. **위탁매매인**은 자기의 명의로 타인의 계산으로 물건 또는 유가증권의 매매를 영업으로 하는 자이다(제101조). 위탁매매인은 타인의 계산으로 영업을 한다는 점에서 자기의 계산으로 영업을 하는 가맹상과 구별된다.

3. 법적 성질

가맹계약은 매매, 임대차, 도급, 위임, 노무공급 등 다양한 요소가 포함되어 있는 혼합계약으로서 **비전형계약**에 해당한다. 가맹계약은 가맹업자가 가맹상에게 상표 등의 사용을 허가하고 이에 대하여 사용료를 지급받는다는 점에서 쌍무·유상계약이며 권리용익대차의 성격을 가지고, 가맹업자가 가맹상에게 자기의 상호 등을 사용하게 하는 대신 가맹상은 이에 대하여 가맹금을 지급하는 계속적 계약의 성격을 가지며,[12] 가맹상으로 하여금 제공된 원료를 바탕으로 하여 여기에 가공을 하여 상품을 완성케 한다는 점에서 위임계약, 도급계약의 요소도 포함하고 있다. 그러나 가맹업에는 여러 가지 변종이 있으므로, 가맹계약에 포함되는 요소는 달라질 수 있다.

Ⅱ. 법률관계

1. 가맹업자의 의무와 책임

(1) 가맹상 영업의 지원의무

가맹업자는 가맹상의 영업을 위하여 필요한 지원을 하여야 한다(제168조의7). 이는 가맹업자가 상호 등을 제공하고 가맹업 사용료를 받으며, 가맹업거래는 가맹업주와 가맹상 사이에서 신뢰를 바탕으로 하는 상호의존적 사업방식이고, 가맹상의 개별적인 이익보호와 더불어 가맹상을 포함한 전체적인 가맹조직의 유지발전이 가맹업거래의 특성인 점에 비추어 당연한 규정이라고 할 것이다.

(2) 경업금지의무 등

가맹업자는 다른 약정이 없으면 가맹상의 영업지역 내에서 동일 또는 유사한 업종의 영업을 하거나, 동일 또는 유사한 업종의 가맹계약을 체결할 수 없다(제168조의7). 가맹업자와 가맹상은 신뢰를 바탕으로 상호의존적인 관계이고, 가맹업자가 가맹업사용료를 받는 점에 비추어 가맹상의 영업지역 내에서 동일 또는 유사한 업종의 영업을 하는 것은 원칙적으로 금지하는 것이 타당하다.

판례는 가맹본부(가맹업자)가 아무런 제약 없이 언제라도 가맹점(가맹상)의 점포와 동일 지역 내에 직영점을 개설하거나 가맹점을 둘 수 있도록 하는 조항을 두었다면, 이는 가맹점에게 부당하게 불리한 조항으로 약관규제법에 위반하여 무효라는 입장이다.[13]

(3) 가맹업자의 제3자에 대한 책임

가맹업자와 가맹상은 독립된 상인이지만, 가맹업제도의 이용객은 가맹업자와 가맹상을 구분하지 못하고 동일한 권리의무의 주체로 오인할 가능성이 있다. 가맹업이 가지는 이러한 성격으로 인하여 가맹업자가 가맹상과 거래한 제3자에 대하여 어떠한 책임을 지는지가 문제된다. 가맹업자와 가맹상은 **독립된 상인**이므로 **원칙적으로 가맹업자는 가맹상의 고객**

---

12) 대법원 2005.6.9. 선고 2003두7484 판결.
13) 대법원 2000.6.9. 선고 98다45553,45560,45577 판결(모든 가맹점계약에 있어서 가맹본부에 가맹점에 대한 판매지역권 보장의무가 당연히 인정되는 것은 아니라 하더라도 가맹본부로서는 소속 가맹점의 판매지역권을 부당하게 침해하는 것은 허용되지 않는다고 할 것이므로, 가맹본부가 아무런 제약 없이 언제라도 가맹점의 점포와 동일 지역 내에 직영점을 개설하거나 가맹점을 둘 수 있도록 하는 조항을 두었다면 이는 가맹점에 대하여 부당하게 불리한 조항으로 약관의규제에관한법률 제6조 제1항, 제2항 제1호에 의하여 무효라고 보아야 할 것이다).

에 대하여 책임을 부담하지 않는다고 볼 것이다. 그러나 가맹업의 구체적인 거래관계에 따라서는 가맹업자의 책임이 인정될 수 있다.

① **명의대여자**의 책임이 있다. 가맹업자는 가맹상에게 자신의 상호를 사용하도록 허락하였으므로 명의대여자로서의 책임이 인정된다(제24조). 다만 거래상대방에게 중과실이 있는 경우에는 악의와 동일하게 취급되므로 명의대여자의 책임이 인정되지 않는다. ② **사용자책임**이 있다(민법 제756조). 가맹업자가 가맹상의 영업에 대하여 일정한 지시와 통제를 할 수 있는 경우 사용자책임이 인정될 여지가 있다. ③ **제조물책임**이 있다. 가맹업자가 상품 등을 가맹상에게 공급하는 경우 제조물책임법에 따라 그 상품에 대한 제조물책임을 부담할 수도 있다. ④ 또한 가맹상이 가맹업자의 **표현대리인**으로 인정될 수 있다(민법 제125조, 제126조, 제129조).

2. 가맹상의 의무와 책임

(1) 주의의무

가맹상은 가맹업자의 영업에 관한 권리가 침해되지 않도록 주의할 의무가 있다(제168조의8 제1항). 가맹상은 가맹업자의 상호와 상표 등을 사용하면서 대외적으로는 가맹업자의 영업으로 인식되기 때문에 가맹상의 영업행태에 따라서는 가맹업자의 명성이 실추되고 다른 영업에도 영향을 받을 수 있기 때문이다. 세부적으로는 가맹업자가 제공한 영업방법에 따를 의무, 가맹업자의 각종 지시나 통제에 순응할 의무, 가맹업자로부터 전수받은 영업의 노하우나 비밀을 유지할 의무, 경업금지의무 등을 그 내용으로 한다.

(2) 사용료지급의무

가맹상은 가맹계약에서 정한 바에 따라 사용료 또는 가맹료의 지급의무가 있다. 가맹계약에서는 사업개시 이전에 지급하는 입회비, 가맹보증금과 사업기간 중 상호와 상표의 사용 또는 계속적인 서비스의 제공에 대한 대가로서 지급하는 사용료를 나누어 약정하는 것이 일반적이다.

(3) 영업비밀준수의무

가맹상은 가맹업자의 영업에 관한 권리가 침해되지 아니하도록 하여야 한다. 가맹상은 계약이 종료한 후에도 가맹계약과 관련하여 알게 된 가맹업자의 영업상의 비밀을 준수하여야 한다(제168조의8 제2항). 이는 상호 신뢰를 바탕으로 형성되는 가맹업거래의 특성에 비추어 당연한 규정이라고 본다.

(4) 영업양도의 제한

가맹상은 가맹업자의 동의를 받아 그 영업을 양도할 수 있다(제168조의9 제1항). 가맹상의 영업은 가맹업자의 명성에 영향을 주기 때문에 누가 가맹상이 되는지는 가맹업자가 통제할 수 있어야 하기 때문이다. 그러나 가맹상의 영업의 자유를 침해할 우려가 있기 때문에 가맹업자는 특별한 사유가 없으면 그 영업양도에 동의하여야 한다고 규정하여 가맹업자의 권한을 제한하고 있다(제168조의9 제2항).

3. 가맹계약의 종료

(1) 가맹계약의 해지

가맹상이 영업을 위하여 많은 자본을 투자하였으나 가맹업자가 일방적으로 계약을 해지하게 되면 가맹상은 그 투자를 회수하기 어렵게 되어, 해지의 자유를 무한정 인정할 수 없다. 따라서 상법은 ① **부득이한 사정**이 있는 경우에 한하여, ② **상당한 기간**을 정하여, ③ **예고**를 한 후에만, 계약을 해지할 수 있다. 즉 가맹계약상 존속기간에 대한 약정의 유무와 관계없이 부득이한 사정이 있으면 각 당사자는 상당한 기간을 정하여 예고한 후 가맹계약을 해지할 수 있다(제168조의10).

가맹사업거래법 제14조 제1항에서는 가맹업자가 가맹계약을 해지하고자 하는 경우, 가맹업자는 가맹상에게 2개월 이상의 유예기간을 주고 계약위반사실 및 이를 시정하지 아니하면 계약을 해지한다는 사실을 서면으로 2회 이상 통지하여야 한다. 이러한 절차를 거치지 아니하면 가맹계약의 해지는 효력이 없다고 규정한다(가맹사업거래법 제14조 제2항).

(2) 계약갱신의 거절

계약갱신의 거절은 사실상 해지와 같은 효과가 있을 수 있고 이 문제는 해지와 같이 취급할 필요가 있다. 그러나 법률에 아무런 규정이 없어 그 거절할 자유가 널리 인정되고 있었고, 그 거절의 경우 반드시 정당한 사유 또는 합리적 사유가 있어야 하는 것도 아니었다.

2008년 개정된 가맹사업거래법에서는 계약기간 10년의 범위에서는 원칙적으로 가맹상의 계약갱신 요구를 가맹업자가 정당한 사유 없이 거절하지 못하게 되었으므로(가맹사업거래법 제13조 제1항, 제2항) 더 이상 가맹업자는 자유롭게 계약갱신을 할 수 없게 되었다. 그러나 최근에는 10년만 경과한다면 가맹업자가 일방적으로 해지하고 있는 점이 사회적인 문제로 등장하고 있다.

제3절 채권매입업

I. 의 의

1. 개념 정의

(1) 채권매입업

채권매입업자는 타인이 물건·유가증권의 판매, 용역의 제공 등에 의하여 취득하였거나 취득할 영업상의 채권(영업채권)을 매입하여 회수하는 것을 영업으로 하는 자이다(제168조의11). 채권매입업(factoring)은 채권매입업자(factor)가 영업채권을 매입하는 형태로 채권매입 계약의 채무자(client)에게 금융을 제공하고, 양도받은 영업채권을 추심하여 자금을 회수하는 형태의 영업을 말한다. 채권매입업에 대해서는 다양한 개념 정의가 있지만, 일반적으로 영업채권 매입, 장부기장 및 관리, 영업채권 회수, 신용위험부담 기능의 4개 요소 가운데 2가지 이상이 충족되면 채권매입거래로 보는 경우가 많다(UNIDROIT 국제팩토링협약 제1조 제2항).

우리 상법도 비슷한 입장을 취하고 있다. 상법 제46조 제21호는 "영업상의 채권의 매입·회수 등에 관한 행위"를 기본적 상행위로 규정하고, 상법 제168조의11은 "타인이 물건·유가증권의 판매, 용역의 제공 등에 의하여 취득하였거나 취득할 영업상의 채권을 매입하여 회수하는 것을 영업으로 하는 자를 채권매입업자"라고 규정함으로써, 영업채권의 매입과 회수의 두 가지 기능을 위주로 채권매입업을 정의하고 있다.

(2) 종 류

팩토링거래는 여러 관점에서 구분할 수 있으나, 팩토링거래의 구조와 법적 성질에 가장 결정적인 영향을 미치는 것은 진정팩토링과 부진정팩토링의 구별이다. ① **진정채권매입**(non-recourse factoring)은 영업채권의 채무자가 파산이나 무자력에 빠지는 경우에 채권매입업자가 그 위험을 부담하며 거래기업에 상환을 청구할 수 없는 방식이다. ② **부진정채권매입**(recourse factoring)은 영업채권의 채무자가 파산이나 무자력에 빠지는 경우에, 채권매입업자는 거래기업인 채권을 양도한 상인에게 그 상환을 청구할 수 있는 방식이다. 따라서 채권을 완전히 양도한 것이라고 보기 힘들고, **상인이 매출채권을 담보로 제공하고 채권매입업자로부터 금융을 얻는 것**으로 이해하면 된다. 채권매입업자가 추심을 위임받아 채권을 회수하면 이를 상인에 대한 소비대차 채권과 상계함으로써 정산이 이루어진다. **제168조의12는 부진정채권매입을 원칙으로 한다.**

판례도 부진정채권매입으로 해석하는 것으로 보인다. 판례는 "채권매입의 대상이 된 영업채권이 일반의 상거래 채권이라 하더라도 채권매입업자 X파이낸스는 자본금이 650억 원에 이르고, 매출채권의 양수·관리 및 회수, 즉 이른바 팩토링 금융을 주목적으로 하는 회사로서 영업채권을 양도받고 **이를 담보로 하여** 채권매입계약의 채무자에 금융을 제공한 것이며, 그 과정에서 이자 또는 수수료를 징수함으로써 금융수입을 취한 것이므로 여타의 금융기관 채권과 달리 취급될 특별한 사정이 있다고 볼 수 없다"고 하고 있어,[14] '이를 담보로 하여'라는 표현을 사용하고 있기 때문이다.

2. 의　　의

(1) 당사자

① **채권매입업자**(채권양수인)의 자격에 대하여 본다. 우리 민법은 자유롭게 채권을 양도할 수 있도록 하고 있고, 채권양수인의 제한하고 있지 않다(민법 제449조 제1항). 상법 역시 채권매입업자의 자격에 대해서 제한은 두고 있지 않다(제168조의11 내지 12). 현재 채권매입업을 별도로 규제대상으로 하는 법률이 없으므로, 여신전문금융업법이나 자산유동화에 관한 법률 등의 규제대상에 해당하지 아니하는 이상 개인이나 법인에 관계없이 채권매입업을 영위할 수 있다고 볼 것이다. ② **채권매입계약의 채무자**(채권양도인)는 영업채권을 채권매입업자에게 매각하고 금융을 제공받는 자이다. 영업채권의 양도 및 양수와 관련하여서는 채권양도인이 된다. 영업채권이므로 상인이 영업활동을 수행하면서 영업으로 인하여 취득한 채권을 말한다. ③ **영업채권의 채무자**는 양도대상인 영업채권의 채무자이다. 원래는 채권매입계약의 채무자에게 채무를 부담한다.

(2) 양도대상채권

채권매입업의 대상채권은 영업채권이며 상인이 그 영업활동을 하면서 영업으로 인하여 취득한 채권을 말한다. 영업채권에서 문제되는 채권들은 다음과 같다.

1) 장래채권

장래채권이란 채권발생요건이 모두 구비되지 아니한 채권을 말하는데, 채권매입거래에

---

14) 대법원 2000.1.5. 자 99그35 결정(X파이낸스는 자본금이 650억원에 이르고, 매출채권의 양수·관리 및 회수, 즉 이른바 팩토링 금융을 주목적으로 하는 회사로서 이 사건 정리채권을 취득하게 된 것도 정리회사가 합병 전 기아자동차 주식회사로부터 자동차 부속품 등 물품을 공급받고 발행한 약속어음을 물품대금채권과 함께 양도받고 **이를 담보로 하여** 위 기아자동차 주식회사에 금융을 제공한 것이며, 그 과정에서 이자 또는 수수료를 징수함으로써 금융수입을 취한 것이므로 여타의 금융기관 정리채권과 달리 취급될 특별한 사정이 있다고 볼 수 없고, 동원파이낸스가 상법에 의하여 자유롭게 설립할 수 있는 회사로서 여신업무만을 취급할 뿐이지 수신업무를 취급하지는 않고 금융관계 법령에 따라 정부의 규제·감독을 받거나 지원·보호를 받지 않는다고 하여 달리 볼 것은 아니므로, X파이낸스의 정리채권을 금융기관 정리채권으로 분류한 것이 공정·형평 또는 평등의 원칙에 반한다고 볼 수도 없다).

서 장래채권을 그 양도대상으로 하는 경우에 그 유효성이 문제된다. 판례는 장래채권의 양도를 위해서는 ① **양도 당시에 특정이 가능할 것**, ② **가까운 장래에 발생할 개연성이 있을 것**을 요구하는데,[15] 장래채권의 양도가 유효한지는 주로 ①의 요건, 즉 **장래채권의 특정이 가능한지의 여부**에 달려 있다. 특정성과 관련하여 대법원은 개별채권에 관한 사안이기는 하나 "**양도채권이 사회통념상 다른 채권과 구별하여 그 동일성을 인식할 수 있을 정도**"이면 특정된 것으로 보고 있다.[16] 그러나 이러한 판례의 판단기준은 여전히 모호하기 때문에, 대규모로 이루어지는 장래채권 양도의 유효성 판단에는 그다지 도움이 되지 않는다. 따라서 당사자의 입장에서는 장래매출채권 양도의 유효성을 확보하기 위해서는 채권매입계약 자체에서 양도대상 장래매출채권이 충분히 식별될 수 있도록 규정하는 것이 중요하다.

2) 지시채권

상법은 영업채권을 채권매입업자의 매입과 회수의 대상으로 하고 있다(제168조의11). 여기서 영업채권의 범위에 지시채권(어음·수표 등 포함)이 포함되는지 문제될 수 있다. 지시채권을 양도대상에 포함시킬 경우 동일한 채권이 배서나 교부의 지시증권 양도방식으로 이중으로 양도될 위험성이 크게 되고, 현재 논의 중인 채권양도등기제도를 이용한 채권양도방식과 그 우선권이 문제될 가능성이 높기 때문에 지시채권을 양도대상에 포함시킬 경우 문제가 발생할 소지가 크다. 따라서 **지시채권은 양도대상 영업채권에서 제외**하는 것이 타당하다.

(3) 상인성

채권매입거래는 상법 제46조가 정하는 기본적 상행위의 하나이다(제46조 제21호). 따라서 채권매입업자는 당연상인이다(제4조). 채권매입 및 회수에 관한 채권매입계약의 체결행위가 기본적 상행위가 된다. 반면 채권매입계약에 따라서 실제로 영업채권을 양도받고, 회수하는 행위는 보조적 상행위가 된다.

Ⅱ. 채권매입거래의 법적 성질

1. 기본계약인 채권매입계약의 법적 성질

채권매입계약에서는 채권매입업자와 거래상인 사이에 먼저 기본계약이 이루어지고 이에 근거하여 개별 채권이 채권매입업자에게 양도된다. 이러한 기본계약을 일반적으로 채

---

15) 대법원 1996.7.30. 선고 95다7932 판결.
16) 대법원 1997.7.25. 선고 95다21624 판결; 대법원 1998.5.29. 선고 96다51110 판결 등.

권매입계약이라고 하는데, 일정기간 발생하는 외상매출채권을 양도하기로 약정하고 그 수수료나 위험부담에 관하여 정하게 된다. 채권매입거래는 크게 채권매입계약과 채권매입계약에 기초한 영업채권 양도행위로 구분할 수 있는데, 채권매입계약과 영업채권 양도의 법적 성질을 어떻게 볼 것인지 문제된다. 이 논의는 특히 채권매입계약의 채무자, 영업채권의 채무자 등이 파산하거나 무자력인 경우에 그 결과에 차이가 있을 수 있기 때문에 중요하다.

이와 관련해서는 업무관리계약설, 병합설 등이 있으나, 채권매입거래는 매매, 소비대차, 업무관리 등의 요소들이 기능적·체계적으로 결합되어 있는 혼합계약이자, 비전형계약에 해당한다고 본다. 다만 혼합계약으로 보는 경우에도 구체적인 사안에서는 해당 채권매입거래의 내용에 따라 매매, 소비대차 등 개별적인 법규가 준용될 것이다.

2. 영업채권양도의 법적 성질

채권매입계약에 기초해서 이루어지는 영업채권양도의 법적 성질을 어떻게 볼 것인지가 문제가 된다. 소비대차설, 매매계약설 등이 있으나, ① **진정채권매입업은 매매**, ② **부진정채권매입업은 소비대차**로 보는 절충설이 타당하다(통설). 그런데 어느 경우든 법적으로 **채권양도의 형식**을 취한다는 점에 주의하여야 한다. 부진정채권매입에서도 형식적으로는 채권이 양도되므로 채권양도의 대항요건을 모두 갖추어야 한다. 따라서 이 경우 채권매입업자는 단순히 거래상인으로부터 채권추심을 위임받은 것이 아니라, 채권자의 지위에서 자기의 명의와 계산으로 채권을 추심하는 것이다. 다만, 부진정팩토링은 채권매입자가 상환청구권을 가지고 있다.

3. 법률관계

(1) 채권매입업자와 거래상인의 관계

제168조의12는 부진정채권매입을 원칙으로 하고 있으므로, 채권매입업자는 채권의 변제기가 도래하면 채무자로부터 이를 추심하여 거래상인에게 지급하고 일정한 수수료를 취득한다. 일반적으로 채권매입업자는 채권양도 당시에 거래상인에게 그 대가를 선급하게 되므로, 이 경우 추심한 금액의 반환채무를 거래상인의 대여금채무와 상계함으로써 법률관계를 종결시킨다. 제168조의12에 따라 채권이 회수불능인 경우 채권매입업자는 거래상인에게 그 상환청구를 할 수 있으나, 계약에서 달리 정할 수는 있다.

(2) 채권매입업자와 채무자의 관계

채권매입업자가 거래상인으로부터 채권을 양수하기 위하여는 민법 제450조의 채권양도의 법리에 따라 채무자에 대한 통지나 승낙이 필요하다. 그리고 채권매입업자가 향후 채권을 추심하게 될 때, 채무자가 거래상인에 대한 채권을 가지고 채권매입업자에게 상계의 항변을 제출할 수 있는지가 문제된다. 원칙적으로 채무자는 채권양도의 통지를 받거나 승낙을 할 때까지 발생한 모든 사유를 가지고 채권을 양수한 채권매입업자에게 대항할 수 있다(민법 제451조 제2항).

제**2**강

회 사 법

제 1 편

통 칙

제1장
회사법

제1절 공동기업으로서의 회사

회사는 복수인이 공동의 목적을 설정하여 이윤추구를 하는 기업형태이다. 회사 이외에도 공동의 기업형태로는 민법상의 조합, 상법상의 익명조합과 합자조합 등이 있으나 회사가 가장 대표적인 공동기업형태라 할 수 있다. 조합·익명조합·합자조합 등의 경우 법인격이 부여되지 않기 때문에 공동기업을 영위하는 데 한계가 있음에 반하여, 회사는 독립된 법인격이 부여되어 있어 구성원의 사정에 의하여 영향을 받지 아니하고 운영이 가능하다. 현재 상법상 회사의 종류는 합명회사·합자회사·유한책임회사·주식회사·유한회사가 있고, 그중에서도 주식회사가 가장 대표적이며 이용되는 비중도 압도적이다.

일반적으로 공동기업의 장점으로 거론되는 것들로 ① 주주(사원)의 유한책임으로 소액의 자금투자를 받아 거대자본을 형성할 수 있다는 점, ② 이러한 거대자본을 형성하여 단일기업으로 하기 어려운 큰 규모의 영리사업을 수행할 수 있다는 점, ③ 영리사업의 수행으로 초래될 수 있는 위험을 다수의 투자자들이 분산하여 부담할 수 있다는 점, ④ 그리고 소유와 경영의 분리로 보다 전문적인 회사경영이 가능하다는 점 등이다. 이외에도 많은 장점을 가지고 있으며, 이로 인하여 공동기업으로서의 회사가 자본주의 발전의 원동력이 되고 있다.

그런데 회사제도로 인한 단점들도 드러나고 있으며 상법 회사편은 이를 극복하기 위한 여러 규정들을 두고 있다. 소유와 경영의 분리가 회사제도의 중요한 장점이라고 설명되어 왔으나, 많은 회사들에서 개인, 소수인 또는 가족에 의한 배타적 경영이 이루어지는 경향이 있다. 이들이 회사를 사적인 재산증식의 수단으로 악용하여 공동기업으로서의 회사의 이익이 아니라 자신의 사적 이익을 추구함으로써 소수주주나 투자자의 이익을 침해하며, 회사채권자 및 일반 공중의 이익을 해한다는 점이다. 지배주주 등은 주주총회, 이사회 그리고 대표이사 등을 장악하고 있어 사실상 회사 내에서는 견제할 장치가 전무한 경우가 많으며, 결과적으로 독단적인 회사의 운영은 회사의 독립된 법인격을 남용함으로써 근로자와 회사채권자들의 이익을 침해하게 된다.

하지만 회사제도는 장점이 워낙 큰 까닭에 그 단점들을 최소화하거나 극복하는 방향으로 나아가야 하고, 그 방향을 설정함에 있어 다음의 점들을 유의할 필요가 있다. 첫째, **회사제도는 불변의 것이 아니다.** 주식의 발행과 유한책임의 원리 등은 포기할 수 없는 중요한 근간을 이루는 요소이지만, 회사제도가 불변의 원리가 아닌 것이고 그 상황과 시대에 맞게 해석되고 운영되어야 한다. 예컨대 사적인 영리회사가 도산하는데 국가가 공적 자금을 투입하는 사례 등이 참조가 될 것이며, 회사법의 허점을 악용하는 경우 적극적 해석 또는 입법을 통하여 극복해 나아가야 하겠다. 둘째, 외국의 입법례를 참조할 때에도 그 시대상황 등에 대한 비교검토가 요구된다. 우리에게 큰 영향을 끼치는 미국법의 출발점은 경영자지배에 대한 주주의 감독강화가 주요한 쟁점이었던 반면, 우리의 경우는 **소수가족경영으로 인하여 발생하는 폐해**인 소수주주의 보호, 채권자보호 그리고 이웃 사회 등의 이익보호가 주요한 관심사인 것이다.

제 2 절 회 사 법

Ⅰ. 회사법의 의의

1. 형식적 의의의 회사법

형식적 의의의 회사법은 회사에 관한 성문의 법률로서, 상법 제3편 회사편이 이에 해당한다. 상법 제169조 내지 제637조의2가 이를 규정하고 있고, 이 책은 이 규정들의 해석을 주요한 목적으로 한다. 비교법적으로 보면 다수의 국가가 회사법을 상법에서 분리하여 단행법화하고 있으며, 우리나라에서도 이러한 경향에 주목하고 있다.

2. 실질적 의의의 회사법

실질적 의의의 회사법은 회사기업에 고유한 사법으로서,[1] 회사의 조직과 활동에 관한 법을 말한다. 회사에 적용되는 법은 다양하며 여기에는 사법적 규정만이 아니라 공법적 성격의 규정도 포함된다. 실질적 의의의 회사법으로 분류될 수 있는 법률들은 대단히 많으며, 그중 중요하다 할 수 있는 것이 2009년 2월 4일부터 시행된 「자본시장과 금융투자업에 관한 법률」로 이는 과거 폐지된 「증권거래법」의 내용을 반영하는 것이다.

---

1) 권기범, 4면; 정찬형, 427면.

Ⅱ. 회사법의 성질

1. 단체법적 성질

회사법은 단체법이다. 회사법은 주주총회와 이사회 등에서의 다수결의 원리나 사원관계, 회사의 설립, 회사의 기관구성, 회사의 운영, 회사의 해산 등 주로 단체법적 관계를 규율하고 있다. 회사는 다수의 사람들이 그들 각자의 이익을 위하여 조직한 단체이어서 그 각자 이익의 조정이 중요한 과제이다. 반면 회사와 거래하는 당사자와의 관계 등을 규율하는 규정도 있다.

2. 강행법적 성질

회사법은 단체법으로서 대부분 규정이 강행법적 성질을 가지고 있다는 것이 통설이다.[2] 회사법은 개인간의 대등한 법률관계를 규율하는 개인법이 아니라 단체와 구성의 관계 그리고 단체의 조직원리를 규율하고 있어 단체법적 성질을 가지고 있고, 이러한 특성에 근거하여 강행법적 성질을 가진다는 것이다. 그런데 통설에 대하여 회사법이 단체법이기 때문에 강행법규라고 이해하는 것은 설득력이 높지 않다는 주장도 있다.[3] 근거로는 단체법적 특성이라는 것과 강행법규는 구별지어 생각할 수 있는 것으로 단체의 구성원 사이에 획일적으로 법률관계가 형성될 필요가 있다는 것과 그 적용되어야 하는 법률관계가 회사법의 내용에서 정하는 것을 벗어날 수 없다는 것은 별개의 문제라는 점을 내세운다. 회사법 상 당수의 규정들은 강행법임을 부인하기 어려워 보이나, 결국은 개별 법규정의 의의나 역할 등에 대한 구체적 분석이 요구된다고 본다.

---

2) 권기범, 6면; 정동윤, 362면; 정찬형, 430면; 최기원, 7면.
3) 송옥렬, 739-740면.

제 2 장

회사의 의의

회사는 "상행위나 그 밖의 영리를 목적으로 하여 설립한 법인"이다(제169조). 2011년 개정에서 '사단'을 삭제하였다. 그러나 전통적으로 회사의 개념요소로는 영리성·법인성·사단성을 이야기하며, 이를 차례대로 살핀다.

제 1 절 영 리 성

Ⅰ. 의   의

회사는 '상행위나 그 밖의 영리'를 목적으로 한다. 상행위를 영리의 목적으로 하는 회사를 **상사회사**, 상행위 이외의 행위를 영리의 목적으로 하는 회사를 **민사회사**라 하나, 법률적용에 차이가 없어 구별 실익이 없다. 그런데 통설은 영리성의 개념을 상법총칙에서의 영리성과 달리 파악하고 있어 주목할 필요가 있다.

1. 통   설(이익분배설)

통설은 회사의 영리성을 상법총칙에서의 영리성과 다른 것이라 본다. 상법총칙에서의 영리성은 단순히 이익을 추구하려는 의도가 있으면 충분함에 반하여, 회사에서의 영리성은 ① 대외적 활동을 통하여 이익을 추구하고 ② 그 이익을 사원에게 분배하는 것을 의미한다고 본다. 즉 대외적 영리활동으로 이익을 추구하는 것에 추가하여 **획득한 이익을 사원에게 분배하는 요건까지 충족**하여야 영리성이 있다고 보고, 이를 이익분배설이라 칭한다. 이러한 입장에서 공공사업을 수행하는 공법인이 대외적 영리활동을 하는 경우 상인이기는 하나, 구성원에게 직접적 이익을 배분하지 않으므로 회사가 될 수 없다고 본다. 또한 재단법인은 구성원이 없어 회사가 될 수 없고, 상호보험회사(보험업법 제34조 이하)는 대외적 영리활동을 하지 않으므로 회사가 아니라고 한다.

요컨대 통설은 회사에서의 영리성의 개념을 상법총칙에서의 영리성의 개념과는 다르게 파악한다. 상인의 영리성은 대외적 영리활동추구로 족함에 반하여 회사법에서의 영리성은 이것 이외에도 획득된 이익을 구성원들에게 분배하여야 한다는 것이다.

2. 통설은 주주지상주의(shareholder primacy theory)에 기초

영리성의 개념을 이같이 해석하는 우리의 통설은 미국의 전통적 견해이었던 주주지상주의에 기초한다.[1] 이 이론은 회사를 주주들의 소유물로 보며, 회사는 주주이익의 극대화를 위하여 운영되어야 한다는 것이다. 과거 미국에서는 고전적인 주주지상주의가 지배하여 왔었고,[2] 그 이론이 출발한 배경은 주주를 경영진으로부터 보호하고자 하는 것이다.[3] 이는 최근 대두되는 개념인 기업의 사회적 책임과도 직결된다. 그런데 통설은 기업의 사회적 책임은 법적 개념이 아니라거나 이 개념으로는 이사가 어떻게 행동해야 하는지 지침을 줄 수 없다는 근거를 들면서, 기존 영리성의 개념을 고수하고 있다.

Ⅱ. 회사의 본질에 관한 논의 - 기업의 사회적 책임론

1. 회사의 본질 또는 지배구조에 관한 이론

(1) 회사의 본질에 관한 이론(주주지상주의와 이해관계자주의)

회사의 본질에 관한 논의는 영리성 개념뿐 아니라 회사법 전체의 이해와 관련된다. 그 이론들은 1932년 Berle과 Dodd의 논쟁에서부터 주목 받은 것으로 오랜 기간 논쟁되어 왔고, 회사라는 틀과 그 회사법의 올바른 이해의 출발점이 된다. 회사의 본질 또는 기업지배구조 이론은 크게 두 가지로 대별된다. ① 하나는 **주주지상주의**(shareholder primacy theory)로서 Berle은 이사가 주주자산의 수탁자로서 주주의 이익을 위하여만 행동하고, 따라서 그들의 절대적 임무는 **주주이익의 극대화**라고 하였다. 주주지상주의는 과거 영미법계 국가들이 주로 채택하였던 이론으로 회사를 주주의 재산으로 보며, 주주와 경영자간의 대리인비용(agency cost)의 축소를 통한 주주이익 극대화에 주안점을 둔다. ② 다른 하나는 **이해관계자주의**(stakeholder theory)이다. 이 이론을 대변한 Dodd는 이사는 개인 주주보다는 회사를 위한 수탁자로서 활동하여야 한다고 하면서, 회사를 사회적 공기(公器)로 보고 **주주를**

---

1) 이태로, "대규모회사의 본질과 사회적 의무", 「서울대학교」 Fides 제18권 2호, 서울대학교 법학연구소, 1973, 14면; Dodge v. Ford Motor Co., 170N.W.668 (1919). 포드회사는 헨리 포드의 경영하에 엄청난 성공을 거두고 있었다. 1911년부터 1915년까지 4천1백만 달러를 이익배당하고 있었다. 그러던 중 1916년 포드는 더 이상 회사가 이익배당을 하지 않을 것이며 모든 수익을 재투자 등으로 사용할 것이라고 선언하였고, 이에 소수주주인 원고가 소를 제기한 것이다. 법원은 회사는 주주의 이익을 위하여 조직된 기구이지 자선을 목적으로 하는 것은 아니라고 하면서, 대표이사인 헨리 포드가 회사는 이미 충분한 돈을 벌었으며 이익배당을 하지 않겠다고 하는 선언은 적절하지 않은 것이라고 하였다. 이 판결은 회사의 의의를 영리성의 측면에서 파악하고 있는 전통적인 판결로 꼽힌다.

2) Jill E. Fisch, Measuring Efficiency in Corporate Law: The Role of Shareholder Primacy, 31 J. Corp. L. 637, 643 (2006); 32USAI 3 n 13.

3) 31UK 2. But cf. also John Armour et al., Shareholder Primacy and the Trajectory of UK Corporate Governance, 41 British J. of Industrial Relations 531 (2003).

포함한 회사의 모든 이해관계자의 부의 창출과 그 이해관계자들의 조정을 꾀한다. 이 이론은 이해관계자인 주주·경영자·채권자·근로자·소비자·지역사회 등 모든 관련 이해집단을 고려하여야 한다는 이론으로서, 유럽을 포함하여 영미국가를 제외한 다수의 국가들이 취하는 이론이다.

(2) 우리나라에서의 지배이론

우리나라의 통설은 주주지상주의에 바탕을 두고, 이해관계자주의에 입각한 기업의 사회적 책임을 법적 개념으로서 수용하는 것에 소극적인 입장이다. 그 근거들을 보면 이윤극대화가 회사의 존재의의라는 점, 기업을 사회적 책임과 관련짓는 경우 기업가의 관심이 분산되어 혼란을 가져오고 효과적으로 경영활동을 수행할 수 없게 된다는 점, 기업에 사회적 책임을 지우는 경우 그 비용은 결국 제품가격에 반영되어 대중에게 전가되고 국가 경쟁력을 약화시킨다는 점, 또한 기업은 사회적 문제를 해결함에 있어 무능할 수 있다는 점 등을 내세운다. 그러나 기업은 사회에 막강한 영향력을 가지는 사회경제제도이고 그에 걸맞는 책임을 부담하여야 하며, 기업이 공해 등 많은 사회문제를 유발하고 있으므로 당연히 이를 시정할 책임도 있다는 점 등을 지적하는 기업의 사회적 책임론이 대두되고 있다.

2. 통설에 대한 비판적 평가

(1) 주주지상주의에 대한 비판

이 이론이 과거 미국의 전통적 견해인 것은 틀림없으나, 최근 그 경향이 바뀌고 있으며, 다양한 비판이 제기된다. ① 주주만이 아니라 **주주 이외의 이해관계자**들도 회사의 발전과 번영에 관심이 많다. 예컨대, 근로자는 회사이익의 극대화를 통하여 고용의 안정을 원하고, 이사는 높은 연봉이나 기타 사례금을 기대할 수도 있다. ② **주주 소유권의 객체는 회사가 아니라 주식**이며, 대다수 주주는 주로 단기적 이익에 관심이 있다는 점도 통상의 소유권과의 차이점이다. ③ 회사는 주주와는 별개의 **독립된 법인격**을 가진다. ④ 주주들은 회사의 일상적 업무집행을 할 수 없을 뿐만 아니라 그들의 이해와 상반되는 업무를 집행하는 이사에 대한 강제력도 가지지 못하여, 이사에 대한 직접적 지배를 하는 것도 아니다. ⑤ **주주는 유한책임**만을 부담한다.

(2) 이해관계자주의(사회적 책임론)로의 전환과 그 법률적 근거

통설 또는 주주지상주의가 기업의 사회적 책임론(이해관계자주의)을 비판하는 요지는 그 의무내용이 모호하여 법적 구속을 뜻하는 것이 아니라는 주장이다.[4] 그런데 그 주장이라면 통설(주주지상주의)도 동일하게 비판받을 수 있다. 이사가 주주이익을 극대화해야 한다

---

4) 이철송, 68면; 최기원, 8면.

는 규정이 없어 주주지상주의를 법률상 구속력 있게 하는 것은 없다.

이해관계자주의에 대한 법률적 근거들로는 ① 경영판단의 원칙으로서 이사는 광범한 재량으로 이해관계자의 이익을 고려할 수 있으며, ② 자본충실의 원칙으로서 회사법에는 회사채권자를 보호하기 위한 다양한 원칙과 규정들이 있다. ③ 일정한 경우 주주 이외의 제3자인 채권자들에게 법정 권리를 인정하는 것이며,[5] ④ 상법 제401조의 이사의 제3자에 대한 책임으로서, 이사가 회사의 임무를 해태하는 경우에도 일정한 요건을 충족하게 되면 널리 제3자가 책임을 추궁할 수 있다는 것은 이해관계자주의의 중요한 입법론상 근거로 제시된다. ⑤ 회사는 독립된 법인격을 가진다는 원칙으로서 주주지상주의나 통설은 회사는 구성원과 구별되는 독립된 법인격이라는 기본적 원칙에 반하는 면이 있다. ⑥ **이사의무의 대상은 회사**이다. 미국법과는 달리 이사는 주주와는 직접 계약관계가 없고 이사의무의 대상은 주주가 아니라 회사이다. 주주가 직접 이사의 경영활동에 개입할 수 있는 권리는 거의 없어, 주주의 직접적 감독에 해당하는 것은 대표소송권과 위법행위유지청구권 등 제한된 권리에 불과하며, 대표소송권의 행사로 인한 결과도 회사에 귀속된다.

(3) 사회적 책임론의 법적 수용(이해관계자주의)

일반적으로 대륙법계국가는 이해관계자주의를, 미국은 전통적으로 주주지상주의를 택하였다고 하나, 최근 미국에서도 상당 부분 이론이 바뀌고 있어 어느 이론이 지배적이라고 단정하기 어렵다. 영리성의 개념을 이익분배설로 파악하고 기업의 사회적 책임론의 법적 개념성을 부정하는 주주지상주의에 따를 때, 이사는 주주이익의 극대화를 위하여 일하여야 한다는 것이나, 이는 설득력이 없다. 근로자들은 회사에 노동을 제공하여 생계를 꾸리고, 그 회사가 생산한 상품은 사회의 유지와 성장에 필수품이 되며, 국가의 경제적인 존립기반이 되기도 한다. 이는 궁극적으로 회사의 이익이 무엇을 의미하느냐에 관한 것으로서, 만약 회사를 주주만의 또는 주주의 집합체로 본다면 회사의 최선의 이익이라는 것은 바로 주주의 이익을 뜻하게 된다. 하지만 회사를 독립된 유의미한 사회적 실체로서 파악한다면 **회사이익은 주주이익만을 의미하는 것이 아니라 채권자와 근로자, 지역사회의 주민 등 다른 모든 이해관계자들의 이익(장기적으로 주주이익이 되지 않는 경우에도)을 포함한 총합**이 된다.

Ⅲ. 대외적 영리추구로서의 영리성

결과적으로 영리성의 개념은 통설과는 달리 상법총칙에서의 영리성과 동일하게 파악하

---

5) 법정준비금의 적립과 자기주식의 취득금지 등에 대한 원리도 그러하며, 주주총회결의 무효확인의 소나 부존재확인의 소에서 소의 이익이 있는 채권자 등도 제소권을 가진다.

여야 하고, 따라서 회사가 대외적으로 영리를 추구하는 것만으로 충분하다(영리추구설). 이러한 입장에 의하면, 공법인이 영리를 추구하는 경우 상인은 되지만 회사가 아닌 이유는, 사원들에게 이익을 분배하지 않기 때문이 아니라 상법상 회사로 설립되지 않았기 때문이다. 또한 상호보험회사는 대외적 영리추구활동을 하지 않기 때문에 상인이 될 수 없다.

제2절 법 인 성

Ⅰ. 의   의

회사를 법인으로 할 것인지 여부는 입법정책적인 것으로 각국마다 입장이 다르나, 우리 상법은 모든 회사를 법인으로 규정한다(제169조). 법인격은 기업의 대외적 법률관계의 간명한 처리를 위하여 정책적으로 인정되는 것이다. 법인격을 인정받은 회사는 권리의무의 주체가 되고, 회사의 명의로 소송당사자가 되며, 회사의 재산은 그 구성원 개인의 채권자에 의하여 강제집행의 대상이 되지 않는다. 또한 회사의 채권자에 대하여는 회사의 재산만이 책임재산이 되고, 회사 구성원의 재산은 책임재산이 되지 않는다.

Ⅱ. 법인격부인론

1. 총   설

(1) 의   의

법인격부인론은 회사의 법인격이 남용되어 회사가 사원과 구별되는 독립된 실체를 갖지 못하는 특정한 경우에 한하여 그 회사의 독립적 법인격을 제한함으로써, 회사와 특정 제3자와의 사이에 문제된 법률관계에 있어 회사의 책임을 사원에게 추궁하는 것으로, 법인격 남용을 시정하려는 이론이다. 법인격부인론은 거의 모든 나라에서 공통적으로 인정되고 있고, 우리나라에서도 학설과 판례에 의하여 도입되어 있다. 유한책임은 회사의 채권자가 사원의 개인재산에 권리를 행사하는 것을 막고자 하는 것이나, 법인격부인론은 주주에게 무한책임을 인정하는 이론이다. 따라서 어떤 점에서는 **'주주 유한책임의 부인론'**으로 불리는 것이 보다 적확할 수 있고, 유한책임제도가 확립되어 있는 물적회사(특히 주식회사)에서 전개되는 이론이다.

법인격부인론은 법인격을 부여한 본래의 입법취지와는 달리 법인격이 남용되는 경우에 대비한 이론이다. 인적회사 및 유한회사에 있어서는 설립취소의 제도가 있고(제184조, 제269

조, 제552조), 또한 인적회사의 경우 무한책임사원이 있어 법인격남용 폐단에 대비한 제도
들이 있다. 그러나 주식회사의 경우 설립취소의 소가 인정되지 않고, 다만 회사의 설립목
적이 불법인 경우 해산명령과 같이 회사의 법인격을 전면적으로 박탈하는 제도(제176조, 제
227조 제6호, 제517조 제1호)가 있으나, 이 제도는 요건이 엄격하고 전면적으로 인격을 박탈
함으로써 기업유지이념에 반한다는 한계가 있다. 또한 상법 개정으로 구법상의 최저자본금
법정제도가 폐지되어 법인격남용의 경우에 대비한 법인격부인론의 역할이 보다 커지게 되
었다.

(2) 근 거

법인격부인론의 이론적 근거에 대하여는 견해가 나뉜다. ① 통설은 민법 제2조의 **신의
칙 혹은 권리남용금지**에서 그 근거를 찾는다.[6] 그런데 ② 소수설로서 회사에 법인격을 부
여하는 의의가 기업의 법률관계를 간명하게 처리하기 위한 것으로 합법적 목적을 위하여
인정된 특권임에도 불구하고 그 법인격을 악용하는 것은 **법인격의 개념에 내재된 한계**를
일탈하는 것이라는 견해[7]가 있다. ③ **판례**는 신의성실의 원칙에 위반하거나 등의 표현을
사용하는 것으로 미루어 **신의칙**에서 그 근거를 찾는 것으로 보인다.[8]

2. 연 혁

(1) 입법례

기업을 유지시키면서도 그 법인격의 남용을 시정하기 위한 제도인 법인격부인론은 19
세기 후반부터 미국에서 발달된 것으로, 법인격부인론은 회사제도에 의하여 추구되는 유한
책임의 원칙을 제한하거나 부인하는 것, 즉 주주의 유한책임을 부인하는 것이다. 미국에서
는 계약상의 문제뿐 아니라 불법행위의 경우에도 채권자를 사해하는 행위의 효력을 다투
는 수단이 되었다. 독일도 실체책임이론 또는 투시이론 등의 용어로 번역되는 이론을 가지
고 있으며, 일본도 1969년 최고재판소 판결로 채택한 이래 회사법의 해석이론으로 받아들
였다.

(2) 판 례

1) 흐 름

판례에 의하여도 이 이론은 확고히 인정되고 있다. 판례상 법인격부인의 법리를 최초로
수용한 것은 대법원 1988.11.22. 선고 87다카1671 판결로 본다. 그런데 이 판결은 법인격

6) 권기범, 42면; 이철송, 50-51면; 정동윤, 345면; 최기원, 58면.
7) 정찬형, 448면.
8) 대법원 2008.9.11. 선고 2007다90982 판결.

부인론을 수용하면서도 그 적용요건에 대한 설시가 아쉬운 점이 있다. 이후 법인격부인론을 수용한 판결들로는 대법원 1989.9.12. 선고 89다카678 판결, 그리고 대법원 2001.1.19. 선고 97다21604 판결이 있다. 이들 판결은 편의치적과 관련하여 국내 회사의 채권행사를 저해하는 외국회사에 대한 사례였고, 이는 주식회사의 운영에 관한 절차법적 규정을 무시하면서 회사의 법인격을 악용하는 경우 법인격부인론을 폭넓게 인정하게 되는 사례로 적시되는 판결이다. 이후 법인격부인론을 수용한 판결로 대법원 2004.11.12. 선고 2002다66892 판결, 대법원 2006.8.25. 선고 2004다26119 판결, 대법원 2011.5.13. 선고 2010다94472 판결 등이 있다. 그런데 그 이후의 판례는 **법인격부인론의 요건을 엄격하게 해석**하여 이 이론의 적용에 있어 소극적인 입장을 유지하고 있었으나,[9] 최근 그 적용을 긍정한 판례[10]가 있다.

2) 법인격의 형해화(形骸化)와 남용(濫用)의 구분

판례는[11] 법인격 형해화와 남용을 구분하면서 다음과 같이 판단하고 있다. (i) **법인격의 형해화**에 대하여는 "회사가 그 법인격의 배후에 있는 타인의 개인기업에 불과하다고 보려면, 원칙적으로 문제가 되고 있는 법률행위나 사실행위를 한 시점을 기준으로 하여, 회사와 배후자 사이에 재산과 업무가 구분이 어려울 정도로 혼용되었는지 여부, 주주총회나 이사회를 개최하지 않는 등 법률이나 정관에 규정된 의사결정절차를 밟지 않았는지 여부, 회사 자본의 부실 정도, 영업의 규모 및 직원의 수 등에 비추어 볼 때, 회사가 이름뿐이고 실질적으로는 개인영업에 지나지 않는 상태로 될 정도로 형해화되어야 한다"고 하면서 주관적 요건을 문제삼지 않는다. (ii) **법인격의 남용**에 대하여는 "위와 같이 법인격이 형해화될 정도에 이르지 않더라도 회사의 배후에 있는 자가 회사의 법인격을 남용한 경우, 회사는 물론 그 배후자인 타인에 대하여도 회사의 행위에 관한 책임을 물을 수 있으나, 이 경우 채무면탈 등의 남용행위를 한 시점을 기준으로 하여, 회사의 배후에 있는 자가 회사를 자기 마음대로 이용할 수 있는 지배적 지위에 있고, 그와 같은 지위를 이용하여 법인 제도를 남용하는 행위를 할 것이 요구되며, 위와 같이 배후자가 법인 제도를 남용하였는지 여부는 앞서 본 법인격 형해화의 정도 및 거래상대방의 인식이나 신뢰 등 제반 사정을 종합적으로 고려하여 개별적으로 판단하여야 한다"고 한다.[12] 그리고 판례는 법인격 남용의 경우 채무면탈의 의도 등 주관적 요건을 요구한다.

---

9) 법인격부인론의 요건을 충족하지 못하였다고 하여 그 적용을 부정한 판결들로 대법원 2008.2.1. 선고 2007다43337 판결; 대법원 2008.8.21. 선고 2006다24438 판결; 대법원 2008.9.11. 선고 2007다90982 판결; 대법원 2010.1.28. 선고 2009다73400 판결; 대법원 2010.2.25. 선고 2007다85980 판결; 대법원 2013.2.15. 선고 2011다103984 판결 등이 있다.

10) 대법원 2019.12.13. 선고 2017다271643 판결.

11) 대법원 2013.2.15. 선고 2011다103984 판결; 대법원 2010.1.28. 선고 2009다73400 판결; 대법원 2008.9.11. 선고 2007다90982 판결; 대법원 2006.8.25. 선고 2004다26119 판결.

12) 대법원 2016.4.28. 선고 2015다13690 판결; 대법원 2013.2.15. 선고 2011다103984 판결.

3. 적용요건

법인격부인론에 관한 적용요건이 가장 중요한 문제임에도 불구하고 아직 확립되었다고 는 볼 수 없다. 다행인 것은 최근 들어 판례가 보다 구체적으로 그 요건을 제시하고 있다 는 점이다. 적용요건은 크게 객관적 요건과 주관적 요건으로 나누어 볼 수 있다.

(1) 객관적 요건

객관적 요건은 회사가 이름뿐이고 실질적으로는 개인기업에 지나지 않는 상태로 될 정 도로 형해화되어야 한다. 판례에서 나타난 기준[13]을 보면 재산의 혼용, 법정절차를 거치지 아니함, 과소자본, 개인기업에 지나지 않음, 지배력을 요구하고, 다만 제반사정을 종합적으 로 고려하여 개별적으로 판단하여야 한다고 본다. 정리하면 (i) **지배요건**으로서, 회사가 마 치 지배주주의 개인기업처럼 운영되는 상태에 있어야 한다는 점이다. (ii) **재산의 혼용**으로 서, 지배주주와 회사 간의 재산과 업무 및 대외적 거래활동 등이 명확히 구분되어 있지 않고 양자가 서로 혼용되어 있다는 것이다. (iii) **자본불충분**(과소자본)으로서, 회사가 사업 의 성질이나 규모에 비해 적정한 자본금을 가지고 있어야 함에도 그렇지 못한 경우이다. 그런데 계약의 경우에는 그 채권자가 회사와의 거래 여부를 선택할 수 있고 따라서 채권 자가 회사의 재무상태를 알 수 있었다면 자본금의 과소를 가지고 법인격부인의 근거로 삼 기 어렵다는 견해도 있다.

(2) 주관적 요건

주관적 요건으로서 법인격 남용의 의사가 있어야 하는가?

---

13) 대법원 2008.9.11. 선고 2007다90982 판결에서 "회사가 외형상으로는 법인의 형식을 갖추고 있으나 법인의 형 태를 빌리고 있는 것에 지나지 아니하고 실질적으로는 완전히 그 법인격의 배후에 있는 사람의 개인기업에 불과하거 나, 그것이 배후자에 대한 법률적용을 회피하기 위한 수단으로 함부로 이용되는 경우에는, 비록 외견상으로는 회사의 행위라 할지라도 회사와 그 배후자가 별개의 인격체임을 내세워 회사에게만 그로 인한 법적 효과가 귀속됨을 주장하 면서 배후자의 책임을 부정하는 것은 신의성실의 원칙에 위배되는 법인격의 남용으로서 심히 정의와 형평에 반하여 허용될 수 없고, 따라서 회사는 물론 그 배후인 타인에 대하여도 회사의 행위에 관한 책임을 물을 수 있다고 보아 야 한다. 여기서 회사가 그 법인격의 배후에 있는 사람의 개인기업에 불과하다고 보려면, 원칙적으로 문제가 되고 있 는 법률행위나 사실행위를 한 시점을 기준으로 하여, ① 회사와 배후자 사이에 재산과 업무가 구분이 어려울 정도로 혼용되었는지 여부, ② 주주총회나 이사회를 개최하지 않는 등 법률이나 정관에 규정된 의사결정절차를 밟지 않았는 지 여부, ③ 회사 자본의 부실 정도, ④ 영업의 규모 및 직원의 수 등에 비추어 볼 때, 회사가 이름뿐이고 실질적으로 는 개인 영업에 지나지 않는 상태로 될 정도로 형해화되어야 한다. 또한, 위와 같이 법인격이 형해화될 정도에 이르 지 않더라도 회사의 배후에 있는 자가 회사의 법인격을 남용한 경우, 회사는 물론 그 배후자에 대하여도 회사의 행위 에 관한 책임을 물을 수 있으나, 이 경우 채무면탈 등의 남용행위를 한 시점을 기준으로 하여, ⑤ 회사의 배후에 있 는 사람이 회사를 자기 마음대로 이용할 수 있는 지배적 지위에 있고, 그와 같은 지위를 이용하여 법인 제도를 남용 하는 행위를 할 것이 요구되며, 위와 같이 배후자가 법인 제도를 남용하였는지 여부는 앞서 본 법인격 형해화의 정도 및 거래상대방의 인식이나 신뢰 등 제반 사정을 종합적으로 고려하여 개별적으로 판단하여야 한다"고 한다.

1) 판 례

대법원은 **법인격 형해화와 남용을 구분한 사건에서 남용의 의사가 필요하다는 입장을 밝히고** 있다. 대법원 2006.8.25. 선고 2004다26119 판결에서 "자회사의 법인격이 모회사에 대한 법률 적용을 회피하기 위한 수단으로 사용되거나 채무면탈이라는 위법한 목적 달성을 위하여 회사제도를 남용하는 등의 주관적 의도 또는 목적이 인정되어야 한다"라고 설시하여 주관적 의도 또는 목적을 요건으로 삼고 있다. 또한 대법원 2010.2.25. 선고 2007다85980 판결에서도 위 판결을 그대로 인용하면서 법인격 남용을 인정하려면 적어도 특수목적회사의 법인격이 배후자에 대한 법률적용을 회피하기 위한 수단으로 함부로 이용되거나, 채무면탈, 계약상 채무의 회피, 탈법행위 등 위법한 목적달성을 위하여 회사제도를 남용하는 등의 주관적 의도 또는 목적이 인정되는 경우라야 한다고 본다.[14] 이때 그 판단시점은 회사의 법인격이 형해화되었다고 볼 수 있는지 여부는 원칙적으로 문제가 되고 있는 법률행위나 사실행위를 한 시점을 기준으로, 회사의 법인격이 형해화될 정도에 이르지 않더라도 개인이 회사의 법인격을 남용하였는지 여부는 채무면탈 등의 남용행위를 한 시점을 기준으로 각 판단하여야 한다.[15]

2) 다수설 및 소결

다수의 견해는 남용의사라는 주관적 요건을 증명하는 것이 곤란하고, 회사채권자를 보호할 필요는 주주의 남용의사와 무관한 것이므로 주관적 요건은 필요하지 않다고 본다.[16] 판례의 입장은 타당하다고 볼 수 없다.

주관적 요건의 인정보다는 독립된 법인격 인정과 유한책임 원칙을 관철할 경우 **형평에 맞지 않는 부당한 결과를 초래하는지 여부**에 초점을 맞추어야 한다. 미국에서도 여러 주에서 사기나 기망의도 등 주관적 요소가 없는 경우에도 형평에 맞는 결과를 도출하기 위하여 필요하다면 회사의 법인격을 부인하고 있으며,[17] 독일도 주관적 요건을 요구하지 않는 것이 다수설과 판례[18]의 입장이다. 법인격부인에 있어 남용의 의사라는 주관적 요건을 배제하여야 한다.

4. 적용범위

(1) 보충성

통설은 실정법 규정으로는 해결할 수 없는 경우에 한하여 법인격부인론을 적용하여야

---

14) 최근 대법원 2021.3.25. 선고 2020다275942 판결에서도 "채무면탈의 의도"라는 표현을 사용하여 같은 입장으로 파악된다.

15) 대법원 2023.2.2. 선고 2022다276703 판결.

16) 이철송, 56면; 정동윤, 344면.

17) William M. Fletcher, Fletcher Cyclopedia of Law of Corporations, 2008, § 41.30 참조.

18) NJW 1977, 1449.

한다고 본다(보충성). 통설은 법인격부인론의 근거를 민법 제2조의 신의칙에 두고, 가급적 일반조항의 적용은 억제되고 종래의 사법이론에 의하여 해결될 수 없는 경우에 한하여 적용되어야 한다는 것이다.[19]

그러나 법인격부인론의 근거를 내재적 한계설에서 찾는 견해에서는 그 적용범위를 보다 확대하여 "법인격부인론은 다른 사법이론과 명백히 상충되지 않는 한 인정되어야 할 것"이라고 본다.[20]

(2) 계약과 불법행위

1) 계 약

법인격부인론의 전형적 적용사례가 계약이다. 다만 공정요건의 핵심인 회사의 자본불충분에 대하여 상대방의 인식 또는 인식가능성이 있었던 경우, 즉 회사가 자본불충분이고 이러한 사실을 상대방이 합리적으로 조사하였더라면 발견하였을 경우 법인격부인론을 적용하여 채권자를 보호할 필요가 있는지에 대한 의문을 제기하기도 한다.[21]

2) 불법행위

법인격부인론의 불법행위에 대한 적용 여부에 대하여 과거 다른 주장이 있었으나, 현재는 **불법행위에도 적용**된다고 봄이 통설이다. 법인격부인론의 근거를 법인격에 내재하는 한계에서 구하는 견해에서는 법인격이 남용된 경우에 형평의 관념에서 구체적으로 타당한 결론을 얻고자 한다는 뜻으로 불법행위에의 적용을 쉽게 설명할 수 있다.[22]

그런데 법인격부인론의 근거를 신의칙에서 구하는 통설의 입장에서는 불법행위의 경우 상대방의 신뢰가 전제되지 않는다는 점에서 그 적용을 부정할 수도 있다. 그러나 이 견해에서도 위험도가 높은 사업을 소자본의 회사로 수행하는 자에 대하여 대중의 신뢰를 보호할 필요가 있다는 점에서 신의칙을 근거로 삼는 경우에도 불법행위에 적용하는 것과 별 모순이 없다고 설명한다. 요컨대 법인격부인론은 계약과 불법행위에 모두 적용된다.

(3) 법인격부인론의 역적용

회사설립자의 채무를 회사로 하여금 이행시키는 것을 법인격부인론의 역적용이라고 한다. 채무자가 자신이 부담하는 채무의 강제집행을 면탈하고자 자기 소유의 재산을 현물출자 등의 방식으로 출자하여 새로운 회사를 설립하는 것을 사해설립이라고 한다. 그리고 이를 통하여 채무자가 무자력상태가 되는 경우 인적회사 또는 유한회사 등의 경우에는 사해설립취소의 소(제185조, 제269조, 제552조 제2항)를 통하여 자신의 권리를 행사할 수 있다.

---

19) 권기범, 45-46면; 이철송, 51면; 정동윤, 343면; 최기원, 59-60면.
20) 정찬형, 447면.
21) 권기범, 47면; 정찬형, 447면.
22) 정찬형, 447면.

하지만 주식회사에서는 설립취소의 소가 인정되지 않고, 또한 사해설립취소의 소도 인정되지 않으므로 법인격부인론을 적용할 필요가 있게 된다. 법인격부인론의 근거를 신의칙에서 구하면서 주주가 보유하는 주식 자체가 회사재산의 간접적 표현이므로 주주의 채권자는 주주의 소유주식에 대해 강제집행을 하면 족하다는 점에서 그 적용을 부인하는 견해도[23) 있으나, 판례와 다수의 견해는 적용을 긍정한다. 적용긍정설이 타당하다.

판례[24)는 법인격부인의 역적용이라는 개념을 명시적으로 사용하지는 않으나, 채무면탈을 위한 회사설립을 법인격부인의 한 유형으로 다루고 있다.[25) 판례는 기존회사가 채무를 면탈할 목적으로 기업의 형태·내용이 실질적으로 동일한 신설회사를 설립하였다면, 신설회사의 설립은 기존회사의 채무면탈이라는 위법한 목적달성을 위하여 회사제도를 남용한 것이므로 법인격부인론을 적용한다.[26) 이 경우 기존회사의 채권자는 두 회사 어느 쪽에 대하여서도 채무의 이행을 청구할 수 있다.[27) 여기서 기존회사의 채무를 면탈할 의도로 다른 회사의 법인격이 이용되었는지는 기존회사의 폐업 당시 경영상태나 자산상황, 기존회사에서 다른 회사로 유용된 자산의 유무와 그 정도, 기존회사에서 다른 회사로 이전된 자산이 있는 경우 그 정당한 대가가 지급되었는지 등 제반 사정을 종합적으로 고려하여 판단한다.[28) 또한 판례는 회사를 신설하는 경우뿐만 아니라 기존 회사를 이용하는 경우에도 마찬가지라는 입장을 취하고 있다.[29)

적용긍정설을 보면, 법인격부인론의 근거를 내재적 한계설에서 구하는 견해는 기존의 사법질서와 명백히 상충되지 않는 한 법인격부인론을 인정할 수 있다는 것이므로 사해설

---

23) 이철송, 53면.
24) 대법원 2021.3.25. 선고 2020다275942 판결; 대법원 2019.12.13. 선고 2017다271643 판결(기존회사가 채무를 면탈할 의도로 기업의 형태·내용이 실질적으로 동일한 신설회사를 설립한 경우 이는 기존회사의 채무면탈이라는 위법한 목적을 달성하기 위하여 회사제도를 남용한 것에 해당한다. 기존회사의 채권자에 대하여 위 두 회사가 별개의 법인격을 갖고 있다고 주장하는 것은 신의성실의 원칙상 허용되지 않는다. 기존회사의 채권자는 위 두 회사 어느 쪽에 대해서도 채무의 이행을 청구할 수 있다).
25) 대법원 2011.5.13. 선고 2010다94472 판결; 대법원 2004.11.12. 선고 2002다66892 판결에서 "기존회사가 채무를 면탈할 목적으로 기업의 형태·내용이 실질적으로 동일한 신설회사를 설립하였다면, 신설회사의 설립은 기존회사의 채무면탈이라는 위법한 목적달성을 위하여 회사제도를 남용한 것이므로, 기존회사의 채권자에 대하여 위 두 회사가 별개의 법인격을 갖고 있음을 주장하는 것은 신의성실의 원칙상 허용될 수 없다 할 것이어서 기존회사의 채권자는 위 두 회사 어느 쪽에 대하여서도 채무의 이행을 청구할 수 있다"고 판시하여 그 역적용을 긍정할 수 있다.
26) 대법원 2016.4.28. 선고 2015다13690 판결.
27) 대법원 2016.4.28. 선고 2015다13690 판결; 대법원 2004.11.12. 선고 2002다66892 판결.
28) 대법원 2016.4.28. 선고 2015다13690 판결.
29) 대법원 2019.12.13. 선고 2017다271643 판결(기존회사가 채무를 면탈할 의도로 기업의 형태·내용이 실질적으로 동일한 신설회사를 설립한 경우 이는 기존회사의 채무면탈이라는 위법한 목적을 달성하기 위하여 회사제도를 남용한 것에 해당한다. 기존회사의 채권자에 대하여 위 두 회사가 별개의 법인격을 갖고 있다고 주장하는 것은 신의성실의 원칙상 허용되지 않는다. 기존회사의 채권자는 위 두 회사 어느 쪽에 대해서도 채무의 이행을 청구할 수 있다. 이러한 법리는 어느 회사가 이미 설립되어 있는 다른 회사 가운데 기업의 형태·내용이 실질적으로 동일한 회사를 채무를 면탈할 의도로 이용한 경우에도 적용된다. 여기에서 기존회사의 채무를 면탈할 의도로 다른 회사의 법인격을 이용하였는지는 기존회사의 폐업 당시 경영상태나 자산상황, 기존회사에서 다른 회사로 유용된 자산의 유무와 정도, 기존회사에서 다른 회사로 자산이 이전된 경우 정당한 대가가 지급되었는지 여부 등 여러 사정을 종합적으로 고려하여 판단하여야 한다); 대법원 2011.5.13. 선고 2010다94472 판결.

립에 대한 다른 사법상의 구제수단이 있더라도 부인론의 역적용은 가능하다는 입장이다. 또한 부인론의 근거를 신의칙에서 구하는 견해에서도 현행 사법 수단이 사해설립으로부터 채권자를 실효적으로 구제하지 못하므로 법인격부인론을 역적용할 수밖에 없다고 한다.[30] 설립목적이 불법이라는 것은 주로 공익적 사유를 의미하므로 사해설립의 경우 회사의 해산명령에 대한 청구(제176조 등)가 수용되지 않을 가능성이 높으며, 채권자취소권은 단체법상 행위인 회사의 설립행위에 대하여 적용되기 어렵다는 등의 근거이다.

5. 적용효과

(1) 실체법

회사의 법인격이 부인되면 **문제된 당해 법률관계에서만** 그 회사의 독립된 존재가 부인되고 회사와 주주는 동일한 실체로 취급된다. 따라서 회사의 행위로 인한 책임은 주주에게 귀속된다. 단 주주의 책임이 인정되는 것일 뿐 법인격 자체가 전면적으로 박탈된다거나 회사의 책임이 소멸되는 것은 아니다. 따라서 회사는 그 배후자인 주주와 부진정연대채무관계에 서게 된다.

(2) 절차법

회사에 대한 판결의 기판력 및 집행력이 주주에게까지 당연히 미치는 것은 아니어서, 그 주주에 대한 집행권원을 얻어야만 한다. 따라서 회사채권자는 회사와 함께 그 주주도 공동피고로 제소하는 방법을 취할 수 있다.

제 3 절 사 단 성

I. 의 의

사단이란 일정한 목적을 추구하는 복수의 결합체로서 구성원의 인격과는 독립된 단체의 실질이 존재하는 것을 말한다. 사단은 재산의 결합인 **재단**과 다르고 단체와 구성원이 구분되고 구성원의 개성이 부각되는 **조합**과 다르다.

그런데 개정상법은 제169조에서 사단성을 삭제하였다. 2011년 개정으로 사단성이 삭제되기 이전의 상법의 규정에 대하여는 여러 비판이 있었다. 인적회사인 합명회사와 합자회사는 회사의 채무에 대하여 무한책임을 지는 사원이 있어 회사와 사원의 채무가 엄밀히 분리된다고 볼 수도 없는 등 단체의 실질이 조합에 가깝다. 또한 주식회사는 사람의 결합

---

30) 최기원, 60면.

보다는 재산의 결합으로서의 성질이 강하여 1인회사가 인정되고 있었다. 이러한 비판 등으로 사단의 개념을 삭제하자는 입법론이 설득력을 얻고 있었고, 2011년 개정에서 이를 삭제하였다.

법인에는 사단과 재단의 양자만이 있고 재단이 아니면 사단이어야 한다고 보아 사단성을 규정하였던 것이지만, 사단이라는 개념이 회사를 둘러싼 법률관계를 설명함에 있어 도움이 되지 못하고 오히려 해석상의 논란만 발생하였던 것을 불식하고자 하였다. 그렇다 하더라도 회사가 사단이 아니라고 단정지어 말할 수도 없다. 공동기업으로서의 회사는 사단의 성질을 바탕으로 하는 것이나, 회사의 종류에 따라 사단성에 차이가 있고 회사의 법률관계를 이를 중요한 특성으로 하여 설명할 필요가 없게 되었다고 보아야겠다.

Ⅱ. 1인회사

1. 의   의

(1) 1인의 사원

회사의 사단성과 관련하여 '사원이 1인'만이 있는 1인회사가 논의된다. 1인회사는 물적회사인 주식회사·유한회사·유한책임회사에서만 인정된다. 이들 회사에서는 1인 설립이 가능하고(제288조, 제287조의2, 제543조 제1항), 2인 이상을 존속요건으로 요구하고 있지도 않기 때문이다(제287조의38 제2호, 제517조 제1호, 제609조 제1항 제1호).[31]

합명회사와 합자회사 등의 인적회사의 경우는 2인 이상의 사원을 회사의 성립요건과 존속요건으로 하고 있어 1인회사가 존재할 여지가 없다(제178조, 제227조 제3호, 제268조, 제269조).

(2) 사단성 관련 논의

과거 1인회사는 복수의 인적 결합이 없어 회사의 사단성과 반한다는 의문이 있었다. 그러나 과거에도 주식회사는 사람의 결합이라기보다는 자본의 결합이고 그 지위의 이전이 주식양도자유의 원칙에 의하여 언제든지 복수의 주주로 회복될 가능성이 있는 점 등에서 사단성에 정면으로 반하는 것은 아니라고 보고 있었다. 결국 2011년 개정으로 사단성을 삭제하였다.

---

31) 연혁적으로 보면, 주식회사의 경우 2001년 상법개정으로 발기인의 수에 대한 제한이 없어지게 되어, 1인회사의 설립도 가능하게 되었다. 즉 주식회사의 경우 1인회사의 설립과 존속이 모두 가능하게 되었다. 유한회사의 경우 2001년 상법개정 전에는 사원이 1인으로 된 경우 해산사유에 해당하였으나, 이것이 삭제되어 주식회사와 마찬가지로 설립과 존속 모두에 있어 1인회사가 가능하다.

(3) 1인회사의 인정 여부

1인회사는 주주명부상으로도 1인의 주주만이 존재하는 형식적 1인회사와 주주명부상으로 명목적인 소수의 주주가 존재하지만 1인이 주식 전부를 소유하는 실질적 1인회사로 나눌 수 있다. 회사에 대한 권리행사자를 실질설에 따르던 과거의 판례에 의하면[32] 명목상으로는 여러 주주가 존재하는 경우라 하더라도 명의를 빌려준 실질적인 1인회사의 경우 1인회사이고, 따라서 1인회사의 법리가 적용된다. 판례도 같은 취지이었고,[33] 같은 논리에 의하여 형식상 1인의 주주만이 존재하는 경우라도 주식의 소유가 실질적으로 분산된 경우라면 1인회사가 아니고 1인회사의 법리가 적용되지 않았다.[34]

그러나 대법원 2017.3.23. 선고 2015다248342 전원합의체 판결에 의하면 주주명부에 명의개서를 마친 자만이 회사에 대한 관계에서 주주권을 행사할 수 있게 되었으므로, 비록 동 판결에서 변경되는 과거 판결들로 적시되지는 않았으나 그 입장이 유지되기 어려운 것으로 보인다. 향후에는 주주명부에 1인으로 기재된 경우에 한하여 1인회사로 보는 것이 논리적으로는 일관성이 있다.

2. 1인회사의 법률관계

(1) 회사의 본질론

1인회사의 법리는 회사의 본질론과 밀접한 연관이 있다. 전통적 견해인 주주지상주의에 의하면 회사는 주주의 사유재산이므로 회사의 이익은 주주의 이익과 동일시될 수 있다. 그러나 대륙법계와 미국의 새로운 경향인 이해관계자주의에 의하면 주주의 이익과 회사의 이익은 엄밀히 구분된다는 입장을 취하게 된다. 그런데 이해관계자주의가 여러 점에서 보다 설득력이 있는 이론이다.

(2) 회사채무와 주주책임의 준별

회사채무와 주주책임의 분리가 당연하기 때문인지 정면으로 이를 다룬 판례는 찾기가 어렵다. 다만 대법원 1977.9.13. 선고 74다964 판결에서 "주주가 1인인 소위 1인회사도 해산사유로 보지 않고 존속한다는 것이 당원의 판례의 태도이고 보면 원심이 위 소외회사를 형해에 불과하다고 인정한 것은 잘못"이라고 하여 1인회사라는 사유만으로 회사의 채무에 대하여 주주의 책임을 인정할 수 없다고 한 판례가 있다.

---

32) 대법원 2004.3.26 선고 2002다29138 판결 등. 이 책 제2편 제3장 제2절에서 다룬다.
33) 대법원 1992.6.23. 선고 91다19500 판결("당시의 피고 회사의 주주들 중 위 ○○○을 제외한 사람들은 단순한 명의대여자에 불과하여 피고 회사는 위 ○○○의 실질적인 1인회사이었음을 알 수 있고"라 한다. 즉 형식적으로는 복수의 주주가 있으나 실질적으로 1인의 주주가 회사의 주식 전부를 소유하는 회사는 1인회사에 포함된다).
34) 대법원 2007.2.22. 선고 2005다73020 판결.

(3) 주주총회결의의 하자

1) 완 화

상법은 주주총회의 절차나 방법에 하자가 있는 경우를 규정하면서 그 위반의 경우 결의취소의 소나 결의부존재확인의 소를 인정하고 있다. 그런데 이러한 규정은 단체법적 규율을 위하여 복수의 주주가 있음을 전제한 것으로 주주의 이익을 보호하고자 하는 취지가 있으므로, 1인회사에서는 이를 엄격히 적용하지 아니하고 사실상 1인주주의 의사가 회사의 경영에 그대로 반영되었다는 사정이 있으면 주주총회의 결의를 배제할 수 있다는 것이 판례[35]의 입장이다. 이같이 절차를 완화하여 이해하는 근거는 결국 1인주주의 의사대로 결정될 것이라는 점, 절차적 보호가 필요한 다른 주주가 존재하지 않는다는 점 등이다. 판례는 일찍이 ① 실제로 총회를 개최한 사실이 없었다 하더라도 그 1인주주에 의하여 결의가 있었던 것으로 주주총회 의사록이 작성되었다면 특별한 사정이 없는 한 그 내용의 결의가 있었던 것으로 보았다.[36] 즉 주주총회 의사록은 작성된 경우이었다. 그런데 ② 여기서 한 걸음 나아가 **주주총회 의사록이 작성되지 아니한 경우에도 증거에 의하여 주주총회 결의가 있었던 것으로 볼 수 있다면 하자가 있는 것으로 볼 수 없다**고 하거나,[37] **주주총회의사록이 작성되지 않았더라도 1인주주의 의사가 주주총회의 결의내용과 일치한다**면 증거에 의하여 그러한 내용의 결의가 있었던 것으로 볼 수 있다고 한다.[38]

다만, 변경된 판례[39]에 의하면 사실상 1인주주가 아니라 주주명부에 기재된 주주가 1인인 경우로 한정되어야만 논리적으로 일관성이 있게 되었다. 주주명부에 주주로 기재되어 있는 자만이 회사에 대한 관계에서 주식에 관한 의결권 등 주주권을 적법하게 행사할 수 있기 때문이다. 판례는 언제든 주주명부에 주주로 기재해 줄 것을 청구하여 주주권을 행사할 수 있는 자가 자기의 명의가 아닌 타인의 명의로 주주명부에 기재를 마치는 것은 적어도 주주명부상 주주가 회사에 대한 관계에서 주주권을 행사하더라도 이를 받아들이려는 의사였다고 봄이 합리적이라고도 한다.

---

35) 대법원 1966.9.20. 선고 66다1187 판결 등.

36) 대법원 1976.4.13. 선고 74다1755 판결(주식회사에 있어서 회사가 설립된 이후 총주식을 한 사람이 소유하게 된 이른바 1인회사의 경우에는 그 주주가 유일한 주주로서 주주총회에 출석하면 전원 총회로서 성립하고 그 주주의 의사대로 결의가 될 것임이 명백하므로 따로이 총회소집절차가 필요없고 실제로 총회를 개최한 사실이 없었다 하더라도 그 1인주주에 의하여 의결이 있었던 것으로 주주총회 의사록이 작성되었다면 특별한 사정이 없는한 그 내용의 결의가 있었던 것으로 볼 수 있다). 또한 대법원 1993.6.11. 선고 93다8702 판결(주식회사에서 총주식을 한 사람이 소유하고 있는 1인회사의 경우에는 그 주주가 유일한 주주로서 주주총회에 출석하면 전원총회로서 성립하고 그 주주의 의사대로 결의될 것임이 명백하므로 따로이 총회소집절차가 필요 없다 할 것이고, 실제로 총회를 개최한 사실이 없다 하더라도 1인주주에 의하여 의결이 있었던 것으로 주주총회 의사록이 작성되었다면 특별한 사정이 없는 한 그 내용의 결의가 있었던 것으로 볼 수 있어 형식적인 사유에 의하여 결의가 없었던 것으로 다툴 수는 없다).

37) 대법원 2004.12.10. 선고 2004다25123 판결.

38) 대법원 2020.6.4. 선고 2016다241515,241522 판결.

39) 대법원 2017.3.23. 선고 2015다248342 전원합의체 판결.

2) 주주총회 소집절차에서의 문제

주주총회 소집절차의 하자가 치유된다는 **긍정설**이 판례[40]이다. 상법이 주주총회의 소집절차를 규정하고 있는 것은 모든 주주에게 출석의 기회와 준비의 시간을 주기 위한 것이므로, 절차적 보호가 필요한 다른 주주가 존재하지 아니하므로 유효한 주주총회로 인정하여도 무방하므로 판례의 입장이 타당하다. 또한 주주총회의 소집절차를 생략하여 주주 전원이 출석하여 이루어진 전원출석총회의 효력을 인정하고 있다는 점[41]에서도 같은 맥락에서 1인주주가 참석한 경우 유효한 것이 된다고 봄이 옳다.

3) 완화의 범위

완화의 범위는 주주총회를 개최하더라도 1인주주의 의사와 부합할 것이라는 전제에서 단체법적인 원리를 일부 배제 또는 완화하는 것이므로, **주주총회 결의사항에 국한**된다. 따라서 주주의 의사에 의하여 결정되지 않는 사항에 대하여는 아무리 1인회사라 하더라도 주주의 의사로 갈음할 수는 없다.[42] 예컨대 이사의 해임결의는 주주총회의 권한범위 내이므로 완화된 법리가 적용되더라도,[43] **이사의 사임서제출**은 주주총회나 1인주주의 의사와는 무관하게 이사 개인의 판단에 의한 것이므로 이러한 경우에까지 완화된 법리가 적용되는 것은 아니다.[44]

4) 특별이해관계인의 의결권 제한

특별이해관계인의 의결권을 제한하는 규정(제368조 제3항)은 1인회사에 적용하는 경우 1인주주가 특별이해관계인이라면 총회결의가 불가능하게 되므로 그 적용이 배제된다고 풀이한다.[45] 또한 감사선임시의 의결권제한에 관한 규정(제409조 제2항)도 그 결의가 불가능하게 될 수 있어 적용이 없다고 보아야 한다.

40) 대법원 1992.9.14. 선고 92도1564 판결 등.
41) 대법원 1979.6.26. 선고 78다1794 판결.
42) 대법원 1981.6.9. 선고 80도2641 판결(1인주주의 의사는 주주총회와 이사회의 의사와 같으므로 주주총회나 이사회의 결의에 의해야 할 임원변경등기가 불법하게 되었더라도 1인주주의 의사와 합치되는 이상 불실등기라고 볼 수는 없으나, 임원이 스스로 사임한 데에 따른 이사사임등기는 주주총회나 이사회의 결의 내지 1인주주의 의사와는 무관하고 오로지 당해 임원의 의사에 기하는 것이므로 당해 이사의 의사에 기하지 않은 이사사임등기가 1인주주의 의사에 합치된다고 하여 불실등기가 아니라고 할 수 없다).
43) 대법원 1996.6.11. 선고 95도2817 판결(1인주주회사에 있어서는 그 1인주주의 의사가 바로 주주총회 및 이사회의 결의로서 1인주주는 타인을 이사 등으로 선임하였다 하더라도 언제든지 해임할 수 있으므로, 1인주주인 피고인이 특정인과의 합의가 없이 주주총회의 소집 등 상법 소정의 형식적인 절차도 거치지 않고 특정인을 이사의 지위에서 해임하였다는 내용을 법인등기부에 기재하게 하였다고 하더라도 공정증서원본에 불실의 사항을 기재케 한 것이라고 할 수는 없다).
44) 대법원 1992.9.14. 선고 92도1564 판결(임원의 사임서나 이에 따른 이사사임등기는 위와 같은 주주총회나 이사회의 결의 또는 1인주주의 의사와는 무관하고 오로지 당해 임원의 의사에 따라야 하는 것이므로 당해 임원의 의사에 기하지 아니한 사임서의 작성이나 이에 기한 등기부의 기재를 하였다면 이는 사문서위조 및 공정증서원본불실기재의 죄책을 면할 수 없다).
45) 권기범, 54면; 이철송, 45면.

(4) 업무상 횡령과 배임

1인회사에서 1인주주 겸 대표이사가 회사에 손해를 가하였을 경우 이것이 회사에 대한 배임죄 등이 성립하는지 여부이다. 만약 회사이익과 주주이익을 동일시하는 경우라면 업무상 횡령 또는 배임죄가 성립하지 않는다고 할 수 있다.[46]

그러나 판례는 1인회사라 하더라도 주식회사로서의 독립된 법인격은 그대로 유지되는 것으로 보아, 즉 **1인주주와 회사의 재산은 형식상 별개이므로 회사의 재산을 1인주주가 임의로 처분하게 되면 횡령 또는 배임의 죄책을 지게 된다**고 한다.[47] 주주가 회사에 아무런 반대급부를 제공하지 않고 임의로 회사의 재산을 담보로 제공하였다면, 주주 또는 제3자에게 이에 상응한 재산상 이익을 취득하게 하고 회사에 그만큼의 재산상 손해를 가한 것이 되므로 이사의 배임죄를 인정하고 있다.[48] 이러한 판례의 입장이 옳다.

(5) 이사회결의 배제여부

이사회 결의를 1인주주의 의사로 갈음할 수 있는가? 이는 회사의 본질론과도 관련된다. 이는 특히 이사의 자기거래와 관련하여 논의된다.

1) 자기거래

1인회사에서 1인주주가 이사인 경우 그 이사가 회사와 거래하는 경우에도 상법 제398조에 의한 이사회의 승인을 받아야 하는가에 대하여 학설의 대립이 있다.

① **긍정설**로서, 회사의 재산은 모든 회사채권자에 대한 담보가 되므로 1인주주라 하더라도 회사와 이해관계가 일치된다고 할 수 없고, 따라서 상법 제398조에 의한 이사회의 승인이 필요하다는 견해이다. 즉 주주 개인의 이익과 회사 자체의 이익은 구별되고 회사의 이익은 주주뿐만 아니라 회사의 채권자와도 관련된다는 것이다.[49] ② **부정설**로서, 1인회사

---

46) 변경되기 이전의 과거 판례 입장이었다. 대법원 1974.4.23. 선고 73도2611 판결에서는 "실질적인 1인회사의 1인주주인 피고인으로서 회사의 손해는 바로 그 주주 한사람의 손해인 것임에 비추어 회사에 손해를 가하려는 의사 즉 범의가 없어 회사에 대한 배임죄는 성립할 수 없다할 것이므로"라고 하여 그 죄책을 부정한 바 있다. 그러나 이러한 입장은 변경되었다.

47) 대법원 2010.4.29. 선고 2007도6553 판결(주식회사의 주식이 사실상 1인주주에 귀속하는 1인회사에 있어서도 회사와 주주는 분명히 별개의 인격이어서 1인회사의 재산이 곧바로 그 1인주주의 소유라고 볼 수 없으므로, 사실상 1인주주라 하더라도 회사의 자금을 임의로 처분한 행위는 횡령죄를 구성한다); 대법원 2005.10.28. 선고 2005도4915 판결(배임죄는 재산상 이익을 객체로 하는 범죄이므로, 1인회사의 주주가 자신의 개인채무를 담보하기 위하여 회사 소유의 부동산에 대하여 근저당권설정등기를 마쳐 주어 배임죄가 성립한 이후에 그 부동산에 대하여 새로운 담보권을 설정해 주는 행위는 선순위 근저당권의 담보가치를 공제한 나머지 담보가치 상당의 재산상 이익을 침해하는 행위로서 별도의 배임죄가 성립한다); 대법원 1995.3.14. 선고 95도59 판결; 대법원 1996.8.23. 선고 96도1525 판결; 대법원 1999.7.9. 선고 99도1040 판결; 대법원 1989.5.23. 선고 89도570 판결; 대법원 1983.12.13. 선고 83도2330 전원합의체 판결(주식회사의 주식이 사실상 1인주주에 귀속하는 소위 1인회사에 있어서도 행위의 주체와 그 본인은 분명히 별개의 인격이며 그 본인인 주식회사에 재산상 손해가 발생하였을 때 배임의 죄는 기수가 되는 것이므로 궁극적으로 그 손해가 주주의 손해가 된다고 하더라도(또 주식회사의 손해가 항시 주주의 손해와 일치한다고 할 수도 없다).

48) 대법원 2012.6.14. 선고 2012도1283 판결 등.

에서 회사의 이익과 주주의 이익은 일치하고, 또 상법 제398조의 기본취지가 회사의 이익을 보호하기 위한 것이라고 볼 때 1인회사에 대하여는 이 규정이 적용되지 않는다고 보는 견해이다.[50] 이사가 주주에 의하여 선임 또는 해임되고 이사의 회사에 대한 책임은 총주주의 동의에 의하여 면제된다는 점에서 보면, 이사의 자기거래에 대하여 이사회의 승인을 얻도록 한 입법취지는 회사 및 주주의 이익을 보호하기 위한 것이며, 회사채권자의 보호는 이사의 책임추궁으로써 충분하다고 설명한다. ③ **판례**는 부정설을 취하는 것으로 해석된다. 주주 전원의 동의가 있는 경우 이사회의 승인을 얻지 않아도 무방하다는 판례들이 그것이다.[51] 이 판례들은 이사회의 결의가 회사와 주주의 이익을 위한 것이라 해석하고 있으며 **주주 전원의 동의가 있다면 이사회 결의를 갈음할 수 있는 것처럼 판시하고 있어 부정설을 취하는 것으로 해석된다.** 현재 판례의 입장은 1인회사의 경우 그 1인주주의 의사가 반영되어 있다면 주주총회와 관련된 회사절차상의 규정은 비록 강행규정이라 하더라도 거의 사문화되고 심지어 이사회 결의까지도 1인주주의 의사로 갈음할 수 있다고 하여 1인주주에 의한 회사의 지배권을 보장하고 있는 반면, 재산 문제에 대하여는 법인격을 강조하여 주주와 회사의 적극재산 및 소극재산을 분리한다.

긍정설이 옳다. 주주와 회사는 별개이고 이사는 회사의 기관으로서 주주와는 그 권한과 책임을 달리하므로 주주의 의사가 이사회의 의사를 갈음할 수 없다. 판례의 입장은 1인회사의 경우에도 횡령과 배임죄를 인정하는 형사판결과 모순되는 점도 있어 보인다. 요컨대 회사이익과 주주이익은 준별되고 각 기관은 독립적인 권한과 책임이 있다는 입장에서 자기거래 등의 경우 이사회의 승인이 필요한 것으로 보아야 한다.

2) 주식양도의 제한(제335조 제1항)

정관에 의한 주식양도의 제한시, 그 양도승인의 요건은 이사회 결의(제335조 제1항 단서)이지만, 이 규정은 1인회사에는 적용되지 않는다고 본다.[52] 정관에 의한 주식양도의 제한이라는 제도가 기존의 주주들이 원치 않는 주주들의 진입을 막는 제도라고 본다면 이사회 승인을 받을 필요가 없다고 보아야 하기 때문이다.

---

49) 권기범, 53면; 이철송, 45면; 정찬형, 443면.

50) 정동윤, 340면; 최기원, 53면.

51) 대법원 2007.5.10. 선고 2005다4284 판결(이사와 회사 사이의 이익상반거래에 대한 승인은 주주 전원의 동의가 있다거나 그 승인이 정관에 주주총회의 권한사항으로 정해져 있다는 등의 특별한 사정이 없는 한 이사회의 전결사항이라 할 것이므로, 이사회의 승인을 받지 못한 이익상반거래에 대하여 아무런 승인 권한이 없는 주주총회에서 사후적으로 추인 결의를 하였다 하여 그 거래가 유효하게 될 수는 없다); 대법원 2002.7.12. 선고 2002다20544 판결.

52) 송옥렬, 720면; 정동윤, 340면; 최기원, 54면; 최준선, 41면.

제 3 장

회사의 능력

제 1 절 권리능력

모든 회사는 법인이므로 권리의무의 주체가 될 수 있는 자격이 있다. 다만 회사이기 때문에 가지는 제한들을 본다.

Ⅰ. 법률에 의한 제한

1. 무한책임사원

회사는 법률에 의하여 법인격을 부여받으므로 법률에 의한 인격의 제한을 받는다. 상법에 의하여 회사는 다른 회사의 무한책임사원이 되지 못한다(제173조). 이는 다른 회사의 부실화로 인한 무한책임을 부담하게 되는 경우 기업의 영속성 등의 취지에 반하기 때문이다. 회사가 다른 회사의 무한책임사원이 되는 것만이 금지되고, 다른 회사의 유한책임사원이 되는 것은 가능하다.

2. 청산중의 회사

청산중의 회사는 청산의 목적범위 내로 그 권리능력이 한정된다(제245조, 제269조, 제287조의45, 제542조, 제613조).

3. 특 별 법

문제는 특별법상 특정 형태의 회사에 대한 일정한 행위를 금하는 경우가 있는데 이를 권리능력의 제한이라고 보는가에 대하여 견해가 나뉜다. (i) 제한이라는 견해는 그러한 특별규정은 **효력법규**로서 특별법에 의한 권리능력의 제한이라고 보고, (ii) 제한이 아니라는 견해는 특별규정은 행정규제목적에 따른 **단속법규**로서 권리능력의 제한이 아니라고 본다. 따라서 그 제한의 위반도 사법상의 효력에는 영향이 없다고 본다. (iii) **판례는 절충적 견해**이다. 이는 각 특별법상의 개별적인 제한규정에 따라 그 제한목적과 일반 공중의 이익을 고려하여 효력규정으로 해석해야 할지의 여부를 결정하고, 효력규정으로 해석할 때 권리능력의 제한으로 본다. 판례는 상호신용금고법 규정과 관련하여 채무부담제한에 관한 동법 제17조는 효력규정으로서 이에 위반한 채무보증은 무효라고 하면서도,[1] 대출한도액에 관한 동법 제12조는 단속규정으로 보아 이에 위반한 대출은 유효라 한다.[2]

Ⅱ. 성질에 의한 제한

회사는 자연인이 아니므로 자연인만이 고유하게 가지는 권리의무를 가질 수는 없다. 따라서 친족권, 상속권, 생명권 기타 부양에 관한 권리의무 등을 가질 수 없고, 육체적 노무를 제공하는 지배인 등의 상업사용인이 될 수 없다. 하지만 유증과 증여는 받을 수 있다. 또한 명예권, 상호권, 사원권 등과 같은 권리를 가질 수도 있다. 다만 다음에 대하여는 견해의 대립이 있다.

1. 다른 회사의 이사

회사가 다른 주식회사의 이사가 될 수 있느냐 하는 점에 대하여 견해가 나뉜다. 회사도 자기의 경영진을 통하여 다른 회사의 업무집행에 참여할 수 있다는 긍정설[3]도 있으나, 이사는 인적개성에 의하여 임면되고 또 이사나 감사는 일반적으로 직무를 집행하는 자이므로 자연인에 한한다고 보는 것이 다수설[4]이다.

회사는 다른 회사의 이사가 될 수 없다는 부정설이 옳다. 기업의 영속성에 근거를 둔 규정인 회사는 다른 회사의 무한책임사원이 되지 못한다는 법률상의 제한(제173조)에 비추어 보면, 이사는 일정한 경우를 제외(제400조)하고는 그 제한이 없는 무한책임을 진다는 점에서 회사는 다른 회사의 이사가 될 수 없다고 보아야 한다. 판례는 아직 없다.

---

1) 대법원 1985.11.26. 선고 85다카122 전원합의체 판결(상호신용금고법이 서민의 금융편의를 도모하고 저축을 증대하기 위하여 상호신용금고를 육성하고 이를 합리적으로 규제함으로써 신용질서의 확립에 기여함과 아울러 거래자를 보호할 목적으로 입법된 점에 비추어 볼 때, 위 제17조 제1항 및 제2항의 차입등 채무부담제한에 관한 규정은 서민의 금융 및 저축업무를 담당하는 상호신용금고가 경영자의 무분별하고 방만한 채무부담행위로 인한 자본구조의 악화로 불실화 됨으로써 그 업무수행에 차질을 초래하고 신용질서를 어지럽게 하여 서민거래자의 이익을 침해하는 사태가 발생함을 미리 방지하려는데에 그 입법취지가 있다고 하겠으므로, 이러한 차입등 채무부담의 제한규정은 단순한 단속법규가 아니라 효력법규로서 이에 위반한 채무부담행위는 무효라고 보아야 할 것이다).
2) 대법원 1987.12.8. 선고 86다카1230 판결(단기금융업법 제11조를 둔 뜻은 원래 영리법인인 단기금융회사의 자금운용업무 등은 그 회사의 자율에 맡기는 것이 옳겠지만 그가 갖는 자금중개기능에 따른 공공성 때문에 특정인에 대한 과다한 자금의 편중운용을 규제함으로써 보다 많은 사람에게 여신의 기회를 주고자 함에 있다 할 것이므로 이 규정은 이른바 단속규정으로 볼 것이고 따라서 이를 위반하여 자금의 운용이 이루어졌다 하더라도 사법상의 효력에는 아무런 영향이 없다); 대법원 1988.8.9. 선고 86다카1858 판결.
3) 정경영, 311면; 정동윤, 354면.
4) 이철송, 72면; 정찬형, 461면; 최기원, 82면.

2. 주식회사의 발기인

회사는 다른 주식회사의 발기인이 될 수 있는가 하는 점이다. 법률상 발기인의 자격에는 제한이 없으므로 회사도 발기인이 될 수 있다는 견해가 다수이다.[5] 그러나 발기인은 회사의 설립사무에 종사하여 설립업무를 집행하여야 하고, 또한 발기인의 책임도 이사와 같은 취지에서 무한책임에 가까운 엄격한 책임을 부담하므로, 부정설이 타당하다. 이 경우의 판례도 아직 없다.

Ⅲ. 목적에 의한 제한

회사의 정관에는 반드시 목적을 기재하여야만 하고 이것은 등기사항이기도 하다. 민법에 법인은 정관의 목적 범위 내에서 권리와 의무의 주체가 된다는 규정(민법 제34조)이 있음에 반하여, 상법에는 이러한 규정이 없다. 이에 민법의 규정을 유추적용 또는 준용할 것인지 여부에 관하여 학설이 나뉜다.

1. 학설과 판례

(1) 제한설

민법 제34조를 유추적용하여 목적에 의한 권리능력의 제한을 받는다는 견해이다. 그 근거를 보면, ① 민법 제34조는 법인 일반에 적용되는 공통원칙이고, ② 회사의 목적은 정관의 필요적 기재사항이고 등기도 되는 만큼 선의의 제3자에 대하여도 대항할 수 있어야 한다. ③ 주주의 이익을 보호하여야 하는 취지에서, 특정목적을 위하여 회사가 설립된 만큼 그것이 용인된 목적 범위내로 한정되어야 한다. ④ 만약 제한을 받지 않는다면 회사는 비영리사업을 할 수 있게 되고, 이는 민법에서 비영리법인의 설립이 허가가 필요하다는 제도(민법 제32조)를 참탈할 수 있다.

(2) 무제한설

민법 제34조는 비영리법인에만 적용되는 것으로 회사에서는 목적에 의한 권리능력의 제한이 없다는 견해이다. 근거로는 ① 민법 제34조는 공익법인에만 적용되는 규정이다. ② 회사의 목적이 등기된다 하더라도 이를 제3자가 확인한다는 것은 번잡하고 또 목적범위에 속하는지 여부의 판단이 쉽지 않다. ③ 거래의 안전을 보호하여야 한다. 회사의 목적에 의하여 그 권리능력을 제한하면 거래의 안전을 심히 해친다. ④ 비교법적으로 대륙법에서는

---

5) 이철송, 72면; 정동윤, 354면; 최기원, 82면.

전혀 목적에 의한 제한을 받지 않으며, 영미법 등에서도 목적에 의한 회사의 권리능력의 제한은 점차 완화 내지는 폐지되는 경향이다.

(3) 판 례

판례는 일관하여 제한설의 입장이다.[6] 다만 목적범위 내의 행위를 해석함에 있어 정관에 명시된 목적 자체뿐 아니라 그 목적을 수행하는데 **'직접·간접으로 필요한 모든 행위'를 포함**시키고 나아가 어떤 행위가 목적수행에 필요한지 여부도 행위자의 주관적 구체적 의사를 묻지 않고 행위의 객관적 성질에 따라 판단함으로써 결과에 있어서는 무제한설을 취하는 것과 별반 차이가 없다.

판례상 회사가 권리능력이 없어 무효라 한 것은 대표이사가 **회사와 전혀 상관없는 타인의 채무를 보증한 경우만이 유일**하고 이도 오래된 두 개의 판결에서만 발견된다.[7] 그러나 회사와 일정한 관계가 있는 경우에는 회사의 보증이 권리능력의 범위 내라고 본다. 예컨대 대법원 2005.5.27. 선고 2005다480 판결은 "회사가 거래관계 또는 자본관계에 있는 주채무자를 위하여 보증하는 등의 행위는 그것이 상법상의 대표권 남용에 해당하여 무효로 될 수 있음은 별론으로 하더라도 그 행위의 객관적 성질에 비추어 특별한 사정이 없는 한 회사의 목적범위 내의 행위"라고 하였다.

(4) 소결: 무제한설이 타당

무제한설이 옳다. 판례에 의하는 경우 회사와 특수관계에 있는 계열사를 보증하거나[8] 또는 회사와 거래관계가 있는 주채무자를 보증하는 경우[9] 등에 있어서는 간접적으로나마 회사의 목적사업수행에 있어 필요한 경우라 할 수 있겠으나, 회사와 전혀 상관이 없는 타인에 대한 보증행위 등에 있어서는 간접적으로도 필요한 경우가 아닐 수 있고 이러한 판단기준은 모호할 수밖에 없어 해석상 어려움을 초래한다.[10] 따라서 무제한설을 채택하여

---

6) 대법원 1987.12.8. 선고 86다카1230 판결(회사의 권리능력은 회사의 설립근거가 된 법률과 회사의 정관상의 목적에 의하여 제한되나 그 목적범위 내의 행위라 함은 정관에 명시된 목적자체에 국한되는 것이 아니라 그 목적을 수행하는데 있어 직접 또는 간접으로 필요한 행위는 모두 포함되고 목적수행에 필요한지의 여부도 행위의 객관적 성질에 따라 추상적으로 판단할 것이지 행위자의 주관적·구체적 의사에 따라 판단할 것이 아니다); 대법원 1999.10.8. 선고 98다2488 판결; 대법원 1988.1.19. 선고 86다카1384 판결; 대법원 1991.11.22. 선고 91다8821 판결; 대법원 2005.5.27. 선고 2005다480 판결도 동일한 취지의 판례이다. 최근 판결로 대법원 2009.12.10. 선고 2009다63236 판결이 있다.

7) 대법원 1974.11.26. 선고 74다310 판결(법인이 타인간의 계약에 대한 보증을 한 경우에 그 보증행위가 법인의 목적범위 내에 속한 여부에 관하여 심리함이 없이 법인의 보증책임을 인정할 수 없다); 대법원 1975.12.23. 선고 75다1479 판결(회사의 대표이사가 회사를 대표하여 타인의 극장위탁경영으로 인한 손해배상의무를 연대보증한 것이 회사의 사업목적범위에 속하지 아니하는 경우에는 회사를 위하여 효력이 있는 적법한 보증으로 되지 아니하므로 회사는 손해배상책임이 없다).

8) 대법원 1999.10.8. 선고 98다2488 판결.

9) 대법원 2005.5.27. 선고 2005다480 판결.

10) 대법원 1974.11.26. 선고 74다310 판결과 대법원 1975.12.23. 선고 75다1479 판결 등을 보자.

법적 안정성을 제고하는 것이 바람직하다.

2. 정관상 목적의 기능

제한설에 의한다면 회사 정관은 회사의 권리능력을 제한하는 역할을 한다. 그러나 무제한설과 목적에 의한 권리능력의 제한을 사실상 부정하고 있는 판례에 의하는 경우, 정관상 목적을 기재하는 의의에 대한 의문이 제기될 수 있다.

무제한설이나 판례에 의하는 경우 정관상 목적은 다음의 의의가 있다. ① 회사기관의 **권한을 내부적으로 제한**하는 역할을 한다. 그리하여 이사 등이 정관상 목적에 위배된 행위를 하는 경우 주주 또는 회사는 그러한 행위자에 대하여 손해배상책임을 추궁할 수 있다. ② 대외적으로는 그 행위를 무효로 돌리지는 못하더라도, 내부적 제한인 목적범위를 벗어난 행위임을 알았던 악의의 제3자에 대하여는 그 사유로 대항할 수 있다(제389조 제3항에서 제209조 제2항을 준용).

3. 기부행위

회사가 영업과 아무런 관련이 없이, 즉 간접적으로도 관련이 없는 기부행위 또는 자선행위를 한 경우, 엄밀히는 다음이 법적 쟁점이다. ① 이는 획득된 이윤을 구성원에게 배분하지 않는 것이 되고 결국 **회사의 영리성 개념**과도 직결된다. **회사의 영리성**의 개념을 이익배분설로 설명하는 통설에 의하면, 기부행위는 회사의 영리성과 반할 수 있게 된다. ② 또한 **정관상 목적의 범위로 회사의 권리능력이 제한되는지 여부**에 관한 쟁점도 부각된다. 제한설에 의하는 경우에는 목적 범위 밖의 행위이므로 기부행위는 무효가 될 것이나, 무제한설에 의하여 그 행위의 효력은 인정하고 대표이사에 대한 책임추궁과 대표권남용의 문제 등으로 해결하게 될 것이다.

회사의 기부행위에 대하여는 이해관계자주의에 의하면 정당한 것이고, 주주지상주의에 의하더라도 주주의 장기적 이익에 부합할 수 있다고 보아 회사가 할 수 있는 행위라는 점에 대하여는 의문이 없다. 다만 그 기부행위가 경영자의 사적 이해가 결부되거나 합리성을 결여하였을 때 문제가 된다. 판례는 합리성의 기준으로서 기부금의 성격, 기부행위가 회사의 설립 목적과 공익에 미치는 영향, 회사 재정상황에 비추어 본 기부금 액수의 상당성, 회사와 기부상대방의 관계 등에 관해 합리적인 정보를 바탕으로 충분한 검토를 거치었는지 여부 등을 제시하고 있다.[11]

11) 대법원 2019.5.16. 선고 2016다260455 판결(카지노사업자인 갑 주식회사의 이사회에서 주주 중 1인인 을 지방자치단체에 대한 기부행위를 결의하였는데, 갑 회사가 이사회 결의에 찬성한 이사인 병 등을 상대로 상법 제399조에 따른 손해배상을 구한 사안에서, 위 이사회 결의는 폐광지역의 경제 진흥을 통한 지역 간 균형발전 및 주민의 생활향상이라는 공익에 기여하기 위한 목적으로 이루어졌고, 기부액이 갑 회사 재무상태에 비추어 과다하다고 보기 어렵다고 하더라도, 기부행위가 폐광지역 전체의 공익 증진에 기여하는 정도와 갑 회사에 주는 이익이 그다지 크지 않고,

제 2 절   불법행위능력

대표기관이 하는 행위는 회사의 행위가 되고, 회사는 불법행위능력을 가진다. 상법은 회사를 대표하는 사원이 그 업무집행으로 인하여 타인에게 손해를 가한 때에는 회사는 사원과 연대하여 배상할 책임이 있다고 규정한다(제210조, 제389조 제3항 등). 이때 판례는 "업무의 집행에 관하여"라는 것에 해당하는지의 여부는 행위의 외형을 기준으로 객관적으로 판단할 것이지, 행위자의 의사에 따라 판단할 것이 아니라고 하며,[12] 대표기관의 책임을 법정책임이 아니라 불법행위책임으로 보아 회사와 공동불법행위가 성립한다고 본다.[13] 또한 대표기관이 아닌 임원 또는 직원의 업무집행과 관련한 불법행위에 대하여는 회사가 민법 제756조의 사용자책임을 진다.

제 3 절   의사능력과 행위능력

회사는 대표기관을 통하여 행위를 하게 되고 대표기관의 행위는 바로 회사의 행위로 된다. 따라서 회사에 있어서는 권리능력은 있으나 의사능력이나 행위능력이 없는 경우가 인정되지 아니한다. 일반적으로 회사는 권리능력의 범위에서 당연히 의사능력과 행위능력을 가진다고 본다.

기부의 대상 및 사용처에 비추어 공익 달성에 상당한 방법으로 이루어졌다고 보기 어려울 뿐만 아니라 병 등이 이사회에서 결의를 할 당시 위와 같은 점들에 대해 충분히 검토하였다고 보기도 어려우므로, 병 등이 위 결의에 찬성한 것은 이사의 선량한 관리자로서의 주의의무에 위배되는 행위에 해당한다고 본 원심판단을 수긍한 사례).

12) 대법원 1971.6.8. 선고 71다598 판결.

13) 대법원 2003.3.11. 선고 2000다48272 판결; 대법원 2007.5.31. 선고 2005다55473 판결.

제4장
회사의 종류

제1절 상법상 회사의 종류

현행 상법상 회사의 종류는 2011년 개정으로 유한책임회사가 추가되어 총 5개가 되었다. 합명회사와 합자회사를 인적회사라 하고, 주식회사와 유한회사 그리고 유한책임회사를 물적회사라 한다.

Ⅰ. 상법 회사편

1. 합명회사

합명회사의 사원은 회사채권자에 대하여 연대, 무한, 직접의 책임을 부담한다(제212조). 사원은 회사의 재산으로써 회사의 채무를 완제할 수 없는 경우 또는 회사재산에 대한 강제집행이 주효하지 못한 경우에 사원 상호간에 연대하여 회사채무를 변제할 책임을 진다(제212조). 또한 사원은 그의 지분과 무관하게 모든 재산으로써 회사채무에 대하여 무한책임을 진다. 그리고 주식회사와는 달리 사원은 회사 채권자에 대하여 직접의 책임을 부담한다.

정관에 다른 규정이 없는 이상 각 사원은 회사의 업무를 집행할 권리와 의무를 가지고 사원 각자가 회사를 대표한다(제207조). 다만 정관에서 업무집행사원을 정한 경우에는 업무집행사원만이 업무집행권과 회사대표권을 가진다. 사원의 지분양도도 주식회사와는 달리 그 양도의 효력을 발하기 위하여 다른 모든 사원의 동의가 필요하다(제197조).

2. 합자회사

무한책임사원과 유한책임사원으로 이원적으로 구성된다(제268조). 무한책임사원은 합명회사의 사원과 같이 연대·무한·직접의 책임을 부담한다. 유한책임사원도 연대·직접책임을 부담하기는 하나 그 출자액을 한도로 하여 책임을 진다. 무한책임사원은 합명회사의 사원과 같이 업무집행권(제273조)과 회사대표권(제269조)을 가지지만, 유한책임사원은 그러하지 않다. 유한책임사원은 합자회사의 대표기관이 될 수 없다(제278조 후단). 다만 유한책임사원도 회사의 경영에 이해관계를 가지므로 회사의 업무를 감시할 수 있는 권한은 있다(제277조).

지분의 양도에 있어 무한책임사원의 지분의 양도는 유한책임사원을 포함한 모든 사원의 동의를 요하지만(제269조, 제197조), 유한책임사원의 지분의 양도에는 무한책임사원 전원의 동의만 있으면 된다(제276조).

3. 주식회사

주식회사는 유한책임을 지는 주주로만 구성되어 있고, 회사채권자는 주주에게 직접 책임을 물을 수 없으며 오직 회사재산으로부터만 만족을 얻을 수 있을 뿐이다. 상법 상당수의 규정은 주식회사에 관한 것이고 우리나라에서도 가장 많이 이용되고 있는 회사의 형태이다. 우리나라에서는 규모가 영세하더라도 주식회사에 대한 선호도가 절대적이다.

4. 유한회사

유한회사의 사원은 주식회사의 주주와 마찬가지로 회사에 대하여 출자금액을 한도로 책임을 진다(제553조). 하지만 유한책임원칙이 철저하지는 아니하여 유한회사의 사원은 회사의 설립 또는 증자와 관련하여 예외적으로 자신의 출자금액을 넘어 회사의 자본금을 전보할 책임을 지는 경우가 있다(제550조, 제593조 등).

2011년 개정으로 유한회사에 관한 규제가 완화되었다. 완화된 중요한 내용은 다음과 같다. ① 개정법은 유한회사의 사원총수에 대한 50인이라는 제한규정(구상법 제545조)을 삭제하였다. ② 주식회사의 최저자본금제도 폐지에 따라 유한회사에서도 최저자본금을 폐지하는 한편, 출자 1좌의 금액을 100원으로 하향 조정하였다(제546조). ③ 유한회사 사원의 지분양도를 원칙적으로 자유롭게 하면서도 정관으로 제한할 수 있도록 하였다(제556조). ④ 사원총회의 소집통지수단을 서면뿐 아니라 전자문서로 발송할 수 있도록 하였다(제571조 제2항). ⑤ 구상법은 총사원의 일치에 의한 총회의 결의로 주식회사로 조직을 변경할 수 있으나, 개정법은 예외를 두어 정관으로 총사원의 4분의 3의 동의로도 가능하도록 하고 있다(제607조 제1항).

5. 유한책임회사

2011년 개정으로 도입된 유한책임회사는 모든 사원이 유한책임을 누리면서도 주식회사나 유한회사와 달리 사원이 스스로 업무집행을 하는 등 **내부적으로 광범한 자치**가 부여된 형태이다. 유한책임회사는 유한회사보다 사적자치를 강화하여 첨단기술, 외국과의 합작투자 사업, 회계법인, 법무법인 등 전문서비스 업종인 소규모기업에 많이 활용될 것으로 기대하고 도입한 회사형태이다. 과거 유한회사가 거의 이용되지 않았던 관계로 중소기업으로 하여금 새로운 형태의 유한책임회사제도를 장려한다는 취지로써, 투자자의 유한책임이 확보되면서도 그 내부관계는 인적회사와 같은 조합적 원리에 의하여 유연하게 운용될 수 있는 기업조직을 만들어 보자는 것이다. 그 모태는 미국의 유한책임회사(Limited Liability Company, LLC)이고, 일본의 합동회사(合同會社)도 같은 형태이다.

Ⅱ. 상법총칙에서 새로운 기업형태의 도입-합자조합

1. 개 정 법

개정법은 제2편 상행위에 제4장의2(제86조의2부터 제86조의9까지의 규정)를 신설하여 조합의 업무집행자로서 조합채무에 대하여 무한책임을 지는 조합원(무한책임조합원)과 출자가액을 한도로 유한책임을 지는 조합원(유한책임조합원)으로 구성되는 합자조합이라는 새로운 형태의 기업유형을 도입하고, 합자조합의 의의, 조합계약·등기 등 설립절차와 조합원의 업무 및 책임, 지분의 양도, 과태료부과 등에 관하여 규정하고 있다.

2. 합자조합(제2편 제4장의2 신설)의 도입

민법상 조합은 모든 조합원이 조합채무에 대하여 무한책임을 부담하는 단점이 있기 때문에, 개정법은 주식회사와 조합의 장점을 살린 새로운 기업형태로서 미국식 LP(Limited Partnership) 제도를 모델로 한 합자조합을 도입하였다. 합자조합은 민법상 조합에 해당하나 일정한 사항을 등기해야 하고(제86조의4), 소송당사자능력이 인정되며(제86조의8), 유한책임조합원은 조합계약에서 정한 출자가액에서 이미 이행한 부분을 공제한 가액을 한도로 조합채무를 변제할 책임이 있다(제86조의6 제1항). 그리고 조합에 이익이 없음에도 유한책임조합원이 조합으로부터 배당을 받은 금액은 변제책임에 이를 가산하도록 규정(제86조의6 제2항)하고 있는데, 이는 합자회사의 유한책임과 같은 것이다.

합자조합은 기업의 설립·운영·해산과 관련하여 **사적자치를 폭넓게 인정**하면서도 참여자의 **유한책임이 인정**되기 때문에 주식회사와 조합의 장점을 살릴 수 있다는 점에서 긍정적인 면이 있다. 합자조합은 합자회사와 비교할 때 법인격이 없고, 조합계약에 따라 지분의 양도가 가능(제86조의7 제2항)하는 등 사적 자치를 확대하고 있는 점에서 차이가 있는 외에는, 경영방식 등 그 밖의 점은 양자가 유사하다.

합자조합과 합자회사의 비교

구 분	합자조합	합자회사
법인격의 유무	×	○
근거법	상법 상행위편	상법 회사편
소유와 경영의 분리	×	×
내적 자치	○	○
유한책임사원의 업무집행권	×	×
유한책임사원의 책임	유한책임	유한책임

제 2 절 기타 회사의 분류

Ⅰ. 인적회사와 물적회사

이론상 구별이다. 인적회사는 사원의 개성이 강하여 전면에 드러나고 사원간의 신뢰관계를 기초로 하는 조합적 실체를 가지는 회사이다. 사원간의 자치적 협상에 의하여 지배구조가 결정되고 사원이 채권자에게 무한책임을 부담하므로 규제도 많지 않다. 합명회사가 전형적 인적회사이며 합자회사는 인적회사로 분류되기는 하나 물적요소가 일부 혼합된 형태이다.

물적회사는 사원의 개성이 희박하고 자본금을 기초로 하는 회사이다. 사원은 유한책임만을 부담하며 사원간에 신뢰관계라는 것을 전제하지 않으며 지분의 양도도 자유롭다. 물적회사의 대표적 형태가 주식회사이며, 유한회사와 유한책임회사는 인적회사의 요소가 가미된 물적회사이다.

Ⅱ. 지배회사 · 종속회사와 모회사 · 자회사, 그리고 지주회사

1. 지배회사 · 종속회사

이는 상법상의 용어는 아니다. 한 회사가 다른 회사의 주식을 지배가 가능한 정도로 소유하거나 임원의 겸임 등으로 사실상 지배하는 경우 이를 지배회사라 하고, 다른 피지배회사를 종속회사라 한다.

2. 모회사 · 자회사

상법상의 용어이다. 지배회사와 종속회사의 맥락에서 상법상 두는 회사의 종류이다. 그런데 모회사의 기준을 **사실상 지배종속관계의 여부를 기준으로 하는 것이 아니라 지분율이라는 숫자를 기준으로 정한다.** 즉 모회사의 기준은 자회사 **발행주식총수의 50%를 초과**하여 소유하는 것이지(제342조의2), 사실상 지배종속관계가 기준이 아님을 유의하여야 한다. 상법에서는 이에 관한 규정으로서, 자회사의 모회사주식 취득의 금지(제342조의2 제1항), 모자관계에 이르지 않은 경우 상호소유주식의 의결권제한(제369조 제3항) 등이 있다.

3. 지주회사

독점규제및공정거래에관한법률상의 용어이다. 과거에는 지주회사의 설립이 금지된 바도 있으나, 현재는 그 설립이 허용되었다. 지주회사란 주식의 소유를 통하여 자회사의 사업을 지배하는 것을 목적으로 하는 회사이다. 주식교환과 주식이전제도는 지주회사 설립을 지원하기 위한 제도들이다(제360조의2, 제360조의15).

Ⅲ. 상장회사와 폐쇄회사·공개회사

1. 상장회사

상장회사는 상법상 용어로서 그 회사의 주식이 증권시장에서 거래되는 회사를 말한다(제542조의2 제1항). 자본시장법에서는 상장법인이라는 용어를 사용하고 있으나 같은 의미이다. 상법 제542조의2 이하에는 상장회사 특례에 관한 규정이 마련되어 있고 회사의 지배구조에 관한 문제를 주로 다룬다. 그리고 자본시장법 제165조의2 이하에서도 상장회사 특례규정이 있는데 이는 주로 자금의 조달에 관한 것이다.

2. 폐쇄회사·공개회사

이는 상법상 회사의 종류는 아니다. 먼저 상장회사와 공개회사의 개념은 서로 구별됨을 유의하여야 한다. **상장**은 증권시장에서 그 회사의 주식을 거래하는 것을 말하고, 기업의 **공개**란 다수의 일반 투자자에게 주식의 소유가 허용된 경우이다. 상장 없는 기업공개가 가능하며, 기업공개 없이 상장하는 것도 가능하다.

공개회사는 일반인을 대상으로 하여 주식의 공모가 이루어지고 주식의 유동성이 높아 시장에서 자유로이 거래가 이루어지는 회사이다. 폐쇄회사는 소수의 주주에 의하여 주식이 보유되면서 주식의 양도도 제한되거나 대외적으로 공시도 이루어지지 않는 회사의 형태이다. 상법은 공개회사를 그 적용의 원칙적 대상으로 한다고 볼 수 있으나, 실제는 폐쇄회사가 다수 존재한다.

제 5 장
회사의 설립

제 1 절 총   설

Ⅰ. 입법주의

회사설립에 관한 입법례로는 자유설립주의, 준칙주의, 허가주의, 특허주의 등이 있고, 우리 상법은 준칙주의에 의한다. **준칙주의**란 회사에 관한 일반 법률에 의하여 회사의 실체형성에 관한 대내적 요건과 거래안전에 관한 대외적 요건을 정하고 이에 준거하여 설립하면 회사의 성립을 인정하는 입법주의이다. 우리는 준칙주의 중에서도 **엄격준칙주의**를 따르고 있다. 엄격준칙주의는 설립의 책임에 관한 엄격한 책임을 규정하는 입법주의로서 발기인에게 엄격한 책임을 과한다.

Ⅱ. 회사 종류별 개관

1. 주식회사

주식회사편에서 자세히 살펴보나 큰 틀은 다음의 순서로 이루어진다. ① 정관작성, ② 사원확정, ③ 자본확정, ④ 기관구성, ⑤ 설립절차에 대한 조사감독, ⑥ 설립등기의 순서이다.

2. 인적회사

합명회사와 합자회사는 사원의 성명과 주소가 정관의 절대적 기재사항이므로 정관의 작성으로 사원이 확정된다. 출자의 이행에 있어서도 그 이행시기에 관한 규정이 없고, 무한책임사원의 경우 노무출자가 가능하나(제222조), 이는 그 성질상 설립등기 전에 미리 이행할 수 없는 것이어서 출자이행절차가 필수적이지 않다. 또한 무한책임사원이 회사의 업무집행권과 대표권을 가지는데, 사원이 정관의 절대적 기재사항이므로 기관의 구성절차도 필요하지 않다.

3. 유한회사

유한회사도 사원의 성명과 주소가 절대적 기재사항이므로 정관작성 외에 별도의 사원 확정절차가 필요없다. 하지만 사원의 출자의무는 등기 이전에 이행되어야 하고(제548조, 제549조 제1항), 소유와 경영의 분리이념으로 인해 이사의 선정이 필요한데, 정관으로 최초의 이사를 정하지 않은 때에는 회사성립 전에 사원총회를 열어 이를 선임한다(제547조 제1항).

4. 유한책임회사

유한책임회사는 정관작성으로 사원이 특정된다는 점에서 원칙적으로 인적회사의 설립절차와 같다. 다만 1인의 사원만으로 설립이 가능하다는 점에서는(제287조의2) 주식회사나 유한회사와 같으나, 기관의 구성이 필요없다는 점에서 유한회사보다는 설립절차가 간소하다.

제 2 절 회사설립의 절차

회사의 설립절차는 정관작성을 비롯한 설립행위에서 시작되어 설립등기로 마무리된다. 각 회사에 따라 차이가 있으나, 여기서는 그 공통되는 것들을 살핀다.

I . 설립행위

회사의 설립이란 회사라는 법인을 성립시키기 위한 여러 가지의 행위와 절차로 이루어진 법률요건이다. 통설에 의하면 설립행위는 설립을 위하여 행하여지는 법률행위를 말하는 것으로서 정관작성과 사원을 확정하는 행위를 말한다. **인적회사에서는 정관작성만으로 사원이 확정**되므로 그것이 설립행위가 되고, 주식회사 등 **물적회사에서는 정관작성 이외에 주식인수에 의하여 사원이 확정되므로 정관작성과 주식인수를 말한다**고 본다.

통설은 회사의 설립행위의 법적 성질은 합동행위로 본다. 그런데 소수설로서 인적회사의 설립행위는 합동행위, 주식회사의 설립행위는 정관작성이라는 합동행위와 주식인수라는 계약이 병존한다는 견해,[1] 설립행위를 인적회사와 물적회사로 구분하지 않고 정관작성만으로 파악하면서 설립행위는 합동행위라고 하는 견해[2]가 있다. 그런데 상법은 인적회사와 유한회사·유한책임회사에서 사원의 주관적 하자로 인한 무효와 취소를 인정하고 다만 그

---

1) 정찬형, 470면.
2) 이철송, 94면.

효력을 제한하고 있어 합동행위로 파악할 필요가 없다(제184조, 제190조, 제269조, 제287조의6, 제552조). 주식회사에서는 사원의 주관적 하자로 인한 무효나 취소가 인정되지 않도록 상법이 해결하고 있어(제320조) 법적 성질을 논할 실익이 없다.

Ⅱ. 회사설립의 절차

인적회사의 경우에는 정관작성만으로 충분한 회사의 실체가 형성됨에 반하여, 물적회사의 경우에는 정관작성 이외에 사원확정, 자본확정 그리고 기관구성 등의 절차가 필요하게 된다.

1. 정관작성

(1) 정관의 의의

설립의 중요한 행위는 정관의 작성이다. 이는 모든 종류의 회사에서 공통된다. 정관은 사원들의 총의에 의하여 성립된 회사의 근본규칙을 말한다. 형식적 의미에서의 정관은 이를 기재한 서면을 의미한다. 정관의 기재사항으로는 ① 상법에 규정된 사항으로서 반드시 기재를 하여야만 하고, 그 기재를 하지 않으면 정관이 무효가 되는 사항인 **절대적 기재사항**, ② 상법에 규정된 사항으로서 정관의 효력과 관계되는 것은 아니나, 그 사항이 유효하게 되려면 반드시 정관에 기재하여야만 하는 사항인 **상대적 기재사항**, ③ 상법 규정은 없으나 정관에 임의로 기재할 수 있는 사항인 **임의적 기재사항**으로 나눌 수 있다.

(2) 정관의 법적 성질

정관의 법적 성질에 대하여는 사원간의 계약으로 보는 견해[3]도 있으나, 통설과 판례는 회사라는 단체의 **자치법규**로서의 성질을 가진다고 본다.[4] 정관은 그 구성원이 된 자에 대하여 개별의사에 불구하고 보편적으로 적용되고, 그것을 작성한 사원이나 발기인뿐 아니라 이후에 구성원이 되는 자나 회사의 기관에 적용되는 것이므로 자치법규로 보는 것이 옳다. 따라서 정관은 법규성을 띠므로 정관의 해석이 잘못된 경우 상고이유가 된다(민사소송법 제

---

3) 정동윤, 384면. 반대한 사원들이 구속되는 것도 당사자들이 미리 동의한 다수결원칙에 의한 것이므로, 근본적으로는 정관 구속력의 근거는 사원의 자유로운 의사에 있다고 한다.

4) 권기범, 26면; 이철송, 95면; 정찬형, 471면; 최기원, 152-153면; 대법원 2000.11.24. 선고 99다12437 판결(사단법인의 정관은 이를 작성한 사원뿐만 아니라 그 후에 가입한 사원이나 사단법인의 기관 등도 구속하는 점에 비추어 보면 그 법적 성질은 계약이 아니라 자치법규로 보는 것이 타당하므로, 이는 어디까지나 객관적인 기준에 따라 그 규범적인 의미 내용을 확정하는 법규해석의 방법으로 해석되어야 하는 것이지, 작성자의 주관이나 해석 당시의 사원의 다수결에 의한 방법으로 자의적으로 해석될 수는 없다 할 것이어서, 어느 시점의 사단법인의 사원들이 정관의 규범적인 의미 내용과 다른 해석을 사원총회의 결의라는 방법으로 표명하였다 하더라도 그 결의에 의한 해석은 그 사단법인의 구성원인 사원들이나 법원을 구속하는 효력이 없다).

423조). 그러나 정관은 강행법에 반할 수는 없다.

2. 사원의 확정

인적회사 및 유한회사, 유한책임회사의 경우는 사원의 성명과 주민등록번호 및 주소가 정관의 절대적 기재사항이므로 **정관작성에 의하여 사원이 확정**되기 때문에 사원확정절차가 필요 없다. 그러나 주식회사의 경우는 주주가 정관의 기재사항이 아니어서 사원확정절차가 필요하게 된다. 이것이 주식인수이고 상법은 주식인수절차에 관하여 규정하고 있다(제293조, 제301조 내지 제304조). 주식회사편에서 상술한다.

3. 자본금의 확정

인적회사에서는 출자목적물이 정관의 절대적 기재사항이므로(제179조 제4호, 제270조) **자본금이 정관에 의하여 확정**된다. 그 이행시기에 관하여 규정은 없으나 반드시 설립등기이전에 이행할 필요도 없다고 본다. 그러나 주식회사와 유한회사, 유한책임회사의 경우 자본금의 확정은 회사설립에서의 필수불가결의 요소가 되고, 회사 성립 전의 출자이행절차에 대하여 규정되어 있다(제287조의4 제2항, 제295조, 제303조 내지 제307조, 제548조).

4. 기관의 구성

인적회사는 무한책임사원이 원칙적으로 회사의 기관이 되고(제200조 제1항, 제207조, 제273조) 무한책임사원이 정관의 절대적 기재사항이므로, 정관작성만으로 기관이 구성된다. 유한책임회사의 경우도 마찬가지이다(제287조의12). 그러나 주식회사와 유한회사에서는 별도의 기관구성절차가 필요하다(제296조, 제312조, 제547조 등).

5. 설립의 등기

(1) 회사의 성립

회사의 설립은 설립등기에 의하여 완료된다. 설립등기를 함에 의하여 회사는 법인격을 취득하고 성립하게 된다(제172조). 각 종류의 회사별로 설립등기사항이 법정되어 있다(제180조, 제181조, 제271조, 제287조의5, 제317조, 제549조). 등기사항이 변경되는 때에는 소정기간 내에 변경등기를 하여야 한다(제183조, 제269조, 제287조의5 제4항, 제317조 제4항, 제549조 제4항).

(2) 설립등기의 효력

1) 창설적 효력

회사는 본점소재지에서 설립등기를 함으로써 성립한다(제172조). 즉 회사의 설립등기에는 그 등기를 하여야 등기된 법률관계가 창설되는 효력이 있다. 창설적 효력이 있는 등기는 상대방의 선의 또는 악의를 불문하고 등기에 의하여 효력이 발생하므로, 설립등기는 상법 제37조 상업등기 일반적 효력의 예외가 된다.

2) 부수적 효력

회사가 설립등기를 하면 주권의 발행과 주식양도 등을 할 수 있게 되고(제355조, 제319조), 주식청약서 요건흠결을 이유로 주식인수의 무효를 주장하거나 착오, 사기, 강박을 이유로 주식인수의 청약을 취소할 수 없다(제320조).

제 3 절 회사설립의 하자

I. 회사설립의 하자

(1) 의 의

회사설립의 하자란 회사가 설립등기를 하여 외관상 유효하게 성립하고 있으나 그 설립절차에 하자가 있는 경우를 말하고, 이것은 회사설립의 무효 및 취소의 소의 원인이 된다. 회사설립의 하자는 회사의 불성립, 회사의 부존재와는 구별되는 개념이다.

회사의 불성립이란 설립절차가 설립등기에 이르기 전에 중단된 것을 말하나, 회사성립은 일단 설립등기가 행하여졌다는 점에서 다르다. **회사의 부존재**란 설립등기는 있으나, 설립절차의 하자 정도가 아니라 아예 설립절차 자체가 존재하지 않았다고 인정되는 경우이다. 즉 회사로 인정될만한 실체가 전혀 형성되지 아니한 경우이고, 이때에는 누구라도 언제든지 어떠한 방법으로도 부존재를 주장할 수 있다.

(2) 하자의 원인

첫째, **주관적 하자**이다. 사원의 무능력과 같이 개인적인 사유에 기인한 것, 착오와 사기 또는 강박으로 설립을 하거나 사원이 채권자를 해할 것을 알고 회사설립을 하는 경우 등이다.

둘째, **객관적 하자**이다. 정관의 부재, 정관의 절대적 기재사항의 흠결, 창립총회를 소집하지 않은 경우 등을 들 수 있다.

(3) 하자의 종류와 소송

객관적 하자는 설립무효의 소의 원인이 된다. **주관적 하자** 중에는 의사무능력만이 설립무효의 소의 원인이 되고, 기타는 설립취소의 원인이 된다. 합명회사와 합자회사, 유한회사에서는 이 두 가지 형태의 소송이 모두 인정되지만, 주식회사에서는 설립무효의 소만이 존재한다.

유의할 점은 주식회사에서는 객관적 하자만 설립무효의 소의 원인이 된다는 것이다. 따라서 **의사무능력은 주식회사에서 설립무효의 소의 원인이 되지 못한다.** 이는 주식회사에서는 구성원의 인적 개성이 중요하지 않을 뿐 아니라 발기인의 자본충실책임이 인정되어 주식의 인수납입에 일부 흠결이 있는 경우에도 회사설립에 큰 영향을 주지 않기 때문이다.

(4) 하자의 주장

상법은 회사설립의 건전화를 도모하기 위하여 설립경과에 대한 조사와 공시를 요구하고 있으며 발기인의 책임을 엄격하게 규정하고 있다. 하지만 설립의 무효를 누구든지 언제나 어떠한 방법으로든 주장할 수 있도록 한다면 오히려 법률관계의 혼란과 불안정을 초래하여 다수의 이해관계인을 해할 우려가 있다. 따라서 상법은 **설립취소와 무효의 주장은 소에 의하여만 가능**하도록 하며, 획일적으로 확정함과 동시에 법률상으로는 무효라 하더라도 사실상 회사의 개념을 인정하여 무효의 효과를 소급하지 않고 있어, 이미 성립한 사실관계에 대한 일반의 신뢰를 보호하고자 한다.

II. 각 회사에서의 설립하자

1. 합명회사의 설립하자

(1) 설립무효와 취소의 소

합명회사에 있어서는 설립무효와 설립취소의 소가 모두 인정된다(제184조). 또한 사원이 그 채권자를 해할 것을 알고 회사를 설립한 경우, 채권자는 그 사원과 회사에 대한 소로 회사의 설립취소를 청구할 수 있다(제185조).

(2) 절 차

1) 제소권자

설립무효와 설립취소는 모두 소(訴)만으로 이를 주장할 수 있다(제184조). 설립무효의 제소권자는 사원이고, 설립취소의 제소권자는 무능력, 착오에 의한 의사표시를 한 자, 하자 있는 의사표시를 한 자와 그 대리인 또는 승계인 등 취소권이 있는 자이다(제184조). 사원이 채권자를 해할 것을 알고 회사를 설립한 때에는 그 채권자이다(제185조).

2) 제소기간

설립무효와 설립취소의 소의 제소기간은 회사성립의 날로부터 2년 내이다(제184조).

3) 재량기각

설립무효 또는 취소의 소가 제기되어 그 심리 중에 원인이 된 하자가 보완되고 회사의 현황과 제반사정을 참작하여 설립을 무효 또는 취소하는 것이 부적당하다고 인정한 때에는 법원은 그 청구를 기각할 수 있다(제189조).

(3) 판결의 효력

1) 대세효, 불소급효

원고가 승소한 경우, 회사의 설립이 무효로 되어 이 판결은 당사자뿐 아니라 제3자에 대하여도 효력이 미치며(제190조 본문), **장래에 향하여서만 판결의 효력이 발생**하기 때문에 판결확정 전의 권리의무에는 영향이 없다(제190조 단서). 이를 두고 판결의 대세효, 불소급효라고 한다.

2) 등 기

설립무효의 판결 또는 설립취소의 판결이 확정된 때에는 본점과 지점의 소재지에서 등기하여야 한다(제192조).

3) 원고패소의 경우

원고가 패소한 경우, 그 효력은 당사자간에만 미치므로 제소기간 내에는 다른 제소권자가 동일한 또는 다른 원인을 들어 무효의 소를 제기할 수 있고 패소한 원고에게 악의나 중과실이 있는 경우 회사에 대하여 연대하여 손해를 배상할 책임이 있다(제191조).

2. 합자회사의 설립하자

합자회사의 설립하자는 합명회사의 것과 동일하다(제269조, 제184조 내지 제194조).

3. 유한책임회사의 설립하자

유한책임회사의 설립하자는 합명회사의 것과 동일하다(제287조의6, 제184조 내지 제194조). 다만 합명회사의 '사원'이 '사원 및 업무집행자'로 바뀐다.

4. 주식회사의 설립하자

(1) 설립무효의 소

주식회사의 설립하자에는 설립취소의 소는 없고 설립무효의 소만 인정된다. 또한 무효의 원인에 있어서도 의사무능력이라는 **주관적 하자는 배제**되고 설립절차의 **객관적 하자만이 그 원인**이 된다. 객관적 원인의 예로는 정관에 공증인의 인증이 없는 때, 주식의 인수 또는 납입의 현저한 흠결, 기타 선량한 풍속 기타 사회질서에 반하는 경우 등이 예시되기도 한다. 다만 사소한 원인은 설립무효 원인이 되지 않는다고 보아야 할 것이고, 설립등기가 되어 사실상 활동을 개시한 회사의 법률관계의 안정성도 고려하여야 한다.

(2) 절차 등

합명회사와 대체로 동일하다. 설립무효는 소만으로 주장할 수 있고 또 회사성립의 날로부터 2년 이내에 소를 제기하여야 한다(제328조 제1항). 회사는 소가 제기된 때에는 지체 없이 공고하여야 한다(제328조 제2항, 제187조). 설립무효의 소가 제기되어 그 심리 중에 원인이 된 하자가 보완되고 회사의 현황과 제반사정을 참작하여 설립을 무효 또는 취소하는 것이 부적당하다고 인정한 때에는 법원은 그 청구를 기각할 수 있다(제328조 제2항, 제189조). **제소권자를 사원(주주)에 한하지 않고 이사와 감사가 추가되어 있는 점**은 합명회사와 다르다(제328조 제1항).

(3) 판결의 효력

합명회사와 같다. 다만 주관적 하자로 인한 설립무효가 인정되지 않으므로, 특정한 사원에게 무효원인이 있어 설립무효가 된 경우의 회사계속 제도가 없다(제328조 제2항 참조).

5. 유한회사의 설립하자

합명회사와 대체로 같으나 다른 점은, 제소권자에 이사와 감사가 추가되어 있고(제552조 제1항), 설립무효나 취소의 원인이 특정 사원에 한한 경우 그 사원을 배제하고 다른 사원 전원의 동의로써 회사를 계속할 수 없는 점이 합명회사와 다르다(제552조 제2항 참조).

> **참고 회사소송의 특징**
>
> 회사설립무효의 소를 비롯하여 단체법적인 법률관계에서 나타나는 회사소송의 특징은 다음과 같다. ① 형성의 소이다. 회사법상의 소는 대부분 형성의 소이다. ② 제소기간의 제한이 있다. ③ 원고승소판결의 효력이 소급효가 없다. 단지 주주총회결의하자의 소와 감자무효의 소의 경우 소급효가 있다. 이들의 소는 제190조 본문만 준용하고 있다. ④ 패소한 원고에게는 손해배상책임을 지운다(제191조). 이는 남소를 방지하기 위한 것이다. ⑤ 가처분제도가 많이 이용된다.

Ⅲ. 사실상의 회사

1. 의   의

회사의 성립시부터 설립무효 또는 취소판결이 확정될 때까지 존속하는 회사를 사실상의 회사라 한다. 설립절차에 하자가 존재하여 설립무효 또는 취소의 소가 제기되고 그 확정판결이 내려진 경우라 하더라도 소급효가 없기 때문에 생겨나는 개념이다.

2. 법률관계

설립등기 이후부터 확정판결 이전까지 존속하는 사실상 회사는 완전한 권리능력이 있는 회사이므로 그 회사가 한 행위는 그 효력이 있으며, 이 경우 발기인의 책임도 회사성립의 경우의 책임을 부담한다(제322조, 제323조). 확정판결 이후에는 해산에 준하여 청산절차를 거쳐야 한다(제328조 제2항, 제193조 제1항).

제 6 장

조직변경과 합병

제 1 절 조직변경

I. 의   의

조직변경이라 함은 회사가 **그 법인격의 동일성을 유지하면서 다른 종류의 회사로 그 법률상의 조직을 변경하는 것**을 말한다. 기존회사를 해산하고 새로운 회사를 설립하는 것은 번잡하고 사회경제적으로도 이로운 점이 없고 또한 세제의 면에서도 불리하다. 따라서 조직변경은 회사의 법인격의 동일성을 유지하면서 다른 종류의 회사로 변경하는 제도이다. 조직변경 전후의 회사는 동일한 회사이므로 권리의무의 승계라는 절차가 필요하지도 않다.[1]

인적회사와 물적회사는 상당한 차이가 있어 많은 복잡한 문제가 발생할 우려가 있으므로, 인적회사 상호간에만 그리고 물적회사 상호간에만 조직변경을 인정한다(제242조, 제286조, 제604조, 제607조). 다만 이에 대한 예외로 인적회사의 성질을 가진 유한책임회사가 물적회사로 조직변경할 수 있다(제287조의43). 이는 사원의 유한책임 및 자본금과 함께 유한책임회사에 물적회사의 요소를 반영한 대표적인 사항의 하나라 할 수 있다.

II. 절   차

1. 대내적 절차

인적회사의 경우 총사원의 동의(제242조, 제286조), 물적회사의 경우 총주주의 동의 또는 총사원의 동의(제604조, 제607조, 제287조의43 내지 제287조의44)를 거쳐야 한다. 다만 유한회사와 유한책임회사가 주식회사로 조직변경하는 경우 총사원의 일치에 의한 총회의 결의가 있어야 하나, 예외적으로 정관상 총사원의 4분의 3 이상의 동의 규정을 두는 것도 가능하다(제607조 제1항 단서, 제287조의44).

[1) 상법상 주식회사의 유한회사로의 조직변경은 주식회사가 법인격의 동일성을 유지하면서 조직을 변경하여 유한회사로 되는 것이고, 이는 유한회사가 주식회사로 조직변경을 하는 경우에도 동일한바, 그와 같은 사유로는 소송절차가 중단되지 아니하므로 조직이 변경된 유한회사나 주식회사가 소송절차를 수계할 필요가 없다(대법원 2021.12.10. 선고 2021후10855 판결).

2. 대외적 절차

(1) 합명회사에서 합자회사로의 조직변경

회사채권자의 입장으로 보아서는 그 담보가치가 하락하는 것이므로 회사채권자를 보호하는 조치가 필요하다. 따라서 이때 무한책임사원에서 유한책임사원이 된 자는 본점소재지에서 조직변경의 등기를 하기 전에 생긴 회사채무에 대하여 등기 후 2년 내에는 무한책임사원의 책임을 면하지 못한다(제244조).

(2) 합자회사에서 합명회사로의 조직변경

채권자에게 유리하므로 별도의 보호절차가 필요없다.

(3) 주식회사에서 유한회사 또는 유한책임회사로의 조직변경

1) 사채의 상환

유한회사 또는 유한책임회사는 사채발행이 허용되지 않으므로 주식회사에서 유한회사 또는 유한책임회사로 조직변경하는 경우 사채상환을 완료하여야 한다(제604조 제1항, 제287조의44).

2) 자본충실의 원칙

조직변경되는 유한회사 또는 유한책임회사의 자본금은 주식회사에 현존하는 순재산액보다 많은 금액을 자본금의 총액으로 하지 못한다(제604조 제2항, 제287조의44). 만약 유한회사 또는 유한책임회사에 현존하는 순재산액이 자본금의 총액에 부족하는 때에는 조직변경결의 당시의 이사와 주주는 회사에 대하여 연대하여 그 부족액을 지급할 책임이 있다(제605조 제1항, 제287조의44).

3) 채권자보호

합병에서와 같은 채권자보호절차를 밟아야 한다(제608조, 제232조, 제287조의44).

4) 물상대위

종전의 주식에 대하여 설정된 질권은 물상대위가 인정된다(제604조 제4항, 제601조, 제287조의44).

(4) 유한회사 또는 유한책임회사에서 주식회사로의 조직변경

1) 법원의 인가

법원의 인가를 얻지 아니하면 그 효력이 없다(제607조 제3항, 제287조의44). 주식회사의 설립절차에 대한 탈법행위를 막기 위한 것이다.

2) 자본충실의 원칙

유한회사 또는 유한책임회사의 현존하는 순재산액이 조직변경시에 발행하는 주식의 발행가액의 총액에 부족한 때에는 조직변경 결의 당시의 이사, 감사와 사원은 회사에 대하여 연대하여 그 부족액을 지급할 책임이 있다(제607조 제4항, 제287조의44). 그런데 자본충실의 원칙에서 본다면 법문상의 표현은 문제가 있다. 여기서 **발행가액은 자본금으로 해석하여야 한다.** 따라서 액면주식의 경우 주식의 액면총액, 무액면주식의 경우 이사회가 임의로 정하는 자본금을 의미하게 된다.

3) 채권자보호

합병에서와 같은 채권자보호절차를 밟아야 한다(제608조, 제232조, 제287조의44).

4) 물상대위

종전의 지분에 대한 질권은 새로이 발행되는 주식에 대하여 물상대위의 효력이 발생하며 지분의 등록질권자는 회사에 대하여 주권의 교부를 청구할 수 있다(제607조 제5항, 제601조 제1항, 제340조 제3항, 제287조의44).

Ⅲ. 효 력

1. 효력발생시기

효력이 언제 발생할 것인지에 대한 상법의 규정은 없다. 합병의 경우와 같이 조직변경을 등기한 때에 효력이 발생하는 것으로 본다(통설). 조직변경을 할 경우 본점소재지에서는 2주간 내, 지점소재지에서는 3주간 내에, 변경전의 회사는 해산등기를, 변경후의 회사는 설립등기를 하여야 한다(제243조, 제286조 제3항, 제287조의44, 제606조, 제607조).

2. 무 효

조직변경의 무효에 관하여 상법에 규정이 없다. 회사설립의 무효, 취소에 관한 소의 규정이 준용되어야 한다는 견해가 통설이다.

제 2 절 합   병

Ⅰ. 합병의 의의

회사의 합병이라 함은 "2개 이상의 회사가 상법의 특별규정에 의하여 청산절차를 거치지 아니하고 합쳐지는 것으로 한 회사가 다른 회사를 흡수하거나(흡수합병) 신회사를 설립함으로써(신설합병), 1개 이상의 회사의 소멸과 권리의무의 포괄적 이전을 생기게 하는 회사법상의 법률요건"이다.

Ⅱ. 합병의 규정형식과 체계

상법은 회사편 제1장에서 합병의 가능성 제한 및 신설합병시의 설립위원에 관한 규정을 두고(제174조, 제175조), 각 회사별로 규정하면서도 특히 합명회사에서 제230조부터 제240조까지 비교적 상세한 규정을 두고 있다. 이를 주식회사의 장인 제527조의5 제3항, 제530조 제2항 등에서 준용하고, 제522조 이하에서 다시 여러 규정을 두고 있다.

통칙에서 일반론으로 설명하는 방법을 취할 수도 있겠으나, 실무상 합병이라면 주식회사에서의 일반적인 현상이어서 주식회사편에서 집중적으로 다룬다.

제 7 장
회사의 해산, 청산, 계속

제1절 회사의 해산

Ⅰ. 의   의

회사의 해산은 회사의 법인격의 소멸을 가져오는 법률요건을 말한다. 회사의 해산에 의하여 영업능력은 상실하지만 청산의 목적범위 내에서 권리능력을 가지고 있고, **청산을 사실상 종결한 때에 권리능력이 상실**된다. 해산 후의 청산회사는 해산 전의 회사와 동일한 회사이지만 다만 그 목적이 청산의 범위로 축소된 것으로 본다(통설).

Ⅱ. 해산사유

1. 합명회사

상법 제227조에 합명회사의 해산사유로 다음을 규정한다. 존립기간의 만료 기타 정관으로 정한 사유의 발생, 총사원의 동의, 사원이 1인으로 된 때, 합병, 파산, 법원의 명령 또는 판결 등이다.

2. 합자회사

합자회사의 해산사유는 합명회사와 대체로 같다(제269조, 제227조). 다른 점은 합자회사는 사원이 이원적으로 구성되므로 무한책임사원 또는 유한책임사원 전원이 퇴사한 때에도 해산사유가 된다(제285조 제1항).

3. 주식회사

합명회사의 해산사유와 대체로 같으나, 다음의 점은 다르다. (ⅰ) 주주가 1인으로 된 때는 해산사유가 아니다(제517조 제1호). (ⅱ) 주식회사의 경우는 **특별결의**가 있으면 해산할 수 있다(제517조 제2호, 제518조). (ⅲ) **휴면회사의 해산의제**가 있다. 상법 제520조의2 제1항은 "법원행정처장이 최후의 등기후 5년을 경과한 회사는 본점의 소재지를 관할하는 법원에 아직 영업을 폐지하지 아니하였다는 뜻의 신고를 할 것을 관보로써 공고한 경우에, 그 공고한 날에 이미 최후의 등기후 5년을 경과한 회사로써 공고한 날로부터 2월 이내에 대통령령이 정하는 바에 의하여 신고를 하지 아니한 때에는 그 회사는 그 신고기간이 만료된 때에 해산한 것으로 본다. 그러나 그 기간 내에 등기를 한 회사에 대하여는 그러하지 아니하다"고 규정한다. (iv) 주식회사에만 있는 제도로서 **분할 또는 분할합병**이 있다(제517조 제1호의2).

4. 유한회사

합명회사의 해산사유와 유사하나, 다른 점으로 (i) 사원이 1인으로 된 때가 해산사유가 아니다(제609조 제1항 제1호). (ii) 사원총회의 특별결의가 있으면 해산할 수 있다(제609조 제1항 제2호).

5. 유한책임회사

유한책임회사의 해산사유는 한 가지를 제외하고는 합명회사와 같다(제287조의38 제1호). 합명회사에서는 사원이 1인으로 된 때가 회사 해산의 원인이 되지만, 유한책임회사는 1인 설립도 가능하므로 사원이 1인이 되더라도 해산되지 않고, 사원이 없게 된 경우에 해산한다(제287조의38 제2호).

Ⅲ. 해산명령과 해산판결

1. 의   의

(1) 해산명령

해산명령이란 공익상 회사의 존속이 허용될 수 없는 경우 법원이 직권 또는 신청에 의하여 회사의 해산을 명하는 재판이다. 이는 법인격을 전면적으로 박탈시키는 점에서 해산판결과 같으나 법인격부인론과는 다르다.

(2) 해산판결

해산판결이란 사원의 이익을 보호하기 위하여 회사의 존속이 사원의 이익을 해하는 경우, 사원의 청구에 의하여 법원이 판결로써 회사의 해산을 명하는 재판이다.

2. 차 이 점

해산명령과 해산판결의 차이는 아래와 같다. (i) 목적에 있어 **해산명령은 공익을 위한 것**이나, **해산판결은 사원 또는 주주의 이익보호를 위한 것**이다. (ii) 청구권자에 있어 해산명령의 청구권자는 이해관계인 또는 검사이나, 해산판결은 사원 또는 주주이다. (iii) 형식에서 해산명령은 비송사건절차에 의한 결정으로 하게 되나, 해산판결은 소송사건으로 판결로 한다.

3. 사   유

(1) 해산명령(제176조 제1항)

① 회사의 설립목적이 불법한 것인 때이다. ② 회사가 정당한 사유 없이 설립 후 1년 내에 영업을 개시하지 아니하거나 1년 이상 영업을 휴지하는 때이다. 이른바 휴면회사의 경우이다. 정당한 사유에 관한 판례를 보면 회사가 소유권분쟁으로 인하여 정상적 업무수행을 하지 못하다가 승소하여 영업을 개시한 경우 정당한 사유가 있다고 보았으나,[1] 패소한 경우 정당한 사유가 없어 해산명령사유에 해당한다고 보았다.[2] ③ 이사 또는 회사의 업무를 집행하는 사원이 법령 또는 정관에 위반하여 회사의 존속을 허용할 수 없는 행위를 한 때이다.

(2) 해산판결

1) 합명회사 · 합자회사와 유한책임회사

인적회사와 유한책임회사의 경우에는 "부득이한 사유"가 있는 때이다(제241조 제1항, 제269조, 제287조의42). '부득이한 사유가 있는 때'란 회사를 해산하는 것 외에는 달리 사원의 이익을 보호할 방법이 없는 경우를 말한다.[3]

2) 주식회사와 유한회사

물적회사인 주식회사와 유한회사의 경우에는 위 '부득이한 사유'라는 요건에 추가하여 '회사의 업무가 현저한 정돈(停頓)상태를 계속하여 회복할 수 없는 손해가 생긴 때 또는 생길 염려가 있는 때', 또는 '회사재산의 관리 또는 처분의 현저한 실당으로 인하여 회사의 존립을 위태롭게 한 때'라는 사유를 요구하고 있다(제520조 제1항, 제613조 제1항에서 준용). 물적회사에 관하여 보다 엄격한 요건을 둔 것은, 다수결의 원리를 희생하고 소수주주의 이익을 보호하는 경우 보다 신중하여야 한다는 취지라 하겠다.

---

1) 대법원 1978.7.26. 자 78마106 결정.
2) 대법원 1979.1.31. 자 78마56 결정.
3) 대법원 2015.10.29. 선고 2013다53175 판결.

여기서 '회사의 업무가 현저한 정돈상태를 계속하여 회복할 수 없는 손해가 생긴 때 또는 생길 염려가 있는 때'란 이사 간, 주주 간의 대립으로 회사의 목적 사업이 교착상태에 빠지는 등 회사의 업무가 정체되어 회사를 정상적으로 운영하는 것이 현저히 곤란한 상태가 계속됨으로 말미암아 회사에 회복할 수 없는 손해가 생기거나 생길 염려가 있는 경우를 말하고, '부득이한 사유가 있는 때'란 회사를 해산하는 것 외에는 달리 주주의 이익을 보호할 방법이 없는 경우를 말한다.[4]

4. 절 차

(1) 해산명령(제176조)

이해관계인이나 검사의 청구에 의하여 또는 직권으로 회사의 해산명령을 할 수 있다. 이는 비송사건절차에 해당하고, 법원은 해산을 명하기 전일지라도 이해관계인이나 검사의 청구에 의하여 또는 직권으로 관리인의 선임 기타 회사재산의 보전에 필요한 처분을 할 수 있다.

(2) 해산판결(제241조, 제269조, 제287조의42, 제520조, 제613조)

인적회사는 각 사원이, 물적회사는 발행주식총수 100분의 10 이상에 해당하는 주식을 가진 주주가 청구권자가 되고 소송사건으로 본점소재지를 관할하는 지방법원의 전속관할이다(제186조 준용).

Ⅳ. 해산의 효과

1. 청산절차의 개시

원칙적으로 청산절차가 개시된다. 다만 합병과 파산의 경우는 청산절차가 개시되지 않는다.

2. 해산등기

합병과 파산의 경우를 제외하고는 본점소재지에서 2주간 내, 지점소재지에서는 3주간 내에 해산등기를 하여야 한다(제228조, 제269조, 제287조의39, 제521조의2, 제613조). 해산등기는 설립등기와 효력이 다르다. 설립등기에 의하여 회사가 법인격을 취득함에 반하여 해산

---

4) 대법원 2015.10.29. 선고 2013다53175 판결. 이 사건에서 피고는 합작투자계약에 기하여 설립된 특수목적법인이자 비상장회사로서 주식의 양도가 사실상 불가능한 인정 회사 내지 폐쇄회사에 해당하고, 비록 주주간 및 이사간에 같은 비율로 대립하여 결의 자체가 불가능한 것은 아니어도 주주간 극단적 대립에 따른 이 사건 토지의 공매 및 처분으로 이 사건 사업 진행은 불가능해진 이상, 피고의 업무는 현저한 정돈 상태에 놓이게 된 것으로 보았다.

등기를 한다고 하여 회사가 법인격을 상실하는 것은 아니다. 해산등기는 상법 제37조의 대항요건에 불과하다.

제 2 절 회사의 청산

I. 서 언

1. 의 의

회사가 해산한 후 그 재산적 권리의무를 정리하고 회사의 법인격을 소멸시키는 것을 말한다. 합병, 분할, 분할합병 또는 파산이 해산사유인 경우는 청산단계로 들어가지 않는다 (제531조). 청산회사의 권리능력은 청산의 목적범위로 한정된다(제245조, 제269조, 제287조의 45, 제542조, 제613조). 청산중의 회사도 당사자능력이 인정된다.

2. 종 류

청산절차에는 임의청산과 법정청산의 두 가지가 있다. 임의청산은 인적회사가 해산한 경우 정관 또는 총사원의 동의로 회사재산의 처분방법을 임의로 정하는 청산방법이다(제 247조). 그런데 물적회사에 있어서는 채권자의 보호를 위하여 임의청산이 인정되지 않는다. 유한책임회사가 해산한 경우에도 임의청산이 허용되지 않는다(제287조의45).

법정청산은 유한책임회사 및 주식회사와 유한회사가 해산한 경우 또는 인적회사에서 임의청산의 방법에 의하지 않는 경우 이용되는 청산방법으로서 회사채권자와 사원을 보호 하기 위하여 엄격한 규정을 두고 있다(제250조 이하, 제269조, 제287조의45, 제531조 이하, 제 613조 제1항).

II. 청 산 인

1. 의 의

청산인이란 청산회사를 대표하고 그 청산사무를 집행하는 회사의 상설기관을 말한다. 주식회사가 청산에 들어가면 업무집행과 관계없는 주주총회 및 감사는 그대로 존속하고 검사인도 선임할 수 있으나, 이사와 이사회 등은 그 지위를 잃는다. 감사가 청산인을 겸할 수 없는 점은 이사와 같다(제542조 제2항, 제411조).

청산인에 관하여도 이사와 같이 청산인회 및 대표청산인에 관한 제도가 있으므로

(제542조 제2항), 청산인은 청산인회를 통하여 청산사무에 관여하는 것이 보통이다. 그러나 정관에 다른 정함이 없는 한 청산인은 1인이라도 상관없다고 할 것이며, 청산인이 1인인 경우에는 청산인회를 구성할 수 없으므로 그가 대표청산인으로서 청산사무를 수행한다.

2. 청산인의 선임

(1) 자치적

1차적으로는 회사의 자치적 의사에 따른다. 합명회사는 총사원의 과반수, 합자회사는 무한책임사원의 과반수, 유한책임회사는 총사원의 과반수의 결의에 의하고(제251조 제1항, 제287조, 제287조의45), 물적회사의 경우는 정관으로 정하거나 총회의 결의에 의한다(제531조 제1항, 제613조 제1항).

(2) 업무집행담당자

2차적으로는 해산전 회사의 업무집행담당자가 청산인이 된다. 즉 인적회사의 경우 업무집행사원(제251조 제2항, 제287조), 유한책임회사의 경우 업무집행자(제287조의45, 제251조), 물적회사의 경우는 이사가 청산인이 된다(제531조 제1항, 제613조 제1항).

(3) 법원의 선임

인적회사가 사원이 1인으로 되어 해산하거나, 인적 또는 물적회사에서 법원의 해산명령이나 해산판결에 의하여 해산한 경우 법원이 사원(주주) 기타 이해관계인이나 검사의 청구에 의하여 또는 직권으로 청산인을 선임할 수 있다(제252조, 제269조, 제287조의45, 제542조 제1항, 제613조 제1항).

3. 청산인의 종임

청산인은 다음 사유로 종임한다.

(1) 사 임

청산인과 회사와의 관계는 위임관계이므로 청산인은 언제든지 사임할 수 있다. 청산인이 사임한 결과 청산인이 없게 되든가 정관으로 정한 원수를 결한 경우에는 사임으로 인하여 퇴임한 청산인은 후임자의 취임시까지 청산인의 권리의무가 있음은 이사의 경우와 같다(제542조 제2항, 제386조 제1항).

(2) 해 임

1) 주주총회에 의한 해임

법원에서 선임한 청산인 이외의 청산인은 언제든지 주주총회의 보통결의로 해임할 수 있다(제539조 제1항).

2) 재판에 의한 해임

법원에서 선임한 청산인을 포함하여 모든 청산인은 그가 업무를 집행함에 현저하게 부적임하거나 중대한 임무에 위반한 행위가 있는 때에는 발행주식총수의 100분의 3 이상에 해당하는 주식을 가진 주주는 그의 해임을 청구할 수 있으며 이 청구에 의하여 법원은 청산인을 해임할 수 있다(제539조 제2항).

3) 정관소정사유의 발생

정관으로써 청산인의 임기를 정하거나 퇴임사유를 정한 경우에는 그 임기만료 또는 퇴임사유의 발생으로 인하여 퇴임한다.

4) 청산인의 사망, 파산 또는 성년후견개시(제542조 제2항, 제382조 제2항, 민법 제690조).

4. 청산인의 직무

청산인의 직무권한은 현존사무의 종결, 채권의 추심과 채무의 변제, 재산의 환가처분, 잔여재산의 분배 등이다(제254조, 제269조, 제287조의45, 제542조 제1항, 제613조 제1항).

(1) 회사채권자에의 최고

청산인은 취임한 날로부터 2월 내에 회사채권자에 대하여 일정한 기간 내에 그 채권을 신고할 것과 그 기간 내에 신고하지 아니하면 청산에서 제외될 뜻을 2회 이상 공고로써 최고하여야 한다(제535조 제1항 본문). 그러나 그 기간은 2월 이상이어야 한다(제535조 제1항 단서). 청산인은 알고 있는 채권자에 대하여는 각별로 그 채권의 신고를 최고하여야 하며 그 채권자가 신고하지 아니한 경우에도 이를 청산에서 제외하지 못한다(제535조 제2항).

(2) 신고기간 내의 변제금지

청산인은 신고기간 내에는 채권자에 대하여 변제를 하지 못한다(제536조 제1항 본문). 변제가 금지된다 하여 채무불이행의 책임이 면제되는 것은 아니므로 회사는 그 변제의 지연으로 인한 손해배상의 책임을 면하지 못한다(제536조 제1항 단서). 다만 청산인은 소액의 채권, 담보있는 채권 기타 변제로 인하여 다른 채권자를 해할 염려가 없는 채권에 대하여는 법원의 허가를 얻어 이를 변제할 수 있다(제536조 제2항).

(3) 변 제

채권신고기간이 경과하면 신고한 채권자와 신고하지 않았더라도 알고 있는 채권자에게 변제하여야 한다. 변제기에 이르지 않은 채무도 변제할 수 있고 이 경우 중간이자를 공제하여야 한다. 조건부채권, 존속기간이 불확정한 채권 기타 가액이 불확정한 채권에 대하여는 법원이 선임한 감정인의 평가에 의하여 변제하여야 한다(제542조 제1항, 제259조).

(4) 잔여재산의 분배

잔여재산은 각 주주가 가진 주식의 수에 따라 주주에게 분배하여야 한다(제538조). 그러나 잔여재산의 분배에 관하여 내용이 다른 주식이 있는 경우 그에 따른다(제538조 단서, 제344조 제1항).

(5) 제외된 채권자의 권리

청산에서 제외된 채권자는 분배되지 아니한 잔여재산에 대하여서만 변제를 청구할 수 있다(제537조 제1항). 일부의 주주에 대하여 재산의 분배를 한 경우에는 그와 동일한 비율로 다른 주주에게 분배할 재산은 잔여재산에서 공제한다(제537조 제2항).

(6) 대차대조표 등의 제출

청산인은 정기총회회일로부터 4주간 전에 대차대조표 및 그 부속명세서와 사무보고서를 작성하여 감사에게 제출하여야 한다(제534조 제1항). 감사는 정기총회회일로부터 1주간 전에 위 서류에 관한 감사보고서를 청산인에게 제출하여야 한다(제534조 제2항). 청산인은 정기총회회일의 1주간 전부터 위 서류와 감사보고서를 본점에 비치하여야 한다(제534조 제3항). 주주와 회사채권자는 그 서류를 열람할 수 있고 등초본의 교부를 청구할 수 있다(제534조 제4항). 청산인은 대차대조표 및 사무보고서를 정기총회에 제출하여 그 승인을 요구하여야 한다(제534조 제5항).

(7) 기타 직무

청산인은 취임한 날로부터 2주간 내에 해산의 사유와 그 연월일, 청산인의 성명·주민등록번호 및 주소를 법원에 신고하여야 한다(제532조). 또한 청산인은 취임한 후 지체 없이 회사의 재산상태를 조사하여 재산목록과 대차대조표를 작성하고 이를 주주총회에 제출하여 그 승인을 얻어야 하고, 승인을 얻은 후 지체 없이 재산목록과 대차대조표를 법원에 제출하여야 한다(제533조).

Ⅲ. 청산종결과 종결의 의제

1. 청산종결

(1) 결산보고서의 제출

청산사무가 종결한 때에는 청산인은 지체 없이 결산보고서를 작성하고 이를 주주총회에 제출하여 승인을 얻어야 한다(제540조 제1항). 총회의 승인이 있는 때에는 회사는 청산인에 대하여 그 책임을 해제한 것으로 본다(제540조 제2항 본문). 그러나 청산인의 부정행위에 대하여는 그러하지 아니하다(제540조 제2항 단서).

(2) 청산종결의 등기

청산인은 결산보고서의 승인이 난 뒤에 청산종결의 등기를 하여야 한다(제542조 제1항, 제264조). 청산이 사실상 종결되지 아니한 경우에는 청산종결의 등기를 하였더라도 그 등기에는 공신력이 없고 또한 회사의 법인격도 소멸하지 않는다.[5]

(3) 서류의 보존

회사의 장부 기타 영업과 청산에 관한 중요한 서류는 본점소재지에서 청산종결의 등기를 한 후 10년간 이를 보존하여야 하고, 전표 또는 이와 유사한 서류는 5년간 이를 보존하여야 한다(제541조 제1항). 서류의 보존에 관하여는 청산인 기타의 이해관계인의 청구에 의하여 법원이 보존인과 보존방법을 정한다(제541조 제2항).

2. 종결의 의제

해산이 의제된 주식회사가 3년 내에 회사계속의 결의를 하지 아니하면, 그 3년이 경과한 때에 청산이 종결된 것으로 본다(제520조의2 제4항).

---

5) 대법원 2001.7.13. 선고 2000두5333 판결(상법 제520조의2에 의하여 주식회사가 해산되고 그 청산이 종결된 것으로 보게 되는 회사라도 어떤 권리관계가 남아 있어 현실적으로 정리할 필요가 있으면 그 범위 내에서는 아직 완전히 소멸하지 아니한다); 대법원 1994.5.27. 선고 94다7607 판결.

제 3 절 회사의 계속

Ⅰ. 의   의

회사의 계속이란 해산된 회사가 상법의 규정과 사원의 의사에 의하여 다시 해산 전의 회사로 복귀하여 해산 전의 회사와 동일성을 유지하면서 존속하는 것을 말한다. 상법은 해산원인 중에서 일정한 해산사유를 선별하여 사원의 의사에 의하여 계속하는 것을 허용한다.

Ⅱ. 계속의 사유

각 회사에 따라서 계속의 사유가 다르다.

1. 합명회사

① 존립기간의 만료 기타 정관으로 정한 사유의 발생으로 인하여 해산되거나 또는 총사원의 동의에 의하여 해산되는 경우에는 사원의 전부 또는 일부의 동의로 회사를 계속할 수 있다(제229조 제1항 본문). 그러나 동의를 하지 아니한 사원은 퇴사한 것으로 본다(제229조 제1항 단서).

② 사원이 1인이 되어 해산한 경우 새로 사원을 가입시켜서 회사를 계속할 수 있다(제229조 제2항). 이때에는 유한책임사원을 가입시켜 합자회사로 조직변경을 할 수도 있다(제242조 제2항).

③ 설립무효의 판결 또는 설립취소의 판결이 확정된 경우에 그 무효나 취소의 원인이 특정한 사원에 한한 것인 때에는 다른 사원 전원의 동의로써 회사를 계속할 수 있다(제194조 제1항). 그 무효 또는 취소의 원인이 있는 사원은 퇴사한 것으로 본다(제194조 제2항). 이때 잔존사원이 1인인 때에는 새로 사원을 가입시켜서 회사를 계속할 수 있고, 유한책임사원을 가입시켜 합자회사로 조직변경을 할 수도 있다(제194조 제3항).

2. 합자회사

위 합명회사의 계속사유 ①, ③이 그대로 합자회사에도 적용된다(제269조). 그리고 합자회사에 있어서는 무한책임사원 또는 유한책임사원의 전원이 퇴사하여 해산되는 경우(제285조 제1항), 잔존 무한책임사원 또는 유한책임사원의 전원의 동의로 새로 유한책임사원 또는 무한책임사원을 가입시켜서 회사를 계속할 수 있다(제285조 제2항).

3. 유한책임회사

위 합명회사의 계속사유 ①, ③이 그대로 유한책임회사에도 적용된다(제287조의40, 제287조의6).

4. 주식회사

회사가 존립기간의 만료 기타 정관에 정한 사유의 발생 또는 주주총회의 결의에 의하여 해산한 경우에는 주주총회의 특별결의로 회사를 계속할 수 있다(제519조). 또한 5년 이상 등기한 사실이 없음으로 인하여 해산이 간주된 휴면회사라도 3년 이내에는 주주총회의 특별결의로 회사를 계속할 수 있다(제520조의2 제3항).

5. 유한회사

유한회사가 존립기간의 만료 기타 정관에 정한 사유의 발생 또는 사원총회의 결의에 의하여 해산한 경우에는 사원총회의 특별결의로 회사를 계속할 수 있다(제610조 제1항).

Ⅲ. 절차와 효과

1. 계속등기

회사계속의 경우 이미 회사의 해산등기를 하였을 때에는 본점소재지에서는 2주간 내, 지점소재지에서는 3주간 내에 회사의 계속등기를 하여야 한다(제229조 제3항, 제269조, 제285조 제1항, 제287조의40, 제521조의2, 제611조).

2. 회사계속의 효과

회사는 해산전의 회사로 복귀하여 존속하게 된다. 회사의 계속이 있으면 청산인은 그 활동이 종료되고 존속중의 회사의 기관으로 교체되어야 하며, 청산의 목적범위내로 줄어들었던 권리능력을 회복하게 된다.

회사계속은 소급하여 해산의 효력을 배제하는 것은 아니고 장래에 대하여만 효력이 있다. 따라서 계속까지의 청산인의 행위는 효력이 있다. 그리고 합명회사에서 사원이 1인이 되어 다른 사원을 가입시켜 합명회사를 계속하는 경우 또는 합자회사에서 무한책임사원 전원이 퇴사하여 다른 무한책임사원을 가입시켜 합자회사를 계속하는 경우 새로 가입한 무한책임사원은 그 가입 전에 생긴 회사채무에 대하여 다른 사원과 동일한 책임을 진다(제229조 제4항, 제285조 제3항, 제213조).

제2편

주식회사

제1장

주식회사의 의의

주식회사의 정의에 관한 상법상 규정은 없으나, 일반적 정의는 다음과 같다. 주식회사는 주식으로 세분화되는 자본금을 가지고, 주주의 지위는 주식의 형태를 취하며, 주주는 회사채권자에 대하여는 책임을 지지 않고 그가 인수한 주식가액을 한도로 하여서만 회사에 대하여 유한책임을 지는 회사이다. 주식회사의 요소는 **자본금, 주식, 유한책임**으로 파악하는 것이 통설이다.

제1절 자 본 금

I. 개 설

1. 의 의

주주는 출자에 의하여 주식회사 성립의 기초인 자본금을 형성한다. 주주는 그가 출자한 한도에서만 유한책임을 부담하고 회사의 채권자에 대하여는 직접적인 책임을 부담하지 않는다. 회사채권자의 입장으로 보아서는 변제의 담보가 되는 것이 회사의 재산밖에 없고, 이러한 회사의 재산이 외부로 공시되는 방법이 자본금이라 하겠다. 따라서 회사채권자의 보호를 위하여 자본금은 중요한 의의가 있고, 상법은 이를 규제한다.

자본금은 다음과 같은 뜻이 있다. (ⅰ) **회사**에 대하여 성립의 기초가 되고, (ⅱ) **주주**에 대하여 출자액 및 책임의 한계를 뜻하며, (ⅲ) **회사채권자**에 대하여 회사신용 및 담보의 기능을 한다. 그런데 자본금은 현재 회사가 가지고 있는 재산을 뜻하는 것이 아니라, 법에 의하여 그 보유가 강제되는 **규범적 의미에서 확보하여야 할 금액**이다. 따라서 자본금은 순자산(順資産)과 구별하여야 한다. **순자산**은 현재 회사가 실제 보유하고 있는 자산의 가치로서 수시로 변동될 수 있는 것임에 반하여, 자본금은 회사가 보유하여야 할 순자산의 기준으로서 계산상의 수액이다. 즉 자본금은 회사존속 중 자본충실을 위하여 유지하여야 할 순자산의 규범적 기준인 것이다.

2. 최저자본제 폐지

과거 최저자본금을 5천만원으로 정하던 때가 있었으나, 2009년 폐지하였다.[1] 최저자본제는 회사채권자 보호를 위하여 자력 없는 회사남설 등을 방지하고자 한 것이었으나, 경제상황이 변동되어 그 금액이 큰 의미가 없어졌고 설사 금액을 상향조정하더라도 위장납입을 하는 경우 법원이 사법상 효력이 있는 것으로 보고 있어[2] 실효성이 없기 때문이다.

3. 무액면주식제도의 도입

무액면주식제도는 2011년 개정으로 도입되었다. 액면주식의 경우 주식의 최소액면금액은 1주당 100원이고(제329조 제3항) 현재 주식의 액면금액은 그 거래되는 시장가격과 아무런 관련이 없다. 액면금액은 실상 자본금을 계산하는 역할 정도만 하고 있어 외국에서 많이 이용되고 있는 무액면주식을 도입한 것이다(제329조 제1항). 또한 과거 상법이 액면주식만을 인정함으로써 액면미달발행의 경우 절차가 복잡하고, 주식분할과 같은 투자단위의 조정이 원활하지 않는 등의 문제점을 해결하기 위한 것이다.

무액면주식제도를 도입함에 따라 정관의 기재사항(제289조 제1항), 주식분할(제329조의2 제2항), 자본금(제451조) 등 관련 규정을 개정하였다. 그리고 한 회사가 액면주식과 무액면주식을 동시에 발행할 수 없도록 하였다(제329조 제1항). 즉 주식회사는 정관에서 정한 경우에만 무액면주식을 발행할 수 있고, 무액면주식을 발행하는 경우 액면주식을 발행할 수 없다(제329조 제1항). 회사는 정관에서 정하는 바에 따라 발행된 액면주식을 무액면주식으로 전환하거나 무액면주식을 액면주식으로 전환할 수 있다(제329조 제4항, 제5항). 결국 기존에 액면주식을 발행한 회사들이 **전부 무액면주식으로 전환하는 방식으로만 무액면주식을 도입**할 수 있다는 것이다.

Ⅱ. 정 의

1. 액면주식

액면주식의 경우 자본금은 **발행주식의 액면총액**(額面總額)이다(제451조 제1항). 회사채권자 보호를 위하여 회사가 이에 해당하는 금액만큼은 반드시 보유하도록 하여 주식회사의 설립시 주식의 액면미달발행을 금지하고 있다(제330조). 그러나 발행주식의 액면총액이 자

---

1) 과거 5천만원으로 정해져 있던 최저자본금이 폐지되었다. 그리고 최소액면금액은 1주당 100원이고(제329조 제3항), 발기인은 1인으로 가능하므로(제288조), 액면주식발행의 경우 이론상으로는 100원이 자본금인 주식회사의 설립도 가능하다.

2) 대법원 1985.1.29. 선고 84다카1823 판결; 대법원 2004.3.26. 선고 2002다29138 판결 등.

본금이라는 정의에 대한 예외로 상환주식의 상환(제345조), 배당가능이익으로써 취득한 자기주식의 소각(제343조 제1항 단서)이 있다. 이 두 경우는 주식을 이익으로 상환하거나 소각하므로 자본금은 변하지 않으면서 발행주식수가 감소하여 자본금이 발행주식의 액면총액과 일치하지 않게 된다.

2. 무액면주식

무액면주식의 경우 그 주식의 총발행가액의 2분의 1 이상의 금액으로서 **이사회가 자본금으로 계상하기로 한 금액**이다(제451조 제2항). 이사회의 재량남용을 막기 위하여 회사가 무액면주식을 발행하는 경우 회사의 자본금은 주식 발행가액의 2분의 1 이상의 금액이 되어야 하고, 이 경우 주식의 발행가액 중 자본금으로 계상하지 아니하는 금액은 자본준비금으로 계상하여야 한다(제451조 제2항)고 규정한다.

무액면주식에서의 자본금은 단순히 이사회가 일정한 금액을 자본금이라고 정관에 기재하는 것으로 족하다(stated capital). 그런데 무액면주식에서의 자본금은 정관의 절대적 기재사항이 아님을 유의하여야 한다(제291조 참조). 무액면주식의 경우 제289조 제1항 제4호의 '1주의 금액'은 정관의 절대적 기재사항에서 제외될 것이기 때문이다. 그리하여 회사설립시 자본금이 정관상 규정이 없는 경우 발기인 전원의 동의로 주식의 발행가액 중 자본금으로 계상하는 금액을 정하여야 한다(제291조 제3호). 따라서 **정관**에서 자본금을 정하든지, 만약 그렇지 않은 경우 **회사설립시에는 발기인의 전원의 동의**로서 정하며, **회사설립 이후에는 이사회**가 정한다는 해석이 된다. 다만 정관으로 이사회가 아니라 주주총회에서 정하기로 한 경우 주주총회에서 정하게 된다(제416조 단서, 제451조).

3. 자본금의 분류

(1) 전통적인 분류방법

자본금은 다음과 같이 분류된다. 일응 아래의 구분은 무액면주식에도 적용된다.

① **설립자본금**이다. 설립자본금은 회사설립시 발행하는 자본금으로 액면주식의 경우 설립시 발행하는 주식의 액면총액이다. 액면주식의 경우 회사의 설립시에 발행하는 주식의 총수는 정관의 절대적 기재사항이다(제289조 제1항 제5호). ② **수권자본금**이다. 회사가 향후 발행할 자본금이다. 액면주식의 경우 회사가 발행할 주식의 액면총액이고(제289조 제1항 제3호), 이도 정관의 절대적 기재사항이다. ③ **발행자본금**이다. 이것이 일반적 의미에서의 자본금을 말하는 것으로 회사가 일정시점에 있어 발행한 자본금으로서, 액면주식의 경우 발행주식의 액면총액이다(제451조 제1항). 이는 정관의 기재사항은 아니나 등기사항에 해당한다(제317조 제2항 제2호).

(2) 무액면주식

무액면주식을 발행한 경우도 설립자본금, 수권자본금, 발행자본금으로 분류가 가능하다. 그런데 무액면주식의 경우 주식의 수와 자본금의 관계가 단절되므로, 제289조상 정관의 절대적 기재사항을 따져 볼 필요가 있다. 일단, 제289조 제1항 제4호의 '1주의 금액'은 절대적 기재사항에서 제외될 것이고, 제3호 '회사가 발행할 주식의 총수'와 제5호 '회사의 설립시에 발행하는 주식의 총수'도 그 의미가 반감될 수밖에 없다. 이 경우 주식의 총수와 자본금은 아무런 관계가 없기 때문이다.

Ⅲ. 자본금에 관한 입법례

수권자본금제도와 확정자본금제도가 있다. ① **확정자본금제도**(確定資本金制度)는 대륙법계 국가의 입법례로 자본금이 정관의 기재사항이고 회사의 설립시에 자본금총액에 해당하는 주식의 인수를 요하는 제도이다. 회사설립의 물적 기초를 튼튼히 할 수 있다는 장점이 있으나, 자본금조달의 탄력성이 없다는 단점도 있다. ② **수권자본금제도**(授權資本金制度)는 발행자본금은 정관의 기재사항이 아니고 정관에는 회사가 발행할 주식총수(수권주식총수)만이 기재되며 필요시 자본금을 탄력적으로 조달하기 위하여 이사회의 결의로 신주발행을 할 수 있도록 하는 제도이다. 자본금조달의 탄력성이 가장 큰 장점으로 꼽는다.

우리 상법은 전체적으로 수권자본금제도라고 평가된다. 발행자본금은 정관의 기재사항이 아니며(제289조 제1항), 미발행주식은 이사회결의에 의하여 발행할 수 있다(제416조). 특히 최저자본제를 폐지하고(구상법 제329조 제1항 삭제), 설립시 수권주식총수의 4분의 1 이상의 주식이 발행되어야 한다는 규정(구상법 제289조 제2항)도 삭제되어, **수권자본금제도가 보다 강화**되었다고 할 수 있다. 다만 설립시 인수되는 주식에 대하여는 전액납입되도록 규정하고 있어(제295조, 제305조), 확정자본금제도를 가미하고 있다.

Ⅳ. 자본금에 관한 3원칙

주식회사의 자본금은 회사채권자에게 유일한 담보가 되는 만큼 채권자보호에서 그 보유는 중요한 것이다. 회사가 그 자본금을 보유하도록 하는 측면에서 다음의 3원칙이 있다.

1. 자본확정의 원칙

자본금이 정관에 기재되어 확정되고 그 전부에 대한 인수가 확정되어야 한다는 것이다. 이 원칙은 자본금 규모를 확정하여 회사채권자에게 회사의 담보력을 알리기 위한 것이다.

그러나 수권자본금제도를 채택한 결과 그 의미가 반감되었다.

액면주식의 경우, ① 설립시에는 발행하는 주식총수가 정관에 기재되고(제289조 제1항 제5호), 자본금의 액을 등기하여야 하며(제317조 제2항 제2호), 설립시 발행하는 주식 전부에 대하여 인수가 이루어져야 하므로(제295조, 제305조) 자본확정의 원칙은 여전히 존속한다. ② 신주발행의 경우에는 발행하는 주식 전부에 대한 인수가 요구되지 않고 실제 인수된 범위에서만 신주발행의 효력이 발생하므로(제423조) 자본확정의 원칙이 폐기되었다고 할 수 있다.

무액면주식의 경우는 자본금이 정관에 기재되지 않을 수도 있어, 이 원칙이 적용되지 않는 것으로 볼 수 있다.

2. 자본충실의 원칙

회사는 자본금에 상당하는 현실적인 재산을 유지하여야 한다는 원칙(**자본금≦순자산**)이다. 회사채권자를 보호하기 위한 것으로 회사법에서의 중요한 이념이라고도 지칭된다. 규범적 의미로서의 자본금은 회사채권자 보호를 위한 최소한의 금액을 설정해 둔 것으로 회사가 실제 보유하는 재산은 자본금 이상이 되어야 한다는 것이다. 상법 회사편의 상당수 규정은 이 원칙을 반영하고 있다. 변태설립사항에 대한 엄격한 통제(제290조, 제299조, 제310조), 주식인수가액의 전액납입(제295조, 제305조), 납입금보관자의 엄격한 책임(제318조), 액면미달발행의 금지(제330조), 회사의 동의없는 납입금에 관한 상계의 금지(제421조 제2항), 자기주식취득의 제한(제341조, 제341조의2), 발기인과 이사의 자본충실책임(제321조, 제428조), 불공정가액으로 인수한 자의 책임(제424조의2), 이익배당의 제한(제462조) 등 이를 반영한 상법 규정은 대단히 많다.

자본충실의 원칙은 정관 또는 주주총회의 결의에 의하여도 배제하지 못하며, 이에 위반하는 행위는 법령에 특별한 규정이 있는 경우를 제외하고는 원칙적으로 무효가 된다.

3. 자본불변의 원칙

자본불변의 원칙은 자본금은 임의로 변경시키지 못하며, 자본금의 변경을 위하여는 엄격한 법적 절차를 거쳐야 한다는 원칙이다. 하지만 현재 자본금증가는 이사회결의만으로 가능하므로(제416조), 결국 자본금감소에만 적용되는 결과가 되어(자본금감소에 관한 규정으로는 제438조 내지 제446조), '자본감소제한의 원칙'이라고도 불린다.

제 2 절 주   식

주식회사에서 필수적인 요소가 또한 주식이다. 주식은 두 가지의 의미가 있다.

첫째, **자본금의 구성단위**가 된다. 주식회사의 자본금은 균등한 단위로 분할되어 있어 주식은 자본금의 구성단위가 된다. 자본금을 주식으로 세분화함에 의하여 주식의 양도가 편리하게 된다.

둘째, **주주권**을 뜻한다. 즉 주식은 주주가 회사에 대하여 가지는 주주로서의 지위나 자격을 나타내는 주주권의 뜻이 있다.

제 3 절   유한책임

Ⅰ. 의   의

주식회사의 필수적 요소로서, 주주는 회사에 대하여 그의 주식의 인수가액을 한도로 하여서만 책임을 진다(제331조). 주주의 유한책임원칙은 주식회사의 본질에 관한 것으로 어떠한 결의나 내부규정으로도 이와 달리 정할 수 없다. 유한책임제도는 회사의 사업실패로 인한 손실을 결국 사회에 전가하는 것으로 이 문제는 사적인 협상의 대상인 것도 아니다. 다만 주주가 이러한 유한책임원칙을 포기하는 것은 가능한가? 주주 개인의 동의로 주주에게 회사채무를 부담시키거나 또는 인수가액 이상의 추가출자의무를 부담시키는 것은 가능하다고 본다.[3]

그러나 **주주유한책임의 원칙은 헌법상의 원칙이 아닌 법률상의 원칙에 불과하므로 입법자는 공공복리 등의 필요에 의하여 제한을 하는 입법정책적인 결정을 내릴 수 있다.**[4]

Ⅱ. 필요성과 폐해

유한책임을 허용하는 것은 책임회피를 하라거나 위험을 외부화하라는 것이 아니다. 그보다는 유한책임으로 인한 장점이 위험외부화로 인한 비용보다 많다는 점 때문에 정당화된다.[5] 법경제학자들은 그 장점에 대한 설명으로,[6] ① 경영진과 다른 주주에 대한 감독비

---

3) 대법원 1983.12.13. 선고 82도735 판결 등. 동지의 판례로 대법원 1989.9.12. 선고 89다카890 판결이 있다.

4) 헌법재판소 1997.6.26. 선고 93헌바49, 94헌바38 · 41, 95헌바64; 헌법재판소 2002.8.29. 선고 2000헌가5 · 6, 2001헌가6, 2000헌바34, 2002헌가3 · 7 · 9 · 12(병합).

용의 감소, ② 주식의 유동성 증가, ③ 주식분포 다양성의 증진(자본의 대중화), ④ 경영진으로 하여금 순이익을 증진시키는 사업을 하도록 유도한다는 것 등을 든다. 유한책임의 장점은 거래비용의 절감이고 결과적으로 사회의 부가 증가된다는 논리이다.[7] 즉 유한책임은 비용을 외부화하는 측면이 있기는 하나 새로운 가치를 창조한다는 것이다.

그러나 그 남용으로 인한 사회적 폐해 또한 상당하여 비판을 받기도 한다. 위 필요성의 근거들이 **대규모 공개회사를 전제로 한 것**이어서 소수 지배주주에 의하여 운영되는 회사에 대하여도 의미가 있는 것인지는 의문이다. 주주의 유한책임은 주식회사의 기본적 속성으로서 주식회사 발전의 중요한 요소이기는 하나, 회사사업으로 인한 손실을 일부 채권자에게 이전시키는 결과를 초래할 수도 있고, 그 결과 법인격부인론 등의 채권자보호를 위한 장치 등도 생겨나고 있다.

---

5) Robert J. Rhee, Bonding Limited Liability, 51 WM. & MARY L. REV. 1417 (2010). 1487.

6) Paul Halpern, Michael Trebilcock & Stuart Turnbull, An Economic Analysis of Limited Liability in Corporation Law, 30 U. TORONTO L.J. 117, 118 (1980).

7) 유한책임의 이러한 장점으로 회사의 가치를 증진시키고 대리인비용과 자본조달의 비용을 감소시킨다는 이러한 근거는 주로 법경제학자들의 주장에 의한 것이다. 그리고 이 근거는 주주지상주의(shareholder primacy theory)에서의 것들이다. 주주와 이사의 관계를 대리인의 관계로 파악하면서 대리인비용(agency cost)을 줄일 수 있다는 것도 이 이론에서이다.

제 2 장
주식회사의 설립

제 1 절 개 관

I. 주식회사의 설립

1. 설립의 특징

주식회사의 설립은 인적회사와는 차이가 크다. 인적회사에서는 무한책임사원이 있어 회사의 재산형성이 크게 중요하지 않을 수 있으며, 정관작성만으로 사원과 출자액이 확정되므로 회사의 실체를 충분히 인정할 수 있다. 즉 인적회사에서는 정관작성과 설립등기만으로 설립절차가 이루어진다. 그러나 주식회사의 경우 정관에 주주의 이름이 기재되지도 않으며 주주가 유한책임을 지는 까닭에 회사재산의 형성이 대단히 중요하고, 정관작성과 설립등기 이외에도 회사재산을 형성하는 등의 절차가 요구된다. 그 절차의 개략을 보면 다음과 같다.

① **정관의 작성**이다. 인적회사와는 달리 모든 사원이 아니라 발기인이 정관을 만든다. ② **주주의 확정**이다. 인적회사에서는 정관에 사원을 기재함으로 확정되는 것이나, 주식회사의 경우 주식인수라는 별도의 절차에 의하여 확정된다(제293조, 제302조). ③ **자본금의 확정**이다. 정관의 기재가 아니라 실제 출자이행절차에 의하여 이루어진다. ④ **기관의 구성**이다. 인적회사의 경우 사원이 회사의 기관이 되나, 주식회사에서는 회사성립 이전에 주주가 기관을 별도로 선임한다. ⑤ **설립경과에 대한 조사감독**이다. 이도 인적회사와의 차이점이다. ⑥ 마지막으로, **설립등기**를 함에 의하여 설립절차가 완료되고 회사는 성립한다.

2. 주식회사 설립의 방법 – 발기설립과 모집설립

(1) 의 의

주식회사의 설립에서는 발기인이란 개념이 등장하고, 두 가지의 방법이 있다. 발기설립은 설립시에 발행하는 주식의 총수를 발기인이 인수하여 설립하는 방식이다. 모집설립은 설립시에 발행하는 주식 중 일부는 발기인이 인수하고 나머지는 주주를 모집하여 인수시켜 회사를 설립하는 방식이다.

(2) 실질은 발기설립이나 모집설립을 가장한 경우

회사설립시부터 외부의 투자자가 참여하는 경우가 많지 않아 대부분은 발기설립에 의한다. 그런데 1995년 상법개정 이전에는 발기설립의 경우 설립경과에 대한 조사감독은 반드시 법원이 선임한 검사인의 조사를 받도록 되어 있었고, 따라서 법원의 감독을 피하기 위하여 실질은 발기설립이나 외형은 모집설립을 가장한 경우가 많았다. 이러한 설립유형에 대하여 대법원은 설립의 절차상 그 하자가 크다는 이유로 그 설립절차를 무효로 판결하였다.[1] 하지만 그 판결은 주식회사는 출자자의 개성을 중요시할 필요가 없으므로 적어도 형식적으로 모집설립의 절차를 밟은 한 그 설립을 무효라 하는 것은 주식회사의 본질을 오해한 판단이 아닐 수 없다는 점에서 비판을 받았다. 이후 1995년 상법은 발기설립의 경우도 모집설립과 같이 원칙적으로 이사, 감사가 자율적으로 그 설립경과를 조사하도록 개정되었다.

(3) 발기설립과 모집설립의 차이

양자의 차이는 모집설립에서는 발기인이 아닌 주주가 있으므로 창립총회와 같은 의사결정기관이 등장하게 된다는 점이며, 다음과 같은 비교가 가능하다. ① **납입의 해태**시 발기설립의 경우 민법상 채무불이행의 일반원칙에 의하나, 모집설립에서는 제307조의 실권절차가 있고, ② **기관의 선임**을 발기설립에서는 발기인의 의결권의 과반수로 하나(제296조) 모집설립에서는 창립총회에서 한다(제312조). 창립총회의 결의는 출석한 주식인수인의 의결권의 3분의 2 이상이며 인수된 주식의 총수의 과반수에 해당하는 다수로 한다(제309조). ③ **설립경과의 조사감독**은 원칙적으로 이사·감사가 하고(제298조 제1항, 제313조 제1항), 변태설립사항이 있는 경우 법원이 선임한 검사인이 하는 것(제298조 제4항, 제310조 제1항)은 발기설립과 모집설립이 동일하다. 다만 변태설립사항을 조사하기 위한 검사인의 선임청구를 발기설립은 이사(제298조 제4항), 모집설립은 발기인(제310조 제1항)이 한다. 변태설립사항이 부당한 때의 변경을 발기설립은 법원(제300조), 모집설립은 창립총회(제314조)가 한다. ④ 이사·감사의 **조사보고의 대상**이 발기설립은 발기인(제298조 제1항), 모집설립은 창립총회이다(제313조 제1항).

---

1) 대법원 1992.2.14. 선고 91다31494 판결(형식상 주식을 모집함에 있어 발기인이 타인의 명의를 모용하여 주식을 인수하였다면 명의모용자가 주식인수인이라 할 것이어서 결국 주식전부를 발기인이 인수한 결과가 되므로 회사의 설립을 발기설립으로 보아야 한다. 원고가 모집설립임을 전제로 창립총회가 개최되지 아니하였음을 그 무효사유로 주장하고 있으나 한편 준비서면 등에 의하여 피고회사의 설립은 원래 발기설립으로 하여야 하나 편의상 모집설립의 절차를 취하였는바, 이는 탈법적 방법으로 그 설립이 선량한 풍속 기타 사회질서, 강행법규 또는 주식회사의 본질에 반하여 설립된 회사로서 그 설립이 당연무효라고 주장하였다면 원심이 피고회사 설립의 무효사유를 위 창립총회 개최의 결여를 덧붙인 외에 발기설립절차의 하자로 인정하였다 하더라도 이는 원고청구의 범위 내에 속하는 사항에 대한 판단이어서 정당하고 변론주의의 법리를 오해한 위법이 없다).

Ⅱ. 발기인·발기인조합·설립중의 회사

1. 발 기 인

(1) 정 의

발기인의 개념은 주식회사에만 있는 것으로, 주식회사는 다른 회사와 달리 정관에 의하여 사원이 확정되지 아니하기 때문에, 회사설립을 담당할 자가 필요하다. 발기인은 실질적으로는 회사의 설립사무에 종사한 자를 의미하나, 법적 정의는 **"정관에 발기인으로 기명날인 또는 서명한 자"**를 말한다(제289조 제1항). 이러한 정의를 하는 이유는 발기인의 책임이 엄격한 관계로 그 범위를 명확히 하여야 하기 때문이다. 따라서 실제 설립사무에 종사하였더라도 정관에 발기인으로 기명날인 또는 서명을 하지 않은 자는 발기인이 아니고, 역으로 실제 설립사무에 종사하지 않았더라도 정관에 발기인으로 기명날인 또는 서명한 자는 발기인이다.

또한 **유사발기인**(類似發起人)이란 "주식청약서 기타 주식모집에 관한 서면에 성명과 회사의 설립에 찬조하는 뜻을 기재할 것을 승낙한 자"를 말한다(제327조).

(2) 지 위 등

발기인은 설립중의 회사의 기관으로서 활동한다. 발기인의 자격에 대하여는 무능력자나 법인도 될 수 있다는 견해가 다수이나,[2] 완전한 행위능력이 있는 자연인에 한한다고 본다.[3] 발기인의 수는 1인 이상으로 족하다(제288조).

2. 설립중의 회사

(1) 의 의

설립중 회사는 주식회사의 설립과정에서 권리의무의 귀속주체로서, 설립등기를 하면 설립중의 회사의 법률관계가 성립된 회사로 자동적으로 승계되도록 하기 위한 강학상의 개념이다. 설립중의 회사는 상법에 규정되어 있지 아니하지만 설립과정에 있어서 발기인이 회사의 설립을 위하여 필요한 행위로 인하여 취득하게 된 권리의무가 회사의 성립과 동시에 그 성립된 회사에 귀속되는 관계를 설명하기 위한 것이다. 설립중의 회사와 성립된 회사는 동일한 존재로 보는 **동일성설**이 통설이다.

---

2) 권기범, 333면; 이철송, 218면; 정동윤, 380면; 최기원, 139-140면.
3) 동지로 정찬형, 625면.

(2) 법적 성질

설립중의 회사는 **권리능력 없는 사단**으로 본다(통설, 판례).[4] 설립중 회사와 성립된 회사는 법인격의 유무만 차이가 있을 뿐 동일성설에 의하여 실질적으로 동일한 존재로 본다. 따라서 발기인의 권한범위 이내에서 설립중 회사의 명의로 취득한 권리와 의무는 설립중 회사에 총유의 형식으로 귀속하였다가 성립후의 회사에 별도의 이전행위 없이 이전한다.

(3) 성립시기

설립중 회사의 성립시기에 관하여서는 다음과 같이 견해가 나뉜다. ① **정관작성시설**[5]로서 정관작성시에 설립중의 회사가 성립한다고 한다. 설립중의 회사를 인정하는 취지를 설립등기 전 발기인의 활동에 의하여 생긴 권리·의무가 설립 후의 회사에 귀속하는 관계를 설명하기 위한 것이라 본다면 그 필요성은 정관작성 후 발기인의 주식인수 전에도 있고, 또 발기인이 주식을 인수한다는 것은 확실하게 예정되어 있으므로 정관작성시에 이미 구성원의 일부는 확정되어 있기 때문이라고 본다. 설립중의 회사는 어떠한 실체를 가리키는 개념이 아니라 도구개념이기 때문에 굳이 그 실체가 존재할 필요가 없다고 하면서 설립절차의 초기부터 설립중의 회사를 인정하자는 논거이다. ② **정관이 작성된 후 1주 이상 인수시설**로서 통설·판례[6]이다. 이 설은 정관작성 후 최소 1인의 발기인이 1주 이상의 주식을 인수한 때에 설립중의 회사가 성립된다고 한다. ③ **총액인수시설**[7]로서 이 설은 설립시에 발행하는 주식총수를 인수한 때에 설립중의 회사가 성립한다고 한다.

총액인수시설은 설립중의 회사의 개념을 인정하는 실익을 없게 할 수도 있으므로 타당하다 보기 어렵다. 설립중의 회사는 단체법상의 법률관계를 설명하기 위한 것인 만큼 최소한의 실체가 형성되어야 하므로 정관이 작성되고 발기인이 1주 이상의 주식을 인수한 때에 성립한 것으로 본다.

---

4) 대법원 1970.8.31. 선고 70다1357 판결(주식회사의 설립과정에 있어서의 소위 설립중의 회사라 함은 상법규정에 명시된 개념이 아니고 발기인이 회사의 설립을 위하여 필요한 행위로 인하여 취득 또는 부담하였던 권리의무가 회사의 설립과 동시에 그 설립된 회사에 귀속되는 관계를 설명하기 위한 강학상의 개념이다. 실질적으로는 회사불성립의 확정을 정지조건으로 하여 발기인에게 귀속됨과 동시 같은 사실을 해제조건으로 하여 설립될 회사에 귀속되는 것이고 형식적으로 회사성립을 해제조건으로 하여 발기인에게 귀속됨과 동시에 같은 사실을 정지조건으로 하여 설립된 회사에 귀속되는 것이다).

5) 이철송, 222면.

6) 권기범, 353면; 정찬형, 629면; 최기원, 148면; 대법원 1990.12.26. 선고 90누2536 판결; 대법원 2000.1.28. 선고 99다35737 판결에서도 "설립중의 회사가 성립하기 위해서는 정관이 작성되고 발기인이 적어도 1주 이상의 주식을 인수하였을 것을 요건으로 하는바(대법원 1998.5.12. 선고 97다56020 판결; 대법원 1994.1.28. 선고 93다50215 판결 등)"이라 한다.

7) 정동윤, 410면.

3. 설립중의 회사의 법률관계

(1) 발기인이 한 행위의 효력

설립중의 회사의 명의로 취득한 권리의무는 설립중의 회사에 총유의 형식으로 귀속되었다가 별도의 이전행위 없이 성립후의 회사에 귀속하게 되고 이것이 동일성설의 핵심이다. 그런데 **동일성설**에 의하는 경우에도 몇 가지의 요건이 필요하다.

(2) 성립후 회사로의 이전 요건

발기인의 행위로 발생한 권리의무가 설립중의 회사에 귀속되고 이후 성립후 회사로 이전되기 위한 요건은 다음과 같다. ① **설립중 회사가 존재**하여야 한다. 따라서 통설에 의하면 정관이 작성되고 1주 이상의 주식이 인수되어 있어야만 한다. 설립중 회사로서의 실체가 갖추어지기 이전에 발기인이 취득한 권리와 의무는 구체적 사정에 따라 발기인 개인 또는 발기인조합에 귀속하는 것으로서 이들에게 귀속된 권리의무를 성립후의 회사에 귀속시키기 위하여는 양수나 채무인수 등의 특별한 이전행위가 있어야 한다.[8] ② **설립중 회사의 명의**로 하여야 한다. 발기인이 발기인 개인명의나 발기인조합의 명의로 행위한 경우에는 그 거래가 설사 발기인의 권한범위에 속한다 하더라도 그 행위의 효과는 발기인 또는 발기인조합에 속하게 되고, 이를 성립후의 회사에 귀속시키기 위하여는 별도의 이전행위가 필요하다. ③ **발기인의 권한범위 이내**이어야 한다. 설립중 회사의 행위의 효과가 설립등기에 의하여 성립한 회사에 귀속하기 위하여는 설립중 회사의 기관인 발기인의 권한범위 내의 행위이어야 한다.

(3) 발기인의 권한범위

발기인의 권한범위에 대하여는 학설의 대립이 있다. 전통적으로 나누는 견해에 의하면 ① 최협의설[9]로서 **회사설립 자체를 직접적 목적으로 하는 행위**에 국한된다는 설이다.[10] 이 견해에 의한다면 발기인의 재량권이 거의 없어 설립사무의 신속한 진행이 방해될 것이라는 비판이 있다. ② 협의설[11]로서 **발기인은 회사설립 자체를 직접적 목적으로 하는 행위 외에 회사설립을 위하여 법률상 경제상 필요로 하는 행위**를 할 수 있다는 견해이다.[12] 이 견해에 의하면 개업준비행위는 일반적으로 발기인의 권한에 포함되지 않으나, 법정요건을 갖춘 재산인수만은 상법(제290조 제3호)에 의하여 발기인의 권한이 된다고 본다. 그런데

---

8) 대법원 1994.1.28. 선고 93다50215 판결.
9) 이철송, 224면; 최기원, 141면.
10) 모집설립의 경우 정관작성, 주주모집, 창립총회의 소집 등으로 국한된다고 설명하기도 한다.
11) 권기범, 358면; 정동윤, 413-414면.
12) 설립사무소 임차, 주식청약서 인쇄, 주식모집광고의 위탁 등까지 포함한다고 설명하기도 하나, 최협의설과의 구별이 분명하지 않다.

①설(최협의설)과 ②설(협의설)의 구분은 명확하지 않아 각기 다른 학설로 보기 어렵다. 개업준비행위가 발기인의 권한범위 이내라고 본다면 그로 인한 비용은 설립비용으로 분류될 것인데, ①설과 ②설에서 취급하는 설립비용의 범위가 전혀 다르지도 않다. 요컨대 ①설을 취한다는 견해에서도 **설립사무소 임차비용, 주식청약서의 인쇄비, 광고비 등을 설립비용에 포함시키고 있고 보면,**[13] **양설을 굳이 다르게 취급할 필요가 없어 보인다.**

③ 광의설로서 **회사의 설립목적에 반하지 않는 한 모든 행위**를 할 수 있다는 견해이다. 설립을 위하여 필요한 행위 외에 개업준비행위도 포함된다고 하는 설이다. 회사의 설립은 영업을 할 수 있는 상태의 회사를 창설하여야 하는 것이고 회사설립에 필요한 행위와 개업준비행위가 명료하게 구분되는 것이 아니며, 현실적으로 회사의 성립 전에 개업준비행위가 이루어지는 것이 일반적이라는 근거를 든다. 또한 발기인은 회사설립에 관하여 엄격한 책임을 부담하므로 그 권한을 넓게 인정하여도 무방하다는 것이다.[14] 다만 이 견해에 대한 비판은 발기인이 권한을 남용하거나 회사의 자본충실을 침해할 우려가 있다는 점이다. ④ **판례**로서 발기인이 성립 후의 회사의 영업을 위하여 제3자와 맺은 자동차조립계약을 발기인의 권한 내의 행위로 보고 성립 후 회사의 책임을 인정한 판례[15]가 있어 광의설로 보인다.

최협의설과 협의설은 설립단계에서 회사의 재산적 기초를 확보하는 데 중점을 주는 이론이나, **광의설**이 타당하다고 본다. 광의설을 취하는 경우 발기인의 권한남용이 문제될 수 있으나 재산인수나 기타 변태설립사항에 대하여는 명문의 규정이 있어 별 문제가 없다는 점에서, 거래의 안전을 우선시하는 광의설이 타당하다. 또한 최협의설과 협의설은 그 구분이 쉽지도 않으며, 설립을 목적으로 하는 행위와 개업준비행위를 명확히 구분하는 것도 어렵다.

(4) 발기인의 권한범위 밖의 행위에 대한 추인의 문제

발기인이 권한범위 외의 행위를 한 경우, 비록 설립중 회사의 명의로 하였더라도 그 효과가 설립중 회사에 미치지 않고, 따라서 성립후의 회사에도 미치지 않음이 원칙이다. 그

---

13) 이철송, 237면; 최기원, 166면. 설립사무소 임차비용, 정관의 작성비용, 주주모집을 위한 광고비 등을 모두 설립비용으로 보고 있다.

14) 정찬형, 626면.

15) 대법원 1970.8.31. 선고 70다1357 판결(소외 甲 외 6인이 버스여객운송사업을 목적으로 한 주식회사 정관을 작성하고 위 甲이 발기인대표로 선정되어 회사의 운송사업 면허취득을 위한 모든 행위를 위임받아 활동하던 중 당국으로부터 위 회사의 운송사업면허결정 통고를 받은 후 그 면허조건인 사업계획으로 차량확보가 필요하게 되자 甲이 소외 乙과 사이에서 자동차조립계약을 체결하였고 이어 사업계획서 등 소정의 절차를 밟아 자동차운송사업면허를 취득하고 회사 설립등기를 마친 후 乙로부터 위 계약에 의하여 조립된 자동차를 위 회사가 직접 인수하여 운행하여 온 것인데, 대법원은 발기인 대표인 甲이 회사 설립을 위한 필요에서 乙과 사이에 자동차조립계약을 체결한 것이므로 그 행위의 효력은 위 회사에 귀속한다고 판시하였다. 이 판결에 대하여 발기인대표가 장래 운송사업을 목적으로 자동차조립계약을 체결함으로 인하여 발생한 자동차조립대금채무를 회사가 부담하도록 한 것은 곧 발기인에게 개업준비행위까지를 허용한 취지라고 해석하는 견해도 있고, 위 자동차조립계약은 개업준비로서가 아니라 운송사업면허의 조건으로서 차량확보가 필요하여 행한 것으로 개업준비행위를 허용하는 취지로 볼 수 없다는 견해도 있다).

런데 이 경우 성립후 회사가 추인할 수 있는가가 쟁점이다.

① **추인긍정설**이다. 이는 발기인의 권한범위 외의 행위는 무권대리행위로 보고 민법상의 원칙에 의하여 추인하면 그 효과가 회사에 귀속된다고 한다. 추인을 부정한다 해도 성립후의 회사가 다시 동일한 행위를 하는 것을 막을 수 없어 불필요하게 동일한 행위를 반복하게 되므로 추인을 긍정하여야 한다는 주장이다. 또한 부정설은 발기인의 무권한을 알고 있는 상대방에게 자유로운 선택권을 인정하는 결과가 된다고 비판한다.[16] 다만 추인의 방법과 관련하여, 첫째 새로운 계약을 체결하는 것과 동일한 방법에 의하는 것과, 둘째 사후설립(제375조)에 관한 규정을 유추적용하여 주주총회의 특별결의로 할 수 있다는 견해로 나뉜다. ② **추인부정설**이다. 발기인의 권한범위 외의 행위는 무효로서 성립후의 회사가 이를 추인하지 못하며 추인을 인정하는 것은 실정법상의 근거도 없고 변태설립사항을 규정한 상법 제290조의 취지에도 어긋난다는 견해이다. ③ **절충설**이다. 재산인수(財産引受)의 경우 자본충실의 원칙으로 인하여 주주총회의 다수결로 그 적용을 배제할 수 없는 까닭에 추인을 부정하고, 기타의 경우에는 무권대리와 비슷하게 추인을 긍정하자는 주장이다. ④ **판례**의 입장으로서 정관에 기재되지 않는 재산인수에 있어 대법원은 정관에 기재되지 아니한 재산인수는 무효라고 할 것이나 그 행위가 동시에 상법 제375조가 규정하는 사후설립에도 해당하는 경우에는 주주총회의 특별결의에 의하여 추인할 수 있다고 판시한 바 있다.[17] 하지만 이 판례는 많은 비판을 받는다. 왜냐하면 재산인수와 사후설립은 서로 다른 것이어서 회사성립 이전에 이루어진 약정은 재산인수인 반면, 성립 이후에 이루어진 계약은 사후설립에 해당하기 때문으로 양자에 모두 해당할 수는 없다. 이는 재산인수의 추인이 아니라 사후설립에 의한 재산의 취득으로 보는 것이 타당하다.

절충설이 타당하다. 재산인수의 경우 추인을 허용하게 되면 변태설립사항으로 분류하여 정관에 규정하도록 한 제290조의 취지에 반하고, 자본충실의 원칙은 주주총회 결의로도 그 적용을 배제할 수 없기 때문이다. 기타 발기인의 권한범위 밖의 행위에 대해서는 무권대리와 같이 회사의 추인을 인정하여도 문제가 되지 않는다.

4. 발기인조합

(1) 의 의

주식회사의 설립에 있어 발기인이 수인인 경우 발기인간에는 발기인조합이 성립된다. 발기인조합의 개념을 인정하는 실익은 회사설립을 목적으로 하는 합의에 개인법상 구속력을 인정해주고 그들이 설립사무를 진행함에 있어 그 업무집행방법을 규율할 필요가 있으며, 대외적인 책임의 귀속형태를 분명하게 하기 위한 것이다.

---

16) 정찬형, 634면.
17) 대법원 1992.9.14. 선고 91다33087 판결.

발기인조합의 업무집행에 의한 결정은 원칙적으로는 발기인의 과반수에 의한다. 하지만 정관작성(제289조 제1항), 주식발행사항의 결정(제291조) 등과 같이 발기인 전원의 동의를 요하는 경우도 있다.

(2) 설립중 회사와의 관계

일반적으로 발기인조합은 권리능력 없는 사단인 설립중의 회사의 성립 이전에 이미 존재하는 것이지만, 그것은 설립중의 회사의 창립에 의하여 소멸된다든지 설립중의 회사로 발전하는 것이 아니고, 설립중의 회사는 발기인조합과는 별개로 동시에 병존하고 있는 것이다. 발기인의 행위는 일반적으로 조합계약의 이행행위가 되는 동시에 설립중의 회사의 기관으로서의 집행활동이 되므로 양자는 밀접한 관계가 있다. 하지만 발기인조합은 발기인 상호간의 내부적인 계약관계로서 **개인법상** 존재이나, 설립중의 회사는 **사단법상** 존재로서 회사법적 효력을 가지는 점에서 양자는 근본적으로 구별된다.

(3) 권리의무의 이전관계

발기인이 그 권한범위 이내의 행위라 하더라도 설립중 회사의 명의로 하지 않고 발기인조합의 명의로 하거나 발기인 개인의 명의로 한 경우에는 권리의무가 성립후 회사에 이전되지 않는다. 만약 발기인이 발기인조합의 명의로 거래를 한 경우 그것이 발기인의 대리권한에 속하는 행위인 때에는 그 효과는 발기인조합에 귀속한다. 발기인이 대리권한에 속하지 않는 거래행위를 발기인조합의 이름으로 한 경우, 그 효과는 발기인 전원의 동의에 의한 추인으로 발기인조합에 귀속시킬 수 있다. 또한 발기인이 발기인 개인의 이름으로 거래를 한 경우 그 효과는 발기인 개인에게 귀속한다. 발기인조합 또는 발기인 개인에게 귀속된 권리의무를 성립후 회사에 이전시키기 위하여는 양수나 채무인수 등의 특별한 이전행위가 있어야만 한다.

제 2 절 설립의 절차

Ⅰ. 정관작성

1. 정관의 의의

(1) 의 의

정관이란 회사의 활동과 조직에 관한 근본규칙을 정한 것이다. 주식회사의 정관은 1인 이상 발기인이 작성하여야 하고(제288조), 각 발기인이 이에 기명날인 또는 서명하여야 한다(제289조). 그리고 회사의 설립관계를 명확히 하기 위하여 공증인의 인증을 효력발생요건으로 하고 있다(제292조). 다만, 소규모회사의 발기설립의 경우 정관인증의무를 면제하여, 자본금 총액이 10억원 미만인 회사를 발기설립하는 경우에는 공증인의 인증이 없더라도 각 발기인이 정관에 기명날인 또는 서명함으로써 효력이 생긴다(제292조 단서).

정관은 회사설립시에 최초로 작성되는 **'원시정관'**과 이후 변경된 정관인 **'변경정관'**으로 나눌 수 있다.

(2) 법적 성질

정관의 법적 성질에 대하여는 계약설도 있으나, 정관작성 이후에 참여하는 주주와 기관을 구속하고 정관변경에 반대한 주주들도 구속한다는 점에서 **회사의 자치법규로 보는 법규범설**이 통설·판례[18]이다.

(3) 정관의 기재사항

정관의 기재사항에는 절대적 기재사항, 상대적 기재사항, 임의적 기재사항이 있다. **절대적 기재사항**은 반드시 정관에 기재하여야 하며 이것이 흠결된 경우 정관이 무효가 되고 회사설립의 무효사유가 되는 사항이다. **상대적 기재사항**은 정관에 기재하지 않아도 정관의 효력에는 영향이 없으나 정관에 기재함으로써 그 효력이 생기는 사항이다. 상대적 기재사항도 정관에 기재되면 절대적 기재사항과 같이 구속력을 지닌다. **임의적 기재사항**은 정관에 기재하지 않더라도 그 사항을 실행하지 못하는 것은 아니나 정관이 가지는 구속력을 갖도록 하고자 정관에 기재한 사항이다.

2. 절대적 기재사항(제289조 제1항)

① **목적**: 목적은 회사가 구체적으로 영위할 사업을 말한다. 정관상 목적은 회사의 권리능력의 기준이 되거나(제한설), 회사기관의 권한범위의 기준이 된다(무제한설). 그리고 제3자가 식별할 수 있을 정도의 구체성을 띠어야 하므로 단순히 '상업' 등의 기재는 허용되지 않는다. 정관상 목적에 위배되는 이사의 행위에 대하여는 손해배상책임(제399조), 위법행위유지청구권(제402조), 해임(제385조) 등의 사유가 될 수 있다. 목적은 등기된다(제317조 제2항 제1호).

② **상호**: 반드시 주식회사라는 문자를 사용하여야 한다(제19조).

---

18) 대법원 2000.11.24. 선고 99다12437 판결(사단법인의 정관은 이를 작성한 사원뿐만 아니라 그 후에 가입한 사원이나 사단법인의 기관 등도 구속하는 점에 비추어 보면 그 법적 성질은 계약이 아니라 자치법규로 보는 것이 타당하므로, 이는 어디까지나 객관적인 기준에 따라 그 규범적인 의미 내용을 확정하는 법규해석의 방법으로 해석되어야 하는 것이지, 작성자의 주관이나 해석 당시의 사원의 다수결에 의한 방법으로 자의적으로 해석될 수는 없다 할 것이어서, 어느 시점의 사단법인의 사원들이 정관의 규범적인 의미 내용과 다른 해석을 사원총회의 결의라는 방법으로 표명하였다 하더라도 그 결의에 의한 해석은 그 사단법인의 구성원인 사원들이나 법원을 구속하는 효력이 없다).

③ **회사가 발행할 주식의 총수**: 이를 통해 **수권자본금**을 알 수 있다.

④ **액면주식을 발행하는 경우 1주의 금액**: 액면가라고 한다. 1주의 금액은 100원 이상 균일하여야 한다(제329조 제3항). 그런데 무액면주식을 발행하는 경우에는(제291조) 1주의 금액이 없다.

⑤ **회사의 설립시에 발행하는 주식의 총수**: **설립자본금**을 알 수 있다. 회사가 설립시 발행하는 주식의 총수가 수권주식총수의 4분의 1 이상이라는 제한은 2011년 폐지되었다.

⑥ **본점의 소재지**: 본점 소재지는 회사의 주소가 되며(제171조), 회사법상 각종 소에 있어서 관할이 표준이 되고(가령 제328조 제2항, 제186조), 주주총회의 소집지를 제약한다(제364조). 그 기재는 '서울특별시' 등 최소행정구역을 표시하는 것으로 족하다는 것이 통설이다.[19]

⑦ **회사가 공고를 하는 방법**: 회사의 법률관계에는 이해관계인이 많이 있으므로 그들이 공시하는 내용을 알 수 있도록 공시하는 방법을 정관에서 확정하도록 한 것이다. 서면공고와 전자적 공고의 두 가지 방법이 있다.

(i) **서면공고**: 원칙적으로 회사의 공고는 관보 또는 시사에 관한 사항을 게재하는 일간신문에 하여야 한다(제289조 제3항 본문). '시사'를 게재하는 '일간신문'이므로 특정산업의 내용만을 다루는 일간지와 주간지 등은 제외된다.

(ii) **전자적 공고**: 회사는 그 공고를 정관으로 정하는 바에 따라 전자적 방법으로 할 수 있다(제289조 제3항 단서). 회사가 전자적 방법에 의하여 공고하기 위하여는 사전에 이를 정관에 규정하여야 한다. 회사는 전자적 방법으로 공고할 경우 대통령령으로 정하는 기간까지 계속 공고하고, 재무제표를 전자적 방법으로 공고할 경우에는 정기총회에서 이를 승인한 후 2년까지 계속 공고하여야 한다. 재무제표의 기재사항에 대하여는 원칙적으로 정기총회에서 승인을 한 후 2년 내에 다른 결의가 없으면 회사는 이사와 감사의 책임을 해제한 것으로 보기 때문이다(제450조 본문).[20] 다만, 공고사항은 공고 기간 이후에도 입증 등의 유용한 자료로 활용될 수 있으므로, 공고기간 이후에도 누구나 그 내용을 열람할 수 있도록 하여야 한다(제289조 제4항). 회사가 전자적 방법으로 공고를 할 경우에는 게시 기간과 게시 내용에 대하여 증명하여야 한다(제289조 제5항). 회사의 전자적 방법으로 하는 공고에 관하여 필요한 사항은 대통령령으로 정한다(제289조 제6항).

⑧ **발기인의 성명, 주민등록번호 및 주소**: 발기인이 정관에 기재된 뒤에는 그가 사망하더라도 정관변경의 대상이 되는 것은 아니다.

---

19) 권기범, 338면; 정찬형, 636면; 정동윤, 387면; 최기원, 157면 등.

20) 그런데 재무제표 등에 그 책임사유가 기재되어 정기총회에서 승인을 얻은 경우에 한하여 상법 제450조에 의한 책임이 해제된다(대법원 2002.2.26. 선고 2001다76854 판결; 대법원 2007.12.13. 선고 2007다60080 판결). 그러나 재무제표 등에서 이사·감사 등의 책임사유가 기재되는 경우가 드물기 때문에 책임이 해제되는 경우는 매우 찾기 어렵다.

3. 상대적 기재사항

(1) 의 의

상대적 기재사항은 정관에 기재함으로써 그 효력이 발생하는 것이다. 상대적 기재사항으로서 정관에 기재하여야 그 효력이 발생하는 것으로 주식매수선택권의 부여(제340조의2 제1항), 종류주식발행(제344조 제2항), 전환주식의 발행(제346조 제1항), 서면투표의 채택(제368조의3 제1항), 감사위원회 등 이사회내부위원회의 설치(제393조의2, 제415조의2), 이사임기의 총회종결까지의 연장(제383조 제3항), 자격주(제387조), 주주총회에서 대표이사의 선임(제389조 제1항), 이사회소집기간의 단축(제390조 제3항), 신주발행사항의 결정(제416조), 제3자의 신주인수권(제418조 제2항) 등이 있다.

(2) 변태설립사항

정관의 상대적 기재사항 중 특히 문제가 되는 것이 변태설립사항이다. **변태설립사항은 상대적 기재사항 중 하나로서, 회사설립시에 자본충실을 기하기 위하여 반드시 정관에 기재하여야만 그 효력이 있는 것으로 정하고 있는 사항**이다(제290조). 변태설립사항은 주식청약서에도 기재하도록 하며(제302조 제2항 제2호), 법원이 선임한 검사인의 조사를 받는 것이 원칙이다(제299조 제1항, 제310조). 다만 현물출자나 재산인수에 대한 것은 공인된 감정인의 감정으로, 발기인의 보수나 특별이익 또는 설립비용에 대한 것은 공증인의 조사 보고로 갈음할 수 있다(제299조의2, 제310조 제3항). 그리고 2011년 개정법은 발기설립에서 현물출자와 재산인수의 경우 그 재산의 가액이 작거나 거래소 시세 있는 유가증권의 경우 이를 면제시켜준다(제299조 제2항). 변태설립사항으로는 발기인이 받을 특별이익, 현물출자, 재산인수, 설립비용, 보수 등이 있다.

(3) 발기인이 받을 특별이익

특별이익이란 발기인이 설립사무를 주관함에 대한 공로의 대가로서 지급하는 이익을 말한다. 그런데 무상주교부나 현금보상과 같이 자본충실의 원칙에 반할 수 있거나, 의결상의 특권을 부여하거나 우선적 이익배당을 하는 것과 같이 주주평등의 원칙에 반하는 것, 그리고 장차 이사나 감사의 지위를 약속하는 것도 단체법적 질서에 어긋나는 것이어서 용납되지 않는다.

(4) 현물출자

1) 의 의

현물출자는 금전이 아닌 그 밖의 재산을 목적으로 하는 출자를 말하고, 이는 그 목적재산이 실제의 가치보다 과대평가될 위험을 안고 있다. 그 법적 성질은 민법상의 전형계약은 아니고 상법상 출자의 한 형태라 본다. 그리고 현물출자도 유상 쌍무계약의 성질을 가지기 때문에 위험부담이나 하자담보책임 등에 관한 민법의 규정이 적용된다는 것이 통설이다.

2) 현물출자의 목적

현물출자의 목적물은 **대차대조표 자산의 항목에 기재될 수 있는 것이면 무엇이든** 될 수 있다. 그러나 재산이 아닌 노무나 신용은 물적회사인 주식회사의 성질에 비추어 출자의 목적이 될 수 없다. 또한 현물출자는 발기인만이 아니라 누구든지 할 수 있다.[21]

3) 규제의 이유

현물출자를 변태설립사항으로 규정하고 있는 이유는 현물출자되는 재산이 **과대평가**되어 회사설립시부터 자본금에 결함이 생겨 회사채권자를 해하는 것을 방지하고 또 현물출자자에게 부당하게 많은 주수를 배당함으로 인하여 금전출자한 주주를 해하는 것을 막기 위한 것이다.

4) 불이행에 대한 처리

금전출자와는 달리 모집설립의 경우에도 실권절차에 의할 수 없고, 민법의 일반원칙에 따라 강제이행을 하든지, 또는 정관을 변경하여 설립절차를 속개할 수 있다. 또한 발기인의 자본충실책임을 물을 수 있을지 여부에 대하여는 개성이 강하므로 불가하다는 견해가 있는 반면, 다른 재산으로 대체가능하면 발기인에게 자본충실책임을 물을 수 있다는 견해도 있다.

(5) 재산인수(제290조 제3호)

1) 의 의

재산인수란 발기인이 설립중의 회사를 대표하여 회사의 성립을 조건으로 특정인으로부터 일정한 재산을 양수하기로 약정하는 계약이다. 재산인수의 양도인은 제한이 없다. 발기인과 주식인수인은 물론이며, 제3자도 가능하다. 양수인은 회사의 성립 이전에 설립중의 회사를 대표한 발기인이다. 계약의 체결시점은 회사의 성립전이나, 그 이행은 회사 성립 이후에 생겨난다. 재산인수의 목적은 현물출자와 같이 **대차대조표 자산의 항목에 기재될 수 있는 것이면 무엇이든** 될 수 있으나, 재산이 아닌 노무나 신용은 주식회사의 성질에 비추어 출자의 목적이 될 수 없다.

2) 사후설립(事後設立)과의 구별

재산인수의 탈법행위로 악용되는 것을 방지하기 위하여 상법은 사후설립을 규제하고 있다. 사후설립은 "회사가 그 성립 후 2년 내에 그 성립 전부터 존재하는 재산으로서 영

---

21) 1995년 개정상법 이전에는 발기인만 가능하였다.

업을 위하여 계속하여 사용하여야 할 것을 자본금의 100분의 5 이상에 해당하는 대가로 취득하는 계약"을 말한다(제375조). 그리고 사후설립은 주주총회의 특별결의로서 한다. 차이점들을 보면 현물출자는 **출자행위**이나 재산인수와 사후설립은 **거래행위**이며, 계약체결의 시점이 재산인수는 **회사성립 전**이나 사후설립은 **회사성립 후**가 된다.

3) 규제이유

재산인수행위는 **현물출자의 탈법행위**로 이루어질 수 있으므로 이를 방지하기 위하여 상법이 규제하고 있다. 발기인이 그 지위를 남용하여 해당 재산을 부당하게 고가로 매입하는 약정을 체결한다면 회사의 자본충실을 침해할 우려가 있기 때문이다. 따라서 재산인수는 변태설립사항으로서 그 재산의 종류·수량·가격과 그 양도인의 성명을 정관에 기재하여야 한다(제290조 제3호).[22]

4) 발기인의 권한과의 관계

발기인의 재산인수는 개업준비행위의 하나로 파악되므로, 발기인의 권한범위를 어떻게 파악하느냐에 따라 재산인수를 규제하는 이유에 대하여 서로 다르게 설명한다. ① 최협의설이나 협의설에서는, 즉 발기인의 권한범위에 개업준비행위를 포함시킬 수 없다는 입장에서는 재산인수를 상법이 규정하고 있는 것은 **성립 후의 회사가 공백 없이 목적사업을 수행할 수 있도록 하기 위하여 예외적으로 규정한 것**이라고 설명한다. 이에 반하여 ② 개업준비행위를 포함시키는 광의설에서는 **재산인수로 인한 실제상의 폐단을 고려하여 규정한 것**이라고 설명한다.

5) 재산인수의 효력

재산인수는 변태설립사항으로서 반드시 정관에 기재하여야 그 효력이 발생하나, 정관에 기재하지 아니한 재산인수의 효력은 **무효**이다(통설, 판례).[23] 판례는 정관에 기재되지 않은 재산인수는 무효임을 확인하면서도, 회사의 설립에 직접 관여하여 토지에 관한 재산인수를 위한 약정을 체결하고 이를 이행한 다음 설립 후에는 장기간 그 회사의 경영에까지 참여하여 온 자가 회사설립 후 15년 가까이 지난 다음 토지의 양도가 정관의 기재없는 재산인

---

22) 대법원 1994.5.13. 선고 94다323 판결(상법 제290조 제3호 소정의 "회사성립 후에 양수할 것을 약정"한다 함은 회사의 변태설립의 일종인 재산인수로서 발기인이 설립될 회사를 위하여 회사의 성립을 조건으로 다른 발기인이나 주식인수인 또는 제3자로부터 일정한 재산을 매매의 형식으로 양수할 것을 약정하는 계약을 의미하며, 당사자 사이에 회사를 설립하기로 합의하면서 그 일방은 일정한 재산을 현물로 출자하고, 타방은 현금을 출자하되, 현물출자에 따른 번잡함을 피하기 위하여 회사의 성립 후 회사와 현물출자자 사이의 매매계약에 의한 방법에 의하여 위 현물출자를 완성하기로 약정하고 그 후 회사설립을 위한 소정의 절차를 거쳐 위 약정에 따른 현물출자가 이루어진 것이라면, 위 현물출자를 위한 약정은 그대로 위 법조가 규정하는 재산인수에 해당한다고 할 것이어서 정관에 기재되지 아니하는 한 무효이다).

23) 대법원 1994.5.13. 선고 94다323 판결(위 현물출자를 위한 약정은 그대로 위 법조가 규정하는 재산인수에 해당한다고 할 것이어서 정관에 기재되지 아니하는 한 무효라고 할 것이다).

수임을 내세워 자신이 직접 관여한 회사설립행위의 효력을 부정하면서 무효를 주장하는 것은 회사의 주주 또는 회사채권자 등 이해관계인의 보호라는 상법 제290조의 목적과 무관하거나 오히려 이에 배치되는 것으로서 신의성실의 원칙에 반하여 허용될 수 없다고 하였다.[24]

그런데 성립후의 회사가 추인할 수 있는가? ① **부정설**은 정관에 규정이 없는 재산인수의 추인을 긍정하면 이는 상법 규정의 의의와 반하며 재산인수의 탈법행위를 인정하는 결과가 된다는 것이다. 또한 자본충실의 원칙은 다수결의 원리로도 그 적용을 배제할 것이 아니라는 논거도 제시한다. 다수설이다. ② **긍정설**은 발기인의 권한범위 외의 행위는 무권대리행위로 보고 민법상의 원칙에 의하여 추인하면 그 효과가 회사에 귀속된다고 한다. 추인을 부정한다 해도 성립 후의 회사가 다시 동일한 행위를 하는 것을 막을 수 없어 불필요하게 동일한 행위를 반복하게 되므로 추인을 긍정하여야 한다는 주장이다. 또한 부정설은 발기인의 무권한을 알고 있는 상대방에게 자유로운 선택권을 인정하는 결과가 된다고 비판한다.[25] 추인의 방법과 관련하여, 첫째 새로운 계약을 체결하는 것과 동일한 방법에 의하는 것과, 둘째 사후설립(제375조)에 관한 규정을 유추적용하여 주주총회의 특별결의로 할 수 있다는 견해로 나뉜다. ③ **판례** 중에는 현물출자의 번잡함을 피하기 위하여 회사의 성립 후 회사와 출자자 사이에 매매계약을 체결하고 재산을 양수하기로 한 경우, 이러한 현물출자를 위한 약정은 재산인수에 해당하므로 정관에 기재되지 않는 한 무효라 하면서도, 이러한 거래는 동시에 제375조의 사후설립에 해당하는 것이어서 주주총회의 특별결의에 의한 추인이 가능하다고 한 것이 있다.[26] 그리고 이 판결을 두고 재산인수를 성립후의 회사가 추인할 수 있다는 취지로 해석하는 견해도 있으나, 이 판결은 계약체결의 시점이 회사의 성립 이후인 경우로 단순히 사후설립에 의한 경우로 보아야 한다. 계약체결 시점이 회사 성립전인 재산인수와 회사 성립 이후인 사후설립은 동시에 해당할 수 없는 거래이기 때문이다. 이 판결의 설시는 타당하다고 볼 수 없다.

재산인수에 대하여는 추인을 부정하는 부정설이 타당하다. 정관에 기재되지 아니한 재산인수의 추인을 인정하는 것은 옳지 않다. 재산인수의 경우 추인을 허용하게 되면 변태설립사항으로 분류하여 정관에 규정하도록 한 취지에 반하고, 자본충실의 원칙은 주주총회 결의로도 그 적용을 배제할 수 없기 때문이다.

(6) 설립비용(제290조 제4호)

1) 설립비용의 의의

설립비용은 발기인이 회사의 설립을 위하여 지출한 비용을 말한다. 정관이나 주식청약

---

24) 대법원 2015.3.20. 선고 2013다88829 판결.
25) 정찬형, 634면, 641면.
26) 대법원 1992.9.14. 선고 91다33087 판결.

서의 인쇄비용, 주주모집을 위한 광고비, 설립사무소의 임차료 등이 이에 해당한다. 하지만 성립후의 회사가 사업을 수행함에 필요한 자재의 구입비용 등 개업준비비용은 이에 포함되지 않는다. 발기인의 권한범위에 대한 모든 학설이 설립자체를 위한 행위는 발기인의 권한범위에 포함시키고 있으므로, 설립중 회사의 명의로만 하였다면 의당 성립된 회사가 부담하여야 할 것처럼 생각됨에도 불구하고, 정관에 기재하여야만 하는 변태설립사항으로 규정하고 있다. 그 이유는 이를 과다하게 지출하게 되면 성립후 회사의 자본적 기초가 약화될 우려가 있기 때문이다.

2) 재산인수와의 차이점

설립비용은 변태설립사항이라 하더라도 재산인수 등과는 차이가 있다. ① 설립비용은 모든 학설에 의하여 **발기인의 권한범위 이내**라고 보나, 재산인수는 광의설에 의한 경우만 **발기인의 권한범위 이내**가 된다. ② 설립사무소 임차 등의 설립행위는 **정관기재여부와 상관없이 유효**함에 반하여, 재산인수행위는 정관에 기재되지 않은 경우 무효가 된다. ③ 그리고 정관에 기재되지 않은 설립비용에 대하여 회사의 부담문제는 학설이 나뉨에 반하여, 정관에 기재되지 않은 재산인수 관련의 비용은 회사가 부담하지 않음이 원칙이다.

3) 설립비용의 부담문제

설립비용이 **정관에 규정이 없거나 정관에서 정한 금액을 초과한 경우**, 누가 책임을 부담하는가? 회사와 발기인간의 **내부관계**에서는 정관에 기재하지 아니한 또는 정관에 기재한 금액을 초과한 설립비용에 대하여는 **발기인 자신이 부담**한다는 것이 통설이다.

문제는 **외부관계**이다. 외부관계에 대하여는 견해가 나뉜다. ① **발기인전액부담설**은 성립후 회사의 자본충실을 위하여 채권자에 대하여는 발기인만이 채무를 부담하고, 정관에 기재된 범위에서는 회사에 대하여 구상할 수 있다는 견해이다. 이 학설은 정관에 기재된 설립비용에 대하여조차도 발기인이 지급하고 성립후 회사에 대하여 구상할 수 있다는 견해를 취한다. 그런데 이 학설에 의한다면 설립중의 회사라는 개념을 인정하지 않는 것과 마찬가지가 된다. 설립중의 회사의 개념을 인정하여 권리의무의 이전관계를 설명하고 있는 법리 하에서 설립비용마저도 발기인이 부담하도록 하는 것은 타당하지 않다. ② **회사발기인중첩책임설**은 거래안전을 가장 강조하는 입장에서 발기인과 회사가 채권자에 대하여 중첩적으로 책임진다는 견해이다. 그러나 설립비용을 중첩적으로까지 책임지도록 할 필요는 없어 보인다. ③ **회사발기인분담설**이다. 정관의 기재를 기준으로 기재된 금액을 한도로 회사가 책임지고, 나머지는 발기인이 책임을 진다는 견해이다. 하지만 이는 채권자의 입장에서 보면 거래의 안전에 위협이 될 수 있다.

④ **회사전액부담설**은 거래의 안전을 위하여 성립후 회사가 채무를 부담한다는 입장이다. 다수설[27]이며 판례[28]이다. 이 설은 설립비용이 상법상 변태설립사항으로 규정되어 있

음에도 불구하고, **정관의 기재여하에 따른 차이가 없다는 점에서 비판을 받을 수 있다.** 그러나 설립중 회사의 개념을 인정하는 한, 회사전액부담설이 설득력이 있다. 어느 입장을 취하든지 달라지는 것은 제3자의 형식적인 청구 대상이다. 내부관계에서 회사와 발기인의 실질적 책임부담은 달라지지 않는다.

(7) 발기인이 받을 보수(제290조 제4호)

발기인이 설립사무를 위하여 제공한 노동의 대가를 말하는 것으로, 상법은 설립비용과 구분하여 규정한다. 발기인이 받을 보수는 노무에 대한 대가이므로 설립에 대한 공로로 주어지는 특별이익과도 구별된다. 이도 과다하게 지출되는 경우 자본충실의 원칙에 저해될 수 있어 변태설립사항으로 규정하고 있다.

4. 주식발행사항의 결정

(1) 정 관

주식발행사항 가운데 설립시 발행하는 주식의 총수와 액면주식을 발행하는 경우 1주의 금액은 정관에 의하여 정해진다(제289조 제1항 제4호, 제5호).

(2) 발기인 전원의 동의

① 어떤 종류의 주식을 발행할 것인지, ② 액면주식의 경우 그 발행가의 결정, ③ 무액면주식의 경우 주식의 발행가액과 주식의 발행가액 중 자본금으로 계상하는 금액의 책정 등은 정관에 별도로 정한 바가 없다면 발기인 전원의 동의로서 정한다(제291조). 따라서 전환주식, 상환주식, 의결권배제나 의결권제한의 종류주식을 발행하는 경우 정관에 수량 등에 관한 정함이 없는 때에는 이를 발기인 전원의 동의로 정하여야만 한다. 이는 회사 및 이해관계자들에게 대단히 중요한 사항이기 때문에 발기인 전원의 동의를 받도록 한 것이고, 발기인 전원의 동의를 얻지 못한 경우 회사설립의 무효사유가 된다(통설).

원칙적으로는 발기인의 주식인수 이전에 동의가 있어야 하나, 추후에 추인이 가능하다고 본다(통설). 다만 추인의 기한에 관하여는 설립등기시까지로 한정하는 견해[29]와 설립등기 후라도 무방하다는 견해[30]로 대립되나, 설립등기 이후 설립무효의 소가 제기되는 경우에도 하자가 보완되면 재량기각이 가능하기 때문에(제328조 제2항, 제189조), 설립등기 이후라도 무방하다.

---

27) 권기범, 348면; 이철송, 237면; 정찬형, 642면; 정동윤, 391면.

28) 대법원 1994.3.28. 자 93마1916 결정(회사의 설립비용은 발기인이 설립중의 회사의 기관으로서 회사설립을 위하여 지출한 비용으로서 원래 회사성립 후에는 회사가 부담하여야 하는 것이므로).

29) 이철송, 239면; 최기원, 172면.

30) 권기범, 350면; 정찬형, 643-644면; 정동윤, 393면.

(3) 발기인 과반수의 동의

발기인 전원의 동의가 필요한 사항 이외 주식의 청약기간·납입기일·납입취급은행 등에 관한 사항 등은 발기인의 다수결로 정할 수 있다.

Ⅱ. 주주확정절차(주식의 인수)

1. 발기설립

발기설립은 발기인이 설립시에 발행하는 주식의 총수를 인수하여야 한다(제295조 제1항). 발기인은 적어도 1주 이상의 주식을 인수할 의무를 부담하며, 그 인수는 서면에 의하여야 한다(제293조). 서면에 의하지 않은 주식인수는 무효이다(통설). 발기인의 주식인수에 관하여는 설립중의 회사에의 입사계약설이 있으나 **합동행위설**(통설)이 타당하다고 본다. 논의 실익은 없다.

2. 모집설립

(1) 의 의

모집설립은 회사 설립시에 발행하는 주식의 일부는 발기인이 1주 이상의 주식을 인수하고(제293조), 나머지는 주주를 모집하여 인수한다. 주주를 모집하기 위한 주식청약서에 각 발기인이 인수한 주식의 종류와 수를 기재하도록 되어 있다(제302조 제2항 제4호).

(2) 주식의 인수

1) 주주의 모집

모집설립에 있어 주식인수는 청약과 배정에 의하여 이루어진다. 발기인은 모집주주들이 알아야 할 사항이 기재된 주식청약서를 작성하여야 하고, 모집주주는 이 주식청약서에 의하여 주식인수를 청약한다(제302조). 모집설립의 경우 주식인수의 법적 성질에 대하여 **설립 중 회사에의 입사계약**으로 본다(통설).

2) 청 약

주식인수의 청약을 하는 자는 모집주주이다. 주식인수의 청약을 하고자 하는 자는 주식청약서 2통에 인수할 주식의 종류 및 수와 주소를 기재하고 기명날인 또는 서명하여야 한다(제302조 제1항). 발기설립의 경우에는 청약의 방식을 법정하지 않은 서면주의(제293조)임에 반하여, **모집설립의 경우에는 법정사항이 기재된 주식청약서로 청약**한다(제302조 제1항). 이는 모집주주에게 회사의 정보를 충분히 공시하도록 하는 역할을 하는 것으로, 다른 방식에 의한 청약은 무효이다. 그리고 청약자는 실제 납입금의 전부를 청약증거금으로 납입하는 것이 관행이다.

그런데 주식청약의 의사표시에 하자가 있는 경우 민법상 일반원칙에 따라 이를 다툴 수 있겠으나, 일정한 하자의 주장은 단체적 법률관계의 안정을 위하여 제한된다. ① 청약의 의사표시에 비진의표시로서 무효가 되는 사정이 있더라도 이를 주장할 수 없으며(제302조 제3항), ② 주식청약서의 요건이 흠결되어 주식인수가 무효이거나 또는 청약의 의사표시가 착오, 사기, 강박으로 취소할 수 있는 경우에도 설립등기 후 또는 창립총회에서 주식인수인의 권리를 행사한 후에는 하자의 주장이 제한된다(제320조). 그러나 **제한능력, 무권대리, 사해행위 등의 사유는 규정되어 있지 않으므로** 이를 이유로는 언제든지 주식인수를 취소할 수 있다.

그런데 이와 같은 주관적 하자는 주식회사설립의 하자로 이어지지 않는다. 주식회사는 자본금을 기초로 한 물적회사이므로 발기인의 자본충실책임을 묻는 방식으로 문제를 해결할 수 있다.

3) 배 정

발기인이 주식인수의 청약에 대하여 배정을 한다(제303조). 회사설립시 주식배정에 있어서는 신주발행시와는 달리 회사를 설립할 때에는 아직 누구도 주주의 지위를 취득한 것이 아니므로 주주평등의 원칙이 적용되지 않는다. 따라서 발기인은 주식청약자의 자산정도를 고려하여 자유롭게 배정할 수 있고, 이를 **배정자유의 원칙**이라고 한다.

청약에 대한 배정으로 주식인수가 이루어지고, 인수를 받은 자는 **주식인수인**이 되며, 이러한 주식인수인의 법적 지위를 **권리주**(權利株)라 칭한다. 권리주의 양도는 금지된다(제319조). 주식인수인은 발기인으로부터 배정받은 주식의 수에 따라서 납입의무를 부담한다(제303조).

Ⅲ. 자본금확정절차(출자의 이행)

1. 발기설립

(1) 금전출자

발기인이 회사의 설립시에 발행하는 주식의 총수를 인수한 때에는 지체 없이 각 주식에 대하여 그 인수가액의 전액을 납입하여야 한다(제295조 제1항). 이를 **전액납입주의**라 한다. 발기인은 납입을 맡을 은행 기타 금융기관과 납입장소를 지정하여야 한다(제295조 제1항). 이때 은행이나 그 밖의 금융기관은 발기인 또는 이사의 청구를 받으면 그 보관금액에 관하여 증명서를 발급하여야 하고(제318조 제1항), 증명한 보관금액에 대하여는 책임을 진다(제318조 제2항). 다만 자본금 총액이 10억원 미만인 소규모 회사를 발기설립하는 경우에는 **그 증명서**를 은행이나 그 밖의 금융기관의 잔고증명서로 대체할 수 있다(제318조 제3항).

발기인이 출자의 이행을 하지 않는 경우, 모집설립에서의 실권절차(제307조)는 인정되지 않고 채무불이행의 일반원칙에 따라 그 이행을 강제하든지 또는 회사가 불성립한다.

(2) 현물출자

1) 필요 서류의 완비 · 교부

현물출자를 하는 발기인은 그 재산의 유형에 적합한 권리이전에 필요한 요건을 갖추어야 한다. 동산은 인도, 부동산은 등기가 그것이다. 현물출자된 재산은 설립중 회사의 소유가 되고, 회사가 성립하면 특별한 이전절차 없이 당연히 회사의 재산이 된다. 현물출자를 하는 발기인은 납입기일에 지체 없이 출자의 목적인 재산을 인도하고 등기, 등록 기타 권리의 설정 또는 이전을 요할 경우에는 이에 관한 서류를 완비하여 교부하여야 한다(제295조 제2항).

2) 불이행에 대한 조치

발기인이 현물출자를 이행하지 않으면 민법의 일반원칙에 의하여 이행을 강제하든지 회사불성립의 결과가 된다.

2. 모집설립

(1) 금전출자

1) 전액납입주의

모집설립의 경우도 발기설립과 같이 전액납입주의를 취하고 있다. 주금액의 납입은 분할납입이 인정되지 않고 반드시 전액을 납입하여야 하며(제295조 제1항, 제305조 제1항), 나아가 주식인수인의 주금납입의무는 다른 주식인수인 전원의 동의가 있다 하더라도 면제할 수 없다. 자본충실의 원칙이 반영된 것이다. 그런데 주식인수인이 회사에 대한 반대채권으로서 이를 상계하지 못한다[31]는 규정은 삭제되어, 그 상계가 가능하게 되었다. 따라서 소위 **출자전환 등의 방법을 통한 출자가 가능하게 되었다.** 이에 대하여 설립되지 않은 회사에 대한 채권이 존재할 수 없으므로 구상법 제334조는 설립단계에서는 의미가 없어 삭제된 것으로 보아야 한다는 견해가 있다.[32] 그러나 발기인이 그 권한범위 이내에서 설립중회사의 명의로 하는 거래는 성립후 회사에 귀속하므로 채권채무 관계가 발생할 수 있고 상계가 가능하다. 다만 신주발생시 상계에 관한 규정 제421조 제1항의 해석을 유추적용하

---

31) 2011년 개정되기 이전의 구법 제334조.
32) 김건식 · 노혁준 · 천경훈, 106면.

여 회사의 동의가 있는 경우 상계할 수 있다고 해석하는 것이 옳다.

기타 납입금보관자나 납입금보관증명 등은 발기설립과 동일하다. 납입을 맡을 은행 기타 금융기관과 납입장소를 지정하여야 한다(제295조 제1항). 이때 은행이나 그 밖의 금융기관은 증명한 보관금액에 대하여는 책임을 진다(제318조 제2항). 다만 발기설립은 소규모회사에 대한 특칙이 있음에 반하여(제318조 제3항), 모집설립은 이 특칙이 없다.

2) 납입해태시의 조치

모집설립은 실권절차가 마련되어 있다. 발기설립에서는 출자의무 불이행시 상법 규정이 없어 민법상의 일반원칙에 의하지만, 모집설립의 경우에는 출자불이행의 경우 특칙으로서 실권절차(제307조)가 규정되어 있다. **실권절차**란 납입을 불이행하는 자에 대하여 발기인이 일정한 기일을 정하여 그때까지 납입할 것을 최고하고 그 기일까지도 납입하지 않으면 별도의 의사표시가 없더라도 인수인의 권리를 상실시키는 절차를 말한다. 주식인수인이 납입을 하지 아니한 때에는 발기인은 일정한 기일을 정하여 그 기일 내에 납입을 하지 아니하면 권리를 잃는다는 뜻을 기일의 2주간 전에 그 주식인수인에게 통지하여야 하고(제307조 제1항), 이 통지를 받은 주식인수인이 그 기일 내에 납입의 이행을 하지 아니한 때에는 주식인수인으로서의 권리를 잃는다. 이 경우 발기인은 다시 그 주식에 대한 주주를 모집할 수 있다(제307조 제2항). 한편 발기인은 실권한 주식인수인에 대하여 손해배상을 청구할 수도 있다(제307조 제3항).

주식인수인의 권리는 이러한 실권절차에 의하여서만 상실되는 것이지, 납입하지 않았다는 이유만으로 그 권리가 상실되는 것이 아니다. 이는 신주발행의 경우와 다른 점이다.

(2) 현물출자

발기인만이 아니라 **모집된 주식인수인도 현물출자를 할 수 있다**(구상법 제294조 삭제). 현물출자의 방법과 그 불이행시의 조치는 발기설립의 경우와 동일하다.

Ⅳ. 기관의 구성(이사·감사의 선임)

1. 발기설립

발기설립의 경우에는 의결권의 과반수로써 한다(제296조 제1항). 그리고 이때 발기인의 의결권은 두수주의(頭數主義)가 아니라 **1주당 1의결권**으로 정하고 있다(제296조 제2항). 발기인 전원의 동의가 아니라 과반수로 정하는 것은 발기인으로서의 업무집행을 하는 것이 아니라 출자자로서의 지분권을 행사하여 기관을 선임하는 것이기 때문이다.

2. 모집설립

모집설립의 경우에는 자본금확정의 절차가 완료된 뒤 주식인수인으로 구성되는 창립총회에서 이사와 감사를 선임한다(제312조). 창립총회는 회사성립 이후의 주주총회와 같은 것이고 따라서 제308조 제2항에서는 주주총회에 관한 대부분의 규정을 준용한다. 다만 주주총회의 보통결의에 관한 제368조 제1항과 특별결의에 관한 제434조는 준용하지 않으면서, 결의요건을 출석한 주식인수인 의결권의 3분의 2 이상과 인수된 주식총수의 과반수라고 정하여(제309조), 주주총회의 특별결의요건보다 가중하고 있다. 이는 회사의 조직이 아직 완비되지 않은 상황에서 결정에 신중을 기하라는 취지이다.

V. 설립경과에 대한 조사감독

설립경과에 대한 조사감독은 발기설립과 모집설립이 상당히 유사하다. 설립경과에 대하여는 원칙적으로 이사와 감사가 조사하고 예외적으로 변태설립사항은 법원이 선임한 검사인이 하는 점은 동일하다. 그 차이점을 요약하면, ① 이사와 감사의 조사보고의 대상이 발기설립에서는 발기인, 모집설립에서는 창립총회이고, ② 변태설립사항을 조사하기 위하여 하는 법원에 대한 검사인의 선임청구는 발기설립에서는 이사, 모집설립에서는 발기인이고, ③ 변태설립사항이 부당한 때의 변경은 발기설립에서는 법원, 모집설립에서는 창립총회가 한다는 점이다. 주의할 것은 **이사가 회사의 설립절차에 있어 조사감독을 하는 것이 중요한 임무**라는 점이다.

1. 이사와 감사의 조사보고

(1) 발기설립

이사와 감사는 취임후 지체 없이 회사의 설립에 관한 모든 사항이 법령 또는 정관의 규정에 위반되는지 여부를 조사하여 발기인에게 보고하여야 한다(제298조 제1항). 이사와 감사중 발기인이었던 자・현물출자자 또는 회사성립 후 양수할 재산의 계약당사자인 자는 제1항의 조사・보고에 참가하지 못한다(제298조 제2항). 이사와 감사의 전원이 이에 해당하는 때에는 이사는 공증인으로 하여금 조사・보고를 하게 하여야 한다(제298조 제3항).

(2) 모집설립

이사와 감사의 보고대상이 발기인이 아니라 창립총회인 점을 제외하면 발기설립과 동일하다(제313조).

2. 법원에 의한 조사

(1) 발기설립

변태설립에 관한 사항은 원칙적으로 법원이 선임한 검사인의 조사를 받아야 하는데, 이때 그 법원에 대하여 검사인의 선임을 청구하는 자는 이사이다(제298조 제4항). 예외적으로 법원의 관여를 피할 수 있는데, 발기인이 받을 특별이익(제290조 제1호)과 회사가 부담할 설립비용 및 발기인이 받을 보수액(제290조 제4호)에 관하여는 공증인의 조사보고로, 현물출자(제290조 제2호)와 재산인수(제290조 제3호) 및 현물출자의 이행(제295조 제2항)에 관하여는 공인된 감정인의 감정으로, 법원이 선임한 검사인의 조사에 갈음할 수 있다(제299조의2, 제298조 제4항 단서). 그리고 2011년 개정으로 발기설립의 설립절차가 보다 간편하게 되었다. ① 현물출자나 재산인수의 경우 그 재산의 가액이 작거나(재산총액이 자본금의 5분의 1을 초과하지 아니하는 경우), ② 거래소의 시세가 있는 유가증권인 경우에는 감정을 할 필요도 없도록 한다(제299조 제2항 제1호와 제2호).

검사인은 조사보고서를 작성하여 이를 법원에 제출하고(제299조 제1항), 그 등본을 발기인에게 교부하여야 한다(제299조 제3항). 변태설립사항 및 현물출자의 이행에 관한 사항을 검사인에 갈음하여 공증인이 조사하거나 또는 공인된 감정인이 감정하는 경우, 이러한 공증인 또는 감정인은 조사 또는 감정결과를 법원에 보고하여야 한다(제299조의2 2문).

(2) 모집설립

발기설립과 동일하나, 다른 점은 (i) 법원에 대하여 검사인의 선임을 청구하는 자가 발기인이고(제310조 제1항), (ii) 검사인은 변태설립사항을 조사한 후 보고서를 작성하여 창립총회에 제출하며(제310조 제2항), (iii) 변태설립사항 및 현물출자의 이행에 관한 사항을 검사인에 갈음하여 공증인이 조사하거나 또는 공인된 감정인이 감정하는 경우 그 조사 또는 감정결과를 창립총회에 보고하여야 한다(제310조 제3항). 그리고 (iv) 발기설립에 한하여 적용되는 규정으로써 현물출자나 재산인수의 경우 그 재산의 가액이 작거나, 거래소의 시세가 있는 유가증권인 경우에는 감정을 할 필요도 없도록 하는 예외는, 모집설립에는 적용되지 않는다(제299조 제2항 제1호와 제2호).

3. 변태설립사항의 변경

(1) 발기설립

법원은 검사인 또는 공증인의 조사보고서 또는 감정인의 감정결과와 발기인의 설명서를 심사하여 부당하다고 인정한 때에는 이를 변경하여 각 발기인에게 통고할 수 있다(제

300조 제1항). 그 변경에 불복하는 발기인은 주식의 인수를 취소할 수 있고, 이 경우 법원은 정관을 변경하여 설립에 관한 절차를 속행할 수 있다(제300조 제2항). 법원의 통고가 있은 후 2주 내에 주식의 인수를 취소한 발기인이 없는 때에는 정관은 통고에 따라서 변경된 것으로 본다(제300조 제3항).

(2) 모집설립

그 변경의 주체가 법원이 아니라 창립총회라는 점 이외에는 발기설립과 동일하다(제314조).

Ⅵ. 설립등기

1. 설립등기의 의의와 시기

마지막의 순서로 발기인은 설립등기를 하여야 한다. 주식회사의 설립등기는 발기설립의 경우 이사·감사의 조사보고가 종료한 날, 변태설립사항이 있는 경우 검사인의 조사와 보고 후 또는 법원의 변태설립사항의 변경처분 후 2주간 내에, 모집설립의 경우 창립총회가 종결한 날 또는 창립총회에 의한 변태설립사항 변경 후 2주간 내에 이를 하여야 한다(제317조 제1항).

2. 설립등기의 효력

(1) 본질적 효력

설립등기의 효력은 회사의 권리능력을 창설하는 창설적 효력이 있다. 설립등기에 의하여 설립중 회사가 법인격을 취득하여 회사로 성립한다(제172조). 주식인수인은 주주가 되며, 권리주는 주식이 된다.

(2) 부수적 효력

부수적으로 설립절차 중에 존재하던 하자를 설립등기 이후에 주장하지 못하도록 하는 보완적 효력도 인정된다. ① 주식인수인이 주식청약서의 요건의 흠결을 이유로 하여 그 인수의 무효를 주장하거나 착오 또는 사기, 강박을 이유로 하여 그 인수를 취소하지 못한다(제320조 제1항). 또한 ② 권리주양도의 제한이 해제되고(제319조), ③ 회사는 상호권을 취득한다. ④ 설립등기에 의하여 발기인은 자본충실책임을 부담하며(제321조), ⑤ 회사는 주권을 발행할 수 있다(제355조 제2항).

Ⅶ. 주식회사 설립의 하자

1. 원   인

상법에서는 설립무효의 원인에 대하여 규정하고 있지 않으나, 주식회사 설립에 있어서는 인적회사와는 달리 설립취소나 주관적 무효원인이 인정되지 않고 다만 **객관적 하자만이 문제**된다고 본다(통설). 따라서 특정 사원의 설립행위가 제한행위능력이나 의사표시의 하자로 취소되는 경우 주식회사에서는 설립무효의 소가 인정되지 않는다. 정관의 절대적 기재사항의 흠결, 강행법규 위반, 주식회사 본질에 반하는 객관적 하자 등만이 설립무효사유가 된다.

2. 설립무효의 소

주식회사의 설립에 하자가 있는 경우 주주와 이사 그리고 감사에 한하여 회사성립의 날로부터 2년 이내에 설립무효의 소만으로써 그 무효를 다툴 수 있다(제328조 제1항). 설립무효는 소만으로써 주장할 수 있는 형성의 소이며, 2년이라는 기간은 제척기간이다. 원고가 승소하는 경우 대세적 효력이 있어 제3자도 그 무효를 다투지 못하며, 판결의 효력이 소급하지 않기 때문에 설립이 무효이더라도 기존의 당사자들의 권리의무에 영향을 미치지 못한다(제328조 제2항, 제190조). 그러나 원고가 패소하는 경우라면 이러한 효과가 없다. 또한 패소한 원고에게 손해배상책임을 물을 수 있도록 하여 남소를 방지한다(제328조 제2항, 제191조).

제 3 절 설립에 관한 책임

Ⅰ. 발기인의 책임

발기인의 책임은 회사가 성립한 경우와 성립하지 않은 경우로 나뉜다. 회사가 성립한 경우는 다시 회사에 대한 책임과 제3자에 대한 책임으로 구분되고, 회사에 대한 책임은 다시 자본충실책임과 손해배상책임으로 나뉜다.

1. 회사성립의 경우

(1) 자본충실책임

발기인은 회사에 대한 자본충실의 책임으로서 회사의 설립시에 발행하는 주식에 대하여 인수담보책임과 납입담보책임을 진다. 설립의 무효를 방지하여 기업의 영속성을 유지하고 이해관계자의 신뢰를 보호하고자 둔 제도이다. 자본충실책임은 상법이 인정하는 특수한 책임으로서 무과실책임이고 총주주의 동의로도 면제하지 못한다. 자본충실책임은 인수담보책임과 납입담보책임으로 나뉜다.

1) 인수담보책임
① 의 의

발기인은 회사설립시에 발행하는 주식으로서 회사성립 후에 아직 인수되지 아니한 주식이 있거나, 주식인수의 청약이 취소된 때에는 이를 **공동으로 인수한 것으로 본다**(제321조 제1항). 발기인들은 주식의 공동인수인이 되는데 주금액의 납입 역시 발기인들이 연대하여 납입할 책임을 진다(제333조 제1항). 이런 점에서 인수담보책임은 "인수 및 납입담보책임"이라 할 수 있다.

② 인수되지 아니한 주식

상법의 특칙에 의하여 비진의표시(제302조 제3항) 또는 회사성립 이후에는 주식청약서의 요건흠결을 이유로 주식인수의 무효를 주장할 수 없으므로(제320조 제1항) 이 경우에는 발기인의 인수담보책임이 발생할 여지가 없다. 따라서 "인수되지 아니한 주식"의 예로는 주식인수인의 의사무능력, 허위표시, 무권대리 등에 의하여 주식인수가 무효로 된 경우 등이다.

③ 주식인수의 청약이 취소된 경우

"주식인수의 청약이 취소된 경우"란 주식인수인의 제한행위능력이나 사해행위를 이유로 주식인수인 또는 그의 채권자가 주식인수를 취소한 경우를 의미한다. 그러나 상법의 특칙에 의하여 회사성립 이후에는 주식인수인이 착오, 사기, 강박을 이유로 하여 주식인수를 취소할 수 없으므로(제320조 제1항), 이 경우에는 발기인의 인수담보책임이 발생할 여지가 없다.

④ 내 용

발기인은 공동으로 인수한 것으로 보게 되므로 **발기인 전원을 공동인수인으로 의제하고, 발기인 전원은 인수된 주식에 대하여 공유관계가 성립**하게 되며, 발기인 전원은 연대하여 주금액을 납입할 책임을 부담한다(제333조 제1항). 공유관계에 관한 상법 제333조의 규정이 적용된다.

2) 납입담보책임

① 의 의

회사가 성립한 후에 아직 납입을 완료하지 아니한 주식이 있는 때에는 발기인은 연대하여 그 납입을 하여야 한다(제321조 제2항). 이것이 발기인의 납입담보책임이다.

② 내 용

발기인이 연대납입의무를 부담하긴 하나 발기인과 주식인수인의 책임은 부진정연대채무관계에 있게 된다. 이때 주주가 되는 자는 발기인이 아니라, 그 주식에 대한 **주식인수인이 주주가 된다**. 인수담보책임의 경우 발기인이 주주가 되지만, 납입담보책임의 경우 주식인수인이 따로 있기 때문에 설사 발기인이 제321조 제2항에 의하여 주금을 납입하더라도 주주가 되는 것이 아니다. 따라서 발기인이 납입을 하면 주식인수인에 대하여 구상권을 행사할 수 있음은 당연하고(민법 제481조), 다른 발기인에 대하여도 그의 부담부분에 대하여 구상권을 행사할 수 있다.

3) 현물출자의 경우

현물출자의 경우에도 자본충실책임이 발생하는가에 대하여는 견해가 나뉜다. 대체불가능한 현물출자 또는 회사의 사업수행에 불가결한 것이면 설립무효사유가 되고 그렇지 않으면 발기인에게 자본충실책임을 물을 수 있다는 견해,[33] 현물출자도 대체가능한 경우가 있고 또 대체불가능한 경우에도 금전으로 납입담보책임을 지워 사업을 하는 것이 바람직하다는 견해[34] 등이 있으나, 상법 제321조의 법문이 '납입'과 '이행'을 구별하고 있고 또 현물출자가 개성이 강한 것이므로 타인이 대체 이행하는 것이 곤란하다는 근거에서 책임을 부정하는 것이 옳다.[35]

4) 자본금흠결이 큰 경우

자본금흠결의 정도가 근소한 경우에는 발기인에게 자본충실책임을 물을 수 있다는 점에는 이견이 없다. 그러나 그 흠결이 중대한 경우에 대하여는 견해가 나뉜다. 발기인의 자본충실책임은 채권자의 보호를 주된 목적으로 하는 것이지 설립무효의 구제와는 관계가 없다는 견해로서 그 흠결이 큰 경우에도 자본충실책임을 물을 수 있다는 견해[36]가 있으나, **자본금의 흠결이 큰 경우는 설립이 무효가 되고 자본충실책임이 발생하지 않는다**는 것이 통설이다. 발기인의 자본충실책임은 보충적이고 부수적인 것이어서 인수 또는 납입이 없는 주식의 수가 큰 경우에는 회사설립의 무효원인이 되는 것이고 발기인의 자본충실책임에 해당하지 않는다.

---

33) 이철송, 260면.
34) 권기범, 387면.
35) 정찬형, 664면; 최기원, 209면.
36) 권기범, 388면.

5) 책임의 추궁

대표이사의 이행청구, 소수주주의 대표소송(제324조, 제403조 내지 제406조) 등이 있다. 또한 자본충실의 책임은 손해배상청구에 영향을 미치지 않는다(제321조 제3항).

(2) 손해배상책임

1) 회사에 대한 손해배상책임

① 의 의

발기인이 회사의 설립에 관하여 임무를 해태한 때에는 그 발기인은 회사에 대하여 연대하여 손해를 배상할 책임을 진다(제322조 제1항).[37] 손해배상책임은 자본충실책임과는 달리 총주주의 동의에 의하여 면제할 수 있다(제324조, 제400조 제1항).

② 성 질

이 책임은 과실책임이며 발기인의 범위도 과실있는 발기인으로 한정된다. 이는 회사와 계약관계가 없으므로 채무불이행책임이 아니며 불법행위책임도 아니다. 이 책임은 상법이 인정하는 특수한 손해배상책임이다.

2) 제3자에 대한 손해배상책임

① 의 의

발기인이 악의 또는 중대한 과실로 인하여 그 임무를 해태한 때에는 그 발기인은 제3자에 대하여도 직접 연대하여 손해를 배상할 책임을 진다(제322조 제2항). 주의할 점은 주관적 요건이 **"악의 또는 중대한 과실"**로 한정되어 있다는 점이다.[38] 이는 제3자에 대한 불법행위가 없음에도 불구하고 제3자를 보호하기 위한 책임이므로 발기인을 보호하기 위하여 경과실을 배제하였다. 또한 여기서의 **"임무"는 제3자에 대한 임무가 아니라 회사에 대한 임무**라는 점도 주의하여야 한다.

② 법적 성질

불법행위책임의 일종으로 보는 견해도 있으나, 상법이 인정하는 특수한 손해배상책임으로 본다(통설). 따라서 발기인의 행위가 제3자에 대하여 불법행위를 구성하면 청구권경합이 발생한다.

③ 제3자의 범위

여기서 제3자의 범위에는 주주 또는 주식인수인을 포함한다고 본다(통설). 하지만 이

---

37) 예컨대 판례에 의하면 가장납입을 유효로 보는데 이 경우 발기인이 일시차입금으로 주금액을 위장납입하고 회사의 성립 직후 이를 인출하였다면 발기인은 회사에 대하여 이로 인한 손해를 배상하여야 한다고 보게 된다.
38) 이에 대응하는 것으로 볼 수 있는 상법 제401조의 이사의 제3자에 대한 책임에서는 이사가 "故意" 또는 중대한 과실로 그 임무를 게을리한 때에는 그 이사는 제3자에 대하여 연대하여 손해를 배상할 책임이 있다고 규정한다. 2011년 개정으로 제401조의 주관적 요건은 惡意에서 故意로 개정되었으나, 제322조는 그대로 두고 있다.

경우 주주 또는 주식인수인의 간접손해는 제외된다. **간접손해**는 회사가 손해를 입은 결과 주주가 보유하는 주식의 재산적 가치가 감소되었다는 의미의 손해로서, 회사의 손해를 주주의 관점에서 해석한 것이다. 이사의 손해배상책임에서 상세히 다룬다.

2. 회사 불성립시의 책임

(1) 의 의

회사가 성립하지 못한 경우 발기인은 그 설립에 관한 행위에 대하여 연대하여 책임을 진다(제326조 제1항). 또한 회사의 설립에 관하여 지급한 비용은 발기인이 부담한다(제326조 제2항). 회사의 불성립이란 회사설립절차에 착수하였으나 설립등기에 이르지 못한 경우이다. 따라서 일단 설립등기가 된 이후 회사가 해산되거나 또는 설립무효판결을 받은 경우는 불성립이 아니다. 이 경우 발기인은 회사성립의 경우인 제321조, 제322조에 의한 책임을 진다.

(2) 성 질

회사가 성립하지 못한 경우 발기인에게 이러한 책임을 지우는 것은 설립중의 회사와 거래를 하는 등의 외부의 채권자를 보호할 필요가 있음에도 불구하고 발기인 이외에는 책임의 귀속주체가 없기 때문이다. 예컨대 주식인수인에 대하여 그 청약증거금을 반환할 의무를 부담하는 주체가 없으므로 발기인이 이에 대한 책임을 부담한다는 것이다. 이 책임은 상법이 인정한 특수한 책임이고 무과실책임이며 연대책임이다.

3. 유사발기인의 책임

(1) 의 의

"주식청약서 기타 주식모집에 관한 서면에 성명과 회사의 설립에 찬조하는 뜻을 기재할 것을 승낙한 자"를 유사발기인이라 하고 이들은 발기인과 동일한 책임이 있다(제327조). 발기인의 개념을 형식적으로 파악하므로, **유사발기인도 그 개념을 형식적으로 파악하여 회사의 설립에 찬조하는 뜻을 기재할 것을 승낙한 자**로 정하고 있다. 따라서 일반적인 외관법리와는 달리 **상대방의 선의 또는 발기인으로 오인하는 것이 요건이 아니다.**

(2) 내 용

유사발기인이 발기인과 동일한 책임을 진다고 규정하고 있으나 발기인과 같이 회사설립에 관한 임무를 수행하지는 않으므로 이를 전제로 한 발기인의 책임은 제한된다. 즉 유사발기인은 회사설립에 관한 임무를 부담하지 않기 때문에 그 임무해태를 전제로 한 책임

(제315조, 제322조)은 부담하지 않는다. 따라서 유사발기인이 부담하는 책임은 회사가 성립한 경우의 자본충실의 책임(제321조), 회사가 불성립한 경우의 납입된 주금의 반환의무 및 설립비용(제326조)에 관한 책임이 된다.

Ⅱ. 기타 설립관여자의 책임

발기인 이외에 회사의 설립에 관여하는 자들의 책임이다.

1. 이사와 감사의 책임

이사 또는 감사는 설립절차에 대한 조사와 보고의무를 부담하므로 그 임무를 해태한 경우 회사 또는 제3자에게 손해배상책임을 진다(제323조). 이사와 감사의 제3자에 대한 책임 발생요건에 대하여는 명문규정이 없으나, 발기인의 제3자에 대한 책임에 준하여 악의 또는 중대한 과실이 있는 경우에 한한다고 본다(통설).

2. 검사인의 책임

회사와의 사이에 계약관계가 없으나 정책적으로 책임을 인정한다(제325조). 그런데 검사인의 책임은 발기인의 책임과는 달리 회사에 대한 책임의 경우에도 악의 또는 중과실이 있는 경우에만 발생한다. 그 법적 성격은 상법이 인정하는 특수한 법정책임이라 하겠다.

3. 공증인과 감정인의 책임

상법상 규정은 없으나 변태설립사항을 조사하는 공증인과 감정인에 대하여 제323조를 유추적용하여 배상책임을 인정하는 것이 통설이다.

제 4 절   가장납입

Ⅰ. 의   의

가장납입이라 함은 회사설립시에 발행하는 주식총수가 인수된 경우에 그 납입의무를 부담하는 주식인수인이나, 회사설립 후에 발행하는 신주를 배정받아 그 주식의 납입의무를 부담하는 신주인수권자가 주식인수가액을 형식적으로는 납입한 것처럼 보이지만 실질적으로는 그 납입금이 회사의 자본으로서 회사재산을 구성하고 있지 않은 행위이다. 주주는 그가 소유하는 주식의 인수가액에 대해서만 납입할 의무를 부담할 뿐(제331조)이기 때문에, 회사의 채권자에 대한 책임재산은 회사의 재산으로 한정되어 있다. 이러한 점에서 회사재산의 실체가 없는 가장납입은 채권자에게 손해를 끼칠 우려가 있다.

1. 통모가장납입

통모가장납입이라 함은 발기인 또는 이사 등이 납입금보관은행과 통모하여 주금의 납입 없이 은행이 납입금보관증명을 발급하여 발기인이 이를 가지고 설립등기를 하는 경우이다. 상법은 이러한 경우를 방지하고자 납입취급기관을 은행 기타 금융기관에 한정하고 (제302조 제2항 제9호), 이 은행 기타 금융기관으로 하여금 납입금보관증명을 시키고(제318조 제1항), 이 은행 기타 금융기관은 그 증명한 금액에 관하여는 반환에 관한 제한이 있다는 것을 주장하며 회사에 대항하지 못하게 한다는(제318조 제2항) 규정을 둔다. 따라서 금융기관의 위험부담이 매우 크므로 현실로 행해지기 어렵다.

2. 위장납입

위장납입이라 함은 발기인이 납입금보관은행 이외의 제3자로부터 금전을 차입하여 이 차입금으로 주식납입금에 충당하고 회사성립 후 납입금보관은행 등에서 납입금을 인출하여 그 차입금을 변제하는 방법으로 주금납입을 가장하는 것을 말한다. 위장납입은 발기인과 납입금보관은행이 그 가장납입에 대해서 통모가 없음에 반하여 통모가장납입의 경우 발기인과 납입금보관은행의 임직원간에 통모가 존재하고 있다는 점에서 차이가 있다. 과거 가장납입은 주로 이에 관한 것이었고, 아래의 논의도 위장납입에 관한 것이다.

3. 상법의 개정 관련

개정법에서는 회사설립에서 **최저자본제를 폐지하였기 때문에, 굳이 일시적인 차입금을 가지고 납입을 위장하여야 할 필요성이 없어졌다.** 따라서 향후에는 이에 관한 논의의 실익이 적을 것이다.

Ⅱ. 주금납입으로서의 효력

여기서는 주로 후자인 위장납입의 문제에 대하여 다룬다. ① **납입무효설**로서, 설립등기 후 즉시 주금액이 인출된 이상 실질적인 자본이 없다는 점, 위장납입은 자본충실을 위하여 법정된 상법상의 강행법규에 대한 탈법행위라는 점, 출자없는 주주권을 유지할 수 있게 하는 점 등을 근거로 납입으로서의 효력이 없다고 보는 견해이며, 통설이다. ② **납입유효설**

로서 자금의 이동이 현실적으로 있었다는 점, 회사는 주주에 대하여 납입금의 상환을 청구할 수 있는 점, 회사는 발기인에 대하여 손해배상책임을 추궁할 수 있는 점 등을 근거로 유효라고 본다. ③ **판례는 납입유효설**의 입장을 확고하게 취한다.[39] 주식회사를 설립하면서 일시적인 차입금으로 주금납입의 외형을 갖추고 회사설립절차를 마친 다음 바로 그 납입금을 인출하여 차입금을 변제하는 가장납입의 경우에도 주금납입의 효력을 부인할 수 없고 주식인수인이나 주주의 주금납입의무도 종결되었다고 본다. 따라서 주금을 납입하기 전에 명의대여자 및 명의차용자 모두에게 **주금납입의 연대책임을 부과하는 제332조 제2항은 가장납입의 경우 적용되지 않는다**고 본다. 왜냐하면 이미 주금납입의 효력이 발생하였다고 보기 때문이다.[40] 그리고 가장납입한 원래의 주주들이 회사의 주주가 되는 것이며 그들이 회사가 청구한 주금 상당액을 납입하지 않았다고 하더라도 주주의 지위를 상실하는 것이 아니어서, 상당 기간이 지난 후 주주임을 주장하였다 하더라도 신의성실의 원칙에 반하는 것이 아니라고 본다.

Ⅲ. 발기인의 책임

1. 자본충실책임

① **납입유효설**에 의하면 위장납입된 부분도 납입이 완료된 것이므로 회사가 발기인에게 자본충실책임을 물을 수 없다. ② **납입무효설**에 의하면 납입이 흠결되어 무효이므로, 발기인이 납입담보책임을 부담할 소지가 있다. 그런데 위장납입을 하는 경우 자본금의 대부분이 흠결된 경우가 될 것이고, 그 흠결이 너무 큰 경우에는 자본충실책임을 부담하는 것이 아니라 설립이 무효가 된다는 견해에서 보면 자본충실책임이 발생하지 않게 된다. 결과적으로 **어느 견해를 취하든지 발기인은 자본충실책임을 부담하지 않는다.**

2. 손해배상

납입무효설과 납입유효설 중 어느 학설을 취하는 경우에도 **발기인의 회사 또는 제3자에 대한 손해배상책임을 인정**한다(제322조). 또한 판례에 의하면 발기인은 상법상 발기인

---

39) 대법원 1985.1.29. 선고 84다카1823,1824 판결; 대법원 1994.3.28. 자 93마1916 결정; 대법원 1998.12.23. 선고 97다20649 판결(주식회사를 설립하면서 일시적인 차입금으로 주금납입의 외형을 갖추고 회사설립절차를 마친 다음 바로 그 납입금을 인출하여 차입금을 변제하는 이른바 가장납입의 경우에도 주금납입의 효력을 부인할 수는 없고, 회사설립 당시 원래 주주들이 주식인수인으로서 주식을 인수하고 가장납입의 형태로 주금을 납입한 이상 그들은 바로 회사의 주주이고, 그 후 그들이 회사가 청구한 주금상당액을 납입하지 아니하였다고 하더라도 이는 회사 또는 대표이사에 대한 채무불이행에 불과할 뿐 그러한 사유만으로 주주로서의 지위를 상실하게 된다고는 할 수 없으며, 또한 주식인수인들이 회사가 정한 납입일까지 주금상당액을 납입하지 아니한 채 그로부터 상당기간이 지난 후 비로소 회사의 주주임을 주장하였다고 하여 신의성실의 원칙에 반한다고도 할 수 없다).

40) 대법원 2004.3.26. 선고 2002다29138 판결.

으로서의 손해배상책임뿐 아니라 회사의 소유재산인 주식인수납입금을 함부로 인출하여 회사에 손해를 입힌 공동불법행위자로서 민법상 불법행위에 기한 손해배상책임(민법 제760조)도 진다.

3. 체당납입 주금의 상환의무

판례는 납입유효설을 취하면서 "주금납입의 절차가 완료된 후에 회사는 주주에 대하여 체당납입한 주금의 상환을 청구할 수 있는"이라고 하고 있어,[41] 발기인도 그 주금액을 상환할 의무를 부담한다.

4. 형사책임

발기인은 그 밖에도 상법상 특별배임죄(제622조), 납입가장죄(제628조) 등의 형사책임을 부담할 수 있다.

그런데 납입가장죄는 납입이 없었음을 전제로 하고, 횡령죄는 반대로 납입이 있었음을 전제로 하기 때문에 동시에 인정되는 것은 모순이다. 판례는 과거 업무상횡령죄를 인정하기도 하였으나, 전원합의체 판결로 그 입장을 바꾸어 현재는 **납입가장죄를 인정하고 횡령죄는 인정하지 않는다.**[42] 실질적으로 위장납입은 회사의 자본금을 증가시키는 것이 아니고 등기를 위하여 납입을 가장하는 편법에 불과하여 주금의 납입 및 인출의 전과정에서 회사의 자본금에는 실제 아무런 변동이 없다고 하면서 따라서 불법영득의 의사가 없고, 이러한 관점에서 상법상 납입가장죄의 성립을 인정하는 이상 회사 자본금이 실질적으로 증가됨을 전제로 한 업무상횡령죄가 성립한다고 할 수는 없다는 것이다.[43] 그런데 판례가 가장납입의 효력에 대하여 유효설을 취하는 한, 그 **주금납입의 효력을 전제하는 횡령죄의 성립을 인정하는 것이 이론적으로 보다 일관성이 있다.** 다만, 횡령죄에 있어 불법영득의 의사를 전체적으로 파악하여야 한다는 입장에 충실할 때에는 가장납입의 경우 횡령죄가 별도로 성립한다는 것은 어색할 수 있다는 점에서는, 판례를 긍정적으로 평가할 수도 있다.

또한 납입가장죄는 주금납입의무가 있는 것을 전제로 하므로, 신주발행의 하자가 극히

41) 대법원 2004.3.26. 선고 2002다29138 판결.
42) 대법원 2004.6.17. 선고 2003도7645 전원합의체 판결; 대법원 2004.12.10. 선고 2003도3963 판결; 대법원 2006.9.22. 선고 2004도3314 판결; 대법원 2007.9.6. 선고 2005도1847 판결(비록 회사의 대표이사가 유상증자를 통한 신주발행을 함에 있어 납입을 가장하는 방법에 의하여 주금이 납입된 상태에서 자기 또는 제3자에게 신주를 발행해 주었고, 이후 그 주식인수인이 그 신주인수대금을 실제로 회사에 납부하지 아니하고 있다 하더라도 그로 인하여 회사에게 그 신주인수대금 상당의 자본이 감소하는 등의 재산상 손해가 발생한 것으로는 보기 어렵다고 할 것이므로, 그 행위가 업무상 배임죄에 해당한다고 할 수는 없다); 대법원 2009.6.25. 선고 2008도10096 판결; 대법원 2011.9.8. 선고 2011도7262 판결 등.
43) 대법원 2004.6.17. 선고 2003도7645 전원합의체 판결.

중대하여 **신주발행이 부존재**한 경우에 해당하면 신주인수인들의 주금납입의무도 발생하지 않으므로, 주금납입을 가장하였더라도 상법상 납입가장죄가 성립하지 않는다.[44] 신주발행 부존재의 개념은 상법에는 없으나 통설과 판례에 의하여 인정되고 있다.[45]

---

44) 대법원 2006.6.2. 선고 2006도48 판결(상법 제628조 제1항의 납입가장죄는 회사의 자본충실을 기하려는 법의 취지를 해치는 행위를 단속하려는 것인바, 회사가 신주를 발행하여 증자를 함에 있어서 신주발행의 절차적·실체적 하자가 극히 중대한 경우, 즉 신주발행의 실체가 존재한다고 할 수 없고 신주발행으로 인한 변경등기만이 있는 경우와 같이 신주발행의 외관만이 존재하는 소위 신주발행의 부존재라고 볼 수밖에 없는 경우에는 처음부터 신주발행의 효력이 없고 신주인수인들의 주금납입의무도 발생하지 않으며 증자로 인한 자본충실의 문제도 생기지 않는 것이어서 그 주금의 납입을 가장하였더라도 상법상의 납입가장죄가 성립하지 아니한다).
45) 신주발행의 부존재에 대하여는 제2편 제5장 자본금의 증감에서 다룬다.

제 3 장
주식과 주식양도

제1절 주 식

I. 주식의 의의

주식은 법률상 두 가지의 의미를 가진다. 하나는 자본금의 구성단위라는 의미이고, 다른 하나는 주주의 회사에 대한 지위인 주주권으로서의 의미이다. 주식은 인적회사의 지분과는 달리 지분복수주의를 취하고 있어 주주가 다수의 지분에 해당하는 주식을 보유할 수 있다.

1. 주주권으로서의 주식

주식은 주주로서의 권리를 나타내는 주주권으로서의 의미를 가진다. 주주권은 다시 자익권과 공익권으로 구분할 수 있다. **자익권**은 주주가 회사로부터 경제적 이익을 받는 권리이고, **공익권**은 자익권을 확보하기 위하여 지배나 경영에 관여하는 권리이다.

2. 자본금의 구성단위로서의 주식

(1) 의 의

주식은 자본금의 구성단위의 역할을 한다. 액면주식과 무액면주식에 따라 일부 상이한 점이 있다. 주식회사는 액면주식을 발행할 수도 있고, 또한 정관에서 정한 경우 주식의 전부를 무액면주식으로 발행할 수도 있다. 무액면주식을 발행하는 경우 액면주식을 발행할 수 없다(제329조 제1항).

① **액면주식**이란 1주의 금액이 정관과 주권에 표시되는 주식을 말하고, 주식의 액면가액은 균일하여야 하며(제329조 제2항) 100원 이상이어야 한다(제329조 제3항). 주식회사의 자본금은 액면주식의 경우 균등한 비례적 단위인 주식으로 분할되므로(제329조 제2항), 주식은 자본금의 구성단위가 된다. ② **무액면주식**은 1주의 금액이 정관 및 주권에 표시되지 않고, 주권에는 오직 주식의 수만 기재되는 주식을 말한다. 따라서 주주는 전체 발행주식에서 자신이 보유한 주식의 수만큼을 지분으로 가진다. 발행가는 언제든지 변할 수 있고 발

행가 중에서 일부만을 자본금에 계상하며 잔액은 자본준비금으로 계상하여야 한다(제451조 제2항). 무액면주식은 전체 자본금에 대한 비율로 구성단위가 된다.

(2) 주식의 불가분성

주식은 지분의 단위가 되므로 그 단위 미만으로는 더 이상 나눌 수가 없고 이를 불가 분성이라 한다. ① 액면주식의 경우 100원 미만(제329조 제3항)으로 다시 세분할 수 없다는 뜻이다. ② 또한 액면주식이든 무액면주식이든 1개의 주식은 주식분할절차에 의하지 아니 하는 한, 더 이상 분할되지 아니한다. 따라서 1미만의 소수점으로 존재하는 단주는 허용되 지 아니한다.[1] ③ 그 주식이 표창하는 권리를 분해하여 이를 별도로 타인에게 양도할 수 없다. 예를 들면 이익배당청구권과 의결권을 나누어 따로이 양도하는 등의 행위를 할 수 없다.

(3) 주식의 공유

주식불가분의 원칙상 1개의 주식을 분할하여 수인이 소유하는 것은 불가능하나, 주식을 수인이 공유할 수는 있다. 상법상의 공유에 관한 규정을 보면 ① 수인이 공동으로 주식을 인수한 때에는 연대하여 납입할 책임을 부담한다(제333조 제1항). ② 주식의 공유자는 주주 의 권리를 행사함에는 그 행사할 자 1인을 정하여야 하고(제333조 제2항), 이러한 자를 정 하지 않은 때에는 공유자에 대한 회사의 통지나 최고는 1인에 대하여 하면 된다(제333조 제3항). 자본시장법 제312조 제1항은 예탁된 주식의 실질주주가 예탁된 동종의 주식에 대 하여 공유지분을 가지는 것으로 추정한다.

(4) 주식평등의 원칙

1) 의 의

주식평등의 원칙은 주주는 회사에 대한 주주의 지위에 따른 법률관계에 있어서 원칙적 으로 그가 가진 주식의 수에 따라 평등한 대우를 받는 것을 말한다. 주주의 관점에서 보 아 **주주평등의 원칙**이라고도 불린다. 이 원칙의 인정근거는 다수결의 남용으로부터 소수 주주의 이익을 보호하는 역할을 한다는 것이다. 다만 **주주평등원칙은 회사를 구속하는 것 에 그치고 주주를 구속하는 것은 아니다.** 투자자가 신주를 인수하면서 회사와의 사이에 투하자본 회수나 주요 경영사항에 대한 통제 등에 관한 약정을 맺으면서 동시에 지배주주 또는 다른 주주와도 회사와 체결한 같은 계약을 체결하는 경우, 회사와의 계약이 주주평등 원칙에 위반하여 무효이더라도 지배주주와의 사이에 체결된 계약의 효력은 이와 무관하 다.[2]

---

1) 권기범, 420면.
2) 대법원 2023.7.13. 선고 2002다224986 판결(주주와 회사의 다른 주주 내지 이사 개인의 법률관계에는 주주평

상법은 이를 직접적으로 규정하지는 않으나 이익 등의 배당기준(제464조), 잔여재산의 분배기준(제538조 본문), 주주의 의결권의 기준(제369조 제1항), 그리고 신주인수권(제418조) 등의 규정을 근거로 하여 이 원칙을 인정한다.

2) 위반의 효과

① 과거 판례

과거 판례는 주주는 1주마다 1개의 의결권을 가진다고 하는 1주 1의결권의 원칙을 규정하는 제369조 제1항은 강행규정이므로 **법률에서 위 원칙에 대한 예외를 인정하는 경우를 제외하고,** 정관의 규정이나 주주총회의 결의 등으로 의결권을 제한하더라도 효력이 없다는 엄격한 입장을 취하고 있었다.[3] 즉 다른 주주들에게 인정되지 않는 우월한 권리를 일부 주주에게만 인정하는 경우 주주평등의 원칙에 위배된다는 것이었다. 이러한 취지에서 판례는 (i) 회사가 직원들을 유상증자에 참여시키면서 향후 퇴직하는 시점에 그 출자 손실금을 전액 보전해 주는 것은 주주평등의 원칙에 위배되어 무효라 한다.[4] 또한 (ii) 일부 주주인 피고들이 경영난에 빠진 원고의 주식을 액면가로 매수하고 또 별도의 돈을 대여하는 방법으로 원고의 운영자금을 조달해 주고 원고의 임원추천권을 가지기로 약정하였다가 임원추천권 대신 정기적으로 돈을 지급받기로 하였다면, 그 약정이 주주평등의 원칙에 위반되는지 여부가 문제된 사건에서, 피고들이 원고로부터 6억원의 운영자금을 조달해 준 대가를 전부 지급받으면 피고들은 원고의 채권자로서의 지위를 상실하고 40,000주의 주주로서의 지위만 가지게 되고, 그 이후에도 원고가 피고들에게 계속 지급금을 지급한다면 이는 회사인 원고가 다른 주주들에게 인정되지 않는 우월한 권리를 주주인 피고들에게 부여하는 것으로 주주평등의 원칙에 위반된다고 보아 주주평등의 원칙에 위반된다고 보았다.[5] (iii) 투자계약상 수익금 보장약정 등이 주주평등원칙을 위반하여 무효라고 한다.[6]

등의 원칙이 직접 적용되지 않는다. 주주는 회사와 계약을 체결하면서 다른 주주 내지 이사 개인과도 회사와 관련한 계약을 체결할 수 있고, 그 계약의 효력은 특별한 사정이 없는 한 주주와 회사가 체결한 계약의 효력과는 별개로 보아야 한다).

3) 대법원 2009.11.26. 선고 2009다51820 판결(상법 제409조 제2항·제3항은 '주주'가 일정 비율을 초과하여 소유하는 주식에 관하여 감사의 선임에 있어서 그 의결권을 제한하고 있고, 구 증권거래법 제191조의11은 '최대주주와 그 특수관계인 등'이 일정 비율을 초과하여 소유하는 주권상장법인의 주식에 관하여 감사의 선임 및 해임에 있어서 의결권을 제한하고 있을 뿐이므로, '최대주주가 아닌 주주와 그 특수관계인 등'에 대하여도 일정 비율을 초과하여 소유하는 주식에 관하여 감사의 선임 및 해임에 있어서 의결권을 제한하는 내용의 정관규정이나 주주총회결의 등은 무효이다).

4) 대법원 2007.6.28. 선고 2006다38161,38178 판결(회사가 직원들을 유상증자에 참여시키면서 **퇴직시 출자 손실금을 전액 보전해 주기로 약정한 경우,** 그러한 내용의 '손실보전합의 및 퇴직금 특례지급기준'은 유상증자에 참여하여 주주의 지위를 갖게 될 회사의 직원들에게 퇴직시 그 출자 손실금을 전액 보전해 주는 것을 내용으로 하고 있어서 회사가 주주에 대하여 **투하자본의 회수를 절대적으로 보장하는 셈이 되고 다른 주주들에게 인정되지 않는 우월한 권리를 부여하는 것으로서 주주평등의 원칙에 위반되어 무효**이다).

5) 대법원 2018.9.13. 선고 2018다9920 판결.

6) 대법원 2020.8.13. 선고 2018다236241 판결(회사가 신주를 인수하여 주주의 지위를 갖게 되는 자와 사이에 신주인수대금으로 납입한 돈을 전액 보전해 주기로 약정하거나, 상법 제462조 등 법률의 규정에 의한 배당 외에 다른

② 최근 판례와 새로운 기준

대법원은 2023년 7월 일련의 판결[7]을 통하여 과거와는 달리 유연한 입장을 취하면서 주주평등원칙의 구체적인 기준을 제시하였다. **판례는 차등적 취급을 정당화할 수 있는 특별한 사정이 있는 경우에는 주주에 대한 차등취급이 허용된다는 점을 명시**하게 되었다는 것이다.

(ⅰ) 일반론으로서[8] 주주평등원칙을 탄력적으로 해석하면서 **일정한 경우 회사 및 주주 전체 이익 관점에서 차등 취급이 가능함**을 밝혔다. 즉 "차등적 취급의 구체적 내용, 회사가 차등적 취급을 하게 된 경위와 목적, 차등적 취급이 회사 및 주주 전체의 이익을 위해 필요하였는지 여부와 정도, 일부 주주에 대한 차등적 취급이 상법 등 관계 법령에 근거를 두었는지 아니면 상법 등의 강행법규와 저촉되거나 채권자보다 후순위에 있는 주주로서의 본질적인 지위를 부정하는지 여부, 일부 주주에게 회사의 경영참여 및 감독과 관련하여 특별한 권한을 부여하는 경우 그 권한 부여로 회사의 기관이 가지는 의사결정 권한을 제한하여 종국적으로 주주의 의결권을 침해하는지 여부를 비롯하여 차등적 취급에 따라 다른 주주가 입는 불이익의 내용과 정도, 개별 주주가 처분할 수 있는 사항에 관한 차등적 취급으로 불이익을 입게 되는 주주의 동의 여부와 전반적인 동의율, 그 밖에 회사의 상장 여부, 사업목적, 지배구조, 사업현황, 재무상태 등 제반 사정을 고려하여 일부 주주에게 우월적 권리나 이익을 부여하여 주주를 차등 취급하는 것이 주주와 회사 전체의 이익에 부합하는지를 따져서 정의와 형평의 관념에 비추어 신중하게 판단하여야 한다"고 전제하였다. 요약하자면 그 차등적 취급이 주주 전체의 이익에 미치는 효과, 차등적 취급의 내용이 주주의 의결권을 실질적으로 침해하는지 정도라 하겠다.

(ⅱ) 관련된 약정이나 위약벌 등이 차등적 취급을 정당화할 수 있는 특별한 사정이 있는 경우로서 피투자회사 측 계약위반으로 인해 비로소 발생하는 의무의 이행이라면 유효라는 입장이다. 즉 문제된 약정의 유효성에 대하여 대법원은 투자 초기부터 투하자본 회수를 목적으로 체결된 원금반환 약정이라면 무효이고, 피투자회사 측 계약위반으로 인해 비로소 발생하는 의무의 이행이라면 유효가 될 수 있다는 입장이다. 하지만 그 경계선이 항상 분명한 것은 아니어서 향후 판례의 입장에 주목한다.

(ⅲ) 다만 여전히 종래 판례의 입장, 즉 **손실보전약정은 주주평등원칙에 위반하여 무**

주주들에게는 지급되지 않는 별도의 수익을 지급하기로 약정한다면, 이는 회사가 해당 주주에 대하여만 투하자본의 회수를 절대적으로 보장함으로써 다른 주주들에게 인정되지 않는 우월한 권리를 부여하는 것으로서 주주평등의 원칙에 위배되어 무효이다. 이러한 약정의 내용이 주주로서의 지위에서 발생하는 손실의 보상을 주된 내용으로 하는 이상, 그 약정이 주주의 자격을 취득하기 이전에 체결되었다거나, 신주인수계약과 별도의 계약으로 체결되는 형태를 취하였다고 하여 달리 볼 것은 아니다).

7) 대법원 2023.7.13. 선고 2021다293213 판결; 대법원 2023.7.13. 선고 2022다224986 판결; 대법원 2023.7.13. 선고 2023다210670 판결; 대법원 2023.7.27. 선고 2022다290778 판결.

8) 대법원 2023.7.13. 선고 2021다293213 판결 등.

효라는 입장을 견지하고 있다. 따라서 회사가 주주의 지위를 갖게 되는 자와 사이에 주식인수대금으로 납입한 돈을 전액 보전해 주기로 약정하거나, 상법 제462조 등 법률의 규정에 의한 배당 외에 다른 주주들에게는 지급되지 않는 별도의 수익을 지급하기로 약정한다면, 이는 회사가 해당 주주에 대하여만 투하자본의 회수를 절대적으로 보장함으로써 다른 주주들에게 인정되지 않는 우월한 권리를 부여하는 것으로서 주주평등의 원칙에 위배되어 무효라 본다.

3) 예 외

주식평등의 원칙도 법률에 명문의 규정을 두어 배제하거나 제한할 수 있다. ① 정관의 규정에 의하여 종류주식이 발행된 경우(제344조 제3항), ② 단주의 처리에 관하여 특별한 규정이 있는 경우(제443조, 제530조 제3항, 제461조 제2항 등), ③ 소수주주권(제366조 등), ④ 의결권없는 주식을 제외한 발행주식의 총수의 100분의 3을 초과하는 수의 주식을 가진 주주는 그 초과하는 주식에 관하여 감사의 선임에 있어서는 의결권을 행사하지 못하고(제409조 제2항), ⑤ 대통령령으로 정하는 상장회사의 감사위원회위원을 선임 또는 해임할 때에는 상장회사의 의결권 없는 주식을 제외한 발행주식총수의 100분의 3(정관에서 더 낮은 주식 보유비율을 정할 수 있으며, 정관에서 더 낮은 주식 보유비율을 정한 경우에는 그 비율로 한다)을 초과하는 수의 주식을 가진 주주(최대주주인 경우에는 사외이사가 아닌 감사위원회위원을 선임 또는 해임할 때에 그의 특수관계인, 그 밖에 대통령령으로 정하는 자가 소유하는 주식을 합산한다)는 그 초과하는 주식에 관하여 의결권을 행사하지 못한다(제542조의12 제4항). 하지만 이러한 예외들도 보다 큰 틀에서 보면 주식평등의 원칙을 효과적으로 구현하기 위한 것으로 볼 수 있다.

또한 구체적 사안에서 불평등한 취급을 받는 주주가 이를 포기하는 경우 예외가 인정될 수 있다. 예를 들면 지배주주가 소액주주보다 저율의 배당을 받기로 하는 경우로서 이러한 경우 예외적으로 그 효력이 인정된다.

Ⅱ. 주식의 종류

1. 액면주식과 무액면주식

(1) 액면주식

액면주식이란 1주의 금액이 정관과 주권에 표시되는 주식을 말하고, 자본금은 발행주식의 액면총액이 된다. 자본충실의 요청에 기하여 상법은 회사의 설립시에는 주식의 액면미달발행을 금하고(제330조 본문), 회사의 성립후 신주발행시에는 자금조달의 요청에 부응하여 엄격한 제한하에만 액면미달발행을 허용하고 있다(제330조 단서, 제417조).

　"액면"이라는 개념은 아주 오래된 것으로 연혁적으로 주주와 채권자의 입장에서 각각 기능이 있다.[9] ① **주주**에 대하여는 주주간 형평성 확보의 역할을 하였다. 액면가는 주주들이 주금액을 납입하는 기준의 역할을 하여 주주간 출자의 공평성을 담보하기 위한 제도로 보았다. ② **채권자**에 대한 기능으로는 액면가에 주식수를 곱한 금액은 자본금을 구성하며 이것이 채권자에 대하여는 최소한도의 담보역할을 한다는 것으로, 그 최소한도의 담보에 해당하는 자본금은 주주들에게 배당될 수도 없었다. 그러나 현재 액면가의 이러한 기능이 유지된다고 보는 견해는 없다. 즉 액면이 회사의 실제가치나 주식의 발행가액과는 상관이 없다. **주주간 형평성을 기한다거나 채권자들에 대한 회사의 담보가치 파악이라는 전통적 의의는 사라지고 만 것이다.**

(2) 무액면주식

　무액면주식은 1주의 금액이 정관 및 주권에 표시되지 않고 주권에는 오직 주식의 수만 기재되는 주식을 말한다. 따라서 주주는 전체 발행주식에서 자신이 보유한 주식의 수만큼을 지분으로 가진다. 무액면주식을 발행하는 회사는 액면주식을 발행할 수 없도록 하여 혼란을 방지하고 있으며(제329조 제1항), 무액면주식을 발행하는 경우 발행가액의 2분의 1 이상을 자본금에 산입하도록 하며, 발행가액 중 자본금으로 계상하지 아니하는 금액은 자본준비금으로 계상하여야 한다(제451조 제2항). 무액면주식은 액면미달발행의 금지(제330조 단서, 제417조) 등의 제한을 받지 않아 자본조달에서의 장점이 있고, 주식의 수가 자본금과 직결되지 않으므로 주식의 소각이나 분할이 용이하게 되는 장점이 있다.

(3) 전　환

　회사는 정관으로 정하는 바에 따라 발행된 액면주식을 무액면주식으로 전환하거나 무액면주식을 액면주식으로 전환할 수 있다(제329조 제4항). 그런데 회사의 자본금은 액면주식을 무액면주식으로 전환하거나 무액면주식을 액면주식으로 전환함으로써 변경할 수 없다(제451조 제3항). 자본금을 동일하게 유지하여야 하는 위 조건만이 있으므로 발행주식수에 대한 규제는 없다. 다만 무액면주식을 액면주식으로 전환하는 경우 자본금은 발행주식의 액면총액이라는 제한이 있다. 구체적 절차는 아래와 같다.

1) 정관변경

　회사는 액면주식과 무액면주식 중에서 하나만을 선택하여 발행하여야 하므로(제329조), 전환하고자 하는 회사는 정관변경을 하여야 한다(제289조 제1항 제4호). 자본금을 동일하게 유지하는 조건 내라면(제451조 제3항) 발행주식수에 대한 규제가 없으나, 정관변경을 하면서 발행예정주식총수를 변경할 수도 있다(제289조 제1항 제3호).

---

9) Model Business Corporation Act Annotated, §6.21.

2) 공　고

전환할 경우 회사는 1월 이상의 기간을 정하여 그 뜻과 그 기간 내에 주권을 회사에 제출할 것을 공고하고 주주명부에 기재된 주주와 질권자에 대하여는 각별로 그 통지를 하여야 한다(제329조 제5항, 제440조). 주식의 전환은 주주에 대한 공고기간이 만료한 때에 그 효력이 발생한다(제329조 제5항, 제441조). 공고기간의 만료로 주주는 전환된 액면 또는 무액면주식의 주주가 된다.

3) 신주권의 교부

액면주권 또는 무액면주권을 교부하여야 한다. 구주권을 회사에 제출할 수 없는 자가 있는 때에는 회사는 그 자의 청구에 의하여 3월 이상의 기간을 정하고 이해관계인에 대하여 그 주권에 대한 이의가 있으면 그 기간 내에 제출할 뜻을 공고하고 그 기간이 경과한 후에 신주권을 청구자에게 교부할 수 있다(제329조 제5항, 제442조 제1항). 전환절차에 하자가 있는 경우에 대한 상법상 규정은 없다. 신주발행무효의 소에 관한 규정을 유추적용해야 할 것이다(제429조 참조).

2. 기명주식과 무기명주식

주권과 주주명부에 주주의 성명이 기재되는지 여부에 따라 기명주식과 무기명주식으로 구분된다. 주주의 성명이 주권과 주주명부에 표시되는 주식을 기명주식이라 하고, 표시되지 않는 주식을 무기명주식이라 한다. 무기명주식의 경우 주주총회의 소집도 단순한 공고에 의하고, 주주명부가 없으므로 등록질이 불가능하며, 주주권행사를 위하여는 주권의 공탁이 필요하고, 주권불소지제도를 이용할 수 없는 점 등이 기명주식과의 차이점이었다.

그런데 2014년 상법 개정으로 무기명주식 제도가 폐지되었다. 개정 이전에도 무기명주식이 단순한 교부에 의하여 양도가능한 것으로 하였기 때문에 양도방법에서는 차이가 없었다. 회사로서는 무기명주식의 주주가 누구인지 알 수 없어 경영권 안정이 어렵고 실제 우리나라에서 무기명주식이 발행되는 경우는 전혀 없었다. 이에 2014년 개정으로 무기명주식제도를 폐지(구상법 제357조 삭제)하면서 관련되는 제도들도 개정하였다. 요컨대 무기명주권의 공탁제도 폐지(구상법 제358조 삭제), 무기명주식의 질권제도 폐지(제340조 제1항 개정), 무기명주식의 주주에 대한 공고제도 폐지(제363조 제3항 개정), 주권불소지제도 관련 규정 개정(제358조의2 개정) 등이 그것이다.

3. 종류주식

(1) 개 설

1) 의 의

종류주식이란 주주가 가지는 권리의 내용에 차등을 두는 주식을 말한다. 주식평등의 원칙을 제한하여 주식이 표창하는 권리의 내용을 달리할 수 있도록 허용된 주식이다. 회사는 이익의 배당, 잔여재산의 분배, 주주총회에서의 의결권 행사, 상환 및 전환 등에 관하여 내용이 다른 종류의 주식을 발행할 수 있고 이를 종류주식이라고 한다(제344조 제1항). **권리의 내용에는 차이가 없는 액면주식 · 무액면주식은 종류주식이 아니다.**

구법으로는 종류주식을 재산적 내용(자익권)에 따른 "이익이나 이자의 배당과 잔여재산의 분배"만이 내용으로 되어 있어 보통주 · 우선주 · 후배주 · 혼합주만이 포함되었다. 하지만 2011년 개정으로 종류주식 범위가 확대되었다. 과거에는 종류주식으로 다루지 않았던 상환주식 · 전환주식 · 의결권배제나 의결권제한주식 등이 종류주식의 개념에 포함된 것이다(제344조 제1항). 기존의 이익배당 · 잔여재산의 분배에 관한 종류주식 이외에도 의결권제한, 주식의 양도, 상환 및 전환 등에 관하여 내용이 다른 종류주식을 발행할 수 있는 근거가 마련된 것이다. 또한 2011년 개정법은 건설이자배당제도를 폐지함에 따라 기존의 종류주식 중 이자의 배당에 관한 종류주식을 삭제하였다(제344조 제1항). 세계적 추세가 종류주식을 다양화함으로써 기업의 자금조달을 용이하게 하고, 경영의 원활화를 도모하는 쪽으로 나아가고 있음을 볼 때 우리 회사법의 방향도 그에 맞추어 규정하는 것이 현실에 부합된다고 보며, 다만 이것이 경영권의 방어수단으로 악용되는 사례를 막기 위한 방지장치는 꾸준히 마련해 나아가야 한다.

2) 종류주주총회

종류주주들의 보호를 위하여 상법은 일종의 거부권을 마련하여 두고 있다. 종류주주의 이해관계에 영향을 미칠 수 있는 사안에 대하여는 **손해를 입을 우려가 있는 종류의 주주들만의 결의를 추가적으로 요구**하고 있고, 이를 종류주주총회라고 한다. 그리고 상환주식과 전환주식도 종류주식에 포함되었으므로 이 주식을 소유한 주주들만의 종류주주총회도 법률상 당연히 인정된다.

종류주주총회가 필요한 경우는 (i) 회사가 종류주식을 발행한 경우에 정관을 변경함으로써 어느 종류주식의 주주에게 손해를 미치게 될 때(제435조 제1항), (ii) 회사가 종류주식을 발행하는 때에는 정관에 다른 정함이 없는 경우에도 주식의 종류에 따라 신주의 인수, 주식의 병합과 분할 · 소각, 또는 회사의 합병 · 분할로 인한 주식의 배정에 관하여 특수하게 정할 수 있는데, 이때 어느 종류주식의 주주에게 손해를 미치게 되는 때(제436조, 제344

조 제3항), (iii) 회사의 분할 또는 분할합병, 주식교환, 주식이전 및 회사의 합병으로 인하여 어느 종류의 주주에게 손해를 미치게 될 때이다(제436조). 이와 같이 어느 종류의 주주에게 손해를 미치게 될 경우 이사회나 주주총회의 결의 외에 그 종류의 주주만의 총회의 결의를 다시 얻어야 한다.[10] 즉 종류주주들은 자신들의 이익보호를 위하여 **거부권**을 행사할 수 있다. 종류주주총회의 결의는 출석한 주주의 의결권의 3분의 2 이상의 수와 그 종류의 발행주식총수의 3분의 1 이상의 수로써 하여야 한다(제435조 제2항).

(2) 발 행

1) 정 관
회사가 종류주식을 발행하기 위하여는 먼저 정관에서 종류주식의 내용과 수를 정하여야 한다(제344조 제2항). 정관에 아무런 규정이 없다면 정관변경절차를 거친 이후에야 종류주식을 발행할 수 있다.

2) 공 시
주식청약서(제302조 제2항 제4호), 신주인수권증서(제420조의2 제2항 제3호), 주주명부(제352조 제1항 제2호), 주권(제356조 제6호) 등에 기재하여 이해관계인에게 공시하여야 한다. 또한 상업등기부에 등기하여야 한다(제317조 제2항 제3호).

3) 결 의
종류주식을 발행하기로 하는 결정은 설립시에는 발기인 전원의 동의가 필요하고(제291조 제1호), 회사성립 후에는 원칙적으로 이사회 결의로 충분하다(제416조 제1호).

(3) 이익배당 또는 잔여재산분배에 관한 종류주식

1) 의 의
회사는 정관에서 정하는 바에 따라 주주에게 배당 또는 분배하는 재산의 종류를 달리 정할 수 있다. ① 회사가 이익의 배당에 관하여 내용이 다른 종류주식을 발행하는 경우 정관에 그 종류주식의 주주에게 교부하는 배당재산의 종류, 배당재산의 가액의 결정방법, 이익을 배당하는 조건 등 이익배당에 관한 내용을 정하여야 한다(제344조의2 제1항). 2011년 개정으로 현물배당이 가능하므로(제462조의4), 종류주식에 대한 배당시 금전배당·주식배당·현물배당이 가능하다. ② 회사가 잔여재산의 분배에 관하여 내용이 다른 종류주식을 발행하는 경우 정관에 잔여재산의 종류, 잔여재산의 가액의 결정방법, 그 밖에 잔여재산분배에 관한 내용을 정하여야 한다(제344조의2 제2항).

---

10) 대법원 2006.1.27. 선고 2004다44575,44582 판결.

2) 종 류

① 보통주·우선주·후배주·혼합주

표준이 되는 주식이 **보통주**이다. 보통주에 대한 이익배당은 회사이익이 있는 경우 원칙적으로 주주총회의 결의에 의하여 정해지는 것이며, 주주가 이러한 절차도 없이 배당을 청구할 수 있는 지위에 있는 것은 아니다. 그리고 이익배당이나 잔여재산의 분배에 있어 보통주보다 열후적 지위에 있는 주식을 **후배주**(後配株), 우선적 지위가 부여된 주식을 **우선주**(優先株), 어떤 권리에 있어서는 우선적 지위를 가지고 다른 권리에 있어서는 열후적 지위가 부여된 주식을 **혼합주**(混合株)라고 한다.

② 우선주의 의의와 최저배당률

우선주는 이익배당 또는 잔여재산의 분배에 있어 다른 주식에 우선하여 소정의 배당 또는 분배를 받을 수 있는 주식이다. 다른 주식보다 선순위로 소정의 배당을 받는 주식이지만, **보통주보다 많은 배당을 받는 주식을 발행할 수도 있다.**[11] 개정법은 구법 제344조 제2항 후단에서 이익배당우선주에 대하여 정관으로 최저배당률을 정하도록 한 것을 폐지하고, 그 대신 정관에 배당재산가액의 결정방법을 정하도록 규정하였다(제344조의2 제2항). 구법상의 이익배당우선주의 최저배당률제도는 이른바 1%배당우선주의 발행을 방지하기 위하여 1995년에 신설된 것이었으나, 그다지 효율성이 없고 이를 정하는 국가도 극히 드물며, 배당가능이익이 구체화되기 전에 먼저 최저배당률부터 정한다는 것도 비논리적이라는 지적으로 폐지되었다. 따라서 1%배당우선주를 상법 제344조의2 제1항의 내용이 다른 종류주식의 일종으로 발행할 수 있게 되었다.

③ 종류주식으로서의 보통주

보통주가 종류주식인가에 대하여 논란이 있다. 권리의 내용이 다르게 정해지는 종류주식이 발행되는 경우 보통주는 표준이 되는 주식이다. 의결권이 없거나 제한되는 종류주식의 경우 완전한 의결권이 있는 주식이 표준이 되는 주식이고 그것이 보통주가 된다. 이와 같이 종류주식이 발행되려면 2종류 이상의 주식을 전제로 하고 그중 표준이 되는 주식이 보통주가 되는 것이므로, **보통주도 종류주식으로 인정된다고 보아야 한다.**[12] 이와 달리 보통주는 종류주식이 아니라는 견해에 의하면,[13] 상법에서 종류주식이라는 표현은 보통주를 포함하지 않는다는 의미로 사용한다고 하면서 정관으로 그 내용과 수를 정해야 한다거나(제344조 제2항), 종류주주총회(제435조 제1항), 주식배당(제462조의2 제2항) 등을 든다. 그런

---

11) 구법상 우선주는 배당순위 또는 분배순위에 있어 다른 주식보다 우선적 지위를 주는 것이지, 다른 주식보다 언제나 고율의 배당을 한다는 의미는 아닌 것으로 보았다. 이러한 정의는 구법에서 기원한 것이다. 구법 제344조 제2항 후단에서 이익배당우선주에 대하여 정관으로 최저배당률을 정하도록 하고 있었다. 즉 우선주는 순위에 있어서 우선한다는 것이지 반드시 보다 큰 재산적 이익을 취한다는 의미는 아니었다.

12) 동지로 최준선, 190-191면.

13) 이철송, 277면; 권기범, 475면. 이 견해에 의하면 전환주식(제346조 제1항)을 설명하기 어렵다.

데 그 주장과는 달리 이 규정들의 경우 보통주가 종류주식에 포함되는 뜻으로 읽히고, 무엇보다도 여러 종류의 주식들이 발행된 경우 보통주의 주주들에게만 손해를 끼치는 사항이 발생할 수 있으므로 이때 보통주의 주주들만으로 **종류주주총회를 개최할 수 있다고 보아야 한다.** 이렇게 해석하지 않는다면 보통주의 주주들을 역차별하는 결과가 될 수 있다. 다만 제345조 제5항의 '종류주식'의 문구에는 보통주가 포함되지 않는다고 보아[14] 보통주가 종류주식이 아니라는 전제에서 한 것이나, 이 표현은 입법적 착오라고 본다.

(4) 의결권배제·의결권제한에 관한 종류주식

1) 의의와 종류

회사가 의결권이 없는 종류주식이나 의결권이 제한되는 종류주식을 발행하는 경우에는 정관에 의결권을 행사할 수 없는 사항과 의결권행사 또는 부활의 조건을 정한 경우에는 그 조건 등을 정하여야 한다(제344조의3 제1항). 개정법은 보통주 등에 대하여도 의결권을 완전히 배제하는 등의 종류주식을 발행할 수 있고, 일부의 결의사항에 관해서만(예컨대 이사선임 등) 의결권이 없는 의결권제한의 종류주식도 발행할 수 있도록 하였다.

① **의결권제한주식**이란 주주총회에서 의결권을 행사할 수 있는 사항에 관해 내용이 다른 주식을 말한다. 즉, 어떤 종류주식은 주주총회 결의사항 전부에 관해 의결권이 있으나 어떤 종류주식은 전부 또는 특정사안에 관해 의결권이 없는 것으로 한다. 일부의 안건 등에 의결권이 없는 주식을 말하는 것이고, 2주에 대하여 1주의 의결권을 부여하는 것은 허용되지 않는다. 이는 상법상 1주1의결권 원칙에 반하기 때문이다.

② **의결권배제주식**(의결권이 없는 주식)이란 모든 결의사항에 관해 의결권을 전적으로 배제하는 무의결권주식이다. 우선주를 의결권 없는 주식으로 발행할 수 있음은 물론, 보통주도 의결권 없는 주식으로 발행할 수 있다.

2) 발 행

구법은 이익배당 우선주에 한해 무의결권주식을 발행하도록 하였으나, 개정법은 기타 주식의 경우에도 이를 발행할 수 있도록 허용하는 한편, 구법이 의결권 없는 주식에 대한 의결권 부활의 조건을 법에서 규정하고 있는 것(구법 제370조 제1항)과는 달리 이를 정관에서 정하도록 하였다(제344조의3 제1항).

의결권배제주식 이외에도 회사는 주주총회에서 의결권을 행사할 수 있는 사항에 관해 내용이 다른 의결권제한주식을 발행할 수 있다(제344조 제1항). 구체적으로는 일부의 결의사항에 관해서 의결권이 없는 것으로 정하는 방법, 또는 일부의 결의사항에 관해서만 의결권이 있는 것으로 정하는 방법이 있다. 또한 의결권을 행사하기 위한 조건을 정하는 것도

---

14) 법무부, 2011년 개정상법해설, 148면. 이를 허용하면 초기 형태의 포이즌 필과 유사한 기능을 하게 되어 종류주식이 적대적 인수합병에 대한 방어수단으로 활용될 수 있기 때문이라 한다.

가능하다(제344조의3 제1항).

3) 정관에 정할 사항

① 발행가능 종류주식의 총수를 정관에서 정할 필요가 있는데, 이것은 모든 종류주식에 공통되며, 정관에 정해야만 하는 사항이다(제344조 제2항). ② 의결권제한 종류주식을 발행하는 경우에는 주주총회에서 의결권을 행사할 수 없는 사항, 그 종류주식에 관해 의결권의 행사 또는 부활의 조건을 정한 때에는 그 조건을 정관에서 정해야 한다(제344조의3 제1항). (i) 주주총회에서 의결권을 행사할 수 없는 사항은 모든 주주에게 있어서 중요한 사항이므로, 정관에 구체적으로 정할 필요가 있다. 또한 정관변경 또는 이사선임 등에 있어 의결권이 없음을 정해야 한다. (ii) 의결권의 행사 또는 부활의 조건 등을 정해야 한다고 규정하지만, 이를 반드시 규정하여야 하는 것은 아니고 정관에 의하여 조건 등을 둘 수 있다는 뜻이다. 따라서 정관으로 구법 제370조 제1항에서와 같이 의결권제한 종류주식에 관해 우선적 배당을 하지 않을 경우에는 의결권이 부활될 수 있다는 것을 조건으로 붙일 수도 있다(제344조의3 제1항).

4) 발행한도

의결권이 배제되거나 제한되는 종류주식을 발행할 경우에는 발행주식총수의 4분의 1을 초과하지 못한다(제344조의3 제2항). 소수의 의결권이 있는 주식을 가진 주주가 회사를 지배하는 폐단을 방지하기 위한 것이므로 의결권배제주식과 의결권제한주식을 합하여 4분의 1 이하가 되어야 한다. 만약 이를 초과하여 발행한 경우에는 지체 없이 그 제한을 초과하지 않도록 하기 위한 필요조치를 강구해야 한다(제344조의3 제2항). 구법도 발행주식총수의 4분의 1을 초과할 수 없도록 규정하고 있지만, 그 효과가 다르다. 구법상 발행주식총수의 4분의 1의 초과부분을 절대적으로 금지하고 있었으나, 현행법에 의하면 4분의 1을 초과하더라도 무효가 아니며, 초과된 부분에 대하여 필요한 조치를 취하여야 한다.

5) 권리의 내용

① 의결권배제주식

의결권배제주식은 의결권이 인정되지 아니한다. 의결권을 전제로 하므로 **주주총회의 소집통지를 받을 권리**(제363조 제7항)는 명문으로 배제되어 있으나, 그 외에는 아무런 규정이 없다.

개별적으로 문제되는 권리를 보면 **주주총회 참여권 및 발언권**이다. 주주총회의 소집통지를 받을 권리가 없다는 점에서는 참여권이나 발언권이 없다고 보는 것이 옳다는 견해도 있으나,[15] 주주총회는 경영에 대한 감독이 이루어지는 장이라 볼 수 있으므로 이를 인정하

---

15) 김건식 · 노혁준 · 천경훈, 167면.

는 것이 옳다. 또한 **임시주주 총회소집청구권**도 경영에 대한 감독의 성격을 가지므로 의결권 없는 주주도 주주총회에 참석하여 의결권을 행사할 수는 없으나, 소집청구를 할 수 있다 보아야 한다. 또한 **이사, 감사의 해임청구권**(제385조 제2항, 제415조)도 의결권 없는 주주가 행사할 수 있다고 해석한다.

그 **이외의 주주로서의 권리는 모두 허용**된다는 것이 통설이다. 주주총회의 하자를 다투는 제소권(제376조, 제380조), 이사의 위법행위유지청구권(제402조), 이사와 감사의 해임청구권(제385조, 제415조), 대표소송제기권(제403조), 회계장부열람권(제466조), 주식매수청구권(제374조의2, 제522조의3), 신주인수권(제418조 제1항) 등은 모두 허용된다.

정관으로 정한 의결권부활의 조건이 성취된 경우 의결권을 행사할 수 있다(제344조의3 제1항 후단). 그런데 다음의 경우에는 정관상 정함이 없는 경우에도 상법의 규정에 의하여 의결권이 허용된다. (i) 종류주주총회(제435조 제3항), (ii) 창립총회(제308조 제2항), (iii) 총주주의 동의가 필요한 이사·감사의 책임면제(제400조, 제415조), (iv) 회사분할계획서 또는 분할합병계약서를 승인하는 주주총회의 결의(제530조의3 제3항) 등이다.[16]

② 의결권제한주식

의결권제한주식의 주주는 의결권이 제한되는 사항에 대하여 의결권 및 이를 전제로 하는 권리를 행사하지 못하고, 다른 그 밖의 주주권은 모두 행사가 가능하다. 의결권배제주식의 경우에 준한다.

(5) 상환주식

1) 의 의

상환주식이란 주식의 발행시부터 일정기간 후에 회사의 이익으로써 소각될 것이 예정되어 있는 주식이다(제345조 제1항). 이 경우 회사는 정관에 상환가액, 상환기간, 상환의 방법과 상환할 주식의 수를 정하여야 한다(제345조 제1항 후문). 상환주식은 일시적 자금조달의 측면에서 사채와 유사한 기능이 있으나, 자본금을 구성하며 또한 이익으로써만 상환할 수 있다는 점에서 사채와 구별된다. 상환주식은 2011년 상당부분 개정되었다. 그 개정 내용을 보면, (i) 구법에서는 이익배당 우선주에 대하여만 상환주식을 발행할 수 있었음에 반하여, 개정법에서는 **법률로 규정하는 다양한 종류주식**(이익배당·잔여재산분에 관한 종류주식, 의결권배제주식, 의결권제한주식 등)**에 대하여 상환주식을 발행할** 수 있다. (ii) 구법상 상환주식의 상환은 금전으로써만 할 수 있는 것으로 해석되었으나, 개정법은 현금 이외에 **유가증권 기타 자산을 교부**할 수 있도록 다양화하였다. (iii) 구법상 회사만이 상환권을 가지고 있었으나, 개정법에서는 **주주가 상환권을 가지는 상환주식**도 발행이 가능하다.

---

16) 이는 특이한 것이다. **합병이나 다른 구조조정은 이러한 규정이 없는데 오직 분할에서만 이러한 규정을 두고** 있다.

2) 발 행

상환주식은 정관에 규정을 두어야만 발행할 수 있다. 즉 상환주식을 발행하기 위하여는 정관에 그 수와 내용, 회사에게 상환권이 있는 때에는 상환가액·상환기간·상환방법·상환할 주식의 수, 그리고 주주가 상환권을 가지는 때에는 주주가 회사에 대하여 상환을 청구할 수 있다는 뜻·상환가액·상환청구기간·상환방법을 기재하여야 한다(제344조 제2항, 제345조 제1항 및 제3항).

① 발행대상

상환주식은 **종류주식에 한하여 발행**할 수 있다(제345조). 따라서 상환주식은 이익배당이나 잔여재산분배에 관한 종류주식과 의결권배제 또는 의결권제한주식 등에 대하여 발행할 수 있다. 보통주는 상환주식으로 발행할 수 없다(통설).[17] 보통주식을 상환주식으로 발행하게 되면 사실상 경영권방어를 위한 포이즌필로 활용될 수 있는 까닭에서라 설명한다.[18] 그런데 이러한 규정방식은 보통주는 종류주식이 아님을 전제한 것이나 개정이 필요한 것으로 보인다.

또한 발행대상은 상환주식과 전환주식을 제외한 다른 종류주식에 한한다(제345조 제5항). 상환주식에 다시 상환주식으로 상환조건을 붙이는 것은 무의미하므로 상환주식을 제외한 것이고, 전환주식을 제외한 것은 다른 종류의 주식으로의 전환을 속성으로 하는 전환주식과 상환주식의 구별을 위한 것이다. 그런데 전환주식의 경우에는 다양한 형태의 종류주식에 발행을 허용하는 것이 상법개정의 기본적 취지인 점을 보면, 향후 전환주식과 상환주식의 구별을 위한 경우 이외에는 다양하게 발행되는 것을 인정하여야 할 것이다.

② 발행종류

상환주식의 종류로는 회사가 회사의 이익으로써 소각할 수 있는 상환주식(會社償還株式)과, 주주가 회사에 대하여 상환을 청구할 수 있는 상환주식(株主償還株式)이 있다. **회사상환주식**으로는 주주의 의사와 무관하게 회사가 상환할 수 있는 주식과 상환을 원하는 주주에게만 상환하는 주식이 모두 가능하다. **주주상환주식**은 주주의 상환청구가 있으면 회사는 상환하여야 한다.

③ 발행조건

상환주식은 정관에 규정을 두어야 발행할 수 있다. 회사상환주식을 발행하는 경우 회사는 정관에 상환가액, 상환기간, 상환의 방법과 상환할 주식의 수를 정하여야 한다(제345조 제1항). 주주상환주식을 발행하는 경우 회사는 정관에 주주가 회사에 대하여 상환을 청구

---

17) 보통주를 종류주식이 아니라고 보는 견해에서는 당연히 상환주식으로 할 수는 없다.

18) 김순석, "주식제도의 개선", 「상사법연구」 제28권 제3호, 2009, 152면; 송종준, "방어적 주식제도의 국제적 입법동향과 도입과제", 「경영법률」 제17집 제2호, 2007, 113면. 그러나 보통주에 대하여도 상환주식으로 하지 못할 이론적 근거가 없다는 견해도 있다(송옥렬, 779면).

할 수 있다는 뜻, 상환가액, 상환청구기간, 상환의 방법을 정하여야 한다(제345조 제3항). 이러한 상환조항은 주식청약서(제302조 제2항 제7호, 제420조 제2호)와 주권(제356조 제6호)에 기재하여야 하며, 등기하여야 한다(제317조 제2항 제6호).

3) 상환의 결정과 방법

① 회사가 상환권을 가지는 경우(제345조 제1항과 제2항)

(i) 이사회 결의

정관에 다른 정함이 없으면 상환주식의 상환은 이사회가 정관상의 상환조항에 따라서 결정한다. 그러나 상환은 이익으로써 주식을 소각하는 것이며, 이익이 있어야 한다는 것이 법정조건으로 되어 있으므로 상환기간이 도래하여도 회사에 이익이 없으면 상환할 수가 없다. 이익처분안에 관한 것은 주주총회의 승인이 필요하다.

(ii) 통지 또는 공고

그런데 주주의 청구에 의한 상환이나 회사가 주주와 개별적으로 협상하는 경우와는 달리 회사가 상환권을 가지는 경우에는 주주에게 상환을 통지하고 주권을 제출할 것을 요구하여야 할 것이고, 이러한 점에서 상법 제345조 제2항은 관련 규정을 두고 있다. 회사는 상환대상인 주식의 취득일부터 2주 전에 그 사실을 그 주식의 주주 및 주주명부에 적힌 권리자에게 따로 통지하여야 한다. 여기서 **통지는 공고로 갈음할 수 있다**(제345조 제2항). 그런데 통지를 공고로 갈음할 수 있도록 한 것은 이례적이다.

② 주주가 상환권을 가지는 경우(제345조 제3항)

(i) 주주청구

주주의 청구가 있어야 한다. 주주가 상환을 청구하면 회사는 상환에 응할 의무를 부담하므로, 이러한 의미에서는 주주의 상환청구권은 일종의 형성권이라 할 수 있다.

(ii) 이익소각의 문제

제345조 제3항은 이익으로 소각한다는 명문의 규정은 없으나, 이 경우에도 회사상환주식과 마찬가지로 이익으로써 소각하는 것으로 본다. 따라서 주주가 상환청구권을 행사한 경우 회사의 이익이 있어야 하므로 그 이익이 없다면 상환은 지연될 수 있다.

③ 현물상환

회사는 주식의 취득의 대가로 현금 외에 유가증권이나 그 밖의 자산을 교부할 수 있다(제345조 제4항). 2011년 개정상법은 현물배당을 인정한 취지에서 현물상환도 인정하였다. 이에 따라 회사는 정관이 정하는 바에 따라 유가증권이나 그 밖의 재산을 교부할 수 있다. 그러나 회사의 다른 종류주식을 상환대가로 지급하는 경우 상환주식이 아니라 전환주식이 되므로 이를 상환대가에서 제외하고 있다(제345조 제4항의 괄호안). 그리고 단서에서 자산의 장부가액이 상법 제462조에 따른 배당가능이익을 초과하여서는 아니 된다(제345조 제4항 단서)고 규정하고 있으나, 상환대가를 부당하게 과다지급하는 것을 금지하고자 하는 취지에서라면 '장부가액'의 의미가 불분명하다.

④ 상환대가

주식불가분의 원칙에서 주금액의 일부에 대한 상환은 허용되지 않는다. 또한 상환주식 상호간에도 주식평등의 원칙이 적용되어 주식수에 비례한 상환을 하여야 한다.

4) 효 과

① 수권주식수의 변동과 소각된 주식의 재발행의 허부

상환주식을 상환하면 그만큼 발행주식의 수가 감소하게 되는데, 이때 수권주식수는 변동(감소)이 없으며, 소각된 주식은 미발행주식으로 부활하는 것이 아니므로 이를 재발행할 수는 없다(통설). 상환주식의 발행에 의하여 그 주식의 발행권한은 이미 행사된 것이므로, 그 상환주식이 소멸하여도 다시 같은 발행권한을 행사할 수는 없다. 만약 재발행을 허용한다면 이사회에 신주발행에 대한 **무한수권**(無限授權)**을 인정하는 결과가 되기 때문이다.** 또한 그 결과 주주의 이익배당청구권을 침해할 우려가 있다.

② 자본금의 변동에 관한 문제

상환주식을 상환하더라도 이는 이익으로써 하는 것이므로(제345조 제1항) 회사의 자본금에 영향이 없다. 상환은 이익으로써 소각하는 것이므로 자본금과의 관계가 단절된다. 무액면주식은 발행 후에는 자본금과 무관하므로 상환하더라도 자본금에 영향이 없고, 액면주식도 배당가능이익으로 상환하므로 자본금에 영향이 없다. 따라서 액면주식의 경우 액면총액이 자본금(제451조 제1항)이라는 공식이 적용되지 않게 된다.

2011년 개정에 의하여 구법 제343조의2에 의한 이익소각제도는 폐지되었다. 주식을 소각하면 자본금의 변동 없이 이익을 반환하게 되어 실질적으로 자기주식취득 후 주식을 소각하는 것과 경제적으로 동일하므로, 개정법이 이미 자기주식취득과 처분을 자유롭게 허용한 이상 주식소각이 필요한 경우 자기주식을 취득한 후 소각하면 되고 자기주식취득 또는 배당과 구별되는 이익소각제도를 별도로 둘 실익이 없게 된 것이다.

③ 상환권 행사 후 대금 미지급 시점에서 주주의 지위

(i) **회사상환주식**의 경우에 관한 판례는 없으나 주주상환주식과 마찬가지로 주주가 정당한 상환대금을 모두 지급받을 때까지는 주주의 지위를 유지한다고 보아야 한다. (ii) **주주상환주식**은 상환주식을 보유한 개별 주주의 의사에 따라 상환권 행사 여부가 결정되는 것이므로 회사상환주식과는 본질적으로 서로 다른 특성이 인정된다. 판례는 상환주식 인수계약에서 별도의 약정이 가능함을 전제로 이러한 사정이 없는 경우에는 상환권을 행사한 상환주식 주주의 경우에도 정당한 상환대금을 **모두 지급받을 때까지는** 여전히 주주의 지위에 있다고 보았다.[19] 전환주식의 경우 상법 제350조에서 '주주가 전환을 청구한 때' 효

---

19) 대법원 2020.4.9. 선고 2017다251564 판결.

력이 발생한다고 규정하고 있으나, 전환주식과는 달리 상환주식의 상환권 행사는 회사에 배당가능이익이 없으면 상환대금 지급이 불가능하다는 점을 고려하면 위 상법 조항을 그대로 유추적용할 수 없으므로 판례가 옳다. 또한 지급받은 상환대금에 비례하여 주주의 지위를 상실한다고 하면 단체법적인 회사의 법률관계를 장기간 불확실한 상태로 방치하게 된다는 점에서 대법원은 상환대금을 모두 지급받을 때까지 주주의 지위를 유지한다고 하였다. 대법원 **판례는 주식의 매매대금을 지급받기 전까지는 주주의 지위를 유지한다는 입장이다.** 상법 제374조의2에 따라 주식매수청구권을 행사한 반대주주가 회사로부터 매수대금을 수령하지 못한 경우, 주주로서의 권리를 행사하기 위하여 필요한 경우 회계장부 열람·등사권을 인정한 바 있다.[20]

(6) 전환주식

1) 의 의

전환주식은 종류주식을 발행하는 경우(제344조) 일정한 요건하에 다른 종류의 주식으로 전환할 것을 청구할 수 있는 권리, 즉 전환권이 인정되어 있는 주식을 말한다(제346조 제1항). 전환주식은 주주모집을 용이하게 하여 회사의 자금조달을 원활히 하는 기능이 있다. 전환이란 주식의 종류를 전환하는 것이므로, 전환주식은 종류주식간의 전환권이 부여된 주식을 말한다. 따라서 액면주식을 무액면주식으로 바꾸는 것은 전환주식의 전환이 아니다. 전환주식은 전환권이 주주에게 인정되는 경우와, 회사에게 인정되는 경우가 있다.

2011년 개정에 의하여 제도변경이 있었다. 먼저 다양한 형태의 전환주식을 발행할 수 있게 되었다. 우선주식·열후주식·의결권배제주식·의결권제한주식·회사상환주식·주주상환주식 등 종류주식의 유형이 확대되었으므로 전환주식의 대상 및 전환으로 인하여 발행할 주식도 현행보다 더 확대되어서 주식발행을 통한 자금조달이 보다 용이해질 것으로 기대된다. 또한 **회사에 의한 전환의 허용**이다. 구법상 전환주식의 전환권은 주주에게만 있었으나 개정법 제346조에서는 전환권을 회사에게도 허용하여(제346조 제2항), 이로써 회사의 경영판단에 따라 우선배당 등의 부담해소가 가능해지고, 회사가 적대적 인수합병의 대상이 된 경우 의결권배제주식을 보통주식으로 전환하여 효과적으로 경영권을 방어할 수 있는 등의 조치를 취할 수 있게 되었다. 하지만 **전환의 대가를 다른 종류주식에 한하고 있음**은 유의하여야 한다. 현금 등의 자산을 제외한 것은 전환주식이 상환주식화되는 것을 방지하기 위한 것이다. 그리고 전환주식을 독립된 형태의 종류주식으로 인정하게 된 점도 개정의 중요한 내용이다.

---

20) 대법원 2018.2.28. 선고 2017다270916 판결.

2) 발행조건과 발행절차

전환주식을 발행하려면 정관에 종류주식의 발행에 관한 규정을 두어야만 한다(제346조 제1항). 또한 **회사전환주식**의 경우에는 정관으로 정하는 사유가 발생한 때에 한하여 전환할 수 있으므로 **정관에 전환의 사유를 정해 두어야만 한다**(제346조 제2항).

① 정관의 규정과 공시

전환주식의 발행은 상환주식의 발행과 거의 차이가 없다. 상환주식의 경우는 그 대가가 금전 또는 자산인 반면, 전환주식은 회사가 발행한 다른 주식인 점에서만 차이가 있다. 전환주식을 발행하기 위해서는 정관상 규정을 하여야 하고 제346조 제4항에 따라 전환기간 내에 전환으로 발행하게 될 부분은 발행을 보류하여야 한다. 전환주식을 발행함에는 정관으로 전환청구를 할 수 있다는 뜻과 전환조건·전환청구기간·전환으로 인하여 발행할 주식의 수와 내용을 정하여야 하며(제346조 제1항), 이러한 것은 주식청약서(제347조) 및 등기(제317조 제2항 제7호)에도 표시하여야 한다. 정관변경을 하는 경우, 전환주식의 발행이 어느 종류주식의 주주에게 손해를 미치게 될 때에는 정관변경결의 이외에 손해를 입게 될 종류주식의 주주총회결의가 있어야 한다(제435조). 상법은 회사전환주식의 경우 주식청약서 또는 등기할 사항에서 누락하였으나, 해석상 명문 규정이 없더라도 주주전환주식과 마찬가지로 이에 기재하여야 한다.

전환주식은 정관에 의하여 수권된 발행예정주식수에서 설립시에는 발기인 전원의 동의로(제291조 제1호), 또 신주발행의 경우에는 원칙적으로 이사회가(제416조) 구체적으로 발행시기·발행주식수 기타를 결정하게 된다.

② 발행주식수의 보유

전환청구기간 또는 전환의 기간 내에는 전환으로 인하여 발행할 주식의 수를 유보하여야 하며(제346조 제4항), 만일 회사가 유보해야 할 미발행주식수를 초과하여 신주발행을 하는 경우에는 신주발행유지청구(제424조) 또는 신주발행무효(제429조)의 원인이 된다. 보통주를 종류주식이 아니라고 보는 견해에서는 상법 제346조 제1항에서 말하는 종류주식에서 보통주가 제외되어야 논리적으로는 일관성이 있으나, 이 견해에서도 보통주 형태의 전환주식의 발행 및 보통주로의 전환을 허용한다.[21]

③ 주주전환주식

주주가 전환권을 가지는 주주전환주식의 경우 회사 승낙의 여부에 관계없이 주주의 일방적인 행위에 의하여 효력이 생기는 것이므로 전환권의 성질은 형성권이다. 주주가 이 전환권을 행사하지 않는 동안에 회사가 해산하면 전환권은 소멸하게 되며, 전환주주는 전환권이 없는 원래의 주식의 주주로서의 지위에서 그치게 된다. 주주는 전환청구서에 전환하

---

21) 이철송, 294면; 송옥렬, 807면.

고자 하는 주식의 종류, 수와 청구년월일을 기재하고 기명날인 또는 서명하여야 한다(제 349조 제2항). 전환권은 형성권이므로 전환의 청구와 동시에 구전환주식은 소멸하고 구주권은 실효하며, 주주는 이를 회사에 제출하여야 한다(제349조 제1항).

④ 회사전환주식

회사가 전환권을 가지는 회사전환주식의 경우 **정관으로 정하는 사유가 발생하는 경우에 한하여** 전환할 수 있으므로 특히 정관으로 전환사유를 정해야 한다(제346조 제2항). 정관으로 정하는 사유는 특별히 부당하지 않는 한 어떠한 사유도 정할 수 있다. 이러한 사유가 발생한 이후 다시 이사회가 그 전환여부를 결정하며, 전환이 결정된 때에는 이사회는 전환할 주식, 2주 이상의 일정한 기간 내에 그 주권을 회사에 제출하여야 한다는 뜻, 그 기간 내에 주권을 제출하지 아니할 때에는 그 주권이 무효로 된다는 뜻을 그 주식의 주주 및 주주명부에 적힌 권리자에게 따로 통지하여야 한다. 다만, 통지는 공고로 갈음할 수 있다(제346조 제3항).

3) 신주식의 발행가액

상법 제348조에 의하여 전환으로 인하여 신주를 발행하는 경우에는 **전환주식의 발행가액총액과 신주식의 발행가액총액이 일치**하여야 한다. 이 경우 전환율이 신주 1주 대 구주 1주이면 신구주식수에 변동이 없지만, 신주의 수가 구주의 그것보다 많은 때에는 회사의 발행주식총수의 증가를 가져오게 된다. 그러나 그 반대의 경우에는 발행주식수의 감소를 가져오게 된다. 예를 들면 액면가가 5,000원인 우선주가 발행가 10,000원에 100주가 발행되어 있다고 가정하자. 그리고 보통주의 경우는 그 발행가가 5,000원이라면 우선주에서 보통주로의 전환권의 행사는 허용되는가? 10,000 × 100주 = 5,000 × (   )주에서 전환후의 보통주는 200주가 된다. 이 경우는 주식수가 증가하여 자본금도 증가하게 되므로 전환이 가능하다. 그러나 같은 전제라면 보통주에서 우선주로의 전환은 주식수의 감소로 인하여 자본금의 감소를 초래하므로 가능하지 않다. 회사의 자본금은 원칙적으로 발행주식의 액면총액으로 하게 되므로(제451조) 자본금의 감소를 가져오게 되는데, 감자절차 없이 자본금을 감소하지 못하기 때문이다. 다만 이 문제는 무액면주식의 경우에는 발생하지 않는다.

결국 액면주식의 경우 전환의 결과 발행되는 신주의 수는 종전의 주식수보다 원칙적으로 적을 수는 없다는 것이 된다. 따라서 이 점은 전환조건(제346조 제1항, 제347조 제2호)을 정할 때 전환율의 결정에 있어서 미리 참작하여야 한다.

4) 전환의 효력

① 효력발생시점

전환효과의 시점은 다음과 같다. (i) 주주가 전환청구를 한 경우에는 그 **청구한 때**에 효력이 발생하므로 새로 발행된 주식의 주주로서의 권리를 행사할 수 있다(제350조 제1항).

(ii) 회사가 전환을 한 경우에는 **주권제출기간이 만료한 때** 효력이 발생한다(제350조 제1항). (iii) 주주명부 폐쇄기간 중에 전환된 주식의 주주는 그 기간 중의 총회의 결의에 관하여는 의결권을 행사할 수 없다(제350조 제2항). 전환전의 주식을 가지고만 의결권을 행사할 수 있다.

② 자본금구성의 변동

첫째, 무액면주식의 경우 자본금은 변동이 없다. 전환주식과 신주식의 발행가액 총액이 동일하기 때문이다(제348조).

둘째, 액면주식의 경우 전환으로 인하여 발행하는 신주의 수가 종전의(전환) 주식의 수와 같으면 자본금에 변동이 없지만, 신주의 수가 많은 경우에는 그 증가하는 주식수의 액면액만큼 자본금이 증가하게 된다(제451조). 이상과는 반대로 신주의 수를 소멸된 구주보다 적게 하는 경우 자본금감소가 되므로, 자본금감소의 절차를 밟지 않는 이상 자본금이 감소할 수는 없다(통설).

③ 미발행수권주식수의 변동

전환으로 인하여 신주가 발행되면, 그 신주의 종류의 발행예정주식의 수가 그만큼 감소하게 된다. 다음으로 전환으로 인하여 소멸하는 주식(전환주식)의 수는 미발행수권주식수로 돌아가서 그만큼 수권주식수가 증가하게 되는지 아니면 미발행수권주식으로 되지 않는다고 보아야 하는지가 문제된다.

그런데 상환주식의 경우와는 달리 전환주식이 전환된 경우에는 소멸된 주식수만큼 다시 재발행을 할 수 있다고 본다.[22] 즉 이 경우 발행수권주식에 교체가 있는 것으로 볼 수 있고, 또 미발행수권주식수가 증가하지 않는다고 하면 각 종류의 발행예정주식의 총수가 미발행수권주식총수와 일치하지 않게 된다는 점에서 소멸된 구주식의 수만큼 미발행주식의 수가 부활한다고 본다. 예컨대 전환권부우선주가 전환에 의하여 소멸한 때에는 그 소멸한 수만큼 전환권 없는 단순한 우선주의 미발행주식이 부활하는 셈이 되며, 따라서 이것을 다시 발행할 수 있게 되는 것이다. 그러나 이 경우 부활되는 주식은 소멸된 것과 같은 내용의 전환주식이 된다고 보는 견해도 있다.[23]

④ 등 기

주식의 전환으로 인한 변경등기는 전환을 청구한 날 또는 전환주식의 주권제출기간이 끝난 날이 속하는 달의 마지막 날부터 2주 내에 본점소재지에서 하여야 한다(제351조).

---

22) 정찬형, 730면; 이철송, 308면; 정동윤, 459면.
23) 김건식 · 노혁준 · 천경훈, 177면.

제 2 절 주   주

Ⅰ. 의   의

주주는 주식회사의 사원으로서 주식의 소유자이다. 주식회사의 설립시 또는 신주발행시 발행되는 주식을 원시취득하는 자와 이로부터 주식을 양수하는 자가 주주이다. 주주는 회사채권자와는 아무런 관련이 없고 회사에 대하여만 그 주식의 인수가액을 한도로 하는 출자의무만을 부담한다. 자본충실의 원칙상 주주가 어음이나 수표로써 금전출자를 이행하는 경우에는 그 어음이나 수표가 결제된 때에 납입이 있는 것으로 본다. 주주의 수에는 제한이 없으므로 1인만으로도 가능하며, 그 자격에 제한이 없다. 따라서 자연인과 법인, 내국인과 외국인, 행위능력의 유무 등을 불문한다.

Ⅱ. 주주의 지위

1. 주주의 권리

(1) 의   의

주주의 권리는 주주가 회사에 대하여 가지는 권리로서 주주권을 뜻한다. 이는 주식을 취득하면 당연히 발생하는 권리로서 회사에 대하여 가지는 포괄적이고 추상적인 권리이며, 주식과 분리되어 양도되거나 담보목적이 될 수는 없다. 그러나 구체화되고 독립된 주주의 채권적 권리(이익배당청구권, 구체적 신주인수권 등)는 독립적으로 취급된다. 주주의 권리는 법률에 의한 권리이므로, 신주인수권 제한(제418조 제2항)과 같이 상법이 유보하는 경우 이외에는 정관규정이나 주주총회 결의에 의하여 제한할 수 없다. 그리고 예외적 규정에 의하여 제한하는 경우에도 주식평등의 원칙에 의하여야 한다.

그런데 주주는 주식의 소유자로서 법률이 규정하고 있는 권리를 가지기는 하나, 직접 회사의 경영에 참여할 수는 없다. 주주는 주주총회의 결의를 통해서 이사를 해임하거나 일정한 요건에 따라 이사를 상대로 유지청구권을 행사하거나 대표소송에 의하여 이사의 책임을 추궁하는 소를 제기하는 등 회사의 영업에 간접적으로 영향을 미칠 수 있을 뿐이다. 그러므로 주주가 회사의 재산관계에 대하여 법률상 이해관계를 가진다고 할 수 없고, 따라서 주주는 직접 제3자와의 거래관계에 개입하여 회사가 체결한 계약의 무효 확인을 구할 이익이 없다.[24]

---

24) 대법원 2022.6.9. 선고 2018다228462,228479 판결; 대법원 2001.2.28. 자 2000마7839 결정 등.

(2) 종 류

1) 자익권과 공익권

자익권(自益權)이란 주주가 회사로부터 경제적 이익을 받는 것을 목적으로 하는 권리를 말한다. 자익권에는 일반적으로 이익배당청구권(제462조), 잔여재산분배청구권(제538조)을 중심으로 주권교부청구권(제355조), 주식전환청구권(제346조), 신주인수권(제418조), 명의개서청구권(제337조), 전환사채인수권(제513조 제2항 제5호)이 포함된다.

공익권(共益權)은 자익권의 확보를 위하여 회사의 운영에 참가하는 것을 목적으로 하는 권리를 말한다. 공익권에는 의결권(제369조)을 비롯하여 설립무효의 소의 제기권(제328조), 합병무효의 소의 제기권(제529조), 위법행위유지청구권(제402조), 대표소송제기권(제403조), 주주총회소집청구권(제366조), 회계장부열람권(제466조 제1항), 업무·재산상태검사청구권(제467조), 해산판결청구권(제520조) 등이 있다. 그런데 공익권은 **자익권의 가치를 보장하기 위한 것**이므로 자익권의 성격을 겸유한다고 보겠다.[25]

2) 단독주주권과 소수주주권

① 의 의

권리의 행사에 발행주식총수의 일정비율이 요구되는지에 따른 분류이다. **단독주주권**은 1주의 주식을 가진 주주라도 행사할 수 있는 권리이다. **자익권에 속하는 권리는 모두 단독주주권**이다.

소수주주권은 일정 주식의 소유가 주주권행사의 요건으로 되어 있는 권리를 말한다. 일정 주식의 소유를 소수주주권행사의 요건으로 하는 이유는 소수주주를 보호하되 주주권 남용을 방지하기 위한 것이다. 소수주주권은 특정한 주주가 그 요건을 충족하는 경우 단독으로 행사할 수 있고, 다수의 주주가 그 주식수를 합하여 요건을 충족하는 경우에도 행사할 수 있다. **공익권의 상당수가 단독주주권**으로서, 공익권 가운데 의결권(제369조), 설립무효의 소의 제기권(제328조), 합병무효의 소의 제기권(제529조) 등은 단독주주권이다. 그런데 **공익권 가운데 대표소송제기권 등 주로 경영에 대한 간섭을 하는 권리가 소수주주권**이다. ① **발행주식총수 1% 이상**을 요구하는 것으로 검사인선임청구권(제367조 제2항), 위법행위유지청구권(제402조), 대표소송제기권(제403조)이 있다. ② **발행주식총수 3% 이상**을 요구하는 것으로 주주제안권(제363조의2), 주주총회소집청구권(제366조), 집중투표청구권(제382조의2), 이사·감사해임청구권(제385조 제2항과 제415조), 회계장부열람청구권(제466조), 업무검사권(제467조) 등이 있다. 그리고 ③ **발행주식총수 10% 이상**을 요구하는 것으로는 해산판결청구권(제520조)이 있다.

---

25) 권기범, 403면.

상장회사에 관한 특례규정에서 소수주주권 관련 법규정은 제542조의6, 그리고 집중투표청구권은 제542조의7 제2항에 두고 있다. 상장회사에서는 그 행사요건이 완화되어 있고, 특히 대규모상장회사의 경우에는 이를 다시 절반으로 낮춘다. 하지만 상장회사 요건이 강화된 측면으로는 권리의 행사시점으로부터 소급하여 6개월 이상 주식을 보유해야 하는 **기간요건이 추가**되어 있다(제542조의6).

② 상장회사와 소수주주권

상법은 상장회사의 경우 각종 소수주주권의 행사요건을 규정하면서 6개월의 보유기간 요건을 추가하여 주식보유비율은 낮추고 있다. 그렇다면 상장회사에서 6개월의 보유기간 요건을 충족하지 못하지만 비상장회사의 주식보유비율은 충족한다면 소수주주권을 행사할 수 있는가? 이에 관하여 선택적으로 적용 가능하다는 견해가 다수이었음에도 불구하고, 상장회사 규정만 적용하여 6개월의 보유기간 요건을 반드시 충족하여야 한다는 견해도 있었고 하급심 판례는 서로 다른 결론을 취한 것들도 있어 혼란스러운 상황이었다. 이에 2020년 개정상법은 제542조의6 제10항에서 상장회사의 주주는 상장회사 특례규정에 따른 소수주주권 행사요건과 비상장회사의 일반규정에 따른 행사요건을 선택적으로 주장할 수 있음을 명확히 입법으로 정리하였다. 요컨대 상장회사의 주주라 하더라도 비상장회사의 소수주주권 행사요건을 갖추었다면 6개월의 보유기간 요건이 필요없다.

(3) 주주의 정보취득권

1) 서

주주가 회사의 경영상태를 확인하고 감독하기 위하여는 회사의 정보를 취득할 수 있어야 하고, 이러한 점에서 주주의 정보취득권은 중요한 뜻이 있다. 주주가 회사의 경영을 감시하기 위하여는 각종 서류의 열람과 등사를 청구하여야 하지만 회사의 기밀이 노출될 우려가 있는 까닭에 모든 정보를 허용하는 것도 바람직하지 않다. 상법은 주주 정보취득권의 대상으로 (i) 정관, 주주총회 의사록, 주주명부, 사채원부의 열람등사청구권(제396조), (ii) 이사회의사록의 열람등사청구권(제391조의3 제3항), (iii) 재무제표, 영업보고서, 감사보고서의 열람등사청구권(제448조 제2항), (iv) 회계장부의 열람등사청구권(제466조 제1항)을 규정한다. 여기서의 특징을 보면 상법은 **회계장부**에 대하여만 특별한 취급을 하고 있다. ① 회계장부만 소수주주권이고, 그 이외는 단독주주권이다. ② 회계장부만 '이유를 붙인 서면으로' 미리 청구하여야 하고, 그 이외는 영업시간이면 언제든지 열람과 등사가 가능하다. ③ 회계장부와 이사회 회의록은 회사가 정당한 이유가 있는 경우에는 그 열람등사를 거부할 수 있으나, 다른 경우는 상법상 규정이 없다.

2) 회계장부의 열람등사청구권

① 의　의

발행주식의 총수의 100분의 3 이상에 해당하는 주식을 가진 주주는 이유를 붙인 서면으로 회계의 장부와 서류의 열람 또는 등사를 청구할 수 있다(제466조 제1항). 이 경우의 발행주식총수에는 의결권배제주식과 의결권제한주식이 포함된다.

② 인정이유

주주가 재무제표, 영업보고서 및 감사보고서의 열람만으로는 회사의 계산에 관한 내용을 충분히 알 수 없기 때문에 회계장부를 열람할 수 있도록 인정하고 있다. 개별주주에 대하여 열람이 허용된 서류는 회계에 관하여 개괄적인 정보만 제공하는 데 불과하여, 보다 세부적인 정보의 입수를 위하여 상법은 주주에게 회계의 장부와 서류에 관한 열람 또는 등사청구권을 인정한다. 주주는 회계장부열람청구권을 통하여 회계의 진실성, 정확성 등에 관한 조사를 하여 관련 정보를 얻을 수 있다.

그러나 회사는 회사의 주요정보가 노출되어 업무집행에 방해를 받거나 장래의 이익을 침해당할 위험이 있다. 이러한 위험에 대비하여 회계장부열람청구권의 행사에는 일정한 제한이 따르는데, 상법은 회계장부열람청구권을 소수주주권으로 규정하며, 권리를 행사하려는 주주는 이유를 붙인 서면에 의하여야 하고(제466조 제1항), 회사가 주주청구의 부당함을 증명하면 이를 거절할 수 있게 규정하고 있다(제466조 제2항).

③ 청구권자

비상장회사의 경우 발행주식총수의 3%(제466조 제1항), 상장회사의 경우 6월간 보유를 요건으로 하여 자본금 1,000억원 미만인 회사는 발행주식총수의 0.1% 이상, 그 이상인 회사는 발행주식총수의 0.05% 이상을 보유하는 주주이다(제542조의6 제4항). 발행주식총수에는 의결권이 없는 주식도 포함한다. 이 경우 3%라는 주식보유 요건이 언제까지 유지되어야 하는가? 회계장부 등의 열람등사를 청구한 주주가 주식 보유요건을 구비하여야 하는 기간이 문제된다. 주주 대표소송의 경우 소를 제기한 주주의 보유주식이 제소 후 발행주식총수의 1% 미만으로 감소한 경우에도 제소의 효력에 영향이 없다는 명문의 규정을 두고 있으나(제403조 제5항), 회계장부열람등사청구권의 경우에는 이러한 규정이 없다.

이에 대하여 (i) 사실심 변론종결시까지 소정의 주식을 보유하여야 한다는 견해와 재판확정시까지는 소정의 주식을 보유하고 있어야 한다는 견해가 있을 수 있겠다. **판례**[26])는 이에 대하여 열람과 등사에 시간이 소요되는 경우에는 열람·등사를 청구한 주주가 전 기

---

26) 대법원 2017.11.9. 선고 2015다252037 판결(발행주식의 총수의 100분의 3 이상에 해당하는 주식을 가진 주주는 상법 제466조 제1항에 따라 이유를 붙인 서면으로 회계의 장부와 서류의 열람 또는 등사를 청구할 수 있다. 열람과 등사에 시간이 소요되는 경우에는 열람·등사를 청구한 주주가 전 기간을 통해 발행주식총수의 100분의 3 이상의 주식을 보유하여야 하고, 회계장부의 열람·등사를 재판상 청구하는 경우에는 소송이 계속되는 동안 위 주식 보유요건을 구비하여야 한다).

간을 통해 발행주식총수의 100분의 3 이상의 주식을 보유하여야 하고, 회계장부의 열람·
등사를 재판상 청구하는 경우에는 **소송이 계속되는 동안 위 주식보유 요건을 구비하여야
한다**고 하여 후자의 견해를 취한다. 이는 소수주주의 주식 보유요건은 일종의 당사자적격
의 문제로 보아 당사자적격 등 소송요건은 직권조사사항으로서 당사자가 주장하지 않더라
도 법원이 직권으로 조사하여 판단하여야 하고, 사실심 변론종결 이후에 소송요건이 흠결
된 경우 상소심에서도 이를 참작하여야 한다는 대법원 판례[27]를 따른 것으로 보인다. (ii)
그리고 원고가 소를 제기할 당시의 주식을 소송 진행 중에도 그대로 보유하고 있음에도
불구하고, 사후적으로 주식보유 요건에 미달하게 되는 경우는 어떠한가? 판례는 **주주의
의사와 무관하게** 신주발행으로 인하여 주식 보유요건이 3%에 미달되게 되었다고 하여도
회계장부의 열람·등사를 구할 당사자적격을 상실하였다고 판결한다.[28] 그런데 판례의 입
장은 주주의 회계장부열람등사청구권을 무력하게 할 우려가 있고 열람청구 이후에 발생한
주주에게 책임이 없는 사정으로 권리행사가 방해받게 되므로 타당하다고 볼 수 없다.

주식매수청구권을 행사하였지만 아직 주식대금을 지급받지 못한 주주가 회계장부열람
등사청구권을 가지는지 여부가 문제된다. 부정설로서 주식매수청구를 한 주주는 이미 퇴사
의 의사를 밝힌 것으로 주식대금지급에 따라 주주의 지위를 상실하는 불안정한 상태의 주
주에게 회계장부열람권을 행사하도록 하는 것은 타당하지 않다는 견해도 있다.[29] 그러
나 판례는 주식매수를 청구하였지만 주식대금을 지급받지 못한 상태이므로 특별한 사정이
없는 한 여전히 주주로서 회계장부 열람·등사청구권을 행사하는 것에 문제가 없다고 본
다.[30] 요컨대 판례는 주식의 매매대금을 지급받기 전까지는 주주의 지위를 유지한다는 입
장에서 주주로서의 권리를 행사하기 위하여 필요한 경우 회계장부 열람·등사권을 인정한
다. 또한 이사의 책임을 추궁하기 위하여 **주주대표소송을 제기한 주주**도 재무제표에 나타
난 재무상태 악화의 경위를 확인하여 주주대표소송을 수행하는 데 필요한 범위에서 회계
장부의 열람·등사를 청구할 권리가 있다고 판시한다.[31]

④ 청구의 방법

이유를 붙인 서면을 미리 제출하여야 한다(제466조 제1항). 그 이유는 막연히 회사의 경
영상태를 점검한다거나 대표이사의 부정이 의심된다는 등만으로는 부족하고 회사의 경영
상태의 악화나 대표이사의 부정이 의심되는 구체적 사유를 적시하여야 한다. 판례도 회사

27) 대법원 2011.2.10. 선고 2010다87535 판결. 사실심 변론종결 이후 원고가 주주의 지위를 상실하여, 주주총회결
의 부존재 확인을 구할 확인의 이익이 없고, 결의취소를 구할 당사자적격이 없게 되었다는 이유로 소를 각하한 사안
이다.
28) 대법원 2017.11.9. 선고 2015다252037 판결.
29) 권재열, "회계장부 등에 대한 열람·등사 청구의 요건-대법원 2018.2.28. 선고 2017다270916 판결",「법조」
729호, 2018, 976-977면.
30) 대법원 2018.2.28. 선고 2017다270916 판결.
31) 대법원 2018.2.28. 선고 2017다270916 판결.

에게 열람 및 등사에 응하여야 할 의무의 존부 또는 열람 및 등사를 허용하지 않으면 안될 회계의 장부 및 서류의 범위 등의 판단을 손쉽게 하기 위하여 그 '이유'는 구체적으로 기재하여야 한다고 한다.[32] 그러면서도 대법원은 '이유'는 회사가 열람·등사에 응할 의무의 존부를 판단하거나 열람·등사에 제공할 회계장부와 서류의 범위 등을 확인할 수 있을 정도로 **그 행사에 이르게 된 경위와 행사의 목적 등이 구체적으로 기재되면 충분하고, 더 나아가 그 이유가 사실일지도 모른다는 합리적 의심이 생기게 할 정도로 기재하거나 그 이유를 뒷받침하는 자료를 첨부할 필요는 없다**고 하였다.[33] 이유 기재의 구체성에 관하여, 과거 하급심 판례들은 "합리적인 의심" 기준을 채택하여, "소수주주가 이유로 제시하는 회사의 부정한 행위 또는 부적정한 행위가 사실일지 모른다는 최소한의 합리적인 의심이 생기는 정도"를 요구하였으나,[34] 대법원은 합리적 의심 기준을 부정하면서 기재 요건을 완화하였다고 할 수 있고, 다만 그 최소한도의 요건으로서 이유 기재 자체로 허위이거나 목적의 부당함이 명백하지 않을 것이라 본 것이다.[35]

또한 동일한 주주들에 의하여 회계장부열람의 청구가 있었을 경우 회사가 이를 1회만 허용하여야 하는지가 문제될 수 있는데, 열람 및 등사청구권은 그 권리행사에 필요한 범위 내에서 허용되어야 할 것이지 열람 및 등사의 회수가 1회에 국한되는 등으로 사전에 제한될 성질의 것은 아니고, 판례도 그러하다.[36]

⑤ 대 상

회계장부 및 서류이다. 회사의 회계장부 및 서류가 정확하게 어떤 것을 의미하는가에 대하여는 상법 제29조 제1항의 회계장부와 관련하여 학설이 대립한다. (i) **한정설**은 주주가 열람 또는 등사를 청구할 수 있는 회계장부는 상법 제29조 제1항의 회계장부를 의미한다고 해석하면서 회계학상의 일기장, 분개장 및 원장 등이 포함되며, 분개장 대신에 전표가 사용되는 경우에는 전표도 이에 포함된다고 한다.[37] 이 견해는 회계장부 등의 내용은 그 특성상 회사의 기밀을 포함하고 있으므로 회사의 업무수행을 원활히 유지함과 동시에 회사기밀을 보호하기 위해서는 회계장부의 열람은 신중하게 허용되어야 한다는 사고에 기초를 둔다. 이에 반하여 (ii) **비한정설**은 회계의 장부 및 서류는 회사의 경리상황을 나타내는 것이면 그 범위가 한정되지 않으므로 굳이 상법 제29조 제1항의 회계장부로 제한할 필요가 없다고 해석한다.[38] 여기서 회계장부는 회사가 법률상의 의무로서 작성하는 장부에

---

32) 대법원 1999.12.21. 선고 99다137 판결.
33) 대법원 2022.5.13. 선고 2019다270163 판결.
34) 대구지방법원 2002.5.31. 자 2002카합144 결정 등.
35) 대법원 2022.5.13. 선고 2019다270163 판결.
36) 대법원 1999.12.21. 선고 99다137 판결(상법 제466조 제1항 소정의 소수주주의 회계장부 및 서류의 열람, 등사청구권이 인정되는 이상 그 열람, 등사청구권은 그 권리행사에 필요한 범위 내에서 허용되어야 할 것이지, 열람 및 등사의 횟수가 1회에 국한되는 등으로 사전에 제한될 성질의 것은 아니다).
37) 정동윤, 795면; 최기원, 952면.
38) 정찬형, 1152면.

한정되지 않고 임의로 작성하는 것도 포함되며, 회계서류는 전표나 영수증은 물론이고 계약서나 서신 등도 회사의 경리상황을 나타내는 것이면 모두 이에 포함된다고 본다. (iii) **판례**는 '회계의 장부 및 서류'에는 소수주주가 열람·등사를 구하는 이유와 실질적으로 관련이 있는 회계장부와 그 근거자료가 되는 회계서류를 가리키는 것이라 보아,[39] 후자인 비한정설에 가까운 것으로 보인다. 그 판결은 모회사에 보관되어 있고, 모회사의 회계상황을 파악하기 위한 근거자료로서 실질적으로 필요한 경우 자회사의 회계장부에 대한 열람청구권을 행사할 수 있다고 하였다.

비한정설이 타당하다. 한정설은 주주가 열람을 청구할 수 있는 회계장부의 범위를 상법 제29조 제1항의 회계장부로 제한하여 이해하나, 비한정설은 회계에 관한 장부이면 그 형식이나 내용을 불문하고 열람의 대상이 된다고 본다. 주주의 이익을 보호하기 위해서는 열람의 대상을 확대하는 것이 바람직하고, 이로 인한 남용의 문제는 회사의 거부권행사로 해결함이 타당하다. 따라서 주주가 열람 또는 등사를 청구할 수 있는 회계장부(서류)는 회사의 경리상황을 나타내는 것이면 그 형식이나 내용을 묻지 않고 열람의 대상이 된다고 보아야 한다. 주주의 열람청구가 회사의 이익에 반하는 경우 회사가 청구이유의 부당성 또는 청구이유와는 관계가 없다는 사실을 입증하여 그 청구를 거부할 수 있겠다.

⑥ 회사의 거부

회사는 회계장부열람의 청구가 부당함을 증명하지 아니하면 이를 거부하지 못한다(제466조 제2항). 이 조항은 열람청구의 목적이 정당한 것인가에 대한 **입증책임을 회사에 부과**하고 있다. 회계장부열람청구권의 행사에 대응하여 회사가 가지는 청구의 거부사유는 회계장부열람청구의 중요문제이다. 회사로서는 주주에게 회계장부의 열람등사를 허용함으로써 회사기밀이 유출되고 이로부터 업무집행에 방해를 받을 수 있기 때문에 청구에 대하여 거부하는 경우가 있을 수 있기 때문이다. 회사가 거부하더라도 거부에 정당한 사유가 없는 경우에는 주주에게 회계장부열람청구권을 보장하여야 한다. 판례는 그 부당성 여부의 기준에 대하여 "그 행사에 이르게 된 경위, 행사의 목적, 악의성 유무 등 제반 사정을 종합적으로 고려하여 판단하여야 할 것이고, 특히 주주의 이와 같은 열람·등사권의 행사가 회사업무의 운영 또는 주주 공동의 이익을 해치거나 주주가 회사의 경쟁자로서 그 취득한 정보를 경업에 이용할 우려가 있거나, 또는 회사에 지나치게 불리한 시기를 택하여 행사하는 경우 등에는 정당한 목적을 결하여 부당한 것"이라고 한 바 있다.[40]

---

39) 대법원 2001.10.26. 선고 99다58051 판결(상법 제466조 제1항에서 정하고 있는 소수주주의 열람·등사청구의 대상이 되는 '회계의 장부 및 서류'에는 소수주주가 열람·등사를 구하는 이유와 실질적으로 관련이 있는 회계장부와 그 근거자료가 되는 회계서류를 가리키는 것으로서, 그것이 회계서류인 경우에는 그 작성명의인이 반드시 열람·등사제공의무를 부담하는 회사로 국한되어야 하거나, 원본에 국한되는 것은 아니며, 열람·등사제공의무를 부담하는 회사의 출자 또는 투자로 성립한 **자회사의 회계장부라 할지라도 그것이 모자관계에 있는 모회사에 보관되어 있고, 또한 모회사의 회계상황을 파악하기 위한 근거자료로서 실질적으로 필요한 경우에는 모회사의 회계서류로서 모회사 소수주주의 열람·등사청구의 대상이 될 수 있다**).

이사회 의사록의 열람·등사청구권 행사에 있어 정당한 이유가 쟁점이 된 사건에서 판례는 **회사의 경영을 감독하여 회사와 주주의 이익을 보호하기 위한 것이라면 그 청구권 행사가 허용**되어야 한다는 입장이다. 주주가 적대적 인수·합병을 시도하고 있다는 사정만으로 열람·등사의 청구가 정당한 목적을 결하여 부당한 것이라고 볼 수 없고, 주주가 회사의 경쟁자로서 취득한 정보를 경업에 이용할 우려가 있거나 회사에 지나치게 불리한 시기를 택하여 행사하는 등의 경우가 아닌 한 허용되어야 한다고 보았다.[41]

3) 단독주주권으로서의 재무제표 등의 열람청구권

이사는 정기총회회일의 1주간 전부터 재무제표와 그 부속명세서, 영업보고서, 감사보고서를 본점에 5년간, 그 등본을 지점에 3년간 비치하여야 한다(제448조 제1항). 주주와 회사채권자는 영업시간 내에 언제든지 위 비치서류를 열람할 수 있으며 회사가 정한 비용을 지급하고 그 서류의 등본이나 초본의 교부를 청구할 수 있다(제448조 제2항). 여기서의 재무제표 등의 열람청구권은 상법 제466조의 회계장부열람청구권과 구별된다. 제448조의 재무제표 등의 열람청구권은 제466조의 회계장부열람청구권과는 달리 (i) 단독주주권이고 (ii) 회사채권자에게도 인정되며, (iii) 열람의 청구에 이유를 붙일 필요가 없다.

4) 주주명부 등의 열람등사권
① 의   의

제396조에 의하여 주주는 정관, 주주총회 의사록, 주주명부, 사채원부 등에 대하여 열람 또는 등사를 청구할 수 있다. 그리고 실질주주명부는 상장주식에서 실질적으로 주주명부의 역할을 하는 것이므로 제396조를 유추적용하여 열람등사의 대상이 된다고 보는 것이 옳다. 전자등록제도가 상장회사에 강행되기 이전의 판례[42]도 같은 취지에서 자본시장법에 따라 예탁결제원에 예탁된 상장주식 등에 관하여 작성되는 실질주주명부는 상법상 주주명부와 동일한 효력이 있으므로(자본시장법 제316조 제2항), 실질주주가 실질주주명부의 열람 또는 등사를 청구하는 경우에도 상법 제396조 제2항이 유추적용된다고 한다. 그리고 열람 또는 등사청구가 허용되는 범위도 위와 같은 유추적용에 따라 '실질주주명부상의 기재사항 전부'가 아니라 그중 실질주주의 성명 및 주소, 실질주주별 주식의 종류 및 수와 같이 **'주주명부의 기재사항'에 해당하는 것에 한정**된다고 한다.[43]

---

40) 대법원 2004.12.24. 자 2003마1575 결정(상법 제391조의3 제3항, 제466조 제1항에서 규정하고 있는 주주의 이사회의 의사록 또는 회계의 장부와 서류 등에 대한 열람·등사청구가 있는 경우, 회사는 그 청구가 부당함을 증명하여 이를 거부할 수 있는바, 주주의 열람·등사권 행사가 부당한 것인지 여부는 그 행사에 이르게 된 경위, 행사의 목적, 악의성 유무 등 제반 사정을 종합적으로 고려하여 판단하여야 할 것이고, 특히 주주의 이와 같은 열람·등사권의 행사가 회사업무의 운영 또는 주주 공동의 이익을 해치거나 주주가 회사의 경쟁자로서 그 취득한 정보를 경업에 이용할 우려가 있거나, 또는 회사에 지나치게 불리한 시기를 택하여 행사하는 경우 등에는 정당한 목적을 결하여 부당한 것이라고 보아야 한다).
41) 대법원 2014.7.21. 자 2013마657 결정.
42) 대법원 2017.11.9. 선고 2015다235841 판결.

② 회사의 거부

제396조 제2항에 의하면 주주가 쉽게 주주명부를 확보할 수 있는 것처럼 보이나, 실제 회사가 거부하는 경우도 많다. 회계장부의 경우 상법 제466조 제2항에서 회사의 거부를 규정하고 있으나, 주주명부에서는 아무런 규정이 없다. 그런데 **판례는 정당한 목적이 있다면 거부할 수 있다는 입장**이다. "주주 또는 회사채권자가 상법 제396조 제2항에 의하여 주주명부 등의 열람등사청구를 한 경우 회사는 그 청구에 정당한 목적이 없는 등의 특별한 사정이 없는 한 이를 거절할 수 없고, 이 경우 정당한 목적이 없다는 점에 관한 증명책임은 회사가 부담한다"고 한다.[44] 그런데 상법에 명문규정이 없음에도 불구하고 주주권에 제약을 가하는 판례의 해석은 타당하다고 보기 어렵다. 또한 회계장부와는 달리 주주명부의 열람을 거절할 정당한 목적은 생각하기 어렵다.

2. 주주의 의무

(1) 출자의무

1) 주주의 유일한 의무

주주의 의무는 출자의무밖에 없다는 것이 전통적 견해이고, 제331조에 따라 주식의 인수가액을 한도로 하는 유한책임이다. 주주의 출자의무는 회사의 성립 이전 또는 신주의 효력발생 이전에 전액 이행되어야 하므로(제295조, 제303조, 제421조), 이는 엄밀히 말하면 주식인수인으로서의 의무라고 할 수 있다.

회사의 성립 이후 또는 신주의 효력발생 이후에 출자의무를 부담하는 경우로 다음이 있다. ① 주식의 인수가액에 대한 납입이 없었음에도 설립등기가 된 경우에는 납입하지 않은 주식인수인이 주주가 되기 때문에 주주가 인수가액에 대한 납입의무를 부담한다. 발기인도 제321조 제2항에 따라 납입담보책임을 지나 이 경우 발기인이 주주가 되지는 않는다. ② 발기인이 제321조 제1항에 따라 인수담보책임을 부담하는 경우이다. 이때 발기인이 주주가 된다. ③ 이사와 통모하여 현저하게 불공정한 가액으로 주식을 인수한 자는 공정한 발행가액과의 차액을 회사에 지급할 의무가 있다(제424조의2).

2) 출자의 방식

금전으로 전액 납입함이 원칙이나 다음을 주의하여야 한다. ① **상계의 허용**이다. 2011년 개정으로 회사설립시 상계를 금지하였던 구상법 제334조를 삭제하였고, 신주발행시에는 제421조 제2항에서 회사와 합의에 의한 상계를 허용하는 규정을 명문화하였다. 과거 회사

---

43) 주주명부의 기재사항은 제352조에 규정되어 있다. 그 기재사항이 아닌 전자우편주소는 열람등사청구의 대상이 되지 않는다 하였다.

44) 대법원 2010.7.22. 선고 2008다37193 판결; 대법원 2017.11.9. 선고 2015다235841 판결.

채권자가 그의 채권을 출자전환하는 경우 회사의 자본충실을 강조하면 회사와의 합의에 의한 주금납입의 상계도 무효가 된다고 해석할 수 있는 여지가 있음에 따라 회사채권자의 출자전환을 막게 되어 기업의 구조조정에 지장을 초래하게 된다는 문제가 존재하였다. 이에 개정법은 회사설립시 주주의 납입금에 관하여 회사와의 상계를 금지하도록 규정하였던 구상법 규정을 삭제하면서, **신주발행시에는 명문으로 회사와 동의가 있으면 상계를 허용**하였다(제421조 제2항).[45] ② **대물변제의 금지**이다. 출자의무의 이행에는 대물변제가 금지되는데, 그 이유는 법정절차에 의하지 않는 현물출자가 되기 때문이다(제290조 제2호 참조). ③ **노무나 신용의 출자금지**이다. 인적회사에서 허용되는 노무나 신용 등은 출자방법이 될 수 없다.

3) 회사채권자에 대한 간접유한책임

주주는 인수가액의 범위 이내에서 유한책임을 부담한다. 주주가 회사의 채권자에 대하여 직접적으로 책임을 부담하는 것이 아니고 인수가액의 범위 내에서 간접적으로 부담한다.

(2) 지배주주의 충실의무

회사의 지배주주가 회사나 다른 주주들에 대하여 충실의무를 부담하는지 여부에 관한 것으로 최근 많이 논의되는 부분이다. 미국 등 다른 국가에서는 이를 인정하고 있으나, 우리의 경우 법적 근거가 없다는 점에서 부정하는 견해가 전통적이다. 우리나라에서도 지배주주가 회사의 실질적 의사결정을 하므로 그 책임을 묻는 것이 중요하다는 점에서 충실의무를 인정하는 견해도 있다.[46] 미국은 지배주주의 충실의무론을 중심으로 하여, 독일은 모든 주주의 충실의무에 관하여 그 이론이 전개되고 구체적인 사건에서의 적용이론은 아직도 발달 중에 있으나, 양 국가 모두 충실의무를 인정하고 있다. 양 국가에서 충실의무를 인정하는 가장 설득력 있는 근거로 받아들여지는 것은 회사와 다른 주주에 대한 지배주주의 영향력과 소수주주이익의 부당한 침해가능성이다. 지배주주는 이사진을 구성하고 또한 주주총회를 통하여 그들의 의사를 관철시킬 수도 있으며, 경우에 따라서는 이사들보다도 많은 재량권을 행사한다는 것이다. 특히 성문법국가로 분류되는 독일법도 지배주주의 충실의무에 대한 명문규정이 없음에도, 기존의 법규정으로 해결하기 힘든 부당한 경우에 대한 대응책으로 그 의무성을 인정하고 있음을 주목하여야 한다.[47]

---

45) 상법 제421조 제2항은 신주의 인수인은 회사의 동의 없이 납입채무와 주식회사에 대한 채권을 상계할 수 없다고 규정하고 있는데, 이 규정의 반대해석으로 회사의 동의가 있으면 인수인은 회사에 대한 채권으로 회사의 주금납입채권과 상계할 수 있다.

46) 권기범, 411면; 정동윤, 462면; 최기원, 287면.

47) 독일은 지배주주에 대하여 뿐만 아니라 소수주주에 대하여도 충실의무를 확대 적용하고, 이에 관한 판결이 1995년의 Girmes 사건이다. BGH, WM 1995, 882.

우리도 현행 법규정인 민법 제2조 신의성실의 원칙에서 주주의 충실의무를 도출할 수 있을 것이며, 또한 상법 제401조의2 제1항은 주주의 충실의무를 반영한 조항으로 해석가능하다. 그러나 입법론으로는 지배주주의 충실의무를 명문으로 규정함이 보다 바람직하다 본다.

Ⅲ. 주주의 지위 소멸

1. 주주권의 상실

주식회사에서는 **퇴사제도가 없다. 주주의 지위는 사망, 주식의 양도, 주식의 소각, 단주의 처리, 회사의 해산 등의 법정사유만으로 상실되고, 그 이외의 방법으로는 상실되지 않는다.** 판례도 "주주권은 주식의 양도나 소각 등 법률에 정하여진 사유에 의하여서만 상실되고 단순히 당사자 사이의 특약이나 주주권 포기의 의사표시만으로 상실되지 아니하며 다른 특별한 사정이 없는 한 그 행사가 제한되지도 아니한다"고 하여 이 뜻을 밝히고 있다.[48]

동일한 취지에서 최신 판례는 정관에서 정한 일정한 사유가 발생할 경우 해당 주주의 주식 양도에 관한 의사와 관계없이 주주로서의 지위를 상실시키고, 회사가 그 주주에게 출자금 등을 환급하도록 하는 내용의 정관 조항은 사실상 주주의 퇴사에 관한 내용을 정한 것이어서 물적 회사로서의 주식회사의 본질에 반하여 효력이 없다고 판시하였다.[49] 이는 회사의 주주 구성이 소수에 의하여 제한적으로 이루어져 있다거나 주주 상호간의 신뢰관계를 기초로 하고 있다는 등의 사정이 있더라도 마찬가지이다.[50]

2. 주주권의 포기

판례는 주주권 포기의 의사표시만으로는 주주권이 상실되지 않는다고 한다.[51] 그런데 주주가 스스로 권리의 행사를 포기하는 것은 원칙적으로 문제가 될 것이 없어 자익권은 포기가 가능하다. 그리고 공익권이라 하더라도 자기의 이익을 위하여 그 권리를 행사하는 것이므로 권리행사를 하지 않을 자유도 있어 그러한 의미에서의 포기는 가능할 것이다.

그렇다면 **계약에 의하여 주주가 자신의 공익권을 행사하지 않기로 하는 것은 유효한**

---

48) 대법원 2002.12.24. 선고 2002다54691 판결(주주가 일정기간 주주권을 포기하고 타인에게 주주로서의 의결권 행사권한을 위임하기로 약정한 사정만으로는 그 주주가 주주로서의 의결권을 직접 행사할 수 없게 되었다고 볼 수 없다); 대법원 1999.7.23. 선고 99다14808 판결(주주권은 주식양도, 주식의 소각 또는 주금 체납에 의한 실권절차 등 법정사유에 의하여서만 상실되고, 단순히 당사자간의 특약이나 주식 포기의 의사표시만으로는 주식이 소멸되거나 주주의 지위가 상실되지 아니한다); 대법원 1991.4.30. 자 90마672 결정.

49) 대법원 2024.7.11. 선고 2020다258824 판결.

50) 대법원 2007.5.10. 선고 2005다60147 판결.

51) 대법원 2002.12.24. 선고 2002다54691 판결.

가? 이 경우, 판례는 당사자 사이의 특약에 의하여 주주의 권리행사가 제한되지 않는다고 하였다. (i) 우선 공익권의 행사포기를 내용으로 하는 **당사자간의 계약 자체의 효력은 인정**해야 한다. 이 계약은 채권계약이며 그 효력은 당사자에게만 미치고, 이러한 계약의 효력을 부정할 이유는 없다.[52] (ii) 그러나 회사와의 관계에서는 다르다. 공익권행사 포기계약에도 불구하고 공익권을 행사할 경우 당사자간의 계약위반이 되는 것은 별론으로, 그 공익권 행사의 **회사법적 효력은 인정**되므로 회사에 대한 권리행사 자체가 제한되는 것은 아니다. 판례도 그러하다.[53]

3. 주주의 제명가부

(1) 제명의 불허

상법은 합명회사와 합자회사, 유한책임회사에서는 사원의 '제명'규정을 두고 있다(제218조 제6호, 제220조, 제269조, 제287조의25 등). 이들 회사는 인적회사로서 신뢰관계를 기초로 하는 것이므로 신뢰관계를 기대할 수 없는 경우 회사와 다른 사원을 보호하기 위하여 강제적으로 회사에서 배제하는 것이 필요하기 때문이다. 그런데 주식회사에서는 제명에 관한 규정을 두고 있지 않다. 하지만 소규모 폐쇄회사를 설립한 다음 그 주식양도를 제한하고 인적 결합관계를 중시하는 형태로 회사를 운영하는 경우도 적지 않다. 이러한 경우 다수 주주들이 소수 주주를 제명할 수 있는지가 문제된다.

① **긍정설**인 소수설로서 현행 주식회사 관련 규정 중 상법 제220조와 같은 명문의 규정은 없으나, 제명제도만으로 해결할 수 있는 실제적 필요성이 회사법 현실에 존재하는 경우 그 수요를 충족해주어야 한다고 주장하여 주주 제명을 인정하여야 한다는 견해가 있다.[54] 그러나 ② 통설인 **부정설**은 물적 회사인 유한회사와 주식회사에 있어서 주주 제명을 부정한다. 그 근거는 주주 제명은 자본단체로서의 주식회사 본질에 위배되며 사단법인 주식회사법 체계의 이질적 요소일 뿐만 아니라 주식회사법의 강행질서에도 적합하지 아니하고, 합명회사에서의 사원 제명을 규정한 상법 제220조는 주식회사에 적용되지 않는다는 점을 든다. ③ **판례**는 이른바 '폐쇄회사'에 있어 주주 제명처분이 가능한지를 다룬 것으로서 주주 제명에 관하여 최초로 판시한 판결[55]에서 제명제도가 허용되지 않는다고 하였다.

52) 박상근, "주주권의 포기와 의결권의 대리행사", 「상사판례연구」 VII, 2007, 29면.
53) 대법원 1999.7.23. 선고 99다14808 판결.
54) 남기윤, "주주제명제도에 관한 비교법적 고찰", 「안암법학」 제7호, 1998, 183면.
55) 대법원 2007.5.10. 선고 2005다60147 판결(상법은 제218조 제6호, 제220조, 제269조에서 인적 회사인 합명회사, 합자회사에 대하여 사원의 퇴사사유의 하나로서 '제명'을 규정하면서 제명의 사유가 있는 때에는 다른 사원 과반수의 결의에 의하여 그 사원의 제명의 선고를 법원에 청구할 수 있도록 규정하고 있음에 비하여, 주식회사의 경우에는 주주의 제명에 관한 근거 규정과 절차 규정을 두고 있지 아니한바, 이는 상법이 인적 결합이 아닌 자본의 결합을 본질로 하는 물적 회사로서의 주식회사의 특성을 특별히 고려한 입법이라고 해석되므로, 회사의 주주의 구성이 소수에 의하여 제한적으로 이루어져 있다거나 주주 상호간의 신뢰관계를 기초로 하고 있다는 등의 사정이 있다 하더라

자본금의 결합을 본질로 하는 물적 회사로서의 주식회사의 특성을 특별히 고려하여 인적 회사와 달리 주주의 제명에 관한 근거 규정과 절차 규정을 두고 있지 아니한 상법의 체계, 다수주주들이 소수주주를 일방적으로 제명한 처분이나 회사가 그 주주에게 출자금 등을 환급하도록 규정한 정관이나 내부규정은 모두 물적 회사로서의 주식회사의 본질에 반하고, 법정사유 이외에는 자기주식의 취득을 금지하는 상법의 규정에도 위반되어 무효라고 판시하고 있다.

　　이는 현행 상법의 규정에 비추어 당연한 것이라고 할 수 있다. 폐쇄회사에서 주주간 분쟁해결을 위하여 주주 제명을 허용하여야 한다거나 주주간 계약을 통하여 출자금의 환급을 허용하여야 한다는 일부 주장은 '입법론'으로는 몰라도 '해석론'으로서는 받아들일 수 없다. 다만 폐쇄적인 소규모주식회사에 있어 주주상호간의 불화가 발생할 경우 회사의 운영이 어려워지는 문제가 있게 된다. 2011년 개정법은 이러한 배경하에 사실상 제명과 같은 아래의 제도를 도입하였다.

(2) 제명과 유사한 제도

　　2011년 개정상법은 지배주주의 매도청구권과 교부금합병제도를 도입하여 폐쇄적인 주식회사의 주주총회 운영 등과 관련하여 회사의 관리비용을 절감하고 동시에 소수주주가 출자를 회수할 수 있는 방법을 두었다. ① **지배주주의 매도청구권**(제360조의24)은 회사의 발행주식총수의 100분의 95 이상을 자기의 계산으로 보유하고 있는 주주(지배주주)는 회사의 경영상 목적을 달성하기 위하여 필요한 경우에 회사의 다른 주주에게 그 보유하는 주식의 매도를 청구하여 강제취득할 수 있다. 사인에 의한 강제취득을 허용한 것으로 자기결정권이나 주식평등원칙의 침해 등 일부 위헌적인 요소가 있다고 주장되기도 하나, 이 규정으로 인하여 제명의 효과를 누릴 수 있게 되었다. ② **교부금합병제도**(제523조 제4호)에 의하여 합병후 존속회사는 합병에 의한 소멸회사의 주주들에게 신주를 배정하는 대신 금전이나 그 밖의 재산을 제공하여 소멸회사의 주주들을 축출할 수 있다.

　　도, 그러한 사정만으로 인적 회사인 합명회사, 합자회사의 사원 제명에 관한 규정을 물적 회사인 주식회사에 유추적용하여 주주의 제명을 허용할 수 없다. 주주 간의 분쟁 등 일정한 사유가 발생할 경우 어느 주주를 제명시키되 회사가 그 주주에게 출자금 등을 환급해 주기로 하는 내용의 규정을 회사의 정관이나 내부규정에 두는 것은 그것이 회사 또는 주주 등에게 생길지 모르는 중대한 손해를 회피하기 위한 것이라 하더라도 법정사유 이외에는 자기주식의 취득을 금지하는 상법 제341조의 규정에 위반되므로, 결국 주주를 제명하고 회사가 그 주주에게 출자금 등을 환급하도록 하는 내용을 규정한 정관이나 내부규정은 물적 회사로서의 주식회사의 본질에 반하고 자기주식의 취득을 금지하는 상법의 규정에도 위반되어 무효이다).

제 3 절 주권과 주주명부

I. 주   권(株券)

1. 의   의

주권은 주식을 표창하는 유가증권이다. 주권은 주주권을 증명하는 수단으로서 이를 유가증권화한 것으로, 퇴사제도가 없는 주식회사에서 주식양도를 원활하게 하여 주식의 유통성을 보장하는 기능을 한다. 주권의 교부만에 의하여 주식을 양도할 수 있다(제336조 제1항). 따라서 주권을 소지하는 주주는 주권의 유가증권성으로 인하여 오히려 선의취득에 따른 주주권상실의 위험도 있다. 이러한 점에서 주권불소지제도(제358조의2), 주권의 예탁 및 대체결제제도(자본시장법 제308조 이하), 전자등록제도(제356조의2) 등을 두고 있다.

① 주권은 발행 이전에 이미 발생해 있는 주식(주주권)을 표창하는 증권이므로 **비설권증권**(非設權證券), ② 주식의 존재를 전제로 하므로 **요인증권**(要因證券), ③ 완전한 문언에 따른 효과가 있는 것은 아닌 **비문언증권**(非文言證券)이다. ④ 주권이 **요식증권**(要式證券)이기는 하나(제356조) **그 요식성이 엄격하지 않아** 대표이사의 기명날인과 같은 본질적인 사항이 아닌 한 일부 사항을 기재하지 않아도 유효하다.[56]

주권은 유가증권으로서 재물에 해당되므로 횡령죄의 객체가 될 수 있으나, 자본의 구성단위 또는 주주권을 의미하는 주식은 재물이 아니므로 횡령죄의 객체가 될 수 없다. 따라서 예탁결제원에 예탁되어 계좌 간 대체 기재의 방식에 의하여 양도되는 주권은 유가증권으로서 재물에 해당되므로 횡령죄의 객체가 될 수 있으나, 주권이 발행되지 않은 상태에서 주권불소지 제도, 일괄예탁 제도 등에 근거하여 예탁결제원에 예탁된 것으로 취급되어 계좌 간 대체 기재의 방식에 의하여 양도되는 주식은 재물이 아니므로 횡령죄의 객체가 될 수 없다.[57] 요컨대 계좌간 대체 기재 방식에 의하는 경우라 하더라도 **주권의 발행에 따라 재물성 인정 여부가 달라지게 된다.**

---

56) 대법원 1996.1.26. 선고 94다24039 판결(대표이사가 주권 발행에 관한 주주총회나 이사회의 결의 없이 주주명의와 발행연월일을 누락한 채 단독으로 주권을 발행한 경우, 특별한 사정이 없는 한 주권의 발행은 대표이사의 권한이라고 할 것이고, 그 회사 정관의 규정상으로도 주권의 발행에 주주총회나 이사회의 의결을 거치도록 되어 있다고 볼 근거도 없으며, **기명주권의 경우에 주주의 이름이 기재되어 있지 않다거나 또한 주식의 발행연월일의 기재가 누락되어 있다고 하더라도 이는 주식의 본질에 관한 사항이 아니므로, 주권의 무효 사유가 된다고 할 수 없다**).
57) 대법원 2023.6.1. 선고 2020도2884 판결.

2. 발   행

주식의 양도에는 주권의 교부를 요하고 투자자가 투하자금을 회수하기 위하여는 주식 양도가 자유로워야 하므로, 상법은 주권의 발행을 의무화하고 있다. 따라서 회사는 성립 후 또는 신주의 납입기일 후 지체 없이 주권을 발행하여야 한다(제355조 제1항). 역으로 회사의 성립 후 또는 신주의 납입기일 후가 아니면 주권을 발행할 수 없고(제355조 제2항), 이에 위반하여 발행된 주권은 주권으로서 효력이 없다(제355조 제3항). 권리주가 유가증권화하여 유통되는 경우 투기를 조장할 우려가 있다는 점에서이다.

그런데 회사가 주권을 만연히 발행하지 않고 있는 경우, 상법은 주주가 주식을 양도하기 위한 방법을 마련하고 있다. ① 회사 성립 이후 6월이 경과하도록 주권을 발행하지 않는 경우 주주는 주권이 없어도 주식을 양도할 수 있다(제335조 제3항). ② 주주는 제355조 제1항에 근거하여 주권의 발행 및 교부청구권을 행사할 수 있다. 그리고 이는 일신전속권이 아닌 까닭에 주주의 채권자가 대위하여 행사할 수 있다.[58] ③ 그리고 임무위배를 이유로 손해배상을 청구할 수 있다(제399조, 제401조).

3. 주권의 효력발생시기

주권은 언제부터 효력이 발생하는가? 주권이 유가증권으로서의 속성을 가지고 이에 의하여 양도가 되는 시점은 언제부터인가? 전통적으로 다음과 같은 학설들이 있다.

(1) 작성시설

작성시설(창조설)은 회사가 적법하게 **주권을 작성한 때**에 이미 주권으로서의 효력이 생긴다고 한다. 이 견해에 의하면 주권의 작성 후 주주에게 교부하기 전이라도 선의취득·압류·제권판결 등이 가능하다고 한다. 이 견해에 의하면 거래의 안전은 보호되나, 주주에게는 가혹하게 된다. 현재 이 견해를 취하는 학자는 없다.

(2) 발행시설

발행시설은 **회사가 주권을 작성하여 회사의 의사로 '누군가'에게 교부한 때**에 주권의 효력이 생긴다고 한다. 이 견해는 작성시설과 교부시설을 절충한 입장으로서, 회사가 주권을 교부하여야 그 효력이 발생한다고 보는 점에서 앞에서 본 작성시설과 다르고, 주주가

---

58) 대법원 1982.9.28. 선고 82다카21 판결(상법 제335조 제2항의 규정은 주권발행 전의 주식양도는 회사에 대하여 대항할 수 없을 뿐 아니라 회사도 이를 승인하지 못하여 대 회사관계에 있어서는 아무런 효력이 없다는 것이나 그렇다고 양도당사자 사이에 있어서까지 양도양수의 효력을 부정하는 취지라고 해석되지 않으므로 그 당사자간에서는 유효하다 할 것이니 주권발행 전의 주식을 전전 양수한 원고가 회사에 대하여 원시 주주를 대위하여 직접 원고에게 주권의 발행교부를 청구할 수는 없다 할지라도 원시 주주들의 회사에 대한 주권발행 및 교부청구권을 대위행사하여 원시 주주에의 주권발행 및 교부를 구할 수 있다).

아니더라도 누구에게든 교부하기만 하면 그 효력이 발생한다는 점에서 후술하는 교부시설과 다르다. 이 견해에 의하면 주권의 작성 후 회사의 의사에 기한 주권의 점유이전행위가 있게 되면 선의취득·압류·제권판결 등이 가능하나, 주권의 작성 후 회사의 의사에 기하지 않은 주권의 점유이탈행위가 있게 되면, 선의취득·압류·제권판결 등이 불가능하다.

이 견해에 대한 비판은, 회사가 누구에겐가 주권을 교부하면 주권의 효력이 발생하므로, **주주가 자기의 과실 없이 주주권을 잃을 수 있어** 주주보호에 미흡하다는 것이다. 이 학설에 의하면 결국 회사가 주주에게 주권을 교부하지 아니하였더라도 제3자가 선의취득할 수 있는데, 이것은 주권을 점유했던 일조차 없는 주주를 주권의 점유를 잃은 자(제359조, 수표법 제21조)로 간주하는 것으로서, 이러한 의제는 선의취득제도의 본래의 취지에도 어긋나는 점 등이다.

(3) 교부시설

교부시설은 주권의 효력은 회사가 주권을 작성하여 **회사의 의사에 의하여 '진정한' 주주에게 교부한 때** 발생한다는 설이다. 우리나라의 판례와 다수설의 견해이다. 이 견해에 의하면 주권의 작성 후 주주에게 교부하기 전에는 주권으로서의 효력이 발생하지 않으므로 선의취득·압류·제권판결 등이 불가능하다.

이 견해에 의하면 주주는 보호되나, 거래의 안전을 기할 수 없다. 그러나 주권은 어음·수표와는 달리 사단법적 법리가 지배하는 특수성이 있어 거래의 안전보다는 진정한 주주의 보호가 더 요청되므로, 이 견해가 타당하다고 본다.

(4) 판 례

판례는 과거 발행시설을 취한 것이 있으나 현재는 **교부시설**이다.[59] 판례는 주권발행은 상법 제356조 소정의 형식을 구비한 문서를 (진정한)주주에게 교부하는 것을 말하고, 그 주주에게 교부된 때 비로소 주권으로서의 효력을 발생한다고 하면서, 주주가 아닌 제3자에게 교부한 경우는 주권으로서의 효력을 가지지 못함을 명백히 하여 교부시설을 취한다.[60]

---

59) 대법원 1987.5.26. 선고 86다카982,86다카983 판결(상법 제355조의 주권발행은 동법 제356조 소정의 형식을 구비한 문서를 작성하여 이를 주주에게 교부하는 것을 말하고 위 문서가 주주에게 교부된 때에 비로소 주권으로서의 효력을 발생하는 것이므로 회사가 주주권을 표창하는 문서를 작성하여 이를 주주가 아닌 제3자에게 교부하여 주었다 할지라도 위 문서는 아직 회사의 주권으로서의 효력을 가지지 못한다); 대법원 2000.3.23. 선고 99다67529 판결도 동지이다.

60) 참고로 어음 행위의 성립시기에 있어서는 판례가 발행시설을 취한다. 대법원 1999.11.26. 선고 99다34307 판결에서 대법원은, "어음의 교부흠결의 점에 대하여 어음을 유통시킬 의사로 어음상에 발행인으로 기명날인하여 외관을 갖춘 어음을 작성한 자는 그 어음이 도난·분실 등으로 인하여 그의 의사에 의하지 아니하고 유통되었다고 하더라도, 배서가 연속되어 있는 그 어음을 외관을 신뢰하고 취득한 소지인에 대하여는 그 소지인이 악의 내지 중과실에 의하여 그 어음을 취득하였음을 주장·입증하지 아니하는 한 발행인으로서의 어음상의 채무를 부담한다고 할 것이다"고 판시하였다. 이는 주권은 유통성이 적은 불완전유가증권인데 비하여 어음·수표는 유통성이 강한 완전유가증권인 점을 고려한 것이다.

어음수표가 완전한 유가증권임에 반하여 주권은 비설권증권성·요인증권성·비문언증권성 등의 불완전유가증권으로서의 성질을 가지고 있으므로 유통성 증진이 강조되는 거래의 안전보다는 진정한 권리자의 보호가 중요한 까닭에 교부시설을 취하는 판례의 입장이 정당하다.

4. 주권불소지제도

(1) 의 의

주주는 명의개서가 되어 있다면 회사에 대한 권리를 행사할 수 있고, 주권을 직접 소지할 필요가 없다. 하지만 주권은 유가증권으로서 선의취득의 대상이 될 수 있고, 주권을 분실할 경우 그 권리를 상실할 위험도 크다. 따라서 주권불소지제도가 인정된다(제358조의2 제1항). 상장주권의 경우는 주권예탁제도에 의하여 실효성이 크지는 않으나, 보관비용을 줄일 수 있다. 요컨대 예탁결제원에 예탁되어 있는 주식에 대하여 주권불소지 신고가 되면 실제로 주권을 발행하지 않고 다만 장부상의 기재로만 양도가 이루어지게 되어, 주권의 보관비용을 크게 줄일 수 있는 장점이 있다.

주권불소지제도는 주주의 선택에 따라 주권을 발행할 수 있다는 점에서, 주주의 선택과 관계없이 회사가 주권을 발행하지 않을 수 있는 주식의 전자등록제도와 구별된다.

(2) 절 차

1) 정관의 규정

주권불소지제도는 정관에 이를 금하는 규정이 없어야 한다(제358조의2 제1항). 주권불소지제도는 회사의 사무의 번잡을 야기하므로 회사는 정관의 규정에 의하여 이 제도를 이용하지 않을 수 있다. 하지만 정관 이외의 방법으로 이 제도의 이용을 배제할 수 없다.

2) 신 고

주주는 정관에 다른 정함이 있는 경우를 제외하고는 그 주식에 대하여 주권의 소지를 하지 아니하겠다는 뜻을 회사에 신고할 수 있다(제358조의2 제1항). 주주는 **주권발행의 전후를 묻지 않고** 불소지신고를 할 수 있다. 먼저 (i) 주권이 발행되기 전에도 주주는 신고를 할 수 있고, 주식인수인도 신고를 할 수 있다. 자본시장법 제314조 제3항은 예탁결제원의 이름으로 명의개서되어 있는 주식에 대하여 예탁자의 신청이 없는 경우에도 예탁결제원이 불소지신고를 할 수 있도록 되어 있다. (ii) 다만 주권발행 이후에는 주주는 명의개서되어 있는 자만 신고를 할 수 있다. 이 경우에는 주권을 반환하여야 한다. 또한 보유하고 있는 주식 전부가 아니라 일부의 주식에 대하여만 불소지신고를 하는 것도 가능하다.

3) 상대방

상대방은 회사이나, 명의개서대리인이 있는 경우에는(제337조 제2항), 그에 대하여도 할 수 있다.

(3) 효 력

1) 주권발행 전

회사는 지체 없이 주권을 발행하지 아니한다는 뜻을 주주명부와 복본에 기재하고 그 사실을 주주에게 통지하여야 한다. 이 경우 회사는 신고인에게 주권을 발행할 수 없다(제358조의2 제2항).

2) 주권발행 후

두 가지의 방법이 있다. (i) **주권을 무효**로 하는 방법으로 주주는 회사에 그 주권을 제출하여야 하며 회사는 제출받은 주권을 무효로 한다. 이 경우 그 주권은 무효이므로 선의취득이 있을 수 없다. (ii) **주권의 임치**로서 주권을 명의개서대리인에게 임치하는 것이다(제358조의2 제3항). 그런데 임치의 경우는 주권이 유효하고 따라서 선의취득이 가능하다. 만약 선의취득자가 생기는 경우에는 주주는 회사에 대하여 손해배상을 청구할 수 있을 뿐 주권의 반환을 청구하지 못한다. 그러므로 이러한 임치의 방법은 주권불소지제도의 의의에 반할 수 있어, 주권을 무효화하는 것으로 일원화하는 것이 바람직하다.

(4) 주권의 발행과 반환

불소지신고를 한 주주가 다시 주식을 양도 또는 입질하고자 할 때에는 주권이 필요하게 되므로(제336조 제1항, 제338조 제1항), 주주는 회사에 대하여 언제든지 주권의 발행 또는 반환을 청구할 수 있다(제358조의2 제4항).

1) 주권의 발행

주주의 주권불소지신고에 의하여 회사가 주주명부에 주권을 발행하지 아니한다는 뜻을 기재하면 주권발행 전에는 주권을 발행할 수 없고, 주권발행 후에는 주주가 제출한 주권은 무효가 된다(제358조의2 제1항, 제3항).

2) 주권의 반환

주권발행 후에 주권불소지 신고가 있고, 이후 회사가 제출받은 주권을 명의개서대리인에게 임치한 경우에는 주권의 반환을 청구한다. 반환청구의 대상은 회사이다.

5. 주권의 상실

주권을 상실하면 주식을 양도할 수 없고, 반면 선의취득자가 있는 경우 제3자가 그 주권을 적법하게 취득한다(제359조). 상법은 주권이 상실된 경우 공시최고절차와 제권판결절차를 마련해 두고 있다(제360조). 주권을 상실한 자는 제권판결을 얻지 아니하면 회사에 대하여 주권의 재발행을 청구할 수 없다(제360조 제2항).

6. 전자등록제도

(1) 의 의

회사는 주권의 발행에 갈음하여 정관으로 정하는 바에 따라 전자등록기관의 전자등록부에 주식을 등록할 수 있다(제356조의2 제1항). 전자관련기술의 발전과 유가증권의 무권화의 추세에 따라 주권·사채권을 실물로 발행하는 대신 전자등록기관에 등록하여 증권을 소지하지 않고서도 권리의 양도·담보설정·권리행사가 가능한 전자등록제도를 도입할 필요성을 반영한 것이다. 전자등록제도를 채택한 회사는 회사가 성립한 날 또는 주금납입기일의 다음날부터 지체 없이 전자등록을 하여야 하며, 전자등록부에 주식을 등록한 자는 그 주식을 적법하게 소유한 것으로 추정하는 한편, 전자등록부에 주식을 등록한 회사의 주주는 실물 주권의 발행을 청구할 수 없도록 하였다. 같은 취지에서 제516조의7에서 신주인수권의 전자등록제도도 신설하였다.

2016. 3. 「주식·사채 등의 전자등록에 관한 법률」을 제정함에 의하여, 상법 제356조의2 제4항을 전자등록의 절차·방법 및 효과, 전자등록기관에 대한 감독, 그 밖에 주식의 전자등록 등에 필요한 사항은 따로 법률로 정한다고 개정하였다. 주식, 사채, 국채, 지방채 등의 증권에 관한 권리에 대해서는 실물 증권 또는 증서의 발행 없이도 그 권리의 발생·변경·소멸을 장부에 전자등록하는 전자증권제도를 이용하여 유통될 수 있도록 하고, 이러한 권리 중에서 증권시장에 상장된 주식·사채 등은 전자증권제도를 통해서만 유통될 수 있도록 함으로써 자본시장에서 안정적이고 효율적으로 다양한 권리의 유통이 이루어질 수 있는 기반을 마련하였다(동법 제2조, 제25조 제1항 등).

(2) 구별개념

1) 예탁결제제도

현물의 주권을 교부하는 대신 한국예탁결제원에 주권을 예탁해 놓고 계좌간 거래하는 예탁결제제도는 전자적으로 이루어지는 점에서는 전자등록제도와 유사하다. 그러나 예탁결제제도는 원칙적으로 주권의 발행을 전제하고 있으나, 전자등록제도는 **주권의 불발행을 전제**하는 점에서 다르다.

2) 유가증권

전자등록부에 주식을 등록한 자는 그 등록된 주식에 대한 권리를 적법하게 보유한 것으로 추정하며, 이러한 전자등록부를 선의로 그리고 중대한 과실 없이 신뢰하고 그 등록에 따라 권리를 취득한 자는 그 권리를 적법하게 취득한다(제356조의2 제3항). 즉 선의취득을 인정하고 있어 유가증권과 유사한 점도 있다. 그런데 전자등록제도에 있어서는 전자화된 형태의 주권이 존재하는 것이 아니고 주식의 내용이 전자적으로 기록되고 전자등록기관에 의 등록을 권리관계의 기초로 하는 방식이다. 그런데 이는 유가증권의 틀을 완전히 벗어난 새로운 권리형태로 파악하기는 어렵고 종래 유가증권에 적용되는 규칙들이 수정되어 적용된다고 보아야 한다.[61]

(3) 상장회사의 전자등록 강제

1) 상법 제356조의2 제1항

상법은 "정관으로 정하는 바에 따라"라 하여 주식회사의 선택에 의하여 전자등록 여부를 결정할 수 있다고 규정한다. 하지만 **상상회사는 반드시 전자등록하여야 한다.** 종래상장주식은 의무적 예탁대상이었으나 2019. 9.부터는 의무적 전자등록 대상이 되었다(주식·사채 등의 전자등록에 관한 법률 제25조 제1항). 따라서 기존 예탁된 상장주식은 그 시기부터 전자등록된 것으로 간주되었고 이후 상장회사는 신주발생을 반드시 전자등록 방식에 의하여야 한다.

2) 비상장회사의 경우

전자등록제도의 채택 이후 비상장회사는 다음 세 가지 방법 중 하나를 선택할 수 있다. ① 기존 실물 주권제도의 이용, ② 기존 예탁결제제도의 이용, ③ 전자등록제도의 도입이다.

(4) 전자등록제도의 내용

1) 주권발행 금지

전자등록계좌부에 전자등록된 주식 등에 대해서는 증권 또는 증서를 발행해서는 아니되고, 이를 위반하여 발행된 증권 또는 증서는 효력이 없으며, 이미 주권 등이 발행된 주식 등이 신규 전자등록된 경우 그 전자등록주식 등에 대한 주권 등은 기준일부터 그 효력을 잃는다(주식·사채 등의 전자등록에 관한 법률 제36조). 한편 전자등록주식 등의 양도는 해당 전자등록주식 등이 전자등록된 전자등록기관 또는 계좌관리기관에 대한 신청을 하면 전자등록기관 또는 계좌관리기관이 하는 계좌간 대체의 전자등록으로 이루어진다(주식·사채 등의 전자등록에 관한 법률 제30조). 따라서 주식·사채 등의 전자등록에 관한 법률 시행

---

61) 정찬형, 713면.

이후 상장주식에 대해서는 유효한 주권이 발행되거나 존재할 수 없으므로 주권의 발행 및 인도를 청구할 수 없다.[62]

2) 주식의 양도와 입질

전자등록부에 등록된 주식의 양도나 입질은 전자등록부에 등록하여야 효력이 발생한다(제356조의2 제2항). 전자등록제도의 채택은 회사의 임의이나, 일단 채택한 이후에는 주식의 양도와 입질은 반드시 전자등록부에 등록하여야 하며, 다른 방식에 의한 양도나 입질은 무효가 된다.

3) 효 력

전자등록부에 주식을 등록한 자는 그 등록된 주식에 대한 권리를 적법하게 보유한 것으로 추정하며, 이러한 전자등록부를 선의로 그리고 중대한 과실 없이 신뢰하고 그 등록에 따라 권리를 취득한 자는 그 권리를 적법하게 취득한다(제356조의2 제3항). 전자등록부에 등록된 자에 대하여 주권의 점유자에 대해서(제336조 제2항)와 같이 권리추정력을 인정하고 선의취득 또한 인정하고 있다.

Ⅱ. 주주명부(株主名簿)

1. 의 의

(1) 주주 및 주권에 관한 사항의 공시

주주명부란 주주 및 주권에 관한 사항을 명확히 나타내기 위하여 상법의 규정에 의하여 작성되는 장부를 말한다(제352조 제1항). 주주명부는 회계에 관한 장부가 아니므로 상업장부가 아니다.

(2) 기재사항

1) 주권을 발행한 경우

① 주주의 성명과 주소, ② 각 주주가 가진 주식의 종류와 그 수, ③ 각 주주가 가진 주식의 주권을 발행한 때에는 그 주권의 번호, ④ 각 주식의 취득년월일을 기재하여야 한다(제352조 제1항). 전자주주명부를 작성한 경우에는 '① 주주의 성명과 주소' 이외에 전자우편 주소를 기재하여야 한다(제352조의2 제2항).

2) 전환주식을 발행한 경우

전환주식을 발행한 때에는 이외에도 ① 주식을 다른 종류의 주식으로 전환할 수 있다

---

62) 대법원 2024.7.25. 선고 2020다273403 판결.

는 뜻, ② 전환의 조건, ③ 전환으로 인하여 발행할 주식의 내용, ④ 전환청구기간 또는 전환의 기간(제347조)도 주주명부에 기재하여야 한다.

2. 비치 및 열람

회사는 주주명부를 작성하여 회사의 본점에 비치하여야 하는데, 명의개서대리인을 둔 경우에는 주주명부 또는 그 복본을 명의개서대리인의 영업소에 비치할 수 있다(제396조 제1항). 주주명부의 복본은 그 효력이 주주명부와 동일한 것으로 복본에 한 명의개서는 주주명부에 한 명의개서와 동일한 효력이 있다(제337조 제2항).

주주와 회사채권자는 영업시간 내에 언제든지 주주명부 또는 그 복본의 열람 또는 등사를 청구할 수 있다(제396조 제2항). 회사가 이 청구를 거절할 수 있는가? 주주와 회사채권자가 그 열람의 목적 등을 소명할 필요는 없으나, 판례는 회사가 그 청구에 정당한 목적이 없다는 점을 증명하여 이의 청구를 거절할 수 있다고 본다. 즉 청구에 정당한 목적이 없음에 관한 증명책임은 회사가 부담한다.[63] 그러나 명문의 근거규정 없이 주주명부의 열람등사청구에 대한 거절권을 허용하는 것은 타당하지 않다.

3. 효   력

(1) 대항력(회사에 대한 효력)

주식의 양수인은 주주명부에 명의개서를 할 때까지는 회사에 대하여 자기가 주주라는 것을 주장할 수 없다(제337조 제1항). 주식의 양도는 주권의 교부만에 의하여 가능하므로(제336조 제1항), 그 주식의 양수인은 주권의 교부만 받으면 주주가 되지만(효력요건), 그가 주주임을 회사에 대항하기 위하여는 주주명부에 그의 성명과 주소를 기재하여야 한다(대항요건).

(2) 추정력(주주를 위한 효력)

주식의 양수인이 주주명부에 명의개서를 하면 이후 주주로 추정되어 자기가 실질적 권리자라는 것을 입증하지 않고도 적법한 주주로서의 권리를 행사할 수 있다. 주권을 제시할 필요도 없다. **상법에 명문의 규정은 없으나,** 대항력에 관한 제337조 제1항을 추정력의 근거 규정으로 이해하는 것이 통설이다. 주주명부의 추정력과 구별해야 하는 것으로 주권의 점유에 의하여도 적법한 소지인으로 추정되는데(제336조 제2항), 이는 주식양도와 관련하여 주권의 소지에 대한 적법추정을 하는 것이므로 그 주권의 소지인이 회사에 대하여 주주권을 바로 행사할 수는 없다. 주권의 소지인은 적법한 소지인이라는 추정에 기하여(제336조

---

63) 대법원 1997.3.19. 자 97그7 결정.

제2항) **명의개서를 청구할 수 있을 뿐**이고, 명의개서의 추정력으로 회사에 대하여 주주의 권리를 행사할 수 있게 된다. 예를 들어 주권 점유의 추정력은 회사에 대해 명의개서를 청구할 수 있는 자로 추정되는 한편, 주주명부의 추정력은 회사에 대해 주주권을 행사할 수 있는 자로 추정된다고 보는 것이다. 그런데 이는 추정력에 불과하고 확정력은 아니다. 판례도 주주명부의 기재에 창설적 효력을 인정하는 것이 아니므로 반증에 의하여 실질상 주식을 취득하지 못하였다고 인정되는 자가 명의개서를 받았다 하여 주주의 권리를 행사할 수 있는 것도 아니라 한다.[64)]

이는 최근의 대법원 2017.3.23. 선고 2015다248342 전원합의체 판결에 의하여도 변경되지 않는다. 회사가 명의개서청구자가 주권절취자이거나 또는 단순한 주권점유자임을 알았거나 중과실로 알지 못하였으며, 실질주주도 타인명의로 주주명부에 기재하거나 명의개서를 할 의사가 없었다면 그 명의개서는 적법하지 않은 것이 된다. 이는 2017년 전원합의체 판결이 "특별한 사정이 없는 한" 주주명부에 "적법하게" 주주로 기재되어 있는 자는 회사에 대한 관계에서 그 주식에 관한 의결권 등 주주권을 행사할 수 있다고 하고 있고, 이 경우는 적법하게 명의개서된 것으로 보기 어렵기 때문이다.[65)] 이에 관한 직접적 근거 규정은 없으나 일반적으로 유가증권의 소지인이 권리자 아님을 알았거나 중과실로 알지 못한 때에는 그 소지인에 대한 채무이행은 효력이 없고(민법 제518조), 이는 주권을 제시하여 명의개서를 청구하는 경우에도 유추적용될 수 있을 것이다. 다만 위 효력은 주주명부 기재 당시(또는 명의개서 청구 당시)의 문제이지, 적법한 명의개서가 이루어진 이후 그 후에 회사가 진정한 주주가 따로 있음을 알게 된 경우에는 적용하기 어렵다고 해석된다.

(3) 면책력(회사를 위한 효력)

회사는 명의개서된 주주를 적법한 주주로 인정하여 그에게 각종의 통지나 최고 등을 하면 면책된다(제353조 제1항). 주주명부의 기재에 의한 면책력은 대항력이나 추정력과는 달리 회사 측이 주주명부의 기재에 의하여 받는 이익이 된다. 면책력은 명의주주를 적법한 주주로 인정하는 경우 회사가 면책된다는 뜻 이외에도 **주주의 주소**에 대하여도 주어진다. 주주 또는 질권자에 대한 회사의 통지 또는 최고는 주주명부에 기재한 주소 또는 그 자로

---

64) 대법원 1989.7.11. 선고 89다카5345 판결(상법상 주권의 점유자는 적법한 소지인으로 추정하고 있으나(제336조 제2항) 이는 주권을 점유하는 자는 반증이 없는 한 그 권리자로 인정된다는 것, 즉 주권의 점유에 자격수여적 효력을 부여한 것이므로 이를 다투는 자는 반대사실을 입증하여 반증할 수 있고, 또한 등기주식의 이전은 취득자의 성격과 주소를 주주명부에 기재하여야만 회사에 대하여 대항할 수 있는바(제337조 제1항), 이 역시 주주명부에 기재된 명의상의 주주는 실질적 권리를 증명하지 않아도 주주의 권리를 행사할 수 있게 한 자격수여적 효력만을 인정한 것 뿐이지 주주명부의 기재에 창설적 효력을 인정하는 것이 아니므로 반증에 의하여 실질상 주식을 취득하지 못하였다고 인정되는 자가 명의개서를 받았다 하여 주주의 권리를 행사할 수 있는 것은 아니다). 같은 뜻의 판결로 대법원 2006.9.14. 선고 2005다45537 판결이 있다.

65) 심영, "명의주주와 주주권의 행사", 「상사법연구」 제36권 제3호, 2017, 24면; 정응기, "타인명의의 주식취득과 주주명부 기재의 효력", 「선진상사법률연구」 제81호, 2018, 212면.

부터 회사에 통지한 주소로 하면 되기 때문이다(제353조 제1항).

최근 판례[66]는 이러한 면책적 효력을 보다 강화하여 회사도 주주명부 기재의 구속을 받는 것으로 하였다. 그 판결은 "주주명부상의 주주만이 회사에 대한 관계에서 주주권을 행사할 수 있다는 법리는 주주에 대하여만 아니라 회사에 대하여도 마찬가지로 적용되므로, 회사는 특별한 사정이 없는 한 주주명부에 기재된 자의 주주권 행사를 부인하거나 주주명부에 기재되지 아니한 자의 주주권 행사를 인정할 수 없다"고 판시하였다. 상법상 주주명부 제도의 취지는 주주가 계속 변화하는 단체법적 법률관계의 특성상 회사가 다수의 주주와 관련된 법률관계를 외부적으로 용이하게 식별할 수 있는 형식적이고도 획일적인 기준에 의하여 처리할 수 있도록 하여 이와 관련된 사무처리의 효율성과 법적 안정성을 도모하기 위함이기 때문에, 회사에 대한 관계에서는 주주권을 행사할 자가 주주명부의 기재에 따라 획일적으로 확정된다고 하였다.

4. 주주명부의 폐쇄와 기준일

(1) 의 의

주식이 언제든지 유통될 수 있어 주주가 수시로 변동되므로 회사의 입장으로서는 주주권을 행사할 자를 일정한 시점의 주주로 특정시킬 필요가 있다. 이에 상법은 일정기간 주주명부를 폐쇄하여 주주의 권리변동을 금하는 것을 주주명부의 폐쇄라 하고 일정한 날에 주주명부에 기재된 주주를 권리를 행사할 자로 보는 기준일의 두 제도를 두고 있다(제354조).

(2) 주주명부의 폐쇄

1) 의 의

주주명부의 폐쇄는 주주의 권리를 행사할 자를 정하기 위하여 일정기간 주주명부를 폐쇄하여 주주명부의 기재를 정지하는 것을 말한다(제354조 제1항). 이 제도는 주주 또는 질권자로서 권리를 행사할 자를 일률적으로 정하기 위하여만 이용될 수 있고, 주주의 개별적인 의사에 따라 그 권리를 행사할 자가 특정되는 경우나 그 이외 단순히 회사의 실무상의 편의를 위하여는 이용할 수 없다.

2) 폐쇄기간

주주명부의 폐쇄기간은 3월을 초과할 수 없다(제354조 제2항). 폐쇄기간이 장기화되면 그 기간 동안 주식의 양수인이 명의개서를 할 수 없어 주식양도가 간접적으로 제한되는 결과가 되기 때문이다. 따라서 정관의 규정으로 연장할 수 없다.

---

66) 대법원 2017.3.23. 선고 2015다248342 전원합의체 판결.

3) 공　고

폐쇄기간 중에는 명의개서를 할 수 없으므로 실질주주에게 명의개서를 촉구하는 의미에서 폐쇄사실을 폐쇄기간의 2주간 전에 공고하여야 하나, 정관에 폐쇄기간이 정하여진 경우에는 공고할 필요가 없다(제354조 제4항).

4) 효　력

① 주주권을 행사할 주주의 확정

폐쇄에 의하여 폐쇄 당시에 주주명부에 기재된 자가 주주권을 행사할 자로 확정된다.

② 권리변동 기재의 금지

회사는 폐쇄기간 중에는 그 주식에 관하여 주주 또는 질권자의 권리를 변동시키는 일체의 기재를 할 수 없다. 그러나 권리변동과 무관한 사항은 기재할 수 있다. 따라서 전환주식, 전환사채의 전환청구(제350조 제2항, 제516조 제2항)와 신주인수권부사채의 신주인수권행사(제516조의9)는 폐쇄기간 중에도 할 수 있으나, 이 경우 폐쇄기간의 취지를 살리기 위하여 그 폐쇄기간 중에 이루어진 주주총회의 결의에 관하여는 의결권이 없다.

③ 폐쇄기간 중 회사가 임의로 명의개서를 한 경우

만약 회사가 임의로 명의개서를 하였다면 그 효력은 어떠한가? (i) **무효설**은 주주평등의 원칙에 반하고 폐쇄제도의 취지에 반한다는 점, 그리고 회사에 선택권을 부여해 줄 수 있다는 이유로 무효라 한다.[67] (ii) **유효설**은 명의개서 자체는 유효하나 그 효력은 폐쇄기간 경과 후에 발생한다고 본다.[68] 명의개서의 효력을 폐쇄기간 경과 후에 발생한다고 하여 폐쇄제도를 둔 목적에 어긋난다고 볼 수 없으며, 다른 주주의 이익을 해하는 것도 아니어서 유효설이 타당하다고 본다. 아직 이에 관한 판례는 없다.

(3) 기준일제도

주주권을 행사할 자를 확정하기 위하여 기준일을 정하는 경우에는 그 이후의 명의개서가 금지되지 않아 주식양도가 가능하다. 폐쇄기간이 3월을 초과하지 못하는 것에 상응하여 기준일을 그 권리를 행사할 날의 이전 3월 내의 일자로 정하도록 한다(제354조 제3항). 공고에 관한 것은 주주명부 폐쇄와 같으나(제354조 제4항) 기준일의 공고는 반드시 그 목적을 정하여야 하고 그 목적 이외에는 기준일이 적용되지 않는다.

(4) 상법규정에 위반한 폐쇄와 기준일의 효력

상법규정에 위반한 주주명부 폐쇄의 효력은 어떠한가? 이는 일률적으로 무효로 볼 것

---

67) 정동윤, 475면; 최기원, 394-395면.
68) 권기범, 556면; 이철송, 339면; 정찬형, 723면; 최준선, 264면(여기서는 절충설로 표현하고 있으나 긍정설과 같은 의미이다).

이 아니라 각각의 구체적인 사안에서 합리적으로 판단하여야 한다(통설). 주주이익에 중대한 침해가 되는 위법이 있으면 무효이고, 경미한 위법 등의 경우에는 효력에는 영향이 없다고 본다. 예컨대 상법에서 폐쇄기간을 3월로 정하고 있음(제354조 제2항)에도 이를 위반한 경우, 즉 3월을 초과하는 기간을 폐쇄기간으로 정한 때에는 그 초과하는 기간만이 무효가 되고, 시기 또는 종기가 불확정하다면 그 전부가 무효가 된다(통설).

5. 전자주주명부

(1) 의 의

전자주주명부는 상법의 규정에 따라 주주명부를 전자문서로 작성한 것을 말한다(제352조의2 제1항). 상법은 회사가 정관의 규정에 따라 전자문서로 주주명부를 작성할 수 있도록 하고, 이 전자주주명부에는 기존의 주주명부의 기재사항 외에 전자우편주소를 포함하도록 하는(제352조의2 제2항) 한편, 전자주주명부의 비치·공시 및 열람방법을 대통령령에 위임한다(제352조의2 제3항). 이것은 주식 등의 전자등록제도(제356조의2, 제478조 제3항)와 전자투표제도(제368조의4)를 도입함에 따라 일반 주주명부를 전자문서로 된 주주명부로 대체할 필요가 있어서 제도화한 것이다.

(2) 효 력

전자주주명부는 그 형태가 전자문서라는 점 이외에 법적으로는 **기존의 주주명부와 아무런 차이가 없다.** 즉 대항력·추정력·면책력을 가진다.

(3) 비치 및 공시

회사가 전자주주명부를 작성하는 경우에 회사의 본점 또는 명의개서대리인의 영업소에서 전자주주명부의 내용을 서면으로 인쇄할 수 있으면, 제396조 제1항에 따라 주주명부를 갖추어 둔 것으로 본다(상법 시행령 제11조 제1항). 주주와 회사채권자는 영업시간 내에 언제든지 서면 또는 파일의 형태로 전자주주명부에 기록된 사항의 열람 또는 복사를 청구할 수 있다(상법 시행령 제11조 제2항).

6. 실질주주명부

실질주주명부는 주권예탁결제제도에 의하여 한국예탁결제원이 자신에게 예탁된 주식의 실질주주의 명단을 발행회사에 통지하고, 발행회사가 이에 근거하여 작성한 주주명부이다(자본시장법 제316조 제1항). 실질주주명부에의 기재는 주주명부에의 기재와 동일한 효력을 가진다(자본시장법 제316조 제2항). 이 경우 주주명부 및 주권에 관한 권리(주권수령과 주권불소지신고 등)는 예탁결제원이 행사하나(자본시장법 제314조 제2항, 제3항), 기타의 모든 주주권은 실질주주가 행사함이 원칙이다(자본시장법 제315조 제1항).

Ⅲ. 주주의 확정

1. 타인명의의 주식인수

주식을 인수하는 자가 타인으로부터 승낙을 받고 그 빌린 이름으로 인수하거나, 승낙을 얻지 않고 인수하는 경우, 또는 전혀 존재하지 않는 가설인으로 인수하는 경우 누가 주주로서의 지위를 차지하는지의 문제이다.

(1) 가설인명의 또는 타인의 승낙을 얻지 않은 경우

주식인수의 청약을 가설인명의 또는 타인의 승낙을 얻지 않고 타인의 명의로 하는 경우 실제로 청약을 한 자가 주식배정 후 주식인수인이 되어 그가 주식인수인으로서의 책임을 부담한다(제332조 제1항). 이 경우의 주식인수도 유효하다는 것으로 명의차용자가 납입의무를 부담하고, 발기인과 이사의 인수담보책임(제321조 제1항, 제428조 제1항)이 발생하지 않는다. 상법은 실제로 청약을 한 자가 주식인수인으로서의 책임을 부담한다고만 규정하고 있어, 누가 주주의 지위를 취득하는지가 문제될 수 있다.

(i) 먼저, 가설인은 주식인수계약의 당사자가 될 수 없음은 분명하다. (ii) 다음으로, **타인의 명의로 주식을 인수하면서 그 승낙을 받지 않은 경우** 명의자와 실제로 출자를 한 자 중에서 누가 주식인수인인지 문제되는데, 명의자는 원칙적으로 주식인수계약의 당사자가 될 수 없다. 자신의 명의로 주식을 인수하는 데 승낙하지 않은 자는 주식을 인수하려는 의사도 없고 이를 표시한 사실도 없기 때문이다. 따라서 실제 청약을 한 자(실제 출자자)가 주주가 된다는 것이 통설이다. 판례[69]도 이러한 취지에서 실제 출자자가 가설인 명의나 타인의 승낙 없이 그 명의로 주식을 인수하기로 하는 약정을 하고 출자를 이행하였다면, 주식인수계약의 상대방의 의사에 명백히 반한다는 등의 특별한 사정이 없는 한, 주주의 지위를 취득한다고 보았다. 그런데 이 경우 주주는 실질 주주이나 명의개서를 하지 않는 이상 회사에 주주권을 행사할 수는 없다. 그리고 승낙을 하지 않고 명의를 도용당한 자가 설령 그의 이름으로 명의개서되어 있다 하더라도 주주가 될 수는 없다. 타인에 의하여 무단으로 이루어진 명의도용의 명의개서 신청은 적법하지 않기 때문이다.

(2) 타인의 승낙을 얻은 경우

타인의 승낙을 얻어 그 명의로 주식을 인수한 자는 그 타인과 연대하여 납입할 책임이 있다(제332조 제2항). 명의대여자와 명의차용자 사이에는 개인법적으로 해결될 문제이나, 회

---

69) 대법원 2017.12.5. 선고 2016다265351 판결.

사와의 관계와 제3자와의 관계에 있어서는 누가 주주권을 취득하는가에 관한 중요한 문제
이다.

① 형식설

이에 대하여는 소수설로 **명의대여자**가 주식인수인이라는 형식설이 있다.[70] 단체법의
법적 안정성을 위하여 주주를 형식적으로 확정하여야 한다는 점, 회사로서는 실질적인 주
주가 누구인지 조사를 하는 것이 불가능할 수도 있다는 점 등을 든다. 또한 명의주주로부
터 주식을 양수한 자 등 제3자의 이해관계가 얽히는 것을 보면 형식설이 타당하다는 것
이다.

② 실질설

명의차용자가 주주라는 견해이다. 이는 법률행위의 일반이론인 **의사주의**에 비추어 현
실적으로 주식인수행위를 하는 자가 주주이어야 한다는 점, 그리고 실질적 투자자를 보호
할 필요가 있다는 점, 그리고 제332조 제1항과 균형의 면에서도 명의차용자가 주주이어야
한다고 본다. 또한 주주의 지위는 회사로부터 주식을 인수하거나 기존 주주로부터 주식을
양수하였을 때 취득되는 것으로, 주주명부의 기재는 부동산 물권변동에서의 등기처럼 주주
권 변동의 성립요건도 아니고, 부동산등기와 같은 권리귀속의 추정력이 인정되는 것도 아
니라고 지적하면서, 주주의 지위와 주주권의 존부는 신주인수나 주식양수 등 주식 취득의
요건을 갖춘 권리주체를 확인하는 실체적 권리귀속의 문제라 한다.

③ **판례: 형식설**

판례는 상법 제332조 제2항의 해석이 정면으로 문제된 사안에서도 형식설을 취하면서,
형식설에 따라 원칙적으로는 명의자를 주식인수인으로 본다.[71] 명의자와 실제 출자자가 실
제 출자자를 주식인수인으로 하기로 약정한 경우에도 실제 출자자를 주식인수인이라고 할
수는 없다고 하면서, 실제 출자자를 주식인수인으로 하기로 한 사실을 주식인수계약의 상
대방인 회사 등이 알고 이를 승낙하는 등 특별한 사정이 없다면, 그 상대방은 명의자를
주식인수계약의 당사자로 이해하였다고 보는 것이 합리적이기 때문이라고 한다.

판례는 과거 **실질설**의 입장이었으나,[72] 2017년 판결로 "특별한 사정이 없는 한, 주주명
부에 적법하게 주주로 기재되어 있는 자는 회사에 대한 관계에서 주식에 관한 의결권 등
주주권을 행사할 수 있고, 회사 역시 주주명부상 주주 외에 실제 주식을 인수하거나 양수
하고자 하였던 자가 따로 존재한다는 사실을 알았든 몰랐든 간에 주주명부상 주주의 주주
권 행사를 부인할 수 없으며, 주주명부에 기재를 마치지 아니한 자의 주주권 행사를 인정
할 수도 없다"고 하면서 이와 배치되는 과거 판례들을 폐기하였다.[73] 판례는 주식을 양수

---

70) 채이식, 593면; 이철송, 318면.

71) 대법원 2017.12.5. 선고 2016다265351 판결.

72) 대법원 2011.5.26. 선고 2010다22552 판결; 대법원 2004.3.26. 선고 2002다29138 판결; 대법원 1980.9.19. 선
고 80마396 판결; 대법원 1998.4.10. 선고 97다50619 판결 등.

하였으나 아직 주주명부에 명의개서를 하지 아니하여 주주명부에는 양도인이 주주로 기재되어 있는 경우뿐만 아니라, 주식을 인수하거나 양수하려는 자가 타인의 명의를 빌려 회사의 주식을 인수하거나 양수하고 타인의 명의로 주주명부에의 기재까지 마치는 경우에도, **회사에 대한 관계에서는 주주명부상 주주만이 의결권 등 주주권을 적법하게 행사할 수 있다**고 하면서. 그 근거를 다음과 같이 제시한다. (i) 주주명부제도의 존재이유는 주주권의 행사가 회사와 주주를 둘러싼 다수의 이해관계인 사이의 법률관계에 중대한 영향을 줄 수 있음을 고려한 것이며, 단지 사무의 처리에 관한 회사의 편의만을 위한 것이라고 볼 수 없다. (ii) 주주명부에 주주로 기재되어 있는 자는 특별한 사정이 없는 한 회사에 대한 관계에서 주식에 관한 의결권 등 주주권을 적법하게 행사할 수 있고, 회사의 주식을 양수하였더라도 주주명부에 기재를 마치지 아니하면 주식의 양수를 회사에 대항할 수 없다는 법리에 비추어 볼 때 자연스러운 결과이다. (iii) 언제든 주주명부에 주주로 기재해 줄 것을 청구하여 주주권을 행사할 수 있는 자가 자기의 명의가 아닌 타인의 명의로 주주명부에 기재를 마치는 것은 적어도 주주명부상 주주가 회사에 대한 관계에서 주주권을 행사하더라도 이를 허용하거나 받아들이려는 의사였다고 봄이 합리적이다. (iv) 주주명부상 주주가 주식을 인수하거나 양수한 사람의 의사에 반하여 주주권을 행사한다 하더라도, 이는 주주명부상 주주에게 주주권을 행사하는 것을 허용함에 따른 결과이므로 주주권의 행사가 신의칙에 반한다고 볼 수 없다. 결국 **주주명부에 기재된 주주가 주주권을 행사할 수 있고 이는 회사도 구속하는 것**이며, 주주명부에 기재를 마치지 않고도 회사에 대한 관계에서 주주권을 행사할 수 있는 경우는 주주명부에의 기재 또는 명의개서청구가 부당하게 지연되거나 거절되었다는 등의 극히 예외적인 사정이 인정되는 경우에 국한된다.

④ **적법한 명의개서, 주주권 행사와 주주권 귀속의 구별**

2017년도 전원합의체 판결은 명의개서를 회사와의 관계에서 주주권을 행사하기 위한 적법요건으로 보면서, **회사 이외의 주체들 사이의 주주권 귀속 문제는 그 적용범위에서 배제**하고 있다.[74] 상법에서 주주명부의 기재를 회사에 대한 대항요건으로 정하고 있을 뿐 주식 이전의 효력발생요건으로 정하고 있지 않으므로 명의개서가 이루어졌다고 하여 무권리자가 주주가 되는 것은 아니고, 명의개서가 이루어지지 않았다고 해서 주주가 그 권리를 상실하는 것도 아니기 때문이다.[75]

(i) 회사와 주주 사이의 권리행사 주체와 권리행사의 효력에 관한 문제는 **주주명부의 적법한 기재**만을 기준으로 판단하면 된다. 실질적인 주주가 누구인지에 관한 문제는 제쳐두고 권리행사를 위한 형식적 자격, 즉 주주명부에 적법하게 기재된 자가 주주권을 행사할

---

73) 대법원 2017.3.23. 선고 2015다248342 전원합의체 판결.
74) 대법원 2019.8.14. 선고 2017다231980 판결에서는 회사에 대한 주주권의 귀속은 어떠한지 문제되었는데, 회사와의 관계에서도 주주권의 귀속은 전원합의체 판결이 적용되지 않는다고 본다.
75) 대법원 2020.6.11. 선고 2017다278385,278392 판결; 대법원 2018.10.12. 선고 2017다221501 판결.

수 있다.[76] 주주명부의 명의개서 적법성은 각 주주마다 개별적으로 판단되어야 하는 것으로서 그 기재 자체가 적법하게 되었는지의 문제이다. 명의개서에 따른 주주명부의 기재가 적법하다고 볼 수 없는 경우 명의개서 직전에 작성된 주주명부가 존재하고, 그 주주명부의 기재가 적법하게 이루어진 것으로 볼 수 있다면 그 주주명부상 주주가 회사에 대한 관계에서 주주권을 행사할 수 있다.[77]

(ii) 원칙적으로 **회사가 명의개서절차 이행청구에 관하여 형식적 심사의무를 다하였다면 그에 기해 마쳐진 명의개서는 일응 적법하다고 보아야 한다.**[78] 주식을 양수한 자가 그 취득 사실을 증명하는 방법으로 명의개서를 청구하고 그 청구에 관하여 회사가 형식적 심사의무를 다하여 그에 따라 명의개서를 하였다면 특별한 사정이 없는 한 그 명의개서에 따른 주주명부의 기재는 적법한 것으로 보아야 한다.[79] 회사의 형식적 심사의무의 대표적인 예로는 주권발행 주식의 경우 주권의 점유를 확인하는 것일 것이고, 주권 미발행 주식의 경우에는 주식양도계약서 등의 제시를 상정할 수 있다. 회사에게 명의개서를 청구하는 자가 진정한 주주인가에 대한 실질적 권리의 존부를 심사할 의무는 없다.

(iii) 명의개서에 따른 주주명부의 기재가 적법하다고 볼 수 없는 경우 명의개서 직전에 작성된 주주명부가 존재하고, 그 주주명부의 기재가 적법하게 이루어진 것으로 볼 수 있다면 그 주주명부상 주주가 회사에 대한 관계에서 주주권을 행사할 수 있다.[80]

(iv) 대법원 판례의 태도를 종합하면 명의대여자와 명의차용자 중 누가 주주인가, 즉 명의차용인이 실질주주로서 회사에 대해 명의개서를 청구할 수 있는가의 문제는 **일단 명의자를 기준으로 판단하되 이를 뒤집을 특별한 사정으로** 주식인수대금 납입 여부만을 고려할 것이 아니라 여러 다른 사정들을 함께 고려해서 판단하여야 하고, 주주명부상의 주주가 아닌 제3자가 주식을 인수하고 그 대금을 납입한 경우 그 제3자를 실질상의 주주로 보기 위해서는 단순히 제3자가 주식인수대금을 납입하였다는 사정만으로는 부족하고 제3자와 주주명부상 주주 사이의 내부관계, 주식 인수와 주주명부 등재에 관한 경위 및 목적,

---

76) 대법원 2017.3.23. 선고 2015다248342 전원합의체 판결의 소수의견. 주주명부에 주주로 기재되어 있기만 하면 설령 실질적 주주권을 보유하지 않더라도 유효하게 주주권을 행사할 수 있기 때문에, 주주명부 기재가 권리행사의 절대적 전제요건으로서 간주되는 면이 있고, 이 점에서는 상법이 의도하는 바가 아니기 때문에 입법이 선행되어야 한다는 비판도 있다.

77) 대법원 2024.6.13. 선고 2018다261322 판결. 원고는 피고(회사)의 주주명부상 주주로 기재되어 있었으나(피고가 발행한 주식 총 10,000주 중 7,000주), 원고의 의사와 관계없이 피고 보조참가인에게 명의개서가 되었고, 이후 피고가 원고에게 소집통지 없이 5차례의 주주총회를 개최하자 원고는 피고를 상대로 그 주주총회 결의에 대한 부존재 또는 무효확인을 청구한 사안이다.

78) 대법원 2019.8.14. 선고 2017다231980 판결(주권이 발행되어 있는 주식을 취득한 자가 주권을 제시하는 등 그 취득사실을 증명하는 방법으로 명의개서를 신청하고, 그 신청에 관하여 주주명부를 작성할 권한 있는 자가 형식적 심사의무를 다하였으며, 그에 따라 명의개서가 이루어졌다면, 특별한 사정이 없는 한 그 명의개서는 적법한 것으로 보아야 한다).

79) 대법원 1995.3.24. 선고 94다47728 판결; 대법원 2019.8.14. 선고 2017다231980 판결 참조.

80) 대법원 2024.6.13. 선고 2018다261322 판결.

주주명부 등재 후 주주로서의 권리행사 내용 등을 종합하여 판단해야 한다.[81] 최근 판례로 이처럼 고려되어야 할 중요한 사정 중에는 '누가 주주로서 권리를 행사하는가에 관한 회사의 인식'도 포함된다고 한 것이 있다.[82] 전원합의체 판결 이후에 타인명의 신주인수의 경우 주주권 귀속에 대하여 당사자확정을 구체화하기 위한 다양한 노력이 있고 판례도 축적되어 가고 있다.

2. 실질주주

(1) 의 의

실질주주는 주주명부에 기재된 주주는 아니지만 실질적으로 주식의 소유자로서 그 주식에 관하여 직접적인 이해관계를 가지는 자이다. 광의의 실질주주는 **명의차용자**(제332조)와 **명의개서미필주주**(주식을 양수하였으나 아직 주주명부에 명의개서를 하지 아니하여 양도인이 주주명부에 주주로 기재된 경우이고 명의개서미필주주가 실질주주이다), 그리고 자본시장법 제315조 제1항에 따라 한국예탁결제원에 주권을 예탁한 자와 그 예탁자의 고객인 투자자를 말한다. 명의개서미필주주는 다음에서 살피고 아래에서는 자본시장법상의 실질주주를 본다.

(2) 자본시장법상의 실질주주

한국예탁결제원에 예탁된 주권은 예탁결제원의 이름으로 명의개서가 되므로 그 주권을 예탁한 자(투자자 또는 예탁자)가 실질주주가 된다. 투자자는 금융투자업자(예탁자)에 그 주권을 예탁하고 금융투자업자는 '투자자계좌부'를 작성한다(자본시장법 제310조 제1항). 금융투자업자는 이 주권이 투자자예탁분이라는 것을 밝히고 지체 없이 예탁결제원에 예탁하여야 하고(자본시장법 제310조 제2항), 예탁결제원은 일정한 사항을 기재한 '예탁자계좌부'를 작성비치하되 예탁자의 자기소유분과 투자자의 예탁분이 구분될 수 있도록 하여야 한다(자본시장법 제309조 제3항). 투자자계좌부와 예탁자계좌부에 기재된 자는 각각 그 증권 등을 점유하는 것으로 보고(자본시장법 제311조 제1항), 이러한 계좌부에의 대체의 기재는 그 주식의 양도 또는 질권설정을 목적으로 하는 경우 주권의 교부가 있는 것으로 본다. 실질주주가 주주로서 권리행사를 함에 있어서는 예탁주권의 공유지분에 상당하는 주식을 가지는 것으로 본다(자본시장법 제315조 제1항). 따라서 실질주주는 명의주주가 있더라도 일정한 예외를 제외하고는(자본시장법 제314조 제3항), 원칙적으로 모든 주주권을 행사한다.

---

81) 대법원 2019.5.16. 선고 2016다240338 판결.
82) 대법원 2017.12.5. 선고 2016다265351 판결.

제 4 절 주식의 양도

I. 개 관

1. 주주권의 변동과 주식양도의 의의

주식의 양도는 법률행위에 의하여 주식을 이전하는 **준물권행위**(準物權行爲)이다. 주식의 양도로 주주의 지위는 이전하게 되므로 주주의 권리 또한 포괄적으로 양수인에게 이전한다. 다만 이미 주주권으로부터 분리되어 구체화된 권리(특정결산기의 배당금지급청구권이나 구체화된 신주인수권) 등은 이전되지 않는다.[83]

주주의 지위는 주식을 취득하거나 상실함으로써 발생하거나 소멸한다. 주식의 취득에는 회사설립시나 신주발행시와 같은 원시취득, 상속·합병 등과 같은 포괄적인 승계취득이 있고 주식의 양수로 인한 특정적 승계취득이 있다. 주주가 투하자본을 회수하는 방법은 회사의 해산이나 주식소각으로 인한 회수 등 특수한 방법 이외에는 주식의 양도가 유일하다.

2. 주식양도자유의 원칙

주주로서는 투자한 금액을 회수하는 유일한 수단이 주식의 양도라 할 수 있으므로 주식양도는 자유롭게 할 수 있음이 원칙이다. 또한 주식회사는 인적개성이 중요시되지 않는 점에서도 그 지분인 주식의 양도를 자유롭게 함에 문제가 없다(제335조 제1항). 단지 일정한 경우에는 예외적으로 주식의 양도가 제한되고 법률의 규정에 의한 제한과 정관의 규정에 의한 제한이 있다.

3. 주식양도의 방법

주식양도는 당사자간의 **합의**와 **주권의 교부**가 있어야 한다(제336조 제1항).

---

83) 대법원 2010.2.25. 선고 2008다96963,96970 판결(상법 제461조에 의하여 주식회사가 이사회의 결의로 준비금을 자본에 전입하여 주식을 발행할 경우 또는 상법 제416조에 의하여 주식회사가 주주총회나 이사회의 결의로 신주를 발행할 경우에 발생하는 구체적 신주인수권은 주주의 고유권에 속하는 것이 아니고 위 상법의 규정에 의하여 주주총회나 이사회의 결의에 의하여 발생하는 구체적 권리에 불과하므로 그 신주인수권은 주주권의 이전에 수반되어 이전되지 아니한다. 따라서 회사가 신주를 발행하면서 그 권리의 귀속자를 주주총회나 이사회의 결의에 의한 일정시점에 있어서의 주주명부에 기재된 주주로 한정할 경우 그 신주인수권은 위 일정시점에 있어서의 실질상의 주주인가의 여부와 관계없이 회사에 대하여 법적으로 대항할 수 있는 주주, 즉 주주명부에 기재된 주주에게 귀속된다). 대법원 1988.6.14. 선고 87다카2599,2600 판결; 대법원 1995.7.28. 선고 94다25735 판결 등.

(1) 양도의 합의

주식양도는 당사자간에 양도의 합의가 있어야 한다.

(2) 주권의 교부

1) 원 칙

주식의 양도는 원칙적으로 주권의 교부에 의한다(제336조 제1항). **주권의 교부는 주식양도의 효력발생요건이지 대항요건이 아니다.** 따라서 주권의 점유자는 점유 자체만으로 권리자로서의 외관을 가지게 되어 적법한 소지인으로 추정된다(제336조 제2항). 여기서의 **추정은 명의개서를 청구할 수 있다는 뜻이다.** 이 규정에 의하여 주식의 양수인이 주권을 제시하면서 명의개서를 청구하는 경우 본인이 적법한 권리자임을 입증하지 않아도 되는 것이고, 역으로 회사는 주권을 제시하면서 명의개서를 청구하는 자가 실질적 권리자가 아님을 입증하지 못하는 한 명의개서를 수용하여야만 한다. 즉 이 경우 그 권리행사에 응한 회사도 악의나 중대한 과실이 없는 한 책임을 면한다.

주권의 교부는 현실의 인도 이외에 간이인도, 점유개정, 반환청구권의 양도에 의하여도 할 수 있다.[84]

2) 예 외

주권의 교부에 의한 주식양도가 원칙이나 다음과 같은 예외가 있다. ① 전자등록제도를 채택한 회사에서는 주권의 교부에 갈음하여 전자등록부에 등록하는 방식으로 한다(제356조의2 제2항). ② 회사성립 또는 신주발행 후 6월이 경과하도록 주권을 발행하지 않는 경우 주권의 교부 없이 주식을 양도할 수 있다(제335조 제3항 단서). ③ 상속이나 합병 등의 포괄승계의 경우에는 주권의 교부가 없어도 주식이 이전된다. 하지만 이 경우에도 회사에 대항하기 위하여는 명의개서가 필요하다(제337조 제1항). ④ 예탁결제제도이다. 예탁결제제도에 의하여 주권의 소유자는 자기의 주권을 금융투자업자에게 예탁하고 계좌를 개설한 후, 주식의 양도나 담보권의 설정은 주권을 교부하지 않고 장부상의 대체 기재만으로 이루어진다(자본시장법 제311조 제2항). 그런데 이때 실물주권의 수수가 없다는 뜻이지 주식양도에 주권의 교부가 필요없다는 의미가 아니다. 계좌간 대체의 기재가 주권교부와 동일한 효력을 갖는 것으로 보고 있기 때문이다(자본시장법 제311조 제2항). ⑤ 주식의 양도에 관하여만 적용되므로, 주식의 양도계약이 해제되거나 명의신탁계약이 해지된 경우에는 주권의 반환이 없어도 주주권이 양도인이나 신탁자에게 회복된다.[85]

---

84) 대법원 2014.12.24. 선고 2014다221258,221265 판결; 대법원 1977.3.8. 선고 76다1292 판결; 대법원 2010.2.25. 선고 2008다96963,96970 판결 등 참조.

85) 대법원 1994.6.28. 선고 93다44906 판결(주식양도양수계약이 적법하게 해제되었다면 종전의 주식양수인은 주식회사의 주주로서의 지위를 상실하였으므로, 주식회사의 주권을 점유하고 있다고 하더라도, 주주로서의 권리를 행

Ⅱ. 명의개서

1. 의   의

명의개서는 주식양도로 주주가 교체되었을 때 그 주식양수인의 성명과 주소를 주주명부에 기재하는 것을 말한다. 주식의 양도는 주권의 교부에 의하여 효력이 발생하지만, 회사에 대항하기 위하여 명의개서를 하여야 한다. 명의개서제도는 빈번하고 대량적으로 이루어지는 주식유통과정에서 회사가 명의개서된 주주만을 획일적으로 주주로 인정함으로써 주주간의 분쟁에서 회사를 보호하기 위한 기술적 제도이다. 이러한 취지에서 주식양도만이 아니라 상속이나 합병 등 포괄승계에 의하여 이전된 경우에도 명의개서를 하지 아니하면 회사에 대하여 주주의 권리를 행사하지 못한다.

2. 절   차

(1) 청구권자

명의개서의 청구는 **주식을 취득한 양수인이 단독**으로 한다. 즉 주식을 취득한 양수인 또는 그 대리인이다. 주식을 취득한 자는 보통은 주식의 양수인이나 상속이나 합병에 의하여 포괄승계한 자도 청구할 수 있다. 이때 명의개서의 청구는 주식양수인(주식의 취득자)이 단독으로 할 수 있는 것이지, 양도인의 협력을 요하지 않는다.[86] 그리고 주식양도인은 다른 특별한 사정이 없는 한 회사에 대하여 주식양수인 명의로 명의개서를 하여 달라고 청구할 권리가 없다.[87] 주식양수인은 취득한 주식에 관하여 명의개서를 할 것인지 아니면 명의개서 없이 이를 타인에게 처분할 것인지에 관하여 자유로이 결정할 권리가 있기 때문이다. 명의개서는 회사만이 할 수 있으므로 **명의개서 청구의 상대방은 회사**이다.

사할 수 있는 것은 아니다); 대법원 1992.10.27. 선고 92다16386 판결(주주명의를 신탁한 사람이 수탁자에 대하여 명의신탁계약을 해지하면 바로 주주의 권리가 명의신탁자에게 복귀하는 것이지 주식의 양도를 위하여 새로 법률행위를 하여야 하는 것은 아니다).

86) 대법원 2000.1.28. 선고 98다17183 판결(주식의 공유자들 사이에 공유 주식을 분할하는 판결이 확정되면 그 공유자들 사이에서는 별도의 법률행위를 할 필요 없이 자신에게 귀속된 주식에 대하여 주주로서의 권리를 취득하는 것이고, 이와 같이 공유물 분할의 방법에 의하여 주식을 취득한 자는 회사에 대하여 주주로서의 자격을 보유하기 위하여 자기가 그 주식의 실질상의 소유자라는 것을 증명하여 단독으로 명의개서를 청구할 수 있으므로).

87) 대법원 2010.10.14. 선고 2009다89665 판결(명의개서청구권은 기명주식을 취득한 자가 회사에 대하여 주주권에 기하여 그 기명주식에 관한 자신의 성명, 주소 등을 주주명부에 기재하여 줄 것을 청구하는 권리로서 기명주식을 취득한 자만이 그 기명주식에 관한 명의개서청구권을 행사할 수 있다. 또한 기명주식의 취득자는 원칙적으로 취득한 기명주식에 관하여 명의개서를 할 것인지 아니면 명의개서 없이 이를 타인에게 처분할 것인지 등에 관하여 자유로이 결정할 권리가 있으므로, **주식 양도인은 다른 특별한 사정이 없는 한 회사에 대하여 주식 양수인 명의로 명의개서를 하여 달라고 청구할 권리가 없다.** 이러한 법리는 주권이 발행되어 주권의 인도에 의하여 기명주식이 양도되는 경우뿐만 아니라, 회사성립 후 6월이 경과하도록 주권이 발행되지 아니하여 양도인과 양수인 사이의 의사표시에 의하여 기명주식이 양도되는 경우에도 동일하게 적용된다).

(2) 주권의 제시

명의개서 청구자는 주권을 제시하여야 한다.[88] 따라서 양수인이 주권의 제시 없이 단순히 회사에 주식의 양수사실을 통지한 것만 가지고는 명의개서 청구가 아닌 것으로 본다.[89] 그런데 상속이나 합병 등의 포괄승계에 의한 경우라면 이러한 사실을 입증하고 명의개서를 청구할 수 있다. 같은 취지에서 회사성립 이후 6개월이 경과하였음에도 주권발행이 되지 않은 주식양도의 경우에도 양수인이 주권을 제출함이 없이 그 양수사실을 증명하고 명의개서를 청구할 수 있다.[90]

주권의 점유자는 적법한 소지인으로 추정되므로(제336조 제2항), 주권의 제시로 명의개서를 청구함에 있어 회사에 대하여 주식의 취득원인을 증명할 필요가 없다. 그리고 회사는 그 제시인이 무권리자임을 입증하지 못하는 한 명의개서를 하여야 한다. 주권을 점유하는 자는 반증 없는 한 그 권리자로 인정된다는 것, 즉 주권 점유에 자격수여적 효력을 부여하여 이를 다투는 자가 반대사실을 입증하여야 한다는 의미이다(주권 점유의 추정력). 주권의 점유자는 회사에 대해 자신이 권리자임을 입증할 필요 없이 명의개서를 청구할 수 있다.[91] 따라서 주권의 제시에 추가하여 인감증명서 등 다른 서류의 제출을 명의개서의 요건으로 하는 정관은 무효이다.[92]

(3) 회사의 심사

주권의 점유자는 적법한 소지인으로 추정되므로(제336조 제2항), 회사는 주권을 점유하고 있는 자의 형식적 자격에 대한 심사의무만이 있다. 판례도 회사는 청구자가 **진정한 주권을 점유하고 있는가에 대한 형식적 자격만을 심사하면 족하고**, 나아가 청구자가 진정한 주주인가에 대한 실질적 자격까지 심사할 의무는 없다고 한다.[93] 회사가 형식적 자격을 심사한 경우라면 설사 그가 실질적 자격이 없는 경우에도 회사는 **악의 또는 중과실이 없는 한** 면책된다. 즉 회사는 주권점유자의 실질적 자격을 심사할 의무는 없다. 회사는 주권의 점유자가 적법한 소지인이 아님을 증명하여 명의개서를 거절할 수는 있다.

---

88) 주권의 제시만으로 족하고 취득자의 이름을 주권에 표시할 필요는 없다. 주권의 점유만으로 권리추정력이 생기기 때문이다.

89) 대법원 1995.7.28. 선고 94다25735 판결(기명주식을 취득한 자가 회사에 대하여 주주로서의 자격을 인정받기 위하여는 주주명부에 그 취득자의 성명과 주소를 기재하여야 하고, **취득자가 그 명의개서를 청구할 때에는 특별한 사정이 없는 한 회사에게 그 취득한 주권을 제시하여야 하므로, 주식을 증여받은 자가 회사에 그 양수한 내용만 통지하였다면 그 통지 사실만 가지고는 회사에 명의개서를 요구한 것으로 보기 어렵다**).

90) 대법원 1995.3.24. 선고 94다47728 판결.

91) 대법원 2019.8.14. 선고 2017다231980 판결; 대법원 1998.7.11. 선고 89다카5345 판결 등 참조.

92) 대법원 1995.3.24. 선고 94다47728 판결.

93) 대법원 2019.8.14. 선고 2017다231980 판결(주권이 발행되어 있는 주식을 취득한 자가 주권을 제시하는 등 그 취득사실을 증명하는 방법으로 명의개서를 신청하고, 그 신청에 관하여 주주명부를 작성할 권한 있는 자가 형식적 심사의무를 다하였으며, 그에 따라 명의개서가 이루어졌다면, 특별한 사정이 없는 한 그 명의개서는 적법한 것으로 보아야 한다).

3. 효   력

주주명부의 효력에서 살펴보았다. 주식양수인은 회사에 대하여 주주의 권리를 행사할수 있고(제337조 제1항), 적법한 주주로 추정되며, 회사가 주주명부에 기재된 주주를 적법한주주로 인정하여 그에게 통지나 최고 등을 하면 면책된다(제353조 제1항).[94]

4. 명의개서미필주주(名義改書未畢株主)의 지위

(1) 명의개서가 부당거절된 경우

1) 부당거절의 의의
① 적법한 명의개서 청구의 거절

주식의 양수인이 적법하게 명의개서를 청구하였음에도 불구하고 회사가 정당한 이유 없이 명의개서를 거절한 경우이다. 명의개서의 부당거절이 되기 위하여는 주식을 적법하게양수한 자의 청구를 거절하여야 하고, 명의개서청구 자체는 적법하여야 한다. 즉 주식의양수인이나 그 대리인이 주권의 제시를 하여야 한다. 다만 상속이나 합병 등의 경우 주권이 없더라도 적법한 양수 사실을 증명하여야 한다.

주권의 소지인은 적법한 소지인으로 추정되어(제336조 제2항) 형식적 자격을 가지므로회사에 대하여 자기가 실질적 권리자임을 증명할 필요 없이 명의개서를 청구할 수 있고, 회사는 청구자가 실질적 권리자가 아니라는 것을 증명하여 그 명의개서를 거절할 수 있다. 따라서 청구자가 실질적 권리자가 아니라는 것을 회사가 증명한 때에는 명의개서를 거절할 수 있는 정당한 이유로 된다. 그러나 청구자가 실질적 권리자가 아니라는 것을 회사가증명하지 못하는 때에는 회사는 그 명의개서의 청구를 거절할 수 없고, 만약 거절한 때에는 명의개서의 부당거절이 된다.

② 실질적 권리에 의심할만한 상당한 이유가 있을 때

그런데 명의개서 청구자의 실질적 권리에 의심할 만한 상당한 이유가 있는 경우 회사가명의개서를 거절하였을 때 부당거절이 되는지의 문제가 있다. 실질상의 주주가 명의개서의청구를 한 경우 회사는 형식적 심사의무만 있고 실질적 심사의무는 없다(통설). 따라서 회사는 청구자의 실질적 자격에 관하여서는 조사할 의무가 없는 것이다. 그러나 **청구자의 실질적 권리에 관하여 의심할 만한 상당한 이유가 있는 경우** 회사가 그 실질적 권리에 관

---

94) 대법원 1988.6.14. 선고 87다카2599,2600 판결(상법 제461조에 의하여 주식회사가 이사회의 결의로 준비금을 자본에 전입하여 주식을 발행할 경우에는 **회사에 대한 관계에서는** 이사회의 결의로 정한 일정한 날에 주주명부에 주주로 기재된 자만이 신주의 주주가 된다고 할 것이므로 甲이 丙 주식회사의 기명주식을 실질적으로 취득하였으나 丙 주식회사의 이사회가 신주를 발행하면서 정한 기준일 현재 甲이 기명주식의 명의개서를 하지 아니하여 乙이 그 주주로 기재되어 있었다면 丙 주식회사에 대한 관계에서는 신주의 주주는 乙이라 할 것이다).

한 조사를 위하여 명의개서를 거절할 수 있는가에 관하여 긍정설과 부정설이 대립한다. (i) **긍정설**은 주권상의 법률관계는 다른 유가증권상의 법률관계와는 달리 단체와 구성원 간의 법률관계에 기한 것이므로 회사에 청구자의 실질적 권리에 관한 조사의 권한을 인정하고, 그 조사에 필요한 기간에는 명의개서를 거절할 수 있다고 본다. (ii) **부정설**은 상법상 주권의 소지인은 적법한 소지인으로 추정되므로(제336조 제2항), 회사가 청구자의 실질적 권리에 관한 조사를 위하여 명의개서를 거절하는 것은 부당하다고 한다.

회사가 조사를 이유로 명의개서를 지연시킴으로 인한 주주 보호의 문제가 발생할 수 있어 부정설이 타당하다. 특히 최근 판례[95]가 회사가 주주명부상의 주주와 주주명부에 기재를 마치지 아니한 주식양수인 중 권리행사를 할 자를 임의로 선택할 수 없다고 하고 또한 회사의 조사 결과에 따라 실질 주주의 주주권 행사를 인정하는 것도 바람직하지도 않다고 하여, 판례도 이러한 입장으로 추정된다. 주권의 분실 또는 도난신고가 있거나 공시최고절차가 진행 중인 경우에도 회사는 명의개서를 거부할 수 없다고 보아야 한다.[96] 그러나 청구자가 무권리자임을 용이하게 증명할 수 있었음에도 불구하고 악의 또는 중대한 과실로 명의개서를 한 때에는 회사는 면책될 수 없다.

2) 일반적 구제수단

주식양수인은 회사에 대하여 명의개서청구의 소를 제기할 수 있고 임시주주의 지위를 정하는 가처분을 청구할 수 있다. 또한 손해배상청구를 할 수 있으며, 해당 이사 등에 대하여는 과태료 등의 책임을 추궁(제635조 제1항 제7호)도 할 수 있다.

3) 주식양수인이 직접 주주의 권리를 행사

양수인이 소송을 제기하는 등의 구제를 거치지 않고 바로 주주권을 행사할 수 있는가? 즉 직접적 구제수단으로 양수인이 직접 권리를 행사할 수 있는가의 문제이다. 이에 관하여 국내의 **통설은 긍정설이다.** 긍정설은 명의개서제도가 회사의 사무처리를 편리하게 하기 위한 기술적 요청에 의한 제도이므로 반드시 이를 획일적으로 고수할 필요는 없다는 근거에서, 회사가 부당하게 명의개서를 거절하거나 지체하였을 때에는 그 불이익을 양수인에게 돌리는 것이 신의칙에 반한다는 것이다. 따라서 주식양수인은 명의개서를 하지 않고도 회사에 대하여 주주의 권리를 행사할 수 있다. **판례도 긍정설**을 취한다.[97] 변경된 전원합의체 판결에 의하는 경우에도 이 결론은 동일하다. 그 판결은 "주주명부에 기재를 마치지 않고도 회사에 대한 관계에서 주주권을 행사할 수 있는 경우는 **주주명부에의 기재 또는 명**

---

95) 대법원 2017.3.23. 선고 2015다248342 전원합의체 판결.

96) 김건식·노혁준·천경훈, 192면.

97) 대법원 1993.7.13. 선고 92다40952 판결(주식을 양도받은 주식양수인들이 명의개서를 청구하였는데도 위 주식양도에 입회하여 그 양도를 승낙하였고 더구나 그 후 주식양수인들의 주주로서의 지위를 인정한 바 있는 회사의 대표이사가 정당한 사유 없이 그 명의개서를 거절한 것이라면 회사는 그 명의개서가 없음을 이유로 그 양도의 효력과 주식양수인의 주주로서의 지위를 부인할 수 없다).

의개서청구가 부당하게 지연되거나 거절되었다는 등의 극히 예외적인 사정이 인정되는 경우에 한한다"고 하고 있어 이를 확인하고 있다.[98]

(2) 회사 측에서의 권리인정 여부

1) 문 제

상법 제337조 제1항은 '대항'이라는 표현을 사용한다. 이 의미는 명의개서를 하지 않은 자가 회사에 대하여 주주임을 주장할 수 없는데 그치고 회사로서는 명의개서를 하지 않은 실질상 주주를 주주로서 인정할 수 있는가?

2) 학 설

① 편면적 구속설(인정가능설)[99]

회사는 인정할 수 있다는 견해이다. 상법의 문언상 단순한 대항요건으로 규정하고 있으며, 회사가 그 이전이 있음을 인정하여 주식양수인을 주주로 취급하는 것이 취지에 어긋나는 것은 아니며, 회사의 편익을 위한 제도를 회사 스스로 포기하고 자기의 위험부담 하에 주식양수인을 주주로 인정하는 것은 무방하다는 근거이다. 또한 주주명부의 기재로부터 생기는 주주의 자격은 주권의 점유가 가지는 권리추정력의 반영에 지나지 않으므로 주주명부에 기재된 주주와 다른 주권의 점유자가 나타난 경우 회사는 더 이상 주주명부의 기재에 구속될 이유가 없다는 근거도 제시한다.

② 쌍면적 구속설(인정불가설)[100]

회사가 인정할 수 없다는 견해로서, 회사가 주주권행사의 문제에 임의적인 선택권을 가지는 것은 단체법적 법률관계의 획일성에 반한다고 한다. 그 근거로 회사에 주어진 편익이란 회사를 중심으로 한 법률관계의 모든 이해관계인의 이익을 위한 것으로 회사가 일방적으로 포기할 수 있는 것이 아니라는 점, 회사에게 선택권을 인정하게 된다는 점, 주식평등의 원칙에 반한다는 점 등을 든다. 또한 편면적 구속설에 의하는 경우, 주주명부상의 주주에게는 주식을 양도하였다는 이유로, 명의개서를 마치지 아니한 양수인에게는 명의개서를 하지 않았다는 이유로 **양자의 권리행사를 모두 거절할 수도 있게 되어 권리행사의 공백이 생긴다**고 한다.

③ 판 례

판례는 과거 편면적 구속설(인정가능설)을 취하였으나,[101] 최근 전원합의체 판결에 의하여 **쌍면적 구속설**로 변경하였다.[102] 그 판결은 "상법 제337조 제1항에서 말하는 대항력은

---

98) 대법원 2017.3.23. 선고 2015다248342 전원합의체 판결.
99) 다수의 견해이다. 정찬형, 764면 등.
100) 이철송, 353면; 최기원, 398면.
101) 대법원 1989.10.24. 선고 89다카14714 판결; 대법원 2001.5.15. 선고 2001다12973 판결 등이 있다.
102) 대법원 2017.3.23. 선고 2015다248342 전원합의체 판결.

그 문언에 불구하고 회사도 주주명부에의 기재에 구속되어, 주주명부에 기재된 자의 주주권 행사를 부인하거나 주주명부에 기재되지 아니한 자의 주주권 행사를 인정할 수 없다는 의미를 포함하는 것으로 해석함이 타당하다"고 하여 주주명부의 기재는 회사도 구속한다는 점을 분명히 하였다. 따라서 회사도 주주명부상 주주 외에 실제 주식을 인수 또는 양수하였던 자가 따로 존재한다는 사실을 알았든 몰랐든 간에 주주명부상 주주의 주주권 행사를 부인할 수 없으며, 주주명부에 기재를 마치지 아니한 자의 주주권 행사를 인정할 수도 없다.

판례는 회사도 주주명부의 기재에 구속된다고 하면서 다음의 근거를 내세운다. (i) 회사에 대하여 의결권 등의 권리를 행사하는 것은 단체법적 규율에 따른 것이므로, 동일한 주식에 기초하여 경합하는 주체들 중 누군가가 권리를 행사하면 다른 사람은 권리를 행사할 수 없는 관계에 있다. (ii) 만일 회사가 주주권을 행사할 주체를 정함에 있어 주식의 소유권 귀속에 관한 법률관계를 내세워 임의로 선택할 수 있다고 한다면, 주주권을 행사할 자를 획일적으로 확정하고자 하는 상법상 주주명부제도의 존재이유 자체를 부정하는 것이고, 주주 사이에 주주권의 행사요건을 달리 해석함으로써 주주평등의 원칙에도 어긋난다. (iii) 회사가 선택할 수 있도록 한다면, 주주명부상 주주와 주주명부에 기재를 마치지 아니한 주식인수인이나 양수인 중 누구에게 권리행사를 인정할 것인가에 대하여 선택권을 가지게 되는 불합리한 점이 있을 뿐만 아니라, 주주명부상 주주에게는 실질적인 권리가 없다는 이유로, 주주명부에 기재를 마치지 아니한 주식인수인이나 양수인에게는 주주명부에 기재를 마치지 않았다는 이유로, 양자의 권리행사를 모두 거절할 수도 있게 되어 권리행사의 공백이 생길 수 있다. (iv) 회사의 잘못된 판단으로 정당한 권리자가 아닌 자에게 권리행사를 인정하면 주주총회결의 취소사유가 발생하는 등 다수의 주주와 회사를 둘러싼 법률관계 전체를 불안정하게 하여, 여러 이해관계인 및 그 주주총회결의에 의하여 거래를 한 상대방에게 예측하지 못한 불이익을 발생시킬 위험이 있다. (v) 다수의 주주를 상대로 사무를 처리하여야 하는 회사가 일일이 주주명부상 주주의 배후에서 주식을 인수하거나 양수하고자 하였던 자를 조사하여 주주명부상 주주의 주주권 행사를 배제하고 주식인수인 또는 양수인의 주주권 행사를 인정하는 것은 사실상 불가능하고 바람직하지도 않다.

또한 과거 회사가 주주명부상의 주주가 형식주주에 불과하다는 것을 알았거나 중대한 과실로 알지 못하였고 또한 이를 용이하게 증명하여 의결권 행사를 거절할 수 있었던 경우에는 면책되지 아니한다는 과거 판례[103]도 위 판결과 배치되는 범위에서 모두 변경하였다.

---

103) 대법원 1998.9.8. 선고 96다45818 판결 등.

(3) 명의개서 전의 주식양도 당사자간의 관계

1) 개인법적 문제

명의개서의 효과는 단지 회사에 대한 것이므로, 양도 당사자 사이에는 개인법적으로 주식양도가 유효하여 양수인이 주주라 할 것이므로 주주의 권리는 양수인에게 귀속되는 것으로 본다. 만약 양도인이 취득한 권리가 있다면 양수인에 대한 반환의 법리가 논의된다. 명의개서가 되지 않음으로 인하여 만약 양도인이 이익배당을 받았다면, 양수인이 양도인에 대하여 이를 반환받을 권리가 있다고 할 것이다. 이 경우 어떠한 법적 근거 하에서 그 반환청구권이 발생하는가에 대하여 학설의 다툼이 있고, 이에 대하여는 부당이득설, 사무관리설, 준사무관리설 등이 있다.

(i) **부당이득설**은 양도인이 이익배당 등을 받은 경우 양수인은 양도인에 대하여 부당이득으로서 반환청구할 수 있다는 견해이다. 부당이득설에 의하면 양도인은 그가 취득한 이익을 부당이득으로 반환하여야 한다는 설이다. (ii) **사무관리설**은 양도인은 사무관리의 법리에 따라 그가 배당받은 이익을 양수인에게 인도할 의무가 있고, 그 소요된 유익비용의 상환 등을 양수인에게 청구할 수 있다고 한다. (iii) **준사무관리설**은 사무관리설과 대동소이하나, 양도인에게 양수인을 위한 사무관리의사가 없다는 점에서 준사무관리의 법리에 의하는 것이 타당하다고 보는 견해이다. 준사무관리설에 대하여는 아직 정립된 개념이 아니라는 비판이 있으나, 민법에서도 준사무관리라는 개념이 인정되는 것이고 보면 사무관리의사가 없다는 점에서 준사무관리설에 따르기로 한다.

2) 신주발행의 경우에 관한 판례의 입장

그런데 판례는 신주발행에 있어 무상신주와 유상신주를 구분하지 않고 다르게 해석한다. 신주발행의 경우 양수인이 회사에 대하여 신주발행을 청구하더라도 명의개서의 면책적 효력에 따라 회사는 이에 응할 필요가 없다는 것은 물론이고,[104] **양도 당사자간에도 형식적인 기준에 의하여 판단하여 명의개서가 되어 있지 않다면 주식양도인에게 신주인수권이 귀속되는 것처럼** 판시한다. 대법원은 회사가 신주를 발행하는 경우 발생하는 (i) 구체적 신주인수권은 주주의 고유권이 아니고, (ii) 회사가 신주를 발행하면서 그 권리의 귀속자를 일정 시점에 있어서의 주주명부에 기재된 주주로 한정할 경우, 그 신주인수권은 그 일정 시점에 있어서의 실질상의 주주인가의 여부와 관계없이 회사에 대하여 법적으로 대항할 수 있는 주주, 즉 주주명부에 기재된 주주에게 귀속된다고 한다.[105]

---

104) 대법원 1988.6.14. 선고 87다카2599,2600 판결.
105) 대법원 2016.8.29. 선고 2014다53745 판결; 대법원 2010.2.25. 선고 2008다96963,96970 판결(상법 제461조에 의하여 주식회사가 이사회의 결의로 준비금을 자본에 전입하여 주식을 발행할 경우 또는 상법 제416조에 의하여 주식회사가 주주총회나 이사회의 결의로 신주를 발행할 경우에 발생하는 구체적 신주인수권은 주주의 고유권에 속하는 것이 아니고 위 상법의 규정에 의하여 **주주총회나 이사회의 결의에 의하여 발생하는 구체적 권리에 불과하므로**

하지만 판례에 대하여는 검토할 점들이 있다. 회사가 일정시기에 있어 명의주주에게 신주인수권을 배정한다는 것과 그와 같이 배정된 신주인수권이 양도당사자 사이에서 누구에게 귀속될 것인가는 전혀 별개의 문제이다. 전자는 회사법상의 문제임에 반하여 후자는 양도인과 양수인간의 개인법상의 문제이다. 회사법상 회사에 대한 관계에서 신주인수권을 가지는 주주는 회사가 정한 배정일 현재 주주명부에 기재된 주주이지만, 개인법상 당사자간의 관계에서는 이와는 다르게 보아야 한다.

5. 명의개서대리인

(1) 의 의

명의개서대리인이란 회사를 위하여 명의개서의 사무를 대행하는 자를 말한다. 회사는 정관이 정하는 바에 의하여 명의개서대리인을 둘 수 있다(제337조 제2항). 이 경우 명의개서대리인이 취득자의 성명과 주소를 주주명부의 복본에 기재한 때에는 명의개서가 있는 것으로 본다(제337조 제2항).

법문이 대리인이라는 표현을 사용하고 있으나 사법상의 대리인이 아니다. 명의개서는 법률행위가 아니어서 대리는 있을 수 없고 대행만이 가능하며, 회사의 이행보조자와 같은 지위를 가진다. 자본시장법은 대행이라는 용어를 사용한다(자본시장법 제365조).

(2) 선 임

명의개서대리인의 선임이 강제되는 것은 아니고 회사가 임의로 결정하나, 명의개서대리인을 채택하는 경우 정관에 그 근거규정을 두어야 한다(제337조 제2항). 회사가 명의개서대리인을 두는 경우 상호와 본점소재지를 등기하여야 하며, 주식청약서와 사채청약서에도 기재하여야 한다(제317조 제2항 제11호, 제302조 제2항 제10호, 제420조 제2호, 제474조 제2항 제15호). 누구를 명의개서대리인으로 할지는 이사회의 결의로 정한다. 명의개서대리인은 자본시장법에 의하여 한국예탁결제원 또는 전국적인 점포망을 갖춘 은행이어야 한다(자본시장법 제365조).

(3) 지 위

명의개서대리인이 취득자의 성명과 주소를 주주명부의 복본에 기재한 때에는 회사의 주주명부에 명의개서가 있는 것으로 본다(제337조 제2항). 즉 주주는 명의개서대리인의 영

그 **신주인수권은 주주권의 이전에 수반되어 이전되지 아니한다.** 따라서 회사가 신주를 발행하면서 그 권리의 귀속자를 주주총회나 이사회의 결의에 의한 일정시점에 있어서의 주주명부에 기재된 주주로 한정할 경우 **그 신주인수권은 위 일정시점에 있어서의 실질상의 주주인가의 여부와 관계없이 회사에 대하여 법적으로 대항할 수 있는 주주, 즉 주주명부에 기재된 주주에게 귀속된다**). 동일한 취지의 판결로 대법원 1995.7.28. 선고 94다25735 판결 등이 있다.

업소에 비치된 복본에 명의개서를 하더라도 그 명의개서는 회사에 대하여 대항력을 가진다. 그러나 주주가 상법 제396조 제2항에 의하여 명의개서대리인에게 직접 주주명부 열람·등사를 청구할 수는 없다.[106) 명의개서대리인이 정당한 사유 없이 주권의 명의개서를 하지 아니하거나, 주주명부 등에 기재할 사항을 기재하지 아니하거나, 또는 부실한 기재를 한 때에는 상법상 일정한 과태료의 제재를 받는다(제635조 제1항, 제7호, 제9호).

Ⅲ. 주식양도의 제한

1. 법률에 의한 제한

(1) 권리주양도의 제한

1) 의 의

권리주는 '주식인수인의 법적 지위' 또는 '주식의 인수로 인한 권리'를 말한다. 상법은 권리주의 양도는 회사에 대하여 효력이 없다(제319조)고 규정한다.

2) 제한 이유

권리주의 양도를 금지하는 이유는, 이를 허용하는 경우 회사설립절차나 신주발행절차가 복잡해지고 단기차익을 노리는 투기행위가 발생할 수 있으며, 특히 주권발행은 회사성립 이후에만 할 수 있어 주권이 발행되기 이전 단계인 권리주에 대하여는 양도의 방법도 없기 때문이다. 그리고 회사의 불성립으로부터 권리주의 양수인을 보호하고자 하는 정책적 고려도 있다.

3) 효 력

① 양도당사자 사이에서는 채권적 효력이 있다. ② 회사에 대하여 당사자가 양도의 효력을 주장할 수 없는 것은 당연하다. ③ 그런데 회사가 임의로 양수인을 주식인수인으로 승인 또는 인정할 수 있는가의 문제이다. 이에 대하여는 거래의 실정에 비추어 권리주의 양도를 인정하는 것은 무방하다는 소수설이 있으나, 투기방지라는 공익적 취지에서 볼 때 승인을 인정할 수 없고 양도방법도 없으며 그 존속기간도 단기이므로 양도의 효력을 절대적으로 부정하는 견해가 다수설이다. **판례도 양도의 효력을 부정**한다.[107)

또한 이렇게 무효가 된 주식양도는 이후 회사가 성립되거나 신주의 납입기일이 경과된다고 하더라도 그 하자가 치유되지 않는다. 요컨대 회사와의 관계에서 권리주 양도의 금지

---

106) 대법원 2023.5.23. 자 2022마6500 결정(주주가 상법 제396조 제2항에 의하여 명의개서대리인에게 직접 주주명부 열람·등사를 청구할 수는 없고, 주주명부 열람·등사 가처분 신청 사건에서 명의개서대리인을 주장 자체로 주주와 저촉되는 지위에 있는 자라고 할 수 없기에 주주가 직접 명의개서대리인을 채무자로 하여 주주명부 열람·등사 가처분 신청을 할 수는 없다).

107) 대법원 1965.12.7. 선고 65다2069 판결.

는 절대적이다.

(2) 주권발행 전 주식양도의 제한

1) 의 의

'주권발행 전의 주식'이란 회사가 설립등기를 필한 후 주권이 발행되기 이전을 말하고, 신주발행시에는 납입기일의 다음 날(제423조 제1항)로부터 주권을 발행할 때까지의 주식을 말한다. 주권발행 전에 한 주식의 양도는 회사에 대하여 효력이 없다. 다만 회사성립 후 또는 신주의 납입기일 후 6월이 경과한 때에는 그러하지 아니하다(제335조 제3항).

주권발행 전 주식의 양도를 제한하는 이유는 주식의 양도에 있어 주권의 교부는 효력 발생요건(제336조 제1항)이어서, 주권이 발행되기 전 주식을 양도하고자 하더라도 양도방법이 없고 그에 대한 공시방법도 없으므로, 이로 인하여 주식거래의 안전을 기할 수 없게된다. 또한 회사의 주권발행사무에 혼잡을 초래할 우려도 있다.

2) 제한의 예외

회사성립 후 또는 신주납입기일 후 6개월이 경과한 후에는 주권 없이도 주식양도를 할 수 있다(제335조 제3항 단서). 주권발행이 없는 경우 주식양도를 제한하면 주주로서는 투하자금을 회수할 수 있는 길이 막히게 된다. 또한 과거 주권발행 전 주식을 양도한 양도인이 그 후 주가가 상승하게 되면 주권발행 전 주식양도의 제한 규정(제335조 제3항)을 이유로 하여 주식양도를 무효라고 주장하면서 주식을 회수해가는 폐단도 있었다.[108] 그리하여 1984년의 개정에 의하여 투하자금 회수의 기회를 보장하고, 주식양수인을 보호하고자 한 것이다. 그러나 이로 인한 문제점도 지적된다. 주식양도는 주권의 교부에 의한다는 상법의 원칙을 사문화시키고, 회사는 주권발행을 게을리 할 우려가 있다는 지적을 받는다.

3) 주권발행 전 양도의 효력

① 6월 전에 양도한 경우

회사의 성립 후 6월 전에 주권 없이 한 주식양도는 회사에 대하여 효력이 없다(제335조 제3항). 법문은 '회사에 대하여 효력이 없다'고 규정하고 있으나, 회사도 그 양도의 효력을 인정할 수 없다(통설). 즉 **양도당사자가 회사에 대하여 양도의 효력을 주장할 수 없고, 회사 또한 승인을 할 수도 없다.** 판례도 회사가 주권발행 전 주식양도를 승인하고 명의개서까지 해주더라도 역시 무효라 본다.[109] 설사 회사가 그 요청에 응하여 양수인에게 주권을 발행하더라도 주권으로서의 효력이 없다. 즉 양수인은 회사에 대하여 주권의 발행 또는 교부를 청구할 수 없으며, 회사가 주식양수인에게 주권을 발행하더라도 이는 주권으로서의

108) 대법원 1967.1.31. 선고 66다2221 판결.
109) 대법원 1981.9.8. 선고 81다141 판결.

효력이 없다(교부시설).[110]

단지 양도 당사자 사이에서는 채권적 효력이 있다.[111] 6월 전의 주권발행 전 주식양도는 회사에 대하여 대항할 수 없을 뿐 아니라 회사도 이를 승인하지 못하여 회사와의 관계에서는 아무런 효력이 없으나, 양도당사자 사이에는 유효하다. 따라서 양수인이 직접 회사에 대하여 주권발행청구를 할 수는 없으나, **양도인의 주권발행청구권을 대위행사**하여 양도인에게 주권을 발행할 것을 회사에 청구할 수 있다.[112] 만약 주권이 양도인에게 이미 발행된 경우 양수인은 양도인에 대하여 그 교부를 청구할 수 있다.

② 6월 전에 양도한 경우로서 6월이 경과하면서의 하자치유 문제

주권 없이 주식이 양도된 경우로서 회사성립 후 또는 신주의 납입기일 후 6월 전에 주권이 발행된 경우 주식양도는 회사에 대하여 효력이 없으나, 6월이 경과할 때까지 주권이 발행되지 않는다면 그 하자가 치유되는가의 문제이다. ① **부정설**은 주권발행시기에 의하여 양도의 효력이 좌우되어 법률관계의 불안정이 초래되고 주권 없는 주식양도가 조장될 우려가 있으므로, 6월이 경과한 시점에서 당연히 양도계약이 유효로 되지는 않으므로 새로이 양도계약을 체결하여야 한다는 입장이다. ② 그러나 다수설과 판례[113]는 하자치유 **긍정설**로서 이를 무효라고 하면 양도인과 양수인이 6월 경과 후 주권발행 전에 다시 양도의 의사표시를 하여 동 양도를 유효하게 할 수 있는데 이렇게 되면 공연히 절차만 번거롭게 된다는 입장이다.[114] 소수설의 지적과 같이 회사의 주권발행시기가 6개월 경과 전과 후에 따라 주식양도의 효력이 좌우되는 점은 문제로 남게 되나, 이를 감안하더라도 판례의 입장이 보다 설득력 있다.

③ 6월이 경과한 이후의 양도

이때에는 주주는 주권 없이도 주식의 양도를 할 수 있고, 그 양도의 효력을 회사에 대하여 주장할 수 있다. 그런데 회사에 대하여 주주권을 행사하기 위하여는 명의개서를 요하고(제337조 제1항), 양수인이 명의개서를 청구함에 있어서는 주권의 소지에 의한 적법성의

---

110) 대법원 1982.9.28. 선고 82다카21 판결.

111) 대법원 1982.9.28. 선고 82다카21 판결; 대법원 2003.10.24. 선고 2003다29661 판결(상법 제335조 제3항 소정의 주권발행 전에 한 주식의 양도는 회사성립 후 6월이 경과한 때에는 회사에 대하여 효력이 있는 것으로서, 이 경우 주식의 양도는 지명채권의 양도에 관한 일반원칙에 따라 당사자의 의사표시만으로 효력이 발생하는 것이고, 상법 제337조 제1항에 규정된 주주명부상의 명의개서는 주식의 양수인이 회사에 대한 관계에서 주주의 권리를 행사하기 위한 대항요건에 지나지 아니하다).

112) 대법원 1982.9.28. 선고 82다카21 판결.

113) 대법원 2012.2.9. 선고 2011다62076,62083 판결; 대법원 2002.3.15. 선고 2000두1850 판결(상법 제335조 제3항은 "주권발행 전에 한 주식의 양도는 회사에 대하여 효력이 없다. 그러나 회사성립 후 또는 신주의 납입기일 후 6월이 경과한 때에는 그러하지 아니하다"라고 규정하고 있는바, 주권발행 전의 주식의 양도는 지명채권의 양도에 관한 일반원칙에 따라 당사자의 의사표시만으로 효력이 발생하는 것이고, 한편 주권발행 전에 한 주식의 양도가 회사성립 후 또는 신주의 납입기일 후 6월이 경과하기 전에 이루어졌다고 하더라도 그 이후 6월이 경과하고 그때까지 회사가 주권을 발행하지 않았다면, 그 하자는 치유되어 회사에 대하여도 유효한 주식양도가 된다고 봄이 상당하다).

114) 권기범, 511면; 이철송, 376면; 정동윤, 489면; 최준선, 228면.

추정(제336조 제2항)을 받을 수 없으므로, 양수인이 이를 입증하여야 할 것이다.

4) 6월 경과 후 양도의 방법

① 양도방법

상법상 주권발행 전 주식양도에 관한 규정이 없으므로, 일반적으로는 민법 제450조에 의한 지명채권 양도방법에 따라 이루어질 수밖에 없다고 설명된다. 그러나 이러한 일반적인 설명은 타당하지 않다. 다음과 같이 **각각의 양도당사자 사이에 따라서 그 양도방법이 차이가 있음**을 유의하여야 한다.

(i) 양도당사자 사이

양도인과 양수인 사이에 주식을 이전하고자 하는 내용의 계약이 있어야 한다. 당사자 사이의 **의사의 합치**만으로 양도당사자 사이에서는 효력이 발생하고 통지나 승낙 등의 요건을 요구하지 않는다.115) 판례는 회사성립 후 또는 신주의 납입기일 후 6개월이 경과한 경우 주권발행 전의 주식은 당사자의 의사표시만으로 양도할 수 있다고 하면서, 주식양도계약이 해제되면 계약의 이행으로 이전된 주식은 당연히 양도인에게 복귀한다고 하였다.116)

(ii) 제3자에 대한 대항력

제3자에 대한 대항요건은 확정일자 있는 증서에 의한 통지 또는 승낙이다. 회사에 대한 대항력에 대하여는 아래와 같이 견해의 대립이 있으나, 제3자에 대하여는 확정일자 있는 증서에 의한 통지 또는 승낙으로 보는 것에 대하여 학설과 판례가 일치된다.117)

(iii) 회사에 대한 대항력

지명채권방법에 의한 회사에 대한 대항요건이라면 양도인의 통지 또는 회사의 승낙을 들 수 있겠으나, 회사에 대한 대항요건으로서 **민법 제450조의 대항요건이 필요한 것인지**에 대하여 견해대립이 있다.

(가) **대항요건 필요설**이다. 민법 제450조의 대항요건인 회사에 대한 통지나 승낙이 필요하다는 입장으로서, 여기서 대항력의 의미는 회사에 대해 적법한 양수인임을 주장하며 명의개서를 청구할 수 있다는 뜻으로 새긴다. 이후 이에 기하여 명의개서를 하게 되면 회사에 대하여 주주권 행사를 할 수 있다고 본다.118) (나) **대항요건 불요설**이다. 회사에 대

---

115) 대법원 2003.10.24. 선고 2003다29661 판결.

116) 대법원 2022.5.26. 선고 2020다239366 판결; 대법원 2002.9.10. 선고 2002다29411 판결.

117) 대법원 2006.9.14. 선고 2005다45537 판결(주권발행 전 주식의 양도는 당사자의 의사표시만으로 효력이 발생하고, 주권발행 전 주식을 양수한 사람은 특별한 사정이 없는 한 양도인의 협력을 받을 필요 없이 단독으로 자신이 주식을 양수한 사실을 증명함으로써 회사에 대하여 그 명의개서를 청구할 수 있지만, 회사 이외의 제3자에 대하여 양도 사실을 대항하기 위하여는 지명채권의 양도에 준하여 확정일자 있는 증서에 의한 양도통지 또는 승낙을 갖추어야 한다는 점을 고려할 때, 양도인은 회사에 그와 같은 양도통지를 함으로써 양수인으로 하여금 제3자에 대한 대항요건을 갖출 수 있도록 해 줄 의무를 부담한다. 따라서 양도인이 그러한 채권양도의 통지를 하기 전에 제3자에게 이중으로 양도하고 회사에게 확정일자 있는 양도통지를 하는 등 대항요건을 갖추어 줌으로써 양수인이 그 제3자에게 대항할 수 없게 되었고, 이러한 양도인의 배임행위에 제3자가 적극 가담한 경우라면, 제3자에 대한 양도행위는 사회질서에 반하는 법률행위로서 무효이다).

한 대항요건은 명의개서만으로 갖추어지므로, 민법 제450조의 대항요건을 갖출 필요가 없다고 한다.[119] 지명채권양도의 대항요건이 필요하지 않다는 견해는 지명채권에서는 채무자 또는 제3자에게 있어서 채권자의 변경은 이해관계에 영향이 있지만 주식회사의 주주의 변경에는 그와 같은 의미가 적기 때문이라고 설명한다. 양 견해 모두 회사에 대하여 주주권을 행사하고자 한다면 그 전제로 **명의개서**가 있어야 한다는 점에서는 일치한다.

그런데 (다) 판례가 명확하지는 않으나 대항요건 불요설을 취한 것으로 보인다. 대법원 2006.9.14. 선고 2005다45537 판결은 "주권발행 전 주식의 양도는 **당사자의 의사표시만으로 효력이 발생**하고, 주권발행 전 주식을 양수한 사람은 특별한 사정이 없는 한 양도인의 협력을 받을 필요 없이 **단독으로 자신이 주식을 양수한 사실을 증명함으로써 회사에 대하여 그 명의개서를 청구할 수**" 있다고 하여 대항요건 불요설을 취한 것으로 이해된다. 한걸음 나아가 제1양수인이 회사에 대하여 양도 통지나 승낙의 요건을 갖춘 후 제2양수인이 다시 주식을 양수하고 명의개서를 마친 경우 회사가 제1양수인에게 주주총회 소집통지를 하지 않고 임시주주총회를 개회하였다 하더라도 그 결의에 부존재나 무효에 이르는 중대한 흠이 있는 것은 아니라고 하였다.[120] 이 판결은 **회사에 대한 대항요건은 명의개서**임을 보다 분명히 한 것으로 평가된다. **특히 최근 대법원 전원합의체 판결[121]로 이러한 뜻이 보다 분명하게 되었다고 본다.**

그러면서도 과거 판례는 주주명부상의 명의개서가 없어도 회사에 대하여 자신이 적법하게 주식을 양수한 자로서 주주권자임을 주장할 수 있다고 판시[122]하여 **지명채권양도의 대항요건과 명의개서가 모두 없어도 자신이 양수한 사실을 증명함으로써 주주권을 행사할 수 있는 것처럼** 설시한 바 있으나, 이는 타당하지 않다. '통지 또는 승낙'만으로 또는 단순히 양도한 사실만 가지고 명의개서를 하지 않아도 회사에 주주권으로 대항할 수 있다는 논리는 옳지 않기 때문이다.

(라) 사견으로 **명의개서가 있어야만 회사에 대하여 대항할 수 있다고 보아야 하고, 명**

118) 이철송, 378면.
119) 정찬형, 730면; 최기원, 346면; 최준선, 231면.
120) 대법원 2014.4.30. 선고 2013다99942 판결; 대법원 2016.3.24. 선고 2015다71795 판결에서도 "주권발행 전 주식의 양도가 회사성립 후 6월이 경과한 후에 이루어진 때에는 당사자의 의사표시만으로 회사에 대하여 효력이 있으므로, 그 주식양수인은 특별한 사정이 없는 한 양도인의 협력을 받을 필요 없이 단독으로 자신이 주식을 양수한 사실을 증명함으로써 회사에 대하여 그 명의개서를 청구할 수 있다"고 한다.
121) 대법원 2017.3.23. 선고 2015다248342 판결.
122) 대법원 1995.5.23. 선고 94다36421 판결(상법 제335조 제2항 소정의 주권발행 전에 한 주식의 양도는 회사성립후 또는 신주의 납입기일 후 6월이 경과한 때에는 회사에 대하여 효력이 있는 것으로서, 이 경우 주식의 양도는 지명채권의 양도에 관한 일반원칙에 따라 당사자의 의사표시만으로 효력이 발생하는 것이고, 상법 제337조 제1항에 규정된 주주명부상의 명의개서는 주식의 양수인이 회사에 대한 관계에서 주주의 권리를 행사하기 위한 대항요건에 지나지 아니하므로, 주권발행 전 주식을 양수한 사람은 특별한 사정이 없는 한 양도인의 협력을 받을 필요 없이 단독으로 자신이 주식을 양수한 사실을 증명함으로써 회사에 대하여 그 명의개서를 청구할 수 있으므로, 주주명부상의 명의개서가 없어도 회사에 대하여 자신이 적법하게 주식을 양수한 자로서 주주권자임을 주장할 수 있다); 대법원 2003.10.24. 선고 2003다29661 판결.

의개서의 전제로서 반드시 민법 제450조의 요건을 갖출 필요는 없다고 본다. 따라서 명
의개서를 위하여 민법 제450조에 의하여 양도인의 통지 또는 회사의 승낙이라는 지명채권
양도의 대항요건을 갖춘 경우는 물론, 양수인 자신이 주식을 양수하였음을 스스로 증명하
는 경우에도 명의개서를 단독으로 청구할 수 있다고 본다.[123] 그리고 **여기서 명의개서를
청구할 수 있다는 뜻과 회사에 대하여 주주권을 직접 행사할 수 있다는 뜻은 구별하여야
한다.**

② 이중양도

(i) 이중양수인 상호간의 우열(확정일자 있는 증서)

이중양수인 상호간의 우열은 확정일자 있는 양도통지가 회사에 도달한 일시 또는 확정
일자 있는 승낙의 일시의 선후에 의하여 결정된다.[124] 그리고 여기서의 **'도달'이라 함은
사회통념상 상대방이 통지의 내용을 알 수 있는 객관적 상태에 놓여 있는 경우**를 가리키
는 것으로서, 상대방이 통지를 현실적으로 수령하거나 통지의 내용을 알 것까지는 필요로
하지 않는 것이므로,[125] 상대방이 정당한 사유 없이 통지의 수령을 거절한 경우에는 상대
방이 그 통지의 내용을 알 수 있는 객관적 상태에 놓여 있는 때에 그 효력이 생기는 것으
로 본다.[126]

甲이 주권발행 전 주식양도로 乙에게 주식을 양도하고 확정일자 있는 증서에 의하여
회사에 통지하였으나 명의개서청구는 하지 않고 있는 사이에, 다시 丙에게 이중으로 양도
하고 丙이 명의개서를 한 경우, 판례는 지명채권 이중양도에 준하여 **확정일자 있는 양도
통지가 회사에 도달한 일시를 기준**으로 결정한다.[127] 양도의 일시 등과는 상관없이 그 양
도통지가 도달한 일자에 의하여 결정된다. 이중양도의 경우 그 권리의 확정은 지명채권의
이중양도와 동일한 구조가 되고 민법 제450조 제2항에 확정일자 있는 양도통지가 회사에
도달한 일자를 기준으로 제3자에 대한 대항력을 결정하게 된다. 그리고 확정일자 없는 증
서에 의한 양도통지나 승낙 후에 그 증서의 사본에 확정일자를 갖춘 경우, 확정일자 이후
에는 제3자에 대한 대항력을 취득한다.[128]

---

123) 대법원 1992.10.27. 선고 92다16386 판결 등.
124) 대법원 2016.3.24. 선고 2015다71795 판결; 대법원 2006.9.14. 선고 2005다45537 판결 등.
125) 대법원 1983.8.23. 선고 82다카439 판결 등.
126) 대법원 2016.3.24. 선고 2015다71795 판결.
127) 대법원 2006.9.14. 선고 2005다45537 판결(주주명부에 기재된 명의상의 주주는 회사에 대한 관계에 자신의
    실질적 권리를 증명하지 않아도 주주의 권리를 행사할 수 있는 자격수여적 효력을 인정받을 뿐이지 주주명부의 기재
    에 의하여 창설적 효력을 인정받는 것은 아니므로, 실질상 주식을 취득하지 못한 사람이 명의개서를 받았다고 하여
    주주의 권리를 행사할 수 있는 것이 아니다. 따라서 주권발행 전 주식의 이중양도가 문제되는 경우, 그 이중양수인
    중 일부에 대하여 이미 명의개서가 경료되었는지 여부를 불문하고 누가 우선순위자로서 권리취득자인지를 가려야
    하고, 이때 이중양수인 상호간의 우열은 지명채권 이중양도의 경우에 준하여 확정일자 있는 **양도통지가 회사에 도달
    한 일시 또는 확정일자 있는 승낙의 일시의 선후에 의하여 결정하는 것이 원칙이다**).
128) 대법원 2006.9.14. 선고 2005다45537 판결(양도통지가 확정일자 없는 증서에 의하여 이루어짐으로써 제3자에
    대한 대항력을 갖추지 못하였더라도 확정일자 없는 증서에 의한 양도통지나 승낙 후에 그 증서에 확정일자를 얻은

문제는 **이중양수인 모두가 확정일자 있는 양도통지나 승낙이 없는 경우**이다. 민법상 지명채권 이중양도의 경우에 있어서도 채무자는 양수인 모두에게 변제를 거절할 수 있으나 반대로 채무자가 양수인 중 1인을 선택하여 변제하면 이는 승낙의 의미가 있으므로 유효하다는 **채무자선택설**, 누구도 우선적 지위를 주장할 수 없으므로 권리변동의 일반원칙에 따라 먼저 채무자에 대한 대항요건을 갖춘 양수인만이 채권을 취득한다고 보는 **선통지자 우선설**이 있으나, 판례의 입장은 분명하지 않다.[129] 그런데 회사에 대한 대항요건으로서 통지 또는 승낙이 필요하지 않다는 **대항요건 불요설에 의하는 경우 선통지자 우선설도 별 의미가 없다**. 왜냐하면 결국은 회사에 대한 권리행사의 문제, 회사에 대한 대항력이 문제되기 때문이다.

(ii) 회사에 대한 권리행사(적법한 명의개서)

이중양수인의 회사에 대한 권리행사에 있어 그 우열관계의 기준은 적법한 명의개서이다. 회사에 대한 관계에서는 **적법한 명의개서**에 의하여 주주명부상 주주로 기재된 자가 우선한다. 따라서 확정일자 있는 증서에 의한 통지나 승낙을 통하여 제3자에 대하여는 대항요건을 갖춘 경우라 하더라도 회사에 대한 대항요건을 갖추지 못한다면 회사에 대하여 권리를 행사할 수 없다.

관련 판례를 보면 ㉠ 제1양수인이 확정일자는 없는 단순 통지 또는 승낙의 요건만 있는 상태에서 제2양수인이 명의개서를 마친 경우, **명의개서를 마친 제2양수인**이 의결권을 행사한 주주총회의 결의에 중대한 흠이 없다고 하였다.[130] ㉡ 회사에 대한 양도통지와 명의개서를 마쳤지만 아직 확정일자 있는 증서에 의한 통지를 하지 아니한 제1양수인이 있는 경우, 마찬가지로 확정일자 있는 증서에 의한 통지를 하지 아니한 다른 제2양수인은, 제1양수인의 명의개서를 말소하고 자신 명의로 명의개서를 청구할 권리가 없다. 회사가 이러한 청구를 받아들여 제2양수인 명의로 명의개서를 하더라도 이는 제1양수인에 대하여는 부당말소에 해당하여 회사는 제1양수인을 주주로 취급하여야 한다고 보았다.[131] **제2양수인의 명의개서가 위법**한 것이기 때문이다.

경우 그 일자 이후에는 제3자에 대한 대항력을 취득하는 것인바, 확정일자 제도의 취지에 비추어 볼 때 원본이 아닌 사본에 확정일자를 갖추었다 하더라도 대항력의 판단에 있어서는 아무런 차이가 없다).

129) 대법원 1971.12.28. 선고 71다2048 판결에 대한 해석이 나뉜다.

130) 대법원 2014.4.30. 선고 2013다99942 판결.

131) 대법원 2010.4.29. 선고 2009다88631 판결(주권발행 전 주식이 양도된 경우 그 주식을 발행한 회사가 확정일자 있는 증서에 의하지 아니한 주식의 양도 통지나 승낙의 요건을 갖춘 주식양수인(이하 '제1 주식양수인'이라 한다)에게 명의개서를 마쳐 준 경우, 그 주식을 이중으로 양수한 주식양수인(이하 '제2 주식양수인'이라 한다)이 그 후 회사에 대하여 양도 통지나 승낙의 요건을 갖추었다 하더라도, 그 통지 또는 승낙 역시 확정일자 있는 증서에 의하지 아니한 것이라면 제2 주식양수인으로서는 그 주식 양수로써 제1 주식양수인에 대한 관계에서 우선적 지위에 있음을 주장할 수 없으므로, 회사에 대하여 제1 주식양수인 명의로 이미 적법하게 마쳐진 명의개서를 말소하고, 제2 주식양수인 명의로 명의개서를 하여 줄 것을 청구할 권리가 없다고 할 것이다. 따라서 이러한 경우 회사가 제2 주식양수인의 청구를 받아들여 그 명의로 명의개서를 마쳐 주었다 하더라도 이러한 명의개서는 위법하므로 회사에 대한 관계에서 주주의 권리를 행사할 수 있는 자는 여전히 제1 주식양수인이라고 봄이 타당하다).

(iii) 이중양도의 양도인이 제1양수인에 대하여 불법행위책임을 지는 경우

판례는 주권발행 전 주식의 양도인이 주식을 이중으로 양도하고 그 배임행위에 **제2양수인 丙이 적극 가담하였다면, 그 양도행위는 반사회적 법률행위로서 무효가 된다고 본다.**[132] 그런데 이중양수인인 丙이 확정일자 있는 양도통지나 승낙에 의한 제3자 대항요건을 갖추지는 못하였으나 乙에 앞서 명의개서를 마친 경우, 丙이 사실상 乙에 우선하는 지위에서 주주로서의 권리를 행사할 수 있음에 반하여, 乙은 양도인의 협력을 받지 못하여 제3자 대항요건을 갖추지 못함으로써 乙 자신에게 명의개서를 하여 달라는 등의 권리행사를 하지 못하였던 경우가 문제이다. 이때 **대항요건을 갖추어 丙에 우선하는 지위를 취득할 법적 가능성이 남아있다는 이유로 아무런 손해의 발생이 없으므로 불법행위 성립을 부인할 것인가?** 판례는 乙이 주주로서의 권리를 제대로 행사할 수 없었다는 점을 중시하여 불법행위책임을 인정한다.[133] 따라서 이중양도 후, 丙이 주주명부상 명의개서를 받는 등으로 乙이 회사에 대한 관계에서 주주로서의 권리를 제대로 행사할 수 없게 되었다면, 그 한도에서 이미 乙이 적법하게 취득한 주식에 관한 권리를 위법하게 침해하는 행위가 되고, 이중양도인 甲은 乙에 대하여 그로 인한 불법행위책임을 지게 된다.

(3) 자기주식의 취득제한

1) 입법의 변천

① 자기주식취득의 금지

주식회사가 이미 자신이 발행한 주식을 다시 취득하는 것을 자기주식취득이라 한다. 과거 회사가 자기의 계산으로 자기주식을 취득하는 것은 엄격히 금지하고 있었으나, 2011년 개정에 의하여 상당부분 완화하였다.

과거 자기주식의 취득을 금지하고 있었던 논거를 보면 (i) 자기주식의 취득은 사단법리에 모순된다는 것이다. 사단법인인 주식회사가 주주의 지위를 표창하는 주식을 취득하여 자신의 구성원이 된다는 것은 논리적 모순이며, (ii) 회사가 자본금으로 자기주식을 유상취득하는 것은 자본금감소의 절차를 거침이 없이 실질적으로 출자를 환급하는 결과가 되어 자본충실의 원칙에 반하고, (iii) 불공정한 거래행위를 방지하기 위한 것으로 내부자거래로 투기거래를 유발할 우려가 있으며, (iv) 회사가 경영상의 위험 이외에 주가변동에 따른 위험을 이중으로 부담하게 되고, (v) 자기주식을 인정하게 되면 회사경영자들이 출자 없는 지배권 유지수단으로 자기주식을 취득할 수 있으며, (vi) 회사가 일부의 주주로부터 개별적으로 자기주식을 취득하게 되면 그 방법, 대가 등에 따라서는 특정주주를 우대하는 결과가 되어 주주평등의 원칙에 반한다는 것이다.

---

132) 대법원 2006.9.14. 선고 2005다45537 판결.
133) 대법원 2012.11.29. 선고 2012다38780 판결.

② 자기주식취득 허용의 주장

자기주식의 취득의 장점은 경영진의 입장에서 주장되었다. 자기주식취득은 적대적 기업 매수에 대항하여 경영권을 방어하는 수단이 되고, 주가가 지나치게 하락하는 경우 이를 조절하는 수단이 될 수도 있고, 합병과 주식교환 등의 경우 신주 대신 자기주식을 교부함으로써 신주발행에 따르는 비용을 경감시킬 수도 있다.

그리고 그 금지의 논거로 사용되는 근거에 대하여는 만약 자기주식을 자본금이 아니라 **배당가능이익으로 취득**하는 경우 별 문제가 되지 않으며(ii 반론), 투기행위 등은 **내부자거래** 규제를 통하여 해결할 수 있고(iii 반론), 자기주식을 회사가 보유하는 자산으로 처리하지 않으면 주가변동에 따른 위험부담이 없으며(iv 반론), **자기주식에 대하여 의결권을 인정하지 않으므로** 지배권 유지가 문제되지 않고(v 반론), 또한 자기주식을 모든 주주로부터 지분비율에 따라 취득하면 **주주평등의 원칙**에도 반하지 않을 수 있다(vi 반론)고 한다.[134]

③ 자기주식 허용범위의 확대

자기주식취득에 관한 문제는 입법정책적인 문제로서, 근래에는 세계적으로 자기주식의 취득을 널리 허용하는 추세이다. 구상법은 자기주식의 취득을 원칙적으로 금지하였으나, 2011년 개정법은 상법 제341조의2 각호에서 열거된 취득의 허용 이외에도, 배당가능이익의 한도 내에서의 취득은 허용한다. 이러한 입장 변화에서 가장 중요한 논거는 자기주식의 취득이 지분비율에 따라서 이루어지기만 한다면 **자기주식취득의 효과는 이익배당이 이루어지는 것과 동일하다는 것**이다. 과거에도 실제 주가관리나 경영권방어를 위하여 자기주식취득이 많이 이용되어 왔고, 상장회사에 대하여는 이미 자기주식취득을 허용하고 있었다(자본시장법 제165조의3).

2) 자기주식 취득의 뜻

① 자기의 계산에 의한 취득

2011년 개정전의 상법은 '자기의 계산'으로 취득하지 못한다고만 하여, 회사가 제3자의 명의로 자기의 계산으로 취득한 경우에도 자기주식의 취득이 된다고 해석함에 문제가 없었다. 예컨대, 이사가 회사의 계산으로 회사의 주식을 취득한 경우에는 자기주식을 취득한 것이 되는 것이다.

그런데 개정법 제341조는 '자기의 명의와 계산으로'라고 하고 있어 회사가 회사의 명의와 회사의 계산으로 자기주식을 취득하는 경우만 자기주식 취득에 해당하는지 여부가 문제된다. 자기주식취득 규제의 취지가 불공정한 출자의 환급이라는 점에서 **명의의 여부는 크게 주안점이 되지 않고, 그 경제적 효과가 중요**하다 하겠다. 따라서 이 부분에 대한 해석은 과거와 다를 바가 없다. 이런 취지에서 증권회사의 경우 고객의 계산으로 자기주식을

---

134) 법무부, 상법개정특별분과위원회 회의록(회사편), 2006. 12, 335면.

취득하는 경우에는 여기서 말하는 자기주식의 취득이 아니고, 또한 회사가 무상으로 자기 주식을 취득하는 경우에는 역시 회사채권자를 해하거나 부당한 투기적 수단으로 이용될 가능성이 없다는 점에서 허용된다.

다만 **제341조의 배당가능이익에 의한 자기주식취득에 의하여 자기주식을 적법하게 취득하기 위하여서는 '자기명의와 자기계산'으로 취득한 경우로 한정된다.** 이는 취득주체에 대한 공시의 진정성을 확보하기 위한 것이고 따라서 타인명의로 자기주식을 취득한 경우는 여기서의 자기주식취득에 해당하지 않는다. 그러나 특정한 목적에 의한 자기주식취득 (제341조의2)의 경우에는 과거와 같이 회사의 자기계산으로 취득할 때 명의를 불문한다.

② 자기의 계산과 단순한 자금지원 – 타인명의에 의한 자기주식 취득

타인명의에 의한 자기주식 취득은 배당가능이익에 의한 경우라 하더라도 상법 제341조 에 해당하지 않아 제342조의 특정목적에 의한 취득이 아닌 한 위법한 것이 된다. 다만 타인에게 자금을 지원하여 자기주식을 취득하게 한 경우라 하더라도 단순한 자금지원에 그친다면 자기주식의 취득이 아니다. 회사가 자기주식을 직접 취득하지 않고 대신 주식을 취득하는 제3자에게 금전대여 또는 보증 등의 방법으로 자금을 지원하는 것에 그치는 경우 제341조의 탈법행위가 되어 금지된다는 입법례[135])도 있으나, 우리 상법상으로는 명문 규정이 없고, **판례는 단순한 자금지원을 회사의 계산으로 이루어진 것으로 볼 수 없기 때문에 그 행위 자체가 금지되는 것은 아니고 자기주식 취득이 아니라고 하였다.**[136]) 결국 회사가 '자기의 계산'으로 취득하였는지 여부가 핵심이다. '자기의 계산'은 그 경제적 손익이 회사에 귀속되는지 여부로 판단하기 때문에, 타인명의에 의한 자기주식의 취득에서 단순한 자금지원과 자기주식 취득의 구분 기준은 주식보유의 **경제적 손익이 회사에 귀속되는지 여부**로 판단한다.

대법원이 (i) 경제적 손익이 회사에 귀속되는지를 인정할 수 없어 자기주식의 취득이 아니라고 본 판결을 보면, 甲회사가 乙회사에 선급금을 지급하고, 乙회사가 주식 인수대금으로 사용할 자금을 대출받을 때 대출원리금 채무를 연대보증하는 방법으로 乙회사로 하여금 주식 인수대금을 마련할 수 있도록 각종 금융지원을 한 것을 비롯하여 甲회사 이사 등이 甲회사의 중요한 영업부문과 재산을 乙회사에 부당하게 이전하는 방법으로 乙회사로 하여금 주식취득을 위한 자금을 마련하게 하고 이를 재원으로 위 주식을 취득하게 함으로

---

135) 독일 주식법 제71a조 제1항.

136) 대법원 2011.4.28. 선고 2009다23610 판결(회사가 직접 자기주식을 취득하지 아니하고 제3자 명의로 회사 주식을 취득하였을 때 그것이 위 조항에서 금지하는 자기주식의 취득에 해당한다고 보기 위해서는, 주식취득을 위한 자금이 회사의 출연에 의한 것이고 주식취득에 따른 손익이 회사에 귀속되는 경우이어야 한다.); 대법원 2007.7.26. 선고 2006다33609 판결; 대법원 2003.5.16. 선고 2001다44109 판결(회사가 제3자의 명의로 회사의 주식을 취득하더라도, 그 주식 취득을 위한 자금이 회사의 출연에 의한 것이고 그 주식 취득에 따른 손익이 회사에 귀속되는 경우라면, 상법 기타의 법률에서 규정하는 예외사유에 해당하지 않는 한, 그러한 주식의 취득은 회사의 계산으로 이루어져 회사의 자본적 기초를 위태롭게 할 우려가 있는 것으로서 상법 제341조, 제625조 제2호, 제622조가 금지하는 자기주식의 취득에 해당한다).

써 결국 乙회사를 이용하여 甲회사를 지배하게 된 사정들만으로는, 乙회사가 주식 인수대금을 마련한 것이 甲회사의 출연에 의한 것이라는 점만을 인정할 수 있을 뿐, 乙회사의 위 주식취득에 따른 손익이 甲회사에 귀속된다는 점을 인정할 수 없으므로, 상법 제341조가 금지하는 자기주식의 취득에 해당한다고 볼 수 없다고 하였다.[137] (ii) 자기주식의 취득에 해당한다고 본 판결을 보면, 회사가 취득자금을 제공함과 동시에 주가하락으로 인한 손실을 보전해주는 약정을 한 경우 실질적으로 자기주식취득으로 인한 위험이 수반되므로 타인명의에 의한 자기주식의 취득으로 보았다.[138]

③ 원시취득(신주인수의 경우)

자기주식의 취득제한이 신주인수에도 적용되는가에 관하여 명문의 규정은 없으나 신주인수 등의 원시취득에도 적용된다고 본다. 자기주식의 원시취득은 일종의 가장납입이 될 수 있어 금지된다고 본다. 판례도 같은 취지로 자기주식의 취득금지가 신주인수의 경우에도 적용되는 것으로 보았다.[139]

④ 자기주식취득의 방법

자기주식의 취득에는 크게 두 가지의 방법이 있다. 하나는 배당가능이익에 의한 취득(재원규제에 의한 취득, 제341조)이고, 다른 하나는 특정목적에 의한 취득(재원규제가 없는 취득, 제341조의2)이다.

3) 배당가능이익에 의한 자기주식취득

① 의 의

자기주식취득금지의 주요한 이유는 자기주식을 취득하면서 자본금으로 지급하는 경우 자본충실의 원칙에 반한다는 것이었다. 그런데 그 재원을 배당가능이익으로 지정하게 되면 어차피 주주들에게 유출될 자산이었으므로 지적되는 폐단이 생겨나지 않는다는 견지에서 2011년 개정에 의하여 허용되었다. 개정 상법은 자기주식의 취득을 **이익배당과 같은 성질의 것으로 파악하여 그 요건도 유사**하게 하였다. 이 경우를 재원규제에 의한 자기주식의 취득으로 설명하기도 한다.[140] 취득재원은 상법상 배당가능이익을 한도로 하며, 취득방법은 주주평등의 원칙에 입각한다.

---

137) 대법원 2011.4.28. 선고 2009다23610 판결. 甲주식회사 이사 등이 乙주식회사를 설립한 후 甲회사 최대주주에게서 乙회사 명의로 甲회사 주식을 인수함으로써 乙회사를 통하여 甲회사를 지배하게 된 사안이다.

138) 대법원 2003.5.16. 선고 2001다44109 판결.

139) 대법원 2003.5.16. 선고 2001다44109 판결(회사 아닌 제3자의 명의로 회사의 주식을 취득하더라도 그 주식취득을 위한 자금이 회사의 출연에 의한 것이고 그 주식취득에 따른 손익이 회사에 귀속되는 경우라면, 상법 기타의 법률에서 규정하는 예외사유에 해당하지 않는 한, 그러한 주식의 취득은 회사의 계산으로 이루어져 회사의 자본적 기초를 위태롭게 할 우려가 있는 것으로서 상법 제341조가 금지하는 자기주식의 취득에 해당한다).

140) 정찬형, 733면.

② 제 한[141]

(ⅰ) 재원상의 제한

이익배당, 특히 **중간배당**의 요건과 유사하다. 상법은 자본금의 결손을 초래할 수 있는 자기주식취득을 금한다. 자기주식 취득가액의 총액은 직전 결산기의 대차대조표상의 순자산액에서 제462조 제1항 각호의 금액을 뺀 금액을 초과하지 못한다(제341조 제1항 단서).

또한 회사는 해당 영업연도의 결산기에 대차대조표상의 순자산액이 제462조 제1항 각호의 금액의 합계액에 미치지 못할 우려가 있는 경우에는 제1항에 따른 주식의 취득을 하여서는 아니 된다(제341조 제3항). 즉, 해당 영업연도의 결산기에 이익이 예상되어야 한다. 해당 영업연도의 결산기에 대차대조표상의 순자산액이 제462조 제1항 각호의 금액의 합계액에 미치지 못함에도 불구하고 회사가 자기주식을 취득한 경우 이사는 회사에 대하여 연대하여 그 미치지 못한 금액을 배상할 책임이 있다(제341조 제4항 본문). 다만, 이사가 제3항의 우려가 없다고 판단하는 때에 주의를 게을리하지 아니하였음을 증명한 경우에는 그러하지 아니하다(제341조 제4항 단서).

(ⅱ) 취득방법상의 제한

자기주식의 취득 재원을 이익으로 하는 경우 자본충실을 저해할 우려는 없으나, 주주간에 불평등한 결과가 초래될 수 있다. 특정 주주가 자기주식취득에 배제되어 투자자금 회수에의 참여를 못하거나, 참여하더라도 그 가격책정으로 인한 불이익을 받게 되는 문제이다. 이에 상법은 방법상의 제한 요건을 추가하고 있다. 자기주식취득은 다음 방법 중 하나에 따라야 한다(제341조 제1항).

즉 ① **상장회사**의 경우 거래소에서 시세(時勢)가 있는 주식의 경우에는 거래소에서 취득하는 방법(제341조 제1항 제1호), ② **비상장회사**의 경우 상환주식의 경우 외에, 각 주주가 가진 주식 수에 따라 균등한 조건으로 취득하는 것으로서 대통령령으로 정하는 방법에 의하여야 한다(제341조 제1항 제2호, 상법 시행령 제9조 제1항 제2호). 비상장회사의 경우 회사가 이사회결의로 취득하고자 하는 자기주식의 수량을 정하여 전체 주주에게 통지 또는 공고 등으로 매도의 기회를 부여한다(상법 시행령 제9조 제1항 제1호). 여기서 상환주식을 제외하고 있는 이유는 상환주식의 상환도 배당가능이익으로 한다는 점에서 자기주식취득과 경제적으로 동일하기 때문이다.

(ⅲ) 회사의 명의와 회사의 계산

회사가 배당가능이익으로 자기주식을 취득하는 경우 자기의 명의와 자기의 계산으로 취득하여야 한다(제341조). 자기의 명의로 취득하는 경우에만 허용하는 것은 취득주체에 대

---

141) 대법원 2021.10.28. 선고 2020다208058 판결은 개정 상법이 자기주식취득 요건을 완화하였다고 하더라도 여전히 법이 정한 경우에만 자기주식취득이 허용된다는 원칙에는 변함이 없고 따라서 위 규정에서 정한 요건 및 절차에 의하지 않은 자기주식취득 약정은 효력이 없다고 한다.

한 공시의 진정성을 확보하기 위한 것이므로 **'타인의 명의'와 '자기의 계산'으로 자기주식을 취득하는 것은 허용되지 않는다.** 따라서 타인명의의 자기주식취득은 제341조의2가 정하는 특정목적이 없는 한 그 자체로 위법한 자기주식의 취득이 된다.

③ 주주총회 결의

이익배당의 경우와 같이, 회사가 배당가능이익으로 자기주식을 취득하는 것은 주주총회의 결의로 정한다. 이사회의 결의로 이익배당을 할 수 있다고 정관으로 정하고 있는 경우에는 이사회의 결의로써 주주총회의 결의를 갈음할 수 있다(제341조 제2항 단서). 주주총회 또는 이사회는 매수할 주식의 종류 및 수, 취득가액의 총액의 한도, 1년을 초과하지 아니하는 범위에서 자기주식을 취득할 수 있는 기간을 정하여야 한다(제341조 제2항 본문).

4) 특정한 목적에 의한 자기주식취득

특정목적에 의한 자기주식의 경우는 위 요건과 상관없이 취득할 수 있다(제341조의2). 따라서 회사가 자기의 계산으로 취득하는 경우로서 명의는 불문한다. 또한 그 재원과 취득방법상의 제한도 없다.

① 합병 또는 영업양수의 경우(제341조의2 제1호)

흡수합병 또는 영업양수의 경우 오로지 자기주식만을 승계 또는 양수대상에서 제외함은 번잡할 뿐만 아니라 이 경우 자기주식의 취득은 회사의 의도적인 취득으로 볼 수 없어 자기주식 취득으로 인한 폐해가 생길 염려가 적기 때문이다.

② 권리의 실행을 위한 경우(제341조의2 제2호)

이 경우 강제집행이나 소송상의 화해 또는 대물변제에 의한 자기주식의 취득은 채무자에게 **자기주식 외에 다른 재산이 없고 이를 회사가 입증한 경우에 한한다**는 것이 판례의 입장이다.[142]

③ 단주(端株)처리의 경우(제341조의2 제3호)

④ 주주의 주식매수청구권의 행사(제341조의2 제4호)

제360조의5 제1항, 제374조의2 제1항, 제522조의3 제1항 등에 따라 주주가 주식매수청구권을 행사하는 경우에는 회사가 제한 없이 자기주식을 취득할 수 있으나, 회사가 특정주주와 사이에 특정한 금액으로 주식을 매수하기로 약정함으로써 **사실상 매수청구를 할 수 있는 권리를 부여**하여 주주가 그 권리를 행사하는 경우는 이 예외 규정이 적용되지 않음을 주의하여야 한다.[143]

---

142) 대법원 2006.10.12. 선고 2005다75729 판결(주식회사가 자기주식을 취득할 수 있는 경우로서 상법 제341조 제3호가 규정하고 있는 '회사의 권리를 실행함에 있어 그 목적을 달성하기 위하여 필요한 때'라 함은 회사가 그 권리를 실행하기 위하여 강제집행, 담보권의 실행 등을 함에 있어 채무자에게 회사의 주식 이외에 재산이 없을 때 회사가 자기주식을 경락 또는 대물변제로 취득하는 경우 등을 말하므로).
143) 대법원 2021.10.28. 선고 2020다208058 판결.

5) 해석상 취득이 허용되는 경우

기타 해석상 인정되는 경우로는 무상취득이 있다. 판례도 회사가 무상으로 자기주식을 취득하는 것은 허용한다.[144]

6) 위법한 자기주식취득

① 취득의 효과

이 점에 대한 학설로 과거 몇 개의 견해가 있었다. (i) **절대적 무효설**이다.[145] 주식회사의 본질적 요청인 자본충실의 원칙을 저해하는 것이 되고, 상법상 자기주식취득의 제한은 이론적 이유보다는 정책적 이유로 법정된 강행규정이고 이를 위반한 경우에는 다수이해관계자의 이익을 해할 수 있으므로 취득행위는 선악의를 불문하고 무효라는 견해이다. **판례는 절대적 무효설이다.**[146] (ii) **상대적 무효설**이다. 원칙적으로 무효이지만 거래의 안전을 위하여 예외가 인정되어야 한다는 견해이다.[147] (iii) **유효설**이다. 제341조는 명령규정에 불과하므로 취득행위 자체는 유효하고 이사의 손해배상책임이 있을 뿐이라는 견해이다.[148]

개정상법에서 제341조 또는 제341조의2에서 정한 요건에 위반하는 경우 그 취득행위는 **절대적 무효로 봄이 타당**하다고 본다. (i) 먼저, 회사가 배당가능이익이 없음에도 불구하고 자기주식을 취득하거나, 특정한 목적이 없음에도 불구하고 자기주식을 취득하는 경우에는 자본충실의 원칙에 반하는 것으로 절대적 무효로 봄이 옳다. (ii) 또한 상장회사의 경우 거래소에서 취득한다거나 주식수에 따라 균등한 방법에 의한다는 절차적인 요건(제341조 제1항)을 위반하는 경우에도 주식평등의 원칙을 위반하는 것이 되고, 주식평등원칙도 회사법상의 본질적인 원칙인 이상 절대적 무효로 본다. (iii) 주주총회 결의가 없었음에도 불구하고 자기주식을 취득하는 경우에도 법률에 의하여 주주총회 결의가 요구되는 사안에 관

---

144) 대법원 2003.5.16. 선고 2001다44109 판결.

145) 정찬형, 740면; 정동윤, 496면; 최기원, 362면; 최준선, 239면.

146) 대법원 2006.10.12. 선고 2005다75729 판결; 대법원 2003.5.16. 선고 2001다44109 판결(주식회사가 자기의 계산으로 자기의 주식을 취득하는 것은 회사의 자본적 기초를 위태롭게 하여 회사와 주주 및 채권자의 이익을 해하고 주주평등의 원칙을 해하며 대표이사 등에 의한 불공정한 회사지배를 초래하는 등의 여러 가지 폐해를 생기게 할 우려가 있으므로 상법은 일반 예방적인 목적에서 이를 일률적으로 금지하는 것을 원칙으로 하면서, 예외적으로 자기주식의 취득이 허용되는 경우를 유형적으로 분류하여 명시하고 있으므로 상법 제341조, 제341조의2, 제342조의2 또는 증권거래법 등에서 명시적으로 자기주식의 취득을 허용하는 경우 외에, 회사가 자기주식을 무상으로 취득하는 경우 또는 타인의 계산으로 자기주식을 취득하는 경우 등과 같이, 회사의 자본적 기초를 위태롭게 하거나 주주 등의 이익을 해한다고 할 수 없는 것이 유형적으로 명백한 경우에도 자기주식의 취득이 예외적으로 허용되지만, 그 밖의 경우에 있어서는, 설령 회사 또는 주주나 회사채권자 등에게 생길지도 모르는 중대한 손해를 회피하기 위하여 부득이 한 사정이 있다고 하더라도 자기주식의 취득은 허용되지 아니하는 것이고 **위와 같은 금지규정에 위반하여 회사가 자기주식을 취득하는 것은 당연히 무효**이다).

147) 여기서는 다시 회사가 타인의 명의로 그러나 회사의 계산으로 취득한 경우에는 양도인이 선의라면 유효라는 견해, 제341조에 의하여 보호받아야 할 자는 회사 측이므로 양도인은 자신의 선악을 불문하고 무효를 주장하지 못하는 한편 거래안전을 고려하여 회사 측도 양도인이 선의인 경우에는 무효를 주장하지 못한다는 견해(권기범, 518면), 자기주식의 취득은 양도인의 선악을 묻지 않고 무효이지만 선의의 전득자에게는 대항하지 못한다는 견해 등이 있다.

148) 이철송, 395면; 채이식, 648면.

하여 그 결의가 없었던 경우에 해당하므로 무효가 된다. 개정상법 이후의 판례[149]에서도 같은 취지에서 개정 상법이 자기주식취득 요건을 완화하였다고 하더라도 여전히 **법이 정한 경우에만 자기주식취득이 허용된다는 원칙에는 변함이 없고 따라서 위 규정에서 정한 요건 및 절차에 의하지 않은 자기주식취득 약정은 효력이 없다**고 하였다. 따라서 상법 제341조의2가 적용되지 않는 경우, 상법 제341조에서 정한 요건을 전혀 거치지 않은 자기주식취득은 무효가 된다.

그런데 최근 판례는 **자기주식의 취득에서 경미한 절차 위반의 경우 유효로 본 것이 있다.** 회사가 주주들에게 자기주식취득의 통지를 하면서 상법 시행령에서 정한 이사회에서 결의한 사항의 일부를 누락하였다는 이유만으로는 주주들의 공평한 주식양도의 기회가 침해되었다고 보기 어렵다고 하면서. 그 거래를 무효로 볼 수 없다고 하였다.[150] 향후 경미한 위반에 대한 유형별 분류가 필요하게 되었다.

② 이사 등의 책임

자기주식 취득으로 회사손해가 발생한 경우 이사는 회사에 대하여 연대하여 손해배상책임을 부담하고(제399조), 나아가 고의 또는 중과실이 있는 때에는 제3자에 대하여도 연대하여 손해배상책임을 부담한다(제401조). 또한 형벌의 제재를 받을 수도 있다(제625조 제2호).

7) 자기주식의 지위

자기주식에 대한 권리 중 의결권에 대하여는 상법이 명문으로 규정하여 이를 배제하고 있으므로(제369조 제2항) 아무런 문제가 없다. 해석상 공익권이 모두 휴지된다는 점에 대하여는 이견이 없다. 자익권에 있어서도, 주주권은 본래 회사 외의 자를 위하여 인정되는 권리로서 회사가 동시에 그 구성원이 되는 자기주식 취득의 경우에는 그 성질상 인정될 수 없다는 점, 회사의 자기주식 취득은 주식을 실효하거나 타인에게 처분하기 위한 일시적 현상인 점, 회사가 자익권을 행사하지 못함으로 인한 이익은 주주들에게 비례적으로 귀속하게 되는데 이것은 오히려 자연스런 현상이라는 점에서 **전면적 휴지설**(全面的 休止說)이 통설이다.

8) 자기주식의 보유와 처분

① 정관규정 또는 이사회 결의

개정법은 회사가 보유하는 자기주식의 처분도 정관의 규정이 없으면 이사회의 결의로 처분할 수 있도록 하여, 처분할 주식의 종류와 수, 처분할 주식의 처분가액과 납입기일, 주식을 처분할 상대방 및 처분방법을 정관 또는 이사회가 정한다고 한다(제342조). 개정법에 의하면 구법과는 달리, 회사는 자기주식을 처분할 의무가 없이 계속 보유할 것인지 등에

---

149) 대법원 2021.10.28. 선고 2020다208058 판결.
150) 대법원 2021.7.29. 선고 2017두63337 판결.

대하여 이사회가 결정할 수 있어, 회사의 선택에 따라 취득한 자기주식을 처분할 수도 있고 계속 보유할 수도 있다.[151] 이는 법문이 배당가능이익으로 취득한 자기주식으로 한정하지 않고 있어(제342조) 특정목적으로 취득하는 자기주식의 취득(제341조의2)에도 그대로 적용된다.

그러나 자기주식 취득금지의 중요한 근거가 자본금의 환급으로 자본충실의 원칙에 저해될 수 있다는 점이고 보면, 특정목적으로 취득한 경우는 구법과 같이 지체 없이 처분하도록 하는 것이 타당하다.

② 주식평등의 원칙과의 관계(신주인수권의 문제)

자기주식취득을 제한하고 있었던 근본적 이유는 회사가 일부의 주주로부터 개별적으로 자기주식을 취득하게 되면 그 방법, 대가 등에 따라서는 특정주주를 우대하는 결과가 되어 주식평등의 원칙에 반한다는 것이었다. 그런데 이 문제는 자기주식을 처분하는 과정에도 동일하게 발생할 소지가 있고, 주식의 신주발행에서와 유사한 문제가 발생한다.

이에 관하여는 견해가 나뉜다. 대법원 판례는 아직 없고 하급심 판결들만 있으나 그 하급심 판결들도 나뉜다.[152] (i) 유연한 재무관리라는 면에서 자기주식의 장점이 사라질 수 있으므로, 이사의 신인의무를 적극적으로 해석하여 신주발행의 법리를 유추적용함에 부정적인 부정설[153]이 있다. 그러나 (ii) 긍정설이 타당하다. 회사가 우호적인 특정 주주에게만 자기주식을 저가로 대량 매도하는 경우 그 주주를 우대하는 결과가 되어 주식평등의 원칙에 반하며, 지배구조에 있어서도 지분율의 변동을 통하여 **지배권 변동을 초래**할 수 있다. 이는 자기주식을 제3자에게 양도하는 경우에도 동일하게 발생할 수 있다. 이와 같이 **아무런 제한 없이 자기주식의 처분을 허용하게 된다면, 주식평등의 원칙에 반하고 주주의 신주인수권이 침해되는 경우가 발생한다.**

상법은 다른 정함이 없는 한 주주가 신주인수권을 가진다고 명정하여, 원칙적으로는 주주에게 지분비례에 따른 신주인수권을 부여하고(제418조 제1항), 제한적으로 제3자에게 부여한다(제418조 제2항). 그런데 자기주식의 처분에서 아무런 제한을 두지 않는다면, 회사는 이익배당에 의한 자기주식을 취득한 이후 특정인이나 제3자에게 자기주식을 몰아서 주는 방법을 통하여 탈법행위를 할 수 있고, 이는 주식평등의 원칙은 물론 주주의 권리에 대한 근본적 침해가 될 수 있다. 그러므로 현재 상법 제342조에서는 정관규정이 없는 경우 이사회가 결정한다고 규정하고만 있으나, 정관규정과 이사회의 결정은 **신주인수권의 테두리**

---

151) 구상법은 자기주식취득이 예외적으로 허용되더라도 취득한 자기주식의 보유기간에 대해서는 엄격히 제한을 하고 있다. 즉 주식소각을 위해 취득한 경우에는 지체 없이 실효절차를 밟도록 하고, 그 외에 합병 등에 의해 취득한 경우에는 상당한 기간 내에 처분을 하도록 하였다.

152) 서울고등법원 2015.7.16. 선고 2015라20503 결정(삼성물산합병사건) 등에서는 신주발행의 법리를 유추적용할 수 없다고 한 반면, 서울서부지방법원 2006.6.29. 선고 2005가합8262 판결 등에서는 신주발행의 법리에 따라 자기주식처분을 무효로 한 사건이다.

153) 김건식·노혁준·천경훈, 661면; 권기범, 6면 등.

내에서 이루어져야 하고, 또한 그 절차 등의 면에서도 **주식평등의 원칙에 따라야만 한다.**
이러한 제한 없이 자기주식의 처분을 허용한다면 회사법의 기본원칙과 반하게 되기 때문
이다. 보다 바람직하게는 입법으로 명확하게 해결하는 것이 옳겠다.

9) 자기주식의 소각

상법은 주식은 자본금 감소에 관한 규정에 따라서만 소각(消却)할 수 있으나, 이사회의
결의에 의하여 회사가 보유하는 자기주식을 소각하는 경우에는 그러하지 아니하다고 규정
한다(제343조 제1항). 이때 회사가 보유하는 자기주식이 배당가능이익으로써 취득한 자기주
식(제341조)만을 의미하는 경우에는 자본금 감소가 없어 별다른 문제가 없으나, 기타 특정
목적에 의하여 취득한 자기주식의 경우(제341조의2)에는 회사가 자본금으로 취득한 자기주
식을 이사회의 결의만으로 소각하게 되어 자본금 감소를 탈법하는 결과가 초래된다. 따라
서 입법론적 개선이 요구되나, 해석으로라도 **특정목적에 의하여 취득한 자기주식의 경우
에는 자본금 감소의 규정에 따라서만 소각할 수 있다**고 보아야 한다.[154]

(4) 상호주보유제한

1) 의 의

상법상 상호주보유의 규제로는 다음의 두 가지가 있다. ① **모자관계**로서 회사가 다른
회사의 발행주식총수의 100분의 50을 초과하여 보유하고 있는 경우 주식을 보유한 회사를
모회사, 상대방 회사를 자회사라 한다. 이 경우 자회사는 모회사 주식을 원칙적으로 취득
하지 못하도록 규정한다(제342조의2 제1항). ② **비모자관계**로서 상법 제369조 제3항은 "회
사, 모회사 및 자회사 또는 자회사가 다른 회사의 발행주식의 총수의 10분의 1을 초과하
는 주식을 가지고 있는 경우 그 다른 회사가 가지고 있는 회사 또는 모회사의 주식은 의
결권이 없다"고 규정하고 있다. 이 경우 10분의 1을 초과하여 취득하는 경우 그 상대회사
에 대하여 주식취득의 통지를 할 의무를 부담시키고 있다(제342조의3). 이는 다른 회사의
주식을 대량으로 은밀하게 취득하는 것을 방지하기 위하여 신의칙상 명문으로 인정한 것
이다.

정리하면, 모자회사간에는 자회사가 모회사의 주식을 취득할 수 없도록 하고(제342조의2
제1항), 비모자회사간에는 취득은 할 수 있으나 의결권을 제한하고 있다(제369조 제3항). 모
자관계의 인정기준은 실질적인 지배력 등이 아니라 '발행주식총수의 50%를 초과'하는 주
식의 소유임을 주의하여야 한다.

---

154) 동지로 정찬형, 744면; 송옥렬, 874면. 다른 의견으로 "회사자산의 변화는 자기주식 취득 시에 발생하는 것이
고 자기주식 소각은 단순히 그 변화에 매듭을 짓는 행위라는 점을 고려하여 구태여 법문과 달리 감자절차를 요구할
필요는 없을 것"이라는 견해도 있다(김건식·노혁준·천경훈, 662면).

2) 규제의 근거

주식의 상호보유는 ① 자기주식과 같이 출자의 환급이 되어 **자본금의 공동화**(空洞化)를 가져오고, ② 법인주주가 주축이 되어 회사의 사단성이 파괴된다는 점도 지적된다. ③ 회사의 이사들에 의한 지배로 출자 없이 회사를 지배함에 의하여 회사지배가 왜곡된다. 상호주를 보유하는 회사의 이사들은 서로 상대방 회사의 주주총회에서 의결권을 행사하므로 회사의 운명이 서로 상대방 회사의 이사들에 달려 있는 결과가 되고 만다. 또한 그 이사들끼리 협력하는 경우 출자없는 영속적 지배가 가능할 수도 있다. ④ 주식의 상호소유의 근본적 폐해는 **상호소유는 적은 출자와 지분만을 가지고도 회사를 지배할 수 있어 지배구조가 왜곡**되기 때문이다. 甲회사와 乙회사가 서로 40%의 지분을 보유하고 있고 지배주주인 A는 甲회사와 乙회사 각각에 대하여 10%의 지분을 가지고 있으며, 나머지 50% 지분은 고루 분산되어 있다는 상황에서 상호소유에 대한 규제가 없다고 가정하여 보면, 그 폐해가 분명히 부각된다. A는 10%의 지분만 가지고도 양 회사를 완전히 지배할 수 있다.

3) 유 형

① **합동지배형**: 甲이 乙회사 주식의 50%를 초과하여 소유하고, 甲회사와 乙회사의 합계한 소유분이 丙회사 발행주식총수의 100분의 50을 초과하는 경우 丙은 甲회사 주식을 취득할 수 없다(제342조의2 제3항).

② **손자회사**: 甲이 乙회사 주식의 50%를 초과하여 소유하고, 乙은 다시 丙회사 주식의 50%를 초과하여 소유하는 경우 丙회사는 甲회사의 주식을 취득할 수 없다(제342조의2 제3항).

③ **증손회사**: 위 예에서 丙이 다시 또 다른 丁회사의 모회사인 경우이다. 이 경우 丁회사는 甲회사의 주식을 취득할 수 없는가? 판례는 없다. 확대해석하는 것은 거래의 실정에도 맞지 않고 실효를 거두기도 어렵다는 근거에서 엄격하게 해석하자는 견해가 있으나, **문리해석상** 모자관계로 한정하는 견해는 부당하다. 왜냐하면 제342조의2 제3항에서 자회사가 가지고 있는 다른 회사는 '모회사의 자회사로 본다'라고 규정하고 있어 증손관계, 또 이를 넘어서는 관계에서도 모회사의 자회사로 보게 되기 때문이다. 따라서 모회사나 자회사가 단독으로 발행주식의 50%를 초과하여 소유하는 지배관계가 연속적으로 존재하는 한 모자회사 관계가 무제한 인정될 수 있다. 위 예에서 丙은 甲회사의 자회사이므로 丁회사의 甲회사 주식취득은 금지된다.

4) 제한의 예외(제342조의2)

① 자회사가 모회사 주식을 보유하고 있는 다른 회사를 합병하거나 그 회사의 영업전부를 양수하는 경우 또는 주식의 포괄적 교환이나 포괄적 이전으로 인한 경우, ② 자회사의 권리를 실행함에 있어 그 목적을 달성하기 위하여 필요한 경우이다. 이 경우 자회사는 그

주식을 취득한 날로부터 6월 이내에 모회사의 주식을 처분하여야 한다(제342조의2 제2항).

자회사가 예외적으로 모회사의 주식을 취득하는 경우 자회사는 그 주식에 대하여 어떠한 권리를 가지는가에 대하여는 공익권 중 의결권에 대하여는 상법의 규정상 명백하다(제369조 제3항). 그 이외의 권리에 대하여는 상법에 규정이 없으므로 의문일 수 있으나, 자기주식의 경우와 같이 일체의 주주권이 휴지된다는 전면적 휴지설이 통설이다.

5) 위반의 효과

학설의 대립은 있으나 자기주식취득의 경우와 마찬가지로 **절대적 무효**라고 봄이 통설이다.

6) 비모자관계(주식취득의 통지의무)

비모자관계에서도 10%를 초과하는 경우 상호주의 의결권을 제한한다(제369조 제3항). 여기서는 주식취득의 통지의무에 대하여 다룬다.

① 통지의무의 부과

회사가 다른 회사의 발행주식총수의 10분의 1을 초과하여 취득한 때에는 그 다른 회사에 대하여 지체 없이 이를 통지하여야 한다(제342조의3). 대량의 주식을 은밀하게 취득하여 회사의 지배권을 탈취하는 것을 막기 위한 것이다. 상장회사에서는 5% 이상을 보유하는 자에게 금융위원회 및 거래소에 보고의무를 부과하고 있다(자본시장법 제147조).

판례는 이 규정의 의의에 대하여 회사가 다른 회사의 발행주식총수의 10분의 1을 초과하여 취득하여 의결권을 행사하는 경우 경영권의 안정을 위협받게 된 그 다른 회사는 역으로 상대방 회사의 발행주식의 10분의 1을 초과하여 취득함으로써 이른바 상호보유주식의 의결권 제한 규정(제369조 제3항)에 따라 서로 상대 회사에 대하여 의결권을 행사할 수 없도록 방어조치를 취하여 다른 회사의 지배가능성을 배제하고 경영권의 안정을 도모하도록 하기 위한 것이라 한다.[155] **甲과 乙 두 회사가 모두 상대방 주식을 10% 초과하여 소유하는 경우 취득시기의 선후가 문제되지 않고 서로 의결권을 행사하지 못한다.**

② 판단의 시점과 주주의 확정

과거 판례는 상호주에서 판단시점은 '기준일'이 아니라 '실제 **주주총회일'이 된다고** 하고, 또한 총회일 현재의 '주주명부 기재'를 기준으로 하는 것이 아니라 '실제로 소유하고 있는 **주식수'를 기준으로 한다고 보았다.[156] 그런데 대법원 2017.3.23. 선고 2015다248342

---

155) 대법원 2001.5.15. 선고 2001다12973 판결.
156) 대법원 2009.1.30. 선고 2006다31269 판결(상법 제369조 제3항은 "회사, 모회사 및 자회사 또는 자회사가 다른 회사의 발행주식의 총수의 10분의 1을 초과하는 주식을 가지고 있는 경우 그 다른 회사가 가지고 있는 회사 또는 모회사의 주식은 의결권이 없다"고 규정하고 있다. 이와 같이 모자회사 관계가 없는 회사 사이의 주식의 상호소유를 규제하는 주된 목적은 상호주를 통해 출자 없는 자가 의결권 행사를 함으로써 주주총회결의와 회사의 지배구조가 왜곡되는 것을 방지하기 위한 것이다. 한편, 상법 제354조가 규정하는 기준일 제도는 일정한 날을 정하여 그 날에 주주명부에 기재되어 있는 주주를 계쟁 회사의 주주로서의 권리를 행사할 자로 확정하기 위한 것일 뿐, 다른 회사의

制 3 장 주식과 주식양도 411

전원합의체 판결 이전의 과거 판례는 회사에 대한 주주권 행사자의 확정에 있어 실질설에 입각하였으므로 명의개서와 상관없이 실제 소유하는 주식수를 기준으로 판단하는 것이 논리적으로 타당하였으나, 현재의 변경된 신판례에 의하면 회사와의 관계에서는 주주명부에 기재된 자만이 회사에 대하여 의결권 등의 주주권을 행사할 수 있으므로 실제 보유하는 주식수가 아니라 명의개서를 기준으로 판단하여야 하지 않은가 한다.

③ 대리행사의 경우

다른 회사의 의결권행사의 대리권을 10% 초과하여 취득한 경우에도 통지의무가 있는가? 의결권 대리행사는 특정의 주주총회를 전제한 것이고, 이를 금지할 경우 의결권을 위임한 주주의 의결권을 박탈하게 되는 결과가 될 수도 있으므로 통지의무가 적용되지 않는 것으로 보아야 한다. 판례도 같은 취지에서 특정 주주총회에 한정하여 각 주주들로부터 개별안건에 대한 의견을 표시하게 함으로써 의결권을 위임받아 의결권을 대리행사하는 경우에는, 회사가 다른 회사의 발행주식총수의 10분의 1을 초과하여 의결권을 대리행사할 권한을 취득하였다고 하여도 이 규정이 유추적용되지 않는다고 하였다.[157]

2. 정관규정에 의한 제한

(1) 의 의

상법 제335조 제1항 단서에서는 주식양도에 정관에 의한 제한을 할 수 있는 것으로 규정한다. 이는 소규모 주식회사에서는 주주 상호간의 인적관계를 존중하여 회사가 원하지 않는 주주의 참여를 막아 주주구성의 폐쇄성을 유지하고 경영의 안전을 도모하기 위한 것이다.

1) 엄격한 적용

하지만 이 규정은 주식양도를 제한하는 예외적인 것이기 때문에 엄격하게 해석되어야 한다. 이 규정은 소규모폐쇄회사에 적용되는 것으로 상장회사에 적용될 수 없다. 소규모폐쇄회사에 있어서도 주식양도를 전면적으로 금지하는 규정을 둘 수 없고, 이러한 내용을 회사와 주주 사이에서 또는 주주들 사이에서 약정하였다 하더라도 회사에 대한 관계에서는 무효이다. 일정기간 양도를 완전히 금지하는 것[158]뿐 아니라 주주 전원의 동의를 요한다는 내용과 같이 사실상 양도금지에 해당하는 것도 무효가 된다.

주주를 확정하는 기준으로 삼을 수는 없으므로, 기준일에는 상법 제369조 제3항이 정한 요건에 해당하지 않더라도, 실제로 의결권이 행사되는 주주총회일에 위 요건을 충족하는 경우에는 상법 제369조 제3항이 정하는 상호소유 주식에 해당하여 의결권이 없다. 이때 회사, 모회사 및 자회사 또는 자회사가 다른 회사 발행주식총수의 10분의 1을 초과하는 주식을 가지고 있는지 여부는 앞서 본 '주식 상호소유 제한의 목적'을 고려할 때, 실제로 소유하고 있는 주식수를 기준으로 판단하여야 하며 그에 관하여 주주명부상의 명의개서를 하였는지 여부와는 관계가 없다).

157) 대법원 2001.5.15. 선고 2001다12973 판결.
158) 대법원 2000.9.26. 선고 99다48429 판결.

2) 투하자본 회수방법의 마련

소규모폐쇄회사에서 정관에 의한 제한을 하는 경우에도 주식양도를 원하는 주주가 회사관계에서 탈퇴할 수 있는 방법을 마련하여야 하고 이것이 양수인지정청구권(제335조의3)이나 주식매수청구권(제335조의6)으로 나타난다.

그리고 상법은 **주식양수인에게도 양도승인청구권과 양도상대방지정청구권, 그리고 주식매수청구권을 모두 인정**한다(제335조의7). 이사회의 승인 없이 양수한 자는 이사회에 양수의 승인을 구할 수 있고, 이사회가 승인하지 않을 경우 새로운 양수인을 지정해 줄 것을 청구하거나 또는 회사에 주식매수청구권을 행사할 수 있도록 하여, 투자자산을 회수할 수 있는 기회를 갖는다.

(2) 요 건

1) 정관의 규정

정관에 규정이 있어야 한다. 그 승인기관은 반드시 이사회로 정하여야 하므로, 승인기관을 대표이사로 변경하거나 또는 주주총회의 결의로 제한하는 것은 허용되지 않는다.

2) 공 시

정관에 의하여 주식양도를 제한하는 것은 주주 및 주주와 주식거래를 하는 자의 지위에 중대한 영향을 미치므로 제한내용을 대외적으로 공시할 필요가 있다. ① 주식양도 제한사항을 등기하여야 한다(제317조 제2항 제3의2호). 등기를 하지 않은 경우에는 제37조 제1항의 소극적 공시의 원칙에 따라 선의의 양수인에게 주식양도가 제한된다는 사실을 주장하지 못한다. ② 주식양도제한에 관한 정관규정은 주식청약서와 주권에 기재하여야 하고(제302조 제2항 제5의2호, 제356조 제6의2호), 주식청약서에 양도제한을 기재하지 않은 경우에는 주식청약서의 요건이 흠결된 것이므로 주식인수의 무효사유가 된다. 다만 제320조와 제427조는 그 무효사유를 주장할 수 있는 시기를 제한한다. 그리고 주식양도제한의 등기는 되었으나 주식청약서나 주권 등에 기재되지 않은 경우에는 양수인이 양도제한사실을 알지 못한 정당한 사유(제37조 제2항)가 있다고 보아, 회사는 양수인에게 양수의 무효를 주장할 수 없다.[159]

3) 이사회의 승인

이사회의 승인 없는 주식의 양도는 회사에 대하여 효력이 없다(제335조 제2항).

---

159) 상법 제37조 제2항의 정당한 사유는 객관적 사유로 한정되므로 주권에 양도제한 사항이 기재되지 아니한 경우에는 사실상 그 등기사항을 알 수 없었던 경우로 보기 어렵다는 견해도 있으나, 상법의 규정에 의하여 주식청약서와 주권에의 기재사항이 되어 있음에도 기재되지 아니한 경우라면 '정당한 사유'로 볼 수 있겠다.

① 양도인 또는 양수인의 승인청구

양도인은 물론이고(제335조의2) 양수인도 승인청구를 할 수 있다(제335조의7). 양도인이 승인청구를 하는 것이 원칙이지만(제335조의2 제1항), 주주로부터 양수받은 이후 양수인이 승인청구를 하는 것도 가능하다(제335조의7).[160] 양수인이 주주가 아님에도 불구하고 이러한 권리를 가지는 것은 중요한 의미가 있다. 상법이 이 경우 양수인을 실질적 권리자로 취급한다는 주장이 있으며, 양도제한이 있음을 모르고 주식을 취득하거나 양도제한 사실을 알고는 있었으나 승인될 것으로 믿고 주식을 취득한 자도 자신의 투자자산을 회수할 수 있는 기회를 부여한 것이라는 견해도 있다. 그리고 이사회의 승인거절에도 불구하고 이러한 거절의 사실을 양수인이 알면서도 양수하고자 하는 경우라면 양도하고자 하는 주주가 주식을 양도할 수도 있다. 이때 주식양도가 이사회의 승인을 받지 못하였다 하더라도 양도인과 양수인 사이에서 채권적 효력은 인정되므로,[161] 양도인은 투하자금을 회수할 수 있고, 양수인은 회사의 주주가 되는 것은 포기한 채로 양도상대방지정청구권 또는 주식매수청구권만을 가진다.

양도인의 승인청구와 양수인의 승인청구는 절차와 효력에서 차이가 없다. 승인청구는 반드시 **서면**으로 하여야 하고(제335조의2 제1항) 구두로 한 승인청구는 효력이 없다.

② 회사의 통지

회사는 승인청구가 있는 날로부터 1월 이내에 이사회의 결의를 거쳐 승인여부를 서면으로 통지하여야 하는데(제335조의2 제2항), 만약 그 기간 내에 통지를 하지 않으면 양수를 승인한 것으로 본다(제335조의2 제3항).

4) 승인거부

회사가 거부통지를 하면 주주는 아래의 권리 중에서 선택적으로 행사할 수 있다(통설).

① 양도상대방지정청구권

주주의 상대방지정청구, 회사의 지정통지(제335조의3 제1항, 제2항), 피지정자의 매도청구(제335조의4 제1항), 매매가격의 결정(제335조의5)의 순서로 진행된다. 이사회가 주식양도의 상대방을 지정하여 그 청구가 있은 날로부터 2주간 내에 주주 및 그 지정된 상대방에게 서면으로 통지하여야 하고(제335조의3 제1항), 지정된 상대방이 10일 이내에 서면으로 당해 주식을 자기에게 매도할 것을 청구할 수 있고(제335조의4 제1항) 이 매수청구로 매매계약이 성립한다고 보므로, 피지정매수인의 매도청구권을 형성권으로 본다(통설).

그런데 만약 이 기간 내에 회사가 주주에게 상대방지정의 통지를 하지 아니한 때에는 그 주식의 양도에 관하여 이사회의 승인이 있는 것으로 본다(제335조의3 제2항). 만약 지정된 지정매수인이 지정통지를 받은 날로부터 10일 이내에 지정청구를 한 주주에 대하여 매

---

160) 대법원 2014.12.24. 선고 2014다221258,221265 판결.
161) 대법원 2008.7.10. 선고 2007다14193 판결.

수청구를 하지 아니한 때에도 이사회의 승인이 의제된다(제335조의4 제2항).

상법이 양도의 상대방의 자격 등을 제한하고 있지는 않으므로, 특별한 사정이 없는 한 설립 예정이거나 설립 중인 회사도 양도의 상대방이 될 수 있고, 또한 반드시 주식양도계약이 체결되었거나 주식양도에 관한 협상이 상당한 정도로 진행되어야만 주주의 주식양도 승인 청구가 적법한 것은 아니다.[162] 다만 양도의 상대방은 그가 주주가 될 경우 회사 경영에 어떠한 영향이 있을지를 승인 주체인 이사회가 가늠할 수 있을 정도로 특정되어야 하고, 설립 중인 회사나 설립 예정인 회사라면 설립 목적, 설립 주체 내지 설립 후 운영주체 등의 정보가 제공되어 이를 근거로 이사회가 양도승인 여부를 결정할 수 있어야 한다.[163]

② 주식매수청구권

주주가 직접 회사에 대하여 자신의 주식을 매수하여 줄 것을 청구할 수 있고 이 권리를 주식매수청구권이라 한다. 주주의 회사에 대한 주식매수청구권(제335조의2 제4항), 회사의 주식매수(제335조의6, 제374조의2 제2항), 매매가격의 결정(제335조의6, 제374조의2 제3항 제4항)의 순으로 이루어진다. 주주가 주식매수청구권을 행사하면 회사는 주식매수기간이 종료하는 날부터 2개월 이내에 그 주식을 매수하여야 한다(제360조의5 제3항, 제360조의22, 제374조의2 제2항, 제530조 제2항, 제530조의11 제2항). 상세한 내용은 주식매수청구권에서 다룬다.

회사로부터 양도승인거부의 통지를 받은 양수인도 물론 주식매수청구권을 행사할 수 있으나, 주식매수청구권을 행사함에 있어서는 주식양도에 관한 요건을 갖춘 적법한 양수인이어야 한다. 따라서 주권의 교부가 없어 주식을 적법하게 취득하지 못한 양수인이 회사에 대하여 주식매수청구권을 행사하고, 그 이후에야 주권의 교부로 주식취득의 요건을 갖추게 되었다 하더라도 그 하자는 사후적으로 치유될 수 없고, 양수인이 행사한 주식매수청구권은 아무런 효력이 없다.[164]

5) 매매가격의 결정

위 어느 경우이든 결정 방법은 동일하다(제335조의5). ① 당사자간의 협의에 의한다. 협의가 이루어지지 않는 경우 ② 법원이 이를 결정한다. 비상장주식의 경우 시장가격이 없어 그 평가액이 문제된다. 판례는 법원이 회사의 상황이나 업종의 특성 등을 종합적으로 고려하여 공정한 가액을 산정한다고 판시한다.[165]

---

162) 대법원 2022.7.28. 자 2020마5054 결정.
163) 대법원 2022.7.28. 자 2020마5054 결정.
164) 대법원 2014.12.24. 선고 2014다221258,221265 판결(주식의 양도에 관하여 이사회의 승인을 얻어야 하는 경우에 주식을 취득하였으나 회사로부터 양도승인거부의 통지를 받은 양수인은 상법 제335조의7에 따라 회사에 대하여 주식매수청구권을 행사할 수 있다. 이러한 주식매수청구권은 주식을 취득한 양수인에게 인정되는 이른바 형성권으로서 그 행사로 회사의 승낙 여부와 관계없이 주식에 관한 매매계약이 성립하게 되므로, 주식을 취득하지 못한 양수인이 회사에 대하여 주식매수청구를 하더라도 이는 아무런 효력이 없고, 사후적으로 양수인이 주식 취득의 요건을 갖추게 되더라도 그 하자가 치유될 수는 없다).
165) 대법원 2006.11.24. 자 2004마1022 결정(회사의 합병 또는 영업양도 등에 반대하는 주주가 회사에 대하여 비

(3) 이사회 승인 없는 양도의 효력

제335조 제2항은 "회사에 대하여 효력이 없다"고 규정한다. 양수인이 회사에 대하여 주주임을 주장할 수 없을 뿐 아니라 회사도 양수인을 임의로 주주로 인정할 수 없다. 따라서 **회사와의 관계에서 언제나 양도인이 주주가 된다.** 양도당사자간의 개인법적 채권적 효력을 보면, 주식양도가 이사회의 승인을 받지 않았더라도 원칙적으로는 양도인과 양수인 사이에서 채권적 효력은 인정된다.[166] 명문의 근거는 양수인도 승인청구를 할 수 있다는 제335조의7이다. 이 규정은 당사자간에는 양도가 유효함을 전제로 한 것이다.

(4) 적용범위

1) 소규모의 비상장회사

정관에 의한 제한은 인적 관계가 존중되는 소규모의 주식회사에서만 인정되는 것이다. 따라서 주권상장회사에서는 주식양도가 제한될 수 없다. 유가증권상장규정에 따르면 주권상장회사가 주식양도를 제한하는 규정을 둘 경우 상장폐지사유가 된다.

2) 종류주식

특정의 종류주식에 대하여만 양도를 제한할 수 있는가에 대한 견해의 대립이 있다. 제344조에서 종류주식을 열거하고 있으나 여기에 양도제한에 관한 종류주식이 없다. 이에 대하여 명문의 규정이 없는 이상 투하자본회수를 제한하는 양도제한이라는 종류주식은 허용되지 않는다고 보는 견해도 있으나, 다양한 종류주식의 고안이라는 것이 2011년 개정법의 취지이고 보면, 특정한 종류주식에 대하여 정관으로 양도를 제한하는 것이 가능하다고 해석된다.[167]

3) 양도제한의 대상이 되는 행위

특정승계인 주식의 양도에만 적용되는 것이고 상속이나 합병 등에는 적용되지 않는다. 그런데 선의취득의 경우는 다르다. 선의취득자는 이사회의 승인이 없는 한 그러한 선의취

상장 주식의 매수를 청구하는 경우, 그 주식에 관하여 객관적 교환가치가 적정하게 반영된 정상적인 거래의 실례가 있으면 그 거래가격을 시가로 보아 주식의 매수가액을 정하여야 하나, 그러한 거래사례가 없으면 비상장주식의 평가에 관하여 보편적으로 인정되는 **시장가치방식, 순자산가치방식, 수익가치방식** 등 여러 가지 평가방법을 활용하되, 비상장주식의 평가방법을 규정한 관련 법규들은 그 제정 목적에 따라 서로 상이한 기준을 적용하고 있으므로, 어느 한 가지 평가방법이 항상 적용되어야 한다고 단정할 수 없고, 당해 회사의 상황이나 업종의 특성 등을 종합적으로 고려하여 공정한 가액을 산정하여야 한다).

166) 대법원 2000.9.26. 선고 99다48429 판결; 대법원 2008.7.10. 선고 2007다14193 판결(주식의 양도를 제한하는 방법으로서 이사회의 승인을 요하도록 정관에 정할 수 있다는 상법 제335조 제1항 단서의 취지에 비추어 볼 때, 주주들 사이에서 주식의 양도를 일부 제한하는 내용의 약정을 한 경우, 그 약정은 주주의 투하자본회수의 가능성을 전면적으로 부정하는 것이 아니고, 공서양속에 반하지 않는다면 **당사자 사이에서는 원칙적으로 유효하다고 할 것이다**).

167) 동지로 정동윤, 482면; 최기원, 331-332면; 최준선, 247면.

득의 효과를 회사에 대하여 주장할 수 없다고 보아야 한다. 이 경우 선의취득자는 양수인의 지위에 준하므로 335조의7 제2항에 기해 양도상대방지정청구권이나 주식매수청구권을 행사할 수 있을 것이다(제335조의2).

3. 주주간 양도제한약정의 효력

정관에 기재함이 없이 주주간에 양도제한약정을 한 경우 그 효력이 문제된다.

(1) 주주간의 채권적 효력

이 경우는 투하자본의 회수가능성과 공서양속에 반하는지의 여부에 의하여 결정한다.

1) 투하자본의 회수가능성이 전면적으로 부정되는 경우

주주간 양도제한 약정이 주주의 투하자본 회수의 가능성을 전면적으로 부인하는 정도에 이르렀다면 무효가 된다. 판례는 회사설립으로부터 5년간 주식양도를 금지하는 약정에 대하여 이러한 이유를 들어 회사에 대하여 뿐 아니라 주주간에도 무효라 한다.[168] 이는 회사와 주주 사이에서 약정을 맺은 경우에도 마찬가지이다.

2) 투하자본의 회수가능성이 부정되지는 않는 경우

반면 그 양도제한 약정의 내용이 주주의 투하자본 회수의 관점에서 합리적 수준이라면 주주간 채권적 효력은 있는 것으로 본다. 판례도 이러한 취지에서 투하자본회수의 가능성을 전면적으로 부인하는 것이 아니라면 공서양속에 반하지 않을 것을 전제로 하여, 당사자 사이에서는 유효하다고 본다.[169] 최근 판례로[170] **주주간의 약정으로 유효**하다고 본 사건에서는 ① 주주가 8명에 불과하여 전원 동의를 요구함이 양도금지에 이른다고 보기는 어려운 점, ② 회사의 존립기간이 13년으로 정해져 있어 주주의 투하자본 회수가 불가능하지는 않은 점, ③ 그 사업에서 각 역할을 수행하는 주주의 구성이 중요하여 그 주주 구성의 변동을 제한할 합리적 필요성이 있다고 하면서 유효성을 인정하였다.

---

168) 대법원 2000.9.26. 선고 99다48429 판결(상법 제335조 제1항 단서는 주식의 양도를 전제로 하고, 다만 이를 제한하는 방법으로서 이사회의 승인을 요하도록 정관에 정할 수 있다는 취지이지 주식의 양도 그 자체를 금지할 수 있음을 정할 수 있다는 뜻은 아니기 때문에, 정관의 규정으로 주식의 양도를 제한하는 경우에도 주식양도를 전면적으로 금지하는 규정을 둘 수는 없다. 회사와 주주들 사이에서, 혹은 주주들 사이에서 회사의 설립일로부터 5년 동안 주식의 전부 또는 일부를 다른 당사자 또는 제3자에게 매각·양도할 수 없다는 내용의 약정을 한 경우, 그 약정은 주식양도에 이사회의 승인을 얻도록 하는 등 그 양도를 제한하는 것이 아니라 설립 후 5년간 일체 주식의 양도를 금지하는 내용으로 이를 정관으로 규정하였다고 하더라도 주주의 투하자본회수의 가능성을 전면적으로 부정하는 것으로서 무효라는 이유로 정관으로 규정하여도 무효가 되는 내용을 나아가 **회사와 주주들 사이에서, 혹은 주주들 사이에서 약정하였다고 하더라도 이 또한 무효이다**).

169) 대법원 2013.5.9. 선고 2013다7608 판결; 대법원 2008.7.10. 선고 2007다14193 판결(그 약정은 주주의 투하자본회수의 가능성을 전면적으로 부정하는 것이 아니고, 공서양속에 반하지 않는다면 당사자 사이에서는 원칙적으로 유효하다고 할 것이다).

170) 대법원 2022.3.31. 선고 2019다274639 판결.

(2) 회사에 대한 효력

주식의 양도가 법적으로 제한되는 경우 이외에 단체법적 효력을 가지고 제한할 수 있는 방법은 **상법 제335조 제1항 단서가 정하는 것이 유일**하다. 주주간의 양도제한 합의로써 회사에 대하여 그 효력을 주장하거나 회사가 그 효력을 인정할 수 없다.[171]

결과적으로 주주간 주식의 양도제한에 관하여 투하자본 회수가능성이 있어 유효한 약정을 맺었다 하더라도, 회사는 그 주식을 양수한 제3자에 대하여 명의개서를 거부할 수 없고 주주로서의 모든 권리행사를 허용하여야 한다. 단지 다른 주주는 주식을 양도한 주주에게 계약위반에 따른 손해배상책임만을 물을 수 있을 뿐이다.

4. 주주와 회사간 양도제한약정의 효력

주주와 회사 사이에 체결된 주식양도제한 약정은 무효이다. 상법상 주식양도는 자유이고 그 자유는 정관에서 이사회 승인을 받도록 하는 방식(제335조 제1항)으로만 제한할 수 있기 때문이다.

제 5 절 기타 주식과 관련한 문제

I. 주식의 담보

1. 의의와 제한

(1) 의 의

주주는 재산적 가치를 지닌 주식을 담보로 금융을 얻을 수도 있다. 주식담보의 형태로는 질권의 설정과 양도담보가 있으나, 상법은 제338조 이하에서 입질에 대하여만 규정하고 있다. 주식양도의 자유가 보장되어 있는 만큼 주식담보도 원칙적으로 자유이다. 다만 주식의 양도가 제한되는 것과 같이 일부 제한을 받는다.

주식에 질권을 설정하는 방법은 주주명부에 질권자의 성명을 기재함으로써 질권설정을 공시하는 등록질과 질권의 설정이 외부에 나타나지 않는 약식질이 있다. 양자는 그 효력에 있어서도 차이가 있다.

---

171) 대법원 2000.9.26. 선고 99다48429 판결.

(2) 주식담보의 제한

1) 권리주의 담보

규정은 없으나, 권리주의 양도는 회사에 대하여 효력이 없는 것과 같이(제319조), 권리주의 담보도 회사에 대하여 효력이 없는 것으로 본다(통설).

2) 주권발행 전 주식의 담보

이도 규정은 없으나 명시적으로 금지하는 규정도 없다. 그런데 제338조에서 주식을 질권의 목적으로 하는 때에는 주권을 질권자에게 교부하여야 한다고 되어 있어 질권의 경우 주권의 발행이 전제된다고 볼 수 있다. 그러나 (i) 주권발행 전이라 하더라도 민법상의 권리질(민법 제345조)은 성립할 수 있고,[172] 다만 6개월이 경과한 이후에만 가능하다고 본다. 이 경우 주권발행 전 주식의 양도와 동일한 절차를 밟아야 한다. (ii) 회사의 성립 후 또는 신주의 납입기일 후 6월이 경과한 이후에는 주권 없이도 등록양도담보가 가능하다고 본다.[173] 그 방법은 당사자간에 주식의 담보제공에 관한 합의가 있어야 하고 회사에 통지 또는 회사의 승낙이 있어야 한다.[174]

3) 자기주식의 담보

상법은 발행주식총수의 20분의 1을 초과하여 자기주식을 질권의 목적으로 취득하지 못한다는 명문의 규정(제341조의3 본문)을 둔다. 다만 예외적으로 회사의 합병 또는 다른 회사의 영업전부의 양수로 인한 때와 회사의 권리를 실행함에 있어 그 목적을 달성하기 위하여 필요한 때에는 20분의 1을 초과하여도 무방하다(제341조의3 단서).

이 경우 제한위반의 효과에 대하여는 양도의 경우와 같이 유효설, 상대적 무효설, 절대적 무효설의 학설대립이 있다. 그런데 자기주식 취득의 경우에는 절대적 무효설이 통설임에 반하여 담보의 경우는 유효하다고 보아야 한다. 그 근거로는 자기주식취득은 원칙적으로 금지되는데 자기주식의 질취는 원칙적으로 허용되고 다만 그 수량이 제한된다는 점, 회사의 입장으로 보아서는 자기주식이라도 담보로 취득하는 것이 담보가 없는 경우보다 유리하다는 점을 든다.[175]

---

172) 대법원 2000.8.16. 자 99그1 결정(주권발행 전의 주식에 대한 양도도 인정되고, 주권발행 전 주식의 담보제공을 금하는 법률규정도 없으므로 주권발행 전 주식에 대한 질권설정도 가능하다고 할 것이지만, 상법 제338조 제1항은 기명주식을 질권의 목적으로 하는 때에는 주권을 교부하여야 한다고 규정하고 있으나, 이는 주권이 발행된 기명주식의 경우에 해당하는 규정이라고 해석함이 상당하므로, 주권발행 전의 주식 입질에 관하여는 상법 제338조 제1항의 규정이 아니라 권리질권설정의 일반원칙인 민법 제346조로 돌아가 그 권리의 양도방법에 의하여 질권을 설정할 수 있다고 보아야 한다).

173) 대법원 1995.7.28. 선고 93다61338 판결.

174) 명의개서까지 마치는 경우 등록양도담보가 될 것이다.

175) 정찬형, 778면.

4) 자회사에 의한 모회사주식의 담보

상법에 규정이 없고 아무런 제한 없이 인정된다고 본다(통설).

2. 주식의 입질

(1) 질권설정방법

1) 약식질

약식질은 당사자간에 질권설정의 합의를 하고 질권설정자가 질권자에게 주권을 교부함으로써 효력이 발생한다(제338조 제1항). 회사 및 제3자에 대한 대항요건은 주권의 계속점유이다(제338조 제2항).

2) 등록질

등록질은 당사자간에 질권설정의 합의를 하고 질권설정자가 질권자에게 주권을 교부할 뿐 아니라 성명과 주소를 주주명부에 기재함으로써 효력이 발생한다(제340조 제1항 전단). 즉 **주주명부에의 기재는 등록질의 효력요건**이자, **회사에 대한 대항요건**이다. 법문상 주권에 성명을 기재할 것을 요건으로 하나(제340조 제1항), 통설은 그 기재가 없더라도 등록질의 성립에는 아무 지장이 없다고 해석한다. 등록질권자는 주주명부에 등록만 하면 회사에 대하여 주권을 제시하거나 권리를 입증할 필요가 없다. **제3자에 대한 대항요건은 주권의 계속점유**이다(제338조 제2항). 등록질권자도 제3자에게 그 권리를 대항하기 위하여는 주권의 계속적 점유가 필요하다.

(2) 질권의 효력

주식에 대하여 담보를 설정하는 경우 담보의 대상이 되는 것은 주식이 갖는 권리 중 자익권뿐이고, 공익권은 담보설정자인 주주가 여전히 가진다. 유질약정이 포함된 질권설정계약이 체결된 경우 질권의 실행방법이나 절차는 원칙적으로 질권설정계약에서 정한 바에 따라야 한다.[176]

1) 일반적 효력
① 물상대위권

질권자는 민법에 의하여 유치권, 우선변제권 등을 가질 것이나 상법은 민법의 물상대위

---

176) 대법원 2021.11.25. 선고 2018다304007 판결(채권자가 유질약정을 근거로 처분정산의 방법으로 질권을 실행할 때 일반적으로 허용된 여러 비상장주식 가격 산정방식 중 하나를 채택하여 그에 따라 처분가액을 산정한 이상, 설령 나중에 그 가격이 합리적인 가격이 아니었다고 인정되더라도, 다른 특별한 사정이 없는 한 유질약정의 내용에 따라 채권자와 채무자 사이에서 피담보채무의 소멸 범위나 초과액의 반환 여부, 손해배상 등이 문제될 여지가 있을 뿐이고 채권자와 처분 상대방 사이에서 채권자의 처분행위 자체가 무효로 된다고 볼 수는 없다); 대법원 2017.7.18. 선고 2017다207499 판결.

권에 대한 특칙을 규정한다. "주식의 소각, 병합, 분할 또는 전환이 있는 때에는 이로 인하여 종전의 주주가 받을 금전이나 주식에 대하여도 종전의 주식을 목적으로 한 질권을 행사할 수 있다"고 규정(제339조)하여 민법상 질권자의 물상대위 규정에 대한 특별규정을 두고 있다. 이는 담보로 취득한 주식이 다양하게 변형될 수 있다는 특성을 반영한 것이다. 위 규정상 열거된 것 이외에도 회사분할로 주주가 받게 되는 금전이나 주식, 주주가 주식매수청구권의 행사로 받는 매수대금 등에 대하여도 물상대위를 인정한다(통설).

② 약식질권에서의 압류여부

일반적 견해는 약식질의 경우 주주명부에 질권자가 나타나 있지 않기 때문에 회사는 주주명부상의 주주에게 금전이나 신주 등을 교부할 것이지만, 물상대위의 목적물이 주주의 일반재산과 합쳐진 이후에는 이를 구별하는 것이 어렵기 때문에 질권자는 그 이전에 물상대위권을 행사하여야 하고, 따라서 약식질권자는 금전이나 신주가 회사로부터 질권설정자인 주주에게 교부되기 전에 압류하여야 한다고 본다.

③ 준비금의 자본금 전입에 의한 무상주

준비금의 자본금 전입에 의하여 발행된 주식에 대하여도 모두 질권의 효력이 미친다(제461조 제7항, 제339조).

2) 자익권
① 등록질과 약식질

등록질에 대하여는 제340조 제1항이 이익배당청구권과 잔여재산분배청구권, 그리고 주식배당청구권에 대한 효력을 인정하고 있으나, **약식질에 대하여는 아무런 규정이 없어 해석에 의한다.** 등록질권자의 권리의 범위는 약식질권자에 비하여 일반적으로 넓어, 주주가 회사로부터 받을 이익의 배당, 잔여재산의 분배 그리고 주식배당에 대하여 일반적으로 그 효력을 미친다(제340조 제1항, 제462조의2 제6항). 또한 등록질권자는 약식질권자와는 다르게 물상대위의 목적물이 금전이고 그 목적물의 변제기가 질권자의 채권의 변제기보다 먼저 도래한 때에는 회사에 대하여 그 금전의 공탁을 청구할 수 있는데 이때 그 공탁금에 대하여 질권의 효력이 미친다(제340조 제2항, 민법 제353조 제3항). 다만 **등록질의 경우에도 신주인수권에 대하여는 상법 규정이 없다.**

② 잔여재산분배청구권

등록질의 효력이 잔여재산분배청구권에 미치는 것은 상법 제340조에 규정되어 있다. **약식질**의 경우 상법 규정은 없지만 해석상 그 효력이 미친다고 본다(통설). 왜냐하면 잔여재산이 분배된 이후의 주식의 재산가치는 없는 것이며, 잔여재산분배청구권은 해산시의 주식의 변형물에 불과하기 때문이다.

③ 이익배당청구권

등록질은 상법 제340조에 의하여 이익배당청구권에 효력을 미친다. **약식질**의 경우 상법 규정이 없어 견해가 나뉜다. (i) 과실에도 질권의 효력이 미친다는 일반원칙에 근거하여 이익배당을 과실에 준하는 것으로 보아 민법상 질권의 효력에 따라 이를 긍정하는 **긍정설**[177]이 있고, (ii) 질권은 회사와 무관하게 설정되고 또 주식 자체의 재산적 가치만을 담보목적으로 하는 것으로 이익배당청구권을 인정할 수 없다는 **부정설**이 있다.[178] 또한 공시되지 않는 권리자를 일반 채권자보다 우선시하는 것은 잘못된 것이라는 근거도 내세운다. 부정설이 타당하다.

④ 주식배당청구권

등록질의 경우는 상법규정에 의하여 질권의 효력이 미친다(제462조의2 제6항).[179] 그런데 **약식질**의 경우 상법 규정이 없어, 해석에 의한다. 주식배당은 회사가 주주에게 배당할 수 있는 이익의 일부를 새로이 발행하는 주식으로서 주주에게 그 지분비율에 따라 무상으로 배당하는 것으로서, 주식배당의 법적 성질에 대한 견해가 나뉜다.[180] 주식배당을 주식분할로 보게 되면 질권자는 그 권리를 행사할 수 있으나, 이익배당으로 보는 경우에는 앞서 본 바와 같이 다시 그 견해가 나뉘게 된다.

⑤ 신주인수권

신주인수권에 관하여는 약식질뿐 아니라 등록질에 관하여도 상법 규정이 없다. 따라서 여기서만큼은 등록질과 약식질 모두에 관한 논의가 된다. 해석상 (i) 신주의 발행가가 시가보다 낮은 경우 입질된 구주의 가치가 하락하므로 이로 인하여 생기는 담보가치의 감소를 보전하기 위하여 신주인수권에도 질권의 효력이 미친다고 보는 **긍정설**,[181] (ii) 신주인수권을 입질된 주식의 변형물로 볼 수 없을 뿐만 아니라 또한 그의 행사에는 별도의 납입을 요하는데 신주인수권을 질권자에게 인정하고 이의 납입을 질권자가 하는 경우에는 질권자에게 납입의무를 지우는 결과가 되어 부당하고 질권설정자가 하는 경우 추가출자의무를 강요하는 결과가 되어 부당하다는 **부정설**[182]이 있다. 부정설이 타당하다.

3. 주식의 양도담보

(1) 의 의

실무상 주식의 입질보다는 당사자 사이에 담보설정의 합의를 하고 주권을 교부하는 양도담보가 담보실행이 편리하여 더 많이 이용된다. 양도담보도 질권과 같이 주권을 교부하면서 명의개서도 하는 **등록양도담보**와 명의개서는 하지 않는 **약식양도담보**로 나눌 수 있

---

177) 정동윤, 521면; 최기원, 412-413면; 최준선, 282면.
178) 이철송, 419면; 정찬형, 781면.
179) 법규정이 주식에 대한 질권설정 부분이 아니라 주식배당의 관련조항에 있음을 유의하여야 한다.
180) 이 책 제2편 제6장 제3절 Ⅲ. 주식배당에서 다룬다.
181) 정동윤, 522면.
182) 권기범, 478면; 이철송, 420면; 정찬형, 781면; 최기원, 414면; 최준선, 282-283면.

다. 약식양도담보는 외관상 약식질과의 구별이 쉽지 않은데 원칙적으로는 당사자의 의사에 따른다. 다만 그 의사가 분명하지 않은 경우 실정법상 근거를 가지는 약식질로 보자는 견해가 있으나, 담보권자에게 유리한 양도담보로 보는 것이 옳다.

(2) 효   력

양도담보에서는 등록양도담보든 약식양도담보든 양도담보권자가 대외적으로 주식의 소유권자이다.[183] 다만 회사에 대하여 주주로서의 권리를 행사할 수 있는지는 명의개서 여부에 따라 달라진다. 등록양도담보권자는 자익권과 공익권을 모두 행사할 수 있으나, 약식양도담보권자는 명의개서를 함으로써 이러한 권리를 행사할 수 있다.[184] 대법원은 양도담보권자에게 채무담보 목적으로 주식을 양도한 이후 채무자인 주주가 그 채무를 변제하여 양도담보권이 소멸하였다 하더라도 주식의 반환을 청구하는 등의 조치가 없는 이상 채무자에게 이 사건 소유권이 곧바로 이전된다고 볼 수 없어 여전히 양도담보권자가 주주라 판시한다.[185]

Ⅱ. 주식의 소각

1. 의   의

(1) 의   의

주식의 소각이란 회사의 존속 중에 자신이 발행한 **주식의 일부를 절대적으로 소멸**시키는 회사의 행위이다. 주식은 회사의 해산이나 청산 이외의 경우에는 소멸하지 않는 것이 원칙이나, 상법은 예외적으로 주식의 소각·병합 등의 경우 주식의 소멸사유를 법정하여 두고 있다. 일반적으로 주식이 소각되면 **주주는 당 주식에 대한 주주로서의 지위를 상실**하게 된다. 또한 **회사채권자의 입장으로 보아서는 지분환급으로 인하여 회사재산이 감소**될 수 있는 문제가 있다.

주식의 소각은 회사의 존속 중에 자신이 발행한 주식의 일부를 소멸시키는 것으로 회사의 해산시에 주식의 전부를 소멸시키는 것과는 구별된다. 주식 자체가 소멸되므로 주식은 소멸되지 않고 주권만 무효화하는 제권판결과 구별되며, 주식인수인의 지위만을 소멸시키는 실권절차와도 구별된다.

---

183) 대법원 1993.12.28. 선고 93다8719 판결(채권담보의 목적으로 주식이 양도되어 양수인이 양도담보권자에 불과하다고 하더라도 회사에 대한 관계에는 양도담보권자가 주주의 자격을 갖는다).
184) 대법원 1995.7.28. 선고 93다61338 판결.
185) 대법원 2020.6.11. 자 2020마5263 결정.

(2) 종 류

상법상의 주식소각은 크게 세 가지로 나눌 수 있다. ① **자본금감소를 위한 소각**(제343조 제1항 본문), ② **자기주식의 소각**(제343조 제1항 단서), 그리고 ③ **상환주식의 상환**(제345조)이 그것이다. 자본금감소를 위한 소각의 경우 주주와 채권자보호를 위한 자본금감소절차를 밟아야 하나(제438조 이하), 기타의 경우에는 그렇지 아니하다.

또한 대상 주식의 소유자인 주주의 동의를 얻지 않고 회사가 일방적으로 하는 강제소각과 주주의 동의하에 실시되는 임의소각으로 구분할 수도 있으며, 소각의 대가를 지급하느냐 여부에 따라 유상소각과 무상소각으로 구분하기도 한다.

(3) 소각제도의 변화

개정법은 제343조 제1항 단서 및 제343조의2의 개정을 통하여 **이익소각제도를 폐지**하고 예외적으로 자기주식의 소각만을 규정하며, 이사회의 결의에 따라 자기주식을 소각하는 경우에는 자본금감소에 관한 규정을 따를 필요가 없도록 하고 있다. 구법에 의하면 정관규정에 의한 이익소각과 주주총회결의에 의한 이익소각이 있었으나 이러한 이익소각제도를 폐지하고, 자기주식의 소각이라는 형태로 일원화하였다.

이익으로써 주식을 소각하면 채권자보호를 위한 자본금의 변동 없이 이익을 반환하게 되어 실질적으로 자기주식취득 후 주식을 소각하는 것과 경제적으로 동일하므로, 개정법이 이미 자기주식을 배당가능이익으로써 취득하는 것을 허용한 이상 주식소각이 필요한 경우 자기주식을 취득한 후 소각하면 되고 자기주식취득 또는 배당과 구별되는 이익소각제도를 별도로 둘 실익이 없게 되었다. 요컨대 자기주식취득이 허용될 경우 별도의 이익소각제도가 필요하지 않으므로 이익소각제도를 폐지하였다.

2. 방 법

(1) 자본금감소를 위한 주식소각

① 액면주식

액면주식의 자본금은 발행주식수에 액면금액을 곱한 금액이므로(제451조 제1항), 자본금을 감소시키는 것은 발행주식수를 줄이거나 액면금액을 낮추는 방법에 의한다. 상법이 자본금감소를 위한 주식을 소각하는 경우 정관의 근거규정이 필요없고 원칙적으로 그 재원은 자본금이 된다(제343조 제1항 본문). 따라서 상법 제438조 이하에서 규정하는 자본금감소절차에 따라 주주총회의 특별결의가 있어야 하고 채권자보호절차 등이 필요하다(제439조 제2항, 제3항). 소각을 위하여는 주주들로부터 주권을 회수해야 하므로 주권제출을 공고하고 (제440조), 주식소각의 효력은 주권제출이 완료되고 채권자보호절차가 완료됨으로써 발생한

424 제 2 편 주식회사

다(제441조).

② 무액면주식

무액면주식에서 자본금의 액은 회사가 임의로 정한다(제451조 제2항). 액면주식과 달리 무액면주식에서는 자본금을 감소시키는 방법은 발행주식총수를 줄이는 방법 이외에도, 주식 수는 줄이지 않고 단순히 자본금의 액을 감소시키는 방법도 있다.

무액면주식의 경우는 자본금과 주식이 단절되어 있는 것이기는 하나, 배당가능이익이 없는 경우의 무액면주식을 소각할 수 있는 방법은 이것뿐이라 본다. 주식의 소각은 주주의 지위를 절대적으로 소멸시키는 것인 만큼 특히 법률에 규정이 있는 경우에 한하여야 한다. 따라서 **무액면주식의 소각에 있어서도 자본금이 감소하는 주식의 소각은 제343조 제1항 본문에 의하고, 자본금이 감소하지 않는 소각은 제343조 제1항 단서에 의하여 자기주식 으로 취득하여 소각하여야 한다.** 다만 무액면주식제도의 도입으로 보다 규정이 세밀화하 여야 함에도 상법의 규정이 이에 부응하지 못한 관계로 입법적 개선이 요구된다.

(2) 자기주식의 소각

1) 제343조 제1항 단서

상법은 자기주식을 소각하는 경우에는 이사회결의에 의하여 할 수 있다고 규정한다. 이 는 회사가 주가관리 등 재무관리의 편의를 위하여 배당가능이익으로써 자기주식을 취득할 수 있는데(제341조) 이렇게 보유한 자기주식을 소각할 수 있도록 한 취지로 보인다.[186] 그 런데 무액면주식제도를 도입하면서 관련되는 부분에 대한 세심한 입법이 되지 않아 정리 할 부분들이 있다.

2) 적용범위

(ⅰ) 먼저 상법 제343조 제1항 단서는 **자본금감소를 수반하지 않는 무액면주식의 소각 에만 적용되고 액면주식에는 적용되지 않는다는 견해가** 있다.[187] 이 견해는 액면주식의 소각은 자본금의 감소를 가져오고 이는 주주와 채권자의 이해에 직결되는 문제이므로 이 사회결의만으로 이행할 수는 없다는 것이다. (ⅱ) 다음으로, 모든 자기주식을 포함한다는 견해이다. 즉 액면주식의 소각에도 적용되고 상법 제341조의 배당가능이익으로써 취득한 자기주식의 소각만이 아니라 상법 제341조의2에 의한 **특정목적에 의한 자기주식의 취득 도 포함된다고 보는 견해이다.**[188] 개정법이 자기주식의 소각시 자기주식취득원인을 구별 하지 않고 있고, 특정목적에 의해 취득한 자기주식을 소각하는 모든 경우에 자본금감소절 차의 참탈이 어렵다는 근거를 내세운다. (ⅲ) **배당가능이익으로써 취득한 제341조에 의한**

---

186) 법무부, 개정상법해설, 2011년, 120면.
187) 이철송, 427면.
188) 김건식 · 노혁준 · 천경훈, 239면; 권기범, 455면에 근거가 자세하다.

취득의 경우만 적용된다는 견해이다.[189]

　개정상법의 자기주식취득이 이원화되어 있고, 그중 제341조의 경우만 해당한다고 명시하고 있지 않기 때문에, 문리해석으로는 (ii)의 견해가 설득력이 있다. 하지만 구법상의 이익소각제도를 폐지하고 예외적으로 자기주식의 소각만을 규정하는 개정법의 입법취지를 보면 (iii)의 견해가 타당하다. 이렇게 보면 액면주식의 경우 제341조의 요건에 따라 배당가능이익으로써 취득한 자기주식에 대하여 이사회의 결의에 의하여 소각할 수 있다. **무액면주식의 경우도 자본금이 감소하지 않는 경우는 제343조 제1항 단서에 의하여 소각하는 절차를 취하여야 한다.**

(3) 상환주식의 소각

　상환주식의 부분에서 살펴보았다.

3. 효　　과

(1) 자본금감소를 위한 소각

　자본금감소를 위한 경우, 액면주식에서는 그 액면총액만큼 자본금이 감소하지만 무액면주식에서는 회사가 정하는 금액만큼 자본금이 감소한다.

(2) 자기주식의 소각에서 자본금에 미치는 영향

　제343조 제1항 단서에 의한 자기주식의 소각은 제341조에 의하여 배당가능이익으로 취득한 경우의 자기주식취득의 경우로 한정하여 해석하여야 한다고 하였다. 그리고 이렇게 해석하는 경우 발행주식수가 감소하더라도 이는 감자절차에 의한 소각이 아니라 배당가능이익을 재원으로 한 소각이기 때문에 회사의 자본금에는 영향을 미치지 않는다. 이 경우 액면주식에 있어서도 발행주식수와 자본금의 관계가 예외적으로 단절된다.

(3) 수권주식수에 미치는 영향

　이익소각이 된 부분만큼 미발행주식수, 즉 이사회의 신주발행권한이 회복되지도 않는다(통설). 만약 회복된다고 볼 경우에는 실질적으로 이사회에 무한의 수권을 인정하는 것과 다르지 않아 수권자본금제도의 취지를 탈법할 우려가 있다.

---

189) 정찬형, 745면; 법무부, 앞의 책, 120면.

Ⅲ. 주식의 분할과 병합

1. 주식의 분할

(1) 주식분할의 의의

주식분할이란 **회사의 자본금이나 자산의 변동이 없이 주식을 세분화하여 발행주식총수만을 증가**시키는 것이다. 예를 들면 주금액 5,000원을 1,000원으로 인하하면서 종래 1주를 신주 5주로 세분하는 것과 같은 경우이다. 주식분할은 주금액 인하뿐만 아니라 신주발행이나 이익배당에 대비한 주가조정, 회사의 합병이나 분할의 준비단계에 있어서의 주가조절, 고가주(高價株)의 유통주식수증가에 의한 시장성확보 등의 목적으로 이용된다. 그리고 주식분할은 액면주식과 무액면주식에 있어 다른 의의가 있다. (i) **액면주식 분할**의 경우 발행주식수가 증가하는데 반하여 자본금이 증가하지 않으므로 결국 액면가액이 낮아져야 하므로, 주식분할은 액면분할을 의미한다. (ii) **무액면주식 분할**의 경우 발행주식수가 증가하는데 반하여 자본금이 증가하지 않으므로 결국은 주식 1주의 자본금에 대한 비율이 감소하게 된다.

(2) 주식분할의 절차

1) 주주총회의 특별결의

상법은 주식분할의 절차상 주주총회의 특별결의를 요건으로 하고 있다(제329조의2 제1항). 분할결의의 방법으로는 분할의 비율을 정하면 되나, 주금액 인하결의의 방법에 의하여도 무방하다. 주식분할은 회사의 재산이나 자본금에 아무런 변화도 일어나지 않기 때문에 주주나 채권자의 이익과는 관계가 없는 사항이다. 그러나 액면주식의 경우 주식분할은 결국 액면분할이 되고 '액면'은 제289조 제1항 제4호에 의하여 정관의 절대적 기재사항이기 때문에 그 변경을 위하여는 주주총회의 특별결의가 요구된다.

그런데 무액면주식을 분할하는 때에는 발행예정주식총수의 범위 내이기만 하면 정관변경의 절차가 요구되지 않아 굳이 주주총회를 소집할 필요가 없다. 그러나 상법은 무액면주식에 대하여 특칙을 규정하고 있지 않으므로 무액면주식의 분할도 주주총회의 특별결의를 요한다고 해석함이 옳다.

2) 주권제출 및 신주권교부

주식분할에 있어서는 주권교환의 절차를 밟아야 한다. 즉 회사는 1개월 이상의 기간을 정하여 그 기간 내에 주권을 회사에 제출하도록 주주·질권자에게 통지·공고하고(제329조의2 제3항, 제440조), 신주권을 교부하여야 한다. 주권상실 등의 사유로 주권을 회사에 제출할 수 없는 자가 있으면 회사의 간이공시최고절차에 의하여 주주·질권자를 구제할 수 있다. 즉 주권을 회사에 제출할 수 없는 자가 있는 때에는 회사는 그 자의 청구에 의하여 3개월 이상의 기간을 정하고, 이해관계인에 대하여 그 주권에 대한 이의가 있으면 그 기간 내에 이의를 제출할 뜻을 공고하고, 그 기간이 경과한 후에 신주권을 청구자에게 교부할 수 있도록 하였다(제329조의2 제3항, 제442조 제1항).

그런데 **무액면주식**은 분할에 의하여 추가로 신주를 발행하면 되므로 구주권의 제출과 교환하는 절차는 필요없다. 따라서 제440조부터 제442조까지는 준용되지 않는 것으로 보아야 한다.

(3) 주식분할의 효력

주식의 분할은 주식병합에 있어서와 같이 주권제출기간이 만료한 때에 그 효력이 발생한다(제329조의2 제3항, 제441조 본문). 다만 주식의 분할이 회사의 합병 또는 회사의 분할합병과 같이 진행이 되면서 채권자보호절차를 밟는 경우에는(제527조의5, 제530조의11) 채권자 이의기간이 종료되어야 주식분할의 효력이 발생한다(제329조의2 제3항, 제441조 단서).

2. 주식의 병합

(1) 의 의

주식의 병합이란 주식의 분할과는 반대로 여러 개의 주식을 합하여 그보다 적은 수의 주식으로 감소시키는 회사의 행위이다. 주식병합은 주로 자본금감소를 위한 수단으로 이루어진다는 점에서 자본금의 변화가 없는 주식분할과 구별된다. 주식병합은 자본금감소를 위하여 실행될 수도 있고 합병·분할·분할합병·주식교환·주식이전의 경우에도 볼 수 있다. 주식병합은 주식소각과 같이 주식의 절대적 소멸사유가 되나, 항상 전체 주식을 대상으로 한다는 점이 다르다.

(2) 절 차

1) 자본금감소를 위한 주식병합

자본금감소를 위한 주식병합의 경우 주주총회의 특별결의가 필요하다. ① **액면주식**의 경우 주식의 액면은 정관의 절대적 기재사항이고, 주식병합으로 자본금이 감소하므로, 제438조 제1항에 의한 주주총회 특별결의와 채권자보호절차도 필요하다(제439조 제2항, 제232조). 만약 주식의 병합시 병합되는 주식수에 비례하여 액면가를 증액시키는 경우 자본금이 감소하지 않을 수도 있다. 그러나 이 경우에도 정관의 절대적 기재사항인 액면가(제289조 제1항 제4호)가 변경되므로 정관변경을 위한 주주총회의 특별결의가 필요하다(제434조). ② **무액면주식**의 경우 자본금감소를 위하여 무액면주식을 반드시 병합할 필요는 없으나 무액면주식의 병합과 자본금감소의 수반이 금지되는 것은 아니다.[190] 만약 무액면주식의 병합 시 자본금감소를 수반하지 않는다면 주주총회 특별결의가 필요없다고 보아야 한다.

주식을 병합하면 구주권을 폐기하고 신주권을 교부한다. 이를 위하여 회사는 1월 이상의 기간을 정하여 주식병합의 뜻과 주권을 회사에 제출할 것을 공고하고 주주명부에 기재된 주주 등에 대하여 따로 통지를 하여야 한다(제440조). 이는 병합의 효력이 생긴 이후 구주권이 유통되지 못하도록 하기 위한 것으로, 구주권을 제출할 수 없는 경우에는 별도의 구제절차가 있다(제442조).

2) 회사합병 · 회사분할 · 분할합병 · 주식교환 · 주식이전을 위한 주식병합

합병비율이 1 대 1이 아닌 때에는 합병비율에 따라 주식병합이 이루어진다(제530조 제3항, 제440조 내지 제444조). 분할의 경우에도 물적분할의 경우를 제외하고는 분할신주의 배정교부를 위하여 주식병합의 절차를 밟아야 하는 때가 있다(제530조의11, 제440조 내지 제444조). 주식교환 또는 주식이전시에도 주식병합에 관한 규정이 준용된다(제360조의8, 제360조의11, 제360조의19, 제360조의22).

(3) 효 력

자본금감소를 위한 주식병합은 원칙적으로 주권제출기간이 만료한 때, 그리고 예외적으로 채권자 이의절차가 종료하지 아니한 때에는 그 종료한 때 효력이 발생한다(제441조). 자본금감소를 위하여 액면주식을 병합하는 때에는 감액된 액면주식만큼 자본금이 감소한다. 자본금감소에 수반하여 무액면주식을 병합하는 경우 그 감소하는 자본금과 무액면주식의 숫자와는 상관관계가 없다. 주식병합으로 회사의 발행주식총수와 각 주주의 주식수는 감소하지만, 이는 명목상의 것으로 회사의 재산에는 변화가 없다.

주식분할이 주식병합의 절차를 준용하고 있어 그 절차가 같고, 보다 자세한 사항은 자본금감소에서 설명한다. 다만 주식병합에서는 극단적으로 1,000주를 1주로 병합하는 등의 경우 소액주주를 축출하는 현상이 나타날 우려가 있는 점은 고려할 필요가 있다. 단주는 경매나 거래소에서의 매각 등의 방법으로 종전의 주주에게 대가를 지급(제443조)하기는 하나 결과적으로 종전의 주주는 주주로서의 지위를 상실할 우려가 있기 때문이다. 현행 상법에 소수주식 강제매수제도가 도입된 이상[191] 이를 이용하지 않고 우회적으로 주식병합을 통해 소수주주를 축출하는 행위 자체가 위법하다고 보는 견해도 가능하다. 경영상 필요에 따라 소수주주를 축출하고자 할 때 반드시 소수주식 강제매수절차에 따라야 하는지 또는 주식병합 등을 통해서도 할 수 있는지 여부에 대한 쟁점이 있다. 판례는 상법에서 자본금

---

190) 권기범, 459면; 이철송, 909면.
191) 제360조의24 내지 26에서는 회사 발행주식총수의 95% 이상을 자기의 계산으로 보유하는 지배주주가 경영상 목적을 달성하기 위하여 필요한 경우 주주총회의 승인을 얻어 나머지 5% 미만의 주식을 보유하는 소수주주의 주식을 강제로 매수할 수 있는 권리를 부여하고(지배주주의 매도청구권) 있다.

감소의 목적에 제한을 두고 있지 아니하고 주식병합 목적과 비율에 대해서도 회사의 자율적 경영판단으로 정할 수 있도록 하고 있으므로 **소수주주 축출을 목적으로 하는 자본금감소도 허용될 수 있다고 보았다.**[192] 즉, 상법은 주식병합을 통한 자본금감소의 목적을 제한하지 않으므로 주식병합을 목적으로 하는 자본금감소의 결과 소수주주의 축출이 이루어졌다는 사실만으로 권리남용금지나 신의성실원칙 위반이라고 보기 어렵다는 입장이다.

주식병합의 하자를 다투는 소에 관하여는 상법상 규정이 없다. 주식병합이 자본금감소를 위한 경우 제445조의 감자무효의 소에 따른다. 그런데 판례는 자본금감소를 수반하지 않는 주식병합에 대하여도 제445조를 유추적용하고 있어[193] 결과적으로 **주식병합무효의 소는 제445조의 감자무효의 소 절차에 의한다.**

---

192) 대법원 2020.11.26. 선고 2018다283315 판결.
193) 대법원 2009.12.24. 선고 2008다15520 판결.

제4장
주식회사의 기관

제1절 총 설

Ⅰ. 주식회사 기관의 의의

주식회사에서 회사의 의사를 결정하고 행위를 실천하는 주식회사 조직상의 기구를 기관이라 한다. 인적회사에서는 각 사원이 원칙적으로 업무집행권과 대표권을 가지므로 기관자격과 사원자격이 일치하나, 주식회사에서의 기관은 의사결정과 집행, 그 감독으로 분화되어 있다. ① **의사결정**은 주주총회와 이사회에서 이루어진다. 주주총회는 회사의 중요한 사항에 대한 의사결정을 하고, 이사회는 구체적 업무집행에 관하여 의사결정을 한다. ② **집행**은 이사회와 대표이사가 담당한다. 상법은 이사회가 업무집행기관이라 하고 있으나(제393조 제1항), 이사회는 회의체이므로 현실적으로는 업무집행을 할 수 없어 대표이사가 업무집행을 담당하도록 한다(제389조). ③ **감독**은 이사회와 감사가 담당한다.

최근 도입된 집행임원제도는 이사회가 업무집행기능과 감독기능을 함께 가지는 것에서 감독기능의 한계를 인식하고 도입한 제도라 할 수 있다. 이사회에 소속된 이사들이 업무를 집행하면서 다시 그 업무를 감독하는 이중적인 역할을 하는 회사지배구조는 바람직하지 않다는 인식에서이다.

Ⅱ. 회사의 규모에 따른 기관

회사의 규모에 따라 기관구성에 있어 차이가 있다. 자본금 총액 10억원 미만의 소규모회사와 상장회사에 있어서는 기관구성에서 특칙을 둔다.

1. 자본금 총액 10억원 미만의 소규모회사

① 주주총회의 소집절차가 간소하고(제363조 제4항 내지 제7항까지), ② 이사회와 대표이사를 두지 않고 1명 또는 2명의 이사만 선출하여 그 이사가 업무집행기관이 될 수 있으며(제383조 제1항, 제4항, 제6항), ③ 감사기관을 두지 않을 수 있도록 하였다(제409조 제4항).

2. 상장회사

① 상장회사는 이사 총수의 4분의 1 이상을 사외이사로 하여야 한다. 특히, 자산 규모 등을 고려하여 대통령령으로 정하는 상장회사(현재는 자산총액 2조원 이상의 대규모 상장회사)의 사외이사는 3명 이상으로 하되, 이사 총수의 과반수가 되도록 하여야 한다(제542조의8 제1항). ② 자산총액 1천억원 이상 상장회사는 원칙적으로 감사위원회와 상근감사 가운데 하나를 반드시 설치해야 한다(제542조의10). ③ 자산총액 2조원 이상의 경우의 대규모 상장회사의 경우 감사위원회만 둘 수 있다(제542조의11 제1항).

Ⅲ. 주식회사 기관 구조의 설계에 있어서 이론적 배경

1. 전통적 경영자지배론

20세기 초 미국에서 주식이 대중에게 고르게 분산되어 어느 개인도 지배주주가 될 수 없었던 상황에서 경영자지배로 인한 폐해가 생겨나자 이에 대응하기 위한 이론으로 등장한 것이 Berle의 주주지상주의이론이다. 경영자의 횡포를 법적으로 제어하기 위하여 주주의 지위를 절대적인 것으로 인정한 이론이었다. 이후 이 이론은 미국의 통설적인 이론이 되었고 우리나라에도 도입되었다. 이런 배경하에 회사법은 전통적으로 **주주와 경영자간의 관계를 기본**으로 하여 **경영자가 사익을 추구하는 것을 막기 위한** 여러 장치의 고안을 기본적인 방향으로 하게 된 것이다. 이같이 경영자의 사익추구로 인하여 주주의 부가 감소하는 현상을 대리비용(agency cost)이라 부르고, 법경제학에서는 회사법의 임무는 이를 규제하기 위한 것이라고도 한다.

2. 지배주주에 의한 경영

우리나라에서는 소유와 경영이 분리되어 경영자의 횡포가 있었던 미국과는 달리, 지배주주가 경영에 관한 의사결정을 하는 상황이다. 많은 회사들이 순환출자의 형태로 기업집단(재벌)을 형성하고 있으며, 지배주주는 계열회사의 지분 등을 통하여 회사의 의사결정의 주도권을 가지고 있다는 것이 각종 통계로도 나타난다.[1] 우리의 상법을 해석하고 입법론을 논함에 있어 과거 미국과는 다른 우리의 현실을 유의하면서 관련 제도들이 적정하게 운영될 수 있도록 하여야 한다.

예컨대 사외이사제도를 보면, 우리가 미국의 사외이사제도를 받아들였으나 미국에서는 사외이사가 정착한 배경에는 경영자 책임을 묻는 소송이 활발하였다는 점이 중요한 요소

---

[1] 상장법인의 표준적인 주주구성비에 있어 사업법인의 비중이 상당히 높다.

이었고, 독립적인 사외이사가 결정하였다는 항변을 가지고 경영자가 책임을 면할 수도 있었다. 그런데 우리의 경우는 주주총회가 형해화되고 감사제도 또한 유명무실하며, 사외이사 또한 지배주주와 친밀한 자가 선임되는 등 지배주주의 압도적인 영향력이 일반화되어 있다. 이러한 상황이라면 대리비용의 문제를 다루고자 하였던 미국에서의 전통적인 회사법은 우리의 현실과 어울리지 않는 부분들이 있음을 인정하지 않을 수 없다.

3. 회사의 본질론

회사의 본질론에 대한 고려는 회사의 지배구조와 기관을 해석하고 이해함에 있어 그 기초가 된다. 과거의 통설은 회사를 주주의 재산으로 보며, 주주와 경영자간의 대리인비용의 축소를 통한 주주이익 극대화에 주안점을 둔다. 회사와 주주는 대체가능한 것으로 보며, 이사의 경영목표는 주주이익의 극대화이었던 것이다. 그런데 미국 회사법은 우리와 어울리지 않는 부분도 많다. ① 회사와 주주를 동일시하던 주주지상주의 이론의 탄생 배경은 주주이익을 무시한 경영진의 독단적 행위를 견제하고자 한 것으로서, 지배주주의 전횡이 문제되는 우리와는 사정이 다르다. ② 또한 이사의무의 대상으로 주주도 포함시키는 미국과는 달리, 우리의 경우는 이사가 의무를 부담하는 대상은 회사뿐이다. ③ 법인격의 독립에 있어서도 미국의 경우는 우리보다 완화되어 있다. 그리고 그 이론의 출발지였던 미국에서도 현재 상당부분 이해관계자주의로의 전환이 있고, 세계적으로는 주주지상주의가 다수 이론도 아니다.

회사는 주주들만의 것으로 볼 수는 없다. **회사는 독자적 이익을 가진 독립된 법인격으로서 주주 · 채권자 · 종업원 · 지역사회 · 공급자 · 소비자 등 모든 이해관계자들의 이익을 포함하고, 회사이익은 이러한 모든 이해관계자들의 총합으로서의 이익**이 된다. 우리의 법률체계는 회사의 다면적 관계를 다양한 관점에서 규율하고 있다. 결국 회사라는 제도의 이해는 회사와 근로자의 관계, 회사와 소비자의 관계, 회사와 채권자의 관계 등 여러 측면에서의 규율들의 총합을 검토하여야 한다. 이러한 상황이라면 주주총회에서의 소수주주의 보호와 함께, 주주총회와 이사회의 업무구분도 중요하다. 주주총회를 만능의 기관이라고 볼 수 없는 이유도 이러한 이유 때문이다. 입법론적으로는 향후 **보다 다양한 이해관계자들의 의사를 대변할 수 있는 기관의 구성**을 위하여 노력하여야 한다.

제 2 절 주주총회

I. 주주총회의 의의

1. 의   의

(1) 의   의

주주총회는 주주로 구성되는 필요적 상설기관으로서 법률 또는 정관에 정하여진 사항을 결의하는 주식회사의 최고 의사결정기구이다.

1) 필요적 상설기관

주주총회란 회사의 기본조직과 경영에 관한 중요사항에 관하여 주주들이 의사를 표시하여 회사 내부에서 회사의 의사를 결정하는 필요적 기관이다. 주주총회는 회사의 내부적 의사결정기관이며, 이의 대외적인 대표행위는 대표이사가 한다. 또한 주주총회는 주식회사에서 반드시 존재하여야 하는 필요기관이며, 또 추상적 의미의 존재형식에서 상설기관이다.

2) 주주로 구성

주주총회의 구성원은 주주이다. 의결권 없는 주주는 주주총회의 구성원이 아니라는 설과 주주총회의 구성원이라는 설이 대립하지만, 별 실익이 없는 논쟁이다. 의결권이 없는 주주에게는 주주총회의 소집통지를 하지 않을 수 있으나(제363조 제7항), **의결권 없는 주주도 주주총회에 출석하여 의견을 진술할 수 있다.**

3) 최고의사결정기관

주주총회는 최고의 의사결정기관이다. 이사와 감사의 선임과 해임(제382조 제1항, 제385조 제1항, 제409조 제1항, 제415조), 정관변경(제433조 제1항) 등의 권한을 가지고 있어 최고기관이다. 그리고 주주총회는 회사의 기본구조를 변경하는 권한도 가지고 있어 최고기관의 지위를 유지하고 있다. 하지만 주주총회가 형식적인 의미에서 최고기관이라는 것이고, 실질적 운영의 측면에서는 일부의 지배주주에게 운영되어 형해화되고 있다는 지적도 받는다.

4) 만능기관성에 대한 논쟁

주주총회는 상법 또는 정관에 정하는 사항에 한하여 결의할 수 있다(제361조). 요컨대 **주주총회의 권한은 상법과 정관에서 정하는 사항으로 제한**한다. 따라서 정관에서 주주총회의 권한으로 정하지 않는 사항은 주주총회결의의 대상이 될 수 없다. 판례도 그러한 사항에 대하여 주주총회가 결의를 하더라도 그것은 무효한 결의로서 이사 및 주주에 대하여 아무런 구속력을 가지지 못한다고 한다.[2] 이러한 점에서 과거 주주총회는 최고기관이자 만능기관이었으나, 현재는 만능기관이라고 할 수는 없다.

(2) 형해화

주주총회는 소수의 대주주나 지배주주에 의하여 운영되는 경우도 많으며, 대주주 또는 지배주주와 경영자의 이해가 일치하는 회사에서 주주총회는 경영감독을 할 수 없고 경영 도구의 지위로 전락할 수 있다. 이와 같이 주주총회가 형해화되는 경우 지배주주와 경영자의 비리와 전횡으로 회사운영이 왜곡될 수 있다. 반대로 주식의 분산투자로 인한 형해화도 나타날 수 있다. 고도로 분산된 주식회사의 경우라면, 주주들은 주주총회에 출석하여도 자신들의 의사를 반영하기 어려울 뿐 아니라 그 주주들은 수익성에 보다 관심이 많아 회사 운영에 무관심하므로 이런 경우라면 경영자들의 뜻에 따라 의사결정이 될 수도 있다.

2. 주주총회의 권한

(1) 범 위

주주총회는 상법 또는 정관에 정해진 사항에 한하여 결의할 수 있다(제361조). 우리 상법상 주주총회는 만능의 권한을 갖는 것이 아니라 상법 또는 정관에 정하는 사항에 한하여만 결의할 수 있는 권한을 가진다는 점을 유의하여야 한다. 이하에서는 주주총회의 권한을 상법상의 권한 및 정관상의 권한으로 나누어서 살펴본다.

(2) 상법상 주주총회의 권한

1) 기관구성과 관련한 권한

회사의 기관구성과 관련한 주주총회의 권한으로는 이사·감사·청산인의 선임 및 해임(제382조, 제385조, 제409조, 제415조, 제531조, 제539조), 검사인의 선임(제366조 제3항, 제367조) 등에 관한 권한이 있다.

2) 회계와 관련한 권한

회사의 계산과 관련한 주주총회의 권한으로는 재무제표의 승인(제449조 제1항), 주식배당의 결정(제462조의2 제1항 본문), 배당금지급시기의 결정(제464조의2 제1항 단서), 청산의 승

---

2) 대법원 1991.5.28. 선고 90다20084 판결(주식회사가 이사회 결의에 의하여 공장을 3개월여 이내에 이전하고 공장으로 사용하여 온 부동산은 2개월 이내에 매매하여 매도대금 중 공장이전비용을 초과하는 금액을 위 부동산을 양도한 주주에게 지급하기로 약정한 경우, 위 약정은 상법 제374조 소정의 주주총회의 특별결의를 필요로 하는 행위가 아니고, 위 약정 후에 주주총회에서 위 이사회 결의를 무효로 하는 결의를 하였다 하더라도 위 약정의 효력이 상실되지 아니한다). 그런데 자기거래의 경우 이사회의 승인이 없더라도 주주 전원의 동의가 있다면 자기거래는 유효하다고 본 것이 있다(대법원 2007.5.10. 선고 2005다4284 판결). 그런데 이 판결은 의문이 있다(후술).

인(제540조 제1항) 등이 있다.

3) 업무감독과 관련한 권한

이사 등의 업무감독과 관련한 주주총회의 권한으로는 이사·감사·청산인의 보수결정(제388조, 제415조, 제542조 제2항), 사후설립(제375조), 발기인·이사·감사·청산인의 책임면제(제324조, 제400조, 제415조, 제542조), 이사·감사·청산인의 책임해제의 유보(제450조, 제542조 제2항), 주주 이외의 자에 대한 전환사채의 발행(제513조 제2항), 주주 이외의 자에 대한 신주인수권부사채의 발행(제516조의2 제4항) 등에 관한 권한이 있다.

4) 기본기구의 변경과 관련한 권한

회사의 기본기구의 변경과 관련한 주주총회의 권한으로는 영업의 전부 또는 중요한 일부의 양도 등(제374조), 정관변경(제433조 제1항), 자본감소(제438조), 합병(제522조), 분할(제530조의2 내지 제530조의12), 주식의 포괄적 교환(제360조의3)과 이전(제360조의16), 회사의 계속(제519조), 조직변경(제604조 1항), 해산(제518조) 등에 관한 권한이 있다.

(3) 정관상 주주총회의 권한

주주총회의 권한은 상법에 규정된 사항 이외에도 정관에 의하여 정해질 수 있다. 상법에 규정이 없거나 또는 상법의 규정에 의하여 주주총회의 권한으로 유보되어 있는 사항인 신주발행(제416조)·법정준비금의 자본전입(제461조 제1항)·전환사채의 발행(제513조 제2항)·대표이사의 선임(제389조 제1항) 등에 대하여 정관에서 주주총회의 권한으로 규정할 수 있다.

1) 상법 또는 정관에서 주주총회의 권한으로 규정하고 있는 사항

상법 또는 정관에서 주주총회의 권한으로 되어 있는 사항은 주주총회의 결의로도 **이사회에 위임할 수 없다**. 기본적인 사항은 반드시 주주총회에서 정한 이후, 구체적인 사항만을 이사회에 위임할 수 있다(통설).

2) 상법에서 주주총회 이외의 기관(예컨대, 이사회 등)의 권한으로 규정하고 있는 사항

상법에서 주주총회 이외의 기관(예컨대, 이사회 등)의 권한으로 규정하고 있는 사항을 **정관에서 주주총회의 권한으로 규정할 수 있는가?** 이에 대하여 학설은 다음과 같이 나뉘어 있다.

① 부정설(제한설)[3]

그러한 사항은 정관으로도 주주총회의 권한으로 정할 수 없다는 견해이다. 주식회사의 각 기관의 권한분배에 관한 상법상 규정은 **강행규정**이고, 또 긍정설에 의하면 **상법이 주**

---

3) 권기범, 577면; 정찬형, 829면; 이철송, 480면.

주총회의 권한으로 유보한 조항(예컨대, 상법 제389조 제1항 단서, 제416조 단서 등)이 무의미해지며, 주식회사의 소유와 경영의 분리를 기대하는 상법의 이념에 역행한다는 이유 등으로, 상법이 정관의 규정에 의하여 주주총회의 권한으로 할 수 있음을 명문으로 규정하지 않는 한 정관에 의하여 주주총회의 권한으로 가져올 수는 없다고 한다.

② 긍정설(확장설)[4]

그러한 사항에 대하여도 정관으로 주주총회의 권한으로 정할 수 있다는 견해이다. 이 견해는 **주주총회의 최고기관성 및 권한분배의 자율성** 등을 이유로 하여, 주식회사의 본질이나 강행법규에 위반되지 않는 한 상법상 규정된 이사회 등의 권한도 정관에 의하여 주주총회의 권한으로 규정할 수 있는데, 다만 주주총회의 소집권한(제362조)은 그 성질상 주주총회의 권한으로 할 수 없다고 한다. 그리고 이 견해에서는 상법 제389조 제1항 단서, 제416조 단서 등의 규정은, 종래 주주총회의 권한에 속하던 것을 이사회의 권한으로 하도록 상법이 개정하면서 급격한 마찰을 최소화하기 위하여 종래의 방식을 그대로 채택한 것이므로 이를 주주총회 권한의 한계로 정하는 것은 타당하지 않다고 본다.

이 점을 정면으로 다룬 판결은 없다. 다만 설시문에서 그 뜻을 엿볼 수 있는 판결[5]이 있으나 이를 판례의 입장으로 확인하기에는 부족하다. 회사의 자율성 확보라는 측면과 입법작업의 한계 등을 본다면 긍정설(확장설)의 장점도 있으나, **회사의 이익이 반드시 주주의 이익과 일치하지는 않는 점, 이사회는 주주총회와는 달리 회사의 이익을 우선시하여 결정하여야 하는 점**, 정관은 상법에서의 설계에 바탕하여 규정을 두어야 하는 점 등에 비추어 본다면 **제한설**이 타당하다.

Ⅱ. 주주총회의 소집

1. 소집권자

(1) 이사회

소집은 원칙적으로 **이사회**가 결정한다(제362조). 주주총회의 소집권자는 그 성질상 정관으로도 주주총회의 권한으로 정할 수 없다(통설). 그 결정의 집행은 **대표이사**가 한다(제389조 제3항, 제209조). 이사회가 소집을 결정함에 있어 주주의 의결권행사를 불가능하게 하거나 현저히 곤란하게 하는 것은 무효이다.[6] 다만 이사 수가 1인 또는 2인의 소규모회사에

---

4) 최기원, 435면; 정동윤, 541면; 최준선, 308면.

5) 대법원 2007.5.10. 선고 2005다4284 판결(이사와 회사 사이의 이익상반거래에 대한 승인은 주주 전원의 동의가 있다거나 **그 승인이 정관에 주주총회의 권한사항으로 정해져 있다는 등의 특별한 사정이 없는 한** 이사회의 전결사항이라 할 것이므로, 이사회의 승인을 받지 못한 이익상반거래에 대하여 아무런 승인 권한이 없는 주주총회에서 사후적으로 추인 결의를 하였다 하여 그 거래가 유효하게 될 수는 없다).

6) 대법원 2011.6.24. 선고 2009다35033 판결(소유와 경영의 분리를 원칙으로 하는 주식회사에서 주주는 주주총

있어서는 각 이사(정관에 정한 바에 따라 대표이사를 정한 경우에는 그 대표이사)가 회사를 대
표하며 주주총회의 소집을 결정한다(제383조 제6항).

(2) 소수주주에 의한 소집청구

1) 의 의

주주총회를 소집할 필요성이 있음에도 불구하고 이사회가 경영권 분쟁 등 어떠한 이유
에서 주주총회의 소집을 미루고 있는 경우 주주의 의사가 반영될 수 없는 문제가 발생한
다. 상법은 이사 또는 지배주주의 전횡을 견제하는 수단으로서, 소수주주가 주주총회를 소
집할 수 있는 장치를 마련하고 있다.

2) 청 구

① 이사회에 소집청구

발행주식총수의 100분의 3 이상에 해당하는 주식을 가진 주주는 회의의 목적사항과 소
집의 이유를 적은 서면 또는 전자문서를 **이사회에 제출하여 임시총회의 소집을 청구**하여
야 한다(제366조 제1항). 이때 '이사회'는 원칙적으로 대표이사를 의미하고, '전자문서'란 정
보처리시스템에 의하여 전자적 형태로 작성, 변환, 송신, 수신, 저장된 정보를 의미하고, 이
는 작성, 변환, 송신, 수신, 저장된 때의 형태 또는 그와 같이 재현될 수 있는 형태로 보존
되어 있을 것을 전제로 그 내용을 열람할 수 있는 것이어야 하므로, 이와 같은 성질에 반
하지 않는 한 전자우편은 물론 휴대전화 문자메시지, 모바일 메시지 등까지 포함된다.[7]

② 법원의 허가를 얻어 직접 소집

소수주주가 일정한 요건하에 이사회에 주주총회 소집을 청구하였음에도 불구하고 이사
회가 지체 없이 총회소집의 절차를 밟지 아니한 때에는 그 소수주주가 법원의 허가를 얻
어 직접 총회를 소집할 수 있다(제366조 제2항). 이 경우 법원이 총회의 소집기간을 구체적
으로 정하지 않은 경우에도 소집허가를 받은 주주는 소집의 목적에 비추어 상당한 기간
내에 총회를 소집하여야 한다. 따라서 총회소집허가결정일로부터 상당한 기간이 경과하도
록 총회가 소집되지 않았다면, 소집허가결정에 따른 소집권한은 특별한 사정이 없는 한 소
멸한다.[8]

회 결의를 통하여 회사 경영을 담당할 이사의 선임과 해임 및 회사의 합병, 분할, 영업양도 등 법률과 정관이 정한
회사의 기초 내지는 영업조직에 중대한 변화를 초래하는 사항에 관한 의사결정을 하기 때문에, 이사가 주주의 의결
권행사를 불가능하게 하거나 현저히 곤란하게 하는 것은 주식회사 제도의 본질적 기능을 해하는 것으로서 허용되지
아니하고, 그러한 것을 내용으로 하는 이사회결의는 무효로 보아야 한다).
  7) 대법원 2022.12.16. 자 2022그734 결정. 카카오톡을 통한 임시주총 소집청구의 적법성을 다툰 사건에서 대법
원은 사건본인의 대표이사인 소외인이 2022.2.8.경 카카오톡 메시지를 통하여 신청인의 임시주주총회 소집요구서를
제출받아 이를 확인한 이상, 신청인의 상법 제366조 제1항에 따른 임시주주총회의 소집 청구는 적법하다고 하였다.
  8) 대법원 2018.3.15. 선고 2016다275679 판결. 이 사건에서는 소집허가결정일로부터 7년이 경과한 시점에서 소
집하고자 하였고 소집권한이 소멸하였다고 판시한 것이다.

또한 이 경우 주주총회의 권한에 속하는 결의사항이 아닌 것을 회의 목적사항으로 할 수 없으므로, 정관상 별도 정함이 없는 한 대표이사의 해임 및 선임은 이사회 결의사항이 므로 대표이사의 해임 및 선임을 회의목적으로 삼아 주주총회 소집을 청구할 수는 없다.[9] 다만 소수주주가 임시총회 소집청구서에 기재한 회의의 목적사항, 소집의 이유와 이사회에 제출했던 청구서가 서로 맞지 않는다면 "법원으로서는 위와 같은 불일치 등에 관하여 석 명하거나 지적함으로써 신청인에게 의견을 진술하게 하고 회의 목적사항을 수정·변경할 기회를 주어야 한다"고 전제하였다.[10]

③ 상장회사

상장회사의 주주는 발행주식총수의 1천분의 15 이상으로 하고 있다. **상장회사의 경우 에는 6개월 전부터 계속하여 그 비율의 주식을 보유하고 있어야만 한다**(제542조의6 제1 항). **다만 이 경우 6월의 요건을 갖추지 못하였다면 제366조 제2항에 의한 주주총회소 집청구권을 행사할 수 있다**(제542조의6 제10항).

3) 의결권 없는 주식의 포함여부

여기서 의결권 없는 주식이 발행주식총수에 포함되는 것인지의 문제가 있다. 보다 구체 적으로는 의결권배제·제한에 관한 종류주식, 자기주식, 자회사가 가지는 모회사주식, 비모 자회사간에 상호소유하는 의결권 없는 주식 등의 숫자를 발행주식총수에서 제외하여야 하 는가이다. 이에 대하여 제외하여야 한다는 견해도 있으나, 소수주주의 감독기능 또는 공익 권으로서의 성격을 강조하여야 하고, 상법은 의결권이 없는 주식을 제외하는 경우 그 사실 을 명시하고 있기 때문에 의결권 없는 주식도 포함시키는 것이 타당하다.

4) 의장의 선임

소수주주의 청구가 있은 후 회사가 지체 없이 총회소집의 절차를 밟지 아니한 때에는 청 구한 주주는 법원의 허가를 받아 총회를 소집할 수 있다. 이 경우 정관의 규정과 상관없이 주주총회의 의장은 법원이 이해관계인의 청구나 직권으로 선임할 수 있다(제366조 제2항).

5) 법원의 기각

법원이 소수주주의 소집허가신청을 기각할 수 있는가? 판례는 아직 없으나 법률의 근 거규정도 없고 취지에도 부합하지 않으므로 이를 부정하여야 한다.

(3) 감사 또는 감사위원회에 의한 소집청구

감사 또는 감사위원회도 **소수주주와 같은 방법으로** 먼저 이사회에 임시주주총회의 소 집을 청구한 후 이사회가 지체 없이 총회소집의 절차를 밟지 아니한 때에는 법원의 허가

---

9) 대법원 2022.4.19. 자 2022그501 결정.
10) 대법원 2022.9.7. 자 2022마5372 결정.

를 얻어 직접 총회를 소집할 수 있다(제412조의3, 제366조 제2항, 제415조의2 제7항).

(4) 법원의 명령에 의한 소집청구

회사의 업무집행에 관하여 부정행위 또는 법령이나 정관에 위반한 중대한 사실이 있음을 의심할 사유가 있는 때에는 발행주식총수의 100분의 3 이상에 해당하는 소수주주의 청구에 의하여 법원이 선임한 검사인이 회사의 업무와 재산상태를 조사하여 그 결과를 법원에 보고하여야 하고(제467조 제1항, 제2항), 법원은 그 보고에 의하여 필요하다고 인정한 때에 대표이사에게 주주총회의 소집을 명할 수 있다(제467조 제3항).

2. 소집시기와 소집지

(1) 소집시기

정기총회와 임시총회가 있다. **정기총회**는 매년 1회 이상 일정한 시기(매결산기)에 소집되는데, 예외적으로 연 2회 이상의 결산기를 정한 회사는 매결산기에 정기총회를 소집하여야 한다(제365조 제1항, 제2항). 정기총회의 주요 안건은 재무제표를 승인하고 이익처분을 결정하는 것이다. **임시총회**는 필요한 경우에 임의로 소집되는데(제365조 제3항), 회사의 필요에 의하여 임의로 소집되는 경우가 일반적이나 때에 따라서는 그 소집이 강제되는 경우도 있다(제467조 등). 임시총회와 정기총회는 시기상 차이가 있을 뿐 그 권한이나 절차에 있어서는 동일하다.

(2) 소집지

주주총회는 정관에 다른 정함이 없으면 본점소재지 또는 이에 인접한 지에서 소집하여야 한다(제364조). 소집장소는 소집지 내에서의 구체적인 회의장소로서, 이사회가 소집결정시에 이를 정한다(제362조).

3. 소집절차

(1) 통 지(제363조)

1) 의 의

주주총회를 소집함에 있어서는 주주에게 출석의 기회와 준비의 시간을 주기 위하여 사전절차를 마련하고 있다. 총회의 회일이 정하여진 때 회사는 그 **주주에 대하여 회일의 2주 전에 총회소집의 통지**를 발송하여야 한다(제363조 제1항). 이 기간은 정관으로 연장할 수 있을 뿐이고 단축할 수 없다(통설).

통지에는 총회의 일시와 장소뿐 아니라 회의의 목적사항이 포함되어야 한다(제363조 제2항). **총회에서 결의할 수 있는 사항은 그 기재된 사항에 국한**되기 때문이다. 일반적으로는 세부적인 내용까지의 기재가 필요없으나, 정관변경의 경우에는 그 기재가 요구된다.

2) 통지의 방법

소집통지는 서면 또는 주주의 동의를 받아 전자문서로 한다(제363조 제1항 본문). 따라서 구두나 전화로 하는 통지는 효력이 없고, 정관으로 서면 또는 전자문서 이외의 다른 방법을 정할 수도 없다. 전자문서에 관한 상법상의 규정은 없으나 이메일이 여기에 포함된다고 본다. 예외적으로 상장회사의 소액주주에게는 다음에서 보는 바와 같이 간편한 통지방법이 허용되고, 통지의무가 면제되는 경우도 있다(제542조의4 제1항).

3) 특 례

① 소규모회사의 특례

자본금 총액이 10억원 미만인 소규모의 회사에 대하여는 간이한 방법으로 주주총회를 소집할 수 있도록 특례를 인정하고 있다. (i) 자본금 총액이 10억원 미만인 회사가 주주총회를 소집하는 경우에는 주주총회일의 10일 전에 각 주주에게 서면으로 통지를 발송하거나 각 주주의 동의를 받아 전자문서로 통지를 발송할 수 있다(제363조 제3항). (ii) 자본금 총액이 10억원 미만인 회사는 **주주 전원의 동의가 있을 경우에는 소집절차 없이 주주총회를 개최할 수 있고, 서면에 의한 결의로써 주주총회의 결의를 갈음**할 수 있다(제363조 제4항). 총주주의 동의에 의하여 소집절차를 생략할 수 있다는 것이 통설이었으나, 이를 소규모회사에서는 분명하게 밝힌 점에 의의가 있다.

② 상장회사의 특례

상장회사의 소액주주에게는 통지에 갈음하여 공고가 가능한 것으로 정하여 예외를 인정한다. 상장회사의 경우 대통령령으로 정하는 수 이하의 주식(의결권 있는 발행주식총수의 100분의 1 이하의 주식)을 소유하는 주주에게는 **둘 이상의 일간신문에 각각 2회 이상 공고하거나 대통령령으로 정하는 바(금융감독원 또는 한국거래소의 전자공시시스템)에 따라 전자적 방법으로 공고함으로써 제363조 제1항의 소집통지를 갈음할 수 있다**(제542조의4 제1항, 상법 시행령 제31조).

③ 통지의 면제

통지를 하지 않아도 되는 예외적 경우로 다음이 있다. (i) **그 통지가 주주명부상의 주주의 주소에 계속 3년간 도달하지 아니한 때**에는 회사는 당해 주주에게 총회의 소집을 통지하지 아니할 수 있다(제363조 제1항 단서). 주주가 소재불명인 경우의 법적 분쟁을 예방하기 위한 것이다.[11] 이 요건에 대한 증명책임은 회사가 부담한다. (ii) 당해 안건에 대하

---

11) 이 규정은 주주총회의 소집통지에만 적용된다. 기타의 신주인수권자에 대한 신주인수최고의 통지(제419조 제1항)나 준비금의 자본전입으로 인한 신주배정통지(제461조 제5항), 주식배당의 통지(제462조의2 제5항) 등의 통지는 3년간 도달하지 않더라도 생략할 수 없다.

여 **의결권 없는 주주**에게는 통지를 하지 않아도 된다(제363조 제7항). 따라서 자기주식(제369조 제2항), 자회사가 예외적으로 취득한 모회사의 주식(제342조의2 제1항), 비모자회사간 주식의 상호소유로 의결권이 제한된 주식(제369조 제3항)에 대하여는 소집통지를 생략할 수 있다. 다만 회의의 목적 사항에 반대주주의 주식매수청구권이 인정되는 사항이 포함된 경우에는 소집통지를 하여야만 한다(제363조 제7항 단서). 이는 의결권 없는 주주에게도 주식매수청구권을 인정하는 2015년 개정에 따른 것으로, 의결권 없는 주주에게는 적용하지 아니한다는 조항에 반대주주의 주식매수청구권이 인정되고 있는 5가지 경우(제360조의5, 제360조의22, 제374조의2, 제522조의3 또는 제530조의11)의 예외를 명문으로 규정한 것이다. (iii) 소규모 주식회사의 경우이다. 위와 같이 자본금 총액이 10억원 미만인 회사는 주주 전원의 동의가 있을 경우에는 소집절차 없이 주주총회를 개최할 수 있고, 서면에 의한 결의로써 주주총회의 결의를 갈음할 수 있다(제363조 제4항). (iv) 전원출석총회[12]이다.

4) 소집의 철회

주주총회가 성립되기 이전에 그 총회를 철회할 필요가 있는 경우, 상법은 아무런 규정을 두고 있지 않다. 통설과 판례에 의하면, 특별한 사정이 없는 한 소집권자는 소집된 총회의 개최를 연기하거나 소집을 철회할 수 있다.[13]

철회통지의 방법은 원칙적으로는 소집절차의 경우에 준하여 이사회 결의를 거치고 대표이사가 그 뜻을 같은 방법으로 통지 또는 공고하여야 한다. 다만 ① 소집철회의 기간에서 보면, 통지는 2주 전에 하여야만 하는데(제363조 제1항), **소집철회시점은 이미 총회일로부터 얼마 남지 않을 수 있어 이 기간을 준수할 수 없게 된다.** 따라서 통지기간의 준수 등은 주주총회 소집의 철회절차에는 적용되지 않는다. 그리고 ② 철회의 방법에서 보면, 철회의 통지를 서면으로 한정하는 등 소집의 요건과 동일하게 엄격한 해석을 할 필요가 없다. 소집통지는 의결권 행사기회를 제공하는 적극적인 통지이지만, 소집철회는 의결권 행사기회를 소멸시키는 소극적인 통지이어서 주주의 이익에 대한 침해가 없다고도 볼 수 있기 때문이다.[14]

총회의 소집이 적법하게 철회되었음에도 불구하고, **그 철회된 총회에서 결의를 하는**

---

12) 대법원 1996.10.11. 선고 96다24309 판결 등.
13) 대법원 2011.6.24. 선고 2009다35033 판결; 대법원 2009.3.26. 선고 2007도8195 판결.
14) 대법원 2009.3.26. 선고 2007도8195 판결(주주총회 소집의 통지·공고가 행하여진 후 소집을 철회하거나 연기하기 위해서는 소집의 경우에 준하여 이사회의 결의를 거쳐 대표이사가 그 뜻을 **그 소집에서와 같은 방법으로 통지·공고하여야 한다**). 다만 그 방법적인 면에서 조금 차이가 있어 보이는 판례로 대법원 2011.6.24. 선고 2009다35033 판결(주식회사 대표이사가 이사회결의를 거쳐 주주들에게 임시주주총회 소집통지서를 발송하였다가 다시 이를 철회하기로 하는 이사회결의를 거친 후 **총회 개최장소 출입문에 총회 소집이 철회되었다는 취지의 공고문을 부착하고, 이사회에 참석하지 않은 주주들에게는 퀵서비스를 이용하여 총회 소집이 철회되었다는 내용의 소집철회통지서를 보내는 한편, 전보와 휴대전화(직접 통화 또는 메시지 녹음)로도 같은 취지의 통지를 한** 사안에서, 임시주주총회 소집을 철회하기로 하는 이사회결의를 거친 후 주주들에게 소집통지와 같은 방법인 서면에 의한 소집철회통지를 한 이상 임시주주총회 소집이 적법하게 철회되었다고 본 원심판단을 정당하다고 한 사례).

것은 절차상 중대한 하자로서 주주총회가 부존재한 것이 된다. 주주총회가 적법하게 철회된 이상, 새로운 주주총회 소집결정에 대한 이사회결의도 없을 뿐 아니라 소집권한 없는 자에 의하여 소집된 것이기 때문에(애초부터 소집되지 않은) 절차상의 중대한 하자에 해당하고 부존재한 것이 된다.[15]

5) 소집의 변경

적법하게 소집된 총회를 변경할 수는 있으나, 소집철회의 경우와는 구별되어야 한다. 새로운 일자로 주주총회가 변경되는 경우 그 통지를 받지 못하게 되면 의결권의 행사를 하지 못하는 등의 주주권 침해가 초래되므로, 주주총회의 소집요건과 동일하게 해석하여야 한다. 따라서 통지 기간(제363조 제1항) 등도 그대로 준수하여야 한다.

(2) 총회의 연기와 속행

1) 의 의

총회에서는 회의의 연기 또는 속행을 결의할 수 있다(제372조 제1항). 연기란 총회가 성립한 후 의사에 들어가지 않고 후일로 다시 정하는 것이고, 속행은 의사에 들어가기는 하였으나 종결하지 못하고 나머지 의사를 다음 회일에 계속하는 것을 말한다. 연기와 속행은 총회가 일단 성립하였다는 점에서 소집의 철회 또는 변경과는 다르다.

2) 소집절차의 불요

총회의 연기와 속행에서는 양자 모두 주주총회의 성립을 전제하고 있고 소집절차가 필요 없다(제372조 제2항).[16] 따라서 당초 총회의 의결권행사의 대리인은 연기된 이후의 총회 또는 속행되는 총회에서도 대리권을 가진다. 그러나 만약 부결된 안건을 다루고자 한다면 총회소집절차를 다시 밟아야 한다.

(3) 소집절차의 하자

1) 소집절차의 하자

주주총회의 소집은 원칙적으로 이사회가 결정하고, 소집을 위한 통지와 같은 집행은 대표이사가 한다. 그런데 이사회의 소집결의가 없거나 주주총회 소집 통지가 누락된 경우, 소집 통지가 있더라도 대표이사 아닌 자에 의하여 이루어진 경우는 모두 절차상 하자로서 결의하자의 사유가 된다. 소집절차상의 하자가 있는 경우 그 주주총회결의는 제376조의 취소 또는 제380조의 부존재가 된다. 그 하자가 경미한 경우는 취소가 되고, 중대한 경우는 부존재가 된다. 그러나 예외로서 전원출석총회와 총주주의 동의에 의한 소집절차의 생략 등이 있다.

---

15) 대법원 2011.6.24. 선고 2009다35033 판결.
16) 대법원 1989.2.14. 선고 87다카3200 판결.

2) 전원출석총회

① 의 의

주주총회 소집절차상 요건의 전부나 일부를 갖추지 않은 경우라 하더라도 주주 전원이 주주총회의 개최에 동의하여 출석한 경우 모든 주주에게 출석의 기회를 준다는 법정 소집 절차의 취지는 달성되었으므로 그 총회에서의 결의는 유효한 것으로 보아야 한다는 것이 이른바 전원출석총회의 유효성을 인정하는 견해로서 판례이고 통설이다.[17] 그 근거는 모든 주주에게 출석의 기회를 주기 위한 것이 소집절차 규정의 취지이므로, 모든 주주가 그 이익을 포기하고 총회 개최에 동의한다면, 이를 유효한 총회로 인정하여도 어느 주주의 이익을 해하는 것이 아니기 때문이다.

판례는 1인회사와 마찬가지로, 주주총회 소집절차가 없었을 뿐만 아니라 **실제로 주주총회를 개최하지 않았다 하더라도 주주 전원의 위임을 받아 주주총회 의사록이 작성되어 있다면 유효한 주주총회 결의가 있는 것으로 본다.**[18] 판례는 이사회의 소집결의가 흠결되었을 뿐 아니라 실제 주주총회를 개최하지 않은 경우에도 주주 전원의 동의가 있다면 그 유효성을 인정하고 있다는 것을 유의할 필요가 있다.[19] 요컨대 전원출석총회의 경우에서의 소집절차의 흠결 보완만이 아니라, **주주 전원의 동의가 있다면 주주총회 개최 자체를 생략할 수 있다고** 보기 때문이다. 그러나 판례와 같이, 전원출석총회나 1인회사의 이론을 확장해 나가는 것은 숙고가 필요하다.

② 전원의 출석

전원출석총회가 유효하기 위하여는 **반드시 주주 '전원'이 출석하여야 한다. 주주 전원이 아니라면 회사가 발행한 주식의 절대다수를 소유한 주주에 의하여 이루어진 결의라 하더라도 하자가 있다고 볼 수밖에 없다.**[20]

③ 대 리

전원출석총회의 성립에 반드시 주주 본인의 출석이 요구되는 것은 아니다. 주주의 의결권을 적법하게 위임받은 수임인과 다른 주주 전원이 참석하여 총회를 개최하는 데 동의하

---

17) 대법원 2002.12.24. 선고 2000다69927 판결(주식회사의 임시주주총회가 법령 및 정관상 요구되는 이사회의 결의 및 소집절차 없이 이루어졌다 하더라도, 주주명부상의 주주 전원이 참석하여 총회를 개최하는 데 동의하고 아무런 이의 없이 만장일치로 결의가 이루어졌다면 그 결의는 특별한 사정이 없는 한 유효하다).

18) 대법원 2008.6.26. 선고 2008도1044 판결.

19) 대법원 2008.6.26. 선고 2008도1044 판결(주주 전원의 위임을 받아 기존 이사 및 감사를 해임하고 새로운 이사 및 감사를 선임한 내용의 결의가 있었던 것으로 임시주주총회 의사록을 작성한 이상, 비록 피고인이 적법한 주주총회 소집절차를 거치지 않았을 뿐 아니라 실제로 주주총회를 개최하지도 않았지만 주주 전원의 의사에 따라 그 내용의 유효한 결의가 있었던 것으로 볼 것이고).

20) 대법원 2007.2.22. 선고 2005다73020 판결(설사 1인이 총주식의 대다수를 가지고 있고 그 지배주주에 의하여 의결이 있었던 것으로 주주총회 의사록이 작성되어 있다 하더라도 도저히 그 결의가 존재한다고 볼 수 없을 정도로 중대한 하자가 있는 때에 해당하여 그 주주총회의 결의는 부존재하다고 보아야 한다). 이 사건에서는 지배주주가 발행주식총수의 98%를 보유한 경우이었다.

고 아무런 이의 없이 만장일치로 결의가 이루어졌다면 이는 전원출석총회로서 유효하다.

3) 총주주의 동의에 의한 소집절차의 생략

유한회사의 경우 사원총회는 총사원의 동의가 있으면 소집절차 없이 총회를 열 수 있다(제573조). 그리고 자본금 총액이 10억원 미만인 소규모회사는 주주 전원의 동의가 있을 경우에는 소집절차 없이 주주총회를 개최할 수 있다(제363조 제5항). 그렇다면 이 규정이 주식회사에 일반적으로 유추적용될 수 있는가? 그 유추적용을 긍정하면, 사전에 주주 전원이 동의한다면 **일부의 주주가 총회에 출석하지 않는 경우에도 결의가 유효하게 된다는 점에서 전원출석총회와 구별**된다.

전원출석총회의 유효성을 인정하는 것과 같은 근거로 **총주주의 동의로 소집절차를 생략하는 것도 가능**하다고 본다(통설). 주주가 소집절차의 생략에 동의한다면 출석의 기회와 준비의 시간을 주는 이익을 포기한 것으로 볼 수 있는 점, 대법원이 전원출석총회를 인정하는 점, 주주총회 소집절차 및 의결권의 행사의 요건을 완화하는 경향이 있는 점 등을 고려할 때, 주주 전원의 동의로 소집절차를 생략하는 것도 가능하다고 본다.

(4) 소집절차 또는 결의방법의 조사

2011년 개정으로 도입된 제도이다. 회사 또는 발행주식총수의 100분의 1 이상에 해당하는 주식을 가진 주주는 총회의 소집절차나 결의방법의 적법성을 조사하기 위하여 총회 전에 법원에 검사인의 선임을 청구할 수 있다(제367조 제2항). 주주총회는 그 소집결정부터 운영에 이르기까지 이사회와 대표이사가 주도권을 쥐고 있어 전문가로 하여금 총회의 소집결정과 운영 등에 대하여 조사하도록 한 제도이다. 청구권자는 100분의 1 이상의 소수주주 또는 회사가 되고, 총회 전에 선임을 하여야 하며, 조사의 대상은 소집절차나 결의방법의 적법성이다. 그런데 상법은 검사인이 선임되어 소집절차나 결의방법의 적법성을 조사한 이후의 효과에 대하여는 규정하고 있지 않다. 입법적 보완이 요구된다.

Ⅲ. 주주총회의 목적사항과 의안

1. 목적사항과 의안

(1) 의   의

주주총회의 목적사항이란 주주총회의 목적으로 삼을 사항으로서 **의제**라고도 하며, 재무제표의 승인, 이익배당, 이사의 선임 등을 말한다. **의안**이란 구체적인 이익배당액이나, 이사선임시 그 후보 등 구체적 내용을 말한다. 상법 규정상 제363조의2 제1항에서의 '**목적사항**'은 **의제**이고, 제363조의2 제2항의 '**의안의 요령**'은 **의안**을 말한다. 의제와 의안의 구별은 주주총회의 결의사항과 관련하여 중요한 뜻이 있다.

(2) 결의의 범위

주주에게 통지된 목적사항은 당해 주주총회에서 결의할 사항의 범위를 제약하여, 주주총회는 목적 이외의 사항에 대하여 결의할 수 없다. 그러나 의안은 그러하지 아니하다. 즉 **의제(목적사항)는 주주총회의 결의범위를 제한하지만 의안은 그러한 효력이 없다.** 주주총회의 장소에서 목적사항을 변경하는 것은 소집절차 없이 새로운 주주총회가 개최된 것과 같아서, 이러한 하자는 오직 총주주의 동의에 의하여서만 치유될 수 있다. 하지만 의안의 경우에는 유일한 예외인 제542조의5를 제외한다면 당해 주주총회에서 바로 의안을 변경하거나 새로이 제안하는 것이 가능하다.

2. 주주제안권

(1) 의 의

주주총회를 소집할 때에는 소집통지에 목적사항을 기재하여야 하고(제363조 제2항), **목적사항인 의제는 이사회가 정한다.** 따라서 회사의 최고의 의사결정기관으로서의 주주총회는 의제를 주도적으로 결정하는 것이 아니라, 이사회가 주주총회에 제출하는 의제를 통과시켜주는 형식적 역할을 담당하였던 것이 현실이다. 이렇게 형해화된 주주총회를 활성화시키기 위한 대책 중의 하나가 주주제안권이다.

주주제안권을 인정한 상법 제363조의2는 상법 제366조에 의한 소수주주의 소집청구와는 별도로 일정한 지주요건을 충족시키는 소수주주에게 주주총회에 의제·의안의 추가제출권을 인정하는 규정이다. 이러한 주주제안권제도는 이사회가 부의한 의안과는 다른 의안(수정제안, 반대제안)을 제출하고, 그 의안의 요령을 소집통지에 기재할 것을 청구할 수 있는 권리를 주주에게 인정하는 제도이다. 주주제안권제도는 주주에게 적극적으로 발언할 기회를 주고 경영자와의 대화를 추진하게 하므로 주주의 회사경영자에 대한 통제기능의 활성화 등에 이바지할 수 있다.

(2) 주주제안권의 내용

의제제안과 의안제안으로 나눌 수 있고 상법에서 모두 인정한다.

1) 의제제안권

의제제안권은 제363조의2 제1항에서 규정한다. 또한 제363조의2 제3항은 이사회는 주주제안의 내용이 법령 또는 정관에 위반되는 경우를 제외하고 주주총회의 목적사항으로 하여야 한다고 규정하고 있다.

2) 의안제안권

의안제안권은 제363조의2 제2항에서 규정한다. 의제에 관한 의안의 요령, 즉 구체적 결의안을 제출하는 것이다. 예컨대 특정인을 이사로 선임하자는 등의 안이 그것이다. 의안은 언제든지 주주총회에서 직접 추가 또는 변경할 수 있으나, 이사선임에 있어 **상장회사의 경우는 미리 후보자를 제안하지 않으면 선임할 수 없다는 제542조의5의 제한이 있다.** 비상장회사의 경우는 이러한 제한이 없다.

의안제안권은 주주 자신이 제안한 목적사항에 대하여 행사할 수 있고 회사가 채택한 목적사항과 의안의 요령에 대하여 행사할 수 있는데, 후자의 경우는 회사 측의 의안제안에 대하여 수정제안 또는 반대제안이 될 수도 있다.

3) 회사가 거절할 수 있는 제안

상법 제363조의2는 이사회는 주주제안의 내용이 **법령 또는 정관에 위반되는 경우**를 제외하고는 이를 주주총회의 목적사항으로 하여야 한다고 규정함으로써 주주제안이 정관 또는 법령에 위반되는 경우 주주총회의 목적사항으로 아니할 수 있음을 밝히고 있다. 법령 또는 정관의 위반은 주주제안의 내용 자체가 위반하는 경우를 말하고 결의의 방법에 의해 위반이 되는 것을 말하는 것은 아니다. 회사는 제363조의2 제2항에 의한 의안제안권 행사에 대해서도 거절할 수가 있다. 즉 제안된 의안이 법령이나 정관에 위반하는 경우로는 제안된 의안의 내용이 공서양속에 반하는 경우 또는 선거에서 후보로 제안되고 있는 자가 이사로서의 결격사유를 가지든지 정관이 정하는 이사의 자격을 갖추지 않는 경우를 그 예로 들 수 있다. 주주제안의 내용이 정관에 위반하는 경우에도 회사가 그러한 제안을 거절할 수 있는 것은 당연하다. 다만 당해 정관규정의 변경도 합쳐서 제안되는 경우에는 당해 주주제안은 정관변경에 관한 제안 및 그것을 선결사항으로 하는 구체적인 개별사항의 제안으로서 허락된다.[21]

(3) 주주제안권의 행사

1) 소수주주권으로서의 제안권(제363조의2 제1항, 제542조의6 제2항)

비상장회사의 경우 발행주식총수의 100분의 3 이상의 주식을 보유하여야 한다. **상장회사의 경우**는 6월 이상의 보유를 조건으로 하며 회사의 규모에 따라 100분의 1 이상 또는 1000분의 5 이상으로 되어 있다. 발행주식총수의 산정에 있어 의결권없는 주식을 제외하

---

21) 주주제안이 남용되어 기업가치를 감소시킬 우려가 있는 사항에 대하여는 상법 시행령 제12조에서 예외 규정을 두고 있다. (i) 주주총회에서 의결권의 100분의 10 미만의 찬성밖에 얻지 못하여 부결된 내용과 동일한 의안을 부결된 날부터 3년 내에 다시 제안하는 경우, (ii) 주주 개인의 고충에 관한 사항, (iii) 주주가 권리를 행사하기 위하여 일정 비율을 초과하는 주식을 보유해야 하는 소수주주권에 관한 사항, (iv) 상장회사의 경우 임기 중에 있는 임원의 해임에 관한 사항, (v) 회사가 실현할 수 없는 사항 또는 제안이유가 명백히 거짓이거나 특정인의 명예를 훼손하는 사항이다. 그런데 이 규정들은 보완이 필요해 보인다.

고 있다(제363조의2). 그러므로 회사가 가진 자기주식은 의결권이 없어(제369조 제2항) 여기서의 발행주식총수에 산입되지 아니한다.

제369조 제3항에 의해 의결권이 없는 주식도 발행주식총수에 포함되지 않는다. 제369조 제3항의 입법목적의 하나가 의결권의 왜곡화 내지 회사지배의 왜곡화를 방지하고 주주총회의 정상적인 기능의 유지를 도모하기 위하여 주주권을 제한하는 데 있으므로 제369조 제3항에 해당하는 주식소유자는 주주제안권을 행사할 수 없다고 하여야 한다.

2) 제안권행사

제363조의2 제1항에 의하면 주주는 이사에 대하여 회일의 **6주 전**에 서면으로 일정한 사항을 주주총회의 목적사항으로 할 것을 청구할 수 있다고 규정하고 있다. 주주제안권을 행사하는 주주는 총회 회일의 6주 전에 서면으로 의제의 추가 또는 의안의 요령을 소집통지에 기재할 것을 이사에게 청구할 수 있다. 그런데 주주총회의 소집은 주주에게 **2주 전**에 하도록 되어 있어 총회일 6주 이전에는 주주총회가 소집될 것인지 여부를 주주가 알 수 없다. 정기총회의 경우에는 일자가 정해져 있어 별 문제가 없으나(제363조의2 제1항), 임시총회의 경우 그 개최여부가 정해져 있지 않을 수 있기 때문이다. 따라서 이 규정은 주주가 먼저 제안을 하면 6주 이후에 개최되는 임시총회에서 다루어야 하는 것으로 해석한다.[22]

그리고 이사는 주주제안이 있는 경우 이를 **이사회에 보고**하고, 이사회는 주주제안의 내용이 법령 또는 정관을 위반하는 경우와 그 밖에 대통령령으로 정하는 경우를 제외하고는 주주총회의 목적사항으로 하여야 한다. 이 경우 주주제안을 한 주주의 청구가 있는 때에는 그 주주에게 주주총회에서 당해 의안을 설명할 기회를 주어야 한다(제363조의2 제3항).

(4) 제안권 행사의 효과

1) 통지에의 기재

주주제안권의 행사가 적법하고 제출된 주주제안에 관하여 상법에 규정된 거절사유가 존재하지 않는 경우에는, 회사는 이것을 소집통지에 기재하지 않으면 안 된다. **의제제안권**의 행사가 행해진 경우에는 제출된 의제를 총회의 의사일정의 일부로서 소집통지에 기재하여야 하고, **의안제안권**이 의제제안권과 함께 혹은 수정제안·반대제안으로서 단독으로 행사된 경우에는 회사는 제출된 의안의 요령을 소집통지에 기재하지 않으면 안 된다.

2) 주주제안을 무시한 결의의 효력

① 주주가 적법절차를 거쳐 주주제안을 하였음에도 불구하고 이사회가 거부한 경우

주주총회가 개최되기 이전이라면 가처분이 가능한지가 문제된다. 주주제안을 거부당한 주주가 임시주주총회 소집청구를 하지 아니한 채 **주주제안권 자체의 실현을 위하여 거부당한**

---

22) 송옥렬, 928면.

의제를 주주총회의 목적사항으로 상정시키는 형태의 가처분을 신청할 수 있다고 본다.[23]

② 부당거절을 하고 주주총회를 한 경우

(i) **의안제안권**의 행사에 대한 부당거절에 의해 의안의 요령이 소집통지에 기재되지 않은 경우에는 소집절차 및 결의방법이 위법한 것으로 된다. 이것으로 인해 당해 의안에 대응하는 의제에 관한 결의에 관해서는 **결의하자사유**가 생기게 된다. 즉 의안제안권이 행사되고 회사측 제안에 대한 수정제안이나 반대제안이 행해졌음에도 이러한 제안에 관한 의안의 요령이 소집통지에 기재되지 아니한 경우에는 각각 결의하자사유가 된다.[24] (ii) **의제제안권**이 부당거절된 경우이다. A의제를 제안하였으나, 이를 무시하고 원래 상정되어 있던 B의제만을 결의한 경우이다. 이때 결의된 B의제를 취소하는 것은 타당하지 않으므로, 이 결의는 유효하고[25] 다만 주주는 이사에 대하여 손해배상청구를 할 수 있다고 해석한다.

③ 처벌규정

제635조 제1항 제21호에 의하면 회사의 이사가 제363조의2 제1항 또는 제542조의6 제2항의 규정에 위반하여 주주가 제안한 사항을 주주총회의 목적사항으로 하지 아니한 때에는 500만원 이하의 과태료에 처하여지게 되어 있다. 즉, 주주제안권의 행사를 부당하게 거절한 경우에는 이사는 과태료에 처해진다.

Ⅳ. 의 결 권

1. 의 의

(1) 의 의

의결권이란 주주가 주주총회에 출석하여 결의에 참가할 수 있는 권리를 말한다. 의결권은 대표적 공익권이다. 무의결권주식을 제외하고는 정관에 의하여도 이를 박탈하거나 제한할 수 없다. 또한 의결권은 주식과 분리하여 양도할 수도 없다. 판례도 당사자 사이의 특약이나 포기의 의사표시가 있다고 하여 주주권이 상실되는 것이 아니라 하고, 의결권을 포기하고 타인에게 의결권을 위임한 주주가 직접 의결권을 행사할 수 있다고 한다.[26]

---

23) 권기범, 601면; 김재범, "주주제안의 대상", 「상사법연구」 제18권 제3호, 1999, 80면.
24) 권기범, 601면; 이철송, 499면.
25) 권기범, 601면; 이철송, 499면; 최기원, 522면.
26) 대법원 2002.12.24. 선고 2002다54691 판결(주주권은 주식의 양도나 소각 등 법률에 정하여진 사유에 의하여서만 상실되고 단순히 당사자 사이의 특약이나 주주권 포기의 의사표시만으로 상실되지 아니하며 다른 특별한 사정이 없는 한 그 행사가 제한되지도 아니한다).

(2) 수

의결권은 1주식마다 1개의 의결권이 부여된다(제369조 제1항). **1주 1의결권의 원칙은 정관으로 이와 달리 정할 수 없는 강행규정으로 해석한다.**[27]

2. 예　　외

(1) 의결권의 배제·제한에 관한 종류주식(제344조의3)

2011년 개정으로 제도의 변화가 있었다. 과거에는 이익배당에 관한 우선주에 한하여 의결권 없는 주식으로 발행할 수 있었으나, 개정으로 인하여 배당의 우선여부에 불문하고 종류주식으로서 의결권배제주식 또는 의결권제한주식을 발행할 수 있다. 이에 관하여는 종류주식에서 살펴보았다.

(2) 자기주식

회사가 예외적으로 가지고 있는 자기주식은 의결권이 없다(제369조 제2항).

(3) 상호보유주식(제369조 제3항)

1) 의의 및 취지

회사, 모회사 및 자회사 또는 자회사가 다른 회사의 발행주식의 총수의 10분의 1을 초과하는 주식을 가지고 있는 경우 그 다른 회사가 가지고 있는 회사 또는 모회사의 주식은 의결권이 없다. 예컨대 A회사가 B회사 주식의 20%를 가지고 있는 경우라면 B회사가 가지는 A회사 주식은 그 의결권이 없다는 것이다. 이 제한은 모자관계와 비모자관계를 불문하고 10%를 초과하는 경우 모두 적용된다. 입법의 취지는 상호주를 보유하는 것이 출자 없이 회사를 지배하려는 목적이므로 의결권을 박탈하면 상호주는 회사지배의 수단으로 무력해질 것이고, 따라서 이러한 제한입법으로 상호주 보유가 감소할 것이라는 점이다. **만약 쌍방이 서로 10분의 1을 초과하여 보유한다면, 통지여부와 관련 없이 양쪽이 모두 의결권이 없게 된다.**

상법 제342조의3은 **통지의무를 부과**하고 있다. 이는 상대 회사의 총회에서 기습적으로 의결권을 행사하는 경우에 대한 대비책으로도 볼 수 있다. 회사가 다른 회사의 발행주식총수의 10%를 초과 취득하여 의결권을 행사하는 경우 경영권의 안정을 위협받게 된 그 다른 회사는 역으로 상대방 회사의 발행주식의 10%를 초과 취득함으로써 이른바 상호보유

---

27) 대법원 2009.11.26. 선고 2009다51820 판결(상법 제369조 제1항에서 주식회사의 주주는 1주마다 1개의 의결권을 가진다고 하는 1주 1의결권의 원칙을 규정하고 있는바, 위 규정은 강행규정이므로 법률에서 위 원칙에 대한 예외를 인정하는 경우를 제외하고, 정관의 규정이나 주주총회의 결의 등으로 위 원칙에 반하여 의결권을 제한하더라도 효력이 없다).

주식의 의결권 제한 규정에 따라 서로 상대 회사에 대하여 의결권을 행사할 수 없도록 방어조치를 취하여 다른 회사의 지배가능성을 배제하고 경영권의 안정을 도모하도록 하기 위한 것이다. 통지의무를 위반한 경우 상법에 규정이 없다. **그 위반의 효과는 주식취득의 효력에는 영향이 없으나, 그 위반한 주식에 대하여는 의결권이 없다고 보는 견해가 다수이다.**[28]

2) 의결권의 제한

회사, 모회사 및 자회사, 자회사가 다른 회사의 발행주식총수의 10%를 초과하는 주식을 가지고 있는 경우 그 다른 회사가 가지고 있는 회사 또는 모회사의 주식은 의결권이 없다(제369조 제3항). 법문이 그 다른 회사가 가지고 있는 **회사 또는 모회사의 주식만 규정하고 '자회사'의 주식에 대하여는 언급하고 있지 않음을 유의하여야 한다.** 그리고 의결권의 제한에서 그 기준은 '의결권 있는 주식의 총수'가 아니라 '**발행주식총수**'이다.

예를 들면, 甲회사가 乙회사의 모회사라고 가정한다. 甲회사와 乙회사가 丙회사의 주식을 각 5%와 6% 보유하고 있다면 丙회사가 가지는 甲회사 주식에 대하여는 의결권을 행사할 수 없으나, 丙회사가 가지는 乙회사 주식에 대하여는 의결권을 행사할 수 있다. 만약 甲회사는 丙회사 주식을 보유하고 있지 않고 乙회사가 丙회사 주식을 11% 보유하고 있다면, 丙회사는 甲회사 주식뿐 아니라 乙회사 주식에 대하여도 의결권을 행사할 수 없다.

3) 찬부의 의견을 명시한 의결권 대리행사의 경우

주주가 개별안건에 대하여 찬부의 의견을 명시하여 의결권 대리행사를 위임한 경우에도 제342조의3이 유추적용되는가? 이 경우도 통지의무 위반을 이유로 의결권행사를 제한할 수 있는가? 이에 대하여 견해의 대립은 있으나, 판례[29]는 본 조항을 주식취득의 경우로 제한하여 단지 의결권 행사의 대리권을 취득한 경우라면 설사 대리행사하는 주식이 회사 주식의 10%를 초과하더라도 **통지의무가 없고 그 위반으로 의결권도 제한되지 않는다고 본다.**

주식취득과 무관한 의결권 대리행사의 경우에는 동조를 적용하지 않는 판례의 입장이 타당하다. 이 경우는 주식을 취득하여 의결권을 행사하는 경우에 비하여 회사지배의 가능

---

28) 정동윤, 504면; 송옥렬, 886면; 최기원, 367면.

29) 대법원 2001.5.15. 선고 2001다12973 판결(상법 제342조의3에는 "회사가 다른 회사의 발행주식총수의 10분의 1을 초과하여 취득한 때에는 그 다른 회사에 대하여 지체 없이 이를 통지하여야 한다"라고 규정되어 있는바, 이는 **회사가 다른 회사의 발행주식총수의 10분의 1 이상을 취득하여 의결권을 행사하는 경우 경영권의 안정을 위협받게 된 그 다른 회사는 역으로 상대방 회사의 발행주식의 10분의 1 이상을 취득함으로써 이른바 상호보유주식의 의결권 제한 규정(상법 제369조 제3항)에 따라 서로 상대 회사에 대하여 의결권을 행사할 수 없도록 방어조치를 취하여 다른 회사의 지배가능성을 배제하고 경영권의 안정을 도모하도록 하기 위한 것으로서, 특정 주주총회에 한정하여 각** 주주들로부터 개별안건에 대한 의견을 표시하게 하여 의결권을 위임받아 의결권을 대리행사하는 경우에는 회사가 다른 회사의 발행주식총수의 10분의 1을 초과하여 의결권을 대리행사할 권한을 취득하였다고 하여도 위 규정이 유추적용되지 않는다).

성이 크지 않고, 회사가 주주총회를 목전에 둔 시점에서 의결권의 대리행사를 10% 이상 위임받았다고 하여 의결권을 박탈하는 것이 용이하지도 않아 실효성도 없으며, 개별 안건에 대한 의견을 명시하여 의결권 대리행사를 위임한 주주의 의결권을 통지의무 위반을 이유로 박탈할 합리적 이유도 없기 때문이다.

4) 상호주의 판단시점과 명의개서 요부

B회사가 A회사 주식의 5%를 가지고 있다. 그런데 A회사가 주주총회를 개최하면서 정한 주주총회기준일에는 A회사가 B회사 주식의 10%를 초과하여 취득하지 않았으나, 주주총회일에는 10% 초과의 요건이 충족된 경우, 그런데 명의개서는 아직 이루어지지 않은 경우 B회사의 의결권행사가 부정되는가?

① 상호주 판단 기준시점

기준일설과 주주총회일설이 있다. (i) **기준일설**에 의하면 위 경우 주주총회 기준일을 판단시점으로 하여 B회사는 의결권을 행사할 수 있다. (ii) **주주총회일설**(과거 판례)은[30] 상호주 규제의 목적이 출자없는 지배 또는 경영자에 의한 주주총회의 지배, 지배구조의 왜곡을 방지하기 위한 것이라는 점을 고려할 때 주주총회일을 그 판단시점으로 하여 B회사의 의결권 행사를 부정하여야 한다는 것이다. 기준일제도는 주주권 행사를 할 자를 정하기 위한 적극적 요건인 반면, 상호주 의결권 제한은 주주권 행사를 위한 적극적 요건을 구비하더라도 일정 요건을 충족한 경우 주주권 행사를 배제하기 위한 소극적 요건으로서 여기서는 의결권 제한이 문제되기 때문이다.

그런데 최근 변경된 판례[31]에 의하여 주주명부 기재에 권리행사자를 확정하는 효력까지 부여한다면, 또한 "주주의 구성이 계속 변화하는 단체법적 법률관계의 특성상 회사가 다수의 주주와 관련된 법률관계를 외부적으로 용이하게 식별할 수 있는 형식적이고도 획일적인 기준에 의하여 처리할 수 있도록 하여 이와 관련된 사무처리의 효율성과 법적 안정성을 도모하기 위함"이라는 주주명부제도의 취지를 강조한다면 기준일설이 보다 논리적으로 타당하다.

② 명의개서 요부

과거 판례[32]는 **실제로 주식을 소유하고 있다면 명의개서가 이루어졌는지 여부와 관계 없이 상호주가 성립하여 의결권이 없다**고 하였으나, 이 판결은 최근 전원합의체 판결[33]에 의하여 변경된 것으로 보아야 한다. 상법 규정상으로는 소유하고 있는 주식수만을 문제삼고 있을 뿐, 명의개서할 것까지 요구하고 있지 않으나, 변경된 판례에 의하면 **주주명**

---

30) 대법원 2009.1.30. 선고 2006다31269 판결.
31) 대법원 2017.3.23. 선고 2015다248342 전원합의체 판결.
32) 대법원 2009.1.30. 선고 2006다31269 판결.
33) 대법원 2017.3.23. 선고 2015다248342 전원합의체 판결.

부에 명의개서를 하여야만 그 주주로 기재된 자가 의결권을 행사할 수 있기 때문이다.

(4) 특별이해관계인의 소유주식

1) 의의와 적용범위

주주총회의 결의에 관하여 특별한 이해관계가 있는 자는 의결권을 행사하지 못한다(제368조 제3항). 특별이해관계가 있는 주주가 의결권을 남용하여 회사의 이익과는 무관하게 사익을 취하는 것을 예방함으로써 주주총회 결의가 공정하게 이루어지도록 하는 것이 본 규정의 취지이다. 결의대상이 된 특정 의제에 대하여 특별한 이해관계가 있는 주주는 그 의제에서만 의결권이 제한된다.

2) 적용범위

적용범위로서 ① 1인회사의 경우에는 제368조 제3항이 적용되지 않는다고 보아야 한다(통설). 이 경우 100%의 의결권을 박탈하는 경우 의사결정이 이루어질 수 없기 때문이다. 그리고 A회사의 주식을 甲이 90% 보유하고 있는 경우 甲이 특별이해관계인이 된다면, 그 90% 주식이 발행주식총수에 산입되기 때문에 A회사는 보통결의도 할 수 없는 상황이 되고 만다. 따라서 이러한 경우에도 적용이 없는 것으로 보게 된다.[34] ② 주주는 특별한 이해관계인이지만, 대리인은 그러한 관계가 없는 경우에도 본조는 적용된다. 그런데 주주는 관계가 없으나 **대리인**만이 특별한 이해관계인인 경우에도 적용된다(통설). 상법 제368조 제3항이 '특별한 이해관계가 있는 자'라고 규정하고 있으므로 주주에 한정하는 뜻이 아니고 대리인이 본인의 위임과 다른 의결권 행사를 하더라도 결의효력에 영향을 미치지 못하므로, 이 경우도 역시 본조가 적용된다고 보아야 한다.

3) 기 준

그런데 어떤 경우에 특별이해관계인으로 볼 수 있을지에 대하여는 견해가 나뉜다. ① **법률상이해관계설**로서 당해 결의에 의하여 주주의 권리의무에 득실변경이 생기는 모든 경우를 의미한다는 견해, ② **특별이해관계설**로서 모든 주주의 이해에 관계되는 것이 아니라 특정한 주주의 이해에만 관계되는 경우라는 견해 등이 있다. ③ **개인법설**은 특정한 주주가 **주주의 지위를 떠나 개인적으로 가지는 경제적 이해관계가 있는 경우 특별이해관계가 있다고 보며 이것이 통설·판례이다.**[35] 개인법설의 핵심은 주주의 개인적 이해관계와 회사의 지배에 관한 이해관계를 구분하자는 것이다.

---

34) 지배주주의 매도청구권에 관한 제360조의24 제3항을 보자. 95%이상을 보유하고 있는 주주가 다른 주주에게 그 주식의 매도를 청구하는 경우 미리 주주총회의 승인을 받아야 한다고 규정한다. 그런데 만약 이 경우 그 지배주주가 특별이해관계인으로 분류된다면 결의가 불가능하다. 그렇지 않고 그 지배주주가 의결권을 행사할 수 있다면 95% 이상 보유하고 있으므로 여기서의 주주총회 승인은 무의미한 것이다. 입법론적 재고가 요구된다.
35) 이철송, 514면; 정찬형, 845면 등; 대법원 2007.9.6. 선고 2007다40000 판결.

그런데 장기적으로는 이 문제를 해결함에 다른 방안을 강구할 필요가 있다고 본다. (i) 먼저 그 구분 기준이 명확하지 않기 때문이다. 통설이나 판례에 의하더라도, 과연 어느 경우가 특별이해관계에 해당하는지 여부를 판단하는 것은 쉽지 않다. 특별이해관계인으로 분류되면 의결권을 행사할 수 없는 결정적인 효과가 부여됨에도 불구하고 그 여부를 판단함이 쉽지 않은 점은 문제가 아닐 수 없다.[36] (ii) 또한 주식을 취득하는 것이 회사의 의사결정권을 확보하여 지배권을 장악하기 위한 의도라면, 의결권을 제한하는 것이 과연 바람직한가 하는 비판도 가능하다. (iii) 또한 1인회사의 경우와 특별이해관계인이 보통결의나 특별결의에서 요구되는 발행주식총수 이상을 보유하는 경우 의사결정을 할 수 없게 되는 문제가 있어 동 규정이 적용되지 않는바, 이도 균형적이지 않다.

4) 구체적 사례

판례상 다루어진 사례를 찾기가 쉽지 않다. **대법원 판례에서 유일하게 찾을 수 있는 것은, 주주총회가 재무제표를 승인한 후 2년 내에 이사와 감사의 책임을 추궁하는 결의를 하는 경우 당해 이사와 감사인 주주는 특별이해관계인에 해당한다**는 것이다.[37]

기타는 학설에 의한 설명이다. ① 견해가 일치하는 부분을 보면, (i) 의결권이 제한되는 특별이해관계인에 해당하는 경우로서, 주주가 동시에 이사인 경우 이사 등의 책임을 면제하는 결의, 회사와 주주 사이에 영업양도[38] 기타 제374조 소정의 계약을 하는 경우에 요구되는 결의, 주주이자 동시에 이사인 자의 보수를 정하는 결의 등이 이에 해당한다고 본다(통설). (ii) 의결권이 제한되지 않는 경우로서, **이사의 선임결의에서 당사자인 주주**의 경우를 든다(통설).

② 견해의 대립이 있는 부분이다. (i) **재무제표의 승인에서 주주인 이사**이다. 재무제표를 승인하면 그 후 2년 내에 다른 결의가 없으면 이사와 감사, 또는 감사위원회의 책임은 부정행위가 있는 경우를 제외하고 해제된 것으로 본다(제415조의2 제7항, 제450조). 여기서 주주인 이사가 재무제표의 승인결의에서 특별이해관계인으로 분류되는지에 관하여 견해가 나뉜다. 이 경우 주주인 이사가 의결권을 행사하는 경우 주주의 지위를 떠난 개인적 이해관계가 발생하는 것이 아니므로 특별한 이해관계인이 아니라는 견해[39]도 있으나, 상법 제450조에 따른 이사, 감사의 책임 해제는 재무제표 등에 그 책임사유가 기재되어 정기총회에서 승인을 얻은 경우에 한정되는 것이고 보면,[40] **그 책임사유가 기재된 이사·감사인**

---

36) 특별이해관계를 파악하는 것이 결코 쉽지 않다. 일본은 의결권은 허용하면서 사후적으로 특별이해관계인의 의결권 행사로 현저하게 부당한 경우에만 결의취소의 사유가 되도록 하였다(일본 회사법 제831조 제1항 3호).

37) 대법원 2007.9.6. 선고 2007다40000 판결(주주총회가 재무제표를 승인한 후 2년 내에 이사와 감사의 책임을 추궁하는 결의를 하는 경우 당해 이사와 감사인 주주는 회사로부터 책임을 추궁당하는 위치에 서게 되어 주주의 입장을 떠나 개인적으로 이해관계를 가지는 경우로서 그 결의에 관한 특별이해관계인에 해당함은 원심이 쓴 대로이지만).

38) 영업양도는 사단법적 성격이 엷은 거래법적 행위이므로 특별이해관계인으로 보는 것이 타당하다.

39) 권기범, 607면; 정동윤, 552면; 이철송, 514면; 정찬형, 845면; 최기원, 494면.

주주는 특별이해관계인에 해당한다고 보아야 한다. (ⅱ) **합병**의 경우이다. A회사가 B회사의 모회사이고 두 회사가 합병하는 경우 B회사의 주주총회에서 A회사는 의결권을 행사할 수 있는가? 이견도 있으나 합병의 경우 공정성 확보를 위한 사전적 수단으로서 주주총회 특별결의를 요구하고 있으며(제522조 제3항, 제434조), 사후적으로 합병무효의 소(제529조) 등이 인정되어 합병승인결의의 공정성을 크게 훼손하지 않는다는 이유에서 특별이해관계인이 아니라는 견해도 있다.[41] 그러나 합병이 영업양도와 그 경제적 기능이 유사하다는 점에서 의문이지 않을 수 없고, 이것이 제368조 제3항의 입법론적 개선이 필요한 이유가 되기도 한다. (ⅲ) **이사 해임**의 경우에는 견해의 대립이 있다. 해임 사유는 이사가 경영자로서 업무를 집행하는 데 장해가 될 객관적 상황이 발생한 경우가 해임할 수 있는 정당한 사유에 해당한다고 보므로,[42] 이 경우 회사의 이익과 충돌하고 개인법설에 의하더라도 특별한 이해관계가 있다고 볼 여지가 있기 때문이고, 이사 해임결의의 대상이 된 주주는 의결권을 행사하지 못한다고 보아야 한다.

(5) 감사선임시의 주식

의결권 없는 주식을 제외한 발행주식총수의 100분의 3을 초과하는 수의 주식을 가진 주주는 그 초과하는 주식으로써 감사를 선임하는 주주총회 결의에서 의결권을 행사하지 못한다(제409조 제2항). 이 100분의 3의 비율은 정관으로 더 낮출 수는 있으나 이보다 높게 정할 수는 없다(제409조 제2항). 이 규정은 회사의 **감사기관으로서의 중립성을 보장**하기 위한 것이다. 보다 상세히는 감사위원회에서 살핀다.

(6) 의장의 퇴장명령

주주총회의 의장은 고의로 의사진행을 방해하기 위한 발언·행동을 하는 등 현저히 질서를 문란하게 하는 자에 대하여 그 발언의 정지 또는 퇴장을 명할 수 있다(제366조의2 제3항). 그런데 **퇴장을 명할 수 있는 권한은 의결권을 박탈하는 결과**가 될 수 있다. 입법론적 검토가 요구된다.

3. 의결권의 행사

(1) 의결권행사의 자유

주주의 의결권행사는 자유이다. 의결권행사시 찬성과 반대를 함에 있어 자유일 뿐 아니

---

40) 대법원 1969.1.28. 선고 68다305 판결; 대법원 2002.2.26. 선고 2001다76854 판결; 대법원 2007.12.13. 선고 2007다60080 판결 등. 그런데 재무제표 등에서 이사·감사의 책임사유가 기재되는 경우를 찾아보기가 매우 어려워 이에 의한 책임해제가 되는 경우는 찾기가 쉽지 않다.

41) 권기범, 607면; 최기원, 494면.

42) 대법원 2004.10.15. 선고 2004다25611 판결 등.

라, 주주총회에의 출석 여부도 자유이다. 그런데 주식이 널리 분산되어 있고 주주들이 회사의 경영에 관심이 없을 수 있어 필요한 주주총회결의를 할 수 없는 경우도 발생하게 된다. 따라서 그 정족수의 확보를 용이하게 함으로써 주주총회의 결의를 가능하게 해야 할 필요성이 있다. 이를 위하여 상법은 주주총회의 출석정족수를 없애는 등 정족수를 완화하였고, **주주가 직접 출석할 수 없는 경우를 대비하여 ① 의결권의 대리행사, ② 서면투표, ③ 전자투표제도 등을 둔다.** 의결권 행사의 방법으로서 먼저 의결권의 불통일행사를 본다.

(2) 의결권의 불통일행사

1) 의 의

상법 제368조의2에서 주주가 2 이상의 의결권을 가지고 있는 때에는 이를 통일하지 아니하고 행사할 수 있다고 규정하고 있다. 이때 '주주'라 함은 '**주주명부상의 주주**'를 뜻하고 2 이상의 의결권을 통일하지 아니하고 행사한다 함은 2 이상의 의결권을 갖는 주주가 일부의 의결권은 찬성으로, 다른 의결권은 반대로 행사하는 경우를 뜻한다.

불통일행사에 관하여 종래부터 제시되어 온 실익은 다음과 같다. ① 법인 기타 단체가 소유하는 주식에 대하여 단체내부에 있어서 의결권 행사방법상 의사대립이 발생하여 어느 쪽 의견에 따라 의결권을 행사하거나 기권하는 것보다도 의사대립의 비율에 따라 불통일적으로 행사하는 것이 단체내부의 사정상 적당한 경우, 그리고 공유주식으로서 공유자간 의사대립으로 인하여 불통일행사를 하는 것이 공유자간의 내부사정으로 보아 적당한 경우에는 불통일행사를 하는 실익이 있다. ② 그리고 형식주주와 실질주주가 다른 현상의 발생에 따라 불통일행사의 필요성이 존재하는데 그 예로는 주식의 신탁제도·종업원지주제도·증권대체결제제도 등을 들 수 있다. ③ 수인이 주식을 공유하는 경우 등에 있어 그 실익이 있다.

2) 의결권불통일행사의 절차

의결권을 불통일행사할 경우 주주는 회일의 **3일 전**까지 회사에 대하여 서면 또는 전자문서로 불통일행사를 한다는 뜻과 그 이유를 통지하여야 한다(제368조의2 제1항). 3일이라는 기간은 의결권의 불통일행사가 행하여지는 경우 회사 측에 그 불통일행사를 거부할 것인가를 판단할 수 있는 시간적 여유를 주고, 회사의 총회운영에 지장을 주지 않도록 하기 위한 것이다.

3) 통지위반의 경우

주주가 통지를 하지 않고 불통일행사를 한 경우 회사가 그 불통일행사를 승인할 수 있는가? 이는 통지가 불통일행사의 요건인지에 관한 문제이다. ① **요건긍정설**로서 통지가 없는 경우 회사는 불통일행사를 거부하여야만 하고, 이에 위반한 경우 결의하자사유가 된다고 한다(통설). 이 견해는 회사가 승인할 수 있다고 하면 회사가 결의의 성부를 사후에 선택할 수 있는 결과가 되어 부당하다고 하면서, 회사의 승인은 불가능하고 그 결과 결의취소의 사유가 된다고 본다. ② **요건부정설**로서 통지가 없더라도 회사 측에서는 불통일행사를 인정할 수 있다고 한다. ③ **절충설**로서 의결권의 행사전까지 통지하기만 하면 회사가 이를 거부하지 아니하는 한 결의는 유효하다고 본다. ④ **판례**는 불통일행사의 통지가 있음을 전제로 하여 판시하므로 **절충설**에 가까운 것으로 판단된다. 다만 주주평등의 원칙을 위반하거나 의결권 행사의 결과를 조작하기 위하여 자의적으로 이루어진 것이라는 등의 특별한 사정이 없을 것을 요건으로 인정하고 있다.[43]

특별한 사정이 없다면 의결권의 행사 이전까지 통지가 있는 것을 전제로 회사가 그 불통일행사를 인정할 수 있다는 절충설이 타당하다. 사전에 전혀 통지함이 없이 불통일행사를 한 경우에는 회사로서는 이를 알지 못하였으므로 불통일행사를 인정한 것으로 볼 수 없을 뿐만 아니라, 사후에 회사 측에서 거부 또는 인정할 수 있다고 하면 회사가 사후에 자의로 결의의 가부를 선택할 수 있는 결과가 되어 부당하다. 따라서 이 경우는 결의하자 사유가 된다.

4) 회사의 거부

주주로부터 의결권의 불통일행사에 관한 통지를 받은 회사는 주주의 의결권의 불통일행사를 결의 전에 거부할 수 있다. 다만 주주가 주식의 신탁을 인수하였거나 타인을 위하여 주식을 가지고 있는 경우에는 이를 거부할 수 없다(제368조의2 제2항).[44] 명의주주와 실질주주가 다른 경우가 아니라면 인정의 실익이 없기 때문이다.

---

43) 대법원 2009.4.23. 선고 2005다22701,22718 판결(상법 제368조의2 제1항은 "주주가 2 이상의 의결권을 가지고 있는 때에는 이를 통일하지 아니하고 행사할 수 있다. 이 경우 회일의 3일 전에 회사에 대하여 서면으로 그 뜻과 이유를 통지하여야 한다"고 규정하고 있는바, 여기서 3일의 기간이라 함은 의결권의 불통일행사가 행하여지는 경우에 회사 측에 그 불통일행사를 거부할 것인가를 판단할 수 있는 시간적 여유를 주고, 회사의 총회 사무운영에 지장을 주지 아니하도록 하기 위하여 부여된 기간으로서, 그 불통일행사의 통지는 주주총회 회일의 3일 전에 회사에 도달할 것을 요한다. 다만, 위와 같은 3일의 기간이 부여된 취지에 비추어 보면, 비록 불통일행사의 통지가 주주총회 회일의 3일 전이라는 시한보다 늦게 도착하였다고 하더라도 회사가 스스로 총회운영에 지장이 없다고 판단하여 이를 받아들이기로 하고 이에 따라 의결권의 불통일행사가 이루어진 것이라면, 그것이 주주평등의 원칙을 위반하거나 의결권 행사의 결과를 조작하기 위하여 자의적으로 이루어진 것이라는 등의 특별한 사정이 없는 한, 그와 같은 의결권의 불통일행사를 위법하다고 볼 수는 없다).

44) 대법원 2001.9.7. 선고 2001도2917 판결(주주의 자유로운 의결권 행사를 보장하기 위하여 주주가 의결권의 행사를 대리인에게 위임하는 것이 보장되어야 한다고 하더라도 주주의 의결권 행사를 위한 대리인 선임이 무제한적으로 허용되는 것은 아니고, 그 의결권의 대리행사로 말미암아 주주총회의 개최가 부당하게 저해되거나 혹은 회사의 이익이 부당하게 침해될 염려가 있는 등의 특별한 사정이 있는 경우에는 회사는 이를 거절할 수 있다고 보아야 할 것이며, 주주가 자신이 가진 복수의 의결권을 불통일행사하기 위하여는 회일의 3일 전에 회사에 대하여 서면으로 그 뜻과 이유를 통지하여야 할 뿐만 아니라, 회사는 주주가 주식의 신탁을 인수하였거나 기타 타인을 위하여 주식을 가지고 있는 경우 외에는 주주의 의결권 불통일행사를 거부할 수 있는 것이므로, 주주가 위와 같은 요건을 갖추지 못한 채 의결권 불통일행사를 위하여 수인의 대리인을 선임하고자 하는 경우에는 회사는 역시 이를 거절할 수 있다).

5) 효 과

불통일행사된 의결권은 모두 유효한 것으로 계산되는 것이고, 찬성과 반대를 상계하고 나머지만 유효하게 되는 것이 아니다. 그리고 일부 의안에 대하여만 불통일행사를 할 수도 있다.

(3) 의결권의 대리행사

1) 서

주주는 대리인으로 하여금 그 의결권을 대리행사시킬 수가 있는데, 이때 그 **대리인은 대리권을 증명하는 서면을 총회에 제출**하여야 한다(제368조 제2항). 이는 널리 분산된 주식에 대하여 용이하게 정족수를 확보할 수 있고 또 주주가 의결권을 보다 쉽게 행사할 수 있도록 하기 위하여서이다. 다만 의결권의 대리행사로 말미암아 주주총회의 개최가 방해되거나 회사의 이익이 침해될 염려가 있는 등 특별한 사정이 있는 경우, 회사는 그 대리행사를 거절할 수 있다.[45]

2) 대리권을 증명하는 서면

① 서면 위임장의 제출이 필수적

의결권을 대리행사하기 위하여는 주주의 대리인은 그 대리권을 증명하는 서면을 회사에 제출하여 대리인자격을 증명하여야 한다(제368조 제2항 후단). 이 서면을 일반적으로 위임장(proxy)이라고 부른다. 상법 제368조 제2항은 강행규정이므로 민법상 일반원칙과는 달리 **의결권의 대리행사에 있어서의 위임은 서면행위에 의하여야 그 효력이 있다.** 따라서 대리인은 대리인임을 증명하는 서면을 회사에 반드시 제출하여야 한다. 그 위임장의 제출은 대리권행사를 위한 전제요건이 되고 이것을 해태할 때에는 대리권을 행사할 수 없다.

학설은 서면의 방식에 관하여는 법률상 특별히 정한 바가 없으므로 수권사실만 인지할 수 있다면 충분하고 정관으로도 위 요건을 배제하거나 완화할 수 없고 가중도 인정되지 않는다고 한다. 따라서 구두나 전화, 전보에 의한 대리권 수여는 인정되지 않고, 대리권을 공증으로 증명하여야 한다는 정함도 할 수 없다.[46]

② 원본이 원칙

대리권을 증명하는 서면을 제출하도록 하는 목적은 대리권의 존부에 관한 법률관계를

---

45) 대법원 2009.4.23. 선고 2005다22701,22718 판결; 대법원 2001.9.7. 선고 2001도2917 판결(주주의 자유로운 의결권 행사를 보장하기 위하여 주주가 의결권의 행사를 대리인에게 위임하는 것이 보장되어야 한다고 하더라도 주주의 의결권 행사를 위한 대리인 선임이 무제한적으로 허용되는 것은 아니고, 그 의결권의 대리행사로 말미암아 주주총회의 개최가 부당하게 저해되거나 혹은 회사의 이익이 부당하게 침해될 염려가 있는 등의 특별한 사정이 있는 경우에는 회사는 이를 거절할 수 있다고 보아야 할 것).

46) 독일주식법(Aktiengesetz) 제134조 제3항은 "의결권은 대리인을 통하여 행사할 수 있다. 대리권에 관하여는 서면에 의한 형식이 필요하며 이로써 충분하다. 위임장을 회사에 제출하여야 하며 회사가 이를 보관한다"고 규정하고 있어 같은 취지이다.

명확히 하여 주주총회 결의의 성립을 원활하게 하기 위한 것이다. 따라서 위임장은 위조나 변조 여부를 쉽게 식별할 수 있는 **원본이어야 하고 특별한 사정이 없는 한 사본은 그 위임장에 해당하지 아니한다.**[47] 단지 위임장 사본이 원본과 다르지 않다는 점을 입증하거나 위임장의 진정성 내지 위임의 사실을 증명할 수 있다면 회사가 대리행사를 거부할 수 없다.[48]

③ 회사의 조사

대리권을 증명하는 서면은 위조나 변조 여부를 쉽게 식별할 수 있는 원본이어야 하고 특별한 사정이 없는 한 사본은 그 서면에 해당하지 않는다. 그런데 대리권을 증명하는 서면이 형식적인 면에서 진정한 것인지의 여부에 관하여 회사는 이를 조사할 의무가 원칙적으로 있다. 그 조사는 형식적 조사로서 두 가지로 나누어 볼 수 있다. 회사가 주주에게 일정의 위임장용지를 송부한 경우와 그렇지 않은 경우로 구분된다.

(i) **회사가 송부한 위임장양식이 없는 경우**에는, 위임장에 날인된 인감과 주주의 제출 인감과 대조하여 합치하는 경우 그 위임장은 진정한 것으로 추정되고 회사는 진정한 것으로 처리하면 된다. (ii) **회사가 주주에게 일정의 위임장양식을 송부한 경우**라면, 일일이 인감조회를 하지 않아도 일단 진정한 것으로 추정될 수 있다. 회사가 송부한 일정한 위임장 양식이 있는 경우, 회사는 반드시 인감조회를 해야 할 의무를 부담하는 것은 아니고 또한 위임장 날인의 인감과 회사에 제출된 인감이 합치되지 않더라도 그 위임장의 진정이 입증되면 대리인 자격이 인정될 수 있다.[49] 다만 용지 자체에 공신력은 인정되지 않으므로 반증을 들어 다투는 것은 가능하다. 그런데 이로 인하여 위임장 원본을 제출하였음에도 불구하고 총회 출석을 막기 위한 수단으로 악용될 우려도 있다.

3) 대리자격의 제한

무능력자나 법인도 대리인이 될 수 있으며 대리인의 자격은 특별한 제한을 받지 않는다. 그런데 실무에서는 일반적으로 회사에서 정관으로 그 대리인의 자격을 주주로 제한하는 경우가 많다. **의결권 대리행사의 경우에 그 대리인 자격을 정관에 의하여 주주로 제한할 수 있는가?**

---

47) 대법원 2004.4.27. 선고 2003다29616 판결; 대법원 1995.2.28. 선고 94다34579 판결(상법 제368조 제3항은 주주의 의결권을 대리행사하고자 하는 자는 대리권을 증명하는 서면을 총회에 제출하도록 규정하고 있는바, 그 규정은 대리권의 존부에 관한 법률관계를 명확히 하여 주주총회 결의의 성립을 원활하게 하기 위한 데 그 목적이 있다고 할 것이므로, 대리권을 증명하는 서면은 위조나 변조 여부를 쉽게 식별할 수 있는 원본이어야 하고 특별한 사정이 없는 한 사본은 그 서면에 해당하지 않는다).

48) 대법원 2009.4.23. 선고 2005다22701,22718 판결(상법 제368조 제3항이 규정하는 '대리권을 증명하는 서면'이라 함은 위임장을 일컫는 것으로서 회사가 위임장과 함께 인감증명서, 참석장 등을 제출하도록 요구하는 것은 대리인의 자격을 보다 확실하게 확인하기 위하여 요구하는 것일 뿐, 이러한 서류 등을 지참하지 아니하였다 하더라도 주주 또는 대리인이 다른 방법으로 위임장의 진정성 내지 위임의 사실을 증명할 수 있다면 회사는 그 대리권을 부정할 수 없다); 대법원 1995.2.28. 선고 94다34579 판결(명의수탁자에 불과한 주주의 위임장 등 서면이 사본이라 하더라도 실질적인 주주가 그 의결권을 위임하였다는 사실이 충분히 증명되었다고 보아 그 의결권 대리행사를 제한하여서는 아니된다고 한 사례).

49) 대법원 2009.4.23. 선고 2005다22701,22718 판결.

① **유효설**로서, 주주총회가 주주 이외의 제3자에 의하여 교란되는 것을 방지하여 회사의 이익을 보호하고 또 정관에 의한 제한을 금지할 이유가 없다는 점 등에서 그러한 제한은 유효하다는 견해이다.[50] 또한 대리인의 자격을 회사의 구성원으로 제한하는 것이 주주의 의결권행사 자체에 대한 제한이 되는 것은 아니라는 근거를 든다. 다만 이는 임의대리인에 적용되고 법정대리인의 경우에는 그러한 정관의 규정에 불구하고 당연히 대리인이 될 수 있다고 한다. ② **제한적 유효설(판례)**로서, 유효설의 입장에 서면서도 대리인 자격을 정관으로 제한하는 것에 합리적인 이유가 있는가의 여부 등 개개의 사례를 구체적으로 판단하여 유효 여부를 결정하자는 입장이다. 그 제한은 합리적 이유가 있고 상당한 정도의 제한이면 유효하다는 것으로, 대법원 판결은 제한적 유효설에 가깝다.[51] 대리인의 자격을 주주로 한정하는 취지의 주식회사의 정관규정은 주주총회가 주주 이외의 제3자에 의하여 교란되는 것을 방지하여 회사의 이익을 보호하는 취지에서 마련된 것으로서 합리적인 이유에 의한 상당한 정도의 제한이라고 보았다. 그런데 대리인의 자격을 주주로 제한하는 정관의 규정은 원칙적으로 유효하다고 하면서도 이를 지나치게 엄격하게 해석하는 입장은 아니어서, 판례[52]는 정관으로 대리인의 자격을 주주로 제한한 경우 법인 또는 공공단체의 의결권을 그 소속의 직원 또는 공무원이 대리할 수 있는지가 문제된 사건에서는, 그 직원이 법인 등을 대표하지 않는 경우에도 주주총회를 교란할 염려가 없으므로 자격제한의 정관에 구속되지 않는다고 하였다. ③ **무효설**로서, 의결권의 대리행사는 상법상 보장된 주주의 권리라는 점에서 정관으로 대리인의 자격을 제한하는 경우 이는 의결권에 대한 본질적 침해가 되어 무효라는 견해이다.[53]

의결권의 대리행사를 상법이 보장한다고 보게 되면 주주의 대리인 선임이 권리남용에 해당하지 않는 한 대리인 자격을 제한하는 정관규정은 무효라고 보아야 한다. 판례와 같이 제한적 유효설에 의하면 주주가 개인인 경우와 법인 또는 단체인 경우를 차별할 수도 있게 되어 주식평등의 원칙에 반하게 될 우려가 있다. 또한 판례에 의할 경우 공개회사에

---

50) 권기범, 617면; 정찬형, 848면.

51) 대법원 2001.9.7. 선고 2001도2917 판결; 대법원 2009.4.23. 선고 2005다22701,22718 판결(상법 제368조 제3항의 규정은 주주의 대리인의 자격을 제한할 만한 합리적인 이유가 있는 경우 정관의 규정에 의하여 상당하다고 인정되는 정도의 제한을 가하는 것까지 금지하는 취지는 아니라고 해석되는바, 대리인의 자격을 주주로 한정하는 취지의 주식회사의 정관규정은 주주총회가 주주 이외의 제3자에 의하여 교란되는 것을 방지하는 것을 이익을 보호하는 취지에서 마련된 것으로서 합리적인 이유에 의한 상당한 정도의 제한이라고 볼 수 있으므로).

52) 대법원 2009.4.23. 선고 2005다22701,22718 판결(그런데 위와 같은 정관규정이 있다 하더라도 주주인 국가, 지방공공단체 또는 주식회사 등이 그 소속의 공무원, 직원 또는 피용자 등에게 의결권을 대리행사하도록 하는 때에는 특별한 사정이 없는 한 그들의 의결권 행사에는 주주 내부의 의사결정에 따른 대표자의 의사가 그대로 반영된다고 할 수 있고 이에 따라 주주총회가 교란되어 회사 이익이 침해되는 위험은 없는 반면에, 이들의 대리권 행사를 거부하게 되면 사실상 국가, 지방공공단체 또는 주식회사 등의 의결권 행사의 기회를 박탈하는 것과 같은 부당한 결과를 초래할 수 있으므로, 주주인 국가, 지방공공단체 또는 주식회사 소속의 공무원, 직원 또는 피용자 등이 그 주주를 위한 대리인으로서 의결권을 대리행사하는 것은 허용되어야 하고 이를 가리켜 정관규정에 위반한 무효의 의결권 대리행사라고 할 수는 없다).

53) 이철송, 521면.

있어 주주총회의 대리인으로 선임된 자가 주주총회가 교란될 위험이 없다고 판단되는 경우에 한하여 의결권의 대리행사가 인정되므로, 이 점에서는 주주의 의결권행사가 제한될수 있다. 정관규정에 의한 주식양도가 제한되는 폐쇄적 회사는 어차피 제3자가 회사 운영에 관여하는 일이 없도록 주식양도제한이 인정되고 있으므로, 주주가 아닌 자에게 의결권대리행사를 인정하여도 별 문제가 없다.

4) 대리권의 범위

대리행사의 경우 대리인은 회사에 위임장을 제출하여야 한다(제368조 제2항). 대리권은 개별 의제별로 부여될 필요는 없으나 총회를 단위로 하여 부여될 수 있다. 그런데 이때 포괄적으로 대리행사를 위임하는 것은 가능한가에 대하여 견해가 대립된다. ① 이를 인정하는 경우 의결권의 신탁을 허용하는 결과가 되고 사실상 의결권만의 양도도 가능하게 되므로 부정하는 견해[54]와, ② 일정 기간을 정하여 포괄적으로 위임할 수 있다는 견해로서,[55] 포괄위임을 금지하는 명문의 규정을 두지 않는 이상은 주주의 의사에 따라 포괄위임을 하는 것도 가능하다고 하거나 실제상의 필요가 있어 긍정하는 견해가 있다. ③ **판례는 긍정설**의 입장이다. 판례는 의결권의 행사를 구체적이고 개별적인 사항에 국한하여 위임해야 한다고 해석하여야 할 근거는 없고 **포괄적으로 위임할 수 있다**고 한다.[56] **7년간의 대리권 수여를 유효하다**고 본 판결도 있다.[57] 또한 판례는 주주로부터 의결권 행사를 위임받은 대리인은 특별한 사정이 없는 한 그 의결권 행사의 취지에 따라 제3자에게 그 의결권의 대리행사를 **재위임할 수 있다**고 한다.[58]

5) 대리행사의 권유

대리행사의 권유는 이사, 대주주 또는 경영권을 취득하고자 하는 자 등이 대리인이 되기 위하여 주주들에게 집단적으로 의결권의 위임을 권유하는 것이다. 상법에서는 규정을 두지 않으나, 자본시장법에서는 제152조에서 규제를 한다. 주주가 적절한 판단을 할 수 있게끔 중요한 정보를 제공하도록 하는 등의 규제가 있다.

(4) 서면투표와 전자투표

1) 의 의

서면투표와 전자투표는 사용하는 매체에 차이가 있을 뿐 사실상 같은 방법이다.

---

54) 이철송, 528면.

55) 권기범, 619면; 정찬형, 843면; 최준선, 327면.

56) 대법원 2014.1.23. 선고 2013다56839 판결(주식회사의 주주는 상법 제368조 제2항에 따라 타인에게 의결권 행사를 위임하거나 대리행사하도록 할 수 있다. 이 경우 의결권의 행사를 구체적이고 개별적인 사항에 국한하여 위임해야 한다고 해석하여야 할 근거는 없고 포괄적으로 위임할 수도 있다).

57) 대법원 2002.12.24. 선고 2002다54691 판결; 대법원 1969.7.8. 선고 69다688 판결.

58) 대법원 2014.1.23. 선고 2013다56839 판결.

서면투표는 찬반이 기재된 서면을 회사에 제출하는 것이고(제368조의3), 전자투표는 인터넷을 통하여 제출하는 것만(제368조의4) 다르다. 결국 서면투표와 전자투표는 **실제 주주총회가 개최되는 경우** 인정되는 것으로, 회사에 제출하는 것이 서면인지 전자적 방법인지의 차이만 있다. 서면투표와 전자투표제도는 의안에 대한 의사표시의 기회를 확보하여 주주의 총회참여를 증대시켜 주고, 의결권대리행사가 가지는 단점을 극복할 수 있다.

2) 서면투표

서면투표란 주주총회에 출석하지 아니하는 주주가 직접 서면에 의하여 의결권을 행사하는 것(제368조의3)으로, 주주총회의 소집통지에 주주가 의결권을 행사할 수 있도록 투표용지를 첨부하여 보내고, 주주가 총회에 출석할 수 없을 때에는 위 투표용지에 필요한 사항을 기재하여 회일의 전일까지 회사에 제출하는 제도를 말한다.

① 서면결의와의 구별

서면투표는 서면결의와 구별하여야 한다. 서면결의는 주주총회를 개최함이 없이 결의 자체를 서면으로 하는 것이다. 그러나 **서면투표(전자투표 포함)는 주주가 의결권을 행사하는 방법에 대한 특칙에 불과하므로 주주총회 자체는 개최하여야 한다.** 유한회사는 총회를 열지 않는 서면결의가 인정되고 있고(제577조), 주식회사의 경우 자본금 총액 10억원 미만의 소규모 주식회사에서만 도입되었다(제363조 제5항).

② 의결권의 대리행사와의 구별

서면투표는 대리행사와 같이 주주가 직접 총회장에 출석하지는 않으나, 의결권의 행사를 위임하는 것이 아니라 주주가 직접 의결권을 행사하는 것이다. 그런데 의결권대리행사 제도가 있는데도 불구하고 서면투표제도가 필요한 이유로는 **위임장제도가 주주의 진정한 의사를 총회결의에 반영하지 못한다고 보기 때문이다.** 현행법 체계하에서는 위임장에 의한 의결권대리행사는 상법 제368조 제2항을 법적 근거로 하고 이 경우에는 주주가 위임장을 총회에 제출해야 한다. 하지만 현실적으로 그 선임을 회사경영자에게 백지위임하거나, 또는 회사가 대리인의 선임은 물론이고 위임장의 작성이나 철회의 대리를 권유하는 경우도 있어 회사경영자가 주주의 의결권을 대리행사하여 회사지배를 도모할 수 있기 때문이다.

③ 절 차

(ⅰ) **정관에 이에 관한 규정이 있어야만 한다**(제368조의3 제1항). 그러나 입법론상으로는 전자투표와 같이 이사회결의만으로 가능하도록 하는 것이 옳다. (ⅱ) 회사는 총회의 소집통지서에 주주가 의결권을 행사하는데 필요한 서면과 참고자료를 첨부하여야 한다(제368조의3 제2항).

3) 전자투표제도

① 의 의

주주가 주주총회에 출석하지 않고 의결권을 행사할 수 있는 또 다른 방법으로 전자투표가 있다(제368조의4). 전자투표는 주주총회 장소에 직접 출석하지 않고 전자적 방법을 통하여 그 의결권을 행사하는 것이다.

(i) 전자적 방법의 의결권 행사로는 총회가 개최된 후 총회장에서 전자적 기기를 사용하여 투표하거나 총회장이 여러 곳으로 분산된 경우 각 장소에서 주주들이 투표하는 방법이 있을 수 있다. 그런데 이러한 방법은 법률적으로 아무 문제가 없고 여기서의 전자투표가 아니다. (ii) 또한 실제로 총회를 개최하지 않은 채 전자투표를 이용하는 경우가 있을 수 있다. 그런데 이도 여기서의 전자투표가 아니다. 전자투표는 **실제 주주총회의 개최가 있어야만 한다.**

② 절 차

(i) **정관에 이에 관한 규정이 없더라도 이사회의 결의만으로 할 수 있다**(제368조의4 제1항). 서면투표는 정관규정이 있어야만 하나 전자투표는 정관규정이 필요 없이 이사회 결의만으로 채택할 수 있다. 사실상은 서면투표와 전자투표가 같은 것이고 보면, 양자를 통일하여야 한다. (ii) 서면투표와 전자투표 모두 채용하는 경우 제368조의4 제4항은 동일한 주식에 관하여 서면투표와 전자투표 가운데 하나만 선택하도록 하고 있다. 동일한 주주가 서면과 인터넷으로 이중으로 투표하는 것을 방지하기 위함이다. 그리고 회사는 총회의 소집통지서에 주주가 의결권을 행사하는데 필요한 서면과 참고자료를 첨부하여야 한다(제368조의4 제3항). (iii) 본인의 확인은 공인인증서의 방법으로 한다(상법 시행령 제13조 제1항). (iv) 전자투표의 결과는 총회 개최 이전에 알 수 있기 때문에 전자투표관리자에게 비밀유지의무를 부과하고 있다(상법 시행령 제13조 제5항). (v) 회사는 의결권행사에 관한 전자적 기록을 총회가 끝난 날부터 3개월간 본점에 갖추어 두어 열람하게 하고 총회가 끝난 날부터 5년간 보존하여야 한다(제368조의4 제5항).

(5) 소규모회사의 서면결의

자본금 총액이 10억원 미만인 **소규모회사에서는 주주총회를 개최함이 없이 서면결의로써 주주총회의 결의를 갈음할 수 있다**(제363조 제5항 전단). 소규모회사의 경우 운영비용의 절감과 운영의 간소화를 위하여 서면결의를 인정하고 있다. 또한 결의의 목적사항에 대하여 주주 전원이 서면으로 동의를 한 때에는 서면에 의한 결의가 있는 것으로 본다(제363조 제5항 후단). 서면결의는 주주총회의 결의와 같은 효력이 있다(제363조 제5항).

서면결의는 주주총회에 관한 규정을 준용하고 있으나(제363조 제7항), 서면결의의 경우 주주총회를 현실적으로 개최하지 아니하므로 이를 전제로 하는 소집지(제364조) 등의 규정은 준용되지 않는다.

(6) 의결권계약

의결권계약(voting agreement)은 주주들이 의결권을 일정한 방향으로 행사하기로 미리 약정하는 계약으로 신의칙에 반하지 않는 한 **당사자간에 채권적 효력은 인정되고 회사에 대한 효력은 인정되지 않는다.**[59] 그 계약에 위반한 의결권을 행사하더라도 아무런 하자가 되지 않고, 손해배상의 문제만 남는다.

4. 주주권 행사와 관련한 이익공여의 금지

(1) 의   의

상법은 소위 총회꾼 퇴치를 도모하기 위해 주주의 권리행사에 관한 이익공여의 금지에 관한 규정을 두고 있다(제467조의2). 주주총회에서 총회꾼의 무분별한 행동으로 인하여 주 주총회가 정상화되지 않는 경우 등에 대비한 것이고, 또한 주주가 회사경영진을 감독하기 위하여 주주권을 행사하려는 경우에 회사가 주주를 매수하여 이를 저지하는 것을 방지하 려는 제도이다. 이는 의결권행사뿐만 아니라 **주주권행사 일반과 관련된 것**이기는 하나 주 로 의결권행사가 문제될 수 있어 여기서 다룬다.

(2) 금지의 내용

1) 이익공여의 당사자

이익공여자는 회사이다. 그 상대방은 통상은 주주가 되겠지만 제한이 없다. 따라서 주 주뿐만 아니라 주주 이외의 자도 이익공여의 상대방이 된다. 법문도 '누구에게든지'라는 표 현을 사용하여 주주 이외의 자도 가능함을 의미하고 있다(제467조의2 제1항).

2) 회사의 계산

회사의 계산으로 이익이 제공되는 것이 금지된다. 그러므로 이사가 자기 개인재산을 지 출하는 경우 등은 본조의 적용범위 밖이다.

3) 이   익

이익은 금전의 경우가 일반적이겠으나, 이외에도 물품, 신용, 용역의 제공, 채무의 면제 기타 사회통념상 거래 자체가 이권이 되는 것은 모두 포함한다.

---

59) 권기범, 628면; 정찬형, 855면.

(3) 주주권행사와의 관련성

1) 주주의 권리

주주의 권리행사라 함은 주주총회에서의 권리행사와 주주총회 밖에서의 권리행사를 모두 포함한다. 여기서 '주주의 권리'란 법률과 정관에 따라 주주로서 행사할 수 있는 모든 권리를 의미하고, 주주총회에서의 의결권, 대표소송제기권, 주주총회결의에 관한 각종 소권 등과 같은 공익권뿐만 아니라 이익배당청구권, 잔여재산분배청구권, 신주인수권 등과 같은 자익권도 포함한다. 그러나 **주주가 회사에 대하여 가지는 계약상의 특수한 권리는 여기에 포함되지 아니한다.** 그리고 '주주의 권리행사와 관련하여'란 주주의 권리행사에 영향을 미치기 위한 것을 의미한다.[60]

판례[61]는 주주의 권리는 주주가 회사에 대하여 **계약상 가지는 특수한 권리와는 구별**된다고 하면서, 회사가 운영자금을 조달하기 위하여 체결한 주식매매약정에서 특정인이 회사의 주식을 매수하는 한편 회사에 별도로 돈을 대여하기로 하면서 임원추천권을 가진다고 정하였는데 이후 임원추천권을 행사하지 아니하는 대신 회사가 주주들에게 매월 200만원을 지급하기로 정한 경우, 그 주주가 임원추천권을 가지게 된 것은 자금난에 처한 회사에게 그러한 운영자금 조달에 대한 대가라고 볼 수 있다고 하면서, 이 경우는 주식매매약정에 정한 계약상의 특수한 권리라고 할 것이지 이를 주주의 자격에서 가지는 공익권이나 자익권이라고 볼 수 없으므로 상법 제467조의2 제1항에 정한 '주주의 권리'에 해당하지 아니한다고 하였다.

2) 증명책임의 전환

그 관련성을 입증하는 것이 어려운 경우가 많으므로 상법은 추정 규정을 두어 이를 해결하고자 한다. 즉 '주주권의 행사와 관련하여'란 사실은 증명이 어려우므로 상법은 일정한 경우 이에 관한 증명책임을 전가시킨다. 회사가 특정의 주주에 대하여 무상으로 재산상의 이익을 공여하였거나, 혹은 유상이라 하더라도 회사가 얻은 이익이 그 대가에 비하여 현저하게 적은 경우에는 그 이익의 공여가 주주의 권리행사와 관련된 것으로 추정한다(제467조의2 제2항). 이익공여의 상대방이 주주이고, 그 주주에 대하여 무상 또는 유상이더라도 회사가 받은 이익이 현저하게 적을 때에는 주주권행사와 관련되는 것으로 추정한다. 따라서 이 경우에는 이익공여를 받은 자가 주주권의 행사와 관련 없음을 증명하여야 한다. 다만 동조 제2항에 의한 관련성의 추정은 주주인 경우에만 적용되고, 그 대상은 특정주주에게 이익을 공여한 경우에 한한다. 판례[62]는 사전투표에 참여하거나 주주총회에 출석하여

---

60) 대법원 2017.1.12. 선고 2015다68355,68362 판결; 대법원 2014.7.11. 자 2013마2397 결정.
61) 대법원 2017.1.12. 선고 2015다68355,68362 판결.
62) 대법원 2014.7.11. 자 2013마2397 결정(甲 주식회사가 이사회를 개최하여 정기주주총회에서 실시할 임원선임 결의에 관한 사전투표 시기를 **정관에서 정한 날보다 연장**하고 사전투표에 참여하거나 주주총회에서 직접 의결권을

의결권을 행사하는 주주들에게 상품교환권을 지급하기로 하였던 사건에서 사전투표 기간 중의 투표결과가 당락을 좌우한 요인이 되었다고 보이는 등의 사유로 주주의 권리행사와 관련하여 이익공여한 것으로 추정하였다. 이후 이 사건이 형사화되어 상법 제634조의2 제1항의 이익공여죄로 기소되었는데, 대법원[63]은 "주주의 권리행사와 관련된 재산상 이익의 공여라 하더라도 그것이 의례적인 것이라거나 불가피한 것이라는 등의 특별한 사정이 있는 경우에는, 법질서 전체의 정신이나 그 배후에 놓여 있는 사회윤리 내지 사회통념에 비추어 용인될 수 있는 행위로서 형법 제20조에 정하여진 '사회상규에 위배되지 아니하는 행위'에 해당한다. 그러한 특별한 사정이 있는지 여부는 이익공여의 동기, 방법, 내용과 태양, 회사의 규모, 공여된 이익의 정도 및 이를 통해 회사가 얻는 이익의 정도 등을 종합적으로 고려하여 사회통념에 따라 판단하여야 한다"고 하면서도 이 사건은 사회통념상 허용되는 범위를 넘어서는 것이어서 상법상 주주의 권리행사에 관한 이익공여의 죄에 해당한다고 하였다.

(4) 공여의 효과

1) 이익반환의무

상법 제467조의2 제1항은 강행규정이므로 그것에 위반한 이익의 공여는 무효이다. 공여의 방법은 다양하고, 거기에는 공서양속에 반하는 경우가 있을 수 있고 그 경우 이익공여가 공서양속위반이 된다면, 이는 불법원인급여(민법 제746조) 또는 비채변제(민법 제742조)에 해당하여 회사는 반환청구를 할 수 없는 것이 된다. 따라서 이러한 경우 입법목적을 달성할 수 없으므로, 상법은 부당이득에 대한 특칙을 두어 이익을 반환청구토록 한 것이다(467조의2 제3항). 회사가 이익을 공여하고 그 대가를 받은 것이 있다면 회사도 이를 반환하여야 한다(제467조의2 제3항 후단).

이익반환의 청구권자는 회사이다. 그런데 회사가 이를 게을리 할 경우에 대비하여, 법은 100분의 1 이상의 소수주주가 **대표소송**을 제기하여 반환청구소송을 제기할 수 있는 것으로 하였다(제467조의2 제4항). 그 절차는 일반적인 대표소송과 같다.

2) 주주권행사의 효력

이 조항을 위반하여 이루어진 주주총회의 결의에 관하여 이익공여는 주주의 의결권행사 그 자체의 효력에는 아무런 영향이 없다는 것이 전통적인 견해이었다. 그러나 **판례는**

행사하는 주주들에게 골프장 예약권과 상품교환권을 제공하기로 결의한 다음 사전투표 등에 참여한 주주들에게 이를 제공하여 주주총회에서 종전 대표이사 乙 등이 임원으로 선임되자, 대표이사 등 후보자로 등록하였다가 선임되지 못한 주주 丙 등이 주주총회결의의 부존재 또는 취소사유가 존재한다고 주장하면서 乙 등에 대한 직무집행정지가처분을 구한 사안에서, 위 주주총회결의는 정관을 위반하여 사전투표기간을 연장하고 사전투표기간에 전체 투표수의 약 67%에 해당하는 주주들의 의결권행사와 관련하여 **사회통념상 허용되는 범위를 넘어서는 위법한 이익이 제공됨으로써 주주총회결의 취소사유에 해당하는 하자가** 있으므로).

63) 대법원 2018.2.8. 선고 2015도7397 판결.

이 조항을 위반하는 이익공여에 따른 의결권행사를 기초로 한 주주총회결의는 결의방법이 법령에 위반한 하자가 있어 **주주총회결의의 취소사유에 해당**한다고 판시하였음을 유의하여야 한다.[64]

(5) 이사 등의 책임

이익공여로 말미암아 회사에 손해가 발생한 경우 이사(집행임원) 등은 이를 배상할 책임이 있다(제399조 제1항, 제408조의8 제1항, 제414조). 이익을 공여한 이사·집행임원·감사 또는 감사위원회 위원 및 사용인 등은 형벌의 제재도 받는다(제634조의2 제1항).

V. 의사와 결의

1. 의   장

(1) 선   임

의장은 일반적으로 정관규정에 의하여 대표이사가 되나, 그러한 정관규정이 없으면 총회에서 선출된다(제366조의2 제1항).[65] 의장은 주주임을 요하지 않으며 총회의 결의에 관하여 특별한 이해관계를 가지는 경우라도 의사진행을 할 수는 있다.

(2) 권   한

총회의 의장은 총회의 질서를 유지하고 의사를 정리한다(제366조의2 제2항). 의사의 정리는 주주총회에서 필요한 절차를 주관함을 말하고, 이러한 의사의 정리는 합리적이고 공정하여야 한다. 편파적인 부당한 진행은 결의하자사유에 해당한다. 총회의 의장은 고의로 의사진행을 방해하기 위한 발언·행동을 하는 등 현저히 질서를 문란하게 하는 자에 대하여 그 발언의 정지 또는 퇴장을 명할 수 있다(제366조의2 제3항). 퇴장을 명할 수 있다는 권한은 그 퇴장을 위한 물리력을 행사하여 의결권을 박탈할 수 있다는 것과 동일한 결과에 이르는 만큼 입법론상 비판의 소지가 크다.

---

64) 대법원 2014.7.11. 자 2013마2397 결정.

65) 대법원 2001.5.15. 선고 2001다12973 판결(주주총회에서 의안에 대한 심사를 마치지 아니한 채 법률상으로나 사실상으로 의사를 진행할 수 있는 상태에서 주주들의 의사에 반하여 의장이 자진하여 퇴장한 경우 주주총회가 폐회되었다거나 종결되었다고 할 수는 없으며, 이 경우 의장은 적절한 의사운영을 하여 의사일정의 전부를 종료케 하는 등의 직책을 포기하고 그의 권한 및 권리행사를 하지 아니하였다고 볼 것이므로, 퇴장 당시 회의장에 남아 있던 주주들이 임시의장을 선출하여 진행한 주주총회의 결의도 적법하다고 할 것이다).

2. 결   의

(1) 의   의

결의는 "다수결의 원리에 의하여 형성된 주주총회의 의사표시"로서 기명투표든 무기명투표든 또한 거수든 기립의 방법이든 상관이 없다. **결의는 다수결의 원리에 의한 주주총회의 의사표시이고, 의결은 결의를 이루는 요소로서 주주의 의사표시이다.** 결의의 법적 성질은 민법상 합동행위라는 견해도 있으나, 단체법상 의사형성이라는 특성이 있으므로 전통적 단독행위, 계약, 합동행위라는 틀은 적합하지 않아 특수한 법률행위라고 파악한다(통설). 결의는 단체법상의 특수한 법률행위이므로 법률행위에 관한 민법의 일반원칙은 그 적용이 배제되는 반면, 의결권행사는 주주의 의사표시이므로 의사표시에 관한 일반원칙이 적용된다.

(2) 결의방법

상법에 규정은 없지만 찬반이 명확하게 결정될 수 있는 절차는 필요하다. 따라서 반대하는 주주만 거수하게 하여 그 수를 확인한 다음 그 이외에는 모두 의안에 찬성하는 것으로 간주하는 식으로 의안을 가결한 경우 결의취소의 사유가 된다고 한 판례가 있다.[66] 그런데 미리 기관투자자 등으로부터 의사를 전달받아 반대가 1% 수준으로 미미하다는 것을 예측할 수 있었던 상황에서 의장이 주주들에게 동의를 묻고 아무도 이의를 제기하자 않자 박수로 의안을 가결한 것을 하자가 없다고 본 판례가 있다.[67]

(3) 결의요건의 계산

주주총회 참석률이 저조하여 의사정족수를 확보하기 힘든 경우가 많기 때문에 1995년 개정으로 결의요건을 완화하였다. 중요한 요건의 완화는 **과반수 주주의 출석이라는 의사정족수(출석정족수)를 없앤 것**이다. 그러나 이로 인한 문제점도 대두되는바, 30% 내외의 지분을 보유하는 지배주주라면 다른 주주의 협조를 구하지 않고도 단독으로 결의를 처리할 수 있다. 보통결의는 출석한 주주의 의결권의 과반수와 발행주식총수의 4분의 1 이상의 수로써 하고(제368조 제1항), 특별결의는 **출석한 주주의 의결권의 3분의 2 이상의 수와 발행주식총수의 3분의 1 이상의 수로써 한다**(제434조).

이때 발행주식총수 또는 출석한 주주의 의결권의 수에 산입되는지 여부에 따라 요건 충족 여부가 결정된다.

---

66) 대법원 2001.12.28. 선고 2001다49111 판결.
67) 대법원 2009.4.23. 선고 2005다22701,22718 판결.

1) 의결권 없는 주식(제371조 제1항)

상법은 제371조 제1항에서 의결권 없는 주식에 대하여는 발행주식총수에 산입되지 않는다고 규정한다. 따라서 ① 의결권이 없거나 제한되는 종류주식(제344조의3 제1항), ② 자기주식(제369조 제2항), ③ 상호주(제369조 제3항)는 발행주식총수에 산입되지 않는다. 따라서 100주가 발행된 주식회사에서 의결권 없는 주식이 50주인 경우, 주주총회에 30주가 참석하여 20주가 찬성한다면 보통결의 요건인 출석주주의 과반수(20/30)와 발행주식총수의 1/4 이상(20/50)에 해당하므로 그 결의가 성립한다. 또한 특별결의 요건인 출석주주의 2/3 이상(20/30)과 발행주식총수의 1/3 이상(20/50)에 해당하므로 특별결의 요건도 충족한다.

2) 의결권을 행사할 수 없는 주식(제371조 제2항)

상법은 제371조 제2항에서 의결권을 행사할 수 없는 주식에 대하여는 출석한 주주의 의결권의 수에 산입하지 않는다고만 규정하고 있다. 그러한 주식의 종류로 ① 특별이해관계인의 주식(제368조 제4항), ② 감사 선임시 3% 초과 주식(제409조 제2항과 제4항), ③ 상장회사에서 감사나 감사위원회 위원 선임시 3% 초과주식(제542조의12 제3항과 제4항)을 규정한다. 출석한 주주의 의결권의 수에 산입하지 않는다고만 하고 있어 발행주식총수에는 산입됨을 전제한 것으로 보이는데, 만약 발행주식총수에도 산입하지 않는 것이라면 굳이 제1항과 제2항을 구별하여 규정할 이유가 없기 때문이다. 그런데 1995년 개정으로 주주총회 결의요건을 완화하면서 제371조의 규정을 개정하지 않아 불합리한 결과가 발생하였다. 예컨대 위 예에서 100주 발행된 주식회사에서 특별이해관계인이 80주를 가지고 있다면, 그 회사는 어떠한 결의도 하지 못하는 문제가 발생한다. 특별이해관계인의 주식이 발행주식총수에 산입된다면 1/4 이상의 요건 충족이 원천적으로 불가능하기 때문이다. 이는 위 ②의 감사 선임에서도 동일한 문제가 나타난다. 만약 3% 초과 주식이 상법 제368조 제1항에서 말하는 '발행주식총수'에 산입된다고 보게 되면, 어느 한 주주가 발행주식총수의 80주를 소유하는 경우와 같이 3% 초과 주식의 수가 발행주식총수의 75%를 넘는 경우에는 상법 제368조 제1항에서 말하는 '발행주식총수의 4분의 1 이상의 수'라는 요건을 충족시키는 것이 원천적으로 불가능하게 되는데, 이러한 결과는 감사를 주식회사의 필요적 상설기관으로 규정하고 있는 상법의 기본 입장과도 모순된다. 따라서 대법원도 **감사의 선임에서 3% 초과 주식은 상법 제371조의 규정에도 불구하고 '발행주식총수'에 산입되지 않는다**고 판결하였다.[68]

결국 제371조 제2항에서 열거한 '의결권을 행사할 수 없는 주식'의 경우도 제1항에서와 같이 발행주식총수에 산입하지 않는 것으로 보아야 한다.[69] 보다 명확하게는 법률개정이

---

68) 대법원 2016.8.17. 선고 2016다222996 판결. 그리고 이는 자본금 총액이 10억원 미만이어서 감사를 반드시 선임하지 않아도 되는 주식회사라고 하여 달리 볼 것도 아니라 한다.

69) 김건식 · 노혁준 · 천경훈, 314면.

필요하다.

(4) 각각의 결의요건

1) 보통결의

상법은 주주총회의 보통결의 요건에 관하여 "총회의 결의는 이 법 또는 정관에 다른 정함이 있는 경우를 제외하고는 출석한 주주의 의결권의 과반수와 발행주식총수의 4분의 1 이상의 수로써 하여야 한다고 규정한다(제368조 제1항). 따라서 주주총회의 성립에 관한 의사정족수를 따로 정하고 있지는 않지만, 보통결의 요건을 정관에서 달리 정할 수 있음을 허용하고 있으므로, 정관에 의하여 의사정족수를 규정하는 것은 가능하다.[70] 주식회사의 정관에서 이사의 선임을 발행주식총수의 과반수에 해당하는 주식을 가진 주주의 출석과 그 출석주주의 의결권의 과반수에 의한다고 규정한 경우 효력이 있다고 한 판례가 있다.[71]

학설로는 ① 보통결의 요건을 **가중**할 수 있고 가중하는 경우 정관상 정하고 있는 특별 결의 요건보다 가중할 수는 없다고 본다.[72] ② **감경**은 할 수 없다고 보는 견해가 있으나,[73] 감경을 할 수 있다는 견해가 우세해 보인다. 감경을 하는 경우 단체적 의사결정의 조리상 허용될 수 있는 최소한의 요건인 발행주식총수 4분의 1까지만 감경할 수 있다는 견해와[74] 4분의 1에 구속받지 않고 감경할 수 있다는 견해[75] 등이 있다. 주주총회의 결의 가 **전체 주주의 의사를 결집**한 것이라고 보기 위하여는, 최소한 4분의 1이라는 요건은 충족하여야 한다고 본다. 그 이하로는 감경할 수 없겠다.

총회결의시에 **가부동수인 경우 그 의안은 부결**된 것으로 보아야 하는 것이지, 의장에게 결정권(casting vote)을 부여할 수 없다. 왜냐하면 의장이 주주인 경우 주식평등의 원칙에 반하고, 의장이 주주가 아닌 경우에는 비주주가 결의에 참여하는 결과가 되기 때문이다.

2) 특별결의

① 결의요건

출석한 주주의 의결권의 3분의 2 이상의 수와 발행주식총수의 3분의 1 이상의 수로 써 하는 결의이다(제434조). 그 사항으로 주식의 분할(제329조의2), 주식의 포괄적 교환(제360조의3), 주식의 포괄적 이전(제360조의16), 정관의 변경(제434조), 자본의 감소(제438조), 회사의 해산(제518조), 회사의 분할(제530조의3), 회사의 계속(제519조), 회사의 영업의 전부 또

70) 대법원 2017.1.12. 선고 2016다217741 판결.
71) 대법원 2017.1.12. 선고 2016다217741 판결.
72) 정찬형, 859면. 그러나 특별결의를 가중할 수 있는 한도치인 발행주식총수의 과반수출석 및 그 3분의 2까지 가능하다는 견해(이철송, 542면), 특별결의를 가중할 수 있는 해석상의 최대한도치인 주주전원의 동의로까지 가중할 수 있다는 견해(최기원, 434면) 등도 있다.
73) 정찬형, 859면.
74) 권기범, 644면; 이철송, 544면; 정동윤, 568면.
75) 송옥렬, 950면.

는 중요한 일부의 양도(제374조 제1항 제1호), 이사 · 감사의 해임(제385조 제1항, 제415조), 사후설립(제375조) 등이 있다.

정관의 규정으로 특별결의의 요건을 완화하는 것은 보통결의와 구별하여 정한 상법의 입법취지와 결의사항의 중대성에 비추어 허용되지 않지만 이를 가중하는 것은 가능하다고 본다(통설). 다만 가중하는 경우 그 한계가 문제인데 그 정도가 심하면 실질적으로 일부 주주에게 거부권을 부여하는 결과가 되기 때문이다. 이에 대하여 (i) 일부주주에게 거부권을 부여하게 되어 다수 주주의 의결권을 침해하는 결과가 되며 회사가 교착상태에 빠져서 기업해체로 이어지므로 과반수출석에 그 3분의 2 이상까지의 가중만을 허용한다고 보는 견해76) 등이 있으나, (ii) 소규모 폐쇄회사의 경우 주주가 합의하여 일부 주주에게 거부권을 부여하는 것을 금지할 이유가 없어 가중의 한계는 없다고 보는 것이 옳다.77)

② 주요 특별결의의 대상

(i) **영업의 전부 또는 중요한 일부의 양도**(제374조 제1항 제1호). 상법의 총칙 부분인 제41조에서의 **영업양도**란 "영업의 동일성을 유지하면서 객관적 의의의 영업(영업용재산과 재산적 가치 있는 사실관계가 합하여 이루어진 조직적 · 기능적 재산으로서의 영업용재산의 일체)의 이전을 목적으로 하는 채권계약"이다. **영업의 일부를 양도하더라도 그것이 중요한 부분이라면 주주총회의 특별결의를 요한다.** 이때 중요한 의미를 어떻게 이해할 것인가? 판례에 의하면 양도대상 영업의 자산, 매출액, 수익 등이 전체 영업에서 차지하는 비중, 일부 영업의 양도가 장차 회사의 영업규모, 수익성 등에 미치는 영향 등을 종합적으로 고려하여 판단한다.78)

회사가 **중요한 영업용 재산을 처분한 경우**는 특별결의가 필요없는가? 이는 과거 영업양도의 의의를 둘러싸고 논의가 진행되었다. 회사법에서의 영업양도의 의의와 상법총칙에서의 영업양도의 의의와의 관계에 대하여는 다음의 세 가지 견해가 있다. (A)법해석의 통일성과 안정성을 꾀하자는 입장에서 양자를 동일하게 해석하여야 한다는 **형식설**, (B)양자는 입법목적이 다르므로 동일하게 해석하여야 할 필요가 없다고 보는 **실질설**, (C)거래의 안전을 우위에 두어 원칙적으로 형식설을 취하면서 동설의 단점인 주주의 이익을 보호하기 위하여 주주총회의 특별결의를 받아야 하는 영업양도에는 사실상의 영업양도를 포함시키자는 절충설로 나뉘어 있다. (D)**판례**는79) "상법 제374조 제1항 제1호 소정의 영업의 양

---

76) 이철송, 544면.
77) 동지로 권기범, 645면; 최기원, 434면; 정동윤, 569면.
78) 대법원 2014.10.15. 선고 2013다38633 판결.
79) 대법원 2004.7.8. 선고 2004다13717 판결(주주총회의 특별결의가 있어야 하는 상법 제374조 제1항 제1호 소정의 '영업의 전부 또는 중요한 일부의 양도'라 함은 일정한 영업목적을 위하여 조직되고 유기적 일체로 기능하는 재산의 전부 또는 중요한 일부를 총체적으로 양도하는 것을 의미하는 것으로서, 이에는 양수 회사에 의한 양도 회사의 영업적 활동의 전부 또는 중요한 일부분의 승계가 수반되어야 하는 것이므로 단순한 영업용 재산의 양도는 이에 해당하지 않으나, 다만 영업용 재산의 처분으로 말미암아 회사 영업의 전부 또는 일부를 양도하거나 폐지하는 것과 같은 결과를 가져오는 경우에는 주주총회의 특별결의가 필요하다); 대법원 1992.8.18. 선고 91다14369 판결; 대법원

도란 동법 제1편 제7장의 영업양도를 가리키는 것이므로 영업용 재산의 양도에 있어서는 그 재산이 주식회사의 유일한 재산이거나 중요한 재산이라 하여 그 재산의 양도를 곧 영업의 양도라 할 수는 없지만, 주식회사 존속의 기초가 되는 중요한 재산의 양도는 **영업의 폐지 또는 중단을 초래하는 행위**로서 이는 영업의 전부 또는 일부의 양도의 경우와 다를 바 없으므로 이러한 경우에는 상법 제374조 제1항 제1호의 규정을 유추적용하여 주주총회의 특별결의를 거쳐야 한다"고 판시한다. 이러한 판례의 입장은 기본적으로는 상법 제41조 이하의 영업양도와 상법 제374조 제1항 제1호의 영업양도를 동일하게 보면서(형식설), 단순한 영업용재산의 양도라 하더라도 그 양도의 결과 '회사영업의 전부 또는 일부를 양도하거나 폐지하는 것과 같은 결과를 가져오는 경우'에는 상법 제374조 제1항 제1호를 유추적용하여 주주총회의 특별결의를 요한다고 판시하고 있으므로 앞에서 본 절충설과는 다른 의미의 절충설의 입장이다.

형식설은 주주 등의 보호에 문제가 있을 뿐만 아니라 상법 제374조 제1항 제1호 후단의 '영업의 중요한 일부의 양도'를 사문화시킬 우려가 있거나 또는 이와 조화하지 못하는 문제가 있어 찬성할 수 없고, **실질설**은 법해석의 통일을 기하지 못한다는 문제가 있을 뿐만 아니라 상법 제374조 제1항 제1호의 적용범위를 너무 확대하여 거래의 안전을 기할 수 없는 점에서도 찬성하기 어렵다. 또한 학설에서의 절충설은 사실상의 영업양도의 개념이 주관적이며 또 애매하여 취할 수 없다. 따라서 법해석의 통일을 기할 수 있으면서 주주의 이익을 보호하기 위하여 주주총회의 특별결의를 받아야 할 사항이 보다 명확한 **판례에서의 절충설의 입장이 가장 타당**하다고 본다. 따라서 이미 법적 절차를 거쳐 영업을 폐지하거나 사실상 영업을 폐지한 상태라면 중요한 재산을 양도하더라도 주주총회의 특별결의가 필요없다.[80] 제393조 제1항에서 중요한 자산의 처분 및 양도의 경우 이사회결의가 있어야 한다고 규정하고 있어, 영업용재산 양도의 경우 이사회결의도 별도로 요구된다.

(ii) **영업 전부의 임대 또는 경영위임, 타인과 영업의 손익 전부를 같이 하는 계약, 그 밖에 이에 준하는 계약의 체결 · 변경 또는 해약**(제374조 제1항 제2호).

(iii) **회사의 영업에 중대한 영향을 미치는 다른 회사의 영업 전부 또는 일부의 양수**(제374조 제1항 제3호). 다른 회사의 영업을 양수하는 경우 회사합병과 같은 효과를 가져올 수 있으므로 특별결의를 요구한다. 회사의 영업으로 규정되어 있어 개인의 영업을 양수하는 경우는 그 대상이 되지 않는다. 다른 회사의 영업 전부를 양수하는 경우 및 영업 일부를 양수하는 경우 모두에 대하여 양수하는 회사에 중대한 영향을 미치는 경우에 한하여 주주총회의 특별결의를 얻도록 규정하고 있다.

1997.4.8. 선고 96다54249,54256 판결; 대법원 1998.3.24. 선고 95다6885 판결 등.
80) 대법원 1988.4.12. 선고 87다카1662 판결.

③ 간이한 영업양도, 양수, 임대 제도의 특칙(제374조의3)

회사가 영업양도, 양수, 임대 등 구법 제374조 제1항에 따른 행위를 하려면 주주총회의 특별결의(출석한 주주의 의결권의 3분의 2 이상과 발행주식총수의 3분의 1 이상)가 필요하였다. 그러나 주주총회 소집에 시간적·사무적 부담이 있으므로 2015년 개정에 의하여 예외적인 경우 이를 이사회 결의만으로 가능하도록 하는 제도를 신설하였다. 합병과 주식교환의 경우 간이합병(제527조의2)과 간이주식교환(제360조의9) 제도가 존재하고 있는 만큼 이에 준한 규정을 둔 것이다. 영업양도, 양수, 임대 등의 행위를 하려는 회사의 (i) 총주주의 동의가 있거나, (ii) 그 회사의 발행주식총수의 100분의 90 이상을 해당 행위의 상대방이 소유하고 있는 경우에는 **그 회사의 주주총회의 승인결의 없이 이를 이사회의 승인으로 갈음**할 수 있다(제374조의3 제1항). 이 경우는 간이합병과 마찬가지로 주주총회를 개최하여도 그 동의가 예정된 경우이다. 상법은 기업의 효율적인 구조조정이 원활해질 것으로 기대하면서 간이한 영업양도, 양수, 임대 제도를 도입하였다. 이 경우 간이합병과 마찬가지로 회사는 영업양도, 양수, 임대 등의 계약서 작성일부터 2주 이내에 주주총회의 승인을 얻지 아니하고 영업양도, 양수, 임대 등을 한다는 뜻을 공고하거나 주주에게 통지하여야 한다(제374조의3 제2항 본문). 다만, 총주주의 동의가 있는 경우에는 그러하지 아니하다(제374조의3 제2항 단서).

그런데 **간이한 영업양도 등의 경우에도 반대주주의 주식매수청구권은 인정된다.** 위 공고 또는 통지를 한 날부터 2주 이내에 회사에 대하여 서면으로 영업양도, 양수, 임대 등에 반대하는 의사를 통지한 주주는 그 기간이 경과한 날부터 20일 이내에 주식의 종류와 수를 기재한 서면으로 회사에 대하여 자기가 소유하고 있는 주식의 매수를 청구할 수 있다(제374조의3 제3항).

④ 주주총회 특별결의 없는 영업양도의 효력

법률에 의하여 주주총회 결의사항으로 정해진 바를 위반한 것으로 상대방의 선의 또는 악의를 불문하고 무효이다.[81] 제374조는 주식회사가 주주의 이익에 중대한 영향을 미치는 계약을 체결할 때에는 주주총회의 특별결의를 얻도록 하여 그 결정에 주주의 의사를 반영하도록 함으로써 주주의 이익을 보호하려는 강행법규이다. 따라서 주식회사가 영업의 전부 또는 중요한 일부를 양도한 후 주주총회의 특별결의가 없었다는 이유를 들어 스스로 그 약정의 무효를 주장하더라도 주주 전원이 그와 같은 약정에 동의한 것으로 볼 수 있는 등 특별한 사정이 인정되지 않는다면 위와 같은 무효 주장이 신의성실 원칙에 반한다고 할 수는 없다.[82]

---

81) 대법원 2012.4.12. 선고 2011다106143 판결.
82) 대법원 2018.4.26. 선고 2017다288757 판결.

3) 특수결의

결의요건을 특별결의보다 가중시키는 경우로서, ① 설립시 결의요건이 가중된 경우로서 모집설립시 창립총회는 출석한 주식인수인의 3분의 2 이상의 수와 인수된 주식총수의 과반수를 결의요건으로 한다(제309조). 그리고 이 규정은 신설합병, 분할, 분할합병 등으로 설립되는 회사의 창립총회에 준용된다(제527조 제3항, 제530조의11 제1항). ② 총주주의 동의를 필요로 하는 경우이다. 발기인·이사·감사의 책임면제(제324조, 제400조, 제415조)와 조직변경(제604조 제1항)이 있다.

3. 의 사 록

(1) 작성·비치·공시의무

주주총회의 의사에는 의사록을 작성하여야 한다(제373조 제1항). 의사록에는 의사의 경과요령과 그 결과를 기재하고 의장과 출석한 이사가 기명날인 또는 서명하여야 한다(제373조 제2항). 이사는 주주총회의 의사록을 본점과 지점에 비치하여야 하고(제396조 제1항), 주주와 회사채권자는 영업시간 내에 의사록 열람 또는 등사를 청구할 수 있다(제396조 제2항).

(2) 효 력

의사록은 주주총회의 성립과 결의에 관한 증거자료가 되지만 유일한 증거방법이 되는 것은 아니다. 부실하게 기재된 경우라도 달리 증명할 수 있고, 의사록이 작성되지 않았다고 하더라도 결의의 효력이 부인되지 않는다. 다만 일응 추정력은 있다고 보므로, 의사록의 기재와 반대의 사실을 주장하는 자가 입증책임을 부담한다.[83]

---

83) 대법원 2011.10.27. 선고 2010다88682 판결(민법상 사단법인 총회 등의 결의와 관련하여 당사자 사이에 의사정족수나 의결정족수 충족 여부가 다투어져 결의의 성립 여부나 절차상 흠의 유무가 문제되는 경우로서 사단법인 측에서 의사의 경과, 요령 및 결과 등을 기재한 의사록을 제출하거나 이러한 의사의 경과 등을 담은 녹음·녹화자료 또는 녹취서 등을 제출한 때에는, 그러한 의사록 등이 사실과 다른 내용으로 작성되었다거나 부당하게 편집, 왜곡되어 증명력을 인정할 수 없다고 볼 만한 특별한 사정이 없는 한 의사정족수 등 절차적 요건의 충족 여부는 의사록 등의 기재에 의하여 판단하여야 한다. 그리고 위와 같은 의사록 등의 증명력을 부인할 만한 특별한 사정에 관하여는 결의의 효력을 다투는 측에서 구체적으로 주장·증명하여야 한다).

Ⅵ. 주주총회결의 반대주주의 주식매수청구권

1. 의   의

(1) 연   혁

주주총회결의 반대주주의 주식매수청구권은 미국 회사법에서 탄생하였다. 미국에서는 19세기 중반까지 보통법상 고유권(vested right)이론에 의하여 회사의 합병 등 중요한 기구변경에는 주주 전원의 동의가 있어야 하였다. 각 주주들은 이러한 고유권이론에 의하여 자신들의 기대에 반하는 회사의 기구변경으로부터 강력한 보호를 받을 수 있었으나, 그 반면 회사로서는 기업환경의 변화에 부응할 수 없게 되었다. 결국 회사의 기구변경에는 주주총회의 다수결에 의하도록 하면서 이에 반대하는 소수주주에게는 그들의 주식에 대하여 매수를 청구할 수 있는 권한을 부여하게 된 것이다. 이는 소수파 주주를 보호하면서도 다수파 주주가 영업양도 등 회사의 중요한 변경을 추진할 수 있도록 하여 회사 구조조정의 활성화를 도모할 수 있도록 하는 것이다.

우리나라에서는 최초 상장회사에 한하여 합병 및 영업양도 등의 결의에 반대하는 주주에게 주식매수청구권이 인정되었던 것이나, 주식매수청구권은 주식의 처분이 제한된 비상장회사에 보다 필요한 것이므로 1995년 개정으로 합병 및 영업양도 등의 결의에 반대하는 주주에게 주식매수청구권을 인정하였다(제374조의2, 제522조의3). 그 후 이를 확대하여 주식회사의 분할합병 및 주식의 포괄적 교환·이전의 결의에 반대하는 주주에게도 주식매수청구권을 인정하고 있다(제530조의11 제2항, 제360조의5, 제360조의22).

(2) 인정범위

주식매수청구권은 모든 주주총회결의에 인정되는 것이 아니라 **주주의 이해관계에 중대한 영향을 미치는 사항**에 대하여만 인정된다. 그 범위는 정책적인 문제인데, 우리 상법은 회사에 구조적 변화를 가져오는 부분에 한하여 인정한다. (ⅰ) **영업양도 등**을 위한 주주총회의 특별결의(제374조 제1항)에 반대하는 주주에게 주식매수청구권을 인정하고(제374조의2), (ⅱ) **합병**계약서의 승인을 위한 주주총회의 특별결의(제522조)에 반대하는 주주에게 주식매수청구권을 인정하며(제522조의3), (ⅲ) **분할합병**계약서의 승인을 위한 주주총회의 특별결의(제530조의3)에 반대하는 주주에게 주식매수청구권을 인정하고(제530조의11 제2항), (ⅳ) **주식의 포괄적 교환**을 위한 주식교환계약서(제360조의3) 및 **주식의 포괄적 이전**을 위한 주식이전계획서(제360조의16)에 대한 주주총회의 특별결의에 반대하는 주주에게 주식매수청구권을 인정한다(제360조의5, 제360조의22).[84]

그리고 특별결의사항이라 하더라도 **정관변경, 자본감소, 회사의 단순분할, 해산 등의 경우에는 주식매수청구권을 인정하지 않는다.** 주식매수청구권을 행사하는 경우 결과적으로 출자를 환급받아 주주권이 소멸되는 것이 되므로,[85] 법률에서 명문으로 주식매수청구권을 인정하는 경우 이외에는 회사가 임의로 주식매수청구권을 인정할 수는 없다. 요컨대 상법에서 명문으로 주식매수청구권을 인정하는 경우에 한한다.

(3) 기 능

이는 소수파 주주에게는 **퇴사권을 인정**하는 것이라지만 상장회사의 경우라면 퇴사권의 보장이 별 의미가 없다. 주식매수청구권은 단순히 소수파 주주의 퇴사권 보장이라는 이익보호에 그치는 것이 아니라, 다수파 주주나 경영진의 **구조조정행위를 억제하는 역할**도 한다.

2. 주식매수청구권의 법적 성질

주식매수청구권은 일정한 경우에 상법에 의하여 주주에게 인정되는 권리로서, 주주가 그 권리를 일방적으로 행사하면 회사는 그 주식을 매수할 의무가 생기는 것이므로 형성권이다. 주식매수청구권의 행사에 의하여 회사에 대하여 매수가액협의의무를 생기게 할 뿐이라는 견해도 있으나, 그 행사로 회사의 승낙 여부와 관계없이 주식에 관한 매매계약이 성립한다고 본다(통설, 판례).[86]

3. 주식매수청구권의 당사자

(1) 주식매수청구권자

1) 반대의 통지를 한 주주

주식매수청구권자는 회사에 대하여 주주의 권리를 행사할 수 있는 주주로서, **사전에 당해 회사에 대하여 서면으로 반대의 통지를 한 주주**이다(제360조의5 제1항 전단, 제360조의22, 제374조의2 제1항 전단, 제522조의3 제1항 전단, 제530조의11 제2항). 법문이 사전에 제374조의2 제1항에 의한 통지를 한 이상 반드시 주주총회에 출석해서 반대의 투표를 할 필요는 없다고 규정하고 있어, 반대의 통지를 하였다면 총회에 출석하지 않아도 주식매수청구권이 있

---

84) 이 외에도 우리 상법은 정관에 의하여 주식양도가 제한된 경우 주주가 회사에 대하여 주식양도의 승인신청을 하였으나 회사가 이를 거부한 경우에 그러한 주주에게 주식매수청구권을 인정하고 있다(제335조의2 제4항, 제335조의6). 이를 인정하는 근거는 주주에게 투하자본의 회수를 보장하려는 데에 있다.

85) 대법원 2007.5.10. 선고 2005다60147 판결(주주를 제명하고 회사가 그 주주에게 출자금 등을 환급하도록 하는 내용을 규정한 정관이나 내부규정은 물적 회사로서의 주식회사의 본질에 반하고 자기주식의 취득을 금지하는 상법의 규정에도 위반되어 무효이다).

86) 대법원 2011.4.28. 선고 2010다94953 판결(영업양도에 반대하는 주주의 주식매수청구권에 관하여 규율하고 있는 상법 제374조의2 제1항 내지 제4항의 규정 취지에 비추어 보면, 영업양도에 반대하는 주주의 주식매수청구권은 이른바 형성권으로서 그 행사로 회사의 승낙 여부와 관계없이 주식에 관한 매매계약이 성립하고).

다. 하지만 반대의 통지를 한 주주가 주주총회에서는 찬성의 투표를 한 이상 반대주주라고 볼 수 없으므로 주식매수청구권이 인정되지 않는다.

그리고 주주총회를 거치지 않더라도 주식매수청구권이 인정되는 경우가 있다. 간이합병, 간이분할합병, 간이주식교환 등의 경우 주주총회가 무의미하여 주주총회를 개최하지 않는 경우에도 소수파 주주를 보호할 필요가 있기 때문이다(제522조의3 제2항 **간이합병**, 제530조의 11 제2항 **간이분할합병**, 제360조의5 제2항 **간이주식교환**).

2) 의결권 배제·제한되는 주식의 주주

의결권이 없거나 제한되는 주주도 주식매수청구권을 가진다(제360조의5 제1항, 제374조의2). 과거 통설로 인정되어 오던 것이 입법에 반영된 것이다. 주주에게 주식매수청구권을 인정하는 취지는 그의 투하자금을 회수할 수 있도록 한 것이라는 점, 우리나라는 미국이나 일본과 달리 주식매수청구권을 가진 주주가 주주총회에 출석하여 반대하는 것을 요건으로 하지 않는다는 점 등에서 볼 때, 의결권이 없거나 제한되는 주식을 가진 주주에게도 주식매수청구권을 인정한 것이다.

(2) 주식매수청구의 상대방

주식매수청구의 상대방은 주식매수청구권자가 속하는 회사이다. 그러나 회사가 흡수합병되어 소멸된 경우에는 주식매수청구권이 있는 주주는 존속회사에 대하여 주식매수대금의 지급을 청구할 수 있다.

4. 행사절차

(1) 사전반대통지

주식매수청구권을 행사하려는 주주는 이에 관한 '이사회의 결의가 있는 때'에 주주총회 전에 회사에 대하여 서면으로 그 결의에 반대하는 의사를 통지하여야 한다(제360조의5 제1항 전단, 제360조의22, 제374조의2 제1항 전단, 제522조의3 제1항 전단, 제530조의11 제2항). 이사가 1인인 소규모 주식회사의 경우에는 주식매수청구권을 행사하려는 주주는 '주주총회의 소집통지가 있는 때'에 **주주총회 전에 회사에 대하여 서면으로 그 결의에 반대하는 의사를 통지**하여야 한다(제383조 제4항). 주식매수청구권을 행사하려는 주주에 대하여 이와 같은 통지를 하게 하는 이유는 매수청구의 예고를 함으로써 회사에 대하여 그러한 의안제출 여부를 재고하도록 하고, 또 그 결의성립을 위한 대책을 강구할 수 있도록 하는 것이다. 이러한 사전반대통지는 주주권의 행사이므로 통지 당시에 주주권을 행사할 수 있는 주주만이 할 수 있으며, 이는 주주총회일 이전에 회사에 도달하여야 하고, 이러한 사실은 주주가 입증하여야 한다.

(2) 매수청구

주식매수청구권자인 결의반대주주는 **총회의 결의일**로부터 20일 이내에 주식의 종류와 수를 기재한 서면으로 회사에 대하여 자기가 소유하고 있는 주식의 매수를 청구할 수 있는데(제360조의5 제1항, 제360조의22, 제374조의2 제1항 후단, 제522조의3 제1항 후단, 제530조의11 제2항), 주주총회가 개최되지 않는 간이합병 등의 경우에는 **통지일로부터 2주가 경과한 시점**이 20일의 기산점이 된다(제522조의3 제2항). 이 기간이 지나면 매수청구할 수 없다. 이러한 사전반대통지와 매수청구의 2단계의 의사표시는 동일인에 의하여 이루어져야 한다. 따라서 그 사이 주식을 제3자에게 양도한 경우 양도인과 양수인은 모두 주식매수청구권을 행사할 수 없다. 양도인은 이미 투하자금을 회수하였고, 양수인은 주식매수청구권까지 양도받은 것이 아니기 때문이다.

5. 주식매수청구권의 행사효과

(1) 회사의 주식매수의무

회사는 반드시 주식을 매수하여야 한다. 주주가 주식매수청구권을 행사하면 회사는 주식매수기간이 종료하는 날부터 2개월 이내에 그 주식을 매수하여야 한다(제360조의5 제3항, 제360조의22, 제374조의2 제2항, 제530조 제2항, 제530조의11 제2항). 구법상 "청구를 받은 날로부터 2월 이내에 그 주식을 매수하여야 한다"는 규정이 2015년 개정된 것으로서, 그 기산점은 '청구를 받은 날'에서 '매수청구기간이 종료한 날'로 변경되었다. **매수청구기간은 주주총회 결의일부터 20일의 기간**(제374조의2 제1항)이므로, 매수청구기간이 종료한 날로부터 기산된다. 과거 주식매수청구권을 행사한 주주별로 회사와 주식매매계약 성립 시기가 달라져 회사의 주식매수 절차상 부담이 있었고, 이에 개정법은 주주총회 결의일부터 20일 내의 매수청구기간을 설정하고, 회사의 매수의무 발생시기는 일괄적으로 이 매수청구기간이 종료하는 날로 정하여지도록 하여 업무 처리의 효율성을 도모하려는 것이다.

과거 회사가 '2월 이내에 그 주식을 매수하여야 한다'는 의미에 대하여, 주식매수청구권은 형성권이고 주주가 주식매수청구권을 행사하면 매매계약이 바로 성립하고 그 기간 내에 회사가 대금지급할 의무만이 남는다고 해석하였다. 그런데 회사와 주주가 그 가격의 협상에 실패하는 경우 2개월보다 길어질 수 있고, 회사는 이 기간이 도래하면 지체책임을 진다고 보아야 하고 따라서 법원에 의하여 그 이후 가격이 결정되는 경우 그 지연손해금은 법정기한인 2개월을 경과한 시점부터 계산하였다. 판례도 상법 제374조의2 제2항의 '회사가 주식매수청구를 받은 날부터 2월'은 주식매매대금 지급의무의 이행기를 정한 것이라고 해석하고 이는 위 2월 이내에 주식의 매수가액이 확정되지 아니하였다고 하더라도 다르지 않다고 한다.[87] 따라서 2015년 개정법에 의하면 회사가 주주로부터 주식매수청구를 받게 되면 주주총회 결의일로부터 20일의 기간(매수청구기간)이 종료하는 날로부터 2개월 이내에 주식매매대금을 지급할 의무를 부담하는 것이고, 회사는 이 기간이 도래하면 지체책임을 부담한다. 결국 **주주총회 결의일로부터 2개월 20일이 주식매매대금 지급의무의 이행기**가 된다.

(2) 주식매수가액의 결정

주식매수가액의 결정은 협의가액, 법원에 의한 결정가액의 2단계를 거치게 된다. 즉 (i) 매수가액은 원칙적으로 주주와 회사간의 **협의**에 의하여 결정하고(제374조의2 제3항, 제360조의5 제3항, 제360조의22, 제530조의 제2항), (ii) 주식매수청구기간이 종료한 날로부터 30일 이내에 이러한 협의가 이루어지지 아니한 경우에는 회사 또는 주식매수를 청구한 주주는 법원에 대하여 매수가액의 결정을 청구할 수 있는데, 이때 **법원**은 회사의 재산상태 그 밖의 사정을 참작하여 공정한 가액으로 이를 산정하여야 한다(제374조의2 제4항·제5항, 제360조의5 제3항, 제360조의22, 제530조 제2항).

비상장주식의 가격을 결정하는 것은 어려운 문제이다. 법원은 시장가치, 순자산가치, 수익가치 등 여러 가지 평가요소를 종합적으로 고려하여 비상장주식의 매수가액을 산정하고 회사의 상황이나 업종의 특성 등을 참작한다.[88]

<계약상 주식매수청구권>

상법이 합병, 영업양수도의 경우 인정하는 '법정 주식매수청구권'(상법 제374조의2 등)과 투자자들 사이에 부여되는 '계약상 주식매수청구권'은 엄격히 구별된다. 법정 주식매수청구권의 행사기간은 상법 제374조의2 제1항에서 주주총회 결의일로부터 20일 내라고 규정하고 있으나, 계약상 주식매수청구권에 대하여는 해석상의 문제이다. 판례는 상행위인 투자 관련 계약을 체결한 당사자가 달성하고자 하는 목적과 밀접한 관련이 있고, 그 행사로 성립하는 매매계약 또한 상행위에 해당하므로, 상법 제64조를 유추적용하여 5년의 제척기간이 지나면 소멸한다고 판시한다.[89]

---

(3) 매수된 주식의 처분

주식매수청구권을 행사하여 회사가 취득하는 주식은 **특정목적에 의한 자기주식의 취득**이 된다(제341조의2). 이 경우 회사는 정관에 규정이 없는 경우 이사회의 결의에 의하여 보유할 수도 있고 처분할 수도 있으나, 그 처분하는 경우 주식평등의 원칙에 부합하고 신주

---

87) 대법원 2011.4.28. 선고 2010다94953 판결.

88) 대법원 2014.7.24. 선고 2013다55386 판결; 대법원 2006.11.24. 자 2004마1022 결정(시장가치, 순자산가치, 수익가치 등 여러 가지 평가요소를 종합적으로 고려하여 비상장주식의 매수가액을 산정하고자 할 경우, 당해 회사의 상황이나 업종의 특성, 위와 같은 평가요소가 주식의 객관적인 가치를 적절하게 반영할 수 있는 것인지, 그 방법에 의한 가치산정에 다른 잘못은 없는지 여부에 따라 평가요소를 반영하는 비율을 각각 다르게 하여야 한다).

89) 대법원 2022.7.14. 선고 2019다271661 판결.

인수권의 침해가 없어야 한다. 또한 소각할 수도 있으나 이 경우 자본금이 감소할 수 있으므로, 일부 문리해석을 벗어나는 점도 있으나 제343조 본문에 의하여 자본금감소의 절차를 거쳐야 하는 것으로 해석하여야 한다(전술).[90]

Ⅶ. 주주총회 결의의 하자

1. 개   요

(1) 의   의

주주총회의 결의는 사단적 법률행위이므로 그 성립과정에서 다수인의 의사와 이해관계가 관련되고, 결의가 이루어진 이후에도 이를 전제로 하여 많은 법률행위가 후속될 수 있다. 따라서 일반적인 무효나 취소의 법리에 의하는 경우 불안정을 초래할 수 있어, 상법은 그 법률관계의 획일적 처리를 위하여 하자의 유형을 법정하고 관련 소를 규정하고 있다.

하자의 소의 종류로는 **결의취소의 소, 무효확인의 소, 부존재확인의 소, 부당결의변경 취소의 소 등이 있다. 경미한 절차상·내용상 하자는 결의취소의 소, 중대한 내용상 하자는 무효확인의 소, 중대한 절차상 하자는 부존재확인의 소**의 대상이 된다. 각 소의 공통점은 ① 피고가 회사인 점, ② 소의 절차에 있어 전속관할이나 소제기의 공고, 병합심리, 담보제공의무, 등기 등의 사항, ③ 또한 판결의 효력에서 대세효가 있으나 소급효가 있다는 점 등이다. 그런데 **소급효가 있다는 점은 일반적인 회사법상의 소가 소급하지 않는다는 것(불소급효)과는 다름을 주목**하여야 한다.

(2) 피   고

결의하자의 소의 피고에 대해서는 명문의 규정이 없지만 **회사**에 한한다(통설, 판례).[91] 주주총회결의하자의 판결은 대세적 효력이 있으므로 소송의 피고가 될 수 있는 자는 회사로 한정된다. 다만, 대표이사가 회사를 대표하여 소송을 수행함이 원칙이나, 주주 또는 감사가 아니라 이사가 회사에 대하여 소를 제기하는 경우에 감사는 그 소에 관하여 회사를 대표한다(제394조 제1항).

(3) 소의 절차

소송절차는 제소기간의 차이점과 주주총회결의취소의 소에서만 재량기각이 인정되는 점을 제외하고는 모든 하자소송의 절차가 동일하다.

소송절차는 합명회사의 설립무효와 취소의 소의 절차를 준용한다(제186조 이하). ① **소의**

---

90) 제2편 제3장 제4절 Ⅲ. 1. (3) 자기주식의 취득제한에서 설명하였다.
91) 대법원 1992.9.14. 선고 80다2425 전원합의체 판결.

관할 · 공고 · 병합심리이다. 본점소재지의 지방법원의 관할에 전속하며(제186조), 소가 제기된 때에는 회사는 지체 없이 공고해야 한다(제187조). 수개의 소가 제기된 때에는 법원은 이를 병합심리하여야 한다(제188조). ② **담보제공의무**로서, 남소에 의한 회사의 손해를 방지하기 위하여 주주가 결의취소의 소를 제기한 때에는 법원은 회사의 청구에 의하여 상당한 담보를 제공할 것을 명할 수 있는데(제377조 제1항 본문, 제380조, 제381조), 이때 회사가 담보제공을 청구함에는 제소주주가 악의임을 소명하여야 한다(제176조 제4항). 이러한 담보제공의무는 원고가 악의 또는 중대한 과실로 패소한 경우 회사가 갖는 손해배상청구권의 담보를 위한 것이라 할 수 있다. ③ **결의하자를 다투는 소송에서 청구를 인락하거나 화해 조정을 하는 것은 허용되지 않는다.**[92] 이 경우 대세효를 가져서 제3자도 더 이상 다툴 수 없게 되기 때문이다.

2. 주주총회결의취소의 소

(1) 의 의

주주총회의 결의가 성립과정에 있어서 총회소집의 절차나 결의방법이 법령 또는 정관에 위반하거나 현저하게 불공정한 때 또는 그 결의의 내용이 정관에 위반한 때에는 그 결의일로부터 2월 내에 주주 · 이사 또는 감사는 결의취소의 소를 제기할 수 있다(제376조). 결의취소의 소는 **내용상 · 절차상 경미한 하자**를 원인으로 한다.

주주총회의 결의는 일정한 법률적 절차를 거쳐 성립하는 회의체의 의사결정이기 때문에 결의내용이나 결의성립의 절차가 위법한 경우에는 그 결의를 무효로 하는 것이 원칙이다. 그러나 결의의 경미한 하자는 시간이 지나면 판정하기도 어렵기 때문에, 상법은 **제소권자와 제소기간을 제한**하여 판결이 확정되어야 비로소 무효가 되는 결의취소사유로 한 것이다. 결의취소의 소에 있어서 결의는 판결에 의해 취소되기 전에는 일응 유효한 것으로 다루어지므로 소에 의하지 아니하고는 그 하자를 주장할 수 없고, 결의취소의 판결이 확정되어야만 취소의 효력이 생긴다. 그 판결의 효력은 당사자 이외의 주주 · 이사 · 감사 또는 기타 제3자에게도 미치는 대세효를 가진다. 소의 성질은 형성의 소이다.

(2) 결의취소의 원인

상법 제376조 제1항은 취소사유를 총회의 소집절차 또는 결의방법이 법령 또는 정관에 위반하거나 현저하게 불공정한 때 또는 그 결의의 내용이 정관에 위반한 때로 규정하고 있다. 1995년의 개정으로 결의내용이 정관에 위반되는 때에도 그 하자의 정도가 경미

하므로 이를 결의취소의 사유로 하였다. 이하 판례를 중심으로 취소의 원인을 유형별로 살핀다.

1) 주주총회의 소집절차상의 하자

주주총회의 소집절차가 법령 또는 정관에 위반하거나 현저하게 불공정한 경우를 말한다(제376조). 주주총회의 소집을 결정하는 이사회의 결의, 소집권자, 소집통지, 그리고 소집장소와 소집일시 등의 하자를 말하고, 이러한 소집절차는 주주에 대하여 주주총회의 참석 및 준비, 의사개진기회 등을 부여하는 기능을 한다.

① **이사회결의**에 관한 하자이다. 소집에 관한 이사회의 의사록을 허위로 작성함으로써 이사회의 결의 없이 소집된 주주총회에 대하여 종전의 판례는 이사회의 결의 없이 소집된 주주총회는 주주총회 자체의 성립을 인정할 수 없어 결의자체가 법률상 존재한다고 할 수 없다고 파악한 것이 있으나, 현재에는 이사회의 결의 없이 주주총회가 소집되었다고 하더라도 소집권한이 있는 자가 적법하게 소집한 경우에는 취소사유로 본다.[93] ② **소집권자**에 관한 하자이다. 소집에 관한 이사회의 결의는 있었으나 주식회사의 대표이사가 정당한 사유 없이 주주총회를 소집하지 않았고, 평이사가 주주총회를 소집한 경우이다. 판례는 결의 취소사유가 된다고 보았다.[94] ③ **소집통지**에 관한 하자이다. 일부주주에게 소집통지를 하지 않거나 통지기간을 준수하지 않은 경우 등[95]으로 통지로 인한 하자가 상대적으로 경미한 경우이다.[96] 통지의 여부에 있어서는 주식의 과반수를 기준으로 한다.[97] ④ 그런데 **1인**

---

93) 대법원 1989.5.23. 선고 88다카16690 판결(임시주주총회가 정관상 요구되는 이사회의 결의 없이 소집되었고, 甲을 제외한 나머지 주주들에게만 소집통지를 하여 甲의 참석 없이 결의가 이루어졌더라도, 당시 甲앞으로 주주명부상의 명의개서가 되어있지 않았고 甲에 대한 주식양도의 효력 자체가 다투어져 甲에 의해 주주권확인소송이 제기되어 계속중이었다면 그와 같은 하자는 주주총회결의 취소사유가 될 수 있을지언정 무효 또는 부존재사유는 되지 않는다); 대법원 1996.12.23. 선고 96다32768,32775,32782 판결(주주총회가 소집권자에 의하여 소집되어 개최된 이상 정족수에 미달한 결의가 이루어졌다고 하더라도 그와 같은 하자는 결의취소의 사유에 불과하고, 무효 또는 부존재한 결의라고 할 수 없다).

94) 대법원 1993.9.10. 선고 93도698 판결(대표이사 아닌 이사가 이사회의 소집 결의에 따라서 주주총회를 소집한 것이라면 위 주주총회에 있어서 소집절차상 하자는 주주총회결의의 취소사유에 불과하고 그것만으로 바로 주주총회 결의가 무효이거나 부존재가 된다고 볼 수 없다); 대법원 1962.1.11. 선고 4294민상490 판결.

95) 대법원 2003.7.11. 선고 2001다45584 판결(주주총회의 개회시각이 부득이한 사정으로 당초 소집통지된 시각보다 지연되는 경우에도 사회통념에 비추어 볼 때 정각에 출석한 주주들의 입장에서 변경된 개회시각까지 기다려 참석하는 것이 곤란하지 않을 정도라면 절차상의 하자가 되지 아니할 것이나, 그 정도를 넘어 개회시각을 사실상 부정확하게 만들고 소집통지된 시각에 출석한 주주들의 참석을 기대하기 어려워 그들의 참석권을 침해하기에 이르렀다면 주주총회의 소집절차가 현저히 불공정하다고 하지 않을 수 없고, 또한 소집통지 및 공고가 적법하게 이루어진 이후에 당초의 소집장소에서 개회를 하여 소집장소를 변경하기로 하는 결의조차 할 수 없는 부득이한 사정이 발생한 경우, 소집권자가 대체 장소를 정한 다음 당초의 소집장소에 출석한 주주들로 하여금 변경된 장소에 모일 수 있도록 상당한 방법으로 알리고 이동에 필요한 조치를 다한 때에 한하여 적법하게 소집장소가 변경되었다고 볼 수 있다. 이 경우 주주는 다른 주주에 대한 소집절차의 하자를 이유로 주주총회결의 취소의 소를 제기할 수도 있다).

96) 대법원 1987.4.28. 선고 86다카553 판결.

97) 대법원 1993.1.26. 선고 92다11008 판결(2인의 공동대표이사 중 1인이 다른 공동대표이사와 공동으로 임시주주총회를 소집하지 않았다거나 다른 공동대표이사와 41%의 주식을 보유한 주주에게 소집통지를 하지 않았다는 등의 소집절차상의 하자만으로 임시주주총회의 결의가 부존재한다거나 무효라고 할 정도의 중대한 하자라고 볼 수 없다).

회사와 **전원출석총회**의 경우는 절차상의 하자가 치유된다. 주주 전원이 참석하여 이루어진 전원출석총회에 있어서는 소집절차상의 하자가 문제되지 않는다. 마찬가지로 총회가 소집권이 없는 자에 의하여 개최되었고 그 소집을 위한 이사회에 정족수 및 결의절차상의 흠결이 있어서 총회소집절차가 위법한 것이라 하더라도 1인회사의 1인주주가 참석하여 총회개최에 동의하고 이의 없이 결의한 것이라면 결의자체는 유효하다.

2) 주주총회의 결의방법상의 하자

① 주주 또는 그 대리인이 아닌 자가 결의에 참가한 때, 의결권이 없는 자가 의결권을 행사한 경우에는 정족수에 관하여 하자가 있으므로 결의취소의 원인이 된다.[98] ② 의사진행에 관한 하자로서, 정관상 의장이 될 사람이 아닌 자가 정당한 사유 없이 총회의 의장이 되어 의사에 관여한 경우도 취소사유에 해당한다고 본다.[99] 또한 ③ 상법 제467조의2 이익공여에 해당하는 의결권행사를 기초로 한 주주총회결의는 결의방법이 법령에 위반한 하자가 있어 **주주총회결의의 취소사유에 해당**한다고 한 것이 있다.[100]

3) 결의내용이 정관에 위반한 경우

내용상 경미한 하자가 있는 경우를 상법은 결의내용이 정관에 위반한 때라 규정한다(제376조 제1항). 정관이 정한 인원 이상의 이사를 선임하는 결의, 정관이 정한 이사의 자격을 갖추지 못한 자를 이사로 선임하는 결의 등이다.

(3) 제소권자

결의취소의 소를 제기할 수 있는 자는 주주·감사·이사에 한한다(제376조 제1항). 단체법적 성격을 고려하여 소송과의 관계에서 이해관계가 가장 크며 충실히 소송을 수행할 수 있는 자에 한하여 원고적격을 인정하며, 이러한 제소권은 정관으로도 박탈할 수 없다.

1) 주 주

결의취소의 소는 모든 주주가 보유주식의 수에 관계없이 단독으로 소를 제기할 수 있다. 또한 결의취소제도는 주주총회에 대한 비난이 목적이 아니고 위법 또는 불공정한 결의가 성립하는 것을 방지하기 위한 것이므로 결의에 의하여 주주가 개별적으로 불이익을 받았는지는 문제되지 않고 '모든' 주주가 제소권을 가진다. 주주라면 누구나 회사의 구성원으

98) 대법원 1983.8.23. 선고 83도748 판결(주주총회가 적법하게 소집되어 개회된 이상 의결권 없는 자가 의결권을 행사하였으며 동인이 의결권을 행사한 주식수를 제외하면 의결정족수에 미달하여 총회결의에 하자가 있다는 주장은 주주총회 결의방법이 법령 또는 정관에 위반하는 경우에 해당하여 결의취소의 사유에 해당한다).
99) 대법원 1977.9.28. 선고 76다2386 판결(정관상 의장이 될 사람이 아닌 자가 정당한 사유 없이 주주총회의 의장이 되어 의사에 관여한 사유만으로서는 주주총회결의가 부존재한 것으로 볼 수 없고 주주총회결의취소사유에 해당한다 할 것이다).
100) 대법원 2014.7.11. 자 2013마2397 결정.

로서 총회의 운영에 이익을 가지기 때문이다. 그리고 취소의 소를 제기하기 위하여는 결의 당시에 주주일 필요는 없고, **소제기 당시**에 주주의 자격을 가지면 된다. 그러나 주주총회 결의 취소소송의 계속 중 원고가 주주로서의 지위를 상실하면 원고 적격을 상실하고,[101] 이는 원고가 자신의 의사에 반하여 주주의 지위를 상실한 경우에도 마찬가지이다.[102]

이런 취지에서 ① 소집통지를 받지 못한 주주뿐만 아니라 **통지를 받고 출석한 주주**도 소를 제기할 수 있으며,[103] ② **결의에 찬성한 주주도 소를 제기할 수 있다.**[104] ③ **의결권 없는 주주**가 취소의 소를 제기할 수 있는가에 대하여 이견은 있으나, 결의취소의 소의 제소권은 공익권이고 이들도 회사의 출자자로서 결의에 대하여 중대한 이해관계를 가진다는 점을 근거로 의결권 없는 주주도 제소할 수 있다고 본다(통설).

2) 이사 및 감사

결의취소의 소는 이사 또는 감사도 제기할 수 있다. 이사의 경우 이사회의 결의를 거칠 필요도 없고, 후임이사가 취임할 때까지 이사의 권리의무가 있는 자도 제소권이 있다.[105] 또한 하자있는 결의에 의하여 해임당한 이사와 감사도 제소권을 가진다. 이에 관하여는 부존재확인의 소에서 상세히 다룬다.

(4) 소의 절차와 제소기간

소의 절차는 다음을 제외하고는 앞서 본 바와 같이 다른 종류의 하자의 소와 같다.

1) 제소기간

결의취소의 소는 결의의 날로부터 **2월 내**에만 제기할 수 있으며(제376조 제1항), 이 기간이 경과한 때에는 취소의 사유가 있더라도 그 결의의 효력을 다투지 못한다. 이는 **비교적 경미하다고 할 수 있는 하자를 이유로 회사의 법률관계를 장기간 불안정한 상태에 방치하는 것이 바람직하지 않기 때문이다.** 무효확인 또는 부존재확인의 소와의 차이점이다. 2개월이라는 제소기간은 각 안건별로 기산된다. 주주총회에서 여러 개의 안건이 상정되어 각기 결의가 행하여진 경우 위 제소기간의 준수 여부는 **각 안건에 대한 결의마다 별도로 판단**되어야 한다.[106]

---

101) 대법원 2011.2.10. 선고 2010다87535 판결 등.
102) 대법원 2016.7.22. 선고 2015다66397 판결(원고들이 이 사건 주주총회결의 당시부터 피고의 주주였으나, 이 사건 소송의 계속 중 피고와 ○○금융지주가 이 사건 주식교환을 완료하여 ○○금융지주가 피고의 100% 주주가 되고 원고들은 더 이상 피고의 주주가 아니게 되었으므로, 주주가 아닌 원고들은 상법 제376조에 따라 이 사건 주주총회결의 취소의 소를 제기할 원고적격이 인정되지 않는다).
103) 대법원 2003.7.11. 선고 2001다45584 판결.
104) 대법원 1979.3.27. 선고 79다19 판결.
105) 대법원 1992.8.14. 선고 91다45141 판결.
106) 대법원 2010.3.11. 선고 2007다51505 판결.

2) 법원의 재량기각

① 결의취소의 소에서의 재량기각

결의취소의 소가 제기된 경우에 결의의 내용, 회사의 현황과 제반 사정을 참작하여 그 취소가 부적당하다고 인정한 때에는 법원은 그 청구를 기각할 수 있는데 이를 재량기각이라 한다(제379조). 당사자가 주장하지 않아도 법원이 직권으로 기각할 수 있다.[107] 이는 결의취소의 소에서만 인정되는 것으로, **결의무효나 부존재확인의 소, 그리고 부당결의취소변경의 소에서는 인정되지 않는다.**

② 대세적 효력

법원의 재량기각판결에 대하여 상법에서는 대세적 효력을 규정하고 있지 않으나, 법원이 기존상태를 보호하기 위하여 원고의 정당한 청구를 기각한 것이고, 상법상 제소기간의 제한과 병합심리의 규정에 의하여 사실상 대세적 효력이 인정된다고 볼 수 있다. 또한 원고의 청구에는 법률적으로 타당한 취소사유가 존재하기 때문에 제소에 따른 손해배상책임을 지지 않는다고 할 것이다.

③ 재량기각의 사유

재량기각의 입법취지는 결의취소의 소가 경미한 하자의 경우에 인정되는 것으로 회사에 해가 없는 사소한 하자를 이유로 제기될 수도 있으며, 오히려 취소의 결과가 불필요하게 회사에 손해를 주고[108] 또 일반거래의 안전을 해할 염려[109]가 있을 수 있거나, 이미 결의가 집행되었다면 이를 취소하여도 아무런 효과가 없는 경우 소의 이익이 없을 수 있으므로, 이런 점을 감안하여 원고의 청구를 기각할 수 있는 권한을 법원에 부여하는 것이다. 재량기각 여부는 하자의 성질 및 정도 등을 고려하고 총회의 적정운영이라는 법익과 회사법률관계의 안정이라는 법익을 교량하여 결정한다.[110]

그런데 여기서 유의할 점이 있다. 주주총회결의 취소의 소송에서의 재량기각의 사유가 다른 회사법상 소송에서의 재량기각의 사유와 다른 점이 있다. **다른 회사법상 소송에서의 재량기각의 사유로는 '하자가 보완될 것'을 요건으로 하고 있음에 반하여, 결의취소의 소에서는 그렇지 않다.** 회사의 설립무효취소의 소에서 재량기각에 관한 상법 제189조는 주

---

107) 대법원 2003.7.11. 선고 2001다45584 판결.

108) 대법원 1987.9.8. 선고 86다카2971 판결(주주총회결의취소의 소에 있어 법원의 재량에 의하여 청구를 기각할 수 있음을 밝힌 상법 제379조는 결의의 절차에 하자가 있는 경우에 결의를 취소하여도 회사 또는 주주의 이익이 되지 않는가 이미 결의가 집행되었기 때문에 이를 취소하여도 아무런 효과가 없는가 하는 때에 결의를 취소함으로써 오히려 회사에게 손해를 끼치거나 일반거래의 안전을 해치는 것을 막고 또 소의 제기로써 회사의 질서를 문란케 하는 것을 방지하려는 취지이므로).

109) 대법원 2004.4.27. 선고 2003다29616 판결은 자본감소를 무효로 할 경우 부채의 출자전환 형식으로 발행된 신주를 인수한 채권은행 등의 이익이나 거래의 안전을 해할 염려가 있으므로 자본감소를 무효로 하는 것이 부적당하다고 볼 사정이 있다고 판단한 사례이다.

110) 대법원 1987.9.8. 선고 86다카2971 판결.

주총회결의 취소의 소 이외의 기타의 회사법상의 소(합병무효의 소, 분할·분할합병무효의 소, 신주발행무효의 소, 주식의 포괄적교환·이전무효의 소, 감자무효의 소) 등의 재량기각에 준용되는데, 여기서의 재량기각을 위하여는 '**하자가 보완될 것**'을 요건으로 하고 있다. 그런데 결의취소의 소에서의 재량기각의 사유로는 결의의 내용, 회사의 현황과 제반 사정을 참작하여 그 취소가 부적당하다고 인정한 때로만 규정하고 하자보완은 그 요건이 아니다(제379조). 이는 취소사유 있는 주주총회결의가 이루어지게 되면, 이미 그 결의는 과거의 사건이 되어 버리고 그 하자의 보완이 성질상 불가능한 것이 되기 때문에 하자의 보완을 재량기각의 요건으로 두고 있지 않다.

3. 주주총회결의무효확인의 소, 주주총회결의부존재확인의 소

(1) 의 의

1) 주주총회결의무효확인의 소

결의무효확인의 소는 총회의 결의내용이 법령에 위반하는 **내용상 중대한 하자**를 이유로 하여 결의무효의 확인을 청구하는 소송이다(제380조). 총회의 결의의 내용이 법령에 위반한 때 언제나 어떠한 방법으로도 그 무효를 주장할 수 있다. 상법상 주장방법, 제소권자, 제소기간에 제한이 없다.

2) 주주총회결의부존재확인의 소

주주총회결의부존재확인의 소란 총회의 소집절차 또는 결의방법에 총회결의가 존재한다고 볼 수 없을 정도의 중대한 하자가 있음을 이유로 하여 결의의 부존재확인을 구하는 소송이다(제380조). **절차상 중대한 하자**가 그 원인이 된다. 결의부존재가 되는 하자와 결의의 취소원인이 되는 절차상 하자의 구별에 관하여는 명백한 기준이 없기 때문에 결국 양자는 하자의 경중의 정도에 따라서 결정되어야 할 것이다.

과거 판례는 결의부존재확인의 판결을 다시 상법상의 부존재확인판결과 민사소송법상의 부존재확인판결로 나누어 표현(表見)결의는 전자에 해당되고, 비(非)결의는 후자에 해당된다고 보았다. 그리하여 표현결의는 상법 제380조, 제190조에 따라 소급효가 제한되지만, 비결의는 그 소급효가 제한되지 아니한다고 판시하였다. 그러나 이러한 판결은 법률의 명문규정에 반한다는 문제점이 있었다. 1995년 개정상법에서는 판결의 소급효를 제한하는 제190조 단서의 준용을 삭제하여 판결의 불소급효에 관한 논란을 입법적으로 해결하였다.

(2) 소의 성질

결의무효확인의 소와 결의부존재확인의 소의 성질은 같다. 결의취소의 소와는 달리 상법은 '확인을 청구하는 소'라고 규정하고 있고, 제소권자·제소기간·주장방법 등을 제한하고 있지 않기 때문에 다른 소송에서 항변이나 선결문제로 다룰 수 있는가, 총회결의의 무효와 부존재를 소만으로 주장할 수 있는가에 대한 문제가 발생하고, 이것은 소의 성질을 어떻게 보느냐에 따라 달라지게 된다.

1) 확인소송설

통설·판례[111]이다. 상법은 제소권자, 제소기간 등을 제한하고 있지 않으므로, 누구든지 어떠한 방법으로든 언제든지 무효를 주장할 수 있으므로 이 소의 성질은 확인의 소라고 한다. 그리고 상법이 **소급효를 인정하는 것이 확인소송설의 중요한 논거**가 된다. 기타 확인소송설의 근거는 다음과 같다. (i) 상법 제380조에서 '확인을 청구하는 소'라고 규정하고 있고, (ii) 결의내용이 주식회사의 본질 또는 공서양속에 반하는 경우까지 또는 절차상 중대한 하자가 있는 경우까지, 그 결의의 무효 또는 부존재가 확인되지 않는 한 유효하게 된다는 것은 부당하다는 점, (iii) 결의취소의 소와 같이 형성의 소로 보면 실정법상 취소의 원인과 무효나 부존재의 원인을 구별할 실익이 없게 되어 해석론상 무리가 있다는 점, (iv) 무효와 부존재사유가 존재함에도 불구하고 이것이 **소로써 확인되기 전에는 다른 청구를 할 수 없다고 하면 이해관계자에게 이중의 절차를 강제하게 되므로 확인의 소로 보는 것이 타당**하다고 본다.

2) 형성소송설

형성소송설은 민사소송법학계의 통설이다. 제190조 본문에 의하여 대세효가 인정된다는 점은 형성소송설의 가장 큰 근거이고 상법 제380조가 소절차에 관하여 법정하고 있다는 것도 근거가 된다. 상법 제380조는 일반이론에 대한 특칙을 규정하여 이 규정에 따른 무효의 주장방법을 인정한 것이고, 결의무효의 소의 판결은 형성판결적 성질을 가지므로 법문의 표현에도 불구하고 형성의 소라고 한다.

통설과 판례인 **확인소송설이 타당**하다. 무효와 부존재사유가 존재함에도 불구하고 이것이 소로써 확인되기 전에는 다른 청구를 할 수 없다고 하면 이해관계자에게 이중의 절차를 강제하게 되므로 확인소송설로 이해함이 옳다.

(3) 소의 원인

1) 결의무효확인의 소의 원인

상법 제380조는 결의무효사유를 총회의 결의의 내용이 법령에 위반한 경우로 규정하고 있는데, 1995년 상법개정으로 결의내용이 정관에 위반되는 경우는 취소사유가 되었다. 판

---

111) 대법원 1963.5.17. 선고 4294민상1114 판결; 대법원 1992.9.22. 선고 91다5365 판결(주주총회결의의 효력이 그 회사 아닌 제3자 사이의 소송에 있어 선결문제로 된 경우에는 당사자는 언제든지 당해 소송에서 주주총회결의가 처음부터 무효 또는 부존재하다고 다투어 주장할 수 있는 것이고, 반드시 먼저 회사를 상대로 제소하여야만 하는 것은 아니며, 이와 같이 제3자간의 법률관계에 있어서는 상법 제380조, 제190조는 적용되지 아니한다).

례로 나타난 무효원인을 찾기는 상당히 어렵다.

이론상 총회결의의 내용이 법령에 위반하는 경우로 주주평등에 반하는 결의, 주주유한책임의 원칙에 반하여 추가출자의무를 지우는 결의, 위법한 재무제표를 승인하는 결의, 상법 제462조에 위반하는 이익배당결의, 주주총회의 권한에 속하지 아니하는 사항에 관한 결의, 주주의 고유권을 침해하는 결의, 선량한 풍속 기타 사회질서에 위반하는 내용의 결의 등을 들 수 있겠다. 또한 회사의 이익을 침해하거나 주주의 이익을 침해하는 내용의 결의도 결의무효의 원인이 될 수 있다.

2) 결의부존재확인의 소의 원인

소의 원인은 절차상 중대한 하자이고 상법은 이를 총회의 소집절차 또는 결의방법에 '총회결의가 존재한다고 볼 수 없을 정도의 중대한 하자'로 표현한다(제380조). 취소의 소의 원인은 경미한 절차상 하자이고 이는 상법상 총회의 소집절차 또는 결의방법이 '법령 또는 정관에 위반하거나 현저하게 불공정한 때'라 표현한다(제376조).

주주총회결의하자의 소송 중에서 부존재확인의 소로 제기된 것이 대부분이다. 이는 과거 법문이 하자소송 승소의 효과로 소급효가 없는 것으로 규정하고 있었음에도 불구하고, 일부 부존재확인의 소송에서 승소한 경우 비결의에 해당하면 소급효를 예외적으로 인정하고 있었기 때문이다. 그 소의 원인을 보면 다음과 같다.

판례에 나타난 것을 보면 ① 소집권한 없는 자가 이사회결의 없이 소집하는 경우,[112] ② 과반수가 넘는 주주에게 소집통지를 하지 않은 경우,[113] ③ 유효한 산회선언 이후 과반수가 넘는 주식을 보유한 일부의 주주들만 모인 경우,[114] ④ 전혀 주주총회를 개최한 사실

---

[112] 대법원 2022.11.10. 선고 2021다271282 판결; 대법원 2010.6.24. 선고 2010다13541 판결(주주총회를 소집할 권한이 없는 자가 이사회의 주주총회 소집결정도 없이 소집한 주주총회에서 이루어진 결의는, 1인회사의 1인주주에 의한 총회 또는 주주 전원이 참석하여 총회를 개최하는 데 동의하고 아무런 이의 없이 결의가 이루어졌다는 등의 특별한 사정이 없는 이상, 총회 및 결의라고 볼 만한 것이 사실상 존재한다고 하더라도 그 성립과정에 중대한 하자가 있어 법률상 존재하지 않는다고 보아야 한다); 대법원 1973.6.29. 선고 72다2611 판결(주주총회의 소집을 일부 주주에게만 구두로 소집통지를 하였고, 그 총회 소집이 이사회에서 결정된 것이 아니고 또 그 소집통지가 권한 있는 자에 의한 것이 아니라면 사회통념상 총회 자체의 성립이 인정되기 어렵다); 대법원 1993.10. 12. 선고 92다28235,28242 판결; 대법원 1964.5.26. 선고 63다670 판결 등.

[113] 대법원 1980.12.9. 선고 80다128 판결(발행주식총수 1만주 중에서 도합 7천주의 주식을 소유한 주주에게 소집통지를 함이 없이 이들의 참석 없이 결의한 것은 법률상 존재하지 않는 결의고, 발행주식총수의 60%에 해당되는 주주에게 소집통지를 하지 아니한 결의는 법률상 존재하지 않으며, 이 결의에 의하여 선임된 이사들에 의한 이사회결의도 법률상 존재하지 않는다); 대법원 1978.11.14. 선고 78다1269 판결(주주의 전부 또는 대부분의 주주에게 소집통지를 발송하지 아니하고 개최된 주주총회는 특별한 사정이 없는 한 그와 같은 총회는 그 성립과정에 있어 하자가 너무나도 심한 것이어서 사회통념상 총회 자체의 성립이 인정되기 어렵다고 봄이 상당하다).

[114] 대법원 1993.10.12. 선고 92다28235,28242 판결(대표이사가 1987.2.26. 10:00 회사 사무실에서 임시주주총회를 개최한다는 통지를 하였으나 주주총회 당일 16:00경 소란으로 인하여 사회자가 주주총회의 산회선언을 하였는데 그 후 주주 3인이 별도의 장소에 모여 결의를 한 것이라면, 위 주주 3인이 과반수를 훨씬 넘는 주식을 가진 주주라고 하더라도 나머지 일부 소수주주들에게는 그 회의의 참석과 토의, 의결권행사의 기회를 전혀 배제하고 나아가 법률상 규정된 주주총회소집절차를 무시한 채 의견을 같이 하는 일부주주들만 모여서 한 결의를 법률상 유효한 주주총회의 결의라고 할 수 없다).

없이 의사록을 작성한 경우115)에는 1인회사가 아닌 한 98%를 소유한 지배주주의 의사에 의하여 작성되었다 하더라도 결의부존재로 본다.116) ⑤ 의사록을 작성하는 등 주주총회결의의 외관을 현출시킨 자가 회사의 과반수 주식을 보유하거나 또는 사실상 회사의 운영을 지배하는 주주인 경우, 부존재결의의 원인이 되는 것이라고는 하였다.

(4) 제소권자

결의무효확인의 소와 결의부존재확인의 소에서는 제소권자에 제한이 없다. 총회결의의 내용이 무효이거나 부존재한 경우 누구든지 그 무효나 부존재를 주장할 수 있다. 즉 결의취소의 소와는 달리 제소권자에 대하여 아무런 제한을 두고 있지 않다. 그 법률상 이익이 있는 자는 언제든지 결의무효확인이나 부존재확인의 소를 제기할 수 있다.

① **현직의 이사와 감사**는 원칙적으로 확인을 구할 정당한 법률상 이익이 있다.117) ② **사임한 이사와 감사**의 경우 상법 제415조, 제386조 제1항 "법률 또는 정관에 정한 이사의 원수를 결한 경우에는 임기의 만료 또는 사임으로 인하여 퇴임한 이사는 새로 선임된 이사가 취임할 때까지 이사의 권리의무가 있다"는 규정에 근거하여 확인의 이익이 있다.118) ③ **해임당한 이사와 감사**도 제소권이 있다. 무효 또는 부존재인 주주총회결의에 의하여 이

---

115) 대법원 1992.9.22. 선고 91다5365 판결(실제의 소집절차와 실제의 회의절차를 거치지 아니한 채 주주총회의 사록을 허위로 작성하여 도저히 그 결의가 존재한다고 볼 수 없을 정도로 중대한 하자가 있는 경우에는 상법 제380조 소정의 주주총회결의부존재확인판결에 해당한다고 보아 상법 제190조를 준용할 것도 아니다).

116) 대법원 2007.2.22. 선고 2005다73020 판결(주식회사에 있어서 총주식을 한 사람이 소유한 이른바 1인회사의 경우 그 주주가 유일한 주주로서 주주총회에 출석하면 전원 총회로서 성립하고 그 주주의 의사대로 결의가 될 것임이 명백하므로 따로 총회소집절차가 필요 없으며, 실제로 총회를 개최한 사실이 없었다 하더라도 그 1인주주에 의하여 의결이 있었던 것으로 주주총회 의사록이 작성되었다면 특별한 사정이 없는 한 그 내용의 결의가 있었던 것으로 볼 수 있고, 이 점은 한 사람이 다른 사람의 명의를 빌려 주주로 등재하였으나 총주식을 실질적으로 그 한 사람이 모두 소유한 경우에도 마찬가지라고 할 수 있으나, 이와 달리 주식의 소유가 실질적으로 분산되어 있는 경우에는 상법상의 원칙으로 돌아가 실제의 소집절차와 결의절차를 거치지 아니한 채 주주총회의 결의가 있었던 것처럼 주주총회 의사록을 허위로 작성한 것이라면 설사 1인이 총주식의 대다수를 가지고 있고 그 지배주주에 의하여 의결이 있었던 것으로 주주총회 의사록이 작성되어 있다 하더라도 도저히 그 결의가 존재한다고 볼 수 없을 정도로 중대한 하자가 있는 때에 해당하여 그 주주총회의 결의는 부존재하다고 보아야 한다).

117) 대법원 1985.12.10. 선고 84다카319 판결(주식회사의 이사 및 대표이사 선임결의가 부존재임을 주장하여 생긴 분쟁중에 그 결의부존재 등에 관하여 주식회사를 상대로 제소하지 아니하기로 하는 부제소 약정을 함에 있어서 주식회사를 대표할 자는 현재 대표이사로 등기되어 그 직무를 행하는 자라 할 것이고 그 대표이사가 부존재라고 다투어지는 대상이 된 결의에 의하여 선임되었다 할지라도 위 약정에서 주식회사를 대표할 수 있는 자임에 틀림없다).

118) 대법원 1985.12.10. 선고 84다카319 판결(이사 및 감사직을 사임하여 퇴임한 자라도 상법 제386조 제1항 및 제415조에 의하여 **새로 적법하게 선임된 이사 및 감사가 취임할 때까지 여전히 이사 및 감사로서의 권리의무를 보유하는 경우**에는 후임이사 및 감사선임 결의의 하자를 주장하여 그 부존재확인을 구할 법률상 이익이 있다); 대법원 1992.8.14. 선고 91다45141 판결(사임 등으로 퇴임한 이사는 그 퇴임 이후에 이루어진 주주총회나 이사회의 결의에 하자가 있다 하더라도 이를 다툴 법률상의 이익이 있다고 할 수 없으나, 상법 제386조 제1항의 규정에 의하면, 법률 또는 정관에 정한 이사의 원수를 결한 경우에는 임기의 만료 또는 사임으로 인하여 퇴임한 이사는 새로 선임된 이사가 취임할 때까지 이사의 권리의무가 있다고 규정하고 있고, 이 규정은 상법 제389조에 의하여 대표이사의 경우에도 준용되므로, 이사나 대표이사가 사임하여 퇴임하였다 하더라도 그 퇴임에 의하여 법률 또는 정관 소정의 이사의 원수를 결하게 됨으로써 적법하게 선임된 이사가 취임할 때까지 여전히 이사로서의 권리의무를 보유하는 경우에는 이사로서 그 후임이사를 선임한 주주총회결의나 이사회결의의 하자를 주장하여 부존재확인을 구할 법률상의 이익이 있다).

사직을 해임당한 자도 그가 주주인지 여부를 막론하고 결의무효 또는 부존재 확인을 청구할 수 있다.[119] 그런데 ④ **후임이사가 적법하게 선임된 경우에는 위의 어떤 경우라 하더라도 소의 이익이 없게 된다.** 다만 적법하게 선임된 경우이어야 하므로, 후임 이사의 선임도 부적법하다면 확인이 이익이 있다.[120] ⑤ **채권자도** 소의 이익이 있다면 제소권이 있다. 채권자도 주주총회결의로 인하여 그 권리 또는 법적 지위에 구체적인 영향을 받는 경우 확인의 이익을 가지나, 이사를 선임하거나 정관에 사업목적을 추가하는 등 회사의 내부적 사항인 결의에 대하여는 확인의 이익이 없다.[121] ⑥ 최근 판례[122]는 주주총회결의 부존재확인의 소에 있어서 확인의 이익은 원고의 권리 또는 법률상의 지위에 현존하는 불안·위험이 있고 그 불안·위험을 제거함에 확인판결을 받는 것이 가장 유효·적절한 수단일 때에만 인정된다고 하면서, **주식회사의 주주**는 주식의 소유자로서 회사의 경영에 이해관계를 가지고 있으나, 회사의 재산관계에 대하여는 단순히 사실상, 경제상 또는 일반적, 추상적인 이해관계만을 가질 뿐, 구체적 또는 **법률상의 이해관계를 가진다고는 할 수 없다**고 하였다. 그 판결은 甲주식회사의 주주인 乙 등이 甲회사의 배당에 관한 주주총회결의 부존재확인을 구하는 소를 제기하였는데, 소송 계속 중에 甲회사와 丙주식회사의 주식교환에 따라 丙회사가 甲회사의 완전모회사가 되고 乙 등은 丙회사의 주주가 된 사안으로서, 乙은 주주총회결의 부존재확인을 구할 이익이 없다고 한 사건이다. 그 이유는 甲회사 주주총회결의가 부존재하는 것으로 확인이 되어 그 결의에 근거한 배당액이 모두 반환됨으로써 丙회사에 이익이 된다고 하더라도, 이로 인하여 丙회사의 주주인 乙 등이 갖는 이익은 사실상, 경제상의 것에 불과하므로, 乙은 그 주주총회결의 부존재의 확인을 구할 법률상 이익이 없다는 것이다.[123]

---

119) 대법원 1982.4.27. 선고 81다358 판결(무효이거나 존재하지 않는 주주총회결의에 의하여 이사직을 해임당한 자는 그가 주주 여부를 막론하고 주주총회결의의 무효 또는 부존재확인의 청구를 할 수 있다); 대법원 1991.12.13. 선고 90다카1158 판결; 대법원 1992.2.28. 선고 91다8715 판결.

120) 대법원 1995.2.24. 선고 94다50427 판결(주주총회의 임원선임결의의 부존재나 무효확인 또는 그 결의의 취소를 구하는 소에 있어서 그 결의에 의하여 선임된 임원들이 모두 그 직에 취임하지 아니하거나 사임하고 그 후 새로운 주주총회 결의에 의하여 후임임원이 선출되어 그 선임등기까지 마쳐진 경우라면 그 새로운 주주총회의 결의가 무권리자에 의하여 소집된 총회라는 하자 이외의 다른 절차상, 내용상의 하자로 인하여 부존재 또는 무효임이 인정되거나 그 결의가 취소되는 등의 특별한 사정이 없는 한 설사 당초의 임원선임결의에 어떠한 하자가 있었다고 할지라도 그 결의의 부존재나 무효확인 또는 그 결의의 취소를 구할 소의 이익은 없는 것이라고 보아야 한다); 대법원 1993.10.12. 선고 92다21692 판결; 대법원 1991.12.13. 선고 90다카1158 판결; 대법원 1991.11.22. 선고 91다22131 판결.

121) 대법원 1992.8.14. 선고 91다45141 판결(주식회사의 채권자는 그 주주총회의 결의가 그 채권자의 권리 또는 법적 지위를 구체적으로 침해하고 또 직접적으로 이에 영향을 미치는 경우에 한하여 주주총회결의의 부존재확인을 구할 이익이 있다).

122) 대법원 2016.7.22. 선고 2015다66397 판결.

123) 대법원 2016.7.22. 선고 2015다66397 판결은 또한 설령 이 사건 주주총회결의가 이 사건 주식교환비율의 결정에 영향을 미쳤다고 하더라도 이 사건 주식교환비율의 불공정 또는 이 사건 주주총회결의 성립과정에서의 위법 등을 이유로 주식교환무효의 소 또는 손해배상청구의 소를 통하여 직접 다툴 수 있는 것이어서 이 사건 주주총회결의 부존재의 확인을 구하는 것이 이 사건 주식교환비율을 둘러싼 분쟁을 가장 유효·적절하게 해결하는 수단이 된다고 볼 수도 없다고 하였다.

(5) 절 차

결의내용이 법령에 위반하는 경우에는 당연무효이므로 누구든지 언제나 어떤 방법으로도 그 무효를 주장할 수 있으며 제소기간의 제한도 없다. 그 이외에는 결의취소의 소 등 여타 주주총회결의하자의 소와 동일하다.

4. 부당결의취소·변경의 소

(1) 의 의

상법은 특별한 이해관계인의 의결권이 행사되지 않은 경우를 전제하여 성립된 결의가 부당한 내용을 가지는 경우에 부당결의취소·변경의 소를 인정하고 있다. 주주가 특별이해관계가 있음으로 인하여 주주총회에서 의결권을 행사할 수 없었던 경우에 결의가 현저하게 부당하고 그 주주가 의결권을 행사하였더라면 이를 저지할 수 있었을 때에는 그 주주는 그 결의의 날로부터 2월 내에 결의의 취소의 소 또는 변경의 소를 제기할 수 있다(제381조). 주주는 의결권을 자유롭게 행사할 수 있는 것이 원칙이지만 결의에 특별한 이해관계를 가진 자의 경우에는 주주총회결의의 공정성을 기하기 위하여 의결권을 제한하였다(제368조 제3항). 그런데 그 결의가 현저하게 부당하고, 그 주주가 의결권을 행사하였더라면 그러한 부당한 결의를 저지할 수 있었을 때에 그 특별이해관계인을 보호하기 위하여 인정된 것이다.

원고는 특별이해관계인으로서 의결권을 행사하지 못한 주주에 한하기 때문에 소의 법적 성질은 형성의 소라고 할 것이다.

(2) 소의 원인

부당결의취소·변경의 소를 제기하기 위한 요건은 ① 총회의 결의에 대하여 주주가 의결권을 행사하지 않았고, ② 이 결의에서 그에게 현저하게 부당한 결의가 성립하여야 하며, ③ 만일 그가 의결권을 행사하였더라면 그 결의의 성립을 저지할 수 있었어야 한다. 현저하게 부당한 결의란 특별이해관계인의 이익을 현저하게 침해하는 경우라고 할 수 있는데, 부당결의취소·변경이 문제된 판례는 아직 없다.

(3) 당사자 및 절차

특별이해관계인으로서 의결권을 행사할 수 없었던 주주만이 행사할 수 있고, 소의 상대방도 회사에 한한다. 제소절차는 제소기간이 2월이며(제381조), 기타는 주주총회하자의 소와 공통된다. **법원의 재량기각에 관한 규정은 준용되지 않음을 주의하여야 한다.**

5. 판결의 효력

(1) 원고승소의 경우

대세효와 소급효가 있다. (i) **대세적 효력**이 있다. 원고의 청구를 인용한 결의취소판결은 제3자에 대하여도 효력이 있다(제376조 제2항, 제190조 본문).

(ii) **소급효**가 있다.[124] 1995년 개정상법 전에는 상법 제376조 제2항에서 제190조를 제한 없이 준용하여 원고승소판결의 효력은 결의시까지 소급하지 않고 장래에 향하여만 발생하였다. 그런데 이는 기존상태의 존중을 위한 것이었지만 외부관계 뿐만 아니라 내부관계에 있어서도 소급효가 인정되지 아니하는 것은 모순이고, 취소의 소급효가 없으면 이사의 보수결정(제388조), 이사의 책임면제(제400조), 이익배당(제462조) 등 1회적이고 완료적인 경우에는 소제기의 실익이 없다는 비판을 받아왔다. 1995년 개정상법은 이러한 비판을 받아들여 **소급효 배제에 관한 제190조 단서 규정을 준용하지 않고 있다.** 여타의 일반적인 회사법상 형성의 소(주주총회결의 취소의 소, 감자무효의 소를 제외한)는 그 판결의 효력이 장래에 대하여서만 효력을 미치고, 소급효가 없다.[125]

그런데 주주총회결의 하자의 판결에 일률적으로 소급효가 인정되면 결의를 근거로 하여 전개된 법률관계도 무효로 되기 때문에 거래상대방의 이익을 크게 해하게 되는 경우가 발생하는데, 이때 제3자를 어떻게 보호할 것인지가 문제된다. 경우에 따라 다를 것이나, **표현대표이사에 관한 제395조**(이 쟁점은 표현대표이사 부분에서 살핀다) 및 민법의 표현대리 등의 적용으로 해결가능한 경우도 많을 것이다. 또한 **부실등기에 관한 제39조**가 중요한 역할을 한다. 판례는 이사 선임의 주주총회결의에 대한 취소판결이 확정되어 그 결의가 소급하여 무효가 된다고 하더라도 그 **선임 결의가 취소되는 대표이사와 거래한 상대방은 상법 제39조의 적용 내지 유추적용에 의하여 보호될 수 있다고** 한다.[126] 다만 주주총회결의 취소·무효와 부존재의 경우를 구별하여야 한다.

(i) 주주총회결의 **취소·무효확인**의 경우는 상법 제39조가 적용되어 대표이사의 행위는 회사에 대한 효력이 발생하고 거래상대방은 보호된다. 회사가 주주총회를 개최하고 결의까지 마친 후 그에 터잡아 선임된 대표이사에 관하여 선임등기를 마치고 그 대표이사가 제3자와 거래행위를 하였는데 그 후 그 결의에 대한 취소 또는 무효 판결 등이 내려진 경

---

124) 대법원 2013.2.28. 선고 2012다74298 판결(이사 선임의 주주총회 결의에 대한 취소판결이 확정된 경우 그 결의에 의하여 이사로 선임된 이사들에 의하여 구성된 이사회에서 선정된 대표이사는 **소급하여 그 자격을 상실하고,** 그 대표이사가 이사 선임의 주주총회 결의에 대한 취소판결이 확정되기 전에 한 행위는 대표권이 없는 자가 한 행위로서 무효가 된다).

125) 설립무효(제328조), 신주발행무효(제429조), 합병무효(제529조) 등 회사법상 형성의 소를 말한다.

126) 대법원 2004.2.27. 선고 2002다19797 판결(주식회사의 법인등기의 경우 회사는 대표자를 통하여 등기를 신청하지만 등기신청권자는 회사 자체이므로 취소되는 주주총회결의에 의하여 이사로 선임된 대표이사가 마친 이사 선임 등기는 상법 제39조의 부실등기에 해당된다).

우, 등기신청권자인 회사의 신청에 의한 등기와 동일시할 수 있는 경우에 해당하므로 상법 제39조에 의한 책임을 인정한다. 판례는 또한 등기신청권자가 스스로 등기를 하지 아니하였다 하더라도, **그 등기가 이루어지는 데 관여하거나 그 부실등기의 존재를 알고 있음에도 이를 시정하지 않고 방치하는 등 등기신청권자의 고의 또는 과실로 부실등기를 한 것과 동일시할 수 있는 특별한 사정이 있는 경우에는** 그 등기신청권자에 대하여 상법 제39조에 의한 부실등기 책임을 물을 수 있다고 설시한다.[127]

(ii) 그러나 주주총회결의 **부존재확인**의 경우는 상법 제39조가 적용되지 않는데, 등기신청권자인 회사의 고의 또는 과실이 없다고 보기 때문이다. 주주총회결의 부존재의 경우는 절차상의 중대한 하자로 말미암아 주주총회의의가 존재하지 아니하여 주식회사 내부의 의사결정이 존재하지 않기 때문에 등기신청권자의 고의나 과실이 없어 특별한 사정이 없는 한 상법 제39조에 의한 부실등기 책임을 물을 수 없다는 것이다.[128] 따라서 **과반수에 미달하는 일부 주주**에 대하여만 소집통지를 보낸 후 주주총회를 개최하여 그 일부 주주만의 찬성으로 이사 선임결의를 하고, 거기서 선임된 이사들로 구성된 이사회를 개최하여 새로운 대표이사를 선임한 후 대표이사 선임등기를 마친 경우, 주주총회결의 하자 사유 중 부존재의 원인이 되는 중대한 절차적 하자에 해당하므로 회사에 대하여 상법 제39조에 의한 책임을 물을 수 없다.[129] 이 경우 허위의 주주총회결의 등의 외관을 만들어 부실등기를 마친 자가 회사의 상당한 지분을 가진 주주라고 하더라도 그러한 사정만으로는 회사의 고의 또는 과실로 부실등기를 한 것과 동일시할 수는 없다.[130]

(2) 원고패소의 경우

원고가 패소한 경우에는 그 판결의 효력은 원고승소의 경우와는 달리 대세효가 없어 판결의 일반원칙에 따라 당사자 사이에만 미치고, 제3자에는 영향이 없다(민사소송법 제218조 제1항). 결의취소의 소의 경우에는 제소기간이 이미 경과하였다면 다른 사람도 결의의 효력을 더 이상 다툴 수 없고, 패소한 원고에게 악의 또는 중과실이 있는 경우 회사에 대하여 연대하여 손해를 배상할 책임이 있다(제376조 제2항, 제191조, 제380조).

---

127) 대법원 2008.7.24. 선고 2006다24100 판결. 이 설시는 과거 대법원 1975.5.27. 선고 74다1366 판결과는 사뭇 다른 것이다.

128) 대법원 2014.11.13. 선고 2009다71312,71329,71336,71343 판결(주주총회의 소집절차 또는 결의방법에 총회결의가 존재한다고 볼 수 없을 정도의 중대한 하자가 있어 그 결의가 부존재한다고 인정될 경우에는, 주주총회의 개최와 결의가 존재하나 무효 또는 취소사유가 있는 경우와는 달리, 그 새로운 대표이사 선임에 관한 주식회사 내부의 의사결정이 존재하지 아니하여 등기신청권자인 회사가 그 등기가 이루어지는 데 관여할 수 없었으므로, 달리 회사의 적법한 대표이사가 그 부실등기가 이루어지는 것에 협조·묵인하는 등의 방법으로 관여하였다거나 그 부실등기의 존재를 알고 있었음에도 시정하지 않고 방치하는 등 이를 회사의 고의 또는 과실로 부실등기를 한 것과 동일시할 수 있는 특별한 사정이 없는 한 회사에 대하여 상법 제39조에 의한 부실등기 책임을 물을 수 없다)

129) 대법원 2011.7.28. 선고 2010다70018 판결.

130) 대법원 2011.7.28. 선고 2010다70018 판결.

(3) 다른 소송과의 관계

모든 주주총회결의 하자소송에 동일한 문제가 발생한다. 합병결의에 하자가 있는 경우 그 결의의 하자가 동시에 합병무효의 사유도 되는바(제529조 제1항) 주주총회결의의 하자와는 어떠한 관계가 있는가의 문제이다. 통설과 판례는 **흡수설**에 의하여 후속행위에 주어진 효력에 의하여 분쟁이 궁극적으로 해결되므로 주주총회결의의 하자는 후속하는 소로 흡수되는 것으로 보아 **후속행위의 무효의 소만 제기할 수 있다고 본다.**

판례는 합병,[131] 신주발행,[132] 자본금감소[133]의 경우에 있어 주주총회결의의 하자는 후속하는 무효의 소에 흡수되고 주주총회 결의하자의 소는 제기할 수 없다고 한다. 요컨대 합병의 결의나 자본금감소의 결의는 합병 또는 자본금감소의 효력이 발생하기 위한 한 요소에 불과하므로 합병결의나 자본금감소의 결의의 하자를 다투는 소는 합병무효나 자본금감소무효의 소에 흡수된다고 본다. 따라서 오직 합병무효나 자본금감소무효의 소만 제기할 수 있다.[134]

Ⅷ. 종류주주총회

1. 의   의

회사가 종류주식을 발행한 경우 그 종류의 주주들만의 총회를 종류주주총회라고 한다. 이는 수적으로 우세한 종류의 주주가 주주총회결의를 지배하여 열세인 종류의 주주는 손해를 입을 염려가 있어, 이러한 경우 주주총회결의 외에 손해를 입을 염려가 있는 종류의 주주들만으로 구성된 주주총회에서의 결의를 요구하고 있는 것이다. 이해관계의 대립이 있는 경우 그 해결방법으로 주식매수청구권은 탈퇴권을 보장해주는 방식임에 반하여, 종류주주에게는 **거부권을 부여**하는 방식이다. 종류주주총회는 주주총회의 결의가 효력을 발생하

---

131) 대법원 1993.5.27. 선고 92누14908 판결.

132) 대법원 2004.8.20. 선고 2003다20060 판결(상법 제429조는 신주발행의 무효는 주주·이사 또는 감사에 한하여 신주를 발행한 날로부터 6월 내에 소만으로 이를 주장할 수 있다고 규정하고 있으므로, 설령 이사회나 주주총회의 신주발행 결의에 취소 또는 무효의 하자가 있다고 하더라도 그 하자가 극히 중대하여 신주발행이 존재하지 아니하는 정도에 이르는 등의 특별한 사정이 없는 한 신주발행의 효력이 발생한 후에는 신주발행무효의 소에 의하여서만 다툴 수 있다).

133) 대법원 2010.2.11. 선고 2009다83599 판결(상법 제445조는 자본감소의 무효는 주주 등이 자본감소로 인한 변경등기가 있은 날로부터 6월 내에 소만으로 주장할 수 있다고 규정하고 있으므로, 설령 주주총회의 자본감소 결의에 취소 또는 무효의 하자가 있다고 하더라도 그 하자가 극히 중대하여 자본감소가 존재하지 아니하는 정도에 이르는 등의 특별한 사정이 없는 한 자본감소의 효력이 발생한 후에는 자본감소 무효의 소에 의해서만 다툴 수 있다).

134) 예컨대, ① 합병등기가 아직 이루어지지 않은 경우 합병의 효력이 발생하지 않았다. 이때는 결의하자의 소를 제기할 수 있다고 본다. 다만 등기가 이루어진 경우에는 청구변경의 절차에 의하여 합병무효의 소로 변경해야 한다. ② 합병무효의 소는 합병등기일로부터 6개월 내(제529조 제2항)이다. 그런데 합병결의에 취소사유가 있는 경우 그 제소기간이 결의일로부터 2월이므로 의문이 생긴다. 이때는 결의일로부터 2월 내에 제기하는 것이 옳다고 본다.

기 위하여 추가적으로 요구되는 요건일 뿐, 그 자체가 독립된 주주총회도 아니고 회사의 기관도 아니다.

2. 결의를 요하는 사항

(1) 세 가지의 경우

다음 세 가지의 경우에 종류주주총회의 결의를 요한다. ① **정관을 변경**함으로써 어느 종류의 주주에게 손해를 미치게 될 때(제435조 제1항) ② 신주인수, 주식의 병합, 분할, 소각, 회사의 합병, 분할을 하는 경우에는 주주에게 신주를 배정하게 되는데, 이때 **신주를 배정**함에 있어 어느 종류의 주주에게 손해를 미치게 될 때(제436조, 제344조 제3항), ③ **회사의 합병, 분할 또는 분할합병, 주식의 포괄적 교환 또는 이전**의 각 경우에 있어 이로 인하여 어느 종류의 주주에게 손해를 미치게 될 때(제436조)이다.

(2) 어느 종류주식의 주주에게 손해를 미칠 때

위 세 가지 경우 모두 어느 종류주식의 주주에게 손해를 미치게 될 때이다. 구체적 상황에서 종류주주가 손해를 입었다는 것을 판정하기는 어려운 일이다. 판례는 어느 종류의 주주의 지위가 정관의 변경에 따라 **유리한 면이 있으면서 불이익한 면을 수반하는 경우도 이에 해당**된다고 본다.[135]

3. 결의절차

(1) 결의요건

출석한 주주의 의결권의 3분의 2 이상의 수, 그 종류의 발행주식총수의 3분의 1 이상의 수로써 한다(제435조 제2항). 종류주주총회에서는 의결권 없는 주식도 의결권을 가진다(제435조 제3항). 주주총회에 관한 규정은 의결권 없는 종류주식에 관한 것을 제외하고 종류주주총회에 준용한다(제435조 제3항).

(2) 결의하자

종류주주총회 결의에 하자가 있는 경우 종류주주총회결의의 취소의 소 등의 형식으로 독립하여 다룰 수 있는가에 대하여 견해가 나뉜다. 종류주주총회는 결의의 효력발생요건에 지나지 않고 이를 인정하는 경우에도 주주총회의 효력을 부인하기 위하여 종류주주총회 결의의 하자를 다투는 소에서 승소한 이후 다시 이를 원인으로 주주총회 결의의 하자를

---

135) 대법원 2006.1.27. 선고 2004다44575,44582 판결. 우선주가 보통주로 자동전환될 수 없도록 한 정관변경결의에 있어, 그 결과 우선주가 우선배당을 계속 받게 되는 이익도 있지만 반면 의결권을 얻을 수 있는 기회를 잃는 손해도 있어, 이 경우도 손해라고 하였다.

다투는 소를 제기하여야 하므로 실익도 없어 부정하는 견해가 있다.[136] 그러나 주주총회 개최 이전에도 종류주주총회의 하자가 문제되어 독립적인 판결의 대상이 될 수 있으며, 명문으로 주주총회에 관한 모든 규정이 종류주주총회에 준용되므로(제435조 제3항), 독립적인 소를 부정할 이유는 없다(통설).

4. 결의의 흠결

종류주주총회의 결의를 요하는 사항임에도 불구하고 그 결의 없이 주주총회의 결의만으로 정관변경, 합병승인 등을 한 경우, 그 효력에 어떤 영향을 미치는가? 종류주주총회의 결의가 없는 일반주주총회결의의 효력에 대하여 종류주주총회의 결의가 없는 일반주주총회의 결의는 **취소사유**가 되어(제376조) 결의의 날로부터 2월 내에 결의취소의 소를 제기하지 않으면 유효하다고 보는 견해[137]도 있으나, 이는 타당하지 않다.

다음의 두 가지 견해를 본다.

(1) 부동적 무효설(결의불발효설)[138]

현재 다수설이다. 종류주주총회의 결의가 없는 일반주주총회의 결의의 효력은 **무효도 아니고 취소할 수 있는 것도 아닌 부동적인 상태**에 있다가 후에 종류주주총회의 결의를 얻으면 확정적으로 유효가 되고, 이를 얻지 못하면 확정적으로 무효가 된다. 종류주주총회의 결의는 주주총회결의의 효력발생요건이 된다고 본다. 이 견해에 의하면, 종류주주총회의 결의가 없는 경우는 상법이 규정하는 주주총회결의취소, 결의무효확인, 결의부존재확인의 소의 요건에 해당되지 않기 때문에, **민사소송법상 확인의 소로써 주주총회결의의 불발효(浮動的 無效)확인을 구할 수밖에 없다.**

그러나, 이 견해의 문제점은 첫째, 주주총회결의의 불발효는 우리 상법이 주주총회결의 하자의 유형으로 인정하는 개념이 아니다. 둘째, 주식회사에 관한 법률관계는 법적 안정성을 위하여 조속히 결말을 짓는 것이 바람직한데, 부동적 무효설을 취하면 종류주주는 소의 이익이 있는 한 일반주주총회의 결의가 있은 후 아무리 세월이 지나더라도 언제든지 그 효력을 다툴 수 있게 되어 부당하다고 비판받는다.

(2) 판 례

판례는 다수설과는 달리 부동적 무효라는 개념을 인정하지 않는다.[139] 상법 제435조에

---

136) 이철송, 624면.
137) 이철송, 625면.
138) 정찬형, 868면; 정동윤, 576면; 최기원, 525-526면.
139) 대법원 2006.1.27. 선고 2004다44575,44582 판결(어느 종류 주주에게 손해를 미치는 내용으로 정관을 변경함에 있어서 그 정관변경에 관한 주주총회의 결의 외에 추가로 요구되는 종류주주총회의 결의는 정관변경이라는 법률효과가 발생하기 위한 하나의 특별요건이라고 할 것이므로, 그와 같은 내용의 정관변경에 관하여 종류주주총회의

서 규정하고 있는 종류주주총회의 결의를 주주총회결의의 효력발생요건이 아니라 정관변경의 효력발생요건으로 해석함으로써, 종류주주총회의 흠결이 있을 때 주주총회결의 효력에 대하여 다툴 것이 아니라, 정관변경에 필요한 특별요건이 구비되지 않았음을 이유로 하여 정관변경이 무효라는 확인을 구하는 소를 제기하여야 한다고 하였다. 종류주주총회의 결의는 정관변경이라는 법률효과가 발생하기 위한 **하나의 특별요건이라고 보아야 하고, 정관변경에 관한 종류주주총회가 흠결된 때에는 정관변경이 효력을 발생하지 않는 데에 그칠 뿐이고 그러한 정관변경을 결의한 주주총회결의 자체의 효력에는 아무런 하자가 없다**고 한다. 그리고 그 종류의 주주가 회사를 상대로 일반 민사소송상의 확인의 소를 제기하고자 할 때에는, 주주총회결의 불발효확인의 소송을 제기할 것이 아니라 정관변경에 필요한 특별요건이 구비되지 않았음을 이유로 하여 정면으로 그 **정관변경이 무효라는 확인**을 구하면 족하다는 것이다. 따라서 대법원은 주주총회 결의의 불발효 상태의 확인을 구하는 소를 각하하였다.

그런데 판례의 입장은 다음의 점에서 의문이 있다. 첫째, 정관변경무효확인의 소는 민사소송법상의 확인의 소에 해당하여 출소기간의 제한이 없고 그 판결은 **대세적 효력이 없기 때문에** 단체적 법률관계를 획일적으로 해결하지 못하는 한계가 있다. 요컨대 기판력에 대세효가 없으므로 회사법상의 획일적인 법률관계의 확정과 반한다. 둘째, 종류주주총회의 결의가 있으면 정관변경의 효력이 발생하는 것이기 때문에, 판례의 입장은 결국 **부동적 무효설(不發效)과 차이도 없다**. 단지 무효확인의 대상이 정관변경인지의 차이만 있게 된다. 따라서 부동적 무효설이 안고 있는 불확정한 상태의 지속이라는 문제점도 여전히 가지고 있다.

생각건대, 불발효의 개념이 법률가들에 의하여 이미 사용하고 있는 개념이고 굳이 이 개념을 배척할 이유는 없다고 보면,[140] 부동적 무효설이 타당하다고 본다. 특히 판례에 의하면 그 판결에 대세적 효력이 없기 때문에 단체적 법률관계를 획일적으로 확정하지 못하는 문제가 있다. 부동적 무효설에서는 확인의 소에 의하면서도 대세효가 인정된다는 점에서 보다 설득력이 있다.

결의가 아직 이루어지지 않았다면 그러한 정관변경의 효력이 아직 발생하지 않는 데에 그칠 뿐이고, 그러한 정관변경을 결의한 주주총회결의 자체의 효력에는 아무런 하자가 없다).

140) 김재범, "우선주에 관한 정관규정의 삭제와 종류주주총회의 법리", 「인권과 정의」 제364호, 2006, 157면 이하.

제 3 절 이사, 이사회와 대표이사

I. 이   사

1. 개   념

(1) 의   의

이사란 이사회의 구성원으로서 이사회의 업무집행에 관한 의사결정과 이사의 업무집행을 감독하는데 참여할 권한을 갖는 자이다. 이사의 지위를 분설하여 설명하면 다음과 같다.

① 이사는 **주주총회에서 선임**된다(제382조 제1항). 실무상 회사 내부에서 승진된 자를 전무이사 또는 상무이사로 부르는 경우가 있으나 주주총회에서 선임하지 않은 자는 상법상 이사가 아니다.141) ② 이사는 상업등기부에 **이사로 등기된 자**이다. 이사의 선임이 끝나면 그 성명과 주민등록번호를 등기하여야 한다(제317조 제2항). 따라서 상법상 이사는 주주총회의 선임절차를 거쳐 등기된 자만을 말한다. 직원 중 상위직에 있는 자에게 '이사' 등의 명칭을 부여하는 경우라 하더라도 이들은 주주총회에서 선임되지 않고 등기되지 않는 한 상법상 이사가 아니다. 이들은 상법상 이사의 권한을 행사할 수도 없고 또한 이사로서의 책임도 부담하지 아니한다. ③ 이사는 **회사에 대하여 의무를 부담**한다. 이사와 회사와의 관계는 위임관계이므로 민법상의 위임에 관한 규정이 이에 준용된다(제382조 제2항). 그러나 민법에서와는 달리 회사는 일반적으로 보수를 지급하는 것이 보통이고, 상법은 이사의 보수의 액을 정관에서 정하지 아니한 때에는 주주총회 결의로 정하는 것으로 규정한다(제388조). 그런데 이사는 주주총회에서 선임하지만 개별 주주와는 아무런 직접적 관계가 없다. 오직 회사에 대하여만 선관의무 등의 의무를 부담하고 책임을 진다(통설). ④ 회사의 업무집행권을 가진 이사는 회사로부터 일정한 **사무처리의 위임**을 받고 있는 것이지, 사업자의 지휘감독 아래 일정한 근로를 제공하고 소정의 임금을 지급받는 근로자가 아니다.142) 그러나 주의할 것은 위임관계와 고용관계는 그 실질적인 관계에 의하여 판단한다. 주주총회를 거친 등기된 상법상의 이사라 하더라도 **그 실질에 있어서는** 임금을 목적으로 한 종속적 관계에서 사용자에게 근로를 제공한 정도에 불과하다면 근로기준법상의 근로자에 해

---

141) 대법원 2003.9.26. 선고 2002다64681 판결(상법상 이사와 감사는 주주총회의 선임 결의를 거쳐 임명하고 그 등기를 하여야 하며, 이사와 감사의 법정 권한은 위와 같이 적법하게 선임된 이사와 감사만이 행사할 수 있을 뿐이고 그러한 선임절차를 거치지 아니한 채 다만 회사로부터 이사라는 직함을 형식적·명목적으로 부여받은 것에 불과한 자는 상법상 이사로서의 직무권한을 행사할 수 없다).

142) 대법원 1988.6.14. 선고 87다카2268 판결; 대법원 1992.12.22. 선고 92다28228 판결 등.

당한다.[143]

이사는 회사의 운영과 감독에 관여하고 엄격한 책임도 부담하지만, 실제 그 선임은 지배주주에 의하여 이루어지고 지배주주의 지시에 의하여 업무를 진행하는 경우가 많다. 또한 그 지배주주는 이사로서의 책임을 회피하기 위하여 상법상 이사가 아닌 경우도 많다. 이에 상법은 (i) 제401조의2를 마련하여 지배주주나 관련자 등에게 이사의 책임을 물을 수 있도록 하였다. 또한 (ii) 2011년 상법개정에서는 집행임원제도를 두어 이사에 준하는 지위를 부여하면서, 집행임원에게는 이사의 책임을 비롯한 거의 모든 조항이 준용된다.

(2) 이사의 종류

1) 종 류

상법은 제317조 제2항 제8호에서 "사내이사, 사외이사, 그 밖에 상무(常務)에 종사하지 아니하는 이사"를 등기사항으로 정하여 이사를 보다 세분화하고 있다. ① **사내이사**는 상무에 종사하는 이사를 말한다. ② **사외이사**란 회사 상무에 종사하지 아니하는 이사를 말하고 (제382조 제3항 본문) 상장회사에는 일정 수의 사외이사를 둘 것을 강제한다(제542조의8 제1항). 사외이사는 상무에 종사하지는 않지만 제382조 제3항 각호의 결격사유에 해당하지 않아야 한다. 사외이사는 회사관계로부터의 독립성에 주안점을 두고 있어, 회사나 최대주주와 특수관계가 있는 경우 결격사유에 해당한다. 아래에서 자세히 살핀다.

③ **상무에 종사하지 아니하는 이사**란 상무에 종사하지 않는 이사로서 사외이사가 아닌 자를 말한다. 사외이사와 비교하면 상무에 종사하지 않는 점에서는 같으나, 독립성이 요구되지 않는 점에서 차이가 있다. 기업실무에서는 사외이사와 무관하게 비상근이사·평이사 등으로 부르며 상무에 종사하지 않는 이사를 두어 왔는데, 이들이 계열회사의 이사직을 겸하는 경우가 많았고 이는 사외이사의 결격사유에 해당하므로, 이들을 법제화한 것이다. 이들에 대하여는 사외이사에 관한 규정이 적용되지 않으며 법적 규율에 있어서는 사내이사와 차이가 없다.

2) 사외이사(社外理事)의 의의와 도입

사외이사는 본래 상법전상의 용어가 아니고 미국 주식회사에서의 'Outside director'의 번역어이나, 현재에는 그 독립성을 강조하여 'Independent director'로 불리우기도 한다. 2000년 1월 구증권거래법에서 '사외이사'가 정식으로 도입됨으로써 이사회와 감사위원

---

143) 대법원 2003.9.26. 선고 2002다64681 판결(이사 등 임원의 지위가 형식적·명목적인 것에 불과하고 실제로는 매일 출근하여 업무집행권을 갖는 사용자의 지휘·감독 아래 일정한 근로를 제공하면서 그 대가로 보수를 받거나, 이사 등의 임원이 회사로부터의 위임사무 처리 이외에 일정한 노무를 담당하고 그 대가로 일정한 보수를 지급받았다면 이들을 근로기준법상의 근로자라고 보아야 할 것이다); 대법원 1997.10.24. 선고 96다33037,33044 판결(회사의 이사라고 하더라도 회사로부터 위임받은 사무를 처리하는 이외에 일정한 노무를 담당하고 그 대가로 일정한 보수를 지급받아 왔다면 근로기준법상 근로자라고 할 수 있다).

회는 일정한 비율 이상의 사외이사를 그 구성원으로 하게 되었다.

사외이사제도 도입의 취지를 보면, (i) 이사회기능의 회복이다. 이사회의 기능은 의사결정기능과 감독기능이라 할 수 있다. 의사결정기능에 있어 전문적이고 다양한 사외이사의 참여로 정확한 의사결정이 가능하다는 점이다. 또한 사내이사만으로 구성되는 이사회에 있어서는 경영진에 대한 감독기능에 있어 구조적으로 문제점을 안고 있으므로 이사회의 감독기능을 제대로 회복시켜야 한다는 관점에서 도입된 것이다. (ii) 주주와 채권자의 보호이다. 이사의 독립성을 제고함으로써 회사의 경영진에 대한 감시감독권을 공정하게 행사하여 결과적으로 주주와 채권자를 보호하고자 한다. (iii) 대기업의 사회적 책임의 수행이다. 이사회의 기능을 활성화시켜 회사의 지배체제에 있어 객관적인 견제를 함으로써 그 사회적 책임을 다하도록 하는 것도 그 도입의 취지이다.

그러나 사외이사의 선임에 있어 회사의 지배주주나 내부자와 가까운 인사들이 선임되고 있고 전문성이 부족한 사외이사가 경영상황을 파악하지 못함에 따라 효과적인 감시나 견제의 역할을 하지 못하고 있으며, 종국적 책임을 회피하려는 경향이 강하다는 점 등이 비판된다.

2. 선   임

(1) 선임기관

1) 주주총회

이사는 주주총회에서 보통결의에 의하여 선임된다(제382조 제1항). 회사의 설립시 발기설립의 경우 발기인이(제296조) 선임하고 모집설립의 경우 창립총회에서 선임한다(제312조). 이사후보의 추천방법은 상장회사와 비상장회사에서 차이가 있다.

2) 임용계약의 필요 여부

주식회사 이사·감사 지위 취득의 요건과 시기에 있어서 그 지위취득을 위하여 주주총회 선임결의와 그에 대한 피선임자 동의(또는 승낙)만 필요한지 또는 피선임자와 회사 대표기관과의 임용계약 체결이 필요한지가 문제된다. 이에 대하여는 ① 그 임용계약체결이 필요하다는 **임용계약체결 필요설**, ② 만약 임용계약체결을 요건으로 한다면 대표이사가 피선임자에게 임용계약의 청약을 하지 않는 한 피선임자의 취임이 불가능하고, 주주총회의 이사(또는 감사) 선임결의는 창설적 효력을 갖는 행위로서 그 자체에 청약의 효력이 있으므로, 피선임자가 동의함으로써 바로 그 이사의 지위를 취득하는 것으로 보아야 한다는 **임용계약체결 불요설** 등이 있다. ③ **판례**는 과거 임용계약체결 필요설의 입장을 취한 바 있으나,[144] 그 입장을 변경하여 **임용계약체결 불요설을 채택**하였다.[145] 판례의 핵심적 근거

---

144) 대법원 2009.1.15. 선고 2008도9410 판결. 감사에 관한 것으로 대법원 1995.2.28. 선고 94다31440 판결 등.

는 이사나 감사의 지위가 주주총회 선임결의와는 별도로 임용계약이 체결되어야만 한다면, 그 선임을 주주총회의 전속적 권한으로 규정한 상법의 취지에 배치된다는 것이다.

임용계약체결 불요설이 타당하다. 이사의 지위는 단체법적 성질을 가지는 것으로서 이사로 선임된 사람과 대표이사 사이의 계약에 기초하는 것이 아니고, 만약 임용계약을 요건으로 삼게 된다면 대표이사가 새로이 주주총회에서 선임된 이사에게 임용계약의 청약을 하지 않는 한 이사 지위를 취득하게 되지 못한다고 보면 주주에게 효과적인 구제책도 없다는 문제점이 있기 때문이다.

3) 비상장회사와 상장회사, 대규모상장회사

① **비상장회사**의 경우 이사회가 주주총회의 소집을 결정하므로 이사 후보도 이사회가 정한다. 주주는 주주제안권의 행사를 통하여 자신이 지지하는 이사 후보를 추천할 수 있으나 이는 소수주주권에 불과하다는 한계가 있다. 또한 이사 후보가 누구인지는 의제가 아니라 의안이므로, 총회장에서 소집통지서에 기재되지 않은 후보를 바로 추천하여 이사로 선임하는 결의를 할 수도 있다.

② **상장회사**의 경우에는 반드시 소집통지서에 이사 후보에 대한 정보가 미리 기재되어야 한다. 상장회사가 주주총회에서 이사 또는 감사를 선임하려는 경우에는 제542조의4 제2항에 따라 통지하거나 공고한 후보자 중에서 선임하여야 한다(제542조의5). 따라서 총회장에서 주주가 다른 후보를 추천하는 것은 허용되지 않는다.

③ **자산총액 2조원 이상의 대규모 상장회사**의 경우 그 **사외이사 후보**는 사외이사 후보추천위원회에서 정하여야 한다(제542조의8 제4항과 제5항). 이 후보추천위원회는 사외이사가 위원의 과반수가 되어야 한다는 제한이 있다. 그리고 주주제안권을 행사할 수 있는 요건을 갖춘 주주가 주주제안의 절차에 따라 주주총회일의 6주 전에 추천한 사외이사 후보를 반드시 사외이사 후보에 포함시켜야 한다(제542조의8 제5항 후문). 이때 제542조의6 제2항의 요건상의 6개월 보유라는 요건을 충족하지 못하는 경우 제363조의2 제1항의 요건을 충족한 주주도 주주제안권을 가진다.

그런데 상장회사와 대규모상장회사의 경우 소집통지서에 기재된 이사에 한하여 선임될 수 있고, 사외이사는 후보추천위원회에서 정하도록 한다는 것은 주주총회의 이사선임권에 대한 중대한 침해라는 비판도 있다.

(2) 임기, 원수, 자격 등

1) 이사의 정원

이사는 원칙적으로 3인 이상이어야 한다. 그러나 자본금이 10억원 미만인 경우 예외적

---

145) 대법원 2017.3.23. 선고 2016다251215 전원합의체 판결.

으로 1인 또는 2인의 이사를 둘 수 있고(제383조 제1항), 이 경우 이사회를 두지 않는다(제383조 제5항). 따라서 이러한 회사에서는 이사회 대신 이사가 바로 회사의 기관이 된다.

상장회사에서는 사외이사의 수에 제한이 있다. 상장회사는 이사 총수의 4분의 1 이상을 사외이사로 선임하여야 하며, 이 가운데 자산총액 2조원 이상인 대규모 상장회사는 사외이사를 3인 이상, 그리고 이사 총수의 과반수가 되도록 구성하여야 한다(제542조의8 제1항).

2) 이사의 임기

회사는 이사의 임기를 정하지 않을 수도 있으나, 만약 이를 정하는 경우 임기는 3년을 초과하지 못한다(제383조 제2항). 따라서 이사의 직무집행을 정지하고 직무대행자를 선임하는 가처분이 있는 경우, 그 가처분결정은 어디까지나 이사의 직무집행행위의 효력을 제한하는 것일 뿐이므로 그 이사의 임기 진행에 영향을 주는 것은 아니어서 **그 가처분결정이 존속하는 기간만큼 임기가 연장되는 것이 아니다.**[146] 다만 정관규정이 있으면 그 임기 중의 최종의 결산기에 관한 정기주주총회의 종결에 이르기까지 연장할 수 있다(제383조 제3항). 여기서 '임기 중의 최종의 결산기에 관한 정기주주총회'는 임기 중에 도래하는 최종 결산기에 관한 정기주주총회를 말하고, 임기 만료 후에 도래하는 결산기에 관한 정기주주총회를 의미하는 것이 아니다.[147]

그런데 **회사가 이사의 임기를 정하지 않은 경우, 그 이사는 임기가 정해지지 않은 이사가 되는 것이지 그 임기가 3년이 된다는 의미가 아님을 주의**하여야 한다.[148] 임기를 정하는 경우와 정하지 않는 경우의 차이가 생겨나는 것은 임기를 정하지 않은 경우는 언제든지 해임할 수 있으나, 임기를 정한 경우 정당한 이유 없이 해임하는 경우 회사에 손해배상의무가 생긴다는 점이다(제385조 제1항 단서). 이사의 임기개시는 선임결의시에 임기개시일을 정한 경우에는 그날부터, 정하지 않은 경우에는 선임결의를 한 날로부터 임기가 개시한다고 보는 견해가 있으나, 이는 후보자의 동의도 없이 임기가 개시하는 결과가 되어 부당하다. 그가 동의 또는 취임한 날을 개시일로 보아야 한다.

3) 이사의 자격

이사가 될 수 있는 자격에는 원칙적으로 제한이 없으므로 주주가 아니어도 무방하다. 따라서 주식회사의 소유와 경영은 분리되어 있다. 그러나 정관으로 이사는 주주이어야 함을 정할 수도 있다. 정관으로 이사가 가질 주식의 수를 정한 경우에 다른 규정이 없는 때

---

146) 대법원 2020.8.20. 선고 2018다249148 판결.
147) 대법원 2021.6.24. 선고 2010다13541 판결.
148) 대법원 2001.6.15. 선고 2001다23928 판결(이사의 임기를 정한 경우라 함은 정관 또는 주주총회의 결의로 임기를 정하고 있는 경우를 말하고, 이사의 임기를 정하지 않은 때에는 이사의 임기의 최장기인 3년을 경과하지 않는 동안에 해임되더라도 그로 인한 손해의 배상을 청구할 수 없다고 할 것이고, 회사의 정관에서 **상법 제383조 제2항과 동일하게 "이사의 임기는 3년을 초과하지 못한다"고 규정한 것이 이사의 임기를 3년으로 정하는 취지라고 해석할 수는 없다**).

에는 이사는 그 수의 주권을 감사에게 공탁하여야 한다(제387조).

① **제한행위능력자**도 이사가 될 수 있다(통설). 다만 상장회사의 경우는 사외이사가 되지 못한다(제542조의8 제2항 제1호). ② **법인**이 이사가 될 수 있는지에 대하여는 견해가 나뉜다. 이에 대하여는 (i) 긍정설의 입장에서 법인이 발기인이나 회생절차상의 관리인이 될 수 있고, 또한 법인인 이사가 대외적 신용이나 자력에 있어서 자연인보다 훨씬 나은 경우가 많을 뿐 아니라 법인의 대표자가 실질적 업무를 담당하면 된다고 한다. (ii) 그러나 부정설의 입장에서는 이사는 본질적으로 인적 개성에 의하여 임면되므로 이사는 자연인에 한한다고 본다. 이사는 다른 이사에 대한 감시활동을 하고 이사회에의 출석이 중요한 이사의 임무인 점 등에서 보면 인적개성이 중요시됨을 알 수 있다. 이사는 대표이사가 될 수 있는 자격을 갖추어야 하고 대표이사는 자연인만이 될 수 있으므로 법인은 될 수 없다고 본다. 또한 회사는 다른 회사의 무한책임사원이 될 수 없는 점(제173조)에서 볼 때, 상법상의 회사는 주식회사의 이사가 될 수 없다고 봄이 타당하다 하겠다. ③ **감사**는 그 회사 및 자회사의 이사가 되지 못한다(제411조). 또한 지배인 기타의 상업사용인은 영업주의 허락이 없으면 다른 회사의 이사가 되지 못한다(제17조 제1항). ④ **사외이사는 독립성을 유지하여야 하므로 제382조 제3항에서 그 자격을 엄격히 제한**하고 있다.

(3) 집중투표제

1) 규정 및 취지

집중투표제란 2인 이상의 이사를 선임하는 경우에 각 주주가 1주마다 선임할 이사의 수와 동일한 수의 의결권을 가지고 이를 이사 후보자 1인 또는 수인에게 집중하여 투표하는 방법으로 행사함으로써, 투표의 최다수를 얻은 자부터 순차적으로 이사에 선임되는 것이다. 상법은 2인 이상의 이사의 선임을 목적으로 하는 총회의 소집이 있는 때에는 의결권 없는 주식을 제외한 발행주식총수의 100분의 3 이상에 해당하는 주식을 가진 주주는 정관에서 달리 정하는 경우를 제외하고는 회사에 대하여 집중투표의 방법으로 이사를 선임할 것을 청구할 수 있다고 규정한다(제382조의2 제1항). **단순투표제에서는 50%를 초과하는 지분을 가진 지배주주는 모든 이사를 자신이 원하는 자로 선임할 수 있는 문제가 있어,** 1998년 개정상법은 미국, 일본 등에서 인정되고 있는 집중투표제를 도입하여 소수주주의 대표자가 이사로 선임되어 경영진의 업무집행의 독주를 견제할 수 있는 방안을 마련하였다. 예를 들면, 2인의 이사를 동시에 선임하는 경우 그 이사후보로 A, B, C가 있고 그 중 A, B는 대주주인 甲(55주, 55%의 지분)이 추천하는 후보이고 C는 주주 乙(30주, 30%)이 추천한다고 가정할 경우, 집중투표제를 실시하지 않으면 C가 이사로 선임될 가능성이 없다. 그런데 집중투표제를 실시하면 乙이 자신의 투표권 60개를 모두 C에게 집중투표함으로써 C가 이사로 선임될 수도 있다. 甲은 투표권 110개를 가짐에 따라 A, B 모두에게 60

개 넘는 투표권을 행사할 수 없기 때문이다.

그런데 회사가 이러한 집중투표제에 의하여 이사를 선임하기 위하여는 정관에서 이를 금하는 규정을 두고 있지 않아야 하는데, 실제로는 대다수의 상장회사가 **정관에서 집중투표제를 금하고 있어** 실효성이 없는 상황이다. 회사를 구성하는 이해관계자들이 주주뿐 아니라 근로자, 소비자, 지역사회의 주민 등 다양한데도 불구하고 주주 이외의 이해관계자들을 대변하는 이사를 선임하지도 못하는 현재의 법제 하에서, 최소한 소수주주의 이익을 대변할 수 있는 구조로는 설계되어야 하겠다. 입법론으로는 집중투표제는 **일정 규모 이상의 모든 회사에 적용하도록 함이 바람직하다.**

2) 요 건
① 소수주주의 청구
소수주주가 집중투표의 청구를 하여야 한다. 비상장회사와 자산총액 2조원 미만의 상장회사는 발행주식총수의 3% 이상이지만(제382조의2 제1항), 자산총액 2조원 이상의 대규모 상장회사에서는 1% 이상이다(제542조의7 제2항). 이러한 청구는 회일의 7일전까지 서면 또는 전자문서로 하여야 하지만(제382조의2 제2항), 상장회사의 경우 그 기간을 6주 이전으로 하고 있다(제542조의7 제1항).

② 정관에 다른 정함이 없을 것
정관에 집중투표를 배제하는 규정이 없어야 한다(제382조의2 제1항). 따라서 정관에 아무런 규정이 없으면 집중투표를 시행할 수 있다. 상장회사의 경우 제542조의7 제3항과 제4항에서 집중투표의 배제와 관련한 정관변경의 경우 의결권 제한 및 의안 상정방법에 관한 특례규정을 가지고 있다.

③ 공 시
회사는 소수주주가 집중투표를 청구하면 그 내용을 본점에 비치하여 주주들이 열람할 수 있게 하고 주주총회에서도 그 취지를 알려야 한다(제382조의2 제5항, 제6항). 이러한 공시가 없으면 결의취소의 원인이 된다.

3) 선 임
이 경우에 이사의 선임결의에 관하여 각 주주는 1주마다 선임할 이사의 수와 동일한 수의 의결권을 가지며, 그 의결권은 이사 후보자 1인 또는 수인에게 집중하여 투표하는 방법으로 행사할 수 있다(제382조의2 제3항). 이때 **투표의 최다수를 얻은 자부터 순차적으로 이사에 선임되는 것으로 한다**(제382조의2 제4항). 주식회사의 정관에서 이사의 선임을 발행주식총수의 과반수에 해당하는 주식을 가진 주주의 출석과 출석주주의 의결권의 과반수에 의한다고 규정하는 경우, 집중투표에 관한 상법조항이 정관에 규정된 의사정족수 규정을 배제하지는 않으므로, 이사의 선임을 집중투표의 방법으로 하는 경우에도 정관에서

정한 의사정족수는 충족되어야 한다.[149]

(4) 사외이사

1) 사외이사의 선임 및 자격

사외이사도 이사이므로 당연히 주주총회의 결의로 선임된다. 또한 이사를 등기하여야 하는데 2009년 개정상법에서는 사외이사임을 명시하도록 하였다(제317조 제2항 제8호). 사외이사의 독립성을 위하여 자격에 대하여 제382조 제3항이 규정한다. 사외이사가 될 수 없는 자는 ① 회사의 상무에 종사하는 이사·집행임원 및 피용자 또는 최근 2년 이내에 회사의 상무에 종사한 이사·감사·집행임원 및 피용자, ② 최대주주가 자연인인 경우 본인과 그 배우자 및 직계 존속·비속, ③ 최대주주가 법인인 경우 그 법인의 이사·감사·집행임원 및 피용자, ④ 이사·감사·집행임원의 배우자 및 직계 존속·비속, ⑤ 회사의 모회사 또는 자회사의 이사·감사·집행임원 및 피용자, ⑥ 회사와 거래관계 등 중요한 이해관계에 있는 법인의 이사·감사·집행임원 및 피용자, ⑦ 회사의 이사·집행임원 및 피용자가 이사·집행임원으로 있는 다른 회사의 이사·감사·집행임원 및 피용자이다(제382조 제3항).

2) 상장회사 특례

상장회사의 사외이사에 대하여는 추가적인 특례를 두고 있다.

① 사외이사의 선임

상장회사는 자산 규모 등을 고려하여 대통령령으로 정하는 경우를 제외하고는 이사 총수의 4분의 1 이상을 사외이사로 하여야 한다. 다만, 자산 규모 2조원 이상의 대규모 상장회사의 사외이사는 3명 이상으로 하되, 이사 총수의 과반수가 되도록 하여야 한다(제542조의8 제1항). 상장회사는 사외이사의 사임·사망 등의 사유로 인하여 사외이사의 수가 그 구성요건에 미달하게 되면 그 사유가 발생한 후 처음으로 소집되는 주주총회에서 요건에 합치되도록 사외이사를 선임하여야 한다(제542조의8 제3항).

② 자격의 제한

상장회사의 사외이사는 제382조 제3항 각 호 이외의 추가적 결격사유를 두고 있다(제542조의8 제2항). (i) 미성년자, 금치산자 또는 한정치산자, (ii) 파산선고를 받고 복권되지 아니한 자, (iii) 금고 이상의 형을 선고받고 그 집행이 끝나거나 집행이 면제된 후 2년이 지나지 아니한 자, (iv) 대통령령으로 별도로 정하는 법률을 위반하여 해임되거나 면직된 후 2년이 지나지 아니한 자, (v) 상장회사의 주주로서 의결권 없는 주식을 제외한 발행주식총수를 기준으로 본인 및 그와 대통령령으로 정하는 특수한 관계에 있는 자가 소유하는

주식의 수가 가장 많은 경우 그 본인 및 그의 특수관계인, (vi) 누구의 명의로 하든지 자기의 계산으로 의결권 없는 주식을 제외한 발행주식총수의 100분의 10 이상의 주식을 소유하거나 이사·감사·집행임원의 선임과 해임 등 상장회사의 주요 경영사항에 대하여 사실상의 영향력을 행사하는 주주 및 그의 배우자와 직계 존속·비속, (vii) 그 밖에 사외이사로서의 직무를 충실하게 수행하기 곤란하거나 상장회사의 경영에 영향을 미칠 수 있는 자로서 대통령령으로 정하는 자 등이다.

③ 사외이사 후보추천위원회

자산총액 2조원 이상의 대규모상장회사는 사외이사 후보를 추천하기 위하여 사외이사 후보추천위원회를 설치하여야 한다. 이 경우 사외이사 후보추천위원회는 사외이사가 총위원의 과반수가 되도록 구성하여야 한다(제542조의8 제4항). 상장회사가 주주총회에서 사외이사를 선임하려는 경우에는 사외이사 후보추천위원회의 추천을 받은 자 중에서 선임하여야 한다. 이 경우 사외이사 후보추천위원회가 사외이사 후보를 추천할 때에는 제542조의6 제2항에 따른 주주제안권을 행사할 수 있는 요건을 갖춘 주주가 주주총회일의 6주 전에 추천한 사외이사 후보를 포함시켜야 한다(제542조의8 제5항). 이 규정은 사외이사의 권한을 지나치게 확대하였다는 비판도 있다.

3. 종 임

(1) 일반적 사유

위임에 관한 규정이 준용되므로 위임의 종료사유에 의하여 종임된다. 회사에 의한 해임이나 이사 스스로의 사임에 의하여 종료되고 회사의 해산, 파산이나 이사의 사망, 파산, 성년후견개시에 의하여 종료된다.

법률 또는 정관에 정한 이사의 원수를 결한 경우에는 임기의 만료 또는 사임으로 인하여 퇴임한 이사는 새로 선임된 이사가 취임할 때까지 이사의 권리의무가 있다(제386조 제1항). 이러한 경우는 이사 직무집행정지의 가처분과 함께 선임되는 직무대행자(제407조)와 구별되며 그 권한은 법원에 의하여 특별히 제한되지 않는 한 본래의 이사와 같다.[150]

---

150) 대법원 2007.3.29. 선고 2006다83697 판결(수인의 이사가 동시에 임기의 만료나 사임에 의하여 퇴임함으로 말미암아 법률 또는 정관에 정한 이사의 원수를 채우지 못하게 되는 결과가 일어나는 경우, 특별한 사정이 없는 한 그 퇴임한 이사 전원은 새로 선임된 이사가 취임할 때까지 이사로서의 권리의무가 있다고 봄이 상당하다); 대법원 1968.5.22. 자 68마119 결정(주식회사의 이사의 결원이 있어 법원에서 일시 이사의 직무를 행할 자를 선임한 경우에, 그 이사 직무대행자는 이사직무집행정지 가처분결정과 동시에 선임된 이사직무 대행자와는 달라 그 권한은 회사의 상무에 속한 것에 한한다는 제한을 받지 않는다고 판단하였음은 정당하고, 법률을 오해한 잘못이 있다 할 수 없으므로 논지는 이유없다).

(2) 해임결의

1) 의 의

이사는 **언제든지** 주주총회의 **특별결의**로 이를 해임할 수 있다(제385조 제1항). 즉 **해임에 정당한 이유가 있어야만 하는 것은 아니다.** 그러나 이사의 임기를 정한 경우에 정당한 이유 없이 그 임기만료 전에 이를 해임한 때에는 그 이사는 회사에 대하여 해임으로 인한 손해의 배상을 청구할 수 있다(제385조 제1항 단서). 판례는 이 제도가 주주의 회사에 대한 지배권 확보와 경영자 지위의 안정이라는 **주주와 이사의 이익을 조화**시키려는 것이고, 이사의 보수청구권을 보장하는 것을 주된 목적으로 하는 것이 아니라고 한다.[151)

2) 손해배상청구

임기 도중에 정당한 이유 없이 해임당하는 경우에는 이사가 손해배상을 청구할 수 있다(제385조 제1항 단서). 이사의 임기를 정하지 않은 경우 언제든지 이사를 해임할 수 있고 손해배상책임이 없다. 이때 손해가 무엇인지가 문제될 수 있으나, 통설적 견해는 **남은 임기에 받을 수 있었던 보수를 손해**라고 본다. 구체적 요건은 다음과 같다.

① **임기 도중에 해임되어야 한다.** 임기를 정한 경우라 함은 정관 또는 주주총회의 결의에 의하여 임기를 정한 경우를 말한다.[152) 임기 도중에 해임되어야 하므로, '임기만료 후 이사로서의 권리의무를 행사하고 있는 퇴임이사'는 제385조 제1항에서 해임대상으로 정하고 있는 '이사'에는 포함되지 않는다.[153) ② **정당한 이유가 없어야 한다.** 여기서의 정당한 이유에 대하여 통설은 객관적 합리적으로 판단하여야 하고 제385조 제2항의 불법행위 또는 법령이나 정관의 위반에 그치지 않지만, 주주와 이사 사이에 불화 등 단순한 주관적 신뢰관계가 상실된 것만으로는 정당한 이유가 되지 않는다고 본다.[154) 그러나 회사와 이사의 관계가 위임이라는 점을 감안한다면 정당한 이유를 넓게 해석하는 것이 옳다. 따라서

151) 대법원 2004.12.10. 선고 2004다25123 판결(상법 제385조 제1항은 주주총회의 특별결의에 의하여 언제든지 이사를 해임할 수 있게 하는 한편, 임기가 정하여진 이사가 그 임기 전에 정당한 이유 없이 해임당한 경우에는 회사에 대하여 손해배상을 청구할 수 있게 함으로써 주주의 회사에 대한 지배권 확보와 경영자 지위의 안정이라는 주주와 이사의 이익을 조화시키려는 규정이고, 이사의 보수청구권을 보장하는 것을 주된 목적으로 하는 규정이라 할 수 없으므로, 이를 이사회가 대표이사를 해임한 경우에도 유추 적용할 것은 아니고, 대표이사가 그 지위의 해임으로 무보수, 비상근의 이사로 되었다고 하여 달리 볼 것도 아니다).
152) 대법원 2001.6.15. 선고 2001다23928 판결.
153) 대법원 2021.8.19. 선고 2020다285406 판결(임기만료로 퇴임한 이사라 하더라도 상법 제386조 제1항 등에 따라 새로 선임된 이사의 취임 시까지 이사로서의 권리의무를 가지게 될 수 있으나(이하 '퇴임이사'라고 한다), 그와 같은 경우에도 새로 선임된 이사가 취임하거나 상법 제386조 제2항에 따라 일시 이사의 직무를 행할 자가 선임되면 별도의 주주총회 해임결의 없이 이사로서의 권리의무를 상실하게 된다. 이러한 상법 제385조 제1항의 입법 취지, 임기만료 후 이사로서의 권리의무를 행사하고 있는 퇴임이사의 지위 등을 종합하면, 상법 제385조 제1항에서 **해임대상으로 정하고 있는 '이사'에는 '임기만료 후 이사로서의 권리의무를 행사하고 있는 퇴임이사'는 포함되지 않는다**고 보아야 한다).
154) 대법원 2023.8.31. 선고 2023다220639 판결; 대법원 2013.9.26. 선고 2011다42348 판결; 대법원 2004.10.15. 선고 2004다25611 판결.

이사가 경영자로서 업무를 집행하는 데 장해가 될 객관적 상황이 발생한 경우(정신적 · 육체적 질병 등) 해임할 수 있는 정당한 이유가 된다고 본다.[155] 이 경우 **정당한 이유가 없음에 대한 입증책임은 손해배상을 청구하는 이사가 부담한다.**[156]

그런데 **정당한 이유가 있는지는 해임결의 당시 객관적으로 존재하는 사유를 참작하여** 판단할 수 있고, 주주총회에서 해임사유로 삼거나 해임결의 시 참작한 사유에 한정되는 것은 아니다.[157]

(3) 소수주주의 해임청구에 의한 해임판결

이사가 그 직무에 관하여 부정행위 또는 법령이나 정관에 위반한 중대한 사실이 있음에도 불구하고 **주주총회에서 그 해임을 부결한 때에는** 발행주식의 총수의 100분의 3 이상에 해당하는 주식을 가진 주주는 총회의 결의가 있은 날부터 1월 내에 그 이사의 해임을 법원에 청구할 수 있다(제385조 제2항). **상장회사**에서는 6개월 보유를 조건으로 하여 일반적으로 0.5% 이상, 대규모상장회사의 경우 0.25% 이상의 지분을 보유하고 있어야 한다(제542조의6 제3항). 무의결권주주도 행사 가능하다.

해임청구를 하기 위하여는 부정행위 등이 필요하므로 단순한 임무해태만으로는 해임청구를 할 수 없다. 부정행위 등의 사유는 이사가 재임하는 중에 존재하면 충분하고 반드시 해임청구를 하는 시점에 존재할 필요는 없다.[158]

그런데 실제적으로는 지배주주가 이사의 해임을 반대하는 경우 소수주주는 이사해임을 주주총회의 의제로 삼기 어렵다. 상장회사의 경우 임원의 해임에 관한 사항은 상법 시행령

---

155) 대법원 2004.10.15. 선고 2004다25611 판결(상법 제385조 제1항에 규정된 '정당한 이유'란 **주주와 이사 사이에 불화 등 단순히 주관적인 신뢰관계가 상실된 것만으로는 부족**하고, 이사가 법령이나 정관에 위배된 행위를 하였거나 정신적 · 육체적으로 경영자로서의 직무를 감당하기 현저하게 곤란한 경우, 회사의 중요한 사업계획 수립이나 그 추진에 실패함으로써 경영능력에 대한 근본적인 신뢰관계가 상실된 경우 등과 같이 당해 이사가 경영자로서 업무를 집행하는 데 장해가 될 객관적 상황이 발생한 경우에 비로소 임기 전에 해임할 수 있는 정당한 이유가 있다고 할 것이다).

156) 대법원 2006.11.23. 선고 2004다49570 판결(주식회사 이사의 임기를 정한 경우에 주식회사가 정당한 이유 없이 임기만료 전에 이사를 해임한 때에는 그 이사는 회사에 대하여 해임으로 인한 손해의 배상을 청구할 수 있는데, 이러한 경우 **'정당한 이유'의 존부에 관한 입증책임은 손해배상을 청구하는 이사가 부담한다**).

157) 대법원 2023.8.31. 선고 2023다220639 판결. 이 사건에서 쟁점은 정당한 이유 여부를 판단할 때 '해임결의 당시 고려한 사유'에 한정할 것인지였다. 원고들은 피고회사 이사로 재직 중이던 2020. 6. 9. 피고회사 이사회 승인 없이 동종영업을 하는 회사를 설립하고 각기 사내이사로 취임함으로써 상법 제397조 제1항의 경업금지의무를 위반한 바 있다. 원래 이러한 위반은 이사 해임의 정당한 이유를 구성한다. 다만 위 해임결의 당시 피고회사는 위 경업금지의무 위반을 인지하지 못하였고, 이를 고려하지도 않았다. 한편 피고회사가 해임사유로 보았던 원고들의 횡령 등은 사실무근이거나 해임의 정당한 근거에 미치지 못하는 것으로 판명되었다. 이 사건에서 결의 당시 고려하지 않았던 경업금지의무 위반이 객관적 사유이었으므로 해임의 고려는 하지 않았더라도 정당한 사유가 있었다고 판결하였다.

158) 대법원 1990.11.2. 자 90마745 결정(갑주식회사의 이사가 주주총회의 승인이 없이 그 회사와 동종 영업을 목적으로 하는 을회사를 설립하고 을회사의 이사 겸 대표이사가 되었다면 설령 을회사가 영업활동을 개시하기 전에 을회사의 이사 및 대표이사직을 사임하였다고 하더라도, 이는 분명히 상법 제397조 제1항 소정의 경업금지의무를 위반한 행위로서 특별한 다른 사정이 없는 한 이사의 해임에 관한 상법 제385조 제2항 소정의 "법령에 위반한 중대한 사실"이 있는 경우에 해당한다).

제12조 제4호에 의하여 회사가 주주제안을 거부할 수 있는 사유이므로 주주총회의 의제로 삼기 어렵다. 따라서 법원에 대한 해임청구권은 큰 의미가 없다.

(4) 결원 조치 등

1) 결원에 대한 조치

결원에 대한 상법상의 조치로는 임기연장, 퇴임이사, 임시이사의 세 경우가 있다. 그런데 이 세 가지의 경우는 다음에서 보는 **상법 제407조의 직무대행자와 구별**하여야 한다. 임기가 연장된 이사, 퇴임이사, 임시이사의 경우 그 권한은 원칙적으로 본래의 이사와 동일함에 반하여, 제407조 직무대행자의 권한은 상무로 국한된다.

① **퇴임이사**는, 법률 또는 정관에 정한 이사의 원수를 결한 경우에는 임기의 만료 또는 사임으로 인하여 퇴임한 이사는 새로 선임된 이사가 취임할 때까지 이사의 권리의무가 있다고 정하는 방법이다(제386조 제1항). 이는 이사 정원에 결원이 발생한 경우 새로운 이사를 선임할 때까지 업무집행의 공백을 방지하여 회사 운영이 계속되도록 하기 위함이다. 그러나 특정재산범죄로 유죄판결이 확정된 사람은 유죄판결된 범죄행위와 밀접한 관련이 있는 기업체의 퇴임이사가 될 수 없다고 본다.[159]

② **임기연장**은, 정관으로 그 임기 중의 최종의 결산기에 관한 정기주주총회의 종결에 이르기까지 연장하는 방법이다(제383조 제3항). 여기서 '임기 중의 최종의 결산기에 관한 정기주주총회'라 함은 임기 중에 도래하는 최종의 결산기에 관한 정기주주총회를 말하고, 임기 만료 후 최초로 도래하는 결산기에 관한 정기주주총회 또는 최초로 소집되는 정기주주총회를 의미하는 것은 아니므로, 이는 결국 **이사의 임기가 최종 결산기의 말일과 당해 결산기에 관한 정기주주총회 사이에 만료되는 경우**에 정관으로 그 임기를 정기주주총회 종결일까지 연장할 수 있다는 규정이다.[160] 따라서 결산기 말일 이전에 임기가 만료된다면 이 규정이 적용될 여지가 없다.

③ **임시이사**를 선임하는 방법이다. 이는 보충적인 방법이다. 필요하다고 인정할 때에는 법원은 이사, 감사 기타의 이해관계인의 청구에 의하여 일시 이사의 직무를 행할 자를 선

---

159) 대법원 2022.11.10. 선고 2021다271282 판결(특정경제범죄 가중처벌 등에 관한 법률 제14조 제1항에 의하면, 이득액 5억원 이상의 사기, 횡령 등 특정경제범죄법 제3조에 의하여 가중처벌되는 특정재산범죄로 유죄판결을 받은 사람은 법무부장관의 승인을 받은 경우가 아닌 한 유죄판결이 확정된 때부터 특정경제범죄법 제14조 제1항 각호의 기간 동안 유죄판결된 범죄행위와 밀접한 관련이 있는 기업체에 취업할 수 없다. 이는 유죄판결된 범죄사실과 밀접하게 관련된 기업체에 대한 취업을 제한함으로써 중요 경제범죄의 재발을 방지하고 이를 통하여 건전한 경제질서를 확립하며 나아가 국민경제 발전에 이바지하고자 하는 데 그 취지가 있다).

160) 대법원 2010.6.24. 선고 2010다13541 판결(위 규정상의 '임기 중의 최종의 결산기에 관한 정기주주총회'라 함은 임기 중에 도래하는 최종의 결산기에 관한 정기주주총회를 말하고, 임기 만료 후 최초로 도래하는 결산기에 관한 정기주주총회 또는 최초로 소집되는 정기주주총회를 의미하는 것은 아니므로, 위 규정은 결국 이사의 임기가 최종 결산기의 말일과 당해 결산기에 관한 정기주주총회 사이에 만료되는 경우에 정관으로 그 임기를 정기주주총회 종결일까지 연장할 수 있도록 허용하는 규정이라고 보아야 한다).

임할 수 있다(제386조 제2항). 주의할 점은 이 경우 퇴임이사로 하여금 직무를 수행하도록 하는 것이 불가능하거나 부적당한 경우와 같이 임시이사의 선임의 필요성이 있어야 한다.[161] 즉 보충적인 경우에 한하여 이 제도를 이용할 수 있다.

2) 직무집행정지와 직무대행자선임의 가처분제도

이사선임결의의 무효나 취소 또는 이사해임의 소가 제기된 경우에는 법원은 당사자의 신청에 의하여 가처분으로써 이사의 직무집행을 정지할 수 있고 또는 직무대행자를 선임할 수 있다. 급박한 사정이 있는 때에는 본안 소송의 제기전에도 그 처분을 할 수 있다(제407조). 이 제도는 제415조 감사, 제415조의2 제7항 감사위원, 제542조 제2항 청산인에도 준용한다.

① 직무집행정지가처분

직무집행정지가처분도 보전소송으로서 민사집행법상 통상의 임시의 지위를 정하기 위한 가처분이다(통설, 판례).[162] 따라서 민사집행법상의 요건도 충족하여야 한다. 그 요건을 보면, (i) 이사선임결의의 하자를 다투는 본안소송이 계속되어야 한다. (ii) 예외적으로 급박한 사정이 있는 경우 본안소송의 제기 전에도 가처분을 할 수 있다(제407조 제1항 단서). 급박한 사정이란 본안 전에도 가처분을 해야 할 사정을 뜻하고 이사의 직무수행의 현황에 비추어 본안소송까지 기다릴 여유가 없는 경우 등이다. (iii) 피보전권리가 존재하여야 한다.[163] 따라서 가처분결정 이전에 이사가 사임 등을 하는 경우 가처분신청은 각하된다.[164] 그런데 퇴임이사가 사실상 이사로서의 직무를 수행하고 있는 경우 그 퇴임이사를 직무에서 배제하고자 한다면 가처분을 신청할 수 있다.[165] (iv) 보전의 필요가 인정되어야 한다. 보전의 필요란 특히 계속하는 권리관계에 현저한 손해를 피하거나 급박한 위험을 막기 위하여 또는 그 밖의 필요한 이유를 뜻하고(민사집행법 제300조 제2항), 여기서는 가처분이 받아들여지지 않는 경우 회사에 회복할 수 없는 위험이 있어야 한다. 보전의 필요성은 가처분을 신청하는 자가 소명하여야 한다(민사집행법 제279조 제2항).

직무집행의 정지를 당한 이사가 가처분의 취지에 반하여 한 행위는 제3자 관계에서는

---

161) 대법원 2000.11.17. 자 2000마5632 결정.

162) 대법원 1972.1.31. 선고 71다2351 판결.

163) 대법원 1991.3.5. 자 90마818 결정(절차상의 잘못이 있어 무효로 돌아간다 하더라도 그들 임원이 신청외 회사의 주식 60퍼센트를 소유하고 있는 피신청인 ○○○의 의사에 의하여 선임된 사람들인 이상 이들을 신청외 회사의 경영에서 배제시키고 그 대행자를 선임하여야 할 필요성이 있다고는 인정되지 아니한다).

164) 대법원 1982.2.9. 선고 80다2424 판결.

165) 대법원 2009.10.29. 자 2009마1311 결정(상법 제386조 제1항의 규정에 따라 퇴임이사가 이사의 권리의무를 행할 수 있는 것은 법률 또는 정관에 정한 이사의 원수를 결한 경우에 한정되는 것이므로, 퇴임할 당시에 법률 또는 정관에 정한 이사의 원수가 충족되어 있는 경우라면 퇴임하는 이사는 임기의 만료 또는 사임과 동시에 당연히 이사로서의 권리의무를 상실하는 것이고, 그럼에도 불구하고 그 이사가 여전히 이사로서의 권리의무를 실제로 행사하고 있는 경우에는 그 권리의무의 부존재확인청구권을 피보전권리로 하여 직무집행의 정지를 구하는 가처분신청이 허용된다).

절대적으로 무효이고, 그 후 가처분이 취소된 경우에도 소급하여 유효가 되는 것이 아니다.166) 선의의 제3자라 하더라도 보호받지 못한다.167)

② 직무대행자선임의 가처분

직무대행자의 선임은 임시적인 조치에 불과하므로 이러한 직무대행자는 원칙적으로 회사의 상무에 속하는 행위만을 할 수 있다(제408조 제1항). 그러나 가처분명령에 다른 정함이 있거나 또는 법원의 허가가 있으면 직무대행자는 예외적으로 일상에 속하는 행위가 아니라도 할 수 있다(제408조).

여기서 **상무**(常務)의 의미가 문제된다. 판례는 이에 대하여 "일반적으로 회사에서 일상 행해져야 하는 사무, 회사가 영업을 계속함에 있어서 통상 행하는 영업범위 내의 사무 또는 **회사경영에 중요한 영향을 주지 않는 통상의 업무** 등을 의미하고, 어느 행위가 구체적으로 이 상무에 속하는가 하는 것은 당해 회사의 기구, 업무의 종류·성질, 기타 제반 사정을 고려하여 객관적으로 판단되어야 할 것"이라고 한다. 일반적으로 **관리행위는 포함되지만 처분행위는 제외**된다. 상무라고 한 판례가 드물다.168) 상무가 아니라고 한 판결들을 보면 다음이 있다. (i) "정기주주총회를 소집함에 있어서도 그 안건에 이사회의 구성 자체를 변경하는 행위나 상법 제374조의 특별결의사항에 해당하는 행위 등 회사의 경영 및 지배에 영향을 미칠 수 있는 것이 포함되어 있다면 그 안건의 범위에서 정기총회의 소집이 상무에 속하지 않는다고 할 것"이라고 하였다.169) (ii) 상대방의 청구에 대한 인락을 하는 행위도 상무가 아니다.170) (iii) 항소를 취하하는 것,171) (iv) 가처분명령에 의하여 선임된 대행자가 그 가처분을 신청한 사람 측에게 그 권한의 전부를 위임하여 회사의 경영을 일임하는 행위도 상무가 아니다.172)

---

166) 대법원 2008.5.29. 선고 2008다4537 판결(법원의 직무집행정지 가처분결정에 의해 회사를 대표할 권한이 정지된 대표이사가 그 정지기간 중에 체결한 계약은 절대적으로 무효이고, 그 후 가처분신청의 취하에 의하여 보전집행이 취소되었다 하더라도 집행의 효력은 장래를 향하여 소멸할 뿐 소급적으로 소멸하는 것은 아니라 할 것이므로, 가처분신청이 취하되었다 하여 무효인 계약이 유효하게 되지는 않는다); 대법원 1997.9.9. 선고 97다12167 판결.
167) 대법원 1992.5.12. 선고 92다5638 판결.
168) 다음은 상무의 범위에 속한다고 본 판결이다. 대법원 1970.4.14. 선고 69다1613 판결(대표이사 직무대행자가 변호사에게 소송대리를 위임하고 보수계약을 체결한 행위는 그 회사의 상무에 속하지 않는 것이라 볼 수 없으므로 회사의 행위로서 효력이 있다).
169) 대법원 2007.6.28. 선고 2006다62362 판결(직무대행자가 정기주주총회를 소집함에 있어서도 그 안건에 이사회의 구성 자체를 변경하는 행위나 상법 제374조의 특별결의사항에 해당하는 행위 등 회사의 경영 및 지배에 영향을 미칠 수 있는 것이 포함되어 있다면 그 안건의 범위에서 정기총회의 소집이 상무에 속하지 않는다고 할 것이고, 직무대행자가 정기주주총회를 소집하는 행위가 상무에 속하지 아니함에도 법원의 허가 없이 이를 소집하여 결의한 때에는 소집절차상의 하자로 결의취소사유에 해당한다).
170) 대법원 1975.5.27. 선고 75다120 판결(법원의 가처분결정에 의한 회사의 대표이사 직무대행자는 그 가처분에 다른 정함이 있는 때 외에는 법원의 허가 없이 그 회사의 상무에 속하지 않는 행위를 할 수 없고 법원의 허가 없이 회사를 대표하여 변론기일에서 상대방의 청구에 대한 인락을 한 경우에는 민사소송법 제422조 제1항 제3호 소정의 소송행위를 함에 필요한 특별수권의 흠결이 있는 재심사유에 해당한다).
171) 대법원 1982.4.27. 선고 81다358 판결(가처분결정에 의해 선임된 청산인 직무대행자가 그 가처분의 본안소송인 주주총회결의 무효확인의 제1심 판결에 대한 항소를 취하하는 행위는 회사의 상무에 속하지 않으므로 그 가처분결정에 다른 정함이 있거나 관할법원의 허가를 얻지 아니하고서는 이를 할 수 없다.)

다만 **직무대행자가 그 권한범위를 넘어 상무에 속하지 않는 행위를 한 경우에도 회사**
는 선의의 제3자에 대하여 책임을 진다(제408조 제2항). 그리고 주주총회에서 후임이사를
선임하더라도 가처분이 취소되지 않는 한 직무대행자의 권한이 소멸되는 것은 아니므로
후임이사도 이사로서의 권한을 행사할 수 없다.[173]

4. 보   수

(1) 의   의

회사와 이사의 관계는 위임이므로 민법상으로는 무상이 원칙이나(민법 제686조 제1항)
영리성을 가지는 주식회사에서는 이사에게 보수를 지급함이 일반적이다.

그런데 명목상 이사가 정관규정 또는 주주총회 결의로 결정된 보수청구권을 갖는지가
문제된다. 일반적으로 명목상 이사는 법적으로 이사의 지위를 가지고 있지만 회사와의 직
무면제 등의 약정에 의하여 실제로는 이사의 직무를 수행하지 않는 이사를 말한다. 그런데
명목상 이사라 하더라도 법적으로는 이사의 지위를 가지므로 상법이 정한 이사로서의 권
한과 의무 및 책임은 동일하게 부담한다. 판례도 이사가 그 직무를 수행하지 않은 것은
그 자체로 이사로서의 임무를 해태한 것이라는 이유로 명목상 이사의 책임을 인정하고 있
고,[174] 이는 명목상 이사도 상법이 정한 이사로서의 권한과 의무가 그대로 인정됨을 전제
하는 것이다. 따라서 회사와 사이에 보수약정이 있고 상법 제388조 등에 따라 보수액에
관한 정관의 규정이나 총회의 결의를 갖추었다면 **특별한 사정이 없는 한 명목상 이사라**
하더라도 회사에 대하여 보수청구권을 가진다.[175]

이사와 회사는 근로관계가 아니라 위임관계이다. 따라서 이사의 보수는 근로기준법상의

---

172) 대법원 1984.2.14. 선고 83다카875,876,877 판결(법원의 가처분명령에 의하여 선임된 회사의 대표이사 직무대
행자가 회사의 업무집행기관으로서의 기능발휘를 전혀 하지 아니하고 그 가처분을 신청한 사람 측에게 그 권한의 전
부를 위임하여 회사의 경영을 일임하는 행위는 가처분명령에 의하여 정하여진 대표이사 직무대행자의 회사경영책임
자로서의 지위에 변동을 가져오게 하는 것으로서 가처분 명령에 위배되는 행위일 뿐만 아니라 회사업무의 통상적인
과정을 일탈하는 것으로서 이를 회사의 상무라고 할 수 없으므로, 가처분명령에 특히 정한 바가 있거나 법원의 허가
를 얻지 않고는 할 수 없다 할 것이다).

173) 대법원 1992.5.12. 선고 92다5638 판결(대표이사의 직무집행정지 및 직무대행자선임의 가처분이 이루어진 이
상, 그 후 대표이사가 해임되고 새로운 대표이사가 선임되었다 하더라도 가처분결정이 취소되지 아니하는 한 직무대
행자의 권한은 유효하게 존속하는 반면 새로이 선임된 대표이사는 그 선임결의의 적법 여부에 관계없이 대표이사로
서의 권한을 가지지 못한다).

174) 대법원 2009.5.14. 선고 2008다94097 판결; 대법원 2007.12.13. 선고 2007다60080 판결 등.

175) 대법원 2015.9.10. 선고 2015다213308 판결; 대법원 2015.7.23. 선고 2014다236311 판결(법적으로는 주식회
사 이사·감사의 지위를 갖지만 회사와의 명시적 또는 묵시적 약정에 따라 이사·감사로서의 실질적인 직무를 수행
하지 않는 이른바 명목상 이사·감사도 법인인 회사의 기관으로서 회사가 사회적 실체로서 성립하고 활동하는 데 필
요한 기초를 제공함과 아울러 상법이 정한 권한과 의무를 갖고 의무 위반에 따른 책임을 부담하는 것은 일반적인 이
사·감사와 다를 바 없으므로, 과다한 보수에 대한 사법적 통제의 문제는 별론으로 하더라도, 오로지 보수의 지급이
라는 형식으로 회사의 자금을 개인에게 지급하기 위한 방편으로 이사·감사로 선임한 것이라는 등의 특별한 사정이
없는 한, 회사에 대하여 상법 제388조, 제415조에 따라 정관의 규정 또는 주주총회의 결의에 의하여 결정된 보수의
청구권을 갖는다).

보수가 아니다. 노무에 대한 근로계약에 기한 것이 아니므로 그 성질상 근로기준법이 적용되지 않는다. 하지만 회사의 이사라 하더라도 일정한 노무를 담당하고 그 대가로 일정한 보수를 지급받아 왔다면 그 사용인분 보수가 이사의 보수에 포함되는지의 문제가 있다. 사용인분 급여는 **근로계약의 대가**로서 이사의 보수와는 법적 성질을 달리하므로 이에 포함되지 않는다고 본다.

(2) 보수의 통제

이사의 보수가 과도하다면 회사의 자본충실을 해하고 주주와 채권자의 손실을 초래하게 된다. 그러므로 상법은 정관 또는 주주총회의 결의로 이사의 보수를 정하도록 하여 이사들의 고용계약과 관련하여 사익 도모의 폐해를 방지함으로써 회사와 주주 및 회사채권자의 이익을 보호하고자 한다.[176] 비록 보수와 직무의 상관관계가 상법에 명시되어 있지 않더라도 ① 이사가 회사에 대하여 제공하는 직무와 그 지급받는 보수 사이에는 합리적 비례관계가 유지되어야 하며, ② 회사의 채무상황이나 영업실적에 비추어 합리적인 수준을 벗어나서 현저히 균형성을 잃을 정도로 과다하여서는 아니 된다.[177] 따라서 판례는 주주총회의 결의를 거쳤다 하더라도 그러한 보수지급 행위는 무효라고 하였다.[178] 판례는 "이사의 직무내용, 회사의 재무상황이나 영업실적 등에 비추어 지나치게 과다하여 합리적 수준을 현저히 벗어나는 보수 지급 기준을 마련하고 지위를 이용하여 주주총회에 영향력을 행사함으로써 소수주주의 반대에 불구하고 이에 관한 주주총회결의가 성립되도록 하였다면, 이는 회사를 위하여 직무를 충실하게 수행하여야 하는 상법 제382조의3에서 정한 의무를 위반하여 회사재산의 부당한 유출을 야기함으로써 회사와 주주의 이익을 침해하는 것으로서 회사에 대한 배임행위에 해당하므로, 주주총회결의를 거쳤다 하더라도 그러한 위법행위가 유효하다 할 수는 없다"고 하였다.

또한 판례는 **보수가 합리적인 수준을 벗어나서 현저히 균형성을 잃을 정도로 과다하거나, 오로지 보수의 지급이라는 형식으로 회사의 자금을 개인에게 지급하기 위한 방편으로 이사로 선임하였다는 등의 특별한 사정이 있는 경우** 보수청구권의 일부 또는 전부에 대한 행사가 제한되고 회사는 합리적이라고 인정되는 범위를 초과하여 지급된 보수의 반환을 구할 수 있다고 한다.[179]

---

176) 대법원 2016.1.28. 선고 2014다11888 판결.
177) 대법원 2016.1.28. 선고 2014다11888 판결.
178) 대법원 2016.1.28. 선고 2014다11888 판결.
179) 대법원 2015.9.10. 선고 2015다213308 판결.

(3) 결정방법

1) 정관 또는 주주총회

이사의 보수는 정관에 그 액을 정하지 아니한 때에는 주주총회의 결의로 이를 정한다 (제388조). 상법 제388조는 이사가 자신의 보수와 관련하여 개인적 이익을 도모하는 폐해를 방지하여 회사와 주주 및 회사채권자의 이익을 보호하기 위한 강행규정이다.[180] 그리고 정관 등에서 이사의 보수에 관하여 주주총회의 결의로 정한다고 규정되어 있는 경우, 그 금액·지급방법·지급시기 등에 관한 주주총회의 결의가 있었음을 인정할 증거가 없는 한 이사는 보수청구권을 행사할 수 없다.[181] 판례는 회사의 대표이사가 주총결의 없이 회사의 대주주(주식의 56.48% 소유)의 의사결정만으로 회사로부터 특별성과급으로 금원을 지급받은 사안에서, 대법원은 특별성과급은 보수에 해당하는데, 이를 지급받을 때에 주총결의가 없었다면 주총결의시 결의가 이루어 질 것으로 예상된다는 사정만으로 결의가 있었던 것과 같게 볼 수 없다고 판시한다.[182]

요컨대 이사의 보수에 관한 상법 제388조는 이사가 자신의 보수와 관련하여 개인적 이익을 도모하는 폐해를 방지하여 회사와 주주 및 회사채권자의 이익을 보호하기 위한 강행규정으로서,[183] 이러한 주총결의사항은 반드시 주주총회에서 정해야 하고 정관 또는 주주총회 결의에 의하더라도 다른 기관 등 제3자에게 위임하지 못한다는 것이다.

2) 명시적 또는 묵시적 특약

이사는 선임된 사실만으로 명시 또는 묵시의 보수지급 특약이 있는 것으로 볼 수 있는가? 즉 정관에도 보수지급이 정하여져 있지 않고, 주주총회에서 지급한다는 결의도 없었던 경우라면 이사는 보수지급청구권을 가지는가의 쟁점이다. 현재 판례의 입장은 **정관에 명시적 규정이 있거나 또는 주주총회의 결의가 있어야만 이사의 보수지급청구권이 발생하는 것으로 보아 이러한 묵시적 특약을 부정한다.**[184] 요컨대 이사의 보수에 대한 근거로 반드시 정관이나 주주총회의 결의가 있어야만 한다는 것이다.

---

180) 대법원 2020.6.4. 선고 2016다241515,241522 판결.
181) 대법원 2019.7.4. 선고 2017다17436 판결.
182) 대법원 2020.4.9. 선고 2018다290436 판결.
183) 대법원 2020.4.9. 선고 2018다290436 판결 등.
184) 대법원 2004.12.10. 선고 2004다25123 판결; 대법원 1992.12.22. 선고 92다28228 판결(회사의 업무집행권을 가진 이사 등 임원은 그가 회사의 주주가 아니라 하더라도 회사로부터 일정한 사무처리의 위임을 받고 있는 것이므로 특별한 사정이 없는 한 사용자의 지휘감독 아래 일정한 근로를 제공하고 소정의 임금을 받는 고용관계에 있는 것이 아니어서 근로기준법상의 근로자라고 할 수 없다. 정관 및 관계법규상 이사의 보수 또는 퇴직금에 관하여 주주총회의 결의로 정한다고 규정되어 있는 경우 금액, 지급방법, 지급시기 등에 관한 주주총회의 결의가 있었음을 인정할 증거가 없는 한 이사의 보수나 퇴직금청구권을 행사할 수 없다); 대법원 1983.3.22. 선고 81다343 판결.

3) 구체적 범위에서 이사회에의 위임

정관 또는 주주총회에서 임원의 보수 총액 내지 한도액만을 정하고 개별 이사에 대한 지급액 등 구체적인 사항을 이사회에 위임하는 것은 가능하지만, 이사의 보수에 관한 사항을 이사회에 포괄적으로 위임하는 것은 허용되지 아니한다.[185) 따라서 정관이나 주주총회 결의로 이사 전원에 대한 보수의 총액을 정하거나 또는 퇴직하는 이사에 대한 퇴직금액을 구체적으로 정한 다음, 그 배분이나 여러 사정을 고려하여 구체적 산정을 이사회에 위임하는 것은 가능하고, 이 경우 이사회 결의가 없었다는 이유로 보수청구권 또는 퇴직금청구권을 박탈할 수는 없다.[186) 그러나 이사의 보수에 관한 사항을 이사회에 포괄적으로 위임하는 것은 허용되지 아니한다.

(4) 보수의 적용범위

상법 제388조는 "이사의 보수는 정관에 그 액을 정하지 아니한 때에는 주주총회의 결의로 이를 정한다"라고 규정하고 있고, 위 규정의 보수에는 연봉, 월급, 수당, 상여금 등 명칭을 불문하고 이사의 직무수행에 대한 보상으로 지급되는 모든 대가가 포함된다.[187)

1) 퇴직위로금 등의 포함여부

판례는 **퇴직(위로)금을 보수의 일종**으로 파악하므로,[188) 그 해법은 보수와 동일하다. 퇴직위로금을 보수의 일종으로 보아야 하는 근거는 과다한 퇴직위로금의 책정으로 사익을 추구할 우려가 있고, 이는 제388조를 탈법하는 결과가 되기 때문이다. 퇴직위로금이 일정한 직무수행의 대가라면 이는 이사의 보수에 포함된다고 보아야 하고, 또한 퇴직위로금에 대한 통제의 방법에 있어서도 제388조의 적용대상이 된다고 보는 것이 옳다.

---

185) 대법원 2020.6.4. 선고 2016다241515,241522 판결.
186) 대법원 2020.6.4. 선고 2016다241515,241522 판결(정관 또는 주주총회에서 임원의 보수 총액 내지 한도액만을 정하고 개별 이사에 대한 지급액 등 구체적인 사항을 이사회에 위임하는 것은 가능하지만, 이사의 보수에 관한 사항을 이사회에 포괄적으로 위임하는 것은 허용되지 아니한다); 대법원 2006.5.25. 선고 2003다16092,16108 판결(회사가 정관에서 퇴직하는 이사에 대한 퇴직금액의 범위를 구체적으로 정한 다음, 다만 재임 중 공로 등 여러 사정을 고려하여 이사회가 그 금액을 결정할 수 있도록 하였다면, 이사회로서는 퇴직한 이사에 대한 퇴직금액을 정하면서, 퇴임한 이사가 회사에 대하여 배임 행위 등 명백히 회사에 손해를 끼쳤다는 등의 특별한 사정이 없는 한, 재임 중 공로의 정도를 고려하여 정관에서 정한 퇴직금액을 어느 정도 감액할 수 있을 뿐 퇴직금 청구권을 아예 박탈하는 결의를 할 수는 없으므로, 이사회가 퇴직한 이사에 대한 퇴직금을 감액하는 등의 어떠한 결의도 하지 않았을 경우 회사로서는 그와 같은 이사회 결의가 없었음을 이유로 퇴직한 이사에 대하여 정관에 구체적으로 정한 범위 안에서의 퇴직금 지급을 거절할 수는 없다).
187) 대법원 2020.6.4. 선고 2016다241515,241522 판결; 대법원 2018.5.30. 선고 2015다51968 판결 등.
188) 대법원 2004.12.10. 선고 2004다25123 판결(상법 제388조에 의하면, 주식회사 이사의 보수는 정관에 그 액을 정하지 아니한 때에는 주주총회의 결의로 이를 정한다고 규정되어 있는바, **이사에 대한 퇴직위로금은 그 직에서 퇴임한 자에 대하여 그 재직 중 직무집행의 대가로 지급되는 보수의 일종**으로서 상법 제388조에 규정된 보수에 포함되고, 정관 등에서 이사의 보수 또는 퇴직금에 관하여 주주총회의 결의로 정한다고 규정되어 있는 경우 그 금액·지급방법·지급시기 등에 관한 주주총회의 결의가 있었음을 인정할 증거가 없는 한 이사의 보수나 퇴직금청구권을 행사할 수 없다); 대법원 1999.2.24. 선고 97다38930 판결.

판례는 **퇴직금 중간정산금**에 관하여도 엄격한 입장을 취한다. 판례는 퇴직금 중간정산금은 지급시기가 일반적으로 정해져 있는 정기적 보수 또는 퇴직금과 달리 이사의 신청을 전제로 이사의 퇴직 전에 지급의무가 발생하므로, 이사가 중간정산의 형태로 퇴직금을 지급받을 수 있는지 여부는 퇴직금의 지급시기와 지급방법에 관한 매우 중요한 요소라고 하면서, 정관에서 이사의 퇴직금에 관하여 주주총회의 결의로 정한다고 규정하면서 퇴직금의 액수에 관하여만 정하고 있다면, 퇴직금 중간정산에 관한 주주총회의 결의가 있었음을 인정할 증거가 없는 한 이사는 퇴직금 중간정산금 청구권을 행사할 수 없다고 하였다.[189]

2) 이사의 해직보상금 약정의 효력

보수의 적용을 받는 퇴직위로금과 별도로, 이사가 이사직에서 해임되는 경우 일정한 금액의 해직보상금을 지급받기로 회사와의 고용계약에서 약정한 경우 그 효력이 문제된다. 이사들이 계약을 체결하는 과정에서 개인적 이득을 취할 목적으로 과다한 해직보상금을 약정하는 것은 이사의 보수나 퇴직위로금과 동일하게 문제될 수 있기 때문이다. 판례는 해직보상금의 경우에도 이사의 보수결정에 관한 상법 제388조를 준용 내지 유추적용한다.[190]

3) 특별성과급 등

상법 제388조는 이사가 개인적 이익을 도모하는 폐해를 방지하여 회사와 주주 및 회사 채권자의 이익을 보호하기 위한 강행규정이므로 성과급, 특별성과급 등의 명칭으로 경영성과에 따라 지급하는 금원도 이사의 보수에 포함된다.[191]

---

189) 대법원 2019.7.4. 선고 2017다17436 판결. 이 판결에 대하여는 퇴직금의 액수를 정해두고 개별금액의 지급에 대하여 이사회 위임이 있으므로, 개별금액의 지급에 관한 사항은 이사회 위임으로 볼 수 있다는 비판도 있다.
190) 대법원 2006.11.23. 선고 2004다49570 판결(주식회사와 이사 사이에 체결된 고용계약에서 이사가 그 의사에 반하여 이사직에서 해임될 경우 퇴직위로금과는 별도로 일정한 금액의 해직보상금을 지급받기로 약정한 경우, 그 해직보상금은 형식상으로는 보수에 해당하지 않는다 하여도 보수와 함께 같은 고용계약의 내용에 포함되어 그 고용계약과 관련하여 지급되는 것일 뿐 아니라, 의사에 반하여 해임된 이사에 대하여 정당한 이유의 유무와 관계없이 지급하도록 되어 있어 이사에게 유리하도록 회사에 추가적인 의무를 부과하는 것인바, 보수에 해당하지 않는다는 이유로 주주총회 결의를 요하지 않는다고 한다면, 이사들이 고용계약을 체결하는 과정에서 개인적인 이득을 취할 목적으로 과다한 해직보상금을 약정하는 것을 막을 수 없게 되어, 이사들의 고용계약과 관련하여 그 사익 도모의 폐해를 방지하여 회사와 주주의 이익을 보호하고자 하는 상법 제388조의 입법 취지가 잠탈되고, 나아가 해직보상금액이 특히 거액일 경우 회사의 자유로운 이사해임권 행사를 저해하는 기능을 하게 되어 이사선임기관인 주주총회의 권한을 사실상 제한함으로써 회사법이 규정하는 주주총회의 기능이 심히 왜곡되는 부당한 결과가 초래되므로, 이사의 보수에 관한 상법 제388조를 준용 내지 유추적용하여 이사는 해직보상금에 관하여도 정관에서 그 액을 정하지 않는 한 주주총회 결의가 있어야만 회사에 대하여 이를 청구할 수 있다).
191) 대법원 2020.4.9. 선고 2018다290436 판결.

5. 이사 등의 주식매수선택권

(1) 주식매수선택권의 의의 및 기능

1) 주식매수선택권의 의의

주식매수선택권이란 회사가 정관이 정하는 바에 따라 상법 제434조의 규정에 의한 주주총회의 결의로 회사의 설립, 경영과 기술혁신 등에 기여하거나 기여할 수 있는 회사의 이사, 집행임원, 감사 또는 피용자에게 미리 정한 가액, 즉 주식매수선택권의 행사가액으로 신주를 인수하거나 자기의 주식을 매수할 수 있도록 부여한 권리이다(제340조의2 제1항). 비상장회사에 대하여는 제340조의2 이하, 상장회사에 대하여는 제542조의3, 상법 시행령 제30조가 적용된다. 주식매수선택권은 행사가격이 일정하기 때문에 주가가 오르면 선택권자가 이익을 본다. 선택권자 입장에서 회사의 성과에 따른 이익을 취할 수 있게 된다.

2) 법적 성질

제3자가 주식매수선택권을 행사하면 회사의 승낙을 요하지 않고 그 효력이 발생하므로 그 법적 성질은 **형성권**이라고 보아야 한다. 제3자에게 신주발행에 관한 주식매수선택권을 부여하는 경우에는 주주의 신주인수권이 그 한도 내에서 배제된다. 신주교부에 의한 주식매수선택권과 제3자의 신주인수권은 제3자에게 신주를 인수할 수 있는 권리를 부여한다는 점에서는 같으나, 주식매수선택권은 제3자에게 특히 유리한 가격으로 신주를 인수할 수 있게 하는 권리라는 점, 기존주주에게 신주를 발행하는 기회에 함께 하는 것이 아니라는 점에서 제3자의 신주인수권과 구별된다.

3) 주식매수선택권의 장·단점

주식매수선택권제도의 **장점**은 회사의 발전에 공헌을 많이 하거나 능력이 있는 경영진과 종업원에 대하여 상여금과 같은 장기적 보상 및 동기를 부여하기 위하여 이용된다. 이 제도는 최소의 비용으로 유능한 인재를 확보하여 기업의 경쟁력을 높일 수 있고, 이사·집행임원이나 감사 또는 피용자에게 잠재적 주인의식을 심어주어 회사의 경영이나 업무에 대한 적극적인 참여를 유인하기 위한 수단이다. 주식매수선택권의 **단점**으로는 직원간 신뢰와 화합이 저해될 가능성, 주가상승이 경영성과 향상의 결과인지 모호함, 경영진의 과다이익의 향유로 인한 주주권 침해가능성, 제도악용가능성 등이 있다. 주식매수선택권은 기존주주의 불이익을 전제로 하는 것이기 때문에 과도하게 발행될 수 없다. 이러한 이유에서 비상장회사는 발행주식총수의 10%, 상장회사는 20%를 초과할 수 없다(제340조의2 제3항, 제542조의3 제2항).

(2) 주식매수선택권의 부여

1) 주식매수선택권의 부여

① 부여의 주체는 회사

상법상 주식매수선택권을 부여할 수 있는 주체는 회사이다. 따라서 주식회사는 주식매수선택권을 일정한 요건을 갖춘 자에게 부여할 수 있다(제340조의2 제1항).

② 부여의 상대방

주식매수선택권의 취지에서 그 부여의 상대방은 회사의 경영성과에 영향을 줄 수 있는 경영자로 제한되어, 회사의 설립·경영 및 기술혁신 등에 기여하거나 기여할 수 있는 회사의 이사, 집행임원, 감사 또는 피용자이다(제340조의2 제1항). 상장회사의 경우에는 이외에도 "관계 회사"의 이사, 집행임원, 감사 또는 피용자에게 주식매수선택권을 부여할 수 있다(제542조의3 제1항). 주식매수선택권은 양도할 수 없다(제340조의4 제2항 본문). 그러나 주식매수선택권을 행사할 수 있는 자가 사망한 경우에는 그 상속인이 이를 행사할 수 있도록 하였다(제340조의4 제2항 단서).

그런데 회사의 지배력을 가지는 자 및 그 특수관계인에게는 주식매수선택권의 부여를 금지한다. 주식매수선택권을 부여받을 수 없는 자는 (i) 의결권 없는 주식을 제외한 발행주식총수의 100분의 10 이상의 주식을 가진 주주, (ii) 이사·집행임원·감사의 선임과 해임 등 회사의 주요경영사항에 대하여 사실상 영향력을 행사하는 자, (iii) 제1호와 제2호에 규정된 자의 배우자와 직계존비속, (iv) 제542조의8 제2항 제5호의 최대주주 등이다(제340조의2 제2항, 제542조의3 제1항 단서).

2) 행사가액

행사가액에 대하여는 부여일을 기준으로 저가발행이 되지 않도록 주식의 실질가액 이상이 되어야 한다는 제한이 있다. 주식매수선택권의 행사가액은 **다음의 가액 이상이어야 한다**(제340조의2 제4항). ① 신주를 발행하는 경우에는 주식매수선택권의 부여일을 기준으로 한 주식의 실질가액과 주식의 권면액(券面額) 중 높은 금액. 다만, 무액면주식을 발행한 경우에는 자본으로 계상되는 금액 중 1주에 해당하는 금액을 권면액으로 본다. ② 자기의 주식을 양도하는 경우에는 주식매수선택권의 부여일을 기준으로 한 주식의 실질가액이다.

(3) 주식매수선택권의 부여 및 행사절차

주식매수선택권을 부여하기 위하여는 우선 정관에 그 근거가 있어야 하고(제340조의2 제1항), 다시 주주총회의 특별결의가 있어야 한다(제340조의3 제2항). 그리고 회사가 특정인에게 주식매수선택권을 부여하기 위하여는 그 특정인과 회사간에 계약을 체결하고 상당한 기간 내에 계약서를 작성하여야 한다(제340조의3 제3항).

1) 정관의 규정

주식매수선택권에 관한 정관규정에는 다음의 사항을 기재하여야 한다(제340조의3 제1항). 이는 부여의 근거를 마련하기 위한 것이다. ① 일정한 경우 주식매수선택권을 부여할 수 있다는 뜻, ② 주식매수선택권의 행사로 발행하거나 양도할 주식의 종류와 수, ③ 주식매수선택권을 부여받을 자의 자격요건, ④ 주식매수선택권의 행사기간, ⑤ 일정한 경우 이사회 결의로 주식매수선택권의 부여를 취소할 수 있다는 뜻을 기재하여야만 한다.

2) 주주총회의 결의

정관에 기하여 구체적으로 선택권을 부여하기 위하여는 **주주총회의 결의**가 필요하다(제 340조의3 제2항). 따라서 주식매수선택권에 관한 주주총회의 결의에 있어서는 ① 주식매수선택권을 부여받을 자의 성명, ② 주식매수선택권의 부여방법, ③ 주식매수선택권의 행사가액과 그 조정에 관한 사항, ④ 주식매수선택권의 행사기간, ⑤ 주식매수선택권을 부여받을 자각각에 대하여 주식매수선택권의 행사로 발행하거나 양도할 주식의 종류와 수 등의 사항을 정하여야 한다(제340조의3 제2항). 다만 상장회사의 경우에는 정관으로 정하는 바에 따라 발행주식총수의 100분의 10의 범위에서 대통령령으로 정하는 한도까지 **이사회**가 결의함으로써 해당 회사의 집행임원·감사 또는 피용자 및 제1항에 따른 관계 회사의 이사·집행임원·감사 또는 피용자에게 주식매수선택권을 부여할 수 있다. 이 경우 주식매수선택권을 부여한 후 처음으로 소집되는 **주주총회의 승인**을 받아야 한다(제542조의3 제3항). 주주총회의 결의도 행사가액에 대하여서만큼은 위에서와 같은 제한이 있다. 주주총회 결의를 통하여 정하도록 한 취지는 이해관계를 가지는 기존 주주들로 하여금 회사의 의사결정 단계에서 중요 내용을 정하도록 함으로써 주식매수선택권의 행사에 관한 예측가능성을 도모하기 위한 것이다. 그러나 **판례는 주주총회 결의시 해당 사항의 세부적인 내용을 빠짐없이 정하도록 예정한 것으로 보기는 어렵다**고 하면서, 이후 회사가 주식매수선택권 부여에 관한 계약을 체결할 때 주식매수선택권의 행사기간 등을 일부 변경하거나 조정한 경우 그것이 주식매수선택권을 부여받은 자, 기존 주주 등 이해관계인들 사이의 균형을 해치지 않고 주주총회 결의에서 정한 본질적인 내용을 훼손하는 것이 아니라면 유효하다고 판시한다.[192]

3) 부여계약

주식매수선택권을 부여한 회사는 주식매수선택권을 부여받는 자와 여러 사항에 대해 주식매수선택권 부여계약을 서면으로 체결하게 된다(제340조의3 제3항). **부여계약이 없으면 주식매수선택권이 부여되지 않는다.** 회사는 계약서를 계약을 체결한 날로부터 그 행사기간이 종료할 때까지 본점에 비치하고 주주로 하여금 영업시간 내에 이를 열람할 수 있도

---

192) 대법원 2018.7.26. 선고 2016다237714 판결.

록 하여야 한다(제340조의3 제4항).

4) 행사기간

주식매수선택권은 주주총회결의일 또는 이사회결의일로부터 2년 이상 재임 또는 재직한 경우에 행사할 수 있다(제340조의4 제1항, 제542조의3 제4항). 주식매수선택권의 근본적 취지가 회사에 어느 정도 근무하면서 회사에 공헌한 자에게 인정하는 권리이므로 재직기간을 2년으로 하였다. 이같이 상법은 주식매수선택권을 행사할 수 있는 시기(始期)만을 제한하고 있을 뿐이어서, 과연 언제까지 행사할 수 있는지에 관한 쟁점이 제기된다. 이 점에 관하여 판례는 상법이 회사의 자율적 결정에 맡기고 있다고 하면서, 회사는 주식매수선택권을 부여받은 자의 권리를 **부당하게 제한하지 않고 정관의 기본 취지나 핵심 내용을 해치지 않는 범위에서 주주총회 결의와 개별 계약을 통해서 언제까지 주식매수선택권을 행사할 수 있는지를 자유롭게 정할 수 있다**고 판시한다.[193]

주식매수선택권을 부여받더라도, 2년 내에 퇴임 또는 퇴직하면 당연히 선택권을 상실한다. 다만 상장회사에 있어 대통령령으로 정하는 경우 예외를 인정하고 있고(제542조의3 제4항), 이에 의하여 주식매수선택권을 부여받은 자가 사망하거나 그 밖에 본인의 책임이 아닌 사유로 퇴임하거나 퇴직한 경우에는 상실되지 않는 것으로 정한다(상법 시행령 제30조 제5항). 그런데 이는 상장회사에서의 특례규정으로써 비상장회사에 적용할 수는 없다. 비상장회사가 자율적으로 정관에 이 특례규정을 두거나 주주총회에서 결의하는 것도 불가능하다.[194]

(4) 주식매수선택권의 행사방법

주식매수선택권의 행사방법에는 자기주식교부방법, 신주교부방법, 차액교부방법 등 세 가지가 있다. 자본시장법 역시 세 가지 방법을 모두 인정하고 있다. 어떠한 방법에 의할 것이냐는 주주총회의 결의사항이다(제340조의3 제2항 제2호).

---

193) 대법원 2018.7.26. 선고 2016다237714 판결. 이 사건에서는 계약서상 주식매수선택권행사기간을 퇴직일로부터 3개월간으로 제한한 경우이었다.

194) 대법원 2011.3.24. 선고 2010다85027 판결(상법 제340조의4 제1항과 구 증권거래법 및 그 내용을 이어받은 상법 제542조의3 제4항이 주식매수선택권 행사요건에 있어서 차별성을 유지하고 있는 점, 위 각 법령에 있어서 '2년 이상 재임 또는 재직' 요건의 문언적인 차이가 뚜렷한 점, 비상장법인, 상장법인, 벤처기업은 주식매수선택권 부여 법인과 부여 대상, 부여 한도 등에 있어서 차이가 있는 점, 주식매수선택권 제도는 임직원의 직무의 충실로 야기된 기업가치의 상승을 유인동기로 하여 직무에 충실하게 하고자 하는 제도라는 점, 상법의 규정은 주주, 회사의 채권자 등 다수의 이해관계인에게 영향을 미치는 단체법적 특성을 가진다는 점 등을 고려하면, 상법 제340조의4 제1항에서 규정하는 주식매수선택권 행사요건을 판단함에 있어서 구 증권거래법 및 그 내용을 이어받은 상법 제542조의3 제4항을 적용할 수 없고, 정관이나 주주총회의 특별결의를 통해서도 상법 제340조의4 제1항의 요건을 완화하는 것은 허용되지 않는다고 해석함이 상당하다. 따라서 본인의 귀책사유가 아닌 사유로 퇴임 또는 퇴직하게 되더라도 퇴임 또는 퇴직일까지 상법 제340조의4 제1항의 '2년 이상 재임 또는 재직' 요건을 충족하지 못한다면 위 조항에 따른 주식매수선택권을 행사할 수 없다고 할 것이다).

1) 자기주식교부방법

주주총회가 그 행사가액을 정하고, 그 행사가액은 주식매수선택권의 부여일을 기준으로 한 주식의 실질가액 이상의 금액으로서 정하여야 한다(제340조의2 제4항 제2호, 제340조의3 제2항 제3호). 따라서 부여일을 기준으로 10,000원이 실질가액이었고 주주총회가 그 실질가액으로 행사가액을 정하였다면, 주식매수청구권 행사당시의 주가에 관계없이 10,000원으로 행사할 수 있다는 취지이다. 따라서 행사당시 가격이 올라 있다면 주식매수선택권을 행사할 것이고, 만약 주가가 부여일의 실질가액보다 더 떨어져있다면 주식매수선택권을 행사하려 하지 않을 것이다.

2) 신주교부방법

신주교부방법이란 주식매수선택권의 행사가격으로 신주를 발행하여 교부하는 방법이다. 주주총회가 그 행사가액을 정하고, 그 행사가액은 주식매수선택권의 부여일을 기준으로 한 주식의 실질가액과 주식의 권면액 중 높은 금액 이상으로 정하여야 한다(제340조의2 제4항 제1호, 제340조의3 제2항 제3호). 그런데 실질가액이나 주식의 권면액 중 높은 금액으로 하도록 하고 있으니, 항상 권면액 이상으로만 행사할 수 있을 것이다. 이는 권면액 이하로 발행함으로 말미암아 자본잠식이 되는 것을 방지하기 위한 것이다.

3) 차액교부방법

차액교부방법은 주식매수선택권의 행사가액이 주식의 실질가액 보다 낮은 경우에 회사는 그 차액을 금전으로 지급하거나 자기의 주식으로 교부할 수 있는데, 이 경우 주식의 실질가액은 주식매수선택권의 행사일을 기준으로 평가한다(제340조의2 제1항). 따라서 행사가격(계약가격)이 10,000원이고 실질가격(시장가격)이 15,000원이라면, 1주당 5,000원씩의 차액을 교부할 전체수량으로 곱해서 그 금액만큼 현금으로 주거나 1주당 주식가격으로 나누어 그 수량만큼만 주식으로 주면 된다.

(5) 주식매수선택권행사의 효과

주식매수선택권이 형성권이라 하더라도 선택권의 행사로 바로 주주가 되는 것은 아니다. ① 자기주식의 교부방식의 경우에는 매수대금을 지급하고 주식을 교부받은 때, ② 신주교부방식의 경우에는 납입을 한 때(제340조의5가 516조의10 준용)에 주주가 된다.

Ⅱ. 이 사 회

1. 의   의

회사의 업무집행에 관한 의사결정 및 이사의 직무집행을 감독할 권한을 가지는 이사 전원으로 구성되는 주식회사의 필요상설기관이다. 이사회는 사내이사, 사외이사, 그 밖에 상무에 종사하지 않는 이사를 모두 포함하여 이사 전원으로 구성된다. 이사회는 필요적 상설기관으로서 그 활동은 회의 형식으로 한다. 다만 자본금이 10억원 미만으로서 이사가 1인 또는 2인인 소규모 주식회사의 경우에는 이사회가 존재하지 않는다(제383조 제1항 단서).

2. 권   한

(1) 원칙: 업무집행에 관한 의사결정과 감시감독

이사회는 회사의 의사결정을 하면서도(제393조 제1항), 동시에 감시감독의 기능도 가진다(제393조 제2항). **이사회가 회사의 경영권을 가지고 있다고 할 때의 중요한 근거규정은 상법 제393조 제1항이고, 이사회의 업무집행의 감독권의 근거규정은 상법 제393조 제2항이다.** 그런데 이 두 가지 권한을 모두 행사할 수 있다고 하는 것은 일견 모순될 수도 있다. 이사회가 자신이 내린 의사결정에 대하여 자기가 감시감독한다는 결과가 될 수 있기 때문이다. 이런 점을 극복하기 위하여 이사회는 감독의 기능만 가지도록 하고, 업무의 집행은 이사회에서 선임한 집행임원이 맡도록 하자는 주장이 비교법적으로도 우세하고, 2011년 개정법도 이러한 취지이다.

(2) 업무집행에 관한 의사결정

1) 상법규정

이사회의 업무집행에 관한 의사결정에서 **상법 제393조 제1항이 가장 중요한 규정**이다. 이사회는 중요한 자산의 처분 및 양도, 대규모 재산의 차입, 지배인의 선임 또는 해임과 지점의 설치·이전 또는 폐지 등 **회사의 업무집행을 결정**한다(제393조 제1항). 또한 주주총회의 소집(제362조), 대표이사의 선임과 공동대표의 결정(제389조), 이사의 경업거래와 겸직의 승인 및 개입권 행사(제397조), 회사기회유용의 승인(제397조의2), 자기거래의 승인(제398조), 신주발행사항의 결정(제416조), 준비금의 자본전입(제461조), 사채의 모집(제469조), 전환사채 및 신주인수권부사채의 발행(제513조, 제516조의2) 등이 있다.

2) 중요한 업무집행에 관한 의사결정

주식회사가 중요한 자산을 처분하거나 대규모 재산을 차입하는 등의 업무집행을 할 경우에 이사회가 직접 결의하지 않고 대표이사에게 일임할 수 없다. 즉, 이사회가 일반적·구체적으로 대표이사에게 위임하지 않은 업무로서 일상 업무에 속하지 않은 중요한 업무의 집행은 반드시 이사회의 결의가 있어야 한다.[195] 기타 법률이나 정관 등에서 이사회의 결의사항으로 정해져 있지 않다 하더라도 **중요한 업무집행에 관한 의사결정은 원칙적으로 이사회 결의를 거쳐야 한다.** 판례도 이를 확인하고 있다.[196] 상법 또는 정관에서 주주총회의 권한으로 되어 있는 사항은 주주총회의 결의로도 이사회에 위임할 수 없다. 반드시 기본적인 사항은 주주총회에서 정한 이후 이사회에 구체적인 사항만을 위임할 수 있다. 주식회사가 회생절차 개시신청을 하는 것은 대표이사의 업무권한인 일상 업무에 속하지 않는 중요한 업무에 해당하여 이사회 결의가 필요하다. 회생절차 개시신청에 관한 이러한 법리는 파산신청의 경우에도 유사하게 적용할 수 있다.[197]

3) 위임의 여부

(i) 대표이사에의 위임 여부이다. **상법 또는 정관에서 이사회 권한으로 되어 있는 사항**은 이사회 결의로도 대표이사에게 위임할 수 없다(통설). 판례[198]는 이러한 입장에서 중요자산의 처분에 관하여는 이사회가 결정하여야 하고(제393조 제1항), 대표이사에게 그 결정을 일임할 수 없다고 한다. 이사회가 나름대로의 기준을 정하여 중요자산의 범위를 정하여 그에 관한 사항만을 이사회의 부의사항으로 결정하고 그 외의 자산의 처분에 대하여는 대표이사에게 일임하였다 하더라도, 이사회규정에서 정한 기준에 의하여 중요자산 해당여

---

195) 대법원 2021.8.26. 자 2020마5520 결정. 주식회사의 대표이사가 회사를 대표하여 파산신청을 할 경우 대표이사의 업무권한인 일상 업무에 속하지 않는 중요한 업무에 해당하여 이사회 결의가 필요하다고 보아야 하고, 이사에게 별도의 파산신청권이 인정된다고 해설 달리 볼 수 없다고 하였다. 다만 자본금 총액이 10억원 미만으로 이사가 1명 또는 2명인 소규모 주식회사에서는 대표이사가 특별한 사정이 없는 한 이사회 결의를 거칠 필요 없이 파산신청을 할 수 있다(대법원 2021.8.26. 자 2020마5520 결정).

196) 대법원 1997.6.13. 선고 96다48282 판결(법률 또는 정관 등의 규정에 의하여 주주총회 또는 이사회의 결의를 필요로 하는 것으로 되어 있지 아니한 업무 중 이사회가 일반적·구체적으로 대표이사에게 위임하지 않은 업무로서 일상 업무에 속하지 아니한 중요한 업무에 대하여는 이사회에게 그 의사결정권한이 있다).

197) 대법원 2021.8.26. 자 2020마5520 결정. 다만 이 사건은 소규모 주식회사 사건이어서 대표이사가 결정할 수 있다고 하였다. 자본금 총액이 10억원 미만으로 이사가 1명 또는 2명인 소규모 주식회사에서는 대표이사가 특별한 사정이 없는 한 이사회 결의를 거칠 필요 없이 파산신청을 할 수 있다. 소규모 주식회사는 각 이사(정관에 따라 대표이사를 정한 경우에는 그 대표이사를 말한다)가 회사를 대표하고 상법 제393조 제1항에 따른 이사회의 기능을 담당하기 때문이다(상법 제383조 제6항, 제1항 단서).

198) 대법원 2005.7.28. 선고 2005다3649 판결(상법 제393조 제1항은 주식회사의 중요한 자산의 처분 및 양도는 이사회의 결의로 한다고 규정하고 있는바, 여기서 말하는 중요한 자산의 처분에 해당하는가 아닌가는 당해 재산의 가액, 총자산에서 차지하는 비율, 회사의 규모, 회사의 영업 또는 재산의 상황, 경영상태, 자산의 보유목적, 회사의 일상적 업무와 관련성, 당해 회사에서의 종래의 취급 등에 비추어 대표이사의 결정에 맡기는 것이 상당한지 여부에 따라 판단하여야 할 것이고, 중요한 자산의 처분에 해당하는 경우에는 이사회가 그에 관하여 직접 결의하지 아니한 채 대표이사에게 그 처분에 관한 사항을 일임할 수 없는 것이므로 이사회규정상 이사회 부의사항으로 정해져 있지 아니하더라도 반드시 이사회의 결의를 거쳐야 한다).

부를 결정할 것이 아니라, 개별적 사정을 종합하여 판단하여야 한다. 최근 판례도 이를 확인하면서 "중요한 자산의 처분에 해당하는 경우에는 이사회가 그에 관하여 직접 결의하지 아니한 채 대표이사에게 그 처분에 관한 사항을 일임할 수 없으므로 이사회규정상 이사회 부의사항으로 정해져 있지 아니하더라도 반드시 이사회의 결의를 거쳐야 한다"고 판시한다.[199] 또한 주식회사의 회생절차개시신청은 대표이사의 업무권한인 일상 업무에 속하지 아니한 중요한 업무에 해당하여 이사회 결의가 필요하다고 본다.[200] 그런데 (ii) 상법 또는 정관에서 이사회의 권한으로 되어 있는 사항은 원칙적으로 정관에서 위임을 금지한 사항이 아닌 한 거의 모든 이사회의 권한을 **위원회**에 위임할 수 있다(제393조의2 제2항).

(3) 직무집행에 관한 감독권

1) 이사회의 감독권

이사회는 이사의 직무집행을 감독한다(제393조 제2항). 이사회는 대표이사의 선임 및 해임권을 통하여 대표이사를 실질적으로 감독할 뿐 아니라 이사의 직무집행에 관한 일반적 감독권을 가진다.

2) 적법성 감사와 타당성 감사

이사회의 대표이사에 대한 이러한 감독권은 **상하관계에서 행사되는 것이며 또 적법성 감사뿐 아니라, 타당성감사에도 미친다**(통설). 일반적으로 감사(監査)와 감독(監督)이라는 용어는 혼용되거나 다의적으로 사용되고 있으나 상법은 양자를 구별하여 사용하고 있다. 상법은 이사회에 대해서는 이사의 직무집행을 "감독"하도록 하고 있으나(제393조 제2항) 감사의 경우에는 이사의 직무집행을 "감사"하도록 한다(제412조 제1항). 이사회와 감사의 경우 그 직무권한의 대상은 이사의 직무집행임에도 불구하고 그 직무권한의 내용과 관련해서는 이사회의 경우에는 감독이라는 용어를 그리고 감사의 경우에는 감사라는 용어를 사용하여 각각의 경우를 구별하고 있는 것이다.

3) 정보접근권의 강화

이사회의 실효적 감독을 위하여 정보접근을 강화한다. 이사는 대표이사로 하여금 다른 이사 또는 피용자의 업무에 관하여 이사회에 보고할 것을 요구할 수 있다(제393조 제3항). 이사는 3월에 1회 이상 업무의 집행상황을 이사회에 보고하여야 한다(제393조 제4항). 기업비밀도 보고에서 제외될 수 없다. 다만 이사는 제382조의4의 비밀유지의무가 있다.

---

199) 대법원 2016.7.14. 선고 2014다213684 판결.
200) 대법원 2019.8.14. 선고 2019다204463 판결.

3. 소   집

(1) 소집권자

1) 각 이사

원칙적으로 "각 이사"이다. 예외적으로 이사회의 결의로 특정 이사에게 소집권을 위임할 수 있다(제390조 제1항). 그러나 소집권자로 지정되지 않은 다른 이사는 소집권자인 이사에게 이사회 소집을 요구할 수 있다. 소집권자인 이사가 정당한 이유 없이 이사회 소집을 거절하는 경우에는 다른 이사가 이사회를 소집할 수 있다(제390조 제2항). 결국 정관으로 소집권자를 정하더라도 그것은 단순히 그 사무를 담당한다는 정도의 의미만 가진다.

2) 감   사

2011년 개정에 의하여 **감사도 소집권한을 가진다.** 따라서 소집권자인 이사에게 이사회 소집을 청구할 수 있다. 소집권자인 이사가 정당한 이유 없이 이사회 소집을 거절하는 경우에는 그 청구한 감사가 이사회를 소집할 수 있다(제412조의4).

3) 집행임원

2011년 개정법으로 집행임원 설치회사의 경우 집행임원에 대하여도 소집권한을 부여하였다. 집행임원은 필요하면 회의의 목적사항과 소집이유를 적은 서면을 이사(소집권자가 있는 경우에는 소집권자)에게 제출하여 이사회 소집을 청구할 수 있다(제408조의7 제1항). 집행임원이 청구를 한 후 이사가 지체 없이 이사회 소집의 절차를 밟지 아니하면 소집을 청구한 집행임원은 법원의 허가를 받아 이사회를 소집할 수 있다. 이 경우 이사회 의장은 법원이 이해관계자의 청구에 의하여 또는 직권으로 선임할 수 있다(제408조의7 제2항).

(2) 소집절차

이사회를 소집함에는 회일을 정하고 그 1주 전에 각 이사 및 감사에 대하여 통지를 발송하여야 한다(제390조 제3항). 감사에게도 통지를 하도록 한 것은 감사도 이사회 출석 및 의견진술권이 있기 때문이다(제391조의2). 이사회의 연기와 속행은 주주총회의 규정을 준용한다(제392조).

1주라는 기간은 정관으로 단축할 수도 있는(제390조 제3항) 등 이사회의 소집절차는 주주총회에 비하여 상당히 간소하다. ① 이사회의 소집통지는 서면이나 전자문서가 아니라 구두로 하여도 무방하고, ② 통지에 목적사항을 기재할 필요가 없다(통설, 판례).[201] 이사는

---

201) 대법원 2011.6.24. 선고 2009다35033 판결(이사회 소집통지를 할 때에는, 회사의 정관에 이사들에게 회의의 목적사항을 함께 통지하도록 정하고 있거나 회의의 목적사항을 함께 통지하지 아니하면 이사회에서의 심의·의결에 현저한 지장을 초래하는 등의 특별한 사정이 없는 한, **주주총회 소집통지의 경우와 달리 회의의 목적사항을 함께 통지할 필요는 없다**).

이사회에의 출석의무가 있기 때문에 판례가 타당하다. ③ 이사회의 소집시기나 장소에 관하여는 주주총회와 달리 상법에 규정이 없다. 단지 해석론상 제393조 제4항과의 관계에서 적어도 3월에 1회 이상은 개최되어야 한다고 보며, 소집장소도 일부 이사의 참석이 극히 어려운 장소를 선택하는 것 등은 허용될 수 없다. ④ 전원출석의 이사회는 당연히 인정된다. 이사회는 이사 및 감사 전원의 동의가 있는 때에는 소집절차를 거치지 않고도 언제든지 회의할 수 있다(제390조 제4항).

이와 같이 **이사회 소집절차는 상당히 완화되어 있어, 일부의 이사에게 전혀 소집통지를 하지 않아 출석하지 못한 경우가 아닌 한 이사회 소집절차에 있어서의 하자를 상정하기 어렵다.** 다만 판례 중에는 이사 3명 중 회사의 경영에 전혀 참여하지 않고 경영에 관한 모든 사항을 다른 이사들에게 위임하여 놓고 그들의 결정에 따르며 필요시 이사회 회의록 등에 날인만 하여 주고 있는 이사에 대한 소집통지 없이 열린 이사회에서 한 결의는 그 이사가 소집통지를 받고 참석하였다 하더라도 그 결과에 영향이 없었다고 보여지므로 유효하다고 한 것이 있다.202) 그러나 이 판례는 특수한 경우로써 일반화된 것이라고 이해할 수 없다. 일부 이사에게 통지하지 않고 소집하여 행한 결의는 이사회의 의사결정 과정에 하자가 있는 것으로 보아야 한다.

4. 결 의

(1) 결의요건

이사회에서의 의결권은 이사 1인에 대하여 1개씩 주어진다. 정관에 의하여도 이와 달리 규정할 수는 없다. ① 주주총회와 달리 의사정족수(출석정족수)가 있어, **이사 과반수의 출석(의사정족수)과 출석이사 과반수의 찬성(의결정족수)으로 하여야 한다**(제391조 제1항). 정관으로 그 비율을 높일 수는 있으나(제391조 제1항 단서) 완화하는 것은 허용되지 않는다.203) 可否同數의 경우 정관으로 특정인에게 결정권을 부여할 수 있는가? 부정하는 것이 통설이다. 제391조 제1항의 정관으로 비율을 높일 수 있다고 한 규정에 반하고, 법적 근거 없이 특정인에게 복수의 의결권을 주는 것이 되어 부당하다는 근거를 제시할 수 있다. 판례도 같은 입장이다.204)

② **이사 총수의 3분의 2로 결의요건이 가중되어 있는 경우**로, 감사위원의 해임(제415조의2 제3항), 회사의 기회유용의 승인(제397조의2), 자기거래의 승인(제398조) 등이 있다.

---

202) 대법원 1992.4.14. 선고 90다카22698 판결.
203) 대법원 1995.4.11. 선고 94다33903 판결.
204) 대법원 1995.4.11. 선고 94다33903 판결(재적 6명의 이사 중 3인이 참석하여 참석이사의 전원의 찬성으로 연대보증을 의결하였다면 위 이사회의 결의는 과반수에 미달하는 이사가 출석하여 상법 제391조 제1항 본문 소정의 의사정족수가 충족되지 아니한 이사회에서 이루어진 것으로 무효라고 할 것이다).

(2) 의결권의 제한

이사회결의에 특별이해관계를 가지는 자는 의결권을 행사하지 못한다(제391조 제3항에 의한 제368조 제3항의 준용). 주주총회와 마찬가지로 특별이해관계는 회사의 지배와 상관없는 개인적 이해관계로 국한된다(**개인법설**). 판례에 의하면 **자기거래**(제398조)를 하고자 하는 이사는 특별한 이해관계가 있는 이사로 인정된 바 있고,[205] 학설상으로는 이사의 경업승인을 구하는 경우 그 승인을 구하는 이사(제397조 제1항), 주식양도제한시 양도승인을 청구하는 이사(제335조의2) 등이 이에 해당한다. 다만 대표이사의 선임과 해임결의에 있어서는 개인적 입장에서 하는 것이 아니라 회사의 지배권을 행사하는 것이므로 특별이해관계인이 아니라 본다(통설).

이러한 특별이해관계인인 이사도 이사회의 소집통지를 받고 이사회에 출석하여 의견을 진술할 수 있으므로, **이사회의 의사정족수에는 산입되나 의결정족수에는 산입되지 않는다.**[206] 그 근거에 관하여 판례는 "이사회의 결의는 이사 과반수의 출석과 출석이사의 과반수로 하여야 하고(제391조 제1항), 이 경우 상법 제368조 제3항과 제371조 제2항의 규정이 준용되는 것인바(제391조 제3항), 총회의 결의에 관하여 특별한 이해관계가 있는 자는 의결권을 행사하지 못하고(제368조 제3항), 이 규정에 의하여 행사할 수 없는 의결권의 수는 출석한 주주의 의결권의 수에 산입하지 아니한다고 규정할 뿐(제371조 제2항), 이를 의사정족수에 산입하지 아니한다는 규정은 두고 있지 않다. 따라서 이해관계 있는 이사는 이사회에서 의결권을 행사할 수는 없으나, 의사정족수 산정의 기초가 되는 이사의 수에는 포함된다고 보고, 다만 결의성립에 필요한 출석이사에는 산입되지 아니한다"고 풀이한다. 예컨대, 이사가 A · B · C 3인이고 A가 특별이해관계인이라면, A와 B가 출석하여 B가 찬성한 경우 가결이 된다는 것이다. A의 의결권은 의사정족수에 산입되므로 이사 3명 중 2명이 출석하여 과반수 출석의 요건을 구비하였고, 출석주주의 의결권에는 산입되지 않으므로 결국 이사회에서 전원이 찬성하였다는 것이다.[207]

하지만 이러한 해석은 최근 주주총회에 관한 판결에서 특별이해관계인이 보유하는 주식은 발행주식총수에 산입하지 않는다는 것과는 조화롭지 않은 면이 있다. 어떠한 형태로

---

205) 대법원 1992.4.14. 선고 90다카22698 판결.

206) 대법원 1992.4.14. 선고 90다카22698 판결(특별이해관계가 있는 이사는 이사회에서 의결권을 행사할 수는 없으나 의사정족수 산정의 기초가 되는 이사의 수에는 포함되고 다만 결의성립에 필요한 출석이사에는 산입되지 아니하는 것이므로 **회사의 3명의 이사 중 대표이사와 특별이해관계 있는 이사 등 2명이 출석하여 의결을 하였다면 이사 3명 중 2명이 출석하여 과반수 출석의 요건을 구비하였고 특별이해관계 있는 이사가 행사한 의결권을 제외하더라도 결의에 참여할 수 있는 유일한 출석이사인 대표이사의 찬성으로 과반수의 찬성이 있는 것으로 되어 그 결의는 적법하다**); 대법원 1991.5.28. 선고 90다20084 판결(이해관계 있는 이사는 이사회에서 의결권을 행사할 수는 없으나, 의사정족수 산정의 기초가 되는 이사의 수에는 포함되고, 다만 결의성립에 필요한 출석이사에는 산입되지 아니한다).

207) 그런데 상법 제371조 제2항의 해석과 관련하여서는 주의할 점들이 있음은 제4장 제2절 V 2.에서 다룬 바 있다. 주주총회 관련하여 최근의 판례 이론이 여기에도 적용된다면 특별이해관계인 이사는 이사회 의사정족수 자체 계산에서도 제외되므로 총 2인 중 1인이 출석한 것이 되어 이사회 자체가 성립하지 않은 것이 된다.

든 제371조 제2항의 법률 개정이 필요하다 본다.[208]

(3) 결의방법

이사회의 결의방법에는 특별한 제한이 없다. 따라서 별도의 규정이 없으면 어떠한 방법에 의하여도 가능하다. 세부적으로 보면 다음과 같다.

① **기명투표만 허용**된다. 이사는 결과에 대하여 책임을 부담하므로 무기명투표는 허용되지 않는다. 이사회의 결의에 대하여는 이사가 책임을 지므로(제399조 제2항) 무기명투표는 허용되지 않는다. ② **대리행사는 허용되지 않는다**(통설, 판례).[209] 이사는 그의 업무가 이사회에 출석하여 토의하고 결의하는 것이므로 대리행사는 허용되지 않는다. 이사들 상호 간에 의결권을 위임하는 것도 불가하다. 이사들은 이사회에의 출석의무가 있으므로, 이사회는 주주총회의 경우와는 달리 원칙적으로 이사 자신이 직접 출석하여 결의에 참가하여야 하며 대리인에 의한 출석은 인정되지 않고, 따라서 이사가 타인에게 출석과 의결권을 위임할 수도 없다. ③ **전화회의가 허용된다.** 구법에서는 모든 이사가 동영상 및 음성을 동시에 송수신하는 통신수단에 의하여 결의에 참가하는 것을 허용할 수 있다고 하여 화상(畫像)회의 방식만이 가능하였으나, 2011년 개정으로 인하여 **동영상을 삭제함으로써 전화회의도 허용하고 있다**(제391조 제2항). ④ **서면결의는 허용되지 않는다**(통설). 이사회에서는 상호 의견을 교환한 이후 그 토의를 바탕으로 한 결의를 전제하므로, 서면결의는 허용하지 않는다.[210]

(4) 의사록

1) 의사록의 작성

이사회의 의사에 관하여는 의사록을 작성하여야 한다(제391조의3 제1항). 의사록에는 의사의 안건, 경과요령, 그 결과, 반대하는 자와 그 반대이유를 기재하고 출석한 이사 및 감사가 기명날인 또는 서명하여야 한다(제391조의3 제2항). 그 정보의 공개를 위하여 주주는 영업시간 내에 이사회 의사록의 열람 또는 등사를 청구할 수 있다(제391조의3 제3항).

---

208) 대법원 2016.8.17. 선고 2016다222996 판결.

209) 대법원 1982.7.13. 선고 80다2441 판결(이사회는 주주총회의 경우와는 달리 원칙적으로 이사자신이 직접 출석하여 결의에 참가하여야 하며 대리인에 의한 출석은 인정되지 않고 따라서 이사가 타인에게 출석과 의결권을 위임할 수도 없는 것이니 이에 위배된 이사회의 결의는 무효이며 그 무효임을 주장하는 방법에는 아무런 제한이 없다).

210) 그런데 판례는 비영리단체의 이사회에서 모든 이사들의 의사에 기하여 이루어졌다면 유효한 것으로 보는 것이 있다. 대법원 2005.6.9. 선고 2005다2554 판결("이사회는 재적이사 과반수의 출석으로 개최하고 출석이사 과반수의 찬성으로 의결한다"는 신용협동조합의 정관규정은 의사정족수 및 의결정족수에 관한 일반 규정이어서 이른바 서면결의 방식에 의한 이사회결의를 금하는 규정이라고 단정하기 어렵고, 만일 위 규정을 서면결의를 금하는 규정으로 본다고 하더라도 민법 제60조에 의하여 대표권의 제한은 등기를 하지 아니한 이상 제3자에 대항할 수 없으므로 위 정관규정만으로 서면결의 방식에 의한 이사회결의가 무효라고 할 수 없다고 한 사례).

2) 의사록의 공시 제한

주주총회의 의사록은 회사가 비치, 공시하여야 하고 주주와 채권자는 영업시간 내에는 언제든지 이 서류들의 열람과 등사를 청구할 수 있음(제396조 제1항, 제2항)에 반하여, 이사회결의는 대외비가 포함되는 경우가 많아 전혀 달리 취급하고 있다. 이사회의사록은 ① 비치의무가 없고, ② 열람등사의 청구권자에서 '채권자'를 제외하여 주주로 한정하였으며, ③ 회사가 정당한 이유가 있는 경우에는 열람등사청구를 거부할 수 있도록 하였다(제391조의3 제4항). 회사가 이사회의사록의 열람 또는 등사를 거부하는 경우 주주는 법원의 허가를 얻어 이사회의사록을 열람 또는 등사할 수 있다(제391조의3 제4항 후단).

(5) 결의의 하자

1) 원 칙

상법상 규정이 없다. 따라서 이사회의 결의 하자에 관하여는 민법상 일반원칙에 의한다. 그리하여 이사회 결의에 하자가 있는 경우 그것이 어떠한 절차상의 하자이든 어떠한 내용상의 하자이든 불문하고 원칙적으로 **법률상 당연히 무효**가 된다고 보아야 할 것이며, **누구나 언제든지 어떠한 방법에 의하여도 무효를 주장할 수 있다.**[211]

2) 판결의 효력

민법의 일반원칙이 적용되므로 그 결의무효확인의 판결의 효력도 판결의 기판력의 일반원칙에 따라 **대세적 효력이 없다.**[212]

5. 이사회내 위원회

(1) 의 의

이사회는 정관이 정하는 바에 따라 이사회의 하부조직으로서 위원회를 설치할 수 있고(제393조의2), 효율적인 감사를 위하여 감사위원회를 설치할 수 있다(제415조의2). 위원회는 이사회의 효율적인 운영과 의사결정의 공정성 확보를 목적으로 한다. 그리고 감사위원회나 보상위원회와 같이 공정성에 중점을 두는 경우는 그 구성원을 대부분 사외이사로 한다. 위

---

[211] 대법원 1982.7.13. 선고 80다2441 판결(주식회사 이사회는 주주총회의 경우와는 달리 원칙적으로 소집권 있는 이사가 다른이사 전원에 대하여 이사회의 소집통지를 하여야 하고 이사 자신이 이사회에 출석하여 결의에 참가하여야 하며 대리인에 의한 출석은 인정되지 않고 따라서 이사 개인이 타인에게 출석과 의결권을 위임할 수도 없는 것이니 이에 위배된 이사회의 결의는 무효라고 할 것이고 또한 그 무효임을 주장하는 방법에는 아무런 제한이 없으며 이해관계인은 언제든지 또 어떠한 방법에 의하던 그 무효를 주장할 수 있다할 것이다).

[212] 대법원 1988.4.25. 선고 87누399 판결(이사회의 결의에 하자가 있는 경우에 관하여 상법은 아무런 규정을 두고 있지 아니하나 그 결의에 무효사유가 있는 경우에는 이해관계인은 언제든지 또 어떤 방법에 의하든지 그 무효를 주장할 수 있다고 할 것이지만 이와 같은 무효주장의 방법으로서 이사회결의무효확인소송이 제기되어 승소확정판결을 받은 경우, 그 판결의 효력에 관하여는 주주총회결의무효확인소송 등과는 달리 상법 제190조가 준용될 근거가 없으므로 대세적 효력은 없다).

원회는 설치가 강제되는 것은 아니나 회사의 선택에 따라 정관으로 설치할 수 있다. 그런데 이사회가 아니라 대표이사 직속으로 경영에 관한 의사결정을 담당하는 조직을 운영하는 경우가 많으나, 이러한 조직은 상법 제393조의2에서의 위원회가 아니다.

(2) 권　한

위원회는 이사회의 권한을 위임받아 그 위임받은 사항에 대한 결의는 이사회결의와 같은 효력이 있다. 따라서 위원회의 결의를 변경하는 이사회결의가 없는 한, 바로 이사회결의로서 효력을 발한다. 그리고 제393조의2 제2항은 위임할 수 있는 사항을 매우 넓게 인정하고 있다. **위임할 수 없는 사항**에 대하여 제393조의2 제2항은 ① 주주총회의 승인을 요하는 사항의 제안, ② 대표이사의 선임 및 해임, ③ 위원회의 설치와 그 위원의 선임 및 해임, ④ 정관에서 정하는 사항 등을 규정하고 있다. 그런데 위 ①부터 ③까지는 당연한 것이고 결국 ④에 의하면 **정관에서 위임을 금지하지 않는 한 이사회의 권한 대부분을 위임할 수 있다**는 뜻이 된다. 결국 신주발행, 자기거래의 승인, 중요한 자산의 처분 등도 위원회에 위임할 수 있다.

(3) 설치여부

1) 회사의 자율

상법 제393조의2 제1항에서는 "이사회는 정관이 정한 바에 따라 위원회를 설치할 수 있다"고 규정하여, 위원회의 설치 여부에 대해서는 회사가 자율적으로 결정할 수 있도록 한다. 정관에 근거를 마련하도록 한 것은 회사의 의사결정구조에 중요한 영향을 미칠 수 있는 위원회의 설치 결정에 주주가 참여할 수 있는 기회를 부여하기 위함이다. 이사회내 위원회로서의 어떤 종류의 위원회를 둘 것인가도 회사의 자율에 맡겨져 있고, 정관이 정하는 바에 따른다.

2) 강제되는 경우

다만 강제되는 경우로서 **자산총액 2조원 이상의 대규모 상장회사**는 제542조의8 제4항 **사외이사 후보추천위원회**, 제542조의11 제1항 **감사위원회**를 반드시 두어야 하고 그 구성원으로서 각각 과반수, 3분의 2 이상을 사외이사로 하여야 한다.

(4) 구　성

1) 위원의 수

상법 제393조의2 제3항에서는 위원회는 **2인** 이상의 이사로 구성하도록 하고 있다. 일반적으로 위원회라면 적어도 3인 이상의 위원으로 구성하는 것이 보통이나 소규모회사(제383조 제1항 단서)에서도 위원회의 설치를 용이하게 한다는 취지에서 2인 이상의 이사로 구성하기로 한 것이다. 반드시 사외이사로 구성할 것을 요하지도 않는다. 다만 **감사위원회**는 3인 이상의 이사로 구성하고, 이 가운데 3분의 2 이상은 사외이사가 되어야 한다(제415조의2 제2항). 위원의 퇴임으로 위원회의 구성원이 법률 또는 정관에 정한 원수를 결한 경우에는 퇴임한 위원은 새로운 위원이 취임할 때까지 위원으로서의 권리와 의무를 가진다(제393조의2 제5항, 제386조 제1항).

2) 자격과 선임, 임기

위원은 이사의 자격을 전제하므로(제393조의2 제3항), **이사의 지위가 종료**하면 위원의 임기도 당연히 종료된다. 상법상 위원회 위원의 선임기관에 관한 명시적 규정이 없는데, 이는 위원회가 이사회의 하부기관이라는 점에서 별도 규정이 없어도 **이사회**가 선임권을 갖는다고 해석할 수 있기 때문이다. 즉 당 위원회로의 선임 또는 해임권은 이사회가 가진다. 임기에 관하여도 상법에 규정이 없으나 정관규정이 있으면 그에 따르고 정관상 규정도 없다면 이사회에서 정한다.

(5) 소집과 결의 등 위원회의 운영

위원의 결원, 위원회의 소집, 위원회의 결의방법, 의사록의 작성, 위원회의 연기·속행 등에 관한 사항은 **이사회에 준하여 처리된다**(제393조의2 제5항). 위원회결의에 하자가 있는 경우 이사회결의와 마찬가지로 무효가 되고 누구나 그 하자를 주장할 수 있다.

(6) 위원회결의의 효력

1) 이사회결의와 동일한 효력

위원회결의의 효력은 이사회가 위임한 사항에 관하여는 이사회결의와 동일한 효력이 있다(제393조의2 제2항). 다만 이사회는 위원회결의를 변경할 수 있으므로(제393조의2 제4항), 이사회가 위원회결의를 변경하지 않는 한 이사회결의로서 효력을 발한다.

2) 위원회결의의 통지 및 변경

이사회는 위원회에 대하여 감독권을 가지고 각 이사들 또한 감시의무를 가진다. 이러한 취지에서 상법은 통지의무 및 이사회의 변경권을 규정하고 있다. 위원회는 결의된 사항을 각 이사에게 통지하여야 한다(제393조의2 제4항 전단). 이는 위임한 사항에 대하여 원래의 경영의사 결정기관인 이사회가 위원회의 결정을 파악·통제할 수 있도록 하기 위한 것으로서, 이사회의 소집에 따른 불편을 고려하여 각 이사를 대상으로 통지하도록 규정한 것이다. 그리고 이때 **위원회의 결의가 부당하다고 생각하는 이사는 다시 이사회의 소집을 요구하여 그 내용을 이사회에서 변경할 수 있다**(제393조의2 제4항 후단). 이사회의 다른 결의가 있으면 위원회결의는 효력을 잃는다. 그런데 이사회소집을 할 수 있는 기간에 대한 제한이 없어 해석상 문제가 있다.

그러나 감사위원회의 독립성을 확보하기 위하여 **감사위원회의 결의에는 이 규정이 적용되지 않음**(제415조의2 제6항)을 유의하여야 한다.

6. 자본금 10억원 미만인 소규모 회사의 특례

(1) 의 의

자본금이 10억원 미만인 소규모 회사는 이사를 1인 또는 2인으로 할 수 있다(제383조 제1항 단서). 영세한 기업이 기업조직의 유지관리비용을 절감할 수 있도록 상법이 특별한 규정을 두고 있다. 이사를 1인으로 한 때에는 당연히 이사회 구성이 되지 않고, 이사가 2인인 경우에도 상법은 이사회를 두지 않는 것으로 하고 있다. 이러한 소규모주식회사에서 자본금요건만 충족하면 별도의 정관상의 규정이 요구되지 않아, 이사를 1인 또는 2인으로 정하는 데 있어 별도의 절차가 필요 없다.

(2) 대표이사의 기능

이사가 1인인 경우 그 이사가 당연히 회사를 대표하며, 이사가 2인인 때에는 각 이사가 회사를 대표하는 것이 원칙이고 정관에 규정을 두어 대표이사를 선임할 수 있다(제383조 제6항).

(3) 이사회의 기능

이사회가 없으므로 그 권한을 대체한다. 상법은 권한남용이 우려되는 것은 주주총회의 권한으로 대체하고 어떤 것은 이사가 단독으로 결정할 수 있도록 한다.

1) 주주총회의 권한으로 대체(제383조 제4항)

주식양도제한의 승인기관(제302조 제2항 제5호의2, 제317조 제2항 제3호의2, 제335조 제1항 단서 및 제2항, 제335조의2 제1항·제3항, 제335조의3 제1항·제2항, 제335조의7 제1항, 제356조 제6호의2), 주식매수선택권 부여의 취소(제340조의3 제1항 제5호), 이사의 경업과 회사기회의 이용, 자기거래의 승인(제397조 제1항·제2항, 제397조의2 제1항, 제398조), 신주의 발행(제416조 본문), 무액면주식을 발행한 경우 자본금액 계상, 준비금자본전입, 중간배당(제451조 제2항, 제461조 제1항 본문 및 제3항, 제462조의3 제1항), 이익배당의 지급(제464조의2 제1항), 사채의 발행(제469조, 제513조 제2항 본문 및 제516조의2 제2항 본문) 등의 경우 주주총회의 결의가 필요하게 된다.

2) 대표이사의 권한으로 대체(제383조 제6항)

자기주식의 소각(제343조 제1항 단서), 전환주식 전환의 통지(제346조 제3항), 주주총회와 관련된 각 권한(제362조, 제363조의2 제3항, 제366조 제1항, 제368조의4 제1항, 제412조의3 제1항),

중간배당의 결정(제462조의3 제1항)에 따른 이사회의 기능을 대표이사가 담당한다.

3) 적용하지 않는 제도(제383조 제5항)

흡수합병시에 이사회의 결의로 주주총회를 갈음할 수 있는 간이합병이나 소규모합병에 관한 제도를 적용하지 않고 기타 적용되지 않는 제도들이 상법 제383조 제5항에 규정되어 있다.

(4) 감사의 기능

자본금 10억원 미만의 소규모 회사는 감사를 두지 않을 수 있다(제409조 제4항). 이 경우 회사와 이사간에 소가 제기되는 경우 회사, 이사 또는 이해관계인은 법원에 회사를 대표할 자를 선임하여 줄 것을 신청하여야 한다(제409조 제5항). 감사를 선임하지 아니한 경우에는 주주총회가 이사에 대한 업무감독권을 가지고(제412조), 이사는 회사에 현저하게 손해를 미칠 염려가 있는 사실을 발견한 때에는 즉시 주주총회에 보고하여야 하며(제412조의 2), 주주총회가 자회사에 대한 조사권(제412조의5 제1항·제2항)을 가진다(제409조 제6항).

Ⅲ. 대표이사

1. 개 관

(1) 의 의

대표이사는 대내적으로는 **회사의 업무를 집행**하고, 대외적으로는 **회사를 대표**하는 두 권한을 가진 주식회사의 필요상설의 독립적 기관이다. 회사는 권리능력을 가지지만 실제 행위를 하여 회사에 귀속시키는 자가 필요하고, 이러한 필요에 의하여 이사 중에서 대표이사를 선임한다. 이사회는 회의체 기관으로서 업무집행 등에 적합하지 않기 때문이다. 주식회사의 업무집행에 있어서는 그 의사결정기관과 집행 및 대표기관이 분리되어 있고 전자는 이사회가 후자는 대표이사가 담당한다. 2011년 개정상법 제408조의2 이하에서는 집행임원제도를 채택하면서 대표집행임원을 둘 수 있도록 하였다. 대표집행임원을 두는 경우 대표이사를 둘 수 없으므로 이 경우 업무집행권과 대표권이 대표집행임원에게 집중된다.

(2) 선임과 종임

1) 선 임

대표이사는 원칙적으로 이사회의 결의로 선임되나, 예외적으로 정관의 규정에 의하여 주주총회에서 선임된다(제389조 제1항). 회사의 운영권을 인수한 자라 하더라도 그가 대표이사 선임의 절차를 밟지 않는 한 대표이사가 아니다.[213] 대표이사의 선임은 등기사항이다 (제317조 제2항 제9호). 그러나 등기는 효력발생요건이 아니어서 등기되지 않았다 하더라도 대표이사의 자격에는 영향이 없다.

대표이사의 원수에 대하여도 제한이 없고 이사 전원을 대표이사로 선임하여도 무방하 다. 대표이사의 임기도 상법에서 규정을 두지 않고 있다. 대표이사의 자격은 이사로 충분 하나(제389조 제1항 본문), 다만 정관으로 그 자격을 제한할 수는 있겠다.

  2) 종 임
대표이사의 종임사유는 임기만료, 이사자격의 상실, 위임의 법정종료사유, 사임, 해임 등이 있다. ① 대표이사는 **임기만료**로서 종임한다. ② **이사자격의 상실**로서, 대표이사는 이 사자격을 전제로 하므로 그것을 상실하면 대표이사직도 상실한다. ③ 민법 제690조의 **위임 의 법정종료사유**이다. 위임의 법정종료사유에 관한 민법 제690조가 대표이사에게 적용된 다. 따라서 회사의 해산, 대표이사의 사망, 파산, 성년후견개시 등에 의하여 종임된다.

④ **사임**(辭任)이다. 대표이사는 언제든지 그 직을 사임할 수 있다. 다만 회사에 불리한 시기에 사임한 경우 그 손해를 배상하여야 한다(제382조 제2항, 민법 제689조 제2항). 그렇다 면 대표이사는 누구에게 사임의 의사표시를 하여야 하는가? 이사회를 소집하여 사임의 의 사표시를 해야 한다고 볼 수도 있겠으나 판례는 **권한대행자에게 표시하여야 한다**고 본 다.[214] 사임의 효력발생시기도 원칙적으로 도달주의에 의한다. 판례는 대표이사 사임의 의 사표시가 권한대행자에게 도달한 때에 사임의 효력이 발생하고 그 의사표시가 효력을 발 생한 후에는 마음대로 이를 철회할 수 없으나, 사임서 제출 당시 그 **권한대행자에게 사표 의 처리를 일임한 경우에는 권한대행자의 수리행위가 있어야 사임의 효력이 발생**하고 그 이전에 사임의사를 철회할 수 있다고 한다.[215] 이는 원칙적으로는 권한대행자에게 도달한 때에 효력이 발생하지만, 대표이사의 사임의사가 유동적인 경우에는 수리행위가 있어야 하 고 그 이전에는 철회할 수 있다는 뜻이다.

⑤ **해임**이다. 회사는 정당한 사유가 있는지 여부를 불문하고 언제든지 대표이사를 해임

---

213) 대법원 1994.12.2. 선고 94다7591 판결(회사의 운영권을 인수한 자라 하더라도 그가 이사회에서 대표이사로 선정된 바 없는 이상 회사의 적법한 대표자라고 볼 수 없다).
  214) 대법원 2007.5.10. 선고 2007다7256 판결.
  215) 대법원 2007.5.10. 선고 2007다7256 판결. 대법원 1998.4.28. 선고 98다8615 판결(주식회사와 이사의 관계는 위임에 관한 규정이 준용되므로, 이사는 언제든지 사임할 수 있고 사임의 의사표시가 대표이사에게 도달하면 그 효 과가 발생하나, 대표이사에게 **사표의 처리를 일임한 경우에는 사임 의사표시의 효과 발생 여부를 대표이사의 의사 에 따르도록 한 것이므로 대표이사가 사표를 수리함으로써 사임의 효과가 생긴다**); 대법원 2006.6.15. 선고 2004다 10909 판결(법인의 이사를 사임하는 행위는 상대방 있는 단독행위라 할 것이어서 그 의사표시가 상대방에게 도달함 과 동시에 그 효력을 발생하고 그 의사표시가 효력을 발생한 후에는 마음대로 이를 철회할 수 없음이 원칙이나, 사임 서 제시 당시 즉각적인 철회권유로 사임서 제출을 미루거나, 대표자에게 사표의 처리를 일임하거나, 사임서의 작성일 자를 제출일 이후로 기재한 경우 등 사임의사가 즉각적이라고 볼 수 없는 특별한 사정이 있을 경우에는 별도의 사임 서 제출이나 대표자의 수리행위 등이 있어야 사임의 효력이 발생하고, 그 이전에 사임의사를 철회할 수 있다).

할 수 있다. 일반적으로는 이사회가 해임할 수 있을 것이나, 그 선임을 정관의 규정에 의하여 주주총회에서 하는 경우에는 주주총회의 결의에 의하여 가능하다. 쟁점이 되는 것은 해임의 경우 이사에 관한 상법 제385조 제1항 단서가 유추적용되는지의 여부이다. 만약 이 규정이 유추적용된다면 **정당한 사유 없이 임기만료 전에 해임당한 대표이사는 회사에 대하여 손해배상을 청구**할 수 있을 것이기 때문이다. 이 경우 위임해지의 일반원칙에 따라 손해배상청구가 가능하다는 견해도 있으나, **판례는 그 유추적용을 부정한다.**216) 판례의 주요한 논거는 제385조 제1항이 이사의 보수청구권을 보장하는 것을 주된 목적으로 하는 것이 아니라는 이유이다. 대표이사는 이사와 달리 집행임원으로서의 성격이 강하기 때문에 제385조 제1항의 유추적용이 허용되지 않는다고 봄이 타당하다. 이사회는 경영판단에 따라 언제든지 대표이사를 해임할 수 있다고 보아야 한다. 주주총회에 의한 이사의 해임과 이사회에 의한 대표이사의 해임은 동일하지 않고, 이사회에 의하여 대표이사직에서 해임되더라도 그는 이사의 지위를 유지하기 때문이다.

이는 상법 제389조 제1항 단서에 따라 정관으로 주주총회에서 대표이사를 선정할 것을 정하여 주주총회가 대표이사를 해임하는 경우에도 마찬가지다.217) 대법원은, ① 주식회사의 이사와 대표이사는 그 지위와 성질·권한이 다른 점, ② 주주총회의 이사 해임과 이사회 또는 주주총회의 대표이사 해임이 유사하다고 볼 수 없는 점, ③ 대표이사에서 해임되더라도 이사에서 해임되지 않은 경우 여전히 이사로서의 지위와 권한을 가지고 있으므로 이사 해임으로 인한 손해배상청구권이 당연히 인정되어야 하는 것은 아닌 점, ④ 주주총회 특별결의로 주주총회에서 선정된 대표이사를 해임함과 동시에 이사에서도 해임하거나 대표이사에서 해임하지 않은 채 이사에서 해임함으로써 대표이사와 이사 지위를 모두 상실하는 경우에도 이사 해임으로 인한 손해배상청구를 할 수 있으므로, 대표이사 해임에 상법 제385조 제1항 단서를 유추적용할 필요가 있다고 보기 어려운 점을 근거로 하여 위와 같은 법리를 설시하면서, 주주총회에서 직접 대표이사를 선임하는 경우의 대표이사 해임에 이사 해임에 관한 상법 제385조 제1항을 유추적용할 수 없다고 본다.

(3) 결원의 경우

이사의 경우와 같다(제389조 제3항, 제386조 제1항). 따라서 법률 또는 정관에 정한 대표이사의 원수를 결한 경우에는 임기의 만료 또는 사임으로 인하여 퇴임한 대표이사는 새로 선임된 대표이사가 취임할 때까지 대표이사의 권리의무가 있다. 결원의 경우 대표이사의 권리의무가 인정되는 자는 회사의 상무에 속하는 행위만을 할 수 있는 것이 아니라 일반적인 대표이사와 동일한 권한을 가진다.

---

216) 대법원 2004.12.10. 선고 2004다25123 판결.
217) 대법원 2024.9.13. 선고 2020다245552 판결.

2. 권   한

대표이사는 대내적으로는 업무집행권, 대외적으로는 회사대표권을 가진다.

(1) 업무집행권

이사회는 업무집행에 관한 의사결정권을 가지고 대표이사는 업무집행권을 가진다. 업무집행에 관한 권한의 분배와 관련하여 이사회와 대표이사의 관계에 관하여 다음의 학설이 있다.

1) 업무집행권의 범위

이사회와의 관계에 대하여 독립기관설과 파생기관설 등의 학설이 있으나, 어느 설에 의하더라도 대표이사는 이사회나 주주총회가 결정한 사항을 집행하고 의사결정권을 위임받은 사항에 대하여는 그 의사를 결정할 권한이 있다고 보아 차이가 없다. 법률이나 정관 등에서 이사회의 결의사항으로 정해져 있지 않다 하더라도 **중요한 업무집행에 관한 의사결정은 원칙적으로 이사회결의를 거쳐야 한다.** 앞서 설명한 바와 같이, 상법 또는 정관에서 이사회결의 사항으로 정해 둔 경우는 대표이사에게 바로 일임할 수 없다. 판례도 상법 제393조 제1항에 해당하는 경우 이사회가 대표이사에게 결정권한을 일임하는 것은 허용되지 않는다고 판시한다.[218]

따라서 법률 또는 정관에서 결정권한을 명시적으로 정하지 않은 사항 가운데 중요한 업무집행에 관한 사항이 아닌, 일상업무에 속하는 사항만을 대표이사가 단독으로 결정할 수 있다.[219] 따라서 **일상업무가 그 기준이 된다.** 이사회가 일반적·구체적으로 위임하지 않은 업무라도 '일상업무'인 중요하지 않은 업무에 대하여는 대표이사가 의사결정권을 가지는 것으로 볼 수 있으나, 중요한 업무에 대하여는 그러하지 않다. 일상업무란 회사의 목적사업의 수행을 위한 관리업무로서 관례적 기준에 따라 처리할 수 있는 업무라고 해석한다. 고가의 고정자산을 처분하는 등의 행위가 일상업무가 아님은 알 수 있으나,[220] 실제 그 구분이 쉽지는 않다.

2) 상법상 대표이사의 권한

상법이 대표이사의 권한으로 명시하고 있는 것은, 주권과 채권에 대한 기명날인과 서명(제356조와 제478조 제2항)이 있다. 기타 대표이사의 권한으로 해석되는 것으로, 정관 등의

---

218) 대법원 2005.7.28. 선고 2005다3649 판결; 대법원 2008.5.15. 선고 2007다23807 판결.
219) 대법원 1997.6.13. 선고 96다48282 판결(법률 또는 정관 등의 규정에 의하여 주주총회 또는 이사회의 결의를 필요로 하는 것으로 되어 있지 아니한 업무 중 이사회가 일반적·구체적으로 대표이사에게 위임하지 않은 업무로서 일상 업무에 속하지 아니한 중요한 업무에 대하여는 이사회에게 그 의사결정권한이 있다).
220) 대법원 1997.6.13. 선고 96다48282 판결.

비치(제396조 제1항), 주식청약서와 사채청약서의 작성(제420조와 제474조 제2항), 신주인수권증서의 발행(제420조의2), 신주인수권증권의 발행(제516조의5), 재무제표 등의 작성(제447조 이하) 등이 있다.

다만 대표이사 이외의 이사에게도 대내적 업무집행권을 부여할 수 있고 이들을 업무담당이사라고 한다. 이러한 업무담당이사는 대외적 대표권은 없지만, 만약 대외적 행위를 했을 때에는 그에게 대표권이 있다고 믿은 선의의 제3자에 대하여 표현대표이사 규정에 의한 책임을 질 수 있다(제395조).

(2) 대표권

대표이사는 회사의 영업에 관한 재판상·재판외의 모든 행위에 대하여 회사를 대표할 수 있는 권한을 가지고, 대표권을 내부적으로 제한하더라도 선의의 제3자에게 대항하지 못한다(제389조 제3항, 제209조). 전자를 대표권의 **포괄성**, 후자를 대표권의 **정형성**이라 한다. 대표이사의 어떤 행위가 회사의 영업에 관한 것인지의 여부에 대하여는 대표이사의 행위 당시의 주관적 의사와는 관계없이 그 행위의 객관적 성질에 따라 추상적으로 판단되어야 한다. 대표이사가 수인 있는 경우라 하더라도 수인의 대표이사는 원칙적으로 각자 독립하여 회사를 대표한다. 다만 수인의 대표이사가 공동으로 회사를 대표할 것을 정할 수 있다(제389조 제2항).

3. 대표이사 권한의 제한

(1) 권한 제한의 근거

대표이사의 대표권은 회사영업에 관한 재판상·재판외의 모든 행위에 미치며, 대표권을 내부적으로 제한하더라도 선의의 제3자에게 대항하지 못한다(제389조 제3항, 제209조). 대표이사의 권한을 제한하는 근거로는 법률, 정관, 이사회규칙 및 주주총회결의나 이사회결의가 있을 수 있다. 먼저 상법은 이사와 회사 사이의 소송에서 대표권자의 자격을 제한하고, 대표권의 행사에 앞서 주주총회나 이사회의 사전승인을 요구하기도 한다. 예컨대, 영업의 전부 또는 중요한 일부의 양도(제374조 제1항)와 사후설립(제375조)은 **주주총회결의**를 얻어서 권한을 행사할 수 있다.

상법은 **이사회결의** 사항에 관하여 다음을 규정하고 있는데, 이것들도 모두 대표권행사에 대한 제한이 된다. 예컨대 주주총회의 소집(제362조), 대표이사의 선임과 공동대표의 결정(제389조), 지배인의 선임·해임과 지점의 설치·이전·폐지(제393조 제1항), 이사의 자기거래의 승인(제398조), 신주발행사항의 결정(제416조), 재무제표와 영업보고서의 승인(제447조, 제447조의2), 준비금의 자본전입(제461조), 사채의 발행(제469조), 전환사채 및 신주인수권부사채의 발행(제513조, 제516조의2) 등이다. 그 밖의 사항은 정관이나 이사회규칙 등으로 정할 수 있다.

(2) 이사와 회사 사이의 소송

상법이 대표권을 제한하는 경우는 이사와 회사 사이의 소송이다. **이사와 회사 간의 소송에서는 대표이사가 대표권이 없고 감사가 회사를 대표하며**(제394조 제1항), **감사위원회를 둔 경우 감사위원이 회사를 대표한다**(제415조의2 제7항). 이사와 회사 사이의 소에 있어서는 이해충돌을 방지하고 공정한 소송수행을 확보하기 위하여 객관적 지위에 있는 감사로 하여금 그 소에 관하여 회사를 대표하도록 한 것이다. **이에 위반하여 대표이사가 소송행위를 한 경우 모두 무효가 된다.**[221]

자본금 총액이 10억원 미만인 소규모주식회사의 경우 감사가 임의기관이므로(제409조 제4항), 이러한 소규모 주식회사의 경우 회사, 이사 또는 이해관계인은 법원에 회사를 대표할 자를 선임하여 줄 것을 신청하여야 한다(제409조 제5항). 이 경우 법원이 대표이사를 소송에서 회사를 대표할 자로 선임하였다는 등의 특별한 사정이 없는 이상 대표이사는 그 소송에 관하여 회사를 대표할 권한이 없다.[222]

그런데 소송의 목적이 되는 권리관계가 이사의 재직 중에 일어난 사유로 인한 것이라 할지라도 **이사가 이미 퇴임한 경우라면, 감사가 대표하지 아니하고 대표이사가 대표한다.**[223] **같은 맥락에서 회사의 이사로 등기되어 있던 사람이 회사를 상대로 사임을 주장하면서 이사직을 사임한 취지의 변경등기를 구하는 소에서 회사를 대표할 사람은 감사가 아니라 대표이사가 된다.**[224] 사임은 상대방 있는 단독행위로서 그 의사표시가 상대방에게 도달함과 동시에 효력이 발생하므로 이사가 회사를 상대로 소를 제기하면서 스스로 사임으로 이사의 지위를 상실하였다고 한다면, 적어도 그 이사와 회사의 관계에서는 외관상 이미 이사직을 떠난 것으로 보기에 충분하고, 또한 대표이사로 하여금 회사를 대표하도록 하더라도 공정한 소송수행이 이루어지지 아니할 염려는 거의 없기 때문이다.

---

221) 대법원 1990.5.11. 선고 89다카15199 판결(피고 회사의 이사인 원고가 피고 회사에 대하여 소를 제기함에 있어서 상법 제394조에 의하여 그 소에 관하여 회사를 대표할 권한이 있는 감사를 대표자로 표시하지 아니하고 대표이사를 피고 회사의 대표자로 표시한 소장을 법원에 제출하고, 법원도 이 점을 간과하여 피고 회사의 대표이사에게 소장의 부본을 송달한 채, 피고 회사의 대표이사로부터 소송대리권을 위임받은 변호사들에 의하여 소송이 수행되었다면, 이 사건 소에 관하여는 피고 회사를 대표할 권한이 대표이사에게 없기 때문에 소장이 피고에게 적법유효하게 송달되었다고 볼 수 없음은 물론 피고 회사의 대표이사가 피고를 대표하여 한 소송행위나 피고 회사의 대표이사에 대하여 원고가 한 소송행위는 모두 무효이다).

222) 대법원 2011.7.28. 선고 2009다86918 판결; 대법원 2020.4.29. 선고 2019다295315 판결 취지 참조.

223) 대법원 2002.3.15. 선고 2000다9086 판결(상법 제394조 제1항에서는 이사와 회사 사이의 소에 있어서 양자 간에 이해의 충돌이 있기 쉬우므로 그 충돌을 방지하고 공정한 소송수행을 확보하기 위하여 비교적 객관적 지위에 있는 감사로 하여금 그 소에 관하여 회사를 대표하도록 규정하고 있는바, 소송의 목적이 되는 권리관계가 이사의 재직중에 일어난 사유로 인한 것이라 할지라도 회사가 그 사람을 이사의 자격으로 제소하는 것이 아니고 이사가 이미 이사의 자리를 떠난 경우에 회사가 그 사람을 상대로 제소하는 경우에는 특별한 사정이 없는 한 위 상법 제394조 제1항은 적용되지 않는다).

224) 대법원 2013.9.9. 자 2013마1273 결정.

(3) 제한을 위반한 대표행위의 효력(전단적 대표행위의 효력)

법률, 정관, 이사회규칙 등이 주주총회 또는 이사회의 결의사항을 정한 경우에 대표이사는 이들 기관의 결의에 따를 것이 요구된다. 그런데 대표이사가 다른 기관의 의사결정에 따라야 함에도 불구하고 이를 무시한 경우 그 대표행위의 효력이 문제된다. 이 논의와 관련한 상법의 중요한 규정이 대표권의 정형성에 관한 것으로, 대표이사의 대표권을 내부적으로 제한하더라도 선의의 제3자에게 대항하지 못한다는 것이다(제389조 제3항, 제209조).

1) 내부사항에 불과한 경우

대표이사의 행위가 단순히 회사의 내부적 사항에 불과한 경우라면, 거래의 안전을 고려할 필요가 없으므로 무효이다. 예를 들면 준비금의 자본금전입이 이사회의 결의 없이 이루어진 경우에 이는 당연무효이다. 이하의 논의는 제3자와의 거래가 관련된 대외적 행위에 관한 것이다.

2) 주주총회결의 흠결

① **법률에 의하여 주주총회의 결의를 요하는 경우**(제374조, 제375조), 그 결의를 얻지 않았을 때 대표이사의 전단적 대표행위는 무효라 본다(통설, 판례). 그 거래행위의 효력은 상대방의 선의·악의를 불문하고 무효이다. 판례도 주주총회 결의 없이 행한 영업양도는 상대방의 선의·악의를 불문하고 무효라고 보았다.[225] 그 이유는 대표행위에 주주총회의 승인을 요구하는 상법규정은 강행법규이고, 거래상대방도 총회의 결의가 법률상 필요하다는 것을 당연히 알아야 하므로 총회결의는 거래행위의 효력요건이며, 이익교량(利益較量)에 의하여 거래상대방 보다는 회사의 이익을 보호할 필요성이 더 크다고 평가되기 때문이다.[226]

그러나 ② **정관에 의하여 주주총회결의를 요하는 경우**에는 결론이 다르다. 이 경우는 선의의 제3자에 대하여는 유효로 봄이 통설이다. 다만 근거에 대하여는 견해가 나뉘는바, 정관에서 주주총회결의사항으로 한 것은 회사의 이익을 위하여 매우 중요하다고 보기 어려우며 제3자도 예견하기 어렵다는 점을 근거로 하는 견해,[227] 정관에 의한 내부적인 제한

---

225) 대법원 2012.4.12. 선고 2011다106143 판결.
226) 대법원 1993.9.14. 선고 91다33926 판결(부동산이 매각될 당시 갑, 을은 그들이 법정대리인이 된 미성년 자녀들 주식을 포함하여 회사의 발행주식 중 72% 남짓한 주식을 보유하고 있어 상법 제374조, 제434조에 정한 특별결의에 필요한 의결권을 갖고 있으면서 특히 갑은 사실상 회사를 지배하고 있었던 터에 이들의 참석하에 위 부동산을 매도할 것을 결의한다는 내용의 임시주주총회의사록이 작성되어 이들이 주주총회결의의 외관을 현출하게 하였다면 비록 형식상 당해 회사의 주주총회결의의 존재를 인정할 수 없다 하더라도 그와 같은 회사 내부의 의사결정을 거친 회사의 외부적 행위를 유효한 것으로 믿고 거래한 자에 대하여는 회사의 책임을 인정하는 것이 타당하다). 이 판례는 몇 가지의 쟁점을 가지고 있다. 주주총회결의 부존재확인의 소급효 여부, 영업용재산의 양도가 영업양도에 해당하는지 여부, 법률상 주주총회 결의 사항으로 되어 있는 경우 그 결의를 거치지 않았을 때 효력 등이 그러하다. 그런데 가장 후자의 문제에 대하여는 법원이 그 논의를 집중하지 않은 점이 있어 보인다. 설시문에서도 알 수 있듯이 다수 주주의 의사와 부합한다는 것이 유효의 근거였으므로, 주주총회의 결의가 없는 대표이사의 독단적 행위에 대한 대법원의 입장이라고 하기는 어렵다.

에 불과하므로 제389조 제3항과 제209조 제2항이 적용된다고 보는 견해[228]가 있다. 후자의 견해가 보다 타당하다.

3) 이사회결의 흠결
① 집단적 거래행위

신주발행이나 사채발행 등의 집단적 거래행위의 경우에는 그 효력을 획일적으로 확정하여 거래안전을 도모할 필요성 때문에 개별거래행위의 경우와는 달리 판단된다. **사채발행**의 경우 그 행위의 효력이 일률적으로 결정되어야 하므로 제3자의 선의·악의를 불문하고 언제나 유효하다고 본다(통설). **신주발행**의 경우 거래상대방의 악의에 의하여 개별적으로 그 효력이 달라지는 것으로 할 수 없기 때문에 언제나 유효로 보아야 한다는 유효설, 신주발행무효의 소의 원인이 된다는 무효설 등이 있으나, **판례[229]는 신주발행에 대한 이사회결의는 회사의 내부적 의사결정에 불과하다고 보아 유효설을 취한다.** 신주발행무효의 소에서 상술한다.[230]

② 개별적 거래행위

여기서는 법률에 의하여 이사회결의가 요구되는 경우와 정관 등의 내부적 제한에 의하여 이사회결의가 요구되는 경우로 구분이 가능하다. 그 구분과 각 경우에 있어서의 효력에 관한 학설은 상당히 다양하나, 판례는 논리가 단순하다.

A. 판 례

최근 판례의 입장이 변경되었다. 판례는 **법률상 제한인지 또는 내부적 제한인지를 구분하지 않고 이사회결의가 흠결되었음에 대하여 거래행위의 상대방인 제3자가 중대한 과실이 있는 경우에는 보호받지 못하지만, 선의와 무중과실의 경우 보호받는다고 보았다.**[231] 변경되기 이전의 구판례는 **거래상대방이 이사회결의가 없었음을 알았거나 알 수 있었을 경우가 아니라면 거래가 유효하다는 입장이었으나,**[232] **거래 상대방을 보호하는 기준을 '선의·무과실'에서 '선의·무중과실'로 변경한 것이다.** 그러면서 과거 대표이사가 이사회 결의를 거쳐야 할 대외적 거래행위에 관하여 이를 거치지 않은 경우 거래상대방인 제3자가 보호받기 위해서는 선의 이외에 무과실이 필요하다고 본 과거 대법원 판결들[233]

227) 정찬형, 942-943면; 최기원, 635면.
228) 권기범, 836면; 송옥렬, 1021면; 이철송, 688면.
229) 대법원 2007.2.22. 선고 2005다77060,77077 판결.
230) 제2편 제5장 제2절 Ⅳ. 3. 신주발행무효의 소에서 살핀다.
231) 대법원 2021.2.18. 선고 2015다45451 전원합의체 판결.
232) 대법원 2012.8.17. 선고 2012다45443 판결 등 다수의 판례가 있다.
233) 대법원 1978.6.27. 선고 78다389 판결; 대법원 1995.4.11. 선고 94다33903 판결; 대법원 1996.1.26. 선고 94다42754 판결; 대법원 1997.6.13. 선고 96다48282 판결; 대법원 1998.7.24. 선고 97다35276 판결; 대법원 1999.10.8. 선고 98다2488 판결; 대법원 2005.7.28. 선고 2005다3649 판결; 대법원 2009.3.26. 선고 2006다47677 판결; 대법원 2014.6.26. 선고 2012다73530 판결; 대법원 2014.8.20. 선고 2014다206563 판결 등이 이에 해당한다.

을 이 판결과 배치되는 범위에서 변경하였다.

그리고 보호받지 못하는 중과실이란 제3자가 조금만 주의를 기울였더라면 이사회 결의 가 없음을 알 수 있었는데도 만연히 이사회 결의가 있었다고 믿음으로써 거래통념상 요구 되는 주의의무를 현저히 위반하는 것으로, 거의 고의에 가까운 정도로 주의를 게을리하여 공평의 관점에서 제3자를 구태여 보호할 필요가 없다고 볼 수 있는 상태를 말한다고 한 다.[234] 제3자에게 중과실이 있는지는 이사회 결의가 없다는 점에 대한 제3자의 인식가능 성, 회사와 거래한 제3자의 경험과 지위, 회사와 제3자의 종래 거래관계 등 여러 사정을 종합적으로 고려하여 판단하여야 하지만, 제3자가 회사 대표이사와 거래행위를 하면서 회 사의 이사회 결의가 없었다고 **의심할 만한 특별한 사정이 없다면, 일반적으로 이사회 결 의가 있었는지를 확인하는 등의 조치를 취할 의무까지 없다**고 보았다.[235]

B. 학 설

그런데 학설은 다양하다. (i) 법률상 제한인지 또는 내부적 제한인지를 구분하지 않는 견해들로서 판례와 같이 제3자가 악의 또는 과실이 없는 한 유효라는 견해,[236] 그리고 양 자를 구분하지 않으면서 악의 또는 중과실이 없는 한 유효라는 견해가 있다.[237] (ii) 이와 달리 양자의 법적 평가를 달리해야 한다고 하면서, 법률상 제한의 경우에는 제3자도 이사 회결의가 필요하다는 것을 알 수 있고 내부적 제한의 경우에는 그것을 알 수 없다고 하면 서, 후자의 경우 이사회결의가 없는 사실에 관한 과실있는 제3자가 보호받지만, 전자의 경 우에는 단순한 과실로 부족하고 과실이 없어야 보호받을 수 있다는 견해가 있다.[238] (iii) 또한 법률상 제한의 경우는 그 대표행위의 효력은 개별적으로 논해야 하고, 개별적 제한의 경우는 악의 또는 중과실이 없는 한 유효라는 견해도 있다.[239]

C. 법률상 제한과 내부적 제한

법률상 제한과 내부적 제한 모두 거래 상대방의 악의 또는 중과실이 없는 한 유효라 고 봄이 옳다. 다만 각각의 근거는 달리 구성해야 한다. (i) **내부적 제한**의 경우는 제3자가 이사회결의가 필요한 것인지 여부를 알기가 어렵고, 이는 상법 제389조 제3항과 제209조 제2항의 해석문제가 된다. 정관 등에 의하여 이사회결의를 거치도록 한 경우는 내부적 제 한에 해당하는 것이므로 선의의 제3자에게 대항할 수 없다(제389조 제3항, 제209조 제2항). 이 경우는 제3자가 악의이거나 **중과실이 없는 한** 보호하여 주는 것이 옳다. 최신 판례도

---

234) 대법원 2021.2.18. 선고 2015다45451 전원합의체 판결.
235) 대법원 2021.2.18. 선고 2015다45451 전원합의체 판결.
236) 정찬형, 942면; 정동윤, 619면.
237) 송옥렬, 1023면.
238) 이철송, 688면.
239) 권기범, 835면.

일정한 대외적 거래행위에 관하여 이사회 결의를 거치도록 대표이사의 권한을 제한한 경우에도 이사회 결의는 회사의 내부적 의사결정절차에 불과하고, 특별한 사정이 없는 한 거래 상대방으로서는 회사의 대표자가 거래에 필요한 회사의 내부절차를 마쳤을 것으로 신뢰하였다고 보는 것이 경험칙에 부합한다고 보았다.[240]

그런데 (ii) 상법 제393조 제1항에 따른 **법률상 제한**의 경우는 제209조 제2항의 문제가 아니다. 이 경우는 제3자가 이사회결의가 필요하다는 것을 알 수 있었기 때문에 내부적 제한의 경우보다 비난의 정도가 강하다고 할 수 있다. 다만 이사회결의의 유무를 일일이 확인할 주의의무가 발생한다고는 볼 수 없어, 제3자가 악의 또는 **중과실이 없는 한** 유효라고 보아야 한다. 최신 판례도 법률의 부지나 법적 평가에 관한 착오를 이유로 그 적용을 피할 수는 없으므로 법률상 제한은 내부적 제한과 달리 볼 수도 있다고 하면서도, 대표이사가 제393조 제1항에 정한 '중요한 자산의 처분 및 양도, 대규모 재산의 차입 등의 행위'에 관하여 이사회의 결의를 거치지 않고 거래행위를 한 경우에도 거래행위의 효력에 관해서는 내부적 제한의 경우와 마찬가지로 본다.[241]

③ 입증책임

판례에 의하면 거래상대방의 악의 또는 중과실은 **이를 주장하는 회사가 주장, 증명하여야 할 사항에 속한다**. 특별한 사정이 없는 한 거래상대방으로서는 회사의 대표자가 거래에 필요한 회사의 내부절차는 마쳤을 것으로 신뢰하였다고 보는 것이 일반 경험칙에 부합하기 때문이다.[242]

(4) 대표권남용행위

1) 의 의

대표권의 남용행위란 외관상으로는 대표이사의 권한 내의 적법한 행위이지만 주관적으로는 자기 또는 제3자의 이익을 위한 행위로서 회사에 손실을 끼치는 행위를 말한다. 즉 **객관적**으로는 대표권의 범위에 속하는 행위이나, **주관적**으로는 자기 또는 제3자의 이익을 위하여 대표행위를 하는 경우이다. 대표이사가 자기의 부채를 변제하기 위하여 회사명의로 약속어음을 발행하는 행위가 그 예이다. 대표권남용행위는 대표이사의 회사에 대한 관계와 회사의 거래상대방에 대한 관계가 문제된다.

---

240) 대법원 2021.2.18. 선고 2015다45451 전원합의체 판결.
241) 대법원 2021.2.18. 선고 2015다45451 전원합의체 판결.
242) 대법원 2012.4.26. 선고 2010다11415 판결(주식회사의 대표이사가 이사회의 결의를 거쳐야 할 대외적 거래행위에 관하여 이를 거치지 아니한 경우라도, 이와 같은 이사회결의사항은 회사의 내부적 의사결정에 불과하다 할 것이므로, 그 거래상대방이 그와 같은 이사회결의가 없었음을 알았거나 알 수 있었을 경우가 아니라면 그 거래행위는 유효하다 할 것이고, 이 경우 **거래의 상대방이 이사회의 결의가 없었음을 알았거나 알 수 있었음은 이를 주장하는 회사 측이 주장·입증하여야 한다**); 대법원 2005.7.28. 선고 2005다3649 판결.

2) 효 력

몇 개의 학설이 있다. ① **비진의표시설**이다. 민법 제107조의 단서를 유추적용하여 상대방이 대표권의 남용사실을 알았거나 알 수 있었을 때에는 무효로 풀이하는 설로서 심리유보설이라고도 한다. 이 견해에 대하여는 대표이사로서는 자신의 의사에 의하여 바로 그 행위를 하며 그 행위에 의한 효과를 바라고 있어 의사와 표시는 완전히 일치하는데, 다만 그 행위가 회사를 위한 것이 아니라 자기 또는 제3자의 이익을 위한 것일 뿐이므로 비진의표시설은 이론상으로는 적절하지 않다는 비판이 있다. ② **권리남용설**이다(통설). 대표권남용행위도 원칙적으로 유효하지만, 거래상대방이 대표이사의 주관적 의도를 알았거나 또는 중대한 과실로 알지 못한 경우 거래의 유효를 주장하는 것은 권리남용에 해당하여 허용될 수 없다는 견해이다. ③ **대표권제한설**(내부적 제한설)이다. 대표권의 내부적 제한(즉 대표권은 회사의 이익을 위하여 행사되어야 한다는 내부적 제한)에 위반한 경우와 동일하게 봄으로써, 선의의 제3자에 대하여는 유효이나 그가 악의이거나 또는 중과실이 있는 때에는 무효를 주장할 수 있는 것으로 본다. ④ **이익교량설**이다. 회사와 상대방의 이익형량에 의하여 해결하여야 한다고 보고, 대표권남용행위는 당연무효이지만 그렇게 하면 선의의 상대방에게 불측의 손해를 주어 거래의 안전을 해치므로 그에게는 무효를 주장할 수 없으나, 악의자 또는 중과실이 있는 자에게는 원래의 형태로 돌아가 무효를 주장할 수 있다고 본다. ⑤ **판례는 비진의표시설**에 의한다.[243] 다만 그 판시에서의 표현상 권리남용설에 따른 것도 있다고 지적되기는 하나, 판례는 비진의표시설의 입장을 확고히 취하고 있다. 그런데 대표권 제한에 관한 대법원 판례가 최근 변경되었다는 점에서 향후 판례의 변경을 기대하여 볼 만하다.[244]

통설인 권리남용설이 타당하다. 그런데 통설인 권리남용설과 판례의 결과상의 차이는 **제3자의 과실**(경과실)**을 보호해 주는지의 여부이다.** 통설(대표권제한설과 이익교량설도 마찬

243) 대법원 2012.5.24. 선고 2012도2142 판결; 대법원 1990.3.13. 선고 89다카24360 판결(주식회사의 대표이사가 회사의 영리목적과 관계없이 자기의 개인적인 채무변제를 위하여 회사대표이사 명의로 약속어음을 발행교부한 경우에는 그 권한을 남용한 것에 불과할 뿐 어음발행의 원인관계가 없는 것이라고 할 수는 없고, 다만 이 경우 상대방이 대표이사의 진의를 알았거나 알 수 있었을 때에는 그로 인하여 취득한 권리를 회사에 대하여 주장하는 것은 신의칙에 반하는 것이므로 회사는 상대방의 악의를 입증하여 그 행위의 효력을 부인할 수 있다); 대법원 1987.10.13. 선고 86다카1522 판결.

244) 대법원 2021.2.18. 선고 2015다45451 전원합의체 판결. 소수의견이 이 점을 지적하고 있다. 소수의견은 "즉, 대표이사가 대표권의 범위 내에서 행위하였더라도 대표권을 남용하였다면 그 거래 상대방은 선의·무과실인 경우에 한하여 보호된다. 그런데 다수의견과 같이 대표이사의 대표권 제한에 관한 판례를 변경한다면, 대표이사가 상법 제393조 제1항 등 법률에 정하여진 제한에 위반하여 행위한 경우 그 거래 상대방은 선의 또는 무중과실이기만 하면 보호되고, 그 거래행위는 유효하게 된다. 이는 상법 제393조 제1항이라는 명시적인 상법 조항에 위반하여 행해진 위법한 거래행위와 이사회 결의절차 등 상법에 규정된 요건에 모두 따랐으나 단지 개인의 이익을 도모한다는 대표이사의 내심의 목적으로 인해 대표권 남용이 되는 거래행위 중에서, 전자의 거래 상대방을 후자의 거래 상대방보다 더 넓게 보호한다는 것인데, 이러한 결론이 형평의 관점에서 타당한지도 의문이다. 다수의견은 이러한 사정에 대한 고려 없이 대표권 제한에 관한 지금까지의 판례 법리를 변경할 것을 주장하고 있는데, 이는 대표이사 행위의 효력에 관한 회사법 법리의 정합성과도 부합되지 않는다"라고 한다.

가지임)은 경한 과실을 보호해줌에 반하여, 판례는 그렇지 않다. 그리고 비진의표시설은 정확한 해석이라 볼 수 없는데, 그 이유는 회사의 이익이 될 것을 의도하지 않았기 때문에 진의가 없는 것으로 해석할 수는 없기 때문이다. 권리남용설이 타당한 이론구성이다.

3) 입증책임

대표권남용을 이유로 대표행위의 무효를 주장하는 경우 그 무효를 주장하는 자가 대표권남용의 사실과 상대방이 악의라는 사실을 입증하여야 한다. 판례도 대표권남용행위의 상대방이 그와 같은 정을 알았던 경우에는 그로 인하여 취득한 권리를 회사에 대하여 주장하는 것이 신의칙에 반하므로 **회사는 상대방의 악의를 입증하여 그 행위의 효과를 부인할 수 있다**고 한다.[245]

4. 공동대표이사

(1) 의 의

대표이사는 회사대표권과 업무집행권을 가지며, 그 일정한 범위 내에서 업무집행에 관한 의사결정권을 가진다. 이와 같이 대표이사는 막강한 권한을 가지므로, 상법은 그 권한행사의 신중을 기하게 함으로써 남용 내지 오용을 방지하기 위하여 수인의 대표이사가 공동으로 회사를 대표할 것(공동대표제)을 정할 수 있도록 한다(제389조 제2항). 공동대표는 하나의 대표권을 수인의 대표이사가 공동으로 행사하는 것이므로 대표권에 대한 제한이 아니고 **대표권 행사의 방식에 대한 제한**이다.

(2) 공동대표이사의 선정

수인의 대표이사가 있는 경우에도 각자 대표가 원칙이므로, 그 수인을 공동대표이사로 하기 위하여는 대표이사의 선정 이외에 이들을 '공동'대표이사로 한다는 별도의 결의가 있어야 한다(제389조 제2항). 따라서 이사회에서 대표이사를 선임하는 경우에는 이사회의 결의로 '공동'으로 결정하고, 정관의 규정에 의하여 주주총회에서 대표이사를 선임하는 경우에는 주주총회의 결의로 '공동'으로 정한다. **회사가 공동대표이사제도를 채택하기 위하여 이에 관한 별도의 정관상 근거규정이 있어야 하는 것은 아니다.** 회사가 공동대표를 정한 경우에 이는 등기사항이므로(제317조 제2항 제10호) 등기하여야 하고, 회사가 공동대표를 등기한 때에는 이로써 선의의 제3자에 대하여 대항할 수 있는 효력이 생긴다(제37조

---

245) 대법원 2016.8.24. 선고 2016다222453 판결(주식회사의 대표이사가 대표권의 범위 내에서 한 행위는 설사 대표이사가 회사의 영리 목적과 관계없이 자기 또는 제3자의 이익을 도모할 목적으로 권한을 남용한 것이라도 일응 회사의 행위로서 유효하다. 그러나 행위의 상대방이 그와 같은 정을 알았던 경우에는 그로 인하여 취득한 권리를 회사에 대하여 주장하는 것이 신의칙에 반하므로 회사는 상대방의 악의를 입증하여 행위의 효과를 부인할 수 있다); 대법원 1987.10.13. 선고 86다카1522 판결.

제1항).

(3) 공동대표이사의 지위

1) 능동대표

회사가 공동대표를 정한 경우에는 수인의 대표이사가 공동으로 회사를 대표하여야 하고, 1인의 대표이사가 단독으로 회사를 대표하여 행한 행위는 무권한에 의한 대표행위로서 회사에 대하여 효력이 없다. 이러한 원칙은 **상대방의 선의 여부에 따라 달라지지 않는다는** 점에서 선의의 제3자에 대하여는 대항할 수 없는 대표권의 내부적 제한과 구별된다.

2) 수동대표

회사가 공동대표를 정한 경우에 대표이사의 상대방에 대한 의사표시(능동대표)는 반드시 공동으로 하여야 하나, 상대방의 대표이사에 대한 의사표시(수동대표)는 대표이사 중의 1인에 대하여 하면 된다(제389조 제3항, 제208조 제2항).

3) 불법행위

공동대표이사는 거래행위에만 적용되고 불법행위에는 적용되지 않는다. 따라서 공동대표이사 중 1인이 회사의 업무집행으로 타인에게 손해를 가한 경우 회사의 불법행위로 되어 회사가 연대하여 손해배상책임을 진다.

4) 대표권 위임의 문제

공동대표이사 중의 1인에게 다른 공동대표이사가 대표권 행사를 위임할 수 있는지가 문제되는데 이는 조직운영의 능률성과 공동대표이사제도의 실효성 가운데 어느 것을 우선시할 것인가의 문제이다. ① **포괄적 위임**은 실질적으로 단독대표를 가능하게 하므로 이는 허용될 수 없다는 것이 통설과 판례이다.[246]

② 대표행위의 사안별로 특정 거래에 관하여 **개별적 위임**을 할 수 있는가의 문제이다. 공동대표이사제도의 취지를 강조하여 부정하는 견해도 있으나, 개별적 위임은 가능하다고 본다(통설). 다만 구체적 방법의 면에서 (i) 대외적인 의사표시를 위임할 수 있을 뿐 아니라 거래내용까지도 위임할 수 있다는 견해(**백지위임설**)[247]가 있으나, 이는 사실상 단독대표와 차이가 없다. (ii) 특정한 사항인 거래내용에 관하여 공동대표이사간에 내부적 의사합치만 있다면 외부적인 의사표시 없이 개별적 위임이 가능하다는 견해(**적극설**),[248] (iii) 이들

---

246) 대법원 1989.5.23. 선고 89다카3677 판결(주식회사에 있어서의 공동대표제도는 대외 관계에서 수인의 대표이사가 공동으로만 대표권을 행사할 수 있게 하여 업무집행의 통일성을 확보하고, 대표권 행사의 신중을 기함과 아울러 대표이사 상호간의 견제에 의하여 대표권의 남용 내지는 오용을 방지하여 회사의 이익을 도모하려는데 그 취지가 있으므로 공동대표이사의 1인이 그 대표권의 행사를 특정사항에 관하여 개별적으로 다른 공동대표이사에게 위임함은 별론으로 하고, 일반적·포괄적으로 위임함은 허용되지 아니한다).

247) 손주찬, 834면.

248) 권기범, 838면; 정찬형, 953면; 최기원, 641면; 정동윤, 620면; 최준선, 452면.

견해는 포괄적 위임을 허용하는 것과 유사한 결과가 되어 공동대표이사제도의 취지에 반할 수 있다는 단점이 있다고 지적하면서, 이를 극복하기 위하여 공동대표이사간의 내부적 의사합치만으로 외부에서 알기 어려워 부족하고 의사표시시에 그 위임이 있었다는 것을 함께 표시하여야 한다는 견해(**표시행위위임설**)[249]가 있다. (iv) **판례**는 이를 정면으로 다룬 것은 없으나, "공동대표이사의 1인이 특정사항에 관하여 개별적으로 대표권의 행사를 다른 공동대표이사에게 위임함은 별론으로 하고"라고 설시한 바 있어[250] 개별적 위임을 인정하는 듯하다. 다만 다른 판례에서는 위임에 관한 공동대표이사간의 합의 이외에도 거래 상대방의 신뢰를 요건으로 하고 있어,[251] 표현대표이사의 법리(제395조)로 해결하는 듯하다. 지나치게 경직된 운영을 지양하면서 공동대표제도의 취지도 살릴 수 있는 **적극설**에 찬성한다.

(4) 표현대표이사와의 관계

1) 공동대표제도와 제3자의 보호

원칙적으로는 1인의 공동대표이사가 다른 대표이사의 동의 없이 단독으로 대표행위를 한 경우에는 무효이고 이는 선의의 제3자에 대하여도 마찬가지이다. 선의의 제3자 보호 문제는 **공동대표이사 등기**의 문제로 해결하려 하였으나, 거래시마다 등기를 확인할 수 없는 관계로 등기의 효력을 가지고 거래상대방을 보호하는 것은 불완전할 수밖에 없다.

회사가 공동대표를 정하고 등기하지 아니한 경우에는 공동대표로써 선의의 제3자에게 대항할 수 없으므로 표현대표이사의 성립에 따로 특별히 문제될 것이 없으나, 회사가 공동대표를 정하고 등기한 경우에는 상법 제37조와의 관계에서 표현대표이사가 성립하는지에 관하여 긍정설과 부정설이 대립해 있다. **판례는 긍정설의 입장이다. 판례는 표현대표이사에 관한 제395조의 규정에 의하여 선의의 제3자를 보호하고자 한다.**[252] 공동대표가 등기되어 있으므로 회사는 상법 제37조의 상업등기의 효력에 의하여 제3자가 선의이더라도 제3자에 대하여 대표이사 1인에 의한 배서가 무효라고 주장할 수 있으나, 또 다른 한편으로는 회사가 공동대표를 정하여 등기해 놓고 그 대표이사 중의 1인이 행위를 한 경우에 상법 제395조(표현대표이사)가 유추적용되어 위 대표이사가 표현대표이사로 된다면 그 배서는 유효한 배서로 된다. 따라서 대부분의 경우 공동대표이사라는 것을 가지고 선의의 제3자에게 대항할 수 없는 결과가 된다.

---

249) 이철송, 699면.
250) 대법원 1989.5.23. 선고 89다카3677 판결.
251) 대법원 1996.10.25. 선고 95누14190 판결(회사의 공동대표이사 2명 중 1명이 단독으로 동의한 것이라면 특별한 사정이 없는 한 이를 회사의 동의라고 볼 수 없으나, 다만 나머지 1명의 대표이사가 그로 하여금 건물의 관리에 관한 대표행위를 단독으로 하도록 용인 내지 방임하였고 또한 상대방이 그에게 단독으로 회사를 대표할 권한이 있다고 믿은 선의의 제3자에 해당한다면 이를 회사의 동의로 볼 수 있다); 대법원 1991.11.12. 선고 91다19111 판결 등.
252) 대법원 1992.10.27. 선고 92다19033 판결.

2) '대표이사'라는 명칭의 사용

긍정설에 의하더라도 대표이사 중의 1인이 사장 또는 이사장 등과 같이 단독대표권이 있는 것으로 인정될 만한 명칭을 사용하여 행위를 한 경우에만 상법 제395조를 유추적용할 것인지 문제된다. 즉 **'대표이사'라는 명칭을 사용한 경우 제395조가 적용될 수 있는지의 문제**이다. 이에 관하여 ① **한정설**은 거래안전의 보호와 회사이익보호의 조화를 위하여 단독대표권이 있는 것으로 인정될 만한 명칭을 사용하여 행위를 한 경우에만 상법 제395조를 유추적용하여야 하므로 적용되지 않는다고 한다. 그러나 ② **확장설**은 '대표이사'라는 명칭은 법정의 명칭으로서 가장 뚜렷한 회사대표권을 표시하는 명칭이므로 단순히 대표이사라는 명칭을 사용하여 행위를 한 경우에도 상법 제395조를 유추적용하여야 할 것이라고 한다. ③ **판례**는 대표이사라는 명칭을 사용한 경우 제395조에 의한 책임을 인정하는 확장설의 입장이다.[253] 확장설이 타당하다.

(5) 단독대표행위

1) 원칙과 추인

공동대표이사 가운데 1인이 단독으로 대표행위를 한 경우 무효가 됨이 원칙이고 이는 상대방의 선의 여부에 의하여 달라지지 않음이 원칙이다(통설). 그러나 그 단독대표행위의 추인은 가능하다고 본다. 즉, 공동대표이사 중 1인이 단독으로 대표한 행위는 무효이지만, 사후에 이를 추인할 수 있다. 추인은 다른 공동대표이사들이 하여야 하고 묵시적으로도 가능하다.[254] 추인의 상대방은 단독으로 행위한 공동대표이사나 또는 그 법률행위의 상대방인 제3자 중 어느 사람에게 대하여서도 할 수 있다.[255]

2) 공동대표이사제도 취지의 반감

그런데 이상에서 보는 바와 같이 개별적 위임이 가능하고, 추인도 가능하다. 또한 표현대표이사제도(제395조)가 적용되어 공동대표이사가 단독으로 '대표이사'라는 명칭을 사용한

---

253) 대법원 1992.10.27. 선고 92다19033 판결(회사가 공동대표이사에게 단순한 대표이사라는 명칭을 사용하여 법률행위를 하는 것을 용인 내지 방임한 경우에도 회사는 상법 제395조에 의한 표현책임을 면할 수 없다); 대법원 1991.11.12. 선고 91다19111 판결(회사가 공동으로만 회사를 대표할 수 있는 공동대표이사에게 대표이사라는 명칭의 사용을 용인 내지 방임한 경우에는 회사가 이사자격이 없는 자에게 표현대표이사의 명칭을 사용하게 한 경우이거나 이사자격 없이 그 명칭을 사용하는 것을 알고서도 용인상태에 둔 경우와 마찬가지로, 회사는 상법 제395조에 의한 표현책임을 면할 수 없다).

254) 대법원 2010.12.23. 선고 2009다37718 판결(甲 주식회사의 공동대표이사 중 1인이 단독으로 乙과 주차장관리 및 건물경비에 관한 갱신계약을 체결한 사안에서, 甲 주식회사가 종전 계약기간이 만료된 이후 7개월이나 경과된 시점에서 종전 계약의 기간만을 연장한 위 갱신계약의 체결사실을 인식하고 있으면서 乙에게 기간이 만료된 종전 계약의 계속적인 이행을 요구하는 통고서를 발송하여 갱신계약의 효과가 甲 주식회사에게 귀속되는 것을 승인함으로써 위 갱신계약을 묵시적으로 추인하였다고 봄이 상당하다).

255) 대법원 1992.10.27. 선고 92다19033 판결(공동대표이사가 단독으로 회사를 대표하여 제3자와 한 법률행위를 추인함에 있어 그 의사표시는 단독으로 행위한 공동대표이사나 그 법률행위의 상대방인 제3자 중 어느 사람에게 대하여서도 할 수 있다).

경우에도 표현대표이사가 적용될 수 있다는 것이 판례이다. 결과적으로 공동대표이사의 단독행위가 대부분 유효로 되는 경우가 많은 것이고 공동대표이사제도의 취지는 상당히 반감되었다.

5. 표현대표이사

(1) 의 의

상법 제395조는 표현대표이사제도를 규정하고 있다. 회사의 대표권은 대표이사에게 있으므로(제389조 제3항, 제209조) 이러한 대표이사가 아닌 이사는 회사를 대표할 권한이 없다. 그러나 회사가 대표이사 아닌 이사에게 사장·부사장·전무이사·상무이사 등과 같이 대표권이 있다고 믿을만한 명칭의 사용을 허락하는 경우, 이와 같은 명칭을 사용한 자와 거래한 제3자가 그 명칭으로 인하여 회사를 대표할 권한이 있다고 믿고 거래하였다면 그를 보호할 필요가 있다. 표현대표이사제도의 근거법리는 영미법상의 금반언의 법리에 의하여 설명하는 견해, 독일법상의 외관이론에 의하여 설명하는 견해, 또는 위 두 이론을 구별하지 않고 함께 금반언 내지 외관이론에 의하여 설명하는 견해가 있다. 그러나 어느 이론에 의하더라도 그 결론에 있어 차이는 없다.

(2) 표현대표이사의 적용요건

1) 외관의 부여(會社의 歸責事由)

① 외관형성에 대한 귀책사유

표현대표이사의 행위에 대하여 회사가 책임을 지기 위하여는 회사에 귀책사유가 있어야 하고, 이러한 귀책사유가 되는 것이 회사의 외관부여행위이다. 회사는 외관을 '**부여**'해야 하는데, 이는 회사가 표현대표이사의 명칭사용을 허락한다는 것을 의미한다. 이때 회사의 허락은 정관이나 주주총회 또는 이사회의 결의로써 하는 적극적인 허락(명시적인 승인)뿐만 아니라, 그러한 명칭사용을 소극적으로 묵인(묵시적인 승인)한 경우를 포함한다. 즉 **명시적 또는 묵시적으로 허락**한 경우이다.

(i) 회사가 명칭사용을 명시적 또는 묵시적으로 승인하지 않고 행위자가 임의로 표현대표이사의 명칭을 **잠칭**한 경우에는 회사가 **몰랐다면** 회사가 그러한 사실을 알지 못하고 또 제지하지 못한 점에 과실이 있다 하더라도 회사가 책임을 지는 것은 아니다.[256] 그런데 (ii) 회사가 적극적으로 허락한 것은 아니지만 표현적 명칭의 사용을 알고도 적극적으로

---

256) 대법원 1975.5.27. 선고 74다1366 판결(회사가 상법 제395조에 의하여 표현대표이사의 행위에 대하여 그 책임을 지는 것은 회사가 표현대표자의 명칭사용을 명시적으로나 묵시적으로 승인한 경우에만 한하는 것이고, 회사의 명칭사용 승인 없이 임의로 명칭을 잠칭한 자의 행위에 대하여는 회사가 그러한 사실을 알지 못하고 또 제지하지 못한 점에 과실이 있다 하더라도 회사가 책임을 지는 것은 아니다). 대법원 1995.11.21. 선고 94다50908 판결도 같은 취지이다.

조치를 취하지 않은 경우 귀책사유를 인정한 판례가 있다. 회사가 **알았던 경우는 단순한 방치를 묵시적 승인에 해당한다고 보았다.**257)

이상의 판례를 보면 **회사가 알았는지의 여부가 기준이 된다.** 알지 못한 경우라면 알지 못하거나 또는 제지하지 못한 점에 과실이 있다 하더라도 귀책사유가 없다고 한 반면, 회사가 알면서 아무런 조치를 취하지 않은 채 그대로 방치한 경우 묵시적 승인으로 보아 귀책사유가 인정된다.

② 귀책사유의 주체

회사의 명시적 또는 묵시적 승낙은 누구를 기준으로 할 것인가의 문제가 있다. 묵시적인 승낙의 경우 특히 문제될 수 있다. 이는 ① **대표이사를** 기준으로 한다. 판례에 의하면 대표이사가 아니더라도, ② **이사 전원** 또는 ③ 이사 전원이 아닐지라도 적어도 **이사회의 결의의 성립을 위하여 회사의 정관에서 정한 이사의 수,** ④ **그와 같은 정관의 규정이 없다면 최소한 이사 정원의 과반수의 이사를** 그 귀책사유의 기준으로 삼고 있다.258)

그런데 이 경우 귀책사유의 판단과 관련하여서는 검토될 부분이 있다. 판례는 의사록을 작성하는 등 주주총회결의의 외관을 현출시킨 자가 ⑤ **사실상 회사의 운영을 지배하는 자**인 경우에는 회사에 귀책사유가 있다고 인정할 수 있다고 한 것이 있다.259) 하지만 이는 의문이다. 당 사건에서의 구체적 타당성은 별론으로 하고 회사의 귀책사유를 판단함에 있어 사실상 회사운영을 지배하는 자를 기준으로 하는 것은 회사법에서의 의사결정절차와 부합하지 않는다.

③ 이사선임결의 하자

대표기관의 선임과정에 하자가 있어 이후 대표이사의 지위를 상실한 자가 그 지위를 상실하기 전에 행한 대표행위의 효력이 문제된다. 회사가 그러한 외관을 야기하였고 그에 대하여 귀책사유가 있는 때에는 상법 제395조가 적용 또는 유추적용될 수 있다. 1995년 상법의 개정으로 주주총회의 결의에 대하여 소급효가 인정되어 그 행위가 무효가 되기 때

257) 대법원 2009.3.12. 선고 2007다60455 판결; 대법원 2005.9.9. 선고 2004다17702 판결(이사 또는 이사의 자격이 없는 자가 임의로 표현대표자의 명칭을 사용하고 있는 것을 **회사가 알면서도 이에 동조하거나 아무런 조치를 취하지 아니한 채 그대로 방치한 경우도 회사가 표현대표자의 명칭사용을 묵시적으로 승인한 경우에 해당한다고 봄**이 상당하다); 대법원 1998.3.27. 선고 97다34709 판결; 대법원 1992.7.28. 선고 91다35816 판결 참조.

258) 대법원 1992.9.22. 선고 91다5365 판결(이 경우 회사가 표현대표를 허용하였다고 하기 위하여는 진정한 대표이사가 이를 허용하거나, 이사 전원이 아닐지라도 적어도 이사회의 결의의 성립을 위하여 회사의 정관에서 정한 이사의 수, 그와 같은 정관의 규정이 없다면 **최소한 이사 정원의 과반수의 이사가 적극적 또는 묵시적으로 표현대표를 허용한 경우**이어야 할 것이므로, 대표이사로 선임등기된 자가 부적법한 대표이사로서 사실상의 대표이사에 불과한 경우에 있어서는 먼저 위 대표이사의 선임에 있어 회사에 귀책사유가 있는지를 살피고 이에 따라 회사에게 표현대표이사로 인한 책임이 있는지 여부를 가려야 할 것이다).

259) 대법원 2009.3.12. 선고 2007다60455 판결(주주총회를 소집, 개최함이 없이 의사록만을 작성한 주주총회결의로 대표자로 선임된 자의 행위에 대하여 의사록 작성으로 대표자격의 외관이 현출된 데에 대하여 회사에 귀책사유가 있음이 인정될 경우 상법 제395조에 따라 회사에게 그 책임을 물을 수 있고, 이 경우 의사록을 작성하는 등 주주총회결의의 외관을 현출시킨 자가 **사실상 회사의 운영을 지배하는 자인 경우와 같이 주주총회결의 외관 현출에 회사가 관련된 것으로 보아야 할 경우**에는 회사에 귀책사유가 있다고 인정할 수 있을 것이다).

문에 선의의 제3자 보호를 위하여는 상법 제395조를 적용할 실익이 보다 커지게 되었다.[260]

2) 외관의 존재

'외관'이란 대표권이 있다고 믿을 만한 명칭이다. ① 상법은 이러한 명칭의 예시로서 '사장·부사장·전무·상무' 등을 들고 있으나, 이에 한하지 않고 일반관행을 표준으로 하여 대표권이 있다고 믿을만한 명칭이면 어떠한 것도 무방하다(예컨대 은행장·회장 등). ② **표현대표이사는 이사 자격을 전제하지 않는다.** 표현적 명칭을 사용하는 자가 이사의 자격을 가지지 않은 경우라도 그가 대표권이 있다고 믿을만한 명칭을 사용한 경우에는 상법 제395조가 적용된다(통설, 판례).[261] 그 근거는 표현대표이사제도는 행위자가 표현적 대표권이 있는 것으로 인정되는 명칭을 사용한 것을 이유로 하여 회사의 책임을 인정하는 제도이므로, 행위자가 이사의 자격을 가지고 있느냐의 여부는 본질적인 중요성을 가지지 않기 때문이다. 표현대표이사제도가 금반언의 원칙 또는 외관이론의 근거 아래서 제3자의 신뢰를 보호함으로써 거래의 안전을 보장하려는 취지를 갖고 있다는 점과 이사자격의 유무가 표현적 지위의 형성에 아무런 현실적 영향을 주지 않는다는 점에서 표현대표이사는 이사의 자격을 전제하지 않는다고 보는 것이 타당하다.

3) 외관의 신뢰

표현대표이사와 거래한 제3자는 표현대표이사에게 대표권이 없음을 알지 못하여야 한다. 즉 제3자는 선의이어야 한다. ① **제3자의 범위**를 보면, 표현대표이사의 상대방뿐만 아니라 표현대표이사의 명칭을 신뢰한 모든 제3자를 포함한다고 보는 것이 통설이며 판례이다.[262] 어음행위의 표현대리의 경우는 거래의 직접상대방으로 한정하는 판례[263]와는 비교된다. ② 상법 제395조 소정의 **'선의'란 표현대표이사가 대표권이 없음을 알지 못한 것을** 말하고, 그 알지 못하는데 중한 과실이 없는 경우를 말한다(통설). 판례도 제3자가 경한 과실이 있는 경우에도 보호받는다고 보아, 무경과실임을 요하지 않는다고 보는 데에 일치한다.[264] **표현대표이사에 있어서는 판례가 대표권남용의 경우 등과는 달리 제3자의 경과실**

---

260) 대법원 2009.3.12. 선고 2007다60455 판결; 대법원 1992.8.18. 선고 91다14369 판결; 대법원 1985.6.11. 선고 84다카963 판결(상법 제395조는 표현대리이사가 이사의 자격을 갖출 것을 형식상의 요건으로 하고 있으나, 위 규정은 법일반에 공통되는 거래의 안전의 보호와 금반언의 원칙에서 나온 것으로서 이사의 자격이 없는 자에게 회사의 표현대표이사의 명칭을 사용케 한 경우나 이사자격없이 표현대표이사의 명칭을 사용하는 것을 회사가 알고도 그대로 두거나 아무런 조치도 쓰지 않고 용인상태에 놓아둔 경우에도 위 규정이 유추적용되는 것으로 해석함이 상당하다).

261) 대법원 1992.7.28. 선고 91다35816 판결; 대법원 1985.6.11. 선고 84다카963 판결; 대법원 1979.2.13. 선고 77다2436 판결.

262) 대법원 2003.9.26. 선고 2002다65073 판결(회사를 대표할 권한이 없는 표현대표이사가 다른 대표이사의 명칭을 사용하여 어음행위를 한 경우, 회사가 책임을 지는 선의의 제3자의 범위에는 표현대표이사로부터 직접 어음을 취득한 상대방뿐만 아니라, 그로부터 어음을 다시 배서양도 받은 제3취득자도 포함된다).

263) 대법원 1994.5.27. 선고 93다21521 판결.

264) 대법원 1973.2.28. 선고 72다1907 판결(상법 제395조의 해석에 있어서 「제3자」는 "선의" 이외에 "무과실"까지도 필요로 하는 것은 아니다).

을 보호해 준다는 점에 주의하여야 한다. ③ 다만 제3자에게 중대한 과실이 있는 경우에는 보호하지 않는다(통설). 판례도 같은 취지이어서 **중과실 있는 제3자는 보호하지 않는 다**.[265] 판례는 대규모 주식회사에 있어서 상무나 전무와 같은 명칭을 신뢰한 경우 원칙적으로 중과실이 있다고 하였다.[266] 제3자의 중대한 과실이라 함은 제3자가 조금만 주의를 기울였더라면 표현대표이사의 행위가 **대표권에 기한 것이 아니라는 사정**을 알 수 있었음에도 만연히 이를 대표권에 기한 행위라고 믿음으로써 거래통념상 요구되는 주의의무에 현저히 위반하는 것이다.[267]

(3) 표현대표이사의 적용효과

표현대표이사의 행위에 대하여 상법 제395조가 적용되면 회사는 적법한 대표이사의 행위와 같이 선의의 제3자에 대하여 그 책임을 진다. 여기에서 '책임을 진다'는 뜻은 표현대표이사의 행위는 회사에 대하여 그 효력을 발생하고 회사는 이에 의하여 의무를 부담함과 동시에 권리를 취득한다는 의미이다. 따라서 무권대리에 관한 민법의 규정(민법 제130조 이하)이 유추적용될 여지가 없다.

(4) 적용범위

표현대표이사에 관한 **상법 제395조는 법률행위에만 적용되고, 불법행위나 소송행위에는 적용되지 않는다**(통설). 왜냐하면 상법 제395조는 거래의 안전을 고려하여 선의의 제3자를 보호하기 위한 것인데, 표현대표이사가 불법행위를 하거나 소송행위를 하는 경우에는

---

265) 대법원 1999.11.12. 선고 99다19797 판결(**제3자의 신뢰는 보호할 만한 가치가 있는 정당한 것이어야 할 것**이므로 설령 제3자가 회사의 대표이사가 아닌 이사가 그 거래행위를 함에 있어서 회사를 대표할 권한이 있다고 믿었다 할지라도 그와 같이 믿음에 있어서 **중대한 과실이 있는 경우에는 회사는 그 제3자에 대하여는 책임을 지지 아니한다**).

266) 대법원 1999.11.12. 선고 99다19797 판결(규모가 큰 주식회사의 경우 직제상 사장의 직책을 가지는 이사는 대표이사로 선정되어 있는 경우가 많은 반면, 직제상 전무 또는 상무의 직책을 가지는 이사는 반드시 그러하지는 아니하고, 전무 또는 상무의 직책을 가지면서 동시에 대표이사로 선정되어 있는 이사들은 '대표이사 전무, 대표이사 상무' 등의 명칭을 사용하는 것이 현재 우리나라 경제계의 실정이고, 따라서 상법 제395조가 표현대표이사의 명칭으로 사장, 부사장, 전무, 상무 등의 명칭을 나란히 예시하고 있다 하더라도 그 각 명칭에 대하여 거래통념상 제3자가 가질 수 있는 신뢰의 정도는 한결같다고 할 수 없으므로 위와 같은 각 명칭에 대하여 제3자가 그 명칭을 사용한 이사가 회사를 대표할 권한이 있다고 믿었는지 여부, 그와 같이 믿음에 있어서 중과실이 있는지 여부 등은 거래통념에 비추어 개별적·구체적으로 결정하여야 할 것이며, 특히 규모가 큰 주식회사에 있어서 '대표이사 전무' 또는 '대표이사 상무' 등의 명칭을 사용하지 아니하고, 단지 '전무이사' 또는 '상무이사' 등의 명칭을 사용하는 이사에 대하여는 제3자가 악의라거나 중과실이 있다는 회사 측의 항변을 배척함에 있어서는 구체적인 당해 거래의 당사자와 거래 내용 등에 관하여 신중한 심리를 필요로 하고, 함부로 그 항변을 배척하여서는 아니 된다).

267) 대법원 2013.2.14. 선고 2010다91985 판결; 대법원 2003.9.26. 선고 2002다65073 판결(제3자의 중대한 과실이라 함은 제3자가 조금만 주의를 기울였더라면 표현대표이사의 행위가 대표권에 기한 것이 아니라는 사정을 알 수 있었음에도 만연히 이를 대표권에 기한 행위라고 믿음으로써 거래통념상 요구되는 주의의무에 현저히 위반하는 것으로서, 공평의 관점에서 제3자를 구태여 보호할 필요가 없다고 봄이 상당하다고 인정되는 상태를 말하고 제3자에게 중과실이 있는지는 거래통념에 비추어 개별적·구체적으로 판단하여야 한다); 대법원 1999.11.12. 선고 99다19797 판결.

위와 같은 선의의 제3자가 존재할 수 없기 때문이다. 표현대표이사가 불법행위를 하는 경우에는 민법 제35조나 제756조에 의하여 회사의 책임이 인정될 수 있고 이에 따라 제3자는 보호받을 수 있을 것이다. 표현대표이사의 소송행위와 관련하여, 판례는 "주식회사의 전무이사의 자격으로서 한 소송행위는 이사로서 등기되어 있지 않더라도 유효하다"고 판시[268]한 것이 있으나, 타당하지 않다. 이는 표현지배인에 관한 상법 제14조 단서와 동일하게 소송행위(재판상의 행위)에는 그 적용이 없다고 보아야 한다.

(5) 표현대표이사와 타제도와의 관계

1) 민법상 표현대리(민법 제125조, 제126조, 제129조)와의 관계

표현대표이사를 규정한 상법 제395조는 대리권수여의 표시에 의한 표현대리에 관한 민법 제125조의 특칙으로 해석될 수도 있겠으나, 이에 한하지 않고 표현대표이사는 권한유월의 경우나 대표권이 소멸한 후에도 성립할 수 있으므로 민법 제126조(권한을 넘은 표현대리) 및 민법 제129조(대리권소멸후의 표현대리)의 특칙으로도 해석할 수 있다. 그러나 상법 제395조가 표현대표이사에 관하여 민법의 제규정(제125조, 제126조, 제129조)의 특칙을 규정하고 있다고 하여, 표현대표이사에 관한 상법 제395는 민법의 표현대리에 관한 제규정의 적용을 배척한다고 볼 수 없다. 따라서 민법의 표현대리에 관한 제규정의 적용요건을 충족한 경우에는, 회사는 그러한 민법의 규정에 의하여도 책임을 부담할 수 있다.

그러나 상법 제395조는 민법의 표현대리에 관한 제규정보다 제3자를 더 광범위하게 보호하고 있으므로, 상법 제395조가 적용되는 경우에는 민법상의 표현대리에 관한 규정들이 적용될 여지가 거의 없겠다. 예를 들면 제395조는 과실 있는 제3자도 보호하지만, 민법상 표현대리는 과실 있는 제3자를 보호하지 않는다. 따라서 실제로 제395조의 보호범위가 더 넓기 때문에 표현대표이사가 성립하지 않는데 민법상 표현대리가 성립하는 경우는 드물 것이다.

2) 표현지배인(제14조)과의 관계

학설과 판례는 이사의 자격이 없는 '회사의 사용인'이나 '이사직을 사임한 자'가 회사를 대표할 권한이 있는 것으로 인정될 만한 명칭을 사용한 경우에도 상법 제395조를 유추적용하고 있다(전술). 따라서 회사는 회사의 사용인이 사용하는 명칭 및 이에 대한 회사의 귀책사유에 의하여 표현지배인(제14조)으로서의 책임을 부담하기도 하고 또는 표현대표이사(제395조)로서의 책임을 부담하기도 한다. 즉 회사의 사용인이 지배권이 없으면서 '본점 또는 지점의 본부장, 지점장, 그 밖에 지배인으로 인정될 만한 명칭'을 사용하고 그러한 명칭 사용에 회사에 귀책사유가 있으면 회사는 상법 제14조에 의한 책임을 지고, 회사의 사용

---

268) 대법원 1970.6.30. 선고 70후7 판결(주식회사의 전무이사의 자격으로서 한 소송행위는 이사로서 등기되어 있지 않더라도 유효하다).

인이 대표권이 없으면서 '사장·부사장·전무·상무 기타 회사를 대표할 권한이 있는 것으로 인정될 만한 명칭'을 사용하고 그러한 명칭사용에 회사에 귀책사유가 있으면 회사는 상법 제395조에 의한 책임을 진다.

3) 상업등기의 일반적 효력(제37조)과의 관계

대표이사의 성명은 등기사항(제317조 제2항 제9호)이고 이러한 등기사항을 등기하면 회사는 선의의 제3자에게도 대항할 수 있다(제37조 제1항의 반대해석). 그런데 상법 제395조는 제3자에게 정당한 사유가 있건 없건 불문하고(제37조 제2항 참조) 제3자가 현실로 선의이기만 하면 회사에게 그 책임을 인정한 것으로서, 이러한 상법 제395조는 상법 제37조와는 모순된다. 이에 관한 근거 설명에 대하여는 다음의 학설이 있다. ① **이차원설**(異次元說)로서 상법 제395조는 상법 제37조와는 차원을 달리한다고 설명한다. 이 설에서는 상법 제37조 상업등기제도는 기업관계가 외부에 공시된 후에는 상대방의 희생하에 공시자의 면책을 보장함으로써 당사자의 이해를 조정하려는 제도로서, 상법 제395조의 외관주의 법리에 기초하여 부진정한 외관을 작출한 자에게 책임을 지우는 표현대표이사제도와는 서로 차원이 다르다는 것이다. ② **예외규정설**로서, 상법 제395조는 상법 제37조의 예외규정이라고 한다. 회사의 대표이사와 거래하는 제3자가 거래시마다 일일이 등기부를 열람하여 대표권유무를 확인한다는 것은 제3자에게 너무 가혹하고 또 집단적·계속적·반복적인 회사기업의 거래 실정에도 맞지 않는 점을 고려하면, 상법 제395조는 상법 제37조의 예외규정으로 보는 것이 타당하다고 한다. ③ **판례**는 이차원설에서 판시하고 있다.[269]

이 논쟁의 실익은 없고 어느 이론이 보다 논리적인가의 이해일 뿐이다. 상법상의 모든 제도가 저마다 각각의 존재의의가 있는 것이고 이를 차원이라 이해한다면, 단순히 차원이 다르다는 근거만을 제시하는 이차원설은 설득력이 약하다. 표현대표이사제도는 상업등기의 일반적 효력에 대한 예외규정 정도로 이해함이 그나마 논리적이라 본다.

4) 상법상 부실등기의 효력(제39조)과의 관계

대표이사를 선임하지 않고도 선임한 것으로 하여 등기하였거나 또는 대표이사가 퇴임하였는데도 퇴임등기를 하지 않은 동안에 그러한 자가 회사를 대표하여 제3자와 거래행위를 한 경우에, 회사는 선의의 제3자에 대하여 상법 제39조에 의한 책임을 지는가 또는 상법 제395조에 의한 책임을 지는가의 문제이다. 제3자는 그러한 자가 대표이사임을 위의 부실등기에 의하여 신뢰하고 또 그러한 부실등기에 대하여 등기신청권자에게 고의·과실이 있었다면, 회사는 선의의 제3자에 대하여 부실등기의 공신력에 관한 상법 제39조에 의

---

269) 대법원 1979.2.13. 선고 77다2436 판결(상법 제395조와 상업등기와의 관계를 헤아려 보면, 본조는 상업등기와는 다른 차원에서 회사의 표현책임을 인정한 규정이라고 해야 옳으리니. 이 책임을 물음에 상업등기가 있는 여부는 고려의 대상에 넣어서는 아니 된다고 하겠다. 따라서 원 판결이 피고의 상호변경에 대하여 원고의 악의를 간주한 판단은 당원이 인정치 않는 법이 위에 선 것이라 하겠다).

하여 책임을 진다. 그런데 이 경우 회사는 그러한 자가 회사의 대표명의를 사용하여 제3자와 거래하는 것을 적극적 또는 묵시적으로 허용하였다고 할 수 있는 사정이 있고 또 그 사정을 제3자가 입증할 수 있다면, 회사는 상법 제395조에 의해서도 그 책임을 부담할 수 있다. 이와 관련하여 다음의 쟁점들이 있다.

① 제3자의 행위에 의한 대표이사의 변경등기

판례는 등기신청권자(적법한 대표이사)의 고의·과실이 없이 등기신청권자가 아닌 감사 등이 주주총회의사록 및 이사회의사록을 위조하여 대표이사를 변경등기하고 그 변경등기 된 대표이사가 제3자와 거래행위를 한 경우, 판례는 제39조와 제395조가 적용되지 않는다고 하였다.[270] 이 경우 (i) **제39조**가 적용되지 않는 것은 등기신청권자인 적법한 대표이사가 아닌 제3자가 등기신청한 것이어서, **신청에 있어 과실이 없이** 단지 등기의 존속에 있어 과실이 있다는 것만으로는 적용이 없다고 하였다. (ii) **제395조**가 적용되지 않는 것은 **잠칭**의 경우로서 회사의 명시적 또는 묵시적 승인이 없었다는 것이다. 하지만 다수의 학설은 위 판결이 타당하지 않다고 보고 있었다. 상법 제39조의 고의·과실에 의한 부실등기는 적법한 대표이사(등기신청권자)의 등기신청에 기한 등기가 아니라 하더라도, 이와 비견되는 정도의 회사책임에 기한 신청으로 등기된 경우이거나 또는 이미 이루어진 부실등기의 존속에 관하여 회사에서 이를 알고도 묵인한 것과 같은 경우, 즉 등기의 **존속에 있어 중과실이 있는 경우**에는 상법 제39조를 적용하여야 한다는 것이다.

그런데 이후 판례는 등기신청권자가 스스로 등기를 하지 아니하였다 하더라도 그 등기가 이루어지는 데 관여하거나 그 부실등기의 존재를 알고 있음에도 이를 시정하지 않고 방치하는 등 등기신청권자의 고의 또는 과실로 부실등기를 한 것과 동일시할 수 있는 특별한 사정이 있는 경우 상법 제39조의 책임을 물을 수 있다고 설시한다.[271] 따라서 과거의 입장과는 달리 등기신청권자가 스스로 등기를 신청하지 아니한 경우에도 **존속에 있어 그 부실등기의 존속을 알고서 방치하였다면 상법 제39조에 의한 부실등기 책임을 부담한다는 점**은 그 설시상 분명하다. 다만 판례가 말하는 '특별한 사정'에 중대한 과실로 그 부실등기를 알지 못한 것이 포함되는지 여부는 명확하지 않다.

② 선임이 무효·취소된 대표이사의 행위

대표이사의 선임결의가 무효인 경우 선임 이후 무효판결시까지 대표이사로서 한 행위

---

270) 대법원 1975.5.27. 선고 74다1366 판결(부실등기의 효력을 규정한 상법 39조는 등기신청권자 아닌 제3자의 문서위조등의 방법으로 이루어진 부실등기에 있어서는 등기신청권자에게 그 부실등기의 경료 및 존속에 있어서 그 정도가 어떠하건 과실이 있다는 사유만 가지고는 회사가 선의의 제3자에게 대항할 수 없음을 규정한 취지가 아니다. 상법 395조에 의하여 표현대표자의 행위에 대하여 회사가 책임을 지는 것은 회사가 표현대표자의 명칭 사용을 명시적으로나 묵시적으로 승인할 경우에만 한하는 것이고 회사의 명칭사용 승인 없이 임의로 명칭을 잠칭한 자의 행위에 대하여는 비록 그 명칭사용을 알지 못하고 제지하지 못한 점에 있어서 회사에게 과실이 있다고 할지라도 그 회사의 책임으로 돌려 선의의 제3자에 대하여 책임을 지게 하는 취지가 아니다).

271) 대법원 2011.7.28. 선고 2010다70018 판결; 대법원 2008.7.24. 선고 2006다24100 판결.

의 효력이다. 주주총회의 이사선임결의가 하자가 있는 경우 그 이사들에 의한 대표이사의 선임행위도 무효일 수밖에 없으므로 같은 문제가 있다. 판례에 의할 경우 두 가지의 방법에 의하여 거래상대방은 보호받을 수 있다. (i) 이사 선임의 주주총회결의에 대한 취소판결이 확정된 경우, 상법 **제39조**에 의하여 회사의 부실등기책임을 인정한다.[272] 이 판결은 다음과 같은 취지이다. 주주총회결의 취소판결의 효력이 소급하고, 따라서 대표이사의 행위도 무효가 된다. 그런데 회사의 법인등기는 대표자를 통하여 등기를 신청하지만 등기신청권자는 회사 자체가 한 것으로 볼 수 있어, 그 대표이사와 거래한 상대방은 상법 제39조의 적용에 의하여 보호받을 수 있다. 그러나 주주총회결의 **부존재확인**의 경우는 상법 제39조가 적용되지 않는데, 주주총회결의 부존재의 경우는 절차상의 중대한 하자로 말미암아 주주총회결의가 존재하지 아니하여 주식회사 내부의 의사결정이 존재하지 않기 때문에 등기신청권자의 고의나 과실이 없어 특별한 사정이 없는 한 상법 제39조에 의한 부실등기 책임을 물을 수 없다.[273] (ii) 표현대표이사로 보고 상법 **제395조**에 의하여 제3자를 보호하는 방법이다.[274]

5) 무권대행과의 관계

표현대표이사로서의 요건을 갖춘 자가 진정한 대표이사의 명의로 대표행위를 한 경우 상법 제395조가 적용될 수 있는가?

① **부정설**(상법 제395조의 적용을 부정하는 견해)[275]로서 다음의 근거를 든다. (i) 이 경우 상법 제395조를 적용하면 제3자의 2단계의 오인(첫째는 회사의 대표권이 있다는 오인, 둘째는 진정한 대표이사의 대리권 또는 대행권이 있다는 오인)을 보호하게 되는데, 이는 상법 제395조가 의도하는 바가 아니다. (ii) 신뢰의 대상이 다르다. 상법 제395조에서 보호하는 거래 상대방의 신뢰의 대상은 '대표권'임에 반하여, 표현대표이사가 대표이사 즉 타인명의로 행위

272) 대법원 2004.2.27. 선고 2002다19797 판결(이사 선임의 주주총회결의에 대한 취소판결이 확정된 경우 그 결의에 의하여 이사로 선임된 이사들에 의하여 구성된 이사회에서 선정된 대표이사는 소급하여 그 자격을 상실하고, 그 대표이사가 이사 선임의 주주총회결의에 대한 취소판결이 확정되기 전에 한 행위는 대표권이 없는 자가 한 행위로서 무효가 된다. 이사 선임의 주주총회결의에 대한 취소판결이 확정되어 그 결의가 소급하여 무효가 된다고 하더라도 그 선임 결의가 취소되는 대표이사와 거래한 상대방은 상법 제39조의 적용 내지 유추적용에 의하여 보호될 수 있으며, 주식회사의 법인등기의 경우 회사는 대표자를 통하여 등기를 신청하지만 등기신청권자는 회사 자체이므로 취소되는 주주총회결의에 의하여 이사로 선임된 대표이사가 마친 이사 선임 등기는 상법 제39조의 부실등기에 해당된다). 대법원 2008.7.24. 선고 2006다24100 판결.
273) 대법원 2014.11.13. 선고 2009다71312,71329,71336,71343 판결(주주총회의 소집절차 또는 결의방법에 총회결의가 존재한다고 볼 수 없을 정도의 중대한 하자가 있어 그 결의가 부존재한다고 인정될 경우에는, 주주총회의 개최와 결의가 존재하나 무효 또는 취소사유가 있는 경우와는 달리, 그 새로운 대표이사 선임에 관한 주식회사 내부의 의사결정이 존재하지 아니하여 등기신청권자인 회사가 그 등기가 이루어지는 데 관여할 수 없었으므로, 달리 회사의 적법한 대표이사가 그 부실등기가 이루어지는 것에 협조·묵인하는 등의 방법으로 관여하였다거나 그 부실등기의 존재를 알고 있었음에도 시정하지 않고 방치하는 등 이를 회사의 고의 또는 과실로 부실등기를 한 것과 동일시할 수 있는 특별한 사정이 없는 한 회사에 대하여 상법 제39조에 의한 부실등기 책임을 물을 수 없다).
274) 대법원 1998.3.27. 선고 97다34709 판결; 대법원 1985.6.11. 선고 84다카963 판결 등.
275) 이철송, 707-708면; 정찬형, 943-945면.

를 한 경우에 거래의 상대방의 신뢰의 대상은 '대행권'이라는 것이다. 따라서 표현대표이사의 행위에 대하여 회사의 책임을 인정하는 것이 거래의 상대방의 신뢰를 보호하는 것일진대, 이와 같이 상대방의 신뢰의 대상이 다른 경우를 동일하게 취급하여 모두 상법 제395조를 적용하는 것은 타당하지 않다고 본다. (iii) 무권대행의 경우는 민법상 표현대리에 관한 규정으로 해결하자는 것이다. ② **긍정설**[276]로서 다음의 근거를 든다, (i) 행위자 자신이 표현대표이사인 이상 그가 사용한 명칭이 어떠한 것이든지를 막론하고 회사의 책임을 인정하는 것이 거래의 안전상 타당하다는 것으로, 대표권의 존재에 관한 제3자의 신뢰를 보호할 필요가 있는 이상 대리와 대행을 엄격하게 구분할 필요가 없다. (ii) 표현대표이사가 표현대표이사의 명칭으로 거래하여야만 상법 제395조가 적용된다고 하면 동일한 행위가 그 명칭여하에 따라 효과가 달라지게 되어 균형을 잃게 되어 부당하다. (iii) 표현대표이사가 나타내는 권한에 진정한 대표이사의 기명날인을 대행하는 권한이 포함되어 있다고 볼 수도 있다. (iv) 적용부정설에서는 민법상 표현대리의 규정에 의하여 상대방이 보호될 수 있다고 하나 상대방 보호의 주관적 요소에 있어 민법에 있어서는 선의·무과실을 요구하는데 반하여 상법의 해석으로는 선의·무중과실만을 요한다고 보므로 이 점에서도 제3자 보호에 유리하다는 것이다. ③ **판례는 적용긍정설의 입장을 취한다.**[277] 적용긍정설이 타당하다.

6) 대표권남용과의 관계

대표이사가 대표권의 범위 내에서 한 행위라도 회사의 영리목적과 관계없이 자기 또는 제3자의 이익을 도모할 목적으로 그 권한을 남용한 것이고, 그 행위의 상대방이 대표이사의 진의를 알았거나 알 수 있었을 때에는 회사에 대하여 무효가 된다.[278] 그리고 특별한 사정이 없는 한 이러한 대표권남용의 법리는 상법 제395조에서 정한 표현대표이사가 회사의 영리목적과 관계없이 자기 또는 제3자의 이익을 도모할 목적으로 그 권한을 남용한 경우에도 마찬가지로 적용된다. 따라서 표현대표이사가 대표권의 범위 내에서 한 행위라도 자기 또는 제3자의 이익을 도모할 목적으로 그 권한을 남용한 것이었다 하더라도 유효하나, 다만 그 행위의 상대방이 표현대표이사의 진의를 알았거나 알 수 있었을 때에는 회사에 대하여 무효가 된다.

276) 권기범, 844면; 송옥렬, 1037면; 최준선, 462면.
277) 대법원 2003.7.22. 선고 2002다40432 판결(상법 제395조는 표현대표이사가 자기의 명칭을 사용하여 법률행위를 한 경우는 물론이고 자기의 명칭을 사용하지 아니하고 **다른 대표이사의 명칭을 사용하여 행위를 한 경우에도 유추적용**되고, 이와 같은 대표권 대행의 경우 제3자의 선의나 중과실은 표현대표이사의 대표권 존부에 대한 것이 아니라 대표이사를 대행하여 법률행위를 할 권한이 있느냐에 대한 것이다); 대법원 1988.10.25. 선고 86다카1228 판결; 대법원 1998.3.27. 선고 97다34709 판결; 대법원 1992.10.27. 선고 92다19033 판결.
278) 대법원 2005.7.28. 선고 2005다3649 판결; 대법원 2008.5.15. 선고 2007다23807 판결 등 참조.

Ⅳ. 이사의 의무

1. 선관의무와 충실의무

(1) 선관의무

이사는 회사에 대하여 선량한 관리자로서의 주의의무를 부담한다(제382조 제2항, 민법 제681조). 상법은 이사와 회사의 법률관계에 관하여 위임에 관한 민법의 규정을 준용하고, 민법은 수임인에 대하여 선량한 관리자로서의 주의의무를 부과하므로, 결국 이사는 회사에 대하여 수임인으로서 선량한 관리자의 주의의무를 부담한다. 선관의무는 보수나 상근 유무에 관계없이 모든 이사에게 주어지는 의무로서 이에 위반한 경우 손해배상책임을 부담한다. 판례는 금융기관의 이사는 금융기관의 공공성에 비추어 일반 회사의 이사에 비하여 높은 주의의무가 인정된다고 한 것이 있다.[279]

(2) 충실의무

상법은 1998년의 개정으로 상법 제382조의3에 "이사는 법령과 정관의 규정에 따라 회사를 위하여 그 직무를 충실하게 수행하여야 한다"고 규정하여 이사의 충실의무를 명문화하고 있다. 따라서 상법상 이사에게 부과되는 일반적 의무는 선관주의의무와 충실의무라고 할 수 있고, 그 외에 개별적·구체적 의무로서 비밀유지의무·경업금지의무·자기거래금지의무·보고의무 등이 규정되어 있다. 충실의무가 선관주의의무와 별개의 독립적인 의무인가에 관하여 종래부터 견해가 나뉘어 왔고, 충실의무를 선관주의의무와 별개의 이질적인 것으로 보는 경우에는 충실의무의 법률관계의 기초를 어디에 둘 것인가에 관하여도 입장이 나뉜다.

① **이질설**로서, 이 견해에 의하면 충실의무는 회사와 이사간의 신인관계에서 비롯되는 고도의 의무로서 회사와 이사간의 위임관계에서 발생하는 선관주의의무와는 그 성질을 달리한다고 한다.[280] 이 설에서는 이사가 회사를 위하여 직무를 집행하는 측면에서 요구되는 의무는 선관의무이고, 이사가 그 지위를 이용하여 자기 또는 제3자의 이익을 위하여 행동하는 측면에서 요구되는 의무는 충실의무라고 한다. (ⅰ) 상법이 이사회제도에 관하여 영미 회사법상의 이사회제도를 도입함으로써 종래의 대륙법적인 주식회사의 기관구성과

---

279) 대법원 2002.6.14. 선고 2001다52407 판결(금융기관의 임원이 대출과 관련한 경영판단을 함에 있어서 선관주의의무 내지 충실의무를 다하였다고 인정되기 위하여는 통상의 합리적인 금융기관 임원으로서 그 상황에서 합당한 정보를 가지고 적합한 절차에 따라 회사의 최대이익을 위하여 신의성실에 따라 대출심사를 한 것이라고 인정되어야 한다. 그러나 금융기관의 대출이 결과적으로 회수곤란 또는 회수불능으로 되었다고 하여 그것만으로 대출결정을 내린 임원에게 주의의무위반이 있었다고 볼 수는 없다); 대법원 2002.3.15. 선고 2000다9086 판결.
280) 권기범, 716면.

권한분배에 큰 변화가 있었으므로 이에 상응하여 영미법상의 이사의 충실의무법리를 도입하여 이사의 의무와 책임을 강화할 필요가 있는 점, (ii) 선관주의의무는 이사가 직무를 집행함에 있어서 기울여야 할 주의의 정도에 관한 규범으로서 개개인의 능력에 따른 주관적주의가 아니고 평균적인 이사에게 통상 요구되는 정도의 합리적인 주의를 기울여야 하는것을 의미하나, 충실의무는 이사가 그 지위를 이용하여 개인적인 이익을 도모하고 회사의이익을 희생하는 것을 금지하는 것을 내용으로 하므로 성질과 기능면에서 차이가 있는 점에 근거한다. (iii) 선관주의의무위반으로 인하여 이사가 부담하는 책임은 고의 또는 과실을 요건으로 하지만 충실의무위반으로 인한 책임의 경우에는 고의나 과실이 문제되지 않고, 충실의무위반으로 인한 책임의 범위는 선관주의의무위반의 경우와 같이 회사가 입은손해의 배상에 한정되지 않고 이사가 얻은 모든 이익을 회사에 반환하는 것이라는 점에서도 차이가 있다고 한다.

　② **동질설**로서, 이 학설은 충실의무가 선관주의의무와 별개의 고도의 의무를 규정한 것이 아니라 동일한 내용의 의무를 구체적으로 부연하여 명확히 한 것일 뿐이라고 한다.[281] 이 견해는 (i) 위임의 경우 수임인이 부담하는 선량한 관리자의 주의의무는 특정인의 주의력을 기준으로 하는 것이 아니고 통상의 지식과 경험을 가지고 있는 자가 위임받은 사무의 처리를 함에 있어서 준수하여야 할 주의의 정도를 의미하고 상법은 이사의 자격을 전문적 지식을 가지고 있는 자로 제한하고 있지 아니하므로 이사의 지위의 중요성을 고려한다고 하더라도 이로써 이사의 주의의무 자체를 강화하는 것은 의미가 없다는 점, (ii) 민법의 위임의 경우에도 위임인과 수임인간의 신뢰관계를 전제로 하고 이 경우 수임인은 주의의무뿐만 아니라 위임인의 이익을 위하여 행동할 것이 요구된다고 해석할 수 있으므로 상법이 이사의 충실의무를 명문으로 규정하였어도 이것은 선관주의의무 자체를 강화한 것으로 해석할 수 없다는 점 등에 근거한다. ③ **판례**는 충실의무와 선관의무를 구별하여 특별한 의미를 부여하는 것으로 보이지 않는다.[282] 이사의 의무가 무엇인지 그리고 그 기준이 어떠한지에 대하여 실질적으로 논의하고 있지 않다.

　동질설이 옳다고 본다. 현재로서는 제382조의3은 단순한 선언적 성격에 불과하다.

(3) 이사의무의 상대방

　이사는 주주가 아니라 회사에 대하여만 책임을 부담한다. 제399조의 대표소송도 이러한 구조이다. 이사는 개별 주주에게 아무런 의무도 지지 않기 때문에 주주에 대한 임무위배도 없다.[283]

---

281) 정찬형, 966-967면; 최기원, 660-661면; 최준선, 470면.
282) 대법원 2007.9.21. 선고 2005다34797 판결.
283) 이 점 미국법과 다르다는 것을 유의하여야 한다.

(4) 경영판단의 원칙

1) 의 의

이사의 선관의무위반과 관련하여 그 책임의 한계에 관한 **미국법 이론**으로 경영판단의 원칙이 있다. 미국에서는 이미 19세기부터 판례를 통하여 경영판단 원칙이 형성되어 왔다. 이것은 이사의 경영판단이 일정한 요건을 갖춘 경우에는 회사가 손해를 입었더라도 이사의 의무위반을 부정하고 이사에 대해 책임을 묻지 않는다는 원칙[284]이나, 그 개념과 구체적 내용은 개별 판례에 따라서 조금씩 차이가 있다. 먼저 ① **실체법**의 원칙으로서 경영판단 원칙은 "이사가 적절한 주의(due care)로써 성실히(in good faith) 행동하였다면 이사를 회사와 주주들에 대한 주의의무위반 책임으로부터 보호하고 또한 경영판단 자체를 보호하는 것"으로 정의한다.[285] ② **절차적**으로서 추정이다. 이 원칙을 "회사의 이사들이 경영결정을 하는 과정에서 '충분한 정보에 기초하여', '성실히' 그리고 '선택된 조치가 회사의 최상의 이익을 위한 것임을 정직하게 신뢰하여' 행동하였다는 추정"으로 정의한다.[286] ③ **소송법**적 효과로서 사법적 자제의 측면이다. 이는 "경영판단원칙은 개인적인 이해관계 없이 그리고 성실히 행동한 이사의 경영판단에 대해서는 법원이 조사하지 않겠다는 사법적 자제(judicial restraint)의 원칙"이라고 정의한다. 경영판단원칙에는 주주들에 의한 지나친 경영간섭 내지 경영권 침해로부터 이사를 보호하는 배려가 저변에 깔려 있다. 종국적으로 이사의 경영판단의 실패로 인한 위험은 이사를 선임하여 회사경영을 위임한 주주가 인수하여야 한다는 의미도 반영되어 있다.[287]

이러한 점에서 경영판단원칙의 적용으로 인한 효과도 다음과 같이 정리된다. ① **면책적 효과**(실체법적 효과)로서, 경영판단의 원칙이 적용된 결과로 나타나는 제1차적인 효과는 경영상의 잘못에 따른 개인적 책임으로부터 이사를 보호하는, 다시 말하면 이사를 면책시킨다는 것이다. ② **추정적 효과**로서 이사에 의한 경영상의 판단은 반대의 증명이 없는 한 성실하게 이루어진 것으로 추정되며, 원고는 이러한 추정을 깨뜨리기 위한 무거운 입증책임을 부담하게 된다. 결국 경영판단의 원칙은 이 추정적 효과를 가진 까닭에 입증책임의 전환을 가져오는 것이다. ③ **경영판단에 대한 사법심사의 제한**으로서, 경영판단의 원칙은 이

---

284) 미국모범회사법 § 4.01(a): 이사나 임원은 성실하게(in good faith), 회사의 최선의 이익에 합치된다고 합리적으로 믿는 방법으로, 그리고 통상의 신중한 자가 동일한 지위와 유사한 상황에서 행사할 것으로 합리적으로 기대되는 주의로써 그 직무를 수행할 의무를 회사에 대하여 부담한다. § 4.01(c): 경영판단의 원칙에 관하여 다음과 같은 요건이 충족되는 경우에는 성실하게(in good faith) 경영판단을 한 이사는 주의의무를 이행한 것으로 한다. (1) 경영판단의 대상에 이해관계를 가지지 않을 것, (2) 경영판단의 대상에 관하여, 그 상황 아래서 적절하고 합리적(reasonable)으로 믿는 정도로 알고 있을 것, (3) 경영판단이 회사의 최선의 이익에 합치한다고 이성적으로(rationally) 믿을 것.

285) Charles Hansen, "The Duty of Care, the Business Judgment Rule, and the American Law Institute Corporate Governance Project", 48 Bus. Law. (1993), 1369.

286) Unocal Corp. v. Mesa Petroleum Co., 493 A.2d (Del. 1985) 등.

287) 권재열, "대법원 판례상 경영판단의 원칙에 관한 소고", 「증권법연구」 제9권 제1호, 2008, 245면.

사에 의하여 이루어진 경영판단에 대한 존중 내지 이에 대한 사법적 개입의 억제를 근간으로 하여 발전되어 온 원칙이다.[288] 요컨대 미국법상 경영판단의 원칙의 핵심은 실체적 측면에서는 면책, 절차적 측면에서는 추정, 소송법적 측면에서는 경영판단의 당부에 관한 사법심사금지 또는 자제이론이라 할 수 있다.

2) 도입여부

미국법상 경영판단원칙의 도입에 관하여 견해가 나뉜다. ① **도입긍정설**로서, 이 견해는 우리나라의 경우에도 회사에 손해가 있다고 하여도 단순히 경영판단이 잘못되었다는 이유로 이사에게 임무해태로 인한 책임을 지울 수는 없다고 하여, 경영판단의 원칙의 도입에 찬성하고 있다. ② **도입부정설**이다. 미국 회사법에서는 경영판단의 원칙의 논리적 근거가 설득력이 있으나 우리나라가 이를 도입할 경우 우리나라의 법률체계와 소수주주의 보호라는 차원에서 아주 신중을 기하여야 한다고 전제한 후, 도입에 대하여 부정적인 태도를 취하는 견해가 있다. 이 견해는 첫째, 우리 기업은 폐쇄회사적인 성격을 많이 띠고 있으므로 소수주주의 보호라는 측면에서 법원의 역할이 중요하다. 둘째, 이사의 행위에 대하여 규율 수단으로 작용을 하는 시장이 우리나라는 잘 발달되어 있지 않으므로 사법심사가 규율수 단으로서 기능을 수행하도록 하여야 한다. 셋째, 미국 회사법에서 보듯이 경영판단의 원칙은 이사의 행위에 관한 기준과 함께 발전되어야 하기 때문에 우리나라에서와 같이 이사의 행위에 관한 널리 인정될 수 있는 기준이 없다면 결코 이 원칙을 도입할 수 없다는 점 등을 그 논거로 들고 있다. ③ **판례**는 이 개념을 자주 사용하고 있고 관련 판례도 상당히 축적되었다.[289] 그런데 이러한 판례의 입장에 대하여 미국에서의 경영판단의 원칙을 그대로 수용하지는 않았다는 것이 통설적 견해이다.[290]

도입 찬성론의 근거는 충분치 않다. 판례가 경영판단의 원칙이라는 개념을 사용하고는 있으나 미국법상의 그것과는 다른 것으로, 미국법상 경영판단의 원칙이 그 의미대로 도입되지 않았음은 분명해 보인다. 위 미국법의 세 가지의 의미에서 보면, 먼저 사법적 심사자제라는 **소송법적** 면에서 우리는 미국과 달리 사법심사의 대상에서 배제되는 것이 아니다. 우리의 판례는 법원이 사후적으로 경영판단의 내용까지 심사하면서 합리성에 대하여 적극

---

288) Minstar Acquiring Corp. v. AMF Inc. [621 F. Supp. 1252 (S.D.N.Y. 1985)] 사건 판결에서 법원은 "경영판단의 원칙은 이해관계 없이 선의로 행동한 이사들의 경영상의 판단에 관하여 법원이 조사를 하지 않도록 하는 '사법억제의 원칙'이다"라고 판시하여 이를 명확히 하고 있다. 물론 어떠한 경영상의 판단에 따라서 취하여진 거래나 행위가 중대하고 명백한 재량권의 남용이나 중대한 과실을 나타내는 경우에조차 법원이 그 경영판단의 내용의 타당성을 심사할 수 없는 것은 아니다.

289) 경영판단의 원칙을 설시한 판례들로 대법원 2002.6.14. 선고 2001다52407 판결; 대법원 2002.11.22. 선고 2001다16265 판결; 대법원 2003.4.11. 선고 2002다61378 판결; 대법원 2004.7.22. 선고 2002도4229 판결; 대법원 2004.8.20. 선고 2004다19524 판결; 대법원 2005.1.14. 선고 2004다8951 판결; 대법원 2005.1.14. 선고 2004다34349 판결; 대법원 2005.5.27. 선고 2004다8128 판결; 대법원 2007.10.11. 선고 2006다33333 판결; 대법원 2008.7.10. 선고 2006다39935 판결; 대법원 2011.10.13. 선고 2009다80521 판결; 대법원 2013.9.12. 선고 2011다57869 판결 등이 있다.

290) 권재열, 앞의 논문, 259면; 이철송, 755-756면; 송옥렬, 1045면; 최준선, 528-529면.

적으로 심사하고 있어, 사후심사가 배제되어 있는 것이 아니다. 따라서 이것만 보더라도 경영판단의 원칙이 도입되었다고 할 수 없다. 그리고 **실체법적** 면은 우리의 선관주의로도 설명이 가능한 것이며, 만약 경영판단원칙을 이사에게 중과실이 있는 경우에도 면책시킨다는 뜻으로 이해한다면 이는 상법 제399조에 반하는 것이며, 향후 입법론으로나 주장될 수 있는 것에 불과하다.[291] **절차적** 면에서의 추정은 현재 상법의 해석과 유사한 것이다. 제399조에 의한 이사의 책임을 위임계약의 불이행으로 인한 채무불이행책임으로 이해하는 것이 통설·판례[292]이지만, 과실을 포함한 임무해태에 대하여는 **이사의 책임을 주장하는 원고가 입증**해야 한다고 봄이 통설이다. 판례도 결과만 가지고 바로 채무불이행 사실을 입증하였다고 할 수 없다고 본다.[293]

결과적으로 사법심사의 배제라는 소송법적인 면과 중과실의 경우에도 면책하여야 한다는 것은 우리법과 어울릴 수 없는 것이고, 찬성론자들이 도입하자는 경영판단의 원칙이 미국법과 동일한 것이라면, 그것은 이미 **입법론의 영역**에 속하는 것이다.[294]

3) 선관의무와의 관계

판례가 사용하는 경영판단의 원칙은 미국법과는 다른 것이고, 그 원칙을 그대로 도입하기도 어렵다는 것을 보았다. 그렇다면 우리법상 경영판단원칙은 어떠한 의미가 있고 선관의무와의 관계는 어떠한가?

이사는 회사에 대한 선관의무를 부담한다. 이사들은 선량한 관리자의 주의로써 사무를 처리할 의무를 부담하는데(민법 제681조), 선관의무는 상당히 추상적인 것이므로 이사에 대하여 구체적인 기준을 제시하여 주지는 못하고 있다. 현행 상법 규정에 의하면 선관의무의 해석기준이 될 수 있는 것은 제399조 제1항이고, 이에 의하면 이사가 고의 또는 과실로 법령 또는 정관에 위반한 행위를 하거나 임무를 해태한 경우 손해배상책임을 진다. 그리고 경영판단의 원칙을 "이사가 이해관계 없이 성실하게 그리고 충분한 정보를 바탕으로 회사의 최상의 이익에 합치된다는 진실한 믿음 속에서 경영판단을 하였다면 그 이사는 주의의무 위반의 책임을 면한다는 것"으로 보는 것이 일반적 설명이고 보면, 의사결정을 충분한 정보에 바탕하여 합리적으로 한다면 사후적으로 그 판단이 잘못되었다 하더라도 이사에게 책임을 물을 수 없다는 것이다. 이러한 점에서 **경영판단원칙은 추상적인 선관의무를 구체화하는 역할**을 한다. 그리고 제399조 제1항은 중과실이 아니라 단순한 과실책임의 경우에도 이사가 책임을 지는 것이므로 중과실이 없는 한 책임을 지지 않는다는 뜻으로 이해하

---

291) 권재열, 앞의 논문, 255-256면은 미국에서는 이사의 주의의무이행여부를 판단함에 있어 중과실(gross negligence)기준을 채택하고 있으므로, 이 점에서 경과실이 있어 책임을 지는 우리나라와 다르다고 한다.

292) 대법원 2006.8.25. 선고 2004다24144 판결 등.

293) 대법원 1996.12.23. 선고 96다30465,30472 판결.

294) 장홍선, "상법 제399조에 기한 이사의 회사에 대한 손해배상 책임과 경영판단의 원칙", 「판례연구」 제21집, 2010, 175면.

는 것은 옳지 않음을 주의하여야 한다.

4) 판례로 나타난 경영판단원칙의 적용요건[295]

경영판단의 원칙은 이사의 선관의무를 구체화시키는 양태로 나타나는 것으로 이해함이 타당하고, 따라서 경영판단원칙의 적용요건을 충족한다는 것은 이사가 선관의무를 다하였다는 뜻이 된다. 판례상의 요건을 정리하면 다음과 같다. ① 합리적으로 이용가능한 범위 내에서 필요한 정보를 충분히 수집·조사하고 검토하는 절차를 거친 다음, 이를 근거로 회사의 최대 이익에 부합한다고 합리적으로 신뢰할 것, ② 신의성실에 따라 경영상의 판단을 내릴 것, ③ 그 내용이 현저히 불합리하지 않은 것으로서 통상의 이사를 기준으로 할 때 합리적으로 선택할 수 있는 범위 안에 있을 것, ④ 법령에 위반됨이 없을 것, ⑤ 부정한 청탁을 받거나 당해 대출에 관한 이해관계가 없을 것, ⑥ 중과실이 없을 것 등이다. 판례에 의하면, **법령에 위반한 행위는 경영판단의 원칙에 의하여 보호받지 못한다.** 이때 법령을 위반한 행위라고 할 때 말하는 '법령'은, 판례에 의하면 일반적인 의미에서의 법령, 즉 법률과 그 밖의 법규명령으로서의 대통령령, 총리령, 부령 등을 의미하는 것으로 본다.[296] 그리고 **이사가 단순히 주주총회나 이사회의 결의나 지시에 따랐다는 사실만 가지고는 그로 인한 손해배상책임을 면할 수 없다.**[297] 또한 회사가 대표이사 또는 대주주의 지시를 따른 이사에게 책임을 묻는 것이 신의성실의 원칙에 위반되지 않는다고 본다.[298]

---

295) 대법원 2007.10.11. 선고 2006다33333 판결(회사의 ① 이사가 법령에 위반됨이 없이 관계회사에게 자금을 대여하거나 관계회사의 유상증자에 참여하여 그 발행 신주를 인수함에 있어서, 관계회사의 회사 영업에 대한 기여도, 관계회사의 회생에 필요한 적정 지원자금의 액수 및 관계회사의 지원이 회사에 미치는 재정적 부담의 정도, 관계회사를 지원할 경우와 지원하지 아니할 경우 관계회사의 회생가능성 내지 도산가능성과 그로 인하여 회사에 미칠 것으로 예상되는 이익 및 불이익의 정도 등에 관하여 ② 합리적으로 이용가능한 범위 내에서 필요한 정보를 충분히 수집·조사하고 검토하는 절차를 거친 다음, 이를 근거로 ③ 회사의 최대 이익에 부합한다고 합리적으로 신뢰하고 신의성실에 따라 경영상의 판단을 내렸고, 그 내용이 ④ 현저히 불합리하지 않은 것으로서 통상의 이사를 기준으로 할 때 합리적으로 선택할 수 있는 범위 안에 있는 것이라면, 비록 사후에 회사가 손해를 입게 되는 결과가 발생하였다 하더라도 그 이사의 행위는 허용되는 경영판단의 재량범위 내에 있는 것이어서 회사에 대하여 손해배상책임을 부담한다고 할 수 없다. 그러나 회사의 이사가 이러한 과정을 거쳐 이사회 결의를 통하여 자금지원을 의결한 것이 아니라, 단순히 회사의 경영상의 부담에도 불구하고 관계회사의 부도 등을 방지하는 것이 회사의 신인도를 유지하고 회사의 영업에 이익이 될 것이라는 일반적·추상적인 기대하에 일방적으로 관계회사에 자금을 지원하게 하여 회사에 손해를 입게 한 경우 등에는, 그와 같은 이사의 행위는 허용되는 경영판단의 재량범위 내에 있는 것이라고 할 수 없다).

296) 대법원 2007.7.26. 선고 2006다33609 판결(이사가 법령에 위반한 행위에 대하여는 원칙적으로 경영판단의 원칙이 적용되지 않는다); 대법원 2006.11.9. 선고 2004다41651,41668 판결(법령을 위반한 행위에 대하여는 이사가 임무를 수행함에 있어서 선량한 관리자의 주의의무를 위반하여 임무해태로 인한 손해배상책임이 문제되는 경우에 고려될 수 있는 경영판단의 원칙은 적용될 여지가 없다. 다만, 여기서 법령을 위반한 행위라고 할 때 말하는 **'법령'은 일반적인 의미에서의 법령, 즉 법률과 그 밖의 법규명령으로서의 대통령령, 총리령, 부령 등을 의미하는 것인바, 종합금융회사 업무운용지침, 외화자금거래취급요령, 외국환업무·외국환은행신설 및 대외환거래계약체결 인가공문, 외국환관리규정, 종합금융회사 내부의 심사관리규정 등은 이에 해당하지 않는다**); 대법원 2005.10.28. 선고 2003다69638 판결에서 회사의 영업을 위하여 뇌물을 제공한 사안에서 뇌물공여와 같은 법령위반은 그 자체로 선관주의 의무 위반이고 회사는 뇌물액 상당의 손해를 입었다고 하였다.

297) 대법원 2008.12.11. 선고 2005다51471 판결; 대법원 2004.5.14. 선고 2001도4857 판결; 대법원 1989. 10.13. 선고 89도1012 판결 등.

298) 대법원 2007.11.30. 선고 2006다19603 판결.

2. 이사의 보고의무, 감시의무, 기업비밀유지의무

(1) 보고의무

① 이사회에 대한 보고의무로서 이사는 3월에 1회 이상 업무집행에 관하여 이사회에 보고하여야 한다(제393조 제4항). 대표이사만이 아니라 업무집행을 담당하는 모든 이사가 보고의무를 진다. 따라서 이사회는 적어도 3월에 1회 이상 열어야 한다. ② 감사, 감사위원회에 대한 보고의무로서, 이사는 **회사에 현저하게 손해를 미칠 염려가 있는 사실을 발견하는 경우** 즉시 감사 또는 감사위원회에 보고할 의무가 있다(제412조의2, 제415조의2 제7항). 손해의 회복가능성이 있더라도 보고의무가 있다는 점에서 회복할 수 없는 손해를 요건으로 하는 제402조의 유지청구권과 구별된다.

(2) 기업비밀유지의무

이사는 회사의 비밀을 유지하여야 한다. 이사는 재임 중뿐 아니라 **퇴임 후에도** 직무상 알게 된 회사의 영업상 비밀을 누설하여서는 아니 된다(제382조의4).

(3) 감시의무

1) 의의 및 근거

이사는 다른 이사의 업무집행을 감시할 의무가 있다. 다음과 같이 구분하여 볼 수 있다. 이사의 감시의무는 선관주의 의무의 일부를 구성하는 것으로 본다. 이사회가 이사의 직무의 집행을 감독하는 기능(제393조 제2항)을 원활히 수행하기 위하여는 이사는 선관주의 의무로써 다른 이사들을 감시할 의무가 있다. 이사가 감시의무를 위반하게 되면 회사에 대한 손해배상책임을 부담할 수 있고(제399조), 악의나 중대한 과실이 있으면 제3자에 대하여도 책임을 진다(제401조).

2) 내부통제시스템과 감시의무, 준법지원인

내부통제시스템이란 회사의 자산보호, 회계자료의 정확성과 신뢰성 확보, 조직운영의 효율성 증진, 경영방침 및 법규의 준수를 위하여 회사의 모든 구성원들에 의하여 지속적으로 실행되는 일련의 통제과정을 말한다. 회사들은 내부통제제도를 구축하고 이를 통하여 회사업무를 적절하게 감독하고 감시하는 것이 중요하게 된다. 특히 대규모회사의 경우 이사회를 구성하는 개개의 이사들은 합리적인 정보 및 보고시스템을 구축하고 그것이 제대로 작동하는가를 감독할 의무를 진다.[299]

상법은 제542조의13에서 상장회사에 대하여 의무적으로 준법지원인을 두도록 하였다.

---

299) 대법원 2008.9.11. 선고 2006다68636 판결.

자산규모 등을 고려하여 일정 규모 이상의 상장회사는 법령을 준수하고 회사경영을 적정하게 하기 위하여 임직원이 그 직무를 수행할 때 따라야 할 준법통제에 관한 기준 및 절차를 두고 또한 그 준수여부의 업무를 관장하는 상근의 준법지원인을 두어야 한다(제542조의13 제1항, 제6항). 그리고 이 업무를 담당하는 준법지원인 1인 이상을 두어야 하며(제542조의13 제2항) 준법지원인의 임명은 이사회결의에 의한다(제542조의13 제4항). 준법지원인의 자격이 법률전문가로 되어 있어(제542조의13 제5항) 법령준수와 관련한 감시업무를 담당한다고 보겠다. 준법지원인의 임기는 3년으로 하고(제542조의13 제6항) 이보다 단기로는 정하지 못하도록 한다(제542조의13 제11항). 준법지원인은 그 직무를 독립적으로 수행할 수 있도록 하여야 하며(제542조의13 제9항, 제10항), 선량한 관리자의 주의로 그 직무를 수행하여야 하며(제542조의13 제7항), 재임 중뿐만 아니라 퇴임 후에도 직무상 알게 된 회사의 영업상 비밀을 누설하여서는 아니 된다(제542조의13 제8항).

3) 감시의무의 인정범위

① 대표이사

대표이사가 다른 이사의 직무집행을 감시할 의무가 있는 점은 그의 직무의 성질에서 당연하고 공동대표이사의 경우 각 대표이사는 다른 대표이사의 직무집행을 상호 감시할 의무가 있다. 대표이사는 회사의 업무에 깊숙이 관여하고 있고, 따라서 이사회에 상정되지 아니한 사항에 대하여도 그 위법 여부 및 적절한 업무집행인지 여부에 관하여 쉽게 파악할 수 있는 지위에 있으므로, 감시의무의 범위는 평이사보다 더 넓다.[300]

② 평이사

상법은 이사회로 하여금 이사의 직무집행을 감독하도록 하고(제393조 제2항), 이사는 대표이사로 하여금 다른 이사 또는 피용자의 업무에 관하여 이사회에 보고할 것을 요구할 수 있도록 규정한다(제393조 제3항). 그런데 이사회는 개개의 이사를 구성원으로 하는 회의체 기관이기 때문에 그 자체로서 활동할 수 있는 능력이 없고 결국은 개개 이사들의 감시·감독 활동을 통하여 위와 같은 감독권을 행사할 수밖에 없다. 그런데 이사회에 부의되지 않은 사항에 대하여도 평이사가 감시의무를 부담하는가에 대하여 견해의 대립이 있으나, 통설은 이사의 선관의무를 근거로 이를 인정한다.

평이사의 감시의무가 없다는 견해가 있으나, 이사는 선관의무 또는 충실의무를 부담하고 이사의 직무집행에 대한 이사회의 감독기능의 효율성을 높인다는 점 등을 근거로 한 긍정설이 통설이다. 판례도 대표이사는 물론이고 평이사에 대하여도 다른 이사의 직무집행을 감시할 의무를 인정하고 있다. 다만 적극적 감시의무를 인정하는 경우에도 그 감시의무의 발동시기 또는 인정범위가 문제된다. 과거 판례의 입장은 다른 이사의 업무집행이 **위법**

---

300) 대법원 2008.9.11. 선고 2006다68636 판결.

함을 알았거나 또는 알 수 있었을 경우에만 감시의무를 부담한다고 보았다.[301] 그런데, '의심할만한 사유'가 없는 경우에는 감시의무가 없다고 한다면, 의심할만한 사유 자체의 인식을 회피하기 위하여 소극적인 업무집행을 할 수 있고 또한 이사로서의 임무를 해태하여 감시를 소홀히 한 결과 의심할 만한 사유를 발견하지 못한 경우마저도 손해배상책임을 면할 수 있게 된다. 그러나 현재는 이사의 감시의무를 넓게 풀이하여 책임을 인정하고 있다.

③ 최근 판례의 입장

현재 판례는 감시의무의 범위를 확대하였다. **의심할 만한 사유를 알지 못한 경우라 하더라도 지속적이거나 조직적인 감시 소홀의 결과로 발생한 다른 이사의 위법한 업무집행에 대하여는 책임을 진다**고 하였고,[302] 최근 판례가 이를 확인하고 있다.[303] 상법상 이사인 자가 이사로서의 활동을 전혀 하지도 않아 몰랐다고 하거나 명목상 이사였다는 사유만으로는 책임에서 벗어나기 어렵다.[304]

최근 판례는 사외이사를 포함한 전체 이사에게 내부통제시스템 구축 및 운영에 관한 의무가 있음을 명시하였다.[305] "고도로 분업화되고 전문화된 대규모 회사에서 대표이사나 일부 이사들만이 내부적인 사무분장에 따라 각자의 전문 분야를 전담하여 처리하는 것이 불가피한 경우에도, 모든 이사는 적어도 회사의 목적이나 규모, 영업의 성격 및 법령의 규제 등에 비추어 높은 법적 위험이 예상되는 업무와 관련해서는 제반 법규를 체계적으로

301) 대법원 1985.6.25. 선고 84다카1954 판결; 대법원 2002.5.24. 선고 2002다8131 판결; 대법원 2004.12.10. 선고 2002다60467,60474 판결.

302) 대법원 2008.9.11. 선고 2006다68636 판결(대표이사는 이사회의 구성원으로서 다른 대표이사를 비롯한 업무담당이사의 전반적인 업무집행을 감시할 권한과 책임이 있으므로, 다른 대표이사나 업무담당이사의 업무집행이 위법하다고 의심할 만한 사유가 있음에도 악의 또는 중대한 과실로 인하여 감시의무를 위반하여 이를 방치한 때에는 그로 말미암아 제3자가 입은 손해에 대하여 배상책임을 면할 수 없다. 이러한 감시의무의 구체적인 내용은 회사의 규모나 조직, 업종, 법령의 규제, 영업상황 및 재무상태에 따라 크게 다를 수 있는바, 고도로 분업화되고 전문화된 대규모의 회사에서 공동대표이사와 업무담당이사들이 내부적인 사무분장에 따라 각자의 전문 분야를 전담하여 처리하는 것이 불가피한 경우라 할지라도 그러한 사정만으로 다른 이사들의 업무집행에 관한 감시의무를 면할 수는 없고, 그러한 경우 무엇보다 합리적인 정보 및 보고시스템과 내부통제시스템을 구축하고 그것이 제대로 작동하도록 배려할 의무가 이사회를 구성하는 개개의 이사들에게 주어진다는 점에 비추어 볼 때, 그러한 노력을 전혀 하지 아니하거나, 위와 같은 시스템이 구축되었다 하더라도 이를 이용한 회사 운영의 감시·감독을 의도적으로 외면한 결과 다른 이사의 위법하거나 부적절한 업무집행 등 이사들의 주의를 요하는 위험이나 문제점을 알지 못한 경우라면, 다른 이사의 위법하거나 부적절한 업무집행을 구체적으로 알지 못하였다는 이유만으로 책임을 면할 수는 없고, 위와 같은 지속적이거나 조직적인 감시 소홀의 결과로 발생한 다른 이사나 직원의 위법한 업무집행으로 인한 손해를 배상할 책임이 있다).

303) 대법원 2019.11.28. 선고 2017다244115 판결(이사 및 감사로서 이사회에 출석하고 상법의 규정에 따른 감사활동을 하는 등 기본적인 직무조차 이행하지 않았고, 을 등의 전횡과 위법한 직무수행에 관한 감시·감독의무를 지속적으로 소홀히 하였으며, 이러한 정 등의 임무 해태와 을 등이 유상증자대금을 횡령함으로써 갑 회사가 입은 손해 사이에 상당인과관계가 충분히 인정되는데도, 이와 달리 보아 정 등의 책임을 부정한 원심판단에는 상법상 이사 및 감사의 주의의무에 관한 법리오해의 잘못이 있다).

304) 미국 델라웨어주의 In re Caremark International Inc., Derivative Litigation, 698 A.2d 959(Del. Ch. 1996) 판결에서의 입장과 유사하다. 이사는 회사의 상황에 맞는 적절한 정보 및 보고시스템(information and reporting system)을 갖추어야 하고, 이사회가 지속적이고 체계적(sustained and systematic)으로 감시를 소홀히 하면 선의가 아니므로 책임을 진다고 하였다.

305) 대법원 2022.5.12. 선고 2021다279347 판결.

파악하여 그 준수 여부를 관리하고 위반사실을 발견한 경우 즉시 신고 또는 보고하여 시
정조치를 강구할 수 있는 형태의 내부통제시스템을 구축하여 작동되도록 하는 방식으로
감시의무를 이행하여야 한다"고 설시했다.

사외이사와 관련하여서는 내부통제시스템에 관련한 감시의무의 강도를 달리 판단했다.
"회사의 업무집행을 담당하지 않는 사외이사 등은 내부통제시스템이 전혀 구축되어 있지
않는데도 내부통제시스템 구축을 촉구하는 등의 노력을 하지 않거나 내부통제시스템이 구
축되어 있더라도 제대로 운영되고 있지 않다고 의심할 만한 사유가 있는데도 이를 외면하
고 방치하는 등의 경우에 감시의무 위반으로 인정될 수 있다"고 하였다.

3. 이익충돌방지의무

(1) 경업피지의무

1) 의 의

이사는 이사회의 승인이 없으면 자기 또는 제3자의 계산으로 회사의 영업부류에 속하
는 거래를 하거나 동종영업을 목적으로 하는 다른 회사의 무한책임사원이나 이사가 되지
못한다(제397조 제1항). 이를 이사의 경업피지의무라 하고 여기에는 다시 경업금지의무와
겸직금지의무가 있다. 이 규정은 이사가 그 지위를 이용하여 자신의 개인적 이익을 추구함
으로써 회사의 이익을 침해할 우려가 큰 경업을 금지하여 이사로 하여금 선량한 관리자의
주의로써 회사를 유효적절하게 운영하여 그 직무를 충실하게 수행하여야 할 의무를 다하
도록 하려는 데 있다.[306] ① 경업금지의 대상이 되는 **영업부류**(營業部類)란 정관상 사업목
적에 국한되지 않고 사실상 회사의 영리활동의 대상이 되어 있는 것은 모두 포함되며, 동
종의 영업에 국한되지 않고 대체적인 효과를 가져오는 영업도 회사의 영업에 방해될 우려
가 있으므로 회사의 영업부류에 속하는 거래가 된다. 판례는 경업의 대상이 되는 회사가
공장의 부지를 매수하는 등 영업의 준비작업을 추진하고 있는 단계에 있다 하더라도 이를
추진한 이사는 경업금지의무를 위반한 것이라 한다.[307] ② 겸직금지의무로서 이사회의 승
인이 없으면 "**동종영업을 목적**으로 하는 다른 회사"의 무한책임사원이나 이사가 되지 못
한다. 동종영업은 정관의 규정에 근거하여서가 아니라 실제 수행하는 영업을 가지고 판단
한다. 상업사용인과 다른 점은 상업사용인의 경우는 다른 모든 회사의 무한책임사원, 이사

---

306) 대법원 1993.4.9. 선고 92다53583 판결; 대법원 2013.9.12. 선고 2011다57869 판결 등.
307) 대법원 1993.4.9. 선고 92다53583 판결(이사의 경업금지의무를 규정한 상법 제397조 제1항의 규정취지는 이
사가 그 지위를 이용하여 자신의 개인적 이익을 추구함으로써 회사의 이익을 침해할 우려가 큰 경업을 금지하여 이
사로 하여금 선량한 관리자의 주의로써 회사를 유효적절하게 운영하여 그 직무를 충실하게 수행하여야 할 의무를 다
하도록 하려는 데 있으므로, 경업의 대상이 되는 회사가 영업을 개시하지 못한 채 공장의 부지를 매수하는 등 영업의
준비작업을 추진하고 있는 단계에 있다 하여 위 규정에서 말하는 "동종영업을 목적으로 하는 다른 회사"가 아니라고
볼 수는 없다); 대법원 1990.11.2. 자 90마745 결정.

또는 다른 상인의 사용인이 되지 못하나(제17조 제1항), 이사의 경우는 동종영업을 목적으로 하는 경우에 한한다.

판례는 이 규정의 취지가 선관주의로써 직무를 충실하게 수행하도록 하는 것이므로 경업 대상 회사의 이사나 대표이사가 되는 경우뿐만 아니라, 그 **경업 대상 회사의 지배주주가 되어 그 회사의 의사결정과 업무집행에 관여할 수 있게 되는 경우에도 자신이 속한 회사 이사회의 승인을 얻어야 하는 것**으로 본다.[308]

2) 위반의 효과
① 사법상 효과

위반의 사법상 효과는 유효하다. 거래의 상대방 또는 회사가 그 위반사실을 알고 있더라도 마찬가지로 유효하다. 따라서 겸직금지의무 위반의 경우에도 다른 회사의 이사로 취임한 경우 그 취임 자체는 유효하다.

② 해임과 손해배상책임

이사가 경업금지의무를 위반한 경우 회사는 그 이사를 해임할 수 있고(제385조), 그 이사에 대하여 손해배상을 청구할 수 있다(제399조). 그런데 이사회가 경업이나 겸직을 승인하였다 하더라도 상법 제397조의 법령위반은 없으나 임무해태가 있다면 제399조의 손해배상책임이 면제되지는 않는다.

③ 개입권

경업금지위반의 경우 회사의 개입권(介入權)을 인정한다. 이사가 경업금지의무를 위반한 경우, 회사는 이사회의 결의로 그 이사의 거래가 자기의 계산으로 한 것인 때에는 이를 회사의 계산으로 한 것으로 볼 수 있고 제3자의 계산으로 한 것인 때에는 그 이사에 대하여 이로 인한 이득의 양도를 청구할 수 있다(제397조 제2항). 개입권은 형성권이어서 이사에 대한 의사표시만으로 효력이 발생한다. 그리고 '회사의 계산으로 한 것으로 볼 수 있고'라는 의미는 이사가 회사에 대하여 거래의 경제적 효과를 귀속시켜야 하고 회사가 직접 거래의 주체가 된다는 의미는 아니어서, 거래의 상대방에 대하여는 아무런 영향이 없다. 제3자의 계산으로 한 경우 이사가 양도할 '이득'은 이사가 계산의 주체인 제3자로부터 받은 보수만을 뜻한다.

그런데 **개입권의 행사에 있어 상업사용인과 다른 점**은 회사의 개입권 행사는 제397조 제2항에 따라 이사회의 결의에 의하고, 제척기간이 거래가 있는 날로부터 1년이라고만 규정되어 있고(제397조 제3항) 상업사용인과 같이 거래를 안 날로부터 2주를 경과하면 개입권이 소멸한다는 규정(제17조 제4항 참조)은 없다. 이는 개입권의 행사에 이사회의 결의를 요하기 때문에 단기의 제척기간을 둘 수 없기 때문이다.

---

308) 대법원 2013.9.12. 선고 2011다57869 판결.

(2) 회사기회 유용금지

1) 의 의

이사는 이사회의 승인 없이 현재 또는 장래에 회사의 이익이 될 수 있는 직무를 수행하는 과정에서 알게 되거나 회사의 정보를 이용한 사업기회와, 회사가 수행하고 있거나 수행할 사업과 밀접한 관계가 있는 사업기회를 자기 또는 제3자의 이익을 위하여 이용하여서는 아니 된다(제397조의2). 제397조의 경업금지의 대상이 되는 거래는 회사가 실제 영업을 하고 있거나 최소한 개업을 준비하여야 하기 때문에 만약 회사가 진출하고자 관심을 가지고 검토하고 있었던 단계라면 제397조 위반이 되기 어렵다. 그러나 이러한 경우도 **회사의 비용으로 만들어진 회사의 재산을 횡령**하는 것으로서 회사와 이사와의 이해관계가 상충된다는 점은 동일하다. 미국에서는 이를 Corporate Opportunity Doctrine이라 하여 이사의 충실의무의 한 측면으로 다룬다. 또한 회사기회의 유용은 기업집단에서 신규 사업에 진출하거나 기존의 사업을 조정하면서 **지배주주가 자신이 많은 지분을 보유하는 회사에 수익성 높은 사업을 배정하는 경우**에도 문제될 수 있다.

2) 요 건

① 이사회의 승인

승인기관은 이사회에 한한다. 그 승인요건은 **이사 3분의 2 이상의 수로써 하여야 한다**(제397조의2 제1항). 이 요건은 경업금지(제397조 제1항)보다 가중된 것이며 자기거래(제398조)와는 동일하다. 그런데 경업금지와 기회유용금지 모두 이사와 회사의 이익충돌방지를 위하여 두고 있는 점에서 그 요건이 서로 다르다는 점은 재고할 부분이다.

그 승인시기는 명문의 규정은 없으나 사전에 한하고 사후 추인은 인정되지 않는다고 본다. 또한 자기거래의 경우와 같이 당해 이사는 이사회의 승인을 받기 이전에 이사회에 그 사업기회에 대하여 알리고 그에 대한 정보를 제공하여야 한다고 해석함이 옳다(제398조 참조). 그리고 이사회의 승인이 있다고 하여 이사의 책임을 면제하는 것은 아니고, 다만 사업기회를 이용할 수 있다는 요건에 불과하다. 자본금 10억원 미만의 소규모회사에서는 주주총회의 결의로 승인한다(제383조 제4항).

② 이득가능성

회사기회유용을 원칙적으로 금지하고 그 대상이 되는 회사의 사업기회는 현재 또는 장래에 회사의 **이익**이 될 수 있어야 한다(제397조의2 제1항). 기회유용의 금지대상을 회사의 이익이 될 수 있는 것으로 한정하고 있어 회사의 이익이 될 수 없는 것은 여기서의 사업기회에 해당하지 않는다. 여기서의 이득가능성은 사업성이 있다거나 수익성이 있다는 의미로 이해할 것이 아니라, 회사가 영리추구의 대상으로 삼을 수 있다는 의미로 보아야 한다. 그리고 자기 또는 제3자의 이익을 위하여야 한다.

③ 사업기회

상법에 의한 이용금지의 대상이 되는 사업기회는 다음 중 하나이다.

(i) **직무수행과정에서 알게 되거나 회사의 정보를 이용한 사업기회**이다. 정보의 취득 경위에 있어 회사의 직무를 수행하는 과정에서 얻게 된 사업기회이거나 회사의 정보를 이용해 얻게 된 사업기회로서 이는 **회사의 비용으로 얻은 사업기회**를 뜻한다. 이 사업기회는 회사비용으로 만들어진 회사재산으로서 이를 이사가 이용하면 횡령에 해당한다는 논리이다. 그리고 이 사업기회는 **회사의 영업부류에 속하느냐를 묻지 않는다**. 여기서는 사업기회를 알게 된 경위에 주목하여 이사가 회사의 기관으로서 그 기회를 알게 되었거나 회사의 재산과 정보 덕분에 그 기회를 알게 된 경우 회사의 기회가 된다.

(ii) **회사가 수행 중이거나 수행할 사업과 밀접한 관계가 있는 사업기회**이다. 이는 경업금지의 대상이 되는 영업부류에 속하는 거래와 유사한 것이다. 회사의 사업과 밀접한 관계가 있는 사업기회란 그 기회를 별도 기업활동으로 현실화하였을 때 회사와 현실적 또는 잠재적으로 수평적 경업관계 또는 수직적(자기거래형) 거래관계에 있는 경우를 의미한다.[309]

④ 이용의 주체

상법은 이사의 자기거래의 금지대상은 이사뿐만 아니라 주요주주·이사의 배우자와 직계존비속 등이 포함되는 것으로 규정하였으나(제398조), 사업기회유용금지의 대상은 '**이사**'로 규정하고 있다. 그런데 업무집행지시자 등은 적용대상으로 규정하고 있지는 않으나, **업무집행지시자 등**은 이사와 동일한 책임을 지므로(제401조의2) 이사와 같이 회사의 사업기회 유용금지의 대상이 된다고 본다.[310]

⑤ 이용행위

회사기회의 이용은 광의로 해석된다. 따라서 단발성의 비영업적 거래라 하더라도 회사의 사업기회를 이용한 것이면 금지대상이 되는 이용행위가 된다.

3) 위반의 효과
① 사법상 유효

상법 규정은 없으나 이 경우는 경업금지의 경우에 준하여 해석하여야 하겠다. 따라서 이사회의 승인 없이 한 경업행위(제397조)는 유효하다고 보는 것과 같이(통설), **이사가 회사의 사업기회를 이사회의 승인 없이 이용하여 한 행위 또한 유효하다**(통설). 이렇게 해석하면 규정의 입법취지가 반감될 수는 있으나, 그 구조나 의의가 경업행위와 유사하고 이사와 제3자간의 거래에 있어서는 아무런 하자가 없기 때문이다. 여기서 이사회 승인 없이

---

309) 천경훈, "개정상법상 회사기회유용 금지규정의 해석론 연구", 「상사법연구」 제30권 제2호, 2011, 179면. 미국의 ALI 준칙에서는 밀접한 관계를 회사가 경험을 가지고 있고 사업수행능력이 있으며 사업확장을 위하여 합리적 필요가 있는 경우 회사의 사업범위에 해당한다고 본다.

310) 정찬형, 972면.

한 자기거래의 효력이 상대적 무효(통설, 판례)인 점과는 구별된다.

② 손해배상책임

기회유용금지의무를 위반하여 회사에 손해를 발생시킨 이사 및 승인한 이사는 연대하여 손해를 배상할 책임이 있으며 이로 인하여 이사 또는 제3자가 얻은 이익은 손해로 추정한다(제397조의2 제2항).

(i) 책임의 주체

명문의 규정에 의하면 책임의 주체는 '회사에 손해를 발생시킨 이사'와 그 거래를 승인한 이사회에서 '승인한 이사'가 된다. (가) 이사회의 승인 없이 회사의 사업기회를 이용한 경우 회사에 손해를 발생시킨 경우에만 그 이사는 회사에 대하여 손해를 배상할 책임을 지고, 회사에 손해가 없는 경우에는 당해 이사는 회사에 대하여 배상할 책임이 없다는 해석이 된다. (나) 이사회의 승인을 받아 회사의 사업기회를 이용한 경우는 승인한 이사로만 해석[311]될 여지도 있으나, 연대책임을 진다고 규정하고 있으므로 기회유용을 한 이사와 승인한 이사가 모두 책임을 진다고 보아야 한다.

(ii) 손해의 추정

이사가 회사의 사업기회를 이용함으로써 얻은 이익을 손해로 추정한다(제397조의2 제2항). 회사에 발생시킨 손해액이란 회사의 일실이익을 뜻하는 것으로, 회사의 입장에서 이를 증명하는 것은 매우 어려운 일이므로 이를 해결하기 위한 규정이다.

③ 개입권의 부존재

경업금지를 위반한 경우 회사에 개입권을 인정하고 있음에 반하여 **사업기회유용금지의 경우는 개입권에 관한 규정이 없어, 이 제도가 인정되지 않는다.** 경업금지와의 차이점이다.

(3) 자기거래금지의무

1) 의 의

이사 또는 소정의 자가 자기 또는 제3자의 계산으로 회사와 거래를 하기 위하여는 미리 이사회에서 해당 거래에 관한 중요사실을 밝히고 이사회의 승인을 받아야 하고, 이 경우 이사회의 승인은 이사 3분의 2 이상의 수로써 하여야 하며, 그 거래의 내용과 절차는 공정하여야 한다(제398조). 상법 제398조가 이사와 회사 사이의 거래에 관하여 이사회의 승인을 얻도록 한 것은, 이사가 그 지위를 이용하여 회사와 직접 거래를 하거나 이사 자신의 이익을 위하여 회사와 제3자 사이의 거래를 함으로써 이사 자신의 이익을 도모하고 회

---

311) 제397조의2 제2항이 "제1항을 위반하여"라고 규정하고 있어 이사회 승인이 있었던 경우는 승인한 이사로만 해석될 여지가 있다. 요컨대 승인을 받고 기회를 이용하였으나, 그로 인하여 회사에 손해를 발생시킨 경우 그 이사의 책임에 대한 해석론상의 이견의 여지가 있으나, 승인한 이사가 책임을 진다고 하면 기회를 이용한 이사 본인도 당연히 여기서의(제397조의2 제2항) 책임을 지는 것으로 해석하여야 한다.

사 및 주주에게 손해를 입히는 것을 방지하고자 하는 것이다.[312] 상법은 이와 같이 이사가 회사와 거래를 함에는 이사회의 승인을 그 요건으로 하여 이사의 자기거래를 이사회의 감독하에 둠으로써 자기거래로 인하여 발생할 수 있는 회사의 손해를 사전에 예방하고자 한다. 또한 이사회의 승인유무를 불문하고 이사의 자기거래로 인하여 회사에 손해가 생겼을 때에는 그 거래를 한 이사와 이사회의 승인결의에 찬성한 이사는 연대하여 회사에 대하여 손해배상책임을 지게 되므로(제399조), 이사의 자기거래로 인한 회사의 손해에 대한 사후적 구제도 도모하고 있다.

이사의 자기거래금지의무의 성질을 어떻게 이해하여야 하는지에 관해서는 이를 선관주의의무로부터 파생한 의무로 보는 견해(동질설)와 이사의 충실의무의 구체적 규정으로 보는 견해(이질설)도 있다.

2) 이사의 자기거래규제의 적용범위

① 인적 적용범위

구법 하에서는 이사만이 그 적용대상이었으나, 2011년 개정에 의하여 이사 이외에도 주요주주와 특수관계인 등이 추가되었다. 그런데 아래 예에서 보듯이, 이사회승인이 필요한 경우를 명확하게 파악하는 것 자체가 쉽지 않다.

(i) 이 사

회사와의 거래시 이사회의 승인을 받아야 하는 이사는 회사의 모든 이사를 말한다. 대표권의 유무나 상근유무와는 관계없이 현실적으로 회사와 거래를 하려고 하는 모든 이사를 의미한다. 그리고 임기만료나 사임으로 인하여 퇴임한 이사라 하더라도 새로운 이사가 취임할 때까지는 이사의 직무를 수행하게 되므로(제386조 제1항) 퇴임이사의 경우에도 동조의 적용을 받게 되며, 또 이사결원의 경우 법원이 선임한 임시이사(제386조 제2항), 법원의 가처분명령에 의해서 선임된 이사의 직무대행자(제407조)도 포함된다.

(ii) 주요주주

누구의 명의로 하든지 자기의 계산으로 의결권 없는 주식을 제외한 발행주식총수의 100분의 10 이상의 주식을 소유하거나 이사·집행임원·감사의 선임과 해임 등 회사의 주요 경영사항에 대하여 사실상의 영향력을 행사하는 주주이다(제398조 제1호, 제542조의8 제2항 제6호). 그런데 제542조의8 제2항 제6호를 원용하고 있고 이는 상장회사의 주요주주이다. 따라서 문언해석에 의하면 **비상장회사의 경우**에 '주요주주와 회사간의 거래' 또는 '주요주주의 특수관계인과 회사간의 거래'는 자기거래에 해당하지 않게 되는 문제가 있다. 그러나 그 입법취지를 보면 상장회사와 비상장회사를 차별할 하등의 이유가 없어 입법상 오류로 보이므로 제542조의8 제2항 제6호를 원용하는 것은 단지 주요주주의 개념을 차용

---

312) 대법원 2012.12.27. 선고 2011다67651 판결; 대법원 1973.10.31. 선고 73다954 판결; 대법원 2010.3.11. 선고 2007다71271 판결 등.

한 것으로 보아 **비상장회사에도 적용하여야 한다.** 요컨대 상장회사의 주요주주로 국한되지 않는다.

(iii) 특수관계인

이사 또는 주요주주의 배우자 및 직계존비속(제398조 제2호), 이사 또는 주요주주의 배우자의 직계존비속(제398조 제3호), 이사 또는 주요주주와 제2호부터 제3호까지의 자들이 단독 또는 공동으로 의결권 있는 발행주식총수의 100분의 50 이상을 가진 회사 및 그 자회사(제398조 제4호), 위 제398조 제1호부터 제3호까지의 자가 제4호의 회사와 합하여 의결권 있는 발행주식총수의 50% 이상을 가진 회사(제398조 제5호)이다.

(iv) 적용 사례

(가) 甲이 A회사 주식을 3%만 보유하고 있으나 사실상 영향력을 행사하고 있다면 甲과 A회사가 거래하는 경우, A회사 이사회의 결의가 요구된다.

(나) A회사는 모회사로서 B회사 주식의 60%를 보유하고 있고, 甲은 A회사의 이사라고 가정하자. 이 경우 甲이 자회사인 B회사와 거래하는 경우는 어떠한가? 甲이 B회사의 특수관계인으로 인정되지 않는 한 B회사 이사회의 승인은 필요없다. 물론 이 경우 A회사의 이사회 승인도 필요없다.[313] 이 경우 B회사의 이사회 승인도 필요없다. 그런데 이때 A회사가 B회사와 거래하는 경우에는 A회사는 B회사의 주요주주에 해당하므로 B회사 이사회의 승인이 필요하다(제398조 제1호).

(다) 甲이 A회사 주식의 60%, B회사 주식의 10%를 가지고 있다고 가정하자. 甲은 A, B 양 회사 모두에게 주요주주가 되므로 甲이 A회사 또는 B회사와 거래하기 위하여는 사전에 A회사 또는 B회사의 이사회 승인이 필요하다. 만약 A회사와 B회사가 거래하는 경우는 어떠한가? B회사로 보아서는 A회사가 제398조 제4호에 해당하는 회사가 되므로, B회사 이사회의 승인이 필요하다. A회사 이사회 승인은 필요없다.

(라) 만약 B회사의 이사인 甲이 A회사 주식의 70%를 보유하고 있고 A회사가 C회사 주식의 60%를 보유한다고 가정하면, B회사와 A회사가 거래하는 경우는 어떠한가? 이사인 甲이 50% 이상을 가진 A회사와 거래하는 것이므로 B회사 이사회의 승인이 필요하다(제398조 제4호). 또한 B회사가 C회사와 거래하는 경우에도 그 A회사의 자회사에 해당하므로 B회사 이사회의 승인이 필요하다(제398조 제4호).

---

313) 대법원 2013.9.12. 선고 2011다57869 판결(자회사가 모회사의 이사와 거래를 한 경우에는 설령 모회사가 자회사의 주식 전부를 소유하고 있더라도 모회사와 자회사는 상법상 **별개의 법인격을 가진 회사**이고, 그 거래로 인한 불이익이 있더라도 그것은 자회사에게 돌아갈 뿐 모회사는 간접적인 영향을 받는 데 지나지 아니하므로, 자회사의 거래를 곧바로 모회사의 거래와 동일하게 볼 수는 없다. 따라서 모회사의 이사와 자회사의 거래는 모회사와의 관계에서 구상법 제398조가 규율하는 거래에 해당하지 아니하고, 모회사의 이사는 그 거래에 관하여 모회사 이사회의 승인을 받아야 하는 것이 아니다).

② 물적 적용범위

(i) 명의는 불문

이사회의 승인을 받아야 하는 거래는 이사 등이 회사와 자기 또는 제3자의 계산으로 하는 거래이다. 여기서 자기 또는 제3자의 계산이란 이사 등이 회사와 거래를 함에 있어서 자신의 명의로 하든 제3자의 명의로 하든 그 명의 여하를 불문하고 **그 행위로 인한 경제적 효과가 이사 또는 제3자에게 귀속하는 것을 의미**한다.

(ii) 이해상반유무의 판단기준

이사회의 승인을 얻어야 하는 이사의 자기거래는 회사에 불이익을 미칠 수 있는 회사와 이사간의 모든 재산상의 거래행위를 말한다. 반드시 유상행위에 한정되지 아니하고 회사에 대한 이사의 채무를 면제하는 행위와 같은 단독행위도 그 범위에 포함된다. 그러나 본조의 취지가 회사와 이사간의 거래로 인하여 양자간에 이해충돌이 발생하는 것을 방지하는데 있으므로 비록 양자간의 거래라 할지라도 행위의 성질상 **양자 사이의 이해가 상반되지 않고 회사에 불이익을 초래할 우려가 없는 때**에는 이사회의 승인을 얻을 필요가 없는 것이다.[314] 예컨대 이사 또는 회사에 의한 채무의 이행,[315] 이사의 회사에 대한 무상증여, 상계, 회사에 대한 무이자 무담보의 금전대차[316] 등의 경우는 본조의 규제대상에서 제외된다고 보는 것이 학설·판례의 일치된 견해이다. 그리고 보통거래약관에 의해서 정형적으로 이루어지는 운송계약, 보험계약, 예금계약 등의 경우도 마찬가지이며, 이사가 회사로부터 통상적인 거래조건에 의해서 일상생활용품을 구입하는 경우에도 이익충돌의 우려는 없으므로 규제대상에서 제외된다. 이와 같이 이사의 자기거래규제는 이사가 그 지위를 이용하여 자기자신의 개인적인 이익을 도모하고 회사에 손해를 입히는 행위를 방지하기 위한 것이므로 비록 양자간의 거래라 하더라도 이해충돌이 없고 회사에 유리한 행위는 규제대상에서 제외된다.

(iii) 간접거래

간접거래란 형식적으로는 이사와 회사 간의 거래가 아니고 회사와 제3자가 거래당사자이지만 **실질적으로는 이사와 회사 간에 이익이 상반되어 이사가 이익을 보게 되는 경우**를 말하고, 대표적인 예로 회사가 이사의 채권자와 보증계약을 체결하는 경우를 들 수 있다. 기타 간접거래로 분류될 수 있는 거래들로 ① 별개인 두 회사의 대표이사를 겸하고 있는 자가 두 회사 사이의 매매계약을 체결한 경우,[317] ② 甲회사의 이사가 대표이사를 겸하

---

314) 대법원 2010.3.11. 선고 2007다71271 판결(주식회사의 이사가 자신을 피보험자 및 수익자로 하여 회사 명의로 퇴직보험에 가입한 사안에서, 회사가 이사를 피보험자로 하여 퇴직보험계약을 체결한 것은 임원퇴직금지급규정상 임원의 보수를 지급하기 위한 수단에 불과하고, 회사에게 퇴직금을 조성하기 위한 일반적인 자금 운영의 범위를 넘는 실질적인 불이익을 초래할 우려가 없으므로, 이에 관하여 이사회의 승인을 얻을 필요가 없다고 본 사례).
315) 대법원 1999.2.23. 선고 98도2296 판결.
316) 대법원 2010.1.14. 선고 2009다55808 판결.
317) 대법원 1984.12.11. 선고 84다카1591 판결; 대법원 1996.5.28. 선고 95다12101,12118 판결(갑, 을 두 회사의

고 있는 乙회사의 채무를 甲회사가 보증하는 경우와 같이, 이사가 거래의 상대방이 되는 경우뿐만 아니라 상대방의 대리인이나 대표자로서 회사와 거래를 하는 경우[318] 등이 있다.

개정법에 의하면 법문에 의하여 상당부분 포섭되었으나, 여전히 법률에 의하여 포섭되지 못하는 간접거래가 있는 경우 자기거래에 포함되고 규제의 대상이 된다. 그리고 새로이 확대된 거래주체의 채권자에게 보증을 서주는 경우에도 간접거래에 해당하는 것으로 보아, 회사가 주요주주의 채권자에게 보증을 서주는 경우에도 간접거래에 해당한다고 본다.[319]

(iv) 신주발행 등 자본거래의 경우

신주발행이나 합병 등 자본거래의 경우 제398조 적용범위에 포함되는가? 특히 2011년 개정법은 주요주주 및 그 특수관계인과의 거래를 자기거래의 범위에 포함하여 중요한 쟁점이 되었다. **주식거래 등 자본거래라고 하여 제398조의 적용대상이 아니라는 근거규정이 없고, 이 경우도 이해충돌의 우려가 있으므로 그 적용범위에 포함된다고 보아야 한다.** 판례도 자회사가 신주를 발행하는데 모회사가 실권하고 모회사의 이사가 실권주를 인수한 경우, 이를 자기거래의 문제로 다루었다. 다만 대법원은 모회사가 신주발행의 당사자가 아니므로 자기거래의 간접거래에도 해당하지 않는다 하였다.[320] 결국 신주발행이 자기거래에 해당한다고 보면 그 가중된 결의요건인 이사 전원의 3분의 2 이상의 찬성이 필요하다.

자기거래의 적용범위가 되는 자본거래를 보다 구체적으로 보면, (i) **합병**의 경우 주주 이익 보호절차가 마련되어 있기는 하나 합병비율의 결정 등 이해충돌의 우려가 있으므로 제398조 자기거래의 적용범위에 포함된다. (ii) 회사가 보유하는 **자기주식의 처분**(제342조)도 동일한 근거에서 자기거래의 적용대상이다. (iii) 신주발행에서 **주주배정**의 경우이다. 제3자배정의 경우는 자기거래의 적용범위에 포함된다고 보는 판례[321]도 있어 별 이견이 없을 듯하나, 주주배정 방식의 유상증자에 대하여는 회사에 불이익이 없다는 주장이 있을 수 있다.[322] 그러나 현저한 저가로 신주를 발행하는 경우 회사의 손해가 현실화될 수 있다는 점에서 이도 적용범위에 포함된다고 보아야 한다(제5장 제2절 IV. 4. 통모인수인의 책

대표이사를 겸하고 있던 자에 의하여 갑 회사와 을 회사 사이에 토지 및 건물에 대한 매매계약이 체결되고 을 회사 명의로 소유권이전등기가 경료된 경우, 그 매매계약은 이른바 '이사의 자기거래'에 해당하고, 달리 특별한 사정이 없는 한 이는 갑 회사와 그 이사와의 사이에 이해충돌의 염려 내지 갑 회사에 불이익을 생기게 할 염려가 있는 거래에 해당하는데, 그 거래에 대하여 갑 회사 이사회의 승인이 없었으므로 그 매매계약의 효력은 을 회사에 대한 관계에 있어서 무효라고 한 사례).

318) 대법원 2017.9.12. 선고 2015다70044 판결(한화가 그 자회사의 주식을 이사이자 회장인 직계비속에게 전량 매각하는 것도 자기주식에 해당한다고 한 판결); 대법원 1980.7.22. 선고 80다828 판결.
319) 김건식·노혁준·천경훈, 417면
320) 대법원 2013.9.12. 선고 2011다57869 판결.
321) 대법원 2013.9.12. 선고 2011다57869 판결.
322) 대법원 2009.5.29. 선고 2007도4949 전원합의체 판결(회사의 이사로서는 주주 배정의 방법으로 신주를 발행하는 경우 원칙적으로 액면가를 하회하여서는 아니 된다는 제약 외에는 주주 전체의 이익, 회사의 자금조달의 필요성, 급박성 등을 감안하여 경영판단에 따라 자유로이 그 발행조건을 정할 수 있다고 보아야 하므로, 시가보다 낮게 발행가액 등을 정함으로써 주주들로부터 가능한 최대한의 자금을 유치하지 못하였다고 하여 배임죄의 구성요건인 임무위배, 즉 회사의 재산보호의무를 위반하였다고 볼 것은 아니다).

임에서 상세히 다룬다).

(v) 어음행위

이사와 회사 간의 어음행위가 이사의 자기거래의 규제대상이 되는지에 관해서는 학설이 대립되고 있다. **부정설**로서 어음행위는 그 자체 원인관계와 구별되고 거래의 결제수단으로서 채무이행적 성질을 가지는 것에 불과하고 이익상충의 염려가 없으므로 이사회의 승인이 필요없고 다만 그 원인행위가 이사와 회사 간의 거래에 해당되어 이사회의 승인을 받아야 함에도 승인이 없이 이루어진 경우에는 무효가 되지만 이는 인적항변사유가 될 뿐이라는 견해이다. 그러나 자기거래의 규제대상이 된다는 **긍정설**이 통설이다. 어음행위는 단지 거래의 결제수단으로만 이용되지 않고 널리 신용수수의 수단으로서도 이용되고 있으며 또한 채무자는 어음행위에 의하여 원인관계와는 별도의 새로운 어음채무를 부담하며, 이 어음채무는 입증책임의 전환, 인적항변의 절단 등 원인관계에서 보다 더 강한 이해관계의 대립이 생기게 되므로 어음행위도 자기거래의 규제대상에 해당되어 이사회의 승인이 필요한 것으로 보아야 한다. **판례도 긍정설의 입장에 있다.**[323]

3) 이사의 자기거래의 규제방법

① 이사회의 승인

이사와 회사 간의 거래에 관한 상법의 규제방법은 당해거래에 대하여 이사회가 결의를 통하여 승인하는 방법을 취하고 있다. 상법은 회사의 업무집행에 관한 의사결정기관인 동시에 업무집행에 대한 감독기관인 이사회로 하여금 이사와 회사 간의 거래의 승인 여부를 결정하도록 함으로써, 자기거래에 대한 이사회의 적정한 감독을 기대하고 있는 것이다. 이사회의 승인은 이사회의 결의에 의하고 **거래상대방인 이사는 이사회의 결의에 대하여 특별한 이해관계를 가지게 되므로** 이사회의 승인결의에서 의결권을 행사할 수 없다. 그러나 당해 이사는 이사회에 출석하여 당해거래에 관한 자기의 이해관계를 개시할 의무가 있고 또 자기의 의견을 진술할 권리는 있다. 자본금 총액이 10억원 미만인 회사는 이사를 1명 또는 2명으로 할 수 있고(제383조 제1항), 이 경우 제383조 제4항에 따라 주주총회가 승인기관이 된다. 상법에서 그 결의요건을 구체적으로 규정하고 있지 아니하므로 주주총회의 보통결의를 요하는지 특별결의를 요하는지에 관하여 견해대립이 있다. 판례는 주주총회 결의절차를 거치지 않은 경우 의결정족수를 충족하는 주식을 가진 주주들이 동의하거나 승인하였다는 사정만으로 주주총회 결의가 있는 것과 마찬가지라고 볼 수 없다고 판시한다.[324]

문제는 정관의 규정으로 승인기관을 주주총회로 할 수 있는지가 문제된다. 이에 대하여는 (i) 주주총회의 최고기관성 및 권한분배의 자율성을 들어 이를 긍정하는 **긍정설**, (ii) 권

323) 대법원 2004.3.25. 선고 2003다64688 판결; 대법원 1994.10.11. 선고 94다24626 판결; 대법원 1978.3.28. 선고 78다4 판결.
324) 대법원 2020.7.9. 선고 2019다205398 판결.

한분배에 관한 상법의 규정은 강행규정으로 보아야 할 뿐 아니라 소유와 경영의 분리를 기대하는 상법의 이념에 비추어 볼 때, 제416조 단서와 같이 상법상 유보의 규정이 없는 경우인 자기거래에 있어서는 정관의 규정으로 주주총회를 승인기관으로 정할 수 없다고 보는 **부정설**이 있고, (iii) **판례는 긍정설**의 입장이다.[325] 판례는 주주 전원의 동의가 있다거나 그 승인이 정관에 주주총회의 권한사항으로 정해져 있다면 주주총회에서 자기거래에 동의하는 것이 허용된다고 본다.[326]

그러나 이사회결의를 주주총회결의로 갈음할 수 없다고 보아야 한다(부정설). 이사들은 회사에 대하여 선관의무 및 충실의무를 부담하는 것이지 반드시 주주만을 위하여 업무를 한다고만 볼 수 없으며, 이사회결의사항과 주주총회결의사항이 구별된다는 점에서 볼 때 주주총회결의로 이사회결의를 갈음할 수 있는 것은 아니다. 그리고 판례의 입장 또한 2011년 상법이 개정되기 이전의 구법 하에서의 것으로 **개정법 하에서는 유지될 수 없다**고 본다. 개정법에서는 자기거래 이사회결의 요건이 대폭 가중되어 있기 때문이다.

② 승인방법

(i) 결 의

이사의 자기거래의 승인은 이사회의 결의에 의하는데, 이 경우 이사회의 결의는 개별적인 거래에 대하여 하여야 하고 막연하고 포괄적인 승인은 인정되지 않는다(통설). 그러나 반복적인 동종·동형의 거래는 일정한 기간과 한도 등을 정하여 포괄적으로 승인하더라도 남용의 위험이 없으므로 이를 인정하더라도 무방할 것이다.

(ii) 결의요건

결의요건은 2011년 개정법에 의하여 이사 전원의 3분의 2 이상의 수로써 하도록 되었다(제398조). 이는 과반수 출석에 과반수 찬성이라는 요건보다 상당히 가중된 것이고 신설된 사업기회유용의 승인(제397조의2)과 같은 것이다.

(iii) 개시의무

회사의 거래상대방인 이사는 이사회의 승인결의 이전에 당해거래에 관한 자신의 이해관계를 개시하여야 한다. 과거에도 통설이 이사의 자기거래를 규제하는 상법의 입법취지에 비추어 이사의 개시의무는 당연히 인정되어야 한다고 보았고, 판례도 이사는 당해 거래에 관하여 거래의 종류·수량·가격 등의 거래의 중요한 사실을 이사회에 개시하여야 한다고

325) 대법원 2007.5.10. 선고 2005다4284 판결(이사와 회사 사이의 이익상반거래에 대한 승인은 주주 전원의 동의가 있다거나 그 **승인이 정관에 주주총회의 권한사항으로 정해져 있다는 등의 특별한 사정이 없는 한** 이사회의 전결사항이라 할 것이므로, 이사회의 승인을 받지 못한 이익상반거래에 대하여 아무런 승인 권한이 없는 주주총회에서 사후적으로 추인 결의를 하였다 하여 그 거래가 유효하게 될 수는 없다).
326) 대법원 1992.3.31. 선고 91다16310 판결(회사의 이사에 대한 채무부담행위가 상법 제398조 소정의 이사의 자기거래에 해당하여 이사회의 승인을 요한다고 할지라도, 위 규정의 취지가 회사 및 주주에게 예기치 못한 손해를 끼치는 것을 방지함에 있다고 할 것이므로, 그 채무부담행위에 대하여 사전에 주주 전원의 동의가 있었다면 회사는 이사회의 승인이 없었음을 이유로 그 책임을 회피할 수 없다).

하였다.[327] 이러한 통설과 판례를 반영하여 2011년 개정법은 **"미리 이사회에서 해당 거래에 관한 중요사실을 밝히고"**라고 하여 명문의 규정을 두고 있다. 판례[328]도 "이사 등이 회사와의 거래에 관하여 이사회 승인을 받기 위하여는 이사회에서 해당 거래에 관한 중요사실을 밝히도록 정하고 있으므로, **만일 이러한 사항들을 밝히지 아니한 채 그 거래가 이익상반거래로서 공정한 것인지에 관한 심의가 이루어진 것이 아니라 통상의 거래로서 이를 허용하는 이사회의 결의가 이루어진 것에 불과한 경우 등에는 상법 제398조가 정하는 이사회 승인이 있다고 할 수 없다"고 판시하였다.**

③ 승인시기(사후추인의 인정여부)

2011년 개정상법 이전에도 통설은 사후추인은 가능하지 않다는 입장이었다. 이를 인정하게 되는 경우 제3자의 지위가 불안정하게 될 뿐만 아니라 추인을 예상하여 자기거래가 무절제하게 이루어질 우려가 있고, "추인강요의 폐해"가 발생할 수도 있다는 근거도 제시하였다. 또한 자기거래를 하는 경우 이사의 책임이 발생한다고 추정할 수 있고, 이사의 책임면제는 **총주주의 동의**에 의한다는 점에서 볼 때도 이사회에 의한 사후승인은 균형이 맞지 않는다는 점에서 불가하다는 입장이었다.

그런데 **사후추인도 무방하다는 판례**[329]가 나와 논쟁이 초래된 바 있다. 그 판례는 무권대리의 일종으로 보아 추인이 가능하다고 하면서 사후승인도 가능하다는 것이었으나, 여러 점에서 비판을 받았다. 판례가 **자기거래금지 위반의 효과를 상대적 무효설에 입각하여 설시하고 있는바 사후추인이 가능하다고 하면 효력이 언제까지나 불확정인 상태에 있게 되는 점,** 상법과 민법의 취지가 다른 것임에도 민법의 무권대리에 관한 규정을 유추적용하고 있으나 무권대리의 법리는 거래로 인한 권리의무의 귀속을 해결하기 위한 것인데 권리의무의 귀속은 상대적 무효설에 따라 회사의 추인여부와 관계없이 선의의 상대방에 대하여 자기거래로 인한 책임을 지는 식으로 해결되기 때문이라는 비판이었다.

2011년 개정법은 통설에 따라 자기거래는 사전에 '**미리**' 이사회의 승인을 얻어야 한다고 명시하여 **입법적으로 해결**하였다. 판례[330]도 이러한 취지에서 사전에 이사회 승인을

---

327) 대법원 2007.5.10. 선고 2005다4284 판결.
328) 대법원 2023.6.29. 선고 2021다291712 판결.
329) 판례는 사후추인도 가능하다는 입장이다. 근거는 일본의 경우를 든다. 당해 거래에 의하여 회사에 발생하는 손해에 대하여는 이사에게 결과책임이 부과되며, 또한 사후추인이 있으면 새로운 행위를 하게 된 것과 같으므로 이를 금할 필요가 없다는 점을 논거로 제시한다. 대법원 2007.5.10. 선고 2005다4284 판결(상법 제398조 전문이 이사와 회사 사이의 거래에 관하여 이사회의 승인을 얻도록 규정하고 있는 취지는, 이사가 그 지위를 이용하여 회사와 거래를 함으로써 자기 또는 제3자의 이익을 도모하고 회사 나아가 주주에게 불측의 손해를 입히는 것을 방지하고자 함에 있는바, 이사회의 승인을 얻은 경우 민법 제124조의 적용을 배제하도록 규정한 상법 제398조 후문의 반대해석상 이사회의 승인을 얻지 아니하고 회사와 거래를 한 이사의 행위는 일종의 무권대리인의 행위로 볼 수 있고 무권대리인의 행위에 대하여 추인이 가능한 점에 비추어 보면, 상법 제398조 전문이 이사와 회사 사이의 이익상반거래에 대하여 이사회의 사전 승인만을 규정하고 사후 승인을 배제하고 있다고 볼 수는 없다).
330) 대법원 2023.6.29. 선고 2021다291712 판결.

받지 않았다면 특별한 사정이 없는 한 그 거래는 무효이고 사추에 추인받았다 하여 무효인 거래행위가 유효로 되는 것은 아니라 하였다.

그러나 결과적인 효과의 측면에서는 의문이 있었다. 왜냐하면, **거래당사자 사이에서는 자기거래의 무효를 주장할 수 있는 자는 회사로 한정되고 거래 상대방이는 무효를 주장할 수 없어**(판례)[331] **회사가 무효를 주장하지 않으면 결과적으로 사후추인한 것과 동일한 결과**가 되기 때문이었다. 그런데 소수주주들이 무효인 상황을 방치하였다면서 대표이사 등을 상대로 대표소송을 제기하면서 관련 자기거래가 무효하다고 주장한 사건에서 대법원은 사전 승인이 없어 무효라 판결한 것이다.[332]

④ 승인효과

이사회의 승인은 자기거래의 요건에 불과하다. 따라서 이사의 책임을 면제하여 주는 것은 아니다. 자기거래에 관한 이사회의 승인이 있는 때에는 의사록에 의사의 경과 및 그 결과를 기재하여야 하며, 자기거래의 승인을 반대한 이사는 이를 의사록에 기재하지 않으면 그 책임을 면할 수 없다. 즉 이사의 자기거래는 적법한 이사회의 승인을 받은 경우에도 이로 인하여 회사가 손해를 입게 되면 당해거래 이사는 물론이고 그 결의에 찬성한 이사 그리고 이의를 한 기재가 의사록에 없는 이사는 회사에 대하여 손해배상책임을 지게 되므로(제399조), 이러한 이사회의 자기거래의 승인결의에 대한 의사록은 아주 중대한 의미를 가지게 되고 회사는 의사록을 작성하여 이를 비치하여야 한다.

⑤ 거래의 공정성

2011년 개정법은 그 자기거래의 내용과 절차는 공정하여야 한다고 규정한다(제398조). 이는 자기거래가 승인을 얻더라도 거래의 내용이 공정해야 한다는 뜻으로, 거래가 불공정하다면 승인결의가 무효가 되어 승인 없는 거래와 같이 다루어져야 한다.

4) 이사회의 승인 없는 거래의 효력

상법 제398조에 위반하여 이사회의 승인 없이 이루어진 위법한 자기거래의 효력에 관해서는 명문규정이 없어 견해가 대립하고 있다. 학설이 대립하는 이유는 동조의 입법취지가 회사의 이익을 보호하는데 있다고 하여 이사회의 승인 없는 거래는 당연히 무효라고 하게 되면 이로 인하여 선의의 제3자의 보호가 무시되어 거래안전보호라는 또 다른 상법상의 중요한 원칙이 경시되므로 회사의 이익보호와 거래안전보호의 요청을 어떻게 조정할 것인가에서 기인한다. 학설은 크게 무효설, 유효설 그리고 상대적 무효설의 세 가지가 있다.

---

331) 대법원 2012.12.27. 선고 2011다67651 판결(이사와 회사 사이의 거래가 상법 제398조를 위반하였음을 이유로 무효임을 주장할 수 있는 자는 회사에 한정되고 특별한 사정이 없는 한 거래의 상대방이나 제3자는 그 무효를 주장할 이익이 없다고 보아야 하므로, **거래의 상대방인 당해 이사 스스로가 위 규정 위반을 내세워 그 거래의 무효를 주장하는 것은 허용되지 않는다 할 것이다**); 대법원 1973.10.31. 선고 73다954 판결.

332) 대법원 2023.6.29. 선고 2021다291712 판결.

① **무효설**이다. 이사회의 승인이 없는 이사의 자기거래는 무효라고 하는 설이며 회사는 그 거래행위의 무효를 선의의 제3자에 대하여도 주장할 수 있다고 함으로써 회사의 이익보호를 중시하는 입장이다. 이 경우 선의의 제3자는 민법상의 선의취득에 의해서 보호되므로 거래안전도 보호된다고 한다. 그러나 거래의 목적물이 부동산인 경우에는 동산이나 어음의 경우와는 달리 선의취득 규정이 없으므로, 예컨대 이사가 이사회의 승인 없이 회사의 부동산을 매수한 후 선의의 제3자에게 매도한 경우, 무효설의 입장에서는 이사와 회사간의 매매가 무효가 됨으로써 선의의 제3자도 권리를 취득할 수 없게 되어 결국 거래안전이 침해된다. ② **유효설**이다. 이 설은 거래안전보호를 중시하여 제398조에 위반한 이사의 자기거래는 유효하다는 입장을 취하고 있다. 유효설은 반대로 거래 안전만을 중시한 결과 이사회의 승인이 없는 거래를 유효하다고 함으로써 상법이 정하고 있는 이사회의 승인절차 자체가 등한시되어 상법 제398조의 입법취지를 몰각시킬 우려가 있다고 비판받는다.

③ **상대적 무효설**이다. 이 설은 이사회의 승인이 없는 이사의 자기거래에 있어서 **제3자가 이사회의 승인이 없었다는 사실을 알고 있었거나 중대한 과실로 알지 못하였다는 것을 회사가 입증하는 경우에만 제3자에 대해서도 무효가 되는 것으로 함**으로써 회사의 이익보호와 거래안전보호의 필요성을 적절하게 조정하고 있다(통설, 판례).[333] 이 경우 자기거래의 무효를 주장할 수 있는 당사자는 회사로 한정되고, 거래상대방(○사 등)은 무효를 주장할 수 없다(통설, 판례).[334] 따라서 무효의 근거가 되는 제3자의 악의나 중과실에 대하여는 그 거래의 무효임을 주장하는 회사가 입증하여야 한다.[335] 이 경우 **경과실**만이 있는 상대방은 판례에 의하여도 선의로 취급되어 보호됨을 주의하자. 또한 소수주주들이 법적으로 무효인 상황을 방치하였다면서 대표이사 등을 상대로 문제를 제기하는 대표소송 등의 제기가 가능하다.[336]

5) 이사의 책임

상법 제398조에 위반하여 회사와 거래한 이사와 회사를 대표한 이사는 법령에 위반되

---

333) 대법원 1994.10.11. 선고 94다24626 판결; 대법원 2004.3.25. 선고 2003다64688 판결(회사의 대표이사가 이사회의 승인 없이 한 이른바 자기거래행위는 회사와 이사 간에서는 무효이지만, 회사가 위 거래가 이사회의 승인을 얻지 못하여 무효라는 것을 제3자에 대하여 주장하기 위해서는 거래의 안전과 선의의 제3자를 보호할 필요상 이사회의 승인을 얻지 못하였다는 것 외에 제3자가 이사회의 승인 없음을 알았다는 사실을 입증하여야 할 것이고, 비록 제3자가 선의였다 하더라도 이를 알지 못한 데 중대한 과실이 있음을 입증한 경우에는 악의인 경우와 마찬가지라고 할 것이며, 이 경우 중대한 과실이라 함은 제3자가 조금만 주의를 기울였더라면 그 거래가 이사와 회사 간의 거래로서 이사회의 승인이 필요하다는 점과 이사회의 승인을 얻지 못하였다는 사정을 알 수 있었음에도 불구하고, 만연히 이사회의 승인을 얻은 것으로 믿는 등 거래통념상 요구되는 주의의무에 현저히 위반하는 것으로서 공평의 관점에서 제3자를 구태여 보호할 필요가 없다고 봄이 상당하다고 인정되는 상태를 말한다).

334) 대법원 2012.12.27. 선고 2011다67651 판결.

335) 대법원 2014.6.26. 선고 2012다73530 판결; 대법원 1994.10.11. 선고 94다24626 판결; 대법원 2004.3.25. 선고 2003다64688 판결.

336) 대법원 2023.6.29. 선고 2021다291712 판결.

는 행위를 하였으므로 회사에 대하여 손해배상책임을 지게 되며(제399조) 나아가 해임사유
도 될 수 있다. 그리고 이사회의 승인을 받고 자기거래를 하더라도 거래의 결과 회사가
손해를 입게 된다면 그 이사는 회사에 대하여 손해배상책임을 부담하며, 그 거래를 승인한
이사들도 거래가 공정하지 못하여 회사에게 손해가 발행하는 등의 경우 제399조에 따른
손해배상책임을 부담할 수 있다.

6) 상장회사 주요주주 등과의 거래규제

상법은 상장회사 특례규정을 두어 **상장회사가 그의 주요주주 등을 위하여 신용을 공
여하지 못하도록 하였고, 또한 상장회사가 그의 최대주주 등과 거래를 하기 위하여는 이
사회의 승인을 얻도록 규제한다.** 이는 이사의 자기거래에 관한 상법 제398조보다 한층 강
화된 것이다.

① 신용공여 등의 금지

(i) 의 의

상장회사는 주요주주 및 그의 특수관계인, 이사(제401조의2 제1항의 업무집행지시자 등을
포함), 집행임원, 감사의 어느 하나에 해당하는 자를 상대방으로 하거나 그를 위하여 신용
공여를 하여서는 아니 된다(제542조의9 제1항). 신용공여란 금전 등 경제적 가치가 있는 재
산의 대여, 채무이행의 보증, 자금 지원적 성격의 증권 매입, 그 밖에 거래상의 신용위험이
따르는 직접적·간접적 거래로서 대통령령으로 정하는 거래를 말한다. 주요주주는 제542
조의8 제2항 제6호에서 정의하고 있는데 10% 이상의 주식 소유 또는 사실상 영향력을 가
진 자를 말한다. 그리고 주요주주의 특수관계인은 제542조의8 제2항 제5호, 시행령 제34조
제4항에서 정하고 있는데 일정한 친족뿐 아니라 **주요주주가 30% 이상 소유하거나 사실
상 영향력을 행사하는 법인 또는 단체를 포함한다.** 甲이 A회사의 40% 지분과 B회사의
100%지분을 보유하는 경우 甲은 A회사와 B회사의 주요주주이고 A회사와 B회사는 모두
甲의 특수이해관계인이 된다. 따라서 A회사와 B회사는 서로 자금을 대여하거나 상대방
회사의 채무에 대한 보증을 하지 못한다. 결과적으로 계열사간 자금대여나 보증이 금지되
는 효과가 생긴다. 다만 예외적으로 신용공여를 할 수 있는 경우로서 복리후생을 위한 이
사·집행임원 또는 감사에 대한 금전대여 등으로서 대통령령으로 정하는 신용공여, 다른
법령에서 허용하는 신용공여, 그 밖에 상장회사의 경영건전성을 해칠 우려가 없는 금전대
여 등으로서 대통령령으로 정하는 신용공여 등의 경우가 있다(제542조의9 제2항).

(ii) 자기거래(제398조)와의 경합

제542조의9 제1항은 상장회사 주요주주 등에 대한 신용공여를 금지하고 있다. **이사회
의 승인을 얻더라도 신용공여를 할 수 없다는 점에서 제398조보다 훨씬 엄격하다.** 제398
조에 열거된 이사와 주요주주, 특수이해관계자들은 제542조의9 제1항에도 해당하여, 이들
에 대한 신용공여는 대부분 제398조의 자기거래에도 해당한다. 이 경우 양 조문이 경합할

수 있는데, 제542조의9 제1항이 특별규정으로서 우선 적용된다.

(iii) 위반의 효력

이에 위반한 자에게 벌칙이 적용된다(제624조의2)는 것 이외에는, 위반의 효력에 대하여는 상법 규정이 없다. 최근 위반의 효력에 관한 대법원 판결이 선고되었다.[337] 판례는 첫째, **상법 제542조의9 제1항은 상법 제398조와 달리 그 무효를 누구나 주장할 수 있다고** 하였다. 위 조항의 입법 목적과 내용, 위반행위에 대해 형사처벌이 이루어지는 점 등을 살펴보면, 강행규정에 해당하므로 위 조항에 위반하여 이루어진 신용공여는 무효이고, 누구나 그 무효를 주장할 수 있다는 것이다. 둘째, 상법 제542조의9 제1항을 위반하여 이루어진 신용공여는 상법 제398조가 규율하는 이사의 자기거래와 달리, 이사회의 승인 유무와 관계없이 금지되는 것이므로, **이사회의 사전 승인이나 사후 추인이 있어도 유효로 될 수 없다**고 하였다. 셋째, **다만 그 위반의 효력에서는 제398조와 같이 상대적 무효설을 취하였다.** 상법 제542조의9 제1항을 위반한 신용공여라고 하더라도 제3자가 그에 대해 알지 못하였고 알지 못한 데에 중대한 과실이 없는 경우에는 그 제3자에 대하여는 무효를 주장할 수 없다고 본 것이다. 그 근거로는 상장회사와의 상거래가 빈번한 거래현실을 감안하면 제3자로 하여금 상장회사와 거래를 할 때마다 일일이 상법 제542조의9 위반 여부를 조사·확인할 의무를 부담시키는 것은 상거래의 신속성이나 거래의 안전을 해침을 내세웠다.

② 대규모상장회사에서의 자기거래의 제한

신용공여 이외의 거래에 대하여는 제398조와 같이 **이사회의 승인을 얻도록 하고 있다**(제542조의9 제3항). 하지만 모든 상장회사가 아니라 자산총액 2조원 이상의 상장회사에만 적용된다. 자산총액 2조원 이상의 상장회사는 최대주주, 그의 특수관계인 및 그 상장회사의 특수관계인으로서 대통령령으로 정하는 자를 상대방으로 하거나 그를 위하여 일정 규모 이상의 거래(제542조의9 제1항에 따라 금지되는 거래는 제외한다)를 하려는 경우에는 이사회의 승인을 받아야 한다. 그 규모는 (i) 단일 거래규모가 대통령령으로 정하는 규모 이상인 거래, (ii) 해당 사업연도 중에 특정인과의 해당 거래를 포함한 거래총액이 대통령령으로 정하는 규모 이상이 되는 경우에 해당하는 거래이다. 그러나 상장회사가 경영하는 업종에 따른 일상적인 거래로서 약관에 따라 정형화되거나 이사회에서 승인한 거래총액의 범위 내에서 이행하는 거래는 이사회의 승인을 받지 아니하고 할 수 있다(제542조의9 제5항). 즉 거래의 상대방은 최대주주와 그 특수관계인, 상장회사의 특수관계인이다. 특수관계인의 정의는 신용공여와 동일하지만, 그 기준이 **주요주주가 아니라 최대주주라는 점에서 차이**가 있다. 규제의 대상이 되는 거래의 규모는 시행령에서 정하는 기준 이상이어야 한다. 이 경우 상장회사는 이사회의 승인결의 후 처음으로 소집되는 정기주주총회에 해당 거래의 목적, 상대방, 그 밖에 대통령령으로 정하는 사항을 보고하여야 한다(제542조의9 제4항).

---

337) 대법원 2021.4.29. 선고 2017다261943 판결.

이때 **제398조의 자기거래와의 관계**를 보자. 제398조와 다른 점은 (i) 이사회결의가 제398조와는 달리 가중되어 있지 않다는 점, (ii) 거래의 제한을 받는 주체가 제398조에서는 이사와 주요주주 등이었으나, 여기서는 최대주주, 그의 특수관계인 및 그 상장회사의 특수관계인이어서 최대주주를 중심으로 하고 있다는 점이다. 만약 최대주주가 제398조에서 정하는 인적 적용범위의 대상이 된다면, 예를 들면 10% 이상의 주요주주 등에 해당한다고 하면, 제398조에 의한 적용을 받는 것으로 보아야 한다. 따라서 제398조의 적용범위를 벗어난 최대주주에 한하여서만 이 규정이 적용된다고 보아야 한다. 왜냐하면 제398조의 이사회결의 요건이 가중되어 있기 때문이다. 그리고 이사회결의가 없는 경우의 효력은 제398조에 준하여 상대적 무효로 본다.

V. 이사의 책임

1. 이사의 회사에 대한 손해배상책임

(1) 상법규정

상법은 민법상의 책임에 대한 특칙의 형태로 이사의 책임을 규정하고 있다. 이사가 고의 또는 과실로 법령 또는 정관에 위반한 행위를 하거나 그 임무를 해태한 때에는, 그 이사는 회사에 대하여 연대하여 손해배상책임을 지고(제399조 제1항), 그 행위가 이사회의 결의에 의한 것인 때에는 그 결의에 찬성한 이사도 책임을 지며(제399조 제2항), 결의에 참가한 이사로서 의사록에 이의를 한 기재가 없는 경우에는 그 결의에 찬성한 것으로 추정된다(제399조 제3항). 상법 제399조 제3항의 추정 조항은 제2항을 전제로 하면서, 이사의 책임을 추궁하는 자로서는 어떤 이사가 이사회 결의에 찬성하였는지를 알기 어려워 증명이 곤란한 경우가 있음을 고려하여, 증명책임을 이사에게 전가하는 규정이다.[338] 그러므로 판례는 이사가 **이사회에 출석하여 결의에 기권하였다고 의사록에 기재된 경우**에는 그 이사가 "이의를 한 기재가 의사록에 없는 자"라고 볼 수 없으므로, 이사회 결의에 찬성한 것으로 추정할 수 없고 제2항의 책임을 부담하지 않는다고 판시한다.[339] 상법 제399조 제3항은 찬성 여부에 관한 증명책임을 이사에게 전가시키는 동시에 동조 제2항을 전제로 한 규정으로 어디까지나 '이사회 결의에 찬성한 이사'에 대하여 책임을 묻고자 하는 것이기 때문에, 찬성하지 않고 기권한 이사에 대하여도 상법 제399조 제2항의 책임을 부담시키는 것은 입법된 범위를 넘어서서 이사의 책임을 확장하는 결과가 되기 때문에 판례의 태도가 타당하다.

---

338) 대법원 2019.5.16. 선고 2016다260455 판결.
339) 대법원 2019.5.16. 선고 2016다260455 판결.

(2) 책임의 성질

이사의 책임은 상법상의 특수한 책임이라는 소수설이 있으나, 위임계약의 불이행에 따른 채무불이행책임이라는 것이 통설·판례이다.[340] 따라서 위임계약 위반에 의한 손해배상책임과는 경합하지 않으나, 민법 제750조의 요건을 충족한다면 불법행위책임과 경합할 수 있다. 그리고 이는 과실책임이다. 2011년 개정법은 제399조에서 **"고의 또는 과실로"의 문구를 추가**하여 과실책임을 분명히 하였다.

1) 법령 또는 정관에 위반한 경우

과거 법령 또는 정관에 위반한 행위를 한 경우 이사책임의 법적 성질을 결과책임의 일종으로 보는 무과실책임설, 과실책임으로 보는 과실책임설, 명백히 과실을 전제로 한 책임원인을 제외하고는 무과실책임으로 보는 절충설이 있었다. 그런데 상법 제399조에 의한 이사의 책임은 민법의 과실책임의 원칙에 기초한 특칙규정이며, 무과실책임을 인정하기 위하여는 법상 명문규정이 있어야 하며, 이를 무과실책임으로 보게 되면 유능한 경영인을 확보할 수 없는 점 등을 근거로 **과실책임**으로 보는 것이 다수의 견해이었다. 이러한 배경에서 2011년 개정법은 "이사가 고의 또는 과실로 법령 또는 정관에 위반한 행위를 하거나"로 규정하여 과실책임을 명문화하고 있다(제399조 제1항). 그런데 이사가 법령 또는 정관에 위반하는 행위를 하면 **과실이 있는 것으로 추정**되므로, 이때 이사가 그의 책임을 면하려면 **이사가 무과실을 입증**하여야 한다고 본다. 법령위반에 대하여는 경영판단의 원칙이 적용되지 않는다.[341]

2) 임무해태

이사의 임무해태로 인한 회사에 대한 책임은 이사의 위임계약의 불이행에 의한 손해배상책임으로서 과실책임이다(통설). 법령위반의 경우와는 달리 이사의 임무해태로 인한 이러한 손해배상책임을 묻기 위하여는 **이를 주장하는 자**(회사 또는 제3자)**가 입증책임을 진다**(통설, 판례).[342]

① 이 책임의 법적 성질을 **상법상의 특수한 책임**으로 인정하게 되는 경우 이사의 책임을 주장하는 자가 이사의 과실에 관하여 입증책임을 진다고 하는 점에 대하여는 설명하기가 용이하다. 그런데 ② 위임계약의 불이행으로 인한 **채무불이행책임**으로 설명하는 통설·판례의 입장에 의하면, 임무해태 자체는 이사의 책임을 주장하는 자가 입증책임을 부담하지만, 과실이 없다는 점에 대하여는 이사가 입증책임을 진다고 함이 논리적일 수 있다. 그러나 경영판단의 원칙은 임무해태와 밀접한 연관이 있고, 이사가 단순히 경영판단을 잘못

---

340) 대법원 1985.6.25. 선고 84다카1954 판결; 대법원 2006.8.25. 선고 2004다24144 판결.
341) 대법원 2005.10.28. 선고 2003다69638 판결 등.
342) 대법원 1996.12.23. 선고 96다30465,30472 판결.

한 것만으로는 임무해태로 보지 않는다.[343]

이사회에 참석하지 않고 사후적으로 이사회의 결의를 추인하는 방식으로 실질적으로 이사의 임무를 전혀 수행하지 않았다면 그 자체로서 임무해태가 된다.[344] 주주와는 달리 이사가 이사회에 출석하는 것은 이사의 의무이며, 사외이사도 마찬가지이다.

(3) 책임의 감면

1) 책임의 소멸

① 적극적 책임면제

이사의 회사에 대한 책임은 총주주의 동의로 면제할 수 있다(제400조). 이때의 주주에는 의결권 없는 주주도 포함되는 것으로 보며, 따라서 이 책임은 1주의 주주라도 반대하면 그 책임을 면할 수 없어, 소규모 폐쇄회사를 제외하고는 실질적으로 면제를 인정하지 않는 것과 다름이 없다. 따라서 아무리 다수의 주주가 동의하더라도 총주주에 이르지 못한다면 면책은 불가능하다.[345]

그리고 제399조의 책임은 채무불이행책임으로 파악되므로 불법행위책임과 경합할 수도 있고, 총주주의 동의에 의한 책임의 면제는 본조의 책임에 국한되는 것이므로 이사의 불법행위로 인한 손해배상책임까지 면제되는 것은 아니다.[346] 따라서 **불법행위책임을 면제**하기 위하여는 일반적인 채무면제절차를 거쳐야 하는데 그 절차는 정관에 다른 정함이 없는 한 일반적으로 제393조 제1항에 의한 **이사회결의**가 된다고 해석할 수밖에 없다. 다만 그 균형이 맞지 않는 문제가 있다.

② 소극적 책임면제

정기주주총회에서 **재무제표 등을 승인한 후** 2년 내에 다른 결의가 없으면 이사의 부정행위를 제외하고 회사는 그 책임을 해제한 것으로 의제하고 있다(제450조). 책임해제의 예외사유인 부정행위란 회사에 대하여 악의 또는 중대한 과실로 가해행위를 한 경우뿐 아니라 불법행위 이외에 이사의 권한 내의 행위라 할지라도 당해 사정 하에서 이를 행함이 정당시될 수 없는 모든 경우를 의미한다.

또한 이 규정에 따라 해제되는 이사의 책임은 **재무제표 등에 그 책임사유가 기재되어**

---

343) 대법원 1996.12.23. 선고 96다30465,30472 판결(대표이사를 상대로 주식회사에 대한 임무 해태를 내세워 채무불이행으로 인한 손해배상책임을 물음에 있어서는 대표이사의 직무수행상의 채무는 미회수금 손해 등의 결과가 전혀 발생하지 않도록 하여야 할 결과채무가 아니라, 회사의 이익을 위하여 선량한 관리자로서의 주의의무를 가지고 필요하고 적절한 조치를 다해야 할 채무이므로 회사에게 대출금 중 미회수금 손해가 발생하였다는 결과만을 가지고 곧바로 채무불이행사실을 추정할 수는 없는 것이다).
344) 대법원 2008.12.11. 선고 2005다51471 판결.
345) 대법원 2004.12.10. 선고 2002다60467,60474 판결.
346) 대법원 1996.4.9. 선고 95다56316 판결(상법 제415조, 제400조에 의하여 총주주의 동의로 면제할 수 있는 감사의 회사에 대한 책임은 위임관계로 인한 채무불이행 책임이지 불법행위 책임이 아니므로, 사실상의 1인주주가 책임 면제의 의사표시를 하였더라도 감사의 회사에 대한 불법행위 책임은 면제할 수 없다). 대법원 1989.1.31. 선고 87누760 판결도 같은 취지이다.

584 제 2 편 주식회사

정기총회에서 승인을 얻은 사항에 한정된다.[347] 따라서 재무제표를 통하여 알 수 있는 사항이 아닌 경우라면 재무제표승인 후 2년이 경과하였다고 하여 그로 인한 이사의 손해배상책임이 해제되었다고 볼 수 없다. 재무제표 등에 책임사유가 기재되는 경우를 상정하기 어렵기 때문에 이를 통한 책임의 면제는 거의 없는 것으로 보겠다.

③ 시효소멸 및 지체책임 발생시점

이사의 회사에 대한 이러한 손해배상책임에 대하여 적극적 책임면제나 소극적 책임면제가 없으면, 일반채권과 같이 10년의 소멸시효기간의 경과로 소멸한다(통설, 판례).[348] 이사의 회사에 대한 손해배상채무는 채무불이행으로 인한 손해배상채무로서 이행 기한의 정함이 없는 채무이므로, 책임의 지체책임 발생시점은 특별한 사정이 없는 한 이행청구를 받은 때부터 지체책임을 진다.[349]

2) 법원 재량에 의한 책임의 제한

판례는 이사의 회사에 대한 책임에 있어 손익상계나 과실상계에 의하지 않고 손해부담의 공평이라는 손해배상제도의 이념에 비추어 법원이 손해배상액을 적절하게 제한할 수 있다고 보고 있다.[350] 법원 재량 따른 책임의 제한은 상법 제401조의 이사의 제3자에 대한 책임은 물론이고[351] 업무집행관여자의 책임도 감면한다.[352] 그러나 판례의 입장은 법적 근거가 없고, 책임제한에 관한 명확한 기준이 없으며, 민사사건에서 피해자의 손해배상청구권을 법원이 임의로 처분하는 결과가 되어 비판의 소지가 있으나, **현재도 대법원은 이러한 입장을 유지한다.**[353]

347) 대법원 2007.12.13. 선고 2007다60080 판결(상법 제450조에 따른 이사, 감사의 책임 해제는 재무제표 등에 그 책임사유가 기재되어 정기총회에서 승인을 얻은 경우에 한정된다). 대법원 2002.2.26. 선고 2001다76854 판결(상법 제450조에 따른 이사의 책임해제는 재무제표 등에 기재되어 정기총회에서 승인을 얻은 사항에 한정되는데, 상호신용금고의 대표이사가 충분한 담보를 확보하지 아니하고 동일인 대출 한도를 초과하여 대출한 것은 재무제표 등을 통하여 알 수 있는 사항이 아니므로, 상호신용금고의 정기총회에서 재무제표 등을 승인한 후 2년 내에 다른 결의가 없다고 하여 대표이사의 손해배상책임이 해제되었다고 볼 수 없다). 또한 대법원 2005.10.28. 선고 2003다69638 판결.
348) 대법원 1985.6.25. 선고 84다카1954 판결(주식회사의 이사 또는 감사의 회사에 대한 임무해태로 인한 손해배상책임은 일반불법행위 책임이 아니라 위임관계로 인한 채무불이행 책임이므로 그 소멸시효기간은 일반채무의 경우와 같이 10년이라고 보아야 한다).
349) 대법원 2021.5.7. 선고 2018다275888 판결; 대법원 2021.7.15. 선고 2018다298744 판결.
350) 대법원 2004.12.10. 선고 2002다60467,60474 판결(이사가 법령 또는 정관에 위반한 행위를 하거나 그 임무를 해태함으로써 회사에 대하여 손해를 배상할 책임이 있는 경우에 그 손해배상의 범위를 정함에 있어서는, 당해 사업의 내용과 성격, 당해 이사의 임무위반의 경위 및 임무위반행위의 태양, 회사의 손해 발생 및 확대에 관여된 객관적인 사정이나 그 정도, 평소 이사의 회사에 대한 공헌도, 임무위반행위로 인한 당해 이사의 이득 유무, 회사의 조직체계의 흠결 유무나 위험관리체제의 구축 여부 등 제반 사정을 참작하여 손해부담의 공평이라는 손해배상제도의 이념에 비추어 그 손해배상액을 제한할 수 있다 할 것이다). 대법원 2008.12.11. 선고 2006다5550 판결과 대법원 2007.11.30. 선고 2006다19603 판결; 대법원 2010.1.14. 선고 2009다87768 판결.
351) 서울고등법원 2006.10.25. 선고 2005나68396 판결. 이 쟁점은 상고되지 않았고 대법원에서는 판단하지 않은 채 확정되었다(대법원 2008.2.14. 선고 2006다82601 판결).
352) 대법원 2011.6.10. 선고 2011다6120 판결.
353) 대법원 2023.3.30. 선고 2019다280481 판결.

3) 정관의 규정에 의한 책임의 제한

① 의 의

2011년 **개정법**은 이사의 책임을 그 보수를 기준으로 하여 일정한 금액으로 제한하고 있다(제400조 제2항). 이는 경영상의 과실로 인한 손해배상책임이 거액이어서 이사가 과중한 부담을 우려하여 소극적인 태도를 취할 수 있어, 그 책임을 제한함으로써 이사로 하여금 공격적이고 모험적인 경영을 하도록 장려하기 위한 것이다. 상법 제400조 제1항은 이사의 책임을 총주주의 동의로만 면제할 수 있도록 하고 있어 주주 1명이라도 반대하면 그 책임을 면제할 수 없으므로 실질적으로 면제를 인정하지 않는 것과 다름이 없고, 이러한 과도한 책임부담은 전문경영인의 적극적인 기업경영을 어렵게 하는 요인으로 작용하므로 이를 보완할 실질적인 책임감면제도의 필요성에 따른 것이다.

② 적용요건

(i) 정관의 규정과 결정

이사의 책임을 제한하기 위하여는 정관에 근거 규정이 있어야만 한다(제400조 제2항). 제400조 제2항은 이사의 책임에 대하여 총주주의 동의에 의한 면제 외에 정관에서 정하는 바에 따라 일부를 감경하는 경우를 추가하고 있는바, 이사의 회사에 대한 배상책임 중 연봉의 6배(사외이사의 경우는 3배)를 초과하는 부분에 대해서는 면제할 수 있다.

정관에 근거 규정이 있다면, 이사의 책임을 위의 범위 이내로 일부 면제하는 결정은 어떤 절차에 의하는가? 상법에 규정이 없어 해석에 의할 수밖에 없다. 이사회결의로는 할 수 없고 제374조에 준하여 **주주총회 특별결의**에 의하도록 하여야 한다는 견해도 있으나, 정관상 근거를 둔다면 주주총회나 이사회 결의에 의할 수 있도록 정할 수 있다고 본다.

(ii) 적용제외

그러나 이사의 **고의 · 중과실로 인한 경우와 경업금지**(제397조), **이사의 기회유용금지**(제397조의2), **자기거래금지**(제398조)**를 위반한 경우에는 제한하지 못하도록 하였다.** 이익충돌의 경우 이사회 승인의 유무에 관계없이 이사의 경업, 기회이용, 자기거래로 인해 회사가 손해를 입은 경우에는 이사의 책임을 경감할 수 없는 것이다. 경업과 기회이용, 자기거래 등으로 인하여 이사가 이익을 얻은 경우라면 그 배상책임을 경감할 이유가 없기 때문이다.

(iii) 책임의 한도

이사의 책임을 이사가 그 행위를 한 날 이전 최근 1년간의 보수액(상여금과 주식매수선택권의 행사로 인한 이익 등을 포함한다)의 6배(사외이사의 경우는 3배)를 초과하는 금액에 대하여 면제할 수 있다(제400조 제2항 본문). 상법은 1년간의 보수에는 상여금과 주식매수선택권의 행사로 인한 이익 등도 포함된다고 규정한다(제400조 제2항). 상여금 이외에도 보수의 일종으로 파악되는 퇴직금 및 퇴직위로금도 이에 포함될 것이다. 주식매수선택권은 성과급의 실질을 가지므로 보수에 포함시킨 것이다.

③ 법원 재량에 의한 책임 제한과의 관계

정관규정에 의한 책임 제한이 가능한 현재도 판례는 법원 재량에 의한 책임의 제한을 허용하고 있고,[354] 따라서 정관상 규정이 없는 경우 법원 재량에 의한 책임제한이 될 가능성은 있다. 하지만 정관상 책임제한에 의하여 책임이 제한된 경우에 법원이 다시 재량으로 책임을 제한할 수는 없다고 본다.[355] 또한 정관상 규정에 의한 책임의 제한이 이사회나 주주총회에서 부결되었다면 법원이 재량으로 그 책임을 제할 수는 없다고 본다.[356]

2. 회사에 대한 자본충실책임

(1) 책임의 원인

신주발행시 이사는 회사설립의 경우와 같이 자본충실책임을 진다. 신주발행의 경우 이로 인한 변경등기가 있은 후에 아직 인수하지 않은 주식이 있거나 주식인수의 청약이 취소된 때에는 이사가 이를 공동으로 인수한 것으로 보며(제428조 제1항), 이와 같이 인수가 의제된 주식에 대하여는 납입할 책임을 진다(제333조 제1항). 이사의 자본충실책임은 회사설립시의 발기인의 자본충실책임과는 달리, 인수담보책임만 있고 납입담보책임은 없다. 신주발행시에는 인수인이 납입을 해태하면 인수인으로서의 지위가 당연 실권되므로(제423조 제2항), 인수의 효력만이 유지되면서 납입만을 담보하여야 할 경우가 발생하지 않기 때문이다.

(2) 책임의 성질

무과실책임이고 총주주의 동의로도 면제할 수 없다. 이 책임은 손해배상책임과는 다른 것으로 이사의 임무해태로 회사에게 손해가 발생한 경우에는 이사는 회사에 대하여 자본충실의 책임을 부담하는 것과는 별도로 손해배상책임을 부담한다(제428조 제2항).

3. 제3자에 대한 손해배상책임

(1) 의 의

이사가 개인적으로 직접 제3자에 대하여 책임을 지는 경우는 민법상 불법행위책임 이외에는 없다. 그러나 상법은 그 예외로 제3자를 보호하고 또 이사의 직무집행을 신중하게 하도록 하기 위하여 이사가 고의 또는 중대한 과실로 인하여 그 임무를 해태한 때에는 그 이사는 제3자에 대하여 손해배상을 하도록 규정하고 있다(제401조 제1항). 즉 **이사가 회사**

---

354) 대법원 2023.3.30. 선고 2019다280481 판결.
355) 김건식 · 노혁준 · 천경훈, 497면.
356) 김건식 · 노혁준 · 천경훈, 497면.

에 대하여 임무해태를 하였는데도 결과적으로 그 손해를 제3자가 입은 경우 제3자에 대하여 책임을 지도록 한 것이다. 다만 경과실을 배제하고 있다. 이러한 이사의 제3자에 대한 책임을 규정한 상법 제401조는 주주가 동시에 이사인 주식회사에서는 법인격부인론의 대체적 기능을 수행할 수도 있다.

(2) 법적 성질

이사의 제3자에 대한 책임의 법적 성질에 대하여는 크게 제3자를 보호하기 위하여 상법이 인정한 특수한 책임이라고 보는 법정책임설과, 민법상 불법행위책임의 성질을 가지는 것이나 경과실이 제외되고 위법행위를 요건으로 하지 않는 점에서 특수한 불법행위라고 하는 불법행위책임설이 있다.

① **불법행위책임설**은 제401조는 불법행위책임으로서의 성격을 가지지만 다만 경과실을 배제하고 있는 점에서 특수한 불법행위라는 것이다. 이사가 업무를 처리하는 과정에서 제3자에게 손해를 가할 기회가 많은데 이 경우 일반불법행위의 요건에 따라 이사에게 책임을 부과하는 것은 가혹하기 때문에 경과실만 있는 경우는 책임을 묻지 않는다. 민법상 불법행위책임과 경합이 인정되지 않고, 소멸시효기간은 민법 제766조에 의한다는 견해이나 현재는 주장하는 학자를 찾기 어렵다. ② **법정책임설**은 이사는 제3자에 대한 관계에서 직접적인 법률관계를 갖지 않으므로 이사가 회사의 직무집행에 관하여 임무를 해태하고 이로 인하여 제3자에게 손해를 가하였다고 하더라도 이는 회사의 업무집행기관의 행위로서 회사가 책임을 져야 하지만, 회사가 손해배상을 할 수 없는 경우에는 제3자를 특별히 보호하기 위하여 상법이 특수하게 인정한 책임이라고 이해한다. 이 설에 의하면 이사의 제3자에 대한 책임요건과 민법상의 불법행위책임요건이 다르므로 양자의 경합이 인정된다. 이사의 임무해태가 불법행위의 요건을 갖춘 경우에는 이사의 불법행위책임과의 경합을 인정하고, 소멸시효기간은 일반채권과 같이 10년이 된다. 상법 제401조의 입법취지가 이사의 책임을 강화하고 제3자를 보호하고자 하는 데에 있는 점에서 볼 때, 법정책임설이 타당하다고 본다. **통설·판례는 법정책임설**을 취한다.[357]

(3) 책임발생의 요건

이사의 **고의 또는 중대한 과실로 인한 임무해태**가 있어야 한다. 여기서의 임무는 제3자에 대한 임무가 아니라 회사의 임무를 말하고 판례는 "고의 또는 중대한 과실로 인한 임무 해태행위라 함은 이사의 직무상 충실 및 선관의무위반의 행위로서 위법한 사정이 있

---

357) 대법원 2006.12.22. 선고 2004다63354 판결(상법 제401조에 기한 이사의 제3자에 대한 손해배상책임이 제3자를 보호하기 위하여 상법이 인정하는 특수한 책임이라는 점을 감안할 때, 일반 불법행위책임의 단기소멸시효를 규정한 민법 제766조 제1항은 적용될 여지가 없고, 일반 채권으로서 민법 제162조 제1항에 따라 그 소멸시효기간은 10년이다). 대법원 1985.11.12. 선고 84다카2490 판결.

어야 하고"라 한다.358) 임무해태를 판단함에 있어서는 경영판단원칙이 적용되고 고의 또는 중과실에 의한 임무해태에 대한 입증책임은 제3자가 부담한다. 결과적으로 이사가 회사에 대하여 책임을 지는 경우 채권자에게도 결과적으로 손해가 발생하였다면, 경과실이 아니라면 제3자에 대한 책임이 성립한다.

판례에 나타난 것들을 보면 (i) 대표이사가 이사로서의 업무 일체를 다른 이사 등에게 위임하고 **대표이사로서의 직무를 전혀 수행하지 않았던 경우**도 임무해태가 있는 것으로 본다.359) (ii) 다른 이사의 업무집행이 위법하다고 의심할만한 사유가 있음에도 중대한 과실로 이를 방치한 경우,360) **대표이사가 감시의무를 위반한 경우** 제401조에 의하여 제3자에 대한 책임을 부담한다고 하였다. (iii) 그런데 회사의 채무를 이행하지 않는 경우, **단순한 채무불이행**은 회사에 대한 임무해태가 아니라고 보아 제401조의 책임을 부정한다.361) (iv) 그러나 단순한 채무불이행이 아니라 회사가 제3자에 대하여 사기 또는 배임이 될 수 있는 정도에 이른다면 회사로 하여금 이렇게 위법한 행위를 하도록 한 것은 회사에 대한 임무해태로 볼 수 있으므로 제401조의 책임이 성립한다고 본다. 이러한 취지에서 판례는 회사가 처음부터 매수대금을 지급할 의사가 없으면서 거래상대방을 속이고 거래를 하게 되었다면 제401조가 적용될 여지가 있다고 하였다.362)

(4) 제3자의 범위

1) 직접손해를 입은 주주

제3자에 주주가 포함되는가에 대하여 **주주도 제3자에 포함**시킨다(통설). 만약 주주를 제3자의 범위에 포함시키지 않으면 주주는 대표소송(제403조 이하)의 요건이 구비된 경우에 한하여만 그 권리를 주장할 수 있고 일정한 경우에는 담보를 제공하여야 하나, 주주를 제3자에 포함시키면 이러한 요건이나 제한 없이 이사에 대하여 청구할 수 있다는 점에서 차이가 있으므로 주주를 제3자에 포함시킬 실익이 있다.

2) 간접손해를 입은 주주

다만 간접손해를 입은 주주를 포함시키는가가 쟁점이다. 주주의 간접손해란, 회사가 손

---

358) 대법원 1985.11.12. 선고 84다카2490 판결.

359) 대법원 2003.4.11. 선고 2002다70044 판결(상법 제401조 제1항에 규정된 주식회사의 이사의 제3자에 대한 손해배상책임은 이사가 악의 또는 중대한 과실로 인하여 그 임무를 해태한 것을 요건으로 하는 것이어서 단순히 통상의 거래행위로 인하여 부담하는 회사의 채무를 이행하지 않는 것만으로는 악의 또는 중대한 과실로 그 임무를 해태한 것이라고 할 수 없지만, 이사의 직무상 충실 및 선관의무 위반의 행위로서 위법성이 있는 경우에는 악의 또는 중대한 과실로 그 임무를 해태한 경우에 해당한다 할 것이고, 대표이사가 대표이사로서의 업무 일체를 다른 이사 등에게 위임하고, 대표이사로서의 직무를 전혀 집행하지 않는 것은 그 자체가 이사의 직무상 충실 및 선관의무를 위반하는 행위에 해당한다 할 것이다).

360) 대법원 2008.9.11. 선고 2006다68636 판결.

361) 대법원 2006.8.25. 선고 2004다26119 판결.

362) 대법원 2002.3.29. 선고 2000다47316 판결.

해를 입음으로써 주주가 간접손해를 입은 경우이다. 예컨대 이사가 회사재산을 횡령한 결과 회사의 순자산이 감소하여 애당초 존재하였던 배당가능이익이 소멸함으로써 주주가 이익을 배당받지 못하는 경우, 또는 회사에 대한 평가가 나빠져서 주가가 폭락한 경우 등이다. 이러한 간접손해를 입은 주주도 제401조의 제3자에 포함되는지 여부에 관하여 견해가 대립된다. ① **제외설**로서 주주가 직접손해를 입은 경우에는 제3자의 범위에 포함되나, 간접손해를 입은 경우에는 제3자의 범위에 포함되지 않는다고 보는 견해이다. ② **포함설**로서 주주는 언제나 제3자의 범위에 포함된다고 보는 견해이다. 대표소송은 소수주주권으로 되어 있고 담보제공 등의 요건이 있어 사실상 주주의 보호에 충분하지 않으므로 주주의 간접손해에 대하여도 제401조가 적용되어야 한다는 것이다(통설). ③ **판례는 제외설**이다.[363] 주주가 입은 간접손해에 대하여는 주주는 이사에 대하여 자기에게 직접 손해배상할 것을 청구할 수는 없고 회사에게 손해배상을 할 것을 청구할 수 있을 뿐이다.[364]

　여기서의 논의에는 이사가 선관의무를 부담하는 대상에 회사 이외에도 주주가 포함되는지 여부가 근저에 있는 쟁점이다. 우리의 경우 회사만이 이사 의무의 대상이 된다고 보고, 이에 의하는 경우 주주의 간접손해는 제외된다는 제외설이 논리적으로는 일관성이 있다. 그러나 판례가 취하는 제외설은 다음과 같은 문제점들도 있다. (i) 첫째, 판례의 입장에 의하면 주주가 대표소송의 요건을 갖추지 못하고 회사도 대표이사와의 관계로 손해배상을 청구하지 않는 경우라면, 대표이사의 악의적 횡령으로 주가가 하락하여 주주가 손해를 입은 경우라 하더라도 이사는 상법상 아무런 책임도 지지 않게 되는 불합리한 점이 발생할 수 있다. (ii) 둘째, 직접손해와 간접손해의 구별이 상대적인 것이고 모호하여 분명하지 않다는 점이다.

　그런데 대법원은 회사재산을 이미 횡령한 이사가 부실공시를 하였고, 그 당시에는 재무구조의 악화 사실이 증권시장에 알려지지 아니하여 주식매수인이 그러한 사실을 알지 못한 채 주식을 취득하였다가 그 후 주가가 하락한 사건에서 유의미한 판결을 하였다.[365] 판례는 이것은 주주의 직접손해에 해당한다고 보아, 주주가 이사에 대하여 상법 제401조

---

363) 대법원 2012.12.13. 선고 2010다77743 판결; 대법원 2003.10.24. 선고 2003다29661 판결(주식회사의 주주가 이사의 악의 또는 중대한 과실로 인한 임무해태행위로 직접 손해를 입은 경우에는 이사에 대하여 상법 제401조에 의하여 손해배상을 청구할 수 있으나, 이사가 회사재산을 횡령하여 회사재산이 감소함으로써 회사가 손해를 입고 결과적으로 주주의 경제적 이익이 침해되는 손해와 같은 간접적인 손해는 상법 제401조 제1항에서 말하는 손해의 개념에 포함되지 아니하므로 이에 대하여는 위 법조항에 의한 손해배상을 청구할 수 없다); 대법원 1993.1.26. 선고 91다36093 판결(주식회사의 주주가 대표이사의 악의 또는 중대한 과실로 인한 임무해태행위로 직접 손해를 입은 경우에는 이사와 회사에 대하여 상법 제401조, 제389조 제3항, 제210조에 의하여 손해배상을 청구할 수 있으나, 대표이사가 회사재산을 횡령하여 회사재산이 감소함으로써 회사가 손해를 입고 결과적으로 주주의 경제적 이익이 침해되는 손해와 같은 간접적인 손해는 상법 제401조 제1항에서 말하는 손해의 개념에 포함되지 아니하므로 이에 대하여는 위 법조항에 의한 손해배상을 청구할 수 없고, 이와 같은 법리는 주주가 중소기업창업지원법상의 중소기업창업투자회사라고 하여도 다를 바 없다).

364) 대법원 1993.1.26. 선고 91다36093 판결.

365) 대법원 2012.12.13. 선고 2010다77743 판결.

제1항에 의하여 손해배상을 청구할 수 있다고 하였다. 판례가 여전히 주주의 간접손해를 포함시키지는 않고 있으나, **허위공시한 이후 주식을 취득한 주주들이 주가하락으로 인하여 손해를 입은 경우 그 손해는 직접손해에 해당**한다고 함으로써 직접손해의 범위를 확장시켰다고 볼 수 있겠다.

(5) 대표이사, 이사, 피용자의 제3자에 대한 책임

① **대표이사**가 회사의 업무집행으로 인하여 제3자에게 손해를 가한 경우, 대표이사 개인은 제3자에 대하여 제389조 제3항(제210조 준용)과 제401조 및 민법 제750조에 의한 손해배상책임을 부담한다.366) 제210조에 의하여 회사와 대표이사가 연대책임을 지는 경우는 **'업무집행으로 인한'** 것이어야 하는데, 그 의미는 업무집행 그 자체는 아니어도 행위의 외형상 대표기관의 직무에 속하는 행위와 상당히 관련된 것으로 사회통념상 회사의 목적을 달성하기 위하여 행하는 것이라고 인정되는 행위를 포함하며, 회사가 정관에 정한 목적범위에 제한되지 않고 행위자인 대표기관의 주관적 의사나 그 행위의 적법성 여부를 묻지 않는다.367) 다만, 이 경우에도 대표이사의 행위가 업무 또는 직무권한에 속하지 아니함을 상대방이 알았거나 중대한 과실로 알지 못한 때에는 손해배상책임을 부담하지 아니한다.368)

이때 주식회사와 대표이사는 연대하여 배상책임을 부담한다(제210조). 따라서 회사 및 대표이사 이외의 다른 공동불법행위자 중 한 사람이 자신의 부담부분 이상을 변제하여 공동의 면책을 얻게 한 후 구상권을 행사하는 경우에 그 주식회사 및 대표이사는 구상권자에 대한 관계에서는 **하나의 책임주체로 평가**되어(제210조) 각자 구상금액의 전부에 대하여 책임을 부담하여야 한다. 따라서 공동면책을 얻은 다른 공동불법행위자가 공동대표이사 중 한 사람을 상대로 구상권을 행사하는 경우 그 공동대표이사는 주식회사가 원래 부담하는 책임부분 전체에 관하여 구상에 응하여야 하고, 주식회사와 공동대표이사들 사이 또는 각 공동대표이사 사이의 내부적인 부담비율을 내세워 구상권자에게 대항할 수는 없다.369)

② **이사**는 개인적으로 제3자에게 제401조 및 민법 제750조에 의한 손해배상책임을 부담한다.

③ **피용자**는 제3자에게 민법 제750조에 의한 손해배상책임을 부담한다. 그런데 피용자의 불법행위에 대하여는 **회사**가 민법 제756조에 의한 사용자배상책임을 부담할 수 있다.

---

366) 대법원 2013.4.11. 선고 2012다116307 판결(주식회사의 대표이사가 업무집행을 하면서 고의 또는 과실에 의한 위법행위로 타인에게 손해를 가한 경우 주식회사는 상법 제389조 제3항, 제210조에 의하여 제3자에게 손해배상책임을 부담하게 되고, 그 대표이사도 민법 제750조 또는 상법 제389조 제3항, 제210조에 의하여 주식회사와 공동불법행위책임을 부담하게 된다); 대법원 2007.5.31. 선고 2005다55473 판결; 대법원 1980.1.15. 선고 79다1230 판결.
367) 대법원 2022.5.12. 선고 2020다255375, 2020다255382 판결; 대법원 2012.3.29. 선고 2011다83189 판결; 대법원 2018.9.13. 선고 2018다241403 판결 등.
368) 대법원 2022.5.12. 선고 2020다255375, 2020다255382 판결; 대법원 2005.2.25. 선고 2003다67007 판결.
369) 대법원 2007.5.31. 선고 2005다55473 판결.

민법 제756조에 규정된 사용자책임의 요건인 '사무집행에 관하여'라는 뜻은 피용자의 불법행위가 외형상 객관적으로 사용자의 사업활동 내지 사무집행 행위 또는 그와 관련된 것으로 보일 때에는 행위자의 주관적 사정을 고려함이 없이 이를 사무집행에 관한 행위로 본다는 것이고, 외형상 객관적으로 사용자의 사무집행에 관련된 것인지 여부는 피용자의 본래 직무와 불법행위와의 관련 정도 및 사용자에게 손해발생에 대한 위험 창출과 방지조치 결여의 책임이 어느 정도 있는지를 고려하여 판단한다.[370] 그러나 외형상 사무집행의 범위 내에 속하는 것으로 보이는 경우에도, 피용자의 행위가 사용자의 **사무집행행위에 해당하지 않음을 피해자 자신이 알았거나 또는 중대한 과실로 알지 못한 경우**에는 회사에 대하여 사용자책임을 물을 수 없다.[371]

(6) 책임의 부담자

악의 또는 중과실로 임무를 해태한 이사이다. 그러한 결의에 찬성한 이사도 책임지며 **의사록에 이의를 제기한 기재가 없는 경우에는 그 결의에 찬성한 것으로 추정**한다(제399조 제3항). 이 규정은 어떤 이사가 이사회 결의에 찬성하였는지를 알기 어려워 증명이 곤란한 경우가 있음을 고려하여 증명책임을 이사에게 전가하는 규정이다. 따라서 이사가 이사회에 출석하여 결의에 기권하였다고 의사록에 기재된 경우에 그 이사는 "이의를 한 기재가 의사록에 없는 자"라고 볼 수 없으므로, 상법 제399조 제3항에 따라 이사회 결의에 찬성한 것으로 추정할 수 없고, 따라서 같은 조 제2항의 책임을 부담하지 않는다.[372] 그리고 다음에서 살펴볼 업무집행지시자 등도 동일하게 책임을 부담한다(제401조의2). 제3자에 대한 책임을 주주가 면제하는 것은 가능하지 않으므로 책임의 감면에 관한 제400조가 적용되지 않는다.

(7) 소멸시효

통설은 법정책임으로 파악하므로, 일반채권과 같이 10년의 소멸시효에 걸린다. 판례도 이사의 제3자에 대한 손해배상책임이 제3자를 보호하기 위하여 상법이 인정하는 특수한 책임이라 하면서, 불법행위책임의 소멸시효를 규정한 민법 제766조 제1항은 적용될 여지가 없고, 일반 채권으로서 민법 제162조 제1항에 따라 그 소멸시효기간은 10년이라고 한다.[373]

---

370) 대법원 1988.11.22. 선고 86다카1923 판결; 대법원 1998.2.10. 선고 95다39533 판결 등.
371) 대법원 2007.4.12. 선고 2006다11562 판결.
372) 대법원 2019.5.16. 선고 2016다260455 판결.
373) 대법원 2008.2.14. 선고 2006다82601 판결; 대법원 2006.12.22. 선고 2004다63354 판결.

Ⅵ. 업무집행지시자 등의 책임

1. 의   의

상법 제401조의2는 회사에 대한 영향력을 이용하여 이사에게 업무집행을 지시하거나 경영권을 사실상 행사하는 지배주주 등을 이사로 보아 이러한 자도 이사와 동일한 책임을 부담하도록 한다. 지배주주는 회사의 경영이나 이사선임 등에 있어 절대적인 영향력을 미침에도 불구하고, 상법상 의미에서의 이사가 아닌 경우가 많다. 그런데 회사의 경영권을 사실상 행사하면서도 상법상 이사의 지위에 있지 않은 자에 대하여는 이사의 책임에 관한 규정이 적용되지 않는다. 이와 같이 지배주주에 의하여 회사운영이 왜곡되는 것을 방지하고자, 회사의 이사가 아닌 지배주주는 이사가 아니더라도 일정한 의무를 부과하고 이를 위반하는 경우 이사와 동일한 책임을 지도록 한 것이다.

세 가지의 유형이 있다. 업무집행지시자, 무권대행자, 표현이사가 그것이다(제401조의2 제1항).

2. 업무집행지시자

(1) 의   의

업무집행지시자란 회사에 대한 자신의 영향력을 이용하여 이사에게 업무집행을 지시한 자를 말한다(제401조의2 제1항 제1호). 업무집행지시자는 법률상의 이사가 아니어야 한다. 여기서 이사에게 업무집행을 지시한 자는 자연인뿐 아니라 법인인 지배회사도 포함된다고 본다.[374]

(2) 성립요건

업무집행지시자에 대한 책임은 회사에 대한 자신의 **영향력의 이용**과 이사에 대한 **업무집행지시**라는 두 가지 요건이 충족되어야만 가능하다.

① 회사에 대한 자신의 영향력의 이용

해석상 문제가 되는 것은 영향력의 개념이다. 업무집행지시자의 범위에 대하여 주주 외의 금융기관·노동조합·도급업체뿐만 아니라 공법적 또는 정치적으로 우월한 힘을 가진

---

[374] 대법원 2006.8.25. 선고 2004다26119 판결(제401조의2 제1항 제1호의 '회사에 대한 자신의 영향력을 이용하여 이사에게 업무집행을 지시한 자'에는 자연인뿐만 아니라 법인인 지배회사도 포함되나, 나아가 상법 제401조의 제3자에 대한 책임에서 요구되는 '고의 또는 중대한 과실로 인한 임무해태행위'는 회사의 기관으로서 인정되는 직무상 충실 및 선관의무 위반의 행위로서 위법한 사정이 있어야 하므로, 통상의 거래행위로 부담하는 회사의 채무를 이행할 능력이 있었음에도 단순히 그 이행을 지체하여 상대방에게 손해를 끼치는 사실만으로는 임무를 해태한 위법한 경우라고 할 수 없다).

소비자단체·국회의원에게까지 확대하여 넓게 보는 견해가 있을 수 있으나, 업무집행지시자의 범위를 지나치게 확대할 경우 제도를 남용할 우려가 있으므로 좁게 보는 견해가 타당하다. 동조의 입법취지가 상법상의 이사가 아닌 지배주주를 대상으로 한 것이므로 이에 한정하는 것이 타당하고,[375] 따라서 영향력의 의미를 '**지배주주 등이 회사의 의사결정을 자신이 의도하는 바대로 유도하는 사실상의 힘**'이라고 정의할 수 있겠다.[376]

그리고 업무집행지시자가 자신의 영향력을 회사에 대하여 행사하는 방법으로는 지배주식을 통한 영향력행사방법, 지배계약을 체결하는 방법, 공급계약·특허계약·신용계약 등에 의한 경제적 우월적 지위에 기한 영향력행사방법이 있으나, 주로 첫 번째의 것만 문제된다.[377]

② 이사에 대한 업무집행의 지시

업무집행지시자로서 책임을 지우기 위해서는 회사에 대하여 영향력이 있는 자가 이사에 대한 업무집행의 지시를 하여야 한다. 지시를 받은 자의 범위에 대하여 법문에는 이사로 규정하고 있으나, 본 규정의 취지가 배후에서 영향력을 가진 자가 이사에 대하여 업무집행을 지시하는 경우 그에 상응하는 책임을 지우고자 하는 것이므로 현실적으로 대표이사·이사에 대한 지시자뿐만 아니라 지휘체계상 이사의 하부기관인 부장·과장 등 상업사용인에 대한 지시자도 책임주체에 포함시켜야 할 것이다. 여기에서의 **지시행위는 이사나 상업사용인 등에 대하여 구속력을 가질 정도의 영향력을 행사하는 것을 말하며, 적극적으로 행해져야 한다.** 따라서 단순한 자문이나 조언, 참고자료를 제공하고 그것에 따를지 여부를 판단하는 것이 전적으로 지시받은 자에게 주어진 경우는 지시행위가 없다고 보아야 한다.

지시받은 이사의 업무집행의 범위는 회사의 목적을 달성하기 위하여 직접 또는 간접으로 관련되는 모든 업무처리로서 법률행위뿐만 아니라 사실행위도 포함된다는데 이론이 없지만, 영업의 조직 자체를 변경하는 행위인 정관의 변경, 영업의 양도, 해산, 합병, 조직변경 등이 업무집행 범위에 속하느냐 여부에 대하여 견해가 나누어져 있다. 여기서의 업무는 이사가 갖는 업무집행권한의 범위에 속하여 이사가 독립적으로 수행할 수 있는 회사의 영업과 관련된 행위를 의미하는데 이들 행위는 주주총회의 결의에 의하여 이루어지는 것이지 이사가 독자적으로 수행할 수 있는 업무집행권의 범위에 속하는 것은 아니라고 할 수도 있으나, 업무집행에 대해 회사 또는 제3자의 이해에 영향을 미치는 영업상 또는 영업외의 모든 경영활동을 가리키는 것으로 영업의 조직자체를 변경하는 행위를 업무집행의 범위에 속한다고 보아야 한다.

375) 정찬형, 999면; 정동윤, 648면; 최기원, 708면.
376) 정찬형, 989면.
377) **지배주식을 보유하는 방법**은 1인주주나 지배주주의 지위를 이용하여, 즉 회사업무집행기관의 선임 및 해임권을 가지고 있음을 이용하여 선임된 이사로 구성된 이사회를 통해 회사의 경영정책의 결정에 영향력을 행사할 수 있다는 점에서 안정적이고 확실한 영향력 행사수단이라고 할 수 있다.

3. 무권대행자

제401조의2 제1항 제2호에서 무권대행자란 **회사의 실질적 소유자가 회사에 대한 영향력을 이용하여** 이사에게 일정한 업무의 집행을 지시하는데 그치지 않고, **자신이 직접 이사의 이름으로 회사의 업무를 집행하는 자**를 가리킨다. 예컨대 회사의 지배주주가 보관 중인 명목상 이사의 인감을 사용하여 업무집행을 하는 경우가 이에 해당한다. 무권대행자가 업무집행지시자와 다른 점은 업무집행지시자의 경우 이사 또는 사용인에 대한 지시를 통하여 회사의 업무에 관여하고 있지만, 무권대행자의 경우는 본인이 직접 업무를 집행한다는 점이다. 그리고 무권대행자가 표현이사와 같은 점은 이사가 아닌 자가 이사의 명의 또는 이사로 인정될 만한 명칭을 사용하여 직접 업무집행을 하는 점이고, 다른 점은 무권대행자는 행위자와 명의자가 일치하지 않으나, 표현이사는 행위자와 명의자가 일치한다는 점이다.

법문에는 영향력의 행사를 요건으로 하지 않으나 제1호의 업무집행지시자의 요건을 구비하는 자가 이사에게 지시하는 대신에 **자신의 영향력을 이용**하여 이사의 이름으로 직접 업무를 집행한 경우를 뜻하는 것으로 보는 견해가 통설·판례이다.[378) 따라서 **무권대행자는 지배주주가 될 것이다.**

4. 표현이사

(1) 의 의

상법 제401조의2 제1항 제3호는 이사가 아니면서 명예회장·사장·부사장·전무·상무·이사·기타 회사의 업무를 집행할 권한이 있는 것으로 인정될 만한 명칭을 사용하여 회사의 업무를 집행한 때에는 그 집행한 업무에 관하여 이사와 같은 책임을 지우고 있다. 그런데 2011년 개정법에서는 집행임원제도를 두면서 이사의 지위를 부여하고 있어, 집행임원제도와 표현이사제도는 중첩되는 면이 있다.

(2) 요 건

① 표현이사는 여기에 예시된 명칭을 사용하는 자 외에도 지배주주의 지시에 의하여

---

378) 대법원 2009.11.26. 선고 2009다39240 판결(상법 제399조·제401조·제403조의 적용에 있어 이사로 의제되는 자에 관하여, 상법 제401조의2 제1항 제1호는 '회사에 대한 자신의 영향력을 이용하여 이사에게 업무집행을 지시한 자', 제2호는 '이사의 이름으로 직접 업무를 집행한 자', 제3호는 '이사가 아니면서 명예회장·회장·사장·부사장·전무·상무·이사 기타 업무를 집행할 권한이 있는 것으로 인정될 만한 명칭을 사용하여 회사의 업무를 집행한 자'라고 규정하고 있는바, 제1호 및 제2호는 회사에 대해 영향력을 가진 자를 전제로 하고 있으나, 제3호는 직명 자체에 업무집행권이 표상되어 있기 때문에 그에 더하여 회사에 대해 영향력을 가진 자일 것까지 요건으로 하고 있는 것은 아니다).

또는 자발적으로 회사의 경영에 관여하고 있는 자, 예컨대 비서실장·기획조정실장 및 임원, 이사는 아니면서 회사의 업무를 집행할 권한이 있는 것으로 인정될 만한 명칭을 사용하는 자로서 등기를 하지 않은 임원 등이 여기에 포함된다. ② 표현이사는 **그 명칭 자체에 업무집행권이 드러나 있기 때문에** 여기에 더하여 제1호, 제2호에서의 '**사실상 영향력**'이 **요구되지 않는다**(판례).[379] ③ 표현이사는 그 명칭에 대하여 책임을 부과하는 것이므로, 이사와 동등한 권한이 있어야 하는 것은 아니다.

(3) 표현대표이사와의 비교

상법 제395조의 표현대표이사의 행위에 관한 규정과 상법 제401조의2 제1항 제3호는 유사한 형식으로 되어 있으나 그 본질과 요건·효과는 다르다.

① 상법 제395조(전자)는 회사의 선의의 제3자에 대한 외관책임에 관한 규정으로서 대외적인 행위의 유효성에 관한 규정이다. 이에 반하여 제401조의2 제1항 제3호(후자)는 표현이사의 제3자에 대한 책임뿐 아니라 회사에 대한 책임을 법정한 것으로서 귀책근거에 관한 규정이라 할 수 있다. 즉 입법취지가 전자는 **회사대표의 외관을 신뢰한 자를 보호하기 위한 것**이나, 후자는 **표현이사 자신의 책임을 규정한 것**이다. ② 따라서 **책임의 주체**도 전자는 회사이나 후자는 표현이사 자신이다. ③ **명칭사용에 대한 회사의 귀책사유에** 있어서도 전자는 이를 요건으로 하나, 후자는 요건으로 하지 않는다. ④ **제3자의 신뢰**도 전자는 요건으로 하나, 후자는 요건으로 하지 않는다. ⑤ **대표소송에 의한 책임추궁**도 전자는 가능하지 않고, 후자는 가능하다.

5. 책임의 내용

(1) 제399조, 제401조, 제403조

상법 제401조의2 법문은 "그 지시하거나 집행한 업무에 관하여 제399조·제401조 및 제403조 및 제406조의2를 적용하는 경우에는 그 자를 이사로 본다"고 규정하여, 그 집행한 업무에 관하여 회사 및 제3자에 대하여 이사로서의 책임을 진다. 이러한 업무집행지시자 등의 행위로 인하여 회사가 손해를 입은 경우에는 책임을 추궁할 수 있다.

업무집행지시자 등의 손해배상책임 소멸시효 기간도 이사의 책임과 같이 10년이다. 상법 제401조의2 제1항 각 호에 해당하는 자는 회사의 이사는 아니지만 상법 제399조에서 정한 손해배상책임을 적용함에 있어 그가 관여한 업무에 관하여 법령준수의무를 비롯하여 이사와 같은 선관주의의무와 충실의무를 부담하고, 이를 게을리하였을 경우 회사에 대하여 그로 인한 손해배상책임을 지게 된다. 이와 같이 상법 제401조의2 제1항이 정한

---

379) 대법원 2009.11.26. 선고 2009다39240 판결.

손해배상책임은 상법에 의하여 이사로 의제되는 데 따른 책임이므로 그에 따른 손해배상 채권에는 일반 불법행위책임의 단기소멸시효를 규정한 민법 제766조 제1항이 적용되지 않고 일반의 채권과 같이 10년의 시효가 적용된다.[380]

(2) 제397조와 제397조의2, 제398조는 준용하지 않음

그러나 자기거래금지와 기회유용금지, 그리고 경업금지 등에 대하여는 준용하지 않고 있다. 하지만 그 효과는 이사회승인을 얻지 않고 할 수 있음에 그치고, 그 거래의 결과 회사에 손해가 발생하는 경우 그 책임을 면하지 못한다.

(3) 책임의 제한 또는 면제

제401조의2가 제400조를 준용하지 아니하여 책임의 제한 또는 면제가 가능한지가 문제된다. 이에 대하여 제401조의2가 제400조를 준용하지 않고 있어 주주 전원의 동의로도 면제하지 못한다는 견해가 있으나, 이사의 책임은 면제할 수 있으면서도 이사로 의제된 자의 책임을 면제할 수 없다는 것은 타당하지 않다. 따라서 제400조 제1항에 의하여 주주 전원의 동의에 의한 면제 또는 동조 제2항에 의한 일부 면제가 가능하다.

Ⅶ. 이사의 위법행위에 대한 주주의 직접감독

1. 총   설

회사의 업무집행은 전문경영인들인 이사회와 대표이사에게 맡겨져 있어 소유와 경영이 분리되므로 원칙적으로 주주는 업무집행권을 가지지 못한다. 하지만 주주는 회사의 구성원으로서 자신의 자금을 회사에 투자한 자이므로 그것이 적정하게 운용되는지 여부를 감독할 권리를 가진다. 이러한 주주의 감독권은 이사의 선임과 해임 및 재무제표의 승인 등을 통하여 간접적으로 행사하는 것이 원칙이다. 다만 일정한 경우 주주가 이사의 업무집행을 직접 감독할 수 있고 이러한 권리가 위법행위유지청구권과 대표소송권이다. 이들 제도는 미국의 것을 도입한 것이나, 미국과는 달리 소수주주권으로 정하고 있다.

2. 위법행위유지청구권

(1) 의   의

상법 제402조는 "이사가 법령 또는 정관에 위반한 행위를 하여 이로 인하여 회사에 회복할 수 없는 손해가 생길 염려가 있는 경우에는 감사 또는 발행주식의 총수의 100분의 1

---

380) 대법원 2023.10.26. 선고 2020다236848 판결.

이상에 해당하는 주식을 가진 주주는 회사를 위하여 이사에 대하여 그 행위를 유지할 것을 청구할 수 있다"고 규정한다. 이는 주주의 직접감독이라는 점에서 대표소송과 같으나, 사전적인 조치인 점에서는 차이가 있다.

신주발행유지청구권(제424조)과는 다음의 점에서 차이가 있다. ① 신주발행유지청구권은 주주 자신의 손해방지를 목적으로 하나, 위법행위유지청구권은 회사의 손해방지를 목적으로 한다. ② 신주발행유지청구권은 주주 개인이 청구권을 가지나, 위법행위유지청구권은 소수주주, 감사 또는 감사위원회가 가진다. ③ 신주발행유지청구권의 상대방은 회사이나, 위법행위유지청구권의 상대방은 이사이다. ④ 신주발행유지청구권의 요건은 회사가 법령 또는 정관에 위반하거나 현저하게 불공정한 방법으로 신주를 발행한 때이나, 위법행위유지청구권은 이사가 법령 또는 정관에 위반한 행위를 한 때이다.

(2) 요 건

1) 법령 또는 정관에 위반한 행위

이사가 법령 또는 정관에 위반한 행위를 한 때이다(제402조). 행위가 법령 또는 정관에 위반하는 것으로 족하고 임무해태, 고의나 과실을 요건으로 하지 않는다. 따라서 법령 또는 정관에 위반하지 않는 한, 임무해태가 있다 하더라도 유지청구의 원인이 되지 않는다.

2) 회복할 수 없는 손해가 생길 염려

이사의 행위를 유지청구하기 위하여는 법령이나 정관에 위반한 행위로 인하여 회사에 회복할 수 없는 손해가 생길 염려가 있어야 한다. 회복할 수 없는 손해의 여부는 사회통념에 따라 결정되고 반드시 법률적으로 불가능한 것만을 뜻하는 것은 아니라 보고, 상당한 시일을 요하는 경우에도 유지청구가 인정된다고 본다.

(3) 당사자(청구권자와 상대방)

청구권자는 ① 감사 또는 발행주식의 총수의 100분의 1 이상에 해당하는 주식을 가진 소수주주(제402조), ② 감사에 갈음하여 감사위원회를 둔 경우에는 감사위원회가 유지청구를 할 수 있다(제415조의2 제7항). ③ 상장회사의 경우는 6개월 전부터 계속하여 10만분의 50 또는 자본금 1천억원 이상인 회사는 10만분의 25 이상을 보유한 소수주주(제542조의6 제5항, 상법 시행령 제32조)이다. 감사 또는 감사위원회의 경우는 유지청구의 요건이 충족되면 반드시 유지청구를 하여야 하고 이를 게을리하면 임무해태가 된다. 청구의 **상대방**은 법령 또는 정관에 위반한 행위를 하려는 **이사**이다.

(4) 절 차

유지청구권의 행사는 반드시 소에 의할 필요는 없고 이사에 대한 의사표시로서 할 수 있다. 그러나 이에 응하지 않을 경우 이사를 피고로 하여 유지청구의 소를 제기하고 이를 본안으로 하여 가처분으로서 그 행위의 금지를 청구할 수 있다. 유지의 소에 대하여 상법 규정이 없으나, 그 성질은 대표소송의 일종이므로 대표소송에 관한 제403조 내지 제406조 규정이 유추적용된다. 유지의 소는 회사의 이익을 위한 것이므로 판결의 효력이 당연히 회사에 미친다고 본다.

(5) 효 과

1) 이사의 유지의무

유지청구가 있다고 하여 이사가 반드시 이에 따라야 하는 의무가 있는 것은 아니다. 유지청구가 이유 없는 경우도 있으므로 이사는 선량한 관리자의 주의로써 그 행위의 유지 여부를 결정하여야 한다는 뜻이다. 따라서 유지청구에 응하지 않았다는 이유만으로 임무위배가 되거나 회사에 대한 손해배상책임이 발생하지 않는다. 유지청구가 이사로 하여금 그에 따라야 할 의무가 발생하게 하는 것이 아니라면, 결과적으로 법령 또는 정관에 위반한 것인지 여부의 숙고를 요구하는 정도의 의미만 있다.

2) 유지청구를 위반한 경우

① 사법상의 효력에는 영향이 없다(통설). 유지청구는 이사로 하여금 그에 따라야 할 의무를 발생시키는 것이 아니라, 숙고 촉구 정도의 의미밖에 없는 것이므로, 유지청구와 상관없이 항상 유효한 것으로 본다.

② 이사의 책임과 관련하여서는 유지청구에 위반하였다는 것만으로 이사의 책임이 당연히 발생하는 것이 아니라, 유지청구를 무시한 행위가 결과적으로 법령 또는 정관에 위반한 것으로 판명되었다면 그 이사에게 중과실이 있는 것으로 의제하여 이사가 무과실임을 반증할 수 없고 따라서 언제나 제399조의 책임을 부담한다고 보는 견해[381]가 있다. 그러나 유지청구가 법령 또는 정관에 위반한 것인지 여부의 숙고를 요구하는 정도의 의미만 있다면 유지청구에 불응하여 행위를 한 결과 회사에 손해가 발생하는 경우 중과실이 **추정**되는 정도의 해석만 가능하다고 본다. 이에 관한 판례는 없다.

3) 실효성

이상과 같이 유지청구권은 소로써 청구하는 경우에도 그 실효성이 거의 없다. 따라서 실무에서는 주로 가처분의 제도를 이용한다.

---

381) 정찬형, 1015면; 이철송, 790면.

3. 대표소송

(1) 의 의

1) 이사의 책임추궁

발행주식총수의 100분의 1 이상에 해당하는 주식을 가진 소수주주는 회사에 대하여 이사의 책임을 추궁할 소의 제기를 청구할 수 있다(제403조 제1항). 현행 상법 하에서 **대표소송은 주주가 이사의 민사책임을 추궁할 수 있는 거의 유일한 방법**이다. 회사의 손해로 말미암아 주주도 손해를 입게 되고 결국 그 손해의 회복을 위하여는, 주주가 이사를 상대로 손해배상을 청구하여 회사가 배상받도록 하는 것이다. 이에 상법은 제403조부터 제406조에 이르기까지 주주의 대표소송에 관한 규정을 두고 있다.[382] 이사 등의 회사에 대한 책임은 회사가 추궁하여야 할 것이지만, 회사와 이들 사이의 여러 가지 관계로 보아 그 실현을 기대하기 어려운 경우가 많다. 그리하여 상법은 영미의 형평법상의 판례로 발전되어 성문화된 미국 회사법상의 대표소송(representative suit) 내지 대위소송(derivative suit)의 제도를 도입하여, 회사가 이사 등의 책임을 추궁하지 아니할 때에는 주주가 회사를 대표하여 그 책임추궁의 소를 제기할 수 있는 길을 열어 놓았다. 그러나 우리의 대표소송은 미국의 대표소송이나 대위소송과 일치하는 제도는 아니다.

2) 대표소송의 법적 성질

주주의 대표소송은 **제3자의 소송담당**에 해당한다. 따라서 소수주주가 **회사를 위하여 소를 제기**하지만, 그 판결의 효력은 본래의 이익주체인 회사에 미치게 된다. 원고인 주주는 본래의 권리귀속 주체인 회사를 대신하여 소송을 수행하는 지위에 있으므로, 주주에 대한 판결의 기판력은 당연히 회사에 미치고, 그 반사적 효력으로서 다른 주주를 구속하게 된다.

(2) 절 차

1) 당사자

① 원 고

대표소송을 제기할 수 있는 자는 **비상장회사**의 경우 1% 이상에 해당하는 주식을 가진 소수주주이다(제403조 제1항). **상장회사**의 경우는 6개월 전부터 계속하여 1만분의 1 이상의 지분을 보유한 소수주주이다(제542조의6 제6항). 여기에는 의결권 없는 주식도 포함된다. 그리고 **상장회사의 1% 이상을 가진 주주는 6개월 보유요건을 충족하지 못하더라도 제403조에 따라 소를 제기할 수 있다**(제542조의6 제10항).[383] 대표소송의 원고는 소 제기시에 그

---

382) 1998년의 개정에서는 대표소송의 청구 및 제소요건 등을 완화하고, 소의 취하나 청구의 포기 및 화해 등에 관한 조항을 신설하였다. 그런데 IMF환란 이전에는 관련 소송이 거의 없다가 1998. 7. 24. 선고된 제일은행 사건이 효시로 되어 많은 관심을 불러일으켰으며 점차 중요성이 증대해가고 있다.

요건을 갖추면 되고 이후 지분비율이 1% 미만으로 감소하였다 하더라도 제소의 효력에는 영향이 없다(제403조 제5항).

그러나 대표소송을 제기한 주주가 소송의 계속 중에 **주식을 전혀 보유하지 아니하게 되어 주주의 지위를 상실하면, 특별한 사정이 없는 한 그 주주는 원고적격을 상실**하여 그가 제기한 소는 부적법하게 되고(제403조 제5항), 제소주주의 보유주식이 **전부 양도**되어 발행주식을 보유하지 않게 된 경우에는 주주가 아닌 것으로 되므로 당사자 적격이 없어 소를 각하한다. 판례는 그 주주가 **자신의 의사에 반하여 주주의 지위를 상실하였다 하여도 마찬가지로 해석**한다. 따라서 ① 소수주주가 상법 제403조에 따라 주주대표소송을 제기하였는데, 제1심 계속 중에 대상회사가 다른 회사와 주식의 포괄적 교환계약을 체결하고 그 계약이 대상회사 주주총회에서 승인됨에 따라 원고인 소수주주가 대상회사 주주 지위를 상실하게 되었다면, 원고는 주주대표소송의 원고 적격을 상실하여 원고가 제기한 소는 부적법하게 된다고 보아 원고의 상고를 기각하였다.[384] ② **수인의 제소주주**가 있는 경우에도 동일한 논리를 적용하였다. 만약 甲과 乙이 합하여 1% 이상의 요건을 갖추어 대표소송을 제기한 이후, 甲이 그의 전 주식을 처분한 경우 乙 단독으로는 1% 요건을 갖추지 못한다면 그 소는 각하된다. 그러나 이 경우 甲이 전주식을 처분한 것이 아니라 1주의 주식이라도 보유하고 있다면 상황은 다르다. 제소 이후 1주만을 보유하고 있는 甲과 乙의 주식을 합하여 1% 미만으로 되었더라도 제소의 효력에는 영향이 없다.[385]

파산절차가 진행 중인 회사의 주주는 대표소송을 제기할 수는 없다.[386] 파산절차가 진행 중인 경우 이사 또는 감사에 대한 책임을 추궁하는 소를 제기할 것인지의 여부는 파산관재인의 판단에 위임되어 있고, 따라서 주주의 대표소송의 제도는 파산절차가 진행 중인 경우에는 그 적용이 없다. 주주가 파산관재인에 대하여 이사 또는 감사에 대한 책임을 추궁할 것을 청구하였는데 파산관재인이 이를 거부하였다고 하더라도 대표소송을 제기할 수 없으며, 주주가 회사에 대하여 책임추궁의 소의 제기를 청구하였지만 회사가 소를 제기하지 않고 있는 사이에 회사에 대하여 파산선고가 있은 경우에도 마찬가지이다.

② 피 고

대표소송의 피고는 회사에 대하여 책임이 있는 이사 또는 이사이었던 자이다.

---

383) 대법원 2004.12.10. 선고 2003다41715 판결.

384) 대법원 2018.11.29. 선고 2017다35717 판결.

385) 대법원 2013.9.12. 선고 2011다57869 판결(여러 주주들이 함께 대표소송을 제기하기 위하여는 그들이 회사에 대하여 이사의 책임을 추궁할 소의 제기를 청구할 때와 회사를 위하여 그 소를 제기할 때 보유주식을 합산하여 상법 또는 구 증권거래법이 정하는 주식보유요건을 갖추면 되고, 소 제기 후에는 보유주식의 수가 그 요건에 미달하게 되어도 무방하다. 그러나 대표소송을 제기한 주주 중 일부가 주식을 처분하는 등의 사유로 **주식을 전혀 보유하지 아니하게 되어 주주의 지위를 상실하면, 특별한 사정이 없는 한 그 주주는 원고적격을 상실하여 그가 제기한 부분의 소는 부적법하게 되고**, 이는 함께 대표소송을 제기한 다른 원고들이 주주의 지위를 유지하고 있다고 하여 달리 볼 것은 아니다).

386) 대법원 2002.7.12. 선고 2001다2617 판결; 대법원 2021.7.15. 선고 2018다298744 판결.

2) 제소전의 절차

소수주주는 먼저 회사에 대하여 **이유를 기재한 서면**으로 이사의 책임을 추궁할 소의 제기를 청구하여야 한다(제403조 제1항, 제2항). 그렇지 아니하고 곧바로 법원에 제소한 경우 법원은 이를 부적법 각하하여야 한다. 여기서 회사라 함은 보다 구체적으로는 **감사 또는 감사위원회**를 의미한다. 다만 감사를 두지 않는 소규모회사의 경우(제409조 제4항)에는 대표이사에게 청구하여야 하겠다. '이유'에는 권리귀속주체인 회사가 제소 여부를 판단할 수 있도록 책임추궁 대상 이사, 책임발생 원인사실에 관한 내용이 포함되어야 한다. 다만 주주가 언제나 회사의 업무 등에 대해 정확한 지식과 적절한 정보를 가지고 있다고 할 수는 없으므로, 주주가 제출한 서면에 책임추궁 대상 이사의 성명이 기재되어 있지 않거나 책임발생 원인사실이 다소 개략적으로 기재되어 있더라도, 회사가 그 서면에 기재된 내용, 이사회의사록 등 회사 보유 자료 등을 종합하여 책임추궁 대상 이사, 책임발생 원인사실을 구체적으로 특정할 수 있다면, 그 서면은 요건을 충족하였다고 보아야 한다.[387] 주주가 대표소송에서 주장한 이사의 손해배상책임이 제소청구서에 적시된 것과 차이가 있더라도 제소청구서의 책임발생 원인사실을 기초로 하면서 법적 평가만을 달리한 것에 불과하다면 그 대표소송은 적법하다. 따라서 **주주는 적법하게 제기된 대표소송 계속 중에 제소청구서의 책임발생 원인사실을 기초로 하면서 법적 평가만을 달리한 청구를 추가할 수도 있다.**[388]

회사가 위 청구를 받은 날로부터 30일 이내에 소를 제기하지 아니하면 청구한 주주는 그때에 비로소 회사를 위하여 즉시 제소할 수 있다. ① 다만 30일의 기간이 경과함으로써 회사에 회복할 수 없는 손해가 생길 염려가 있는 때에는, 예외적으로 30일을 기다릴 필요 없이 바로 소를 제기할 수 있다(제403조 제4항). ② 주주가 30일을 기다리지 않고 소를 제기한 경우에도 회사가 소를 제기하지 않고 30일이 경과하면 하자가 치유되므로 법원은 소를 각하할 수 없다.[389] ③ 회사가 명시적으로 소제기를 거절한 경우 30일을 기다리지 않고 즉시 소를 제기할 수 있다.

3) 주주의 담보제공의무

소수주주가 대표소송을 제기한 경우에 피고인 이사는 원고인 주주가 악의임을 소명하고 주주로 하여금 상당한 담보를 제공하게 할 것을 법원에 청구할 수 있다(제403조 제7항, 제176조 제3항 내지 제4항). 악의라 함은 '이사를 해한다'는 것을 아는 것이다. 따라서 단순히 승소의 가능성이 낮다고 인식하는 것만으로는 악의라고 할 수 없다. 그런데 대표소송제도의 활성화를 위해서는 원고주주의 담보제공의 부담을 경감할 수 있는 조치가 필요하다.

---

387) 대법원 2021.5.13. 선고 2019다291399 판결.
388) 대법원 2021.7.15. 선고 2018다298744 판결.
389) 대법원 2002.3.15. 선고 2000다9086 판결.

4) 소송고지

대표소송을 제기한 주주는 소를 제기하면 지체 없이 회사에 대하여 그 소송의 고지를 하여야 한다(제404조 제2항). 이는 회사의 소송참가를 용이하게 하기 위함이다. 주주가 소송고지를 게을리한 경우에는 회사에 대하여 이로 인한 손해배상의 책임이 있다. 회사의 소송참가는 **공동소송참가**로 보는 것이 통설·판례이다.[390] 다른 주주도 대표소송에 참가할 수 있는지 여부에 대하여는 견해가 나뉘나, 다른 주주도 대표소송에 참가할 수 있다고 보는 것이 옳다.

5) 소의 취하, 청구의 포기나 화해

대표소송의 실질적 당사자는 회사이므로 소를 제기한 주주는 소송물에 대한 처분권이 없다. 따라서 일단 소를 제기한 다음에는 법원의 허가 없이는 소의 취하, 청구의 포기, 인락, 화해를 할 수 없다(제403조 제6항). 법원의 허가를 얻어 화해할 수 있다는 것은 총주주의 동의로만 이사의 책임을 면제할 수 있다는 제400조의 중대한 예외가 된다.

6) 재심의 소

제소주주와 피고 이사가 서로 공모하여 소송의 목적인 회사의 권리를 사해할 목적으로 판결을 하게 한 때에는, **회사 또는 다른 주주**는 확정된 종국판결에 대하여 재심의 소를 제기할 수 있다(제406조 제1항). 재심의 소는 소수주주권을 가지지 아니한 주주라도 상관이 없다고 보는 것이 통설이다. 재심의 허용범위는 대표소송으로 국한된다. 따라서 회사가 직접 이사를 상대로 제기한 소송에서는 비록 악의적 수단으로 회사의 권리가 침해되더라도 재심을 청구할 수 없다. 예컨대 주주가 대표소송을 제기하려는 기미가 보이는 경우 이사가 미리 회사로 하여금 소를 제기하게 하여 대표소송의 여지를 없앨 수 있으나, 이 경우에는 재심의 소를 제기할 수 없다. 제406조는 대표소송에 한하여 재심청구를 인정하기 때문이다.

(3) 이사의 책임

1) 이사의 모든 책임

상법은 주주의 대표소송에 관하여 소수주주가 이사의 책임을 추궁하는 소로서 규정하고 있다(제403조). 문제는 본조 규정에는 대표소송이 인정돼야 할 이사의 책임범위에 관하

---

390) 대법원 2002.3.15. 선고 2000다9086 판결(주주의 대표소송에 있어서 원고 주주가 원고로서 제대로 소송수행을 하지 못하거나 혹은 상대방이 된 이사와 결탁함으로써 회사의 권리보호에 미흡하여 회사의 이익이 침해될 염려가 있는 경우 그 판결의 효력을 받는 권리귀속주체인 회사가 이를 막거나 자신의 권리를 보호하기 위하여 소송수행권한을 가진 정당한 당사자로서 그 소송에 참가할 필요가 있으며, 회사가 대표소송에 당사자로서 참가하는 경우 소송경제가 도모될 뿐만 아니라 판결의 모순·저촉을 유발할 가능성도 없다는 사정과, 상법 제404조 제1항에서 특별히 참가에 관한 규정을 두어 주주의 대표소송의 특성을 살려 회사의 권익을 보호하려한 입법 취지를 함께 고려할 때, 상법 제404조 제1항에서 규정하고 있는 회사의 참가는 **공동소송참가를 의미**하는 것으로 해석함이 타당하고).

여 아무런 문언이 없어서, 여기서 말하는 이사의 책임이 어느 범위까지를 의미하느냐에 관하여 다툼이 있다.

이에 관하여는 책임한정설로서 주주의 대표소송에 의하여 추궁돼야 할 이사의 책임은 상법 제399조의 손해배상책임과 제428조의 자본충실책임에 한정된다고 하는 견해가 있으나, **주주의 대표소송은 이사가 회사에 대하여 부담하는 모든 채무에 미친다고 하는 견해가 타당하다(통설).** 법이 특히 대표소송을 규정한 취지는 회사와 이사간의 특수관계에 의하여 회사의 이사에 대한 제소해태의 가능성이 많다는 데 있고, 이 제소해태의 가능성은 이사가 회사에 대하여 부담하는 모든 채무에 관해서도 마찬가지로 적용될 수 있기 때문이다. 또한, 만일 모든 채무가 포함되지 않는다고 한다면, 예컨대 회사로부터 금전대여를 받은 이사가 변제를 해태한 경우 그 변제책임에 관해서는 대표소송이 인정되지 않는 결과가 되어, 현저하게 균형을 잃게 된다.

2) 이사의 회사에 대한 책임

대표소송은 이사의 회사에 대한 책임을 추궁하기 위한 소송이므로 그 책임으로 한정된다. 따라서 이사의 제3자에 대한 책임(제401조)이나 주주 자신의 손해를 회복하기 위한 대표소송은 제기할 수 없다. 그런데 그 **발생시점**과 관련하여서는 이사가 이사 지위에 있는 동안에 발생한 것은 물론이고 **취임 전에 부담한 것도 포함**된다고 본다.[391] 이사를 상대로 소송을 제기하는 것의 어려움은 마찬가지이기 때문이다.

3) 자회사의 이사에 대한 책임의 추궁 여부
① 다중대표소송(多重代表訴訟)의 의의

이중대표소송이란 종속회사 또는 자회사가 이사의 회사에 대한 책임을 제대로 추궁하지 않을 경우에 지배회사의 주주 또는 모회사의 주주가 종속회사 또는 자회사를 위하여 대표소송을 제기하는 것을 말한다. 그리고 자회사가 아니라 손자회사(孫子會社) 이사를 상대로 하여 대표소송을 제기하는 경우를 3중대표소송(三重代表訴訟)이라 하고, 이러한 이중대표소송과 3중대표소송, 4중대표소송 등을 포괄하는 용어가 다중대표소송이다. 다중대표소송은 미국판례에서 형평법을 근거로 하여 인정된 제도로서, 오늘날에 와서는 그 범위가 더욱 확대되고 있다.

② 상법개정으로 인정

과거 법인격독립의 원칙을 근거로, 상법 제403조에 규정한 '주주'의 개념에는 지배회사의 주주는 포함되지 않으므로 그 명문의 근거가 없고, 상법의 대표소송의 제소자격을 해석에 의하여 확장하는 것은 옳지 않다는 견해가 있다. **판례**도 지배종속관계에 있는 회사라 하더라도 별개의 법인격을 가지고 있다는 근거에서 이를 **부정하였다.**[392]

---

391) 김건식·노혁준·천경훈, 484면.

그러나 완전종속회사의 경우라든가 또는 지배회사와 종속회사가 특정의 부정행위자에 의하여 지배되고 있는 경우 등에는 지배회사 또는 모회사 주주 이외에는 이들을 상대로 책임을 추궁할 마땅한 방법이 없고, **종속회사가 그 손해를 회복하지 않으면 종속회사가 입은 손해는 최종적으로 지배회사 또는 모회사의 주주가 입게 되기 때문에 다중대표소송을 허용하여야 한다는 주장도 강하였다. 이에 2020년 상법 개정으로 다중대표소송 제도가 도입되어 입법적으로 허용되었다.**

③ 요건 등

모회사 발행주식총수의 100분의 1 이상에 해당하는 주식을 가진 주주는 자회사에 대하여 자회사 이사의 책임을 추궁할 소의 제기를 청구할 수 있고(제406조의2 제1항), 자회사가 청구를 받은 날부터 30일 내에 소를 제기하지 아니한 때에는 즉시 자회사를 위하여 소를 제기할 수 있다(제406조의2 제2항). 기존에는 자회사 주식의 1% 이상을 가진 소수주주들이 그 자회사의 대표소송을 제기할 수 있었음에 반하여, 상법개정으로 모회사 주식의 1% 이상을 가진 소수주주들이 모회사가 아닌 자회사의 대표소송을 제기할 수 있는 결과가 되었다.

책임추궁할 소의 제기를 청구를 한 후 모회사가 보유한 자회사의 주식이 자회사 발행주식총수의 100분의 50 이하로 감소한 경우에도 그 소제기의 청구 및 대표소송 제소의 효력에는 영향이 없다(제406조의2 제4항). 다만 모회사가 자회사의 발행주식을 보유하지 아니하게 된 경우는 제외된다(제406조의2 제4항 괄호). 모회사가 상장회사인 경우에는 6개월 전부터 계속하여 상장회사 발행주식총수의 1만분의 50 이상에 해당하는 주식을 보유한 자는 제406조의2에 따른 소수주주의 권리, 즉 다중대표소송권을 행사할 수 있다(제542조의6 제7항). 그런데 상장회사인 모회사의 주주가 제406조의2 제1항의 요건을 갖추는 경우, 즉 모회사 발행주식총수의 100분의 1 이상에 해당하는 주식을 가진다면 6개월의 보유기간 요건을 충족하지 못하더라도 다중대표소송을 제기할 수 있다(제542조의6 제10항).

(4) 판결의 효과

1) 판결의 효력

판결의 효력은 회사에 대하여 당연히 미친다. 또한 그 판결의 반사적 효과로서 다른 주주도 중복하여 동일한 주장을 할 수 없게 된다.

---

392) 대법원 2004.9.23. 선고 2003다49221 판결(어느 한 회사가 다른 회사의 주식의 전부 또는 대부분을 소유하여 양자간에 지배종속관계에 있고, 종속회사가 그 이사 등의 부정행위에 의하여 손해를 입었다고 하더라도, 지배회사와 종속회사는 상법상 별개의 법인격을 가진 회사이고, 대표소송의 제소자격은 책임추궁을 당하여야 하는 이사가 속한 당해 회사의 주주로 한정되어 있으므로, 종속회사의 주주가 아닌 지배회사의 주주는 상법 제403조, 제415조에 의하여 종속회사의 이사 등에 대하여 책임을 추궁하는 이른바 이중대표소송을 제기할 수 없다).

2) 승소주주의 소송비용청구

주주가 승소한 경우에는 그로 인하여 이익을 받게 된 회사에 대하여 소송비용 외에 소송으로 인한 실비액의 범위 내에서 상당한 금액의 지급을 청구할 수 있다(제405조 제1항 전단). 이때 소송비용을 지급한 회사는 이사에 대하여 구상권이 있다(제405조 제1항 후문). 이 금액의 범위에 대하여 변호사보수를 뜻하는 것이라는 견해도 있으나 이는 당연히 소송비용으로 취급하고 있으므로(민사소송법 제109조 제1항), 대표소송으로 인한 주주의 비용지출은 회사의 이익을 위한 소송비용 또는 변호사비용에 국한할 것이 아니라 회사가 직접 소송을 제기하였더라면 지출되었을 모든 유형의 비용을 뜻하는 것으로 해석함이 옳다.

3) 패소주주

원고인 주주가 패소한 때에는 그가 악의인 경우 이외에는 회사에 대하여 손해배상책임을 지지 아니한다(제405조 제2항). 악의란 회사를 해할 것을 알고 부적절한 소송을 수행한 경우를 말한다.

제 4 절 집행임원

Ⅰ. 도 입

1. 도입의 배경과 취지

2011년 개정법은 회사가 선택적으로 업무집행기관으로서 '집행임원'을 둘 수 있도록 하고, 회사와 집행임원과의 관계는 이사의 경우(제382조 제2항)와 같이 위임에 관한 규정을 준용함(제408조의2 제2항)과 아울러 집행임원의 임기와 권한, 대표집행임원, 이사회에 대한 보고, 집행임원의 이사회 소집청구, 책임 등에 대하여 규정하고 있다.

집행임원이란 이사회에서 선임되어 이사회의 경영방침에 따라 업무집행을 맡는 회사의 집행기관이다. 집행임원제도를 도입하는 취지는 이사회의 감독기능 강화, 비등기이사의 권한과 책임의 확보라 할 수 있으나, 집행임원 설치회사로의 이행여부가 회사의 임의적인 재량사항이어서 그 취지가 반감되었다.

(1) 이사회의 감독기능강화

현행 이사회에는 업무집행기능과 업무감독기능이 함께 부여되어 있으므로 업무집행기능을 분리하여, 이사회는 업무감독기능에 충실하고자 한 것이다. 이사회의 기능 중 업무집행기능을 분리하여 집행임원에게 전담하게 하고 이사회는 중요한 전략적 의사결정과 업무집행에 관한 감독기능만을 담당하는 효율적인 지배구조로 개선하고자 집행임원제도를 도입하려는 것이 개정안의 입법취지이다.[393]

(2) 집행임원의 법적 지위 확보

상법상의 이사는 주주총회에서 선임된 이사로서 등기부 등본상 등재된 자를 말하는 것이나, 사외이사제도가 도입된 1999년 이후 등기이사와 비등기이사로 구분하고 이 중 비등기이사를 집행임원이라고 하여 기업실무상 사용되고 있는데 현행법에는 이에 대한 근거규정이 없었다. 판례는 집행임원에 대하여 주주총회에서 선임되지 않았고, 등기도 되지 않았다는 이유로 이를 근로자로 판시[394]함으로써 회사가 실적부진 등을 이유로 집행임원을 해임한 경우 노동법상 부당해고라 한 바도 있다. 따라서 집행임원의 의무와 책임 등을 명확히 함으로써, 집행임원의 지위를 둘러싸고 회사와 집행임원 간에 야기되는 문제를 해소하고, 경영활동의 안정화를 기하며, 제3자 보호에 충실하려는 것이다.

(3) 실무의 법제화

대규모 상장회사(최근 사업연도말 현재의 자산총액이 2조원 이상)의 이사회에 사외이사를 3인 이상 두고 이사총수의 과반수를 사외이사로 두도록 규정하고 있어, 회사는 사외이사를 최소한으로 두기 위하여 종래의 등기이사의 수를 대폭 축소하는 대신, 정관이나 내규에 의하여 집행임원(비등기이사)을 두고 종래 등기이사의 직무를 수행하고 있으면서도 그 권한과 책임과 관련하여 법률상 근거가 없어 문제가 되고 있으므로 이를 법제화할 필요가 있었다. 과거 비등기이사가 실제로는 상법상 등기이사로서의 권한을 가지고 있었음에 반하여, 그 책임부분에서는 상법의 적용을 받지 않았다.

2. 평   가

제도의 입법취지가 업무집행과 감독기능을 분리하고, 실제 업무를 수행하는 비등기이사

---

393) 집행임원제도에 대하여는 경제계는 다음과 같은 이유로 도입을 반대하였다(전국경제인연합회). 첫째, 상법상 임의규정으로 유지되더라도 간접적 강제 효과로 기업의 지배구조 자율선택권을 침해할 우려가 있고, 둘째, 집행임원의 책임추궁은 현행 업무집행지시자의 책임규정(제401조의2)이나 표현대표이사제도(상법 제395조) 등으로 충분히 가능하며, 셋째, 집행임원 도입기업의 경우 규제만 늘어나므로 규정의 실효성에 의문이다.

394) 대법원 2003.9.26. 선고 2002다64681 판결(상법상 이사와 감사는 주주총회의 선임 결의를 거쳐 임명하고 그 등기를 하여야 하며, 이사와 감사의 법정 권한은 위와 같이 적법하게 선임된 이사와 감사만이 행사할 수 있을 뿐이고 **그러한 선임절차를 거치지 아니한 채 다만 회사로부터 이사라는 직함을 형식적·명목적으로 부여받은 것에 불과한 자는 상법상 이사로서의 직무권한을 행사할 수 없다.** 근로기준법의 적용을 받는 근로자에 해당하는지 여부는 계약의 형식에 관계없이 그 실질에 있어서 임금을 목적으로 종속적 관계에서 사용자에게 근로를 제공하였는지 여부에 따라 판단하여야 할 것이므로, 회사의 이사 또는 감사 등 임원이라고 하더라도 그 지위 또는 명칭이 형식적·명목적인 것이고 실제로는 매일 출근하여 업무집행권을 갖는 대표이사나 사용자의 지휘·감독 아래 일정한 근로를 제공하면서 그 대가로 보수를 받는 관계에 있다거나 또는 회사로부터 위임받은 사무를 처리하는 외에 대표이사 등의 지휘·감독 아래 일정한 노무를 담당하고 그 대가로 일정한 보수를 지급받아 왔다면 그러한 임원은 근로기준법상의 근로자에 해당한다).

의 권한과 책임을 명확히 하겠다는 취지이었으나, 다음과 같은 한계가 있다. ① 집행임원의 설치여부가 임의적이다. 회사는 집행임원을 둘 수 있고, 이 경우 대표이사를 두지 못한다(제408조의2 제1항). ② 집행임원은 종래 실무상의 비등기이사가 아니다. 집행임원은 이사회에서 선임을 하지만(제408조의2 제3항) 등기하도록 하여(제317조 제2항 8호) 집행임원도 반드시 등기하여야 한다. 이사와 다른 점은 주주총회에서 선임하는지의 여부이다. ③ 따라서 집행임원 설치회사에서도 얼마든지 비등기이사를 둘 수 있다. 과거의 비등기이사는 인력활용의 유연성이라는 취지상 존속하여 왔고 집행임원 설치회사에 있어서도 그러한 수요는 여전한 것으로 보인다. 또한 집행임원 설치회사에서도 비등기이사를 집행임원으로 전환시킬 강제수단도 없다. ④ 결과적으로 집행임원제도가 종래의 대표이사제도와 별 차이가 없다. 집행임원을 둘 경우 대표이사를 두지 못하며(제408조의2 제1항), 이 경우의 집행임원은 대표이사·이사회·이사의 조직과 차이가 거의 없다(제408조의5 제2항). ⑤ 이사회의 업무집행기능과 감독기능의 분리를 통하여 감독기능을 강화하겠다는 취지를 살리지 못하였다. 이사회는 집행임원에게 위임하는 사항을 결정하나, 상법 규정에 의하여 이사회 권한사항으로 정한 경우는 집행임원에게 위임할 수 없다고 규정하여, 상법상 중요한 업무집행사항으로서 이사회가 결정해야 하는 사항들은 집행임원에게 위임될 수 없다(제408조의2 제3항 제4호). **이사회가 여전히 업무집행에 관한 의사결정권 등을 모두 가지고 있어 취지가 반감된다.**

Ⅱ. 의   의

1. 뜻

상법은 회사는 집행임원을 둘 수 있다(제408조의2 제1항 제1문)고만 할 뿐 집행임원의 의의에 대하여는 정의하고 있지 않다. 집행임원제도가 이사회의 업무집행기능과 감독기능을 분리하기 위하여 도입된 것이고 보면, 집행임원이란 **집행임원을 두기로 한 회사(집행임원 설치회사)의 업무집행을 담당하는 상법상 기관**이라 정의한다. 집행임원은 회사가 임의로 둘 수 있고(제408조의2 제1항), 이 경우 상법상 기관이 되며 등기하여야 한다. 집행임원을 둔 회사는 대표이사를 두지 못하는 대신 대표집행임원을 두게 된다. 대표집행임원 역시 이사회의 구성원이 아니라는 점만 빼고는 종전 주식회사의 대표이사와 거의 동일하다(제408조의2 제2항).

2. 집행임원의 구성

(1) 자 격

집행임원이 될 수 있는 자는 **자연인**에 한한다. 법인도 이사가 될 수 있다는 견해가 있듯이 법인 집행임원도 검토해 볼 수 있겠지만, 집행임원의 경우에는 실제 업무를 집행하는 기능을 위한 기관이므로 자연인일 것이 요구되며 법인은 집행임원이 될 수 없다고 본다. 또한 주식회사의 업무를 집행하기 위하여, 제한행위능력자의 경우에도 집행임원이 될 수 없다고 해석된다. 집행임원은 이사회에서 선임되는 것이므로 지배주주는 집행임원을 겸할 수 있다고 본다. 그러나 해석상 **당해 회사의 감사를 겸직할 수 없고 감사위원회의 감사위원은 겸직할 수 없다**(제411조 참조). **사외이사도 겸직할 수 없다.**

(2) 집행임원의 선임

이사회는 집행임원과 대표집행임원의 선임, 해임권한이 있다(제408조의2 제3항 제1호). 결의방법은 정관에서 달리 가중하지 않는 한 과반수 출석과 출석이사 과반수 찬성 요건만 갖추면 된다(제391조). 일단 선임되면 등기 여부와 상관없이 집행임원이 된다. 집행임원 선임 및 해임권한을 (대표)집행임원에게 위임할 수 있는가? 회사의 업무집행을 담당하는 집행임원을 선임하고 해임하는 문제는 **회사를 위한 중요한 결정사항이므로 이사회가 이를 집행임원에게는 위임할 수 없다.**

(3) 집행임원의 수

집행임원은 1인 또는 수인을 선임한다(제408조의5 제1항). 원수에 관하여는 특별히 제한이 없다. 필요에 따라 이사회에서 선임하면 된다. 법률 또는 정관에 정한 이사의 최저 원수를 결한 경우에는 임기 만료 또는 사임으로 인하여 퇴임한 이사는 새로 선임된 이사가 취임할 때까지 전임 이사는 여전히 이사로서의 권리의무가 있는데(제386조), 집행임원의 경우는 회의체가 아니라 원래 집행임원 각자가 업무집행을 수행하는 것이므로, 사임하거나 임기가 만료된다고 하여 당연히 이사의 결원 등을 정한 상법 제386조에서와 같이 집행임원으로서의 권리 의무가 연장된다고 해석할 수는 없다(준용규정인 제408조의9에도 제386조는 없다). 그러나 집행임원이 1인인 경우에는 후임 집행임원이 취임할 때까지 집행임원으로서의 권리의무가 있다고 보아야 한다.

(4) 겸직 여부

① 집행임원이 이사를 겸직할 수 있는가? 업무집행기구와 업무감독기구의 분리라는 개정 상법의 취지상 이사와 집행임원은 겸임하지 않는 것이 바람직 할 수 있으나 개정 상법

에서는 이사와 집행임원의 겸임을 명시적으로 금지하고 있지 않기 때문에, 이사와 집행임원의 겸직이 가능하다. ② 집행임원이 감사를 겸직할 수는 없다고 본다. 감사는 사용인의 직무를 겸하지 못한다고 규정하고 있으므로(제411조) 집행임원을 겸직할 수 없다고 본다.

(5) 집행임원의 임기

집행임원의 임기는 정관에 다른 규정이 없으면 2년을 초과하지 못한다(제408조의3 제1항). 이는 이사의 임기가 3년을 초과하지 못하므로(제383조 제2항) 이사회가 그가 선임한 집행임원에 대하여 책임을 물을 수 있도록 하기 위하여 그보다 짧게 2년으로 정한 것이다. 이사의 임기연장과 같이(제383조 제3항), 정관에 그 임기 중의 최종 결산기에 관한 정기주주총회가 종결한 후 가장 먼저 소집하는 이사회의 종결시까지로 정할 수 있다(제408조의3 제2항).

3. 종 임

정하여진 임기가 만료되면 집행임원의 지위는 종료된다. 집행임원과 회사는 위임관계에 있기 때문에 민법상 약정 또는 법정 위임종료사유에 의하여 종임되므로, 정관에서 집행임원의 자격을 미리 정해둔 경우에는 그러한 자격을 상실하게 되면 집행임원은 종임된다. 마찬가지로, 집행임원의 사망 또는 파산으로 인하여 위임관계는 당연 종료하므로 집행임원 지위도 이때 상실된다(민법 제690조). 그런데 언제든지 자유롭게 위임계약을 해지할 수 있으므로(민법 제689조), 집행임원이 사임하거나 회사가 집행임원을 해임하는 것도 언제든지 가능하다. 해임에 정당한 이유가 있어야 해임할 수 있는 것도 아니다.

4. 보 수

집행임원의 보수의 결정은 정관의 규정에 의하거나 주주총회의 승인에 의하여야 한다. 정관에 규정이 없거나 주주총회의 승인이 없으면 이사회에서 집행임원의 보수를 결정할 수 있다(제408조의2 제3항 제6호). 이사의 보수결정과 차이가 있다.

5. 등 기

집행임원은 등기사항이다. 집행임원 및 대표집행임원의 성명과 주민등록번호, 주소(대표집행임원의 경우에 한함) 등은 등기사항이고(제317조 제2항 제8호·제9호), 둘 이상의 대표집행임원이 공동으로 회사를 대표할 것으로 정한 경우에는 그 규정(공동대표집행임원)도 등기사항이다(제317조 제2항 제10호).

Ⅲ. 설치회사에서의 집행임원과 회사의 관계

1. 집행임원 설치회사

(1) 의 의

회사가 집행임원을 둘 경우 그러한 회사를 '집행임원 설치회사'라 한다. 자본금 10억원 미만의 소규모 회사의 경우 이사가 업무집행을 하고 이사회제도를 배제할 수 있으므로 따로 업무집행기관인 집행임원제를 둘 이유가 없다.

(2) 집행임원 설치회사로의 전환

회사가 집행임원 설치회사로의 이행에 대한 선택권을 가지지만, 실무상 어떠한 절차를 거쳐야 하는지가 법문에는 전혀 언급이 없다. 해석상 집행임원설치회사는 대표이사를 두지 못하여 이사회의 구조 및 기능에 중대한 변화를 초래하기 때문에, 이는 기업지배구조의 중대한 변경이며 주주들의 의사를 존중하여야 한다고 본다. 따라서 집행임원 미설치회사가 집행임원 설치회사로 이행하고자 한다면 정관에 집행임원에 관한 정함을 두어야 할 것이고 이는 **주주총회의 승인을 받아야 한다**는 것을 의미한다.

2. 집행임원 설치회사의 이사회와 집행임원의 권한 분배

(1) 이사회의 권한

1) 집행임원 관련의 권한(제393조의2 제2항)

집행임원 설치회사에서는 업무집행기능을 집행임원에게 위임하는 것이므로 기존의 업무집행기능과 감독기능을 분리시키기 위하여 필연적으로 이사회 권한의 범위를 조정할 필요성이 발생한다. 집행임원 설치회사의 이사회는 다음의 권한을 갖는다(제408조의2 제3항). ① 집행임원과 대표집행임원의 선임·해임, ② 집행임원의 업무집행감독, ③ 집행임원과 집행임원 설치회사의 소송에서의 집행임원설치회사를 대표할 자의 선임, ④ 집행임원에게 업무집행에 관한 의사결정의 위임(단 상법에서 이사회 권한사항으로 정한 경우는 제외한다), ⑤ 집행임원이 여러 명인 경우 집행임원의 직무분담 및 지휘·명령관계, 그 밖에 집행임원의 상호관계에 관한 사항의 결정, ⑥ 정관에 규정이 없거나 주주총회의 승인이 없는 경우 집행임원의 보수 결정 등이다. 그리고 해석상 **내부통제시스템**을 구축하고 잘 운용되도록 하는 것은 집행임원이 아니라, 이사회의 의무이다. 이는 업무집행이 아니라 감독에 관한 업무이기 때문이다.

2) 집행임원제도 도입의 취지와 관련한 문제

그런데 여기서 현재 집행임원제도의 설계와 관련한 문제점을 짚어 볼 필요가 있다. 제도 도입의 취지가 업무집행기능의 분리를 통하여 이사회의 감독기능을 강화하고자 한 것이나, 이사회가 여전히 업무집행에 관한 의사결정권 등을 모두 가지고 있어 취지가 반감된다. 이사회는 집행임원에게 위임하는 사항을 결정하나, **상법에서 이사회 권한사항으로 정한 경우는 집행임원에게 위임할 수 없다**고 규정한다(제408조의2 제3항 제4호). 요컨대 상법상 중요한 업무집행사항으로서 이사회가 결정해야 하는 사항들은 집행임원에게 위임될 수 없다는 것이다. 상법상 이사회의 권한으로 되어 있는 ① 주식양도의 승인(제335조의2 및 3), ② 간이주식교환 및 소규모 주식교환의 승인(제360조의9 제1항, 제360조의10 제1항), ③ 중요한 자산의 처분 및 양수, 대규모 재산의 차입, 지배인의 선임 또는 해임, 지점의 설치·이전 및 폐지(제393조 제1항), ④ 이사의 경업거래 및 자기거래에 대한 승인(제397조, 제398조) ⑤ 재무제표 등의 승인(제447조, 제447조의2), ⑥ 간이합병·분할합병 및 소규모합병·분할합병의 승인(제527조의2 및 제527조의3 각 제1항, 제530조의11 제2항), ⑦ 집행임원의 경업 및 자기거래에 대한 승인(제408조의9) 등이 있고 이들은 위임할 수 없다는 것이 된다.

(2) 집행임원의 권한

집행임원은 회사와 위임관계에 있다(제408조의2 제2항). 따라서 집행임원은 회사에 대하여 선관의무를 부담한다.

1) 업무집행권

집행임원은 집행임원 설치회사의 업무를 집행하고, 정관이나 이사회 결의에 의하여 위임받은 업무집행에 관한 의사결정을 한다(제408조의4).

① 집행권

원래 이사가 업무집행권한 및 이사의 직무집행에 대한 감독권한까지 모두 가지고 있지만 이 중 집행권한만 집행임원에게 부여되었다고 보면 된다. 따라서 업무를 집행하지 않는 집행임원은 존재하지 않는다. 종전의 이사와 다른 점은, 당연히 전반적인 업무집행권한을 가지지만 이사회가 정한 업무분장 범위에서의 업무집행권한이라는 점이다(제408조의2 제3항 제5호 참조). 이사회에서 집행임원에게 위임된 사항만 집행임원이 의사결정하여 집행할 수 있고, 그 이외에는 이사회에서 의사를 결정하고 집행임원은 집행만 한다.

② 제한된 의사결정권

이사회의 위임을 받아 집행임원도 일정한 업무와 관련해서는 의사결정권한이 있다(제408조의2 제3항 제4호). 집행임원설치회사에서 이사회의 권한으로 '집행임원에게 업무집행에 관한 의사결정의 위임(단 상법에서 이사회 권한사항으로 정한 경우는 제외한다)'을 규정하고 있는바(제408조의2 제3항 제4호), 이 규정에 근거하여 이사회로부터 수권받은 사항을 집행임원의 권한으로 한 것이다. 다만 상법상 중요한 업무집행사항으로서 이사회가 결정해야 하는 사항들은 집행임원에게 위임될 수 없음은(제408조의2 제3항 제4호), 위에서 상술하였다. 사외이사를 포함하여 집행임원을 겸하지 않는 이사에게도 정보를 공유하도록 하기 위하여 집행임원은 3개월에 1회 이상 집행임원이 의사결정한 사항을 포함한 업무의 진행상황을 이사회에 보고할 의무가 있다(제408조의6 제1항).

2) 대표권

집행임원설치회사에서는 대표집행임원이 회사를 대표한다. 집행임원이 1인인 경우 집행임원이 대표집행임원이 되고, 집행임원이 수인인 경우 이사회의 결의로 회사를 대표할 집행임원을 선임하여야 한다(제408조의5 제1항). 대표집행임원에 관하여 상법에 다른 규정이 없으면 주식회사의 대표이사에 관한 규정을 준용한다(제408조의5 제2항).

3) 이사회소집청구권

집행임원은 필요하면 회의의 목적사항과 소집이유를 적은 서면을 이사(소집권자가 있는 경우에는 소집권자)에게 제출하여 이사회를 소집청구할 수 있다(제408조의7 제1항). 집행임원이 이러한 청구를 한 후 이사가 지체 없이 이사회 소집절차를 밟지 아니하면 소집을 청구한 집행임원이 법원의 허가를 받아 이사회를 소집할 수 있는데, 이 경우 이사회 의장은 법원이 이해관계인의 청구에 의하여 또는 직권으로 선임할 수 있다(제408조의7 제2항).

Ⅳ. 집행임원의 의무와 책임

1. 의 무

(1) 선관의무

집행임원 설치회사와 집행임원의 관계는 민법 중 위임에 관한 규정을 준용한다(제408조의2 제2항). 집행임원은 회사에 대하여 위임관계에 있으므로 이사와 마찬가지로 직무집행에 있어서 일반적 의무로서 선관주의의무가 인정된다(민법 제681조). 또한 회사에 대하여 충실의무(제382조의3), 비밀유지의무(제382조의4), 정관 등의 비치·공시의무(제396조), 경업금지의무(제397조), 회사기회의 유용금지의무(제397조의2), 회사와의 거래 금지의무(제398조) 등을 지는데, 이사에 대한 것과 같은 내용이다(제408조의9에 의하여 준용).

(2) 보고의무

(i) 이사회에 3개월에 1회 이상 업무의 집행상황을 보고해야 하는 적극적 보고의무(제408조의6 제1항), (ii) 이사회의 요구가 있으면 언제든지 이사회에 출석하여 요구한 사항을

보고하여야 하는 수동적 보고의무가 있고(제408조의6 제2항), (iii) 회사에 현저하게 손해를 미칠 염려가 있는 사실을 발견한 때에는 감사에게 이를 보고할 의무가 있다(제408조의9, 제412조의2). 이는 상법 제393조 제3항, 제4항을 바탕으로 한 것인데, 적극적으로 보고하여야 할 의무가 3개월에 1회 이상으로 되어 있어 과연 적절한 것인지 문제될 수 있겠지만, 종전의 이사의 예에 준하여 3개월에 1회로 입법한 것이다. 한편, (iii)의 보고의무와 관련하여 감사위원회가 구성되어 있는 경우에는 감사가 아니라 감사위원에게 보고하여야 한다는 점에 주의할 필요가 있다.

2. 책   임

(1) 회사와 제3자에 대한 책임

이사와 동일한 책임을 부담한다. 집행임원의 책임은 크게 회사 및 제3자에 대한 책임으로 나뉜다. 굳이 준용규정에 포함시키지 않고 별도의 조문으로 제408조의8을 둔 데에는 이사회는 회의체기관이라 반대가 없으면 찬성한 것으로 추정하고 연대책임을 지도록 되어 있으나, **집행임원은 회의체가 아니어서 각자 업무를 집행하기 때문에 그 규정을 바로 적용하기에는 적절하지 않았기 때문**이다. 그러나 그 내용은 **이사의 책임과 동일하다.**

(2) 업무집행지시자 등의 책임

집행임원 설치회사로 체제를 이행한 회사라면 어느 특정인이 이사회에서 집행임원으로 선임되지 않았고 등기되지 않았어도 회사 및 제3자에 대한 책임을 규정한 제408조의8 요건을 충족하게 되면, 등기 유무와 상관없이 사실상의 집행임원이라고 해석되므로 집행임원으로서의 상법상 책임을 부담하여야 한다고 본다(제408조의9, 제401조의2 제1항 3호).[395]

(3) 책임의 면제 및 책임한도액, 책임의 추궁

이사의 책임과 동일하다(제408조의9).

V. 대표집행임원

1. 선임과 종임

(1) 선   임

2명 이상의 집행임원이 선임된 경우에는 이사회결의로 회사를 대표할 대표집행임원을 선임하여야 한다. 다만 집행임원이 1인인 경우 자동적으로 그 집행임원이 대표집행임원이

---

395) 가칭 '표현이사'에 해당한다.

된다(제408조의5 제1항). 대표집행임원에 관하여는 상법에 다른 규정이 없으면 주식회사의 대표이사에 관한 규정을 준용한다(제408조의5 제2항). 대표집행임원과 이사회 의장과의 겸직이 허용되는지 여부가 문제될 수 있다. 집행과 감독의 분리라는 입법취지상 이사회 의장과 대표집행임원은 상호 겸직을 금지해야 할 것이나, 상법상 금지 규정이 없어 허용된다고 해석한다.

(2) 종 임

대표집행임원의 임기에 관하여는 법률상 정함은 따로 없지만 집행임원 지위를 상실하게 되면 대표집행임원직을 상실한다고 해석된다(제408조의3 제1항, 제2항). 다만 정관의 정함이나 이사회 선임결의시 대표집행임원의 임기를 집행임원의 임기를 초과하지 않는 범위 내에서 독자적인 임기를 따로 부여할 수도 있다. 독자적인 임기가 따로 부여된 대표집행임원은 그 임기가 만료되면 대표집행임원 지위가 종료된다.

2. 법적 지위

(1) 대표이사에 갈음

대표이사의 대표권이 의미가 있는 것은 업무집행과 관련되어서이다. 따라서 업무집행을 수행할 집행임원 중 대표가 되는 자에게 기존의 대표이사의 대표권 등을 이전시켜야 한다. 대표집행임원은 회사의 영업에 관하여 재판상 또는 재판외의 모든 행위를 할 권한을 가지고 그 권한에 대한 제한은 선의의 제3자에게 대항하지 못한다(제408조의5 제2항, 제389조 제3항, 제209조). 대표권의 범위는 집행임원 설치회사가 아닌 회사의 대표이사와 같다. 기타 대표집행임원의 손해배상책임도 대표이사의 경우와 같은 내용이다(제408조의5 제2항, 제389조 제3항, 제210조).

(2) 집행임원으로서의 지위

대표집행임원도 집행임원이므로 집행임원의 의무 및 책임에 관한 설명이 그대로 적용된다(제408조의4, 제408조의6, 제408조의7, 제408조의8, 제408조의9 등). 그 이외에도 이사는 대표집행임원으로 하여금 다른 집행임원 또는 피용자의 업무에 관하여 이사회에 보고할 것을 요구할 수도 있다(제408조의6 제3항).

(3) 표현대표집행임원제도

수인의 집행임원이 있고, 그중에 대표집행임원으로 선임되지 아니한 자가 사장, 부사장, 전무, 상무 등과 같은 명칭을 사용하는 경우 제3자는 이들이 회사를 대표할 권한이 있는 자로 오인할 수 있으므로, 상법은 표현대표집행임원제도를 따로 두고 있다(제408조의5 제3항).

제 5 절 감   사

I. 주식회사의 감사제도

1. 감사제도의 필요성

주식회사는 영리를 목적으로 하므로 회사의 경영자인 이사는 가능한 많은 이익을 획득하기 위하여 기업경영을 할 것이고, 그 과정에서 이사는 위법한 방법에 의해서도 이익을 추구하려는 위험과 그 자신의 사익을 추구하기 위하여 부당한 방법을 사용할 우려가 있다. 상법과 관련 법령은 기업경영의 건전성과 투명성을 확보하기 위하여 다양한 주체와 방법에 의하여 경영감시기능이 수행되도록 하고 있다. **주주총회**는 이사의 선임과 해임 그리고 재무제표의 승인에 관한 결의를 통하여 경영감시기능을 수행한다. 그리고 **소수주주는** 대표소송, 위법행위유지청구권, 회계장부열람권, 업무 및 재산상태의 조사를 위한 임시총회의 소집청구권 등을 행사한다.

그러나 상법이 예정하는 다양한 경영감시시스템 중에서 그 중심에 위치하는 것은 **감사** 내지는 **감사위원회** 그리고 업무집행기관이면서 동시에 감독기관으로서의 기능을 수행하는 **이사회**라 할 수 있다.

2. 연   혁

주식회사의 기관구성과 관련하여 업무집행기관과 감사기관의 존재형식은 각국의 사정에 따라 다르다. 감사기관은 오늘날 주식회사의 역사적 모델로 평가되고 있는 17세기 초에 설립된 네덜란드의 동인도회사에 기원을 둔다고 설명된다. 당시 전체 주주가 경영을 감독한다는 것은 사실상 곤란하였기 때문에 지배주주가 기업지배에 참가하기 위한 목적으로 이른바 주요주주회라고 하는 특별한 기구를 설치하여 이 주요주주회로 하여금 전체주주를 대신하여 경영을 감독하도록 한 것이다. 그 후 근대적 주식회사제도가 확립되면서 주요주주회는 독일법상의 감사회와 미국법상의 이사회로 각각 분화되었다.

3. 종   류

(1) 내부감사와 외부감사

회사의 내부기관이 담당하는 내부감사와 외부기관에 위임하는 외부감사로 나뉜다. 상법상 내부감사기관은 업무감사뿐만 아니라 회계감사까지 모두 담당하도록 되어 있으나, 주식회사의 외부감사에 관한 법률에 따라 일정 규모 이상의 주식회사의 회계감사는 외부감사가 강제되고 있다.

(2) 감사와 감사위원회

상법은 이사회가 업무감사를 담당하고 감사는 단순히 회계감사의 권한만을 가지는 것으로 하였으나, 1984년의 개정으로 감사가 업무감사와 회계감사를 모두 하게 되었다. 그 이후에도 법적 지위가 강화되었으나 실효성이 부족하다는 문제점은 계속 지적되고 있었다. 1999년 상법에서는 기업경영의 투명성과 건전성을 확보하기 위하여 사외이사 중심의 감사위원회제도를 도입하는 획기적 조치를 단행하였다. 새로 도입된 감사위원회제도는 전통적인 주식회사의 기관구성과 그 권한분배질서를 근본적으로 변화시켰으며 그동안 주식회사의 감사기관으로서 그 설치가 강제되던 감사는 이제 감사위원회와의 선택의 대상이 됨으로써 그 지위가 크게 위축되었다. 현재 자산총액 2조원 이상의 상장회사의 대해서는 감사위원회의 설치를 강제하고 있다(제542조의11 제1항). 다만 우리의 감사위원회제도는 미국과는 다르다. 미국의 감사위원회는 주로 회계감사와 관련하여 이사회의 감독업무를 보조하는 기능을 수행한다.

감사는 이사회로부터 독립하여 대등한 지위에 있는 기관이지만, 감사위원회는 이사로 구성되는 이사회의 하부위원회의 성격을 가진다. 그런데 **대규모상장회사의 경우는 제542조의12 제1항에 따라 감사위원을 주주총회에서 선임하므로 형식적으로는 감사위원회가 이사회의 하부위원회라 하더라도 기능적으로는 이사회로부터 독립하여 감사업무를 수행한다.**

(3) 회사 규모에 따른 감사제도의 차이

1) 비상장회사

먼저 **비상장회사**의 경우이다. ① 10억원 미만의 비상장회사는 제409조 제4항에 따라 감사기관을 두지 않을 수 있다. 소규모회사의 경우 출자자가 직접 경영하면 독립적인 감독의 필요성이 없을 수 있다는 취지에서이다. ② 10억원 이상의 비상장회사는 반드시 감사든 제415조의2에 따른 감사위원회든 어느 하나를 두어야 한다.

2) 상장회사

상장회사의 경우이다. 제542조의10에서 상근감사를 도입하고 있고 제542조의11에서는 제415조의2보다 엄격한 요건을 갖춘 감사위원회를 규정하고 있다. 그 결과 상장회사에서는 비상근감사, 상근감사, 감사위원회의 세 가지 제도가 시행되고 감사위원회도 다시 두 가지로 나뉜다. ① **자산총액 1천억원 미만인 상장회사**는 최소한 비상근감사는 두어야 하지만 그 대신 상근감사 또는 감사위원회를 선택할 수 있다. 감사위원회도 반드시 제542조의11의 감사위원회로 한정되지 않고 제415조의2의 감사위원회를 설치할 수 있다. ② **자산총액 1천억원 이상 2조원 미만인 상장회사**는 제542조의10에 따라 반드시 상근감사 또는 감사위원회를 두어야 한다. 이 경우 상근감사를 대체하는 감사위원회는 제542조의11에 따른 것이어야 한다(제542조의10 제1항 단서). ③ **자산총액 2조원 이상인 상장회사**는 반드시 제542조의11에 따른 감사위원회를 설치하여야 한다.

Ⅱ. 현행법상 협의의 감사제도

1. 감　사

(1) 의　의

　감사는 이사의 업무집행과 회계를 감사할 권한을 가진 주식회사의 필요상설기관이다. 주식회사의 감사는 필요기관이고 상설기관인 점에서 임시기관인 검사인과 다르다. 다만 자본금총액이 10억원 미만인 소규모 주식회사의 경우에는 그 운영의 간소화를 위하여 감사를 임의기관으로 하고 있다(제409조 제4항). 감사는 상근일 필요는 없으나 자산총액 1천억원 이상 2조원 미만인 상장회사는 제542조의10에 따라 상근감사를 1인 이상 두어야 한다. 그런데 감사가 수인인 경우에도 **회의체를 구성하는 것이 아니라 각자가 독립하여 개별적으로 그 권한을 행사**한다. 이 점에서 이사 또는 이사회와 큰 차이가 있다.

(2) 감사의 선임과 종임 등

1) 선　임
① 주주총회와 의결권의 제한
　감사는 주주총회에서 선임된다(제409조 제1항). 감사는 업무감사권과 회계감사권을 가지는 강력한 기관이기는 하지만 실무에서는 감사의 독립성 또는 전문성과 관련하여 유명무실한 경우가 많다. 이러한 점 때문에 감사의 독립성과 전문성을 제고하기 위하여 감사선출방식에 있어서 1주1의결권의 원칙에 대한 예외를 인정하여, 대주주 뜻에 의하여 좌우되지 않도록 하기 위하여 3% 이상의 초과분에 대하여는 의결권행사를 못하도록 한다(제409조 제2항). 정관에서 더 낮은 주식 보유비율을 정할 수 있으며, 정관에서 더 낮은 주식 보유비율을 정한 경우에는 그 비율로 한다(제409조 제2항 괄호). 회사가 전자적 방법으로 의결권을 행사할 수 있도록 한 경우(제368조의4 제1항)에는 제368조 제1항에도 불구하고 출석한 주주의 의결권의 과반수로써 제1항에 따른 감사의 선임을 결의할 수 있다(제409조 제3항). 요컨대 전자투표를 실시하는 회사는 감사 및 감사위원회위원 선임 시 주주총회 결의요건을 출석한 주주 의결권의 과반수로 한정함으로써 발행주식총수 4분의 1 이상의 결의요건을 적용하지 않도록 한 것이다.

② 피선임자의 승낙

주주총회에서 감사를 선임하는 경우, 그 **선임결의와 피선임자의 승낙만 있으면**, 피선임자는 대표이사와 별도의 임용계약을 체결하였는지 여부와 관계없이 **감사의 지위를 취득한다.**[396] 감사의 선임에 대하여 3%를 초과하는 수의 주식을 가진 대주주는 그 초과하는 주식에 관하여는 의결권을 행사하지 못하고, 따라서 감사선임결의에도 불구하고 대표이사가 임용계약의 청약을 하지 아니하여 감사로서의 지위를 취득하지 못한다고 하면 위 조항에서 감사 선임에 관하여 대주주의 의결권을 제한한 취지가 몰각되어 부당하다. 이사의 직무집행에 대한 감사를 임무로 하는 감사의 취임 여부를 감사의 대상인 대표이사에게 맡기는 것도 적절하지 않기 때문이다.[397]

③ 겸직제한

감사는 그 지위의 독립성과 감사의 공정성을 기하기 위하여 **회사 및 자회사의 이사 또는 지배인 기타의 사용인의 직무를 겸하지 못한다**(제411조). 감사가 자신의 행위를 감사하는 결과가 되기 때문이다. 따라서 회사의 이사 등이 감사로 선임되면 종전의 이사 등의 직을 사임하는 의사를 표시한 것으로 해석한다.[398] 자회사는 모회사의 지배를 받으므로 자회사의 이사가 모회사의 감사가 될 경우 자기감사가 되어 객관적 감사가 불가능할 것이므로 겸직을 제한한다. 역으로 모회사의 이사가 자회사의 감사를 겸직하는 것은 해석상 허용된다. 이 경우는 자기감사의 문제가 발생하지 않는다.

2) 결격사유

상장회사의 상근감사의 결격사유는 상법이 별도로 규정한다(제542조의10 제2항, 상법 시행령 제36조 제2항). 미성년자, 금치산자 또는 한정치산자, 파산선고를 받은 자로서 복권되지 아니한 자, 금고 이상의 형을 선고받고 그 집행이 끝나거나 집행이 면제된 후 2년이 지나지 아니한 자, 대통령령으로 별도로 정하는 법률에 위반하여 해임되거나 면직된 후 2년이 지나지 아니한 자, 당해 회사의 주요주주 및 그의 배우자와 직계존비속, 회사의 상무에 종사하는 이사 및 피용자, 회사의 경영에 영향을 미칠 수 있는 자로서 대통령령으로 정하는 자(회사의 상무에 종사하는 이사의 배우자 및 직계존비속, 계열회사의 상무에 종사하는 이사 및 피용자 또는 최근 2년 이내에 상무에 종사한 이사 및 피용자)이다.

---

396) 대법원 2017.3.23. 선고 2016다251215 전원합의체 판결.
397) 대법원 2017.3.23. 선고 2016다251215 전원합의체 판결.
398) 대법원 2007.12.13. 선고 2007다60080 판결(감사가 회사 또는 자회사의 이사 또는 지배인 기타의 사용인에 선임되거나 반대로 회사 또는 자회사의 이사 또는 지배인 기타의 사용인이 회사의 감사에 선임된 경우에는 그 선임 행위는 각각의 선임 당시에 있어 현직을 사임하는 것을 조건으로 하여 효력을 가지고, 피선임자가 새로이 선임된 지위에 취임할 것을 승낙한 때에는 종전의 직을 사임하는 의사를 표시한 것으로 해석하여야 한다).

3) 수와 임기

상법상 제한이 없다. 그리고 2인 이상 있는 경우라도 회의체를 구성하는 것이 아니라 단독으로 권한을 행사한다. 다만 상장회사로서 최근 사업연도말 현재 자산 총액이 1,000억 원 이상인 상장회사는, 감사위원회를 설치한 경우가 아니면 반드시 1인 이상의 상근감사를 두어야 한다(제542조의10 제1항). 상근감사는 회사에 상근하면서 감사업무를 수행하는 감사이다.

상법 제410조에서 감사의 **임기**는 취임후 3년 내의 최종의 결산기에 관한 정기총회의 종결시까지로 한다고 규정한다. 따라서 그 기준일은 3년 내의 정기총회일이 아니라 결산기이다.

4) 종 임

제415조에서 제382조 제2항, 제385조, 제386조, 제407조를 모두 준용하고 있어 일반적 종임, 특별결의에 의한 해임, 소수주주에 의한 해임청구, 결원의 처리, 직무집행정지의 가처분 및 직무대행자 선임 등은 모두 이사와 같다. 다만, ① **감사의 의견진술권을 보장**하고 있다. 즉 임기만료 이외에 주주총회에서 해임결의를 통하여 해임할 수 있으나, 이 경우 당해 감사는 그의 해임의 부당성에 관하여 의견을 진술할 수 있다(제409조의2). 감사업무의 공정성을 위하여는 감사의 지위가 안정되어야 한다. 감사도 주주총회 특별결의에 의하여 해임될 수 있는데 이 경우 감사가 주주에게 접근하여 공정성을 제고할 수 있도록 발언할 수 있는 기회를 부여하고 있다. ② 제409조 제2항은 오직 선임에만 적용되기 때문에 **해임에 있어서는 선임의 경우와 달리 3%를 초과하여 보유하는 주식의 의결권을 제한하지 않는다.** 입법으로 보완할 부분이다. 그런데 **상장회사**에서는 제542조의12 제7항에서 감사의 해임의 경우에도 선임과 같은 방식으로 3% 초과 보유주식의 의결권을 제한하고 있으나, 비상장회사의 감사를 해임하는 경우에는 3% 초과주식의 의결권을 제한하지 않고 있어 양자를 통일하는 것이 타당하다 본다.

(3) 감사의 권한

1) 업무 및 회계감사권

감사는 이사의 직무집행을 감사할 권한을 가진다(제412조 제1항). 상법이 이사의 직무집행에 대한 업무감사권을 이사회와 감사에게 병존시키고 있으므로 양 기관의 권한관계에 대해서는 적법성감사설과 타당성감사설이 대립하고 있다. 적법성감사란 이사의 직무집행이 법령이나 정관에 위반되는지의 여부에 대한 감사를 말하고, 타당성감사란 이사의 직무집행이 회사의 경영상 합목적적인지의 여부에 대한 감사를 말한다. 감사의 업무감사권의 범위와 관련하여 적법성감사에 대해서는 이론이 없으나 타당성감사의 여부에 대해서는 학설이 대립된다.

① **타당성감사설**로서, 이에 의하면 감사는 적법성감사뿐만 아니라 타당성감사도 할 수 있다고 한다. 그 근거로서는 상법이 감사에게 이사회출석·발언권을 부여하였으므로 감사는 이사회에 참석하여 업무집행의 타당성까지도 감사할 수 있어야 하고 또 타당성을 결여한 정도가 극심한 경우는 위법성과 다름이 없다는 등이 제시되고 있다. ② **적법성감사한정설**에 의하면 감사의 업무감사권은 원칙적으로는 적법성감사에 한정되지만 상법 제413조와 제447조의4 제2항 제5호 및 8호 등과 같이 명문으로 타당성감사를 인정하고 있는 경우에는 예외적으로 타당성감사에까지 미친다고 한다. 이 견해는 그 근거로서 감사가 경영정책의 당부에 속하는 문제에까지 관여하는 경우에는 감사의 경영판단이 이사회의 경영판단에 우선하게 되어 기관분화와 권한분배의 기본취지에 반하는 것으로 보고 있다. 따라서 예컨대 이사가 총회에 제출할 의안과 서류를 조사하여 부당한 사항의 여부에 관하여 주주총회에 보고하는 경우(제413조)와 감사보고서에 회계방침의 변경이 타당한지의 여부에 대한 기재(제447조의4 제2항 제5호)를 하거나 또는 이익잉여금처분계산서, 결손금처리계산서가 현저하게 부당한 경우 그 이유를 기재(제447조의4 제2항 제8호)하도록 한 경우와 같이 상법이 명문으로 타당성감사를 하도록 규정하고 있는 경우에만 타당성감사를 할 수 있는 것으로 보는 것이다. ③ **판례**는 아직 없다. **적법성감사한정설이 타당하다.**

2) 이사와 회사 간의 소에 관한 회사대표권(제394조 제1항)

이사와 회사 간의 소에서도 원래는 대표이사가 회사를 대표하여야 하겠으나, 대표이사가 소송의 당사자인 경우는 물론 다른 이사가 당사자인 경우에도 이해관계 등으로 인하여 회사의 권리확보를 위하여 감사의 중립성을 신뢰하여 소송수행을 담당하도록 한 것이다. 회사가 이사를 상대로 제소를 하기로 결정한 경우는 물론 감사가 자기 의사에 따라 소를 제기할 수 있는지가 문제될 수 있으나 감사의 중립성과 객관성을 신뢰하여 소송수행권을 부여한 취지를 본다면 감사가 단독으로 결정할 수 있다고 본다.

소수주주가 대표소송을 제기하기 이전에 제403조 제1항 또는 제406조의2 제1항에 따라 회사에 대하여 이사의 책임을 추궁하도록 소제기를 청구하는 경우 감사가 회사를 대표하므로 주주는 감사에게 청구하여야 한다. 그리고 **감사를 두지 않은 소규모 회사의 경우에는 법원이 회사를 대표할 자를 선임하게 된다**(제409조 제5항). 감사의 소송대표권을 위반하여 대표이사가 회사를 대표하여 행한 소송행위는 무효가 된다.[399]

---

[399] 대법원 2011.7.28. 선고 2009다86918 판결(주식회사의 이사가 회사에 대하여 소를 제기함에 있어서 상법 제394조에 의하여 그 소에 관하여 회사를 대표할 권한이 있는 감사를 대표자로 표시하지 아니하고 대표이사를 회사의 대표자로 표시한 소장을 법원에 제출하고, 법원도 이 점을 간과하여 회사의 대표이사에게 소장의 부본을 송달한 채, 회사의 대표이사로부터 소송대리권을 위임받은 변호사들에 의하여 소송이 수행되었다면, 그 소송에 관하여는 회사를 대표할 권한이 대표이사에게 없기 때문에, 소장이 회사에게 적법·유효하게 송달되었다고 볼 수 없음은 물론 회사의 대표이사가 회사를 대표하여 한 소송행위나 이사가 회사의 대표이사에 대하여 한 소송행위는 모두 무효가 된다); 대

3) 그 밖의 권한

감사의 업무 및 회계감사권의 실효성을 확보하기 위하여 상법이 인정하는 그 밖의 권한은 다음과 같다.

① 회사에 대한 보고요구·조사권

감사는 언제든지 이사에 대하여 영업에 관한 보고를 요구하거나 회사의 업무와 재산상태를 조사할 수 있다(제412조 제2항). 또한 이사는 회사에 현저하게 손해를 미칠 염려가 있는 사실을 발견한 때에는 감사의 요구가 없다 하더라도 즉시 이를 감사에게 보고하여야 할 의무를 부담한다(제412조의2).

② 자회사에 대한 보고요구·조사권

모회사의 감사는 그 직무를 수행하기 위하여 필요한 때에는 자회사에 대하여 영업의 보고를 요구할 수 있다(제412조의5 제1항). 또한 자회사의 업무와 재산상황을 조사할 수 있다(제412조의5 제2항). 그런데 이 권한이 자회사에 대한 감사권을 의미하는 것은 아니다.

③ 이사회출석 의견진술권

감사는 이사회에 출석하여 의견을 진술할 수 있다(제391조의2 제1항). 따라서 이사회를 소집할 때에는 감사에게도 소집통지를 하여야 하며(제390조 제3항), 소집통지를 생략하고자 할 때에는 감사 전원의 동의도 얻어야 한다(제390조 제4항).

④ 이사의 위법행위유지청구권

감사는 이사가 법령 또는 정관에 위반한 행위를 하여 이로 인하여 회사에 회복할 수 없는 손해가 생길 염려가 있는 경우에는 이사에 대하여 그 행위를 하지 말도록 유지청구할 수 있다(제402조).

⑤ 임시주주총회의 소집청구권

감사는 회의의 목적사항과 소집의 이유를 기재한 서면을 이사회에 제출하여 임시주주총회의 소집을 청구할 수 있는데(제412조의3 제1항), 이때 이사회가 지체 없이 총회소집의 절차를 밟지 아니하면 감사가 법원의 허가를 얻어 총회를 직접 소집할 수 있다(제412조의3 제2항, 제366조 제2항).

⑥ 각종 소권

회사설립무효의 소(제328조), 주주총회결의취소의 소(제376조 제1항), 신주발행무효의 소(제429조), 자본감소무효의 소(제445조), 합병무효의 소(제529조), 회사분할·분할합병무효의 소(제530조의11) 등을 제기할 수 있다.

법원 1990.5.11. 선고 89다카15199 판결.

(4) 감사의 의무와 책임

1) 의 무

감사는 회사와 민법상 위임관계에 있고 선관의무를 부담한다(제415조, 제382조 제2항). 퇴임 이후에도 회사의 비밀을 유지할 의무를 부담한다(제415조, 제382조의4). 감사록작성의무(제413조의2), 이사에 대한 감사보고서 제출의무(제447조의4), 이사회에 대한 보고의무(제391조의2 제2항) 등의 의무를 부담한다. 그리고 주주총회에서의 의견진술의무로서, 감사는 이사가 주주총회에 제출할 의안 및 서류를 조사하여 법령 또는 정관에 위반하거나 현저하게 부당한 사항이 있는지의 여부에 관하여 주주총회에 그 의견을 진술하여야 한다(제413조). 이사에 대한 해임권을 가지고 있는 주주총회에서 감사로 하여금 의견진술을 하도록 하여 이사에 대한 견제의 실효성을 제고한다.

2) 책 임

원칙적으로 이사의 책임과 같다. 상법 제414조에서는 이사의 회사에 대한 손해배상책임·이사의 제3자에 대한 손해배상책임과 유사한 규정을 두고 있다. 사외이사가 이사와 동일한 책임을 부담하듯이 감사의 책임에 있어서도 비상근감사라 하여 상근감사의 책임과 다른 요건을 적용하지 않는다.[400] 감사의 책임도 총주주의 동의로 면제될 수 있고 이사의 책임경감과 같은 내용을 정관에 두어 책임을 경감할 수 있다(제415조, 제400조 제1항, 제2항).

① 법적 성질

감사 책임의 법적 성질은 감사는 회사에 대하여 수임인으로서 선량한 관리자의 주의의무를 지므로 **채무불이행책임**이 된다. 따라서 별도의 불법행위의 요건을 입증하여 불법행위책임을 물을 수 있다. 판례는 이러한 취지에서 총주주의 동의가 있더라도 채무불이행책임만 면제된 것이어서 불법행위책임이 면제되는 것은 아니라는 입장을 취한다.[401]

② 책임의 연대성

감사는 회사에 대하여 손해배상책임을 지는 경우 이사도 그 책임이 있는 때에는 그 감사와 이사는 연대하여 손해배상책임을 진다(제414조 제3항).

③ 책임의 추궁

소수주주에 의한 대표소송이 인정된다. 또한 책임의 면제에 있어서도 총주주의 동의가 필요하다(제415조, 제403조).

---

400) 대법원 2004.3.25. 선고 2003다18838 판결.
401) 대법원 2002.6.14. 선고 2002다11441 판결(상법 제399조에 기한 손해배상청구의 소를 제기한 것이 일반 불법행위로 인한 손해배상청구권에 대한 소멸시효 중단의 효력은 없다고 한 사례); 대법원 1996.4.9. 선고 95다56316 판결(상법 제415조, 제400조에 의하여 총주주 동의로 면제할 수 있는 감사의 회사에 대한 책임은 위임관계로 인한 채무불이행 책임이지 불법행위 책임이 아니므로, 사실상의 1인주주가 책임 면제의 의사표시를 하였더라도 감사의 회사에 대한 불법행위 책임은 면제할 수 없다).

④ 관련 판례들

감사는 회사에 대하여 책임을 질 뿐 아니라 제401조가 준용되므로 제3자에 대하여도 책임을 부담한다. 이 경우 고의·중과실이 있는 지 여부가 문제된다. 관련되는 중요한 판결들은 다음과 같다. (i) 대표이사에게 권한이 집중되어 감사의 정보접근이 사실상 봉쇄되어 있는 상황에서 오히려 감사의 주의의무의 정도가 높다는 취지의 판결을 하였다.402) (ii) 감사의 지위가 비상근, 무보수의 명예직이거나 혹은 전문지식을 갖추지 못하였다는 사정으로 그 주의의무를 면하지 못한다고 한다.403) (iii) 감사가 명의만 빌려주고 실제로 아무런 업무를 처리하지 않고 그 결과 제3자 등이 손해를 입은 경우 그 손해에 대한 배상책임이 있다.404) (iv) 이사가 법령에 위반한 행위를 한 경우 감사는 그 감사의무를 면하기 어렵다고 한다.405)

2. 감사위원회

(1) 의 의

감사위원회는 이사회내 위원회의 하나로서 감사에 갈음하여 채택할 수 있는 감사기관이다. 따라서 감사위원회는 **감사에 갈음하여 이사의 업무집행과 회계를 감사할 권한을 가진 이사회내 위원회**이다. 제415조의2는 감사를 원칙으로 하지만 정관으로 감사위원회를 선택할 수 있도록 하고 그렇게 되면 감사를 둘 수 없도록 하였다. 단 제542조의11 제1항에 따라 **자산총액 2조원 이상인 상장회사는 의무적으로 감사위원회를 설치하여야 한다** (상법 시행령 제37조). 하지만 이 제도에 대하여는 여러 비판이 있다. ① 감사제도와 감사위원회제도를 선택할 수 있게끔 하여 주식회사에서 감사제도의 통일성을 기할 수 없다. ② 업무집행에 관한 의사결정에 참여하는 이사가 다시 감사위원회 위원으로서 업무집행을 담당한 이사의 직무를 감사하는 것이 모순이다.

---

402) 대법원 2008.9.11. 선고 2006다68636 판결.

403) 대법원 2008.9.11. 선고 2006다57926 판결.

404) 대법원 2008.2.14. 선고 2006다82601 판결(주식회사의 감사가 실질적으로 감사로서의 직무를 수행할 의사가 전혀 없으면서도 자신의 도장을 이사에게 맡기는 등의 방식으로 그 명의만을 빌려줌으로써 회사의 이사로 하여금 어떠한 간섭이나 감독도 받지 않고 재무제표 등에 허위의 사실을 기재한 다음 그와 같이 분식된 재무제표 등을 이용하여 거래 상대방인 제3자에게 손해를 입히도록 묵인하거나 방치한 경우, 감사는 악의 또는 중대한 과실로 인하여 임무를 해태한 때에 해당하여 그로 말미암아 제3자가 입은 손해를 배상할 책임이 있다).

405) 대법원 2007.11.16. 선고 2005다58830 판결(이사가 임무를 수행함에 있어서 법령에 위반한 행위를 한 때에는 그 행위 자체가 회사에 대하여 채무불이행에 해당되므로 감사는 경영판단의 재량권을 들어 감사의무를 면할 수 없고, 회사의 감사직무규정에서 최종결재자의 결재에 앞서 내용을 검토하고 의견을 첨부하는 방법에 의하여 사전감사를 할 의무를 정하고 있는 사항에 대하여는 감사에게 그와 같은 사전감사가 충실히 이루어질 수 있도록 할 의무가 있는 것이므로 결재절차가 마련되어 있지 않았다거나 이사의 임의적인 업무처리로 인하여 감사사항을 알지 못하였다는 사정만으로는 그 책임을 면할 수 없다고 할 것이다).

(2) 설 치

비상장회사의 경우 임의사항이다. 상장회사의 경우에도 자산총액 2조원 미만의 경우까지는 임의사항이다. 회사는 감사에 갈음하여 감사위원회를 설치할 수 있는데, 감사위원회를 설치한 경우에는 감사를 둘 수 없다(제415조의2). 다만 상장회사가 최근 사업연도말 현재 자산총액이 2조원 이상인 경우에는 일정한 회사를 제외하고는 의무적으로 감사위원회를 설치하여야 한다(제542조의11 제1항, 상법 시행령 제37조 제1항).

(3) 감사위원회의 구성

감사위원회는 제415조의2 제2항에 따라 3인 이상의 이사로 구성된다. 감사위원은 전원이 이사라는 점에 주의하여야 한다. 따라서 주주총회에서 이사를 먼저 선임한 후 그 선임된 이사들 중에서 감사위원을 선임하여야 한다. 감사위원의 선임과 해임은 비상장회사와 상장회사가 다르게 규정되어 있다. 상장회사의 경우 상당히 복잡하다.

1) 비상장회사와 자산총액 1천억원 미만의 상장회사

① 이사회 결의에 의한 선임

자산총액 2조원 미만인 상장회사의 경우 별도의 특칙이 없으므로 비상장회사에 관한 상법 제415조의2(감사위원회)가 그대로 적용된다. 따라서, 이사회는 정관이 정하는 바에 따라 이사회 내 위원회의 일종으로 감사위원회를 설치할 수 있으며, 이 경우 이사회 결의에 의하여 선임 또는 해임된다(제393조의2). 다만, 그 해임은 이사 총수의 3분의 2 이상의 결의로 하여야 한다(제415조의2 제3항).

② 주주총회 결의에 의한 선임

회사는 이사회결의가 아니라 '정관으로' 주주총회 결의로 감사위원을 선임하거나 해임하도록 규정할 수 있다. 그런데 자산총액 1천억원 미만의 상장회사는 감사위원 선임시 감사위원 1명에 대한 분리선출을 규정하는 상법 제542조의12 제2항이 적용되지 않아 자유로이 정할 수 있다. 따라서 일괄선출, 1명에 대한 분리선출, 또는 전원에 대한 분리선출 등을 자유로이 정할 수 있다.

2) 자산총액 1천억원 이상 2조원 미만인 상장회사

자산총액 1천억원 이상 2조원 미만인 회사는 상근감사를 대신하여 오직 "이 절에 의한" 감사위원회를 둘 수 있으므로(제542조의10 제1항 단서), 다음에서 보는 **자산총액 2조원 이상인 대규모상장회사의 감사위원회 선임절차 등 구성과 동일하다.**

3) 자산총액 2조원 이상인 상장회사

① 주주총회 결의

최근 사업연도말 현재 자산총액 2조원 이상의 상장회사는 감사위원을 선임하거나 해임하는 권한은 이사회가 아니라 주주총회에 있다(제542조의12 제1항). 감사위원의 독립성을 높이고 주주총회에서 선임하는 감사와 균형을 맞추기 위한 것이다. 하지만 감사위원은 이사이기 때문에 주주총회에서 이사를 선임한 후 선임된 이사 중에서 감사위원을 선임하여야 한다(제542조의12 제2항).

② 1명 이상은 분리선출

감사 선임(또는 해임)시, 또는 선임된 이사들 중에서 감사위원 선임(또는 해임)시 3% 의결권 제한이 있다. 그런데 주주총회에서 먼저 이사를 선임한 이후, 그 다음으로 감사위원을 선임한다면 결국 지배주주가 원하는 자가 경영도 하고 감사도 하게 되어 자기감사(자기감독)가 되지 않을 수 없다. 따라서 2020년 상법개정으로 감사위원 중 최소한 1명은(정관에서 2명 이상으로 정할 수 있음) 다른 이사들과 분리하여 선임하도록 한다(제542조의12 제2항). 분리선출의 결과 그 1명은 이사와 동시에 감사위원이 되므로 한 번의 주주총회 결의로 충분하다. 분리선출시 3% 초과의 의결권이 제한됨은 당연하다.

③ 모든 감사위원의 **선임과 해임에 3%룰의 적용**

개정전 상법에는 사외이사인 감사위원회 위원의 경우 해임시 3% 규정이 없어 해석상 혼란이 있었으나, 2020년 개정으로 감사위원의 선임과 해임 모두에 있어 3% 초과 주식에 대하여는 의결권이 제한됨을 분명히 하였다(제542조의12 제4항). 또한 사외이사 아닌 감사위원에 대한 적용에 있어서도 일부 해석상 의문이 있었으나 사외이사인지 여부에 상관없이 모든 주주에 대하여 3% 초과분에 대한 의결권을 제한한다(제542조의12 제4항).

④ 감사위원 해임은 주주총회 특별결의에 의함

자산총액 2조원 이상인 상장회사의 경우 감사위원은 제434조에 따른 주주총회의 결의로 해임할 수 있다(제542조의12 제3항). 분리선출된 감사위원이 해임 대상인 경우 이사와 감사위원의 지위를 모두 상실한다(제542조의12 제3항 단서). 따라서 분리선출된 감사위원이 아닌 경우에는 감사위원 해임시 특별결의에 의하더라도 이사의 지위까지 상실되는 것은 아니다.

⑤ 최대주주가 '사외이사가 아닌 감사위원'을 선임 또는 해임하는 경우

사외이사가 아닌 감사위원의 선임과 해임시에는 추가적인 제한이 있다. 3% 초과분의 모든 주주에 대하여 의결권을 제한하고, 추가적으로 최대주주와 최대주주의 특수관계인 등에 대한 의결권 제한도 있다(제542조의12 제4항 괄호). 최대주주, 최대주주의 특수관계인, 그 밖에 대통령령으로 정하는 자가 소유하는 상장회사의 의결권 있는 주식의 **합계**가 3%를 초과하는 경우 그 주주는 그 초과하는 주식에 관하여 사외이사가 아닌 감사위원을 선임하거나 해임할 때에는 의결권을 행사하지 못한다. 이 제한은 최대주주에게만 적용된다.

3) 상장회사 감사위원 선임시 정족수 완화

회사가 제368조의4 제1항에 따라 전자적 방법으로 의결권을 행사할 수 있도록 한 경우에는 제368조 제1항에도 불구하고 출석한 주주의 의결권의 과반수로써 감사위원의 선임을 결의할 수 있다(제542조의12 제8항). 이는 감사위원 선임시 발행주식총수의 4분의 1 이상의 요건을 갖추지 못하더라도 출석주주 의결권의 과반수만으로 감사위원을 선임할 수 있도록 하여, 감사위원 선임시 정족 요건을 완화한 것이다.

(4) 자격 등

1) 자 격

① 비상장회사

비상장회사의 감사위원의 자격은 따로 정하고 있지 않다. 다만 감사위원회의 독립을 위하여 **감사위원의 3분의 2 이상은 사외이사**이어야 한다(제415조의2 제2항).

② 상장회사

상장회사의 경우는 다른 제한들이 있다. (i) 감사위원회를 의무적으로 설치하여야 하는 자산총액 2조원 이상의 경우 감사위원 중 1명 이상은 회계 또는 재무전문가이어야 하고 또한 감사위원회 대표는 사외이사이어야 한다(제542조의11 제2항). 그리고 사외이사가 아닌 감사위원의 자격을 상근감사의 자격과 같이 정한다(제542조의11 제3항). (ii) **자산총액 2조원 미만 1천억원 이상으로서 제542조의10에 따라 상근감사를 두어야 하는 상장회사가 그 대신 감사위원회를 두는 경우에도 제542조의11에 의한 요건을 갖추어야 한다**(제542조의10 제1항 단서). (iii) 자산총액 1천억원 미만의 상장회사는 임의로 제415조의2에 따른 감사위원회를 둘 수 있으므로 이러한 제한이 적용되지 않는다.

2) 임 기

위원의 임기에 관하여는 상법에 규정이 없다. 정관규정에 의하고, 정관규정이 없으면 이사회가 이를 정한다. 이도 정한 바 없다면 이사 지위의 종료로 감사위원의 지위도 상실한다.

3) 운 영

① 이사회내 위원회

제415조의2 제1항에서 제393조의2에 따를 것으로 정하고 있어 이사회의 하부위원회로 운영된다. 즉 감사위원회는 이사회의 하부위원회이므로 소집이나 결의방법 등에 있어서 그 운영은 이사회내 위원회의 운영방법에 따라야 한다(제393조의2 제4항, 제5항). 다만 일반위원회와 다른 점은 **대표위원을 선정**하여야 한다는 점으로서(제415조의2 제4항), 감사위원회는

의사결정을 하고 그 집행은 대표위원이 하게 된다. 대표위원을 수인을 선정하여 공동으로 대표하게 할 수 있다(제415조의2 제4항 후단). 감사의 실효성을 제고하기 위하여 회사비용으로 전문가의 조력을 구할 수 있다고 규정한다(제415조의2 제5항).

② 독립성

그런데 감사위원회는 감사를 갈음하는 기관이므로 독립성이 중요하다. 이런 점에서 대규모 상장회사의 경우 감사위원이 주주총회에서 선임되도록 하는 것이다(제542조의12 제1항). 그리고 사외이사를 중심으로 감사위원회를 구성하도록 하며(제415조의2 제2항), 이사회가 감사위원회의 결정을 번복하지 못하도록 한다(제415조의2 제6항).

(5) 권한과 의무

1) 감사와 원칙적 동일

감사위원회는 감사에 갈음하여 직무집행을 감사할 권한을 가지고 의무를 부담한다. 제415조의2 제7항에서 감사의 권한과 의무에 관한 모든 조항을 감사위원회에 준용하는 방식을 택하고 있어 감사위원회의 권한과 의무는 감사와 동일하다. 감사위원의 책임도 제414조가 준용되므로 감사와 동일하다.

2) 감독기능과 감사기능

따라서 감사위원회는 감사의 경우와 같이 감독기능과 감사기능을 포함한다. 다만 감사위원이 이사이므로 감사위원에 대하여 소가 제기된 경우, 제415조의2의 규정에 의한 감사위원회의 위원이 소의 당사자인 경우에는 감사위원회 또는 이사는 법원에 회사를 대표할 자를 선임하여 줄 것을 신청하여야 한다(제394조 제2항).

3) 타당성감사의 포함 여부

그런데 감사의 감사는 적법성감사로 한정된다는 것이 통설임에 반하여, 감사위원회는 감사의 경우와는 달리 이사회의 내부조직이라는 점에서 볼 때 감사위원회의 기능은 감사의 기능과는 어느 정도의 차이를 인정하지 않을 수 없다. 즉 감사위원은 전원이 타당성감사를 직무권한으로 하고 있는 이사회의 구성원으로서의 지위를 가지고 있고 또 이사회의 감독기능을 제고하기 위한 감사위원회제도의 도입취지에 비추어 보더라도 감사위원회의 업무감사권의 범위에 대해서는 감사의 업무감사권의 경우와는 다른 차원에서 접근할 필요가 있다. **타당성감사도 포함**된다고 본다.

3. 외부감사인

(1) 의 의

주식회사의 외부감사에 관한 법률에 의하여 대통령령이 정하는 일정규모 이상의 주식회사는 감사 또는 감사위원회에 의한 내부감사 외에 주식회사로부터 독립된 회계의 전문가인 회계법인 등에 의하여 회계감사를 받아야 하는데 회사의 외부에서 회계감사를 하는 자가 외부감사인이다. 주식회사의 외부감사에 관한 법률에 의하여 직전 사업연도 말의 자산총액이 100억원(외감법 시행령 제2조 제1항 제1호) 이상인 주식회사 또는 자본시장과 금융투자업에 관한 법률에 따른 주권상장법인과 다음 사업연도 중에 주권상장법인이 되고자 하는 주식회사 및 자본시장법에 따라 금융위원회와 거래소에 재무에 관한 서류를 제출하는 자 중 대통령령으로 정하는 자 등의 재무제표에 대하여 회계감사를 실시하는 독립된 외부감사기관이다. 이 외부감사인제도의 목적은 회사의 회계처리의 적정을 기하게 함으로써 회사의 건전한 발전과 이해관계인을 보호하고자 하는 데 있는데, 감사 또는 감사위원회의 내부감사가 실효를 거두지 못한 것을 보강하기 위한 것이다. 외부감사인은 회사의 기관이 아니라 피감사회사에 대하여 독립성을 유지하는 회계전문가인 회계법인 또는 감사반이며 회사와의 감사계약을 체결함으로써 선임된다.

(2) 감사와의 차이점

감사는 회사의 기관이지만 외부감사인은 회사와는 별개의 독립성을 가지는 자이고, 감사는 반드시 공인회계사일 필요가 없으나 외부감사인은 공인회계사이어야 한다는 점이다. 다만 감사나 외부감사인 모두 회사와의 관계가 위임인 점은 동일하다. 또한 감사의 감사권은 업무감사와 회계감사에 모두 미침에 반하여 외부감사인의 감사권의 범위는 구체적으로는 감사계약에 의하여 정하여질 것이지만 통상 회계감사에 한정된다. 따라서 감사의 감사는 경영자의 정책결정 그 자체를 대상으로 하는 것이어서 회사운영의 기본방침에 대한 의사결정과 최고정책수행의 결과에 대한 비판적 검토를 수행한다. 반면, 외부감사인은 회계장부나 재무제표를 분석적으로 검토한 후 전문가로서의 비판적 의견을 표명하는 데 그치는 것이다.

(3) 권　한

외부감사인은 일반적으로 공정타당하다고 인정되는 회계감사기준에 따라 감사를 실시하여야 하는데 이러한 회계감사기준은 감사인의 독립성 유지와 재무제표의 신뢰성유지에 필요한 사항 등을 대통령령이 정하는 바에 따라 한국공인회계사회가 정하되 금융위원회의 사전승인을 얻어야 한다. 감사인은 회계장부열람권, 회계자료제출요구권, 재무상태조사권 등을 가진다. 외부감사인은 주주총회의 요구가 있는 때에는 이에 출석하여 의견을 진술하거나 주주의 질문에 답변할 의무가 있으며, 그가 직무를 수행함에 있어서 이사의 직무수행에 관하여 부정행위 또는 법령이나 정관에 위반되는 중대한 사실을 발견한 때에는 이를 감사 또는 감사위원회에게 통보하여야 한다.

(4) 책 임

1) 내 용

외부감사인의 회사 및 제3자에 대한 손해배상책임은 감사의 그것과 유사하다. 외부감사인이 기업의 회계처리의 적정성을 감사함에 있어 임무해태가 있는 경우에는 의뢰인인 회사에 대하여 손해배상책임을 부담한다(외감법 제17조 제1항). 또한 감사인이 중요한 사항에 관하여 감사보고서에 기재하지 아니하거나 허위의 기재를 함으로써 이를 믿고 이용한 제3자에게 손해를 발생하게 한 경우에는 그 감사인은 제3자에 대하여 손해를 배상할 책임이 있다(외감법 제17조 제2항). 외부감사인의 귀책사유로 인하여 허위의 감사보고서가 작성되었고, 투자자들이 그 감사보고서를 신뢰한 경우에 대하여 손해배상책임을 인정한 판례는 많다.[406]

이 경우 제3자는 감사보고서를 믿고 회사에 투자한 주주와 자금을 융자해 준 은행이나 거래당사자인 채권자 등을 가리킨다.

2) 책임의 소멸

검사인의 회사와 제3자에 대한 손해배상책임은 그 청구권자가 당해 사실을 안 날로부터 1년 이내 또는 감사보고서를 제출한 날로부터 3년 이내에 청구권을 행사하지 아니한 때에 소멸한다. 다만 감사인의 선임에 있어서 계약으로 그 기간을 연장할 수 있다(외감법 제17조 제9항). 하지만 이 규정에 대하여는 외부감사인이 회사의 이사 또는 감사와 공모하여 고의적으로 부실한 감사보고서를 작성한 경우까지 단기의 소멸시효로 정하는 것은 바람직하지 않다는 비판이 있다. 이때 "안 날"의 해석은 그 기재누락이나 허위기재가 있었다는 사실을 현실적으로 인식한 때라고 본다.[407]

---

406) 대법원 2008.6.26. 선고 2007다90647 판결(투자자가 기업체의 대규모 분식회계사실을 제대로 알고 있었다면 그 기업체가 발행한 기업어음을 매입하지 않았을 것이므로, 재무제표의 감사와 관련하여 분식회계사실을 밝히지 못한 외부감사인의 과실과 그 기업체가 발행한 기업어음 매입 사이에 인과관계가 인정된다고 본 사례); 대법원 2008.7.10. 선고 2006다79674 판결(신용보증기관의 유동화자산 편입대상 적격업체 선정에 재무제표에 나타난 기업체의 재무상태 외에 상환자원 및 사업계획의 타당성, 채권의 보전방법, 거래실적 및 전망, 기업체의 수익성, 사업성과, 기업분석 및 시장조사 결과 등 다른 요인들도 함께 고려된다는 사정만으로는 외부감사인의 감사보고서 허위기재와 이를 신뢰한 신용보증기관의 적격업체 선정 및 그에 따른 보증책임 발생 사이의 인과관계를 부정할 수 없다고 한 사례); 대법원 2007.6.28. 선고 2006다52259 판결(기업체의 임직원 등이 대규모의 분식회계에 가담하거나 기업체의 감사가 대규모로 분식된 재무제표의 감사와 관련하여 중요한 감사절차를 수행하지 아니하거나 소홀히 한 잘못이 있는 경우에는, 그로 말미암아 기업체가 발행하는 회사채 등이 신용평가기관으로부터 적정한 신용등급을 얻었고 그에 따라 금융기관이 그 회사채 등을 지급보증하거나 매입하는 방식으로 여신을 제공하기에 이르렀다고 봄이 상당하다); 대법원 2007.1.11. 선고 2005다28082 판결(대규모 분식회계가 있음을 모른 채 기업어음을 회전매입하는 방식으로 기업체에 여신을 제공해 온 금융기관이 기업체의 자금에 의한 여신 회수가 사실상 불가능한 상태에서 정책적인 고려 아래 회전매입을 계속한 경우, 대규모 분식회계가 행하여진 재무제표에 대한 외부감사인의 회계감사상의 과실과 금융기관의 기업어음 매입으로 인한 손해 사이에 인과관계가 단절되지 않는다고 한 사례); 1998.4.24. 선고 97다32215 판결(일반적으로 감사인의 부실감사를 토대로 주식거래를 한 주식투자자가 부실감사를 한 감사인에 대하여 민법상의 불법행위책임을 근거로 배상을 구할 수 있는 손해액은 부실감사로 인하여 상실하게 된 주가 상당액이고, 주식투자자는 이러한 민법상의 불법행위책임과 함께 증권거래법 제197조의 책임도 물을 수 있다).

407) 대법원 2008.7.10. 선고 2006다79674 판결(주식회사의 외부감사에 관한 법률 제17조 제2항에 의하면, 감사인

4. 검 사 인

(1) 의 의

검사인은 주식회사의 설립절차 또는 회사의 업무나 재산상태를 조사할 임무가 있는 임시적 감사기관이다.

(2) 선임 등

1) 법원이 선임하는 경우

주식설립시 변태설립사항을 조사하기 위하여(제290조, 제298조 제4항, 제299조 제1항, 제310조 제1항), 할인발행의 인가 여부를 결정하기 위하여(제417조 제3항), 신주발행시 현물출자를 검사하기 위하여 이사의 청구가 있는 경우(제422조 제1항), 업무집행에 관하여 부정행위 또는 법령이나 정관에 위반한 중대한 사실이 있음을 의심할 사유가 있는 때에 소수주주의 청구가 있는 경우(제467조 제1항) 등이다. 그리고 2011년 개정으로 도입된 제도로서, 회사 또는 발행주식총수의 100분의 1 이상에 해당하는 주식을 가진 주주가 총회의 소집절차나 결의방법의 적법성을 조사하기 위하여 총회 전에 법원에 검사인의 선임을 청구할 수 있다(제367조 제2항).

2) 주주총회가 선임하는 경우

소수주주에 의하여 소집된 임시주주총회가 회사의 업무와 재산상태를 조사하게 하기 위한 경우(제366조 제3항), 이사나 청산인의 제출서류와 감사 또는 감사위원회의 보고서를 조사하게 하기 위한 경우(제367조 제1항, 제542조 제2항) 등이다.

(3) 자격, 임기 등

원수는 제한이 없어 1인 이상이다. 임기는 법률상 규정이 없어 직무 종료시까지이다. 검사인은 임시기관이므로 등기할 필요가 없다.

(4) 책 임

1) 법원이 선임한 경우

법원이 설립경과를 조사하기 위하여 선임한 검사인이 악의 또는 중대한 과실로 인하여 그 임무를 해태한 때에는 회사 또는 제3자에 대하여 손해를 배상할 책임이 있다(제325조).

이 중요한 사항에 관하여 감사보고서에 기재하지 아니하거나 허위의 기재를 함으로써 이를 믿고 이용한 제3자가 손해를 입은 경우 그 감사인은 위 손해를 배상할 책임이 있고, 같은 조 제7항에 의하면 위 손해배상책임은 그 청구권자가 '당해 사실을 안 날'부터 1년 이내 또는 감사보고서를 제출한 날부터 3년 이내에 청구권을 행사하지 아니한 때에는 소멸한다고 규정하고 있는데, 여기서 '당해 사실을 안 날'이란 청구권자가 감사보고서의 기재누락이나 허위기재를 현실적으로 인식한 때를 말한다); 대법원 2007.1.11. 선고 2005다28082 판결.

자본충실과 관련하여 공정한 조사가 요구되므로 책임을 부과하고 있다. 회사에 대한 책임의 발생요건으로 '악의 또는 중대한 과실'을 요건으로 하고 있어 단순한 임무해태만을 요건으로 삼는 이사 등의 경우와 다르다. 그러나 제3자에 대한 책임발생요건은 동일하다. 이 외에도 법원이 선임한 검사인의 경우 상법 규정은 없으나 위 검사인에 준하여 책임을 부담하는 것으로 본다.[408]

2) 주주총회에서 선임한 경우

주주총회에서 선임된 검사인은 임무를 해태한 경우 회사에 대하여 선관의무 위반으로 채무불이행책임을 부담하게 될 것이다. 제3자에 대하여는 불법행위책임을 물을 수 있겠다.

5. 준법지원인

(1) 의 의

준법지원인은 준법통제기준의 준수에 관한 업무를 담당하는 사람을 말한다. 자산 규모 등을 고려하여 대통령령으로 정하는 상장회사는 법령을 준수하고 회사경영을 적정하게 하기 위하여 임직원이 그 직무를 수행할 때 따라야 할 준법통제에 관한 기준 및 절차(준법통제기준)를 마련하여야 하고(제542조의13 제1항), 준법통제기준의 준수에 관한 업무를 담당하는 사람(준법지원인)을 1명 이상 두어야 한다(제542조의13 제2항).

(2) 선임 등

1) 선임과 종임

준법지원인은 이사회 결의로 선임한다(제542조의13 제4항). 준법지원인의 자격은 변호사 자격을 가진 사람, 법률학을 가르치는 조교수 이상의 직에 5년 이상 근무한 사람, 그 밖에 법률적 지식과 경험이 풍부한 사람으로서 대통령령으로 정하는 사람으로 한정하고 있다(제542조의13 제5항).

이사회결의로 준법지원인을 해임할 수 있다(제542조의13 제4항). 그리고 준법지원인은 임기의 만료로 퇴임하는 외에 위임의 일반적 종료사유로 퇴임한다(민법 제690조).

2) 임 기

준법지원인의 임기는 3년으로 하고, 준법지원인은 상근으로 한다(제542조의13 제6항). 다른 법률의 규정이 준법지원인의 임기를 3년보다 단기로 정하고 있는 경우에는, 다른 법률이 적용되지 않고 3년으로 한다(제542조의13 제11항 단서). 그런데 다른 법률에서 3년보다 단기로 정한 경우에도 3년이 적용된다는 규정은 일반법에 해당하는 상법 규정을 특별법보

---

408) 정찬형, 1041면; 정동윤, 683면.

다 우선시하는 것이 되어 법률의 일반원칙에 반하는 의문이 있다. 입법의 시정이 요구된다.

(3) 의 무

1) 선관주의의무

준법지원인은 선량한 관리자의 주의로 그 직무를 수행하여야 한다(제542조의13 제7항). 회사가 준법지원인을 선임하므로 준법지원인은 위임에 기초한 선관주의의무를 부담한다.

2) 이사회에 보고의무

준법지원인은 준법통제기준의 준수여부를 점검하여 그 결과를 이사회에 보고하여야 한다(제542조의13 제3항).

3) 영업비밀준수의무

준법지원인은 재임 중뿐만 아니라 퇴임 후에도 직무상 알게 된 회사의 영업상 비밀을 누설하여서는 아니 된다(제542조의13 제8항).

(4) 회사의 의무

1) 설치의 강제

자산 규모 등을 고려하여 대통령령으로 정하는 상장회사는 반드시 준법지원인을 두어야 한다(제542조의13 제2항). 상법이 일정한 상장회사에 대하여는 준법지원인의 설치를 강제하고 있어 이를 두지 않는 것은 상법에 반한다.

2) 독립성 보장과 협력의무

회사는 준법지원인이 그 직무를 독립적으로 수행할 수 있도록 하여야 하고, 회사의 임직원은 준법지원인이 그 직무를 수행할 때 자료나 정보의 제출을 요구하는 경우 이에 성실하게 응하여야 한다(제542조의13 제9항).

3) 신분보장

회사는 준법지원인이었던 사람에 대하여 그 직무수행과 관련된 사유로 부당한 인사상의 불이익을 주어서는 아니 된다(제542조의13 제10항).

Ⅲ. 광의의 감사제도

광의의 감사제도로는 이사회, 대표이사, 이사 등에 의한 감시 또는 감독과, 주주총회에 의한 감독 등을 들 수 있다. 관련 부분에서 기술하였다.

제5장
자본금의 증감

제1절 개 관

Ⅰ. 자본금의 증가

1. 자본금증가의 방법

(1) 액면주식

액면주식의 경우 자본금은 발행주식의 액면총액이므로(제451조 제1항), 자본금의 증가는 액면가액을 증가시키거나 발행주식수를 늘리는 방법이 있다. 그런데 액면가액을 늘리는 것은 주주에게 추가로 주금을 납입하도록 하는 추가출자의무를 부과하는 것이 되어 주주의 유한책임에 반한다. 따라서 상법상 자본금을 증가시키는 방법은 주식을 추가로 발행하는 신주발행이 원칙이다.

(2) 무액면주식

무액면주식의 경우 액면가가 존재하지 않고 실제의 발행가만 있으므로, 액면주식에서의 자본금 산출방식과는 다르다. 무액면주식을 발행하는 경우 자본금은 주식 발행가액의 2분의 1 이상의 금액으로서 회사(원칙적으로 이사회)가 자본금으로 계상하기로 한 금액의 총액이다(제451조 제2항).

2. 회사설립과의 비교

신주발행시에는 회사설립과 비교하여 다음과 같은 차이가 있다. 먼저 인수와 납입의 측면에서 보면, 회사설립시에는 실권절차가 있으나(제307조), 신주발행에서는 **실권절차가 없이** 바로 실권시킨다(제423조 제2항). 회사설립시에는 발기인이 인수담보책임과 납입담보책임을 모두 지나(제321조), 신주발행시에는 **이사가 인수담보책임만 진다**(제428조). 회사설립시는 발행하는 주식총수에 대한 인수와 납입이 필요하지만, 신주발행에서는 그렇지 않기 때문이다. 신주발행시에는 **인수와 납입이 되지 않으면 발행되지 않은 것으로 본다.** 회사설립시에는 액면미달발행이 금지되지만(제330조), 신주발행시에는 설립으로부터 2년이 경과하면 주주총회 특별결의와 법원의 인가를 요건으로 **액면미달발행이 허용**된다(제330조 단서, 제417조). 회사설립시에는 현물출자가 변태설립사항으로 엄격히 규제됨에 반하여, 신주발행시에는 **이사회결의만으로 현물출자가 가능하다**. 끝으로 회사설립시에는 설립등기로 주주가 되지만, 신주발행시에는 **납입기일의 다음날 주주가 된다**(제423조 제1항).

Ⅱ. 자본금의 감소

1. 액면주식

액면주식의 경우 자본금은 발행주식의 액면총액이므로(제451조 제1항) 자본금감소를 위하여는 액면가를 감소시키거나, 발행주식수를 줄이는 방법이 있다. 자본금증가와는 달리 유한책임에 반하는 문제가 없어 양자 모두가 가능하다. 물론 법정절차에 의한 자본금감소의 절차를 거쳐야만 한다(후술).

2. 무액면주식

무액면주식의 경우는 액면가가 존재하지 않으므로, 액면가를 감소시키는 방법은 선택할 수 없다. 따라서 발행주식수를 줄이는 방법으로 자본금감소를 할 수 있다.[1] 그런데 무액면주식의 경우 주식이 일단 발행된 이후에는 발행주식수와 자본금의 관계가 단지 비율적인 것에 불과하게 되므로, 발행주식수를 줄이지 않고도 자본금을 감소시키겠다는 회사의 결정만으로 자본금을 감소시킬 수 있다. 물론 이때에도 자본금감소의 절차를 밟아야 한다.

3. 재산의 증감

액면주식과 무액면주식 모두 자본금감소로 실질 재산이 감소할 수도 있고, 그렇지 않을 수도 있다.

---

1) 무액면주식의 소각에 관하여는 제3장 제5절 Ⅱ. 주식의 소각에서 상론하였다.

제 2 절   자본금의 증가

I. 통상의 신주발행

1. 의   의

통상의 신주발행은 회사성립 이후 회사의 자금조달을 목적으로 하는 신주발행을 말한다. 회사의 자본조달 수단으로는 신주발행과 사채발행이 있다. 그런데 사채는 타인자본으로 회사의 부채가 되므로 상환을 하여야 하는 부담이 있음에 반하여, 신주발행은 자기자본이 되고 상환의 부담이 없다. 그러나 신주발행은 이익배당의 부담이 생기고 희석화의 문제가 발생한다. 희석화는 신주를 발행시 **지배권**과 **자산가치**(富)의 양 측면 모두에서 발생한다. 따라서 상법은 주주에게 원칙적으로 신주인수권을 부여하고(제418조), 상장회사의 경우 발행가액에 대한 규제를 하며, 이사와 통모하여 현저하게 불공정한 가액으로 주식을 인수한 자는 그 차액에 대한 책임을 진다(제424조의2). 또한 자력없는 주주가 추가출자를 할 수 없는 경우 이러한 자의 보호문제도 등장한다.

2. 신주발행의 절차

통상의 신주발행은 수권주식총수의 범위 내에서 이사회가 결정한다. 상법 제416조는 "회사가 그 성립 후에 주식을 발행하는 경우에는 다음의 사항으로서 정관에 규정이 없는 것은 이사회가 이를 결정한다. 다만 이 법에 다른 규정이 있거나 정관으로 주주총회에서 결정하기로 정한 경우에는 그러하지 아니하다"라고 규정하여 신주발행에 관한 기본적 권한을 원칙적으로 이사회에 준다.

다만 이사회에 그 권한을 부여하면서도 수권주식총수의 범위 내에서만 신주를 발행할수 있도록 하며, 원칙적으로는 주주들에게 신주인수권을 부여하고 있다(제418조 제1항). 또한 위법한 신주발행을 견제하기 위하여 각 주주에게 신주발행유지청구권을 인정하고 있다(제424조). 이는 이사의 위법행위유지청구권이 소수주주권으로 되어 있는 것(제402조)과 다르다. 신주발행이 이루어지는 그 개략적인 절차는 ① 이사회의 결의(제416조), ② 신주배정기준일의 공고(제418조 제3항), ③ 신주배정기준일(제418조 제3항), ④ 신주인수권자에 대한 최고(제419조 제1항), ⑤ 신주의 청약(제419조 제4항), ⑥ 신주의 배정(제418, 제421조), ⑦ 납입(제421조), ⑧ 신주의 효력발생(제423조 제1항)이다.

Ⅱ. 신주인수권

1. 신주인수권의 의의

신주인수권이란 회사의 성립 후 신주를 발행하는 경우에 다른 사람에 우선하여 신주를 인수할 수 있는 권리를 말한다. 원칙적으로 주주에게 지분비례에 따라 신주인수권을 부여하므로 주주가 이를 갖는 것이 원칙이나(제418조 제1항), 예외적으로는 제3자가 가질 수도 있다(제418조 제2항). 전자를 **주주배정**, 후자를 **제3자배정**[2]이라 한다. 신주발행은 회사의 지배구조에 변동을 초래할 수 있고 주식의 가치도 희석시킬 수 있는 까닭에 상법은 기존 주주의 이익을 보호하기 위하여 원칙적으로 주주에게 신주인수권을 부여하고 있다. 특수한 신주발행의 경우 인수권자가 법정되어 있어 신주인수권의 귀속이 문제되지 않는다.

2. 주주의 신주인수권

(1) 의   의

주주는 그가 가진 주식 수에 따라서 신주의 배정을 받을 권리가 있고 이를 주주의 신주인수권이라 한다(제418조 제1항). 주주의 신주인수권은 정관이나 이사회 결의에 의하여 생기는 권리가 아니라, 상법의 규정에 의해 법정된 주주의 당연한 권리이다. 이러한 권리를 인정하는 이유는 신주발행가액이 시가보다 낮게 책정되는 것이 일반적인데 기존주주의 출자가치를 감소, 즉 희석화시키는 결과가 되기 때문에 주주를 보호하기 위하여서이다.

(2) 유   형

주주권의 자익권의 내용인 "추상적 신주인수권", 이사회의 결의에 의하여 구체화된 "구체적 신주인수권"이 있다. **구체적 신주인수권과 추상적 신주인수권은 그 권리의 속성이 다르기 때문에 명확한 구분이 필요하다.**

1) 추상적 신주인수권

추상적 신주인수권은 제418조 제1항에 따라 원칙적으로 **지분비례에 따라 주주에게 귀속**된다. 이는 주주의 자격에 기하여 당연히 발생하는 권리이며 주주권의 일부를 이룬다. 제418조 제1항의 신주의 배정을 받을 권리의 의미는 추상적 신주인수권을 규정한 것으로 **주주에게 신주인수권을 부여한다는 의미에서의 신주인수권은 추상적 신주인수권을 말한**

---

[2] **자본시장법** 제165조의6 제1항 제3호는 정관으로 一般公募增資 방식으로 신주를 발행할 수 있도록 하는데, 일반공모증자는 주주의 신주인수권의 예외라는 점에서 제3자배정과 같으나, 자본시장법이 정한 절차(제165조의6 제4항)에 따라 불특정 다수를 상대로 신주를 발행한다는 점에서 상법의 제3자배정과는 다르다.

다. 이는 주주권의 내용을 이루는 것으로 주식과 독립하여 양도될 수 없다. 즉 추상적 신주인수권은 주주권의 한 내용을 이루므로 주식불가분의 원칙에 의하여 주주권과 분리하여 추상적 신주인수권만을 양도할 수는 없다.

2) 구체적 신주인수권

구체적 신주인수권은 이사회가 구체적으로 주주배정 또는 제3자배정의 신주발행을 결정함으로써 주주 또는 제3자가 신주인수의 청약을 할 수 있는 권리를 말한다. 이는 이사회결의에 의하여 구체화된 권리로서 회사에 대한 채권적 권리이므로 원칙적으로는 주식과 독립하여 양도가 가능하다. 즉, 구체적 신주인수권은 주주권과는 별개의 구체화된 권리로써 주식과 독립하여 양도 또는 처분을 할 수 있다. 다만 그 양도는 신주인수권증서의 교부에 의한다(제420조의3). 구체적 신주인수권자가 청약(또는 배정)에 의하여 주식인수인이 되고, 주식인수인은 납입기일의 익일부터 주주가 된다. 이사회의 배정에 대한 결의가 없다면 구체적 신주인수권은 없다.

(3) 신주인수권의 배제 또는 제한

일정한 경우 주주의 신주인수권을 배제 또는 제한할 수 있다. 그런데 제342조에 의하여 자기주식을 제3자에게 처분하는 것은 자기주식을 소각하고 다시 신주를 제3자에게 발행하는 것과 완전히 그 효과가 동일하다. 따라서 이러한 경우에도 상법에 명문의 규정은 없으나 주주에게 신주인수권이 부여되는 것이 타당하다. 현재 상법 제342조에서는 정관규정이 없는 경우 이사회가 결정한다고만 규정하고 있으나, 정관규정과 이사회의 결정은 신주인수권의 범위 내에서 이루어져야 하고, 또한 그 절차 등의 면에서도 주식평등의 원칙에 따라야만 한다.[3]

1) 법령에 의한 배제, 제한

법령으로 주주의 신주인수권이 배제되는 경우는 전환주식 또는 전환사채의 전환, 신주인수권부사채의 신주인수권 행사, 주식매수선택권의 행사 등 신수인수권자가 구체적으로 미리 특정되어 있는 경우, 자본시장법 제165조의7에 따라 우리사주조합에 대해 모집하거나 매출하는 주식총수의의 20%를 우선배정하는 경우 등이다. 회사가 종류주식을 발행하는 경우, 정관에 다른 정함이 없더라도 제344조 제3항에 따라 주식의 배정에 관하여 특수하게 정할 수 있다(제344조 제3항).

2) 정관에 의한 배제
① 제3자배정

회사는 경영상 목적을 달성하기 위하여 필요한 경우 정관으로 주주의 신주인수권을 배

---

3) 제3장 제4절 Ⅲ. 1. (3) 자기주식의 취득제한에서 상술하였다.

제할 수 있다. 정관규정의 합리성을 요구하는 취지에서 상법 제418조 제2항은 신기술의 도입이나 재무구조의 개선 등 **경영상 목적**을 요구하고 있다. 하지만 경영상 목적은 대단히 포괄적인 개념이어서 거의 언제나 이 요건을 충족할 수 있는 것으로 보인다. 다만 판례에 의하면 **경영권방어의 목적**은 제418조 제2항에서 말하는 경영상 목적에 해당하지 않는다.4)

② 일반공모증자

일반공모증자는 일반투자자를 상대로 주식을 공모하는 것이어서 주주의 신주인수권이 배제된다. 자본시장법 제165조의6 제4항에 의하면 상장회사는 정관에 규정을 두기만 하면 일반공모증자가 가능하도록 규정하고 있다. 그런데 조문에 따르면 "이 경우 상법 제418조 제1항 및 같은 조 제2항 단서를 적용하지 아니한다"라고 하여 경영상 목적을 필요로 하지 않게 된다. 경영상 목적이 없다 하더라도 일반공모증자를 할 수 있다는 뜻이고 이는 경영권방어를 위한 발행이 가능하다는 것이 된다.

3) 현물출자와 신주인수권

정관에 다른 정함이 없다면 현물출자자와 현물출자의 목적재산 및 부여할 주식에 대하여 이사회가 결정하도록 되어 있다(제416조 제4호). 이 규정을 문리적으로만 해석하면 이사회결의만으로 주주의 신주인수권을 부인할 수 있는 뜻으로 읽히고, 그러하다면 주주의 신주인수권에 대한 중대한 예외가 된다. 즉 주주 아닌 제3자가 현물출자를 하는 경우 이사회결의만으로 현물출자자에게 신주인수권을 부여할 수 있는 것인지가 문제된다. **판례**는 "주주의 신주인수권은 주주가 종래 가지고 있던 주식의 수에 비례하여 우선적으로 인수의 배정을 받을 수 있는 권리로서 주주의 자격에 기하여 법률상 당연히 인정되는 것이지만 현물출자자에 대하여 발행하는 신주에 대하여는 일반주주의 신주인수권이 미치지 않는다"고 하여5) 이사회결의만으로 주주의 신주인수권을 배제할 수 있다는 취지의 판결을 한 바 있다. 그 이후 이 문제에 관한 본격적인 논의가 시작되었다. 이에 관하여는 다음과 같이 견해가 나뉜다. ① 먼저 판례와 같이 현물출자의 경우 기존 주주의 신주인수권이 미치지 않는다는 견해이다. 그 근거로 다음을 내세운다.6) (i) 현물출자제도의 존재이유이다. 현물출자제도의 존재이유를 "당해기업에 필요한 특정한 재산을 미리 확보할 수 있다는 이점과 현물을 보유하고 있는 주식인수인에게 직접 현물로 출자할 수 있는 기회를 주는 것이 대

---

4) 대법원 2009.1.30. 선고 2008다50776 판결(주식회사가 신주를 발행함에 있어 신기술의 도입, 재무구조의 개선 등 회사의 경영상 목적을 달성하기 위하여 필요한 범위 안에서 정관이 정한 사유가 없는데도, 회사의 경영권 분쟁이 현실화된 상황에서 경영진의 경영권이나 지배권 방어라는 목적을 달성하기 위하여 제3자에게 신주를 배정하는 것은 상법 제418조 제2항을 위반하여 주주의 신주인수권을 침해하는 것이다).

5) 대법원 1989.3.14. 선고 88누889 판결.

6) 위 대법원 판결은 상세한 근거를 내세우지 않으나, 원심(서울고등법원 1987.12.8. 선고 86구501 판결)에서의 근거이다.

중자본을 용이하게 흡수할 수 있는 계기가 될 수 있다"는 데서 찾고 있다. (ii) 구상법[7]이 회사설립시에는 현물출자자의 자격을 발기인에 한정하고 있는데 반하여, 신주발행시에는 그러한 제한을 두고 있지 않다. (iii) 현물출자에 관한 사항에 대해서 정관에 규정이 없으면 이사회에서 결정하도록 한 상법 제416조 제4호의 규정이다. (iv) 기타 현물출자시 다른 주주에게 배정하여야 할 주식수를 계산하는 것이 쉽지 않고 회사로서 특정재산의 확보가 목적이므로 다른 주주에게 굳이 출자를 강요할 이유가 없다는 점이다.

② 이에 반하여, **현물출자의 경우에도 주주의 신주인수권을 배제할 수 없다는 견해**이다. 현물출자의 경우에도 정관의 규정 또는 이에 갈음하는 주주총회의 특별결의가 있어야 한다고 보는 것으로,[8] 이 견해가 타당하다. (i) 현물출자제도의 수단적 가치는 그리 크지 않아, 회사가 필요로 하는 특정재산은 현물출자에 의하지 아니하더라도 확보하는 것이 불가능한 것은 아니다. 회사가 먼저 금전출자의 방법으로 증자를 마친 후에 그 자금으로 그 재산을 취득하는 방법에 의해서도 같은 목적을 이룰 수 있다. (ii) 상법은 정관에 다른 정함이 없는 한 주주가 신주인수권을 가짐을 명정하고 있다(제418조 제1항). 상법 제416조에 의하면 현물출자에 관한 사항뿐 아니라 신주의 인수방법에 대해서도 이사회가 결정하도록 되어 있어, 법문은 명시하고 있지 않지만 이사회의 결정은 주주의 신주인수권의 범위 내에서 이루어져야 한다는 점이다. 판례의 입장은 주주의 신주인수권을 근거 없이 침해하는 것으로 그 변경이 요구된다.

(4) 신주인수권과 워런트(Warrant)

1) 워런트의 의의

신주인수권과 워런트는 서로 다른 개념이다. 워런트는 워런트권자가 발행회사에 대하여 일정한 기간 내에 특정 가격으로 워런트를 행사하는 경우 발행회사가 그 권리자에게 주식 등을 지급하여야 하는 권리 또는 이를 화체하는 증권을 말한다. 달리 표현하면 발행**회사에 대하여 신주의 발행을 청구할 수 있는 채권적 권리로서의 신주인수권 또는 그 권리를 표창하는 증권이다.** 워런트라 할 수 있는 것은 ① 비분리형 신주인수권부사채에 부착된 신주인수권(제516조의2), ② 분리형 신주인수권부사채의 경우 발행되는 신주인수권증권(제516조의5), ③ 주식매수선택권(제340조의2) 등이다. 그런데 신주인수권부사채의 경우 사채와 독립적으로 발행될 수 없고, 주식매수선택권은 일정한 조건 하에서만 발행할 수 있다(제340조의2 제1항). 일반적인 워런트만을 발행할 수는 없는 것이다.

2) 신주인수권과 워런트의 비교

워런트는 그 권리자가 신주를 취득하는 점에서 신주인수권과 유사한 점이 있다. 그러

---

7) 1995년 이전의 상법에서는 발기인만이 현물출자를 할 수 있었다.
8) 김건식, "현물출자와 신주인수권", 「서울대법학」 제31권 1·2호, 1990, 205면.

나 ① 신주인수권은 회사가 신주를 발행하는 경우 우선권이 있다는 것인 반면, 워런트는 회사가 신주를 발행할 것을 기다리지 않고도, 그 행사로써 회사가 신주발행의 의무를 부담하게 된다. 요컨대 신주인수권의 경우 회사의 결정으로 신주가 발행되나, **워런트의 경우 그 권리자의 결정으로 신주가 발행된다.** ② 신주인수권은 주주의 우선권인 반면, **워런트는 보유하는 권리일 뿐 우선적인 내용이 있는 것은 아니다.** ③ **워런트는 신주발행에 국한되지 않고 자기주식으로도 확대될 수 있다는** 점에서도 차이가 있다. 이와 같이 신주인수권은 워런트와는 다른 것이다.

(5) 실권주(失權株)

1) 실권주의 의의

주주가 신주인수 청약을 하지 않거나(제419조 제4항), 인수를 한 다음 납입을 하지 않으면(제423조 제2항) 실권하게 된다. 이렇게 인수나 납입이 되지 않은 주식을 실권주라 한다.

2) 실권주의 처분
① 판 례

실권주 처분에 관한 중요한 판례[9]가 있다. 판례는 전환사채의 발행에 관한 것이기는 하나 신주발행과 동일한 법리가 적용되므로 여기서 다룬다. 이 판례는 **실권주는 이사회결의로 임의로 제3자에게 배정할 수 있고, 이 경우 별도로 정관에 규정이 있어야 하는 것도 아니라고 한다.** 이 판례의 중요 판시사항을 보면 (i) 신주 등의 발행에서 주주배정과 제3자배정을 구별하는 기준은 회사가 신주 등을 발행하는 때에 **주주들에게 우선적으로 인수할 기회를 부여하였는지 여부에 따라 객관적으로 결정**되어야 한다. (ii) 주주배정의 방법이었으나 주주들이 인수청약을 하지 아니하여 실권된 부분을 제3자에게 발행하더라도, **주주의 경우와 같은 조건으로 발행할 수밖에 없다.** (iii) 지배권 이전을 목적으로 한 전환사채의 발행이 이사의 임무위배에 해당하는지 여부에 대하여는, 회사 지분비율의 변화가 기존 주주 자신의 선택에 기인한 것이라면 **지배권 이전과 관련하여 이사에게 임무위배가 있다고 할 수 없다.**

② 문제점과 개선방안

대량의 실권주가 발생한 경우 별다른 제약 없이 이사회결의만으로 처리가능하고, 특히

---

9) 대법원 2009.5.29. 선고 2007도4949 전원합의체 판결(상법상 전환사채를 주주 배정방식에 의하여 발행하는 경우에도 주주가 그 인수권을 잃은 때에는 회사는 이사회의 결의에 의하여 그 인수가 없는 부분에 대하여 자유로이 이를 제3자에게 처분할 수 있는 것인데, 단일한 기회에 발행되는 전환사채의 발행조건은 동일하여야 하므로, 주주배정으로 전환사채를 발행하는 경우에 주주가 인수하지 아니하여 실권된 부분에 관하여 이를 주주가 인수한 부분과 별도로 취급하여 전환가액 등 발행조건을 변경하여 발행할 여지가 없다. 주주배정의 방법으로 주주에게 전환사채인수권을 부여하였지만 주주들이 인수청약하지 아니하여 실권된 부분을 제3자에게 발행하더라도 주주의 경우와 같은 조건으로 발행할 수밖에 없고, 이러한 법리는 주주들이 전환사채의 인수청약을 하지 아니함으로써 발생하는 실권의 규모에 따라 달라지는 것은 아니다).

그 조건을 변경할 수 없다는 판례의 입장은 타당하다고 볼 수 없다. 특히 **사전에 미리 실권을 공모한 경우**라면 더욱 그러하다. 판례는 주주가 신주를 인수할 기회가 있었음에도 불구하고 포기한 것이라면, 현저한 저가의 경우에도 이사의 임무위배가 아니라는 것이다. 다음의 점에서 문제가 있다.

   (i)의 판시에서 **의사주의**를 기본으로 하는 법률체계에서의 맥락이라면, 위 사건은 애초 전환사채나 신주발행의 목적이 제3자에게 지배권을 이전하여 주기 위한 것이고, 주주배정 방식을 취한 것은 하나의 형식으로 덧붙여진 것에 불과하다. 주주배정인지 제3자배정인지의 여부는 형식론에 집착할 것이 아니라 **제반사정을 종합적으로 고려**하여 판단해야만 한다. (ii)의 판시에서 설사 애초의 발행방식을 주주배정으로 본다고 하더라도, 실권주의 처분시 당초의 발행가액을 변경할 수 없다는 점도 의문이다. 주주가 포기하였다는 논리만으로 이를 설명하기는 어려우며, 이사의 **임무위배**가 있는지 여부로 판단하여야 한다. 이사는 회사의 이익을 위하여 선관주의의무와 충실의무를 부담하는 것이므로 그 발행가액의 결정 등에 있어서 이러한 의무가 제대로 이행된 것인지 여부를 따져야 한다. 이 부분에 대한 부당성이 인식된 결과 **상장회사**에서는 실권주처분에 대한 규제가 마련되었다(자본시장법 제165조의6 제4항 제3호). (iii) 지배권이전을 목적으로 하는 신주발행이 이사의 임무위배가 아니라는 점은 더욱 수긍하기 어렵다. 판례는 회사의 입장으로 보아서는 누가 지배주주이든지 관계가 없다는 근거를 내세우고 있으나, 이는 설득력이 없다. 이사는 **회사에 대한 선관의무 및 충실의무**를 부담한다. 이사가 회사이익이 아니라 일부 주주(또는 제3자)의 지배권 이전이라는 이익을 위하여 일한 것이 임무위배가 아니라는 점은 수긍하기 어렵다.

3. 구체적 신주인수권의 양도

(1) 양도성과 인정이유

   구체적 신주인수권은 이사회가 구체적으로 주주배정 또는 제3자배정의 신주발행을 결정함으로써 주주 또는 제3자가 신주인수의 청약을 할 수 있는 권리를 말하는 것으로서, 신주의 배정에 의하여 발생한다. 구체적 신주인수권은 회사에 대한 채권적 권리로서 주식으로부터 독립적으로 양도할 수 있다. 주주가 구체적 신주인수권을 행사하고자 하여도 필요 자금이 없는 경우, 신주인수권을 포기하여야 하는 상황이 생길 수 있다. 이러한 경우 그 주주는 신주식의 시가와 발행가액간의 차액을 잃게 된다. 그러나 주주가 신주인수권을 양도할 수 있다면 그가 신주의 청약과 납입을 하지 않더라도 신주인수권을 양도함으로써 그 차액을 얻을 수 있기 때문에 주주에게 유리하다. 상법도 명문으로 양도성을 인정한다 (제416조 제5호, 제6호).

(2) 양도의 요건

주주의 신주인수권은 **정관 또는 이사회의 결의로 이를 양도할 수 있음을 정한 경우에**만 회사에 대한 관계에서 유효하게 양도할 수 있다(제416조 제5호). 그러나 **정관이나 주주총회 또는 이사회의 결의로 신주인수권의 양도에 관하여 아무런 정함을 하지 않은 경우**는 문제가 된다. 이 경우에도 **당사자간에는 유효하다고 보는 데에는 의문이 없다.** 그러나 회사에 대하여 그 유효성을 주장할 수 있는가에 관하여 다음의 견해가 있다.

① **회사가 승인하더라도 회사에 대하여 효력이 없다는 견해**이다. 이 학설은 신주인수권을 양도하더라도 회사에 대하여 효력이 없다고 한다.[10] 이 학설에 의하면 신주인수권의 양도에 관하여 이사회의 결정제도가 법정되어 있고(제416조 제5호), 이것은 다른 신주발행사항과 함께 효력규정으로 보아야 한다는 것이다. 신주인수권은 신주인수권증서의 교부에 의하여서만 양도할 수 있다는 규정(제420조의3)은 강행규정이고, 신주인수권증서는 이사회 결의가 있는 경우에만 발행하는 점(제420조의2) 등에서 신주인수권증서 이외의 방법에 의한 양도를 인정하는 것은 제420조의3 제1항의 문언에 반한다는 것이다. 따라서 당사자 사이에 양도가 있고 회사가 승인하였다고 하더라도 회사에 대하여 효력이 없다.

② **회사가 승인하면 회사에 대하여도 효력이 있다는 견해**이다. 이 학설은 구체적 신주인수권은 채권적 성질을 갖는 권리이기 때문에 당연히 양도성이 있고, 회사가 승낙하면 그 양도는 회사에 대하여도 유효하다고 한다.[11] 이 학설에 의하면 신주인수권을 양도할 수 있게 하는 이유는 주주의 비례적 이익을 보호하기 위한 것으로서 이는 성질상 이사회의 결의로 좌우할 것이 되지 못한다고 한다. 상법 제416조에서 이사회의 결의로 신주인수권을 양도할 수 있음을 정할 수 있다고 한 뜻은 이사회의 결의에 의해 신주인수권의 양도성을 창설할 수 있다는 뜻이 아니라, 회사의 편의에 따라 신주인수권의 양도를 신주인수권증서의 발행에 의하여 정형적으로 규율할 수도 있고, 그렇게 하지 않을 수도 있다는 뜻으로 읽어야 한다고 한다. 이 견해가 타당하다.

③ **판례**는 회사가 승인하면 효력이 있다는 견해이다. 대법원은 신주인수권의 양도에 대하여 정관 또는 이사회의 결의로 양도에 관한 사항을 정하지 않은 경우에도 **양도가 가능하며** 그 양도방법이나 효력은 **지명채권양도의 방법**에 의한다고 본다.[12]

---

10) 정동윤, 695면; 정찬형, 1061면; 최기원, 790면.

11) 이철송, 873면.

12) 대법원 1995.5.23. 선고 94다36421 판결(상법 제416조 제5호에 의하면, 회사의 정관 또는 이사회의 결의로 주주가 가지는 신주인수권을 양도할 수 있는 것에 관한 사항을 결정하도록 되어 있는바, 신주인수권의 양도성을 제한할 필요성은 주로 회사 측의 신주발행사무의 편의를 위한 것에서 비롯된 것으로 볼 수 있고, 또 상법이 주권발행 전 주식의 양도는 회사에 대하여 효력이 없다고 엄격하게 규정한 것과는 달리 신주인수권의 양도에 대하여는 정관이나 이사회의 결의를 통하여 자유롭게 결정할 수 있도록 한 점에 비추어 보면, 회사가 정관이나 이사회의 결의로 신주인수권의 양도에 관한 사항을 결정하지 아니하였다 하여 신주인수권의 양도가 전혀 허용되지 아니하는 것은 아니고, 회사가 그와 같은 양도를 승낙한 경우에는 회사에 대하여도 그 효력이 있다).

(3) 신주인수권의 양도방법

상법은 신주인수권의 양도는 **신주인수권증서의 교부**에 의하여서만 할 수 있다고 규정하고(제420조의3 제1항), 이는 신주인수권의 양도방법을 정형화하기 위한 것이다. 신주인수권증서의 점유자는 적법한 소지인으로 추정되므로(제336조 제2항), 선의취득의 대상이 된다. 그러나 판례는 위에서 살펴 본 바와 같이, 정관 또는 이사회 결의가 없더라도 양도를 인정하고 있고, 이 경우 지명채권양도의 방법에 의한다.[13]

(4) 신주인수권증서

1) 의 의

신주인수권증서는 **주주의 신주인수권을 표창하는 유가증권**이다. 이사회가 신주인수권을 양도할 수 있다고 정한 경우(제416조 제5호) 양도에 필요한 공시방법을 갖추고 유통을 원활하게 하도록 하기 위한 유가증권이다. 신주인수권증서는 신주인수권부사채권자에게 발행되는 신주인수권증권과는 구별하여야 한다(제516조의5). 신주인수권증서는 이사회의 결의로 이미 발생한 구체적 신주인수권을 표창하는 유가증권이므로 **비설권증권**에 속하고, 증권의 교부만으로 양도되는 무기명증권이다. 신주인수권증서는 청약기일 전 약 2주간 동안만 존재하는 유통기한이 극히 짧은 유가증권이다.

2) 발 행

① 발행요건

정관 또는 이사회결의로 신주인수권을 양도할 수 있다는 것을 정한 경우(제416조 제5호) 발행함을 원칙으로 한다. 이 경우 **주주의 청구가 있는 때에만** 신주인수권증서를 발행할 수 있다는 것과 그 청구기간을 정할 수 있다(제416조 제6호). 모든 주주에게 발행하는 부담을 덜어주기 위한 것이다. 회사는 신주인수권증서를 발행하는 대신 정관으로 정하는 바에 따라 전자등록기관의 전자등록부에 신주인수권을 등록할 수 있으며, 그 내용은 주식의 전자등록과 같다(제420조의4, 제356조의2 제2항부터 제4항).

② 발행시기

신주인수권증서는 구체적 신주인수권이 확정된 후에 발행할 수 있는 것이므로 신주배정기준일(제418조 제3항) 이후에 발행하여야 한다. 정관 또는 이사회결의로 주주의 청구가 있는 때에만 신주인수권증서를 발행한다는 것과 그 청구기간을 정한 경우(제416조 제6호)에는, 회사는 그 청구기간 내에 신주인수권증서를 발행하면 되나, **만약 이사회가 신주인수권을 양도할 수 있다는 사항만 결정하고 그 기간을 정하지 않는 등의 경우에는 신주의 청약기일의 2주간 전에 모든 주주에게 신주인수권증서를 발행**하여야 한다(제420조의2 제1항).

---

13) 대법원 1995.5.23. 선고 94다36421 판결.

③ 발 행

신주인수권증서에는 이사가 기명날인 또는 서명하고, 신주인수권증서라는 뜻의 표시, 주식청약서의 기재사항, 신주인수권의 목적인 주식의 종류와 수, 일정기일까지 주식의 청약을 하지 아니할 때에는 그 권리를 잃는다는 뜻을 기재하여야 한다(제420조의2 제2항). 신주인수권증서는 주주의 두수(頭數)를 기준으로 하는 것이 아니라 신주인수권의 대상이 되는 주식을 기준으로 하여 그 발행단위가 결정된다.

3) 효 력

① 권리추정력과 선의취득

제420조의3 제2항에 의하여 신주인수권증서의 점유자는 적법한 소지인으로 추정되고(제336조 제2항), 선의취득이 가능하다(수표법 제21조).

② 주식인수의 청약

신주인수권증서를 발행한 경우에는 신주인수권증서에 의하여 주식의 청약을 한다(제420조의5 제1항). 그런데 신주인수권증서를 상실한 경우 유가증권의 공시최고와 제권판결절차에 의하여야 하겠으나, 그 유통기간이 단기인 점을 고려하여 주식청약서에 의한 주식청약을 할 수 있는 것으로 하였다(제420조의5 제2항 본문). 그러나 그 청약은 신주인수권증서에 의한 청약이 있는 때에는 그 효력을 잃는다(제420조의5 제2항 단서).

③ 신주인수권의 양도방법

신주인수권증서가 발행된 경우 신주인수권은 반드시 신주인수권증서에 의하여만 양도된다(제420조의3 제1항). 이를 제도적으로 뒷받침하기 위하여 권리추정력과 선의취득을 인정하고 있다(제420조의3 제2항).

4. 제3자의 신주인수권

(1) 의 의

제3자의 신주인수권이란 주주 이외의 제3자가 우선적으로 신주를 배정받을 수 있는 권리를 말한다. 하지만 공모에 의한 경우는 일반인이 주식인수의 청약을 하고 이에 대하여 회사가 배정을 하는 경우로서 청약자에게 우선적으로 배정받을 권리를 인정하는 것이 아니므로 제3자의 신주인수권에 해당하지 않는다. 제3자에게 신주인수권을 부여하는 경우 회사의 지배관계에 영향을 미치고 제3자에게 유리한 조건으로 신주를 발행하는 경우 기존 주주의 이익을 해하게 된다. 따라서 제한적으로만 제3자에게 신주인수권을 부여하게 된다.

(2) 부여의 요건

1) 정관의 근거규정과 구체성

상법에서는 "정관에 정하는 바에 따라 주주 외의 자에게 신주를 배정할 수 있다. 다만, 이 경우에는 신기술의 도입, 재무구조의 개선 등 회사의 경영상 목적을 달성하기 위하여 필요한 경우에 한한다"고 규정한다(제418조 제2항). 요컨대 제3자배정을 하기 위하여는 정관에 규정을 두어야만 한다.

그런데 근거규정을 두어서 제3자에게 배정을 하는 경우 주주의 신주인수권을 침해하는 결과가 되므로, 그 내용은 부여의 대상이나 주식의 종류와 수 등을 확정하여 **주주들에게 예측가능성을 부여하여야 할 정도로 구체적**이어야 한다. 그렇지 않고 포괄적이고 추상적이어서 백지위임에 가깝다면 유효하다고 볼 수 없다. 전환사채를 제3자에게 발행하는 경우에는 정관규정이 있거나 또는 **주주총회의 특별결의**에 의하게 되어 있고 보면(제513조 제3항), 주주의 신주인수권을 배제하고 제3자에게 신주를 배정하는 정관은 상당정도 특정될 것을 요구한다.

2) 정관의 규정에 의하는 경우 취득시점

정관에서 제3자에게 신주인수권을 부여하는 경우 정관의 규정만으로 당연히 제3자가 권리를 취득하는 것인지 또는 제3자와 회사가 별도의 계약을 체결하여야 하는 것인지가 문제된다. 정관은 회사의 구성원에게만 미치는 것이므로 당연히 제3자에게 그 정관의 효력이 미치는 것으로 볼 수는 없는바, 별도의 계약이 있어야 할 것이다(통설).

(3) 주주에 대한 통지와 공고

2011년 개정법은 **주주 이외의 자에 대한 신주발행이 기존 주주의 신주인수권을 제한하는 경우 기존 주주에게 불리한 신주발행을 유지할 수 있는 기회를 제공하기 위하여 신주발행사항을 사전공시할 의무를 부과하고 있다**(제418조 제4항). 즉 회사가 주주 외의 자에게 신주를 배정하는 경우 회사는 신주의 종류와 수, 신주의 발행가액과 납입기일, 무액면주식의 경우에는 신주의 발행가액 중 자본금으로 계상하는 금액, 신주의 인수방법, 현물출자 관련사항(제416조 제1호, 제2호, 제2호의2, 제3호 및 제4호에서 정하는 사항)을 그 납입기일의 2주 전까지 주주에게 통지하거나 공고하여야 한다.

(4) 양　도

제3자의 신주인수권은 그 양도성에 논란이 있다. ① 계약상의 권리로 양도가능하다는 견해와, ② 제3자와 회사간의 특별한 관계에서 인정되는 권리이므로 양도할 수 없다는 견해가 그것이다. 판례는 아직 없다. 제3자의 신주인수권도 구체적인 권리로 바뀐 뒤에는 특별한 제한이 없다면(자본시장법 제165조의7 제4항) **신주인수권의 양도를 인정하는 것이 타당하다.**

5. 신주인수권의 침해

(1) 주주 신주인수권의 침해

주주의 신주인수권이 무시되고 신주가 발행된 경우의 구제책으로 사전에 신주발행유지청구권을 행사(제424조), 사후에 신주발행무효의 소를 제기할 수 있다(제429조 이하). 또한 제389조 제3항, 제210조에 따라 회사에 대하여 손해배상을 청구할 수 있고, 제401조에 의하여 이사에게 손해배상청구를 할 수 있다.[14]

(2) 제3자 신주인수권의 침해

제3자의 신주인수권이 침해된 경우에는 제3자는 신주발행유지청구권(제424조)이나 신주발행무효의 소(제429조 이하)를 제기하지 못한다. 상법은 그 제소권자를 전자는 주주, 후자는 주주와 이사 그리고 감사로 한정하고 있기 때문이다. 따라서 제3자는 회사와 대표이사에 대하여 손해배상청구권을 행사하거나(제389조 제3항, 제210조), 관련 이사에 대하여는 제401조에 의한 책임을 묻는 것만이 가능하다.

Ⅲ. 신주발행의 절차

신주발행은 이사회에서 신주발행사항을 결정하고, 신주배정일을 공고하며, 신주인수권자에 대한 청약최고를 하고, 신주인수를 하고 납입을 하는 과정으로 이루어진다. 신주발행의 효력은 납입기일의 익일에 발생한다.

1. 신주발행사항의 결정

(1) 이사회

신주발행에 관한 사항은 정관으로 주주총회에서 정하기로 한 경우를 제외하고는 이사회의 결정사항이다(제416조). 이사회는 신주발행의 결정을 대표기관이나 기타에 위임할 수 없다(통설). 자본금 총액이 10억원 미만으로서 이사를 1명 또는 2명을 둔 소규모 주식회사(제383조 제1항 단서)는 이사회가 없으므로, 이 권한을 주주총회가 행사한다(제383조 제4항). 이사회는 다음에 대하여 결정한다.

① **신주의 종류와 수**(제416조 제1호): 정관에 종류주식의 발행이 규정된 경우 그중 어느

---

14) 이는 간접손해가 아니라 직접손해에 해당하기 때문에 판례에 의하여도 가능하다.

종류주식을 몇 주 발행하는지를 정관에 정해진 범위 이내에서 결정한다(제344조 제2항).

② **신주의 발행가액과 납입기일**(제416조 제2호): 주식의 인수인으로부터 납입받는 가액을 발행가액이라 한다. 발행가액은 주식평등의 원칙상 해당 신주에 대하여는 각 주주에게 균등하게 책정되어야 한다. 액면주식의 경우 발행가액은 주식의 액면가와 일치할 수 있지만 일치하지 않는 경우도 많다. 그중 발행가액이 액면가액보다 높은 경우를 액면초과발행 또는 할증발행이라 하고, 그 반대를 액면미달발행 또는 할인발행이라 한다. 액면주식의 경우 액면미달의 발행여부와 최저발행가액의 결정은 주주총회의 특별결의 사항이기 때문에(제417조 제1항, 제2항), 이사회는 신주의 발행가액을 액면가액 또는 그 이상으로 정하는 것만을 결정할 수 있다.

③ **무액면주식의 경우에는 신주의 발행가액 중 자본금으로 계상하는 금액**(제416조 제2호의2): 무액면주식의 경우에는 액면가의 총액이 자본금으로 계상되지 아니하므로, 신주의 발행가액 중 자본금으로 계상하는 금액을 이사회에서 결정하여야 한다.

④ **신주의 인수방법**(제416조 제3호): 주주배정, 제3자배정, 모집의 방법 중 어느 방법에 의할 것인가를 정한다. 원칙적으로는 주주배정의 방법에 의하여야 한다(제418조 제1항). 만약 제418조 제2항에 따라 제3자배정을 할 경우 신주인수권을 행사할 자를 이사회결의로 정하여야 한다.

⑤ **현물출자에 관한 사항**(제416조 제4호): 현물출자를 하는 자의 성명과 그 목적인 재산의 종류, 수량, 가액과 이에 대하여 부여할 주식의 종류와 수를 정하여야 한다. 설립의 경우에는 현물출자가 정관의 상대적 기재사항으로서 정관에 기재하여야만 그 효력이 발생(제290조 제2호)함에 반하여, **신주발행시에는 현물출자가 정관의 기재사항이 아니다.** 하지만 법원이 선임한 검사인에 의하여 검사를 받아야 하고, 공인된 감정인의 감정으로 검사인의 조사에 갈음할 수 있다는 점은 동일하다(제422조 제1항, 제299조, 제299조의2).

⑥ **주주가 가지는 신주인수권을 양도할 수 있는 것에 관한 사항**(제416조 제5호): 주주의 신주인수권은 이사회가 이를 양도할 수 있음을 결정한 경우에 한하여 신주발행시 발행사항의 하나로 정할 수 있다.

⑦ **주주의 청구가 있는 때에만 신주인수권증서를 발행한다는 것과 그 청구기간**(제416조 제6호): 신주인수권을 양도할 수 있다고 정한 경우(제416조 제5호) 그 양도는 신주인수권증서의 교부에 의하여야 하므로(제420조의3 제1항), 회사는 주주의 청구가 있는 때에 신주인수권증서를 발행하여야 한다(제420조의2 제1항). 만약 이사회가 신주인수권을 양도할 수 있다는 사항만 결정하고 그 기간을 정하지 않는 등의 경우에는 모든 주주에게 기일의 2주간 전에 신주인수권증서를 발행하여야 한다(제420조의2 제1항).

⑧ **신주배정기준일**(제418조 제3항): 회사가 주주배정의 방식으로 신주를 발행하는 경우(제418조 제1항), 회사는 일정한 날을 신주배정기준일로 정하고, 그 날에 주주명부에 기재된

주주가 신주인수권을 갖는다.

(2) 액면미달발행(割引發行)

1) 의 의

액면주식의 경우에 액면가액이 발행가액보다 높은 경우를 액면미달발행 또는 할인발행이라 한다. 할인발행은 회사설립시에는 원천적으로 금지되어 있으나, 신주발행시에는 가능하다. 그러나 할인발행을 하는 경우 자본충실의 원칙에 역행하게 되므로 상법은 이를 아주 제한적으로만 허용한다. 상법 제417조에서 그 규정을 두고 있다.

2) 할인발행의 요건

① 회사가 성립한 날로부터 **2년을 경과**하여야 한다(제417조 제1항). ② 액면미달발행은 **주주총회의 특별결의**를 요한다. 회사는 제434조의 규정에 의한 주주총회의 특별결의를 거쳐야 하고, 이외에도 주식의 최저발행가액을 정하여야 한다(제417조 제2항). ③ **법원의 인가**를 얻어야 한다(제417조 제1항). 법원은 회사의 현황과 제반사정을 참작하여 최저발행가액을 변경하여 인가할 수 있다. 법원은 회사의 재산상태 기타 필요한 사항을 조사하게 하기 위하여 검사인을 선임할 수 있다(제417조 제3항). 그런데 **상장회사는 액면미달발행에 법원의 인가를 요하지 않는다**(자본시장법 제165조의8 제1항). ④ 법원의 인가를 얻은 날로부터 원칙적으로 1월 내에 발행하여야 하나, 법원은 이 기간을 연장하여 인가할 수 있다(제417조 제4항).

3) 할인발행과 회사채권자의 보호

신주를 할인발행하는 경우 회사채권자를 보호하기 위하여 상법은 특칙을 두고 있다. ① 주식청약서와 신주인수권증서에 할인발행의 조건과 미상각액을 기재하여야 한다(제420조 제4호, 제420조의2 제2항 제2호). ② 주식의 발행으로 인한 변경등기에는 미상각액을 등기하여야 한다(제426조).

2. 신주배정기준일의 공고

(1) 배정기준일의 공고

회사는 일정한 날을 정하여 그 날에 주주명부에 기재된 주주가 제418조 제1항의 권리를 가진다는 뜻과 신주인수권을 양도할 수 있을 경우에는 그 뜻을, 그 날의 **2주간 전에 공고**하여야 한다(제418조 제3항). 이렇게 공고를 하도록 하는 이유는 주식을 양수한 자에게 명의개서를 할 수 있는 시간을 주기 위함이다. 그러나 그 날이 주주명부 폐쇄기간 중인 때에는 그 기간의 초일의 2주간 전에 공고하여야 한다(제418조 제3항 단서).

(2) 배정기준일의 효력

배정기준일이 도래하면 그 명의개서를 완료한 자는 신주인수권자가 된다. 이 시점을 기준으로 **추상적 신주인수권이 구체적 신주인수권으로 바뀌게 된다.** 주식양수인이 명의개서의 시기를 놓쳐 그 명의개서를 하지 않은 주식을 협의의 실기주(失期株)라 한다. 구체적 신주인수권은 채권적 권리로서 타인에게 양도할 수 있으며 배정기준일 이후에는 회사가 신주인수권증서를 발행할 수 있게 된다(제420조의3 제1항 참조). 배정기준일을 공고하지 않은 경우 주주의 신주인수권을 무시한 것과 유사한 결과가 되므로, 이것이 회사지배에 대한 영향력에 변동을 줄 정도에 이르렀다면 신주발행의 무효원인이 된다고 보는 것이 타당하다(후술함).

3. 신주인수권자에 대한 청약최고(제419조 제1항, 제2항)

신주배정기준일(제418조 제3항)의 도과로 신주인수권자가 확정되면, 회사는 신주의 인수권을 가진 자에 대하여 ① 그 인수권을 가지는 주식의 종류 및 수, ② 일정한 기일까지 주식인수의 청약을 하지 아니하면 그 권리를 잃는다는 내용, ③ 신주인수권의 양도와 신주인수증서에 관한 사항 등을 통지하여야 한다. 통지는 일정한 기일의 2주간 전에 하여야 하고, 통지에도 불구하고 그 기일까지 주식인수의 청약을 하지 아니한 때에는 신주의 인수권을 가진 자는 그 권리를 잃는다. 이러한 점에서 **실권예고부최고**(失權豫告附催告)라 칭한다.

4. 신주의 인수

(1) 신주의 청약(제419조 제3항)

1) 주식청약서 또는 신주인수권증서

이사는 법정사항을 기재한 주식청약서를 작성하여야 한다(제420조). 주식을 인수하고자 하는 자는 모집설립의 경우와 같이 주식청약서에 의하여 청약하여야 한다(제425조 제1항, 제302조 제1항). 그런데 신주인수권증서가 발행된 경우에는 이 증서에 의하여 주식청약을 한다. 다만 신주인수권증서를 상실한 자는 주식청약서에 의하여 주식의 청약을 할 수 있다. 그러나 그 청약은 신주인수권증서에 의한 청약이 있는 때에는 그 효력을 잃는다(제420조의5 제1항, 제2항).

2) 청약의 하자

청약의 의사표시에 하자가 있는 경우 민법규정에 의하여 그 하자를 다툴 수는 있으나, 다만 신주인수의 청약이 비진의표시 가운데 무효에 해당하는 경우에는 이러한 하자를 주장하는 것이 허용되지 않는다(제425조 제1항, 제302조 제3항). 또한 신주발행으로 인한 변경등기를 한 날로부터 1년을 경과한 후에는 신주를 인수한 자는 주식청약서 또는 신주인수권증서의 요건의 흠결을 이유로 하여 그 인수의 무효를 주장하거나 사기, 강박 또는 착오를 이유로 하여 그 인수를 취소하지 못한다. 그 주식에 대하여 주주의 권리를 행사한 때에도 같다(제427조).

(2) 신주의 배정(제418조)

신주인수권자가 있는 경우 배정은 배정기준일의 공고에 의하여 정하여지는 것으로 이사회가 재량이 있는 것이 아니다. 다만 모집의 경우에는 이사의 재량으로 배정자유의 원칙에 따라 배정할 수 있다. 배정을 받으면 그때부터 주식인수인의 지위를 취득한다.

5. 납   입(제421조)

(1) 전액납입

이사는 신주의 인수인으로 하여금 그 배정한 주수에 따라 납입기일에 그 인수한 각 주식에 대한 인수가액의 전액을 납입시켜야 한다(제421조 제1항). 납입은 자본충실의 원칙상 현실적으로 하여야 한다. 신주의 인수인은 회사의 동의 없이 납입채무와 주식회사에 대한 채권을 상계할 수 없다(제421조 제2항). 다만 회사는 상대방의 동의 없이 일방적 의사표시에 의하여 상계하는 것이 허용된다.

(2) 현물출자

1) 현물출자의 검사

현물출자를 하는 자가 있는 경우에는 이사는 이를 조사하게 하기 위하여 검사인의 선임을 법원에 청구하여야 한다(제422조 제1항). 이 경우 공인된 감정인의 감정으로 검사인의 조사에 갈음할 수 있다(제422조 제1항 단서). 법원은 검사인의 조사보고서 또는 감정인 감정결과를 심사하여 부당하다고 인정한 때에는 이를 변경하여 이사와 현물출자를 한 자에게 통고할 수 있다(제422조 제3항). 법원의 변경에 불복하는 현물출자를 한 자는 그 주식의 인수를 취소할 수 있다(제422조 제4항). 법원의 통고가 있은 후 2주 내에 주식의 인수를 취소한 현물출자를 한 자가 없는 때에는 통고에 따라 변경된 것으로 본다(제422조 제5항).

2) 예 외

다음 어느 하나에 해당할 경우에는 검사를 면제한다(제422조 제2항). ① 현물출자의 목적인 재산의 가액이 자본금의 5분의 1을 초과하지 아니하고 대통령령으로 정한 금액을 초과하지 아니하는 경우(소액출자), ② 현물출자의 목적인 재산이 거래소의 시세 있는 유가증권인 경우 이사회가 정한 평가액이 대통령령으로 정한 방법으로 산정된 시세를 초과하지 아니하는 경우, ③ 변제기가 돌아온 회사에 대한 금전채권을 출자의 목적으로 하는 경우로서 그 가액이 회사장부에 적혀 있는 가액을 초과하지 아니하는 경우(출자전환), ④ 기타 위에 준하는 경우로서 대통령령으로 정하는 경우 등이다.

3) 검사불이행의 효과

이러한 조사절차를 거치지 않은 경우 신주발행이 무효가 되는가? **판례는 조사절차의 흠결만으로는 신주발행무효사유가 되지 않는다고 한다.**[15] 현물출자의 이행이 회사설립시보다 완화되어 있고, 신주발행무효의 원인을 엄격하게 제한하는 점 등을 감안한다면 판례의 입장이 타당하다.

(3) 납입의 해태

납입을 해태하면 신주의 인수인은 그 권리를 잃고(제423조 제2항), 이는 신주의 인수인에 대한 손해배상의 청구에 영향을 미치지 아니한다(제423조 제3항). 회사설립과 다른 점은 납입을 해태하면 신주인수인으로서의 지위를 **실권절차 없이 바로 잃게 된다는 점이다.** 요컨대 회사의 설립시에는 실권절차를 거친 이후에만 인수인의 권리를 상실시킬 수 있음에 반하여(제307조), **신주발행의 경우에는 실권절차 없이 당연 실권된다는 점에서 차이가 있다.**

6. 신주의 효력발생(제423조 제1항)

(1) 납입기일의 다음 날(翌日)

신주의 인수인은 납입 또는 현물출자의 이행을 한 때에는 납입기일의 다음 날로부터 주주의 권리의무가 있다. 이를 보통 **'납입기일의 익일'**이라고 표현한다. 납입기일의 익일에 ① 주식인수인의 지위가 주주로, ② 권리주가 주식으로 된다. 따라서 ③ 권리주양도제한의 규정이 배제되고 주식을 자유로이 양도할 수 있으며, ④ 주권을 발행할 수 있게 되는 등 회사설립시의 경우와 같다.

(2) 효력발생의 범위

신주발행의 경우 **납입기일까지 납입이 이루어진 범위 내에서만 신주발행의 효력이 발생**한다. 나머지는 모두 실권주로 되고 납입되지 않은 부분에 대하여는 이사가 자본충실책임을 지지 않는다. 따라서 신주가 일부 인수되지 아니하거나 납입되지 않는다 하더라도 신주발행의 효력에는 영향이 없고 현실적으로 인수와 납입이 있는 주식의 범위 내에서는 효력이 발생한다. 이는 회사설립시와 구별되는 중요한 점이다.

인수 또는 납입이 되지 않는 주식은 실권주가 되고, 회사는 다시 주주를 모집할 수도

---

15) 대법원 1980.2.12. 선고 79다509 판결(주식회사의 현물출자에 있어서 이사는 법원에 검사인의 선임을 청구하여 일정한 사항을 조사하도록 하고 법원은 그 보고서를 심사하도록 되어 있으나 이와 같은 절차를 거치지 아니한 신주발행 및 변경등기가 당연무효가 된다고 볼 수 없다).

있고 그대로 둘 수도 있으며, 이 부분에 대하여는 자본금의 변경등기를 하기 이전에는 이사의 자본충실책임도 없다(제428조 제1항 참조).

7. 신주발행의 등기

(1) 변경등기

상법 제317조 제2항 제2호에 자본금의 액이 등기사항으로 규정되어 있으므로 회사는 변경등기를 하여야 한다. 그리고 할인발행을 하는 경우에는 변경등기에 미상각액도 동시에 등기하여야 한다(제426조). 변경등기는 신주발행의 효력발생과는 아무 상관이 없고 다만 공시의 효력밖에는 인정되지 않는다.

다만 다음과 같은 예외적인 효력이 있다. ① 신주의 발행으로 인한 변경등기를 한 날로부터 1년을 경과한 후에는 신주를 인수한 자는 주식청약서 또는 신주인수권증서의 요건의 흠결을 이유로 하여 그 인수의 무효를 주장하거나 사기, 강박 또는 착오를 이유로 하여 그 인수를 취소하지 못한다. 그 주식에 대하여 주주의 권리를 행사한 때에도 같다(제427조). ② 이사의 인수담보책임이 변경등기를 전제로 인정된다(제428조 제1항).

(2) 이사의 자본충실책임

1) 의 의

신주발행시에도 이사는 자본충실책임을 진다. 신주발행은 인수와 납입된 주식에 한하여 효력이 발생하는 것이지만, 일단 변경등기가 이루어지면 그 외관에 따른 자본충실을 기하고자 한다. 따라서 신주의 발행으로 인한 변경등기가 있은 후에 아직 인수하지 아니한 주식이 있거나 주식인수의 청약이 취소된 때에는 이사가 이를 공동으로 인수한 것으로 본다(제428조 제1항). 이사는 인수가 의제된 주식에 대하여는 연대하여 납입할 책임을 부담한다(제333조 제1항). 이러한 이사의 자본충실책임은 설립시 발기인의 책임과 같이 무과실책임이고 총주주의 동의로도 면제할 수 없다.

2) 회사설립시와의 차이

신주발행시 이사의 자본충실책임이 회사설립시 발기인의 자본충실책임과 다른 점은 인수담보책임과 납입담보책임이 구별되지 않고, **인수담보책임만 문제**된다는 점이다. 신주발행의 경우 인수만 있고 그에 대한 납입이 없으면 인수가 당연히 무효가 되기 때문이다(제423조 제2항). 또한 신주발행의 경우에는 일부에 대하여 인수나 납입이 이루어지지 않아도 나머지 부분에 대하여 신주발행의 효력이 발생하므로 따로 이사에게 자본충실책임을 부담시킬 이유가 없고, 단지 변경등기가 이루어진 이후 외관에 대한 신뢰의 보호 차원에서 담보책임을 지운다. 요컨대 **이사의 인수담보책임은 신주발행의 변경등기가 이루어진 경우**

외관에 대한 신뢰를 보호할 필요가 있어 인정되는 책임으로서 회사설립시의 인수담보책임과는 성격이 다르다. 하지만 무과실책임인 점, 총주주의 동의로도 면제할 수 없는 점은 동일하다.

Ⅳ. 위법, 불공정한 발행에 대한 구제

1. 서

상법은 세 가지의 방법을 규정한다. 신주발행유지청구권, 신주발행무효의 소, 통모한 자에 대한 차액의 통모인수인의 책임이 그것이다.

2. 신주발행유지청구권

(1) 의 의

회사가 법령 또는 정관에 위반하거나 현저하게 불공정한 방법에 의하여 주식을 발행함으로써 주주가 불이익을 받을 염려가 있는 경우에는 그 주주는 회사에 대하여 그 발행을 유지할 것을 청구할 수 있다(제424조). 신주발행무효의 소는 사후적 구제수단임에 반하여, 신주발행유지청구권은 사전적 구제수단이 된다. 신주발행유지청구권은 **자익권**에 속한다.

신주발행유지청구권은 사전적 구제수단이라는 점에서는 **제402조의 일반적 위법행위유지청구권**과 같으나, 요건 등에서 차이가 크다. 신주발행유지청구권은 ① **각각의 주주에게** 인정되고(위법행위유지청구권은 소수주주), ② 신주발행만을 대상으로 하면서 법령·정관에 위반한 경우뿐 아니라 **현저하게 불공정한 경우**도 대상이 되고(위법행위유지청구권은 법령·정관에 위반한 경우만), ③ **주주 자신이 불이익을 받을 염려**가 있는 경우에 행사할 수 있다(위법행위유지청구권은 회사에 회복할 수 없는 손해가 생길 염려가 있을 때), ④ 그 청구의 대상이 **이사가 아니라 회사**이다(위법행위유지청구권은 이사이다).

(2) 요 건

1) 법령 또는 정관에 위반하거나 현저하게 불공정한 방법에 의하여 주식을 발행

법령이나 정관에 위반한 것이 아닌 경우, 경미한 불공정만으로는 유지청구권을 행사하지 못한다. 주주의 신주인수권을 침해하면서 절차를 진행하는 경우, 최고 등의 법적 절차를 지키지 않는 경우 등이 그 예가 될 것이다. '현저하게 불공정한 경우'까지 포함하는 점은 위법행위유지청구권과 다르다. 경영권을 방어하기 위한 제3자배정은 제418조 제2항의 경영상 목적을 갖추지 못하였다는 것이 판례이다.[16]

---

16) 대법원 2009.1.30. 선고 2008다50776 판결.

2) 주주가 불이익을 받을 염려

신주발행절차가 위법하다 하더라도 그로 인하여 당연히 유지청구를 할 수 있는 것은 아니고, 주주에게 불이익이 발생할 염려가 있어야 한다. 위법행위유지청구권의 경우 염려되는 회사의 손해가 회복할 수 없는 것이어야 하지만, 신주발행유지청구권의 경우는 단순히 주주가 불이익을 받을 염려만 있으면 된다.

(3) 당사자

① 청구권자는 **각 주주**이다. 소수주주가 아니라 1주라도 보유한 주주는 유지청구를 할 수 있다. 다만 불이익을 받을 염려가 있는 주주이다. 의결권이 없어도 무방하다. 신주발행 유지청구권은 위법행위유지청구권과는 달리 자익권이고 단독주주권임을 유의하여야 한다. ② 유지청구의 상대방은 **회사**이다. 이사가 아닌 점은 위법행위유지청구권과 다른 점이다.

(4) 절 차

소의 방법 또는 소 이외의 방법으로도 할 수 있다. 다만 소의 방법으로 제소하는 경우에는 대표소송을 유추적용할 수밖에 없고 따라서 소수주주만이 제소할 수 있는 결과가 된다. 신주발행유지청구는 효력이 발생하기 이전인 **납입기일까지** 이를 행사하여야 한다.[17] 유지청구는 사전적 구제수단이기 때문이다.

(5) 효 과

주주가 유지청구를 하더라도 발행절차에 직접 영향을 주지는 않는다.

1) 소의 방법

소의 방법으로 제기된 경우 법원의 유지판결이 확정되었다면 이에 위반한 신주발행은 무효가 된다. 이 점은 제402조의 일반적 유지청구권과 다른 점이다.

2) 소 이외의 방법

회사가 유지청구를 받은 경우 이사회가 유지여부에 대하여 결정한다. 소 이외의 방법으로 청구된 경우 신주발행유지청구에 응하지 않았다는 것만으로 무효의 소를 제기할 수 없다. 유지청구를 수용하여 절차를 중단한 경우라도 이미 진행한 절차의 효력에는 영향이 없다. 다만 회사는 그 사항을 시정하여 속행할 수 있다고 본다. 그런데 위법·불공정하지 않

---

17) 대법원 2004.8.20. 선고 2003다20060 판결(전환사채 발행의 경우에도 신주발행무효의 소에 관한 상법 제429조가 유추적용되는지 여부를 적극적으로 파악하면서 전환사채발행유지청구는 회사가 법령 또는 정관에 위반하거나 현저하게 불공정한 방법에 의하여 전환사채를 발행함으로써 주주가 불이익을 받을 염려가 있는 경우에 회사에 대하여 그 발행의 유지를 청구하는 것으로서, 전환사채 발행의 효력이 생기기 전, 즉 전환사채의 납입기일까지 이를 행사하여야 할 것이라 한다).

음에도 불구하고 신주발행을 유지한 경우 이로 인하여 회사에 손해가 생겼다면 이사들은 회사에 대하여 손해배상책임을 부담한다(제399조).

3. 신주발행무효의 소

(1) 개 관

1) 의 의

신주발행이 법령이나 정관에 위반한 하자가 있는 경우에 새로이 발행되는 주식의 전부를 무효로 하는 것이 신주발행의 무효이다. 신주발행의 무효는 소만으로 주장할 수 있고(제429조), 판결의 효력이 대세적 효력을 인정하며 소급효를 제한하고 있다(제430조, 제431조, 제190조). 그런데 신주발행의 부존재의 경우와는 구별하여야 한다.

2) 신주발행의 부존재

상법상의 개념은 아니다. 판례에 의하여 인정되는 개념으로서, 부존재는 신주발행의 내용 또는 절차의 하자가 극히 중대하여 사실상 신주발행이 존재하지 않는다고 볼 수밖에 없는 경우를 말하고 누구든지 언제나 어떠한 방법으로 신주발행의 부존재를 주장할 수 있다. 따라서 제429조의 제소기간의 제한도 받지 않는다.[18]

(2) 소의 성질

형성의 소이다. 제소권자도 주주·이사 또는 감사로 제한되어 있고, 제소기한도 신주를 발행한 날로부터 6월 내로, 또한 그 주장방법도 소만으로 이를 주장할 수 있다(제429조).

(3) 소의 원인

1) 무효원인에 대한 엄격한 판단

소의 원인에 관하여는 상법에 규정이 없으므로 해석에 의한다. 그런데 판례는 일반적으로는 경미한 하자를 이유로 신주발행을 무효로 하면 단체적 법률관계의 안정성을 침해한

---

18) 대법원 1989.7.25. 선고 87다카2316 판결(주주들에게 통지하거나 주주들의 참석 없이 주주 아닌 자들이 모여서 개최한 임시주주총회에서 발행예정주식총수에 관한 정관변경결의와 이사선임결의를 하고, 그와 같이 선임된 이사들이 모인 이사회에서 대표이사 선임 및 신주발행결의를 하였다면 그 이사회는 부존재한 주주총회에서 선임된 이사들로 구성된 부존재한 이사회에 지나지 않고 그 이사들에 의하여 선임된 대표이사도 역시 부존재한 이사회에서 선임된 자이어서 그 이사회의 결의에 의한 신주발행은 의결권한이 없는 자들에 의한 부존재한 결의와 회사를 대표할 권한이 없는 자에 의하여 이루어진 것으로서 그 발행에 있어 **절차적·실체적 하자가 극히 중대하여 신주발행이 존재하지 않는다고 볼 수밖에 없으므로** 회사의 주주는 위 신주발행에 관한 이사회결의에 대하여 상법 제429조 소정의 신주발행무효의 소 제기기간에 구애되거나 신주발행무효의 소에 의하지 않고 부존재확인의 소를 제기할 수 있다); 대법원 2004.8.20. 선고 2003다20060 판결(전환사채 발행의 경우에도 신주발행무효의 소에 관한 상법 제429조가 유추적용되나, 전환사채 발행의 실체가 없음에도 전환사채 발행의 등기가 되어 있는 외관이 존재하는 경우 이를 제거하기 위한 전환사채발행부존재 확인의 소에 있어서는 상법 제429조 소정의 6월의 제소기간의 제한이 적용되지 아니한다).

다는 이유로, 신주발행무효의 원인을 엄격하게 제한한다. "하자가 주식회사의 본질이나 회사법의 기본원칙에 반하거나 기존 주주들의 이익과 회사의 경영권에 중대한 영향을 미치는 경우로서 거래의 안전을 고려하더라도 도저히 묵과할 수 없을 정도에 이를 때" 무효원인이 된다고 본다.[19] 신주발행이 범죄행위로 이루어진 경우 선량한 풍속 기타 사회질서에 반하여 현저히 불공정한 방법으로 이루어진 것으로서 무효라고 한 판례[20]가 있다.

무효원인을 엄격하게 제한하는 입장에서 무효사유가 되지 않는다고 한 경우를 보면, (i) 현물출자에 대한 검사절차를 거치지 않은 것만으로는 무효사유가 되지 않는다고 하였고,[21] (ii) 회사에 대한 주주의 지배력이 현저하게 약화되고, 그로 인하여 그 주주가 대표이사에게 적정한 주식대금을 받고 주식을 양도하는 것이 더욱 어려워지게 되었다 하더라도, 그러한 사유만으로는 그 신주발행이 현저하게 불공정한 방법에 의한 신주발행으로서 무효라고 볼 수 없다고 하였으며,[22] (iii) 전환사채의 인수인이 회사의 지배주주와 특별한 관계에 있는 자라거나 그 전환가액이 발행시점의 주가 등에 비추어 다소 낮은 가격이라는 것과 같은 사유는 무효원인이 되지 않는다고 하였다.[23]

---

19) 대법원 2010.4.29. 선고 2008다65860 판결; 대법원 2009.1.30. 선고 2008다50776 판결(신주발행을 사후에 무효로 하는 경우 거래의 안전과 법적 안정성을 해할 우려가 큰 점을 고려할 때 신주발행무효의 소에서 그 무효원인은 가급적 엄격하게 해석하여야 한다. 그러나 **신주발행에 법령이나 정관의 위반이 있고 그것이 주식회사의 본질 또는 회사법의 기본원칙에 반하거나 기존 주주들의 이익과 회사의 경영권 내지 지배권에 중대한 영향을 미치는 경우로서 주식에 관련된 거래의 안전, 주주 기타 이해관계인의 이익 등을 고려하더라도 도저히 묵과할 수 없는 정도라고 평가되는 경우**에는 그 신주의 발행을 무효라고 보지 않을 수 없다).

20) 대법원 2003.2.26. 선고 2000다42786 판결.

21) 대법원 1980.2.12. 선고 79다509 판결(주식회사의 **현물출자**에 있어서 이사는 법원에 검사인의 선임을 청구하여 일정한 사항을 조사하도록 하고 법원은 그 보고서를 심사하도록 되어 있으나 이와 같은 절차를 거치지 아니한 신주발행 및 변경등기가 당연무효가 된다고 볼 수 없다).

22) 대법원 1995.2.28. 선고 94다34579 판결(회사가 주주에게 상법 제418조 제1항 소정의 주주의 신주인수권을 배제한 바 없고 오히려 그 주주가 회사로부터 신주배정 통지를 받고도 그 주식대금을 납입하지 아니하여 실권된 경우, 가사 발행주식의 총수를 증가시키는 정관변경의 주주총회결의 이전에 그 주주와 회사의 대표이사 사이에 회사의 경영권에 관하여 분쟁이 있었고, 그 주주가 자기 소유 주식을 그 대표이사에게 양도하고 회사 경영에서 탈퇴하려고 하였지만 그 양도대금에 관한 합의가 이루어지지 않은 상태에서 발행주식총수를 현저하게 증가시키는 신주발행이 이루어짐으로써 회사에 대한 그 주주의 지배력이 현저하게 약화되고, 그로 인하여 그 주주가 대표이사에게 적정한 주식대금을 받고 주식을 양도하는 것이 더욱 어려워지게 되었다고 하더라도, 그러한 사유만으로는 그 신주발행이 현저하게 불공정한 방법에 의한 신주발행으로서 무효라고 볼 수 없다).

23) 대법원 2004.6.25. 선고 2000다37326 판결(전환사채발행무효의 소는 사후에 이를 무효로 함으로써 거래의 안전과 법적 안정성을 해칠 위험이 큰 점을 고려할 때, 그 무효원인은 가급적 엄격하게 해석하여야 하고, 따라서 법령이나 정관의 중대한 위반 또는 현저한 불공정이 있어 그것이 주식회사의 본질이나 회사법의 기본원칙에 반하거나 기존 주주들의 이익과 회사의 경영권 내지 지배권에 중대한 영향을 미치는 경우로서 전환사채와 관련된 거래의 안전, 주주 기타 이해관계인의 이익 등을 고려하더라도 도저히 묵과할 수 없는 정도라고 평가되는 경우에 한하여 전환사채의 발행 또는 그 전환권의 행사에 의한 주식의 발행을 무효로 할 수 있을 것이며, 그 무효원인을 회사의 경영권 분쟁이 현재 계속중이거나 임박해 있는 등 오직 지배권의 변경을 초래하거나 이를 저지할 목적으로 전환사채를 발행하였음이 객관적으로 명백한 경우에 한정할 것은 아니다. **전환사채의 인수인이 회사의 지배주주와 특별한 관계에 있는 자라거나 그 전환가액이 발행시점의 주가 등에 비추어 다소 낮은 가격이라는 것과 같은 사유는 일반적으로 전환사채발행유지청구의 원인이 될 수 있음은 별론으로 하고 이미 발행된 전환사채 또는 그 전환권의 행사로 발행된 주식을 무효화할 만한 원인이 되지는 못한다**).

2) 무효원인의 구체적 검토

학설에 의하여 무효원인의 경우로 예시되는 것으로, ① 법적 절차를 무시한 액면미달의 신주발행, 정관이 인정하지 않는 종류의 신주발행 등의 경우는 무효원인이 된다고 본다. ② 수권자본금제도 위반이다. 정관에 기재된 발행예정주식총수를 초과하여 신주를 발행한 경우 이는 수권자본금제도를 일탈한 것으로 무효원인이 된다. 이때 무효가 되는 부분이 발행주식의 전부인지 아니면 정관상의 주식수를 넘은 부분으로 한정되는지 의문일 수 있으나, 전부가 무효라고 본다.

③ **주주의 신주인수권 침해**이다. 주주의 신주인수권을 침해한 경우 유효설, 무효설, 절충설 등이 대립한다. (ⅰ) **유효설**은 주주의 신주인수권을 무시하더라도 신주발행의 무효원인이 되지는 않고 다만 이사가 정관위반으로 인한 손해배상책임을 질 뿐이라고 한다. (ⅱ) **무효설**이다. 신주인수권은 주주의 고유권적 자익권이므로 정관에서 달리 정함이 없는 한 이를 일부라도 무시한 신주발행은 무효라고 한다. (ⅲ) **절충설**이다. 신주인수권의 전부 또는 대부분을 무시한 경우에는 무효원인이 되지만 근소한 일부만을 무시한 경우에는 무효로 되지 않고 이사의 손해배상책임만이 발생할 뿐이라고 하거나, 주주의 신주인수권의 무시가 회사지배에 대한 영향력에 변동을 줄 정도이면 무효이고 그렇지 않은 경우에는 유효라고 한다. 이러한 입장에서 특정주주 신주인수권이 침해됨으로써 회사지배구조에 본질적 변화가 생긴 경우는 무효이나, 소수주주 사이의 비례적 가치가 침해된 경우 정도라면 무효원인까지는 되지 않는다고도 한다. 절충설이 타당하다고 본다. 다만 그 기준을 보다 명확하고 객관적으로 유형화하는 작업이 필요하다. (ⅳ) **판례는 절충설**의 입장에 가까운 것으로 보인다. 그 판결은 신주발행이 상법 제418조 제2항과 회사의 정관이 정하고 있는 사유가 아니라 현 경영진의 경영권을 방어하기 위하여 제3자배정의 방식으로 이루어진 사안에 관한 것이었다. 판례는 이는 상법과 회사 정관을 위반하여 기존 주주의 신주인수권을 침해한 것이고 그로 인하여 회사의 지배구조에 심대한 변화가 초래되어 **기존 주주의 종래의 지배권이 현저하게 약화되는 중대한 영향을 받게 된 경우이어서 무효라고 판단**하였다.[24] 그 후 판결에서도 회사가 상법 제418조 제2항에서 정하는 신기술의 도입이나 재무구조의 개

---

24) 대법원 2009.1.30. 선고 2008다50776 판결; 대법원 2010.4.29. 선고 2008다65860 판결(신주발행유지청구권은 위법한 발행에 대한 사전 구제수단임에 반하여 신주발행 무효의 소는 사후에 이를 무효로 함으로써 거래의 안전과 법적 안정성을 해칠 위험이 큰 점을 고려할 때, 그 **무효원인은 가급적 엄격하게 해석**하여야 하고, 따라서 법령이나 정관의 중대한 위반 또는 현저한 불공정이 있어 그것이 주식회사의 본질이나 회사법의 기본원칙에 반하거나 기존 주주들의 이익과 회사의 경영권 내지 지배권에 중대한 영향을 미치는 경우로서 신주와 관련된 거래의 안전, 주주 기타 이해관계인의 이익 등을 고려하더라도 도저히 묵과할 수 없는 정도라고 평가되는 경우에 한하여 신주의 발행을 무효로 할 수 있을 것이다. 신주발행을 결의한 甲 회사의 이사회에 참여한 이사들이 하자 있는 주주총회에서 선임된 이사들이어서, 그 후 이사 선임에 관한 주주총회결의가 확정판결로 취소되었고, 위와 같은 하자를 지적한 신주발행금지 가처분이 발령되었음에도 위 이사들을 동원하여 위 이사회를 진행한 측만이 신주를 인수한 사안에서, 위 신주발행이 신주의 발행사항을 이사회결의에 의하도록 한 법령과 정관을 위반하였을 뿐만 아니라 현저하게 불공정하고, 그로 인하여 기존 주주들의 이익과 **회사의 경영권 내지 지배권에 중대한 영향을 미쳤다는** 등의 이유로 무효라고 한 사례).

선 등 회사의 경영상 목적을 달성하기 위한 필요한 경우와 같은 사유가 없음에도 경영권 분쟁이 현실화된 상황에서 경영진의 경영권이나 지배권 방어라는 목적을 달성하기 위하여 제3자에게 신주를 배정하는 것은 주주의 신주인수권을 침해하는 것으로서 무효원인이 된다고 한다.[25]

④ **이사회결의 없는** 신주발행의 경우이다. 이사회결의 없는 신주발행의 경우는 어떠한 가?

(i) **유효설**이다. 거래상대방의 악의에 의하여 개별적으로 그 효력이 달라지는 것으로 할 수 없기 때문에 언제나 유효로 보아야 한다는 견해이다. 즉 회사내부의 의사결정에 불과하므로 이사회의 결의 유무를 불문하고 유효한 것으로 보아야 한다는 견해이다. (ii) **무효설**이다. 이사회결의 없이 신주를 발행하였다면 신주발행무효의 소의 원인이 된다는 견해이다. 상법은 자본금증가의 권한을 이사회에 부여한 대신 수권자본제의 내재적 한계로서 이사회 결의라는 절차적 신중을 요구하고 있으므로 이사회 결의가 없으면 회사에 신주발행의 의사가 존재하지 않아 무효라고 보아야 한다거나, 또는 대표이사의 개인적 결정에 의한 신주발행을 유효로 보게 되면 주주의 지위를 불안정하게 할 염려가 있으므로 신주발행을 무효로 보아야 하고 만일 이로 인하여 거래안전을 크게 해할 우려가 있으면 법원의 재량기각을 통하여 거래안전을 보호할 수 있을 뿐이라는 견해이다. (iii) **절충설**이다. 원칙적으로 신주발행은 유효하지만 거래안전의 보호필요성이 없는 경우, 예컨대 최초의 인수인 또는 그 자로부터 취득한 악의의 양수인이 소지하는 신주는 무효로 보아야 한다는 견해이다. (iv) **판례**[26]**는 신주발행에 대한 이사회결의는 회사의 내부적 의사결정에 불과하다고 보아 유효설을 취한다.**

판례의 입장은 이사회결의가 없다는 것만으로는 신주발행무효의 원인이 되지 않는다는 것이나, 일부 의문의 여지가 있다. 신주발행금지가처분결정 등이 이미 내려져 있거나, 또는 모두 주주배정이어서 주주들만이 그 주식을 배정받고 보유하고 있는 경우라면 보호할 거래안전이 없을 수 있기 때문이다. 결과적으로는 주주 등은 대표이사의 신주발행을 사전에 저지시키는 것이 중요하다. 이를 위해서는 상법 제424조의 신주발행유지청구권을 피보전권리로 하여 가처분을 받아둘 필요가 있다.

---

25) 대법원 2015.12.10. 선고 2015다202919 판결.
26) 대법원 2007.2.22. 선고 2005다77060,77077 판결(주식회사의 신주발행은 주식회사의 업무집행에 준하는 것으로서 대표이사가 그 권한에 기하여 신주를 발행한 이상 신주발행은 유효하고, 설령 신주발행에 관한 이사회의 결의가 없거나 이사회의 결의에 하자가 있더라도 이사회의 결의는 회사의 내부적 의사결정에 불과하므로 신주발행의 효력에는 영향이 없다고 할 것인바).

(4) 소의 절차

1) 당사자

원고는 주주, 이사 또는 감사에 한한다(제429조). 판례에 의하면 이 경우 주주는 주주명부에 등재된 자에 한하여 제소할 수 있다.[27] 피고는 회사이다.

2) 제소기간

① 6개월

신주발행일로부터 6개월 이내에 소를 제기하여야 한다(제429조). 그러면서도 판례는 아예 **실체가 없는 '부존재'한 경우** 6개월의 제한 자체가 적용되지 않는다고 한다.[28]

② 무효원인 주장의 제한기간

판례는 6개월이라는 기간이 단지 제소기간의 제한만이 아니라 무효원인을 주장할 수 있는 기간의 제한이 된다고 한다.[29] 그런데 **이는 타당하지 않다.** 상법상 무효나 취소의 주장은 대부분 제소기간이 제한된다. 예를 들어 주주총회결의취소의 소는 2개월의 기간으로 제한되어 있는데, 이러한 제소기간의 제한들은 모두 상법의 중요한 이념인 신속성을 반영한 것이다. 그런데 대상판결의 논리대로라면 그 제소기간들도 모두 법률관계를 조속히 확정하고자 하는 것이므로, 제소기간뿐 아니라 무효원인의 주장에 관한 제한기간으로 해석되어야 한다. 하지만 이러한 해석은 민사소송법상의 공격방어에 관한 기본원칙과도 반할 수 있으며, 법원에서의 다툼만 몇 년씩 지속되는 상황이라면 신속성을 근거로 이러한 해석을 하는 것은 설득력이 없다. 오히려 실체적 진실과 부합하는 법률관계의 확인·형성을 위하여 민사소송의 일반원칙에 따르는 것이 옳다.

3) 소의 절차

회사설립무효, 취소의 소에 관한 절차인 전속관할(제186조), 소제기의 공고(제187조) 등에 관한 규정이 준용된다. 또한 패소한 원고에게 악의 또는 중대한 과실이 있는 때에는 회사에 대하여 연대하여 손해배상책임이 있다(제430조, 제191조).

---

27) 대법원 2003.2.26. 선고 2000다42786 판결(주식의 양수인이 이미 제기된 신주발행무효의 소에 승계참가하는 것을 피고 회사에 대항하기 위하여는 주주명부에 주주로서 명의개서를 하여야 하는바, 주식 양수인이 명의개서절차를 거치지 않은 채 승계참가를 신청하여 피고 회사에 대항할 수 없는 상태로 소송절차가 진행되었다고 할지라도, 승계참가가 허용되는 사실심 변론종결 이전에 주주명부에 명의개서를 마친 후 소송관계를 표명하고 증거조사의 결과에 대하여 변론을 함으로써 그 이전에 행하여진 승계참가상의 소송절차를 그대로 유지하고 있다면 명의개서 이전의 소송행위를 추인한 것으로 봄이 상당하여 그 이전에 행하여진 소송절차상의 하자는 모두 치유되었다고 보아야 한다).

28) 대법원 2004.8.20. 선고 2003다20060 판결; 대법원 1989.7.25. 선고 87다카2316 판결.

29) 대법원 2004.6.25. 선고 2000다37326 판결(상법 제429조는 신주발행의 무효는 주주·이사 또는 감사에 한하여 신주를 발행한 날로부터 6월 내에 소만으로 이를 주장할 수 있다고 규정하고 있는바, 이는 신주발행에 수반되는 복잡한 법률관계를 조기에 확정하고자 하는 것이므로, 새로운 무효사유를 출소시간의 경과 후에도 주장할 수 있도록 하면 법률관계가 불안정하게 되어 위 규정의 취지가 몰각된다는 점에 비추어 위 규정은 무효사유의 주장시기도 제한하고 있는 것이라고 해석함이 상당); 대법원 2007.2.22. 선고 2005다77060,77077 판결.

(5) 무효판결의 효력

1) 대세효·비소급효

대세적 효력이 인정되고(제430조, 제190조) 소급효가 없다(제431조 제1항). 따라서 신주발행의 효력을 전제로 그 이후 판결시까지 이루어진 모든 행위는 유효하다.

2) 무효판결후의 처리

무효판결의 확정으로 그 주식은 효력을 잃게 되므로, 신주의 주주는 주주권을 상실하고 그 주주가 납입한 금액은 반환하여야 한다. 따라서 신주발행무효의 판결이 확정된 때에는 회사는 신주의 주주에 대하여 그 납입한 금액을 반환하여야 하고, 그 금액이 무효판결확정시의 회사의 재산상태에 비추어 현저하게 부당한 때에는 법원은 회사 또는 주주의 청구에 의하여 그 금액의 증감을 명할 수 있다(제432조 제1항, 제2항). 신주발행 이후 무효확정판결 이전까지의 사이에 주주가 이익배당을 받았다든지 하여 어느 정도의 투자금을 회수하였을 수 있기 때문이다. 회사는 지체 없이 신주발행무효판결의 내용과 일정한 기간 내에 신주의 주권을 회사에 제출할 것을 공고하고 주주명부에 기재된 주주와 질권자에 대하여는 각별로 그 통지를 하여야 한다. 그러나 그 기간은 3월 이상으로 정하여야 한다(제431조 제2항).

3) 질권의 물상대위

실효된 주식에 질권을 가진 자는 반환되는 주금액에 대하여 질권을 행사하며, 등록질권자는 그 금액으로 우선변제에 충당할 수 있다(제432조 제3항, 제339조, 제340조 제1항, 제340조 제2항).

4) 자본금

무효판결에 의하여 신주가 실효하고 납입금액의 환급이 있게 되면, 회사의 발행주식수와 자본금은 그만큼 감소하므로 변경등기를 하여야 한다. 무액면주식의 경우 신주발행이 무효인 경우 해당 주식수가 실효하여 신주발행 전의 주식수로 되돌아가지만 자본금에는 영향이 없다는 견해가 있으나, 납입금액의 환급 등이 있은 후라면 이러한 해석은 자본충실의 원칙에 반한다. 신주발행시 자본금으로 계상한 액(제451조 제2항)만큼 감소한다고 함이 옳다.

4. 통모인수인의 책임(제424조의2)

(1) 의 의

이사와 통모하여 현저하게 불공정한 발행가액으로 주식을 인수한 자는 회사에 대하여 공정한 발행가액과의 차액에 상당한 금액을 지급할 의무가 있다. 주식인수인의 의무와는 별개로 그와 통모한 이사도 회사 또는 다른 주주에 대하여 손해배상책임을 진다(제424조의

2 제3항). 통모인수인에게 부과되는 책임은 이사와의 통모행위로 인한 회사의 손실을 전보하는 것을 내용으로 하므로 법률적으로는 불법행위에 기한 손해배상책임의 일종이라고 볼 수 있다. 따라서 회사는 통모인수인의 책임을 면제하거나 지급금액을 반환하여 줄 수 없으며, 통모인수인은 그 차액의 지급을 상계로써 대항할 수도 없다.

(2) 책임발생의 요건

① **이사와의 통모**가 있어야 한다. 통모가 없었다면 인수가액이 불공정하다 하더라도 인수인에게 귀책사유가 없으므로 차액지급의무를 부담시킬 수 없다. ② **현저하게 불공정한 발행가액**이어야 한다. 시가를 기준으로 계산한 발행가액보다 실제의 발행가액이 현저하게 낮은 것을 말한다. 그리고 여기서의 실제의 발행가액이란 이사회가 정한 가액을 말하는 것이 아니라 인수인이 실제로 납입한 가액을 의미한다.

(3) 책 임

통모한 인수인과 이사는 부진정연대채무관계에 있다. 이때 회사가 그 책임을 추궁하여야 할 것이고, 주주의 대표소송이 인정된다(제424조의2 제2항, 제403조 내지 제406조).

(4) 주주배정의 경우

주주배정의 방식으로 신주를 배정한 경우 신주 전부를 주주가 인수한 경우에도 발행가액이 불공정한 이상 주주 전원에게 본조의 책임을 물을 수 있을 것인가에 대한 쟁점이 있다. 이 규정은 다른 주주의 주식가치의 희석화를 막기 위한 것이므로 주주배정의 경우에는 이 책임이 문제되지 않는다고 하면서, 액면미달발행이 아닌 한 문제가 없다는 견해가 다수설이다. **판례도 주주배정의 경우에는 통모인수인의 책임에 관한 제424조의2가 적용되지 않는다는 입장**을 취한다.[30]

그런데 주주배정의 경우에도 당연히 적용되는 것으로 보아야 한다. 발행가의 결정은 단순히 주주간의 이해조정에 관한 문제만이 아니며, 주주의 이익과 회사의 이익은 엄격히 구별된다. 이사는 주주가 아니라 회사에 대하여 선관의무와 충실의무를 부담하며, 이사는 신주발행가액의 결정에 있어 **회사의 이익을 위하여 결정할 선관의무와 충실의무를 부담**한다. 자본충실원칙이 제대로 지켜지지 않는 경우 주주의 유한책임원칙에 의하여 회사채권자들과 기타의 이해관계인들에게 큰 피해를 줄 수도 있음을 유념하여야 한다. 예컨대 현재 시중에서 10만원에 유통되고 있는 주식을 지배주주 등에게 모두 주주배정을 통하여 100원에 발행하는 경우를 보자. 액면가는 100원이어서 액면가 이상이므로 아무 문제가 없다고 볼 수 있겠는가? 회사의 자산은 주주의 자산과 준별되고, 회사의 입장으로서는 1,000배나 많은 자산을 축적할 수 있음에도 불구하고 그렇지 못하였다. **회사의 자산은 회사채권자나**

---

30) 대법원 2009.5.29. 선고 2007도4949 전원합의체 판결.

근로자 등 이해관계인 모두와 밀접한 이해관계가 있는 것이다. 이 규정은 회사의 자본충실을 위한 것이므로 무상주의 교부 등 일정한 상법상의 예외를 제외하고는 주주배정의 경우도 마땅히 적용되어야 한다.

V. 특수한 신주발행

1. 의 의

특수한 신주발행의 경우는 자본금은 증가하지만 회사의 순자산은 원칙적으로 변동이 없으므로 **'무상증자'**라고도 한다. 신주발행에는 자금조달을 목적으로 하여 회사의 순자산이 증가하는 것, 그리고 이와 달리 **회사의 순자산이 증가하지 않는 것**이 있다. 전자를 통상의 신주발행, 후자를 특수한 신주발행이라 한다.

특수한 신주발행은 회사의 순자산에 영향이 없다는 점 이외에도, 통상의 신주발행과 비교하여 몇 가지 차이점이 있다. (i) 통상의 신주발행에서 희석화의 문제가 발생하므로 주주에게 신주인수권을 부여하는 것과는 달리, 특수한 신주발행에서는 **그 목적에 따라 신주인수인이 구체적으로 정하여져 있다.** (ii) 통상의 신주발행은 이사회가 정하나(제416조), 특수한 신주발행의 경우 **주주총회가 결정**하는 경우가 있다. 주식배당은 배당이므로 주주총회 결의사항이며, 주식분할이나 주식병합은 1주의 금액이 정관기재사항이라는 이유에서 그러하다. (iii) 통상의 신주발행은 납입기일의 익일 그 효력이 발생하지만, 특수한 신주발행은 납입절차가 없기 때문에 **개별적으로 그 효력발생시기를 정하고 있다.**

2. 종 류

(1) 준비금의 자본금전입·주식배당

주주지분의 다른 계정에 있던 자금을 자본금으로 전입하는 경우로서 **무상증자**라 한다. 준비금의 자본금전입(제461조), 주식배당에 의한 신주발행(제462조의2)은 이익잉여금이 자본금으로 전입된다. 자본금이 늘어나는 만큼 신주가 발행되지만 회사의 순자산에는 아무런 변화가 없다.

(2) 전환증권의 전환

전환증권의 전환으로 신주가 발행되는 경우이다. 전환주식(제346조 이하), 전환사채(제513조 이하)가 이에 해당한다. 전환으로 인한 신주발행 단계에서 자금의 유입이 없어 회사의 순자산에는 변화가 없다.

(3) 합병, 주식의 포괄적 교환 등

합병, 분할, 주식의 포괄적 교환(제360조의2), 주식의 포괄적 이전(제360조의15) 등 회사의 구조변경을 위하여 신주가 발행되기도 한다.

(4) 주식병합과 주식분할

주식의 병합(제440조 이하) 또는 분할(제329조의2) 등의 경우, 주식수에는 변동이 생기나 자산에는 변동이 없다.

제 3 절 자본금의 감소

Ⅰ. 서 언

1. 의 의

자본금의 감소란 회사가 자본금을 감소하는 것을 말한다. 자본금은 회사의 자산과는 달리 회사가 현재 보유하고 있는 자산이라는 현실적 의미가 아니라, 회사 성립의 기초가 되고 대외적으로 회사의 담보가 되는 회사가 보유하여야 할 재산이라는 규범적 개념이다. 자본금의 감소는 회사의 신용도, 회사채권자보호와 직결되는 중요한 변화라 하겠다. 자본금 감소의 방법으로 자본금감소와 자산의 감소가 같이 이루어지는 **실질감자**와, 단지 명목상으로만 감자가 이루어지는 **명목감자**로 나눌 수 있다. 실질감자의 경우 회사재산이 주주에게 환급된다는 점에서 이익배당과 유사할 수도 있다는 점에서 엄격한 절차가 요구된다.

2. 결손보전감자(缺損補塡減資)

2011년 개정법은 결손의 보전을 위한 감자절차를 간소화하기 위하여 결손보전을 위한 자본금감소를 신설하였다(제438조 제2항). 결손보전감자는 결손액과 일치하는 자본금을 무상으로 감소시키는 회사의 행위이다. 결손보전감자는 주주총회의 보통결의로 족하고(제438조 제2항), 채권자보호절차가 필요없다(제439조 제2항).

Ⅱ. 방 법

상법이 규정하고 있는 감자방법에는 주식병합(제440조 내지 제444조)과 주식소각(제343조 제2항)만이 있다. 그 이외의 경우는 해석에 의한다. 주식병합과 주식소각은 경제적·법률적 효과가 동일하다. 양자는 자본금감소라는 동일한 효과를 가져오고 또한 주식소각에 관한 제343조 제2항이 주식병합의 제440조와 제441조를 준용하고 있어 법적으로 동일한 절차를 거치게 된다.

1. 액면주식

액면주식의 경우 자본금은 발행주식의 액면총액이므로(제451조 제1항) 자본금감소를 위하여는 액면가를 감소시키거나, 발행주식수를 줄이는 방법이 있다. 자본금증가와는 달리 유한책임에 반하는 문제가 없어 양 방법 모두가 가능하다. 물론 법정절차에 의한 자본금감소의 절차를 거쳐야만 한다.

(1) 액면가 감소

액면가를 감소함에 의하여 자본금을 감소하는 방법이다. 이에는 실질감자에서 주주에게 환급하는 방법(還給)과 명목감자에서 주주가 납입금액을 포기하고 주주의 손실로 하는 방법이 있다(切棄).

(2) 주식수 감소

두 가지의 방법이 있다. ① **주식의 병합**은 다수의 주식을 합하여 그보다 소수의 주식으로 하는 회사의 행위이다. 상법에서도 감자의 방법으로 주식병합을 규정하고 있다(제440조 내지 제444조). ② **주식의 소각**이란 회사의 존속 중에 특정한 주식을 절대적으로 소멸시키는 회사의 행위이다. 주식의 소각에 주주의 승낙을 요하는지 여부에 따라 강제소각과 임의소각, 대가의 여부에 따라 유상소각과 무상소각으로 나뉜다. 어떤 방법을 택하든지 주식평등의 원칙을 준수하여야 한다. 주식소각은 주식병합의 절차와 같다(제343조 제2항, 제440조와 제441조). 주식소각은 기존 주식을 무효로 함에 그치는 것이므로, 주식병합 절차 중 신주권의 교부(제442조)와 단주의 처리(제443조)에 관한 문제가 발생할 여지가 없어 준용하고 있지 않다.

2. 무액면주식

무액면주식의 경우는 액면가가 존재하지 않으므로, 액면가를 감소시키는 방법은 선택할 수 없다. 따라서 발행주식수를 줄이는 방법으로 자본금감소를 할 수 있다. (i) 그런데 무액면주식에서는 주식이 일단 발행된 이후에는 발행주식수와 자본금의 관계가 단지 비율적인 관계에 불과하게 되므로, 발행주식수를 줄이지 않고도 자본금을 감소시키겠다는 회사의 결정만으로 자본금을 감소할 수 있다. 따라서 **주식수를 감소시킴이 없이 단순히 자본금의 액을 주주총회의 결의에 의하여 줄이는 방법**이 있다. 이 경우 자본금감소의 절차를 밟아야 함은 당연하다. (ii) 물론 자본금감소와 함께 주식수를 줄일 수도 있다. 이는 액면주식과 동일하게 주식을 소각하거나 병합하는 방법에 의할 것이고 그 절차도 동일하다고 보아야 한다. 특히 주식소각과 관련하여서는 입법론적 개선이 필요함은 살펴보았다.[31] 무액면주식의 소각이 자본금과 단절되어 있다고는 하나, 주식소각은 주주의 지위를 절대적으로 소멸시키는 것인 만큼 특히 법률에 규정이 있는 경우에 한하여야 한다. 따라서 **무액면주식의 소각에 있어서도 자본금이 감소되는 주식의 소각은 제343조 제1항 본문에 의하고, 자본금이 감소되지 않는 소각은 제343조 제1항 단서에 의하여 자기주식으로 취득하여 소각하여야 한다.**

Ⅲ. 절　차

1. 주주총회

(1) 특별결의

자본금감소는 회사의 구조조정에 관한 것으로 주주에게도 중요한 이해관계가 걸려 있는 사항이므로 주주총회 특별결의를 얻어야 한다(제438조 제1항). 자본금의 감소에 관한 의안의 주요내용은 주주총회 소집의 통지와 공고에 적어야 하고(제438조 제3항), 또한 당해 주주총회결의에서는 감자의 방법도 결정하여야 한다(제439조 제1항).

(2) 보통결의(缺損補塡減資)

결손보전감자에서는 예외적으로 주주총회의 보통결의로 족하다(제438조 제2항). 회사의 구조조정이라기보다는 계정간의 수치조정에 불과하기 때문이다.

(3) 정관변경

감자의 경우 반드시 정관변경을 할 필요는 없다. 단지 액면가 감소의 경우 액면가는 정관의 절대적 기재사항인 까닭에 정관변경이 요구된다.

2. 채권자 보호절차

자본금감소는 회사채권자에 대하여 담보가치를 하락시키는 결과가 되어 채권자보호절차가 필요하다. 다만 결손보전감자의 경우는 자산의 유출이 없어 채권자보호절차를 요하지 않는다(제439조 제2항 단서). 채권자보호를 위하여 회사는 감자결의일로부터 2주간 내에 1월 이상이 되는 일정한 기간을 정하여 그 기간 내에 채권자는 이의가 있으면 이를 제출할 것을 공고하고, 알고 있는 채권자에게는 각별로 통지하여야 한다(제440조, 제232조 제1항). 이

---

31) 제3장 제5절 Ⅱ. 주식의 소각.

의제출기간 내에 이의가 없으면 자본금감소를 승인한 것으로 본다(제439조 제2항, 제232조 제2항). 이의가 있는 경우라면 그 이의를 제기한 채권자에 대하여 회사는 채무를 변제하거나 상당한 담보를 제공하거나, 또는 이를 목적으로 상당한 재산을 신탁회사에 신탁하여야 한다(제439조 제2항, 제232조 제3항).

사채권자가 이의를 제기하려면 사채권자집회의 결의가 있어야 하는데, 이 경우에는 법원은 이해관계인의 청구에 의하여 사채권자를 위하여 이의제기의 기간을 연장할 수 있다(제439조 제3항).

3. 주식에 대한 조치

(1) 주식수의 감소

주식수의 감소방법에는 주식병합과 주식소각이 있다. 원칙적으로 그 절차는 같다. 주주의 이익을 해할 우려가 있어 상법은 주식병합에서 구체적 절차규정을 두고, 이를 주식소각이 준용하고 있다.

1) 주식의 병합
① 주권제출의 통지와 공고

주식을 병합할 경우에는 회사는 1월 이상의 기간을 정하여 그 뜻과 그 기간 내에 주권을 회사에 제출할 것을 공고하고 주주명부에 기재된 주주와 질권자에 대하여는 각별로 그 통지를 하여야 한다(제440조). 주식병합에 일정한 기간을 두어 공고와 통지의 절차를 거치도록 한 취지는, 신주권을 수령할 자를 파악하고 실효되는 구주권의 유통을 저지하기 위하여 회사가 미리 구주권을 회수하여 두려는 데 있다.[32]

② 신주권의 교부

원칙적으로 구주권을 제출한 주주에게 신주권을 교부한다. 그런데 주식을 병합하는 경우에 구주권을 회사에 제출할 수 없는 자가 있는 때에는 회사는 그 자의 청구에 의하여 3월 이상의 기간을 정하고 이해관계인에 대하여 그 주권에 대한 이의가 있으면 그 기간 내에 제출할 뜻을 공고하고 그 기간이 경과한 후에 신주권을 청구자에게 교부할 수 있다(제442조 제1항). 이때 그 공고의 비용은 청구자의 부담으로 한다(제442조 제2항).

③ 효 과

주식병합은 주권제출기간이 만료한 때에 그 효력이 생긴다(제441조 전문). 그러나 채권자보호절차가 종료하지 아니한 때에는 그 종료한 때에 효력이 생긴다(제441조 후문). 주식병합의 결과 주식수에는 변동이 있으나 회사재산에는 변화가 없다. 주식병합 전후의 주식은 동일성을 유지하므로 구주주의 권리는 신주식으로 그대로 존속하게 되고, 구주식에 대

---

32) 대법원 2009.12.24. 선고 2008다15520 판결.

한 질권도 신주식에 존속한다(제339조). 판례도 주식병합의 결과 교부된 신주권 역시 **병합 전의 주식을 여전히 표창하면서 그와 동일성을 유지하는 것**이라 한다.[33] 따라서 주식병합 전 주식을 양수하였다가 주식병합 후 6개월이 경과할 때까지 신주권이 발행되지 않은 경우, 그 주식양수인은 자신의 주식 양수 사실을 증명하여 회사에 대하여 명의개서를 청구할 수 있게 된다. 구주식과 신주식은 동일한 것이기 때문이다.[34]

④ 단주(端株)의 처리

병합에 적당하지 아니한 수의 주식이 있는 때에는 그 병합에 적당하지 아니한 부분에 대하여 발행한 신주를 경매하여 각 주수에 따라 그 대금을 종전의 주주에게 지급하여야 한다(제443조 본문). 그러나 거래소의 시세있는 주식은 거래소를 통하여 매각하고, 거래소의 시세없는 주식은 법원의 허가를 받아 경매외의 방법으로 매각할 수 있다(제443조 단서).

2) 주식의 소각

① 상법은 **강제소각**의 경우만 규정을 둔다. 주식소각의 절차는 주식병합절차가 준용되므로 주식병합의 절차와 동일하다. ② **임의소각**은 상법규정이 없으나 주식평등의 원칙이 지켜져야 할 것이므로, 모든 주주에게 통지와 공고의 방법으로 해야 하고 채권자보호절차도 밟아야 한다.[35] 판례[36]는 **임의소각의 효력발생시점**에 관하여 주식의 강제소각의 경우와 달리, 회사가 그 주식을 취득하고 상법 소정의 자본금감소의 절차뿐만 아니라 상법 제342조가 정한 주식실효 절차까지 마친 때에 소각의 효력이 생긴다고 본다. 그리고 **주주의 주식소각대금채권의 발생시기**는 임의소각의 효력발생시점이 아니라, 임의소각에 관한 주주의 동의가 있고 상법 소정의 자본금감소의 절차가 마쳐진 때에야 발생한다고 본다.

(2) 액면가의 감소

상법규정은 없으나 주권을 제출시켜 권면액을 정정한 신주권을 교부한다. 절차와 효력발생 등은 병합의 경우에 준하여 해석한다.

---

33) 대법원 2014.7.24. 선고 2013다55386 판결; 대법원 2012.2.9. 선고 2011다62076,62083 판결(주식병합의 효력이 발생하면 구주권은 실효되고 회사는 신주권을 발행하여야 하며, 주주는 병합된 만큼 감소된 수의 신주권을 교부받게 되는데, 이에 따라 교환된 주권 역시 병합 전의 주식을 여전히 표창하면서 그와 동일성을 유지하는 것이다); 대법원 2005.6.23. 선고 2004다51887 판결 등.

34) 대법원 2014.7.24. 선고 2013다55386 판결.

35) 권기범, 1010면; 정찬형, 1101-1102면; 이철송, 913면.

36) 대법원 2008.7.10. 선고 2005다24981 판결(주식의 강제소각의 경우와 달리, 회사가 특정 주식의 소각에 관하여 주주의 동의를 얻고 그 주식을 자기주식으로서 취득하여 소각하는 이른바 주식의 임의소각에 있어서는, 회사가 그 주식을 취득하고 상법 소정의 자본감소의 절차뿐만 아니라 상법 제342조가 정한 주식실효 절차까지 마친 때에 소각의 효력이 생긴다. 주식 임의소각의 경우 그 소각의 효력이 상법 제342조의 주식실효 절차까지 마쳐진 때에 발생한다 하더라도, 주주가 주식소각대금채권을 취득하는 시점은 임의소각의 효력발생시점과 동일한 것은 아니며, 적어도 임의소각에 관한 주주의 동의가 있고 상법 소정의 자본감소의 절차가 마쳐진 때에는 주식소각대금채권이 발생하고, 다만 그때까지 주주로부터 회사에 주권이 교부되지 않은 경우에는 회사는 주주의 주식소각대금청구에 대하여 주권의 교부를 동시이행항변 사유로 주장할 수 있을 뿐이다).

4. 자본금감소의 효력발생 시기

자본금이 감소되면 그 등기사항에 변동이 생기므로(제317조 제2항) 변경등기를 하여야 한다(제317조 제4항, 제183조). 그러나 등기는 자본금감소의 효력과는 상관이 없다. 자본금감소의 효력은 주권제출기간이 만료한 때에 효력이 발생하는 것이 원칙이나 채권자보호절차가 완료되지 않았으면 그 효력이 발생하지 않는다.

무액면주식의 경우는 액면가의 감소 방법은 채택할 수 없고, 주식의 병합이나 주식의 소각과 병행하여 할 수는 있다. 그러나 자본금과 주식이 필연적으로 연관되지는 않고 주주 총회에서 자본금감소의 결의를 하는 것으로 충분하므로 그 효력발생일이 문제될 수 있고, 이 경우 상법 규정은 없으나 주주총회의 결의로 그 효력발생일을 정해야 한다고 본다. 물론 채권자보호절차가 끝나지 않은 경우는 그 절차가 종료한 때가 효력발생일이 될 것이다.

5. 감자차익금의 처리

감자로 인하여 감소된 자본금의 액이 주식의 소각 또는 주금의 반환에 필요한 금액과 결손전보에 충당한 금액을 초과한 경우, 그 초과금액을 대통령령으로 정하는 바에 따라 자본준비금으로 적립하여야 한다(제459조 제1항).

Ⅳ. 자본금감소무효의 소(감자무효의 소)

1. 의   의

감자의 절차 또는 내용에 하자가 있는 경우 소송을 통하여서만 감자의 무효를 주장할 수 있다. 상법도 자본금감소의 무효는 주주·이사·감사·청산인·파산관재인 또는 자본 금의 감소를 승인하지 아니한 채권자만이 자본금감소로 인한 변경등기가 된 날부터 6개월 내에 소만으로 주장할 수 있다고 규정한다(제445조). 따라서 감자무효의 소는 형성의 소이 다.[37]

2. 감자무효의 소의 요건

(1) 무효원인

무효원인에 관하여 상법 규정은 없으나, 감자의 절차나 내용에 하자가 있는 경우이다. 주주총회 결의에 하자가 있는 경우, 채권자보호절차를 거치지 않은 경우, 주식병합에서 통

---

37) 대법원 2010.4.29. 선고 2007다12012 판결.

지와 공고절차에 하자가 있는 경우 등을 들 수 있다.

(2) 당사자 및 소의 절차

제소권자는 주주·이사·감사·청산인·파산관재인 또는 자본금의 감소를 승인하지 아니한 채권자로만 한정된다(제445조). 피고는 회사이다. 제소기간은 자본금감소로 인한 변경등기가 있는 날로부터 6개월 내이다(제445조). 판례는 제소기간뿐 아니라 무효사유의 주장시기도 6개월 이내라고 해석하고 있어 6개월 이후에는 새로운 무효사유를 주장할 수 없다고 한다.[38] 소의 전속관할, 소제기의 공고, 병합심리, 제소자의 담보제공 등 소의 절차는 회사설립의 경우와 거의 같다(제446조).

3. 다른 소와의 관계

(1) 주주총회결의하자의 소와의 관계

감자의 결의에 관한 주주총회결의에 하자가 있는 경우 주주총회결의하자의 소와 감자무효의 소는 어떠한 관계에 있는지 여부이다. 양자의 관계에 대하여 ① **병존설**은 양 소송제도 중 어느 것이나 자유로이 선택하여 제기할 수 있으며 그중 어느 하나라도 확정되면 자본금감소가 무효가 된다고 본다. 이에 반하여 ② **흡수설**은 주주총회 결의의 하자는 후속행위의 하자로 흡수되는 것으로 보아 자본금감소무효의 소를 제기하여야 한다고 본다. ③ **판례**도 **흡수설**의 입장에서 감자의 효력이 발생한 이후에는 총회결의하자의 소는 제기할 수 없고 자본금감소무효의 소만 제기할 수 있다고 본다.[39] 그런데 총회결의취소사유를 원인으로 하는 경우에는 총회결의취소의 소의 제소기간이 결의일로부터 2월 이내라는 제한이 있으므로 이를 원인으로 하는 감자무효의 소는 2월 이내에 제소하여야만 한다.[40]

(2) 주식병합무효의 소

상법은 주식병합의 절차와 효력에 관하여 규정하고 있으나, 그 절차 등을 위반한 경우 주식병합의 효력을 정하고 있지 않다. 다만 상법 제445조에 의하여 주식병합이 자본금감

---

38) 대법원 2010.4.29. 선고 2007다12012 판결(상법 제445조는 "자본감소의 무효는 주주·이사·감사·청산인·파산관재인 또는 자본감소를 승인하지 아니한 채권자에 한하여 자본감소로 인한 변경등기가 있는 날로부터 6월 내에 소만으로 주장할 수 있다"고 규정하고 있는바, 이는 자본감소에 수반되는 복잡한 법률관계를 조기에 확정하고자 하는 것이므로 새로운 무효사유를 출소기간의 경과 후에도 주장할 수 있도록 하면 법률관계가 불안정하게 되어 위 규정의 취지가 몰각된다는 점에 비추어 위 규정은 무효사유의 주장시기도 제한하고 있는 것이라고 해석함이 상당하고 자본감소로 인한 변경등기가 있는 날로부터 6월의 출소기간이 경과한 후에는 새로운 무효사유를 추가하여 주장할 수 없다).

39) 대법원 2010.2.11. 선고 2009다83599 판결(상법 제445조는 자본감소의 무효는 주주 등이 자본감소로 인한 변경등기가 있은 날로부터 6월 내에 소만으로 주장할 수 있다고 규정하고 있으므로, 설령 주주총회의 자본감소 결의에 취소 또는 무효의 하자가 있다고 하더라도 그 하자가 극히 중대하여 자본감소가 존재하지 아니하는 정도에 이르는 등의 특별한 사정이 없는 한 자본감소의 효력이 발생한 후에는 자본감소 무효의 소에 의해서만 다툴 수 있다).

40) 정찬형, 1105면; 정동윤, 812면.

소의 방법으로 이용된 경우 자본금감소무효의 소를 제기할 수 있겠다. 그런데 **주식병합무효의 소만을 별도로 인정할 수 있겠는가?** 이 점에 대하여 판례는 주식병합시 공고 누락 등의 하자가 있는 경우 이를 다투는 방법으로 상법 제445조를 유추적용하여 주식병합무효의 소를 인정하고, 주식병합의 등기일로부터 6개월 이내에 주식병합무효의 소를 제기하여야 한다고 본다.[41] 다만, 주식병합의 절차적·실체적 하자가 극히 중대한 경우에는 이를 다투는 방법으로서 주식병합 부존재확인의 소를 제기하거나 선결문제로서 주식병합의 부존재를 주장할 수 있다고 본다.[42]

(3) 이사의 책임을 추궁하는 소(제399조 제1항)

감자절차에 하자가 있어 무효임에도 불구하고 환급금이 지급된 경우라면 회사는 그만큼 손해를 입은 것이므로 고의 또는 과실이 있는 이사에 대하여는 상법 제399조 제1항의 손해배상청구를 할 수 있고, 이 경우 그 이사의 손해배상책임을 추궁하는 소는 감자무표 판결의 확정여부와 무관하게 제기할 수 있다.[43]

4. 판결의 효력

감자무효의 소에서 원고가 승소하면 그 판결의 효력은 대세적 효력과 소급효가 있다(제446조, 제190조 본문). 그런데 소급효를 인정하면 채권자에 대한 변제가 무효가 되고, 주식병합의 경우 병합된 주권이 유통되어 이를 회수하기 용이하지 아니하여 거래안전을 해하는 등의 혼란을 야기하므로 명문의 규정에도 불구하고 이를 입법적 실수로 보고 소급효가 없는 것으로 해석하는 견해,[44] 구체적 문제에 따라 결정하여야 한다는 견해,[45] 등이 있다. 그러나 소급효가 없다면 오히려 채권자보호와 소제기의 실효성 등에 있어 문제가 있고, 법문의 해석을 중요시해야 하므로 소급효가 있는 것으로 보아야 한다.[46] 감자무효의 소에서 원고가 패소한 경우에 악의 또는 중과실이 있는 때에는 회사에 대하여 연대하여 손해배상할 책임을 진다(제446조, 제191조).

41) 대법원 2009.12.24. 선고 2008다15520 판결.
42) 대법원 2009.12.24. 선고 2008다15520 판결.
43) 대법원 2021.7.15. 선고 2018다298744 판결.
44) 이철송, 916면.
45) 최준선, 657면.
46) 정찬형, 1105-1106면; 송옥렬, 903면; 최기원, 905면.

제 6 장
회사의 회계

제 1 절 회계규정

Ⅰ. 서   언

1. 의   의

회사의 회계라 함은 회사가 주체가 되어 일정한 기간을 단위로 하여 회사의 재산상태와 손익을 인식·평가하고, 이익 또는 손실을 처리하기 위한 의사결정을 하는 일련의 행위를 말한다.[1] 회계제도의 적정한 운영은 회사 자체의 운영, 주주들에게 정확한 회사정보를 전달하여 주주의 의사결정을 돕는 한편, 회사채권자 보호와 관련하여서도 중요한 역할을 한다.

회사의 회계는 결산기라는 균등한 기간을 단위로 하여 정기적으로 행한다. 상법은 재무제표의 작성과 공시, 승인에 관한 규정을 두어 주주와 회사채권자로 하여금 회사의 재산상태에 관하여 알 수 있도록 한다. 회계규정은 강행규정으로 보아 정관으로 변경할 수 없는 것으로 해석한다. 총칙의 상업장부에 관한 규정은 소상인을 제외한 모든 상인에 적용되는데 모든 회사는 상인이므로 총칙의 규정은 회사법상 특칙이 있는 것을 제외하고는 주식회사에도 적용된다. 따라서 주식회사는 그 재산 및 손익의 상황을 명백하게 하기 위하여 상업장부인 회계장부와 대차대조표를 작성하여야 한다(제29조 제1항). 회계장부에는 거래와 기타 영업상 재산에 영향이 있는 사항을 일반적으로 공정하고 타당한 회계관행에 의하여 작성하여야 한다(제30조 제1항, 제29조 제2항). 대차대조표는 회사성립시 및 매결산기에 회계장부에 의하여 작성하여야 한다(제30조 제2항).

2. 체   계

회계는 재산과 손익을 파악하고 그 손익을 처리하는 것이어서 자본금에 관한 상법 제451조는 가장 기본이 된다. 상법은 회계방법에 관하여는 일반회계원리에 의한 규율을 수

---

1) 심영, "우리나라 회사회계제도의 현황과 발전방향", 「상사법연구」 제28권 제3호, 2009, 350면.

용하고(제29조 제2항, 제446조의2), 상법에서는 회계에 필요한 법적 절차와 자본충실을 위한 회사재산의 보전에 중점을 둔다. ① 첫째, 회계에 필요한 법적 절차로서, 재무제표의 종류를 대차대조와 손익계산서로 법정하여 작성하도록 하고 공시와 승인 등에 관한 규정을 두어 그 진실성을 확보하고자 한다(제447조 내지 제450조). ② 둘째, 자본충실을 위한 회사재산의 보전에 관한 것으로서, 손익의 처리방법으로서 준비금의 적립을 강제하고(제458조, 제459조), 그 사용을 제한하며(제460조) 이익배당·주식배당 등에 관한 규정을 두어(제462조 내지 제462조의4) 자본충실의 원칙에 입각하여 회사재산의 사외유출을 억제하고자 하였다. 그리고 회사의 업무와 재산상태의 검사에 관한 규정을 두고 있으며(제467조), 회계와 직접 관련은 없으나 회사재산과 관련을 맺는 규정들을 두고 있다(제467조의2, 제468조).

3. 상법의 회계규정과 기업회계기준을 일치

2011년 개정으로 제446조의2를 신설하여 상법의 회계규정과 기업회계기준을 일치시키고자 하였다. 근래에 기업회계기준이 지속적으로 변화됨에 따라 상법과 기업회계기준과의 괴리의 발생으로 상법은 점점 규범력이 상실되어 왔다. 개정법은 추후 변화하는 회계 관행에 신속하고 적절히 대응하기 위하여 상법의 **회계규정을 대폭 삭제하고, 공정·타당한 회계관행에 따른다는 원칙규정만을 둠**으로써 구체적인 회계기준은 「기업회계기준」에 따르도록 하는 근거를 마련하였다.

Ⅱ. 회계절차

1. 재무제표 등의 작성과 승인

상법상 재무제표는 대차대조표, 손익계산서, 그 밖에 회사의 재무상태와 경영성과를 표시하는 것으로서 대통령령으로 정하는 서류이다(제447조 제1항). 재무제표는 재무상태와 경영성과를 기재하여 회사의 결산을 위하여 매결산기에 작성되는 서류로서, 주주총회의 승인을 받아 확정된다.

2011년 개정된 부분으로서, 구상법상 이사가 작성해야 할 재무제표는 대차대조표, 손익계산서, 이익잉여금처분계산서 또는 결손금처리계산서이지만, 기업회계기준상 현금흐름표와 자본명세서 등도 회사의 재무상태와 경영진의 의사결정의 적정성을 판단하는 자료가 되므로 개정법은 대차대조표, 손익계산서만을 규정하고 그 외의 서류는 시행령에서 정하도록 위임함으로써 기업환경의 변화에 맞추도록 하였으며,[2] 시행령으로 정하는 회사는 연결재

---

2) 이에 대하여 재무제표가 이사에 의해 작성되도록 명시되어 있으나 대표이사인지, 재무담당이사인지 불분명하므로 대표이사 및 집행임원으로 표현하는 것이 합리적이라는 의견이 있다.

무제표도 작성하여야 한다(제447조 제2항). 영업보고서(제447조의2)는 전영업연도의 영업의 경과나 상황의 설명서로서 재무제표가 아니어서 주주총회 승인을 받을 필요는 없고 주주총회에 보고할 서류이다(제449조 제2항).

(1) 재무제표

재무제표란 가장 핵심적인 재무보고 수단으로서 기업실체의 경제적 자원과 의무, 그리고 자본금과 이들의 변동에 관한 정보를 제공한다. 따라서 재무제표의 목적은 광범위한 정보이용자의 경제적 의사결정에 유용한 기업의 재무상태, 성과 및 재무상태변동에 관한 정보를 제공하는 것이다.[3]

1) 대차대조표

대차대조표는 일정 시점에 있어 기업의 재무상태를 명확히 보고하기 위하여 자산, 부채, 자본금을 일정한 분류에 따라 기재하는 재무제표이다. 대차대조표는 회사의 재산을 표시하면서 손익계산서와의 관련 하에서 작성되며, 주주에게는 경영평가의 자료가 되고 투자자에게는 투자 여부의 중요한 판단기준이 되므로 공고하도록 한다(제449조 제3항).

2) 손익계산서

손익계산서는 영업기간 동안의 경영성과를 명확히 하기 위하여 그 기간 동안 발생한 수입과 이에 대응하는 모든 비용을 기재하고 그 기간의 순손익과 발생원인을 표시하는 재무제표이다.[4] 회계의 구조가 손익계산주의에 바탕하고 있는 만큼 재무제표의 중심은 손익계산서이고 대차대조표는 손익계산서의 작성을 위한 것으로 볼 수 있다. 대차대조표는 일정시점에 있어 현재의 회사의 재무구조를 표시하고, 손익계산서는 일정기간의 동적인 성과를 나타내는 결산표이다.

3) 기타의 재무제표

대차대조표와 손익계산서 이외의 재무제표로, 그 밖에 회사의 재무상태와 경영성과를 표시하는 것으로서 대통령령으로 정하는 서류가 있다(제447조 제1항 제3호). 이에 따라 규정된 시행령에서는 자본변동표, 이익잉여금 처분계산서 또는 결손금 처리계산서를 재무제표로 열거한다(상법 시행령 제16조 제1항). 「주식회사의 외부감사에 관한 법률」 제2조에 따른 외부감사 대상 회사의 경우에는 그외 현금흐름표 및 주석(註釋)을 포함한다(상법 시행령 제16조 제1항 단서).

---

3) 심영, 앞의 논문, 355면.
4) 정찬형, 1114면; 최준선, 660면.

4) 재무제표부속명세서

회사의 이사는 재무제표의 부속명세서도 작성하여 이사회의 승인을 얻고(제447조) 비치하여야 한다(제448조 제1항). 재무제표부속명세서는 대차대조표와 손익계산서의 중요한 항목에 관하여 그 명세를 기재한 서류로서 그 불충분한 부분을 보충하는 기능을 한다.

5) 연결재무제표

상법은 일정한 회사에 대하여는 연결재무제표의 작성을 의무화하였다(제447조 제2항). 연결재무제표란 회사와 다른 회사(조합 등 법인격이 없는 기업을 포함한다)가 대통령령으로 정하는 지배·종속의 관계에 있는 경우 지배하는 회사(이하 "지배회사"라 한다)가 작성하는 연결재무상태표·연결손익계산서 또는 연결포괄손익계산서·그 밖에 대통령령으로 정하는 서류를 말한다(주식회사 등의 외부감사에 관한 법률 제2조 제3호). 연결재무제표는 기업회계의 투명성을 제고하고 주주 등 이해관계자를 보호하기 위하여 필요한 것이다. 법률적으로는 별개의 독립된 기업이라도 경제적으로 상호 밀접하게 연결되어 있는 기업집단인 경우 이들을 하나의 조직체로 보고 재무제표를 작성하여 기업의 실태를 파악하는 데 유익하게 하고, 회계분식(粉飾) 등의 비리를 막는 데에도 적절한 기능을 한다. 구상법상 회사는 개별결산이 원칙이므로 주식회사가 다른 회사 주식의 100분의 50을 초과소유하여 지배·종속관계에 있다 하더라도 재무제표를 각각 작성하면 충분했지만, 주식회사의 외부감사에 관한 법률 제1조의2, 제7조, 제14조에 따르면 일정한 지배·종속관계에 있는 회사는 연결재무제표를 작성하여 감사인에게 제출하고 공시하여야 한다. 요컨대 연결재무제표란 지배·종속관계에 있는 회사들 전체를 하나의 기업실체로 보아 작성하는 것이다.[5] 즉, 정보이용자들에게 유용성을 주기 위해 지배·종속관계에 있는 회사들의 경우 지배회사와 종속회사는 단일의 법적 실체가 아니지만 단일의 경제적 실체를 형성하여 하나의 회계단위로서 연결재무제표의 작성대상이 된다.

(2) 영업보고서의 작성

영업보고서는 재무제표가 아니고 주주총회의 승인을 요하지 않는다. 영업보고서는 당해 영업연도에 있어서의 영업에 관한 중요한 사항이나 현황을 숫자가 아닌 형태로 설명하는 보고서이다. 그 기재사항은 대통령령으로 정한다(제447조의2 제2항). 영업보고서는 이사회의 승인을 받아(제447조의2 제1항) 감사 또는 감사위원회에 제출하여야 하며(제447조의3, 제415조의2 제7항) 주주총회에 보고하여야 한다(제449조 제2항).

---

5) 심영, 앞의 논문, 360면.

(3) 이사회의 승인

이사는 매결산기에 대차대조표, 손익계산서 등을 작성하고 이사회의 승인을 얻어야 한다(제447조). 또한 이사는 매결산기에 영업보고서를 작성하여 이사회의 승인을 얻어야 한다(제447조의2 제1항). 이사회의 승인의 기한에 관하여는 규정이 없으나 최소 정기총회 6주간 전에는 감사 또는 감사위원회에 제출하여야 하므로 그 이전에 승인을 얻어야 한다(제447조의3, 제415조의2 제7항).

2. 재무제표 등에 대한 감사

(1) 감 사

이사는 정기총회회일의 6주간 전에 재무제표와 영업보고서를 작성하여 감사에게 제출하여야 한다(제447조의3). 감사는 서류를 받은 날로부터 4주간 내에 감사보고서를 이사에게 제출하여야 한다(제447조의4 제1항). 그러나 상장회사의 경우는 감사 또는 감사위원회는 주주총회일의 1주 전까지 감사보고서를 제출할 수 있다(제542조의12 제6항).

(2) 감사보고서의 내용

상법상 감사 또는 감사위원회의 감사보고서에는 ① 감사방법의 개요, ② 회계장부에 기재될 사항이 기재되지 아니하거나 부실기재된 경우 또는 대차대조표나 손익계산서의 기재 내용이 회계장부와 맞지 아니하는 경우에는 그 뜻, ③ 대차대조표 및 손익계산서가 법령과 정관에 따라 회사의 재무상태와 경영성과를 적정하게 표시하고 있는 경우에는 그 뜻, ④ 대차대조표 또는 손익계산서가 법령이나 정관을 위반하여 회사의 재무상태와 경영성과를 적정하게 표시하지 아니하는 경우에는 그 뜻과 이유, ⑤ 대차대조표 또는 손익계산서의 작성에 관한 회계방침의 변경이 타당한지 여부와 그 이유, ⑥ 영업보고서가 법령과 정관에 따라 회사의 상황을 적정하게 표시하고 있는지 여부, ⑦ 이익잉여금의 처분 또는 결손금의 처리가 법령 또는 정관에 맞는지 여부, ⑧ 이익잉여금의 처분 또는 결손금의 처리가 회사의 재무상태나 그 밖의 사정에 비추어 현저하게 부당한 경우에는 그 뜻, ⑨ 제447조의 부속명세서에 기재할 사항이 기재되지 아니하거나 부실기재된 경우 또는 회계장부·대차대조표·손익계산서나 영업보고서의 기재 내용과 맞지 아니하게 기재된 경우에는 그 뜻, ⑩ 이사의 직무수행에 관하여 부정한 행위 또는 법령이나 정관의 규정을 위반하는 중대한 사실이 있는 경우에는 그 사실 등을 기재하여야 한다(제447조의4 제2항).

3. 재무제표 등의 비치와 공시

이사는 정기총회 회일의 1주간 전부터 재무제표와 그 부속명세서, 영업보고서, 감사보고서를 본점에 5년간, 그 등본을 지점에 3년간 비치하여야 한다(제448조 제1항). 주주와 회사채권자는 영업시간 내에 언제든지 그 비치서류를 열람할 수 있으며, 회사가 정한 비용을 지급하고 그 서류의 등본이나 초본의 교부를 청구할 수 있다(제448조 제2항).

4. 승인과 공고

(1) 절 차

주주총회는 감사절차를 거친 재무제표에 대하여 제449조에 따라 승인을 하게 된다. 이사는 재무제표를 정기총회에 제출하여 그 승인을 요구하여야 하고, 영업보고서에 대하여는 정기총회에 제출하여 그 내용을 보고하여야 한다. 이사는 재무제표에 대한 총회의 승인을 얻은 때에는 지체 없이 대차대조표를 공고하여야 한다.

(2) 승인기관

1) 주주총회

이사는 이사회의 승인과 감사절차를 거친 재무제표를 정기총회에 제출하여 승인을 요구하여야 한다(제449조 제1항). 총회는 이사가 제출한 재무제표와 감사 또는 감사위원회가 제출한 보고서의 조사를 위하여 필요하다고 인정하는 경우 검사인을 선임할 수 있다(제367조 제1항). 주주총회는 그 승인을 가결 또는 부결할 수 있고 그 내용을 수정하여 결의할 수도 있다(통설).

2) 이사회

2011년 개정에 의하여 회사는 정관으로 정하는 바에 따라 이사회의 결의로 주주총회의 승인을 갈음할 수 있다(제449조의2). 다만, 이 경우에는 각 서류가 법령 및 정관에 따라 회사의 재무상태 및 경영성과를 적정하게 표시하고 있다는 외부감사인의 의견이 있을 것, 감사(감사위원) 전원의 동의가 있을 것 등의 요건이 필요하다(제449조의2 제1항). 이사회가 승인한 경우에는 이사는 각 서류의 내용을 주주총회에 보고하여야 한다(제449조의2 제2항).

배당과 관련해서는 전문적이고 기술적인 계산에 기초하여 작성한 재무제표를 주주가 판단하는 것이 쉽지 않고 승인도 매우 형식적이며, 배당기준일 이후 주주총회에서의 배당 결정시까지 상당한 시간적 간격이 존재함에 따라 그 동안에 있어서 주식의 시세가 공정하게 형성되지 못하고, 배당관련정보도 불확실성을 내포하고 있는 점[6] 등의 문제가 있었다. 따라서 일정한 경우 투자 및 자본조달정책을 관리하는 이사들로 하여금 배당을 결정하도

---

6) 실무상 배당은 연말기준일 당시의 주주에 대해서 2월이나 3월에 개최되는 정기주주총회에서 배당액을 결정하므로 정기주주총회 전까지 배당액이 확정되지 않아 기준일 후에 배당청구권이 포함되지 않은 주가를 시장에서 판단하기 어렵다.

록 함으로써 배당절차의 단축과 의사결정과정의 유연화가 용이하다는 점에서 개정을 하게
되었다.

(3) 승인의 효력

1) 재무제표의 확정

주주총회 또는 이사회에서 재무제표를 승인한 때에는 당해 결산기에 관한 재무제표가
확정된다.

2) 책임해제

재무제표를 승인한 후 2년 내에 다른 결의가 없고 이사 또는 감사 · 감사위원회의 부정
행위가 없으면 회사는 이사와 감사 · 감사위원회의 책임을 해제한 것으로 본다(제450조, 제
415조의2 제7항). 2년의 기간은 제척기간으로 본다(통설). 이 제도는 이사와 감사의 책임을
총주주의 동의로만 면제할 수 있는 것(제400조, 제415조)에 대한 중대한 예외가 되고, 따라
서 **책임이 해제되는 범위는 재무제표에 기재되었거나 그 기재로부터 알 수 있는 사항에
한한다.**[7] 그러므로 재무제표에 수입과 지출금액 등이 기재되어 있다 하더라도 그 보고서
에 기재되지 아니한 사유나 원인되는 행위까지 책임을 해제하는 것은 아니다.[8]

3) 책임해제의 증명책임

책임해제의 증명책임은 이사와 감사가 부담한다.[9] 이사와 감사는 문제되는 사항이 재
무제표에 기재되어 있고 그 재무제표가 주주총회 또는 이사회의 승인을 얻었다는 사실을
증명하여야 한다.

(4) 공 고

이사는 재무제표에 대한 주주총회 또는 이사회의 승인을 얻은 때에는 지체 없이 대차
대조표를 공고하여야 한다(제449조 제3항).

---

7) 대법원 1969.1.28. 선고 68다305 판결; 대법원 2007.12.13. 선고 2007다60080 판결(상법 제450조에 따른 이사,
감사의 책임 해제는 **재무제표 등에 그 책임사유가 기재되어** 정기총회에서 승인을 얻은 경우에 한정된다).
8) 대법원 2002.2.26. 선고 2001다76854 판결(상법 제450조에 따른 이사의 책임해제는 재무제표 등에 기재되어
정기총회에서 승인을 얻은 사항에 한정되는데, 상호신용금고의 대표이사가 충분한 담보를 확보하지 아니하고 동일인
대출 한도를 초과하여 대출한 것은 재무제표 등을 통하여 알 수 있는 사항이 아니므로, 상호신용금고의 정기총회에
서 재무제표 등을 승인한 후 2년 내에 다른 결의가 없었다고 하여 대표이사의 손해배상책임이 해제되었다고 볼 수
없다).
9) 대법원 1969.1.28. 선고 68다305 판결(책임해제를 주장하는 주식회사 이사는 회사의 정기총회에 제출 승인된
서류에 그 책임사유가 기재되어 있는 사실을 입증하여야 한다).

제 2 절 준 비 금

Ⅰ. 의   의

1. 의   의

준비금이란 회사가 순자산액으로부터 자본금의 액을 공제한 금액 중 일부를 장래 생길지도 모르는 필요에 대비하기 위하여 회사에 적립하는 금액을 말한다. 준비금은 배당가능이익의 산출에 있어 공제항목이 되므로(제462조 제1항 제2호) 재산의 사외유출을 억제하여 그만큼 회사에 유보되는 자산이 증가한다. 또한 자본금과 유사한 기능을 하며 필요한 경우 자본금으로 전입된다(제461조). 준비금을 감소시키는 경우에도 금전이 지출되는 것이 아니라 감소되는 금액만큼 배당가능이익을 증가시키는 것에 불과하다. 준비금은 자본금과 달리 등기사항은 아니고 대차대조표의 공고에 의하여 공시된다.

2. 종   류

준비금에는 법률의 규정에 따라 적립이 강제되는 법정준비금, 정관 또는 주주총회의 결의에 의하여 적립하는 임의준비금이 있다. 양자의 차이는 **법정준비금은 배당의 재원으로 활용할 수 없으나, 임의준비금은 가능하다**는 것이다. 제461조 등 상법이 단순히 준비금이라고 하면 법정준비금을 말한다. 법정준비금에는 이익준비금과 자본준비금이 있다. 2011년 개정에서는 회사자금의 효율적 사용을 도모하고자 법정준비금제도를 대폭 개선하였다.

Ⅱ. 법정준비금

1. 이익준비금

이익준비금이란 이익을 재원으로 하여 적립되는 법정준비금으로서 회사는 그 자본금의 2분의 1이 될 때까지 매 결산기 이익배당액의 10분의 1 이상을 이익준비금으로 적립하여야 한다(제458조). 이익준비금의 한도는 자본금의 2분의 1이므로 이것을 초과한 금액은 임의준비금의 성질을 가진다. 이익잉여금을 모두 주주에게 배당하더라도 채권자 이익을 해치는 것은 아니지만, 적립을 강제하는 취지는 자본금 이외에 추가적인 안전 장치를 마련하고자 한 것이다. 이익배당을 할 경우의 최저한도가 10분의 1이라는 의미로써, 배당을 하지

않을 경우에도 이익준비금을 적립할 수 있다. 즉 배당 여부를 불문하고 자본금의 2분의 1
이 될 때까지는 이익준비금을 적립할 수 있다.

2011년 개정법 제462조의4의 신설로 **현물배당을 인정**하게 됨에 따라, 이익배당액은 금
전배당액 및 현물배당액(제462조의4)을 포함한다. 그러나 주식배당은 이익준비금의 적립대
상에서 제외하였다. 주식배당은 새로이 주식을 발행하여 주주에게 그 지분비율에 따라 무
상으로 배당하는 것으로서 배당가능이익을 재원으로 하지만, **현금의 사외유출을 수반하지
않기 때문에 이익준비금의 적립을 강요할 필요가 없다.**

2. 자본준비금

자본준비금이란 자본거래에서 발생하는 이익을 재원으로 하여 적립되는 법정준비금이
다. 이는 그 자체가 잉여자본금으로서 자본금의 성질을 가지고 있으므로 적립이 강제된다.
자본거래[10]는 증자나 감자 등 주주와의 거래로서 이익잉여금을 제외한 자본항목에 변동을
일으키는 거래를 말한다. 2011년 개정으로, 자본준비금의 재원을 열거하는 대신에 자본준
비금으로 적립해야 할 자본잉여금을 **법률에서 구체적으로 열거하지 아니하고 대통령령으
로 규정하도록 위임**하였다(제459조 제1항). 그 취지는 일반적으로 자본준비금의 항목이 회
계상 자본잉여금과 반드시 일치하는 것이 아니고 법률에 구체적인 회계규정을 두지 않는
세계적 추세와 기업회계기준과의 일치를 고려하여 추후 변화하는 회계관행에 신속하고 적
절히 대응할 수 있도록 하기 위한 것이다.

합병이나 분할 또는 분할합병의 경우 소멸 또는 분할되는 회사의 이익준비금이나 그
밖의 법정준비금은 합병·분할·분할합병 후 존속되거나 새로 설립되는 회사가 승계할 수
있다(제459조 제2항). 이를 허용하지 않는다면 합병차익을 전액 자본준비금으로 적립해야
하므로 소멸회사가 적립한 이익준비금이나 다른 법에 의한 준비금을 존속회사가 다시 적
립해야 하는 상황이 생겨나므로 존속회사가 소멸회사의 법정준비금을 승계할 수 있도록
하였다. 임의준비금은 법정준비금이 아니므로 이 조항에 의한 승계가 불가능하고, '승계할
수 있다'고 규정하고 있으므로 승계가 강제되는 것이 아니라 회사가 그 승계 여부를 선택
할 수 있다.

3. 법정준비금의 사용

(1) 원칙과 자본금의 결손

법정준비금은 원칙적으로 자본금의 결손보전에 충당하는 경우 외에는 이를 처분하지
못한다(제460조). 다만 예외적으로 자본금에 전입하거나 감액할 수 있다(제461조, 제461조의

---

10) 이에 반하여 손익거래는 이익잉여금의 증감변화를 일으키는 거래이다.

2). 자본금의 **결손이란 결산기 말의 회사의 순자산액이 자본금과 법정준비금의 합계에 미달하는 상태**이다. 따라서 특정사업년도의 손실을 임의준비금과 전기이월이익잉여금으로 감당할 수 있는 경우에는 결손이 있는 것이 아니다.

(2) 자본금의 결손보전

법정준비금에 의한 결손보전은 대차대조표상 결손금을 감소시키고 그 감소액과 대등한 금액을 대차대조표상 법정준비금의 액에서 감소시키는 방법으로 행하고, 재무제표를 확정하는 주주총회가 결정한다. 이는 회계상 계정간의 이동에 불과하므로 부족한 것이 채워지거나 회사의 재산상태가 바뀌지는 않는다. 다만 자본충실의 원칙에 따라 회사가 확보해야 할 재산의 한도를 낮춤으로써 부족한 상태를 충분한 상태로 변경시키는 것에 불과하다. 결손을 보전하기 이전에는 이익배당을 할 수 없다.

이익준비금이나 자본준비금 중 어느 것을 먼저 사용하여도 무방하다(제460조). 과거 이익준비금으로 자본금의 결손금의 보전에 충당하고서도 부족한 경우가 아니면 자본준비금으로 이에 충당하지 못한다고 하였으나, 2011년 개정은 이러한 제한을 폐지하였다. 그리고 제460조는 자본금의 결손보전에 이익준비금을 먼저 충당하고 부족한 경우 자본준비금을 사용할 수 있도록 하는 사용순서 제한 규정을 폐지하고, 적립된 법정준비금의 총액이 자본금의 1.5배를 초과하는 경우 주주총회의 보통결의로 그 초과한 금액의 범위에서 준비금을 감액할 수 있도록 규정하고 있다(제461조의2).

(3) 자본금전입

1) 의 의

준비금의 자본금전입이란 준비금 계정의 금액에서 일정액을 차감하고 동시에 자본금 계정의 금액을 증가시키는 것을 말한다. 이익준비금은 자본금의 2분의 1까지로 법정되어 있으나(제458조), 자본준비금은 적립한도가 없어 무제한 적립도 가능하여 경우에 따라서는 준비금이 자본금보다 거액이 될 수도 있다. 법정준비금 제도 자체가 채권자 보호를 위한 것이지만, 그것이 자본금으로 전입되는 경우 채권자 이익은 보다 증진된다.

결손보전이 준비금 계정에서 이익잉여금 계정으로 이동시키는 것이라면, 자본금전입은 준비금 계정에서 자본금 계정으로 이동하는 것이다. 자본금전입의 대상이 되는 준비금은 법정준비금만을 말한다. 임의준비금은 정관 또는 주주총회의 결의에 의하여 적립하는 것이므로 이사회결의로 처리하는 자본금전입에는 적당하지 아니하고, 임의준비금은 주식배당의 방법으로 유사한 효과를 누릴 수 있기 때문이다.

2) 액면주식

① 의 의

준비금의 자본금전입은 자본금이 증가하게 되고 그에 해당하는 만큼의 신주가 발행되어[11] 주식수가 증가한다. 이 경우를 **무상증자**, 그 신주는 **무상주**라고 한다. 자본금전입은 실제 재산에는 아무런 변동이 없으면서 주주가 보유하는 주식수만 증가하여 주식분할(제329조의2)과 유사한 효과를 가지나, 주식분할의 경우에는 자본금에 변동이 없음에 반하여 자본금전입의 경우는 **자본금이 명목상 증가**하게 된다.

② 결의기관과 결의시기

자본금전입은 원칙적으로 이사회결의사항이다(제461조 제1항 본문). 그런데 자본금전입은 배당가능이익을 감소시키므로, 정관으로 주주총회의 결의사항으로 할 수 있다(제461조 제1항 단서). 그러나 이사가 1명 또는 2명인 소규모주식회사의 경우 이사회가 없으므로 자본금전입은 언제나 주주총회의 결의사항이 된다(제383조 제4항).

③ 무상주의 교부와 단주의 처리

자본금전입으로 자본금이 증가하므로 이를 액면가로 나눈 수의 신주를 발행하여 각 주주의 주식의 수에 비례하여 교부하여야 한다(제461조 제2항 전단). **신주는 무상으로 교부되고 액면가로 발행되어야 한다.** 액면미달발행은 허용되지 않으며(제330조), 액면초과발행을 하는 경우 액면초과액은 다시 자본준비금으로 적립되어야 하기 때문에 의미가 없다.[12]

자본금전입으로 인하여 단주가 발생하는 경우 단주를 모아서 경매하고 그 대금을 단주주에게 그 주수에 따라 지급하여야 한다(제461조 제2항 후단, 제443조 제1항 본문). 그러나 거래소의 시세가 있는 주식은 거래소를 통하여 매각하고 거래소의 시세가 없는 주식은 법원의 허가를 받아 경매 이외의 방법으로 매각할 수 있다(제461조 제2항 후단, 제443조 제1항 단서).

④ 효력발생시기

자본금전입의 효력발생에 의하여 자본금이 증가하고 주주는 신주의 주주가 된다. 그 효력발생시기는 자본금전입의 결의가 이사회결의인지 또는 주주총회결의인지의 여부에 따라 다르다. **이사회결의**에 의한 경우 **신주배정기준일에 효력이 발생**한다(제461조 제3항). 이사회의 자본금전입 결의가 있은 때에는 회사는 일정한 날을 정하여 그 날에 주주명부에 기재된 주주가 자본금전입으로 신주의 주주가 된다는 뜻을 신주배정기준일의 2주간 전에 공고하여야 한다(제461조 제3항 본문). 그러나 배정기준일이 주주명부폐쇄기간중인 때에는 그 폐쇄기간의 초일의 2주간 전에 이를 공고하여야 한다(제461조 제3항 단서).

주주총회결의에 의한 경우 **주주총회결의시에 효력이 발생**한다(제461조 제4항). 주주총회

---

11) 자본금전입액을 액면가로 나눈 수만큼의 신주가 발행된다.

12) 정찬형, 1090-1091면; 최준선, 672면.

소집통지에 의하여 자본금전입이 예고되므로 별도로 신주배정기준일을 정하지 않는 것으로 하였으며, 주주는 결의일로부터 신주의 주주가 된다(제461조 제4항).

⑤ 통　지

자본금전입의 효력발생에 의하여 신주의 주주가 된 때에는 이사는 지체 없이 신주를 받은 주주와 주주명부에 기재된 질권자에 대하여 그 주주가 받은 주식의 종류와 수를 통지하여야 한다(제461조 제5항).

⑥ 물상대위

종전의 주식이 입질된 경우 자본금전입에 의하여 발행되는 신주의 주주가 받은 무상신주 및 단주의 매각대금에 대하여는 물상대위가 인정된다(제461조 제7항, 제339조).

3) 무액면주식

무액면주식을 발행한 회사의 경우는 신주발행을 통하지 않고도 자본금을 증가할 수 있는 것과 같이, 준비금 자본금전입의 경우에도 신주를 발행하지 않고 이사회 또는 주주총회가 자본금전입을 결의하는 것만으로 준비금의 자본금전입을 할 수도 있다. 결의만으로 자본금전입을 하는 경우라면 제461조 제2항 내지 제7항의 규정은 적용될 여지가 없게 된다.

4) 변경등기

준비금을 자본금전입하면 자본금이 증가하게 되므로 변경등기를 하여야 한다(제317조 제2항 제2호).

4. 법정준비금의 감액

과거 법정준비금의 자본금전입은 가능하지만 그 감소는 인정되지 않았기 때문에 이익배당의 재원으로 사용될 수가 없었다. 또한 자본준비금은 무제한 적립이 가능하여 과도하게 적립되는 경우도 있었다. 따라서 2011년 상법 개정시 준비금 감액에 관한 규정을 두게 되었다(제461조의2). 회사는 적립된 자본준비금 및 이익준비금의 총액이 자본금의 1.5배를 초과하는 경우에 주주총회의 결의에 따라 그 초과한 금액 범위에서 자본준비금과 이익준비금을 감액할 수 있다(제461조의2). 준비금은 자본충실에 기여하지만 과다한 경우 그 취지에 반하고 배당가능이익을 감소시킨다. 따라서 일정한 경우 법정준비금을 감액할 수 있도록 하였다. 준비금을 감소시키기 위하여는 (i) 자본준비금과 이익준비금의 합계액이 자본금의 1.5배를 초과할 때 그 초과분을 감액할 수 있다. 그 순서는 상관이 없다. (ii) 이때 결손이 있는 경우 준비금에서 결손금을 차감한 잔액이 자본금의 1.5배를 초과해야 감액할 수 있다고 해석한다. (iii) 주주총회의 보통결의에 의한다. (iv) 채권자보호절차가 요구되지는 않는다.

Ⅲ. 임의준비금

정관이나 주주총회의 결의에 의하여 적립하는 준비금을 말한다. 상법상 적립이 강제되지 아니하여 임의준비금이라 말하고, 그 적립비율이나 적립한도의 제한이 없다. 임의준비금의 적립방법을 정관으로 정한 경우 회사는 이익이 있는 한 적립할 의무가 있다. 임의준비금은 이익잉여금 항목이므로 그 금액이 실제로 존재하고 있는 이상 결손이나 결손보전이라는 개념을 생각할 수 없고, 법정준비금이 아니므로 자본금전입도 불가능하다. 임의준비금은 정관규정이나 총회결의로 정한 적립목적에 따라 사용한다.

제 3 절 이익배당

Ⅰ. 개 관

1. 의 의

이익배당이란 광의로는 주식회사가 그 영업에 의하여 얻은 이익을 주주에게 분배하는 것을 말한다. 주주의 이익배당청구권은 주주의 고유권이며 주주의 동의 없이는 어떠한 경우에도 회사가 이를 박탈하거나 제한하지 못한다. 하지만 배당가능이익이 있다고 하여 반드시 배당을 하여야 하는 것도 아니고, 주주가 이익이 있다고 하여 배당을 청구할 수 있는 것도 아니다. 주주의 고유한 권리가 이익배당청구권이라고는 하나 이를 실현할 제도적 장치는 없는 것이다.

이익배당은 주주의 고유한 권리에 속하는 것이어서 주주이익의 보호를 위하여 배당금 지급시기 등을 규정하고 있으나(제464조의2), 과다한 이익배당으로 자본충실을 저해할 우려도 있어 회사채권자의 보호를 위하여 이익배당의 요건을 엄격하게 규정한다(제462조, 제464조). **광의의 이익배당으로는 주식배당과 중간배당**이 있다.

2. 주주에 대한 이익의 환급

회사가 주주에게 이익을 돌려주는 방법은 **이익배당, 자기주식취득, 유상감자** 등 세 가지를 생각할 수 있다. 2011년 개정법은 **이익소각제도를 폐지하고 배당가능이익의 범위에서 자기주식취득을 허용하면서 이익배당의 의사결정을 이사회가 할 수 있도록 함으로써 자기주식취득과 이익배당을 동일하게 취급하고 있다.**[13] 주주에게 회사재산을 반환하는 것은 회사채권자의 이익을 저해할 수 있으므로, 상법은 채권자보호를 위하여 엄격한 규제를 가하고 있다.

Ⅱ. 이익배당의 요건과 절차

1. 의   의

이익배당은 상법상 정의 규정이 없으나 회사가 금전 또는 금전 외의 자산으로 그 이익을 주주에게 분배하는 것을 말한다. 이익배당은 자본충실의 원칙과 채권자보호를 위하여 엄격하게 제한되어, 배당가능이익이 있어야만 가능하다. 배당가능이익은 회사가 대차대조표상의 순자산액으로부터 자본금의 액, 그 결산기까지 적립된 자본준비금과 이익준비금의 합계액, 그 결산기에 적립하여야 할 이익준비금의 액, **미실현이익**을 공제한 액을 한도로 하여 이익배당을 할 수 있다(제462조 제1항).[14] 미실현이익을 공제하는 이유는 기업회계상 자산평가가 원가 대신 공정가치에 의하는 경우가 증가되어 평가상으로는 이익이지만 현금화되지 않은 미실현이익이 늘어나고 있어, 미실현이익을 근거로 이익배당을 하면 후일 자산가치가 하락하는 경우 채권자 이익이 침해될 위험이 있기 때문이다. 그리고 배당가능이익을 산출할 때 공제하는 준비금은 법정준비금뿐이어서 임의준비금은 원칙적으로 배당가능이익에 포함된다. 예외적으로 임의준비금이 정관규정에 의하여 적립된 경우 정관변경 절차가 필요하고, 주주총회 결의에 의하여 적립된 경우 주주총회 결의를 거쳐야 한다.

배당가능이익이 없음에도 불구하고 이익배당이 행해진 경우 위법배당이 된다. 따라서 회사가 배당할 수 있는 한도는 배당가능이익이 된다. 그런데 이는 **어느 일정한 시점에 회사에 존재하는 이익**이라는 의미이므로 과거에 계속 결손이 발생하여 올해의 이익으로도 결손이 회복되지 않는 경우라면 배당가능이익은 존재하지 않게 된다.[15]

---

13) 2011년 개정법으로 **건설이자배당제도가 폐지**되었다. 건설이자의 배당은 철도나 항만 등 건설에 장기간을 요하는 사업을 목적으로 하는 회사가 상당한 기간 이익배당을 할 수 없어 회사의 설립시 주주의 모집이 어려우므로 회사의 설립 후 일정기간 동안 이익이 없더라도 건설이자를 배당으로 지급할 수 있게 한 제도이었다. 그런데 건설이자배당제도를 이용하여 이자배당을 한 예가 거의 없고, 건설이자의 지급은 출자의 일부환급 내지 장래 발생할 이익배당의 선지급에 해당하여 채권자이익을 침해할 우려가 있으며, 자본잉여금과 이익잉여금 등 배당재원에 대한 규제의 완화로 건설이자제도의 유지필요성이 감소되어 폐지된 것이다.

14) **배당가능이익=순자산액-자본금총액-법정적립금-당해 결산기의 이익준비금-미실현이익**

15) 2011년 개정상법은 구상법의 제452조부터 제457조의2를 모두 삭제하였다. 이는 재무상태표만 가지고 배당가능이익을 구하는 방향으로 상법에 있는 구체적인 회계규정을 모두 삭제한 것이다. 개정법은 원가주의를 택한 자산평가에 관한 규정(제452조)을 삭제하여 기업회계기준에 위임하고 있으므로 기업회계기준에 따른 미실현평가이익이 배당가능이익에 포함될 수 있고, 미실현이익이 배당의 형태로 사외로 유출될 경우 과대배당으로 회사의 순자산을 감소시키므로 미실현이익을 배제하는 규정을 상법에 규정한 것이다. 즉 미실현이익은 회계상으로는 이익으로 계상되지만 아직 현금화되지 않았으므로 제462조 제1항 제4호를 신설하여 미실현이익을 배당재원으로 할 수 없다는 제한을 두었다.

2. 결정의 절차

(1) 주주총회

이익배당은 원칙적으로 주주총회의 결의로 정한다(제462조 제2항 본문). 상법은 재무제표의 승인과 이익배당의 결의를 구분하여 취급하며 양자는 별개의 의안이다(제449조 제1항, 제462조 제2항). 하지만 재무제표가 확정되어야만 배당가능이익도 확정되므로 재무제표의 승인 없이 이익배당만 결의할 수는 없다.

(2) 이사회

2011년 개정법에 의하여 재무제표를 이사회가 승인하는 경우(제449조의2 제1항) 이사회에서 이익배당을 결정할 수 있게 되었다(제462조 제2항 단서). 이사회에서 이익배당을 결정하게 되면 배당액이 확정된 다음 기준일을 정할 수 있게 되어, 배당받을 주주가 결정되는 시점에서 아직 배당금액이 정해지지 않아 배당에 관한 정보왜곡의 문제를 해소할 수 있다. 또한 전문성이 결여된 주주가 판단하기에는 적절하지 않은 측면도 있다. 그러나 이는 주식배당에는 적용되지 않으므로 상법 규정에 의하여 이사회가 이익배당을 결정한 경우라도 주식배당을 할 경우 다시 주주총회 결의가 있어야만 한다(제462조의2 제1항).

3. 기　준

(1) 주식평등의 원칙

이익배당은 원칙적으로 각 주주가 가진 주식수에 따라 지급하여야 한다(제464조). 다만 수종의 주식을 발행한 경우에는 정관의 규정에 따라 종류주식 사이에 차등배당을 할 수 있다. 이 경우도 같은 종류의 주식 사이에는 주주평등의 원칙이 지켜져야 한다. 그런데 회사가 임의로 **차등배당**을 하는 경우도 있다. 거의 대부분은 대주주가 소액주주를 우대하는 차등배당이다. 회사가 1% 이상 보유주주에게는 30%, 1% 미만의 보유주주에게는 33%의 이익배당을 하기로 한 결의에 대하여 이익을 받는 1% 이상 보유 주주가 모두 주주총회에 출석하여 찬성한 사안에서 이는 1% 이상의 보유주주가 스스로의 이익배당청구권을 전부 또는 일부 포기한 것으로 보았다.[16)]

(2) 일할배당

영업연도의 도중에 발행된 신주에 대한 이익배당을 하는 경우에 신주의 효력발생일로부터 결산일까지의 일수를 계산하여 이익배당을 하는 것을 일할배당이라 한다. 이 경우 일

---

16) 대법원 1980.8.26. 선고 80다1263 판결.

할배당이 적법하다는 설과 위법하다는 설이 대립하고 있다. 신주에 대한 일할배당이 적법하다는 입장으로서 이에는 이익배당의 내용에 있어서도 실질적 평등을 기하여야 하기 때문에 반드시 일할배당을 하여야 하며, 동액배당은 오히려 위법이라고 주장하는 견해(日割配當義務說)와, 동액배당과 일할배당 가운데 회사가 임의로 선택할 수 있다는 견해(日割配當任意說)가 있다. 회사의 정관에 신주식에 대하여 그 직전 영업연도 말에 전환된 것으로 본다는 규정이 있으면 동액배상할 것이나, 정관에 규정이 없으면 일할배당을 할 것이다.

구상법 제350조 제3항은 배당기준일과 영업연도 말일이 같은 날임을 전제로 하고 있어 주주총회 일자를 유연하게 정함에 어려움이 있었으나, 2020년 개정상법은 이 규정을 삭제하였다. 이는 주주총회 일자의 유연화에 기여하는 것이지만, 한편으로는 같은 종류의 주식은 발행시기와 무관하게 동등배당을 하겠다는 입법이유도 있었다.[17]

4. 이익배당금의 지급

(1) 이익배당청구권

추상적 이익배당청구권과 구체적 이익배당청구권이 있다. 추상적 이익배당청구권은 주주권의 한 내용으로서 개별적으로 처분하지 못한다. 그러나 주주총회 또는 이사회에서 배당이 승인되면(제462조 제2항) 주주에게 특정액의 배당금지급청구권이 발생하고, 이것이 구체적 이익배당청구권이다. 보다 구체적으로는 이익잉여금처분계산서가 주주총회 또는 이사회에서 승인됨으로써 이익배당이 확정되고, 주주는 구체적이고 확정적인 배당금지급청구권을 가지게 된다.[18] 다만 예외적으로 주주총회 또는 이사회 승인이 없더라도 구체적 이익배당청구권이 발생하는 경우가 있다. 정관에서 회사에 배당의무를 부과하면서 배당금의 지급조건이나 배당금액을 산정하는 방식 등을 구체적으로 정하고 있어 그에 따라 개별 주주에게 배당할 금액이 일의적으로 산정되고, 대표이사나 이사회가 경영판단에 따라 배당금 지급 여부나 시기, 배당금액 등을 달리 정할 수 있도록 하는 규정이 없다면, 예외적으로 정관에서 정한 지급조건이 갖추어지는 때에 주주에게 구체적이고 확정적인 배당금지급청구권이 인정될 수 있다.[19]

구체적 이익배당청구권은 독립하여 양도·압류 등의 목적이 될 수 있고 시효의 대상이 되고, 그 시효기간은 5년이다(제464조의2 제2항). 또한 이미 확정된 권리로서 발생한 것이기 때문에 정관과 달리 이익배당을 거부하는 결의를 하였다는 사정을 들어 주주에게 이익배당금의 지급을 거절할 수 없다.[20] 이사회 결의 등으로 주주의 배당금 지급청구권이 구체

---

17) 천경훈 외, 680면.
18) 대법원 2010.10.28. 선고 2010다53792 판결.
19) 대법원 2022.8.19. 선고 2020다263574 판결.
20) 대법원 2022.8.19. 선고 2020다263574 판결(사안에서 피고회사 정관은 배당금 지급조건 및 산정에 관한 사항을 구체적으로 규정하고 있으므로, 정기주주총회에서 당기순이익이 포함된 재무제표를 승인하는 결의가 있는 때에

적으로 확정된 이상 그 청구권의 내용을 수정 내지 변경하는 내용의 이사회 결의도 허용
될 수 없다.[21]

(2) 배당금지급시기

회사는 주주총회에 의한 재무제표의 승인(제449조 제1항)이 있은 날로부터 1개월 내에
배당금을 지급하여야 한다고 규정한다(제464조의2 제1항 본문). 그러나 주주총회 또는 이사
회에서 배당금의 지급시기를 따로 정한 경우에는 그에 의한다(제464조의2 제1항 단서).

5. 현물배당

(1) 의 의

현물배당이란 주식회사가 정관에 의하여 그 영업으로 얻은 이익을 주주에게 금전 외의
재산으로 분배하는 것이다(제462조의4 제1항).[22] 2011년 개정법 제462조의4는 현물배당을
명문으로 허용하고 주주가 현물로 받을 것인지를 선택할 수 있도록 규정하며, 아울러 중간
배당의 경우 금전뿐 아니라 현물배당이 가능하도록(제462조의3 제1항) 하였다. 상법이 현물
배당을 명문으로 인정한 것은 배당재산 유형의 다양화라는 그간의 실무상의 요구를 수용
하고 국제적인 추세를 반영한 것으로서 긍정적이다. 다만 현물배당을 인정할 경우 이를 주
주총회결의로 할 것인지 또는 이사회결의로 할 것인지가 문제되는데[23] 개정법은 정관으로
정하도록 하였고, 현물배당을 결정한 경우에도 주주가 회사에 대하여 현물 대신 금전을 청
구할 수 있게 하여 주주를 보호하도록 하였다.

(2) 현물배당의 요건

현물배당도 일반적인 이익배당과 같이 배당가능이익이 있어야 함은 당연하다. 기타의
요건은 다음과 같다.

1) 정관의 규정

현물배당을 하기 위하여는 정관에 이에 관한 규정이 있어야 한다(제462조의4 제1항). 정
관에 규정을 두어야 한다는 의미는 정관변경절차와 관련하여 주주총회 특별결의로 결정하

구체적이고 확정적인 이익배당청구권이 인정된다고 보았다).

21) 대법원 2022.9.7. 선고 2022다223778 판결.

22) 금전 이외 회사가 소유하는 자산으로 하는 배당을 말한다. 구상법 하에서는 중간배당에 관한 제462조의3 제1
항이 금전으로 한정하고 있고 제46조의2에서 배당 "금"이라는 표현을 사용한 관계로 배당은 금전으로써만 할 수 있
다는 것이 통설이었다. 하지만 입법론상 금전과 다른 자산에 본질적 차이가 있는 것은 아니기 때문에 이론적 타당성
이 없다는 점이 지적되었다.

23) 미국은 이사회에서 결정하도록 하고 있으나 일본은 현물로 배당을 받을 경우 그 가치에 문제가 있을 수 있기
때문에 현물배당은 주주총회의 특별결의로 결정하도록 하고, 현금배당을 받고자 할 경우에는 주주총회의 보통결의로
요하도록 하고 있다.

도록 한 것이다. 특정 배당을 현물배당을 할 것인지의 여부에 관하여도 정관에 명시적인 규정을 두어야겠으나, 만약 그렇지 않다면 그 결정은 주주총회 특별결의를 얻도록 함이 타당하다.

2) 현물의 의의

상법은 현물의 의의에 대하여 '금전 외의 재산'으로만 규정하고 있다(제462조의4 제1항). 현물에 대한 평가가 공정하고 어느 주주의 이익도 해하지 않는다면 현물배당이 가능하다고 보나,[24] 주식배당제도가 별도로 존재하는 만큼 **회사가 새로이 발행하는 신주는 가능하지 않다고 보아야 한다.**

(3) 예 외

1) 주주의 금전배당청구

주주가 배당되는 현물의 가치에 대하여 동의하지 않는 경우라면 금전배당을 청구할 수 있도록 함이 타당하다. 이러한 취지에서 상법은 현물배당을 정할 때에 주주가 현물배당 대신 금전배당을 회사에 청구할 수 있도록 허용하고 이 경우 그 금액 및 청구할 수 있는 기간을 정하도록 하였다(제462조의4 제2항 제1호).

2) 영세주주에 대한 금전배당

또한 현물의 최소단위를 감안하여 현물로 지급할 수 없는 경우도 예상할 수 있는바, 상법은 일정 수 미만의 주식을 보유한 주주에게 금전 외의 재산 대신 금전을 지급하기로 한 경우에는 그 일정 수 및 금액을 정할 수 있도록 하였다(제462조의4 제2항 제2호).

6. 위법배당

(1) 의 의

법령이나 정관에 위반하여 행하여진 이익배당을 위법배당이라 한다. 전형적인 위법배당의 경우로 **배당가능이익이 없음에도 불구하고 이익배당을 하거나 배당가능이익을 초과하여 이익배당을 하는 것**을 말하고, 이를 협의의 위법배당이라 한다. 기타 배당절차나 기준·시기 등에 하자가 있거나 또는 주식평등의 원칙에 위반하는 배당 등은 광의의 위법배당이 된다.

(2) 협의의 위법배당의 효과

1) 회사의 반환청구

상법에 명문 규정은 없으나 위법배당은 당연무효이므로 부당이득의 법리에 의하여 회

---

24) 정찬형, 1133면.

사에 반환하여야 한다. 요컨대 회사가 반환청구권을 행사할 수 있고, 위법배당은 **당연무효**
이므로 주주의 선의·악의를 불문한다(통설).

　다만 주주총회의 배당결의를 통하여 이익배당이 이루어지는 것이므로 주주총회결의의
효력을 먼저 다투어야 하는지가 문제될 수 있겠으나, 주주총회결의를 먼저 다툴 필요가 없
다고 보는데 견해는 일치한다. 다만 그 논거를 제시함에 있어서만 달리 이해되고 있다. (i)
위법배당의 결의는 주주총회결의무효확인의 소의 대상이 되는 것인데 이때 무효확인의 소
의 성질을 확인의 소로 파악하는 경우 동소의 제기 없이 직접 반환청구할 수 있다는 견
해,25) (ii) 주주총회결의무효확인의 소에 관한 성질론과 관계없이 배당가능이익이 없음에도
불구하고 배당한 것은 그 행위 자체가 자본충실에 어긋나 강행규정(제462조 제1항)에 반하
는 것이므로 회사가 직접 반환청구할 수 있다는 견해도 있다.26)

　위법배당 반환청구권의 소멸시효가 문제된다. 이에 대하여는 주주의 회사에 대한 배당
금지급청구권에 5년의 시효가 적용되는바(제464조의2 제2항), 이와의 형평상 회사의 주주에
대한 위법배당금 반환청구권 역시 5년의 시효가 적용된다는 견해가 있을 수 있다. 그러나
판례는 민사시효인 10년이 적용된다고 보았다.27) 상행위에 기초한 부당이득반환청구권의
시효를 신속확정의 필요가 있는 경우에 상사시효 5년이 적용된다는 기존 입장을 확인하면
서도, 위법배당에서는 "이익의 배당이나 중간배당은 회사가 획득한 이익을 내부적으로 주
주에게 분배하는 행위로서 회사가 영업으로 또는 영업을 위하여 하는 상행위가 아니므로
배당금지급청구권은 상법 제64조가 적용되는 상행위로 인한 채권이라고 볼 수 없다"면서,
또한 배당가능이익이 없는데도 이익의 배당이나 중간배당이 실시된 경우 회사나 채권자가
주주로부터 배당금을 회수하는 것은 회사의 자본충실을 도모하고 회사 채권자를 보호하는
데 필수적이므로, 회수를 위한 부당이득반환청구권 행사를 신속하게 확정할 필요성이 크다
고 볼 수 없다고 하였다.28) 판례는 배당금지급을 단지 내부적 분배행위로 보아 상행위가
아니라고 한 것이다.

2) 채권자의 반환청구

　회사채권자는 직접 이를 회사에 반환할 것을 청구할 수 있다(제462조 제3항). 이때 회사
채권자는 이익배당 당시의 채권자가 아니어도 무방하다. 채권자는 자신이 아니라 회사에
반환하라고 청구하는 것이며 반환청구할 수 있는 금액은 채권액이 아니라 **위법배당한 전**
액이 된다. **채권자의 반환청구권은 회사를 대위하여 행사하는 것이 아니라 자신의 청구**
권을 행사하는 것이며, 따라서 회사가 반환청구권을 행사하였는지 여부와 무관하게 행사

---

25) 권기범, 1038면; 정찬형, 1131면; 최기원, 937면.
26) 이철송, 971면; 정동윤, 784면.
27) 대법원 2021.6.24. 선고 2020다208621 판결.
28) 대법원 2021.6.24. 선고 2020다208621 판결.

할 수 있다. 소의 방법으로도 가능하고 소 이외의 방법으로도 가능하다. 이 경우에도 주주의 선의·악의를 불문한다.

(3) 기타 위법배당의 경우

배당가능이익이 없거나 배당가능이익을 초과하여 배당한 협의의 위법배당은 당연히 무효이나, 기타 광의의 경우에는 그 하자의 정도를 감안하여 판단한다. 강행규정에 반하는 경우는 당연무효가 될 것이나, 그 하자가 경미한 경우라면(주주총회 소집절차상의 경미한 위반) 관련 규정과의 신중한 해석이 필요하다.29)

주의할 점은 **이 경우 무효가 되는 경우에도 회사의 반환청구권은 인정되나, 채권자의 반환청구권은 없다**는 점이다. 제462조 제3항에 따른 채권자의 청구권은 "제1항의 규정에 위반한" 경우에만 인정되는 것이므로 **배당가능이익의 범위에서 이루어진 위법배당의 경우에는 채권자가 반환청구권을 가지지 않는다.** 책임재산에 대한 침해가 없는 이상 채권자가 그 배당의 효력을 문제삼을 이익이 없기 때문이다.

(4) 이사 등의 책임

위법배당안을 작성한 이사나 이에 찬성한 이사 등은 회사에 대하여 제399조의 손해배상책임을 지고 주주 또는 채권자에게 제401조의 손해배상책임을 진다. 감사가 회사 또는 제3자에 대하여 손해를 배상할 책임이 있는 경우에 이사도 그 책임이 있는 때에는 그 감사와 이사는 연대하여 배상할 책임이 있다(제414조, 제415조의2 제7항).

Ⅲ. 주식배당

1. 의의와 효용

(1) 의 의

회사는 주주총회의 결의에 의하여 이익의 배당을 새로이 발행하는 주식으로 할 수 있는데, 이 경우 주주에게 그 지분비율에 따라 무상으로 배당하는 것을 주식배당이라 한다. 금전으로 하는 이익배당은 회사가 주주에게 금전을 지급하나, 주식배당은 회사가 주주에게 신주를 발행하고, 또 상법상 주식배당은 이익배당 총액의 2분의 1을 한도로 한다(제462조의2 제1항 단서). 주식배당을 하게 되면 이익을 그대로 회사에 유보시키게 되며, 주주의 지분비율에 따라 배당이 이루어지므로 지분비율은 그대로 유지된다. 주식배당의 의의를 상술하면 다음과 같다.

---

29) 이런 경우라면 주주총회결의취소의 소를 먼저 제기하여야 한다고 본다.

(i) 주식배당은 **새로이 발행하는 신주로 배당**을 한다. 주식배당은 회사가 이미 가지고 있는 자기주식으로써 배당하는 것이 아니다. (ii) 주식배당은 **자본금의 증가**를 가져온다. 따라서 자본금증가가 없는 주식분할과 다르다. (iii) 주식배당은 **배당가능이익을 재원**으로 하므로 법정준비금을 재원으로 하는 준비금의 자본금전입과는 다르다. (iv) 주식배당은 **이익배당**이다(통설). 따라서 주식평등의 원칙에 의하여 주주에게 그 보유비율에 따라 분배한다.

(2) 효 용

주식배당은 다음과 같은 효용이 있다. (i) **자금의 사내유보**이다. 회사의 계산상으로는 배당할 이익이 있으나 실제로는 배당할 현금이 없는 경우, 또는 현금이 있더라도 회사의 영업을 위하여 이를 사내에 유보할 필요가 있는 경우에, 회사가 금전을 배당하는 대신에 신주를 발행하여 이를 주주에게 배당하면 그 자금을 사내에 유보할 수 있다. 이점에서 이익배당과 구별된다. (ii) **자본금의 증가**이다. 회사가 주식배당을 하면 회사의 자본금이 증가하여 회사 신용의 기초가 공고하게 되므로, 회사채권자에게 유리하다. (iii) **주주의 이익보호**이다. 회사가 주식배당을 하면 회사에 현금이 없더라도 주주는 이익배당을 받을 수 있고, 특히 주가가 높은 경우에는 결과적으로 주주가 높은 배당을 받게 되므로, 주식배당제도는 주주에게 유리하다. 그러나 주가가 권면액을 하회하는 경우에는 주주에게 불리하고, 또 주식배당을 하면 장기적으로는 이익배당을 하여야 할 주식의 수가 증가하여 회사의 배당압박을 심화할 수 있다. 그러므로 주식배당제도는 회사의 편의도모와 주주의 이익보호를 고려하여 운용하여야 할 것이다.

2. 주식배당의 법적 성질

주식배당의 법적 성질에 관하여는 이익배당설과 주식분할설이 대립해 왔으나, **이익배당설이 통설**이다. 현재로서는 이 학설의 대립은 주식배당의 성질을 보다 뚜렷이 하고, 연혁적 의의만 있다고 본다.

(1) 학 설

① 과거 **주식분할설**이 있었다. 주식분할설은 주식배당은 실질적인 회사재산의 증가 없이 계산상으로만 주식의 수가 증가하므로 주식분할과 다를 바 없다고 한다. 회사재산이나 지분비율에 아무 변화를 가져오지 않는다는 것을 근거로, 주식배당은 배당가능이익의 자본금전입에 의한 신주의 무상교부로서 준비금의 자본금전입에 의한 신주의 무상교부와 같은 주식분할이라고 한다. ② 통설인 **이익배당설**은 주식배당을 이익배당의 한 형태로 본다. (i) 상법 조문의 배열상 주식배당(제462조의2)을 이익배당의 한 형태로 규정하였고, (ii) 주식배

당은 이익배당과 같이 배당가능이익의 존재를 전제로 하며, (iii) 주식배당의 경우에는 주주가 금전배당을 받지 아니한 만큼 주주의 출자가 있는 셈이고, 또 회사가 금전배당을 하지 아니한 만큼 회사의 재산이 증가된 셈이므로 주식배당은 회사재산의 변동 없이 주식의 수만 증가하는 주식분할과 다르다는 것이다.

(2) 이익배당의 일종

주식분할설은 주식배당을 이익배당의 한 형태로 보지 아니하고 준비금의 자본금전입(무상증자)과 같은 것으로 보아 주식분할이라고 하지만 주식배당과 준비금의 자본금전입은 많은 차이점이 있다. ① 상법상 주식배당은 이익배당의 한 형태로 규정되어 있으나, 준비금의 자본금전입은 신주발행의 한 형태로 규정되어 있다. ② 주식배당은 회사가 금전을 배당하지 아니하여 자금이 사외로 유출되지 아니하므로 그 만큼 회사재산이 증가하나, 준비금의 자본금전입은 회사재산의 증가가 없다. ③ 주식배당은 배당가능이익(또는 임의준비금)이 자본금으로 전입되나, 준비금의 자본금전입의 경우에는 법정준비금이 자본금으로 전입된다. ④ 주식배당은 배당가능이익(또는 임의준비금)이 존재하는 경우에 그 이익의 처분으로 하는 것이나, 준비금의 자본금전입은 배당가능이익의 존재와는 관계없이 법정준비금으로 하고 법정준비금은 이익으로 처분할 수 없다.

이와 같이 주식배당과 준비금의 자본금전입은 다르므로 주식배당을 준비금의 자본금전입과 같은 주식분할이라고 볼 수 없고, 특히 주식배당은 자금의 사내유보를 위하여 금전 대신에 주식을 이익배당의 목적으로 하는 것으로서 주식배당과 금전배당은 배당의 목적물에 차이가 있을 뿐이고 실질상으로는 모두 이익배당의 성질을 가지므로 주식배당은 특수한 형태의 이익배당으로 보는 것이 타당하다.

3. 주식배당의 요건

(1) 배당가능이익의 존재

주식배당은 이익배당의 일종이므로 배당가능이익이 있어야 한다. 배당가능이익은 상법 제462조 제1항에서 정하는 소정의 이익을 말한다.

(2) 미발행주식의 존재(미발행수권주식의 존재)

주식배당은 신주를 발행하여 배당하는 것이므로, 주식배당을 하려면 회사가 발행할 주식의 총수 중에 미발행주식이 있어야 한다.

(3) 주식배당의 한도

주식배당은 **이익배당 총액의 2분의 1을 초과하지 못한다**(제462조의2 제1항 단서). 배당가능이익의 2분의 1이 아니다. 이 제한은 현금 대신 처분이 어려운 주식으로 배당함으로써 주주의 이익배당청구권이 침해되는 것을 막기 위한 것이다. 따라서 결산기에 주식배당만 하는 것은 허용되지 않고 현금배당도 함께 이루어지게 된다. 다만 상장회사는 자본시장법 제165조의13 제1항에 따라 주가가 액면금액 이상일 것을 조건으로 하여 이익배당 전부를 주식배당으로 할 수 있다. 상장회사의 주식은 시장에서 현금으로 쉽게 환가할 수 있기 때문이다.

4. 주식배당의 절차

(1) 주주총회의 보통결의

주식배당을 하는 경우에는 주주총회의 결의가 있어야 한다(제462조의2 제1항 본문). 보통의 신주발행은 이사회의 결의만으로 할 수 있으나(제416조), 주식배당은 주주총회의 결의가 있어야 한다. 제462조의2 제2항에서 신주의 발행가액은 액면가로 한다고 정하고 있으므로 발행가액은 결정할 필요가 없다.

주주총회의 주식배당결의는 보통결의에 의하며, 또 이 결의에서는 **이익배당 총액**의 2분의 1을 초과하지 않는 범위 내에서 주식으로 배당할 총액, 즉 자본금으로 전입할 액수를 정하여야 한다. 형식상으로는 주식배당의 결의(제462조의2 제1항 본문)와 재무제표의 결의(제449조 제1항)가 각각 별개이나, 주식배당의 결의와 재무제표의 결의의 요건이 보통결의로서 같으므로, 주식배당의 결의와 재무제표의 결의는 동시에 하여도 무방하다고 본다.

(2) 통 지

주주총회에서 주식배당결의를 한 때에는, 이사는 지체 없이 배당을 받을 주주와 등록질권자에게 그 주주가 받을 주식의 종류와 수를 통지하여야 한다(제462조의2 제5항).

(3) 신주의 발행

주식배당은 신주를 발행하여 배당하는 것이므로, 주식배당의 경우에는 신주발행의 절차가 있어야 한다.

1) 신주의 수, 발행가액

주주총회에서 주식배당 총액을 결정하며, 주식배당으로 발행될 신주의 발행가액은 주식의 액면가액으로 하여야 한다(제462조의2 제2항). 따라서 주식배당의 총액은 자본금의 증가액과 정확하게 일치하게 된다. 신주의 발행가액을 권면액으로 제한한 것은 권면액 이하의 발행으로 회사의 자본충실을 해하는 것을 방지하고, 또 권면액 이상의 발행을 금지하며 주주를 보호하기 위한 것이다. 주식의 시가가 액면가액을 초과하는 때에는 주식배당이 금전배당보다 주주에게 유리할 수도 있다.

2) 신주의 종류

회사가 수종의 주식을 발행한 경우에 주식배당을 할 때에 종류가 다른 주식 간에 어떤 종류의 주식을 배당할 것인가에 관하여서도 주식배당의 법적 성질에 관한 학설에 따라 다르다. (i) **이익배당설**의 입장에서는 이익배당의 경우에 수종의 주식 간에 금액의 차이가 있을 뿐이고 금전의 우선이나 보통의 구별이 있을 수 없으므로 주식배당의 경우에도 모든 주주에 대하여 동일한 종류의 주식을 배당하여야 한다고 하나, (ii) **주식분할설**의 입장에서는 주식배당은 기존주식을 세분하는 주식분할이므로 주주가 가지고 있는 주식의 종류와 동종의 주식, 즉 우선주에는 우선주를 또 보통주에는 보통주를 배당하여야 한다고 한다.

이론적으로는 주식배당을 이익배당의 한 형태로 보는 한 주주가 가지고 있는 주식의 종류에 관계없이 모든 주주에게 동일한 종류의 주식을 배당하는 것이 타당하고, 주식분할설의 형태로 보게 된다면 우선주에 대하여 우선주를 배당하고 보통주에 대하여는 보통주를 배당하게 된다. 제462조의2 제2항은 회사가 종류주식을 발행한 때에는 각각 그와 같은 종류의 주식으로 할 수 있다고 규정하여 주식분할설의 결과를 선택할 여지를 두고 있다. (i) 문언해석으로 **기존의 주식과 같은 종류의 주식으로 배당할 수 있다**고 하는 점은 분명하다. (ii) 문제는 모두 단일한 주식을 배당하는 것이 가능한가? 여기에 대하여는 일률적으로 답하기는 어렵다. 서로 다른 종류의 주식에 대하여 단일한 주식을 발행하는 것이 신주발행시 제3자배정에서와 같은 부와 지배권의 희석이 생겨나는 경우라면 제3자배정에 필요한 정관 및 경영상 목적이 인정되는 경우만 가능하다고 보아야 한다.

3) 단주의 처리

주식배당의 경우에 단주가 있는 때에는 그 단주를 경매하여 그 대금을 주주에게 지급하되, 거래소의 시세가 있는 주식은 거래소를 통하여 매각하고 그 대금을 지급하여야 한다(제462조의2 제3항, 제443조 제1항).

4) 주권의 발행

주식배당에 의하여 주주가 취득한 신주에 대하여 회사는 주권을 발행하여 교부하여야 한다. 주식배당의 효력발생일은 주식배당을 결정한 주주총회가 종결한 때(제462조의2 제4항)이므로 이 시점으로부터 지체 없이 발행하여야 한다.

(4) 자기주식에 대한 주식배당

회사의 자기주식에 대하여 주식배당을 할 수 있는가에 관하여서는 주식배당의 법적 성질에 관한 학설에 따라 다르다.[30] 또한 이익배당설의 입장을 취하더라도 자기주식에 이익

---

30) 주식분할설의 입장에서는 자기주식도 기발행주식으로서 분할의 대상에서 제외될 수 없으므로, 자기주식에도 주식배당을 인정하여야 한다고 한다.

배당청구권이 인정되는가에 관한 견해에 따라 다르다. **긍정설**에서는 상법 제369조 제2항은 자기주식의 의결권의 휴지만 규정하고 있어 그 외의 이익배당청구권은 인정되므로 자기주식에는 주식배당도 인정된다고 하나, **부정설(통설)**에서는 자기주식은 회사가 단지 소지하고 있을 뿐이고 그 의결권은 물론 그 외의 모든 공익권과 자익권도 휴지되므로 자기주식에는 주식배당이 인정되지 아니한다고 한다. 이익배당설의 입장을 취하더라도 자기주식에 대한 주식배당을 인정하면 또 하나의 자기주식취득의 방법을 인정하게 되어 상법 제341조에 반하므로, 자기주식에 대하여는 주식배당을 인정하지 아니하는 것이 타당하다.

5. 주식배당의 효과

(1) 발행주식총수와 자본금의 증가

주식배당을 하면 신주가 발행되어 회사의 발행주식총수가 증가하고, 회사의 자본금이 증가한다.

(2) 신주발행의 효력발생시기

주식배당을 받은 주주는 배당결의를 한 **주주총회가 종결된 때**로부터 신주의 주주로 된다(제462조의2 제4항). 준비금의 자본금전입의 경우에 이것이 이사회의 결의에 의한 때에는 신주배정기준일에(제461조 제3항), 또 주주총회의 결의에 의한 때에는 주주총회의 결의가 있은 때에(제461조 제4항) 신주발행의 효력이 생긴다. 그러나 주식배당의 경우에는 주주총회 개최중의 주주의 지주수의 변동에 따른 의결권행사 등 주주총회의 운영에 복잡한 문제가 생기므로, 이를 방지하기 위하여 주주총회가 종결된 때에 신주발행에 효력이 생기도록 한 것이다.

(3) 질권의 효력

주식배당의 경우 등록질권자의 권리는 주식배당에 의하여 신주가 발행되어 채무자인 주주가 받을 신주에 미치고, 이때 질권자는 회사에 대하여 질권의 효력이 미치는 신주에 대한 주권의 교부를 청구할 수 있다(제462조의2 제6항).

(4) 변경등기

주식배당을 하면 회사의 발행주식총수가 증가하고 또 회사의 자본금이 증가하므로, 주식배당결의가 있은 주주총회가 종결된 때로부터 본점 소재지에서는 2주 내에, 지점 소재지에서는 3주 내에 변경등기를 하여야 한다(제317조 제2항 제2호·제3호, 동조 제4항, 제183조).

6. 위법한 주식배당

(1) 의 의

위법한 주식배당은 주식배당의 요건과 절차에 위반하여 주식배당을 하고 신주발행을 한 경우이다. 배당가능이익이 없음에도 불구하고 주식배당을 하였거나, 배당가능이익의 한도에서 주식배당을 하였으나 기타의 신주발행의 요건을 위반한 경우, 예컨대 정관에 정하지 아니한 종류의 주식을 발행한 경우, 정관 소정의 발행예정주식총수의 한도를 초과하여 신주를 발행한 경우, 주주총회의 결의에 하자가 있는 경우 등이 위법한 주식배당이다.

그런데 주식배당의 경우는 자금이 주주에게 유출되지 않으므로 채권자보호의 필요성이 없고, 신주가 발행되므로 신주발행의 효과가 있다는 점에서 일반적인 이익배당과는 몇 가지의 차이가 있다. 위법한 주식배당에 관하여 상법상 규정이 없으므로 해석에 의한다.

(2) 신주발행무효의 소 규정의 유추적용

위법한 주식배당의 경우 신주발행무효의 소에 관한 규정(제429조 이하)을 유추적용하여 주주·이사 또는 감사는 신주를 발행한 날로부터 6월 내에 신주발행무효의 소를 제기할 수 있을 것이다. 만약 신주를 발행하기 전이면 신주발행유지청구권에 관한 규정(제424조)을 유추적용하여 불이익을 받을 염려가 있는 주주는 회사에 대하여 그 주식배당의 유지를 청구할 수 있을 것이다.

특히 배당가능이익이 없음에도 불구하고 신주발행을 한 경우 이러한 신주발행은 액면미달발행(제330조 위반)으로서 무효이고(통설) 신주발행무효의 소(제429조~제432조)의 원인이 된다. 신주발행무효의 사유를 엄격하게 제한하더라도 이 경우는 위법한 할인발행의 경우로서 무효사유에 해당한다. 따라서 **배당가능이익이 없거나 그 한도를 초과하여 주식배당을 한 경우에는 결과적으로 납입 없이 신주발행을 한 것과 같이 되어 회사의 자본충실을 해하게 되므로, 신주발행무효의 원인**으로 된다(통설). 위법한 이익배당의 경우 당연무효로 보는 것과 일관된 이해이다. 다만 신주발행무효의 소는 주주·이사·감사만이 제기할 수 있을 뿐이므로 채권자보호의 취지에서는 한계가 있다. 입법론적 검토가 요구된다.

(3) 반환청구

배당가능이익이 없음에도 불구하고 주식배당을 한 경우 주주가 배당받은 주식을 반환할 의무가 있다. 따라서 회사는 반환할 것을 청구할 수 있다고 해석한다. 다만 배당가능이익이 없거나 그 한도를 초과하여 주식배당을 한 경우에도 **회사채권자가** 이익배당의 경우와 같이 상법 제462조 제3항에 의하여 주주에 대하여 그 위법배당액을 회사에 반환할 것을 청구할 수 있는지도 문제된다. (i) **긍정설**은 회사채권자의 위법배당액반환청구권(제462조 제3

항)은 회사의 자본충실 내지 회사채권자보호를 위한 것이므로 배당가능이익 없이 또는 그 한도를 초과하여 주식배당을 한 경우에는 그 반환청구권을 인정하여야 한다고 본다. 배당 가능이익 없이 또는 그 한도를 초과하여 주식배당을 한 경우에 그 신주발행이 무효라고 보면, 회사채권자는 주주에 대하여 그 배당 받은 신주를 회사에 반환할 것을 청구할 수 있다고 보아야 한다는 것이다.[31] (ii) **부정설**[32]은 배당가능이익 없이 또는 그 한도를 초과하여 주식배당을 하여도 회사자산이 사외로 유출되지 아니하였고, 또 주식배당을 통하여 주주에게 이전된 회사재산이 없어 반환청구할 대상이 없다는 점을 그 근거로 제시한다(통설).

　그런데 긍정설에서도 그 주금액을 납입하여야 한다는 것이 아니라 **배정받은 신주를 반환하여야 한다는 주장이고 보면, 부정설과 크게 달라 보이지는 않는다.** 발행된 신주가 무효로 되었다면 반환받을 신주가 없다고 볼 여지도 있겠으나, 신주의 무효가 소급효가 없다는 점을 주의하여야 한다(제431조 제1항). (i) 결국 상법 제462조 제3항에서의 위법한 배당으로 인한 이익의 해석문제가 될 것으로 보이고, 이 경우의 이익을 신주가 포함되는 것으로 본다면 긍정설이 타당하다. 신주발행무효의 소가 제기되어 무효확정판결을 받는다면 그 신주를 배당받은 주주들은 신주를 회사에 반환하여야 하고, 만약 회사가 그 청구를 하지 않는다면 **회사채권자**가 제462조 제3항의 규정을 근거로 하여 반환을 청구할 수 있다. 무효인 주식이 유통되는 것을 방지하기 위해서라도 주주는 반환의무를 부담한다고 볼 것이고, 회사채권자는 반환청구권을 가진다. (ii) 또한 무효가 확정되기 전 신주발행의 유효를 전제로 한 행위는 여전히 유효하기 때문에, 이로 인하여 회사의 자산이 유출되었고 주주가 이익을 취한 경우를 생각할 수 있다면 그때는 반환청구를 인정할 필요가 있다.

Ⅳ. 중간배당, 분기배당

1. 의 의

　상법상 중간배당이란 연 1회의 결산기를 정한 회사가 정관의 규정에 의하여 영업연도 중간에 1회에 한하여 이사회의 결의로 일정한 날을 정하여 그 날의 주주에게 금전으로써 이익을 배당하는 것을 말한다(제462조의3 제1항). 연 1회의 결산기를 정한 회사의 경우 정관에 정함이 있으면 이사회 결의로 중간배당을 실시할 수 있고 그 횟수는 영업연도 중 1회로 제한된다.[33] 연 1회의 결산기를 정한 회사가 영업연도 말의 이익배당 외에 영업연도 중 1회에 한하여 금전으로 중간배당을 하는 제도이므로 연 2회의 결산기를 정한 회사는 중간배당을 할 수 없다. 그리고 중간배당은 정관에 규정이 있을 때에 한하여 할 수 있다.

---

31) 정찬형, 1144면.
32) 권기범, 1053면; 정동윤, 790면; 이철송, 973면; 송옥렬, 1228면; 최기원, 949면.
33) 대법원 2022.9.7. 선고 2020다223778 판결.

그런데 상장회사에 대하여는 자본시장법 제165조의12에 따라 분기배당이 따로 마련되어 3월, 6월, 9월 말일을 기준으로 이익배당을 허용하고 있다. **분기배당은 상법의 중간배당을 여러 차례로 나누어 시행하는 것**이므로, 중간배당과 동일한 규제가 있다.

중간배당과 분기배당은 회사의 이익을 주주에게 반환하는 것이므로 이익배당과 같다. 그러나 ① 결산기가 도래하지 않은 상태에서 배당을 한다는 점, ② 주주총회가 아닌 이사회의 결의로 배당을 결의한다는 점, ③ 주식배당이 허용되지 않는 점, ④ 배당재원을 직전 결산기의 재무상태표를 기준으로 계산한다는 점에서 이익배당과 구별된다. 중간배당은 주주총회의 결의가 아니라 이사회결의만으로도 가능하며, 결산기가 도래하지 않았음에도 배당을 하여 회사재산이 유출되어 자본충실을 해할 우려도 있다. 따라서 엄격한 요건이 요구되며 이사에게 무거운 책임을 지운다.

2. 법적 성질

(1) 이익배당의 일종

상법은 중간배당에 관하여 이익을 배당하는 것이라고 규정(제462조의3 제1항)하고, 준용규정의 적용에 관하여 중간배당을 이익의 배당으로 본다고 규정한다(제462조의3 제5항). 따라서 중간배당을 **이익배당의 일종**으로 보고 있다.

(2) 재원과 관련한 법적 성질

중간배당(분기배당 포함)은 아직 당해 연도의 재무제표가 확정되지 않았기 때문에 배당가능이익이 있는지 여부는 **직전 결산기를 기준으로 계산**한다(제462조의3 제2항). 이 중간배당의 법적 성질에 대하여 이익배당의 재원을 무엇으로 보는가에 따라 **전기이익후급설**과 **이익배당가지급설**로 나뉘어 있다.[34] 그러나 중간배당의 재원을 본다면 전기이익후급설이 타당하다. 중간배당의 한도액이 전기이월이익을 초과할 수 없고, 당해 영업연도 초부터 중간배당시까지 발생한 당기 이익(반기순이익)이 중간배당의 재원이 되지 않으며 배당가능이익이 없는 경우에도 배당이 무효로 되지 않는 점 등이 그 근거가 된다. 다만 당해 결산기에도 배당가능이익의 발생이 예상되어야 한다(제462조의3 제3항)는 점에서 이익배당가지급설이 일부 적용된다.

---

34) 당기이익선급설은 중간배당이 형식적 요건에 있어서는 이익배당이 아닐지라도 실질적으로는 이익을 전제로 이를 주주에게 분배하는 것으로서 그 재원은 당기에 발생한 이익이며, 단지 시기적으로 이익배당과 구분될 뿐이라고 한다. 이 입장에서는 당해 영업연도말 결산에서 손실이 발생할 우려가 있는 때에는 중간배당을 할 수 없고, 비록 전기이월이익이 중간배당을 하는 시점에 남아 있지 않더라도 당해 결산기말에 흑자결산이 예상되는 이상은 중간배당을 할 수 있다는 점을 근거로 한다.

3. 중간배당의 요건

이 요건은 제462조의3, 자본시장법 제165조의12에서 동일하게 정하고 있다.

(1) 형식적 요건

① **연 1회의 결산기를 정한 회사**이다. 중간배당을 할 수 있는 회사는 결산기를 연 1회로 정한 회사로서 정관에 이사회의 결의로 일정한 날에 중간배당을 할 수 있다는 규정을 두고 있는 회사이다(제462조의3 제1항). ② **정관규정**이 필요하다. 중간배당을 할 수 있는 회사는 이에 대하여 정관에 규정을 두어야 한다(제462조의3 제1항). ③ **이사회의 결의**이다. 일반적 이익배당과는 달리 주주총회결의가 아닌 이사회결의에 의한다(제462조의3 제1항). 이사회는 연 1회에 한하여 금전으로만 중간배당을 할 것을 결의할 수 있다. ④ **금전배당 또는 현물배당**이 가능하다. 개정법에서는 현물배당이 가능함에 의하여 제462조의3 제1항의 용어가 수정되었다. 따라서 명문에 의하여도 금전배당 이외에 현물배당도 가능하다. 다만 주식배당은 허용되지 않는다.

(2) 실질적 요건

① 직전결산기의 이익이 중간배당시점까지 현존하여야 한다(제462조의3 제2항). 직전 결산기의 대차대조표상의 이익이 현존하여야 한다. 중간배당은 직전 결산기의 대차대조표상의 순자산액에서 「직전 결산기의 자본금의 액, 직전 결산기까지 적립된 자본준비금과 이익준비금의 합계액, 직전 결산기의 정기총회에서 이익으로 배당하거나 또는 지급하기로 정한 금액, 중간배당에 따라 당해 결산기에 적립하여야 할 이익준비금」을 공제한 액을 한도로 한다(제462조의3 제2항).

② 당해 결산기에도 배당가능이익의 발생이 예상되어야 한다(제462조의3 제3항). 회사는 당해 결산기의 대차대조표상의 순자산액을 기준으로 하여 **배당가능이익이 존재하지 않을 우려가 있는 때에는 중간배당을 하여서는 아니 된다.**

4. 중간배당절차

상법은 주주총회 결의를 제외하고는 이익배당에 관한 거의 모든 조문을 준용하고 있다.

(1) 이사회의 중간배당결의

중간배당은 정관의 규정에 따라서 이사회의 결의에 의하여 하게 된다(제462조의3 제1항). 상장법인의 이사회의 중간배당의 결의는 정관에서 정하여진 일정한 날로부터 45일 내에 하여야 한다(자본시장법 제165조의12 제2항).

(2) 주주의 확정

중간배당을 받을 주주는 정관에 정하여지거나 혹은 이사회에서 정한 날의 주주이다. 다만 주주를 확정하기 위해서는 기준일제도를 이용하거나 주주명부를 폐쇄하여야 할 것이다. 중간배당의 시기는 집중하는 경향이 있기 때문에 주식사무대행기관의 사무처리의 필요상 대부분의 회사에서는 동시에 주주명부를 폐쇄하고 있다. 중간배당에 관한 이사회의 결의로 주주는 회사에 대하여 구체적 중간배당청구권을 취득한다. 중간배당에 관한 이사회의 결의가 성립하면 추상적으로 존재하던 중간배당청구권이 구체적인 중간배당금 지급청구권으로 확정되므로, 상법 제462조의3이 정하는 중간배당에 관한 이사회 결의가 있으면 중간배당금이 지급되기 전이라도 당해 영업연도 중 1회로 제한된 중간배당은 이미 결정된 것이고, 같은 영업연도 중 다시 중간배당에 관한 이사회 결의를 하는 것은 허용되지 않는다. 이사회 결의로 주주의 중간배당금 지급청구권이 구체적으로 확정된 이상 그 청구권의 내용을 수정 내지 변경하는 내용의 이사회 결의도 허용될 수 없다.[35]

(3) 배당금지급

배당금지급시기는 이사회가 정할 수 있다(제464조의2 제1항). 중간배당 여부는 다른 요건이 충족되는 한 이사회의 재량으로 정한다. 중간배당은 이사회의 결의로 확정되고, 추후 주주총회의 추인을 요하지 않는다. 중간배당금의 지급청구권은 5년간 이를 행사하지 아니하면 소멸시효가 완성한다(제464조의2 제2항).

5. 위법한 중간배당

(1) 의의 및 효과

위법중간배당이란 중간배당의 요건에 위반하여 금전을 배당하는 것을 말한다. 위법배당과 마찬가지로 회사의 반환청구와 채권자의 반환청구가 인정된다(제462조의3 제6항, 제462조 제3항).

(2) 이사의 책임

제462조의3에 **중간배당에 관한 특칙**이 있다. 당해 결산기 대차대조표상의 순자산액이 회사가 유보해야 할 자본금, 법정준비금, 결산기의 이익준비금, 미실현이익의 합계액(제462조 제1항 각호의 금액의 합계액)에 미치지 못함에도 불구하고 중간배당을 한 경우 이사는 회사에 대하여 연대하여 그 차액(배당액이 그 차액보다 적을 경우에는 배당액)을 배상할 책임이 있다(제462조의3 제4항 본문). 이는 과실책임이긴 하나 제399조의 회사에 대한 손해배상책임

---

35) 대법원 2022.9.7. 선고 2020다223778 판결.

과는 달리 **이사가 무과실에 대한 입증책임을 지도록** 되어 있어(제462조의3 제4항 단서), 그만큼 이사의 책임이 가중되었다. 자본시장법 제165조의12 제6항에도 동일한 규정이 있다.

제 4 절   회계 관련의 제도

I. 주주의 감독

1. 회계 관련 주주의 권리

회계와 관련한 주주의 감독으로는 단독주주권으로서의 재무제표 등의 열람청구권(제448조 제2항)과 소수주주권으로서의 회계장부열람청구권(제466조 제1항), 소수주주권으로서의 업무·재산상태의 검사를 위한 검사인선임청구권(제467조 제1항) 등이 있다. 재무제표 등에 대한 열람청구권과 회계장부열람청구권 등은 앞에서 상술한 바[36] 있어, 여기서는 검사인선임청구권만을 본다.

2. 검사인선임청구권(소수주주권)

(1) 업무와 재산상태의 조사

회사의 업무집행에 관하여 부정행위 또는 법령이나 정관에 위반한 중대한 사실이 있음을 의심할 사유가 있는 때에는 발행주식의 총수의 100분의 3 이상에 해당하는 주식을 가진 주주는 회사의 업무와 재산상태를 조사하게 하기 위하여 법원에 검사인의 선임을 청구할 수 있다(제467조 제1항). 다만 상장회사의 주주는 1천분의 15 이상을 보유하고 있으면 검사인의 선임을 청구할 수 있도록 특례규정을 두었는데, 다만 6개월 전부터 계속하여 그 비율의 주식을 보유하고 있어야 한다(제542조의6 제1항). 검사인의 선임청구는 이사회의 업무집행에 개입을 하는 이례적인 행위이므로 **의심할만한 구체적이고 명시적인 사유가 있는 때로 한정되고, 막연히 의심이 간다는 내용만으로는 검사인의 선임청구사유가 되지 않는다.**[37] 검사인은 그 조사의 결과를 법원에 보고하여야 한다(제467조 제2항). 법원은 그 보고에 의하여 필요하다고 인정한 때에는 대표이사에게 주주총회의 소집을 명할 수 있다(제467조 제3항).

---

36) 제2편 제3장 제2절 II. 주주의 지위 1. 주주의 권리 부분에서 상술하였다.

37) 대법원 1985.7.31. 자 85마214 결정; 대법원 1996.7.3. 자 95마1335 결정(상법 제467조 제1항이 규정하고 있는 검사인선임청구 사유인 '회사의 업무집행에 관하여 부정행위 또는 법령이나 정관에 위반한 중대한 사실이 있음을 의심할 사유가 있는 때'에 대하여는, 그 내용을 구체적으로 명확히 적시하여 입증하여야 하고 단순히 일반적으로 그러한 의심이 간다는 정도의 막연한 것만으로는 그 사유로 삼을 수 없는 것이다).

(2) 이사가 제출한 서류의 조사

주주총회는 이사가 제출한 서류와 감사의 보고서를 조사하게 하기 위하여 검사인을 선임할 수 있다(제376조 제3항).

Ⅱ. 사용인의 우선변제권

사용인이 회사에 대하여 고용관계로 인하여 가지는 채권은 근로자보호를 위하여 우선변제권을 인정하고 있다. 신원보증금의 반환을 받을 채권 기타 회사와 사용인 간의 고용관계로 인한 채권이 있는 자는 회사의 총재산에 대하여 우선변제를 받을 권리가 있다(제468조 본문). 급료, 상여금, 퇴직금 등을 생각할 수 있다. 하지만 이러한 채권도 질권·저당권이나 「동산·채권 등의 담보에 관한 법률」에 따른 담보권에 우선하지 못한다(제468조 단서).

제7장

사 채

제1절 개 관

Ⅰ. 사채의 의의

사채란 주식회사가 불특정다수인으로부터 자금을 조달할 목적으로 채권(債券) 발행의 방법으로 부담하는 채무이다. 사채는 회사의 채무가 된다. 사채는 신주발행과 유사한 장기 자본조달 방법이기는 하나, 타인자본이므로 이익의 유무에 불구하고 이자를 지급하여야 하며, 일정기간 경과 후에는 상환하여야 한다.

(i) 사채는 주식회사가 부담하는 채무이다. 상법은 주식회사에서만 사채에 관한 규정을 두고 있다. 따라서 다른 종류의 회사에서도 사채를 발행할 수 있는지 여부가 문제된다. 인적회사는 무한책임사원이 책임을 지기 때문에 상법상 채권자보호에 관한 규정이 없더라도 사채를 발행할 수 있을 것이나 실례가 없다. **유한회사는 사채를 발행할 수 없다고 봄이 통설**이다(제600조 제2항, 제604조 제1항 단서 참조). **유한책임회사도 사채를 발행할 수 없다**(제287조의44, 제604조 제1항 단서). (ii) 사채는 채권발행형식에 의하므로 액면가로 단위화된 채무이다. 사채도 주식처럼 액면가로 세분화되어 있고 유통성을 증진시키기 위하여 그 채권은 **유가증권**의 성질을 가지는 것으로 한다. (iii) 사채는 집단적·대량적으로 발행하는 것을 전제한다. 따라서 사채권자는 다수의 대중이 되고 사채권자간에는 평등의 원칙이 적용된다. 이러한 대중의 사채권자의 의사를 결집하여 반영할 수 있는 절차가 **사채권자집회**이고, 그 이익을 보호할 제3자로서 이사회의 역할이 기대되는 것이 **사채관리회사**이다. 단순한 채권이라면 당사자 자치에 의하여 해결하면 될 것이지만 바로 이점에서 상법은 사채에 관하여 총 60조에 달하는 규정을 두고 있다.

Ⅱ. 주식과의 비교

1. 공 통 점

주식회사의 자금조달이라는 면에서 보면 사채는 주식과 유사하다. ① 필요한 자금을 조달함에 있어서 일정한 단위로 분할하여 증권발행의 방법을 이용한다. ② 집단적 의사결정을 위한 주주총회나 사채권자집회와 같은 제도를 둔다. ③ 발행절차도 유사하다. 발행사항을 이사회가 결정하고 주식청약서나 사채청약서를 가지고 청약이 이루어지며, 공모의 경우 자본시장법이 요구하는 절차도 거의 유사하다.

2. 차 이 점

양자는 다음의 차이점이 있다. ① 사채는 회사가 **대외적인 채무를** 지는 것임에 반하여 주식은 회사가 대내적인 자본금을 늘리는 것이라는 점에서 엄격히 구별된다. 자기자본의 조달이 신주발행을 통한 것이고, 타인자본의 조달이 사채의 발행이다. ② 주식은 이익이 있는 경우에 한하여 이익배당을 받지만, 사채는 선순위로서 회사의 이익 여부와 상관없이 **확정된 이자를** 지급받는다. ③ 회사가 주식을 상환하는 것은 자기주식취득이므로 원칙적으로 일정한 제한이 있으나(제341조, 제341조의2), 사채는 그러한 상환이 예정되어 있을 뿐 아니라 시장에서 **자기사채를 취득하는 것도 허용**된다. ④ 주식은 전액납입이 요구되나(제295조, 제305조, 제421조), **사채는 분할납입이 허용**된다(제476조 제1항). ⑤ 주식은 현물출자가 가능하나, 사채는 **금전납입만 인정**된다(제476조). ⑥ 주식에 대한 주금액의 납입에 있어서는 회사의 동의 없이 상계로써 회사에 대항하지 못하나(제421조 제2항), 사채의 납입에 있어서는 이러한 제한이 없다. ⑦ 주주는 의결권 등을 통하여 회사의 운영에 참여하지만, 사채권자는 외부의 제3자로서 **회사의 운영에 관여할 수 없다.** ⑧ 주식은 원칙적으로 회사 존속 중에는 상환되지 않으나, 사채는 **상환기에 상환된다.** 회사해산의 경우 주주는 모든 채무를 변제한 이후 잔여재산을 분배받을 수 있으나(제542조, 제260조), 사채권자는 **주식에 우선하여 변제받는다.**

3. 양자의 접근

이러한 양자의 기본적인 차이에도 불구하고 양자는 접근해 가는 경향이 있다. 주식 중의 우선주식·상환주식·전환주식·의결권 없는 주식과, 사채 중의 전환사채·신주인수권부사채 등이 그러하다.

Ⅲ. 사채종류의 다양화

2011년의 개정으로 사채의 종류가 다양화되었다. 과거 상법과 증권거래법에서 법정하고 있는 종류 이외의 사채는 발행이 금지된다고 보아 증권시장에서 통용되고 있는 주식연계증권, 파생결합증권[1] 등이 사채에 해당하는지의 여부에 대하여 그동안 해석상 다툼이 있었다. 개정법은 이러한 문제점을 해결하기 위하여 제469조 제2항 제3호에서 파생상품적 요소가 결합된 사채도 상법상 사채에 포함됨을 분명히 하였다. 이익참가부사채와 교환사채 등을 규정하였다.

제 2 절 사채의 발행과 유통

Ⅰ. 사채의 모집

구상법에서는 여러 제한이 있었으나 2011년 개정으로 모두 폐지하였다.

1. 발행한도의 제한 폐지

개정법은 사채총액이 최종 대차대조표상 순자산액의 4배를 초과하지 못하도록 하고 있던 구상법 제470조를 삭제하였다. 사채발행 총액제한 규정은 당초 채권자를 보호하기 위한 규정이었으나 채권자에게 지급불능위험을 증가시키는 것은 부채의 전체 총액이지 사채발행 총액이 아니며, 회사가 사채발행 이외의 방법으로 부담하는 부채와 비교하여 회사 또는 회사채권자에게 미치는 영향에 차이가 없으므로 사채발행 총액만을 제한하는 것은 논리적인 근거가 약하고, 실효성이 없으므로 이를 삭제하였다.

2. 권면액 제한의 폐지

구상법 제472조는 사채의 권면액을 1만원 이상으로 하고, 동일종류의 사채금액은 균일하거나 최저액으로 정할 수 있어야 한다고 규제하고 있었다. 동 규정은 사채권자집회에서 의결권 산정을 용이하게 하기 위한 것이나 사채의 금액에 대한 제약은 불필요하다는 이유에서 삭제하였다.

3. 할증상환의 제한 폐지

권면액 초과상환은 사채별로 같은 비율로 하도록 제한하고 있는 구상법 제473조는 집단적 법률관계에 평등을 기하고 투기성을 방지하기 위한 것이나 이는 상법의 규율대상이 아니라고 보아 삭제하였다.

---

1) 파생결합증권(DSL)이란 이자율, 통화(환율), 실물자산(금, 원유 등), 신용위험(기업 신용등급의 변동, 파산 등) 등의 변동과 연계하여 미리 정하여진 방법에 따라 이익이 결정되는 증권이다.

Ⅱ. 사채모집의 방법

사채발행은 불특정의 투자자를 상대로 이루어지기 때문에 대부분 자본시장법의 공모절차에 따라 발행된다. 사채발행은 신주발행시의 신주인수권에 해당하는 것이 없으므로 모집에 의한다. 이러한 모집의 방법에는 사채청약서를 작성해야 하는 공모(제474조)와 사채청약서를 작성할 필요가 없는 총액인수(제475조)가 있다. 그리고 특별법에 의하여 일반회사에는 인정되지 않는 채권매출이 있다.[2]

1. 총액인수

제475조의 총액인수는 특정인이 회사와 계약하여 사채총액을 포괄적으로 인수하는 방법이다. 발행의 상대방이 특정되어 있어 사채청약서를 작성할 필요가 없다. 그런데 자본시장법의 총액인수는 인수인을 통하여 사채를 분매하는 것을 전제하므로 공모에 해당하나, 상법 제475조의 총액인수는 발행회사의 입장에서 사채발행의 상대방이 특정되어 있다는 의미뿐이므로 공모가 전제되어 있지 않다.

2. 공모발행

제474조의 공모발행은 세 가지로 나뉜다. ① **직접공모**는 발행회사가 직접 특정의 투자자를 모집하는 것을 말한다. ② **위탁모집**은 모집행위를 타인에게 위탁하는 방법으로서 인수의 청약을 위하여 사채청약서의 작성을 요하며, 수탁회사는 사채의 발행회사를 위하여 자기명의로 타인으로부터 청약을 받고 이에 대하여 배정하고 납입을 받을 수 있다(제476조 제2항). ③ **위탁인수모집**은 위탁모집에 있어 응모액의 부족분을 수탁회사가 스스로 인수할 의무를 지는 방법을 말한다(제474조 제2항 제14호). 인수의 청약을 위하여 사채청약서의 작성을 요하나, 수탁회사가 인수하는 부분에 대하여는 사채청약서 작성을 요하지 않는다(제475조 후문).

Ⅲ. 절 차

1. 발행의 결정

원칙적으로 이사회 결의를 요한다(제469조 제1항). 신주발행의 경우와 마찬가지로 자금

---

[2] '매출발행'이라고도 한다. 이는 사채총액을 확정하지 않고 일정한 매출기간을 정하여 그 기간 내에 이미 완성된 채권을 공중에 대하여 개별적으로 매출하는 방법이다. 사채청약서의 작성이 필요 없다.

조달의 기동성을 확보하기 위한 것이다. 2011년 개정에 의하여 종래 이사회결의로만 사채를 발행할 수 있었던 것을 **정관에 정함이 있는 경우 1년을 초과하지 않는 기간 내에 발행할 사채의 금액 및 종류를 정하여** 이사회가 대표이사에게 사채발행을 위임할 수 있도록 하였다(제469조 제4항). 사채발행의 기동성과 자금조달의 편리성을 제고하기 위한 것이다. 자본금 총액이 10억원 미만으로서 이사를 1명 또는 2명을 둔 소규모주식회사의 경우(제383조 제1항 단서), 이사회가 없으므로, 주주총회가 이 권한을 행사한다(제383조 제4항).

2. 사채계약

(1) 인   수

사채의 인수는 청약과 배정에 의한다. 청약은 원칙적으로 제474조 제1항에 따라 사채청약서 2통을 작성하는 방식으로 하지만 총액인수(제475조 전문)와 위탁인수모집에서 수탁회사가 사채의 일부를 인수하는 경우(제475조 후문)에서는 사채청약서를 작성하지 않는다. 청약에 대하여 발행회사 또는 수탁회사가 배정을 하면 인수가 확정되고 사채계약이 성립한다.

(2) 사채계약의 법적 성질

사채를 발행할 때 회사와 사채권자 사이에는 사채계약이 성립한다. 이때 사채계약의 법적 성질에 대하여는 **소비대차설**,[3] 소비대차에 유사한 **무명계약설**,[4] **채권매매설**,[5] 매출발행의 경우에는 채권매매이고 그 이외의 경우는 소비대차에 유사한 무명계약이라는 **절충설**[6]의 대립이 있다. 사채계약의 성립에는 납입이 요구되지 않고, 분할납입이 가능하며, 납입금액과 상환금액이 반드시 일치하지 않는 점 등에서 보면 소비대차설이나 소비대차에 유사한 무명계약설은 설득력이 약하다. 사채권자는 사채금을 납입하고 사채권을 취득하게 되므로 채권매매설이 타당하다고 본다.

3. 납   입

사채의 모집이 완료한 때에는 이사는 지체 없이 인수인에 대하여 각 사채의 전액 또는 제1회의 납입을 시켜야 한다(제476조 제1항). 위탁모집의 경우 수탁회사가 이를 할 수 있다(제476조 제2항). 실권절차가 인정되지 않고 주금의 납입과 달리 상계가 금지되지 않는다. 납입장소의 제한에 관한 규정도 없다.

---

3) 이철송, 989면.
4) 권기범, 944면.
5) 정찬형, 1165면; 최준선, 610면.
6) 정동윤, 722면.

4. 등   기

사채발행은 등기를 요하지 않는다. 다만 전환사채·신주인수권부사채·이익참가부사채·교환사채 등의 특수사채의 경우 등기를 요한다.

Ⅳ. 사채의 유통

1. 채   권(債券)

(1) 유가증권

채권은 사채권자의 권리를 표창하는 유가증권이다.[7] 채권의 종류에는 기명채권과 무기명채권이 있다. 사채권자는 언제든지 기명식의 채권을 무기명식으로, 무기명식의 채권을 기명식으로 할 것을 회사에 청구할 수 있다(제480조 본문). 그러나 채권을 기명식 또는 무기명식에 한할 것으로 정한 때에는 그러하지 아니하다(제480조 단서).

(2) 발   행

채권은 사채전액의 납입이 완료한 후가 아니면 이를 발행하지 못한다(제478조 제1항). 채권은 일정한 법정사항을 기재하고 대표이사가 기명날인 또는 서명을 하여 발행한다(제478조 제2항). 회사는 이러한 채권을 발행하는 대신 정관에서 정하는 바에 따라 전자등록기관의 전자등록부에 채권을 등록하여 발행할 수 있는 사채의 등록제도를 마련하였고, 이 경우 주권의 전자등록과 같다(제478조 제3항). 실제 대부분의 사채가 공사채등록법에 따라 예탁원에 등록되고 채권은 발행되지 않는다.

2. 사채원부, 사채등록부

(1) 사채원부

사채원부란 주주명부에 대응하는 것으로, 사채 및 사채권자에 관한 사항이 기재되는 장부이다. 대표이사가 작성 및 보존의무를 부담하고 본점 등에 비치하여 주주와 회사채권자에게 열람할 수 있도록 한다(제396조 제1항). 사채원부의 효력은 주주명부와 동일하다(제479조). 그러나 실제 유통되는 사채는 거의가 무기명사채이므로 사채원부는 의미가 없다고 할 수 있다.

---

7) 채권의 무인증권성 여부는 사채계약의 법적 성질을 어떻게 파악하는지 여부에 따라 다르다. **채권매매설**에서는 무인증권으로 보고, **소비대차설**에서는 요인증권으로 보게 된다.

(2) 사채등록부

등록사채의 경우는 기명사채든 무기명사채든 구별 없이 공사채등록법 제9조에 따라 사채등록부가 만들어지고 열람되어야 한다. 사채등록부의 기재는 공사채등록법 제6조 제1항에 따라 등록사채의 양도와 입질의 대항요건이 되므로 중요한 것이다.

3. 사채의 양도와 입질

기명사채와 무기명사채 모두 상법에 규정이 없다. 기명사채의 경우 회사에 대한 대항요건만을 규정하고 있을 뿐이다(제479조).

(1) 무기명사채

무기명사채의 양도와 입질은 채권의 교부로써 효력이 생긴다고 해석한다(민법 제523조, 제351조).

(2) 기명사채

기명사채의 경우 **양도의 의사표시**와 **채권의 교부**로서 효력이 발생한다(통설). 다만 제479조 제1항에 따라 사채원부에 명의개서를 하지 않으면 회사에 대항할 수 없다. 명의개서대리인이 있는 경우 명의개서대리인을 통하여 이 절차를 밟을 수 있다(제479조 제2항, 제337조 제2항).

질권의 설정은 질권설정의 의사표시와 채권의 교부에 의하여 이루어지며, 질권설정자가 제3채무자인 발행회사에 대하여 통지하거나 발행회사가 이를 승낙한 경우 회사에 대하여 대항력이 생긴다.

(3) 채권의 발행에 갈음하여 전자등록기관의 전자등록부에 등록한 경우

기명사채나 무기명사채를 불문하고, 상법에 의하여 채권의 발행에 갈음하여 전자등록기관의 전자등록부에 등록된 경우 양도나 입질은 전자등록부에 등록하여야 그 효력이 생기고(제478조 제3항, 제356조의2 제2항), 공사채등록법에 의하여 등록된 경우 공사채등록법 제6조 제1항에 따라 등록기관의 사채등록부에 등록을 해야 회사에 대항할 수 있다.

제3절 사채의 상환

Ⅰ. 사채의 상환

1. 의 의

사채의 상환은 기채회사가 사채권자에게 채무를 변제하는 것을 말한다. 사채상환의 방법과 기한은 사채모집시의 발행조건에서 정해진다(제474조 제2항 제8호, 제478조 제2항 제2호). 사채에는 자기주식과는 달리 취득 등의 제한이 없으므로 회사는 자기사채를 매입하여 소각함으로써 사채의 상환에 갈음할 수 있다.

2. 사채관리회사가 있는 경우

사채관리회사는 사채권자를 위하여 사채에 관한 채권을 변제받거나 채권의 실현을 보전하기 위하여 필요한 재판상 또는 재판 외의 모든 행위를 할 수 있다(제484조 제1항). 사채관리회사가 기채회사로부터 사채의 상환을 받은 때에는 기채회사의 상환의무는 소멸하며, 사채관리회사는 변제를 받으면 지체 없이 그 뜻을 공고하고, 알고 있는 사채권자에게 통지하여야 한다(제484조 제2항). 이 경우에 사채권자는 사채관리회사에 사채 상환액 및 이자 지급을 청구할 수 있고, 사채권이 발행된 때에는 사채권과 상환하여 상환액지급청구를 하고, 이권(利券)과 상환하여 이자지급청구를 하여야 한다(제484조 제3항).

3. 불공정행위에 대한 취소의 소

(1) 사채관리회사에 의한 취소의 소

회사가 어느 사채권자에게 한 변제, 화해, 그 밖의 행위가 현저하게 불공정한 때에는, 상법은 그 변제행위에 대한 취소의 소를 제기할 수 있도록 하였다. 다만 소만으로 그 행위의 취소를 청구할 수 있다(제511조 제1항, 제512조). 특정 사채권자를 우대하여 변제하는 등의 행위를 하여 다른 채권자에게는 변제하지 못하는 경우 등에 대비하기 위한 것이다. 민법의 채권자취소권(민법 제406조 제1항)을 이용하고자 한다면 채권자를 해할 것을 안다고 하는 주관적 요건을 증명하여야 하나(민법 제406조 제1항), 이는 어려운 일이다. 따라서 여기서는 **'해할 것을 안다'는 주관적 요소를 없애고 단지 현저히 불공정하다는 객관적 요건만을 증명함에 의하여 취소권을 행사**할 수 있도록 하였다. 또한 취소의 효력이 모든 사채권자의 이익을 위하여 발생한다(제511조 제3항, 민법 제407조). 다만 선의의 채권자를 보호하기 위하여 변제 등을 받은 채권자가 그 당시에 다른 사채권자를 해함을 알지 못한 경우에는 이 취소의 소를 제기할 수 없도록 한다(제511조 제3항, 민법 제406조 제1항 단서). 이 경우 취소의 소는 사채관리회사가 취소의 원인인 사실을 안 때부터 6개월, 행위가 있은 때부터 1년 내에 제기하여야 한다(제511조 제2항).

(2) 사채권자의 대표자 또는 집행자에 의한 취소의 소

사채권자집회의 결의가 있는 때에는 대표자 또는 집행자도 취소의 소를 제기할 수 있으나, 이 경우에는 행위가 있은 때로부터 1년 내에 한한다(제512조).

Ⅱ. 사채의 이자지급

사채의 이자지급에 관하여는 사채모집조건에 정하여지고 공시된다(제474조 제2항, 제478조 제2항, 제488조). 사채이자의 지급은 기명사채의 경우 사채원부에 기재된 사채권자에게 지급되고, 무기명채권의 경우 이권(利券)의 소지인에게 지급된다. **무기명사채**의 경우 이자지급시마다 채권을 제시하고 이중 지급을 막기 위하여 채권에 이자가 지급되었음을 기재해야 하는 번거로움을 덜기 위하여 무기명채권의 발행시 채권에 이권을 붙여 발행하고 이자지급시마다 이권과 상환하여 이자를 지급한다. 따라서 이권은 각 이자지급시기의 이자지급청구권을 표창하는 유가증권이라 할 수 있다. 이권은 각 채권과 별개로 유통될 수 있으므로 이권이 흠결되는 경우가 생길 수 있다. 회사가 무기명사채를 상환기한 도래 전에 미리 상환하는 경우[8] 지급기가 도래하지 않은 이권이 있을 수 있고, 이때 이권이 흠결된 때에는 그 이권에 상당한 금액을 상환액으로부터 공제한다(제486조 제1항). 이권소지인은 언제든지 그 이권과 상환하여 공제액의 지급을 청구할 수 있다(제486조 제2항).

Ⅲ. 소멸시효

사채의 상환청구권은 10년간 행사하지 아니하면 소멸시효가 완성한다(제487조 제1항). 상사채무 소멸시효는 5년이 원칙이나(제64조) 사채는 10년으로 정한다. 사채의 상환에 대한 지연손해금은 상환청구권과 같이 10년의 시효에 걸리며, 이자에 대한 지연손해금의 소멸시효기간도 이자지급청구권의 시효와 같이 5년이다(제487조 제3항).[9]

---

8) 상환기한 도래 후라면 利券이 흠결된 채권에 대하여는 원금만 지급하면 족하다.

9) 대법원 2010.9.9. 선고 2010다28031 판결(금전채무에 대한 변제기 이후의 지연손해금은 금전채무의 이행을 지체함으로 인한 손해의 배상으로 지급되는 것이므로, 그 소멸시효기간은 원본채권의 그것과 같다. 한편, 상법 제487조 제1항에 "사채의 상환청구권은 10년간 행사하지 아니하면 소멸시효가 완성한다.", 같은 조 제3항에 "사채의 이자와 전조 제2항의 청구권은 5년간 행사하지 아니하면 소멸시효가 완성한다"고 규정하고 있고, 이미 발생한 이자에 관하여 채무자가 이행을 지체한 경우에는 그 이자에 대한 지연손해금을 청구할 수 있으므로, 사채의 상환청구권에 대한

제 4 절   사채관리회사와 사채권자집회

Ⅰ. 사채관리회사

1. 서   언

(1) 의   의

사채관리회사는 회사가 사채를 발행하는 경우 회사의 위탁에 의하여 사채권자를 위하여 변제의 수령·채권의 보전·그 밖의 사채의 관리를 하는 회사이다(제480조의2). 사채관리회사는 사채모집의 위탁을 받은 회사가 아니라, 변제의 수령과 채권보전 등 사채관리를 위탁받은 회사이다(제480조의2, 제484조의2). 사채관리회사는 기채회사와 위임계약에 의하여 선임되나(제480조의2), 사채권자를 위하여 변제의 수령이나 채권보전 등 사채관리 권한이 법적으로 부여된 법정대리인이라 하겠다.

(2) 연혁(사채모집과 사채관리의 분리)

2011년 개정법에 의하여 상당한 변화가 있었다. 사채권자는 분산되어 있기 때문에 회사의 행동을 감시하고 사채권자의 집단적인 이익을 보호할 유인이 없다. 따라서 보증사채의 경우에는 별 문제가 없다 하더라도 무보증사채의 경우 이러한 역할을 담당하는 자가 필요하게 된다. 그리하여 영미법에서는 사채권자로부터 위탁을 받은 수탁회사가 감시자의 역할을 한다. 그런데 구상법에서는 수탁회사가 제474조 제2항 제13호에서 사채모집의 위탁을 받는 회사를 의미하는 것으로서 사채권자가 아니라 발행회사로부터 위임을 받은 회사이었다.

개정법에서는 수탁회사를 사채관리회사의 개념과 구분지어 사용하고 있다. 회사가 사채의 관리를 위탁할 수 있는 사채관리회사제도를 신설하여 현행 수탁회사의 권한 중 변제의 수령·채권의 보전 등 사채관리업무만을 담당하도록 하면서 사채관리회사의 자격(제480조의3), 사채관리회사의 사임(제481조) 및 해임(제482조) 등에 대하여 규정하였다. 즉 사채모집의 위탁을 받은 수탁회사와 별개로 사채관리회사를 두어 제484조 제1항의 권한을 행사하도록 하였고 사채발행에 참여한 인수인 등은 사채관리회사가 될 수 없도록 하였다. **사채발행시 발행회사의 이익을 위하여 행동할 의무를 부담하였던 자가 사채권자의 이익을 적극적으로 보호하기를 기대하기 어렵기 때문에 개정법은 사채모집과 사채관리라는 양자의**

지연손해금은 사채의 상환청구권과 마찬가지로 10년간 행사하지 아니하면 소멸시효가 완성하고, 사채의 이자에 대한 지연손해금은 사채의 이자와 마찬가지로 5년간 행사하지 아니하면 소멸시효가 완성한다).

지위를 분리하였다. 하지만 개정법은 사채관리회사의 위탁을 **임의적**으로 할 수 있도록 하였는데(제480조의2) 비용부담을 고려하여 사채발행회사의 자율적 선택에 맡긴 것이다.

(3) 사채관리회사의 자격

사채관리회사는 은행, 신탁회사 그 밖에 대통령령으로 정하는 자만이 될 수 있게 하고, **사채인수인, 발행회사와 특수이해관계가 있는 자는 사채관리의 공정을 위하여 사채관리회사가 될 수 없도록 하였다**(제480조의3).

2. 사채관리회사의 선임과 해임

(1) 선   임

사채를 발행하는 회사가 선임권을 가진다(제480조의2). 반드시 사채관리회사를 선임해야 하는 것은 아니고 임의적이다(제480조의2).

(2) 해   임

사채관리회사 지위의 종료가 자유롭지 않다. 사채관리회사는 모든 사채권자를 보호할 임무를 가지는 법정대리인의 지위에 있으므로 사임과 해임에 있어 일정한 제한을 두고 있다. (i) 먼저, 사채관리회사는 사채를 발행한 회사와 사채권자집회의 동의를 받아 사임할 수 있다. 부득이한 사유가 있어 법원의 허가를 받은 경우에도 같다(제481조). (ii) 해임의 경우도, 사채관리회사가 그 사무를 처리하기에 적임이 아니거나 그 밖에 정당한 사유가 있을 때에는 법원은 사채를 발행하는 회사 또는 사채권자집회의 청구에 의하여 사채관리회사를 해임할 수 있다(제482조). 정당한 사유가 있는 경우에 한하여 해임할 수 있다.

(3) 사무승계자

사채관리회사의 사임 또는 해임으로 인하여 사채관리회사가 없게 된 경우에는 사채를 발행한 회사는 그 사무를 승계할 사채관리회사를 정하여 사채권자를 위하여 사채 관리를 위탁하여야 한다. 이 경우 회사는 지체 없이 사채권자집회를 소집하여 동의를 받아야 한다(제483조). 결국 발행회사와 사채권자집회가 협의하여 사무승계자를 선임하게 된다.

3. 사채관리회사의 권한·의무 및 책임

(1) 사채관리회사의 지위

사채관리회사는 기채회사에 의하여 선임되므로 기채회사의 수임인으로서 기채회사에 대하여 선관의무를 부담하지만, 사채권자를 위하여 사채관리권을 부여받고(제484조 제1항) 사채권자에 대하여도 선량한 관리자로서 사채를 관리할 의무를 지며 손해배상책임도 부담한다(제484조의2). 이는 사채권자의 보호를 위하여 법률이 부여한 지위이다.

(2) 사채권자의 이익을 보호하기 위한 권한

사채관리회사는 사채권자를 위하여 사채에 관한 채권을 변제받거나 채권의 실현을 보전하기 위하여 필요한 재판상 또는 재판 외의 모든 행위를 할 수 있다(제484조 제1항).

1) 개정의 의의

2011년 이전의 구상법상 모집의 위탁을 받은 수탁회사는 사채상환을 받기 위하여 필요한 모든 행위를 할 권한이 있으나, '**상환**'이 원금의 상환만을 의미하고 이자지급청구권 등의 채권보전행위는 포함되지 않는다고 해석될 여지가 있는 등 수탁회사의 권한의 범위가 명확하지 아니하였다. 개정법은 사채관리회사의 법정권한에 채권의 변제뿐 아니라 채권보전행위를 할 권한, 이자지급을 청구할 권한이 있음을 명시하고 필요한 경우 법원의 허가를 얻어 사채발행회사의 업무 및 재산을 조사할 수 있는 권한이 있음도 명시하였다(제484조 제1항, 제3항, 제7항). 또한 개정법은 사채관리회사의 사채관리에 대한 공평·성실의무, 선관의무, 손해배상책임을 신설하여 구상법의 미비점을 보완하였다(제484조의2).

2) 사채의 상환에 관한 사무

제484조 제2항과 제3항은 사채관리회사가 사채를 상환받는 경우의 절차를 정하고 있다. 사채관리회사가 상환을 받으면 사채권자의 기채회사(발행회사)에 대한 상환청구권은 소멸하고 대신 사채관리회사에 대하여 상환을 청구할 수 있을 뿐이다(통설). 사채관리회사는 변제를 받으면 지체 없이 그 뜻을 공고하고, 알고 있는 사채권자에게 통지하여야 한다(제484조 제2항). 사채권자는 사채관리회사에 사채 상환액 및 이자 지급을 청구할 수 있고, 이 경우 사채권이 발행된 때에는 사채권과 상환하여 상환액지급청구를 하고, 이권과 상환하여 이자지급청구를 하여야 한다(제484조 제3항).

3) 사채권자의 소집 및 운영에 관한 사항

사채관리회사는 사채권자집회의 소집(제491조 제1항), 출석 및 의견제출(제493조 제1항), 사채권자 결의의 집행(제501조) 등의 권한을 가진다.

4) 조사권

사채관리회사는 그 관리를 위탁받은 사채에 관하여 채권을 변제받거나 채권의 실현을 보전하기 위한 행위를 할 때(제484조 제1항) 또는 사채 전부에 대한 지급의 유예, 책임의 면제 또는 화해, 사채 전부에 관한 소송 또는 채무자회생 및 파산에 관한 절차에 속하는 행위(제484조 제4항)를 하고자 하는 경우 필요하면 법원의 허가를 받아 사채를 발행한 회사의 업무와 재산상태를 조사할 수 있다(제484조 제7항).

5) 기채회사의 현저한 불공정한 행위에 대한 취소의 소의 제기

사채관리회사는 기채회사가 어느 사채권자에게 한 변제, 화해, 그 밖의 행위가 현저하게 불공정한 때에는, 취소의 원인을 안 때부터 6개월, 행위가 있은 때부터 1년 내에 취소의 소를 제기할 수 있다(제511조 제1항, 제2항).

(3) 보수청구권

제507조는 사채관리회사의 보수를 발행회사에 청구할 수 있도록 정한다. 다만 사채관리회사, 대표자 또는 집행자는 사채에 관한 채권을 변제받은 금액에서 사채권자보다 우선하여 보수와 비용을 변제받을 수 있다(제507조 제2항).

(4) 사채관리회사의 권한 제한

사채관리회사에 포괄적인 권한을 부여하고 있으나(제484조 제1항), 경우에 따라서는 사채관리회사의 권리남용으로 사채권자의 이익이 침해될 소지도 있다. 따라서 상법은 사채권자의 집회의 결의에 의하지 아니하고는 할 수 없는 경우로서 (i) 해당 사채 전부에 대한 지급의 유예, 그 채무의 불이행으로 발생한 책임의 면제 또는 화해, (ii) 해당 사채 전부에 관한 소송행위 또는 채무자회생 및 파산에 관한 절차에 속하는 행위를 규정하고 있다(제484조 제4항 본문).

다만, 기채회사는 위 (ii)의 행위를 사채관리회사가 사채권자집회결의에 의하지 아니하고 할 수 있음을 정할 수 있는데(제484조 제4항 단서), 이 경우 지체 없이 그 뜻을 공고하고, 알고 있는 사채권자에게는 따로 통지하여야 한다(제484조 제5항). 이러한 공고는 사채를 발행한 회사가 하는 공고와 같은 방법으로 하여야 한다(제484조 제6항).

(5) 의무 및 책임

2011년 개정법은 사채관리회사의 사채관리에 대한 공평과 성실의무, 선관의무, 손해배상책임을 신설하였다. 이는 사채권자를 위한다는 의무를 명확하게 한 것이다. 사채관리회사는 사채권자에 대하여 선량한 관리자의 주의로 사채를 관리하여야 한다(제484조의2 제2항). 사채관리회사는 사채권자와 위임관계가 없음에도 불구하고 사채권자의 보호를 위하여 법이 인정한 특별한 책임이다. 사채관리회사가 상법이나 사채권자집회결의를 위반한 행위를 한 때에는 사채권자에 대하여 연대하여 이로 인하여 발생한 손해를 배상할 책임이 있다(제484조의2 제3항).

(6) 공동사채관리회사

사채관리회사가 둘 이상 있을 때에는 그 권한에 속하는 행위는 공동으로 하여야 한다(제485조 제1항). 이 경우에 사채관리회사가 변제를 받은 때에는 사채관리회사는 사채권자에 대하여 연대하여 변제액을 지급할 의무가 있다(제485조 제2항).

Ⅱ. 사채권자집회

1. 서 언

(1) 의 의

사채권자집회는 사채권자의 이익에 중대한 영향을 미치는 사항에 관하여 사채권자가 집단적인 의사를 결정하기 위한 임시적 회의체기구이다. 그러나 주주총회와는 달리 회사의 바깥에 존재하므로 기관은 아니다. 회사가 종류사채를 발행한 경우 각 종류의 사채별로 사채권자집회가 있을 뿐이고 모든 종류의 사채에 공통된 집회는 없다. 사채권자집회의 구성원은 사채권자이다(제492조 제1항). 기채회사(발행회사)나 사채관리회사는 사채권자집회의 구성원이 아니고 의결권도 없다.

(2) 연 혁

2011년 개정으로 사채권자집회의 내용이 상당히 변경되었다. ① 구법상 사채권자집회가 사채권자의 이해에 중대한 관계가 있는 사항에 관하여 결의하려면 법원의 허가를 얻어야 하였으나, 개정법은 법원의 허가부분을 삭제하였다(제490조). 사후에 법원의 인가를 받아야만 그 효력이 생기도록 한 결의인가절차(제498조 제1항)에 의하여 갈음할 수 있기 때문이다. ② 사채의 권면액이 폐지됨에 따라 의결권의 산정은 잔존채권액(해당 종류의 사채금액의 합계액 중 상환받은 금액을 제외한 금액)에 따라 의결권을 가지는 것으로 하였다(제492조 제1항). ③ 비용절감 및 의결정족수 충족의 어려움을 해소하기 위하여 서면투표제도를 도입하고, 전자적 방법으로 의결권을 행사할 수 있도록 하였다(제495조 제3항, 제6항). ④ 구법은 회사가 사채의 이자지급 또는 사채의 일부상환을 해태한 때, 사채권자집회의 결의로 일정한 기간 내에 변제하지 않을 경우 사채의 총액에 관하여 기한의 이익을 잃는다는 뜻을 회사에 대하여 통지할 수 있도록 정하고 있었으나, 개정법은 관련 규정(제505조 및 제506조)을 삭제하였다. 법규정이 없더라도 사채권자집회는 필요한 경우 기한의 이익을 상실시키는 결의를 할 수 있으므로 사채권자 보호에는 특별한 문제가 없다.

2. 권 한

크게 두 가지이다. 상법에서 규정하고 있는 사항과 사채권자의 이해관계가 있는 사항이다.

① **상법에서 규정하고 있는 사항**에 대하여 결의할 수 있다. 자본감소와 합병의 이의(제

439조 제3항, 제530조 제2항), 발행회사의 불공정한 변제 등의 취소를 위한 소제기(제512조), 사채관리회사의 사임동의 및 해임청구(제481조, 제482조) 등이 상법에 정해진 사항이다. ② **사채권자의 이해관계가 있는 사항**에 대하여 결의할 수 있다.

3. 소 집

(1) 소집권자

(i) 사채발행회사 또는 사채관리회사가 소집한다(제491조 제1항). (ii) 소수사채권자도 소집을 청구할 수 있다. 사채의 종류별로 해당 종류의 사채 총액의 10분의 1 이상에 해당하는 사채를 가진 사채권자는 회의 목적인 사항과 소집 이유를 적은 서면 또는 전자문서를 사채를 발행한 회사 또는 사채관리회사에 제출하여 사채권자집회의 소집을 청구할 수 있다(제491조 제2항). 무기명사채의 경우 공탁의무가 있다.

(2) 소집절차

소집시기는 주주총회와 달리 정기적인 사채권자집회는 없고 필요에 따라 수시로 하며, 소집지에 관한 제한도 없다. 소집절차는 주주총회에 관한 규정을 준용한다(제491조의2 제1항, 제363조).

4. 결 의

(1) 의결권

각 사채권자는 그가 가지는 해당 종류의 사채 금액의 합계액(상환받은 액은 제외한다)에 따라 의결권을 가진다(제492조 제1항). 무기명식의 채권을 가진 자는 회일로부터 1주간전에 채권을 공탁하지 아니하면 그 의결권을 행사하지 못한다(제492조 제2항). 그리고 제510조 제1항에서는 주주총회 의결권행사에 관한 규정을 대부분 준용한다.

(2) 결의방법

원칙적으로 주주총회 특별결의에 해당하는 방법으로 결의한다(제495조 제1항). 다만 비교적 중요하지 않은 사항, 예컨대 제481조부터 제483조까지 및 제494조의 동의 또는 청구는 출석한 사채권자 의결권의 과반수로 결정할 수 있다(제495조 제2항).

(3) 결의의 효력

1) 법원의 인가

결의 자체가 바로 효력을 발하는 것이 아니라 소집자가 결의일로부터 1주 내에 그 인가를 법원에 청구하여 법원이 이를 인가하여야 효력이 있다(제498조 제1항). 이처럼 법원의 인가를 얻도록 한 것은 결의하자를 법원의 인가절차에서 해결하고자 한 것이다. 따라서 **사채권자집회의 결의에 대하여는 그 하자를 다투는 소가 마련되어 있지 않다.** 법원의 인가가 있으면 그 결의는 모든 사채권자에 대하여 효력이 발생한다. 다만, 그 종류의 사채권자 전원이 동의한 결의는 법원의 인가가 필요하지 아니하다(제498조 제1항 단서).

2) 모든 사채권자에게 효력

사채권자집회의 결의는 그 종류의 사채를 가진 모든 사채권자에게 그 효력이 있다(제498조 제2항).

3) 인가기준

제497조는 법원의 인가기준에 대하여 규정하고 있다. 법원은 (i) 사채권자집회소집의 절차 또는 그 결의방법이 법령이나 사채모집의 계획서의 기재에 위반한 때, (ii) 결의가 부당한 방법에 의하여 성립하게 된 때, (iii) 결의가 현저하게 불공정한 때, (iv) 결의가 사채권자의 일반의 이익에 반하는 때에는 원칙적으로 그 결의를 인가하지 못한다(제497조 제1항). 다만 (i)과 (ii)의 경우 법원은 결의의 내용 기타 모든 사정을 참작하여 결의를 인가할 수 있다(제497조 제2항).

(4) 결의의 집행

집행이 필요한 경우 집행자를 정한 경우 그 집행자가, 정해지지 않은 경우는 사채관리회사가 집행한다. 사채관리회사가 없는 때에는 사채권자집회의 대표자(제500조)가 집행한다(제501조).

(5) 결의의 위임

사채권자집회는 해당 종류의 사채 총액(미상환)의 500분의 1 이상을 가진 사채권자 중에서 1명 또는 여러 명의 대표자를 선임하여 그 결의할 사항의 결정을 위임할 수 있다(제500조 제1항). 대표자가 수인인 때에는 전항의 결정은 그 과반수로 한다(제500조 제2항).

5. 비용의 부담

사채권자집회에 관한 비용은 사채를 발행한 회사가 부담한다(제508조 제1항). 법원에 대한 사채권자집회결의 인가청구의 비용도 원칙적으로 발행회사가 부담하나, 법원은 이해관계인의 신청에 의하여 또는 직권으로 그 전부 또는 일부에 관하여 따로 부담자를 정할 수 있다(제508조 제2항).

제 5 절 특수한 사채

특수사채는 상법상의 특수사채와 특별법상의 특수사채가 있다. 상법의 특수사채로는 전환사채·신주인수권부사채·이익참가부사채·교환사채·상환사채 등이 있고, 특별법의 특수사채로는 담보부사채(담보부사채신탁법)가 있다. 물적담보가 제공된 사채를 담보부사채라한다. 여기서는 상법상 특수한 사채를 차례로 다룬다.

I. 전환사채

1. 서   언

(1) 의   의

회사는 전환사채를 발행할 수 있다(제513조 제1항). 전환사채는 소정의 기간(전환청구기간)내에 소정의 조건(전환조건)으로 당해 **사채발행회사의 주식으로 전환할 수 있는 권리가 부여되어 있는 사채**이다. 전환사채에 대한 법률관계는 사채보다 신주발행과 유사하다.

전환사채는 전환권이 부여되어 있다는 점에서 전환주식과 같으나, 전환사채는 사채로부터 주식으로의 전환이 인정되어 있는 사채인데 대하여, 전환주식은 어느 종류의 주식으로부터 다른 종류의 주식으로의 전환이 인정되어 있는 주식이라는 점에서 양자는 다르다. 전환사채의 사채권자는 회사의 영업이 부진할 때에는 사채권자로서 일정한 확정이자를 받을 수 있는 안전한 지위에 있고 또 회사의 영업이 호전하는 때에는 사채를 주식으로 전환하여 주주로서 이익배당을 받을 수 있는 유리한 지위에 있다. 그러므로 전환사채는 사채임과 동시에 잠재적 주식으로서 사채의 안전성과 주식의 투기성을 겸유하는 양자의 중간적인 형태라고 할 수 있다. 전환사채에서도 사채권자의 보호가 중요한 과제이나, 이에 못지않게 주주의 보호도 고려되어야 한다. 전환사채가 주식으로 전환될 때에는 주주의 신주인수권을 침해할 수 있기 때문이다.

(2) 제3자에게 발행하는 경우

전환사채는 사채권자의 전환권 행사로 신주인수에서와 같이 희석화의 문제가 발생할 수 있어, 원칙적으로 주주가 전환사채의 인수권을 가진다(제513조 제3항). 그런데 주주 아닌 자에게 전환사채를 발행하는 경우 그 발행할 수 있는 전환사채의 액, 전환의 조건, 전환으로 인하여 발행할 주식의 내용과 전환을 청구할 수 있는 기간에 관하여 **정관에 규정을 두거나 주주총회의 특별결의**로써 이를 정하여야 한다(제513조 제3항). 이를 결의하기 위하여 주주총회를 소집하는 경우 전환사채의 발행에 관한 의안의 요령도 기재하여야 한다(제513조 제4항). 신주발행시의 제3자배정의 요건에 관한 제418조 제2항 단서의 규정은 전환사채의 제3자배정에도 적용된다(제513조 제3항 후단). 동조의 경영상 목적에 경영권방어의 목적은 포함되지 않는다.[10] 또한 경영권승계의 경우도 부정해야 할 것이다.

2. 전환사채의 발행

(1) 발행사항의 결정

1) 결정기관

전환사채는 주주배정·모집·제3자배정 등의 방법에 의하여 발행할 수 있다. 어느 방법에 의하여 전환사채를 발행하더라도 전환사채의 발행과 이에 관한 사항은 정관에 다른 규정이 없으면 이사회가 결정하고(제513조 제2항 본문), 이를 정관의 규정으로 주주총회에서 결정하도록 정한 경우에는 주주총회에서 결정한다(제513조 제2항 단서). 신주발행이 정관상 주주총회의 권한사항으로 되어 있는 경우(제416조 단서), 전환사채의 발행에 관하여 정관에 명문의 규정이 없다고 하더라도 이사회 결의만으로는 발행할 수 없고 주주총회의 결의를 거쳐야 한다.[11]

2) 정관규정의 구체성

정관으로 제3자에게 전환사채의 인수권을 부여하는 경우, 이는 **주주총회의 특별결의에 갈음**하는 것인 만큼 구체적이고 확정적이어야 한다. 추상적이고 포괄적으로 이사회에 위임하는 것은 허용되지 않는다고 보아야 한다. 만약 **정관의 규정이 포괄적이고 추상적인 경우 그 정관의 유효성에 관한** 견해의 대립이 있다. ① **무효설**이다. 주주 이외의 제3자에 대한 전환사채의 발행을 이사회에 위임하면서 그 위임이 추상적이면서도 포괄적이면 그 정관규정은 무효라는 견해이다. 전환사채 발행에서도 주주의 우선인수권이 인정된다고 보는 견해가 이 입장을 주로 취하고 있다. 이 견해에 의하면 제3자에 대한 배정은 주주총회의 특별결의 또는 정관에 의하여야 하는 것이고, 그 정관규정이 주주총회의 특별결의를 갈음하는 것인 만큼 상당정도 특정될 것을 요구하는 것이 타당하다고 본다.[12] 그리고 피고회사의 정관이 상장회사 표준정관에 의하였다는 점이 유효의 근거가 되지 못한다고 한다. ② 이에 반하여 **유효설**은 자금조달 등 전환사채제도의 목적에 부응하기 위하여 포괄적 위임

---

10) 대법원 2009.1.30. 선고 2008다50776 판결.
11) 대법원 1999.6.25. 선고 99다18435 판결(회사의 정관에 신주발행 및 인수에 관한 사항은 주주총회에서 결정하고 자본의 증가 및 감소는 발행주식총수의 과반수에 상당한 주식을 가진 주주의 출석과 출석주주가 가진 의결권의 3분의 2 이상의 찬성으로 의결하도록 규정되어 있는 경우, 전환사채는 전환권의 행사에 의하여 장차 주식으로 전환될 수 있어 이를 발행하는 것은 사실상 신주발행으로서의 의미를 가지므로, 회사가 전환사채를 발행하기 위하여는 주주총회의 특별결의를 요한다).
12) 최기원, 879면.

규정도 유효라고 해석하는 견해이다. 즉 자금조달의 기동성을 위하여 지나치게 이사회의 결정을 구속하는 정관규정은 바람직하지 않고, 이미 전환사채가 이러한 정관규정만으로도 무제한적으로 발행되고 있는데 주주 외의 자에 대한 전환사채 발행의 경우 정관규정의 구체성을 엄격하게 요구하는 경우 실무상으로 큰 혼란을 일으킬 염려가 있다는 점에 기하여 그 유효성을 인정한다.[13] ③ **판례**는 유효설에 가깝다.[14] 정관에는 일응의 기준만을 정해두고 구체적인 조건 등은 그 발행시마다 정관에 벗어나지 않는 범위에서 이사회에서 결정하도록 위임하는 방법이 가능하다고 하여 유효설에 가깝다.

그러나 정관규정은 특별결의에 갈음하는 것인 만큼 주주총회의 특별결의를 다시 거칠 필요가 없다고 하기 위해서는 전환의 조건 등이 정관에 상당한 정도로 특정되어 있어야만 할 것이므로, 판례의 입장은 타당하다 할 수 없다.

3) 발행사항

전환사채의 발행사항은 ① 전환사채의 총액, ② 전환의 조건, ③ 전환으로 인하여 발행할 주식의 내용, ④ 전환을 청구할 수 있는 기간, ⑤ 주주배정의 경우에는 주주에게 전환사채의 인수권을 준다는 뜻과 인수권의 목적인 전환사채의 액, ⑥ 또한 주주 이외의 자에게 전환사채를 발행하는 경우(모집 및 제3자배정의 경우)에는 주주 이외의 자에게 전환사채를 발행한다는 것과 이에 대하여 발행할 전환사채의 액 등이다(제513조 제2항).

전환사채의 발행은 신주의 발행과 마찬가지로 기존주주에게 중대한 이해관계가 있으므로 전환사채의 인수권은 원칙적으로 주주가 가진다. 따라서 주주 아닌 자에게 전환사채를 발행하는 경우에는, ① 전환사채의 총액, ② 전환의 조건, ③ 전환으로 인하여 발행할 주식의 내용, ④ 전환을 청구할 수 있는 기간 등에 관하여 **정관에 근거를 두거나 주주총회의 특별결의**에 의하여 정하고 제418조 제2항 단서의 **경영상 목적**도 요구한다(제513조 제3항). 이러한 발행사항을 결의할 주주총회의 소집통지에는 전환사채의 발행에 관한 의안의 요령도 기재하여야 한다(제513조 제4항).

---

13) 유영일, "M&A에 대한 방어행위로써의 전환사채발행의 적법성", 「상사판례연구」 제8집, 1997, 105-106면. 그러나 유효설에서도 상법 제513조 제3항에서 주주외의 자에 대하여 발행하는 경우에 정관 또는 주주총회의 특별결의를 받도록 하고 있음에 대한 이유를 전환사채는 장래에 주식으로 전환될 수 있는 것이므로 주주외의 자에 대한 전환사채의 발행은 실질상 주주외의 자에게 신주인수권을 부여하는 것과 같고 또한 전환비율 여하에 따라서는 주주외의 자에게 특히 유리한 가액으로 신주를 발행하는 것과 같이 기존주주의 이익을 해치게 되기 때문이라고 설명한다.

14) 대법원 2004.6.25. 선고 2000다37326 판결(주식회사가 필요한 자금수요에 대응한 다양한 자금조달의 방법 중에서 주주 외의 자에게 전환사채를 발행하는 방법을 선택하여 자금을 조달함에 있어서는 전환가액 등 전환의 조건을 그때그때의 필요자금의 규모와 긴급성, 발행회사의 주가, 이자율과 시장상황 등 구체적인 경제사정에 즉응하여 신축적으로 결정할 수 있도록 하는 것이 바람직하다 할 것이고, 따라서 주주총회의 특별결의에 의해서만 변경이 가능한 정관에 전환의 조건 등을 미리 획일적으로 확정하여 규정하도록 요구할 것은 아니며, 정관에 일응의 기준을 정해 놓은 다음 이에 기하여 실제로 발행할 전환사채의 구체적인 전환의 조건 등은 그 발행시마다 정관에 벗어나지 않는 범위에서 이사회에서 결정하도록 위임하는 방법을 취하는 것도 허용된다).

(2) 발행의 절차

1) 배정일의 지정·공고

정관 또는 주주총회의 결의에 의하여 주주에게 전환사채의 인수권을 주기로 정한 경우에는(제513조 제2항 제5호), 주주는 주주평등의 원칙에 의하여 그가 가진 주식의 수에 따라 전환사채의 배정을 받을 권리가 있다(제513조의2 제1항 본문). 그러나 전환사채의 금액 중 최저액에 미달되는 단수사채에는 주주의 전환사채의 인수권이 인정되지 아니한다(제513조의2 제1항 단서). 주주가 전환사채인수권을 가지는 경우에 회사는 전환사채의 배정일을 지정하여 그 배정일에 주주명부에 기재된 주주가 전환사채인수권을 가진다는 뜻을 그 배정일의 2주간 전에 공고하여야 하고(제513조의2 제2항, 제418조 제3항 본문), 그 배정일이 주주명부폐쇄기간 중인 때에는 그 기간의 초일의 2주간 전에 공고하여야 한다(제513조2 제2항, 제418조 제3항 단서). 이 전환사채인수권의 경우의 배정일의 제도도 신주인수권의 경우에서와 같이 주주의 전환사채인수권을 확보하기 위한 것이다.

2) 전환사채인수권자에 대한 최고(失權豫告附催告)

회사는 전환사채의 청약기일을 정하고 그 기일의 2주간 전에(제513조의3 제2항, 제419조 제2항) 전환사채인수권을 가진 각 주주에게 ① 그가 인수권을 가지는 전환사채의 액, ② 발행가액, ③ 전환조건, ④ 전환으로 인하여 발행할 주식의 내용, ⑤ 전환을 청구할 수 있는 기간, ⑥ 청약기일까지 전환사채의 청약을 하지 아니하면 전환사채인수권을 상실한다는 뜻의 통지(실권예고부최고의 통지)를 하여야 한다(제513조의3 제1항).

3) 전환사채인수의 청약

전환사채인수권을 가진 주주는 청약기일까지 회사에 전환사채인수의 청약을 하여야 하고, 그 청약기일까지 전환사채인수의 청약을 하지 아니한 때에는 그 전환사채인수권을 상실한다(제513조의3 제2항, 제419조 제3항). 전환사채인수권을 가진 주주가 청약기일까지 청약을 아니한 경우에는 주주 이외의 자에게 전환사채를 발행하는 경우와 같이 일반사채의 모집절차에 의하여 사채를 모집한다. 전환사채를 인수하고자 하는 주주나 응모자는 법정기재사항을 기재하여 작성한 사채청약서(제514조) 2통에 그 인수할 전환사채의 수와 주소를 기재하고 기명날인 또는 서명하여 청약하여야 한다(제474조 제1항).

4) 전환사채의 납입

전환사채의 모집이 완료된 때에는 이사는 지체 없이 전환사채의 인수인에 대하여 각 사채의 전액 또는 제1회의 납입을 시켜야 한다(제476조).

5) 미발행주식의 보유

회사가 전환사채를 발행하는 경우에는 회사가 전환주식을 발행하는 경우(제346조 제2항)와 같이 그 전환청구기간 중에 전환으로 발행할 주식의 수를 미발행주식의 수중에 보유하고 있어야 한다(제516조 제1항, 제346조 제4항).

(3) 전환사채의 등기

현행 상법에는 사채등기의 제도가 없으나, 전환사채는 **조건부신주발행의 성질을 가지므로 회사가 전환사채를 발행한 때에는 전환사채의 등기를 하여야 한다**(제514조의2 제1항). 전환사채의 등기사항은 ① 전환사채의 총액, ② 각 전환사채의 금액, ③ 각 전환사채의 납입금액, ④ 사채를 주식으로 전환할 수 있다는 뜻, ⑤ 전환조건, ⑥ 전환으로 인하여 발행할 주식의 내용, ⑦ 전환을 청구할 수 있는 기간 등이다(제514조의2 제2항).

(4) 전환사채의 전환

1) 전환청구

전환사채권자가 전환청구기간 내에 전환청구를 하면, 그 일방적 의사표시에 의하여 전환의 효력이 발행하여 전환사채권자는 사채권자의 지위를 상실하고 주주의 지위를 취득하게 된다. 그러므로 전환청구권은 사채권자를 주주로 변경하는 형성권이다. 전환사채의 전환청구는 전환청구서 2통에 채권을 첨부하여 회사에 제출함으로써 한다(제515조 제1항). 그런데 회사가 채권(債券)을 발행하는 대신 전자등록기관의 전자등록부에 채권(債權)을 등록한 경우에는 그 채권을 증명할 수 있는 자료를 첨부하여 회사에 제출하여야 한다(제515조 제1항 단서). 전환청구서에는 전환하고자 하는 사채와 청구의 연월일을 기재하고 기명날인 또는 서명하여야 한다(제515조 제2항). 이러한 전환사채권자의 전환청구는 전환청구기간 내에 하여야 한다. 회사가 주주명부를 폐쇄한 경우 그 주주명부폐쇄기간 중에도 전환청구를 할 수 있다(제516조 제2항, 제350조 제2항).

2) 전환의 효력

전환사채권자가 **전환청구를 한 때에는 회사의 승낙을 요하지 아니하고 당연히 전환의 효력이 발생**한다(제516조 제2항, 제350조 제1항 본문).

3) 발행가액

전환으로 발행되는 신주의 발행가액은 전환사채의 발행가액으로 하여야 한다(제516조 제2항, 제348조). 여기에서 신주 또는 전환사채의 발행가액은 그 발행가액의 총액을 말하는 것으로서, **신주의 발행가액의 총액과 전환사채의 발행가액의 총액이 일치**하여야 한다. 이는 주식의 액면미달발행의 제한과 같이 전환조건을 제한하여 자본충실을 기하고자 하는 것이다.

(5) 전환으로 인한 변경등기

전환사채의 전환이 있으면 전환의 효력이 발생하여 발행주식의 총수와 자본의 총액이 증가하므로 변경등기를 하여야 한다(제317조 제2항 제2호·제3호). 이 전환으로 인한 변경등기는 전환을 청구한 때로부터 본점 소재지에서는 2주 내에 등기하여야 한다(제516조 제2항, 제351조).

3. 위법·불공정한 발행에 대한 조치

(1) 주주의 유지청구권

회사가 법령 또는 정관에 위반하거나 현저하게 불공정한 방법에 의하여 전환사채를 발행함으로써 주주가 불이익을 받을 염려가 있는 때에는 그 주주는 회사에 대하여 그 발행을 유지할 것을 청구할 수 있다(제516조 제1항, 제424조).

(2) 불공정인수인의 책임

이사와 통모하여 현저하게 불공정한 발행가액으로 전환사채를 인수한 자는 회사에 대하여 불공정한 발행가액과 공정한 발행가액의 차액에 상당하는 금액을 지급할 의무가 있다(제516조 제1항, 제424조의2 제1항). 전환사채인수인이 이사와 통모하여 현저하게 불공정한 발행가액으로 전환사채를 인수한 경우에, 그 불공정인수인의 차액지급의무의 이행을 확보하기 위하여 소수주주의 대표소송이 인정된다(제516조 제1항, 제424조의2 제2항).

그리고 이 경우에 불공정인수인이 그 차액지급의무를 이행하더라도 이로써 이사의 회사에 대한 손해배상책임이나 주주에 대한 손해배상책임이 면제되는 것은 아니다(제516조 제1항, 제424조의2 제3항).

(3) 전환사채발행무효의 소(신주발행무효의 소의 유추적용)

전환사채의 효력이 이미 발생하였으나 그 발행절차에 중대한 하자가 있는 경우 신주발행무효의 소에 관한 규정(제429조 내지 제432조)을 유추적용할 수 있을 것인가? 판례는 이를 긍정하면서 제429조 이하의 규정을 **유추적용하여 전환사채발행무효의 소를 인정**한다.[15] 또한 관련 이론도 신주발행무효에 관한 이론을 동일하게 적용한다. 따라서 전환사채발행무효의 소의 원인을 엄격하게 제한하고 있다.[16] 전환사채발행의 하자가 이사회결의 또는 주주총회결의의 하자에 원인이 있는 경우 그 결의를 다투는 소를 제기할 것이 아니라

---

15) 대법원 2004.6.25. 선고 2000다37326 판결.
16) 대법원 2004.6.25. 선고 2000다37326 판결.

전환사채발행무효의 소를 제기하여야 한다.

다만 판례는 신주발행 부존재의 개념을 인정[17]하는 동일한 취지에서 전환사채발행의 실체가 없는 경우 이를 **전환사채발행의 부존재**라고 하여 제429조의 6월의 제소기간을 적용하지 아니하여 그 부존재의 소를 확인의 소로써 인정한다.[18]

Ⅱ. 신주인수권부사채

1. 의   의

(1) 개   념

회사는 신주인수권부사채를 발행할 수 있다(제516조의2 제1항). 신주인수권부사채는 사채발행시에 사채발행의 조건으로 사채권자에게 신주인수권이 부여된 사채이다. 여기서 신주인수권은 제418조 제1항에서 말하는 추상적 신주인수권이 아니라 회사에 대하여 신주발행을 청구할 수 있는 구체적 권리를 말한다. 사채권자가 신주인수권을 행사하면 회사의 승낙을 요하지 않고 주금납입으로써 주주가 된다(제516조의10). 따라서 신주인수권은 전환사채의 전환권과 같이 형성권이다.

신주인수권부사채는 사채권자가 신주인수권을 행사하여 주주가 될 수 있는 점에서는 전환사채와 유사하나, 신주인수권부사채는 사채권자가 신주인수권을 행사하여도 사채권자의 지위를 상실하지 아니하고 신주발행의 대가로 따로 출자하여야 하지만, 전환사채는 사채권자가 전환권을 행사하면 사채권자의 지위를 상실하고 주주로 되며 신주발행의 대가로 출자를 요하지 아니하는 점에서 다르다. 다만 대용납입(代用納入)의 경우에는 사채의 상환으로 신주의 발행가액의 납입이 있는 것으로 보기 때문에 신주인수권을 행사하는 경우 사채권자는 사채권자의 지위를 상실한다(제516조의2 제2항 제5호). 그리고 신주인수권부사채권자는 사채권자의 지위를 가지고 또 그 신주인수권을 행사하여 주주로 될 수 있으므로, 신주인수권부사채는 사채의 안전성과 주식의 투기성을 겸유하는 양자의 중간적 형태이다.

(2) 종   류

신주인수권부사채에는 분리형과 비분리형이 있다. **분리형 신주인수권부사채**는 채권에는 사채권만을 표창하고 이와 별도로 신주인수권을 표창하는 증권(신주인수권증권)을 발행하여 사채권과 신주인수권을 분리하여 양도할 수 있게 한 것이고, **비분리형 신주인수권부사채**는 사채권과 신주인수권을 함께 표창하는 하나의 채권을 발행하여 사채권과 신주인수권을 분리하여 양도할 수 없게 한 것이다.

상법은 양자를 모두 인정하고 있으나 신주인수권부사채에 있어서는 **비분리형 신주인수권부사채가 원칙**이고, 분리형 신주인수권부사채는 이사회의 결의가 있는 경우에 한하여 발행할 수 있다(제516조의2 제2항 제4호).

(3) 전환사채와 비교

신주인수권부사채의 경우 사채권자가 주금을 납입한다는 점이 다르다. 따라서 전환사채의 경우 회사에 있어서 현실적인 자금조달의 기능이 없으나, 신주인수권부사채의 경우 신주에 대한 전액이 납입되므로(제516조의9) 자금조달의 기능이 있다. 이에 기반한 차이점들을 보면, ① 전환사채의 경우 사채발행총액이 신주의 발행가액총액이 되지만(제516조 제2항, 제348조), 신주인수권부사채의 경우 별도 납입이 이루어지므로 제516조의2 제3항의 제한 내에서 신주의 발행가액총액을 자유로이 정할 수 있다. ② 전환권이나 신주인수권 모두 형성권이나, 전환사채의 경우 전환을 청구한 때 신주의 효력이 발생하지만(제516조 제2항, 제350조), 신주인수권부사채의 경우 납입을 완료한 때가 신주의 효력발생시기가 된다(제516조의10). ③ 전환사채의 질권자는 전환으로 인하여 받을 주식에 대하여 물상대위권을 행사할 수 있으나(제516조 제2항, 제339조), 신주인수권부사채의 경우 질권자는 신주에 대하여 대용납입이 이루어지지 않는 이상 물상대위권이 인정되지 않는다. ④ 또한 신주인수권부사채는 **분리형으로 발행하면 신주인수권을 따로 분리하여 유통**시킬 수 있으므로 사채권자가 아닌 신주인수권증권의 정당한 소지인이 신주인수권을 행사할 수 있다(제516조의9 제2항). 그러나 **본질적인 것은 동일하다**. 발행절차가 동일하고, 이해관계의 조정과 관련된 내용인 제3자배정에 대한 규제 또는 불공정한 발행에 대한 구제 등은 전환사채와 동일하다.

2. 신주인수권부사채의 발행

신주인수권부사채의 발행은 전환사채의 발행의 경우와 유사하다.

(1) 발행사항의 결정

1) 이사회결의

신주인수권부사채의 발행과 이에 관한 사항은 정관에 다른 규정이 없으면 이사회가 결정하고(제516조의2 제2항 본문), 이를 정관의 규정으로 주주총회에서 결정하도록 정한 경우에는 주주총회에서 결정한다(제516조의2 제2항 단서).

신주인수권부사채의 발행사항은 신주인수권부사채의 총액, 각 신주인수권부사채에 부여된 신주인수권의 내용, 신주인수권을 행사할 수 있는 기간, 신주인수권만을 양도할 수 있는 것에 관한 사항, 신주인수권을 행사하려는 자의 청구가 있는 때에는 신주인수권부사채의 상환에 갈음하여 그 발행가액으로 신주의 발행가액의 납입이 있는 것으로 본다는 뜻 등이고(제516조의2 제2항 제1호 내지 제5호), 또 이외에 주주배정에 의하여 신주인수권부사채를 발행하는 경우에는 주주에게 신주인수권부사채의 인수권을 준다는 뜻과 인수권의 목적인 신주인수권부사채의 액, 그리고 모집이나 제3자배정에 의하여 신주인수권부사채를 발행하는 경우에는 주주 이외의 자에게 신주인수권부사채를 발행한다는 것과 이에 대하여 발행할 신주인수권부사채의 액 등이다(제516조의2 제2항 제7호, 제8호).

2) 신주인수권부사채의 인수권

신주인수권부사채의 발행은 신주의 발행이나 전환사채의 발행과 마찬가지로 기존주주에게 중대한 이해관계가 있으므로, 신주인수권부사채의 인수권은 원칙적으로 주주가 가진다. 따라서 주주 외의 자에게 신주인수권부사채를 발행하는 경우에는, ① 신주인수권부사채의 액, ② 신주인수권의 내용, ③ 신주인수권을 행사할 수 있는 기간 등에 관하여 **정관에 규정이 없으면 주주총회의 특별결의에 의하여 이를 정하여야 한다**(제516조의2 제4항). 또한 신주발행의 경우와 마찬가지로 제3자에 대한 발행은 "신기술의 도입, 재무구조의 개선 등 회사의 경영상 목적을 달성하기 위하여 필요한 경우에 한한다(제516조의2 제4항 후단에 의하여 제418조 제2항 단서 준용). 구체적인 사항은 전환사채의 설명과 같다.

(2) 발행의 절차

모집이나 제3자배정에 의하여 신주인수권부사채를 발행하는 경우, 즉 주주 이외의 자에게 신주인수권부사채를 발행하는 경우에는 일반사채의 모집절차에 의하여 모집하여야 하나, 주주배정에 의하여 신주인수권부사채를 발행하는 경우, 즉 주주가 신주인수권부사채의 인수권을 가지는 경우에는 다음의 절차에 의하여 모집하여야 한다.

1) 배정일의 지정·공고

주주에게 신주인수권부사채의 인수권을 주기로 이사회에서 결의한 경우에는(제516조의2 제2항 제7호), 주주는 주주평등의 원칙에 의하여 그가 가진 주식의 수에 따라 신주인수권부사채의 배정을 받을 권리가 있다(제516조의11, 제513조의2 제1항 본문). 주주가 신주인수권부사채의 인수권을 가지는 경우에 회사는 신주인수권부사채의 배정일을 지정하여 그 배정일에 주주명부에 기재된 주주가 신주인수권부사채의 인수권을 가진다는 뜻을 그 배정일의 2주간 전에 공고하여야 하고, 그 배정일이 주주명부폐쇄기간 중인 때에는 그 초일의 2주간 전에 공고하여야 한다(제516조의11, 513조의2 제2항, 제418조 제3항).

2) 신주인수권부사채의 인수권을 가진 주주에 대한 최고(失權豫告附催告)

주주가 신주인수권부사채의 인수권을 가지는 경우에는 회사는 신주인수권부사채의 청약기일을 정하고 그 기일의 2주간 전에(제516조의3 제2항, 제419조 제3항) 각 주주에 대하여 ① 인수권을 가지는 신주인수권부사채의 액, ② 발행가액, ③ 신주인수권의 내용, ④ 신주인수권을 행사할 수 있는 기간, ⑤ 청약기일까지 신주인수권부사채의 청약을 하지 아니하면 그 신주인수권부사채의 인수권을 상실한다는 뜻을 통지하여야 한다(제516조의3 제1항 1문).

이 경우 이사회가 신주인수권만을 양도할 수 있는 것에 관한 사항 또는 신주인수권부사채권자가 신주인수권을 행사하는 때에는 신주인수권부사채의 상환에 갈음하여 그 발행가액으로 신주의 발행가액의 납입이 있는 것으로 본다는 뜻을 정하였으면, 그 내용도 각 주주에게 통지하여야 한다(제516조의3 제1항 2문, 제516조의2 제2항 제4호, 제5호).

3) 신주인수권부사채 인수의 청약

주주가 신주인수권부사채의 인수권을 가진 경우에는, 그 청약기일까지 회사에 신주인수권부사채인수의 청약을 하여야 하고 그 청약기일까지 신주인수권부사채인수의 청약을 하지 아니하는 때에는 그 신주인수권부사채의 인수권을 상실한다(제516조의3 제2항, 제419조 제4항). 신주인수권부사채의 인수권을 가진 주주가 청약기일까지 청약을 하지 아니한 경우에는 주주 이외의 자에게 신주인수권부사채를 발행하는 경우와 같이 일반사채의 모집절차에 의하여 사채를 모집한다. 신주인수권부사채를 인수하고자 하는 주주나 응모자는 법정기재사항을 기재하여 작성한 사채청약서(제516조의4) 2통에 그 인수할 신주인수권부사채의 수와 주소를 기재하고 기명날인 또는 서명하여 청약하여야 한다(제474조 제1항).

(3) 위법·불공정한 발행에 대한 조치

전환사채의 경우와 동일하다.

(4) 신주인수권부사채의 등기

신주인수권부사채는 전환사채와 같이 조건부 신주발행의 성질을 가지므로 회사가 신주인수권부사채를 발행한 때에는 신주인수권부사채의 등기를 하여야 한다(제516조의8). 신주인수권부사채의 등기사항은 ① 신주인수권부사채라는 뜻, ② 신주인수권의 행사로 인하여 발행할 신주의 발행가액의 총액, ③ 각 신주인수권부사채의 금액, ④ 각 신주인수권부사채의 납입금액, ⑤ 신주인수권부사채의 총액, ⑥ 각 신주인수권부사채에 부여된 신주인수권의 내용, ⑦ 신주인수권을 행사할 수 있는 기간 등이다(제516조의8 제1항). 이러한 신주인수권부사채의 등기는 회사가 신주인수권부사채를 모집하여 납입을 완료한 날로부터 본점 소재지에서는 2주간 내에 하여야 한다(제516조의8 제2항, 514조의2 제1항).

3. 신주인수권의 양도

(1) 비분리형 신주인수권부사채의 경우

비분리형 신주인수권부사채의 경우에는 신주인수권만을 양도할 수 없다.

(2) 분리형 신주인수권부사채의 경우

분리형 신주인수권부사채의 경우에는 사채권은 채권에 또 신주인수권은 신주인수권증권에 각각 따로 표창되므로, 사채권의 양도는 채권의 교부에 의하고 또 신주인수권의 양도는 주권에 관한 규정이 준용되어 신주인수권증권의 교부에 의한다(제516조의6 제1항).

(3) 신주인수권증권

1) 의 의

신주인수권증권은 **분리형 신주인수권을 표창하는 유가증권**이다. 신주인수권증권에는 인수권자의 성명이 기재되지 아니하므로(제516조의5 제2항 참조), 신주인수권증권은 **무기명증권**이다. 신주인수권증권은 유가증권이므로, 신주인수권의 행사나 양도는 신주인수권증권에 의하여야 한다.

2) 신주인수권증서와의 비교

신주인수권증권은 신주인수권증서와 유사하지만 다음과 같은 차이가 있다. ① 신주인수권증서에서 신주인수권이란 신주발행절차가 시작된 다음 주주가 그 신주를 배정받을 권리를 말하지만, 신주인수권증권에서 신주인수권이란 증권의 소지인이 신주발행을 청구할 수 있는 권리를 의미한다. ② 신주인수권증서는 신주발행절차가 진행되는 기간에만 존속하면서 주금납입의 여력이 없는 주주에게 종전 지분의 비례적 이익을 누릴 수 있도록 할 목적으로 발행되지만, 신주인수권증권은 신주인수권을 사채와 독립적으로 유통시키기 위하여 발행되는 것이다. 따라서 ③ 신주인수권증서는 원칙적으로 주주의 청구가 있을 때에만 발행하지만(제416조 제6호, 제420조의2 제1항), 신주인수권증권은 신주인수권부사채를 분리형으로 발행한다고 결정하는 경우 모든 사채권자에게 의무적으로 발행하여야 한다(제516조의5 제1항). ④ 신주인수권증서는 그 상실의 경우 제권판결에 의한 재발행이 인정되지 않지만, 신주인수권증권은 그 존속기간이 장기이므로 상실의 경우에도 제권판결에 의한 재발행이 인정된다(제516조의6 제2항, 제360조). ⑤ 신주인수권증서가 발행되면 그 증서로 주식인수의 청약을 하지만(제420조의5 제1항), 신주인수권증권의 경우 청구서에 의하여 신주인수권을 행사하는 것이고 그 증권은 단순히 첨부될 뿐이다(제516조의9 제2항).

3) 발 행

이사회가 신주인수권부사채의 발행사항의 결의에서 신주인수권만을 양도할 수 있다는 것을 정한 경우(제516조의2 제2항 제4호), 즉 분리형 신주인수권부사채를 발행할 것을 정한 경우에는, 회사는 채권과 신주인수권증권을 발행하여야 한다(제516조의5 제1항).

신주인수권증권에는 ① 신주인수권증권이라는 뜻의 표시, ② 회사의 상호, ③ 각 신주인수권부사채에 부여된 신주인수권의 내용, ④ 신주인수권의 행사기간, ⑤ 신주인수권을 행사할 때에는 신주인수권부사채의 상환에 갈음하여 그 발행가액으로 신주의 발행가액의 납입이 있는 것으로 본다는 뜻, ⑥ 신주인수권의 행사시 납입을 맡을 은행 기타 금융기관과 납입장소, ⑦ 주식의 양도에 관하여 이사회의 승인을 얻도록 정한 때에는 그 규정, ⑧ 번호 등을 기재하고, 이사가 기명날인 또는 서명하여야 한다(제516조의5 제2항).

신주발행의 경우에 발행되는 신주인수권증서(제420조의2)는 발행일 후 청약기일까지 2주간의 단기간에 유통될 뿐이므로 이를 상실하였을 때에는 공시최고의 절차에 의한 제권판결을 이용할 실익이 없으나, 분리형 신주인수권부사채 발행의 경우에 발행되는 신주인수권증권은 발행일 후 신주인수권행사기간의 종료시까지 장기간에 걸쳐 유통되므로 이를 상실하였을 때에는 공시최고의 절차에 의한 제권판결을 받아 그 재발행을 청구할 수 있다(제516조의6 제2항, 제360조).

4) 신주인수권증권의 점유

회사가 신주인수권증권을 발행한 경우에 신주인수권증권을 점유하는 자는 적법한 소지인으로 추정되며(제516조의6 제2항, 제336조 제2항), 또 신주인수권증권에는 선의취득이 인정된다(제516조의6 제2항, 수표법 제21조).

4. 신주인수권의 행사

회사가 신주인수권부사채를 발행한 경우에 그 신주인수권자는 신주인수권 행사기간(제516조의2 제2항 제3호)내에 신주인수권부사채에 부여된 내용(제516조의2 제2항 제2호)에 따라 신주인수권을 행사할 수 있다.

(1) 행사방법

신주인수권자는 청구서 2통에 인수할 신주의 종류·수 및 주소를 기재하고 기명날인 또는 서명하여 이를 회사에 제출하여 신주인수권을 행사한다(제516조의9 제1항·제4항, 제302조 제1항). 그러나 신주인수권자가 회사에 신주인수의 청구서를 제출하는 경우에 신주인수권증권이 발행된 때에는(분리형 신주인수권부사채의 경우) 이에 신주인수권증권을 첨부하여야 하고, 신주인수권증권을 발행하지 아니한 때에는(비분리형 신주인수권부사채의 경우) 회사에 채권을 제시하여야 한다(제519조의9 제2항). 신주인수권자는 이사회가 신주인수권부사채의 발행사항의 결의에서 정한 신주인수권행사의 기간(제516조의2 제2항 제3호)내에 행사하여야 한다. 다만 주주명부의 폐쇄기간 중에 신주인수권을 행사한 경우 그 기간 중에 의결권을 행사할 수 없다(제516조10, 제350조 제2항).

(2) 납 입

신주인수권을 행사할 때에는 신주발행가액 전액을 납입하여야 한다(제516조의9 제1항). 그러나 사채발행시에 신주인수권을 행사하려는 자의 청구가 있는 때에는 신주인수권부사채의 상환에 갈음하여 그 발행가액으로 납입이 있는 것으로 본다는 뜻을 정할 수 있다(제516조의2 제2항 제5호). 예외적으로 신주인수권부사채권자는 사채발행가로 대용납입할 수 있으며 주금납입의 상계가 허용되는 중대한 예외가 된다. 대용납입의 여부를 사채권자가 선택한다는 점에서 전환사채와 다르다. 납입은 채권 또는 신주인수권증권에 기재된 은행 기타 금융기관의 납입장소에서 하여야 한다(제516조의9 제3항).

(3) 발행가액의 제한

각 신주인수권부사채에 부여된 **신주인수권의 행사로 인하여 발행할 신주의 발행가액의 합계액은 각 신주인수권부사채의 금액을 초과할 수 없다**(제516조의2 제3항). 이러한 제한은 **소액의 사채에 대하여 다량의 신주인수권을 부여함으로써 주주의 이익을 해하는 것을 방지하기 위한 것**이다. 이 제한은 신주인수권의 행사시에도 적용된다는 견해가 있으나, 사채와 신주인수권이 별도 유통되는 경우 관계 파악이 불가능하므로 발행시에 적용된다고 본다.[19]

(4) 행사의 효력

신주인수권을 행사한 자는 **신주의 발행가액의 전액을 납입한 때**에 신주발행의 효력이 생겨 주주로 된다(제516조의10). 이것은 보통의 신주발행의 경우에 납입기일의 다음 날로부터 주주가 되는 것(제423조 제1항)과 다르다.

그러나 사채의 상환에 갈음하여 **대용납입**하는 경우, 즉 신주인수권부사채의 상환에 갈음하여 그 발행가액으로 신주의 발행가액의 납입이 있는 것으로 보는 경우에는(제516조의2 제2항 제5호), 현실의 발행가액의 납입이 없으므로 신주인수권자가 **신주인수의 청구서에 신주인수권증권이나 채권을 첨부하여 이를 회사에 제출한 때**에 주주로 된다.

(5) 행사가액에서의 쟁점

전환사채의 전환가액이나 신주인수권부사채의 신주인수권 행사가액의 조정에 관한 규

---

19) 정찬형, 1204면; 이철송, 1026면.

정으로 반희석화(反稀釋化) 조항과 리픽싱(Refixing) 조항이 있다. 반희석화 조항은 신주의 저가발행 등과 같이 주식가치가 희석화되는 사유가 발생하는 경우 사채권자가 취득가능한 주식의 지분비율을 그대로 유지하기 위한 조정이다. 리픽싱 조항은 인수 당시 전환가액(전환사채) 또는 행사가액(신주인수권부사채)보다 주가가 하락한 경우 그 행사가액 등을 하락한 주가 수준으로 하향조정하여 주는 것이다. 리픽싱 조항을 두는 이유는 시가하락에 따르는 위험을 회사나 기존주주가 부담하고 투자자는 시가상승으로 인한 이익만을 취할 수 있도록 함으로써 투자자를 유인하기 위한 것이다. 판례는 신주인수권 행사가액 조정절차의 이행을 구하는 소는 신주인수권의 행사 여부와 관계없이 허용된다고 보았다.[20] 신주인수권 행사가액의 조정이 선행되어야만 신주인수권자로서는 신주인수권의 행사 등 자신의 권리행사 여부를 결정할 수 있고, 그 조정을 위하여 신주인수권 행사가 강제된다면 신주인수권의 행사여부를 자유로이 결정할 수 있는 것과 반하기 때문이다.

(6) 행사로 인한 변경등기

신주인수권의 행사에 의하여 신주발행의 효력이 생기면 발행주식의 총수, 그 종류와 각 종 주식의 수 및 자본의 총액이 증가되므로 변경등기를 하여야 한다(제317조 제2항 제2호·제3호, 제3항, 제183조). 이 신주인수권의 행사로 인한 변경등기는 신주인수권을 행사한 날로부터 본점 소재지에서는 2주간 내에 하여야 한다(제516조의11, 제351조).

5. 신주인수권부사채 발행의 무효

신주인수권부사채는 미리 확정된 가액으로 일정한 수의 신주인수를 청구할 수 있는 신주인수권이 부여된 사채로서 신주인수권부사채 발행의 경우에도 주식회사의 물적 기초와 기존 주주들의 이해관계에 영향을 미친다는 점에서 사실상 신주를 발행하는 것과 유사하므로, 신주발행무효의 소에 관한 상법 제429조가 유추적용되고, 그 무효원인에 관한 법리 또한 마찬가지로 적용된다.[21] 신주인수권부사채 발행에 대한 무효의 소와는 별도로, 신주발행무효의 소를 제기할 수 있으나 이때에는 신주인수권 행사나 그에 따른 신주 발행에 고유한 무효 사유만 주장할 수 있고, 신주인수권부사채 발행이 무효라거나 그를 전제로 한 주장은 제기할 수 없다.[22] 이 경우 신주발행무효의 소의 제소기간은 신주 발행일로부터

---

20) 대법원 2014.9.4. 선고 2013다40858 판결(리픽싱 조항에서 신주인수권의 행사를 예정하고 있지 아니하고 신주인수권자가 소로써 신주인수권 행사가액의 조정을 적극적으로 요구하는 경우와 발행회사가 자발적으로 그 행사가액을 조정하는 경우를 달리 볼 이유가 없는 점, 주식의 시가하락이 있는 경우 리픽싱 조항에 따른 신주인수권 행사가액의 조정이 선행되어야만 신주인수권자로서는 신주인수권의 행사 또는 양도 등 자신의 권리행사 여부를 결정할 수 있는 점, 반면 위와 같은 이행의 소에 신주인수권의 행사가 전제되어야 한다면 이는 본래 신주인수권의 행사기간 내에서 신주인수권의 행사 여부를 자유로이 결정할 수 있는 신주인수권자에 대하여 신주인수권의 행사를 강요하는 결과가 되어 불합리한 점 등을 종합하면, 신주인수권 행사가액 조정절차의 이행을 구하는 소는 신주인수권의 행사 여부와 관계없이 허용된다고 보아야 한다).
21) 대법원 2015.12.10. 선고 2015다202919 판결.

기산하여야 하고, 설령 신주 발행이 신주인수권부사채에 부여된 신주인수권의 행사 결과에 따른 것이라 할지라도 신주인수권부사채 발행일부터 기산되는 것은 아니다.[23]

Ⅲ. 이익참가부사채

1. 의   의

이익참가부사채는 사채권자에게 확정이자를 지급하는 이외에 **이익배당에 참가할 수 있는 권리를 부여하는 사채**를 말한다(제469조 제2항 제1호).

2. 발행의 결정

(1) 주주에게 발행하는 경우

이익참가부사채를 발행하는 경우 정관에 규정이 없는 사항은 이사회가 결정한다. 다만, 정관으로 주주총회에서 이를 결정하도록 정한 경우에는 그러하지 아니하다(상법 시행령 제21조 제1항). 발행을 함에 있어 결정하는 발행사항은 이익참가부사채의 총액, 이익배당 참가의 조건 및 내용, 주주에게 이익참가부사채의 인수권을 준다는 뜻과 인수권의 목적인 이익참가부사채의 금액 등이다.

(2) 주주 외의 자에게 발행하는 경우

주주 외의 자에게 이익참가부사채를 발행하는 경우에 그 발행할 수 있는 이익참가부사채의 가액(價額)과 이익배당 참가의 내용에 관하여 정관에 규정이 없으면 주주총회의 특별결의로 정하여야 한다(상법 시행령 제21조 제2항). 주주에게 배당할 이익의 몫이 제3자에게 가게 되므로 주주에게 중대한 이해관계가 있어 특별결의로 정하도록 하였다.

---

22) 대법원 2022.10.27. 선고 2021다201054 판결.

23) 대법원 2022.10.27. 선고 2021다201054 판결(신주인수권부사채의 경우 경영상 목적 없이 대주주 등의 경영권이나 지배권 방어 목적으로 제3자에게 발행되더라도 그 자체로는 기존 주주의 신주인수권을 침해하지 않고, 이후 대주주 등이 양수한 신주인수권을 행사하여 신주를 취득함으로써 비로소 기존 주주의 신주인수권이 침해되고 대주주 등의 경영권이나 지배권 방어 목적이 현실화된다. 이에 의하면 회사가 대주주 등의 경영권이나 지배권 방어 목적으로 제3자에게 신주인수권부사채를 발행하였다면 신주인수권부사채의 발행은 무효가 될 수 있고, 이런 사유는 그 발행일로부터 6월 이내에 신주인수권부사채발행무효의 소로써 다툴 수 있다. 나아가 대주주 등이 위와 같은 경위로 발행된 신주인수권부사채나 그에 부여된 신주인수권을 양수한 다음 신주인수권부사채 발행일부터 6월이 지난 후 신주인수권을 행사하여 신주를 취득하였다면, 이는 실질적으로 회사가 경영상 목적 없이 대주주 등에게 신주를 발행한 것과 동일하므로, 신주인수권 행사나 그에 따른 신주 발행에 고유한 무효 사유에 준하여 신주발행무효의 소로도 신주 발행의 무효를 주장할 수 있다. 이로써 위법한 신주인수권부사채 발행이나 그에 기한 신주 발행을 다투는 주주의 제소권이 실질적으로 보호될 수 있다).

3. 발행절차

(1) 주주에게 발행하는 경우

이익참가부사채의 인수권을 가진 주주는 그가 가진 주식의 수에 따라 이익참가부사채의 배정을 받을 권리가 있다. 다만, 각 이익참가부사채의 금액 중 최저액에 미달하는 끝수에 대해서는 그러하지 아니하다(상법 시행령 제21조 제4항).

1) 공 고

회사는 일정한 날을 정하여, 그 날에 주주명부에 기재된 주주가 이익참가부사채의 배정을 받을 권리를 가진다는 뜻을 그 날의 2주일 전에 공고하여야 한다(상법 시행령 제21조 제5항 본문). 다만, 그 날이 폐쇄기간 중일 때에는 그 기간의 초일의 2주일 전에 이를 공고하여야 한다(상법 시행령 제21조 제5항 단서).

2) 실권예고부최고

주주가 이익참가부사채의 인수권을 가진 경우에는 각 주주에게 그 인수권을 가진 이익참가부사채의 액, 발행가액, 이익참가의 조건과 일정한 기일까지 이익참가부사채 인수의 청약을 하지 아니하면 그 권리를 잃는다는 뜻을 통지하여야 한다(상법 시행령 제21조 제6항). 위 통지에도 불구하고 그 기일까지 이익참가부사채 인수의 청약을 하지 아니한 경우에는 이익참가부사채의 인수권을 가진 자는 그 권리를 잃는다(상법 시행령 제21조 제9항).

(2) 주주 이외의 자에게 배정하는 경우

주주 외의 자에게 이익참가부사채를 발행하는 경우에 그 발행할 수 있는 이익참가부사채의 가액(價額)과 이익배당 참가의 내용에 관하여 정관에 규정이 없으면 주주총회의 특별결의로 정하여야 한다(상법 시행령 제21조 제2항). 이 결의를 할 때 이익참가부사채 발행에 관한 의안의 요령을 소집통지에 적어야 한다(상법 시행령 제21조 제3항).

4. 등 기

회사가 이익참가부사채를 발행하였을 때에는 납입이 완료된 날부터 2주일 내에 본점 소재지에서 이익참가부사채의 총액, 각 이익참가부사채의 금액, 각 이익참가부사채의 납입금액, 이익배당에 참가할 수 있다는 뜻과 이익배당 참가의 조건 및 내용 등을 등기하여야 한다(상법 시행령 제21조 제10항). 위 등기사항이 변경된 때에는 본점 소재지에서는 2주일 내, 지점 소재지에서는 3주일 내에 변경등기를 하여야 한다(상법 시행령 제21조 제11항). 외국에서 이익참가부사채를 모집한 경우에 등기할 사항이 외국에서 생겼을 때에는 그 등기기간은 그 통지가 도달한 날부터 기산한다(상법 시행령 제21조 제12항).

Ⅳ. 교환사채

1. 의   의

교환사채는 사채권자가 회사 소유의 주식이나 그 밖의 다른 유가증권으로 교환할 수 있는 사채를 말한다(상법 시행령 제22조 제1항). 상법에서는 제469조 제2항 제2호에서 주식이나 그 밖의 다른 유가증권으로 교환 또는 상환할 수 있는 사채라고 규정하고 있으나, 시행령에서는 양자를 분리하여 정의한다.

2. 발행의 결정

교환사채 발행의 결정은 이사회가 한다(상법 시행령 제22조 제1항). 결정할 발행사항은 (i) 교환할 주식이나 유가증권의 종류 및 내용이다. 이때 주식은 회사 '소유의' 주식으로 규정하고 있어 신주는 배제된다고 본다. 자기주식도 교환의 대상이 되는 주식이 된다(상법 시행령 제22조 제2항). (ii) 교환의 조건, (iii) 교환을 청구할 수 있는 기간 등이다. 다만 주주 외의 자에게 발행회사의 자기주식으로 교환할 수 있는 사채를 발행하는 경우에 사채를 발행할 상대방에 관하여 정관에 규정이 없으면 이사회가 이를 결정한다(상법 시행령 제22조 제2항). 이는 교환사채와 교환하여 자기주식을 교부하는 경우 회사의 지분소유에 변동이 생길 수 있기 때문이다.

3. 발행절차

(1) 교환대상 증권의 예탁

교환사채를 발행하는 회사는 사채권자가 교환청구를 하는 때 또는 그 사채의 교환청구 기간이 끝나는 때까지 교환에 필요한 주식 또는 유가증권을 한국예탁결제원에 예탁하여야 한다(상법 시행령 제22조 제3항 전문). 이 경우 한국예탁결제원은 그 주식 또는 유가증권을 신탁재산임을 표시하여 관리하여야 한다(상법 시행령 제22조 제3항 후문).

(2) 채권의 제출

사채의 교환을 청구하는 자는 청구서 2통에 사채권을 첨부하여 회사에 제출하여야 한다(상법 시행령 제22조 제4항). 그 청구서에는 교환하려는 주식이나 유가증권의 종류 및 내용, 수와 청구 연월일을 적고 기명날인 또는 서명하여야 한다(상법 시행령 제22조 제5항).

V. 상환사채

1. 의   의

상환사채란 회사가 그 소유의 주식이나 그 밖의 다른 유가증권으로 상환할 수 있는 사채를 말한다(상법 시행령 제23조 제1항). 교환사채는 사채권자의 청구에 의하여 다른 증권으로 교환하는 사채임에 반하여, 상환사채는 회사가 상환권을 가지고 있는 사채이다.

2. 발행사항의 결정

교환사채와 같이 이사회 결의만으로 발행할 수 있다(상법 시행령 제23조 제1항). 상환사채를 발행하는 경우 이사회는 상환할 주식이나 유가증권의 종류 및 내용, 상환의 조건, 회사의 선택 또는 '일정한 조건의 성취나 기한의 도래에 따라 주식이나 그 밖의 다른 유가증권으로 상환한다는 뜻을 결정한다. 다만, 주주 외의 자에게 발행회사의 자기주식으로 상환할 수 있는 사채를 발행하는 경우에 사채를 발행할 상대방에 관하여 정관에 규정이 없으면 이사회가 이를 결정한다(상법 시행령 제23조 제2항). 상환사채와 교환하여 자기주식을 교부하는 경우 회사의 지분소유에 변동이 생길 수 있기 때문이다.

3. 상환절차

(1) 상환대상 증권의 예탁

일정한 조건의 성취나 기한의 도래에 따라 상환할 수 있는 경우에는 상환사채를 발행하는 회사는 조건이 성취되는 때 또는 기한이 도래하는 때까지 상환에 필요한 주식 또는 유가증권을 한국예탁결제원에 예탁하여야 한다(상법 시행령 제23조 제3항 전단). 이 경우 한국예탁결제원은 그 주식 또는 유가증권을 신탁재산임을 표시하여 관리하여야 한다(상법 시행령 제23조 제3항 후단).

(2) 기   타

기타 상환사채의 상환에 필요한 절차에 대하여 규정이 없다. 교환사채의 절차에 준하도록 해야 할 것이다.

제 8 장
회사의 구조조정

제 1 절   구조조정

회사의 구조조정(business restructuring)은 경영의 효율을 높이기 위해 조직의 내부구조를 변화시키는 것이다. 회사가 기존의 사업구조나 지배구조 등을 변화시키지 않으면 환경변화에 적응하지 못해 뒤쳐지게 되므로, 새로운 환경에 적응하기 위한 구조로 변화하는 것을 의미한다. 상법상 구조조정의 수단이 될 수 있는 것은 영업양도(양수)(제41조 내지 제45조)·회사의 조직변경(제242조, 제269조, 제604조, 제607조)·회사의 합병(제174조·제175조, 제230조 내지 제240조, 제269조, 제522조 내지 제530조, 제598조 내지 제603조)·주식회사의 분할(제530조의2~제530조의12), 주식의 포괄적 교환 및 이전제도, 지배주주에 의한 소수주식의 전부 취득 등이 있다. 영업양도는 상법총칙에서 다루고 조직변경은 기술하였으므로 여기서는 회사합병·회사분할·주식의 포괄적 교환과 이전, 주식의 강제매도·매수청구 등을 살핀다.

제 2 절   회사의 합병

Ⅰ. 개   관

1. 합병의 의의

(1) 의   의

회사의 합병이라 함은 2개 이상의 회사가 상법의 특별규정에 의하여 청산절차를 거치지 아니하고 합쳐지는 것으로, 한 회사가 다른 회사를 흡수하거나(흡수합병) 신회사를 설립함으로써(신설합병), 1개 이상의 회사의 소멸과 권리의무의 포괄적 이전을 생기게 하는 회사법상의 법률요건이다. 소멸회사의 주주(사원)는 합병에 의하여 1주 미만의 단주만을 취득하게 되는 경우나 혹은 합병에 반대한 주주로서의 주식매수청구권을 행사하는 경우 등과 같은 특별한 경우를 제외하고는 원칙적으로 합병계약상의 합병비율과 배정방식에 따라 존속회사 또는 신설회사의 주주권(사원권)을 취득하여, 존속회사 또는 신설회사의 주주(사원)가 된다.[1] 한 회사가 다른 회사를 흡수하는 형태가 흡수합병이고, 새로운 회사를 설립하는 형태가 신설합병인데 상법은 두 가지 형태를 모두 규정하고 있다. 그런데 실제 대부분의 경우가 **흡수합병**의 형태이므로, A회사가 B회사의 권리의무를 포괄적으로 승계하여 흡수하면서 A회사가 B회사의 주주에게 신주를 발행한다. 여기서 A회사는 **존속회사**, B회사는 **소멸회사**이고, 새로 발행되는 신주는 **합병신주**라 한다. 2011년 개정으로 소멸회사 주주에게 현금 등을 지급하는 교부금합병도 허용하고 있다.

합병은 경제적으로는 경영의 합리화・사업의 확장・경쟁의 회피・시장의 독점・도산하려는 회사의 구제・국제경쟁력의 강화 등의 목적을 위하여 인정된 제도이며, 법률상으로는 합병에 의하여 해산하는 회사에 대하여 **청산절차를 생략**할 수 있다는 의미에서 기업유지의 요청과 합치된다. 합병은 **상법의 특별규정**에 따라야 한다.

(2) 구별개념

1) 사실상 합병

합병은 상법의 특별규정에 의하여 이루어지는 것으로 사실상 합병과는 구별된다. 사실상 합병은 해산・청산・사후설립・현물출자・영업양도・주식취득 등의 절차와 방법에 의하여 실질적으로 합병과 동일한 경제적 목적을 달성하는 것으로 상법상의 합병이 아니다.

2) 영업양도

합병과 영업양도는 다르다. ① 합병은 단체법상의 행위로서 그 절차가 법정되어 있으나, 영업양도는 개인법상의 거래행위로서 방식에 제한이 없다. ② 합병은 회사 사이에만 할 수 있으나, 영업양도는 비상인에게도 할 수 있다. ③ 합병은 권리의무가 포괄승계됨에 반하여, 영업양도는 개별 재산에 대한 이전행위가 각각 필요하다. ④ 합병은 1개 이상 회사의 소멸사유가 되나, 영업양도는 회사의 소멸사유가 아니다. ⑤ 합병무효는 소송만으로 주장할 수 있으나, 영업양도는 그러한 제한이 없다. ⑥ 합병과 영업양도는 채권자보호절차에서 차이가 있다.

(3) 법적 성질

회사합병의 법적 성질에 관하여는 크게 두 가지의 입장이 대립하고 있다. ① **현물출자설**에 의하면 합병은 해산하는 회사의 영업전부를 현물출자하여 행하는 존속회사의 자본금 증가(신주발행) 또는 신회사의 설립이라고 한다. 다만 현물출자의 목적이 회사의 전재산이라는 점이 보통의 현물출자와 다를 뿐이라 한다. 이 설에 대해서는 무증자합병의 경우를 설명하지 못하는 점과 또 현물출자자는 해산회사가 되는데 합병의 결과 신주식을 취득하

---

1) 대법원 2003.2.11. 선고 2001다14351 판결.

는 것은 해산회사가 아니고 그 주주가 되는 점도 설명할 수 없다는 점에 대한 비판이 제기된다. ② **인격합일설**에 의하면 합병은 두 개 이상의 회사가 하나의 회사로 되는 사단법상의 특별한 계약이며, 합병에 의하여 합쳐지는 것은 법인인 회사 자체이고 그 회사재산의 포괄승계는 결과에 지나지 않는다고 본다(**통설**). 그러나 이 설에 대하여는 재산이 이전되고 사원이 수용되는 관계를 법률적으로 밝히지 못하고 단순히 회사의 합병으로 인하여 발생하는 법률효과를 외면적으로 표현한 것에 불과하다는 비판이 있다.

합병되는 것은 법인인 회사 그 자체이고 회사재산의 포괄승계는 그 주체의 신분변동, 즉 법인격합일의 결과에 지나지 않는다고 볼 수 있으므로 **인격합일설이 타당하다**. 법률적으로는 인격합일설을 취할 수밖에 없으나, 다만 합병비율과 관련된 문제는 합병을 현물출자로 보는 것이 보다 이해가 쉽다. 어느 견해를 취하든 구체적 법률관계에서의 차이는 없어 논의의 실익이 크지는 않다.

2. 합병의 방법

합병의 방법에는 크게 두 가지가 있다. 하나는 당사회사 중 한 회사는 소멸하고 다른 회사는 존속하여 이 존속회사가 소멸회사의 재산과 사원을 승계·수용하는 흡수합병이며, 다른 하나는 당사회사 전부가 소멸하고 새로운 회사를 설립하여 이 새로운 회사가 소멸회사의 재산과 사원을 승계·수용하는 신설합병이다. 우리나라에서는 **대부분이 흡수합병이고 신설합병의 예는 극히 드물다**. 그 이유는 신설합병의 경우는 회사를 설립하는 절차와 비용으로 인하여 부담이 크고 당사회사가 갖고 있는 영업의 인허가 등 무형의 권리를 상실하게 되고 세제상으로도 불리하기 때문이다. 2011년 개정법은 흡수합병에서 **합병대가를 유연화**하고 있다(제523조, 제523조의2). 구상법에서는 합병의 대가로서 소멸회사의 주주에게 존속회사 주식 이외의 것을 주는 것이 금지되었으나, 개정법에서는 주식 대신에 현금, 사채, 모회사의 주식 등을 교부할 수 있게 되었다(제523조 제4호).

3. 합병의 자유와 제약

(1) 합병자유의 원칙

회사는 자유로이 합병할 수 있다(제174조 제1항). 따라서 같은 종류의 회사들은 물론이고 다른 종류의 회사들도 서로 합병을 할 수 있다. 즉 합병은 인적회사와 물적회사간에도 할 수 있다. 다만 다음과 같이 상법상의 제약을 받는다.

(2) 상법상의 제약

① 합병당사회사 중 **일방 또는 쌍방이 주식회사, 유한회사 또는 유한책임회사**인 때에는 합병후 존속하는 회사 또는 신설되는 회사는 주식회사 또는 유한회사 또는 유한책임회

사이어야 한다(제174조 제2항). 이는 주식회사의 주주나 유한회사의 사원이 합명회사나 합자회사의 사원으로서 무한책임을 지게 되는 문제점이 생기게 되기 때문에 이를 방지하기 위한 것이다.

② **유한회사와 주식회사**가 합병을 하는 경우에 존속회사 또는 신설회사가 **주식회사**인 때에는 법원의 인가를 얻어야 한다(제600조 제1항). 이것은 주식회사의 설립 또는 신주발행에 관한 법원의 엄격한 감독규정을 잠탈하기 위하여 합병의 방법이 이용되는 것을 예방하기 위해서이다.

③ **유한회사와 주식회사**가 합병할 경우 주식회사가 사채의 상환을 완료하지 않으면 **유한회사**를 존속회사나 신설회사로 하지 못한다(제600조 제2항). 이것은 유한회사에서는 사채의 발행이 인정되지 않기 때문에 사채를 부담한 유한회사의 성립을 방지하기 위함이다.

④ **해산 후 청산 중에 있는 회사도 존립 중의 회사를 존속회사**로 하는 경우에는 합병할 수 있다(제174조 제3항). 이것은 기업의 유지에 필요한 범위 내에서 합병을 인정하는 것이다.

Ⅱ. 합병계약

1. 합병계약의 의의

(1) 합병계약의 의의

합병계약은 합병절차의 일부분에 지나지 아니하므로 합병과 합병계약은 구별되어야 한다. 회사가 합병을 하는 데에는 합병결의가 있기 전에 당사회사의 대표자 사이에 합병의 조건, 합병의 기일, 존속회사 또는 신설회사의 정관의 내용 등에 관하여 합병계약을 체결한다. 합명회사 또는 합자회사 사이의 합병으로서 그 존속회사 또는 신설회사가 주식회사가 아닐 때에는 특별한 방식이 필요 없지만, 주식회사 또는 유한회사 사이의 합병과 주식회사를 존속회사 또는 신설회사로 하는 합명회사 또는 합자회사의 합병에는 법정사항을 기재한 합병계약서의 작성을 요구하고 있다(제522조 제1항, 제523 내지 제525조, 제603조).

(2) 법적 성질

합병계약은 **단체법상의 특수한 계약**으로 본다. 합병계약은 단체법적인 특성을 반영하여 사적자치가 제한되고, 합병계약이 체결된 이후에도 주주총회의 승인과 채권자보호절차 등 이행할 법정절차가 많기 때문이다. 그리고 주주총회의 승인대상에 상법이 법정하는 사항이 포함되면 무방하므로, 주주총회의 승인을 받아야 하는 상법 제522조, 제523조, 제603조의 합병계약서가 반드시 본계약이어야 할 필요도 없다.[2]

---

2) 권기범, 94면.

2. 합병계약의 내용

(1) 흡수합병

① 존속하는 회사가 합병으로 인하여 그 발행할 주식의 총수를 증가하는 때에는 그 증가할 주식의 총수, 종류와 수(제523조 제1호)

② 존속하는 회사의 자본금 또는 준비금이 증가하는 경우에는 증가할 자본금 또는 준비금에 관한 사항(제523조 제2호)

(i) 자본금의 증가

존속회사가 액면주식을 발행하는 경우 증가할 자본금은 존속회사가 합병당시에 발행하는 신주의 총수(제523조 제3호)에 액면가액을 곱한 금액이다. 무액면주식을 발행하는 경우 존속회사가 소멸회사로부터 승계하는 순자산가액이 소멸회사의 주주들에게 발행하는 신주의 발행가가 되므로 그중 2분의 1 이상을 자본금으로 계상하여야 하고, 잔여액은 자본준비금으로 적립한다(제451조 제2항). 존속회사의 합병차익은 자본준비금으로 적립하여야 한다(제459조 제1항). 그러나 소멸회사의 주주에게 합병교부금을 지급할 수도 있으므로, 존속회사의 자본준비금, 이익준비금, 임의준비금 등의 항목과 처리에 관하여 합병계약서에 기재하여야 한다.

(ii) 무증자합병(無增資合倂)

합병신주가 발행되지 않는 합병, 즉 **무증자합병이 허용**된다. 존속회사가 소멸회사 주식의 100%를 소유하고 있거나 존속회사가 소멸회사 주주에게 배정하기에 충분한 자기주식을 보유하고 있는 동안에는 합병신주를 발행하여야 할 이유가 없으므로 무증자합병이 인정된다. 또한 합병의 대가로 현금도 교부할 수 있어(제523조 제4호), 무증자합병이 가능하다. 2015년 개정에서 합병, 흡수합병, 분할합병의 경우 신주발행 대신 자기주식 이전이 가능함을 규정하여 무증자합병이 가능함을 명문으로 규정하였다(제360조의3 제3항 제2호, 제522조의2 제1항 제2호, 제527조의3 제1항, 제530조의6 제1항 제2호 및 제3호, 제530조의7 제2항 제3호 등). 오히려 **자본금이 증가하는 경우에 한하여** 증가할 자본금이나 준비금에 관한 사항을 주식교환 및 합병계약서에 기재하도록 하여 **자본금이 증가하지 않는 합병이 원칙적** 모습인 것으로 규정하였다(제360조의3 제3항 제3호, 제523조 제2호, 제530조의6 제1항 제5호 등).

(iii) 자본충실의 원칙

자본충실의 원칙을 엄격히 적용하게 되면 존속회사의 증가할 자본금과 준비금의 총액이 존속회사가 소멸회사로부터 승계하는 자산을 초과할 수 없다고 볼 여지가 있다. 그러나 판례는 **승계하는 순자산보다 많은 자본금을 증가하는 경우 이를 일률적으로 무효로 보는 것이 아니라 영업권 등 무형적 가치에 대한 대가로서 볼 수 있다면 그 유효성을 인정한**다.[3] 판례는 합병가액을 자산가치 · 수익가치 및 상대가치를 종합하여 산정한 가격에 의하는 이상 주당 자산가치를 상회하는 가격이 합병가액으로 산정될 수 있으므로, 흡수합병의 경우 존속회사의 증가할 자본액이 반드시 소멸회사의 순자산가액의 범위 내로 제한된다고 할 수는 없다고 본다.[4]

③ 존속하는 회사가 합병을 하면서 신주를 발행하거나 자기주식을 이전하는 경우에는 발행하는 신주 또는 이전하는 자기주식의 총수, 종류와 수 및 합병으로 인하여 소멸하는 회사의 주주에 대한 신주의 배정 또는 자기주식의 이전에 관한 사항(제523조 제3호)

(i) 신주의 배정에 관한 사항

소멸회사의 주식수에 비례하여 존속회사의 신주를 배정하게 되고, 이를 흔히 합병비율이라 한다. 합병비율은 공정하게 이루어져야 하고 그렇지 못한 경우 합병무효의 원인이 된다. 합병비율에 관하여는 후술한다.

(ii) 자기주식의 소유와 관련

소멸회사가 보유하는 자기주식은 귀속주체가 없기 때문에, 합병에 의하여 소멸하고 이에 비례하여 소멸회사에게 신주를 배정할 수 없다. 존속회사가 소멸회사의 주식을 가진 경우 이에 비례하여 존속회사에게 신주를 배정하면 자기주식을 취득하는 것이 되지만 이를 허용함이 옳다. 소멸회사가 존속회사의 주식을 소유한 경우 존속회사가 합병에 의하여 이를 승계하여 자기주식이 된다(제341조의2 제1호).

(iii) 자기주식의 이전

2015년 개정은 합병의 대가로 신주를 발행하는 경우 이외에 자기주식의 발행에 대한 명문 규정을 두었다. 회사가 합병대가로 신주를 발행하여 배정하는 것과 자기주식을 교부하는 것은 합병대가를 받는 주주들의 입장에서는 실질적인 차이가 없는 점을 고려하여 회사가 보유한 자기주식을 활용할 수 있는 길을 열어준 것이다. 합병회사의 주주들 입장에서도 신주발행보다는 자기주식을 교부하는 것이 기존의 지분율을 유지할 수 있게 되므로 보다 유리한 측면이 있다.

3) 대법원 2008.1.10. 선고 2007다64136 판결(상법 제523조 제2호가 흡수합병계약서의 절대적 기재사항으로 '존속하는 회사의 증가할 자본'을 규정한 것은 원칙적으로 자본충실을 도모하기 위하여 존속회사의 증가할 자본액(즉, 소멸회사의 주주들에게 배정·교부할 합병신주의 액면총액)이 소멸회사의 순자산가액 범위 내로 제한되어야 한다는 취지라고 볼 여지가 있기는 하나, 합병당사자의 전부 또는 일방이 주권상장법인인 경우 그 합병가액 및 합병비율의 산정에 있어서는 증권거래법과 그 시행령 등이 특별법으로서 일반법인 상법에 우선하여 적용되고, 증권거래법 시행령 제84조의7 소정의 합병가액 산정기준에 의하면 주권상장법인은 합병가액을 최근 유가증권시장에서의 거래가격을 기준으로 재정경제부령이 정하는 방법에 따라 산정한 가격에 의하므로 경우에 따라 주당 자산가치를 상회하는 가격이 합병가액으로 산정될 수 있고, 주권비상장법인도 합병가액을 자산가치·수익가치 및 상대가치를 종합하여 산정한 가격에 의하는 이상 역시 주당 자산가치를 상회하는 가격이 합병가액으로 산정될 수 있으므로, 결국 소멸회사가 주권상장법인이든 주권비상장법인이든 어느 경우나 존속회사가 발행할 합병신주의 액면총액이 소멸회사의 순자산가액을 초과할 수 있게 된다. 따라서 증권거래법 및 그 시행령이 적용되는 흡수합병의 경우에는 존속회사의 증가할 자본액이 반드시 소멸회사의 순자산가액의 범위 내로 제한된다고 할 수 없다); 대법원 1986.2.11. 선고 85누592 판결(한 회사가 다른 회사를 흡수합병하여 그 영업상 기능 내지 특성을 흡수함으로써 합병전의 통상수익보다 높은 초과수익을 갖게 된다면 합병후 높은 수익률을 가져올 수 있는 피흡수회사의 무형적 가치는 영업권이라 보아 무방하다).

4) 대법원 2008.1.10. 선고 2007다64136 판결.

④ 존속하는 회사가 합병으로 소멸하는 회사의 주주에게 그 대가의 전부 또는 일부로서 금전이나 그 밖의 재산을 제공하는 경우에는 그 내용 및 배정에 관한 사항(제523조 제4호)

(i) 합병교부금

제523조 제4호에 의하여 신주의 교부에 갈음하여 금전으로 지급할 수 있고 이를 합병교부금이라 한다. 2011년 개정전에는 존속회사의 주식을 발행하지 않고 소멸회사의 주주에게 교부금만 지급하는 합병은 허용되지 않았다(통설). 그러나 2011년 개정으로 소멸회사의 주주에게 배정할 신주의 전부에 대하여도 합병교부금으로 지급할 수 있도록 하였다. 합병교부금은 소액주주를 퇴출하는 방법으로 활용될 수 있다. 이러한 결과가 발생할 수 있으므로 소액주주에게 공정한 가액으로 보상이 이루어질 수 있도록 하여야 한다.

(ii) 금전 이외의 재산 지급

교부금으로 금전만이 아니라, 소멸회사의 주주에 대하여는 합병교부금뿐 아니라 '그 밖의 재산'을 제공할 수 있는 것으로 하였다. 존속회사의 사채, 자회사나 모회사가 발행한 주식(제523조의2)이나 사채 등 교부방식에 적합한 재산은 교부금 지급의 대상이 될 수 있다.

(iii) 삼각합병(Triangular Merger)

2011년 개정으로 합병대가의 제한이 없어져(제523조 제4호) **존속회사의 모회사 주식도 '그 밖의 재산'으로서 합병대가로 지급할 수 있고**, 이를 위하여 원래 모회사주식은 취득할 수 없으나(제342조의2) 합병대가의 용도로 사용할 경우 취득을 허용하여(제523조의2), 삼각합병제도가 도입되었다. 삼각합병은 다른 회사를 자회사로 만드는 합병을 말한다. 예를 들면 A가 B를 자회사로 만들기 위하여 먼저 자기의 주식을 100% 현물출자한 C를 설립하고, C가 B를 흡수합병하면서 B의 주주들에게 A의 주식을 교부하는 것이다(**정삼각합병**). 이 경우 C회사는 100% 자회사로서의 지위를 그대로 유지하면서 다른 회사와 용이하게 합병할 수 있고, 실질적으로는 모회사인 A회사가 B회사와 합병하는 것과 동일한 효과가 있으면서도, 형식상으로는 C회사와 B회사간의 합병형태를 띠고 있어 A회사는 합병에 대한 주주총회의 승인결의가 필요없고, B회사의 의무나 책임이 A회사로 승계되는 것을 차단할 수 있다. 또한 외국회사가 국내에 100% 자회사를 만들어 내국회사를 흡수합병하는 방식으로 이용할 수 있다.

삼각합병의 경우 소멸회사(B)의 주주에게 존속회사(C)의 모회사(A) 주식을 교부하여야 한다. 상법은 '그 밖의 재산'을 합병대가로 제공할 수 있다 규정하므로(제523조 제4호) 법적으로 가능하다. 그런데 상법 제342조 제2항에 의하여 자외사의 모회사 주식 취득은 원칙적으로 금지되므로, 제523조의2에서 삼각합병은 그 예외에 해당함을 명문으로 인정하였다. 존속회사는 삼각합병을 위하여 취득한 모회사 주식을 삼각합병 효력 발생 후 6개월 이내에 처분하여야 한다(제523조의2 제2항). 다만 입법론적으로는 모회사(A)가 신주를 직접 신주를 소멸회사(B)에게 발행할 수 있음을 허용하고 그 절차를 명시할 필요가 있다.

삼각합병의 장점으로 실질적인 인수회사인 존속회사 모회사(A)가 주주총회 결의와 주식매수청구권을 염려하지 않고도 대상회사(B)를 인수할 수 있다는 점이다. 그러나 A회사 주주총회의 결의가 입법론적으로 필요하다는 견해[5]가 타당하다 본다. A는 형식적으로 합병의 당사회사는 A가 아니라 그 자회사인 C이기 때문이다. 그런데 실질적으로는 A의 주주의 이해관계가 직결되고 삼각합병과 실질이 유사한 주식교환의 경우 인수회사 주주총회 결의를 요한다.

2015년 개정상법은 이에 더하여 정삼각합병제도의 외연을 확장하여 삼각주식교환(제360조의3 제3항 제4호, 제6항) 및 삼각분할합병(제530조의6 제1항 제4호, 제4항)제도를 추가로 도입하였다. 삼각주식교환에 의해 인수모회사(A)가 자회사(C)로 하여금 인수대상회사(B)와 주식의 포괄적 교환을 하면서 그 대가로 B의 주주들에게 A의 주식을 지급하도록 하여 A ⇒ C ⇒ B로 순차적인 완전모자회사 관계가 성립(1단계)하고, B가 C를 흡수합병(2단계)하는 절차를 거침으로써 **역삼각합병**이 가능하게 되었다. 이로써 A는 B가 보유한 인허가, 중요 라이센스 또는 계약관계 및 재산 등에 대한 명의를 그대로 유지하고 B를 인수하는 효과를 거둘 수 있게 된다. 역삼각합병은 제1단계는 삼각주식교환, 제2단계는 역흡수합병의 형태를 밟는 순서로 성사된다.

⑤ 각 회사에서 합병의 승인결의를 할 사원 또는 주주의 총회의 기일(제523조 제5호)

⑥ 합병을 할 날(제523조 제6호)

합병의 효력은 합병등기일에 발생하므로, 합병의 효력발생일이 아니다. 소멸회사 주주에게 주권을 발행하는 등의 실질적으로 합병을 위한 절차가 완료하는 날을 말한다.

⑦ 존속하는 회사가 합병으로 인하여 정관을 변경하기로 정한 때에는 그 규정(제523조 제7호)

⑧ 각 회사가 합병으로 이익배당을 할 때에는 그 한도액(제523조 제8호)

합병비율의 결정에 감안할 수 있도록 합병 이후의 이익배당에 대하여 기재하도록 한 것이다.

⑨ 합병으로 인하여 존속하는 회사에 취임할 이사와 감사 또는 감사위원회의 위원을 정한 때에는 그 성명 및 주민등록번호(제523조 제9호)

(2) 신설합병의 경우(제524조)

신설회사의 목적, 상호, 수권주식총수, 1주의 금액, 종류주식을 발행할 때에는 그 종류, 수와 본점소재지를 기재하여야 하며, 기타의 사항은 흡수합병과 같다.

---

5) 천경훈 외, 737면.

(3) 합병비율

1) 합병비율의 결정

합병비율은 합병에서 소멸회사의 주식 1주를 가지고 있는 주주에게 존속회사의 주식을 몇 주나 지급할 것인지를 정하는 교환비율을 말한다. 합병비율은 존속회사와 소멸회사의 주주들에게 합병의 대가라는 의미를 가지므로 합병의 가장 중요한 요소라고 할 수 있다. 그런데 합병비율이 지배주주의 이익을 도모하는 방향으로 정하여질 수 있는 우려도 있어,[6] 자본시장법 시행령 제176조의5 제1항은 **합병시 기업가치의 평가방법을 구체적으로 정하면서** 상장회사는 시장가격의 가중평균을 비상장회사는 자산가치와 수익가치의 가중평균을 이용하도록 정하고 있다. 이는 사실상 강제되고 있는데, 이를 준수하지 않을 경우 존속회사가 금융위원회에 제출하는 증권신고서를 자본시장법 제120조 제2항에 근거하여 수리하지 않기 때문이다. 판례는 자본시장법에 따라 합병비율을 정하였다면 그 산정이 허위자료나 터무니없는 추정에 근거하는 등과 같은 특별한 사정이 없는 한, 합병비율을 불공정하다고 볼 수 없다고 한다.[7]

2) 합병비율의 불공정에 대한 구제

주주는 주식매수청구권에 의하여 보호되므로 합병비율의 불공정이 합병무효의 원인이 되지 않는다는 견해도 있으나, 합병비율이 현저하게 불공정하다면 주주 등은 제529조의 합병무효의 소를 제기할 수 있다고 본다.[8] 그런데 신주발행의 무효원인은 거래의 안전을 고려하여 도저히 묵과할 수 없을 정도의 하자가 있는 경우에만 인정하는 것이 판례[9]의 태도이므로 발행가액의 불공정을 이유로 신주발행이 무효로 될 수 있을지는 의문이다. 이사는 회사에 대한 손해배상책임 등을 부담하게 된다.

Ⅲ. 합병의 절차

1. 합병계약서의 작성

법정사항을 기재한 합병계약서를 작성하여야 한다. 이 경우 존속회사와 신설회사가 주식회사인 경우에 당사회사의 일방 또는 쌍방이 합명회사나 합자회사이면 총사원의 동의를 얻어 합병계약서를 작성하여야 한다(제525조 제1항).

---

6) 하나의 지배주주가 경영하는 두 회사가 합병할 때, 일방 회사 측에 유리하게 합병비율이 정해지는 경우 다른 회사의 소수주주에게 불리하게 될 수 있다.
7) 대법원 2008.1.10. 선고 2007다64136 판결; 대법원 2009.4.23. 선고 2005다22701,22718 판결.
8) 대법원 2009.4.23. 선고 2005다22701,22718 판결.
9) 대법원 2004.6.25. 선고 2000다37326 판결.

2. 합병결의

(1) 합병결의방법

합병은 당사회사의 사원들의 이해관계에 중대한 영향을 미치는 사항이기 때문에 합병계약이 체결되면 내부적인 절차로서 각 당사회사의 합병결의가 있어야 한다. 즉 합명회사나 합자회사에서는 총사원의 동의를 요하고(제230조, 제269조), 주식회사에서는 출석한 주주의 의결권의 3분의 2 이상의 수와 발행주식총수의 3분의 1 이상의 수로(제522조 제3항), 유한회사에서는 총사원의 반수 이상이며 총사원의 의결권의 4분의 3 이상을 가지는 자의 동의로 한다(제598조). 합병결의는 합병의 필수불가결한 요건으로서 합병당사회사 중에서 일방의 회사에서 합병결의가 이루어지지 않거나 그것이 무효인 때에는 그 합병계약은 무효로 된다.

그러나 간이합병(제527조의2)과 소규모합병(제527조의3)에 해당하는 경우에는 주주총회의 승인을 이사회의 승인으로 갈음할 수 있다. 또한 주식회사의 경우 합병으로 인하여 어느 종류의 주주에게 손해를 미치게 되는 경우에는 그 종류 주주들의 종류주주총회의 결의를 얻어야 한다(제436조).

(2) 주식매수청구권

주식매수청구권자인 결의반대 주주는 총회의 결의일로부터 20일 이내에 주식의 종류와 수를 기재한 서면으로 회사에 대하여 자기가 소유하고 있는 주식의 매수를 청구할 수 있는데(제522조의3 제1항 후단, 제530조의11 제2항), 이러한 이사회 결의에 대한 사후반대통지와 매수청구의 2단계의 의사표시는 동일인에 의하여 이루어져야 한다. 따라서 매수청구권자가 사후반대통지 후 그 소유주식을 양도한 경우에는 그 양수인은 매수청구권까지 양도받은 것이 아니라고 해석되므로 매수청구를 할 수 없다고 본다.

간이합병의 경우에는 소멸회사가 주주총회의 승인을 얻지 아니하고 합병한다는 뜻을 공고하거나 주주에게 통지한 날로부터 2주 내에 회사에 대하여 서면으로 합병에 반대하는 의사를 통지한 주주는 그 기간이 경과한 날부터 20일 이내에 주식매수청구권을 행사한다(제522조의3 제2항 후단). 그런데 상법은 **소규모합병**에 대하여는 주식매수청구권을 인정하지 않고 있다(제527조의3 제5항).

(3) 간이합병과 소규모합병

흡수합병에서만 인정되는 것으로, 합병절차를 간소화하기 위하여 주주총회의 특별승인이라는 절차에 예외를 인정한 경우이다.

1) 간이합병
① 의 의
합병할 회사의 일방이 합병후 존속하는 경우 합병으로 인하여 (i) 소멸회사의 총주주의 동의가 있거나, (ii) 존속회사가 소멸회사의 발행주식총수의 100분의 90 이상을 이미 소유하고 있는 때에는 **소멸회사의 주주총회의 승인결의 없이** 이사회의 승인으로 갈음할 수 있는데 이러한 합병을 간이합병이라 한다(제527조의2). 간이합병의 경우는 소멸회사가 주주총회를 개최하여도 그 동의가 예정된 경우라 하겠다. 간이합병절차는 흡수합병시의 소멸회사에만 적용되는 것이므로, 신설합병에서는 이용할 수 없다. 또한 흡수합병을 하더라도 존속회사에는 적용할 수 없어, 간이합병의 경우 존속회사 주주총회의 결의는 필요하다.

② 주식매수청구권의 인정
그런데 **간이합병에서는 소멸회사의 반대주주에게 주식매수청구권이 인정된다. 또한 존속회사의 입장에서 보면 간이합병은 합병절차에서 아무런 차이가 없다.** 존속회사의 입장으로서는 합병을 할 유인이 별로 없다.

2) 소규모합병
① 의의와 절차
합병후 존속하는 회사가 합병으로 인하여 발행하는 신주 및 이전하는 자기주식의 총수가 그 회사의 발행주식총수의 **100분의 10**[10]을 초과하지 아니하는 때에는 그 존속하는 회사의 주주총회의 승인은 이를 이사회의 승인으로 갈음할 수 있고 이러한 합병을 소규모합병이라 한다(제527조의3 제1항 본문). 그 적용요건이 흡수합병을 하는 경우 존속회사에 관해서만 인정됨을 유의하여야 한다. 즉 **존속회사의 주주총회의 승인절차를 없앴다.** 일반적인 영업활동의 규모에 지나지 않는 자산취득의 규모 정도로 보아 주주총회의 특별결의를 거치도록 하는 것은 비경제적이라는 지적하에 기업구조조정을 용이하게 하기 위한 것이다.

소규모합병을 하는 경우 존속하는 회사의 합병계약서에는 주주총회의 승인을 얻지 아니하고 합병을 한다는 뜻을 기재하여야 한다(제527조의3 제2항). 또한 존속회사는 합병계약서를 작성한 날부터 2주 내에 소멸하는 회사의 상호 및 본점의 소재지, 합병을 할 날, 주주총회의 승인을 얻지 아니하고 합병을 한다는 뜻을 공고하거나 주주에게 통지하여야 한다(제527조의3 제3항). 명문 규정은 없으나 주주보호를 위하여 이 공고와 통지에는 합병계약의 내용을 기재하여야 한다고 해석함이 옳다.

② 소규모합병의 제한
다음과 같은 경우 상법상 소규모합병이 제한된다. (i) 합병교부금의 총액 또는 합병으로 인하여 제공하는 재산의 가액이 존속회사 순자산액의 5%를 초과하면 소규모합병을 할 수

---

[10] 2011년 개정법은 과거 100분의 5를 100분의 10으로 확대하고 있다.

없다(제527조의3 제1항 단서). 합병교부금을 지급하는 방법으로 합병신주를 줄이는 것을 막기 위한 규정이다. (ii) 존속회사의 20% 이상의 주식을 소유한 주주가 서면으로 합병에 반대하는 의사를 통지하면 주주총회의 승인결의를 생략할 수 없다(제527조의3 제4항). 소규모합병의 경우 주주총회결의가 필요없는 것으로 한 이유는 주주의 이해관계에 영향을 미치지 않는다는 것이었으나, **상당수 주주가 반대한다면 소규모합병을 할 수 없는 것으로 제한**하였다. 그리고 주주에게 반대할 기회를 부여하여야 하므로 존속회사는 주주에게 합병의 내용을 통지하여야 한다(제527조의3 제3항).

③ 문제점과 개정

과거 소규모합병은 합병으로 인하여 발행하는 '신주'만 포함시켰고 '자기주식'을 배제시키고 있었던 결과 주주의 보호라는 측면에서 일부 비판이 있었다. 과거 판례[11]가 합병대가로 지급하는 존속회사의 자기주식은 제527조의3 제1항에서 말하는 합병신주에 포함되지 않는다고 하여, 존속회사가 보유하던 자기주식을 소멸회사에 합병대가로 지급하게 되는 경우 소멸회사가 소규모가 아닌 경우에도 소규모합병이 허용된다는 문제점이 있었다. 이를 2015년 개정에서 자기주식을 포함시킴에 의하여 입법적으로 해결하였다.

④ 주식매수청구권의 부정

소규모합병에서는 존속회사 주주총회의 필요성이 부정되고 반대주주의 주식매수청구권도 인정하지 않는다(제527조의3 제5항). 존속회사의 입장으로 보아서는 합병의 규모가 너무 작아 주주의 이해관계에 영향을 주지 않는다는 이유에서 주식매수청구권을 인정하지 않는 것이고, 이는 소규모합병을 선호하는 요인이 된다. 그런데 간이합병과 비교하여 균형이 맞지 않아 재고가 필요하다.

3. 회사채권자의 보호

합병은 존속회사와 소멸회사의 채권자의 이해관계에 영향을 미친다. 간이합병·소규모합병의 경우에도 채권자보호의 필요성은 동일하기 때문에 제527조의5 제2항에 따라 이사회의 승인결의 이후 2주 이내에 채권자보호절차를 거쳐야 한다.

(1) 합병결의 전의 절차(물적회사의 합병결의서 등의 공시)

합병당사회사의 재산상태는 당사회사의 채권자에 중대한 영향을 미치므로 상법은 그 보호를 위한 특별한 절차를 요구하고 있다. 합병당사회사가 주식회사 또는 유한회사인 경우에는 이사는 합병결의를 위한 주주총회 또는 사원총회 회일의 2주 전부터 합병을 한 날 이후 6개월이 경과하는 날까지 합병계약서 등의 서류를 본점에 비치하고, 주주 및 회사채권자가 이를 열람하거나 등본·초본의 교부청구를 할 수 있도록 하여야 한다(제522조의2,

---

11) 대법원 2004.12.9. 선고 2003다69355 판결.

제603조).

(2) 합병결의 후의 절차(채권자 이의를 위한 조치)

합병결의 후의 절차로서 회사채권자의 이의를 위한 조치는 합병당사회사가 어떤 회사이든지 적용되는데, 회사는 합병결의가 있은 날로부터 2주간 내에 회사채권자에 대하여 합병에 이의가 있으면 1월 이상의 기간을 정하여 이 기간 내에 이를 제출할 것을 공고하고, 알고 있는 채권자에 대하여는 개별적으로 이를 최고하여야 한다. 채권자가 위의 기간 내에 이의를 제출하지 아니한 때에는 합병을 승인한 것으로 보고, 이의를 제출한 채권자가 있는 때에는 회사는 그 채권자에 대하여 변제 또는 상당한 담보를 제공하거나 이를 목적으로 하여 상당한 재산을 신탁회사에 신탁하여야 한다(제232조, 제269조, 제527조의5, 제603조).

4. 그 밖의 절차

(1) 신설합병

신설합병의 경우에 합병결의와 동일한 방법으로 당사회사가 설립위원을 선임하며(제175조 제2항), 이 설립위원이 공동으로 정관의 작성 기타 설립에 관한 행위를 한다(제175조 제1항). 공동으로 한다는 것은 설립위원 전원의 승인이 있어야 한다는 뜻이다. 설립위원의 선임은 합명회사와 합자회사에 있어서는 총사원의 동의, 주식회사와 유한회사에 있어서는 주주총회 또는 사원총회의 특별결의로써 한다(제175조 제2항, 제230조, 제269조, 제434조, 제585조).

(2) 존속 또는 신설회사가 물적회사

합병의 형식적 절차로서 존속회사 또는 신설회사가 주식회사 또는 유한회사인 경우에는 각각 보고총회(흡수합병의 경우) 또는 창립총회(신설합병의 경우)를 소집하여야 한다(제526조, 제527조, 제603조).

(3) 주식회사 상호간 합병

주식회사 상호간에 합병하는 경우에 회사의 재산상태에 차이가 있어서 해산회사의 주식 1주에 대하여 존속회사 또는 신설회사의 신주 1주를 배정할 수 없는 때에는 동수의 주식을 배정할 수 있도록 미리 해산회사가 자본금감소의 경우의 주식병합절차를 밟아야 한다(제530조 제3항, 제440조~제443조).

5. 등   기

합병절차가 끝난 때에는 본점의 소재지에서는 2주간 내에, 지점의 소재지에는 3주간 내

에, 존속회사에서는 변경등기, 소멸회사에서는 해산등기, 신설회사에서는 설립등기를 하여
야 한다(제233조, 제269조, 제528조 제1항, 제602조). 이 **합병등기는 합병의 효력발생요건**이다
(제234조, 제269조, 제530조 제2항, 제603조). 또 존속회사 또는 신설회사가 합병으로 인하여
전환사채 또는 신주인수권부사채를 승계한 때에는 합병의 등기와 함께 그 사채의 등기도
하여야 한다(제528조 제2항).

Ⅳ. 합병의 효과

1. 회사의 소멸과 신설

흡수합병의 경우에는 일부의 회사, 신설합병의 경우에는 전부의 회사가 해산한다(제227
조 제4호, 제269호, 제517조 제1호, 제609조 제1항 제1호). 그리고 합병에 의한 해산의 경우에는
청산절차를 거치지 않고 당연히 소멸한다. 흡수합병의 경우 다만 존속회사의 정관의 변경
을 가져오지만 **신설합병**의 경우에는 신회사가 설립된다. 그리고 해산회사의 사원은 원칙적
으로 전부 존속회사 또는 신설회사에 수용된다.

2. 권리의무의 포괄적 이전

합병에 의하여 존속회사 또는 신설회사는 해산회사의 권리의무를 포괄적으로 승계한다
(제235조, 제269조, 제530조 제2항, 제603조). 이는 상속의 경우와 같은 포괄승계로서 개개의
권리의무에 대하여 개별적인 이전방법을 취할 필요는 없다. 이 점이 영업양도의 경우와 다
른 점이다. 공법상의 권리의무에 대하여도 판례는 그 성질상 이전이 허용되지 않는 것을
제외하고는 모두 합병으로 인하여 존속한 회사에 승계되는 것으로 본다.[12] 이 경우 '성질
상 이전이 허용되지 않는 것'의 해석이 중요한 의미가 있고 이 사건에서 대법원은 그 승
계범위를 넓게 풀이하였다. 그러나 넓게 확장한 최신 판례는 과거의 판례들과 배치되기도
한다. 과거 판례 중에는 양벌규정에 따라 법인에 부과되는 벌금형을 합병 후 존속회사에
부과할 수는 없다고 본 것[13]이 있고, 또한 "분할하는 회사의 분할 전 법 위반행위를 이유
로 과징금이 부과되기 전까지는 단순한 사실행위만 존재할 뿐 그 과징금과 관련하여 분할
하는 회사에게 승계의 대상이 되는 어떠한 의무가 있다고 할 수 없고, 특별한 규정이 없
는 한 신설회사에 대하여 분할하는 회사의 분할 전 법 위반행위를 이유로 과징금을 부과
하는 것은 허용되지 않는다"고 한 것[14]도 있다.

---

12) 대법원 2022.5.12. 선고 2022두31433 판결; 대법원 2004.7.8. 선고 2002두1946 판결 등.
13) 대법원 2007.8.23. 선고 2005도4471 판결.
14) 대법원 2007.11.29. 선고 2006두18928 판결; 대법원 2009.6.25. 선고 2008두17035 판결.

3. 사원의 수용

합병에 의하여 소멸회사의 사원은 신설회사의 사원이 된다. 그러나 경우에 따라서는 사원의 일부만을 수용할 수도 있으나, 사원의 일부도 수용하지 않는 것은 합병으로 볼 수 없다.[15]

4. 임원의 임기

흡수합병의 경우 존속회사의 이사나 감사로서 합병 전에 취임한 자는 합병계약에 다른 정함이 있는 경우를 제외하고는 합병 후 최초로 도래하는 결산기의 정기총회가 종료한 때에 퇴임한다(제527조의4 제1항). 존속회사의 이사와 감사는 잔여임기에 불구하고 퇴임하도록 하여 새로운 주주들로 하여금 기관구성을 할 수 있는 기회를 부여하였다.

V. 합병의 무효

1. 서   설

합병이 법정요건을 충족하지 아니한 경우에는 합병은 무효가 될 것이지만 이를 민법의 일반원칙에 맡기는 것은 법률관계의 안정을 해하고 부당한 결과를 초래할 수 있다. 그러므로 상법은 법률관계의 획일적 처리와 표현적 사실존중의 필요상 회사설립의 무효와 마찬가지로 신중한 입장을 취하고 있다.

2. 합병무효의 원인

합병무효의 원인에 관하여는 직접적인 아무런 규정이 없으나 ① 합병계약서를 작성하지 않거나 합병계약서에 법정기재사항(제523조, 제524조)을 기재하지 않은 때, ② 합병에 관한 제한규정을 위반한 때(제174조 제2항, 제600조 제1항·2항), ③ 합병의 승인결의에 무효 또는 취소의 원인이 있는 때, ④ 보고총회 또는 창립총회의 소집이 없거나 소집과 결의에 하자가 있는 때, ⑤ 당사회사·존속회사·신설회사가 합병의 적격성을 결여한 때, ⑥ 채권자보호절차를 밟지 않은 때, ⑦ 종류주주총회가 없는 때, ⑧ 파산한 회사가 존립 중의 회사로

---

15) 대법원 2003.2.11. 선고 2001다14351 판결(회사의 합병이라 함은 두 개 이상의 회사가 계약에 의하여 신회사를 설립하거나 또는 그중의 한 회사가 다른 회사를 흡수하고, 소멸회사의 재산과 사원(주주)이 신설회사 또는 존속회사에 법정 절차에 따라 이전·수용되는 효과를 가져오는 것으로서, 소멸회사의 사원(주주)은 합병에 의하여 1주 미만의 단주만을 취득하게 되는 경우나 혹은 합병에 반대한 주주로서의 주식매수청구권을 행사하는 경우 등과 같은 특별한 경우를 제외하고는 원칙적으로 합병계약상의 합병비율과 배정방식에 따라 존속회사 또는 신설회사의 사원권(주주권)을 취득하여, 존속회사 또는 신설회사의 사원(주주)이 된다).

흡수합병된 때, ⑨ 신설합병의 경우에 설립위원에 의한 정관의 작성이 없을 때, ⑩ 합병에 필요한 인가 또는 허가를 밟지 않은 때, ⑪ 그 밖에 합병의 절차가 강행규정 또는 합병의 본질에 위반한 경우 등을 예로 들 수는 있다.[16)]

그런데 **합병비율의 현저한 불공정**이 합병무효의 원인이 되는 것인지에 대하여는 최근 판례가 있다. 판례는 합병비율은 주주에게 있어 합병의 대가를 의미하는 것으로 주주의 이해관계에 중대한 영향을 미치는 것이고, 합병결의에서는 다수결의 원리가 적용되므로 소액주주의 권리보호를 위하여는 이를 무효원인으로 인정할 필요가 있다는 점 등에서 무효원인이 된다고 본다.[17)]

3. 합병무효의 소

합병무효의 주장은 합병무효의 소만으로 할 수 있으며(제236조, 제269조, 제529조, 제603조), 이것은 형성의 소이다. 합병으로 인하여 각종 단체법상의 효과가 발생하여 다수의 이해관계인이 생기므로 개별적인 무효주장을 허용한다면 단체법률관계의 안정에 저해가 되기 때문이다.

(1) 소의 당사자

무효의 소를 제기할 수 있는 자는 합명회사 또는 합자회사에서는 각 회사의 사원 · 청산인 · 파산관재인 또는 합병불승인의 채권자에 한하지만(제236조, 제269조), 주식회사 또는 유한회사에서는 각 회사의 주주 또는 사원 · 이사 · 감사 · 청산인 · 파산관재인 또는 합병불승인의 채권자에 한한다(제529조, 제603조). ① 각 회사라 함은 존속회사 또는 신설회사만을 가리킨다는 주장이 있고, 그 이유는 합병무효의 소는 존속회사 또는 신설회사를 피고로 하는 소송이며 합병무효판결에는 소급효가 인정되지 않으므로 소멸회사의 사원 또는 주주 등을 원고로 보는 것은 타당하지 않기 때문이라고 본다. ② 그러나 소멸회사를 포함하지 않는다고 보면 상법이 제소권자로서 청산인과 파산관재인 및 합병을 승인하지 아니한 채권자를 포함시킨 이유를 설명할 수 없기 때문에 **각 회사의 범위에는 존속회사 · 신설회사는 물론 소멸회사도 포함**된다고 볼 것이다.

또한 주식매수청구권을 행사하고 그 대금까지 취득하여 주주의 지위를 상실한 자도 소

---

16) 법학전문대학원 상법교수 15인, 상법판례백선, 제6판, 법문사, 2018, 762면.
17) 대법원 2008.1.10. 선고 2007다64136 판결(합병비율을 정하는 것은 합병계약의 가장 중요한 내용이고, 그 합병비율은 합병할 각 회사의 재산 상태와 그에 따른 주식의 실제적 가치에 비추어 공정하게 정함이 원칙이며, 만일 그 비율이 합병할 각 회사의 일방에게 불리하게 정해진 경우에는 그 회사의 주주가 합병 전 회사의 재산에 대하여 가지고 있던 지분비율을 합병 후에 유지할 수 없게 됨으로써 실질적으로 주식의 일부를 상실케 되는 결과를 초래하므로, 현저하게 불공정한 합병비율을 정한 합병계약은 사법관계를 지배하는 신의성실의 원칙이나 공평의 원칙 등에 비추어 무효이고, 따라서 합병비율이 현저하게 불공정한 경우 합병할 각 회사의 주주 등은 상법 제529조에 의하여 소로써 합병의 무효를 구할 수 있다).

를 제기할 수 있을까? 소멸회사의 주주였던 자도 제소권이 있는 것으로 보는 한 **주식매수 청구권을 행사한 주주도 소를 제기할 수 있다**고 보아야 한다.

(2) 절 차

합병무효의 소는 일반 회사법상의 소와 동일하다. 먼저 합병무효의 소는 합병등기를 한 날로부터 6월 내로 제소기간을 한정하고 있다(제236조 제2항, 제269조, 제529조 제2항, 제603조). 회사채권자의 보호조치로서 합병을 승인하지 않은 회사채권자가 채권자보호절차의 흠결이나 하자를 이유로 소를 제기한 때에는 회사는 회사채권자가 악의임을 소명하고 법원에 대하여 상당한 담보의 제공을 명할 것을 청구할 수 있다(제237조, 제176조 제3항·4항, 제269조, 제530조 제2항, 제603조). 합병무효의 소가 제기된 때에는 회사는 지체 없이 공고하여야 하며 수개의 소가 제기된 때에는 법원을 이를 병합심리하여야 한다(제240조, 제187조, 제188조, 제269조, 제530조 제2항, 제603조). 합병무효의 소는 본점소재지의 지방법원의 전속관할에 속한다(제240조, 제186조, 제269조, 제530조 제2항, 제603조).

회사합병무효의 소에 있어서는 청구인락이 허용되지 아니한다. 판례는 청구인락은 당사자의 자유로운 처분이 허용되는 권리에 관하여만 허용되는 것이기 때문에 법률상 인정되지 아니하는 권리관계를 대상으로 하는 청구인락은 효력이 없다고 본다.[18]

(3) 법원에 의한 재량기각

합병무효의 소가 심리 중에 원인이 된 하자가 보완되고 회사의 현황과 제반사정을 참작하여 합병을 무효로 하는 것이 부적당하다고 인정한 때에는 법원은 그 청구를 기각할 수 있다(제240조, 제189조, 제269조, 제530조 제2항, 제603조).

(4) 합병무효의 소와 합병승인결의 하자의 소와의 관계

회사합병에 있어서 합병등기에 의하여 합병의 효력이 발생한 후에는 합병무효의 소를 제기하는 외에 합병결의무효확인만을 독립된 소로서 구할 수 없다.[19] 결의하자를 다투는 소송은 합병무효의 소에 흡수되기 때문이다. 만약 합병승인결의 하자를 다투는 소송의 도중에 합병등기가 완료되면 민사소송법 제262조에 의하여 합병무효의 소로 변경할 수 있겠다.[20]

4. 합병무효판결

(1) 원고승소의 경우 – 대세적 효력과 불소급효

합병무효의 판결이 확정된 때에는 본점과 지점의 소재지에서 존속회사에 있어서는 변

---

18) 대법원 1993.5.27. 선고 92누14908 판결.
19) 대법원 1993.5.27. 선고 92누14908 판결.
20) 권기범, 121면; 정동윤, 589면.

경의 등기, 신설회사에 있어서는 해산의 등기, 소멸회사에 있어서는 회복의 등기를 하여야한다(제238조, 제269조, 제530조 제2항, 제603조). 합병무효의 판결은 당사자 이외의 제3자에게도 그 효력이 있고(대세적 효력), 그 판결은 합병 후의 존속회사 또는 신설회사, 그 사원과제3자 사이에 생긴 권리의무에는 영향을 미치지 아니한다(제240조, 제190조, 제269조, 제530조제2항, 제603조).

합병 후 존속회사나 신설회사가 부담한 채무에 대하여는 **연대책임**을 지며, 반면 **합병후 취득한 재산은 공유로 간주**한다(제239조 제1항 및 제2항, 제269조, 제530조 제2항, 제603조). 각 회사의 협의로 그 부담부분 및 지분을 정하지 못한 때에는 청구에 의하여 법원이 정하고, 이때 합병 당시의 각 회사의 재산상태 기타의 사정을 참작하여 정한다(제239조 제3항, 제269조, 제530조 제2항, 제603조).

(2) 원고패소의 경우

합병무효의 소에서 원고가 패소한 경우에는 판결의 효력은 일반원칙에 따라 소송당사자 사이에만 미친다. 패소한 원고에게 악의 또는 중대한 과실이 있는 때에는 회사에 연대하여 손해를 배상할 책임이 있다(제240조, 제191조, 제269조, 제530조 제2항, 제603조).

제 3 절   회사의 분할

I. 서   언

1. 의   의

회사분할이란 하나의 회사가 둘 이상의 회사로 나누어져 분할전 회사의 권리의무가분할 후 회사에 포괄승계되고 원칙적으로 분할전 회사의 사원이 분할후 회사의 사원이되는 회사법상의 법률요건을 말한다.[21] 상법은 **주식회사**에 대하여만 회사분할제도를 도입하였다(제530조의2 이하). 분할회사는 물론 분할후의 단순분할신설회사도 주식회사이어야 하며, 분할합병 경우의 상대방회사도 주식회사라야 한다. 따라서 주식회사를 분할하여 유한회사를 설립하거나 분할후 존속중의 유한회사 또는 합명회사 등의 인적회사와 합병할 수는 없다.

2015년 개정에 의하여 분할(분할합병)제도에 관한 정비가 있었다. 회사의 분할시 분할하는 해당 회사를 **분할회사**로, 단순분할을 통하여 새로 설립되는 회사를 **단순분할신설회사**로, 분할흡수합병의 존속회사를 **분할승계회사**로, 분할신설합병으로 새로 설립되는 회사를

---

21) 정찬형, 502면.

분할합병신설회사로 용어를 명확하게 정비하고, **분할시 자기주식의 이전을 허용**하였다. 또한 상법은 분할합병시 분할회사의 상대방이 되는 회사를 '분할합병의 상대방 회사'라는 용어를 사용한다.

2. 분할의 성질

(i) 회사분할은 합병의 반대현상이고, 원칙적으로 분할전 회사의 사원이 분할후 회사의 사원이 되는 것이고 물적분할은 예외적인 현상이라는 점에서 회사분할을 **인격의 분할**로 보는 설,[22] (ii) 회사분할은 회사의 영업을 분리하여 그 주체인 법인격을 달리하는 동시에 분할되는 영업에 상응하여 회사의 주식소유관계를 분리하는 **단체법적 법률사실**이라고 설명하는 견해,[23] (iii) 인적분할은 주주에 의한 현물출자이고 물적분할은 회사에 의한 현물출자라는 **현물출자**로 보는 견해[24]도 있다.

그런데 **분할은 합병과는 다르다.** 합병의 경우 인격의 합일로 권리의무의 포괄적 승계를 설명할 수 있으나, 분할의 경우에는 계약서 또는 계획서에서 정하는 바에 따라 승계되는 것으로(제530조의11) 인격의 분할로 설명할 수 없다. 특히 물적분할의 경우에는 현물출자와 대단히 유사하다. 이런 점들을 감안한다면 특별한 단체법적 법률사실로 이해하는 것이 타당하다.

3. 회사분할의 자유와 제한

주식회사는 원칙적으로 자유롭게 분할할 수 있다(제530조의2 제1항 내지 제3항). 다만 해산 후의 회사는 존립 중의 회사를 존속하는 회사로 하거나 새로 회사를 설립하는 경우에 한하여 분할 또는 분할합병할 수 있다(제530조의2 제4항).

Ⅱ. 상법상의 유형

1. 단순분할과 분할합병

상법은 기본적으로 다음과 같이 두 가지 유형으로 나누고 있다.

(1) 단순분할

회사는 분할에 의하여 1개 또는 수개의 회사를 설립할 수 있다(제530조의2 제1항). 단순분할에는 분할회사가 소멸하는 형태의 **소멸분할**(완전분할)과, 분할회사가 존속하는 형태의

---

22) 정찬형, 508면; 최준선, 721면.
23) 이철송, 1073면; 최기원, 1161면.
24) 정동윤, 967면.

존속분할(불완전분할)이 있다. 예컨대 甲회사(예, 생산부와 판매부를 경영)가 분할하여 乙회사(판매부)를 신설하는 경우이며, 甲회사(분할회사)는 존속하는 경우가 있고(존속분할) 해산하는 경우가 있다(소멸분할). 후자의 경우에는 甲회사는 乙회사 이외에 丙회사(생산부)를 신설하고 완전분할하되 청산절차를 밟지 않는다. 이상의 분할 후의 乙 또는 丙회사의 주식은 甲회사의 주주에게 그 지주수에 비례하여 배정된다. 위 경우 甲회사는 **분할회사**, 乙회사는 **단순분할신설회사**이다.

(2) 분할합병

회사는 분할에 의하여 1개 또는 수개의 존립 중의 회사와 합병할 수 있고 이를 분할합병이라 한다(제530조의2 제2항). 분할합병은 분할회사가 분할하면서 동시에 다른 회사와 합병하는 것을 말한다. 예컨대 甲회사가 분할하여 그 분할부문(예, 영업부)이 기존회사인 乙회사(판매회사)와 결합(합병)하는 경우이다. 甲회사는 존속하는 경우가 있고(존속분할합병), 해산하고 나머지 영업을 기존 丙회사와 합병(출자)하는 경우도 있다(소멸분할합병). 이상에서 乙회사 및 丙회사는 각각 甲회사로부터 넘겨받은 영업재산에 해당하는 신주를 발행하여(자본금증가) 甲회사의 주주에게 교부하게 된다. 甲회사는 존속하는 경우(존속분할합병)에는 분리된 부분만큼의 자본금감소를 하게 되고, 해산하는 경우에는 청산을 하지 않으며 이 부분은 앞의 소멸분할의 경우와 동일하다. 위 경우 甲회사는 **분할회사**, 乙회사는 **분할승계회사**, 丙회사는 **분할합병신설회사**이다.

(3) 단순분할과 분할합병의 병용

회사는 분할에 의하여 1개 또는 수개의 회사를 설립함과 동시에 분할합병할 수 있다(제530조의2 제3항). 상법은 단순분할과 분할합병을 결합하여 행사할 수도 있음을 규정하고 있다.

(4) 삼각조직재편과 삼각분할합병(제530조의6)

우리 상법상 삼각조직재편제도로는 삼각합병, 삼각주식교환, 삼각분할합병의 3종류가 규정되어 있다. 삼각합병은 2011년 개정상법 제523조 제4호에서, 삼각주식교환과 삼각분할합병은 2015년 개정상법 제360조의3 제3항 제4호와 제530조의6 제1항 제4호와 제4항에서 새로 규정되었다. 2011년 개정으로 합병에서는 삼각합병을 도입하였으나, 분할합병은 합병과 달리 취급할 이유가 없음에도 삼각분할합병을 도입하지 않은 것은 균형이 맞지 않는다는 비판이 있었다. 이에 2015년 개정에 의하여 분할합병시 분할회사의 주주에게 분할승계회사의 모회사 주식을 지급할 수 있도록 자회사의 모회사 주식 취득금지에 관한 예외 조항을 신설하여 삼각분할합병을 도입하였다. 분할회사의 주주에게 제공하는 재산이 분할승계회사의 모회사 주식을 포함하는 경우에는 분할승계회사는 그 지급을 위하여 모회사주식을 취득할 수 있다고 규정한 것이다(제530조의6 제4항).[25] **삼각분할합병**이란 회사분할의 대가로 분할승계회사의 주식을 분할회사에게 교부하는 분할합병과 달리 자회사가 분할승계회사로 분할회사의 일부 사업 부문만 합병하고 그 대가로 모회사의 주식을 분할회사에게 교부하는 방식으로, 이때 자회사는 분할승계회사로서 존속한다. 삼각분할합병은 인수하고 싶은 사업부문만 인수 대상 회사에서 떼어내 자회사와 합병하고 대가로 모회사 주식을 지급하는 방식이다.

삼각주식교환은 인수 대상회사(B)를 손자회사로 편입하고 모회사(A) 주식을 인수 대상회사 주주에게 대가로 준다(제360조의3 제3항 제4호). 여기까지는 삼각합병과 같다. 삼각주식교환을 한 이후 그 다음 단계로 자회사(C)가 대상회사(B)를 흡수하지 않고 거꾸로 대상회사에 흡수(역합병)되면 대상회사(B)가 그대로 존속하는 역삼각합병이 된다. 역삼각합병은 일반적인 삼각합병과는 달리 인수대상회사(B)가 존속하고, 모회사(A)의 자회사가 되며, 대상회사(B)의 사회적 가치 등을 그래도 누릴 수 있는 장점이 있다.

2. 인적분할과 물적분할

회사분할로 인하여 발행하는 **신주를 누구에게 교부하는가**에 따라 인적분할과 물적분할로 나뉜다. 분할 후의 신설회사나 합병회사가 회사분할로 인하여 발행하는 신주는 분할회사의 주주에게 귀속되는 것이 원칙이지만, 예외적으로 분할회사가 스스로 이를 취득하는 경우가 있고 이를 물적분할이라 한다. 우리 상법도 물적분할을 인정하고 규정한다(제530조의12). **물적분할**(物的分割)**을 하면 분할회사의 주주는 신설회사나 합병상대방회사의 주식을 소유하지 않고 분할회사가 신설회사나 합병회사의 주식을 소유하게 된다.**

통상 물적분할은 단순분할의 형태로 이루어진다. 단순분할 형태의 물적분할에서는 주주 변화 없이 회사재산만 자회사로 분리되고, 영업을 현물출자하여 자회사를 설립하는 것과 유사하지만, 물적분할은 영업이 포괄적으로 승계된다는 점이 다르다.

3. 간이분할과 소규모분할

분할회사의 주주총회의 승인결의를 요하지 않는 경우를 '간이분할'이라 하고(제530조의11 제2항, 제527조의2), 분할 후 합병회사(분할승계회사 또는 분할합병신설회사)의 주주총회의 승인결의를 요하지 않는 경우를 '소규모분할'이라 한다(제530조의11 제2항, 제527조의3).

---

25) 법에 따르면 분할합병의 경우 계약서의 기재사항으로 "분할합병의 상대방 회사가 분할합병을 함에 있어서 발행하는 신주의 총수, 종류 및 종류별 주식의 수"를 기재할 것을 요구함으로써 분할합병의 승계회사가 그 회사의 주식이 아니라 모회사의 주식을 분할합병의 대가로 교부할 수 없었다.

Ⅲ. 회사분할·분합합병의 절차

1. 분할계획서·분할합병계약서의 작성

(1) 분할계획서

단순분할의 경우에는 분할회사가 소정의 사항을 기재한 분할계획서를 작성하여야 한다 (제530조의5). 분할계획서는 단순분할신설회사(분할에 의하여 설립되는 회사)[26]에 관한 사항 (제530조의5 제1항)과 분할회사에 관한 사항(제530조의5 제2항)을 기재한 것의 두 가지가 있다. 분할계획서에는 절대적 기재사항이 대부분이지만, 상대적 기재사항도 있다(제530조의5 제1항 제5호의 분할교부금에 관한 사항). 또 동일 호에 속하는 사항에도 절대적 기재사항과 상대적 기재사항인 것도 있다. 예컨대 제530조의5 제1항 제4호의 내용 중 전단부분인 주식배정에 관한 부분은 절대적 기재사항이고, 후단부분인 주식병합 또는 주식분할에 관한 부분은 병합 또는 분할을 하는 경우에만 기재하는 것이므로 상대적 기재사항에 속하는 것이다.

(2) 분할합병계약서

분할합병의 경우에는 분할합병계약서를 작성하되 다음의 몇 가지로 분류된다. 예컨대 甲회사가 분할하여 그 분리된 부분(영업)과 기존회사인 乙회사와 합병하는 경우의 (i) 합병회사인 乙회사에 관한 사항을 기재한 분할합병계약서(제530조의6 제1항), (ii) 분할회사인 甲회사에 관한 사항(자본금감소)을 기재한 분할합병계약서(제530조의6 제3항) 및 (iii) 甲회사와 乙회사가 분할하여 丙회사(공동자회사)를 설립하는 경우의 丙회사의 설립에 관한 사항을 기재한 분할합병계약서(제530조의6 제2항)가 그것이다.

2015년 개정에 의하여 다음의 변화가 있었다. (i) **분할합병의 대가를 유연화**하였다. 분할합병의 상대방 회사로서 존속하는 회사가 분할회사의 주주에게 분할합병의 **대가의 전부 또는 일부에 대하여 금전이나 그 밖의 재산**을 제공할 수 있도록 허용한 것이다(제530조의6 제1항 제4호). 2011년 개정 당시 흡수합병의 경우 합병교부금 지급을 인정하면서 분할합병에는 이러한 규정을 두지 않아 그 해석상 분할의 대가로 지급되는 분할교부금은 허용되지 않는 것으로 이해되고 있었다. 그러나 교부금합병의 취지가 기업 조직 재편의 유연화에 있고, 분할합병이 부분 합병이라는 점을 고려하면 교부금분할 또한 허용되어야 하고, 교부금합병을 허용하면서 교부금분할합병을 허용하지 않는 것은 균형을 잃은 입법이라는 비판이 있었다. 개정에 의하여 명문으로 교부금분할합병을 허용한 것이다.

---

26) 2015년 개정에 의하여 '단순분할신설회사'로 용어를 정리하였다.

(ii) **무증자분할합병의 명시적 허용**이다. 구법상으로도 분할신주의 발행 없는 무증자 분할합병이 가능한지에 대해서도 기존 승계회사가 분할신주의 배정에 충분한 자기주식을 보유하고 있는 때에는 분할신주의 발행이 불필요하고 이에 따라 자본금증가도 없는 무증자 흡수분할합병이 가능하다고 보고 있었으나, 자기주식을 규정함으로써 명확히 하였다(제 530조의7 제1항 제4호 등).

2. 주주총회의 승인

(1) 주주총회의 특별결의

회사의 분할 또는 분할합병을 하는 때에는 분할계획서 또는 분할합병계약서를 작성하여 주주총회의 특별결의에 의한 승인을 얻어야 한다(제530조의3 제1항, 제2항). 이러한 주주총회 소집의 통지와 공고에는 분할계획 또는 분할합병계약의 요령을 기재하여야 한다(제530조의3 제4항). 이 경우의 결의에 관하여는 제344조의3 제1항에 따라 의결권이 배제되는 주주도 의결권이 있다(제530조의3 제3항). 합병에서는 의결권 없는 주식을 가진 주주는 의결권을 행사하지 못하는 것과는 구별된다.

(2) 예 외

상법은 분할합병의 경우 합병에서의 간이분할합병(제527조의2)과 소규모분할합병(제527조의3)을 인정하고 있다. 따라서 ① **간이분할합병**의 경우, 합병으로 인하여 소멸하는 회사의 총주주의 동의가 있거나 그 회사의 발행주식총수의 100분의 90 이상을 합병 후 존속하는 회사가 소유하고 있는 때에는 합병으로 인하여 소멸하는 회사의 주주총회의 승인은 이를 이사회의 승인으로 갈음할 수 있다(제530조의11 제2항, 제527조의2). 또한 ② **소규모분할합병**의 경우, 합병 후 존속하는 회사가 합병으로 인하여 발행하는 신주 및 이전하는 자기주식의 총수가 그 회사의 발행주식총수의 100분의 10을 초과하지 아니하는 경우에는 그 존속하는 회사의 주주총회의 승인은 이를 이사회의 승인으로 갈음할 수 있다. 다만, 합병으로 인하여 소멸하는 회사의 주주에게 제공할 금전이나 그 밖의 재산을 정한 경우에 그 금액 및 그 밖의 재산의 가액이 존속하는 회사의 최종 대차대조표상으로 현존하는 순자산액의 100분의 5를 초과하는 경우에는 그러하지 아니하다(제530조의11 제2항, 제527조의3).

(3) 종류주주총회와 총주주의 동의

회사가 수종의 주식을 발행한 경우에 분할 또는 분할합병으로 인하여 **어느 종류의 주주에게 손해를 미치게 되는 때**에는 제435조의 규정에 의하여 그 종류의 주주의 총회의 결의가 있어야 한다(제530조의3 제6항). 또한 회사의 분할 또는 분할합병으로 인하여 분할 또는 분할합병에 관련되는 **각 회사의 주주의 부담이 가중되는 경우**에는 위의 총회의 특별결의 및 종류주주총회의 결의 이외에 그 주주 전원의 동의가 있어야 한다(제530조의3 제 6항).

(4) 주식매수청구권

주주의 보호는 단순분할과 분할합병의 두 가지 경우로 나누어 보아야 한다. **단순분할**의 경우에는 분할회사의 주주는 분할 후의 회사의 주식을 주주평등의 원칙에 따라서 배정받게 되므로 분할의 전후에 따라서 주주의 지위에 차이가 없다. 그러므로 이 경우에는 주주의 이익보호를 특별하게 고려할 필요가 없다. 상법은 단순분할의 경우에는 주식매수청구권을 인정하지 않는다.

그러나 **분할합병**의 경우 주주의 관점에서는 합병과 같은 구조변화가 생긴다. 요컨대 합병상대방회사의 경영상태 내지 재무구조 등의 여하에 따라서 분할합병 전보다 주주에게 불리하게 되는 수가 있고, 이 점은 회사합병의 경우의 합병반대주주의 이익을 고려하여 주식매수청구권(제522조의3)을 인정한 것과 사정이 같다. 따라서 상법은 분할합병의 경우에만 분할합병반대주주에게 합병반대주주의 그것과 동일한 주식매수청구권을 인정하고 있다(제 530조의11, 제522조의3).

3. 분할계획서 · 분할합병계약서의 공시

(1) 공시의 필요

회사분할은 회사의 조직변동을 가져오는 중요사항이므로 총회의 특별결의에 의하여 결정하게 되나, 그에 앞서 주주는 분할에 찬성할 것인가의 여부를 판단하기 위하여 필요한 정보의 공시가 요구된다. 뿐만 아니라 회사채권자로서도 채무자인 회사분할의 방법에 따라서 담보력의 확보에 영향을 받을 수가 있다. 그러한 경우에는 채권자의 이의가 인정되어야 하는데 이의를 제출할 것인가의 여부를 결정하기 위하여 주주의 경우와 같은 분할에 관한 정보의 공시가 요구된다.

(2) 공시의 내용

① 분할회사의 공시

분할회사의 이사는 분할승인총회(제530조의3 제1항)의 회일의 2주간 전부터 분할등기를 한 날 또는 분할합병을 한 날 이후 6개월까지 (i) 분할계획서(단순분할의 경우)(제530조의5) 또는 분할합병계약서(분할합병의 경우)(제530조의6), (ii) 분할되는 부분의 대차대조표, (iii) 분할합병의 경우 분할합병의 상대방 회사의 대차대조표, (iv) 분할 또는 분할합병을 하면서 신주가 발행되거나 자기주식이 이전되는 경우에는 분할회사의 주주에 대한 신주의 배정 또는 자기주식의 이전에 관하여 그 이유를 기재한 서면을 본점에 비치하여야 한다(제

530조의7 제1항).

② 분할승계회사의 공시

분할승계회사는 분할합병을 승인하는 주주총회 회일의 2주 전부터 분할합병의 등기를 한 후 6개월간 다음을 공시할 의무를 부담한다. 예컨대 甲회사가 분할하여 그 일부를 기존회사인 乙회사와 합병하는 경우의 乙회사의 이사가 (i) 분할합병계약서, (ii) 분할회사(甲회사)의 분할되는 부분의 대차대조표, (iii) 분할합병을 하면서 신주를 발행하거나 자기주식을 이전하는 경우에는 분할회사(甲회사)의 주주에 대한 신주의 배정 또는 자기주식의 이전에 관하여 그 이유를 기재한 서면을 회사의 본점에 비치하여야 한다(제530조의7 제2항).

③ 열람청구 등

주주와 회사채권자는 영업시간 내에는 언제든지 위의 서류의 열람을 청구하거나 그 등본 또는 초본의 교부를 청구할 수 있다(제530조의7 제3항). 회사합병의 경우와 동일하다(제522조의2 제2항).

4. 회사채권자의 보호

회사채권자의 보호를 위한 제도로는 앞서 설명한 분할관계서류의 열람권도 들 수 있으나, 이의제출권과 분할당사회사의 책임이 중요한 기능을 한다. 이상은 단순분할과 분할합병에 따라서 그 내용을 달리한다.

(1) 단순분할의 경우

단순분할의 경우에는 분할 후의 분할회사, 단순분할신설회사는 분할 전의 분할회사의 채무에 관하여 연대책임을 지는 것이 원칙이다(제530조의9 제1항). 예컨대 甲회사가 분할하여 乙회사를 설립하는 경우 甲과 乙 양 회사는 분할 전의 甲회사의 채무에 관하여 연대하여 변제할 책임이 있다. 합명회사의 사원의 책임(제212조 제1항)과 같은 법정책임이지만, **완제불능의 요건이 없다. 따라서 단순분할의 경우에는 채권자에게 불리한 것이 없으므로 채권자의 이의권이 인정되지 않는다.**

그러나 예외적으로 단순분할에 있어서도 채권자보호가 필요한 경우가 있다. 회사는 분할승인결의(제530조의3 제1항)에서 분할 후의 단순분할신설회사가 분할회사의 채무 중에서 분할계획서에 승계하기로 정한 채무에 대한 책임만을 부담하는 것으로 정할 수 있고, 이 경우 분할회사가 분할 후에 존속하는 경우에는 단순분할신설회사가 부담하지 아니하는 채무에 대한 책임만을 부담한다(제530조의9 제2항). 이 경우 甲회사의 채권자는 분할의 결과 불리한 위치에 놓이게 되고, 따라서 상법은 채권자에게 분할에 대한 이의를 제출할 수 있는 권리를 인정하고 있다(제530조의9 제4항). 이 이의는 합병의 경우의 이의(제527조의5)와 동일하다.

(2) 분할합병의 경우

분할합병의 경우 분할합병당사회사(분할합병후의 신설회사 또는 존속회사)가 분할합병전의 회사채무에 관하여 연대책임을 지는 것이 원칙이다(제530조의9 제1항). 분할합병의 경우에 분할회사는 제530조의3 제2항에 따른 결의로 분할합병에 따른 출자를 받는 분할승계회사 또는 분할합병신설회사가 분할회사의 채무 중에서 분할합병계약서에 승계하기로 정한 채무에 대한 책임만을 부담하는 것으로 정할 수 있고, 그 효력도 단순분할의 경우와 동일하다(제530조의9 제3항).

그러나 **분할합병의 경우에는 단순분할의 경우와는 달리 분할승계회사 또는 분할합병신설회사가 승계하는 분할회사의 채무를 제한하든 아니하든 상관없이 채권자의 이의권을 인정하고 있다**(제530조의11 제2항, 제527조의5). 즉 분할승계회사 또는 분할합병신설회사가 연대책임을 지는 경우(제530조의9 제1항)에도 분할합병의 상대방회사의 경영상태 내지 재무구조 등으로 채권자에게 불리하게 전개되는 수도 있다고 보며 따라서 이의를 인정할 필요가 있다고 보는 것이다.

5. 창립총회·보고총회

(1) 단순분할

단순분할의 경우에는 단순분할신설회사에 관하여 신설합병의 경우의 창립총회에 관한 제527조의 규정이 준용되고 있다(제530조의11 제1항). 단순분할신설회사의 주식이 배정된 분할회사의 주주로서 구성된 총회에서 보고를 받게 되나, 단순분할신설회사의 이사회는 공고로써 이 총회에 대한 보고에 갈음할 수 있다(제527조 제4항). 이 총회가 종결한 날 또는 이사회의 공고가 있는 날은 분할등기기간의 기산일이 된다(제530조의11 제1항, 제528조 제1항).

(2) 분할합병

분할합병의 경우에는 흡수합병의 경우의 보고총회에 관한 제526조의 규정이 준용된다(제530조의11 제1항). 이 경우의 총회의 보고도 이사회의 공고로써 갈음할 수 있으며(제526조 제3항), 총회종결일 또는 이사회의 공고일이 분할등기의 기산일의 의미를 가지는 점 등은 위의 단순분할의 경우와 같다.

6. 분할등기

회사분할은 분할등기를 함으로써 효력이 발생한다(제530조의11, 제234조). 회사가 분할을 한 경우 본점소재지에서는 2주 이내에, 지점소재지에서는 3주 이내에 등기를 하여야 한다(제530조의11, 제528조). 이때 신설되는 회사는 회사설립등기, 존속하는 회사는 변경등기, 소멸하는 회사는 해산등기를 하여야 한다.

Ⅳ. 회사분할·분할합병의 효과

1. 분할·분할합병의 효력발생

분할 또는 분할합병으로 인하여 단순분할신설회사 또는 분할승계회사 또는 분할합병신설회사의 신주가 분할회사의 주주에게 배정되며, 분할교부금의 정함이 있는 경우에는 주식과 더불어 지급된다. 단순분할 또는 분할합병은 설립등기 또는 변경등기를 함으로써 그 효력이 생긴다(제530조의11 제1항, 제234조).

2. 권리의무의 승계

(1) 의 의

단순분할신설회사, 분할승계회사 또는 분할합병신설회사는 **분할회사의 권리와 의무를 분할계획서 또는 분할합병계약서에서 정하는 바에 따라 승계**한다(제530조의10). 즉 회사의 분할 또는 분할합병이 있는 경우에는 분할계획서 또는 분할합병계약서에 따라 분할회사의 권리의무는 사법상 관계나 공법상 관계를 불문하고 **성질상 이전을 허용하지 않는 것을 제외하고는** 분할합병으로 인하여 존속하는 회사에게 승계된다.[27] **여기서의 승계는 인격이 합일되는 효과로 생기는 합병에서의 포괄승계와는 의미가 다르다.** 분할에서의 승계는 단지 개별적 이전행위를 요하지 않는다는 의미로 이해한다.

(2) 이전되는 권리의 범위

일신전속적 지위와 관련하여 분할 또는 분할합병에 의하여 승계되는 범위가 문제된다. 분할계획서 또는 분할합병계약서에서 정해진 바에 따르겠으나, **그 성질상 이전이 허용되지 않는 일신전속적인 것들은 포괄승계의 대상에서 제외됨**은 당연하다 하겠다. 예컨대 양도나 상속이 허용되지 않는 권리의무 등의 지위는 포괄승계되지 않는다. 판례도 ① **공동수급체**는 기본적으로 민법상의 조합의 성질을 가지고, 공동수급체의 구성원 사이에서 구성원 지위를 제3자에게 양도할 수 있기로 약정하지 아니한 이상, 공동수급체의 구성원 지위는 상속이 되지 않고 다른 구성원들의 동의가 없으면 이전이 허용되지 않는 귀속상의 일신전

---

27) 대법원 2011.8.25. 선고 2010다44002 판결(상법 제530조의10은 분할 또는 분할합병으로 인하여 설립되는 회사 또는 존속하는 회사는 분할하는 회사의 권리와 의무를 분할계획서 또는 분할합병계약서가 정하는 바에 따라서 승계한다고 규정하고 있다. 즉 회사의 분할합병이 있는 경우에는 분할합병계약서에 따라 피분할회사의 권리의무는 사법상 관계나 공법상 관계를 불문하고 성질상 이전을 허용하지 않는 것을 제외하고는 분할합병으로 인하여 존속하는 회사에게 포괄승계된다).

속적인 권리의무에 해당하므로 포괄승계의 대상이 아니라고 한다.[28]

그러면서도 판례는 ② **분할회사의 근로관계**는 승계의 대상에 포함된다고 본다. 분할에 따른 근로관계는 근로자의 이해와 협력을 구하는 절차를 거치는 등 절차적 정당성을 갖추고 해고의 제한 등 근로자 보호를 위한 법령 규정을 잠탈하기 위한 방편으로 이용되지 않는다면, **근로자의 동의가 없어도 승계된다는 것이다.**[29] 그런데 이 판례는 수긍하기 어렵다. 앞선 판례에서 밝힌 바와 같이 성질상 이전이 허용되지 않는 일신전속적인 권리의무는 포괄승계의 대상에서 제외되는 것이고, **근로관계는 당연히 일신전속적인 성질을 가진다.** 민법 제657조가 사용자는 노무자의 동의 없이 그 권리를 제3자에게 양도하지 못하고, 노무자도 사용자의 동의 없이 제3자로 하여금 자기에 가름하여 노무를 제공하게 하지 못한다고 규정하고(민법 제657조 제1항, 제2항), 판례도 이 규정을 강행규정으로 해석한다.[30] 그러하다면 **근로관계는 민법 제657조 등과 판례에 의하여 일신적속적인 것으로 이해되고 있고, 따라서 포괄승계의 대상이 되지 않음은 분명해 보인다.** 그럼에도 불구하고, 근로관계가 분할 또는 분할합병에서 포괄승계의 범위에 포함된다고 한 판결은 동의할 수 없는 것이다.

3. 회사채권자에 대한 관계

(1) 연대책임

1) 의 의

분할회사, 단순분할신설회사, 분할승계회사 또는 분할합병신설회사는 분할 또는 분할합병 전의 분할회사 채무에 관하여 연대하여 변제할 책임이 있다(제530조의9 제1항). 이는 분할당사회사간의 채무승계가 어떻게 이루어지든지 분할 전의 채권자 보호를 위하여 연대책임을 인정하고 있는 것이다.

2) 법적 성질

회사분할로 인하여 채무자의 책임재산에 변동이 생기게 되어 채권 회수에 불이익한 영향을 받는 채권자를 보호하기 위하여 부과된 **법정책임**으로서, 채무자들 사이에 공동목적에 의한 주관적인 관련성이 없는 것이므로 부진정연대책임이라고 본다.[31] 따라서 이 책임은

---

28) 대법원 2011.8.25. 선고 2010다44002 판결.
29) 대법원 2013.12.12. 선고 2012다102124 판결(상법 제530조의10은 분할로 인하여 설립되는 회사는 분할하는 회사의 권리와 의무를 분할계획서가 정하는 바에 따라서 승계한다고 규정하고 있으므로, 분할하는 회사의 근로관계도 위 규정에 따른 승계의 대상에 포함될 수 있다).
30) 대법원 1993.1.26. 선고 92누8200 판결(사용자가 기업체의 경영자로서 근로자의 노동력을 업무목적을 위하여 이용·처분할 권리는 그 근로자와 간의 근로계약에 의하여 비로소 취득하는 것이어서, 그 계약관계를 떠나서는 근로자의 노동력을 일방적으로 처분할 수 있는 권한이 사용자에게 있다고 볼 수 없을뿐더러, 강행법규로 보이는 민법 제657조 제1항이 사용자는 노무자의 동의 없이 그 권리를 제3자에게 양도하지 못한다고 규정하고 있는 점 등에 비추어 보더라도, 근로자의 동의를 얻어야 되는 것이기 때문이다).

채권자에 대하여 개별 최고를 하였는데 채권자가 이의제출을 하지 아니하였다거나 채권자가 분할 또는 분할합병에 동의하였기 때문에 개별 최고를 생략하였다는 등의 사정은 분할 당사회사의 연대책임의 성부에 영향을 미치지 못하고,[32] 채권자가 분할 후에 분할회사를 상대로 분할전의 분할회사 채무에 관한 소를 제기하여 분할회사에 대한 관계에서 시효가 중단되거나 확정판결을 받아 소멸시효기간이 연장된다고 하더라도, 그 효과는 다른 부진정 연대채무자인 단순분할신설회사, 분할승계회사, 분할합병신설회사에 미치지 않는다.[33]

3) 분할 또는 분할합병 전의 권리의무

연대책임의 대상이 되는 채무는 **분할 또는 분할합병 이전에 발생한 회사채무이다**(제530조의9 제1항). 이는 분할 또는 분할합병 등기 이전에 성립한 분할회사의 채무로서 분할 후 분할회사에 잔존하는 채무와 분할로 승계된 채무를 모두 포함한다. 그리고 성립원인을 묻지 않으므로 계약상 채무와 불법행위채무와 납세의무 등도 모두 포함된다. 그러나 분할 전에 부담하게 된 이상 **변제기가 도래하지 않았다 하더라도 연대책임의 대상이 됨**에는 의문이 없다.[34] 채권자가 연대책임을 물을 수 있는 기간은 어떠한가? 채권자를 분할 또는 분할합병 이전의 상태보다 더욱 두텁게 보호할 필요는 없을 것이므로 채권자에게 부담하는 **연대채무의 소멸시효 기간과 기산점은 분할 또는 분할합병 전의 회사가 채권자에게 부담하는 채무와 동일**한 것으로 봄이 타당하다. 분할 또는 분할합병으로 인하여 설립되는 회사 또는 존속하는 회사가 채권자에게 연대하여 변제할 책임을 부담하는 채무는 분할 또는 분할합병 전의 회사가 채권자에게 부담하는 채무와 동일한 채무이고, 따라서 채권자는 해당 채권의 시효기간 내에서 분할로 인하여 승계되는 재산의 가액과 무관하게 연대책임을 물을 수 있다.[35]

또한 채무가 분할등기 이전에 성립한 것이 아니라, 분할 전의 사실관계를 근거로 하여 분할 후에 분할회사에 과징금이 부과된 경우에는, 분할 전에는 단순한 사실행위만 존재할 뿐 그 과징금과 관련하여 분할하는 회사에게 승계의 대상이 되는 어떠한 의무가 있다고 할 수는 없어 그 과징금은 연대책임의 대상이 되지 않는다고 하였다.[36]

31) 노혁준, "회사 분할시의 채권자 보호", 「BFL」제38호, 2009, 29면.
32) 대법원 2010.8.26. 선고 2009다95769 판결.
33) 대법원 2017.5.30. 선고 2016다34687 판결.
34) 대법원 2008.2.14. 선고 2007다73321 판결(상법 제530조의9 제1항에 따라 주식회사의 분할 또는 분할합병으로 인하여 설립되는 회사와 존속하는 회사가 회사 채권자에게 연대하여 변제할 책임이 있는 분할 또는 분할합병 전의 회사 채무에는, 회사 분할 또는 분할합병의 효력발생 전에 발생하였으나 분할 또는 분할합병 당시에는 아직 그 변제기가 도래하지 아니한 채무도 포함된다).
35) 대법원 2017.5.30. 선고 2016다34687 판결.
36) 대법원 2007.11.29. 선고 2006두18928 판결(상법은 회사분할에 있어서 분할되는 회사의 채권자를 보호하기 위하여, 분할로 인하여 설립되는 신설회사와 존속회사는 분할 전의 회사채무에 관하여 연대책임을 지는 것을 원칙으로 하고 있으나, 한편으로는 회사분할에 있어서 당사자들의 회사분할 목적에 따른 자산 및 채무 배정의 자유를 보장하기 위하여 소정의 특별의결 정족수에 따른 결의를 거친 경우에는 신설회사가 분할되는 회사의 채무 중에서 출자한 재산에 관한 채무만을 부담할 것을 정할 수 있다고 규정하고 있고, 신설회사 또는 존속회사는 분할하는 회사의 권리

(2) 연대책임의 배제

1) 의 의

분할회사, 단순분할신설회사, 분할승계회사 또는 분할합병신설회사는 분할 또는 분할합병 전의 분할회사 채무에 관하여 연대하여 변제할 책임이 있다(제530조의9 제1항). 그러나 **분할**회사가 제530조의3 제2항의 규정에 의한 결의로 분할에 의하여 회사를 설립하는 경우에는 단순분할신설회사는 분할회사의 채무 중에서 분할계획서에서 승계하기로 정한 채무에 대한 책임만을 부담할 것을 정할 수 있고, 이 경우 분할회사가 분할 후에 존속하는 경우에는 단순분할회사가 부담하지 아니하는 채무에 대한 책임만을 부담한다(제530조의9 제2항). 또한 **분할합병**의 경우에도 분할회사의 결의로 동일한 내용으로 책임을 제한할 수 있다(제530조의9 제3항).

분할회사의 채무 중에서 분할계획서에 '승계하기로 정한 채무'에 대하여만 책임을 질 수 있다. 구법상으로는 연대책임 배제에 대한 제한사유로서 '분할회사가 출자한 재산에 관한 채무'에 대하여는 연대책임이 배제될 수 없다고 하고 있었고 이에 대하여 판례는 그 '출자한 재산에 관한 채무'를 신설회사가 분할회사로부터 승계한 영업에 관한 채무로서 당해 **영업 자체에 직접적으로 관계된 채무뿐만 아니라 그 영업을 수행하기 위해 필요한 적극재산과 관련된 모든 채무가 포함**된다고 하고 있었다.[37] 그러나 구법에 대하여는 출자한 재산에 관한 채무인지 여부가 불분명하여 분쟁을 야기하며 분할회사의 의사를 제대로 반영하지 못한다는 비판이 있었으며, 분할회사의 채권자는 연대책임의 배제시 채권자 이의절차를 통해 보호할 수 있어 문제없다는 지적이 있었다.[38]

2) 배제의 요건

연대책임을 배제하기 위하여는 ① 분할회사가 반드시 상법 제530조의9 제3항에 따라 그 사항을 분할계획서(또는 분할합병계약서)에 명시하여 **주주총회의 특별결의**에 의한 승인을 얻어야 한다. 요컨대 분할회사의 채무 중에서 출자한 재산에 관한 채무만을 부담한다는 취지가 기재된 분할합병계약서를 작성하여 이에 대한 주주총회의 승인을 얻어야 하고(제530조의9 제2항 후단 및 제3항, 제530조의3 제1항 및 제2항), 단순히 분할합병계약서에 상법 제530조의6 제1항 제6호가 규정하는 '분할회사가 분할승계회사에 이전할 재산과 그 가액'의 사항 등을 기재하여 주주총회의 승인을 얻었다는 사정만으로는 연대책임을 면할 수 없다.

와 의무를 분할계획서가 정하는 바에 따라서 승계하도록 규정하고 있다. 그런데 이때 신설회사 또는 존속회사가 승계하는 것은 분할하는 회사의 권리와 의무라 할 것인바, 분할하는 회사의 분할 전 법 위반행위를 이유로 과징금이 부과되기 전까지는 단순한 사실행위만 존재할 뿐 그 과징금과 관련하여 분할하는 회사에게 승계의 대상이 되는 어떠한 의무가 있다고 할 수 없고, 특별한 규정이 없는 한 신설회사에 대하여 분할하는 회사의 분할 전 법 위반행위를 이유로 과징금을 부과하는 것은 허용되지 않는다).

37) 대법원 2010.8.19. 선고 2008다92336 판결; 대법원 2010.2.25. 선고 2008다74963 판결.
38) 김건식·노혁준·천경훈, 803면.

그리고 이 요건이 충족되었다는 점에 관한 주장·증명책임은 분할채무관계에 있음을 주장하는 측에게 있다.[39] ② **채권자보호절차**를 거쳐야 한다. **단순분할을 할 때에도 책임을 제한하고자 하는 경우 채권자보호절차를 밟아야 한다.** 채권자보호절차는 분할의 승인결의가 있은 날부터 2주 내에 채권자에 대하여 분할에 이의가 있으면 1월 이상의 기간 내에 이를 제출할 것을 공고하고, 특히 회사가 알고 있는 채권자에 대하여는 개별적으로 따로이 이를 최고하여야 하며, 이를 게을리한 경우 연대책임을 진다(제530조의9 제4항, 제527조의5).[40] 이는 분할회사와 단순분할신설회사가 분할회사의 채무에 대하여 연대책임을 지지 않는 경우에는 채무자의 책임재산에 변동이 생기게 되어 채권자의 이해관계에 중대한 영향을 미치므로 채권자의 보호를 위하여 분할회사가 알고 있는 채권자에게 개별적으로 이를 최고하게 한 것이다.

개별 최고가 필요한 '**회사가 알고 있는 채권자**'란, 채권자가 누구이고 채권이 어떠한 내용의 청구권인지가 대체로 회사에게 알려져 있는 채권자를 말하는 것이고, 회사에 알려져 있는지 여부는 개개의 경우에 제반 사정을 종합적으로 고려하여 판단한다. 판례에 의하면 회사의 장부 기타 근거에 의하여 성명과 주소가 회사에 알려져 있는 자는 물론이고 **회사 대표이사 개인이 알고 있는 채권자도 이에 포함**된다.[41] **알고 있는 채권자에게 개별적인 최고를 누락한 때에는 분할회사의 채권자에 대하여 연대책임을 면하지 못한다.**

그러나 채권자가 회사분할에 관여되어 있고 회사분할을 미리 알고 있는 지위에 있으며 사전에 회사분할에 대한 이의제기를 포기하였다고 볼만한 사정이 있는 등 예측하지 못한 손해를 입을 우려가 없다고 인정되는 경우에는, 개별적인 최고를 누락하였다고 하여 그 채권자에 대하여 연대하여 변제할 책임이 되살아나지 않는다.[42]

---

39) 대법원 2010.8.26. 선고 2009다95769 판결.

40) 대법원 2004.8.30. 선고 2003다25973 판결(분할되는 회사와 신설회사가 분할 전 회사의 채무에 대하여 연대책임을 지지 않는 경우에는 채무자의 책임재산에 변동이 생기게 되어 채권자의 이해관계에 중대한 영향을 미치므로 채권자의 보호를 위하여 분할되는 회사가 알고 있는 채권자에게 개별적으로 이를 최고하도록 규정하고 있는 것이고, 따라서 분할되는 회사와 신설회사의 채무관계가 분할채무관계로 바뀌는 것은 분할되는 회사가 자신이 알고 있는 채권자에게 개별적인 최고절차를 제대로 거쳤을 것을 요건으로 하는 것이라고 보아야 하며, 만약 그러한 개별적인 최고를 누락한 경우에는 그 채권자에 대하여 분할채무관계의 효력이 발생할 수 없고 원칙으로 돌아가 신설회사와 분할되는 회사가 연대하여 변제할 책임을 지게 되는 것이라고 해석하는 것이 옳다); 대법원 2006.11.23. 선고 2005두4731 판결; 대법원 2010.2.25. 선고 2008다74963 판결; 대법원 2011.9.29. 선고 2011다38516 판결.

41) 대법원 2011.9.29. 선고 2011다38516 판결(분할 또는 분할합병으로 인하여 회사의 책임재산에 변동이 생기게 되는 채권자를 보호하기 위하여 상법이 채권자의 이의제출권을 인정하고 그 실효성을 확보하기 위하여 알고 있는 채권자에게 개별적으로 최고하도록 한 입법 취지를 고려하면, 개별 최고가 필요한 '회사가 알고 있는 채권자'란 채권자가 누구이고 채권이 어떠한 내용의 청구권인지가 대체로 회사에게 알려져 있는 채권자를 말하는 것이고, 회사에 알려져 있는지 여부는 개개의 경우에 제반 사정을 종합적으로 고려하여 판단하여야 할 것인데, 회사의 장부 기타 근거에 의하여 성명과 주소가 회사에 알려져 있는 자는 물론이고 회사 대표이사 개인이 알고 있는 채권자도 이에 포함된다고 봄이 타당하다).

42) 대법원 2010.2.25. 선고 2008다74963 판결(분할되는 회사와 신설회사가 분할 전 회사의 채무에 대하여 연대책임을 지지 않는 경우에는 채무자의 책임재산에 변동이 생기게 되어 채권자의 이해관계에 중대한 영향을 미치므로 채권자의 보호를 위하여 분할되는 회사가 알고 있는 채권자에게 개별적으로 이를 최고하고 만약 그러한 개별적인 최고

3) 배제의 효과

신설회사, 분할승계회사는 분할회사로부터 승계한 재산에 관한 채무에 대하여만 책임을 진다. 연대책임의 배제가 이루어진 경우에는 분할회사의 책임도 제한되어, 분할회사는 신설 회사, 분할승계회사가 부담하지 않는 채무만을 부담한다(제530조의9 제2항 후단, 제3항 후단).

V. 회사분할 · 분할합병의 무효

1. 회사분할 · 분할합병무효의 소

(1) 의의 및 절차

회사분할 · 분할합병절차에 하자가 있는 경우 소만으로 그 무효를 주장할 수 있다(제 530조의11 제1항, 제529조). 분할 · 분할합병의 무효는 소송만으로 주장할 수 있으므로 형성 의 소이다. 분할 · 분할합병무효의 소는 주주 · 이사 · 감사 · 청산인 · 파산관재인 또는 합 병을 승인하지 아니한 채권자가 분할등기가 있은 날로부터 6월 내에 소만으로 이를 주장 할 수 있다(제530조의11 제1항, 제529조). 판례에 의하면 주주가 회사를 상대로 제기한 분할 합병무효의 소에서 당사자 사이에 주주총회결의의 존부에 관하여 다툼이 있는 경우, 주주 총회결의 자체가 있었다는 점에 관해서는 회사가 증명책임을 부담하고 그 결의에 이를 부존재로 볼 만한 중대한 하자가 있다는 점에 관해서는 주주가 증명책임을 부담한다.[43] 입증책임에 관한 법률요건분류설에 따라 주주총회결의의 존재여부는 유효를 주장하는 회 사가, 그 총회에서의 부존재사유는 그 효력을 부인하는 주주가 증명책임을 부담한다는 것 이다.

회사채권자가 분할 · 분할합병무효의 소를 제기한 경우 법원은 회사의 청구에 의하여 채권자에게 상당한 담보를 제공할 것을 명할 수 있는데 이때 회사는 채권자의 악의를 소 명하여야 한다(제530조의11 제1항, 제237조, 제176조 제3항 · 제4항).

(2) 재량기각

그 소를 재량기각하기 위하여는, 상법 제530조의11 제1항 및 제240조는 상법 제189조 를 준용하고 있고 상법 제189조는 "설립무효의 소 또는 설립취소의 소가 그 심리 중에 원

를 누락한 경우에는 그 채권자에 대하여 신설회사와 분할되는 회사가 연대하여 변제할 책임을 지게 된다고 할 것이 나, 채권자가 회사분할에 관여되어 있고 회사분할을 미리 알고 있는 지위에 있으며, 사전에 회사분할에 대한 이의제 기를 포기하였다고 볼만한 사정이 있는 등 예측하지 못한 손해를 입을 우려가 없다고 인정되는 경우에는 개별적인 최고를 누락하였다고 하여 그 채권자에 대하여 신설회사와 분할되는 회사가 연대하여 변제할 책임이 되살아난다고 할 수 없다).

43) 대법원 2010.7.22. 선고 2008다37193 판결.

인이 된 하자가 보완되고 회사의 현황과 제반 사정을 참작하여 설립을 무효 또는 취소하는 것이 부적당하다고 인정한 때에는 법원은 그 청구를 기각할 수 있다"고 규정하고 있으므로, 원칙적으로 그 소 제기 전이나 그 심리 중에 원인이 된 하자가 보완되어야 할 것이다.

그런데 판례에 의하면 **그 하자가 추후 보완될 수 없는 성질의 것인 경우**에는 그 하자가 보완되지 아니하였다고 하더라도 회사의 현황 등 제반 사정을 참작하여 분할합병무효의 소를 재량기각할 수 있다.[44] 이는 **주주총회결의 취소의 소에서는 다른 회사법상 소와는 달리 재량기각의 사유로 하자의 보완에 관한 것을 두고 있지 않는데**(제379조 참조), 취소사유 있는 주주총회결의가 이루어지게 되면 이미 그 결의는 과거의 사건이 되어 버리고 하자의 보완이 성질상 불가능한 것이기 때문에 하자의 보완을 재량기각의 요건으로 두고 있지 않은 것이다. 위 판례에서와 같이 분할·분할합병무효의 소에서 그 무효원인이 주주총회결의에 취소사유가 있다는 것이라면 그 하자의 보완이 불가능하므로 하자보완 없는 재량기각을 예외적으로 인정할 필요가 있다. 그러나 **주주총회결의 취소의 사유가 아닌 기타의 경우는 하자의 보완이 있어야만 재량기각이 가능하다고 보아야 한다.**

2. 분할·분할합병무효 판결의 효력

분할·분할합병무효 판결의 효력은 대세적 효력이 있어 소를 제기하지 않은 주주 등에 대하여도 효력이 있고, 소급효가 없다(제530조의11 제1항, 제240조, 제190조). **단순분할**의 경우에는 단순분할신설회사가 취득한 재산 및 부담한 채무는 분할 전 회사에 귀속한다. 그런데 **분할합병**의 경우에는 합병의 규정이 준용된다. 따라서 **분할합병**을 무효로 한 판결이 확정된 때에는 분할후 회사(분할승계회사, 분할합병신설회사)의 부담채무는 분할당사회사(분할회사와 분할승계회사, 분할합병신설회사)의 연대채무로 되고, 취득재산에 대하여는 공유로 한다(제530조의11 제1항, 제239조 제1항·제2항). 이 경우 각 회사의 지분 또는 부담부분을 협의로 정할 수 있으나 이를 정하지 못한 때에는 법원은 그 청구에 의하여 합병 당시의 각 회사의 재산상태 기타의 사정을 참작하여 이를 정한다(제530조의11 제1항, 제239조 제3항).

---

44) 대법원 2010.7.22. 선고 2008다37193 판결(분할합병계약의 승인을 위한 주주총회를 개최하면서 소수주주들에게 소집통지를 하지 않음으로 인하여 위 주주들이 주식매수청구권 행사 기회를 갖지 못하였으나, 주식매수청구권은 분할합병에 반대하는 주주로 하여금 투하자본을 회수할 수 있도록 하기 위해 부여된 것인데 분할합병무효의 소를 제기한 소수주주가 자신이 보유하고 있던 주식을 제3자에게 매도함으로써 그 투하자본을 이미 회수하였다고 볼 수 있고, 위 분할합병의 목적이 독점규제 및 공정거래에 관한 법률상 상호출자관계를 해소하기 위한 것으로 위 분할합병을 무효로 함으로 인하여 당사자 회사와 그 주주들에게 이익이 된다는 사정이 엿보이지 아니하는 점 등을 참작해 볼 때, 분할합병무효청구를 기각한 원심판단을 수긍한 사례); 이 판결이 참조한 판결로 대법원 2004.4.27. 선고 2003다29616 판결은 감자무효의 소에서 재량기각에 관한 것이다.

제 4 절   주식의 포괄적 교환과 이전

Ⅰ. 개   관

1. 완전모자관계를 통한 회사의 구조조정

상법은 2011년의 개정으로 지주회사의 설립 등을 통한 회사의 구조조정을 원활히 할 수 있도록 하기 위하여 주식의 포괄적 교환 및 이전제도를 신설하였다(제360조의2 내지 제360조의23). 과거 지주회사를 설립하는 방법들은 모두 절차상 또는 비용상 문제점이 많았으므로 이러한 문제점을 극복하고 지주회사를 설립하여 기업의 구조조정을 원활히 할 수 있는 제도가 주식의 포괄적 교환 및 이전제도이다. 이 제도의 특징은 **결과에서는 완전모자회사관계가 형성되고 형식에서는 합병과 유사**하다는 점이다. 그리고 **주식이전과 주식교환이 다른 점은 주식이전에서는 회사의 신설로 인한 법률관계가 추가된다는 점**이다.

2. 제도 도입의 취지

주식의 포괄적 교환은 우호적인 기업매수의 수단으로 이용될 수 있다. 현금 없이도 다른 회사를 매수할 수 있을 뿐만 아니라 공개매수절차 등도 필요하지 않고 영업양수의 경우에 수반하는 양수자금 및 개별적인 채권·채무의 이전절차를 요하지 않는다. **주식의 포괄적 이전**은 지주회사를 설립하여 기존의 기업그룹을 재편성하기 위하여 이용된다. 즉 기존의 완전 모회사가 그의 완전자회사의 주식을 새로이 설립하는 완전모회사에 이전하여 기업그룹을 만들거나, 이종업태가 혼합한 기업그룹이 공동주식이전을 하여 새로이 설립하는 완전모회사에 의하여 통합될 수 있는 것이다. 그런데 실제 이용된 사례가 많이 알려져 있지는 않다.

3. 법적 성질

주식의 포괄적 교환 및 이전을 현물출자라고 보기 위하여는 개별적인 주주의 의사결정과 현물출자에 따른 검사인 등의 조사절차가 필요한데, 주식의 포괄적 교환 및 이전은 이러한 개별적인 주주의 의사와는 무관하게 주주총회의 결의에 의하고 또한 현물출자에 따른 검사인 등의 검사절차도 없는 점에서 볼 때 현물출자로는 볼 수 없다. 절차상 합병에 관한 규정과 유사한 규정을 많이 두고 있는 점에서 볼 때 합병과 유사한 **조직법적 행위**라고 본다.[45] 다만 **합병과 다른 점**들을 보면 ① 주식의 포괄적 교환과 이전에 있어서는 **어느 회사도 법인격이 소멸되지 않는 점**에서 합병과 구별된다. ② 주식의 포괄적 교환과 이전은 합병과 달리 어느 회사도 **채권자보호절차를 거치지 않는다.** 회사가 그 법인격이 그대로 유지되면서 주식의 소유자만 변동되어서 채권자보호가 필요없기 때문이다.

Ⅱ. 주식의 포괄적 교환

1. 주식의 포괄적 교환의 의의

주식의 포괄적 교환이란 한 회사(완전모회사)가 다른 회사(완전자회사)의 발행주식총수와 자기회사의 주식을 교환함으로써, 완전자회사의 주주가 가지는 그 회사의 주식은 주식을 교환하는 날에 주식교환에 의하여 완전모회사에 이전하고 그 완전자회사의 주주는 그 완전모회사가 주식교환을 위하여 발행하는 신주의 배정 또는 완전모회사가 가지고 있는 자기주식의 교부를 받는 것을 말한다(제360조의2). 기존의 A회사가 B회사의 총주주로부터 그들이 갖고 있는 B회사의 주식을 전부 이전받고, B회사의 주주에게 A회사의 신주를 발행하여 배정하거나 또는 A회사가 갖고 있는 자기주식을 교부하는 것을 말한다. 이러한 **주식의 포괄적 교환은 흡수합병과 유사한 점이 있는데, 다만 완전자회사의 법인격이 소멸되지 않고 존속한다는 점이 다르다.**

2. 절 차

(1) 주식교환계약서의 작성

1) 계약서 기재사항

회사가 주식교환을 하고자 하면 먼저 기존의 쌍방의 회사가 주식교환계약서를 작성하여야 하고(제360조의3 제1항), 주식교환계약서의 기재사항은 다음과 같다. ① 완전모회사가 되는 회사가 주식교환으로 인하여 정관을 변경하는 경우에는 그 규정, ② 완전모회사가 되는 회사가 주식교환을 위하여 신주를 발행하거나 자기주식을 이전하는 경우에는 발행하는 신주 또는 이전하는 자기주식의 총수·종류, 종류별 주식의 수 및 완전자회사가 되는 회사의 주주에 대한 신주의 배정 또는 자기주식의 이전에 관한 사항, ③ 완전모회사가 되는 회사의 자본금 또는 준비금이 증가하는 경우에는 증가할 자본금 또는 준비금에 관한 사항, ④ 완전자회사가 되는 회사의 주주에게 제2호(위 ②)에도 불구하고 그 대가의 전부 또는 일부로서 금전이나 그 밖의 재산을 제공하는 경우에는 그 내용 및 배정에 관한 사항, ⑤ 각 회사가 주식교환의 승인결의를 할 주주총회의 기일, ⑥ 주식교환을 할 날, ⑦ 각 회사가

---

45) 이철송, 1116면; 최준선, 737면.

주식교환을 할 날까지 이익배당을 할 때에는 그 한도액, ⑧ 완전모회사가 되는 회사에 취임할 이사와 감사 또는 감사위원회의 위원을 정한 때에는 그 성명 및 주민등록번호 등이다(제360조의3 제3항).

2) 주식교환의 대가

2015년 개정은 주식교환의 대가로 **자기주식, 모회사 주식, 금전이나 그 밖의 재산**을 규정하여 그 대가를 유연화하였다(제360조의3 제3항 참조). 2011년 조문 신설 당시부터 주식교환의 경우 "완전자회사가 되는 회사의 주주에게 지급할 금액을 정한 때에는 그 규정"을 계약서에 기재(구상법 제360조의3)하도록 하고 이를 주식교환 교부금으로 칭하고 있었으나, 이는 주식교환 비율의 단수를 정수로 조정하기 위한 것으로 보고 있었다. 요컨대 주식교환 교부금은 단주처리를 위한 경우 등 예외적으로 허용되는 것으로서 교부금합병과 같이 교환대가의 상당 또는 전부를 금전으로 지급하는 것이 허용되지는 않았다. 이에 2015년 개정에 의하여 교부금합병처럼 주식교환 대가를 유연화하는 교부금 주식교환을 도입하여 기업조직의 변경을 보다 용이하게 할 수 있도록 한 것이다. 다만 주식교환의 대가가 다양화함으로 인하여 채권자보호절차의 필요성이 대두되었다.

3) 채권자보호의 문제

주식교환의 경우 완전모회사가 신주발행을 하는 경우에는 완전모회사의 자본금은 증가하고 완전자회사의 자산에는 변동이 없으므로 어느 당사회사의 채권자를 해할 염려가 없으므로 채권자보호절차는 필요 없다고 본다. 이는 대상회사 및 인수회사는 모두 주주의 구성만 달라질 뿐, 법인격이 유지되면서 회사 자체는 존속하므로 채권자 입장에서는 종전과 변화된 것이 없다고 보아 보호절차가 불필요한 것으로 이해되었기 때문이다. 그런데 2015년 개정에 의하여 교부금합병과 같이 교환대가의 상당 또는 전부를 교부금으로 지급하는 것이 허용되어, 인수회사가 주식교환의 대가를 현금으로 지급한 경우라면 인수회사의 자산이 유출된 것이고, 그만큼 인수대상회사 주식에 대하여는 대상회사의 채권자들 보다 후순위가 되는 면이 있다. 또한, 주식교환 대가가 부당한 경우에는 완전모회사로 되는 회사의 자산이 감소하거나 부채가 증가하여 재산상태가 악화되는 등의 문제가 발생할 여지가 있다.

교부금합병과 교부금주식교환의 경제적 효과가 거의 유사하다는 점을 감안한다면 교부금합병(제527조의5) 및 교부금 주식분할(제530조의11)의 경우 채권자보호절차가 마련되어 있는 점과 균형이 맞지 아니한다. 참고로 일본법은 이 경우 채권자보호절차를 거치도록 한다.[46]

---

46) 일본 회사법 제799조 제1항 제3호 주식교환을 하는 경우에 있어서 주식교환 완전자회사의 주주에 대하여 교부하는 금전 등이 주식교환 완전모주식회사의 주식 기타 이에 준하는 것으로서 법무성령으로 정하는 것뿐인 경우 이외의 경우 또는 제768조 제1항 제4호에 규정하는 경우 주식교환 완전모주식회사의 채권자는 주식교환에 대하여 이

(2) 주주총회의 승인결의

1) 주주총회의 소집통지와 공고의 기재사항

주식교환을 위한 주주총회를 소집함에 있어서는 주주에게 사전에 이에 관한 사항을 알려주어 의결권행사 등을 위하여 관계서류 등을 열람할 수 있도록 하기 위하여 그 주주총회의 소집통지에는 일정한 사항을 기재하도록 하고 있다(제360조의3 제4항). 즉 회사는 이러한 주주총회의 소집통지에 (i) 주식교환계약서의 주요내용, (ii) 주주총회의 결의에 반대하는 주주가 행사할 주식매수청구권의 내용 및 행사방법과 (iii) 일방회사의 정관에 주식의 양도에 관하여 이사회의 승인을 요한다는 뜻의 규정이 있고 다른 회사의 정관에 그 규정이 없는 경우 그 뜻을 기재하여야 한다(제360조의3 제4항).

2) 승인결의의 방법

① 원 칙

주식교환의 경우에는 주식교환을 하는 쌍방의 회사로부터 위의 주식교환계약서에 대하여 주주총회의 특별결의에 의한 승인을 얻어야 한다(제360조의3 제1항 후단 및 제2항). 주식교환의 경우 완전자회사를 신설하는 점에서 중대한 영향이 있고 완전자회사의 주주에게는 완전모회사의 주주가 되는 점에서 그의 지위에 중대한 변동이 있으므로 주주총회의 특별결의에 의한 승인을 얻도록 한 것이다. 그런데 완전모회사의 주주에게는 주주의 구성에 변화가 생긴다거나 그 회사자산에 변동이 생기는 것이 되어 일종의 중요자산의 양수나 합병과 유사한 결과가 생긴다고 할 수 있다. 따라서 주주의 승인이 필요하다고 한 것으로 볼 수 있겠다.

② 예 외

(가) 간이주식교환

주식교환의 경우 완전자회사의 총주주의 동의가 있거나 회사의 발행주식총수의 100분의 90 이상을 완전모회사가 소유하고 있는 때에는 완전자회사의 주주총회의 승인은 이사회의 승인으로 갈음할 수 있다(제360조의9 제1항). 이는 주식교환절차를 간소화하기 위하여 합병의 경우(제527조의2)와 같이 인정한 것이다. 이때 완전자회사는 총주주의 동의가 있는 경우가 아니면 주식교환계약서를 작성한 날부터 2주 내에 주주총회의 승인을 얻지 아니하고 주식교환을 한다는 뜻을 공고하거나 주주에게 통지하여야 한다(제360조의9 제2항).

(나) 소규모주식교환

2015년 개정으로 소규모주식교환의 요건이 완화되었다. 과거 소규모합병의 요건은 완화되어 있었으나 그와 경제적 기능·효과가 실질적으로 동일한 소규모주식교환의 요건은

의를 제기할 수 있다.

그대로 유지되고 있어 소규모주식교환을 활용하는 데 어려움이 있었다. 또한 소규모합병이나 소규모주식교환의 요건에 관해 신주를 발행하는 대신 자기주식을 교부하는 경우에 대한 명확한 규정이 없어 실무상 혼란이 있던바, 이를 개정하였다. 신주발행과 **자기주식의 교부를 포함**하여 소규모주식교환과 소규모합병의 요건을 규정하고, **소규모주식교환과 소규모합병의 요건을 동일하게 설정**함으로써 해당 제도를 이용한 기업 인수ㆍ합병 거래의 안정성을 도모하고 소규모주식교환이 활성화될 것으로 기대된다.

완전모회사가 주식교환을 위하여 발행하는 신주 및 이전하는 자기주식의 총수가 그 회사의 발행주식총수의 100분의 10을 초과하지 아니하고 또한 완전자회사의 주주에게 주식교환교부금을 제공할 금전이나 그 밖의 재산을 정한 경우에 그 금액 및 그 밖의 재산의 가액이 최종 대차대조표에 의하여 완전모회사에 현존하는 순자산액의 100분의 5를 초과하지 않는 경우에는 완전모회사의 주주총회의 승인은 이사회의 승인으로 갈음할 수 있다(제360조의10 제1항). 개정법은 구법상의 "금액"을 "합병으로 인하여 소멸하는 회사의 주주에게 제공할 금전이나 그 밖의 재산을 정한 경우에 그 금액 및 **그 밖의 재산**의 가액"으로 변경하고 있는바, 이는 교부금 합병에서와 같은 합병 대가의 유연화를 의미하는 것으로서 소규모합병의 경우와 통일시켰다(제527조의3제1항 단서). 이때 완전모회사는 주식교환계약서에 주주총회의 승인을 얻지 아니하고 주식교환을 할 수 있다는 뜻을 기재하여야 하나, 변경된 정관의 내용을 기재하지 못한다(제360조의10 제3항).

3) 승인반대주주의 주식매수청구권

주주총회의 결의사항에 관하여 이사회의 결의가 있는 때에 그 결의에 반대하는 주주는 주주총회 전에 회사에 대하여 서면으로 그 결의에 반대하는 의사를 통지하고 주주총회의 결의일로부터 20일 이내에 주식의 종류와 수를 기재한 서면으로 회사에 대하여 자기가 소유하고 있는 주식의 매수를 청구할 수 있다(제360조의5 제1항). 간이주식교환의 경우에는 완전자회사는 주식교환계약서를 작성한 날로부터 2주 내에 주주총회의 승인을 얻지 아니하고 주식교환을 한다는 뜻을 공고하거나 주주에게 통지하여야 하는데(제360조의9 제2항 본문), 이 경우 완전자회사의 주주는 이러한 공고 또는 통지를 한 날로부터 2주 내에 회사에 대하여 서면으로 주식교환에 반대하는 의사를 통지하고 그 기간이 경과한 날로부터 20일 이내에 주식의 종류와 수를 기재한 서면으로 회사에 대하여 자기가 소유하고 있는 주식의 매수를 청구할 수 있다(제360조의5 제1항).

이러한 주식매수청구에 대하여 회사는 **매수청구기간이 종료하는 날부터 2개월 이내**에 그 주식을 매수하여야 하는데(제360조의5 제3항, 제374조의2 제2항), 매수가격은 원칙적으로 주주와 회사간의 협의에 의하여 정하여지고, 예외적으로 이러한 협의가 이루어지지 아니한 경우에는 회사 또는 주식매수를 청구한 주주는 법원에 대하여 매수가액의 결정을 청구할 수 있다(제360조의5 제3항, 제374조의2 제2항 내지 제5항).

(3) 주식교환계약서 등의 사전공시

각 당사회사의 이사는 이를 승인하는 주주총회의 회일의 2주 전부터 주식교환의 날 이후 6월이 경과하는 날까지 (i) 주식교환계약서, (ii) 완전모회사가 되는 회사가 주식교환을 위하여 신주를 발행하거나 자기주식을 이전하는 경우에는 완전자회사가 되는 회사의 주주에 대한 신주의 배정 또는 자기주식의 이전에 관하여 그 이유를 기재한 서면, (iii) 주식교환을 승인하는 주주총회의 회일 전 6월 내의 날에 작성한 각 회사의 최종 대차대조표 및 손익계산서를 본점에 비치하여야 한다(제360조의4 제1항). 주주는 영업시간 내에 이러한 서류를 열람 또는 등사를 청구할 수 있다(제360조의4 제2항, 제391조의3 제3항). 이 경우 완전모회사는 자본금이 증가하므로 회사채권자를 해할 염려가 없고 또한 완전자회사는 주주만이 변동되는 것이므로 회사채권자를 해할 염려가 없기 때문에 **회사채권자에게는 이러한 서류의 열람권이 없다.**

주식교환계약서 등을 사전에 공시하도록 한 것은 주주가 주주총회에서 주식교환의 가부·주식교환조건의 당부 및 주식매수청구권의 행사여부 등을 판단할 수 있도록 하기 위한 것이고, 이의 공시기간을 주식교환의 날 이후 6월이 경과하는 날까지 공시하도록 한 것은 주식교환무효의 소의 제소기간(제360조의14 제1항)과 일치시킨 것이다.

(4) 주권의 실권절차 등

주식교환의 경우 완전자회사는 이에 관한 주주총회의 승인결의가 있는 때에는 (i) 주식교환계약서에 대하여 주주총회가 승인결의를 한 뜻, (ii) 주식교환의 날의 전날까지 주권을 회사에 제출하여야 한다는 뜻과 (iii) 주식교환의 날에 주권이 무효가 된다는 뜻을 주식교환의 날 1월 전에 공고하고, 주주명부에 기재된 주주와 질권자에 대하여는 따로 그 통지를 하여야 한다(제360조의8 제1항). 이러한 완전자회사의 주권이 무효가 된다는 공고에 의하여 주권제출공고에 따라 제출된 주권 및 제출되지 않은 주권이 모두 무효가 되는 것이고, 주식교환의 날까지 제출되지 않은 주권은 완전모회사의 주권교부청구권을 표창하는 유가증권으로서의 성질을 갖는다. 이때 주권을 회사에 제출할 수 없는 자가 있는 때에는 회사는 그 자의 청구에 의하여 3월 이상의 기간을 정하고 이해관계인에 대하여 그 주권에 대한 이의가 있으면 그 기간 내에 제출할 뜻을 공고하고 그 기간이 경과한 후에 신주권을 청구자에게 교부할 수 있는데, 이러한 공고의 비용은 청구자의 부담으로 한다(제360조의8 제2항, 제442조). 주식의 포괄적 교환의 경우 완전자회사의 주식 1주에 대하여 완전모회사의 주식 1주를 교환할 수 없는 경우에는 단주처리의 절차를 밟아야 한다(제360조의11 제1항, 제443조).

(5) 완전모회사의 이사·감사의 임기

주식의 포괄적 교환에 의하여 완전모회사의 이사 및 감사로서 주식교환 전에 취임한 자는 주식교환계약서에 다른 정함이 있는 경우를 제외하고는 주식교환 후 최초로 도래하는 결산기에 관한 정기주주총회가 종료하는 때에 퇴임한다(제360조의13). 이러한 완전모회사의 이사·감사는 새로이 완전모회사의 주주가 된 완전자회사의 주주의 의사에 기하여 선임된 자가 아니므로, 이들 이사·감사는 주식교환 후 최초로 도래하는 결산기에 관한 정기 주주총회가 종료하는 때에 퇴임하는 것으로 한 것이다.

(6) 사후공시

주식교환을 하는 회사의 이사는 주식교환의 날부터 6월간 (i) 주식교환의 날, (ii) 주식교환의 날에 완전자회사에 현존하는 순자산액, (iii) 주식교환으로 인하여 완전모회사에 이전한 완전자회사의 주식의 수 및 (iv) 그 밖의 주식교환에 관한 사항을 기재한 서면을 본점에 비치하고(제360조의12 제1항), 주주의 영업시간 내의 열람 및 등사청구에 제공하여야 한다(제360조의12 제2항, 제391조의3 제3항). 이러한 사후공시는 주식교환절차가 적법하게 이행되었음을 간접적으로 담보하고 또한 주주가 주식교환무효의 소를 제기하기 위한 판단자료를 제공하기 위한 것이다.

3. 주식의 포괄적 교환의 효과

(1) 완전모회사의 자본금의 증가

완전모회사는 완전자회사의 주주에게 신주를 발행하여 교부하는 경우 완전모회사의 자본금은 이를 위하여 발행되는 신주의 총액면가액만큼 증가한다. 이때 완전모회사의 자본충실을 위하여 완전모회사의 자본금증가의 한도액을 상법은 규정하고 있다. ① 완전모회사의 자본금증가의 한도액은 주식교환의 날에 완전자회사에 현존하는 순자산액에서 (i) 완전자회사의 주주에게 제공할 금전이나 그 밖의 재산의 가액 및 (ii) 완전모회사가 신주발행에 갈음하여 완전자회사의 주주에게 자기주식을 이전하는 경우 이전하는 자기주식 장부가액의 합계액을 공제한 금액이다(제360조의7 제1항).

② 완전모회사가 주식교환 이전에 **완전자회사의 주식을 이미 소유하고 있는 경우**에는 완전모회사의 자본금증가의 한도액은 주식교환의 날에 완전자회사에 현존하는 순자산액에 그 회사의 발행주식총수에 대한 주식교환으로 인하여 완전모회사에 이전하는 주식의 수의 비율을 곱한 금액에서 (i) 완전자회사의 주주에게 지급할 금액 및 (ii) 신주발행에 갈음하여 완전모회사가 완전자회사의 주주에게 자기주식을 이전하는 경우 이전하는 주식의 회계 장부가액의 합계액을 공제한 금액이다(제360조의7 제2항). 위와 같은 완전모회사의 자본금증가의 한도액이 회사의 실제의 증가한 자본금을 초과한 경우에는 그 초과액을 자본준비금으로 적립하여야 한다(제459조 제1항).

그러나 무증자 주식교환도 당연히 허용된다. 인수회사가 신주발행을 하지 않고 자기주식으로 주식교환을 할 수도 있고(제360조의2 제2항), 법문이 자본금이 증가하지 않는 경우를 상정하고 있다(제360조의3 제3항 3호).

(2) 완전모자관계의 성립

완전자회사의 발행주식총수는 기존의 주주에 갈음하여 완전모회사가 소유하게 되므로 완전모자관계가 새로이 발생한다.

(3) 효력의 발생시기

주식교환의 효력은 주식교환을 할 날에 발생한다(제360조의3 제3항 6호). 인수회사의 변경등기는 효력발생과 무관하다.

4. 주식교환무효의 소

(1) 주식교환무효의 소의 절차

주식교환절차에 하자가 있는 경우에 **소송**만으로 주식교환무효를 주장할 수 있도록 하였다. 주식교환의 무효는 각 회사의 주주·이사·감사나 감사위원회의 위원 또는 청산인에 한하여 주식교환의 날로부터 6월 내에 소만으로 이를 주장할 수 있다(제360조의14 제1항). 주식배정비율이 현저하게 불공정한 경우에는 이는 주주에게는 손해가 되나 회사의 손해는 아니므로 주주나 감사는 이사의 위법행위유지청구권(제402조)을 행사할 수 없고, 다만 주식교환 무효의 소를 제기할 수 있을 뿐이다.

주식교환무효의 소는 완전모회사의 본점소재지의 지방법원의 관할에 전속한다(제360조의14 제2항). 주식교환무효의 소가 제기된 때에는 회사는 지체 없이 공고하여야 하고(제360조의14 제4항, 제187조), 수개의 주식교환무효의 소가 제기된 때에는 법원은 이를 병합심리하여야 한다(제360조의14 제4항, 제188조). 법원은 주식교환무효의 소의 심리 중에 원인이 된 하자가 보완되고 회사의 현황과 제반사정을 참작하여 이를 무효로 하는 것이 부적당하다고 인정한 때에는 무효의 청구를 기각할 수 있다(제360조의14 제4항, 제189조). 주주가 주식교환무효의 소를 제기한 때에는 법원은 회사의 청구에 의하여 상당한 담보를 제공할 것을 명할 수 있는데, 그 주주가 이사 또는 감사나 감사위원회의 위원이면 그러하지 아니하다(제360조의14 제4항, 제377조).

(2) 주식교환무효판결의 효과

주식교환무효판결이 확정된 경우에 본점과 지점의 소재지에 등기하여야 한다(제360조의14 제4항, 제192조). 주식교환무효의 판결은 원고와 피고뿐만 아니라 제3자에게 그 효력이 미치고(제360조의14 제4항, 제190조 본문), 장래에 대하여만 그 효력이 있다(제360조의14 제4항,

제431조 제1항). 이때 완전모회사는 지체 없이 그 뜻과 3월 이상의 기간 내에 교환된 완전 모회사의 신주권을 그 회사에 제출할 것을 공고하고 주주명부에 기재된 주주와 질권자에 대하여는 각별로 통지하여야 한다(제360조의14 제4항, 제431조 제2항). 무효판결이 확정된 때 에는 완전모회사는, 주식교환을 위하여 발행한 신주 또는 이전한 자기주식의 주주에 대하 여 그가 소유하였던 완전자회사의 주식을 이전하여야 한다(제360조의14 제3항).

주식교환무효의 소를 제기한 자가 패소한 경우에 악의 또는 중대한 과실이 있는 때에 는 회사에 대하여 연대하여 배상할 책임이 있다(제360조의14 제4항, 제191조).

Ⅲ. 주식의 포괄적 이전

1. 의   의

주식의 포괄적 이전이란 회사가 스스로 완전자회사가 되면서 완전모회사를 설립하는 하나의 방법으로, 완전자회사의 주주가 소유하는 그 회사의 주식은 주식이전에 의하여 설 립하는 완전모회사에 이전하고 그 완전자회사의 주주는 그 완전모회사가 주식이전을 위하 여 발행하는 주식의 배정을 받음으로써 그 완전모회사의 주주가 되는 것을 말한다(제360조 의15). 기존의 B회사의 총주주는 그들이 갖고 있는 B회사의 주식을 전부 새로이 설립하는 A회사에 이전하고 A회사가 설립시에 발행하는 주식을 배정받는 것을 말한다. 이러한 주 식의 포괄적 이전은 신설합병과 유사한 점이 있는데, 다만 완전자회사가 소멸되지 않고 존 속한다는 점이 다르다. 주식의 포괄적 이전은 어느 회사가 스스로 완전자회사가 되면서 완 전모회사를 새로이 설립하는 제도라는 점에서, 기존의 회사 사이에서 완전모자회사관계를 설정하는 주식의 포괄적 교환과 구별된다.

2. 주식의 포괄적 이전의 절차

(1) 주식이전계획서의 작성

회사(완전자회사)가 주식이전을 하고자 하면 먼저 주식이전계획서를 작성하여야 하는데, 이러한 주식이전계획서의 기재사항은 다음과 같다. ① 설립하는 완전모회사의 정관의 규정, ② 설립하는 완전모회사가 주식이전에 있어서 발행하는 주식의 종류와 수 및 완전자회사가 되는 회사의 주주에 대한 주식의 배정에 관한 사항, ③ 설립하는 완전모회사의 자본금 및 자본준비금에 관한 사항, ④ 완전자회사가 되는 회사의 주주에 대하여 지급할 금액을 정한 때에는 그 규정, ⑤ 주식이전을 할 시기, ⑥ 완전자회사가 되는 회사가 주식이전의 날까지 이익배당을 할 때에는 그 한도액, ⑦ 설립하는 완전모회사의 이사와 감사 또는 감사위원회 의 위원의 성명 및 주민등록번호, ⑧ 회사가 공동으로 주식이전에 의하여 완전모회사를 설립하는 때에는 그 뜻이 그것이다(제360조의16 제1항).

(2) 주주총회의 승인결의

1) 특별결의

주식이전을 위한 주주총회를 소집함에 있어서는 주주에게 사전에 이에 관한 사항을 알려주어 그 의결권행사 등을 위하여 관계서류 등을 열람할 수 있도록 하기 위하여 주주총회의 소집통지에는 일정한 사항을 기재하도록 하고 있다(제360조의16 제3항, 제360조의3 제4항). 회사는 이러한 주주총회의 소집통지에 (i) 주식이전계획서의 주요내용, (ii) 주주총회의 결의에 반대하는 주주가 행사할 주식매수청구권의 내용 및 행사방법과 (iii) 일방회사의 정관에 주식의 양도에 관하여 이사회의 승인을 요한다는 뜻의 규정이 있고 다른 회사의 정관에 그 규정이 없는 경우 그 뜻을 기재하여야 한다(제360조의16 제3항, 제360조의3 제4항). 주식이전의 경우에는 완전자회사로부터 주식이전계획서에 대하여 주주총회의 특별결의에 의한 승인을 얻어야 한다(제360조의16 제1항 후단 및 제2항).

2) 승인반대주주의 주식매수청구권

주식의 포괄적 이전에 관한 주주총회의 결의사항에 관하여 이사회의 결의가 있는 때에 그 결의에 반대하는 주주는 회사에 대하여 주식매수청구권을 행사할 수 있는데(제360조의22, 제360조의5), 이에 관하여는 주식의 포괄적 교환의 경우의 그것과 같다. 주식이전의 경우에도 완전자회사의 주주에게는 그의 지위에 중대한 변경을 가져오기 때문에 이에 반대하는 주주에게 주식매수청구권을 인정한 것이다.

(3) 주식이전계획서 등의 사전공시

완전자회사의 이사는 이를 승인하는 주주총회의 회일의 2주 전부터 (i) 주식이전계획서, (ii) 완전자회사의 주주에 대한 주식의 배정에 관하여 그 이유를 기재한 서면 및 (iii) 주식이전을 승인하는 주주총회의 회일 전 6월 내의 날에 작성한 완전자회사의 최종 대차대조표 및 손익계산서를 본점에 비치하여야 한다(제360조의17 제1항). 이는 완전자회사의 주주에게 주식이전조건의 적정성 여부·주주총회에서 주식이전의 승인 여부 및 주식이전무효의 소를 제기할 것인지 여부를 판단하기 위한 정보의 공시를 목적으로 한다. 주주는 영업시간 내에 이러한 서류를 열람 또는 등사할 수 있는데(360조의17 제2항, 제391조의3 제3항), 이는 주식교환의 경우와 같다.

(4) 단주처리 등의 절차

주식의 포괄적 이전의 경우 완전자회사의 주식 1주에 대하여 완전모회사의 주식 1주를 교환할 수 없는 경우에는 단주처리의 절차를 밟아야 하며(제360조의22, 제360조의11 제1항,

제443조), 완전자회사의 주식을 목적으로 하는 질권에는 물상대위와 회사에 대한 주권교부청구권이 인정된다(제360조의22, 제360조의11 제2항, 제339조, 제340조 제3항).

(5) 사후공시

주식의 포괄적 이전을 함에 있어서는 주식이전계획서 등을 사전공시하여야 함은 물론, 일정한 사항을 기재한 서면을 사후공시하여야 한다. 주식이전의 경우에도 주식교환의 경우와 같은 내용의 사후공시제도가 인정되어 있다(제360조의22, 제360조의12).

(6) 주권의 실효

주식이전의 결과 이전히ㄴ사 주주는 이전회사 주식 대신에 피이전회사 주식을 취득한다. 피이전회사는 이전회사 주식을 취득하지만 주권의 교부는 필요하지 않다. 그에 갈음하여 상법은 이전회사 주주가 보유하는 주구너을 실효시키는 절차를 규정한다(제360조의2). 이전회사는 주식이전의 승인결의가 있는 때에는 (i) 주식이전에 대하여 주주총회가 승인결의를 한 뜻, (ii) 1월을 초과하여 정한 기간내에 주권을 회사에 제출하여야 한다는 뜻, (iii) 주식이전의 날에 주권이 무효가 된다는 뜻을 공고하고 주주명부에 기재된 주주와 질권자에 대하여는 따로 그 통지를 하여야 한다(제360조의19 제1항).

이때 주권을 회사에 제출할 수 없는 자가 있는 때에는 회사는 그 자의 청구에 의하여 3월 이상의 기간을 정하고 이해관계인에 대하여 그 주권에 대한 이의가 있으면 그 기간내에 제출할 뜻을 공고하고 그 기간이 경과한 후에 신주권을 청구자에게 교부할 수 있는데, 이러한 공고의 비용은 청구자의 부담으로 한다(제360조의19 제2항, 제442조). 주식의 포괄적 교환의 경우 완전자회사의 주식 1주에 대하여 완전모회사의 주식 1주를 교환할 수 없는 경우에는 단주처리의 절차를 밟아야 한다(제360조의22, 제366조의11 제1항, 제443조).

3. 주식의 포괄적 이전의 효과

(1) 완전모회사의 설립

완전자회사의 주주는 자기의 주식을 완전모회사에 이전하여 완전모회사를 설립하고 그 완전모회사가 주식이전을 위하여 발행하는 주식의 배정을 받음으로써 그 완전모회사의 주주가 되므로(제360조의15), 완전모회사가 설립된다. 완전모회사의 신주가 완전자회사의 주주에게 배정되는 것도 일방적 청약과 배정의 절차에 의한 것이 아니라 상법 규정에 의한 것이다(제360조의15 제2항). 신주배정에 관한 사항은 주식교환계약서에 기재하여 주주총회 승인을 받으면 되고 별도의 배정행위가 필요한 것은 아니다.

이때 설립한 완전모회사는 본점의 소재지에서 2주 내에 또한 지점의 소재지에서는 3주 내에 설립등기사항을 등기하여야 한다(제360조의20). 주식이전은 이 등기를 함으로써 그 효력이 발생하므로(제360조의21), 완전모회사는 그 등기한 때 성립한다. 주식이전에 의하여 설립되는 완전모회사의 자본금은 주식이전의 날에 완전자회사가 되는 회사에 현존하는 순자산액에서 그 회사의 주주에게 지급할 금액을 정한 때에는(제360조의16 제1항 제4호) 그 금액을 공제한 액을 한도로 하여야 하는데(제360조의18), 이는 완전모회사의 자본충실을 기하기 위한 것이다.

(2) 완전모자관계의 성립

완전자회사의 발행주식총수는 신설된 완전모회사가 소유하게 되므로(제360조의15) 완전모자관계가 성립한다.

(3) 효력의 발생시기

주식이전은 이전의 날이 아니라 피이전회사인 완전모회사의 본점 소재지에서 등기를 하여야 그 효력이 발생한다(제360조의21). 주식교환과는 달리 주식이전의 경우에는 회사의 설립이 필요하기 때문에 효력발생시기가 등기시점이 된다.

4. 주식이전무효의 소

주식이전절차에 하자가 있는 경우에 각 회사의 주주·이사·감사나 감사위원회의 위원 또는 청산인은 주식이전의 날로부터 6월 내에 소만으로 이를 주장할 수 있는데(제360조의23 제1항), 이 소는 완전모회사의 본점소재지의 지방법원의 관할에 전속한다(제360조의23 제2항). 주식이전을 무효로 하는 판결이 확정된 때에는 완전모회사는 주식이전을 위하여 발행한 주식의 주주에 대하여 그가 소유하였던 완전자회사의 주식을 이전하여야 한다(제360조의23 제3항). 이때 완전모회사는 해산에 준하여 청산하여야 하고, 청산인은 주주 기타 이해관계인의 청구에 의하여 법원이 선임할 수 있다(제360조의23 제4항, 제193조). 그 이외 무효판결의 효과 등은 주식교환무효의 소의 경우와 같다(제360조의23 제4항).

제 5 절 지배주주에 의한 소수주식의 전부 취득

2011년 개정으로 지배주주가 영세한 주주들을 상대로 그 보유주식의 매도를 청구할 수 있는 제도, 반대로 소수주주들이 지배주주를 상대로 자신이 보유하는 주식의 매수를 청구할 수 있는 제도를 신설하였다. 지배주주의 매도청구는 발행주식 전부를 1인의 소유로 하여 회사지배의 효율화를 도모하기 위한 것이고, 소수주주의 매도청구는 회사지배에 있어 무의미한 주식의 처분을 쉽게 하고자 하는 것이다.

Ⅰ. 지배주주의 매도청구권

1. 의   의

회사의 발행주식총수의 100분의 95 이상을 자기의 계산으로 보유하고 있는 주주(지배주주)는 회사의 경영상 목적을 달성하기 위하여 필요한 경우에는 회사의 다른 주주(소수주주)에게 그 보유하는 주식의 매도를 청구할 수 있다(제360조의24 제1항). 이러한 지배주주의 매도청구가 있게 되면 소수주주는 매도할 의무를 부담하므로(제360조의24 제6항) 일종의 형성권이다. 지배주주가 매도청구권을 행사하면 소수주주는 2개월 이내에 지배주주에게 주식을 매도하여야 하므로(제360조의24 제6항), 소수주주는 축출되는 결과가 된다. 이러한 점에서 이 제도는 헌법상 보장된 재산권(헌법 제23조 제1항)과 자기결정권(헌법 제10조)에 대한 침해가 우려되고, 지배주주를 우대하는 결과가 되어 평등의 원칙에도 반하는 것 등이 문제로 지적된다. 판례는 그 의의에 대하여 지배주주가 소수주주에게 공정한 가격을 지급한다면, 일정한 요건하에 발행주식 전부를 지배주주 1인의 소유로 할 수 있도록 함으로써 회사 경영의 효율성을 향상시키고자 한 제도라 한다.[47]

2. 매도청구의 요건

(1) 매도청구의 당사자

1) 매도청구권자(지배주주)

회사의 발행주식총수의 100분의 95 이상을 자기의 계산으로 보유하고 있는 주주이다. 그 보유주식의 수를 산정할 때에는 모회사와 자회사가 보유한 주식을 합산하고, 이 경우 회사가 아닌 주주가 발행주식총수의 100분의 50을 초과하는 주식을 가진 회사가 보유하는 주식도 그 주주가 보유하는 주식과 합산한다(제360조의24 제2항). 예컨대 회사가 아닌 자연인 甲이 A회사 주식 50%를 초과하는 주식을 보유하고 A회사가 B회사의 모회사인 경우 甲, A, B의 보유주식을 모두 합산한다는 뜻이다.

지배주주는 명의는 불문하고 자기의 계산으로 보유하는 것으로 족하다. '자기의 계산'에 의한 보유는 누구의 명의이든지 주식의 보유나 매매 등으로 인한 경제적 손익이 본인에게 귀속되는 것을 말한다.

지배주주는 '발행주식총수의 100분의 95 이상'을 자기의 계산으로 보유하고 있는 주주를 말한다. **발행주식총수를 산정함에 있어서** 자기주식까지 포함하는 경우에는 자기주식 규모가 큰 회사의 경우 대주주가 매도청구를 하는 길이 실질적으로 봉쇄되는 문제도 있다.

---

47) 대법원 2020.6.11. 선고 2018다224699 판결.

자기주식을 포함한 의결권 없는 주식을 포함할 것인지가 문제된다. 이에 대하여는 자기주식은 본질적으로 미발행주식이므로 발행주식총수에서 제외된다는 제외설, 특정목적에 의하여 취득한 자기주식은 제외하고 배당재원에 의하여 취득한 자기주식은 포함시키는 절충설 등이 있으나, **판례는 발행주식수에 포함된다**고 하였다.[48] 법문이 자기주식을 포함하여 의결권 없는 주식을 발행주식총수에 배제하지 않고 있고, 지배권 여부를 반드시 의결권 있는 주식으로 한정할 필요가 없다는 점에서 판례가 타당하다. 판례는 한 걸음 나아가, 상법 제360조의24 제2항은 보유주식의 수를 산정할 때에는 모회사와 자회사가 보유한 주식을 합산하도록 규정할 뿐 자회사가 보유한 자기주식을 제외하도록 규정하고 있지 않으므로 자회사가 보유하고 있는 자기주식은 모회사의 보유주식에 합산되어야 한다고도 하였다.[49]

2) 매도청구의 상대방

주식매도청구의 상대방은 회사의 발행주식총수의 100분의 5 미만의 주식을 보유하고 있는 주주이다(제360조의24 제1항). 이 경우 주식평등의 원칙상 해당 소수주주 전원에 대하여 매도청구권을 행사하여야 할 것이다. 판례도 지배주주가 본 조항에 따라 매도청구권을 행사할 때에는 반드시 소수주주가 보유하고 있는 주식 전부에 대하여 권리를 행사하여야 한다고 판시한다.[50]

(2) 주주총회의 승인 등

매도청구를 할 때에는 미리 주주총회의 승인을 받아야 한다(제360조의24 제3항). 주주총회의 소집을 통지할 때에는 지배주주의 회사 주식의 보유 현황, 매도청구의 목적, 매매가액의 산정 근거와 적정성에 관한 공인된 감정인의 평가, 매매가액의 지급보증에 관한 사항을 적어야 하고, 매도를 청구하는 지배주주는 주주총회에서 그 내용을 설명하여야 한다(제360조의24 제4항).

그런데 95%의 주식을 가진 주주가 매도청구하는 것이므로 주주총회의 승인이라는 이 요건은 무의미한 것으로 보인다. ① 95% 이상의 주식을 가진 주주가 매도청구하는 것이므로 그 주주총회 결의는 당연히 가결될 것이어서 무의미하고, 만약 ② 매도청구하는 주주를 특별이해관계인으로 분류한다면(제368조 제3항), 나머지 5% 이하만으로는 보통결의 자체도 성립할 수 없게 되므로 가결이 불가능하게 된다. 따라서 **주주총회결의의 요건은 폐지하는**

48) 대법원 2017.7.14. 자 2016마230 결정.
49) 대법원 2017.7.14. 자 2016마230 결정. 이 판례에서 95% 산정시 모회사와 자회사가 보유한 주식을 합산함에 있어 자회사가 보유하고 있는 자기주식은 모회사의 보유주식에 합산되어야 한다고 하였다. A회사가 B회사의 84.96%를, B회사가 자기주식으로 13.14%를 각 보유하고 있고 이를 합산하면 98.1%가 되므로 A회사는 B회사의 지배주주에 해당한다고 판단하였다.
50) 대법원 2020.6.11. 선고 2018다224699 판결.

것이 타당하다.[51]

지배주주는 매도청구의 날 1개월 전까지 소수주주는 매매가액의 수령과 동시에 주권을 지배주주에게 교부하여야 한다는 뜻과 교부하지 아니할 경우 매매가액을 수령하거나 지배주주가 매매가액을 공탁한 날에 주권은 무효가 된다는 뜻을 공고하고, 주주명부에 적힌 주주와 질권자에게 따로 그 통지를 하여야 한다(제360조의24 제5항).

(3) 경영상 목적

경영상 목적을 달성하기 위한 것이어야 한다(제360조의24 제1항). 경영상의 목적이라는 용어는 신주 등을 제3자에게 배정하기 위한 요건(제418조 제2항 단서, 제513조 제3항)과 동일한 표현이어서, 원칙적으로는 같은 뜻으로 해석하여야 한다. 그러나 이 제도 도입의 취지가 지배주주의 회사지배비용을 낮추기 위한 것이라고 한다면, 경영상 목적을 신주발행시 등과 동일하게 해석하는 경우 그 의의가 전혀 없을 수도 있다. 입법론으로는 '경영상 목적'에 갈음하여 다른 요건으로 정하는 것이 타당하다.

3. 매도청구의 효과

(1) 소수주주의 매도의무

지배주주의 매도청구를 받은 소수주주는 매도청구를 받은 날부터 2개월 내에 지배주주에게 그 주식을 매도하여야 한다(제360조의24 제6항). 2월 이내에 매도가액을 협의결정하여 매매계약을 체결하여야 한다는 해석[52]이 있으나, 반대주주의 주식매수청구권과 동일하게 해석한다면[53] 이는 타당하지 않다.

(2) 매도가격의 결정

주식의 매매가액은 매도청구를 받은 소수주주와 매도를 청구한 지배주주 간의 협의로 결정한다(제360조의24 제7항). 그런데 매도청구를 받은 날부터 30일 내에 매매가액에 대한 협의가 이루어지지 아니한 경우에는 매도청구를 받은 소수주주 또는 매도청구를 한 지배주주는 법원에 매매가액의 결정을 청구할 수 있다(제360조의24 제8항). 법원이 주식의 매매가액을 결정하는 경우에는 회사의 재산상태와 그 밖의 사정을 고려하여 공정한 가액으로 산정하여야 한다(제360조의24 제9항).

(3) 주식의 이전

주식은 매매가액이 지급된 때에 이전된 것으로 본다(제360조의26 제1항). 소수주주를 알

---

51) 최준선, 754면.
52) 정찬형, 805면.
53) 대법원 2011.4.28. 선고 2010다94953 판결 등.

수 없거나 소수주주가 수령을 거부할 경우에는 지배주주는 그 가액을 공탁할 수 있다. 이 경우 주식은 공탁한 날에 지배주주에게 이전된 것으로 본다(제360조의26 제2항). 이때 공탁할 매매가액은 지배주주가 일방적으로 산정하여 제시한 가액이 아니라 소수주주와 협의로 결정된 금액 또는 법원이 상법 제360조의24 제9항에 따라 산정한 공정한 가액을 본다.[54]

Ⅱ. 소수주주의 주식매수청구권

1. 의 의

지배주주가 있는 회사의 소수주주는 언제든지 지배주주에게 그 보유주식의 매수를 청구할 수 있다(제360조의25 제1항). 여기서의 주식매수청구권은 그 상대방이 회사가 아니라 지배주주이고, 사전의 통지를 요하지 않는다는 점에서 영업양도 등에 의한 주주총회의 특별결의시에 그 결의에 반대하는 주주에게 인정되는 주식매수청구권(제335조의6, 제360조의5, 제360조의22, 제374조의2, 제522조의3, 제530조의11 제2항)과 구별된다. 소수주주가 주식매수청구권을 행사하는 경우 지배주주는 매수의무를 부담하므로(제360조의25 제2항) 형성권의 일종이다.

2. 요 건

(1) 매수청구의 당사자

매수청구권자는 회사의 **발행주식총수의 100분의 5 미만을 보유한 주주**이다. 발행주식총수의 100분의 95 이상을 자기의 계산으로 보유하고 있는 지배주주가 있는 회사의 다른 주주이다(제360조의25 제1항). 매수청구의 상대방은 **지배주주**이다(제360조의25 제1항).

(2) 기타 요건

지배주주의 매도청구와는 달리 **언제든지** 매수를 청구할 수 있다. 지배주주의 매도청구와는 달리 어떠한 전제요건이 필요 없다.

3. 효 과

(1) 지배주주의 매수의무

매수청구를 받은 지배주주는 매수를 청구한 날을 기준으로 2개월 내에 매수를 청구한 주주로부터 그 주식을 매수하여야 한다(제360조의25 제2항). 2개월의 의미는 위에서와 같이

---

54) 대법원 2020.6.11. 선고 2018다224699 판결.

매수대금 지급의무의 이행기가 된다.

(2) 매수가격의 결정

매수청구를 받은 날부터 30일 내에 제360조의25 제3항의 매매가액에 대한 협의가 이루어지지 아니한 경우에는 매수청구를 받은 지배주주 또는 매수청구를 한 소수주주는 법원에 대하여 매매가액의 결정을 청구할 수 있다(제360조의25 제4항). 법원이 주식의 매매가액을 결정하는 경우에는 회사의 재산상태와 그 밖의 사정을 고려하여 공정한 가액으로 산정하여야 한다(제360조의25 제5항).

Ⅲ. 주식의 이전시기

지배주주의 매도청구나 소수주주의 매수청구로 지배주주가 주식을 취득하는 경우 그 주식의 이전시기는, 지배주주가 **매매가액을 소수주주에게 지급한 때**로 본다(제360조의26 제1항). 이때 그 매매가액을 지급할 소수주주를 알 수 없거나 소수주주가 수령을 거부할 경우에는 지배주주는 그 가액을 공탁할 수 있고, 주식은 공탁한 날에 지배주주에게 이전된 것으로 본다(제360조의26 제2항). 이는 주식의 양도는 주권의 교부에 의한다는 원칙(제336조 제1항)에 대한 중대한 예외가 되어, 법률규정에 의한 이전으로서 주권의 교부를 요하지 않는다.

그런데 여기서 매매가액의 의미를 소수주주와 합의되거나 법원에 의해 결정된 확정가액으로 볼 것인지 지배주주가 합리적 절차를 거쳐 제시한 제시가액으로 볼 것인지 견해의 대립이 있다. 판례는 '매매가액'은 지배주주가 일방적으로 산정하여 제시한 가액이 아니라 소수주주와 협의로 결정된 금액 또는 법원이 상법 제360조의24 제9항에 따라 산정한 공정한 가액으로 보아야 한다고 판시한다.[55] 지배주주의 매도청구권이 전적으로 지배주주의 자유재량에 의해 정해지고, 소수주주의 의사와 무관하다는 점에서 소수주주 보호장치가 필요하고 그 방법으로 '적정한 주식가액'을 보장받을 수 있도록 하여야 한다는 점에서 판례가 타당하다.

---

55) 대법원 2020.6.11. 선고 2018다224699 판결(대상판결의 사안은 회사의 지배주주가 상법 제360조의24에 따라 소수주주인 원고들을 상대로 주식매도청구권을 행사하면서 가격 협의 없이 일정한 금액을 공탁한 상황에서 원고들에 대한 소집통지 없이 주주총회가 개최되어 결의가 이루어지자 원고들이 회사를 상대로 주주총회 취소사유를 주장하면서 이 사건 소를 제기한 경우이다).

제3편

상법상의 다른 회사들

제 1 장
합명회사

제 1 절 총 설

I. 의 의

합명회사는 2인 이상의 무한책임사원으로만 구성되는 회사로서 인적회사의 전형적 형태이다. 합명회사는 사원이 회사의 채권자에 대하여 직접·연대·무한의 책임을 진다. 사원이 무거운 책임을 지기 때문에 제3자에게 경영을 맡기는 것은 어렵고 사원이 직접 회사를 경영하고 회사를 대표한다. 또한 사원이 누구인지가 대단히 중요하므로 지분의 양도는 다른 사원의 동의가 있어야 하며, 기본적 사항의 결정에 있어 총사원의 동의가 요구된다.

II. 조합으로서의 성질

합명회사는 자본금의 결합이라기보다는 인적 결합의 형태로서 사원의 개성이 강하고 회사의 채권자에 대하여 무한책임을 부담하므로 주식회사와는 전혀 다른 성질의 것이다. 따라서 비록 합명회사가 법인으로 규정되어 있기는 하나(제169조), 그 경제적 실질은 조합이라 할 수 있어 내부관계에 있어서는 민법의 조합에 관한 규정이 준용된다(제195조). 상법 제195조에 비추어 볼 때, **합명회사의 내부관계에 관한 상법 규정은 원칙적으로 임의규정이고, 정관에서 상법 규정과 달리 정하는 것이 허용된다.** 그리고 합명회사의 정관에서 내부관계에 관하여 상법과 달리 정한 경우, 해당 정관규정이 관련 상법 규정의 적용을 배제하는지는 해당 정관규정의 내용, 관련 상법 규정의 목적, 합명회사의 특징 등 여러 사정을 종합적으로 고려하여 판단하여야 한다.[1]

---

1) 대법원 2015.5.29. 선고 2014다51541 판결.

제 2 절 설 립

I. 의 의

합명회사의 설립은 자본형성의 절차 없이도 정관작성과 설립등기만으로 가능하기 때문에 설립절차가 간단하다. 사원의 출자의무의 이행이라는 절차가 필요 없이 정관의 작성만으로 회사의 실체가 형성되고, 이어 설립등기만으로 설립이 가능하다.

II. 설립절차

1. 정관작성

2인 이상이 공동으로 정관을 작성하여야 한다(제178조). 그 정관에는 절대적 기재사항을 기재하고 총사원이 기명날인 또는 서명하여야 한다(제179조). 정관이 작성되면 사원과 출자 및 기관이 확정되어 회사재산의 확보라는 절차 없이도 그 실체의 형성절차가 완료된다. 즉 회사재산의 확보라는 절차 없이도 정관작성만으로 사원과 출자 및 기관이 확정된다. 다만, 회사는 다른 회사의 무한책임사원이 되지 못하기 때문에(제173조), **자연인에 한하여 사원이 될 수 있다.**

(1) 절대적 기재사항

제179조에 따라 정관에 반드시 기재해야 하는 사항으로는 목적, 상호, 사원의 성명·주민등록번호 및 주소, 사원의 출자의 목적과 가격 또는 평가의 표준, 본점의 소재지, 정관의 작성연월일 등이다. 여기서 주의할 점은 사원의 출자목적이 금전 또는 현물에 한하지 않고 **노무와 신용의 출자도 가능하다**는 점이다. 이는 주식회사 등의 물적회사에서는 금전출자와 현물출자가 가능한 것이고 보면, 물적회사와의 큰 차이점이 된다.

(2) 상대적 기재사항

상대적 기재사항이란 정관에 반드시 기재해야 하는 것은 아니나, 그 법률상 효력을 가지기 위해서 정관에 기재하여야만 하는 사항을 말하는 것이다. 사원의 업무집행권의 제한(제200조 제1항), 대표사원(제207조), 공동대표(제208조 제1항), 사원의 퇴사사유(제218조 제1호), 퇴사한 사원에 대한 지분환급의 제한(제222조), 임의청산(제247조) 등이 있다.

2. 설립등기

합명회사는 본점소재지에서 설립등기를 함으로써 성립한다(제172조). 설립등기시의 등기사항은 제180조에서 규정하고 있다. ① 회사의 목적, 상호, 사원의 성명·주민등록번호 및 주소(다만, 회사를 대표할 사원을 정한 때에는 그 외의 사원의 주소를 제외한다), 본점의 소재지와 지점을 둔 때에는 그 소재지, ② 사원의 출자의 목적, 재산출자에는 그 가격과 이행한 부분, ③ 존립기간 기타 해산사유를 정한 때에는 그 기간 또는 사유, ④ 회사를 대표할 사원을 정한 경우에는 그 성명·주소 및 주민등록번호, ⑤ 수인의 사원이 공동으로 회사를 대표할 것을 정한 때에는 그 규정 등이다. 설립등기사항의 변경, 지점의 설치, 본·지점의 이전의 등기에 관한 사항은 제181조 내지 제183조에서 규정하고 있다. 또한 사원의 업무집행을 정지하거나 직무대행자를 선임하는 가처분을 하거나 그 가처분을 변경·취소하는 경우에는 본점 및 지점이 있는 곳의 등기소에서 이를 등기하여야 한다(제183조의2).

Ⅲ. 설립의 무효와 취소

합명회사의 설립의 하자에는 설립무효의 소와 설립취소의 소가 모두 인정된다(제184조 내지 제193조). 설립무효 또는 취소의 판결이 확정된 경우에 그 무효나 취소의 원인이 특정한 사원에 한한 것인 때에는 다른 사원 전원의 동의로써 회사를 계속할 수 있고(제194조 제1항), 그 무효 또는 취소의 원인이 있는 사원은 퇴사한 것으로 본다(제194조 제2항).

사원의 개성이 중시되는 이유에서 사원 개인의 주관적 하자로 회사 설립이 취소 또는 무효로 될 수 있다는 점은 주식회사와 큰 차이점이다.

제 3 절 내부관계

Ⅰ. 사원의 출자

1. 출자의 의의

사원이 회사의 목적을 달성하기 위하여 사원의 자격에서 회사재산을 구성하는 금전 기타 재산을 회사에 제공하는 것을 말한다(제179조 제4호, 제195조, 민법 제703조). 합명회사에는 회사재산의 확보가 중요하지 않고 따라서 출자의 목적도 재산에 한정할 필요가 없으므로 노무나 신용의 출자가 가능하다. 사원은 반드시 출자하여야 하고, 정관의 규정에 의하여도 이에 반하여 정할 수 없다. 출자의무 및 그 범위는 정관에 의하여 확정되며, 따라서 출자의 변경은 정관변경절차에 의하여야 한다.

2. 출자의 종류

합명회사 사원은 무한책임을 지기 때문에 합명회사 출자의 목적에는 노무와 신용이 인정된다는 점이 특징이다. 다만 이는 정관에 그 뜻과 평가의 표준을 정한 경우에 할 수 있다(제179조 제4호). ① **재산출자**로서 사원은 원칙적으로 금전출자를 하여야 하나, 현물출자도 할 수 있다. 현물출자의 목적으로는 동산이나 부동산 등은 물론 영업상의 비결 등도 가능하다. ② **노무출자**로서 사원이 회사를 위하여 노무를 출자하는 것이다. 이 노무는 정신적이든 육체적이든, 임시적이든 계속적이든 불문한다. ③ **신용출자**로서 사원이 회사를 위하여 인적 담보 등을 제공하는 등은 사원 자신의 신용을 이용하게 하는 출자이다.

3. 출자의 이행

(1) 출자이행 시기

출자의무는 사원의 자격에 기한 의무이므로 사원이 회사의 설립 또는 입사에 의하여 발생하고 사원자격의 상실과 동시에 소멸한다. 그런데 출자의무가 생겨났다고 하여 곧바로 출자의무를 이행할 필요는 없다. 회사가 출자의무의 이행을 최고하지 않는 한 사원이 설립시 또는 입사시 즉시 출자의무를 이행하여야 하는 것은 아니다. 출자이행의 시기는 정관규정이 있는 경우에는 그에 의하고, 규정이 없는 경우에는 통상의 업무집행 방법에 따라 사원이 정할 수 있다. 설립등기와 동시에 이행기가 도래한다고 볼 것은 아니다.[2]

(2) 출자이행 방법

출자이행의 방법은 금전출자, 노무출자, 신용출자 등 출자의 종류에 따라 다르다. 사원이 현물출자를 하는 경우에는 이에 대하여 위험부담·하자담보책임도 부담한다(제195조). 특히, 채권을 출자의 목적으로 한 사원은 그 채권이 변제기에 변제되지 아니한 때에는 그 채권액을 변제할 책임이 있으며, 이 경우 사원은 회사에 이자를 지급하는 외에 이로 인하여 생긴 손해를 배상하여야 한다(제196조).

(3) 출자의무 불이행

사원이 회사의 최고에도 불구하고 출자의무를 이행하지 않는 경우 채무불이행의 일반적 효과가 발생하고(민법 제387조 이하), 제명(제220조 제1항 제1호)이나 업무집행권(제205조 제1항) 또는 대표권의 상실원인(제216조)이 된다.

---

2) 정찬형, 539면.

II. 업무집행

1. 업무집행기관

(1) 취 득

합명회사의 업무집행기관은 원칙적으로 각 사원이다(제200조 제1항). 각 사원이 별도의 선임절차가 없이 당연히 업무집행기관이 되므로 '자기기관(自己機關)'이라 한다. 그리고 회사는 어떠한 경우에도 정관이나 총사원의 동의로도 사원 아닌 자에게 업무집행을 맡길 수 없다.[3]

예외적으로 ① 정관으로 사원의 1인 또는 수인을 업무집행사원으로 정한 때에는 그 사원이 회사의 업무를 집행할 권리와 의무가 있다(제201조 제1항). 이는 사원이 각자 또는 다수결로 업무집행을 하는 것이 효율적이지 못할 때 정관으로 업무집행사원을 두도록 한 것이다. ② 또한 정관으로 수인의 사원을 공동업무집행사원으로 정할 수 있다(제202조). 이 경우 공동업무집행사원 전원의 동의가 없으면 업무집행에 관한 행위를 하지 못하나, 다만 지체할 염려가 있는 때에는 그러하지 아니하다. 이는 업무집행사원의 집행권 남용을 막기 위한 제도이다.

(2) 상 실

상법상 합명회사의 사원 또는 업무집행사원의 업무집행권한을 상실시키는 방법으로는 다음의 두 가지가 있다.[4] ① 첫째, 상법 제195조에 의하여 준용되는 민법 제708조에 따라 법원의 선고절차를 거치지 않고 **총사원이 일치하여 업무집행사원을 해임**함으로써 권한을 상실시키는 방법이다. ② 둘째, 상법 제205조 제1항에 따라 다른 사원의 청구에 의하여 **법원의 선고로써 권한을 상실**시키는 방법이다. 이 방법은 정관에서 명시적으로 상법 제205조 제1항의 적용을 배제하고 있지 않는 한 업무집행권한 상실과 관련하여 상법이 부여한 사원의 권리로서 확보된다.[5] 사원이 업무를 집행함에 현저하게 부적임하거나 중대한 의무에 위반한 행위가 있는 때에는 법원은 사원의 청구에 의하여 업무집행권한의 상실을 선고할 수 있도록 하여(제205조 제1항), 예외적으로 법원이 사원의 업무집행권을 상실시킬 수 있도록 하였다. 업무집행사원에 대하여 그 업무집행이 정지 및 직무대행자를 선임하는 가처분이 있으면 법원의 허가를 얻거나 가처분명령에 다른 정함이 있는 경우 외에는 법인의 통상업무에 속하지 아니한 행위를 하지 못한다(제183조의2, 제200조의2).

---

3) 정찬형, 540면. "제3자기관은 인정되지 않는다."
4) 대법원 2015.5.29. 선고 2014다51541 판결.
5) 대법원 2015.5.29. 선고 2014다51541 판결.

상법 제205조 제1항에 의한 두 번째의 방법이 첫 번째의 방법인 민법 제708조의 준용을 배제한다고 보기 어렵다. 따라서 정관에서 달리 정하고 있지 않는 이상, 합명회사의 사원은 두 가지 방법 중 어느 하나의 방법으로 다른 사원 또는 업무집행사원의 업무집행권한을 상실시킬 수 있다.

2. 업무의 집행

(1) 의사결정

합명회사에서는 주식회사와는 달리 **사원총회를 필수적인 기관으로 정하고 있지 않다.** 따라서 사원의 의사결정이 요구되는 경우에도 회의를 소집할 필요가 없이 사원의 의사를 파악하는 것으로 충분하다.[6] 그리고 사원총회가 개최되는 경우에도 그 하자를 다투는 방법이 상법에 규정되어 있지 아니하므로, **일반적인 무효확인의 소를 제기하여야 한다.**[7]

사원의 의결권은 1인 1의결권에 의한다.[8] 그리고 보통의 의사결정은 의결권의 과반수로 정하는 것이 원칙이나(제195조, 민법 제706조 제2항), 중대한 사안에서는 총사원의 동의를 요한다(제197조, 제204조, 제227조 제2호 등).

(2) 방 법

사원은 각자 독립하여 회사의 업무를 집행한다. 그런데 각 사원의 업무집행에 관한 행위에 대하여 다른 사원의 이의가 있는 때에는 곧 행위를 중지하고 총사원 과반수의 결의에 의하여야 한다(제200조 제2항). 정관으로 업무집행사원을 정한 경우 원칙적으로 각 업무집행사원은 독립하여 회사의 업무를 집행할 수 있다(제201조 제1항). 이 경우 그 각 사원의 업무집행에 관한 행위에 대하여 다른 업무집행사원의 이의가 있는 때에는 곧 그 행위를 중지하고 업무집행사원 과반수의 결의에 의하여야 한다(제201조 제2항). 그리고 공동업무집행사원을 정하여 둔 경우 공동으로만 업무집행을 할 수 있도록 정한다(제202조). 다만 지체할 염려가 있는 때에는 단독으로 할 수 있다(제202조 단서).

업무집행사원을 둔 경우라 하더라도 지배인의 선임은 영업주에 갈음하여 영업에 관한 모든 대리권을 가지는 중요한 지위에 있기 때문에 총사원의 과반수로 정하도록 하고 있다(제203조).

---

6) 대법원 1995.7.11. 선고 95다5820 판결.
7) 대법원 1991.6.25. 선고 90다14058 판결.
8) 지분단일주의(持分單一主義)라 한다. 두수주의(頭數主義)라고도 하는데, 출자금액의 크기에 상관없이 사원이면 원칙적으로 1인이 1개의 의결권을 갖는다. 인적회사의 지분은 지분단일주의(또는 두수주의)인 반면, 주식회사의 주식과 유한회사의 지분은 지분복수주의로 구분된다.

(3) 감　사

각 사원이 모두 감사권을 가진다. 따라서 업무집행권이 없는 사원에게도 감사권이 인정된다. 합명회사에는 별도의 감사기관이 존재하는 것이 아니라, 각 사원이 감사권을 가지고 회사의 업무와 재산상태를 검사할 수 있다(제195조, 민법 제710조). 감사에 실패하는 경우 사원은 무한책임을 부담하므로, 사원은 감사권을 당연히 가지며 이는 정관으로도 배제할 수 없다(통설).

Ⅲ. 경업피지의무와 자기거래제한

1. 경업피지의무

합명회사의 사원은 다른 사원의 동의가 없으면 자기 또는 제3자의 계산으로 회사의 영업부류에 속하는 거래를 하지 못하며 동종영업을 목적으로 하는 다른 회사의 무한책임사원 또는 이사가 되지 못한다(제198조 제1항). 경업의 승인기관은 **다른 모든 사원**이다.

합명회사의 사원이 **경업금지의무를 위반**하는 경우 회사는 개입권과 손해배상청구권을 행사할 수 있고(제198조 제2항 내지 제4항), 다른 모든 사원의 과반수의 결의에 의하여 그 사원의 제명을 법원에 청구할 수 있다(제220조 제1항 제2호). 개입권의 행사는 다른 모든 사원의 과반수의 결의에 의하여 행사하고 다른 사원의 1인이 그 거래를 안 날로부터 2주간 내 또는 그 거래가 있은 날로부터 1년 내의 제척기간에 행사하여야 한다(제198조 제4항). 합명회사의 사원이 **겸직금지의무를 위반**한 경우 회사는 손해배상청구권과 함께 다른 모든 사원의 과반수의 결의에 의하여 그 사원의 제명을 법원에 청구할 수 있다(제220조 제1항 제2호). 그러나 개입권을 행사할 수는 없다.

또한 경업금지의무와 겸직금지의무 위반이 있는 경우 다른 사원은 해당 사원에 대하여 업무집행권 또는 대표권의 상실의 선고를 법원에 청구할 수 있다(제205조 제1항, 제216조).

2. 자기거래제한

합명회사 사원은 다른 모든 사원 과반수의 결의가 있는 때에 한하여 자기 또는 제3자의 계산으로 회사와 거래를 할 수 있다(제199조). 이에 위반한 경우 회사에 대하여 손해배상책임을 부담하고(제195조), 다른 사원의 청구에 의하여 법원으로부터 업무집행권 또는 대표권의 상실을 선고받을 수 있다(제205조, 제216조). 그러나 제명사유가 되지는 않는다(제220조 제1항 참조).

Ⅳ. 손익의 분배

합명회사의 사원은 무한책임을 지므로, **합명회사의 사원이 회사신용의 기초가 되고 주식회사에서와 같은 자본충실의 원칙이 없다.** 즉 채권자보호의 관점에서 자본금의 유지가 중요하지 않다는 점이다. 따라서 이익이 없는 경우에도 배당을 할 수 있고, 전 영업연도의 손실을 전보하지 않고도 이익배당을 할 수 있다. 요컨대 합명회사에서 손익의 분배에 관한 문제는 사원의 내부관계에 불과한 것으로 정관 또는 총사원의 동의에 의하여 정해지고, 만약 이도 없는 경우 민법의 조합의 규정에 의하여 정하여진다(제195조).

Ⅴ. 지   분

1. 의   의

합명회사의 지분은 사원의 지위 또는 사원권을 의미한다(제197조). 상법 제222조에서의 지분은 사원의 지위 또는 사원권을 평가한 계산상 금액의 의미로 사용되기도 하나, 합명회사의 지분은 사원권을 의미한다고 본다. 그런데 주식회사의 주식과는 달리 지분단일주의 (또는 두수주의)를 취하여, 각 사원이 1개의 지분을 가진다.

2. 지분의 양도

(1) 총사원의 동의

지분의 양도는 양도 당사자간의 계약에 의하는 것이지만, 그 효력을 발하기 위해서는 다른 모든 사원의 동의를 요한다(제197조). 사원 각자가 무한책임을 부담하므로 누가 사원인지의 여부는 모든 사원에게 중요한 사항이므로 엄격하게 제한하고 있다. 그러나 이러한 제한은 사원간의 문제에 불과하므로 정관으로써 완화하여 규정할 수 있다고 본다(통설).

(2) 방   법

합명회사 사원의 지분양도에 있어 다음의 점들이 문제된다.

① 합명회사의 사원은 1개의 지분을 가진다는 지분단일주의가 원칙인데, 지분의 일부양도가 가능한가 하는 점이다. 상법은 다른 사원의 동의로 지분의 전부 또는 일부를 타인에게 양도할 수 있도록 명문으로 인정한다(제197조). 이 경우 지분양수인이 사원이면 그 지분이 증가하고, 사원이 아니라면 사원의 지위를 취득하게 된다.

② 지분의 양도에 따른 사원 변경의 경우에 해당 사원의 성명, 주민등록번호와 주소는

정관의 절대적 기재사항(제179조 제3호)이므로 정관변경절차가 필요하게 된다. 따라서 지분양도에 의한 총사원의 동의 이외에 정관변경에 의한 총사원의 동의가 별도로 필요한 것인지 의문이 들 수 있다. 이때 결국은 같은 취지의 것으로 보아 지분양도에 관한 동의는 동시에 정관변경의 동의를 포함한 것으로 본다.

③ 지분의 양도를 선의의 제3자에게 대항하기 위해서는 제37조에 따라 지분양도에 따른 정관변경의 등기를 요한다.[9] 그리고 양도 사원은 등기 후 2년간 회사채권자의 보호를 위하여 등기 이전의 회사채무에 대하여 다른 사원과 동일한 무한책임을 진다(제225조 제2항).

3. 상 속

합명회사는 사원 사이의 인적 신뢰관계가 중요하므로 지분의 상속이 원칙적으로 인정되지 않는다. 사원의 사망은 퇴사원인이 되고(제218조 제3호), 상속인은 다만 지분의 환급을 받는다. 예외적으로 정관으로 지분을 상속할 수 있다고 정할 수 있다. 합명회사 정관으로 사원이 사망한 경우 그 상속인이 회사에 대한 피상속인의 권리의무를 승계하여 사원이 될 수 있음을 정한 때에는 상속인은 상속의 개시를 안 날로부터 3월 내에 회사에 대하여 승계 또는 포기의 통지를 발송하여야 한다(제219조 제1항). 상속인이 통지 없이 3월을 경과한 때에는 사원이 될 권리를 포기한 것으로 본다(제219조 제2항).

4. 지분의 입질, 압류

(1) 입 질(入質)

지분의 입질에 관하여 상법에 규정은 없으나 통설은 민법의 일반원칙에 따라 권리질을 인정한다. 다만 그 입질에 따른 지분의 경매로 사원이 변경될 수 있기 때문에 제197조에서 규정하고 있는 바에 따라 입질 자체에 총사원의 동의가 필요하다는 견해[10]와, 입질은 아직 사원이 변경된 것이 아니므로 자유롭게 허용하되, 질권의 효력은 원칙적으로 이익배당청구권, 지분환급청구권과 잔여재산분배청구권에만 미치고 경매권은 인정되지 않는다는 견해[11]로 나뉘어 있다.

(2) 압 류(押留)

상법은 지분에 대한 강제집행으로 사원이 변경되지 않는 범위에서 채권자의 이익을 보

---

9) 대법원 1996.10.29. 선고 96다19321 판결.
10) 최기원, 1027면; 정찬형, 549면에서는 총사원의 동의를 요하지만 이 경우에도 질권자는 지분의 경매권은 없고, 질권의 효력은 장차 구체화될 이익배당청구권, 지분환급청구권과 잔여재산분배청구권에만 미칠 뿐이라고 하고 있다.
11) 권기범, 246면; 이철송, 164면; 정동윤, 887면.

호하고 있다. ① 압류채권자는 사원이 이익배당청구권, 지분환급청구권을 행사하면 이에 대하여 전부명령 또는 추심명령을 받아 채권의 만족을 얻도록 한다(제223조). ② 압류채권자는 6월 전에 예고함에 의하여 영업연도 말에 그 사원을 퇴사시킬 수 있다(제224조 제1항). 지분환급청구권으로 채권을 만족할 수 있도록 한 것이다. 다만 사원이 변제하거나 상당한 담보를 제공한 때에는 퇴사의 예고는 그 효력을 잃는다(제224조 제2항). ③ 임의청산의 경우 사원의 지분에 대한 압류채권자의 동의를 얻어야 한다(제247조 제4항). 회사가 이에 위반하여 그 재산을 처분한 때에는 사원의 지분을 압류한 자는 회사에 대하여 그 지분에 상당하는 금액의 지급을 청구할 수 있다(제249조).

Ⅵ. 정관변경

합명회사는 총사원의 동의에 의하여 정관을 변경할 수 있다(제204조). 사원의 개성이 중시되어 총사원의 동의를 요하고 있으나 이는 내부관계에 관한 것으로 정관규정에 의하여 그 요건을 완화할 수 있다(통설). 합명회사는 사원총회라는 기관이 없으므로 정관변경시 총사원의 동의는 개별적인 동의로도 충분하다. 다만 사원변경의 경우, 예컨대 지분의 일부 또는 전부 양도로 인한 경우(제197조), 사원의 사망(제218조 제3호), 임의퇴사(제217조), 제명(제220조) 등에 의하여 사원이 변경된 경우 총사원의 동의를 요하지 않고 바로 정관변경의 효력이 생긴다.

정관변경이 정관의 절대적 기재사항(제179조)의 변경인 경우에는 본점소재지에서는 2주간 내, 지점소재지에서는 3주간 내에 변경등기를 하여야 한다(제183조).

제 4 절 외부관계

합명회사의 외부관계는 회사와 제3자의 관계 및 사원과 제3자의 관계로 나누어진다.

Ⅰ. 회사와 제3자의 관계(회사의 대표)

합명회사의 기관을 담당하는 자가 제3자에게 회사의 의사표시를 하거나 회사에 대한 의사표시를 받는 것으로서 그 기관의 행위가 바로 회사 자신의 행위가 되는 관계이다.

1. 대표기관

(1) 각 사원

합명회사에서의 대표권은 업무집행권과 일치하고 따라서 원칙적으로 각 사원이 가진다 (제207조). 각 사원이 업무집행권과 대표권을 가지며, 사원이 아닌 자에게는 업무집행권을 부여할 수 없으므로 대표권도 부여할 수 없다. 다만 예외적으로 ① 정관규정으로 수인의 업무집행사원을 정한 경우 각 업무집행사원이 대표기관이 된다. 또한 이 경우 정관 또는 총사원의 동의로 업무집행사원 중 특히 회사를 대표할 자를 정할 수 있다(제207조). 하지만 모든 업무집행사원의 대표권을 박탈하는 것은 허용되지 않는다. ② 회사는 정관 또는 총사원의 동의로 수인의 사원이 공동으로만 회사를 대표할 것을 정할 수 있다(제208조 제1항). 이 경우 공동대표사원은 공동으로만 회사를 대표할 수 있다.

(2) 대표권의 상실

대표사원도 업무집행사원과 마찬가지로 정당한 사유 없이 사임할 수 없고, 다른 사원의 일치가 아니면 해임할 수 없다(제195조, 민법 제708조). 대표사원이 업무를 집행함에 현저하게 부적임하거나 중대한 의무에 위반한 행위가 있는 때에는 법원은 사원의 청구에 의하여 업무집행권한의 상실을 선고할 수 있다(제216조, 제205조 제1항). 이 판결이 확정된 때에는 본점과 지점의 소재지에서 등기하여야 한다(제216조, 제205조 제2항).

2. 대표기관의 권한

(1) 포괄성과 불가제한성

회사를 대표하는 사원은 회사의 영업에 관하여 재판상 또는 재판외의 모든 행위를 할 권한이 있다(제209조 제1항). 회사의 영업에 관한 행위이므로 영업을 폐지하거나 총사원의 동의가 필요한 영업 이외의 행위(사원의 입사·퇴사·정관변경 등)는 할 수 없으며, 영업에 관한 것인지는 객관적으로 정해지므로 대표사원의 주관적 판단과는 무관하다. 재판상의 행위란 회사의 소송대리인이 될 수 있다는 것이고(민사소송법 제87조), 재판외의 행위란 유무상의 여부, 법률행위의 여부를 불문하는 사법상의 적법행위를 말한다. 대표사원의 권한에 대한 제한은 선의의 제3자에게 대항하지 못한다(제209조 제2항).

(2) 대표권의 제한

회사가 대표사원에 대하여 또는 대표사원이 회사에 대하여 소를 제기하는 경우에 회사를 대표할 사원이 없을 때에는 다른 사원 과반수의 결의로 대표사원을 선정하여야 한다(제211조). 이 경우에도 선정된 대표사원의 권한에 대한 제한은 선의의 제3자에게 대항하지 못한다(제209조 제2항). 또한 업무집행 및 대표권을 가지는 사원에 대하여 그 업무집행의 정지 및 직무대행자를 선임하는 가처분이 있으면(제183조의2), 그 직무대행자는 가처분명령에 다른 정함이 있거나 법원의 허가를 얻은 경우를 제외하고는 회사의 통상업무에 속하는 행위만을 할 수 있다(제200조의2 제1항). 그러나 직무대행자가 이에 위반한 행위를 한 경우에도 회사는 선의의 제3자에 대하여 책임을 진다(제200조의2 제2항).

(3) 대표사원의 불법행위

합명회사를 대표하는 사원이 그 업무집행으로 인하여 타인에게 손해를 가한 때에는 회사는 그 사원과 연대하여 배상할 책임이 있다(제210조). 민법 제35조 제1항과 같은 취지에서 피해자 보호를 위하여 회사와 대표사원에게 모두 책임을 지운다.

Ⅱ. 사원의 책임

1. 직접·연대·무한책임

합명회사의 사원은 회사채권자에 대하여 직접·연대·무한책임을 진다. 이는 합명회사 제도의 근간을 이루는 것으로서 정관이나 총사원의 동의 등으로 변경할 수 있는 성질의 것이 아니다. 각 사원이 모두 업무집행권과 대표권을 가지고, 지분의 양도에 있어 총사원의 동의가 요구되는 등은 바로 사원의 책임에 관한 것으로서 회사의 담보로 작용한다.

(1) 직접책임

직접책임은 사원이 회사의 채권자에 대하여 직접책임(直接責任)을 부담한다는 것이다. 주식회사에서의 채권자는 회사에 대하여만 이행을 청구할 수 있고, 주주는 회사에 대하여만 책임을 부담한다는 간접책임(間接責任)과는 구별된다.

(2) 무한책임

무한책임은 합명회사의 사원이 그의 전 재산으로써 회사채무에 대하여 무한책임을 부담한다는 것이다.

(3) 연대책임

연대책임은 합명회사 사원 상호간에는 연대하여 회사의 채무에 대한 책임을 부담한다는 것이다. 주의할 점은 사원과 회사간의 연대가 아니라 사원 상호간의 연대를 말한다.

2. 보충적 책임

합명회사 사원이 직접·연대·무한책임을 부담한다고는 하나 이는 보충적인 책임이다. 합명회사의 경우에도 회사의 채무는 회사재산으로 먼저 변제하고, 그로 부족한 경우 사원의 책임이 적용된다. 따라서 사원의 책임은 부종성·보충성이 있다.

(1) 보충성

합명회사의 재산으로 회사의 채무를 완제할 수 없는 때에 또는 회사재산에 대한 강제집행이 주효하지 못한 때에 각 사원은 연대하여 변제할 책임이 있다(제212조 제1항 및 제2항). 즉 회사의 재산으로 회사의 채무를 완제할 수 없는 때에 각 사원이 책임을 진다는 보충성을 규정하고 있다. 따라서 사원이 회사에 변제의 자력이 있으며 집행이 용이한 것을 증명한 때에는 책임지지 아니한다(제212조 제3항). 여기서 "회사의 재산으로 회사의 채무를 완제할 수 없는 때"란 회사의 부채 총액이 회사의 자산 총액을 초과하는 상태, 즉 채무초과 상태를 의미한다. 이는 회사가 실제 부담하는 채무 총액과 실제 가치로 평가한 자산 총액을 기준으로 판단하여야 하고, 대차대조표 등 재무제표에 기재된 명목상 부채 및 자산 총액을 기준으로 판단할 것은 아니며, 나아가 회사의 신용·장래 수입 등은 원칙적으로 회사의 자산 총액을 산정하면서 고려할 대상이 아니다.[12]

(2) 부종성

합명회사의 사원이 회사채무에 관하여 변제의 청구를 받은 때에는 회사가 주장할 수 있는 항변으로 그 채권자에게 대항할 수 있고, 회사가 그 채권자에 대하여 상계, 취소 또는 해제할 권리가 있는 경우에는 사원은 변제를 거부할 수 있다(제214조 제1항). 즉 사원은 회사가 회사채권자에게 주장할 수 있는 항변사유를 원용할 수 있으며, 특히 회사가 상계권·취소권·해제권을 가지고 있는 경우 사원은 이를 근거로 채무이행을 거절할 수 있다(제214조 제2항).

3. 책임의 내용

(1) 회사의 채무

사원이 부담하는 책임의 내용은 회사의 채무이고, 이는 공법상 채무와 사법상 채무가

---

12) 대법원 2012.4.12. 선고 2010다27847 판결(상법 제212조 제1항에서 정한 "회사의 재산으로 회사의 채무를 완제할 수 없는 때"란 회사의 부채 총액이 회사의 자산 총액을 초과하는 상태, 즉 채무초과 상태를 의미하는데, 이는 회사가 실제 부담하는 채무 총액과 실제 가치로 평가한 자산 총액을 기준으로 판단하여야 하고, 대차대조표 등 재무제표에 기재된 명목상 부채 및 자산 총액을 기준으로 판단할 것은 아니며, 나아가 회사의 신용·노력·기능·장래 수입 등은 원칙적으로 회사의 자산 총액을 산정하면서 고려할 대상이 아니다); 대법원 2007.11.15. 자 2007마887 결정.

모두 포함된다. 또한 회사채무는 거래상 채무뿐 아니라 불법행위나 부당이득으로 인한 채무도 포함된다. 회사의 채무가 대체성이 없는 경우에도 회사의 채무불이행으로 손해배상채무가 된 경우 사원은 그 손해배상채무를 부담한다.

(2) 책임의 발생

합명회사 사원의 책임은 '회사가 채무를 부담'하면 법률의 규정에 의하여 당연히 발생하는 것이다. 상법 제212조가 사원 책임이 보충성으로서 합명회사의 재산으로 회사의 채무를 완제할 수 없는 때에 또는 회사재산에 대한 강제집행이 주효하지 못한 때에 각 사원은 연대하여 변제할 책임이 있다고 규정하고 있으나, 이는 책임의 이행시기에 관한 것이다. 즉 완제불능이나 강제집행부주효는 사원의 책임이행의 조건에 불과한 것으로 사원의 책임은 회사가 채무를 부담하는 경우 발생한다.[13]

(3) 책임의 범위

사원이 부담하는 책임의 범위는 **회사채무의 전액**이다. 완제불능이나 강제집행이 주효하지 않은 부족액이 아니다. 오히려 그 책임의 범위가 확대되고 있다. ① 신입사원의 경우, 회사성립 후에 가입한 사원은 그 가입 전에 생긴 회사채무에 대하여 다른 사원과 동일한 책임을 진다(제213조). ② 퇴사 또는 지분을 양도한 사원은 본점소재지에서 퇴사등기를 하기 전에 생긴 회사채무에 대하여는 등기 후 2년 내에는 다른 사원과 동일한 책임이 있다(제225조). ③ 자칭사원도 책임을 진다. 사원이 아닌 자가 타인에게 자기를 사원이라고 오인시키는 행위를 하였을 때에는 오인으로 인하여 회사와 거래한 자에 대하여 사원과 동일한 책임을 진다(제215조).

(4) 사원이 회사의 채권자인 경우

회사가 사원에게 부담하는 채무에 대하여도 다른 사원이 제212조의 책임을 부담하는가의 문제가 있다. 이에 대하여는 ① 채권을 두 가지로 나누어 매매 또는 소비대차와 같이 사원관계와 무관한 원인으로 발생한 채무에 대하여는 사원관계라는 것이 의미가 없으므로 제212조가 적용되지만, 사원의 보수청구권이나 비용상환청구권 등의 사원관계를 원인으로 한 채무에 대하여는 제212조가 적용되지 않고 각 사원의 손실분담비율에 따라 책임을 진다고 하는 견해[14]가 있다. 그러나 ② 제212조가 적용되는 것이 아니고 각 사원이 손실분담

---

13) 대법원 2009.5.28. 선고 2006다65903 판결(합명회사는 실질적으로 조합적 공동기업체여서 회사의 채무는 실질적으로 각 사원의 공동채무이므로, 합명회사 사원의 책임은 회사가 채무를 부담하면 법률의 규정에 기해 당연히 발생하는 것이고, '회사의 재산으로 회사의 채무를 완제할 수 없는 때' 또는 '회사재산에 대한 강제집행이 주효하지 못한 때'에 비로소 발생하는 것은 아니며, 이는 회사 채권자가 그와 같은 경우에 해당함을 증명하여 합명회사의 사원에게 보충적으로 책임의 이행을 청구할 수 있다는 책임이행의 요건을 정한 것으로 봄이 타당하다. 그리고 합자회사의 장에 다른 규정이 없는 사항은 합명회사에 관한 규정을 준용하므로, 합자회사의 무한책임사원의 회사 채권자에 대한 책임은 합명회사의 사원의 책임과 동일하다); 대법원 2012.4.12. 선고 2010다27847 판결.

비율에 따라 책임을 진다고 하는 견해[15]가 타당하다. 채무의 발생원인과 관계없이 각 사원이 손실분담비율에 따라 책임을 진다고 본다.

4. 책임이행의 효과

합명회사의 사원이 회사의 채무를 이행하면 회사채무는 소멸한다. 회사채무를 이행한 사원은 민법 제481조의 변제자의 법정대위의 법리에 따라 회사에 대하여 구상권을 취득한다. 이는 사원이 회사에 대하여 가지는 채권이므로 위에서와 같이 각 사원이 손실분담비율에 따라 책임을 진다. 이때 다른 사원은 회사에 자력이 있음을 이유로 이행을 거부할 수 없다고 본다(통설).

5. 책임의 소멸

합명회사의 사원이 퇴사하거나 지분을 양도한 경우, 퇴사 또는 지분양도에 따른 사원의 변경등기를 한 후 2년 내에는 다른 사원과 동일한 책임을 진다(제225조). 이는 회사채권자의 의사와 상관없이 발생하는 퇴사나 지분양도의 경우 채권자보호를 위하여 일정한 기간까지 책임을 부담시키고 있다. 또한 합명회사가 해산한 경우에는 사원의 책임이 본점소재지에서 해산등기 후 5년까지 연장된다(제267조 제1항).

제 5 절 입사와 퇴사

I. 의   의

사원의 변경에는 사원자격의 취득과 상실이 있다. 사원자격의 취득에서 원시취득에 해당하는 것으로는 설립행위와 입사가 있으며, 승계취득에는 지분양수와 상속이 있다. 상속은 정관규정이 있는 경우에 한하여 인정된다. 사원자격의 상실에는 절대적 상실의 사유로 해산과 퇴사가 있고, 상대적 상실의 사유로 지분전부의 양도와 사망이 있다.

II. 입   사

입사란 회사성립 후 사원의 지위를 원시적으로 취득하는 것을 말한다. 입사는 정관기재사항의 변경을 가져오므로(제179조 제3호), 총사원의 동의가 요구된다(제204조). 이러한 총사

---

14) 이철송, 168면; 최기원, 1037면.
15) 정찬형, 558면.

원의 동의가 있으면 정관이 변경된다고 보아 입사의 효력이 발생한다.[16] 입사의 경우에는 회사채권자에 대한 담보가 증가하는 결과가 되므로 채권자보호절차가 필요없다. 회사성립 후에 입사한 사원은 입사 전에 생긴 회사의 채무에 대하여 다른 사원과 동일한 책임을 진다(제213조).

입사는 정관상 절대적 기재사항의 변경에 따른 등기사항(제180조 제1호)이므로 변경등기를 하여야 한다(제183조).

Ⅲ. 퇴 사

1. 의 의

퇴사란 회사가 존속하는 중에 특정 사원의 사원자격이 절대적으로 상실되는 것을 말한다. 퇴사제도는 인적회사에서만 인정되는 것으로서 지분양도를 제한하는 대신에 인정되는 것이다. 주식회사에서는 원칙적으로 주식양도가 자유로운 대신에, 주주의 퇴사와 지분환급이 금지되어 있다.

2. 퇴사의 원인

퇴사원인은 임의퇴사·강제퇴사·당연퇴사가 있다. 퇴사원인은 회사의 해산 이전에 발생한 경우에 인정되고, 해산 이후에 발생한 경우에는 인정되지 않는다.

(1) 임의퇴사

정관으로 회사의 존립기간을 정하지 아니하거나 어느 사원의 종신까지 존속할 것을 정한 경우에는, 사원은 일방적 의사표시에 의하여 퇴사할 수 있다. 이때 사원은 원칙적으로 6월 전의 예고에 의하여 영업연도 말에 한하여 퇴사할 수 있으나, 예외적으로 사원이 부득이한 사유가 있는 때에는 언제든지 퇴사할 수 있다(제217조). 사원의 임의퇴사에 의하여 사원이 1인으로 된 경우에도 임의퇴사가 가능하다고 본다(통설). 임의퇴사시에 사원은 출자금 회수가 가능하다.

(2) 강제퇴사

사원의 지분을 압류한 채권자가 사원을 강제퇴사시키는 것으로서, 압류채권자가 회사와 그 사원에 대하여 6월 전에 그 예고를 하여 영업연도 말에 그 사원을 퇴사시킬 수 있다(제224조 제1항). 그러나 그 예고는 사원이 변제를 하거나 상당한 담보를 제공한 때에는 그

---

16) 대법원 1996.10.29. 선고 96다19321 판결.

효력을 잃는다(제224조 제2항). 이는 압류채권자로 하여금 사원을 퇴사시켜 그 지분환급청구권으로 채권의 변제를 받도록 하는 강행규정이므로 정관으로 이를 배제하거나 제한할 수 없다.

(3) 당연퇴사

1) 당연퇴사의 사유

사원에게 다음의 사유가 있는 경우 당연 퇴사한다(제218조). 정년·자격상실사유 등 정관에 정한 사유의 발생, 사원 본인의 의사에 따른 퇴사에 대한 총사원의 동의, 정관으로 사원의 상속이 규정되지 않은 사원의 사망, 사원간 신뢰관계가 상실된 금치산[17]이나 파산, 제명 등이다.

2) 제명에 의한 당연퇴사

① 제명의 의의

제명이란 사원의 의사에 반하여 사원의 지위를 박탈하는 것을 말하는데 이는 신뢰회복이 어려운 사원을 축출함에 의하여 회사존속을 기하고자 하는 제도이다. 제명이 회사의 계속이라는 목적에는 부합하나 소수자의 부당축출을 위한 도구로 악용될 수 있는 만큼, 상법은 제명사유와 제명절차 등을 엄격하게 규정하고 있다.

② 제명의 사유

상법 제220조는 출자의 의무를 이행하지 않는 때, 경업피지의무를 위반한 때, 회사의 업무집행 또는 대표에 관하여 부정한 행위가 있는 때, 권한 없이 업무를 집행하거나 회사를 대표한 때, 기타 중대한 사유가 있는 때를 제명사유로 규정하고 있다. 기타 중대한 사유란 다른 사유와 대등한 정도로 사원간의 신뢰관계를 파괴하는 행위이어야 한다.

제명사유를 배제·제한하거나 또는 추가할 수 있는가? ① 제명은 당해 사원의 의사에 반하여 사원자격을 박탈시키는 제도이므로 엄격하게 해석하고 또한 제220조를 강행법규로 보아 정관에 의하여 법정제명사유를 배제·제한할 수 없음은 물론 추가할 수도 없다는 견해,[18] ② 제220조는 임의법규로서 정관에 의하여 법정제명사유를 배제·제한할 수 있다고 보는 견해[19]도 있으나, ③ 제220조 제1항은 제명사유를 엄격히 제한함으로써 제명이 남용되는 것을 방지하기 위한 것이어서 정관으로 그 사유를 일부 배제하는 것은 허용되지만 반대로 정관으로 사유를 추가하는 것은 금지된다는 견해[20]가 있다. 사원간에 제명사유를 배제하거나 제한하는 것은 허용되나 추가하는 것은 금지된다는 견해가 타당하다.

---

17) 금치산 조항은 개정민법의 시행(2013년 7월 1일)에 따라 성년후견개시(민법 제9조 참조)로 수정된다.
18) 정찬형, 563면; 정동윤, 899면; 최준선, 790면.
19) 최기원, 1043면.
20) 송옥렬, 1246면.

③ 제명의 절차

다른 사원 과반수의 결의에 의한 사원의 제명청구와 법원의 선고에 의하여 제명된다(제220조 제1항). 여기서 '다른 사원'의 의미가 수인을 일괄제명하는 경우와 관련하여 문제된다. 일괄제명이 가능하다고 보면 수인의 피제명자를 제외한 나머지 사원을 의미한다고 볼 수 있겠으나, 일괄제명이 가능하지 않다고 보면 피제명자 1인을 제외한 나머지 사원 전원을 의미하게 된다. 통설·판례는 제명은 당해 사원의 개인적 특질이 고려되어야 하기 때문에 일괄제명이 가능하지 않다고 보아, 당해 피제명자 1인을 제외한 나머지 사원을 의미하는 것으로 본다.21)

3. 퇴사의 절차

사원이 퇴사하면 정관의 절대적 기재사항에 변경(제179조 제3호)이 생기게 된다. 정관의 절대적 기재사항에 대한 변경은 총사원의 동의(제204조)가 있어야 가능한데, 퇴사 원인에 의한 퇴사의 경우에는 입사의 경우와 달리 반드시 총사원의 동의를 전제로 하지는 않는다고 본다. 다만, 퇴사한 사원도 퇴사등기 후 2년이 경과하여야 회사의 채무에 대한 책임을 면할 수 있기 때문에 그 등기는 퇴사한 사원 자신과 회사채권자 보호를 위해 중요한 절차이다.

4. 퇴사의 효과

(1) 사원지위의 상실

퇴사에 의하여 사원은 절대적으로 사원의 지위를 상실한다. 그런데 회사채권자의 입장으로 보아서는 담보가치가 하락하게 되어 회사채권자 보호를 위한 조치가 필요하게 된다.

(2) 회사채권자 보호

퇴사한 사원은 본점소재지에서 퇴사등기를 하기 전에 생긴 회사채무에 대하여는 등기 후 2년 내에는 다른 사원과 동일한 책임이 있다(제225조 제1항).

(3) 회사에 대한 관계

1) 지분환급청구권

퇴사한 사원은 회사에 대하여 지분환급청구권을 가진다. 정관에 달리 규정이 없는 한 퇴사한 사원은 노무 또는 신용으로 출자의 목적으로 한 경우에도 그 지분의 환급을 받을 수 있다(제222조). 즉 퇴사 사원이 한 출자의 종류가 무엇이든 상관없이 모두 금전으로 환

---

21) 대법원 1976.6.22. 선고 75다1503 판결; 대법원 1991.7.26. 선고 90다19206 판결.

급을 청구할 수 있다. 퇴사 당시에 완결되지 아니한 사항에 대하여는 완결 후에 계산할 수 있다(제195조, 민법 제719조 제3항). 지분환급청구권은 사원이 그 지위를 상실하고 제3자의 자격에서 취득한 권리이므로 회사에 대한 다른 채권자의 권리와 동일한 것이므로, 다른 사원은 연대·무한·직접의 책임을 부담한다(제212조).

2) 상호변경청구권

퇴사한 사원의 성명이 회사의 상호 중에 사용된 경우에는 그 사원은 회사에 대하여 그 사용의 폐지를 청구할 수 있다(제226조). 만일 퇴사한 사원이 회사에 대하여 그의 성명의 사용을 허락한 경우에는 제215조에 의한 자칭사원으로서의 책임을 지게 될 위험이 있다.

제 2 장
합자회사

제1절 의 의

합자회사는 무한책임사원과 유한책임사원으로 조직된 회사이다(제268조). 합자회사는 유한책임사원과 무한책임사원이라는 이종의 사원으로 구성되는 형태이기는 하나, 무한책임사원이 중심이 되는 회사이다. 무한책임사원이 그 사업의 위험을 무한으로 부담하기 때문에 조직과 운영은 무한책임사원에 의하여 이루어진다. 합자회사는 사원의 개성이 농후하고 인적 요소에 중점이 있는 인적회사에 속하여 합명회사와 유사하여 그 법률관계도 거의 유사하며, 상법도 합자회사의 법률관계에 합명회사의 규정을 원칙적으로 준용하고 있다(제269조).

합자회사는 익명조합과 그 기원을 같이 하여 10세기 이래 나타난 코멘다계약에 기원하는 것으로 자본가가 익명인 경우가 익명조합이고, 외부로 드러나는 경우가 합자회사이다. 그런데 합자회사는 합명회사와 유사하게 대기업에는 적합하지 않으며, 우리나라에서는 거의 이용되지 않는다. 다만, 현행 자본시장법은 사모전문투자회사(PEF, Private Equity Fund)를 도입하여 상법상 합자회사 형태의 집합투자기구(Fund)로 운용하고 있다.[1]

제2절 설 립

합자회사도 합명회사와 같이 무한책임사원이 존재하므로 자본금의 형성이 필요없고, 정관작성과 설립등기만으로 회사가 설립된다.

Ⅰ. 정관작성

합명회사와 거의 같으나 정관의 절대적 기재사항 중에서 상호에 반드시 합자회사의 문

---

[1] 자본시장법 제9조 제18항 제7호에서 사모투자전문회사(PEF)라 함은 경영권 참여, 사업구조 또는 지배구조의 개선 등을 위하여 지분증권 등에 투자·운용하는 투자합자회사로서 지분증권을 사모로만 발행하는 집합투자기구라고 정의하고 있다. 또한 같은 법 제268조 내지 제278조의3에서 설립과 운용에 관한 특례를 규정하고 있다.

자를 사용하여야 하고(제19조), 반드시 각 사원의 무한책임 또는 유한책임을 기재하여야 한다(제270조). 또한 정관작성에 1인 이상의 무한책임사원 외에 1인 이상의 유한책임사원이 있어야 한다(제268조, 제269조, 제178조).

Ⅱ. 설립등기

등기사항은 합명회사의 등기사항과 동일하다(제271조 제1항, 제2항). 다만 등기사항에 각 사원의 무한책임 또는 유한책임이 등기되어야 한다(제271조 제1항).

제 3 절 내부관계

Ⅰ. 사원의 출자

무한책임사원은 합명회사의 사원과 같이 금전이나 현물 이외에도 노무나 신용을 출자할 수 있으나(제269조), 유한책임사원은 노무출자 및 신용출자가 불가능하다(제272조).

Ⅱ. 업무집행기관

1. 무한책임사원

합자회사에서 업무집행기관은 무한책임사원만이 될 수 있다(제273조). 상법은 유한책임사원은 회사의 업무집행이나 대표행위를 하지 못한다고 규정한다(제278조). ① 원칙적으로 각 무한책임사원이 업무집행기관이 될 수 있고, ② 예외적으로 정관규정에 의하여 특정한 무한책임사원을 업무집행사원으로 정할 수 있다(제269조, 제201조).

2. 유한책임사원

유한책임사원에게 정관 또는 총사원의 동의에 의하여 업무집행권을 부여할 수 있는가? 이에 대하여 제278조는 유한책임사원에게 회사의 관리를 맡기는 것은 적절하지 못하다는 취지에서 규정된 것이므로 동조를 강행규정으로 보아 이를 부정하는 견해가 있으나, **통설**은 업무집행은 회사의 내부관계에 불과한 것이고 유한책임사원도 출자의 한도에서는 책임을 지므로 합명회사의 사원이 아닌 제3자와 같이 볼 수 없다는 취지에서 이를 긍정한다. 통설이 타당하다.

3. 업무집행권의 상실

합자회사의 업무집행권이 있는 사원에 대한 권한상실선고는 유한책임사원의 청구에 의하여도 가능하다(제269조, 제205조).[2] 다만 무한책임사원이 1인뿐인 경우 그의 권한상실선고를 할 수 없다.[3]

4. 업무집행의 방법

각 무한책임사원이 업무집행권을 가지는 것이 원칙이나, 지배인의 선임과 해임은 업무집행사원이 있는 경우에도 무한책임사원 과반수의 결의에 의하여야 한다(제274조). 이는 정관규정에 의하여 특정한 무한책임사원을 업무집행사원으로 정한 경우에도 마찬가지이다.

Ⅲ. 업무의 감시

유한책임사원은 언제나 업무감시권을 가진다. 유한책임사원은 영업연도 말에 있어서 영업시간 내에 한하여 회사의 회계장부·대차대조표 기타의 서류를 열람할 수 있고 회사의 업무와 재산상태를 검사할 수 있다(제277조 제1항). 중요한 사유가 있는 때에는 유한책임사원은 언제든지 법원의 허가를 얻어 그 열람과 검사를 할 수 있다(제277조 제2항).

Ⅳ. 이해상충

1. 무한책임사원

무한책임사원에 대하여는 합명회사 사원의 경업금지 또는 자기거래제한이 그대로 적용된다. 따라서 무한책임사원은 다른 모든 사원의 동의가 없으면 경업피지의무를 부담하고(제269조, 제198조), 다른 사원의 과반수의 결의가 없으면 회사와 자기거래를 할 수 없다(제

---

2) 대법원 2012.12.13. 선고 2010다82189 판결(상법 제205조 제1항은 합명회사의 업무집행사원의 권한상실선고에 관하여 "사원이 업무를 집행함에 현저하게 부적임하거나 중대한 의무에 위반한 행위가 있는 때에는 법원은 사원의 청구에 의하여 업무집행권한의 상실을 선고할 수 있다"고 규정하고 있고, 상법 제269조는 "합자회사에는 본장에 다른 규정이 없는 사항은 합명회사에 관한 규정을 준용한다"고 규정하여 상법 제205조 제1항을 합자회사에 준용하고 있다. 이러한 상법 규정의 문언과 취지 등에 비추어 볼 때, 합자회사의 무한책임사원뿐만 아니라 유한책임사원도 각자 업무집행사원에 대한 권한상실선고를 청구할 수 있다).

3) 대법원 1977.4.26. 선고 75다1341 판결(상법 제205조가 규정하고 있는 합명회사의 업무집행 사원의 권한상실선고 제도는 회사의 운영에 있어서 장애사유를 제거하는 데 목적이 있고 회사를 해산상태로 몰고 가자는데 목적이 있는 것이 아니므로 무한책임사원 1인뿐인 합자회사에서 업무집행사원에 대한 권한상실신고는 회사의 업무집행사원 및 대표사원이 없는 상태로 돌아가게 되어 권한상실제도의 취지에 어긋나게 되어 회사를 운영할 수 없으므로 이를 할 수 없다).

269조, 제199조).

2. 유한책임사원

상법은 명문으로 유한책임사원의 경업을 허용한다. 제275조는 유한책임사원은 다른 사원의 동의 없이 자기 또는 제3자의 계산으로 회사의 영업부류에 속하는 거래를 할 수 있고 동종영업을 목적으로 하는 다른 회사의 무한책임사원 또는 이사가 될 수 있다고 규정한다. 문제는 **자기거래제한이 유한책임사원에게도 적용되는가**이다. 제275조와 같은 명문의 규정이 없으므로 제199조가 준용되어 자기거래가 제한된다는 견해도 있으나, 회사법에서의 자기거래제한은 업무집행권을 전제로 하므로 업무집행권이 없는 유한책임사원에게는 적용이 없다고 본다.[4]

V. 손익의 분배

무한책임사원에게는 손익이 당연히 분배될 것이며. 문제는 유한책임사원이다. 정관 또는 총사원의 동의로 달리 정하지 않는 한 유한책임사원에게도 각 사원의 출자액에 비례하여 손익이 분배된다(제269조, 제195조, 민법 제711조). 다만 유한책임사원이 출자가액을 한도로 책임을 부담한다고 규정(제279조 제1항)하고 있지만, 이는 대외적인 책임을 규정한 것이기 때문에 대내적으로는 정관의 규정에 의하여 출자가액 이상으로 손실부담의무를 정하는 것도 무방하다.

VI. 지분의 양도

1. 무한책임사원

무한책임사원 지분의 양도는 총사원의 동의가 요구되므로 유한책임사원의 동의도 요한다(제269조, 제197조). 무한책임사원의 변동은 유한책임사원에게도 중대한 이해관계가 있기 때문이다.

2. 유한책임사원

유한책임사원 지분의 양도에는 무한책임사원 전원의 동의만 있으면 충분하고 다른 유한책임사원의 동의가 필요없다(제276조).

---

4) 정찬형, 576면.

제 4 절 외부관계

Ⅰ. 회사와 제3자의 관계(회사의 대표)

1. 대표기관

(1) 무한책임사원

① 합자회사에서 대표기관은 원칙적으로 각 무한책임사원이다(제269조, 제207조). ② 예외적으로 정관규정에 의하여 업무집행을 담당하는 각 무한책임사원이 회사를 대표할 수 있다. 이때 정관 또는 총사원의 동의에 의하여 업무집행사원 중에서 특히 회사를 대표할 자를 정할 수도 있다(제269조, 제201조).

(2) 유한책임사원

유한책임사원은 어떠한 경우에도 합자회사의 대표기관이 되지 못한다(제278조). 이는 외부관계에 관한 사항으로서 정관 또는 총사원의 동의에 의하여도 달리 정할 수 없는 강행규정이다(통설, 판례).[5]

2. 대표권의 행사

원칙적으로 각자 대표이지만(제269조, 제207조), 예외적으로 정관 또는 총사원의 동의로 공동대표를 정할 수 있다(제269조, 제208조).

3. 대표권의 제한 및 상실

합명회사와 거의 동일하다. 따라서 합자회사에서 대표권이 있는 사원과 회사간의 소에서 회사를 대표할 사원이 없는 때에는 다른 사원의 과반수의 결의로 회사를 대표할 자를 선정하여야 한다(제269조, 제211조). 또한 대표권이 있는 사원이 그 대표권을 행사함에 있어 현저하게 부적임하거나 중대한 업무위반의 행위가 있는 경우에는, 유한책임사원을 포함한 사원의 청구에 의하여 법원이 대표권상실선고를 내릴 수 있다(제269조, 제216조).

---

5) 대법원 1972.5.9. 선고 72다8 판결(합자회사의 대표사원의 등기를 할 때에는 유한책임 사원의 신분으로 그 등기를 한 흠이 있어도 그 후 그 유한책임 사원을 무한책임 사원으로 변경등기를 한 이상 그는 이 변경등기를 한 때에 그 대표사원 자격의 흠결은 소멸된다).

Ⅱ. 사원의 책임

1. 무한책임사원

무한책임사원은 회사채무에 대하여 합명회사의 사원과 같이 직접·연대·무한책임을 부담한다(제269조, 제212조).

2. 유한책임사원

유한책임사원은 직접·연대·유한책임을 부담한다(제279조). 유한책임사원의 책임이 무한책임사원의 책임보다 무거울 수는 없으므로, 유한책임사원의 책임도 부종성과 보충성을 가진다(통설). 유한책임사원은 주식회사의 주주와는 달리 직접책임을 부담하여, 유한책임사원이 출자의무를 부담하는 금액 중에서 아직 회사에 출자하지 않은 금액에 대하여는 채권자에게 **직접 변제할 책임을 부담**한다. 유한책임사원이 회사채권자에 대하여 직접 변제를 하면 그만큼의 출자의무가 감소한다(제279조 제1항). 회사에 이익이 없음에도 불구하고 배당을 받은 금액은 변제책임을 정함에 있어서 이를 가산하게 된다(제279조 제2항). 다만 회사채권자를 보호하기 위하여 그러한 사원은 출자가액의 감소에 따른 변경등기 이전에 생긴 회사채무에 대하여 변경등기 후 2년 내에는 종전의 책임을 진다(제280조).

그런데 유한책임사원이 타인에게 자기를 무한책임사원이라고 오인시키는 행위(자칭무한책임사원의 행위)를 한 때에는 오인으로 인하여 회사와 거래를 한 자에 대하여 무한책임사원과 동일한 책임이 있고, 또한 유한책임사원이 그 책임의 한도를 오인시키는 행위를 한 경우에도 그 오인시킨 한도에서 책임을 진다(제281조).

3. 사원책임의 변경

(1) 정관변경

정관에 기재된 합자회사 사원의 책임변경은 정관변경의 절차에 의하여야 한다.[6] 따라서 정관에서 달리 정하지 않는 한 총사원의 동의가 필요하다(제269조, 제204조).

---

[6] 대법원 2010.9.30. 선고 2010다21337 판결(상법 제270조는 합자회사 정관에는 각 사원이 무한책임사원인지 또는 유한책임사원인지를 기재하도록 규정하고 있으므로, 정관에 기재된 합자회사 사원의 책임 변경은 정관변경의 절차에 의하여야 하고, 이를 위해서는 정관에 그 의결정족수 내지 동의정족수 등에 관하여 별도로 정하고 있다는 등의 특별한 사정이 없는 한 상법 제269조에 의하여 준용되는 상법 제204조에 따라 총 사원의 동의가 필요하다. 합자회사의 유한책임사원이 한 지분양도가 합자회사의 정관에서 규정하고 있는 요건을 갖추지 못한 경우에는 그 지분양도는 무효이다).

(2) 내 용

정관변경에 의하여 유한책임사원이 무한책임사원으로 변경된 경우 그 사원은 합명회사의 신입사원의 가입과 같이 변경 전의 회사채무에 대하여는 다른 무한책임사원과 동일한 책임을 진다(제282조, 제213조). 역으로 무한책임사원이 유한책임사원으로 변경된 경우에는 그 사원은 합명회사의 퇴사한 사원과 같이 변경등기를 하기 전에 생긴 회사채무에 대하여 변경등기 후 2년 내에는 다른 무한책임사원과 동일한 책임을 진다(제282조, 제225조 제1항).

제 5 절   입사와 퇴사

사원의 변경에는 사원자격의 취득과 상실이 있고 대부분 합명회사의 경우와 같다. 유한책임사원을 포함하여 새로운 사원이 입사한 경우는 제270조에 의한 정관변경의 절차를 거쳐야 하는 점도 같다.

다만 합자회사는 합명회사와 달리 유한책임사원의 사망 또는 금치산이 당연 퇴사사유가 되지는 않는다(제283조 제1항, 제284조). 유한책임사원이 사망한 때에는 그 상속인이 그 지분을 승계하여 사원이 되는데, 이 경우에 상속인이 수인인 때에는 사원의 권리를 행사할 자 1인을 정하여야 하고 이를 정하지 아니한 때에는 회사의 통지 또는 최고는 그중의 1인에 대하여 하면 전원에 대하여 그 효력이 있다(제283조 제2항).

합자회사의 사원이 무한책임사원 1인과 유한책임사원 1인만으로 된 경우에는 각 사원은 상대 사원에 대하여 제명을 청구할 수 없다.[7]

---

7) 대법원 1991.7.26. 선고 90다19206 판결(상법 제220조 제1항, 제269조는 합자회사에 있어서 사원에게 같은 법조 소정의 제명사유가 있는 경우에는 다른 사원 과반수의 결의에 의하여 그 사원의 제명선고를 법원에 청구할 수 있다고 규정하고 있는바, 다른 사원 과반수의 결의란 그 문언상 명백한 바와 같이 제명대상인 사원 이외에 다른 사원 2인 이상의 존재를 전제로 하고 있는 점, 위 제명선고제도의 취지나 성질 등에 비추어 보면, 무한책임사원과 유한책임사원 각 1인만으로 된 합자회사에 있어서는 한 사원의 의사에 의하여 다른 사원의 제명을 할 수는 없다고 보아야 한다).

제 3 장
유한책임회사

제1절 총 설

I. 의 의

유한책임회사는 2011년 개정에 의하여 도입된 회사의 형태로서, **내부적으로는 광범위한 사적 자치를 요소로 하는 조합의 실체를 가진 인적 회사이면서도 외부적으로는 사원이 유한책임만을 부담하는 주식회사의 요소를 가진 회사**의 형태이다.[1] 유한책임회사는 주식회사와 같이 사원들이 전부 유한책임을 지면서도 인적회사와 같이 기업경영의 자율성이 보장되는 형태로서 합명회사의 요소를 많이 가지고 있다. 요컨대 조합과 주식회사의 장점을 살리고자 한 것으로, 유한책임회사는 합명회사가 그 운영의 원리는 유지하면서도 사원들의 책임만은 모두 유한책임으로 바꾼 회사라고 할 수 있다. 따라서 유한책임회사의 내부관계에 있어 정관이나 상법에 규정된 사항을 제외하고는 합명회사에 관한 규정을 준용한다(제287조의18). 비교법적으로는 미국의 유한책임회사(Limited Liability Company)와 일본의 합동회사와 유사한 제도이다.[2] 그런데 일본에서는 2005년 유한회사를 폐지하고 이에 갈음하여 합동회사 제도를 도입한 것으로 우리와는 사정이 다르다.

II. 특 색

유한책임회사와 유한회사와의 차이점을 비교하면 다음과 같다.[3]

구 분	유한책임회사	유한회사
성격	인적회사에 가까움	물적회사
출자자의 책임	유한책임	유한책임

---

1) 정찬형, 583면은 혼합형 회사형태라고 소개한다.
2) 미국에서 LLC가 활용되는 분야는 매우 다양하지만 특히 LLC가 가장 많이 활용되는 분야는 IT산업, 투자은행, 공동연구개발 조인트벤처, 영화제작 등과 같이 인적자산의 기여가 중요 요소가 되는 사업 영역이다.
3) 권기율, 「일부 상법개정안 검토보고」, 법제사법위원회, 2007, 32면.

현물출자의 가부	가능	가능
최저자본금	없음	없음
사원 총수	제한 없음	제한 없음
출자지분의 양도제한	원칙적으로 다른 사원의 동의	원칙적으로 가능하나 정관으로 제한가능
정관 변경절차	원칙적으로 총사원의 동의	총사원의 과반수 이상, 총사원의 의결권
사채발행의 가부	불가능	불가능
업무집행자	원칙적으로 각 사원	이사 또는 대표이사

제 2 절 설 립

Ⅰ. 특 징

유한책임회사는 사원이 정관에 의하여 특정되는 점에서는 인적회사의 속성을 그대로 가진다. 그러나 인적회사와는 달리 1인의 사원만으로도 유한책임회사를 설립할 수 있으며 (제287조의2), 유한책임으로 인하여 채권자보호의 필요상 자본금의 확정이라는 절차가 필요하게 되고 노무나 신용출자가 제한되는 점은 물적회사와 가깝다(제287조의4). 상법은 제3장의2 제1절(제287조의2 내지 제287조의6)에서 정관작성에서부터 설립등기에 이르기까지 유한책임회사의 설립에 관한 사항을 규정하고 있다.

Ⅱ. 설립절차

1. 정관의 작성

유한책임회사를 설립할 때에는 사원이 정관을 작성해야 하고 사원이 이에 기명날인하거나 서명하도록 하고 있다(제287조의2, 제287조의3). 절대적 기재사항으로는 목적, 상호, 사원의 성명과 주민등록번호와 주소, 본점의 소재지, 정관의 작성연월일(제179조 제1호 내지 제3호·제5호·제6호), 사원의 출자의 목적 및 가액, 자본금의 액, 업무집행자의 성명 및 주소 등이 있다(제287조의3).

2. 출자의 이행

유한책임회사의 사원은 유한책임을 지므로 회사채권자의 보호를 위하여 회사설립 당시부터 자본금을 형성하여야 한다. 따라서 사원은 정관의 작성 후 설립등기를 하는 때까지 금전이나 그 밖의 재산의 출자를 전부 이행하여야 한다(제287조의4 제2항). 현물출자를 하는 사원은 납입기일에 지체 없이 유한책임회사에 출자의 목적인 재산을 인도하고, 등기, 등록, 그 밖의 권리의 설정 또는 이전이 필요한 경우에는 이에 관한 서류를 모두 갖추어 교부하여야 한다(제287조의4 제3항). 그리고 주식회사와 같이 사원은 신용이나 노무를 출자의 목적으로 하지 못한다(제287조의4 제1항).

그런데 주식회사의 경우(제295조 제1항)와는 달리 납입장소에 관한 규정이 없어, 업무집행자에게 출자를 이행하면 된다고 본다.

3. 설립등기

유한책임회사는 본점의 소재지에서 등기함으로써 성립한다(제287조의5 제1항). 등기사항으로는 목적, 상호, 본점의 소재지와 지점을 둔 때에는 그 소재지, 존립기간 기타 해산사유를 정한 때에는 그 기간 또는 사유, 자본금의 액, 업무집행자의 성명, 주소 및 주민등록번호(법인인 경우에는 명칭, 주소 및 법인등록번호), 유한책임회사를 대표할 자를 정한 경우에는 그 성명 또는 명칭과 주소, 정관으로 공고방법을 정한 경우에는 그 공고방법, 둘 이상의 업무집행자가 공동으로 회사를 대표할 것을 정한 경우에는 그 규정 등이다.

지점의 설치(제287조의5 제2항, 제181조), 본점이나 지점의 이전(제287조의5 제3항, 제182조), 설립등기사항의 변경(제287조의5 제4항)의 경우에도 법정기간 내에 등기하여야 하며, 업무집행자의 업무집행을 정지하거나 직무대행자를 선임하는 가처분을 하거나 그 가처분을 변경 또는 취소하는 경우에는 본점 및 지점이 있는 곳의 등기소에 등기하여야 한다(제287조의5 제5항).

Ⅲ. 설립의 무효와 취소

회사설립행위 또는 절차에 무효원인이 있거나 취소원인이 있을 때에는 합명회사에서와 마찬가지로 소로써만 다툴 수 있다(제287조의6). 합명회사 설립의 무효와 취소의 소에 관한 규정이 준용되나(제184조 내지 제194조), 무효의 소는 사원 아닌 업무집행자도 제기할 수 있다(제287조의6 후단).

제 3 절   내부관계

Ⅰ. 업무집행

1. 업무집행기관

(1) 선   임

유한책임회사는 정관으로 업무집행자를 정한다(제287조의3 제4호, 제287조의12 제1항). 업무집행자는 사원일 수도 있고 사원이 아닐 수도 있다(제287조의12 제1항). 유한책임회사는 정관의 규정에 의하여 둘 이상의 업무집행자를 공동업무집행자로 정할 수 있고 업무집행자 각자가 회사의 업무를 집행할 권리와 의무가 있다(제287조의12 제2항). 다만, 업무집행자는 다른 사원 과반수의 결의가 있는 경우에만 자기 또는 제3자의 계산으로 회사와 거래를 할 수 있으며(제287조의11), 정관으로 둘 이상을 공동업무집행자로 정한 경우에는 그 전원의 동의가 없으면 업무집행에 관한 행위를 하지 못한다(제287조의12 제3항).

(2) 법인인 업무집행자

법인도 유한책임회사의 업무집행자가 될 수 있다(제287조의15). 합명회사 및 합자회사의 무한책임사원은 자연인이어야 하고, 주식회사나 유한회사에서도 법인은 이사가 될 수 없다고 본다(통설). 이에 반하여 **유한책임회사는 업무집행자가 법인이 될 수 있는 유일한 회사**이다. 법인이 업무집행자인 경우 그 법인은 해당 업무집행자의 직무를 행할 자를 선임하고 그 자의 성명과 주소를 다른 사원에게 통지하여야 한다(제287조의15 제1항). 법인이 업무집행자인 경우 선임된 직무를 행할 자에 대하여는 업무집행자에 관한 일부 규정이 준용된다(제287조의15 제2항).

법인이 업무집행자가 될 수 있다는 점은 합명회사와 다른 점이다. 즉 합명회사에서는 법인이 사원이 될 수 없으며(제173조), 사원 이외의 자는 업무집행을 수행할 수 없기 때문에 인적회사인 합명회사에는 법인이 업무집행자가 될 수 없다(제200조, 제201조).

(3) 직무대행자

유한책임회사의 업무집행자의 업무집행을 정지하거나 직무대행자를 선임하는 가처분을 하거나 그 가처분을 변경 또는 취소하는 경우에는 본점 및 지점이 있는 곳의 등기소에서 등기하여야 한다(제287조의5 제5항). 직무대행자는 가처분명령에 다른 정함이 있는 경우 외에는 법원의 허가를 얻지 않는 한 법인의 통상업무에 속하지 아니한 행위를 하지 못한다

(제287조의13, 제200조의2).

(4) 사임·해임과 권한상실선고

업무집행자는 정당한 사유 없이 사임할 수 없고(제287조의18, 제195조, 민법 제708조), 정관에 다른 규정이 없는 경우 총사원의 동의가 없으면 해임할 수 없다(제287조의3 제4호, 제287조의16). 업무집행자가 업무를 집행함에 현저하게 부적임하거나 중대한 의무에 위반한 행위가 있는 때에는 법원은 사원의 청구에 의하여 업무집행권한의 상실을 선고할 수 있다(제287조의17, 제205조 제1항). 이 판결이 확정된 때에는 본점과 지점의 소재지에서 등기하여야 한다(제287조의17, 제205조 제2항).

2. 업무집행의 방법

(1) 원 칙

업무집행자 각자가 회사의 업무를 집행할 권리와 의무를 가진다(제287조의12 제2항). 이 때 어느 업무집행자의 집행에 다른 업무집행자의 이의가 있는 경우 그 행위를 중지하고 업무집행자 전원의 과반수의 결의에 의한다(제287조의12 제2항, 제201조 제2항).

(2) 공동업무집행

수인의 업무집행자를 정하고 이들을 공동업무집행자로 정할 수 있으며 이 경우 업무집행자 전원의 동의가 없으면 업무집행에 관한 행위를 하지 못한다(제287조의12 제3항). 즉 정관에서 수인을 공동업무집행자로 정한 경우에는 그 전원의 동의가 없으면 업무집행자 1인이 단독으로 업무집행에 관한 행위를 하지 못한다. 다만, 수동대리, 즉 제3자가 하는 유한책임회사에 대한 의사표시는 공동대표의 권한이 있는 자 1인에 대하여 하더라도 그 효력이 생긴다(제287조의19 제4항).

3. 업무집행자의 책임과 의무

(1) 위임관계

업무집행자와 회사와의 관계는 위임관계로서 업무집행자는 선량한 관리자의 주의로써 업무를 집행하여야 한다(제287조의18, 제195조, 민법 제707조, 민법 제681조).

(2) 책 임

유한책임회사를 대표하는 업무집행자가 그 업무집행을 함에 있어서 타인에게 손해를 입힌 경우에는 그 업무집행자는 회사와 연대하여 그 타인에게 손해를 배상하여야 한다(제287조의20). 회사의 업무집행자가 자신의 임무를 해태함으로써 회사에 손해가 발생한 경우 주식회사에 있어서 주주가 회사에 대하여 이사의 책임을 추궁하는 대표소송을 청구할 수 있는 것과 같이 유한책임회사의 사원은 업무집행자의 책임을 추궁하는 소의 제기를 회사에 대하여 청구할 수 있다(제287조의22 제1항). 이 같은 사원의 대표소송에 관하여는 상법 제403조 제2항 내지 제4항, 제6항 및 제7항, 그리고 제404조 내지 제406조까지의 규정을 준용한다(제287조의22 제2항).

(3) 업무집행자에 대한 사원의 감시권

업무집행자 이외의 사원은 회사의 업무집행에 참여하지 못하는 대신, 이들에게는 합자회사에 있어서 유한책임사원과 같이 영업연도 말에 있어서 영업시간 내에 회계장부, 대차대조표, 기타 서류를 열람할 수 있고, 회사의 업무와 재산상태를 검사할 수 있는 감시권이 주어진다(제277조, 제287조의14). 또한 사원은 회사에 대하여 업무집행자의 책임을 추궁하는 소의 제기를 청구할 수 있다(제287조의22 제1항).

(4) 업무집행자의 이익충돌방지의무

1) 경업피지의무

업무집행자는 사원 전원의 동의를 받지 아니하고는 자기 또는 제3자의 계산으로 회사의 영업부류에 속한 거래를 하지 못하며, 같은 종류의 영업을 목적으로 하는 다른 회사의 업무집행자·이사 또는 집행임원이 되지 못한다(제287조의10 제1항). 업무집행자가 경업금지의무에 위반한 경우 회사는 개입권과 손해배상청구권을 행사할 수 있다(제287조의10 제2항, 제198조 제2항 내지 제4항). 업무집행자가 겸직금지의무에 위반한 경우 회사는 개입권을 행사할 수는 없고 손해배상청구권만을 행사할 수 있다(제287조의10 제2항).

2) 자기거래제한

업무집행자는 다른 사원 과반수의 결의가 있는 경우에만 자기 또는 제3자의 계산으로 회사와 거래를 할 수 있고, 이 경우에는 민법 제124조(자기계약, 쌍방대리)를 적용하지 아니한다(제287조의11).

3) 권한상실선고

업무집행자가 경업피지의무나 자기거래제한에 위반한 경우 사원은 업무집행자의 업무집행권한 상실을 법원에 청구할 수 있다고 본다(제287조의17, 제205조).[4]

---

4) 정찬형, 599면.

Ⅱ. 의사결정

1. 사원의 의사결정

(1) 사원총회의 부존재

유한책임회사에서는 필요적 기관이 아니다. 따라서 사원의 의사결정을 요하는 경우 회의를 소집할 필요가 없고 적절한 방법에 의하여 사원의 의사를 파악하면 충분하다. 그러나 자율적으로 사원총회를 둘 수는 있다.

(2) 총사원의 동의

업무집행자의 경업승인(제287조의10 제1항), 대표자의 선정(제287조의19 제2항, 제3항), 자본금의 감소(제287조의36 제1항)는 총사원의 동의로 정한다. 그리고 정관변경은 총사원의 동의를 요하므로(제287조의16), 정관에 의하여 정해지는 사항은 총사원의 동의에 의하는 결과가 된다.

(3) 총사원의 과반수

업무집행자의 자기거래승인(제287조의11), 사원과의 소송에서의 회사대표의 선정(제287조의21)은 사원의 과반수의 결의에 의한다. 그 밖에 사원의 의사결정이 필요할 경우 총사원의 과반수로써 결정한다(제287조의18, 제195조, 민법 제706조 제2항). 과반수결의에 의하는 경우 의결권 배분방식이 문제될 수 있는데, 유한책임인데도 불구하고 그 의결권이 지분단일주의(또는 두수주의)에 의하여 배분된다(제287조의11, 제287조의18, 제195조, 민법 제706조 제2항).

2. 정관의 규정

상당수의 중요한 사항은 정관으로 정하도록 한다. 업무집행자의 선정(제287조의12 제1항), 대표자의 선정(제287조의19 제2항, 제3항), 사원의 가입(제287조의23), 사원의 사망시 상속인의 권리의무의 승계에 관한 사항(제287조의26, 제219조), 제명의 결의방법(제287조의27, 제220조), 잉여금의 분배(제287조의37 제5항)는 정관의 규정으로 정한다.

Ⅲ. 지분의 취득과 상실

1. 출자와 자본금

유한책임회사의 설립자본금을 법정하고 있지는 않으나, 유한책임회사 사원의 출자의무는 주식회사의 경우와 크게 다르지 않다. 사원의 출자는 신용 또는 노무와 같이 무형의 재산적 가치 있는 것은 허용되지 않고, 금전이나 기타 유형의 재산적 가치 있는 것으로 제한된다. 또한 사원의 출자의무는 정관의 작성 후 회사의 설립등기 이전에 그 이행이 전부 완료되어야 한다(제287조의4). 그리고 자본금감소에 관한 규정과 잉여금분배에 관한 규정을 두어 주식회사에서와 같이 자본충실의 원칙을 규정하고 있다(제287조의3 제3호, 제287조의36, 제287조의37). 이는 사원 전원이 유한책임을 부담하므로 채권자들을 보호하기 위한 규정들로 해석할 수 있다.

2. 입   사

(1) 정관변경

유한책임회사에서 새로운 사원이 회사에 입사하기 위해서는 정관을 변경하여야 한다(제287조의23 제1항). 사원은 정관의 기재사항이므로 새로운 사원의 가입은 정관변경을 요한다. 정관에 다른 규정을 두지 않는 한, 정관을 변경하기 위해서는 사원전원의 동의를 필요로 하기 때문에(제287조의16), 회사설립 후에 유한책임회사의 사원이 되기 위해서는 사원 전원의 동의를 필요로 하는 것과 같다.

(2) 입사의 효력발생

입사의 효력은 원칙적으로 정관을 변경한 때부터 발생한다. 다만, 정관을 변경한 때에 해당 사원이 출자에 관한 납입 또는 재산의 전부 또는 일부의 출자를 이행하지 않은 경우에는 정관 변경시가 아니라, 자신의 출자이행을 완료한 때 입사의 효력이 발생한다(제287조의23 제2항 단서). 입사시 현물출자를 하는 사원은 납입기일에 지체 없이 유한책임회사에 출자의 목적인 재산을 인도하고, 등기·등록·그 밖의 권리의 설정 또는 이전이 필요한 경우에는 이에 관한 서류를 모두 갖추어 교부하여야 한다(제287조의23 제3항, 제287조의4 제3항).

(3) 등   기

유한책임회사에서 사원의 성명 등은 합명회사 및 합자회사의 경우와 달리, 등기사항이 아니므로 유한책임회사에서의 사원의 가입은 변경등기를 요하지 않는다.

3. 지분양도와 상속, 입질

(1) 방 법

유한책임회사의 사원은 다른 사원의 동의를 받지 아니하면 그 지분의 전부 또는 일부를 타인에게 양도하지 못하도록 함(제287조의8 제1항)으로써 합명회사에서의 지분양도(제197조)에서와 같이 사원의 지분의 양도에 관한 제한을 두고 있다. 다만, 업무를 집행하지 아니한 사원은 업무를 집행하는 사원 전원의 동의가 있으면 지분의 전부 또는 일부를 타인에게 양도할 수 있고(제287조의8 제2항) 업무를 집행하는 사원이 없는 경우에는 사원 전원의 동의를 받아야 한다.

정관에서 지분양도에 관한 사항을 달리 정할 수 있도록 하고 있다(제287조의8 제3항). 이는 사원이 회사에 투자한 자본금을 회수하는데 있어서 장애요인이 되기 때문에 이 문제를 해소하기 위한 규정이다. 합명회사에 비하여 완화된 것이다.

(2) 자기지분의 양수금지

유한책임회사는 그 지분의 전부 또는 일부를 양수할 수 없고, 유한책임회사가 지분을 취득하는 경우에 그 지분은 취득한 때에 소멸한다(제287조의9). 합명회사에서도 사원으로부터 지분을 취득하면 사원의 퇴사로 인한 일부 청산과 유사하여 지분이 소멸한다고 볼 수 있으므로, 이는 인적회사인 합명회사와 유사하고 주식회사와 구별되는 점이다.[5]

(3) 지분의 상속

지분의 상속은 합명회사와 거의 동일하다. 유한책임사원이 사망하는 경우 이는 원칙적으로 퇴사원인이 되고, 상속이 되지 않는다(제287조의25, 제218조 제3호). 따라서 상속인은 지분의 환급을 받게 된다. 그러나 합명회사에서와 같이 정관으로 상속이 가능함을 정할 수 있고 이 경우 지위의 승계 또는 포기절차는 합명회사와 같다(제287조의26, 제219조). 상속인은 상속의 개시를 안 날로부터 3월 내에 회사에 대하여 승계 또는 포기의 통지를 발송하여야 하고, 상속인이 이러한 통지 없이 3월을 경과한 때에는 사원이 될 권리를 포기한 것으로 본다(제287조의26, 제219조). 다만 청산 중의 회사의 사원이 사망한 경우에는 정관상 규정이 없더라도 상속인이 피상속인의 지분을 상속한다(제287조의45, 제246조).

(4) 지분의 입질과 압류

유한책임사원의 지분도 입질과 압류가 가능하다. 유한책임회사의 사원의 지분을 압류한 채권자는 회사와 그 사원에 대하여 6월 전에 예고함으로써 영업연도 말에 그 사원을 퇴사

---

5) 정찬형, 594면.

시킬 수 있다(제287조의29, 제224조). 사원지분의 압류채권자는 그 사원의 지분환급청구권(제287조의28)을 전부(轉付)함으로써 채권의 만족을 얻을 수 있다. 이때 그 사원이 환급한 지분환급금액이 유한책임회사의 순자산액으로부터 자본금의 액을 뺀 액을 초과하면 그 유한책임회사의 채권자는 회사에 이의를 제기할 수 있고(제287조의30 제1항), 이의제기가 있으면 회사는 그 채권자에 대하여 변제 또는 상당한 담보를 제공하거나 이를 목적으로 하여 상당한 재산을 신탁회사에 신탁하여야 한다(제287조의30 제2항, 제232조 제3항). 다만 회사가 잉여금을 초과한 지분을 환급하여야 회사의 채권자에게 손해를 끼칠 우려가 없는 경우 회사는 그 채권자에게 변제 등을 하지 않아도 된다(제287조의30 제2항 단서). 사원의 지분의 압류는 잉여금의 배당을 청구하는 권리에 대하여도 그 효력이 미친다(제287조의37 제6항).

4. 퇴   사

(1) 의   의

퇴사제도는 주식회사에는 없고 인적회사에만 존재한다. 그런데 유한책임회사 사원에게는 투자자본금을 회수할 수 있도록 하기 위하여, 합명회사에 관한 제217조에서와 같이 사원에게 퇴사권을 인정하고 있다(제287조의24). 특히 사원이 퇴사하는 경우에는 자신의 지분환급을 금전으로 받을 수 있다(제287조의28 제1항). 그런데 유한책임을 지는 회사에서 퇴사가 허용되는 경우 사원이 회사채권자에 우선하여 출자를 회수하는 문제가 생길 수 있기 때문에, 유한책임회사에서는 이와 같이 퇴사를 허용하면서 회사채권자보호절차를 마련하고 있다.

(2) 퇴사원인

유한책임회사에서의 사원의 퇴사원인은 합명회사와 거의 동일하다. 퇴사에 의하여 출자금을 회수할 수 있다.

1) 임의퇴사

정관으로 회사의 존립기간을 정하지 아니하거나 어느 사원의 종신까지 존속할 것을 정한 때에는 사원은 6월 전에 예고하고 영업연도 말에 한하여 퇴사할 수 있다(제287조의24, 제217조 제1항). 그러나 부득이한 사유가 있을 때에는 언제든지 퇴사할 수 있다(제287조의24, 제217조 제2항). 유한책임회사에서는 사원이 1인으로 되는 것이 해산사유가 아니므로, 합명회사(제227조 제3호)와는 달리 퇴사로 인하여 사원이 1인이 되는 때에도 퇴사가 가능하다.

2) 당연퇴사

합명회사와 같이 정년·자격상실사유 등 정관에 정한 사유의 발생, 사원 본인의 의사에 따른 퇴사에 대한 총사원의 동의, 사망(정관으로 상속을 규정하지 않은 경우에만 해당하고, 정관으로 상속을 규정한 경우에는 그에 따라 상속된다), 사원간 신뢰관계가 상실된 금치산, 파산, 제명으로 인하여 그 사원은 당연히 퇴사한다(제287조의25, 제218조).

사원의 제명사유는 출자의 의무를 이행하지 아니한 때, 경업피지의무에 위반한 행위가 있는 때, 회사의 업무집행 또는 대표에 관하여 부정한 행위가 있는 때, 권한 없이 업무를 집행하거나 회사를 대표한 때, 기타 중요한 사유가 있는 때이다(제287조의27 본문, 제220조). 사원에게 제명사유가 있는 때에는 회사는 다른 사원 과반수의 결의에 의하여 그 사원의 제명의 선고를 법원에 청구할 수 있고(제287조의27 본문, 제220조), 법원의 제명선고로 사원은 제명되며 판결이 확정되는 경우 본점과 지점의 소재지에서 등기하여야 한다(제287조의27 본문, 제220조 제2항, 제205조 제2항). 다만, 사원의 제명에 필요한 결의를 정관으로 다른 사원의 과반수가 아니라 달리 정할 수 있다(제287조의27 단서).[6]

3) 채권자에 의한 강제퇴사

유한책임사원의 지분을 압류한 채권자는 회사와 그 사원에 대하여 6월 전에 예고함으로써 영업연도 말에 그 사원을 퇴사시킬 수 있다(제287조의29, 제224조 제1항). 이 점 합명회사와 동일하다.

(3) 퇴사절차

1) 채권자보호절차

유한책임회사의 채권자는 퇴사하는 사원에게 환급하는 금액이 대차대조표상의 순자산액으로부터 자본금의 액을 뺀 금액인 잉여금을 초과한 경우에는 **그 환급에 대하여 회사에 이의를 제기할 수 있다**(제287조의30 제1항). 퇴사로 인한 환급으로 인하여 채권자의 채권회수가 어려워질 수 있기 때문이다.

채권자의 이의가 있는 경우 회사는 변제 또는 상당한 담보를 제공하거나 이를 목적으로 하여 상당한 재산을 신탁회사에 신탁하여야 한다(제287조의30 제2항, 제232조). 그러나 지분을 환급하더라도 채권자에게 손해를 끼칠 우려가 없는 경우 이러한 조치가 불필요하다(제287조의30 제2항 단서).

2) 정관변경

사원은 정관의 절대적 기재사항이므로(제287조의3 제1호), 정관변경이 있어야 한다(제287조의16). 그런데 퇴사원인이 있으면 퇴사가 되는 것이므로 총사원의 동의를 요하는 등의 별도의 정관변경의 절차를 밟을 필요는 없다고 본다.[7] 그런데 합명회사(제180조)와는 달리, 유한책임사원의 성명은 등기사항이 아니므로 변경등기를 할 필요는 없다.

---

6) 이 점 합명회사(제220조 제1항)와 구별된다.
7) 정찬형, 606면.

(4) 퇴사의 효과

1) 지분환급

퇴사 사원은 그 지분의 환급을 금전으로 받을 수 있다(제287조의28 제1항). 현물출자를 한 경우에도 금전으로 환급받을 수 있다. 그러나 퇴사 사원의 지분 환급에 대하여는 정관으로 달리 정할 수 있다(제287조의28 제3항). 퇴사 사원에 대한 환급금액은 퇴사시의 회사의 재산 상황에 따라 정하지만(제287조의28 제2항), 채권자의 보호를 위하여 그 환급금은 순자산을 초과할 수 없다.

유한책임회사의 사원은 그 출자금액을 한도로 하여 책임을 지기 때문에 퇴사시 회사에 대하여 추가출자의무를 부담하거나 손실분담금 납입의무를 지지 않는다. 이는 유한책임회사가 물적회사의 특징을 가지는 점 중의 하나라 할 수 있다.

2) 퇴사 사원의 상호변경청구권

퇴사한 사원의 성명이 유한책임회사의 상호 중에 사용된 경우에는 그 사원은 유한책임회사에 대하여 그 사용의 폐지를 청구할 수 있다(제287조의31). 유한책임회사에서 퇴사한 사원이 그 사용의 폐지를 청구하지 않는 경우 명의대여자로서의 책임을 질 우려가 있기 때문이다(제24조).

IV. 정관변경

정관에 다른 규정이 없는 경우 정관을 변경하려면 총사원의 동의가 있어야 한다(제287조의16). 정관상 규정으로 총사원의 동의라는 요건을 달리 정할 수 있다. 정관변경은 회사 사원간의 내부관계를 규율하는 것이므로, 정관상 규정으로 보다 완화된 결의방법을 두는 것이 가능하다.

제 4 절 외부관계

I. 회사의 대표

1. 대표기관

(1) 의 의

업무집행자가 유한책임회사를 대표한다(제287조의19 제1항). 업무집행자가 둘 이상인 경

우 정관 또는 총사원의 동의로 회사를 대표할 업무집행자를 정할 수 있다(제287조의19 제2
항). 대표권은 업무집행권을 전제로 하므로 업무집행권이 상실되면 자동적으로 대표권이
상실된다고 본다.

(2) 공동대표

유한책임회사는 정관 또는 총사원의 동의로 둘 이상의 업무집행자가 공동으로 회사를
대표할 것을 정할 수 있다(제287조의19 제3항). 이 경우에 회사의 제3자에 대한 의사표시는
공동으로 하여야 하나(제287조의19 제2항), 제3자의 회사에 대한 의사표시는 공동대표의 권
한이 있는 자 1인에 대하여 함으로써 효력이 생긴다(제287조의19 제4항). 공동대표는 등기를
하여야 선의의 제3자에게 대항할 수 있다(제287조의5 제1항 제7호, 제37조 제1항).

2. 대표권의 범위

(1) 원 칙

대표는 유한책임회사의 영업에 관하여 재판상·재판외의 모든 행위를 할 권한이 있으
며, 그 권한의 제한은 선의의 제3자에게 대항하지 못한다(제287조의19 제5항, 제209조).

(2) 제 한

유한책임회사가 사원(사원이 아닌 업무집행자를 포함한다)에 대하여 또는 사원이 유한책임
회사에 대하여 소를 제기하는 경우에 유한책임회사를 대표할 사원이 없을 때에는 다른 사
원 과반수의 결의로 대표할 사원을 선정하여야 한다(제287조의21).

(3) 불법행위

대표자가 그 업무집행으로 타인에게 손해를 입힌 경우 회사도 그 대표자와 연대하여
손해를 배상할 책임이 있다(제287조의20).

3. 등   기

유한책임회사를 대표할 자의 성명과 주소 및 주민등록번호를 등기하여야 한다(제287조
의5 제1항 제5호). 이와 같이 유한책임회사를 대표할 업무집행자를 정한 경우에는 그 외의
업무집행자에 대하여는 성명과 주민등록번호만 등기하고 주소는 등기하지 아니한다(제287
조의5 제1항 제4호 단서). 공동으로 회사를 대표할 업무집행자를 정한 경우도 등기하여야 하
고(제287조의5 제1항 제7호), 유한책임회사의 업무집행자의 업무집행을 정지하거나 직무대행
자를 선임하는 가처분을 하거나 그 가처분을 변경 또는 취소하는 경우에는 본점 및 지점
이 있는 곳의 등기소에서 등기하여야 한다(제287조의5 제5항).

Ⅱ. 사원의 책임

1. 유한책임

유한책임회사의 사원의 책임은 상법에 다른 규정이 있는 경우 외에는 그 출자금액을 한도로 한다(제287조의7). 이는 주식회사의 주주의 책임(제331조)과 유한회사의 사원의 책임(제553조)과 유사하다.

다만 주식회사와 달리 유한회사의 사원의 책임은 '상법에 다른 규정이 있는 경우 외에는' 출자금액을 한도로 하는 책임(제553조)으로 규정하고 있고, 상법에 다른 규정이 있는 경우로는 회사성립 후에 현물출자의 부족재산가격(제550조 제1항) 및 출자불이행(제551조 제1항)에 따른 출자미필액에 대한 전보책임을 지는 규정이 있다. 유한책임회사의 사원의 책임도 유한회사의 사원의 책임과 동일한 규정을 두고 있음에도 불구하고, **위와 같은 전보책임을 지우는 규정이 없어 상법에 규정이 있는 경우란 그 의미가 없다고 할 수 있다.**[8]

2. 출자의 이행과 간접유한책임

유한책임회사에서의 사원은 설립시 설립등기 이전에 금전이나 그 밖의 재산의 출자를 완료하여야 하며(제287조의4 제2항) 설립 후 가입하는 신입사원도 납입을 완료하는 때에 비로소 사원이 된다. 이러한 점에서 유한책임회사 사원의 유한책임은 주식회사에서의 주식인수인의 책임(제331조)과 같이 회사에 대한 출자이행만을 의미하는 간접유한책임이다.

이 점에서 합자회사의 유한책임사원의 책임과 구별된다. 합자회사에서는 설립시 사원들이 출자를 전액 이행하여야 하는 것은 아니고 설립 후 어느 사원의 출자가 미납된 경우도 가능하며 그 범위에서는 회사채권자에 대하여 직접 변제책임을 부담한다. 즉 합자회사의 유한책임사원은 출자를 이행하지 않은 범위에서 회사채권자에 대하여 직접 책임을 진다(제279조 제1항).

Ⅲ. 대표소송

유한책임회사의 사원은 회사에 대하여 업무집행자의 책임을 추궁하는 소의 제기를 청구할 수 있다(제287조의22). 대표소송에 관한 구체적인 내용에 대하여는 주식회사의 주주의 대표소송에 관한 규정이 준용된다(제287조의22 제2항, 제403조 제2항 내지 제4항, 제6항 및 제7항, 그리고 제404조 내지 제406조). 다만 주식회사나 유한회사와 다른 점은 소수주주권이 아

---

8) 정찬형, 602면.

니라 유한책임회사 1인의 사원도 대표소송을 제기할 수 있다는 점이다.

제 5 절 회사의 회계

유한책임회사의 사원은 물적회사와 같이 유한책임만을 부담하므로 채권자보호를 위한 회계 규정을 두고 있다. 유한책임회사에서의 회계는 주식회사와 같이 일반적으로 공정하고 타당한 회계관행에 따라야 한다(제287조의32).

I. 자 본 금

1. 자본금의 의의

유한책임회사의 자본금은 사원이 출자한 금전이나 그 밖의 재산의 가액이다(제287조의35). 유한책임회사는 주식회사의 주식과 유한회사의 출자좌수라는 자본금을 구성하는 단위가 없이 사원이 출자한 가액을 기준으로 자본금이 구성되는 점에서 상호 차이가 있다. 유한책임회사에서 자본금의 액은 정관의 절대적 기재사항(제287조의3 제3호)이고, 자본금의 증가와 감소는 정관변경사항이 된다.

2. 자본금의 증가와 감소

자본금의 증가는 두 가지의 방법이 가능하다. ① 기존 사원들의 추가출자와 ② 새로운 사원의 가입에 따라 그 사원들이 출자한 금전이다. 자본금은 정관의 절대적 기재사항이므로(제287조의3 제3호), 자본금을 증가하기 위하여는 총사원의 동의가 있어야 한다(제287조의16).

자본금의 감소에는 ① 사원의 퇴사 등으로 인하여 자본금이 감소하는 경우, ② 재산의 실질가치가 하락하는 경우 등이 있을 수 있다. 이런 경우 회사는 정관을 변경하여 자본금을 감소할 수 있다(제287조의36 제1항). 자본금감소는 회사채권자들의 책임재산을 감소시키므로 채권자보호절차를 밟아야 한다(제287조의36 제2항 본문, 제232조). 다만, 상법은 "감소 후의 자본금의 액이 순자산액 이상인 경우에는 그러하지 아니하다"(제287조의36 제2항 단서)고 규정하고 있으나, 이는 오류이다. 순자산액이 자본금의 액 이상으로 수정되어야 한다.

Ⅱ. 재무제표

1. 작성과 보존

유한책임회사의 업무집행자는 결산기마다 대차대조표, 손익계산서, 그 밖에 유한책임회사의 재무상태와 경영성과를 표시하는 것으로서 대통령령으로 정하는 서류를 작성하여야 한다(제287조의33). 유한책임회사의 재무제표는 주식회사의 그것과 같으나, 재무제표 부속명세서를 작성할 필요가 없는 점(주식회사의 경우 제447조 제1항)과 연결재무제표를 작성할 필요가 없는 점(주식회사의 경우 제447조 제2항)에서 주식회사와 구별된다.

2. 비치 및 공시

유한책임회사의 업무집행자는 위 서류를 본점에 5년간 갖추어 두어야 하고, 그 등본을 지점에 3년간 갖추어 두어야 한다(제287조의34 제1항). 사원과 유한책임회사의 채권자는 회사의 영업시간 내에는 언제든지 재무제표의 열람과 등사를 청구할 수 있다(제287조의34 제2항). 이는 주식회사의 경우(제448조)와 동일하다.

Ⅲ. 잉여금의 분배

1. 잉여금분배의 요건

유한책임회사는 대차대조표상의 순자산액으로부터 자본금의 액을 뺀 액을 한도로 하여 잉여금을 분배할 수 있다(제287조의37 제1항). 회사채권자를 보호하기 위한 것으로 이에 위반하여 잉여금을 분배한 경우에는 유한책임회사의 채권자는 그 잉여금을 분배받은 자에 대하여 회사에 반환할 것을 청구할 수 있다(제287조의37 제2항). 주식회사에서는 자본금과 함께 법정준비금을 공제하여야 하지만(제462조 제1항), 유한책임회사에서는 준비금의 적립을 요구하지 않는다.

2. 잉여금분배의 기준

잉여금은 정관에 다른 규정이 없으면 각 사원이 출자한 가액에 비례하여 분배한다(제287조의37 제4항). 잉여금의 분배를 청구하는 방법이나 그 밖에 잉여금의 분배에 관한 사항은 정관으로 정할 수 있다(제287조의37 제5항). 유한책임회사는 이와 같이 잉여금분배의 지급시기 등 잉여금분배에 관한 많은 사항을 정관에서 자율적으로 정할 수 있도록 하고 있어 주식회사와 구별된다.

3. 압류채권자의 권리

사원의 지분의 압류는 잉여금의 배당을 청구하는 권리에 대하여도 그 효력이 있다(제 287조의37 제6항).

제 4 장

유한회사

제1절 총 설

I. 유한회사의 의의

유한회사는 사원의 균일한 비례적 단위의 출자로 이루어진 자본금을 가지고, 사원은 원칙적으로 그 출자금액을 한도로 하여 회사에 대하여만 책임을 지는 회사이다. 유한회사는 주식회사와 같이 자본금, 출자, 유한책임을 요소로 하는 물적회사라는 점에서 주식회사와 동일하다. 주식회사와 다른 점은 소규모 폐쇄회사에 적합하도록 하기 위하여 설립이 용이하고 기관의 형태가 간소화되어 있으며, 지분의 양도가 제한된다는 것이다. 또한 유한회사의 사원은 자본금 전보책임을 진다는 점이 주식회사와 다르다(제550조, 제551조, 제593조). 유한회사는 합자회사와 같이 소규모 폐쇄회사에 적합하나, 합자회사는 무한책임사원이 있는 인적회사라는 점, 합자회사의 유한책임사원은 회사채권자에게 직접책임을 진다는 점에서 차이가 있다.

유한회사는 인적회사와 주식회사의 장점을 기초로 만든 회사이다. 인적회사가 사원상호간의 신뢰를 기초로 하므로 조직이 간명하고 설립이 용이하고, 주식회사의 유한책임 등을 채택하여 만든 회사로서 독일이나 영국 등에서는 주식회사보다도 많이 이용되는 회사이나 우리나라에서는 거의 이용되지 않고 있다.[1]

II. 유한회사의 특성

1. 자본단체성

유한회사도 주식회사와 같이 자본금이 핵심이다. 따라서 자본충실, 자본확정, 자본불변

---

1) 다만, 현행 자산유동화에 관한 법률 제17조에서는 유동화전문회사는 유한회사로만 설립할 수 있도록 하고 있고, 같은 법에서 달리 정함이 있는 경우를 제외하고는 상법상 유한회사의 규정을 적용하도록 하고 있다. 이 유동화전문회사는 자산보유자로부터 유동화자산을 양도받아 이를 기초로 유동화증권을 발행하고, 당해 유동화자산의 관리·운용·처분에 의한 수익이나 차입금 등으로 유동화증권의 원리금 또는 배당금을 지급하는 일련의 행위를 수행하기 위하여 설립된 일종의 일시적인 특수목적회사(SPC, Special Purpose Company)이다. 우리나라 유한회사의 상당수는 특수목적회사 성격의 설립이라고 볼 수 있겠다.

의 원칙이 적용된다. 유한회사는 **확정자본금제도**를 채택하고 있어 유한회사의 자본금은 정관의 절대적 기재사항이고(제543조 제2항 제2호), 자본금의 증감은 정관변경의 절차를 요한다(제584조 이하). 또한 자본충실의 원칙에 해당하는 것으로 유한회사의 자본금은 회사채권자에 대한 담보재산이 되므로 자본금에 해당하는 재산이 현실적으로 유지되어야 한다(제544조, 제548조, 제550조, 제551조, 제593조 등).

2011년 개정으로 최저자본금을 폐지하였고, 출자 1좌의 금액을 100원 이상으로 하였다(제546조).

2. 소규모폐쇄성

유한회사는 출자자 상호간의 신뢰를 중시하는 소규모 폐쇄회사이다. ① 설립절차가 간이하다. 주식회사의 모집설립이 인정되지 않고(제589조 제2항) 발기설립만 가능하며 설립경과에 대한 조사절차가 없다. 정관에 의하여 각 사원의 출자좌수가 정해진다(제543조 제2항 제4호). ② 사원상호간의 신뢰를 기초로 하므로, 설립시 또는 증자시 자본금의 결함이 있는 경우 사원은 연대하여 이를 전보할 책임을 지고(제550조, 제551조, 제593조), 지분양도를 제한할 수 있으며(제556조 단서) 지시식 또는 무기명식 증권의 발행을 금지한다(제555조). ③ 기관의 구성과 운영이 유연하다. 사원총회의 소집절차를 생략할 수 있고(제573조) 서면결의가 가능하며(제577조), 이사는 1인이면 되며(제561조), 감사가 임의기관으로 되어 있다(제568조 제1항).

제 2 절   설   립

Ⅰ. 특   징

유한회사에서는 모집설립이 인정되지 않아 주식회사의 발기설립과 유사하나, 설립절차가 주식회사보다 훨씬 간소화되어 있다. 발기인이 없이 각 사원이 기명날인 또는 서명한 정관작성으로 사원이 확정되고(제543조 제2항 제1호, 제179조 제3호), 사원의 개성이 중시되어 설립무효의 소 이외에 설립취소의 소가 인정되며(제552조), 법원이 선임한 검사인의 조사제도가 없다. 또한 사원과 이사에게 무거운 자본금전보의 책임이 있는 점(제550조, 제551조, 제593조)도 주식회사와는 다르다.

Ⅱ. 설립절차

1. 정관작성

(1) 1인 이상의 사원

유한회사의 설립은 1인 이상의 사원이 정관을 작성하여 기명날인 또는 서명한 이후, 공증인의 인증을 받아야 한다(제543조, 제292조). 주식회사와 같이 1인 이상의 기명날인 또는 서명으로 충분하므로 1인회사의 설립이 가능하다.[2]

(2) 정관의 기재사항

정관의 기재사항은 절대적 기재사항(제543조 제2항)과 상대적 기재사항(제544조)이 있다. 정관의 절대적 기재사항으로는 목적, 상호, 사원의 성명·주민등록번호 및 주소, 자본금의 총액, 출자 1좌의 금액, 각사원의 출자좌수, 본점의 소재지이다.

정관에 기재하여야만 그 효력이 발생하는 정관의 상대적 기재사항으로는 현물출자, 재산인수, 설립비용 등의 변태설립사항이 있다. 유한회사에서는 발기인이 없기 때문에 주식회사에 있던 발기인의 특별이익이나 보수에 관한 사항이 변태설립사항에서 제외된다(제290조 참조). 그리고 설립절차에 대한 법원이 선임한 검사인의 조사절차가 따로 있는 것은 아니나, 이를 회피하기 위한 사후설립에 대하여는 주식회사와 같이 사원총회의 특별결의가 있어야 한다(제576조 제2항).

2. 기관선임

주식회사 발기설립의 경우 발기인이 기관을 선임하나, 유한회사에서는 발기인이 없으므로 이사를 정관에서 직접 정할 수 있다. 그런데 정관으로 이사를 정하지 아니한 때에는 회사성립 전에 사원총회를 열어 이를 선임하여야 한다(제547조 제1항). 이때 사원총회는 각 사원이 소집할 수 있다(제547조 제2항).

유한회사의 감사는 정관에 의하여 1인 또는 수인을 둘 수 있는 임의기관이다(제568조 제1항). 그러나 정관에서 감사를 두기로 정하였음에도 불구하고 회사성립 전에 정하지 않은 경우에는 그 전에 사원총회를 열어 선임하여야 한다(제568조 제2항).

3. 출자의 이행

유한회사에서는 각 사원의 출자좌수가 정관의 절대적 기재사항이므로(제543조 제2항 제4

---

2) 2001년 상법개정에 의하여 2인 이상의 요건이 삭제됨으로써 1인 유한회사의 설립이 가능하게 되었다.

호) 정관을 작성하면 각 사원이 이행하여야 할 출자좌수가 확정된다. 이사는 사원으로 하여금 출자전액의 납입 또는 현물출자의 목적인 재산 전부의 급여를 시켜야 한다(제548조 제1항). 이때 출자는 노무출자나 신용출자는 허용되지 않고 금전출자 또는 현물출자만 허용되며, 현물출자의 목적이 등기나 등록을 요하는 경우에는 이에 관한 서류를 갖추어 교부하여야 한다(제548조 제2항, 제295조 제2항).

그런데 주식회사와는 달리, 변태설립사항에 대한 법원이 선임한 검사인의 조사제도나 법원의 처분제도가 없고 사원이 출자하지 않은 경우의 실권절차도 없다.

4. 설립등기

출자의 이행이 있은 날로부터 2주간 내에 본점소재지에서 설립등기를 하여야 하며(제549조), 제549조 제2항의 법정된 사항을 등기하면 회사는 성립한다(제172조).

Ⅲ. 설립하자

1. 설립무효

유한회사의 설립의 무효는 그 사원과 이사와 감사에 한하여, 설립의 취소는 그 취소권 있는 자에 한하여 회사설립의 날로부터 2년 내에 소만으로 이를 주장할 수 있다(제552조 제1항).

2. 설립취소

유한회사에는 설립의 무효뿐만 아니라 설립의 취소도 인정한다(제552조 제2항, 제184조 제2항, 제185조). 이 점 주식회사와는 다르고 합명회사와 합자회사 그리고 유한책임회사와는 같다. 이는 유한회사가 소규모 폐쇄회사의 특성을 가지므로 사원의 개성이 중시되어 개별 사원의 행위무능력, 의사표시의 하자 등으로 인한 회사설립의 취소를 허용하는 것이 바람직하다고 본 이유이다.

Ⅳ. 설립에 관한 책임

유한회사의 설립절차에는 법원의 조사절차 등 일체의 감독이 없는 대신, 사원 등에게 전보책임을 부과하고 있다. 이는 유한책임의 중대한 예외가 된다.

1. 사원의 연대책임

현물출자 또는 재산인수의 목적인 재산의 회사성립 당시의 실가가 정관에 정한 가격에 현저하게 부족한 때에는 회사성립 당시의 사원은 회사에 대하여 그 부족액을 연대하여 지급할 책임이 있다(제550조 제1항). 현물출자나 재산인수 등 변태설립사항이 과대평가되거나 하여 그 부족한 부분에 대하여 사원이 책임을 지도록 하고 있고, 이는 자본충실책임을 반영한 것으로 무과실책임이며 어떠한 경우에도 면제하지 못한다(제550조 제2항).

2. 사원 · 이사 · 감사의 연대책임

회사성립 후에 출자금액의 납입 또는 현물출자의 이행이 완료되지 아니하였음이 발견된 때에는 회사성립당시의 사원, 이사와 감사는 회사에 대하여 그 납입되지 아니한 금액 또는 이행되지 아니한 현물의 가액을 연대하여 지급할 책임이 있다(제551조 제1항). 이는 주식회사에서 발기인의 자본충실책임(제321조)과 같은 것이나, 유한회사의 사원은 인수담보책임을 부담하지 않는다는 점이 다르다. 무과실책임으로서 사원은 어떠한 경우에도 그 책임을 면제하지 못한다(제551조 제2항).

이사 · 감사는 유한회사의 수임인으로서(제567조, 제382조 제2항) 이사는 출자이행을 청구할 의무가 있기 때문에 이 책임을 부담하고(제548조), 감사는 업무감사권이 있기 때문에 이 책임을 부담하나(제569조), 사원과는 달리 이사나 감사는 총사원의 동의가 있는 경우 그 책임을 면제할 수 있다(제551조 제3항).

제 3 절 사 원

Ⅰ. 사원의 자격과 수

사원의 자격에는 제한이 없고, 사원의 수도 제한이 없다.[3] 사원의 성명 · 주소 · 출자좌수를 기재하기 위하여 사원명부가 작성된다(제557조).

Ⅱ. 사원의 지위

1. 권 리

사원의 권리는 주식회사 주주의 권리와 유사하다. 사원의 자익권으로는 주식회사와 유

---

3) 과거 1인 이상 50인 이하라는 제한이 있었으나 2011년 개정으로 폐지되었다.

사하게 이익배당청구권(제580조), 잔여재산분배청구권(제612조), 증자시의 출자인수권(제588조) 등이 있다. 제3자에게도 정관변경 또는 사원총회 특별결의에 의하여 출자인수권을 부여할 수 있다(제586조 제3호, 제587조).

사원의 공익권으로는 의결권(제575조), 사원총회의 취소·무효·부존재·변경의 소제기권(제578조, 제376조 내지 제381조), 회사설립의 무효 또는 취소(제552조)의 소제기권, 증자무효(제595조)·감자무효(제597조, 제445조)·합병무효(제603조, 제529조)의 소제기권 등이 있다. 사원의 공익권 중 소수사원권으로는 사원총회소집청구권(제572조), 이사의 위법행위유지청구권(제564조의2), 대표소송제기권(제565조), 이사의 해임청구의 소제기권(제567조, 제385조 제2항), 사원의 회계장부열람권(제581조), 회사의 업무·재산상태에 관한 검사청구권(제582조) 등이 있다.

주식회사의 소수주주권과 다른 점은 유한회사의 소수사원권은 자본금의 3% 이상에 해당하는 출자좌수를 가진 사원에게 인정되며(제565조 제1항), 사원총회의 소집청구권과 회계장부열람청구권의 경우 정관으로 다른 정함을 할 수 있도록 정하고 있다(제572조 제2항, 제581조 제2항). 또한 주식회사의 주주제안권(제363조의2)은 인정되지 않는다.

2. 의 무

유한회사 사원은 원칙적으로 그가 인수한 출자금액을 한도로 하여 출자의무만을 부담한다(제553조). 사원의 책임은 유한책임이며, 간접책임이다. 따라서 사원이 채권자에 대하여 직접책임을 지는 것은 아니다. 그러나 예외적인 책임으로 회사설립시와 증자시, 그리고 조직변경시 자본금 전보책임을 부담한다(제550조, 제551조, 제593조, 제605조, 제607조 제4항).

3. 지 분

(1) 지분의 의의

지분은 출자자인 사원이 유한회사에 대하여 가지는 법적 지위를 말한다. 유한회사에서는 주식회사의 자본금의 구성단위와 주주로서의 지위라는 두 가지의 의미를 가지고 전자인 자본금의 구성단위로서의 뜻으로는 출자라는 용어를 사용하므로, 지분은 사원권이라는 의미를 가진다. 각 사원은 출자좌수에 따라 지분을 가지므로(제554조) 주식회사와 같이 지분복수주의를 취하고, 이는 인적회사와 다른 점이다. 또한 유한회사의 지분을 공유하는 것이 인정되고 이 경우 주식공유에 관한 규정이 준용되는 점(제558조, 제333조)도 주식회사와 같다. 그러나 유한회사는 지분에 관하여 지시식 또는 무기명식의 유가증권을 발행하지 못한다(제555조).

(2) 지분의 양도

유한회사의 사원이 투자자금을 회수할 수 있는 방법은 자본금감소절차에 의한 지분의 환급(제597조, 제439조)과 지분을 양도하는 방법이다. 유한회사도 주식회사의 경우와 같이 지분의 양도가 가능하여 사원은 그 지분의 전부 또는 일부를 양도하거나 상속할 수 있으나, 정관에서 지분양도의 제한을 둘 수 있다(제556조).⁴⁾ 다만 유한회사는 소규모 폐쇄회사의 특성을 가지고 있어 지분을 지시식 또는 무기명식 증권으로 유통시키는 것을 금지하고 있다(제555조).

지분의 양도는 당사자간의 합의로 그 효력이 발생하지만, 취득자의 성명, 주소와 그 목적이 되는 출자좌수를 사원명부에 기재하지 아니하면 이로써 회사와 제3자에게 대항하지 못한다(제557조). 주식회사의 주주명부와 같은 효력이다.

4. 지분의 입질

사원의 지분은 질권의 목적으로 할 수 있다(제559조). 입질의 요건과 방법은 지분양도의 경우와 같다. 따라서 지분의 입질은 당사자간의 합의로 그 효력이 발생하지만, 취득자의 성명, 주소와 그 목적이 되는 출자좌수를 사원명부에 기재하지 아니하면 이로써 회사와 제3자에게 대항하지 못한다(제559조 제2항, 제556조, 제557조). 그런데 유한회사 지분의 입질은 주식회사와는 달리 약식질은 인정되지 않고 등록질만이 인정된다고 본다(통설). 따라서 지분의 질권자는 주식의 등록질권자와 같은 권리를 가진다(제560조 제1항, 제339조, 제340조 제1항 및 제2항).

제 4 절 회사의 관리

Ⅰ. 특   징

상법에서는 **유한회사의 기관이라는 용어 대신에 '회사의 관리'라는 명칭을 사용**하고, 의사결정기관으로서의 **사원총회**와 업무집행을 직접 담당하는 기관으로서의 **이사**를 둔다. 주식회사와 다른 점은 유한회사는 소규모폐쇄회사의 특성을 가진 것으로서 이에 맞추어 상법이 업무집행기관을 이사로 일원화하였으며 이사회·대표이사와 집행임원을 두지 않았다는 점, 감사를 임의기관으로 하였다는 점이다.

---

4) 2011년 상법개정으로 정관상 지분양도를 제한하지 않는 한 원칙적으로 사원 이외의 자에게도 지분을 양도할 수 있도록 하였다.

Ⅱ. 사원총회

1. 의   의

사원총회는 사원의 전부로 구성되는 유한회사의 필요적 최고·만능의 의사결정기관이다. 주식회사의 주주총회와 대체적으로 같으나, 주주총회는 제361조에 의하여 상법 또는 정관에서 정하는 사항으로 제한되어 있는 반면, 사원총회는 이러한 제한이 없어 법령 또는 정관에 위반하지 않는 한 모든 사항에 대하여 의사결정을 할 수 있는 최고·만능의 필수기관이라는 점에서 다르다. 소규모 폐쇄회사의 특성을 가지고 있는 유한회사는 이사회가 없고 감사도 임의기관으로 되어 있기 때문에 사원총회에서 이사의 업무집행을 감독하고 모든 의사결정을 하도록 하고 있으며, 사원총회의 절차가 간소화되어 있는, 예컨대 소집절차의 간소화(제571조), 서면결의의 인정(제577조) 등의 특징이 있다.

2. 소   집

(1) 소집권자

사원총회는 원칙적으로 이사가 소집한다(제571조 제1항). 이사가 수인인 경우 그 소집의 결정은 이사 과반수의 결정에 의하고 소집 자체는 이사 각자가 할 수 있다는 견해도 있기는 하나, 각 이사가 단독으로 결정하여 집행할 수 있다고 본다(통설). 다만 예외적으로 주식회사와 같이 감사(제571조 제1항 단서), 자본금 총액의 3% 이상에 해당하는 출좌좌수를 가진 소수사원(제572조 제1항), 법원(제582조 제3항) 등도 임시총회를 소집할 권한을 가진다. 그런데 소수사원에 의한 소집청구의 경우 그 요건을 정관과 달리 정할 수 있는데(제572조 제2항), 이는 주식회사의 소수주주에 의한 소집청구와 다른 점이다.

(2) 소집절차

사원총회를 소집할 때에는 사원총회일의 1주 전에 각 사원에게 서면으로 통지서를 발송하거나 각 사원의 동의를 받아 전자문서로 통지서를 발송하여야 한다(제571조 제2항). **주식회사의 경우와 비교**하면 ① **차이점**으로는 통지기간이 단축되어 있고, 사원총회의 소집절차는 총사원의 동의로 생략할 수 있다고 명문으로 규정(제573조)하고 있으며, ② **공통점**으로는 통지서의 기재사항과 소집지 등은 주식회사의 주주총회 규정을 준용(제571조 제3항, 제363조 제2항, 제364조)하고 정기총회와 임시총회가 있다(제578조, 제365조)는 점 등이다.

3. 의 결 권

사원은 출자에 비례하여 의결권을 가지는 **1출자 1의결권**이 원칙이다(제575조 본문). 그러나 정관으로 이와 다른 정함을 할 수 있어 1사원 1의결권(지분단일주의 또는 두수주의)으로 하거나 출자 1좌에 대하여 복수의결권을 인정할 수도 있다(통설). 다만 사원의 의결권을 완전히 박탈할 수는 없다. 주주총회에 관한 다수의 규정이 준용(제578조)되어 의결권의 대리행사(제368조 제2항), 특별이해관계인의 의결권 제한(제368조 제3항), 자기지분의 의결권 제한(제369조 제2항) 등은 동일하다. 그러나 주주제안권이 인정되지 않고(제363조의2), 집중투표제가 인정되지 않으며(제382조의2), 지분 상호보유의 경우 의결권이 제한되지 않는 점(제369조 제3항) 등은 주식회사와 다르다.

4. 결   의

(1) 의사록의 작성

의사의 진행과 의사록의 작성은 주주총회의 그것과 같다(제578조, 제373조).

(2) 결의요건

주식회사와 같이 보통결의·특별결의·특수결의로 나눌 수 있다. ① **보통결의**는 정관에 다른 정함이 없으면 총사원의 의결권의 과반수를 갖는 사원이 출석하고 그 의결권의 과반수로서 한다(제574조). 이는 주주총회와 다른 점이다. 그런데 의결권이 없거나 제한되는 경우에 관한 규정을 두고 있지 않아(제578조에 제371조 제1항의 준용규정이 없다) 그 정족수 계산이 문제될 수 있으나, 사원총회의 결의에 관하여는 의결권 없는 사원은 총사원의 수에 산입하지 않는 것으로 해석함이 타당하다(제371조 제1항 참조). ② **특별결의**는 총사원의 반수이상이며 총사원의 의결권의 4분의 3이상을 가지는 자의 동의로 한다(제585조 제1항). 이 때 의결권을 행사할 수 없는 사원은 이를 총사원의 수에, 그 행사할 수 없는 의결권은 이를 의결권의 수에 산입하지 아니한다(제585조 제2항). 의결권의 요건 이외에 총사원의 반수이상을 요건으로 하고 있음은 사원의 개성이 중시되기 때문이다. 특별결의를 요하는 사항은 주주총회의 그것과 대체로 유사하다.[5] ③ **특수결의**는 총사원의 동의로 하는 결의를 말한다. 유한회사의 주식회사로의 조직변경(제607조 제1항), 이사와 감사의 책임면제(제551조 제3항, 제607조 제4항)가 있다.

---

5) 영업양도 승인(제576조 제1항, 제374조), 정관변경(제585조 제1항), 증자의 경우 현물출자와 재산인수(제586조), 증자시 제3자에 대한 출자인수권의 부여(제587조), 합병(제598조), 설립위원의 선임(제599조), 조직변경(제607조 제1항), 회사의 해산(제609조), 회사의 계속(제610조) 등이 있다.

(3) 서면결의

사원총회는 원칙적으로 총회장에 모여 사원들이 토의하고 결의를 하는 것이지만, 총회절차의 간소화를 위하여 유한회사는 서면결의 특칙을 두고 있다. 주식회사의 서면결의는 주주총회의 개최를 전제로 하는 것이나(제368조의3), 유한회사에서는 사원총회를 개최하지 않아도 된다는 점에서 차이가 있다. 서면결의도 두 가지로 나눌 수 있다. ① 총회의 결의를 총사원의 동의로 서면에 의한 결의로 하는 것이다(제577조 제1항). 이는 결의방법을 서면결의로 할 것을 총사원이 동의하는 것으로서, 의안에 대한 찬성과 반대의 결의는 서면으로 제출된 찬부의 의사표시를 집계하여 결정된다. 그런데 이 방법에 의한 서면결의는 특정사항에 대하여만 인정되고 미리 포괄적으로 서면결의에 의한다고 동의하는 것은 허용되지 않는다고 본다. ② 다음은, 결의의 목적사항에 대하여 총사원이 서면으로 동의한 경우이다(제577조 제2항). 이는 사전에 결의방법에 대하여 총사원의 동의가 없었으나, 결의내용인 목적사항에 대하여 총사원이 서면에 의한 동의를 하는 경우 서면에 의한 결의가 있는 것으로 본다.

서면에 의한 결의는 총회의 결의와 동일한 효력이 있다(제577조 제3항). 그리고 사원총회에 관한 규정은 서면에 의한 결의에 준용한다(제577조 제4항).

(4) 결의하자

사원총회 결의의 하자에 대하여는 주주총회의 규정이 그대로 준용된다(제578조, 제376조 내지 제381조).

Ⅲ. 이 사

1. 의 의

(1) 의 의

유한회사의 이사는 대내적으로 회사의 업무를 집행하고 대외적으로 회사를 대표하는 필요상설기관이다. 유한회사에서는 주식회사와 달리 이사회, 집행임원이나 대표이사 등이 없다.

(2) 선임과 해임

이사의 **선임**은 원칙적으로 사원총회의 결의에 의하고(제567조, 제382조 제1항), 단지 예외적으로 초대이사의 경우 정관으로 정할 수 있다(제547조 제1항). 이사의 자격·임기·수에는 아무런 제한이 없다.

이사의 **해임**은 주식회사의 규정을 준용하고 있어 주식회사와 같다(제567조, 제385조, 제386조). 사원총회의 특별결의로 이사를 해임할 수 있고 출자좌수의 3% 이상 소수사원이 이사의 해임을 법원에 청구할 수 있는 권한을 가진다. 이사의 결원이 있는 경우의 처리도 주식회사와 같다(제567조, 제386조, 제407조, 제408조).

2. 권   한

(1) 업무집행권

이사는 유한회사의 업무집행기관이다. 이사가 수인인 경우에 정관에 다른 정함이 없으면 회사의 업무집행, 지배인의 선임 또는 해임과 지점의 설치·이전 또는 폐지는 이사 과반수의 결의에 의하여야 한다(제564조 제1항). 그런데 이사회라는 기관이 존재하지 않으므로 반드시 회의를 개최해야 하는 것은 아니고, 이 점은 주식회사와 구별된다. 결정된 사항에 대한 집행은 각 이사가 단독으로 한다. 다만 지배인의 권한이 포괄적이므로, 지배인의 선임과 해임만큼은 사원총회의 권한으로 한다(제564조 제2항).

(2) 대표권

회사의 대표권은 이사가 가진다(제562조 제1항). ① 이사가 1인인 경우 그 이사가 회사를 대표하며, ② 이사가 수인인 경우에는 정관에 다른 정함이 없으면 사원총회에서 회사를 대표할 이사를 선정하여야 한다(제562조 제2항). ③ 또한 정관 또는 사원총회는 수인의 이사가 공동으로 회사를 대표할 것을 정할 수 있다(제562조 제3항). 이 경우 주식회사의 공동대표이사의 법리가 적용된다.

대표권이 제한되는 경우로서 회사가 이사에 대하여 또는 이사가 회사에 대하여 소를 제기하는 경우에는 사원총회는 그 소에 관하여 회사를 대표할 자를 선정하여야 한다(제563조). 표현대표이사에 관한 주식회사 규정도 준용된다(제567조, 제395조).

3. 의무와 책임

(1) 의 무

이사는 유한회사와 위임관계에 있으므로 회사에 대하여 선관주의의무를 진다(제567조, 제382조 제2항). 또한 경업금지의무(제567조, 제397조)와 자기거래금지의무(제564조 제3항) 등을 부담한다. 이사는 정관 등의 비치의무(제566조 제1항), 재무제표의 작성·제출의무(제579조, 제583조, 제449조 제1항) 등을 부담한다.

다만 주식회사와 다른 점들을 보면, 충실의무(제382조의3)에 관한 규정이 없고 회사기회유용금지의무(제397조의2)가 없다. 유한회사에는 이사회가 없기 때문에 경업 또는 자기거래의 승인은 경업의 경우 사원총회(제567조 후단), 자기거래의 경우 감사 또는 사원총회(제564조 제3항)가 한다. 또한 자기거래의 경우 주식회사와 달리 이사로 한정된 거래제한 규정이 있을 뿐 이사 본인과 관련 있는 자와의 거래제한 규정이 없다(제564제 제3항과 제398조 참조).

(2) 책 임

유한회사 이사의 책임은 손해배상책임과 자본금 전보책임으로 대별된다. 전자는 주식회사 이사의 손해배상책임과 동일하며, 후자는 주식회사 이사의 자본충실책임에 대응되는 것으로 보다 강화되어 있다.
① 이사의 손해배상책임은 주식회사 이사의 책임과 같다(제567조, 제399조 내지 제401조). 따라서 이사는 회사 및 제3자에 대하여 법령 또는 임무해태로 인한 손해배상책임을 진다. ② 이사의 자본금 전보책임은 회사의 설립(제551조 제1항), 자본금의 증가(제594조), 조직변경(제607조 제1항) 등의 경우 연대하여 전보할 책임을 부담한다. 그런데 이사의 자본금 전보책임은 총사원의 동의에 의하여 면제될 수 있어(제551조 제3항, 제594조 제3항, 제607조 제4항), 주식회사 이사의 자본충실책임과는 다르다.

(3) 책임의 추궁

이사의 책임을 추궁하는 위법행위유지청구권(제564조의2), 대표소송권(제565조)도 주식회사의 경우와 거의 같다. 단지 소수사원권의 비율이 자본금 총액의 100분의 3 이상에 해당하는 사원으로 되어 있는 점에 그 차이가 있다.

Ⅳ. 감사와 검사인

1. 감 사

(1) 의 의

유한회사는 정관에 의하여 1인 또는 수인의 감사를 둘 수 있다(제568조 제1항). 유한회사의 감사는 임의기관이다. 정관에서 감사를 두기로 한 경우 그 선임방법은 이사와 같다(제568조 제2항, 제547조).

(2) 권한과 의무 및 책임

정관에서 감사를 두기로 한 경우 유한회사 감사의 권한과 의무는 주식회사의 감사에 관한 규정을 대부분 준용하고 있어 거의 유사하다(제570조). 그러나 유한회사의 감사는 임기의 제한이 없고(제570조가 제410조를 준용하지 않음), 직접적인 임시사원총회의 소집권(제

571조 제1항 단서)이 있는 점, 이사의 자기거래 승인의 원칙적 승인기관이며(제564조 제3항), 자본금 전보책임(제551조, 제594조, 제607조 제4항)과 소수사원에 의한 감사해임의 소가 인정되지 않는 점(제570조가 제385조 제2항을 준용하지 않음) 등은 주식회사와 다르다.

감사는 언제든지 회사의 업무와 재산상태를 조사할 수 있고 이사에 대하여 영업에 관한 보고를 요구할 수 있으며(제569조), 설립무효 및 증자무효의 소의 제기권(제552조, 제595조) 등이 있다. 감사의 의무와 책임은 주식회사 감사의 경우와 유사하다(제570조).

2. 검 사 인

유한회사의 검사인은 사원총회나 법원에서 선임(제578조, 제367조, 제582조)될 수 있는 임시의 감사기관이다. 이 점은 주식회사와 같으나, 회사의 변태설립사항을 조사하기 위한 검사인 선임규정이 없는 점은 주식회사와 다른 점이다.

V. 회사의 계산

1. 회사자산의 확보

유한회사의 사원도 유한책임만을 부담하는 것이 원칙이므로 주식회사와 같이 회사채권자 보호를 위한 회사자산의 확보가 중요하다. 그러므로 유한회사 회계에 관하여는 주식회사의 규정을 상당 부분 준용하고 있다(제583조).

2. 재무제표

재무제표의 작성(제579조), 영업보고서의 작성(제579조의2), 이들 서류의 사원총회에의 제출과 승인(제583조 제1항, 제449조 제1항 및 제2항, 제450조), 법정준비금의 적립(제583조 제1항, 제458조 내지 제460조) 등은 주식회사의 경우와 유사하거나 같다. 다만 주식회사와 달리 준비금의 자본금의 전입이 인정되지 않고(제461조 참조), 대차대조표의 공고강제(제449조 제3항 참조)가 없다.

이사는 정기총회 회일의 1주간 전부터 5년간 재무제표, 영업보고서 및 감사보고서를 회사의 본점에 비치하여야 한다(제579조의3 제1항). 사원과 회사채권자는 영업시간 내에 언제든지 위의 비치서류를 열람할 수 있고, 회사가 정한 비용을 지급하고 그 서류의 등본이나 초본의 교부를 청구할 수 있다(제579조의3 제2항, 제448조 제2항). 주식회사와 유사한 점이다(제448조 참조).

3. 이익배당

이익배당의 요건도 주식회사와 같아 배당가능이익이 있는 경우에만 할 수 있고(제583조 제1항, 제462조), 이익배당의 기준도 원칙적으로 각 사원의 출자좌수에 따라야 하며(제580조), 중간배당을 인정하고 있다(제583조 제1항, 제462조의3). 다만 이익배당의 기준을 정관으로 달리 정할 수는 있다(제580조).

제 5 절 자본금의 변동

Ⅰ. 정관의 변경

유한회사에서 자본금의 변동은 정관변경의 절차를 거쳐야 한다. 유한회사는 확정자본금 제도를 채택하고 있어 자본금의 총액이 정관의 절대적 기재사항이므로(제543조 제2항 제2호), 자본금의 변동은 본점소재지에서 변경등기를 함으로써 그 효력이 생기는 효력요건이다(제592조).

Ⅱ. 자본금의 증가

1. 의   의

유한회사에서는 사채발행이 허용되지 않으므로 자금조달방법은 자본금 증가의 방법으로만 할 수 있다. 증자의 방법에는 ① 출자좌수의 증가, ② 출자 1좌의 금액의 증가가 있으나, 출자 1좌의 금액을 증가시키는 후자 방법은 유한책임 원칙상 총사원의 동의를 요한다. 따라서 증자의 방법은 출자좌수를 증가시키는 것이며 상법은 이에 대해서만 규정하고 있다.

2. 사원의 출자인수권

유한회사에서도 출자좌수를 증가시키면 주식회사의 신주발행과 같이 기존 사원의 이해관계에 중대한 영향을 미친다. 따라서 상법은 주식회사와 마찬가지로 유한회사의 사원에게도 출자인수권을 인정하고 있어, 사원은 증가할 자본금에 대하여 그 지분에 따라 출자를 인수할 권리가 있다고 정한다(제588조 본문). 다만 예외적으로 정관변경의 사원총회에서 제3자에게 출자인수권을 부여하기로 한 경우(제586조 제3호), 또는 미리 사원총회의 특별결의

로 장래의 출자시 특정한 제3자에게 출자인수권을 부여하기로 약속한 경우(제587조) 등에
는 사원이 출자인수권을 갖지 못한다(제588조 단서). 즉 주식회사 주주의 신주인수권과 다
른 점은, 유한회사에서는 정관에 규정이 없어도 가능하며, 신기술의 도입 등 회사의 경영
상 목적을 요구(제418조 제2항 참조)하지 않는 점 등이다.

3. 절   차

(1) 사원총회의 특별결의

자본금은 정관의 절대적 기재사항이므로(제543조 제2항 제2호) 사원총회의 특별결의가
있어야 한다. 이 결의에서는 정관에 정함이 없더라도 현물출자, 재산인수, 제3자배정 등을
정할 수 있다(제586조).

(2) 출자의 인수

자본금 증가의 경우에 출자의 인수를 하고자 하는 사원 또는 출자인수권이 부여된 제3
자는 인수를 증명하는 서면에 그 인수할 출자의 좌수와 주소를 기재하고 기명날인 또는
서명하여야 한다(제589조 제1항). 유한회사는 광고 기타의 방법에 의하여 인수인을 공모하
지 못하는 점(제589조 제2항), 신주인수권증서와 같이 출자인수권의 유통을 위한 제도가 없
는 점 등은 주식회사와 다르다. 제3자에게 출자인수권을 부여하는 경우 및 사원 또는 출
자인수권이 부여된 제3자가 출자인수를 하지 않는 경우, 출자인수인을 공모하는 것은 금지
되어 있다.

(3) 출자 전좌의 인수와 납입

유한회사 증자의 경우 증자결의로 정관상 자본금총액이 변경되어 있기 때문에 증자액
에 해당하는 출자좌수 전체에 대한 인수와 납입이 반드시 필요하다(제596조, 제421조 제2항
및 제548조 참조). 따라서 출자인수인은 회사의 동의 없이 회사에 대하여 본인이 가지고 있
는 채권과 상계를 주장하지 못한다(제596조, 제548조, 제421조 제2항).

이사는 출자인수인으로 하여금 출자전액을 납입시켜야 한다(제596조, 제548조 제1항). 이
때 증자액에 해당하는 출자 전좌의 이행이 없으면 증자는 효력을 발생하지 않는다.

(4) 등 기

유한회사는 자본금 증가로 인한 출자 전액의 납입 또는 현물출자의 이행이 완료된 날
부터 2주 내에 본점소재지에서 자본금 증가로 인한 변경등기를 하여야 한다(제591조). 자본
금의 증가는 이 등기를 함으로써 효력이 생긴다(제592조). 따라서 출자인수인이 사원이 되
는 시점은 변경등기를 한 때부터가 된다. 다만 예외적으로 이익배당에서는 변경등기를 하

기 전이라도 출자의 인수를 한 자는 출자의 납입기일 또는 현물출자의 목적인 재산의 급여기일로부터 이익배당에 관하여 사원과 동일한 권리를 가진다(제590조).

4. 증자에 관한 책임

(1) 사원의 자본금 전보책임

사원은 현물출자나 재산인수의 목적인 재산의 자본금증가 당시의 실가가 증자결의에 의하여 정한 평가액에 현저하게 부족한 경우 그 증자결의에 동의한 사원은 회사에 대하여 연대하여 그 부족액을 전보할 책임을 진다(제593조). 이러한 사원의 책임은 면제되지 않는다(제593조 제2항, 제550조 제2항, 제551조 제2항). 회사설립시와 비교하면, 증자시 사원은 출자미필액에 대한 책임(납입담보책임)을 부담하지 않는다는 점이다(제551조 참조).

(2) 이사·감사의 책임

이사·감사는 인수·납입담보책임을 진다. 인수담보책임으로서 자본금 증가 후에 아직 인수되지 아니한 출자가 있는 때에는 이사와 감사가 공동으로 이를 인수한 것으로 본다(제594조 제1항). 또한 납입담보책임으로서 자본금 증가 후에 아직 출자 전액의 납입 또는 현물출자의 목적인 재산의 급여가 미필된 출자가 있는 때에는 이사와 감사는 연대하여 그 납입 또는 급여미필재산의 가액을 지급할 책임이 있다(제594조 제2항). 사원의 책임과는 달리 이사·감사의 이 책임은 총사원의 동의로 면제될 수 있다(594조 제3항, 제551조 제3항). 회사설립시와 다른 점은, 증자시에는 이사·감사가 인수담보책임도 부담한다는 것이다(제551조 참조).

5. 사후증자

사후증자는 유한회사의 성립 후 2년 내에 성립 전으로부터 존재하는 재산으로서 영업을 위하여 계속하여 사용할 것을 자본금의 20분의 1 이상에 상당한 대가로 취득하는 계약을 체결하는 경우이다. 계약체결시 사원총회의 특별결의를 받도록 하고 있는데(제596조, 제576조 제2항), 이는 증자시 현물출자나 재산인수에 관한 절차를 회피하기 위하여 탈법적으로 이용되는 것을 규제하기 위한 것으로 주식회사와 구별되는 점이다.

Ⅲ. 자본금의 감소

유한회사의 자본금감소는 제597조가 주식회사의 규정을 준용하고 있어 거의 유사하다. 사원총회의 특별결의(제584조, 제585조), 채권자보호절차(제597조, 제439조 제2항) 등이 필요하고, 단수 출자좌수의 처리(제597조, 제443조), 감자의 변경등기를 하여야 한다. 그런데 감자는 감자절차가 종료함으로써 효력이 발생하는 것이므로 자본금감소의 등기는 효력발생요건이 아니라 단순한 대항요건에 불과하다는 점은 증자의 경우와 다르다.

Ⅳ. 자본금변동의 무효

자본금의 증가·감소의 무효는 소송으로만 주장할 수 있다. 증자의 경우 주식회사의 신주발행무효의 소에 관한 규정을 준용하고(제595조 제2항), 감자의 경우 주식회사의 감자무효의 소 규정을 준용하므로(제597조), 주식회사와 거의 동일하다. 차이점은 주식회사는 증자무효의 소를 신주를 발행한 날로부터 6월 내에 주장할 수 있는데(제429조), 유한회사는 본점소재지에서의 **등기를 한 날로부터** 6월 내에 주장할 수 있다(제595조 제1항).

제 6 절　해산과 청산

Ⅰ. 해　　산

유한회사의 해산사유는 존립기간의 만료 기타 정관으로 정한 사유의 발생, 합병, 파산, 법원의 명령 또는 판결, 사원총회의 결의이다(제609조 제1항). 사원총회의 결의는 총사원의 반수 이상이며 총사원의 의결권의 4분의 3 이상을 가지는 자의 특별결의에 의하여야 하고(제609조 제2항, 제585조), 회사를 계속할 수도 있다(제610조 제1항). 특별결의에 의한 회사의 계속은 존립기간의 만료 기타 정관으로 정한 사유의 발생시에도 동일하게 적용된다(제610조 제1항). 이처럼 회사를 계속하는 경우에는 해산등기 후에도 가능하지만 해산등기 후에는 일정 기간 내에 회사의 계속등기를 하여야 한다(제611조, 제229조 제3항).

Ⅱ. 청　　산

유한회사의 청산은 법정청산으로 주식회사의 청산절차와 거의 유사하다. 특히 잔여재산은 각 사원의 출자좌수에 따라 사원에게 분배되는데, 정관에 다른 정함이 있는 경우의 예외를 인정(제612조)하고 있어 주식회사와 구별된다.

제3강

어음·수표법

제1장

어음·수표의 기초이론

제1절 유가증권 개념의 이해

Ⅰ. 유가증권(有價證券)

1. 유가증권의 의의

어음·수표는 대표적인 유가증권으로서 유가증권의 개념을 먼저 살핀다. 유가증권이란 **사법(私法)상의 재산권을 표창한 증권으로서, 권리의 발생·이전·행사의 전부 또는 그 일부를 위하여 증권의 소지를 필요로 하는 것**을 말한다(통설). 상법상의 유가증권의 종류로는 상행위법에서 화물상환증·창고증권, 회사법에서 주권·사채권·신주인수권증권이 있으며, 해상법에서는 선하증권이 있다. 그리고 어음·수표가 있다.

(1) 재산적 가치 있는 사권(私權)

유가증권에 표창되는 권리는 공권이 아니라 사권(私權)이다. 사권 중에서도 신분권을 제외한 재산권이 표창된다. 화물상환증은 운송인에 대한 운송물반환청구권, 주권은 주식(사원권), 어음은 어음금지급청구권이라는 사권을 표창한다.

(2) 표창(表彰)

사법상의 재산권이 표창(表彰)되어 있다. 표창을 화체(化體)로 표현하기도 한다. 따라서 단순히 권리의 내용을 증명하는데 불과한 증거증권은 유가증권이 아니다. 또한 채무자가 증권소지인에게 채무를 이행하는 경우 악의나 중과실이 없는 한 면책되는 면책증권도 유가증권과 구별된다. 그런데 **유가증권은 일반적으로 증거증권과 면책증권으로서의 성질을 가지고 있다.**

다만 표창의 정도, 즉 권리와 증권의 결합 정도에 대하여 어느 정도 이루어져야 하는 것인가에 관하여 견해의 대립이 있다. 견해의 대립이 있는 이유는 각 유가증권의 종류에 따라 그 정도가 다르기 때문이다. (i) **어음·수표**는 어음금(수표금)지급청구권이라는 화체된 권리의 **발생**을 위하여 어음·수표라는 유가증권이 필요하고, **이전과 행사 모두에 있어**

그 증권의 소지가 요구된다. (ii) **화물상환증·선하증권·창고증권**의 경우에는 증권의 발행 이전에 이미 운송물(임치물)반환청구권이 발생해 있는 상태이므로 권리의 발생에 있어서는 그 증권이 필요없지만, **이전과 행사**를 위하여는 그 증권의 소지가 요구된다. (iii) 주권의 경우에도 주권의 발행 이전인 그 화체되는 권리인 주식(사원권)은 회사성립시인 설립등기시에 이미 발생하여 있는 것이고, 권리의 **이전과 행사**를 위하여만 증권이 필요하다.

2. 유가증권법정주의

유가증권에는 법령에 의한 특별한 보호가 부여되므로, 법령이 정하는 경우에만 인정된다. 이를 유가증권법정주의라고 한다.

Ⅱ. 유가증권의 종류

1. 증권에 화체된 권리의 종류에 따른 분류

증권에 화체된 권리가 무엇이냐에 따라 분류해보면, ① 채권을 표창하는 **채권적 유가증권**으로서 어음·수표, 채권, 화물상환증, 창고증권, 선하증권 등이 이에 속한다. 채권증권은 다시 금전채권을 표창하는 금전증권(어음·수표)과 물품인도채권을 표창하는 물품증권(화물상환증·창고증권·선하증권)으로 나누어진다. ② 물권을 표창하는 **물권적 유가증권**으로서 우리나라에는 그 예가 없다. 그런데 화물상환증 등에서 물건의 인도청구권이 이전됨과 동시에 물건을 인도한 것과 같은 물권적 효력이 인정되므로(상법 제133조·제157조·제861조) 물권증권으로 오해할 수 있으나, 화물상환증은 운송물반환청구권이라는 채권을 표창하는 채권증권이다. ③ **사원권적 유가증권**으로서 주권이 대표적이다.

2. 증권상의 권리자의 지정방법에 따른 분류

① **기명증권**은 증권상에 특정인을 권리자로 기재한 증권을 말한다. 증권상에 기재된 특정인 및 그로부터 민법상의 지명채권양도방법으로 증권을 양수한 자가 권리를 행사할 수 있고 배서양도는 인정되지 않는다. 또한 기명증권에서는 선의취득도 인정되지 않는다. **배서금지어음·배서금지수표**가 기명증권이다(어음법 제11조 제2항, 수표법 제14조 제2항). **배서가 금지된 화물상환증·창고증권·선하증권**도 같다. 기명증권은 유통성이 적으므로 유가증권으로서 효용이 적다. 기명증권도 권리가 증권에 화체된 것으로서 그 권리의 행사에 증권의 소지를 요하고, 권리의 이전시에도 그 증권의 교부가 필요하다.

② **지시증권**이다. 지시증권이란 증권상에 기재된 자 또는 그가 지시하는 자를 권리자로 하는 증권을 말한다. 지시는 배서에 의하게 되므로 배서증권이라고도 한다. 어음·수표,

화물상환증, 선하증권, 창고증권이 이에 속한다. 지시증권과 기명증권은 모두 특정인을 권리자로 기재하는 점은 같으나 지시증권은 배서를 할 수 있다는 점에서 기명증권과 구별된다. 지시증권은 보통 증권상에 '甲 또는 그 지시인에게'라고 기재된다(선택적 지시증권). 그러나, 이러한 기재가 없이 단지 권리자의 이름만 기재되어 있어도 법률상 당연히 배서에 의하여 양도할 수 있는 증권으로서 어음 · 수표, 화물상환증 · 선하증권 · 창고증권 등은 법률상 당연한 지시증권이다(법률상 당연한 지시증권). 법률상 당연한 지시증권에 관하여 배서를 금지하려면 지시금지(배서금지)의 뜻을 기재하여야 한다(배서금지증권).

③ **무기명증권**이다. 무기명증권은 증권상에 권리자로서 특정인을 지정하지 아니하고, 증권의 정당한 소지인을 권리자로 하는 증권이다. 소지인출급증권이라고도 한다. 무기명식 수표 · 사채권이 대표적이나 화물상환증 · 선하증권 · 창고증권도 이 방식이 인정된다. 어음은 수취인이 절대적 기재사항이므로 무기명식이 인정되지 않으나(어음법 제1조 제6호), 수표는 소지인출급식증권으로 발행될 수 있다(수표법 제5조 제1항 제3호). 무기명증권은 단순한 교부만으로 증권을 양도할 수 있으며 선의취득도 인정된다.

3. 증권발행과 권리성립의 관계에 따른 분류

증권발행과 권리성립의 관계가 있어야 하느냐에 따라 분류해보면, ① **설권(設權)증권**이다. 증권으로 표창(화체)되는 권리가 발생되기 위해서는 증권의 작성을 필요로 하는 증권이 설권증권이다. 어음 · 수표가 이에 해당된다. ② **비설권증권**이다. 비설권증권이란 이미 발생된 권리를 증권에 표창함에 불과한 증권을 가리킨다. 예컨대 주권은 회사설립등기로 이미 발생하여 있는 주주권을 표창하는 것이어서 비설권증권이다. 어음 · 수표 이외의 증권은 모두 비설권증권이라고도 한다.

4. 증권상의 권리와 원인관계와의 관련에 따른 분류

증권상의 권리가 성립하는데 일정한 원인관계가 필요한지 여부에 따라 분류해보면, ① **유인(有因)증권** 또는 **요인(要因)증권**이다. 증권상의 권리가 원인이 된 법률관계와 관련을 가지는 것을 유인증권이라 한다. 어음 · 수표 이외의 유가증권은 일반적으로 유인증권이다. 화물상환증 · 선하증권 · 주권 등이 이에 해당한다. ② **무인(無因)증권** 또는 불요인증권이다. 증권상의 권리가 그 원인된 법률관계(예: 매매 · 소비대차 등)와 관련이 없는 증권이 무인증권이다. 추상증권이라고도 한다. 어음 · 수표가 대표적이다. 원인관계가 무효 · 취소 · 부존재되더라도 어음행위에는 원칙적으로 영향이 없다.

5. 선의자의 보호에 따른 분류

유가증권은 증권의 문언을 믿은 선의의 제3자가 보호되는가에 따라 문언증권과 비문언증권으로 나누어진다. ① **문언증권**은 증권상의 권리의 내용이 증권에 기재된 문언에 의해서만 정하여지는 증권이다. 무인증권인 어음·수표 이외에 유인증권인 화물상환증·선하증권·창고증권 등이 이에 속한다. ② **비문언증권**이란 증권상의 권리의 내용이 실질적 관계에 의하여 정해지고, 실질과 다른 증권의 기재내용에 의하여 좌우되지 아니하는 증권을 말한다. 주권(株券)이 비문언증권이다.

제 2 절   어음 · 수표의 개관

Ⅰ. 환어음 · 약속어음 · 수표의 의의

1. 정   의

① **환어음**은 발행인이 제3자(지급인)에게 일정한 금액의 지급을 위탁하는 **지급위탁증권**이고, ② **약속어음**은 발행인 자신이 일정한 금액을 지급할 것을 약속하는 **지급약속증권**이다. ③ **수표**는 발행인이 지급인인 은행에게 일정한 금액의 지급을 위탁하는 **지급위탁증권**이다. **수표**는 지급위탁증권인 점에서 환어음과 같다. 수표는 어음과 달리 만기제도가 없이 **일람출급**이고, 지급인이 은행으로 되어 있는 점에 그 특징이 있다.

2. 공 통 점

환어음·약속어음·수표는 모두 일정한 금액의 지급을 목적으로 하는 금전채권증권이다. 또한 이들은 제시증권, 상환증권, 면책증권, 문언증권, 법률상 당연한 지시증권 등 유가증권의 일반적 속성을 가진다. 이들은 다른 유가증권과는 달리 설권증권, 무인증권, 절대적 요식증권이며, **완전유가증권**이다.

3. 차 이 점

(1) 경제적 기능의 차이

수표는 만기가 없어 발행되는 즉시 수취인이 현금화 할 수 있음에 반하여, 어음은 만기제도가 있어서 만기가 되기 전까지는 현금으로 환가할 수 없다. 따라서 **어음**의 중요한 기능은 **신용기능**이나, **수표**의 중요한 기능은 **지급기능**이다.

(2) 법률적 차이

① 당사자

환어음과 수표에는 발행인·수취인·지급인의 세 당사자가 있고, 약속어음은 발행인과 수취인의 두 당사자가 있다. 수표는 지급증권으로서 신용을 확보하기 위하여 지급인을 은행으로 한정하는 점이 환어음과 다르다.

② 주채무자

약속어음은 주채무자가 발행인 자신인데, 환어음과 수표는 지급위탁증권이므로 지급인이 당연히 지급채무를 부담하는 것은 아니므로 발행단계에서는 주채무자가 없다. 따라서 지급의 확실을 기하기 위하여 환어음에는 인수, 수표에는 지급보증의 제도를 두었다. 환어음에서는 지급인이 인수를 하면 최종적인 지급의무를 부담하는 주채무자가 된다(어음법 제28조). 수표에서는 지급인이 지급보증을 하여도 지급제시기간 내에 지급제시가 있는 때에 한하여 지급채무를 부담할 뿐 그 이외의 경우에는 최종적인 지급채무를 부담하는 것이 아니므로 주채무자가 되는 것이 아니다. 다만 수표에서는 인수제도가 없는 대신 지급의 불확실성을 없애기 위하여 지급제시기간을 10일이라는 단기로 정하고 있다(수표법 제29조 제1항).

즉, 약속어음에서는 발행 당초부터 발행인이 주채무자로서 존재하고, 환어음에서는 지급인이 인수한 경우에만 그때부터 주채무자로 된다. 이에 반하여, 수표에 있어서는 끝까지 주채무자가 없다.

③ 상환의무자

2010년 개정에서 종전의 **소구(遡求)라는 용어가 상환(償還)으로** 변경되었다. 상환의무자

〈환어음·약속어음·수표의 비교〉

	환어음	약속어음	수 표
	지급위탁(신용기능)	지급약속(신용기능)	지급위탁(지급기능)
최초 당사자	발행인·수취인·지급인 (인수인)	발행인·수취인	발행인·수취인(수표요건 아님)·지급인(은행 등)
주채무자	인수인(지급인)	발행인	없음
만 기	4가지 인정 (일람출급/일람후 정기출급/발행일자후 정기출급/확정일출급)	4가지 인정 (일람출급/일람후 정기출급/발행일자후 정기출급/확정일출급)	없음(항상 일람출급)
인수제도	인수	없음	인수불허(지급보증)
공통점	인수거절이나 지급거절된 경우에 어음·수표행위를 한 자(주채무자·상환의무자 모두)는 합동하여 소지인에게 의무부담		

〈환어음과 수표의 구조〉

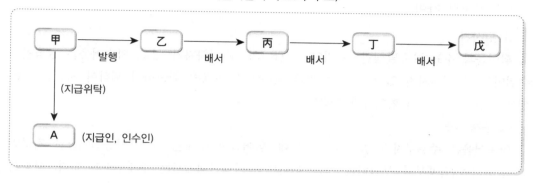

〈약속어음의 구조〉

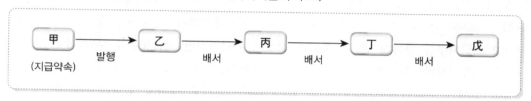

란 환어음의 인수가 거절된다거나, 환어음·약속어음·수표의 지급이 거절된 경우에 합동하여 어음금 또는 수표금을 지급하여야 할 의무를 부담하는 자로서 주채무자가 아닌 자를 말한다. 상환의무자는 주채무자와 달리 적법한 지급제시 등 상환청구의 요건을 갖춘 경우에만 지급의무를 부담한다. 약속어음의 경우에는 배서인·보증인만이 상환의무자이고, 환어음의 경우에는 배서인과 보증인 이외에 발행인도 상환의무자가 되고, 수표의 경우에는 배서인·발행인 외에 지급보증인까지 상환의무자이다.

Ⅱ. 어음·수표의 법적 성질

1. 문언증권성

어음·수표상의 권리내용은 어음·수표상에 기재된 문언에 따라 결정되고, 어음·수표 이외의 사유로써 이를 변경할 수 없다. 따라서 문언을 신뢰하고 어음·수표를 선의로 취득한 자는 증권에 기재되지 아니한 사항을 가지고 어음채무자로부터 대항을 받지 않는다. 어음·수표의 문언에 기재된 내용이 당사자의 의사나 사실관계 등 문언에 나타나지 않는 것과 다르더라도 문언에 기재된 내용이 우선하고, 이는 **무인증권성과 함께 어음법·수표법상의 중요한 원칙**이다.

2. 무인증권성

어음·수표상의 권리는 그 원인관계(매매, 소비대차 등)와는 무관하고, 원인관계의 흠결이나 하자는 어음상의 권리의 존부에 영향을 미치지 아니한다.[1] 甲이 매매대금의 지급을 위하여 乙에게 약속어음을 교부한 경우 그 원인관계인 매매가 취소된다 하더라도 약속어음상의 법률관계에는 영향을 미치지 않는다. 따라서 현재의 어음소지인이 丙인 경우 丙이 甲에 대하여 어음금지급청구를 할 때, 丙이 甲을 해하려는 의사가 없는 한 甲은 그 원인관계가 흠결되었음을 이유로 한 지급거절을 할 수 없다(어음법 제17조). 다만 그 어음수수의 당사자인 乙이 어음의 소지인이라면 甲은 乙에 대하여는 항변을 제기할 수는 있다(인적항변). 하지만 이 경우에도 그 약속어음이 무효가 되는 것은 아니다. 무인성의 법적 근거로는 발행과 배서, 인수 등에서 조건을 붙일 수 없도록 한 규정을 든다(어음법 제1조 제2호 등).

3. 설권증권성

어음·수표는 그 증권상에 어음·수표행위를 함으로써 비로소 어음·수표상의 권리가 발생한다. 이 점에서 기존의 권리를 표창하는 데 불과한 다른 유가증권과는 다르다.

4. 엄격한 요식증권성

기재사항이 법정되어 이를 흠결하면 구제규정에 의하여 구제되지 않는 한 어음·수표로서의 효력이 발생하지 않는다(어음법 제1조, 수표법 제1조). 특히 어음·수표의 경우에는 법정기재사항 이외의 것을 기재하여도 어음·수표상의 효력이 생기지 않으며, 어떠한 기재는 오히려 어음·수표 자체를 무효로 한다(분할출급의 기재, 어음법 제33조).

5. 법률상 당연한 지시증권성

어음·수표는 **지시식**으로 발행된 경우는 물론, **기명식**으로 지시문구가 없는 때에도 배서에 의해서 양도할 수 있다(어음법 제11조·제77조, 수표법 제14조). 만일 발행인이 배서양도를 원하지 아니하는 때에는 지시금지(배서금지)의 뜻을 어음·수표상에 기재하여야 한다. 수표는 기명식·지시식 외에 소지인출급식으로도 발행할 수 있고, 이때에는 단순한 교부에 의해서 양도할 수 있다.

---

1) 대법원 2007.9.20. 선고 2007다36407 판결(어음행위는 무인행위로서 어음수수의 원인관계로부터 분리하여 다루어져야 하고 어음은 원인관계와 상관없이 일정한 어음상의 권리를 표창하는 증권이므로, 어음의 소지인은 소지인이라는 사실만으로 어음상의 권리를 행사할 수 있고 그가 어떠한 실제적 이익을 가지는지 증명하여야 하는 것이 아니다).

6. 제시증권성

어음 · 수표상의 청구는 현실로 어음 · 수표를 제시하면서 하여야 한다(어음법 제38조, 수표법 제29조). 따라서 만기가 도래하여도 어음채무자는 당연히 이행지체가 되는 것이 아니라, 어음소지인이 어음을 제시하고 이행청구를 함으로써 비로소 이행지체가 된다(추심채무).

7. 상환증권성

어음 · 수표의 지급은 어음 · 수표와 상환하여서만 한다(어음법 제39조 제1항, 수표법 제34조 제1항). **상환증권성과 관련하여서는 판례의 입장을 이해**하여 둘 필요가 있다. 어음의 상환증권성은 임의변제의 경우뿐만 아니라 ① **강제집행**에 의한 경우에도 그 상환을 필요로 한다.[2] 따라서 약속어음채권의 압류 또는 가압류는 집행관이 그 증권의 점유를 취득하지 않는 이상 일반채무에 대한 압류 또는 가압류의 방식에 의하여 하였다 하더라도 이와 같은 압류 또는 가압류는 법률상 아무 효력이 없다.[3]

② **상계**의 경우를 보면 **어음채권을 자동채권으로 하는 상계**에 있어 (ⅰ) **재판외의 상계**의 경우 어음채무자의 승낙이 없는 이상 어음의 교부가 필요불가결하고 어음의 교부가 없으면 상계의 효력이 생기지 않으나,[4] (ⅱ) **재판상의 상계**의 경우 어음을 서증으로써 법정에 제출하여 상대방에게 제시되게 함으로써 충분하다.[5] 채무자가 어음과 상환하지 않고 지급한 경우에 그 지급이 무효가 되는 것은 아니라 인적항변사유가 되는 것에 불과하지만(통설), **어음채권을 자동채권으로 하여 상계의 의사표시를 하는 경우 재판외 상계에 있어서는 어음의 교부가 없으면 상계의 효력 자체가 생기지 않는다.**

8. 완전유가증권성

어음과 수표는 일정한 금액의 지급을 목적으로 하는 유가증권이다. 유가증권으로서 어음과 수표는 권리의 발생, 이전, 행사 모두에 증권의 소지가 요구되는 완전유가증권이다.

---

2) 대법원 1991.12.24. 선고 90다카28405 판결.

3) 대법원 1962.7.19. 선고 62다181 판결; 대법원 1997.11.14. 선고 97다38145 판결.

4) 대법원 2008.7.10. 선고 2005다24981 판결(**소송 외에서 어음채권을 자동채권으로 하여 상계의 의사표시를 하는 경우**에는 어음채무자의 승낙이 있다는 등의 사정이 없는 이상 어음의 교부가 필요불가결하고 어음의 교부가 없으면 상계의 효력이 생기지 않으며, 이때 어음의 교부는 상계의 효력발생요건이라 할 것이므로 상계의 의사표시를 하는 자가 이를 주장 · 입증하여야 한다).

5) 대법원 1991.4.9. 선고 91다2892 판결.

Ⅲ. 어음 · 수표의 경제적 기능

어음 · 수표는 다음과 같은 경제적 기능을 가지고 있다. ① **지급수단**이다. 어음 · 수표는 매매대금의 지급이나 차용금의 변제시 이용된다. 특히 국제거래에서는 환어음이 지급수단으로 이용되고 있다. ② **신용수단**이다. 국내거래에서 어음의 주된 수단은 신용수단이 된다. 이에 비해 수표는 신용증권화하는 것을 엄격히 방지하고 있다(수표법 제4조 · 제7조 · 제15조 · 제25조 · 제28조 · 제29조 · 제51조 등 참조). ③ **추심수단**이다. 국제거래에서 매도인이 매수인을 지급인으로 하는 환어음을 발행하여 이것을 은행에서 할인받으면 곧 대금채권을 추심한 것과 같은 결과가 된다. 이때 이 어음을 할인한 은행이 만기에 매수인으로부터 지급받으면 매매관계가 종료한다. 이 경우에 운송증권이라는 물적 담보를 결부시켜 화환어음을 발행하고, 여기에 다시 은행의 인적신용인 상업신용장을 이용하는 것이 보통이다. ④ **담보수단**이다. 어음은 채권담보를 위해 이용되는 경우도 있다. 예컨대 금전소비대차에서 차용증서에 갈음하여 또는 대주가 차주에게 약속어음 또는 인수된 자기앞환어음을 발행하도록 요구하는 경우이다. ⑤ **금융수단**이다. 어음은 현실적인 상거래 없이 단지 금융의 목적으로 발행되는 일도 있다. 이를 융통어음 또는 신용어음이라고 한다. ⑥ **송금수단**이다. 어음 · 수표는 송금수단으로 이용되기도 한다.

제2장

어음·수표 총론

제1절 어음·수표행위

Ⅰ. 어음·수표행위의 의의

1. 의 의

어음행위(어음·수표행위)[1]란 **기명날인 또는 서명을 요건으로 하는 요식의 증권적 법률행위**이다(통설). 어음행위의 형식적 의의에 관한 이해가 동일하나, 실질적 의의에 관하여는 견해가 나뉜다. (i) 어음행위를 어음상의 채무부담행위라고 하여 실질적으로도 그 의미를 파악하는 견해가 있으나, (ii) 무담보배서 등과 같이 채무부담을 하지 않는 행위라고 하여 어음행위가 아니라 할 수는 없으므로 실질적인 의의를 부정하는 견해가 있다. 그리고 어음상 채무부담행위가 반드시 행위자의 의사표시에 의한 효과가 아닌 경우도 있으므로 후자의 견해가 다수설에 속한다. 다수설에 따르기로 하나 어음행위는 대부분의 경우 행위자의 의사 또는 법률규정에 의하여 어음상의 채무가 발생하는 효과가 있다.

2. 종 류

환어음에는 **발행·인수·배서·참가인수·보증**의 5가지가 있고, **약속어음**에는 환어음의 인수와 참가인수제도는 없고 **발행·배서·보증**의 3가지가 있다. 그리고 수표에는 **발행·배서·보증·지급보증**의 4가지가 있으며 지급보증은 수표에 특유한 것이다. 주의할 것은 지급 또는 참가지급은 변제 또는 변제에 유사한 행위로서 어음행위는 아니라는 점이다.

발행을 **기본적 어음행위**라고 하고 그 이외의 행위를 부속적 어음행위라고 한다. 기본적 어음행위가 요건의 흠결(형식적 하자)로 무효가 되면, 그 뒤에 행하여진 부속적 어음행위는 모두 무효가 된다. 그러나, 기본적 어음행위가 실질적 하자로 무효가 되더라도 그 위에 한 부속적 어음행위는 무효로 되지 않는다(어음행위독립의 원칙).

---

1) 이하 이 책에서 어음은 어음·수표를 총칭하는 개념으로 사용한다. 필요한 경우에만 수표임을 명시적으로 표기한다.

Ⅱ. 어음행위의 성립요건

어음행위는 행위자가 증권에 일정한 사항을 기재하고 기명날인 또는 서명을 하여야 하고(형식적 요건), 어음행위도 법률행위이므로 능력이 있는 자의 하자 없는 의사표시에 의하여야 한다(실질적 요건). 한편, 증권을 작성하기만 하면 어음행위가 유효하게 성립하는가(작성시설), 작성된 증권을 상대방에게 교부하는 것까지 필요한가(교부시설)에 대해서는 견해가 나누어진다.

1. 형식적 요건

(1) 법정기재사항

어음과 수표를 발행하기 위해서는 법정사항을 기재하고 발행자의 기명날인 또는 서명이 있어야 한다. 각 종류에 따라 법정기재사항이 다르다. 환어음의 법정기재사항은, 증권의 본문 중에 그 증권의 작성에 사용하는 국어로 환어음임을 표시하는 문자, 일정한 금액을 지급할 뜻의 무조건의 위탁, 지급인의 명칭, 만기의 표시, 지급지, 지급을 받을 자 또는 지급을 받을 자를 지시할 자의 명칭, 발행일과 발행지, 발행인의 기명날인 또는 서명 등이다(어음법 제1조). **약속어음**의 법정기재사항과 환어음과 비교하면, 환어음의 기재사항 중에서 '일정한 금액을 지급할 뜻의 무조건의 약속'이라는 점과 '지급인의 명칭'이 없다는 점을 제외하면 다른 기재사항은 동일하다(어음법 제75조). **수표**의 법정기재사항은 증권의 본문 중에 그 증권의 작성에 사용하는 국어로 수표임을 표시하는 문자, 일정한 금액을 지급할 뜻의 무조건의 위탁, 지급인의 명칭, 지급지, 발행일과 발행지, 발행인의 기명날인 또는 서명 등이다(수표법 제1조).

(2) 기명날인 또는 서명

또한 어음행위자의 기명날인 또는 서명이 필요하다. 어음행위는 어음면상에 하여야 하나 배서나 보증은 보전이나 등본에 하여도 무방하다.

1) 기명날인

기명날인은 어음증권상에 어음행위자의 명칭을 표시하고 인장을 찍는 것을 말한다. 기명날인을 필수적 요건으로 요구하는 이유는 어음행위자로 하여금 채무부담행위임을 인식하게 하고, 대외적으로는 누가 어음채무를 부담하는지를 명확하게 하기 위한 것이다. 따라서 **누가 그 행위자인지를 특정할 수 있어야**만 한다.

기명은 반드시 자필로 기재할 필요가 없고 인쇄·타이핑·고무인 등으로 표시하여도 무방하며, 반드시 행위자 본인의 본명을 표시할 필요도 없으며[2] 아호 또는 예명이라도 상관없다. **날인**은 인장을 찍는 것으로서, 그 인장은 은행 등에 신고될 필요도 없으며 행위자가 사용하는 어떠한 인장도 무방하다. 행위자 자신의 인장인 이상 일상에 사용하지 않는 것도 상관없다. 날인으로서 문제가 되는 것이 무인(拇印) 또는 지장(指章)이다. 유통성 확보를 위하여 제3자가 신속하게 행위자를 인식할 수 있어야 한다는 취지에 반하는 것으로 **무인과 지장은 무효**로 봄이 통설·판례이다.[3]

기명과 날인은 반드시 모두 있어야만 하는 것으로 기명만 있거나, 날인만 있는 것은 **무효**이다.[4] 그러나 기명과 날인이 반드시 일치될 필요는 없다. 어음행위자의 진정한 의사에 기하여 기명날인이 이루어진 이상 기명과 날인이 일치하지 않더라도 유효한 것으로 본다(통설). 판례도 기명과 날인이 전혀 다른 경우에도 어음요건이 흠결되었다고 할 수 없어 유효하다고 하였다.[5]

2) 서 명

서명은 자신의 이름을 자신이 기재하는 것을 말한다. 자필 이외의 방법에 의하여 인쇄·타이핑·고무인 등의 방법으로 표시하는 것은 기명은 될 수 있으나, 서명은 아니다. 또한 자신의 본명이 아니라 예명이나 아호 등을 자필로 기재하는 것도 기명은 될 수 있으나 서명은 되지 않는다는 견해도 있으나,[6] 행위자가 누구인지를 인식할 수 있다면 그 유효성을 인정하는 것이 타당하다. 또한 일반적으로 말하는 '사인(sign)'도 그 행위자를 누구인지 식별할 수 있는 경우 그 유효성을 인정하는 것이 타당하다.

3) 법인의 기명날인 또는 서명

대표기관이 법인을 위하여 한다는 기재를 하고 대표기관 자신의 기명날인 또는 서명을 하여야 한다. 요컨대 회사 기타 법인이 어음행위를 하는 경우에는 법인의 명칭, 대표자격, 대표기관의 기명날인을 모두 하여야 한다. A 주식회사 대표이사가 甲인 경우 A 주식회사가 적법한 어음행위를 위하여는 '**A 주식회사 대표이사 甲**'을 기재하고 **甲의 인장을 찍거나 서명**을 하여야 한다. 따라서 ① 대표기관의 기명날인이 없이 법인의 명칭만을 기재하고

---

2) 대법원 1969.7.22. 선고 69다742 판결(약속어음의 발행에 있어 발행인의 기명이 반드시 그 본명과 일치하여야 하는 것은 아니다).

3) 대법원 1962.11.1. 선고 62다604 판결(**무인 기타 지장은 그 진부를 육안으로는 식별할 수 없고** 특수한 기구와 특별한 기능에 의하지 아니하면 식별할 수 없으므로 거래상의 유통을 목적으로 하는 어음에 있어서는 기명날인에는 지장을 포함하지 아니한다고 해석함이 타당하다).

4) 대법원 1962.1.31. 선고 4294민상200 판결(배서인의 날인만 있고 기명 내지 서명이 없음이 명백한 것은 무효이다).

5) 대법원 1978.2.28. 선고 77다2489 판결(어음법상의 기명날인이라는 것은 기명된 자와 여기에 압날된 인영이 반드시 합치됨을 요구한다고 볼 근거는 없으므로 약속어음에 기명이 되고 거기에 어떤 인장이 압날되어 있는 이상 외관상 날인이 전연 없는 경우와는 구별되어야 한다). 기명은 '황택임', 날인은 '서상길'로 되어 있었던 사건이다.

6) 송옥렬, 472면.

대표기관의 날인만 있는 경우 무효이다. 예컨대 'A 주식회사'라고만 기재하고 기명이 없이 대표기관의 날인을 하는 것은 무효이다.[7] ② 甲이라고 기명날인이 되어 있고 그 날인 부분에 'A 주식회사 대표이사'라는 직인이 찍혀져 있는 경우라도, 법인의 명칭이 없고 그 대표자격의 표시도 없어 회사를 위한 유효한 어음행위가 아니다. 판례도 이는 회사를 위하여 하였다는 뜻이 표시되어 있지 아니한 것으로 그 날인된 인영이 회사의 대표이사 직인이라 할지라도 그 어음은 회사를 대표하여 발행한 것이라고 볼 수 없다고 하였다.[8]

그런데 그 흠결을 지나치게 엄격하게 보아 무효라 하면 당사자의 의사와 반하거나 거래안전에 반하는 문제 등이 발생할 수 있다. 문언성이 중요한 원칙이기는 하나 문언성에 반하지 않는 범위에서는 다소 유연한 해석이 필요할 수도 있다. ① 날인을 위하여 인장을 찍을 때 A 주식회사의 직인이 아니라 甲의 인장을 찍어야 함이 요건이다. 그런데 **甲 개인의 인장이 아니라 'A 주식회사 대표이사'라고 새겨진 직인을 찍는 것도 유효**하다고 본다 (통설). 판례도 이 경우 甲이 A 회사를 대표한다는 뜻이 표시되어 있다고 판단함이 정당하다고 하면서 그 유효성을 인정하였다.[9] ② 대표자격의 표시가 흠결된 경우이다. 예컨대 'A 주식회사 甲'이라고 기명하고 甲의 인장을 찍은 경우 원칙적으로는 그 어음행위의 효력이 없으나, 이를 유연하게 해석한 판례가 있음을 주목하여야 한다. **'A 주식회사 이사 甲'이라고 한 사건에서 대표기관의 행위는 아니지만 법인에 대한 대리관계의 표시로서 유효**하다고 본 판례,[10] **'A 주식회사 대구영업소장 甲'의 경우에도 대리관계의 표시로써 적법한 표시로 인정**한 판례가 있다.[11] 그런데 이때에도 기명날인의 요건은 모두 갖추어야 하는바 은행지점장이 지점의 주소와 지점 명칭이 새겨진 명판을 찍고 기명을 생략한 채 자신의 사인(私印)을 날인하는 방법으로 한 경우, 그 행위는 요건을 갖추지 못하여 무효라고 하였다.[12]

4) 조합의 기명날인 또는 서명

조합은 법인격이 없으므로 조합이 유효한 어음행위를 하기 위하여는 조합원 전원이 기명날인 또는 서명하여야 한다. 그런데 이는 조합의 어음행위를 사실상 불가능하게 할 수도

---

7) 대법원 1964.10.31. 선고 63다1168 판결(법인의 행위는 대표관계에 의하여서만 실현할 수 있는 것이므로 법인이 어음행위를 함에 있어서는 대표기관이 법인을 위하여 하는 것이라는 취지 즉 대표자격이 있다는 것을 표시하고 그 사람이 기명날인하여야 한다).

8) 대법원 1979.3.27. 선고 78다2477 판결(약속어음의 발행인 명의가 회사 대표이사인 개인 甲으로만 되어 있고, 동인이 회사를 위하여 발행하였다는 뜻이 표시되어 있지 아니한 이상, 그 명하에 날인도 인영이 회사의 대표이사 직인이라 할지라도 그 어음은 동인이 회사를 대표하여 발행한 것이라고 볼 수 없다).

9) 대법원 1994.10.11. 선고 94다24626 판결(갑 회사의 대표이사인 을이 그 재직기간 중 수표에 배서함에 있어서 회사의 대표이사의 자격으로 "갑 주식회사, 을"이라고만 기재하고, 그 기명 옆에는 "갑 주식회사 대표이사"라고 조각된 인장을 날인하였다면 그 수표의 회사 명의의 배서는 을이 갑 회사를 대표한다는 뜻이 표시되어 있다고 판단함이 정당하다).

10) 대법원 1973.12.26. 선고 73다1436 판결.

11) 대법원 1984.4.10. 선고 83다카316 판결.

12) 대법원 1999.3.9. 선고 97다7745 판결.

있어, 판례는 조합의 대표가 그 대표자격을 표시하고 기명날인 또는 서명하였다면 **조합원 전원을 대리**하여 행위한 것으로 본다.[13] 결국 표시방식에 있어서는 법인과 차이가 없으나, 다만 이론 구성을 **대리**로 한다.

5) 대행방식

기명날인 또는 서명을 본인이 직접 하는 것이 아니라 대리인이 하는 경우이다. ① **기명 날인의 대행**으로서, 대리인이 아무런 재량권한이 없이 단순히 본인의 지시에만 따르는 경우이고 이를 서명대리라고도 한다. 이는 유효다(통설, 판례).[14] ② 대리인이 일부 재량을 가지는 경우로서 **대리적 대행**의 경우이다. 이 경우도 유효하고 대리의 법리가 적용된다.[15] 대리인에게 대행권한이 부여되어 있지 아니한 경우는 **위조**가 된다. ③ **서명의 대행**으로서, 서명은 자필로 자신의 이름을 기재하는 것이므로 무효라는 견해도 있으나, 어음의 문언성에서 본다면 기명날인의 대행과 같은 법리에 의하는 것이 타당하다고 본다.

2. 실질적 요건

어음행위도 법률행위이므로 민법에 따라 능력자의 하자 없는 의사표시가 있어야 유효하다. 어음법과 수표법에 특별한 규정이 없으므로 민법 이론에 의한다.

(1) 어음 권리능력

민법상 권리능력자(자연인과 법인)는 어음상 권리의무의 주체가 된다. 다만, 회사의 경우 정관상 목적에 의한 제한을 받는지에 대해서는 제한설과 무제한설이 있다. 회사법에서 상세히 다룬다. 아래는 기타 문제되는 경우들이다.

1) 권리능력이 없는 사단 · 재단

제한된 범위 내에서 권리능력을 가지므로(민사소송법 제52조, 부동산등기법 제26조), 어음 권리능력을 가진다는 설과 이를 부정하는 설이 있다. 판례는 권리능력 없는 사단의 대표자가 사단명을 기재하고 그 대표권의 범위 내에서 대표관계를 표시하여 어음행위를 한 경우 유효한 것으로 본다.[16] **그 책임은 구성원이 아니라 사단이 진다.**[17]

---

13) 대법원 1970.8.31. 선고 70다1360 판결(조합의 어음행위는 전조합원의 어음상의 서명에 의한 것은 물론 대표 조합원이 그 대표자격을 밝히고 조합원 전원을 대리하여 서명하였을 경우에도 유효하다).

14) 대법원 1999.3.9. 선고 97다7745 판결.

15) 대법원 1999.10.8. 선고 99다30367 판결.

16) 대법원 1992.7.10. 선고 92다2431 판결(비법인사단인 선어중매조합의 대표자의 위임에 따른 어음행위로 인한 어음금의 지급책임이 독립한 권리의무의 주체인 위 조합에게 귀속되는 것이지 그 구성원들이 이를 부담하는 것은 아니라고 한 사례).

17) 대법원 1992.7.10. 선고 92다2431 판결.

2) 조 합

조합의 행위는 원칙적으로 조합원 전원의 동의에 의하여야 한다. 따라서 어음행위의 경우에도 조합원 전원의 기명날인 또는 서명이 필요할 것이나, 판례는 조합의 대표가 'A 조합대표자 甲'과 같이 기재하고 날인 또는 서명하였다면 조합원 전원을 대리하여 어음행위를 한 것으로 본다.[18] 이 경우 조합이 책임을 부담하는 것이 아니라, **모든 조합원이 합동책임을 진다.**[19] **합동책임은 어음법과 수표법의 고유한 개념으로서 어음행위를 한 자가 어음상의 동일한 채무를 지는 것을 설명하기 위한 것이다.** 합동책임은 공동의 주관적 목적이 없음에도 불구하고 동일한 채무를 법정책적으로 지우는 것이기 때문에 절대적 효력의 범위가 연대채무보다는 좁다. ① 조합원 1인에 대한 이행청구는 절대적 효력이 없으므로 소멸시효의 중단도 각 조합원에 대하여 이루어져야 하며, ② 조합원 1인이 채무를 이행한 경우 다른 조합원도 채무를 면하지만 구상권이 발생하는 것은 아니다.

(2) 어음의 의사능력·제한능력 등

어음의 의사능력과 행위능력은 일반적으로 민법에서와 동일하게 처리된다. 즉, 의사무능력자의 어음행위는 당연 무효이다(통설). 그리고 제한능력자의 어음행위는 취소할 수 있다. ① 제한능력자의 어음행위의 취소는 어음취득자의 선의·악의를 불문하고 누구에게라도 대항할 수 있다(물적항변). 문언성에는 반할 수 있으나 제한능력자의 보호를 위한 것이다. ② 민법상 취소의 의사표시는 직접 상대방에 한정되나, 어음의 경우는 유통성을 전제하고 있으므로 제한능력자의 취소는 직접의 상대방뿐만 아니라 그 이후의 취득자에 대하여도 할 수 있다(통설, 판례).[20] 어음행위는 기명날인 또는 서명과 교부에 의하여 완성된다고 보면 **능력은 그 교부시에 필요**하다.

(3) 의사표시의 흠결·하자

어음행위도 법률행위이므로 민법의 규정이 원칙적으로 적용된다. 따라서 판례는 어음행위에 민법 제108조가 적용됨을 전제로, 실제로 어음상의 권리를 취득하게 할 의사는 없이 단지 채권자들에 의한 채권의 추심이나 강제집행을 피하기 위한 약속어음 발행행위가 통정허위표시로서 무효라 하였다.[21] 착오·사기·강박에 관하여도 민법의 규정이 적용되어 취소할 수 있을 것이나(민법 제107조 내지 제110조), 이 경우에도 어음의 유통성으로 인하여

---

18) 대법원 1970.8.31. 선고 70다1360 판결(조합의 어음행위는 전조합원의 어음상의 서명에 의한 것은 물론 대표조합원이 그 대표자격을 밝히고 조합원 전원을 대리하여 서명하였을 경우에도 유효하다).

19) 대법원 1970.8.31. 선고 70다1360 판결.

20) 대법원 1997.5.16. 선고 96다49513 판결.

21) 대법원 2005.4.15. 선고 2004다70024 판결(어음행위에 민법 제108조가 적용됨을 전제로, 실제로 어음상의 권리를 취득하게 할 의사는 없이 단지 채권자들에 의한 채권의 추심이나 강제집행을 피하기 위한 약속어음 발행행위가 통정허위표시로서 무효).

인적항변절단의 원칙이 적용된다.[22] 요컨대 의사표시의 하자는 문언에 나타나지 않으므로 인적항변이 되는 것에 불과하고 **제3자가 채무자를 해할 것을 알고 취득하지 않는 이상 대항할 수 없다.**[23] 인적항변에서 상세히 다룬다.

　기타 민법 규정이 원칙적으로 적용되기는 하나 어음행위의 특수성을 고려하여 결정한다. 예컨대 어음행위는 무색적 성질을 가지는 것이므로 그 어음행위 자체가 선량한 풍속 기타 사회질서에 반하거나(민법 제103조) 불공정한 법률행위(민법 제104조)에 해당하지는 않는다. 다만 그 원인이 되는 행위에만 적용되어 인적항변의 문제가 될 뿐이다.

3. 교부이론

　어음채무는 법정기재사항과 기명날인 또는 서명할 때에 성립하느냐 교부까지 하여야 성립하느냐에 대해 여러 이론이 있다. 이는 어음행위가 단독행위인지 또는 계약인지, 어음행위자의 보호와 어음유통의 보호 중 무엇을 보다 강조할지에 관한 문제이다. 어느 설을 취하느냐에 따라 특히 선의취득의 범위가 달라진다.

　① **창조설**로서 어음채무는 어음을 작성만 하면 효력이 발생하는 단독행위로 보아 교부가 필요 없다고 한다. ② **발행설**로서 어음채무는 어음의 작성과 기명날인자 또는 서명자의 의사에 기한 어음의 점유이전행위에 의하여 성립한다는 이론이다. 상대방의 수령능력이나 의사 등은 필요 없다고 본다. ③ **교부계약설**로서 어음채무는 기명날인자 또는 서명자에 의한 어음의 작성과 상대방의 수령능력과 승낙의 의사표시를 요건으로 하는 교부계약에 의하여 성립한다고 한다. ④ **권리외관설**로서 어음을 선의로 취득한 제3자에 대해서는 어음작성자는 어음채무를 부담하여야 한다고 본다. 교부계약이 없다 하더라도 어음상의 채무를 부담하는 것과 같은 외관을 창출하였다면 선의의 제3자에 대하여 책임을 진다는 견해이다.

　⑤ **판례는 권리외관설에 의하여 보충된 발행설**이다.[24] 먼저 (i) 대법원 1989.10.24. 선고 88다카24776 판결에서는 약속어음의 발행이란 그 작성자가 어음요건을 갖추어 유통시킬 의사로 그 어음에 자기의 이름을 서명날인하여 상대방에게 교부하는 **단독행위**라고 하

---

22) 대법원 1997.5.16. 선고 96다49513 판결(사기와 같은 의사표시의 하자를 이유로 어음발행행위를 취소하는 경우에 그 취소의 의사표시는 어음발행행위의 직접 상대방에 대하여 뿐만 아니라 어음발행행위의 직접 상대방으로부터 어음을 취득하여 그 어음금의 지급을 청구하고 있는 소지인에 대하여도 할 수 있다고 봄이 상당하다 할 것이지만, 이와 같은 의사표시의 취소는 선의의 제3자에게 대항할 수 없는 것이고, 이때의 제3자라 함은 어음발행행위의 직접 상대방 이외의 자를 가리키는 것이므로, 어음의 발행인이 어음발행행위의 직접 상대방이 아닌 소지인을 상대로 어음발행행위 취소의 의사표시를 할 수 있다 하여 소지인의 선의·악의를 불문하고 취소의 효과를 주장할 수 있게 되는 것은 아니다).

23) 대법원 1997.5.16. 선고 96다49513 판결(어음행위에 착오·사기·강박 등 의사표시의 하자가 있다는 항변은 어음행위 상대방에 대한 인적항변에 불과한 것이므로, 어음채무자는 소지인이 채무자를 해할 것을 알고 어음을 취득한 경우가 아닌 한, 소지인이 중대한 과실로 그러한 사실을 몰랐다고 하더라도 종전 소지인에 대한 인적항변으로써 소지인에게 대항할 수 없다).

24) 김홍기, 901면.

여 발행설을 취하였고, (ii) 대법원 1999.11.26. 선고 99다34307 판결에서는 "**어음을 유통시킬 의사로** 어음상에 발행인으로 기명날인하여 외관을 갖춘 어음을 작성한 자는 그 어음이 도난·분실 등으로 인하여 그의 **의사에 의하지 아니하고 유통되었다고 하더라도**, 배서가 연속되어 있는 그 어음을 외관을 신뢰하고 취득한 소지인에 대하여는 **그 소지인이 악의 내지 중과실에 의하여 그 어음을 취득하였음을 주장·입증하지 아니하는 한** 발행인으로서의 어음상의 채무를 부담한다"고 하여 **권리외관설을 직접적으로 도입**하여 판시한 최초의 판결이다. 어음행위를 의사에 의하여 유통하는 단독행위라고 하면서, 그 의사에 기한 점유이전행위가 없다 하더라도 소지인이 악의 내지 중과실이 아닌 한 채무를 부담한다고 하여 권리외관설로 보충한 것이다. 그런데 권리외관설에서는 어음작성자의 주관적 사정인 「유통시킬 의사」를 귀책성의 요건으로 삼고 있지 않는 반면, **판례는 직접적으로 권리외관이론을 도입하면서도 「유통시킬 의사」를 외관에 따른 어음채무 발생요건의 하나로 보고 있는 듯하다.** 어음의 교부흠결에 있어서 어음상 책임을 인정하기 위한 전제로서 작성자의 유통시킬 의사가 반드시 필요하다고 한다면, 어음작성자가 유통시킬 의사 없이 다른 목적으로 어음을 작성한 경우에는 이러한 권리외관을 신뢰한 제3자에 대하여 언제나 어음상 책임을 부담하지 않는 것이 되어 거래의 안전을 해치게 될 수도 있다. 따라서 어음작성 당시 유통시킬 의사가 있었는지의 여부는 어음작성의 동기나 경위 등 제반의 사정을 종합하여 객관적으로 판단하여야 할 것이다. 만약 어음작성자가 일반적으로 통용되고 있는 어음용지에 어음요건을 기재하였다면, 작성자로서도 그것이 어음증권으로서 유통될 가능성이 있음을 인식하였다고 보아야 할 것이고, 외관에 따른 어음상 책임을 인정하기 위한 전제로서 작성자의 유통시킬 의사는 객관적으로 인정된다고 보아야 한다.

그리고 주의할 점은 소지인의 악의 내지 중과실의 입증책임을 **어음행위자가 부담**한다는 점이다.

Ⅲ. 어음행위의 특성

1. 특   성

어음행위는 그 유통성 확보를 위하여 다음과 같은 특성들을 부여받고 있다. ① **문언성**으로서 어음행위의 효력은 원칙적으로 어음면에 기재된 문언에 따라서 결정될 뿐 어음행위의 배후에 있는 실질관계에 의하여 영향받지 않는다. ② **무인성**으로서 그 원인관계가 어떠한 사유로 무효, 취소, 해제 기타 사유로 실효되거나 부존재하는 경우에도 어음행위는 이로부터 영향을 받지 않고 유효하게 존속한다. ③ **독립성**으로서 각각의 어음행위는 독립적으로 그 효력을 발휘하고 선행하는 어음행위의 실질적 효력에 의하여 좌우되지 않는다.

2. 문 언 성

(1) 의 의

어음이 유통되는 경우 당사자들은 어음면에 기재된 내용 이외에는 실질적 사정을 알기 어려울 뿐 아니라, 유통성 확보의 측면에서도 그 기재된 내용에 의한 법률관계의 결정이 바람직하다. 이런 점에서 어음에 기재된 내용이 그 배후의 실질관계와 다르다 하더라도 기재된 내용이 일반적으로 우선되고 이를 문언성이라 한다.

(2) 근 거

화물상환증(상법 제131조), 창고증권(상법 제157조) 등에서는 문언성을 강조하는 규정이 있으나, 어음법 · 수표법에는 문언성에 관한 명문의 규정은 없다. 하지만 어음의 문언성은 무인성에서 당연히 도출되는 것으로 본다(통설). 무인성에 의하여 당사자 사이의 증권상 권리의무의 내용이 원인관계와 단절되기 때문에, 그 권리의무의 내용을 결정할 수 있는 기준은 증권에 기재된 것밖에 없기 때문이다.

3. 무 인 성

(1) 의 의

어음행위의 원인이 된 법률관계가 어떠한 사유로 무효, 취소, 해제 기타 사유로 실효되거나 부존재하는 경우에도 어음행위는 이로부터 영향을 받지 않고 유효하게 존속한다는 성질을 무인성이라 한다. 甲이 乙과 물품매매계약을 체결하면서 약속어음 1억원을 발행하였고, 乙은 그 어음을 선의의 제3자인 丙에게 배서양도하였다. 이후 甲이 乙의 사기를 이유로 그 매매계약을 취소한 경우라도 약속어음 발행의 효력에는 영향이 없다는 것이 **무인성**이다. 甲은 만기에 丙의 어음금지급청구에 대하여 매매계약의 취소를 가지고 대항할 수 없다. 그런데 乙이 어음을 소지하고 있다가 만기에 청구하는 경우라면 어음금지급을 거절할 수 있는데 이는 약속어음상의 권리관계가 소멸한 때문이 아니다. 이 경우도 약속어음의 법률관계는 무인성에 의하여 영향을 받지 않으나, 다만 원인관계의 소멸을 이유로 하여 어음수수의 당사자인 乙에 대하여 항변을 제출할 수 있기 때문이다. 이것이 인적항변이고, 배서양도에 의하여 인적항변이 절단되므로 丙에 대하여는 인적항변을 제출할 수 없는 것이다.

(2) 근 거

어음법상 무인성의 근거로는 각 어음행위에 조건을 붙일 수 없도록 한 규정을 든다. 발행(어음법 제1조 제2호, 수표법 제1조 제2호), 배서(어음법 제12조 제1항, 수표법 제15조 제1항), 인수(어음법 제26조 제1항), 지급보증(수표법 제54조 제1항) 등은 무조건이어야 하므로, 이러한 어음행위를 원인관계가 유효할 것을 조건으로 할 수 없다는 것이다.

4. 독립성(어음행위독립의 원칙)

(1) 의 의

어음행위독립의 원칙은 동일한 어음상에 이루어지는 수개의 어음행위는 각각 독립적으로 그 효력이 발생하고 선행하는 어음행위의 실질적 효력에 의하여 영향을 받지 않는다는 원칙이다. 즉 그 전제가 되는 다른 어음행위가 **형식의 흠결** 이외의 사유로 무효가 되더라도 그 어음행위의 효력에 아무 영향을 받지 아니하는 것을 말한다. **어음채무독립의 원칙**이라고도 한다. 예컨대, 발행인의 기명날인이 위조되어 무효인 어음에 보증한 자는 명의가 도용된 발행인이 책임을 지지 않더라도 보증책임을 진다. 즉, **어음상 채무의 부담**이라는 면에서 보면, 각 어음행위는 형식적 하자가 아닌 한 선행행위의 하자와 무관하게 독립적으로 어음채무를 발생시킨다는 것으로 증권의 문언에 나타나지 않는 사정에 의하여 영향을 받지 않는다는 것이다. 어음행위독립의 원칙을 인정하는 이유는 어음거래의 안전과 유통성을 확보하기 위한 것이다.

어음행위독립의 원칙은 **무인성**과 유사한 기능을 하나, 무인성과는 그 적용되는 면이 다르다. **무인성은 어음행위가 원인관계의 영향을 받지 않는다는** 것임에 반하여, **어음행위독립의 원칙은 후행행위가 선행행위에 의하여 영향을 받지 않는다는 것**이다.

(2) 근 거

어음행위독립의 원칙의 **법적 근거**는 어음법 제7조·수표법 제10조, 보증에 관한 어음법 제32조 제2항·수표법 제27조 제2항, 변조의 효력을 규정한 어음법 제69조·수표법 제50조 등에서 찾을 수 있다. 어음행위독립의 원칙의 **이론적 근거**는, 선행의 법률행위가 무효이면 후행의 법률행위도 무효가 됨이 원칙이나 어음거래의 유통성과 안전을 위하여 어음에 있어서는 **예외적으로** 선행의 어음행위가 무효이더라도 형식적 하자가 아닌 한 후행의 어음행위에 영향을 미치지 않는다고 보는 것이 타당하다(통설).

(3) 적용범위

1) 선행행위의 실질적 무효

어음행위독립의 원칙은 어음행위가 실질적 무효인 경우에 적용되고, 형식의 흠결로 무효인 경우에는 적용되지 아니한다. 선행행위가 형식흠결로 무효인 경우 후행행위도 역시 무효로 된다. 예컨대 약속어음의 발행인이 무인(拇印)을 하여 발행행위가 형식흠결로 무효인 때에는 이 어음상에 한 배서나 보증도 역시 무효이다. 이 경우 **그 하자가 증권면상에 나타나기 때문에** 어음을 취득하는 자가 인식할 수 있기 때문이다.

2) 각 어음행위의 종류에 따른 적용여부

① 발 행

발행에는 선행하는 어음행위가 없게 되므로 선행행위를 전제로 하는 어음행위의 독립의 원칙은 적용되지 않는다(통설).

② 배서, 지급보증, 참가인수, 보증 등

배서는 어음행위독립의 원칙이 적용되는 가장 중요한 어음행위라 할 수 있다. 이 원칙이 유통성의 보호를 위한 것이므로 배서라는 어음행위는 배서인의 담보책임의 근거가 되는 것으로 선행행위의 실질적 무효사유가 있더라도 배서인은 자신의 어음행위(배서)로 담보책임을 독립적으로 부담한다. 즉 배서에는 선행행위인 발행 또는 이전의 배서가 존재할 수 있으므로 어음행위독립의 원칙이 적용된다(통설). 판례도 이러한 입장에서 어음의 최종소지인은 그 어음의 최초의 발행행위가 위조되었다 하더라도 어음행위독립의 원칙상 그 뒤에 유효하게 배서한 배서인에 대하여는 상환청구권을 행사할 수 있다고 한다.[25] 그리고 지급보증(수표), 참가인수, 보증(어음법 제32조 제2항 및 수표법 제27조 제2항)에는 어음행위독립의 원칙이 적용된다는데 이견이 없다. 그런데 인수에 있어서는 견해의 대립이 있다.

③ 인 수

인수에 어음행위독립의 원칙이 적용되는가에 대해서는 견해가 나뉜다. 인수에 앞서는 어음행위가 없으므로 어음행위독립의 원칙이 적용되지 않는다는 견해와 인수란 발행된 어음을 인수하는 것이므로 발행을 전제한다고 하면서 인수에도 적용된다는 견해가 있다. **인수는 발행을 전제로 하는 어음행위이므로 어음행위독립의 원칙이 적용된다**고 봄이 타당하다.

3) 어음채무가 소멸된 경우

주채무가 변제·소멸시효 등으로 소멸된 때에는 상환의무도 전부 소멸되고, 상환의무를 이행한 때에는 그 후의 상환의무도 소멸되므로 이 경우에는 어음행위독립의 원칙이 적용

---

25) 대법원 1977.12.13. 선고 77다1753 판결.

될 여지가 없다.[26]

(4) 악의취득자에의 적용여부(선의취득과의 관계)

1) 과거 논의

과거 선행하는 어음행위의 무효를 소지인이 알고서 취득한 경우에도 어음행위독립의 원칙에 따라 보호하여야 하는지에 대하여 견해가 나누어져 있었다. 먼저 ① **긍정설**을 보면, 어음행위독립의 원칙을 예외법칙으로 보는 견해에서는 어음취득자의 선의·악의에 무관하게 적용된다고 보아, 어음행위독립의 원칙은 어음취득자가 선행행위의 무효에 대하여 악의인 경우에도 이 원칙이 적용된다고 한다. 한편 ② **부정설**은 어음행위독립의 원칙은 어음의 반환의무를 지는 악의의 어음취득자에게는 적용되지 않는다고 한다. 그런데 이 논의를 하기 이전에 **어음행위독립의 원칙을 선의취득과 구분할 줄 알아야 한다.**

2) 어음행위독립의 원칙과 선의취득과의 비교

① 채무부담과 권리취득

어음행위독립의 원칙은 채무부담에 관한 것이고, 선의취득은 선의 또는 무중과실로 어음을 양수한 자는 양도인이 무권리자라고 하더라도 어음상의 권리를 취득한다는 것이다(어음법 제16조 제2항). 요컨대 **어음행위독립의 원칙은 채무부담**의 측면이고, **선의취득은 권리취득**의 측면으로서 구별된다. 위 과거의 논의도 **악의의 어음취득자의 경우는 권리취득을 하지 못하였다는 점에서 선의취득의 문제로 다루어야 한다.**

② 효력

배서에서 어음행위독립의 원칙은 배서의 **담보적 효력**에 관한 것이고, 선의취득은 배서의 **자격수여적 효력**에 관한 것이다.

③ 적용범위

어음행위독립의 원칙의 적용범위는 발행을 제외하고 모두 존재하나(다만, 인수에도 적용되지 않는다는 견해도 있음), 선의취득은 배서(양도)에서만 문제된다.

---

26) 대법원 2007.9.20. 선고 2006다68902 판결(원인채권의 지급을 확보하기 위하여 어음이 수수된 당사자 사이에서 채권자가 어음채권을 피보전권리로 하여 채무자의 재산을 가압류함으로써 그 권리를 행사한 경우에는 그 원인채권의 소멸시효를 중단시키는 효력을 인정하고 있는데, 원래 위 두 채권이 독립된 것임에도 불구하고 이와 같은 효력을 인정하는 이유는, 이러한 어음은 경제적으로 동일한 급부를 위하여 원인채권의 지급수단으로 수수된 것으로서 그 어음채권의 행사는 원인채권을 실현하기 위한 것이고 어음수수 당사자 사이에서 원인채권의 시효소멸은 어음금 청구에 대하여 어음채무자가 대항할 수 있는 인적항변 사유에 해당하므로, 채권자가 어음채권의 소멸시효를 중단하여 두어도 원인채권의 시효소멸로 인한 인적항변에 따라 그 권리를 실현할 수 없게 되는 불합리한 결과가 발생하게 되기 때문이다. 그러나 이미 소멸시효가 완성된 후에는 그 채권이 소멸하고 시효 중단을 인정할 여지가 없으므로, 이미 시효로 소멸한 어음채권을 피보전권리로 하여 가압류 결정을 받는다고 하더라도 이를 어음채권 내지는 원인채권을 실현하기 위한 적법한 권리행사로 볼 수 없을 뿐 아니라, 더 이상 원인채권에 관한 시효 중단 여부가 어음채권의 권리 실현에 영향을 주지 못하여 어떠한 불합리한 결과가 발생하지 아니한다는 점을 함께 참작하여 보면, 가압류 결정 이전에 이미 피보전권리인 어음채권의 시효가 완성되어 소멸한 경우에는 그 가압류 결정에 의하여 그 원인채권의 소멸시효를 중단시키는 효력을 인정할 수 없다).

3) 구체적 사례

甲이 약속어음을 乙에게 발행하고 乙은 그 어음을 丙에게 배서양도하였다. 그리고 丙은 丁에게 다시 배서양도하였다. 이때 乙이 丙에게 한 배서가 실질적으로 무효인 경우이고, 丁이 그 사정에 대하여 악의라고 가정하자.

① 먼저 **채무부담**의 측면인 어음행위독립의 원칙을 보면, 甲은 발행행위이므로 어음행위독립의 원칙이 적용될 여지가 없으며, 항상 주채무자로서 어음상채무를 부담한다. 乙도 배서를 한 이상 배서인으로서의 담보적 책임을 부담한다. 어음행위독립의 원칙은 丙의 배서행위에 적용된다. 선행하는 乙의 배서가 무효라 하더라도 丙의 배서는 독립적으로 유효한 것이 되어 丙은 어음상채무인 담보책임을 부담한다. **丙이 丁에 대하여 책임을 지지 않는 것은, 丁이 악의이므로 丁이 권리취득을 하지 못한 반사적 효과에 불과한 것이다.** 만약 丁이 선의의 戊에게 배서양도하는 경우 丙은 戊에게 담보책임을 진다.

② **권리취득**의 측면이다. 배서의 자격수여적 효력에 의하여 丙은 어음상 권리를 취득하였고 丙은 甲과 乙에 대하여 어음상 권리를 행사할 수 있다. 그러나 丁이 선의취득 요건을 갖추지 못하면 丁은 어음상 권리를 취득하지 못하고 누구에 대하여도 권리를 행사하지 못하고, 丁은 그 어음을 반환하여야 한다(어음법 제16조 제2항 단서). 다만 丙과 丁 사이의 원인관계에 의하여 丁이 그 원인관계상의 채권을 행사할 수는 있을 것이다.

제 2 절   어음행위의 대리

Ⅰ. 의   의

어음 행위는 재산상의 행위로서 대리에 친한 법률행위이다. 그런데, 어음법에서는 **무권대리인의 책임**에 관한 조문밖에 없다(어음법 제8조·제77조 제2항, 수표법 제11조). 따라서 어음행위의 대리에 관해서는 민법의 규정을 적용하나 어음행위의 **문언성**으로 인해 민법의 규정이 수정되어 적용되는 경우도 있다.

Ⅱ. 어음행위의 대리의 요건

1. 형식적 요건

어음행위의 대리가 유효하기 위해서는 형식적으로 어음면에서 대리관계가 표시되어야 한다. 즉, 어음면에 '본인의 표시', '대리관계의 표시', '대리인의 기명날인 또는 서명'이라는 형식적 요건을 갖추어야 한다. 따라서 본인 甲, 대리인 乙의 경우 '甲 대리인 乙' 그리고 乙의 날인이 있든지, 또는 乙의 서명이 있어야 한다. 다만 어음행위가 대리 요건을 갖추지 못한 경우라 하더라도 본인은 어음상 책임이 아니라 민법상의 사용자책임 등을 부담할 수는 있다.[27]

(1) 본인의 표시(엄격한 현명주의)

어음의 문언성으로 인하여 **반드시 본인을 표시**하여야 한다. 어음행위의 대리에는 **문언성의 특성상 현명주의가 엄격하게 적용**된다. 어음과 수표는 유통을 전제한 것이므로 특정의 거래당사자가 실제 사정을 알았다 하더라도 다른 취득자에게도 이를 미치게 하는 것은 타당하지 않다. 따라서 민법 제115조 단서의 상대방이 대리행위임을 알았거나 알 수 있었던 경우 대리행위로서 효력이 있다는 규정은 적용되지 않으며, 상법 제48조의 비현명주의도 적용될 여지가 없다(통설).[28]

(2) 대리관계의 표시

대리인이 본인을 위하여 한다는 대리관계를 표시하여야만 한다. 대리관계가 나타나지 않으면 본인은 어음상의 책임을 지지 않는다. 그런데 '대리'의 표현을 사용하지 않는다 하더라도 지배인, 지점장 등 **대리자격을 표시할 수 있는 용어로서 본인을 위하여 어음행위를 한다는 것임을 인식할 수 있으면 족하다.** 판례 중에는 'A 주식회사 이사 甲'이라고 기재한 어음행위에서 甲이 대표이사로서 한 행위로는 볼 수 없지만, 법인의 대리관계 표시로서는 유효하다고 본 것이 있다.[29]

(3) 대리인의 기명날인 또는 서명

대리인의 기명날인 또는 서명이 있어야만 한다. 대리인의 기명날인 또는 서명이 없는 어음행위는 무효이다.[30]

---

27) 대법원 1999.10.8. 선고 99다30367 판결.
28) 대법원 1979.3.27. 선고 78다2477 판결(약속어음의 발행인 명의가 회사 대표이사인 개인 甲으로만 되어 있고, 동인이 회사를 위하여 발행하였다는 뜻이 표시되어 있지 아니한 이상, 그 명하에 날인도 인영이 회사의 대표이사 직인이라 할지라도 그 어음은 동인이 회사를 대표하여 발행한 것이라고 볼 수 없다).
29) 대법원 1973.12.26. 선고 73다1436 판결.
30) 대법원 1999.10.8. 선고 99다30367 판결(법인의 어음행위는 어음행위의 서면성 · 문언성에 비추어 법인의 대표자 또는 대리인이 그 법인의 대표자 또는 대리권자임을 어음면상에 표시하고 기명날인하는 대리방식에 의하던가, 법인의 대표자로부터 대리권을 수여받고 직접 법인의 대표자 명의로 서명할 수 있는 권한이 주어져 있는 자의 대행방식에 의하여 이루어져야 할 것이므로, 법인의 대리인이 법인 명의의 배서를 함에 있어 행위자인 대리인의 기명이 누락된 경우에는 그 요건을 갖추지 못한 무효의 배서라고 하여야 한다).

2. 실질적 요건

(1) 대리권의 존재

어음행위의 대리가 유효하게 성립하기 위해서는 대리인이 실질적으로 대리권을 부여받았어야 한다.

(2) 대리권의 제한

1) 의 의

어음행위의 대리권을 부여하는 경우라도 내부적으로 그 대리권을 제한할 수 있다. 그 제한에 위반한 행위의 효력은 대리권이 없으므로 원칙적으로는 무효일 것이나, 어음의 유통성보호를 위하여 선의의 제3자에 대하여는 대항할 수 없다. 이러한 경우 직접의 상대방뿐만 아니라 그로부터 다시 어음을 취득한 제3취득자도 포함된다.[31]

2) 민법 제124조(자기계약·쌍방대리 금지)와 상법 제398조(회사와 이사간의 자기거래)

민법의 자기계약과 쌍방대리 금지규정과 상법의 이사의 자기거래 금지규정이 어음행위에도 적용되는지 여부에 대해서는 다음과 같이 견해가 나누어져 있다. ① **적용부정설**은 어음행위는 무색적 행위이고 채무이행행위이며, 이해충돌을 일으키지 아니하는 행위이므로 민법 제124조나 상법 제398조는 적용되지 않는다고 한다. ② **상대적 무효설**은 어음행위는 원인채무의 변제수단에 그치지 아니하고 원인관계상의 채무보다 엄격한 채무를 부담하므로 어음행위에도 동조가 적용된다고 하면서, 금지되는 거래의 범위는 직접거래는 물론 간접거래와 쌍방대리도 포함된다고 한다. 다만 어음유통성의 보호라는 측면에서 **그 위반의 사실을 알지 못한 선의의 제3자에 대하여는 대항할 수 없다**는 점에서 상대적 무효설이라 부른다(통설). 중과실의 경우에는 악의에 준하여 본다. ③ **판례도 상대적 무효설**의 입장에서 다음과 같이 판시한다. "A물산 대표이사 甲이 회사 명의로 甲 개인을 수취인으로 하여 약속어음을 발행하였다면, A물산의 약속어음 발행행위는 회사와 이사간의 이해상반된 거래로서 상법 제398조에 따라 이사회의 승인이 있어야 하며 그 승인이 없다면 위 거래는 A물산과 甲 사이에서는 무효라고 할 것이나, 위 약속어음에 관한 회사와 제3자와의 관계에서는 甲물산은 그 제3자가 甲물산 **이사회의 승인 없는 사실을 안 경우에 한하여 그 무효를 주장할 수 있다** 할 것이고, 선의의 제3자에 대하여는 그 무효를 주장할 수 없다고 봄이 회사의 이익보호와 거래안전을 기하는 견지에서 상당하다고 할 것이고, 이 거래에는 어음거래도 포함된다."[32]

31) 대법원 1997.8.26. 선고 96다36753 판결.
32) 대법원 1978.11.14. 선고 78다513 판결; 대법원 1978.3.28. 선고 78다4 판결도 같은 취지에서 "어음의 발행 또는 배서행위가 상법 제398조에 저촉되는 경우에도 어음취득자의 악의를 주장 입증하여야만 어음발행의 무효를

3) 권한남용

권한남용에 의한 어음행위는 형식적 · 실질적으로 대리권의 범위 내에서 한 행위이고 단지 대리인이 자신의 이익을 위하여 행위한 것이므로 대리권 제한에 위반한 행위로 분류하기는 어렵다. 판례는 이 경우 **비진의의사표시설**에 의하여 해결한다. 즉 대리인이 그 자격을 표시하여 외형상으로는 본인을 위하여 어음행위를 하였으나 실제는 자기의 채무변제를 위한 권한남용의 경우, 본인은 어음상의 책임을 원칙적으로 부담하나 상대방이 대표이사의 진의를 알았거나 알 수 있었을 때에만 그 어음상 책임을 면한다.[33]

Ⅲ. 무권대리(無權代理)

1. 의   의

어음행위가 대리권 없이 이루어졌으나 본인에게 귀책사유가 없다면 협의의 무권대리가 성립한다. 어음행위의 무권대리인은 언제나 어음상 책임을 진다(어음법 제8조 · 제77조 제2항, 수표법 제11조). 민법상의 무권대리인은 상대방의 선택에 따라 계약을 이행하든가 또는 손해배상의 책임이 있으나(민법 제135조 제1항), 어음에서는 어음법 제8조의 특칙에 따라 상대방의 선택을 기다리지 아니하고 **무권대리인이 당연히 어음상 책임을 부담한다.** 어음행위의 무권대리인은 어음채무를 이행한 때에는 어음법 제8조의 특칙에 따라 본인의 전자에 대한 어음상의 권리를 취득한다.

2. 본인의 책임

무권대리의 경우 대리권이 흠결되어 있으므로 **본인은 아무런 책임을 지지 않는 것이 원칙이다.** 어음의 문언상에 본인이 드러나는 경우이지만 본인에게는 전혀 귀책사유가 없는 것으로 이런 경우까지도 본인을 희생시키면서 어음의 유통성을 보호할 수는 없는 까닭이다. 따라서 **무권대리라는 항변은 물적항변으로서 모든 소지인에게 대항할 수 있다.** 다만 예외적으로 본인이 책임을 지는 경우는 다음과 같다. ① 본인이 무권대리행위를 추인하는 경우 처음부터 유효한 대리행위가 된다(민법 제133조). 이 경우 추인임을 명시적으로 표시할 필요는 없고 본인의 추인의사를 인정할 수 있는 것으로 족하다.[34] ② 본인의 귀책사

주장할 수 있다"고 한다.

33) 대법원 1990.3.13. 선고 89다카24360 판결(주식회사의 대표이사가 회사의 영리목적과 관계없이 자기의 개인적인 채무변제를 위하여 회사대표이사 명의로 약속어음을 발행교부한 경우에는 그 권한을 남용한 것에 불과할 뿐 어음발행의 원인관계가 없는 것이라고 할 수는 없고, 다만 이 경우 상대방이 대표이사의 진의를 알았거나 알 수 있었을 때에는 그로 인하여 취득한 권리를 회사에 대하여 주장하는 것은 신의칙에 반하는 것이므로 회사는 상대방의 악의를 입증하여 그 행위의 효력을 부인할 수 있다); 대법원 2013.2.14. 선고 2011도10302 판결.

34) 대법원 1994.8.12. 선고 94다14816 판결.

유로 인하여 **표현책임**이 인정되는 경우이다(민법 제125조 · 제126조 · 제129조 등, 상법 제14조 표현지배인 또는 제395조 표현대표이사의 책임 등). ③ 본인이 무권대리인의 행위에 대하여 **사용자로서의 손해배상책임**을 지는 경우이다(민법 제756조).

3. 무권대리인의 책임

(1) 의 의

무권대리인은 그 어음행위가 유효하였다면 **본인이 부담하였을 어음상의 책임**을 진다(어음법 제8조, 수표법 제11조). 귀책사유가 없는 본인은 어음상 책임을 지지 않는다 하더라도 유통성 보호를 위하여 어음문언에 대한 선의의 어음취득자의 신뢰를 보호하기 위하여 무권대리인에게 **어음상 책임**을 부과한다.

(2) 책임의 요건

1) 형식적 요건의 충족

무권대리인에게 어음상 책임을 묻기 위하여는 대리에 관한 형식적 요건은 갖추어야 한다. 따라서 본인을 표시하고 대리관계를 표시하고 대리인으로서 기명날인 또는 서명하여야 한다.

2) 실질적 요건의 흠결

대리에서의 실질적 요건인 대리권이 없는 경우로서 본인이 추인도 하지 않아야 한다. 추인을 하게 되면 처음부터 소급하여 유효한 대리행위가 되기 때문이다. 그런데 무권대리 행위의 추인과 관련하여 무권대리인의 책임이 언제부터 발생하는가에 대하여 견해의 대립이 있다. ① **정지조건설**은 무권대리인의 책임은 본인의 추인 거절시에 발생하는 것이고, 본인의 추인은 단순히 그 책임이 발생하지 않았음을 확인하는 효과가 있다는 견해이다. ② **해제조건설**은 무권대리인의 책임은 행위시에 발생하고 본인이 추인을 하게 되면 소급적으로 소멸한다고 본다. 해제조건설이 타당하다.

3) 어음취득자의 선의

어음취득자가 선의이어야 한다. 어음의 유통성을 보호하기 위하여 경한 과실만이 있는 경우에는 선의로 보아야 한다. 그리고 선의는 직접의 상대방에 한정하는 것이 아니라 제3 취득자를 포함하는 것이 통설이다. 이 점에 대하여는 표현대리에서 상세히 살핀다.

(3) 입증책임

무권대리인에 대하여 어음상 책임을 묻는 경우 대리권의 흠결에 대한 입증책임을 누가 부담할 것인지가 문제된다. **어음소지인**이 대리권의 흠결을 입증하여야 무권대리인의 책임을 물을 수 있다는 견해와 **무권대리**인 자신이 대리권의 존재 또는 추인에 대하여 입증하여야 한다는 견해로 나뉘나, 무권대리인의 어음행위에 대하여 무권대리인 자신이 어음상 책임을 면하기 위하여는 대리권의 존재 또는 추인에 대하여 입증하여야 한다고 본다(판례는 없음).[35]

어음소지인이 본인을 상대로 어음상 청구를 하기 위하여는 어음소지인이 그 대리권 수여사실을 입증하여야 하고, 만일 어음소지인이 대리권 수여사실을 입증하지 못하면 무권대리인에게 어음상 책임을 물을 수 있다. 이때 무권대리인이 책임을 면하기 위하여는 대리권의 존재를 입증하여야 한다.

(4) 책임의 효과

1) 무권대리인의 어음상 책임

무권대리인은 만일 대리권이 있었다면 본인이 부담할 어음상 책임을 진다. 무권대리인은 본인과 동일한 어음상 책임을 부담하므로, 본인이 가지는 항변을 원용할 수 있으나 무권대리인 자신이 상대방에 대하여 가지는 항변은 원용할 수 없다. 무권대리인은 본인과 동일한 어음상 책임을 부담하기 때문이고 어음소지인도 본인이 책임을 부담하는 경우보다 불리해질 수는 없기 때문이다.

2) 책임을 이행한 무권대리인의 권리

무권대리인이 책임을 이행한 경우 본인과 동일한 권리를 가진다(어음법 제8조, 수표법 제11조). A가 B에게 어음을 발행하였는데, C가 B의 무권대리인으로서 D에게 그 어음을 배서양도한 경우 C가 어음상 책임으로서 D에게 상환의무를 이행하였다면 C는 A에 대하여 어음금청구를 할 수 있다. 그런데 이 경우 무권대리인 C는 본인의 권리를 취득하기 때문에 무권대리인으로부터 청구를 받은 채무자는 본인인 B에 대한 항변을 가지고 C에 대항할 수 있다.

이 경우 ① 본인 B는 D에 대하여 어음반환을 청구할 수 있는가? D가 선의취득 요건을 갖추었다면 그 반환청구를 할 수 없다. 그렇다면 ② 무권대리인 C가 D에 대하여 어음반환을 청구할 수 있는가? 상환의무를 이행한 경우라면 D로부터 어음을 반환받을 수 있다. 그렇다면 ③ C가 어음상 책임을 이행한 이후 어음을 소지하고 있는 단계에서, B가 C에 대하여 어음반환을 청구할 수 있는가? C는 다른 채무자에 대한 권리를 행사할 수 있다는 규정만이 있을 뿐이므로(어음법 제8조, 수표법 제11조) 무권대리인 C는 B에 대하여 그 어음을 반환하여야 한다는 견해도 있으나, **어음의 상환증권성이라는 성질상 C가 어음상 권리를 행사하기 위하여는 어음이 필요**하므로 반환할 필요가 없다고 본다(판례는 없음).

---

35) 김홍기, 920면; 송옥렬, 500면.

(5) 월권대리

월권대리의 경우는 어음법 제8조 제3문에 '권한을 초과한 대리인의 경우도 같다'고 규정하는데, 월권대리인의 책임범위가 전액에 대해 미치는가에 대해서 논란이 있다. 통설은 본인은 수권의 범위 내에서만 책임을 지고 월권대리인은 전액에 대해서 책임을 부담한다는 **책임병행설**이다. 예컨대 본인 A가 1억원의 범위에서 어음발행권을 대리인 B에게 부여하였으나, B가 4억원의 약속어음을 발행한 경우 A는 1억원, B는 4억원의 어음상 책임을 부담한다. **판례도 본인은 수권의 범위 내에서 대리인과 함께 어음상 채무를 부담한다고 하여 통설인 책임병행설을 따른다.**[36]

다만 월권대리가 민법·상법상의 표현대리에 해당하는 경우에는 본인이 전액에 대하여 책임을 진다. 월권대리인이 표현지배인·표현대표이사 등의 경우에는 이들 규정에 따라 본인은 어음금액 전액에 대해 책임을 지고, 또 민법 제126조에 의해서 월권대리인의 상대방에게 정당한 사유가 있는 때에는 본인은 어음금 전액에 대해 책임을 진다.

Ⅳ. 표현대리(表見代理)

1. 의   의

어음법에서 무권대리인의 책임에 관한 규정(어음법 제8조·제77조, 수표법 제11조)만 두고 있을 뿐이어서, 어음행위의 표현대리에 대해서는 민법과 상법의 규정이 적용된다. 표현지배인, 부실등기로 인한 지배인, 대리권이 제한된 지배인의 어음행위에 관해서는 선의의 제3자에 대해 영업주가 책임을 진다. 또한 표현대표이사, 부실등기에 의한 대표이사, 대표권이 제한된 대표이사의 어음행위에 대해서도 회사는 선의의 제3자에 대하여 책임을 진다. 공동대표제를 취하는 회사에서 이사가 단독으로 어음행위를 한 때에도 같다.

2. 보호되는 제3자의 범위

(1) 학   설

어음법·수표법에는 표현대리에 관한 별도의 규정이 없으므로 표현대리의 일반이론이 적용된다. 그런데 문제되는 것 중 하나는 어음의 표현대리에서 제3자의 범위이다. 이에 대해서는 직접상대방에 한정된다는 견해와 제3취득자도 포함된다는 견해로 나누어져 있다. 표현대리로 보호되는 제3자의 범위는 **민법에서는 직접 상대방으로 국한**된다.

---

36) 대법원 2001.2.23. 선고 2000다45303 판결(어음행위의 대리 또는 대행권한을 수여받은 자가 그 수권의 범위를 넘어 어음행위를 한 경우에 본인은 그 수권의 범위 내에서는 대리 또는 대행자와 함께 어음상의 채무를 부담한다).

① **직접상대방 한정설**을 취하는 견해에서는 (i) 표현대리규정을 제3자에 적용할 수는 없고, (ii) 배서가 연속되는 경우 누가 제3자인지 범위를 정하기 곤란하여 표현대리 규정의 적용 폭이 지나치게 넓어지며, (iii) 항변제도와의 관련 등에서 문제가 생긴다고 본다.[37]

② **제3취득자 포함설**이 통설이다. 어음의 유통보호를 위하여 민법상 표현대리규정의 "제3자"의 범위를 확장하여 어음의 제3취득자에게 표현대리가 성립하면 본인은 그에 대하여 어음상 책임을 부담한다고 해석한다. 그 근거를 보면, (i) 민법의 일반이론을 유통을 본질로 하는 어음에 그대로 적용하는 것은 문제이며, 특히 어음법 제17조가 인정하는 인적항변의 절단의 취지에 정면으로 반하는 해석론이라는 점, (ii) 어음보증의 표현대리에 관한 표현대리를 인정할 실익이 없다는 점, (iii) 동일한 표현책임을 인정하는 표현대표이사의 경우 제3자는 행위의 직접 상대방뿐 아니라 표현적 명칭을 신뢰한 모든 당사자를 포함한다는 것과 균형이 맞지 않는다는 점 등이다.

어음의 제3취득자 보호를 위하여 **통설인 제3취득자 포함설이 타당**하다고 본다. 제3취득자의 보호를 위하여 생각될 수 있는 것은 표현대리의 법리적용과는 별도로 선의취득의 법리가 있으나 무권대리의 하자는 어음의 선의취득에 의하여 치유될 수 없다고 하는 통설·판례의 견해를 따르는 한, 또 다른 이론에 의하여 제한설의 약점을 보완할 수밖에 없다.

(2) 판 례

① 직접상대방 한정설

판례는 기본적으로는 직접상대방 한정설이다.[38] 판례는 표현대리에 관한 민법 제126조의 규정에서 제3자라 함은 당해 표현대리행위의 직접 상대방이 된 자만을 지칭하고, 이는 위 규정을 표현대리에 의한 어음행위의 효력에 적용 또는 유추적용할 경우에 있어서도 마찬가지로 해석함이 상당하다고 하였다.[39] 같은 취지에서 甲이 乙 명의의 배서를 위조한 후 甲 자신의 명의로 배서를 하여 丙에게 교부한 경우, 乙 명의의 배서의 직접 상대방은 어디까지나 그 피배서인인 甲이고 丙은 甲으로부터 다시 배서양도받아 취득한 자로서 乙 명의의 배서에 대하여는 제3취득자에 해당하므로, 丙이 乙에 대하여 직접 乙 명의의 배서에 대한 표현대리 책임을 물을 수 없다고 하였다.[40] **어음보증의 경우에 있어 직접상대방은 어음의 제3취득자인 수취인이 아니라 발행인이라고 한다.**[41]

---

37) 김홍기, 925면.

38) 대법원 2002.12.10. 선고 2001다58443 판결; 대법원 1994.5.27. 선고 93다21521 판결 등.

39) 대법원 1997.11.28. 선고 96다21751 판결; 대법원 1986.9.9. 선고 84다카2310 판결 등 참조.

40) 대법원 1999.1.29. 선고 98다27470 판결.

41) 대법원 2002.12.10. 선고 2001다58443 판결(표현대리에 관한 민법 제126조의 규정에서 제3자라 함은 당해 표현대리행위의 **직접 상대방**이 된 자만을 지칭하는 것이고, 약속어음의 보증은 발행인을 위하여 그 어음금채무를 담보할 목적으로 하는 보증인의 단독행위이므로 그 행위의 구체적·실질적인 상대방은 어음의 제3취득자가 아니라 **발행인**이라 할 것이어서 약속어음의 보증 부분이 위조된 경우, 동 약속어음을 배서, 양도받는 제3취득자는 위 보증행위가 민법 제126조 소정의 표현대리행위로서 보증인에게 그 효력이 미친다고 주장할 수 있는 제3자에 해당

② 직접상대방에 대하여 표현대리의 요건이 충족되는 경우 제3취득자가 이를 원용할 수 있음.

다만 이같이 제3자의 범위를 직접상대방으로 한정하면서도, 직접상대방에 대하여 표현대리의 요건이 충족되는 경우 이후의 제3취득자가 이를 원용하는 것이 가능하다고 하면서 제3자를 보호한다.[42] 판례는 수표의 경우에도 동일한 논리를 전개하여 "수표발행의 직접 상대방에게 표현대리의 요건이 갖추어져 있는 이상 그로부터 수표를 전전양수한 소지인으로서는 표현대리에 의한 위 수표행위의 효력을 주장할 수 있으므로 본인은 표현대리의 법리에 따라 그 책임을 부담한다"고 하였다.[43]

③ 표현대표이사와 지배인의 어음행위(제3취득자 포함의 경우)

그러면서도 **표현대표이사**의 행위에 있어서는 표현대표이사로부터 직접 어음과 수표를 취득한 상대방뿐만 아니라 그로부터 다시 이를 배서양도받은 제3취득자도 제3자의 범위에 포함된다고 하여 제3취득자 포함설을 취하였다.[44] 또한 **지배권의 내부적 제한**에 관하여도 제3취득자를 포함시킨 사례도 있다.[45] 요컨대 상법상의 표현대표이사와 지배권의 경우에 있어서는 제3취득자 포함설을 취하는 것으로 보인다.

3. 표현대리인의 책임

표현대리인에 대하여도 어음법 제8조와 수표법 제11조의 무권대리인의 책임을 추궁할 수 있다(통설). 표현대리도 일종의 무권대리라 할 수 있고, 표현대리가 성립한다는 이유로 무권대리의 성질이 유권대리로 전환되는 것은 아니기 때문이다.[46] 표현대리인과 본인의 책임 관계에 관하여 중첩성과 택일설이 있으나 결론적인 차이는 없다.

하지 않는다).

42) 대법원 1999.1.29. 선고 98다27470 판결 등.

43) 대법원 1991.6.11. 선고 91다3994 판결.

44) 대법원 2003.9.26. 선고 2002다65073 판결(회사를 대표할 권한이 없는 표현대표이사가 다른 대표이사의 명칭을 사용하여 어음행위를 한 경우, 회사가 책임을 지는 선의의 제3자의 범위에는 표현대표이사로부터 직접 어음을 취득한 상대방뿐만 아니라, 그로부터 어음을 다시 배서양도받은 **제3취득자도 포함**된다).

45) 대법원 1997.8.26. 선고 96다36753 판결(지배인이 내부적인 대리권 제한 규정에 위배하여 어음행위를 한 경우, 이러한 대리권의 제한에 대항할 수 있는 제3자의 범위에는 그 지배인으로부터 직접 어음을 취득한 상대방뿐만 아니라 그로부터 어음을 다시 배서양도받은 **제3취득자도 포함**된다).

46) 대법원 1983.12.13. 선고 83다카1489 전원합의체 판결(유권대리에 있어서는 본인이 대리인에게 수여한 대리권의 효력에 의하여 법률효과가 발생하는 반면 표현대리에 있어서는 대리권이 없음에도 불구하고 법률이 특히 거래상대방 보호와 거래안전유지를 위하여 본래 무효인 무권대리행위의 효과를 본인에게 미치게 한 것으로서 표현대리가 성립된다고 하여 무권대리의 성질이 유권대리로 전환되는 것은 아니므로).

V. 어음행위의 대행과 명의대여

1. 어음행위의 대행

(1) 대리 법리의 적용

① **기명날인의 대행**에 있어서는 두 가지 방식의 대행이 있다. **고유의 대행**으로서 대리권의 수여 없이 대행자는 단순히 본인의 표시기관 내지 수족으로 본인이 기명날인을 기계적으로 대행하는 경우이다. **대리적 대행**으로서 대행자가 본인으로부터 일정한 범위의 기본적인 대리권을 수여받고 그 범위 내에서는 스스로 결정하여 본인의 기명날인 또는 서명을 대행하는 경우이다. ② **서명의 대행**이 가능한지에 관하여는 다툼이 있겠으나, 그 행위자가 서명을 대행할 권한을 가지고 있고 그것이 본인의 의사에 의한 경우라면 그 행위의 효력을 부정할 이유는 없다고 본다.[47]

어음행위의 대행은 어음행위의 대리가 아니지만, 대행 권한이 있다면 모두 본인의 의사가 반영된 것으로서 본인 자신의 어음행위로서의 효력이 인정된다.[48] 이와 같이 기명날인의 대행의 효과로서는 유권대행의 경우는 본인의 어음행위이므로 당연히 본인이 책임을 지게 되나, **무권대행의 경우는 위조**가 된다. 위조가 되는 경우에는 본인은 원칙적으로 책임이 없으나, 무권대행자에 대하여 위조의 기회를 준 경우에는 예외적으로 사용자배상책임 규정(민법 제756조)에 의하거나(고유의 대행의 경우) 표현대리를 유추하여(대리대행의 경우) 본인(피위조자)이 책임을 지게 되는 경우가 있다.

(2) 표현대행

어음행위의 대행에 어음행위의 대리의 법리가 적용되듯이, 표현대리인이 대행의 방식으로 어음행위를 한 경우에도 표현대리의 법리가 유추적용된다.[49] 무권대행의 경우 위조가 되는 것이지만, 본인의 귀책사유가 있는 표현대행의 경우 표현대리에 관한 법리가 유추적용된다. 타인의 인장을 보관하는 자가 그 인장을 이용하여 타인의 이름으로 어음을 발행한

---

47) 김홍기, 915면.
48) 대법원 1999.10.8. 선고 99다30367 판결; 대법원 1964.6.9. 선고 63다1070 판결(어음행위의 대리에 관하여 서명대리는 본인 자신의 행위로 볼 것이다.)
49) 대법원 2000.3.23. 선고 99다50385 판결(다른 사람이 본인을 위하여 한다는 대리문구를 어음상에 기재하지 않고 직접 본인 명의로 기명날인을 하여 어음행위를 하는 이른바 기관 방식 또는 서명대리 방식의 어음행위가 권한 없는 자에 의하여 행하여졌다면 이는 어음행위의 무권대리가 아니라 어음의 위조에 해당하는 것이기는 하나, 그 경우에도 제3자가 어음행위를 실제로 한 자에게 그와 같은 어음행위를 할 수 있는 권한이 있다고 믿을 만한 사유가 있고, 본인에게 책임을 질 만한 사유가 있는 때에는 대리방식에 의한 어음행위의 경우와 마찬가지로 민법상의 표현대리 규정을 유추적용하여 본인에게 그 책임을 물을 수 있다); 대법원 1969.9.30. 선고 69다964 판결; 대법원 1971.5.24. 선고 71다471 판결; 대법원 1999.1.29. 선고 98다27470 판결 등 참조.

경우 표현대리의 요건을 충족한다면 표현대리가 성립한다.[50]

2. 명의대여에 의한 어음행위

(1) 영업을 위한 명의대여

영업을 위하여 명의를 대여하였으나 영업과정상 어음행위를 한 경우이다. 이 경우, 즉 명의를 대여하여 영업을 할 것을 허락한 때에는 영업에 대하여 명의대여가 성립하고 있기 때문에 어음행위에도 상법 제24조가 적용된다고 본다(통설). 판례도 그러하다.[51] 따라서 본인은 상법 제24조에 의하여 당연히 어음상의 책임을 부담한다.

(2) 어음행위 자체를 위한 명의대여

그런데 영업할 것을 허락한 것이 아니고 단지 어음행위 자체를 하기 위해 명의를 대여한 경우 대여자는 어떤 책임을 질 것인지가 문제된다. 여기에 대해서는 역시 상법 제24조를 유추적용하여야 한다는 설과 표현대리로 보아야 한다는 설 등이 있다. 상법 제24조 유추적용설에 의하여 명의대여자와 명의차용자는 연대책임을 지게 된다고 봄이 타당하다.

제 3 절 어음의 위조와 변조

I. 총   설

1. 의   의

어음의 **위조**란 권한 없는 자가 타인의 기명날인 또는 서명을 위작하여 마치 그 타인이 어음행위를 한 것처럼 외관을 만드는 것을 말한다. 어음의 **변조**란 권한 없는 자가 완성된 어음에 대해서 기명날인 또는 서명 이외의 어음의 내용을 변경하는 것이다. 이처럼 권한 없는 자가 어음상에 기명날인 또는 서명을 하거나, 권한 없는 자가 어음상의 기재사항을 변경한 경우에 어음유통보호를 위해 외관을 신뢰한 자를 보호할 것인가, 진실한 채무자를 보호할 것인가가 문제된다. 피위조자 또는 피변조자는 원칙적으로 책임을 지지 아니하나 위조자 또는 변조자의 어음상의 책임에 대해서는 어음의 문언성과 관련하여 논란이 있다. 위조 또는 변조된 어음에 어음행위를 한 자는 그 행위대로 책임을 진다(어음행위독립의 원칙). 특히 위조나 변조의 입증책임도 쟁점이다.

---

50) 대법원 1994.5.27. 선고 93다21521 판결.
51) 대법원 1969.3.31. 선고 68다2270 판결.

2. 위조와 변조, 무권대리와의 차이

(1) 위 조

위조는 권한 없는 자가 타인의 기명날인을 위작하여 그 타인이 어음행위를 한 듯한 외관을 조작하는 행위이다(무권대행). 위조의 방법은 타인의 인장을 도용하거나, 타인으로부터 보관받고 있는 인장을 도용하는 경우 등을 묻지 아니한다. 위조는 어음행위가 아니라 사실행위이므로 고의·과실을 요하지 아니한다. 다만 형법에서의 위조는 고의범이다. 위조는 발행·배서·인수·보증 등 모든 어음행위에 관하여 있을 수 있다.[52]

(2) 변 조

변조는 권한 없이 기명날인 또는 서명 이외의 어음의 기재사항을 변경하는 것을 말한다. 위조는 어음행위의 주체를 위작하는 것이고, 변조는 어음채무의 내용을 위작하는 것이다.[53]

① **어음행위자 자신이 기재한 내용을 변경**하는 경우이다. 어음행위를 한 자가 자신이 기재한 내용을 변경하는 것도 변조에 해당할 수 있다. 어음행위를 한 자가 자신이 적은 내용을 변경하기 위하여는 변경에 의하여 영향을 받는 당사자들의 동의를 받아야 함에도 불구하고, 그 동의를 얻지 않고 만기 등 기재내용을 변경하는 것은 변조가 된다.[54] 그러나 약속어음의 발행인이 발행인 및 배서인 등 어음행위자들의 당초의 어음행위의 목적에 부합되게 수취인의 문언을 정정한 것은, 어음의 효력이나 어음관계자의 권리의무의 내용에 영향을 미친 것이 아님이 명백하고 단순히 착오로 기재된 것을 정정한 것에 지나지 아니하여 변조에 해당하지 않는다.[55]

② **기명날인 또는 서명을 변경**한 경우이다. 타인의 기명날인 또는 서명을 권한 없이

---

52) 대법원 1997.11.28. 선고 96다21751 판결(수표를 발행할 권한을 갖고 있지 아니한 은행의 대부계 대리가 예금 담당 대리가 자리를 비운 사이에 백지인 자기앞수표 용지를 임의로 가지고 나와 백지를 보충하여 수표를 발행한 경우, 그 수표 발행행위는 수표의 위조에 해당한다).

53) 대법원 2006.1.26. 선고 2005도4764 판결(약속어음의 액면금액을 권한 없이 변경하는 것은 유가증권변조에 해당할 뿐 유가증권위조는 아니므로, 약속어음의 액면금액을 권한 없이 변경하는 행위가 당초의 위조와는 별개의 새로운 유가증권위조로 된다고 할 수도 없다).

54) 대법원 1987.3.24. 선고 86다카37 판결(어음발행인이라 하더라도 어음상에 권리의무를 가진 자가 있는 경우에는 이러한 자의 동의를 받지 아니하고 어음의 기재내용에 변경을 가하였다면 이는 변조에 해당할 것이고 약속어음에 배서인이 있는 경우 배서인은 어음행위를 할 당시의 문언에 따라 어음상의 책임을 지는 것이지 그 변조된 문언에 의한 책임을 질 수는 없다).

55) 대법원 1993.7.13. 선고 93다753 판결; 대법원 1995.5.9. 선고 94다40659 판결(甲이 어음의 수취인란을 공란으로 하여 乙 주식회사 대표이사 丙에게 발행·교부하였고, 乙 회사가 丁에게 그 어음을 배서양도한 경우, 丁이 수취인을 "丙"이라고 보충하였다가 "乙 주식회사 대표이사 丙"이라고 정정하는 것은 발행인인 甲이나 제1배서인인 乙 회사 등 어음행위자들의 당초의 어음행위의 목적에 부합하고, 그로 말미암아 어음의 효력이나 어음관계자의 권리의무의 내용에 영향을 미치지 않으므로, 이는 단순히 착오로 기재된 것을 정정한 것에 불과하고 어음을 변조한 경우에 해당한다고 볼 수 없다).

변경한 경우에는 진정한 기명날인자(서명자)에 대해서는 변조가 되고, 새로운 기명날인자 (서명자)에 대해서는 위조가 된다. 어음의 변조는 변조후에도 유효한 어음이어야 하므로, 어음의 말소나 훼멸과는 다르다. 변조도 위조와 같이 어음행위가 아니고 사실행위이므로 변조자의 고의·과실은 요하지 아니한다.

(3) 위조와 무권대리의 차이

위조의 경우에는 피위조자의 기명날인 또는 서명만 있고 **위조자의 기명날인 또는 서명은 어음상에 나타나지 않음**에 반하여, 무권대리의 경우에는 무권대리를 한 자의 기명날인이 어음면에 나타난다. 또 위조는 대행의 방식이나 무권대리는 대리의 방식이다.

(4) 변조와 백지어음의 보충권의 남용과의 구별

변조는 이미 기재된 어음의 기재사항을 부당히 변경하는 것임에 반하여, 백지어음의 부당보충은 아직 기재되어 있지 아니한 어음의 기재사항을 부당하게 기입(보충)하는 것이다. 따라서 백지어음의 보충권을 남용하여 미리 합의한 바와 다르게 보충하는 것은 변조가 아니다. 또 **변조는 물적항변 사유이지만, 보충권의 남용은 인적항변 사유**이다.

Ⅱ. 위조의 효과

1. 피위조자의 책임

(1) 원 칙

피위조자는 원칙적으로 어느 누구에 대하여도 어음상의 책임을 지지 아니한다. 피위조자는 자신이 어음상 기명날인 또는 서명한 것이 아니고 타인에게 그러한 권한을 부여하지도 않았기 때문이다. 따라서 피위조자는 어음소지인의 선의·악의를 불문하고 어음상의 책임 없음을 대항할 수 있다(물적항변).[56]

(2) 예 외

다만 예외적으로 다음과 같은 경우 피위조자가 책임을 진다. 추인, 표현책임, 사용자배상책임 등이 그것이다.

1) 위조의 추인

피위조자가 위조인 사정을 알면서 추인한 경우 어음상 채무를 부담한다. 피위조자가 위조사실을 알면서 어음금을 지급한 경우 위조의 추인이 되어 유효한 지급이 된다(민법 제

---

[56] 대법원 1965.10.19. 선고 65다1726 판결(약속어음을 다른 사람이 그 기명날인을 위조하여 발행한 경우에 있어서는 그 발행인으로서 표시된 사람은 그 약속어음의 발행인으로서의 의무를 부담하지 않는다).

130조 · 제133조). 판례도 피위조자가 위조의 기회를 준 경우 민법과 상법의 표현대리(대표)의 규정을 유추하여 피위조자의 어음상의 책임을 인정한다.[57] 다만 권한 없이 기명날인을 대행하는 방식에 의하여 약속어음을 위조한 경우에 피위조자가 이를 묵시적으로 추인하였다고 인정하려면 추인의 의사가 표시되었다고 볼 만한 사유가 있어야 한다.[58] 추인의 경우에 부담하는 책임은 **어음상 책임**이다.

2) 표현책임

어음행위의 위조에 관하여 민법상 표현대리에 관한 규정이 유추적용된다. 민법상 표현대리나 상법상 표현지배인 또는 표현대표이사의 법리를 유추적용하여 피위조자가 책임을 질 수 있고 이 경우도 **어음상 책임**이다. 많은 경우 정당한 이유가 있는지 여부가 핵심이 될 것이다. 민법상의 표현대리에 관한 규정이 어음행위의 위조에 관하여 유추적용되기 위하여서는 상대방이 위조자에게 어음행위를 할 권한이 있다고 믿거나 피위조자가 진정하게 당해 어음행위를 한 것으로 믿은 것만으로는 부족하고, 그와 같이 믿은 데에 정당한 사유가 있어야 하는바, 이러한 **정당한 사유는 어음행위 당시에 존재한 여러 사정을 객관적으로 관찰하여 일반인이면 유효한 행위가 있었던 것으로 믿는 것이 당연하다고 보여지는 경우**이다.[59] 따라서 어음 자체에 위조자의 권한이나 어음행위의 진정성을 의심하게 할 만한 사정이 있는데도 불구하고 그 권한 유무나 본인의 의사를 조사 · 확인하지 아니하였다면 상대방의 믿음에 정당한 사유가 있다고 보기 어렵다.[60] 그러나 일상업무를 처리하면서 회장의 인장을 사용해 온 자의 경우,[61] 본인 명의의 수표 및 어음을 발행하는 것을 알고도 방치한 경우,[62] 정당한 이유가 있다고 보았다.

3) 사용자책임

피용자가 어음위조로 인한 불법행위에 관여한 경우 그것이 사용자의 업무집행과 관련한 위법한 행위로 이루어졌으면 그 사용자는 민법 제756조에 의한 손해배상책임을 지는

57) 대법원 1998.2.10. 선고 97다31113 판결.
58) 대법원 1998.2.10. 선고 97다31113 판결.
59) 대법원 1999.1.29. 선고 98다27470 판결.
60) 대법원 2000.2.11. 선고 99다47525 판결; 대법원 1984.7.10. 선고 84다카424, 84다카425 판결(일반적으로 상업사용인은 상인의 영업범위 내에 속하는 일에 관하여 그 상인을 대리할 수 있고 영업과 관계없는 일에 관하여는 특별한 수권이 없는 한 대리권이 없는 것이므로 상업사용인이 권한 없이 상인의 영업과 관계없는 일에 관하여 상인의 행위를 대행한 경우에 특별한 수권이 있다고 믿을 만한 사정이 없는 한 상업사용인이라는 이유만으로 그 대리권이 있는 것으로 믿을 만한 정당한 이유가 있다고 보기 어렵다).
61) 대법원 1989.3.28. 선고 87다카2152,2153 판결(대한어머니중앙연합회 부회장 겸 사무총장으로서 **대표자인 회장을 대리하여 일상업무를 처리하면서 회장의 인장을 사용해 온 자**의 어음배서가 그 연합회 대표자의 동의나 승낙 없이 이루어졌더라도 대표자를 대리할 권한이 있다고 믿을만한 정당한 이유가 있다고 본 사례).
62) 대법원 1991.6.11. 선고 91다3994 판결(처가 본인의 인장을 사용하여 2년 동안에 걸쳐 모두 100여장의 본인 **명의의 수표 및 어음을 발행하는 것을 중간에 알고도 방치한 자**에게 처가 본인 명의로 수표를 발행하여 할인한 데 대한 표현대리 책임을 인정한 사례).

경우가 있다.[63] 이 경우 사용자가 지는 책임은 **어음상 책임이 아니라 민법상 불법행위책임**이므로 그 책임의 요건과 범위가 어음상 책임과 일치하는 것이 아니다. 따라서 민법 제756조 소정의 사용자 책임을 논함에 있어서는 어음소지인이 어음법상 상환청구권을 가지고 있느냐는 등 어음법상의 권리 유무를 따질 필요가 없다. 그러므로 어음소지인이 적법한 지급제시기간 내에 지급제시를 하지 아니하여 상환청구권 보전의 절차를 밟지 않았다고 하더라도 이는 어음소지인이 이미 발생한 위조자의 사용자에 대한 불법행위책임을 묻는 것에 장애가 되는 사유가 아니다.[64] 그리고 그 손해도 어음의 액면금액과는 상관이 없는 불법행위로 인하여 입은 손해액이고, 위조된 어음을 취득한 소지인의 손해액은 **현실적으로 출연한 할인금 상당액**이 된다.[65]

2. 위조자의 책임

(1) 어음상 책임 여부

어음의 문언증권성과 관련하여 위조자의 **어음상 책임**에 대해서는 논란이 있다. ① 어음상 책임을 부정하는 견해로서 위조자는 어음면에 그의 기명날인 또는 서명이 없으므로 어음의 **문언증권성**에 따르면 어음상의 책임이 없으므로, 위조자는 불법행위책임을 지는 것은 별론으로 어음상의 책임을 지지 않는다는 학설이 있다. 그러나 이와 달리 ② 무권대리와 위조를 동일하게 다루어서 **어음법 제8조를 유추적용**하여 위조자에게 위조된 문언에 따라 어음상의 책임을 지도록 하는 것이 마땅하다는 견해도 있다.

대행의 경우에도 일반적으로 대리로 취급하고 있는 점, 어음의 문언성은 선의의 어음취득자 보호를 위한 것이므로 위조자에게 어음상 책임을 인정한다고 하여 문언성의 취지에 반하는 것은 아닌 점 등에서 보면 무권대리에 관한 **어음법 제8조를 유추적용하여 어음상 책임을 인정하는 것이 타당**하다(판례는 없음).

(2) 불법행위책임과 형사책임

위조자는 민법상 불법행위책임(제750조), 형법상 유가증권위조죄(제214조) 등의 책임을 진다.

---

63) 대법원 1997.9.26. 선고 97다21499 판결(A회사와 대리점계약을 맺은 소외 전○○이 타인으로부터 약속어음을 발행받아 A회사에게 물품대금으로 변제하려 하였으나, A회사의 경주지점장인 소외 신○○이 현금으로 입금할 것을 요구하므로 위 전○○은 B회사에게 그 약속어음의 할인을 부탁하였고, 이에 B회사는 다른 자력 있는 자의 배서를 요구하므로 전○○은 위 신○○에게 배서를 요청함으로써 위 신○○이 임의로 A회사 명의의 배서를 하여 준 것이고, B회사로부터 수령한 할인금의 대부분은 물품대금의 지급을 위하여 위 신○○에게 교부된 것이라면, 이러한 신○○의 행위는 외형상 그의 직무와 상당한 관련성이 있는 것으로서 그 직무범위 내에 속하는 것과 같은 외관을 나타내고 있었다고 봄이 상당하다).

64) 대법원 1994.11.8. 선고 93다21514 전원합의체 판결.

65) 대법원 1994.11.8. 선고 93다21514 전원합의체 판결.

3. 위조어음에 어음행위를 한 자의 책임

위조어음에 어음행위(기명날인 또는 서명)를 한 자는 어음행위독립의 원칙(어음법 제7조·제77조)에 의하여 그 문언에 따라 어음상 책임을 진다.[66] 어음이 위조된 경우라도 권한의 흠결이라는 실질적 하자가 있을 뿐 외관상으로는 완전한 어음과 다를 바 없기 때문이다.

4. 위조의 입증책임

어음위조의 입증책임이 어음소지인(원고)에게 있느냐 또는 피위조자(피고)에게 있느냐 관해서 어음법상 규정은 없고 견해가 나뉜다. 피위조자에게 입증책임이 있다는 견해와 어음소지인에게 입증책임이 있다는 견해가 있다. 통설은 위조의 항변은 누구에게나 대항할 수 있는 물적항변사유로서 피위조자가 귀책사유가 없음에도 불구하고 그 어음의 위조를 입증하지 못하면 어음상의 책임을 지우는 것은 타당하지 않으며, 입증책임의 일반원칙에 의하여도 권리를 주장하는 자가 권리발생의 요건사실을 입증하여야 한다는 **어음소지인 입증책임설**이다.

판례는 과거 피위조자입증책임설을 취한 것이 있었으나[67] 그 입장을 변경하여 "어음에 어음채무자로 기재되어 있는 사람이 자신의 기명날인이 위조된 것이라고 주장하는 경우에는 그 사람에 대하여 어음채무의 이행을 청구하는 어음의 소지인이 그 기명날인이 진정한 것임을 증명하지 않으면 안된다"고 하여 **어음소지인 입증책임설을 취한다.**[68] 그리고 어음소지인이 입증하여야 하는 것이 무엇인지에 대하여 판례는 "문제된 사안에서 문서에 날인된 작성명의인의 인영이 그의 인장에 의하여 현출된 것이라면 특별한 사정이 없는 한 그 인영의 진정성립, 즉 날인행위가 작성명의인의 의사에 기한 것임이 사실상 추정되고, 일단 인영의 진정성립이 추정되나, 위와 같은 사실상 추정은 날인행위가 작성명의인 이외의 자에 의하여 이루어진 것임이 밝혀진 경우에는 깨어지는 것이므로, 문서제출자는 그 날인행위가 작성명의인으로부터 위임받은 정당한 권원에 의한 것이라는 사실까지 입증할 책임이 있다"고 하였다.[69] 요컨대 그 입증책임의 범위를 보면 피위조자의 인장과 일치한다는 것을 입증하는 것만으로는 사실상의 추정을 받는 것에 불과하므로, 그 날인행위가 작성명의인 이외의 자에 의하여 이루어진 것임이 밝혀진 경우라면 어음소지인은 그 날인행위가 **정당한 권한에 의한 것임을 입증**하여야 한다.

---

66) 대법원 1977.12.13. 선고 77다1753 판결(유통된 어음의 최후소지인이 된 피고는 비록 최초의 발행행위가 위조되었다 하더라도 어음행위독립의 원칙상 그뒤에 유효하게 배서한 배서인에 대하여는 소구권을 행사할 수 있다).
67) 대법원 1987.8.24. 선고 86다2154 판결.
68) 대법원 1993.8.24. 선고 93다4151 전원합의체 판결; 대법원 1998.2.10. 선고 97다31113 판결.
69) 대법원 2003.4.8. 선고 2002다69686 판결.

Ⅲ. 변조의 효과

1. 기명날인자의 책임

(1) 변조전 기명날인자의 책임(원문언에 따르는 책임)

어음의 변조전에 기명날인한 자는 **원문언, 즉 기명날인 당시의 문언에 따라 책임을** 진다(어음법 제69조 · 제77조).[70] 이는 변조로 인하여 어음요건이 지워져 형식적 요건이 흠결된 경우라도 마찬가지이다. 변조의 항변은 물적항변으로서 누구에게든 대항할 수 있다. 다만 변조를 추인한 경우에는 변조후의 문언에 따라 책임을 진다. 또한 변조전의 어음행위자에게 귀책사유가 있을 때에는 표현책임이나 사용자배상책임에 따라 변조후의 문언에 대해서도 책임을 지는 경우도 있다.

(2) 변조후 기명날인자의 책임

변조후의 기명날인자는 변조후의 문언에 따른 책임을 진다(어음법 제69조 · 제77조). 변조후의 문언을 의사표시의 내용으로 하였기 때문이고, 어음행위독립의 원칙상 당연한 것이다. 다만 변조로 인하여 어음요건이 흠결되었다면 그 이후에 어음에 기명날인 또는 서명을 한 자는 어음상 아무런 책임을 지지 아니한다. 어음요건이 흠결되었다면 어음으로서의 효력을 상실하였고, 그 위에 기명날인 또는 서명한다고 하여 어떠한 책임을 부담하는 것은 아니기 때문이다.

2. 변조자의 책임

변조자가 불법행위책임(민법 제750조)과 형법상 유가증권변조죄의 책임을 지는 것은 물론이지만, 어음상의 책임을 지느냐에 관해서는 위조자와 마찬가지의 논의가 있다. 즉 변조자는 어음상에 기명날인 또는 서명을 하지 아니하였으므로 이를 부정하는 견해와 어음법 제8조를 유추적용하여 법정담보책임을 인정하는 견해로 나누어져 있다.

3. 변조의 입증책임

변조의 입증책임에 관하여는 견해가 나뉜다. ① 위조의 입증책임과 같은 논리에서 어음소지인이 어음채무자에게 어음상 책임을 묻기 위하여는 어음소지인이 그 채무자가 변조후

---

70) 대법원 1996.2.23. 선고 95다49936 판결(약속어음의 문언에 변개가 있는 경우 변개전에 기명날인 또는 서명한 자는 그 변개에 동의를 하지 아니한 이상 변개후의 문언에 따른 책임을 지지는 아니한다고 하더라도, 변조 전의 원문언에 따른 책임은 지게 된다).

에 기명날인 또는 서명을 한 자라는 사실을 입증하여야 한다는 견해가 있다(어음소지인 **입증책임설**).71) ② **변조사실이 어음면상 명백한지 여부에 따라 입증책임을 부담**한다고 본다.72) 변조사실이 문면상 명백하지 않은 경우에는 소지인으로서 채무자가 현재의 문언에 따라 책임질 것으로 생각하므로 채무자가 어음의 변조사실 및 자신의 기명날인 또는 서명이 변조전에 있었다는 사실을 입증하여야 한다.

③ 판례는 과거 변조사실이 명백한 사안에서 어음채무자(피변조자)가 자신의 기명날인 이후에 변조가 이루어졌음을 입증하지 않는 한 어음의 문언에 따라 책임을 진다고 한 판결이 있었으나73) 양 견해 모두로부터 비판을 받았다. 이후 판례를 변경하여 (i) 판례는 동일한 사안에서 **소지인이 어음문언에 따른 지급청구를 하기 위하여는 채무자가 변조후에 기명날인하였거나 그 변조에 동의한 사실을 소지인이 입증하여야 한다**고 하였다.74) 그리고 (ii) 판례는 **변조사실이 어음면상 명백하지 않은 경우에는 변조를 주장하는 자(어음채무자)가 입증책임을 부담한다**고 하였다.75) 판례의 입장에 대하여는 각 학설에 따라 그 해석이 나뉘기도 하나 (i) 판례가 "어음의 문언에 변개가 되었음이 명백한 경우"라는 표현을 쓰고76) (ii) 판례는 변조사실이 입증되지 않은 경우 어음문언에 따른 책임을 인정한 것이어서, **변조사실이 어음면상 명백한지 여부에 따라 입증책임을 부담한다는 입장**으로 해석된다. 그런데 어음면상 변조사실이 명백한지 여부라는 기준은 명확하지 못하여 그 판단기준을 설정하는 것이 어렵고, 이것을 가지고 위조와 달리 입증책임을 분배하는 것이 타당해 보이지 않는다.

---

71) 김홍기, 936면; 송옥렬, 513면.

72) 정찬형(하), 129면.

73) 대법원 1985.11.12. 선고 85다카131 판결(어음법 제77조, 제69조의 규정에 의하여 약속어음의 문언에 변조가 있는 경우에는 그 변조후에 기명날인한 자는 변조된 문언에 따라 책임을 지고 변조전에 기명날인한 자는 원문언에 따라 책임을 지게 되므로 약속어음 변조의 법률효과를 주장하는 자는 그 약속어음이 변조된 사실, 즉 그 약속어음에 서명날인할 당시의 어음문언에 관하여 입증책임을 진다).

74) 대법원 1987.3.24. 선고 86다카37 판결(**어음의 문언에 변개가 되었음이 명백한 경우**에 어음소지인이 기명날인자(배서인등)에게 그 변개후의 문언에 따른 책임을 지우자면 그 기명날인이 변개후에 있은 것 또는 기명날인자가 그 변개에 동의하였다는 것을 입증하여야 하고 그 입증을 다하지 못하면 그 불이익은 어음소지인이 입어야 한다).

75) 대법원 1990.2.9. 선고 89다카14165 판결(어음의 액면금액을 변조하는 경우에는 원래 기재되어 있는 숫자를 이용하려는 것이 통상이므로, 어음의 발행인이 어음액면부분의 변조를 주장하려면 자기가 발행할 때에 어떤 방법(필기냐, 타자냐)으로 어떤 문자(국한문이냐, 아라비아 숫자냐)로 써주었다는 점을 밝혀야 할 터인데 이 사건 피고는 그저 어음액면이 40만원이었는데 9,845,004원으로 변조되었다고 추상적인 주장을 할 뿐 그 구체적인 해명이 없을 뿐 아니라, 원심감정인의 감정소견에 의하면 이 사건 어음의 액면기재가 화학약품으로 원래의 기재를 지우고 다시 쓴 것이 아니고 그 액면기재는 변조된 것이 아니라고 함에 있음에도, 원심법원이 피고의 위 주장에 관하여 좀더 석명하지 아니한 채 증인의 증언만을 취신하여 어음면상의 기재와 다른 어음금액을 인정한 것은 심리를 다하지 아니하고 불확실한 증거에 의하여 사실을 인정한 위법이 있다 할 것이다).

76) 대법원 1987.3.24. 선고 86다카37 판결.

IV. 위조·변조된 어음을 지급한 자의 책임

위조 또는 변조된 어음을 인식하지 못하고 지급한 경우의 책임에 관한 문제이다. 위조수표의 지급에 의한 손실을 발행인과 지급인 중 누가 부담할 것인가? 학설로는 ① **지급인책임설**로서 지급인이 소지인의 형식적 자격만을 조사하여 지급하면 면책된다는 것은 수표의 진정을 전제로 하는 것이므로 위조수표에 있어서는 사기 또는 중과실이 없이 지급하여도 특약이 없는 한 발행인의 계산으로 돌릴 수 없다고 하거나 혹은 발행인에 과실 또는 귀책사유가 없는 한 지급인이 부담해야 한다고 한다. ② **발행인책임설**로서 외관의 존재 또는 지급은행의 업무부담을 고려하여 발행인이 손실을 부담하여야 한다는 견해이다.

③ 판례는 **원칙적으로는 지급인책임설의 입장에서 위조된 무효의 수표에 의한 변제가 유효로 되는 것은 특별법규, 면책약관 또는 상관습이 있는 경우에 한한다 할 것이며, 이 경우에 채권의 준점유자에 대한 변제의 법리는 적용되지 않는다고** 한다.[77]

일본의 경우 지급은행은 책임을 지지 않는다고 하는 상관습이 존재한다고 판결한 바 있으나,[78] 우리의 경우는 그렇지는 아니하다. 다만 실무상으로는 지급인이 면책된다고 하는 **면책약관에 의하여 처리**되고 있으나, 판례는 그 면책약관의 효력을 엄격하게 해석한다. 대법원은 "고객이 제출한 인감, 명판 등을 대조하여 취급상 보통의 주의로서 상위 없음을 인정하고 지급을 필한 경우 은행은 책임을 면한다는 규정을 두고 있으나 「위 약정에 있어서 보통의 주의라는 문언을 은행이 중과실이 있을 경우에만 책임지고 경과실로 인하여 위조, 변조사실을 식별치 못한 경우에는 은행이 책임을 지지 아니한다는 취지로 해석할 수 없다」고 하여 실제상의 면책약관에서 보통의 주의의무라는 용어의 사용에도 불구하고 은행원 고유의 업무로부터 요청되는 통상의 주의의무의 해태 즉 경과실로 인한 경우까지도 면책되기 어렵다는 취지를 명백히 하고 또 「위 약정에 금액의 변조여부 식별조항이 기입되지 아니하였다하여 은행이 수표금을 지급함에 있어서 인감이나 필적(명판) 등이 변조되었는지 여부에만 주의할 것이 아니라 그 **이외의 기재인 금액난 등이 변조되었는지 여부도 선량한 관리자의 주의로서 식별하여야 할 은행이 지니는 고유의 주의의무의 일부가 면제되었다고 할 수 없다」고** 하여 명시적인 특약 유무에 관계없이 수표의 체제나 기재일절에 대하여 신중하게 조사할 의무가 있음을 말하고 있다"고 한다.[79]

---

77) 대법원 1971.3.9. 선고 70다2895 판결.
78) 東京高 昭 30.9.20. 高民集 8卷 4號 479面.
79) 대법원 1975.3.11. 선고 74다53 판결.

제 4 절 백지어음

I. 의 의

1. 개 념

어음법 제10조, 수표법 제13조는 백지어음에 관하여 그 법적 근거를 제시하고 있다. 백지어음이란 기명날인 또는 서명 이외의 어음요건의 전부나 일부를 후일 타인으로 하여금 기재(보충)시킬 의사로 일부러 기재하지 않은 **미완성의 어음**이다. 백지어음은 유효한 어음이다. 백지어음은 완성된 불완전어음과 구별된다. 불완전어음은 과실로 불완전하게 작성된 어음으로서 무효이다. 그런데 백지어음과 불완전어음은 어음요건의 일부가 기재되어 있지 않은 점에서 공통되며, 외관상으로도 차이가 없다. 그러나 백지어음은 보충권을 부여하면서 일부러 어음요건을 기재하지 않은 미완성어음인 점에서 그렇지 않은 무효인 불완전어음과 구별된다.

발행 당시에 금액이나 변제기가 확정되지 못한 경우 후일 확정시킬 의도로 어음금액이나 만기가 백지인 어음을 교부하는 것이 편리할 경우가 있고, 수취인란을 백지로 하여 금융업자에게 어음할인을 받는 데도 백지어음이 쓰인다.

2. 백지어음의 종류

백지어음에는 백지발행어음, 백지인수어음, 백지배서어음, 백지보증어음 등이 있다. 배서인·보증인·인수인이 먼저 배서·보증·인수행위를 하고 발행인이 후에 발행행위를 하는 경우에 이러한 백지배서어음, 백지보증어음, 백지인수어음이 생기게 된다. 백지배서는 배서인의 기명날인 또는 서명은 있으나 그 밖의 배서요건 중 일부를 기재하지 않은 상태에서 한 배서를 말하는 것으로, 어음법 제13조 제2항의 피배서인을 지정하지 아니한 **백지식 배서와 구별**하여야 한다. 백지식 배서는 백지어음의 일종이 아니라 배서의 한 방법이다.

3. 백지어음의 법적 성질

백지어음은 어음의 일종으로 보는 견해도 있으나, 미완성어음으로서 **특수한 유가증권으로 본다**(통설). **백지어음인 상태로는 인수 또는 지급의 청구를 할 수 없다.** 보충되기 전의 백지어음인 상태에서는 어음으로서의 효력을 가지는 것이 아니므로, 어음법적 법률관계가 생기지 않는다. 다만 백지어음은 백지를 보충하여 완전한 어음으로 할 수 있으므로 무효인 불완전어음과는 다른 것이어서, 배서에 의한 양도와 선의취득(어음법 제16조)과 인적항변의 절단(어음법 제17조) 등 일정 범위 내에서 그 효력이 인정된다.

Ⅱ. 백지어음의 요건

1. 기명날인 또는 서명의 존재

백지어음도 유효한 어음이 되기 위해서는 어음행위자의 기명날인 또는 서명이 있어야 한다.

2. 어음요건의 전부 또는 일부의 흠결

기명날인 또는 서명 이외의 어음요건의 전부 또는 일부가 흠결되어야 한다. 예를 들면 어음금액, 수취인, 지급지, 만기 등이 흠결된 경우이다. 따라서 어음요건이 아닌 사항은 흠결되더라도 백지어음이 아니라 완전한 어음이다. 발행지는 어음요건이 아니라는 것이 판례이므로 발행지가 백지인 경우에는 백지어음이 아니다.[80]

문제는 어음요건에 대한 어음법상 보충규정이 있는 경우로서, 지급지·만기 등이 그러하다. 예컨대 어음법은 만기가 기재되지 않은 경우 일람출급어음으로 보고 있어(어음법 제2조 제1호), 만기가 기재되지 아니한 경우에 백지어음으로 볼 것인가, 또는 일람출급어음으로 볼 것인지가 문제된다. **보충권을 수여한 것으로 볼 수 있다면 백지어음으로 보아야 할 것이고 판례도 그러하다.**[81]

3. 백지보충권의 존재(보충권 수여의 의사)

백지어음이 되기 위해서는 백지보충권이 존재하여야 하고, 이는 불완전어음과 구별된다. 백지보충권의 존재 여부를 결정하는 기준에 대하여, ① 기명날인자 또는 서명자의 의사를 표준으로 하여야 한다는 **주관설**, ② 거래의 안전을 보호하기 위해서 외관상 보충이 예정되어 있는가를 표준으로 하여야 한다는 **객관설**이 있다. ③ **통설은 절충설**로서 백지보충권 유무는 원칙적으로 기명날인자 또는 서명자의 보충권수여의 의사에 의하는데, 외관상 보충이 예정되어 있다면 백지보충권이 수여된 것으로 추정한다. 그리고 예외적으로 보충권 수여의 의사가 없는 경우에도 선의취득자에게는 불완전어음이라는 항변을 대항할 수 없다고 한다.

---

80) 대법원 1998.4.23. 선고 95다36466 판결; 대법원 1999.8.19. 선고 99다23383 전원합의체 판결.

81) 대법원 1976.3.9. 선고 75다984 판결(지급기일을 공란으로 하여 약속어음을 발행한 경우에는 특별한 사정이 없는 한 그 어음은 일람출급의 어음으로 볼 것이 아니라 백지어음으로 보아야 할 것이고 이와 같은 백지어음을 교부한 때에는 후일 그 소지인으로 하여금 임의로 그 지급기일의 기재를 보충시킬 의사로서 교부한 것이라고 추정함이 옳다).

④ **판례는 발행인에게 그 입증책임을 부과하여, 발행인에게 보충권을 줄 의사로 발행한 것이 아니라는 점, 즉 백지어음이 아니고 불완전어음으로서 무효라는 점에 관한 입증책임이 있다고 한다.**[82] 따라서 이를 입증하지 않는 한 책임을 면할 수 없다.

Ⅲ. 백지어음의 효력

1. 백지어음에 의한 권리의 행사

백지어음은 미완성어음이므로 백지를 보충하기 전에는 어음상 권리를 행사할 수 없다. 따라서 백지어음을 가지고 지급제시를 하여도 적법한 지급제시가 없는 것이므로 소지인은 배서인 등 상환의무자에 대한 상환청구권을 보전할 수 없다.[83] 백지어음의 소지인은 백지를 보충한 후에 어음상의 권리를 행사하여야 한다. 다만 **'발행지'는 어음요건으로 보고 있지 않아 발행지의 기재가 없이 지급제시한 경우 적법한 지급제시가 되고,** 지급거절되었다면 배서인에 대해 상환청구권을 행사할 수 있다.[84]

2. 백지어음의 양도와 선의취득

(1) 배서에 의한 양도

백지어음은 백지가 보충됨으로써 완성어음이 되면 당연히 양도할 수 있다. 그런데, 백지를 보충하기 전에 양도할 수 있는가? 백지어음은 보충을 조건으로 하는 어음금지급청구권과 백지보충권을 표창하는 유가증권이므로 이를 지명채권 양도방법뿐만 아니라 배서에 의하여 양도할 수 있다고 하면서, 그 근거는 **관습법**에 의한 것으로 본다(통설, 판례).[85] 즉, 수취인의 기재가 있는 백지어음은 배서에 의하여, 수취인이 백지인 백지어음은 **배서 또는 교부(단순한 인도)에 의하여 양도**될 수 있다. 따라서 선의취득, 인적항변의 절단 등 배서와 관련한 효력을 인정하고 있다.

(2) 선의취득

백지어음은 어음의 양도방법이 인정되므로 선의취득이 인정된다(어음법 제16조 · 제77조).

---

82) 대법원 1976.3.9. 선고 75다984 판결(백지어음을 교부한 때에는 후일 그 소지인으로 하여금 임의로 그 지급기일의 기재를 보충시킬 의사로서 교부한 것이라고 추정함이 옳다); 대법원 2001.4.24. 선고 2001다6718 판결(백지약속어음의 경우 발행인이 수취인 또는 그 소지인으로 하여금 백지부분을 보충케 하려는 보충권을 줄 의사로서 발행하였는지의 여부에 관하여는 발행인에게 보충권을 줄 의사로 발행한 것이 아니라는 점, 즉 백지어음이 아니고 불완전어음으로서 무효라는 점에 관한 입증책임이 있다).

83) 대법원 1985.8.13. 선고 85다카123 판결.

84) 대법원 1998.4.23. 선고 95다36466 전원합의체 판결.

85) 대법원 1994.11.18. 선고 94다23098 판결(수취인이 백지인 채로 발행된 어음은 인도에 의하여 어음법적으로 유효하게 양도될 수 있다).

백지어음의 양도인이 무권리자라도 배서 또는 단순한 인도 등 어음법적 양도방법에 의하여 백지어음을 취득한 양수인이 그 자를 정당한 권리자라고 믿고, 그 믿는 데 과실이 없는 경우 백지어음을 선의취득할 수 있다.

(3) 인적항변의 절단

백지어음에 대해서도 인적항변의 절단이 인정된다. 따라서 백지어음에 관하여 어음권리자와 채무자 사이에 인적항변 사유가 있어도 양수인이 채무자를 해할 것을 알고 백지어음을 취득하지 아니하는 한, 양수인은 채무자로부터 인적항변의 대항을 받지 아니한다(어음법 제17조 · 제77조).[86]

3. 백지어음의 제권판결

백지어음에 관하여도 완성된 어음과 동일한 유통방법이 인정되므로 공시최고에 의한 제권판결이 인정된다. 그런데, 백지어음에 대해 제권판결을 취득한 자는 보충권의 행사를 어떻게 해야 하는가? 공시최고에 의한 제권판결을 받아도 그 판결문에 의하여 백지보충을 할 수 없기 때문이다. **판례는 제권판결을 취득한 자는 백지부분에 대하여 어음 외의 의사표시에 의하여 보충권을 행사하고 그 어음금의 지급을 구할 수 있다**고 한다.[87]

4. 백지어음 청구에 의한 시효중단

(1) 시효중단의 효력을 인정

백지어음은 미완성 어음이므로 백지를 보충하기 전에는 어음상 권리를 행사할 수 없음이 원칙이다. 그러나 백지를 보충하지 않은 채 어음금청구를 하는 것도 시효중단의 효력을 인정하지 않을 것인가? **통설은 백지를 보충하지 않고 지급제시를 하더라도 시효중단의 효력이 생긴다**고 본다. 즉 미보충상태로 어음금을 청구할 때에는 시효중단의 효력은 인정

---

86) 대법원 1994.11.18. 선고 94다23098 판결(수취인이 백지인 채로 발행된 어음은 인도에 의하여 어음법적(법적)으로 유효하게 양도될 수 있으며, 이 경우 어음법 제17조가 적용되는 것이므로, 어음이 전전양도된 후 그 어음을 인도받은 최종 소지인이 수취인으로서 자기를 보충하였다고 하더라도 그 소지인이 발행인을 해할 것을 알고 취득한 경우가 아니면, 어음문면상의 기재와는 관계없이, 발행인으로부터 원인관계상의 항변 등 인적항변의 대항을 받지 아니한다).

87) 대법원 1998.9.4. 선고 97다57573 판결(제권판결 제도는 증권 또는 증서를 상실한 자에게 이를 소지하고 있는 것과 같은 형식적 자격을 부여하여 그 권리를 실현할 수 있도록 하려는 것인 점과, 백지어음의 발행인은 백지보충을 조건으로 하는 어음금지급채무를 부담하게 되고, 백지에 대한 보충권과 백지보충을 조건으로 한 어음상의 권리는 백지어음의 양도와 더불어 양수인에게 이전되어 그 소지인은 언제라도 백지를 보충하여 어음상의 권리를 행사할 수 있으므로, 백지어음은 어음거래상 완성어음과 같은 경제적 가치를 가지면서 유통되고 있는 점을 함께 고려하여 보면, 백지어음에 대한 제권판결을 받은 자는 발행인에 대하여 백지보충권과 백지보충을 조건으로 한 어음상의 권리까지를 모두 민사소송법 제468조에 규정된 '증서에 의한 권리'로서 주장할 수 있다고 봄이 상당하고, 따라서 백지어음의 제권판결을 받은 자는 발행인에 대하여 백지 부분에 대하여 어음 외의 의사표시에 의하여 보충권을 행사하고 그 어음금의 지급을 구할 수 있다).

된다. 그 근거는 백지를 보충하지 않고 지급제시를 하더라도 권리 위에 잠자고 있는 자가 아니기 때문이라는 것이다.

판례도 통설과 같이 백지 부분을 보충하지 않은 상태에서 어음금을 청구하는 것은 어음상의 청구권에 관하여 잠자는 자가 아님을 객관적으로 표명한 것이고 그 청구로써 어음상의 청구권에 관한 소멸시효는 중단된다고 한다.[88] 과거 판례는 재판상 청구의 경우에는 어음의 제시가 필요하지 않아 백지보충이 필요 없지만,[89] 재판외 청구에는 백지보충이 있어야만 지급제시를 할 때 시효중단의 효력이 생긴다고 하는 판례도 있었다.[90] 그러나 최근 판례의 입장을 변경하면서 **재판상 · 재판외를 불문하고 백지를 보충하지 않고 하는 지급제시에 대하여 시효중단의 효력을 인정한다.**[91]

(2) 어음금액이 백지인 경우

어음금액이 백지인 경우 백지미보충인 상태에서의 어음금청구에 대하여 시효중단의 효력을 인정할 수 있는가? 수취인 등 다른 어음요건이 흠결된 백지어음과는 달리 어음금액이 백지인 경우 시효중단의 효력을 원칙적으로 부정할 것이라는 견해가 있다.[92] 어음금액이 다투어지는 경우라면 모르나 그렇지 않다면 어음금액이 백지인 경우 특정된 권리의 행사로 보기 어려운 만큼 시효중단의 효력을 부정함이 옳다(판례는 없다).

Ⅳ. 백지보충권

1. 백지보충권의 의의

백지어음은 미완성어음이지만 보충에 의하여 완성된다. 백지보충권은 **형성권**으로서 백지인 어음요건을 보충하여 완성어음으로 만드는 권리이다(통설). 그리고 이 **백지보충권은 백지어음의 양도에 의하여 양도되어 그 어음을 정당하게 취득한 자는 보충권도 동시에 취득한다.**[93]

---

88) 대법원 2010.5.20. 선고 2009다48312 전원합의체 판결(**만기는 기재되어 있으나 지급지, 지급을 받을 자 등과 같은 어음요건이 백지인 약속어음의 소지인**이 그 백지 부분을 보충하지 않은 상태에서 어음금을 청구하는 것은 어음상의 청구권에 관하여 잠자는 자가 아님을 객관적으로 표명한 것이라고 할 수 있고 그 청구로써 어음상의 청구권에 관한 소멸시효는 중단된다고 할 것이다. 이 경우 백지에 대한 보충권은 그 행사에 의하여 어음상의 청구권을 완성시키는 것에 불과하여 그 보충권이 어음상의 청구권과 별개로 독립하여 시효에 의하여 소멸한다고 볼 것은 아니므로 어음상의 청구권이 시효중단에 의하여 소멸하지 않고 존속하고 있는 한 이를 행사할 수 있다).

89) 대법원 1962.1.31. 선고 61다110,111 판결(백지 배서로서 된 어음의 소지인은 그 백지 부분을 보충하고 아니하고는 자유일 뿐 아니라 보충한다 하더라도 그 시기에 있어서 아무 제한이 없다 할 것이며 어음상의 권리에 의한 재판상의 청구에 있어서는 어음을 정시하지 아니하더라도 재판상의 청구로서 시효가 중단된다).

90) 대법원 1962.12.20. 선고 62다680 판결.

91) 대법원 2010.5.20. 선고 2009다48312 전원합의체 판결.

92) 김홍기, 1027면.

93) 대법원 1960.7.21. 선고 60다113 판결(백지어음에 있어서는 백지보충권은 어음에 추수하여 전전하는 것이므

다만 백지보충권은 종속성의 성질을 가진다. 백지보충권은 완성될 어음에 기한 어음금 청구와 동일한 경제적 급부를 목적으로 하는 실질적으로 동일한 법률관계에 관한 청구로서 어음상의 청구권을 실현하기 위한 수단이라는 것이고 어음금청구권이 있는 한 백지보충권만이 독립적으로 소멸하지는 않는다.[94]

2. 백지보충권의 소멸시효

(1) 시효기간

백지보충권을 언제까지 행사할 수 있는지, 즉 소멸시효의 기간에 대하여 어음법상 규정이 없다. 일반 민사채권의 시효인 10년, 상사채권의 시효인 5년 등의 주장도 가능하나, 백지보충권을 행사하면 어음상 권리가 발생한다는 점에서 **어음상 권리**와 같이 3년으로 보는 것이 옳다. **판례도 만기가 백지인 약속어음의 시효기간은 백지보충권을 행사할 수 있는 때로부터 3년이고, 만기 이외의 요건이 백지인 경우 백지보충권의 시효는 다른 특별한 사정이 없는 한 만기시로부터 3년**이라 한다.[95]

(2) 기산점

① 만기가 백지인 경우

기산점은 다른 특별한 사정이 없는 한 그 어음발행의 원인관계에 비추어 어음상의 권리를 행사하는 것이 법률적으로 가능하게 된 때, 즉 백지보충권을 행사할 수 있는 때라고 한다.[96] 따라서 (i) 장래의 계속적인 물품거래로 발생할 채무의 지급을 위하여 만기를 백지로 한 약속어음을 발행한 경우에는, 그 보충권의 소멸시효는 다른 특별한 사정이 없는 한 그 **물품거래가 종료하여 어음상의 권리를 행사하는 것이 법률적으로 가능하게 된 때**부터 진행한다고 하였고,[97] (ii) 당사자 사이에 백지를 보충할 수 있는 시기에 관하여 합의가 있는 경우에는 그 합의된 시기부터 소멸시효가 진행된다고 하였다.[98]

로 어음을 정당하게 취득한 자는 그에 관한 보충권도 동시에 취득하는 것으로 해석할 것이다).

94) 대법원 2010.5.20. 선고 2009다48312 전원합의체 판결.

95) 대법원 2003.5.30. 선고 2003다16214 판결.

96) 대법원 2002.2.22. 선고 2001다71507 판결(백지약속어음의 보충권 행사에 의하여 생기는 채권은 어음금 채권이고, 어음법 제77조 제1항 제8호, 제70조 제1항, 제78조 제1항에 의하면 약속어음의 발행인에 대한 어음금 채권은 만기의 날로부터 3년간 행사하지 아니하면 소멸시효가 완성되는 점 등을 고려하면, 발행일을 백지로 하여 발행된 약속어음의 백지보충권의 소멸시효기간은 백지보충권을 행사할 수 있는 때로부터 3년으로 봄이 상당하다).

97) 대법원 1997.5.28. 선고 96다25050 판결.

98) 대법원 2003.5.30. 선고 2003다16214 판결(만기를 백지로 한 약속어음을 발행한 경우, 그 보충권의 소멸시효는 다른 특별한 사정이 없는 한 그 어음발행의 원인관계에 비추어 어음상의 권리를 행사하는 것이 법률적으로 가능하게 된 때부터 진행하고, 백지약속어음의 보충권 행사에 의하여 생기는 채권은 어음금 채권이며 어음법 제77조 제1항 제8호, 제70조 제1항, 제78조 제1항에 의하면 약속어음의 발행인에 대한 어음금 채권은 만기의 날로부터 3년간 행사하지 아니하면 소멸시효가 완성되는 점 등을 고려하면, 만기를 백지로 하여 발행된 약속어음의 백지보충권의 소멸시효기간은 백지보충권을 행사할 수 있는 때로부터 3년으로 보아야 한다).

② 만기 이외의 요건이 백지인 경우

만기가 기재되고 그 이외의 요건이 백지인 어음의 경우 보충권의 행사기간은 **만기시로**부터 기산된다. 판례도 만기가 기재되어 있는 백지어음의 경우 다른 특별한 사정이 없는 한 만기를 기준으로 하여서 백지보충권의 소멸시효를 산정한다.[99]

다만 주의할 점이 있다. 어음상 청구권이 시효소멸하지 않은 경우 백지보충권만 별개로 독립하여 시효소멸하는 것은 아니라는 점이다. 백지보충권은 속성상 그 행사에 의하여 어음상 권리를 완성시키는 것에 불과하기 때문에, 백지어음 청구에 의하여 시효가 중단된 이상 백지보충권만이 별개로 독립하여 시효소멸하지 않는다. 판례[100]도 "**백지에 대한 보충권은 그 행사에 의하여 어음상의 청구권을 완성시키는 것에 불과하여 그 보충권이 어음상의 청구권과 별개로 독립하여 시효에 의하여 소멸한다고 볼 것은 아니므로** 어음상의 청구권이 시효중단에 의하여 소멸하지 않고 존속하고 있는 한 이를 행사할 수 있다"고 한다.

> **<사례>**
>
> 2015. 5. 1. 甲이 乙에게 만기가 2015. 8. 1. 지급지와 수취인이 백지인 약속어음을 발행하였고 乙은 이 어음을 2015. 7. 1. 丙에게 배서양도하였다. 丙은 이 백지어음으로 2018. 7. 1. 어음금청구소송을 제기하였고 변론종결시인 2018. 11. 1. 백지를 보충하였다고 가정하자. ① 백지부분을 보충하지 않은 상태에서의 어음금청구도 소멸시효 중단의 효력이 있으므로 2018. 7. 1. 청구로써 소멸시효는 중단되었다. ② 그리고 백지보충권의 행사가 비록 만기 이후인 3년 후에 이루어진 것이라 하더라도 어음상 청구권이 시효소멸하지 않았기 때문에 백지보충권만 별개로 독립하여 시효소멸하는 것은 아니다. 요컨대 어음상 청구권이 시효중단에 의하여 소멸하지 않고 존속하는 경우이므로 2018. 11. 1. 백지보충권의 행사는 적법하다.

(3) 발행일이 백지인 수표의 경우

수표의 발행일이 백지인 경우 지급제시기간이 정해지지 않아 **만기가 백지인 어음**의 주채무자에 대한 청구와 다르지 않다. 따라서 발행일을 백지로 하여 발행된 수표의 백지보충권의 소멸시효는 다른 특별한 사정이 없는 한 그 수표발행의 원인관계에 비추어 발행 당

---

99) 대법원 2003.5.30. 선고 2003다16214 판결(만기 이외의 어음요건이 백지인 경우 그 백지보충권을 행사할 수 있는 시기는 다른 특별한 사정이 없는 한 만기를 기준으로 한다).

100) 대법원 2010.5.20. 선고 2009다48312 전원합의체 판결(백지어음상의 백지보충을 조건으로 하는 어음상의 청구권은 그 소지인이 언제라도 백지 부분을 보충하기만 하면 어음이 완성되어 완전한 어음상의 청구권으로 성립하게 되고, 백지 부분을 보충하지 않은 상태의 어음금청구라도 그 백지어음의 발행인이 어음금채무를 승인하고 어음금을 지급하여 어음에 관한 법률관계를 소멸시키는 것도 얼마든지 가능하므로, 백지어음의 소지인이 어음요건의 일부를 오해하거나 그 흠결을 알지 못하는 등의 사유로 백지 부분을 보충하지 아니한 채 어음금을 청구하더라도, 이는 완성될 어음에 기한 어음금청구와 동일한 경제적 급부를 목적으로 하는 실질적으로 동일한 법률관계에 관한 청구로서 어음상의 청구권을 실현하기 위한 수단이라고 봄이 상당하다).

사자 사이에 수표상의 권리를 행사할 수 있는 것이 법률상 가능하게 된 때부터 진행한다. **판례도** 이러한 입장에서 **발행일을 백지로 하여 발행된 수표의 백지보충권의 소멸시효기간은 백지보충권을 행사할 수 있는 때로부터 6개월**이 된다고 한다.[101]

3. 백지보충권의 남용(부당보충의 항변)

(1) 의 의

백지어음행위를 하는 경우 행위자는 보충권의 범위와 보충의 시기를 한정하는 것이 보통이다. 이러한 제한을 넘어서 보충하는 것을 백지어음의 부당보충 또는 보충권의 남용이라고 한다. 예를 들면, 어음금액을 1,000만원까지 기입할 수 있는 보충권을 수여하였는데, 3,000만원을 어음금액으로 보충하여 기재한 경우이다. 보충권을 남용한 자를 보호할 필요는 없을 것이고 발행인은 원래 수여한 보충권의 범위 내에서 책임을 지는 것이 원칙이다. 보충권의 남용이 있는 경우 백지어음행위자는 보충된 문언에 따라 책임을 지지 않고 미리 보충권의 범위에서 한정한 바에 따라 책임을 부담하는 것이 원칙이겠으나,[102] 유통성의 확보 위하여 선의취득자를 보호한다.

(2) 선의의 제3취득자 보호

어음법은 미완성으로 발행한 환어음에 미리 합의한 사항과 다른 내용을 보충한 경우에는 그 합의의 위반을 이유로 소지인에게 대항하지 못한다. 그러나 소지인이 악의 또는 중대한 과실로 인하여 환어음을 취득한 경우에는 그러하지 아니하다고 규정한다(어음법 제10조, 수표법 제13조). 요컨대 부당보충된 어음이 제3자에게 양도되어 제3자가 악의 또는 중대한 과실 없이 취득한 경우에는 백지어음행위자는 제3자에 대하여 부당보충으로 대항할 수 없다.

① 어음법 제10조가 규정하는 '**악의**로 어음을 취득한 때'라 함은 소지인이 백지어음이 부당보충되었다는 사실과 이를 취득할 경우 어음채무자를 해하게 된다는 것을 알면서도 어음을 양수한 때를 말하고, '**중대한 과실**로 인하여 어음을 취득한 때'라 함은 소지인이 조금만 주의를 기울였더라면 백지어음이 부당 보충되었다는 사실을 알 수 있었음에도 불구하고 그와 같은 주의도 기울이지 아니하고 부당보충된 어음을 양수한 때를 말한다.[103] ② 그런데 판례는 **어음금액이 백지로 된 백지어음**을 취득한 자가 그 어음의 발행인에게 보충권의 내용에 관하여 직접 조회하지 않았다면 특별한 사정이 없는 한 취득자에게 중대한 과실이 있는 것으로 본다.[104] 그 근거로 어음금액란의 기재는 대단히 중요한 사항이므

---

101) 대법원 2001.10.23. 선고 99다64018 판결.

102) 대법원 1999.2.9. 선고 98다37736 판결(소지인이 악의 또는 중과실로 부당 보충된 어음을 취득한 경우에도 발행인은 자신이 유효하게 보충권을 수여한 범위 안에서는 당연히 어음상의 책임을 진다).

103) 대법원 1999.2.9. 선고 98다37736 판결.

로 어음금액란을 백지로 하는 어음을 발행하는 경우 발행인은 통상적으로 그 보충권의 범위를 한정한다고 봄이 상당하다는 것을 든다.[105]

③ 그 적용범위의 면에서 부당보충된 어음을 취득한 것이 아니라, **본래의 보충권보다 넓은 범위의 보충권이 있는 줄 믿고 취득하여 스스로 보충한 경우**에도 어음법 제10조를 적용할 것이냐가 문제된다. 견해가 나뉘기는 하나, 법문언상 반드시 소지인이 보충해야 한다는 규정이 없으므로, **어음법 제10조는 백지어음을 취득하여 스스로 백지를 보충한 경우에도 적용된다**고 본다(통설, 판례).[106]

(3) 부당보충의 항변

부당보충의 항변은 인적항변에 속하는 것인지 또는, 독립된 항변인지에 대한 견해의 대립이 있다. 인적항변에서는 "어음을 취득하면 채무자를 해하게 된다는 것을 아는 것"을 말하는 것이고 판례는 어음법 제10조에서의 악의로 어음을 취득한 때를 "소지인이 백지어음이 부당보충되었다는 사실과 이를 취득할 경우 어음채무자를 해하게 된다는 것을 알면서도 어음을 양수한 때를 말하고"[107] 라고 하여 **인적항변의 한 종류로 파악**한다. 인적항변에서 보다 상세히 다룬다.

4. 보충의 효과

(1) 완전한 어음

보충권자에 의하여 흠결된 어음요건이 보충되면 백지어음은 완전한 어음으로 되고 백지어음상의 발행·배서·보증 등 모든 어음행위는 보충된 문언에 따라 그 효력을 발생한다.

(2) 백지보충의 효력발생시기

보충의 효력발생시기에 대해 학설은 소급설과 불소급설로 나누어져 있다. 소급설은 백지어음행위시까지 소급하여 효력이 발생한다고 보나, **보충시부터 장래에 향하여 효력이 발생하고 과거로 소급하지 않는다고 하는 불소급설이 통설이다.** 즉, 민법 제147조를 준용하여 조건성취시부터 장래에 대해 효력이 발생한다고 본다. **판례도 불소급설의 입장에서 이행지체에 따른 이자는 백지를 보충한 시점부터 산정된다고 본다.**[108]

---

104) 대법원 1995.8.22. 선고 95다10945 판결.
105) 대법원 1978.3.14. 선고 77다2020 판결; 대법원 1995.8.22. 선고 95다10945 판결 등.
106) 대법원 1978.3.14. 선고 77다2020 판결(**금액란이 부당보충된 본건의 경우에는 어음법상 보충권의 남용에 해당되고 어음법상의 어음의 위조에 해당되는 것이 아니라고 판단한 원심의 조처도 정당하다**).
107) 대법원 1999.2.9. 선고 98다37736 판결.
108) 대법원 1970.3.10. 선고 69다2184 판결.

(3) 백지어음상에 한 어음행위의 성립시기

백지어음이 보충시부터 완전한 어음으로서 효력이 발생한다고 하더라도(불소급설), 백지어음상에 한 어음행위의 성립시기는 그 행위시이지 보충시가 아니다. 즉, 보충의 효력발생시기와 어음행위의 성립시기는 구별된다. 따라서 백지어음행위자의 권리능력, 행위능력 및 대리권의 존재도 당해 어음행위시를 기준으로 결정하여, 백지어음에 인수·배서·보증 등 어음행위가 이루어진 다음 백지가 보충되면 그 어음행위는 행위 당시에 이루어진 것으로 본다. **판례도 기한후배서인지 여부를 판단하면서 백지보충시가 아니라 어음행위시(배서)를 기준으로 판단**하였다.[109]

<사례>

백지보충의 효력발생시기와 어음행위의 성립시기에 관한 사례를 들어본다. 2015. 5. 1. 甲이 乙에게 만기가 2015. 8. 1. 금액이 백지인 약속어음을 발행하였고 乙은 이 어음을 2015. 7. 1. 丙에게 배서양도하였다. 丙은 이 백지어음으로 2015. 9. 1. 어음금청구소송을 제기하였고 변론종결시인 2015. 11. 1. 백지를 보충하였다고 가정하자. ① 백지보충의 효력은 소급하지 않고 장래에 향하여만 발생하므로 2015. 11. 1.부터 발생하고 따라서 이자도 이때부터 발생한다. ② 그리고 乙의 배서라는 어음행위의 성립시기는 백지보충시(2015. 11. 1.)가 아니라 어음행위시이므로 2015. 7. 1.이 된다. 따라서 어음행위의 성립과 그 행위자의 권리능력이나 의사능력, 대리권의 유무 등도 어음행위시인 2015. 7. 1.을 기준으로 결정한다.

---

5. 백지미보충에 대한 기판력의 효력이 보충된 백지어음에 미치는지의 여부

판례는 백지보충권이 형성권의 일종이라는 점을 전제로, 백지어음 소지인이 어음금청구소송에서 백지부분 미보충을 이유로 패소확정판결을 받은 후 백지부분을 보충하여 다시 동일한 어음금청구를 하는 것은 전소 확정판결의 기판력이 미치게 되어 허용되지 않는다고 한다.[110]

---

109) 대법원 1980.3.11. 선고 79다1999 판결(백지어음에 있어서 백지의 보충시와 어음행위 자체의 성립시와는 엄격히 구별되며 백지의 보충 없이는 어음상의 권리를 행사할 수 없으나 어음행위의 성립시기를 백지의 보충시기로 의제할 수 없고 그 성립시기는 그 어음 행위 자체의 성립시기로 결정하여야 한다).

110) 대법원 2008.11.27. 선고 2008다59230 판결(약속어음의 소지인이 어음요건의 일부를 흠결한 이른바 백지어음에 기하여 어음금 청구소송(이하 '전소'라고 한다)을 제기하였다가 위 어음요건의 흠결을 이유로 청구기각의 판결을 받고 위 판결이 확정된 후 위 백지 부분을 보충하여 완성한 어음에 기하여 다시 전소의 피고에 대하여 어음금 청구소송(이하 '후소'라고 한다)을 제기한 경우에는, 원고가 전소에서 어음요건의 일부를 오해하거나 그 흠결을 알지 못했다고 하더라도, 전소와 후소는 동일한 권리 또는 법률관계의 존부를 목적으로 하는 것이어서 그 소송물은 동일한 것이라고 보아야 한다. 그리고 확정판결의 기판력은 동일한 당사자 사이의 소송에 있어서 변론종결 전에 당사자가 주장하였거나 주장할 수 있었던 모든 공격 및 방어방법에 미치는 것이므로, 약속어음의 소지인이 전소의 사실심 변론종결일까지 백지보충권을 행사하여 어음금의 지급을 청구할 수 있었음에도 위 변론종결일까지 백지 부분을 보충하지 않아 이를 이유로 패소판결을 받고 그 판결이 확정된 후에 백지보충권을 행사하여 어음이

제 5 절 어음의 실질관계

Ⅰ. 의   의

어음채권은 무인성을 가지므로 그 기초가 되는 법률관계와 분리되어 있고, 이러한 어음 관계의 무인성은 강행규정이다(어음법 제1조 제2호·제26조·제12조·제75조 등). 이와 같이 어음관계는 실질관계와 분리되지만, 현실적으로 어음관계는 실질관계의 수단에 불과하므로 양자간에는 밀접한 관계가 있다. 어음의 실질관계는 어음수수의 직접 당사자 사이의 원인 관계와 어음지급의 자금에 관한 자금관계가 있다.

Ⅱ. 원인관계(대가관계)

1. 의   의

어음수수의 당사자 사이에서 어음수수(발행·배서 등)의 원인이 되는 매매, 증여, 채무의 추심위임, 보증, 채무의 담보, 채무의 변제, 어음개서, 어음할인, 신용제공 등의 법률관계를 원인관계라고 한다. 원인관계에 기초하여 어음이 교부되는 경우 그 대가가 지급되는 것이 보통이므로 원인관계를 대가관계라고 부르기도 한다. 원인관계에서 발생한 채무를 원인채무 또는 기존채무라고 한다.

어음의 무인증권성으로 인하여 원인관계와 어음관계는 분리·독립하여 서로 영향을 미치지 아니하는 것이 원칙이다. 그렇다 하더라도 양자는 경제적으로는 관련을 맺고 있기 때문에 제한된 범위 내에서는 상호 영향을 미치는 것으로 해석할 수밖에 없다.

2. 원인관계와 어음관계의 분리

(1) 원   칙

원칙적으로 원인관계의 존재 여부나 유효·무효에 의하여 어음의 유효·무효 또는 어음상의 권리의 발생 유무는 영향을 받지 않는다. 어음상 권리는 어음의 작성으로 인하여 새로이 창출된 권리로서 그에 앞서 원인이 되는 채권·채무관계가 있으나, 법률적으로는 분리하여 독립된다. 원인관계와 어음관계는 엄격히 분리되는 것이다. 이러한 분리의 원칙

완성된 것을 이유로 전소 피고를 상대로 다시 동일한 어음금을 청구하는 경우에는, 위 백지보충권 행사의 주장은 특별한 사정이 없는 한 전소판결의 기판력에 의하여 차단되어 허용되지 않는다).

은 어음거래의 안전을 보호하고 유통성을 보장하기 위한 것이다.

이를 반영한 판례의 논리를 보면 ① 원인채무가 이미 변제된 약속어음을 소지함을 기화로 그 발행인을 상대로 어음금 청구를 하였다 하더라도 **어음행위의 무인성의 법리에 비추어** 그 소지인의 어음금 청구가 바로 신의성실의 원칙에 어긋나는 것으로서 권리의 남용에 해당한다고 볼 수는 없다고 하였고,[111] 또한 ② 어음은 원인관계와 상관없이 일정한 어음상의 권리를 표창하는 증권이므로, **어음의 소지인은 소지인이라는 사실만으로 어음상의 권리를 행사할 수 있고 그가 어떠한 실제적 이익을 가지는지 증명하여야 하는 것이 아니라고 하였다.**[112]

(2) 예외: 원인관계가 어음관계에 영향을 미치는 경우

당사자 이해관계의 조정을 위하여 예외적으로 다음의 경우 원인관계가 어음관계에 영향을 미치기도 한다. ① **인적항변의** 허용(어음법 제17조·제77조, 수표법 제22조)이다. 원인관계상의 항변을 직접 당사자간에게는 대항할 수 있다. ② **상환청구권의 인정**(어음법 제43조·제77조, 수표법 제39조)이다. 원인관계에 의한 담보책임이 어음법에 규정된 것이다. ③ **이득상환청구권**(어음법 제79조, 수표법 제63조)이다. 불공평을 제거하기 위해 원인관계에서 이득을 얻은 자는 어음소지인에게 그 이득을 상환하여야 한다.

3. 어음관계가 원인관계에 미치는 영향

(1) 기존채무의 '지급을 위하여' 어음이 수수된 경우

1) 양채권의 병존

'지급을 위하여' 어음이 수수되는 경우에는 기존채무를 이행하는 한 가지 방법으로서 어음을 발행·교부 또는 양도하는 것이므로 기존채권과 어음채권이 병존한다. 어음의 발행이나 양도로 인하여 원인채무가 소멸하는 경우는 오히려 예외적이며 원인채권과 어음채권이 병존하는 것으로 보는 것이 당사자의 기대에 부합한다. 채권자의 동의 없이 기존채무의 소멸을 인정하는 것은 채권자의 이익을 중대하게 침해하는 것이기 때문이다. 양채권이 병존하는 경우는 기존채무의 '지급을 위하여' 어음이 수수된 경우와 「담보를 위하여」어음이 수수된 경우로 나뉜다.

2) 어음채권의 행사순서

'지급을 위하여' 어음이 수수되었다는 것은 어음이 기존채무를 이행하는 방법으로 즉 지급의 편의를 위하여 교부된 것이므로 채권자는 원칙적으로 **어음상의 권리를 먼저 행사**

---

111) 대법원 1997.7.25. 선고 96다52649 판결.
112) 대법원 2007.9.20. 선고 2007다36407 판결.

하여야 한다. 따라서 어음채권을 먼저 행사하여야 하고 그 행사로 만족을 얻을 수 없는 경우에 한하여 비로소 원인채권을 행사할 수 있다.[113]

3) 이행기

'지급을 위하여' 어음이 교부된 경우에 채권자는 어음채권을 먼저 행사하여야 하므로, 어음의 만기일이 기존채무의 이행기보다 나중이라면, 기존채무의 이행기가 어음의 만기일로 유예된다고 보아야 한다. 즉 이러한 경우에는 기한유예의 합의가 묵시적으로 이루어졌다고 보아야 한다. 판례도 같은 입장이다. 판례에 의하면 어음채권을 먼저 행사하지 아니하여야 하므로, 채권자가 기존채무의 변제기보다 후의 일자가 만기로 된 어음을 교부받은 때에는 특단의 사정이 없는 한 기존채무의 지급을 유예하는 의사가 있었다고 본다.[114]

최근 판례도 매수인이 매도인으로부터 물품을 공급받은 다음 그들 사이의 물품대금 지급방법에 관한 약정에 따라 대금의 지급을 위하여 물품 매도인에게 지급기일이 물품공급일자 이후로 된 약속어음을 발행·교부한 경우, 물품대금 지급채무의 이행기는 다른 특별한 사정이 없는 한 약속어음의 지급기일이고, 위 약속어음이 발행인에게 발생한 지급정지 사유로 지급기일이 도래하기 전에 지급거절되었더라도 지급거절된 때에 물품대금 지급채무의 이행기가 도래하는 것은 아니라고 하여 묵시적 기한유예의 합의가 있음을 확인하였다.[115]

4) 어음채권의 지급과 원인채권의 소멸

어음채권에 대한 지급이 있으면 원인채권이 소멸한다.[116] 채권자가 직접 주채무자로부터 어음금을 수령하면 원인채무가 소멸하지만, 채권자가 어음을 교부받아 제3자에게 양도한 경우 언제 원인채무가 소멸되는지가 문제된다. 예컨대 기존채무의 지급을 위하여 수표를 교부받은 채권자가 그 수표와 분리하여 기존 원인채권만을 제3자에게 양도한 경우이다. 기존채무의 지급을 위하여 수표를 교부하였다는 것은 채무자와 기존채권의 양도인 사이에

---

113) 대법원 1976.11.23. 선고 76다1391 판결.
114) 대법원 2001.2.13. 선고 2000다5961 판결(어음이 '지급을 위하여' 교부된 것으로 추정되는 경우 채권자는 어음채권과 원인채권 중 어음채권을 먼저 행사하여 만족을 얻을 것을 당사자가 예정하였다고 할 것이어서 채권자로서는 어음채권을 우선 행사하고 그에 의하여 만족을 얻을 수 없는 때 비로소 채무자에 대하여 기존의 원인채권을 행사할 수 있는 것이므로, 채권자가 기존채무의 변제기보다 후의 일자가 만기로 된 어음을 교부받은 때에는 특단의 사정이 없는 한 기존채무의 지급을 유예하는 의사가 있었다고 보아야 한다); 대법원 1999.8.24. 선고 99다24508 판결; 대법원 1990.6.26. 선고 89다카32606 판결(기존채무의 지급과 관련하여 만기를 백지로 하여 약속어음이 발행된 경우에는 어음이 수수된 당사자 사이의 의사해석으로서는 특별한 사정이 없는 한 기존채무의 변제기는 그보다 뒤의 날짜로 보충된 백지어음의 만기로 유예한 것으로 풀이함이 상당하다).
115) 대법원 2014.6.26. 선고 2011다101599 판결.
116) 대법원 2000.2.11. 선고 99다56437 판결(기존 채무의 지급을 위하여 또는 지급확보를 위하여 어음이 교부되어 기존 채권과 어음채권이 병존하는 경우 어음채권이 변제나 상계 등에 의하여 소멸하면 기존 채권 또한 그 목적이 달성되어 소멸하는 것이고, 이러한 법리는 채권자가 어음을 제3자에게 배서·양도한 후 그 어음소지인과 채무자 사이에서 어음채권의 변제나 상계 등이 이루어진 경우에도 마찬가지이다).

서는 그 수표금이 지급되는 등 채무자가 그 수표상의 상환의무를 면하게 되면 원인채무 또한 소멸할 것을 예정하고 있었던 것으로 보아야 하므로 주채무자에 의하여 최종 지급되어 채권자가 상환의무를 면하게 되어야 원인채무가 소멸한다.[117]

5) 원인채권의 행사와 어음의 반환

① 동시이행의 항변

채무자가 지급을 위하여 어음을 발행하였거나 양도한 후라도 채권자가 원인채권을 행사하는 경우가 있을 수 있다. 이 경우 원인채무를 이행하는 채무자는 교부한 어음을 환수하여야 한다. 자기에 앞선 어음상의 채무자에게 어음상의 권리를 행사하기 위하여 어음이 필요하며 스스로 부담하는 어음채무의 이중지급의 위험을 면하기 위해서도 어음을 환수할 필요가 있으므로, 어음을 반드시 반환받아야 한다.[118] 그러나 채권자가 원인채권을 행사하기 위해서는 채권자가 먼저 어음을 채무자에게 반환할 필요는 없고, 채무자에게 어음과 상환하여서만 지급하겠다는 **동시이행의 항변권**을 인정하면 충분하다. **채권자가 원인채권을 행사하면 채무자는 동시이행의 항변권을 행사하여 어음의 반환을 청구할 수 있다.**[119]

② 양 채권의 귀속주체가 분리되는 경우에도 동시이행의 항변권이 존속

판례의 입장은 기존채권이나 어음채권이 양도되어 **두 채권의 귀속주체가 달라지는 경우에도 적용된다.** 채무자가 기존채무의 지급을 위하여 채권자에게 약속어음을 교부하였는데 채권자가 그 어음과 분리하여 기존채권만을 제3자에게 양도한 경우, 채무자는 이중으로 채무를 지급하게 될 위험을 피하기 위하여 채권양수인의 어음의 반환 없는 기존채권의 지급청구를 거절할 수 있다. 또한 그와 같은 경우 원인채권의 양도통지 후 그 어음금이 지급되었다고 하더라도, 채무자는 양도통지를 받기 이전에 이미 어음의 반환 없는 원인채무만의 이행을 거절할 수 있는 항변권을 가지고 있었으므로 그 후 원인채권을 양수한 자에 대하여 그 항변권을 행사할 수 있다. 이는 그 어음이 채권자로부터 다시 다른 사람에게 배서양도되어 그에게 어음금이 지급된 경우뿐 아니라 채권자에게 어음금이 지급된 경우에도 마찬가지로 적용된다.[120]

③ 원인채무의 이행기 이후에는 지체책임이 발생

그런데 이 경우에 인정되는 동시이행관계는 민법 제536조에 기한 원래의 의미의 동시이행의 항변권과 다르다는 점에 주의하여야 한다. 일반적 쌍무계약에서 인정되는 동시이행

---

117) 대법원 2003.5.30. 선고 2003다13512 판결.
118) 대법원 2003.5.30. 선고 2003다13512 판결(채무자가 기존채무의 지급을 위하여 채권자에게 수표를 교부하였는데 채권자가 그 수표와 분리하여 기존 원인채권만을 제3자에게 양도한 경우, **채무자는 기존 원인채권의 양도인에 대하여 채권자가 위 수표의 반환 없는 기존 원인채무의 이행을 거절할 수 있는 항변권을 그 채권양도통지를 받기 이전부터 이미 가지고 있었으므로 채권양수인에 대하여도 이와 같은 항변권을 행사할 수 있다**).
119) 대법원 1993.11.9. 선고 93다11203,11210(반소) 판결.
120) 대법원 1996.3.22. 선고 96다1153 판결.

의 경우 동시이행항변권의 존재만으로 이행지체가 발생하지 않음에 반하여,[121) 원인관계상의 채무자는 원인채무가 이행기를 도과하게 되면 원칙적으로 이행지체의 책임을 진다.[122) 원인채무의 이행과 어음의 반환 사이에 존재하는 동시이행관계의 인정이 이중지급의 위험을 피하고자 하는 것이므로, **채무자가 원인채무의 이행기 이후에는 이행지체의 책임을 진다.** 이러한 판례의 태도는 원인채권의 행사와 어음의 반환 사이에 동시이행관계를 인정하는 근거가 민법 제536조의 근거인 공평의 원칙 및 신의칙과 다르다는 점에 비추어 타당하다.

④ 이중지급의 위험이 없는 경우

그러나 문제의 어음이 제권판결을 받은 경우는 반환이 있을 수 없다. 한편 이중지급의 위험을 제거한다는 점에서 보면 어음상의 권리가 시효나 상환청구권보전절차의 흠결로 인하여 소멸하였다 하더라도 원인채권을 행사할 수 있고,[123) 채무자가 이득상환청구권에 대응한 의무도 부담하지 않는 경우와 같이 **이중지급의 위험이 전혀 없게 된 경우에는 어음 반환의 항변을 허용할 필요가 없이 어음을 반환하지 않고도 원인채권을 행사할 수 있다.**[124)

6) 소멸시효

① 소멸시효의 중단

어음금의 지급을 구하는 소송을 제기한 경우 기존채무의 소멸시효가 중단하는가? 어음채무가 기존채무와 별개의 독립된 채무인 점을 고려하면 시효중단의 효력이 없다고 할 수도 있겠지만, '지급을 위하여' 어음이나 수표가 교부된 경우에 어음금이나 수표금을 청구하는 것은 기존채권에 대한 권리행사의 의사가 객관적으로 표명된 것이기 때문에, 이 경우 시효가 중단된다고 할 것이다. 판례도 그러하다.[125)

121) 대법원 1997.7.25. 선고 97다5541 판결(대가적 채무간에 이행거절의 권능을 가지는 경우에는 비록 이행거절의사를 구체적으로 밝히지 아니하였다고 할지라도 이행거절권능의 존재 자체로 이행지체책임은 발생하지 않는다); 대법원 1998.3.13. 선고 97다54604,54611 판결 등.
122) 대법원 1999.7.9. 선고 98다47542,47559 판결(채무자가 어음의 반환이 없음을 이유로 원인채무의 변제를 거절할 수 있는 것은 채무자로 하여금 무조건적인 원인채무의 이행으로 인한 이중지급의 위험을 면하게 하려는 데에 그 목적이 있는 것이지, 기존의 원인채권에 터잡은 이행청구권과 상대방의 어음반환청구권이 민법 제536조에 정하는 쌍무계약상의 채권채무관계나 그와 유사한 대가관계가 있어서 그러는 것은 아니므로, 원인채무이행의무와 어음반환의무가 동시이행의 관계에 있다 하더라도 이는 어음의 반환과 상환으로 하지 아니하면 지급을 할 필요가 없으므로 이를 거절할 수 있다는 것을 의미하는 것에 지나지 아니하는 것이며, 따라서 채무자가 어음의 반환이 없음을 이유로 원인채무의 변제를 거절할 수 있는 권능을 가진다고 하여 채권자가 어음의 반환을 제공하지 아니하면 채무자에게 적법한 이행의 최고를 할 수 없다고 할 수는 없고, 채무자는 원인채무의 이행기를 도과하면 원칙적으로 이행지체의 책임을 진다).
123) 대법원 1976.11.23. 선고 76다1391 판결(이미 존재하는 금전대차 등 채권채무에 관하여 그 채무자가 발행한 약속어음은 특별한 사정이 없는 한 그 채무의 확보 또는 그 지급을 위하여 발행한 것이라 할 수 있고 이 경우 채권자는 어음상의 권리와 원인채권의 어느 것이나 행사할 수 있는 것이고 어음상의 권리가 시효 따위로 인하여 소멸하였다 하여 원인채권이 당연히 소멸하는 것은 아니다).
124) 대법원 1974.12.24. 선고 74다1296 판결.

그러나 **판례는 기존채권에 관한 소를 제기한 것만으로는 어음채권에 관한 소멸시효 중단사유인 재판상 청구에 해당하지 않는다고 한다.**[126]

② 원인채권의 소멸시효완성

원인채권의 채권자가 원인채권의 지급을 위하여 채무자가 발행한 약속어음을 소지하고 있다가 어음채권의 소멸시효 완성 이전에 원인채권이 시효소멸하였다고 하자. 이 경우에 원인관계의 쌍방당사자와 어음관계의 당사자가 일치하므로 원인채무소멸의 인적항변을 어음소지인에게 대항할 수 있느냐가 문제된다. 판례는 지급을 위하여 어음이 교부된 경우에 기존채무와 어음채무가 병존하므로, 어음채권이 시효로 소멸한 경우에는 기존채권을 행사할 수 있다고 한다.[127]

7) 어음채권의 행사를 해태한 소지인의 원인채권 행사

원인채무의 지급을 위하여 제3자가 발행하고 원인채무자가 소지하고 있던 약속어음을 원인채권자에게 배서양도한 경우 원인채권자가 그 어음의 만기에 지급제시하여 어음금을 지급받으면 원인채권의 만족을 얻게 된다. 그런데 원인채권자가 만기에 어음채권을 행사하지 아니하고 상당기간이 도과한 후 주된 채무자인 발행인이 지급불능 상태에 처하게 되었거나 어음채권이 시효소멸하는 경우가 있을 수 있다. 이러한 경우 어음의 가치 소멸을 이유로 원인채권의 행사를 할 수 없도록 할 것인가가 문제된다. 예를 들어 C가 D에게 부담하고 있는 기존채무의 지급을 위하여 A가 발행하고 B가 수취인으로서 C에게 배서양도한 약속어음을 D에게 배서양도한 경우 D가 소멸시효기간을 도과하였거나 A의 지급거절에 대하여 B에 대한 상환청구권 보전절차 불이행으로 상환청구권을 상실한 경우이다. 이때 ① D는 어음채권이 소멸하였더라도 그로 인하여 C가 손해를 입지 아니하였음을 증명하지 않는 한 C에 대한 원인채권을 행사할 수 없다는 견해, ② D는 C에 대한 원인채권을 행사할 수 있으나 C는 D를 상대로 B에 대한 상환청구권 상실 또는 A에 대한 소멸시효완성에 따른 손해배상책임을 추궁할 수 있으며 상계가 가능하다는 견해가 있다.

---

125) 대법원 2010.5.13. 선고 2010다6345 판결(원인채권의 지급을 확보하기 위하여 어음이 수수된 당사자 사이에서 채권자가 어음채권을 청구채권으로 하여 채무자의 재산을 압류함으로써 그 권리를 행사한 경우에는 그 원인채권의 소멸시효를 중단시키는 효력이 있다).

126) 대법원 1994.12.2. 선고 93다59922 판결.

127) 대법원 1996.11.8. 선고 95다25060 판결은 어음이 '지급을 위하여' 교부된 경우에 "채권자가 소구권 보전의무를 위반하여 지급기일에 적법한 지급제시를 하지 아니함으로써 소구권이 보전되지 아니하였더라도 약속어음의 주채무자인 발행인이 자력이 있는 한 어음을 반환받은 채무자가 발행인에 대한 어음채권이나 원인채권을 행사하여 자기 채권의 만족을 얻을 수 있기 때문에 아직 손해는 발생하지 아니하는 것"이며, 채권자가 소구권 보존의무를 위반하여 지급기일에 적법한 지급제시를 하지 아니하였고, 지급기일 후에 어음발행인의 자력이 악화되어 무자력이 됨으로써 채권자에게 자신의 채무를 이행하여야 할 채무자가 어음을 반환받더라도 발행인에 대한 어음채권과 원인채권의 어느 것도 받을 수 없게 된 때에야 비로소 자신의 채권에 대하여 만족을 얻지 못하게 되는 손해를 입게 되는 것이고, 이러한 손해는 어음주채무자인 발행인의 자력의 악화라는 특별사정으로 인한 손해로서 소구권 보전의무를 불이행한 어음소지인이 그 채무불이행 당시인 어음의 지급기일에 장차 어음발행인의 자력이 악화될 것임을 알았거나 알 수 있었을 때에만 그 배상채권으로 상계할 수 있다고 하였다.

판례는 채권자가 채무자에 대하여 자기의 원인채권을 행사하기 위한 전제로서 지급기일에 어음을 적법히 제시하여 상환청구권 보전절차를 취할 의무가 있다고 하면서도, 후자인 ②의 견해를 따른다.[128] 요컨대 판례는 다음과 같은 해법에 의한다. **채권자가 기존채무의 이행을 위하여 교부받은 어음을 지급기일에 적법하게 지급제시를 하지 아니함으로써 상환청구권이 보전되지 아니하였더라도, 어음채권의 행사를 해태한 채권자(어음소지인)의 원인채권의 행사에는 지장이 없다.** 다만 손해배상의무를 부담할 수 있는데 그 요건은 (i) 원인관계상의 채무자가 어음발행인의 무자력 등으로 인하여 손해를 입어야 하고, (ii) 그 손해는 특별손해에 해당하므로 채권자가 그 채무불이행 당시인 어음의 지급기일에 어음발행인의 자력이 악화될 특별한 사정을 알았거나 알 수 있었을 때 손해배상의무를 부담한다.

판례의 설시문을 다시 새기면 (i) 약속어음의 주채무자인 발행인이 자력이 있는 한 어음을 반환받은 채무자가 발행인에 대한 어음채권이나 원인채권을 행사하여 자기 채권의 만족을 얻을 수 있기 때문에 아직 손해는 발생하지 아니하고, 지급기일 후에 어음발행인의 자력이 악화되어 무자력이 됨으로써 채권자에게 자신의 채무를 이행하여야 할 채무자가 어음을 반환받더라도 발행인에 대한 어음채권과 원인채권의 어느 것도 받을 수 없게 된 때에야 비로소 자신의 채권에 대하여 만족을 얻지 못하게 되는 손해를 입게 되고, (ii) 이러한 손해는 어음 주채무자인 발행인의 자력의 악화라는 특별사정으로 인한 손해로서 상환청구권 보전의무를 불이행한 어음소지인이 그 채무불이행 당시인 어음의 지급기일에 장차 어음발행인의 자력이 악화될 것임을 알았거나 알 수 있었을 때에만 그 배상채권으로 상계할 수 있다.

(2) 기존채무의 '지급을 담보(확보)하기 위하여' 어음이 수수된 경우

기존채무의 지급확보를 위하여 어음이나 수표가 교부된 경우에도 기존채무와 어음채무는 병존한다. 이 경우 어음채권은 기존채권의 담보로서의 의미를 가지기 때문에, 기존채권의 소멸은 어음채권의 운명에 영향을 미치지만, 어음채권의 소멸은 기존채권에 원칙적으로 영향을 미치지 않는다. 따라서 기존채무는 소멸되지 아니하고 어음채무와 병존하고, **어느 채권을 먼저 행사하느냐는 채권자의 선택에 달려 있다**(통설). 채권자가 어음채권을 먼저 행사하는 경우에는 원인채권에 아무런 영향이 없이 어음채권을 행사할 수 있다. 어음채권이 있는데도 불구하고 원인채권을 먼저 행사하는 경우에는 채무자를 이중지급의 위험으로부터 보호하기 위해 채권자는 채무자에 대해서 원인채권을 어음과 상환해서만 행사할 수 있다.[129]

---

128) 대법원 2010.7.29. 선고 2009다69692 판결; 대법원 1996.11.8. 선고 95다25060 판결 등.
129) 대법원 1992.12.22. 선고 92다8712 판결(채무의 이행확보를 위하여 어음을 발행한 경우 채무의 이행과 어음의 반환은 동시이행의 관계에 있다).

또한 담보의 목적으로 약속어음을 발행하거나 배서한 경우, 그러한 사정만으로는 어음의 발행인 또는 배서인과 채권자 사이에 민사상 보증계약이 성립하였다고 인정되기 어렵다.[130]

(3) 기존채무의 '지급에 갈음하여' 어음이 수수된 경우

어음의 수수로 원인관계상의 기존채무가 소멸한다고 하면 채권자에게 불이익한 것은 사실이나 어음을 주고 받는 양당사자가 그렇게 하기로 합의한다면 기존채무의 소멸을 허용하지 않을 이유는 없다. 이 경우 어음의 수수와 동시에 기존채무가 소멸하고 채권자는 어음상의 권리만 가지게 된다. 기존채무가 소멸하면 원칙적으로 기존채권을 위하여 설정된 담보권·보증 등도 실효하게 된다. 지급에 갈음하여 어음을 발행·교부하거나 양도하는 행위는 경개(更改)로 보는 견해도 있으나, **대물변제**로 보아야 한다(통설). 이것을 경개로 본다면 기존채무가 존재하지 아니한 경우에 어음채무의 성립을 부인할 수밖에 없어서 어음의 무인성에 반하게 되어 부당하기 때문이다.

이 경우 기존채무는 소멸하고 어음채무만이 존재하게 되므로 채권자는 어음채권만을 행사할 수 있다. 그리고 어음채권이 상환청구권 보전절차의 흠결 또는 소멸시효로 소멸한 때에는 채권자는 원인채권도 행사할 수 없게 되므로 이득상환청구권을 행사할 수 있을 뿐이다. 원인채무의 지급에 갈음하여 어음이 수수된 경우에는 원인채무는 소멸되게 되므로 원인채무에 부수된 담보권보증도 특약이 없는 한 소멸된다고 보아야 할 것이다.

(4) 교부 의사의 판단

1) 지급을 위하여 또는 지급을 담보하기 위하여 수수한 것으로 추정

기존 채무의 이행에 관하여 채무자가 채권자에게 어음을 교부할 때의 당사자의 의사는 당사자 사이에 특별한 의사표시가 없으면 어음의 교부가 있다고 하더라도 기존 원인채무는 여전히 존속하고 단지 그 '지급을 위하여' 또는 그 '담보를 위하여' 교부된 것으로 추정할 것이며, 따라서 특별한 사정이 없는 한 기존의 원인채무는 소멸하지 아니하고 어음상의 채무와 병존한다고 보아야 한다.

2) 지급을 위한 의사와 지급을 담보하기 위한 의사의 구분

그렇다면 지급을 위한 의사와 지급을 담보하기 위한 의사를 어떻게 구별하는가? 이 경

---

130) 대법원 2015.5.14. 선고 2013다49152 판결(특정인의 채무를 담보하기 위하여 약속어음을 발행하거나 그 어음에 배서하였다고 하더라도 그러한 사정만으로 어음의 발행인이나 배서인과 채권자 사이에 민사상 보증계약이 성립하였다고 추단할 수는 없고, 채권자에게는 약속어음의 발행 또는 배서의 원인이 되는 채무에 대한 민사상 보증책임을 부담할 것까지도 요구하는 의사가 있었고, 그 어음의 발행인이나 배서인도 채권자의 그러한 의사와 채무의 내용을 인식하면서 그에 응하여 어음을 발행 또는 배서하였다는 점, 즉 어음의 발행인 또는 배서인이 단순히 어음상의 채무를 부담하는 형태로 채권자에게 신용을 공여한 것이 아니라 민사상 보증의 형태로도 신용을 공여한 것이라는 점이 인정되어야 어음의 발행인 또는 배서인과 채권자 사이에 민사상 보증계약이 성립하였다고 볼 수 있다).

우 어음상의 주채무자가 원인관계상의 채무자와 동일하지 아니한 때에는 제3자인 어음상의 주채무자에 의한 지급이 예정되고 있으므로 이는 '지급을 위하여' 교부된 것으로 추정한다.[131] 양자의 법률효과는 채권의 행사순서 이외에는 차이가 없으므로 구별의 실익이 크지도 않다.

3) 지급에 갈음한 경우

은행이 발행하는 자기앞수표나 은행의 지급보증이 있는 수표가 교부된 경우에는 원인채무의 지급에 갈음하여 수수되는 것으로 추정된다.[132] 그러나 당좌수표의 경우에는 특별한 사정이 없는 한 지급에 갈음한 것으로 볼 수 없다.[133]

Ⅲ. 자금관계

1. 의 의

자금관계란 환어음과 수표의 지급인이 환어음을 인수하여 지급하거나, 수표를 지급하는 원인이 되는 법률관계(예를 들면, 지급에 충당할 자금을 보관시키는 것)를 말한다. 자금관계는 **환어음·수표의 지급인과 발행인 사이에 존재하는 실질관계**이다. 약속어음에서는 발행인 자신이 지급인에 해당하므로 자금관계가 없다. 그리고 환어음·수표의 경우라도 지급인과 발행인이 동일인인 자기앞환어음(어음법 제3조 제2항)이나 자기앞수표(수표법 제6조 제3항)에서는 자금관계가 없다. 자금관계는 발행인이 사전에 지급인에게 자금을 공급하여 두는 경우가 대부분이지만, 지급인이 먼저 지급한 후에 발행인에게 지급된 자금을 청구하는 경우도 있는데, 이를 보상관계라고 한다.

2. 환어음의 자금관계

(1) 자금관계와 어음관계의 분리(어음관계의 무인성)

어음관계는 자금관계의 유무, 내용에 따라 영향을 받지 않는 것이 원칙이다.

---

131) 대법원 2010.12.23. 선고 2010다44019 판결; 대법원 1996.11.8. 선고 95다25060 판결; 대법원 1995.10.13. 선고 93다12213 판결.
132) 대법원 1960.5.19. 선고 4292민상784 판결(수표로서 변제제공하는 경우에 있어서는 특별히 채권자의 주소지에 소재하는 은행의 수표만으로 한다는 특약이 있는 등 특단의 사유없는 한 신용있는 은행의 수표 제공은 일반 거래상 현금의 제공과 동일하게 볼 것이므로 이를 채무 본지에 따른 현실제공으로 해석할 것이다).
133) 대법원 1997.3.25. 선고 96다51271 판결(채무자가 채권자에게 수표를 교부한 경우에 있어서 이것으로 기존채무의 변제에 갈음하기로 특약을 하였다면 이로써 기존채무는 채무변제로 소멸한다 할 것이나, 이러한 특약이 없는 경우에 있어서는 다만 수표를 채권자에게 교부한 것 만으로서는 채무의 변제에 갈음한 것으로 볼 수 없고, 그것은 오직 기존채무의 변제 확보의 방법 또는 변제의 방법으로 보아야 한다).

(2) 자금관계와 어음관계의 견련성

예외적으로 어음관계가 자금관계를 반영하고 있는 경우가 다음과 같이 있다. 첫째, 어음관계의 직접 당사자간에는 인적항변이 허용된다(어음법 제17조 단서). 둘째, 발행인이 인수인에 대해서 가지는 지급청구권(어음법 제28조 제2항 단서), 셋째, 이득상환청구권(어음법 제79조) 등이 자금관계를 어음관계에 반영한 것이다.

3. 수표의 자금관계

(1) 수표법의 규정

수표의 자금관계는 수표법에 명시하고 있다. 즉, 수표법 제3조는 "수표는 제시한 때에 발행인이 처분할 수 있는 자금이 있는 은행을 지급인으로 하고, 발행인이 그 자금을 수표에 의하여 처분할 수 있는 명시 또는 묵시의 계약에 따라서만 이를 발행할 수 있다"고 규정한다. 수표의 발행인이 지급인인 은행과 체결한 당좌계정거래계약에 의해서만 예금액 또는 차월액을 한도로 하여 수표를 발행할 수 있도록 하는 것을 자금관계라고 한다. 이와 같이 수표의 경우에는 환어음과 달리 수표법이 자금관계를 명시하여 수표의 발행을 제한한다. 이는 수표는 지급증권으로서 지급의 확실성이 요청되지만 수표에는 인수제도가 없어 주채무자가 없으므로, 부정수표의 남발을 억제하여 수표소지인을 보호하기 위해서이다.

(2) 수표관계와 자금관계의 분리

수표관계는 자금관계와 분리되어 자금관계 없이 발행된 수표도 유효하다(수표법 제3조 단서). 다만 발행인이 과태료의 제재를 받게 된다(수표법 제67조).[134]

(3) 수표관계와 자금관계가 관련되는 경우

수표관계가 자금관계로부터 영향을 받는 경우가 있는데, 인적항변의 허용(수표법 제22조 단서), 이득상환청구권(수표법 제63조) 등의 경우가 있다. 수표에는 인수제도가 없으므로 발행인이 인수인에게 대하여 가지는 지급청구권(어음법 제28조 제2항 단서)은 수표에는 인정되지 않는다.

---

134) 대법원 1998.2.13. 선고 97다48319 판결(가계수표 용지에 부동문자로 인쇄되어 있는 '100만원 이하' 등의 문언은 지급은행이 사전에 발행인과의 사이에 체결한 수표계약에 근거하여 기재한 것으로서 이는 단지 수표계약의 일부 내용을 제3자가 알 수 있도록 수표 문면에 기재한 것에 지나지 아니한 것이고, 한편 수표법 제3조 단서에 의하면 수표자금에 관한 수표계약에 위반하여 수표를 발행한 경우에도 수표로서의 효력에는 영향을 미치지 아니하므로 발행한도액을 초과하여 발행한 가계수표도 수표로서의 효력에는 아무런 영향이 없다).

Ⅳ. 어음할인

1. 의   의

어음할인이라 함은 **아직 만기가 도래하지 아니한 어음의 소지인이 은행 등 금융업자에게 어음을 양도하고 은행 등이 어음금액으로부터 만기까지의 이자 기타 비용을 공제한 금액을 할인의뢰자에게 지급하는 거래**를 말한다.[135] 수표는 만기가 없고 일람출급증권이어서 엄격한 의미에서의 수표할인은 성립할 수 없다. 다만 지급제시금지특약이 당사자간에는 유효하다 보고 있으므로, 특정 기일 전까지 지급제시를 하지 않기로 하여 그 기간까지의 이자를 공제하는 의미에 있어서의 수표할인은 가능하다.[136]

2. 법적 성질

어음할인의 법적 성질에 대하여는 견해가 나뉜다. ① **소비대차설**로서 할인은행이 할인의뢰인의 자력을 중요시할 뿐만 아니라 당사자간에 매우 광범위한 환매사유를 약정하는 점을 논거로, 어음할인은 할인은행과 할인의뢰인 사이의 소비대차계약이고 어음은 소비대차의 담보를 위해 교부된다는 것이다. ② **매매설**로서 어음소지인은 어음을 양도하고 그 대가로 할인금액을 수령할 의사를 가지며, 할인해 주는 할인은행도 어음의 주채무자로부터 추심하는 방법으로 결제를 하려는 의사라는 것이다(통설). 매매설은 어음할인을 단순한 어음의 배서양도로 본다. ③ **판례는 어음할인이 대출에 해당하는지 어음의 매매에 해당하는지는 약정의 내용과 거래의 실태 등을 종합적으로 고려하여 결정하여야 한다고 본다.**[137]

3. 환매청구권

(1) 의   의

할인어음이 만기에 지급거절된 경우 금융기관은 어음법의 요건을 충족하는 이상 당연히 배서인에게 상환청구권을 행사할 수 있다. 그러나 은행여신거래 기본약관에서는 은행의 환매청구권을 규정하고 있어서 실무에서 널리 사용된다. 환매청구권이란 어음의 주채무자 또는 할인의뢰인의 신용악화를 보여주는 일정한 사건이 발생하는 경우 **은행이 할인의뢰인에 대하여 할인어음의 환매를 청구할 수 있는 권리**를 말한다. 이 경우 상환청구의 요건을

---

135) 대법원 1994.11.22. 선고 94다20709 판결.
136) 대법원 2002.4.12. 선고 2001다55598 판결(수표의 경우에는 만기가 없으므로 어음할인과 같은 엄격한 의미에서의 수표할인은 존재할 수 없으나 특정기일 전까지 지급제시를 하지 않기로 하고 수표금액에서 그 기간까지의 이자를 공제하는 방법에 의한 수표할인은 가능한바); 대법원 1994.11.22. 선고 94다20709 판결.
137) 대법원 2008.1.18. 선고 2005다10814 판결; 대법원 2002.4.12. 선고 2001다55598 판결 등.

갖출 필요가 없는 점에서 은행에게 유리하다.

(2) 법적 성질

환매청구권의 법적 성질은 어음할인의 법적 성질을 어떻게 볼 것인가에 따라 다르다. ① 어음할인을 소비대차로 보는 소비대차설에서는 환매청구권을 금융기관이 행사하는 대여금반환청구권으로 이해한다. ② 매매설에서는 재매매의 예약 또는 정지조건부 재매매라고 보나, 환매청구권 행사는 약관에 의하여 규율이 되므로 법적 성질에 관한 논의의 실익은 크지 않다.

(3) 행 사

은행이 거래약관을 통하여 환매청구권을 가지는 이유는 어음의 주채무자 등의 신용이 악화된 경우 할인의뢰인이 은행에 대하여 가지고 있는 예금채권과 상계할 수 있도록 하기 위한 것이다. 어음의 상환청구권행사의 요건이 충족되지 않는 경우라도, 은행이 환매청구권을 가지고 있으면 환매청구권이 발생한 시점에서 할인의뢰인의 예금채권과 상계적상이 생기고 그 결과 다른 채권자들이 할인의뢰인의 예금을 압류하더라도 은행이 상계의 의사표시를 함으로써 상계적상이 생긴 때로 소급하여 상계할 수 있으므로 은행이 채권을 쉽게 확보할 수 있는 것이다.

그리고 은행이 환매청구권을 행사한 다음 그 환매대금채권과 채무자의 은행에 대한 예금반환채권을 상계처리한 경우에는 원칙적으로 그 어음을 채무자에게 반환하여야 하나, 판례는 **은행이 어음을 반환하지 않고도 유효하게 상계할 수 있도록 약정하는 상계필 어음의 유치특약도 유효하다**고 본다. 이 점을 다룬 사건에서 판례는 "은행이 어음할인을 해주었다가 그 지급이 거절되는 등의 사유로 은행이 환매권을 행사한 다음 그 환매대금채권과 채무자의 은행에 대한 예금반환채권을 상계처리한 경우에는 원칙적으로 그 어음을 채무자에게 반환하여야 하나, 그 채무자에게 곧 이행하여야 할 나머지 채무가 있고 그 어음에 채무자 이외의 다른 어음상 채무자가 있는 때에는 은행은 그 어음을 계속 점유하고 추심 또는 처분하여 임의로 채무의 변제에 충당할 수 있다는 취지의 이른바 상계필 어음의 유치특약은, 은행이 채무자의 위임에 의하여 그 채무자를 대신하여 어음을 추심 또는 처분하는 권한을 부여받는 약정으로서 유효하다"고 한다.[138]

---

138) 대법원 1994.11.22. 선고 94다30201 판결.

제3장

어음·수표 각론

제1절 어음상 권리와 책임

I. 어음상 권리와 어음법상 권리

1. 어음상 권리

(1) 어 음

어음상 권리는 어음법상 권리와 구별된다. 어음상 권리는 **어음금의 지급을 직접 목적으로 하는 권리 및 이에 갈음하는 권리**를 말한다. ① 어음금의 지급을 직접 목적으로 하는 권리는 환어음의 인수인 및 약속어음의 발행인, 즉 **주채무자에 대한 어음금지급청구권**을 말한다(어음법 제28조·제78조 제1항). ② **이에 갈음하는 권리는 주채무자 이외의 채무자에 대하여 어음금지급을 청구할 수 있는 권리**를 말한다. 배서인에 대한 상환청구권, 보증인에 대한 권리, 참가인수인에 대한 권리, 피보증인과 그 자의 어음채무자에 대한 보증인의 권리, 피참가인 및 그 자의 어음채무자에 대한 참가지급인의 권리 등을 말한다.

(2) 수 표

수표에는 주채무자가 없어 어음과는 법리가 다르다. 수표에서는 지급인이 수표금지급의무를 부담하지 않는다. 수표의 발행인이 지급인에게 지급을 위탁한 것에 불과하고, 지급인이 채무부담의 의사표시를 하는 인수제도가 없기 때문에 지급인은 주채무자가 될 수 없다. 그리고 수표의 소지인은 지급인이 수표금을 지급하면 이를 받을 수 있는 권한, 즉 수표금수령권한만 있고 수표금지급청구권은 없어, 결국 수표의 소지인은 상환청구권만을 가진다. 따라서 **수표상 권리라고 하면 상환청구권만을 의미한다**(통설). 수표금수령권한은 강제력을 가지는 법률상 권리라고 할 수 없기 때문이다.

(3) 법률상 문언

어음상 권리란 법률상 용어가 아니고 강학상의 용어이다. 어음법에서는 「어음으로부터 생기는 권리」(어음법 제14조 제1항 등), 「어음에서 생긴 권리」(어음법 제79조 등) 로 표현한다.

2. 어음법상 권리

어음상 권리는 어음금의 지급을 직접 목적으로 하는 권리 및 이에 갈음하는 권리를 말하는 것이나, **어음법상 권리는 어음관계의 원만한 진전을 위하여 보조적 · 부수적으로 어음법에서 인정된 권리**인 점에서 양자는 서로 다르다. 이러한 어음법상의 권리는 악의취득자에 대한 어음반환청구권(어음법 제16조 제2항, 수표법 제21조), 상환청구통지를 게을리한 자에 대한 손해배상청구권(어음법 제45조 제6항, 수표법 제41조 제6항), 복본 또는 원본반환청구권(어음법 제66조 제1항 · 제68조 제1항), 이득상환청구권(어음법 제79조, 수표법 제63조) 등이 있다.

3. 어음상 권리와 어음법상 권리의 차이점

① 어음법상 권리는 어음행위에 의하여 발생하는 것이 아니라, **어음법에 의하여 그 요건이 성립한 때**에 발생한다. ② 어음상 권리의 이전은 배서 또는 교부 등의 어음의 양도방법에 의하는 것이나, 어음법상 권리는 **지명채권양도방법에 의하여 양도**된다. ③ 어음상 권리의 행사에는 증권의 소지를 요하나, 어음법상 권리의 행사에는 **증권의 소지를 요하지 않는다.**

Ⅱ. 어음법상의 책임

1. 발행인의 책임

(1) 환어음의 발행인의 책임

환어음의 발행인은 인수와 지급에 대한 담보책임을 진다. 즉, 지급인이 인수를 거절하거나, 인수를 하였어도 지급을 거절하는 때에는 발행인은 상환의무자로서 담보책임을 진다. 환어음의 발행인이 상환의무자로서 담보책임을 이행하고 어음을 환수하는 때에는 인수인에 대하여 책임을 물을 수 있다(어음법 제47조 · 제28조).

(2) 약속어음의 발행인의 책임

약속어음의 발행인은 어음상의 주된 채무자로서 어음금을 지급할 절대적 책임을 진다.

2. 환어음의 인수인의 책임

환어음의 지급인은 인수를 함으로써 만기에 어음금을 지급할 의무를 부담한다(어음법 제28조). 반면에 약속어음에는 발행인이 주채무자이므로 별도의 지급인이 없다. 지급인은 환어음에 인수의 기명날인 또는 서명을 함으로써 인수인이 되고 어음상의 주채무자가 된다.

3. 배서인의 책임

환어음의 배서인은 반대의 문언이 없으면 인수와 지급에 대한 담보책임을 부담하고, 약속어음의 배서인은 반대의 문언이 없으면 지급에 대한 담보책임을 부담한다.

4. 합동책임

어음상에 기명날인 또는 서명한 모든 전자(환어음의 인수인과 발행인, 약속어음의 발행인, 양어음의 배서인)는 어음소지인에 대하여 합동채무자로서 어음금을 지급할 책임을 부담한다. 그리고 상환의무자로서 어음금을 지급하고 어음을 환수한 자는 다시 자기의 전자에 대하여 어음금 등을 청구할 수 있다(재상환의무). 상환청구가 반복됨에 따라 상환금액이 증대하므로 상환의무자는 어음이 자기에게 순차 상환청구되어 올 때까지 기다리지 아니하고 자기가 아직 청구를 받지 않더라도 자진하여 어음금을 지급하고 어음을 환수할 수 있다(어음법 제50조). 이 경우에 어음소지인은 많은 채무자 중에 누구에 대하여 책임을 물을 것인가는 그의 자유이다(어음법 제47조). 합동책임은 어음법상의 독특한 제도로서 연대채무와는 다음의 점에서 구별된다.

> **<합동책임과 연대책임의 차이>**
> 1. 연대책임은 책임의 발생원인과 범위가 전 채무자에 관해 동일하나, 합동책임은 발생원인과 책임의 범위가 각 채무자마다 다르다.
> 2. 연대채무에서는 1인에 대한 채무이행은 다른 채무자의 채무도 소멸시키지만, 합동책임에서는 상환의무자의 1인의 채무이행은 그 자 및 그 후자의 채무만 소멸시키고 그 자의 전자 및 주된 채무자의 채무에 영향을 미치지 아니한다.
> 3. 연대채무자의 1인에 대한 청구는 다른 채무자에 대해서도 효력이 있으나, 합동책임에서는 상환의무자의 1인 또는 주채무자에 청구하여도 당연히 다른 의무자에 효력을 미치는 것이 아니다.
> 4. 합동책임을 지는 상환의무자간에는 부담부분이 없으므로 그 1인에 대한 면제 또는 시효완성이 있더라도 그 채무자의 부담부분만큼 다른 채무자의 부담부분이 줄어드는 것이 아니다.

제 2 절   어음상 권리의 발생

I. 발   행

1. 발행의 의의

(1) 의 의

발행은 발행인이 어음요건을 갖춘 증권을 작성하여 수취인에게 교부하는 행위를 말하며, 기본적 어음행위이다. 어음요건은 발행인의 기명날인 또는 서명을 포함하여 어음증권 면에 기재가 요구되는 사항을 말하는 것으로(어음법 제1조), 어음요건을 모두 갖추어 발행된 어음은 그 이후 다른 어음행위의 기본이 되므로 기본적 어음행위라고도 하는 것이다. 어음의 발행에서는 어음요건을 갖추는 것이 필수적이다.

(2) 발행의 법적 성질

1) 약속어음
① 본질적 효력

약속어음의 발행은 발행인이 어음의 만기에 어음의 정당한 소지인에 대하여 지급을 약속하는 의사표시이다(어음법 제78조 제1항). 약속어음의 발행은 채무가 시효로 소멸할 때까지 어음금 지급에 대하여 최종적인 채무를 부담하는 것으로서 **주채무**가 된다. 약속어음 발행인의 의사표시는 **제1차적이고 절대적이며 최종적인 주채무**를 부담하겠다는 것이다. 약속어음의 발행인이 부담하는 주채무는 상환의무에 앞서 부담하는 **제1차적인** 의무이고, 상환의무와는 달리 만기로부터 3년의 시효기간까지 절대적으로 지급의무를 부담하는 **절대적** 의무이며, 소지인이 상환청구권 보전에 실패한 경우라도 발행인이 최종적으로 책임을 부담하는 **최종적** 의무이다.

약속어음의 발행인이 부담하는 주채무는 의사표시상의 효력이므로, 발행인이 어음면상 지급을 책임지지 않겠다는 문언을 기재하면 발행의 본질적 효력을 부정하는 것이 되어 어음발행의 효력이 없게 되고, 이것은 그 문언뿐만 아니라 어음 자체를 무효로 하는 **유해적 기재사항**이다. 그러나 **환어음 또는 수표의 발행인의 경우 발행인이 기재하는 책임지지 않겠다는 문구는 그 문언만 무효가 되는 무익적 기재사항이다.**

② 부수적 효력

약속어음의 발행인은 어음상의 채무로서는 제1차적이고 절대적이며 최종적인 채무인 주채무를 부담하기 때문에, 그 이외의 다른 어음상의 의무를 부담할 필요가 없다. 이 점이 환어음의 발행인이 담보책임인 어음상의 상환의무를 부담하는 것과 구별된다. 다만 약속어음의 발행인이 법적으로 부담하는 책임은 환어음의 발행인과 같이 어음상의 의무가 소멸한 후에 발생하는 이득상환의무가 있다(어음법 제79조).

2) 환어음
① 본질적 효력
(i) 지급위탁

환어음의 발행인이 지급인에게 일정한 금액을 지급할 뜻의 무조건의 위탁이 있어야 한다(어음법 제1조 제2호). 지급위탁의 의미는 지급인에 대해서는 지급인의 명의와 발행인의 계산으로 어음금을 지급하는 권한을 수여하고, 동시에 수취인에 대하여는 수취인 자신의 명의와 발행인 계산으로 어음금액을 수령할 수 있는 권한을 수여하는 의사표시라고 본다(통설, **이중수권설**).

(ii) 주채무의 발생시기

환어음의 발행으로 인한 발행인의 의사표시는 지급위탁이므로, 발행만으로 지급인이 지급의무를 부담하는 것은 아니다. 환어음의 발행이 있으면, 지급인은 발행인의 계산으로 지급할 수 있는 권한이 생기지만 지급인에게 지급의무가 발생하는 것은 아니다. 지급인은 인수를 한 경우에만 지급의무를 부담하게 된다. 따라서 인수 이전의 환어음에서는 확정적인 주채무자가 존재하지 않는다.

② 부수적 효력

환어음 발행의 부수적 효력으로서 담보책임이 있다(어음법 제9조 제1항). 담보책임은 인수 또는 지급이 없는 때 발행인이 스스로 지급할 의무를 부담하는 것으로서, 인수담보책임과 지급담보책임으로 구분할 수 있다. 담보책임은 어음유통을 보호하기 위하여 특별히 어음법이 인정한 법적 의무이다. 그런데 이 의무 중에서 인수담보책임만은 면책문구를 기재하여 이 책임을 면할 수 있고(어음법 제9조 제2항 전단), 유익적 기재사항이 된다. 하지만 지급담보책임은 발행인이 의사표시로 배제할 수 없고(어음법 제9조 제2항 후단) 기재하더라도 효력이 없는 무익적 기재사항이다. 따라서 어음상에 단순히 '무담보'라고만 기재한 경우 인수를 담보하지 아니한 경우로 해석한다.

3) 수 표
① 주채무의 부존재

수표의 발행도 **지급위탁**으로서 환어음과 대체로 같다. 환어음의 경우에는 지급인이 인수를 함으로써 주채무를 부담하나(어음법 제28조 제1항), 수표의 경우에는 발행인이 지급약속을 한 것도 아니고 또 지급인의 인수제도가 없으므로(수표법 제4조) **주채무는 영원히 존재하지 않는다.** 수표의 지급인은 인수 대신 지급보증을 할 수 있으나(수표법 제53조), 지급보증인은 수표가 지급제시기간의 경과 이전에 제시된 때에 한하여 지급할 의무를 부담한다(수표법 제55조). 따라서 지급제시기간 내에 제시되었는지와 상관없이 어음상의 채무를 부담하는 주채무와는 다르다. 주채무가 존재하지 않는 것은 수표를 신용기능은 없이 다만 지급기능만 가지도록 하겠다는 취지이다.

수표의 발행인은 환어음의 발행인과 마찬가지로 수표법 제12조에 의하여 법정 담보책임을 부담한다. 다만 수표에는 인수제도가 없기 때문에 인수담보책임은 부담하지 않는다. 발행인이 지급담보책임을 지지 않겠다고 하더라도 이는 무익적 기재사항이 됨은 환어음과 동일하다.

② 지급위탁취소의 제한

환어음의 경우에는 어음법에 규정이 없으나, 수표의 경우 수표의 지급을 확보하고 수표 소지인의 이익을 보호하기 위하여 수표법은 수표의 지급위탁의 취소는 지급제시시간 경과 후에만 그 효력이 생기는 것으로 규정한다(수표법 제32조 제1항). 따라서 발행인이 지급제시 기간 경과 전에 지급위탁의 취소를 한 경우 지급인은 그 취소를 무시하고 발행인의 계산 으로 지급할 수 있다.

③ 발행의 제한

수표는 지급증권으로서 그 지급의 확실을 기하기 위하여 결제할 자금이 없는 자가 함부로 발행하는 것을 막기 위하여 수표법 제3조에 관련 규정을 두고 있다. 수표는 제시한 때에 발행인이 처분할 수 있는 자금이 있는 은행을 지급인으로 하고, 발행인이 그 자금을 수표에 의하여 처분할 수 있는 명시 또는 묵시의 계약에 따라서만 이를 발행할 수 있다. 요컨대 **수표자금과 수표계약**이 있어야 한다. 수표가 제3자의 계산으로 발행되는 위탁수표(수표법 제6조 제2항)의 경우에는 수표자금관계는 지급인과 제3자 사이에 존재하므로 발행 인은 수표를 발행하여 제3자의 자금을 처분할 수 있는 권한이 있으면 된다.

그런데 수표자금이 없는 경우 발행된 수표를 무효라 한다면 수표의 무인증권성에 반한다. 따라서 **수표자금이 부족하거나 수표계약이 흠결된 상태에서 발행된 수표라 하더라도 수표로서의 효력에는 아무 영향이 없다**(수표법 제3조 단서). 그러나 제한 규정에 위반하여 수표를 발행한 자는 수표법에 의하여 과태료의 처벌을 받는다(수표법 제67조).

2. 어음요건

(1) 의 의

1) 어음요건과 흠결의 구제

어음요건은 어음에 반드시 기재하여야 하는 사항을 말한다(어음법 제1조·제75조). 반드 시 기재되어야 그 효력이 발생하는 어음요건을 '필수적 기재사항'이라고도 하며, 이를 기재하지 아니한 어음은 효력이 없다(어음법 제2조 · 제76조). 어음요건의 흠결은 형식적 흠결로서 그 이후의 후행하는 행위에 대하여도 어음행위독립의 원칙이 적용되지 않기 때문에 모든 후행행위도 무효이다.

다만 예외적으로 그 흠결이 구제되는 경우가 있다. ① 법률에 **보충규정**을 두는 경우이다. 어음요건 중 **만기**가 기재되지 않은 경우 일람출급의 환어음으로 보고(어음법 제2조 제1호), **지급지**가 기재되지 않은 경우 지급인의 명칭에 부기한 지를 지급지 및 지급인의 주소지로 보며(어음법 제2조 제2호), **발행지**가 기재되지 않은 경우 발행인의 명칭에 부기한 지를 발행지로 본다(어음법 제2조 제3호). ② 후에 보충을 예정하고 의도적으로 일부 요건을 기재하지 않은 채 어음을 발행하는 경우에는 **백지어음**으로서 유효하다. ③ **발행지의 기재가 없는 경우** 국내에서 발행되고 지급되는 이른바 국내어음에 있어서는 무효가 되지 않는다(판례).[1]

2) 각 유가증권의 비교
① 환어음과 약속어음
약속어음은 지급약속문구이나 환어음은 지급위탁문구이고, 약속어음은 발행인이 지급인이므로 환어음에 비하여 어음요건이 하나 적으면서 그 이외의 다른 요건은 모두 동일하다.
② 환어음과 수표
환어음과 수표의 표시문구가 다르고, 수표의 요건에 만기와 수취인이 없다. 수표는 신용증권이 아니라 지급증권이라는 성질상 만기가 없고 언제나 일람출급이며, 설사 만기를 기재한다 하더라도 그러한 만기의 기재 자체가 효력이 없으므로 무익적 기재사항이다(수표법 제28조 제1항). 또한 수표는 수취인의 기재 없이 소지인출급식으로 발행될 수 있다(수표법 제5조 제1항 제3호). 그러나 수취인은 필요적 기재사항이 아닐 뿐 유익적 기재사항에 속하므로 이를 기재하여서 기명식 또는 지시식으로 수표를 발행하는 것도 가능하다.

(2) 어음문구
증권의 본문 중에 그 증권을 작성할 때 사용하는 국어로 환어음 또는 약속어음임을 표시하는 문구를 기재하여야 한다(어음법 제1조 제1호 · 제75조 제1호). 기재할 문자는 반드시 '환어음'이어야 하는 것은 아니고 '환어음증서', '환어음증권' 등의 문구도 무방하다. 이를 기재하도록 한 이유는 그 증권이 환어음임을 명백하게 나타내어 어음행위자 및 어음취득자에게 자각시키고자 한 것이다. '증권의 본문' 중에 환어음문구를 기재하여야 한다. 보통 환어음문구는 표제와 본문 중의 두 곳에 기재되는데 표제에만 기재되고 본문 중에 기재되지 않으면 어음요건을 흠결한 것이 되나, 반대로 표제에 기재되어 있지 않고 본문 중에

---

1) 대법원 1998.4.23. 선고 95다36466 전원합의체 판결.

정확하게 기재되어 있으면 어음요건을 흠결한 것이 아니다.

(3) 무조건의 일정금액의 지급약속 또는 지급위탁

1) 무조건의 지급위탁 또는 지급약속

환어음에는 **"조건 없이 일정한 금액을 지급할 것을 위탁하는 뜻"**을 적어야 하고(어음법 제1조 제2호), 이를 지급위탁문구라 한다. 지급위탁문구는 보통 "위의 금액을 이 환어음과 상환하여 A 또는 그 지시인에게 지급하여 주십시오"라고 기재한다. 약속어음의 경우에는 "지급약속"으로 기재되어야 한다(어음법 제75조 제2호). 지급위탁의 문구는 무조건이어야 한다(어음법 제1조 제2호). 그러므로 지급에 조건을 붙이거나 지급방법 또는 지급자금을 한정하는 문구는 지급위탁의 무조건성을 해하므로 그 어음은 무효이다.[2] 예컨대 환어음을 발행함에 있어 다른 특정한 수표가 부도될 때까지 한하여 유효하다는 조건부로 발행한 환어음은 무효이다. 어음에 결합된 부전은 그 어음면의 연장이므로 부전에 기재된 지급조건도 그 어음의 발행을 무효로 한다.[3]

2) 일정한 금액

지급위탁 또는 지급약속의 대상은 **일정한** 금액이다. 반드시 일정액의 금전의 지급을 목적으로 하여야 하며, 금전 이외의 물건 등의 급부를 목적으로 할 수는 없고, 금전 이외의 물건지급을 내용으로 하는 약속어음은 무효이다. ① 일정하여야 하므로 「100만원 또는 200만원」이라고 하는 **선택적 기재**, 또는 「100만원 이상 또는 이하」와 같이 기재하는 것은 허용되지 않는다. ② 어음금액을 숫자로 적고 다시 문자로 기재하는 경우도 많다. 그런데 양자가 일치하지 않는 경우가 있으면 문자와 숫자 사이에는 **문자에 의하고**(어음법 제6조 제1항), 문자와 문자 또는 숫자와 숫자와의 사이에는 그 **최소금액에 의한다**(어음법 제6조 제2항·제77조 제2항). ③ 일정한 금액을 기재하면 되고 반드시 내국통화로 표시하여야 할 필요는 없으므로 외국통화의 표시도 무방하다(어음법 제41조). ④ 어음금액은 단일하게 기재하여야 하므로, 만일 단일한 금액으로 표시할 수 있다면 원금과 이자로 나누어 기재하는 것은 허용되지 않는다. 예컨대 어음금액을 「1억원 및 연 10%의 이자」와 같이 기재하는 것은 허용되지 않는다. 이 경우 어음금액을 1억, 1,000만원으로 기재할 수 있기 때문이다. 따라서 환어음에 이자를 기재하면 이를 적지 아니한 것으로 보고(어음법 제5조 제1항 2문), 이자의 기재는 원칙적으로 무익적 기재사항이 된다.

그런데 예외적으로 **일람출급 또는 일람후정기출급**의 환어음과 약속어음의 경우에는 만기까지의 기간을 미리 알 수가 없으므로 이자액을 예측할 수 없고 따라서 원금과 이자를 위와 같이 분리하여 기재할 수 있다(어음법 제5조·제77조 제2항). 예컨대 일람후 정기출급어

---

2) 대법원 1971.4.20. 선고 71다418 판결.
3) 대법원 1971.4.20. 선고 71다418 판결.

음의 경우 「1억원 및 그 금액에 대한 2015.12.15.부터 인수제시일까지의 연 10% 이자」와 같이 기재하는 것이다. 이 경우 확정금액을 기재하면 이자약정이 없는 것으로 보기 때문에 반드시 이율을 표시하는 방법으로 기재하여야 하며, 이율이 적혀 있지 않으면 이자를 약정한다는 내용이 적혀 있더라도 이자를 약정하지 아니한 것으로 본다(어음법 제5조 제2항).

(4) 지급인의 명칭

1) 의 의

환어음은 지급위탁증권이므로 환어음에는 발행인 이외에 「지급인의 명칭」을 기재하여야만 한다. **이 요건은 약속어음에는 존재하지 않으며, 지급위탁증권인 환어음과 수표에만 필수적 기재사항이다.** 약속어음의 경우 발행인이 주채무자가 되는 것이나, 환어음에서는 지급인이 기재되지 않으면 어음소지인은 인수 또는 지급을 받을 자를 확정할 수 없기 때문이다. 수표의 지급인은 은행으로 한정되므로(수표법 제3조), 지급인의 명칭에 대한 기재방법은 주로 환어음의 지급에서만 문제된다.

2) 기재방법

지급인의 명칭의 기재방법으로는 자연인의 성명이나 법인의 상호를 표시하는 것이 일반적이겠으나, 그 외에도 동일성을 인식할 수 있는 한 통칭이나 아호 등을 기재하여도 무방하며, 법인의 경우 법인명만 기재하면 되는 것이지 그 대표자의 성명 또는 대리인의 성명을 표시할 필요도 없다. 또한 지급인은 실재하지 않아도 무방하다. 예컨대 허무인(虛無人)을 기재한 경우에도 그 환어음은 효력이 있으며, 어음소지인은 발행인이나 배서인에게 담보책임을 물어 상환청구권을 행사할 수 있다.

3) 복수기재

「甲 또는 乙」과 같은 **선택적인 기재는 무효**이다. 이는 선택 전에 지급인이 확정되지 아니하여 어음관계의 단순성을 해한다(통설). 그 이외의 **복수기재인 예비적 기재나 중첩적 기재는 효력이 있다.** 예컨대 ①「제1지급인 甲, 제2지급인 乙」과 같이 하는 기재는 효력이 있다(통설). 이 경우 甲은 지급인, 乙은 예비지급인(어음법 제55조 제1항)으로 본다. ②「甲과 乙」로 기재하는 것도 유효하다. 이 경우에는 지급거절로 인한 상환청구에는 지급인 모두가 지급을 거절한 때에만 상환청구권을 행사할 수 있으나, 인수거절로 인한 상환청구에는 지급인 중에서 1인의 인수거절만 있어도 상환청구를 할 수 있다(통설). 일부의 인수거절만 있어도 해당 어음의 신용이 하락하였으므로 모든 지급인에게 인수제시를 요구하는 것은 어음소지인에게 불리하기 때문이다.

4) 당사자 자격의 겸병

어음관계에서의 당사자 자격은 순전히 형식적인 관념에 불과한 것이므로 기본어음에 발행인, 지급인, 수취인의 기재가 설사 동일인으로 기재되어도 기본어음의 형식으로서 그 어음은 형식상 유효하므로 당사자가 여러 자격을 겸병하더라도 문제가 없고 어음법과 수표법도 이를 인정하고 있다. 발행인과 수취인의 자격이 겸병된 환어음을 **자기지시환어음**(어음법 제3조 제1항)이라 하고, 발행인과 지급인의 자격이 겸병된 환어음을 자기앞환어음이라 한다(어음법 제3조 제1항). **자기앞수표는 발행인과 지급인이 동일한 수표**를 말하는데, 수표의 지급인은 은행에 국한되므로 결국 발행인도 은행이 된다.

수취인과 지급인의 자격겸병, 또는 발행인 · 수취인 · 지급인 3자의 자격겸병에 대하여는 어음법의 규정이 없으나 어음당사자의 자격은 형식적인 것이며 이론상 부정할 이유도 없으므로 이를 인정한다(통설).

(5) 만 기

1) 의 의

만기는 어음금액이 지급될 날로서 어음상에 기재된 날을 말한다. 만기는 「지급을 할 날」과는 구별되는데, 만기가 법정휴일일 때에는 이에 이은 제1의 거래일이 지급을 할 날이 되므로(어음법 제72조 제1항), 이 경우에는 차이가 있다. 또한 만기는 「지급하는 날」(어음법 제41조 제1항)과도 구별되는데, 「지급하는 날」은 현실로 지급이 행하여진 날이다.

2) 기재방법

만기는 **단일**하고 **가능**하여야 하며, **어음문언상 확정**할 수 있어야 한다. ① **단일**하여야 하므로 어음금액을 분할하여 어음금액별로 수개의 만기를 정하거나, 또는 지급인이 여럿일 경우 각 지급인에 대하여 상이한 만기를 정하는 분할출급 어음은 무효이다(어음법 제33조 제2항 · 제77조 제1항). ② 만기는 **어음의 문언상 확정**할 수 있어야 하므로 어음 자체에 의하여 알 수 있는 날이어야 하고 어음 이외의 사정에 의하여 좌우될 수 있는 불확정한 날을 만기로 정할 수 없고, 불확정한 날을 만기로 정한 어음은 무효이다.[4] 따라서 외부의 사정을 감안하여 정하는 만기(예컨대 특정인의 사망일 등) 등은 무효이다. 그리고 확정적이 아니라 「2016년 12월 1일 또는 12월 31일」과 같은 선택적 기재도 무효이다. ③ 만기는 **가능**하여야 하므로 발행일 이전의 날짜를 기재하는 것은 무효이다. 이 경우 어음요건의 기재가 그 자체로 불가능한 것이거나 각 어음요건이 서로 명백히 모순되어 함께 존립할 수 없게 되는 경우이기 때문이다.[5] 그런데 「2016년 2월 30일」과 같은 기재는 유효한가? 유효로

---

[4] 대법원 1997.5.7. 선고 97다4517 판결에서 지급기일 '용마산현장 준공 후'라고 기재한 약속어음을 무효라고 하였다. 약속어음은 유통증권, 문언증권으로서 어음법이 요구하는 만기 등 어음요건의 구비는 원칙적으로 어음문면 그 자체에 의하여 판단할 것이지 원인관계상의 사정을 고려하여서는 아니 된다고 할 것이므로 이 사건 어음의 위 지급기일은 부적법하므로 이 사건 어음은 무효라고 판단하였다.

[5] 대법원 2000.4.25. 선고 98다59682 판결(어음의 요식증권 내지 문언증권으로서의 성질상 어음요건의 성립 여부는 어음상의 기재만에 의하여 판단하여야 하고, 어음요건의 기재가 그 자체로 불가능한 것이거나 각 어음요건이 서로 명백히 모순되어 함께 존립할 수 없게 되는 경우에는 그와 같은 어음은 무효라고 봄이 상당하고, 한편 약

하는 것이 당사자의 의사에 합치하고 유효로 하더라도 어음 유통에 문제될 것이 없으므로 유효하다고 본다(판례, 통설).[6]

3) 만기의 종류

만기의 종류는 4가지만 가능하며(어음법 제33조 제1항), 그 이외의 만기는 모두 무효이다(동조 제2항). 4가지 만기의 종류 중 일람출급과 일람후정기출급은 확정할 수 있는 만기이고, 소지인이 언제 제시하는 가에 따라 만기가 달라진다. 발행일자후정기출급과 확정일출급은 확정된 만기로서 만기가 발행 당시부터 확정된다.

① 일람출급(一覽出給)

일람출급은 일람을 위하여 제시가 있었던 날을 만기로 하는 경우이다(어음법 제33조 제1항 제1호). 보통 「일람 즉시 지급하여 주십시오」, 「어음제시 즉시 지급하여 주십시오」 등으로 기재된다. 이 경우 제시는 지급을 위한 제시이어야 하며, 인수를 위한 제시를 의미하지 않는다(통설). 인수제시로 당장 만기가 도래한다고 볼 수 없기 때문이다.

일람출급의 경우 지급제시기간은 발행일로부터 1년이며(어음법 제34조 제1항), 이 기간을 경과하여 지급제시하면 거절되더라도 상환청구권을 행사할 수 없다.[7] 그리고 지급제시기간은 어음의 문언에 의하여 결정되어야 하므로, 여기서의 발행일은 실제 발행일이 아니라 **어음상 기재된 발행일**을 말한다. 발행인은 이 기간을 단축하거나 연장할 수 있고, 배서인은 그 기간을 단축할 수 있다(어음법 제34조 제1항). 발행인이 제시기간을 정한 때에는 모든 어음관계인에 대하여 그 효력이 생기지만, 배서인이 배서에 제시기간을 정한 경우에는 그 배서인만이 이를 원용할 수 있다(어음법 제53조 제3항). 따라서 그 배서인이 단축하여 정한 기간이 경과되더라도 원래의 제시기간 내에만 지급제시하면 소지인은 그 배서인을 제외한 다른 채무자에 대하여는 여전히 상환청구권을 가진다.

② 일람후정기출급(一覽後定期出給)

(i) 환어음

일람후정기출급은 일람후 일정한 기간을 경과한 날을 만기로 하는 것이다(어음법 제33조 제1항 제2호). 여기서의 일람은 **인수제시**를 말한다. 이는 일람출급에서의 일람이 지급제시인 것과 차이가 있다. 일람후 정기출급의 만기는 일람(인수제시)까지의 기간과 일람후 일정기간까지의 기간을 합산하여 정한다.

속어음의 발행일은 어음요건의 하나로서 그 기재가 없는 상태에서는 어음상의 권리가 적법하게 성립할 수 없는 것이므로, 확정된 날을 만기로 하는 확정일출급 약속어음의 경우에 있어서 만기의 일자가 발행일보다 앞선 일자로 기재되어 있다면 그 약속어음은 어음요건의 기재가 서로 모순되는 것으로서 무효라고 해석하여야 한다).

6) 대법원 1981.7.28. 선고 80다1295 판결.

7) 대법원 2007.11.15. 선고 2007다40352 판결(일람출급어음의 지급제시는 발행일로부터 1년 내에 하여야 하는 것인데(어음법 제34조 제1항), 그 기간 내에 적법한 지급제시가 없다면 그 기간의 말일에 만기가 도래한 것으로 보고, 그때부터 어음채무의 소멸시효가 진행한다고 보아야 할 것이고, 그 어음채무에 대한 어음보증인의 채무도 같은 때부터 소멸시효가 진행한다고 보아야 할 것이다).

일람후정기출급의 경우 인수제시기간을 정해야 한다. 인수제시기간은 원칙적으로 발행한 날부터 1년이다(어음법 제23조 제1항). 지급제시기간과 마찬가지로 발행인은 이 기간을 단축 또는 연장할 수 있고, 배서인은 이를 단축할 수만 있다(어음법 제23조 제2항 · 제3항). 그 기간 내에 제시가 되지 않은 경우의 효과는 일람출급의 경우와 동일하다.

(ii) 약속어음

약속어음은 인수제도가 없으므로 기산일을 인수일로 잡을 수 없고 인수거절이라는 것도 생각할 수 없어, 환어음과는 달리 규정하지 않을 수 없다. 약속어음에서의 발행인에 대한 일람은 단순히 만기를 정하기 위하여 어음을 제시하는 것을 말한다(어음법 제78조 제2항). 일람후정기출급의 만기의 기산점이 환어음의 경우 인수한 날짜 또는 거절증서의 날짜이나(어음법 제35조 제1항), 약속어음의 경우는 발행인이 어음에 일람하였다는 내용을 적고 날짜를 부기하여 기명날인하거나 서명한 날이다(어음법 제78조 제2항 2문). 약속어음의 어음소지인은 발행인에 대하여 발행한 날부터 1년 내에 일람을 위하여 그 어음을 제시하여야 하고(어음법 제78조 제2항 1문), 발행인이 이때 일람 사실과 날짜의 기재를 거절하는 경우에는 거절증서로써 이를 증명하여야 한다(어음법 제78조 제2항 3문).

그리고 여기서의 일람은 지급제시가 아니므로, 소지인은 만기가 되면 다시 지급을 위한 제시를 해야만 상환청구권을 보전할 수 있다.

③ 발행일자후정기출급(發行日字後定期出給)

발행일자후정기출급은 발행일자로부터 일정기간 후를 만기로 하는 것이다(어음법 제33조 제1항 제3호). 예컨대 「발행일자로부터 3개월 후」이라고 하는 만기가 그것이다.

④ 확정일출급(確定日出給)

확정일출급은 확정일을 만기로 하는 것이다(어음법 제33조 제1항 4호). 예컨대 「2016년 1월 11일」 등으로 기재된다. 발행지와 세력(歲曆)을 달리하는 장소에서 확정일에 지급할 환어음의 만기일은 지급지의 세력에 따라 정한 것으로 본다(어음법 제37조 제1항).

4) 만기의 보충

만기는 필요적 기재사항이므로 만기의 기재가 없으면 원칙적으로 무효이나, 어음법은 만기가 적혀 있지 아니한 경우에는 그 어음은 무효가 되지 않고 일람출급의 환어음으로 본다(어음법 제2조 제1호). 만기가 적혀 있지 아니한 경우라 함은 전혀 만기의 기재가 없든가 또는 적혀 있더라도 거래의 통념상 만기 기재로서의 의의를 갖지 못하는 경우를 말한다. 그러나 **만기의 기재가 부적법한 기재는 포함되지 않는다.** 예컨대 분할출급의 경우나 발행일 이전의 날짜를 만기로 기재한 경우 등의 부적법한 기재는 어음 자체를 무효로 하는 것으로 구제될 수 없다.[8]

---

8) 대법원 2000.4.25. 선고 98다59682 판결.

그런데 만기를 기재하지 않은 어음과 만기를 백지로 발행한 백지어음과는 외관상 구별하기 어렵다. 판례는 지급일이 기재되지 않은 채 발행된 약속어음에 대해서는 어음소지인에게 백지보충권이 부여된 **백지어음으로 추정**하고 있다. 지급일의 기재가 흠결된 어음의 경우 어음법 제2조의 보충규정을 적용하는 것이 아니라 어음법 제10조의 백지어음으로 추정하고 백지어음이 아니라는 점에 대한 입증책임은 이를 주장하는 자에게 있다.[9]

(6) 지급지

1) 의 의

환어음에는 지급지를 기재하여야 한다(어음법 제1조 제5호). 지급지는 어음금액이 지급될 일정한 지역을 말한다. 지급지는 지급을 위한 제시, 전자에 대한 상환청구권보전절차, 인수인의 채무이행 등의 기준이 되고 민사소송법상 어음의 특별재판적이 되어(민사소송법 제9조) 중요하므로 어음법은 이를 어음요건으로 규정한다.

지급지는 지급장소와 구별된다. 지급장소는 지급지 내에서 지급이 행하여질 특정한 장소를 말한다(어음법 제27조 제2항).「서울특별시 신한은행 대흥동지점」의 경우 서울특별시는 지급지이고, 신한은행 대흥동지점은 지급장소 또는 지급담당자이다. **지급장소는 어음요건이 아니고 유익적 기재사항에 불과하다.** 따라서 지급장소가 지급지 이외의 장소인 경우 지급장소 기재는 무효가 되나 어음이 무효가 되는 것은 아니다.[10]

2) 기재방법

지급지는 관할법원의 문제가 있으므로, **지급인과는 달리 실제 존재하는 장소를 기재하여야만 하고, 존재하지 않는 장소를 지급지로 기재하면 그 어음은 무효가 된다**(통설). 지급지는 독립한 최소 행정구역을 기재하는 것으로 충분하므로, 서울이라고만 기재하고 구까지 표시할 필요는 없다.[11] 사회적으로 통용하는 일정한 지역을 표시하는 명칭을 기재하면 되는 것이므로 청량리 등의 명칭을 기재하여도 지급지의 기재로서 유효하다.

지급지는 단일하고 확정되어야 한다. 따라서 지급지의 중첩적 기재나 선택적 기재는 인정되지 않는다(통설). 이를 허용하면 관할법원의 문제가 제기될 뿐 아니라, 중첩적 기재를 허용하면 어음소지인이 단기의 제시기간 내에 각 지급지에서 전부 지급제시하여야 상환청구권을 보전할 수 있는데 이는 가혹하고, 선택적 기재를 허용하면 선택권의 여부와 그 우선권 등으로 인하여 어음관계가 불명확하기 때문이다.

---

9) 대법원 2001.4.24. 선고 2001다6718 판결(백지약속어음의 경우 발행인이 수취인 또는 그 소지인으로 하여금 백지부분을 보충케 하려는 보충권을 줄 의사로서 발행하였는지의 여부에 관하여는 발행인에게 보충권을 줄 의사로 발행한 것이 아니라는 점, 즉 백지어음이 아니고 불완전어음으로서 무효라는 점에 관한 입증책임이 있다).

10) 대법원 1970.7.24. 선고 70다965 판결.

11) 대법원 1981.12.8. 선고 80다863 판결(약속어음의 지급지를 기재함에 있어 원칙적으로 독립된 최소 행정구역을 기재하여야 하나, 서울특별시의 경우는 '서울'이라고 만 기재하면 되고, 반드시 그 구까지를 표시하여야 하는 것이 아니다).

3) 지급지의 보충

① **환어음**에 지급지가 적혀 있지 아니한 경우, 그 환어음이 무효가 되는 것이 아니라 지급인의 명칭에 부기한 지가 지급지를 보충한다(어음법 제2조 제2호). 또한 지급인의 명칭에 부기한 지는 지급인의 주소지로 간주된다(어음법 제2조 제2호). ② **약속어음**의 경우에는 지급인이 없으므로 발행지를 가지고 지급지를 보충한다(어음법 제76조 제2호). **수표**의 경우에는 환어음과 동일하지만 지급인의 명칭에 부기한 곳이 없는 경우에는 다시 발행지를 가지고 지급지를 보충한다는 점이 다르다(수표법 제2조 제1호 · 제2호). 수표는 지급인이 은행이므로 지급인의 명칭에 부기한 곳은 거의 존재하지 않고 대부분 발행지로 보충한다.

지급장소가 지급지를 보충할 수 있는가의 쟁점이 있다. 이를 긍정하는 것이 통설이다. 판례도 어음상 지급지에 대한 특별한 표시가 없다 할지라도 지급장소의 기재가 있고 그로부터 지급지에 해당하는 지역을 쉽게 알 수 있는 경우에는 그 기재에 의하여 지급지의 기재가 보충되었다고 본다.[12]

(7) 수취인

1) 의 의

환어음에는 "지급을 받을 자 또는 지급을 받을 자를 지시할 자의 명칭"을 기재하여야 한다(어음법 제1조 제6호). 「수취인 甲」 또는 「수취인 甲이 지시하는 자」로 기재할 수 있다. 그런데 어음은 당연한 지시증권이므로(어음법 제11조 제1항) 「수취인 甲」과 같이 기명식으로 발행한 경우에도 배서에 의하여 양도할 수 있으므로 "지급을 받을 자를 지시할 자"는 없어도 되는 문구이다. 하지만 어음은 **반드시 수취인을 기재하여야만 하므로** 소지인출급식어음이나 무기명식어음은 발행할 수 없다.

수표는 소지인출급식으로 발행할 수 있기 때문에 수취인은 유익적 기재사항에 불과하다.

2) 기재방법
① 표시방법

수취인의 기재는 지급인의 기재에 준한다. 수취인이 자연인인 경우 성명 이외에도 아호나 예명 등 무엇이든지 수취인을 특정할 수 있으면 충분하고, 법인인 경우 법인명만 기재

---

12) 대법원 2001.11.30. 선고 2000다7387 판결(어음면상 지급지에 관한 특별한 표시가 없다 할지라도 거기에 지급장소의 기재가 있고 그것이 지의 표시를 포함하고 있어 그로부터 지급지에 해당하는 일정 지역이 추지될 수 있는 경우에는 지급지의 기재가 이에 의하여 보충되는 것으로 볼 수 있다. 기록에 의하면 이 사건 약속어음에는 **지급장소로서 "중소기업은행 능곡지점"이라고 표시되어 있음**을 알 수 있는바, 위 지급장소의 기재 중에는 '능곡'이라는 지역 이름이 포함되어 있고, 위 기재로부터 능곡 혹은 능곡이 소재하고 있는 경기 고양시가 지급지에 해당하는 것을 쉽게 알 수 있다고 할 것이므로, 이러한 경우에 약속어음상의 지급지란 자체는 백지라고 할지라도 **위 지급장소의 기재에 의하여 지급지가 보충**되었다고 봄이 상당하다).

하면 되고 대표자의 성명이나 대리인의 성명 등을 표시할 필요는 없다. 수취인이 기재만 되어 있다면 유통에 영향이 없기 때문에 실재인이 아니어도 무방하다.

② 복수적 기재

수취인의 복수기재는 지급인의 경우와 달리 **선택적 기재도 허용되어, 모든 복수의 기재가 허용된다.** 수취인이 기재만 되어 있다면 그 요건을 갖춘 것이 되고 어음을 소지하는 수취인만이 어음상 권리를 취득하므로 어음관계를 불명확하게 하지 않기 때문이다. 중첩적 기재의 경우 수취인 전원이 공동으로 권리를 행사해야 하므로 배서도 전원의 명의로 하게 된다. 반면에 선택적·순차적 기재의 경우에는 실제 어음소지인이 수취인으로서 단독으로 권리를 행사한다.

「수취인 甲 또는 乙」과 같이 **지명소지인출급식**으로 발행된 어음의 효력에 대하여는 견해가 나뉜다. 이는 사실상 무기명식어음과 다를 바가 없으므로 인정되지 않는다는 견해도 있으나, 선택적 기재를 포함한 복수적 기재가 모두 유효하다고 하는 것이 통설이라는 점, 어음은 당연한 지시증권이라는 점, 유효성을 인정하여도 어음관계의 명료성을 해하지 않는다는 점에서 볼 때 그 효력을 인정하는 것이 타당하다(판례는 없음).

3) 자격 겸병

환어음의 수취인이 다른 당사자의 자격을 겸병할 수 있으므로 발행인이 수취인도 될 수 있고(어음법 제3조 제1항) 이를 **자기지시어음**이라 한다. 약속어음에서는 어음법 제3조를 준용하는 규정은 없으나 당연히 유효하다고 본다(통설).

(8) **발행일과 발행지**

발행일과 발행지는 환어음의 기재사항이다(어음법 제1조 제7호). 이는 실제의 발행일 또는 발행지와 반드시 일치해야만 하는 것은 아니고 서로 다른 경우에도 그 어음은 유효하다. 또한 법적 효력을 가지는 것은 실제 발행한 날이나 장소가 아니라 문면에 기재된 일자나 장소를 기준으로 한다.

① 발행일

발행일은 어음상에 발행일로 기재된 일자를 말하는 것이지, 실제 어음이 발행된 일자를 의미하는 것이 아니다. 발행일은 사실상 어음을 발행한 일자보다 후의 일자를 어음상에 기재할 수 있는데(실제 발행일 2016. 1. 5. 발행일 2016. 2. 5.) 이 어음을 선일자어음이라 하며 역의 경우를 후일자어음이라 하고, 양자 모두 유효하다. 어음과 관련된 모든 법률관계는 문언에 적힌 발행일을 기준으로 한다. 예컨대 위 예에서 2016. 1. 6. 어음은 실제 존재하고 있으나 문면상 발행일은 아직 도착하지 않은 것이 된다. 선일자수표의 경우 수표법 제28조 제2항에서 문면상의 발행일 이전이라도 수표금을 청구할 수 있도록 정하고 있다. 어음법은 특별한 규정을 두고 있지 않으나 어음금을 청구할 수 있는 만기가 기재되므로 선일자어음은 유효하고 그 문면상 기재된 발행일에 의하여 법률관계가 형성된다.

어음법이 발행일을 어음요건으로 정해둔 것은 법률관계의 중요한 기준이 되기 때문이다. 발행일자후 정기출급어음의 경우 만기를 정하는 기준이 되고(어음법 제36조 제1항·제2항), 일람출급어음의 경우 지급제시기간을 산정하는 기준이 되며(어음법 제34조 제1항), 일람후정기출급어음의 경우 인수제시기간을 산정하는 기준이 된다(어음법 제23조 제1항). 그런데 **확정일출급어음**의 경우 발행일이 없더라도 만기와 지급제시기간이 정해져 있기 때문에 발행일이 큰 의미가 없어 어음요건이 아니라는 견해도 있으나, 통설은 어음요건으로 본다. **수표의 경우에는 발행일이 지급제시기간의 기산점이 된다.**

② 발행지

발행지는 어음상에 발행지로 기재된 장소를 말하는 것이며, 실제 어음이 발행된 장소와 달라도 상관없다. 발행지는 지급지와 같이 최소한의 행정구역을 알 수 있을 정도로 기재하면 충분하다. 판례는 발행지가 백지인 약속어음에 있어 발행인의 명칭에 부기된 상호에 지명표시가 있는 경우 그 장소를 발행지로 볼 수 있다고 한다.[13]

발행지를 기재하는 의의는 발행지와 지급지의 세력(歲曆)이 다른 경우 만기 및 지급제시기간은 지급지의 세력에 의하고(어음법 제37조), 발행국과 지급국에서 명칭은 같으나 가치가 다른 통화로써 어음금액을 정한 경우 지급지의 통화로 정한 것으로 추정한다는(어음법 제41조 제4항) 정도만 있다. 그런데 국제사법상 준거법을 정하는 표준은 어음상에 기재된 발행지가 아니라 실제 발행된 장소를 기준으로 하므로 어음요건으로서의 의의나 효용이 크지 않음을 알 수 있다.

이런 점에 주목하여 판례는 국내에서 발행되고 지급되는 국내어음에 있어서는 발행지가 별다른 의미를 가지지 못하고, 발행지 기재가 없는 국내어음이 널리 유통되고 있으며 발행지가 기재된 어음과 마찬가지로 취급되는 것이 관행이므로, **어음면의 기재 자체로 보아 국내어음으로 인정되는 경우 발행지의 기재가 없어도 유효**하다고 본다.[14] 이후 **발행지 기재가 없는 수표에 관하여도 동일한 결론에 이르렀다.**[15]

---

13) 대법원 1984.7.10. 선고 84다카424, 84다카425 판결(이 사건 각 약속어음은 발행지가 모두 백지로 되어 있으나 각 발행인의 명칭에 "신라체인 **점촌지점**" 또는 "한남체인 **상주슈퍼**"라는 상호가 부기되어 있는바 어음법 제76조 제4항에 의하여 발행인의 명칭에 부기한 지를 발행지로 볼 것이고 발행지 기재는 독립된 최소 행정구역을 표시하면 족한 것이므로 위 **각 상호에 포함된 점촌이나 상주의 표시를 발행지 기재로 볼 것**이다).

14) 대법원 1998.4.23. 선고 95다36466 전원합의체 판결(어음에 있어서 발행지의 기재는 발행지와 지급지가 국토를 달리하거나 세력을 달리하는 어음 기타 국제어음에 있어서는 어음행위의 중요한 해석 기준이 되는 것이지만 국내에서 발행되고 지급되는 이른바 국내어음에 있어서는 별다른 의미를 가지지 못하고, 또한 일반의 어음거래에 있어서 발행지가 기재되지 아니한 국내어음도 어음요건을 갖춘 완전한 어음과 마찬가지로 당사자간에 발행·양도 등의 유통이 널리 이루어지고 있으며, 어음교환소와 은행 등을 통한 결제 과정에서도 발행지의 기재가 없다는 이유로 지급거절됨이 없이 발행지가 기재된 어음과 마찬가지로 취급되고 있음은 관행에 이른 정도인 점에 비추어 볼 때, 발행지의 기재가 없는 어음의 유통에 관여한 당사자들은 완전한 어음에 의한 것과 같은 유효한 어음행위를 하려고 하였던 것으로 봄이 상당하므로, 어음면의 기재 자체로 보아 국내어음으로 인정되는 경우에 있어서는 그 어음면상 발행지의 기재가 없는 경우라고 할지라도 이를 무효의 어음으로 볼 수는 없다).

(9) 발행인의 기명날인 또는 서명

1) 의 의

환어음의 발행에는 발행인의 기명날인 또는 서명이 있어야만 한다(어음법 제1조 제8호). 기명날인 또는 서명은 모든 어음행위에 공통된 필수불가결의 요건이고 이미 앞에서 다루었으므로, 발행인의 기명날인 또는 서명과 관련한 점을 본다. 발행인의 기명날인 또는 서명은 반드시 진정하여야 하는 것은 아니고, 어음문언에 형식상 발행인의 기명날인 또는 서명이 있다면 유효성에 문제가 없다. **발행인이 실재하지 않거나 위조된 것이라 하더라도 발행인의 기명날인 또는 서명이라는 형식적 요건을 충족**한다. 판례는 상호만 변경되었을 뿐 동일한 법인체로 인정되는 한, 그 법인체는 상호변경 전 발행한 약속어음에 대한 책임을 면할 수 없다고 한다.[16]

2) 공동발행

① 의 의

어음의 발행인은 수인인 복수의 경우도 있다. 그런데 수취인의 기재와는 달리 순차적 기재(제1발행인 甲 제2발행인 乙)와 선택적 기재(발행인 甲 또는 乙)는 어음관계의 단순성을 해하고 상환청구 조건의 일정성에 반하므로 허용되지 않는다(통설). 결국 어음의 공동발행은 중첩적 기재(발행인 甲과 乙)의 경우를 말한다.

② 합동책임

공동발행인은 어음소지인에 대하여 합동책임을 진다(어음법 제47조 제1항의 유추적용, 수표법 제43조). 공동발행은 각 발행인별로 독립하여 이루어지는 수개의 어음행위이며, 이 점에서 어음법상 제47조 제1항의 규정을 유추적용하여 합동책임을 진다는 것이다(통설, 판례).[17]

---

15) 대법원 1999.8.19. 선고 99다23383 전원합의체 판결(수표면의 기재 자체로 보아 국내수표로 인정되는 경우에 있어서는 발행지의 기재는 별다른 의미가 없는 것이고, 발행지의 기재가 없는 수표도 완전한 수표와 마찬가지로 유통·결제되고 있는 거래의 실정 등에 비추어, 그 수표면상 발행지의 기재가 없는 경우라고 할지라도 이를 무효의 수표로 볼 수는 없다).

16) 대법원 1970.11.24. 선고 70다2205 판결(상호만 변경되었을 뿐 동일한 법인체로 인정되는 한 乙회사는 甲회사가 발행한 약속어음에 대하여 그 책임을 면할 수 없다).

17) 대법원 1970.8.31. 선고 70다1360 판결(원심이 이 사건 어음은 피고가 조합인 수도운수 주주상조회 대표자 자격으로 발행한 것임을 확정하고 전조합원이 없다 할지라도 전조합원의 성명이 표시되어 있는 경우와 같이 전조합원은 **어음의 공동발행인으로서 합동책임을 져야 한다**고 설시하고 피고는 위 조합의 대표자로서 이 사건 어음채무를 부담한 것이 아니고 조합원의 한사람으로서 이 사건 어음의 공동발행인의 채무를 부담하여야 하는 것이며 **어음의 공동발행인은 각자가 그 어음상의 금액 전부에 대하여 지급의무를 부담한다**는 취지에서 피고는 이 사건 어음상의 채무금 전액에 대한 지급의무 있다는 원고의 청구를 인용하였음은 정당하다 할 것이고 원판결에 소론과 같이 민법상의 조합에 대하여 또는 어음상 채무부담에 관하여 법리오해의 위법이 있다고 할 수 없다. 뿐만 아니라 어음을 여러 사람 공동으로 발행하였을 경우에 공동발행인 전원을 상대로 하여서만 그 어음상의 채무이행을 청구할 수 있는 것이 아니고 그 사람에게 그 전부의 지급을 청구할 수 있는 것이며 또 피고가 이 사건 어음에 위 상조회 대표자로서 표시되었다 할지라도 그 조합원의 한사람으로서 이 사건 어음에 대한 공동발행의 책임을 부담하는 것이니 그 어음상의 채무금 지급을 청구하는 이 사건에 있어서 피고로서의 결격이 없다고 할 수는 없다. 이와 견해를 달리하여 피고는 자연인 개인의 입장에서는 이 사건 채무이행의 의무가 없다는 상고논지는 이유없다).

합동책임은 독립적으로 어음행위를 한 자들에게 정책적으로 동일한 어음채무를 부담하는 현상을 설명하기 위한 것이어서, 연대책임과 비교하여 보면 그 결합관계가 느슨하여, 다른 공동발행인에 영향을 미치는 **절대적 효력의 범위가 협소하다.** 따라서 (i) 공동발행인 1인에 대한 이행청구나 시효의 완성, 시효의 중단 등은 다른 공동발행인에 대하여 효력이 없으므로 개별적으로 하여야 하고, (ii) 공동발행인 상호간에 채무의 부담부분이 없어 어음관계상의 구상권이 없으며, (iii) 상환청구권 행사로 인한 책임을 묻기 위하여는 공동발행인 전원에 대하여 지급제시하고 지급거절이 되어야만 한다. 다만 공동발행인 중 1인이 어음금을 지급한 경우는 모든 공동발행인의 채무를 면하게 한다. 결국 **어음금지급만이 절대적 효력이 있다.**

③ 어음보증과의 구별

발행인란에 수인이 모두 발행인임을 명시하고 기명날인 또는 서명한 경우에는 공동발행이 분명하다. 그런데 발행인란에 단순히 복수의 기명날인 또는 서명이 있는 경우, 공동발행인지 또는 어음보증인지의 문제가 있다. 보증에 관한 어음법 제31조 제3항에서는 지급인 또는 발행인이 아닌 자가 어음표면에 한 단순한 기명날인 또는 서명은 보증으로 본다고 규정하여 보증으로 볼 수도 있기 때문이나, **발행인란은 발행인의 기명날인 또는 서명이 예정되어 있는 곳이므로** 각 기명날인 또는 서명에 외관상 큰 차이가 없는 이상 이를 공동발행으로 본다(통설). 이는 **어음의 표면에 지급인의 단순한 기명날인 또는 서명이 있으면 인수로 보는 것과 구별**하여야 한다(어음법 제25조 제1항).

3. 기타의 기재사항

어음요건 이외에도 그 기재사항의 효력에 따라 유익적 기재사항, 무익적 기재사항, 유해적 기재사항으로 구별된다.

(1) 유익적 기재사항

유익적 기재사항은 기재하지 않아도 어음 자체의 효력에는 영향이 없으나, 어음에 기재하면 기재한 그대로 효력을 발생하는 것을 말한다.

1) 제3자방지급문언

① 의 의

제3자방지급문언은 「제3자방」에서 지급할 뜻이 기재되어 있는 어음을 말한다. 어음은 지급인의 주소지에 있든 다른 지에 있든 관계없이 제3자방에서 지급하는 것으로 할 수 있다(어음법 제4조·제77조 제2항, 수표법 제8조). 「제3자방」이란 **발행인 또는 지급인의 영업소 또는 주소가 아닌 다른 제3자(지급담당자) 또는 제3자의 주소(지급장소)를** 말한다. **지급담**

당자는 지급인을 위하여 지급사무만을 담당하는 자이고 지급장소는 지급인이 어음을 지급할 장소를 말한다. 어음법은 이 양자를 엄격히 구별하지 않고 제3자방(어음법 제4조 · 제22조 제2항 · 제27조 제1항) 또는 지급장소(어음법 제27조 제2항) 등으로 표현한다. 거래계에서는 일반적으로 은행으로 기재된다. 어음에 은행으로 제3자방지급문구를 기재하여 이것을 제3자방지급어음으로 하는 것은 주로 다음과 같은 이유에서이다.

첫째, **지급인의 주소가 지급지 내에 없는 경우** 제3자방지급으로 할 필요가 있고 또한 **지급인의 주소가 지급지 내에 있는 경우**라도 은행으로 하여금 지급인에 갈음하여 어음의 결제를 하게 하면 지급인은 금전출납의 수고를 덜고 현금의 보관 내지 운반의 위험을 피할 수 있다. 둘째, 지급인의 채무자를 지급담당자로 한 경우에는, 지급담당자의 지급에 의하여 지급인의 발행인에 대한 채무와 발행인의 수취인에 대한 채무는 물론 지급담당자의 지급인에 대한 채무까지 모두 함께 결제되어 편리하다. 셋째, 은행을 지급장소로 하지 않으면 어음이 어음교환에 의하여 결제될 수 없어 그 신용도가 낮아 어음의 유통이 저해되나, 은행이 지급장소로 되어 있으면 어음소지인은 직접 지급은행에 지급제시를 할 필요 없이 자기의 거래은행에 추심위임을 하거나 자기의 거래은행에서 할인을 받을 수 있으므로 편리하다.

② 기재방법

제3자방지급문구의 기재방법에 관하여 다른 규정이 없으므로, 제3자방지급문구의 기재는 '제3자방에서 지급할 뜻'을 표시하는 것이면 어떤 형식이라도 무방하다. 그러므로 제3자방지급문구는 어음의 본문 중에 "○○은행 ○○지점에서 지급하여 주십시오"라고 기재하거나, 어음의 본문 외에 '지급담당자(또는 지급장소) ○○시 ○○구 ○○동 ○○번지 甲'이라고 기재하여도 무방하다. 일반적으로 어음의 본문 아래에 부동문자로 '지급장소'가 인쇄되어 있고, 보통 여기에 은행을 기재한다.

어음은 지급지에서 지급하여야 하는 것이므로, 지급장소는 당연히 지급지 내에 있어야 한다. 따라서 지급지 외에 있는 장소를 지급장소로 기재한 경우에 그 제3자방지급문구의 기재는 무효이다(통설). 다만 그 지급장소의 기재가 없는 것으로 되는 것이지 어음의 효력에는 아무 영향이 없다.[18] 제3자방지급어음에 있어서 지급담당자 또는 지급장소는 지급지 내에 있으면 되고, 그것이 지급인의 주소지에 있든 또는 기타의 지에 있든 불문한다.

③ 기재권자

제3자방지급문구는 **환어음에 있어서는 발행인 또는 지급인만** 기재할 수 있고 또한 **약속어음에 있어서는 발행인만** 기재할 수 있으므로, 이 이외의 자, 예컨대 배서인이나 보증인 등은 제3자방지급문구를 기재할 수 없다.

---

18) 대법원 1970.7.24. 선고 70다965 판결(약속어음에서 지급처소를 기재하는 것은 필요적 기재사항이 아니므로 지급지는 포항시로 되어 있는데 그 지급처소를 서울특별시로 기재하였다 하여 그 약속어음을 무효라 할 수 없다).

다만 환어음의 경우 **지급인은 발행인이 제3자방지급문구를 기재하지 아니한 제한된 경우에 한하여 기재 권한을 가진다.** 지급인은 발행인이 지급인의 주소지와 다른 지급지를 환어음에 기재한 경우 인수를 할 때 제3자방을 기재할 수 있으며(제27조 제1항), 지급인의 주소에서 지급될 경우 인수를 할 때 제3자방을 기재할 수 있다. 어음법 제27조 제1항에서 발행인이 제3자방지급문구를 기재하지 아니한 때에 한하여 지급인이 이것을 기재할 수 있는 것으로 제한하고 있으나, 동조 제2항에 있어서는 이러한 제한이 없으므로 발행인이 제3자방지급문구를 기재한 때에도 지급인이 이것을 기재할 수 있는 것처럼 보인다. 그러나 제1항과 제2항의 구별을 할 이유가 없으므로, **지급인의 주소에서 지급될 경우에도** 발행인이 제3자방지급문구를 기재하지 아니한 때에 한하여 지급인이 이를 기재할 수 있다고 보아야 한다.

④ 기재의 효력

(i) 어음소지인에 대한 효력

제3자방지급어음은 원칙적으로 제3자방(지급담당자)이 그 제3자방의 주소에서 지급하는 어음이다. 따라서 제3자방지급어음의 경우 어음소지인은 만기에 제3자방의 주소에서 그 제3자방에 대하여 지급제시를 하고, 지급거절증서도 그 제3자를 거절자로 하여 작성하여야만 하며 지급인을 거절자로 하여 작성할 것이 아니다. 그러므로 제3자방지급어음의 경우에는 어음소지인이 제3자방이 아니라 지급인의 주소에서 그 지급인에 대하여 어음의 제시를 하여도 전자에 대한 상환청구권이 보전되지 아니한다.

(ii) 발행인에 대한 효력

환어음의 발행인이 어음에 제3자방지급문구를 기재한 경우에는, 그 발행인은 어음에 인수를 위한 어음의 제시를 금지한다는 뜻(인수제시금지문구)을 기재할 수 없다(어음법 제22조 제2항 단서). 환어음의 발행인이 이에 위반하여 인수제시금지문구를 기재한 경우에는 그 기재는 무효이다.

(iii) 지급담당자에 대한 효력

어음에 제3자방지급문구가 기재되어 있는 경우에는, 제3자방(지급담당자)은 인수인에 갈음하여 그 주소에서 어음의 지급을 하고 또는 어음의 지급을 거절할 수 있는 지위를 가진다. 이러한 지급담당자의 지위는 제3자방지급문구의 창조자인 발행인이나 지급인도 어음에 기명날인한 어음채무자 전원의 동의가 없는 한 박탈할 수 없고, 또한 지급담당자 자신도 이것을 포기할 수 없다. 지급담당자는 인수인(약속어음의 발행인)에 갈음하여 어음의 지급을 하는 것이므로, 지급담당자가 어음의 지급을 한 경우에는 인수인이 어음의 지급을 한 것과 같이 어음상의 권리가 종국적으로 소멸한다.

2) 이자문구

일람출급 또는 일람후정기출급의 어음에서는 이자약정의 문언을 기재할 수 있고(어음법 제5조 제1항·제77조 제2항), 이는 유익적 기재사항이 된다. 이 경우 만기를 언제로 하느냐가 소지인의 의사에 달려 있기 때문에 이자를 발행 당시 확정할 수 없기 때문이다. 이 경우 이율을 기재하여야 하고, 확정금액을 적으면 이자약정이 없는 것으로 본다(어음법 제5조 제2항). 이자의 기산일은 특약이 없으면 어음을 발행한 날이다(어음법 제5조 제3항). **확정일출급 및 확정일정기출급의 어음에서는 이자를 어음금액에 포함시킴으로써 간명하게 어음금액을 정할 수 있기 때문에 이자의 기재가 허용되지 않는다.**

수표는 일람출급이므로 이자의 기재가 허용되지 않는다. 수표에 적은 이자의 약정은 **무익적 기재사항**이다(수표법 제7조).

3) 발행인 기재의 배서금지문구

어음은 당연한 지시증권이므로 지시식으로 발행되지 아니한 경우에도 배서에 의하여 양도할 수 있다(어음법 제11조 제1항). 그러나 발행인이 어음을 발행하면서 배서금지(지시금지) 등의 문구를 기재한 경우에는 그 어음은 민법상 지명채권의 양도방식으로만 양도할 수 있다(어음법 제11조 제2항). 따라서 유익적 기재사항이다.

4) 다른 유익적 기재사항

지급지가 기재되지 아니한 경우 지급인의 명칭에 부기한 지(어음법 제2조 제2호), 발행지가 기재되지 아니한 경우 발행인의 명칭에 부기한 지(어음법 제2조 제3호), 환어음의 발행인이 기재한 인수무담보문구(어음법 제9조 제2항), 환어음의 발행인이 기재한 인수제시의 명령 또는 금지문언(어음법 제22조), 인수제시기간의 단축 또는 연장의 기재(어음법 제23조 제2항), 지급제시기간의 단축 또는 연장의 기재(어음법 제34조 제1항) 등이 있다.

(2) 무익적 기재사항

무익적 기재사항은 어음에 기재하여도 어음상의 효력이 생기지 않는 사항을 말한다. 위탁어음문구(어음법 제3조 제1항), 확정일출급 또는 발행일자후정기출급어음에서의 이자문구(어음법 제5조 제1항), 일람출급 또는 일람후정기출급어음에 있어서 이율의 기재가 없는 이자문구(어음법 제5조 제2항), 환어음발행인의 지급무담보문구(어음법 제9조 제2항) 등이 있다.

(3) 유해적 기재사항

유해적 기재사항은 이를 어음에 기재하면 그 기재의 효력이 발생하지 않을 뿐 아니라 어음 자체를 무효로 하는 사항을 말한다. 이러한 사항은 어음의 본질에 반하는 등의 사항이다.

① 어음법에 기재된 유해적 기재사항으로는 어음법이 규정한 네 가지 이외의 만기를 기재하거나 분할출급의 만기를 기재하는 것(어음법 제33조 제2항), 어음의 지급에 조건을 붙이는 기재(어음법 제1조 제2호) 등이 있다. ② 약속어음의 경우 환어음과 다른 점은 환어음

및 수표의 발행인은 상환의무자이므로 그 발행인의 지급무담보문언의 기재는 무익적 기재사항이나, 약속어음의 발행인은 주채무자이므로 **약속어음의 발행인이 지급무담보문구를 기재하는 경우 이는 어음의 본질에 반하므로 유해적 기재사항이 된다.** 그리고 ③ 어음법에 규정이 없는 것들로는 어음채권을 원인관계에 결부시키는 기재, 어음금액의 지급방법을 한정시키는 기재 등이 이에 속한다. 이는 어음의 단순성을 파괴하여 어음의 본질에 반하기 때문이다.

Ⅱ. 환어음의 인수

1. 의   의

(1) 의   의

인수란 **환어음의 지급인이 어음금액의 지급채무를 부담하는 것을 목적으로 하는 어음행위**이다. 인수에 의하여 지급인은 환어음의 주된 채무자인 인수인이 된다. 인수제도는 환어음에만 있고 약속어음이나 수표에는 없다. 약속어음은 지급인이 없기 때문에 발행인이 주채무자가 되므로 인수제도가 없고, 수표는 지급인은 있으나 신용증권화되는 것을 막기 위하여 인수가 금지된다(수표법 제4조). 다만, 수표에는 이와 유사한 지급보증제도가 있으나 인수와는 의무내용이 다르다.

(2) 법적 성질

인수의 법적 성질에 대해서는, ① 인수가 어음소지인과 인수인 사이의 계약도 아니고 발행인의 지급위탁의 청약에 대한 승낙도 아니어서 발행인과 인수인 사이의 계약도 아니므로 인수인이 어음채무의 부담을 목적으로 하는 **단독행위**라고 보는 견해와 ② 인수인의 어음상 책임이 발생하기 위해서는 어음에 한 인수의 의사표시 이외에 어음소지인에 대한 인수인의 어음반환이 있어야 하므로 인수는 상대방이 승낙할 의사를 가지고 수령함으로써 효력이 발생하는 **계약**이라고 보는 견해로 나누어져 있다. 그런데 인수의 효과는 법률의 규정에 의하여 해결되기 때문에 실익이 있는 논쟁은 아니나, 인수는 인수인이 어음소지인에 대하여 정해진 조건대로 어음금채무를 부담하겠다는 의사를 표시하는 단독행위로 본다.

관련한 규정을 보면 인수인이 어음의 반환 이전에 인수의 의사표시를 철회할 수 있고, 부단순인수의 경우 인수를 거절한 것으로 보나 인수인은 그 인수문구에 따라 책임을 진다(어음법 제26조 제2항). 지급인이 환어음에 일단 기재한 인수라도 그 어음을 반환하기 전에는 이를 말소하여 철회할 수 있다. 환어음에 인수를 기재한 지급인이 그 어음을 반환하기 전에 인수의 기재를 말소한 경우에는 인수를 거절한 것으로 보고 말소는 어음의 반환 전에 한 것으로 추정한다(어음법 제29조 제1항).

2. 인수제시

(1) 의 의

환어음의 인수는 꼭 필요한 것은 아니다. 인수는 어음요건이 아니고(어음법 제1조), 인수가 없더라도 발행인이 어음의 인수와 지급을 담보하기 때문이다(어음법 제9조). 그러나 인수가 있으면 만기에 어음지급인의 신용이 높아지고 또 인수제시를 하여 인수거절되면 만기 전이라도 상환청구를 할 수 있다.

(2) 인수제시의 자유와 제한

인수제시를 할 것인가 아닌가는 원칙적으로 어음소지인의 자유이며 소지인은 어음의 만기까지는 언제라도 제시할 수 있다(어음법 제21조). 만기까지 인수제시를 하지 않고 만기에 지급제시를 하여도 좋다. 다만 인수제시자유의 원칙에는 다음의 예외가 있다.

1) 인수제시명령이 있는 경우

발행인 또는 배서인은 기간을 정하거나 정하지 아니하고 인수제시를 하여야 할 뜻을 환어음에 기재할 수 있다(어음법 제22조). 인수제시의 명령은 지급인에게 미리 지급을 준비시킬 필요가 있는 경우나 지급인의 지급의사의 유무를 미리 확인하고자 하는 경우 이용된다. 인수제시 명령을 하는 당사자는 **발행인** 또는 **배서인**이다. 다만 발행인이 인수제시금지의 기재를 한 경우에는 배서인은 이에 반하여 인수제시명령을 하지 못한다(어음법 제22조 제4항 단서).

어음소지인이 이 기간 내에 제시를 하지 아니하면 **발행인**이 인수제시명령을 기재한 경우에는 모든 상환의무자에 대하여, **배서인**이 이를 기재한 경우에는 그 기재를 한 배서인에 대하여 인수거절 및 지급거절에 의한 상환청구권을 상실한다(어음법 제53조).

2) 일람후정기출급어음

일람후정기출급어음은 발행일자로부터 1년 이내에 반드시 인수제시를 하여야 한다(어음법 제23조). 이것은 만기의 산정을 위해서 필요하기 때문이다. 인수제시기간은 1년이지만, 발행인은 이 기간을 단축 또는 연장할 수 있고, 배서인은 이 기간을 단축할 수 있다(어음법 제23조). 인수제시기간(1년)을 경과하면 어음소지인은 배서인, 발행인, 그 밖의 어음채무자에 대하여 그 권리를 잃는다(어음법 제53조 제1항·제2항). 배서인이 정한 기간을 도과한 때에는 그 배서인에 대한 상환청구권을 상실한다(어음법 제53조 제3항).

3) 인수제시금지

환어음의 발행인은 인수를 위한 어음의 제시를 금지할 수 있다(어음법 제22조 제2항·제3항). 이는 인수거절로 인한 만기 전의 상환청구를 미연에 방지하기 위하여서이다. 환어음에서 인수제시를 금지 또는 제한할 수 있는 자는 **발행인뿐**이고 **배서인이나 기타의 자는 이를 할 수 없고,** 이것이 인수제시명령과의 차이점이다.

인수제시의 금지는 기간을 정하거나 기간을 정하지 않고 할 수 있다. ① **기간을 정하고 하는** 인수제시의 금지는 **모든 종류의 환어음에 대하여 할 수 있다**(어음법 제22조 제3항). ② 기간을 정하지 않고 하는 인수제시의 금지도 가능은 하지만, **제3자방지급어음·지급인의 주소지가 아닌 지에서 지급하여야 하는 어음(타지지급어음), 일람후정기출급어음**의 경우에는 허용되지 않는다(어음법 제22조 제2항). 왜냐하면 (i) 제3자방지급어음의 경우에는 인수제시가 있어야 지급인에게 미리 지급장소(제3자)를 알려 지급준비를 하게 할 수 있기 때문이고, (ii) 타지지급어음의 경우 발행인이 지급지 내에 지급장소를 기재하지 않았다면 지급인에게 인수할 때에 지급장소를 기재할 기회를 주어야 하므로(어음법 제27조 제1항 1문) 인수제시가 필요하며, (iii) 일람후정기출급어음의 경우 만기를 확정하기 위하여 인수제시가 필요하기 때문이다.

인수제시금지에 위반하여 인수제시를 한 경우 인수가 거절되더라도 상환청구를 할 수 없다. 그런데 이 경우라도 지급인이 인수를 한다면 인수의 효력이 발생한다.

(3) 당사자

인수제시는 환어음의 **소지인 또는 단순한 점유자**가 할 수 있다(어음법 제21조). 단순한 점유자라 함은 어음소지인이 아니고 단지 어음을 현실로 소지하는 것에 불과한 자를 말한다. 단순한 점유자가 지급제시를 할 수 있는 권한은 없다(어음법 제38조 제1항). 인수제시에서 단순한 점유자도 할 수 있도록 한 이유는, **지급제시의 경우 지급제시자에게 여러 법적 효과가 발생하지만, 인수제시는 지급인의 어음금 지급의사를 확인하는 행위이며 실제 어음금을 지급받는 것도 아니므로 제시자가 누구인지 중요하지 않기 때문**이다.

피제시자는 지급인 또는 그 대리인이다. 주의할 점은 지급담당자의 기재가 있는 경우에도 **인수의 피제시자는 지급담당자가 아니라 지급인이다.** 그런데 지급담당자의 기재가 있다면 지급제시는 지급담당자에게 해야 하고, 지급인에게 하는 경우 아무 효력이 발생하지 않는다. 수인의 지급인이 지정되어 있는 경우 그 전원이 피제시자가 되고, 그중 1인의 인수거절이 있으면 만기 전 상환청구를 할 수 있다고 본다(다수설).

(4) 인수제시의 시기와 장소

1) 제시의 시기

어음법은 "만기에 이르기까지"라고 규정하나(어음법 제21조), 인수제시를 발행일부터 **만기의 전일**까지 하여야 하는 것으로 해석한다. **만기의 날에는 지급제시**를 하여야 하므로, 인수제시는 그 전일까지는 하여야 한다는 것이다. 인수제시기간이 법정되어 있거나 지정되었을 때에는(어음법 제23조) 물론 그 기간 내에 하여야 한다. 그런데 학설상으로는 만기를 경과한 후에도 그 시효기간 내에는 인수제시를 할 수 있다고 본다(통설). 인수제시기간이 경과한 후에도 지급인이 어음금 지급책임을 부담하는 것은 어음소지인에게 유리하고 굳이 이를 부정할 필요가 없기 때문이다.

2) 유예기간

인수제시에 대하여 지급인은 익일에 다시 한번 제시(제2의 제시)할 것을 청구할 수 있다(어음법 제24조). 이 기간을 유예기간이라 한다. 유예기간을 청구한 때에는 소지인은 인수거절이 있음에도 불구하고 익일에 제2의 제시를 하여 거절되어야 비로소 상환청구권을 행사할 수 있다. 지급인은 소지인의 제1의 제시에 대하여 인수거절증서를 작성하면 **제2의 제시를 할 것을 청구할 수 있고 이 청구를 제1의 인수거절증서에 기재하여야 한다.** 이 기재가 있는 경우에만 그 청구에 응한 제2의 제시가 없었음을 주장할 수 있다(어음법 제24조 제1항 후문). 그리고 제2의 제시에 대하여 다시 인수거절이 있는 경우 제2의 인수거절증서의 작성이 있어야만 하고 이것이 있어야만 상환청구가 가능하다. 그러나 지급인이 제2의 청구에 대한 기재를 제1의 인수거절증서에 하지 않는 경우, 제2의 제시에 관한 청구가 나타나지 않기 때문에 어음소지인은 제1의 거절증서를 가지고 상환청구가 가능하다.

3) 장　소

어음법은 지급인의 주소라고 규정하고 있으나(어음법 제21조), 지급인의 영업소 · 주소 또는 거소라 해석한다(통설).

3. 인수의 방식

(1) 인수요건

인수가 유효하기 위하여는 원칙적으로는 다음과 같은 요건이 있어야 한다. ① **인수문언**이다. 인수문언은 인수인 자신이 스스로 기재할 수도 있고 인쇄된 문언이라도 무방하다. 인수문언을 표시하고 지급인이 기명날인 또는 서명하는 방식에 의하면 「**정식인수**」(어음법 제25조 제1항 1문), 인수문언 없이 어음의 앞면에 단순히 지급인이 기명날인 또는 서명을 하는 경우 「**약식인수**」이다. 약식인수가 되기 위하여는 반드시 어음의 앞면에 지급인이 기명날인 또는 서명하여야 한다. 만약 뒷면에 하게 되면 백지식배서가 되기 때문이다(어음법 제13조 제2항). ② **기명날인 또는 서명**이다. 인수는 반드시 지급인이 하여야 하므로 지급인과 인수인은 동일해야 한다. 지급인과 인수인의 동일성을 판단하는 기준에 관하여 견해의 대립이 있으나, 어음행위의 외관에 의하여 결정할 수 있어야 하므로 문언에 의하여 판단한다는 형식적 동일설이 타당하다. **인수는 어음본지에 하여야 하고 등본이나 보전에 한 인수는 무효이다.**

(2) 기타 기재사항

① 인수일자

인수일자는 인수의 요건은 아니므로 반드시 기재하여야 하는 것은 아니지만 **일람후정기출급어음 또는 인수제시명령에 따라 일정한 기간 내에 인수제시를 하여야 할 어음에는 인수일자를 기재**하여야 한다(어음법 제25조 제2항). 그런데 판례는 일람후정기출급 환어음은 지급인이 그 환어음 원본에 인수 기타 이와 동일한 의미가 있는 문자로 표시하고 **인수일자를 기재하거나 또는 기재하지 아니한 채 기명날인하여 이를 그 인수제시인에게 교부 반환하면 인수가 되는 것이고, 인수일자를 기재하지 아니할 때에 장차 그 소지인에게 그 제1의 인수제시일자 또는 인수일자의 보충권을 수여하는 이른바 백지인수도 가능**하다고 한다.[19]

② 제3자방지급문구

(i) 발행인이 지급인의 주소지와 다른 지급지를 환어음에 적은 경우(타지지급어음)에는 지급인이 인수를 하면서 제3자방지급문구를 기재할 수 있다(어음법 제27조 제1항 1문). 만약 제3자방지급문구가 없으면 인수인은 지급지에서 직접 지급할 의무를 부담한 것으로 본다(어음법 제27조 제1항 2문). (ii) 지급인의 주소에서 지급될 어음의 경우(**동지지급어음**) 지급인은 인수를 함에 있어 지급지 내에 위치한 지급장소를 기재할 수 있다(어음법 제27조 제2항).

(3) 인수의 말소와 철회

1) 인수기재 문언의 말소

지급인은 자유롭게 인수 여부를 결정할 수 있다. 지급인이 환어음에 인수의 기재를 한 경우에도 그 어음을 반환하기 전까지는 인수문구를 말소하여 인수를 철회할 수 있다(어음법 제29조 제1항 1문). 지급인이 어음의 반환 전까지 인수의 기재를 말소하였다면 인수를 거절한 것으로 본다. 말소는 어음의 반환 전에 한 것으로 추정한다(어음법 제29조 제1항 2문).

2) 서면 인수통지

어음법 제29조 제2항은 "제1항에도 불구하고 지급인이 소지인이나 어음에 기명날인 또

---

19) 대법원 1980.2.12. 선고 78다1164 판결.

는 서명을 한 자에게 서면으로 인수를 통지한 경우에는 그 상대방에 대하여 인수의 문구에 따라 책임을 진다"고 규정한다. 그런데 동 조항에 대하여 판례는 **"환어음에 인수를 기재한 지급인**이 그 어음을 반환하기 전에 인수의 기재를 말소하였음에도 소지인 등에게 서면으로 인수의 통지를 한 때에는 어음에 기재된 말소 전의 인수문언에 따라 책임을 진다는 취지를 규정한 것으로 해석함이 상당하므로, **만일 지급인이 환어음에 인수문언의 기재 및 기명날인 등을 하지 아니한 채 소지인 등에게 인수의 통지를 한 경우에는 그 지급인에 대하여 어음법 제29조 제2항에 따른 어음상의 책임을 물을 수 없다"**고 한다.[20]

4. 인수 및 인수거절의 효력

(1) 주채무자(최종적, 제1차적, 무조건적, 절대적 의무)

지급인은 인수에 의하여 만기에 어음금액을 지급할 어음상의 의무를 부담한다(어음법 제28조 제1항). 즉 인수를 함으로써 환어음의 주채무자가 된다. 인수인의 의무는 약속어음의 발행인의 의무와 같으며 일차적이고, 무조건적이고, 절대적·최종적 의무이다. 따라서 인수인은 최후의 소지인뿐만 아니라 상환의무를 이행하고 어음을 환수한 소지인과 발행인 등에 대해서도 의무를 부담한다(어음법 제28조 제2항). 그리고 어음소지인이 어음상의 권리보전절차를 태만히 하였더라도 인수인의 의무는 소멸하지 않는다(어음법 제53조). 또한 인수인의 의무는 최종적이므로 인수인은 환어음의 발행인이나 다른 어음관계자에 대하여 상환청구를 할 수 없다. 인수인이 지급할 금액은 만기에 지급하는 경우에는 어음금액과 이자이나, 만기에 지급하지 아니하여 상환청구권이 발생한 경우에는 상환금액(어음법 제48조·제49조)과 동일한 금액이다(어음법 제28조).

(2) 합동책임

여러 사람이 인수한 경우에는 각자가 인수인으로서 전부의 지급의무를 부담한다. 이것은 합동책임(어음법 제47조)이지 연대책임이 아니다. 따라서 수인의 인수인 중 1인에 대한 지급제시는 다른 인수인에 대하여 효력이 생기지 않는다.

(3) 인수거절로 인한 상환청구

지급인이 인수를 할 것인가는 그의 자유이고 지급인이 인수를 거절하더라도 소지인은 지급인에 대하여 아무 청구도 할 수 없다. 지급인이 인수를 거절하는 경우에는 어음소지인은 만기까지 기다릴 필요도 없이 바로 자기의 전자에 상환청구권을 행사할 수 있다(어음법 제43조). 이를 인수거절로 인한 상환청구 또는 만기 전의 상환청구라 한다.

---

20) 대법원 2008.9.11. 선고 2007다74683 판결.

5. 부단순인수(일부인수, 변경인수, 조건부인수)

(1) 의 의

부단순인수는 어음기재사항을 변경하거나 또는 조건을 붙여서 하는 인수를 말한다. 인수도 원칙적으로 단순성이 요구되고, 인수는 조건 없이 하여야 한다(어음법 제26조 제1항 본문). 환어음의 다른 기재사항을 변경하여 인수하였을 때에는 인수를 거절한 것으로 본다(어음법 제26조 제2항 본문). 따라서 어음소지인은 인수거절을 이유로 상환청구를 할 수 있다.

(2) 일부인수

어음금액의 일부에 대하여 하는 인수는 허용된다(어음법 제26조 제1항 단서). **어음금액의 일부에 대한 인수는 인수거절로 보지 않고, 그 일부에 대한 인수는 유효하다.** 따라서 1억원의 어음에 대하여 6천만원만 인수하는 경우 6천만원에 대한 인수의 효력은 발생하고, 나머지 4천만원에 대하여는 인수거절이 된다. 따라서 상환청구권이 발생하는 범위는 4천만원이 된다.

(3) 변경인수

어음의 내용을 변경하여 하는 인수는 인수거절로 본다(어음법 제26조). 따라서 어음소지인은 인수거절로 인한 상환청구권을 행사할 수 있다(어음법 제43조 제1호). 하지만 이러한 변경인수가 어음 자체의 효력을 상실시키는 것은 아니다. 그리고 변경인수를 한 경우 인수인은 그 인수문언에 따라 책임을 진다(어음법 제26조 제2항 단서). 이 경우 인수인의 책임을 인정하여도 인수인의 의사에 반하지 않을 뿐만 아니라 오히려 어음소지인에게 이득이 될 수 있기 때문이다. 예를 들면 만기를 2016. 2. 1.에서 2016. 4. 1.로 변경하여 인수하였다면 인수를 거절한 것으로 보면서도, **인수인은 2016. 4. 1.을 만기로 하는 어음에 대하여 책임을 진다. 한편 이 경우도 인수가 거절된 것으로 보므로 어음소지인은 다른 상환의무자에 대하여 상환청구권을 행사할 수 있다.** 이 점은 일부인수와 다르다.

(4) 조건부인수

조건부인수는 일부인수나 변경인수와는 달리 **법문상 명문의 규정이 없으며**, 견해가 나뉜다. 인수를 조건 없이 하여야 하므로(어음법 제26조 제1항), **조건부인수를 인수거절로 보는 점**에는 이견이 없다. 다만 이 경우 변경인수와 같이(어음법 제26조 제2항) 그 조건에 따라 어음상 책임을 부담하는가의 문제이다. 판례는 없으나 변경인수의 근거가 여기에도 적용되는 것으로 보아 조건대로 어음상책임을 부담하는 것으로 해석함이 타당하다(긍정설).

Ⅲ. 수표의 지급보증

1. 지급보증의 의의

지급보증은 **지급인**이 지급제시시간 내에 수표가 제시된 때에 수표의 문언에 따라 지급할 것을 약속하는 수표행위를 말한다(수표법 제53조 제1항). 지급보증은 수표에 특유한 제도로서 지급인이 지급보증에 의하여 지급채무를 부담하는 점에 있어서는 환어음의 인수와 유사하나, 수표에서는 인수를 금지하고 있을 뿐만 아니라 수표에 한 인수의 문언도 무익적 기재사항이다(수표법 제4조 2문). 그리고 인수를 잠탈할 수단이 될 수 있는 배서와 보증도 무효로 한다(수표법 제15조 제3항·제25조 제2항). 수표도 지급위탁증권이므로 발행 자체로는 주채무가 발생하지 않기 때문에 지급의 불확실성을 제거할 수 있는 제도가 수표법 제53조 이하의 지급보증제도인 것이다. 하지만 **지급보증은 실제 거의 이용되지 않고**, 대신에 지급의 확실성을 높이기 위한 자기앞수표가 광범위하게 이용된다.

2. 구별 개념

(1) 수표보증

지급보증은 수표보증과 그 용어가 유사하나 다른 제도이다. 다음의 점에서 차이가 있다. ① 지급보증은 지급인만이 할 수 있으나(수표법 제53조 제1항), 수표보증은 지급인을 제외한 제3자가 할 수 있다(수표법 제25조 제2항). 수표보증을 할 수 있는 제3자에 대하여는 제한이 없으므로 수표에 이미 기명날인 또는 서명을 한 자도 수표보증인이 될 수 있다. ② 지급보증은 지급인이 수표금액의 지급의무를 부담하는 행위이나, 수표보증은 지급인 이외의 자가 수표채무자의 채무를 보증하는 행위이다. ③ 지급보증인은 최종적인 상환의무자의 지위에 있으므로 지급보증인이 수표금을 지급하는 경우 수표관계가 소멸하고 지급보증인은 수표상 권리를 취득하는 것이 아니다. 그러나 수표보증의 경우 보증인이 수표금을 지급하게 되면 피보증인이 그의 수표상의 채무자에 대하여 수표상의 권리를 취득한다(수표법 제27조 제3항).

(2) 환어음의 인수

인수와 지급보증은 모두 지급의 확실성을 높이기 위한 제도라는 점, 청구자의 자격에는 제한이 없고 단순한 점유자도 청구할 수 있는 점 등은 같은 점이다. 하지만 다음의 점에서 차이가 있다. ① 환어음의 인수인은 약속어음의 발행인과 같이 주채무를 부담하나(어음법 제28조), 수표의 지급보증인은 수표소지인이 지급제시기간 내에 수표를 제시한 경우에 한하여 지급할 의무를 부담한다(수표법 제55조 제1항). ② 인수가 거절된 경우 만기 전의 상환청구가 가능하나(어음법 제43조 제1호), 지급보증이 거절되더라도 상환청구권을 행사할 수 없다(수표법 제39조). 수표의 소지인이 지급인에게 지급보증을 요구할 권한이 없기 때문이다. ③ 인수인의 어음채무의 소멸시효기간은 만기 후 3년이나(어음법 제70조 제1항), 지급보증인의 수표채무의 소멸시효기간은 지급제시기간 경과 후 1년이다(수표법 제58조). ④ 환어음에는 약식인수나 일부인수가 인정되나, 지급보증의 경우에는 인정되지 않고 아예 그 기재를 하지 않은 것으로 본다(수표법 제54조).

3. 지급보증의 방식

(1) 필수적 기재사항

지급보증은 수표의 **앞면**에 지급보증의 뜻을 기재하고(지급보증문언), 일자를 부기하여 기명날인 또는 서명하여야 한다. 지급보증은 반드시 앞면에 하여야 하고 수표의 뒷면이나 보충지에는 할 수 없다. ① **지급보증문언은 필수적 기재사항으로서 반드시 기재하여야 하고**, 이 문언이 없는 약식지급보증 등은 있을 수 없다. 인수와의 차이점이다. ② **지급보증일자**의 기재가 없으면 지급보증이 무효가 된다. 배서·보증·인수 등과는 달리 일자가 필수적 기재사항이고, 그 기재가 없으면 지급보증으로서의 효력이 없다. ③ **지급인의 기명날인 또는 서명**이 있어야 함은 일반적인 어음행위와 동일하다.

(2) 부단순 지급보증

지급보증은 무조건이어야 하고(수표법 제54조 제1항), 지급보증에 의하여 수표의 기재사항을 변경한 부분은 이를 변경하지 아니한 것으로 본다(수표법 제54조 제2항). 따라서 지급보증인이 수표의 기재사항을 변경하면서 한 경우 원문언에 따라 책임을 진다. 수표금액의 일부에 대하여 지급보증을 하게 되면 지급보증의 효력이 발생하고 전액에 대하여 지급보증을 한 것으로 효력이 발생한다(이설 있음).

4. 지급보증의 효력

(1) 조건부 수표금 지급의무 부담

지급보증을 한 지급인은 지급제시기간 경과 전에 수표가 제시된 경우에 한하여 수표소지인에게 수표금액의 지급의무를 부담한다(수표법 제55조 제1항). 지급보증인의 의무는 제1차적 지급의무를 부담한다는 점에서 환어음의 인수인과 유사하나, **제시기간 경과 전에 제시될 것을 조건**으로 하는 점은 차이가 있다. 이 점에서는 지급보증인은 최종의 상환의무자와 같은 지위에 있다. 지급보증인은 지급제시기간 내에 수표를 제시한 경우에 한하여 지급의무를 부담하므로, 지급제시기간 내에 적법한 지급제시를 하였는지 여부는 거절증서 또는 이와 동일한 효력이 있는 선언에 의하여 증명되어야 한다(수표법 제55조 제2항).

(2) 시   효

조건이 성취된다면 1년의 소멸시효기간 동안에는 계속 채무를 부담한다(수표법 제58조). 시효기간의 기산점은 지급제시기간의 경과시점이 된다. 예컨대 발행일 2016. 3. 1. 의 수표에 대하여 甲은행이 지급보증을 하였다면 어음소지인이 지급제시기간인 2016. 3. 11.까지 지급제시를 하는 것을 조건으로 甲은행은 수표금 지급의무를 부담한다. 그리고 그 시효는 2016. 5. 11.부터 기산하여 2017. 5. 10. 시효 완성된다.

제 3 절   어음상 권리의 이전

I. 개   관

1. 총   설

어음상 권리의 취득에는 원시취득과 승계취득이 있다. 원시취득은 어음의 최초 발행으로 수취인이 어음상 권리를 취득하는 경우, 어음을 선의취득하는 경우가 있다. 승계취득에는 어음법이 인정한 어음의 유통방법으로 배서와 교부가 있다. 또한 민법상 지명채권양도방법에 의한 승계도 가능하다.

2. 어음상 권리의 양도방법

(1) 어음법이 인정한 어음의 유통방법

배서란 어음의 원활한 유통을 위하여 어음법이 인정한 어음의 간편한 양도방법이다. 어음은 법률상 당연한 지시증권이므로 지시식으로 발행된 경우는 물론 기명식으로 발행된 경우에도 배서에 의하여 타인에게 양도할 수 있다(어음법 제11조 · 제77조). 배서는 권리이전의 요건이고, 대항요건이 아니다. 배서의 법적 성질은 어음상의 권리의 양도를 목적으로 하는 어음행위, 즉 **채권양도**로 이해한다(통설).

(2) 단순한 교부

수취인이 기명식으로 되어 있는 어음은 단지 교부만에 의하여 양도될 수는 없고,[21] **지시식으로 되어 있는 어음의 경우에도 마찬가지이다.** 다만 일정한 경우에는 단순한 교부

---

21) 대법원 1997.7.22. 선고 96다12757 판결.

에 의하여 양도될 수 있는데, 그러한 경우로서 ① 수취인란이 백지로 된 어음, ② 어음은 소지인출급식으로 발행할 수 없으나 **최후의 배서가 소지인출급식 배서**인 경우, 또는 ③ **최후의 배서가 백지식 배서**인 경우 어음소지인은 배서 없이 단순한 교부만에 의하여 양도할 수 있다(어음법 제12조 제3항·제13조 제2항·제14조 제2항). 단순한 교부에는 담보적 효력이 인정될 수 없으므로 양도인이 담보책임을 지지 않는다.

소지인출급식 수표의 경우에는 단순한 교부만으로 양도된다. 이 경우도 양도인이 담보책임을 부담하지 않는다. 그런데 소지인출급식 수표에 배서를 한 경우 배서의 효력에 의하여 양도인이 담보책임을 진다(수표법 제20조). 소지인출급식 수표의 경우도 단순한 교부만에 의하여 수표상 권리가 양도되는 것이며, 배서에 의하여 담보책임을 진다는 것에 불과하다. 따라서 배서에 의하여 그 수표가 지시식으로 변하는 것도 아니므로(수표법 제20조 단서), 배서에 의하여 수표를 취득한 자도 다시 양도하는 경우 교부로 족하다.

3. 지명채권양도 방법에 의한 어음의 양도

배서라는 어음에 특유한 양도방법 이외에 어음의 양도방법으로는 상속·회사합병과 같은 포괄승계와 전부명령(민사집행법 제229조 제3항)·경매 같은 특정승계가 있다. 그런데 민법 제450조의 지명채권 양도방법에 의한 양도가 가능한지에 대해서는 ① 어음법상의 배서에 관한 규정을 강행규정으로 보면서 지명채권양도방법에 의한다면 증권에 따른 고유한 양도방법을 규정한 법의 취지가 상실된다고 보는 **부정설**이 있으나, ② 통설은 **긍정설**의 입장에서 어음상의 권리를 민법상 지명채권양도방법에 의하여 양도하는 것도 가능하다고 본다. 다만 유가증권인 어음의 특성을 고려할 때 양수인은 어음을 소지하고 있어야만 어음상 권리를 행사할 수 있으므로 어음상 권리양도의 합의 이외에도 사실상 어음의 교부가 필요하다고 본다. 어음법은 배서금지어음과 같이 배서성을 당사자 합의에 의하여 배제하는 것을 허용하고 있으므로 배서성을 강행규정으로 이해하는 것도 근거가 약하다. ③ **판례도 통설과 같은 입장에서 긍정설을 취하면서 어음의 교부가 필요하다고 본다. 그리고 민법상 지명채권양도 방법인 어음채무자에게 대항하기 위한 대항요건인 채권자의 통지나 채무자의 승낙 등 대항요건을 갖출 것을 요구한다.**[22]

4. 배서금지어음

(1) 의 의

1) 배서성 박탈

어음은 법률상 당연한 지시증권으로서 배서에 의하여 양도할 수 있는 것이 원칙이지만,

---

22) 대법원 1996.4.26. 선고 94다9764 판결.

배서금지어음이라는 예외가 있다. 배서금지어음이란 **발행인이 '지시(배서)금지'의 글자 또는 이와 같은 뜻이 있는 문구를 기재한 어음**을 말한다(어음법 제11조 제2항). 배서금지어음은 일종의 기명증권으로 되고, 배서에 의한 양도가 금지되며 지명채권양도방법에 의하여 양도될 수 있다.

이러한 배서금지어음은 유통성을 보호하기 위한 어음법상의 배서에 의한 양도 제도를 이용하지 못하나, 어음의 발행인이 수취인에 대한 항변의 유보를 원하거나 배서가 계속되어 상환금액이 증대되는 것을 막기 위하여 이용된다.

2) 배서금지배서와의 구별

배서금지어음은 **발행인**이 배서금지 문언을 어음에 기재하고 배서성을 박탈시키는 점에서 배서금지배서와 구별된다. 배서금지배서는 **배서인**이 하는 것으로 어음의 배서성을 박탈하는 것은 아니고 여전히 배서에 의하여 양도할 수 있다. 다만 당 배서금지배서를 한 배서인은 자기의 직접의 피배서인의 후자에 대해서는 담보책임을 지지 않을 뿐이다.

3) 발행인이 배서금지의 뜻을 기재

배서금지어음은 발행인이 기재한 경우에 한한다. **환어음의 인수인이 배서금지의 문언을 기재한 경우**에는 배서금지어음이 되는 것이 아니라 **부단순인수가 된다**(통설). 이 경우 인수를 거절한 것이 되나 인수인은 그 문언인 배서금지의 문언에 따른 책임을 진다(어음법 제26조 제2항).

(2) 기재방법

1) 통상인이 식별할 수 있도록 명확하게 기재

배서금지어음은 발행인이 원인관계에 의하여 자기보호를 목적으로 특별히 기재하여 어음의 배서성을 박탈시키는 예외적인 것인 만큼, **제3자가 식별할 수 있도록** 배서금지 등의 문구를 **어음면상 명확하게 기재하여야 한다.** 판례도 이러한 취지에서 어음은 원칙적으로 배서에 의하여 양도할 수 있는 것이므로 배서금지어음으로 되기 위하여는 **통상인이 어음 거래를 함에 있어서 어음면상으로 보아 발행인이 배서를 금지하여 발행한 것임을 알 수 있을 정도로 어음법 제11조 제2항의 "지시금지"의 문자 또는 동일한 의의가 있는 문언이 명료하게 기재**되어야 한다고 한다.[23]

통상인이 보통의 주의로써 배서금지어음임을 쉽게 알 수 있어야 하므로, **다음의 경우 배서금지어음이 아니라고 하였다.** ① 지시금지의 문언을 명확하게 기재한 것이 아니라, **단**

---

23) 대법원 1994.10.21. 선고 94다9948 판결(약속어음은 원칙적으로 배서에 의하여 양도할 수 있는 것이므로 배서금지어음으로 되기 위하여는 통상인이 어음거래를 함에 있어서 어음면상으로 보아 발행인이 배서를 금지하여 발행한 것임을 알 수 있을 정도로 어음법 제11조 제2항의 '지시금지'의 문자 또는 동일한 의의가 있는 문언이 명료하게 기재되어야 한다).

순히 지시문언을 삭제하였다 하여 배서금지어음이 되는 것이 아니다.[24] ② 발행인이 어음의 표면에 '보관용'이라 기재한 것만으로는 배서금지어음이 되지 않는다.[25] ③ 약속어음 이면의 배서란 맨 끝부분에 "견질용"이라고 기재된 것만으로는 배서금지어음이 아니다.[26] ④ **단순히 발행인과 수취인 사이에 배서금지의 특약이 있는 것만으로는 아무 효력이 없으며**, 나아가 악의의 피배서인에게도 그 특약을 가지고 대항할 수 없다.[27] ⑤ 약속어음의 발행인이 어음용지에 인쇄된 지시문구를 삭제함이 없이 약속어음 오른쪽 상단의 아라비아 숫자로 기재된 액면금액의 표시와 지시문구 사이에 그보다 작은 크기의 지시금지라고 새겨진 고무인을 숫자 및 지시문구의 문자와 중복되게 **희미하게 압날함으로써 통상인이 어음거래를 함에 있어 보통 기울이는 정도의 주의로는 쉽게 알아보기 어려운 상태로** 지시금지문구를 표시한 경우 배서금지어음이 아니다.[28]

2) 인쇄된 지시문언과 수기된 지시금지문언이 병존하는 경우

어음면상 인쇄된 지시문구를 그대로 두고 배서금지의 문구를 기재한 경우 배서금지어음이 되는가? 통상의 제3자가 식별할 수 있도록 명확하게 기재되어야 한다는 점에서는 문제가 있으나, **통설과 판례**는 지시문구는 인쇄된 것이지만 지시금지의 문구는 발행인이 스스로 기입한 것이므로 배서금지의 문구를 우선하여 **배서금지어음으로 본다.**[29]

(3) 효 력

① **배서에 의한 양도가 금지**된다. 배서금지어음은 배서에 의하여 양도할 수 없다. ② 배서금지어음이라도 양도성까지 없는 것은 아니므로 **지명채권양도의 방법에 의하여 이를 양도할 수 있다.** 판례도 약속어음의 배서금지는 양도성 자체를 박탈하는 것은 아니므로 다른 의사표시 없이 배서금지의 문언을 기재한 사실만 가지고서 당연히 그 어음상의 권리를 지명채권양도의 방법으로 양도하는 것을 금지하는 특약이 포함되어 있는 것은 아니라 한다.[30] 다만 배서금지어음도 유가증권이므로 **어음의 교부**는 있어야 하고, 동 어음의 소지인이 어음상 권리를 행사하기 위하여는 어음을 제시하여야만 한다(어음법 제38조). 따라서 지시금지어음의 성질은 기명증권이고, 표창하는 권리는 지명채권이다.

③ 배서금지어음을 지명채권양도의 방법으로 양도한 경우에는 **지명채권양도의 효력만**

---

24) 대법원 1962.12.20. 선고 62다688 판결.
25) 대법원 1993.11.12. 선고 93다39102 판결.
26) 대법원 1994.10.21. 선고 94다9948 판결.
27) 대법원 1965.5.18. 선고 65다478 판결.
28) 대법원 1990.5.22. 선고 88다카27676 판결.
29) 대법원 1987.4.28. 선고 86다카2630 판결(어음의 발행인이 어음용지에 부동문자로 인쇄된 지시문구를 말소하지 아니한 채 그 지시문구 다음에 "지시금함"이라고 기재한 지시금지문구를 병기하였다면 특단의 사정이 없는 한 지시금지문구의 효력이 우선한다).
30) 대법원 1989.10.24. 선고 88다카20774 판결.

이 있으므로 어음법적 보호가 인정되지 아니한다. 따라서 이 경우에 증권을 양도하더라도 증권의 소지인에게 자격수여적 효력이 인정되지 아니하므로 선의취득도 인정되지 않고, 인적항변의 절단도 인정되지 아니한다.[31] 어음법상 배서인의 담보적 효력도 없다. ④ 배서가 어음상 권리의 양도를 위한 것이 아니라면 허용된다. 요컨대 배서금지문언은 배서에 의한 '양도'만을 금하는 효력을 가지므로 **추심위임배서**(어음법 제18조)는 **가능하다.** 다만 입질(入質)배서(어음법 제19조)에 대하여는 견해가 나뉘나, 입질배서는 인적항변 절단의 효과가 있으므로 배서금지어음은 가능하지 않다고 보아야 한다.

Ⅱ. 배서의 의의와 방식

1. 배서의 의의

배서란 **증권의 뒷면에 권리양도의 취지를 적고 기명날인 또는 서명을 하여 상대방에게 교부하는 것**을 말한다. 배서란 어음의 원활한 유통을 위하여 어음법이 인정한 예외적인 간편한 양도방법이다. 배서는 민법상 지명채권양도절차와 비교하여 보면 ① 통지 또는 승낙이라는 대항요건이 필요하지 않고, ② 취득자는 배서의 연속만 갖추면 적법한 소지인으로 추정되므로 형식적 요건에 대해서만 주의를 기울이면 되고, ③ 선의취득이 인정되고, ④ 인적항변이 절단되고, ⑤ 배서인들에게 담보책임을 지운다는 점이다. 이 점들을 배서의 권리이전적 효력, 자격수여적 효력, 담보적 효력으로 설명한다.

2. 배서의 방식

배서는 어음이나 보전 또는 등본에 하여야 한다(서면행위). 어음의 뒷면(이면)이나 앞면(표면)에 하여도 상관없다. 어음의 뒷면에 있는 단순한 기명날인 또는 서명은 백지식 배서로 보게 되지만(어음법 제13조), 어음의 앞면에 배서를 하는 경우에는 반드시 배서임을 명시하여야 한다. **어음의 앞면에 있는 단순한 기명날인은 어음보증이나 인수로 보기 때문이다.**

(1) 필요적 기재사항(배서요건)

배서는 어음의 뒷면(이면)에 하는 것이 보통이나, 간략백지식배서를 제외하고는 어음의 앞면(표면)에도 할 수 있다. 배서요건은 배서문언, 피배서인, 배서인의 기명날인 또는 서명 등 세 가지를 말한다. ① **배서문언**은 「앞면에 적힌 금액을 ○○○에게 지급하여 주십시오」

---

31) 대법원 2015.3.20. 선고 2014다83647 판결(어음채무자는 어음채권을 지명채권양도의 방법으로 양수한 자에게 양도인에 대한 인적항변으로 대항할 수 있고, 따라서 지명채권양도의 방법으로 양수한 어음채권의 행사는 어음채무자와 양도인 사이의 원인관계의 효력에 따라 제한될 수 있다).

등으로 기재된다. ② **피배서인**은 어음요건이기는 하나 기재되지 않을 수도 있는데 그 기재유무에 따라 기명식배서와 백지식배서로 구분되며, 그 표시방법에 따라서도 소지인출급식배서와 지명소지인출급식배서 등으로 구분된다. ③ **배서인의 기명날인 또는 서명**은 반드시 기재되어야 하고 만약 이 기재가 없으면 그 배서는 무효가 된다.

배서일자는 배서요건이 아니다. 따라서 기재하지 않아도 무방하며 배서일자가 발행일자보다 앞선다고 하여 배서가 무효가 되는 것도 아니다.[32] 또한 후술하는 바와 같이 기한후배서 여부를 판단할 때에도 실제 배서일자를 기준으로 하는 것이므로,[33] 배서일자가 기재되어 있다 하더라도 기한후배서인지 여부를 결정하는 추정의 효력밖에 없다. 배서일자의 기재가 없는 경우에는 기한전의 배서로 추정된다(어음법 제20조 제2항).

(2) 유익적 기재사항

배서를 하는 경우에 기재를 하면 효력이 생기는 것으로서, 소지인출급식 배서문언(어음법 제12조 제3항), 무담보문언(어음법 제15조 제1항), 배서금지문언(어음법 제15조 제2항), 추심위임문언(어음법 제18조 제1항), 입질문언(어음법 제19조), **배서일자**(어음법 제20조 제2항), 인수제시요구문언(어음법 제22조 제4항), 인수제시기간단축문언(어음법 제23조 제3항), 지급제시기간단축문언(어음법 제34조 제1항), 거절증서작성면제 문언(어음법 제46조 제1항), 예비지급인의 기재(어음법 제55조 제1항), 등본에만 배서할 것의 문언(어음법 제68조 제3항) 등이다.

(3) 무익적 기재사항

배서를 하는 경우에 어음에 기재하여도 아무런 효력이 없다. 그러나 배서 자체를 무효로 하지 않는다. 예를 들면, 배서에 붙인 조건(어음법 제12조 제1항 2문), 대가문언 등이다.

(4) 유해적 기재사항

기재를 하면 배서 자체가 무효로 되는 사항을 말한다. **일부배서는 대표적인 유해적 기재사항이다**(어음법 제12조). 어음금액 중 일부만의 양도를 허용하게 되면 권리와 증권과의 결합이 해체되는 결과가 되므로 어음의 본질에 반하게 된다. 그런데 일부인수(어음법 제26조 제1항)나 일부보증(어음법 제30조 제1항)과는 구별하여야 한다. **일부인수나 일부보증은 어음의 유통성을 높이는 것으로 허용**된다. 또한 **어음소지인은 일부지급을 거절하지 못한다**(어음법 제39조 제2항).

---

32) 대법원 1968.6.25. 선고 68다243 판결(배서일자의 기재는 어음배서의 요건이 아니므로 발행일자보다 앞선 배서일자가 기재되어 있다 하더라도, 그 배서가 무효로 되는 것은 아니라 할 것이므로).
33) 대법원 1994.2.8. 선고 93다54927 판결.

3. 배서의 종류

(1) 기명식배서

기명식배서란 배서인이 피배서인을 지정하여 피배서인의 성명·상호를 기재한 것이다. 배서인의 기명날인 또는 서명은 당연히 있어야만 한다. 피배서인은 거래에서 누구인가를 식별할 수 있을 정도이면 족하다.[34]

(2) 백지식배서(약식배서, 무기명식배서)

1) 의 의

백지식배서란 피배서인을 지정하지 않은 배서이다. 예로서 '표기의 금액을 (   ) 또는 그 지시인에게 지급하여 주십시오'라는 경우로서 백지식배서라 한다. 그리고 배서문언의 기재까지도 없고 다만 배서인의 기명날인 또는 서명만 하는 **간략백지식배서**도 있다(어음법 제13조 제2항). 다만 **간략백지식배서는 어음의 뒷면에 하여야 한다.** 어음의 앞면에 단순히 기명날인 또는 서명이 있는 경우 보증을 한 것으로 보고(어음법 제31조 제3항 본문), 어음의 앞면에 지급인의 단순한 기명날인 또는 서명이 있으면 인수로 본다(어음법 제25조 제1항 후문).

2) 백지배서와 구별

백지식배서는 백지어음행위로 하는 백지배서와 구별하여야 한다. 백지배서는 피배서인란을 비우고 이를 보충할 수 있는 백지보충권을 수여하는 백지어음행위의 일종으로서 백지보충권이 존재한다. 이에 반하여 **백지식배서는 유효한 배서이므로, 그 피배서인이 이후 어음상의 권리를 행사하기 위해서 피배서인을 보충할 필요가 없다.**

3) 경제적 기능

백지식배서에는 피배서인의 기재가 없으므로 어음을 단순한 교부에 의해 쉽게 이전할 수 있고, 어음소지인은 배서를 하지 않고 양도할 수 있으므로 뒤에 상환의무를 지지 않는다. 따라서 배서가 반복됨으로 인하여 발생하는 상환청구금액의 증대를 방지할 수 있다. 그러나 백지식배서가 있는 어음을 분실한 경우 선의취득이 쉽고, 상환의무자가 많지 않아 어음의 신용증대라는 측면에서는 약점이 있다.

4) 효 력

백지식배서에 의하여 어음을 취득한 자는 피배서인란에 자기의 이름을 보충할 수도 있지만, 보충하지 않고 어음을 제시하여 권리를 행사할 수도 있고(어음법 제16조), 또한 어음

---

34) 대법원 1973.7.10. 선고 72다2551 판결.

상의 권리를 양도할 때에도 배서에 의하든 어음의 교부만에 의하든 자유이다. 예컨대 A
→B, B→( )의 경우 어음소지인 C는 ( )를 보충하지 않고 어음금지급청구를 할 수도
있고, 그 어음을 다시 양도할 수도 있다. 이때 C는 어음의 문면상 드러나지 않아 담보책
임을 지지 않는다.

또한 어음을 양도하는 경우 A→B, B→( ), C→D와 같이 타인을 표시하여 다시
어음에 배서할 수도 있고, 이 경우 배서의 연속에 있어 C는 B의 배서에 의하여 어음상
권리를 취득한 것으로 본다(어음법 제16조 제1항 4문).

(3) 소지인출급식배서

소지인출급식배서란 피배서인을 어음의 「소지인」으로 기재한 배서다. 소지인출급의 문
언이 기재되는 점에서 백지식배서와 다르나, 피배서인이 특정되지 않았다는 점에서는 그
실질에 차이가 없다. 따라서 어음법은 소지인출급식배서에 대하여 백지식배서와 동일한 효
력을 인정한다(어음법 제12조 제3항 · 제77조 제1항). 그런데 **발행인이 어음을 발행하면서 수
취인을 소지인으로 기재하는 것은 허용되지 않는 것과** 구별된다. 어음발행에 있어서는 수
취인의 표시는 기명식 또는 지시식의 기재만 인정되기 때문이다(어음법 제1조 제6호, 어음법
제75조 제5호).

(4) 지명소지인출급식배서

지명소지인출급식배서는 피배서인을 '甲 또는 소지인'으로 기재하는 것으로 **어음법에
명문의 규정은 없어 유효성이 문제될 수 있다.** 그러나 배서에 있어 발행과는 달리 소지
인출급식배서가 어음법상 인정되고 수표법 제5조 제2항과 같은 취지로 지명소지인출급식
배서를 인정하고 소지인출급식배서와 동일한 효력을 갖는 것으로 본다(통설).

Ⅲ. 배서의 효력

배서에는 권리이전적 효력, 담보적 효력, 자격수여적 효력이 있다. 권리이전적 효력은
의사표시상의 효력이고, 담보적 효력과 자격수여적 효력은 당사자의 의사와는 관계없이 법
에 의한 효력이다. 권리이전적 효력과 자격수여적 효력은 배서의 본질적 효력으로서 모든
증권에 대하여 인정되지만, 담보적 효력은 어음에 특유한 효력이고 다른 지시증권에는 인
정되지 않는다.

1. 권리이전적 효력

(1) 배서의 주된 효력

배서에 의하여 어음의 권리는 피배서인에게 이전한다(어음법 제14조·제77조). 배서의 가장 주된 효력이다.

(2) 인적항변의 절단

다른 권리양도 방식에 비하여 배서가 가진 더 강한 효력은 선의취득, 인적항변의 절단 등에서 나타난다(어음유통의 보호). 어음이 배서에 의하여 피배서인에게 이전되면 어음채무자는 배서인에게 대항할 수 있는 인적항변 사유로써 피배서인에게 대항하지 못한다(어음법 제17조·제77조 제1항, 수표법 제22조). 결국 피배서인은 배서인이 가졌던 권리보다 더 큰 권리를 취득하게 된다.

(3) 종된 권리의 이전

일반의 채권양도에서는 질권이나 저당권 같은 종된 권리도 이전되는 것이 원칙이다. 그런데 배서에 의하여 이전되는지에 관하여는 견해가 나뉜다. 배서에 의하여 이전되는 권리는 어음상의 권리라는 점에서 보면 부정설이 타당하다고 본다. 판례는 없다.

2. 담보적 효력

(1) 의 의

배서인은 배서에 의하여 원칙적으로 **피배서인과 후자 전원에 대하여** 어음의 인수와 지급을 담보하는 의무를 부담한다(어음법 제15조). 인수나 지급이 거절되면 배서인은 어음금액·이자 및 비용 등을 상환할 의무를 부담한다(어음법 제43조·제77조). 요컨대 배서의 담보적 효력이란 배서인은 배서에 의하여 그 후자 전원에 대하여 만기의 지급이 거절된 때 또는 만기 전이라도 발행인의 지급이 불확실하다고 인정되는 법정사유가 있는 때에는 어음금액등을 상환할 책임을 진다는 배서의 부수적 효력을 말한다. **배서인은 모든 후자 즉 자기의 피배서인에 대하여는 물론 그 후의 피배서인에 대하여도 어음상 책임을 진다.** 배서인의 담보책임은 어음의 신용을 높이고 유통성을 원활하게 하기 위하여 법이 특별히 인정한 법정 효과이다. 배서인이 많아질수록 어음의 신용도가 높아지는 효과가 있는 것도 배서의 담보적 효력 때문이다.

(2) 어음행위독립의 원칙

배서인의 담보책임이 성립하기 위하여는 권리이전적 효력의 문제와는 달리 선행한 배서의 유효 여부는 문제가 되지 않고 당해 배서가 요건을 구비하고 있으면 된다. 그러므로 배서가 중단된 후에 행한 배서에 의하여서도 책임을 진다. 즉 배서인은 그 후자에 대하여 배서의 기초가 되고 있는 법률관계와는 관계없이 배서 그 자체에 의하여 책임을 진다. 배서의 담보적 효력은 어음행위독립의 원칙과 밀접한 관련이 있다. 선행하는 어음행위의 실질적 효력과는 무관하게 각 배서인은 독립적으로 어음채무를 부담한다.

(3) 담보적 효력의 배제 또는 제한

배서의 담보적 효력은 배서의 본질적 효력이 아니라 정책적으로 인정된 부차적 효력에 불과하므로 당사자의 의사에 의하여 이를 배제하거나 제한하는 것이 허용된다. 어음법 제15조 제1항과 수표법 제18조 제1항은 "반대의 문언이 없으면"이라고 하여 반대의 문언을 적법하게 기재할 수 있다. 환어음의 발행인은 인수담보책임만을 배제할 수 있음에 반하여 (어음법 제9조 제2항), 환어음의 배서인은 인수 및 지급담보책임을 모두 배제할 수 있다(어음법 제15조 제1항). 또한 인수담보책임 또는 지급담보책임 중에서 하나만을 배제할 수도 있다. 담보적 효력이 제한되는 배서로서 배서금지배서와 무담보배서가 있고, 아래에서 특수한 배서의 종류로 살핀다.

담보적 효력이 없는 배서로서는 기한후배서와 추심위임배서가 있다. ① **기한후배서**(어음법 제20조)는 담보적 효력이 없다. 배서의 담보적 효력은 유통기간 내에 어음의 유통성을 보호하기 위하여 법이 정책적으로 인정한 것이므로, 기한후배서에는 담보적 효력이 인정되지 않는다. ② **추심위임배서**(어음법 제18조)에는 그 성질상 담보적 효력이 발생할 여지가 없다.

3. 자격수여적 효력

(1) 의 의

어음소지인이 배서의 연속에 의하여 그 권리를 증명한 때에는 적법한 소지인으로 추정된다(어음법 제16조 · 제77조). 이같이 **배서가 연속된 어음을 점유하고 있는 자는 적법한 소지인으로 추정**되는데, 이를 배서의 자격수여적 효력이라 한다. 배서의 자격수여적 효력에 의하여 어음소지인은 형식적 자격만을 증명하면 실질적 자격을 증명하지 않고도 어음상 권리를 행사할 수 있다. 배서의 자격수여적 효력은 배서연속이라는 형식적 자격에 인정되는 효력으로서 양도배서에 한하지 않고 모든 배서에 대하여 공통으로 인정된다. 그리고 어음채무자는 형식적 자격자인 어음소지인에게 선의로 지급하면 면책된다(어음법 제40조). 또한 배서가 연속되어 있는 어음의 소지인, 즉 형식적 자격자로부터 어음을 취득한 자는 어음상의 권리를 선의취득한다(어음법 제16조 제2항).

(2) 배서의 연속

1) 의 의

배서의 연속은 수취인이 제1배서의 배서인으로 되고 제1배서의 피배서인이 제2배서의 배서인으로 되어 순차로 현재의 소지인에 이르기까지 각 배서가 형식상 중단됨이 없이 계속되어 있는 것을 말한다. 배서연속은 배서의 자격수여적 효력이 인정되기 위한 요건이다. 어음법은 어음거래의 신속 · 확실을 기하기 위하여 배서의 연속이 있는 어음의 소지인에게 자격수여적 효력을 인정하여 어음채무자의 기명날인의 진정을 증명할 필요 없이 어음상의 권리를 행사할 수 있게 하고, 또 제3자는 안심하고 어음상 권리를 양수할 수 있게 하며, 그리고 어음채무자는 안전하게 지급을 할 수 있게 한다.

2) 요 건

배서의 연속이 있기 위하여서는 각 배서가 형식상 유효하여야 하고, 또 어음상의 기재에 있어서 형식상 배서의 연속이 인정되어야 한다.

① **각 배서가 형식상 유효하여야 한다.**[35] 배서가 형식상 무효인 경우에는 배서의 연속에 있어서 그 배서가 존재하지 아니한 것으로 본다. 배서의 연속에 있어서 각 배서는 **형식상 유효하면 되고 실질상 유효한가의 여부는 불문한다.**[36] 따라서 연속된 배서 중에 위조된 배서, 무권대리인의 배서, 또는 실재하지 아니하는 회사의 배서가 기재되어 있더라도 그것이 형식상 유효하면 배서가 연속된 것으로 되고, 또한 연속된 배서 중에 무능력자가 한 배서, 착오에 의한 배서, 사기나 강박에 의한 배서 등과 같이 실질적 이유에 의하여 취소된 배서가 기재되어 있더라도 그것이 형식상 유효하면 배서가 연속된 것으로 된다. 이처럼 배서의 연속은 실질적 권리관계와 아무런 상관이 없다.

② **어음상의 기재**에 있어서 **배서의 연속이 인정**되어야 한다. 배서의 연속은 피배서인과 배서인의 명칭의 연속, 배서의 장소, 배서의 일자 등에 의하여 결정할 수 있다. 약속어음의 소지인 甲이 어음의 배서란에 배서인으로 서명날인하면서 乙을 피배서인으로 기재한 경우, 위 배서는 乙을 피배서인으로 한 기명식배서로 보아야 하므로 위 배서에 이어 乙의 적법한 배서가 없이 위 어음을 취득한 丙은 배서의 연속이 흠결되어 위 어음의 적법한 권리자로 추정될 수 없다.[37]

③ 배서의 연속이 있기 위하여서는 어음상의 기재에 있어서 **전배서의 피배서인(또는 수**

---

35) 대법원 1999.3.9. 선고 97다7745 판결(어음의 배서 연속은 형식상 존재함으로써 족하고 또 형식상 존재함을 요한다 할 것이므로, **그 배서가 배서의 요건을 모두 갖춘 유효한 배서이어야만** 그 어음상의 권리는 적법하게 이전되는 것이며, 그 배서가 배서의 요건을 갖추지 못한 경우에는 그 어음상의 권리는 적법하게 이전될 수 없다).

36) 대법원 1971.5.24. 선고 71다570 판결; 대법원 1974.9.24. 선고 74다902 판결(배서의 연속이란 그 배서가 형식상 연속되어 있으면 족하고 실질상 유효한 것임을 요하지 아니한다 할 것이므로 **배서가 위조된 경우에 있어서도 배서의 연속이 흠결된 것이라고는 할 수 없다고 함이** 상당하다).

37) 대법원 2000.12.8. 선고 2000다33737 판결.

취인)과 후배서의 배서인이 동일인이어야 한다. 따라서 수취인과 제1배서의 배서인 또는 전배서의 피배서인과 후배서의 배서인이 실질상 동일인이라도 어음상의 기재의 형식에 있어서 동일인으로 인정되지 아니할 때에는 배서의 연속이 있는 것으로 되지 아니한다. 여기에서 전배서의 피배서인과 후배서의 배서인이 동일인이어야 한다는 것은 **이 양자의 표시가 전적으로 동일하여야 한다는 것이 아니고 다소 상위하더라도 주요한 점에서 일치하여 사회통념상 그 동일성이 인정되면 배서의 연속이 있는 것으로 본다.**

회사 등의 법인의 배서를 하는 경우에 법인의 명칭만 기재하고 법인의 인장을 압날한 때에는 법인의 어음행위는 법인의 대표자가 법인을 위하여 하는 것임을 표시하고 자기의 기명날인을 하여야 하므로, 이 경우의 배서는 존재하지 아니하는 것으로 보아 배서의 연속의 여부를 판단하여야 할 것이다. 관련 판례들을 보면 다음과 같다.

(i) 수취인을 '甲'으로 하여 발행된 약속어음의 제1배서인이 "주식회사 甲 대표이사 乙" 「乙의 기명날인 또는 서명」이 있다면 양자의 표시는 형식적으로 동일인이고 배서는 연속되어 있다고 보았다.[38] (ii) 개인(乙)을 피배서인으로 하는 배서 후에 그를 대표자로 하는 법인명의(주식회사 甲)의 배서가 적법하게 이루어진 사안에서, 배서가 개인 명의로 연속된다고 보았다.[39] 즉 피배서인을 乙로 하였다가 그 후의 배서인이 "주식회사 甲 대표이사 乙" 「乙의 기명날인 또는 서명」의 형식이라고 한다면 乙 개인명의로 실질적 배서연속이 있다고 한 것이다. (iii) 은행 지점장(乙)이 수취인이 은행(甲)으로 기재된 약속어음의 배서인란에 은행 지점의 주소와 지점 명칭이 새겨진 명판을 찍고 기명을 생략한 채 자신의 사인(私印)을 날인하는 방법으로 배서한 경우, 그 배서는 행위자인 대리인의 기명이 누락되어 요건을 갖추지 못한 무효의 배서이므로 배서의 연속에 흠결이 있다고 하였다.[40] 즉, 수취인이 "甲"인 경우 제1배서인란에 "주식회사 甲"이라 기재하고 「乙의 사인」만을 찍은 경우로서 무효인 배서라 하였다. 乙의 기명도 없고 그 대표(대리)관계의 표시가 없어 법인의 기명날인으로서 효력이 없기 때문이라는 것이다.[41]

3) 말소된 배서와 백지식배서

① 백지식배서

최후의 배서가 백지식배서인 경우에 그 어음소지인은 피배서인과 동일한 자격을 가지며(어음법 제16조 제1항 2문·제77조 제1항 제1호), 또한 백지식배서의 다음에 다른 배서가 있

---

38) 대법원 1995.6.9. 선고 94다33156 판결.
39) 대법원 1995.9.15. 선고 95다7024 판결.
40) 대법원 1999.3.9. 선고 97다7745 판결.
41) 대법원 1999.10.8. 선고 99다30367 판결(법인의 어음행위는 어음행위의 서면성·문언성에 비추어 법인의 대표자 또는 대리인이 그 법인의 대표자 또는 대리권자임을 어음면상에 표시하고 기명날인하는 대리방식에 의하던가, 법인의 대표자로부터 대리권을 수여받고 직접 법인의 대표자 명의로 서명할 수 있는 권한이 주어져 있는 자의 대행방식에 의하여 이루어져야 할 것이므로, 법인의 대리인이 법인 명의의 배서를 함에 있어 행위자인 대리인의 기명이 누락된 경우에는 그 요건을 갖추지 못한 무효의 배서라고 하여야 한다).

는 경우에 그 다른 배서를 한 자는 백지식배서에 의하여 어음을 취득한 것으로 본다(어음법 제16조 제1항 4문·제77조 제1항 제1호). 예컨대 甲-乙 乙-( ) 丙-丁 丁-戊의 경우 그 배서를 한 배서인(丙)은 백지식 배서에 의하여 어음을 취득한 것으로 본다(어음법 제16조). 따라서 백지식 배서의 피배서인으로서 자기의 이름을 기재하지 않더라도 배서의 연속이 있는 것으로 본다.

② **말소된 배서**

배서가 말소된 경우에 그 말소된 배서는 배서의 연속과의 관계에서는 **배서의 기재가 없는 것으로 본다**(어음법 제16조 제1항 3문). 여기에서 배서의 말소는 **말소권한의 유무**, 말소의 방법, 시기의 여하를 불문한다.[42] 배서의 연속에 있어 말소된 배서는 배서의 기재가 없는 것으로 보므로, 말소된 배서를 제외하고 배서연속의 여부를 결정하여야 한다.

기명식배서에 있어서 **피배서인의 명칭이 말소된 경우**에 관하여는 (i) 말소 권한이 있는 자가 말소한 경우 백지식배서가 되고 권한이 없는 자가 말소한 경우 말소의 효력이 없다는 **권한고려설**, (ii) 피배서인이 일단 기재된 다음에는 배서 전체가 특정인에게 권리를 양도한다는 단일한 의사표시를 구성하므로 피배서인을 말소한다는 것은 배서전체를 말소하는 것으로 보는 **전부말소설** 등이 있으나, (iii) 피배서인의 기재만을 말소한 것이므로 외견 그대로 말소된 부분만의 기재가 없는 것으로 보는 **백지식배서설**이 타당하다. 백지식배서로 보아 배서의 연속으로 보는 것이 어음유통의 강화라는 이념과도 부합하며, 피배서인의 명칭은 배서의 필수적 기재사항이 아니므로 백지식배서와 동일한 효력이 있는 것으로 보는 것이 타당하다. 판례는 없다.

4) **배서연속의 효력**

배서의 연속이 있는 경우에는 다음과 같은 효력이 발생한다.

① **자격수여적 효력**이다. 일반원칙에 의하면 권리를 행사하는 자는 자기가 진실한 권리자라는 것을 증명하여야 하나, 배서가 연속된 어음의 소지인은 적법한 어음소지인으로 추정되어(어음법 제16조 제1항 1문·제77조 제1항 제1호) 어음상의 권리자라고 형식적 자격을 인정받으므로, 자기가 진실한 어음상의 권리자라는 것을 증명하지 아니하여도 당연히 어음상 권리자로 인정되어 어음상의 권리를 행사할 수 있다. 그런데 배서연속의 자격수여적 효력은 최후의 배서의 피배서인을 절대적인 어음상의 권리자로 인정하는 것이 아니고 단지 적법한 어음소지인으로 추정할 뿐이므로, 어음채무자는 반증에 의하여 이 추정을 번복할 수 있다. 따라서 배서가 연속된 어음의 소지인이 무권리자인 경우 예컨대 어음소지인이 어음을 도취하고 배서를 위조하여 자기를 최후의 피배서인으로 한 경우에는, 어음채무자는 그 어음소지인의 무권리를 증명하여 어음상의 권리의 행사를 거부할 수 있다.

---

42) 대법원 1995.2.24. 선고 94다41973 판결(**말소된 배서는 그 말소가 권한 있는 자에 의하여 행하여진 것인지 여부나 그 방법·시기에 관계없이 배서의 연속에 관하여는 존재하지 아니하는 것으로 보는 것이다**).

② **선의지급의 면책력**이다. 일반원칙에 의하면 채무자는 진실한 권리자에게 변제하여야 하고, 무권리자에게 변제한 경우에는 다시 진실한 권리자에게 변제하여야 한다. 그러나 어음에 있어서 어음채무자가 배서가 연속된 어음의 소지인에게 어음금을 지급한 경우 비록 그 소지인이 진실한 어음상의 권리자가 아니라도 책임이 면제되어(어음법 제40조 제3항·제77조 제1항 제3호), 어음채무자는 다시 진실한 권리자에게 지급할 책임을 지지 아니한다. 이것은 어음채무자의 책임을 경감하여 지급을 용이하게 함으로써 어음의 유통성을 강화하기 위한 것이다.

③ **선의취득**이다. 일반원칙에 의하면 진실한 권리자에게서만 권리를 취득할 수 있고 무권리자에게서는 권리를 취득할 수 없다. 그러나 어음법은 배서의 연속이 있는 어음을 소지인으로부터 배서에 의하여 취득한 경우에 양수인(피배서인)이 양도인을 어음상의 권리자로 믿고(선의) 또 그렇게 믿는데 중대한 과실이 없는(무중과실) 때에는, 비록 양도인이 무권리자로서 그 배서가 실질적으로 무효이더라도 그 양도인이 어음상의 권리를 취득하는 것을 인정하고 있다(어음법 제16조 제2항·제77조 제1항 제1호). 이것은 어음의 유통성을 강화하기 위하여 배서의 연속에 자격수여적 효력을 인정하는 것을 어음상의 권리의 양도에까지 확대한 것이다.

(3) 배서의 불연속

배서의 연속은 배서의 형식적 기재에 있어서 최초의 어음상의 권리자(수취인)로부터 최후의 피배서인에 이르기까지 어음상의 권리의 이전의 경로가 순차로 명확하여야 하므로, 중간에 전배서의 피배서인이 후배서의 배서인으로 되는 관계에 있지 아니한 경우에는 배서가 연속되지 아니한 것으로 된다. 이것을 배서의 불연속 또는 배서의 연속의 흠결이라고 한다. 배서의 말소로 인한 배서의 불연속이 하나의 경우이다. 이때 배서의 말소의 여부는 외관에 의하여서만 판단하여야 하므로 배서를 말소한 자가 말소의 권한을 가졌는가 여부를 불문한다.

1) 자격수여적 효력

자격수여적 효력은 배서의 연속을 전제로 한다. 따라서 배서가 불연속된 경우에는 자격수여적 효력이 생기지 아니한다. 배서가 불연속된 어음의 소지인은 어음상 권리자라는 형식적 자격을 인정받지 못하며, 따라서 그 배서불연속 어음의 소지인은 어음을 소지하고 있더라도 어음상 권리를 행사할 수 없다. 그러나 배서의 연속은 어디까지나 어음상 권리의 행사·취득 및 어음채무의 이행을 용이하게 하기 위한 수단으로서 형식적 자격의 문제에 불과하고, 이것은 실질적 권리의 존재와는 분리되어 있는 것이다. 따라서 배서가 불연속된 경우에는 자격수여적 효력이 없어 그 어음의 소지인은 형식적 자격을 가지지 못하므로 어음상의 권리의 행사·취득 및 어음채무의 이행에 있어서 유리한 취급을 받지 못하나, 어음 소지인이 그 실질적 권리를 증명한 때에는 굳이 그 권리의 행사를 부정하여야 할 이유는 없는 것이다. 그러므로 배서가 불연속된 어음의 소지인이 그 실질적 권리를 증명한 때에는 어음상의 권리를 행사할 수 있다고 보아야 한다. 실질적 권리를 증명한 경우 **자격수여적 효력이 회복되는지 여부**에 관하여 긍정설과 부정설로 나뉜다.

이 문제는 배서가 불연속된 어음의 소지인이 증명하여야 할 실질관계(권리승계의 사실, 배서인·피배서인의 동일)의 범위로 판단함이 옳다. 즉 배서가 불연속된 어음의 소지인이 증명하여야 할 실질관계는 배서의 연속이 흠결된 부분의 실질관계인지, 배서의 연속이 흠결된 이후의 모든 실질관계인지, 또는 배서의 연속이 흠결된 전후의 모든 실질관계인지에 관한 쟁점으로 보아야 한다. 예컨대 甲→乙, 乙→丙, 丁→戊과 같이 배서불연속의 경우, 丙과 丁사이의 흠결된 부분을 증명하는 것으로 족한지, 또는 다른 부분의 배서 부분도 모두 증명해야 하는 것인지의 문제로 귀결된다. 결론적으로 보면 배서의 연속이 흠결된 부분이 있더라도 그 외의 배서에 있어서는 자격수여적 효력이 무효화되는 것이 아니고 또 이로써 실질상의 권리가 절대적으로 부정될 것도 아니므로 **배서의 불연속이 있는 부분에 대하여만 증명하는 것으로 족하다고 보는 것이 타당하고 판례이다.**[43] 배서가 불연속된 어음의 소지인이 배서연속의 그 흠결 부분에 관하여 실질관계를 증명하면 즉 실질적으로 유효한 권리이전이 있었다는 것이나 유효한 배서가 과실에 의하여 말소되었다는 것 또는 전 배서의 피배서인과 후배서의 배서인이 실질적으로 동일인이라는 것 등을 증명하면 그 흠결부분이 가교되어 배서가 연속된 것과 동일한 효과가 생겨 어음상의 권리를 행사할 수 있다(긍정설).

2) 권리이전적 효력

배서의 권리이전적 효력은 배서연속을 전제하지 않는다. 상속 또는 지명채권양도의 방법에 의하여 어음을 양수한 자도 배서에 의하여 그 어음을 양도할 수 있으므로, 어음상의 권리의 이전은 배서인의 형식적 자격을 전제하는 것이 아니다. 따라서 배서가 단절된 이후의 배서에도 권리이전적 효력이 있게 된다. 물론 이 경우에도 어음소지인이 어음상 권리를 행사하기 위하여는 배서연속의 흠결 부분에 관하여 실질적 권리를 증명하여야 한다. 다만 배서의 불연속으로 인하여 단절된 부분에서는 인적항변의 절단이 인정되지 않는다. 예컨대 위의 예에서 丙과 丁 사이에서는 배서의 연속이 단절되었고 이 부분에서는 인적항변 절단의 보호를 받지 못한다. 다만 그 이후의 배서에서만 인적항변의 절단이 인정된다.

---

43) 대법원 1995.9.15. 선고 95다7024 판결(어음에 있어서의 배서의 연속은 형식상 존재함으로써 족하고 또 형식상 존재함을 요한다 할 것이나, 형식상 배서의 연속이 끊어진 경우에 딴 방법으로 **그 중단된 부분에 관하여 실질적 관계가 있음을 증명한 소지인**이 한 어음상의 권리행사는 적법하다).

3) 담보적 효력

배서의 담보적 효력은 **배서의 연속과는 아무 상관이 없다.** 배서의 담보적 효력은 어음 행위독립의 원칙에 의하여 독립적으로 효력이 발생하는 것이기 때문이다. 판례도 **배서연속 이 절단된 이후의 배서라 하더라도 담보적 효력이 인정된다**고 하였다.[44] 배서가 불연속 된 어음의 소지인은 그 불연속된 부분의 실질적 권리승계를 입증하지 않고서는 어음상 권 리를 행사할 수 없기 때문인 것이고 배서의 담보적 효력과는 상관이 없다. 어음행위독립의 원칙에서 살펴보았다.

Ⅳ. 특수배서

1. 의   의

특수배서로서 어음법은 무담보배서, 배서금지배서, 환배서, 기한후배서(이 4가지는 권리이 전을 목적하는 양도배서)와 추심위임배서, 입질배서(이 2가지는 어음상의 권리이전을 목적으로 하지 않음) 등 6가지를 규정하고 있다.

2. 무담보배서

(1) 의   의

무담보배서라 함은 배서인이 어음상의 담보책임을 지지 않는다는 뜻을 기재한 배서를 말한다(어음법 제15조 제1항·제77조 제1항 제1호). 무담보배서를 하게 되면 어음금의 지급이 불확실하다는 것이 문언에 드러나게 되므로 자주 이용되는 방식이 아니며, 이보다는 백지 식배서가 이용된다.

(2) 효   력

무담보배서는 배서의 담보적 효력만 배제하는 것이고 다른 효력에는 아무 영향이 없다. 권리이전적 효력과 자격수여적 효력 등은 그대로 인정된다. 따라서 피배서인은 선의취득과 어음항변의 단절에 의한 보호를 받는다. 무담보배서의 배서인은 **담보책임을 자기의 후자 모두에게 지지 않는다.** 무담보배서의 배서인은 직접의 피배서인뿐만 아니라 그 후자 전원 에 대하여 담보책임을 지지 않는다. 직접의 피배서인에 대해서도 담보책임을 지지 아니하

---

44) 대법원 1995.9.29. 선고 94다58377 판결(乙을 수취인으로 하여 발행한 어음에 甲이 그냥 담보의 목적으로 배 서를 한 나머지 **배서가 단절된 경우**, 乙이 실질적 권리자임이 증명되고 甲의 배서가 배서로서의 유효요건을 구비 하고 있다면 배서의 담보적 효력은 인정되어야 하고, 그와 같은 경우에는 **배서가 단절된 채로 지급제시를 하여 지 급거절되었다고 하더라도 그 지급제시는 적법한 것으로 보아 어음소지인은 배서인에 대하여 소구권을 행사할 수 있다**).

는 점에서 배서금지배서와 다르다. 무담보배서라고 하더라도 어음의 배서성을 박탈하는 것
은 아니므로 배서에 의하여 양도가 가능하다. 따라서 무담보배서 **그 이후에 배서를 한 자
는 자신의 배서에 대하여 담보책임을 부담한다.**

3. 배서금지배서

(1) 의 의

배서금지배서란 배서인이 자기 이후의 새로운 배서를 금지하는 뜻을 기재한 배서를 말
한다(어음법 제15조 제2항 · 제77조 제1항 제1호). 보통 배서금지 또는 지시금지 등의 문언이
사용된다.

(2) 효 력

배서금지배서는 발행인의 배서금지의 경우와는 달리 배서성을 박탈하는 것이 아니고
다만 피배서인의 후자에 대한 담보책임을 면하게 하는 것뿐이다. 즉, 발행인이 배서금지문
언을 기재한 때에는 어음은 지시증권성을 잃어 기명증권으로 변하지만, 배서인이 배서금지
문언을 기재한 때에는 여전히 배서에 의하여 양도할 수 있다.

그리고 배서금지배서의 배서인은 **자기의 직접의 피배서인에 대하여서만 담보책임을
부담한다.** 이 점에서 **자기의 직접의 피배서인에 대해서도 담보책임을 지지 않는 무담보
배서와 다르다.** 배서금지배서는 다른 배서인의 담보책임에는 아무런 영향을 미치지 아니
한다. 그리고 배서금지배서도 권리이전적 효력과 자격수여적 효력은 인정된다.

4. 환(還)배서

(1) 의 의

환배서란 이미 어음상의 채무자로 되어 있는 자를 피배서인으로 하는 배서로서 역(逆)
배서라고도 한다(甲→乙→丙→乙). 여기서 채무자란 발행인, 배서인, 보증인, 환어음의 인
수인, 참가인수인 등이다. 어음법에서는 민법의 혼동의 법리를 배제하여 환배서를 인정하
고 있으므로, 환배서의 피배서인은 다시 어음에 배서할 수 있다(어음법 제11조 제3항 · 제77
조 제1항 제1호). 환배서는 어음의 유가증권으로서의 성질상 당연한 것으로서, 어음의 채무
자가 그 증권을 다시 취득하더라도 자기가 전에 어음행위를 하여 발생한 권리가 혼동으로
인하여 소멸하지 않고 존속한다.

(2) 법적 성질

환배서의 법적 성질에 대하여는 권리회복설과 권리재취득설이 있다. ① **권리회복설**은

환배서에 의하여 어음을 재취득한 경우에 그 어음의 재취득자는 이전에 가지고 있던 권리를 재취득하여 이전의 지위를 회복하게 되므로 어음채무자는 그 어음의 재취득자에 대하여 이전에 대항할 수 있었던 인적항변으로 대항할 수 있다고 한다. ② **권리재취득설**은 환배서도 배서이므로 소지인이 다시 권리를 취득하는 것으로 파악한다. 권리재취득설에서는 인적항변은 그 성질상 당사자 사이에서는 언제든지 적용될 성질의 법률관계인 것이 원칙이므로 인적항변의 성질상 당연히 종전의 항변이 회생된다고 주장한다. 환배서는 **유가증권의 성질상 당연한 것이므로 권리재취득설이 보다 타당하다.**

이전의 어음소지인이 어음상의 권리를 재취득하는 방법으로서는 환배서 이외에 자기가한 배서 이후의 모든 배서를 말소한 다음 어음의 반환을 받는 방법이 있다. 말소된 배서는 배서의 연속에서 기재하지 않은 것으로 보기 때문에 가능한 것이다.

(3) 효 력

1) 배서로서의 효력

환배서에 의하여 어음상의 권리는 소멸하지 않고, 환배서도 역시 배서이므로 **배서로서의 일반적 효력**을 가진다. 따라서 ① 권리이전적 효력이 있으므로 환배서를 받은 피배서인(위 예에서 乙)은 어음상의 권리를 취득할 뿐만 아니라, 다시 타인에게 배서양도할 수 있다(어음법 제11조·제77조). ② 자격수여적 효력이 있어 배서의 연속에 의하여 권리자(乙)로 추정되고, 선의취득도 인정된다. ③ 담보적 효력도 있으나, 다만 환배서의 특성상 일부 제한이 있다. 위 예에서 乙은 자신의 배서 사이에 있는 丙에 대하여서는 상환청구권을 행사할수 없다. 그런데 인적항변은 절단되지 않는다.

2) 인적항변 절단의 배제

① 환배서에서 권리이전적 효력은 인정되지만 인적항변은 절단되지 않는다. **통설과 판례[45]는 인적항변의 속인성에 근거하여 인적항변은 절단되지 않는다**고 보고, 인적항변에서만큼은 환배서의 법적 성질이 권리회복설에 의하는 것이 논리적으로 순조롭다. 보통의 배서에는 어음항변이 단절되지만(어음법 제17조·제77조) 환배서를 받은 피배서인(乙)이 종전의 배서를 하기 전에 특정한 어음채무자(甲)로부터 항변의 대항을 받고 있었으면, 그 어음이 선의의 제3자(丙)에게 배서양도하여 일단 항변의 절단이 생겼더라도 환배서에 의하여(乙이) 다시 어음을 취득한 때에는 항변절단의 효과는 없고 종전의 (甲의) 어음항변에 대항을 하지 못한다.

② 기한후에 이루어진 환배서는 기한후배서의 법리가 그대로 적용된다. 기한후배서는

---

45) 대법원 2002.4.26. 선고 2000다42915 판결(약속어음 발행인으로부터 인적항변의 대항을 받는 어음소지인은 당해 어음을 제3자에게 배서·양도한 후 환배서에 의하여 이를 다시 취득하여 소지하게 되었다고 할지라도 **발행인으로부터 여전히 위 항변의 대항을 받는다고 할 것**).

지명채권양도의 효력밖에 없어 어음채무자는 기한후배서 당시에 이미 발생한 배서인에 대한 항변사실을 가지고 피배서인에게 대항할 수 있고, 이는 기한후배서가 환배서인 경우에도 동일하다.[46] 위 예에서 丙의 乙에 대한 환배서가 기한부배서이고, 어음채무자인 甲이 丙에 대하여 항변을 가지고 있었다면 甲은 기한후배서에 의하여 어음을 취득한 乙에 대하여 丙에 대한 항변사유로 대항할 수 있다.

3) 피배서인의 지위

① **피배서인의 상환청구권이 일부 제한될 수 있다.** 乙은 자신의 배서 사이에 있는 丙에 대하여서는 상환청구권을 행사할 수 없다. 이는 어음상 의무자로서의 乙과 어음상 권리자로서의 乙 사이에 존재하는 채무자에 대하여는 乙은 원칙적으로 어음상의 권리를 행사할 수 없다. 乙이 丙에게 상환청구를 행사하면 丙은 그 전자인 乙에게 다시 상환청구를 할 것이므로 무의미하며, 乙이 자신의 권리를 행사한 이후 나중에 어음상 의무자로서의 상환의무를 이행하지 않을 수도 있어 형평에 반할 수 있기 때문이다. 그런데 전자의 乙이 무담보배서를 하였다면 丙에 대하여 담보책임을 지지 않기 때문에 후자의 乙은 丙에게 상환청구권을 행사할 수 있다.

② **주채무자**에 대한 환배서의 경우, 환어음의 인수인이나 약속어음의 발행인과 같이 어음의 주채무자가 환배서에 의하여 어음을 취득한 경우에는 자기가 주채무자인 성질상 누구에 대하여도 어음상 권리를 행사할 수 없다. 이때 주채무자가 자기의 전자에 대하여 상환청구권을 행사하면 그 전자는 주채무자에 대하여 다시 상환청구권을 행사할 수 있기 때문이다. 다만 환어음의 인수인이 일부인수를 한 경우(어음법 제26조 제1항 단서) 인수하지 않은 잔액에 대하여는 주채무자의 지위에 있지 않으므로 자기의 전자에 대하여 상환청구권을 행사할 수 있다. 그런데 환배서에 의하여 어음을 취득한 경우에도 어음상 권리가 소멸하는 것은 아니므로 언제든지 다시 제3자에게 동 어음을 양도할 수 있다. 다만 **주채무자가 지급거절증서 작성 후 또는 지급거절증서 작성기간 경과 후 어음을 제3자에게 양도한 경우** 제3자가 어음상 권리를 취득하는지에 관하여 선의취득자에 한하여 어음상 권리를 취득한다는 견해, 이 경우는 혼동에 의하여 소멸하기 때문에 제3자가 아무런 권리를 취득하지 못한다는 견해, 기한후배서로서의 효력을 가진다는 견해 등으로 나뉘어 있다. 판례는 없다.

③ **환어음의 발행인**이 환배서에 의하여 어음을 취득하면 인수인에 대하여만 어음상 권리를 행사할 수 있고 자기의 모든 전자에 대하여 어음상 권리를 행사할 수 없다. **수표의**

---

46) 대법원 2002.4.26. 선고 2000다42915 판결(기한후배서는 보통의 배서와는 달리 지명채권양도의 효력밖에 없어 그것에 의하여 이전되는 권리는 배서인이 배서 당시 가지고 있던 범위의 권리라 할 것이므로 **어음채무자는 그 배서 당시 이미 발생한 배서인에 대한 모든 항변사실을 피배서인에 대하여도 대항할 수 있다 할 것인데, 이러한 이치는 환배서인 기한후배서라도 마찬가지라고 할 것이다**).

발행인이 환배서에 의하여 수표를 양수한 경우에는 수표에는 주채무자가 없으므로 지급인이 지급보증을 하지 않는 한 누구에 대하여도 수표상의 권리를 행사할 수 없다.

5. 기한후배서(期限後背書)

(1) 의 의

기한후배서란 **지급거절증서작성후 또는 그 작성기간경과후의 배서**를 말한다(어음법 제20조 제1항 단서, 제77조 제1항). **수표의 경우에는 지급거절증서나 이와 동일한 효력이 있는 선언의 작성 후 또는 지급제시기간 경과 후의 배서**를 말한다(수표법 제24조 제1항). **기한후배서는 만기후배서와는 구별**된다. 만기 후에 배서가 이루어져도 지급거절증서작성전 또는 지급거절작성기간 경과전에 행하여진 배서는 만기 전의 배서와 동일한 효력을 가지므로(어음법 제20조·제77조) 이것은 기한후배서가 아니다. 기한후배서는 이미 상환청구단계에 들어간 때에 이루어진 것이므로 보통의 배서와 같이 그 유통을 강력하게 보호할 필요가 없다.

(2) 판단과 입증책임

1) 배서일

배서일은 어음의 필요적 기재사항이 아니라 유익적 기재사항이며, 배서일자가 기재되면 그 날에 배서한 것으로 일응 추정은 된다. 그러나 기한후배서인지 여부는 어음에 기재된 배서일자에 의하지 아니하고 **실제로 배서한 날**을 기준으로 정한다.[47] **배서일자의 기재가 없는 때에는 기한전의 배서인 것으로 추정한다**(어음법 제20조 제2항·제77조 제1항, 수표법 제24조 제2항). 기한후배서에 관한 입증책임은 기한후배서의 효과를 주장하는 배서인(어음채무자)에게 있다. **백지어음**의 경우 기한후배서인지 여부는 백지보충시가 아니라 배서행위시를 기준으로 정함은[48] 앞서 보았다.

2) 인수거절증서작성후의 배서

환어음에서 인수거절증서 작성 후의 배서가 기한후배서인가에 관하여 규정이 없으나, 이 경우에도 인수거절증서를 작성하면 상환청구권이 인정되므로 기한후배서로 본다(통설). 인수거절증서가 작성된 이후의 어음도 바로 상환청구를 할 수 있고 유통이 불가능하므로 지급거절증서가 작성된 경우와 아무런 차이가 없다. 다만 인수의 **전부가 거절**되어(어음법 제43조 제1호) 인수가 거절된 경우만을 의미한다.

---

47) 대법원 1964.5.26. 선고 63다967 판결(기한후의 배서 여부에 관하여서는 어음의 문면만으로 결정할 것이 아니고 실제 배서를 한 날짜에 따라야 한다).
48) 대법원 1971.8.31. 선고 68다1176 판결.

3) 지급거절증서가 작성되지 않은 경우

지급거절증서가 작성되지 않은 경우에는 지급거절 후의 배서이더라도 기한후배서인지에 대해서는 논란이 있다.

① 지급거절증서작성면제의 문언이 있어 지급거절증서가 작성되지 않은 경우 견해가 나뉜다. (i) **기한후배서가 아니라는 견해**로서 지급거절 여부가 문언상 분명하지 않고, 지급거절증서 작성면제 여부에 따라 결론이 달라진다면 기준이 불확실하다는 근거이다. (ii) **기한후배서로 보는 견해**는 지급거절이 있게 되면 상환청구가 가능하게 되고, 만약 기한후배서로 보지 않는다면 배서인의 비용으로 거절증서작성을 강요하는 결과가 된다는 근거이다. 후자의 견해가 타당하다(판례는 없다).

② 지급거절증서작성면제의 문언이 없음에도 불구하고 지급거절증서가 작성되지 않고 지급거절증서 작성기간 경과 전에 한 배서는 물론 기한후배서가 아니다(통설). 그런데 **지급거절증서는 작성되지 않았으나 지급거절의 사실이 어음면상 명백하게 나타난 경우**(예컨대 지급은행의 부도선언이 어음면상 기재된 경우) 기한후배서가 될 것인지의 문제가 있다. (i) 지급은행의 부도선언은 지급거절증서와 같이 신뢰성이 있는 기재라 볼 수 있으므로 기한후배서로 볼 수 있다는 견해도 있으나, (ii) **판례는 이것이 적법한 지급거절증서의 작성이 아니므로 기한후배서가 아니라 한다.**[49]

그런데 수표의 경우에는 수표법 제24조 제1항이 "이와 동일한 효력이 있는 선언"에 지급거절증서작성의 효력을 부여하고 있으므로 기한후배서로 인정된다.

(3) 효 력

기한후배서는 지명채권양도의 효력만이 있다(어음법 제20조·제77조). 즉, 담보적 효력은 없고, 권리이전적 효력과 자격수여적 효력만 있다. 그리고 인적항변의 절단도 인정되지 않고, 선의취득도 인정되지 아니한다.

1) 권리이전적 효력

기한후배서에 의해서도 어음상의 권리가 이전된다. 그러나 기한후배서가 지명채권양도의 효력을 가진다는 것뿐이지 양도인의 통지 또는 채무자의 승낙과 같은 민법상 지명채권양도의 절차를 거칠 필요는 없다.[50] 그런데 기한후배서에 권리이전적 효력이 있다 하더라

---

49) 대법원 2000.1.28. 선고 99다44250 판결(어음법 제20조에 의하면 만기후배서도 그것이 지급거절증서 작성 전 또는 지급거절증서 작성기간 경과 전에 이루어진 것이면 만기 전의 배서와 동일한 효력을 가지고, 비록 만기에 지급제시된 어음에 '교환필'이라는 스탬프가 압날되고 피사취 또는 예금부족 등의 사유로 지급거절한다는 취지의 지급은행의 부전이 첨부되어 있는 등 지급거절의 사실이 어음면에 명백하게 되어 있다 하더라도 이를 가지고 적법한 지급거절증서가 작성되었다고는 할 수 없으므로, 그러한 어음에 한 배서도 그것이 지급거절증서 작성 전으로서 지급거절증서 작성기간 경과 전이기만 하면 이는 기한후배서가 아닌 만기후배서로서 만기 전의 배서와 동일한 효력이 있다); 대법원 1987.8.25. 선고 87다카152 판결.

50) 대법원 2012.3.29. 선고 2010다106290,106306,106313 판결(어음법 제20조 제1항 후문의 지명채권 양도의 효

도 인적항변 절단의 효력은 없다.

2) 인적항변 절단의 배제

기한후배서에서는 인적항변의 절단이 생기지 아니한다. 따라서 배서인의 권리에 부착된 하자는 전부 승계되어 어음채무자는 배서인에 대한 항변으로서 소지인에게 대항할 수 있다. 그 결과 어음채무자는 기한후배서의 배서인에 대하여 가지는 모든 항변을 피배서인에게 주장할 수 있고, **피배서인의 선의·악의를 불문한다.**[51]

이것은 **어음채무자가 기한후배서 당시에 이미 발생한 인적항변사유로써 소지인에게 대항할 수 있다**는 의미이며, **기한후배서 이후에 비로소 발생한 배서인에게 대항할 수 있는 인적항변사유로는 소지인에게 대항할 수 없다**는 점을 주의하여야 한다. 판례는 이러한 취지에서 기한후배서 이후 발행인이 배서인에 대하여 취득한 채권을 가지고 피배서인에 대하여 상계할 수 없다 하였고,[52] 기한후배서 이후에 발행인이 배서인에게 어음금을 지급한 사실을 가지고 피배서인에게 대항할 수 없다고 하였다.[53]

3) 자격수여적 효력과 선의취득

기한후배서도 배서이므로 자격수여적 효력이 인정된다(판례, 통설).[54] 따라서 기한후배서라 하더라도 배서가 연속되어 있는 경우에는 피배서인은 실질적 자격을 증명할 필요없이 적법한 소지인으로 추정되어 어음상의 권리를 행사할 수 있고, 그에게 지급한 선의의 어음채무자는 책임을 면한다(어음법 제40조 제3항·제77조 제1항, 수표법 제35조).

기한후배서의 피배서인이 선의취득의 보호를 받을 수 있을까? 기한후배서는 보통의 배서와 같이 어음의 유통을 보호할 필요가 없으므로 선의취득은 인정되지 않는다고 본다(통설). 항변의 절단과 선의취득은 **어음의 유통보호를 목적**으로 한 것인데 기한후의 어음에 대해서는 그 필요가 없다고 보기 때문이다.

4) 담보적 효력

기한후배서는 지급될 가능성이 없는 어음임이 명백히 된 후의 배서이므로 담보적 효력

력만 있다는 규정은 단지 그 효력이 지명채권 양도의 그것과 같다는 취지일 뿐이므로, 민법상 지명채권의 양도·양수절차인 채권양도인의 통지 또는 채무자의 승낙을 필요로 하는 것은 아니다); 대법원 1997.11.14. 선고 97다38145 판결.

51) 대법원 1994.1.25. 선고 93다50543 판결(기한후배서의 경우에는 피배서인의 선의, 악의를 불문하고 그 배서 당시 배서인에게 대항할 수 있는 항변사실로써 피배서인에 대하여 주장할 수 있다).

52) 대법원 1994.1.25. 선고 93다50543 판결(기한후배서는 보통의 배서와 달리 지명채권양도의 효력밖에 없어 그것에 의하여 이전되는 권리는 배서인이 배서 당시 가지고 있던 범위의 권리라 할 것이므로 어음채무자는 그 배서 당시 이미 발생한 배서인에 대한 항변사실을 피배서인에 대하여도 대항할 수 있으나 그 배서 후 비로소 발생한 배서인에 대한 사유는 피배서인에 대하여 주장할 수 없다).

53) 대법원 1982.4.13. 선고 81다카353 판결(기한후배서에 지명채권양도의 효력만이 있다고 함은 그 배서 당시 이미 발생한 배서인에 대한 항변사실을 피배서인에 대하여도 대항할 수 있다는 것을 말하는 것일 뿐이고 배서 후 비로소 발생한 배서인에 대한 사유까지도 피배서인에 대하여 이를 주장할 수 있다는 것은 아니라 할 것).

54) 대법원 1961.7.27. 선고 4294민상735 판결.

은 당연히 없다(어음법 제20조·제77조).

6. 추심위임배서(대리배서·위임배서)

(1) 의 의

추심위임배서란 배서인이 피배서인에게 어음상의 권리를 행사할 대리권을 부여할 목적으로 하는 배서를 말한다(어음법 제18조). 따라서 추심위임배서에는 권리이전적 효력이 없다.

(2) 공연한 추심위임배서

1) 방 식

공연한 추심위임배서란 어음면에 '회수하기 위하여', '추심하기 위하여', '대리를 위하여' 등의 문언을 부기한다(어음법 제18조). 추심위임배서는 기명식 또는 백지식으로 할 수 있으나, 추심위임문언을 반드시 기재하여야 하므로 간략백지식 배서(어음법 제13조)는 하지 못한다. **추심위임배서에는 권리이전적 효력이 없으므로 배서금지어음에 대해서도 할 수 있다.**

2) 효 력

① 피배서인의 지위

추심위임배서는 보통의 양도배서와 효력이 다르다. 추심위임배서는 어음상의 권리를 행사할 대리권을 부여하는 데 그치고 **권리이전적 효력과 담보적 효력이 없다.** 자격수여적 효력은 대리권자로서의 자격을 부여받는 범위 내에서 인정된다.

추심위임배서의 피배서인은 추심의 대리인이 될 뿐 독립된 경제적 이익을 갖지 아니하므로 추심위임배서에는 **어음항변의 절단은 인정되지 않는다.** 즉, 어음채무자는 피배서인의 권리행사에 대하여 배서인에 대항할 수 있는 모든 항변을 가지고 대항할 수 있다. 추심위임배서의 피배서인은 추심을 위한 대리권을 가지는 데 불과하므로 양도배서를 할 수 없음은 당연하다. 추심위임배서는 어음상의 권리를 이전하는 것이 아니고 피배서인이 독립된 경제적 이익을 가지지 않으므로 **선의취득이 발생하지 않음**은 물론이다.

② 배서인의 지위

배서인은 추심위임배서를 하여도 어음상 권리를 잃지 않으므로 그가 어음을 회수한 경우에는 추심위임배서를 말소하지 않고도 어음상 권리를 직접 행사할 수도 있고, 다시 제3자에게 양도배서를 할 수도 있다. 추심위임배서의 배서인은 담보책임을 부담하지 않는다. 추심위임배서는 권리이전적 효력이 없고 당사자간에 담보책임을 부담할 의사도 없으므로 배서인은 담보책임을 부담하지 않는다.

(3) 숨은 추심위임배서

1) 의 의

숨은 추심위임배서의 당사자간에서는 단지 추심위임을 목적으로 하지만 형식상으로는 보통의 양도배서의 방식으로 하는 배서이다. 거래계에서 공연한 추심위임배서보다 숨은 추심위임배서가 더 많이 이용되고 있다. 다만 소송행위를 주된 목적으로 하는 숨은 추심위임배서는 신탁법 제7조에 위반되므로 무효이다.[55] 과거에는 숨은 추심위임배서가 통정허위표시로서 무효라는 견해도 있었지만, **지금은 유효로 본다(통설, 판례).** 숨은 추심위임배서와 양도배서는 추심위임의 합의가 존재하는지 여부에 의하여 구별된다. 관련된 판례를 보면, 일반적으로 **은행의 예금주**가 제3자 발행의 **어음**을 예금으로서 자신의 계좌에 입금시키는 것은 추심의 위임이라고 보나, **은행의 채무자**가 그 채무의 변제를 위하여 제3자 발행의 **어음**을 은행에 교부하는 것은 특별한 사정이 없는 한 어음상의 권리의 양도로 본다.[56] 그러면서도 **은행의 예금주**가 타행 발행의 소지인출급식 **자기앞수표**를 입금한 경우 단지 추심을 위임받은 것이 아니라 그 **자기앞수표를 양도받은 것**으로 본다.[57] 판례는 어음과 자기앞수표를 구별하고 있음을 유의하여야 한다.

2) 법적 성질

숨은 추심위임배서를 양도배서로 볼 것인지 아니면 추심위임배서로 볼 것인지에 대해서는 견해가 나누어져 있다. ① **신탁양도설**은 형식을 중시하여서 대외적으로는 어음상 권리가 양도되는 양도배서의 일종으로 보고, 다만 대내적으로 피배서인은 추심의 목적범위에서만 그 권리를 행사할 수 있다고 한다(통설). ② **자격수여설**은 추심위임배서의 일종으로 보면서 어음상 권리는 여전히 배서인에게 있고 피배서인은 단지 어음상의 권리를 행사할 대리권을 부여받는 데 그친다. ③ **판례의 입장이 분명하지는 않으나** 양도배서라고 보는 입장인 듯하다.[58] 어음의 문언증권성에서 볼 때 일반의 양도배서로 보는 신탁양도설이 타당하다.

---

55) 대법원 2007.12.13. 선고 2007다53464 판결(수표의 숨은 추심위임배서가 소송행위를 하게 하는 것을 그 주된 목적으로 하는 경우에는 신탁법 제7조를 위반하는 권리이전행위이므로 무효이고, 소송행위를 하게 하는 것이 주목적인지의 여부는 추심위임배서에 이르게 된 경위와 방식, 추심위임배서가 이루어진 후 제소에 이르기까지의 시간적 간격, 배서인과 피배서인 간의 신분관계 등 여러 상황에 비추어 판단하여야 한다); 대법원 1982.3.23. 선고 81다540 판결(이른바 숨은 추심위임을 위한 어음배서가 소송행위를 하게 하는 것을 그 주된 목적으로 행하여졌을 경우에는 어음상의 권리이전행위인 배서는 그 효력을 발생할 수 없는 법리이다).

56) 대법원 1988.1.19. 선고 86다카1954 판결.

57) 대법원 1998.5.22. 선고 96다52205 판결; 대법원 1997.3.11. 선고 95다52444 판결.

58) 대법원 1990.4.13. 선고 89다카1084 판결(추심위임의 목적으로 하는 **통상의 양도배서** 즉 숨은 추심위임배서도 유효하다고 할 것이고 이 경우 어음법 제18조의 규정에 의하여 인적항변이 절단되지 아니한다).

3) 효 력

효력은 신탁양도설과 자격수여설에 따라 그 결론이나 논리전개 등이 달라진다. 판례는 인적항변 절단의 배제에 관한 것만 나와 있다.

① **인적항변의 절단 효력이 발생하지 않는다.** 숨은 추심위임배서의 법적 성질을 어떻게 보든 인적항변 절단의 효력은 발생하지 않는다고 본다. 자격수여설은 공연한 추심위임배서와 동일한 효력을 부여하므로 인적항변 절단의 효력을 배제하고, 신탁양도설에서는 어음채무자가 숨은 추심위임배서임을 입증하면 인적항변이 절단되지 않는다고 설명한다. **판례도 인적항변 절단의 효력이 생기지 않는다고 하는 입장이 확립되어 있다.**[59]

② **권리이전적 효력**을 보면, 자격수여설은 부정한다. 신탁양도설은 권리이전적 효력을 인정하므로 양수인의 선의·악의를 불문하고 어음상 권리를 당연히 취득한다. 다만 어음채무자는 양수인이 이를 알고 양도배서를 받은 경우에 한하여 악의의 항변(어음법 제17조 단서)을 주장할 수 있다.

③ **자격수여적 효력**을 보면 그 근거는 서로 다르나 모두 인정한다. 자격수여설은 피배서인이 대리권을 부여받는 제한된 범위 내에서 인정하고, 신탁양도설은 일반의 양도배서로 보므로 인정한다.

④ 다만 **선의취득**과 관련하여서는 양자 모두 부정한다. 자격수여설은 논리적으로 당연히 부정하며, 신탁양도설은 피배서인에게 독립된 경제적 이익이 없다는 근거에서 부정한다.

⑤ **담보적 효력**을 보면, 추심위임배서의 성질을 어떻게 보든 **배서인과 피배서인 사이에 배서인의 담보책임은 발생하지 않는다.** 자격수여설은 그 이외의 경우도 모두 담보적 효력을 부정함에 반하여, 신탁양도설은 숨은 추심위임배서는 직접의 피배서인에 대하여만 담보책임을 지지 않으나, 그 이후의 양도배서를 받은 피배서인에 대하여는 담보적 효력이 있다고 본다.

7. 입질배서

(1) 의 의

입질배서란 어음상의 권리에 질권을 설정할 목적으로 하는 배서를 말한다(어음법 제19조). 입질배서는 담보책임만을 부담하기 위하여 하는 담보배서와는 구별된다.

---

59) 대법원 1994.11.22. 선고 94다30201 판결(은행은 숨은 추심위임배서의 피배서인의 지위에 서게 되므로, 어음채무자는 배서인에 대한 인적항변 사유로서 은행에 대항할 수 있다고 보아야 한다); 대법원 1990.4.13. 선고 89다카1084 판결.

(2) 공연한 입질배서

1) 방 식

공연한 입질배서는 어음면에 '담보하기 위하여', '입질하기 위하여' 등 기타의 문언을 부기한다(어음법 제19조). 이러한 입질배서는 기명식 또는 백지식으로 할 수 있다.

2) 효 력

① 질권의 취득으로서 입질배서의 피배서인은 어음상의 권리 위에 질권을 취득한다. 이것이 입질배서의 본질적 효력이다. 입질배서의 피배서인은 어음상의 모든 권리를 행사할 수 있다(어음법 제18조 제1항 본문). 그러나 그 피배서인은 대리를 위한 배서만을 할 수 있다(어음법 제18조 제1항 단서).

② 입질배서에는 질권설정 목적으로 하는 것으로서 권리이전적 효력은 없고 자격수여적 효력과 담보적 효력은 있다. (ⅰ) **입질배서에는 권리이전적 효력은 없다.** 따라서 피배서인은 양도배서나 입질배서를 할 수 없고 추심위임배서만을 할 수 있다. 입질배서의 피배서인이 양도배서를 하여도 추심위임배서로서의 효력밖에 생기지 않는다(어음법 제19조·제77조).

그런데 입질배서는 피배서인이 어음상 권리에 질권이라는 독립된 경제적 이익을 가지기 때문에 권리이전적효력을 제외하고는 일반의 배서에 인정되는 거의 모든 효력이 인정된다. (ⅱ) 권리이전적 효력은 없으나 **인적항변은 절단된다.** 입질배서의 피배서인은 어음상의 권리행사에 고유한 경제적 이익을 가지므로 어음채무자는 배서인에 대한 항변으로 피배서인에게 대항하지 못한다(어음법 제19조 제2항·제77조). (ⅲ) **자격수여적 효력이 인정**되므로 입질배서의 피배서인은 실질적 권리를 입증할 필요 없이 어음상의 권리를 행사할 수 있고, 어음채무자도 악의 또는 중대한 과실 없이 지급하면 면책된다(어음법 제40조·제77조). 그리고 **질권의 선의취득도 인정**된다. 즉, 입질배서에 의하여 어음상 권리를 선의취득할 수는 없으나 배서인이 무권리자·무권대리인·무처분권자인 경우에도 악의 또는 중대한 과실 없이 입질배서를 받은 피배서인은 어음상의 권리 위에 **질권**을 선의취득한다. (ⅳ) 입질배서에 담보적 효력이 인정되는지 여부에 대해서는 견해의 대립이 있으나, 입질배서의 피배서인은 추심한 금액으로부터 우선변제를 받는 것을 기대하고 있으며, 배서인은 반대의 문언이 없으면 인수와 지급을 담보하는 것이므로(어음법 제15조 제1항·제77조) 입질배서의 배서인도 담보책임을 진다고 본다(통설).

(3) 숨은 입질배서

입질을 목적으로 양도배서를 하는 것을 숨은 입질배서라고 한다. 숨은 입질배서는 배서의 당사자간에는 질권설정을 목적으로 배서가 이루어지지만, 형식상으로는 보통의 양도배서의 방식으로 하는 배서를 말한다. 숨은 입질배서의 경우 '숨은 추심위임배서'와는 달리

피배서인인 질권자가 독립된 경제적 이익을 갖고 있으므로 어음의 형식대로 효력을 발생한다. 따라서 배서의 일반적 효력인 권리이전적 효력과 담보적 효력, 자격수여적 효력이 모두 인정된다.

〈특수배서〉

	내 용	권리이전 효력	담보적효력 (상환의무)	자격수여적 효력	선의취득	인적항변 절단	유 형
무담보 배서	직접 피배서인 포함해서 후자들에게 상환의무 안짐	○	X	○	○	○	양도배서
배서금지 배서	직접 피배서인 이외 후자들에게 상환의무 안짐	○	X (단 직접 피배서인 에게는 있음)	○	○	X	양도배서
환배서	어음채무자인 전자들에 대한 배서	○	○	○	○	X	양도배서
기한후 배서	지급거절된 후 배서(부도후 배서)	○	X	○	X	X	양도배서
추심위임 배서	어음금추심목적(대리배서)	X	X	○ (대리인 자격)	X	X	어음금추심 권 수여
입질 배서	채권자에 대해 입질목적	X	○	○ (질권자의 자격)	○ (질권의 선의취득)	○	질권설정

V. 선의취득

1. 의   의

어음의 선의취득이란 **배서의 자격수여적 효력의 결과 인정**되는 것으로서 어음취득자가 배서 또는 이와 동일시되는 형식(최후의 배서가 백지식인 경우와 소지인출급식수표의 경우에는 단순한 소지)에 의하여 형식적 자격을 갖추고, 또 악의 또는 중과실이 없는 경우에는 양도인이 무권리자라 하더라도 어음상의 권리를 취득하는 것이다(어음법 제16조 제2항, 수표법 제21조).

어음의 선의취득의 경우에는 **민법의 동산의 선의취득보다 요건을 완화**하여 ① 경과실의 경우에도 선의취득이 가능하고, ② 도품·유실물에도 선의취득이 인정된다. ③ 민법에서는 평온(平穩)·공연(公然)을 요건으로 하나, 어음법에서는 이를 요구하지 않는다. ④ 동산의 선의취득에는 거래의 유효를 요건으로 하지만, 어음의 선의취득에서는 거래행위가 무능력 · 착오 · 사기 · 강박 · 대리권의 흠결 등 양도행위의 하자가 있는 경우에도 선의취득이 가능하다는 견해가 유력하다.[60]

2. 요　건

(1) 어음법적 양도방법에 의하여 어음을 취득하였을 것

어음의 선의취득이 유효하기 위해서는 **배서** 또는 **교부**(최후의 배서가 백지식 배서이거나 소지인출급식 수표의 경우)에 의하여 취득하여야 한다. 따라서 상속 · 합병 · 유증 · 지명채권양도방법 · 전부명령의 경우에는 선의취득이 인정되지 않는다. 백지어음은 보충 전에도 완성된 어음과 같이 배서에 의하여 유통되므로 선의취득이 인정된다. 그리고 입질배서에 의하여 어음을 취득한 경우 선의취득의 보호를 받지만 입질배서의 피배서인이 선의취득하는 것은 어음상 권리에 대한 질권이며 어음상 권리 그 자체는 아니다

그러나 ① **기한후배서**는 지명채권양도의 효력만 있으므로 선의취득이 인정되지 않고, ② **추심위임배서**에는 배서의 권리이전적 효력이 없어서 피배서인에게 보호할 독립된 경제적 이익이 없어 선의취득이 인정되지 않는다. ③ **배서금지어음**도 지명채권양도의 방법으로만 양도할 수 있는 것이므로 선의취득이 인정되지 않는다.

(2) 어음취득자는 형식적 자격이 있을 것(배서의 연속 또는 소지)

배서에 의해서 양도되는 어음의 경우에는 배서의 연속이 있어야 하고, 교부만에 의하여 양도되는 어음(최후의 배서가 백지식인 경우와 소지인출급식수표의 경우)의 경우에는 소지하여야 한다.

(3) 선의취득이 적용되는 범위

1) 학　설

어음의 선의취득의 대상은 양도인의 무권리로 한정되는 것인가? 아니면 본 사안과 같이 '양도행위의 하자'가 있는 경우에도 선의취득의 대상이 되는가? 이에 관하여는 학설이 나뉜다. ① **무권리자한정설**(無權利者限定說)로서 양도인의 무권리만이 선의에 의하여 치유된다는 견해이다. 선의취득에 의하여 보완될 수 있는 하자란 민법상 선의취득과 같이 무권리자로부터 취득한 경우에 한정하게 되어, 배서위조 등의 경우 그 배서가 무효 · 취소되면 양수인은 선의취득을 하지 못한다는 설이다. ② **무제한설**(無制限說)로서 제한능력, 무권대리, 처분권의 흠결, 기타 의사표시의 하자 등 무권리뿐만 아니라 양도행위의 하자의 경우에도 취득자가 선의인 경우에는 선의 취득을 인정하는 견해이다. ③ **부분적 제한설**(部分的

---

60) 판례(대법원 1995.2.10. 선고 94다55217 판결)도 최소 무권대리의 경우에는 선의취득이 가능하다고 본다.

制限說)로서 어음의 선의취득이 양도인의 무권리로 한정되는 것은 아니나, 그렇다고 무제한 인정되는 것은 아니라는 설이다. 여기에는 양도인이 제한능력과 의사표시의 하자가 있는 경우에는 선의취득이 인정되지 않는다는 설과, 양도행위의 하자 중 무권대리와 무처분권만 이 치유된다는 설 등이 있다. **무제한설이 타당**하다고 본다. 선의취득은 '배서연속'이라는 어음상의 권리외관을 바탕으로 이를 신뢰한 자를 보호함으로써 어음거래의 안전을 보호하 는 제도이므로 어음거래에서 나타나지 않은 사실로 취득자에게 대항할 수 없다고 보는 것 이 타당하다. 특히 강조할 점으로 무권리자한정설 등은 제한능력자를 보호한다는 것을 근 거로 하고 있으나, 이러한 설에 의하여 제한능력자가 보호된다고 하더라도 이는 직접의 상 대방에만 한하고, 그 자가 이를 다시 양도하면 제3자는 선의취득하게 되는 것으로 그 보 호의 실익이 없게 된다.

2) 판 례

판례는 어음의 선의취득으로 인하여 치유되는 하자의 범위, 즉 양도인의 범위는 양도 인이 무권리자인 경우뿐만 아니라 대리권의 흠결이나 하자 등의 경우도 포함된다고 판시 한다.[61] 이는 **판례가 무권대리의 배서양도에 의하여 어음을 취득한 양수인도 선의취득을 할 수 있음을 인정한 것으로, 무권리자한정설을 취하고 있지 않음은 분명하다.** 그러나 양도행위 하자의 어느 범위까지를 선의취득의 구체적 적용대상으로 보고 있는 것인지는 분명하지 않다.

(4) 어음취득자에게 악의나 중대한 과실이 없을 것

1) 악의나 중과실

어음취득자의 악의란 양도인의 무권리성 또는 양도행위의 하자를 알고 있는 것을 말하 고, 중대한 과실이란 조금의 주의만 기울였다면 알 수 있었을 것이라는 의미이다. 악의 또 는 중대한 과실은 어음취득자의 '**직전 양도인**'과 '**취득시**'를 기준으로 판단한다(통설). 그리 고 어음취득자에게 악의 또는 중대한 과실이 있는지 여부에 대한 입증책임은 선의취득을 부정하는 자가 부담한다. 어음취득자가 형식적 자격을 구비한 이상 적법하게 어음상 권리 를 취득한 것으로 추정되기 때문이다(어음법 제16조 제1항, 수표법 제19조).

2) 중과실의 판단

동산의 선의취득과는 달리 경과실의 경우는 선의취득이 인정되기 때문에 중과실과 경 과실의 구분이 쉽지는 않으나 판례는 이에 관하여 "어음, 수표를 취득함에 있어서 통상적 인 거래 기준으로 판단하여 볼 때 양도인이나 그 어음, 수표 자체에 의하여 양도인의 실

---

61) 대법원 1995.2.10. 선고 94다55217 판결(어음의 선의취득으로 인하여 치유되는 하자의 범위, 즉 양도인의 범 위는 양도인이 무권리자인 경우뿐만 아니라 대리권의 흠결이나 하자 등의 경우도 포함된다).

질적 무권리성을 의심하게 할 만한 사정이 있는데도 불구하고 이와 같이 의심할 만한 사정에 대하여 상당하다고 인정될 만한 조사를 하지 아니하고 만연히 양수한 경우에는 중대한 과실이 있다"고 본다.62) 그 요건을 나누어 본다면 (i) **양도인의 실질적 무권리성을 의심할 만한 사정**이 있어야 하고, (ii) 이 경우 **상당하다고 인정될 만한 조사**를 하여야 한다는 것이다. 의심할 만한 사정이 없다면 조사할 의무가 없고, 의심할 만한 사정이 있다 하더라도 상당한 조사를 하였다면 중과실이 없게 된다.

① **의심할 만한 사정**에 관한 판례들로 (i) **양도성예금증서**란 원래 단순한 교부만으로써 양도가 가능하므로 특별한 사정이 없는 이상 조사의무가 없다고 하였고,63) (ii) **최후의 배서가 백지식**으로 된 어음은 단순한 교부만으로 양도가 가능한 것이니 특별한 사정이 없는 이상 위 어음의 발행인이나 문면상의 최후 배서인에게 반드시 확인한 다음 취득하여야 할 주의의무가 없다.64)

그런데 다음의 사례들에서는 의심할만한 사정이 있는 경우라 하였다. (iii) 수표거래 자체가 처음인 거래상대방으로부터 자기앞수표를 교부받는 경우 확인하지 않았다면 중대한 과실이 있고,65) (iv) 어음의 지급기일 등 어음요건이 대부분 불비되어 있고 은행이 어음을 취득할 당시에 발행인이 지급기일조차도 기재하지 않는다는 것은 극히 이례에 속하는 경우인 점에서 그 양도인의 실질적 무권리성을 의심하게 할 만한 사정이 있다 하였고,66) (v) 날인한 회사의 인장이 그 대표자의 직인이 아니라 그 대표자 개인의 목도장이고, 그 어음금액이 상당히 고액인 점 등은 의심할만한 사정이 있는 것으로 배서의 진정 여부를 확인하지 않은 중대한 과실을 인정하였다.67)

② **상당하다고 인정되는 조사를 하였는지 여부**가 문제된 사례에서 (i) 귀금속 상인이 고객으로부터 상품대금으로 제시받은 자기앞수표에 관하여 그 자리에서 **발행은행에 전화를 하여 진정한 수표인 동시에 사고 수표가 아니라는 점을 확인**하였다면 주민등록증에 의하여 수표소지인의 신분을 더 이상 캐지 아니하였다 해서 수표취득에 있어 중대한 과실이 없고,68) (ii) 금은방 경영자가 손님으로부터 물건대금으로 자기앞수표를 교부받으면서 **주민등록증의 확인 없이 수표의 뒷면에 전화번호와 서명만을 기재하도록 한 경우**에는 수표취득에 중과실이 있다고 보았다.69)

62) 대법원 1995.8.22. 선고 95다19980 판결; 대법원 1988.10.25. 선고 86다카2026 판결.
63) 대법원 2002.5.28. 선고 2001다10021 판결; 대법원 2000.5.16. 선고 99다71573 판결.
64) 대법원 1985.5.28. 선고 85다카192 판결; 대법원 1987.6.9. 선고 86다카2079 판결.
65) 대법원 1990.12.21. 선고 90다카28023 판결.
66) 대법원 1997.5.28. 선고 97다7936 판결.
67) 대법원 1993.9.24. 선고 93다32118 판결.
68) 대법원 1987.8.18. 선고 86다카2502 판결.
69) 대법원 1990.11.13. 선고 90다카23394 판결.

(5) 어음취득자는 독립된 경제적 이익을 가질 것

어음취득자가 그 어음을 취득함으로써 독립된 경제적 이익을 가지지 않는다면 보호할 필요가 없다. 왜냐하면, 피배서인인 선의취득자를 보호하는 취지는 그가 독립된 경제적 이익을 갖는다는 점을 전제하고 있기 때문이다. 따라서 추심위임배서는 선의취득이 부정되고, 숨은 추심위임배서의 경우에도 그 실질이 추심위임배서라고 증명되면 선의취득이 부정된다. 그러나 입질배서의 피배서인은 독립된 경제적 이익을 가지므로 선의취득(질권)이 인정된다.

3. 효   과

(1) 어음상의 권리취득(원시취득)

이상의 요건이 갖추어지면 피배서인은 어음상의 권리를 원시취득하며, 어음을 반환할 의무가 없다(어음법 제16조 제2항, 수표법 제21조). 선의취득은 원시취득이므로, 이후의 양수인은 원시취득된 권리를 양수받는 것이다. 따라서 **선의취득자로부터 어음상 권리를 취득하는 자가 그 이전의 권리가 무권리자라는 사실을 알고 있었다고 하더라도 어음상 권리취득에는 영향이 없다(엄폐물의 법칙).**

(2) 인적항변의 절단과의 관계

어음상의 기명날인자 또는 서명자가 어음채무를 부담하는지의 여부는 어음항변의 문제로서 선의취득과는 **별개의 문제**이다. 왜냐하면, 항변이 부착된 어음을 선의취득할 수도 있기 때문이다. ① 선의취득은 권리 귀속에 관한 문제이나 어음항변은 채무의 범위에 관한 문제이다. 따라서 ② 선의취득의 경우에는 진정한 권리자가 희생되는 데 반해, 어음항변의 경우에는 어음채무자가 희생된다. ③ 선의취득에는 악의 또는 중대한 과실이 없어야 하나, 어음항변의 경우에는 채무자를 해함을 알지 않아야 한다.

제4절 어음상 권리의 행사

Ⅰ. 개   관

1. 총   설

어음상 권리는 어음소지인 등이 만기에 어음의 지급인 등 채무자에게 지급을 청구하고 (지급제시), 지급이 없거나 만기에 지급이 현저하게 불확실하게 되었을 때에는 상환의무자에게 상환을 청구함으로써 행사한다. 어음상 권리는 **주채무자에 대한 어음금지급청구권**과, **상환의무자에 대한 상환청구권**을 말한다. 이러한 권리의 내용을 현실화하는 것이 어음상 권리의 행사이다. 수표상 권리는 **상환의무자에 대한 상환청구권**만을 말한다.

2. 내   용

먼저 ① **지급제시**를 하여야 한다. 어음법은 어음의 특수성을 반영하여 민법의 원칙을 변경한 지급제시의 규정을 두고 있다. ② **지급**이다. 어음법은 어음의 피지급성과 유통성 확보를 위하여 특별한 규정을 둔다. 여기서 **지급인의 조사의무**가 문제된다. ③ **상환청구**로서 주채무자에 의한 지급이 이루어지지 않는 경우 권리의 행사방법이다. 어음법은 상환청구권 보전절차에 관하여 상세한 규정을 둔다. ④ 권리의 행사과정에서 어음의 무인성 등을 반영하여 **어음채무자에게 엄격한 책임**을 부담시킨다. 이는 **어음항변**의 문제로써 다룬다.

II. 지급제시

1. 의   의

(1) 개   념

지급제시란 어음소지인이 지급을 청구하기 위하여 어음을 제시하는 것을 말한다. 어음은 제시증권이고 어음채무는 추심채무이므로 소지인이 지급을 받기 위하여는 지급제시가 필요하다. 어음채무자로서는 어음상 권리자가 누구인지 알 수 없기 때문에 지급제시를 통하여 소지인 스스로가 권리자라는 것을 증명하는 수단으로 어음 자체를 제시하도록 한 것이다. 지급제시는 주채무자에 대한 지급제시와 단순한 지급인에 대한 지급제시로 나누어진다.

그런데 판례에 의하면 약속어음의 발행인은 어음금을 절대적으로 지급할 의무를 부담하므로, 어음소지인이 발행인에 대하여 지급을 위한 제시를 하지 아니하였다 해도 발행인에게 어음금액을 청구할 수 있다.[70] 이 논리는 환어음의 인수인에 대하여도 동일하게 적용될 것이므로, **지급제시의 의의는 상환청구권의 보전**에 있다 하겠다.

(2) 인수제시와 비교

지급제시는 인수제시와 다음의 점에서 차이가 있다. ① 인수제시는 환어음에만 있는 제도이나, 지급제시는 환어음·약속어음·수표에 모두 있는 제도이다. ② 인수제시는 어음소

---

70) 대법원 1971.7.20. 선고 71다1070 판결(약속어음의 발행인은 어음금액을 절대적으로 지급할 채무를 부담하는 자이므로 어음법 제77조 제1항 제3호에 의한 지급을 위한 제시의 규정은 약속어음 발행인에게는 적용될 수 없다); 대법원 1988.8.9. 선고 86다카1858 판결.

지인뿐만 아니라 '단순한 점유자'도 할 수 있으나(어음법 제21조), 지급제시는 어음소지인만 할 수 있다. ③ 인수제시는 그 제시 여부가 자유이나, 지급제시는 반드시 하여야 한다. ④ 인수제시의 경우 유예기간이 인정되나(어음법 제24조), 지급제시는 인정되지 않는다.

(3) 당사자

지급제시를 할 수 있는 자는 **어음소지인**이다(어음법 제38조 제1항). 추심위임배서를 받거나 추심의 권한을 받은 대리인도 지급제시를 할 수 있다(통설). 그러나 인수제시와는 달리 **어음의 단순한 점유자는 지급제시를 할 수 없다.** 왜냐하면 지급제시에 의한 지급의 경우 그 지급이 이행되면 어음채무가 소멸하기 때문이다.

지급제시의 상대방인 피제시자는 환어음의 지급인 또는 인수인, 약속어음의 발행인, 수표의 지급인 또는 지급보증인이다. 만약 지급담당자 또는 지급장소의 기재가 있는 경우에는 그 지급담당자 또는 지급장소에서 지급제시를 하여야 하고(제3자방지급어음), 지급담당자 등의 기재가 없는 경우에는 지급인 등의 영업소·주소 또는 거소에서 지급제시를 하여야 한다. 환어음의 인수인 또는 약속어음의 발행인이 수인인 경우 연대채무가 아니라 합동책임을 지므로, 어음소지인은 그 전원에 대하여 지급제시를 하여야만 상환청구권을 보전할 수 있다(통설).

2. 지급제시기간

지급제시를 하여야 할 기간을 지급제시기간이라고 한다. 그리고 이 제시기간은 성질상 제척기간이므로 중단이나 정지 등은 있을 수 없다.

(1) 상환청구권의 보전

① 전자에 대한 상환청구권보전의 요건인 제시기간은 원칙적으로 **확정일출급, 발행일자후정기출급** 또는 **일람후정기출급의 어음**에 있어서는 지급을 할 날 또는 이에 이은 2거래일내(**지급을 할 날+2일**)에 지급을 위한 제시를 하여야 한다(어음법 제38조 1항). '지급을 할 날'은 만기가 되겠지만, 만기가 휴일인 경우 그 다음 제1의 거래일이 된다(어음법 제72조 제1항). 그런데 이렇게 계산한 지급제시기간의 마지막 날이 휴일이면 그 다음 제1의 거래일까지 연장된다(어음법 제72조 제2항).

② **일람출급어음**은 일람일, 즉 지급을 위하여 제시된 날에 만기가 도래하므로 법은 **발행일로부터 1년 내**에 지급제시하도록 정하고(어음법 제34조 제1항), 이 기간을 경과하면 상환청구권을 상실한다. 일람출급어음의 경우 어음을 제시한 시점이 바로 만기가 되므로 따로 지급제시를 위한 기간을 별도로 요구할 필요가 없기 때문이다. 발행인은 일정한 기일 전에는 일람출급환어음의 지급을 받기 위한 제시를 금지한다는 내용을 적을 수 있고, 이

경우 제시기간은 그 기일부터 시작한다(어음법 제34조 제2항).

　③ **수표**의 지급제시기간은 **발행일로부터 10일**이다(수표법 제29조 제1항). 여기서의 발행일이란 실제 발행된 날이 아니라 수표에 발행일이라고 적힌 날을 의미한다(수표법 제29조 제4항). 수표는 주채무자가 없기 때문에 지급제시기간이 경과하면 상환청구권을 보전하지 못하게 되고, 결과적으로 수표상 권리가 소멸하는 결과가 된다. 수표의 지급제시기간은 지급보증인에 대하여 수표소지인이 수표상의 권리를 행사하기 위한 것이든(수표법 제55조 제2항), 상환청구권보전을 위한 것이든 동일하다.

(2) 주채무자

　환어음의 인수인, 약속어음의 발행인 등의 주채무자는 상환청구권에 관계없이 어음상 책임을 부담하므로 이들 주채무자에 대하여는 지급제시에 관계없이 그 채무가 3년의 시효로 소멸되기 전까지는 언제든지 어음금을 청구할 수 있다.

3. 제시의 장소 및 방법

(1) 장　소

1) 어음에 지급장소의 기재가 있는 경우

　어음에 지급장소의 기재가 있는 때에는 그 장소에서 하여야 한다. 판례도 "어음에 제3자방 지급문구가 기재되어 있을 때 그것이 지급담당자를 기재한 것이라면 지급을 위한 제시는 지급담당자의 영업소 또는 주소에서 지급담당자에게 하여야 한다"고 판시한다.[71] 다만 지급지 외의 장소를 지급장소로 기재한 때에는 그 지급장소의 기재는 무효이므로,[72] 소지인은 지급지 내에 있는 지급인의 영업소 또는 주소, 거소에서 지급제시를 하여야 한다.

2) 어음에 지급장소의 기재가 없는 경우

　그 기재가 없는 경우에는 어음채무는 추심채무이므로, 민법 제516조에 의하여 지급제시의 장소는 원칙적으로 지급지 내에 있는 환어음의 지급인, 약속어음의 발행인의 영업소 또는 주소, 거소이다. 지급장소의 기재는 지급제시기간 내의 지급제시에 대하여만 효력이 있으므로, 지급제시기간이 경과하면 주된 채무자의 영업소, 또는 주소지에서 지급제시하여야 한다.

3) 어음교환소에서의 제시

　어음교환소는 위에서 본 일반원칙에도 불구하고 통상 지급제시의 장소로서 법정되어 있으므로 지급장소의 기재 유무, 지급당사자의 기재 유무 및 지급지 내 어음교환소 소재

---

71) 대법원 1988.8.9. 선고 86다카1858 판결.
72) 대법원 1970.7.24. 선고 70다965 판결.

여부에 관계없이 어음교환소에서의 어음의 제시는 지급을 위한 제시의 효력이 있다(어음법 제38조 제2항 · 제77조 제1항 제3호, 수표법 제31조 제1항). 어음교환소란 다수의 은행이 집단적으로 결제하기 위하여 어음교환을 행하기 위하여 설치한 시설을 말한다. 이러한 어음교환소에서의 지급제시는 어음교환소가 어음상 지급장소로서 기재되지 않은 경우에도, 또 지급지 외에 있는 경우에도 언제든지 유효하다. 이러한 어음교환소는 법무부장관이 지정한다(어음법 제83조, 수표법 제69조).

(2) 방 법

제시는 피제시자에 대하여 **완전한 어음**을 현실로 제시하여야 한다. 완성어음 그 자체를 제시하여야 하고, 그 등본 또는 백지어음을 그대로 제시하여서는 유효한 제시가 되지 아니한다.[73] 왜냐하면, 지급제시는 지급인으로 하여금 제시자가 정당한 소지인인가를 확인할 수 있게 하고 또 지급과 상환으로 어음을 인도하기 위하여 하는 것이기 때문이다. **백지어음**에 의한 소제기에도 어음금청구로서의 시효중단의 효력이 인정된다.[74] 다만 백지부분을 변론종결시까지 보충하여 제시하지 아니하면 어음금청구는 인용될 수 없다.[75] 그리고 **어음의 제시를 수반하지 않는 재판상 · 재판외의 청구에도 시효중단의 효력을 인정**하고 있음은 앞서 살펴보았다. 판례는 소장부본송달로 인해서 어음을 지급제시한 것과 동일한 효력이 있다고 한다.[76] 상환청구권발생의 요건으로서 지급제시가 있는 사실을 원칙적으로 공정증서(인수거절증서 또는 지급거절증서)에 의하여 증명하여야 한다(어음법 제44조 제1항, 제77조 제1항 4호).

4. 지급제시의 효력

(1) 상환청구권의 보전

환어음의 지급인, 약속어음의 발행인이 만기에 지급을 거절하는 경우에는 어음소지인은 전자에 대하여 상환청구권을 행사할 수 있다. 지급인, 발행인 또는 지급담당자에게 지급제시기간 내에 적법한 지급제시를 하면 그것만으로 소지인은 어음법 제48조 · 제49조에 의한 청구권을 상환의무자에 대하여 취득하게 되며, 상환의무자 자신에 대하여 제시할 필요는 없다. 비록 만기에 제시를 하여도 지급인으로부터 지급받지 못할 것을 미리 알고 있는 경우에도 상환청구권보전을 위하여는 제시기간 내에 제시를 하여야 한다. 이를 해태한 경우에는 소지인은 상환청구권을 상실한다(어음법 제53조 · 제77조 제1항 4호).

---

73) 대법원 1970.3.10. 선고 69다2184 판결; 대법원 1979.8.14. 선고 79다1189 판결.
74) 대법원 2010.5.20. 선고 2009다48312 전원합의체 판결.
75) 대법원 1964.12.29. 선고 64다1025 판결.
76) 대법원 1971.7.29. 선고 71다924 판결.

(2) 이행지체 책임의 발생

환어음의 지급인, 약속어음의 발행인 등 어음채무자의 이행지체책임은 만기 이후가 아니라 지급제시일 이후이다. 요컨대 어음채무자는 만기의 도래에 의하여 당연히 지체책임을 지는 것이 아니고 유가증권의 일반원칙에 따라 어음의 지급제시가 있는 때로부터 그 책임을 진다(민법 제517조).

(3) 지급제시의 면제

1) 지급제시면제의 특약이 있는 경우

지급제시면제의 특약에 대하여 어음법과 수표법에 명문의 규정은 없으나, 당사자 사이에 유효한 것으로 인정한다(통설). 하지만 이 효과는 당사자 사이에만 인정되는 것이므로, 당사자 이외의 상환의무자에 대하여는 지급제시가 있어야 상환청구권이 보전된다(통설). 지급제시의 면제와 지급거절증서작성의 면제가 동일한 것은 아니지만, **판례는 지급거절증서작성이 면제된 경우 적법한 지급제시가 있은 것으로 추정된다고 한다.**[77]

2) 지급제시와 동일한 효력이 인정되는 경우

① 인수거절증서를 작성하는 경우 지급제시를 요하지 않고 상환청구를 할 수 있다(어음법 제44조 제4항). ② 어음의 경우 불가항력이 만기부터 30일이 지나도 계속되거나(어음법 제54조 제4항), 수표의 경우 수표소지인이 자기의 배서인에 대하여 불가항력을 통지한 날부터 불가항력이 15일이 지나도 계속되는 경우(수표법 제47조 제4항), 지급제시를 하지 않고 상환청구권을 행사할 수 있다. ③ 재판상 어음금을 청구하는 경우 앞서 본 바와 같이 소장 또는 지급명령의 송달을 지급제시와 동일한 효력이 있는 것으로 본다(통설, 판례).[78]

Ⅲ. 지　급

1. 의　의

어음관계는 약속어음의 발행인, 환어음의 지급인 또는 인수인에 의한 지급에 의하여 완전히 소멸한다. 어음의 지급은 민법의 변제의 일종이지만 어음의 특수성을 반영하여 여러

---

77) 대법원 1984.4.10. 선고 83다카1411 판결(약속어음의 소지인은 특단의 사정이 없는 한 적법한 지급제시를 한 경우에만 그 배서인에 대한 소구권을 행사할 수 있으되, 그 어음배서인이 지급거절증서작성을 면제한 경우에는 그 어음소지인은 적법한 지급제시를 한 것으로 추정되어 적법한 지급제시가 없었다는 사실은 이를 원용하는 자에게 주장·입증책임이 있고, 어음배서인에 대한 지급제시는 적법한 지급제시의 요건이 아니므로 어음소지인이 그 배서인에게 지급제시하지 않았다 하여 적법한 지급제시가 없었으므로 소구권이 상실되었다고는 할 수 없다).

78) 대법원 1971.7.29. 선고 71다924 판결(약속어음을 그 지급기일에 지급을 위한 제시를 하였다는 점은 그 소지인이 이를 증명하여야 하므로 그 입증자료가 없는 경우에 약속어음금의 지급을 청구하는 소장이 송달되었으면 그 송달된 때에 약속어음금의 지급을 위한 제시가 있는 것으로 보아야 한다).

가지 특칙을 두고 있다.

2. 지급시기

(1) 어 음

1) 만기지급

만기지급은 특별한 보호를 받는다(어음법 제40조 제3항). 소지인이 배서의 연속에 의한 형식적 자격을 갖춘 경우, 지급인이 사기 또는 중대한 과실이 없이 소지인에게 지급하였다면 면책된다. ① 어음은 만기가 되어야 지급을 청구할 수 있다. 만기가 법정휴일인 때에는 이에 이은 제1의 거래일에 지급을 청구할 수 있다(어음법 제72조). ② 지급제시기간 내의 지급도 만기지급에 해당한다. 어음소지인은 만기일 이후에도 지급제시기간 내이면 지급제시를 할 수 있다. 그리고 지급제시기간 내의 지급도 만기지급이 된다. 만기 후에도 지급을 할 날 또는 이에 이은 2거래일 이내에는 소지인은 지급제시하여 지급을 청구할 수 있다(어음법 제38조). 그리고 지급을 할 날 또는 이에 이은 2거래일 내의 지급은 만기에 있어서의 지급이 된다.

2) 만기 전의 지급

만기 전에는 소지인은 지급을 청구할 수도 없고, 또 지급의 수령을 강제당하지도 않는다(어음법 제40조 제1항). 소지인은 만기 전에는 어음금의 지급을 받을 의무가 없으므로, 어음금의 수령을 거절하더라도 이행지체가 되지 않으며, 지급인이 어음금을 공탁하더라도 어음채무가 소멸되지 않는다.

다만 만기 전이라도 소지인의 동의가 있으면 지급할 수 있으나 이 경우에도 만기지급과 다른 점은, 만기 전의 지급은 **채무자의 위험부담**으로 하는 것이다(어음법 제40조 제2항). 따라서 만기 전의 지급의 경우 소지인이 진실한 권리자가 아닌 때에는 채무자는 설사 선의이더라도 면책되지 아니한다.

3) 만기 후(지급제시기간 경과 후)의 지급

만기 후라도 **지급제시기간 내(지급거절증서작성기간 경과 전)의 지급은 만기지급**과 같으므로, 여기의 만기 후의 지급은 지급제시기간 경과 후(지급거절증서작성기간 경과 후)의 지급을 의미한다. 지급제시기간 경과 후의 지급에 있어서도 지급인의 면책은 만기에 있어서의 지급과 같다(어음법 제40조·제77조).

① 환어음의 인수인, 약속어음의 발행인 등 어음의 주채무자는 만기 후에도 시효기간 내에는 어음금을 지급할 채무를 부담하는 것이므로, 만기 후에 지급하는 경우에 그 배서의 연속을 신뢰하고 어음소지인에게 지급하였다면 선의로 추정하여 그 지급의 유효성을 인정한다(어음법 제40조 제3항). 또한 환어음의 인수인은 지급의 결과를 자금관계상 발행인의 계

산으로 돌릴 수 있다. ② 그러나 주채무자가 아닌 단순한 지급인이 지급제시기간 경과 후에 임의로 지급하는 것은 발행인의 계산으로 돌릴 수도 없고, 발행인의 지급위탁의 취지에 반하므로 선의지급에 따른 보호를 받지 못한다.

(2) 수 표

수표는 만기가 없고 언제나 일람출급이므로(수표법 제28조 제1항) 만기 전의 지급이란 있을 수 없다. 수표의 경우 지급제시기간 내의 지급과 지급제시기간 경과 후의 지급으로 나눌 수 있고, 전자는 어음에서 만기지급에 해당하고 후자는 만기 후의 지급에 해당한다.

① **지급제시기간 내의 지급**의 경우, 선의지급에 의한 보호를 받고(수표법 제35조 제1항) 지급인은 지급의 결과를 발행인에게 돌릴 수 있다. 이 경우 수표는 지급증권이므로 발행인은 지급제시기간 내에는 지급위탁의 취소를 할 수 없도록 한다(수표법 제32조 제1항). ② **지급제시기간 경과 후의 지급**의 경우, 수표의 지급인은 지급제시기간 경과 후에도 발행인의 계산으로 지급할 수 있다(수표법 제32조 제1항). 결국 **환어음과는 달리 발행인이 자금관계를 소멸시키기 위하여는 지급제시기간 경과 후 반드시 지급위탁을 취소하여야 한다.** 선의지급에 의한 보호에 관하여는 수표법에 규정이 없으나, 지급인이 발행인의 계산으로 지급할 수 있는 이상 면책을 인정하는 것이 타당하다고 본다(판례는 없음). 이도 환어음과는 다른 점이다.

(3) 지급 유예

① 당사자의 의사에 의한 경우와 ② 법령의 규정에 의한 경우로 구별할 수 있다. 당사자간의 의사에 의한 경우로는 어음개서, 동의를 전제한 만기의 변경, 지급유예의 특약 등이 있다.

1) 어음개서

당사간의 합의에 의하여 지급을 유예하는 경우로써, 어음개서는 어음(구어음)의 지급을 연기하기 위하여 만기를 변경한 신어음(연기어음)을 발행하는 것이다. 어음채무자는 신어음을 발행하고 구어음을 회수하지 못한 경우 구어음상의 채무도 여전히 존재하는 부담이 있으므로, **구어음을 회수**하여야 할 것이다. 어음개서의 효력과 관련하여 다음이 문제된다.

① 단순히 어음상 채무의 만기를 연기하기 위한 당사자 사이의 어음개서계약에 따라 구어음을 회수하고 신어음을 발행하여 교부하는 경우 그것으로 **구어음상의 채무가 소멸**되었다고 볼 수 있는지 여부이다. 이에 대하여 판례는 (i) "기존채무의 이행을 위하여 교부된 약속어음의 소지인인 은행이 어음 되막기 방법에 의하여 그 약속어음을 결제된 것으로 처리하는 경우 외관상 그 은행에 위 어음금 상당의 금액이 입금된 것으로 보이고, 또 어음 발행인 등은 종전의 어음금채무 대신 새로운 어음에 의하여 또 다른 어음금채무를 부

담하게 되는 것이므로 은행은 이미 결제된 것으로 처리되어 **소멸된 종전 어음 자체의 어음금청구는 할 수 없을 것이고, 새로운 어음에 기한 어음금청구만을 할 수 있을 것이나,** 그 기존채무는 쌍방간의 약정에 따라 새로운 어음의 지급기일까지 그 지급을 유예해 준 것일 뿐 **기존채무가 소멸되는 것은 아니고,** 새로운 어음이 만기에 지급되어야만 기존채무가 소멸되는 것이다"고 한다.[79] (ii) 또한 판례는 "단순히 어음상 채무의 만기를 연기하기 위한 당사자 사이의 어음개서계약에 따라 **구어음을 회수하고 신어음을 발행하여 교부하는 경우 구어음상의 채무는 소멸한다고 할 것**이지만 구어음상의 채무와 신어음상의 채무가 실질적으로 동일한 때에는, 특별한 사정이 없는 한, 구어음상의 채무에 대한 담보나 민사상 보증은 신어음상의 채무에 대하여도 그대로 존속한다"고 한다.[80] 정리하자면 **판례의 입장은 어음개서에 의하여 구어음을 회수하고 신어음을 발행하는 경우, 기존의 원인채무는 소멸하지 않으나 구어음상의 채무는 소멸한다고 본다. 다만 기존의 원인채무는 신어음이 만기에 지급되는 경우 소멸한다고 본다.** 판례의 입장이 타당하다.

② 구어음상의 보증이나 담보 등이 신어음에도 승계되는지 여부이다. 판례는 어음상의 채무와 신어음상의 채무가 실질적으로 동일한 때에는, 특별한 사정이 없는 한, **구어음상의 채무에 대한 담보나 민사상 보증은 신어음상의 채무에 대하여도 그대로 존속**한다고 본다.[81]

2) 지급유예의 특약

어음소지인과 특정한 어음채무자간에 지급유예의 특약을 할 수 있다. 이러한 특약은 어음관계에는 영향을 미치지 않고 당사자간에서만 어음 외에서 그 효력이 발생하는 인적항변 사유가 됨에 불과하다(통설).

3) 만기의 변경

어음관계자의 동의를 받아 만기를 변경하는 경우이다. 이때 어음관계자 전원의 동의를 받아 만기를 변경하는 경우는 문제가 없으나, 일부가 동의하지 않은 경우에는 그에 대하여는 변조가 된다.

4) 법령에 의한 지급유예

피할 수 없는 장애로 인하여 법정기간 내에 환어음을 제시하거나 거절증서를 작성하기 어려운 경우에는 그 기간을 연장한다(어음법 제54조 제1항·제77조 제1항 제4호).

---

79) 대법원 1992.2.25. 선고 91다14192 판결. 그 이후 대법원 1995.4.7. 선고 94다32016 판결; 대법원 1998.11.27. 선고 97다54512,54529 판결; 대법원 1999.9.7. 선고 98다47283 판결 등이 같은 취지의 판결을 한다.
80) 대법원 2003.10.24. 선고 2001다61456 판결.
81) 대법원 2003.10.24. 선고 2001다61456 판결.

5) 수표의 경우

수표는 만기가 없고 또한 수표소지인은 지급제시기간 경과 후에도 지급받을 수 있으므로, 개서 · 만기의 연장 등이 있을 수 없다. 다만 지급유예의 특약을 할 수는 있다. 또한 법령에 의해서는 어음과 같은 만기 자체를 유예하는 것은 있을 수 없고, 지급제시기간과 지급거절증서작성기간을 연장하는 경우만이 있다(수표법 제47조).

3. 지급의 방법

(1) 지급절차(상환증권성)

지급인은 지급을 함에 있어서 소지인에 대하여 어음에 **영수를 증명하는 기재**를 하여 이를 **교부할 것**을 청구할 수 있다(어음법 제39조 제1항 · 수표법 제34조 제1항). 어음의 상환증권성을 나타내는 것으로 어음금의 지급과 어음의 반환은 서로 **동시이행의 관계**에 있다. 이는 지급인에게 이중지급의 위험을 피하고 이후 지급사실의 입증을 쉽게 할 수 있도록 하는 것이다. 따라서 채무의 이행확보를 위하여 약속어음이 교부되었을 경우 그 약속어음의 반환을 받지 않는 한 그 채무이행을 거절할 수 있다.[82] 어음의 상환증권성은 일반적인 지급뿐만 아니라 상계 · 면제 등으로 권리가 소멸되거나, 강제집행에 의하여 지급되는 경우에도 마찬가지이다.[83]

(2) 통 화

외국통화로써 어음금액을 지정한 경우에도 내국통화로 지급할 수 있다(어음법 제41조 제1항 · 제77조 제1항 제3호, 수표법 제36조 제1항). 법률은 어음법 제41조 · 제77조와 수표법 제36조에서 그 환산율 등에 대하여 상세히 규정한다.

(3) 일부지급

어음소지인은 어음금액의 일부지급을 거절할 수 없다(어음법 제39조 제2항 · 제77조 제1항 제3호, 수표법 제34조 제2항). 왜냐하면, 소지인은 일부지급을 받더라도 나머지 금액은 전자에 상환청구할 수 있고, 또 상환의무자는 일부지급 부분에 대하여 상환의무를 면하는 이익이 있기 때문이다. 일부지급을 거절하지 못하는 것은 상환의무자의 이익을 위한 것인데, 지급제시기간 경과 후에는 이미 상환청구권이 상실되었으므로 소지인은 일부지급을 거절할 수 있다(통설).

그런데 소지인이 일부만 지급받은 경우 소지인은 잔액에 대하여 상환청구권을 행사할

---

82) 대법원 1970.10.23. 선고 70다2042 판결; 대법원 1992.12.22. 선고 92다8712 판결(채무의 이행확보를 위하여 어음을 발행한 경우 채무의 이행과 어음의 반환은 동시이행의 관계에 있다).

83) 대법원 1991.12.24. 선고 90다카28405 판결.

수 있으므로, 이를 위하여 소지인은 어음을 소지하여야 하므로 일부지급을 하는 어음의 지급인은 어음소지인에 대하여 어음의 반환을 청구할 수 없고, 다만 일부지급의 뜻을 어음에 기재하고 영수증을 교부할 것을 청구할 수 있을 뿐이다(어음법 제39조 제3항·제77조 제1항 제3호, 수표법 제34조 제3항). 일부지급의 사실이 어음면에 기재된 경우에는 물적항변이 되고, 이를 어음상 기재하지 않으면 인적항변 사유가 된다.

4. 지급의 효과와 지급인의 조사의무

(1) 선의지급

유효한 지급에 의하여 어음상의 권리는 모두 소멸한다. 민법의 일반원칙에 의하면 진정한 권리자에 대한 것이어야 하고 그 권리에 대한 조사의무는 채무자에게 있다. 그런데 이러한 민법의 일반원칙을 어음에도 그대로 적용한다면 어음상 지급인은 어음소지인이 진정한 권리자인지 여부를 조사하여야 하고, 이를 강제한다면 어음거래의 원활한 유통과 신속한 결제가 저해된다. 따라서 어음법은 제40조 제3항에서 지급인의 책임을 경감하는 특별한 규정을 두어, 만기에 지급하는 지급인은 사기 또는 중대한 과실이 없으면 책임을 면한다. 이를 **선의지급**이라 한다. 이 경우 지급인은 환어음의 인수인이나 약속어음의 발행인에 한정되는 것은 아니고 단순한 지급인, 상환의무자 및 지급담당자에 대하여도 적용되는 것으로 본다(통설).

(2) 형식적 자격의 조사

1) 배서의 연속

채무자는 소지인의 형식적 자격에 대하여 조사하여야 한다. 어음법 제40조 제3항은 이를 **배서의 연속에 대한 조사의무는 있으나 기명날인 또는 서명을 조사할 의무는 없다**고 한다. 그런데 학설은 **어음의 형식적 유효성**에 대하여 조사하여야 한다고 보아 어음의 필수적 기재사항이 모두 기재되어 있는지 등을 조사하여야 한다고 본다(통설). 따라서 형식적 자격이란 어음의 요건구비와 최초의 수취인으로부터 소지인에 이르기까지 배서의 형식적 연속을 말하고, 어음요건을 결한 경우 및 백지어음이 미보충인 상태인 경우 등과 같이 어음의 형식적 하자가 있는 때에는 이러한 면책적 효력을 주장할 수 없다.

그런데 ① 채무자 자신의 기명날인 또는 서명의 유효성도 형식적 자격의 범주에 넣어 조사해야 한다고 보는 것이 일반적이나, ② 채무자 자신의 기명날인 또는 서명의 경우에는 **중과실에 의한 책임의 문제**로 보아야 한다는 견해도 있다.

2) 배서가 단절된 부분에 대한 입증이 있는 경우

배서가 단절된 어음의 소지인이 자기가 실질적 권리자임을 증명한 경우 ① 배서의 단절 부분의 연결이 입증된 이상 이를 신뢰하고 지급한 지급인은 주의의무를 다한 것으로 선의지급에 관한 어음법 제40조 제3항의 규정이 적용되어야 한다는 견해가 있으나, ② 지급인은 자신의 위험부담하에서만 지급할 수 있다고 보아야 한다. 어음법이 **"배서의 연속이 제대로 되어 있는지를 조사할 의무"**라고 하고 있기 때문이다.

(3) 실질적 권리에 대한 조사

1) 실질적 권리에 대한 조사의무 없음

배서연속에 문제가 없고 어음요건이 갖추어진 경우 지급인은 실질적 권리에 대한 조사의무가 없다. 따라서 이를 조사하지 않고 무권리자에게 지급하더라도 지급인에게 사기 또는 중과실이 없는 한 면책된다는 것이 선의지급의 핵심이다.

2) 실질적 권리에 의심이 있는 경우

소지인이 무권리자라고 의심될 만한 사정이 있는 경우 지급인으로서는 소지인의 실질적 권리에 대하여 조사해야 하는 것은 아닌가? **판례는 의심할 만한 특별한 사정이 존재하는 때에는 그 실질적 자격에 대한 조사의무를 진다고 한다.**[84] 학설도 최소한 실질적 권리에 대한 의심이 있는 경우 관련 사항을 조사하지 않는다면 면책되지 못하는 주관적 요건인 중과실에 해당할 수도 있다고 본다(통설). 다만 지급제시를 받은 때로부터 지체책임을 부담할 것인지의 여부에 대하여는 견해의 대립이 있다. 판례의 입장과 같이 의심할 만한 사정이 있는 경우 실질적 자격에 대한 조사의무를 인정한다면, 그 사정이 소명되는 경우 지체책임을 부과할 수는 없을 것이다.

(4) 지급인의 사기 또는 중과실의 부재

형식적 자격이 있는 소지인에게 지급하면 소지인이 실질적 자격이 없어도 지급인에게 사기 또는 중대한 과실이 없으면 책임을 면한다(어음법 제40조 제3항, 수표법 제35조). 즉 지급인은 소지인이 어음상 권리의 귀속자인지에 관한 실질적 자격에 대해 상대적 조사의무만 있다. 실질적 자격이 없는 경우로는 무권리자인 경우는 물론 무능력자, 무수령권자, 무권대리인인 경우도 포함된다.

여기서 '사기'라 함은 **어음소지인이 무권리자임을 단순히 아는 것만으로는 부족하고, 이러한 사실을 용이하게 증명할 확실한 방법이 있음에도 불구하고 고의로 지급하는 것을**

---

84) 대법원 2002.2.26. 선고 2000다71494,71500 판결(수표법 제35조의 취지에 의하면, 수표지급인인 은행이 수표상 배서인의 기명날인 또는 서명, 혹은 수표소지인이 적법한 원인에 기하여 수표를 취득하였는지 등 실권리관계를 조사할 의무는 없다고 할 것이지만, 수표금 지급사무를 처리하는 은행에게 선량한 관리자로서의 주의를 기울여 그 사무를 처리할 의무가 있다고 할 것인 이상, 통상적인 거래기준이나 경험에 비추어 당해 수표가 분실 혹은 도난·횡령되었을 가능성이 예상되거나 또는 수표소지인이 수표를 부정한 방법으로 취득하였다고 의심할 만한 특별한 사정이 존재하는 때에는 그 실질적 자격에 대한 조사의무를 진다).

말한다. '중과실'도 이러한 입장에서 통상적인 조사를 하면 어음소지인이 무권리자임을 쉽게 알 수 있고 **이를 증명할 수 있는 증거방법을 용이하게 확보할 수 있음에도 불구하고,** 이를 게을리함으로써 그에게 지급한 경우를 말한다(통설). 선의취득과 달리 '악의'가 아니라 '사기'로 규정하고 있고, '중과실'도 이와 같이 해석하는 이유는 어음법 제16조 제2항의 선의취득의 경우에는 **어음의 취득여부가 양수인의 자유**인 반면, 어음법 제40조 제3항의 선의지급의 경우에는 소지인이 형식적 자격을 갖추고 있으면 **지급인에게 지급이 요구**되기 때문이다.

(5) 적용범위

1) 시적 범위

① 만기의 지급, 즉 지급제시기간 내의 지급에 적용된다. 어음법 제40조 제3항은 "**만기에 지급하는**"이라고 규정하고 있으나, 이는 만기일에 하는 지급이 아니라 **지급제시기간 내**의 지급을 뜻한다(통설). ② 만기 전의 지급인은 자기의 위험부담으로 지급하는 것이므로 선의지급에 다른 면책이 적용되지 않는다(어음법 제40조 제2항). ③ **만기 후(지급제시기간 경과 후)의 지급**에서는 주채무자가 지급하는 경우는 선의지급이 적용된다. 채무자가 아닌 자의 지급은 지급위탁의 취지에 반하므로 그 지급을 발행인의 계산으로 돌릴 수 없으므로 선의지급이 인정되지 않는다. 다만 수표의 지급인은 지급제시기간 경과 후에도 지급위탁의 취소가 없는 한 발행인의 계산으로 지급할 수 있으므로(수표법 제32조 제3항), 지급제시기간 경과 후의 지급도 선의지급이 인정된다.

2) 위조 · 변조된 어음에 대한 지급

어음이 위조된 경우 이는 "책임발생의 유무"에 관한 것이므로 "발생한 책임의 소멸여부"에 관한 문제인 면책적 효력과는 아무런 상관이 없다. 따라서 지급인이 과실 없이 형식적 자격이 있는 소지인에게 지급하였다 하더라도 발행이 위조된 경우, 다른 특약이나 상관습이 없는 한 지급인은 이를 발행인의 계산으로 돌릴 수 없다.[85] 앞서 살핀 바 있다.

Ⅳ. 상환청구

1. 의   의

만기에 적법한 제시를 하였으나 지급이 거절된 어음을 부도어음이라고 한다. 어음이 부도된 경우에는 소지인은 상환청구를 할 수 있다(어음법 제43조 이하, 제77조). 상환청구란 인수거절, 지급거절 등으로 제1차적 지급의무자로부터 지급을 받을 가능성이 희박하게 된 때

---

85) 대법원 1971.3.9. 선고 70다2895 판결.

에 소지인이 발행인 또는 배서인 등 자신의 전자에 대해서 어음상 채무의 이행을 청구하는 것이다(상환청구). 인수거절로 인한 상환청구는 만기 전에 이루어지고, 지급거절로 인한 상환청구는 만기에 이루어진다.

인수제시·지급제시 → 인수·지급거절 → 거절증서작성(또는 면제) → 인수거절·지급거절 통지(상환청구통지) → 상환청구권행사 → 재상환청구

2. 상환청구의 당사자

(1) 상환청구권자

상환청구를 할 수 있는 자는 제1차적으로는 최후의 어음소지인이다(어음법 제43조·제77조 제1항 제4호, 수표법 제39조). 제2차적으로는 상환의무를 이행하고 어음을 환수하여 새로이 소지인이 된 자이다(어음법 제47조 제3항·제77조 제1항 제4호, 수표법 제43조 제3항·제45조). 즉 상환의무를 이행한 배서인, 보증인, 참가지급인 및 어음채무를 변제한 무권대리인 등이다. 상환청구권은 지명채권양도의 방법으로 양도할 수 있다.

(2) 상환의무자

1) 주채무자를 제외한 어음채무자

상환청구를 받는 상환의무자는 환어음과 약속어음의 배서인, 보증인 또는 환어음의 발행인이다. 약속어음의 발행인, 환어음의 인수인은 주된 채무자이지 상환의무자가 아니다. 결국 **어음행위자 중에서 주채무자를 제외한 자들이 상환의무자이다.** ① **환어음**의 경우 발행인·배서인·보증인이다. 환어음의 인수인은 주채무자이지 상환의무자가 아니다. 환어음의 발행인은 어떠한 경우에도 지급거절로 인한 상환의무를 면할 수 없으나, 배서인의 경우 무담보배서, 추심위임배서, 기한후배서 등에 의하여 상환의무를 면할 수 있다. ② **약속어음**의 경우 배서인·보증인이다. 약속어음의 발행인은 주채무자이지 상환의무자가 아니다. 상환의무자의 무권대리인도 상환의무를 부담한다(어음법 제8조 1문, 제77조 제2항). ③ **수표**의 경우 발행인·배서인·보증인·지급보증인이다. 수표는 주채무자가 없고, 지급보증인은 최종의 상환의무자가 된다(수표법 제55조 제1항 참조).

환어음·약속어음·수표의 경우 상환의무자의 무권대리인도 상환의무를 부담한다(어음법 제8조, 수표법 제11조 1문).

2) 합동책임

상환의무는 합동책임으로서 각 상환의무자는 합동하여 상환청구권자에 대하여 책임을 진다(어음법 제47조 제1항·제77조 제1항 제4호, 수표법 제43조 제1항). 연대채무의 경우 1인의

채무이행은 다른 채무자의 채무를 절대적으로 소멸시키나, 상환의무자 1인의 이행은 그 전자 및 주채무자의 채무에 대하여는 영향을 미치지 않는다.[86]

3. 상환청구의 요건

(1) 개 관

상환청구권은 지급이 거절되었거나 그 지급의 가능성이 현저하게 감소되는 경우이나, 어음법은 형식적인 요건을 요구한다. **환어음**에서는 만기 전의 상환청구와 만기 후의 상환청구를 규정하고(어음법 제43조·제44조), **약속어음**에서는 만기 후의 상환청구만을 규정한다(어음법 제77조 제1항 제4호). **수표**에서는 만기가 없고 언제나 일람출급이므로 지급거절로 인한 상환청구만을 규정한다.

소지인이 상환청구권을 행사하기 위해서는 지급거절·인수거절(실질적 요건) 등이 있어야 하고, 인수거절증서의 작성 또는 지급거절증서의 작성(형식적 요건) 등의 절차를 밟아야 한다.

(2) 만기 전의 상환청구

1) 상환청구의 원인

① 환어음

만기 전의 상환청구의 요건은 환어음의 인수거절과 어음금지급의 불확실이고, 어음법 제43조가 이를 규정하고 있다. (i) **인수거절**이 있는 경우이다(어음법 제43조 제1호). 지급인이 적극적으로 인수를 거절한 경우뿐만 아니라 부단순인수(어음법 제26조)나 지급인의 소재불명도 상환청구권행사요건이 된다. 인수의 일부거절의 경우에는 그 부분에 한하여 상환청구할 수 있다. 인수제시가 가능한 어음이어야 하므로 발행인이 인수제시를 금지한 어음은 인수제시를 하여 거절되더라도 상환청구권이 발생하지 않는다. (ii) **지급인의 파산·지급정지·강제집행의 부주효**이다(어음법 제43조 제2호). 지급인이 파산하였다면 어음금의 지급이 사실상 어려워진 경우로서 인수거절을 기다릴 필요 없이 상환청구를 허용한다는 취지이다. 인수제시를 금지한 발행인이 파산한 경우도 같다. 회생절차개시의 경우에도 상환청구의 원인이 된다고 본다(통설). 약속어음에 관한 사건이기는 하나 판례는 동일인 발행명의의 다른 약속어음이 모두 부도가 된 상황이라면 특별한 사정이 없는 한 당 어음도 만기에 지급거절이 될 것이 예상된다고 하겠으므로 만기 전 상환청구를 할 수 있다고 한다.[87]

---

86) 대법원 1989.2.28. 선고 87다카1356, 87다카1357 판결(약속어음의 발행인과 배서인이 그 소지인에 대하여 합동책임을 지는 것임은 소론과 같다고 할지라도 이 사건과 같은 경우의 합동책임은 연대채무와는 달라 배서인의 채무이행이나 배서인에 대한 권리의 포기는 발행인인 보조참가인에 대하여는 영향을 미치지 않는 것이라고 볼 것이다).

87) 대법원 1984.7.10. 선고 84다카424, 84다카425 판결.

(iii) **인수제시금지어음의 발행인의 파산**(어음법 제43조 제3호)이다. 인수제시금지어음의 경우 발행인의 신용만으로 유통되는 것이므로 이 경우를 만기 전 상환청구권의 원인으로 정하였다.

② 약속어음

어음법은 약속어음에 관해서는 지급거절로 인한 상환청구에 대한 환어음의 규정만을 준용하고 있어(어음법 제77조 제1항 제4호), 어음법상 약속어음에 관하여는 환어음의 경우와 같은 만기 전 상환청구에 관한 규정을 두고 있지 않아 만기 전 상환청구가 가능한지가 문제될 수 있다. 약속어음에 있어서도 발행인의 파산이나 지급정지 기타 그 자력을 불확실하게 하는 사유로 말미암아 만기에 지급거절이 될 것이 예상되는 경우에는 만기 전의 상환청구가 가능하다고 본다(통설). **판례도 약속어음에서 만기 전의 상환청구가 가능하다고 보는 입장이 확립**되어 있다.[88]

③ 수   표

수표는 지급제시기간 내에 적법한 지급제시를 하였으나 지급인이 지급거절을 하여야만 상환청구가 가능하다(수표법 제39조). 수표는 인수가 금지되고, 만기도 없으므로 **만기 전의 상환청구를 인정할 수도 없으며**, 만약 발행인에게 지급이 어려운 사유가 있으면 바로 지급제시하여 거절증서를 작성하면 된다.

2) 인수제시

어음소지인이 인수제시를 하여야 한다. 인수거절증서의 작성이 면제되어 있는 경우에도 인수제시가 면제되는 것은 아니다(어음법 제46조 제2항). 인수제시를 하지 않는 경우에도 지급거절로 인한 상환청구권을 상실하는 것은 아니다. 다만 인수제시명령이 있는 어음(어음법 제22조 제4항·제53조 제2항), 일람후 정기출급어음(어음법 제23조·제53조 제1항)의 경우에는 인수제시를 하지 않으면 상환청구권을 상실한다.

3) 인수거절증서의 작성

인수거절증서의 작성은 환어음에서만 있다. **인수의 거절은 공정증서(인수거절증서)로 증명**하여야 한다(어음법 제44조 제1항). 인수거절증서는 인수제시기간이 정해진 기간에는 그 기간 내에, 그렇지 아니한 경우에는 **만기의 전일**까지 작성하여야 한다(어음법 제21조). 만기의 날에는 지급제시를 하여야 하므로 인수제시를 할 수 없다. 또 기간의 말일에 한 인수제시에 대하여 인수인이 유예기간을 요구한 때에는 거절증서는 그 익일에 작성하면 된다(어음법 제44조 제2항). 인수거절증서를 작성한 경우에는 만기도래 후 상환청구를 하는 경우

---

88) 대법원 2003.3.14. 선고 2002다62555 판결; 대법원 1993.12.28. 선고 93다35254 판결(약속어음에 있어서도 발행인의 파산이나 지급정지 기타 그 자력을 불확실하게 하는 사유로 말미암아 만기에 지급거절이 될 것이 예상되는 경우에는 만기 전의 소구가 가능하다); 대법원 1992.5.26. 선고 92다6471 판결; 대법원 1984.7.10. 선고 84다카424, 84다카425 판결.

에도 다시 지급제시 및 지급거절증서의 작성을 필요로 하지 않는다(어음법 제44조).

지급인 또는 인수인의 파산이 상환청구의 원인이 된 경우에는 거절증서의 작성 대신 **파산결정서의 제출로 갈음할 수 있다**(어음법 제44조 제6항). 그런데 **지급인·인수인의 지급정지·강제집행부주효가 만기 전의 상환청구의 원인이 된 경우, 만기 전의 상환청구권임에도 불구하고 소지인이 지급제시를 하여야만 하고 지급거절증서를 작성하여야만 상환청구권을 행사할 수 있다**(어음법 제44조 제5항).

따라서 인수거절증서를 작성하지 않아도 되는 경우는 극히 예외적이다. (i) 인수거절증서의 작성이 면제된 경우(어음법 제44조 제5항, 수표법 제42조), (ii) 불가항력의 경우(어음법 제54조, 수표법 제47조), (iii) 파산결정서의 제출로 갈음하는 경우(어음법 제44조 제6항)뿐이라 할 수 있다.

(3) 만기 후의 상환청구

상환청구를 하기 위하여는 소지인이 지급제시기간 내에 적법한 지급제시를 하였음에도 불구하고 지급이 거절되어야 한다(어음법 제43조·제77조, 수표법 제39조).

1) 지급제시

지급제시를 하지 않으면 상환청구권을 상실한다. 지급인 또는 발행인이 사전에 지급거절의 의사를 표시하였다 하더라도 지급제시를 하여야 하고, 거절증서의 작성이 면제된 경우에도 지급제시를 하여야 한다. 만기후배서의 피배서인은 만기후배서의 배서인이 지급제시를 하였는지 여부와 관계없이 스스로 적법한 지급제시기간 내에 지급제시를 하여야 상환청구권을 보전할 수 있다.[89]

결국 **지급제시가 면제**되는 경우는 (i) **인수거절증서**가 작성되어 있는 경우(어음법 제44조 제1항)와 (ii) **불가항력**(어음법 제54조 제4항, 수표법 제47조 제4항) 정도만이 있다.

2) 지급거절

만기 후의 상환청구의 요건은 지급거절이다(어음법 제43조·제77조). 즉, 지급제시기간 내에 어음의 소지인이 적법하게 지급제시하였으나 환어음의 지급인(인수인), 약속어음의 발행인 또는 그 지급담당자가 어음금액의 전부 또는 일부의 지급을 거절하여야 한다. 어음소지인은 일부의 지급을 거절하지 못하나, 일부지급이 있는 경우 그 잔액에 대하여는 지급거절로 인한 상환청구권을 행사할 수 있다.

3) 지급거절증서의 작성

지급거절은 공정증서(지급거절증서)로 증명하여야 한다(어음법 제44조 제1항·제77조, 수표법 제39조). ① **어음**의 경우 지급거절증서의 작성기간은 확정일출급·발행일자후정기출급·

---

89) 대법원 2000.1.28. 선고 99다44250 판결.

일람후정기출급어음의 경우 지급을 할 날 또는 이에 이은 2거래일 이내에, 일람출급어음의 경우 인수를 위한 제시기간(어음법 제34조) 내이다(어음법 제44조 제3항 · 제77조 제1항 제4호). 그리고 앞서 본 바와 같이, 지급인 · 인수인의 지급정지 · 강제집행부주효가 만기 전의 상환청구의 원인이 된 경우에는 만기 전의 상환청구권임에도 불구하고 소지인이 지급제시를 하여야만 하고 지급거절증서를 작성하여야만 상환청구권을 행사할 수 있다(어음법 제44조 제5항).

② **수표**의 경우 인수거절증서가 없고 지급거절증서만이 있으며 어음과 다른 점을 보면 먼저 (i) 그 증명방법이, **지급인의 선언 및 어음교환소의 선언**이 추가되어 있다(수표법 제39조 제2호 · 제3호). 그리고 (ii) 지급거절증서의 작성기간은 원칙적으로 지급제시기간 내이나, 예외적으로 제시기간의 말일에 제시한 경우 그 날 이후 제1거래일에 작성시킬 수 있다(수표법 제40조).

③ 따라서 **지급거절증서를 작성하지 않아도 되는 경우**는 극히 예외적이다. (i) 이미 인수거절증서를 작성한 경우(어음법 제44조 제4항), (ii) 불가항력(어음법 제54조, 수표법 제47조), (iii) 지급거절증서의 작성이 면제된 경우(어음법 제44조 제5항, 수표법 제42조) 뿐이다. 지급인의 선언 및 어음교환소의 선언도 거절증서작성면제가 있는 경우 이를 작성할 필요가 없다(수표법 제42조).

(4) 거절증서의 작성면제

1) 의 의

거절증서는 '어음상의 권리의 행사 및 보전에 필요한 행위를 한 것과 그 결과를 증명하는 공정증서'이다. **상환의무자는 거절증서의 작성을 면제할 수 있다**(어음법 제46조 · 제77조, 수표법 제42조). 이를 위해서는 '무비용상환', '거절증서불요' 등의 문언을 기재하여야 한다. 실제로 거래계에서는 거절증서 작성면제가 일반화되어 있고 어음용지에 관련 문구가 인쇄된 경우가 많다. 거절증서는 상환의무자를 위하여 거절의 사실을 명확하게 하기 위한 것이나 그 작성비용의 부담이 있고 거절사실의 공표도 문제되므로, 어음법은 상환의무자가 그 이익을 포기하고 소지인으로 하여금 거절증서를 작성하지 않고 상환청구를 할 수 있도록 하였다.

2) 면제권자와 면제방법

면제권자는 **상환의무자로서 발행인 · 배서인 · 보증인** 등이 이에 해당한다(어음법 제46조, 수표법 제42조). 환어음의 인수인이나 약속어음의 발행인은 주채무자이므로 거절증서의 작성을 면제할 수 없다고 보아야 한다(다른 견해 있음).

면제권자가 어음의 문면에 '무비용상환', '거절증서불요' 등의 문언을 기재하여야 한다. 어음에 나타나지 않는 방식의 약정은 어음상 효력은 없고, 당사자 사이의 인적항변사유가 되는 것에 불과하다. 환어음에 단순히 거절증서불요의 문언만 기재된 경우 인수거절증서 및 지급거절증서의 작성이 면제된 것으로 본다(통설).

3) 면제의 효과

거절증서의 작성면제가 있는 경우 소지인은 **거절증서를 작성하지 않고서도 상환청구를 할 수 있다.** 그런데 거절증서 작성이 면제되었다고 하여 제시 및 지급거절의 통지까지 면제되는 것은 아니나, 소지인이 법정기간 내에 적법한 제시 및 상환청구통지를 한 것으로 추정하는 효력은 있다. 따라서 이때 상환의무자가 책임을 면하기 위하여는 법정기간 내에 지급제시 등이 이루어지지 않았음을 상환의무자가 입증하여야 한다.[90]

그런데 누가 작성하였는지에 따라 그 효력이 미치는 범위에는 차이가 있다. ① **환어음 또는 수표의 발행인이 면제를 한 경우에는 모든 상환의무자에 대하여 그 효력이 미친다.** 따라서 소지인은 모든 경우 거절증서를 작성할 필요가 없고 그가 임의로 거절증서를 작성한 때에는 그 비용은 소지인의 부담이 된다. ② **배서인 또는 보증인이 면제한 경우에는 면제한 그 당사자에 대하여만 효력이 있다.** 따라서 소지인이 다른 상환의무자에 대하여 상환청구를 하기 위하여는 거절증서를 작성하여야 하기 때문에, 그 비용은 면제한 배서인 또는 보증인을 포함하여 모든 상환의무자가 공동으로 부담한다.

(5) 불가항력으로 인한 기간연장

1) 의 의

상환청구절차는 일정기간 내, 특히 지급제시는 3일 내에 하여야 하고 지급거절증서의 작성은 2일 내의 기간 내에 하여야 하므로, 단기간 내 불가항력으로 인하여 이 절차를 이행하지 못하는 경우가 발생할 수 있고 법률은 이에 대한 규정을 두고 있다(어음법 제54조·제77조·제47조). 여기서 불가항력, 즉 피할 수 없는 장애에는 소지인 또는 그로부터 어음의 제시 또는 거절증서작성의 위임을 받은 사람에 관한 단순한 인적 사유는 불가항력이 아니다(어음법 제54조 제6항, 수표법 제47조 제5항).

2) 효 력

불가항력이 있는 경우 기간이 연장되거나 보전절차가 면제된다. ① 불가항력이 단기로 끝나는 경우 기간이 연장된다(어음법 제54조 제2항·제3항, 수표법 제47조 제2항·제3항). 소지인은 불가항력이 그친 뒤에 지체 없이 인수제시 또는 지급제시를 하고 거절증서를 작성하여야 한다. ② 불가항력이 **어음의 경우 만기부터 30일, 수표의 경우 불가항력의 통지로부터 15일**을 지나도 계속되는 경우에는 상환청구권 보전을 위한 절차가 모두 면제된다(어음

---

90) 대법원 1985.5.28. 선고 84다카2425 판결(약속어음의 배서인이 지급거절증서작성을 면제한 경우에는 그 소지인은 소구권을 행사하기 위하여 법정기간 내에 발행인에 대하여 지급제시를 한 것으로 추정을 받는 것이므로 위와 같은 적법한 지급제시가 없었다는 사실은 이를 원용하는 자에게 그 주장 및 입증책임이 있다).

법 제54조 제4항, 수표법 제47조 제4항).

4. 절   차

(1) 상환청구의 통지(부도통지)

1) 의   의

상환청구권을 행사하기 위해서 상환청구권자는 상환의무자에 대하여 미리 인수거절 또는 지급거절의 사실을 통지하여야 한다(어음법 제45조, 수표법 제41조). 통지할 의무자는 어음의 최후의 소지인 및 후자로부터 상환청구의 통지를 받은 배서인이다(어음법 제45조). 통지를 받을 권리자는 환어음의 발행인, 환어음, 약속어음의 배서인 및 이들의 보증인이다(어음법 제45조). 그리고 통지를 받은 배서인은 전자에 다시 통지하여야 한다. 이를 순차통지주의라 한다. 다만 **환어음 또는 수표의 소지인은 직접의 전자 이외에도 발행인에게도 통지하여야 한다.** 그런데 통지는 순차로 이루어지지만 상환청구는 자신의 전자 가운데 하나를 선택하여 행사할 수 있기 때문에 반드시 그 전자에 대하여만 이루어지는 것은 아니다.

통지기간은 소지인의 경우에는 거절증서작성일(작성면제의 경우에는 제시일) 또는 이에 이은 4거래일 내이고, 배서인의 경우에는 자기가 통지를 받은 날 또는 이에 이은 2거래일 내이다(어음법 제45조).

2) 통지해태의 효과

통지를 하지 아니한다 하더라도 상환청구권을 잃지는 않는다. 다만 과실로 인하여 손해가 생긴 경우에는 환어음금액의 한도 내에서 배상할 책임을 진다(어음법 제45조 제6항, 수표법 제41조 제6항).

(2) 상환청구금액

법률은 상환청구금액을 일정하게 법정하고 있다(어음법 제48조 제1항, 수표법 제44조). 소지인이 상환청구를 하는 경우와 재상환청구의 경우 금액이 다르다.

① **소지인**은 상환청구권에 의하여 인수 또는 지급되지 아니한 어음금액과 이자의 기재가 있으면 그 이자, 연 6%의 이율에 의한 만기 이후의 이자, 거절증서의 작성비용, 통지의 비용과 기타의 비용을 청구할 수 있다(어음법 제48조 제1항). 다만 만기 전에 상환청구권을 행사하는 경우에는 할인에 의하여 어음금액을 감하는데, 그 할인은 소지인의 주소지에서의 상환청구하는 날의 공정할인율(은행률)에 의하여 계산한다(어음법 제48조 제2항). ② **재상환청구**의 경우 어음을 환수한 자는 그 전자에 대해서 지급한 총금액, 총금액에 대한 연 6%의 이율에 의하여 계산한 지급의 날 이후의 이자, 지출한 비용을 재상환청구금액으로 청구할 수 있다(어음법 제49조).

(3) 상환의 청구

1) 상환청구의 방법

상환청구는 금전채무이행의 일반원칙에 따라 상환청구금액의 지급, 대물변제, 상계 등으로 할 수 있다. 일부상환은 일부지급과 달리 청구자가 거절할 수 있다고 보는 것이 통설이다.

2) 상환청구의 순서

상환청구권자는 상환의무자의 채무부담의 순서에 구애받지 아니하고 그 가운데 누구에게라도 상환청구할 수 있다(순차상환청구와 비약적 상환청구 모두 인정). 또 일단 특정인에 대하여 상환청구하였더라도 다른 자에 대한 청구권을 상실하지 아니하고 언제든지 다른 자에게 청구할 수 있고(어음법 제47조 제4항), 이를 **변경권**이라 한다. 이미 청구를 받은 자의 후자에 관하여도 같다. 또 피청구자의 수에도 제한이 없으므로 동시에 의무자 전원 또는 수인에 대하여 청구할 수 있다.

3) 역어음(逆어음)의 발행

상환청구권자는 어음에 특히 **이를 금지하는 기재가 없으면** 자기(상환청구권자)를 수취인으로 하고 상환의무자의 1인을 지급인으로 하는 일람출급의 환어음을 발행함으로써 상환청구를 할 수 있다(어음법 제52조 제1항). **상환청구권자가 상환의무자를 지급인으로 하여 발행한 어음을 역어음**이라 한다. 역어음의 발행이 상환청구권의 행사이므로 어음법은 제52조에서 요건을 엄격하게 정하고 있다.

① 지급지는 상환의무자인 지급인의 주소지이어야 하고, 제3자방으로 발행하지 못한다. ② 역어음의 어음금액에는 상환청구 및 재상환청구에 따른 금액 이외에 그 어음의 중개료와 인지세가 포함된다(어음법 제52조 제2항). ③ 소지인이 역어음을 발행하는 경우에 그 금액은 본어음의 지급지에서 그 전자의 주소지에 대하여 발행하는 일람출급 어음의 환시세에 따라 정한다. 배서인이 역어음을 발행하는 경우에 그 금액은 역어음의 발행인이 그 주소지에서 전자의 주소지에 대하여 발행하는 일람출급 어음의 환시세에 따라 정한다(어음법 제52조 제3항).

4) 어음 기타 서류의 교부

상환의무자는 상환청구금액의 지급과 상환하여 어음 · 거절증서 및 영수를 증명하는 계산서의 교부를 청구할 수 있다(어음법 제50조 제1항, 수표법 제46조 제1항). 어음을 환수하는 이유는 이중지급의 위험을 제거할 뿐만 아니라 전자에게 재상환청구하기 위하여 필요하기 때문이다.

어음을 환수한 자는 다시 어음상의 권리를 취득하므로 자기 및 후자의 배서를 말소하여(어음법 제50조 제2항) 어음상의 권리자로서의 형식적 자격을 갖출 수 있다(어음법 제50조).

5) 일부인수의 경우

일부인수 후에 상환청구권을 행사하는 경우에는 인수되지 아니한 어음금액을 지급하는 자는 그 지급한 뜻을 어음에 기재할 것과 영수증의 교부를 청구할 수 있다. 소지인은 그 후의 상환청구를 할 수 있게 하기 위하여 어음의 증명등본과 거절증서를 교부하여야 한다(어음법 제51조, 수표법 제46조 제2항).

6) 상환권

상환의무자는 상환청구권자의 상환청구에 응하여 수동적으로 상환의무를 이행할 수 있을 뿐만 아니라, 상환의무를 이행한 후 스스로 상환권을 행사할 수 있다.

5. 재상환청구

(1) 의 의

재상환청구란 상환의무를 이행하고 어음을 환수한 자가 다시 자기의 전자에 대하여 하는 상환청구를 말한다. 즉, 상환의무자가 어음소지인 또는 자기의 후자에 대하여 상환의무를 이행한 경우에는 다시 전자인 배서인 · 보증인 · 발행인(환어음)에 대하여 상환청구를 할 수 있다(어음법 제49조).

재상환청구권의 법적 성질에 대하여는 권리회복설과 권리재취득설로 견해가 나뉜다. **통설은 권리재취득설로서 상환의무를 이행하고 어음을 환수한 자는 어음상의 권리를 재취득한다고 본다.** 어음을 환수한 배서인은 다시 타인에게 배서양도할 수 있으며 자기와 후자의 배서를 말소할 수 있다(어음법 제50조 제2항).

(2) 재상환청구권의 요건

1) 형식적 요건(어음법 제44조)

상환시에 교부받은 거절증서와 어음, 그리고 영수를 증명하는 계산서를 재상환의무자에게 교부해야 한다(어음법 제50조 제1항, 제77조 제1항 제4호, 수표법 제46조 제1항). 상환의무자가 이러한 서류를 교부하여야만 재상환청구권을 행사할 수 있기 때문이다. 다만 지급거절증서의 작성이 면제된 경우에는 그 면제한 배서인에 대해서는 환수한 어음만 소지하여 재상환청구할 수 있다.

2) 실질적 요건(어음법 제43조)

① 상환의무자가 상환의무를 이행

재상환청구권의 발생요건은 **상환의무자가 자신의 상환의무**를 이행하여야 한다는 점이다. 요컨대 약속어음의 배서인 또는 그 보증인이면서 상환의무를 이행한 자가 재상환청구권을 취득한다. **상환의무가 없는 배서인은 재상환청구권자가 될 수 없다.** 판례도 "소구의무를 부담하지 않는 자가 어음소지인의 상환요구에 응하여 어음금을 지급하고 어음을 취득한 경우에는 전 배서인에 대하여 재소구할 수 없다"고 한다.[91]

② 상환의무자

상환의무를 부담하는 자이어야 한다. 따라서 백지식배서에 의하여 양수받았던 자가 교부만에 의하여 양도한 경우라면 자신의 기명날인 또는 서명이 어음면상 나타나지 않으므로 상환의무를 부담하지 않고, 전자에 대한 재상환청구권이 발생하지 않음이 원칙이다. 그런데 그 자가 소지인의 상환청구에 응하여 어음을 환수한 경우 재상환청구권을 취득하는 것은 아니지만, 민법상 지명채권양도의 방법에 따라 소지인의 상환청구권을 이전받는다고 한다. 판례는 "백지식배서에 의하여 어음을 양수한 다음 단순히 교부에 의하여 이를 타인에게 양도한 자가 소지인의 소구에 응하여 상환을 하고 어음을 환수한 경우, 그 전의 배서인에 대하여 당연히 **재소구권을 취득하는 것은 아니라고 하더라도,** 그 상환을 받은 소지인이 그 **전의 배서인에 대하여 가지는 소구권을 민법상의 지명채권 양도의 방법에 따라 취득하여 행사할 수 있는 것으로 보아야** 하고, 다만 그 소구의무자는 이에 대하여 **양도인에 대한 모든 인적항변으로 대항할 수 있을 뿐**이다"고 한다.[92] 결국 **상환의무를 부담하지 않았던 자임에도 불구하고 자신의 전자에 대하여 상환청구권을 취득한다는 것이나, 재상환청구권이 아니고 소지인의 상환청구권을 지명채권 양도의 방법에 따라 취득**한 것으로 이론 구성한다.

③ 자신의 상환의무를 이행

상환의무자가 자신의 상환의무를 이행하여야 한다. 상환청구권이 없는 자의 청구에 응하여 금액을 지급하였다 하더라도 재상환청구권을 취득하지 못한다.

그런데 배서인 甲은 거절증서작성을 면제하였으나 그 후자의 배서인(乙)은 거절증서작성을 면제하지 않았던 경우, 거절증서의 작성이 없어 상환청구권을 보전하지 못하였던 소지인(丙)의 상환청구에 乙이 응하였다 하더라도, 甲의 乙에 대한 재상환의무를 인정하고 있다. 구체적 사실관계는 甲은 거절증서 작성의무를 면제하여 乙에게 배서양도하였고, 乙은 이를 면제하지 않고 丁에게 배서하였다. 丙이 약속어음의 발행인으로부터 지급을 받지 못하였는데도 거절증서를 작성하지 않았다. 이후 丙이 乙에게 상환청구권을 행사하자 乙은 이에 응하고 어음을 환수하였다. 그리고 乙이 다시 甲에게 재상환청구권을 행사한 경우이다. 이 사건에서의 쟁점은 **乙은 거절증서의 작성을 하지 않은 丙에게 상환의무가 없는 것이고 따라서 재상환청구권자가 아니라고 할 수도 있다.** 그러나 판례는 乙의 재상환청

---

91) 대법원 1990.10.26. 선고 90다카9435 판결.
92) 대법원 1998.8.21. 선고 98다19448 판결.

구권(즉, 甲의 재상환의무)을 인정하였다.[93] 판례는 ① 만일 **丙이 甲을 선택하여 상환청구권을 행사하였다면 甲은 상환의무를 부담한다**는 점, ② 乙이 丙으로부터 어음을 환수한 이후 어음법 제50조 제2항에 따라 적법하게 자기 이후의 **배서를 말소한다면 그 이후의 배서는 없는 것이 되므로** 乙은 당연히 甲에 대하여 상환청구권을 행사할 수 있는 점을 근거로 들었다.

V. 어음항변

1. 어음항변의 의의

(1) 개 념

어음항변이란 **어음채무자가 어음소지인의 어음상의 권리행사를 거절하기 위하여 제출할 수 있는 모든 항변**을 말한다. 민법에서는 채권양도의 일반원칙에 의하면 채무자는 양도인에 대한 모든 항변사유로써 양수인에게 대항할 수 있다(민법 제451조 제2항). 그러나, 어음 · 수표법에서는 이러한 민법과는 달리 어음의 유통성과 피지급성을 강화하기 위해서 어음채무자의 양도인(배서인)에 대한 인적항변을 제한하고 있다(배서의 권리강화적 이전력).

(2) 어음항변의 분류

1) 인적항변과 물적항변

물적항변은 모든 청구자에게 대항할 수 있는 항변이고, 인적항변은 특정인(당사자)에 대해서만 대항할 수 있는 항변이다. 즉, 당사자간의 인적 관계에 의한 항변을 인적항변이라고 한다. 예를 들면, 원인관계의 무효 · 취소는 인적항변이고, 어음요건의 흠결, 어음의 위조 · 변조, 만기의 미도래, 시효완성 등은 물적항변이다. 어음항변의 절단은 인적항변에 관해서만 적용되고 물적항변에는 인정되지 않는다(어음법 제17조, 인적항변의 절단).

2) 물적항변의 예(절단불능의 항변 또는 절대적 항변)

① 증권상의 항변(어음상의 기재에 관한 항변)

어음상 기재에 의하여 명백하게 알 수 있는 항변을 말한다. 이는 취득자가 어음문언의

---

93) 대법원 1990.10.26. 선고 90다카9435 판결(지급거절증서작성의무를 면제하고 약속어음을 배서양도한 배서인 甲으로서는 어음소지인의 소구에 대하여 거절증서 작성이 없다는 이유로 청구를 거절할 수 없으므로, 甲으로부터 어음을 취득한 乙이 지급거절증서작성의무를 면제하지 아니하고 최후소지인인 丙에게 위 어음을 배서양도하였음에도 丙에 대하여 거절증서작성 유무를 확인하지 아니하고 그 소구청구에 응하였다고 하더라도 그 점을 탓할 수 없을 것이므로 乙의 소구를 거절할 수 없고, 어음의 배서인은 어음소지인의 소구에 응하였거나 기타의 사유로 어음을 회수한 경우에는 자기의 배서를 말소할 수 있고 그렇게 되면 그 배서는 배서의 연속에 관한 한 없는 것으로 보게 되어 있으므로 丙이 적기에 거절증서를 작성하지 아니하였다 하여 甲의 乙에 대한 소구의무에 어떠한 영향을 미친다고 할 수 없다).

기재를 통하여 쉽게 알 수 있기 때문에 취득자에게 대항할 수 있도록 하더라도 유통을 해치지 않는다. **어음요건의 흠결, 만기의 미도래, 어음에 기재된 지급필 또는 일부지급의 항변, 소멸시효의 완성, 배서 불연속의 항변, 무담보문언의 항변** 등이 이에 해당한다.

② 비증권상의 항변(어음행위의 효력에 관한 항변)

어음문언으로는 알 수 없으나 어음채무자를 보호하기 위하여 인정된 항변이다. 어음소지인에게 대항할 수 있도록 하면 거래의 안전을 해할 수 있음에도 불구하고 어음상 채무자의 이익을 보호하는 것이 보다 중요하다고 판단하여 물적항변사유로 한 것이다. 이에는 **의사무능력·제한능력의 항변, 무권대리의 항변, 위조·변조의 항변, 제권판결의 항변, 어음금액의 공탁의 항변(어음법 제42조), 강행법규위반의 항변** 등이 있다.

3) 인적항변의 예(절단가능의 항변 또는 상대적 항변)

인적항변은 주로 어음의 실질관계에서 발생하는 항변을 말하는 것으로 다음의 경우들이 있다.

① 어음법 제17조에 해당하는 항변

원인관계의 부존재·무효·취소 또는 해제의 항변, 원인관계의 반사회적 항변, 어음과 상환하지 아니한 지급 등의 항변, 어음금의 지급연기(개서)의 항변, 대가 또는 할인금 미교부의 항변, 어음외의 특약의 항변, 숨은 추심위임배서의 항변 등이 있다.

② 어음법 제17조에 해당하지 않는 인적항변(악의 또는 중과실로 대항할 수 있는 항변)

신항변이론에서는 이를 항변이 절단되는 점에서는 인적항변과 유사하나 그 요건이 어음법 제17조의 요건과 다르다는 점에서 인적항변과 구별된다는 견해도 있다. 그러나 이 책에서는 기존의 분류방법을 사용하기로 한다. 그 종류로는 교부흠결의 항변, 의사의 흠결 또는 의사표시의 하자의 항변, 백지어음의 보충권 남용의 항변, 민법 제124조·상법 제398조 위반의 항변 등이 있다. 아래에서 보다 자세히 살핀다.

2. 인적항변의 절단

(1) 의   의

어음법 제17조는 "환어음의 청구를 받은 자는 발행인 또는 종전의 소지인에 대한 인적 관계로 인한 항변으로써 소지인에게 대항하지 못한다. 그러나 소지인이 그 채무자를 해할 것을 알고 어음을 취득한 경우에는 그러하지 아니하다"고 규정하고 이를 이른바 **인적항변의 절단**이라 한다.

어음채무자는 당사자에게는 인적항변을 주장할 수 있어도 선의의 제3자(해의가 없는 제3자)에게는 주장할 수 없다. 즉, 어음채무자는 발행인 또는 종전의 소지인에 대한 인적 관계로 인한 항변을 소지인에게 대항하지 못한다. 다만 소지인이 채무자를 해할 것을 알고 어음을 취득한 때에는 대항할 수 있다(어음법 제17항 · 인적항변의 절단). 이처럼 인적항변의 절단이 인정되는 이유는 어음거래의 안전과 유통성을 확보하기 위해서이다. 예를 들면, 甲(매수인)이 乙(매도인)에게 매매대금의 지급을 위해서 약속어음을 발행 · 교부한 후에 매매계약이 무효가 되었다면 甲은 乙에게는 계약의 무효를 주장하여 어음금의 지급을 거절할 수 있으나(직접당사자간에게는 주장할 수 있다), 이 어음이 제3자 丙에게 배서양도되어 丙이 甲에게 어음금지급을 청구하는 경우에는 甲은 지급을 거절할 수 없다. 다만, 丙이 甲을 해할 것을 알고(즉, 甲이 인적항변을 대항할 수가 없어 해를 입는다는 것을 알고) 어음을 취득한 때에는 甲은 丙에게 지급을 거절할 수 있다(악의의 항변).

(2) 인적항변 절단의 요건

1) 어음법적 유통방법에 의해 양도한 경우일 것

인적항변의 절단은 어음법적 양도방법, 즉 배서 또는 교부(최후의 배서가 백지식인 경우)에 의하여 양도된 경우에만 인정된다.[94] 따라서 상속, 합병, 경매, 전부명령 및 지명채권의 양도방법에 의한 양도의 경우에는 인적항변이 절단되지 아니한다. 판례도 "어음채무자는 어음채권을 지명채권양도의 방법으로 양수한 자에게 양도인에 대한 인적항변으로 대항할 수 있고, 따라서 지명채권양도의 방법으로 양수한 어음채권의 행사는 어음채무자와 양도인 사이의 원인관계의 효력에 따라 제한될 수 있다"고 하였다.[95]

2) 기한후배서가 아닐 것

기한후배서는 지명채권양도의 효력밖에 없으므로(어음법 제20조), 인적항변의 절단이 인정되지 아니한다.

3) 독립된 경제적 이익이 있을 것

인적항변의 절단은 독립된 경제적 이익이 없는 어음취득이나 보호할 만한 어음취득이 아닌 경우에는 인정되지 아니한다.[96] 즉 추심위임배서, 무상취득의 경우나, 양도인이 양수인과 실질적으로 동일인인 경우(1인회사로부터 1인주주에게 배서양도하거나 그 반대의 경우)에는 인적항변 절단의 법칙이 적용되지 아니한다.

94) 대법원 1994.11.18. 선고 94다23098 판결(어음이 인도에 의하여 양도된 경우 어음법 제17조가 적용되는 것이므로, 어음이 전전양도된 후 그 어음을 인도받은 최종 소지인이 수취인으로서 자기를 보충하였다고 하더라도 그 소지인이 발행인을 해할 것을 알고 취득한 경우가 아니면, 어음문면상의 기재와는 관계없이, 발행인으로부터 원인관계상의 항변 등 인적항변의 대항을 받지 아니한다).
95) 대법원 2015.3.20. 선고 2014다83647 판결; 대법원 2003.4.22. 선고 2001다18094 판결; 대법원 2012.9.27. 선고 2012다48060 판결 등.
96) 대법원 2003.1.10. 선고 2002다46508 판결(인적항변을 제한하는 법의 취지는 어음거래의 안전을 위하여 어음취득자의 이익을 보호하기 위한 것이므로 자기에 대한 배서의 원인관계가 흠결됨으로써 어음소지인이 그 어음을 소지할 정당한 권원이 없어지고 **어음금의 지급을 구할 경제적 이익이 없게 된 경우에는 인적항변 절단의 이익을 향유할 지위에 있지 아니하다**고 보아야 할 것이다); 대법원 2012.11.15. 선고 2012다60015 판결.

4) 어음취득자가 선의일 것

어음채무자가 그 채무자를 해할 것을 알고 어음을 취득한 경우가 아니어야 한다(어음법 제17조 단서). '해의'에 관하여는 다음에서 다룬다.

(3) 인적항변의 절단과 선의취득과의 관계

양 제도는 모두 어음의 유통을 강화하고, 어음거래의 원활을 위한 것이다. 그러나 ① 선의취득은 권리의 귀속에 관한 것이고, 인적항변의 절단은 채무의 범위에 관한 문제이다. ② 인적항변의 절단에 의하여 희생되는 자는 어음채무자임에 반하여, 선의취득에 의하여 희생되는 자는 진정한 권리자이다. 그리고 ③ 인적항변의 경우에는 취득자의 중과실은 문제되지 않고 해의가 없을 것이 요건이나, 선의취득의 경우에는 취득자의 선의·무중과실이 요건이다. 따라서 어음항변이 부착된 어음을 선의취득할 수 있다(통설).

(4) 악의의 항변

1) 의 의

어음소지인이 채무자를 해할 것을 알고(해의) 어음을 취득한 때에는 인적항변은 절단되지 않으므로, 채무자는 소지인의 전자에 대항할 수 있는 항변을 가지고 소지인에게 대항할 수 있다(어음법 17조 단서). 이를 소위 악의의 항변이라고 한다. 인적항변 절단의 취지는 선의의 취득자를 보호하는데 그 목적이 있으므로 어음채무자를 해할 것을 알고서 어음을 취득한 자까지 보호할 필요는 없기 때문에, 악의의 취득자에 대하여는 그 적용을 배제하는 것이다.

2) 해의가 없을 것

"채무자를 해할 것을 알고"의 의미에 관하여 통설과 판례에 의하면 「해의」란 소지인이 전자에 관한 항변사유의 존재를 인식하는 것만으로 부족하고, 그 외에 자기가 어음을 취득함으로써 항변이 절단되고 이로 인해 채무자가 해를 입는다는 것을 알아야 된다고 본다. 대법원 1996.5.28. 선고 96다7120 판결은 이러한 취지에서 "어음법 제17조 단서에서 규정하는 채무자를 해할 것을 알고 어음을 취득하였을 때라 함은, 단지 **항변사유의 존재를 아는 것만으로는 부족하고 자기가 어음을 취득함으로써 항변이 절단되고 채무자가 손해를 입게 될 사정이 객관적으로 존재한다는 사실까지도 충분히 알아야 한다**"고 하였다.[97] 따라서 어음 채무자는 소지인이 그 채무자를 해할 것을 알고 어음을 취득한 경우가 아닌 한, 소지인이 중대한 과실로 그러한 사실을 몰랐다고 하더라도 종전 소지인에 대한 인적항변으로써 소지인에게 대항할 수 없다.[98]

---

97) 대법원 1996.5.28. 선고 96다7120 판결.
98) 대법원 1996.3.22. 선고 95다56033 판결; 대법원 1997.5.16. 선고 96다49513 판결(어음행위에 착오·사기·

3) 해의의 존재시기와 범위

악의의 유무를 결정하는 시기는 **어음의 취득시**이다. 따라서 어음소지인이 항변사유에 대해서 어음취득시에는 몰랐으나 그 후에 안 경우에는 어음채무자는 악의의 항변을 주장할 수 없다. 어음소지인의 해의에 대한 입증책임은 어음채무자에게 있다.

4) 엄폐물의 법칙의 적용 여부

선의취득은 원시취득이고 선의취득이 일단 성립하게 되면 그 이후의 취득자는 그 전전자(前前者)의 항변사유에 대하여 악의가 있더라도 그러한 권리를 승계하게 되고, 이를 엄폐물의 법칙이라 한다. 그런데 甲과 乙 사이에 인적항변이 존재하는 경우 甲 → 乙 → 丙(악의) → 丁(선의) → 戊(악의)인 경우에는 戊(어음소지인)가 甲은 戊에 대하여 그 인적항변으로 대항할 수 있는가?

① 선의취득과 인적항변은 별개의 제도라는 이유로 이를 부정하는 견해도 있으나, ② **인적항변이 전자에 대하여 절단된 이상, 후자에게 설사 해의가 있다고 하더라도 채무자는 그 인적항변으로 대항할 수 없다는 것이 통설이고 판례이다.**[99] 요컨대 엄폐물의 법칙이 인적항변 절단의 원칙에도 적용된다는 것이다.

해의의 의미가 자기가 어음을 취득함으로써 항변이 절단되고 이로 인해 채무자가 해를 입는다는 것을 알아야 된다고 보고 있는 만큼, 어음소지인이 전전자에 대한 항변의 존재를 알고 어음을 취득하는 것이 이 요건을 충족하기 어렵다는 점에서 통설·판례가 타당하다고 본다.

3. 어음법 제17조에 해당하지 않는 인적항변(악의 또는 중과실로 대항할 수 있는 항변)

(1) 의 의

어음법 제17조는 해의(害意)까지 있어야만 인적항변이 절단되나, 여기서의 항변은 **해의까지 요구하는 것이 아니라 악의 또는 중과실이 있는 경우도 절단되는 어음항변**들이다. 교부흠결의 항변, 의사의 흠결 또는 의사표시의 하자의 항변, 백지어음의 보충권 남용의 항변, 민법 제124조·상법 제398조 위반의 항변 등에 대하여, 새로운 항변이론에서는 인적

강박 등 의사표시의 하자가 있다는 항변은 어음행위 상대방에 대한 인적항변에 불과한 것이므로, 어음채무자는 소지인이 채무자를 해할 것을 알고 어음을 취득한 경우가 아닌 한, **소지인이 중대한 과실로 그러한 사실을 몰랐다고 하더라도 종전 소지인에 대한 인적항변으로써 소지인에게 대항할 수 없다**).

99) 대법원 2001.4.24. 선고 2001다5272 판결; 대법원 1994.5.10. 선고 93다58721 판결(어음상 배서인으로서 나타나고 있지는 않지만 현재의 어음소지인에게 어음을 양도한 자가 어음취득 당시 선의였기 때문에 그에게 대항할 수 없었던 사유에 대하여는 현재의 어음소지인이 비록 어음취득 당시 그 사유를 알고 있었다고 하여 그것으로써 현재의 어음소지인에게 대항할 수는 없다).

항변이 아닌 특수하게 절단되는 새로운 유형의 항변으로 분류한다. 요컨대 항변이 절단되는 점에서는 인적항변과 유사하나 그 요건이 어음법 제17조의 요건과 다르다는 점에서 인적항변과 구별된다는 견해도 있으나, 기존의 분류방법에서는 인적항변이기는 하나 어음법 제17조에 해당하지 않는다고 본다.

(2) 교부흠결의 항변

판례에 의하면, 어음의 발행인은 그 어음이 도난·분실 등으로 인하여 그의 의사에 의하지 아니하고 유통되었다고 하더라도, 배서가 연속되어 있는 그 어음을 외관을 신뢰하고 취득한 소지인에 대하여는 그 소지인이 **악의 내지 중과실에 의하여 그 어음을 취득하였음**을 주장·입증하지 아니하는 한 발행인으로서의 어음상의 채무를 부담한다.[100] 즉 소지인에게 해의까지는 없더라도 단지 악의 또는 중과실이 있으면 교부흠결의 항변을 주장할 수 있기 때문에, 어음법 제17조의 인적항변과는 다르다.

(3) 의사표시 하자의 항변

이견은 있으나 ① 통설은 민법상 의사표시의 흠결 또는 하자에 관한 규정은 어음행위에도 그대로 적용된다고 보아, 어음취득자가 의사표시의 흠결이나 하자가 있다는 사실에 대하여 악의 또는 중과실이 있으면 대항할 수 있다고 본다.

그런데 ② **판례는 의사표시의 하자가 있다는 항변은 어음행위 상대방에 대한 인적항변에 불과한 것**이므로, 어음채무자는 소지인이 그 채무자를 해할 것을 알고 어음을 취득한 경우가 아닌 한, 소지인이 중대한 과실로 그러한 사실을 몰랐다고 하더라도 종전 소지인에 대한 인적항변으로써 소지인에게 대항할 수 없다고 한다.[101] 결국 **판례는 이도 어음법 제17조 인적항변의 유형으로 보고 해의까지 요구하고 있는 것**이다. 다만 **통정허위표시를 다룬 판례** 중에는 어음행위에 민법 제108조가 적용됨을 전제로, 실제로 어음상의 권리를 취득하게 할 의사는 없이 단지 채권자들에 의한 채권의 추심이나 강제집행을 피하기 위한 약속어음 발행행위가 통정허위표시로서 무효라고 한 것이 있다.[102]

(4) 백지어음의 보충권남용의 항변

백지어음행위자는 보충권이 남용되었다는 항변을 선의의 어음취득자에 대하여는 주장할 수 없고 **악의 또는 중과실로 인하여** 어음을 취득한 자에 대하여만 주장할 수 있다(어음법 제10조·제77조 제2항, 수표법 제13조). 이 경우도 해의까지 요구하는 것은 아니다.

---

100) 대법원 1999.11.26. 선고 99다34307 판결.
101) 대법원 1997.5.16. 선고 96다49513 판결.
102) 대법원 2005.4.15. 선고 2004다70024 판결.

(5) 민법 제124조, 상법 제398조 위반의 항변

대리인이 민법 제124조를 위반하여 본인의 허락 없이 자기계약 또는 쌍방대리로 어음행위를 하였으나 그 어음이 유통되거나, 또는 주식회사 이사가 상법 제398조를 위반하여 이사회 승인을 얻지 않고 어음행위를 한 경우들이다. 이에 대하여 **상대적 무효설의 입장에서 악의 또는 중과실의 어음소지인에 대하여만 항변을 주장**할 수 있다고 보므로(통설), 해의까지 요구하는 것은 아니다.

4. 특수한 항변

(1) 융통어음의 항변

1) 의 의

융통어음이라 함은 **타인으로 하여금 어음에 의하여 제3자로부터 금융을 얻게 할 목적으로 수수되는 어음**을 말하는 것이라 한다(판례).[103] 융통어음을 발행한 경우, 융통자가 피융통자로부터 지급을 구하는 경우에는 당해 어음은 융통어음이라는 주장, 즉 융통어음의 항변을 제기함으로써 지급을 거절할 수 있음은 당연하다. 즉, 융통어음의 항변은 피융통자에 대하여는 언제든지 이를 대항할 수 있는 것이 원칙이다. 그러나 문제는 그 어음이 융통어음임을 알고 있는 제3자에 대하여도 대항할 수 있는가 하는 점이다. 이에 대하여 학설과 판례는 융통자는 융통어음임을 항변으로 삼아 어음금 지급을 거절할 수 없다고 한다. 융통어음에 관한 항변은 그 어음을 양수한 제3자에 대하여는 선의 · 악의를 불문하고 대항할 수 없는 것이다.[104]

융통어음에 해당하는지 여부는 당사자의 주장만에 의할 것은 아니고 구체적 사실관계에 따라 판단하여야 한다. **어음의 발행인이 할인을 의뢰하면서 어음을 교부한 경우, 이는 원인관계 없이 교부된 어음에 불과할 뿐이고 융통어음이라고 할 수는 없다.**[105] 이 경우 발행인 스스로 자금을 융통하는 것이지, 타인으로 하여금 금융을 얻게 할 목적이 아닌 것이다.

2) 융통어음 항변의 성질

어음채무자는 융통어음의 항변을 직접 상대방을 제외하고는 어음취득자에게는 그의 선의 · 악의를 불문하고, 기한후배서인지 여부를 불문하고 대항할 수 없다. 甲이 乙의 자금융통을 위하여 乙에게 약속어음을 발행하고 乙이 이를 丙에게 배서양도한 경우를 보자. 乙이 甲에게 그 어음금청구를 하는 경우에는 어음금지급을 거절할 수 있으나, 丙이 어음금청구를 하는 경우이다. 이 경우 丙의 주관적 요건에 상관없이 甲은 융통어음이라는 항변을

---

103) 대법원 2012.11.15. 선고 2012다60015 판결; 대법원 1996.5.14. 선고 96다3449 판결.
104) 대법원 1996.5.14. 선고 96다3449 판결.
105) 대법원 2012.11.15. 선고 2012다60015 판결.

가지고 대항할 수 없으며, 이는 어음의 취득이 기한후배서에 의하여 이루어진 경우에도 마찬가지이다.[106]

그 이론구성에서는 견해가 나뉜다. ① **인적항변에 해당하나 어음법 제17조는 적용되지 않는다는 학설**은 융통어음의 항변을 어음법 제17조에 해당하는 인적항변으로 보되, 융통어음이 제3자에게 양도된 경우에는 제3자가 융통어음임을 알았다고 하더라도 그것은 어음법 제17조의 "어음채무자를 해할 것을 알고" 취득한 것이라고 볼 수 없으므로 채무자는 지급을 거절할 수 없다고 한다. 즉, 융통자는 피융통자에 대하여만 융통어음임을 항변할 수 있으며, 그 이후의 취득자(소지인)에 대하여는 **그가 융통어음임을 알았더라도 해의가 없는 한 대항하지 못하므로** 융통어음의 항변은 인적항변에 해당하나 어음법 제17조는 적용되지 않는다고 한다(**통설, 판례**).[107] ② **절단이 불필요한 항변이라는** 학설은 융통어음이 발행된 경우에는 처음부터 제3자에 대한 관계에서는 항변의 절단이 예정되어 있지 않으므로 절단이 불필요한 항변이라 한다. ③ 어음항변의 유형이 아니라는 학설은 어음취득자가 융통어음임을 알고 있는 경우에도 이를 항변할 수 없으므로, 융통어음의 항변은 당사자간에서만 주장할 수 있고 어떠한 경우에도 제3자에 대하여는 주장할 수 없는 항변인 점에서 이를 어음항변의 유형으로 분류하지 않는 것이 타당하고, 융통어음의 항변은 일반적인 어음항변(물적항변 또는 인적항변)의 어디에도 속하지 않는다고 한다.

3) 융통어음이라는 사유로 대항할 수 있는 경우

판례는 융통자가 제3취득자에 대하여 그 선의 또는 악의에 관계없이 원칙적으로 대항할 수 없으나 제3자에게 대항할 수 있다고 하는 예외적인 경우가 있으니 그 사례들을 잘 익혀두어야 한다. ① 융통어음을 양수한 제3자가 **양수 당시 그 어음이 융통어음으로 발행되었고 이와 교환으로 교부된 담보어음이 지급거절되었다는 사정을 알고 있었다면**, 융통어음의 발행자는 그 제3자에 대하여도 융통어음의 항변으로 대항할 수 있다.[108] ② **융통어음이 재사용된 경우**이다. 판례는 "융통인이 피융통인에게 신용을 제공할 목적으로 수표에 배서한 경우, 특별한 사정이 없는 한 융통인과 피융통인 사이에 당해 수표에 의하여 자금융통의 목적을 달성한 때는 피융통인이 융통인에게 지급자금을 제공하든가 혹은 당해 수

---

106) 대법원 1979.10.30. 선고 79다479 판결(타인의 금융 또는 채무담보를 위하여 약속어음(이른바 융통어음)을 발행한 자는 피융통자에 대하여 어음상의 책임을 부담하지 아니하나, 그 어음을 양수한 제3자에 대하여는 선의이거나 악의이거나, 또한 그 취득이 기한후배서에 의한 것이었다 하더라도 대가없이 발행된 융통어음이었다는 항변으로 대항할 수 없다); 대법원 2001.8.24. 선고 2001다28176 판결.

107) 대법원 1995.1.20. 선고 94다50489 판결.

108) 대법원 1994.5.10. 선고 93다58721 판결(피융통자가 융통어음과 교환하여 그 액면금과 같은 금액의 약속어음을 융통자에게 담보로 교부한 경우에 있어서는 융통어음을 양수한 제3자가 그 어음이 융통어음으로 발행되었고 이와 교환으로 교부된 담보어음이 지급거절되었다는 사정을 알고 있었다면, 융통어음의 발행자는 그 제3자에 대하여 융통어음의 항변으로 대항할 수 있다); 대법원 1995.1.20. 선고 94다50489 판결; 대법원 1990.4.25. 선고 89다카20740 판결.

표를 회수하여 융통인의 배서를 말소하기로 합의한 것이라고 보아야 할 것이므로, 피융통인이 당해 수표를 사용하여 금융의 목적을 달성한 다음 이를 반환받은 때에는 위 합의의 효력에 의하여 피융통인은 융통인에 대하여 융통인의 배서를 말소할 의무를 부담하고, 이 것을 다시 금융의 목적을 위하여 제3자에게 양도하여서는 아니 된다고 할 것이다. 그럼에도 불구하고, 피융통인이 이를 다시 제3자에게 사용한 경우, 융통인이 **당해 수표가 융통수표이었고, 제3자가 그것이 이미 사용되어 그 목적을 달성한 이후 다시 사용되는 것이라는 점에 관하여 알고 있었다는 것을 입증하면,** 융통인이 피융통인에 대하여 그 재사용을 허락하였다고 볼 만한 사정이 없는 한, 융통인은 위 융통수표 재도사용의 항변으로 제3자에 대하여 대항할 수 있다"고 하였다.[109]

(2) 제3자의 항변

1) 의 의

제3자의 항변은 어음채무자가 자기가 아닌 다른 어음채무자에 관하여 생긴 항변을 주장하는 것이다. 인적항변사유의 직접적인 당사자가 아닌 자가 다른 어음채무자의 항변을 원용할 수 있는지가 제3자의 항변의 문제이다. 채무자가 다른 채무자에 관하여 생긴 항변사유를 주장하는 것을 허용해야 한다는 주장에서의 항변을 제3자의 항변이라 한다. **법규정은 없다.**

제3자의 항변을 허용해야 한다는 주장에서의 논거는 인적항변은 직접 당사자간에서만 주장할 수 있는 것이지 타인의 인적항변을 원용할 수 없어서 어음채무자는 어음상의 책임을 부담한다거나(인적항변의 개별성론), 어음소지인의 권리남용에 해당하여 어음채무자는 지급을 거절할 수 있다거나(권리남용론), 어음교부행위는 유인행위이므로 어음소지인은 무권리자가 되어 어음상의 권리를 행사할 수 없다고 설명하는 견해(유인론) 등이 있다. 이러한 제3자의 항변에는 후자의 항변, 전자의 항변, 이중무권의 항변이 있다.

2) 후자의 항변

어음채무자가 자기의 후자와 어음소지인간의 항변사유를 원용하여 어음소지인에게 대항하는 것을 말한다. 예컨대 甲이 매매대금의 지급을 위하여 乙에게 약속어음을 발행하고, 乙은 차용금의 담보를 위하여 이를 丙에게 배서양도하였는데, 乙이 丙에게 차용금을 변제하여 배서의 원인관계가 소멸하였음에도 불구하고, 丙이 어음을 소지하고 있음을 기화로 발행인 甲에 대하여 어음금청구를 하는 경우에, 甲은 자기의 후자인 乙의 丙에 대한 항변사유를 주장하여 지급을 거절할 수 있는 것을 말한다.

판례는 대법원 1984.2.14. 자 83다카2221 결정에서 배서의 원인관계가 소멸하였음에도

---

109) 대법원 2001.12.11. 선고 2000다38596 판결.

불구하고 어음소지인이 발행인에 대하여 어음금을 청구한 사안에서, 권리남용의 이론에 의하여 어음소지인의 청구를 기각하였다. 이 경우 甲은 원칙적으로 乙의 항변사유를 가지고 丙에게 대항할 수 없으나 **어음소지인의 청구가 신의성실의 원칙에 위반하거나 권리남용에 해당하는 경우에는 권리남용의 이론에 의하여 대항할 수 있다는** 것이다.

3) 전자의 항변

어음채무자가 자기의 전자와 어음소지인간의 항변사유를 원용하여 어음소지인에게 대항하는 것을 말한다. 예를 들면, 보증인이 피보증인의 지급, 소멸시효, 면제 등의 항변을 행하는 경우이다. 이 경우에는 보증인은 권리남용을 주장하거나 보증채무의 부종성으로 인해 자신의 채무도 소멸되었음을 주장할 수 있다. 또한 보증인이 피보증인의 인적항변사유를 악의의 소지인에게 대항할 수 있는지의 문제는 역시 권리남용론에 의하여 대항가능하다고 본다. 이에 관한 판례를 보면 보증인이 피보증인의 항변을 원용할 수 있는지가 쟁점이 된 사안에서 **권리남용의 법리로 해결**하였다.[110]

(3) 이중무권의 항변(二重無權의 抗辯)

1) 의　의

이중무권의 항변이란 어음소지인과 그 전자 사이의 원인관계 및 그 전자와 전전자(前前者) 사이의 원인관계가 무효 또는 취소되거나 소멸된 경우에 어음채무자인 전전자가 어음소지인의 어음금청구에 대하여 대항할 수 있는 것을 뜻한다. 연속되는 3인의 어음당사자간에 원인관계가 모두 흠결되어 있는 경우에, 최초의 어음채무자가 자기의 후자의 항변을 원용하여 최후의 어음소지인의 어음금청구에 대하여 대항할 수 있는 항변을 말한다. 예컨대 어음관계의 당사자가 甲 → 乙 → 丙인 경우에 甲과 乙 간의 원인관계 및 乙과 丙 간의 원인관계가 모두 소멸된 경우 丙이 甲에게 어음금을 청구한 때 甲은 자신의 항변으로서 丙에게 대항할 수 있는데, 이것을 이중무권의 항변이라고 한다. 통설과 판례는 丙에게는 **어음금의 지급을 구할 경제적 이익이 없다는** 근거에서 이중무권의 항변을 인정한다.[111]

<hr/>

110) 대법원 1988.8.9. 선고 86다카1858 판결(장래의 채무를 담보하기 위하여 발행된 어음에 발행인을 위하여 어음보증이 되어 있는 약속어음을 수취한 사람은 어음을 발행한 원인관계상의 채무가 존속하지 않기로 확정된 때에는 특별한 사정이 없는 한 그때부터는 어음발행인에 대해서 뿐만아니라 어음보증인에 대해서도 어음상의 권리를 행사할 실질적인 이유가 없어졌다 할 것이므로 어음이 자기수중에 있음을 기화로 하여 어음보증인으로부터 어음금을 받으려고 하는 것은 신의성실의 원칙에 비추어 부당한 것으로서 권리의 남용이라 할 것이고, 어음보증인은 수취인에 대하여 어음금의 지급을 거절할 수 있다고 할 것이니, 위 수취인으로부터 배서양도를 받은 어음소지인이 어음법 제17조 단서의 요건에 해당되는 때에는 어음보증인은 그러한 악의의 소지인에 대하여서도 권리남용의 항변으로 대항할 수 있다).

111) 대법원 1987.12.22. 선고 86다카2769 판결(특정채권담보용으로만 사용한다는 조건으로 甲이 乙에게 약속어음을 발행하고 어음소지인인 丙 역시 그러한 사정을 알면서 특정채무의 담보용으로만 사용한다는 조건으로 수취인인 乙로부터 위 약속어음을 배서양도 받았다가 위 약속어음으로 담보된 채무가 모두 이행되어 피담보채권이 모두 소멸되었다면 丙은 특단의 사정이 없는 한 乙에게 그 어음을 반환할 의무가 있을 뿐, 甲에게 어음상의 권리를 행사할 수 없다 할 것이므로 이러한 사유는 甲도 丙에게 대항할 수 있는 항변사유가 된다고 할 것이다).

2) 판 례

이를 정면으로 다룬 판례를 본다. 판례[112]는 "어음에 의하여 청구를 받은 자는 종전의 소지인에 대한 인적 관계로 인한 항변으로써 소지인에게 대항하지 못하는 것이 원칙이지만, 이와 같이 인적항변을 제한하는 법의 취지는 어음거래의 안전을 위하여 어음취득자의 이익을 보호하기 위한 것이므로 자기에 대한 배서의 원인관계가 흠결됨으로써 어음소지인이 그 어음을 소지할 정당한 권원이 없어지고 어음금의 지급을 구할 경제적 이익이 없게 된 경우에는 인적항변 절단의 이익을 향유할 지위에 있지 아니하다고 보아야 할 것이다"고 하면서 어음의 배서인이 발행인으로부터 지급받은 어음금 중 일부를 어음소지인에게 지급한 경우, 어음소지인은 배서인과 사이에 소멸된 어음금에 대하여는 지급을 구할 경제적 이익이 없게 되어 인적항변 절단의 이익을 향유할 지위에 있지 아니하므로 어음의 발행인은 그 범위 내에서 배서인에 대한 인적항변으로써 소지인에게 대항하여 그 부분 어음금의 지급을 거절할 수 있다고 하였다.

그리고 발행인 甲과 수취인 乙 사이의 원인관계가 전부 흠결되고, 乙과 어음소지인 丙 사이의 원인관계가 일부 흠결되거나 어음금액이 어음소지인의 경제적 이익을 넘는 경우에는 그 흠결된 부분 또는 경제적 이익을 초과하는 부분에 대하여 발행인 甲이 어음소지인 丙에 대하여 이중무권의 항변을 행사할 수 있다.

3) 후자의 항변, 악의의 항변과의 구별

① 이중무권의 항변의 경우에 甲은 자신의 항변을 주장하는 것인데 비하여 **후자의 항변**에 있어서는 甲이 타인인 乙의 항변을 주장한다는 점에서 차이가 있다. 한편, ② 이중무권의 항변이나 **악의의 항변** 모두 발행인 甲이 가진 항변을 주장한다는 점에서는 공통되지만, 악의의 항변은 어음소지인 丙에게 해의가 있다는 것이 항변사유이나, 이중무권의 항변은 丙이 어음금의 지급을 구할 경제적 이익이 없어 인적항변 절단의 이익을 향유할 지위에 있지 아니하므로 丙에게 대항할 수 있다는 점에서 차이가 있다.

---

112) 대법원 2003.1.10. 선고 2002다46508 판결.

제 5 절 어음상 권리의 소멸

Ⅰ. 총   설

1. 일반적 소멸원인

어음상의 권리도 채권이므로 일반 채권의 소멸원인인 지급(변제)·대물변제·상계·경개(更改)·면제 등으로 소멸한다. 몇 개의 특칙을 보면 ① 어음에는 환배서가 인정되므로 **혼동에 의해서는 소멸하지 아니한다**(어음법 제11조 제3항, 수표법 제14조 제3항). ② 지급제시기간 내에 어음의 지급을 받기 위한 제시가 없으면 각 어음채무자는 소지인의 비용과 위험부담으로 어음금액을 관할 관서에 **공탁**(供託)할 수 있다(어음법 제42조). ③ 소멸시효는 단기로 규정되어 있다(어음법 제70조, 수표법 제51조).

2. 어음에 특유한 소멸원인

어음상 권리의 특유한 소멸원인으로는 **상환청구권 보전절차의 흠결**(어음법 제43조·제53조), **일부지급의 거절**(어음법 제39조·제77조), 참가지급의 거절(어음법 제61조·제77조), 거절할 수 있는 참가인수의 승낙(어음법 제56조·제77조), 참가지급의 경합이 있는 경우에 자기에게 우선하는 참가지급의 신고인이 있음을 알면서 한 참가지급(어음법 제63조·제77조) 등이 있다.

Ⅱ. 어음시효

1. 의   의

어음채무는 일반채무에 비하여 엄격하여 이를 완화할 필요가 있고 신속한 결제가 요구되어 단기의 소멸시효가 인정된다. 어음시효는 상사채무의 소멸시효(상법 제64조)보다 단기로 규정되어 있다(어음법 제70조·제77조 제1항 제8호, 수표법 제51조·제58조). 어음법은 시효기간과 그 기산점 및 중단에 대하여만 규정을 두고 있어 기타의 사항은 민법 규정에 의한다.

2. 시효기간

(1) 어 음

1) 주채무자에 대한 청구권

주채무자인 환어음의 인수인과 약속어음의 발행인에 대한 청구권은 **만기일로부터 3년**이 경과함으로써 소멸시효가 완성된다(어음법 제70조 제1항·제77조 제1항 제8호). 주채무자는 지급제시 여부와 관계없이 3년간 어음금을 절대적으로 지급할 의무를 부담한다.[113]

그런데 **장래 발생할 구상채권을 담보하기 위하여 발행된 어음이라면**, 소지인은 발행인에 대하여 구상채권이 발생하지 않은 기간 중에는 약속어음상의 청구권을 행사할 수 없기 때문에 구상채권이 현실로 발생한 때에 비로소 이를 행사할 수 있게 되는 것이므로, 그 약속어음상의 청구권의 소멸시효는 위 구상채권이 현실적으로 발생하여 그 약속어음상의 청구권을 행사하는 것이 법률적으로 가능하게 된 때부터 진행된다고 본다.[114]

2) 상환청구권

어음소지인의 전자(배서인, 환어음의 발행인)에 대한 상환청구권은 **거절증서작성일 또는 거절증서작성이 면제된 경우에는 만기일로부터 1년**이다. 이것은 만기 후의 상환청구만 아니라 **만기 전의 상환청구에 대하여도 동일하게 적용**된다.[115] 어음소지인이 상환의무자의 보증인·참가인수인 등에 대하여 상환청구권을 행사하는 경우에도 같다.

3) 재상환청구권

상환을 한 배서인·보증인·참가인수인의 전자에 대한 상환청구권(재상환청구권)은 그 어음을 환수한 날 또는 그 자가 제소된 날부터 6개월로 시효소멸한다. 상환자가 그 전자의 보증인·참가인수인 등에 대하여 재상환청구권을 행사하는 경우에도 같다. 어음을 '환수한 날'은 상환한 날과 구별되며, '제소된 날'은 소가 제기된 날이 아니고 소장이 송달된 날을 말한다(통설).

---

[113] 대법원 1971.7.20. 선고 71다1070 판결; 대법원 1988.8.9. 선고 86다카1858 판결.

[114] 대법원 2004.12.10. 선고 2003다33769 판결.

[115] 대법원 2003.3.14. 선고 2002다62555 판결(어음법은 환어음의 경우 만기 전 소구와 만기 후 소구에 관한 규정을 모두 두고 있고, 환어음 소지인의 배서인, 발행인에 대한 청구권의 소멸시효에 관한 어음법 제70조 제2항은 "소지인의 배서인과 발행인에 대한 청구권은 적법한 기간 내에 작성시킨 거절증서의 일자로부터, 무비용상환의 문언이 기재된 경우에는 만기의 날로부터 1년간 행사하지 아니하면 소멸시효가 완성한다."라고만 규정하고 있을 뿐 만기 후 소구권의 행사의 경우에만 위 조항을 적용한다고는 규정하고 있지 아니하고 있으므로 위 규정은 환어음의 만기 전의 소구권의 행사의 경우에도 당연히 적용된다고 보아야 할 것이고, 한편 어음법상 약속어음에 관하여는 환어음의 경우와 같은 만기 전 소구에 관한 규정을 두고 있지 않으나 약속어음에 있어서도 발행인의 파산이나 지급정지 기타 그 자력을 불확실하게 하는 사유로 말미암아 만기에 지급거절이 될 것이 예상되는 경우에는 만기 전의 소구가 가능하다고 할 것이므로 만기 전의 소구가 가능한 약속어음의 경우에도 역시 만기 전·후의 소구권 행사 여부를 불문하고 그 소멸시효에 관하여는 모두 어음법 제77조 제1항 제8호에 의하여 준용되는 같은 법 제70조 제2항이 적용된다고 해석하여야 한다).

(2) 수   표

1) 지급보증인에 대한 청구권

수표에는 주채무자가 없으므로 주채무자에 대한 시효는 없다. 다만 **지급제시기간 내에 지급보증인에게 지급제시가 되는 것을 조건**으로 지급보증인에 대한 청구권의 시효는 **지급제시기간 경과 후 1년**이다(수표법 제58조).

2) 상환청구권

수표소지인의 발행인·배서인·기타 채무자 등의 상환의무자에 대한 상환청구권은 지급제시기간 경과 후 6개월이다(수표법 제51조 제1항). 다만 상환청구권의 시효는 수표소지인이 지급제시기간 내에 지급제시를 하고 거절증서 또는 이와 동일한 효력이 있는 선언의 작성을 전제로 한다(수표법 제39조).

3) 재상환청구권

상환자의 그 전자에 대한 상환청구권은 그가 수표를 환수한 날 또는 제소된 날부터 6개월이다(수표법 제51조 제2항). 이는 어음의 경우와 같다.

(3) 시효기간의 계산

법정기간 또는 약정기간에는 그 초일을 산입하지 아니하므로(어음법 제73조), 예컨대 주채무자에 대한 시효의 경우, 만기일이 2016. 7. 31.이라면 기산일은 같은 해 8. 1.로서 3년 후의 기산일의 해당일 전일인 2019. 7. 31.의 종료로써 시효가 완성한다. 다만 시효기간만료일이 법정휴일인 때에는 어음법 제72조 제2항, 민법 제161조의 적용을 받아 이에 이은 제1의 거래일까지 시효기간이 연장된다.

3. 시효중단

(1) 시효중단의 사유

어음시효의 중단은 민법상 일반적인 원리에 의한다. 따라서 청구, 압류·가압류·가처분, 승인에 의하여 중단된다(민법 제168조). 그리고 어음법상 소송고지에 의한 시효중단이 있다(어음법 제80조, 수표법 제64조). 아래에서는 문제되는 경우들을 본다.

(2) 어음의 제시를 요하는지 여부

1) 압류·가압류·가처분과 승인

① 어음시효는 어음채권자가 어음상 권리행사를 위하여 어음채무자의 재산에 **압류·가압류·가처분**을 하면 중단된다(민법 제168조 제2호). 압류·가압류·가처분에 의하여 어음

시효가 중단되는 경우에는 법원의 결정에 의하므로 어음의 제시가 필요 없다. ② 어음시효
는 어음채무자가 시효완성 전에 어음채무를 승인하면 중단된다(민법 제168조 제3호). **승인**을
위하여 채무자가 채무의 존재를 인식하는 것으로 충분하고 어음을 제시할 필요까지는 없
다.[116]

2) 청 구

① 어음의 제시를 요하지 않음

시효중단 사유로서의 청구에 어음의 제시를 요하느냐에 대하여 **통설**은 권리자가 권리
위에 잠자고 있지 않음을 표시하는 것으로 충분하므로, 어음시효의 중단의 효력을 발생시
키는 청구는 재판상 청구나 재판외 청구를 불문하고 어음의 제시가 필요 없다고 본다. 판
례도 과거 **재판상 청구**에 대하여 소제기에 의하여 시효가 중단되고 어음의 제시가 필요
없다고 보고 있었다.[117]

재판외 청구에 대하여는 명시적으로 다른 판례가 없었으나 근자 **백지어음에 의한 어음
금 청구에 시효중단의 효력을 인정**하였다.[118] 다만 이 판례가 재판상 청구에 관한 것이나,
(i) 판례가 백지어음에 의한 어음금 청구의 시효중단 효력을 인정하면서 권리 위에 잠자는
자가 아님을 객관적으로 표명한 것이라 하므로 이 근거는 재판외 청구에 대하여도 동일하
게 적용될 것이며, (ii) 판시사항으로써 **그 청구로써 어음상의 청구권에 관한 소멸시효는
중단된다**고 하고 있어 **재판상·재판외 청구를 구분하지 않고 있으며**, (iii) 민법상 시효중
단 사유인 '청구'에는 '재판상 청구'와 '재판외 청구'가 모두 포함되는데, 전자에 의한 시효
중단만 허용되고, 후자의 경우는 시효중단이 아니 된다는 것은 논리적 일관성을 결여한 것
이라는 점에서 **재판외 청구에도 어음의 제시를 요하지 않는 입장**으로 해석된다(통설).

② 백지어음의 경우

백지어음의 경우에도 재판상·재판외 청구에서 모두 어음의 제시를 요하지 않는다(통
설, 판례).[119] 다만 어음금액이 백지인 백지어음의 경우 얼마만큼의 청구를 하는지 알기 어
렵고 제대로 된 권리를 행사하는 것으로 보기 어렵다는 점에서 시효중단을 부정하는 견해

---

116) 대법원 1990.11.27. 선고 90다카21541 판결(어음시효 중단사유로서의 승인은 시효이익을 받을 당사자인 어
음채무자가 시효의 완성으로 권리를 상실하게 될 자에 대하여 그 권리가 존재함을 인식하고 있다는 뜻을 표시함으
로써 족하고 반드시 기존 어음에 개서하거나 새로운 어음을 발행, 교부함을 요하지 아니하며, 또 채무승인에 관한
문서가 작성되어 있지 않다고 하여 채무승인을 인정할 수 없는 것은 아니다).

117) 대법원 1962.1.31. 선고 4294민상110,111 판결.

118) 대법원 2010.5.20. 선고 2009다48312 전원합의체 판결(어음요건이 백지인 약속어음의 소지인이 그 백지 부
분을 보충하지 않은 상태에서 어음금을 청구하는 것은 어음상의 청구권에 관하여 **잠자는 자가 아님을 객관적으로
표명한 것이고 그 청구로써 어음상의 청구권에 관한 소멸시효는 중단된다.** 이 경우 백지에 대한 보충권은 그 행사
에 의하여 어음상의 청구권을 완성시키는 것에 불과하여 그 보충권이 어음상의 청구권과 별개로 독립하여 시효에
의하여 소멸한다고 볼 것은 아니므로 어음상의 청구권이 시효중단에 의하여 소멸하지 않고 존속하고 있는 한 이를
행사할 수 있다).

119) 대법원 2010.5.20. 선고 2009다48312 전원합의체 판결.

도 있다.

3) 어음법·수표법상의 소송고지

어음법·수표법상 소송고지도 시효중단의 효력이 있다(어음법 제80조, 수표법 제64조). 어음배서인의 다른 배서인과 발행인에 대한 재상환청구권의 소멸시효는 그 자가 제소된 경우에는 전자에 대한 소송고지를 함으로 인하여 중단되고, 중단된 시효는 재판이 확정된 때로부터 다시 진행을 개시한다(어음법 제80조). 소송고지는 소송당사자 일방이 소송의 결과에 대하여 이해관계 있는 제3자에게 소송계속을 알리는 것이다(민사소송법 제84조 제1항).

재상환청구권에 대한 특별한 시효중단을 두는 이유는 배서인이 어음소지인으로부터 제소를 받아 그의 채무는 시효중단이 되었음에도 불구하고 그 전자에 대한 권리의 소멸시효는 진행하여 그가 아직 어음을 환수하지 못하여 자기의 전자에 대한 어음상 권리를 행사할 수 없음에도 불구하고 시효가 중단되지 않은 상태로 6개월이 경과할 수 있고 이로 인하여 재상환청구권이 소멸된다면 부당하기 때문이다. 수표법도 같은 규정을 두고 있다(수표법 제64조).

4) 시효중단의 효력범위

시효중단의 효력은 그 중단사유가 생긴 자에 대해서만 효력이 생긴다(어음법 제71조·제77조 제1항 제8호, 수표법 제52조). 이는 수인의 주채무자가 있는 경우 그중 1인에 대한 시효중단의 효력은 다른 주채무자에 대하여 효력이 생기지 않는다는 것이며, 또한 주채무자에 대한 시효중단은 다른 상환의무자에 대하여도 효력이 생기지 않는다는 것이다. 이는 합동책임(어음법 제47조 제1항)의 효력을 기술한 것이다.

4. 각 시효간의 관계

(1) 상환의무의 시효소멸과 주채무

시효중단의 효력과 마찬가지로 시효완성의 효과에 있어서도 어음상 채무는 서로 독립하여 존재하는 것이므로, 시효완성의 효과도 각 채무자에게 독립적으로 발생한다. 따라서 상환청구권이 시효로 소멸하더라도 주채무에는 아무런 영향이 없다. 다만 보증채무는 그 피보증채무의 시효소멸로 함께 소멸하는데 이는 보증채무의 부종성의 효과이다.

(2) 주채무의 시효소멸과 상환의무

그러나 주채무가 시효소멸한 경우는 사정이 다르다. 상환청구권은 주채무자에 대한 청구권을 보완하기 위한 종속성이 있으며, 상환청구권을 행사하기 위하여는 유효한 어음을 반환하여야 하므로 더 이상 유효한 어음이 없기 때문이다(통설). 또한 주채무가 시효소멸된 경우 주채무의 보증채무도 소멸하고 이는 부종성의 법리에 근거한다(통설). 따라서 주채무가 시효소멸하면 다른 어음채무는 모두 소멸되므로 어음소지인은 이득상환청구권만을 가진다고 볼 수 있다.

III. 이득상환청구권

1. 의   의

(1) 개   념

이득상환청구권은 어음소지인이 보전절차의 흠결이나 소멸시효의 완성으로 어음상의 권리를 상실하여 발행인·인수인 또는 배서인 등의 어음채무자가 어음의 지급채무를 면하고 이득을 본 경우, 어음상의 권리를 상실한 어음소지인이 이득을 본 어음채무자에 대하여 그 이득의 한도 내에서 상환을 청구할 수 있는 권리이다(어음법 제79조, 수표법 제63조). 어음상의 권리는 단기소멸시효나 상환청구권 보전절차의 흠결로 소멸하게 된다. 이때 어음채무자는 채무를 면하게 되는데도 원인관계상의 대가나 어음자금을 보유하게 되는 불공정한 일이 생기게 되는 경우가 있고, 이 경우 어음채무자가 실질관계로부터 받은 이익을 소지인에게 상환하게 하는 제도가 이득상환청구권이다. 어음채무자가 어음의 지급채무를 면하고 실질상 얻은 이익을 그대로 취득하게 하는 것은 불공평하므로, **어음법**은 형평의 관념에 기하여 어음소지인이 그 어음채무자에 대하여 그 이득의 상환을 청구할 수 있도록 한 것이다. 그런데 판례가 그 발생요건을 엄격하게 해석하여, 자기앞수표의 일부를 제외하고는 이득상환청구권이 인정될 수 있는 경우가 없다고 할 수 있다.

(2) 법적 성질

이득상환청구권은 어음상의 권리가 소멸함으로써 인정되는 권리이므로 **어음상 권리가 아니라 어음법상의 권리**이다. 이득상환청구권의 법적 성질에 관하여는 여러 견해가 주장된다. 이득상환청구권의 법적 성질을 어떻게 보느냐에 따라서 이득상환청구권의 발생, 행사 및 양도와 소멸시효기간, 어음상의 권리의 담보권의 이전 등의 문제에 있어서 서로 다른 결론이 도출된다. 그 법적 성질에 관한 학설은 크게 민법상의 권리로 파악하는 것과 어음상의 권리에 관련된 것으로 보는 견해로 나눌 수 있다.

① **잔존물설**은 이득상환청구권을 어음상 권리의 잔존물 또는 변형물로 본다. 어음상의 권리가 소멸된 이후에는 실질관계상 이득을 얻은 채무자에 대하여서만 그 이득을 얻은 사실을 증명하는 경우에만 청구할 수 있게 되었다는 의미에서 또는 양적·조건적으로 제약을 받는다는 의미에서, 어음상의 권리와 동질 내지 유사의 권리라는 견해이다. 따라서 이 설에 의하면 어음상의 권리가 소멸한 후의 어음은 이득상환청구권을 표창하는 유가증권적

성질을 가지는 것으로 되고, 어음상의 권리에 존재하던 담보가 그대로 이 권리에 이전된다고 한다.

② **지명채권설**은 이득상환청구권을 민법상의 지명채권의 일종으로 본다. 실효된 어음은 이득상환청구권을 증명하는 증서에 불과하므로 권리의 행사에 어음을 소지할 필요가 없고, 권리의 양도방법 역시 지명채권의 양도방법에 의하여야 하며, 어음상 권리를 위한 담보가 당연히 이득상환청구권에 이전되지도 않는다고 한다. 이득상환청구권은 **어음상의 권리가 소멸한 후에 발생하는 것**이며, 원인관계를 중시하여 인정되는 것이므로 어음상의 권리와 관련지어 설명하는 것은 타당하지 않고 **지명채권의 일종으로 보는 지명채권설**이 옳다. 현재의 **통설과 판례**이다.[120]

2. 발생요건

(1) 어음상 권리의 존재

어음소지인은 유효한 어음상 권리를 취득하고 있었어야 한다. 따라서 불완전어음의 소지인이나, 미완성어음의 소지인은 이득상환청구권을 취득할 수 없어, 백지어음의 보충이 이루어지지 않는다면 어음상 권리가 생기지 않았으므로 그 소지인은 이득상환청구권을 취득할 수 없다.[121]

(2) 어음상 권리의 소멸

1) 어음상의 권리가 상환청구권 보전절차의 흠결 또는 시효로 소멸하였을 것

어음상의 권리가 보전절차의 흠결(작성기간내 지급거절증서나 인수거절증서의 불작성)이나, 소멸시효의 완성 두 가지로 소멸한 경우에만 이득상환청구권이 인정된다. 그 이외의 사유로 권리가 소멸한 경우에는 이득상환청구권이 발생하지 않는다. 절차의 흠결로 인하여 어음상 권리가 소멸하는 경우란 상환청구권을 보전하기 위한 실질적 요건 및 형식적 요건을 흠결한 경우를 의미하므로, 주채무자에 대하여는 절차의 흠결로 인하여 이득상환청구권이 발생하는 경우가 없다. 그리고 어음상 권리가 절차의 흠결 또는 시효로 인하여 소멸함에는 어음소지인의 과실유무를 불문한다(통설).

2) 수표의 경우

수표의 경우 10일의 지급제시기간이 경과하더라도 지급위탁의 취소가 없는 한 지급인이 발행인의 계산으로 유효하게 지급할 수 있기 때문에(수표법 제32조 제2항), 수표상 권리의 소멸이 무엇인지가 문제된다.

---

120) 대법원 1970.3.10. 선고 69다1370 판결(이득상환청구권은 지명채권양도의 방법에 의하여 양도할 수 있고 약속어음상의 권리가 소멸된 이후 배서양도만으로서는 양도의 효력이 없다).
121) 대법원 1962.12.20. 선고 62다680 판결.

① **정지조건설**은 수표상의 권리에는 수표법 제32조 규정에 따라 인정되는 **수표금 수령 권한도 포함**되므로 수표의 이득상환청구권은 지급제시기간의 경과로 발생하는 것이 아니고 **지급이 거절되거나 또는 지급제시기간 경과 후 지급위탁이 취소된 때** 수표상의 권리가 소멸하고 이득상환청구권이 발생한다고 본다. ② **해제조건설**은 지급제시기간이 지난 후의 수표소지인의 수표금 수령권한은 수표상의 권리가 아니고 **수표상의 권리를 채무자에 대한 상환청구권으로 한정**한다. 따라서 상환청구권은 **지급제시기간의 경과**로 바로 이득상환청구권이 발생하고 그 후 유효한 지급이 있으면 이득상환청구권이 소멸한다고 보는 견해이다(통설). 수표법 제32조 제2항의 수령권한을 소지인의 수표상의 권리라고 할 수는 없으므로 해제조건설이 타당하다. **판례도 해제조건설의 입장**에서 수표의 지급제시기간 경과 후에 수표를 취득한 자는 수표상의 권리가 소멸한 당시의 정당한 소지인이 아니므로 이득상환청구권은 행사할 수 없다고 한다.[122]

(3) 어음소지인의 다른 구제수단의 부존재

1) 부존재의 범위에 관한 학설

어음상의 권리의 소멸 이외에 다른 구제수단이 없어야 한다. 그런데 어음소지인이 다른 어음채무자에 대하여 어느 정도의 다른 구제수단을 갖지 않아야 하느냐에 대하여 견해의 대립이 있다. ① 이득상환청구를 하는 상대방에 대한 관계에서만 어음상 권리가 소멸하기만 하면, 민법상 구제수단을 갖고 있음은 물론 다른 어음채무자에 대한 관계에서 어음상 권리가 존재하는 경우에도 이득상환구권이 발생한다는 견해로서 가장 넓게 인정한다(**최광 의설**). ② 청구의 상대방뿐만 아니라 모든 채무자에 대하여 어음상 권리가 소멸되면, 민법상 구제수단을 갖고 있는 경우에도 이득상환청구권이 발생한다는 견해이다(**광의설**). ③ 가장 좁게 인정하는 견해로서 모든 어음채무자에 대한 관계에서 어음상 권리가 소멸되었음은 물론, 민법상 구제수단까지 갖지 아니한 경우에 한하여 이득상환청구권이 발생한다는 견해이다(**협의설**).

2) 판례(협의설)

판례는 협의설의 입장에서 모든 어음채무자에 대해서 어음상 권리의 소멸은 물론 민법상의 구제수단도 없어야 된다고 한다는 입장을 확고히 유지하고 있다. 선례에 해당하는 판례[123]가 "원인관계의 채권의 지급을 확보하기 위하여 어음이 발행되었을 때에 **어음상의 권리가 소멸한 후에 원인관계상의 권리가 소멸된 경우에 있어서는 어음소지인은 어음채권 소멸당시에 있어서는 원인 관계상의 권리를 행사할 수 있었음으로 구제방법을 상실하였다고 볼 수 없고** 채무자의 이득은 어음상의 권리의 소멸에 인한 것이라고 할 수 없으므

---

122) 대법원 1983.9.27. 선고 83다429 판결; 대법원 1964.12.15. 선고 64다1030 판결.
123) 대법원 1963.5.15. 선고 63다155 판결.

로 이득상환 청구권이 발생할 여지가 없다"고 하였고 이후의 판례들이 이를 따르고 있다.[124] 결국 **판례에 의한다면 지급에 갈음한 경우에만 이득상환청구권이 발생할 수 있다.** 왜냐하면 지급을 위한 경우나 지급을 담보하기 위한 경우는 원인관계상의 채권이 그대로 존속하기 때문에, 이 요건을 충족할 수 없기 때문이다.[125] 이 점을 보다 구체적으로 다룬 판례도 "약속어음은 원인관계에 있는 위 대여금채권의 지급을 확보하기 위하여 또는 그 담보로 발행, 교부된 것으로 추정할 것이고 이러한 경우에는 어음채권이 시효로 인하여 소멸하였다고 하더라도 어음법상의 이득상환청구권이 발생하지 않는다"라 하여 동일하다.[126]

그런데 판례는 한 걸음 나아가 원인관계에 있는 채권의 지급을 확보하기 위하여 어음이 발행된 경우에는 어음채권이 시효로 인하여 소멸하였다 하더라도 이득상환청구권이 발생하지 않을 뿐만 아니라, **어음채권이 시효소멸하기 전에 먼저 원인관계에 있는 채권이 시효 등 별개의 원인으로 소멸하였다 하더라도** 마찬가지라 한다.[127] **어음의 시효 전후를 불문하고 원인관계가 소멸하였으면 이득상환청구권이 발생하지 않는다는 것이다.** 그런데 어음상 권리의 소멸당시 원인채권마저 소멸하고 있었으므로 다른 민법상 구제수단이 존재하지 않는 경우이고 보면 논리상 문제가 있다. 이 점은 아래의 이득 요건과 관련된다.

정리하자면 **판례는 어음을 지급에 갈음하여 교부한 경우에만 이득상환청구권이 발생하고, 어음상 권리의 시효소멸 전에 원인채권이 소멸한 경우에도 이득상환청구권이 발생하지 않는다는 것이다.** 그러나 자기앞수표는 이를 교부한 경우 지급에 갈음하여 한 것으로 판단되는 경우도 있을 수 있지만, 어음을 지급에 갈음하여 수수하는 경우란 사실상 존재하지 않는다고 하여도 과언이 아니다. 그러므로 판례의 입장에 의하면 자기앞수표를 제외하고는 이득상환청구권제도는 사실상 거의 존재하지 않는 사문화된 제도가 되는 것이다.

(4) 어음채무자의 이득이 있을 것

어음채무자가 이득을 받아야 한다. 여기서의 '받은 이익'이라는 것은 어음채무자가 **어음상 권리의 소멸에 의하여 어음상 채무를 면하는 것 자체를 말하는 것이 아니라 어음수수의 원인관계 등 실질관계에서 현실로 받은 재산상의 이익을 말하는 것이다.**[128] '어음상

---

124) 대법원 1993.10.22. 선고 93다26991 판결(원인관계에 있는 채권의 지급을 확보하기 위하여 어음이 발행된 경우에는 어음채권이 시효로 인하여 소멸하였다 하더라도 이득상환청구권이 발생하지 않는다).

125) 대법원 1993.3.23. 선고 92다50942 판결(어음법에 의한 이득상환청구권이 발생하기 위하여는 모든 어음상 또는 민법상의 채무자에 대하여 각 권리가 소멸되어야 하는 것인 바, 원인관계에 있는 채권의 지급을 확보하기 위하여 발행된 약속어음이 전전양도되어 최후의 소지인이 어음상의 권리를 상실한 경우라도 원인채무는 그대로 존속하는 것이므로 발행인이 바로 어음금액 상당의 이득을 얻고 있다고는 할 수 없다).

126) 대법원 1992.3.31. 선고 91다40443 판결.

127) 대법원 1992.3.31. 선고 91다40443 판결. 대법원 2000.5.26. 선고 2000다10376 판결이 다시 앞의 판결을 따르고 있다.

128) 대법원 1993.7.13. 선고 93다10897 판결; 대법원 1994.2.25. 선고 93다50147 판결(어음법 제79조의 어음채무자의 '받은 이익'이라 하는 것은 어음채무자가 어음상의 권리의 소멸에 의하여 어음상의 채무를 면하는 것 자체를 말하는 것이 아니라 어음수수의 원인관계 등 실질관계(기본관계)에 있어서 현실로 받은 재산상의 이익을 말하

채무를 면'하는 것은 '어음상 권리의 소멸'의 반면에 불과하므로 추가적인 요건이 필요한 것이고, 그 추가적 요건이 실질관계상의 현실적 이익을 뜻한다. 예를 들면, 인수인은 발행인으로부터 자금을 받고 인수하였는데, 어음상의 권리의 소멸로 인하여 이를 반환할 필요가 없게 된 때에 이득을 취득한 것으로 된다. 민법상의 부당이득과는 달라서 이득이 현존할 필요는 없으므로 일단 이득을 한 것으로 족하다(통설). 은행 발행의 자기앞수표의 경우 은행이 수표금액만큼 이득을 한 것으로 추정한다고 한 판례가 있다.[129]

그런데 판례는 이 요건도 엄격하게 해석한다. ① 원인관계상의 채무를 담보하기 위하여 어음이 발행되거나 배서된 경우에는 어음채권이 시효로 소멸되었다고 하여도 발행인 또는 배서인에 대하여 이득상환청구권은 발생하지 않고, 그 원인관계상의 채권 또한 시효 등의 원인으로 소멸되고 그 시기가 어음채무의 소멸 시기 이전이든지 이후이든지 관계없이 마찬가지라 한다.[130] **원인채권이 먼저 소멸하고 후에 어음상 권리가 소멸하였다면 채무자가 어음상 권리의 소멸로 이득을 얻은 것이 아니라는 논리**이다. **원인채권의 소멸시점과 상관없이 이득상환청구권이 발생하지 않으므로**, 결과적으로 지급에 갈음한 경우가 아니라면 이득상환청구권은 사문화된 제도가 된다. ② 원인관계에 있는 채권의 지급을 확보하기 위하여 발행된 약속어음이 전전양도되어 최후의 소지인이 어음상의 권리를 상실한 경우라도 원인채무는 그대로 존속하는 것이므로 발행인이 바로 어음금액 상당의 이득을 얻고 있다고는 할 수 없다고 한다.[131]

3. 이득상환청구권의 양도

(1) 양도방법

이득상환청구권의 법적 성질을 어떻게 파악하느냐에 따라 그 양도방법이나 선의취득 여부 등에서 차이가 난다. ① 통설과 판례인 **지명채권설**에 의하면 지명채권의 양도방법(통지·승낙이 대항요건)에 따라 양도되고, 이득상환청구권의 양도에는 **증권의 교부를 요하지 않는다.** 다만 판례는 은행발행의 자기앞수표에서 발생하는 이득상환청구권에 한하여 '수표의 양도방법'에 의하여 양도된다고 판시한다.

② 이득상환청구권의 법적 성질을 어음상 권리의 **잔존물**로 보면 이득상환청구권은 어음의 교부로 양도되고, 이 권리의 양도나 행사에는 증권의 소지를 반드시 요하게 되고, 어음상의 권리와 같이 선의취득의 대상이 된다. 또 이 설에서는 어음상의 권리와 이득상환청구

는 것이고, 어음채무자에게 그 '받은 이익'이 있음과 그 한도에 관하여는 어음소지인인 이득상환청구자가 이를 주장·입증하여야 할 것이다).

129) 대법원 1961.7.31. 선고 4293민상841 판결.

130) 대법원 2000.5.26. 선고 2000다10376 판결; 대법원 1992.3.31. 선고 91다40443 판결 등.

131) 대법원 1993.3.23. 선고 92다50942 판결; 대법원 1970.3.10. 선고 69다1370 판결; 대법원 1974.7.23. 선고 74다131 판결 등.

권은 그 권리의 성질이 같으므로 어음상의 권리에 존재하는 보증이나 담보는 이득상환청구권의 양도에 따라 같이 양도된다고 한다.

(2) 선의취득 문제

① 통설·판례인 **지명채권설**에 의하면 채권은 선의취득의 대상이 되지 않으므로, 이득상환청구권은 선의취득할 수 없다.[132] 따라서 이득상환청구권의 양도인이 무권리자이면 양수인이 아무리 선의·무중과실이라 하더라도 이득상환청구권을 선의취득하지 못하여, 양수인은 채무자에 대하여 이득상환청구권을 행사하지 못한다. ② 잔존물설에 의하면 어음상 권리와 같이 이득상환청구권은 선의취득의 대상이 된다.

(3) 담보이전의 문제

① 통설·판례인 **지명채권설**에 의하면 어음상의 권리에 부수하는 보증이나 담보는 당사자간의 특약이 없는 한 이득상환청구권은 담보되지 아니하므로 이득상환청구권의 양도에 따라 당연히 양도되는 것이 아니라고 한다. 따라서 이득상환청구권을 양수한 자는 특약이 없는 한 어음상 권리를 위하여 존재하는 보증인에 대한 권리 및 물상담보권을 취득하지 못한다. ② 잔존물설에 의하면 어음상 권리와 이득상환청구권은 같은 것이므로 당사자간의 특약이 없더라도 당연히 이전한다.

4. 이득상환청구권의 행사

(1) 이득상환청구의 당사자

1) 권리자

① 정당한 어음소지인

이득상환청구권자는 어음상의 권리가 절차의 흠결 또는 시효로 인하여 소멸할 당시의 **정당한** 어음소지인이다.[133] 이때 어음소지인은 어음상 권리를 연속하는 배서에 의하여 취득하거나, 상속 등에 의하여 취득하거나, 배서인이 상환을 하고 어음을 환수하여 취득하는 자 등으로, 어음상 권리가 소멸할 당시에 어음상 권리를 행사할 수 있었던 정당한 어음소지인이어야 한다. 지급제시기간 경과 후 수표를 취득하였다면 이미 권리가 소멸한 이후에 소지하게 되었으므로 이득상환청구권을 행사할 수 없다.[134]

---

132) 대법원 1980.5.13. 선고 80다537 판결(이득상환청구권은 선의취득의 대상이 될 수 없다).
133) 대법원 1964.7.14. 선고 64다63 판결.
134) 대법원 1983.9.27. 선고 83다429 판결(수표의 지급제시기간 경과 후에 수표를 취득한 자는 수표상의 권리가 소멸한 당시의 정당한 소지인이 아니므로 이득상환청구권은 행사할 수 없다); 대법원 1978.6.13. 선고 78다568 판결(이득상환청구권이 있는 수표소지인이라 함은 그 수표상의 권리가 소멸할 당시의 정당한 소지인으로서 그 수표상의 권리를 행사할 수 있었던 자를 뜻하므로 수표(자기앞수표)가 분실된 것임을 알고 있는 악의의 취득자로부터 지급제시 기간이 경과한 후에 이를 취득한 제3자에게는 이득상환청구권이 없다).

기한후배서에 의하여 어음상의 권리를 양수한 자도 어음상의 권리 소멸 당시 어음을 소지하고 있으면 이득상환청구권자이다(통설). 입질배서의 피배서인도 이득상환청구권자가 된다고 본다(통설). 숨은 추심위임배서의 피배서인도 신탁양도설에 의하면 어음상의 권리를 취득하므로 이득상환청구권을 취득한다. 그러나 백지어음의 소지인은 보충권의 행사기간까지 보충하지 아니하면 어음상의 권리를 취득하지 못하므로 소멸시효 완성이나 절차의 흠결이 있더라도 어음소지인은 이득상환청구권을 취득하지 못한다(통설).

② 이득상환청구권의 양수인

이득상환청구권의 양수인도 이득상환청구권을 행사할 수 있다. 이득상환청구권의 법적 성질을 어음상의 권리의 잔존물로 보는 견해에 의하면 어음의 양도방법만으로 이득상환청구권은 양도될 것이나, **통설·판례에 의하면 지명채권으로 보아 증권의 교부가 필요하지 않지만 지명채권양도방법(채무자에 대한 통지·승낙이라는 대항요건)에 따라 양수인도 이득상환청구권을 취득**한다.[135]

2) 의무자

① 어 음

이득상환의무자는 **어음**의 경우에는 **발행인·인수인** 또는 **배서인**이다(어음법 제79조). 이 중에서 보통 환어음의 인수인과 약속어음의 발행인이 이득상환의무자가 된다. **인수하지 않은 지급인이나 지급담당자는 이득상환의무자가 될 수 없다.** 어음보증인과 참가인수인이 이득상환의무자가 될 수 있는지에 대해서는 견해의 대립이 있다. 예를 들어, 약속어음의 발행인이 매매대금의 지급에 갈음하여 어음을 발행한 경우에 원인관계상의 채무는 소멸하므로, 어음상의 권리가 소멸하면 발행인은 소극적으로 이득을 취하게 된다. 어음보증인과 참가인수인 등은 현행 어음법상 이득상환의무자가 될 수 없다고 본다(통설).

② 수 표

수표에서 이득상환의무자는 **발행인·배서인 및 지급보증인**이다(수표법 제63조). 지급보증인은 발행인으로부터 자금을 받고 지급보증을 한 뒤에 수표금을 지급할 필요가 없게 된 때에 이득을 취한 것이 된다.

(2) 증권의 소지 여부

이득상환청구권을 지명채권으로 보는 견해에 의하면 증권소지가 불필요하다고 하고, 동 권리를 어음상의 권리의 잔존물 또는 변형물로 보는 견해에 의하면 소지가 필요하다고 한다. 어음의 소지인은 어음상 권리의 소멸 당시 정당한 권리자임을 입증하는 것으로 충분하다.

---

135) 대법원 1970.3.10. 선고 69다1370 판결(이득상환청구권은 지명채권양도의 방법에 의하여 양도할 수 있고 약속어음상의 권리가 소멸된 이후 배서양도만으로서는 양도의 효력이 없다).

(3) 채무이행지

이득상환청구권을 지명채권으로 보게 되면 민법의 일반원칙에 의하여 채권자의 현주소나 현영업소에서 지급해야 하는 지참채무로 생각할 수 있다. 그러나 지명채권설에서도 이득상환의무는 지참채무(민법 제467조 제2항)가 아니라 추심채무라고 한다. 왜냐하면, 이득상환의무자는 그 특성상 이득상환청구권자가 누구인지 모를 수 있기 때문이다.

(4) 입증책임

이득상환청구권의 발생요건은 이득상환청구권자가 입증하여야 한다.[136] 다만 자기앞수표에 대해서는 발행은행은 수표금액만큼 이득을 본 것으로 추정되므로, 수표소지인(이득상환청구권자)은 발행인이 이득을 보았다는 것을 입증할 책임이 없다.[137]

(5) 채무자의 항변

이득상환의무자는 이득상환청구를 받은 경우에는 어음채무자로서 어음소지인에게 대항할 수 있었던 모든 항변으로서 이득상환청구자에게 대항할 수 있다. 이득상환청구권을 지명채권으로 보면 동 권리가 양도되더라도 항변은 절단되지 않기 때문이다(통설). 이러한 결론은 잔존물설을 취해도 같다.

5. 이득상환청구권의 소멸

(1) 일반적 소멸원인

이득상환청구권의 성질을 지명채권으로 보면 민법상의 채권의 소멸원인(변제, 대물변제, 공탁, 상계, 경개, 면제, 혼동)에 따라 소멸되나, 잔존물설에 의하면 논란이 된다.

(2) 소멸시효

이득상환청구권의 소멸시효에 관하여는 규정이 없어 해석에 의한다. 이득상환청구권을 지명채권으로 보면 민법(제162조 제1항)에 따라 **10년**이 된다. 반면에 잔존물로 보면 어음은 3년, 수표는 1년이라고 한다. 시효의 기산점에 대해서는 어음의 경우 절차의 흠결로 이득상환청구권이 발생할 때에는 지급제시기간의 익일이 되고, 시효소멸로 이득상환청구권이 발생한 때에는 시효기간의 익일이 된다. 수표의 경우 해제조건설에 의하면 '지급제시기간의 익일'이 기산점이 된다.

---

136) 대법원 1994.2.25. 선고 93다50147 판결(어음채무자에게 어음법 제79조 소정의 '받은 이익'이 있음과 그 한도에 관하여는 어음소지인인 이득상환청구자가 이를 주장 입증하여야 한다).
137) 대법원 1961.7.31. 선고 4293민상841 판결.

6. 자기앞수표의 이득상환청구권

(1) 수표의 이득상환청구권의 발생시기 등과 자기앞수표

수표의 경우 지급제시기간이 지난 후의 수표소지인의 수표금 수령권한은 수표상의 권리가 아니고 **수표상의 권리를 채무자에 대한 상환청구권으로 한정**한다. 따라서 상환청구권은 **지급제시기간의 경과**로 바로 이득상환청구권이 발생하고 그 후 유효한 지급이 있으면 이득상환청구권이 소멸한다고 본다(통설, 판례). 자기앞수표는 발행인이 지급인을 겸하는 수표로서 자기앞수표의 경우에도 지급제시기간이 경과하면 수표상의 권리가 모두 소멸하게 되어 이득상환청구권이 발생한다.

그런데 판례가 이득상환청구권의 발생요건과 그 양도를 엄격하게 해석하고 있고 이득상환청구권이 거의 사문화된 제도라 할 수 있으나, 자기앞수표의 경우 거래계에서 현금과 같이 유통되기 때문에 수표상 권리가 소멸되었다는 이유로 아무런 권리가 남아있지 않게 된다면 그 유통에 문제가 생기게 된다. 이러한 이유때문인지 판례는 자기앞수표의 경우 상당한 예외를 인정한다. 다만 자기앞수표의 경우에도 그 이득상환청구권의 법적 성질을 **지명채권**으로 보고 있음은 유의해야 한다.

(2) 이득의 추정 등 발생요건의 완화

자기앞수표의 발행은행은 수표금액만큼 이득을 한 것으로 추정되므로, 자기앞수표의 소지인은 발행은행의 이득을 증명하지 않더라도 발행은행에 대하여 이득상환청구권을 행사할 수 있다.[138] 또한 앞서 보았듯이 자기앞수표의 교부는 지급에 갈음한 것으로 추정하므로,[139] 수표상 권리가 소멸된 것만으로 다른 권리구제수단이 없다는 것이 추정된다.

결국 자기앞수표에 있어서는 발생요건 사실 중 **수표상 및 민법상의 구제방법이 부존재한다는 것과 발행은행에게 수표액면 상당의 이득이 존재한다는 것이 추정**되고, **수표상 권리가 절차의 흠결 또는 시효완성에 의하여 소멸되었다는 것은 자기앞수표 자체에 의하여 쉽사리 밝혀지므로**, 이 권리를 주장하는 자는 위와 같은 요건사실들을 주장함으로써 족하고, 채무자인 발행은행이 반대사실을 입증할 책임을 진다

(3) 이득상환청구권의 양도방법

1) 자기앞수표 경우의 특칙

지급제시기간이 경과하면 이득상환청구권이 발생하게 되므로 그 이후의 양도시, 이득상환청구권의 법적 성질을 지명채권설로 보는 통설 및 판례에 따라 지명채권양도의 방법에

---

138) 대법원 1961.7.31. 선고 4293민상841 판결.
139) 대법원 1960.5.19. 선고 4292민상784 판결; 대법원 1961.7.31. 선고 4293민상841 판결.

의하여 양도하여야 하는 문제가 있다. 그러나 현실적으로 지명채권 양도의 합의와 대항요 건을 일일이 갖추는 경우는 거의 없기 때문에 이를 엄격히 요구하면 현금과 같이 유통되는 자기앞수표의 거래 실정을 도외시하는 결과가 된다. 이에 판례는 자기앞수표의 이득상환청구권에 대하여는 별도의 법리를 만들어 내었다. 자기앞수표에서 발생하는 이득상환청구권은 **수표의 양도방법에 의하여 교부만에 의해 양도할 수 있다**고 본다. 그러면서 지급제시기간이 경과하여 수표상 권리가 소멸한 자기앞수표를 양도할 때에는 특별한 사정이 없는 한 **수표의 교부**에 의하여 ① **수표금의 수령권한**과 ② **이득상환청구권**을 양도함과 함께 ③ **채권양도의 통지를 할 권능**을 아울러 이전하는 합의가 있는 것으로 본다.[140]

결국 판례에 따르면 자기앞수표의 이득상환청구권의 양도방법은 교부만에 의하여 가능하고 어음 및 기타 수표에서 발생한 이득상환청구권의 양도방법과 다르므로, 이득상환청구권의 양도방법이 2원화되었다. 그런데 판례가 자기앞수표의 이득상환청구권도 지명채권으로 보고 있는 전제에서 양도방법만이 2원화되었고, 2원화의 근거를 거래의 실정에서 구하고 있으나 충분한 설득력이 있다고 보이지는 않는다.

2) 수표상 권리의 소멸 당시의 정당한 소지인으로부터의 취득

자기앞수표의 교부에 의한 이득상환청구권의 양도는 수표상의 권리소멸 당시의 정당한 소지인, 즉 이득상환청구권을 원시취득한 자로부터 자기앞수표가 교부된 경우에 한하여 허용된다. 전소지인이 정당한 소지인이 아닌 때에는 그 자는 이득상환청구권을 취득할 수 없고, 따라서 이를 양도할 수도 없기 때문이다. 판례도 교부만에 의하여 자기앞수표의 이득상환청구권이 가능하다 하더라도 **수표상 권리의 소멸 당시의 정당한 소지인**으로부터 양수받아야 한다고 본다. 따라서 자기앞수표의 경우라 할지라도 ① '정당한 소지인'이 수표를 양도한 경우에 한하고 수표(자기앞수표)가 분실된 것을 알고 있는 '악의'의 취득자로부터 지급제시기간이 경과한 후에 취득한 경우 선의취득이 인정되지 않고 따라서 이득상환청구권을 취득할 수 없다.[141]

② 또한 판례는 자기앞수표의 양도인이 **정당한 소지인인지를 알 수 없는 경우에는 지명채권의 양도방법을 취하지 않는 한** 이를 취득한 제3자에게는 이득상환청구권이 없다고 한다. 요컨대 자기앞수표의 제시기간 경과 당시 그 소지인이 누구인지, 또 그 소지인이 정

---

140) 대법원 1976.1.13. 선고 70다2462 전원합의체 판결; 대법원 1981.3.10. 선고 81다220 판결(금융기관 발행의 자기앞수표 소지인이 제시기간을 도과하여 수표상의 권리가 소멸한 수표를 양도하는 행위는 수표금액의 지급, 수령권한과 특별한 사정이 없는 한 수표상의 권리의 소멸로 인하여 소지인에게 발생한 이득상환청구권까지도 이를 양도하는 동시에 그에 수반하여 이득을 취한 발행은행에 대하여 그 소지인을 대신하여 양도에 관한 통지를 할 수 있는 권능을 부여하는 것으로 보아야 한다); 대법원 1979.10.10. 선고 79다1481 판결.

141) 대법원 1978.6.13. 선고 78다568 판결(이득상환청구권이 있는 수표소지인이라 함은 그 수표상의 권리가 소멸할 당시의 정당한 소지인으로서 그 수표상의 권리를 행사할 수 있었던 자를 뜻하므로 수표(자기앞수표)가 분실된 것임을 알고 있는 악의의 취득자로부터 지급제시 기간이 경과한 후에 이를 취득한 제3자에게는 이득상환청구권이 없다).

당한 수표소지인인지 알 수 없는 경우에는 동 수표의 이득상환청구권을 양수함에 있어서는 지명채권양도의 방법에 따른 절차를 밟아야만 동 양수를 발행인에게 주장할 수 있다고 한다.[142]

3) 지명채권양도방법에 의한 양도

자기앞수표의 이득상환청구권도 지명채권이므로 이 방법에 의한 이득상환청구권의 양도가 원칙적인 양도방법임에는 변함이 없다. 다만 위 ②의 판결[143]들이 "수표상의 권리소멸당시의 정당한 소지인이 누구인지 불명한 경우에는 지명채권양도의 방법에 따른 절차를 밟음이 없는 한 이득상환청구권을 양도받았음을 발행은행인 피고에게 주장할 수 없다"는 표현을 사용함으로써 그와 같은 경우에도 지명채권양도방법에 의한 이득상환청구권의 양도가 가능한 것으로 해석할 여지가 있으나, **그와 같은 경우에는 이득상환청구권을 원시취득한 자가 누구인지 알 수 없어 지명채권양도방법에 따른 절차를 밟는 것이 당초부터 불가능하고, 최종소지인이 새삼 그 대항요건을 구비할 수도 없는 것이므로, 위 ② 판결들은 지급제시기간의 경과 전에 수표의 상실자가 있는 경우에는 지급제시기간경과 전에 다른 선의취득자가 있다는 입증책임이 이 권리의 주장자에게 있다는 취지로 새겨야 할 것**이다.

(4) 선의취득

자기앞수표의 이득상환청구권은 선의취득의 대상이 되는가? 이 권리를 수표상 권리의 변형물로 보는 잔존물설에 의하면 인정할 여지도 있겠으나, 판례는 자기앞수표의 경우도 양도방법에 대하여만 특칙을 인정하고 그 성질은 지명채권으로 보고 있으므로 **선의취득을 인정할 수 없다.**[144] 다만 **어느 학설에 의하든 지급제시기간이 경과한 후에는 수표의 선의취득이 인정되지 아니한다**는 데에는 이론이 없다.

---

142) 대법원 1981.6.23. 선고 81다167 판결; 대법원 1983.3.8. 선고 83다40 판결.
143) 대법원 1981.6.23. 선고 81다167 판결; 대법원 1983.3.8. 선고 83다40 판결.
144) 대법원 1978.6.13. 선고 78다568 판결(이득상환청구권이 있는 수표소지인이라 함은 그 수표상의 권리가 소멸할 당시의 정당한 소지인으로서 그 수표상의 권리를 행사할 수 있었던 자를 뜻하므로 수표(자기앞수표)가 분실된 것임을 알고 있는 악의의 취득자로부터 지급제시 기간이 경과한 후에 이를 취득한 제3자에게는 이득상환청구권이 없다).

Ⅳ. 어음의 말소·훼손·상실

1. 어음의 말소 · 훼손

(1) 의 의

어음의 말소란 어음의 기명날인 기타 기재사항을 제거하는 것이다. 어음요건을 권한없이 말소한 경우에는 어음의 변조가 되고, 말소에 의하여 어음이라고 인정할 만한 것이 없게 되는 때에는 어음의 멸실이 된다. 어음의 훼손이라 함은 어음증권의 일부에 물리적으로 훼손을 하는 것이다. 어음의 훼손으로 인하여 어음이라고 할 만한 것이 없으면 어음의 상실이 된다. 어음의 훼손은 어음의 말소와 같이 처리하면 된다.

(2) 효 과

말소·훼손의 권한이 없는 자에 의하여 어음이 말소된 경우에는 어음의 변조가 되어, 변조전에 기명날인한 사람은 변조전의 문언에 따라, 변조후에 기명날인한 사람은 변조 후의 문언에 따라 책임을 진다(어음법 제69조).

(3) 배서의 말소

말소된 배서는 배서의 연속에 관하여 이를 기재하지 않은 것으로 본다(어음법 제16조 제1항). 배서가 말소되면 그 어음은 배서가 연속되기도 하고, 배서가 단절(불연속)되기도 하고, 배서연속이 지속되기도 한다.

> ·연속절단 : 甲 → 乙, 乙 ↛ 丙, 丙 → 丁
> ·연속회복 : 甲 → 乙, 乙 ↛ 丙, 乙 → 丁
> ·연속지속 : 甲 → 乙, 乙 → ( ), 丙 ↛ 丁
> (↛ 는 배서가 말소되었다는 의미이다)

배서를 말소하여 배서가 불연속된 어음을 소지한 자일지라도 형식적 자격이 없을 뿐이므로 실질적 권리를 증명하여(유통경로를 증명) 배서를 가교시켜 권리행사를 할 수 있다. 그리고 어음을 환수한 배서인은 자기 및 후자의 배서를 말소할 수 있다(어음법 제50조). 환배서를 하는 대신에 배서를 말소할 수 있다. 예를 들어, 甲(발행인) → 乙(수취인) → 丙 → 丁으로 배서양도된 경우에 乙은 丁으로부터 환배서를 받을 수도 있으나, 그 대신 乙과 丙, 丙과 丁 사이의 배서를 말소하고 丁으로부터 단순히 어음을 인도받을 수도 있다.

2. 어음의 상실

어음의 상실이란 어음이 멸실되거나 분실·도난으로 소재를 찾을 수 없는 경우, 어음이라고 인정하기 어려울 정도의 말소·훼손을 모두 포함하는 개념이다. 어음의 제시증권성 또는 상환증권성에 비추어 어음상의 권리자가 그 권리를 행사할 수 없게 되었다는 점이 같다. 그러나 어음상 권리를 상실하는 것은 아니기 때문에 그 구제수단으로서 민사소송법 제475조 이하에서는 공시최고 및 제권판결 제도를 마련해 두고 있다.

3. 제권판결

(1) 의 의

어음은 권리를 표창하는 수단이지 권리 그 자체는 아니므로 어음을 상실하더라도 권리 그 자체를 상실하는 것은 아니다. 그러나 어음의 권리자는 어음을 상실함으로써 어음상의 권리를 행사할 수 없게 되는 동시에, 그 어음이 선의의 제3자에게 취득되는 경우에 어음상의 권리를 상실할 우려가 있게 된다. 이런 경우 법에서는 어음을 상실한 사람들을 구제하는 수단으로서 공시최고에 의한 제권판결의 제도를 두고 있다.

(2) 제권판결의 절차

1) 공시최고

공시최고절차라 함은 법률에서 정한 일정한 경우에 법원이 당사자의 신청에 의해 공고의 방법으로 법률관계가 불분명한 이해관계인에게 실권의 경고를 함으로써 권리신고를 최고하고 권리신고를 하지 않는 경우 제권판결을 내리는 절차를 말한다. 민사소송법 제475조 이하의 공시최고절차에 의한다. 공시최고의 대상이 되는 경우는 도난·분실 또는 멸실된 증권(민법 제521조), 상법에 무효로 할 수 있음을 정한 증서(상법 제360조), 또는 기타 법률상 공시최고를 할 수 있는 다른 증서이다(민사소송법 제492조 제2항). 따라서 증권을 사취당한 경우나 자기의 잘못으로 편취당한 경우 공시최고의 대상이 되지 않는다.[145] 또한 공시최고는 자신의 의사에 반하여 증권의 점유를 잃은 자가 현재의 점유자를 알지 못하는 경우에 신청하는 것이지, 현재의 점유자를 알고 있는 경우에는 공시최고를 신청하는 것이

---

145) 대법원 1991.2.26. 선고 90다17620 판결(사채업자라고 사칭하는 성명불상자로부터 어음할인이 가능하다는 말을 듣고 이를 믿어 약속어음을 교부하였는데, 위 성명불상자가 이를 받아들자 마자 전주에게 가서 현금과 교환하여 오겠다고 밖으로 나간 후 그대로 도망함으로써 소위 약속어음을 "네다바이" 당한 경우, 약속어음에 대한 공시최고신청을 함에 있어서 그 신청이유로서 위 약속어음을 위와 같이 "사취" 또는 "사기" 당하였다고 기재하여 제권판결을 선고받았다면, 이는 약속어음이 도난, 분실, 또는 멸실된 경우에 해당하지 아니하여 추상적·일반적으로 공시최고를 인정할 법률상의 근거가 없는 것으로서 민사소송법 제461조 제2항 제1호에 소정의 불복사유인 법률상 공시최고절차를 허가하지 아니할 경우에 해당된다).

허용되지 않는다.[146)

공시최고기간 중에 대상이 된 어음을 신고한 자가 있는 경우에는 별 문제가 없으나, 어음소지인이 공시최고를 통하여 어음을 신고할 가능성은 매우 적다. 공시최고절차 자체가 불완전한 공시방법이기 때문이다. 이것은 곧 공시최고와 어음상의 권리행사가 병존할 수 있다는 것을 의미한다.

2) 제권판결의 효력

공시최고기일까지 권리의 신고를 하는 자가 없는 경우에 법원은 제권판결을 선고한다 (민사소송법 제496조). 제권판결에 의하여 분실된 어음은 무효가 되며, 제권판결을 받은 신청인은 어음 없이 증권상의 권리를 행사할 수 있게 된다(민사소송법 제497조). 전자를 제권판결의 소극적 효력이라 하고 후자를 적극적 효력이라고 한다. 그러나 이러한 효력은 분실된 어음 자체에 관한 것일 뿐 어음의 실질적 법률관계에까지 효력을 미치게 하는 것은 아니다. 따라서 소극적 효력에 의하여 어음이 무효로 되어도 문제가 된 어음만이 어음상의 권리와 절연되는 것에 불과하므로 진정한 권리자가 어음소지인이었던 경우에 그 자가 제권판결에 의하여 권리를 상실하게 되는 것은 아니다. 또한 적극적 효력에 의하여 **제권판결을 얻은 자가 어음상 권리를 행사할 수 있게 되는 것**을 말할 뿐, 제권판결을 얻은 자를 실질적 권리자로 확정하는 효력이 있는 것은 아니다.[147)

3) 증권의 재발행

공시최고를 받은 자가 어음상의 권리를 행사하기 위하여 어음발행인에게 어음의 재발행을 청구할 수 있는가에 대해서는 견해의 대립이 있다. 이를 긍정하는 견해에서는 이를 인정하여도 특별히 불합리하지 않고 오히려 당사자간의 법률관계를 간단히 처리할 수 있다고 한다. 그러나 어음은 주권과는 달리 대개의 경우 1회적인 지급을 표창하므로 특별히 재발행을 인정할 실익이 적고, 제권판결의 적극적 효력에 의하여 어음상실자는 어음의 재발행과 같은 효력이 있고, 실제상 신청인은 제권판결정본을 가지고 어음상의 권리를 행사하면 족하다고 본다(부정설). 판례는 없다.

---

146) 대법원 2004.11.11. 선고 2004다4645 판결(증권 또는 증서의 전 소지인이 자기의 의사에 기하지 아니하고 증권 등의 소지를 상실하였다 하더라도 그 후 증권 등을 특정인이 소지하고 있음이 판명된 경우에는 전 소지인은 현 소지인에 대하여 반환을 청구하여야 하고, 이에 대한 공시최고는 허용되지 않는다).

147) 대법원 1994.10.11. 선고 94다18614 판결(약속어음에 관한 제권판결의 효력은 그 판결 이후에 있어서 당해 어음을 무효로 하고 공시최고 신청인에게 어음을 소지함과 동일한 지위를 회복시키는 것에 그치는 것이고, 공시최고 신청인이 실질상의 권리자임을 확정하는 것은 아니다); 대법원 1965.11.30. 선고 65다1926 판결(제권판결의 효력은 이 판결 이후에 있어서 당해수표를 무효로 하고 공시최고 신청인에게 수표를 소지함과 동일한 지위를 회복시키는 것에 그치는 것이고 공시최고 신청인이 실질상의 권리자임을 확정하거나 공시최고 신청시에 소급하여 그 수표를 무효로 하는 것이 아니다).

(3) 제권판결취득자와 선의취득자 중 누가 우선해서 권리자가 되는가?

1) 문제점

공시최고기일 내에 어음을 선의취득한 자가 권리신고를 하지 않아 제권판결이 내려지면 하나의 어음채무에 대하여 동시에 복수의 적법한 권리자가 생기게 된다. 즉 제권판결을 받은 자 즉 신청인은 민사소송법에 따른 제권판결을 통하여 어음에 대한 형식적 권리자가 됨에 비하여 분실된 어음에 대하여 선의취득한 자는 어음법에 따라 어음상의 권리자가 된다. 이는 근본적으로 공시최고라는 제도 자체가 가지는 불완전성에 기인하는 것이다.

2) 학설과 판례

① **제권판결취득자우선설**로서 선의취득자가 권리의 신고를 하지 않아 제권판결이 내려진 이상은 선의취득자는 권리를 상실하며 제권판결을 받은 분실자가 어음상의 권리를 회복한다고 한다. 그렇지 않으면 법원의 판결이 적법한 절차를 거치지 않고 무용지물이 된다는 것을 근거로 한다. ② **선의취득자우선설**은 제권판결 전에 선의취득이 있는 이상 어음분실자는 권리를 상실하고 선의취득자가 권리자가 된다고 한다. 이는 제권판결 자체가 어음의 형식적 효력만을 문제로 할 뿐이므로 실질적 권리자인 선의취득자에게 대항할 수 없다는 것을 이유로 한다. 제권판결의 적극적 효력도 제권판결취득자를 실질적 권리자로 확정하는 효력이 없고, 공시최고 자체가 불완전하고 형식적이므로 **선의취득자우선설**이 타당하다고 본다.

③ **판례는** "제권판결이 선고되면 제권판결의 소극적 효력으로서 그 약속어음은 약속어음으로서의 효력을 상실하게 되어 약속어음의 정당한 소지인이라고 할지라도 그 약속어음상의 권리를 행사할 수 없게 되는 것이므로, 일단 제권판결이 선고된 이상 약속어음상의 실질적 권리자라고 하더라도 제권판결의 효력을 소멸시키기 위하여 제권판결에 대한 불복의 소를 제기하여 취소판결을 받지 아니하는 한 그 약속어음상의 권리를 주장할 수 없다"고 한다.[148] 판례의 입장을 선의취득자우선설로 보는 견해도 있으나, **제권판결취득자우선설**로 이해하는 견해가 많다. 판례가 제권판결신청인과 선의취득자 중에서 누가 어음상의 권리를 행사할 수 있는가에 대하여 명시적으로 표현하고 있지는 않고 있어, 어느 입장인지를 딱히 단언하는 것은 쉽지 않다. 다만 판례의 입장을 다음으로 정리는 할 수 있겠다. 「**증권의 공시최고절차 중에도 선의취득을 인정한다. 다만 제권판결 후에는 선의취득자는 제권판결불복의 소를 제기하여 그 제권판결을 취소하여야만 증권상의 권리를 행사할 수 있다.**」

---

148) 대법원 1990.4.27. 선고 89다카16215 판결.

제 6 절 기타의 제도

Ⅰ. 어음보증

1. 의   의

(1) 개   념

어음보증은 어음채무를 담보하기 위하여 이와 동일내용의 채무를 부담할 것을 목적으로 하는 독립의 부수적 **어음행위**이다. 인수인, 발행인, 배서인 등의 신용만으로는 신용이 부족한 경우에 그 신용이 부족한 특정한 어음채무자(피보증인)에 의한 어음금의 지급을 담보하기 위하여 다른 제3자인 보증인이 동일한 내용의 어음채무를 부담하는 것이다. 어음보증을 한 경우 어음보증인도 어음상의 채무자가 되고, 어음보증인은 피보증인과 합동하여 피보증인의 모든 의무에 대하여 책임을 진다(어음법 제32조 제1항).

① 어음보증은 **어음채무를 담보하기 위하여 하는 어음행위**이다. 따라서 어음채무가 존재하지 않는 경우에는 어음보증이 성립하지 않거나 무효가 된다. ② 어음보증에 있어 보증인은 **피담보채무와 동일내용의 채무를 부담**할 것을 목적으로 한다. 따라서 어음채무 중에서 주채무자(예컨대, 약속어음의 발행인·환어음의 인수인)를 위한 어음보증인은 주채무를 부담하고, 상환의무자(예컨대, 어음의 배서인)를 위한 어음보증인은 상환의무를 부담한다. ③ 어음보증은 **독립의 어음행위**이다. 어음보증은 '독립의' 어음행위이므로 어음보증은 피담보(어음)채무가 그 방식에 하자가 있는 경우 외에는 어떠한 사유로 인하여 무효가 된 때에도 그 효력이 있다(어음법 제32조 제2항·제77조 제3항; 수표법 제27조 제2항). 어음행위독립의 원칙이 적용되기 때문이다. ④ 어음보증은 **단독행위**이다(통설). 어음보증은 어음보증인의 단독행위로서 어음보증인과 어음상의 권리자의 계약에 의한 것이 아니다. 판례도 어음보증은 단독행위라고 하면서 어음보증의 상대방은 어음의 제3취득자가 아니라 피보증인이라 한다.[149]

(2) 수표보증

수표보증에서는 지급인이 보증인이 될 수 없다(수표법 제25조 제2항). 수표의 신용증권화를 방지하기 위한 것이다.

---

149) 대법원 1986.9.9. 선고 84다카2310 판결.

(3) 숨은 어음보증과의 구별

어음보증은 어음채무를 담보하기 위한 것이지만, 보증을 하게 되면 도리어 어음의 불신용을 공표하는 것이 되므로, 동일한 목적을 위하여 형식상으로는 민법상의 보증은 발행, 배서, 인수 등의 방법이 많이 쓰인다. 이것을 숨은 어음보증이라고 한다. 이러한 **숨은 어음보증은 어음보증의 방식을 따르지 않았으므로 어음보증이 아니다.** 이 경우 법률상 발행, 배서, 인수 등의 행위가 있을 뿐이므로 행위자는 발행인, 배서인, 인수인으로서의 책임을 부담하여야 한다.

(4) 민법상 보증과의 구별

1) 어음보증과 민법상 보증과의 차이점

① 민법상의 보증은 부종성이 있어 주채무의 성립을 보증채무의 성립요건으로 하지만, 어음보증은 어음행위독립의 원칙에 따라 주채무가 방식의 하자 이외의 사유로 무효인 경우에도 유효하게 성립한다(어음법 제32조 제2항, 수표법 제27조 제2항). ② 민법상의 보증은 방식의 제한이 없으나, 어음보증은 요식행위로서 방식의 제한이 있다(어음법 제31조). ③ 민법상의 보증인은 특정한 상대방(채권자)에 대하여만 책임을 지나, 어음보증인은 불특정한 어음소지인(어음채권자)에 대하여 책임을 진다(어음법 제47조 제1항, 수표법 제43조 제1항). ④ 민법상의 보증인은 최고 · 검색의 항변권을 가지나, 어음보증인은 피보증인과 동일한 책임을 지므로 민법상의 보증인과 같은 최고 · 검색의 항변권을 갖지 못한다(어음법 제32조 제1항, 수표법 제27조 제1항). ⑤ 민법상의 보증인은 주채무자의 모든 항변사유로써 채권자에게 대항할 수 있으나(민법 제433조), 어음보증인은 주채무자의 모든 항변사유로써 어음소지인에게 대항할 수 있는 것은 아니다(어음법 제32조 제2항). ⑥ 민법상의 공동보증인은 분별의 이익이 있으나(민법 제439조), 공동의 어음보증인은 분별의 이익이 없고 어음채무의 전액에 대하여 합동채무를 부담한다(어음법 제47조). ⑦ 민법상의 보증채무의 소멸시효기간은 10년이나(민법 제162조), 어음보증채무의 소멸시효기간은 주채무에 따라 3년 · 1년 또는 6월(어음법 제70조 제1항 내지 제3항)이다. ⑧ 피보증인이 특정되지 않은 경우 민법상의 보증은 무효가 되나, 어음보증은 발행인을 위한 보증으로 본다(어음법 제31조 제4항, 수표법 제26조 제4항). ⑨ 민법상 보증인은 채무를 변제한 경우 피보증인에 대한 구상권만을 가지지만, 어음보증인은 어음상의 권리를 취득하므로 피보증인뿐만 아니라 그 전자들에 대하여도 상환청구권을 행사할 수 있다(어음법 제32조 제3항, 수표법 제27조 제3항). ⑩ **민법상 보증은 계약이나, 어음보증은 단독행위이다.**

2) 어음보증과 원인채무에 대한 민법상 보증

① 원인채무상의 보증과 어음보증

어음채무의 보증과 원인채무의 보증은 별개의 법률관계이지만 원인채무의 이행으로서 어음상의 채무를 부담할 경우 양자는 병존할 수 있다. 이때 채권자는 보증인에 대하여 어음보증에 따른 채무와 원인채무의 이행에 대한 두 가지 채권을 가지게 된다. **원인채무의 보증은 어음보증과는 별개의 행위이므로 어음보증인이 어음보증을 한 것만으로 원인채무에 대하여도 보증한 것으로 이해할 수는 없다.**

② 어음보증에 의한 원인채무 보증의 성립

어음보증인과 원인채무의 보증인과의 사이에 **의사가 명확하지 않는 경우** 어음보증을 한 자가 원인채무를 보증한 것으로 추정할 수 있을 것인가? 어음보증을 한 것을 가지고 원인채무에 대하여도 보증한 것으로 해석하느냐는 **당사자의 의사해석의 문제**이다.

판례의 기본원칙은 어음관계와 원인관계의 준별로써, 어음보증인이 어음상 채무 이외에 민사상 채무도 부담하기로 하였다고 할 **특별한 사정**이 없는 이상 민사상 보증책임을 인정할 수 없다는 것이다. 판례는 금전대여계약을 체결함에 있어 그 대여금채무의 지급을 확보하기 위하여 채무자가 발행하는 약속어음에 배서인이 그러한 사실을 알면서 보증의 취지로 배서하였다고 하더라도 그러한 사실만으로는 원인채무인 대여금채무에 대하여 보증계약이 성립된 것으로 볼 수는 없고, 대주가 배서인에게 배서를 요구할 때 어음발행의 원인이 된 대여금채무까지도 보증할 것을 요구하는 의사를 가지고 있었고 배서인도 대주의 그러한 의사를 인식하면서 배서에 응하였다는 사실, 즉 배서인이 상환청구의무를 부담한다는 형태로 대주에게 신용을 공여한 것이 아니라 원인관계상의 채무에 대하여도 신용을 공여한 것이라는 점이 배서를 전후한 제반사정과 대주와 배서인이 처한 거래계의 실정 등에 의하여 추지될 수 있을 정도에 이르러야만 원인관계상의 대금채무에 대한 보증계약의 성립을 인정할 수 있다고 한다.[150] 같은 취지에서 "다른 사람이 발행 또는 배서양도하는 약속어음에 배서인이 된 사람은 그 배서로 인한 어음상의 채무만을 부담하는 것이 원칙이고, 특별히 **채권자에 대하여 자기가 그 발행 또는 배서양도의 원인이 된 채무까지 보증하겠다는 뜻으로 배서한 경우**에 한하여 그 원인채무에 대한 보증책임을 부담한다"고 한 것이 있다.[151]

요컨대 민사상 보증은 계약이므로 **채권자 측에서 어음보증인에 대하여 원인채무에 대한 민사상 보증채무를 요구하는 의사가 있고 어음보증인이 채권자의 그러한 의사를 인식하면서 보증하는 경우에 한하여 민사상 보증책임을 인정한다.** 원칙적으로는 어음보증인의 민사상 보증책임을 부정하면서도, 다만 **특별한 사정**이 있는 경우에는 민사상 보증책임

---

150) 대법원 1997.12.9. 선고 97다37005 판결.
151) 대법원 2002.4.12. 선고 2001다55598 판결; 대법원 1998.6.26. 선고 98다2051 판결.

을 긍정한다.[152)]

2. 어음보증의 요건

(1) 어음보증의 당사자

1) 어음보증인

어음보증인이 될 수 있는 자의 자격에 대하여 어음법상 아무런 제한이 없다. 따라서 어음상에 기명날인을 하지 않은 제3자는 물론이고, 어음상에 기명날인을 한 자도 어음보증인이 될 수 있다(어음법 제30조 제2항, 수표법 제25조 제2항). 그러나 환어음의 인수인이나 약속어음의 발행인과 같은 제1차적인 어음채무자가 보증인이 되는 것은 무의미하고, 어음관계에 있어서의 전자는 후자에 대하여 담보책임을 지고 있으므로 전자가 후자를 위하여 보증인이 되는 것은 무의미하다. 수표의 경우 신용증권화를 방지하기 위하여 지급인은 보증인이 될 수 없다(수표법 제25조 제2항).

2) 피보증인

어음보증의 피보증인이 될 수 있는 자는 어음채무자이다. 따라서 환어음의 경우는 발행인 · 배서인 · 인수인 및 참가인수인이고, 약속어음의 경우는 발행인 및 배서인이며, 수표의 경우는 발행인 및 배서인이다. 그러나 무담보배서인은 어음채무를 부담하지 않으므로 피보증인이 될 수 없다. 어음채무자가 아닌 자를 위하여 하는 어음보증은 무효이다. 따라서 환어음의 지급인 · 지급담당자 등을 위한 어음보증은 무효이다. 어음보증에는 누구를 위한 것인지 표시하여야 하고, 그 표시가 없는 경우 발행인을 위하여 보증한 것으로 본다(어음법 제31조 제4항 · 제77조 제3항).

(2) 어음보증의 방식

어음보증은 어음 자체 또는 보전에 할 수 있고(어음법 제31조 제1항 · 제77조 제3항), 또한 등본에도 할 수 있다(어음법 제67조 제3항 · 제77조 제1항 제6호). 어음이나 보전 또는 등본에 어음보증을 하지 아니하고 별지에 보증을 한 경우에는, 이것은 어음보증으로서의 효력은 없고 다만 당사자간에 민법상의 보증으로서의 효력이 있을 뿐이다. 어음보증의 방식으로는 정식보증과 약식보증의 두 가지가 있다.

① **정식보증**은 「보증」 또는 이와 동일한 의의가 있는 문언(보증문구)과 주채무자(피보증인)를 기재하고 보증인이 기명날인하는 것이다(어음법 제31조 제2항 · 제4항 1문, 제77조 제3항). 정식보증은 어음의 표면 또는 이면에 하거나 보전 · 등본에 하여도 무방하다. ② **약식보증**은 피보증인을 지정하지 아니하고 단지 보증문구만을 기재하여 보증인이 기명날인하

---

152) 대법원 2004.9.24. 선고 2004다29538 판결.

거나 또는 보증문구도 기재하지 아니하고 보증인이 단순한 기명날인만 하는 것이다(어음법 제31조 제3항 1문, 제77조 제3항). 이러한 약식보증은 발행인을 위하여 보증한 것으로 본다(어음법 제31조 제4항 2문, 제77조 제3항). 보증문구가 있는 약식보증은 어음의 표면이나 이면 또는 보전에 할 수 있으나, **단순한 기명날인 또는 서명만으로 하는 약식보증은 어음의 표면에 하여야 한다**(어음법 제31조 제3항·제77조 제3항). 어음의 뒷면에 하는 기명날인 또는 서명은 보증이 아니라 배서가 된다(어음법 제13조 제2항, 수표법 제16조 제2항).

(3) 어음보증의 내용

1) 조건부어음보증

어음보증에 관하여는 조건을 붙일 수 있는가, 또 조건을 붙이면 어떠한 효력이 있는가에 관하여 아무런 법률상 규정이 없다. 조건부보증을 한 경우 그 조건 및 어음보증의 효력을 어떻게 볼 것인가에 대하여 다음과 같이 견해가 나뉘어 있다. ① **유해적 기재사항설**은 어음행위는 특단의 명문규정이 없는 한 조건에 친하지 않는 행위로서 일반원칙에 따라 조건은 보증의 목적을 해하므로 유해적 기재사항으로 그러한 어음보증행위는 전부 무효라고 하는 견해이다. ② **무익적 기재사항설**은 어음의 신용을 높이고 유통성을 강화하기 위하여 보증의 효력은 인정하되 배서의 무조건성을 감안하여 그 조건을 무익적 기재사항으로 보고 무조건의 어음보증으로 취급하는 견해이다. ③ **유익적 기재사항설**은 보증에 붙인 조건을 무익적 기재사항으로 보면 보증인의 명시의 의사에 반할 뿐만 아니라 보증인에게 인수인의 책임보다 더 엄격한 책임을 인정하게 되어 부당하고, 유해적 기재사항으로 보면 보증인의 책임을 면제하게 되는 결과가 되어 어음소지인의 이익을 해하게 되어 부당하므로, 이러한 조건을 유익적 기재사항으로 본다.

④ **판례**[153)]는 "어음법상 보증의 경우에는 발행 및 배서의 경우와 같이 단순성을 요구하는 명문의 규정이 없을 뿐 아니라, 주된 채무를 전제로 하는 부수적 채무부담행위인 점에서 보증과 유사한 환어음의 인수에 조건을 붙인 경우에는 일단 인수거절로 보되 인수인으로 하여금 인수의 문언에 따라 책임을 지도록 함으로써 부단순인수를 인정하고 있음에 비추어 볼 때, 어음보증에 대하여 환어음의 인수의 경우보다 더 엄격하게 단순성을 요구함은 균형을 잃은 해석이라고 하겠고 또 조건부보증을 유효로 본다고 하여 어음거래의 안전성이 저해되는 것도 아니므로, 조건을 붙인 부단순보증은 그 조건부보증 문언대로 보증인의 책임이 발생한다고 보는 것이 타당하다"고 하여 **유익적 기재사항설을 취하고 있다**.

2) 일부어음보증

어음보증은 피보증인의 어음채무의 전부에 대하여 하는 것이 원칙이나, 예외적으로 피

---

153) 대법원 1986.3.11. 선고 85다카1600 판결.

보증인의 어음채무의 일부에 대하여도 가능하다(어음법 제30조 제1항). 어음채무의 일부에 대하여 하는 어음보증의 경우에는 보증하는 어음금액을 기재하여야 하는데, 이러한 기재는 유익적 기재사항이 된다. 만일 보증하는 어음금액의 기재가 없으면 전부보증이라고 해석하여야 한다. 이와 같이 일부보증을 인정하는 이유는 이것을 무효로 하는 것보다 유효로 하는 것이 어음소지인의 이익이 되기 때문이다. 일부보증이 인정되는 점은 일부인수가 인정되는 점(어음법 제26조 제1항 단서)과 같으나, 일부배서가 무효로 되는 점(어음법 제12조 제2항)과는 구별된다.

(4) 어음보증의 시기

보증을 할 수 있는 시기에 관하여는 아무런 규정이 없으나, 만기 후 또는 거절증서작성 후라도 어음보증의 소멸시효가 완성되기 전에는 보증을 할 수 있다. 어음채무가 보전절차의 흠결 또는 소멸시효로 인하여 소멸된 뒤에는 보증의 대상이 없으므로 보증이 성립될 여지가 없고 무의미하다.

3. 어음보증인의 의무

(1) 보증채무의 부종성(종속성)

어음보증인은 보증의 부종성에 의하여 피보증인과 동일한 책임을 진다(어음법 제32조 제1항). 따라서 ① 어음보증인의 책임의 내용과 범위는 피보증인이 발행인, 배서인, 인수인인지 여부에 따라 다르고, 또 배서인의 보증에 있어서는 어떤 배서인의 보증인인가에 따라 책임의 범위가 다르다. ② 보증채무가 종속성을 가지는 결과로, 피보증인이 상환의무자인 경우에는 이에 대하여 권리보전절차를 취하면 보증인에 대하여 절차를 반복할 필요가 없는 동시에, 피보증인에 대한 권리가 보전절차의 흠결로 인하여 소멸한 때에는 보증인의 채무도 소멸한다. ③ 그리고 피보증인의 어음채무(주된 채무)가 지급·상계·면제·혼동·소멸시효의 완성 등으로 인하여 소멸한 때에는 보증인의 채무도 따라서 소멸한다. 그러나 피보증인(약속어음의 발행인)이 어음보증인의 동의 없이 수취인 등을 변경한 경우에 대하여는, 판례는 일관하여 "어음보증인에 대한 관계에서는 변조가 되어 어음보증인은 변조전의 문언에 따라서만 그 책임을 진다"고 판시하고 있다.[154]

④ 어음보증채무도 민법상의 보증채무와 같이 **수반성**을 갖고 있으므로, 피보증인에 대한 어음상의 권리가 이전되면 어음보증인에 대한 어음상의 권리도 원칙적으로 이전된다. 어음보증인은 피보증인의 상대방에 대해서만 보증채무를 부담할 의사로서 어음보증을 하는 것이 아니라, 모든 정당한 어음소지인에 대하여 보증채무를 부담할 의사로서 어음보증

154) 대법원 1989.10.24. 선고 88다카20774 판결 등.

을 하는 것이 일반적이기 때문이다. 판례도 어음보증채무의 수반성과 관련하여 "배서금지 약속어음의 양도의 경우에 어음소지인이 주채무자인 발행인(피보증인)에 대하여 그 대항요건을 갖추었으며, 어음보증인에 대하여 별도의 대항요건(통지 또는 승낙)을 갖추지 아니하였어도 주된 채무양도의 효력으로써 어음보증인에 대하여도 이를 주장할 수 있다"고 판시하고 있다.155)

(2) 어음보증의 독립성

어음법은 민법과 달리 「어음보증채무는 피보증채무가 그 방식에 하자가 있는 경우 외에는 어떠한 사유로 인하여 무효가 된 때에도 그 효력이 있다」고 규정하여, 어음보증채무의 독립성에 대하여 규정하고 있다(어음법 제32조 제2항, 수표법 제27조 제2항). 어음보증채무의 독립성으로 인하여 피보증채무가 실질적으로 무효이어서 피보증인이 어음채무를 부담하지 않는 경우에도 어음보증채무는 성립하는 것이다. 어음보증채무의 독립성은 어음행위 독립의 원칙(어음법 제7조)을 다시 적은 것에 불과하다. 따라서, 어음보증인은 피보증인의 물적항변사유라도 비증권상의 항변은 어음소지인에게 원용하여 자기의 어음보증채무를 성립을 다툴 수 없다.

부종성과 독립성을 비교하여 보면, 부종성은 피보증채무가 일단 성립된 것을 전제로 하여 보증채무가 피보증채무와 그 범위와 존속 등을 같이 한다는 것이고, 독립성은 피보증채무가 성립되지 않거나 소급하여 그 효력이 상실되는 경우에도 보증채무는 성립한다는 것이어서 적용되는 면이 서로 다르다.

(3) 합동책임

보증인의 채무는 어음소지인에 대한 관계에 있어서도 피보증인의 채무와는 별개이고, 보증인은 피보증인과 함께 소지인에 대하여 합동책임을 진다(어음법 제47조 제1항). 따라서 어음보증인은 민법상의 보증인과는 달리 최고·검색의 항변권(민법 제437조)을 갖지 않고, 어음소지인은 피보증인과 보증인에 대하여 각별로 또는 공동하여 청구할 수 있다. 그리고 동일한 어음채무에 관하여 수인의 어음보증인이 있는 경우에도 각 어음보증인 상호간에는 분별의 이익을 갖지 않고, 합동책임을 진다(어음법 제47조 제1항).

(4) 피보증인이 가지는 항변의 원용 여부

어음보증인이 피보증인의 항변을 원용할 수 있는가? 甲이 매매대금의 지급을 위하여 丙으로부터 어음보증을 받은 약속어음을 乙에게 교부하였고, 그 후 乙이 위 어음을 丁에게 양도한 사안을 가정해 보자. 먼저 甲, 乙 사이에 매매계약이 무효·취소된 경우, 어음

---

155) 대법원 1989.10.24. 선고 88다카20774 판결.

보증인(丙)은 피보증인(甲)이 직접 상대방(乙)에 대해 가지는 원인관계의 부존재·무효·취소로 인한 인적항변을, 직접 상대방에 대하여 또는 인적항변사유를 알고 있는 어음소지인(丁)에 대하여 원용할 수 있느냐가 문제된다. 어음행위독립의 원칙에 근거하여 피보증인의 채무와 보증인의 채무는 서로 독립적이므로 피보증인이 가지는 인적항변을 보증인이 원용하는 것은 허용되지 않는다고 하는 **부정설**이 있으나, 인적항변을 제기할 수 있다는 **긍정설**이 통설·판례이다. 판례는 위와 같은 경우에 어음소지인의 어음금청구를 인정하는 것은 신의성실의 원칙에 반하고 권리의 남용에 해당되므로 허용될 수 없다고 한다.[156] 판례는 이러한 경우에 「수취인(乙)이 어음보증인으로부터 어음금을 받으려고 하는 것은 신의성실의 원칙에 반하여 부당한 것으로서 권리의 남용이라 할 것이므로 어음보증인은 수취인에 대하여 어음금의 지급을 거절할 수 있다」고 하면서, 乙로부터 그 어음을 양수한 丁이 甲, 乙간의 매매계약이 해제된 사실을 안 경우에는 甲은 丁에 대하여 악의의 항변을 주장할 수 있는데(어음법 제17조 단서), 이때 어음보증인 丙이 丁에 대하여 甲의 악의의 항변을 원용할 수 있는지 여부에 대하여 대법원은 "그 수취인으로부터 동어음을 배서양도받은 어음소지인(丁)이 어음법 제17조 단서의 요건에 해당되는 때에는 어음보증인은 그러한 악의의 어음소지인에 대하여도 권리남용의 항변으로 대항할 수 있다"고 판시하여, **권리남용의 법리**에 의하여 어음보증인이 보증채무의 이행을 거절할 수 있다고 한다.

4. 어음보증인의 구상권

(1) 구상권

어음보증인이 보증채무를 이행하면 피보증채무가 소멸하고, 이의 결과로 어음보증인은 피보증인 및 그의 전자인 어음채무자에 대하여 어음상의 권리를 취득한다(어음법 제32조 제3항). 어음보증인은 이러한 어음법상의 구상권외에도 어음관계의 실질관계에서 발생하는 민법상 보증인의 구상권도 취득할 수 있는데, 이 경우에 어음보증인은 어음법상의 구상권과 민법상의 구상권 중 어느 하나를 선택하여 행사할 수 있다. 어음보증인이 어음법상의 구상권을 행사하는 경우에는 피보증인뿐만 아니라 피보증인의 전자인 어음채무자에 대하여도 구상권을 행사할 수 있는데, 만일 피보증인이 주채무자인 경우와 같이 그의 전자가 없는 경우에는 물론 피보증인에 대하여만 구상권을 행사할 수 있을 뿐이다. 어음보증인은 피보증인의 후자에 대하여는 구상권을 취득하지 못한다. 왜냐하면 보증인은 피보증인과 동일한 책임을 지고(어음법 제32조 제1항), 따라서 보증인은 피보증인의 후자에 대하여는 상환책임을 지기 때문이다.

---

156) 대법원 1988.8.9. 선고 86다카1858 판결.

(2) 공동보증의 경우

동일한 어음채무를 위하여 수인이 공동보증을 한 경우 위에서 본 바와 같이 공동보증인 상호간에는 분별의 이익(민법 제439조)이 없고, 공동보증인은 어음소지인에 대하여 합동책임을 부담하므로(어음법 제47조 제1항), 공동보증인은 각자 어음소지인에 대하여 어음금의 전액을 지급하여야 한다. 따라서 이때 공동보증인 중의 1인이 어음소지인에 대하여 어음금의 전액에 대하여 보증채무를 이행하였다고 하여도 그 공동보증인은 **다른 공동보증인에 대하여 어음법상 구상권을 행사할 수는 없다.** 그러나 이때 어음관계 이외의 실질관계에서 민법의 일반원칙에 의하여 다른 공동보증인에게 구상권을 행사할 수 있다(민법 제448조 제2항·제425조).

Ⅱ. 어음참가

1. 의   의

(1) 어음에 인정되는 제도

어음참가는 인수거절 또는 지급거절 등으로 인하여 상환청구를 할 수 있는 경우에, 제3자가 상환청구를 저지하기 위하여 어음관계에 개입하는 것을 말한다. 참가제도는 **수표에는 없는 어음에 특유한 제도**이다. ① 만기 전 상환청구를 저지하기 위하여 제3자가 인수하는 것을 참가인수라 하고, ② 만기 후 상환청구를 저지하기 위하여 제3자가 지급하는 것을 참가지급이라고 한다. 참가제도는 어음금의 지급을 담보하기 위한 제도라는 점에서는 보증과 유사하지만, 어음보증은 예방조치임에 반하여 어음참가는 사후적 조치라는 점, 참가제도는 수표에는 없고 어음에만 인정된다는 점이 다르다.

(2) 약속어음에의 참가인수 준용 여부

어음법은 약속어음에 대하여는 참가지급에 관한 규정만을 준용하고 있어(어음법 제77조 제1항 제5호), 약속어음에 대하여도 참가인수제도를 준용할 것인지가 문제된다. 약속어음의 경우에도 만기 전 상환청구가 가능하므로(어음법 제43조 제2호 참조) 참가인수가 인정된다고 본다(통설).

2. 당 사 자

(1) 참가인

참가인은 상환청구를 저지하기 위하여 어음관계에 개입하는 자를 말한다. 참가는 **어음**

상 기재된 예비지급인에 의한 경우가 있고, **어음상 기재되지 않은 제3자**(협의의 참가인)에 의한 경우가 있다.

1) 참가인의 자격

참가인의 자격에는 제한이 없다. 제3자뿐만 아니라 지급인, 환어음의 발행인, 배서인, 보증인도 참가인이 될 수 있다(어음법 제55조 제3항 본문). 그러나 환어음의 인수인과 약속어음의 발행인은 참가인이 될 수 없다(어음법 제55조 제3항 단서, 제77조 제1항 제5호). 어음의 주채무자가 참가인이 된다는 것은 무의미하기 때문이다.

2) 예비지급인과 협의의 참가인

① **예비지급인**은 참가인 가운데 어음의 기재상 참가가 예정되어 있는 자를 말한다. 예비지급인을 기재하는 것은 **상환청구를 저지하기 위한 목적이므로 '상환의무자', 즉 배서인이나 환어음의 발행인, 또는 이들을 위한 보증인만이 예비지급인을 기재**할 수 있다(어음법 제55조 제1항). 따라서 상환의무가 없는 인수인, 지급인 또는 약속어음의 발행인 등은 이를 지정하지 못한다. 무담보배서인도 상환의무가 없으므로 예비지급인을 지정하지 못한다.

② **협의의 참가인**은 어음의 기재상 참가가 예정되어 있지 않은 상태에서 어음관계에 참가하는 자를 말한다.

(2) 피참가인

피참가인은 참가에 의하여 상환의무를 면하게 되는 자이므로 상환의무를 부담하는 환어음의 발행인, 배서인 및 그 보증인만이 피참가인이 될 수 있다. 어음법도 **상환청구를 받을 어느 채무자를 위하여 참가하는 자도 환어음을 인수하거나 지급할 수 있다고 하여 이** 뜻을 분명히 한다(어음법 제55조 제2항). 따라서 환어음의 인수인 등 **주채무자는 피참가인이 될 수 없고** 그를 위한 참가지급은 어음의 주채무의 변제가 될 수는 있으나 참가지급으로서의 효력은 없다(통설).

3. 참가통지

참가를 한 참가인은 피참가인에게 2거래일 내에 참가의 통지를 하여야 한다(어음법 제55조 제4항). 이는 피참가인으로 하여금 자발적으로 상환의무를 이행할 수 있게 하거나(어음법 제63조 제1항 참조), 피참가인이 참가인의 구상에 응할 준비를 할 수 있게 하기 위함이다.

4. 참가인수

(1) 의 의

참가인수란 만기 전 상환청구를 저지하기 위하여 피참가인의 어음채무를 인수하는 어음행위이다. 참가인수인은 소지인과 피참가인의 후자에 대하여 피참가인과 같은 의무를 부담한다(어음법 제58조 제1항). 참가인수의 법적 성질에 대하여는 통상적인 인수로 보는 견해가 있었으나, **상환의무의 인수**로 본다(통설). 이는 피참가인의 상환의무를 인수하는 것이기 때문이다. 인수와 참가인수는 다음과 같은 점에서 차이가 있다.

환어음의 인수인은 모든 어음상 권리자에 대하여 주채무자로서, 절대적·무조건적·일차적 의무를 부담하지만, ① 참가인수인은 피참가인의 후자에 대하여만 책임을 지고, ② 참가인수인의 의무는 피참가인이 상환의무를 이행하지 않은 경우에만 책임을 지는 조건부 의무이며, ③ 참가인수인의 의무는 상환청구권 보전절차의 흠결이 있으면 책임을 면하게 되는 의무이나, 인수인은 상환청구권 보전절차에 관계없이 최종적인 책임을 지며, ④ 어음소지인은 참가인수가 있어도 피참가인의 전자에 대하여는 만기 전 상환청구를 할 수 있으나(어음법 제56조 제3항), 인수가 있는 경우에는 원칙적으로 만기 전 상환청구를 할 수 없다(어음법 제43조).

(2) 요 건

참가인수는 만기 전 상환청구의 원인이 발생한 경우에만 할 수 있다(어음법 제56조 제1항). 따라서 만기 전 상환청구의 실질적·형식적 요건이 갖추어져야 하므로, 참가인수를 함에는 인수의 거절이나 지급의 불확실 등 만기 전 상환청구의 원인이 발생하고 있어야 하고, 거절증서의 작성이 면제되어 있는 경우를 제외하고는 그 사실이 인수거절증서에 의하여 확인할 수 있어야 한다.

(3) 방 식

참가인수는 ① **참가인수문언**을 기재하여야 하며, 단순한 기명날인 또는 서명만으로 할 수 없다. 참가인수의 의사표시 없이 단순히 기명날인 또는 서명만이 되어 있는 경우에는, 그 기명날인 또는 서명은 지급인에 의할 때 인수가 되고(어음법 제25조 제1항), 그 외의 자가 기명날인 또는 서명한 때에는 보증이 되기 때문이다(어음법 제31조 제3항). ② **피참가인**을 표시하여야 한다. 만약 피참가인을 표시하지 않았다면 최종적 상환청구의무자인 제1배서인을 위하여 참가한 것으로 해석한다(통설). ③ 참가인이 **기명날인 또는 서명**을 하여야 한다(어음법 제57조).

(4) 어음소지인의 참가인수 거절

① 어음소지인이 신용할 수 없는 자의 참가인수에 의하여 상환청구권을 상실하는 것은 부당하므로, 원칙적으로 어음소지인은 참가인수를 거절할 수 있다(어음법 제56조 제3항). ② 만약 환어음에 예비지급인이 기재된 경우 어음소지인은 예비지급인에게 어음을 제시하였으나 그 자가 참가인수를 거절하였음을 거절증서로 증명하지 아니하면 예비지급인을 기재한 자와 그 후자에 대하여 만기 전 상환청구권을 행사하지 못한다(어음법 제56조 제2항). 이 경우는 어음소지인이 예비지급인이 참가할 것을 알고 어음을 취득하였기 때문이다. 예비지급인이 수인 있는 경우라면 그 전원에 대하여 참가인수를 위하여 어음을 제시하여야 한다.

(5) 효 력

① 참가인수인의 의무

참가인수인은 피참가인과 동일한 의무, 즉 상환의무를 부담한다(어음법 제58조 제1항). 참가인수인은 피참가인과 같은 의무를 부담하므로 그 부담하는 액도 피참가인이 상환할 금액과 같은 금액이다. 어음소지인이 참가인수인에 이행을 청구함에 있어서는 당연히 상환청구권 보전절차를 이행하여야 한다.

② 피참가인과 후자의 면책

어음소지인이 참가인수를 승낙한 때에는 피참가인과 그 후자에 대하여 만기 전에 행사할 수 있는 상환청구권을 상실한다(어음법 제56조 제3항). 즉 참가인수에 의하여 피참가인 및 그 후자는 상환의무를 면한다. 그러나 어음소지인은 피참가인의 전자에 대하여는 여전히 만기 전의 상환청구가 가능하다. 참가인수에 의하여 면책되는 것은 피참가인과 그 후자이며, 피참가인의 전자가 면책되는 것은 아니기 때문이다.

③ 피참가인과 그 전자의 상환권

참가인수가 있어도 피참가인의 전자는 상환의무를 면하지 못한다. 피참가인도 만기 전 상환의무는 면하지만 참가인수인이 후에 참가지급을 한 때에는 상환의무를 부담할 수 있다(어음법 제63조 제1항).

5. 참가지급

(1) 의 의

참가지급이란 만기 전 또는 만기 후 상환청구의 원인이 발생한 경우 이를 저지하기 위하여 주채무자 또는 지급인이 아닌 자가 행하는 지급을 말한다. 참가지급은 만기 전후를 불문하고 어음소지인이 상환청구할 수 있는 모든 경우에 할 수 있다는 점에서(어음법 제59

조 제1항) 참가인수와 구별된다. 참가지급은 어음상 기명날인 또는 서명을 요하지 않기 때문에 어음행위가 아니다.

참가지급은 어음금의 지급이기는 하나 주채무자 또는 지급담당자가 하는 지급과는 다르다. **참가지급이 있다 하더라도 어음관계가 모두 소멸하는 것은 아니고 상환의무자의 상환과 유사한 결과가 생기는 것에 불과**하다. 참가지급은 어음소지인이 만기 또는 만기 전에 상환청구권을 가지는 모든 경우에 이를 할 수 있다.

(2) 참가지급인

1) 참가인수인 또는 예비지급인의 참가지급

지급지에 주소가 있는 자가 참가인수를 한 경우 또는 지급지에 주소가 있는 자가 예비지급인으로 기재된 경우에는 어음소지인은 늦어도 지급거절증서를 작성시킬 수 있는 마지막 날의 다음 날까지 그들 모두에게 어음을 제시하고 필요한 때에는 참가지급거절증서를 작성시켜야 한다(어음법 제60조 제1항). 그 기간 내에 참가지급거절증서가 작성되지 아니하면 예비지급인을 기재한 자 또는 피참가인과 그 후의 배서인은 의무를 면한다(어음법 제60조 제2항).

2) 제3자의 참가지급

어음과 무관한 제3자가 참가지급을 하려는 경우에도 어음소지인은 이를 거절하지 못한다. 이는 참가인수와 구별되는 점인데, 만약 소지인이 이를 거절하면 그 지급으로 의무를 면할 수 있었던 자에 대한 상환청구권을 상실한다(어음법 제61조).

(3) 방법 등

참가지급은 어음에 피참가인을 표시하고 그 영수를 증명하는 문구를 적어야 한다. 피참가인의 표시가 없을 때에는 발행인을 위하여 지급한 것으로 본다(어음법 제62조 제1항). 환어음은 참가지급인에게 교부하여야 하며, 거절증서를 작성시킨 경우에는 그 거절증서도 교부하여야 한다(어음법 제62조 제2항).

참가인은 피참가인이 지급할 전액을 지급해야 한다(어음법 제59조 제2항). 어음소지인은 일부지급과는 달리 일부참가지급을 거절할 수 있다. 참가지급은 지급거절증서를 작성시킬 수 있는 최종일의 다음 날까지는 하여야 한다(어음법 제59조 제3항·제60조 제1항). 다만 참가인수인의 경우에는 그에 대한 보전절차가 경료된 때에는 거절증서가 작성기간이 경과한다고 하여서 지급의무를 면하는 것은 아니므로, 피참가인이 지급을 할 때까지는 참가지급을 할 수 있다고 본다.

(4) 효 력

참가지급을 받음으로써 어음소지인의 어음상 권리는 소멸한다. ① **참가지급으로 인해 피참가인의 후자는 상환의무를 면한다**(어음법 제63조 제2항). 그러나 피참가인 자신은 의무를 면하지 못하는데 이는 참가인수와 구별되는 점이다. ② **참가지급인은 피참가인과 그의 어음상 채무자에 대하여 어음에서 생기는 권리를 취득**한다(어음법 제63조 제1항). 참가지급인의 어음상 권리의 취득은 어음소지인으로부터 독립한 권리를 법적으로 취득하는 것이므로, 어음법 제17조 인적항변의 절단이 적용된다. 그러나 참가지급인은 다시 그 어음에 배서하지 못한다. 참가지급인의 지급으로 구상의 목적의 범위 내에서만 어음으로서 존재하기 때문이다.

③ 참가지급의 경합이 있는 경우에는 가장 많은 수의 어음채무자의 의무를 면하게 하는 자가 우선하고, 이 규정에 위반하여 참가지급을 한 자는 의무를 면할 수 있었던 자에 대한 상환청구권을 상실한다(어음법 제63조 제3항).

Ⅲ. 복본과 등본

1. 복 본

(1) 의 의

복본은 동일한 어음관계를 표시하기 위하여 발행되는 수통의 어음증권을 말한다. 복본은 어음상 권리를 표창하는 수통의 어음증권으로서 환어음과 수표에만 있고 **약속어음에는 인정되지 않는다. 각 복본은** 모두 완전한 어음이며 그 사이에 주된 어음이나 종된 어음의 관계는 없다. 그러나 복본이 표창하는 어음상 권리는 원칙적으로 복본 중 1통에 대한 배서, 인수, 지급에 의하여 다른 복본도 그 영향을 받는다는 점에서 독립한 어음증권과 다르다. 즉 수통의 어음증권은 모두 합하여 하나의 어음채권을 나타낸다.

복본을 발행하는 목적은 크게 두 가지이다. ① 환어음의 소지인이 인수를 위하여 복본 1통(송부복본)을 원격지에 송부한 다음 다른 1통(유통복본)으로써 배서양도하여 조속히 환가를 하고자 할 때 이용되거나, 또는 ② 원격지에 송부한 환어음이나 수표가 도난·분실되는 경우에 대비할 목적으로 이용된다. 복본은 원래 동일인에게 함께 유통되어야 하지만, 복본이 별도로 유통된 경우에 어음채무자는 각각의 복본에 대하여 책임을 진다.

(2) 발 행

1) 발행자

발행인만이 복본을 발행할 수 있으며(어음법 제64조 제1항), 소지인은 발행권한이 없다.

이 점에서 발행인, 배서인 등 모든 어음소지인이 작성할 수 있는 등본과는 차이가 있다(어음법 제67조 제1항). 발행시에 1통만을 발행한 후 환어음의 유통 중에 소지인의 복본교부청구에 응하여 발행하기도 하는데(어음법 제64조 제3항 1문, 2문), 후자의 경우 각 배서인은 새 복본에 배서를 재기하여 소지인에게 교부하기도 한다.

2) 방식 등

각 복본이 독립한 단일어음으로 오인되는 것을 방지하기 위하여 복본에는 반드시 복본번호를 붙여야 하며, 만약 이를 붙이지 않은 때에는 각 복본을 독립한 어음으로 취급한다(어음법 제64조 제2항). 복본은 그 내용이 모두 일치하여야 하는 것은 아니며, 어음요건의 기재가 거래의 통념상 동일성이 인정될 수 있는 정도이면, 오자나 탈자가 있더라도 내용이 동일한 것으로 본다. 복본의 수에는 제한이 없으나 일반적으로는 2통이다. 복본을 청구할 수 있는 시기에는 제한이 없고 어음유통이 필요한 이상 만기 후라도 청구할 수 있다.

3) 어음소지인의 복본교부청구권

어음에 한 통만을 발행한다는 내용을 적지 않는 경우에는 어음소지인은 자기의 비용으로 발행인에게 복본의 교부를 청구할 수 있다(어음법 제64조 제3항 1문). 발행인만이 복본을 발행할 수 있기 때문이다. 이 경우 소지인은 자기에게 직접 배서한 배서인에게 그 교부를 청구하고 그 배서인은 다시 자기의 배서인에게 청구를 함으로써 이에 협력하여 차례로 발행인에게 그 청구를 미치게 한다(어음법 제64조 제3항 2문).

(3) 효 력

1) 복본일체의 원칙

어음소지인이 수통의 복본을 소지하더라도 그것이 표창하는 어음상 권리는 하나이며 소지인은 어음상 권리를 행사할 때 1통으로써 하면 된다. 발행인 또는 배서인이 수통의 복본에 기명날인 또는 서명을 하여도 하나의 어음채무를 질뿐이므로 1통에 대하여 지급을 하면 다른 복본에도 지급의 효력이 미친다(어음법 제65조 제1항). 이를 복본일체의 원칙이라 한다. 다만 몇 가지의 예외가 있다.

2) 예 외
① 인수와 복본의 독립성

수통의 복본이 발행된 때에도 지급인은 그 가운데 1통에 대하여만 인수·지급하면 되고, 2통 이상에 인수하여서는 아니 된다. 그런데 만약 지급인이 수통에 대하여 인수한 경우에는 인수한 각 통으로서 반환을 받지 아니한 복본에 대하여 책임을 면하지 못한다(어음법 제65조 제1항 단서).

② 배서와 복본의 독립성

복본의 각 통은 원래 동일인으로부터 동일인에게 함께 유통되어야 하는데, 만약 복본의 소지인이 고의 또는 과실로 각 통을 각각 다른 사람에게 배서한 때에는 그 배서인과 그 후의 배서인은 반환을 받지 아니한 각 통에 대하여 배서인으로서의 책임을 진다(어음법 제65조 제2항).

(4) 인수를 위한 복본의 송부

1) 유통복본과 송부복본

인수를 위하여 특정한 복본을 격지에 송부한 자는 다른 각 통으로서 배서양도에 이용할 수 있다. 전자를 송부복본, 후자를 유통복본이라 한다.

2) 유통복본에 송부복본의 기재

① 인수를 위하여 송부복본을 송부한 자는 유통복본에 송부복본을 보유한 자의 명칭을 기재하여야 한다(어음법 제66조 제1항 전단). 송부복본을 보유하는 자는 다른 복본의 정당한 소지인에게 그 복본을 교부할 의무가 있다(어음법 제66조 제1항 후단).

② 유통복본에 송부복본의 보유자의 명칭이 기재되어 있지 아니한 경우에는, 유통복본의 보유자는 유통복본에 의하여 인수 또는 지급의 청구를 하고 그것이 거절되면 복본반환거절증서를 작성하지 아니하고 보통의 상환청구권 보전절차를 취하여 상환청구를 할 수 있다.

(5) 수표의 경우

1) 복본의 방식

수표에는 인수제도가 없기 때문에 인수를 위한 복본제도의 존재이유가 없다. 수표는 단지 송부 도중에 발행하는 분실이나 멸실 또는 연착에 대비하여 복본제도를 인정할 필요가 있고, 수표의 복본은 원격지에서 유통되는 수표에 대하여만 인정된다(수표법 제48조). 그러나 이 경우에도 소지인출급식수표에 대하여는 인정되지 않고(수표법 제48조), 수표소지인은 복본교부청구권이 없다. 수표의 복본은 수표소지인의 유통상 편의를 위한 것이 아니기 때문이다.

수표의 경우에도 복본을 발행하는 자는 발행인이고, 각 복본에는 그 증권의 복문 중에 번호를 붙여야 하며, 이러한 번호가 없는 때에는 각 복본은 별개의 수표라고 보는 점(수표법 제48조 2문)은 환어음의 경우와 같다.

2) 요 건

① 비소지인출급식수표

복본은 기명식 또는 지시식수표에만 허용되고, 소지인출급식수표에는 허용되지 아니한다(수표법 제48조 1문). 왜냐하면 소지인출급식수표의 복본 각 통이 별도로 양도된 경우에 그 양도인을 알 수 없으므로, 결국 발행인에게 그 각 통에 대하여 책임을 부담시키게 되기 때문이다.

② 원격성

분실 등의 위험이 있는 경우에는 발행지와 지급지가 원거리인 경우이므로 수표의 복본에는 원격성이 요구되고, 수표법 제48조는 이에 대하여 규정하고 있다. (i) 한 국가에서 발행하고 다른 국가나 발행국의 해외영토에서 지급할 수표, (ii) 한 국가의 해외영토에서 발행하고 그 본국에서 지급할 수표, (iii) 한 국가의 해외영토에서 발행하고 같은 해외영토에서 지급할 수표, (iv) 한 국가의 해외영토에서 발행하고 그 국가의 다른 해외영토에서 지급할 수표의 경우이다(수표법 제48조 제1호 내지 제4호).

2. 등 본

(1) 의 의

등본(謄本)이란 어음의 원본을 등사한 것이다. 등본은 그 자체가 어음의 효력을 가지는 것은 아니므로, 발행인에 한하지 않고 어음소지인은 누구라도 작성할 수 있다(어음법 제67조 제1항). 등본은 어음의 유통을 원활하게 하기 위하여 작성되고, 등본은 원본과 같은 방법에 의하여 같은 효력으로서 배서 또는 보증할 수 있으나(어음법 제67조 제3항), 인수나 지급을 위해서는 사용하지 못한다. 등본은 환어음과 약속어음에만 인정되고 수표에는 없다.

복본과 등본은 다음의 점에서 차이가 있다. ① 등본은 모든 어음소지인이 작성할 수 있으나, 복본은 발행인만이 작성할 수 있다. ② 등본은 배서·보증만을 위하여 이용될 수 있으나, 복본은 완전한 어음으로 모든 어음행위에 이용될 수 있다. ③ 복본은 환어음과 수표에만 인정되지만, 등본은 수표에는 인정되지 않아 환어음 및 약속어음에만 인정된다.

(2) 등본의 발행

등본은 복본과 달리 발행인뿐만 아니라 **모든 어음소지인이 임의로 작성할 수 있다**(어음법 제67조 제1항). 등본에는 ① **배서된 사항이나 그 밖에 원본에 적힌 모든 사항을 정확히 다시 적고**, ② **끝부분임을 표시하는 문구**를 하여야 한다(어음법 제67조 제2항·제77조 제1항 제6호). 이와 같이 끝부분임을 표시하는 기재는 「이상 등사함」, 또는 「이상 원본어음을 복사한 것」과 같은 것을 말하고 이를 기재하도록 하는 이유는 그 증서가 등본임을 표시하고 또한 등본상에 하는 새로운 어음행위와 구별하기 위하여 필요하다(어음법 제67조 제2항). ③ 등본에는 **원본 보유자를 표시**하여야 하고, 원본 보유자는 등본의 정당한 소지인에 대하여 그 원본을 교부할 의무가 있다(어음법 제68조 제1항). 등본의 보유자가 우선하는 것이다.

(3) 효 력

1) 등본상의 배서와 보증

등본에는 원본과 동일한 방법으로 배서 또는 보증을 할 수 있다(어음법 제67조 제3항). 등본작성 전에 원본에 한 최후의 배서 뒤에 "이 후의 배서는 등본에 한 것만이 효력이 있다"는 문구 또는 이와 같은 뜻을 가진 문구를 적은 경우에는 원본에 한 그 후의 배서는 무효로 한다(어음법 제68조 제3항). 이와 같이 **원본에 한 배서를 금지하는 경우에는 등본에 의한 어음상 권리의 유통만이 인정된다.**

2) 등본 보유자의 원본 반환청구권과 상환청구의 요건

등본에는 원본 보유자를 표시하여야 한다. 원본 보유자는 등본의 정당한 소지인에 대하여 그 원본을 교부할 의무가 있다(어음법 제68조 제1항). 등본은 어음의 유통을 위해서 이용되는 것이고, 배서에 의하여 등본을 취득한 자가 우선하기 때문이다. 등본 보유자는 원본 보유자에게 원본의 반환을 청구할 수 있으며, 만일 원본 보유자가 그 반환을 거절한 때에는 등본 보유자는 등본에 배서 또는 보증한 자에 대하여 상환청구권을 행사할 수 있다(어음법 제68조 제2항). 등본 보유자는 원본의 반환이 거절되었다는 사실을 증명해야만, 즉 원본을 반환받지 못하였음을 거절증서로 증명해야만 상환청구권을 행사할 수 있다(어음법 제68조 제2항).

Ⅳ. 수표제도

이 책에서는 편의상 어음이라는 용어에 수표를 포함시켜서 설명하였고, 수표제도가 다른 경우에만 그 제도들을 특별히 서술하는 방식을 취하였다. 그럼에도 불구하고 앞선 설명에서 수표제도의 이해에 미흡하거나 빠진 부분들을 여기서 정리한다.

1. 수표의 개념

(1) 의 의

수표는 발행인이 제3자인 지급인에게 수표금의 지급을 위탁하는 지급위탁증권이다. 수표의 경우에도 발행인과 지급인 사이에 실질관계로서 자금관계가 있고, 수표를 수수하는 당사자 사이에는 원인관계가 존재하고 이런 점은 환어음과 동일하다. 그러나 수표의 지급인이 될 수 있는 자는 은행으로 한정되며, 수표의 자금관계는 수표법 제3조에 의하여 정형화되어 있으며, 어음요건과 수표요건은 다르다. 또한 수표의 신용증권화를 방지하기 위한 규정들이 있으며 자기앞수표나 횡선수표와 같은 수표 특유의 제도들도 있다.

(2) 당사자

1) 수표의 지급인

수표의 당사자는 발행인과 수취인, 그리고 지급인이 있다. 수표의 지급인과 환어음의 지급인의 차이점은 ① 수표의 지급인은 은행에 한정되고(수표법 제3조), ② 수표의 지급인은 인수를 할 수 없다는 점이다(수표법 제4조).

2) 발행인과 지급인의 자금관계와 지급위탁의 취소

수표를 발행하는 경우 발행인과 지급인 사이에 존재하는 자금관계는 대부분 당좌거래 계약이다. 그러나 유효한 자금관계 없이 수표를 발행했다고 하더라도 처벌규정에 의해 제 재를 받을 뿐 수표의 효력에는 영향이 없다(수표법 제3조 단서).

수표의 발행인도 환어음의 발행인과 마찬가지로 지급인에 대해 지급위탁을 취소할 수 있다. 다만 수표의 지급수단으로서의 기능을 다하도록 하기 위하여 **지급위탁의 취소는 지 급제시기간 경과 후에만 효력이 있다**(수표법 제32조 제1항). 반면 지급제시기간이 경과한 후에도 지급위탁의 취소가 없으면 지급인은 발행인의 계산으로 수표금을 지급할 수 있다 (수표법 제32조 제2항).

(3) 수표요건의 특성

수표요건이 어음과 구별되는 것으로, 어음에는 있으나 수표에는 없는 것이 「만기」와 「수취인」이다.

1) 만 기

수표는 어음과는 달리 신용증권이 아니라 지급증권이므로 「만기」가 없고 언제나 일람 출급이며, 수표의 일람출급성에 반하는 모든 문구는 기재하지 아니한 것으로 본다(수표법 제28조 제1항). 수표의 일람출급으로 인해 수표의 발행인은 수표자금을 항상 지급은행에 예 치해두고 있어야 하고, 이를 통해 수표가 신용증권화하는 것을 막을 수 있다.

2) 수취인

수표는 「수취인」의 기재가 요건이 아니다. 소지인출급식수표, 무기명식수표, 지명소지인 출급식수표가 모두 인정된다(수표법 제5조). 이러한 수표의 경우는 단순한 교부만으로 그 권리를 양도할 수 있다. 반면 어음의 경우 수취인이 기재되지 않으면 이는 불완전어음이거 나 혹은 백지어음이 될 뿐이다(어음법 제1조 제6호·제75조 제5호). 그런데 어음에서도 **기명 식 또는 지시식의 수취인의 기재도 유효하다**(유익적 기재사항).

소지인출급식 수표의 경우에는 단순한 교부만으로 양도된다. 이 경우 양도인이 담보 책임을 부담하지 않는다. 그런데 소지인출급식 수표에 배서를 한 경우 배서의 효력에 의하여 양도인이 담보책임을 진다(수표법 제20조). 소지인출급식 수표의 경우도 단순한 교부만에 의하여 수표상 권리가 양도되는 것이며, 배서에 의하여 담보책임을 진다는 것에 불과하다. 이러한 **소지인출급식수표에 한 배서에는 권리이전적 효력이나 자격수여적 효력은 없고 다만 수표법 제20조 본문에 따른 담보적 효력만 있는 것이다.** 그리고 배서에 의하여 그 수표가 지시식으로 변하는 것도 아니므로(수표법 제20조 단서), 배서에 의하여 수표를 취득한 자도 다시 양도하는 경우 교부로 족하다.

3) 수표문구

수표임을 표시하는 문구도 당연히 어음과 다르다(수표법 제1조 제1호).

4) 지급인의 명칭

수표요건으로서 「지급인의 명칭」을 기재하여야 하는 점은 같으나(수표법 제1조 제3호), 수표의 지급인은 수표를 제시한 때에 발행인이 처분할 수 있는 자금이 있는 은행으로 제한된다는 점(수표법 제3조)은 환어음과 다르다.

5) 지급인의 명칭에 부기한 지

수표에서도 지급인의 기재가 없는 때에는 「지급인의 명칭에 부기한 지」가 지급지를 보충하는 것은(수표법 제2조 제1호) 환어음과 같다. 만약 지급인의 명칭에 여러 개의 지를 부기한 경우 수표의 맨 앞에 적은 지가 지급지를 보충하고(수표법 제2조 제1호), 지급인의 명칭에 부기한 지나 그 밖의 다른 표시가 없는 경우에는 제2차로 발행지가 지급지를 보충하는 점(수표법 제2조 제2호)은 환어음과 구별된다.

(4) 수표상 권리

1) 수표상 권리의 내용

수표상 권리의 내용에 상환청구권 이외에, 지급인이 임의의 지급을 수령할 수 있는 권한, 즉 **수표금 수령권한**이 수표상 권리에 포함되는가 하는 점이 문제되나 이득상환청구권에서 살핀 바와 같이 부정설이 타당하다(통설, 판례).

2) 상환청구권

수표에는 만기가 없어 만기 전 상환청구라는 개념도 없다. 다만 지급제시기간 내에 지급제시하였으나 지급이 거절된 경우의 일반적인 상환청구만이 인정된다. 수표에서의 상환청구권 보전기간, 즉 지급제시기간은 원칙적으로 발행일로부터 10일 내이다(수표법 제29조 제1항).

2. 수표의 신용증권화 방지

(1) 의 의

수표는 일람출급이고 어음과는 달리 신용기능이 없다. 수표는 지급수단이 주된 기능이고 신용증권화하지 않도록 수표법이 이를 규제하고 있다. 신용증권화 방지를 위한 제도로 다음의 것들이 있다.

(2) 신용증권화 방지를 위한 제도

① **일람출급성**이다. 수표는 일람출급의 방식만 허용되므로(수표법 제28조 제1항) 지급제시를 하는 즉시 만기가 된다. ② **단기의 지급제시기간**이다. 일람출급어음의 지급제시기간이 1년인데 반하여(어음법 제34조 제1항 2문), 수표의 지급제시기간은 발행일부터 10일이다(수표법 제29조). 수표의 지급제시기간을 계산함에 있어 수표의 발행일인 초일은 산입하지 않으며(수표법 제61조), 수표가 실제 발행된 날과 수표에 기재된 발행일이 다른 경우에는 기재된 일자를 기준으로 지급제시기간을 계산한다(수표법 제29조 제4항). ③ **단기의 소멸시효기간**이다. 수표상 권리의 소멸시효기간은 6월 또는 1년으로서(수표법 제51조·제58조), 어음에 비하여 단기이다. ④ **단기의 지급보증기간**이다. 수표의 지급보증은 환어음의 인수와 일부 유사한 점도 있으나 단기의 지급제시기간인 발행일로부터 10일 내에 수표가 지급제시된 경우에만 의무를 지기 때문에(수표법 제55조 제1항) 주채무자가 아니다. ⑤ **이자약정의 금지**이다. 수표에서는 이자를 약정하지 못하고, 수표에 이자를 기재하더라도 이는 기재하지 않은 것으로 본다(수표법 제7조). ⑥ **지급인의 인수·배서·보증금지**이다. (ⅰ) 수표의 지급인은 인수하지 못한다(수표법 제4조). 인수를 허용하면 지급인이 주채무를 부담하는 결과가 되어 수표가 장기간 유통될 우려가 있기 때문이다. (ⅱ) 수표의 지급인이 한 배서도 효력이 없다(수표법 제15조 제3항). 지급인의 배서를 허용하면 인수를 허용하는 것과 같은 결과가 되기 때문이다. 지급인에 대한 배서는 영수증으로서의 효력만이 있다(수표법 제15조 제5항). (ⅲ) 지급인은 수표보증을 할 수 없다(수표법 제25조).

(3) 선일자수표

1) 의 의

선일자수표는 **발행일자를 실제 발행일의 후일의 일자로 기재한 수표**를 말한다. 이는 지급제시기간을 사실상 연장할 필요가 있는 경우 또는 수표발행 당시에 은행에 자금이 없어 이를 마련할 시간적 여유가 필요한 경우에 이용된다. 이는 수표의 일람출급성을 회피하기 위한 것이나, 수표법 제28조 제2항은 이러한 이용을 금지하기 위하여 일람출급성을 강제한다.

2) 효 력

수표요건이 갖추어져 있는지는 수표의 문언만으로 판단하므로 발행일의 기재가 있는 이상 선일자수표도 유효하다. 그런데 수표법 제28조 제2항에 의하여 선일자수표의 경우에도 그 기재된 발행일이 도래하기 전에 지급을 받기 위하여 제시된 수표는 그 제시된 날에 이를 지급하여야 한다(수표법 제28조 제2항). 이때 만약 지급이 거절되면 소지인은 바로 상환청구할 수 있으며(수표법 제39조) 부도처리도 가능하다. 수표를 신용증권화할 수 없도록 수표법이 규정하고 있는 것이다.

3) 지급제시금지특약의 유효성

선일자수표를 발행하면서 발행인과 수취인 사이에서 수표상 기재된 발행일 전에는 지급제시하지 않기로 하는 합의를 하는 경우 그 특약의 효력이 문제된다. 이는 ① 수표의 일람출급성을 배제하는 것이므로 무효라는 견해도 있으나, ② 수표법 제28조 제2항이 강행법규이기는 하나 그 내용을 변경하는 것이 아니라 특약 그 자체도 선량한 풍속 기타 사회질서에 반하는 것도 아니므로 유효하다는 것이 통설 · 판례이다.[157] 따라서 지급제시금지특약에 위반하여 지급제시를 한 수취인은 발행인에 대하여 수표예약의 채무불이행에 따른 손해배상책임을 진다.

3. 특유한 수표제도

(1) 횡선수표

1) 의 의

횡선수표란 수표의 앞면에 두 줄의 평행선을 그은 수표로서 은행 또는 지급인의 거래처에만 지급할 수 있도록 한 수표를 말한다(수표법 제37조 · 제38조 제1항 · 제2항). 횡선수표에는 일반횡선수표와 특정횡선수표의 두 가지가 있다. 수표는 일람출급이고 수취인을 기재하지 않은 소지인출급식이 많이 이용되므로, 수표를 분실하거나 절취당한 경우 부정한 소지인이 지급받을 가능성이 매우 크다. 이러한 위험을 방지하기 위하여 수표의 지급인이 신뢰할 수 있는 상대방에게만 수표금액을 지급하거나 그로부터만 수표를 취득하도록 하는 것이 이 제도의 취지이다.

일반횡선수표는 수표의 앞면에 두 줄의 평행선을 그어서 그 횡선 내에 아무런 지정을 하지 아니하거나, "은행" 또는 이와 같은 뜻이 있는 문구를 적은 것이다(수표법 제37조 제2항 · 제3항 전단). 특정횡선수표는 수표의 앞면에 두 줄의 평행선을 긋고 그 횡선 내에 은행의 명칭을 적은 것이다(수표법 제37조 제2항 · 제3항 후단).

---

157) 대법원 1985.5.28. 선고 84다카2451 판결.

2) 작성 등

① 횡선의 작성과 변경

수표에 횡선을 그을 수 있는 자는 수표의 **발행인**에 한정되지 않고 소지인도 할 수 있다(수표법 제37조 제1항). 횡선의 변경에서는 특정횡선수표가 일반횡선수표보다 지급에 있어서 더욱 엄격한 제한을 받기 때문에 일반횡선을 특정횡선으로 변경할 수는 있으나 그 반대로는 변경하지 못한다(수표법 제37조 제4항).

② 횡선의 말소

횡선 또는 지정된 은행의 명칭의 말소는 하지 아니한 것으로 본다(수표법 제37조 제5항). 이는 횡선수표를 절취하거나 습득한 자가 횡선을 말소하여 지급받는 것을 방지함으로써 수표지급에서 발생하는 분쟁을 피하기 위한 것이다.

3) **횡선의 효력**

① 지급의 제한

(i) **일반횡선수표**의 지급인은 **은행 또는 지급인의 거래처**에 대하여서만 지급할 수 있다(수표법 제38조 제1항). (ii) **특정횡선수표**의 지급인은 **지정된 은행**에 대하여만 또는 **지정된 은행이 지급인인 경우에는 자기의 거래처**에만 지급할 수 있다. 그러나 지정된 은행은 다른 은행으로 하여금 추심하게 할 수 있다(수표법 제38조 제2항). 특정횡선수표는 지정된 은행에 대해서만 지급할 수 있으므로 일반인은 지정은행을 통하지 않고서는 지급을 받지 못한다. 결국 특정횡선수표는 소지인이 지급받을 수 있는 가능성을 일반횡선수표보다 좁힌 것이다.

② 은행의 횡선수표 취득 제한

은행은 자기의 거래처 또는 다른 은행에서만 횡선수표를 취득할 수 있다. 은행은 이 외의 자를 위하여 횡선수표의 추심을 하지 못한다(수표법 제38조 제3항). 이를 제한하지 않으면 횡선수표의 부정소지인이 그 수표를 은행에 양도하거나 또는 은행에 그 추심을 위임하여 용이하게 수표의 지급을 받거나 또는 지급을 받은 것과 동일한 목적을 달성할 수 있기 때문이다.

③ 수개의 특정횡선이 있는 수표의 효력

여러 개의 특정횡선이 있는 수표의 지급인은 이를 지급하지 못한다(수표법 제38조 제4항 본문). 이 경우 수표의 지급을 인정하면 특정횡선의 취지에 반하고 부정취득자에 의하여 악용될 위험이 있기 때문이다. 그러나 2개의 횡선이 있는 경우에 그 하나가 어음교환소에 제시하여 추심하게 하기 위한 것일 때에는 그러하지 아니하다(수표법 제38조 제4항 단서). 이것은 피지정인이 어음교환소에 가입하지 않은 은행인 경우 어음교환소에서의 추심을 허용하기 위한 것이다.

④ 제한위반의 효력

이상의 제한에 위반하여 횡선수표를 취득하거나 거래처 이외의 자에게 지급한 지급인이나 은행은 이로 인하여 생긴 손해에 대하여 수표금액의 한도 내에서 배상할 책임을 진다(수표법 제38조 제5항). 이 책임은 거래의 안전을 위하여 법률이 특별히 인정한 무과실책임이다. 만약 손해액이 수표금액을 초과한 때에는 피해자는 민법의 일반원칙에 의하여 손해배상을 청구할 수 있다(통설).

(2) 자기앞수표

1) 의 의

자기앞수표는 발행인이 자신을 지급인으로 하여 발행하는 수표를 말한다(수표법 제6조 제3항). 일반적으로 은행이 자신을 지급인으로 하여 발행하며 은행이 수표의 발행인과 지급인을 겸한다. 자기앞수표는 지급의 확실성으로 인하여 현금의 대용으로 이용되고, 판례도 은행이 발행한 신용도 높은 자기앞수표를 제공하는 경우 원인채무의 **지급에 갈음한 것**으로 보고 있음은 전술하였다.

2) 법적 지위 등

자기앞수표는 법적으로 **발행인인 은행이 자신을 지급인으로 하면서 지급위탁을 하는 형식**이다. 따라서 고객과 은행과의 관계는 수표법 제32조에서의 지급위탁이 아니다. 자기앞수표는 보증수표로 불리기도 하나, 수표법상의 수표보증과는 다르다(수표법 제25조). 자기앞수표의 발행인인 은행이 지급인으로서의 지급을 거절하더라도, 다시 **발행인으로서의 상환의무를 부담**한다(다만 이는 어디까지나 지급제시기간 내의 제시가 있음을 전제로 한 것이다). 판례도 "예금의 출급으로서 은행이 자기를 지급인으로 하여 소지인출급식 수표를 발행한 경우에는 동일인이 발행인과 지급인의 두 가지 자격을 겸하게 되며, 지급인의 자격으로서는 단순히 지급위탁을 받은 것이고 수표상의 채무를 부담하는 것은 아니므로 언제든지 지급청구에 응할 의무가 있는 것이라고는 할 수 없으나, **발행인의 자격으로서는 소지인이 소구권을 행사할 수 있는 요건을 구비하여 상환청구를 한 때에는 언제든지 이에 응할 의무가 있다**"고 하였다.[158]

3) 이득상환청구권

자기앞수표 발행의 은행이 상환의무를 부담하는 것은 지급제시기간 내의 제시가 있음을 전제로 인정되는 것이고, 그 이후에는 이득상환청구권의 문제만이 있다. 그런데 수표의 경우 지급제시기간이 경과하더라도 지급위탁취소가 없는 한 지급인은 유효한 지급을 할 수 있고(수표법 제32조 제2항), 자기앞수표의 경우 지급제시기간이 경과하더라도 은행은 분

---

158) 대법원 1987.5.26. 선고 86다카1559 판결.

실 등의 신고가 없는 한 지급하고 있다. 지급제시기간이 경과한 경우 수표소지인은 이득상환청구권만을 가지는데도 불구하고 자기앞수표는 현금처럼 유통되는 것이 거래의 실정이다. 이러한 실정을 감안하여 판례는 지급제시기간의 경과로 발행은행은 수표금액 상당의 이득을 취한 것을 추정하며, 지급제시기간을 경과하여 수표상 권리가 소멸한 자기앞수표를 양도하는 행위는 특별한 사정이 없는 한 ① 수표금의 수령권한, ② 이득상환청구권의 양도, ③ 양도통지에 관한 권능을 부여하는 것으로 본다.[159] 앞서 살핀 바 있다.

---

159) 대법원 1981.3.10. 선고 81다220 판결 등.

제4강

보험법

제1장
보험계약과 보험법

제1절 보험의 정의

I. 법률상의 정의

1. 법률의 규정

상법은 제638조에서 "보험계약은 당사자 일방이 약정한 보험료를 지급하고 재산 또는 생명이나 신체에 불확정한 사고가 발생할 경우에 상대방이 일정한 보험금이나 그 밖의 급여를 지급할 것을 약정함으로써 효력이 생긴다"고 규정한다. 손해보험과 인보험을 통일적으로 규정하고 있으며, 여기서의 '일정한 보험금'은 손해보험에서의 보상액과 정액보험에서의 약정된 금액을 지칭하며, '그 밖의 급여'는 치료나 현물급여 등과 같은 현금 이외의 급여를 의미한다. 그런데 보험자의 책임에 관한 각 규정을 보면 손해보험에 관한 제665조에서는 "손해보험계약의 보험자는 보험사고로 인하여 생길 피보험자의 재산상의 손해를 보상할 책임이 있다"고 하고, 인보험에서는 제727조에서 "인보험계약의 보험자는 피보험자의 생명이나 신체에 관하여 보험사고가 발생할 경우에 보험계약으로 정하는 바에 따라 보험금이나 그 밖의 급여를 지급할 책임이 있다"고 하며, 상해보험에서는 제737조에서 "상해보험계약의 보험자는 신체의 상해에 관한 보험사고가 생길 경우에 보험금액 기타의 급여를 할 책임이 있다"고 규정한다. 여기서 '기타의 급여'는 상해보험의 경우만을 상정한 것으로 여겨진다.

2. 일반적 정의

보험은 동질의 위험에 놓여 있는 다수인이 하나의 위험단체를 구성하여 통계적 기초(대수의 법칙)에 의하여 산출된 보험료를 내어 기금을 마련하고 불확정한 사고를 당한 사람에게 보험금을 지급하는 제도라 정의한다. 따라서 그 구성요소는 (i) 동질의 위험에 속해 있는 다수인(위험단체)이 (ii) 대수의 법칙에 의하여 계산된 (iii) 보험료를 납부하고 (iv) 불확정한 사고가 발생하는 경우 (v) 보험금을 지급하는 것이다.

3. 판　　례

(1) 보험을 구성하는 요소

보험의 정의와 관련한 판례는 대부분 허가를 받지 아니하고 보험업을 영위하였는지 여부를 판단하는 형사사건에 관한 것들이다. 판례도 보험을 정의함에 있어 "동종의 우연한 사고를 당할 위험이 있는 다수인이 경제생활의 불안을 제거 또는 경감시킬 목적으로 미리 일정률의 금액(보험료)을 출연하여 공통준비재산을 형성하고 현실적으로 사고를 당한 사람에게 일정한 재산적 급여(보험금)를 지급"이라 하고 있어 일반적 개념정의와 같은 입장을 보인다.[1] 위험에 대비하기 위한 것, 동질의 위험과 다수인이라는 위험단체의 개념과 보험료와 보험금 등의 구성요소를 포괄한다. 다만 대수의 법칙에 대하여는 고찰할 필요가 있다.

(2) 대수의 법칙

보험정의의 구성요소에 대수의 법칙이 포함된다. 그런데 이 점에 대하여는 판례가 일관된 것으로 보이지는 않는다. (ⅰ) 먼저 대수의 법칙에 관한 소극적 입장의 판례이다. 대법원 1989.9.26. 선고 88도2111 판결의 원심은 회원들이 출연하는 상조회비와 사망회원에게 지급하는 상조부의금을 정함에 있어 대수의 법칙을 응용한 확률계산에 의하지 아니하였다는 점 등에서 보험의 본질적인 요건에 들어맞지 않는 성격을 띠고 있다는 등의 이유로 보험사업이 아니라고 하였으나, 대법원은 문제된 상조사업은 실질적인 면에서 고찰할 때 동질적인 경제상의 위험에 놓여 있는 다수의 회원이 사망이라는 우연한 사고가 발생한 경우의 재산상 수요를 충족시키기 위하여 가입회비, 상조회비라는 명목으로 일정한 금액을 출연하고 사고가 발생할 때 상조부의금의 명목으로 일정한 금액을 지급한다는 점에서 그 사업의 명칭이나 출연 또는 지급금의 명칭에 불구하고 보험사업에 해당한다고 하였다. (ⅱ) 다음으로 대수의 법칙에 적극적 입장의 판결이다. 대법원 1989.1.31. 선고 87도2172 판결은 보험업법은 보험사업의 단체성, 사회성 등으로 인한 국가와 사회경제생활에 미치는 영향을 고려하여 그 사업에 대하여 정부의 허가를 받도록 하고 있을 뿐만 아니라 각종 감독에 관한 규정을 두고 있는바 보험사업의 규제를 위한 법률의 정신에 비추어 볼 때 보험사업의 범

---

1) 대법원 1987.9.8. 선고 87도565 판결(보험업법 제5조 제1항의 보험사업은 동종의 우연한 사고를 당할 위험이 있는 다수인이 경제생활의 불안을 제거 또는 경감시킬 목적으로 미리 일정률의 금액(보험료)을 출연하여 공통준비재산을 형성하고 현실적으로 사고를 당한 사람에게 일정한 재산적 급여(보험금)를 지급하거나 매매, 고용, 도급 기타의 계약에 의한 채무 또는 법령에 의한 의무의 이행에 관하여 발생한 채권자 기타 권리자의 손해를 보상할 것을 채무자 기타 의무자에게 약정하고 채무자 기타 의무자로부터 그 보수를 수수하는 것을 내용으로 하는 사업을 말하고 여기에서 우연한 사고(보험사고)라 함은 계약성립당시 특정의 사고가 그 발생여부, 발생시기가 불확정하다는 것을 의미하는 것으로 그 불확정성은 객관적임을 요하지 아니하고 주관적으로 계약당사자에게 불확정하면 되는 것이므로 보험은 사행성을 그 특질로 하는 한편 보험사고는 일정한 기간(보험기간) 내에 생긴 것이어야 한다).

위는 그 사업의 명칭이나 법률적 구성형식에 구애됨이 없이 그의 실체 내지 경제적 성질에 즉응하여 해석할 것이라고 하면서, 대수의 법칙에 대하여 적극적으로 고려하였다. 기타 이러한 입장의 판결들이 있다.[2]

생각건대 판례도 대수의 법칙은 보험의 중요한 특질 또는 요소로 판단하는 것으로 보인다. 소극적 입장의 판결도 대수의 법칙이 고유의 의미에서 보험의 구성요소가 된다는 점은 인정한 것이나, 다만 공법적 감독의 의미에서 보험사업의 판단은 대수의 법칙이 일부 미약한 경우에도 공공의 복지증진 등의 취지에서 보험사업의 범주에 포함시키는 것으로 이해된다. 따라서 대수의 법칙이 요소로 포함되어 있다면 보험성을 인정함에 있어 보다 중요한 기준이 된다고 보겠다.[3]

II. 보험유사제도

1. 도박 등의 사행행위

보험도 사행계약으로서의 성질을 가지고 있다. 도박과 복권 등은 우연한 사건의 발생에 의하여 급여관계가 생겨나고, 수리적인 기초를 가지고 다수인으로부터 소수인에게 금원이 이동한다는 점 등에서 보험과 유사한 면이 있다. 하지만 보험은 위험에 대비한 경제생활의 안정을 추구하는 것임에 반하여, 도박은 일확천금을 목적으로 하는 것이다. 또한 보험은 사회의 필수불가결한 제도인 반면, 도박은 사법상 선량한 사회질서에 어긋나 무효이며(민법 제103조) 형사상 처벌을 받는다(형법 제246-249조).

---

2) 대법원 1989.10.10. 선고 89감도117 판결(대수의 법칙을 응용한 확률계산에 의하지 아니하는 등 보험의 특질이라 할 여러 요건을 지니지 아니하여 피고인이 운영한 위 상조사업이 보험업법에서 규정하는 보험사업이라 단정하기 어렵다고 판단한 원심에 대하여 "원심이 들고 있는 바와 같은 고유의 의미의 보험과 일치하지 아니하는 부분이 있다고 하여 피고인이 운영한 사업이 보험업법 소정의 보험사업에 해당하지 아니한다고 할 수는 없을 것); 대법원 1989.1.31. 선고 87도2172 판결(상조회원의 자격에 관하여 사망률이 낮은 연령층을 제외한 것이라든지, 건강상태를 고려함이 없이 회원으로 가입케 하면서도 100일이 경과하기 전에 사망한 경우에는 상조부의금을 지급하지 않도록 하고 있는 점이라든지 상조회원으로 가입한 기간이 길어짐에 따라 상조회비 출연의 기회가 많은 만큼 사망시에 지급되는 상조부의 금액도 연차적으로 증가하도록 되어 있는 점 등을 보면, 급부와 반대급부의 균형을 유지하기 위하여 대수의 법칙을 응용한 확률계산의 방법을 고려한 것이라고 할 수 있다).

3) 대법원 1990.6.26. 선고 89도2537 판결(또한 상조회에 가입한 후 100일 이내에 사망한 회원에게 상조부의금을 지급하지 아니하도록 되어 있다고 하더라도 이는 보험자의 보험금 지급책임에 관한 효력발생의 시기를 정한 것이며 이러한 특약이 있다고 해서 보험의 본질에 반한다고 해석할 수도 없으며 상조회원의 자격에 관하여 사망률이 낮은 연령층을 제외한 점과 건강상태를 고려함이 없이 회원으로 가입케 하면서도 100일이 경과하기 전에 사망한 경우에는 상조부의금을 지급하지 않도록 하고 있는 점이라든지 상조회원으로 가입한 기간이 길어짐에 따라 상조회비 출연의 기회가 많은 만큼 사망시에 지급되는 상조부의금액도 연차적으로 증가하도록 되어 있는 점 등을 보면 급부와 반대급부의 균형을 유지하기 위하여 대수의 법칙을 응용한 확률계산의 방법을 고려한 것이라고 할 수 있다).

2. 저축과 자가보험

(1) 저 축

저축은 개별적 경제주체가 자신의 경제생활을 위하여 수입의 일부를 적립하는 것이다. 저축은 개별적 경제주체의 행위이지만, 보험은 동질의 위험에 처해 있는 다수의 경제주체가 위험단체를 구성하는 것이라는 점에서 양자간 차이가 있다. 따라서 개별 경제주체가 그 저축에 대하여는 자유로이 사용하고 처분할 수 있는 것이다. 다만 생명보험에서는 보험상품에 따라 저축적인 요소가 강한 보험도 있다. 위험에 대비하는 보장성이 아니라 저축성에 해당하는 상품에 있어서는 해당 보험료를 보험료적립금으로 적립하고 중도해지의 경우 보험계약자에게 반환하도록 한다.

(2) 자가보험

자가보험은 개별 경제주체가 특정의 손실에 대비하기 위하여 스스로 사고발생률을 계산하여 그에 의하여 산출된 필요자금을 미리 비축하는 방법이다. 그러나 자가보험은 개별 경제주체의 행위로서 다수의 경제주체가 위험단체를 구성하고 위험을 분산하는 보험과는 구별된다.

3. 공   제(共濟)

(1) 의   의

공제는 동일한 직장, 직업 또는 지역의 사람들이 상부상조를 목적으로 단체를 만들어 그 소속원의 경조사에 공제금을 지급하는 제도이다. 공제는 단체를 구성하여 우연한 사고를 당한 사람에게 금원을 지급하는 점에서 보험과 유사하나, 그 구성원의 자격을 제한하는 점이 다르다. 요컨대 공제는 일정한 직장, 직업 또는 지역으로 한정하여 그 구성원만이 가입할 수 있도록 하는 점에서 보험과 다르다. 공제가 성립되기 위하여는 특별법에 근거규정이 필요하다.

(2) 상법규정의 준용

공제는 폐쇄적이고 구성원이 제한되어 있다는 점에서 보험과 차이가 있는 것이나, 농업협동조합이나 수산업협동조합, 교직원공제조합 등은 전국적 규모를 가지고 있으며 또한 그 사업의 대상도 일반인으로까지 개방되어 있는 경우가 많다. 기타 선원공제, 건설공제, 군인공제 등도 대규모로 운영되고 보험과의 구별이 쉽지 않아 유사보험이라 부른다. 그리고 공제에서 이용되는 각종의 공제약관 등은 그 종류의 보험약관의 내용과 별반 다를 것이 없다. 이러한 점에서 공제계약은 상법 보험편 규정에 따르는 것이 바람직하고, 판례도 공제에 대하여 상법 규정을 유추적용한다.[4] 2014년 개정에 의하여 **공제, 그 밖에 이에 준하는 계약에 상법 보험편의 규정을 준용**한다(제664조).

제 2 절 보험계약의 의의

Ⅰ. 보험계약

보험은 그 종류도 다양하고 항상 발전되어가고 있어 그 의의를 명확하게 파악하는 것은 쉬운 일이 아니다. 일반적으로 보험계약을 '보험자가 동질의 위험에 놓여 있는 다수인을 대상으로 하나의 위험단체를 구성하여 통계적 기초(대수의 법칙)에 의하여 산출된 금액(보험료)을 내어 기금을 마련하고 불확정한 사고를 당한 사람에게 재산적 급여(보험금)를 할 것을 약정하는 채권계약'이라고 정의한다.

Ⅱ. 보험계약의 성질

1. 낙성계약성, 불요식계약성

(1) 의사의 합치

보험계약은 보험자와 보험계약자 사이의 의사의 합치만으로 성립하고, 특별한 요식행위를 요하지 않는다(제638조).[5] 보험계약은 요식계약도 아니고 요물계약도 아니다. 합의만으로 계약이 성립하므로 보험료의 수령이 계약성립의 요건도 아니다. 또한 보험증권의 작성이나 발행 유무와도 무관하다. 보험계약은 약관에 의한 거래가 일반적인 것이나, 약관의

---

4) 대법원 1998.3.13. 선고 97다52622 판결(수산업협동조합법 제132조 제1항 제6호의 규정에 의하여 수산업협동조합중앙회가 회원을 위하여 행하는 선원보통공제는 그 가입자가 한정되어 있고 영리를 목적으로 하지 아니한다는 점에서 보험법에 의한 보험과 다르기는 하지만 그 실체는 일종의 보험으로서 상호보험과 유사한 것이고, 단기소멸시효에 관한 상법 제662조의 규정은 상법 제664조에 의하여 상호보험에도 준용되므로, 공제금청구권의 소멸시효에 관하여도 상법 제664조의 규정을 유추 적용하여 상법 제662조의 보험금 지급청구에 관한 2년의 단기소멸시효에 관한 규정을 준용하여야 한다); 대법원 1999.8.24. 선고 99다24508 판결(구 주택건설촉진법(1999. 2. 8. 법률 제5908호로 개정되기 전의 것)상의 주택사업공제조합이 조합원으로부터 보증수수료를 받고 조합원이 주택건설사업과 관련하여 주택건설자재를 구입하는 경우에 채권자에 대하여 하는 채무보증인 '기타 지급보증'은 그 성질에 있어서 조합원 상호의 이익을 위하여 영위하는 상호보험으로서 보증보험과 유사한 것이라고 할 것이므로 이에 대하여도 보험에 관한 법리가 적용된다).

5) 대법원 1997.9.5. 선고 95다47398 판결(보험계약은 당사자 일방이 약정한 보험료를 지급하고 상대방이 재산 또는 생명이나 신체에 관하여 불확정한 사고가 생길 경우에 일정한 보험금액 기타의 급여를 지급할 것을 약정함으로써 효력이 생기는 불요식의 낙성계약이므로)라고 하여 낙성계약성과 불요식계약성의 용어를 사용한다.

규정이 바로 계약의 내용이 되는 것이 아니라 그 약관의 규정을 계약내용으로 포함한다는 의사의 합치가 있어야 한다. 따라서 그 약관 규정과 다른 내용의 합의를 한 경우에는 그 합의가 우선하게 된다.[6] 실제의 보험거래에서는 정형화된 보험청약서가 사용되고 보험증권의 교부로 승낙에 갈음하기도 하나 이는 거래상 편의에 지나지 않는다. 보험증권은 계약 당사자 쌍방이 합의하에 작성하는 것이 아니라 보험자가 작성하는 것이므로 계약서가 아니며, 보험증권의 교부를 통하여 보험계약상의 권리를 이전하거나 또는 보험증권의 소지만으로 권리를 행사하는 것도 아니어서 유가증권도 아니다. 보험증권은 계약의 성립을 증명하는 증거증권에 해당하기는 하나, 분쟁발생시 유일한 증거방법이 되는 것도 아니다.[7]

(2) 보험자의 승낙

보험계약의 특성 중 하나는 보험자가 승낙권을 가진다는 것이다. 보험소비자가 보험청약을 하게 되면, 위험을 인수하는 사업자로서의 보험자가 당 위험을 평가하여 자신이 관리하는 위험단체에 적합한지를 판단한 이후 승낙 여부를 결정한다. 그런데 보험자의 승낙권이 보험소비자에게 피해를 줄 우려도 있다. 긴급히 보험보호가 필요한 소비자의 청약에 대하여 보험자가 그 승낙을 만연히 지체하는 경우로서, 상법은 그러한 폐단을 방지하기 위한 규정을 두고 있다. 제638조의2 제1항에서는 보험자가 보험계약자로부터 보험계약의 청약과 함께 보험료 상당액의 전부 또는 일부의 지급을 받은 때에는 다른 약정이 없으면 30일 내에 그 상대방에 대하여 낙부의 통지를 발송하여야 한다고 하여 낙부통지의무를 부과하고, 만약 이를 해태한 때에는 승낙을 의제한다. 다만 인보험계약의 피보험자가 신체검사를 받아야 하는 경우에는 그 기간은 신체검사를 받은 날부터 기산한다(제638조의2 제1항 단서).

---

6) 대법원 1998.9.8. 선고 97다53663 판결(약관이 계약당사자 사이에 구속력을 갖는 것은 그 자체가 법규범이거나 또는 법규범적 성질을 가지기 때문이 아니라 당사자가 그 약관의 규정을 계약내용에 포함시키기로 합의하였기 때문이므로 계약당사자가 명시적으로 약관의 규정과 다른 내용의 약정을 하였다면, 약관의 규정을 이유로 그 약정의 효력을 부인할 수는 없다); 대법원 1998.10.13. 선고 97다3163 판결(보험계약은 당사자 일방이 약정한 보험료를 지급하고, 상대방이 재산 또는 생명이나 신체에 관하여 불확정한 사고가 생길 경우에 일정한 보험금액 기타의 급여를 지급할 것을 약정함으로써 효력이 생기는 불요식의 낙성계약이므로, 계약 내용이 반드시 보험약관의 규정에 국한되는 것은 아니고, 당사자가 특별히 보험약관과 다른 사항에 관하여 합의한 때에는 그 효력이 인정된다). 대법원 2003.7.11. 선고 2001다6619 판결도 같은 취지이다.

7) 대법원 1996.7.30. 선고 95다1019 판결(보험계약은 당사자 사이의 의사합치에 의하여 성립되는 낙성계약으로서 별도의 서면을 요하지 아니하므로 보험계약을 체결할 때 작성·교부되는 보험증권이나 보험계약의 내용을 변경하는 경우에 작성·교부되는 배서증권은 하나의 증거증권에 불과한 것이어서 보험계약의 성립 여부라든가 보험계약의 당사자, 보험계약의 내용 따위는 그 증거증권만이 아니라 계약체결의 전후 경위, 보험료의 부담자 등에 관한 약정, 그 증권을 교부받은 당사자 등을 종합하여 인정할 수 있다). 같은 취지의 판결로 대법원 2003.4.25. 선고 2002다64520 판결; 계약 당사자의 의사가 제일의적 기준이 된다고 확인한 판결로 대법원 1998.5.12. 선고 97다36989 판결(계약을 체결하는 행위자가 타인의 이름으로 법률행위를 한 경우에 행위자 또는 명의인 가운데 누구를 계약의 당사자로 볼 것인가에 관하여는, 우선 행위자와 상대방의 의사가 일치하는 경우에는 그 일치한 의사대로 행위자 또는 명의인을 계약의 당사자로 확정하여야 하고, 행위자와 상대방의 의사가 일치하지 아니하는 경우에는 그 계약의 성질·내용·목적·체결 경위 등 그 계약 체결 전후의 구체적인 제반 사정을 토대로 상대방이 합리적인 사람이라면 행위자와 명의자 중 누구를 계약의 당사자로 이해할 것인가에 의하여 당사자를 결정하여야 한다).

(3) 보험자의 책임개시시기

보험자의 책임은 당사자간 다른 약정이 없으면 **최초보험료의 지급을 받은 때로부터 개시된다**(제656조). 그러나 이는 보험계약의 성립시기 또는 효력발생시기를 정한 것이 아니라, 보험자의 책임개시의 시기(始期)를 정한 것으로 낙성계약성에 영향을 미치지 않는다.

2. 유상·쌍무계약성

보험계약은 보험자와 보험계약자 사이에 이루어지는 채권계약으로서 보험료와 보험금은 대가관계에 있는 것으로 봄이 일반적이다. 상법도 보험계약은 보험계약자가 '보험료'를, 보험자가 '보험금액 기타의 급여'를 지급할 것을 약정하는 계약(제638조)으로 규정하고 있어 유상계약과 쌍무계약으로 본다.

3. 상행위성

(1) 기본적 상행위

보험의 인수를 영업으로 하는 경우 기본적 상행위가 되므로(제46조 제17호), 보험자는 당연상인이 된다(제4조). 따라서 영리보험자가 체결하는 보험계약은 상행위가 되며, 상법전 제4편에 보험계약을 규정함으로써 상법전과 일체를 이루고 있다. 그런데 보험계약은 그 기술성과 전문성 등으로 정보비대칭의 문제가 발생하여 소비자보호가 필요하고, 따라서 일반의 상행위와는 달리 계약자유의 원칙이 제한되는 등(제663조) 많은 제약이 있다.

(2) 상호보험

상호회사는 대외적 영리추구활동을 하지 아니하여 영리성이 없고 상행위성이 없다. 하지만 보험계약관계에 있어서는 실질적으로 영리보험과 다를 바가 없으므로 **그 성질에 반하지 않는 한 보험계약법의 규정이 준용**된다(제664조).

4. 사행계약성

보험계약은 보험자의 보험금지급책임이 우연한 사고의 발생에 달려 있으므로 사행계약에 속한다. 보험계약의 사행계약성으로 인하여 상법은 **도덕적 위험을 방지**하고자 하는 다수의 규정을 두고 있다(제651조, 제659조 등). 보험계약은 우연한 사건에 의존한다는 점에서 다른 사행계약인 도박계약과 유사하지만, 도박은 선량한 풍속 기타 사회질서에 어긋나는 것으로 법률상 허용되지 아니한다. 이러한 점에서 보험계약의 피보험자는 적법한 피보험이익을 가져야 한다는 것이 강조되고 피보험이익의 존재 여부가 도박과의 큰 차이점으로 지적된다. 그런데 새로운 보험상품이 끊임없이 개발되고 있어 도박과 보험의 구별이 어려운 경우도 종종 발생한다.

제 3 절 보 험 법

Ⅰ. 보험법의 의의

1. 광의의 보험법

보험법을 광의로 파악하면 보험을 규율하는 법규 전체를 일컫는 것으로서 보험공법과 보험사법이 있다. 보험공법은 보험에 관한 공법의 전체를 말하고 이에는 보험감독법 등 공보험에 관한 법들로서 보험감독법인 보험업법과 산업재해보상보험법, 수출보험법 등이 있다.

보험사법은 보험에 관한 사법의 전체를 말하고 보험자의 조직에 관한 법과 보험자와 보험계약자 등과의 관계에 관한 법으로 나눌 수 있다. 상법 제3편 회사편과 보험업법에서의 조직법적 규정들이 전자에 해당하고, 상법 제4편 보험편과 보험업법에서의 거래법적 규정들(예를 들면 보험업법 제102조 등)이 후자에 해당한다.

2. 협의의 보험법

사보험, 특히 영리보험에서의 보험관계를 규율하는 법을 말하고, 실질적 의미에서의 협의의 보험법을 보험계약법이라 한다. 형식적 의미로 파악할 때는 우리나라 상법전 제4편 보험에 관한 규정을 말한다.

Ⅱ. 보험법의 특성

협의의 보험법, 즉 영리보험에 관한 보험계약법은 상행위법에 속한다고 할 수 있으나 보험계약법은 다른 상행위법이나 일반의 거래법과 비교하여 다른 특성을 가지고 있다.

1. 의   의

보험법은 ① **선의성**이 있다. 보험금의 부정취득만을 위한 과다한 보험계약을 체결하는 경우에 있어서는 보험자는 사회질서위반을 이유로 보험금지급을 거절할 수 있음은 물론이다.[8] ② **기술성**이 있다. 보험제도 요소 중의 하나가 대수의 법칙이고, 보험은 위험단체를

---

8) 대법원 2000.2.11. 선고 99다49064 판결; 대법원 2005.7.28. 선고 2005다23858 판결(보험계약자가 다수의 보

기초로 그 위험을 기술적으로 분산시키고 있는 제도이다. ③ **공공성**이 있다. 다수의 보험계약자로부터 받은 보험료가 국가경제적으로는 중요한 거대한 자본을 형성하게 되고 이를 규율하는 보험법은 공공성을 띠게 된다. 보험업법에서 보험회사의 자격 등을 제한하여 주로 이를 규제하고 있으나(보험업법 제6조), 보험계약법도 일반 대중의 이익보호를 위하여 공공성을 가진다. ④ **상대적 강행법성**이다. 다음에서 설명한다.

2. 상대적 강행법성

(1) 보험계약자 등의 불이익변경금지의 원칙

보험계약은 보험약관을 이용하는 부합계약인 경우가 일반적이고, 보험자와 보험계약자 사이에 교섭력의 차이가 있으며, 보험자와 보험계약자의 정보력과 이해력에 있어서 비대칭적이다. 이에 상법은 "이 편의 규정은 당사자간의 특약으로 보험계약자 또는 피보험자나 보험수익자의 불이익으로 변경하지 못한다(제663조 본문)"라고 규정하여 상대적 강행법성을 명문화한다. 상법의 규정은 보험계약에서 보험계약자 등을 보호하기 위한 최소한도의 조건을 법정한 것으로서, 보험약관으로 상법보다 보험계약자 등에게 보다 유리한 조건을 정하는 것은 무방하나 불리하게 정한다면 무효가 됨을 선언한 것이다. 이러한 점에서 상법 보험편이 상대적 강행법성을 띤다고 하고 제663조를 보험계약자 등의 불이익변경금지의 원칙을 선언한 것으로 본다. 다만 "재보험 및 해상보험 기타 이와 유사한 보험의 경우에는 그러하지 아니하다(제663조 단서)"고 규정하여, 기업보험의 경우 상대적 강행규정성의 적용이 제외되어 있다.

(2) 가계보험과 기업보험의 구별

보험계약자 등의 불이익변경금지의 원칙이 가계보험에만 적용되는 점에서 가계보험과 기업보험의 구별기준을 정하는 것이 중요하다.

험계약을 통하여 보험금을 부정취득할 목적으로 보험계약을 체결한 경우, 이러한 목적으로 체결된 보험계약에 의하여 보험금을 지급하게 하는 것은 보험계약을 악용하여 부정한 이득을 얻고자 하는 사행심을 조장함으로써 사회적 상당성을 일탈하게 될 뿐만 아니라, 또한 합리적인 위험의 분산이라는 보험제도의 목적을 해치고 위험발생의 우발성을 파괴하며 다수의 선량한 보험가입자들의 희생을 초래하여 보험제도의 근간을 해치게 되므로, 이와 같은 보험계약은 민법 제103조 소정의 선량한 풍속 기타 사회질서에 반하여 무효이다); 대법원 2009.5.28. 선고 2009다 12115 판결(민법 제103조에 의하여 무효로 되는 반사회질서 행위는 법률행위의 목적인 권리의무의 내용이 선량한 풍속 기타 사회질서에 위반되는 경우뿐만 아니라, 그 내용 자체는 반사회질서적인 것이 아니라고 하여도 법률적으로 이를 강제하거나 법률행위에 반사회질서적인 조건 또는 금전적인 대가가 결부됨으로써 반사회질서적 성질을 띠게 되는 경우 및 표시되거나 상대방에게 알려진 법률행위의 동기가 반사회질서적인 경우를 포함하고, 보험계약자가 다수의 보험계약을 통하여 보험금을 부정취득할 목적으로 보험계약을 체결한 경우, 이러한 목적으로 체결된 보험계약에 의하여 보험금을 지급하게 하는 것은 보험계약을 악용하여 부정한 이득을 얻고자 하는 사행심을 조장함으로써 사회적 상당성을 일탈하게 될 뿐만 아니라, 또한 합리적인 위험의 분산이라는 보험제도의 목적을 해치고 위험발생의 우발성을 파괴하며 다수의 선량한 보험가입자들의 희생을 초래하여 보험제도의 근간을 해치게 되므로, 이와 같은 보험계약은 민법 제103조 소정의 선량한 풍속 기타 사회질서에 반하여 무효라고 할 것이다).

1) 학 설

학설은 "기업보험은 기업인이 기업경영에 따르는 위험에 대비하기 위하여 이용하는 보험으로서 이 보험거래에서 있어서는 보험자와 보험계약자는 다같이 기업인으로서 서로 대등한 지식과 재력을 가지고 자주적으로 처리할 수 있으므로, 가계보험의 경우와 같이 특히 피보험자의 이익보호의 요청이 강한 것이 아니므로 이 보험에서는 어느 정도 당사자 사이의 사적 자치의 원칙을 인정할 필요가 있다"[9]고 한다. 구별기준을 명확하게 제시하는 학설은 없으나 일응 경제적 교섭력이나 전문지식 등에서의 대등한 점을 기준으로 삼는 듯하다.

2) 판 례

판례는 그 구별기준을 **대등한 경제적 지위**라는 점에서 찾고 있다. 선도적 판례인 대법원 1996.12.20. 선고 96다23818 판결[10]은 기업보험은 보험계약자와 보험자가 "대등한 경제적 지위에서 계약조건을 정하는 보험"이고, 상대적 강행규정의 적용을 배제하는 이유로는 "보험계약자의 이익보호를 위한 법의 후견적 배려는 필요하지 않고 오히려 어느 정도 당사자 사이의 사적 자치에 맡겨 특약에 의하여 개별적인 이익조정을 꾀할 수 있도록 할 필요가 있기 때문이다"고 하면서, 해상위험을 담보한 어선공제조합에서 계약의 당사자가 대등한 경제적 지위에 있지 않다는 이유로 기업보험이 아니라 하였다.

3) 상법 제663조 단서의 적용여부에 관한 판례의 동향

대등한 지위에 있지 아니하여 제663조 본문이 적용된다고 한 판례를 보면 ① 대법원 1996.12.20. 선고 96다23818 판결에서 소형 어선을 소유하며 연안어업 또는 근해어업에 종사하는 다수의 영세어민들을 주된 가입대상자로 하고 있어 공제가입자들의 경제력이 미약하여 공제계약 체결에 있어서 공제가입자들의 이익보호를 위한 법적 배려가 여전히 요구되므로 불이익변경금지 원칙의 적용을 배제하지 아니하였다.

그런데 **대등한 지위에 있다고 본 경우**로 ② 대법원 2000.11.14. 선고 99다52336 판결에서 대가 없이 보험계약자와 보험자가 서로 대등한 경제적 지위에서 계약조건을 정하는 기업보험에 상법 제663조 소정의 보험계약자 등의 불이익변경 금지원칙의 적용이 배제된다고 하였고, ③ 대법원 2005.8.25. 선고 2004다18903 판결에서 중소기업은행이 보험계약

---

9) 양승규, 36면.

10) 이 사건의 사실관계는 다음과 같다. 총톤수 89톤의 어선의 소유자가 보험기간은 1년, 공제료는 3회분납, 공제대상은 침몰 등 해상고유의 위험으로 인한 선박손해 등을 내용으로 하는 어선공제계약을 수산업협동조합과 체결하였다. 제2회 분납공제료에 대하여서는 당시 효력이 인정되고 있던 실효약관(분납공제료의 미납시 14일간의 유예기간을 두고 이때까지 공제료를 납입하지 않는 경우 공제계약은 효력을 상실함)이 삽입되어 있었다. 제2회 분납공제료를 납입유예기간이 경과한 후까지 납입하지 않고 조업을 하다가 선박이 폭풍으로 인한 기상악화로 침몰하였다. 법원은 분납 공제료 체납시 상법 제650조 제2항 소정의 최고 및 해지절차 없이 곧바로 공제계약의 실효를 규정한 어선보통공제약관 조항은 무효라고 하고 보험금지급을 명하였다.

자인 금융기관종합보험에서 상법 제663조 본문 소정의 불이익변경 금지원칙은 그 적용이 배제된다고 하였으며, ④ 대법원 2006.6.30. 선고 2005다21531 판결에서 ○○증권주식회사가 보험계약자인 신원보증보험계약은 이른바 기업보험계약에 해당하여 상법 제663조에 규정된 '보험계약자 등의 불이익변경 금지원칙'이 적용되지 아니한다고 하였다.

제4절 보험계약법의 법원

I. 총   론

1. 의   의

법원(法源)은 법의 타당한 근거 또는 법의 존재형식을 말하는 것으로 제정법, 관습법 등의 다양한 형태로 존재한다. 보험계약은 기본적 상행위에 속하는 것으로, 보험계약에 관하여 상법의 규정이 적용되고, 상법의 규정이 없으면 상관습법, 상관습법이 없으면 민법이 적용된다. 이 경우 상법 이외의 상사특별법이 있는 경우 이것이 상법보다 먼저 적용된다. 여기서는 주로 상법과 보험약관을 다룬다.

2. 제 정 법

(1) 상법전 제4편 보험편

보험법의 가장 중요한 제정법은 상법 제4편 보험편이다. 보험계약이 상행위인 점에서 상법 제2편 상행위도 적용된다. 상법 보험편은 1962년 제정되어 1963년 1월 1일부터 시행된 것으로 1991년 개정된 이후 2014년 개정되었다. 상법 보험편의 규정은 그 성질이 상반되지 않는 범위 내에서 상호보험 공제, 그 밖에 이에 준하는 계약에도 준용된다(제664조).

(2) 보험업법

보험업법은 보험공법에 속하는 것이고 보험감독법규이지만 사법적인 거래질서에 관한 내용도 일부 담고 있어 법원으로서의 역할을 한다. 예를 들면 보험자의 손해배상책임에 관한 보험업법 제102조는 보험계약에서 중요한 규정이다.

(3) 기타 제정법

이외에도 자본시장법, 자동차손해배상보장법, 원자력손해배상법, 무역보험법, 산업재해보상보험법, 국민건강보험법 등의 많은 특별법이 있다.

Ⅱ. 보통보험약관(보험약관)

1. 의   의

약관규제법 제2조 제1항은 "약관"이라 함은 그 명칭이나 형태 또는 범위를 불문하고 계약의 일방 당사자가 다수의 상대방과 계약을 체결하기 위하여 일정한 형식에 의하여 미리 마련한 계약의 내용이 되는 것을 말한다"고 정의한다.[11] 이에 의하면 보험약관은 그 명칭이나 형태 또는 범위를 불문하고 보험자가 다수의 상대방과 보험계약을 체결하기 위하여 미리 마련한 계약의 내용이 되는 것으로서 보통거래약관의 일종을 말한다. 보험약관의 의의를 몇 가지로 분설하면 다음과 같다.

① 보험자가 **일방적**으로 작성하는 것이다. 보험자가 보험계약자와 계약체결시에 협상하여 개별적으로 내용을 정하는 것이 아니라 보험자가 일방적으로 작성한다. ② **다수의 계약**을 체결하기 위한 것이다. 이러한 점에서 보험계약은 부합계약성을 띠는 것이다. ③ **사전에 미리** 작성하여 둔다. 계약체결시 작성하는 것이 아니라 미리 작성하여 두는 것으로, 보험자는 보험사업의 허가를 취득하고자 할 때 금융위원회에 보험약관을 제출하여야 한다.

위 요건을 충족하는 경우 보험약관이 되고 그 명칭이나 형태 등을 불문한다. 즉 약관의 명칭을 사용하지 않는 경우에도 위 세 가지 요소가 있다면 약관으로 분류되고 약관규제법의 적용을 받는다. 판례도 이러한 취지에서 "약관법의 적용 대상이 되는 약관이라 함은, 그 명칭이나 형태 또는 범위를 불문하고 계약의 일방 당사자가 다수의 상대방과 계약을 체결하기 위하여 일정한 형식에 의하여 미리 마련한 계약의 내용이 되는 것을 말한다"고 한다.[12]

---

11) 이러한 취지에서 다수의 수요자에게 전기를 공급하는 공급규정은 공급계약조건을 당사자가 개별적으로 협정하는 것을 금지하고 오로지 공급규정의 정함에 따를 것을 규정하고 있어, 그 공급규정은 보통계약약관으로서의 성질을 가진다. 대법원 2002.4.12. 선고 98다57099 판결(전기사업법은 다수의 일반 수요자에게 생활에 필수적인 전기를 공급하는 공익사업인 전기사업의 합리적 운용과 사용자의 이익보호를 위하여 계약자유의 원칙을 일부 배제하여 일반 전기사업자와 일반 수요자 사이의 공급계약조건을 당사자가 개별적으로 협정하는 것을 금지하고 오로지 공급규정의 정함에 따를 것을 규정하고 있는바, 이러한 공급규정은 일반 전기사업자와 그 공급구역 내의 현재 및 장래의 불특정 다수의 수요자 사이에 이루어지는 모든 전기공급계약에 적용되는 보통계약약관으로서의 성질을 가진다).

12) 약관이라는 명칭을 사용하지 않는 경우에도 약관의 범주에 들어간다고 한 판결로 대법원 1998.12.23. 선고 96다38704 판결(지방자치단체가 택지공영개발사업에 의하여 조성된 택지를 그 지상에 주택을 신축하여 분양하고자 하는 여러 건설업체들에게 공급하게 될 것을 예상하여 미리 그 계약의 내용을 위 지방자치단체의 택지공영개발선수금운영규정에서 별지 서식에 의한 형태로 마련하여 두고 있던 중, 위 택지개발사업으로 조성된 택지를 분양받아 주택을 신축하고자 하는 약 30개의 건설업체들과 사이에 택지공급계약을 체결함에 있어 거의 대부분의 계약 내용은 위 운영규정에서 미리 정하여 둔 별지 서식에 따르되 일부 조항만 수정한 택지공급계약서를 미리 마련한 후 그 택지공급계약서에 의하여 택지공급계약을 체결한 경우, 지방자치단체가 택지개발사업에 참여한 약 30개의 건설업체와 사이에 택지공급계약을 체결할 것을 예정하여 위 운영규정상의 별지 서식에 따라 만든 택지공급계약서는 지방자치단체가 다수의 상대방과 계약을 체결하기 위하여 일정한 형식에 의하여 미리 마련한 계약의 내용이 되는

보험증권이 하나의 증거증권으로서의 성질을 가지고 있으므로 상법은 보험약관에 그 증권내용의 정부에 관한 이의를 제기할 수 있는 이른바 **이의약관을 둘 수 있음을 규정**한다(제641조).

2. 보험약관의 교부·명시의무

(1) 법률규정

보험계약을 체결할 때 보험자는 자기가 작성한 보험약관을 보험계약자에게 제시하여 이해할 수 있도록 하여야 한다. 이에 상법은 보험자는 보험계약을 체결할 때에 보험계약자에게 보험약관을 교부하고 그 약관의 중요한 내용을 설명하여야 한다고 규정한다(제638조의3 제1항). 또한 약관규제법에 의하면 사업자는 계약체결에 있어서 고객에게 약관의 내용을 계약의 종류에 따라 일반적으로 예상되는 방법으로 명시하고, 고객이 요구할 때에는 당해 약관의 사본을 고객에게 교부하여 이를 알 수 있도록 하여야 하고, 또한 사업자는 약관에 정하여져 있는 중요한 내용을 고객이 이해할 수 있도록 설명하여야 한다(약관규제법 제3조 제2항, 제3항). 그 위반의 효과와 관련하여 약관규제법은 당해 약관을 계약의 내용으로 주장할 수 없다고 하고(약관규제법 제3조 제4항), 상법은 보험계약자는 보험계약이 성립한 날로부터 3월 내에 그 계약을 취소할 수 있다고 한다(제638조의3 제2항).

(2) 의무의 이행

1) 중요한 내용

보험자는 보험계약을 체결할 때에 보험계약자에게 보험약관을 교부하여 주고, 계약조항에서 중요한 내용을 밝히고 설명하여야 한다. 계약의 조항 중에서 중요한 내용이 무엇이냐는 각 보험의 특성을 감안하여 파악할 문제이나, 일반적으로 보험금액·보험기간·보험자의 면책사유·보험사고·보험계약의 해지사유 등은 중요한 사항으로서 명시설명을 하여야 할 것이다. 판례도 **설명의무의 대상이 되는 '중요한 내용'이라 함은 사회통념에 비추어 고객이 계약체결의 여부 또는 대가를 결정하거나 계약체결 후 어떤 행동을 취할지에 관하여 직접적인 영향을 미칠 수 있는 사항**을 말하고,[13] 약관조항 중에서 무엇이 중요한 내

것으로서 약관의규제에관한법률 소정의 약관에 해당한다고 할 것이므로, 당해 건설업체와 지방자치단체 간의 위 택지공급계약은 약관의규제에관한법률 소정의 약관에 의한 계약에 해당하여 같은 법의 적용 대상이 된다). 골프클럽의 운영에 관한 회칙도 약관이라 한 경우로서 대법원 2000.3.10. 선고 99다70884 판결.

13) 대법원 2016.9.23. 선고 2016다221023 판결(위 보험계약은 화물자동차 운수사업법에 따라 일정 규모 이상의 화물자동차를 소유하고 있는 운송사업자나 특정 화물을 취급하는 운송주선사업자 등이 반드시 가입하여야 하는 의무보험으로서, 보험계약자인 甲 회사로서는 보험금 지급대상이 되는 보험사고가 '차량운송 및 화물운송 부수업무'가 이루어지는 육상운송 과정 동안에 발생한 보험사고에 한정되고 수탁화물을 적재한 차량이 선박에 선적되어 선박을 동력수단으로 해상구간을 이동하는 경우에는 제외된다는 설명을 들었더라도 보험계약을 체결하였을 것으로 보이므로, 위 약관조항은 명시·설명의무의 대상이 되는 보험계약의 중요한 내용이라고 할 수 없다).

용에 해당하는지에 관하여는 일률적으로 말할 수 없으며, 구체적인 사건에서 개별적 사정을 고려하여 판단하여야 한다고 판시한다.[14]

2) 방 법

소비자가 약관의 전체에 대하여 인지할 수 있는 가능성을 제공하는 것이 명시이고, 명시된 약관 중 중요한 내용에 대하여 구두나 문서를 통하여 이해유무에 관계없이 설명하도록 한다. 설명의무의 이행은 고객에 대하여 직접 구두로 하는 것이 원칙이나, 특별히 중요한 조항을 일목요연하게 정리한 문서에 서명날인을 받음으로써 설명에 갈음할 수 있는 것으로 본다.[15] 설명의 정도는 구체적이고 상세한 것이어야 하나, 그 조항의 법적 의미와 효과까지 상세하게 설명하여야 하는 것은 아니다. 설명의무의 입증책임은 보험자에게 있으며, 입증을 위하여 구두 설명의 경우 설명필의 확인서를, 별도의 설명문으로 대신하는 경우에는 설명문에 서명날인을 받아둘 필요가 있다. 일방적 설명이 있으면 되고 당해 조항에 대한 고객의 구체적이고 개별적 동의를 얻을 필요까지는 없다. 수령인이 관심을 가지고 실제로 들었는가, 읽었는가 또는 인지하였는가 등은 묻지 않는다. 요컨대 **보험회사가 소비자에게 관련 정보를 구체적으로 이해시킬 의무가 아니라, 정보를 적극적으로 제공할 의무를 규정하는 것**이다.

3) 새로운 형태의 보험계약 체결

정보통신기술의 발달로 통신판매 또는 인터넷을 이용한 보험계약의 체결이 이루어지고 있다. 이런 방식의 경우 전통적인 명시설명의무가 그대로 적용되기 어려운 면이 있고 그 구체적인 범위에 관한 연구가 필요하다. 판례는 통신판매의 경우 보험약관의 명시설명의무를 인정하면서, **통신판매 방식으로 체결된 상해보험계약에서 보험자가 약관 내용의 개요를 소개한 것이라는 내용과 면책사고에 해당하는 경우를 확인하라는 내용이 기재된 안내문과 청약서를 보험계약자에게 우송한 것만으로는 보험자의 면책약관에 관한 설명의무를 다한 것으로 볼 수 없다**고 하였다.[16]

---

14) 대법원 2010.7.15. 선고 2010다19990 판결; 대법원 2008.12.16. 자 2007마1328 결정.

15) 판례로는 운전자연령 26세 이상 한정운전 특별약관을 알리기 위하여 구두로 설명함과 아울러 그 취지가 기재된 보험료영수증, 연령스티커 등을 교부한 경우에 설명의무가 이행된 것으로 판시한 대법원 1998.6.23. 선고 98다14191 판결과, 주운전자의 고지의무와 관련하여 보험계약자로부터 주운전자 변경시 연락을 하겠다는 서면확약을 받은 경우 설명의무가 이행되었을 개연성이 높다는 취지로 판시한 대법원 1997.3.14. 선고 96다53314 판결이 있다.

16) 대법원 1999.3.9. 선고 98다43342,43359 판결에서 통신판매에 의한 상해보험계약에서 청약을 유인하는 안내문에 보험약관의 내용을 추상적 개괄적으로 소개하고, 보험약관의 개요를 소개한 것이라는 내용과 면책사고에 해당하는 경우를 확인하라는 내용이 기재된 안내문과 청약서를 보험계약자에게 우송한 경우에도 면책약관에 대한 설명의무를 이행하였다고 보기 어렵다고 한 사례가 있다. 그리고 대법원 1997.9.26. 선고 97다4494 판결에서는 보험계약을 체결한 이후 보험약관을 우송하면서 주운전자를 허위로 기재하면 보험금을 지급받지 못하는 경우가 있으므로 기존의 계약내용 중 잘못된 내용이 있으면 이를 즉시 신고하여야 한다는 취지의 안내문을 동봉하여 우송한 경우 설명의무를 이행하지 않았다고 보았다.

(3) 의무이행의 당사자

약관의 교부명시의무자는 보험자이다. 보험대리점 중에서 체약대리점은 보험자를 대리할 수 있는 계약체결권을 가지고 있으므로 약관의 교부명시의무자가 되는 것이나, 보험설계사와 보험중개인은 보험계약의 체결권을 가지고 있지 않으므로 그 의무자인지 의문이 있다. 그러나 판례는 보험계약자는 그들을 통하여 보험계약을 청약하고 보험료를 지급하고 있으므로 그들에 의하여 교부명시의무가 이루어지는 것을 인정한다.[17] **2014년 개정법은 명시적으로 보험설계사에게 보험료수령권한과 보험증권의 교부권한을 인정**한다(제646조의2 제3항). 이 점에 관하여는 보험설계사의 계약체결대리권 부분에서 상론한다. 그리고 그 설명의 상대방이 반드시 보험계약자 본인일 필요는 없고, 보험계약자의 대리인과 보험계약을 체결하는 경우에는 그 대리인에게 하는 것으로 족하다.[18]

3. 보험약관의 구속력

보험약관의 법원성은 보험약관이 계약의 당사자를 구속하는 근거가 무엇이냐에 대한 문제이기도 하다. 그 이론은 규범설과 계약설(의사설)로 대별되나, **판례는 계약설**에 입각한다. 약관의 구속력에 관하여는 「제1편 제1장 상법의 법원」에서 상세히 설명하였다. 여기서는 상법 제638조의3 해석과 관련한 설명의무위반의 효과만을 다루기로 한다.

보험자가 약관의 설명의무를 위반한 경우 약관규제법 제3조 제4항에서는 "사업자가 당해 약관을 계약내용으로 주장할 수 없다"고 규정한다. "주장할 수 없다"의 의미는 보험자는 설명의무를 이행하지 않은 당해 보험약관 조항을 계약내용으로 주장할 수 없으나, 보험계약자는 그 약관조항을 계약내용으로 주장하여도 무방하다는 취지로 해석된다. 그런데 상법 제638조의3 제2항에서는 "보험계약자는 보험계약이 성립한 날부터 3개월 이내에 그 계약을 취소할 수 있다"고 규정하면서 보험계약자가 취소권을 행사하지 않은 경우에는 명문의 규정이 없어 양법의 적용에 대하여 학설이 대립하고 있다. 학설로는 상법단독적용설과 중첩적 적용설이 있다.

(1) 상법단독적용설(규범설)

상법단독적용설은 규범설을 취하는 학자들이 주장하는 견해로서, 약관규제법 제30조 제2항은 "특정한 거래분야의 약관에 대하여 다른 법률에 특별한 규정이 있는 경우에는 이 법의 규정에 우선한다"고 정하고 있고, 상법 보험편의 규정은 약관규제법에 대한 특별

---

17) 대법원 2007.9.6. 선고 2007다30263 판결.
18) 대법원 2001.7.27. 선고 2001다23973 판결(그 설명의무의 상대방은 반드시 보험계약자 본인에 국한되는 것이 아니라, 보험자가 보험계약자의 대리인과 보험계약을 체결할 경우에는 그 대리인에게 보험약관을 설명함으로써 족하다).

규정이므로 상법 제638조의3 제2항만이 적용된다고 본다. 따라서 보험계약자는 보험계약 성립일로부터 3월 내에 계약을 취소하여 보험관계에서 탈퇴할 수 있으나, 보험계약을 취소하지 않는 한 보험약관은 유효하며, 취소기간이 경과함으로 설명의무위반의 하자가 치유되어 취소권이 소멸하면 당해 보험약관이 확정적으로 유효하게 된다는 견해이다. 이 견해는 약관의 개별조항의 설명여부에 따라 보험계약자에게 서로 다른 규율을 적용하는 것은 보험계약자 평등대우의 요청에 반하고, 위험단체의 유지를 위해서는 교부 설명되지 않은 약관이라도 적용해야 할 필요가 있으며, 보험계약자로서도 약관의 설명이 없었더라도 그 약관에 의해 계약을 유지시키는 것이 계약을 해소시키는 것보다 바람직하다는 점을 근거로 든다.

(2) 중첩적 적용설(계약설)

중첩적 적용설은 상법과 약관규제법이 중첩적으로 적용된다고 보아, 보험계약자가 3개월 이내에 취소하지 않는 경우 약관규제법에 의하여 계약의 내용이 되지 않는다는 견해이다. 약관규제법 제30조 제2항의 해석에서 특정 거래분야에 대하여 개별법이 규율한다고 하여 그 분야에 항상 개별법만이 적용되고 약관규제법은 완전히 배제된다고 볼 수 없으며, 개별법 규정의 내용이 불충분하거나 규율하지 않는 부분에 대하여는 약관규제법이 여전히 보충적용된다고 한다. 따라서 상법에서 보험약관에 관하여 규율하고 있는 상법 제638조의3의 내용이 불충분하므로 보험자가 설명의무를 위반한 경우 보험자는 약관규제법 제3조 제2항에 의하여 설명되지 아니한 약관조항을 계약내용으로 주장할 수 없다는 견해로서 우리 판례의 입장이기도 하다.

Ⅲ. 보험계약법의 적용범위

(1) 영리보험

상법 제4편 보험편은 영리보험 일반에 적용된다. 산업재해보상보험 등의 공보험에는 적용되지 않는 것이 원칙이다.

(2) 상호보험

상호보험은 상행위가 아니지만 그 성질에 상반되지 않는 한 상법 제4편의 규정이 준용된다(제664조).

(3) 공제 등의 유사보험

공제 등의 유사보험에도 상법 제4편이 준용된다(제664조). 공제는 명칭과 상관없이 그 운용원리 등이 보험에 해당하는 것으로 판례도 보험계약의 법리가 적용되어야 하는 것으로 본다. 판례는 그 근거로 공제가 상호보험과 유사하고 상법 제664조의 규정을 유추적용함을 제시하고 있었다.[19] 그리고 공제가 아니라 하더라도 그 성질이 보험제도에 부합하는 것이라면 상법 보험편이 적용됨이 원칙이다.

---

19) 대법원 1989.12.12. 선고 89다카586 판결(육운진흥법 제8조, 같은법 시행령 제11조의 규정에 의한 공제사업은 성질상 상호보험과 유사한 것이므로 상법 제664조를 유추적용하여 보험자대위에 관한 상법 제682조를 준용할 수 있다고 보는 것이 타당하다); 대법원 1995.3.28. 선고 94다47094 판결(상법 제664조는 상법의 보험편에 관한 규정 중 그 성질에 상반되지 않는 한도에서 상호보험에 준용한다고 규정하고 있는데, 보험금청구권에 대한 시효기간을 단축할 필요성의 점에 있어서는 상호보험이나 주식회사 형태의 영리보험 간에 아무런 차이가 있을 수 없으므로, 단기시효에 관한 위 상법 제662조의 규정은 상법 제664조에 의하여 상호보험에도 준용된다고 보아야 할 것이다. 그런데 육운진흥법 제8조, 같은법 시행령 제11조의 규정에 의하여 자동차운송사업조합이나 자동차운송사업조합연합회가 하는 공제사업은 비록 보험업법에 의한 보험사업은 아닐지라도 그 성질에 있어서 상호보험과 유사한 것이므로, 결국 위 공제사업에 가입한 자동차운수사업자가 공제사업자에 대하여 갖는 공제금청구권의 소멸시효에 관하여도 상법 제664조의 규정을 유추적용하여 상법 제662조의 단기소멸시효에 관한 규정을 준용하여야 할 것이다).

제 **2** 장

보험계약의 성립

제1절 보험계약의 요소

Ⅰ. 보험계약관계자

1. 보험계약의 당사자

(1) 보험자

보험자는 보험계약의 당사자로서 보험사고가 발생한 때에 보험금의 지급의무를 부담하는 자이다. 보험업법에서는 '보험회사'의 용어를 사용하고 금융위원회의 허가를 받아 보험업을 경영하는 자로 정의한다(보험업법 제2조). 보험의 공공성·사회성으로 인하여 보험업법은 보험자의 자격을 엄격히 제한한다. 보험자가 영업으로 하는 **보험의 인수는 기본적 상행위**에 속하므로(제46조), 그 보험자에 대하여는 상법 제4편 보험편 이외에도 상법의 규정이 적용된다.

(2) 보험계약자

보험계약자는 보험계약의 당사자로서 보험자와 자기명의로 보험계약을 체결하는 자이다. 보험계약자의 자격에는 제한이 없고 대리인이 보험계약을 체결할 수도 있다(제646조).

2. 피보험자

(1) 의 의

피보험자는 손해보험과 인보험에 따라 서로 다른 개념으로 사용된다. ① **손해보험**의 경우 일반적으로 피보험자는 피보험이익의 주체로서 보험사고의 발생시 손해의 보상을 받을 권리를 가진 자로 설명된다. ② **인보험**에서는 손해보험과는 달리 그 사람의 생명이나 신체에 관하여 보험에 붙여진 자, 즉 보험사고의 객체를 말하는 것으로, 보험금청구권의 주체가 아니다. 인보험에서 보험금청구권의 주체는 보험수익자이다.

(2) 보험계약자와의 관계

1) 손해보험

보험계약자와 피보험자가 동일인이면 '자기를 위한 손해보험계약'이고, 서로 다른 경우에는 '타인을 위한 손해보험계약'이다. 타인을 위한 손해보험계약의 경우 보험계약자가 타인을 위하여 자기의 이름으로 계약을 체결하는 것으로서, 보험계약자는 계약자로서의 권리와 의무를 가지고, 그 계약으로 인한 이익인 보험금지급청구권은 피보험자가 가진다.

2) 인보험

보험계약자와 피보험자가 동일인인 경우, 즉 자기의 생명이나 신체를 보험으로 부보한 경우에는 '자기의 생명보험계약'이고, 보험계약자와 피보험자가 서로 다른 타인의 생명이나 신체를 보험으로 부보한 경우에는 '타인의 생명보험계약'이다. 그리고 후자와 같이 타인의 생명이나 신체를 보험계약으로 부보할 수는 있으나, 그것이 타인의 사망을 보험사고로 하거나 생사혼합보험인 경우에는 도덕적 위험의 발생을 우려하여 일정한 제한을 두고 있다. 타인의 사망보험이나 타인의 생사혼합보험인 경우에는 보험계약의 체결 및 그로 인한 권리이전은 계약체결 이전에 서면에 의한 동의가 있어야 한다(제731조). 그리고 타인의 생명보험에서 피보험자는 보험계약의 당사자가 아님은 물론이다.

인보험에 있어 '타인의 생명보험'은 '타인을 위한 생명보험'과는 구별된다. 타인을 위한 생명보험은 피보험자가 보험계약자와 동일인인지의 여부를 묻지 않고, 보험계약자와 보험금청구권자인 보험수익자가 다른 경우이다. 예를 들면 보험계약자와 피보험자는 동일인이나 보험수익자가 다른 경우는 '타인을 위한 자기의 생명보험'이 되고, 보험계약자와 보험수익자는 동일인이나 피보험자가 다른 경우는 '자기를 위한 타인의 생명보험'이 된다.

3. 보험수익자

보험수익자는 **인보험계약에서 보험금을 받을 자로 지정된 자**이다(제733조, 제734조). 보험수익자는 인보험계약에만 존재하는 개념으로서 손해보험에서의 피보험자에 해당하는 개념이다. 인보험계약에서 보험계약자와 보험수익자가 동일한 경우 자기를 위한 보험이고, 보험계약자와 보험수익자가 다른 경우에는 타인을 위한 보험이 된다. 보험수익자를 지정·변경할 권한은 보험계약자에게 있다.

(1) 권 리

보험수익자는 특별한 수익의 의사표시 없이도 당연히 보험금청구권을 가진다(제639조 제2항).

(2) 의 무

보험수익자는 **고지의무나 위험변경증가의 통지의무자는 아니나**(제651조, 제652조), **위험유지의무를 부담**한다(제653조). 그리고 타인을 위한 생명보험에서 보험계약자가 파산선고를 받거나 보험료의 지급을 지체한 때에는 보험수익자가 그 권리를 포기하지 아니하는 한 보험료를 지급할 의무가 있다(제639조 제3항).

4. 보험계약의 보조자

(1) 보험대리상

1) 의 의

보험대리상은 일정한 보험자를 위하여 상시 그 영업부류에 속하는 보험계약의 체결을 대리(보험체약대리상)하거나 중개(보험중개대리상)함을 영업으로 하는 독립된 상인이다(제87조). 보험대리상은 일정한 보험자의 위탁을 받아 그 자를 위하여만 상시 계속적으로 보조하는 자인 점에서 불특정다수의 보험자를 위하여 일하는 보험중개사와 다르다. 또한 보험자에게 고용되어 보조하는 것이 아니라 자기의 영업을 하는 독립된 상인인 점에서 보험자의 단순한 상업사용인과도 다르다.

개정법에 의하여 보험대리상은 다음의 권한을 가진다(제646조의2 제1항). (i) 보험료를 수령할 수 있는 권한이 있다. (ii) 보험자가 작성한 보험증권을 보험계약자에게 교부할 수 있는 권한이 있다. (iii) 보험계약자로부터 청약·고지·통지·해지·취소 등 보험계약에 관한 의사표시를 수령할 수 있는 권한이 있다. (iv) 보험계약자에게 보험계약의 체결, 변경, 해지 등 보험계약에 관한 의사표시를 할 수 있는 권한을 인정하고 있다. 결과적으로 보험계약의 체결에 관한 모든 대리권을 가진다.

2) 보험대리상의 권한과 외관법리의 도입
① 구법상 보험대리상의 종류와 권한

보험대리상에는 보험체약대리상과 보험중개대리상이 있다(제87조 참조). 보험체약대리상은 보험자의 대리인으로서 보험계약체결권을 가진다. 따라서 고지수령권과 보험료수령권을 가짐은 물론이다. 반면, 보험중개대리상은 보험계약의 체결을 중개하는 권한을 가질 뿐 대리권을 가지지 아니하므로 구법상으로는 보험계약체결권, 고지수령권, 보험료수령권을 모두 가지지 아니한다고 보고 있었다.

그런데 보험대리상이라는 명칭을 사용하고 있음에도 불구하고 보험중개대리상에 해당하게 되면 대리권이 없는 결과, 보험계약자로서는 그 대리상에게 보험료를 납입하였는데도 보험보호를 받을 수 없거나, 고지의무를 이행하였는데도 고지수령권이 없다는 이유로 고지의무위반에 해당하는 등의 문제가 생긴다. 요컨대 보험계약자는 거래 상대방이 보험대리상인 경우 이를 구별하지 않고 보험계약을 체결하는 것이 보통이므로, 보험계약자를 보호하기 위하여는 보험중개대리상에 대하여도 일정한 권한을 법정하는 것이 주장되고 있었다.

② 개정법

2014년 개정법은 **보험체약대리상과 보험중개대리상 양자를 구별하지 않고 일정한 권한을 부여**하고 있다(제646조의2 제1항). 보험대리상은 보험계약자로부터 보험료를 수령할 수 있는 권한, 보험자가 작성한 보험증권을 보험계약자에게 교부할 수 있는 권한, 보험계약자로부터 청약·고지·통지·해지·취소 등 보험계약에 관한 의사표시를 수령할 수 있는 권한, 보험계약자에게 보험계약의 체결, 변경, 해지 등 보험계약에 관한 의사표시를 할 수 있는 권한을 인정하고 있다(제646조의2 제1항). 그리고 보험자는 보험대리상의 제1항 각 호의 권한 중 일부를 제한할 수 있으나, 보험자는 그러한 권한 제한을 이유로 선의의 보험계약자에게 대항하지 못한다고 규정한다(제646조의2 제2항).

보험체약대리상은 대리권이 있으므로 개정법의 규정이 없다 하더라도 위 권한이 있겠으나, 보험중개대리상의 경우 그 권한에 큰 변화가 생긴다. 이는 보험대리상에도 명의대여자 책임(제24조)이나 표현지배인(제14조) 등의 외관법리를 도입한 것으로 해석된다. 그리고 보험대리상에 대하여 일부 권한을 제한하는 경우에도 선의의 보험계약자에게 대항하지 못한다고 하여(제646조의2 제2항) 선의의 보험계약자에 대한 보호장치까지 마련하여 두고 있다. 이는 포괄적 대리권이 있는 지배인의 대리권 제한에 관한 규정과 동일하다(제11조 제3항).

③ 보험중개대리상과 보험체약대리상 구별의 소멸

개정법에 의하면 보험대리상의 경우 보험중개대리상과 보험체약대리상의 구별이 소멸되었다고 보겠다. 개정법 제646조의2 제1항은 보험중개대리상과 보험체약대리상을 구별하지 않고 제1호는 보험료수령권, 제2호 내지 제4호는 계약체결대리권과 고지수령권이 있다고 규정한다. 따라서 보험대리상의 경우 상법 제87조에 대한 특별규정이 된다.

3) 책 임

① 계약상의 책임

보험대리상이 한 법률행위에 대하여는 대리의 법리에 의하여 본인에 해당하는 보험회사가 책임을 지고, 대리상은 거래상대방에 대하여 의무와 책임을 지지 않는다. 그러나 대리상이 그의 업무수행중 제3자에게 불법행위를 한 경우에는 대리상만이 책임을 지고 보험회사는 책임을 지지 않는다. 이 규정에 의한 책임은 계약상의 책임이므로, 당연한 결과이겠으나 그 불이행시 채무불이행책임을 부담한다. 따라서 과실상계 등이 문제되지 않고 계약상 약정된 보험금을 지급하여야만 한다.

② 구상권 행사

보험회사는 약정 위반을 이유로 보험대리상에게 구상권을 행사할 수 있다.

(2) 보험중개사

보험중개사는 보험자의 사용인이나 대리인이 아니면서 보험자와 보험계약자 사이의 보험계약의 체결을 중개하는 것을 영업으로 하는 독립한 상인이다(제93조, 제46조). 보험중개사는 보험자의 대리인이 아니어서 특별한 수권이 없는 한 계약체결권, 고지수령권, 보험료수령권을 가지지 못함이 원칙이다. 보험중개사는 특정한 보험자만을 위하여 보조하는 자가 아니라는 점에서 보험대리상과 구별되며, 독립된 상인이라는 점에서 상업사용인과도 구별된다.

보험중개사는 중개라는 사실행위를 하는 자이므로 대리권을 인정할 수 없음이 원칙이다. 그런데 이 제도가 활성화된 영국 등의 국가에서는 보험중개사는 일반적으로 보험계약자의 대리인으로 파악되고 있다. 특히 계약의 체결 과정뿐 아니라 보험금지급에 이르기까지 전문적 역할을 수행하는 것이고 보면, 우리나라에서도 보험중개사 제도가 보다 활성화되기를 기대한다.

(3) 보험의

보험의는 생명보험계약에 있어서 피보험자의 신체검사를 맡아 위험측정자료를 수집하고 병적인 소견을 보험자에게 제공하여 주는 의사로서 진단의라고도 한다. 보험의는 상업사용인이나 보험대리상은 아니나 고지수령권이 인정된다(통설). 그러므로 고지의무에 관한 보험의의 고의 또는 중과실은 보험자의 그것과 동일시된다(제651조). 하지만 보험의는 계약체결권과 보험료수령권은 가지지 아니한다.

(4) 보험설계사(보험모집인)

1) 의 의

보험설계사는 보험대리점이 아니면서 특정한 보험자를 위하여 계속적으로 보험계약의 체결을 중개하는 자(제646조의2 제3항)로서 보험외판원 또는 보험모집인이라 한다. 중개라는 사실행위를 하는 자이므로 대리권이 없음이 원칙이다. 또한 보험설계사는 보험자에게 종속되어 있으므로 독립된 상인인 보험대리상이나 보험중개사와는 다르다.

2) 보험자와의 고용관계 여부

보험설계사는 보험자에게 고용된 피용자로서 보험자와 고용관계에 있는 것인가? 보험설계사는 보험자에게 고용된 피용자로서 보험자와 보험설계사 사이의 내부관계는 고용계약 등에 의하여 정하여진다는 견해도 있으나, 판례는 보험설계사는 보험자에 대하여 민법 제655조에 의한 고용관계에 있지 않고 근로기준법 제14조 소정의 근로자에도 해당하지 않는다고 한다.[1] 요컨대, 일반적으로는 보험설계사가 보험자에 고용된 직원이 아닌 것이다.

근거로 보험설계사는 매월 일정한 고정급과 상여금이 정해진 것이 아니라 보험모집책임액
과 그 실적에 따라 일정비율의 제수당을 지급받고, 보험모집업무 등을 수행함에 있어 보험
자로부터 직접적이고 구체적인 지휘감독을 받지 않고 각자 재량과 능력에 따라 업무를 처
리한다는 점 등을 들 수 있다.

3) 권 한

보험설계사는 보험자에 고용된 피용자도 아니고, 단지 보험상품을 소개하고 권유하며
중개하는 등의 사실행위를 담당하는 자이므로 대리권이 없다. 따라서 계약체결권, 고지수
령권 및 보험료수령권도 인정되지 않음이 원칙이다. 그러나 보험설계사의 권한과 관련하여
여러 문제가 제기되고 있었던바, 개정법은 보험료 수령권(보험자가 작성한 영수증을 교부하는
경우만 해당)과 보험증권 교부권을 인정하여 보험설계사의 권한을 명확히 하였다(제646조의2
제3항).

① 보험료수령권

보험설계사는 보험자와 고용관계가 인정되는 직원이 아니고 보험자를 대리할 권한도
없으므로 보험료수령권은 없음이 원칙이다. 그런데 실무상 보험설계사의 중개에 의하여 보
험계약자는 보험계약의 청약을 하고 보험설계사에게 보험료를 지급하고, 보험설계사는 보
험료영수증 또는 가수증을 교부하고 있어 보험료수령권을 인정함이 타당하고(통설, 판례),
개정법은 이를 입법화하였다(제646조의2 제3항).[2]

② 보험증권 교부권

개정법은 또한 보험자가 작성한 보험증권을 보험계약자에게 교부할 수 있는 권한을 인
정하였다(제646조의2 제3항). 거래의 실정을 반영한 것으로 타당하다고 본다. 그러나 보험증

---

1) 생명보험회사의 외무원(보험설계사)이 보험회사와의 사이에 종속적 근로관계에 있지 않다고 한 대법원 1990. 5.22. 선고 88다카28112 판결; 대법원 2000.1.28. 선고 98두9219 판결(근로기준법상의 근로자에 해당하는지 여부는 그 계약이 민법상의 고용계약이든 또는 도급계약이든 그 계약의 형식에 관계없이 그 실질에 있어 근로자가 사업 또는 사업장에 임금을 목적으로 종속적인 관계에서 사용자에게 근로를 제공하였는지 여부에 따라 결정되는 것이고, 여기서 종속적인 관계가 있는지 여부를 판단함에 있어서는 업무의 내용이 사용자에 의하여 정하여지고 취업규칙·복무규정·인사규정 등의 적용을 받으며 업무수행 과정에 있어서도 사용자로부터 구체적이고 직접적인 지휘·감독을 받는지 여부, 사용자에 의하여 근무시간과 근무장소가 지정되고 이에 구속을 받는지 여부, 근로자 스스로가 제3자를 고용하여 업무를 대행케 하는 등 업무의 대체성 유무, 비품·원자재·작업도구 등의 소유관계, 보수가 근로 자체의 대상적(對償的) 성격을 갖고 있는지 여부와 기본급이나 고정급이 정하여져 있는지 여부 및 근로소득세의 원천징수 여부 등 보수에 관한 사항, 근로제공관계의 계속성과 사용자에의 전속성의 유무와 정도, 사회보장제도에 관한 법령 등 다른 법령에 의하여 근로자로서의 지위를 인정받는지 여부, 양 당사자의 경제·사회적 조건 등 당사자 사이의 관계 전반에 나타나는 사정을 종합적으로 고려하여 판단하여야 한다. 보험회사의 보험모집인이 근로기준법상의 근로자에 해당되지 않는다).

2) 대법원 1989.11.28. 선고 88다카33367 판결(이 사건과 같은 생명보험의 모집인이 그의 권유에 응한 청약의 의사표시를 한 보험계약자로부터 제1회 보험료로서 선일자 수표를 발행받고 보험료 가수증을 해준 경우에는 비록 보험모집인이 소속 보험회사와의 고용계약이나 도급적 요소가 가미된 위임계약에 바탕을 둔 소속보험회사의 사용인으로서 보험계약의 체결대리권이나 고지수령권이 없는 중개인에 불과하다 하여도 오늘날의 보험업계의 실정에 비추어 제1회 보험료의 수령권이 있음을 부정할 수는 없으나).

권을 교부한다 하더라도 보험설계사가 설명한 대로 계약의 내용이 되는 것은 아니다. 이는 아래의 계약체결 대리권에서 살핀다.

③ 고지수령권의 논의

보험설계사에게 고지수령권은 인정되지 않는다(통설, 판례[3]). 일반적으로 보험설계사는 보험계약체결을 권유, 중개하는 권한을 가질 뿐이므로 특별히 보험자로부터 고지수령의 대리권을 부여받은 경우가 아닌 한 고지수령권이 없다. 따라서 보험계약자가 보험설계사에게 고지하였다고 하더라도 보험설계사가 보험자에게 그러한 내용을 전달하지 않는다면 보험자에 대하여 고지한 것과 같은 효력이 생기지 않는다. 보험설계사가 비록 중요사항을 알거나 중대한 과실로 알지 못한 경우에도(제651조 단서) 당연히 그것이 보험자가 알거나 중대한 과실로 알지 못한 것으로 동일시되지 않는다. 따라서 보험설계사에게만 고지를 이행한 경우 고지의무를 이행한 것이 아니다.

④ 계약체결대리권의 논의

보험설계사는 대리권이 없으므로 계약체결권 또한 없다(통설, 판례[4]). 그런데 이 문제를 보험약관의 설명의무와 관련하여 검토할 필요가 있다. 대법원 1989.3.28. 선고 88다4645 판결에서는 "(보험)회사를 대리한 보험대리점 내지 보험외판원이 원고에게 피고 회사 보험보통약관과 다른 내용으로 보험계약을 설명하고 이에 따라 계약이 체결되었으므로 그때 설명된 내용이 보험계약의 내용이 되고 그와 배치되는 보통약관의 적용은 배제된다"고 한 바 있다. 실제 거래계의 보험계약체결 과정에서는 보험계약자는 보험대리점 또는 보험설계사의 권유와 설명만을 듣고 보험계약을 체결하는 예가 대다수인데, 그 설명이 약관과 다른 경우 설명에 따른 계약의 성립을 인정할 수 있는가의 문제가 발생하고 이에 대하여 위 판결은 이를 인정한 것이다. 그런데 계약체결의 대리권이 없는 보험설계사인데도 불구하고, 그가 설명한 대로 계약의 내용이 된다는 점은 의문이 있다.

한편 이 판결에 대하여 보험설계사의 권유에 의한 보험계약체결이 상례화되어 있는 거래실정을 감안하여 획기적인 의의를 부여하는 견해도 있다. 이 견해는 보험설계사가 보험료를 지급받고 영수증을 발급하며 그때부터 보험책임이 개시되는 것으로 기대되고 있으므로, 그 보험설계사에게 계약체결의 대리권이 있다고 보아야 한다는 주장이다. 그리고 이 판결이 보험설계사에게 계약대리권이 있음을 간접적으로 시인한 것이라 한다. 하지만 그 판결에서 보험설계사와 관련된 설시부분은 방론이라는 점에서 선례로 볼 수는 없겠다. **이후의 판례는 일관되게 보험설계사의 계약체결대리권을 부정**하고 있기 때문이다.[5]

---

3) 대법원 1979.10.30. 선고 79다1234 판결(보험가입청약서에 기왕병력을 기재하지 아니하고 보험회사의 외무사원에게 이를 말한 것만으로는 위 기왕병력을 보험회사에 고지하였다고 볼 수 없다); 대법원 1998.11.27. 선고 98다32564 판결(일반적으로 보험모집인이 독자적으로 보험자를 대리하여 보험계약을 체결할 권한이 없을 뿐만 아니라 고지 내지 통지의 수령권한도 없는 점에 비추어 볼 때).

4) 대법원 1998.11.27. 선고 98다32564 판결 등에서 일반적으로 보험모집인이 독자적으로 보험자를 대리하여 보험계약을 체결할 권한이 없다고 하고 있다.

Ⅱ. 보험기간과 보험료기간

1. 보험기간

(1) 의 의

보험기간은 보험자의 책임이 개시되고 종료할 때까지의 기간으로서, 책임기간 또는 위험기간이라고도 한다. 보험기간 내의 보험사고의 발생에 의하여 손해보험에서는 손해의 보상, 생명보험에서는 일정한 금액의 지급을 약정한다. 보험기간은 당사자의 약정에 의하여 정하여지는 것이나 통상 손해보험에서는 1년, 생명보험에서는 보다 장기간으로 정해진다.

(2) 소급보험

소급보험은 보험계약 전의 어느 시기부터 보험기간이 시작되는 것으로 정한 보험을 말한다(제643조). 해상적하보험 등에서 이미 선박이 출항한 이후 적하의 선적시로부터 보험자의 책임이 개시되는 것으로 하는 경우 발생할 수 있다. 통상의 경우 보험자는 보험계약이 성립하고 최초의 보험료를 받은 때로부터 발생한 보험사고에 대하여 책임을 지는 것이나 (제656조), 소급보험의 경우 보험계약 성립 이전의 보험사고에 대하여도 책임을 지게 된다. 보험계약에서 보험사고의 불확정성은 객관적일 것을 요구하지 않고 주관적인 것으로 족하다. 따라서 이미 사고가 발생한 경우라 하더라도 당사자가 그 사고의 발생사실을 알지 못하고 보험계약을 체결하였다면, 주관적으로 불확정한 경우로서 그 효력이 인정되므로 소급보험은 효력이 있게 된다(제644조). 만일 보험계약자와 피보험자가 보험사고의 발생을 알고 있으면서 보험계약을 체결한 경우에는 그 보험계약은 무효가 되며, 보험계약자는 보험자로부터 보험료를 반환받을 수 없다(제648조).

2. 보험료와 보험료기간

(1) 보험료

보험료는 보험계약에서 보험자가 보험금지급책임을 지는 대가로서 보험계약자가 지급하는 금액이다(제638조). 보험료는 대수의 법칙에 의해 사고발생개연율에 따라서 계산된다. 보험료에서 특히 그 구별이 중요한 것으로 제1회보험료, 최초보험료, 계속보험료가 있다. 제1회보험료는 첫 번째 지급하는 보험료를 말하고, 이에 대응하는 기타의 보험료는 제2회 이후의 보험료이다. 최초보험료는 보험자의 책임을 시작하게 하는 보험료이고, 계속보험료는 최초보험료 이후의 보험료로서 그 지급이 없으면 이미 개시된 보험자의 책임이 계속되

---

5) 대법원 1989.11.28. 선고 88다카33367 판결; 대법원 1998.11.27. 선고 98다32564 판결 등.

지 아니하는 보험료이다.

최초보험료는 항상 제1회보험료가 되는 것이나, 그 역은 성립하지 않는다. 외상보험의 경우 보험자의 책임은 보험료의 지급이 없이도 이미 개시되어 있고, 따라서 이 경우 제1회보험료는 계속보험료에 해당한다.

(2) 보험료기간

보험료기간은 보험료를 산출하는 단위기간을 말한다. 보험자는 일정한 기간을 단위로 하여 그 기간 내에 발생하는 보험사고의 발생률을 통계적으로 측정하여 그 위험률에 따라 정한 기간을 보험료기간이라 한다. 보험료기간은 보험기간과는 다른 개념으로 양 기간이 일치하지 않을 수 있다.

제 2 절 보험계약의 체결

I. 보험계약의 성립

1. 보험계약의 성립

(1) 보험계약의 청약

모든 계약은 청약과 승낙에 의하여 성립하는 것이고, 낙성계약에 있어서는 청약과 승낙이 어떤 방식에 따르도록 하는 것은 아니다. 보험계약도 보험계약 당사자의 의사가 합치되면 그 계약은 성립되어 효력이 생기는 것이 원칙이다. 그러나 보험계약에 있어서는 보험설계사 등의 권유에 따라 보험계약청약서에 의하여 일정한 사항을 기재하여 청약하고, 특히 생명보험 등 진단보험의 경우에는 피보험자의 신체검사를 거쳐 보험자가 그 보험의 인수 여부를 결정한다. 보험계약청약서는 보험자가 그 인수할 위험과 관련되는 여러 가지 사항에 관한 질문란을 두어 보험계약자로 하여금 이를 기재하도록 한다. 따라서 보험계약자가 그 청약서의 필요사항을 기재하여 보험자에게 교부할 때 보험계약을 청약한 것으로 된다. 이러한 보험계약의 청약은 보험계약자의 대리인이 할 수도 있다(제646조 참조).

(2) 보험계약의 승낙

보험자의 승낙은 특정한 보험계약의 청약에 대하여 보험자가 보험계약의 성립을 목적으로 하는 의사표시로서 보험계약의 청약에 대하여 보험자가 승낙의 통지를 발송한 때에 성립한다(민법 제531조). 승낙의 방법에는 제한이 없고 명시적이든 묵시적이든 상관없다. 실무에서는 보험증권의 교부로 승낙에 갈음하고 있다.

(3) 보험계약자 보호의 필요성

원칙적으로 보험계약의 성립은 청약과 승낙이 있은 이후이고, 보험계약의 효력이 발생하여야 보험자의 급부의무도 개시된다. 그러나 이러한 원칙을 관철시키고자 한다면 보험계약자 보호와 관련하여 큰 결함이 생겨날 수 있다. 보험자가 승낙을 지체하는 경우 소비자들이 보험보호를 받을 수 없고, 또한 청약과 승낙에 관한 이해가 없는 소비자들은 최초보험료를 납부한 때로부터 보험보호를 누리는 것으로 생각하는 경우도 많다. 현실 거래에서도 보험자는 보험설계사 등을 동원하여 불특정다수인을 상대로 보험계약의 청약을 유인하여 보험계약의 청약과 함께 보험료상당액을 받고 있는 실정이다. 이러한 실정도 감안하여 상법은 보험계약자 보호를 위한 제도를 두고 있고, 낙부통지의무와 승낙의제제도(상법 제638조의2 제1항과 제2항), 그리고 승낙전 보험보호제도(상법 제638조의2 제3항)가 그것이다.

2. 낙부통지의무와 승낙의제제도

(1) 낙부통지의무

보험계약자의 청약에 대하여 보험자의 승낙이 있어야만 보험자의 책임이 개시되는 것을 보험계약에도 엄격히 적용한다면, 보험자는 가능한 한 승낙을 지연시키고자 할 수도 있다. 보험자의 승낙이 존재하지 않는 한 보험보호가 있을 수 없기 때문이다. 이에 보험계약자의 보호를 위하여 보험자가 승낙을 해태함으로써 보험계약자가 불이익을 받는 일이 없도록 상법은 특별규정을 두고 있다. 즉 보험자가 보험계약의 청약과 함께 보험료상당액의 전부 또는 일부의 지급을 받은 때에는 30일 이내에 그 상대방에 대하여 낙부의 통지를 발송하여야 한다(제638조의2 제1항). 인보험계약에서 신체검사를 요하는 경우 위 기간은 신체검사를 받은 날로부터 기산한다(제638조의2 제1항 단서).

(2) 승낙의제제도(승낙전 보험보호제도)

상법은 다른 약정이 없으면 30일 이내에 낙부의 통지를 해태하게 되면 보험자가 승낙한 것으로 본다(제638조의2 제2항). 이 규정은 보험자가 보험계약자로부터 보험계약의 청약과 함께 보험료 상당액의 전부 또는 일부를 지급받은 경우에 한하여 적용되는 것이므로, 그 이외에는 적용되지 않는다. 승낙의제제도는 승낙전 보험보호제도(제638조의2 제3항)와도 차이가 있다. 승낙의제제도는 승낙전 보험보호제도와 청약과 함께 보험료 상당액의 전부 또는 일부를 받고 인보험에서의 신체검사를 받아야 하는 등의 요건은 동일하나, **승낙의제제도는 적격피보험체(適格被保險體)의 여부를 묻지 않고 30일의 경과로 승낙을 의제한다**는 점이다.

Ⅱ. 승낙전 보험보호제도

1. 의   의

승낙의제제도에 의하면 보험자는 30일 이내에 낙부통지의무를 부담하고 이 기간의 경과로 보험자의 책임이 개시된다. 하지만 거래의 실정상 보험계약청약서를 작성함과 동시에 보험료 상당액을 납부하는 것이 현실이고 소비자로서는 이때부터 보험이 담보되는 것으로 생각하는 경우도 많다. 이러한 소비자의 이유있는 오신(誤信)을 구제하고 보험산업에 대한 신뢰를 확보하기 위하여, 승낙전 보험보호제도가 1991년 개정시 상법 제638조의2 제3항으로 신설되어 상법의 일반적인 제도로 수용되었다. 상법 제638조의2 제3항은 "보험자가 보험계약자로부터 보험계약의 청약과 함께 보험료 상당액의 전부 또는 일부를 받은 경우 그 청약을 승낙하기 전에 보험계약에서 정한 보험사고가 생긴 때에는 그 청약을 거절할 사유가 없는 한 보험자는 보험계약상의 책임을 진다. 그러나 인보험계약의 피보험자가 신체검사를 받아야 하는 경우 그 검사를 받지 아니한 때에는 그러하지 아니하다"고 정한다.

2. 성립요건 및 효과

(1) 요   건

① **최초보험료의 지급**이 있어야 한다. 법문상으로는 '보험료 상당액의 전부 또는 일부'라고 표현하고 있으나 이는 최초보험료를 전액 지급한 것으로 해석하여야 한다. ② **청약을 거절할 사유가 없는 적격피보험체**일 것이 요구된다. '청약을 거절할 사유'란 보험계약의 청약이 이루어진 바로 그 종류의 보험에 관하여 해당 보험회사가 마련하고 있는 객관적인 보험인수기준에 의하면 인수할 수 없는 위험상태 또는 사정이 있는 것으로서, 통상 피보험자가 보험약관에서 정한 적격피보험체가 아닌 경우를 말한다.[6] 고지의무위반사실 등을 일컫는 것이 아님을 유의하여야 한다. ③ **승낙전 보험사고의 발생**이다. 보험자가 청약을 승낙하기 전에 보험계약에서 정한 보험사고가 발생하여야 한다. 청약을 하면서 최초보험료를 납입한 이후 보험자가 승낙하기 전에 보험사고가 발생한 경우이다. 그런데 보험계약의 성립은 청약과 승낙이 있어야 하는 것으로 승낙이 있기 전의 사고는 소급보험에 해당하는 것은 아닌가 하는 의문이 있을 수 있고, 이 점은 아래에서 다룬다.

(2) 효   과

보험자의 승낙이 있기 전이라 하더라도 이상의 요건에 해당하면 보험자는 보험계약상

---

6) 대법원 2008.11.27. 선고 2008다40847 판결.

의 책임을 부담한다. 그러나 보험자의 승낙 이전에는 보험계약은 아직 존재하지 아니하는 것이고 보험자의 승낙이 의제된다고 입론하는 것도 아니어서, 엄격히는 보험계약상의 책임으로 보기는 어렵다. 결국 보험계약은 성립되지 아니하였음에도 불구하고 상법규정에 의하여 보험자에게 특별히 인정된 법정책임이라고 풀이하는 것이 타당하다. 법문상의 '보험계약상의 책임'이란 보험계약이 성립하였으면 보험자가 부담할 책임의 뜻으로 해석하고, 이 책임은 법정책임으로 본다.

3. 적격피보험체

(1) 청약을 거절할 사유

'청약을 거절할 사유'란 보험계약의 청약이 이루어진 바로 그 종류의 보험에 관하여 해당 보험회사가 마련하고 있는 객관적인 보험인수기준에 의하면 인수할 수 없는 위험상태 또는 사정이 있는 것을 말한다. 판례는 '청약을 거절할 사유'를 **보험회사가 마련하고 있는 객관적인 보험인수기준**이라고 보고 있다. 따라서 보험인수기준에 부합하지 않는 것이 아니라 **보험자의 책임발생 이후 무사고확인서와 같은 허위기재의 사정은 '청약을 거절할 사유'에 해당하지 않는다**고 하였다.[7]

(2) 입증책임

그런데 입증책임을 누가 부담하는지에 관하여 판례[8]는 **청약을 거절할 사유의 존재에 대한 입증책임은 보험자에게 있다**고 한다. 법문이 '청약을 거절할 사유가 없는'이라고 규정하는 점, 적격피보험체의 의미가 해당 보험회사가 마련하고 있는 객관적인 보험인수기준

---

7) 대법원 2008.11.27. 선고 2008다40847 판결이 중요한 의의가 있다. 이 사건의 사실관계를 보면, 상수도공사 중 철근콘크리트공사를 시행하던 A회사는 2005. 4. 4. B보험자에게 보험기간을 2005. 1. 20.부터 2005. 5. 31.까지로 하고 A회사 및 원도급업체를 피보험자로 하여 사용자배상책임을 담보하는 국내근로자재해보장책임보험계약을 청약하고 보험료 전액을 납입한 후 B로부터 보험료영수증을 교부받았다. C는 2005. 4. 13. A회사와 근로계약을 체결하고 같은 날 17:50경 공사현장의 도로에서 수신호로 차량통제를 하고 있었는데 같은 차로에서 작업중이다가 후진하던 포크레인의 바퀴 부분에 부딪혀 상해를 입는 사고가 발생하였다. 그런데 A회사는 2005. 4. 14. B에게 관련서류를 제출하면서 "당사는 2005. 1. 20. ~ 2005. 4. 14. 현재까지 무사고임을 확인합니다"라고 기재된 무사고확인서를 제출하였고, B는 A회사로부터 위 무사고확인서 등 관련서류를 받은 후 이 사건 보험계약의 청약을 승낙하고 A회사에게 보험증권을 발급하였다. 이 사건에서 대법원은 "상법 제638조의2 제3항에 의하면 보험자가 보험계약자로부터 보험계약의 청약과 함께 보험료 상당액의 전부 또는 일부를 받은 경우에 그 청약을 승낙하기 전에 보험계약에서 정한 보험사고가 생긴 때에는 그 청약을 거절할 사유가 없는 한 보험자는 보험계약상의 책임을 진다고 할 것인데, 여기에서 청약을 거절할 사유란 보험계약의 청약이 이루어진 바로 그 종류의 보험에 관하여 해당 보험회사가 마련하고 있는 객관적인 보험인수기준에 의하면 인수할 수 없는 위험상태 또는 사정이 있는 것으로서 통상 피보험자가 보험약관에서 정한 적격 피보험체가 아닌 경우를 말하고, 이러한 청약을 거절할 사유의 존재에 대한 증명책임은 보험자에게 있다. 그리고 이른바 승낙 전 보험사고에 대하여 보험계약의 청약을 거절할 사유가 없어서 보험자의 보험계약상의 책임이 인정되면, 그 사고발생사실을 보험자에게 고지하지 아니하였다는 사정은 청약을 거절할 사유가 될 수 없고, 보험계약 당시 보험사고가 이미 발생하였다는 이유로 상법 제644조에 의하여 보험계약이 무효로 된다고 볼 수도 없다"고 판결하였다.

8) 대법원 2008.11.27. 선고 2008다40847 판결.

에 바탕하는 점을 본다면, 보험자에게 입증책임이 있다고 보아야 한다.

제 3 절 고지의무

I. 총 설

1. 고지의무의 의의

(1) 뜻

고지의무는 보험계약자 또는 피보험자는 보험계약을 체결함에 있어서 보험자에 대하여 중요한 사실을 고지하고, 부실의 사실을 고지하지 아니할 의무이다(제651조). 고지의무는 보험계약자 또는 피보험자에게 보험계약의 체결에 즈음하여 보험사고 발생의 가능성을 측정하는 데 보험자에게 도움이 되는 중요한 사항을 진실하게 알릴 것을 요구하는 보험계약상의 특수한 의무이다.

고지의무 위반의 효과는 보험자가 보험계약을 해지할 수 있을 뿐이고(제651조 본문), 보험계약자 등에게 직접 그 의무이행을 강제하거나 불이행으로 인한 손해배상을 청구할 수는 없다. 이런 점에서 고지의무는 보험계약의 전제조건으로서 보험계약자 등이 지는 간접의무이고, 보험계약자 등이 자기의 불이익을 방지하기 위한 자기의무라고 한다(통설). 또한 고지의무는 보험계약에 의하여 부과되는 의무가 아니라 상법에 의하여 당연히 인정되는 법정의무이다.

(2) 위험변경증가의 통지의무와의 구별

고지의무는 계약체결시에 부담하는 의무라는 점에서 계약존속 중의 의무인 위험변경증가의 통지의무와 구별된다. 상법 제652조에 의하면 보험계약자 또는 피보험자가 사고발생의 위험이 현저하게 변경 또는 증가된 사실을 안 때에는 지체 없이 보험자에게 통지하여야 한다. 그 정도의 위험이 계약체결 당시에 존재하였다면 적어도 동일한 조건으로는 그 계약을 체결하지 아니하였으리라고 생각되는 위험의 변경 또는 증가가 통지의 대상이며, 이 의무를 위반하였을 때는 보험자는 그 사실을 안 때로부터 1월 내에 계약을 해지할 수 있다(제652조 제1항 후단). 그러나 그 구별의 법적 실익은 없는 듯하다. 상법에서 고지의무위반과 위험변경증가의 통지의무위반의 효과가 보험자는 그 사실을 안 날로부터 1월 내에 해지권을 행사하는 등으로 동일하다.

2. 고지의무자

(1) 보험계약자와 피보험자

보험계약상의 고지의무자는 보험계약자와 피보험자이다(제651조). 보험계약자가 여러 명이 있는 경우에는 각 보험계약자 모두가 이 의무를 진다. 피보험자는 인보험계약의 피보험자 이외에 손해보험에 있어서의 피보험자를 포함하느냐는 의문이 있다. 상법은 손해보험과 인보험을 일률적으로 규정하고 있고 손해보험에서의 피보험자는 피보험이익의 소유자로서 이해관계를 가지므로 그 의무를 진다. 따라서 **보험계약자와 인보험의 피보험자뿐 아니라 손해보험의 피보험자도 고지의무자가 된다.** 그러나 생명보험의 보험수익자는 고지의무자에 포함되지 아니한다.

(2) 타인을 위한 손해보험

타인을 위한 손해보험의 타인인 피보험자도 고지의무를 부담한다. 다만 타인을 위한 손해보험계약의 경우 피보험자는 계약의 당사자가 아니어서 그 계약의 체결을 알지 못할 수 있고 따라서 고지의무를 이행하지 못할 수도 있다. 이런 경우에 대비하여 상법은 만약 타인을 위한 손해보험의 경우 그 타인의 위임이 없는 때에는 보험계약자는 이를 보험자에게 고지하여야 하고, 그 고지가 없는 때에는 그 타인이 보험계약이 체결된 사실을 알지 못하였다는 사유로 보험자에게 대항하지 못한다고 규정한다(제639조 제1항 단서).

(3) 대리인

상법은 **"대리인에 의하여 보험계약을 체결한 경우에 대리인이 안 사유는 그 본인이 안 것과 동일한 것으로 한다"**고 규정한다(제646조). 대리인에 의하여 고지할 때에는 본인이 알고 있는 사실뿐 아니라 대리인 자신이 알고 있는 사실도 고지하여야 한다. 이는 대리인의 독자적인 고지의무를 인정하는 결과가 되어, 보험계약자는 전혀 모르는 사항이라 하더라도 대리인만이 알고 있는 사항을 대리인이 고지하지 않으면, 보험자가 고지의무위반을 이유로 계약을 취소할 수 있다. 하지만 이 규정은 검토의 여지가 있다. 보험계약자 본인이 모르는 사실에 대하여 대리인이 알았다고 하여 보험자가 계약을 해지할 수 있도록 하는 것은 의문이기 때문이다.

3. 고지수령권자

고지를 수령할 수 있는 자는 보험자와 보험자를 위하여 고지를 받을 대리권을 가지고 있는 자이다. 따라서 보험자와 보험대리상은 고지수령권을 가지나, 보험중개사와 보험설계사는 고지수령권을 가지지 않음이 원칙이다. 인보험의 경우 피보험자의 신체검사를 하는 보험의는 계약체결권이나 보험료수령권은 없으나, 고지수령권은 가진다.

보험계약상 고지수령권과 관련하여 문제가 되는 자는 보험설계사이다. 보험설계사는 개별소비자와 접촉하고 보험가입을 권유하고 계약청약서를 수령하는 실정에서 보험설계사에게 고지수령권을 인정하자는 주장이 있다. 그러나 보험설계사는 보험계약의 체결을 중개하는 사실행위만을 하는 자로서 대리권을 인정할 수 없고, 고지의무의 이행은 보험계약청약서를 통하여 이루어지고 있으며, 또한 만약 고지수령권을 인정한다면 연고모집으로 인한 보험계약자와의 담합이 생길 수 있다는 등의 이유로 고지수령권이 인정되지 않는다(통설). 판례도 같은 취지이다.[9]

Ⅱ. 고지의무의 내용

1. 고지의 시기와 방법

고지의 시기는 보험계약 당시이다(제651조). 보험계약의 청약시가 아니라 승낙시이고, 보험계약의 청약 이후 성립시까지 고지할 사항의 발생이나 변경이 있으면 이것도 고지하여야 한다. 고지의 방법에는 법률상 특별한 제한이 없으나 실제 거래계에서는 보험계약청약서에 질문표를 두고 이에 답하는 방법으로 한다. 입법론으로는, 보험자의 질문에 한정하여 고지의무를 인정하는 고지의무의 수동화가 타당하다.

2. 중요한 사항

(1) 의 의

판례[10]는 "보험자가 보험사고의 발생과 그로 인한 책임부담의 개연율을 측정하여 보험계약의 체결 여부 또는 보험료나 특별한 면책조항의 부가와 같은 보험계약의 내용을 결정하기 위한 표준이 되는 사항으로서, 객관적으로 보험자가 그 사실을 안다면 그 계약을 체결하지 않든가 또는 적어도 동일한 조건으로는 계약을 체결하지 않으리라고 생각되는 사항"이라 한다.[11] 또한 어떠한 사실이 이에 해당하는가는 보험의 종류에 따라 달라질 수밖

---

9) 대법원 1979.10.30. 선고 79다1234 판결(보험가입청약서에 기왕병력을 기재하지 아니하고 보험회사의 외무사원에게 이를 말한 것만으로는 위 기왕병력을 보험회사에 고지하였다고 볼 수 없다); 대법원 2006.6.30. 선고 2006다19672,19689 판결(보험모집인은 특정 보험자를 위하여 보험계약의 체결을 중개하는 자일 뿐 보험자를 대리하여 보험계약을 체결할 권한이 없고 보험계약자 또는 피보험자가 보험자에 대하여 하는 고지나 통지를 수령할 권한도 없으므로). 대법원 1998.11.27. 선고 98다32564 판결도 같은 취지이다.

10) 대법원 1996.12.23. 선고 96다27971 판결.

11) 대법원 1997.9.5. 선고 95다25268 판결; 대법원 2001.11.27. 선고 99다33311 판결; 대법원 2003.11.13. 선고 2001다49623 판결; 대법원 2004.6.11. 선고 2003다18494 판결; 대법원 2005.7.14. 선고 2004다36215 판결 등도 모두 동일한 표현을 한다.

에 없는 사실인정의 문제로서 보험의 기술에 비추어 객관적으로 관찰하여 판단되어야 하고, 최종적으로는 보험의 기술에 정통한 전문가의 감정에 의하여 결정될 수밖에 없다 한다.[12] 판례의 기준은 다음과 같이 정리가 가능하다. ① **중요한 사항의 판단기준은 보험계약자가 아니라 보험자**이다. 보험자가 그 사실을 알았던 경우를 기준으로 한다. 따라서 고지의무자인 보험계약자 등이 중요한 사항을 판별하기는 쉬운 일이 아니므로 이 문제를 기술적으로 해결하기 위하여 질문표를 두고 있고, 상법은 질문표의 기재사항을 중요한 사항으로 추정한다(제651조의2).[13] ② **보험자가 그 사실을 안다면 계약을 체결하지 않든가 또는 적어도 동일한 조건으로는 계약을 체결하지 않으리라고 생각되는 사항**이다. ③ **사실인정의 문제**로서 보험의 종류에 따라 달라질 수밖에 없고, 객관적으로 판단되어야 한다.

(2) 구체적 사례

주택화재보험에서의 가옥의 물리적 성상과 구조, 사용목적 등과 생명보험에서는 계약 당시의 피보험자의 건강상태뿐 아니라 기왕증 등이 이에 속한다. 판례에서 나타난 사례들은 다음과 같다.

1) 중요한 사항에 해당한다고 한 경우

손해보험에서는 공사도급계약에 대한 이행보증보험계약을 체결하는 경우 공사금액과 공사기간 등,[14] 자동차보험에서의 유상운송,[15] 주운전자[16] 등이 있다. 인보험에서는 중대한 병력,[17] 다른 생명보험계약에의 가입[18] 등이 중요한 사항에 해당한다고 보았다.

2) 중요한 사항이 아니라고 한 경우

판례는 자동차보험에서 보험가입차량이 기명피보험자의 소유인지 여부는 중요한 사항이 아니라고 하였다.[19] 또한 구체적인 사정에 따라 자동차의 운행형태가 중요한 사항이 아

---

12) 대법원 1996.12.23. 선고 96다27971 판결 등.

13) 보험청약서에 기재되지 않은 사항에 관하여는 원칙적으로 고지의무 위반이 문제될 여지가 없다고 한 판례로 대법원 1996.12.23. 선고 96다27971 판결.

14) 대법원 1987.6.9. 선고 86다카216 판결(공사도급계약에 대한 이행보증보험계약을 체결하는 경우에 공사금액과 공사기간 등은 일반적으로 그 이행보증의 대상이 되는 도급공사의 내용을 특정하고 보험사고의 발생여부를 판정하는 기준으로서 고지의무의 대상이 되는 중요사항에 해당한다); 대법원 1998.6.12. 선고 97다53380 판결(공사도급계약과 관련하여 체결되는 이행(계약)보증보험계약이나 지급계약보증보험에 있어 보험사고에 해당하는 수급인의 채무불이행이 있는지 여부는 보험계약의 대상으로 약정된 도급공사의 공사금액, 공사내용 및 공사기간과 지급된 선급금 등을 기준으로 판정하여야 하므로, 이러한 보증보험계약에 있어 공사기간이나 선급금액도 공사대금 등과 함께 계약상 중요한 사항으로서 이를 허위로 고지하는 것은 기망행위에 해당할 수가 있고, 따라서 이러한 경우에는 민법의 일반원칙에 따라 보험자가 그 보험계약을 취소할 수 있다); 대법원 2002.7.26. 선고 2001다36450 판결.

15) 대법원 1993.4.13. 선고 92다52085,52092 판결.

16) 대법원 1994.2.25. 선고 93다52082 판결; 대법원 1997.3.14. 선고 96다53314 판결.

17) 대법원 1999.8.20. 선고 98다40763,40770 판결.

18) 대법원 2001.11.27. 선고 99다33311 판결; 대법원 2004.6.11. 선고 2003다18494 판결.

19) 대법원 2005.7.14. 선고 2004다36215 판결.

니라고 한 판결들이 있다. "지입차주가 승합차를 렌터카 회사에 지입만 하여 두고 독자적으로 운행하여 일정 지역을 거점으로 통학생들을 등·하교시켜 주는 여객유상운송에 제공한 경우, 그 운행형태는 고지의무의 대상이 되는 중요한 사항에 해당하지 않을 뿐 아니라 이를 고지하지 않은 것에 중대한 과실이 없다"고 본 판례,[20] "렌터카 회사인 소외 회사가 이 사건 피보험차량을 지입차주로 하여금 소외 회사의 감독을 받지 아니하고 독자적으로 렌터카 영업을 하는 것을 허용하는 형태로 차량임대사업을 영위한 때에는, 그 운행 형태는 대여자동차의 본래의 운행 형태와 거의 같은 것이어서 사고위험률이 현저히 높다고 볼 수 없는 점 등에 비추어 볼 때, 영업용 자동차보험계약에 있어 고지의무의 대상이 되는 중요한 사항, 또는 통지의무나 위험유지의무의 대상이 되는 '위험의 현저한 변경이나 증가된 사실'에 해당된다고 인정하기 어렵고, 달리 이를 인정할 자료도 없다"고 한 사례[21]가 있다.

그리고 주의할 점으로 판례는 인보험의 경우 다른 보험계약의 체결사실이 중요한 사항에 해당한다고 보나, 손해보험의 경우에는 다른 손해보험계약의 체결사실이 중요한 사항이 아니라는 것이다. 이를 보다 상세히 다룬다.

3) 다른 보험계약의 체결사실
① 인보험

다른 생명보험에 가입한 사실은 고지의무의 대상이 되는 중요한 사항인가? 통설과 판례[22]는 **다른 인보험에 가입한 사실이 고지의무의 대상이 되는 '중요한 사항'에 해당하는 것으로 본다.** 학설이 내세우는 근거는, 피보험자의 보험이용실태는 상해보험의 경우 도덕적 위험의 여부를 판단하는 기준이 된다거나, 인보험의 경우 다수의 생명보험계약을 체결하고 있는 때에는 피보험자의 생명에 대한 위험이 그만큼 증대된다고 하여 인위적 사고발생의 위험이 증가한다는 취지이다. 인보험에서는 피보험이익이 인정되지 않으므로 원칙적으로 각 보험자로부터 약정된 보험금액 전액을 받을 수 있다는 점에서도 중요한 사항이 된다.

② 손해보험

학설은 손해보험에서도 다른 보험가입사실이 고지의 대상이 되는 중요한 사항이라고 본다. 그러나 판례[23]는 **손해보험의 경우 인보험과는 달리 다른 보험에 가입한 사실이 중**

---

20) 대법원 1996.12.23. 선고 96다27971 판결.
21) 대법원 1997.9.5. 선고 95다25268 판결.
22) 대법원 2001.11.27. 선고 99다33311 판결; 대법원 2004.6.11. 선고 2003다18494 판결.
23) 대법원 2003.11.13. 선고 2001다49623 판결(상법 제672조 제2항에서 손해보험에 있어서 동일한 보험계약의 목적과 동일한 사고에 관하여 수개의 보험계약을 체결하는 경우에는 보험계약자는 각 보험자에 대하여 각 보험계약의 내용을 통지하도록 규정하고 있으므로, 이미 보험계약을 체결한 보험계약자가 동일한 보험목적 및 보험사고에 관하여 다른 보험계약을 체결하는 경우 기존의 보험계약에 관하여 고지할 의무가 있다고 할 것이나, 손해보험에 있어서 위와 같이 보험계약자에게 다수의 보험계약의 체결사실에 관하여 고지 및 통지하도록 규정하는 취지는, 손해보험에서 중복보험의 경우에 연대비례보상주의를 규정하고 있는 상법 제672조 제1항과 사기로 인한 중복보험

요한 사항이 아니라는 입장이다. 판례는 "부당한 이득을 얻기 위한 사기에 의한 보험계약의 체결을 사전에 방지하고 보험자로 하여금 보험사고 발생시 손해의 조사 또는 책임의 범위의 결정을 다른 보험자와 공동으로 할 수 있도록 하기 위한 것일 뿐, 보험사고발생의 위험을 측정하여 계약을 체결할 것인지 또는 어떤 조건으로 체결할 것인지 판단할 수 있는 자료를 제공하기 위한 것이라고 볼 수는 없으므로"라는 근거를 든다. 이 판결에 찬성하는 입장으로 화재보험과 같은 손해보험에서 다른 보험계약의 체결사실에 관하여 고지의무를 규정한 취지가 사기에 의한 중복보험을 방지하기 위한 것이거나 보험자가 각자 부담하는 보상비율을 알게 하기 위한 것일 뿐 다른 보험계약의 체결사실이 위험의 증가와 관련된 사항이기 때문은 아니고, 보험자도 다른 보험계약의 체결사실에 대하여 보험계약의 체결 여부를 결정하거나 보험료율을 결정하는 자료로 사용하지도 않은 이상 다른 보험계약 체결사실이 고지의무의 대상이 되는 중요한 사항에 해당된다고 볼 수 없다는 견해가 있다.

(3) 질문표

고지의무자는 무엇이 고지하여야 할 중요한 사항인지 여부를 알기가 어렵다. 중요한 사항의 판단기준은 보험자로 되어 있을 뿐 아니라 최종적으로는 전문가의 판단에 맡기는 것이기 때문이다. 따라서 일반적으로 보험계약청약서에 질문표를 통하여 해결하고 있으며 상법도 "서면으로 질문한 사항은 중요한 사항으로 추정한다"는 규정을 두고 있다(제651조의 2). 다만 **추정력을 가질 뿐이므로, 질문표 이외의 사항도 중요한 사항인 경우 모두 고지하여야 하는 부담이 있다.**[24] 이런 점에서 고지의무가 답변의무 또는 수동의무로 전환되는 추세에서 보험계약자는 질문되지 않은 사실에 대하여는 고지할 의무가 없도록 하는 것이 마땅하다. 입법적 개선이 필요하다.

을 무효로 규정하고 있는 상법 제672조 제3항, 제669조 제4항의 규정에 비추어 볼 때, 부당한 이득을 얻기 위한 사기에 의한 보험계약의 체결을 사전에 방지하고 보험자로 하여금 보험사고 발생시 손해의 조사 또는 책임의 범위의 결정을 다른 보험자와 공동으로 할 수 있도록 하기 위한 것일 뿐, 보험사고발생의 위험을 측정하여 계약을 체결할 것인지 또는 어떤 조건으로 체결할 것인지 판단할 수 있는 자료를 제공하기 위한 것이라고 볼 수는 없으므로 중복보험을 체결한 사실은 상법 제651조의 고지의무의 대상이 되는 중요한 사항에 해당되지 아니한다).

24) 판례도 같은 입장이어서 질문하지 않은 경우라 하더라도 보험계약자가 중요한 사항임을 알았다면 고지하여야 한다고 본다. 대법원 2004.6.11. 선고 2003다18494 판결(이 사건 보험계약들을 해지하려면 망인이 이 사건 보험계약의 체결에 있어서 다른 보험계약의 존재 여부가 보험사고의 발생과 그로 인한 책임부담의 개연율을 측정하여 보험계약의 체결 여부 또는 보험료나 특별한 면책조항의 부가와 같은 보험계약의 내용을 결정하기 위한 표준이 되는 사항으로서, 객관적으로 보험자가 그러한 사실을 안다면 그 계약을 체결하지 아니하던가 또는 적어도 동일한 조건으로는 계약을 체결하지 아니하리라고 생각되는 사항에 해당한다는 사실 또는 이 사건 보험계약들의 보험청약서에서 다른 보험계약의 존재 여부에 대하여 질문하고 있다는 사실을 알거나 중대한 과실로 알지 못하였다는 사실을 입증하여야 할 것이다).

Ⅲ. 고지의무위반의 요건

1. 주관적 요건

상법은 고지의무위반의 주관적 요건으로 고지의무자의 고의 또는 중대한 과실을 요구한다(제651조).

(1) 고 의

상법은 고지의무위반의 주관적 요건으로 고지의무자의 고의 또는 중대한 과실을 요구한다(제651조). 고의와 중과실의 개념정의는 서로 연관되어 있어 고의의 개념부터 살핀다.

1) 광의로 파악

고지의무위반의 주관적 요건이 되는 고의는 광의로 파악하여, 사기의 경우와는 달리 그 인정범위가 상당히 넓고 기타 법영역에서의 고의와 다르게 해석된다. 그리고 이 점이 고지의무라는 제도를 도입함에 의하여 불량위험의 배제와 도덕적 위험의 방지, 기타 보험사고 발생의 개연율을 측정하고, 특히 보험자를 위하여는 고지의무위반시 민법상 사기로 인한 취소의 경우에 비하여 보다 쉽게 계약을 무효로 할 수 있는 장점이 된다. 왜냐하면 보험자로서는 주관적 요건에 대한 입증책임이 사기 등의 경우와는 달리 상당히 경감되어 있어, 해지권 행사의 기간 이내이기만 하면 사기로 인한 취소를 하는 것보다는 고지의무위반을 이유로 해지하는 편이 훨씬 간이하기 때문이다.

2) 두 가지의 인식

고의의 의의에 대하여 전통적으로 해당 중요사항 자체에 대하여 아는 것을 강조하여 왔으나, 그 사항이 고지의무의 대상이 된다는 인식을 고의의 내용에 포함시킬 것인지의 문제가 있다. 이 점에 대한 견해를 보면, ① 해칠 의사가 아니고 중요한 사항에 관하여 알면서 고지하지 아니하거나 부실의 고지를 한 것이라는 설명이다. 이와 다른 견해로서 ② 해의가 아니고 중요한 사항의 존재와 이를 고지하여야 된다는 것을 알면서도 고지하지 않았거나 사실과 다르게 고지한 것이라는 설명이 있다.[25] 양 설명의 차이는 고지의무의 대상이 된다는 인식을 포함시킬지 여부에 관한 것이다. 엄밀히 구분하면 '해당 중요사항 자체에 대한 인식'과 '고지의무의 대상이 된다는 인식'으로 구분하여, 후자인 '고지의무의 대상이 된다는 인식'을 구체적으로 파악한 것인지의 차이이다. '특정 사실을 인식'하는 것과 '그 사실이 고지할 중요사항에 해당'한다는 인식은 구별할 수 있기 때문이다.

---

25) 최기원(보), 157면. "고의란 중요한 사항의 존재와 이를 고지하여야 된다는 것을 알면서도 고지하지 않았거나 사실과 다르게 고지한 것을 말하며 이 경우에 고지의무자의 해의까지를 필요로 하지 않는다"고 한다.

고지의 대상이 된다는 인식을 고의 개념에 포함시키는 후자의 설명이 보다 정확하다. ③ **판례도 두 가지를 구별하면서 양자 모두의 인식이 있어야 고의라고 한다.**[26] 대법원 2001.11.27. 선고 99다33311 판결은 "보험자가 다른 보험계약의 존재 여부에 관한 고지의 무위반을 이유로 보험계약을 해지하기 위하여는 보험계약자 또는 피보험자가 그러한 사항에 관한 고지의무의 존재와 다른 보험계약의 존재에 관하여 이를 알고도 고의로, 또는 중대한 과실로 인하여 이를 알지 못하여, 고지의무를 다하지 않은 사실이 입증되어야 할 것이다"고 하였다.[27]

(2) 중대한 과실

1) 의의(3단계로 파악)

고지의무자가 그 의무를 이행하는 과정은 다음의 세 단계로 구분해 볼 수 있다. 제1단계는 고지사항에 해당하는 중요한 사실을 인식하는 것이다. 제2단계로 고지사항에 해당하는 사실을 알고 있으면서 보험계약자의 주관적 판단으로 중요한 사항이라고 인식하는 것이다. 이것이 고의의 뜻에서 고지의무의 대상이 된다는 인식을 말하고, 질문표가 여기서 중요한 역할을 한다(상법 제652조의2). 제3단계에서는 고지의무자가 고지사항을 알고 있고 그 중요성에 대하여 인식하고 있는 상태에서, 고지를 착오 없이 하는 것이다. 위와 같이 세분화하여 단계별로 보면, (i) 제1단계로 중요한 사항의 존재를 알지 못한 경우, (ii) 제2단계로 고지대상이 된다는 것을 알지 못한 경우, (iii) 제3단계로 질문표에의 답변 등 고지의무이행 과정에서 제대로 고지하지 못한 경우 등에서 중과실 여부가 문제된다.

2) 중대한 과실로 고지하여야 할 중요한 사실을 인식하지 못한 경우(제1단계에서의 중과실)

이는 제1단계의 문제로서, 고지의무자가 중요한 사항의 존재를 중과실로 알지 못한 경우 고지의무위반이 되는가? 판례는 과거의 판결문은 포함하지 않았으나,[28] 대법원 2013. 6.13. 선고 2011다54631,4648 판결에 이르러 "**중대한 과실이란 현저한 부주의로 중요한 사항의 존재를 몰랐거나 중요성 판단을 잘못하여 그 사실이 고지하여야 할 중요한 사항**

---

26) 대법원 2001.11.27. 선고 99다33311 판결.

27) 위 판결에서는 "보험계약을 체결할 때 작성된 청약서에는 다른 보험계약사항을 기재하도록 되어 있고, 고지의무자가 이를 기재하지 않은 사실은 인정되나, 나아가 고지의무자가 위와 같은 고의 또는 중과실로 보험자에게 다른 보험계약의 체결 사실을 알리지 않았다고 볼 만한 증거는 찾을 수 없으므로 피고 보험자는 그와 같은 고지의 무위반을 이유로 보험계약을 해지할 수 없다고 할 것이다"고 하면서 고지의무위반으로 인한 해지권 행사를 인정하지 않았다. 그런데 질문표에 의하여 해당 사항이 질문되었음에도 불구하고 답을 하지 아니한 경우로서 질문된 사실의 인식이 문제되지 않는 것이라면 '그 사실이 고지되어야 할 중요사항'인지를 인식하였음에 대한 입증이 없었다는 뜻으로 읽힌다.

28) 대법원 1996.12.23. 선고 96다27971 판결부터 대법원 2012.11.29. 선고 2010다38663,38670 판결까지의 판례들로서 "중대한 과실이란 고지하여야 할 사실은 알고 있었지만 현저한 부주의로 인하여 그 사실의 중요성의 판단을 잘못하거나 그 사실이 고지하여야 할 중요한 사실이라는 것을 알지 못하는 것을 말한다"고 하고 있었다.

임을 알지 못한 것을 의미하고"라고 하여 포함설의 입장을 취한다. 다만 그 판결에서 "피보험자와 보험계약자가 다른 경우에 피보험자 본인이 아니면 정확하게 알 수 없는 개인적 신상이나 신체상태 등에 관한 사항은, 보험계약자도 이미 그 사실을 알고 있었다거나 피보험자와의 관계 등으로 보아 당연히 알았을 것이라고 보이는 등의 특별한 사정이 없는 한, 보험계약자가 피보험자에게 적극적으로 확인하여 고지하는 등의 조치를 취하지 아니하였다는 것만으로 바로 중대한 과실이 있다고 할 것은 아니다"고 하는 제한적 입장을 취하여, 결국 그 결과에서는 학설과 큰 차이가 없다.

이는 **탐지의무의 문제**이나, 원칙적으로는 탐지의무를 부과하지 않는 것이 옳다. 고지의무자가 탐지를 하였다면 알 수 있었던 사실을 고지하지 않았다는 이유로 보험자의 해지권을 인정한다면 보험자와 고지의무자를 동일한 지위에 두겠다는 고지의무 부과의 취지와 어울리지 않기 때문이다. 따라서 중과실로 고지하여야 할 중요한 사실을 알지 못한 경우 고지의무위반이 되지 않음이 원칙이라고 봄이 옳다. 다만 제한된 범위 내에서는 예외적으로 탐지의무를 인정한다. 요컨대 원칙적으로는 탐지의무를 인정하지 않으나 제한적인 범위에서 인정하는 것이다.

3) 중요한 사실을 알고는 있었으나 중요도 판단을 과실로 그르친 경우(제2단계에서의 중과실)

제2단계의 문제로서, 고지의무자가 중요한 사항을 알고는 있었으나 그가 주관적으로 중요한 사항이 아니라 판단하여 고지하지 아니한 경우, 중과실의 범위에 포함되는가? 이는 고의의 해석에서 관련 사항이 고지의무의 대상이 된다는 인식을 포함할 것인가와 표리를 이루는 논의이다. '**고지의무 대상이 된다는 인식**'을 고의에 포함시킨다면 이 단계에서의 **과실이 있는 것도 고의가 아니라 과실문제로 귀착된다.** 따라서 이 단계에서 경한 과실만이 있는 경우에는 고지의무위반이 되지 않는다. 중요한 사항은 객관적으로 해석하여야 하므로 질문표에 기재되지 않은 사항도 중요한 사항은 그 '중요성'을 유지하나, 단지 그것을 보험계약자는 과실 없이 알지 못하였다고 보는 것이다. 그리하여 중요한 사항이 되는 사실을 알고는 있었으나 고지의무자가 주관적으로 '중요한' 사항이 아니라고 판단한 경우, 즉 '고지의무의 대상이 된다는 인식'에 있어 과실이 있는 경우도 과실로 분류한다. 판례도 이러한 입장이다. 판례는 중대한 과실은 "**고지하여야 할 사실은 알고 있었지만 현저한 부주의로 인하여 그 사실의 중요성의 판단을 잘못하거나 그 사실이 고지하여야 할 중요한 사실이라는 것을 알지 못하는 것을 말한다**"고 하고 있어 같은 입장을 취한다.[29]

---

29) 대법원 2011.4.14. 선고 2009다103349,103356 판결(중대한 과실에 대한 해석에 있어 '중대한 과실'이란 고지하여야 할 사실은 알고 있었지만 현저한 부주의로 인하여 그 사실의 중요성의 판단을 잘못하거나 그 사실이 고지하여야 할 중요한 사실이라는 것을 알지 못하는 것을 말한다); 대법원 2004.6.11. 선고 2003다18494 판결; 대법원 1996.12.23. 선고 96다27971 판결. 이 사건에서는 "보험자가 고지의무의 대상이 되는 사항에 관하여 스스로 제정한 보험청약서 양식을 사용하여 질문하고 있는 경우에 보험청약서에 기재되지 않은 사항에 관하여는 원칙적으로 고

(3) 주의를 기울이지 못하여 제대로 고지하지 못한 경우(제3단계에서의 중과실)

제3단계에서의 과실이다. 고지의무의 이행과정에서 주의를 기울이지 못하여 중과실로 질문표에 제대로 답하지 못한 경우 등이다.

2. 객관적 요건

중요한 사항에 대한 불고지 또는 부실고지가 있어야 한다. 불고지는 중요한 사항을 알리지 아니하는 것을 말하고 묵비(默秘)에 해당한다. 부실고지는 중요한 사항에 관하여 사실과 다르게 말하는 것이다. 예를 들면 질문표의 기재사항에 답하지 않는 것은 불고지, 사실과 다른 기재를 하는 것은 부실고지에 해당한다.

3. 입증책임

고지의무위반에 대한 입증은 보험자가 부담한다. 즉 고지의무위반을 이유로 보험계약을 해지하고자 하는 보험자가 입증하여야 한다(통설, 판례).[30]

IV. 고지의무위반의 효과

1. 보험계약의 해지

(1) 해지권의 부분적 소급효

고지의무위반이 있으면 보험자는 그 계약을 해지할 수 있다(제651조 본문). 해지의 효력은 장래에 향하여 효력이 발생하는 것임에도 이미 지급한 보험금액이 있는 경우 그 보험금액의 반환을 청구할 수 있다(제655조). 그러나 인보험의 경우에는 보험수익자를 위한 적립금을 보험계약자에게 지급하여야 한다(제736조).

(2) 보험목적이 수개인 경우

판례[31]는 경제적으로 독립한 여러 물건에 대하여 보험계약을 체결함에 있어 집합된 물

지의무위반이 문제될 여지가 없다 할 것이므로, 보험자가 제공한 보험청약서에 당해 차량이 지입차량으로서 지입차주에 의하여 유상운송에 제공되고 있는지 여부에 관한 사항이 없었다면 그 사실을 특별히 부기하지 않았다고 하여 보험계약자인 렌터카 회사에게 중대한 과실이 없다고 볼 수 없다"고 하였다. 이후 대상판결에 이르기까지 판례는 이 입장이다.

30) 대법원 2013.6.13. 선고 2011다54631,4648 판결; 대법원 2001.11.27. 선고 99다33311 판결.
31) 대법원 1999.4.23. 선고 99다8599 판결. 화재보험계약의 사건이다. 다만 이 경우 보험계약자가 일부 물건에 대하여 고지하지 아니한 사항이 보험계약의 나머지 부분에 있어서도 상법 제651조에서 정한 중요한 사항에 해당하는 경우에만 그 불고지를 들어 계약 전체를 해지할 수 있다.

건 전체에 대하여 단일의 보험금액으로써 계약을 체결하거나 물건을 집단별로 나누어 따로이 보험금액을 정하거나 간에, 수개의 물건 가운데 일부에 대하여만 고지의무 위반이 있는 경우 보험자는 나머지 부분에 대하여도 동일한 조건으로 그 부분만에 대하여 보험계약을 체결하지 않았으리라는 사정이 없는 한 그 고지의무 위반이 있는 물건에 대하여만 보험계약을 해지할 수 있다고 한다. 즉 고지의무 위반이 없는 나머지 부분에 대하여는 보험계약의 효력에 영향이 없다는 것이다. **경제적으로 독립한 물건들의 경우 일부 물건에 대한 고지의무위반으로 나머지 부분에 대한 계약체결여부나 계약의 조건에 영향을 미치지 아니한다면 계약 전체를 해지할 수 없다**는 판례의 입장은 타당하다.

(3) 해지권 행사의 상대방

해지권은 계약의 상대방인 보험계약자 또는 그 대리인에 대하여 일방적 의사표시로 행사할 수 있다. 그런데 보험계약의 당사자가 아닌 보험수익자에 대하여 한 계약해지의 의사표시는 효력이 없다.[32] 다만 보험계약자가 사망한 경우라면 보험계약자의 상속인에 대하여 해지권을 행사하면 된다.

2. 해지권의 제한

해지권이 제한되는 경우는 크게 세 가지이다. 제척기간의 경과, 인과관계의 부존재, 보험자의 악의 또는 중과실이 그것이다.

(1) 제척기간의 경과

보험자가 고지의무위반의 사실을 안 날로부터 1월, 계약이 성립한 날로부터 3년이 지나면 그 계약을 해지할 수 없다(제651조 본문). 이 기간은 제척기간으로서 이 기간이 경과된 후에는 고지의무위반의 사실을 다툴 수 없고, 당 약관을 '불가쟁약관'이라 부른다. 그런데 ① '안 때'에 대한 해석에 있어, 고지의무 위반사실이 있음을 의심할 만한 사유가 있는 때가 아니라 "고지의무위반에 관한 확실한 증거를 잡은 때"라고 해석하는 견해,[33] ② "단순히 의심이 가는 경우를 말하는 것이 아니라 해지권의 행사를 위하여 필요한 요건을 확인

---

32) 대법원 1989.2.14. 선고 87다카2973 판결(생명보험계약에 있어서 고지의무위반을 이유로 한 해지의 경우에는 계약의 상대방 당사자인 보험계약자나 그의 상속인(또는 그들의 대리인)에 대하여 해지의 의사표시를 하여야 하고, 타인을 위한 보험에 있어서도 보험금 수익자에게 해지의 의사표시를 하는 것은 특별한 사정(보험약관상의 별도기재 등)이 없는 한 효력이 없다); 대법원 2002.11.8. 선고 2000다19281 판결(보증보험계약은 보험계약자인 채무자의 채무불이행으로 인하여 채권자가 입게 되는 손해의 전보를 보험자가 인수하는 것을 내용으로 하는 타인을 위한 손해보험계약이라고 할 것인바, 이러한 보증보험계약에 있어서 보험계약자의 고지의무 위반을 이유로 한 해지의 경우에 계약의 상대방 당사자인 보험계약자나 그의 상속인에 대하여 해지의 의사표시를 하여야 하고, 보험금 수익자에게 해지의 의사표시를 하는 것은 특별한 사정이 없는 한 효력이 없다고 할 것이며, 이러한 결론은 그 보증보험계약이 상행위로 행하여졌다거나 혹은 보험계약자의 소재를 알 수 없다는 이유만으로 달라지지는 않는다).

33) 양승규, 122면.

하는 때"라는 견해가 있다.[34] ③ 판례는 "불고지가 보험계약자의 고의 내지 중대한 과실에 기인된 것임을 알았다고 봄이 상당할 것인바"라 하고 있으나,[35] 그 기산점을 분명히 밝히지는 않고 있다. 고지의무위반에 대한 입증책임을 보험자가 부담하는 이상 **가급적 엄격하게 해석**하여야 하겠다.

(2) 인과관계 부존재

1) 상법규정과 비판론

보험계약자가 고지의무에 위반한 사실이 위험의 발생과 인과관계가 없다는 것을 증명한 때에는 보험금을 청구할 수 있다(제655조 단서). 따라서 고지의무자가 불고지 또는 부실고지한 사항과 위험의 발생 간에 인과관계가 없으면 보험자는 보험금을 지급하여야 한다. 그런데 이 규정을 삭제해야 한다는 입법론적 비판이 상당하고 그 근거들도 설득력이 있다. 비판의 근거는 첫째 보험사고 발생 이전에는 보험자가 보험계약을 해지할 수 있었을 것임에도 사고의 발생 전후에 따라 효과가 달라지는 점, 둘째 보험자가 관련 사실을 알았더라면 적어도 동일한 계약조건으로는 보험계약을 맺지 않았을 것이라는 점, 셋째 불량위험을 배제하고자 하는 고지의무제도 자체의 존재의의와 반하는 점, 넷째 비교법적 예를 찾기가 쉽지 않다는 점 등이다. 이 규정의 해석시 비판 논거들을 충분히 고려하여야 한다.

2) 입증책임

① 입증책임의 부담

고지의무위반의 사실과 보험사고발생과의 **인과관계의 부존재에 관한 입증책임은 보험계약자에게 있다**(통설, 판례).[36] 다만, 입증책임의 소재에 관하여 당사자간에 특약이 있으면 특별한 사정이 없는 한 그에 따르는 것으로, 약관상 고지의무 위반이 보험사고의 발생에 영향을 미쳤다는 사실에 대한 입증책임이 보험자에게 있다고 규정한 경우에는 그에 의한다.[37]

② 입증의 정도

원칙적으로 보험계약자에게 입증책임을 부담시키면서, 강한 정도의 입증을 요구한다. 따라서 **만일 그 인과관계의 존재를 조금이라도 엿볼 수 있는 여지가 있으면 보험자의 해지권을 제한하여서는 아니 된다.**[38] 이와 같이 강한 입증을 요구하는 것은 이 규정에 대

---

34) 최기원, 174면.
35) 대법원 1986.11.25. 선고 85다카2578 판결.
36) 대법원 1994.2.25. 선고 93다52082 판결.
37) 대법원 1997.10.28. 선고 97다33089 판결.
38) 대법원 1994.2.25. 선고 93다52082 판결(만일 그 인과관계의 존재를 조금이라도 엿볼 수 있는 여지가 있으면 위 단서는 적용되어서는 안 된다고 할 것이고, 그 인과관계의 존재여부에 관하여 법률적 가치판단을 하기 위하여는 그에 관한 사실관계가 먼저 확정되어야 함은 당연하다 할 것이다); 대법원 1992.10.23. 선고 92다28259 판결(보험계약을 체결함에 있어 중요한 사항의 고지의무를 위반한 경우 고지의무 위반사실이 보험사고의 발생에 영향을

한 비판론이 설득력이 있는 까닭이다.

3) 해지권 인정
① 상법의 개정

2014년 **인과관계가 부존재하는 경우 보험금은 지급하되 해지권을 행사할 수 있다는** 개정이 있었다(제655조 단서). 그런 점에서 인과관계 부존재의 경우는 해지권의 제한 경우로 설명하기 어렵게 되었다. 개정이유는 현재 보험계약자 등이 고지의무를 위반한 상태에서 보험사고가 발생한 경우 보험자가 계약을 해지함으로써 면책되도록 하면서도, 고지의무위반 등과 보험사고 사이에 인과관계가 인정되지 아니하는 경우에는 보험자가 면책되지 아니하는 것으로만 되어 있어, 이 경우 보험자에게 계약해지권이 인정되는지 여부에 관하여 해석상 논란이 있었고, 이에 고지의무위반 등과 보험사고 사이에 인과관계가 인정되지 아니하더라도 보험자가 보험금은 지급하되 계약을 해지할 수 있도록 명문으로 규정한 것이다.

② 과거의 논의와 판례

과거 인과관계의 부존재는 일반적으로 해지권 행사의 제한으로 설명되고 있었고, 구상법 제655조 단서가 "그러나 고지의무에 위반한 사실이 보험사고의 발생에 영향을 미치지 아니하였음이 증명된 때에는 그러하지 아니하다"고 규정하고 있었던바, '그러하지 아니하다'의 의미가 쟁점이 되었었다. 보험계약해지긍정설은 인과관계의 부존재는 보험금지급의 거절사유에 대한 제한만이 되는 것이어서 보험금은 지급하고 해지권행사는 가능하다는 주장이었던 반면, 보험계약해지부정설은 제655조 "그러하지 아니하다"의 문구를 강조하면서 보험계약도 해지할 수 없다고 하였다.

판례는 보험계약해지긍정설을 따르고 있었다.[39] 판례는 보험자는 고지의무에 위반한 사실과 보험사고 발생 사이의 인과관계가 인정되지 않아 제655조 단서에 의하여 보험금액 지급책임을 지게 되더라도, 제651조에 의하여 고지의무위반을 이유로 계약을 해지할 수 있다고 한다. 상법 제651조는 고지의무위반으로 인한 계약해지에 관한 일반적 규정으로 이에 의하면 고지의무위반 사실과 보험사고 발생 사이에 인과관계를 요하지 않고 해지할 수 있는 점, 상법 제655조 단서의 '그러하지 아니하다'의 의미는 보험금 지급책임을 진다고 해석함이 옳은 점, 보험사고가 발생하기 전에 제651조에 따라 고지의무위반을 이유로 계약을 해지할 수 있다고 한다면 보험사고가 발생한 이후라도 보험계약을 해지할 수 있어

미치지 아니하였다는 점, 즉 보험사고의 발생이 보험계약자가 불고지하였거나 부실고지한 사실에 의한 것이 아니라는 점이 증명된 때에는 상법 제655조 단서의 규정에 의하여 보험자는 위 부실고지를 이유로 보험계약을 해지할 수 없을 것이나, 위와 같은 고지의무 위반사실과 보험사고 발생과의 인과관계가 부존재하다는 점에 관한 입증책임은 보험계약자 측에 있다 할 것이므로, 만일 그 인과관계의 존재를 조금이라도 규지할 수 있는 여지가 있으면 위 단서는 적용되어서는 안 될 것이다).

39) 대법원 2010.7.22. 선고 2010다25353 판결.

야 하는 점, 만약 그렇지 않다면 인과관계가 인정되지 않는 한 해지를 하지 못하고 향후 계속하여 고지의무위반 상태의 위험을 감내하여야 하는 불합리한 결과가 발생하는 점 등에 비추면, 보험계약을 해지할 수 있도록 하는 보험계약해지긍정설이 옳다. 이러한 점에서 위 개정은 타당한 것으로 평가할 수 있다.

(3) 보험자의 악의 또는 중과실

보험자가 계약 당시에 고지의무위반의 사실을 알았거나 중대한 과실로 알지 못한 때에는 보험자는 그 계약을 해지할 수 없다(제651조 단서). 보험자 자신의 악의 또는 중과실이 아니더라도 고지수령권이 있는 보험대리점이나 보험의 등의 악의 또는 중과실이 있는 경우에도 보험자의 해지권은 인정되지 않는다.[40] 따라서 고지수령권이 없는 보험중개사나 보험설계사의 악의 또는 중과실이 있는 경우에는 해지권 제한사유에 해당하지 않는다. 보험자의 악의 또는 중과실에 대한 입증책임은 보험계약자가 부담한다.

V. 고지의무위반과 민법규정의 중복적용

1. 문 제 점

고지의무위반과 민법상의 착오나 사기가 경합하는 경우, 보험자는 보험계약을 해지할 수 있는 이외에 민법상의 일반원칙에 따라 착오 또는 사기를 이유로 보험계약을 취소할 수 있는가의 문제이다. 만약 상법만이 적용된다면 보험계약은 원칙적으로 해지한 때부터 장래에 대하여만 무효가 되고 또한 보험자는 일정한 제척기간이 경과하면 해지할 수 없다. 그러나 민법도 적용된다고 보는 경우 보험자가 민법에 의하여 보험계약을 취소하면 그 계약은 처음부터 무효가 되고(민법 제141조), 또한 보험자는 상법상 일정한 제척기간이 경과한 이후에도 보험계약을 취소하여 무효로 할 수 있다. 따라서 이러한 경우 민법도 적용되는지 여부는 당사자자의 이해관계에 중대한 영향을 미치게 된다.

---

40) 대법원 2001.1.5. 선고 2000다40353 판결(보험계약 당시에 보험계약자 또는 피보험자가 고의 또는 중대한 과실로 인하여 중요한 사항을 고지하지 아니하거나 부실의 고지를 하였다고 하더라도 보험자가 계약 당시에 그 사실을 알았거나 중대한 과실로 인하여 알지 못한 때에는 그 고지의무 위반을 들어 계약을 해지할 수 없다고 할 것인바, 여기에서 말하는 보험자의 악의나 중대한 과실에는 보험자의 그것뿐만 아니라 이른바 보험자의 보험의를 비롯하여 널리 보험자를 위하여 고지를 수령할 수 있는 지위에 있는 자의 악의나 중과실도 당연히 포함된다고 할 것이나, 보험자에게 소속된 의사가 보험계약자 등을 검진하였다고 하더라도 그 검진이 위험측정자료를 보험자에게 제공하는 보험자의 보조자로서의 자격으로 행해진 것이 아니라면 그 의사가 보험자에게 소속된 의사라는 사유만으로 그 의사가 검진 과정에서 알게 된 보험계약자 등의 질병을 보험자도 알고 있으리라고 보거나 그것을 알지 못한 것이 보험자의 중대한 과실에 의한 것이라고 할 수는 없다고 할 것이며, 이와 같이 해석하는 것이 환자에 대한 비밀의 누설이나 기록의 공개를 원칙적으로 금지하고 있는 의료법의 취지에도 부합한다).

2. 학설과 판례

① **민법적용배제설**로서 상법이 보험계약자 등의 고지의무를 인정하는 것은 보험계약의 단체적·기술적 요청에 기인한 것으로 고지의무에 위반할 경우 보험계약이 그 체결 당시에 소급하여 무효로 되는 것을 피하여 일부러 해지할 수 있는 것으로 하였으므로, 민법의 적용을 배제하고 상법 규정에 따라 해결하는 것이 옳다고 한다. ② **착오·사기구별설**(다수설)로서 보험자의 착오의 경우에는 민법의 적용을 배제하나, 보험계약자의 사기의 경우에는 상법 외에 민법의 사기규정(민법 제110조)도 적용된다는 것이다. 이 견해가 다수설이다. 고지의무자에게 사기가 있는 경우에는 그 이익을 보호할 필요가 없으나 착오의 경우에는 해의가 없으므로 보험자와 더불어 보험계약자의 이익도 고려하여야 하기 때문이라 한다.

③ **판례가 취하는 견해로서 민·상법중복적용설**이다. 이 견해는 상법의 고지의무제도와 민법의 착오와 사기에 관한 규정은 근거와 요건, 효과를 달리하는 것이므로 민·상법의 규정이 중복하여 적용된다는 것이다. 상법상 고지의무제도가 보험자를 보호하기 위한 것인데 보험계약에 민법의 착오와 사기에 관한 규정의 적용을 배제한다면 보험자에게 현저하게 불리하므로 민법과 상법을 동시에 적용하는 것이 타당하다고 본다. **판례는 사기의 경우**[41] **보험자는 민법 규정에 의하여 보험계약을 취소할 수 있다고 하고, 착오의 경우 보증보험에 관한 것이기는 하나 고지의무위반의 경우 법률행위의 중요한 부분에 관한 착오로 인한 것으로서 민법의 일반원칙에 따라 보험자가 그 보험계약을 취소할 수 있다고 한다.**[42]

다수설인 착오·사기구별설이 타당하다고 본다. **사기**로 인한 고지의무위반은 보험자를 기망하여 착오에 빠지게 하는 위법행위이므로 보험계약자를 보호하는 것은 보험제도의 원리에도 맞지 아니하므로, 민법 제110조에 의하여도 취소할 수 있는 것으로 해석함이 옳다.[43] 암 등 중병을 앓고 있으면서 이를 속였거나 대리진단을 하는 등 보험자를 기망한

41) 대법원 2017.4.7. 선고 2014다234827 판결(보험계약을 체결하면서 중요한 사항에 관한 보험계약자의 고지의무 위반이 사기에 해당하는 경우에는 보험자는 상법의 규정에 의하여 계약을 해지할 수 있음은 물론 보험계약에서 정한 취소권 규정이나 민법의 일반원칙에 따라 보험계약을 취소할 수 있다. 따라서 보험금을 부정취득할 목적으로 다수의 보험계약이 체결된 경우에 민법 제103조 위반으로 인한 보험계약의 무효와 고지의무 위반을 이유로 한 보험계약의 해지나 취소는 그 요건이나 효과가 다르지만, 개별적인 사안에서 각각의 요건을 모두 충족한다면 위와 같은 구제수단이 병존적으로 인정되고, 이 경우 보험자는 보험계약의 무효, 해지 또는 취소를 선택적으로 주장할 수 있다); 대법원 1991.12.27. 선고 91다1165 판결; 대법원 1998.6.12. 선고 97다53380 판결.

42) 대법원 2002.7.26. 선고 2001다36450 판결(공사도급계약과 관련하여 체결되는 이행(계약)보증보험계약이나 지급계약보증보험에 있어 그 보험사고에 해당하는 수급인의 채무불이행이 있는지 여부는 그 보험계약의 대상으로 약정된 도급공사의 공사금액, 공사내용 및 공사기간과 지급된 선급금 등을 기준으로 판정하여야 하므로, 이러한 보증보험계약에 있어 공사계약 체결일이나 실제 착공일, 공사기간도 공사대금 등과 함께 그 계약상 중요한 사항으로서 수급인 측에서 이를 허위로 고지함으로 말미암아 보험자가 그 실제 공사의 진행상황을 알지 못한 채 보증보험계약을 체결한 경우에는 이는 법률행위의 중요한 부분에 관한 착오로 인한 것으로서 민법의 일반원칙에 따라 보험자가 그 보험계약을 취소할 수 있다).

경우 그 보험계약의 효력을 인정하는 것은 부당하므로 민법에 따라 계약을 취소하여 무효로 돌리는 것이 바람직하다. 하지만 **착오**의 경우는 이와 다르다. 민법상 착오로 인한 의사표시의 취소는 법률행위 내용의 중요부분에 대한 착오로 한정되고(민법 제109조) 상법상 고지의무의 대상도 중요한 사항에 한정되는 점(제651조), 그 착오가 보험자의 중과실로 인한 경우는 취소(해지)할 수 없도록 하는 점(제651조 단서, 민법 제109조 제1항 단서)은 민법과 상법이 동일하다. 요컨대 고지의무위반에 해당하는 경우, 이를 기초로 한 보험자의 승낙의 의사표시는 민법 제109조의 중요부분의 착오로 의사표시를 한 경우에 해당한다. 판례와 같이 민·상법중복적용설에 의하여 사기뿐 아니라 착오의 경우에도 민법규정이 적용되는 것으로 한다면, 고지의무위반의 경우 민법 제109조의 요건을 충족하게 되고 따라서 보험자는 승낙의 의사표시를 취소할 수 있다는 것이다. 그리고 착오로 인한 의사표시의 취소의 제척기간은 법률행위를 한 날로부터 10년의 기간이 되고(민법 제146조) 기타 민법상의 일반적 취소의 효과에 관한 규정이 적용된다. 따라서 고지의무위반시 해지권 제한과 관련한 제척기간이나 인과관계의 부존재 등의 상법규정이 의의가 없어지게 되고 기타 보험료의 반환과 관련하여서도 난점이 발생한다. 상법 제651조는 민법 제109조 제1항의 특별규정으로 이해하는 것이 옳다.

제 4 절   보험자의 의무

Ⅰ. 보험증권교부의무

1. 보험증권의 교부

보험자는 보험계약이 성립하면 지체 없이 보험증권을 작성하여 보험계약자에게 교부하여야 한다(제640조 제1항 본문). 보험자는 보험계약자의 청구가 없더라도 보험증권을 지체없이 작성하여 교부하여야 하지만, 보험계약자가 보험료의 전부 또는 최초의 보험료를 지급하지 아니한 때에는 교부할 의무가 없다(제640조 제1항 단서). 또한 기존의 보험계약을 연장하거나 변경한 경우에는 보험자는 보험증권에 그 사실을 기재함으로써 보험증권의 교부에 갈음할 수 있다(제640조 제2항).

---

43) 대법원 1991.12.27. 선고 91다1165 판결(보험계약을 체결함에 있어 중요한 사항에 관하여 보험계약자의 고지의무위반이 사기에 해당하는 경우에 보험자는 상법의 규정에 의하여 계약을 해지할 수 있음은 물론 민법의 일반원칙에 따라 그 보험계약을 취소할 수 있다).

2. 보험증권의 의의와 기재사항

(1) 의   의

보험증권이라 함은 보험계약이 성립한 후 보험계약의 내용을 증명하기 위하여 보험자가 발행하는 일종의 증거증권이다. 보험증권은 보험계약이 성립한 이후 계약당사자의 편의를 위하여 발행되는 것이므로 계약성립의 요건도 아니고 보험자만이 기명날인 또는 서명하는 것이므로 계약서도 아니다.

(2) 기재사항

보험증권은 상법 제666조에서 정한 일정한 사항을 기재하고 보험자가 기명날인 또는 서명하여야 한다. 기재사항은 어음이나 수표 등의 유가증권에 비하면 엄격하지 아니하여 법정기재사항을 기재하지 않거나 또는 법정기재사항 이외의 사항을 기재하여도 보험증권의 효력에는 영향이 없다. 손해보험증권에는 보험의 목적, 보험사고의 성질, 보험금액, 보험료와 그 지급방법, 보험기간을 정한 때에는 그 시기와 종기, 무효와 실권의 사유, 보험계약자의 주소와 성명 또는 상호, 피보험자의 주소, 성명 또는 상호, 보험계약의 연월일, 보험증권의 작성지와 그 작성년월일을 기재하여야 한다(제666조). 기본적 사항 이외에도 화재보험증권(제685조), 운송보험증권(제690조), 해상보험증권(제695조), 자동차보험증권(제726조의 3), 인보험증권(제728조), 상해보험증권(제738조) 등에서는 특별한 기재사항을 법정하여 두고 있다.

(3) 기재에 대한 이의

보험증권은 증거증권으로서 사실상의 추정력을 가질 수 있으므로 증권상 기재내용이 실제 계약과 다른 경우에는 이를 정정하여 당사자 사이의 분쟁을 예방할 필요가 있다. 보험증권의 기재내용에 관하여 이의가 있는 경우, 보험계약의 당사자는 보험증권의 교부가 있은 날로부터 일정한 기간 내에 한하여 그 증권내용의 정부에 관한 이의를 할 수 있음을 약정할 수 있다(제641조). 이 약관조항을 이의약관(異議約款)이라 한다. 다만 그 기한을 부당하게 단기간으로 정한 때에는 계약당사자를 해할 염려가 있으므로 1개월 이하로는 정할 수 없다(제641조 후문). 그러나 이의제기기간 내에 이의를 제기하지 아니한 경우의 효과에 대하여는 규정을 두고 있지 않다.

그런데 이의를 제기하지 않는다고 하더라도 약관의 중요한 내용에 대하여 보험자가 명시설명의무를 이행하지 아니한 경우, 당 약관이 당사자를 구속할 수 없다는 계약설이 판례와 통설인 점에서 보면 이 규정의 실효성은 의문이다.

3. 보험증권의 법적 성질

(1) 증거증권

보험증권은 보험계약의 성립을 증명하기 위하여 보험자가 발행하는 증거증권이다. 보험증권의 발행은 보험계약의 성립요건도 아니며, 보험증권을 작성하여야 비로소 보험계약상의 권리의무가 발생하는 설권증권(設權證券)도 아니다. 보험증권은 증거증권으로서 보험계약자가 이의 없이 수령하는 때에는 그 기재가 계약의 성립 및 내용에 대하여 **사실상의 추정력을 가질 뿐**이다.[44)]

(2) 유가증권성

인보험에서의 보험증권은 그 성질상 유통과 관련하여 지시식 또는 무기명식의 보험증권으로 발행할 수 없고, 설사 그러한 형식으로 발행되었다 하더라도 유가증권성을 인정할 수 없다(통설). 이는 타인의 사망보험계약에서 서면에 의한 동의가 필요하고, 피보험자 아닌 자에게 그로 인한 권리를 양도하는 경우에도 동의가 필요한 점(제731조) 등에 비추어 보면 더욱 그러하다. 그런데 물건보험에서의 보험증권은 기명식에 한하지 않고 지시식 또는 무기명식으로 발행할 수도 있고, 그 유가증권성에 관하여는 견해가 나뉜다.

4. 보험증권의 재교부

보험증권을 멸실 또는 현저하게 훼손한 때에는 보험계약자는 보험자에 대하여 증권의 재교부를 청구할 수 있고 이때 그 증권작성의 비용은 보험계약자의 부담으로 한다(제642조). 보험증권은 보험계약의 증거방법의 하나로서 발행된 증서이므로 보험계약자는 보험증권을 소지함으로써 일단 보험계약의 내용의 추정을 받아 입증하기가 편리하기 때문이다. 다만 유가증권성이 인정되는 지시식 보험증권 등의 경우에는 공시최고의 절차(민사소송법 제496조 이하)를 거쳐야 한다.

Ⅱ. 보험금지급의무

1. 보험금지급책임의 발생

보험금지급의무 또는 보상의무는 보험자의 가장 중요한 의무라 할 수 있다. 보험자는

---

44) 대법원 1992.10.27. 선고 92다32852 판결(보험계약은 당사자 사이의 의사합치에 의하여 성립되는 낙성계약이고, 보험계약을 체결할 때 작성교부되는 보험증권은 하나의 증거증권에 불과한 것이어서 보험계약의 내용은 반드시 위의 증거증권만에 의하여 결정되는 것이 아니라 보험계약 체결에 있어서의 당사자의 의사와 계약 체결의 전후 경위 등을 종합하여 그 내용을 인정할 수도 있다). 대법원 1996.7.30. 선고 95다1019 판결도 같은 취지이다.

보험기간 안에 보험사고가 생긴 때에는 피보험자 또는 보험수익자에게 보험금을 지급할 의무를 부담한다(제638조). '보험금'이라 함은 손해보험에서는 보험자가 보험금액의 한도 내에서 보험사고로 인하여 피보험자가 입은 재산상의 손해액이고, 인보험에서는 계약에서 정한 보험금액이다. 보험금지급책임의 발생요건은 다음과 같다. ① 보험계약에서 정한 보험사고가 발생하여야 한다. 또한 보험사고의 경우에도 보험자의 보험금지급책임을 면제하는 면책사유에 해당하지 않아야 한다. ② 보험사고가 보험기간 내에 발생하여야 한다. ③ 보험계약자의 보험료지급이 있어야 한다. 다른 약정이 없는 한 최초보험료를 지급받은 때로부터 보험자의 책임이 개시된다(제656조). 여기서 '다른 약정'이라 함은 외상보험 등과 같이 일정한 기간 동안 보험료의 지급을 받지 아니하고 보험자가 보험계약상의 책임을 지기로 약속한 경우이다.

2. 보험금의 지급

(1) 보험금청구권자

보험금청구권자는 손해보험의 경우 피보험자이고, 인보험의 경우 보험수익자이다.

(2) 보험금지급의 시기

보험자는 보험금액의 지급에 관하여 약정기간이 있는 경우에는 그 기간 내에, 약정기간이 없는 경우에는 보험사고 발생(제657조 제1항)의 **통지를 받은 후 지체 없이 지급할 보험금액을 정하고 그 정하여진 날부터 10일 내에 피보험자 또는 보험수익자에게 보험금액을 지급**하여야 한다(제658조). 이는 보험금지급채무를 신속히 진행시키고자 둔 규정이나 실효성 측면에서는 의문이다. 그 위반에 대한 제재규정이 없고 보험금액을 정하는 기한이 따로 정하여져 있지 않아 보험자가 손해사정 등을 부당하게 지연시킬 수 있기 때문이다. 이 점은 입법론적 검토가 필요하다. 다만 피보험자와 보험자는 보험금지급기한 유예의 합의를 할 수는 있다.[45]

(3) 소멸시효

1) 단기의 소멸시효

보험자의 보험금지급의무는 3년이 지나면 시효로써 소멸한다(제662조). 이는 모든 손해보험과 인보험에 적용되는 규정으로서 상해담보특약에 기한 보험금청구권도 3년의 시효에 의하여 소멸한다.[46] 민법상의 채권의 소멸시효기간이 10년, 상사채권의 시효가 5년으로 규

---

45) 대법원 1981.10.6. 선고 80다2699 판결(피보험자와 보험자 사이의 보험금지급기한 유예의 합의는 보험금지급청구권에 관한 소멸시효의 이익을 미리 포기하는 것에 해당하지 아니한다).
46) 대법원 2000.3.23. 선고 99다66878 판결(보험금액의 청구권 등의 소멸시효기간에 관하여 규정한 상법 제662조는 달리 특별한 규정이 없는 한 모든 손해보험과 인보험에 적용되는 규정이고, 무보험자동차에 의한 상해담보특

정되어 있는 것에 비하여 보험금청구권의 소멸시효는 이보다 훨씬 단축되어 있다. 그 취지는 보험제도의 특수성을 고려하여 신속한 결제와 보험관계의 종결을 통하여 보험사업의 원활을 도모하는 데 그 목적이 있다.

2) 소멸시효의 기산점

소멸시효의 기산점에 대하여는 상법에 규정이 없으므로 민법 제166조 제1항에서 정하고 있는 "소멸시효는 권리를 행사할 수 있는 때로부터 진행한다"는 일반원칙에 따라 정할 수밖에 없다. 그리고 "권리를 행사할 수 있는 때"라는 의미에 대하여 통설[47]과 판례[48]는 권리행사에 관한 장애를 법률상 장애와 사실상 장애로 나누면서 법률상 장애는 시효의 기산점에 영향을 미치지만, 사실상 장애는 영향을 미치지 않는다는 법률상·사실상 장애 이분론에 입각해 있다. 판례[49]가 인정하는 법률상 장애로는, ① 기간의 미도래, ② 조건의 불성취, ③ 공정력 있는 행정처분이 취소되지 않고 있는 것, 그리고 ④ 다른 법령에 의하여 보상을 받을 수 있음을 이유로 청구권을 제한하는 법률이 존재하는 경우에 그 다른 법령에 의한 보상을 받을 수 없음이 판명되지 않고 있다는 사정[50] 등이다. 그리고 사실상 장애에 해당하는 사유로는 권리자의 법률적 지식의 부족, 권리의 존재의 부지 또는 채무자의 부재 등 개인적 사정을 든다.[51] 요컨대 권리를 행사할 수 없는 때라 함은 그 권리행사에 법률상 장애사유가 있는 경우를 말하는 것이지 사실상 장애사유는 시효진행에 영향을 미치지 아니한다는 것이다.

보험금청구권의 소멸시효 기산점과 관련하여서는 보험사고발생시설, 보험사고요지(了

약에 의한 보험이 실질적으로 피보험자가 무보험자동차에 의한 사고로 사망 또는 상해의 손해를 입게 됨으로써 전보되지 못하는 실손해를 보상하는 것이라고 하더라도 그 보험금청구권은 상법 제662조에 의한 보험금액의 청구권에 다름 아니어서 이를 2년간 행사하지 아니하면 소멸시효가 완성된다고 할 것이고, 보험금청구권은 보험사고의 발생으로 인하여 구체적으로 확정되어 그 때부터 그 권리를 행사할 수 있게 되는 것이므로 그 소멸시효는 달리 특별한 사정이 없는 한 민법 제166조 제1항의 규정에 의하여 보험사고가 발생한 때로부터 진행한다). 대법원 2009. 7.9. 선고 2009다14340 판결도 동일한 취지의 판결이다.

47) 고상룡, 민법총칙, 제3판, 법문사, 2003, 673면; 백태승, 민법총칙, 제5판, 집현재, 2011, 551면; 이영준, 민법총칙, 개정증보판, 박영사, 2007, 804면; 이은영, 민법총칙, 제5판, 박영사, 2009, 758면.

48) 대법원 1984.12.26. 선고 84누572 판결; 대법원 1992.3.31. 선고 91다32053 판결.

49) 대법원 2004.4.27. 선고 2003두10763 판결(소멸시효는 객관적으로 권리가 발생하여 그 권리를 행사할 수 있는 때로부터 진행하고 그 권리를 행사할 수 없는 동안만은 진행하지 않는바, '권리를 행사할 수 없는' 경우라 함은 그 권리행사에 법률상의 장애사유, 예컨대 기간의 미도래나 조건불성취 등이 있는 경우를 말하는 것이고, 사실상 권리의 존재나 권리행사 가능성을 알지 못하였고 알지 못함에 과실이 없다고 하여도 이러한 사유는 법률상 장애사유에 해당하지 않는다).

50) 대법원 1998.7.10. 선고 98다7001 판결(군인 등이 공상을 입은 경우에 구 국가유공자예우 등에 관한 법률 등 다른 법령에 의하여 보상을 받을 수 없음이 판명되어 국가배상법 제2조 제1항 단서 규정의 적용이 배제됨이 확정될 때까지는 같은 항 본문에 기한 손해배상청구권은 법률상 이를 행사할 수가 없으므로, 이처럼 다른 법령에 의하여 보상을 받을 수 없음이 판명되지 않고 있다는 사정은 위 손해배상청구권의 행사에 대한 법률상의 장애라고 할 수 있다).

51) 대법원 1977.4.26. 선고 76다1700 판결; 대법원 1981.6.9. 선고 80다316 판결; 대법원 1982.1.19. 선고 80다2626 판결; 대법원 1984.12.26. 선고 84누572 판결; 대법원 1992.3.31. 선고 91다32053 판결; 대법원 1992.7.24. 선고 91다40924 판결.

知)시설, 이행기설 등의 학설이 있다. 1993년 보험사건에 관한 첫 번째 판결이 나온 이후 확립된 대법원 판례의 입장은 보험금청구권의 소멸시효는 "원칙적으로 보험사고가 발생한 때부터 진행하고, 다만 보험사고가 발생한 것인지의 여부가 객관적으로 분명하지 아니하여 보험금청구권자가 과실 없이 보험사고의 발생을 알 수 없었던 특별한 사정이 있는 경우에는 그가 보험사고의 발생을 알았거나 알 수 있었을 때로부터 진행한다"는 것이다.[52] 따라서 **판례에 의하면 소멸시효의 기산점을 보험사고의 발생을 알았거나 알 수 있었을 때로 보기 위하여는 다음의 요건이 필요하다. ① 보험사고가 발생한 것인지 여부가 객관적으로 분명하지 않아야 하고, ② 보험금청구권자가 알 수 없었던 것에 과실이 없어야 한다.** 그렇다면 판례는 보험금청구권에서는 '사실상 장애'도 기산점에 영향을 미치는 것으로 보는가? 판례의 입장에 관한 해석은 다양하나 이후의 판례들이 지속적으로 보험사고발생시라는 원칙을 유지하고 있는 점을 보면, 소멸시효의 일반적인 기산점에 대한 명시적 예외를 인정했다고 하기보다는 기존의 입장을 유지하면서 형평에 맞게 재해석한 것으로 보인다.[53] 최근 소멸시효 완성의 주장이 신의칙에 반하지 않은가 하는 쟁점에 대하여 법적 안정성을 강조하면서 사고발생시를 기산점으로 본 판결이 있다.[54] 하지만 보험금청구권이 단기소멸시효의 대상이 되어야 할 합리적 근거가 없다는 지적으로 선진 각국의 입법이 보험금청구권의 시효기간을 일반 민사시효기간과 같이 규정하는 추세라는 점, 사회경제적 강자인 보험회사가 이를 남용하고 있다는 비판이 있는 점 등에 비추어 보면 해석론으로라도 그 기산점을 완화할 필요가 있다.[55]

3) 책임보험에서의 기산점

판례는 책임보험에서 보험금청구권의 발생시점과 그 기산점을 보험사고의 발생시점이 아니라 **배상책임액이 확정된 때**부터로 본다.[56] 판례는 "원칙적으로 책임보험의 보험금청

---

52) 대법원 1993.7.13. 선고 92다39822 판결; 대법원 2005.12.23. 선고 2005다59383 판결 등.
53) 김홍엽, "보험금지급청구권의 소멸시효의 기산점,"「인권과 정의」제207호, 대한변호사협회, 1993, 106면.
54) 대법원 2016.9.30. 선고 2016다218713, 2016다218720(소멸시효 제도는 법률관계의 주장에 일정한 시간적 한계를 설정함으로써 그에 관한 당사자 사이의 다툼을 종식시키려는 것으로서, 누구에게나 무차별적·객관적으로 적용되는 시간의 경과가 1차적인 의미를 가지는 것으로 설계되었음을 고려하면, 법적 안정성의 요구는 더욱 선명하게 제기된다. 따라서 소멸시효 완성의 주장이 신의성실의 원칙에 반하여 허용되지 아니한다고 평가하는 것은 신중을 기할 필요가 있다).
55) 최근 이러한 관점에서 안 날의 의미를 유연하게 해석한 것이 있다. 대법원 2019.7.25. 선고 2016다1687 판결(가해행위와 이로 인한 현실적인 손해의 발생 사이에 시간적 간격이 있는 불법행위의 경우 소멸시효의 기산점이 되는 불법행위를 안 날은 단지 관념적이고 부동적인 상태에서 잠재하고 있던 손해에 대한 인식이 있었다는 정도만으로는 부족하고 그러한 손해가 그 후 현실화된 것을 안 날을 의미한다. 이때 신체에 대한 가해행위가 있은 후 상당한 기간 동안 치료가 계속되는 과정에서 어떠한 증상이 발현되어 그로 인한 손해가 현실화된 사안이라면, 법원은 피해자가 담당의사의 최종 진단이나 법원의 감정 결과가 나오기 전에 손해가 현실화된 사실을 알았거나 알 수 있었다고 인정하는 데 매우 신중할 필요가 있다).
56) 대법원 2018.12.13. 선고 2015다246186 판결; 대법원 1988.6.14. 선고 87다카2276 판결; 김상준, "책임보험적 성격을 갖는 신원보증보험금 청구권의 소멸시효의 기산점,"「대법원 판례해설」제42호, 2002, 670면; 고영태, "신원보증보험계약의 성질과 보험금청구권의 발생시기 및 소멸시효의 기산점,"「판례연구」제15집, 부산판례연구회,

구권의 소멸시효는 피보험자의 제3자에 대한 법률상의 손해배상책임이 상법 제723조 제 1항이 정하고 있는 변제, 승인, 화해 또는 재판의 방법 등에 의하여 확정됨으로써 그 보험금청구권을 행사할 수 있는 때로부터 진행된다고 봄이 상당하다"고 한다.[57] 피보험자의 제3자에 대한 손해배상책임액이 확정되어야 피보험자 또는 피해자인 제3자의 보험금청구권 행사가 가능하다는 근거에서이다. 그리고 이는 피해자가 가해자를 상대로 한 손해배상청구사건의 판결이 사고발생일로부터 3년이 지난 후에 확정되었을 경우라도, 피보험자로서는 그러한 책임의 확정 전에는 보험자에 대하여 보험금청구권을 행사하지 못하는 반면, 보험자는 언제나 시효소멸을 주장할 수 있는 것은 타당하지 못하므로 책임보험에 있어서 소멸시효의 기산점을 보험사고의 발생시로 볼 수는 없다.

3. 보험금청구권상실조항

(1) 의 의

약관상 면책사유의 하나로서 "계약자 또는 피보험자가 손해의 통지 또는 보험금 청구에 관한 서류에 고의로 사실과 다른 것을 기재하였거나, 그 서류 또는 증거를 위조 또는 변조한 경우 피보험자는 손해에 대한 보험금청구권을 상실한다"는 규정을 두는 경우가 많다. 보험금청구권상실조항을 '사기적 보험금청구조항'이라고도 부른다. 이는 상법상 규정이 있는 것은 아니고 약관상 보험자의 면책사유로 규정하는 것으로 보험계약의 최대선의성에 기초한 것이라고는 하나 그 유효성에 대하여 논란의 소지가 많다.

(2) 판 례

판례는 **유효성을 인정**하면서 그 약관의 취지에 대하여 피보험자 등이 서류를 위조하거나 증거를 조작하는 등 신의성실의 원칙에 반하는 사기적인 방법으로 과다한 보험금을 청구하는 경우에는 그에 대한 제재로서 보험금청구권을 상실하도록 하려는 데 있는 것으로 본다.[58] 사기적 보험금청구조항이 최초로 언급된 판례는 대법원 2003.5.30. 선고 2003다15556 판결이다.[59] 그 판결은 사기적 보험금청구조항이 거래상 일반인들이 보험자의 설명 없이도 당연히 예상할 수 있었던 사항에 해당하여 설명의무의 대상이 아니라

2003, 774면.

57) 대법원 2002.9.6. 선고 2002다30206 판결; 대법원 2012.1.12. 선고 2009다8581 판결.

58) 대법원 2007.2.22. 선고 2006다72093 판결 등.

59) 이 판결에서 "보험금청구권의 상실사유는 보험계약에 있어서 신의성실의 원칙에 반하는 사기적 보험금청구행위를 허용할 수 없다는 취지에서 규정된 것으로서 보험계약당사자의 윤리성이나 선의성을 요구하는 보험계약의 특징 및 보험의 투기화, 도박화를 막고 피보험자에게 실제의 피해 이상의 부당한 이득을 취하지 못하도록 하기 위하여 고의로 인한 보험사고의 경우에는 보험자의 면책을 인정하고, 사기초과보험의 경우 그 계약 자체를 무효로 규정하고 있는 점 등에 비추어 볼 때 이는 거래상 일반인들이 보험자의 설명 없이도 당연히 예상할 수 있었던 사항에 해당하여 설명의무의 대상이 아니다"라고 하였다.

고 하였다. 하지만 사기적 보험금청구조항의 유효성을 정면으로 인정한 최초의 판결이
대법원 2006.11.23. 선고 2004다20227(본소), 2004다20234(반소) 판결이다.60) 그리고 대
법원 2007.2.22. 선고 2006다72093 판결은 그 조항의 유효성을 인정하긴 하였으나 제한
적으로 해석한 또 다른 중요 판결이다. 그 판결은 **모든 보험금청구권이 상실되는 것이
아니라 피보험자가 허위의 청구를 한 당해 보험목적물에 한하는 것으로 해석한다. 그
리하여 동산에 관한 부분의 청구에 있어서만 사기적 청구가 있었다고 하여 동산 부분
에 대하여만 무효로 하였다.61)** 이후 제한적인 효력만을 인정하는 판결들이 뒤를 따랐
다.62)

Ⅲ. 보험자의 면책사유

1. 의   의

보험계약법이나 보험약관은 보험기간 내에 보험사고가 발생하였음에도 불구하고 보험
자의 보험금지급책임을 면제하는 사유를 정하고 있고 이를 면책사유라 한다. 면책사유는
대수의 법칙을 적용하기 곤란한 비정상적 위험에 대한 보상책임으로부터 보험자를 면책
시킴에 의하여 보험단체의 균형을 유지하고, 도덕적 위험의 방지를 위한 목적에서 이용된
다. 그런데 면책사유는 보험사고가 발생하였음에도 보험금지급을 거절하는 사유가 되어

---

60) "사기적 보험금청구 조항을 둔 취지는 보험자가 보험계약상의 보상책임 유무의 판정, 보상액의 확정 등을 위
하여 보험사고의 원인, 상황, 손해의 정도 등을 알 필요가 있으나 이에 관한 자료들은 계약자 또는 피보험자의 지
배·관리영역 안에 있는 것이 대부분이므로 피보험자로 하여금 이에 관한 정확한 정보를 제공하도록 할 필요성이
크고, 이와 같은 요청에 따라 피보험자가 이에 반하여 서류를 위조하거나 증거를 조작하는 등으로 신의성실의 원
칙에 반하는 사기적인 방법으로 과다한 보험금을 청구하는 경우에는 그에 대한 제재로서 보험금청구권을 상실하
도록 하려는 데 있는 것으로 보아야 할 것"이라고 하면서 그 유효성을 인정하였다.

61)

보험목적물	피보험자 청구 손해액	실제 손해액
건 물	263,478,000원	118,864,362원
시 설	251,621,971원	190,918,896원
동 산	899,268,560원	534,077,160원
총 계	1,414,367,431원	843,860,358원

62) 대법원 2007.6.14. 선고 2007다10290 판결도 동일한 취지에서 조항의 유효성을 인정은 하였으나, 제한적 해
석을 하였다. 또한 대법원 2007.12.27. 선고 2006다29105 판결도 그러하다. 그 사건에서는 실제 감정가는
153,000,000원인 물건에 대하여 165,000,000원으로 청구한 사건이었는데, "이 사건 약관조항에 의한 보험금청구권
의 상실 여부는 이 사건 약관조항을 둔 취지를 감안하여 보험금청구권자의 청구와 관련한 부당행위의 정도 등과
보험의 사회적 효용 내지 경제적 기능을 종합적으로 비교·교량하여 결정하여야 할 것이다. 따라서 피보험자가 보
험금을 청구하면서 실손해액에 관한 증빙서류 구비의 어려움 때문에 구체적인 내용이 일부 사실과 다른 서류를 제
출하거나 보험목적물의 가치에 대한 견해 차이 등으로 보험목적물의 가치를 다소 높게 신고한 경우 등까지 이 사
건 약관조항에 의하여 보험금청구권이 상실되는 것은 아니라고 해석함이 상당하다 할 것이다"라고 판시하였다.

당사자 사이에 분쟁의 소지가 된다. 면책사유는 법률의 규정에 의하여 보험자의 책임을 면제하는 사유인 법정면책사유, 보험약관의 규정에 의한 약관면책사유로 구분할 수 있다. 법정면책사유로는 인위적인 보험사고(제659조)와 전쟁위험 등으로 생긴 보험사고(제660조)가 있다.

2. 인위적인 보험사고

(1) 의 의

상법 제659조는 보험사고가 보험계약자 등의 고의로 인하여 생긴 때에는 보험자는 보험금을 지급할 책임이 없다고 정한다. 보험계약에서 보험자는 우연한 사고가 생긴 때에 보험금을 지급하기로 한 것이지, 보험계약자 등이 고의적으로 일으킨 사고에 대하여까지 담보하는 것은 아니다. 보험계약자 등이 인위적으로 보험사고를 일으킨 것은 보험사고의 우연성에 어긋나는 것이고, 피보험자를 고의로 살해하는 등의 인위적 사고로 인한 도덕적 위험을 막고자 보험계약자 등의 고의 또는 중과실로 생긴 보험사고에 대하여는 보험자의 면책사유로 한 것이다. 또한 이러한 경우에도 보험금을 지급하도록 한다면 보험금의 취득을 목적으로 빈번하게 인위적인 보험사고가 발생함으로써 사회적인 불안이 조성되고 막대한 경제적 손실이 초래될 우려가 있다.

(2) 입증책임

면책사유에 대한 입증책임은 보험자에게 있다. 따라서 원인불명의 보험사고에 대하여도 보험자는 보험금지급의무를 면하지 못한다. 판례는 피보험자의 자살을 보험자의 면책사유로 규정하는 경우 보험자가 보험금 지급책임을 면하기 위하여는 위 면책사유에 해당하는 사실을 입증할 책임이 있는바, 이 경우 자살의 의사를 밝힌 유서 등 객관적인 물증의 존재나, 일반인의 상식에서 자살이 아닐 가능성에 대한 합리적 의심이 들지 않을 만큼 명백한 주위 정황사실을 입증하여야 한다고 하였다.[63]

(3) 대표자책임이론

1) 의 의

대표자책임이론이란 **보험계약자 또는 피보험자에게 고의나 중과실 등의 책임사유가 없더라도, 피보험자 본인을 대신해서 위험관리를 행하는 일정한 제3자의 보험사고 유발에 대해서는 보험자가 면책이 되어야 한다는 이론**이다. 피보험자의 부부, 가족과 같이 피보험자와 특별한 관계가 있는 자가 보험사고를 일으킨 때에는 보험자의 면책을 인정하는 것으로 독일 판례상 확립된 이론이다. 우리나라의 보험실무상 화재보험약관에서는 "피

---

63) 대법원 2002.3.29. 선고 2001다49234 판결; 대법원 2010.5.13. 선고 2010다6857 판결도 같은 취지이다.

보험자에게 보험금을 받도록 하기 위하여 피보험자와 세대를 같이 하는 친족 또는 고용인이 고의로 사고를 일으킨 손해에 대해서는 보험자가 보상하지 아니한다"는 내용으로 나타난다.

대표자책임이론의 근거로는 보험계약자 등이 스스로 위험의 관리를 행함이 없이 이것을 제3자에게 맡기고 있고 이 제3자가 보험사고를 유발한 경우 보험계약자 등은 책임이 없다는 것은 보험계약자들에 대한 평등취급에 반하고, 또한 보험단체의 이익을 해하게 되므로 대표자의 행위에 대하여도 보험자의 면책을 인정할 필요성이 있다는 것이다.

2) 학 설

과거 긍정설로 이를 전적으로 수용하거나 또는 보험약관상 규정이 있는 경우 인정하자는 견해 등이 있었으나, 현재 **이를 부정하는 것이 통설**이다.

3) 판 례

판례도 이 이론을 부정하기는 하나, 약관상의 대표자책임이론 조항을 전적으로 무효로 선언하지는 않음을 주목하여야 한다.[64] 판례는 **위 면책조항의 효력을 문언 그대로 인정하지는 않으면서도 무효로 선언하지도 않는다. 오히려 그 조항을 추정조항으로 해석하여 입증책임을 전환시킨다.** 그 조항에 열거된 세대를 같이 하는 친족 또는 고용인의 행위는 피보험자의 고의 또는 중과실에 기인한 것으로 추정할 수 있을 만큼 밀접한 생활관계에 있고, 따라서 입증책임이 전환되므로 피보험자 자신이 '자신'의 고의 또는 중대한 과실이 개재되지 아니하였음을 입증하여야 한다는 것이다.

이러한 취지에서 대법원 1984.1.17. 선고 83다카1940 판결은 "보험계약의 보통약관중 '피보험자에게 보험금을 받도록 하기 위하여 피보험자와 세대를 같이 하는 친족 또는 고용인이 고의로 사고를 일으킨 손해에 대해서는 보험자가 보상하지 아니한다'는 내용의 면책조항은 그것이 제3자가 일으킨 보험사고에 피보험자의 고의 또는 중대한 과실이 개재되지 않은 경우에도 면책하고자 한 취지라면 상법 제659조, 제663조에 저촉되어 무효라고 볼 수밖에 없으나, 동 조항은 피보험자와 밀접한 생활관계를 가진 친족이나 고용인이 피보험자를 위하여 보험사고를 일으킨 때에는 피보험자가 이를 교사 또는 공모하거나 감독상 과실이 큰 경우가 허다하므로 일단 **그 보험사고 발생에 피보험자의 고의 또는 중대한 과실이 개재된 것으로 추정하여 보험자를 면책하고자 한 취지에 불과하다고 해석함이 타당하며, 이러한 추정규정으로 보는 이상 피보험자가 보험사고의 발생에 자신의 고의 또는 중**

---

64) 대법원 1998.4.28. 선고 97다11898 판결(동산종합보험보통약관 소정의 '보험계약자, 피보험자 또는 이들의 법정대리인의 고의 또는 중대한 과실로 생긴 손해'라는 면책조항이 적용되기 위하여는 '보험계약자, 피보험자 또는 이들의 법정대리인'의 고의 또는 중대한 과실로 생긴 손해에 한하여 면책되는 것이지, 위 '보험계약자나 피보험자 또는 이들의 법정대리인에게 단순히 고용된 자'의 고의 또는 중대한 과실로 생긴 손해는 여기에 해당되지 않는 것으로 보아야 한다).

대한 과실이 개재되지 아니하였음을 입증하여 위 추정을 번복할 때에는 위 면책조항의 적용은 당연히 배제될 것이므로 위 면책조항은 상법 제663조의 강행규정에 저촉된다고 볼 수 없다. 위 면책조항을 추정규정이라고 본 이상, 그에 열거된 친족 또는 고용인이라 함은 그들의 행위가 피보험자의 고의 또는 중대한 과실에 기인한 것이라고 추정케 할 만큼 피보험자와 밀접한 생활관계를 가진 자에 국한된다고 보아야 하므로 고용인도 세대를 같이하는 자임을 요한다고 해석함이 타당하다"고 하였다.

3. 전쟁위험 등으로 생긴 보험사고

보험사고가 전쟁 기타 변란으로 인하여 생긴 경우에는 당사자 사이의 특약이 없는 한 보험자는 보험금액을 지급할 책임이 없다(제660조). 이는 전쟁 등의 변란은 위험산정의 기초가 된 통상의 사고가 아니고, 또 통상의 보험료로써는 그 위험을 인수할 수 없기 때문이다. 이 같은 취지에서 지진·태풍·홍수·해일 등으로 인한 사고도 통상의 보험료로써 그 위험을 인수할 수 없다는 점에서, 실제 각종의 보험약관에서는 이를 면책사유로 정하고 있다.

전쟁이라 함은 선전포고의 여부를 묻지 아니하며, 기타 변란이라 함은 내란, 폭동 또는 소요(騷擾)와 같이 통상의 경찰력으로써 치안을 유지할 수 없는 상태를 의미한다. 판례는 화재보험약관에서 면책사유로 규정된 소요의 해석과 관련하여 소요는 폭동에는 이르지 아니하나 한 지방에서의 공공의 평화 내지 평온을 해할 정도로 다수의 군중이 집합하여 폭행, 협박 또는 손괴 등 폭력을 행사하는 상태라고 한다.[65]

4. 각칙의 면책사유

(1) 손해보험 일반의 경우

상법에서 인정되는 보험자의 특수한 면책사유는 손해보험에만 존재하는데 이는 다시 손해보험 전반에 걸치는 것과 운송보험과 해상보험에만 해당하는 것이 있다. 손해보험에서는 보험의 목적의 성질, 하자 또는 자연소모로 인한 손해는 보험자가 이를 보상할 책임이 없다(제678조). 이는 보험사고는 우연한 것이어야 하는데, 위 손해의 발생은 이미 확정되어 있기 때문이다.

---

65) 대법원 1994.11.22. 선고 93다55975 판결; 대법원 1991.11.26. 선고 91다18682 판결(전쟁, 혁명, 내란, 사변, 폭동 기타 이들과 유사한 사태 등 보험자의 면책사유 가운데 '소요'는 폭동에는 이르지 아니하나 한 지방에서의 공공의 평화 내지 평온을 해할 정도로 다수의 군중이 집합하여 폭행, 협박 또는 손괴 등 폭력을 행사하는 상태를 말하는 것으로 보아야 할 것이다).

(2) 운송보험의 경우

운송보험에 있어 운송보험사고가 송하인 또는 수하인의 고의 또는 중과실로 인하여 발생한 때에는 보험자는 이로 인하여 생긴 손해를 보상할 책임이 없다(제692조). 이것은 송하인과 수하인은 비록 보험계약자 또는 피보험자가 아니라 하더라도 운송계약상의 일정한 권리의무를 가지므로 보험계약자, 피보험자의 고의·중과실과 같이 취급하여 보험자의 면책을 인정한 것으로 상법 제659조와 그 뜻을 같이 한다.

(3) 해상보험의 경우

해상보험자는 해상사업에 관한 사고로 인하여 생길 손해를 배상할 책임을 지는데, 해상기업의 특수성에 따라 보험사고도 다른 손해보험에 비하여 보다 빈번하고 그 책임범위도 넓은 것이 보통이다. 이에 따라 상법과 약관은 그 면책범위를 넓히고 있고 상법상의 면책사유로는 선박 또는 운임보험의 경우에는 선박의 감항능력의 흠결로 인한 손해, 적하보험의 경우에는 용선자, 송하인 또는 수하인의 고의 또는 중과실로 인한 손해, 도선료, 입항료, 등대료, 검색료 기타 선박 또는 적하에 관한 통상비용, 일정한 경우에 항해변경, 이로, 발항 또는 항해의 지연, 선박변경 등이 있다(제706조).

5. 약관상 면책사유

각종 보험약관은 보험자의 면책사유를 정하고 있고 이를 면책약관이라 한다. 이 보험약관이 정하는 면책사유는 보험계약법에서 인정하고 있는 사유 이외에 그 보험의 특성에 따라 정하고 있다. 약관상 면책사유가 분쟁의 대상이 되는 경우가 많고 그 효력유무도 문제된다. 중요한 점은 **약관상 면책사유는 상법 제663조에 저촉되지 않는 범위 내에서 유효하다**는 것이다.

IV. 보험료반환의무

1. 의   의

보험계약의 전부 또는 일부가 무효인 경우에 보험계약자와 피보험자 또는 보험수익자가 선의이며 중대한 과실이 없는 때에는, 보험자는 보험료의 전부 또는 일부를 반환하여야 한다(제648조). 보험계약자는 보험사고가 발생하기 전에는 언제든지 계약의 전부 또는 일부를 해지할 수 있는데, 이 경우에 보험자는 미경과보험료를 반환하여야 한다(제649조 제1항, 제3항). '미경과보험료'란 보험계약의 해지시점이 속하는 보험료기간 이후의 보험료기간에 해당하는 보험료를 말한다. 그리고 인보험의 경우에는 보험계약이 해지된 때에 보험자는 보험료적립금을 보험계약자에게 반환하여야 한다(제736조 제1항 본문).

2. 소멸시효

보험료반환의무도 3년의 시효로 인하여 소멸한다(제662조).

제5절 보험계약자·피보험자·보험수익자의 의무

Ⅰ. 보험료지급의무

1. 총   설

(1) 보험료지급의무자와 수령권자

보험료지급의무는 보험계약의 당사자인 보험계약자가 부담한다. 다만 타인을 위한 보험계약에서의 타인인 피보험자 또는 보험수익자는 보험계약자가 파산선고를 받거나 보험료의 지급을 지체한 때에는 그 권리를 포기하지 않는 한 제2차적으로 의무를 지므로(제639조 제3항 단서), 이러한 경우에는 손해보험의 피보험자나 생명보험의 보험수익자도 정당하게 그 보험료를 지급할 수 있다.

보험료는 보험자 또는 그 대리인에게 지급하여야 한다. 보험대리상에게는 보험료수령권이 인정되나, 보험의와 보험중개사 등에게는 인정되지 않는다. 다만 보험설계사에게는 보험료수령권이 인정됨은 살펴보았다. 만일 **보험대리상이 자동차보험계약의 청약을 받으면서 보험료를 현실적으로 지급받기 전에 보험계약자를 위하여 이를 대납하기로 약정하였다면 위 약정일에 보험계약이 체결되어 보험회사가 보험료를 영수한 것으로 보아야 할 것**이라는 판례가 있다.[66]

(2) 보험료의 액

1) 보험료감액청구권

보험료액은 일반적으로 보험계약의 체결 전에 기준요율에 따라 결정되는 것이나 일반적으로 예기한 특별위험이 소멸한 경우에는 보험계약자의 보험료감액청구권을 인정한다. 즉 보험계약의 당사자가 특별한 위험을 예기하여 보험료의 액을 정한 경우에 보험기간 중

---

[66] 대법원 1991.12.10. 선고 90다10315 판결(보험회사를 대리하여 보험료를 수령할 권한이 부여되어 있는 보험대리점이 보험계약자에 대하여 보험료의 대납약정을 하였다면 그것으로 곧바로 보험계약자가 보험회사에 대하여 보험료를 지급한 것과 동일한 법적 효과가 발생하는 것이고, 실제로 보험대리점이 보험회사에 대납을 하여야만 그 효과가 발생하는 것은 아니다).

그 예기한 위험이 소멸한 때에는 보험계약자는 그 후의 보험료의 감액을 청구할 수 있다 (제647조). 보험료감액청구권은 일종의 형성권이고, 그 특별위험의 소멸에 관한 입증책임은 보험계약자에게 있다.

2) 보험료증액청구권

보험료 계산의 기초가 틀린 경우 보험자는 보험료증액을 청구할 수 있다. 그러한 경우로 상법은 위험변경증가의 통지를 받은 경우(제652조 제2항), 보험계약자 등의 고의·중과실로 인한 위험증가의 경우(제653조) 등을 인정한다. 다만 위 사실을 안 날로부터 1월 이내에 하여야 하며, 계약해지도 가능하다.

(3) 보험료의 지급장소(지참채무)와 지급시기

보험료의 지급장소에 관하여는 상법이 특별한 규정을 두지 않으므로 민법의 일반원칙에 따라 채권자인 보험자의 영업소에서 하여야 한다(민법 제467조 제2항). 즉 보험료채무는 추심채무가 아니라 지참채무이나 보험거래에서는 수금사원이 직접 보험계약자를 방문하여 보험료를 받도록 하는 경우가 있는데, 이때에는 특약으로 그 보험료채무는 추심채무가 된다.

보험계약자는 계약체결 후 지체 없이 보험료의 전부 또는 제1회 보험료를 지급하여야 하며, 보험계약자가 이를 지급하지 아니하는 경우에는 다른 약정이 없는 한 계약성립 후 2월이 경과하면 그 계약은 해제된 것으로 본다(제650조 제1항). 보험료의 일시납인 경우에는 보험료 전액을 계약체결 후 지체 없이 납부하여야 하고, 분납인 경우에는 제1회 보험료를 납부하여야 한다.

(4) 소멸시효

보험료청구권은 2년간 행사하지 않으면 시효로써 소멸한다(제662조). 그러므로 보험자는 최초의 보험료의 경우에는 보험계약이 성립한 날로부터 2년, 제2회 이후의 보험료의 경우에는 그 지급기일로부터 2년 내에 보험료청구권을 행사하지 아니하면 시효로써 소멸하게 된다.

2. 보험료의 종류

(1) 일시납보험료와 분납보험료

이는 보험기간 전체에 대하여 보험료를 한 번에 내느냐 또는 나누어서 내느냐에 따른 구별이다. 일시납보험료는 전 보험기간에 대하여 1회에 전부 지급하는 보험료를 말한다. 분납보험료는 보험기간을 일정하게 분할하여 그 기간에 따라 계속적으로 지급하는 보험료이다.

(2) 최초보험료와 계속보험료

최초보험료라 함은 그 지급이 없으면 보험자의 책임이 개시되지 아니하는 보험료를 말한다. 즉 위험보장의 개시를 위하여 그 지급이 요구되는 일시납 보험료 또는 분납 보험료의 제1회분을 말하는 것으로, 보험자의 책임이 개시된 후에 지급되는 제1회 보험료나 일시지급보험료는 최초보험료가 아니다. 그리고 최초보험료가 아닌 일체의 보험료를 계속보험료라 하고, 계속보험료는 그 지급이 없으면 이미 개시된 보험자의 책임이 더 이상 계속되지 아니하는 보험료이다. 이와 같이 최초보험료와 계속보험료의 구별은 보험자의 위험보장의 개시 여부를 기준으로 한다. 다음은 최초보험료와 계속보험료의 구분이 문제되는 몇 가지의 경우이다.

① 위험담보의 특약하에 보험료의 지급이 유예된 소위 외상보험의 경우 제1회로 지급되는 보험료는, 이미 보험자의 위험보장이 개시되었으므로 계속보험료이다. ② 신계약으로 종전의 보험계약을 갱신하는 경우 예컨대 자동차보험이 만기가 되어 갱신하는 경우, 그 신계약상 처음으로 지급하게 되는 보험료는 최초보험료이다. ③ 계속보험료의 지급지체로 말미암아 해지되거나 실효된 보험계약을 부활하는 경우 지급하는 연체보험료와 이자는, 구계약이 해지된 후 부활될 계약의 연체보험료와 이자의 지급이 있기 전까지는 보험자가 위험을 담보하지 않으므로 최초보험료로 파악된다. ④ 최초보험료를 지급하지 아니한 때에는 다른 약정이 없는 한 계약성립 후 2월이 경과하면 계약은 해제된 것으로 의제되고(제650조 제1항), 계속보험료의 지급을 지체한 경우에는 상당한 기간을 정하여 보험계약자에게 최고한 후 계약해지할 수 있다(제650조 제2항).

3. 어음·수표에 의한 보험료의 지급

(1) 문제점

보험료를 현금으로 지급하지 아니하고 어음·수표로 지급하는 경우 보험료의 지급시기를 어음·수표의 교부시로 볼 것인가, 아니면 어음·수표의 결제시로 볼 것인가가 문제된다. 그 시기에 따라 **최초보험료의 경우 보험자의 책임개시 여부**가, 계속보험료의 경우 책임계속 여부가 좌우된다.

(2) 학설과 판례

① **해제조건부대물변제설**(解除條件附代物辨濟說)에 의하면 부도를 해제조건으로 하여 어음이나 수표를 현금의 지급에 갈음하여 교부한 것, 즉 대물변제한 것으로 보고 그 교부일로부터 보험자의 책임이 개시되는 것으로 한다. 다만 부도시에는 대물변제의 효과가 증권의 교부시로 소급하여 소멸되고, 그 결과 보험료채무가 다시 생겨나는 등 보험료지급에 따

보 험 법

른 모든 효과가 처음부터 발생하지 않는 것이 된다. ② **유예설**(猶豫說)에 의하면 보험계약자가 교부한 어음·수표를 보험자가 수령한 때에는 보험료지급을 유예하면서 보험위험을 인수한 것으로 본다. 즉 그 교부일로부터 보험자의 책임이 개시되고, 어음·수표의 교부는 지급을 위하여 한 것으로 추정하는 동시에 보험료채무에 대한 지급을 어음·수표의 만기나 지급제시시까지 유예한다는 당사자 사이의 합의가 존재하는 것으로 추정한다. 부도시 보험자는 어음의 지급이 거절된 때까지 일어나는 보험사고에 대하여 그 책임을 지고, 부도시부터 다시 보험계약상의 책임을 지지 않는다고 본다. ③ **어음·수표구별설**은 어음의 경우에는 유예설, 수표의 경우에는 해제조건부대물변제설을 따르는 견해이다. 수표는 지급증권으로서 돈의 지급에 갈음하여 사용하고 있으나, 어음은 신용증권으로서 그 교부는 보험료 자체의 지급이라고 볼 수는 없으므로 이 경우에 보험자의 책임관계를 구별하여 보아야 한다는 논지이다. ④ **판례**[67]**가 취하는 어음·수표 일반법리설**이다. 어음·수표의 교부가 보험료의 지급에 갈음하여 이루어졌다면 이는 어음·수표의 교부시가 바로 보험료의 지급시기가 될 것이지만, 그 교부에 있어서 당사자간의 의사가 분명하지 않는 때에는 어음·수표의 일반법리에 의하면 보험료의 지급을 위하여 또는 담보를 위한 것으로 보므로 어음·수표금의 지급이 있는 때(결제시)에 보험료가 지급되는 것이고 비로소 보험자의 책임이 개시된다는 견해이다.

(2) 소결(유예설)

유예설이 타당하다. 판례가 취하는 어음·수표일반법리설과 해제조건부대물변제설을 비판하면서 유예설의 타당한 근거들을 살핀다.

1) 어음·수표일반법리설(판례의 입장) 비판

최초보험료를 선일자수표로 지급한 위 판결이 있은 후, 해제조건부대물변제설이나 유예설 등에 관한 이론이 소개되었고 아울러 판결의 부당성이 지적되고 있다. 그러나, 그 이후 이를 쟁점으로 다룬 대법원 판결은 아직 없다. 문제는 판례와 같이 만약 어음이나 수표로 최초보험료를 지급하는 경우 그 교부시가 아니라 결제시가 되어야만 보험료 지급이 있는 것으로 본다면, **보험계약자로서는 어음이나 수표를 교부할 이유가 없다는 점이다.** 또한 어음·수표교부시로부터 보험보호를 받을 것이라는 보험계약자 측의 합리적 기대에 반하는 문제도 있다. 그리고 판례와 같이 어음·수표상의 일반법리를 보험에 그대로 적용하여

---

67) 대법원 1989.11.28. 선고 88다카33367 판결(선일자수표는 대부분의 경우 당해 발행일자 이후의 제시기간 내의 제시에 따라 결제되는 것이라고 보아야 하므로 선일자수표가 발행 교부된 날에 액면금의 지급효과가 발생된다고 볼 수 없으니, 보험약관상 보험자가 제1회 보험료를 받은 후 보험청약에 대한 승낙이 있기 전에 보험사고가 발생한 때에는 제1회 보험료를 받은 때에 소급하여 그때부터 보험자의 보험금 지급책임이 생긴다고 되어 있는 경우에 있어서 보험모집인이 청약의 의사표시를 한 보험계약자로부터 제1회 보험료로서 선일자수표를 발행받고 보험료 가수증을 해주었더라도 그가 선일자수표를 받은 날을 보험자의 책임발생 시점이 되는 제1회 보험료의 수령일로 보아서는 안 된다).

해결하면, **어음이나 수표를 교부받은 보험자가 지급제시를 하는 시점에 의하여 보험자의 책임 발생시기가 좌우**되어 그 결제 이전에는 보험보호를 받지 못하는 결과가 초래되고, 또한 최초보험료의 명목으로 어음이나 수표를 교부할 이유가 없게 되어, 판결은 부당하다는 비판을 면하기 어렵다. 이러한 점에서 어음·수표의 교부일로부터 보험자의 책임이 개시된다고 보는 해제조건부대물변제설 또는 유예설이 타당하게 된다.

2) 해제조건부대물변제설과 유예설의 비교

그렇다면 해제조건부대물변제설과 유예설을 비교하여 본다. 양 이론의 공통점으로는 어음이나 수표의 교부시부터 보험자의 책임이 개시(또는 계속)되게 함으로써, 보험거래의 관행이나 보험계약자의 보호에 충실한 이론이다. 따라서 어음이나 수표의 교부 후에 보험사고가 발생하면 보험자의 보험금지급책임을 인정한다.

그러나 해제조건부대물변제설(전자)과 유예설(후자)의 차이점으로는 다음이 있다. ① **보험료채무의 병존** 여부이다. 전자는 어음·수표의 교부시에 보험료채무가 대물변제에 의하여 이행되어 소멸되는 것으로 보는데 반하여, 후자는 보험료채무가 병존하는 것으로 하되 보험료채무의 이행이 어음·수표의 결제시 또는 부도시까지 유예된 것으로 본다. ② **보험료의 공제** 여부이다. 양 설은 어음·수표의 교부 후 결제 이전에 보험사고가 발생하면 보험자의 보험금지급책임을 인정하고는 있으나, 전자에 의하면 보험료채무가 소멸되었기 때문에 상법 제677조에 따라 보험금에서 당해 보험료를 공제할 수 없으나, 후자에 의하면 보험금에서 당해 보험료를 공제할 수 있다. ③ **부도의 효과**이다. 전자는 해제조건의 성취로 대물변제의 효과가 어음·수표의 교부시에 소급함에 반하여, 후자는 그 효과가 장래에 향하여만 인정된다. ④ **보험사고 발생 후 부도가 난 경우**이다. 전자에서는 보험사고발생시에 생겨났던 보험금청구권이 부도로 인하여 소급하여 소멸하게 되어 보험금을 다시 환급받을 수 있음에 반하여, 후자에서는 보험사고발생시에 보험금청구권이 확정적으로 발생하여 결과적으로 보험자는 보상책임을 진다.

위 공통점과 차이점들을 검토하여 보면 **보험제도에 기반하면서도 유가증권의 법리에 보다 충실한 이론은 유예설**로 파악된다. 유예설이 타당하다.

4. 보험료지급해태의 효과

(1) 최초보험료의 지급해태

최초보험료의 지급이 없으면, 보험자의 책임이 개시되지 않는다. 보험자의 책임은 특약이 없으면 최초보험료를 지급받는 때로부터 개시하기(제656조) 때문에, 최초보험료의 지급 이전에는 보험사고가 발생하는 경우에도 보험자가 보상책임을 지지 아니한다. 어음이나 수표가 최초보험료로 교부된 경우에는 위 각 이론에 따라 보험자의 책임개시가 달라진다.

그리고 보험계약의 성립 후 2월이 경과할 때까지 최초보험료의 지급이 없으면 그 계약은 해제된 것으로 본다(제650조 제1항). 따라서 그 보험계약은 소급하여 무효로 된다.

(2) 계속보험료의 지급해태

계속보험료가 약정한 지급기일에 지급되지 아니한 경우에 **보험자는 바로 보험계약을 해지할 수 있는 것이 아니라 상당한 기간을 정하여 보험계약자에게 최고하고 그 기간 내에 지급되지 아니한 때에 그 계약을 해지할 수 있다**(제650조 제2항). 즉 계속보험료가 약정한 시기에 지급되지 아니하였다고 하여 바로 계약을 해지할 수 있는 것이 아니라, 먼저 계속보험료의 지급지체가 있으면 보험자는 상당한 기간을 정하여 보험계약자에게 최고하여야 하고, 그 최고에도 불구하고 보험료를 지급하지 아니한 때에 비로소 해지의 의사표시에 의하여 보험계약을 해지할 수 있다. 또한 특정한 타인을 위한 보험의 경우에 보험계약자가 보험료의 지급을 지체한 때에는 보험자는 그 타인에게도 상당한 기간을 정하여 보험료의 지급을 최고한 후가 아니면 그 계약을 해제 또는 해지하지 못한다(제650조 제3항).

계속보험료 해지의 요건은 다음과 같다. ① 계속보험료가 약정된 시기에 지급되지 아니하여야 한다. 이때 보험료의 부지급은 보험계약자의 귀책사유로 인한 것이어야 한다. ② 보험자는 상당한 기간을 정하여 최고하여야 한다. 최고의 방법은 제한이 없으나 입증책임은 보험자에게 있다. ③ 보험료지급 최고시에 정한 상당한 기간 내에 보험료의 지급이 없어야 한다. ④ 보험자는 계약해지의 의사표시를 하여야 한다. ⑤ 계약해지의 의사표시가 보험계약자 등 보험료지급의무자에게 도달하여야 한다(민법 제111조 참조). 보험료지급의무자에 대한 보험료지급의 최고와 관련하여 보험계약자의 주소지가 변경되었음에도 불구하고 보험자에 대하여 이를 알리지 아니하여 보험자에게 기신고된 주소지로 최고한 경우 그 효력을 인정할지 여부가 문제된다.

보험계약자의 주소변경통보 불이행시 종전 주소지를 보험회사 의사표시의 수령장소로 본다는 보험약관의 효력과 관련하여 판례는 제한적인 효력만을 부여하여, 보험자가 과실 없이 보험계약자 또는 피보험자의 변경된 주소 등 소재를 알지 못하는 경우에 한하여 적용되는 것이라고 제한하여 해석한다.[68] 즉 그 약관의 효력을 그대로 인정하는 것이 아니

---

68) 대법원 2000.10.10. 선고 99다35379 판결(보험계약자 또는 피보험자가 개인용자동차보험 보통약관에 따라 주소변경을 통보하지 않는 한 보험증권에 기재된 보험계약자 또는 기명피보험자의 주소를 보험회사의 의사표시를 수령할 지정장소로 한다고 규정하고 있는 개인용자동차보험 특별약관의 보험료 분할납입 특별약관 제3조 제3항 후단을 문언 그대로 보아 보험회사가 보험계약자 또는 피보험자의 변경된 주소 등 소재를 알았거나 혹은 보통일반인의 주의만 하였더라면 그 변경된 주소 등 소재를 알 수 있었음에도 불구하고 이를 게을리 한 과실이 있어 알지 못한 경우에도 보험계약자 또는 피보험자가 주소변경을 통보하지 않는 한 보험증권에 기재된 종전 주소를 보험회사의 의사표시를 수령할 지정장소로 하여 보험계약의 해지나 보험료의 납입최고를 할 수 있다고 해석하게 되는 경우에는 위 특별약관 조항은 고객의 이익에 중대한 영향을 미치는 사업자의 의사표시가 상당한 이유 없이 고객에게 도달된 것으로 보는 조항에 해당하는 것으로서 위 약관의규제에관한법률의 규정에 따라 무효라 할 것이고, 따라서 위 특별약관 조항은 위와 같은 무효의 경우를 제외하고 보험회사가 과실 없이 보험계약자 또는 피보험자의 변경된

라 주소이전을 통지하지 않은 경우에도 보험자가 과실 없이 그를 알지 못한 경우에 한하여 적용된다는 것이다.

(3) 실효약관의 효력

1) 실효약관의 의의

과거 보험약관에서는 보험계약자가 보험료를 분할하여 지급하기로 하는 경우 제2회 이후의 계속보험료의 지급기일로부터 일정한 유예기간을 두고 그 기간 안에 보험료의 지급이 없는 때에는 보험계약은 효력을 잃는다는 뜻을 정하는 것이 일반적이었다. 실효약관(失效約款)은 보험계약자가 계속보험료의 지급기일로부터 유예해 준 일정한 기간 안에 보험료를 지급하지 아니한 때에는 그 보험계약은 당연히 효력을 잃는다고 정한 보험약관의 조항을 말한다.

2) 효 력

실효약관의 효력은 상당기간 논쟁의 대상이 되었다. 실효약관이 무효라는 견해는, 그 약관은 상당한 기간을 정하여 최고하고 난 이후에야 보험계약을 해지하도록 한 상법 제650조 제2항에 어긋나 상법 제663조에 의하여 무효라고 본다. 이에 반하여 유효설은 계속보험료의 지급기일로부터 상당한 유예기간을 두고 그 기간 동안은 보험자가 위험을 담보하고 있으므로, 최고절차를 밟지 않고 보험계약의 실효를 인정하더라도 약관이 보험계약자에게 불이익하지 않다는 입장에서 유효라고 하였다.

과거 판례는 유효설의 입장을 취한 것이 있었으나,[69] 이후 대법원은 그 입장을 변경하여 무효라는 입장을 확고히 견지하고 있다.[70] **상당한 기간 보험료의 지급을 유예하더라도 최고를 하지 아니하고 보험계약의 효력을 잃도록 하는 약관조항은 상법 제650조 제2항보다 보험계약자 등에게 불이익하게 변경함으로써 제663조에 의하여 그 효력을 인정할 수 없다**는 것이다.[71] 이후 실무에서도 실효약관을 더 이상 사용하지 않게 되었다. 다수의 보험계약을 체결하는 보험거래 실정과 보험단체의 이익을 보호하여야 한다는 점에서 볼 때 실효약관의 효력을 긍정하는 것이 바람직한 면도 있으나, 상법 제650조와 제663조가 있는 한 문리해석상으로는 판례가 타당해 보인다. 다행히 실무에서는 더 이상 실효약관을

주소 등 소재를 알지 못하는 경우에 한하여 적용되는 것이라고 해석하여야 한다); 대법원 2003.2.11. 선고 2002다64872 판결도 같은 취지이다.

69) 대법원 1987.6.23. 선고 86다카2995 판결(상법 제650조는 보험료미납을 원인으로 하여 보험자의 일방적인 의사표시로서 보험계약을 해지하는 경우에 있어 그 해지의 요건에 관한 규정으로서 보험자의 의사표시를 기다릴 필요없이 보험료납입유예기간의 경과로 인하여 보험계약이 당연히 실효되는 것으로 약정한 경우에는 그 적용의 여지가 없다); 대법원 1992.11.27. 선고 92다16218 판결 등도 유효설을 취하였다.

70) 대법원 1995.11.16. 선고 94다56852 전원합의체 판결.

71) 이후 대법원 1996.12.10. 선고 96다37848 판결; 대법원 1997.7.25. 선고 97다18479 판결; 대법원 2002.7.26. 선고 2000다25002 판결 등이 뒤따랐다.

사용하지 않아 논의의 실익이 없게 되었다.

3) 해지예고부최고약관

실효약관을 사용하지 않는 대신 실무에서는 해지예고부최고약관(解止豫告附催告約款)을 사용한다. 해지예고부최고약관은 약정된 기일에 계속보험료의 납부가 없는 경우, 보험자가 최고를 하면서 동시에 일정기간 내에 보험료의 지급이 없으면 보험계약은 당연히 해지된 것으로 본다는 내용의 약관이다. 그런데 상법 제650조에 의하면 최고절차와 해지절차를 각각 따로이 밟아야 하는데 최고를 하면서 동시에 일정기간 내에 보험료의 지급이 없으면 보험계약은 당연히 해지된 것으로 하고 있다는 점에서, **이 약관마저도 해지의 의사표시를 별도로 하지 않아 제650조에 반하고 결과적으로 제663조에 의하여 무효라 할 여지도 있다.** 즉 실효약관이 무효라는 판례의 입장을 엄격히 적용한다면 이 역시 무효라 할 여지도 있다. 그런데 **판례는 이 해지예고부최고약관에 대하여는 그 유효성을 인정하고 있다.**[72]

Ⅱ. 위험변경증가의 통지의무

1. 의의와 법적 성질

보험계약자 또는 피보험자가 사고발생의 위험이 현저하게 변경 또는 증가된 사실을 안 때에는 지체 없이 보험자에게 통지하여야 한다(제652조 제1항). 보험자는 일정한 위험발생률을 전제로 보험료 등의 조건을 정한 것이기 때문에 그에 현저한 변화가 생긴 경우 적절한 조치를 취할 수 있도록 한 것이다. 이는 보험계약 성립 후 보험기간 중에 지는 의무로서, 그 의무를 게을리 한 경우 보험자의 계약해지에 의하여 보험보호를 받을 수 없게 되는 점에서 고지의무와 같이 간접의무로 본다.

2. 의무이행의 시기

위험변경증가의 통지의무는 보험기간 중 보험계약자와 피보험자가 부담하는 의무이다. 고지의무는 보험계약의 성립시까지 부담하는 의무임에 반하여, 이 의무는 보험계약이 체결된 이후의 의무라는 점에서 다를 뿐, 기타의 요건이나 효과 등은 대동소이하다. 예컨대 고지의무에서의 고지할 대상인 '중요한' 사항이 '현저한'으로 바뀌었을 뿐 내용은 동일하다. 그리고 보험계약자 또는 피보험자가 그 사실을 안 때에 지체 없이 하여야 한다. '지체 없

---

72) 보험료의 납입을 최고하면서 보험료가 납입되지 않고 납입유예기간을 경과하면 별도의 의사표시 없이 보험계약이 해지된다는 취지의 통지(해지예고부 납입최고)를 하는 약관이 사용되고, 대법원 2003.4.11. 선고 2002다69419(본소), 2002다69426(반소) 판결에서는 이 약관을 유효하다고 한다.

이'라 함은 자기의 책임 있는 사유로 늦춤이 없이라는 의미로 본다.

3. 요 건

(1) 현저한 위험의 증가

위험의 변경 또는 증가가 현저한 것이어야 한다. **그 증가한 위험이 보험계약 체결 당시에 존재하였었다면 보험자가 계약을 체결하지 않았거나 실제의 보험료보다 고액의 보험료를 정한 경우이었을 정도의 위험**을 말한다.[73] 구체적 사례로 나타난 것들은 다음과 같다.

1) 현저한 경우에 해당한다고 한 사례

화재보험계약의 체결 후에 건물의 구조와 용도에 상당한 변경을 가져오는 증·개축공사가 시행된 경우에는 그러한 사항이 계약 체결 당시에 존재하고 있었다면 보험자가 보험계약을 체결하지 않았거나 적어도 그 보험료로는 보험을 인수하지 않았을 것으로 인정되는 사실에 해당한다고 하였다.[74] 또한 화재보험의 목적인 공장건물에 대한 근로자들의 점거, 농성이 장기간 계속되고 있음에도 그 사실을 보험자에게 통지하지 아니한 보험계약자(피보험자)의 행위가, 보험사고 발생의 가능성이 현저하게 증가한 경우에 해당한다고 보았다.[75]

또한 자동차보험에 있어 보험계약 체결 후에 피보험자동차의 구조가 현저히 변경된 경우에는 그러한 사항이 계약 체결 당시에 존재하고 있었다면 보험자가 보험계약을 체결하지 않았거나 적어도 그 보험료로는 보험을 인수하지 않았을 것으로 인정되는 사실에 해당하여 상법 제652조 소정의 통지의무의 대상이 되고, 따라서 보험계약자나 피보험자가 이를 해태할 경우 보험자는 바로 상법 규정에 의하여 자동차보험계약을 해지할 수 있다고 하였다.[76]

2) 현저한 경우에 해당하지 않는다고 한 사례

화재보험의 목적물이 양도되었으나 그 소유자만 변경되었을 뿐 보험료율의 결정요소인 영위직종과 영위작업이나 건물구조 및 작업공정이 양도 전후에 동일한 경우, 보험목적물의 양도로 인하여 위험의 현저한 증가 또는 변경이 없다고 하였고,[77] 렌트카를 유상운송에 제공하거나 렌트카회사가 지입차주로 하여금 독자적으로 렌트카 영업을 하게 하는 경우는

---

73) 대법원 1992.11.10. 선고 91다32503 판결(상법 제652조, 제653조의 규정취지등을 종합하여 고려해 볼 때, 위 약관의 면책조항에서 말하는 '위험의 현저한 증가'는 그 증가한 위험이 공제계약 체결당시 존재하였던 거라면 피고가 계약을 체결하지 않았거나 실제의 약정 공제분담금보다 더 고액을 분담금으로 정한 후에야 계약을 체결하였을 정도로 현저하게 위험이 증가된 경우를 가리킨다고 봄이 상당하다 할 것).

74) 대법원 2000.7.4. 선고 98다62909,62916 판결.

75) 대법원 1992.7.10. 선고 92다13301,13318 판결.

76) 대법원 1998.11.27. 선고 98다32564 판결.

77) 대법원 1996.7.26. 선고 95다52505 판결.

그 운행 형태는 렌트카의 본래의 운행 형태와 거의 같은 것이어서 사고위험률이 현저히 높다고 볼 수 없다 하였다.[78] 또한 서적도매상에서 일당을 받고 다른 차량과 함께 가끔 피보험자동차를 이용하여 서적을 배달하는 행위도 현저한 위험의 증가가 아니라고 하였다.[79]

(2) 객관적 위험의 증가

위험의 변경 또는 증가가 보험계약자 또는 피보험자의 행위로 말미암은 것이 아니어야 한다. 즉 제652조의 위험의 변경 또는 증가는 객관적인 것으로 보험계약자 또는 피보험자의 고의나 중과실로 위험이 변경 또는 증가된 경우에는 제653조의 위험유지의무 위반의 문제가 된다.

(3) 보험기간 중의 위험증가

위험의 변경 또는 증가는 보험기간 중에 생긴 것이어야 한다. 보험계약 성립 전의 위험의 상태는 상법 제651조의 고지의무의 문제에 속하는 것이다.

(4) 보험계약자 등의 인식

보험계약자 또는 피보험자가 그 위험의 현저한 변경이나 증가의 사실을 알았어야 한다. 그런데 위험의 변경 또는 증가의 사실을 알게 된 연유나 과정은 묻지 않는다. 그러나 보험자가 그 사실을 알았거나 중대한 과실로 알지 못한 때에는 통지할 필요가 없다.[80]

4. 입증책임

위험변경증가의 사실이 존재하는 것에 대한 입증책임은 **보험자가 부담**한다.[81]

5. 해태의 효과

(1) 계약해지권의 발생

통지의무를 해태한 때에는 보험자는 그 사실을 안 날로부터 1월 내에 계약을 해지할 수 있다(제652조 제1항). 1월의 기간은 제척기간이다. 보험사고의 발생 후에도 보험자는 안 날로부터 1월 내에 계약을 해지할 수 있다(제655조 본문). 이에 의하여 계약을 해지한 때에

---

78) 대법원 1997.9.5. 선고 95다25268 판결.
79) 대법원 1999.1.26. 선고 98다48682 판결(피보험자가 서적도매상에서 일당을 받고 서적의 상·하차, 분류 및 배달업무에 종사하면서 다른 차량과 함께 가끔 자신 소유의 피보험자동차를 이용하여 서적을 배달한 일이 있다는 정도의 사실만으로는 차량의 운송 경위나 목적, 빈도 등에 비추어 볼 때, 업무용자동차종합보험계약의 약관에서 보험자의 면책사유로 규정된 '계속적·반복적인 유상운송제공행위'나 통지의무의 대상인 '위험이 현저하게 변경 또는 증가된 경우'에 해당한다고 보기 어렵다).
80) 대법원 2000.7.4. 선고 98다62909,62916 판결.
81) 대법원 1996.7.26. 선고 95다52505 판결.

는 보험금을 지급할 책임이 없고 이미 지급한 보험금액의 반환을 청구할 수 있다(제655조).

(2) 해지권의 제한

그 위반의 효과는 고지의무위반과 대동소이하다. ① 보험계약자 등이 그 위험변경증가의 사실과 보험사고 발생 사이에 인과관계가 없음을 증명한 때에는 보험금지급을 청구할 수 있고 이미 지급받은 보험금의 반환을 거절할 수 있다(제655조 단서). ② 제척기간의 경과로 안 날로부터 1월이 경과한 때에는 계약을 해지할 수 없다. ③ 판례에 의한 예외사유로서 보험자가 중대한 과실로 알지 못한 때에도 계약을 해지할 수 없다.82)

6. 위험변경증가의 통지의무 이행과 보험자의 권리

보험자가 위험변경증가의 통지를 받은 때에는 1월 내에 보험료의 증액을 청구하거나 계약을 해지할 수 있다(제652조 제2항). 또한 보험사고가 발생한 이후에도 계약을 해지한 때에는 보험금액을 지급할 책임이 없고, 이미 지급한 보험금액의 반환을 청구할 수 있다(제655조). 결과적으로는 **고지의무를 해태한 경우와 유사**하다.

Ⅲ. 위험유지의무

1. 의   의

보험기간 중에 보험계약자, 피보험자 또는 보험수익자의 고의 또는 중대한 과실로 인하여 사고발생의 위험이 현저하게 변경 또는 증가된 때에는 보험자는 그 사실을 안 날부터 1월 내에 보험료의 증액을 청구하거나 계약을 해지할 수 있다(제653조). 이는 보험계약자 등에게 보험기간 동안 위험을 계약체결시의 상태로 유지할 의무를 부과한 것으로, 그 의무 위반시 계약해지 등의 효과가 부여되므로 간접의무로 해석한다.

2. 요   건

발생요건은 객관적 위험의 증가라는 점 이외에는 위험변경증가의 통지의무의 경우와 유사하다. ① 위험의 변경 또는 증가가 현저한 것이어야 한다. 그 증가한 위험이 보험계약 체결 당시에 존재하였다면 보험자가 계약을 체결하지 않았거나 실제의 보험료보다 더 고액의 보험료를 정할 정도의 위험을 말한다. 화재보험에서 건물 용도를 주택에서 공장으로 변경한 경우, 인보험에서의 보험료가 차등이 나는 직업으로 바꾼 경우 등이다.83) ② 위

---

82) 대법원 2000.7.4. 선고 98다62909,62916 판결.
83) 대법원 2003.6.10. 선고 2002다63312 판결(피보험자의 직업이나 직종에 따라 보험금 가입한도에 차등이 있는 생명보험계약에서 피보험자가 직업이나 직종을 변경하는 경우에 그 사실을 통지하도록 하면서 그 통지의무를

험의 변경 또는 증가가 보험계약자 또는 피보험자의 고의나 중과실로 인한 **주관적인 것이**어야 한다. 객관적인 위험의 변경 또는 증가는 제652조의 문제가 되고 여기서는 보험계약자 또는 피보험자의 고의나 중과실로 위험이 변경 또는 증가된 경우이다. ③ 위험의 변경 또는 증가는 보험기간 중에 발생한 것이어야 한다.

3. 위반의 효과

위험변경증가의 통지의무의 경우와 같다. 보험자는 그 사실을 안 날부터 1월 내에 보험료의 증액을 청구하거나 계약을 해지할 수 있다(제653조). 1월은 제척기간이고 이 규정에 의하여 계약을 해지한 때에는 보험금액을 지급할 책임이 없으며 이미 지급한 보험금액의 반환을 청구할 수 있다. 다만 위험의 현저한 변경이나 증가된 사실이 보험사고의 발생에 영향을 미치지 아니하였음이 증명된 때에는 그러하지 아니하다(제655조 단서).

Ⅳ. 보험사고발생의 통지의무

1. 의 의

보험계약자 또는 피보험자나 보험수익자는 보험사고의 발생을 안 때에는 지체 없이 보험자에게 그 통지를 발송하여야 한다(제657조 제1항). 사고의 발생을 보험자에게 신속하게 통지하여 보험자로 하여금 사고의 원인과 손해의 범위 등을 조사하고 적절한 조치를 취할 수 있도록 한다. 이 의무의 성질에 대하여는 견해가 나누어져 있으나, 보험금청구를 위한 전제조건인 동시에 보험자에 대한 진정한 의무라고 함이 통설이다. 그 의무위반의 효과로 고지의무와는 달리 해지권이 부여된 것이 아니라, 그 **위반으로 말미암아 증가된 손해를 보상할 책임이 없도록 하는 점**에서(제657조 제2항) 진정한 의무로 풀이함이 옳다.

2. 통지의 시기와 방법

보험사고의 발생을 안 때에는 지체 없이 통지하여야 한다. '지체 없이'라는 것은 통지의무자의 귀책사유로 지연시키지 아니하는 것을 말한다. 통지의 방법은 구두로 하든 전화나 서면으로 하든 상관이 없다.

해태한 경우에 직업 또는 직종이 변경되기 전에 적용된 보험요율의 직업 또는 직종이 변경된 후에 적용해야 할 보험요율에 대한 비율에 따라 보험금을 삭감하여 지급하는 것은 실질적으로 약정된 보험금 중에서 삭감한 부분에 관하여 보험계약을 해지하는 것이라 할 것이므로 그 해지에 관하여는 상법 제653조에서 규정하고 있는 해지기간 등에 관한 규정이 여전히 적용되어야 한다).

3. 통지의무위반의 효과

보험계약자 또는 피보험자나 보험수익자가 제1항의 통지의무를 해태함으로 인하여 손해가 증가된 때에는 보험자는 그 증가된 손해를 보상할 책임이 없다(제657조 제2항). 고지의무나 위험변경증가의 통지의무와는 달리 계약해지권이 없다. 보험자의 보험금지급기간은 보험자가 보험사고발생의 통지를 받은 후 지체 없이 지급할 보험금액을 정하고 그 정하여진 날로부터 10일 이내로 되어 있다(제658조).

제 6 절   보험계약의 무효 · 변경 · 소멸 · 부활

Ⅰ. 보험계약의 무효

1. 보험사고가 확정된 후의 보험계약

보험계약당시에 보험사고가 이미 발생하였거나 또는 발생할 수 없는 것인 때에는 그 계약은 무효로 한다. 그러나 당사자 쌍방과 피보험자가 이를 알지 못한 때에는 그러하지 아니하다(제644조). 즉 보험사고는 반드시 객관적으로 불확정일 필요는 없고 주관적 불확정으로 족하다.

2. 사회질서에 반하는 보험계약

보험계약자가 보험금의 부정취득 등을 목적으로 보험계약을 체결한 경우 등에는 선량한 풍속 기타 사회질서에 반하는 행위(민법 제103조)로서 효력을 인정할 수 없다. 보험계약자가 동일한 내용의 보험계약을 다수 체결하는 경우의 문제이다. 예컨대 자신의 월수입보다도 많은 고액의 보험료를 내면서도 여러 보험계약을 중첩적으로 체결하는 경우, 사회질서에 반한다고 볼 수 있을지의 여부이다.

보험계약자가 보험사고를 가장하여 보험금을 취득할 목적으로 보험계약을 체결한 경우에는 사회질서에 반하는 보험계약으로서 무효이다.[84] 그러나 이 경우 보험금편취의 목적이 충분히 입증되어야 하므로 단순히 다수의 보험계약을 체결하고 수입에 비하여 과다한 보험에 가입하였다는 사유만으로는 공서양속 및 사회질서에 위반된다고 볼 수는 없다.[85] 그런데 최근 판례는 보험금을 부정취득할 목적으로 다수의 보험계약을 체결하였는

---

84) 대법원 2000.2.11. 선고 99다49064 판결.
85) 대법원 2001.11.27. 선고 99다33311 판결; 같은 취지로 대법원 2004.6.11. 선고 2003다18494 판결.

지에 관하여 직접적인 증거가 없더라도 보험계약자의 직업, 재산 상태 등 제반 사정에 기하여 그 목적을 추인할 수 있다고 한다.[86] 보험금의 부정취득 목적을 추인함에 있어 객관적으로 명확한 기준의 설정 또는 확립이 필요해 보이고 과거 판례들은 그러한 점에서 비판의 여지가 있다. 보험금 부정취득의 목적을 추인하기 위한 간접사실들을 정리하여 보면 단기에 집중적으로 여러 보험에 가입, 저축성보다는 보장성 중심으로 가입, 많은 보험에 가입할 합리적인 이유의 부족, 보험금 총액이 지나치게 많아 그 상당성을 일탈, 고액 보험료를 납입할 수 있는 수입의 부족, 계약체결시 허위사실을 고지, 보험사고 발생의 우연성이 의심되는 등의 사정을 제시할 수 있고, 이들에 대하여 종합적으로 고려하여 판단하여야 한다. 향후 판례는 고려할 사실들을 특정하여 합리적 기준을 설정하고 법적 안정성을 갖추는 것이 요청된다.

3. 사기로 체결된 보험계약

사기로 인한 초과보험(제669조 본문)과 중복보험(제672조 제3항)은 당연히 무효가 된다. 그러나 보험자는 그 사실을 안 때까지의 보험료를 청구할 수 있다(제669조 제4항 단서, 제672조 제3항). 수개의 책임보험에도 중복보험규정을 준용한다(제725조의2).

4. 심신상실자 등을 피보험자로 하는 사망보험

15세미만자, 심신상실자 또는 심신박약자의 사망을 보험사고로 한 보험계약은 원칙적으로 무효가 된다(제732조). 인보험편에서 상론한다.

5. 타인의 사망보험

타인의 사망을 보험사고로 하는 보험계약에서는 그 타인의 서면에 의한 동의를 얻어야 하고(제731조 제1항), 이를 보험계약체결시까지 얻지 못하면 보험계약은 당연무효가 된다. 인보험편에서 상론한다.

6. 보험계약의 취소

(1) 약관의 교부명시의무 위반

보험자는 보험계약을 체결할 때에 보험계약자에게 보험약관을 교부하고 그 약관의 중

---

86) 대법원 2017.4.7. 선고 2014다234827 판결; 대법원 2009.5.28. 선고 2009다12115 판결(甲이 자신이나 그 처를 피보험자로 하는 다수의 보험계약을 체결하였다가 처가 교통사고로 사망하자 보험금의 지급을 청구한 사안에서, 甲이 처를 살해하도록 교사하였던 전력, 석연치 않은 보험사고 경위, 경제형편에 비해 지나치게 과다한 보험료 등 제반 사정에 비추어 볼 때, 위 다수의 보험계약은 보험금을 부정취득할 목적으로 체결한 것으로 추인되므로 민법 제103조에 정한 선량한 풍속 기타 사회질서에 반하여 무효라고 하였다).

요한 내용을 알려주어야 하고 이를 위반한 때에는 보험계약자는 보험계약이 성립한 날부
터 3월 내에 그 계약을 취소할 수 있다(제638조의3). 이 경우 보험계약은 처음부터 무효가
되고, 보험자는 보험계약자로부터 받은 보험료를 전부 반환하여야 한다(제648조).

(2) 민법상 사기로 인한 취소

보험계약자의 사기로 인한 고지의무위반의 경우 보험자가 민법에 의하여 계약을 취소
할 수 있고(민법 제110조), 그 계약은 처음부터 무효가 된다. 다만 보험자는 그 사실을 안
때까지의 보험료를 반환할 필요가 없다고 해석된다(제648조, 제669조 제4항의 유추해석).

Ⅱ. 보험계약의 변경·소멸

1. 보험계약의 변경

(1) 당사자의 합의에 의한 변경

보험계약은 양 당사자의 합의로 성립하는 낙성계약으로서 보험기간 중이라도 당사자간
의 합의로 종래의 계약을 종료시키고 새로운 계약을 체결하는 것이 가능하다. 이 경우 보
험자는 새로운 보험증권을 발행하거나 기존의 보험증권에 그 사실을 기재함에 의하여 보
험증권의 교부에 갈음할 수 있다(제640조 제2항).

(2) 위험의 변경

위험감소의 경우 보험계약의 당사자가 특별한 위험을 예기하여 보험료의 액을 정한 경
우에 보험기간 중 그 예기한 위험이 소멸한 때에는 보험계약자는 그 후의 보험료의 감액
을 청구할 수 있다(제647조).

주관적 위험증가의 경우, 위험유지의무의 문제로서 보험기간 중에 보험계약자, 피보험
자 또는 보험수익자의 고의 또는 중대한 과실로 인하여 사고발생의 위험이 현저하게 변
경 또는 증가된 때에는 보험자는 그 사실을 안 날부터 1월 내에 보험료의 증액을 청구하
거나 계약을 해지할 수 있다(제653조). **객관적 위험증가**의 경우는 위험변경증가의 통지의
무의 문제로서 보험기간 중에 보험계약자 또는 피보험자가 사고발생의 위험이 현저하게
변경 또는 증가된 사실을 안 때에는 지체 없이 보험자에게 통지하여야 한다. 이를 해태한
때에는 보험자는 그 사실을 안 날로부터 1월 내에 한하여 계약을 해지할 수 있다(제652조
제1항).

2. 보험계약의 소멸

(1) 당연 소멸사유

① **최초보험료의 부지급**이다. 보험계약자는 계약체결후 지체 없이 보험료의 전부 또는 제1회 보험료를 지급하여야 하며, 보험계약자가 이를 지급하지 아니하는 경우 다른 약정이 없는 한 계약성립 후 2월이 경과하면 그 계약은 해제된 것으로 본다(제650조 제1항). ② **보험기간의 만료**이다. ③ 보험자가 **파산 선고를 받은 경우** 보험계약자가 해지하지 아니한 보험계약은 파산선고 후 3월을 경과한 때에는 그 효력을 잃는다(제654조). 이 경우 3월의 기간은 제척기간이다. ④ 보험사고와 관련 없는 **보험목적이 멸실된 경우**라도 보험계약의 기본적 요소인 위험이 존재하지 않게 되고, 손해보험의 경우는 피보험이익이 없게 되어 보험계약은 소멸한다.

상법에 규정은 없으나 보험계약 존속 중 신뢰관계 파괴를 이유로 보험계약을 해지할 수 있는지 여부가 문제된다. 판례는 보험계약의 존속 중에 당사자 일방의 부당한 행위 등으로 인하여 계약의 기초가 되는 신뢰관계가 파괴되어 계약의 존속을 기대할 수 없는 중대한 사유가 있는 때에는 상대방은 그 계약을 해지함으로써 장래에 향하여 그 효력을 소멸시킬 수 있다고 판시한다.[87]

(2) 보험계약자의 해지

① 보험계약자는 **보험사고가 발생하기 전**에는 언제든지 계약의 전부 또는 일부를 해지할 수 있다(제649조 제1항 본문). 그러나 타인을 위한 보험계약의 경우에는 보험계약자는 그 타인의 동의를 얻지 아니하거나 보험증권을 소지하지 아니하면 그 계약을 해지하지 못한다(제649조 제1항 단서). ② 보험자가 파산선고를 받은 때에는 보험계약자는 그 계약을 해지할 수 있다(제654조 제1항).

(3) 보험자의 해지

① 고지의무위반으로 인한 해지이다(제651조). ② 계속보험료가 약정한 시기에 지급되지 아니한 때에는 보험자는 상당한 기간을 정하여 보험계약자에게 최고하고 그 기간 내에 지급되지 아니한 때에는 그 계약을 해지할 수 있다(제650조 제2항). ③ 위험변경증가로 인한 해지이다(제652조, 제653조). ④ 약관규정에 의한 해지로서 보험약관에서는 해지사유를 규정하고 있고, 그 해지사유가 상법 제663조 등에 위반되지 않는 한 보험자는 계약을 해지할 수 있다.

---

87) 대법원 2020.10.29. 선고 2019다267020 판결 등.

제 2 장 보험계약의 성립 *1127*

Ⅲ. 보험계약의 부활

1. 부활의 의의

(1) 의 의

계속보험료의 부지급으로 인하여 보험계약이 해지되고(제650조 제2항) 해지환급금이 지급되지 아니한 경우에 보험계약자는 일정한 기간 내에 연체보험료에 약정이자를 붙여 보험자에게 지급하고 그 계약의 부활을 청구할 수 있고, 보험자가 이를 승낙함으로써 그 보험계약을 부활시키는 것이다(제650조의2).

당사자 사이의 합의에 의하여 해지 전의 보험계약을 다시 회복시키는 특수한 계약으로 보는 것이 통설이다. 보험계약의 부활은 보험계약자의 청약에 의하여 보험자가 구속되는 것이 아니고 새로운 계약을 체결할 때와 같은 절차에 의하여 보험자의 승낙이 있는 때에 성립한다. 종전의 보험계약이 부활하게 되면 효력을 상실하지 않았던 것이 된다.

(2) 취 지

보험계약이 해지되거나 실효된 경우에 보험계약자가 해지환급금을 받는 것은 손해이고 새로이 보험계약을 체결하면 보험료가 할증되거나 또는 보험계약 체결 자체가 불가능한 경우 이용된다. 손해보험의 경우 보험기간이 단기인 것이 보통이어서 인보험에서 주로 이용되는 제도이다.

2. 부활의 요건

(1) 계속보험료 부지급으로 인한 계약해지

보험료를 분할하여 지급하기로 하는 보험계약에서 보험계약자가 최초보험료를 지급하여 보험자의 책임이 개시되었으나, 계속보험료를 지급하지 않음으로 인하여 보험계약이 해지되거나 실효되었을 경우이다. 이와 같이 일단 보험자의 책임이 개시되었어야 보험계약의 부활이 있을 수 있다. 과거 실무에서 사용되던 실효약관은 무효라는 판례에 의하여 더 이상 사용되지 아니하고 해지예고부최고약관이 현재 사용되고 있고, 이 해지예고부최고약관에 의하여 무효 또는 실효되는 경우가 이에 해당한다.

(2) 해지환급금의 미지급

보험계약자가 이미 지급한 보험료 가운데 미경과보험료가 있거나 해지환급금을 반환하여야 하는 경우 보험자가 이를 아직 반환하지 않고 있어야 한다(제650조의2). 만약 보험계

보 험 법

약자가 보험자의 계약해지에 의하여 소정의 해지환급금까지 지급받은 때에는 보험계약관계는 완전히 해소되고 보험계약의 부활을 인정할 필요가 없기 때문이다. 이 때 보험자가 반환하여야 할 해지환급금이 없는 경우라면 보험계약자는 보험계약의 부활을 청구할 수 있다.

(3) 보험계약의 청구와 고지의무

보험계약자는 그 보험계약이 해지된 후 일정한 기간 내에 연체보험료에 약정이자를 붙여 보험자에게 지급하여야 한다. 일정한 기간은 보험약관에서 정한 기간을 의미한다. 보험계약자의 청구는 해지된 종전의 계약을 회복시키는 것을 목적으로 하지만 새로운 보험계약의 체결에 의한 절차를 밟아야 한다. 그리하여 부활을 원하는 청약자는 실효시점부터 청약시까지 발생한 중요한 사항을 고지하여야 한다. 또한 인보험계약의 경우 신체검사를 받도록 하는 경우가 많다.

(4) 보험자의 승낙

보험자가 승낙하여야 보험계약이 부활된다. 그리고 부활청약에 있어서도 상법 제638조의2의 규정이 준용되어(제650조의2), 낙부통지의무·승낙의제·승낙전 보험보호 제도가 적용된다. 따라서 보험자가 보험계약자로부터 보험계약의 부활청약과 함께 보험료 상당액의 전부 또는 일부의 지급을 받은 때에는 다른 약정이 없으면 30일 내에 낙부의 통지를 발송하여야 한다. 다만 인보험계약의 피보험자가 신체검사를 받아야 하는 경우에는 그 기간은 신체검사를 받은 날부터 기산한다(제638조의2 제1항). 만약 보험자가 30일의 기간 내에 낙부통지를 해태한 때에는 승낙한 것으로 본다(제638조의2 제2항). 또한 보험자가 보험계약자로부터 보험계약의 부활청약과 함께 보험료 상당액의 전부 또는 일부를 받은 경우에 그 청약을 승낙하기 전에 보험계약에서 정한 보험사고가 생긴 때에는 그 부활청약을 거절할 사유가 없는 한 보험자는 보험계약상의 책임을 진다. 다만 이 때에도 인보험계약의 피보험자가 신체검사를 받아야 하는 경우 그 검사를 받지 아니한 때에는 보험자가 책임지지 아니한다.

3. 부활의 효과

(1) 해지된 보험계약의 부활

해지된 종전의 보험계약이 회복되는 것이므로, 해지된 보험계약과 동일한 내용의 보험계약이 유효하게 존속하게 된다. 그러나 보험계약이 해지된 시점으로부터 부활이 되는 시점 사이에 발생한 보험사고에 대하여는 보험자가 책임을 지지 아니한다.[88] 그러나 보험자

---

88) 대법원 1987.6.23. 선고 86다카2995 판결(보험계약의 약속상, 보험계약자가 보험료납입유예기간 경과시까지

가 부활을 승낙하기 전에도 연체보험료와 약정이자를 지급받은 후, 그 청약을 거절할 사유가 없는 한 발생한 보험사고에 대하여 책임을 진다(제650조의2 2문, 제638조의2 제3항).

(2) 부활시를 기준으로 한 고지의무

원칙적으로 보험계약자가 부활을 청구(청약)하고 보험자가 승낙하면 부활계약이 성립하는 것이므로 고지의무 등도 부활시를 기준으로 한다. 그러므로 고지의무위반을 이유로 하는 보험자의 계약해지권의 제척기간인 3년의 기산점은 보험계약의 부활시를 기준으로 한다.

제 7 절 타인을 위한 보험계약

I. 총   설

1. 의의와 구별개념

타인을 위한 보험계약은 보험계약자가 타인의 이익을 위하여 자기명의로 체결한 보험계약을 말한다(제639조). 손해보험에서는 피보험자가 타인인 경우이고, 인보험에서는 보험수익자가 타인인 경우이다. 보험계약은 피보험자 또는 보험수익자를 특정하지 아니하고 체결할 수 있고 이를 '불특정인을 위한 보험계약'이라 한다. 타인을 위한 보험계약은 다음의 개념과 구별하여야 한다.

(1) 자기를 위한 보험계약과의 구별

타인을 위한 보험계약은 보험계약자가 동시에 피보험자 또는 보험수익자가 되는 '자기를 위한 보험계약'에 대비되는 개념이다.

(2) 타인의 보험계약과의 구별

인보험에만 존재하는 타인의 보험계약과도 구별하여야 한다. 타인의 보험계약은 인보험에서 보험계약자와 보험의 객체가 되는 피보험자가 서로 다른 경우를 말한다. 따라서 보험계약자가 타인을 피보험자로 지정하고 자신이 보험수익자가 되는 경우는 '타인의 자기를 위한 생명보험계약'이 되고, 보험계약자가 자기를 피보험자로 지정하고 타인을 보험수익자로 하는 경우는 '자기의 타인을 위한 생명보험계약'이 된다.

보험료를 납입하지 아니하여 보험계약이 실효된 후에도 보험계약자가 미납보험료를 납입한 때에는 보험계약은 유효하게 계속되나 그 경우 보험계약이 실효된 때로부터 미납보험료를 영수한 날의 오후 6시까지 생긴 사고에 대하여는 보상하지 아니하기로 약정하였다면 보험자가 납입유예기간 경과 후에 보험계약자로부터 미납보험료를 영수하면서 아무런 이의가 없었다 하더라도 그로 인하여 납입유예기간 경과 후 미납보험료 영수전에 발생한 사고에 대하여는 보험자는 보험금을 지급할 책임이 없다).

2. 법적 성질

법적 성질에 대하여는 두 가지의 견해로 나뉜다. ① **상법상 특수한 계약**이라는 견해이다. 이 견해는 타인을 위한 보험계약에서 보험수익자 또는 피보험자가 수익의 의사표시를 하지 않더라도 당연히 보험계약상의 권리를 취득하는 점, 상법은 타인을 위한 보험에 관한 상세한 규정을 두어 굳이 민법 논리로 설명할 필요가 없다는 점 등을 근거로 한다. ② **민법상 제3자를 위한 계약의 일종**으로 이해하는 견해로서 **통설과 판례**[89]이다. 이 견해는 민법상의 제3자를 위한 계약에서는 당사자의 개성을 중시하는 데 반하여 보험계약은 다수 계약으로서 수익자의 의사를 문제삼을 필요가 없다는 데에서 양자의 차이가 있는 것으로, 수익의 의사표시를 하지 않더라도 당연히 보험계약상의 권리를 취득하는 것이라 설명한다. 타인을 위한 보험계약에서 그 타인의 수익의 의사표시가 필요없는 점, 타인의 위임이 없는 경우 이를 보험자에게 고지하여야 하는 점, 그리고 예외적으로 보험계약자가 보험금청구권을 취득하게 되는 점 등을 본다면 상법상의 특수한 계약으로 이해하는 것이 타당하다.

Ⅱ. 성립요건

1. 타인을 위한다는 의사표시

(1) 의사표시

보험계약의 당사자 사이에 타인을 위한다는 의사표시가 있어야 한다. 그 의사는 명시적일 필요는 없으나 구체적 사정에 따라 묵시적인 의사가 판단될 수 있어야 한다. 학설은 그 뜻이 분명하지 않은 때에는 자기를 위한 보험계약으로 추정된다고 본다. 그런데 판례는 통설과 입장을 달리 하여, 그 뜻이 분명하지 않은 경우 보험계약서 및 당사자가 보험계약의 내용으로 삼은 약관의 내용, 당사자가 보험계약을 체결하게 된 경위와 그 과정, 보험회사의 실무처리 관행 등 제반 사정을 참작하여 결정하여야 한다고 보고 있다.[90]

89) 대법원 1974.12.10. 선고 73다1591 판결.
90) 대법원 2018.9.13. 선고 2016다255125 판결; 대법원 1997.5.30. 선고 95다14800 판결(손해보험에 있어서 보험의 목적물과 위험의 종류만이 정해져 있고 피보험자와 피보험이익이 명확하지 않은 경우에 그 보험계약이 보험계약자 자신을 위한 것인지 아니면 타인을 위한 것인지는 보험계약서 및 당사자가 보험계약의 내용으로 삼은 약관의 내용, 당사자가 보험계약을 체결하게 된 경위와 그 과정, 보험회사의 실무처리 관행 등 제반 사정을 참작하여 결정하여야 하는바, 위의 보험계약 체결시 건물의 임차인인 사업자가 건물주를 피보험자로 한다는 별다른 의사표시를 하지 않으므로 보험청약서의 소유자란에 사업자의 성명을 그냥 기재하였을 뿐인 점, 한편 건물의 임차인인 사업자가 그의 이름으로 보험계약을 체결한 경우에도 건물주의 동의서를 제출하게 한 후 보험금을 지급하여 온 점, 이때 지급되는 보험금은 당해 건물에 발생한 손해액 전액에 해당하는 금원인 점 등에 비추어 볼 때, 위의 보험계약 중 건물에 관한 부분은 보험계약자인 임차인이 그 소유자를 위하여 체결한 것으로서, 보험회사는 보험사고가 발생한 경우에 보험계약자인 임차인이 그 건물의 소유자에 대하여 손해배상책임을 지는지 여부를 묻지 않고 그 건물의 소유자에게 보험금을 지급하기로 하는 제3자를 위한 보험계약을 체결하였다고 봄이 상당하다); 대법원

판례의 입장은 타당한 것으로 볼 수 없다. 타인을 위한다는 의사가 명확하지 않은 경우 보험계약자 자신을 위한 자기를 위한 보험계약으로 보아야 한다. 타인을 위한다는 의사가 명시적일 필요는 없으나 묵시적으로는 존재하여야 하고, 경제적 행위의 일종인 보험계약에서도 반대의 의사가 드러나지 않는 한 자신을 위한 행위로 봄이 상당하기 때문이다. 그리고 그 타인을 위한다는 의사 여부를 결정함에 있어 우선적으로 고려할 사항은 보험계약자가 그 타인에게 보험이익을 제공하게 되는 동기가 있는지 여부를 살피는 것이다.

(2) 타인 특정의 불필요

타인을 위한 보험계약에서 타인이 특정될 필요가 없어 불특정인을 위한 보험계약의 체결도 가능하고 상법은 이를 명문으로 인정한다(제639조 제1항).

2. 타인의 위임

(1) 위임 요건의 배제

타인을 위한 보험계약은 타인의 위임이 없어도 유효하게 성립한다(제639조 제1항 본문). 타인을 위한 보험계약에서는 보험계약자가 그 타인의 대리인으로서가 아니라 자기의 이름으로 계약을 체결하는 것이므로 타인의 위임이 없어도 그 보험계약을 체결할 수 있다.

(2) 위임이 없는 때의 고지

타인을 위한 손해보험계약에서 타인에 해당하는 피보험자는 상법의 규정에 의하여 고지의무를 부담한다(제651조). 그런데 피보험자의 위임 없이 타인을 위한 보험계약이 체결되었다면 피보험자가 고지의무를 이행할 수 없는 상황이므로 피보험자의 고의 또는 중과실 요건이 충족되지 아니하여, 보험자로서는 고지의무위반을 문제삼지 못할 수 있다.

이에 상법은 타인을 위한 보험계약의 성립에서 타인의 위임이 필요없으나, 손해보험계약의 경우 그 타인의 위임이 없는 때에는 보험계약자는 이를 보험자에게 고지하여야 하고, 그 고지가 없는 때 타인이 그 보험계약이 체결된 사실을 알지 못하였다는 사유로 보험자에게 대항하지 못한다고 규정한다(제639조 제1항 단서). 이로 인하여 피보험자의 위임 없이 체결한 손해보험계약이라는 점을 보험계약자가 보험자에게 고지하지 아니하면, 피보험자는 자기를 위하여 손해보험계약이 체결되었음을 알지 못하였다는 이유로 고지의무위반이나 통지의무위반 등으로 인한 불이익을 면할 수 없게 된다. 이 규정에 의하여 보험자는 위임을 하지 않은 피보험자에 대하여 당 보험계약의 체결사실을 알리고 관련 의무의 이행을 촉구하게 된다. 하지만 이 규정에 대하여는 타인인 피보험자가 대항하지 못한다고 규정할

2003.1.24. 선고 2002다33496 판결; 대법원 2007.2.22. 선고 2006다72093 판결; 대법원 2009.12.10. 선고 2009다56603,56610 판결 등.

것이 아니라(제639조 제1항 단서), 타인을 위한 손해보험에 있어서는 보험자에게 피보험자에 대하여 고지의무의 이행을 촉구할 의무를 부과하여야 한다는 비판론이 있다.

3. 화재보험의 특칙

집합된 물건을 일괄하여 보험의 목적으로 한 때에는 피보험자의 가족과 사용인의 물건도 보험의 목적에 포함된 것으로 한다. 이 경우에는 그 보험은 그 가족 또는 사용인을 위하여서도 체결한 것으로 본다(제686조).

Ⅲ. 효 과

1. 보험계약자의 권리와 의무

(1) 권 리

1) 원 칙

타인을 위한 보험계약에서의 보험계약자는 원칙적으로 보험금지급청구권 이외의 권리를 모두 가진다. 따라서 보험증권교부청구권(제640조), 보험료감액청구권(제647조), 보험료반환청구권(제648조), 보험계약의 해지권(제649조 제1항 본문) 등이 그것이다. 그리고 인보험의 경우 보험계약자는 보험수익자의 지정·변경권을 가진다(제733조).

2) 예 외

하지만 보험계약자의 권리가 일정한 범위 이내에서 제한을 받는다. ① 보험사고 발생 전의 계약해지권은 **보험계약자가 보험증권을 소지하고 있거나 또는 그 타인의 동의를 얻어서만 행사할 수 있다**(제649조 제1항 단서). 이는 이미 발생한 타인의 권리를 보호하기 위한 것이다. ② 타인을 위한 손해보험에서 보험금청구권은 수익의 의사표시가 없더라도 피보험자가 당연히 가지는 것이 원칙이나 예외적으로 **보험계약자가 취득할 때**가 있다. 손해보험계약의 경우에 보험계약자가 그 타인에게 보험사고의 발생으로 생긴 손해의 배상을 한 때에는 보험계약자는 그 타인의 권리를 해하지 아니하는 범위 안에서 보험자에게 보험금액의 지급을 청구할 수 있다(제639조 제2항). 단 보증보험과 같이 보험자가 보험계약자의 피보험자에 대한 채무이행을 보증하고 있는 특수한 보험에서는 보험계약자의 보험금청구권은 인정할 수 없다(제726조의6 제1항).

(2) 의 무

보험계약자는 자기의 이름으로 보험계약을 체결하는 자이므로 보험계약상의 모든 의무를 부담한다. 따라서 보험료지급의무(제639조 제3항 본문), 각종 통지의무(제652조, 제657

조), 위험유지의무(제653조), 손해방지의무(제680조) 등을 부담한다. 또한 타인을 위한 손해보험의 경우 타인의 위임이 없으면 이를 보험자에게 고지할 의무를 부담한다(제639조 제1항 단서).

2. 타인의 권리와 의무

(1) 권 리

1) 원 칙

피보험자 또는 보험수익자는 수익의 의사표시를 하지 아니한 경우에도 당연히 계약상의 이익을 받는다(제639조 제2항 본문). 그러므로 피보험자 또는 보험수익자는 보험금청구권을 자기 고유의 권리로서 당연히 가지게 된다. 보험금청구권은 타인을 위한 보험계약의 효과로서 타인이 원시적으로 취득하는 것이므로 보험계약자의 권리를 승계적으로 취득하는 것이 아니다. 피보험자는 특별한 사정이 없는 한 보험계약자의 동의가 없어도 임의로 그 권리를 행사하고 처분할 수 있다.[91]

2) 예 외

피보험자 또는 보험수익자가 당연히 자기 고유의 권리로서 보험금청구권을 취득하는 것이기는 하나 일정한 제한을 받는다. ① 보험자는 보험계약자와의 관계에 기한 모든 항변, 예컨대 고지의무위반(제651조), 보험료부지급(제650조 제2항), 보험자의 면책사유(제659조, 제660조) 등으로 피보험자 또는 보험수익자에게 대항할 수 있다. 만약 보험계약자가 기망행위를 한 경우 보험자는 일반 보험계약과 같이 사기를 이유로 보험계약을 취소하고 보험사고 발생시에 보험금지급의무를 면할 수 있다. 그러나 타인을 위한 보험계약의 일종이라 할 수 있는 보증보험의 경우는 다르다. **보증보험에서는 보험자가 이미 보험증권을 교부하여 피보험자가 보험증권을 수령한 후 이에 터잡아 새로운 계약을 체결하거나 이미 체결한 계약에 따른 의무를 이행하는 등으로 보증보험계약의 채권담보적 기능을 신뢰하여 새로운 이해관계를 가지게 되었다면, 특단의 사정이 없는 한 그와 같은 피보험자의 신뢰를 보호할 필요가 있으므로 보험자는 보험계약을 취소할 수 없다.**[92] 개정법도 이러한 취지에서 보증보험계약에 관하여는 보험계약자의 사기, 고의 또는 중대한 과실이 있는 경우에

---

91) 대법원 1981.10.6. 선고 80다2699 판결(타인을 위한 보험계약에 있어서 피보험자는 직접 자기 고유의 권리로서 보험자에 대한 보험금지급청구권을 취득하는 것이므로 특별한 사정이 없는 한 피보험자는 보험계약자의 지급기한을 연기하는 등 그 권리를 행사하고 처분할 수 있다); 대법원 1992.11.27. 선고 92다20408 판결(타인을 위한 보험계약에 있어서 피보험자는 직접 자기 고유의 권리로서 보험자에 대한 보험금지급청구권을 취득하는 것이므로 특별한 사정이 없는 한 피보험자는 보험계약자의 동의가 없어도 임의로 권리를 행사하고 처분할 수 있다); 대법원 2006.1.26. 선고 2002다74954 판결(보증보험계약과 같은 타인을 위한 보험계약에 있어서 피보험자는 직접 자기 고유의 권리로서 보험자에 대한 보험금지급청구권을 취득하는 것이므로, 특별한 사정이 없는 한 피보험자는 보험계약자의 동의가 없어도 임의로 그 권리를 행사하고 처분할 수 있다고 봄이 상당하다).

92) 대법원 1999.1.13. 선고 98다63162 판결 등 보증보험에서 상론한다.

도 이에 대하여 피보험자에게 책임이 있는 사유가 없으면 제651조(고지의무), 제652조(위험변경증가의 통지의무), 제653조(위험유지의무) 및 제659조 제1항(보험자의 면책사유)을 적용하지 아니한다고 규정한다(제726조의6 제2항). ② 인보험의 경우 보험계약자는 보험수익자의 지정·변경권을 가지고(제733조), 그 범위 내에서 보험수익자의 권리는 제한된다.

(2) 의 무

피보험자 또는 보험수익자도 상법의 규정에 의하여 고지의무(제651조), 각종의 통지의무(제652조, 제657조), 위험유지의무(제653조), 손해보험에서의 손해방지의무(제680조) 등을 부담한다.

보험료지급의무는 제1차적으로 보험계약자가 부담하는 것이지만 보험계약자가 파산선고를 받거나 보험료의 지급을 지체한 때 그 타인이 그 권리를 포기하지 아니하는 한 그 타인도 보험료를 지급할 의무가 있다(제639조 제3항). 타인을 위한 보험계약의 경우에는 보험자는 보험계약자가 보험료를 지급하지 아니한 때에 보험계약자에게만 최고하고 계약을 해지할 수 있는 것이 아니라, 피보험자 또는 보험수익자에게 보험계약자의 보험료부지급의 사실을 알리고 상당한 기간을 정하여 보험료의 지급을 최고한 이후에야 비로소 보험계약을 해지 또는 해제할 수 있다(제650조 제3항).

제 3 장
손해보험 총론

제 1 절   손해보험계약

I. 의   의

손해보험계약은 보험계약자는 보험료를 지급하고 보험자는 보험사고로 인하여 생길 피보험자의 재산상의 손해를 보상(補償)할 것을 약정하는 계약이다(제665조). 손해보험은 물건이나 기타 재산상의 손해의 보상을 목적으로 하는 점에서 사람의 생명이나 신체에 대한 사고를 대상으로 하는 인보험과는 다르다.

II. 손해보상계약성

손해보험계약은 보험자가 보험사고로 인하여 생긴 피보험자의 재산상의 손해를 보상할 책임을 지는 손해보상계약(Contract of Indemnity)의 일종이다. 손해보험계약에서는 보험자가 보험계약자로부터 위험을 인수하여 보험사고로 생길 피보험자의 재산상의 손해를 보상할 것을 목적으로 하는 손해보상의 원칙 또는 실손보상의 원칙(Principle of Indemnity)이 중요한 원칙으로 자리잡고 있다. **손해보상의 원칙은 실제 발생한 손해를 조사하여 그 손해만을 보상하며 어떠한 경우에도 보험가액이나 실제 손해 이상은 보상하지 않는다는 원칙**이다. 실제 발생한 손해를 한도로 하여서만 보상을 하며 그 이상은 보상하지 않는 것으로, 이는 손해보험에 가입함으로써 피보험자가 재산적 이득을 취할 수 없다는 뜻이어서 '**이득금지의 원칙**'으로도 불린다. 손해보험계약에서 손해보상의 원칙 또는 이득금지의 원칙은 '절대적인 강행법 원리'로서 인위적 사고 등의 도덕적 위험으로 인한 폐해를 방지하는 근간이 되는 원리이다.

III. 인보험과의 차이

중요한 차이점만을 살피면, 인보험은 원칙적으로 정액보험이나 손해보험은 부정액보험이다. 피보험이익은 손해보험의 요소로서 인보험에서는 요소가 아니고 따라서 보험가액, 중복보험 및 초과보험 등의 개념은 손해보험에만 존재한다. 피보험자가 인보험에서는 보험의 객체임에 반하여, 손해보험에서는 피보험이익의 주체로서 보험금청구권자가 된다. 기타 인보험에서는 고의만이 면책사유임에 반하여 손해보험에서는 고의와 중과실이 면책사유로 되어 있는 등, 여러 차이가 있다. 다만 인보험 중 상해보험은 손해보험적인 성격도 가지고 있다.

제 2 절 피보험이익

Ⅰ. 피보험이익의 개념

1. 의   의

보험계약의 체결은 우연한 사고에 대비하여 경제적 불안을 극복하려는 데 그 목적이 있으며, "이익 없으면 보험 없다"는 말과 같이 피보험이익은 손해보험계약의 중심요소를 이루고 있다. 따라서 피보험이익의 관념은 사행계약으로서의 보험계약을 도박 등과 구별하는 데 중요한 의의가 있고, 상법은 피보험이익을 '보험계약의 목적'이라 하고 금전으로 산정할 수 있는 이익으로 한정한다(상법 제668조). 피보험이익은 보험계약의 도박화를 방지하기 위하여 정책적으로 인정하는 것으로, 손해보험계약에서 손해보상의 원칙 또는 이득금지의 원칙이라는 절대적인 강행법 원리를 실현하는 중요한 개념이다.

피보험이익이란 보험의 목적에 대하여 보험사고가 발생함으로써 피보험자가 손해를 입는 관계에 있는 경우 피보험자가 가지는 경제상의 이해관계로 이해한다. 예를 들면, 甲은 그의 집을 소유하고 있다. 만약 그의 집에 화재가 발생한다면 그는 손해를 입게 될 것이고 복구를 하는 데도 비용이 들 것이다. 그러나 甲 또는 甲의 집과는 전혀 상관이 없는 단지 우연히도 甲의 집 앞을 지나가고 있는 乙에게는 甲의 집에 화재가 발생한다고 하여 입게 되는 경제적 손해가 없다. 그의 집이 아니고 아무런 이해관계가 없으므로 복구에 신경 쓸 필요도 없다. 위 예에서 甲의 집에 대하여, 甲은 피보험이익이 있고 乙은 피보험이익이 없다.

2. 인보험과 피보험이익

우리나라에서 피보험이익은 손해보험에 특유한 것으로 인보험에는 인정되지 않는다. 그러나 피보험이익은 보험계약에 의하여 보험자가 담보하고 있는 위험에 대하여 보험사고가 생길 때에 피보험자에게 보험보호를 하여야 할 경제적 이익이라는 점을 생각하여 보면 인 보험에서도 피보험이익의 관념을 인정할 수 있다는 주장도 있다.

3. 보험목적과의 차이

피보험이익은 상법상 보험계약의 목적이라고 표현하고 있고(제668조), 이것은 보험의 목적과는 구별된다. 후자는 보험계약의 대상인 재화를 말하고, 전자는 그것이 가지고 있는 이익을 말한다. 그리하여 동일한 목적에 대하여도 경제적인 이익이 다름에 따라 수개의 피보험이익이 있을 수 있고, 동일한 재화에 대한 보험계약이라도 피보험이익이 다르면 별개의 보험계약으로 되는 것이다.

Ⅱ. 피보험이익의 요건

1. 적법한 이익

피보험이익은 적법한 것이어야 한다. 탈세나 절도, 도박 등으로 인하여 받을 불법한 이익과 기타 선량한 풍속 기타 사회질서에 반하는 이익은 피보험이익이 될 수 없다. 그 적법성의 판단은 객관적 문제로서 당사자 또는 피보험자의 선의·악의에는 영향을 받지 않는다. 또 피보험이익의 적법성은 이익주체의 인적인 상태와도 관계가 없다.

2. 경제적 이익

피보험이익은 금전으로 산정할 수 있는 것이어야 한다(제668조). 즉 피보험이익은 경제적 이익을 가진 것이어야 하며 단순히 어느 특정인에 한하는 감정이익이나 기호이익, 그리고 도덕적·종교적인 가치 등은 피보험이익으로 할 수 없다. 그러나 반드시 법률상의 관계 또는 권리일 것을 요하지는 않는다. 따라서 화재로 인하여 영업불능으로 된 기간 동안에 얻을 것으로 기대되는 희망이익과 같은 사실상의 관계도 경제적 이익이 있으면 이를 피보험이익으로 할 수 있다. 보통의 경우 **보험목적인 물건의 시세 가액이 피보험이익의 경제적 평가액이 될 것이고 이것을 보험가액이라 한다.**

피보험이익이 경제적 이익을 요건으로 하는 것은 이것을 금전으로 산정할 수 없는 한 그 손해의 산정은 사실상 불가능하다. 사람의 생명이나 가치를 금전으로 평가하는 것은 불가능하여 생명보험에 피보험이익의 개념을 인정하지 않는 것도 바로 이 요건 때문이다.

3. 확정성 있는 이익

피보험이익은 계약체결 당시 그 존재 및 소속이 확정되어 있거나 또는 적어도 사고발생시까지 확정할 수 있는 것이어야 한다. 이익이 확정되지 않으면 손해도 확정되지 않아 보험자는 보상할 수 없기 때문이다. 그러나 이익은 현존하는 확정이익에 한하지 않고 미필의 이익, 조건부이익 등 장래의 이익을 보험계약의 목적으로 할 수 있고(제698조), 장래의 이익이라도 사고발생시까지 확정할 수 있는 것이면 상관없다.

III. 피보험이익의 효용과 평가

1. 보험자의 책임범위 결정

보험자의 책임범위를 결정한다. 손해보험은 피보험이익에서 생긴 손해를 보상할 것을 목적으로 하므로 보험자의 급여책임의 최고한도는 이 피보험이익의 평가액을 표준으로 하여 결정된다. **피보험이익의 평가액, 즉 보험가액을 보험자의 보상책임의 법률상의 최고한도액**이라고 한다.

2. 초과보험, 중복보험의 방지

물건보험은 피보험이익을 전제로 하고, 또한 이익획득의 수단이 아니므로 도박성을 배제하고 초과보험·중복보험 등의 폐해를 방지하는 기준이 된다.

3. 인위적 사고의 방지

보험사고가 발생하여도 피보험자는 피보험이익의 평가액을 한도로 보상을 받게 되므로 인위적 사고유발을 방지하게 된다.

4. 보험계약의 동일성을 판단

피보험이익은 보험계약의 동일성을 구별하는 표준이 된다.[1] 동일인 또는 다수인은 동일한 보험의 목적에 관하여 수개의 피보험이익을 가지게 되므로, 그에 따라 각각 독립한 보

---

1) 대법원 1997.9.5. 선고 95다47398 판결(임가공업자가 한 보험자와의 사이에 소유자로부터 공급받은 원·부자재 및 이를 가공한 원제품에 대하여 동산종합보험계약을 체결하고, 소유자가 다른 보험자와 그 원·부자재에 대하여 같은 보험계약을 체결한 경우에 전자는 목적물의 도난 또는 멸실, 훼손으로 손해가 생긴 때의 손해배상책임을 담보하는 소극적 이익을 피보험이익으로 한 일종의 책임보험의 성격을 가지는 것으로 봄이 상당하므로 소유자의 이익을 보험에 붙인 보험과는 피보험이익이 서로 달라 중복보험에 해당한다고 할 수 없다); 대법원 2005.4.29. 선고 2004다57687 판결(두 개의 책임보험계약이 보험의 목적, 즉 피보험이익과 보험사고의 내용 및 범위가 전부 공통되지는 않으나 상당 부분 중복되고, 발생한 사고가 그 중복되는 피보험이익에 관련된 보험사고에 해당된다면, 이와 같은 두 개의 책임보험계약에 가입한 것은 피보험자, 피보험이익과 보험사고 및 보험기간이 중복되는 범위 내에서 상법 제725조의2에 정한 중복보험에 해당한다고 한 사례). 또한 최근의 대법원 2009.12.24. 선고 2009다42819 판결과 대법원 2009.12.24. 선고 2009다53499 판결도 같은 취지이다.

험계약을 체결할 수 있다.

5. 보험가액의 평가기능과 보험금액의 제한기능

피보험이익은 보험가액을 평가하는 기능을 한다. 보험가액은 피보험이익을 경제적으로 평가한 가치를 말하는 것으로, 여기서 보험가액의 평가기능이 있다. 또한 보험금액은 원칙적으로 피보험자가 가지고 있는 피보험이익의 평가액을 초과하여 보험에 가입할 수 없는 것이고, 초과하는 경우에도 보상액은 보험금액의 범위 내에서 제한된다. 따라서 피보험이익은 보험가입금액을 제한하는 기능을 한다.

제 3 절   보험가액과 보험금액

Ⅰ. 의   의

1. 보험가액의 의의

보험가액이라 함은 피보험이익의 평가액이다. 보험가액은 피보험이익을 금전으로 평가한 가액을 말하는 것으로 손해보험에서만 인정되고 인보험에서는 인정되지 않는다. 이러한 보험가액은 원칙적으로 보험의 목적인 물건의 가액으로서 언제나 일정한 것이 아니고, 따라서 당사자 사이에 미리 피보험이익의 가액에 대하여 합의가 있었는지 여부에 따라 기평가보험과 미평가보험으로 나누어진다. 손해보상의 원칙 또는 이득금지의 원칙에 의하여 피보험자는 손해 이상으로는 보상을 받을 수 없다. 보험자가 보상할 최대한도가 되는 것이 피보험이익의 평가액인 보험가액이고 이것은 **보험자 보상책임의 법률상의 최고한도**가 된다.

2. 보험가액의 평가

물건보험계약은 보험사고로 인한 피보험이익상의 손해를 보상하는 것을 목적으로 하므로 피보험이익의 평가를 정확하게 하는 것이 요구된다. 피보험이익의 평가액을 보험가액이라 하는데 상법은 그 평가에 대하여 다음과 같이 두 경우로 나누어 규정한다.

(1) 기평가보험

보험계약의 체결시 당사자 사이에 미리 보험가액을 합의한 보험을 기평가보험이라 하고, 이 경우 보험가액은 사고발생시의 가액으로 정한 것으로 추정하고 그 가액이 사고발생시의 가액을 현저하게 초과할 때에는 사고발생시의 가액을 보험가액으로 한다(제670조). 이때 양자 사이에 현저한 차이가 있는지의 여부는 거래의 통념이나 사회의 통념에 따라 판단하여야 하고, 보험자는 협정보험가액이 사고발생시의 가액을 현저하게 초과한다는 점에 대한 입증책임을 부담한다.[2] 그러나 기평가보험이 인정되는 이유는 보험사고 발생이 그 피보험이익의 평가를 둘러싸고 일어날 분쟁을 막는 데 있으므로, 보험가액 협정이 사기 또는 고지의무위반 등에 의하지 않고 공정하게 이루어지는 한 확정적인 효력을 인정하는 것이 타당하다.

기평가보험은 민법상의 손해배상액의 예정(민법 제398조)과 그 취지를 같이 하는 것이어서 당사자 사이의 보험가액에 대한 합의는 명시적이어야 함이 원칙이다. 하지만 반드시 협정보험가액 혹은 약정보험가액이라는 용어 등을 사용하여야만 하는 것은 아니고 당사자 사이에 보험계약을 체결하게 된 제반 사정과 보험증권의 기재 내용 등을 통하여 당사자의 의사가 보험가액을 미리 합의한 것이라고 인정할 수 있으면 충분하다.[3]

(2) 미평가보험

미평가보험이란 보험계약의 체결시 당사자간에 피보험이익의 평가에 관하여 아무런 합의를 하지 않은 보험을 말한다. 당사자 사이에 보험가액을 정하지 아니한 미평가보험의 경우에는 보험사고발생시의 가액을 보험가액으로 한다(제671조).

그러나 일반적으로 보험기간이 짧고 손해발생의 시간과 장소를 결정하기 어려운 보험에 있어서는 평가가 용이한 시점을 표준으로 하는 경우가 있는데 이것을 **보험가액불변경주의**라 한다. 이러한 것으로 다음이 있다. (i) 운송물의 보험에 있어서는 발송한 때와 곳의 가액과 도착지까지의 운임 기타의 비용을 보험가액으로 한다(제689조). (ii) 선박의 보험에 있어서는 보험자의 책임이 개시될 때의 선박가액을 보험가액으로 한다(제696조 제1항). (iii) 적하의 보험에 있어서는 선적한 때와 곳의 적하의 가액과 선적 및 보험에 관한 비용을 보험가액으로 한다(제697조). (iv) 적하의 도착으로 인하여 얻을 이익 또는 보수의 보험에 있어서는 계약으로 보험가액을 정하지 아니한 때에는 보험금액을 보험가액으로 한 것으로 추정한다(제698조).

---

2) 대법원 2002.3.26. 선고 2001다6312 판결.
3) 대법원 2002.3.26. 선고 2001다6312 판결(원래 손해보험에 있어서 보험자가 보상할 손해액은 그 손해가 발생한 때와 곳의 가액에 의하여 산정하는 것이 원칙이지만, 사고발생 후 보험가액을 산정함에 있어서는 목적물의 멸실 훼손으로 인하여 곤란한 점이 있고 이로 인하여 분쟁이 일어날 소지가 많기 때문에 이러한 분쟁을 사전에 방지하고 보험가액의 입증을 용이하게 하기 위하여 보험계약체결시에 당사자 사이에 보험가액을 미리 협정하여 두는 기평가보험제도가 인정되는바, 기평가보험으로 인정되기 위한 당사자 사이의 보험가액에 대한 합의는, 명시적인 것이어야 하기는 하지만 반드시 협정보험가액 혹은 약정보험가액이라는 용어 등을 사용하여야만 하는 것은 아니고 당사자 사이에 보험계약을 체결하게 된 제반 사정과 보험증권의 기재 내용 등을 통하여 당사자의 의사가 보험가액을 미리 합의하고 있는 것이라고 인정할 수 있으면 충분하다); 대법원 2003.4.25. 선고 2002다64520 판결(공장화재보험계약에 관한 보험증권이나 보험청약서에 보험가입금액의 기재만 있고 보험가액의 기재나 보험가액에 해당하는 다른 유사한 기재가 없을 뿐만 아니라 협정보험가액 특별약관도 첨부되어 있지 않은 경우, 이를 보험가액을 협정한 기평가보험으로 보기 어렵다고 한 사례).

3. 보험금액의 의의

보험금액이란 **보험계약의 당사자가 약정에 의하여 정한 보험자 급여의무의 최고한도액**이다.[4] 손해발생시에 보험자가 실제로 지급하는 금액인 '보험금'과 구별하기 위하여 '약정보험금액'이라고도 한다. 보험금액은 손해보험과 인보험 모두에 존재하는 개념으로서, 피보험이익의 개념이 없는 생명보험에서는 보험금액과 보험금이 일치함이 원칙이다. 보험금액은 보험가액과 함께 보험료산정의 기준이 된다. **보험가액은 보험자 보상책임의 법률상의 최고한도액**이 되고, **보험금액은 보험자 보상책임의 계약상의 최고한도액**이 된다.

II. 보험금액과 보험가액의 관계

1. 보험금액과 보험가액의 관계

(1) 양 개념의 불일치

당사자간의 보험가액에 대한 합의의 유무와 관계없이 보험가액과 보험금액이 일치하는 것은 아니다. 보험금액은 보험가액의 한도 내에서 그 이하로 정하는 것은 자유로우나 그 이상으로 정하는 경우는 제한을 받게 된다(제669조). 그런데 적하의 도착으로 인하여 얻을 이익 또는 보수의 보험인 희망이익보험에 있어서는 계약으로 보험가액을 정하지 아니한 때 보험금액을 보험가액으로 한 것으로 추정한다(제698조).

(2) 관 계

보험자의 보상범위는 법률상의 최고한도인 보험가액을 최고한도로 하고 그 범위 내에서 다시 계약상의 최고한도인 보험금액을 한도로 하여 구체적인 보상액을 산출하여 결정한다. 즉 보험사고로 인한 손해발생시 보험자가 지급해야 할 금액은 보험가액의 범위 내에서 보험금액을 한도로 하여 결정된다. 양자의 관계에 따라 다음과 같이 구별할 수 있다. 보험금액과 보험가액이 일치하는 경우는 전부보험, 보험가액이 보험금액보다 큰 경우는 일부보험이 된다. 손해보험은 손해보상계약으로서 보험사고로 인하여 적극적으로 피보험자에 어떤 이득을 주려는 것이 아니므로 보험가액 이상으로 보험금액을 지급하는 것이 아님을 유의하여야 한다. 따라서 보험자가 보상할 손해액은 보험금액과 보험가액에 의하여 그 범위가 제한된다. 그 관계는 다음과 같다.

---

4) 대법원 2002.5.17. 선고 2000다30127 판결(손해보험계약에서 정한 보험금액은 보험사고로 인하여 발생한 손해 가운데 다른 사유로 전보되지 아니한 금액 범위 내에서 보험자가 피보험자에게 지급하여야 할 금액의 한도를 정한 것으로서, 피보험자에게 보험사고로 인한 손해 가운데 다른 사유를 통하여 전보되고 최종적으로 남은 손해가 있는 경우 그 범위 내에서 보험금액을 한도로 보상한다는 뜻이지, 피보험자가 보험사고로 입은 손해 가운데 보험금액을 넘는 손해가 일단 전보되기만 하면 그 보상책임을 면한다는 취지는 아니다).

① 일반보험 : 보상액 ≦ 실손해액 ≦ 보험가액 ≧ 보험금액 ≧ 보상액
② 전부보험 : 보상액 = 실손해액 ≦ 보험가액 = 보험금액
③ 일부보험 : 보상액 ≦ 실손해액 ≦ 보험가액 > 보험금액 ≧ 보상액

2. 초과보험

(1) 의 의

초과보험은 보험금액이 보험가액을 현저하게 초과하는 보험을 말한다. 상법은 보험금액이 보험계약의 목적의 가액을 현저하게 초과하는 보험이라고 표현한다(제669조 제1항). 초과보험인지의 여부는 원칙적으로 보험계약 당시의 보험가액을 기준으로 하지만(제669조 제2항), 예외적으로 보험기간 중에 보험가액이 현저하게 감소된 때에는 그때의 보험가액을 기준으로 한다(제669조 제3항).

(2) 요 건

① 보험금액이 보험가액을 초과하여야 한다. 초과보험의 판단을 위한 보험가액의 평가시기는 **보험계약의 체결당시를 기준**으로 하지만, 예외적으로 보험기간 중에 보험가액이 현저하게 감소된 때에는 그때의 보험가액을 기준으로 한다(제669조 제3항). ② 그 초과가 **현저**하여야 한다. '현저하게' 초과하였는지의 판단은 거래의 관념에 의한다. 현저하게 초과하였다는 사실은 그것을 주장하는 측에서 입증하여야 한다.

(3) 효 과

상법은 초과보험을 **보험계약자의 선의·악의에 따라 구별**하여 단순한 초과보험과 사기적 초과보험으로 구분하여 효력을 달리한다.

1) 보험계약자가 선의인 경우(단순한 초과보험)

보험자 또는 보험계약자는 보험료와 보험금액의 감액을 청구할 수 있다(제669조 제1항). 초과보험의 판단을 위한 보험가액의 평가시기는 보험계약의 체결당시를 기준으로 하지만, 예외적으로 보험가액이 보험기간 중에 현저하게 감소된 때에도 초과보험에 해당하게 되므로(제669조 제3항), 이때에도 감액청구권을 행사할 수 있다. 당사자의 이러한 감액청구권은 형성권이며 보험료불가분의 원칙에 의하여 보험료의 감액은 장래에 대하여서만 그 효력이 있다(제669조 제1항 단서). 만약 보험료감액청구권을 행사하지 않은 이후 보험사고가 발생하는 경우에도, 보험금액을 모두 받을 수 있는 것이 아니라 법률상의 최고한도액인 **보험가액의 범위 내에서만 보상받을 수 있다.**

2) 보험계약자가 악의인 경우(사기적 초과보험)

보험계약자의 사기로 인하여 체결된 때에는 그 계약은 무효로 한다(제669조 제4항 본문). 보험계약자의 사기에 의하여 초과보험이 된 경우에는 초과부분만 무효이거나 취소할 수 있는 것이 아니라, 보험계약 전체가 당연무효가 되는 것이다. 사기는 민법 제110조의 사기의 개념과 같게 해석하여, 적극적 기망의도가 있어야 하며 위법하게 재산상의 이익을 얻을 목적이 있는 경우이다. 이 경우 초과보험이라는 점과 보험계약자의 사기로 인한 것이라는 점을 보험자가 입증하여야 한다.5) 그런데 사기로 인하여 **초과보험계약이 무효인 경우에도 보험자는 그 사실을 안 때까지의 보험료를 청구할 수 있다**(제669조 제4항 단서). 이는 보험계약의 선의성과 윤리성에 기하여 악의의 보험계약자를 제재하려는 데 그 목적이 있다.

3. 중복보험

(1) 의 의

동일한 보험계약의 목적과 동일한 사고에 관하여 수개의 보험계약이 동시에 또는 순차로 체결된 경우 그 보험금액의 총액이 보험가액을 초과하는 보험을 중복보험이라 한다(제672조 제1항). 즉 중복보험이라 함은 보험계약자가 수인의 보험자와 동일한 피보험이익에 대하여 보험계약을 체결하고 그 보험금액의 총액이 보험가액을 초과하는 보험을 말한다. 중복보험은 책임보험과 같은 소극보험의 경우에도 가능한 것으로 본다.

광의로는 각 계약에 의한 보험금액의 합계액이 보험가액에 미달되는 경우도 수인의 보험자와 계약을 체결하고 있으면 중복보험에 해당한다고 볼 수도 있으나, 이 경우는 일부보험의 병존에 불과한 것으로 일부보험의 규정으로 해결된다. 그런데 상법은 중복보험의 제목하에 광의의 의미에 관한 규정도 아울러 두고 있다(제672조 제2항). 중복보험은 고가물에 대한 보험이나 1인의 보험자와의 보험계약만으로는 불안한 경우, 매도인과 매수인 간의 연락이 안 되어 중복하여 운송보험계약이 체결되는 경우, 손해보험계약이 타인을 위한 것과 자기를 위한 것이 모두 체결된 경우 등에서 나타난다.

---

5) 대법원 1988.2.9. 선고 86다카2933,2934,2935 판결(상법 제669조 제4항은 보험금액이 보험계약의 목적의 가액을 현저하게 초과하는 계약의 체결이 보험계약자의 사기로 인한 것인 때에는 그 계약은 무효로 한다고 규정하고 있는바 이러한 기평가보험계약에 있어 당사자는 추가보험계약으로 평가액을 감액 또는 증액할 수 있는 것이며 초과보험계약이라는 사유를 들어 보험가액의 제한 또는 보험계약의 무효를 주장하는 경우 그 입증책임은 무효를 주장하는 보험자가 부담하여야 한다고 해석할 것이다); 대법원 1999.4.23. 선고 99다8599 판결(상법 제669조 소정의 초과보험계약이라는 사유를 들어 사고 발생 당시의 보험가액을 한도로 한 보험금지급의무의 제한을 주장하는 경우 그 입증책임은 이를 주장하는 보험자가 부담하여야 한다).

(2) 요 건

1) 피보험이익의 동일

수개의 보험계약이 동일한 피보험이익에 대한 것이어야 한다. 중복보험에서는 보험계약자가 동일할 필요는 없으나 피보험이익의 주체가 되는 피보험자가 동일인일 것이 요구된다는 것도 같은 취지이다.[6] 따라서 임가공업자가 소유자로부터 공급받은 원·부자재 및 이를 가공한 완제품에 대하여 동산종합보험을 체결한 경우, 그 보험계약은 임가공업자가 자신이 보관하고 있는 그 보험목적물의 멸실·훼손으로 인하여 손해가 생긴 때의 손해배상책임을 담보하는 소극적 이익을 피보험이익으로 한 책임보험의 성격을 가진 것이므로, 소유자가 동일한 목적물에 대한 소유자의 이익을 부보하기 위하여 체결한 동산종합보험계약과는 피보험이익이 서로 달라 중복보험에 해당하지 않는다.[7]

2) 보험사고의 동일

보험사고가 동일하여야 한다.[8] 보험사고가 다르면 피보험이익이 같더라도 중복보험이 될 수 없다. 예컨대 화재보험과 도난보험은 동일한 목적물에 대한 것이라 하더라도 보험사고가 다르므로 중복보험이 되지 않는다. 그러나 보험사고가 일부 중첩되는 부분이 있다면 그 범위 내에서는 중복보험이 된다.

3) 보험기간의 동일 또는 중복

수개의 각 보험계약의 보험기간은 전부 공통될 필요는 없으나 적어도 중복되는 기간이 있어야 중복보험이 된다.[9]

4) 2인 이상의 보험자

수개의 보험계약을 수인의 보험자와 체결하여야 한다. 따라서 보험목적의 양도가 있더라도 양수인이 그 승계를 포기하고 단독으로 한 보험자와 하나의 보험계약을 체결한 경우는 중복보험이 아니다.[10]

---

6) 대법원 2005.4.29. 선고 2004다57687 판결(한편 수개의 보험계약의 보험계약자가 동일할 필요는 없으나 피보험자가 동일인일 것이 요구되고, 각 보험계약의 보험기간은 전부 공통될 필요는 없고 중복되는 기간에 한하여 중복보험으로 보면 된다).

7) 대법원 1997.9.5. 선고 95다47398 판결.

8) 대법원 1989.11.14. 선고 88다카29177 판결(산업재해보상보험과 자동차종합보험(대인배상보험)은 보험의 목적과 보험사고가 동일하다고 볼 수 없는 것이어서 사용자가 위 보험들에 함께 가입하였다고 하여도 동일한 목적과 동일한 사고에 관하여 수개의 보험계약이 체결된 경우를 말하는 상법 제672조 소정의 중복보험에 해당한다고 할 수 없다).

9) 대법원 2005.4.29. 선고 2004다57687 판결.

10) 대법원 1996.5.28. 선고 96다6998 판결(상법 제679조의 추정은 보험목적의 양수인에게 보험승계가 없다는 것이 증명된 경우에는 번복된다고 할 것인데, 보험목적의 양수인이 그 보험목적에 대한 제1차 보험계약과 피보험이익이 동일한 보험계약을 체결한 사안에서, 제1차 보험계약에 따른 보험금청구권에 질권이 설정되어 있어 보험사고가 발생할 경우에도 보험금이 그 질권자에게 귀속될 가능성이 많아 1차보험을 승계할 이익이 거의 없고, 또한

5) 각 보험금액의 총액이 보험가액을 초과

각각의 보험금액을 합친 것이 보험가액을 초과하여야 한다. 초과보험과 다른 점은 보험자가 2인 이상이라는 점 이외에도, **보험금액이 보험가액을 '현저하게' 초과하는 것을 요건으로 하지 않는다**는 점이다.

6) 보험계약자의 동일은 불필요

피보험이익의 주체로서의 피보험자가 동일인일 것이 요구되지만 보험계약자가 동일인일 필요는 없다.[11]

(3) 효 력

중복보험의 경우 피보험자가 보상액으로서 보험금의 전부를 지급받게 되면 보험가액 이상의 이득을 취하게 되므로 그와 같은 초과이득의 발생을 금지하기 위하여 초과보험에서의 법리와 같이 규율한다.

1) 선의의 경우
① 연대비례주의

보험자는 각자의 보험금액의 한도에서 연대책임을 진다. 이 경우에는 각 보험자의 보상책임은 각자의 보험금액의 비율에 따른다(제672조 제1항). 중복보험의 효과에 대한 입법주의로는 우선주의, 비례주의, 연대주의 등으로 나뉜다. 우리 상법은 동시중복보험이든 이시중복보험이든 묻지 않고 각 보험자는 각자의 보험금액의 한도에서 연대책임을 지고, 각 보험자의 보상책임을 각자의 보험금액의 비율에 따르도록 함으로써 연대비례주의를 취하고 있다(제672조 제1항). 예컨대 보험가액이 2억원의 주택에 대하여 보험금액을 각각 2억원, 1억 2천만원, 8천만원으로 하여 甲, 乙, 丙의 보험자와 각 화재보험계약을 체결한 경우, 전손의 보험사고가 발생하면 甲은 1억원, 乙은 6천만원, 丙은 4천만원을 지급하여야 하지만, 피보험자가 모든 보상을 받을 때까지는 甲은 2억원, 乙은 1억 2천만원, 丙은 8천만원의 한도 내에서 연대책임을 진다.

② 보험자 1인에 대한 권리의 포기

보험자 1인에 대한 권리의 포기는 다른 보험자의 권리와 의무에 영향을 미치지 않는다(제673조). 이는 **피보험자가 한 보험자와 통모하여 다른 보험자를 해치는 것을 방지하기 위한 것**이다. 중복보험에 있어 각 보험자는 보험금액의 비율에 따라 보상책임을 지게 되므로 보험사고가 발생한 때 각 보험자의 부담부분이 정해지고 따라서 피보험자가 어느 보

그 양수인이 그 보험목적에 관하여 손해의 전부를 지급받을 수 있는 필요충분한 보험계약을 체결한 경우, 양수인에게는 보험승계의 의사가 없었다고 봄이 상당하고, 따라서 1차보험은 양수인에게 승계되지 아니하였으므로 양수인이 체결한 보험이 중복보험에 해당하지 않는다).

11) 대법원 2005.4.29. 선고 2004다57687 판결.

험자에 대한 권리를 포기하였을 때에는 그 부분에 대한 권리를 다른 보험자에게도 주장할 수 없다. 위 예에서 만약 피보험자가 乙에 대한 권리를 포기하였다 하더라도 甲과 丙의 책임은 변함이 없다는 것이고, 따라서 甲이 연대책임을 지는 부분인 2억원에 대하여 모두 지급을 하였다면 甲은 乙의 부담부분인 6천만원에 대하여도 구상권을 행사할 수 있다.

③ 구상권의 소멸시효

위 예에서 보험금 전액을 지급한 보험자 甲이 보험자 乙 또는 보험자 丙에 대하여 가지는 구상권의 소멸시효기간은 얼마인지가 문제된다. 피보험자가 각 보험자에 대하여 가지는 보험금청구권의 소멸시효는 3년이므로 3년이라고 주장할 여지도 있겠으나, 이는 피보험자의 권리를 대위하여 취득하는 것이 아니고 상법 제672조 제1항에 따라 취득하는 구상권이어서 상사채권 소멸시효인 5년이라고 보아야 한다. 요컨대 각 보험자들 사이의 구상금 청구권은 근본적으로 상행위에 해당하는 보험계약을 기초로 하여 발생한 것이고, 중복보험에 의한 구상관계에서는 당사자 쌍방이 모두 상인인 보험회사로서 그로 인한 거래관계를 신속하게 해결할 필요가 있는 점 등에서 **상사채권의 소멸시효기간인 5년이라고 보는 것이 타당하고, 그 기산점은 보험자가 현실로 보험금을 지급한 날이 된다.** 판례도 그러하다.[12)]

④ 보험금액과 보험료의 감액청구

보험금액이나 보험료의 감액청구에 대하여는 상법에 규정이 없다. 각 보험자의 보험금액의 비율에 따라 감액을 청구하는 방법, 특정 보험자의 보험금액의 감액만을 청구하는 방법 등이 있겠으나, 어느 방법에 의하든 보험사고의 발생 이전에는 보험계약자가 언제든지 보험계약의 전부 또는 일부를 해지할 수 있으므로(제649조 제1항) 문제없다.

2) 사기의 경우

중복보험이 보험계약자의 사기로 인한 경우에는 모든 계약이 당연무효가 된다. 또한 보험계약자는 각 보험자가 그 사실을 안 때까지의 보험료를 지급하여야 한다(제672조 제3항, 제669조 제4항). 여기서의 사기라 함은 초과보험의 경우와 마찬가지로 보험계약자가 위법하게 재산적 이익을 얻을 목적으로 그 사실을 숨기고 각 보험계약을 체결한 경우이다.

(4) 중복보험규정의 임의성

판례는 중복보험에 관한 연대비례보상책임을 규정하는 제672조 제1항의 규정을 임의규정이라 해석한다.[13)] 따라서 각 보험계약의 당사자는 각개의 보험계약이나 약관을 통하여

---

12) 대법원 2006.11.23. 선고 2006다10989 판결; 대법원 2006.11.10. 선고 2005다35516 판결(각각의 보험계약은 상행위에 속하는 점, 원고와 피고는 상인이므로 중복보험에 따른 구상관계는 가급적 신속하게 해결할 필요가 있다고 보여지는 점 등에 비추어, 상법 제64조가 적용되어 5년의 소멸시효에 걸리는 것으로 보아야 할 것이다).

13) 대법원 2002.5.17. 선고 2000다30127 판결(수개의 손해보험계약이 동시 또는 순차로 체결된 경우에 그 보험금액의 총액이 보험가액을 초과한 때에는 상법 제672조 제1항의 규정에 따라 보험자는 각자의 보험금액의 한도에서 연대책임을 지고 이 경우 각 보험자의 보상책임은 각자의 보험금액의 비율에 따르는 것이 원칙이라 할 것이나, 이러한 상법의 규정은 강행규정이라고 해석되지 아니하므로, 각 보험계약의 당사자는 각개의 보험계약이나 약관을

중복보험에 있어서의 피보험자에 대한 보험자의 보상책임 방식이나 보험자들 사이의 책임 분담방식에 대하여 상법의 규정과 다른 내용으로 규정할 수 있다. 피보험자가 보험사고로 인한 손해를 보상받을 수만 있다면 보험자들 사이의 분담에 관한 것은 피보험자의 보호와 무관한 것이어서, 중복보험규정을 임의규정으로 해석하는 판례의 태도는 옳다.

(5) 통지의무

1) 상법규정

상법은 동일한 보험계약의 목적과 동일한 사고에 관하여 수개의 보험계약을 체결하는 경우에는 보험계약자는 각 보험자에 대하여 각 보험계약의 내용을 통지하여야 한다고 규정한다(제672조 제2항). 이 통지의무는 협의의 중복보험뿐 아니라 광의의 의미에서의 중복보험에도 인정된다. 즉 보험금액의 총액이 보험가액을 초과하지 아니한 경우에도 통지의무를 부과한다. 그런데 상법은 그 위반시의 효과에 대하여는 규정을 하지 않아 불완전한 입법이다.

2) 통지의무 위반의 효과
① 학 설

상법은 그 위반의 효과에 대한 규정을 두고 있지 않으나 관련 약관에서는 보험자의 해지권을 인정하는 경우들이 있다. 이와 같이 약관상 타보험가입사실의 통지의무위반시 해지권을 인정하고 있을 때 그 유효성의 인정 여부에 대하여 견해가 나뉜다. 다수의 견해는 약관의 문언대로 해석하자는 입장으로 보이고, 또한 정당한 사유 없이 통지의무를 게을리한 때에는 사기의 추정을 받는다고도 한다.[14]

② 판 례

그러나 판례는 학설의 입장과는 다르다. 먼저 **통지의무를 게을리하였다는 이유로 사기의 추정을 받는 것은 아니라 하였다.**[15] 또한 손해보험에서의 타보험가입사실은 고지의무의 대상이 되는 중요한 사항이 아니고, 통지의무의 대상이 되는 현저한 사항이 아니라는 이유로 보험자의 해지권행사를 부정한다. 판례[16]는 "손해보험에 있어서 위와 같이 보험계

통하여 중복보험에 있어서의 피보험자에 대한 보험자의 보상책임 방식이나 보험자들 사이의 책임 분담방식에 대하여 상법의 규정과 다른 내용으로 규정할 수 있다).

14) 양승규, 214면.

15) 대법원 2000.1.28. 선고 99다50712 판결(사기로 인하여 체결된 중복보험계약이란 보험계약자가 보험가액을 넘어 위법하게 재산적 이익을 얻을 목적으로 중복보험계약을 체결한 경우를 말하는 것이므로, 통지의무의 해태로 인한 사기의 중복보험을 인정하기 위하여는 보험자가 통지의무가 있는 보험계약자 등이 통지의무를 이행하였다면 보험자가 그 청약을 거절하였거나 다른 조건으로 승낙할 것이라는 것을 알면서도 정당한 사유 없이 위법하게 재산상의 이익을 얻을 의사로 통지의무를 이행하지 않았음을 입증하여야 할 것이고, 단지 통지의무를 게을리하였다는 사유만으로 사기로 인한 중복보험계약이 체결되었다고 추정할 수는 없다).

16) 동일한 사건에 대하여 통지의무를 다룬 판례는 대법원 2003.11.13. 선고 2001다49630 판결이고, 고지의무를 다룬 판례는 대법원 2003.11.13. 선고 2001다49623 판결이다. 양 판결의 내용은 동일하다.

약자에게 다수의 보험계약의 체결사실에 관하여 통지하도록 규정하는 취지는 부당한 이득을 얻기 위한 사기에 의한 보험계약의 체결을 사전에 방지하고 보험자로 하여금 보험사고 발생시 손해의 조사 또는 책임의 범위의 결정을 다른 보험자와 공동으로 할 수 있도록 하기 위한 것일 뿐, 보험사고발생의 위험을 측정하여 계약을 체결할 것인지 또는 어떤 조건으로 체결할 것인지 판단할 수 있는 자료를 제공하기 위한 것이라고는 볼 수 없으므로, **손해보험에 있어서 다른 보험계약을 체결한 것은 상법 제652조 및 제653조의 통지의무의 대상이 되는 사고발생의 위험이 현저하게 변경 또는 증가된 때에 해당되지 않는다**"고 한다. 요컨대 판례는 손해보험에서의 타보험가입사실은 **보험청약서상의 질문표를 통하여 질문을 하는 경우라 하더라도 고지의무의 대상이 되는 중요한 사항도 아니고, 위험변경 증가의 통지의무의 대상이 되는 현저한 사항도 아니라 본다.**

4. 일부보험

(1) 의 의

보험가액의 일부를 보험에 붙인 보험을 일부보험이라 한다(제674조). 일부보험이라 함은 보험금액이 보험가액에 미달한 경우의 보험을 말하고, 보험금액과 보험가액이 일치하는 전부보험에 대비되는 개념이다. 일부보험은 계약체결 당시부터 보험료를 절약하기 위하여 의식적으로 하는 경우도 있고, 또 계약성립 후 물가의 등귀로 인하여 자연적으로 발생하는 경우도 있다.

(2) 요 건

보험금액이 보험가액보다 적은 것을 그 요건으로 하는데, 이 경우 보험가액의 산정은 당사자 사이에 이에 관한 협정이 있으면 원칙적으로 그에 따르고(제670조), 협정이 없으면 이를 판정하는 때의 가액에 의한다.

(3) 효 과

1) 비례부담의 원칙

일부보험의 경우에는 보험자는 보험금액의 보험가액에 대한 비율에 따라 보상할 책임이 있다(제674조 본문). 이를 비례부담의 원칙이라 한다. 따라서 전손의 경우는 보험금액의 전액을 지급하여야 하나, 분손의 경우에는 손해액의 일부분이 보험자의 보상액이 되고, 그 나머지는 피보험자의 자기부담이 된다. 예컨대 보험가액이 2억원인 건물에 대하여 보험금액을 1억원으로 한 경우에 전손인 때에는 보험자는 1억원을 지급하고, 1억 4천만원의 손해가 발생한 분손의 경우에는 보험금액의 보험가액에 대한 비율에 따라 1억 4천만원 × (1억원/2억원) = 7천만원을 지급하면 된다. 또한 만약 8천만원의 손해가 발생한 분손의 경우 8천만원 × (1억원/2억원) = 4천만원을 지급한다.

2) 제1차위험보험

비례부담의 원칙은 임의규정이므로 일부보험의 경우 **당사자 사이의 특약으로 보험자는 보험금액의 범위 내에서 손해액 전액을 지급할 것을 정할 수 있다**(제674조 단서). 이 경우 보험자는 보험금액의 한도 내에서 그 손해를 보상할 책임을 진다. 이를 제1차위험보험 또는 실손해보상보험이라 한다. 실무상으로는 당사자 사이의 특약에 의하여 분손의 경우에도 보험금액의 범위 내에서는 전부보험과 같이 손해액의 전부를 받기로 약정하는 경우가 많다. 위 예에서 전손인 때 보험자가 1억원을 지급하는 것은 마찬가지이나, 1억 4천만원의 손해가 발생한 분손의 경우에도 보험자는 1억원을 지급하게 된다. 만약 8천만원의 분손인 경우 보험자는 8천만원을 지급한다.

제 4 절 손해보험계약의 효과

Ⅰ. 보험자의 손해보상의무

1. 요 건

손해보험계약의 보험자는 보험사고로 인하여 생길 피보험자의 재산상의 손해를 보상할 책임이 있다(제665조). 보험사고의 발생으로 인하여 보험자는 그가 부담하였던 위험에 대한 손해보상의무를 부담하고, 이것이 보험자의 가장 주된 의무가 된다.

① **보험사고는 보험기간 내에 발생**하여야 한다. 다른 약정이 없는 한 보험자가 최초의 보험료를 받은 때로부터 보험기간 동안에 생긴 것이어야 한다(제656조). ② **재산상의 손해**를 입어야 하고 정신적인 손해는 포함되지 않는다. 이 점에서 채무불이행이나 불법행위에서의 손해배상책임과는 구별된다. 또한 원칙적으로 보험사고로 인하여 상실된 피보험자가 얻을 이익이나 보수는 당사자간에 다른 약정이 없으면 보험자가 보상할 손해액에 산입하지 아니한다(제667조). 당사자간의 특약에 의하여 이를 보상하기로 하는 보험을 이익보험이라고 한다. ③ 보험사고와 손해와는 **상당인과관계**에 있어야 한다.[17]

---

17) 대법원 1999.10.26. 선고 99다37603,37610 판결(보험자가 벼락 등의 사고로 특정 농장 내에 있는 돼지에 대하여 생긴 보험계약자의 손해를 보상하기로 하는 손해보험계약을 체결한 경우, 농장 주변에서 발생한 벼락으로 인하여 그 농장의 돈사용 차단기가 작동하여 전기공급이 중단되고 그로 인하여 돈사용 흡배기장치가 정지하여 돼지들이 질식사하였다면, 위 벼락사고는 보험계약상의 보험사고에 해당하고 위 벼락과 돼지들의 질식사 사이에는 상당인과관계가 인정된다고 한 사례).

2. 손해의 보상

(1) 산　정

보험자가 보상할 손해액은 그 **손해가 발생한 때와 곳의 가액에 의하여 산정**한다(제676조 제1항 본문). 그러나 당사자간에 다른 약정이 있는 때에는 그 신품가액에 의하여 손해액을 산정할 수 있고(제676조 제1항 단서), 보험가액불변경주의가 인정되는 경우에는(제689조, 제696조, 제697조, 제698조) 상법의 규정에 의한다. 앞서 본 바와 같이 손해액의 산정에 있어 원칙상 피보험이익에 발생한 적극적 손해만을 고려하며 소극적 손해는 제외되므로 피보험자가 얻을 이익이나 보수의 상실분은 보상되지 않음이 원칙이다(제667조). 상법은 **손해액의 산정비용은 보험자가 부담**한다고 규정하고 있음을 유의하여야 한다(제676조 제2항).

(2) 신가보험

물가상승 등으로 보험금의 실제 가치가 원상회복에 미흡할 수 있어, 보험사고 발생시 일정한 제한 하에 보험목적을 신품으로 보상하는 방식도 이용된다. 이러한 보험을 신가보험(新價保險)이라 하고 상법에서도 이를 규정한다. 상법은 보험자가 보상할 손해액은 그 손해가 발생한 때와 곳의 가액에 의하는 것이나, 당사자간 다른 약정이 있는 때에는 그 신품가액에 의하여 손해액을 산정할 수 있다고 한다(제676조 제1항 단서). 손해보험은 이득금지의 원칙이 작용하여 손해를 당한 이상으로는 보상하지 않는 것이 원칙이어서 신가보험은 이에 대한 예외라 할 수 있다. 하지만, 신가보험은 피보험자로 하여금 이득하게 하려는 것이 아니라 사고로 인한 경제적 수요를 실질적으로 충족시키려는 목적에서 보험정책상 허용되는 것이다.

(3) 방법과 범위

손해보상의 방법에는 상법상 특별한 규정이 없으나 원칙적으로 금전으로써 한다. 하지만 당사자간의 합의로 손해의 전부 또는 일부를 현물로 보상할 수 있다. 피보험이익의 평가액인 보험가액을 한도로 하여 보험금액의 범위 이내에서 보상받으므로, 신가보험의 예외를 제외하고는 실손해액 이상으로는 보상받을 수 없다. 그리고 보험자가 손해를 보상할 경우에 보험료의 지급을 받지 아니한 잔액이 있으면 그 지급기일이 도래하지 아니한 때라도 보상할 금액에서 이를 공제할 수 있다(제677조).

(4) 이　행

보험자는 보험금액의 지급에 관하여 약정기간이 있는 경우에는 그 기간 내에, 약정기간이 없는 경우에는 보험사고 발생의 통지를 받은 후 지체 없이 지급할 보험금액을 정하고 그 정하여진 날부터 10일 내에 피보험자에게 보험금액을 지급하여야 한다(제658조). 보험자의 손해보상의무는 3년의 단기시효로 소멸한다(제662조).

Ⅱ. 보험계약자 · 피보험자의 손해방지의무

1. 의   의

보험계약자와 피보험자는 보험사고가 발생한 때에 적극적으로 손해의 방지와 경감을 위하여 노력하여야 하고(제680조), 이 의무를 손해방지의무라고 한다. 이미 보험사고가 발생한 후에도 손해의 확대를 적극적으로 방지하고 경감할 의무를 부과하는 것이다.

보험계약자와 피보험자가 손해방지의무를 부담하는 자이다. 그리고 보험계약자와 피보험자의 대리인, 가령 지배인(제11조)이나 선장(제773조)과 같이 포괄적인 대리권을 가진 자도 손해방지의무를 부담한다.

2. 손해방지의무의 요건

(1) 의무의 발생시기

1) 보험사고의 발생시

손해방지의무는 보험사고의 발생을 요건으로 하는 의무이므로 이 의무는 '**보험사고가 발생한 때**'부터 부담한다. 따라서 아직 보험사고의 발생은 없으나 그 발생의 위험이 있을 때 그 위험을 방지하는 것은 이 의무의 내용이 되지 않는다. 그런데 보험의 목적에 보험사고가 발생한 것은 아니나 그것이 불가피한 때, 가령 옆집에 화재가 나서 보험의 목적 또는 그것을 수용하는 건물에 화재가 생길 것이 불가피한 경우 그 시점에서 손해방지의무가 생겨난다는 견해도 있다. 그러나 아무런 조치를 취하지 않아 보험목적에 화재로 인한 보험사고가 발생하는 경우 이는 상법 제659조의 면책사유로 해결할 것이지 손해방지의무로 문제삼을 것은 아니라 하겠다.

2) 책임보험에서의 예외

손해방지의무의 개시시기는 원칙적으로 보험사고의 발생을 전제하는 것이므로, 손해보험의 일종인 책임보험에 있어서도 보험자가 보상책임을 지는 사고가 발생하지 아니하는 한 보험사고가 없고 피보험자의 손해방지의무도 없다. 그런데 판례는 **책임보험에서 자동차사고로 인한 피해자가 발생하였으나, 피보험자의 법률상 책임여부가 판명되지 아니한 상태에서 피보험자가 손해확대방지를 위한 긴급한 행위를 하였다면, 이것은 손해방지의무의 범주에 포함시키고 있고 그로 인하여 소요된 비용을 손해방지비용에 포함시킨다.**[18]

(2) 의무의 내용

손해의 방지와 경감을 위하여 노력하여야 한다(제680조). 보험사고로 인한 손해의 발생을 방지하는 것뿐만 아니라 이미 발생한 손해의 확대를 방지하는 행위를 포함하는 것이고, 직접적인 것이든 간접적인 것이든 묻지 않는다. 이를 위한 노력의 정도를 일률적으로 정할 수는 없을 것이나, 보험계약이 없는 경우에도 보험계약자나 피보험자가 자기의 이익에 대하여 손해의 방지와 경감을 위하여 기울이는 것과 같은 정도의 노력을 하여야 한다. 이러한 노력을 다한 이상은 그 의무를 이행한 것이 되고 손해방지와 경감의 효과가 반드시 나타나야 하는 것은 아니다.

3. 의무위반의 효과

손해방지의무를 위반한 경우의 효과에 관하여 상법에 규정이 없다. 통설과 판례[19]에 의하면 보험계약자와 피보험자가 **고의 또는 중대한 과실로 손해방지의무를 위반한 경우**에는 보험자는 손해방지의무 위반과 상당인과관계가 있는 손해, 즉 의무위반이 없다면 방지 또는 경감할 수 있으리라고 인정되는 손해액에 대하여 배상을 청구하거나 지급할 보험금과 상계하여 이를 공제한 나머지 금액만을 보험금으로 지급할 수 있으나, 경과실로 위반한 경우에는 그러하지 아니하다.

4. 손해방지비용의 부담

(1) 손해방지비용의 의의

손해방지비용은 보험자가 담보하고 있는 **보험사고가 발생한 경우에 보험사고로 인한 손해의 발생을 방지하거나 손해의 확대를 방지함은 물론 손해를 경감할 목적으로 행하는 행위에 필요하거나 유익하였던 비용**을 말하는 것이다.[20] 즉 손해방지의무를 이행함에 있

---

18) 대법원 1993.1.12. 선고 91다42777 판결(손해보험에서 피보험자가 손해의 확대를 방지하기 위하여 지출한 필요·유익한 비용은 보험자가 부담하게 되는바(상법 제680조 제1항), 이는 원칙적으로 보험사고의 발생을 전제로 하는 것이므로, 손해보험의 일종인 책임보험에 있어서도 보험자가 보상책임을 지지 아니하는 사고에 대하여는 손해방지의무가 없고, 따라서 이로 인한 보험자의 비용부담 등의 문제도 발생할 수 없다 할 것이나, 다만 사고발생시 피보험자의 법률상 책임 여부가 판명되지 아니한 상태에서 피보험자가 손해확대방지를 위한 긴급한 행위를 하였다면 이로 인하여 발생한 필요·유익한 비용도 위 법조에 따라 보험자가 부담하는 것으로 해석함이 상당하다); 대법원 1994.9.9. 선고 94다16663 판결; 대법원 2002.6.28. 선고 2002다22106 판결; 대법원 2003.6.27. 선고 2003다6958 판결도 같은 취지이다.
19) 대법원 2016.1.14. 선고 2015다6302 판결. 이러한 법리는 재보험의 경우에도 마찬가지로 적용된다.
20) 대법원 1995.12.8. 선고 94다27076 판결(상법 제680조가 규정한 손해방지 비용이라 함은 보험자가 담보하고 있는 보험사고가 발생한 경우에 보험사고로 인한 손해의 발생을 방지하거나 손해의 확대를 방지함은 물론 손해를 경감할 목적으로 행하는 행위에 필요하거나 유익하였던 비용을 말하는 것). 대법원 2002.6.28. 선고 2002다22106 판결; 대법원 2003.6.27. 선고 2003다6958 판결 등.

어 소요된 비용을 손해방지비용이라 한다. 손해방지의무는 보험사고의 발생이 요건이므로 이 의무는 '보험사고가 발생한 때'부터 개시되는 것이고, 손해방지비용은 보험사고가 발생한 이후 손해의 확대방지에 소요된 비용과 손해를 방지 또는 경감할 목적으로 한 행위에 필요 또는 유익하였던 비용이 된다.

(2) 손해방지비용의 부담

1) 보험자의 부담

손해방지비용은 보상액이 보험금액을 초과한 경우라도 보험자가 이를 부담한다(제680조 단서). 즉 손해방지비용에 대하여는 그 비용과 지급하여야 할 보상액이 보험금액을 초과하더라도 이를 보험자에게 부담시키고 있다. 보험자가 부담하도록 하는 취지는 손해방지의무의 이행을 장려하는 공익적 이유와 손해방지의무의 이행은 보험자의 이익을 위하여도 필요하다는 점에 기초한 것이다. 만약 보험약관으로 보험자가 손해방지비용을 부담하지 않는다거나 보험금액의 한도 내에서만 부담하기로 특약을 하는 것은 기업보험으로 인정되지 않는 한 보험계약자 등의 불이익변경금지원칙(제663조)에 의하여 무효가 된다.

2) 일부보험

일부보험에서는 제1차위험보험이 아닌 한 손해방지비용은 보험자가 손해보상액의 비율에 따라 부담한다(제674조). 제674조는 손해보험통칙에 관한 규정이므로 준용규정이 없더라도 손해방지비용에 적용된다. 그리고 비율적으로 보상되지 않는 나머지 부분은 보험계약자 등이 부담하고, 그 계산에 따른 손해방지비용과 지급보험금의 합계액이 일정한 일부보험금액을 초과한 경우 제680조 단서가 적용되어 보험자가 이를 부담한다.

3) 해상보험의 특칙

해상보험에서 '보험의 목적의 안전이나 보존을 위하여 지급할 특별비용'은 손해방지비용에 해당하고 이 비용은 보험자가 부담하나, 다만 보험금액의 한도 내에서 보상할 책임이 있다(제694조의3). 해상보험은 보험계약자 등의 불이익변경금지원칙이 적용되는 분야가 아니어서(제663조 단서) 약관으로 유효하게 정할 수 있으나, 상법에서 명시적으로 보험금액을 한도로 함을 정하고 있다.

(3) 보험자 상호간의 대위권(구상권)[21]

피보험자가 2인 이상이며 그 각각의 보험자도 2인 이상인 경우, 각 피보험자들의 과실

---

21) 대법원 2007.3.15. 선고 2004다64272 판결. 이 판결에서 공동불법행위자 중 1인이 다른 공동불법행위자의 보험자로부터 자동차종합보험의 대물배상 한도액인 2,000만원을 지급받으면서 그 보험자에 대한 '법률상의 배상액'을 포기하기로 합의하였더라도 이로써 위 한도액과는 무관한 손해방지비용의 상환청구권을 포기한 것으로 볼 수 없다고 판단하였다.

이 개입된 사고가 발생한 이후 한 피보험자만이 손해방지의무를 이행하고 그의 보험자가 그 피보험자에 대하여 손해방지비용을 지급하였다면 그 보험자는 다른 피보험자의 보험자에 대하여 구상권을 행사할 수 있는지가 문제된다.

보험자가 대위할 수 있는 권리는 불법행위뿐 아니라 채무불이행은 물론 적법행위로 인한 피보험자의 청구권 모두를 그 대상으로 하는 것이므로 대위권의 대상이 된다고 본다. **판례**도 이를 긍정한다.[22] 공동불법행위로 말미암아 공동불법행위자 중 1인이 손해방지비용을 지출한 경우, 그 손해방지비용은 자신의 보험자뿐 아니라 다른 공동불법행위자의 보험자에 대하여도 손해방지비용에 해당하므로, 공동불법행위자들과 각각 보험계약을 체결한 보험자들은 각자 그 피보험자에 대한 관계에서뿐 아니라 그와 보험계약관계가 없는 다른 공동불법행위자에 대한 관계에서도 그들이 지출한 손해방지비용의 상환의무를 부담한다. 또한 그 보험자들 상호간에는 손해방지비용의 상환의무에 관하여 부진정연대채무의 관계에 있다고 볼 수 있으므로, 공동불법행위자 중의 1인과 보험계약을 체결한 보험자가 그 피보험자에게 손해방지비용을 모두 상환하였다면, 그 손해방지비용을 상환한 보험자는 다른 공동불법행위자의 보험자가 부담하여야 할 부분에 대하여 직접 구상권을 행사할 수 있다.

제 5 절 보험자대위

I. 총 설

1. 의 의

보험자대위라 함은 보험자가 보험사고로 인한 손실을 피보험자에게 보상한 경우, 그 피보험자 또는 보험계약자가 보험의 목적이나 제3자에 대하여 가지는 권리를 법률상 당연히 취득하는 것을 말한다(제681조, 상법 제682조). 상법은 보험자대위를 보험목적에 대한 것(제681조: 잔존물대위)과 제3자에 대한 것(제682조: 청구권대위)으로 나눈다.

보험자로부터 보험금지급을 받고 손해를 회복한 피보험자가 잔존물 혹은 제3자에 대한 권리를 그대로 보유하고, 이를 행사한다면 결과적으로 피보험자는 실제로 생긴 손해 이상

---

22) 대법원 2007.3.15. 선고 2004다64272 판결에서의 사실관계를 보면 A는 유조차에 대하여 대물한도 1억원의 보험계약을 甲 보험회사와 체결하였고, B는 乙 보험회사와 대물보상한도 2천만원의 자동차종합보험계약을 체결하였다. 가해차량의 운전자인 B는 운전미숙으로 차량을 급제동하는 바람에 차체가 흔들리면서 중앙분리대의 방호벽을 들이받고, A는 이를 피하기 위하여 핸들을 꺾어 갓길로 피하려다 유조차가 전도되었고, 그 유조차에 실려 있던 백등유 1만리터가 인근 하천과 저수지에 유출되는 사고가 발생하였다. 이 사건 과실비율은 B의 과실이 95%인 것으로 확정되었다. A는 이 사건 오염의 확산을 방지하기 위하여 방제작업비 등으로 7,400만원을 지출하고 A의 보험자인 甲에 대하여 청구하는 소송을 제기하여 승소하였다. 이에 甲은 B의 보험자인 乙에 대하여 B의 과실비율에 해당하는 7,030만원을 구상금으로 지급할 의무가 있다고 주장하면서 대위권을 행사했다.

의 손해전보를 받게 되어 보험사고로 인한 이득을 얻게 되는 것으로, 이는 손해보상의 원칙 또는 이득금지의 원칙에 정면으로 반한다. 그렇다고 하여 기존 법률관계의 정리까지 감안하여 보험자의 보험금지급의무를 인정하지 않는 것은 피보험자의 구제를 지연시켜 손해보험의 효용을 저해한다. 보험자대위는 이러한 문제점을 극복하기 위한 제도로서 일단 보험자가 보험사고를 당한 피보험자에게 보상한 이후, 그 피보험자의 권리를 보험자에게 이전시키는 손해보험 특유의 제도이다. 그리고 **인보험에서는 원칙적으로 보험자대위가 금지**되나, 인보험 중 상해보험계약의 경우 당해 보험급부가 실손보상적 성격이어서 피보험자의 권리를 해하지 않는 범위 내에서 대위약정을 허용하고 있다(제729조 단서).

2. 법적 성질

보험자대위권은 보험자가 보험금을 지급함으로써 법률상 당연히 발생한다. 보험자대위는 당사자 사이의 의사표시를 요하지 않으므로 양도행위가 아니고 이른바 민법상의 배상자대위(민법 제399조)와 같은 성질의 것이다. 그러므로 잔존물대위에서의 권리이전은 물권변동의 절차를 밟지 않고도 당연히 제3자에게 그 권리를 주장할 수 있고, 또 청구권대위에서도 지명채권양도의 대항요건의 절차 없이도 채무자 그 밖의 제3자에 대하여 대항할 수 있다.

Ⅱ. 잔존물대위(보험목적에 대한 보험자대위)

1. 의   의

잔존물대위는 보험의 목적에 대한 보험자대위라고도 부르는 것으로, 보험사고로 인하여 보험목적이 전부멸실한 경우 보험금액의 전부를 지급한 보험자는 보험목적에 대한 피보험자의 권리를 취득하는 것을 말한다(제681조 본문). 보험실무상 전손이 생기면 약간의 잔존물이 있더라도 이를 무시하고 일정한 기준하에 전손으로 다루어 보험금액의 전부를 지급한다. 이때 그 보험목적의 잔존물에 대한 피보험자의 권리는 잔존물대위에 의하여 보험자에게 이전된다.

잔존물대위는 보험금을 지급하면 보험목적에 대한 권리를 보험자가 취득하는 점에서 해상보험에서의 보험위부와 유사한 면이 있다. 하지만 양자는 다음과 같은 점에서 다르다. ① 그 취지가 서로 다르다. 보험자대위는 보험사고로 피보험자에게 이중의 이득을 인정하지 않으려는 것이나, 보험위부는 손해산정에 따른 시간과 비용을 절약하려는 데에 그 취지가 있다. ② 잔존물대위에서는 그 권리가 당연히 이전되는 것이지만, 보험위부에서는 피보험자의 의사표시의 효과로서 목적물에 대한 권리가 이전된다. ③ 잔존물대위에서는 보험자는 피보험자에게 지급한 보험금액 이상을 대위하지 못하지만, 보험위부에서는 위부목적물의 가액이 지급한 보험금액을 초과하더라도 보험자에게 귀속하는 점에서 차이가 있다.

2. 요 건

(1) 보험목적의 전부 멸실

보험목적의 전부가 멸실하여야 한다. 여기서 멸실이라 함은 보험계약체결 당시 보험의 목적이 가진 형태의 멸실을 의미하고, 일부 잔존물이 있어도 경제적 가치가 전부 멸실하였으면 전손으로 본다. 따라서 분손의 경우에는 잔존물대위가 성립하지 않는다. 전손을 요건으로 하므로 보험목적의 일부에만 손해가 생긴 경우에는 잔존물대위를 하지 못한다. 차량이 파손된 경우 전부 멸실에 해당하는지 여부는 당해 재화의 경제적 가치회복가능성을 기준으로 하며 보험실무상으로는 일정비율 이상의 손해를 넘으면 전손처리하는 약관을 두고 있음이 보통이다.

(2) 보험금액의 전액 지급

보험자가 해당 보험금 및 기타 보상급여 전액을 지급한 때에만 인정된다. 그러므로 보험금액의 일부만을 지급한 때에는 그 지급한 부분에 대하여 권리를 취득하는 것이 아니다. 보험자가 손해방지비용이나 기타의 비용을 부담한 때에는 보험금 이외에 이 비용도 지급한 경우에만 잔존물대위권을 취득한다고 봄이 통설이다. 예컨대 2억원 보험가액의 주택을 1억원 보험금액으로 하는 화재보험에 일부보험으로 가입하였는데 그 주택이 화재로 전부 멸실하는 사고가 발생한 경우, 피보험자 등이 그 화재의 진화를 위하여 2천만원의 손해방지비용을 부담하였다면, 보험자는 보험금액 1억원과 손해방지비용 1천만원을[23] 모두 지급한 이후라야 잔존물대위권을 취득한다.

3. 효 과

(1) 보험자의 권리취득

사고를 당한 보험목적에 대하여 피보험자가 가지고 있던 권리는 보험자에게 당연히 이전된다. 보험목적에 대한 권리란 선박보험의 경우 선박의 난파물에 대한 소유권 등이 그것이다. 보험자의 보험목적에 대한 대위권 취득시기는 보험금과 기타 비용 전부를 지급한 때이며, 권리의 이전은 법률의 규정에 의한 당연이전으로서 당사자의 특별한 의사표시나 물권변동 절차를 요하지 않는다. 만약 피보험자가 보험금을 지급받기 이전에 보험목적을 타

---

[23] 일부보험에서는 제1차 위험보험이 아닌 한 보험자가 손해보상액의 비율에 따라 부담하고(제674조) 따라서 1천만원을 보험자가 부담한다.

인에게 처분한 경우에는 보험금에서 이를 공제할 수 있고, 보험금을 지급받은 이후에 이를 처분한 경우에는 보험자는 피보험자에 대하여 손해배상을 청구할 수 있다.

(2) 일부보험

일부보험의 경우 보험금 전액을 지급한 보험자가 취득할 권리는 보험금액의 보험가액에 대한 비율에 따라 정하여지므로, 보험자와 피보험자는 잔존물에 대하여 공유관계가 성립하게 된다(제681조 단서).

(3) 대위권포기

대위에 의한 권리의 취득은 공법상의 잔존물제거의무를 지는 경우가 있어 보험자가 오히려 불이익을 받을 수 있다. 예컨대 선박보험에서 보험목적인 선박이 내항에서 침몰하여 다른 선박의 항해를 방해하고 있다면, 관련법규에 따라 선박의 권리자는 침몰선과 잔존물을 제거하여야 할 의무를 지는 경우가 있다. 그러므로 보험자는 보험금 이외 상당한 비용을 추가적으로 지출하여야 하고, 이를 제거하지 않아 사고가 생기면 책임을 져야 하므로 부담을 떠안게 된다. 따라서 약관으로 보험자가 대위권을 포기할 수 있도록 한다는 것이 통설이다.

Ⅲ. 청구권대위(제3자에 대한 보험자대위)

1. 의 의

청구권대위란 피보험자의 손해가 제3자의 행위로 인하여 생긴 경우에 보험금액을 지급한 보험자는 그 지급한 금액의 한도에서 그 제3자에 대한 피보험자의 권리를 취득하는 것을 말하고, 제3자에 대한 보험자대위라고도 한다. 청구권대위의 인정 취지는 피보험자가 보험사고로 인한 이득을 보게 되는 결과를 방지하는 것과 동시에, 보험사고의 발생에 책임이 있는 자는 누구도 책임을 면할 수 없도록 하려는 데 있다.

2. 요 건

청구권대위는 이득금지원칙에 기한다는 점은 잔존물대위와 동일하나, 그 요건에서 몇 가지 차이가 있다. 청구권대위는 보험목적이 전부 멸실되어야 할 필요가 없는 점, 보험금액을 전액 지급할 필요가 없는 점 등이 잔존물대위와의 차이점이다.

(1) '제3자'에 의한 보험사고의 발생

손해가 '제3자'의 행위로 인하여 생겨야 한다. 보험자대위의 법리에 의하여 보험자가 제

3자에 대한 보험계약자 또는 피보험자의 권리를 행사하기 위해서는 손해가 제3자의 행위
로 인하여 생긴 경우라야 하고, 여기서 '제3자'의 범위가 문제된다.

1) 승낙피보험자 등 확장된 피보험자

승낙피보험자가 제3자에 해당하느냐 하는 점이다. 자동차보험에서 피보험자로 보험증권
에 기재된 자를 기명피보험자로 하고, 이에 추가하여 기명피보험자의 승낙을 받아 차량을
직접 운전하는 자나 그 차량을 임차하여 이용하는 자도 피보험자의 범위에 포함시키는 경
우 그들을 승낙피보험자라고 부른다. 이와 같이 자동차보험의 경우 기명피보험자가 운전을
승낙하면 승낙을 받은 자도 피보험자가 되므로 피보험자의 범위는 기명피보험자의 행위에
의하여 확대된다.

이 경우 기명피보험자 외에 기명피보험자의 승낙을 얻어 자동차를 사용 또는 관리중인
자, 이러한 각 피보험자를 위하여 피보험자동차를 운전중인 자 등도 피보험자의 범주에 포
함되어 있다면, 이러한 승낙피보험자 등의 행위로 인하여 보험사고가 발생한 경우 보험자
는 그 피보험자들에 대하여는 보험자대위권을 행사할 수 없다고 봄이 타당하다. 그들도 피
보험이익의 주체가 되는 자들로서 제3자라 할 수 없기 때문이다. **판례도 보험사고를 일으
킨 자가 피보험자에 해당하는 경우 그는 제3자에 해당하지 않는다**고 일관되게 판시한다.[24]

2) 피보험자의 가족, 피용자

피보험자와 생활을 같이 하는 가족구성원이 보험사고를 발생시킨 경우 이들에 대한 보
험자대위가 인정되는지의 여부이다. 예를 들어 가장이 주택을 화재보험에 가입하면서 자신
을 피보험자로 지정한 경우, 그 가족의 다른 구성원이 사고를 발생시킨다면 이때 그 가족
은 청구권대위의 객체가 되는 제3자에 해당하는가?

과거 소수의 견해로서 피보험자의 가족이나 피용자도 청구권대위의 객체가 된다는 견
해(包含說)가 있었다. 그러나 통설과 판례[25]는 이들은 보험자대위권의 객체가 되지 않는다

24) 대법원 1991.11.26. 선고 90다10063 판결(상법 제682조 소정의 보험자대위는, 보험사고로 인한 손해가 보험
계약자 또는 피보험자 아닌 제3자의 행위로 인하여 생긴 경우에 보험금액을 지급한 보험자가 보험계약자 또는 피
보험자의 그 제3자에 대한 권리를 취득하는 제도이므로, 보험계약의 해석상 보험사고를 일으킨 자가 위 법 소정의
"제3자"가 아닌 "피보험자"에 해당될 경우에는 보험자는 그 보험사고자에 대하여 보험자대위권을 행사할 수 없는
것이다). 이 판결은 자동차종합보험의 보통약관에서 보험증권에 기재된 피보험자 이외에 그 "피보험자를 위하여
자동차를 운전중인 자"도 위의 피보험자의 개념에 포함시키고 있으므로 자동차종합보험에 가입한 차주의 피용운
전사는 "피보험자"일 뿐, 상법 제682조에서 말하는 "제3자"에 포함되는 자가 아니라고 한 사례이다; 대법원 1995.
6.9. 선고 94다4813 판결(상법 제682조 소정의 보험자대위는 보험사고로 인한 손해가 보험계약자 또는 피보험자
아닌 제3자의 행위로 인하여 생긴 경우에 보험금액을 지급한 보험자가 보험계약자 또는 피보험자의 그 제3자에 대
한 권리를 취득하는 제도이므로, 보험계약의 해석상 보험사고를 일으킨 자가 상법 소정의 "제3자"가 아닌 "피보험
자"에 해당될 경우에는 보험자는 그 보험사고를 일으킨 자에 대하여 보험자대위권을 행사할 수 없다). 대법원
2001.6.1. 선고 2000다33089 판결; 대법원 2001.11.27. 선고 2001다44659 판결; 대법원 2006.2.24. 선고 2005다
31637 판결 등도 동일한 취지의 판결들이다.
25) 대법원 2000.6.23. 선고 2000다9116 판결; 대법원 2002.9.6. 선고 2002다32547 판결; 대법원 2009.8.20. 선고
2009다27452 판결. 판례도 피보험자의 동거친족에 대하여 피보험자가 배상청구권을 취득한 경우, 통상은 피보험자

고 보았다. 그 근거는 동거친족간에는 배상청구권을 취득하는 경우에도 청구권을 포기하거나 용서의 의사로 권리행사를 하지 않을 것이고, 또한 경제적 생활공동체인 가족의 구성원에 대한 대위권취득을 허용한다면 결국은 피보험자가 보험금을 취득하지 못한 결과가 되어 보험의 효용성이 없다는 것이다. 가족 전체가 하나의 생활공동체이므로 보험자대위를 허용하면 결과적으로 보험에 든 실익이 사라지게 될 것이다. 피보험자와 공동생활을 하는 동거가족의 경우 그들에 대하여 피보험자가 손해배상청구권을 취득하더라도 통상 그 청구권을 행사하지 않을 것이고, 만약 보험자대위권을 허용한다면 피보험자가 수령한 보험금을 다시 보험자에게 환급하는 결과가 되어 보험의 혜택이 없게 된다. 더구나 보험자대위제도의 주된 입법취지가 피보험자의 이중이득을 막고자 하는 것이므로, 피보험자가 보험금 외에 동거가족에 대한 손해배상청구권을 행사함으로써 이중의 이득을 취할 가능성이 없는 것이고 보면 보험자가 대위권을 행사하는 것은 그 입법취지에도 맞지 않다.

이러한 점에서 2014년 개정 상법은 통설과 판례의 입장을 따랐다. 상법 제682조 제2항 본문에 "보험계약자나 피보험자의 제1항에 따른 권리가 **그와 생계를 같이 하는 가족에 대한 것인 경우 보험자는 그 권리를 취득하지 못한다**"고 규정하여 생계를 같이 하는 가족은 보험자대위의 객체가 되지 않는다고 규정한다. 다만 단서에서 "손해가 그 가족의 **고의로 인하여 발생한 경우에는 그러하지 아니하다**"고 하여 고의 사고시에는 예외로 하였다.

3) 타인을 위한 보험에서 보험계약자

피보험자와 보험계약자가 서로 다른 타인을 위한 손해보험계약에서 보험계약자의 귀책사유로 보험사고가 생긴 경우에 그 보험계약자도 여기서 말하는 제3자에 해당하는가가 문제된다. 즉 보험자는 보험계약자에 대하여 대위권을 행사할 수 있을 것인가?

① 부정설

이를 부정하는 입장에서는 타인을 위한 보험에서 보험계약자를 보험자대위의 객체가 되는 제3자가 아니라고 한다. 부정설에서는 그 근거로서 보험계약자는 보험계약의 당사자로서 계약상의 권리는 물론 보험료지급의무 등 각종의 의무를 지는 점, 제682조가 "그 제3자에 대한 보험계약자 또는 피보험자의 권리를 취득한다"라 규정하는 점, 피보험자의 가족이나 피용인은 제3자에서 제외하고 있는 점, 계약의 당사자인 보험계약자는 자신의 고의나 중과실이 있는 경우 보험자가 면책될 것이므로(제659조) 결국 자신의 경과실인 경우 보험혜택을 받는 것인데 경과실에 의하여도 보험자에게 배상책임을 져야 한다면 보험계약자에게 가혹한 점, 상법 제639조 제2항 단서와 관련하여 입법자의 의도는 명백히 보험계약자에 대한 보험자대위권을 배제한 취지라는 점 등을 내세운다.

는 그 청구권을 포기하거나 용서의 의사로 권리를 행사하지 않은 상태로 방치할 것으로 예상되는바, 이러한 경우 피보험자에 의하여 행사되지 않는 권리를 보험자가 대위취득하여 행사하는 것을 허용한다면 사실상 피보험자는 보험금을 지급받지 못한 것과 동일한 결과가 초래되어 보험제도의 효용이 현저히 해하여진다 할 것이라 한다.

② 긍정설(판례)

우리 **판례는 일관하여 긍정설을 취하여 보험계약자에 대한 보험자대위권을 행사할 수 있는 것으로 본다.**[26] 판례의 논거는 간명하다. 피보험이익의 주체가 아닌 한 제3자에 해당하고, 보험계약자는 피보험이익의 주체가 아니라는 것이다. 기타 이를 지지하는 긍정설에서는 손해보험계약이 피보험자의 손해를 보상함을 목적으로 하는 것이므로 보험계약의 존재를 이유로 피보험자 이외의 보험사고 발생에 책임 있는 자는 누구라도 면책시켜서는 안 된다는 점, 실질적으로 보면 보험료는 피보험자의 계산으로 지급하는 것이라는 점, 그 밖의 의무도 보험계약자가 보험자의 상대방인 형식적 자격으로 인하여 지는 것에 불과하다는 점 등을 근거로 내세운다.

③ 소 결

부정설이 타당하다고 본다. 그 근거는 다음과 같다. (i) 타인을 위한 보험계약의 보험계약자는 보험계약의 당사자라는 점이다. 그는 보험계약 체결시 고지의무(제651조)를 지고, 보험료지급의무(제650조)·위험변경증가의 통지의무(제652조)·보험사고발생통지의무(제657조) 및 손해방지의무(제680조) 등을 지며, 또 보험증권교부청구권(제640조)과 보험증권의 소지나 피보험자의 동의가 있는 경우에는 당해 보험계약을 해지할 수 있는 권리(제649조)도 가지고 있다. (ii) 또한 보험계약자가 고의 또는 중과실로 사고를 발생시킨 경우에는 보험자가 면책되기도 하여(제659조 제1항), 결과적으로 보험계약자가 보험자대위권의 객체가 되는지에 관한 점에 있어서의 사고발생은 보험계약자의 경과실로 인한 경우로 한정된다. 보험계약자의 경과실로 인한 사고에 있어 보험계약을 체결하고 유지하며 보험료를 납부하고 각종의 통지의무 등을 부담하는 보험계약자를 보험자대위권의 객체가 되도록 하는 것은 타당하지 않다. (iii) **긍정설은 현행 상법 제639조 제2항 단서와 배치된다.** 이 규정에 의하면 보험계약자가 피보험자에게 손해배상을 한 경우 보험자에 대하여 보험금청구권을 취득하게 된다는 것으로, 긍정설과 양립할 수 없다. 이 규정이 신설되기 이전의 대법원 판례[27]는 견해의 대립이 있는 부분에서 어느 하나의 입장을 따른 것으로 평가할 여지도 있겠으나, 현재 판례는 제639조 제2항 법문과 어울리지 않는 것으로 수용할 수 없다. (iv) 보험자대위의 취지가 이중이득의 금지에 있는 것으로 이 경우의 보험계약자가 이중이득을 취한 것도 아니다.

26) 대법원 1990.2.9. 선고 89다카21965 판결; 대법원 2000.11.10. 선고 2000다29769 판결(손해보험계약에 있어 제3자의 행위로 인하여 생긴 손해에 대하여 제3자의 손해배상에 앞서 보험자가 먼저 보험금을 지급한 때에는 그 보험금의 지급에도 불구하고 피보험자의 제3자에 대한 손해배상청구권은 소멸되지 아니하고 지급된 보험금액의 한도에서 보험자에게 이전될 뿐이며, 이러한 법리는 손해를 야기한 제3자가 타인을 위한 손해보험계약의 보험계약자인 경우에도 마찬가지이다).
27) 대법원 1989.4.25. 선고 87다카1669 판결과 대법원 1990.2.9. 선고 89다카21965 판결.

(2) 제3자의 '행위'에 의한 보험사고의 발생

제3자의 행위에 의한 보험사고가 있어야 한다. 그런데 제3자의 행위가 채무불이행 또는 불법행위 등의 손해배상책임을 야기하는 행위로 한정되는 것인지, 또는 기타의 행위도 포함하는 것인지의 문제가 있다. 통설은 제3자의 '행위'라 함은 보험계약의 목적, 즉 피보험이익에 대하여 손해를 일으키는 행위로서 방화와 같은 불법행위뿐 아니라 임차인의 실화 등을 이유로 한 채무불이행은 물론 선장의 공동해손으로 인한 경우와 같은 적법행위도 포함하는 것으로 본다.

판례도 이러한 입장을 취한다. 판례도 "보험금을 지급한 보험자는 제3자에게 귀책사유가 있음을 입증할 필요가 없이 법률의 규정에 의하여 당연히 그 손해배상 청구권을 취득하게 된다고 할 것이므로, 상법 제682조 소정의 '제3자의 행위'란 **'피보험이익에 대하여 손해를 일으키는 행위'를 뜻하는 것으로서 고의 또는 과실에 의한 행위만이 이에 해당하는 것은 아니라고 보아야 할 것이다**"[28]고 하여 통설과 같은 입장을 취한다. 또한 책임보험에서의 피해자 직접청구권도 보험자대위권의 객체가 된다고 본다.[29]

(3) 보험금의 지급

보험자는 보험계약에 따라 피보험자에게 손해를 보상하여야 하고 보험자대위권의 발생시기는 보험금액을 지급한 때이다. **잔존물대위와는 달리 반드시 보험계약에서 정한 한도의 모든 금액을 지급하여야 하는 것은 아니고, 일부를 지급하여도 그 지급한 범위 안에서 청구권을 대위하여 행사할 수 있다**(제682조 단서). 그런데 보험자가 손해방지비용 등을 부담하는 경우에는 보험금 이외에 그 비용도 지급하여야 대위권을 취득하게 됨은 잔존물대위와 같다.

(4) 제3자에 대한 피보험자 권리의 존재

보험자는 보험사고가 발생한 때에 피보험자의 권리를 전제로 손해보상책임을 이행한 때에 그 대위권을 취득한다. 따라서 피보험자가 보험금을 받기 전에 제3자에 대한 권리를 행사하거나 처분한 때에는 피보험자는 그 한도에서 보험자에 대한 청구권을 잃게 되고 보험자의 대위권도 존재하지 않는다.[30] 또한 피보험자 등의 제3자에 대한 손해배상청구권이

---

28) 대법원 1995.11.14. 선고 95다33092 판결.

29) 대법원 2016.5.27. 선고 2015다237618 판결; 대법원 1998.9.18. 선고 96다19765 판결(상법 제724조 제2항에 의하여 피해자에게 인정되는 직접청구권의 법적 성질은 보험자가 피보험자의 피해자에 대한 손해배상채무를 병존적으로 인수한 것으로서 피해자가 보험자에 대하여 가지는 손해배상청구권이므로, 이와 같은 피해자의 직접청구권도 역시 상법 제682조의 보험자 대위에 의하여 보험자가 취득하는 권리에 당연히 포함된다).

30) 대법원 1981.7.7. 선고 80다1643 판결(상법 제682조에 의하여 손해가 제3자의 행위로 인하여 생긴 경우에 보험금액을 지급한 보험자는 그 지급한 금액의 한도에서 그 제3자에 대한 보험계약자 또는 피보험자의 권리를 취득하나, 보험자가 보험금액을 지급하여 위 대위의 효과가 발생하기 전에 피보험자 등이 제3자에 대한 권리를 행사하

시효로 인하여 소멸하였다면 보험자가 이를 대위할 여지도 없다.[31]

3. 효 과

(1) 피보험자 권리의 이전

보험자가 보험금을 지급한 때에는 제3자에 대한 피보험자의 권리가 보험자에게 이전한다. 보험자대위권은 보험자가 피보험자에게 손해보상을 함으로써 법률상 당연히 생기는 것이므로 그 권리이전의 통지 또는 승낙을 필요로 하지 아니하고 보험금을 지급하면 당연히 보험자에게 이전한다. 단 지급한 보험금액의 한도에서만 보험자대위권을 취득하므로 만일 보험자가 그 대위권을 행사함으로써 피보험자에게 지급한 보험금액 이상을 회복한 경우에는 보험금액을 공제한 나머지 부분에 대하여 피보험자에게 반환하여야 한다.

또한 제3자에 대한 보험자대위권의 행사는 피보험자의 권리를 이전받는 것이므로 피보험자의 권리에 의하여 제한되기도 한다. 즉 보험자는 피보험자가 제3자에 대하여 가지는 권리 이상을 취득하지 못한다.[32] 만약 보험사고에 대하여 피보험자의 과실도 개입된 경우 제3자는 보험금을 지급한 보험자에 대하여도 과실상계를 주장할 수 있어 그 범위 내에서 보험자의 청구권도 감소된다.

(2) 피보험자 권리의 소멸과 피보험자의 협조의무

피보험자는 보험금을 지급받는 순간 그가 제3자에 대하여 가지고 있던 권리를 잃게 된다. 피보험자는 제3자에 대한 권리를 행사하거나 처분할 수 없고,[33] 제3자도 피보험자의 청구에 응할 필요가 없다.

그런데 피보험자의 권리는 이미 보험자에게 이전하였기 때문에 피보험자는 그 권리의

거나 처분한 경우에는 그 부분에 대하여는 보험자가 이를 대위할 수 없다); 대법원 2000.11.10. 선고 2000다29769 판결(손해보험계약에 있어 손해가 제3자의 행위로 인하여 생긴 경우 피보험자는 보험자가 보험금을 지급하기 전까지는 자유로이 제3자로부터 손해배상을 받을 수 있고, 그 경우 보험자는 그 한도 내에서 면책된다).

31) 대법원 1993.6.29. 선고 93다1770 판결(상법 제682조 규정은 피보험자 등의 제3자에 대한 손해배상청구권이 있음을 전제로 하여 지급한 보험금액의 한도에서 그 청구권을 취득한다는 취지에 불과한 것이므로 피보험자 등의 제3자에 대한 손해배상청구권이 시효로 인하여 소멸하였다면 보험자가 이를 대위할 여지가 없다고 할 것이고, 이 때에 보험자가 취득할 손해배상청구권의 소멸시효의 기산점과 기간은 그 청구권 자체를 기준으로 판단하여야 할 것이다).

32) 대법원 1988.4.27. 선고 87다카1012 판결(보험금을 지급한 보험자는 상법 제682조 소정의 보험자대위제도에 따라 그 지급한 보험금의 한도 내에서 피보험자가 제3자에게 갖는 손해배상청구권을 취득하는 결과 피보험자는 보험자로부터 지급을 받은 보험금의 한도 내에서 제3자에 대한 손해배상청구권을 잃고 그 제3자에 대하여 청구할 수 있는 배상액이 지급된 보험금액만큼 감소된다).

33) 대법원 1997.11.11. 선고 97다37609 판결(화재보험의 피보험자가 보험금을 지급받은 후 화재에 대한 책임 있는 자로부터 손해배상을 받으면서 나머지 손해배상청구권을 포기하였다 하더라도, 피보험자의 화재에 대한 책임 있는 자에 대한 손해배상청구권은 피보험자가 보험자로부터 보험금을 지급받음과 동시에 그 보험금액의 범위 내에서 보험자에게 당연히 이전되므로, 이미 이전된 보험금 상당 부분에 관한 손해배상청구권의 포기는 무권한자의 처분행위로서 효력이 없고, 따라서 보험자가 이로 인하여 손해를 입었다고 볼 수 없다).

보전 등을 이행할 유인이 없게 되고, 따라서 권리보전절차를 해태하여 보험자의 권리행사에 협조하지 않을 수도 있다. 이에 제3자에 대한 권리의 내용, 보전의 방법 등에 대하여 가장 잘 알고 있는 피보험자는 보험금을 지급받은 후에도 보험자로 하여금 그 권리를 행사할 수 있도록 협조할 신의칙상의 협조의무가 있다고 본다(통설).

(3) 피보험자에 의한 권리의 처분행위

보험자가 보험자대위권을 취득한 이후임에도 불구하고, 제3자가 피보험자에게 채무를 이행한다면 이는 권한이 없는 자에 대한 변제로서 무효라 하지 않을 수 없다.[34] 그런데, 제3자가 보험자의 권리를 알지 못하고 선의이고 과실 없이 피보험자에게 그 채무를 이행한 때에는 **채권의 준점유자에 대한 변제**를 규정한 민법 제470조를 유추적용하여 유효하다고 본다.

만일 피보험자가 보험자로부터 수령한 보험금과 가해자인 제3자로부터 수령한 보험금이 실제의 손해를 초과한 경우에는 그 과잉배상금 부분에 한하여 결과적으로 피보험자가 보험자로부터 법률상 원인 없이 이익을 얻은 것이고, 보험금을 지급한 보험자는 피보험자를 상대로 보험자대위권 침해를 이유로 부당이득반환 또는 손해배상청구를 할 수 있다.[35]

(4) 대위에 의하여 이전되는 권리

1) 피보험자의 제3자에 대한 권리

보험자대위는 피보험자의 제3자에 대한 권리를 전제하는 것이므로, 보험자는 제3자에

---

34) 대법원 1995.7.14. 선고 94다36698 판결(자동차 손해배상 책임보험자가 사망한 피해자의 상속인에게 피해자의 사망으로 인하여 발생한 손해 일체에 대한 보상으로 보험금을 지급하였다면, 그로써 보험자는 상법 제682조 소정의 보험자대위 규정에 의하여 피보험자가 다른 공동불법행위자에 대하여 가지는 구상권을 취득하는 한편, 그 상속인은 피해자의 사망으로 인한 공동불법행위자에 대한 손해배상청구권을 보험금을 지급받음으로써 상실하게 되므로, 그 후 공동불법행위자의 대리인이 사망한 피해자의 상속인에게 피해자의 사망으로 인한 손해배상금을 지급하였더라도 이는 변제수령 권한이 없는 자에 대한 변제로서 무효이고, 따라서 보험자가 상법 제682조에 정한 보험자대위 규정에 의하여 취득한 권리에 아무런 영향을 미칠 수 없다); 대법원 1997.11.11. 선고 97다37609 판결.

35) 대법원 1999.4.27. 선고 98다61593 판결(보험금을 지급한 보험자가 피보험자를 상대로 보험자대위권 침해를 이유로 부당이득반환 또는 손해배상청구를 하기 위하여는 보험자가 피보험자에게 보험금을 지급한 사실, 피보험자가 보험금을 수령한 후 무권한자임에도 불구하고 제3자로부터 손해배상을 받은 사실(피보험자가 보험자로부터 받은 보험금이 실제 발생된 손해액에 미치지 못한 경우에는 피보험자는 그 차액 부분에 관하여는 여전히 제3자에 대하여 자신의 권리를 가지고 있으므로 피보험자가 이를 초과하여 제3자로부터 손해배상을 받은 사실), 제3자의 피보험자에 대한 손해배상이 채권의 준점유자에 대한 변제로서 유효한 사실을 주장, 입증하여야 할 것이고, 이 경우에 채권의 준점유자에 대한 변제가 유효하기 위한 요건으로서의 선의라 함은 준점유자에게 변제수령의 권한이 없음을 알지 못하는 것뿐만 아니라 적극적으로 진정한 권리자라고 믿었음을 요하는 것이고, 무과실이란 그렇게 믿는 데에 과실이 없음을 의미하므로, 제3자가 피보험자가 보험에 가입하여 보험금을 수령한 사실을 전혀 모르고 이 점에 대하여 과실이 없이 피보험자에게 손해배상을 한 경우, 또는 제3자가 피보험자가 보험에 가입하여 이미 보험금을 수령한 사실을 알고 있었던 경우에는 피보험자가 입은 손해액과 피보험자가 보험자로부터 보험금을 수령함으로써 보험자대위권(상해보험의 경우에는 대위 약정에 따라)의 대상이 된 금액을 살펴, 피보험자에게 아직도 자신에 대한 손해배상청구권이 남아 있다고 믿고 손해배상을 한 경우에만 선의, 무과실에 해당된다고 할 수 있을 것이고, 위 요건의 주장, 입증책임도 보험자에게 있다).

대하여 가지는 권리보다 더 큰 권리를 가질 수 없다. 그러므로 자동차충돌에서 자동차보험의 피보험자에게도 일부 과실이 있는 때에는 그 상대방인 제3자는 보험금을 지급한 보험자에 대하여도 과실상계를 주장할 수 있고 그 범위 내에서는 보험자의 청구권도 감소된다.

2) 공동불법행위자에 대한 구상권

공동불법행위자 중의 1인과 사이에 체결한 보험계약에 따라 보험자가 피해자에게 손해배상금을 보험금으로 모두 지급함으로써 공동불법행위자들이 공동면책된 경우, 그 공동불법행위자는 다른 공동불법행위자의 부담부분에 대하여 구상권을 행사할 수 있고, 보험금을 지급한 보험자는 보험자대위의 법리에 따라 그 공동불법행위자의 다른 공동불법행위자에 대한 구상권을 취득한다.[36] 그리하여 공동불법행위자의 보험자는 다른 공동불법행위자에 대하여 구상권을 내용으로 하는 보험자대위권을 행사할 수 있고, 결과적으로 각 공동불법행위자의 보험자들 상호간에도 보험금액을 한도로 하여 직접 구상권을 행사할 수 있다.[37]

3) 책임보험 피해자의 직접청구권

상법 제724조 제2항 소정의 **책임보험에서 피해자의 직접청구권도 보험자대위의 목적이 될 수 있다.**[38]

4. 대위권 행사의 제한

(1) 보험금 일부지급

보험자가 피보험자에게 보상할 금액의 일부를 지급한 때에는 피보험자의 권리를 해하지 않는 범위 내에서 대위권을 행사할 수 있다(제682조 단서). 즉 보험금의 일부 지급시에는 보험자가 피보험자와 함께 제3자에 대한 채권을 행사하게 되는데, 이때에는 피보험자의 권리를 우선적으로 보호하여야 한다.

그런데 이러한 보험자대위권의 제한에 관하여 상법은 보험금액의 일부를 지급한 경우를 전제하고 있으나, 피보험자가 보험자로부터 보험금액의 지급을 받아도 그 손해액의 전

---

36) 대법원 1998.9.18. 선고 96다19765 판결; 대법원 1998.12.22. 선고 98다40466 판결; 대법원 1999.2.12. 선고 98다44956 판결; 대법원 1999.6.11. 선고 99다3143 판결; 대법원 2004.10.28. 선고 2004다39689 판결; 대법원 2009. 12.24. 선고 2009다53499 판결.

37) 책임보험에 가입되어 있는 둘 이상의 자동차가 공동으로 하나의 사고에 관여하고 하나의 보험자가 공동불법행위자 중 1인과 체결한 보험계약에 따라 피해자에게 배상한 금액 중 다른 공동불법행위자의 과실비율에 따른 금액이 책임보험한도액을 초과하는 경우, 보험자대위에 따라 다른 공동불법행위자의 보험자에게 청구할 수 있는 구상금은 책임보험금의 한도액 전액이 된다. 대법원 2002.9.4. 선고 2002다4429 판결; 대법원 2009.12.24. 선고 2009다53499 판결.

38) 대법원 1999.6.11. 선고 99다3143 판결(공동불법행위자의 보험자들 상호간에는 그중 하나가 피해자에게 보험금으로 손해배상금을 지급함으로써 공동면책되었다면 그 보험자는 상법 제682조의 보험자대위의 법리에 따라 피보험자가 다른 공동불법행위자의 부담 부분에 대한 구상권을 취득하여 그의 보험자에 대하여 행사할 수 있고, 이 구상권에는 상법 제724조 제2항에 의한 피해자가 보험자에 대하여 가지는 직접청구권도 포함된다).

부가 보상되지 아니할 때에는 잔액에 대하여 보험계약자 또는 피보험자는 제3자에 대한 권리를 상실하지 않으므로 그 한도 안에서는 보험금액을 전부 지급하여도 대위권의 제한을 받는다(통설).

(2) 일부보험

일부보험에 관하여는 보험자대위에 관한 상법상 규정이 없다. 일부보험에서의 보험자의 책임은 보험금액의 보험가액에 대한 비율에 의하는 것이 원칙이고, 보험자와 피보험자는 제3자에 대한 권리의 행사에 있어서 경합하게 된다. 그런데 피보험자에게 과실이 있거나 또는 제3자가 손해 전부를 배상할 자력이 없는 경우에는, 보험자가 계약상의 보험금지급의무를 모두 이행하더라도 피보험자가 손해를 완전히는 보상받지 못하는 경우가 있다. 즉 일부보험에서 피보험자의 과실이 있거나 또는 가해자인 제3자의 자력이 부족한 경우에는, 비율적 권리행사만을 허용할 때 피보험자가 보험자로부터 완전한 손해보상을 받을 수 없게 되고, 이 경우 보험자가 대위권에 의하여 취득할 수 있는 권리의 범위에 관하여는 견해의 대립이 있다.

구체적 사례를 들어보자. (i) 피보험자에게 과실이 있는 경우이다. 甲은 500만원의 차량을 100만원은 자기부담으로 하고 나머지 400만원에 대하여 乙과 차량보험계약을 체결하였다. 甲의 차량은 丙의 차량과 충돌하여 전손되는 사고가 발생하였고 당시 과실비율은 50%씩이었다. 乙이 甲에 대하여 400만원의 보험금을 지급한 경우 丙의 손해배상액은 250만원이므로 이 경우 그 금액의 분배는 어떻게 되는가? (ii) 제3자의 자력이 부족한 경우이다. 甲은 보험가액 10억원의 건물을 보험금액 7억원으로 하여 乙보험사의 화재보험에 가입하였다. 그런데 그 건물이 임차인 丙의 중과실로 화재가 발생하여 5억원의 손해가 발생하였다. 그런데 丙의 자력은 3억원에 불과하다. 이때 3억원의 분배는 어떻게 되는가?

1) 절대설

보험자는 그가 지급한 보험금의 범위 내에서 피보험자에 우선하여 대위권을 행사할 수 있다는 견해로서 제682조 본문의 해석에 충실한 견해이다. 보험자우선설이라고도 한다. 이 설은 피보험자에게 가혹하고, 피보험자가 가해자와 보험자 중 누구로부터 먼저 손해전보를 받는가에 따라 지급받는 금액에 차이가 있어 타당한 견해로 보기 어렵다. 위 (i)의 사례에서는 보험자 乙이 丙에 대하여 250만원을 모두 차지하게 되고 피보험자는 한푼도 받을 수 없게 된다. (ii)의 사례에서는 3억 5천만원을 보험금으로 지급한 보험자 乙은 丙에 대하여 3억 5천만원의 대위를 할 수 있다.

2) 상대설

보험자와 피보험자의 부보비율에 따라 분배하여야 한다는 견해로서 청구권비례설이라고도 한다. 피보험자 보호에 미흡하다는 단점이 있다. 위 사례에서 상대설에 의하는 경우 (i)의 사례에서는 甲이 50만원을 乙이 200만원을 차지하게 된다. (ii)의 사례에서는 잔액 3억 5천만원에 대하여 그 비율에 따라 乙은 2억 1천만원(7억/10억×3억)을 대위할 수 있고, 甲은 9천만원(3억/10억×3억)을 丙에 대하여 청구할 수 있다.

3) 차액설

피보험자가 제3자로부터 우선적으로 손해를 배상받고 나머지가 있으면 보험자가 이를 대위할 수 있다는 견해로서 피보험자우선설이라고도 한다. 요컨대, 보험자는 피보험자의 손해액을 충당한 나머지의 손해배상액, 즉 그 차액에 대하여만 청구권을 행사할 수 있도록 하는 방법이다. 위 (i)의 사례에서 甲은 우선적으로 100만원에 대하여 배정권을 가지고, 나머지 차액 150만원에 대하여 乙이 취득하게 된다. (ii)의 사례에서는 乙로부터 3억 5천만원의 보상을 받은 甲으로서는 여전히 1억 5천만원의 손해를 보고 있으므로, 1억 5천만원의 손해배상청구권을 丙에 대하여 행사할 수 있다. 따라서 乙은 1억 5천만원을 차지하게 된다.

생각건대, 보험자대위권은 피보험자의 이중이득을 방지하기 위한 것으로 보험자는 보험료의 대가로서 보험금액을 지급하는 것이므로 반대의 약정이 없는 한 피보험자의 손해액을 우선적으로 전보받도록 하는 차액설이 타당하다(통설).

4) 판 례

최근 판례[39]는 전원합의체로 "손해보험의 보험사고에 관하여 동시에 불법행위나 채무불이행에 기한 손해배상책임을 지는 제3자가 있어 피보험자가 그를 상대로 손해배상청구를 하는 경우에, 피보험자가 손해보험계약에 따라 보험자로부터 수령한 보험금은 보험계약자가 스스로 보험사고의 발생에 대비하여 그때까지 보험자에게 납입한 보험료의 대가적 성질을 지니는 것으로서 제3자의 손해배상책임과는 별개의 것이므로 이를 그의 손해배상책임액에서 공제할 것이 아니다"고 하여 차액설의 입장을 분명히 하였다. 그 이전 판결인 대법원 2012.8.30. 선고 2011다100312 판결에서도 차액설을 취하였으나, 그 판결은 절대설을 채택하였던 종전 폐기 판결[40]의 결론과 달리하는 것임에도 불구하고 전원합의체가 아닌 소부 판결이었고 폐기 판결에 대한 언급이 없었다. 2015년 전원합의체 판결에서는 종전 판결을 변경함을 명시하였을 뿐만 아니라, 차액설을 채택하는 근거에 대해서도 '피보험자가 손해보험계약에 따라 보험자로부터 수령한 보험금은 보험계약자가 스스로 보험사고

---

39) 대법원 2015.1.22. 선고 2014다46211 전원합의체 판결; 대법원 2013.9.12. 선고 2012다27643 판결.
40) 대법원 2009.4.9. 선고 2008다27721 판결.

의 발생에 대비하여 그때까지 보험자에게 납입한 보험료의 대가적 성질을 지니는 것으로서 제3자의 손해배상책임과는 별개의 것'이라는 이유와 근거를 명확하게 제시하였다는 점에서도 의의가 있다.

5. 대위에 의하여 취득하는 권리의 소멸시효

(1) 권리의 승계

보험자는 보험금을 지급하고 보험자대위에 의하여 피보험자가 제3자에 대하여 가지고 있던 권리를 동일성을 잃지 않고 그대로 취득하는 것이므로, 피보험자의 권리를 그대로 승계하게 된다. 따라서 채권의 소멸시효와 그 기산점은 피보험자 등이 제3자에 대하여 가지는 채권 자체를 기준으로 한다.[41)

(2) 공동불법행위자의 구상권

1) 공동불법행위의 경우

피보험자의 책임 있는 사고로 생긴 제3자의 손해가 공동불법행위로 말미암은 때에는 그 피보험자와 다른 불법행위자가 연대하여 그 손해를 배상할 책임을 진다(민법 제760조). 이 경우 만약 공동불법행위자의 1인이 다른 손해를 배상한 때에는 다른 불법행위자의 피해자에 대한 손해배상책임은 면제되고, 배상을 한 자는 다른 공동불법행위자에 대하여 책임의 비율에 따른 구상권을 행사할 수 있다(민법 제425조). 따라서 한 보험자가 피해자의 손해를 보상한 때에는 다른 불법행위자 또는 그의 보험자에 대한 구상권을 보험자대위에 의하여 취득한다(제682조). 이 경우 보험자가 보험자대위에 의하여 취득하는 권리의 법적 성질, 그 대위권의 소멸시효와 기산점 등이 문제된다.

다음과 같은 사실관계를 가정하자.[42) 교통사고가 X와 또 다른 B의 공동불법행위로 인하여 발생하였다(2008. 5. 1). 가해자의 한쪽인 X는, 이 사건으로 피해자에게 손해를 입혔기 때문에 그에 따른 손해배상책임을 지게 되었고, X와 보험계약을 체결한 A보험자가 피해자에 대한 손해배상채무를 이행하였다(2010. 3. 1). A보험자는 그 손해배상채무의 이행으로 인하여 공동불법행위자의 1인인 X가 다른 공동불법행위자인 B에 대하여 갖는 구상권을 취득하게 되었고, A보험자는 B에게 구상금채무를 이행하라고 청구하였다(2011. 10. 1). 그러자 B는 공동불법행위자인 자신에 대한 피해자의 손해배상채권이 3년의 시효기간만료로

---

41) 대법원 1993.6.29. 선고 93다1770 판결(상법 제682조 규정은 피보험자 등의 제3자에 대한 손해배상청구권이 있음을 전제로 하여 지급한 보험금액의 한도에서 그 청구권을 취득한다는 취지에 불과한 것이므로 피보험자 등의 제3자에 대한 손해배상청구권이 시효로 인하여 소멸하였다면 보험자가 이를 대위할 여지가 없다고 할 것이고, 이 때에 보험자가 취득할 손해배상청구권의 소멸시효의 기산점과 기간은 그 청구권 자체를 기준으로 판단하여야 할 것이다).

42) 대법원 1996.3.26. 선고 96다3791 판결의 사실관계를 일부 변경한 것이다.

소멸함으로써, A가 보험자대위의 법리에 따라 취득한 공동불법행위자인 X의 B에 대한 구상권도 따라서 소멸하였다고 주장한다. 이 경우 A가 대위하는 권리는 피해자의 손해배상청구권인지의 여부, 그 대위권의 소멸시효와 기산점 등이 문제된다.

2) 대위취득하는 권리와 법적 성질

이 경우 보험자가 대위취득하는 권리가 피해자가 가해자에 대하여 취득하는 불법행위로 인한 손해배상청구권인가? 그런데 보험자가 대위취득하는 권리는 피보험자의 권리 자체라는 점에서 보면, 피보험자가 다른 공동불법행위자인 B에 대하여 취득하는 권리는 불법행위로 인한 손해배상청구권이 아니라 구상권이다. **공동불법행위자의 보험자가 대위취득하는 권리는 손해배상청구권이 아니라 구상권이고, 판례의 입장도 그러하다.**[43]

3) 대위취득하는 권리의 소멸시효

구상권은 손해배상청구권과는 별개인 독립된 권리이고, 그것은 민사채권이다. 따라서 공동불법행위자의 다른 공동불법행위자에 대한 구상권의 소멸시효는 그 구상권이 발생한 시점, 즉 구상권자가 공동면책행위를 한 때로부터 기산하여야 할 것이고, 그 기간도 일반채권과 같이 10년이 된다. 요컨대 보험자대위권에 의하여 취득하는 권리의 시효는 구상권의 독립된 채권으로서의 성질에 따라 민사채권으로서 10년이며, 기산점도 불법행위시가 아니라 그 구상권이 발생한 시점에 의한다. 판례[44]도 공동불법행위자의 보험자들 중 보험금을 지급한 보험자가 보험자대위에 의하여 다른 공동불법행위자 및 그의 보험자에 대하여 가지는 구상권의 경우에는 그 **구상권의 소멸시효 기간은 일반채권과 같이 10년이고, 그 기산점은 구상권이 발생하는 시점인 구상권자가 현실로 직접 피해자에게 손해배상을 하는 시점**이라고 본다. 보험자가 당연상인에 해당하기는 하지만(제4조) 이 경우 상사소멸시효가 적용되지 않는다.

---

43) 판례도 보험계약과 유사한 공제계약의 경우 공제조합이 공동불법행위자 중 1인과 체결한 공제계약에 따라 직접 피해자에게 배상함으로써 다른 공동불법행위자에 대한 구상권을 보험자대위의 법리에 따라 취득한 경우, 공제계약이 상행위에 해당하더라도 그로 인하여 취득한 구상권 자체가 상사채권으로 변하지는 않는다고 한다. 대법원 1996.3.26. 선고 96다3791 판결(공제조합이 공동불법행위자 중의 1인과 체결한 공제계약에 따라 그 공동불법행위자를 위하여 직접 피해자에게 배상함으로써 그 공동불법행위자의 다른 공동불법행위자에 대한 구상권을 보험자대위의 법리에 따라 취득한 경우, 공제계약이 상행위에 해당한다고 하여 그로 인하여 취득한 구상권 자체가 상사채권으로 변한다고 할 수 없다).

44) 대법원 1996.3.26. 선고 96다3791 판결; 대법원 1997.12.12. 선고 96다50896 판결; 대법원 1997.12.23. 선고 97다42830 판결; 대법원 1998.12.22. 선고 98다40466 판결; 대법원 1999.6.11. 선고 99다3143 판결(보험금을 지급한 보험자가 보험자대위에 의하여 다른 공동불법행위자 및 그의 보험자에 대하여 가지는 구상권의 소멸시효 기간은 일반채권과 같이 10년이고, 그 기산점은 구상권이 발생한 시점, 즉 구상권자가 현실로 피해자에게 손해배상금을 지급한 때이다. 상법 제682조에 의하면, 손해가 제3자의 행위로 인하여 생긴 경우에 보험금액을 지급한 보험자는 그 지급한 금액의 한도에서 그 제3자에 대한 보험계약자 또는 피보험자의 권리를 취득한다고 규정하고 있는바, 이러한 보험자대위에 의하여 피보험자 등의 제3자에 대한 권리는 동일성을 잃지 않고 그대로 보험자에게 이전되는 것이므로, 이때에 보험자가 취득하는 채권의 소멸시효 기간과 그 기산점 또한 피보험자 등이 제3자에 대하여 가지는 채권 자체를 기준으로 판단하여야 한다); 대법원 2008.7.24. 선고 2007다37530 판결.

위 사례에서 그 기산점은 A보험자가 보험금을 지급한 때(피해자에게 손해배상의무를 이행한 때)인 2010. 3. 1.이 된다.

제 6 절 보험목적의 양도

Ⅰ. 서 언

1. 의 의

보험목적의 양도란 '피보험자가 보험의 대상인 목적물을 개별적으로 타인에게 양도하는 것'이다. 보험목적의 양도는 보험계약상의 권리의무가 포괄적으로 승계되는 상속이나 합병과 구별되고, 또한 피보험자가 보험사고의 발생으로 인하여 보험자에 대하여 가지는 보험금지급청구권을 타인에게 양도하는 것과도 다르다. 상법은 제679조 제1항에서는 "피보험자가 보험의 목적을 양도한 때는 양수인은 보험계약상의 권리와 의무를 승계한 것으로 추정한다," 제2항에서는 "제1항의 경우에 보험의 목적의 양도인 또는 양수인은 보험자에 대하여 지체 없이 그 사실을 통지하여야 한다"고 규정한다.

2. 인정이유

손해보험계약은 보험계약자가 약정한 보험료를 지급하고 보험자가 보험목적에 대하여 생길 우연한 사고로 피보험자가 입은 재산상의 손해를 보상할 것을 약정함으로써 효력이 생기는 계약이다. 손해보험계약에 있어서는 '피보험이익이 없으면 보험 없다' 라는 원칙이 보이는 바와 같이 피보험이익이 보험계약의 필수적인 요소로 되어 있고, 따라서 피보험자의 이해관계라는 주관적인 면을 강조한다면, 보험목적의 양도시 그 보험계약의 효력은 상실되지 않을 수 없다. 그러나 일시적인 무보험상태의 제거, 지급된 보험료 낭비의 방지, 그리고 양수인이 새로운 보험계약을 체결하여야 하는 비경제 등을 고려하여 여러 입법례가 보험계약관계의 전면적 또는 부분적 이전을 허용하고 있다.

Ⅱ. 보험관계 승계추정의 요건

1. 양도 당시 보험관계의 존재

보험목적이 양도될 때 양도인과 보험자 사이의 유효한 보험계약이 존속하고 있어야 한다.

2. 보험목적이 물건

보험의 목적이 물건이어야 한다. 따라서 전문인의 지위에서 생기는 책임에 대한 전문직업인책임보험 등의 경우에는 보험목적의 양도 규정이 적용되지 아니한다. 여기서의 물건은 동산과 부동산, 유가증권 등을 묻지 않으나 특정 또는 개별화되어 있어야 한다. 그러나 선박과 자동차의 양도에는 보험목적의 양도에 관한 상법 제679조 규정이 적용되지 아니한다. 선박보험에서 선박의 양도는 보험자의 동의가 없으면 보험계약이 종료되고(제703조의2), 자동차보험에서 자동차의 양도는 보험자의 승낙을 얻은 경우에 한하여 보험계약상의 권리와 의무를 승계하는 것으로(제726조의4) 한다.

3. 보험목적의 물권적 이전

보험의 목적인 물건에 대하여 채권계약만이 있는 것으로는 부족하고 물권적 양도가 있어야만 한다. 즉 채권행위만으로는 부족하고, 소유권 등의 물권적 권리가 양도된 경우에 한하여 보험관계도 이전하게 된다. 그러나 상속이나 합병 등 포괄승계의 경우에는 피보험자의 지위도 포괄적으로 승계인에게 이전하여, 보험목적의 이전과 함께 당연히 보험계약상의 권리의무도 승계하는 것이므로 보험목적의 양도에 관한 규정을 적용할 필요가 없다.

III. 보험목적 양도의 효과

1. 권리의무 승계의 추정

(1) 추 정

피보험자가 보험목적을 양도하면 그 손해보험계약상의 지위도 양수인에게 이전한 것으로 추정된다. 권리와 의무를 승계한 것으로 추정되므로 반증이 있는 때에는 그러하지 아니하다.[45] 만약 보험목적의 당사자들이 보험관계의 이전은 없는 것으로 합의한다면, 양수인은 권리의무를 승계하지 못하게 되며 또한 양도인은 피보험이익을 상실하는 결과, 보험계약관계는 종료한다. 단 해상적하보험증권과 같이 보험목적이 선하증권의 양도로 이전되는 것이 전제되어 유가증권성이 인정되는 지시식보험증권이 발행된 경우, 통지가 필요없이 보험증권의 배서로 족하다.

---

45) 대법원 1991.8.9. 선고 91다1158 판결(상법 제679조의 취지는 보험의 목적이 양도된 경우 양수인의 양도인에 대한 관계에서 보험계약상의 권리도 함께 양도된 것으로 당사자의 통상의 의사를 추정하고, 이것을 사회 경제적 관점에서 긍정한 것이고 동조에 위반한 법률행위를 공서양속에 반한 법률행위로서 무효로 보아야 할 것으로는 해석되지 아니하므로 위 규정은 임의규정이라고 할 것이고, 따라서 당사자간의 계약에 의해 위 규정의 적용을 배제할 수 있다).

(2) 권리의무의 승계

피보험자가 보험목적물을 양도한 때에는 권리뿐 아니라 의무도 승계한다고 추정되므로 (제679조) 양수인은 보험금청구권 등의 권리를 가질 뿐 아니라 보험료지급의무·통지의무·위험유지의무·손해방지의무 등의 각종 의무를 부담한다. 따라서 타인을 위한 보험계약뿐 아니라 자기를 위한 보험계약의 경우에도 양수인이 권리뿐 아니라 의무도 승계하는 것으로 계약의 성질에 변함이 없다.

2. 임의규정

상법 제679조는 임의규정이다. 판례도 상법 제679조에서 피보험자가 보험의 목적이 양도된 때에는 보험계약으로 인하여 생긴 권리를 동시에 양도한 것으로 추정한다고 규정하는 취지는 보험의 목적이 양도된 경우 양수인의 양도인에 대한 관계에서 보험계약상의 권리도 함께 양도한 것으로 당사자의 통상의 의사를 추정하고 이것을 사회경제적 관점에서 긍정한 것으로서 임의규정으로 본다.[46]

3. 보험자에 대한 관계

상법은 보험목적을 양도한 때에는 보험계약상의 권리와 의무가 승계된 것으로 추정한다고 하면서도, 동시에 양도인 또는 양수인은 보험자에 대하여 그 사실을 통지하여야 한다고 규정한다(제679조 제2항). 그런데 상법은 양도인의 통지의무만을 지우고 있을 뿐 이를 해태한 때의 효과를 규정하지 아니하여, 통지의무를 이행하지 아니한 때의 불이익에 대하여는 논란의 여지가 있다. 한 예로 보험목적의 양도가 있은 후 통지의무를 이행하지 아니하는 동안에 보험사고가 발생한 경우이다.

(1) 민법상 지명채권양도에서의 통지의무와의 차이

보험목적양도의 통지의무는 민법상 지명채권양도와는 다르다. 보험목적양도의 **통지의 주체가 양도인 또는 양수인**으로 되어 있고, **확정일자 있는 증서를 요하지 않는 점** 등이 다르다. 또한 보험목적양도시의 통지의무는 그 성질이 관념의 통지로서 통지의 내용은 보험채권의 양도가 아니라 보험목적의 양도에 관한 통지이고, 보험목적의 양도가 있으면 지체 없이 하여야 한다.

(2) 통지의무와 대항요건과의 관련

보험목적 양도의 경우 양도인 또는 양수인이 보험자에 대하여 부담하는 통지의무는 민

---

46) 대법원 1993.4.13. 선고 92다8552 판결.

법상 채권양도의 대항요건으로서의 통지의무와는 그 주체와 내용 등에서 차이가 있다. 따라서, 이 경우 보험목적양도의 통지 이외에 보험금청구권이라는 채권의 양도가 필요하고 결국 제3자에 대한 대항요건으로서의 채권양도 대항요건이 요구되는 것인지에 대한 논의가 있다.

과거 보험관계이전의 추정은 양도당사자 사이에서만 효력이 있기 때문에 별도의 대항요건을 갖추어야 한다는 대항요건필요설이 있었으나, 이 견해는 상법 제679조의 추정주의를 무의미하게 한다. 만약 양수인이 미리 보험관계의 이전에 관하여 확정일자부증서를 갖추어야만 대항력을 가진다면, 보험관계의 이전은 확정적으로 이루어지는 것이고 추정될 여지가 없게 되기 때문이다. 따라서 대항요건필요설은 타당하다고 볼 수 없고, **상법 제679조에 의한 통지로 충분하다**고 본다(통설).

4. 통지의무 해태의 효과

상법은 통지의무에 관해서만 규정하고 해태한 경우의 효력에 관하여는 아무런 규정을 두지 않는다. 입법상의 불비이다. 보험목적의 양도인 또는 양수인이 그 통지의무를 해태한 경우의 효과에 관하여는 견해가 나뉜다. **판례는**[47] **상법 제652조의 위험의 변경증가와 관련하여 해결**한다. 판례는 화재보험의 목적물이 양도되었으나 소유자만 바뀌고 보험료율의 결정요소는 동일한 경우, 위험의 변경증가가 없는 한 그 통지의무위반을 이유로 한 보험자의 해지권을 인정하지 않는다. 이 점에서 판례는 "'위험의 현저한 변경 또는 증가'라 함은 그 정도의 위험이 계약 체결 당시에 존재하였다고 한다면 보험자가 계약을 체결하지 아니하였거나 또는 적어도 동일한 조건으로는 그 계약을 체결하지 아니하였으리라고 생각되는 정도의 위험의 변경 또는 증가를 말하므로, 화재보험의 목적물의 양도로 인하여 이러한 정도의 위험의 변경 또는 증가가 있었는지 여부는 보험목적물의 사용·수익방법의 변경 등 양도 전후의 구체적인 여러 사정을 종합하여 인정·판단하여야 할 것이지 화재보험의 목적물의 양도로 인하여 소유자가 바뀌었다고 하여 당연히 위험의 현저한 변경 또는 증가가 있었다고 볼 수는 없다"고 하였다. 요컨대 판례는 보험목적의 양도로 인해 현저한 위험의 변경증가가 있는 경우에 한하여 보험자에게 해지권을 부여하고 있다.

---

47) 대법원 1996.7.26. 선고 95다52505 판결(보험목적물의 양도를 보험계약자의 통지의무 사유로 들고 있는 화재보험보통약관 제9조와 '현저한 위험의 변경 또는 증가와 관련된 제9조에 정한 계약 후 알릴 의무를 이행하지 아니하였을 때'를 보험계약의 해지사유로 들고 있는 같은 약관 제11조 제2항의 규정을 종합하여 보면, 화재보험의 목적물이 양도된 경우 그 양도로 인하여 현저한 위험의 변경 또는 증가가 있고 동시에 보험계약자 또는 피보험자가 양도의 통지를 하지 않는 경우에는 보험자는 통지의무 위반을 이유로 당해 보험계약을 해지할 수 있으나, 보험목적의 양도로 인하여 현저한 위험의 변경 또는 증가가 없는 경우에는 양도의 통지를 하지 않더라도 통지의무 위반을 이유로 당해 보험계약을 해지할 수 없다고 봄이 상당하다).

제 4 장

손해보험 각론

제 1 절 화재보험

I. 화재보험계약의 의의

화재보험계약은 화재로 인하여 생길 손해를 보상하기로 하는 손해보험계약이다(제683조). 화재보험은 화재발생시의 재난구조와 피해보상에 기여함은 물론, 각종 건물의 화재예방과 내화설비를 촉진함으로써 국가와 국민의 재산을 보호한다. 화재보험증권의 기재사항은 일반의 기재사항 이외에(제666조), 건물을 보험의 목적으로 한 때에는 그 소재지·구조와 용도, 동산을 보험의 목적으로 한 때에는 그 존치한 장소의 상태와 용도, 보험가액을 정한 때에는 그 가액 등이다(제685조).

II. 화재보험계약의 요소

1. 보험사고

화재보험계약의 보험사고는 화재(火災)이다. 화재보험계약은 화재로 인하여 생긴 손해를 보상하는 손해보험계약이므로 보험사고는 화재이다. **화재는 불로 인한 재앙을 의미하고 불은 열 또는 빛을 수반하는 연소현상**을 말한다.[1] 따라서 화재가 있기 위한 전제로 불이 있어야만 한다.

2. 보험목적

(1) 유체물

불에 탈 수 있는 유체물은 모두 화재보험의 목적이 될 수 있다. 따라서 그것이 동산이

---

1) 대법원 2003.10.23. 선고 2001다18285 판결. 가스사고 배상책임보험의 피보험자인 가스판매업자가 액화질소가스를 주문받았음에도 실수로 액화산소가스를 배달하여, 주문자가 진공열처리로의 냉매제로 액화산소가스를 투입하게 됨으로 인하여 인화물질인 산소의 작용으로 급격한 발화가 일어나서 진공로의 내부온도가 설정온도를 넘어 상승함으로써 진공로가 녹아내린 경우, 이는 가스사고 배상책임보험에서 보상하는 화재에 의한 가스사고라고 보았다.

든 부동산이든 불문하고, 동산의 경우 특정된 것이든 집합된 것이든 불문한다. 보험계약은 독립된 개개의 물건을 대상으로 하는 개별보험으로 체결되는 것이 원칙이나, 가정 내의 물건을 보험에 붙이는 경우 그 물건의 변동으로 보험계약의 내용을 변경하여야 하고 이는 사실상 보험계약의 체결을 불가능하게 하기도 한다. 그리하여 상법에서는 화재보험에서 집합된 물건을 일괄하여 보험의 목적으로 할 수 있도록 하고 있고 이를 집합보험이라 한다 (제686조).

(2) 집합보험

수개의 독립한 물건을 일괄하여 부보하는 것이 집합보험이다. 이 중 보험의 목적이 특정되어 있는 것을 특정보험이라 하고, 보험의 목적의 전부 또는 일부가 보험기간 중에 교체될 것이 예정된 보험을 총괄보험이라 한다.

1) 집합보험의 특칙

집합물을 화재보험에 가입한 경우 피보험자의 가족과 사용인의 물건도 보험의 목적에 포함된 것으로 하고(제686조 제1문), 이 경우 보험은 그 가족 또는 사용인을 위하여서도 체결한 것으로 본다(제686조 제2문). 따라서 그 범위에서는 타인을 위한 보험계약이 성립하게 된다.

그런데 집합보험의 목적이 되고 있는 수개의 물건 가운데 일부에 대하여만 고지의무위반(제651조) 등이 있는 경우 이를 어떻게 처리할 것인지가 문제된다. 즉 그 **보험목적의 일부에 관하여만 계약해지사유가 있는 경우 보험자 해지권의 범위가 문제된다. 이때 계약해지사유가 있다 하더라도 나머지 부분에 대하여서는 보험자가 그 나머지 부분만으로도 동일조건으로 보험계약을 체결하지 않았으리라는 사정이 있는 경우에만 보험계약의 해지권을 인정하여야 한다**고 본다. **판례의 입장도 동일**하다.[2]

2) 총괄(總括)보험의 특칙

집합된 물건을 일괄하여 보험의 목적으로 한 때에는 그 목적에 속한 물건이 보험기간 중에 수시로 교체된 경우에도 보험사고의 발생시에 현존한 물건은 보험의 목적에 포함된

---

2) 대법원 1999.4.23. 선고 99다8599 판결(경제적으로 독립한 여러 물건에 대하여 화재보험계약을 체결함에 있어 집합된 물건 전체에 대하여 단일의 보험금액으로써 계약을 체결하거나 물건을 집단별로 나누어 따로이 보험금액을 정하거나 간에, 보험의 목적이 된 수개의 물건 가운데 일부에 대하여만 고지의무 위반이 있는 경우에 보험자는 나머지 부분에 대하여도 동일한 조건으로 그 부분만에 대하여 보험계약을 체결하지 아니하였으리라는 사정이 없는 한 그 고지의무 위반이 있는 물건에 대하여만 보험계약을 해지할 수 있고 나머지 부분에 대하여는 보험계약의 효력에 영향이 없다고 할 것이고, 이 경우 보험계약자가 일부 물건에 대하여 고지하지 아니한 사항이 보험계약의 나머지 부분에 있어서도 상법 제651조에서 정한 '중요한 사항', 즉 보험자가 보험사고의 발생과 그로 인한 책임부담의 개연율을 측정하여 보험계약의 체결 여부 또는 보험료나 특별한 면책조항의 부가와 같은 보험계약의 내용을 결정하기 위한 표준이 되는 사항으로서 객관적으로 보험자가 그 사실을 안다면 그 계약을 체결하지 아니하든가 또는 적어도 동일한 조건으로는 계약을 체결하지 아니하리라고 생각되는 사항에 해당하는 경우에만 그 불고지를 들어 계약 전체를 실효시키거나 취소할 수 있다).

것으로 한다(제687조). 즉 보험계약에서 정한 범위의 물건인 이상 보험사고 발생시에 현존하는 물건은 모두 보험의 목적에 포함된다. 보험의 목적에 포함된 현존하는 물건에 사고가 생긴 경우 보험자는 손해를 보상할 책임을 진다.

Ⅲ. 화재보험자의 손해보상범위

1. 보험자의 보상책임

화재보험계약의 보험자는 화재로 인하여 생길 손해를 보상할 책임이 있다(제683조). 보험자는 보험의 목적에 대하여 화재로 인하여 피보험자가 가지는 피보험이익이 감손되어 생긴 손해를 보상하는 것이고, 그 손해는 화재와 상당인과관계가 있는 것이어야 한다.[3]

2. 소방 등의 조치로 인한 손해

보험자는 화재의 소방 또는 손해의 감소에 필요한 조치로 인하여 생긴 손해를 보상할 책임이 있다(제684조). 이는 불의 연소작용에 의한 것이 아니므로 보상의 범위에 속함을 분명히 하기 위하여 규정한 것이다. 이 규정은 보험계약자 등의 손해방지의무(제680조)와 유사한 것으로 보이지만 다른 점도 있다. 손해방지의무는 보험계약자와 피보험자가 부담하는 것이나 여기서의 소방비용 등은 보험계약자와 피보험자의 행위뿐 아니라 기타 소방대원이나 그 밖의 자의 행위에 의하여 발생한 손해를 널리 포함한다.

제 2 절   운송보험

Ⅰ. 운송보험계약

1. 의   의

운송보험계약이란 육상운송의 목적인 운송물에 관하여 그 운송에 관한 사고로 인하여 생길 손해의 보상을 목적으로 하는 손해보험계약이다(제688조). 광의의 운송에는 해상운송과 항공운송도 포함되나, 상법상 물건운송이라고 할 때에는 육상 또는 호천이나 항만에서의 물건의 운송에 국한하고 있어(제125조), 해상운송이나 항공운송은 제외된다. 해상운송에

---

3) 대법원 2003.4.25. 선고 2002다64520 판결(화재로 인한 건물 수리시에 지출한 철거비와 폐기물처리비는 화재와 상당인과관계가 있는 건물수리비에 포함된다고 보아야 할 것이고, 이를 손해액에 산입되지 아니하는 별도의 비용으로 볼 것은 아니다).

관하여는 해상보험편에서 별도로 규정한다. 2011년 5월 23일 상법개정으로 상법 제6편 항공운송편이 신설되었다. 이는 항공운송에서의 법률관계가 과거 항공사가 제공하는 약관에만 의존하고 있어서 법적 안정성이 훼손될 우려가 있으므로, 승객과 화주의 권익을 보호하고 항공운송 당사자의 권리의무를 명확히 하기 위한 것이다. 그러나 여기서도 항공운송보험에 관하여는 아무런 규정을 두고 있지 않아 약관에 맡겨져 있다.

2. 운송보험증권

운송보험증권에는 일반적인 손해보험증권에의 기재사항(제666조) 이외에도 운송의 노순과 방법, 운송인의 주소와 성명 또는 상호, 운송물의 수령과 인도의 장소, 운송기간을 정한 때에는 그 기간, 보험가액을 정한 때에는 그 가액을 기재하여야 한다(제690조).

Ⅱ. 운송보험계약의 요소

1. 보험목적

운송보험의 목적은 운송물이다. 운송에 이용되는 운송용구 그 자체인 차량 등은 운송보험의 목적이 아니고, 이는 자동차보험 또는 차량보험으로 담보한다. 또한 운송보험의 목적은 운송물이지 사람의 신체나 생명은 목적이 될 수 없다. 운송 중의 여객의 생명이나 신체에 생긴 사고를 보험사고로 하는 보험계약은 운송보험이 아니라 상해보험이나 책임보험에 의한다.

2. 피보험이익

운송보험의 피보험이익은 여러 형태가 될 수 있다. 운송물의 소유자가 가지는 이익, 운송물의 도착으로 인하여 얻을 희망이익(제689조), 운송인의 운임에 관한 이익 등 다양하다. 운송인이 송하인 또는 수하인에게 지게 될 손해배상책임의 경우 그 손해도 피보험이익이 될 수 있다.

3. 보험기간

보험자는 운송물을 수령한 때로부터 수하인에게 인도할 때까지를 보험기간으로 하여 보상책임을 부담한다(제688조). 운송보험은 운송인이 운송물을 점유하고 보관하는 동안의 위험을 담보하는 것으로서, 운송인의 사정으로 운송이 일시 중단된 경우에도 보험기간에 포함되고, 운송계약이 종료하더라도 운송물을 인도할 때까지 생긴 손해에 대하여 보험자는 보상책임을 면할 수 없다. 그러나 운송물을 수하인에게 인도할 수 없는 등으로 이것을 공탁 또는 경매한 때에는(제142조) 인도에 준하여 그때에 보험기간이 종료된다.

4. 보험가액

운송보험의 경우 보험계약의 당사자 사이에 보험가액에 대한 합의가 있으면 그에 의한다(제670조). 그러나 일반적인 물건보험에서의 보험자가 보상할 손해액은 그 손해가 발생한 때와 곳의 가액에 따라서 산정하는데(제676조), 운송보험의 경우 합의가 없으면 보험가액불변경주의에 따라 발송한 때와 곳의 가액과 도착지까지의 운임 기타의 비용의 합계액을 보험가액으로 한다(제689조 제1항). 운송보험의 경우 보통 보험기간이 단기이고, 운송 도중의 사고로 인한 손해가 생긴 때와 가격을 정하기가 어렵다는 점에서 이같이 규정한다. 그리고 상법은 발송지주의를 채용한다. 그러나 운송물의 도착으로 받을 이익인 희망이익은 당사자 간의 약정이 있는 경우에 한하여 보험가액에 산입할 수 있다(제689조 제2항). 이는 희망이익이 그 자체로서 피보험이익이 될 수 있으므로 약정으로 보험가액에 산입할 수 있도록 하였다. '희망이익'은 운송물이 목적지에 도착하여 매각함으로써 얻을 수 있는 이익이므로, 그 보험가액은 도착지의 예정가격에서 그 운송물의 발송지가액과 운임 기타 비용을 공제하여 계산하게 된다.

Ⅲ. 운송보험자의 손해보상 관련 특칙

1. 손해보상액

운송보험계약의 보험자는 다른 약정이 없으면 운송인이 운송물을 수령한 때로부터 수하인에게 인도할 때까지 생길 손해를 보상할 책임이 있다(제688조). 보험자는 보험목적인 운송물이 보험기간 중에 보험사고로 멸실·훼손된 때에는 보험사고와 상당인과관계가 있는 손해를 보상할 책임을 진다.

2. 면책사유

(1) 법정면책사유

운송보험에서도 보험계약자 등의 고의 또는 중대한 과실로 생긴 사고(제659조) 및 일반적 면책사유(제660조, 제678조)에 의하여 면책되나, 운송보험만의 특유한 면책사유가 있다. 운송보험의 보험사고가 송하인 또는 수하인의 고의 또는 중대한 과실로 인하여 발생한 때에는 보험자는 이로 인하여 생긴 손해를 보상할 책임이 없다(제692조). 송하인이나 수하인은 보험계약자 또는 피보험자가 아니라 하더라도 운송계약상의 일정한 권리와 의무를 가지므로(제139조 내지 제141조), 이들의 고의나 중과실로 인한 보험사고의 발생을 보험자의 면책사유로 한 것이다. 그러므로 운송보험에서 운송인이 보험계약자나 피보험자가 아니면 운송인의 고의 또는 중대한 과실로 보험사고가 생긴 때에도 보험자는 보상책임을 지고, 다만 운송인에 대하여는 상법 제682조에 의한 대위권을 행사할 수 있을 뿐이다.

(2) 약정면책사유

운송보험약관은 위 법정면책사유 이외에도 여러 형태의 약정면책사유를 규정하고 있다.

3. 운송의 변경과 보험계약의 효력

운송보험계약은 다른 약정이 없으면 운송의 필요에 의하여 일시운송을 중지하거나 운송의 노순 또는 방법을 변경한 경우에도 그 효력을 잃지 아니한다(제691조). 이는 항해변경시 보험자가 면책되는 해상보험(제701조)과는 구별되는 것이다. 육상운송보험에서는 보험자는 그 운송과 관련되는 모든 위험을 담보하는 것이고 필요에 따라서는 운송의 일시적 중지나 노순의 변경 등이 생겨날 수 있으므로 상법은 그 경우에도 보험계약의 효력을 그대로 인정한 것이다. 하지만 그것이 보험계약자나 피보험자의 고의 또는 중대한 과실로 인한 것이고 그로 말미암아 위험이 현저하게 증가된 경우 보험자는 계약을 해지할 수 있다(제653조).

제 3 절   해상보험

I. 총   설

1. 해상보험의 의의

해상보험계약이란 해상사업에 관한 사고로 인하여 생길 손해를 보상할 것을 목적으로 하는 손해보험계약이다(제693조). 해상보험계약은 해상사업과 관련된 사고로 인한 선박이나 적하의 손해를 담보하기 위한 것이다.

2. 해상보험의 종류

(1) 보험의 목적에 의한 분류

① **선박보험**으로서 선박을 보험의 목적으로 하는 보험이다. 선박뿐 아니라 선박의 속구, 연료, 양식 기타 항해에 필요한 모든 물건은 보험의 목적에 포함된 것으로 한다(제696조). 주로 선박소유자로서의 피보험이익이 될 것이나, 선박임차인의 사용이익이나 담보권자의

이익도 포함된다. ② **적하보험**으로서 해상물건운송의 대상인 운송물을 보험의 목적으로 하는 보험이다. 적하의 보험에 있어서는 선적한 때와 곳의 적하의 가액과 선적 및 보험에 관한 비용을 보험가액으로 한다(제697조). ③ **운임보험**으로서 해상운송인이 운임에 관하여 붙인 보험이다. 운임은 운송인이 취득하는 목적물의 장소적 이동의 대가이다. 따라서, 운송인은 운송물이 해상위험으로 인하여 멸실한 때에는 그 운임을 청구할 수 없다(제815조, 제134조). ④ **희망이익보험**이다. 적하가 목적지에 무사히 도착하면 수하인이 취득할 것으로 기대되는 이익이 희망이익이고, 그 이익을 보험에 붙인 것이 희망이익보험이다. 적하의 도착으로 인하여 얻을 이익 또는 보수의 보험에 있어서는 계약으로 보험가액을 정하지 아니한 때에는 보험금액을 보험가액으로 한 것으로 추정한다(제698조). ⑤ **손해배상책임보험**으로서 사고로 인하여 손해배상책임을 부담하는 경우 그를 보상하는 책임보험이다.

(2) 보험계약의 확정 여부에 의한 분류

1) 확정보험

보험계약 내용의 전부가 보험계약을 맺을 때 확정되어 있는 보험을 확정보험이라 한다.

2) 예정보험

① 의 의

예정보험은 확정보험과 달리 보험계약의 내용의 일부 또는 전부가 보험계약 체결시에 확정되어 있지 않은 보험이다. 보험계약의 체결 당시에 보험계약 내용의 일부 또는 전부를 확정할 수 없는 사정이 있을 때 이용되는 보험으로서, 향후 확정될 피보험이익에 대하여 미리 보험계약을 체결하고 그것이 확정되는 대로 보험보호를 받을 수 있는 보험의 형태이다. 이 보험은 운송보험이나 재보험 등에서도 이용되나, 해상보험과 희망이익보험에서 가장 많이 이용된다.

② 법적 성질

예정보험은 미확정한 사항이 확정된 때에 보험자가 당연히 위험을 담보하는 것으로서 보험계약의 예약이 아니라 독립한 보험계약이다.[4]

③ 선박미확정의 적하예정보험

선박미확정의 적하예정보험이란 적하보험계약에서 보험계약의 체결 당시에 하물을 적재할 선박이 미확정인 예정보험을 말한다(제704조 제1항). 선박미확정의 적하예정보험은 보

---

4) 대법원 2000.11.14. 선고 99다52336 판결(원·피고 사이에 체결된 단기수출보험포괄보험특약 및 단기수출보험(선적 후)약관의 규정에 의하면, 원고는 포괄보험 적격거래에 대하여 피고에게 보험에 가입하여야 할 의무를 부담하고 피고는 원고의 보험가입 신청에 대하여 그 인수를 거부할 수 없도록 한 것으로서, 위 특약은 원고가 일정 기간 중에 성립된 수출계약 전부를 보험계약에 부보하겠다는 예약의 성질을 가지고 있어 보험계약자인 원고가 개별적 수출계약마다 수출통지라는 예약완결권을 행사함으로써 피고와의 보험계약이 체결되는 것이라고 할 것이므로, 그 조건에 합치하는 모든 수출계약에 대하여 보험자인 피고의 책임이 자동적으로 발생하는 것이 아니라 원고가 피고에게 수출통지를 함으로써 비로소 이에 대한 보험관계가 성립되는 것으로 해석함이 상당하다).

험계약의 체결장소와 선적지가 다르거나 또는 선적의 시점이 보험계약체결의 시점과 동일하지 않은 경우에도 선박만을 지정하지 아니하고 유효한 계약을 체결하게 함으로써 보험계약자의 무보험상태로 인한 위험을 없애고자 하는 제도이다.

선박미확정의 적하예정보험을 체결한 경우 보험계약자 또는 피보험자가 그 하물이 선적되었음을 안 때에는 지체 없이 보험자에 대하여 그 선박의 명칭, 국적과 하물의 종류, 수량과 가액의 통지를 발송하여야 한다(제704조 제1항). 통지의 시기는 보험계약자 또는 피보험자가 그 화물이 선적되었음을 안 때에는 지체 없이 하여야 하고, 통지의 방법은 서면에 의하지 않더라도 구두 기타의 방법에 의하면 된다. 해상보험에서의 보험사고는 해상사업과 관련하여 생기는 모든 사고이므로(제693조) 그 범위가 광범위하고 그 운송용구인 선박은 사고발생률에 큰 영향을 미친다. 따라서 선박확정의 통지를 요구한다.

만약 이 통지를 해태한 때에는 보험자는 그 사실을 안 날부터 1월 내에 계약을 해지할 수 있다(제704조 제2항). 이때 계약의 해지는 보험사고의 발생 전후를 묻지 아니하며 보험사고가 발생하여도 보험자는 보험금액의 지급책임을 지지 않고 또한 보험료의 반환의무도 없다. 이런 점에서 선박확정의 통지의무는 보험계약자의 진정한 의무가 아니라 간접의무에 지나지 않는다고 보아야 한다. 고지의무도 간접의무이기는 하나 이 의무는 계약의 존속 중에 부담한다는 점에서 차이가 있다.

Ⅱ. 해상보험계약의 특징

1. 보험기간

(1) 기간보험

기간보험의 경우에는 보험기간이 특정되므로 보험자책임의 개시와 종료가 명확하여 별 문제가 없다. 다만 기간보험에서 부보된 선박이 항해 중이거나 조난 중에 보험기간이 종료되는 것에 대비하여 피보험자가 보험자에게 사전통지하고 추가보험료를 납부함으로써 보험기간을 연장할 수 있도록 규정하는 경우도 있다.

(2) 선박보험

항해단위로 선박을 보험에 붙인 경우에는 보험기간은 하물 또는 저하의 선적에 착수한 때에 개시하고(제699조 제1항), 도착항에서 하물 또는 저하를 양륙한 때에 종료한다. 그러나 불가항력으로 인하지 아니하고 양륙이 지연된 때에는 그 양륙이 보통 종료될 때에 종료된 것으로 한다(제700조).

(3) 적하보험

적하를 보험에 붙인 경우에는 보험기간은 하물의 선적에 착수한 때에 개시하고(제699조 제2항 본문), 양륙항 또는 도착지에서 하물을 인도한 때에 종료한다(제700조 본문 후단). 예외적으로 하물 또는 저하(底荷)의 선적에 착수한 후에 보험계약이 체결된 경우에는 보험기간은 계약이 성립한 때에 개시하고(제699조 제3항), 양륙이 지연된 때에는 그 양륙이 보통 종료될 때에 종료된 것으로 한다(제700조 단서).

2. 보험가액

(1) 기평가보험

해상보험에서는 보험가액을 당사자가 협의하여 정하는 경우가 보통이고 이를 기평가보험이라 한다. 이 경우 당사자간에 보험가액을 정한 때에는 그 가액은 사고발생시의 가액으로 정한 것으로 추정하지만, 그 가액이 사고발생시의 가액을 현저하게 초과할 때에는 사고발생시의 가액을 보험가액으로 한다(제670조).

(2) 미평가보험

보험가액불변경주의에 의하여 상법이 정한 가액에 의한다. 선박보험에 있어서는 보험자의 책임이 개시될 때의 선박가액을 보험가액으로 하고, 이 경우에는 선박의 속구, 연료, 양식 기타 항해에 필요한 모든 물건은 보험의 목적에 포함된 것으로 한다(제696조). 적하보험에 있어서는 선적한 때와 곳의 적하의 가액과 선적 및 보험에 관한 비용을 보험가액으로 한다(제697조). 희망이익보험에서는 보험금액을 보험가액으로 한 것으로 추정한다(제698조).

3. 해상보험관계의 변경과 소멸

(1) 위험의 변경

해상보험에서는 항구와 항로 등 항해에 대한 기본적 사항들이 특정되고 이를 토대로 보험인수가 이루어진다. 계약의 내용과 달리 이를 변경한다면 위험변경이 있게 되고 보험자의 책임을 그대로 인정하는 것은 부당하다는 근거에서 보험관계의 변경이 생겨난다.

(2) 항해변경

선박이 보험계약에서 정하여진 발항항이 아닌 다른 항에서 출항한 때에는 보험자는 책임을 지지 아니한다(제701조 제1항). 또한 선박이 보험계약에서 정하여진 도착항이 아닌 다른 항을 향하여 출항한 때에도 보험자는 책임을 지지 아니한다(제701조 제2항). 위 경우들에 있어서는 보험계약자 또는 피보험자의 귀책사유에 의한 것인지를 불문한다.

그런데 보험자의 책임이 개시된 후에 보험계약에서 정하여진 도착항이 변경된 경우에는 보험자는 그 항해의 변경이 결정된 때부터 책임을 지지 아니한다(제701조 제3항). 이 경우에는 보험계약자 또는 피보험자의 귀책사유에 의한 경우에만 보험자는 면책되고, 그들의 귀책사유가 없는 경우에는 보험자는 보상책임을 진다고 봄이 통설이다.

(3) 이 로

이로(離路)란 항해변경과는 달리 원래의 항해를 그대로 유지하면서 계약에서 정한 예정항로 또는 통상적이고 관행적인 항로를 벗어난 항해를 말한다. 해상법상의 원칙으로 '이로금지의 원칙'이 있는데 상법도 이에 관한 규정을 두어서 선박이 예정된 항로를 이탈하면 보험자가 그때부터 책임을 부담하지 아니한다 하고 선박이 손해발생 전에 원항로로 돌아온 경우에도 보험자의 책임은 부활되지 아니한다(제701조의2). 그리고 이로가 결정된 것만으로는 부족하고 실제 항로를 이탈하여야 하며, 이로가 발생한 이상이로와 보험사고 사이에 인과관계가 없는 경우에도 보험자는 면책된다.

(4) 발항 또는 항해의 부당한 지연

피보험자가 정당한 사유 없이 발항 또는 항해를 지연한 때에는 보험자는 발항 또는 항해를 지체한 이후의 사고에 대하여 책임을 지지 아니한다(제702조). 정당한 사유란 불가항력으로 인한 경우뿐 아니라 선적항의 사정으로 하물의 선적이 지연되거나 그 밖의 항해사고로 발항 또는 항해를 계속할 수 없는 경우 또는 인명구조를 위하여 이로한 경우 등을 말한다.

(5) 선박변경

1) 적하보험

적하를 보험에 붙인 경우 보험계약자 또는 피보험자의 책임 있는 사유로 인하여 선박을 변경한 때에는 그 변경 후의 사고에 대하여 책임을 지지 아니한다(제703조). 적하보험에 있어서는 적하를 수송하는 선박의 구조나 성능이 적하의 위험과 직결되는 것이므로 선박의 변경 후에 발생한 사고에 대하여는 보험자가 책임을 지지 않는 것으로 하였다.

2) 선박보험

선박보험에서는 선박 자체가 보험목적이므로 피보험자가 보험목적으로 한 선박을 다른 선박으로 대체한 경우에는 그것으로써 보험계약이 종료된다.

3) 선박의 양도 등

선박보험의 경우에 보험자의 동의 없이 피보험자가 선박을 양도하거나, 선급을 변경하거나, 선박을 새로운 관리로 옮긴 때에는 보험계약은 종료한다(제703조의2 본문). 보험목적의 양도에 관한 손해보험의 통칙규정(제679조 제1항)은 선박양도에는 적용되지 않는다. 따라서 선박의 양도는 보험자의 동의가 있는 경우에만 보험계약이 이전되는 것이다.

판례는[5] 상법 제703조의2는 제1호에서 선박의 양도를 보험계약의 자동종료사유의 하나로 규정하는 것은 선박보험계약을 체결함에 있어서 선박소유자가 누구인가 하는 점은 인수 여부의 결정 및 보험료율의 산정에 있어서 매우 중요한 요소이고, 따라서 소유자의 변경은 보험계약에 있어서 중대한 위험의 변경에 해당하기 때문이라고 할 수 있는데 특별한 사정이 없는 한 조업허가를 얻기 위한 목적으로 허위의 매매계약서를 작성하였다는 점만으로는 '선박을 양도할 때'에 해당하지 않는다고 한다. 판례가 선박의 양도를 소유권의 변경을 의미하는 것으로 본 듯하나, 상법이 선박의 양도뿐만 아니라 새로운 관리로 옮긴 때에도 보험계약의 종료사유로 하고 있는 점 등에서 보면 검토의 여지가 있다.

(6) 선장의 변경

선장에 대한 통제가 가능하여지고, 선장의 개성이 중시되지 않은 상황으로 가면서 선장의 변경은 보험계약의 효력에 영향을 미치지 않게 되었다. 1991년 상법이 개정되면서 선장의 성명이 해상보험증권의 기재사항이 아닌 것으로 되었다.

III. 해상보험자의 손해보상

1. 해상보험자의 보상손해

해상보험계약의 보험자는 해상사업에 관한 사고로 인하여 생길 손해를 보상할 책임이 있다(제693조).

(1) 해상사업에 관한 사고(보험사고)

1) 포괄책임주의

보험자가 부담할 위험범위에 관한 각국의 입법례는 포괄책임주의(包括責任主義)와 열거책임주의(列擧責任主義)로 대별되는바, 우리 상법은 포괄책임주의에 의한다. 상법은 포괄책임주의에 입각하여 해상보험사고는 '해상사업에 관한 사고'라 규정하면서(제693조), 해상사업에 관한 고유한 사고뿐 아니라 해상사업에 부수하는 육상위험도 포함시키고 있다. 그러므로 선박의 침몰·좌초·충돌 등의 해상위험뿐 아니라 화재와 하치장에서의 사고 등 해상사업에 부수하는 육상위험도 모두 포함한다. 해상보험은 원칙적으로 해상사업에 관한 모든 사고를 담보하는 것이다.

---

5) 대법원 2004.11.11. 선고 2003다30807 판결.

2) 해상 고유의 위험

영국법준거조항에 의하여 영국법에 의하는 경우에는 열거책임주의에 따라야 하고, 이 경우 '해상 고유의 위험'의 의미가 문제된다. 해상 고유의 위험이라 함은 해상에서만 만날 수 있는 우연한 사고나 재난을 의미하고, 통상적인 바람과 파도의 작용은 이에 포함되지 아니한다. 즉 우연한 사고로서, 해상에서만 만날 수 있는 위험이 해상 고유의 위험에 해당 한다. 판례는 "해상 고유의 위험이라 함은 해상에서 보험의 목적에 발생하는 모든 사고 또 는 재난을 의미하는 것이 아니라 해상에서만 발생하는 우연한 사고 또는 재난만을 의미하 며 우연성이 없는 사고, 예컨대 통상적인 바람이나 파도에 의한 손상·자연적인 소모 등 은 이에 해당하지 아니하고, 보험의 목적에 생긴 손해가 이러한 해상 고유의 위험으로 인 하여 발생한 것이라는 점에 관한 입증책임은 피보험자가 부담한다"고 한다.[6]

3) 입증책임

포괄책임주의의 경우는 입증책임이 보험자에게 있고, 열거책임주의의 경우 피보험자에 게 있다. 우리의 경우는 포괄책임주의를 채택하고 있으므로 **입증책임을 보험자가 부담**하 고, 열거책임주의를 채택하는 영국법의 경우 입증책임은 피보험자에게 있다.[7]

(2) 공동해손

선박과 적하의 공동위험을 면하기 위하여 이루어지는 선장의 공동해손처분행위(제865조) 로 인하여 피보험자가 손해를 입은 경우 보험자는 그 손해를 보상하여 주고 공동해손분담 의무자에 대하여 피보험자가 가지는 공동해손분담청구권을 대위하여 행사할 수 있다(제682 조). 보험자는 피보험자가 지급할 공동해손의 분담액을 보상할 책임이 있다(제694조 본문). 그러나 보험목적의 공동해손분담가액이 보험가액을 초과할 때에는 그 초과액에 대한 분담 액은 보상하지 아니한다(제694조 단서).

(3) 해난구조료

보험자는 피보험자가 보험사고로 인하여 발생하는 손해를 방지하기 위하여 지급할 구 조료를 보상할 책임이 있다(제694조의2 본문). 해난구조료는 해상사업에 특유한 비용손해이 므로 보험자가 부담하도록 한 것이고, 손해방지비용(제680조)과는 다르다. 이 점을 보다 분 명히 하기 위하여, 상법은 보험의 목적물의 구조료분담가액이 보험가액을 초과할 때에는 그 초과액에 대한 분담액은 보상하지 아니한다고 규정한다(제694조의2 단서).

---

6) 대법원 1998.5.15. 선고 96다27773 판결.
7) 대법원 1998.5.15. 선고 96다27773 판결.

(4) 특별비용

보험자는 보험목적의 안전이나 보존을 위하여 지급할 특별비용을 보험금액의 한도내에서 보상할 책임이 있다(제694조의3). 이 비용은 손해방지비용을 보험자가 부담하도록 하는 것과 같은 취지에서 보험자가 부담하도록 하는 것이나, 보험사고의 발생을 묻지 않으며 보험금액을 한도로 하는 점에서 차이가 있다.

2. 해상보험자의 보상범위

(1) 전 손

피보험이익의 전부가 손해를 입은 경우를 말한다. 전부보험의 경우에는 보험가액의 전액이 보험자가 보상할 손해액이 되고 기타 손해방지비용이나 손해산정비용 등도 보상하여야 한다. 또한 상법에 의하면 선박의 존부가 2월간 분명하지 아니한 때에는 그 선박의 행방이 불명한 것으로 하고, 이 경우는 전손으로 추정한다(제711조).[8]

(2) 분 손

피보험이익의 일부가 멸실된 경우, 또는 보험목적의 일부가 멸실·훼손된 경우로서 선박보험과 적하보험에 따라 다르다.

1) 선박의 일부손해

선박의 일부가 훼손되었는데 그 부분에 대하여 전부를 수선한 경우, 일부를 수선한 경우, 그리고 수선하지 아니한 경우 등에 따라 범위가 다르다. 선박의 일부가 훼손되어 그 훼손된 부분의 전부를 수선한 경우에는 보험자는 수선에 따른 비용을 1회의 사고에 대하여 보험금액을 한도로 보상할 책임이 있다(제707조의2 제1항). 선박의 일부가 훼손되어 그 훼손된 부분의 일부를 수선한 경우에는 보험자는 수선에 따른 비용과 수선을 하지 아니함으로써 생긴 감가액을 보상할 책임이 있다(제707조의2 제2항). 선박의 일부가 훼손되었으나 이를 수선하지 아니한 경우에는 보험자는 그로 인한 감가액을 보상할 책임이 있다(제707조의2 제3항).

---

8) 적하의 경우에도 선박과 함께 행방불명인 경우 전손으로 추정된다고 하는 판례는 대법원 1991.5.14. 선고 90다카25314 판결(영국해상보험법 및 영국법원의 판례에 의하면 열거책임주의가 적용되는 분손불담보조건의 적하보험계약에 있어서 피보험자가 보험자로부터 손해를 전보받기 위하여는 손해가 보험증권상에 열거된 부보위험으로 인하여 발생하였다는 적극적 사실을 입증하여야 함이 일반적인 원칙이기는 하나 이 사건과 같이 화물이 선박과 함께 행방불명된 경우에는 현실전손으로 추정되고(영국해상보험법 제58조), 그 현실전손은 일응 부보위험인 해상위험으로 인한 것으로 추정되어 보험자는 전보책임을 면할 수 없는 것이며 부보위험으로 인한 손해라는 추정은 보험자가 부보위험이 아닌 다른 위험 내지 면책위험으로 인한 것일 가능성이 있음을 주장하고 그 가능성이 보다 우월하거나 동일함을 입증하는 경우에 한하여 깨어지는 것이라고 할 것이다).

2) 적하의 일부손해

보험의 목적인 적하가 훼손되어 양륙항에 도착한 때에는 보험자는 그 훼손된 상태의 가액과 훼손되지 아니한 상태의 가액과의 비율에 따라 보험가액의 일부에 대한 손해를 보상할 책임이 있다(제708조). 이는 양륙항에서의 손해가 피보험자의 실제손해라 할 수 있기 때문이다.

(3) 적하의 매각

항해도중에 불가항력으로 보험의 목적인 적하를 매각한 때에는 보험자는 그 대금에서 운임 기타 필요한 비용을 공제한 금액과 보험가액과의 차액을 보상하여야 한다(제709조 제1항). 여기서 불가항력으로 적하를 매각한 경우란 선장의 적하매각권에 의한 적하매각의 경우(제750조 제1항 제3호) 등을 말한다. 이 경우에 매수인이 대금을 지급하지 아니한 때에는 보험자는 그 금액을 지급하여야 한다. 보험자가 그 금액을 지급한 때에는 피보험자의 매수인에 대한 권리를 취득한다(제709조 제2항).

3. 면책사유

해상보험자는 일반의 다른 손해보험과 같이 보험계약자 또는 피보험자의 고의 또는 중대한 과실로 생긴 보험사고(제659조)[9]를 비롯한 전쟁 등의 위험(제660조), 보험목적의 성질, 하자 또는 자연소모로 인한 손해(제678조)에 대하여 책임지지 아니한다. 해상보험자에 특유한 면책사유는 다음과 같다(제706조).

(1) 감항능력 주의의무위반으로 인한 손해

선박 또는 운임을 보험에 붙인 경우에는 발항 당시 안전하게 항해를 하기에 필요한 준비를 하지 아니하거나 필요한 서류를 비치하지 아니함으로 인하여 생긴 손해에 대하여 보험자는 책임지지 아니한다(제706조 제1호). 감항능력은 선박이 안전하게 항해하기 위하여 필요한 인적·물적 설비를 정비하고 있는 것을 말하고, 선박보험과 운임보험에 있어서는 기간보험이든 항해보험이든 묻지 아니하고 선박이 감항능력을 갖추지 아니함으로써 생긴 손해에 대하여는 보험자가 보상책임을 부담하지 않는다.[10]

---

9) 영국법에 의하는 경우에도 피보험자의 고의에 의한 사고는 면책이다. 이에 관한 판례로 대법원 2005.11.25. 선고 2002다59528,59535 판결(영국 협회선박기간보험약관 제6조 제2항 제5호에서 부보위험의 하나로 규정하고 있는 '선장 등의 악행(barratry of master officers or crew)'이라 함은 선주나 용선자에게 손해를 끼치는 선장 등에 의하여 고의로 이루어진 모든 부정행위(wrongful act)를 말하는 것인바(영국 해상보험법 제1부칙 '보험증권의 해석에 관한 규칙' 제11조), 보험계약자가 선장 등의 고의에 의한 부정행위에 해당하는 사실을 입증하면 일응 선장 등의 악행은 추정된다 할 것이나, 이 경우 선주 등의 지시 또는 묵인이 있었다는 사실을 보험자가 입증하면 이는 보험자의 면책사유인 피보험자의 고의적 불법행위(wilful misconduct)에 해당하여 결국 보험자는 보험금 지급의무를 면한다).

그리고 이 면책은 선박 또는 운임을 보험에 붙인 경우의 보험자의 면책에 관한 규정으로서 적하를 보험에 붙인 경우에는 적용되지 않는다.[11]

(2) 송하인 등의 고의나 중과실로 인한 손해

적하를 보험에 붙인 경우에는 용선자, 송하인 또는 수하인의 고의 또는 중대한 과실로 인하여 생긴 손해에 대하여는 면책이다(제706조 제2호). 비록 이들은 보험계약자는 아니나 해상물건운송계약의 당사자이고 수하인은 운송물을 수령할 권리를 가지는 자이다. 그러므로 보험계약자 또는 피보험자의 고의 또는 중과실로 생긴 보험사고와 같이 볼 수 있기 때문이다.

(3) 항해 중의 통상비용

도선료, 입항료, 등대료, 검역료, 기타 선박 또는 적하에 관한 항해 중의 통상비용에 대하여 해상보험자는 면책이다(제706조 제3호). 이러한 통상비용은 우연한 사고로 인하여 발생한 손해라고 볼 수 없어 면책사유로 규정한다. 이는 보험목적의 자연소모로 인한 손해를 면책으로 하는 것(제678조)과 같은 취지이다.

Ⅳ. 보험위부

1. 의의 및 성질

보험위부란 해상보험에서의 보험목적이 전손과 동일시되는 경우 또는 전손이 있다고 추정되기는 하지만 그 증명이 곤란한 경우, 피보험자가 그 보험의 목적에 대한 모든 권리를 보험자에게 위부하고 보험자에 대하여 보험금액의 전부를 청구할 수 있는 해상보험 특유의 제도이다. 보험위부는 해상보험에서 보험사고로 인한 현실적 손해를 입증하기 어렵다 하더라도 경제적으로 이것과 동일하게 다룰 수 있는 경우 피보험자를 보호하기 위한 제도이다.

상법상 위부의 원인이 생기면 피보험자는 보험의 목적에 대한 권리를 보험자에게 위부하고 보험금액의 전부를 청구할 수 있다(제710조). 보험위부는 단독행위이며 위부권은 피보험자의 일방적 의사표시에 의하여 행사되는 형성권이다.

---

10) 영국 해상보험법도 이것이 면책사유로 되어 있으나 다만 일부 차이도 있다. 대법원 2001.5.15. 선고 99다26221 판결(영국 해상보험법 제39조 제5항의 규정에 의하면 기간보험의 경우에는 피보험자가 선박의 감항능력이 없음을 알면서도 항해하게 한 때에 한하여 보험자가 면책될 수 있다).

11) 대법원 1986.11.25. 선고 85다카2578 판결.

2. 보험위부의 원인

피보험자가 보험의 목적을 위부할 수 있는 원인은 각 나라에 따라 약간의 차이가 있는데 우리나라 상법에서는 제710조에서 세 가지를 규정한다. 주의할 점은 선박의 행방불명은 전손으로 추정하여(제711조) 보험사고로 취급하여 보험금청구권을 인정한다는 점이다. 따라서 행방불명되었던 선박이 다시 나타난 때에는 보험자는 잔존물대위에 의하여 그 선박에 대한 권리를 취득한다.

(1) 선박·적하가 회수불능인 때(제710조 제1호)

상법은 선박 또는 적하의 점유상실의 경우 그 회복가능성이 없거나 회복은 가능하여도 그 회복비용이 회복하였을 때의 가액을 초과하리라고 예상되는 경우에 한하여 위부할수 있도록 하고 있다. 여기서 점유상실이라 함은 피보험자의 선박이나 적하가 포획되거나 관공서에 압수되는 것을 말하는데, 포획은 나포를 의미하고 교전국 또는 교전단체가 전쟁의 목적을 위하여 선박 등의 점유를 빼앗는 것으로서, 포획이 적법하냐 아니냐는 묻지 아니하고 위부를 할 수 있다. 또한 나포의 경우에 있어서도 피보험자가 위부권 행사 전에그 목적물이 풀려난 경우에는 당연히 위부권은 소멸되며 보험계약체결시 전쟁면책약관 또는 포획, 나포의 면책약관이 있는 때에는 선박 또는 적하가 나포되어도 위부를 할 수 없다. 해적에 의해 약탈된 경우에도 나포에 준하여 해석할 수 있는지에 대해서는, 일반적으로 약탈이란 선박의 탈취를 목적으로 하는 것이기 때문에 그 탈환과 같은 희소한 사실이 없는 한 회복은 거의 불가능하므로 이 경우도 위부권을 인정해야 한다고 해석하는 것이 통설이다.

(2) 선박의 수선비용이 과다한 때(제710조 제2호)

선박이 보험사고로 인하여 심하게 훼손되어 이를 수선하기 위한 비용이 수선하였을 때의 가액을 초과하리라고 예상될 경우 위부할 수 있다. 수선비용이란 선박이 보험사고로 손상을 입은 경우 그 위험한 상태에서 구조하여 다시 그 선박이 안전하게 항해할 수 있는 선박 즉 감항능력을 갖춘 선박으로 회복하는 데 필요한 합리적인 모든 비용을 포함하는 것으로, 이에는 선박의 손상 부위와 정도를 감정하기 위한 비용·선박을 수선항으로 예인하기 위한 비용·선급검사인의 검사료·예선증명서의 발급비용·수선감독자의 감독비용·기타 수선에 부수하는 비용도 포함된다.[12] 다수의 보험사고로 인한 분손에 대한 수선비용

---

12) 대법원 2001.2.23. 선고 98다59309 판결; 대법원 2002.6.28. 선고 2000다21062 판결("선박이 피보험위험으로 인하여 심하게 훼손되어 그 훼손을 수리하는 데 소요되는 비용이 수리되었을 때의 선박가액을 초과하리라고 예상되는 경우. 이 수리비의 산정에는 수리에 관하여 다른 이해관계인이 지급하여야 할 공동해손분담액을 공제하여서는 아니되는 반면, 장래의 구조작업에 소요되는 비용과 선박이 수리될 경우에 선박이 부담하게 될 장래의 공동해

을 합하여 계산할 수는 없으나, 동일한 사고를 원인으로 계속하여 일어난 사고는 동일한 사고에서 생긴 일련의 손해와 비용으로 본다.[13]

선박이 수선불능인 경우 원칙적으로 이에 적재한 적하도 위부할 수 있다. 그러나 선장이 지체 없이 다른 선박으로 적하의 운송을 계속한 때에는 피보험자는 그 적하를 위부할 수 없다(제712조).

(3) 적하의 수선비용이 과다할 때(제710조 제3호)

적하가 보험사고로 인하여 심하게 훼손되어서 이를 수선하기 위한 비용과 그 적하를 목적지까지 운송하기 위한 비용과의 합계액이 도착하는 때의 적하의 가액을 초과하리라고 예상될 경우에 위부할 수 있다.

3. 보험위부의 요건

(1) 보험위부의 통지

피보험자가 위부를 하고자 할 때에는 **상당한 기간 내**에 보험자에 대하여 그 통지를 발송하여야 한다(제713조). '상당한 기간'이란 피보험자가 위부의 원인을 증명하고 위부권을 행사할 수 있는 합리적인 기간으로 본다. 위부의 통지의 방법에 관하여 상법은 규정을 두지 않으나 구두든 서면이든 무방하다고 본다. 그리고 **위부권은 위부의 통지에 의하여 효과가 생기는 형성권**이므로, 피보험자는 일단 위부의 통지를 한 이후에는 일방적인 의사표시에 의하여 그 위부를 철회할 수 없다. 피보험자가 위부통지를 적법하게 하지 않으면 피보험자는 위부권을 상실한다. 그러나 보험금청구권까지 잃게 되는 것은 아니고 피보험자는 통상의 방법에 따라 손해를 증명하여 보험금을 청구할 수 있다.

(2) 보험위부의 무조건성

보험위부는 무조건이어야 한다(제714조 제1항). 조건이나 기한을 붙이는 것은 당사자간의 법률관계를 신속하고 간명하게 처리하고자 하는 위부제도의 취지와 부합하지 않기 때문이다.

(3) 보험위부의 범위

보험위부는 보험의 목적의 전부에 대하여 이를 하여야 한다(제714조 제2항 본문). 이를 보험위부의 불가분성이라 하고 무조건성과 같은 취지이다. 따라서 보험목적의 일부만을 위부하고 다른 부분에 대하여 보상을 청구할 수는 없다.

손분담액은 수리비에 가산하여야 한다"고 규정하며,).
  13) 대법원 1989.9.12. 선고 87다카3070 판결.

그러나 위부의 원인이 그 일부에 대하여 생긴 때에는 그 부분에 대하여서만 이를 할 수 있다(제714조 제2항 단서). 또한 보험가액의 일부를 보험에 붙인 일부보험의 경우에는 위부는 보험금액의 보험가액에 대한 비율에 따라서만 이를 할 수 있다(제714조 제3항).

(4) 다른 보험계약 등에 대한 통지

피보험자가 위부를 함에 있어서는 보험자에 대하여 보험의 목적에 관한 다른 보험계약과 그 부담에 속한 채무의 유무와 그 종류 및 내용을 통지하여야 한다(제715조 제1항). 이것은 보험자에게 중복보험의 유무를 알리고 또 담보물권자의 권리행사에 대비하기 위한 것이다. 이 통지는 보험위부의 통지와는 구별되는 것으로 그 기간 내에 반드시 하여야 하는 것이 아니다. 이런 점에서 상법은 보험자는 다른 보험계약에 대한 통지를 받을 때까지 보험금액의 지급을 거부할 수 있고(제715조 제2항), 보험금액의 지급에 관한 기간의 약정이 있는 때에는 그 기간은 보험자가 위 통지를 받은 날로부터 기산한다(제715조 제3항).

(5) 보험위부의 승인과 불승인

1) 위부의 승인

상법상 보험위부는 피보험자의 일방적 의사표시에 의하여 효력이 발생하는 단독행위에 속하므로 보험자의 승인은 위부의 요건이 아니다. 따라서 위부의 원인에 대한 증명을 더 이상 요구하지 않는다는 뜻으로 보아야 한다. 보험자가 위부를 승인한 후에는 그 위부에 대하여 이의를 하지 못한다(제716조). 보험자가 위부를 승인하면 피보험자는 그 위부원인을 구체적으로 증명할 필요 없이 보험금을 청구할 수 있게 된다.

2) 위부의 불승인

보험자가 위부를 승인하지 아니한 때에는 피보험자는 위부의 원인을 증명하지 아니하면 보험금액의 지급을 청구하지 못한다(제717조).

4. 보험위부의 효과

(1) 서 언

보험위부의 효과로서 보험자는 보험목적에 대한 모든 권리를 취득하고 피보험자는 보험금을 청구할 수 있는 권리를 취득한다.

(2) 피보험자의 권리와 의무

1) 권 리

보험목적을 위부한 피보험자는 보험금액 전액에 대한 보상을 청구할 수 있다(제710조). 위부의 원인이 보험의 목적의 일부에 대하여 생긴 경우 이를 위부한 때에는(제714조 제2항)

그 부분에 대한 보험금을 청구할 수 있다. 그리고 일부 보험의 경우에는 비례보상원칙에 의하여 처리된다(제714조 제3항).

2) 의 무

위부를 한 때에는 피보험자는 보험금액의 수령여부를 묻지 않고 보험의 목적물에 관한 모든 서류를 보험자에게 교부하여야 한다(제718조 제2항). 이는 위부가 성립하면 보험목적에 관한 권리가 보험자에게 이전하므로 보험자의 권리행사를 용이하게 하기 위한 것이다. 그리고 피보험자는 보험계약상 손해방지의무를 지는데, 그로 인하여 소요된 비용은 보험자에게 청구할 수 있다(제680조).

(3) 보험자의 권리와 의무

1) 모든 권리

보험자는 위부로 인하여 그 보험의 목적에 관한 피보험자의 모든 권리를 취득한다(제718조 제1항). 위부원인이 제3자의 행위로 인한 경우 피보험자의 제3자에 대한 권리도 여기서의 모든 권리에 포함되어 보험자가 취득하는지가 문제된다. 포함되지 않는다고 보는 견해에서는 보험자는 보험위부의 효과로서 제3자에 대한 권리를 취득하지 못하고 보험자는 제3자에 대한 보험자대위(제682조)의 요건을 구비한 경우에만 제3자에 대한 권리를 취득할 수 있으므로, 이 점이 보험위부와 보험자대위가 구별되는 점이라 한다. 그러나 포함된다고 보는 견해에서는 보험위부의 효과로서 당연히 제3자에 대한 권리를 취득하고 따라서 보험자대위와 결과적으로 동일하게 된다고 본다. 그 근거는 보험위부는 보험의 목적물에 관한 완전한 손해의 보상을 손해의 증명 없이 받고자 하는 특유한 제도이므로 보험자는 위부된 물건에 관하여 피보험자와 동일한 지위에 서서 피보험자가 제3자에 대하여 가지는 권리도 취득하는 것이 옳다고 보기 때문이다. 생각건대, 보험위부의 효과로서 피보험자의 제3자에 대한 권리를 취득한다고 보는 후자의 견해가 타당하다.

2) 권리취득의 시기

보험자는 보험위부의 직접적 효과로서 피보험자가 보험목적에 대하여 가지는 권리는 피보험자의 보험자에 대한 위부의 통지가 도달된 때에 이전한다. 보험자의 보험금액의 지급여부는 문제되지 않는다.

제4절 책임보험

I. 개   관

1. 책임보험의 의의

(1) 의   의

책임보험이란 피보험자가 보험기간 중의 보험사고로 제3자에 대하여 손해를 가하여 배상책임을 지게 되는 경우에 그 손해를 보험자가 보상할 것을 목적으로 하는 손해보험계약이다(제719조). 이는 피보험자에게 직접 발생한 손해를 배상하는 것이 아니고 피보험자의 책임으로 돌아갈 사고로 인하여 제3자에 대한 배상책임을 부담함으로써 생긴 손해, 즉 피보험자의 전 재산에 대한 간접손해를 보상하는 것을 목적으로 하는 보험이다.

(2) 기   능

책임보험은 배상의무자인 피보험자의 경제적 손실을 막기 위한 보험이라 할 수 있으나, 또 한편으로는 배상의무자인 피보험자의 무자력으로 인하여 피해자가 배상을 받을 수 없게 되는 경우에 그 손해배상을 확보하여 최소한의 경제생활을 도모할 수 있도록 하는 기능도 가진다.

① **피보험자의 보호**이다. 모든 보험계약에서 피보험자 보호기능이 있는 것과 같이, 책임보험도 제3자에 대한 배상책임을 보험자에게 이전시킴으로써 피보험자가 안정된 경제생활을 누릴 수 있도록 하는 피보험자 보호의 기능이 있다. 다만 책임보험에서는 이러한 기능을 지나치게 강조한다면 불법행위법이 추구하는 예방과 제재의 기능이 약화될 수 있다는 우려가 지적된다. ② **피해자의 보호**이다. 불법행위로 인한 손해배상책임이 발생하였음에도 불구하고, 가해자가 무자력인 경우 피해자가 보상받지 못할 수 있다. 이때 피해자보호를 위하여 가해자의 책임을 담보하는 수단이 요구되고 책임보험이 그러한 역할을 한다. 책임보험의 피해자 보호기능은 다른 보험과는 구별되는 중요한 기능으로서, 이러한 점에서 책임보험은 실질적으로 타인을 위한 보험의 기능도 수행한다. 상법은 피해자인 제3자는 피보험자가 책임을 질 사고로 입은 손해에 대하여 보험금액의 한도 내에서 **보험자에게 직접 보상을 청구**할 수 있고(제724조 제2항 본문), **보험자로 하여금 피해자가 그 배상을 받기 전에는 보험금액의 전부 또는 일부를 피보험자에게 지급하지 못하도록 하여**(제724조 제1항) 피해자보호에 중점을 둔다.

2. 법적 성질

① 책임보험은 **손해보험**이다. 책임보험은 제3자에 대한 배상책임을 부담함으로써 생긴 손해를 보상하는 보험이므로 손해보험이다. ② 책임보험은 **재산보험**이다. 책임보험은 특정한 물건에 대하여 발생한 손해를 보상하는 물건보험이 아니고, 피보험자의 일반재산에서 생기는 손해를 보상하는 재산보험에 속한다.

Ⅱ. 책임보험계약의 요소

1. 보험목적

책임보험은 일반보험에서와 같이 특정물건에 대한 손해를 보상하는 것이 아니고, 보험사고로 인한 피보험자의 재산상의 손해를 보상하는 보험이다. 여기서 책임보험의 보험목적은 무엇인지에 대한 견해가 나뉜다. 피보험자의 전 재산이 보험목적이라는 견해가 있으나, 책임보험의 보험목적은 **피보험자가 제3자에 대하여 부담하는 배상책임**으로 본다. 자동차책임보험에서 피보험자동차라 불리는 피보험자 소유의 자동차는 자동차책임보험의 보험목적은 아니고 단지 그 자동차운행에 따른 사고로 인한 배상책임이 담보되어 있다는 의미이고, 보험목적인 배상책임의 담보가 되는 것은 피보험자의 재산이다.

2. 피보험이익과 보험가액

(1) 피보험이익

책임보험에서는 사고로 인하여 책임을 부담하게 될 액수가 피보험자의 전 재산을 초과할 수도 있다는 이유로 피보험이익의 개념을 부정하는 견해도 있었으나, 책임보험에서도 사고발생시에는 금전으로 확정할 수 있을 뿐 아니라 중복보험과 유사한 문제가 생기므로 피보험이익의 개념을 인정함이 통설이다. 책임보험에서는 물건보험과 같은 보험가액 등의 개념이 존재하지는 않으나 수개의 책임보험계약이 있는 때에는 중복보험(제672조)에 준하여 보험자의 보상책임을 인정하는 만큼(제725조의2), 책임보험에서도 피보험이익의 개념을 인정할 실익이 있다. 즉 책임보험에서도 수개의 보험계약이 있을 때에는 중복보험에 준하여 처리하여야 할 것이고 이에 피보험이익의 존재의의가 있다. 상법도 피보험자가 동일한 사고로 제3자에게 배상책임을 짐으로써 입은 손해를 보상하는 수개의 책임보험계약이 동시 또는 순차로 체결된 경우에 그 보험금액의 총액이 피보험자의 제3자에 대한 손해배상액을 초과하는 때에는 중복보험의 규정을 준용한다(제725조의2). 따라서 수개의 책임보험계약이 있고 보험금 총액이 피보험자의 손해배상액을 초과할 때에는 보험자는 보험금액의 한도에서 연대책임을 지고, 각자의 보험금액의 비율에 따라 그 손해를 보상하여야 하며, 보험계약자는 각 보험자에 대하여 각 보험계약의 내용을 통지하여야 한다.

책임보험에서의 피보험이익은 '**피보험자가 제3자에 대한 손해배상책임을 짐으로써 입은 경제적 손해를 벗어날 수 있는 이익**'으로 정의한다.

(2) 보험가액

책임보험은 재산보험이므로 일반 손해보험에서와 같은 보험가액은 원칙적으로 존재하지 않고 초과보험, 일부보험 등의 문제가 생기지 않는다. 따라서 손해배상액은 단순히 보험금액과 손해액의 범위 내에서 결정된다. 단 수개의 책임보험계약이 있을 때 중복보험의 규정을 준용하는 것은 예외이다(제725조의2).

3. 책임보험에서의 보험금청구권의 발생시기와 소멸시효 등

책임보험에서는 보험기간 중 약정사고로 인하여 제3자인 피해자가 손해를 입고, 그 피해자가 가해자인 피보험자에 대하여 손해배상청구를 행하며, 화해 또는 확정판결에 의하여 배상책임의 존부 내지 배상책임의 금액 등 피해자와 가해자 사이의 채권채무관계가 확정되고, 가해자인 피보험자로부터 피해자에 대하여 손해배상이 이행되는 절차가 이루어진다. 이때 피보험자가 언제 보험금청구권을 취득하는가? 이는 보험금청구권의 소멸시효의 기산점과도 관련된다. 판례는 피보험자가 보험자에게 보험금청구권을 행사하려면 적어도 피보험자가 제3자에게 손해배상금을 지급하였거나 또는 피보험자의 제3자에 대한 채무가 확정되어야 한다고 하여 **배상책임확정시설**을 취하고 있다.[14]

---

14) 대법원 1988.6.14. 선고 87다카2276 판결(피고 회사의 자동차종합보험과 같은 이른바 손해배상책임보험은 피보험자가 보험사고로 인하여 제3자에게 지급하는 법률상의 손해배상금을 보상하는 것이므로 보험자의 보상범위는 피보험자의 제3자에 대한 법률상의 손해배상책임액을 그 한도로 하는 것이고, 또 상법 제723조 제1, 2항에 의하면, 책임보험에 있어서 피보험자가 제3자에 대하여 변제, 승인, 화해 또는 재판으로 인하여 채무가 확정된 때에는 보험자는 특별한 기간의 정함이 없으면 그 확정의 통지를 받은 날로부터 10일 내에 보험금을 지급하도록 규정하고 있고, 피고 회사의 자동차종합보험보통약관 제9조 제1항에서도 피보험자는 판결의 확정, 재판상화해, 중재 또는 서면에 의한 합의로 배상액이 확정되었을 때 보험금의 지급을 청구할 수 있다고 규정하고 있으므로 위 각 규정들의 해석과 앞에서 본 바와 같은 책임보험의 성질에 비추어 피보험자가 보험자에게 보험금청구권을 행사하려면 적어도 피보험자가 제3자에게 손해배상금을 지급하였거나 상법 또는 보험약관이 정하는 방법으로 피보험자의 제3자에 대한 채무가 확정되어야 할 것이다).

III. 책임보험계약의 보험자와 피보험자의 관계

1. 보험자의 의무

(1) 손해보상의무

1) 손해보상

책임보험계약의 보험자는 피보험자가 보험기간 중의 사고로 인하여 제3자에 대한 배상책임을 진 경우 이를 보상할 책임을 진다(제719조). 보험자의 책임범위는 피보험자가 제3자에 대하여 변제, 승인, 화해 또는 재판으로 인하여 확정된 채무 이외에 피보험자가 지출한 방어비용, 담보의 제공 또는 공탁비용을 포함한다. 그 책임의 범위에는 원본은 물론 지연손해금도 원칙상 포함된다.[15] 책임보험은 손해보험의 일종이므로 손해방지비용도 부담하여야 함은 물론이다(제680조). 또한 영업배상책임보험의 경우에는 피보험자의 대리인 또는 그 사업감독자의 제3자에 대한 책임으로 인한 손해도 보상하여야 한다(제721조).

피보험자가 동일한 사고로 제3자에게 배상책임을 짐으로써 입은 손해를 보상하는 수개의 책임보험계약이 동시 또는 순차로 체결된 경우에 그 보험금액의 총액이 피보험자의 제3자에 대한 손해배상액을 초과하는 때에는 제672조와 제673조의 규정을 준용한다(제725조의2).

2) 이행시기

책임보험에서는 피보험자가 제3자에 대하여 배상책임을 지게 되더라도 배상액이 구체적으로 확정되어야 하는 절차가 있다. 그러므로 피보험자가 제3자에 대하여 변제, 승인, 화해 또는 재판으로 인하여 채무가 확정된 때에는 지체 없이 보험자에게 그 통지를 발송하여야 하고(제723조 제1항), 보험자는 피보험자의 채무확정의 통지를 받은 날로부터 10일 이내에 보험금액을 지급하는 것이 원칙이다(제723조 제2항).

3) 지급제한

보험자의 손해보상의무 이행의 상대방은 책임보험의 특성상 중대한 제한이 있다. 피보험자와 피해자 사이에서 손해배상책임액이 확정되면, 피해자는 피보험자에 대한 손해배상청구권과 함께 보험자에 대한 직접청구권을 가지고(제724조 제2항), 피보험자는 보험자에 대하여 보험금을 청구할 수 있다. 이 경우 손해보험인 책임보험에서도 피보험자가 보험금청구권자임이 원칙이나, 피해자 보호의 취지상 **보험자는 제3자가 배상을 받기 전에는 보**

---

15) 대법원 1995.9.29. 선고 95다24807 판결(책임보험의 보험자는 피해자와 피보험자 사이에 확정된 손해액이 피보험자에게 법률상 책임이 없는 부당한 손해라는 등의 특별한 사정이 없는 한 원본이든 지연손해금이든 모두 피보험자에게 지급할 의무가 있다).

험금액의 전부 또는 일부를 피보험자에게 지급하지 못한다고 규정한다(제724조 제1항).

4) 면책사유

책임보험의 경우에도 상법 제4편 통칙의 규정과 손해보험의 통칙규정에 의하여 보험자는 면책된다(제659조 제1항, 제660조, 제678조). 그러나 상법은 책임보험에 관한 일반적인 면책사유는 규정하고 있지 않다.

그런데 책임보험의 경우 보험계약자 또는 피보험자의 중대한 과실로 인한 보험사고의 경우에도 보험자가 면책된다는 통칙 규정(제659조)은 적용될 여지가 없다. 책임보험에서 볼 때 '중과실'의 경우를 보상범위에서 제외하게 되면 책임보험의 의의가 반감되고 그 기능을 기대할 수 없기 때문에, **피해자의 보호를 위하여 보험계약자 또는 피보험자의 고의만을 면책사유로 하고 중과실로 인한 손해배상책임에 대하여는 보험자의 보상책임을 인정한다.**

(2) 방어의무

1) 채무확정 과정에서의 보험자의 방어의무

책임보험에서의 보험자의 보험금지급의무는 피보험자와 피해자 사이의 책임관계에 의하여 결정되는 것으로서, 가해자인 피보험자의 책임유무와 책임액 등을 확정하지 않고는 보험자의 보상의무도 확정될 수 없다. 이에 보험금지급의무의 부담자인 보험자는 피보험자와 피해자 사이의 책임확정절차에 개입하게 된다. 이는 피보험자의 보호라는 측면에서도 요구되는 것으로 책임보험이 피보험자의 법적 책임부담의 위험을 담보하므로 책임관계에서 발생하는 방어위험도 보험자가 부담하는 것은 당연하다. 특히 피해자가 보험자에 대하여 직접청구할 수 있다는 규정(제724조 제2항)상 방어의무는 보다 명확한 것으로 보인다. 따라서 보험자가 직접청구를 받은 경우 그의 이해관계상으로도 방어할 의무를 부담하게 된다.

2) 방어의무 위반의 효과

보험자가 방어의무의 이행을 해태하여 방어의무위반에 해당하는 경우 그 효과가 무엇인지에 대하여 상법에는 규정이 없다. 보험자가 통상의 주의를 다하지 아니하고 그 방어의무를 해태함으로써 피보험자의 손해배상액이 가중된 때에는 그 가중된 손해에 대하여 보험자가 보상할 책임이 있다고 해석한다.

(3) 방어비용의 부담

1) 방어비용의 의의

방어의무의 이행에서 소요된 비용을 방어비용이라 한다. 방어비용은 피해자가 보험사고로 인적·물적 손해를 입고 피보험자를 상대로 손해배상청구를 한 경우에 그 방어를 위하여 지출한 재판상 또는 재판 외의 필요비용을 말한다.[16] 방어비용은 보험자가 피보험자와 피해자의 책임소송에 개입하여 피보험자의 책임확정절차를 수행함에 있어 통상 소요되는 비용이고, 이는 보험자의 부담이다(제720조).

상법 제720조 제1항이 피보험자가 제3자의 청구를 방어하기 위하여 지출한 비용을 방어비용이라 규정하고 있으므로 방어비용은 최소한 피해자의 청구를 전제로 한다. 따라서 피보험자가 피해자로부터 재판 외의 청구조차 받지 않은 경우에는 그에 관한 방어비용이 인정될 여지가 없다. 요컨대 피해자가 피보험자에게 재판상 청구는 물론 재판 외의 청구조차 일체 하지 않는 이상, 피보험자가 아닌 제3자를 상대로 제소한 경우에는 그 소송의 변호사 비용이 상법 제720조 소정의 방어비용에 포함된다고 볼 수 없다.[17] 그런데 피해자로부터 손해배상청구가 없는 경우 방어비용이 인정될 여지가 없지만, 피해자가 반드시 재판상 청구한 경우에 한하여만 방어비용이 인정된다고 볼 것은 아니다.

2) 방어비용의 부담

제3자의 청구를 방어하기 위하여 피보험자가 지출한 재판상 또는 재판외의 필요비용도 보험목적에 포함된 것으로 한다(제720조 제1항). 이 비용에 대하여는 선급을 청구할 수 있으며, 피보험자가 담보의 제공 또는 공탁으로 재판의 집행을 면할 수 있는 때는 보험자에 대하여 보험금액의 한도 내에서 그 담보의 제공 또는 공탁을 청구할 수 있다(제720조 제2항). 방어비용은 원칙상 보험금액을 넘을 수 없으나 예외적으로 **보험자의 지시에 의한 때에는 보험금액을 초과하더라도 보험자가 부담**한다(제720조 제3항).

피보험자 및 보험자의 책임 여부를 판명하기 위한 소송과정에서 지출한 소송비용, 변호사비용도 방어비용에 해당한다.[18]

3) 손해방지비용과의 관계

방어비용의 손해방지비용과의 관계에 대하여는 다음과 같은 몇 가지의 견해가 있다. ① **손해방지비용설**이다. 이 견해는 방어비용을 손해방지비용과 같은 것으로 본다. 보험자의 방어비용 부담을 손해방지 또는 손해감소를 위한 비용의 보상이라고 보는 입장으로서 법이 정책적 필요에서 보험자에게 특별히 부과한 부담으로 본다. 이 견해는 상법 제720조가 일반조항인 상법 제680조의 책임보험 분야에서의 특별조항이라는 입장이어서 특별규정설이라고도 한다. ② **보험급여설**이다. 책임보험에서 권리보호기능이 중요시됨에 따라 권리보호급여의 하나로서 보험자에게 방어의무에 따른 비용부담뿐 아니라 피보험자 보호를 위한 적극적 행위의무까지 요구된다고 보는 입장이다. 방어비용을 배상책임액의 종속적·제2차적인 것으로 보지 않고 하나의 통일적인 보험청구권에서 나온 것으로 본다. 따라서 방어비용은 손해방지비용이 아니라 순수한 보험급여라는 것이다.

---

16) 대법원 2006.6.30. 선고 2005다21531 판결.
17) 대법원 1995.12.8. 선고 94다27076 판결.
18) 대법원 2002.6.28. 선고 2002다22106 판결.

③ 판례는 방어비용은 손해방지비용과는 구별되는 별개의 것임을 명백히 하고 있어,[19] **보험급여설**을 따른다. 판례는 "상법은 제680조와는 달리 제720조에서 방어비용을 보험의 목적으로 한다"고 규정한다고 보아, 방어의무의 성질에 관하여 보험급여설의 입장이다.

4) 보험급여로서의 방어비용의 부담(방어비용과 손해방지비용의 차이점)

손해방지비용과 방어비용은 별개의 규정으로 파악하는 보험급여설이 타당하다. 상법은 제680조와는 달리 제720조에서 방어비용을 보험의 목적으로 한다고 규정함으로써 방어의무의 성질에 관하여 보험급여설의 입장에 있다. 보험자의 방어비용 부담은 보험계약의 본질에 근거한 것이므로, 법이 정책적 필요에서 특별히 인정한 손해방지비용 부담과는 그 인정근거를 달리한다.

방어비용과 손해방지비용은 다음의 점에서 차이가 있다. (i) 상법 제720조는 방어비용이 보험의 목적에 포함된 것으로 규정하고 있는 데 반하여, 상법 제680조는 단지 보험자가 손해방지비용을 부담하여야 함을 정하고 있을 뿐이다. (ii) 이에 따라 방어비용이 보험급여로서 지급되는 것과는 달리, 손해방지비용의 부담은 법이 손해방지라는 정책적 필요에서 보험자에게 특별히 부과한 의무이다. (iii) 방어비용이 보험급여로서 당연히 지급되는 것인데 반하여, 손해방지비용은 '필요 또는 유익'한 것임이 인정되는 한정된 경우에만 지급되는 것이어서 그 인정범위가 상대적으로 협소하다. (iv) 방어비용은 보험금액을 한도로 함에 반하여, 손해방지비용은 보험금액을 초과하더라도 보험자가 이를 부담하여야 하므로 한도가 없다. (v) 방어비용은 비용의 선급을 청구할 수 있음에 반하여(제720조 제1항 후문), 손해방지비용은 일단 피보험자가 비용을 부담한 후 보험자에게 비용상환을 청구할 수 있을 뿐이다.

(4) 수개의 책임보험이 있는 경우

책임보험계약에서는 보험가액의 관념이 없으므로 수개의 책임보험계약이 체결된다 하더라도 이를 중복보험으로 다룰 수 없음이 원칙이다. 그러나 보험사고가 발생하고 책임관계상의 손해배상액이 확정되면, 피보험자가 동일한 위험에 관하여 수개의 책임보험계약을 체결하였을 때에는 중복보험과 유사한 문제가 생긴다. 이러한 사정을 감안하여 상법은 피보험자가 동일한 사고로 제3자에게 배상책임을 짐으로써 입은 손해를 보상하는 수개의 책임보험계약을 동시 또는 순차로 체결한 경우, 그 보험금액의 총액이 피보험자의 제3자에

---

19) 대법원 2006.6.30. 선고 2005다21531 판결(상법 제680조 제1항에 규정된 "손해방지비용"은 보험자가 담보하고 있는 보험사고가 발생한 경우에 보험사고로 인한 손해의 발생을 방지하거나 손해의 확대를 방지함은 물론 손해를 경감할 목적으로 행하는 행위에 필요하거나 유익하였던 비용을 말하는 것이고, 상법 제720조 제1항에 규정된 "방어비용"은 피해자가 보험사고로 인적·물적 손해를 입고 피보험자를 상대로 손해배상청구를 한 경우에 그 방어를 위하여 지출한 재판상 또는 재판 외의 필요비용을 말하는 것으로서, 위 두 비용은 서로 구별되는 것이므로, 보험계약에 적용되는 보통약관에 손해방지비용과 관련한 별도의 규정을 두고 있다고 하더라도, 그 규정이 당연히 방어비용에 대하여도 적용된다고 할 수는 없다).

대한 손해배상액을 초과한 때에는 중복보험에 준하여 보험자에게 각자의 보험금액의 한도 내에서 연대하여 그 보험금액의 비율에 따라 보상책임을 지운다(제725조의2).

판례도 이러한 입장으로 대법원 2005.4.29. 선고 2004다57687 판결[20]은 "두 개의 책임보험계약이 보험의 목적, 즉 피보험이익과 보험사고의 내용 및 범위가 전부 공통되지는 않으나 상당 부분 중복되고, 발생한 사고가 그 중복되는 피보험이익에 관련된 보험사고에 해당된다면, 이와 같은 두 개의 책임보험계약에 가입한 것은 피보험자, 피보험이익과 보험사고 및 보험기간이 중복되는 범위 내에서 상법 제725조의2에 정한 중복보험에 해당한다"고 하였다.[21]

2. 피보험자의 의무

(1) 통지의무

피보험자는 보험자에 대하여 배상청구통지의무와 채무확정통지의무를 부담한다. 배상청구통지의무는 피보험자가 제3자로부터 배상청구를 받은 때에는 지체 없이 보험자에게 통지하여야 한다는 의무이다(제722조). 채무확정통지의무는 피보험자는 제3자에 대하여 변제, 승인, 화해, 재판 등으로 채무가 확정된 때에도 통지의무를 부담한다는 의무이다(제723조 제1항). 이러한 통지를 함으로써 보험자는 손해에 대한 조치를 강구하고 보험금의 지급에 대비할 수 있다.

구상법은 이러한 통지의무 불이행의 효과에 관한 규정을 두지 않았었으나, 통설은 통지하지 않음으로 인하여 증가된 손해에 대하여는 보험자가 보험금에서 공제하거나 구상할 수 있다고 보았고, 판례도 같은 입장이었다.[22] **개정 상법은 배상청구통지의무 불이행시의 효과에 관한 규정을 두면서 배상청구통지를 게을리하여 손해가 증가된 경우 보험자는 그**

---

20) 가스설비업 등을 영위하는 하도급업체인 원고가 보험기간을 1997. 2. 15.부터 1998. 2. 14.까지로 하는 도시가스관련시설의 설치 등과 관련한 우연한 사고를 담보하는 영업배상책임보험계약을 체결하고, 그 전에 이미 도급업체가 보험기간을 1996. 12. 8.부터 1997. 12. 7.까지로 하는 영업배상책임보험을 다른 보험자와 체결한 사건(이 당시에는 원고인 피보험자가 도급업체의 안전관리대행사가 아니었지만, 그 이후 보험사고 당시에는 원고가 안전관리대행사가 되었고, 전자의 보험계약과 후자의 보험계약은 그 보험계약자가 다르지만, 후자의 보험계약상 후자의 보험계약 체결 이후에 원고가 안전관리대행사로서 보험계약상 피보험자가 됨)으로서 피보험자가 가스시설의 안전점검을 하지 아니하는 등 안전을 배려할 의무를 다하지 아니하여 소비자의 가스보일러에 공급된 도시가스가 불완전 연소하여 발생한 다량의 이산화탄소에 중독되어 상해를 입는 사고가 발생하여 전자의 보험자에게 보험금의 지급이 청구된 사건이다.

21) 대법원 2009.12.24. 선고 2009다42819 판결(두 개의 책임보험계약에 가입한 것이 상법 제725조의2에 정한 중복보험에 해당하는 경우 보험자는 각자 보험금액의 비율에 따른 보상책임을 연대하여 진다).

22) 대법원 1994.11.24. 선고 94다2145 판결(만약 피보험자가 보험회사에게 피해자 등으로부터 소송을 제기당한 사실을 통지하여 보험회사로 하여금 소송에 실질적으로 관여할 수 있도록 하였거나 소송에서 피해자의 사고 당시의 수입액에 관한 자료를 제출하였다면 판결에서 피해자의 수익상실로 인한 손해액이 과다하게 인용되는 것을 방지할 수 있었음에도 이를 게을리한 사정이 있다면, 자동차보험보통약관 제50조의 취지로 보아 피보험자의 의무해태로 인하여 적정 손해액 이상으로 판결에서 인용된 손해액에 대하여는 보험회사에게 보상의무가 없다고 봄이 상당하다).

증가된 손해를 보상할 책임이 없다고 한다(제722조 제2항). 다만 피보험자가 제657조 제1항에 따라 보험사고의 발생을 통지를 한 경우에는 그러하지 않다고 규정하여(제722조 제2항 단서) 보험사고 발생을 통지한 경우에는 배상청구를 별도로 통지하지 않는다 하더라도 손해배상의 책임이 없는 것으로 정한다. 그런데 **채무확정통지의무 불이행의 효과에 관한 상법의 규정은 없다.**

(2) 협의의무

피보험자가 사고로 인한 제3자의 손해를 배상하는 것은 결국 보험자의 부담이 되므로 피보험자는 제3자에 대한 변제, 승인, 화해 등으로 채무를 확정함에 있어서 보험자와 협의하여야 한다. 피보험자가 피해자와 공모를 함으로써 보험자의 부담이 가중될 염려가 있기 때문이다.

피보험자가 협의의무를 위반하고 자신이 임의로 승인 등을 한 경우 보험자가 피보험자의 행위 전부에 대하여 책임을 질 수는 없다. 상법은 피보험자가 보험자의 동의 없이 채무를 확정한 경우에 보험자가 그 책임을 면한다는 약정이 있는 때에도 그 행위가 현저하게 부당한 것이 아니면 보험자는 그 보상책임을 면하지 못한다고 규정한다(제723조 제3항). 따라서 피보험자의 채무승인행위가 현저하게 부당한 것이면 보험자는 보상할 책임을 면하게 되나, '현저하게 부당한'의 해석문제가 남는다. 그리고 현저하게 부당하지는 않으나 피보험자의 승인이 협의의무를 위반한 경우에도, 그 위반으로 인한 부분에 대하여 보험자가 상계하고 보험금을 지급하거나 손해배상을 청구할 수 있다. 판례도 이러한 취지에서 **현저하게 부당하지 않다 하더라도 과다한 경우 적정한 범위에서만 책임을 진다**고 한다.[23]

(3) 협조의무

책임보험에서의 피보험자가 보험사고로 말미암아 제3자에게 배상책임을 지는 경우 그 분쟁의 해결에 보험자와 협조하여야 하는 의무이다. 광의로 보면 협의의무를 포함하는 것이다. 상법도 제3자가 피보험자의 책임으로 돌아갈 사고로 입은 손해를 보험자에게 직접 보상청구를 하여 보험자가 직접 보험금을 지급하는 경우에 피보험자는 보험자의 요구가

---

23) 대법원 1992.11.24. 선고 92다28631 판결(판결에 의하지 아니하고 가해자인 피보험자와 피해자 사이의 서면에 의한 합의로 배상액이 결정된 경우 보험회사는 보험약관에서 정한 보험금 지급기준에 의하여 산출된 금액의 한도 내에서 보험금을 지급할 의무가 있다); 대법원 1995.11.7. 선고 95다1675 판결(피보험자는 판결의 확정, 재판상의 화해, 중재 또는 서면에 의한 합의로 손해액이 확정되었을 때에 보험회사에 대하여 보험금의 지급을 청구할 수 있고, 보험회사는 그 보험약관의 보험금 지급기준에 의하여 산출한 금액을 보상하되, 다만 소송이 제기되었을 경우에는 대한민국 법원의 확정판결에 의하여 피보험자가 손해배상 청구권자에게 배상하여야 할 금액(지연배상금 포함)을 보상하도록 규정하고 있는 자동차종합보험 보통약관 아래서, 확정판결에 의하지 아니하고 피보험자와 피해자 사이의 서면에 의한 합의로 배상액이 결정된 경우에는 보험회사는 그 보험약관에서 정한 보험금 지급기준에 의하여 산출된 금액의 한도 내에서 보험금을 지급할 의무가 있다); 대법원 1994.4.12. 선고 93다11807 판결; 대법원 1998.3.24. 선고 96다38391 판결 등이 있다.

있을 때에는 필요한 서류, 증거의 제출, 증언 또는 증인의 출석에 협조하여야 한다고 규정한다(제724조 제4항). 하지만 피보험자의 협조의무를 피해자가 직접청구권을 행사하는 경우로 한정할 필요는 없다.

위반의 효과에 관한 상법 규정이 없다. 협의의무 위반의 효과와 동일하게 취급할 수 있다.

Ⅳ. 보험자와 제3자와의 관계

1. 책임관계와 보험관계

책임보험에 있어 피해를 입은 제3자는 보험계약의 당사자가 아니고 피보험자도 아니다. 따라서 보험자와 피해자인 제3자 사이에는 원칙적으로는 아무런 관계가 없는 것에서 출발하였다. 그런데 책임보험계약에서 보험자가 지급하는 보험금은 종국적으로는 피해자인 제3자에게 귀속하는 것이어서 피해자는 직접이든 간접이든 보험자와 일정한 관계를 가지게 된다. 만약 보험금을 지급받은 피보험자가 책임재산이 별로 없는 상태에서 그 보험금으로 피해자에게 배상하는 것이 아니라 임의로 처분하는 등의 행위를 하는 경우 피해자 보호가 문제될 수 있다. 이러한 점에서 책임보험에서 피해자 보호가 강조되고 또한 피해자의 지위 강화를 위한 여러 방안이 강구되어 왔다.

2. 피해자 직접청구권의 의의

(1) 책임보험과 피해자 보호

보험자에 대한 보험금청구권을 피보험자만이 가지게 된다면 보험금을 지급받은 피보험자에 대하여 피해자는 일반적인 채권자로서의 지위를 가질 뿐이다. 이러한 지위만 인정한다면 보험사고 발생 이후 책임재산이 별로 없는 피보험자가 보험자로부터 수령한 보험금을 다른 목적으로 유용하거나, 피보험자가 파산하는 경우 등에 있어서 피해자의 보호를 기하기 어려운 면이 있다. 따라서 피해자에게 보험금에 대하여 배타적 권리를 갖도록 할 필요가 있으므로 보험금을 피해자에게 직접 지급하는 것이 가해자의 보험금유용을 방지하고 피해자를 보다 두텁게 보호하는 방안이 된다. 상법은 피해자는 피보험자가 가한 손해에 대하여 보험금액의 범위 내에서 보험자에게 직접 보상을 청구할 수 있도록 하고(제724조 제2항), 이를 피해자의 직접청구권이라 한다.

(2) 직접청구권의 법적 성질

피해자 직접청구권의 법적 성질에 대하여는 보험금청구권설과 손해배상청구권설로 견해가 나뉜다. ① **보험금청구권설**이다. 이 견해는 보험자는 보험계약에 의하여 책임을 부담하므로 피해자의 직접청구권은 그 계약의 내용에 의하여 제약을 받는 보험금청구권이라는 견해이다. 책임보험계약에서의 피해자는 법의 규정에 따라 피보험자가 책임을 질 사고로 입은 손해의 보상을 청구하는 것이므로 보험자에 대한 피해자의 보험금청구권은 손해배상청구권이 아니라 보험금청구권이라 한다. 보험자는 보험계약자로부터 소정의 보험료를 받고 피보험자의 손해를 보상할 것을 약정한 것이지 채무를 인수한 것이 아니고, 또한 만약 손해배상청구권으로 이해하는 경우 피보험자의 고의로 인한 사고는 면책됨에도 불구하고 보험자가 보상책임을 면할 수 없게 되어 불합리한 결과가 초래된다는 점 등을 근거로 한다. 책임보험계약에서의 피해자는 보험자에 대하여 법의 규정에 따라 피보험자가 책임을 질 사고로 입은 손해의 보상을 청구하는 것이지, 손해의 배상을 청구하는 것은 아니라 한다. 이 설에 의하면 직접청구권의 시효기간은 보험금청구권과 같이 3년이 된다(제662조 참조).

② **손해배상청구권설로서 통설과 판례**의 입장이다.[24] 이 견해는 직접청구권의 법적 성질을 보험자가 피보험자의 피해자에 대한 손해배상채무를 병존적으로 인수한 것인 손해배상청구권으로 파악한다. 판례는 피해자의 직접청구권의 법적 성질은 보험자가 피보험자의 피해자에 대한 손해배상채무를 병존적으로 인수한 것으로서 피해자가 보험자에 대하여 가지는 손해배상청구권이고, 피보험자의 보험자에 대한 보험금청구권의 변형 내지는 이에 준하는 권리가 아니라고 일관되게 판시한다.[25] 직접청구권의 법적 성질을 이와 같이 파악함에 의하여 그 시효기간은 보험금청구권의 시효기간인 3년이 아니라, 불법행위의 시효기간인 안 날로부터 3년 또는 사고발생일로부터 10년의 기간에 의한다고 본다. 피해자 직접청구권을 손해배상청구권으로 파악하는 판례와 학설의 근거들은 다음과 같다. (ⅰ) 책임보험계약을 제3자를 위한 보험계약으로 이해하는 보험금청구권설에 대한 비판이다. 피해자는 책임보험계약에 있어서 피보험자가 아니라 제3자에 불과하고 책임보험계약은 피보험자가 제3자(피해자)에 대하여 손해배상책임을 지는 것을 전제하므로 제3자를 바로 피보험자로 파악하는 것은 제3자를 위한 일반의 손해보험계약과 책임보험계약을 동일하게 보는 것이 되어 책임보험계약의 성질에 반한다고 한다. (ⅱ) 피보험자의 보험금청구권을 피해자가 대위행사한다고 보는 견해에 대한 비판으로, "피보험자의 다른 채권자들의 압류, 피보험자 자신에 의한 처분, 또는 피보험자가 파산하는 경우 파산재단에 편입되어버릴 가능성을 남겨 두는 것이 되어, 직접청구권을 인정하게 된 입법목적에 맞지 않는다"고 하면서, 채권자 대위권의 요건이 갖추어지는가에 따라 결과가 달라지는 문제점도 있다고 한다. 즉 그 보험금이 경제적으로는 피해자인 제3자에게 귀속되는 것이므로 피해자 보호를 위하여도 그 성

24) 대법원 2000.12.8. 선고 99다37856 판결 등.
25) 대법원 1998.7.10. 선고 97다17544 판결; 대법원 1998.9.18. 선고 96다19765 판결; 대법원 2004.10.28. 선고 2004다39689 판결 등.

질을 손해배상청구권으로 보자는 것이다. (iii) 직접청구권을 인정하는 취지는 "손해배상금의 지급을 1회적으로 해결하여 사고의 처리를 신속, 원활하게 하는 데 있는 것"이므로 그 성질은 손해배상청구권이고, 다만 피해자는 가해자(피보험자)에 대한 손해배상청구권을 보험자에 대하여 독립하여 행사하는 것으로 이해하면 족하다고 한다. (iv) 소멸시효에 있어서도 보험금청구권의 시효가 단기이어서 피해자 보호를 위하여는 보다 장기인 손해배상청구권으로 파악하여야 한다는 것이다.

판례상 손해배상청구권설이 확립되어 이를 기초로 하여 여러 다른 이론들이 발전되고 있는 실정이서 어느 학설이 보다 우수한 것인지 여부를 따지는 일은 실익이 없어 보이기도 한다. 판례는 보험자가 병존적으로 인수한 손해배상책임은 피보험자의 민법상 불법행위에 기한 것이므로 그 채무의 성질이 동일하게 유지된다고 보아 지연손해금에 민사법정이율을 적용해야 한다고 본다.[26]

3. 피해자의 직접청구권과 손해배상청구권, 그리고 피보험자의 보험금청구권

책임보험에서 보험사고가 발생하는 경우 세 가지의 청구권이 병존하게 된다. 피해자는 보험자에 대하여 직접청구권을, 피보험자(가해자)에 대하여 손해배상청구권을 취득한다. 그리고 피보험자(가해자)는 보험자에 대하여 보험금청구권을 취득한다. 예컨대 甲보험자와 책임보험계약을 체결하면서 자신을 피보험자로 지정한 A, 그리고 A의 과실로 인하여 사고를 당한 피해자인 B가 있다고 가정하자.

(1) 피해자의 직접청구권과 피해자의 손해배상청구권의 관계

피해자는 두 개의 청구권을 가진다. 즉 피해자 B는 보험자인 甲에 대하여 직접청구권을, 가해자(피보험자)인 A에 대하여는 손해배상청구권을 가진다. 양 청구권은 그 발생의 근거가 다른 별개의 독립적인 것이므로, 피해자는 양 청구권을 선택하여 행사할 수 있다. 하지만 피해자가 이중으로 이득을 취하는 것은 허용될 수 없으므로 그중 하나의 청구권을 행사하여 피해자가 만족이 된 때에는 그 범위 내에서 양 청구권은 동시에 소멸한다. 이 문제는 역으로는 부진정연대채무를 부담하는 보험자와 피보험자의 관계이기도 하다. 양 청구권에 관한 법리를 정리하면 다음과 같다.

1) 별개의 독립된 청구권

우선 양 청구권은 서로 별개 독립의 것으로 성립하고 병존한다. 피해자는 보험자와 피보험자에 대하여 손해배상채무의 전부 또는 일부의 이행을 청구할 수 있고, 보험자와 피보험자 각자도 이에 대하여 독립하여 채무 전부를 이행하여야 한다. 따라서 가해자와 피해자

---

26) 대법원 2019.5.30. 선고 2016다205243 판결.

사이에서 손해배상의 범위에 관하여 합의를 하였더라도, 그 합의에 보험자가 관여하지 않은 한 그 합의 내용이 곧바로 직접청구권의 범위를 결정하는 것은 아니다. 또한 피해자가 피보험자에 대한 손해배상청구소송에서 패소하더라도, 피해자는 다시 보험자에 대하여 직접청구권에 기한 손해배상청구소송을 제기할 수 있으며, 법원은 이 소송에서 특별한 사정이 없는 한 손해배상채무의 성립과 범위에 관하여 피보험자에 대한 손해배상청구소송의 판결과 무관하게 다시 심리하여 판결하여야 한다.[27] 즉 위 예에서 B가 A에 대한 손해배상청구소송에서 패소한 경우라 하더라도 甲에 대하여 직접청구권에 기한 소송을 제기할 수 있으며 법원은 A에 대한 소송의 판결과는 무관하게 다시 심리하여야 한다.

2) 피해자의 손해전보라는 동일 목적

양 청구권이 별개·독립의 것이라 하더라도, 피해자의 손해 전보라는 동일한 목적을 가지고 있으므로, 변제 등에 의하여 피해자가 만족을 얻으면 그 한도에서 다른 채무자의 채무도 소멸한다. 따라서 B가 甲으로부터 보상을 받는 경우 A에 대한 손해배상청구권도 소멸된다. 이러한 취지에서 직접청구권은 피해자의 피보험자에 대한 손해배상청구권이 인정되는 것을 전제로 하고 또 그 범위를 넘어서 인정될 수는 없으므로, 보험자는 피보험자가 피해자에 대하여 가지는 항변으로써 대항할 수 있다(제724조 제2항 단서). 위 예에서 甲은 A의 B에 대한 항변으로 B에 대하여 대항할 수 있다.

3) 객관적 공동관계에 불과

양 채무는 피해자 구제라는 공동의 목적을 가지고 있으나 이는 객관적 공동관계에 불과한 것이다. 그리하여 보험자와 피보험자 사이에 피해자에 대한 공동의 고의 또는 과실이라는 주관적 공동관계를 발견하기 어렵고, 또한 공동의 사업 또는 생활관계가 있다고도 볼 수 없다.

4) 내부관계에서 최종적 책임을 부담하는 보험자

보험자와 피보험자 사이의 내부관계에서 최종적 손해배상책임은 보험자에게 있으므로, 당사자 사이에 부담부분이라는 관념은 존재하지 않는다. 그러므로 보험자가 피해자에게 손해배상금을 지급하면, 피보험자는 그 한도에서 자기의 손해배상책임을 면하게 될 뿐 구상권의 문제가 생기지 않는다.[28] 甲보험자가 B에게 손해배상으로써 보험금을 지급하였다 하더라도 가해자이자 피보험자인 A에 대하여 구상권을 행사할 수 없다.

---

27) 대법원 2000.6.9. 선고 98다54397 판결(피해자의 보험자에 대한 손해배상채권과 피해자의 피보험자에 대한 손해배상채권은 별개 독립의 것으로서 병존하고, 피해자와 피보험자 사이에 손해배상책임의 존부 내지 범위에 관한 판결이 선고되고 그 판결이 확정되었다고 하여도 그 판결의 당사자가 아닌 보험자에 대하여서까지 판결의 효력이 미치는 것은 아니므로, 피해자가 보험자를 상대로 하여 손해배상금을 직접 청구하는 사건의 경우에 있어서는, 특별한 사정이 없는 한 피해자와 피보험자 사이의 전소판결과 관계없이 피해자의 보험자에 대한 손해배상청구권의 존부 내지 범위를 다시 따져보아야 하는 것이다).

28) 대법원 2006.4.13. 선고 2005다77305,77312 판결.

(2) 피해자의 직접청구권과 피보험자의 보험금청구권

1) 별개의 독립된 청구권

이는 피해자의 보험자에 대한 직접청구권과 피보험자의 보험자에 대한 보험금청구권의 관계이다. 위에서 B의 甲에 대한 직접청구권과 A의 甲에 대한 보험금청구권의 관계이다. 양 청구권은 서로 별개 독립의 것으로 성립하고 병존한다. 따라서 피해자가 피보험자에 대한 손해배상청구소송에서 패소하더라도 보험자에 대하여 직접청구권에 기한 손해배상청구소송을 제기할 수 있으며, 법원은 이 소송에서 특별한 사정이 없는 한 손해배상채무의 성립과 범위에 관하여 피보험자에 대한 손해배상청구소송의 판결과 무관하게 다시 심리하여 판결하여야 하는 것과[29] 같은 취지에서, 양 청구권은 서로 달리 취급된다.

2) 피해자의 직접청구권과 피보험자의 보험금청구권의 우선순위

보험자와 피보험자는 피해자인 제3자에 대하여 부진정연대채무관계에 있어 피해자는 보험자와 피보험자에 대하여 손해배상채무의 전부 또는 일부의 이행을 청구할 수 있다. 그런데 피보험자 또한 보험자에 대하여 보험금청구권을 행사할 수 있어, 보험자는 피해자에 대하여는 손해배상채무를, 피보험자에 대하여는 보험금지급채무를 부담한다. 이 경우 그 채무이행의 우선순위에 관한 점이 문제된다. 상법은 보험자는 피보험자가 책임을 질 사고로 인하여 생긴 손해에 대하여 제3자가 그 배상을 받기 전에는 보험금액의 전부 또는 일부를 피보험자에게 지급하지 못한다고 규정한다(제724조 제1항).

3) 우선순위에 관한 판례

판례도 약관상 규정의 유무에 불구하고 상법 제724조 제1항의 규정에 의하여 **피해자 직접청구권이 피보험자 보험금청구권에 우선**하고 따라서 보험자가 피보험자에게 보험금을 지급하였다는 등의 사정으로 피해자에 대항할 수 없다고 판시한다.[30]

4. 혼동에 의한 채권소멸과의 관계

(1) 문제점

판례는 피해자 직접청구권의 법적 성질을 손해배상청구권으로 파악하고 있어, 피해자는

---

29) 대법원 2000.6.9. 선고 98다54397 판결.

30) 대법원 2014.9.25. 선고 2014다207672 판결; 대법원 1995.9.26. 선고 94다28093 판결(피보험자가 제3자에게 손해배상을 하기 전에는 피보험자에게 보험금을 지급하지 않는다는 내용의 조항을 두지 않고 있으므로, 피고는 위 약관에 의하여 상법 제724조 제1항 소정의 지급거절권을 포기하였다고 봄이 상당하고, 따라서 피고와 보험계약을 체결한 피보험자인 원고로서는 위 약관 소정의 요건을 충족하기만 하면 보험자인 피고에 대하여 보험금청구권을 행사할 수 있다고 보아야 할 것이며, 이 경우 피보험자인 원고로부터 보험금지급 청구를 받은 보험자인 피고로서는 상법 제724조 제2항에 의하여 직접청구권을 갖는 피해자에게 직접 보험금을 지급함으로써 보험금의 이중지급의 위험을 회피하는 방법을 선택하여야 할 것이다).

가해자인 피보험자에 대한 관계에서만이 아니라 보험자에 대하여도 손해배상청구권을 취득한다. 그런데 피보험자동차의 운행 중의 사고로 인한 손해배상청구권자와 손해배상의무자 중 1인 또는 쌍방이 사망함으로 인하여 위 청구권과 배상의무가 동일인에게 귀속되는 경우, 손해배상청구권과 손해배상의무가 혼동에 의하여 소멸함으로써 보험회사에 대한 직접청구권 역시 소멸하는가 여부가 문제된다. 예컨대, 친족 간의 사고에 의하여 손해배상채권과 손해배상채무가 동일인에게 상속되는 경우, 만약 상속받은 손해배상채권이 혼동에 의하여 소멸한다면 피해자의 보험자에 대한 직접청구권도 소멸한다고 보아야 할 것이다. 그러나 판례는 상속받은 손해배상채권이 직접청구권의 전제가 되는 경우 혼동에 의하여 소멸하지 않는다고 하여 혼동으로 인한 채무소멸에 관하여 해석상의 예외를 인정한다.

(2) 판 례

판례는 직접청구권을 손해배상청구권으로 파악하면서도 혼동을 인정하지 않고 있다. 대법원 2003.1.16. 선고 2000다41653, 2000다41660 판결의 사실관계를 보면, 甲보험자는 A와의 사이에서 A 소유의 소형화물차에 대하여 책임보험계약을 체결하였는바, A의 처가 보험기간 중 아들 B를 화물차 조수석에 태우고 운행하다 중앙선을 침범하여 마주 오던 승용차와 충돌하는 사고를 냈고, 위 사고로 아들 B가 사망하였다. A는 아들의 상속인으로서 상법 제724조 제2항에 따라 직접청구권을 행사하여 甲에게 책임보험금의 청구를 하였다. 甲보험자는 A가 아들 B에게 손해배상채무를 부담하는 한편 아들의 사망으로 아들의 자신에 대한 손해배상청구권을 상속받았으므로 위 채권과 채무는 혼동에 따라 소멸하였고, 따라서 A는 B의 상속인으로서 甲에 대하여 위 직접청구권을 행사할 수 없게 되었다고 주장하면서 채무부존재확인을 구하였다. 이 사건에서 판례는 교통사고의 피해자에게 책임보험 혜택을 부여하여 이를 보호하여야 할 사회적 필요성은 여전히 존재하고, 책임보험의 보험자가 혼동이라는 우연한 사정에 의하여 자신의 책임을 면할 합리적인 이유가 없다는 점 등을 고려할 때 가해자가 피해자의 상속인이 되는 등 특별한 경우를 제외하고는 피해자의 운행자에 대한 손해배상청구권은 상속에 의한 혼동에 의하여 소멸되지 않는다고 하였다.[31] **판례는 오로지 가해자가 피해자의 상속인이 되는 경우에만 혼동에 의하여 소멸한다고 보고, 기타의 경우는 피해자 보호의 필요성이 존재하고 우연한 사정에 의하여 보험자가 면책**

---

31) 대법원 2003.1.16. 선고 2000다41653, 2000다41660 판결(자동차 운행중 사고로 인하여 구 자동차손해배상보장법(1999. 2. 5. 법률 제5793호로 개정되기 전의 것) 제3조에 의한 손해배상채권과 채무가 상속으로 동일인에게 귀속하더라도 교통사고의 피해자에게 책임보험 혜택을 부여하여 이를 보호하여야 할 사회적 필요성은 동일하고 책임보험의 보험자가 혼동이라는 우연한 사정에 의하여 자신의 책임을 면할 합리적인 이유가 없다는 점 등을 고려할 때 가해자가 피해자의 상속인이 되는 등 특별한 경우를 제외하고는 피해자의 보험자에 대한 직접청구권의 전제가 되는 위 법 제3조에 의한 피해자의 운행자에 대한 손해배상청구권은 상속에 의한 혼동에 의하여 소멸되지 않는다. 자동차책임보험에 있어서 보험회사에 대한 직접청구권의 전제가 되는 피해자의 손해배상청구권이 운행자와 가해자에게 상속된 경우 가해자의 그 상속분에 상응하는 직접청구권의 행사를 부정하고 운행자의 직접청구권의 행사범위를 책임보험의 한도액 중 그 상속지분에 상응하는 금액으로 한정한 사례).

되는 것은 바람직하지 못하다는 근거에서 혼동을 인정하지 않는다.

(3) 혼동의 절대적 효력과 판례

책임보험계약을 체결한 피보험자가 피보험자동차의 운행과 관련하여 손해배상책임을 부담하는 사안에서 상속으로 인한 혼동이 문제되는 것은 다음의 세 가지 유형으로 보인다. (i) 배상의무자와 권리자가 모두 사망하여 제3자가 이를 모두 상속하는 경우, (ii) 배상의무자가 사망하여 배상권리자가 의무를 상속하는 경우, (iii) 배상권리자가 사망하여 배상의무자가 권리를 상속하는 경우이다.

판례는 (i)[32]과 (ii)[33]의 경우에 있어서는 피해자인 권리자가 우연히도 가해자인 손해배상의무자의 지위를 승계하는 경우 혼동으로 인하여 소멸한다면 피해자 보호의 취지에 부합하지 아니한다는 취지에서 혼동을 인정하지 않는다. 다만 (iii)의 경우 다른 유형과 달리 피해자의 상속인이 제3자가 아니라 손해배상의무자 자신이므로 피해자 보호의 필요성이 없다고 보아 혼동에 의하여 소멸한다고 본다. 당해 사고를 일으킨 불법행위자인 경우까지 보호해 주는 것은 현저히 부당하므로 이 경우에 한하여 권리를 혼동으로 소멸시켜 청구권의 행사를 봉쇄하자는 것이다.[34]

---

32) 대법원 1995.7.14. 선고 94다36698 판결에서 미혼의 형제 중 1인(피보험자)이 자신의 형제를 동승시켜 피보험승용차 운전중 교통사고를 일으켜 위 형제가 모두 사망함으로써 그들의 부모가 형제 각자의 손해배상청구권과 손해배상채무를 모두 상속한 경우, 위 판결과 동일한 법리에서 위 채권과 채무는 혼동으로 소멸하지 않고 따라서 부모는 보험회사에게 직접청구권을 행사할 수 있다고 판시하였다. 또한 대법원 1995.5.12. 선고 93다48373 판결에서는 동생이 피고(보험회사)와 사이에서 자동차손해배상 책임보험계약을 체결하고 그 보험계약기간 중 피보험자동차를 운전하다가 교통사고를 일으켜 동생 및 그 차에 동승하고 있던 언니들이 모두 사망하였는데, 위 자매들은 모두 미혼이어서 부모가 동생의 언니들에 대한 손해배상의무 및 언니들의 동생에 대한 손해배상청구권을 모두 상속하였다. 이에 부모가 보험회사를 상대로 책임보험금의 직접청구권을 행사하였다. 피해자 언니 중 1인은 혼인하여 남편만 있었으나 남편이 원고들에게 손해배상채권을 양도하였다. 이 사건에서 법원은 "피해자의 보험회사에 대한 직접청구권이 수반되는 경우에는 그 직접청구권의 전제가 되는 자동차손해배상보장법 제3조에 의한 피해자의 운행자에 대한 손해배상청구권은 상속에 의한 혼동에 의하여 소멸되지 않는다"고 하여 혼동을 부정하였다.
33) '부가 소유 및 운전하는 차량에 자가 탑승하였다가 사고로 부가 사망하였고, 그 부자 사이에서 다른 상속인이 존재하지 않는 경우'를 들 수 있다. 이 유형에서 자는 부에 대하여 손해배상청구권을 갖는 동시에 부의 자신에 대한 손해배상채무를 부의 사망으로 인하여 상속하게 된다. 한편, 자는 피해자로서 보험회사에 대하여 직접청구권을 갖는다. 그런데 손해배상의무자가 부이고 피해자 자신이 이를 단독상속함으로써 손해배상청구권과 의무가 피해자에게 모두 귀속하게 된 것인데, 이 경우 위 채권·채무가 혼동으로 소멸한다면 이를 전제로 하는 피해자의 직접청구권 역시 소멸하게 되어, 결국 피해자(자)는 손해배상의무자가 자신의 부(피상속인)라는 이유만으로 손해전보의 길을 상실하고 보험회사는 보험금지급의무를 면하게 된다. 따라서 이 유형의 경우 혼동을 부정함으로써 피해자를 보호하여야 할 필요성이 존재하며, 이 유형 역시 대법원판결에 의하여 혼동이 부정되는 범위에 포함된다.
34) 예를 든 대법원 2003.1.16. 선고 2000다41653, 2000다41660 판결에서 피해자인 망인이 보험회사에 대하여 갖는 직접청구권은 그의 사망으로 상속인 원고와 원고의 처(피해자의 모)에게 각 1/2지분씩 상속되었는데, 원고의 처가 이 사건 사고의 가해자여서 위 직접청구권의 전제가 되는 망인의 원고의 처에 대한 손해배상청구권과 원고의 처의 망인에 대한 손해배상채무가 혼동으로 소멸하므로 원고의 처의 위 직접청구권 또한 소멸한 것이다. 결국 피해자는 자신에게 상속된 1/2지분에 한하여 직접청구권을 행사할 수 있다. 이에 따라 혼동이 인정되는 경우는 가해자 즉, 불법행위자가 피해자를 상속한 경우에 한정된다고 해석하는 이상 대상판결에서 단지 자동차손해배상보장법에 의하여 손해배상의무를 부담하는 자에 불과한 피고는 이에 해당하지 않게 된다.

5. 직접청구권의 행사

(1) 직접청구권의 한도

피해자가 보험자에게 직접 보험금을 청구하기 위하여는 보험기간 중 피보험자가 책임을 질 사고로 손해를 입었어야 한다. 그리고 그 청구가능한 보험금액의 한도는 책임보험계약에서 정하여지고, 피해자는 그 한도 내에서만 청구할 수 있다.

(2) 보험자의 통지의무와 피보험자의 협조의무

보험자로서는 피해자로부터 직접 청구를 받은 경우 지체 없이 피보험자에 대하여 이를 통지하여야 한다(제724조 제3항). 피보험자로서도 자신의 책임 있는 사고로 손해를 입은 피해자가 보험자에게 손해보상을 청구한 경우에 보험자의 요구가 있을 때에는 필요한 서류, 증거의 제출, 증언 또는 증인의 출석에 협조하여야 한다(제724조 제4항).

(3) 직접청구권에 대항한 보험자의 항변권

1) 보험자로서 보험계약에 기한 항변(보험관계)

피해자의 직접청구권은 법규정에 의하여 인정된 권리이나 보험자와 보험계약자 사이의 보험계약에 기초한다. 그리하여 보험자는 보험계약자 또는 피보험자에 대한 보험계약상의 항변사유로써 피해자에게 대항할 수 있다. 따라서 면책사유에 해당하는 경우나 고지의무위반 등의 경우 보험자는 보험금지급을 거절할 수 있다. 단 영리보험이 아닌 피해자 보호를 위하여 가입이 강제되는 강제책임보험 하에서는 보험자의 항변권을 제한하기도 하는데, 자동차손해배상보장법에서는 피보험자의 고의로 사고가 생긴 경우에도 피해자에 대한 보험자의 책임을 인정하고 있다.

그런데 직접청구권은 피보험자가 가지고 있는 보험금청구권과는 별개의 독립된 것으로서 손해발생과 동시에 원시적으로 발생한 것이기 때문에 손해발생 후의 보험계약자나 피보험자의 행위로 인하여 불이익을 받지 않는다. 따라서 보험자는 보험사고 발생 전에 피해자에 대하여 가지고 있던 항변과 보험사고 발생에 관한 항변으로만 대항할 수 있고 보험사고 발생 후에 생긴 항변사유로는 피해자에게 대항할 수 없다.

2) 피보험자의 제3자에 대한 항변(책임관계)

보험자는 피보험자가 가지는 항변으로도 피해자에게 대항할 수 있다(제724조 제2항 단서). 즉 피해자가 피보험자에 대하여 가지는 손해배상청구권을 전제로 하여 보험금액의 한도 내에서 보험자가 책임을 부담하는 것이므로, 보험자는 피보험자가 피해자에 대하여 가지는 항변으로 대항할 수 있다.

(4) 직접청구권의 소멸시효

1) 직접청구권의 법적 성질과 소멸시효

판례는 직접청구권의 법적 성질을 손해배상청구권으로 파악하므로 이에 의하면 소멸시효는 민법 제766조에 의하여 10년 또는 3년이 된다. 즉 피해자의 보험자에 대한 직접청구권은 손해배상청구권이므로 피해자의 가해자(피보험자)에 대한 소멸시효기간과 같다. 그러나 보험금청구권설에 의하면 3년의 시효가 적용되는 것으로 본다.

2) 직접청구권의 발생시기와 기산점

직접청구권의 소멸시효의 기산점이 문제된다. 민법 제166조 제1항에서 정하고 있는 소멸시효의 기산점은 권리를 행사할 수 있는 때로부터이므로 그 직접청구권의 발생시기와 관련된다. 이는 피보험자의 보험자에 대한 보험금청구권의 발생시기가 되기도 한다. 책임보험에서의 보험사고는 피보험자의 책임 있는 사유로 발생한 사고로 인하여 손해배상채무가 발생하는 것이기 때문이다.

직접청구권의 소멸시효 기산점에 관하여도 보험금청구권의 발생시기와 같이 배상책임액이 확정한 때에 직접청구권이 발생한다는 견해, 직접청구권은 보험사고의 발생과 동시에 발생하나 보험금청구권행사에 있어서는 배상책임액의 확정을 필요로 한다는 견해 등이 있을 수 있다. 판례 중 이 점을 명확히 다룬 것은 없으나, 책임보험에서 보험금청구권의 소멸시효는 **피보험자의 제3자에 대한 법률상의 손해배상책임액이 확정**됨으로써 그 보험금청구권을 행사할 수 있는 때로부터 진행된다고 하고 있고,[35] 이는 직접청구권의 경우에도 적용되리라 본다.

V. 영업책임보험과 보관자의 책임보험

1. 영업책임보험

(1) 의 의

영업책임보험이란 피보험자가 경영하는 사업과 관련하여 생겨나는 사고로 제3자에게 배상책임을 짐으로써 입은 손해를 보상하기로 하는 책임보험이다(제721조 전단). 영업책임보험은 다시 그 종류에 따라 다양하게 나타난다.

(2) 보험목적의 확대

영업책임보험의 경우 피보험자의 대리인 또는 그 사업감독자의 제3자에 대한 책임도

---

35) 대법원 2012.1.12. 선고 2009다8581 판결; 대법원 2002.9.6. 선고 2002다30206 판결.

보험의 목적에 포함된 것으로 한다(제721조 후단). 이는 기업경영의 안전을 도모하고 당사자간의 분쟁을 미연에 해결하기 위하여 보험자의 책임범위를 확대한 것이다. 대리인은 피보험자가 경영하는 사업을 위하여 법률행위를 할 수 있도록 위임이 된 자이고, 상업사용인도 여기에 포함된다. 사업감독자는 그 사업의 지휘감독을 위하여 고용된 자로서 구체적인 사정에 따라서 결정된다. 그리고 그 책임이란 책임발생의 원인을 묻지 않으므로 법률행위로 인하여 발생한 책임 및 불법행위로 인하여 발생한 책임 등을 의미한다. 영업책임보험은 실질적으로는 타인을 위한 보험의 기능을 한다.

2. 보관자의 책임보험

(1) 의 의

보관자의 책임보험은 임차인 기타 타인의 물건을 보관하는 자가 그 물건의 멸실 등으로 지급할 손해배상책임을 담보하기 위하여 가입한 책임보험을 말한다(제725조). 창고업자 등 타인의 물건을 보관하는 자가 그 물건의 멸실 등으로 부담하는 손해배상책임을 보험자에게 이전시킴으로써 자신을 보호하고 또한 피해자인 소유자의 이익을 보호하고자 하는 보험이다. 보관자의 책임보험은 보관자가 그 물건의 소유자인 타인을 위하여 보험계약을 체결하는 것이 아니라 보관자 자신을 위하여 보험계약을 체결하는 것이므로 타인을 위한 보험계약이 아니다.

(2) 소유자의 보험금직접청구권

보관자의 책임보험의 효과로 상법은 그 물건의 소유자가 보험자에 대하여 직접 그 손해의 보상을 청구할 수 있다고 규정한다(제725조). 그런데 책임보험에서 피해자의 직접청구권이 명문화되어 있어 이 규정은 존재의의가 없다. 피해자에 해당하는 소유자는 상법 제724조 제2항에 의하여 보험자에 대하여 직접청구권을 행사할 수 있기 때문이다.

만약 소유자가 자신의 소유권을 위하여 따로이 물건보험에 가입하여 둔 경우라면 소유자는 두 개의 보험금청구권을 취득한다. 하지만 손해보상의 원칙 또는 이중이득금지의 원칙에 따라 소유권에 기한 보험계약에 의하여 보험금을 수령한 경우에는 책임보험상의 보험금청구권을 잃게 된다. 이 경우 소유권에 기한 보험자는 보관자의 책임보험자에 대하여 소유자의 권리를 대위하여 보험금을 청구할 수 있다(제682조).

Ⅵ. 재 보 험

1. 재보험계약의 의의

재보험계약이라 함은 어떤 보험자가 인수한 보험계약상의 책임의 전부 또는 일부를 다른 보험자에게 인수시키는 보험계약을 말한다. 보험자는 그 보험계약이 손해보험계약이든 인보험계약이든 보험사고로 인하여 부담할 책임에 대하여 다른 보험자와 재보험계약을 체결할 수 있다(제661조). 재보험계약은 원보험계약으로 인수된 특정 위험으로 인한 손실을 원보험상의 피보험자에게 직접 보상하여 주기 위한 것이 아니라, 원보험자가 인수한 위험으로 인한 손실이나 책임에 대하여 그 원보험자에게 보상하여 주기 위한 계약이다.

2. 재보험계약의 법률관계

(1) 독립적인 계약

재보험계약은 원보험자의 보상책임을 전보하여 주기 위한 것으로 보험계약의 일종이긴 하나 일반의 보험계약과는 다른 특성들을 가진다. 그 대표적인 것이 계약의 당사자들은 보험업에 정통한 보험회사들로서 당사자의 의사가 보다 존중되는 계약이므로 보험계약자 보호를 위한 상법의 규정들은 그 적용여지가 거의 없다.

(2) 재보험자의 법적 지위

재보험자의 책임은 당사자간에 다른 약정이 없으면 최초의 보험료를 받은 때로부터 개시한다는 상법 제656조의 규정은 재보험에는 적용되지 아니한다. 특약재보험에서는 특약에 따른 위험이 자동적으로 출재되는 것이어서 보험료의 지급과는 상관없이 당연히 재보험자의 책임이 개시되는 것이고 임의재보험에서는 원보험상 위험의 인수와 동시에 재보험자의 책임이 개시되는 것이 일반적이다.

1) 손해보상의무

재보험자의 의무 중 가장 중요한 것은 원보험자에 대한 손해보상의무인데 재보험의 특성은 여기서 가장 뚜렷이 나타난다. 재보험자가 원보험자의 운명에 따른다는 '운명추종의 원칙'은 계약상 규정이 없는 경우에도 적용되는 재보험의 원칙이다. 재보험계약에서 나타나는 전형적인 운명추종조항은 "재보험자의 책임은 모든 경우에 있어서 원보험자의 책임에 따르고 원보험계약상의 일반적인 또는 특정의 규정과 조항, 포기와 변경에 따른다"이다.

2) 방어의무 등

재보험자가 원보험상의 보험금청구사건에 대한 방어의무가 있느냐와 관련하여서는, 책임보험에서는 보험자의 방어의무를 인정하고 있으나 재보험에서는 재보험자에게 특약이 없는 한 방어의무를 인정할 수 없으므로 상법 제720조의 적용이 없게 된다. 원보험자의 파산과 관련하여 재보험자의 책임액은 원보험자의 현실적 지급액에 따라서 결정되는 것이 아니라 원보험자가 부담하게 되는 책임액에 따른 것이므로 원보험자가 파산하는 경우에도 재보험자의 책임액이 감소되는 것은 아니다.

(3) 원보험계약자의 법적 지위

재보험계약은 원보험계약과는 독립된 별개의 계약이므로 원보험계약자가 재보험자에 대하여 어떠한 청구를 할 수 있는 지위에 있는 것이 아니다. 책임보험에서 피해자의 직접 청구권에 관한 상법 제724조 규정은 피해자의 보호를 위한 규정으로 재보험에는 적용이 없는 것으로 보아야 한다. 책임보험의 피해자에게 직접청구권을 인정하는 것은 피해자 보호에 근거한 것이나, 재보험계약의 목적은 원보험수익자를 위한 것이 아니라 원보험자의 위험분산·지급능력유지 등 원보험자를 위한 것이고, 더구나 재보험은 계약관계를 전제로 하는 것이므로 책임관계를 전제로 하는 책임보험에서의 피해자 보호라는 관념은 문제되지 아니한다.

(4) 보험자대위

보험자가 피보험자에게 보험금을 지급하면 보험자대위의 법리에 따라 피보험자가 보험 사고의 발생에 책임이 있는 제3자에 대하여 가지는 권리는 지급한 보험금의 한도에서 보험자에게 당연히 이전되고(제682조), 이는 재보험자가 원보험자에게 재보험금을 지급한 경우에도 마찬가지이다. 따라서 재보험관계에서 재보험자가 원보험자에게 재보험금을 지급하면 원보험자가 취득한 제3자에 대한 권리는 지급한 재보험금의 한도에서 다시 재보험자에게 이전된다.[36] 그리고 재보험자가 보험자대위에 의하여 취득한 제3자에 대한 권리의 행사는 재보험자가 이를 직접 하지 아니하고 원보험자가 재보험자의 수탁자의 지위에서 자기 명의로 권리를 행사하여 그로써 회수한 금액을 재보험자에게 재보험금의 비율에 따라 교부하는 방식에 의하여 이루어지는 것이 상관습이다.[37]

3. 입법론과 개정상법

상법에는 재보험관련 규정으로 제661조, 제663조 단서, 그리고 제726조의 규정이 있다.

---

36) 대법원 2015.6.11. 선고 2012다10386 판결.
37) 대법원 2015.6.11. 선고 2012다10386 판결.

제661조는 재보험계약의 독립성을 선언한 타당한 조항이다. 또한 제663조는 보험계약자 등의 불이익변경금지가 재보험에는 적용되지 않는다는 것으로, 재보험계약에서의 보험계약 자에 해당하는 원보험자는 일반의 보험계약자와는 달리 보험업에 정통한 보험회사이므로 계약당사자의 합의를 존중한다는 취지에서 재보험의 특성을 고려한 타당한 조항이다.

그러나 2014년 개정 이전의 제726조 책임보험 규정의 준용조항은 비록 준용의 의미가 '성질에 맞게 필요한 변경을 가하여 적용'하는 것이라 하더라도 별 의미가 없는 조항이라 는 비판이었다. 책임보험과 재보험은 구조상 유사한 면이 있다 하더라도 목적이나 계약의 운용이 전혀 다른 보험이다. 단지 준용할 만한 규정으로는 제722조의 피보험자의 사고통 지의무에 관한 규정이 있으나, 이것도 재보험에서는 제657조를 적용함에 의하여 해결할 수 있다. 오히려 제726조의 준용규정을 둠으로써 재보험의 성격상 적용될 수 없는 보험자 와 제3자와의 관계를 규정한 제724조가 준용된다는 오해를 야기할 우려가 있다.

이러한 비판으로 **개정 상법은 '그 성질에 반하지 아니하는 범위'에서 준용하는 것으로 개정**하였으나(제726조), 재보험의 법률관계는 당사자의 특약이나 재보험시장의 관행 그리고 보험계약법의 통칙과 손해보험의 통칙의 해석에 맡겨 두는 것이 바람직하다.

제 5 절   자동차보험

Ⅰ. 총   설

1. 자동차보험의 의의

자동차보험계약이란 피보험자가 자동차를 소유, 사용 또는 관리하는 동안에 발생한 사 고로 인하여 생긴 손해를 보상하는 손해보험계약이다(제726조의2). 자동차보험은 현재 가장 보편화된 형태의 보험이라 할 수 있고 대다수의 현대인은 자동차보험과 관련된 생활을 한 다. 자동차는 오늘날 운송수단의 기반이 되는 필수적인 것인 반면, 그 운행의 증대는 교통 사고로 인한 손해 또한 증가시키고 있다. 이러한 상황에서 자동차보험은 피보험자의 손해 를 보상하는 피보험자 보호의 기능을 할 뿐 아니라, 자동차 사고로 인한 피해자를 보호하 는 기능도 수행한다. 상법은 자동차보험에 관하여 제726조의2에서 제726조의4까지 3개의 조문을 가지고 있다.

2. 종   류

자동차보험은 다음과 같은 여러 종류의 보험을 포괄하는 것이어서 자동차종합보험이라고도 부른다. 자동차보험은 인보험과 손해보험, 손해보험에서도 물건보험과 책임보험 등의 다양한 형태가 모두 포함된 보험이다.

1) 자기차량손해보험

피보험자의 자동차에 생긴 손해를 보상하는 보험이다. 일반의 손해보험 중 물건보험에 속한다.

2) 자기신체사고보험

피보험자의 생명이나 신체에 생긴 인적 손해의 보상을 목적으로 하는 보험이다. 일종의 인보험이고, 상해보험이다. 이는 책임보험과는 서로 다른 종류의 보험이고, 따라서 판례는 책임보험의 하나인 대인배상책임보험의 보상대상에서 자기신체사고를 제외하는 것은 부당한 것이 아니라 한다.[38]

3) 대물배상책임보험

피보험자가 자동차사고로 인하여 타인의 재물에 손해를 입혀서 그 배상책임을 지게 됨으로써 생긴 손해의 보상을 목적으로 하는 보험이다.

4) 대인배상책임보험

피보험자가 자동차사고로 인하여 제3자를 사상하게 함으로써 부담하는 배상책임을 지게 되는 경우, 그 손해의 보상을 목적으로 하는 보험이다. 대인배상책임보험의 경우에는 이원적 구조로 되어 있다. 자동차손해배상보장법에 의하여 의무적으로 가입하여야 하는 강제보험과 그 초과부분을 자동차보유자의 필요에 따라 임의적으로 가입할 수 있는 임의보험으로 나누어진다. 그리하여 자동차손해배상보장법에 의하여 가입이 강제되고 그 정한 한도에서 보상하는 보험인 강제보험으로서의 대인배상Ⅰ과, 그 손해가 대인배상Ⅰ에서 초과하는 금액을 보상하는 임의보험으로서의 대인배상Ⅱ가 있다.

5) 무보험자동차보험

피보험자가 피보험자동차 이외의 무보험자동차에 의하여 사상한 경우에 보상하는 보험이다. 이 보험은 대인배상Ⅰ, 대인배상Ⅱ, 대물배상 및 자기신체사고에 모두 가입한 경우에 한하여 가입할 수 있는 임의보험이다.

---

38) 대법원 1993.9.14. 선고 93다10774 판결(임의보험인 자동차종합보험의 대인배상보험은 강제보험인 자동차손해배상책임보험과는 달리 그 목적이 피해자의 보호에 있다기보다는 피보험자의 손해배상책임을 전보하고자 함에 있을 뿐 아니라 그 가입 여부 또한 자유로우므로 일반적으로 사적 자치의 원칙이 적용되는 영역에 속하고, 피보험자나 운전자의 배우자 등이 사고로 손해를 입은 경우에는 그 가정 내에서 처리함이 보통이고 손해배상을 청구하지 않는 것이 사회통념에 속한다고 보이며, 이러한 경우의 보호는 별도의 보험인 자손사고보험에 의하도록 하고 있는 점 등으로 미루어 보면, 피보험자나 운전자의 배우자 등이 사고로 손해를 입은 경우를 자동차종합보험의 대인배상보험에서 제외하고 있는 약관규정이 약관의규제에관한법률 제7조 제2호에 위반된다거나 경제적인 강자인 보험자에게 일방적으로 유리한 규정에 해당하여 무효라고 할 수 없다).

3. 자동차양도에 관한 특칙

(1) 의 의

보험목적의 양도에 관하여는 상법 제679조가 규정하고 있으나, 자동차보험은 특칙을 둔다. "피보험자가 보험기간 중에 자동차를 양도한 때에는 양수인은 보험자의 승낙을 얻은 경우에 한하여 보험계약으로 인하여 생긴 권리와 의무를 승계한다"가 그것이다(제726조의4). 자동차보험의 경우 보험료 산출이 피보험자 중심으로 이루어지고 자동차의 양도로 그 보험계약관계가 자동적으로 양수인에게 승계된다고 하면 불합리하기 때문이다. 따라서 일반 손해보험에서는 보험목적의 양도시 보험관계가 승계된다고 추정하는 것(제679조 제1항)과는 달리, 자동차보험의 경우 보험자의 승낙이 있는 경우에 한하여 보험관계가 승계되도록 한다. 그리고 자동차보험증권에는 손해보험증권에 기재할 사항(제666조) 이외에 자동차 소유자와 그 밖의 보유자의 성명과 생년월일 또는 상호, 피보험자동차의 등록번호, 차대번호, 차형연식과 기계장치, 차량가액을 정한 때에는 그 가액를 기재하여야 한다(제726조의3).

(2) 효 과

보험자의 승낙을 얻은 경우에 한하여 보험계약관계가 승계된다. 그런데 보험자가 양수인으로부터 양수사실을 통지받은 때에는 지체 없이 낙부를 통지하여야 하고 통지 받은 날부터 10일 내에 낙부의 통지가 없을 때에는 승낙한 것으로 본다(제726조의4 제2항). 즉, 보험자의 낙부통지의무와 승낙의제를 인정하고 있다.

Ⅱ. 피보험자 개별적용론

1. 의 의

자동차배상책임보험에서의 피보험자의 개념은 기명피보험자 외에 그와 밀접한 관계가 있는 일정한 관련자까지 포함하고 있어, 그 범주가 승낙피보험자·친족피보험자·운전피보험자 등으로 상당히 확대되어 있다. 그리하여 사고발생시 피해자에게 보상책임을 지는 피보험자가 복수로 존재가능한데 여기서 **약관의 제규정, 즉 손해배상책임의 발생요건이나 면책의 규정들을 피보험자마다 개별적으로 적용하여 보상유무를 판단하여야 한다는 이론**이 있고 이를 **피보험자 개별적용론**이라고 한다. 이 이론은 판례에 의하여 형성되었다.

2. 학설과 판례

(1) 학 설

최근 쟁점이 되는 사항은 이러한 개별적용에 관한 약관상의 명시적 규정이 없는 경우에도 피보험자 각기에 대하여 약관상 제규정을 개별적으로 적용할 것인가 하는 점이다. 이에 대한 견해들로 약관에 명시적인 규정이 없음에도 불구하고 제규정을 피보험자 각별로 적용하여야 한다는 견해, 약관상 개별적용의 명시적인 규정이 있는 경우로 한정하자는 견해 등이 있을 수 있다. 여기서 첫째의 견해가 피보험자 개별적용론을 확대해석하는 입장이라 할 수 있고, 판례가 그러하며 기타 이를 지지하는 견해들이 표명된 바 있다.

(2) 판 례

판례는 대인배상책임보험뿐만 아니라 대물배상책임에서 약관상 명시적 규정이 없는 경우에도 면책약관을 피보험자별로 개별적으로 적용한다. 대인배상책임보험에 관하여는 대법원 1988.6.14. 선고 87다카2276 판결 등이 있다.[39] 대물배상책임보험에 관하여는 대법원 1991.12.27. 선고 91다31784 판결에서는 개별적용을 부정하였으나, 대법원 1998.4.23. 선고 97다19403 전원합의체 판결에서 명시적인 약관상 근거규정이 없는 경우에도 면책약관의 개별적용론을 수용하였고,[40] 최근 판례로 대법원 2010.12.9. 선고 2010다70773 판결이 있다.[41] 법원은 무면허운전의 경우에도 개별적용론으로 설시한 것이 있다.[42] 판례는 약관에 개별적용의 뜻을 명시적으로 밝히지 아니한 경우라 하더라도 약관의 규정을 피보험자별로 개별적으로 적용한다. 개별적용론은 주로 판례에 의하여 형성되어 온 이론으로서 자동차보험의 대인배상책임과 대물배상책임에 있어서의 대표적인 근거를 살펴본다. ① 대인배상책임보험에서의 판결[43]로 "보험자인 피고는 피해자들과 위 조항 소정의 인적 관계가 있는 승낙피보험자와의 관계에 있어서는 위 사고에 따른 보험금지급의무를 면하지만

---

39) 대법원 1996.5.14. 선고 96다4305 판결; 대법원 1997.7.11. 선고 95다56859 판결; 대법원 1998.2.27. 선고 96다41144 판결; 대법원 1999.5.14. 선고 98다58283 판결.

40) 대법원 1997.3.14. 선고 95다48728 판결을 피보험자개별적용론이 입론된 것으로 여기는 주장도 있으나, 판단컨대 이는 피보험자의 범주에 관한 사안이지 피보험자개별적용론에 관한 것이 아니다.

41) 이 판결은 자동차종합보험의 기명피보험자인 甲의 아들 乙이 자신이 고용되어 근무하던 사용자의 점포 앞에서 甲의 승낙을 받아 운전하던 피보험차량을 후진하다가 피해자들 소유의 오토바이 3대를 파손한 사안에서, 피보험차량의 소유자일 뿐 가해자가 아닌 甲은 대물사고인 위 보험사고로 피해자들에 대하여 배상책임을 부담한다고 볼 수 없으므로 보험자는 甲에 대한 관계에서는 약관상 면책조항의 적용 여부를 따질 필요 없이 보험계약에 따른 보상의무를 부담하지 않고, 보험자가 승낙피보험자인 乙에 대한 관계에서 약관상 면책조항이 적용되지 않아 보험금 지급책임을 면할 수 없다고 하더라도, 그와 같은 사정은 기명피보험자인 甲에 대한 보험금 지급책임의 유무에 아무런 영향을 미칠 수 없다고 한 사례이다.

42) 대법원 1997.6.27. 선고 97다10512 판결; 대법원 1999.11.26. 선고 98다42189 판결; 대법원 2010.12.9. 선고 2010다70773 판결 등이 그것이다.

43) 대법원 1988.6.14. 선고 87다카2276 판결.

그러한 인적 관계가 없는 기명피보험자인 원고에 대하여는 위 조항에 의하여 보험금지급 의무를 면하지 못한다고 판단한 것은 정당하고"라고 설시한다. ② 대물배상책임보험에서의 판결로[44] "피보험자가 기명피보험자, 승낙피보험자, 운전피보험자 등과 같이 복수로 존재하는 경우 그 피보험자 중에는 피해 재물과의 관계에서 위와 같은 관계에 있는 피보험자와 있지 않은 피보험자가 구별되어 존재할 수 있다 할 것이고, 그와 같은 관계에 있지 않은 피보험자에게까지 보상을 받지 못하게 보험자의 면책을 허용하는 것은 면책조항을 두게 되는 취지에 반할 뿐 아니라, 그와 같은 경우에는 피보험자는 피해자인 제3자에게 배상책임만 지고 그로 인한 자신의 간접손해는 보험으로도 보상받지 못하는 현상이 생겨 손해분산이라는 보험의 존재 의의와도 반하게 되는 부당한 현상이 생긴다 할 것이다. 따라서 이와 같은 피보험자에게는 보호되어야 할 피보험이익이 그대로 존재하고 있다고 보아야 할 것이고, 보험자의 면책 여부는 피보험자마다 각기 개별적으로 판단되어야 하는 것임은 대인배상의 경우와 같다고 할 것이다"라고 설시한다.[45]

제 6 절   보증보험

I. 보증보험의 의의와 효용

1. 의   의

보증보험이라 함은 보험자가 보험료를 받고 채무자인 보험계약자가 채권자인 피보험자에게 계약상의 채무불이행 또는 법령상의 의무불이행으로 손해를 입힌 경우 그 손해를 보상하는 보험이다. 개정 상법은 손해보험편 제7절에 보증보험을 신설하면서 보증보험계약의 보험자는 보험계약자가 피보험자에게 계약상의 채무불이행 또는 법령상의 의무불이행으로 입힌 손해를 보상할 책임이 있다고 규정한다(제726조의5). 보증보험은 상법보다 보험업법에 먼저 도입된 제도로서, 1971년 보험업법상 보증보험 규정의 신설은 신용사회의 확산으로 보증보험의 수요와 중요성이 증가하게 되어 이에 대한 보험사업으로서의 규제 필요성이 증대된 결과로 본다. 공신력 있는 기관이 보증인이 된다는 보증보험의 효용은 그 법적 성격을 논함에 있어 고려되어야 하는 것으로, 이 효용은 신용보험과 유사하다. 즉 보증보험과 신용보험은 그 효용상 채무자의 신용을 뒷받침하기 위한 것이라는 점에서 동일하다. 그러나 신용보험은 보험계약자가 동시에 피보험자로서 피보증인인 채무자의 채무불이행 등으로 생긴 손해의 보상을 위하여 체결하는 '자기를 위한 보험'이라는 점에서, 채무자인 보

44) 대법원 1998.4.23. 선고 97다19403 전원합의체 판결.
45) 최근 판결로 대법원 2010.12.9. 선고 2010다70773 판결.

험계약자가 채권자를 피보험자로 하여 체결하는 '타인을 위한 보험'의 형태를 취하는 보증
보험과 구별된다.

2. 효 용

보증보험은 채권자에게는 **담보적 기능**을 하고 채무자에게는 신용의 보완적 기능을 한
다. 즉 채무자의 신용보전을 공신력 있는 기관에 의하는 것이 보증보험의 효용이라고 할
수 있다. 신용거래에 있어 채권자를 위한 안전책으로는 보증보험 이외에 민법상 각종의 인
적·물적 담보제도가 있다. 그러나 물적인 자산이 없는 자는 물적 담보제도를 이용할 수
조차 없고, 인적 담보의 경우는 보증자의 담보력이 문제된다. 이러한 연원상 채권에 대한
담보장치로서 신용력 있는 기관이 보증인의 형태로 등장한 것이 보증보험이고, 보증보험은
현실 생활에 있어서 상당히 중요한 비중의 채권담보 역할을 한다. 보증보험의 채권담보적
기능은 법률관계의 확정에서도 중요한 의미가 있다.

3. 법적 성질

보증보험은 보험과 보증의 성질을 겸유하고 있으며, 또한 타인을 위한 보험으로서의 성
질을 가진다. 전통적으로 판례는 보증보험이 형식적으로는 보험, 실질적으로는 보증이라고
하면서도 보험의 성질과는 일부 다르게 보일 수도 있는 법리를 적용함에 의하여 보증성을
보다 강조하는 입장이다.

개정법은 **보증보험계약에 관하여는 그 성질에 반하지 아니하는 범위에서 보증채무에
관한 「민법」의 규정을 준용한다**고 규정한다(제726조의7). 문리해석으로는 보험성을 기본으
로 하면서, 보충적으로 성질에 반하지 않는 범위 내에서만 보증의 규정을 준용하는 것으로
해석된다. 그런데 뒤에서(적용법규의 판단) 살펴보는 바와 같이 보증보험의 채권담보적 기능
의 면에서 보증과 유사하고 보증보험에 대하여는 실지 상법 규정이 적용될 여지도 적다.
보증보험은 보증성이 보다 뚜렷하다고 본다.

II. 보증보험계약의 법률관계

1. 보증보험계약

(1) 보험계약의 당사자

보증보험계약의 당사자는 채무자에 해당하는 보험계약자와 보험자가 계약을 체결하고
피보험자는 채권자가 된다. 따라서 보증보험계약은 타인을 위한 보험계약(제639조)의 구조
가 된다. 보험계약의 당사자는 보험자와 보험계약자(채무자)인 까닭에 보험자는 피보험자가

아니라 보험계약자에 대하여 해지권을 행사하여야 한다.[46)]

(2) 보험계약자의 임의해지권의 제한

보험사고가 발생하기 전에는 보험계약자는 언제든지 계약의 전부 또는 일부를 해지할 수 있다(제649조). 그러나 보증보험은 채권담보적 기능을 하는 것으로서 보험계약자는 채무자이고 채권자인 피보험자에게 채권담보를 위하여 보험증권이 교부되는 것이다. 따라서 보증보험계약의 채권담보적 기능에서 볼 때 주계약상의 채권, 채무가 소멸되지 아니하는 한 보험계약자는 피보험자의 동의 없이는 임의로 그 계약을 해지할 수 없다. 상법 제649조 제1항 단서의 규정에 의하여 타인을 위한 보험계약의 경우 보험계약자는 그 타인의 동의가 있거나 보험증권을 소지한 경우에 한하여 계약을 해지할 수 있다고 하는 점에서도 그러하다.

(3) 보험기간

보험기간은 보험자가 보증보험계약상의 책임을 부담하는 기간으로서 보험계약의 당사자가 정하는 바에 따른다. 주계약상의 기간을 연장한다 하여 보험기간이 당연히 연장되는 것은 아니다.[47)] 주채무의 목적이나 형태가 확장·가중된 경우 보험자에게 영향을 미치지 아니한다는 것이고, 이 점은 보증과 동일하다. 보증계약의 성립 후 주채무의 목적이나 형태가 확장 내지 가중되는 쪽으로 변경된 경우에는 채권자와 주채무자 사이의 계약으로 제3자인 보증인의 부담을 가중시키는 것은 특별한 사정이 없는 한 허용될 수 없기 때문에, 보증인에 대하여 효력을 미치지 아니한다.

(4) 상법 제644조

상법 제644조 규정에 의하면, 보험계약 당시에 보험사고가 발생할 수 없는 것인 때에는 보험계약의 당사자 쌍방과 피보험자가 이를 알지 못한 경우가 아닌 한 그 보험계약은 무효로 되는바, 보증보험계약은 기본적으로 보험계약으로서의 본질을 갖고 있으므로, 적어도 계약이 유효하게 성립하기 위해서는 계약 당시에 보험사고의 발생 여부가 확정되어 있지 않아야 한다.[48)]

---

46) 대법원 2002.11.8. 선고 2000다19281 판결(보증보험계약은 보험계약자인 채무자의 채무불이행으로 인하여 채권자가 입게 되는 손해의 전보를 보험자가 인수하는 것을 내용으로 하는 타인을 위한 손해보험계약이라고 할 것인바, 이러한 보증보험계약에 있어서 보험계약자의 고지의무 위반을 이유로 한 해지의 경우에 계약의 상대방 당사자인 보험계약자나 그의 상속인(또는 그들의 대리인)에 대하여 해지의 의사표시를 하여야 하고, 보험금 수익자에게 해지의 의사표시를 하는 것은 특별한 사정(보험약관상의 별도기재 등)이 없는 한 효력이 없다고 할 것이며, 이러한 결론은 그 보증보험계약이 상행위로 행하여졌다거나 혹은 보험계약자의 소재를 알 수 없다는 이유만으로 달라지지는 않는다).

47) 대법원 1997.4.11. 선고 96다32263 판결.

48) 대법원 2010.4.15. 선고 2009다81623 판결. 갑을 임대인, 을을 임차인으로 하여 위 두 사람 사이에 체결된 '이 사건 임대차계약'은 위 두 사람이 통모하여 실제 임대차계약을 체결하거나 임대차보증금을 수수함이 없이 원고

2. 보험자의 취소권·해지권의 제한

(1) 상법의 규정

개정 상법은 보증보험계약에 관하여는 보험계약자의 사기, 고의 또는 중대한 과실이 있는 경우에도 이에 대하여 **피보험자에게 책임이 있는 사유가 없으면 제651조, 제652조, 제653조 및 제659조 제1항을 적용하지 아니한다**고 규정한다(제726조의6 제2항). 따라서 보험계약자만의 사기, 고의 또는 중대한 과실이 있는 고지의무, 위험변경증가의 통지의무, 위험유지의무, 면책사유의 경우 보험자는 계약을 해지하거나 그 책임면제를 주장할 수 없다. 과거에도 보험계약자의 기망행위가 있다 하더라도 보증보험의 보증성에 기인하여 피보험자는 채권담보자로서 새로운 이해관계를 맺게 되었으므로, 보험자가 보험계약자에 대하여는 취소하였다 하더라도 피보험자에 대하여 취소할 수는 없다고 함은 판례의 확립된 입장이었다.[49]

(2) 고지의무 관련

개정 상법에 의하면 보험계약자의 사기, 고의 또는 중대한 과실이 있는 경우에도 이에 대하여 **피보험자에게 책임이 없으면 보험자는 고지의무 위반을 이유로 계약을 해지할 수 없다.** 요컨대 보험계약자만의 고지의무위반으로는 보험자는 해지권을 행사할 수 없다는 것이다. 과거 판례[50]는 보험계약자만의 고지의무위반의 경우에도 보험자는 고지의무위반을 이유로 상법 제651조에 의한 해지권을 행사할 수 있다고 한 것이 있으나, 개정 상법은 과거 판례의 입장을 변경하여 피보험자의 귀책사유가 없는 한 고지의무위반을 이유로 한 해

로부터 대출을 받기 위하여 허위로 작성된 것이고, 갑과 피고 사이의 '이 사건 보증보험계약'은 이 사건 임대차계약을 주계약으로 삼아 임대인이 임대차보증금반환의무를 불이행하는 보험사고가 발생할 경우 피고가 보험금수령권자로 지정된 원고에게 직접 보험금을 지급하기로 하는 내용의 것인데, 원고는 갑으로부터 이 사건 보증보험계약에 따른 이행보증보험증권을 담보로 제공받은 후 을에게 이 사건 대출을 한 사안에서, 이 사건 보증보험계약이 성립될 당시에는 주계약인 임대차계약이 통정허위표시로서 아무런 효력이 없어 보험사고가 발생할 수 없는 경우에 해당하므로 이 사건 보증보험계약은 「상법」 제644조의 규정에 따라 무효라고 본 원심의 판단을 정당하다고 본 사례이다.

49) 대법원 1999.7.13. 선고 98다63162 판결; 대법원 2001.2.13. 선고 99다13737 판결. 이에 대하여 "보증보험계약의 경우 보험자가 이미 보증보험증권을 교부하여 피보험자가 그 보증보험증권을 수령한 후 이에 터잡아 새로운 계약을 체결하거나 이미 체결한 계약에 따른 의무를 이행하는 등으로 보증보험계약의 채권담보적 기능을 신뢰하여 새로운 이해관계를 가지게 되었다면 그와 같은 피보험자의 신뢰를 보호할 필요가 있으므로"라고 하고, 이는 상법 제659조가 보증보험에 적용되지 않는다는 근거와 동일하다; 대법원 2002.11.8. 선고 2000다19281 판결.

50) 대법원 2002.11.8. 선고 2000다19281 판결(보증보험계약은 보험계약자인 채무자의 채무불이행으로 인하여 채권자가 입게 되는 손해의 전보를 보험자가 인수하는 것을 내용으로 하는 타인을 위한 손해보험계약이라고 할 것인바, 이러한 보증보험계약에 있어서 보험계약자의 고지의무 위반을 이유로 한 해지의 경우에 계약의 상대방 당사자인 보험계약자나 그의 상속인(또는 그들의 대리인)에 대하여 해지의 의사표시를 하여야 하고, 보험금 수익자에게 해지의 의사표시를 하는 것은 특별한 사정(보험약관상의 별도기재 등)이 없는 한 효력이 없다고 할 것이며, 이러한 결론은 그 보증보험계약이 상행위로 행하여졌다거나 혹은 보험계약자의 소재를 알 수 없다는 이유만으로 달라지지는 않는다); 대법원 2001.2.13. 선고 99다13737 판결.

지권행사는 할 수 없음을 분명히 하였다.

3. 보험자의 보상책임

(1) 판 례

보증보험은 보험계약자의 채무불이행이나 의무불이행을 보험사고로 하는 것이어서 보험사고 자체가 보험계약자의 귀책사유로 인한 것이다. 따라서 보험계약자의 고의 또는 중과실로 인한 보험사고에 대하여는 상법 제659조 제1항이 적용되지 않는다. 결과적으로 피보험자의 고의나 중과실로 인한 사고만이 보험자의 면책사유가 된다.[51] 따라서 보험계약자만의 기망 등이 있는 경우에는 보험자는 계약을 해지할 수 없다고 하였다.[52] 이후 이러한 판례의 입장은 확립되어 유지되었다.[53]

(2) 개정 상법

개정 상법은 과거 판례의 입장과 같은 규정을 두었다. 피보험자의 귀책사유가 없는 한 보험계약자만의 사기, 고의 또는 중과실이 있는 경우에는 보험자는 면책되지 않는다는 것이다(제726조의6 제2항).

4. 보험자대위와 구상권

(1) 보험자대위

보험자가 채무자에 대하여 행사하는 권리는 보증보험을 보증으로만 파악하는 경우 구상권이라는 용어를, 보험으로 파악하는 경우 보험자대위권이라는 용어를 사용하는 것이 옳다. 보증의 경우 보증인이 채권자에게 보증채무를 이행하게 되면 주채무가 소멸하게 되고 보험자는 채무자에 대하여 새로운 구상채권을 취득한다. 그러나 보험으로 파악하면 보험자의 보험금지급으로 주채무가 소멸되는 것은 아니므로 보험자는 채무자에 대하여 채권자가 가지고 있던 주채무상의 권리를 대위하여 취득한다. 판례는 보증보험이 보험성과 보증성 양자의 성격을 가지고 있다고 하면서도 구상권이라는 용어를 사용한다.[54]

---

51) 대법원 1999.6.22. 선고 99다3693 판결.

52) 대법원 1995.7.14. 선고 94다10511 판결(리스이용자의 계약상 채무불이행으로 인한 손해의 보상을 목적으로 한 리스보증보험도 보험계약의 일종이므로 일반적으로 상법상 보험에 관한 통칙규정이 적용되는 것이나, 이 보증보험은 보험금액의 한도 내에서 리스이용자의 채무불이행으로 인한 손해를 담보하는 것으로서 보험자는 리스이용자의 채무불이행이 고의에 의한 것이든 과실에 의한 것이든 그 손해를 보상할 책임을 지는 보증에 갈음하는 기능을 가지고 있어 보험자의 그 보상책임의 법률적 성질은 본질적으로 보증책임과 같다고 할 것이므로, 상법 제659조 제1항은 리스보증보험계약이 보험계약자의 사기행위에 피보험자인 리스회사가 공모하였다든지 적극적으로 가담하지는 않았더라도 그러한 사실을 알면서도 묵인한 상태에서 체결되었다고 인정되는 경우를 제외하고는 원칙적으로 그 적용이 없다); 대법원 1999.1.13. 선고 98다63162 판결.

53) 대법원 1998.6.12. 선고 97다53380 판결 등이다.

54) 대법원 1992.5.12. 선고 92다4345 판결 등.

(2) 변제자대위

판례에 의한다면 일반의 보험에서는 변제자대위가 적용되지 않고,[55] 보증보험에만 변제자대위가 적용된다.[56] 일반의 보험에서는 보험자는 자신의 채무를 이행한 것이므로 즉 대위하여 변제한 것이 아니라 자신의 채무를 변제한 관계로 대위할 지위에 있지 아니하여, 민법상 변제자대위의 규정이 적용되지 아니한다고 하면서도, 보증보험에서는 보험자가 보험금을 지급한 경우 변제자대위를 할 수 있는 지위에 있다고 한다.[57]

변제자대위는 주채무를 변제함으로써 주채무자 및 다른 연대보증인에 대하여 갖게 된 구상권의 효력을 확보하기 위한 제도이므로 대위에 의한 원채권 및 담보권의 행사 범위는 구상권의 범위로 한정된다.[58] 다만 이에 대해 구상권과 변제자대위권은 그 원본, 변제기, 이자, 지연손해금의 유무 등에 있어서 그 내용이 다른 별개의 권리이므로, 대위변제자와 채무자 사이에 구상금에 관한 지연손해금 약정이 있더라도 이 약정은 구상금을 청구하는 경우에 적용될 뿐, 변제자대위권을 행사하는 경우 적용될 수 없다고 본 판결도 있다.[59]

(3) 주채무보증인에 대한 구상권

보증보험자는 주채무자의 다른 보증인에 대하여 민법 제441조에 의한 구상권을 행사할 수 있다. 이와 관련한 중요한 판결은 보증보험의 보증성을 강조하면서 보증보험은 그 실질이 보증의 성격을 가지는 것이어서 민법의 보증에 관한 규정, 특히 보증인의 구상권에 관한 민법 제441조 이하의 규정이 준용된다고 하였다.[60]

---

55) 대법원 1993.1.12. 선고 91다7828 판결(자신의 계약상 채무이행으로 보험금을 지급한 보험자는 민법 제481조에 의한 변제자대위를 주장할 수 있는 지위에 해당하지 아니한다).
56) 대법원 1997.11.14. 선고 95다11009 판결.
57) 대법원 1997.11.14. 선고 95다11009 판결에서 리스보증보험의 보험자에게는 변제자대위의 법리가 적용된다고 하였다.
58) 대법원 1999.10.22. 선고 98다22451 판결.
59) 대법원 2009.2.26. 선고 2005다32418 판결. 이 사건은 납세보증보험의 보험자가 그 보증성에 터잡아 보험금을 지급한 경우에는 변제자대위에 관한 민법 제481조를 유추적용하여 피보험자인 세무서가 보험계약자인 납세의무자에 대하여 가지는 채권을 대위행사할 수 있다고 본 판결이다.
60) 대법원 2008.6.19. 선고 2005다37154 전원합의체 판결(구 건설공제조합법(1996. 12. 30. 법률 제5230호로 제정된 건설산업기본법 부칙 제2조 제1호로 폐지)에 따라 건설공제조합이 조합원으로부터 보증수수료를 받고 그 조합원이 다른 조합원 또는 제3자와의 도급계약에 따라 부담하는 하자보수의무를 보증하기로 하는 내용의 보증계약은, 무엇보다 채무자의 신용을 보완함으로써 일반적인 보증계약과 같은 효과를 얻기 위하여 이루어지는 것으로서, 그 계약의 구조와 목적, 기능 등에 비추어 볼 때 그 실질은 의연 보증의 성격을 가진다 할 것이므로, 민법의 보증에 관한 규정, 특히 보증인의 구상권에 관한 민법 제441조 이하의 규정이 준용된다. 따라서 건설공제조합과 주계약상 보증인은 채권자에 대한 관계에서 채무자의 채무이행에 관하여 공동보증인의 관계에 있다고 보아야 할 것이므로, 그들 중 어느 일방이 변제 기타 자기의 출재로 채무를 소멸하게 하였다면 그들 사이에 구상에 관한 특별한 약정이 없다 하더라도 민법 제448조에 의하여 상대방에 대하여 구상권을 행사할 수 있다).

제 5 장
인 보 험

제1절 통 칙

Ⅰ. 인보험계약의 의의

1. 의   의

인보험계약의 보험자는 생명 또는 신체에 관하여 보험사고가 생길 경우에 보험계약의 정하는 바에 따라 보험금액 기타의 급여를 할 책임이 있다(제727조). 인보험은 보험의 목적이 사람이고, 보험사고가 사람의 생명이나 신체에 관한 사고인 사망·생존·상해·질병 등이다. 상법에서는 인보험의 종류로 생명보험과 상해보험을 규정한다.

2. 인보험과 손해보험의 차이

인보험은 손해보험에 비하여 다음과 같은 특성이 있다.

(1) 보험의 목적과 보험사고

손해보험의 목적은 재산으로서 물건이거나 책임보험에서는 피보험자가 제3자에 대하여 부담하는 배상책임이다. 그런데 인보험의 목적은 사람이다. 따라서 보험목적의 양도가 인보험에서는 발생할 여지가 없다. 보험사고도 손해보험에서는 보험목적의 멸실 또는 훼손임에 반하여 인보험에서는 생명보험의 경우 사람의 사망 또는 생존이며, 상해보험의 경우 상해이다.

(2) 피보험자의 의미와 제한

인보험에서의 피보험자는 보험사고의 객체로서 자신의 생명과 신체를 보험에 붙인 자를 말하는 것으로, 손해보험에서의 피보험자인 피보험이익의 주체와는 다르다. 그리고 사망보험의 경우에는 15세미만자, 심신상실자, 심신박약자는 원칙적으로 보험사고의 객체로 되지 못하고(제732조), 타인을 피보험자로 함에 있어서도 서면에 의한 동의를 얻어야 하는 제한이 있다(제731조).

(3) 보험금액

인보험, 특히 생명보험은 보험사고가 발생하면 보험자가 계약에서 정한 일정한 보험금을 지급하는 정액보험이다. 그러나 손해보험은 보험자가 보험가액과 보험금액의 한도 내에서 피보험자가 실제로 입은 손해액만을 보상하는 점에서 부정액보험이다. 그러나 인보험 중에서도 상해보험과 질병보험의 경우에는 상해의 정도나 치료일수에 따라 급여를 하는 부정액보험이 있다.

(4) 피보험이익

손해보험에서는 피보험이익이 중심적 요소로 자리잡고 있음에 반하여, 인보험에서는 이를 인정하지 않는다. 인보험은 사람의 생명이나 신체에 관한 금전적 평가가 불가하다는 이유 때문이고, 따라서 인보험에서는 보험가액의 관념이 있을 수 없고 초과보험, 중복보험 또는 일부보험 등의 문제도 없다. 동일한 위험에 관하여 수개의 보험계약이 체결되고 보험사고가 발생하면 손해보험에서는 보험자간에 연대비례책임을 지지만, 인보험에서는 보험자 각자가 보험금액 전액을 지급하여야 한다. 그러나 판례는 무보험자동차에 의한 상해담보특약은 상해보험으로서의 성질과 함께 손해보험으로서의 성질도 갖고 있는 손해보험형 상해보험이라고 하면서 중복보험의 규정을 준용한다.[1]

(5) 보험자대위

손해보험에서는 보험자대위가 인정되나(제681조, 제682조), 인보험에서는 보험자대위가 금지된다(제729조 본문). 다만 상해보험계약의 경우 당사자간에 다른 약정이 있는 때에는 보험자는 피보험자의 권리를 해하지 아니하는 범위 안에서 그 권리를 대위하여 행사할 수 있다(제729조 단서). 이는 상해보험이 손해보험적 성질을 일부 가지고 있어 보험관계의 형평을 위하여 인정된 것이다. 하지만 이 경우에도 손해보험과 같은 법적인 대위가 아니라 계약상의 대위인 점이 다르다.

(6) 손해의 개념과 지급보험금

손해보험에서는 발생한 손해의 범위 내에서 보험자가 보상하는 것이 원칙이므로, 그 손해가 보험에서 담보하는 위험인지의 여부와 보험사고와의 인과관계를 따지게 된다. 그러나 인보험은 손해의 개념이 없으므로 이러한 점이 문제되지 않는다. 보험사고의 발생시 원칙적으로 인보험에서는 손해의 규모 등에 대한 조사가 필요 없고 약정된 금액이 지급된다.

---

1) 대법원 2006.11.10. 선고 2005다35516 판결; 대법원 2006.11.23. 선고 2006다10989 판결; 대법원 2007.10.25. 선고 2006다25356 판결.

(7) 면책사유

손해보험에서는 보험계약자나 피보험자의 고의 또는 중과실이 면책사유로 되어 있으나 (제659조), 인보험에서는 보험계약자 등의 고의만이 면책사유로 되어 있고 중과실로 보험사 고가 생기더라도 보험자는 면책되지 않는다(제732조의2 제1항, 제739조). 또한 손해보험에서 는 보험목적의 성질, 하자 또는 자연소모로 인한 손해는 보험자가 이를 보상할 책임이 없 으나(제678조), 인보험에서는 이러한 규정이 적용될 수 없다.

(8) 타인을 위한 보험

타인을 위한 보험에서 손해보험과 인보험이 일부 차이가 있다. 타인을 위한 손해보험에 서는 타인의 위임이 없는 때 보험계약자는 이를 보험자에게 고지하여야 하고, 그 고지가 없는 때에는 타인이 그 보험계약이 체결된 사실을 알지 못하였다는 사유로 보험자에게 대 항하지 못한다(제639조 제1항 단서). 또한 타인을 위한 손해보험의 경우 보험계약자가 그 타 인에게 보험사고의 발생으로 생긴 손해의 배상을 한 때에는 보험계약자는 그 타인의 권리 를 해하지 아니하는 범위 안에서 보험자에게 보험금액의 지급을 청구할 수 있다(제639조 제2항 단서).

Ⅱ. 인보험계약의 특성

1. 인보험증권

인보험증권에는 상법 제666조의 기재사항 이외에 보험계약의 종류, 피보험자의 주소·성명 및 생년월일, 보험수익자를 정한 때에는 그 주소·성명 및 생년월일을 기재하여야만 한다. 다만 보험수익자는 계약 당시에 정하지 않고 후에 정할 수도 있다(제733조). 그런데 해석상 제666조 제1항의 보험의 목적은 제733조의 피보험자로 대치되는 것으로 보아야 한다.

2. 보험자대위의 금지

(1) 원칙적 금지

인보험에서는 보험사고의 발생대상이 자연인이므로 보험목적의 멸실이 없고 또한 잔존 물대위(제681조)도 인정할 수 없다. 이득금지를 원칙으로 하는 손해보험에서는 피보험자가 실제 손해액을 넘는 이득을 취하지 못하도록 하는 정책적 이유에서 보험자대위를 인정할 근거가 충분하다. 그러나 생명이나 신체의 가치산정이 불가한 인보험에서 실제 손해액 이상이라는 개념을 인정할 수 없는 까닭에 보험자대위를 원칙적으로 금지한다. 상법은 보험자는 보험사고로 인하여 생긴 보험계약자 또는 보험수익자의 제3자에 대한 권리를 대위하여 행사하지 못한다고 규정한다(제729조 본문).

(2) 상해보험에서 약정에 의한 허용

상해보험은 상해로 말미암아 소요되는 의료비와 약품비 등을 지급하는 일종의 손해보험의 성질을 가지고 있다. 보험자대위의 근거가 이득금지의 원칙에 있는 것이므로 일정 범위 내에서는 상해보험에서도 제3자의 행위로 인하여 보험사고가 발생한 때 보험금을 지급한 보험자에게 대위권을 인정할 필요가 있게 된다. 이에 상법은 상해보험계약의 경우에 **당사자간에 다른 약정이 있는 때에는 보험자는 피보험자의 권리를 해하지 아니하는 범위 안에서 그 권리를 대위하여 행사할 수 있다**고 정한다(제729조 단서).[2]

하지만 이는 제682조의 대위와는 달리 법률의 효과로서 당연히 발생하는 법정대위가 아니라 **'당사자의 약정'**에 의한 대위라는 점에서 차이가 있다. 판례도 당사자의 약정이 있는 경우에 한하여 적용됨을 명확히 한다.[3] 또한 상해보험급부 중 그 성격이 정액보험금에 해당하는 부분에 대하여는 대위약정이 있다 하더라도 대위할 수 없다고 보아야 한다.

제 2 절 생명보험

I. 총   설

1. 의   의

생명보험계약의 보험자는 피보험자의 생명에 관한 보험사고가 생길 경우에 약정한 보험금액을 지급할 책임이 있다(제730조). 생명보험은 사람의 생존과 사망을 보험사고로 하는 점에서, 상해를 보험사고로 하는 상해보험과는 다르다. 또한 생명보험은 계약에서 정한 보

---

2) 대법원 2000.2.11. 선고 99다50699 판결; 대법원 2003.12.26. 선고 2002다61958 판결(피보험자가 무보험자동차에 의한 교통사고로 인하여 상해를 입었을 때에 그 손해에 대하여 배상할 의무자가 있는 경우 보험자가 약관에 정한 바에 따라 피보험자에게 그 손해를 보상하는 것을 내용으로 하는 무보험자동차에 의한 상해담보특약은 손해보험으로서의 성질과 함께 상해보험으로서의 성질도 갖고 있는 손해보험형 상해보험으로서, 상법 제729조 단서의 규정에 의하여 당사자 사이에 다른 약정이 있는 때에는 보험자는 피보험자의 권리를 해하지 아니하는 범위 안에서 피보험자의 배상의무자에 대한 손해배상청구권을 대위행사할 수 있다).

3) 대법원 2002.3.29. 선고 2000다18752,18769 판결; 대법원 2003.11.28. 선고 2003다35215,35222 판결(교통상해 의료비 담보와 같이 손해보험으로서의 성질과 함께 상해보험으로서의 성질도 갖고 있는 손해보험형 상해보험에 있어서는 보험자와 보험계약자 또는 피보험자 사이에 피보험자의 제3자에 대한 권리를 대위하여 행사할 수 있다는 취지의 약정이 없는 한, 피보험자가 제3자로부터 손해배상을 받더라도 이에 관계없이 보험자는 보험금을 지급할 의무가 있다); 대법원 2008.6.12. 선고 2008다8430 판결.

험금액을 지급하기로 하는 정액보험인 점에서도 손해보험적 성격을 일부 지닌 상해보험과 차이가 있다. 생명보험은 피보험이익을 인정하지 않아서 보험가액의 관념이 인정되지 않으며, 초과보험·중복보험·일부보험의 문제도 생기지 않는다.

2. 생명보험계약의 종류

(1) 보험사고에 따른 종류

① **사망보험**은 피보험자의 사망을 보험사고로 하여 보험금을 지급하는 보험계약이다. 사망보험은 보험기간을 피보험자의 종신까지로 하는 종신보험과 일정한 기간으로 한정하는 정기보험으로 구별된다. 정기보험에서는 보험기간이 경과하도록 피보험자가 생존하는 경우 보험금 지급 없이 보험계약은 소멸된다. ② **생존보험**은 피보험자가 일정한 보험기간까지 생존할 것을 보험사고로 하는 보험이다. 연금보험과 퇴직보험 등이 이에 속한다. ③ **생사혼합보험**은 일정한 보험기간까지의 생존과 사망 모두를 보험사고로 하는 보험계약이다.

(2) 피보험자의 수에 따른 종류

개인보험과 단체보험이 있다. **단체보험**은 단체가 규약에 따라 구성원의 전부 또는 일부를 피보험자로 하는 생명보험계약이다(제735조의3 제1항). 타인의 사망보험에서 상세히 다룬다.

Ⅱ. 타인의 생명보험

1. 의   의

타인의 생명보험이라 함은 보험계약자가 자기 이외의 제3자를 피보험자로 한 생명보험을 말한다. 이 경우 타인의 사망을 보험사고로 하면 '타인의 사망보험', 타인의 생존을 보험사고로 하는 경우 '타인의 생존보험', 생존과 사망을 모두 보험사고로 하는 경우에는 '타인의 생사혼합보험'이라 한다.

2. 제   한

타인의 사망(생사혼합보험을 포함)을 보험사고로 하는 보험의 경우에는 보험금취득을 노리고 타인의 생명을 해치는 등 범죄에 악용될 위험이 있어 일정한 제한을 가하고 있다. 요컨대 보험계약의 사행계약성이 생명보험에도 그대로 나타나는 결과, 타인의 사망보험을 아무런 제한 없이 인정할 경우 보험이 도박의 대상이 될 염려가 크고 피보험자의 생명을 고의로 위협하는 범죄가 발생할 우려가 있기 때문이다. 이를 제한하는 입법례로 다음이 있다.

(1) 이익주의

보험계약자는 피보험자인 타인의 생사에 관하여 어떠한 이익을 가지는 자만이 보험계약을 체결할 수 있도록 하는 주의로서 영미법계가 이를 따른다. 생명보험에도 피보험이익의 개념을 인정하여 보험계약자가 피보험자의 생사에 대하여 일정한 이해관계, 즉 피보험이익을 가지는 것을 계약의 요건으로 하는 방법이다. 따라서 이해관계가 없는 자는 보험계약을 체결하지 못하고 이를 위반한 계약은 무효가 된다. 예를 들면 가족간에는 피보험이익이 일반적으로 인정되고, 채권자도 채무자에 대하여 일정한 범위에서 피보험이익을 가지며, 고용주도 숙련된 근로자에 대하여 피보험이익을 가진다고 한다.

(2) 동의주의

타인의 사망보험계약을 체결함에 있어 이익 유무를 불문하고 타인인 피보험자의 동의를 요구하는 입법례로서 대륙법계(독일, 프랑스, 스위스 등)가 이를 따른다.

(3) 상법의 입장

상법은 동의주의에 의한다. 우리의 경우는 인보험에서 피보험이익을 인정하지 않으므로 당연한 귀결이라 할 수도 있다. 타인의 사망을 보험사고로 하는 보험계약에는 보험계약 체결시에 그 타인의 서면에 의한 동의를 얻어야 한다(제731조 제1항). 그러나 그 타인이 15세 미만자, 심신상실자 또는 심신박약자인 경우에는 동의유무를 불문하고 그 보험계약은 무효로 한다(제732조). 이들의 자유로운 의사에 기한 동의를 기대하기 어렵기 때문이다. 다만, 심신박약자가 보험계약을 체결하거나 제735조의3에 따른 단체보험의 피보험자가 될 때에 의사능력이 있는 경우에는 그러하지 아니하다(제732조 단서).

3. 피보험자의 동의

(1) 동의를 요하는 경우

1) 타인의 사망보험

타인의 사망을 보험사고로 하는 보험계약에는 **보험계약 체결시** 그 타인의 서면에 의한 동의를 얻어야 한다(제731조 제1항). 이것은 타인의 사망보험뿐 아니라 타인의 생사혼합보험도 포함한다. 하지만 타인의 생존보험의 경우에는 동의가 필요없다. 피보험자의 동의를 얻지 못하는 한, 보험계약자의 의도가 피보험자에게 지급할 퇴직금의 적립을 위하는 등의 순수한 것이었다 하더라도 보험계약은 무효이다.[4] 그러나 단체보험에서는 구성원 각자의

---

4) 대법원 1992.11.24. 선고 91다47109 판결(피보험자의 동의가 없는 타인의 생명보험계약은 무효이고, 보험계약이 피보험자에게 지급할 퇴직금의 적립을 위하여 체결된 것이라 하여 사정이 달라지지 아니한다).

동의는 필요하지 않다(제735조의3 제1항).

2) 보험계약에 의해 발생한 권리의 양도

피보험자의 동의를 얻어 성립된 보험계약상의 권리를 **보험수익자가 피보험자가 아닌 자에게 양도할 때**에도 피보험자의 동의가 필요하다(제731조 제2항). 따라서 보험계약자와 피보험자가 동일인인 사망보험계약에서 보험수익자가 권리를 양도할 경우에도 피보험자의 동의를 요한다. 그런데 여기서의 양도는 '보험사고의 발생 이전'의 양도를 말한다. 보험사고가 발생한 이후에는 피보험자가 사망하여 동의 자체가 불가능하고, 확정된 보험금청구권은 통상의 채권으로서 권리자가 민법에 의하여 자유로이 양도할 수 있기 때문이다.

3) 보험수익자의 지정·변경

타인의 생명보험계약이 성립된 후 **보험수익자를 새로이 지정·변경할 때**에도 피보험자의 동의가 필요하다(제734조 제2항, 제731조 제1항). 다만, **피보험자가 보험수익자로 지정·변경될 때에는 피보험자의 동의가 필요없다.** 하지만 이러한 기준의 타당성은 의문이다. 피보험자가 보험수익자가 되는 경우에도 결국은 피보험자의 상속인이 보험금을 수령하므로, 타인을 보험수익자로 지정·변경한 경우와 동일한 결과가 되기 때문이다.

(2) 동의의 성질

1) 준법률행위

타인의 생명보험에서 피보험자의 동의는 자신의 사망을 보험사고로 하는 생명보험계약에 대해 이의가 없다는 의사표시이고, 그 법적 성질은 준법률행위이다.

2) 효력규정

피보험자의 동의는 계약의 효력발생요건이고 성립요건이 아니다. 왜냐하면 어떠한 계약이 당사자 쌍방의 의사표시 이외에 제3자의 의사표시를 성립요건으로 풀이하는 것은 계약의 일반관념에 어긋나고 타인의 생명보험계약도 일반의 보험계약과 같이 낙성계약이기 때문이다. 타인의 생명보험에서 비록 보험계약 성립 이전에 피보험자의 동의를 요구한다 하더라도 이것은 효력발생요건으로 풀이하는 것이 타당하다. 다만 상법은 계약당사자 사이의 법률관계를 사전에 확실하게 하고자 계약체결시에 동의를 얻도록 규정한다.

3) 강행규정

상법 제731조는 당사자간의 약정으로 배제할 수 없는 강행규정이다. 판례도 "타인의 사망을 보험사고로 하는 보험계약에는 피보험자의 동의를 얻어야 함은 상법 제731조 제1항에 의하여 명백한 바 이 규정은 강행법규로 보아야 하므로 피보험자의 동의는 방식이야 어떻든 당해 보험계약의 효력발생 요건이 되는 것이다"고 한다.[5] 그 결과 피보험자의 동의가 없는 타인의 사망보험계약은 처음부터 당연히 또 그 누구나 무효를 주장할 수 있는 절대적인 무효이다.[6]

보험자가 타인의 사망보험계약에 관한 규정을 위반하여 보험계약을 체결한 이후 무효임을 주장하지 않다가, 보험사고 발생 이후 보험금을 지급청구하는 시점에서야 보험계약의 무효를 주장하는 것이 신의칙에 반한다는 반론도 있으나, 이를 받아들인다면 그 입법취지가 몰각되는 결과가 되어 보험자의 행위가 신의칙에 반하는 것은 아니라고 본다.[7]

(3) 동의의 시기와 방식 등

1) 동의 시기

동의는 계약체결시까지이다(제731조 제1항). 따라서 피보험자의 동의는 그 계약의 성립 전 또는 적어도 성립시까지 필요하고, 만약 계약체결 이후에 동의를 얻는다 하더라도 그 계약은 무효이다. 판례도 타인의 사망을 보험사고로 하는 보험계약에 있어서 피보험자가 서면으로 동의의 의사표시를 하여야 하는 시점은 **보험계약 체결시까지**라고 못박고 있다.[8] 피보험자의 동의규정은 강행규정이므로 이에 위반한 보험계약은 무효이다. 타인의 생명보험계약 성립 당시 피보험자의 서면동의가 없다면 그 보험계약은 확정적으로 무효가 되고, 피보험자가 이미 무효가 된 보험계약을 추인하였다고 하더라도 그 보험계약이 유효로 될 수는 없다.[9] 그리고 보험기간 중에 보험계약으로 인한 권리의 양도(제731조 제2항)와 보험수익자의 지정변경(제734조 제2항)의 경우에도 그 행위가 있을 때에 피보험자의 동의가 있어야 하는 점은 동일하다.

2) 동의 방식

동의는 서면에 의하여야 한다(제731조 제1항). 구두 또는 묵시적인 동의는 불가하며, 서면에 의한 명시적인 동의만이 효력이 있다. 피보험자의 동의는 각 보험계약에 대하여 개별적으로 하여야 하고, 장래 체결될 모든 사망보험계약에 대하여 미리 동의를 하는 것과 같은 포괄적 동의는 효력이 없다(통설, 판례[10]). 그런데 2017년 개정에 의하여 서면에는 전자문서를 포함하게 되었다. 개정법 제731조 제1항은 서면에 "「전자서명법」 제2조 제2호에

---

5) 대법원 1989.11.28. 선고 88다카33367 판결.

6) 대법원 1996.11.22. 선고 96다37084 판결(타인의 사망을 보험사고로 하는 보험계약에는 보험계약 체결시에 그 타인의 서면에 의한 동의를 얻어야 한다는 상법 제731조 제1항의 규정은 강행법규로서 이에 위반하여 체결된 보험계약은 무효이다); 대법원 2004.4.23. 선고 2003다62125 판결 등 참조.

7) 대법원 1999.12.7. 선고 99다39999 판결.

8) 대법원 1996.11.22. 선고 96다37084 판결.

9) 대법원 2006.9.22. 선고 2004다56677 판결; 대법원 2010.2.11. 선고 2009다74007 판결 등.

10) 대법원 2006.9.22. 선고 2004다56677 판결(상법 제731조 제1항이 타인의 사망을 보험사고로 하는 보험계약의 체결시 그 타인의 서면동의를 얻도록 규정한 것은 동의의 시기와 방식을 명확히 함으로써 분쟁의 소지를 없애려는 데 취지가 있으므로, 피보험자인 타인의 동의는 각 보험계약에 대하여 개별적으로 서면에 의하여 이루어져야 하고 포괄적인 동의 또는 묵시적이거나 추정적 동의만으로는 부족하다).

따른 전자서명 또는 제2조 제3호에 따른 공인전자서명이 있는 경우로서 대통령령으로 정하는 바에 따라 본인 확인 및 위조·변조 방지에 대한 신뢰성을 갖춘 전자문서를 포함"한다고 규정한다. 이는 전자금융거래가 활성화되고 있는 사회적인 현상을 반영하여 타인의 사망을 보험사고로 하는 보험계약 체결시 동의를 얻어야 하는 타인의 서면의 범위에 「전자서명법」 제2조 제2호에 따른 전자서명 또는 제2조 제3호에 따른 공인전자서명이 있는 경우로서 대통령령으로 정하는 바에 따라 본인 확인 및 위조·변조 방지에 대한 신뢰성을 갖춘 전자문서를 포함한 것이다.

동의를 대리의 방식에 의하여 할 수 있는지도 문제된다. 판례[11]는 타인으로부터 명시적으로 권한을 수여받아 보험청약서에 타인의 서명을 대행하는 경우와 같이, 타인으로부터 **특정한 보험계약에 관하여 서면동의를 할 권한을 구체적·개별적으로 수여받았음이 분명한 사람이 권한 범위 내에서 타인을 대리 또는 대행하여 서면동의를 한 경우 그 타인의 서면동의는 적법한 대리인에 의하여 유효하게 이루어진 것**이라 한다. 요컨대 판례는 단순한 대행의 경우보다 폭을 넓혀, 특정 보험계약에 대하여 서면동의를 할 권한을 구체적이고 개별적으로 위임받은 경우에는 대리인에 의한 서면동의가 가능하다는 것이다. 판례의 입장에 찬성한다.

3) 동의의 상대방

동의 상대방에 대하여는 보험자나 보험계약자 중의 일방에게 하면 족하다는 견해도 있으나, 보험계약의 당사자인 보험자에게 하여야 한다.

(4) 동의의 철회

피보험자의 동의는 보험계약의 성립 전에는 가능하나, 그 계약의 효력이 발생한 때에는 임의로 철회할 수 없고 보험수익자나 보험계약자의 동의가 있어야 한다고 봄이 통설이다. **판례는 피보험자가 서면동의를 할 때 기초로 한 사정에 중대한 변경이 있는 경우에는 보험계약자 또는 보험수익자의 동의나 승낙 여부에 관계없이 피보험자는 그 동의를 철회할 수 있다고 본다.**[12] 그리고 중대한 변경이 있는지는 보험계약자 또는 피보험자가 보험계약을 체결하거나 서면동의를 하게 된 동기나 경위, 보험계약이나 서면동의를 통하여 달성하려는 목적, 보험계약 체결을 전후로 한 보험계약자 또는 보험수익자와 피보험자 사이의 관계, 보험계약자 또는 보험수익자가 고의로 피보험자를 해치려고 하는 등으로 피보험자의 보험계약자 또는 보험수익자에 대한 신뢰가 손상되었는지 등의 제반 사정을 종합하여 사회통념에 비추어 개별적·구체적으로 판단하여야 한다고 본다.[13]

---

11) 대법원 2006.12.21. 선고 2006다69141 판결.
12) 대법원 2013.11.14. 선고 2011다101520 판결.
13) 대법원 2013.11.14. 선고 2011다101520 판결.

피보험자의 서면에 의한 동의를 요구하는 입법취지상 계약성립 이후에도 철회를 허용하는 것이 타당하다. 예컨대, 피보험자가 보험계약자나 보험수익자에 의하여 생명의 위협을 받는 등 신뢰관계가 붕괴된 때, 또는 피보험자와 그들 사이의 친족관계가 종료되거나 기타 계약체결시의 기초되었던 사정이 변경된 경우에는 피보험자가 동의의 철회를 할 수 있도록 하여야 한다. 그리고 동의 자체에 하자가 있는 경우라면, 민법의 일반원칙(민법 제107조 내지 110조)에 의하여 그 동의의 무효 또는 취소를 주장할 수 있음은 물론이다.

(5) 동의능력

상법 제732조 본문은 15세미만자, 심신상실자 또는 심신박약자의 사망을 보험사고로 한 보험계약은 무효라고 규정하고 있으므로, 이들을 피보험자로 한 사망보험은 동의유무와 관계없이 그리고 보험수익자가 누구인지를 불문하고 무효가 됨이 원칙이다. 그런데 개정 상법은 단서를 두어 "다만, 심신박약자가 보험계약을 체결하거나 제735조의3에 따른 단체보험의 피보험자가 될 때에 의사능력이 있는 경우에는 그러하지 아니하다"고 규정하여(제732조 단서), **심신박약자에 대한 사망보험 가입을 예외적으로 허용**하고 있다. 심신박약자 본인이 직접 보험계약을 체결할 때 또는 단체보험의 피보험자가 될 때에 의사능력이 있다고 인정되면 생명보험계약의 피보험자가 될 수 있도록 한다는 것이다. 그 입법취지는 경제활동을 통하여 가족을 부양하거나 생계를 보조하는 심신박약자가 생명보험계약에 가입할 수 있게 됨으로써 그 유족의 생활 안정에 이바지할 것이라 한다. 그러나 개정 상법은 입법론적으로 여러 문제점을 내포하고 있다.

4. 단체보험의 예외

(1) 단체보험의 의의

단체보험은 단체 구성원의 전부 또는 일부를 포괄적으로 피보험자로 하여 그의 생사를 보험사고로 하는 보험계약이다(제735조의3 제1항). 단체보험은 보험자의 입장에서 보면 특정 회사의 근로자 단체에서와 같이 그 부보적합성이나 보험료에 영향을 미치는 요소들이 동질적인 것이어서, 단체가입자들에 대한 신체검사나 다른 조사의 필요가 없고 그럼으로써 비용을 절감할 수 있다. 이로 인하여 보험계약자로서도 개인보험에 가입하는 경우와 비교하여 보험료가 저렴하고 보다 광범위한 담보범위를 가질 수도 있다. 단체보험계약이 체결된 때에는 보험자는 보험계약자에 대하여서만 보험증권을 교부한다(제735조의3 제2항).

(2) 단체보험의 성질

일반적으로 단체보험은 그 단체의 대표자가 보험계약자이고 그 단체의 구성원 전부 또는 일부가 피보험자이므로 **타인의 생명보험**이 된다. 단체보험은 타인을 위한 생명보험계약과 자기를 위한 생명보험계약 양자의 형태 모두가 가능하다. 보험계약자인 단체의 대표는 단체의 구성원인 피보험자를 보험수익자로 하여 타인을 위한 보험계약으로 체결할 수도 있고, 보험계약자 자신을 스스로 보험수익자로 지정하여 자기를 위한 보험계약으로 체결할 수도 있어[14] 두 가지 형태가 모두 가능하다.

(3) 단체 구성원으로서 피보험자의 자격취득과 상실

1) 피보험자의 자격

피보험자의 자격은 단체 구성원이 됨으로써 취득하고, 피보험자가 보험사고 이외의 사고로 사망하거나 퇴직 등으로 단체의 구성원으로서의 자격을 상실하면 피보험자의 자격을 상실한다. 이 경우 단체가 그 구성원을 보험에 가입시키는 규약을 가지고 있어야 한다.

2) 단체규약의 의미

단체보험의 대상이 되어 제735조의3이 적용되기 위하여는 그 단체가 규약을 가지고 있어야 한다. 만약 그러하지 않다면 타인의 사망보험에 관한 제731조의 규정이 적용된다. 이때 '규약'의 의미는 단체협약, 취업규칙, 정관 등 그 형식을 막론하고 단체보험의 가입에 관한 단체내부의 협정에 해당하는 것으로서, **단체가 가입하는 종류의 보험에 관하여 대표자가 구성원을 위하여 일괄하여 계약을 체결할 수 있다는 취지를 담고 있는 것으로 족하다.** 따라서 **당해 보험가입과 관련한 상세한 사항까지 규정할 필요는 없다.** 하지만 단순히 막연하게 근로자의 재해부조 등에 관한 일반적 규정이 있는 것만으로는 여기서의 규약에 해당하지 않는다.[15]

(4) 단체보험의 특칙

1) 피보험자 동의의 면제와 개정 상법

단체가 규약에 따라 구성원의 전부 또는 일부를 피보험자로 하는 사망보험계약을 체결하는 경우 제731조의 동의요건을 면제한다(제735조의3 제1항). 그러나 개정 상법은 단체보

---

14) 대법원 1999.5.25. 선고 98다59613 판결(단체보험의 경우 보험수익자의 지정에 관하여는 상법 등 관련 법령에 별다른 규정이 없으므로 보험계약자는 단체의 구성원인 피보험자를 보험수익자로 하여 타인을 위한 보험계약으로 체결할 수도 있고, 보험계약자 자신을 보험수익자로 하여 자기를 위한 보험계약으로 체결할 수도 있을 것이며, 단체보험이라고 하여 당연히 타인을 위한 보험계약이 되어야 하는 것은 아니므로 보험수익자를 보험계약자 자신으로 지정하는 것이 단체보험의 본질에 반하는 것이라고 할 수 없다).

15) 대법원 2006.4.27. 선고 2003다60259 판결(상법 제735조의3에서 단체보험의 유효요건으로 요구하는 '규약'의 의미는 단체협약, 취업규칙, 정관 등 그 형식을 막론하고 단체보험의 가입에 관한 단체내부의 협정에 해당하는 것으로서, 반드시 당해 보험가입과 관련한 상세한 사항까지 규정하고 있을 필요는 없고 그러한 종류의 보험가입에 관하여 대표자가 구성원을 위하여 일괄하여 계약을 체결할 수 있다는 취지를 담고 있는 것이면 충분하다 할 것이지만, 위 규약이 강행법규인 상법 제731조 소정의 피보험자의 서면동의에 갈음하는 것인 이상 취업규칙이나 단체협약에 근로자의 채용 및 해고, 재해부조 등에 관한 일반적 규정을 두고 있다는 것만으로는 이에 해당한다고 볼 수 없다).

험에서도 보험계약자가 피보험자 또는 그 상속인이 아닌 자를 보험수익자로 지정할 때에는 **단체의 규약에서 명시적으로 정하는 경우 외에는 그 피보험자의 서면 동의를 받아야 한다**(제735조의 제3항). 단체의 대표자가 자신을 보험수익자로 지정하는 경우에 피보험자인 구성원의 동의가 필요한지 여부에 관하여 논란이 있었고, 단체보험에서도 보험계약자가 피보험자 아닌 자를 보험수익자로 지정하는 경우에는 단체의 규약에 명시적으로 정하지 아니하는 한 피보험자의 서면에 의한 동의를 받도록 하여 단체의 구성원과 그 유족의 이익을 보호할 수 있도록 한 것이다. 규약에서 보험수익자의 지정에 관하여 명시적으로 정한 바가 없고 피보험자의 서면 동의를 받지 아니하였음에도 피보험자 사망시 보험수익자를 보험계약자인 회사로 지정하는 경우 이는 상법에 반하는 것으로 무효이다.[16] 그 지정의 효력이 무효이므로 적법한 보험수익자 지정 전에 보험사고가 발생한다면 피보험자 또는 그 상속인이 보험수익자가 된다.[17]

2) 과거 단체보험의 문제점과 개선책

구법상으로는 단체가 규약에 따라 구성원의 전부 또는 일부를 피보험자로 하는 사망보험계약을 체결하는 경우 제731조의 동의요건을 면제하였고, 이는 구성원의 동의에 해당하는 규약이 있는 경우 일괄적 보험가입이 예정되어 있어 개별적 동의를 얻는 것이 사실상 어렵고, 규약에 의하여 보험가입이 예정되어 있다면 별도의 동의절차를 생략하여도 도덕적 위험의 우려가 낮다는 취지에서이다. 또한 근로자복지의 차원에서 근로자인 피보험자의 유족을 보험수익자로 하는 타인을 위한 생명보험계약의 형태로 체결되는 경우가 많기 때문이라는 근거에서이었다. 그런데 보험계약자인 기업주가 스스로를 보험수익자로 지정하는 경우 피보험자 사망시 그 유족과의 분쟁이 발생하고 있었다.

3) 개정 상법의 성과와 한계

과거 합헌론의 입장에서는 그 근거로 내세우는 것이 상법상 고의면책의 원리(제732조의2)가 있으므로 단체보험에서도 도덕적 위험이 다소 억제될 수 있는 점, 근로자의 사망으로 기업주의 경제적 손실이 있을 것이므로 악용의 위험이 크지 않은 점, 문리해석상 가능하다고 보아야 한다는 점, 운용상 단체보험의 특성에 따라 개별적 동의를 집단적 동의로 대체하는 것에 불과하다는 점 등을 내세운다.[18] 하지만 그 근거들이 다음과 같은 이유에서 그다지 설득력이 있어 보이지 않는다.

첫째, 개별적 동의를 집단적 동의로 대체하는 것이라고 하나 규약은 대표자가 구성원을 위하여 일괄하여 계약을 체결할 수 있다는 취지를 담고 있는 것으로 족하므로 근로자로서는 단체보험의 구체적 내용을 전혀 모르거나 부정확한 내용으로 아는 경우가 많다.

---

16) 대법원 2020.1.6. 선고 2017다215728 판결.
17) 대법원 2020.1.6. 선고 2017다215728 판결.
18) 헌법재판소 1999.9.16. 선고 98헌가6 전원재판부 결정.

둘째, 자신들의 동의 없이 피보험자로 계약이 체결된 근로자들은 사행보험의 대상이 되고 그들의 사망 혹은 상해가 기업의 불로소득의 취득원인이 될 수 있어 도덕적 위험이 크다. 셋째, 단체보험의 본질 또는 연혁은 근로자의 복리증진 등의 도모에 있다. 넷째, 근로자가 보험료의 일부를 부담하는 경우에도 보험계약자인 기업주가 보험금을 수령하는 것은 불합리하다.

위와 같은 점들을 본다면, 타인을 위한 보험계약의 형태로 운영되도록 입법적 개선이 필요하였고, 금번 개정을 타당한 것으로 평가한다. 다만 개정법은 **단체의 규약에서 명시적으로 정하는 경우에는 피보험자의 서면 동의가 필요 없다는 점**에 있어 한계점도 있다. 규약에서 명시적으로 정한다고 하더라도 피보험자가 단체보험의 자격을 취득하는 시점에 있어 그 규약을 정확하게 인식하기 어려울 수 있으므로, 위 첫 번째의 문제가 명확하게 해결되었다고 보기 어렵다. 또한 기업주와 근로자의 역학관계를 볼 때 규약에서 정해두는 경우 보험계약자가 피보험자의 서면 동의 없이 보험수익자가 될 수 있도록 하는 것이 공평 타당한 결과를 가져올지도 의문이다.

Ⅲ. 타인을 위한 생명보험

1. 의   의

타인을 위한 생명보험은 보험계약자가 타인을 보험수익자로 하여 맺은 보험계약을 말한다(제639조). 아버지가 자신을 피보험자로 보험계약을 체결하면서 아들을 보험수익자로 지정하는 경우가 그 예이다. 보험계약자가 자신을 보험수익자로 지정하는 경우는 자기를 위한 생명보험이 된다.

2. 보험수익자의 권리와 의무

(1) 권   리

타인을 위한 생명보험에서 보험수익자로 지정되면 보험계약에 의하여 수익의 의사표시를 하지 않더라도 당연히 보험금청구권을 취득한다(제639조 제1항 후단). 보험수익자는 이러한 보험금청구권을 취득할 수 있음에도 불구하고, 보험수익자가 그 권리를 포기한 때에는 보험금청구권은 보험계약자에게 돌아간다. 그런데 상법은 보험계약자에게 보험수익자의 지정변경권을 주고 있기 때문에(제733조) 그 범위 내에서 보험수익자의 지위에 변동을 가져올 수 있다. 그리하여 보험수익자의 권리는 변경권이 유보된 경우에는 양도할 수 없다. 유보되지 않은 경우에도 양도할 수 있는지의 여부에 대하여는 논란이 있으나, 특정 개인의 신체나 사망을 담보로 하여 보험수익자의 지위를 전전유통시키는 것은 사회적 통념과 맞지 않는 것으로 본다. 보험수익자는 보험금청구권이 아닌 다른 권리인 보험증권교부청구권, 보험료반환청구권, 계약해지권 등을 갖지 않는다.

(2) 의 무

보험수익자는 원칙적으로 보험계약상의 의무를 부담하지 않는다. 다만 상법상 2차적인 보험료 지급의무를 부담하므로, 보험계약자가 파산선고를 받거나 보험료지급을 지체한 때에는 예외적으로 보험수익자가 권리를 포기하지 않는 한 보험료지급의무를 부담한다(제639조 제3항). 그리고 보험수익자는 보험사고발생사실을 안 때에는 지체 없이 보험자에 대하여 통지할 의무를 부담한다(제657조 제1항).

3. 보험계약자의 보험수익자 지정변경

(1) 보험수익자의 지정변경권

생명보험계약은 장기계약이 많아 당사자의 사정변경에 따라 보험계약자가 보험수익자를 지정 또는 변경을 원하는 경우가 있고, 상법은 보험계약자에게 보험수익자의 지정변경권을 인정한다(제733조 제1항). 자기를 위한 보험계약을 체결한 이후에도 제3자를 보험수익자로 지정변경할 수도 있다. 이 권리는 일종의 형성권으로서 보험계약자의 일방적인 의사표시만으로 그 효력이 발생한다.

(2) 지정변경권과 보험수익자의 지위

1) 지정변경권을 유보한 경우

① 보험계약자가 사망한 경우

보험계약자가 지정권을 행사하지 않고 사망한 경우에는 피보험자가 보험수익자가 되고, 보험계약자가 보험수익자를 지정한 이후 변경권을 행사하지 않고 사망한 경우에는 그 보험수익자의 권리가 확정된다(제733조 제2항 본문). 그러나 예외적으로 보험계약자가 사망한 경우에는 그 승계인이 그 권리를 행사할 수 있다는 약정이 있는 때에는 그 승계인의 지정변경에 따른다(제733조 제2항 단서).

② 권리행사 전에 피보험자가 사망한 경우

보험계약자가 보험수익자의 지정권을 행사하기 이전에 피보험자가 사망한 경우에는 피보험자의 상속인이 보험수익자가 되고(제733조 제4항), 그 변경권을 행사하지 아니한 때에는 보험수익자는 자신의 권리에 따라 보험자에 대한 보험금청구권을 가진다. 결국 지정변경권을 유보한 경우라 하더라도 피보험자의 사망이라는 보험사고가 발생한 경우 보험계약자는 더 이상 지정변경권을 행사할 수 없는 것이 된다. 보험사고가 발생하면 보험수익자의 권리가 확정되기 때문이다.

2) 지정변경권을 유보하지 않은 경우

이 경우는 보험수익자의 권리가 확정되지만, 지정된 보험수익자가 사망한 경우 누가 보험수익자가 되는지 등의 문제가 있다.

① 보험수익자가 사망한 경우

보험계약자가 보험수익자의 지정변경권을 유보하지 않은 경우 보험계약자는 지정변경권을 임의로 행사할 수 없으나, 보험수익자가 보험존속 중에 사망한 때에는 보험계약자는 다시 보험수익자를 지정할 수 있다(제733조 제3항 전단). 그런데 보험금청구권은 금전채권으로서 상속도 가능할 것이어서 보험수익자가 보험존속 중 사망한 경우 보험수익자의 상속인이 그 지위를 승계하는 것으로 정할 수도 있다. 하지만 보험수익자를 정하는 경우 그 사람의 개성이 중시되기 때문에 보험계약자의 재지정권(再指定權)을 인정한다.

다만 이 경우 보험계약자가 재지정권을 행사하지 아니하고 사망한 때에는 보험수익자의 상속인을 보험수익자로 한다(제733조 제3항 후단). 하지만 이 경우에도 보험계약자의 승계인이 그 지정권을 가지는 것으로 특약한 경우 그에 따른다고 본다.

② 재지정권을 행사하기 이전에 피보험자가 사망한 경우

보험수익자가 사망한 후 보험계약자가 새로 보험수익자를 지정하지 아니한 동안에 보험사고가 발생한 때에는 보험수익자의 상속인을 보험수익자로 한다(제733조 제4항). 이 경우 보험수익자의 상속인이 결정되는 시점은 보험수익자의 사망시가 된다.

(3) 지정변경과 대항요건

보험수익자의 지정변경의 방법에 대하여는 제한이 없으므로 서면에 의하든 구두로 하든 상관이 없다. 보험수익자의 지정변경권은 형성권이므로 보험계약자의 일방적 의사표시만으로 효력이 발생하나, 이것을 보험자에게 대항하기 위하여는 보험자에게 통지하여야만 한다(제734조 제1항). 보험수익자 변경은 상대방 없는 단독행위이므로, 보험수익자 변경의 의사표시가 객관적으로 확인되는 이상 그러한 의사표시가 보험자나 보험수익자에게 도달하지 않았다고 하더라도 보험수익자 변경의 효과는 발생한다.[19] 또한 보험계약자가 보험수익자를 지정하거나 변경하는 경우 타인의 생명보험에서 그 타인을 보험수익자로 지정하지 않는 때에는 그 타인의 동의를 얻어야 한다(제734조 제2항).

(4) 지정변경의 시기와 제한(피보험자의 동의)

보험계약자가 보험수익자를 지정변경할 수 있는 권한은 보험기간 중에 행사할 수 있으나, 일단 보험사고가 발생하면 그 권리를 행사할 수 없다(제733조 제4항). 보험사고가 발생하면 보험수익자의 권리가 확정되기 때문이다.

---

19) 대법원 2020.2.27. 선고 2019다204869 판결.

타인의 사망보험에서 피보험자 이외의 제3자를 보험수익자로 지정변경할 때에는 피보험자의 서면에 의한 동의를 얻어야 한다(제734조 제2항). 따라서 타인의 생명보험계약에서 보험계약자가 보험수익자의 지정변경권을 행사함에 있어서 보험사고의 발생 이전에 피보험자의 동의를 얻지 못한 때에는 피보험자의 상속인 또는 이미 지정된 보험수익자가 보험계약상의 이익을 얻게 된다. 또한 타인의 사망보험에서 피보험자의 동의로 일단 성립된 보험계약이라 하더라도 피보험자 이외의 자에게 보험수익자의 지위를 양도하는 경우 피보험자의 동의가 필요하다(제731조 제2항).

(5) 보험수익자와 상속

1) 피보험자를 보험수익자로 지정한 경우

피보험자를 보험수익자로 지정해 둔 경우, 피보험자의 사망으로 취득하는 보험금청구권이 상속재산에 포함될 수 있는지 여부에 대하여는 의문이 있을 수 있다. 왜냐하면 그의 사망을 조건으로 하여 보험금청구권이 발생하는 것이고, 그 조건이 성취된다는 뜻은 피보험자가 이미 권리능력을 상실한 경우에 해당하여 보험금청구권을 취득할 수 있는 지위에 있지 않기 때문이다. 하지만 피보험자와 보험수익자가 일치하는 경우 보험금청구권이 상속재산이 된다는 것이 통설이며 판례도 그러하다.[20]

2) 상속인을 보험수익자로 지정한 경우
① 상속인의 고유재산

보험수익자로 단지 '상속인'이라고만 추상적으로 기재된 경우 그 보험금청구권은 상속재산에 편입되는 것이 아니라, 상속인의 고유재산에 속한다. 판례도 이러한 입장을 취한다.[21] 피보험자를 보험수익자로 지정한 경우에는 사고발생시 그 보험금청구권이 피보험자의 상속재산에 편입되는 것이나, '상속인'을 보험수익자로 지정한 경우에는 상속인의 고유재산에 속하게 된다.

예컨대 甲이 乙과 혼인 중에 자신을 피보험자로 하는 사망보험계약을 체결하면서 자신을 보험수익자로 지정한 경우에는 사고발생시 보험금청구권은 甲의 상속재산에 편입되어 甲의 채권자는 그 보험금에 대하여 가압류 등의 조치를 취할 수 있다. 그러나 甲이 자신을 피보험자로 하는 사망보험계약을 체결하면서 '상속인'을 보험수익자로 지정한 경우(乙이 유일한 상속인이라 가정)에는 사고발생시 보험금청구권은 乙의 고유재산이 되고 따라서 甲

---

20) 위 경우에는 상속재산으로 보는 것이 아직까지는 통설이라 할 수 있고, 대법원의 입장도 그와 같다. 대법원 2000.10.6. 선고 2000다38848 판결; 대법원 2002.2.8. 선고 2000다64502 판결 참조.
21) 대법원 2001.12.28. 선고 2000다31502 판결(생명보험의 보험계약자가 스스로를 피보험자로 하면서, 수익자는 만기까지 자신이 생존할 경우에는 자기 자신을, 자신이 사망한 경우에는 '상속인'이라고만 지정하고 그 피보험자가 사망하여 보험사고가 발생한 경우, 보험금청구권은 상속인들의 고유재산으로 보아야 할 것이고, 이를 상속재산이라 할 수 없다).

의 채권자는 그 보험금청구권에 대하여 아무런 권리행사를 하지 못한다.

　② 보험사고 발생당시의 관계

　만약 보험수익자를 '처' 또는 '상속인'으로 지정한 경우, 보험계약 체결시 및 존속시의 '처' 또는 '상속인'이 아니라 보험사고시를 기준으로 판단한다. 즉, 甲이 乙과 혼인중에 '처'를 보험수익자로 하고 보험계약을 체결한 다음, 이혼하고 丙과 재혼한 이후 甲이 사망하였다면, 보험수익자는 乙이 아니라 丙이 된다. 이는 보험계약자의 지정변경권에서도 그 근거를 구할 수 있다.

　③ 상속결격의 문제

　민법 제1004조 본문에서는 "다음 각 호에 해당한 자는 상속인이 되지 못한다"라고 하여, 문언상 결격자는 상속인이 아닌 것처럼 표현되어 있다. 따라서 이러한 표현 외에 상속결격의 소급효를 강조한다면, 상속결격자는 처음부터 상속인이 아니었던 것이 되고 그를 제외한 나머지 공동상속인들이 보험사고 발생당시의 상속인으로서 보험금 전액을 취득한다고 볼 여지도 있다. 이 점에 대하여 약관에는 "보험수익자가 고의로 피보험자를 해친 경우에는 보험금을 지급하지 않지만, 수익자가 보험금의 일부 수익자인 경우에는 그 잔액을 다른 수익자에게 지급한다"는 규정이 있다. 이에 의하면 피보험자를 해친 상속인에 해당하는 만큼의 보험금액은 다른 공동상속인도 취득하지 못한다는 결과가 된다.[22] 이러한 약관이 없더라도 상속결격에 소급효가 있다는 법리보다는 보험사고를 일으킨 자에게는 보험금이 지급되어서는 아니되고 보험자는 그만큼은 면책되어야 한다고 봄이 옳다. 결국 피보험자를 사망에 이르게 한 자의 상속분만큼은 보험자가 면책된다고 해석한다.

　④ 보험금청구권의 비율

　보험수익자를 '상속인'으로 지정하였고 상속인이 수인인 경우, 그 보험금청구권의 비율이 문제될 수 있다. 상속인이 수인이어도 보험금청구권은 상속재산이 아니라 고유재산에 속하는 까닭에 각자 균등한 비율에 따라 보험금청구권을 행사한다고 볼 여지도 있고, 보험계약자가 보험수익자를 상속인으로 지정한 것은 그 청구권의 비율도 상속분의 비율에 따르게 하려는 의사가 있는 것으로 볼 수도 있다. 판례는 이 경우 **각 상속인은 그 상속분의 비율에 따라 보험금청구권을 가진다**는 후자의 입장이다.[23] 판례가 타당하다고 본다.

　그러나 보험수익자를 '상속인'이라고 추상적으로만 지정한 것이 아니라, 명시적으로 상속인 중 수인의 특정인을 지정한 경우에는 그 보험계약자의 의사에 따라 분배비율이 정해질 것이나, 만약 보험계약자가 분배비율을 정하지 않았다면 그 수인의 특정인이 각자 균등한 비율에 따라 보험금청구권을 가진다고 본다.

---

22) 대법원 2001.12.28. 선고 2000다31502 판결.
23) 대법원 2001.12.28. 선고 2000다31502 판결.

Ⅳ. 생명보험계약의 효과

1. 보험금지급의무

(1) 지급방식

보험자는 보험사고가 생길 경우에 약정한 보험금액을 지급할 책임이 있다(제730조). 보험기간 종료시까지 피보험자가 생존한 경우에는 사망보험의 보험자는 보험금지급의무가 없고, 생존보험의 보험자는 보험금지급의무가 발생한다.

(2) 면책사유

1) 면책사유의 제한(중과실 사고의 보상)

보험법 통칙 제660조의 면책사유 이외에도 제659조의 인위적 사고의 규정은 인보험에서는 다르게 적용된다. 즉 사망을 보험사고로 한 보험계약에는 사고가 보험계약자 또는 피보험자나 보험수익자의 중대한 과실로 인하여 생긴 경우에도 보험자는 보험금액을 지급할 책임을 면하지 못한다(제732조의2). 이 규정은 보험수익자를 보호하기 위한 것으로 제739조에 의하여 상해보험에도 준용된다. 인보험에서는 고의만 면책되고 중대한 과실의 경우는 면책되지 않는다. 바로 이 규정에 의하여 판례는 인보험에서 음주운전면책약관과 무면허운전면책약관을 한정적 무효로 해석한다.[24]

개정 상법은 둘 이상의 보험수익자 중 일부가 고의로 피보험자를 사망하게 한 경우 보

---

[24] **무면허운전**에 관한 대법원 1990.5.25. 선고 89다카17591 판결(무면허운전의 경우는 면허있는 자의 운전이나 운전을 하지 아니하는 자의 경우에 비하여 보험사고 발생의 가능성이 많음을 부인할 수 없는 일이나 그 정도의 사고발생 가능성에 관한 개인차는 보험에 있어서 구성원간의 위험의 동질성을 해칠 정도는 아니라 할 것이고, 또한 무면허운전이 고의적인 범죄행위이긴 하나 그 고의는 특별한 사정이 없는 한 무면허운전 자체에 관한 것이고 직접적으로 사망이나 상해에 관한 것이 아니어서 그 정도가 결코 그로 인한 손해보상을 가지고 보험계약에 있어서의 당사자의 선의성, 윤리성에 반한다고 할 수 없을 것이므로 장기복지상해보험계약의 보통약관 중 피보험자의 무면허운전으로 인한 상해를 보상하지 아니하는 손해로 정한 규정은 보험사고가 전체적으로 보아 고의로 평가되는 행위로 인한 경우뿐만 아니라 과실(중과실 포함)로 평가되는 행위로 인한 경우까지 포함하는 취지라면 상법 제659조 제2항 및 제663조의 규정에 비추어 볼 때 과실로 평가되는 행위로 인한 사고에 관한 한 무효이다); **음주운전**에 관한 대법원 1998.3.27. 선고 97다48753 판결(상법 제732조의2, 제739조, 제663조의 규정에 의하면 사망이나 상해를 보험사고로 하는 인보험에 관하여는 보험사고가 고의로 인하여 발생한 것이 아니라면 비록 중대한 과실에 의하여 생긴 행위라 하더라도 보험금을 지급할 의무가 있다고 할 것인데, 음주운전에 관하여 보면, 음주운전의 경우는 술을 먹지 않고 운전하는 자의 경우에 비하여 보험사고 발생의 가능성이 많음은 부인할 수 없는 일이나 그 정도의 사고 발생 가능성에 관한 개인차는 보험에 있어서 구성원간의 위험의 동질성을 해칠 정도는 아니라고 할 것이고, 또한 음주운전이 고의적인 범죄행위이기는 하나 그 고의는 특별한 사정이 없는 한 음주운전 자체에 관한 것이고 직접적으로 사망이나 상해에 관한 것이 아니어서 그 정도가 결코 그로 인한 손해보상을 가지고 보험계약에 있어서의 당사자의 신의성·윤리성에 반한다고는 할 수 없으므로, 상해보험 약관 중 "피보험자가 음주운전을 하던 중 그 운전자가 상해를 입은 때에 생긴 손해는 보상하지 아니한다"고 규정한 음주운전 면책약관이 보험사고가 전체적으로 보아 고의로 평가되는 행위로 인한 경우뿐만 아니라 과실(중과실 포함)로 평가되는 행위로 인한 경우까지 보상하지 아니한다는 취지라면 과실로 평가되는 행위로 인한 사고에 관한 한 무효라고 보아야 한다).

험자는 다른 보험수익자에 대한 보험금 지급 책임을 면하지 못한다고 규정한다(제732조의2 제2항). 수인의 보험수익자가 있는 경우 그중 일부가 고의로 피보험자를 사망하게 한 경우라면 다른 보험수익자는 보험금청구권을 여전히 가진다는 것이다.

2) 음주운전면책약관과 무면허운전면책약관

판례는 먼저 무면허운전면책약관이 한정적 무효라는 판결을 한 이후, 동일한 논리로 음주운전면책약관도 한정적 무효라는 판결을 하였다.[25] 그러나 판례의 입장에 대하여는 지금도 논란이 끊이지 않고 있다. 판례를 비판하는 입장에서는 음주운전은 도로교통의 안전을 해치는 대형사고의 원인이 되고 선량한 사회질서에 어긋나는 중대한 범죄행위로서 당사자의 선의성, 윤리성에도 반하는 것이라 한다. 하지만 이러한 비판에도 불구하고 대법원은 그 입장을 유지하고 있으며[26] 결국 실무상 표준약관이 일부 변경되었다. 그 이후에도 상법의 개정을 통하여 음주운전과 무면허운전의 경우 보험자가 면책되도록 하자는 입법론이 꾸준히 제기되고 있다.

2. 보험료적립금반환의무

상법 제736조는 일정한 경우 보험금액의 지급책임이 면제된 때에는 보험자는 보험수익자를 위하여 적립한 금액을 보험계약자에게 지급하여야 한다고 규정한다. 상법 제736조 제1항은 보험수익자를 위하여 적립한 금액을 보험계약자에게 지급하여야 하는 경우로서 사고발생 전 보험계약자의 임의해지(제649조), 보험료부지급으로 인한 계약해지(제650조), 고지의무위반으로 인한 계약해지(제651조), 위험의 변경증가로 인한 계약해지(제652조), 위험유지의무위반으로 인한 계약해지(제653조), 보험자의 파산으로 인한 보험계약자의 해지(제654조), 보험자의 면책(제659조와 제660조)의 경우 등을 들고 있다. 그러나 다른 약정이 없으면 보험계약자의 고의 또는 중과실로 인한 사고의 경우에는 보험자는 반환할 의무가 없다(제736조 제1항 단서). 따라서 피보험자 또는 보험수익자의 고의나 중과실로 인한 사고의 경우에는 반환의무를 부담한다.

보험자의 보험료적립금반환의무도 보험금지급의무나 보험료반환의무와 같이 3년의 시효로 소멸한다(제662조).

---

25) 헌법재판소 결정으로는 98헌가12; 99헌바33; 99헌가3; 99헌바50; 99헌바52; 99헌바62 등이 있다.

26) 대법원 1998.3.27. 선고 97다27039 판결; 대법원 1998.4.28. 선고 98다4330 판결; 대법원 1998.10.20. 선고 98다34997 판결; 대법원 1998.12.22. 선고 98다35730 판결; 대법원 1999.2.12. 선고 98다26910 판결 등이다.

3. 약관대출의무

(1) 의　의

생명보험약관에서 보험자는 보험계약자에게 해지환급금의 범위 내에서 대출할 것을 약
정하고 있고, 보험계약자의 청구가 있으면 보험자는 이에 따를 의무가 있어 이를 약관대출
의무 또는 약관대부의무라고도 한다. 약관대출 이후 보험자가 보험금 또는 해지환급금의
지급사유가 생긴 때에는 대출금과 이자를 공제하고 지급한다.

(2) 약관대출의 법적 성격

약관대출의 법적 성질에 대한 학자들의 견해는 대개 특수한 소비대차설과 보험금 또는
해지환급금의 일부선급설로 나뉘어 있다. 일본에서는 이외에도 약관대출의 법적 성질을 실
질적으로는 보험금이나 해약환급금의 일부선급이면서 형식적으로는 소비대차인 중간적 성
질을 지녔다는 견해가 있다. ① **소비대차설**[27]이다. 보험자에게 약관상 채무가 발생한 경우
그 지급금에서 약관대출원리금을 차감하여 지급하기로 약정한 특수한 소비대차로 이해하
는 것이다. 대출금에 대한 이자의 계산 등이 이루어지고 보험계약자가 보험기간 중에 그것
을 변제하고 있다는 점 등을 근거로 한다. ② **해약환급금의 선급설**이다. 약관대출은 '대출'
이라는 명칭과 상관없이 보험금 또는 해약환급금의 사전지급으로 이해한다. 우선 대출금과
이에 따르는 이자채무의 합계액은 해약환급금 범위 내에서 실행되고, 대출원리금의 합계액
이 보험금액을 초과하는 경우 보험계약이 종료하는 점 등을 보면 해약환급금의 선급이라
는 것이다. ③ 판례는 **해약환급금 선급설의 입장에서 "보험계약과 일체를 이루는 하나의**
계약이라고 보아야 하고, 보험약관대출금의 경제적 실질은 보험회사가 장차 지급하여야
할 보험금이나 해약환급금을 미리 지급하는 선급금과 같은 성격"이라는 것이다.[28] 해약
환급금의 선급으로 이해하는 선급설이 타당하다.

---

27) 양승규, 474면.

28) 대법원 2007.9.28. 선고 2005다15598 전원합의체 판결(생명보험계약의 약관에 보험계약자는 보험계약의 해
약환급금의 범위 내에서 보험회사가 정한 방법에 따라 대출을 받을 수 있고, 이에 따라 대출이 된 경우에 보험계약
자는 그 대출 원리금을 언제든지 상환할 수 있으며, 만약 상환하지 아니한 동안에 보험금이나 해약환급금의 지급
사유가 발생한 때에는 위 대출 원리금을 공제하고 나머지 금액만을 지급한다는 취지로 규정되어 있다면, 그와 같
은 약관에 따른 대출계약은 약관상의 의무의 이행으로 행하여지는 것으로서 보험계약과 별개의 독립된 계약이 아
니라 보험계약과 일체를 이루는 하나의 계약이라고 보아야 하고, 보험약관대출금의 경제적 실질은 보험회사가 장
차 지급하여야 할 보험금이나 해약환급금을 미리 지급하는 선급금과 같은 성격이라고 보아야 한다. 따라서 위와
같은 약관에서 비록 '대출'이라는 용어를 사용하고 있더라도 이는 일반적인 대출과는 달리 소비대차로서의 법적 성
격을 가지는 것은 아니며, 보험금이나 해약환급금에서 대출 원리금을 공제하고 지급한다는 것은 보험금이나 해약
환급금의 선급금의 성격을 가지는 위 대출 원리금을 제외한 나머지 금액만을 지급한다는 의미이므로 민법상의 상
계와는 성격이 다르다).

제3절 상해보험

I. 총 설

1. 개 념

(1) 의 의

상해보험계약은 보험자가 피보험자 신체의 상해에 관한 보험사고가 생길 경우에 보험금액 기타의 급여를 할 책임을 지기로 하는 인보험계약이다(제737조). 기타의 급여라 함은 치료 또는 의약품의 급여와 같은 현금 이외의 급여를 말한다. 현대사회에서 교통수단의 확대와 해외여행, 각종의 여가활동 등의 발달로 사람의 신체상의 상해를 일으키는 사고발생위험이 증대되고 있어 상해보험의 수요도 증가하고 있다.

(2) 인보험

상해보험은 보험의 객체가 자연인이라는 점에서 생명보험과 함께 인보험계약에 속한다. 또한 상해보험에 관하여는 제732조를 제외하고 생명보험에 관한 규정을 준용하고 있어(제739조) 이 점을 분명히 한다. 그런데 생명보험과는 여러 점에서 차이가 있다. 상해보험과 생명보험의 차이점은 다음과 같다. ① 생명보험의 보험사고는 생존과 사망으로 그 발생시기만이 불확정한 것이나, 상해보험의 보험사고는 급격하고도 우연한 외래의 사고로 인한 신체상해라는 점에서 발생자체도 불확정이다. ② 생명보험의 경우 15세미만자, 심신상실자 또는 심신박약자의 사망을 보험사고로 한 보험계약은 원칙적으로 무효로 한다(제732조). 그러나 상해보험은 제732조를 준용하지 않고 있어(제739조), 그들의 사망을 보험사고로 하는 상해보험계약도 유효하다. ③ 생명보험에서는 청구권대위가 허용되지 않음에 반하여, 상해보험에서는 당사자간에 약정이 있는 때에 한하여 보험자는 피보험자의 권리를 해하지 아니하는 범위 안에서 그 권리를 대위하여 행사할 수 있다(제729조 단서). ④ 생명보험은 정액보험임에 반하여 상해보험은 손해보험처럼 상해로 인한 실제 손해만을 보상하는 부정액보험의 성격을 함께 가지고 있다.

2. 성 질

(1) 정액보험과 손해보험의 이중성

상해보험은 상법상의 분류방식에 의하면 인보험에 속하고 또한 상해사망 등의 경우에 대한 정액보험금을 지급함에 의하여 생명보험의 성질을 가진다. 그 반면 치료비 등에 대하여는 실손보상적인 성격을 가지고 있어 부정액보험인 손해보험의 성질도 가진다. 따라서 인보험과 손해보험 양자의 성질을 겸유하고 있다고 보고, 보험업법 제10조에서는 인보험과 손해보험의 겸영을 금지하면서도 상해보험은 예외로 한다. 상해보험도 원칙적으로는 보험사고로 인한 피보험자의 실질손해를 산정할 수는 없는 관계로 보험가액 등의 개념을 인정할 수 없어 손해보험과는 분명히 다르다. 반면 상해보험약관상 상해의 정도에 따라 그 등급분류를 정하거나 실제 치료비 등을 보상하는 것은 생명보험과 다르다. 구체적으로는 각종 상해보험약관에서 규정하고 있는 사망보험금, 장해보험금, 의료보험금 등의 성격을 보험금 급부방법에 따라 세 가지로 나누어 설명할 수 있다.

첫째, 순정액보험(純定額保險)의 성질을 지니는 상해보험이다. 상해로 사망한 경우의 사망보험금은 생명보험과 같이 순정액보험의 성질을 가진다.

둘째, 준정액보험(準定額保險)의 성질을 지니는 상해보험이다. 상해의 부위나 정도에 따라 등급을 정하고 각 계약에서 정한 보험금액의 비율에 따라 지급할 것을 정하는 경우 준정액보험의 성질을 가진다.

셋째, 부정액보험(不定額保險)의 성질을 지니는 상해보험이다. 상해로 인한 치료비와 입원비 등을 보상하는 것은 부정액보험으로서 손해보험의 성질을 가진다.

(2) 상해사망보험의 성질과 기왕증기여도 감액의 문제

상해보험약관에는 계약체결 전 이미 존재한 신체장해, 질병의 영향에 따라 상해가 중하게 된 때에는 그 영향이 없었을 때에 상당하는 금액을 결정하여 지급하기로 하는 약관이 있고, 이를 '기왕증기여도 감액약관'이라 부른다. 이 경우 상해사망 등의 경우에도 그 약관상 조항이 있기만 하면 당연히 기왕증의 기여분만큼 보험금을 감액할 수 있는지 여부가 상해보험의 정액보험으로서의 성격과 관련하여 문제된다. 기왕증기여도 감액약관의 효력에 대하여는 견해가 나뉜다.

① 유효설이다. 이는 질병과 우연한 외래의 사고로 인한 상해가 경합되어 중대한 결과가 발생한 경우, 질병의 영향으로 악화된 부분은 외래성이 결여되어 상해보험이 담보할 수 없는 위험이므로, 당연히 이 부분을 제외하고 질병의 영향이 없었으면 악화되지 않았을 결과만을 담보하여야 한다는 견해이다. ② **무효설**이다. 이는 기왕증을 이유로 보험금을 감액하겠다는 것은 실손보상의 원칙이 지배하는 손해보험에서나 타당한 것이지 보험사고시 손해의 유무 및 실손해액에 관계없이 약정된 보험금을 지급하는 조건부 금전급부 계약인 정액보험의 본질에는 반하는 것으로 그 효력을 인정할 수 없다는 견해이다. 이 설은 보험자는 보험계약체결시 피보험자의 생명·신체에 대한 보험인수 여부를 심사하고 있으며, 또한 피보험자가 고지의무를 위배하여 병력을 숨긴 경우 보험계약을 해지할 수 있으므로 기왕증은 이 제도로 해결하여야 한다는 주장이다. 따라서 상해보험에 있어서 '기왕증기여도 감

'액약관'을 두고 있다 하더라도 정액보험의 본질상 보험금 감액은 허용되어서는 안 된다고 한다.

③ **판례는 약관상 명시적으로 기왕증기여도 감액약관이 있는 경우에만 감액할 수 있다는 입장이다.** 정액보험이든 부정액보험이든 약관이 적용된다고 보는 이상 지급금액을 감액할 수 있고, 이는 상해로 인한 '사망'의 경우도 마찬가지라 한다. (i) 약관규정이 없는 경우의 판례이다. 판례는 "상해보험은 피보험자가 급격하고도 우연한 외래의 사고로 인하여 신체에 손상을 입는 것을 보험사고로 하는 인보험으로서, 이미 존재한 신체장해 또는 질병의 영향에 따라 상해가 중하게 된 때에는 보험자가 그 영향이 없었을 때에 상당하는 금액을 결정하여 지급하기로 하는 내용의 약관이 따로 있는 경우를 제외하고는, 보험자는 피보험자의 체질 또는 소인 등이 보험사고의 발생 또는 확대에 기여하였다는 사유를 들어 보험금의 지급을 감액할 수 없다"고 한다.[29] (ii) 약관규정이 있는 경우의 판례이다. 판례는 약관상 '피보험자가 약관 소정의 상해를 입고 이미 존재한 신체장해 또는 질병의 영향으로 약관 소정의 상해가 중하게 된 경우 보험자는 그 영향이 없었던 때에 상당하는 금액을 결정하여 지급한다'고 규정되어 있는 경우, 이 기왕증기여도 감액에 따라 보험금을 감액하여 지급할 수 있다고 한다.[30] 여기의 중하게 된 경우에 '사망'에 이른 경우를 포함한다고 본다.[31]

(3) 상해보험의 성질과 중복보험 규정의 준용

상해보험은 원칙적으로 피보험이익의 관념이 없으므로 보험가액도 없고, 초과보험·중

---

29) 대법원 2007.4.13. 선고 2006다49703 판결(상해보험은 피보험자가 보험기간 중에 급격하고도 우연한 외래의 사고로 인하여 신체에 손상을 입는 것을 보험사고로 하는 인보험으로서, 상해사고가 발생하기 전에 피보험자가 고지의무에 위배하여 중대한 병력을 숨기고 보험계약을 체결하여 이를 이유로 보험자가 상법의 규정에 의하여 보험계약을 해지하거나, 상해보험약관에서 계약체결 전에 이미 존재한 신체장해 또는 질병의 영향에 따라 상해가 중하게 된 때에는 보험자가 그 영향이 없었을 때에 상당하는 금액을 결정하여 지급하기로 하는 내용의 약관이 따로 있는 경우를 제외하고는 보험자는 피보험자의 체질 또는 소인 등이 보험사고로 인한 후유장해에 기여하였다는 사유를 들어 보험금의 지급을 감액할 수 없다); 대법원 2002.3.29. 선고 2000다18752,18769 판결; 대법원 1999.8.20. 선고 98다40763,40770 판결.

30) 대법원 2009.11.26. 선고 2008다44689,44696 판결(상해보험은 피보험자가 보험기간 중에 급격하고 우연한 외래의 사고로 인하여 신체에 손상을 입는 것을 보험사고로 하는 인보험으로서, 일반적으로 외래의 사고 이외에 피보험자의 질병 기타 기왕증이 공동 원인이 되어 상해에 영향을 미친 경우에도 사고로 인한 상해와 그 결과인 사망이나 후유장해 사이에 인과관계가 인정되면 보험계약 체결시 약정한 대로 보험금을 지급할 의무가 발생하고, 다만 보험약관에 계약체결 전에 이미 존재한 신체장해, 질병의 영향에 따라 상해가 중하게 된 때에는 그 영향이 없었을 때에 상당하는 금액을 결정하여 지급하기로 하는 내용이 있는 경우에는 지급될 보험금액을 산정함에 있어서 그 약관 조항에 따라 피보험자의 체질 또는 소인 등이 보험사고의 발생 또는 확대에 기여하였다는 사유를 들어 보험금을 감액할 수 있다고 할 것이다); 대법원 2007.10.11. 선고 2006다42610 판결; 대법원 2005.10.27. 선고 2004다52033 판결; 대법원 2002.10.11. 선고 2002다564 판결.

31) 대법원 2002.10.11. 선고 2002다564 판결(보험사고인 상해가 발생하였더라도 보험사고 외의 원인이 부가됨에 따라 본래의 보험사고에 상당하는 상해 이상으로 그 정도가 증가한 경우 보험사고 외의 원인에 의하여 생긴 부분을 공제하려는 것이고, 따라서 여기의 '약관 소정의 상해가 이미 존재한 신체장해 또는 질병의 영향으로 중하게 된 경우'에서 '중하게 된 경우'에는 피보험자가 사망에 이른 경우가 포함되지 않는다고 볼 수 없다).

복보험·일부보험의 문제도 생기지 않는다. 그런데 상해보험계약에서는 보험금액의 최고한도가 정해져 있음이 보통인데, 하나의 피보험자가 수인의 보험자와 상해보험계약을 체결하고 그 한도액을 초과하는 경우가 문제될 수 있다. 상해보험도 손해보험의 성질을 일부 가지고 있으므로 중복보험(제672조)규정을 적용할지 여부이다. 학설로는 먼저 중복보험규정을 준용하자는 적용긍정설로서 도덕적 위험이 발생할 수 있으므로 물건보험에서의 중복보험(제672조) 규정을 준용하여 각자의 보험금액의 비율에 따라 보상책임을 지도록 하자는 견해가 있다.[32]

판례는 일반적 상해보험에 관한 중복보험의 법리를 다룬 것은 아직 없고, 다만 무보험자동차특약보험과 관련한 판례들이 있다. **판례는 여기서 무보험자동차에 의한 상해담보특약은 상해보험으로서의 성질과 함께 손해보험으로서의 성질도 갖고 있는 손해보험형 상해보험이므로, 상법 제672조 제1항이 준용되어 보험자는 각자의 보험금액의 한도에서 연대책임을 진다고 한다.**[33] 다만 이 경우 특별한 사정이 없는 한 보험금 지급책임의 부담에 관하여 각 보험자 사이에 주관적 공동관계가 있다고 보기 어려우므로, 각 보험자는 보험금 지급채무에 대하여 부진정연대관계에 있다.[34] 판례의 입장을 상해보험 일반에 관한 것으로 파악하기는 어려우나 최소한 무보험자동차특약보험에서는 중복보험이 준용된다는 것이다. 이를 지지하는 견해에서는 그 특약보험의 도입취지가 상대방이 보험에 가입하지 않았거나 보상한도가 낮은 보험에 가입한 경우 그 손해를 전보하기 위한 것인 점, 현재의 보험업계의 실무관행이 무보험자동차특약보험에 있어서 상법상 중복보험의 규정을 적용하고 있고 일반의 인식도 이에 부합하는 점, 그리고 여러 대의 자동차를 보유한 피보험자가 그 자동차에 대한 종합보험에서 각각 무보험자동차특약보험에 가입한 경우 그중 하나의 자동차를 운행 중에 무보험자동차에 의하여 상해를 입었을 때 특약보험의 수만큼 보험자로부터 보험금을 지급받을 수 있게 되는데 이는 보험의 원리에 반한다는 점 등을 그 근거로 한다.

3. 피보험자와 보험수익자의 일치 여부

피보험자와 보험수익자가 서로 다른 상해보험계약을 체결할 수 있을지가 문제된다.[35] 이에 대하여는 견해가 나뉜다. 보험수익자와 피보험자가 다를 수 있다는 견해로서, 상해사망의 경우 보험수익자를 따로이 정해 두는 것은 생명보험과 동일하게 해석할 것이나 그

---

32) 양승규, 492면.
33) 대법원 2016.12.29. 선고 2016다217178 판결; 대법원 2007.10.25. 선고 2006다25356 판결; 대법원 2006.11.10. 선고 2005다35516 판결; 대법원 2006.11.23. 선고 2006다10989 판결; 대법원 2007.10.25. 선고 2006다25356 판결.
34) 대법원 2016.12.29. 선고 2016다217178 판결.
35) 물론 그 계약의 내용이 상해사망을 보험사고로 하는 것이라면 피보험자의 서면에 의한 동의가 필요하다(제731조와 제739조).

이외에 보험계약자가 보험수익자가 되는 것은 도덕적 위험의 소지가 있고 상해보험의 성격에 비추어 보더라도 어렵다는 견해가 있다. 반면, 타인의 동의가 있다면 제3자를 보험수익자로 하는 것이 가능하다는 견해도 있다.

상법 제739조에 의하여 제731조와 제733조, 그리고 제734조의 규정이 상해보험에 준용되므로 타인의 타인을 위한 상해보험이 인정되어 보험계약자의 지정변경권 등도 모두 적용되는 것으로 해석될 수 있다. 따라서 **문리해석상으로는 타인의 동의가 있다면 제3자를 보험수익자로 하는 것이 가능하다**고 본다. 다만 입법정책적으로는 상해보험의 성격에 비추어 피보험자를 보험수익자로 하는 개정이 필요하다.

Ⅱ. 상해보험의 요소

1. 보험증권

상해보험증권에는 제666조(손해보험증권의 기재사항)와 제728조(인보험증권의 기재사항)에 규정한 사항을 기재하는 이외에 다음의 특칙이 있다. 즉 상해보험의 경우에 피보험자와 보험계약자가 동일인이 아닐 때에는 그 보험증권 기재사항 중 제728조 제2호에 게기한 사항인 '피보험자의 주소, 성명 및 생년월일'에 갈음하여 피보험자의 직무 또는 직위만을 기재할 수 있다(제738조). 이는 타인의 상해보험계약에서 일정한 직무 또는 직위에 있는 자를 그 사람의 교체를 문제삼지 않고 피보험자로 할 수 있도록 한 것이다.

2. 피보험자

상해보험계약의 피보험자는 보험사고의 객체가 되는 사람이다. **상해보험에서는 제732조가 적용되지 아니하므로 15세미만자, 심신박약자, 심신상실자 등도 피보험자가 될 수 있다.** 하지만 상해사망을 보험사고로 하는 경우에는 해석상 피보험자가 될 수 없는 것으로 봄이 옳다. 또한 심신상실자의 경우에도 상해보험계약의 피보험자로 하는 것은 제한할 필요가 있다. 태아의 피보험적격이 문제된 사안에서 판례는 헌법상 생명권의 주체가 되는 태아의 형성 중인 신체도 그 자체로 보호해야 할 법익이 존재하고 보호의 필요성도 본질적으로 사람과 다르지 않다는 점에서 보험보호의 대상이 될 수 있다고 판시한다.[36]

3. 보험사고

상해보험의 보험사고는 피보험자의 신체의 상해이고 상해를 원인으로 하는 사망도 이에 포함된다. 상해보험에서 담보하는 위험으로서 상해란 외부로부터의 우연한 돌발적 사고

---

36) 대법원 2019.3.28. 선고 2016다211224 판결.

로 인한 신체의 손상이다. 따라서 질병이나 그 밖의 내부적 원인으로 인한 것은 제외된다.37) 상해보험의 보험사고에 관하여 우리나라 상해보험약관은 "피보험자가 보험기간 중에 급격하고도 우연한 외래의 사고로 신체에 상해를 입었을 때"라고 규정한다. 여기서 상해보험의 보험사고에 해당하기 위하여는 급격성, 우연성, 그리고 외래성의 세 가지 요건을 구비하여야 한다.38)

(1) 급격성

급격성에 대한 정의에 관하여 여러 견해가 있다. ① 시간에 중점을 두는 견해로서 비교적 단시간 내에 사건이 발생하는 것을 의미한다는 학설이다. ② 예견가능성에 중점을 두는 견해로서 시간적으로 빠른 것을 의미하는 것이 아니라 피보험자가 예견하지 아니하였거나 예견할 수 없는 순간에 사고가 생긴 것을 의미한다는 학설이다. ③ 두 가지 모두를 고려하는 견해로서 시간적 제한뿐만 아니라 예견불가능성을 포함하므로 피보험자가 사고가 발생하는 순간적인 상황에서 그 사고를 예견할 수 없었고, 피할 수 없었던 경우 급격성이 인정된다는 학설이다.

급격성은 시간에 중점을 두어 비교적 단시간 내에 사건이 발생하는 것을 의미한다고 본다. 급격성의 개념은 우연성과 외래성의 개념과 종합적으로 결정하여야 하나, 시간적인 의미를 중요시하지 않을 수 없다. 관련 사고가 완만하고 연속적으로 생긴 것이라면, 예측할 수 없었던 사고라 하더라도 급격성이 있는 것으로 보기 어렵다. 다만 그 시간적인 판단의 문제는 급격성을 구체적인 사안에 있어 객관적으로 보아 사건이 그 발생을 예견하거나 피할 수 없을 정도로 비교적 단시간 내에 발생하는 것으로 해석하고, 상해를 야기한 사고의 전 과정을 고찰하여 판단하는 것으로 해석한다면, 첫째의 시간에 중점을 두는 견해가 타당하다.

(2) 우연성

상해보험에 있어서의 우연성은 보험사고의 발생이 피보험자의 주관적 행태에 기인하지 아니한다는 점이 강조되는 개념이다. 판례는 **우연한 사고라 함은 사고가 피보험자가 예측할 수 없는 원인에 의하여 발생하는 것으로서, 고의에 의한 것이 아니고 예견치 않았는데 우연히 발생하고 통상적인 과정으로는 기대할 수 없는 결과를 가져오는 사고라고 한다.**39)

---

37) 대법원 2001.8.21. 선고 2001다27579 판결(상해보험에서 담보되는 위험으로서 상해란 외부로부터의 우연한 돌발적인 사고로 인한 신체의 손상을 말하는 것이므로, 그 사고의 원인이 피보험자의 신체의 외부로부터 작용하는 것을 말하고 신체의 질병 등과 같은 내부적 원인에 기한 것은 제외되며, 이러한 사고의 외래성 및 상해 또는 사망이라는 결과와 사이의 인과관계에 관해서는 보험금청구자에게 그 입증책임이 있다).

38) 대법원 1980.11.25. 선고 80다1109 판결(상해보험은 피보험자가 급격한 외부적인 우연의 사고로 인하여 신체에 손상을 입는 것을 보험사고로 하는 것이므로 피보험자가 겨드랑 밑의 악취제거를 위한 수술 중에 급성심부전증으로 사망한 경우에는 상해보험사고에 해당되지 아니한다).

39) 대법원 2001.11.9. 선고 2001다55499,55505 판결; 대법원 2003.11.28. 선고 2003다35215,35222 판결; 대법원

구체적으로 판례에 나타난 사례를 보면 (i) 술에 만취한 사람이 지하철 승강장 아래 선로에 서서 선로를 따라 걸어가다가 승강장 안으로 들어오는 전동차에 부딪혀 사망한 사안에서, 망인이 충돌 당시 술에 취한 상태에 있었던 이상 이 사건 사고는 망인이 예견하지 못한 우발적인 사고에 해당하고,[40] (ii) 또 술에 취한 상태에서 타고 있던 택시를 세워 내린 후 교량 난간을 타고 넘어 다리 아래로 뛰어 내려 강물에 빠져 익사한 사안에서도 망인이 추락 당시 병적인 명정상태에 있었던 이상 위 사고는 망인이 예견하지 못한 우발적인 사고에 해당한다고 판시하였다.[41] (iii) 질병의 치료를 위한 외과적 수술 기타 의료처치의 과정에서 피보험자가 의료과실로 인하여 상해를 입은 경우, 피보험자가 그러한 외과적 수술 기타 의료처치에 동의하였다고 하더라도 그것만으로 바로 의료과실로 인하여 상해를 입는 결과에 대해서까지 동의하고 예견하였다고 볼 것은 아니라고 하였다.[42] (iv) 만취된 상태에서 건물에 올라갔다가 구토중에 추락한 사고에서도 우연한 사고에 해당한다고 보았다.[43] (v) 운전자가 심야에 엘피지 가스가 새는 승용차를 그 정을 알면서 운전하여 목적지로 가던 중 도로가 결빙되어 있어 도로 상태가 좋아질 때까지 휴식을 취할 목적으로 차량을 도로변에 주차한 후 시동과 히터를 켜 놓은 상태에서 잠을 자다가 누출된 가스가 원인불명으로 폭발하여 사망한 사안에서 우연성을 인정하였다.[44]

(3) 외래성

외래성이란 상해의 원인이 외부적인 사고인 것을 의미한다. 외부적 요인이 신체에 작용함을 뜻하는 것으로, 상해가 신체의 결함과는 다른 외부적 사고에 의한 것이어야 한다. 판례도 '외래의 사고'라는 것은 **상해 또는 사망의 원인이 피보험자의 신체적 결함, 즉 질병이나 체질적 요인 등에 기인한 것이 아닌 외부적 요인에 의해 초래된 모든 것을 의미한**

2010.5.13. 선고 2010다6857 판결; 대법원 2010.8.19. 선고 2008다78491,78507 판결(상해보험계약에 의하여 담보되는 보험사고의 요건 중 '우연한 사고'라고 함은 사고가 피보험자가 예측할 수 없는 원인에 의하여 발생하는 것으로서, 고의에 의한 것이 아니고 예견하지 않았는데 우연히 발생하고 통상적인 과정으로는 기대할 수 없는 결과를 가져오는 사고를 의미한다).

40) 대법원 2001.11.9. 선고 2001다55499,55505 판결.

41) 대법원 1998.10.27. 선고 98다16043 판결.

42) 대법원 2010.8.19. 선고 2008다78491,78507 판결(이 사건에서 소외인이 위와 같은 개복수술과정에서 의료진의 과실로 인한 감염으로 폐렴에 이른 것이라면, 그가 그러한 결과에까지 동의하고 예견하였다고는 쉽사리 말할 수 없고, 이는 오히려 피보험자의 고의에 의한 것이 아니고 그가 예측할 수 없는 원인에 의하여 발생한 것으로서 '우연한 사고'에 해당한다고 볼 가능성을 배제할 수 없다고 할 것이다).

43) 대법원 2010.5.13. 선고 2010다6857 판결(원고는 이 사건 추락사고가 발생한 건물의 위치 등에 대해서 알지 못하고, 과거에 방문한 적도 없었으며, 이 사건 건물은 원고의 집과도 전혀 동떨어진 곳에 위치한 점, 현재 원고가 의식을 상당히 회복하였음에도 이 사건 사고 경위에 관하여 제대로 기억하지 못하고 있고, 특히 이 사건 사고 전날 술자리에서 친구들과 헤어진 뒤 자신의 행적에 대해서조차 전혀 기억하지 못하고 있는 점, 이 사건 창문에서 사람이 실수로 추락하는 것이 쉽지는 않으나 180㎝가 넘는 원고가 술에 취해 바람을 쐬거나 구토하기 위하여 머리를 밖으로 내미는 경우 균형을 잃고 이 사건 건물 밖으로 추락할 가능성이 없다고 단정할 수 없는 점 등에 비추어 보면, 이 사건 사고는 '우발적인 외래의 사고'로서 이 사건 보험계약이 정한 재해에 해당한다).

44) 대법원 2000.9.8. 선고 2000다89 판결.

다고 본다.[45] 신체의 내부적 원인인 경우는 질병보험(疾病保險)의 보험사고가 된다. 구체적인 판례를 보면 아래와 같다.

먼저, 외래성이 인정된 경우로는 (i) 주취상태에서 선풍기를 틀어 놓고 자다가 선풍기 바람 때문에 체열의 방산이 급격히 진행된 끝에 저체온에 의한 쇼크로 심장마비 또는 호흡중추신경마비를 일으켜 사망한 사안에서 술에 만취된 것과 선풍기를 틀고 잔 것은 모두 외인에 해당된다고 하였다.[46] (ii) 술에 만취되어 잠을 자던 중에 구토하여 구토물이 기도를 막아 사망한 경우,[47] (iii) 평소 주벽이 심한 자가 술에 취한 상태에서 다리 아래로 뛰어내려 익사한 경우,[48] (iv) 피보험자가 술에 취한 상태에서 출입이 금지된 지하철역 승강장의 선로로 내려가 지하철역을 통과하는 전동열차에 부딪혀 사망한 경우[49] 등이 있다.

이에 반하여 외래성을 부정한 경우로는 (i) 병원에서 겨드랑이 악취방지를 위한 수술을 받던 중 급성심부전증에 의하여 사망한 경우,[50] (ii) 농작업중 과로로 인하여 지병인 고혈압이 악화되어 뇌졸중으로 사망한 경우,[51] (iii) 욕실에서 페인트칠 작업을 하다가 평소 가지고 있던 고혈압으로 인하여 뇌출혈을 일으켜 사망한 경우,[52] (iv) 평소 고혈압과 간장질환이 있는 사람이 술을 많이 마시고 밖에서 장시간 체류하다가 체내의 높은 알콜농도로 인한 심장마비로 사망한 경우,[53] (v) 피보험자가 사고 전 3일간 계속하여 술을 마신 후 그 다음날 저녁 급성알콜중독(선행사인) 및 구토로 인한 기도폐쇄(중간사인), 급성호흡부전(직접사인)으로 사망한 경우[54]가 있다.

위 판례들을 검토하면, 술을 마신 직후 구토에 의하여 사망한 경우 외래성을 인정하는 것은 옳다고 본다. 하지만 알콜중독증을 앓고 있는 사람이 술을 마신 직후 구토증상이 있는 신체적 문제를 지니고 있다면 이러한 경우에는 외래성이 없는 것으로 봄이 옳다. 이러한 점에서 피보험자의 지병 등이 중요한 판단기준이 되고 판례의 입장은 대부분 수긍할 수 있는 것으로 보인다. 그러나 병원에서 겨드랑이 악취방지를 위한 수술을 받던 중 급성심부전증에 의하여 사망한 경우 외래성을 부정한 것은, 피보험자가 외과적 수술 기타 의료처치에 동의하였다 하더라도 그것만으로 바로 의료과실로 인하여 상해를 입는 결과에 대해서까지 동의한 것은 아니라는 판결[55]과 어울리지 아니한다.

---

45) 대법원 2010.9.30. 선고 2010다12241,12258 판결.
46) 대법원 1991.6.25. 선고 90다12373 판결.
47) 대법원 1998.10.13. 선고 98다28114 판결.
48) 대법원 1998.10.27. 선고 98다16043 판결.
49) 대법원 2001.11.9. 선고 2001다55499,55505 판결.
50) 대법원 1980.11.25. 선고 80다1109 판결.
51) 대법원 1992.2.25. 선고 91다30088 판결.
52) 대법원 2001.7.24. 선고 2000다25965 판결.
53) 대법원 1998.5.8. 선고 98다3900 판결.
54) 대법원 1997.9.30. 선고 97다30578,30585 판결. 이 판결은 위 대법원 1998.10.13. 선고 98다28114 판결과 정반대의 결론을 낸 것이다. 그런데 이 사건에서의 피보험자는 술을 3일간 마신 그 다음날 사망하였고, 그 선행사인이 급성알콜중독인 점에 비추어 사실관계에 일부 차이가 있다.

(4) 신체의 상해

상해보험약관에서 신체의 손상이라는 표현을 사용한 것은 육체적 손상과 정신적 손상을 구별하여 정신적 손상을 보험의 담보에서 제외하고자 하는 데 그 목적이 있다. 그리고 신체의 손상이 아닌 의치, 의안, 의수족 등의 손상은 해당되지 아니한다.

4. 입증책임

사망과 신체손상이 상해로 인한 것 등에 대한 **입증책임은 피보험자에게 있다**고 봄이 통설이고 판례이다.[56] 다만 여기서의 인과관계는 의학적·자연과학적 인과관계가 아니라 사회적·법적 인과관계이고, 그 인과관계는 반드시 의학적·자연과학적으로 명백히 입증되어야 하는 것은 아니다.[57]

Ⅲ. 보험자의 책임

1. 보험금지급의무

상해보험계약의 보험자는 신체의 상해에 관한 보험사고가 생길 경우에 보험금액 기타의 급여를 할 책임이 있다(제737조). 그 지급되는 보험금의 종류로는 사망보험금, 상해로 인한 치료비, 후유장해보험금 등이 있다. 그런데 후유장해 발생으로 인한 손해배상청구권의 소멸시효의 기산점에 대하여는 판례가 후유장해로 인한 손해가 발생한 때로부터 진행된다고 한다.[58]

2. 면책사유

(1) 면책사유의 제한

상해보험에서 사망이 아닌 단순상해의 경우에도 보험자는 보험계약자 등의 중과실로

---

55) 대법원 2010.8.19. 선고 2008다78491,78507 판결.
56) 대법원 2001.8.21. 선고 2001다27579 판결; 대법원 2001.11.9. 선고 2001다55499,55505 판결; 대법원 2003.11.28. 선고 2003다35215,35222 판결(이러한 사고의 우연성에 관해서는 보험금 청구자에게 그 입증책임이 있고 사고의 외래성 및 상해라는 결과와 사이의 인과관계에 대해서도 보험금청구자에게 그 입증책임이 있다); 대법원 2010.5.13. 선고 2010다6857 판결; 대법원 2010.9.30. 선고 2010다12241,12258 판결.
57) 대법원 2002.10.11. 선고 2002다564 판결.
58) 대법원 1992.5.22. 선고 91다41880 판결(피해자가 부상을 입은 때로부터 상당한 기간이 지난 뒤에 후유증이 나타나 그 때문에 수상시에는 의학적으로도 예상치 아니한 치료방법을 필요로 하고 의외의 출비가 불가피하였다면 위의 치료에 든 비용에 해당하는 손해에 대하여서는 그러한 사태가 판명된 시점까지 손해배상청구권의 시효가 진행하지 아니하고, 따라서 후유장해의 발생으로 인한 손해배상청구권에 대한 소멸시효는 후유장해로 인한 손해가 발생한 때로부터 진행된다고 할 것이고, 그 발생시기는 소멸시효를 주장하는 자가 입증하여야 한다); 대법원 2005.10.7. 선고 2005다38928 판결.

인한 보험사고에 대하여는 보험금을 지급하도록 한다(제739조, 제732조의2). 이는 상법 제
659조의 특칙으로서 이 규정으로 인하여 무면허운전면책약관과 음주운전면책약관의 해석
에 있어 손해보험과 차이가 발생하고 오랜 기간 논쟁이 되고 있다.

(2) 기타 약정면책사유

기타 약관상 핵연료물질, 전문등반이나 글라이더조종·스쿠버다이빙·행글라이더 등의
위험한 운동, 모터보트나 자동차 또는 오토바이에 의한 경기, 선박승무원·어부 기타 선박
에 탑승하는 것을 직무로 하는 사람이 직무상 선박에 탑승하고 있는 동안 발생한 사유로
생긴 손해에 대하여는 보상하지 않는다고 규정한다. 다만 이러한 규정들의 유효성이 분쟁
의 대상이 된 경우 **상법 제663조 위반여부**를 법원이 최종적으로 판단한다.

3. 생명보험규정의 준용

상해보험에 관하여는 **제732조를 제외하고 생명보험에 관한 규정을 준용**한다(제739조).
그런데 생명보험의 각 규정이 상해보험에 무리 없이 준용될 수 있을지에 대하여 개별적으
로 검토한다. ① 제731조(타인의 사망보험)이다. 타인의 생명보험에 관한 제731조는 타인의
상해'사망'을 보험사고로 하는 경우에는 준용될 것이나, 상해만을 보험사고로 하는 경우에
있어서는 피보험자의 서면에 의한 동의가 없다 하더라도 무효로 할 것은 아니다. 오히려
보험수익자가 피보험자로 지정되어 있는 경우를 유효라 볼 것이라면 이 규정의 준용 여부
는 의문이다. ② 제733조와 제734조이다. 타인을 위한 생명보험계약에 관한 제733조(보험수
익자의 지정 또는 변경의 권리)와 제734조(보험수익자지정권 등의 통지)의 규정은 준용되어서는
안 된다고 본다. 보험수익자가 동시에 피보험자가 되는 경우 별 문제가 없다고 보이나, 보
험계약자가 보험수익자가 되는 것은 도덕적 위험의 소지가 있다. 피보험자 상해의 결과 그
치료비나 후유장해비 등을 피보험자 아닌 제3자가 보험수익자가 되어 수령하는 것은 상해
보험의 성격에 비추어 보더라도 수긍하기가 어렵다. 따라서 단체보험에 관한 제735조의3
도 위 이유에서 상해보험에 준용되기 어렵다.

상해보험에 관하여 생명보험 규정을 준용하는 제739조의 규정은 입법론적 개선이 필요
하다. 생명보험의 개별규정을 검토하면 상해보험에 준용될 성질의 것이 거의 없다고 보이
기 때문이다. 또한 준용하지 않는다고 하는 제732조의 심신상실자의 상해 등과 관련하여
서는, 도덕적 위험의 발생문제로 오히려 준용하여야 한다는 주장도 가능하다. 요컨대 입법
론적으로는 제739조를 삭제하고 상해보험에 관한 보다 상세하면서도 명확한 법률관계를
규정하는 입법이 요청된다.

제4절 질병보험

I. 의   의

개정 상법은 인보험편 제4절에 질병보험의 절을 신설하였다(제739조의2 및 제739조의3). 질병보험계약의 보험자는 피보험자의 질병에 관한 보험사고가 발생할 경우 보험금이나 그 밖의 급여를 지급할 책임이 있다(제739조의2). 질병보험은 사람의 질병으로 인하여 수술 등 신체에 발생하는 사고를 보험사고로 하는 보험이다. **질병보험은 상해보험과는 전혀 다른 종류의 보험**이다. 상해보험의 보험사고는 외래성이 있어야 하고, 이때 외래성은 피보험자의 신체적 결함 즉 질병이나 체질적 요인 등에 기인한 것이 아니어야 하는 까닭에, **질병은 상해보험으로 보상받지 못함이 원칙**이기 때문이다.[59] 질병으로 인한 치료비는 국민건강보험인 사회보험으로 일정한 급여를 받긴 하나 충분히 보상받지 못하는 경우에 대비하여 영리보험회사가 질병보험으로 인수하기도 한다.

II. 법률관계

질병보험은 생명보험의 일종으로서 상당 부분 생명보험과 상해보험의 규정이 준용되어야 할 것이고, 개정 상법도 이러한 취지에서 **질병보험에 관하여는 '그 성질에 반하지 아니하는 범위'에서 생명보험 및 상해보험에 관한 규정을 준용한다**고 규정한다(제739조의3). 그런데 개정의 입법취지나 법적 안정성 등의 측면에서 미흡한 점이 있다. 예를 들면 타인의 생명보험에서 서면동의에 관한 상법 제731조의 규정이 준용될 것인지도 문제된다. 상해보험에서는 이를 준용하고 있으나(제739조), 질병보험에서도 이 규정을 준용할 수 있을지는 의문이다. 왜냐하면 타인의 질병보험에서 피보험자가 보험수익자가 되는 한 도덕적 위험의 발생이 문제되지 않으므로 준용되지 않는다고 보아야 하겠다.

---

[59] 대법원 2014.4.10. 선고 2013다18929 판결(상해보험에서 담보되는 위험으로서 상해란 외부로부터의 우연한 돌발적인 사고로 인한 신체의 손상을 뜻하므로, 그 사고의 원인이 피보험자의 신체의 외부로부터 작용하는 것을 말하고, 신체의 질병 등과 같은 내부적 원인에 기한 것은 상해보험에서 제외되고 질병보험 등의 대상이 된다); 대법원 2001.8.21. 선고 2001다27579 판결; 대법원 2003.7.25. 선고 2002다57287 판결 등.

판례색인

사항색인

저자약력

>>> 학력 및 주요 경력
　　서울대학교 법과대학 졸업
　　서울대학교 대학원 법학박사
　　현재 서강대학교 법학전문대학원 교수

　　한국연구재단 선정 우수학자
　　한국보험학회 회장, 한국금융·법학회 회장
　　법무부 상법개정 특별위원회 위원
　　변호사시험, 공인회계사시험, 사법시험 시험위원

>>> 주요 저서 및 논문
　　상법판례백선 [제9판] (공저, 법문사, 2023)
　　회사법 [제7판] (법문사, 2025)
　　보험법 [제7판] (법문사, 2025)
　　보험금청구권과 소멸시효(금융법연구, 2016)
　　상법학방법론 소고(비교사법, 2015)
　　회사의 영리성에 대한 비판적 고찰(상사법연구, 2013)
　　기업의 사회적 책임(상사법연구, 2010, 한국상사법학회 2011년 우수
　　　논문상 수상논문)
　　전환사채의 저가발행과 회사의 손해(법조, 2009)
　　손해방지비용에 관한 연구(보험학회지, 2007, 한국보험학회 2008년
　　　우수논문상 수상논문)
　　보험자의 설명의무(민사판례연구, 2007)

상법강의 [제6판]

2016년　1월　25일　초판 발행
2017년　8월　25일　제2판 발행
2019년　2월　25일　제3판 발행
2021년　7월　20일　제4판 발행
2023년　7월　25일　제5판 발행
2025년　2월　25일　제6판 1쇄 발행

저　자　장　　덕　　조
발 행 인　배　　효　　선

발행처　도서
　　　　출판　法　文　社

주　소　10881 경기도 파주시 회동길 37-29
등　록　1957년 12월 12일/제2-76호(윤)
전　화　(031)955-6500~6　FAX (031)955-6525
E-mail　(영업) bms@bobmunsa.co.kr
　　　　(편집) edit66@bobmunsa.co.kr
홈페이지　http://www.bobmunsa.co.kr
조　판　법　문　사　전　산　실

정가　60,000원　　　ISBN 978-89-18-91582-1